Raymond Cartier Der Zweite Weltkrieg

Raymond Cartier
Der Zweite Weltkrieg

In zwei Bänden

Mit 462 Abbildungen, 55 Karten, Zeittafel, Personen- und Sachregister

Erster Band 1939—1942
Zweiter Band 1942—1945

R. Piper & Co. Verlag München Zürich

ISBN 3-492-02284-7
Sonderausgabe 1977

Aus dem Französischen übersetzt von Max Harries-Kester (I. bis XII. Kapitel), Wolf-Dieter Bach (XVII. bis XXIX. Kapitel) und Wilhelm Thaler (XIII. bis XVI. Kapitel, XXX. bis XXXII. Kapitel) unter wissenschaftlicher Beratung von Hellmuth Günther Dahms, Hermann Weiß und Wolfgang Kneip. Titel der französischen Originalausgabe ›La seconde guerre mondiale‹,
Herstellung: Salzer - Ueberreuter, Wien. Printed in Austria.

Inhaltsverzeichnis erster Band

Inhaltsverzeichnis zweiter Band siehe Seite 529

Vorwort zur deutschen Ausgabe 9

I. KAPITEL September 1939 Polen

1. September: Der ›Fall Weiß‹ läuft an 11 – *Diplomatisches Vorspiel* 12 – *23. August 1939: Der deutsch-sowjetische Nichtangriffspakt* 13 – *25. August: Letzter Aufschub* 15 – *Polens Weg in den Krieg* 16 – *Die deutsche Wehrmacht* 19 – *Hitler und die Generalität. Frühe Verschwörung* 22 – *Die deutsche Wehrmacht in Polen* 24 – *England und Frankreich erklären Deutschland den Krieg* 25 – *Das Ende Polens* 28

II. KAPITEL September bis Dezember 1939 ›Drôle de guerre‹ und Winterkrieg

Eine ruhige Front 32 – *Die Maginotlinie* 32 – *Lehren aus dem Polenfeldzug* 36 – *Der deutsche Angriff im Westen wird vorbereitet* 37 – *Beginn des Seekriegs* 40 – *Flucht und Ende der ›Graf Spee‹* 44 – *Der finnisch-sowjetische Winterkrieg* 47 – *Die Rote Armee in den Augen des OKW* 51

III. KAPITEL Januar bis Mai 1940 Das Waffenarsenal der Westmächte
Der skandinavische Kriegsschauplatz

Aufbau und Organisation der französischen Armee 53 – *Die Affäre Mechelen* 60 – *Belgien und die Verteidigungspläne der Alliierten* 61 – *Hitler oder Manstein? Die Entstehung des Plans Sedan* 66 – *Das Unternehmen ›Weserübung‹* 72 – *Regierungswechsel in Paris* 74 – *18. März: Hitler und Mussolini am Brenner* 76 – *Die ›Home Fleet‹ vor Norwegen* 77 – *Die norwegischen Landoperationen. Narvik* 83

IV. KAPITEL 10. bis 18. Mai 1940 Sedan

Regierungskrise in London 87 – *Der ›Fall Gelb‹ wird ausgelöst* 88 – *10. Mai: Einmarsch in Holland* 91 – *Belgien und der Albertkanal* 92 – *Aufmarschplan der deutschen und Gegenbewegungen der alliierten Streitkräfte* 94 – *Guderian vor Sedan* 97 – *Die Luftwaffe erobert, die Infanterie besetzt* 100 – *Die Kämpfe an der Maas* 105 – *Rommel in Dinant* 107 – *Die französischen Panzerdivisionen* 111 – *Der Zusammenbruch der 9. französischen Armee* 118 – *Die Lage im Großen Hauptquartier und bei den Stäben* 121 – *Kritik an der Verteidigungsstrategie Frankreichs* 123 – *Paris ist bedroht* 124 – *Pétain Minister, Weygand Oberkommandierender* 126

v. KAPITEL 20. Mai bis 5. Juni 1940 Dünkirchen

Rückzug der 1. französischen Armee und der britischen Expeditionsstreitkräfte 129 – *Weygand an der Front* 130 – *Lagebesprechung der Alliierten in Ypern. Billottes Tod* 132 – *Arras und das OKH* 135 – *Lord Gort beschließt die Einschiffung der britischen Truppen* 136 – *Hitler und Dünkirchen* 139 – *27. Mai: Belgien kapituliert. Druck auf Dünkirchen* 143 – *Die Kämpfe um Lille* 146 – *Die Rettung der britischen Expeditionsstreitkräfte* 149 – *Das Gespenst der Niederlage* 151 – *Churchill in Paris* 154 – *Die letzten Stunden von Dünkirchen* 155

vi. KAPITEL 5. bis 24. Juni 1940 Das Ende Frankreichs

Die deutsche Offensive an Somme und Aisne 160 – *Hartnäckiger Widerstand der Franzosen* 161 – *Briare: Die Allianz bricht zusammen* 164 – *Die ›Festung Bretagne‹* 167 – *Das französische Kabinett tagt in Cangé* 169 – *Waffenstillstand oder nicht? Das französische Kabinett zerfällt* 172 – *Die Deutschen in Paris. Zusammenbruch Frankreichs an allen Fronten* 174 – *Der Sturz Reynauds. Pétain fordert Beendigung der Kampfhandlungen* 178 – *Die letzten Kämpfe* 183 – *De Gaulle nach London* 185 – *Der Waffenstillstand von Compiègne* 186

vii. KAPITEL Juli bis Oktober 1940 Die Schlacht um England

Hitler erwartet ein englisches Friedensangebot 192 – *Die Tragödie von Mers-El-Kébir* 193 – *England bereitet sich auf eine deutsche Invasion vor* 197 – *Hitler zögert* 202 – *Das Unternehmen ›Seelöwe‹* 206 – *Luftwaffe gegen RAF* 208 – *Aufschub der Invasion* 213

viii. KAPITEL Oktober bis Dezember 1940 Vom europäischen Krieg zum Weltkrieg

London im Bombenhagel 217 – *U-Boot-Krieg* 218 – *Umschwung in Rumänien* 220 – *Malta und Sidi Barrani* 220 – *Japan breitet sich aus* 221 – *Churchill setzt auf die USA* 224 – *Die Anfänge des Freien Frankreich. Dakar* 225 – *3. Oktober: Hitler und Mussolini am Brenner* 228 – *Widersprüche in Vichy* 230 – *Laval bei Hitler* 232 – *Hendaye: Hitler und Franco* 233 – *Montoire: Hitler und Pétain* 234 – *Beginn des italienisch-griechischen Kriegs* 235 – *Neue deutsche Mittelmeerstrategie* 238 – *Der Riß im deutsch-russischen Bündnis* 240 – *Italienische Niederlagen in Nordafrika* 242 – *Lavals Sturz* 243 – *Die Weisung Nr. 21: ›Barbarossa‹* 245

ix. KAPITEL Januar bis Mai 1941 Niederlagen der Italiener und Triumphe der Deutschen

Die Schlacht von Bardia 247 – *Krieg in Albanien* 248 – *Mussolini auf dem Berghof* 250 – *Tobruk fällt. Der italienische Rückzug* 252 – *Churchills ›Balkankoalition‹ scheitert* 255 – *Das Leih- und Pachtgesetz* 256 – *Die Wehrmacht marschiert nach Griechenland* 258 – *Umschwung in Jugoslawien* 260 – *Rommels erster Sieg in Afrika* 262 – *Blitzkrieg auf dem Balkan* 266

X. KAPITEL Mai bis Juni 1941 England geschlagen und gerettet

Heß in England 271 – Britische Zwischenbilanz 272 – Deutsche U-Boot-Operationen 274 – Die Jagd auf die ›Bismarck‹ 275 – Die Eroberung Kretas 280 – De Gaulle und Syrien 285 – Der deutsche Feldzugsplan gegen Rußland 287 – Aufmarschplan und Kräfteansatz 289 – Die letzten Tage einer Freundschaft 295

XI. KAPITEL 22. Juni bis 23. August 1941 Leningrad, Kiew oder Moskau

Die Reaktion auf den Angriff 299 – Die Kräfteverteilung der russischen Armee 301 – Düna, Bug, Dnjepr 302 – Stalin spricht 307 – Erste Widerstände 309 – Vor Leningrad. Die Operationen der Heeresgruppe Nord 311 – Smolensk. Die Operationen der Heeresgruppe Mitte 314 – ›Barbarossa‹ und die Welt 317 – Im gefesselten Europa 322 – Die Atlantik-Charta 328 – Hitler beschließt: Zuerst die Ukraine 329

XII. KAPITEL 25. August bis 7. Dezember 1941 Bis vor die Tore Moskaus

Die Schlacht von Kiew 334 – ›Nach Moskau!‹ 337 – Die Kessel von Wjasma und Brjansk 344 – Schlamm und Partisanen 348 – Japan tritt in den Krieg ein 353 – Am Stadtrand von Moskau. Die Wehrmacht kehrt um 357

XIII. KAPITEL 7. bis 31. Dezember 1941 Japan greift an

Die japanische Flotte läuft aus 364 – Pearl Harbor. Überraschung und Katastrophe 367 – Roosevelt und Churchill 373 – Die Kapitulation Wakes. Die Philippinen überwältigt 375 – Einnahme von Hongkong. Landung in Malaya 379 – Untergang der ›Prince of Wales‹ und der ›Repulse 384 – Der russische Winter. Rückzug der Wehrmacht bei —52°C 389 – Der letzte Tag des Jahres 1941 393

XIV. KAPITEL 1. Januar bis 31. März 1942 Von der Arktis bis Neuguinea

Kriegsgericht 395 – Die verzweifelte Lage der Heeresgruppe Mitte 397 – Bilanz und Dogma 405 – Rommel erobert die Cyrenaika 406 – Singapur fällt 411 – Die Japaner besetzen Niederländisch-Indien 418 – MacArthur verläßt die Philippinen: ›Ich komme wieder . . .‹ 423

XV. KAPITEL April bis Juni 1942 Das Wunder von Midway

Bomben auf Tokio 426 – Die Schlacht in der Korallensee 430 – Eine Armada gegen ein Atoll 434 – Die Schlacht von Midway 441 – Das Ende 448

XVI. KAPITEL Mai bis September 1942 Nil, Kaukasus und Wolga

Die Schlacht der Werften 451 – *Die deutschen Sommerpläne* 452 – *Sewastopol* 454 – *28. Juni: Der ›Fall Blau‹ läuft an* 456 – *Roosevelt und die zweite Front* 457 – *Geleitzug PQ 17* 460 – *Rommel auf dem Weg nach Suez* 461 – *Die Katastrophe von Tobruk. Churchill in Washington* 470 – *Sturm auf den Kaukasus* 476 – *Landung der Briten in Dieppe* 483 – *Die Deutschen erreichen die Wolga* 484 – *Churchill in Moskau* 485 – *Rommels Kampf bei El Alamein* 487

XVII. KAPITEL September 1942 Die sieben Kriegsschauplätze

Von Finnland bis zum Schwarzen Meer 490 – *Die Luftschlacht über Europa* 497 – *Die Schlacht auf dem Atlantik* 499 – *Die Kämpfe in Nordafrika* 502 – *In den Dschungelgebieten Burmas* 503 – *Der Krieg in China* 505 – *Neuguinea und Guadalcanal* 506

Vorwort zur deutschen Ausgabe

Ich schätze mich glücklich, daß meine Geschichte des Zweiten Weltkriegs auch in Deutschland veröffentlicht wird.

Das Werk hat in Frankreich einen ungewöhnlich großen Erfolg gehabt. Doch meldeten sich auch eine Reihe kritischer Stimmen, die sich etwa folgendermaßen zusammenfassen lassen: ›Die Darstellung hebt unsere eigenen Irrtümer und Niederlagen allzu erbarmungslos hervor. Weder die Rolle Frankreichs noch insbesondere die der französischen Résistance erhalten den ihnen gebührenden Platz. Man kann die Objektivität auch zu weit treiben. Mit diesem Buch wurde Frankreich kein Denkmal gesetzt...‹

Das ist richtig.

Ich bin ein französischer Schriftsteller, bin in Frankreich geboren und stamme von französischen Vorfahren ab; doch habe ich versucht, diesen Umstand beim Schreiben meines Buchs über den Zweiten Weltkrieg nach Möglichkeit zu vergessen.

Der Krieg von 1939 bis 1945, den wir als Weltkrieg bezeichnen, begann als ein europäischer Krieg, der zu Anfang im wesentlichen von den drei großen Mächten Westeuropas – Deutschland, Frankreich, Großbritannien – geführt wurde. In meinen Augen war dieser Krieg ein Bürgerkrieg. Nicht anders habe ich ihn empfunden, und nicht anders habe ich ihn dargestellt.

Ich konnte das mit um so größerer Gelassenheit tun, als die Wiederholung einer solchen Katastrophe – außer im Falle eines Ausbruchs kollektiven Wahnsinns – undenkbar geworden ist. Mit freudiger Genugtuung stelle ich fest, daß mein Buch von einem ein für allemal abgeschlossenen Kapitel der europäischen Geschichte handelt.

Es ging mir nicht darum, Frankreich und seine militärische Führung zu kritisieren. Ich habe lediglich die Tatsachen sprechen lassen. Meine deutschen Leser werden feststellen, daß ich, was ihr Land betrifft, nicht anders verfahren bin.

Selbstverständlich kann ich gegenüber dem nationalsozialistischen Regime, seinem Führer und seinen verantwortlichen Politikern keine Nachsicht empfinden. Um so mehr war ich daher bestrebt, mich bei der Darstellung ihrer Absichten und Taten eines maßvollen Urteils zu befleißigen. Ich habe ihre Verbrechen weder verschwiegen noch übertrieben. Sie sind, besser als durch jeden Kommentar, allein durch die historischen Ereignisse sichtbar geworden!

Mein Bemühen um Objektivität hat mich nicht daran hindern können, meinem Respekt und meinem Mitgefühl dem deutschen Volk und seinen Soldaten gegenüber Ausdruck zu verleihen. Unbestreitbar waren sie – wie viele andere vor ihnen – das Instrument in der Hand eines Größenwahnsinnigen. Daß sie mit Hitler das Verhängnis an die Macht kommen ließen, war ihr Fehler und ihre Schuld. Doch haben sie dafür schrecklich büßen müssen.

Mut und Tapferkeit gehören zu den höchsten menschlichen Tugenden, auch dort, wo der Kampf aussichtslos erscheint. Ohne Hoffnung auf einen möglichen Sieg haben die deutschen Soldaten in Stalingrad, die Verteidiger Berlins, die Zivilbevölkerung in den Bombennächten gezeigt, in welchem Maße der Mensch fähig ist, Leid zu ertragen. Ohne Scham dürfen die Überlebenden auf jene Tage der Prüfung zurückblicken.

Ein Akt der deutschen Tragödie hat mich besonders fasziniert: die Geschichte jener Männer, die sich verschworen, um Hitler zu töten.

Die Alliierten hatten bereits 1944 die Forderung nach bedingungsloser Kapitulation Deutschlands erhoben. Wäre es etwa Pflicht der Verschwörer gewesen, dem Wahnsinnigen bis zum Ende die Treue zu halten, um Deutschland vielleicht noch zu retten? Oder war es nicht vielmehr ihre Pflicht, ihn zu töten, um dem Blutbad an den Fronten ein Ende zu machen und von den Siegern eine möglichst milde Behandlung Deutschlands zu erlangen? Napoleons Marschälle hatten 1814 vor der gleichen Frage gestanden, doch riskierten sie nicht, an einem Fleischerhaken aufgehangen zu werden.

Ich bin gespannt auf das Urteil der deutschen Leser über mein Werk. Ihre Zustimmung würde bedeuten, daß es mir gelungen ist, einen wichtigen Abschnitt der Geschichte unserer Zeit der gefährlichen Sphäre nationalen Vorurteils zu entrücken.

Raymond Cartier

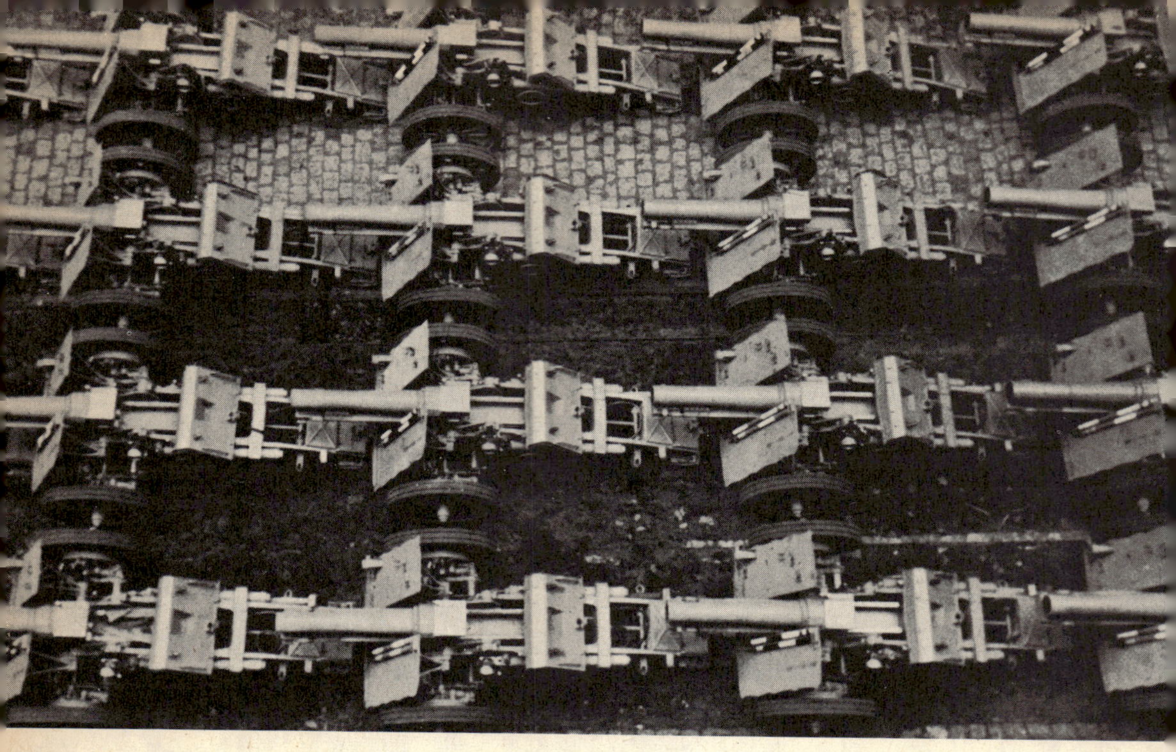

Tausende begeisterter Nationalsozialisten bei einer Kundgebung auf dem Reichsparteitag in Nürnberg, der 1938 unter dem Motto ›Reichsparteitag Großdeutschlands‹ stattfand (vorherige Seite). Sie bejubeln die Politik Hitlers, die sich – wie die seines Achsenpartners Mussolini – auf die militärische Macht gründet: Italienische Soldaten (unten) und schwere Infanteriegeschütze (oben) stehen bereit.

1. Kapitel September 1939
Polen

1. September 1939: Der ›Fall Weiß‹ läuft an

Letzte Stunden des August 1939. Von den Karpaten bis zur Ostsee war die Nacht über weite Strecken kalt und klar. Die meteorologischen Vorhersagen waren zufriedenstellend. Der Bodennebel werde sich im Laufe des Morgens auflösen. Für den kommenden Tag wurde ruhiges, sonniges Wetter erwartet, richtiges Fliegerwetter. Günstig für die Panzerwaffe war der abgeerntete und von der Sonne hartgebrannte Boden. Wegen der anhaltenden Trockenheit führten die großen Flüsse Narew, Bug und Weichsel Niedrigwasser. Alles in allem die besten Vorbedingungen für eine Bewährung der neuen Kampfmethoden der Wehrmacht.

Der ›Fall Weiß‹, wie der Deckname des geplanten Unternehmens lautete, konnte anlaufen. Die Einheiten waren durch eine stufenweise und getarnte Mobilmachung – es war streng verboten, dieses Wort auszusprechen – auf Kriegsstärke gebracht worden.

Der Befehl zur Auslösung des ›Falles Weiß‹ traf erst um 17 Uhr bei den Hauptquartieren der Armeen ein. Er lautete: Y = 1.9.4.45. Das bedeutete, daß der Kriegsbeginn auf den 1. September morgens um 4 Uhr 45 angesetzt war. Sofort kam der gesamte Nachrichtenapparat in Bewegung, um Hitlers Entscheidung bis zum letzten Zug der längs der polnischen Grenze bereitgestellten Truppen weiterzuleiten. Die Frist war so kurz, daß einige Einheiten den Befehl nicht rechtzeitig erhielten und sich erst in Marsch setzten, als sie Geschützfeuer hörten.

Nachdem sie den Befehl hinausgegeben hatten, erwarteten einige Generale bereits den Gegenbefehl. So z. B. Generaloberst Gerd von Rundstedt, Oberbefehlshaber der Heeresgruppe Süd, und sein Stabschef, Generalleutnant Erich von Manstein. Sie glaubten an eine Wiederholung dessen, was sechs Tage vorher geschehen war. Am 25. August um 15 Uhr 25, genau drei Stunden, nachdem Rundstedt den Oberbefehl übernommen hatte, war der Angriffsbefehl für den nächsten Morgen um 4 Uhr 30 in seinem am Neißeufer gelegenen Hauptquartier eingetroffen. Während des Abendessens, um 20 Uhr 30, kam ein neuer Funkspruch, durch den der Führer und Oberste Befehlshaber den Angriffsbefehl rückgängig machte. Drei Armeen waren schon auf dem Marsch und mußten in letzter Minute zurückgeholt werden. Im bergigen Gebiet der Tatra, so erzählte man sich, wurde ein motorisiertes Regiment nur durch den Mut eines Offiziers am Überschreiten der polnischen Grenze gehindert, indem dieser direkt vor der Kolonnenspitze mit einem Fieseler ›Storch‹ mitten auf der Straße landete.

Bis Mitternacht warteten die beiden Generale. Sie hatten alle Vorbereitungen getroffen, um die Lawine erneut aufzuhalten, denn sie betrachteten dies wieder einmal als einen bloßen Einschüchterungsversuch, einen Bluff. Um Mitternacht erhob sich Rundstedt. »Jetzt ist es zu spät«, sagte er. »Ich glaube, jetzt können wir uns noch ein oder zwei Stunden hinlegen.«

Diplomatisches Vorspiel

Diese Gnadenfrist, dieser Aufschub von einer Woche, den man dem in den letzten Zügen liegenden Frieden zugestand, war auf Hitlers letzten Versuch zurückzuführen, den Krieg zu begrenzen. Am 25. August hatte das Telefon in Görings Arbeitszimmer geläutet. Der Feldmarschall hörte den Führer sagen: »Ich stoppe das Ganze.« Ein Seufzer der Erleichterung war die Antwort Görings, der dann fragte: »Endgültig?« Darauf Hitler: »Nein, ich will nur versuchen, eine englische Intervention zu vermeiden.«

Der Streit um Danzig und den Korridor drohte zu einem europäischen Krieg auszuarten, was Hitler unter allen Umständen vermeiden wollte, da eine Auseinandersetzung dieses Ausmaßes ihm noch nicht ins Konzept paßte. Er versuchte daher ein letztes Mal, den Krieg auf Deutschland und Polen zu beschränken.

Die Niederwerfung Polens hatte Hitler seinen Armeeführern schon am 23. Mai bei einer Besprechung in der Neuen Reichskanzlei angekündigt. Im Protokoll des diensttuenden Adjutanten, Oberstleutnant Schmundt, heißt es: »An eine Wiederholung der Tschechei ist nicht zu glauben. Es wird zum Kampf kommen...« Dieser Krieg sollte vor Ende August beginnen, wenn die Ernte eingebracht war, und vor Beginn des Herbstregens und der verschlammten Wege beendet sein. »Wenn mir Herr von Brauchitsch gesagt hätte, ich brauche vier Jahre, um Polen zu erobern«, erklärte Hitler am 22. August, einen Tag vor der Unterzeichnung des deutsch-russischen Nichtangriffspakts in Moskau, »hätte ich geantwortet, dann geht's nicht.«

Der Führer glaubte nicht an ein Eingreifen der Westmächte: »Unsere Gegner sind kleine Würmchen. Ich sah sie in München!« Die Sowjetunion dagegen besaß in Stalin einen Mann, den Hitler fast als ebenbürtig erachtete, doch war die Rote Armee durch die Säuberungen von 1936/37 geschwächt, denen ein großer Prozentsatz der russischen Generalität zum Opfer gefallen war. »Es ist nicht ausgeschlossen, daß sich Rußland an der Zertrümmerung Polens desinteressiert zeigt...« Dieser Satz aus dem Protokoll vom 23. Mai wies bereits auf die kommende deutsch-sowjetische Allianz, die große Überraschung des 23. August, hin.

Die Annäherung zwischen Berlin und Moskau begann mit Verhandlungen über ein

Das ›Münchner Abkommen‹ vom 29. September 1938 hieß Hitlers Ansprüche auf das Sudetenland gut, um den Frieden zu retten. Daladier (links oben) und Hitler verlassen den Münchner ›Führerbau‹. – Militärparade am 20. April 1939 in Berlin: Machtdemonstration des ›Großdeutschen Reiches‹ (unten). – Lenker der öffentlichen Meinung war Joseph Goebbels mit seinem Ministerium für Volksaufklärung und Propaganda (folgende Seite).

deutsch-sowjetisches Kreditabkommen. Gleichzeitig eröffneten Frankreich und England in der sowjetischen Hauptstadt Gespräche über eine militärische Zusammenarbeit gegen das Dritte Reich. Die Verständigung zwischen den Deutschen und Russen klappte – abgesehen von vorübergehenden Unterbrechungen – vorzüglich, während sich die Gespräche zwischen den Vertretern der Westmächte und ihren sowjetischen Partnern vergleichsweise mühsam dahinschleppten. Franzosen, Engländer und Russen kamen schließlich trotz allem am 25. Juli zu einem prinzipiellen politischen Übereinkommen, worauf am 11. August eine Militärmission unter der Führung von General Doumenc und Admiral Drax in Moskau eintraf.
Diese Delegation stieß aber auf ein unüberwindliches Hindernis: Sowjetrußland und Deutschland hatten keine gemeinsame Grenze, und die Polen weigerten sich hartnäckig, der Roten Armee einen vorzeitigen Einmarsch zu gestatten und ihr damit das Land als Kampfgebiet zu überlassen. Alle Versuche, auf Warschau Druck auszuüben, blieben erfolglos.

23. August 1939: Der deutsch-sowjetische Nichtangriffspakt

Da kam am 21. August ein Telegramm Hitlers in Moskau an. Der Führer ersuchte Stalin, den Außenminister Ribbentrop unverzüglich zu empfangen.
Die Nachricht von dieser Reise schlug in den westlichen Hauptstädten wie ein Blitz ein. Die Nacht vom 23. auf den 24. August war eine heiße, fiebrige Nacht, eine Nacht der Bestürzung. Die wenigen Depeschen der Diplomaten, die von einer möglichen Annäherung Deutschlands und der Sowjetunion gesprochen hatten, waren als unglaubwürdig abgetan worden. In allen Redaktionen und Kanzleien schüttelte man nur ungläubig den Kopf angesichts der Meldungen, die da noch zu später Stunde aus den Fernschreibern tickerten. Der französische Ministerpräsident Edouard Daladier, den sein Außenminister geweckt hatte, antwortete diesem mit verschlafener Stimme: »Versichern Sie sich zunächst, ob das nicht eine Zeitungsente ist.« Aber schon am nächsten Morgen bestätigten Kommuniqués aus Berlin und Moskau die Unterzeichnung eines Nichtangriffspakts zwischen der Sowjetunion und dem Deutschen Reich. Den Mitgliedern der französisch-englischen Militärmission blieb nichts anderes übrig, als ihre Koffer zu packen und heimzureisen.
In England herrschte bittere Enttäuschung, in Frankreich unbeschreibliche Verwirrung und in Deutschland ungeheuere Erleichterung. Viele, die noch am Genie des Führers gezweifelt hatten, zweifelten nicht mehr. Manche Deutsche glaubten jetzt nicht mehr an Krieg, da ja nunmehr das sowjetische Schwert den westlichen Demokratien fehlte. Andere wieder meinten, der Krieg könne jetzt ruhig ausbrechen, da der Alptraum

eines Zweifrontenkriegs verflogen sei. Das schwache Polen werde rasch erledigt sein, und Deutschland könne sich dann mit ganzer Kraft gegen Westen wenden.
In Moskau war alles reibungslos abgelaufen. Reichsaußenminister von Ribbentrop, kein besonders geschickter Unterhändler, hatte diesmal keinerlei Schwierigkeiten, denn Stalin war sofort damit einverstanden, daß der für die Öffentlichkeit bestimmte Nichtangriffspakt nur das geheime Zusatzabkommen über eine vierte Teilung Polens verschleiern sollte. Rasch war man sich über die gemeinsame Interessengrenze, die durch Pissa, Narew, Weichsel und San gebildet werden sollte, einig geworden. Man hatte die Abmachungen auch auf die baltischen Länder ausgedehnt. Litauen wurde dem deutschen Interessenbereich zugeschlagen, während Rußland Lettland und Estland erhalten würde. Ferner wurden Finnland und Bessarabien, das von Rumänien zurückgegeben werden sollte, zu Teilen der sowjetischen Interessensphäre erklärt. Der Preis war für Hitler sicherlich hoch. Die um das bolschewistische Rußland durch die Verträge der Jahre 1919 bis 1921 geschaffene Barriere von Pufferstaaten war gefallen. Das Deutschtum würde aus seinen alten Vorposten Kurland und Livland durch Um- und Rücksiedlungen verschwinden. Das wog zwar schwer, war aber gleichzeitig bedeutungslos, da es sich nur um eine Zwischenlösung handeln sollte. Der Vertrag hatte nämlich einen Fehler: Beide Partner handelten hinterlistig und unehrlich. Stalin unterzeichnete ihn nach verbreiteter Auffassung wegen des augenblicklichen Gewinns an Land und Zeit, Hitler dagegen mit der Absicht, ihn doch nicht einzuhalten. Seinen Generalen erklärte er, sein Ziel sei nicht die Wiedergewinnung Danzigs und die Abschaffung des Korridors, auch nicht die Zerstörung Polens, sondern die Eroberung der östlichen Ebenen, um die Zukunft des deutschen Volks zu sichern. Die von ihm zugestandenen Opfer seien ja nur vorübergehende, also scheinbare. Der Tag nach seinem diplomatischen Triumph brachte für Hitler Ärger und Überraschung. Einer der Gründe für seinen Ärger war die Haltung Italiens. Im Mai war ein pompöses Militärbündnis mit Deutschland geschlossen worden, das die Propaganda als ›Stahlpakt‹ bezeichnete. Der Stahl wurde aber bei der ersten Bewährungsprobe weich. Ciano und Mussolini hatten mit Bestürzung festgestellt, daß der Krieg vor der Tür stand. Sie hatten Hitler angefleht, den Krieg noch hinauszuschieben. Ihr Land sei wegen seiner großen Rohstoff- und Rüstungslücken auf eine militärische Auseinandersetzung nicht vorbereitet. Auch stehe Rom im kommenden Jahre die Weltausstellung bevor, für die bereits ungeheure Summen aufgewendet worden seien. Hitlers Moskauer Erfolg schien ihnen keine Garantie gegen den Krieg. Einige Stunden nach der Rückkehr Ribbentrops hörte Hitler mit steinerner Miene dem Botschafter Attolico zu, der ihm einen verlegenen Brief Mussolinis vorlas, in dem der Duce mitteilte, er beabsichtige nicht, in den Krieg einzutreten. Kaum hatte sich die Tür hinter dem Botschafter geschlossen, da platzte Hitler los: »Die Italiener machen es wie 1914!« und ließ eine endlose Suada über die ›ungetreuen Achsenpartner‹ folgen. Das offizielle Kommuniqué

besagte trotzdem, daß ein Nichteintreten in die Kampfhandlungen keineswegs Neutralität bedeute, Hitler die Haltung Italiens billige und der ›Stahlpakt‹ fester sei denn je.
Die Überraschung für Hitler kam aus London. In Paris, wo der deutsch-russische Pakt allgemeine Mutlosigkeit ausgelöst hatte, sah man ein, daß Polen nicht mehr zu retten war und daß ein Krieg zwecklos sein würde. In London jedoch schien man diese Haltung nicht zu verstehen. Die Reaktion des Kabinetts war ein trockenes Kommuniqué, das besagte, die Ereignisse in Moskau berührten in keiner Weise die Verpflichtungen Englands, das entschlossen sei, ihnen voll und ganz nachzukommen. Einige Stunden später präzisierte und betonte England noch einmal diese von ihm eingegangenen Verpflichtungen. Die im Mai der polnischen Regierung gegebene allgemeine Garantie wurde am 25. August in einen gegenseitigen Beistandspakt umgewandelt. Die beiden Unterzeichnerstaaten verpflichteten sich zu gegenseitiger Hilfe im Rahmen aller ihnen zur Verfügung stehenden Möglichkeiten, falls eine der beiden Mächte es für notwendig erachten sollte, einen Angriff auf ihre Unabhängigkeit mit Waffengewalt abzuwehren. Noch nie hatte Großbritannien sich derart unzweideutig verpflichtet, noch nie hatte es etwas zugestanden, das mehr oder weniger einer Blankovollmacht glich. Merkwürdig, ... diese Engländer! Noch ein Jahr zuvor war Chamberlain, der Mann mit dem Regenschirm und dem langen, dünnen Hals, in Berchtesgaden, in Bad Godesberg und in München dem mächtigen Führer der Deutschen wie ein erschreckter alter Herr vorgekommen, den man mit einem gespielten Wutausbruch oder mit an der rechten Stelle erhobener Stimme in Furcht und Schrecken versetzen konnte. Und jetzt warf dieser Mann ohne ein überflüssiges Wort und ohne jeglichen Vorbehalt die Stärke Englands zwischen ein zum Tode verurteiltes Polen und ein waffenstrotzendes Deutschland! War das Bluff, Verzweiflung oder einfach nur Dummheit? Begriffen denn die Engländer nicht, was auf dem Kontinent vorging?

25. August: Letzter Aufschub

Um das herauszufinden, hatte Adolf Hitler den Aufschub des Angriffs am 25. August in letzter Minute angeordnet.
Die Tage dieser Gnadenfrist waren mit reichlich verworrenen Verhandlungen ausgefüllt. Hitlers List war an dem berechtigten englischen Mißtrauen gescheitert. Ein Jahr zuvor hatten die Engländer an das Abkommen von München geglaubt. Als Hitler den Vertrag sechs Monate später zerriß und die restliche Tschechoslowakei besetzte, die er zu schonen versprochen hatte, verloren die Engländer ihre letzten Illusionen. Als er jetzt schwor, Danzig und der Korridor seien seine allerletzten Forderungen, glaubte ihm niemand mehr.

Als am 31. August die Sonne unterging, schien es noch eine winzige Möglichkeit für Verhandlungen zu geben. Hitler erklärte sich bereit, einen Bevollmächtigten Polens zu empfangen, nachdem Mussolini kurz zuvor eine internationale Konferenz zur Regelung aller europäischen Streitfälle vorgeschlagen hatte. In dieser Nacht schlief Europa ruhiger als in den vorangegangenen Nächten. Man war überzeugt, daß der kritische Punkt der Krise überschritten und der Friede noch einmal gerettet sei.
Am 1. September rollten bei Sonnenaufgang deutsche Panzer über die polnische Grenze. Noch am selben Vormittag fielen auch die ersten deutschen Bomben auf Polen. Wieder einmal hatte Hitler gelogen, denn seine versöhnlichen Gesten in letzter Stunde waren nur ein Täuschungsmanöver gewesen. Der Angriffsbefehl gegen Polen war schon am Vorabend wiederholt worden. Der raffiniert von Himmler in Szene gesetzte Grenzzwischenfall, der Angriff auf den Sender Gleiwitz durch SS-Leute in polnischen Uniformen und narkotisierte KZ-Häftlinge, von denen man einen an Ort und Stelle erschoß, um ihn als toten ›Polen‹ auf dem Schauplatz zurückzulassen, war bereits angelaufen. Einen Oberstleutnant Steinmetz, der sich diesem üblen Trick widersetzen wollte, hatte man mit dem Wort ›Führerbefehl!‹ zum Schweigen gebracht. Der deutsche Rundfunk schrie in alle Welt hinaus, deutsches Gebiet sei verletzt worden, die deutsche Minderheit in Polen werde hingeschlachtet, und die deutsche Armee müsse nun eingreifen. Eine Kriegserklärung komme nicht in Frage, denn es handle sich ausschließlich um eine ›Polizeiaktion‹.
Die Würfel waren gefallen. Hitler hatte sie geworfen, ehe er noch eine Antwort auf die Frage gefunden hatte, ob Englands mutiger Entschluß nur Bluff sei.

Polens Weg in den Krieg

Die Bomben, welche die Polen am Morgen des 1. September aus dem Schlaf rissen, schreckten sie nicht. Die Polen hatten den Krieg erwartet – und nun war dieser Krieg eben ausgebrochen.
Hatten sie den Krieg wirklich nur erwartet? Hatten sie ihn nicht vielleicht sogar gewollt? Eine Woge patriotischer Begeisterung ging bereits seit Wochen durch das ganze Land. Es gab Leute im Volk, die ganz offen erklärten, sie hätten Angst gehabt, ihre Politiker könnten die Gelegenheit, den Deutschen eine tüchtige Lehre zu erteilen, ungenützt vorübergehen lassen. Wenn Hitler etwas gegen den Korridor habe, so werde Polen diesen eben auf seine Weise beseitigen, indem es sich Ostpreußen einverleibe, dessen Besiedelung durch die Deutschritter ja ohnehin nichts als nackte Usurpation gewesen sei. Berlin liege nur 160 Kilometer von der polnischen Grenze entfernt – und in Berlin werde der Streit entschieden und der Friede unterzeichnet.

Lagebesprechung im OKW. Von rechts: Reichsaußenminister v. Ribbentrop, Hitler, Generaloberst (ab 1940 Generalfeldmarschall) Keitel und – ganz links – Generalfeldmarschall (ab 1940 Reichsmarschall) Göring (oben). – ›Angriffstag: 1. September 1939; Angriffszeit: 4 Uhr 45‹ lautet der Befehl, der den Zweiten Weltkrieg auslöste. Deutsche Truppen überschreiten die polnische Grenze (unten).

Die polnische Armee, obgleich von Mut und Siegeszuversicht erfüllt, stand dem technisch überlegenen Ansturm der Wehrmacht bereits in den ersten Septembertagen machtlos gegenüber: Gegen deutsche Panzer hatten die polnischen Soldaten oft nichts einzusetzen als die Lanzen ihrer Kavallerie oder die blanke Waffe.

An verantwortlicher Stelle dachte man nicht weniger unrealistisch. Am 15. August suchte der polnische Botschafter in Paris, Lukasiewicz, den französischen Außenminister Georges Bonnet auf, der ihm einen Ausspruch Hitlers mitteilte, den dieser dem Völkerbundskommissar für Danzig, Carl Jacob Burckhardt, gegenüber getan hatte: »Polen erobere ich mit meinen motorisierten Verbänden in drei Wochen.« Lukasiewicz zuckte nur die Schultern und sagte: »Albern! *Wir* werden von Kriegsbeginn an Deutschland besetzen.« Der Botschafter Lipski, der in Berlin tagtäglich das Schauspiel deutscher Stärke vor Augen hatte, hielt es für sicher, daß ein Krieg eine Revolution in Deutschland auslösen und daß die polnische Armee im Triumph in Berlin einziehen würde.

Kaum zwanzig Jahre waren seit der Wiederauferstehung Polens verflossen. Hätte die englische Vernunft sich durchgesetzt, als Polen wiedergeschaffen wurde, so wäre das Land im wesentlichen innerhalb der Grenzen Kongreßpolens geblieben und hätte in Danzig eben Hafenrecht bekommen. Französischer Romantizismus begeisterte sich jedoch für die Sache Polens und warf diesen vernünftigen Plan über den Haufen. Man stopfte Polen mit nationalen Minderheiten voll, dehnte es bis nach Weißrußland und zur Ukraine aus und öffnete eine Bresche durch Deutschland, den Korridor. Die Absicht der Polonophilen war es, im Rücken Deutschlands eine große slawische Macht zu schaffen, die das bolschewistische Rußland in seiner Rolle als Verbündeter Frankreichs ablösen sollte.

Polen jedoch erwies sich als recht undankbar. Die ›französische Dekadenz‹ war in Warschau genauso Schlagwort wie in Rom oder Berlin. An die Tatsache, daß General Weygand das Land 1920 vor der Wiedereroberung durch Rußland gerettet hatte, sahen sich die Polen nur ungern erinnert. Antifranzösische Manifestationen wurden in Warschau immer häufiger, wenn auch theoretisch die französisch-polnische Allianz weiterbestand. 1938 hatten die Beziehungen zwischen den beiden Verbündeten die Formen echter Antipathie angenommen. Ganz anders das polnische Verhältnis zu Deutschland: Zwar gab es Fälle offener und heimtückischer Unterdrückung der deutschen Minderheiten seitens der Polen, und Deutschland sorgte in Danzig unablässig für Unruhe; trotzdem unternahm die Hitlerregierung in Warschau Annäherungsversuche, auf welche die Polen in der Überzeugung eingingen, es handele sich dabei um eine Anerkennung ihrer militärischen Stärke. Der Reichsjägermeister und Generalfeldmarschall Göring fuhr mit pompösem Gefolge zur Elchjagd in den Bialowiezer Forst, wobei er bei jedem Jagdbesuch ausdrücklich betonte, das Reich brauche ein starkes Polen, und es gäbe keine ernsthaften Differenzen zwischen den beiden Ländern. Josef Beck, eine Kreatur des Nationalheros Pilsudski, betrieb diese Annäherungspolitik bis in die letzte Konsequenz. Anläßlich der Münchener Krise stellte er Polen an die Seite Deutschlands und entriß der Tschechoslowakei das kleine Territorium von Teschen. Als man die Polen darauf aufmerksam machte, daß sie nun gleich nach der Tschechoslowakei an der Reihe seien, erwiderten sie hochmütig: »Wir fürchten nichts, denn man fürchtet uns.« Am 25. und 26. Januar 1939 war Warschau mit Hakenkreuzfahnen zu Ehren Ribbentrops geschmückt, der den Besuch Becks bei Hitler erwiderte. Dies war der letzte Akt der Höflichkeit seitens Deutschlands und reine Berechnung, was aber die Polen nicht wahrhaben wollten.

Knapp zwei Monate später wiederholte Ribbentrop dem polnischen Botschafter gegenüber, Deutschland fordere die Rückgabe Danzigs sowie einen exterritorialen Durchgang durch den Korridor. Polen lehnte ab.

Das Nahen der Gefahr veranlaßte die Polen durchaus nicht, die deutsche Stärke etwas nüchterner zu betrachten. Studenten warfen die Fenster der deutschen Botschaft ein und schrien: »Nach Berlin!« Und die Militärs waren noch großsprecherischer: »Man gibt uns üble Ratschläge«, sagte der Kriegsminister Kasprzicki. »Wir denken nicht daran, uns danach zu richten. Man rät uns zum Bau von Festungen und zur Vorbereitung eines Verteidigungskriegs, empfiehlt uns Rückzugsmanöver und Widerstand an unseren Flußläufen. Nichts davon werden wir tun. Wir kennen nur die Offensive, und im Angriff werden wir siegen.«

Die polnische Mobilmachung, zwar seit dem Frühjahr etappenweise in Gang, brachte am 1. September jedoch nicht die gewünschte Einsatzstärke. Die strategischen Maßnahmen waren wenig sinnvoll. Der Generalissimus Rydz-Smigly wollte das gesamte Gebiet schützen und hatte längs der Grenze sieben Gruppen aufgestellt, die als Armeen bezeichnet wurden. Er hatte starke Kräfte in der ›Falle‹ des Korridors zusammengezogen, die Ostpreußen erobern sollten, und ebenso starke Truppen, die Armeen Kutrzeba und Bortnowski, in dem vorspringenden Winkel von Posen, von dem aus die Offensive gegen Berlin gestartet werden sollte. Am 1. September 1939 standen auf polnischer Seite 38 Infanteriedivisionen, 11 Kavalleriebrigaden und 2 motorisierte Brigaden, dazu 45 selbständige Bataillone und zahlreiche Grenzeinheiten bereit. Ein größeres militärisches Aufgebot Polens hätte übrigens nichts geändert, höchstens die Verlustziffern. Es ist weder auf die unzureichende polnische Stärke noch auf eine unzulängliche Führung, sondern auf die Natur der polnischen Armee zurückzuführen, daß sie schon geschlagen war, ehe sie überhaupt kämpfen konnte.

Die Armee war weitgehend nach den Prinzipien des Ersten Weltkriegs aufgestellt. Die Luftwaffe besaß nur 852 Maschinen. Neben 22 völlig veralteten Kavallerieregimentern waren nur etwa 500 Panzer älterer Bauart vorhanden. Die Artillerie war noch zu einem Teil bespannt, das Fernmeldewesen sehr unzuverlässig. Flugabwehr gab es kaum. Die Mannschaften waren überfordert, die Munitionskolonnen und der Regimentstrain zum Teil auf Panjewagen angewiesen. Das Heer – nur unzureichend motorisiert – war nach polnischer Auffassung eine Bauernarmee, die beweglich und dem Lande angepaßt war, die keine Nachschubprobleme kannte und keine befestigten Wege benötigte, keinen Reparaturdienst, der für eine motorisierte Armee unerläßlich ist.

Mit den ersten Kriegstagen begannen die Leiden der Zivilbevölkerung und die Zerstörung Tausender Dörfer und Städte: Oft überraschten deutsche Panzer bei ihrem raschen Vorstoß nach Polen hinein die Bauern bei der Feldarbeit (oben). – Straßenkämpfe um die Ruinen einer polnischen Kleinstadt (unten).

Der deutsche Vormarsch hatte auf weiten Strecken den Charakter eines wirklichen Marsches in Formation (oben). Bereits nach den ersten zehn Tagen waren starke polnische Armeeverbände bei Radom eingeschlossen; dort gaben sich über 60000 polnische Soldaten gefangen (unten).

Gegenüber lag das deutsche Ostheer mit fünf Armeen. Noch 1933 war die Wehrmacht Deutschlands den Bedingungen des Versailler Vertrags unterworfen gewesen: 100000 Berufssoldaten, in zehn kleinen Infanterie- und Kavalleriedivisionen, waren Deutschland erlaubt. Verboten waren Panzerwaffen, Schwere Artillerie, Luftwaffe und Generalstab. Erst am 11. März 1935 ordnete Hitler die allgemeine Wehrpflicht und die Schaffung eines Heeres von 36 Divisionen an. Der damalige Oberbefehlshaber des deutschen Heeres, Generaloberst Werner von Fritsch, hielt 36 Divisionen für übertrieben und provozierend und erklärte, 24 Divisionen seien zur Verteidigung des Landes ausreichend. Hitler kümmerte sich nicht darum.
Die Reichswehr hatte während ihres fünfzehnjährigen Bestehens stets von einer Panzerwaffe geträumt. Bei Manövern wurden Panzer durch Kleinwagen, die man mit Leinwand ›gepanzert‹ hatte, oder durch zwei Soldaten dargestellt, die – wie Zirkusclowns ihre Pferdeattrappen – Panzersilhouetten trugen. Weil die Praxis ihnen versagt war, studierten die Militärs die verbotene Waffe in der Theorie. Sie begriffen bald, daß der Panzer für die moderne Kriegführung von revolutionärer Bedeutung war. Er vereinigte zwei Elemente, Schlagkraft und Schnelligkeit, die der Stellungskrieg getrennt hatte. Von dieser Erkenntnis ausgehend, schufen die deutschen Generale einen neuen taktischen und strategischen Stil, der nicht mehr mit den Schwierigkeiten des Materialkriegs und den endlosen Schlächtereien des Ersten Weltkriegs belastet war. Zusammengefaßt in große Einheiten, die mit größtmöglicher Schnelligkeit operierten und unabhängig waren von der schwerfälligen Infanterie, konnten die Panzer vorstoßen, äußerst beweglich manövrieren und feindliche Verbände rasch umfassen.
Hinsichtlich der Luftwaffe hielt sich das militärische Denken einzelner deutscher Theoretiker zunächst an die Doktrin des italienischen Generals Douhet, der auf die Vorteile einer strategischen Luftwaffe hinwies und den Bombenkrieg auf rückwärtige Ziele im Feindgebiet konzentriert wissen wollte. Man akzeptierte diese Theorie jedoch nicht allgemein und baute eine Luftwaffe auf, die mit der Panzerwaffe zusammenarbeiten sollte. Man nahm damals an, Panzer könnten nur unter dem Feuerschutz der Artillerie eingesetzt werden. Da die Tragweite der Artillerie den Aktionsradius der Panzer begrenzte, ersetzten die deutschen Militärs die Artillerie durch das Flugzeug. Die ›Stukas‹, die Sturzkampfflugzeuge, trafen mit ihren Bomben nicht wesentlich ungenauer als ein Geschütz. Der Krieg änderte dadurch seinen Rhythmus und seine Ausdehnung in der Fläche. Zur Panzerkavallerie, den Kampfwagen, kam die fliegende Artillerie, die Luftwaffe. Diese Neuerungen wurden nicht ohne den Widerstand der Generalität eingeführt, die ihre militärische Erfahrung in unbeweglichen Stellungskriegen und in noch unbeweglicheren Generalstäben erworben hatte. Für sie – und nicht nur für die deutsche Generalität – war die Infanterie die wichtigste Waffe, der alle anderen Waffen-

gattungen zu dienen hatten. Nach ihrer Ansicht war der Panzer also nur ein Helfer des Infanteristen. Er begleitete ihn, öffnete ihm den Weg, schützte ihn mit seiner Panzerung und führte ihn, seinerseits unter dem Feuerschutz der Artillerie stehend, nach vorn. Daß Panzer die Infanterie lediglich zum Nachfolgen und zum Sammeln der feindlichen Gefangenen verdammen sollten, das war ein kühner Gedanke, der in der deutschen Heeresführung erhebliche Bestürzung hervorrief. So hervorragende Militärs wie Beck und Halder widersetzten sich lange Zeit mit allen Kräften diesen neuen Ideen.

Hitler jedoch entschied. Man stritt sich nach dem Kriege lang und breit über seine militärischen Fähigkeiten. Heute noch zählen die einen ihn zu den großen Heerführern der Geschichte, während die anderen in ihm einen kläglichen Dilettanten sehen.

Die Geschichte des Zweiten Weltkriegs weist ihn als siegreichen Taktiker, aber auch als Urheber katastrophaler Niederlagen aus. Hitler, ein eifriger, wenn auch unsystematischer Leser, hatte zahlreiche kriegsgeschichtliche Werke, strategische Abhandlungen und Biographien großer Heerführer studiert. Er kannte genauestens das Kriegsmaterial aller Armeen und verfolgte mit größtem Interesse die Entwicklung neuer militärischer Theorien. In dem Streit zwischen Klassikern und Modernen nahm er für letztere Partei. Die Blitzkriegsarmee eines Guderian und seiner Anhänger entsprach genau der Ungeduld dieses Mannes, der von dem Gedanken an die geringe Zahl von Jahren, die ihm zur Verwirklichung seiner Pläne zugemessen waren, besessen war.

Bis 1938 standen an der Spitze der Wehrmacht der Reichskriegsminister, Werner von Blomberg, der Oberbefehlshaber des Heeres, Generaloberst Werner von Fritsch, und – als Chef des Generalstabs des Heeres – Generaloberst Ludwig Beck. Alle drei waren sich darin einig, daß ein Gleichgewicht der Waffen, eine Strategie des Angriffs aus der Verteidigung heraus und eine vorsichtige Außenpolitik das einzig Richtige seien. Hitler stürzte Blomberg sowie Fritsch, den er in eine anrüchige Affäre verwickeln ließ. Der ›mönchische Soldat‹ Beck versuchte sich gegen Hitlers Ungestüm zu stemmen, indem er sich auf die Verantwortlichkeit des Generalstabs gegenüber dem deutschen Volk berief. Als auch er gestürzt wurde, begriff er, daß Hitler nur mit Gewalt beseitigt werden könne, und begann sofort eine Verschwörung in die Wege zu leiten. Hitler hatte sich eines der wenigen Generale entledigt, die den Mut zum Widerspruch aufbrachten. Nachdem er von allen Soldaten den Treueid auf seine Person erzwungen hatte, baute er, ohne auf Widerstand zu stoßen, einen Apparat auf, von dem in der Folge noch oft die Rede sein wird: das Oberkommando der Wehrmacht, das OKW, das unter der direkten Herrschaft des Führers Heer, Kriegsmarine, Luftwaffe, Abteilungen für Wehrmachtpropaganda, Nachrichtenwesen sowie einen Wehrwirtschaftsstab vereinigte, kurz alles, was das Militärpotential einer Nation bildet. Die Konsequenzen dieser Konzentration brachten einerseits große Vorteile, andererseits aber auch erhebliche Nachteile. Diese radikale Umgliederung krönte Hitler damit, daß er sich am 4. Februar 1938 zum Oberbefehlshaber der Wehrmacht ernannte.

Bei Beginn des Polenfeldzugs gab es sechs Panzerdivisionen. Die älteren fünf trugen die Nummern 1 bis 5, während die neuaufgestellte sechste Division die Nummer 10 erhielt. Eine siebente Division wurde soeben eingefahren. Jede dieser Divisionen setzte sich – mit Unterschieden im einzelnen – aus einer Panzerbrigade zu zwei Regimentern, einer Panzerjägerabteilung, einem Pionierbataillon, einem Nachrichtenbataillon, einer Aufklärungsabteilung und einem einzigen Artillerieregiment mit zwei Abteilungen von 10,5-cm-Geschützen (motorisiert) zusammen. Die Hälfte der 164 Kampfwagen, die das durchschnittliche Kernmaterial eines Panzerregiments bildeten, waren die Pz-Kw I, die sogenannten ›Sardinenbüchsen‹, sechs Tonnen schwere Kampfwagen mit schwacher Panzerung und zwei Maschinengewehren. Die Pz-Kw II, mit einer 2-cm-Kanone bestückt, waren nicht viel stärker. Bei den Pz-Kw III und Pz-Kw IV, die 21,5 beziehungsweise 22,3 Tonnen schwer waren und 3,7- und 7,5-cm-Kanonen besaßen, handelte es sich um außerordentlich schlagkräftige Waffen. Allerdings besaß jede Division nur 24 Pz-Kw IV. Hitler hatte ihren Bau gegen den Widerstand des Generalstabs durchgesetzt, der diese Panzer für zu schwer fand.

Das waren also die berühmten Panzerdivisionen, welche die Kriegskunst revolutionieren sollten und Hitler die Herrschaft über Europa verschafften. Später kamen noch vier leichte, mit den Ziffern 6 bis 9 bezeichnete Divisionen dazu, die – mit tschechischem Material ausgestattet – zu Panzerdivisionen ausgebaut wurden, aber statt einer Brigade nur ein Panzerregiment mit drei Bataillonen zur Verfügung hatten. Man ist überrascht von der geringen Zahlenstärke dieser Einheiten, wenn man Vergleiche mit der Zahl von Kampfwagen zieht, die später auftauchten. Der Eindruck, den die Panzerdivisionen machten, und die von ihnen erzielten Erfolge führten dazu, daß ihre zahlenmäßige Stärke zu Beginn des Krieges vom Ausland in geradezu phantastischer Weise überschätzt wurde. Nachdem nun ein Vierteljahrhundert verflossen ist, scheint es an der Zeit, die Dinge so zu sehen, wie sie wirklich waren. Weit mehr als durch ihr Gewicht und ihre Anzahl bestand die Wirksamkeit der Panzerwaffe in ihrer Anwendungsart und der Kühnheit, mit der sie eingesetzt wurde.

Der Zweite Weltkrieg begann mit Siegen, die der Intelligenz zu verdanken waren.

Die Luftwaffe war vergleichsweise stärker als die Panzerarmee. Seit 1934 hatte sie allmählich ihre Kinderkrankheiten überwunden und die Jahresherstellung von Flugzeugen erheblich steigern können. Es waren nur einige Flugzeugtypen, die bis zur Auswirkung der amerikanischen Rüstungsproduktion den Luftraum kontrollierten, nämlich der Jäger Me 109, der Zerstörer Me 110, der Sturzbomber Ju 87, die Mittelstreckenbomber Ju 88, He 111 und Do 17. Bei Beginn der Feindseligkeiten waren 771 Jagdflugzeuge, 408 Zerstörer, 336 Stukas und 1180 Bombenflugzeuge einsatzbereit, zusammen also 2695 Flugzeuge. Insgesamt besaß also die Luftwaffe 3298 Maschinen. Diese stellten eine Luftmacht dar, wie sie kein anderes Land aufzuweisen hatte.

Abgesehen von Luft- und Panzerwaffe, war die deutsche Wehrmacht auf traditioneller Basis aufgebaut worden. Die Motorisierung war schwach, denn nur vier motorisierte Divisionen arbeiteten mit den 6 bis 7 Panzerdivisionen zusammen. Der Rest bestand aus 35 Infanteriedivisionen, 3 Gebirgsjägerdivisionen, 4 leichten Divisionen, einer Kavalleriedivision, dazu 51 Reserve-Infanteriedivisionen, ferner Armee- und Korpstruppen, Festungskommandanturen, Grenzschutz- und Wachbataillonen: insgesamt 2,9 Millionen Mann sowie 100000 Mann Ersatzheer. Die Reservedivisionen waren erst einige Wochen zuvor sozusagen aus dem Nichts geschaffen worden. Das Kriegsmaterial war ziemlich ungleich. Die modernen 10,5- und 15-cm-Geschütze übertrafen zwar die 7,5-, 10,5- und 15,5-cm-Geschütze Frankreichs, aber viele Batterien hatten noch die alten 7,7-cm-Geschütze aus den Zeiten Wilhelms II. Der Bombenvorrat der Luftwaffe reichte gerade für drei Wochen. Die in fünf Jahren wiedergeschaffene Wehrmacht war eine reine Improvisation, welche die in der Musterarmee des kaiserlichen Deutschlands groß gewordenen Generale entsetzte.

Hitler und die Generalität – Frühe Verschwörung

Die meisten von ihnen bemühten sich, nur Soldaten zu sein. Einige waren Hitleranhänger, in der Mehrheit aber bestand die Generalität aus Gegnern des Führers. Sie liebten Hitler nicht, und Hitler haßte sie. Dennoch: Daß bis zum Kriegsende mehr als 50 Generalfeldmarschälle, Generale und Admirale füsiliert, gehängt, erdrosselt und an Fleischerhaken aufgeknüpft oder durch den Führer zum Selbstmord gezwungen wurden – das hätte damals niemand für möglich gehalten.
Von Anfang an gab es den Geist der Verschwörung in den höheren Kommandostellen und unter den hohen Offizieren, die später zu Hunderten hingeschlachtet werden sollten. Vor München hatte das Deuxième Bureau, die französische Abwehr, nur mitleidig mit den Schultern gezuckt, als ein Agent die Nachricht brachte, ein deutscher General sei bereit, an der Spitze seiner Division auf Berlin zu marschieren. Diesen General gab es wirklich. Es war der General Hoepner, der später von Henkershand starb. Hoepner hatte eine ganze Nacht lang in seiner Garnison in Thüringen darauf gewartet, daß seine Mitverschworenen ihm das vereinbarte Signal gäben. Diese waren bei Generaloberst Halder versammelt. Zu den Verschworenen zählten Generaloberst Beck, Generaloberst von Witzleben, der General der Infanterie von Stülpnagel, der Admiral Canaris, der Polizeipräsident von Berlin und viele andere. (Alle außer Beck, der sich erschoß, wurden erst Jahre später, nach dem mißlungenen Attentat vom 20. Juli 1944, hingerichtet.) Sie wollten am nächsten Tag Hitler festnehmen, und zwar in dem Augenblick, in dem er vom Reichsparteitag in Nürnberg zurückkam. Die diesbezüglichen Befehle

Von oben, von links: W. Keitel, Chef des OKW; A. Jodl, Chef des Wehrmachtsführungsstabes; W. v. Brauchitsch, Oberbefehlshaber (OB) des Heeres; F. v. Bock, Heeresgruppenführer; F. Halder, Chef des Generalstabs des Heeres; G. v. Rundstedt, Heeresgruppenführer; E. Rommel, Befehlshaber des Afrikakorps, Heeresgruppenführer; E. Lewinski v. Manstein, Heeresgruppenführer; H. Guderian, Panzergeneral.

Von oben, von links: *48* K. Dönitz, OB Kriegsmarine ab 1943; *49* H. G. v. Kluge, Heeresgruppenführer; *50* E. Raeder, OB Kriegsmarine bis 1943; *51* A. Kesselring, Luftflottenkommandeur, OB Südfront; *52* H. J. Stumpff, Luftflottenkommandeur; *53* H. Sperrle, Luftflottenkommandeur; *54* A. Speer, Reichsminister für Bewaffnung und Munition; *55* F. Sauckel, Sonderbeauftragter für den Arbeitseinsatz; *56* F. Todt, Vorgänger Speers.

waren schon ausgegeben, als der Rundfunk meldete, daß Chamberlain zu einer Audienz beim Führer unterwegs nach Berchtesgaden sei... »Die materielle Basis unserer Verschwörung war zunichte gemacht«, erklärte Halder, »da Hitler nicht nach Berlin zurückfuhr. Die moralische Grundlage fehlte nun ebenso. Wir hätten einen Verrückten verhaften können, der Deutschland in einen im voraus verlorenen Krieg gehetzt hätte, aber wir konnten nicht einen Kanzler verhaften, der mit dem Premierminister Großbritanniens über die friedliche Rückkehr der Deutschen ins Reich verhandeln wollte...«

Seit München gab es keine entsprechende Gelegenheit mehr, aber die Widerstandsbewegung war nicht tot. Einer der Verschworenen, der Generaloberst von Witzleben, befehligte eine Armee im Westen. Canaris war Chef des Nachrichtendienstes, der Abwehr. Halder selbst war der Chef des Generalstabs und rechte Hand des Oberbefehlshabers des Heeres, von Brauchitsch. So begann dieser Krieg mit der latenten Rebellion eines Teils der deutschen Generalität gegen den obersten Befehlshaber und das Regime. Eine eigenartige Entwicklung war die Folge.

Auch den Generalen, die nicht zu dem Kreis der entschiedenen Hitlergegner gehörten, fehlte jegliche Begeisterung für diesen Krieg. Sicher war keiner mit dem Korridor, dem Statut von Danzig, der willkürlichen Ziehung der Ostgrenzen und der Tatsache, daß eine Million Deutsche unter polnischer Herrschaft lebten, einverstanden, aber sie waren alle der Meinung, die deutsche Armee sei noch nicht genügend gerüstet, um einen neuen Krieg von europäischem Ausmaß durchstehen zu können. Alle, außer den Hitleranhängern Busch und Reichenau, hatten vor München einem von Generaloberst Beck verfaßten Memorandum vorbehaltlos zugestimmt, das den Führer vor den Gefahren warnen sollte, in die seine Abenteuerpolitik Deutschland zu stürzen drohte. Der deutsch-sowjetische Nichtangriffspakt, der ein Jahr später geschlossen wurde, hatte zwar das Gespenst eines Zweifrontenkriegs vertrieben, dennoch waren die deutschen Heerführer beunruhigt: Der Krieg – das sahen sie mit jedem Tag deutlicher – würde beginnen, ehe noch das Deutsche Reich dazu ausreichend gerüstet war.

Auch im Volk war die Stimmung alles andere als gut. In diesem August 1939 war nichts von dem Enthusiasmus des Juli 1914 zu spüren. Hitler wußte das. Im Vorjahr hatte er einen Versuch gemacht, den er in diesem Jahr nicht zu wiederholen wagte: die Parade einer Panzerdivision in Berlin. Er hatte einen Sturm der Begeisterung erwartet, aber das Resultat war nur Niedergeschlagenheit. Drei Stunden lang waren Panzer durch die Hauptstadt gerollt, inmitten einer schweigenden Menge; es war, als zöge eine feindliche Armee in eine eroberte Stadt ein. Hitler, der auf dem Balkon der Reichskanzlei die Parade abgenommen hatte, warf sich anschließend in seinem Arbeitszimmer in einen Klubsessel und beschimpfte das deutsche Volk – genauso, wie er sechs Jahre später, besiegt und sterbend, am gleichen Ort das deutsche Volk beschimpfte, das er verführt und entehrt hatte.

Die deutsche Wehrmacht in Polen

Von der Ostsee bis zu den Karpaten waren die Truppen in Bewegung. Der Operationsplan, der nach den Anweisungen Hitlers umgearbeitet und erweitert worden war, sah eine zweiseitige Umfassungsbewegung vor. Den linken Flügel bildete die Heeresgruppe Nord unter dem Befehl des Generalobersten Fedor von Bock. Auf dem rechten Flügel stand die Heeresgruppe Süd unter Generaloberst Gerd von Rundstedt. Die Heeresgruppe Nord bestand aus zwei Armeen, der 3. Armee (General der Artillerie Georg von Küchler), die aus Ostpreußen vorbrach, und der 4. Armee (Generaloberst Günther von Kluge), die von Pommern aus angriff. Insgesamt waren es 21 Divisionen, darunter 9 aktive mit 2 Panzerdivisionen. Die Heeresgruppe Süd bestand aus drei Armeen, nämlich der 14. (Generaloberst Wilhelm List), die in den Karpaten stand, der 10. (Generaloberst Walter von Reichenau), die in Oberschlesien konzentriert war, und der 8. (Generaloberst Johannes Blaskowitz), die von Breslau aus vorstieß. Insgesamt waren dies 36 Divisionen, darunter 28 Infanterie- und 4 Panzerdivisionen. Während die Heeresgruppe Nord den Korridor durchquerte, die Narewlinie zerbrach und Warschau vom Rücken her einnahm, vernichtete die Heeresgruppe Süd das Gros der polnischen Armee westlich der Weichsel. Man trieb die Mißachtung des Gegners so weit, daß man zwischen den beiden Heeresgruppen zur Deckung Berlins gegen die besten Truppen der polnischen Armee nur eine dünne Kette von Grenzschutzeinheiten stehen ließ.

Um 4 Uhr 45 eröffnete das am Vorabend in Danzig eingelaufene Linienschiff *Schleswig-Holstein* das Feuer auf die polnische Enklave Westerplatte. Die Luftwaffe griff an. Im Nebel überschritten die Panzer Guderians, Hoepners und Kleists die Grenze und überraschten die Polen.

Der 1. September brachte für Hitler gute Nachrichten. Das polnische Oberkommando war überrumpelt worden. Man hatte sich den Beginn der Feindseligkeiten nach dem Muster von 1914 vorgestellt: vierzehn Tage für die Truppenkonzentrierung auf beiden Seiten, ohne größere Kampfhandlungen als höchstens einige Scharmützel an der Grenze. Dieser Krieg, der blitzartig losging, war für die Polen eine böse Überraschung. Die Soldaten kämpften zwar, aber die deutschen Panzer durchbrachen die schwache Widerstandslinie und stießen geradeaus weiter vor, wobei sie die rückwärtigen Verbindungen des Gegners zerstörten und jegliche Befehlsübermittlung zunichte machten. Die Luftwaffe zerstörte einen großen Teil der polnischen Flugzeuge am Boden und legte die Stäbe lahm. Stukas bombardierten die Widerstandsnester und riefen hinter der feindlichen Front Verkehrsstauungen hervor, indem sie die streckenweise mit fliehenden Zivilisten verstopften Straßen unter Beschuß nahmen.

Im Norden der Angriffsaktion stießen die deutschen Truppen aus Ostpreußen bis zu den Verteidigungsstellungen von Mlawa vor, die Warschau decken sollten. Im Korridor stellten die 3. und die 4. Armee die Verbindung untereinander her. Im Zentrum erreichte die 10. Armee, die Stoßtruppe der Heeresgruppe Rundstedt, nach einem Vormarsch über 80 Kilometer innerhalb von sechsunddreißig Stunden die Warthe. Im äußersten Süden hatten die Gebirgsjäger Lists mit Hilfe slowakischer Truppen den Jablunkapaß, um den im Ersten Weltkrieg endlos gekämpft worden war, rasch eingenommen und lagen nun vor Krakau. Schneller und wirkungsvoller hätte der Angriff kaum sein können.

In London und Paris hatte man bis 21 Uhr 30 gewartet, ehe man der Reichsregierung mitteilte, daß weitere militärische Schritte England und Frankreich zwingen würden, ihren Verpflichtungen Polen gegenüber nachzukommen. Die Wilhelmstraße nahm diese verspätete Intervention hochmütig entgegen.

»Soll das ein Ultimatum sein?« fragte Ribbentrop. »Nein, eine Warnung«, antworteten die Botschafter.

Zwischen Paris und London gab es schwere Reibereien. Der französische Außenminister Georges Bonnet bestand verzweifelt auf der Annahme des italienischen Vorschlags einer Viererkonferenz, weswegen London die Franzosen im Verdacht hatte, sie wollten kneifen. Graf Radzinski, der polnische Botschafter in London, stürzte wütend zum Foreign Office und brüllte, Bonnet habe seinem – Radzinskis – Kollegen in Paris erklärt, er werde nicht die Frauen und Kinder Frankreichs für Polen hinschlachten lassen. Als 1938 die Tschechen daran glauben mußten, hatten die Polen gegen einen derartigen heiligen Egoismus nichts einzuwenden gehabt. Die englischen Parlamentsabgeordneten aber waren ebenso ungeduldig und empört wie die Polen. Sie zischten eine dürftige Erklärung Chamberlains aus, die ungefähr folgendes besagen wollte: ›Wir haben protestiert und erwarten jetzt die Antwort des Herrn Hitler.‹ Mangelnde Standhaftigkeit des Kabinetts, so wurde in den Parlamentsgängen behauptet, sei auf den Abfall Frankreichs zurückzuführen. England werde eben allein in den Krieg ziehen. Chamberlain müsse gestürzt und durch Churchill ersetzt werden.

England und Frankreich erklären Deutschland den Krieg

Hitler verbrachte den Abend des 1. September in der Gesellschaft einiger weniger Vertrauter im Musiksalon der Reichskanzlei und verlas mit triumphierender Stimme die von der polnischen Front einlaufenden Siegesnachrichten. In Frankreich war die Mobilisierung am Vorabend verfügt worden, was nach den Schätzungen des deutschen Nachrichtendienstes bedeutete, daß mindestens 80 Divisionen zwischen der Nordsee und der Schweiz aufmarschieren würden. Deutschland hatte im Westen nur elf aktive Divisionen stehen; Wochen würden vergehen, bis die 35 Divisionen der dritten und

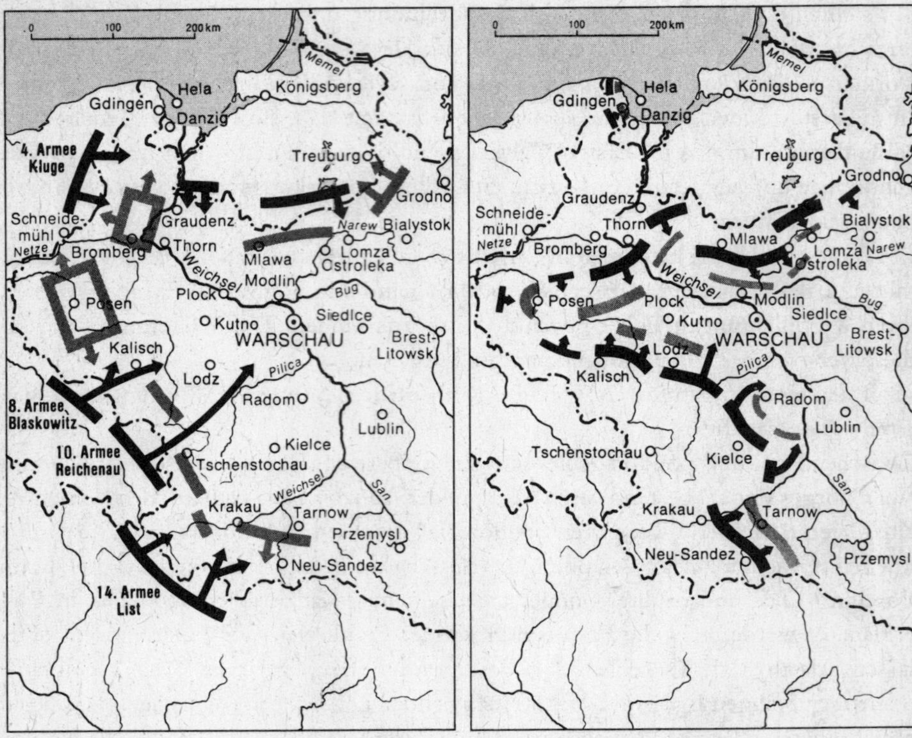

Karten 1 und 2 Der Polenfeldzug vom 1. bis zum 6. September 1939

vierten Linie, die diese elf Divisionen verstärken sollten, die Verbindung hergestellt haben würden. In den grenznahen Städten, wie Freiburg im Breisgau, lief das Gerücht um, die Franzosen überschritten bereits den Rhein. Man war beunruhigt. Hitler aber ließ sich nicht beirren. Die französische Kammer, so führte er aus, habe bei der Bewilligung von 85 Milliarden Franc zusätzlicher Militärkredite nicht von ›Krieg‹ gesprochen. Und wieder einmal erwies sich Hitlers Intuition als richtig: Frankreich und England schlugen nicht los.

Trotzdem täuschte sich Hitler. Frankreichs Haltung war zwar schwankend, doch England war um so entschlossener. Dem vom Palazzo Chigi aus aufgeregt telefonierenden Ciano antwortete Lord Halifax, eine Viererkonferenz komme nur in Frage, wenn Deutschland vorher seine Truppen aus Polen zurückziehe. Mussolini ließ antworten, er könne derartige Bedingungen dem Führer nicht unterbreiten. Der Friede war nicht mehr zu retten.

Um 4 Uhr früh am 3. September wurde der britische Botschafter Sir Neville Henderson

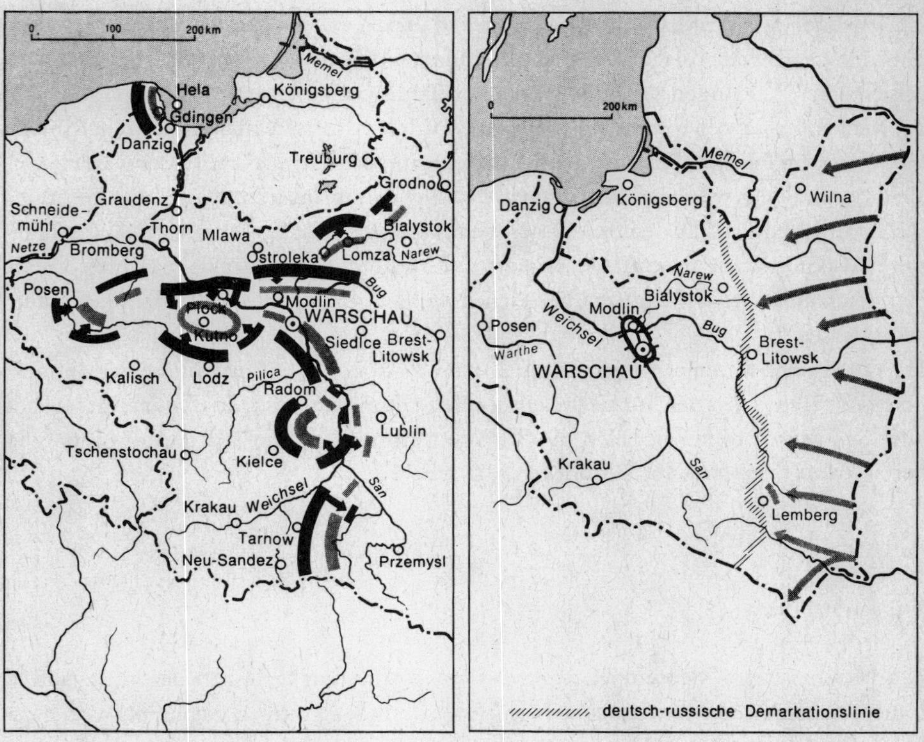

Karten 3 und 4 Der Feldzug vom 9. bis zum 17. September, dem Tag des sowjetischen Einmarschs in Ostpolen

aus London angewiesen, er solle Ribbentrop für 9 Uhr um eine Audienz ersuchen. Die Wilhelmstraße schlief angeblich wie im tiefsten Frieden. Seine Exzellenz von Ribbentrop war am Vormittag nicht zu sprechen, aber Hitlers Chefdolmetscher Paul Schmidt sei ermächtigt, alle Mitteilungen der Regierung Seiner Majestät entgegenzunehmen. Henderson mußte erst eine ganze Reihe von untergeordneten Beamten wecken lassen, um dies zu erfahren. England war gezwungen, sein Ultimatum in die Hände eines Beamten zweiten Ranges zu geben: Wenn bis 11 Uhr – in zwei kurzen Stunden also – keine bindende Versicherung über den Rückzug der deutschen Truppen in Händen der Regierung Großbritanniens sei, bestehe der Kriegszustand zwischen England und dem Deutschen Reich.

Frankreich folgte, sozusagen als Mitläufer. Es weigerte sich, sein Ultimatum gleichzeitig mit dem Englands zu überreichen, bestand auch darauf, daß die Frist erst um 17 Uhr ablaufe, und vermied das Wort ›Krieg‹. Georges Bonnet schrieb, Frankreich sehe sich gezwungen, ›seine der Deutschen Regierung bekannten, gegenüber Polen

eingegangenen Verpflichtungen zu erfüllen‹. Knapp drei Stunden nach Henderson überreichte der französische Botschafter Coulondre in der Wilhelmstraße diese in euphemistischen Wendungen gehaltene Kriegserklärung. Das Ultimatum Englands hatte Schmidt sofort an den Führer weitergeleitet. Hitler saß an seinem Schreibtisch, Ribbentrop stand am Fenster. Schmidt übersetzte langsam das Ultimatum. Hitler war wie versteinert. Er blieb einen endlosen Augenblick bewegungslos sitzen, dann wandte er sich mit dem wütenden Blick eines Mannes, den man getäuscht hat, an seinen Außenminister: »Was nun?« fragte er. »Ich nehme an, daß die Franzosen uns in der nächsten Stunde ein gleichlautendes Ultimatum überreichen werden.« Schmidt beeilte sich, den Raum zu verlassen.
Im Vorzimmer waren zahlreiche Adjutanten und hohe Parteifunktionäre versammelt. Schmidt teilte ihnen den Inhalt des englischen Ultimatums mit. In das darauffolgende tiefe Schweigen tönte plötzlich die Stimme Görings: »Wenn wir diesen Krieg verlieren, dann möge uns der Himmel gnädig sein!«

Das Ende Polens

Am Morgen des 7. September überschritten Aufklärungsgruppen der 3., 4. und 5. französischen Armee die deutsche Grenze westlich der Vogesen gegenüber von Saarlouis, Saarbrücken und Zweibrücken. Zweck dieser Offensive war eine Entlastung Polens, indem man die deutsche Armee zwingen wollte, sich nach Westen zu wenden. Doch dafür kam Frankreichs Intervention zu spät. 1914 wäre ein Eingreifen am fünften Tag nach der Mobilmachung möglicherweise noch wirksam gewesen. Damals konzentrierte man zuerst die Armeen hinter den Deckungstruppen und ging dann erst in die Offensive. Die Vereinbarungen zwischen dem polnischen und dem französischen Generalstab, die im Mai 1939 ausgehandelt, aber mangels eines politischen Bündnisses nicht ratifiziert worden waren, entsprachen dieser hergebrachten Vorstellung vom Beginn eines Krieges. Frankreich werde, so war vorgesehen, vom vierten Tag nach der Mobilmachung an ›stufenweise offensive Operationen mit begrenztem Ziel auslösen‹, um dann – um den fünfzehnten Tag – mit dem Gros seiner Truppen anzugreifen, ›wenn der deutsche Hauptstoß gegen Polen stärker werden sollte‹. Frankreich befand sich also nicht im Rückstand, weder nach der militärischen Planung noch hinsichtlich seiner halben Verpflichtung Polen gegenüber. 1939 aber kam die französische Intervention so spät, daß sie nutzlos war. Polen kämpfte zwar noch, doch war seine Niederlage schon besiegelt. Am gleichen 7. September, als die französischen Truppen zögernd an der Saar vorfühlten, brach in Polen der Widerstand zusammen. Die 4. deutsche Armee erreichte die Weichsel und besetzte das Westufer bis zur Höhe von Thorn, während die

3. Armee bei Mlawa durchbrach und Warschau vom Rücken her bedrohte. Das Diplomatische Korps, die Regierung und das Oberkommando hatten die Stadt eiligst verlassen, aber ihr Fluchtweg nach Südosten wurde durch die 14. deutsche Armee abgeschnitten, die nach der Einnahme Krakaus sich der rumänischen Grenze näherte. Westlich der Weichsel versuchte die im Zipfel von Posen liegende polnische Armee, der man früher einmal die Eroberung Berlins zugedacht hatte, durch eine Schwenkung die 8. deutsche Armee in der Flanke zu fassen, doch Rundstedt vollführte ebenfalls eine Schwenkung seiner 10. Armee und warf das motorisierte XV. Armeekorps und das XVI. Panzerkorps in den Rücken von Bortnowski. Die Folge war die erste große Einschließungsoperation des Zweiten Weltkriegs: Im Kessel an der Bzura wurden zahlreiche polnische Verbände gefangengenommen.

Die Erfolge der Wehrmacht übertrafen die kühnsten Erwartungen der Deutschen. Erst später, als man die Operationen in allen ihren Einzelheiten einer genauen Prüfung unterzog, stellte man gewisse, höchst beunruhigende Schwächen fest. Das Heer stand zum Teil auf noch recht unsicheren Füßen. Die erstaunlichen Erfolge der Panzereinheiten und der Luftwaffe indes ließen alle Kritik verstummen. Gegen Panzer waren die polnischen Infanteristen und Kavalleristen machtlos, und die Artillerie der Polen verlor vielfach ihre Bespannungen durch Luftangriffe. Die weittragende deutsche Artillerie und vor allem die Fliegerverbände zerstörten alle rückwärtigen Verbindungen der Gegner und brachten die Etappe in Verwirrung. Die meteorologischen Bedingungen waren den deutschen Truppen günstig, denn der Regen blieb aus und der Himmel strahlte. Es war ein ideales Wetter für Flieger und Panzer. Das war wirklich ein ›frisch-fröhlicher Krieg‹! Die Verluste waren gering, verglichen mit späteren Verlusten (nach amtlichen Angaben 10572 Tote, 30322 Verwundete und 3409 Vermißte). Der deutschen Regierung nahestehende Persönlichkeiten erschienen als Zuschauer bei diesen ›großen Manövern‹, darunter die Filmschauspielerin Leni Riefenstahl, die im Hauptquartier Rundstedts erschien, eine kleine Pistole im Gürtel und einen Dolch in einem ihrer weißen Schaftstiefel. Hitler selbst begab sich in sein – drittes – Hauptquartier, das Kasino von Zoppot. Er mischte sich nicht in die Leitung der Operationen ein, aber er zog seine Schlüsse aus diesem so erfolgreichen Feldzug, an dessen günstigen Ausgang er gegen alle Fachleute geglaubt hatte.

Inzwischen verlangten die Vertreter des polnischen Oberkommandos in London und Paris durch Bitten, in die sich unverhohlene Vorwürfe mischten, das Eingreifen der westlichen Luftstreitkräfte. Die Briten antworteten ihnen, die RAF werde jede Nacht Flugblätter über Deutschland abwerfen. Die französische Regierung dagegen erachtete es als verfehlt, durch die Bombardierung deutscher Ziele Vergeltungsmaßnahmen gegen die eigenen Kriegsindustrien zu provozieren. An der Saar drangen Vorausabteilungen von etwa zehn französischen Divisionen Schritt für Schritt vor. Auf einmal war von Ortschaften die Rede, von denen man noch nie etwas gehört hatte, wie Bü-

bingen, Wittersheim oder Hornbach. Die Weisungen des französischen Oberkommandos waren von geradezu beispielhafter Bescheidenheit. Es handelte sich darum, den Westwall zwischen Hardt und Mosel ›nach und nach methodisch zu umzingeln‹. Der Angriff auf die Befestigungswerke werde möglicherweise zu einem späteren Zeitpunkt erfolgen. Der deutsche Widerstand entsprach diesem schwachen Angriff, denn Hitler hatte angeordnet, feindliche Angriffe nur örtlich zu erwidern. Immerhin wartete auf die französischen Soldaten eine böse Überraschung: die Minen. Die Straßen gingen unter den Fahrzeugen hoch, die über Felder vorgehenden Truppen stießen auf Todesfallen, Soldaten, die ein Scheunentor öffneten, wurden zerfetzt, irgendeinen Gegenstand aufzuheben konnte den Tod bedeuten. Die ganz auf Verteidigung eingestellte französische Armee wußte kaum, was eine Mine ist.
Diese ›Offensive‹ hätte nur dann einen Sinn gehabt, wenn Frankreich seine Armee als Instrument der Vertragstreue ausgerüstet hätte, wenn es über eine Panzerarmee verfügt hätte, die imstande gewesen wäre, Deutschland zu überrollen. Der Generalissimus Gamelin wußte am allerbesten, daß es sich nur um einen Scheinangriff zugunsten des ohnehin verlorenen Polens handelte. Schon am 9. September benachrichtigte er den General Georges, den Befehlshaber des Nordostabschnitts, von der Schwere der polnischen Niederlage und betonte dabei, daß französischerseits in erster Linie Verteidigungsmaßnahmen in Frage kämen.
Die Offensive zur Entlastung Polens war zu Ende.
Am 17. September rührte sich Moskau. Molotow erklärte dem Sinne nach, man höre nichts mehr von einer polnischen Regierung, folglich bestehe die polnische Republik nicht mehr. Die Sowjetunion werde daher die ihr durch den Nichtangriffspakt mit dem Deutschen Reich als Interessensphäre zugestandenen Gebiete besetzen. Eine Abänderung des geheimen Zusatzprotokolls erfolgte am 28. September: Deutschland überließ Litauen der Sowjetunion, dafür wurde die neue deutsch-russische Demarkationslinie an den Bug zurückverlegt.
Vereinzelte Kampfhandlungen fanden noch statt – kaum bekannte Beispiele eines erbitterten Widerstands zu einem Zeitpunkt, als der Krieg schon fast vergessen war. Ein General Wictor Thommée verteidigte sich verzweifelt in der Zitadelle von Modlin. Ein anderer, General Bronislaw Prugar-Ketling, verbarrikadierte sich im Forst von Janow, von dem aus er eines Tages mit einigen Schwadronen hervorbrach, um eine deutsche Panzerdivision anzugreifen, welcher der Treibstoff ausgegangen war. Kavallerie gegen Panzer! Der Oberbefehlshaber der polnischen Kriegsmarine, Vizeadmiral Jozef Unrug, verteidigte bis zum 2. Oktober den winzigen Kriegshafen Hela in der Danziger Bucht. Der Bilderbuchheld Marschall Rydz-Smigly dagegen ging ohne Waffen, wenn auch nicht ohne umfangreiches Gepäck, nach Rumänien. Das Polen eines Kosciuszko errötete vor Scham. Das von General Juliusz Rommel verteidigte Warschau wurde belagert. Da die deutschen Generale der Auffassung waren, daß jeglicher Widerstand

Der deutsch-sowjetische Nichtangriffspakt vom 23. August 1939 sah in seinem geheimen Zusatzabkommen die Aufteilung des östlichen Mitteleuropa in Interessensphären vor. Nach dieser Absprache begann am 17. September der Einmarsch der sowjetischen Truppen in Ostpolen, wo die Wehrmacht einen Teil des bereits eroberten Gebiets, zum Beispiel Lemberg, wieder räumte. Die Soldaten beider Länder übten seltsame Waffenbrüderschaft.

Die Maginotlinie, Stolz und Schild der Grande Nation, mit Milliarden Francs erbaut und für unverwundbar gehalten, erwies sich im Westfeldzug angesichts des Bewegungskriegs der deutschen Panzer als unbrauchbar (oben). – Der Winter 1939/40 blieb für die Soldaten an der deutsch-französischen Grenze ein Kampf mit der Langeweile; Der Krieg fand nicht statt, die Gulaschkanone regierte (unten).

gebrochen sei, schlugen sie vor, die Stadt einfach zu blockieren und die Kapitulation abzuwarten. Hitler aber erwiderte ihnen, Warschau sei eine Festung, und befahl, die Stadt zu beschießen und durch Flugzeuge zu bombardieren. Vier Tage lang prasselten Bomben und Geschosse auf die polnische Hauptstadt, dann ergab sich Warschau. Auch in anderen Punkten bestand Uneinigkeit zwischen Hitler und seinen Generalen. Der Armee folgten SS und Gestapo. General der Artillerie Walter Petzel, der Militärbefehlshaber von Polen, protestierte gegen die Ermordung von Juden. Der General der Artillerie Georg von Küchler erklärte dem Gauleiter von Ostpreußen, Koch, die deutsche Armee sei ›kein Lieferant für eine Mörderbande‹. Der zum Oberbefehlshaber der Besatzungstruppen ernannte Generaloberst Blaskowitz ließ SS-Leute, die sich Grausamkeiten zuschulden kommen ließen, zum Tode verurteilen. Hitler hob das Urteil auf, worauf Blaskowitz gegen diesen Beschluß protestierte. Die Aversion des Nichtmilitärs gegenüber den Berufssoldaten mit ihrem anachronistischen Ehrenkodex wurde mit der Zeit immer stärker. Diese verachteten Militärs jedoch hatten immerhin ihrem Führer einen prachtvollen Sieg errungen. Polen, dessen Widerstand die westlichen Generalstäbler auf ein Jahr geschätzt hatten, war in neunzehn Tagen vernichtet worden. 694000 polnische Gefangene fielen in deutsche Hand, mehr als 217000 gingen in russische Gefangenschaft.

II. Kapitel September bis Dezember 1939
›Drôle de guerre‹ und Winterkrieg

Eine ruhige Front

›Drôle de guerre!‹ Ein seltsamer Krieg! Dutzende von Eisenbahnzügen fuhren tagtäglich am rechten Rheinufer entlang. Auf der anderen Seite, in fünfhundert Meter Entfernung, standen an der Brücke von Chalempé französische Soldaten mit automatischen Waffen, zählten die Waggons und erstatteten darüber Bericht...
Das Hochwasser riß einige Schleppkähne los. Die französischen Generalstäbler suchten nach einer geeigneten Schußlinie, um die Kähne durch Feuer aus den Kasematten am Flußufer zum Sinken zu bringen, ohne daß die Geschosse das deutsche Ufer trafen. Die deutschen Soldaten arbeiteten ohne Deckung unter großen Tafeln, auf denen zu lesen war, daß sie nicht zuerst schießen würden. Ein Fieseler ›Storch‹ drehte seine Runden mit dem Geräusch eines Motorrads. Lautsprecher brüllten, die Engländer würden bis zum letzten Franzosen kämpfen. Keiner dachte daran, die Arbeiter zu stören, das Flugzeug abzuschießen oder den Propagandalautsprecher zum Schweigen zu bringen. Drôle de guerre! Die Hunderttausende zählenden Armeen beendeten ihren Tagesbericht immer so: ›Verluste durch Feindeinwirkung: keine. Verluste durch Unfall: soundso viele‹ (in der Regel reichlich viele!).
Beim Großen Hauptquartier war die betriebsamste Abteilung die der Feldtheater! Drôle de guerre!

Die Maginotlinie

Die ›Front‹ war eingeschlafen. Am 27./28. September war die Offensive in Polen eingestellt worden, denn es gab kein Polen mehr. Am 30. September wurde der Rückzug der französischen Truppen auf französisches Gebiet angeordnet. Und als am 16. Oktober Hitler die Befreiung deutschen Bodens anordnete, wurden die Nachhuteinheiten, die in den eroberten Stellungen geblieben waren, einfach hinweggefegt. Um das Maß vollzumachen, evakuierten die Franzosen den Forbacher Zipfel, wo sich ihre besten Steinkohlenbergwerke befanden. Das allererste Dogma ihres militärischen Glaubensbekenntnisses, das auf reine Verteidigung eingestellt war, lautete, daß man nicht in zwei Stellungen kämpft. Folglich war alles der Verteidigung der Maginotlinie untergeordnet, der Hauptwiderstandslinie, an der der Krieg angeblich gewonnen werden würde, da jeder feindliche Ansturm scheitern müsse.

Die öffentliche Meinung Frankreichs blickte mit geradezu religiösem Vertrauen auf diese Maginotlinie. Der kleinste Generalstabsoffizier aber kannte die Fehler dieses riesigen Fuchsbaus, sofern er noch über ein Minimum von geistiger Unabhängigkeit verfügte. Es handelte sich nämlich wirklich um eine ›Linie‹, eine Stellung ohne Rückendeckung, die lediglich Frontalkämpfe erlaubte. Die Forts deckten sich gegenseitig nur ungenügend, und die Erbauer hatten nicht die Luftwaffe in Betracht gezogen, folglich auch nicht Sturzbomber, die mit Panzerbauten so gut fertig werden wie mit Panzerschiffen, und ebensowenig Luftlandetruppen, die auf die Oberbauten von Befestigungen niedergehen können. Die aus Eisenbahnschienen gebildeten Panzerhindernisse waren zu schwach, die Schießscharten nicht sicher genug, das Schußfeld konnte durch Artillerievorbereitung zugedeckt werden, und schließlich war die Feuerkraft der Werke viel zu gering im Verhältnis zu ihrer Größe und den dafür aufgewendeten Kosten. Die Maginotlinie war ein hervorragender Unterstand, aber ein höchst mangelhaftes Kampfmittel. Von Uneinnehmbarkeit zu reden war lächerlich. Am 10. Mai 1940 nahmen die Deutschen in einem Luftlandeunternehmen in vier Stunden das belgische Fort Eben-Emael. In der französischen Felddienstordnung war über Eben-Emael zu lesen: ›Das Panzerfort Eben-Emael, der Nordpfeiler der Verteidigung von Lüttich und vergleichbar mit unseren stärksten Werken im Nordosten...‹

Der Gedanke, daß die Maginotlinie bei Montmédy endete, störte die französischen Militärs wesentlich mehr als die Erfindung des Flugzeugs. Projekte waren ausgearbeitet worden, die Linie bis zum Meer fortzuführen und sie durch eine zweite Linie zu verstärken, um den Zugang zum Pariser Becken zu sperren. Aus finanziellen Gründen mußten diese Pläne aufgegeben werden; die Verlängerung und eine zweite Linie hätten zudem derart viel Besatzungspersonal erfordert, daß von der französischen Armee nichts mehr übriggeblieben wäre. Befestigungswerke haben den Zweck, Truppen zu sparen, und es ist eine uralte Praxis, sie durch zweitrangige Truppen besetzt zu halten. Die Maginotlinie aber erforderte eine sehr große Besatzung von Spezialisten. Von der Kriegsschule Saint-Cyr gingen die jungen Offiziere nicht mehr ›in die Legion‹ wie früher, sondern ›in den Beton‹. Einundzwanzig Divisionen steckten von Basel bis Sedan unter der Erde. Diese Truppen waren selbstverständlich unbeweglich. Ohne Transportmittel waren sie daher außerhalb der Befestigungswerke nicht zu verwenden. Hätte man die Maginotlinie verlängert, so wären dadurch zwei Drittel der großen Einheiten lahmgelegt worden. Im übrigen mußte die Maginotlinie, um Frankreich verteidigen zu können, selbst verteidigt werden. Zu jeder Festungsdivision hätten daher ein bis zwei vorgelegte Divisionen gerechnet werden müssen. Die ohnehin unzureichende Beweglichkeit der französischen Armee war durch diese Belastung noch weiter eingeschränkt. Dennoch: Das Dogma von der Unbesiegbarkeit der Maginotlinie galt für alle Dienstgrade als unumstößlich. Ein Korpskommandant, der den Enthusiasmus des Herzogs von Windsor nach einem Besuch der Maginotlinie zu dämp-

fen versuchte, hatte die Folgen zu tragen. Als nämlich der Herzog bei einem Essen in Vincennes dem Oberbefehlshaber Gamelin davon erzählte, stand dieser auf, ging zum Telefon und enthob den Ketzer seines Postens.
Die Maginotlinie verlief im Durchschnitt etwa zwölf Kilometer hinter der Grenze. Jede der in dem Grenzstreifen liegenden Divisionen schickte eine Aufklärungsabteilung sowie ein oder zwei Bataillone vor. Eine schwache Deckung also, die noch dazu in eine Auffanglinie und eine Kette von Sicherungsabteilungen unterteilt war. Diese allein kamen gelegentlich mit dem Feind in Berührung, wobei es nur selten zu ernsthaften Zusammenstößen kam. Nur in zwei oder drei Abschnitten wurde das unausgesprochene Stillhalteabkommen zwischen den deutschen und den französischen Truppen häufiger verletzt, so bei Apach an der luxemburgischen Grenze und in der recht unruhigen Gegend von Forbach. Die Deutschen führten Handstreiche, nach denen sie sich sofort wieder zurückzogen, wobei sie Maschinengewehre und Granatwerfer einsetzten und häufig gegnerische Vorposten gefangennahmen. Die Deutschen machten 3000 Gefangene, die Franzosen nur 100. Das französische Hauptquartier gab vor, es wolle sich nicht in ein ewiges Vorpostengeplänkel verwickeln lassen, man werde sich nur an einer bestimmten Stelle schlagen.
Äußerst beeindruckend war die Leere, die zwischen den Deckungstruppen und der Maginotlinie herrschte. Die gesamte Bevölkerung war evakuiert worden, während die Deutschen die Zivilisten in Frontnähe beließen. In den ausgeplünderten französischen Dörfern begegnete man nur gelegentlich einer kleinen Pioniereinheit, die Zerstörungsarbeiten ausführte. Städte und Dörfer waren evakuiert worden, sogar Straßburg, das zu einer toten Stadt geworden war, von einer Gendarmenkette streng abgeschlossen gehalten, denn man hatte große Angst vor Plünderungen. Die nach dem Südwesten Frankreichs verschickten Elsässer und Lothringer grollten ihren Landsleuten, die nicht einsehen wollten, daß es Franzosen gab, die deutsch sprachen.
Dann kam die Regenperiode, und man fragte sich immer mehr, ob dieser Krieg ohne Krieg nicht etwa ein Mißverständnis sei. Am 6. Oktober hatte Hitler in einer Rede im Reichstag Friedensvorschläge gemacht. Frankreich und England hatten sie zurückgewiesen, aber das völlige Stillhalten an der Front ließ annehmen, daß Geheimverhandlungen im Gang seien. Außerdem hatte sich die Meinung festgesetzt, die Maginotlinie und der Westwall seien uneinnehmbar, und eine angreifende Armee würde unweigerlich hier wie dort eine Niederlage erleiden. Der ganze Zwist könnte folglich nur auf ideologischer und wirtschaftlicher Basis ausgetragen werden, und Hitler werde voraussichtlich durch Blockade und Propaganda auf die Knie gezwungen.
Zweifel und Langeweile führten zu einer unendlichen Faulheitswelle in der französischen Armee. Überprüfungen der Feldpost ergaben, daß die Mannschaften zwar den Befehlen folgten, im übrigen aber keine große Kriegsbegeisterung zeigten, sondern davon überzeugt waren, daß sie demobilisiert würden, ohne einen Schuß getan zu

haben. Die Unterkünfte waren fast durchweg schlecht, die Verpflegung aber mit allen Zusatzrationen war überreichlich. Die französische Armee aß und trank, und ihre Offiziere hielten Luxusmahlzeiten ab. Die Stabsquartiere konnten ihnen zuallerletzt deswegen Vorwürfe machen, denn sie machten sich gegenseitig die Meisterköche großer Pariser Luxusrestaurants streitig und schickten ihre Autos nach den Vogesen, um dort Forellen holen zu lassen, oder nach Boulogne, weil man gerade Lust auf Steinbutt hatte. Einer der bedeutendsten Stäbe schleppte seinen Weinkeller auf dem Rückzug mit und leerte ihn schließlich nach dem Waffenstillstand in Montauban.

Die einzige Entschuldigung für dieses Sybaritentum war vielleicht der Umstand, daß in jenen Wochen kein Blut floß. In der Bevölkerung war die Erinnerung an 1914/18 noch äußerst lebendig; so war sie dem Oberkommando für diese Ruhe dankbar. In diesem Krieg würden sich jene verrückten Offensiven, die nur wegen des Heeresberichts unternommen worden waren, jene erbitterten Kämpfe um einen Fetzen Erde und jene nutzlosen Metzeleien nicht wiederholen. Die französische Armee hätte die Ruhepause dazu benutzen können, stärker und härter zu werden – doch genau das Gegenteil war der Fall.

Lehren aus dem Polenfeldzug

Dabei hätte sie einen Gratislehrmeister gehabt: die deutsche Wehrmacht, die in Polen ihre Kampfweise vorgeführt hatte. Aber diese wertvolle Lehre fiel auf unfruchtbaren Boden.

Von Oktober ab begann das Deuxième Bureau mit einer kritischen Studie des Polenfeldzugs. In militärischem Konformismus befangen und sehr besorgt, die Ideen der hohen Chefs nicht allzusehr zu kritisieren, beschränkte man sich auf die Formulierung dessen, was die Gegenseite in ähnlichen Untersuchungen bereits festgestellt hatte: daß die lineare Verteidigung völlig zwecklos sei, daß es mehr auf Schnelligkeit als auf Feuerkraft ankomme usw. Trotzdem hatte man äußerst genau alle typischen Merkmale der neuen deutschen Kriegführung aufgezählt. Der Sieg in Polen, hieß es, sei ausschließlich der Zusammenarbeit von Panzern und Luftwaffe zu verdanken. Man betonte, daß es nicht eine, sondern zwei deutsche Armeen gäbe, eine Infanterie-und-Artillerie-Armee und eine kombinierte Luft-und-Panzer-Armee, die beide unabhängig voneinander und entsprechend der ihnen jeweils möglichen Schnelligkeit operierten. In den Einzelausführungen zeigte das Deuxième Bureau die Bewegungen von zwei Panzerdivisionen, der 3. und der 5.: Die 3. durchbrach den Sperriegel von Mlawa, vollführte dann eine Wendung, um die Narewufer zu säubern, ehe sie sich gegen Warschau wandte, das sie vom Rücken her angriff, während die 5. Panzerdivision aus der Slowakei hervorbrach,

Galizien überrollte und Lemberg, das 300 Kilometer von ihrer Ausgangsstellung entfernt lag, einnahm, dann eine Schwenkung von 120 Grad vollführte, um ebenfalls gegen Warschau vorzustoßen. Der Eindruck, den die Sturzkampffliegerangriffe auf die Moral der Truppe ausübten, die Lähmung aller militärischen Bewegungen durch die Flüchtlingskolonnen, die die Straßen verstopften, nichts von alledem fehlte in dieser höchst bemerkenswerten Aufstellung. Doch die Militärbürokratie arbeitete derart langsam, daß verschiedene Stäbe diese Informationen erst während der Kampfhandlungen im Mai 1940 erhielten, zu einer Zeit also, wo sie beste Gelegenheit hatten, die Richtigkeit dieses Dokuments festzustellen. Einen weiteren Nutzen hatte es nicht. Während das französische Oberkommando aus dem Polenfeldzug keine Lehren zog, waren zahlreiche Offiziere, die das Dokument des Deuxième Bureau genauer studiert hatten, zutiefst entmutigt. Das Troixième Bureau als entscheidende Stelle erklärte schließlich, daß das, was sich in Polen abgespielt hatte, für die Planung eines Winterfeldzugs der französischen Armee nicht von Bedeutung sei, da die Ausgangsbedingungen völlig verschieden seien. In Polen stand die deutsche Armee einer primitiven Truppe gegenüber, die mittelmäßig geführt wurde, mittelmäßig ausgerüstet und gezwungen war, eine unverhältnismäßig große Front auf einem Gebiet zu besetzen, in dem alle Verteidigungsmaßnahmen fehlten. In Frankreich würde Deutschland einer modernen Armee gegenüberstehen, die von einem Schüler Joffres befehligt wurde, die hervorragend ausgerüstet war und auf einem genau eingeteilten Schlachtfeld beschränkt kämpfen würde und sich dabei auf ein Festungssystem stützen könnte, das stärker wäre und alles, was in dieser Hinsicht je geschaffen wurde, bei weitem überträfe: die Maginotlinie.

Zum Beweis dafür, daß die Situation Frankreichs mit der Polens zu vergleichen war, wies man auf die Tatsache hin, daß Hitler Frankreich bisher nicht angegriffen habe.

Der deutsche Angriff im Westen wird vorbereitet

Der erste offensive Aufmarschplan gegen die ›gut befehligte und ausgerüstete, bereitstehende, verschanzte und maginotisierte französische Armee‹ datierte vom 31. Oktober 1939. Der Angriff war auf den 12. November angesetzt, eine Viertelstunde vor Sonnenaufgang.

Der Entschluß, Frankreich schon 1939 zu schlagen, war bereits gefaßt worden, ehe der Polenfeldzug zu Ende war. Als Hitler diesen Entschluß seinen Generalen bekanntgab, war Warschau noch nicht gefallen. Die deutschen Generale glaubten nicht an den Ernst dieser Entscheidung, die ihnen nicht im Verhältnis zu den Deutschland zur Verfügung stehenden Mitteln und Möglichkeiten zu stehen schien. Mehrere Besprechungen in der

Neuen Reichskanzlei, die Weisung Nr. 6 über die Kriegführung und schließlich der Befehl vom 31. Oktober ließen die Generale jedoch nicht mehr im Zweifel darüber, daß der Führer – entschlossen, die in Polen bewährten Kampfmethoden auch im Westen anzuwenden – wirklich gegen Frankreich vorgehen wollte. Die aus Polen zurückkehrenden deutschen Armeen kamen mit Eisenbahnzügen und auf den Autobahnen an den Rhein. Brauchitsch besuchte gewissenhaft alle Befehlsstellen. Armee- und Divisionskommandeure waren übereinstimmend der Ansicht, die vom Führer beschlossene Offensive sei militärisch nicht zu vertreten, ein Angriff am 12. November geradezu wahnwitzig.

Brauchitsch hielt es für seine Pflicht als Oberbefehlshaber des Heeres, sich dem Entschluß des Führers zu widersetzen.

Am Mittag des 5. November sollte es sich entscheiden, ob der Angriffsbefehl aufrechterhalten bliebe oder nicht. Brauchitsch erschien am Vormittag in der Reichskanzlei und verlangte, den Führer unter vier Augen zu sprechen. Hitler stimmte ungehalten zu. Brauchitsch begann mit dem Verlesen eines Memorandums, in dem er sämtliche militärischen Erwägungen gegen eine Westoffensive zusammengefaßt hatte. Die französische Armee sei zu stark und das deutsche Heer noch nicht fest genug gefügt. Es fehle an schwerer Artillerie und an der für einen Angriff auf die französischen Befestigungen nötigen Munition. Der Sieg über einen schwächlichen Feind, der Erfolg in Polen, dürfe keine Illusionen aufkommen lassen. Es sei also besser, die mit dem Sieg über Polen verbundenen politischen Vorteile für Verhandlungen über einen vorteilhaften Frieden auszunutzen.

Hitler hatte anfangs in finsterem Schweigen zugehört. Er brauste erst auf, als Brauchitsch auf die moralischen Mängel, die während des Feldzugs bei den deutschen Soldaten bemerkbar geworden seien, zu sprechen kam. Die Infanterie habe nicht den gleichen Angriffsgeist gezeigt wie im Ersten Weltkrieg. Selbst bei manchen aktiven Divisionen sei Disziplinlosigkeit festgestellt worden. Brauchitsch konnte nicht weiterlesen und verließ den Raum. Seinem Adjutanten im Vorzimmer schien er einer Ohnmacht nahe. Hitler hatte sich auf Brauchitsch gestürzt, hatte ihm seinen Bericht aus der Hand gerissen und war darauf herumgetrampelt, nachdem er ihn zerfetzt hatte. Dann ließ er den OKW-Chef Keitel kommen, und noch durch die Polstertür konnte man hören, wie er die Dummheit und Feigheit seiner Generale verfluchte.

Als Generaloberst Wilhelm Keitel – seiner Unterwürfigkeit wegen ›Lakeitel‹ genannt – den Führer verließ, war es Punkt zwölf Uhr Mittag. Der Oberst im Wehrmachtführungsstab Walter Warlimont wartete vor der Tür. Er wies darauf hin, daß die Frist für die Bestätigung des Einsatzbefehls bereits überschritten sei. In ihrer Wut hatten Hitler und Keitel diesen Termin völlig vergessen.

Keitel wagte sich also wieder in die Höhle des Löwen. Kurz darauf kehrte er aus dem Führerzimmer zurück und erklärte, der Befehl vom 27. Oktober bleibe gültig. Als

Warlimont diese Entscheidung an den Stab Brauchitschs durchgab, antwortete der Offizier am anderen Ende der Leitung erstaunt: »Aber der Generaloberst hat doch dem Führer auseinandergesetzt, daß das unmöglich ist.« »Der Generaloberst konnte eben den Führer nicht davon überzeugen«, erwiderte Warlimont. Als Brauchitsch Ende November Hitler seine Entlassung anbot, lehnte dieser das Gesuch ab, indem er den Generaloberst fragte, ob denn die einfachen Soldaten in den Schützengräben auch demissionierten. Brauchitsch mußte auf seinem Posten bleiben und die Pläne ausar-

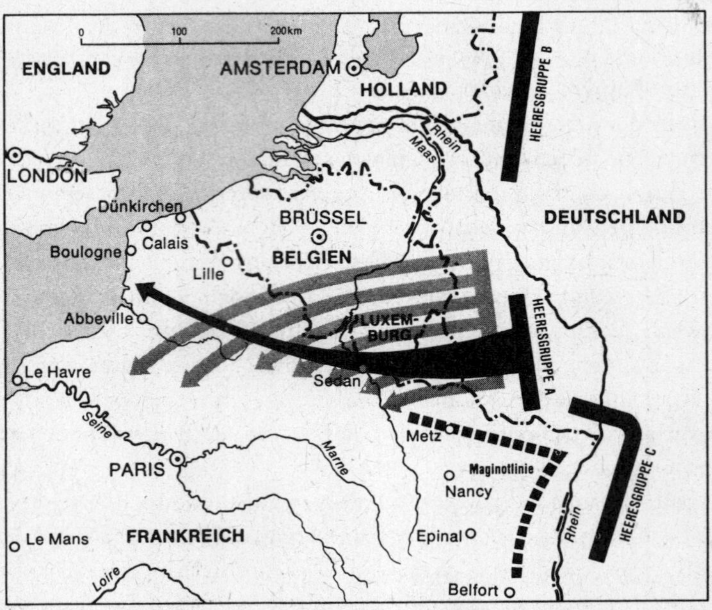

Karte 5
Schlieffen-Plan 1914 (grau)
Manstein-Plan 1940 (schwarz)

beiten, deren Ausführung er mißbilligte. Der Angriffsplan für den 12. November war am 19. Oktober vom Oberkommando des Heeres (OKH) fertiggestellt worden. Die deutsche Armee sollte in die drei Länder einmarschieren, für deren Neutralität Hitler vorher Zusicherungen gegeben hatte, in Holland, Belgien und Luxemburg. Der Schwerpunkt lag um Lüttich. Der vordringende Flügel, den die Armeen Bocks, die Heeresgruppe B, bildeten, sollte das Nordseeufer erobern, um für Marine und Luftwaffe Operationsbasen gegen England zu schaffen. Eine weniger offensive Aufgabe war den Armeen Rundstedts, der Heeresgruppe A, zugeteilt. Sie sollte die Ardennen durchstoßen und den Maasübergang bewerkstelligen. Eine dritte, Heeresgruppe C, unter Ritter von Leeb sollte die ruhige Front zwischen Luxemburg und der Schweiz halten.

Hitler war nicht ganz damit zufrieden. »Die haben sich alle die Schuhe des Schlieffen

angezogen«, sagte er zu Keitel und Jodl. Er hatte ihnen erklärt, daß der Überraschungseffekt von 1914 durch Ausdehnung des rechten deutschen Flügels nicht wiederholbar sei, denn diesmal würde das französische Oberkommando den Vorstoß durch Belgien erwarten. Die Elite der französischen Truppen stünde zwischen Ardennen und Nordsee, und eine Frontschlacht, zu der diese Wiederauflage des Schlieffen-Planes führen könnte, sei unmöglich.
Immerhin ließ Hitler den Plan des OKH durchgehen. Er besaß durchaus eine strategische Einfühlungsgabe, hatte aber nicht, wie der französische General Koeltz sagte, »die höhere Bildung eines Generalstäblers, die ihm erlaubt hätte, sofort die Idee einer bestimmten Operation in Worte zu fassen«. Hitler brachte seine Gedanken meist erst in einsamen Meditationen oder während zusammenhangloser Unterhaltungen in greifbare Form. Der Gedanke an einen Durchbruch bei Sedan war ihm schon sehr früh gekommen, doch nahm er nur sehr langsam Gestalt an. Von dem Entstehen dieses bemerkenswerten Plans wird im folgenden Kapitel noch die Rede sein.
Der Zurechtweisung Brauchitschs folgte dann am 23. November ein heftiger Tadel für alle Armeebefehlshaber, die in der Reichskanzlei versammelt waren. »Hitler bellte alle Generale an«, sagte Halder. »Ich finde kein anderes Wort dafür.« Einige von ihnen bestanden immerhin auf ihrer Gegenmeinung, und einer von ihnen, von Leeb, ging so weit, einen Streik des Oberkommandos vorzuschlagen, um das Offensivprojekt zum Scheitern zu bringen. Der gewohnte Gehorsam der Mehrheit und der auf den Führer geleistete Eid gaben jedoch den Ausschlag. Da veranlaßte plötzlich einsetzender Regen einen Aufschub der Offensive. Hitler verlangte gutes Wetter, damit Luftwaffe und Panzer die gleichen hervorragenden Erfolge buchen könnten wie in Polen. Der Herbst 1939 war aber scheußlich. Im November begann es in Strömen zu regnen, die Flüsse schwollen an, und die überschwemmten Ebenen bildeten weitausgedehnte Hindernisse für die Panzer. Die meteorologischen Vorhersagen kündeten gewaltige Regenstürme vom Atlantik her an und verhießen neue Überschwemmungen für die nächsten Tage. Am 7. November verschob Hitler den Angriff auf den 9., dann auf den 13., auf den 16. und schließlich auf den 20. November. Hitler verlangte dann, daß die zweimal täglich erscheinenden Bulletins der meteorologischen Stationen nunmehr von der Luftwaffe aufgestellt würden, denn er hatte die Heeresgenerale im Verdacht, die Meteorologen zu beeinflussen. Der Wetterdienst der Luftwaffe war aber genauso pessimistisch wie der des Heeres. Die Offensive wurde also weiter aufgeschoben, auf den 27. und 29. November, dann auf den 4., 6. und 12. Dezember.
Es regnete weiter. Die französischen Truppen in ihren schlechten Quartieren im Elsaß und in den Ardennen schliefen in Scheunen auf faulendem Stroh. Tausende von Artilleriepferden krepierten an einer mysteriösen Krankheit, an der möglicherweise die nachlässige Pflege durch die Mannschaften schuld war. Das schlechte Wetter war ein guter Vorwand, bereits angesetzte Übungen wieder abzublasen und Befestigungs-

arbeiten zu unterbrechen. Die Soldaten drängten sich in den Kneipen und langweilten sich tödlich.

Von September 1939 an hatte Hitler vor Offizieren seine Ansicht von den Aufgaben der Panzerwaffe erläutert, wie sie bei einer Westoffensive anzuwenden sei. »Sie dürfen sich nicht in den belgischen Städten und deren endlosen Häuserreihen aufhalten. Es ist nicht einmal notwendig, daß Sie Städte angreifen, Sie müssen den Vormarsch im Fluß halten, die Stabilisierung der Fronten verhindern, indem Sie mit voller Kraft gegen die am schwächsten verteidigten Stellungen vorstoßen.« Für Hitler war der ein großer Stratege, der die Improvisation bis zum Äußersten trieb.

Beginn des Seekriegs

Es gab Leute, die behaupteten, der Konflikt werde sich eher zu einem weltweiten Wirtschaftskrieg entwickeln als zu einem europäischen Territorialkrieg. Der Umstand, daß – im Gegensatz zu den Kämpfen zwischen Deutschland und den Westmächten auf dem Kontinent – der Seekrieg gleich am ersten Tag mit voller Wucht einsetzte, schien diesen Leuten recht zu geben. Am 3. September um 21 Uhr, kaum zehn Stunden nach der Proklamierung des Kriegszustandes, zerstörte eine Explosion den englischen 13500-Tonnen-Überseedampfer *Athenia*, der sich auf dem Weg nach New York befand. 112 Menschen kamen dabei ums Leben, darunter 28 amerikanische Passagiere. Der Zweite Weltkrieg hat seinen ›Fall Lusitania‹ gleich am ersten Tag.

Am nächsten Tag beschuldigte der *Völkische Beobachter* Churchill, er habe die *Athenia* mittels einer Höllenmaschine versenken lassen und sich nicht um die 1500 Menschenleben gekümmert, nur um einen Zwischenfall zwischen Deutschland und den USA herbeizuführen. Churchill, soeben zum Ersten Lord der Admiralität ernannt – ein Amt, das er bereits 1911 bis 1915 bekleidet hatte –, wies diese Behauptung unter scharfem Protest zurück, ohne daß man ihm jedoch überall Glauben schenkte. Erst im Nürnberger Prozeß wurde bewiesen, daß die Darstellung des *Völkischen Beobachters* eine Lüge war. Es war nicht Churchill, sondern der deutsche Kapitänleutnant Lemp, der als Kommandant von *U 30* die *Athenia* versenkt hatte. Die Kriegsmarine fälschte das Bordtagebuch und verpflichtete die gesamte Besatzung zu schweigen, verfügte jedoch eine Disziplinarstrafe gegen Lemp, weil er die Feindseligkeiten durch Torpedierung eines Passagierdampfers ohne vorherige Warnung eröffnet hatte.

Zwei Tage später wurde ein zweites Schiff, die *Royal Spectre*, versenkt. Dieses Mal benachrichtigte der junge Leutnant zur See Herbert Schultze, der Kommandant von *U 48*, Churchill direkt: ›CQ – Transmit to Mr. Churchill Stop Have sunk British *Royal Spectre* position XYZ Stop Please pick up the crew.‹

Die *Athenia* und die *Royal Spectre* eröffneten die Liste der 2779 Schiffe, die von 1939 bis 1945 durch deutsche U-Boote versenkt wurden.

Mehr noch als die Generalität hielt die deutsche Admiralität den Krieg für verfrüht. Deutschland verfügte nur über eine schwache Flotte, nämlich über die drei Panzerschiffe *Admiral Graf Spee*, *Admiral Scheer* und *Deutschland*, die entsprechend den Versailler Bedingungen nur 10000 Tonnen groß waren; ferner über die zwei 26000-Tonnen-Schlachtkreuzer *Scharnhorst* und *Gneisenau* sowie über die schweren Kreuzer *Admiral Hipper* und *Blücher* und sechs leichte Kreuzer sowie 22 Zerstörer. Die 35000-Tonnen-Schlachtschiffe *Bismarck* und *Tirpitz* gingen ihrer Fertigstellung entgegen, während mit dem Bau von zwei weiteren 56000-Tonnen-Schlachtschiffen, welche die vorläufige Bezeichnung *H* und *J* führten, eben erst begonnen worden war. Es handelte sich also um eine Flotte, die sich noch im Aufbau befand und die keine beherrschende Rolle auf den Meeren spielen konnte.

Die Unterseebootflotte war erst 1935 wieder zum Leben erweckt worden, als der Fregattenkapitän Karl Dönitz die aus drei winzigen Booten bestehende Flottille ›Weddigen‹ schuf. 1939 waren es 57 U-Boote, von denen die Hälfte unter 250 Tonnen groß und für Atlantikfahrten unverwendbar war. Außerdem hatte ein großer Teil dieser Boote seine Versuchsfahrten noch nicht beendet. Wochen vergingen, bis die deutsche Kriegsmarine mehr als drei oder vier U-Boote gleichzeitig auf hoher See haben konnte.

Auf alliierter Seite gab es die majestätische britische Flotte von 1914 mit acht Geschwadern zu je acht Linienschiffen auch nicht mehr. Ein Wiederaufbauprogramm der Marine war in Ausführung, aber die Schlachtschiffe der ›King-George-V‹-Klasse und die Flugzeugträger vom Typ ›Illustrious‹ begannen erst 1941 vom Stapel zu laufen. Vorläufig bestand die englische Schlachtflotte aus 13 Veteranen des Ersten Weltkriegs, zehn Panzerkreuzern und drei Schlachtkreuzern, ferner aus sechs Flugzeugträgern, von denen fünf umgebaute alte Panzerkreuzer waren, und den einzigen seit 1919 gebauten Schlachtschiffen *Nelson* und *Rodney*.

Der englische Flottenbestand an Schiffen mit geringerer Tonnage war immerhin beeindruckend: 15 Kreuzer mit 21-cm-Rohren, 49 Kreuzer mit 15,2-cm-Rohren, 194 Zerstörer und 44 Geleitboote. Aber England mußte die Seefahrtswege überwachen, die den ganzen Globus umspannten, und die 2500 Handelsschiffe schützen, die unter englischer Flagge die Meere befuhren.

Wäre Italien sofort in den Krieg eingetreten, so hätte Großbritannien mit einer machtvollen und modernen Flotte rechnen müssen, nämlich mit vier Schlachtschiffen, darunter die neuen 35000-Tonner *Vittorio Veneto* und *Littorio*, 16 leichten und sieben schweren Kreuzern, 59 Zerstörern, 69 mit Torpedorohren ausgerüsteten Schnellbooten und 105 Unterseebooten. Die Nichtteilnahme Mussolinis am Krieg neutralisierte diese Mittelmeerarmada und erlaubte es, die französische Flotte, die im Gegen-

satz zum Heer auf den neuesten Stand gebracht worden war, in den Kampf gegen Deutschland mit einzubeziehen. Außer drei alten Panzerkreuzern verfügte diese französische Flotte über zwei Schlachtschiffe zu 26500 Tonnen, die *Dunkerque* und die *Strasbourg*.
In den Docks wurden die 35000-Tonnen-Schlachtschiffe *Richelieu* und die *Jean Bart*, die stärksten Schiffe ihrer Zeit, soeben fertiggestellt. Ferner bestand die Flotte aus sieben modernen schweren Kreuzern und 28 Torpedobootzerstörern, von denen weitere 24 im Bau waren. Die intensive Bautätigkeit der Werften, die fortgesetzten Verbesserungen und Neuentwicklungen hatten, zusammen mit dem organisatorischen Geschick des verstorbenen Marineministers Georges Leygues und den Fähigkeiten des Chefs des Admiralstabs, François Darlan, dazu beigetragen, daß Frankreich in den dunkelsten Stunden seines militärischen Daseins über die stärkste Flotte seit den Tagen der Monarchie verfügte.
England erlebte während der ersten Kriegswochen eine Reihe böser Überraschungen. Längs der Küsten, in den Buchten und Flußmündungen, wurden auf unerklärliche Weise britische Schiffe versenkt. In der Themsemündung flogen sechs Frachtdampfer hintereinander in die Luft, und das stärkste Schlachtschiff der Heimatflotte, die *Nelson*, mußte für mehrere Wochen zur Reparatur ins Dock.
Eines Abends berichtete der Erste Seelord, Flottenadmiral Sir Dudley Pound, seinem Vorgesetzten Churchill, die Deutschen besäßen eine Geheimwaffe, die beängstigende Verluste verursache. Es gebe keinerlei Abwehr gegen diese Waffe, solange man ihre Natur nicht kenne.
Tage voller Angst vergingen. Am 22. November wurde aus Southend-on-Sea an der Themsemündung gemeldet, ein deutsches Flugzeug sei von einer Flakbatterie stark unter Feuer genommen worden und habe mehrere große Gegenstände abgeworfen, von denen einer auf die Schlammbank von Shoeburyness gefallen und bei Ebbe sichtbar sei. Zwei Offiziere, die Minenspezialisten Ouvry und Lewis, fuhren sofort nach Woolwich. Trotz des dichten Nebels fanden sie den ominösen Gegenstand, richteten eine Behelfsbeleuchtung ein und machten sich an Ort und Stelle daran, die Mine – denn um eine solche handelte es sich – zu entschärfen. Es war eine eiskalte Nacht. Nasse Sturmböen fegten über die Schlammbank. Ouvry und Lewis standen unter Zeitdruck, denn sie mußten fertig sein, bevor die Flut kam. Sie zwangen sich zur Ruhe und schafften es. Das Glück kam ihnen zu Hilfe. Die deutsche Flugzeugbesatzung hatte im Flakfeuer vergessen, die Mine scharf zu machen. Ouvry und Lewis brachten diese Mine, die erste Geheimwaffe Hitlers, nach Southend. Es war eine Magnetmine. Jetzt mußten die Schiffskörper entmagnetisiert werden, damit die im seichteren Wasser ausgestreuten Minen sie nicht mehr fanden.
Die Aufgabe der ›Navy‹ war von nun an in erster Linie der Schutz der ›British Expeditionary Force‹, die nach dem Kontinent übergesetzt werden mußte. Kein einziger

Mann und kein Fahrzeug ging verloren. Als nächstes Ziel war die Blockade Deutschlands vorgesehen. Wie im Ersten Weltkrieg begann man damit, riesige Minenfelder zwischen Schottland und Norwegen zu legen. Auch wurde die sogenannte Phantompatrouille wieder aufgestellt, die zu Hilfskreuzern umgewandelten Überseedampfer, welche die Gewässer in der Höhe des 60. Breitengrades überwachen sollten. Am 23. November sichtete der Hilfskreuzer *Rawalpindi* in einer Entfernung von vier Seemeilen ein großes Kriegsschiff. Kurz darauf sank er nach erbitterter Verteidigung unter dem Feuer der *Scharnhorst*.

U-Boot-Krieg im Stil von 1916: Es gab wieder jene Herden von Schiffen, die von ein oder zwei Schlachtschiffen oder Kreuzern als Hirten geführt wurden, während bewaffnete Fischdampfer oder Korvetten sie wie Schäferhunde umkreisten. Die britischen Verluste waren trotzdem recht hoch: 41 Schiffe im September, 27 im Oktober, 21 im November und 25 im Dezember, insgesamt also 114 Schiffe mit 420000 Tonnen während der letzten Monate des Jahres 1939, was der versenkten Tonnage von 1916 entsprach. Aber auch die Kriegsschiffe wurden nicht verschont. Am 17. September überraschte der Kommandant Schuhart von *U 29* im Bristol-Kanal die *Courageous* bei einem Wendemanöver. Fünfzehn Minuten später hatte die britische Marine den Verlust eines Flugzeugträgers zu beklagen.

Vier Wochen später traf ein anderer, ebenso bitterer und unerwarteter Schlag die Seemacht England. Am 14. Oktober um 0 Uhr 59 ging durch den Rumpf des Schlachtschiffs *Royal Oak*, das in der Bucht von Scapa Flow vor Anker lag, eine Erschütterung. Der Kapitän wachte auf, vermutete eine kleine Explosion und stieg in die unteren Räume, um sich nach dem Schaden umzusehen. Inzwischen lud Kapitänleutnant Günther Prien von *U 47* in zwei Meilen Entfernung die Torpedorohre nach, um von neuem anzugreifen. Im milchigen Schein des Nordlichts tauchte das Boot auf. Die Reede lag in tiefem Schlaf. Es war alles so ruhig, daß der junge Fähnrich zur See von Varendorff die Luke öffnete, um etwas frische Luft zu schnappen, bis ihn der Kommandant mit leiser Stimme zurückrief. Achtundzwanzig Minuten nach dem ersten Angriff, um 1 Uhr 27, riß eine neue Salve die *Royal Oak* auf. Während das Schlachtschiff sank und 24 Offiziere und 809 Matrosen mit sich auf den Meeresgrund nahm, wendete Prien leise, glitt zwischen zwei auf Grund liegenden Schiffen durch den Kirksund, erreichte das freie Meer und steuerte nach Deutschland – dem Ruhm entgegen.

Wie zu Beginn des Seekriegs von 1914 war auch 1939 der Einsatz der Luftstreitkräfte sehr gering. Ein Befehl des britischen Kabinetts verbot die Bombardierung deutscher Schiffe in ihren Häfen. Bombenangriffe waren nur auf hoher See gestattet. Staffeln vom Typ ›Wellington‹ und ›Blenheim‹ machten von dieser Erlaubnis vor Wilhelmshaven Gebrauch, konnten aber ihr Ziel, die *Admiral Scheer*, nur gering beschädigen. Dagegen gelang es der deutschen Luftwaffe, bei einem einzigen Angriff auf Scapa Flow das ehemalige Flaggschiff Jellicoes, die in eine schwimmende Batterie umgebaute *Iron Duke*, zu versenken. Der Oberkommandierende der Home Fleet, Admiral Sir Charles Forbes, schloß daraus, man habe die Luftgefahr übertrieben, ein Urteil, das schwere Folgen haben sollte.

Flucht und Ende der *Graf Spee*

Eine letzte Parallele zu 1914 war die Verwendung der schnellen ›Raiders‹. Die Jagd auf die *Admiral Graf Spee* verursachte nicht weniger Aufregung als im Ersten Weltkrieg die Verfolgung der *Königsberg* und der *Emden*.
Die britische Admiralität erhielt am 1. Oktober die Nachricht, die *Admiral Graf Spee* halte sich im Atlantik auf und habe den Dampfer *Clément* vor Brasilien versenkt. Zwanzig Tage später erreichten die Geretteten des norwegischen Dampfers *Lorentz H. Hansen* die Orkneyinseln und berichteten, ihr Schiff sei von der *Deutschland* versenkt worden. Demnach waren also zwei der vom Ausland als ›Westentaschenschlachtschiffe‹ bezeichneten drei deutschen Panzerschiffe am Werk, das eine im nördlichen und das andere im südlichen Atlantik. Dieser Typ war mit 28-cm-Geschützen bestückt, hatte eine Panzerung von 10 cm Stärke und wurde von Maschinen angetrieben, die eine Geschwindigkeit von 28 Knoten erlaubten. Diese geballte Stärke war in einem Schiff von 10000 Tonnen untergebracht, was dadurch möglich war, daß man statt der üblichen Vernietung die Panzerplatten verschweißt und so eine erhebliche Gewichtsverminderung erreicht hatte. Die Gefahr, die von diesen Schiffen drohte, mußte unter allen Umständen beseitigt werden.
Die Kommandanten der beiden Panzerschiffe waren grundverschieden. Kapitän zur See Paul Wenneker von der *Deutschland* war ein überaus vorsichtiger Mann und kehrte, nachdem er zwei Schiffe versenkt und eines gekapert hatte, am 11. November nach Wilhelmshaven zurück. Der Kommandant der *Graf Spee* dagegen, Kapitän zur See Hans Langsdorff, liebte das Wagnis. Seine Haltung war vorbildlich. Er versenkte kein Schiff, ehe nicht der letzte Mann es verlassen hatte, und die gegnerischen Offiziere wurden an Bord der *Graf Spee* mit allen Ehren empfangen, während die Mannschaften auf der *Altmark*, dem Versorgungsschiff der *Graf Spee*, so gut wie nur möglich untergebracht wurden. Langsdorff konnte sich rühmen, keinen einzigen Tropfen Blut vergossen zu haben.
Gegen diese beiden Panzerschiffe – später dann gegen die *Graf Spee* allein – entfalteten die alliierten Flotten einen Riesenaufwand. Nicht weniger als acht Marinedivisionen, bestehend aus Schlachtschiffen, Kreuzern und Flugzeugträgern, wurden zwischen Ceylon und den Antillen eingesetzt. Ein SOS des Dampfers *Trevanion* ließ am 22. Ok-

tober hoffen, man könne das einsam operierende Panzerschiff ausmachen und umzingeln, aber die *Graf Spee* blieb unauffindbar auf dem weiten Meer. Um seine Verfolger abzuschütteln, war Langsdorff in weitem Bogen nach dem Indischen Ozean ausgewichen. Er kehrte dann in den Atlantik zurück, war aber mit seinen Erfolgen noch nicht recht zufrieden. Langsam gingen ihm Proviant und Öl aus. Er hatte seit dem 30. September nur neun Frachter von insgesamt 50000 Tonnen versenkt, was für ein derart mächtiges Schiff eigentlich recht wenig war. Er wollte daher vor seiner Rückkehr nach Deutschland seine Erfolge in den von Handelsschiffen wimmelnden Gewässern vor der Mündung des Rio de la Plata verbessern.

In den Morgenstunden des 13. Dezember befand sich die *Graf Spee* 150 Meilen vor Montevideo. Um 6 Uhr 08 meldete der Mann im Ausguck eine Rauchfahne. Langsdorff nahm sofort Kurs auf das vermeintliche Opfer. Acht Minuten später erkannte er, daß es sich um ein Kriegsschiff handelte. Langsdorff hatte zwar den Befehl, jeden Kampf zu vermeiden, aber eine Flucht wäre an diesem langen Sommertag sehr schwierig gewesen. Außerdem fühlte sich Langsdorff stark genug, es mit dem leichten Kreuzer, dessen Umrisse sich nun am Horizont abzeichneten, aufzunehmen. Einige Augenblicke später tauchten zwei weitere Schiffe auf, und nun war es für eine Flucht ohnehin zu spät. Der Deutsche hatte zwar Gegenlicht, aber die Sicht war hervorragend, der Wind schwach, und das Meer führte nur eine leichte Nordostströmung.

Der erste durch die *Graf Spee* entdeckte britische Kreuzer war die *Ajax,* die 15-cm-Kanonen führte. Der zweite war die ebenso starke *Achilles* der neuseeländischen Flotte, während das dritte Schiff die mit 20-cm-Geschützen bestückte *Exeter* war. Diese drei Schiffe bildeten unter der Leitung von Admiral Sir Henry Harrow die Gruppe G, eine der schwächsten Formationen, da sie weder über Schlachtschiffe noch über Flugzeugträger verfügte. Ein viertes Schiff dieser Division, der Kreuzer *Cumberland,* fehlte, denn er befand sich zur Brennstoffaufnahme vor den Falklandinseln. Langsdorff war jedem einzelnen der drei Gegner haushoch überlegen und hatte beste Aussichten, die feindlichen Kreuzer nacheinander zu erledigen, ohne selbst ernsthaften Schaden zu riskieren.

Das Feuer wurde um 6 Uhr 14 auf 19000 Meter Distanz eröffnet. Eineinhalb Stunden später war alles vorbei. Die *Exeter* hatte backbord schwere Schlagseite, drei ihrer vier Geschütztürme waren zerstört. Sie brach den Kampf ab und erreichte mit Müh und Not Port Stanley. Die zwei leichten Kreuzer hatten verbissen gekämpft und auf kurze Entfernung, über welche ihre Artillerie der des Gegners entsprach, das deutsche Panzerschiff während seines Duells mit der *Exeter* stark unter Feuer genommen und mehrmals getroffen. *Achilles* wurde nur leicht, *Ajax* aber schwer beschädigt. Sie blieben allein gegenüber dem mächtigen Gegner, dessen Feuerkraft nicht wesentlich geschwächt war. Die *Graf Spee* aber floh!

Sie war zwar nicht entscheidend angeschlagen, aber doch ziemlich stark beschädigt.

Die Kombüsen waren zerstört, der Schiffsrumpf durchbohrt, und ein Teil der Geschütze war ausgefallen. Außerdem waren viele Besatzungsmitglieder verwundet worden. Ein fanatischerer Mann als Langsdorff hätte vielleicht versucht, auf die offene See hinaus zu entweichen, der humane Kommandant der *Graf Spee* aber, der den Krieg im Grunde als einen einzigen Wahnwitz empfand, entschied sich dafür, umgehend einen Hafen anzulaufen, um sein Schiff wieder instand setzen zu lassen und die Verwundeten in ein Krankenhaus zu schaffen. Montevideo war nicht weit, so machte die *Graf Spee* dort fest. Damit aber hatte sie sich in die Falle begeben. Die beiden siegreichen Kreuzer, zu denen am nächsten Tag auch noch die von den Falklandinseln zurückgekehrte *Cumberland* stieß, legten sich wie Wachhunde vor die Dreimeilenzone.
Die drei folgenden Tage wurden auf der ganzen Welt fieberhaft verfolgt. Die britische Admiralität veröffentlichte einen Bericht über den glorreichen Kampf der drei Kreuzer. Gespannt wartete man auf die kommenden Ereignisse. Hitler schäumte vor Wut und bombardierte Langsdorff mit Funksprüchen, in denen er ihn der Feigheit beschuldigte und des Verrats verdächtigte. Die *Graf Spee* solle Montevideo verlassen und mit fliegenden Fahnen untergehen. Langsdorff weigerte sich, seine Mannschaft zu opfern, und widerstand dem deutschen Gesandten in Montevideo und den aus Buenos Aires herbeigeeilten Naziagenten. Die von der Regierung Uruguays zugestandenen 72 Stunden waren verflossen. Langsdorff mußte Uruguay verlassen oder sich mit Offizieren und Mannschaften in die Internierung begeben, was Hitler strengstens untersagt hatte. Am 17. Dezember um 18 Uhr war die Reede von Montevideo schwarz von Menschen. Die *Graf Spee* lief aus. Die drei englischen Kreuzer hatten noch keinerlei Verstärkung erhalten. Auf ihnen ertönte das Signal ›Klar Schiff‹. Aber Langsdorff hatte den größten Teil seiner Mannschaft an Land gehen lassen, und lediglich ein Sprengkommando steuerte das prachtvolle Schiff in die Mitte der Flußmündung. Zwei oder drei dumpfe Explosionen, dann sank die *Graf Spee* langsam im seichten Wasser. Lange danach noch konnte man das Wrack sehen. Langsdorff verließ sein Schiff als letzter. Am nächsten Tag beging er Selbstmord.
Den abergläubischen Hitler packte die Angst; denn was mit der *Graf Spee* geschehen war, hätte auch der *Deutschland* passieren können. Und die ganze Welt hätte Deutschland untergehen sehen. Er befahl daher, dieses älteste ›Westentaschenschlachtschiff‹ in *Lützow* umzutaufen.

Inzwischen ereigneten sich im Osten Dinge von weittragender Bedeutung. Rußland ging mit aller Kraft daran, die Früchte des Bündnisses mit Hitler zu ernten, die früheren Provinzen des zaristischen Rußlands, die drei Kleinstaaten Estland mit der Hauptstadt Reval (Tallin), Lettland mit der Hauptstadt Riga und Litauen mit der Hauptstadt Kowno (Kaunas). Die drei einander so ähnlichen und doch so verschiedenen baltischen Völker hatten den Tag gepriesen, der sie von russischer Herrschaft befreit hatte, und betrachteten Deutschland als Hüter ihrer Unabhängigkeit. Doch Hitler hatte sie wieder unter das alte Joch gebracht.

Am 28. September hatte die Sowjetunion Estland einen gegenseitigen Beistandspakt aufgezwungen, am 5. Oktober mußte Lettland und am 11. Oktober Litauen diesen trügerischen Vertrag unterzeichnen. Die Leute glaubten zwar, die baltischen Staaten könnten wenigstens ihre innere Unabhängigkeit behalten, aber ihre Hoffnungen wurden enttäuscht. Estland, Lettland und Litauen mußten ihre Grenzen sowjetischen Truppen öffnen. Die Inseln Dagö und Ösel, die Häfen Windau und Libau wurden sowjetische Stützpunkte.

Nur ein Ostseeland war noch übrig, das die sowjetischen Bedingungen nicht unterzeichnet hatte: Finnland.

Finnland war bedeutender als die drei baltischen Staaten. Dreieinhalb Millionen Einwohner lebten auf einem weiten Gebiet, das sich vom Finnischen Meerbusen bis zum Nördlichen Eismeer ausdehnte. Die Finnen kannten die Russen. Das ehemalige russische Großfürstentum reichte bis an den Rand von Sankt Petersburg und hatte sich immer gewisse politische und militärische Privilegien zu bewahren gewußt. Nach der Erlangung der Unabhängigkeit machte sich eine tiefe Verachtung für das bolschewistische Rußland im Land breit, gleichzeitig gab es eine nationalistische Bewegung, die Karelien forderte und behauptete, das ›Finnische Reich‹ erstrecke sich bis zum Ural. Die Sowjetunion verlangte im einzelnen: 1. den Abschluß eines Beistandspaktes; 2. einen Pachtvertrag für Hanko; 3. Recht auf Benutzung des Ankerplatzes von Lappohja; 4. einen breiten Grenzstreifen beiderseits des Ladogasees sowie die westliche Fischerhalbinsel im Austausch gegen doppelt so große Gebiete Nordkareliens; 5. die Zustimmung zur beiderseitigen Schleifung aller grenznahen Befestigungen, um Luft für Leningrad zu schaffen, sowie 6. eine Erweiterung des Nichtangriffspaktes.

Wäre die Regierung den Gefühlen der finnischen Bevölkerung gefolgt, hätte die Antwort auf die sowjetischen Forderungen ›Nein!‹ gelautet. So aber hörte sie lieber auf die Stimme der Vernunft und bot zwei Inseln an. Man fand einen sehr geschickten Unterhändler in der Person Paasikivis, der sich Stalin gegenüber behauptete und ihn sogar zum Lachen brachte. Die Russen drängten und drohten. Am 27. November, nach einem Grenzzwischenfall, verkündeten sie, ein Nichtangriffspakt mit Finnland sei geschlossen. Dieses Abkommen war aber nicht mit dem ›reaktionären Usurpator‹ Marschall Mannerheim, dem Präsidenten der finnischen Republik, geschlossen worden, sondern mit der Gegenregierung des ›Patrioten‹ Otto Kuusinen, welche die Russen provisorisch nicht in Helsinki, sondern in einer grenznahen Kleinstadt untergebracht hatten. Kuusinens ›Volksregierung‹ verlangte eine russische Intervention zur Befreiung Finnlands. Am 30. November griffen die Sowjets in Karelien an.

Der Völkerbund gab noch schwache Lebenszeichen von sich. Immer noch tagte er,

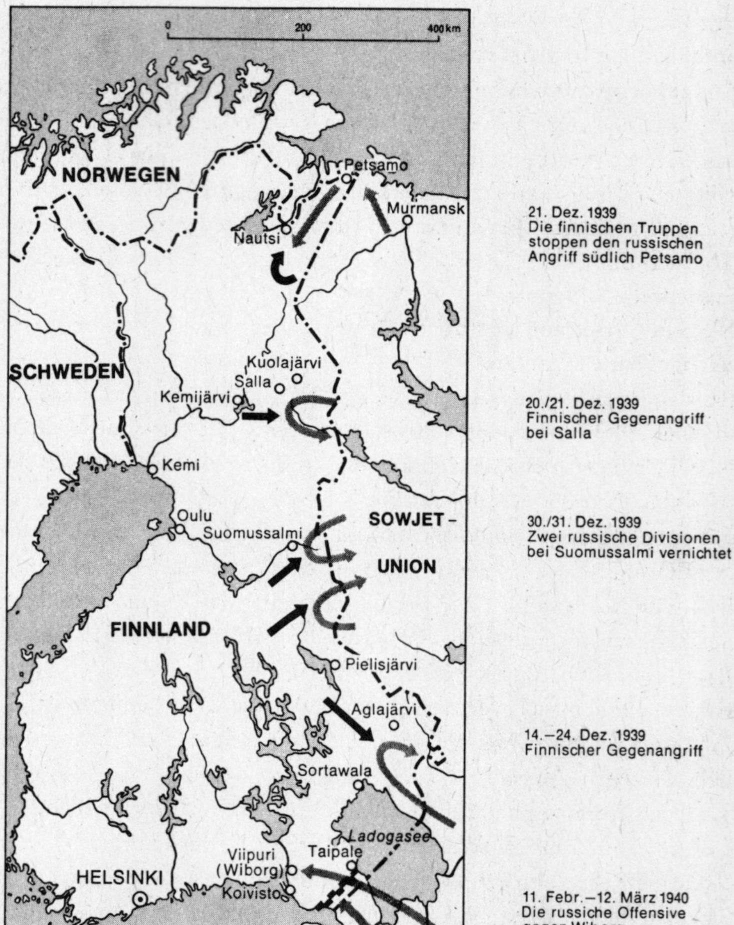

Karte 6
Der finnisch-sowjetische Winterkrieg 1939/40

Der finnisch-sowjetische Winterkrieg (November 1939 bis März 1940), von den Finnen unter Marschall Mannerheim (oben links) mit Verbitterung und großem Geschick geführt, blieb trotz sowjetischer Territorialgewinne für die Russen eine militärische Blamage. Listenreich, oft mit Hilfe unkonventioneller Hilfsmittel wie Rentier- und Hundeschlitten (unten), hielt die kleine finnische Armee den Sowjets monatelang stand.

Im Frontbereich der Arktis kämpften die Finnen nicht nur gegen die Rote Armee, sondern auch gegen die grausamen Bedingungen des Polarwinters. Diese Bilder eines Kriegsberichterstatters geben Zeugnis vom Tod eines finnischen Infanteristen vor den Augen der Kamera.

nachdem Deutschland, Italien und Japan ausgetreten waren – und die Vereinigten Staaten von Anfang an nicht dazugehört hatten –, am Ufer des schönen Genfer Sees. Er klagte die UdSSR wegen der Aggression gegen Finnland an. Die Sowjetunion war darüber sehr erstaunt, denn nie, so hieß es, seien ihre Beziehungen zu Finnland besser gewesen, sie seien gegenwärtig so gut, daß Molotow und Kuusinen einen Freundschaftspakt unterzeichnet hätten. Die UdSSR verstehe den Sinn dieser Anklage nicht. Der Völkerbund schloß daraufhin die Sowjetunion aus. Nach diesem Schritt aber war er so erschöpft, daß er kurz darauf sanft verschied.

Oben im Norden aber begann der Krieg. Der erste Operationsplan der Russen war äußerst einfach: Er sah lediglich einen Marsch auf Helsinki vor, wo die sowjetfreundliche ›Volksregierung‹ unter O. W. Kuusinen etabliert werden sollte. Das russische Oberkommando fand es nicht einmal der Mühe wert, eine allgemeine Mobilisierung anzuordnen, sondern begnügte sich damit, die Einheiten des Militärbezirks Leningrad angreifen zu lassen. Doch stießen diese auf erbitterten Widerstand. Finnland verfügte nur über ein winziges Friedensheer von drei Divisionen mit 33000 Mann, 60 alte Panzer und knapp 100 einsatzbereite Flugzeuge der verschiedensten Typen. Die spontane Mobilmachung vervielfachte diese schwache Armee. 200000 Männer eilten zu den Waffen, bildeten sieben neue Divisionen und acht selbständige Brigaden, denen nur eine ihrem Mut entsprechende Bewaffnung fehlte. Auf der Karelischen Landenge zwischen dem Finnischen Meerbusen und dem Ladogasee widerstand die anspruchsvoll als Mannerheimlinie bezeichnete 140 Kilometer lange Kette von kleinen Werken, Blockhäusern und Unterständen jedem Ansturm der Russen. Die Russen setzten Panzer ein, aber die Finnen fanden rasch deren wunden Punkt: eine Panzerplatte, die rotglühend wurde, wenn der Motor mit Vollgas arbeitete. Sie warfen mit Benzin gefüllte Flaschen gegen diese glühende Platte und setzten so die Panzer in Brand. Nach einer Woche war die Offensive gestoppt, und das kleine Finnland wurde in der ganzen Welt wegen seines mutigen Widerstands gerühmt.

Rußland ergriff neue militärische Maßnahmen und übertrug die Führung dem Marschall Timoschenko, der aus der Ukraine und aus dem Kaukasus Elitetruppen herbeiführte. Da die Mannerheimlinie nicht einzunehmen war, griff die Rote Armee nun längs der finnischen Ostgrenze, die sich über eine Distanz von 1600 Kilometern zwischen dem Ladogasee und dem Nördlichen Eismeer hinzieht, mit überlegenen Kräften an.

Auf der einzigen Bahnstrecke, der Murmanbahn, wurden die 8., 9. und 14. Armee nach Norden geschafft. Inzwischen hatte es zu schneien angefangen, der Weg war unendlich lang, und die Soldaten froren entsetzlich. Trotzdem waren die Truppen bald an Ort und Stelle. Der Angriffsplan war wieder höchst einfach. Zehn Straßen durchquerten die tiefen finnischen Wälder. Auf jede dieser Straßen wurde eine schwere russische Division mit Panzern und schwerer Artillerie angesetzt. Alle diese Divisionen sollten westwärts marschieren und, soweit sich nachträglich aus Stoßrichtung und Kräfteeinsatz erkennen läßt, Finnland von den Landverbindungen nach Schweden abschneiden.

Am 17. Dezember hatte es den Anschein, als würde der russische Plan glücken. Eine der Vormarschkolonnen erreichte Kursu an der Straße nach Kemijärvi, 150 Kilometer vom Bottnischen Meerbusen entfernt, und eine andere war bis Suomussalmi, der Schlüsselstellung des Mittelabschnitts, vorgestoßen. Andere Kolonnen drangen am Ladogasee vor. Der finnische Generalstab erwog die Räumung Lapplands, um die Verteidigungslinie zwischen Uleaborg (Oulu) und Wiborg (Viipuri) neu aufzubauen. Das Ende des finnischen Widerstands schien gekommen. Doch vorher kam es noch zu einem dramatischen Umschwung. Die durch die schlechten Waldwege weit auseinandergezogenen sowjetischen Kolonnen wurden an der Spitze gestoppt, während bewegliche finnische Einheiten sie ständig von den Seiten her angriffen. Der tiefe Schnee und das hohe Buschwerk verurteilten die Panzer zur Untätigkeit. Die mit weißen Schneehemden getarnten finnischen Skitruppen rissen die Einheiten der Roten Armee immer wieder auseinander.

Auf dem Weg nach Suomussalmi wurde die 163. Infanteriedivision vollständig aufgerieben. Die ihr zu Hilfe eilende 44. Division traf das gleiche Schicksal. Die Spitzen der 8. Armee, die den Ladogasee zu umgehen versuchten, wurden von ihren Versorgungseinheiten abgeschnitten und teilweise aufgerieben. Die Russen zogen sich in Waldlichtungen zurück und fuhren ihre Panzer gleich Wagenburgen der alten Nomadenvölker im Kreis auf. Zahlreiche Soldaten fielen Kälte und Hunger zum Opfer. Die Finnen machten alles in allem kaum 2000 Gefangene. Die Überlebenden, denen vor Schwäche die Waffen aus der Hand fielen, lasen sie einen nach dem anderen auf.

Die wertvollste und wichtigste Beute waren die Briefe – Tausende von Feldpostbriefen, die man bei Gefangenen und Toten gefunden hatte. Fast alle sowjetischen Soldaten kamen aus Bauernfamilien. In den Briefen, die ihnen ihre Angehörigen schrieben, war von den unvorstellbaren Lebensbedingungen in Rußland die Rede. In jedem zweiten Brief war von der Kuh zu lesen, die man nicht mehr ernähren konnte und daher verkaufen mußte. Die unglaubliche Not Rußlands meldete sich so auf fremden Schlachtfeldern, wo die Söhne der russischen Erde den Tod der Gefangenschaft vorzogen.

In der ganzen Welt fand Finnland zwar große Bewunderung, aber wenig Hilfe. Man hatte gehofft, die skandinavische Solidarität würde ein Eingreifen Schwedens bewirken, aber Schweden gab zwar Geld und Waffen, ließ auch zu, daß ein 8000 Mann starkes Freiwilligenkorps aufgestellt wurde, blieb aber ansonsten lieber neutral. Dänemark schickte 800 und Norwegen 200 Freiwillige, nur die Hälfte dessen, was Ungarn entsandte. Die skandinavische Solidarität war eine hohle Phrase. Die einzigen, die Finnland wirksam hätten unterstützen können, waren die kriegführenden Nationen. Viele Deutsche hätten nur zu gerne gegen die Russen gekämpft, aber der deutsch-russische

Nichtangriffspakt war Hitler noch zu wertvoll. Frankreich und England hatten die Hände freier. Beide Länder hatten Stalins Vertrag mit Hitler nur allzu deutlich zu spüren bekommen; außerdem glaubte man sowohl in Paris wie in London, daß Deutschland den Auswirkungen ihrer Blockade durch Lieferungen aus Rußland entgehen würde. Finnland zu helfen bedeutete, Rußland und damit Hitler zu schwächen. Eine strategische Erwägung erhöhte noch die Sympathien der westlichen Länder für die Helden am Polarkreis: Eine Unterstützung Finnlands konnte den Alliierten den Vorwand für ein Fußfassen in Skandinavien liefern. Wenn man Schweden in der Hand hielte, könnte man Deutschland die lebensnotwendigen Eisenlieferungen abschneiden, und wenn man Norwegen hätte, wäre die Blockade hermetisch geschlossen. Am 16. Dezember verfaßte Churchill eines seiner beredsamsten Memoranden, durch das er die Allianz möglichst rasch zustande bringen wollte. Er sprach sich für eine Landung in Norwegen aus, selbst gegen alles internationale Recht. ›Die Humanität‹, schloß er, ›nicht die Legalität soll uns richten‹. Die Gedanken reiften aber nur sehr langsam in diesem eisigen Winter 1939/40. Das einzig Positive, das Frankreich und England für Finnland tun konnten, waren Waffenlieferungen. Aber was für Waffen! Frankreich holte aus seinen verstaubten Arsenalen 5000 Maschinengewehre von 1915 – berühmt als Ursache von Schießunfällen – und Artilleriematerial System De Bange, das schon 1914 außer Dienst gestellt worden war. Die Marine schickte ein Dutzend 30,5-cm-Geschütze, Überreste vom Geschwader Wrangel, die seit 1920 auf dem Kai von Biserta rosteten. Außerdem einige Granatwerfer ›Brandt‹, einige Panzerabwehrkanonen, einige automatische Gewehre Modell 24 und einige von England gelieferte Flugzeuge. Die Finnen waren bitter enttäuscht.

Die Rote Armee in den Augen des OKW

In den alliierten Generalstäben hatte man eigenartige Ideen. Deutschland könne ja nur durchhalten, weil es sich auf Rußland stütze, der Kampf in Finnland beweise aber die russische Schwäche. Die Kriegführung müsse also darauf hinausgehen, Rußland zu schlagen, worauf Deutschland zusammenbrechen werde. Der Chef des Stabes der französischen Armee, Doumenc, ordnete an, alle Möglichkeiten in dieser Richtung genau zu überprüfen. Man schlug vor, Baku zu bombardieren, um das russische Erdöl zum Versiegen zu bringen, den Aufstand der Kaukasier zu schüren und zu unterstützen und schließlich Murmansk anzugreifen, um dort – ausgerechnet mitten im arktischen Winter! – ein oder zwei Alpenjägerbrigaden zu landen. Alle diese Hirngespinste sind schwarz auf weiß niedergelegt – gewissenhaft ausgearbeitete Dokumente napoleonischer wie naiver Militärphantasie.

Ernsthafterer Art waren die Versuche, die Rote Armee aufgrund der finnischen Panzerkämpfe zu beurteilen.

Man erwähnte aus Gründen später möglicher Rückwirkungen nur die Schlußfolgerungen eines Berichts des OKW, der für Hitler angefertigt worden war:

›Quantitätsmäßig: gigantischer Militärapparat; Organisation, Ausrüstung und Führung: mittelmäßig; Befehlsprinzipien: gut; Offizierskorps: zu jung und unerfahren; Verbindungen und Nachrichtenwesen: schlecht; Truppe: ungleich und ohne Initiative; einfache Soldaten: guter Geist, bedürfnislos; Kampfgeist der Truppe: zweifelhaft. Im ganzen gesehen, ist das russische Volk kein Gegner für eine modern ausgerüstete und hervorragend befehligte Armee.‹

Dieses Dokument trägt das Datum des 31. Dezember 1939. Ein Jahr verworrener und verwirrender Ereignisse ging zu Ende, und der Vorhang hob sich über einem Jahr einschneidender Geschehnisse.

III. Kapitel Januar bis Mai 1940
Das Waffenarsenal der Westmächte – Der skandinavische Kriegsschauplatz

Aufbau und Organisation der französischen Armee

Im Westen befand sich der Krieg mehr denn je auf einem toten Punkt. Die Masse der beiderseitigen militärischen Verbände war jetzt aufmarschiert und stand für den Kampf bereit.

Die militärischen Anstrengungen Frankreichs ähnelten denen von 1914. Frankreich hatte 5 Millionen Mann mobilisiert, ein Achtel seiner Bevölkerung, eine unverhältnismäßig große Zahl angesichts der von der Rüstungsindustrie benötigten Arbeitskräfte. Das durch den Ersten Weltkrieg verursachte Geburtendefizit machte sich jetzt empfindlich bemerkbar. Eine Zählung vom 1. März 1940 ergab, daß die Globalstärke des Heeres 415 000 Mann weniger betrug als am 1. Mai 1917 nach drei Jahren Krieg und eineinhalb Millionen Verlusten an Toten und Verwundeten.

Zu Beginn der Feindseligkeiten hatte Frankreich 108 Divisionen aufgestellt, zu denen auch die Festungsverbände zählten. Eine Division umfaßte in der Regel eine Divisions-Aufklärungsgruppe (GRDI), drei Regimenter Infanterie (RI) und zwei Regimenter Divisions-Artillerie (RAD). 65 Divisionen waren aktive, nämlich 21 gewöhnliche Infanteriedivisionen (DI) oder motorisierte Divisionen (DIM), 12 nordafrikanische Infanteriedivisionen (DINA), 4 Divisionen Kolonialinfanterie (DIC), 2 leichte motorisierte Divisionen (DLM), 5 Kavallerie-Divisionen (DC) und 21 Festungsdivisionen oder -sektoren (DIF). Der Rest waren Ausbildungsdivisionen, davon 6 in Nordafrika und 37 im Mutterland stationiert. Letztere waren in zwei Kategorien unterteilt: 19 Divisionen der Serie A hatten aktive Kampftruppen, während 18 Divisionen der Serie B lediglich aktive Korpskommandeure hatten. Strengste Disziplin und ein scharfes Training wären nötig gewesen, um diese großen Einheiten kampfbereit zu machen. Zu diesen Divisionen und Armeekorps kamen zahllose Sondereinheiten und Dienstleistungsabteilungen. Was hier nachstehend angeführt ist, kann nur eine lückenhafte Aufstellung sein. Sie soll ein ungefähres Bild der Materialmengen und des organisatorischen Ballasts geben, mit dem Frankreich ins Feld zog:

40 Bataillone Panzer, 8 Panzertransportkompanien, 19 Bataillone Maschinengewehrschützen, 78 Bataillone und 5 Infanterieregimenter, die keiner Division zugeteilt waren, 56 Artillerieregimenter, 101 feste und 78 bewegliche Festungsbatterien, 188 motorisierte Transportkompanien, 32 bespannte Kompanien, 27 Maultierkompanien, 4 Regimenter auf Kraftwagen verladene Dragoner, 8 Bataillone Pioniere, 7 Bataillone Armie-

rungssoldaten, 12 Abteilungen Elektriker, 22 Brückenbauzüge, 17 Einheiten für schweren Brückenbau, 9 Schiffahrtskompanien, 8 Kompanien Barackenbauer, 10 Kompanien Waldarbeiter, 2 Kompanien Drahtseilbahnbauer, 33 Nachrichtenabteilungen, 14 Feldbäckereien, 60 Kompanien von Verwaltungsangestellten und Arbeitern usw.

An Truppenzahl und Materialaufwand übertraf diese Armee das deutsche Heer. Die Artillerie war umfangreicher und in ihrer Gesamtheit wesentlich stärker als die deutsche, bestand aber fast ausschließlich aus Material, das noch von 1918 datierte und nur auf einen Stellungskrieg eingerichtet war. Das Flak-Material war unzureichend, obwohl Frankreich das beste Luftabwehrgeschütz der damaligen Zeit, die Flakkanone 90, besaß. Infolge der Rivalitäten zwischen Heer und Marine war nur eine geringe Zahl dieser Geschütze hergestellt worden. Die Panzerabwehr verfügte über zwei Typen, eine recht gute 2,5-cm-Kanone und die 4,7-cm-Kanone, zweifellos die beste Waffe ihrer Art. Die Bewaffnung der Infanterie war zufriedenstellend. Sie bestand aus einem veralteten Gewehr, einem hervorragenden leichten Maschinengewehr, einem guten schweren Maschinengewehr aus dem Ersten Weltkrieg und zwei Modellen von Granatwerfern, die auch nicht schlecht waren. Allerdings besaß die französische Infanterie keine Nahkampfwaffen. Sie hatte keine Maschinenpistole und auch nicht die typische Abwehrwaffe, die Tellerminen, obwohl diese eigentlich ebenso leicht herzustellen gewesen wären wie Blechteller. Weitere Mängel waren auf den in der französischen Armee herrschenden typischen Militärintendantengeist zurückzuführen. Die Deutschen eroberten riesige Mengen von eingelagertem Material, während der kämpfenden Truppe Uniformen, Stiefel, Decken, Entfernungsmesser und viele andere notwendige Dinge fehlten. Die französische Generalstabsabteilung, die sich zu Beginn des Jahres 1940 mit einem Vergleich der französischen und deutschen Panzerwaffe zu befassen hatte, kam zu keinem beunruhigenden Ergebnis, weil sie nur die Stärke der einzelnen Panzertypen in Betracht zog. Die französischen Panzer waren schwerer, stärker gepanzert und besser bewaffnet als die deutschen. Die sieben Tonnen schweren Panzerspähwagen und besonders die zwölf Tonnen schweren R 35, R 40, H 35 und H 39 waren den deutschen Pz-Kw 1 und Pz-Kw 2 erheblich überlegen. Auch die Panzerspähwagen zu 15 Tonnen, die D 1 mit 16 und die Somua mit 20 und 22 Tonnen konnten den Vergleich mit den Pz-Kw 3 zu ihrem Vorteil bestehen. In der schwersten Kategorie waren die 20 Tonnen schweren Pz-Kw 4 mit ihrer 4-cm-Panzerung den 30 bis 33 Tonnen schweren und mit einer Panzerung von 6 bis 7 cm versehenen französischen Kampfwagen B 1, B 1a und B 1b bei weitem unterlegen. Die einzigen Vorteile der deutschen Panzer waren ihre etwas höhere Geschwindigkeit und ihr wesentlich größerer Aktionsradius. Was die Zahl der Kampfwagen betrifft, so stand die französische Panzerwaffe der deutschen in nichts nach. Alle Vermutungen, die über diesen Punkt nach der französischen Niederlage geäußert wurden, sind heute infolge genauer Unterlagen hinfällig geworden. Nie-

mals hatte die deutsche Armee 8000 Panzer eingesetzt, wie im Prozeß von Riom behauptet worden war, auch keine 5920, wie später geschätzt wurde. Ein Dokument des OKW führt einzeln die Stärke und Typen der Panzer auf, die am 10. Mai 1940 eingesetzt wurden. Insgesamt waren es 2574 Kampfwagen einschließlich der Nachrichten- und Befehlspanzer; der Pz-Kw 4 war nur mit 278 Stück vertreten. Nach Abzug der Fossilien aus dem Ersten Weltkrieg hatten die Franzosen 2475 Panzer einzusetzen, darunter 270 Fünfunddreißigtonner des B-Typs. Dazu kamen 240 Panzerspähwagen und ungefähr 600 englische Panzer. Sie verfügten also über eine Überlegenheit an Zahl, Panzerung und Gewicht. Andere Umstände führten zu ihrer Vernichtung.
Ein Vergleich der Luftstreitkräfte fiel zuungunsten Frankreichs aus. Die französische Luftwaffe hatte sich zwar von dem Tiefstand des Jahres 1938 erholt, war aber noch weit davon entfernt, den Vorsprung Deutschlands einzuholen. Wäre ihr das überhaupt möglich gewesen? »Es ist schwer für ein Land mit 40 Millionen Einwohnern, gleichzeitig eine große Armee, eine große Flotte und eine große Luftwaffe zu besitzen«, gestand damals Daladier. Von 1937 bis 1939 hatte Deutschland 474000 Tonnen Aluminium produziert, Frankreich nur 140000 Tonnen. Deutschland stellte in dieser Zeit 65 Millionen Tonnen Stahl her, Frankreich nur 20 Millionen. Die einzige Möglichkeit, diesen Unterschied auszugleichen, hätte darin bestanden, im Frieden schon die französischen und englischen Rüstungsprogramme zu koordinieren und sich um amerikanische Unterstützung zu bemühen. Hinsichtlich des ersten Punktes war nichts geschehen. Was die US-Hilfe anbelangte, so hatte der französische Luftfahrtsminister der amerikanischen Industrie zwar Aufträge erteilt; die Werke aber konnten nicht genug liefern, die Herstellung ging nur langsam voran und wurde durch bürokratische Hindernisse verzögert. Schließlich beschloß der völlig unwissende amerikanische Kongreß unter dem Eindruck des finnischen Winterkriegs ein Waffenembargo. Damit waren 100 Curtiss-Jäger P 39 und 215 Glen-Martin-Bomber eingefroren, die in Auftrag gegeben und bereits fertiggestellt worden waren. Amerika stachelte England und Frankreich auf, das Hitlerregime niederzuschlagen, verschanzte sich aber im übrigen hinter seiner Neutralität und verweigerte vorübergehend jegliche Hilfe.
Rechnet man die englisch-französischen Luftstreitkräfte zusammen, so stellt sich heraus, daß deren Unterlegenheit wesentlich geringer war, als man später – aufgrund der Äußerungen von Soldaten, die behaupteten, sie hätten kein einziges nichtfeindliches Flugzeug gesehen – glaubte. Frankreich und England besaßen zu Beginn der Schlacht um Frankreich im Mai 1940 3450 Flugzeuge neuester Bauart (Frankreich: 1730). Deutschland verfügte ebenfalls über ungefähr 3500 Maschinen. (Am 10. Mai 1940 standen einsatzbereit: 2478 Kampfmaschinen und Jagdflugzeuge, dazu 501 Aufklärer und 555 sonstige Flugzeuge, überwiegend Transporter.) Doch täuscht diese Gegenüberstellung. Die Mehrzahl der englischen Jäger, in erster Linie die modernen ›Spitfire‹, waren für die Verteidigung Englands bestimmt und griffen in die Schlacht auf

dem Kontinent nicht ein. Auf französischer Seite waren die Bomberstaffeln äußerst schwach, besonders Sturzbomber gab es nur wenige, weil das Oberkommando nicht an ihre Wirksamkeit glaubte. Man stellt außerdem mit Erstaunen fest, daß ein Großteil der französischen Luftstreitkräfte überhaupt nicht eingesetzt wurde und daß die Zahl der einsatzfähigen Flugzeuge am Tag des Waffenstillstands, am 24. Juni, größer war als am 10. Mai. In einem Punkt allerdings war Frankreich Deutschland entschieden unterlegen, nämlich was das militärische Denken seiner Generalität betraf. Das Brevier des Oberbefehlshabers, die Instruktion über den taktischen Einsatz großer Einheiten, besagte ausdrücklich, ein künftiger Krieg werde die Fortsetzung des letzten Krieges sein. ›Das Wesentliche der festgelegten Doktrin, die nach dem Sieg durch bedeutende Militärs festgelegt wurde, muß die Charta für den taktischen Einsatz großer Einheiten bleiben‹, heißt es in der Ausgabe von 1937. Besonders Panzer dürften nicht zu Illusionen verleiten. ›Die Panzerwaffe steht ihnen gegenüber, wie im letzten Krieg das Maschinengewehr der Infanterie‹. Wenn der Gegner Frankreich zum Bewegungskrieg zwingen wolle, so werde man ihn durch Befestigungen und anhaltendes Sperrfeuer daran hindern. Man versteht daher, warum das französische Oberkommando sich weigerte, aus dem Polenfeldzug Lehren zu ziehen. Warum hätte man die untergeordneten Stellen in Aufregung versetzen sollen, indem man sie an der Richtigkeit althergebrachter Prinzipien zweifeln ließ? Dabei war Frankreich nicht arm an neuen Ideen. 1921 hatte General Estienne bereits in der Theorie genau das beschrieben, was die Deutschen mit ihrem Panzerkrieg zwanzig Jahre später in der Praxis vorführten. Nicht umsonst hat man Estienne den ›Vater der französischen Panzerwaffe‹ genannt. Um 1930 holten Neuerer den Panzer aus der Infanterie heraus und schufen nach zahllosen Versuchen die leichte mechanisierte Division, die als Erbe der Kavallerie eine Einheit zur Aufklärung und Gefechtseröffnung sein sollte, aber keine Kampftruppe. Die drei Divisionen, die Frankreich im Mai 1940 besaß, waren das Beste, worüber die französische Armee verfügte. Eine vierte französische Panzerdivision wurde gerade eingefahren und kam auch noch zum Einsatz.

Die heftigsten Debatten wurden um das Panzerkorps geführt. Oberst de Gaulle verlangte schon 1935 in seinem Buch ›Vers l'armée du métier‹ nach einer Panzerwaffe. Er führte aus, daß sechs Divisionen mit je 500 Panzern im Falle eines feindlichen Einmarschs die Kampfhandlungen jederzeit auf gegnerisches Gebiet verlegen könnten. Am 15. März 1935 sprach Paul Reynaud über diese Auffassung de Gaulles vor dem Parlament. Die Vertreter der Nation hielten es aber für ihre heilige Pflicht, von militärischen Dingen nichts wissen zu wollen und derartige Fragen blindlings dem Generalstab zu überlassen. Daladier hatte als Wortführer des Generalstabs keinerlei Mühe, die Zurückweisung des Antrags zu betreiben. Die Panzerarmee wurde abgelehnt – allerdings gegen eine überraschend starke Minderheit von 124 Stimmen. Die Widerstände nahmen geradezu groteske Formen an. Der alte Kampfgenosse des Menschen, das

Pferd, hatte eine Menge von Pferdeliebhabern mobilisiert, die gegen den exotischen Kraftstoff Benzin den nationalen Treibstoff Hafer ins Feld führten. Man behauptete unter Hinweis auf einen mißglückten Versuch, daß die geforderten großen motorisierten Einheiten manövrierunfähig seien und daß Tausende von Fahrzeugen in Kolonnen von hundert Kilometern Länge alle Straßen verstopfen würden. Für sein Buch, das de Gaulles Ideen widerlegen sollte, gewann der ehemalige Professor der Militärakademie General Chauvineau keinen geringeren als Marschall Pétain zum Vorwortautor. Chauvineaus Buch trug den Titel: ›Ist eine Invasion noch möglich?‹. Die Antwort war ein kategorisches ›Nein‹. Der Panzer, ein wahrer Ahasver, sei dazu verurteilt, dauernd in Bewegung zu sein und stelle daher keine gefährliche Waffe dar. So meinte wenigstens General Chauvineau. Pétain schrieb in dem Vorwort: ›Die Front ist keine vorübergehende Erscheinung, deren man sich entledigen kann wie einer schlechten Gewohnheit.‹

Die Protokolle der Beratungen, die im ›Obersten Rat der Nationalen Verteidigung‹ beziehungsweise in den ihm vorangegangenen Gremien über die Schaffung einer Panzerdivision stattfanden (29. April 1936, 15. Dezember 1937, 2. Dezember 1938), zeigen deutlich die Bedenken des konservativen französischen Oberkommandos gegenüber einer solchen Neuerung. Man befürchtete insbesondere, die Gefechtsleitung könne den zentralen Kommandostellen durch eine Truppe aus der Hand genommen werden, die sich nicht mehr in die großen Verbände einfügen ließ. »Was geschieht, wenn das Aktionsfeld Ihrer Division sich über einen Frontabschnitt ausdehnt, der größer ist als der eines Armeekorps?« fragte General Dufieux. Die Dienstvorschrift zur Panzerführung bezeichnete die Panzereinheiten als dienende Truppen, die zur Unterstützung der Infanterie heranzuziehen seien. Die Aufgabe erfordere die Unterstellung der Panzerwaffe unter den Befehl der Infanteriegenerale. Die Neuerer rückten gegen die hergebrachte Vorstellung zu Felde, nach der die kämpfende Truppe, also auch die Panzereinheiten, von Befehlsstellen aus zu kommandieren seien, die am ›Fächerende‹, das heißt außerhalb der Feuerzone, saßen. Sie gingen so weit, Generale in Befehlspanzer setzen zu wollen, ja sogar in Flugzeuge, damit sie das Schlachtfeld überblicken könnten wie Napoleon in der Schlacht von Arcole. Der Titel, den de Gaulle seinem Buch gegeben hatte, war dazu angetan, den Widerwillen gegen die Modernisierungsbestrebungen noch zu verstärken. Die alten Generale sahen sich schon als Führer einer Milizarmee, während junge an der Spitze einer motorisierten Armee stünden, diese Neuerer, die sich mit aller Kraft an ihre Panzerbataillone klammerten, die sie für schlagkräftige und elastische Werkzeuge einer sinnvoll durchdachten Kriegführung hielten. Immerhin hielt es der französische Generalstab nach der Niederlage Polens für angebracht, etwas zu unternehmen. Am 16. Januar 1940 wurde die Aufstellung von zwei Panzerdivisionen angeordnet, die Schaffung einer dritten wurde am 20. März beschlossen. Zusammen mit den leichten motorisierten Divisionen bildeten sie schließlich jenes Panzerkorps, das die fortschrittlicheren Geister unter den französischen Militärs schon Jahre vor dem Krieg gefordert hatten. Die Aufgabenstellung dieses Korps entsprach allerdings nicht den ursprünglichen Plänen. Die französischen Panzereinheiten waren keine selbständige Waffe, keine strategischen Werkzeuge wie die Panzerdivisionen Guderians; sie sollten nur zu Gegenangriffen dienen, um die Geschlossenheit der Front wiederherzustellen.

Die junge deutsche Armee wuchs zusehends. Der im französischen Großen Hauptquartier mit der dauernden Überwachung der gegnerischen Kampfstärke beauftragte Offizier, ein Hauptmann Glain, mußte sich sagen lassen, er leide unter Halluzinationen, weil er ständig neue Korps feststellte. Seine Schätzungen waren indes außerordentlich exakt, denn am 10. April 1940 stellte er an der Westfront 137 deutsche Divisionen fest. Wir wissen heute, daß es an jenem Tag genau 136½ Divisionen waren. Auf französischer Seite dagegen wurden im Winter 1939/40 nur wenige neue Einheiten geschaffen; lediglich die Panzerdivisionen (DCR), eine leichte motorisierte Division, zwei Infanteriedivisionen, zwei nordafrikanische Infanteriedivisionen und zwei polnische Divisionen wurden neu aufgestellt. Deutschland hatte sein Menschenreservoir noch längst nicht erschöpft, während Frankreichs Reserven zu Ende gingen.

Die stärkste Unterstützung, die Gamelin erhielt, kam aus England. Im September 1939 trafen vier Divisionen der British Expeditionary Force (BEF) ein; im Mai 1940 schließlich standen elf englische Divisionen mit insgesamt 394195 Mann in Frankreich. Das war mehr, als Sir John French im Jahre 1914 Joffre hatte zur Verfügung stellen können, aber wesentlich weniger, als dem Oberkommando Fochs im Jahre 1918 von Sir Douglas Haig unterstellt worden war. Der militärische Aufwand der beiden Alliierten blieb sehr ungleich, denn während Frankreich von acht Franzosen einen zu den Waffen rief, wurde in England nur jeder vierzigste mobilisiert.

Das Britische Expeditionskorps besetzte den Abschnitt Lille zwischen Maulde und Halluin. Das Hauptquartier befand sich in Arras. Die Frage des einheitlichen Oberkommandos, die sich im Ersten Weltkrieg als äußerst problematisch gezeigt hatte, wurde dadurch gelöst, daß der britische General Lord Gort sich freiwillig dem Oberbefehl Gamelins unterordnete. Gort war der personifizierte Optimismus; er schickte höchst zuversichtliche Berichte nach England. Seine beiden Berater dagegen, Sir John Dill und Sir Alan Brooke, sahen die Lage mit wesentlich kritischeren Augen. In einem geheimen, für seine Frau bestimmten Tagebuch erwähnt Brooke immer wieder Zeichen mangelnder Disziplin bei der französischen Armee. ›Corap hatte mich zur 9. Armee eingeladen. Ich war schockiert von dem Bild, das die Truppen boten, die man vor mir vorbeidefilieren ließ.‹

Am nachteiligsten für die französische Armee wirkte sich ihre Befehlsstruktur aus. In Frankreich gab es nichts, was mit dem OKW vergleichbar gewesen wäre. Nicht nur Hitler hatte die Notwendigkeit einer Zentralisierung des Oberbefehls begriffen. Als sich der Krieg auf die Sowjetunion ausdehnte, war alle Macht in den Händen Stalins vereinigt; England und Amerika hatten allmächtige Oberbefehlshaber: England durch die überragende Persönlichkeit eines Winston Churchill und Amerika dank seiner Verfassung, die den Präsidenten zum Oberbefehlshaber der Streitkräfte macht. Nur Frankreich besaß keine zentrale Kommandostelle.

Es gab ein Ministerium für Nationale Verteidigung, das nichts anderes war als das umbenannte ehemalige Kriegsministerium. Es gab einen Regierungschef, Edouard Daladier, aber der Gedanke, er könne etwa, wie Hitler oder Roosevelt, selber das Oberkommando übernehmen, war nach französischer Auffassung völlig ausgeschlossen. Es gab auch den General Gamelin, aber es hätte einer militärwissenschaftlichen Dissertation bedurft, um sagen zu können, welches eigentlich seine Befugnisse waren. Als dem Generalstabschef der Nationalen Verteidigung hätten alle drei Teile der Armee ihm unterstellt sein müssen, was aber durchaus nicht der Fall war, denn Marine und Luftstreitkräfte waren unabhängig voneinander und wachten eifersüchtig über die Wahrung ihrer Freiheiten. Als Oberbefehlshaber des Heeres hätte er – wie Joffre im Jahre 1914 – alleiniger Befehlshaber über die wichtigste Nordostfront sein können, doch auch das war er nicht, denn der Leiter der Nordostfront war General Georges. Dieser General Georges hätte nun wenigstens der Chef in seinem Operationsgebiet sein müssen, aber auch das war er nicht, denn Gamelin hatte sich jegliche Versetzung von Generalen vorbehalten und unterhielt obendrein direkte Verbindungen zu Stellen, die dem General Georges untergeordnet waren, was gegen alle Prinzipien der militärischen Hierarchie verstieß. Die französische Armee hatte also zwei Chefs, was bedeutete, daß sie im Grunde überhaupt keinen hatte.

Dieses Durcheinander griff natürlich auch auf die Stäbe über. Von Januar 1940 an waren der Stab Gamelins und der des Generals Georges voneinander getrennt. Der eine blieb in La-Ferté-sous-Jouarre, während der andere um Meaux herum verteilt lag. Gamelin selber hatte sich im Fort von Vincennes niedergelassen, unmittelbar an der Stadtgrenze von Paris und in nächster Nähe der Gefahr, das heißt der Regierung, des Parlaments und der politischen Salons. Dieses Fort Vincennes war ein recht finsterer Aufenthaltsort. Die Kasematten trieften von Salpeter und tödlicher Langweile. Die Festungsgräben waren getränkt mit dem Blut berühmter Füsilierter, vom Duc d'Enghien bis zu Mata Hari. Das Fort besaß keine Funkstation, ja nicht einmal einen Brieftaubenschlag. Zur damaligen Zeit glaubten naive Militärs noch an Brieftauben. Als ein Offizier vorschlug, einen Fernschreiber einzurichten, wurde er tadelnd gefragt, ob er etwa militärische Befehle mit Rennresultaten verwechsle. Im Mai konnte man dann ermessen, was Isolierung, Unwissenheit und Machtlosigkeit jenes Mannes, von dem das französische Volk glaubte, er befehlige die Armee, alles angerichtet hatten.

Viele, die mit Gamelin in Berührung gekommen waren, vermuteten, er verberge hinter seinem etwas salbungsvollen Getue die genaue Kenntnis vom wahren Stand der Dinge und von der erdrückenden deutschen Übermacht; da er aber jeglichen Kräfteausgleich für unmöglich halte, habe er sich in sein Schicksal ergeben und versuche nun, möglichst viel Verantwortung von sich auf andere abzuwälzen. Als dann alles verloren war, wies er diese im Grunde recht nachsichtige Beurteilung zurück und erklärte: »Ich gestehe, daß ich an den Sieg geglaubt hatte...« Wenn man ihm auch Charakterstärke absprach, an seiner Intelligenz zweifelte niemand. Wie aber konnte ein intelligenter Mann – vorausgesetzt, daß man ihn ausreichend informiert hatte – damals an einen französischen Sieg glauben?

Die Affäre Mechelen

Nebel und Glatteis. Der 10. Januar, ein kalter Tag. Die Maas ist zugefroren. Die Soldaten eines belgischen Grenzpostens bei Mechelen wärmen sich in einer Holzbaracke. Auf das Geräusch eines Flugzeuges hin laufen sie ins Freie. Hinter einer Baumreihe geht eine Maschine nieder. Die Baumspitzen haben beide Flügel weggerissen. Der Motor steckt in einer Hecke. Ein Mann in langem, grauem Mantel betrachtet verstört die Trümmer des Flugzeugs.
Hinter der Hecke steigt eine dünne Rauchfahne hoch. Ein zweiter Mann in grauem Mantel verbrennt Papiere. Die Soldaten laufen auf ihn zu, schießen in die Luft, nehmen den Mann gefangen und löschen das Feuer.
Die Papiere wurden aber doch noch ein Opfer der Flammen, denn in der Baracke, wohin man die beiden Gefangenen geführt hatte, entriß der Major Reinberger dem Postenkommandanten Hauptmann Rodrigue die Schriftstücke wieder und warf sie in den Ofen. Rodrigue holte die Reste aus dem Feuer und verbrannte sich dabei die Hände. Der Deutsche griff sich die Pistole des belgischen Offiziers und setzte sie sich an die Schläfe. Man entwaffnete ihn sofort, worauf der Major seinen Kopf mehrfach an die Wand schlug und erklärte, er sei entehrt und müsse sich den Tod geben. Der andere Deutsche, ein Reservemajor Hoenmans, äußerte kein einziges Wort.
Der Hintergrund dieses Vorfalls war folgender: Major Reinberger vom Generalstab der Luftflotte 2 hatte alle Sicherheitsvorschriften außer acht gelassen und hatte das von Hoenmans gesteuerte Flugzeug benutzt, um nach Erledigung eines Auftrags von Münster nach Köln zurückzufliegen. Der Pilot hatte sich verflogen, und als ihm das Benzin ausgegangen war, mußte er notlanden. Die geheimen Dokumente, die Reinberger mit sich führte, befanden sich nun in Händen, für die sie gewiß nicht bestimmt waren.

Am darauffolgenden Tag überreichte der französische Militärattaché in Brüssel dem General Gamelin in Vincennes eine Note des Generals van Overstraeten, des militärischen Beraters des Königs und Generalissimus der belgischen Armee. In dieser Note war der Inhalt der angekohlten Dokumentenreste von Mechelen zusammengefaßt. Aus den geretteten Unterlagen ging hervor, daß Deutschland eine großangelegte Offensive im Westen plane. Im einzelnen war aus ihnen zu ersehen, daß Holland ›in Besitz‹ genommen werden sollte und ein Einmarsch in Belgien beabsichtigt war. Eine Karte der Ardennen wies besonders markierte Marschrouten auf. Die Übergänge über Maas und Sambre sollten genommen werden, und zwar durch Luftlandetruppen der 7. Fallschirmjägerdivision. Der genaue Tag des Beginns der Offensive war nicht vermerkt, aber die Belgier waren überzeugt, daß sie unmittelbar bevorstand. Damit war das Problem eines französisch-britischen Eingreifens in Belgien plötzlich aktuell.
Im Prinzip war das französische Oberkommando bereits seit längerem damit einverstanden. Ein entsprechender Beschluß war am 24. Oktober 1939 gefaßt worden. Zunächst jedoch hatte man lediglich an eine Vorverlegung der Truppen bis an die Schelde gedacht. Die deutschen Kolonnen sollten aufgehalten werden, bevor sie die französischen Grenzbefestigungen angreifen konnten. Später ging man weiter. Die belgische Armee war inzwischen verstärkt, gleichzeitig waren ernsthafte Befestigungsarbeiten unternommen worden. Die Hoffnung, die Belgier würden sich nicht nur symbolisch wehren, sondern wirksamen Widerstand leisten, wuchs zusehends. Warum also sollte man nicht mehr unternehmen als nur ein Verzögerungsmanöver? Warum nicht gleich nach Belgien gehen und sich dort festsetzen? Das bot mancherlei Vorteile: In moralischer Hinsicht würden Franzosen und Engländer endlich mit der Tradition Schluß machen, kleine Staaten einfach ihrem Schicksal zu überlassen, wie dies mit der Tschechoslowakei und Polen geschehen war. Wirtschaftlich gesehen, könnte man die wertvollen belgischen und nordfranzösischen Industriegebiete retten. Und vom strategischen Gesichtspunkt aus würde die Gefahr von Luft- und Seeangriffen gegen England um so geringer sein, je weiter die Deutschen vom Kanal entfernt blieben. Außerdem käme man der Ruhr, der großen feindlichen Rüstungsschmiede, einen gewaltigen Schritt näher. Darüber hinaus würden die zwanzig belgischen Divisionen die zahlenmäßige Unterlegenheit der Alliierten wettmachen.
Doch es gab auch gewichtige Gegenargumente. Durch eine Vorverlegung auf belgisches Gebiet würde die französisch-britische Armee aus der Befestigungszone und dem seit Herbst vorbereiteten Schlachtfeld herausgeführt. Sie würde sich damit in den belgischen Ebenen, in denen Panzer sehr gut operieren konnten, gegen alle französischen Kriegsführungsregeln verhalten und eine offene Schlacht riskieren müssen. Man antwortete auf diese Einwendungen, dies sei gar nicht vorgesehen, sondern es handle

sich einfach um die Vorverlegung einer Abwehrschlacht, um die Abwehr des feindlichen Ansturms außerhalb des Mutterlandes. Bliebe noch genug Zeit, sich einzugraben, Panzersperren zu errichten, die Artilleriestellungen auszubauen und die Schießpläne aufzustellen? Die Kommandeure der großen Einheiten waren der Auffassung, mindestens acht bis vierzehn Tage seien nötig, um die notwendigen Verteidigungsmaßnahmen zu treffen.

Ob sich ein derartiger Plan überhaupt realisieren ließ, hing von zwei Faktoren ab, nämlich von der gewählten Stellung und von der Art der Mitarbeit durch die Belgier. Die nächstgelegene günstige Verteidigungslinie war der Lauf der Schelde. Die Vorverlegung der Truppen bedeutete in diesem Fall kein Problem. Der Feind war weit, und es genügte, den äußersten linken Flügel um Maulde herumschwenken zu lassen.

Bei dieser Lösung hätte man allerdings Brüssel und den größten Teil Belgiens in Feindeshand fallen lassen müssen. Auch war die Schelde ein leicht zu überwindendes Hindernis. Auf ihr lagen zahlreiche Lastkähne, die, selbst wenn man sie versenkte, immer einen Übergang für die gegnerische Infanterie bilden würden.

Die Vor- und Nachteile einer zweiten Lösung, die den Albertkanal als Verteidigungslinie vorsah, waren entgegengesetzter Natur. Bei dieser Lösung hätte man sich zwar in unmittelbare Nähe der deutschen Grenze begeben, gleichzeitig jedoch nur ein kleines Stück von Belgien dem Gegner überlassen müssen. Außerdem hätte man hinter dem besten Panzergraben Europas Stellung beziehen können, denn die Ufer des breiten und tiefen Kanals fielen steil ab. Die Linie hätte sich auf die verschanzten Lager von Lüttich und Antwerpen stützen können. Doch hätten die alliierten Truppen bis zum Kanal einen fünfmal längeren Weg zurücklegen müssen als die Deutschen.

Neben diesen beiden extremen Möglichkeiten reifte inzwischen eine Kompromißlösung heran. Der Entwurf datierte vom 5. November und wurde am 14. November in der geheimen, persönlichen Instruktion Nr. 8, die Gamelin an Georges sandte, festgelegt. Die alliierten Truppen sollten sich auf der Linie Antwerpen–Löwen–Wavre–Namur festsetzen. Sie sollten dann die sich zurückziehende belgische Armee auffangen, nachdem diese am Albertkanal den Feind aufgehalten hätte. Die beabsichtigte Linie konnte von den motorisierten Divisionen in zwei und von der Infanterie in vier Tagen besetzt werden. Zur Unterstützung der Belgier sollte das Kavalleriekorps des Generals Prioux – zwei leichte motorisierte Divisionen – sich an die vorderste Linie begeben. Rechnete man mit einer Frist von einer Woche, blieb noch Zeit genug für die wichtigsten Arbeiten im Vorfeld.

Die Vorzüge waren unbestreitbar: Man behielt Brüssel, und die Front war entlang der Scheldelinie um 70 Kilometer kürzer. Von erheblichem Nachteil war die geringe Zahl natürlicher Hindernisse. Der Schelde-Nebenfluß Dijle, den die Engländer verteidigen sollten, ist nur ein Flüßchen mit zahllosen Nebenläufen, über die nicht weniger als 120 Brücken führen. Auch die flach dahinfließende Hesbaye bot von Wavre bis Namur keine Möglichkeit, eine Widerstandslinie aufzubauen. Die Belgier sollten hier einen Panzergraben ziehen; sie bauten auch wirklich eine Sperre aus mittelalterlich anmutenden Eisengittern, die als ›Eléments de Cointet‹ bezeichnet wurden. Sie weigerten sich allerdings, die geringste Auskunft über den Fortschritt ihrer Arbeiten zu geben. Sie teilten den Franzosen und Engländern lediglich vertraulich mit, sie würden um Hilfe ersuchen, falls sie angegriffen würden. Bis zu diesem Zeitpunkt fühlten sie sich wegen ihrer Neutralität auch ihren präsumtiven Alliierten gegenüber zu keiner engeren Zusammenarbeit verpflichtet.

Zu dem Problem Belgien kam das Problem Holland. Die Instruktion vom 14. November sah vor, Holland im Falle eines deutschen Angriffs zu Hilfe zu kommen und gegebenenfalls die holländische mit der belgischen Armee am Albertkanal oder an der Schelde zu vereinigen. Später wurde ein Plan ausgearbeitet, der die Besetzung der Inseln Beveland und Walcheren ins Auge faßte. Man würde von Antwerpen aus über Breda oder Tilburg vorstoßen und sich bemühen, das Dreieck Amsterdam – Den Haag – Rotterdam mit den Hauptstellungen der Verbündeten zu vereinigen. Die 7. französische Armee unter der Führung des forschen Generals Giraud war mit dieser Aufgabe betraut.

Somit hatte das französische Oberkommando die Wahl zwischen diesen beiden Abwehrmöglichkeiten, wenn das erwartete und von ihm sogar ersehnte große Ereignis, der deutsche Angriff, beginnen würde. Der Plan ›Albertkanal‹ sollte ausgeführt werden, falls alles gut ging, der Plan ›Schelde‹, falls das Schlimmste eintreten sollte. Die Variante ›Dijle‹ erschien indessen als die wahrscheinlichste Lösung. Als Ergänzung hatte man den Plan ›Breda‹ ausgearbeitet, der den Einmarsch in Holland vorsah.

Diesen Plänen war gemeinsam, daß alle beweglichen Kräfte der französischen Armee gleichzeitig in den Kampf geworfen werden sollten, außer der 7. Armee, die man auf holländischem Gebiet in Reserve halten wollte.

Das vollmotorisierte Kavalleriekorps war die beste Waffe für einen Gegenstoß nach einem Durchbruch deutscher Panzer. Aus diesem Verband löste man eine leichte motorisierte Division und verlegte sie nach Holland; zwei weitere Divisionen schickte man nach Tongres und Hannut, um den erwarteten Angriff auf die Stellung Antwerpen – Namur abzuwehren. Genauso verfuhr man mit den motorisierten Infanteriedivisionen, von denen sieben vom ersten Tag an im Kampf liegen sollten. Die französische Strategie überließ es dem Feind, die Initiative zu ergreifen. Sie war rein auf Verteidigung eingestellt und verwendete alle für einen Gegenstoß geeigneten Einheiten für andere Zwecke.

Es gab zahlreiche Einwände. Die meisten Korps- und Divisionsbefehlshaber waren gegen einen Einmarsch in Belgien. »Als man uns den Plan ›Dijle‹ erläuterte«, sagte La Laurencie, der Befehlshaber des III. Artilleriekorps, »hatten wir alle nur den einen Gedanken: Gebe Gott, daß wir ihn niemals ausführen müssen!« Obwohl die Engländer an der Verteidigung der Kanalküste interessiert sein mußten, wandten sie sich doch entschieden gegen dieses strategische Konzept. Die Stabschefs drückten ihre Meinung folgendermaßen aus: ›Vorausgesetzt, daß sich die Haltung Belgiens nicht ändert, sind wir fest davon überzeugt, daß der deutsche Angriff an den vorbereiteten Stellungen entlang der französischen Grenze aufgefangen werden muß.‹

Die Haltung Brüssels änderte sich jedoch keineswegs. Im September 1939 hatten die Belgier einen französischen Angriff auf die Ruhr befürchtet, der notwendigerweise durch ihr Land geführt worden wäre; ein Drittel ihrer Streitkräfte hatten sie deswegen gegen Frankreich gewendet. Später verschoben sie das Kräfteverhältnis, wobei sie ständig befürchteten, irgendeine Unvorsichtigkeit könnte den Deutschen einen Vorwand für einen Angriff liefern. Die französische Grenze war mit Barrikaden gespickt, alle Verbindungen auf Generalstabsebene wurden abgelehnt. Falls also die französische Armee gezwungen sein sollte, in Belgien einzumarschieren, dann würde dies unter den Bedingungen einer dem französischen Oberkommando verhaßten Bewegungsschlacht geschehen. Diese konnte jedoch vermieden werden, wenn Belgien rechtzeitig um den französischen Einmarsch zum Schutz vor einem deutschen Angriff ersuchte. Aber daran glaubten selbst die größten Optimisten nicht mehr. Indes, die Notlandung der beiden deutschen Offiziere bei Mechelen an der Maas ließ diesen Wunschgedanken wiederaufleben. Die dort gefundenen Dokumente beseitigten alle Zweifel: Deutschland beabsichtigte die Verletzung der belgischen Neutralität.

Die Belgier hatten nunmehr allen Grund, die Engländer und Franzosen zu Hilfe zu rufen. Brüssel tat einen Schritt in dieser Richtung, indem es von Paris und London die Garantie forderte, daß Belgien nach Kriegsende in seinen bisherigen Grenzen, seiner staatlichen Souveränität sowie in seiner Kolonialhoheit voll anerkannt werde. Die Engländer waren nicht allzu geneigt, darauf einzugehen, aber die Franzosen hatten es eilig. ›Jede verlorene Stunde kann schwere Folgen haben‹, ließ Gamelin der belgischen Regierung mitteilen. Später sagte er, er habe »eine Enttäuschung erlebt, die ihm das Herz stillstehen ließ«, als ihm General Georges telefonisch mitteilte, er habe sich die Sache überlegt und frage sich, »ob es nicht besser sei, wenn man den Belgiern abrate, uns um Unterstützung zu bitten«.

Aber die Truppen waren bereits an der Grenze aufmarschiert. Menschen, Tiere und Motoren litten unter Nebel, Schnee und strenger Kälte. Die Belgier hatten wenigstens ihre Straßensperren weggeräumt und ihre Truppen an die Ostgrenze geworfen. In der Nacht vom 13. auf den 14. Januar erschien der belgische Militärattaché, General Delvoie, im Fort von Vincennes und überraschte den Generalissimus mit der Nachricht des belgischen Königs, daß »der Angriff für heute, Sonntag, den 14. Januar, mit Sicherheit vorauszusehen ist...« Gamelin antwortete, daß er nur einen entsprechenden Funkspruch erwarte; man solle sich aber beeilen, denn er könne seine Truppen nicht länger den Witterungsunbilden aussetzen. –

Hitler schäumte vor Wut. Die deutsche Offensive, an die ein Teil des französischen Generalstabs nicht glauben wollte, war in der Tat befohlen worden, und zwar für den 17. Januar (also nicht, wie die Belgier annahmen, für den 14.). Hitler hatte den Nachteil der kurzen Tage auf sich genommen; dafür hatte er den Vorteil eines hartgefrorenen Bodens und vereister Flüsse eingehandelt sowie die Möglichkeit, den Gegner zu überraschen. Nun mußte er hören, daß zwei deutsche Flieger mit allen Angriffsplänen in Belgien gelandet waren! Der Schatten des Henkers tauchte auf. Die Familien Reinberger und Hoenmans wurden verhaftet und von der Gestapo scharf verhört; Generaloberst Felmy, der Befehlshaber des Luftflottenkommandos 2, wurde abgesetzt, und selbst Göring wurde es unbehaglich zumute. Schließlich beruhigte sich Hitler aber wieder und überdachte die neue Lage. Sollte man zum vorgesehenen Datum angreifen oder die Offensive aufschieben? Die Entscheidung hing davon ab, ob die beiden Flieger die Unterlagen vernichtet hatten oder nicht.
Aus Brüssel kam der deutsche Luftwaffenattaché, General von Wenningen, den die Belgier ermächtigt hatten, die beiden Flieger unter vier Augen zu sprechen. Sie hatten ein Mikrofon im Sprechraum der Gendarmerie Etterbach versteckt, in dem das Treffen stattfand. Die Belgier konnten also hören, wie Reinberger sein Offiziers wort gab, daß alle Papiere vernichtet worden seien. Wenningen überbrachte dem Führer diesen Meineid. Aber fast gleichzeitig traf noch eine andere Meldung ein. Die deutsche Abwehr berichtete, daß die 9. und 25. französische motorisierte Division ›mit laufenden Motoren‹ an der französisch-belgischen Grenze stünden und die Belgier die Straßensperren wegräumten. Die Geheimhaltung war also durchbrochen. Wenn man sofort angriff, konnte man vielleicht noch bedeutende Erfolge erzielen. Hitler befragte die Meteorologen, die aber zugeben mußten, daß das gute Wetter, das sie vorausgesagt hatten, auf sich warten ließe. Heftiger Schneefall machte die Luftwaffe operationsunfähig. Hitler beugte sich wieder einmal dem Himmel. Die Offensive wurde auf unbestimmte Zeit verschoben.
Der Schnee war es auch, der eine Änderung der belgischen Beschlüsse herbeiführte. Am 15. Januar erklärte der Generalstabschef, Van den Bergen, dem französischen Militärattaché, der Schnee mache eine Offensive höchst unwahrscheinlich. Folglich ließ er die Straßensperren wieder aufrichten und befahl den Truppen neuerdings, die britisch-französischen Armeen nötigenfalls mit Waffengewalt am Betreten belgischen Bodens zu hindern. Am gleichen Tag ließ der König Frankreich wissen, er könne es nicht verantworten, sein Land vorsichtshalber zu öffnen. Die französischen Truppen zogen sich wieder in ihre Winterquartiere zurück.

Hitler oder Manstein? Die Entstehung des Plans ›Sedan‹

Sooft die Westoffensive verschoben wurde, sooft wurden auch die entsprechenden Angriffspläne geändert. Wäre sie, wie ursprünglich vorgesehen, am 7. November 1939 in Gang gesetzt worden, hätte sie sich erheblich von der gleichfalls verschobenen Offensive vom 17. Januar 1940 unterschieden, erst recht aber von der Maioffensive 1940, denn inzwischen war die taktische Idee der ›Operation Sedan‹ herangereift.
Wer der Vater dieses Plans war, ist umstritten. Man nimmt allgemein an, daß er von dem General der Infanterie Erich von Manstein stammte, der ihn am 31. Oktober 1939 erstmals dem OKH unterbreitete. Manstein hatte aber keine Gelegenheit gehabt, Hitler seinen Plan vorzulegen. Erst als Hitler die wichtigsten Dispositionen zur Ausführung der Offensive bereits getroffen hatte, erfuhr er, daß Manstein denselben Gedanken gehabt hatte. »Manstein war strategisch sehr begabt«, erklärten Keitel und Jodl im Nürnberger Prozeß. Manstein selbst gab sich bescheidener; er räumte ein, Hitler habe möglicherweise dieselbe Idee gehabt wie er, es sei aber nicht sicher, ob sich Hitler von ihm habe inspirieren lassen. Der französische General Koeltz lobt in seinem Buch ›Comment s'est joué notre destin‹ Manstein, hebt dessen außerordentliche militärische Begabung hervor, fügt aber hinzu, daß der Plan Sedan nicht von einem General, sondern von einem Gefreiten, nämlich Hitler, stamme.
Wie schon während des Polenfeldzugs, war Manstein auch jetzt im Westen Generalstabschef der Heeresgruppe Rundstedt (A). Sein Stabsquartier lag in Koblenz. Er hatte nie engeren Kontakt mit Hitler gehabt. Obwohl er sich an der Verschwörung der Militärs gegen Hitler nicht beteiligte, unterschied sich seine Einstellung zum Nationalsozialismus nicht von der anderer Offiziere. Innerhalb der Generalität war er nicht sonderlich beliebt, denn er ließ auch nach außen hin spüren, daß er sich für sehr intelligent und für außerordentlich befähigt hielt.
Ende Oktober hatte das OKH die Pläne für die vom Führer angeordnete Offensive ausgearbeitet. Sie entsprachen den bescheidenen Zielen, die in der Führerweisung vom 9. Oktober aufgeführt waren, sahen also die Eroberung der belgischen Küste zur Erleichterung eines späteren Luft- und Seeangriffs gegen England vor. Manstein war erstaunt über die Mittelmäßigkeit dieses Plans. Das alles erinnerte sehr an den Schlieffenplan, insbesondere die weite Schwenkung des starken rechten Flügels, hatte aber andererseits wieder nichts mit dem Schlieffenplan zu tun, da lediglich Geländegewinn und nicht die Vernichtung des Feindes angestrebt wurde. Schlieffen, dessen Plan später von Moltke wesentlich abgeändert worden war, hatte beabsichtigt, bis zur unteren Seine vorzustoßen und die französische Armee zu umfassen. Der von Brauchitsch wiederaufgenommene und gleichzeitig abgewandelte Schlieffenplan konnte allenfalls zur Eroberung der Nordseehäfen führen. Rundstedts Heeresgruppe A fiel eine zweitrangige Rolle zu; mit zwei Armeen und einer einzigen Panzerdivision sollte sie in Richtung

Maas vorstoßen, jedoch lediglich zu dem Zweck, die Bewegung der Gruppe B (Bock) zu decken.

Am 31. Oktober ließ Manstein Rundstedt zwei Gegenvorschläge unterbreiten. Der eine Vorschlag bestand darin, daß sich das deutsche Heer, anstatt eine Offensive einzuleiten, selber angreifen lassen sollte, wozu man England durch Luftangriffe provozieren könne. Den aus seinen befestigten Stellungen hervorgelockten Gegner werde man dann leicht vernichten können. Der zweite Gegenvorschlag war für den Fall gedacht, daß die Offensive von Deutschland ausging. Manstein forderte eine Verstärkung der Heeresgruppe A durch Abzug von Truppen der Heeresgruppe B, für deren Aufgaben drei Armeen ausreichend seien. Die ebenfalls drei Armeen umfassende Heeresgruppe A sei auf diese Weise in der Lage, mehr als nur Flankendeckung zu leisten. Sollte der Feind den unwahrscheinlichen Fehler begehen, alle seine Truppen in Belgien einzusetzen, so führte Manstein aus, ›wird die letzte Entscheidung bei der 12. Armee, Richtung sommeabwärts, liegen‹. Mansteins Absicht war, gegen die Flanke der feindlichen Konterattacke wiederum einen Gegenstoß zu führen, statt sich mit einem bloßen Aufhalten des alliierten Gegenangriffs zu begnügen.

Das war aber noch nicht die ›Operation Sedan‹, das blitzartige Vorstoßen über die Maas und bis zur Küste. Manstein machte sich übrigens keine Illusionen. Seine Denkschrift hatte er ordnungsgemäß an Brauchitsch adressiert, von dem er weder Verständnis noch Mitarbeit erwartete. Er brachte Rundstedt dazu, sich mit Brauchitsch in Verbindung zu setzen, aber auch Rundstedt erreichte nach einer heftigen Aussprache mit dem Oberbefehlshaber des Heeres nur mit Mühe und Not, daß ihm aus den OKH-Reserven eine weitere Panzerdivision zugeteilt wurde. An seiner Aufgabe änderte sich nichts.

Am 12. November jedoch erhielt der Generalstab der Heeresgruppe A folgendes Schreiben:

›Der Führer hat nunmehr angeordnet: Am Südflügel der 12. oder im Streifen der 16. Armee ist eine dritte Gruppe schneller Truppen zu bilden und unter Ausnutzung des waldfreien Streifens beiderseits Arlon, Tintigny, Florenville in Richtung auf Sedan und ostwärts anzusetzen. Zusammensetzung: Stab XIX. AK, 2. und 10. Pz.Div., eine mot. Div., Leibstandarte, Reg. Groß-Deutschland usw.‹

Der Auftrag der Heeresgruppe lautete: ›Aufgabe dieser Gruppe soll sein, ... bei oder südwärts Sedan überraschend das Westufer der Maas zu gewinnen und dadurch günstige Voraussetzungen für die Weiterführung der Operation zu schaffen.‹

Wieder war es nicht die ›Operation Sedan‹, aber man kam ihr schon näher. Das XIX. Armeekorps wurde von Guderian befehligt, dem erfahrensten und unternehmungslustigsten deutschen Panzergeneral. Daß Guderian der Heeresgruppe A zugeteilt wurde, war ein entscheidender Schritt für die Verlegung des Schwerpunktes in die Ardennen. Zum erstenmal erschien eine Überraschungsoffensive mit Sedan als

Angelpunkt in einem Einsatzbefehl. Was noch fehlte, war die Ausnutzung des Erfolgs, nämlich das Losbrechen der Panzer über die nordfranzösischen Ebenen – jene Attacke einer mechanisierten Kavallerie, die in wenigen Tagen die französische Armee aus ihrem Gefüge bringen sollte. Manstein fragte sich, woher Hitler wohl diese Idee hatte. Er konnte sie nicht aus der Denkschrift vom 31. Oktober haben, die, wie Manstein wußte, nie das OKH verlassen hatte. Doch war General Busch, der Oberbefehlshaber der 16. Armee, einige Tage zuvor von Hitler empfangen worden, und es war nicht ausgeschlossen, daß Busch dem Führer diese Mitteilung von den in Koblenz entstandenen Ideen gemacht hatte. Es ist ebensogut möglich, schreibt Manstein, daß Hitler ganz allein auf diese Gedanken gekommen war. ›Wie sich später im russischen Feldzug zeigen sollte, hatte Hitler einen gewissen Instinkt in operativen Fragen.‹

Busch, so wissen wir heute, war in keiner Weise an der Entscheidung vom 12. November beteiligt. Zeugenaussagen von Keitel und Jodl zufolge äußerte Hitler anläßlich des OKH-Plans ähnlich wie Manstein: »Die haben sich Schlieffens Schuhe angezogen...« Als er sich später wiederum mit diesem Problem befaßte und über den Karten brütete, versuchte er sich von den Gedanken des großen Strategen Wilhelms II. zu befreien, der die ganze militärische Führung Deutschlands verhext zu haben schien. Der Einsatz Guderians bei der Heeresgruppe Rundstedt war seine erste Reaktion gegen den ›starken rechten Flügel‹. Außerdem ließ er für den Fall, daß der Überraschungsangriff auf Sedan große Erfolge bringen würde, die Überstellung sämtlicher Panzerdivisionen der Heeresgruppe B (bis auf eine) an die Heeresgruppe A vorbereiten. Der Gedanke, eine Bresche in die französische Front zu schlagen, die Schlacht mit einem Durchbruch im Zentrum zu gewinnen, ging ihm nicht aus dem Kopf.

Manstein seinerseits verfaßte eine Denkschrift nach der anderen, am 21. und 30. November, am 6. und 18. Dezember 1939 und schließlich am 12. Januar 1940. Ein Durchbruch im Zentrum schien ihm in zunehmendem Maße geboten. Er wiederholte mit seiner Strategie, die eine Umfassung der Flügel erstrebte, den berühmten Schlachtplan von Cannae. Schon für Hannibal hatte in der Überraschung des Feindes ein wesentlicher Vorteil gelegen. Ein besonderes taktisches Überraschungsmoment bot ein deutscher Vorstoß über die Ardennen. Auf französischer Seite betrachtete man diesen waldreichen Gebirgszug als ein unüberwindliches Hindernis für Panzereinheiten. Hitler aber hatte die Karten ganz genau studiert und erkannt, daß die großen Lichtungen von Arlon, Tintigny und Florenville gestatteten, die Maas zu erreichen, ohne auf Hochwald zu stoßen. Manstein arbeitete seinerseits die Operationspläne aus und sah immer deutlicher, daß es möglich war, die Sommemündung in einem Zug zu erreichen. Daß die Engländer und Franzosen sich in Belgien einschließen lassen würden, konnte er wirklich nicht ahnen. Jedenfalls stimmt es nicht, daß Manstein Hitler die Idee geliefert hatte. Er war bis dahin noch nie mit dem Führer zusammengetroffen; auch ist nach den Zeugenaussagen der Generalstäbler des OKW – Jodl, Warlimont,

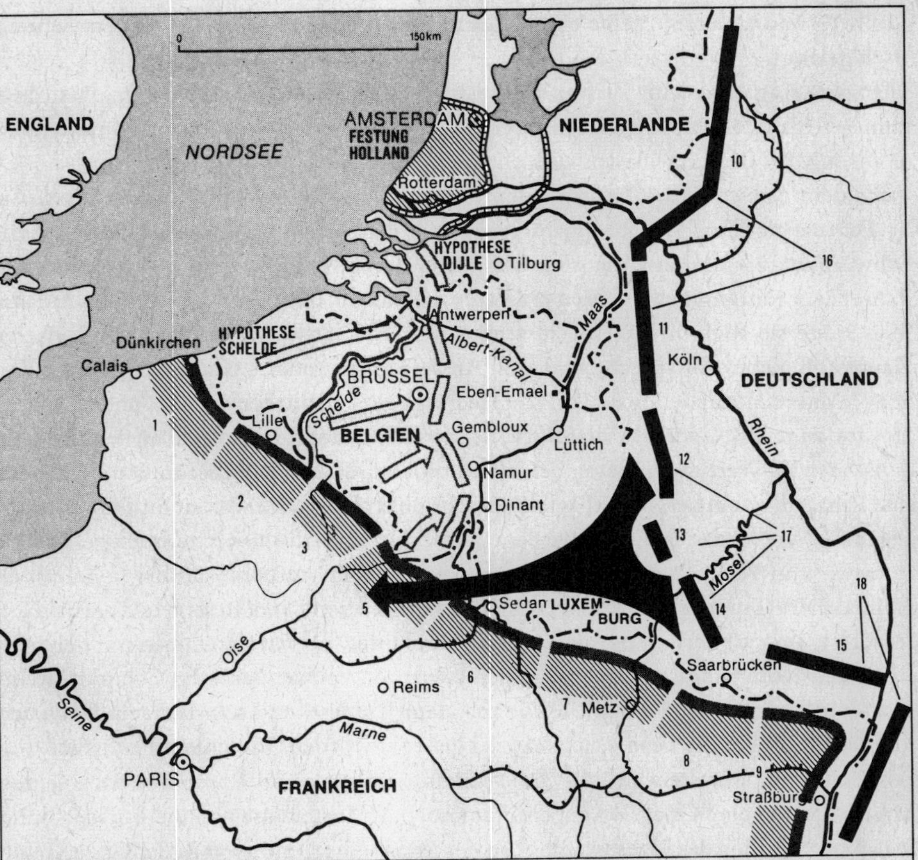

1 7. Armee (Giraud)
1 leichte mech. Div.
2 Inf. Div. (mot.)
4 Inf. Div.

2 1. Armee (Blanchard)
2 leichte mech. Div.
3 Inf. Div. (mot.)
7 Inf. Div.

3 Britisches Expeditionskorps (Gort)
9 Inf. Div.
1 Pz. Brig.

4 Allgemeine Reserven
1 Inf. Div. (mot.)
1 Inf. Div.
3 Pz. Div.

5 9. Armee (Corap)
1 Inf. Div. (mot.)
2 leichte Kav. Div.
1 Kav. Brig.
6 Inf. Div.

6 2. Armee (Huntziger)
2 leichte Kav. Div.
1 Kav. Brig.
6 Inf. Div.

7 3. Armee (Condé)
1 leichte Kav. Div.
1 Brig. Spahis
11 Inf. Div.
1 brit. Inf. Div.

8 4. Armee (Requin)
7 Inf. Div.
1 poln. Inf. Div.

9 5. Armee (Bourret)
9 Divisionen

10 18. Armee (Küchler)
1 Pz. Div.
1 Kav. Div.
6 Inf. Div.

11 6. Armee (Reichenau)
2 Pz. Div.
13 Inf. Div.

12 4. Armee (Kluge)
9 Inf. Div.
2 Pz. Div.

13 12. Armee (List)
mit Pz. Gruppe Kleist
5 Pz. Div.
11 Inf. Div.
3 mot. Div.

14 16. Armee (Busch)
18 Divisionen

15 1. Armee
(Witzleben)
19 Inf. Div.

16 Heeresgruppe B
(Bock)
einschl Reserven
29 Div.

17 Heeresgruppe A
(Rundstedt)
einschl. Reserven
45 Div.

18 Heeresgruppe C
(Leeb)
einschl. Reserven
29 Div.

Karte 7 Aufmarsch der deutschen und britisch-französischen Truppen am Vorabend des Westfeldzugs (Mai 1940)

Loßberg und anderer – keine einzige Denkschrift Mansteins bis auf Hitlers Schreibtisch gelangt.
Übrigens ging Mansteins Zeit im Generalstab zu Ende. Am 27. Januar 1940 wurde er zum Befehlshaber eines neuen Korps ernannt. Manstein begab sich nach Pommern, wo er das XXXVIII. Armeekorps aufstellte.
Nach dem Ausscheiden Mansteins wurde der Sedan-Plan nochmals differenziert. Am 13. Februar notierte Jodl in seinem Tagebuch, der Führer habe wieder die Frage der Schwerpunktbildung aufgeworfen und dabei darauf hingewiesen, daß man zu viele Panzer an zweitrangigen Fronten einsetze: ›Bei der 16. oder 18. Armee fehlen sie dann. Man sollte sie Richtung Sedan zusammenführen. Dort erwartet der Feind unseren Hauptstoß nicht.‹ Entsprechend diesen Anweisungen änderte das OKH zum wiederholten Male den Aufstellungsplan. Der Heeresgruppe A wurden die 1., 5. und 7. Panzerdivision zugeteilt. Generaloberst Bock, der nach dem ursprünglichen Plan neun Panzerdivisionen zur Verfügung hatte, behielt nur noch drei, und Rundstedt, der vorher nur eine Panzerdivision besaß, verfügte nunmehr über sieben, von denen fünf unmittelbar gegenüber von Sedan lagen. Außerdem wurde ihm noch die bisher zu Bock gehörende 4. Armee von Kluge unterstellt. ›Wir kommen dahin, daß wir südlich von Lüttich dreimal mehr Truppen haben als nördlich davon‹, notierte Jodl in seinem Tagebuch.
Jetzt erst, am 17. Februar, begegnete Manstein Hitler. Er war zusammen mit den neuernannten Kommandierenden Generalen Geyr von Schweppenburg, Schmidt, Reinhardt und Stumme, dem Divisionskommandeur Rommel und selbstverständlich auch Jodl und Keitel in die neue Reichskanzlei gebeten worden. Nach dem Frühstück zog sich Hitler mit Manstein in sein Arbeitszimmer zurück und fragte ihn nach seinen Ansichten über eine Offensive gegen Frankreich. ›Manstein meinte, die Entscheidung liege nicht westlich der Maas, sondern an der Maas selber, und zwar in der Gegend von Sedan und Charleville. Dazu benötige man dort starke Panzereinheiten oder überhaupt nichts. Alles, was man rückwärtig in Reserve halte, käme niemals rechtzeitig an die Kampffront...‹, notierte Jodl in seinem Tagebuch. Manstein schreibt in seinem Buch ›Verlorene Siege‹ über diese Unterredung: ›Ob und inwieweit Hitler bereits durch seinen Chefadjutanten von unserem Plan Kenntnis erhalten hatte, ist mir nicht klar.‹ In jedem Fall mußte ich feststellen, daß er sich erstaunlich schnell in die Gesichtspunkte, die die Heeresgruppe seit Monaten vertreten hatte, einfühlte.‹ Hitler gelang dies auch um so leichter, als er selbst seit Monaten ähnliche Gedanken hegte und außerdem am Vortage die letzten Befehle für deren Durchführung gegeben hatte.
Der Plan ›Sedan‹ war reif; jetzt mußte er mit größter Sorgfalt ausgeführt werden; die Schwierigkeiten waren enorm; die Ardennen waren voller Hindernisse.
Die wenigen Straßen waren eng und schlängelten sich in zahllosen Windungen durch den dichten Forst. Die motorisierten Einheiten und die Panzerdivisionen bildeten riesige Kolonnen, die Truppen mußten gestaffelt vorgeschickt werden, und mehrere

Einheiten waren gezwungen, denselben Anmarschweg zu benützen. Da der Zeitplan genau eingehalten werden mußte, blieb alles nicht unbedingt Notwendige auf den Waldwegen zurück. Der kleinste Irrtum, der geringste Widerstand und das harmloseste Bombardement hätte inmitten der Wälder ein unbeschreibliches Durcheinander bewirkt; an der Maas wären nur zusammenhanglose Truppenteile angelangt. Man fragt sich, ob es nicht ein Wahnwitz war, Wildschweinfährten für einen Vormarsch gegen die französische Armee zu wählen, da doch die offenen und harten Ebenen von Brabant für eine Panzerschlacht wie geschaffen schienen!

Bei einem Lagevortrag am 16. März riß Bock die Geduld:

»Ihr zieht da 15 Kilometer von der Maginotlinie entfernt vorbei und bildet euch ein, die Franzosen werden euch da einfach zuschauen! Ihr laßt eure Panzer auf den wenigen Ardennenstraßen rollen und vergeßt, daß das Flugzeug schon erfunden ist! Ihr bildet euch ein, ihr könnt die Maas in einem einzigen Tag überschreiten, und ihr rennt zum Meer mit einer offenen Flanke von 300 Kilometern. Und was wollt ihr machen, wenn ihr zwischen der Grenze und dem steilen Flußufer eingezwängt seid?... Oder wenn die Franzosen nicht in Belgien einmarschieren?... Oder wenn sie euch die Maas mit einem Teil der Truppen überschreiten lassen, um dann mit allen gesammelten Kräften anzugreifen?... Ihr könnt mir glauben, ihr phantasiert!...«

Man kann Bock, dem man die Hauptrolle abgenommen hatte, Verbitterung zugute halten, aber selbst Rundstedt, der Oberbefehlshaber der Heeresgruppe A, war beunruhigt: »Der kleine Gamelin ist geschickt, vergeßt das nicht!« Halder, ein hervorragender Soldat, verlangte, man solle wenigstens an der Maas haltmachen, damit die Infanterie den Panzern nachkommen könne, und erst dann zu einem offenen Gesamtangriff antreten. Jodl, ein glühender Verehrer Hitlers, war von der genialen Einfachheit des Planes ehrlich überzeugt, zog es aber doch vor, die Verantwortung von sich abzuwälzen: »Ich überreiche dem Führer einen Bericht, in dem ich betone, daß der Vorstoß auf Sedan ein Geheimpfad ist, auf dem man durch den Kriegsgott Überraschungen erleben kann.« Nur Guderian blieb zuversichtlich. Er sagte, er werde die Maas in fünf Tagen überschreiten. »Und was wollen Sie dann tun?« fragte ihn Hitler. »Wenn kein entgegenstehender Befehl kommt, werde ich am nächsten Tag in westlicher Richtung vorstoßen«, war die Antwort Guderians.

Das Ende der Vorbereitungen war abzusehen. Hitler selbst erfand die geschickten Manöver im Norden der Front, durch welche die Aufmerksamkeit des gegnerischen Oberkommandos abgelenkt werden sollte. Die 7. Fallschirmjägerdivision wurde nicht auf die Übergänge von Maas und Sambre angesetzt, wie es nach den bei Mechelen verlorengegangenen Plänen vorgesehen war, sondern griff Schlüsselpunkte an den Zugängen der ›Festung Holland‹ sowie den Albertkanal und die Befestigungen von Lüttich an. Einfache Hauptleute schritten durch die Bronzeportale der Neuen Reichskanzlei und berieten mit dem Führer, wie sie die Brücke von Vroenhoven angreifen sollten und wie die Segelflieger die Luftlandetruppen auf Fort Eben-Emael absetzen würden. Inzwischen sollten die Panzer so unauffällig wie möglich durch den dunklen Ardennerwald gegen Sedan rollen. Es war Frühling geworden, an der Lothringer Front standen die Bäume nach dem harten Winter im ersten Grün, aber die militärische Aktivität hatte abgenommen.

Es war deutsche Gewohnheit, die Offensive zu Jahresanfang einzuleiten: 21. Februar 1916 bei Verdun, 21. März 1918 an der Somme... Im französischen Großen Hauptquartier beschloß man also, daß es in diesem Jahr keine Offensive mehr geben werde, denn Deutschland wolle nicht das Risiko eingehen, ›an dem Fels der französischen Armee zu zerschellen‹. Dieser seltsame Krieg wurde mehr und mehr zu einem waffenstarrenden Frieden.

Diese Lage der Dinge war für die Franzosen enttäuschend. Alle Zeugen – nach der damaligen Stimmung befragt – sagten darüber das gleiche: Gamelin wollte einen gegnerischen Angriff, denn er war fest überzeugt, daß im derzeitigen Stadium des Krieges die Defensive jede feindliche Offensive zum Scheitern bringen mußte, daß er die deutschen Armeen, komme es, wie es wolle, vor seiner lückenlosen Front stoppen könne. »Eine Milliarde würde ich geben, wenn ich angegriffen würde«, sagte er. Beunruhigt aber sah er in die Zukunft; Frühjahr und Sommer 1940 würden vergehen, und er würde tatenlos mit seiner riesigen, bewegungslosen Armee dasitzen; die Soldaten würden sich tödlich langweilen.

Tatsächlich aber hatte Hitler lediglich umdisponiert und den Franzosen nur einen Aufschub von zwei Monaten gewährt. Nachdem er nämlich gezögert und mehrmals seine Pläne geändert hatte, beschloß er schließlich, am 3. März das Unternehmen ›Weserübung‹ vor dem ›Fall Gelb‹ zu starten, das heißt zunächst Norwegen zu erobern und erst dann Frankreich anzugreifen. Auf seinem Weg nach Sedan machte der Krieg einen Umweg über den Polarkreis.

Das Unternehmen ›Weserübung‹

In Finnland waren die Kampfhandlungen im Januar weitgehend abgeflaut. Die von ihren Siegen erschöpften Finnen holten Atem, während die Russen gewaltiges Kriegsmaterial sammelten und sich auf ihren ursprünglichen Plan, den Durchbruch durch die Mannerheimlinie, vorbereiteten.

Die Offensive begann am 1. Februar gegen Wiborg (Viipuri), den Ostpfeiler des Verteidigungssystems auf der Karelischen Landenge. Die Hauptrolle spielte die Artillerie, indem sie die finnischen Stellungen konzentriert beschoß, ähnlich wie man dies im vorhergegangenen Krieg in Materialschlachten zu tun pflegte. Die Finnen verteidigten

Der Fall ›Weserübung‹, die Besetzung Dänemarks und die Eroberung Norwegens, begann am 9. April. Die erdrückende Übermacht der deutschen Waffen erzwang in Dänemark eine fast kampflose Übergabe: Deutsche Flugblätter auf den Straßen und deutsche Flugzeuge über den Häusern Kopenhagens (oben). Zum Kampf gegen Rußland an der Seite Hitlers fanden sich später auch Mitglieder eines dänischen Freikorps bereit (unten).

In Norwegen kam es zu erbitterten Kämpfen gegen die Deutschen, die von See her oder aus der Luft (oben) das Land in Besitz nahmen. Als Transportflugzeuge der deutschen Fallschirmjäger dienten dreimotorige Ju 52 (unten). Über 3000 Maschinen dieses Typs wurden im Krieg hergestellt; sie bildeten das Rückgrat der Luftlandeoperationen in Narvik, Holland und Kreta.

sich großartig. Das russische Oberkommando rechnete mit einer Einnahme Wiborgs am dritten Tag, aber am 1. März war die russische Armee noch keinen Schritt weitergekommen. Zwei russische Divisionen, die den Ladogasee im Norden zu umgehen versuchten, waren aufgerieben worden. Doch die finnische Armee war am Ende ihrer Kräfte. Sie hatte 20 Prozent ihres Bestandes verloren. Eine Ablösung der Truppen war nicht möglich, denn alle Mann standen an der Front, um den Druck der dreimal größeren Übermacht aufzuhalten. Den Soldaten fielen vor Ermüdung die Waffen aus der Hand.

In Frankreich und England diskutierte man inzwischen heftig weiter. Die Aufmerksamkeit wurde mehr und mehr auf den skandinavischen Kriegsschauplatz gelenkt, von dem man bisher wenig wußte und um den man sich so wenig gekümmert hatte, daß das Kartenmaterial des Generalstabs der französischen Armee nur aus einer Schulwandkarte bestand. Jetzt studierte man die norwegischen Täler, die schwedischen Eisenbahnen, die finnischen Kampfmethoden sowie die Ausrüstung und Verpflegung, die im hohen Norden kämpfende Truppen benötigten. Am 16. Februar ereignete sich auf See ein Zwischenfall, der die Aufmerksamkeit auf den Norden lenkte: Die *Altmark* hatte den Untergang der *Graf Spee* überlebt und versuchte nun plötzlich, mit 299 gefangenen englischen Handelsmatrosen an Bord nach Deutschland zurückzukehren. Auf Anordnung Churchills hatte der Zerstörer *Cossack* das Schiff im Jössingfjord, das heißt in norwegischen Hoheitsgewässern, geentert. Norwegen protestierte, aber wesentlich gravierendere Verletzungen seiner Souveränität standen bevor.

Die Alliierten hatten den Gedanken aufgegeben, Finnland durch eine Landung in Petsamo zu unterstützen. Das neue Ziel hieß Narvik. Die kleine Stadt war nur durch einen schmalen, aber stark bewaffneten Streifen neutralen schwedischen Gebietes von Finnland getrennt. Ihre Lage ließ es höchst zweifelhaft erscheinen, daß das geplante Expeditionskorps den erschöpften Soldaten des Marschalls Mannerheim würde helfen können. Narvik war aber der Hauptausfuhrhafen für schwedisches Erz nach Deutschland. Falls die Besetzung Narviks durch die Alliierten gelänge, könnte Deutschland nur mehr in der Hafenstadt Lulea – im Bottnischen Meerbusen gelegen und sechs Monate im Jahr zugefroren – Eisenerz verladen. Finnland, das so bösartig überfallen wurde, lieferte einen ausreichenden Vorwand, Deutschland von dieser Rohstoffquelle abzuschneiden.

Die Deutschen gingen davon aus, daß gut ist, was Deutschland nützt. Die Besetzung der norwegischen Küste war seit langem von Großadmiral Raeder gefordert worden. Am 14. Dezember stellte er Hitler den Norweger Quisling vor, der den Deutschen riet, Norwegen zu besetzen, um so den Alliierten zuvorzukommen, die mit Oslo bereits Absprachen über eine britisch-französische Landung getroffen hätten. Hitler, der sich beinahe ausschließlich mit seinen Offensivplänen gegen Frankreich beschäftigte, hatte die Vorschläge seines Admirals und die Wünsche des Verräters abgelehnt, kam aber auf

sie zurück, als der Zwischenfall von Mechelen an der Maas einen Aufschub der Westoffensive veranlaßt hatte.
Der Leiter der Norwegenexpedition wurde am 20. Februar bestimmt. Der nach Koblenz beorderte Befehlshaber des XXI. Armeekorps, General von Falkenhorst, erfuhr aus dem Munde des Führers, daß er mit der Eroberung Norwegens betraut sei und daß diese Aktion wichtig, sehr wichtig, außerordentlich wichtig für die ganze Kriegführung sei. Als Falkenhorst die Kanzlei verließ, kaufte er sich erst einmal einen Baedeker, um sich über das Land zu informieren, wo er Lorbeeren ernten sollte.
Die Russen drangen Schritt für Schritt auf der Karelischen Landenge vor. Diese unglaublichen Finnen, die das Sowjetreich beschämt hatten, hielten es nicht für richtig, bis zum letzten Mann zu kämpfen. Schweden schaltete sich ein, und während die Schlacht wütete, begab sich am 6. März eine finnische Abordnung zu Verhandlungen nach Moskau. Am 11. fiel Wiborg, aber am 13. wurde der Friede unterzeichnet. Finnland trat die Karelische Landenge ab, die Hälfte der Fischerhalbinsel und vermietete Hanko. Doch bewahrte es das Wichtigste, seine Unabhängigkeit.
Der Friede von Moskau nahm den Alliierten den Vorwand, Narvik zu besetzen. Sie waren weder zynisch genug, sich darüber hinwegzusetzen, noch wollten sie den Plan ganz aufgeben. Zwei für Norwegen bestimmte britische Divisionen wurden als Verstärkung dem Britischen Expeditionskorps in Frankreich zugeteilt, doch elf Bataillone blieben für alle Fälle in Reserve. In Frankreich setzte ein kleines Expeditionskorps, bestehend aus Alpenjägern und Fremdenlegionären, seine Übungen und Vorbereitungen im Jura fort. Man ließ sich Zeit. Frankreich und England wechselten Noten, berieten das Problem immer wieder und änderten ihre Pläne.

Regierungswechsel in Paris

Auch die Regierungen wechselten. Chamberlain und Daladier, die Männer von München, waren auf ihren Posten geblieben, obwohl sich die Hoffnungen nicht erfüllt hatten, die man in sie gesetzt hatte. Ihre Friedensmission war gescheitert. Aber sie konnten und wollten trotz dieses Bankrotts nicht zurücktreten. Die Kabinette, denen sie präsidierten, waren bunt zusammengewürfelt und mit schwachen Leuten besetzt. Der Verwaltungsapparat, dem sie vorstanden, lief in den alten, ausgefahrenen Bahnen des Friedens weiter. In diesem seltsamen Krieg verhielten sich nicht nur die Armeen wie im tiefsten Frieden; die öffentlichen Ämter standen ihnen in nichts nach.
Trotz der Erfahrungen von 1914 war die industrielle Mobilisierung nicht ausreichend vorbereitet worden. Spezialisten lagen an der Front wie alle anderen Arbeiter; es erwies sich als äußerst schwierig, sie gegen den Widerstand der Korpskommandanten

wieder an ihre Arbeitsplätze zurückzuholen. Die Abgeordneten landwirtschaftlicher Departements, die das Kanonenfutter im Ersten Weltkrieg geliefert hatten, protestierten gegen die Bevorzugung der Industriebevölkerung und forderten die gleiche für ihre Wähler. »Der Rüstungsminister ist Ingenieur und weiß nicht, was die Zeit der Aussaat bedeutet«, erklärte in der französischen Abgeordnetenkammer einer dieser Volksvertreter. »Ich weiß jedenfalls«, antwortete ihm der Minister Raoul Dautry, »daß wir gegenwärtig die Zeit der Granaten haben.« Die Hindernisse, die sich ihm entgegenstellten, waren teils komisch, teils tragisch. In der Pulverfabrik von Angoulême weigerten sich 4000 Spezialarbeiter, die man von der Front zurückgeholt hatte, Melinit herzustellen, weil man, wie sie behaupteten, dadurch kahl werde. Im Arsenal von Montluçon mußten infolge von Sabotage 120 Panzerabwehrkanonen verschrottet werden. Die Kommunistische Partei war für ungesetzlich erklärt und verboten worden. Sie arbeitete im Untergrund und focht für Hitler gegen den imperialistischen Krieg, wobei sie als Beispiel die UdSSR anführte, die mit dem Dritten Reich einen brüderlichen Frieden geschlossen habe. Vom allgemeinen Trend zum Totalitarismus erfaßt, engagierten sich mehrere Fraktionen der Rechten und bedeutende Teile der Linken für Hitler. Die durch eine geradezu exemplarisch schlechte Propaganda unzureichend aufgeklärte öffentliche Meinung schwankte wie ein Rohr im Winde. Man war zufrieden, daß das Land nicht besetzt war und daß kein Blut floß, aber man verstand weniger als je die seltsame Ruhe an der Front. Von Zeit zu Zeit ging eine Welle der Beunruhigung durch die Bevölkerung. Jenes Gefühl der Unsicherheit, das Katastrophen voranzugehen pflegt, erfaßte die ganze Nation, die weder im Frieden noch im Kriege lebte. In England war die Moral nicht wesentlich besser. Das neue Musterungsgesetz erfaßte nur die ledigen jungen Männer; die Liste der Unabkömmlichen erstreckte sich sogar auf die Raupenableser, welche die Hecken reinigten. Die Gewerkschaften, an deren Spitze der alte Dickschädel Sir Walter Citrine stand, kämpften gegen jede kriegsbedingte Verlängerung der Arbeitszeit. Bis nach Frankreich predigten sie einen Waffenmalthusianismus. ›Die Delegierten der Trade Union warfen mir vor, Frauen einzustellen und die Männer mehr als sieben Stunden täglich arbeiten zu lassen‹, stellte Dautry fest. Unter den herrschenden Klassen wirkten sich die nazistische Infiltration und der Mangel an Patriotismus genauso stark wie in Frankreich aus. Der Cliveden-Kreis der Lady Astor war linkspazifistisch, aber die *Daily Mail* des Lord Rothermere schrieb kurz vorher, daß ›die kräftigen jungen Nazis Deutschlands unser Schutzwall gegen den Kommunismus sein werden‹. Später fand sich England unter dem deutschen Bombenhagel wieder zusammen – ein Umstand, auf den zurückzuführen ist, daß man lange Zeit den Defaitismus für ein französisches Monopol hielt. Eine objektive Betrachtung aber zeigt, daß das nicht stimmt.

Daladier wurde als erster gestürzt, und zwar am 19. März in einer geheimen Sitzung, die über die Ereignisse in Finnland beriet. Eigentlich war es nur ein halber Sturz, denn

Daladier behielt das Ministerium für Nationale Verteidigung und war somit in der Lage, Gamelin jederzeit zu decken. Paul Reynaud, das Symbol des Kriegs auf Leben und Tod, sozusagen der französische Churchill, wurde Ministerpräsident, doch seine Einsetzung stieß auf Schwierigkeiten, da nur 268 Abgeordnete für ihn, aber 156 gegen ihn votierten und 111 Abgeordnete sich der Stimme enthielten. Er wurde nur mit der Mehrheit von einer einzigen Stimme gewählt. Drei Stunden lang berieten die Minister, ob sie dieses klägliche Vertrauensvotum annehmen sollten. Sie entschlossen sich dazu, nachdem sie begriffen hatten, daß es keine bessere Lösung gäbe. Ein Beweis für die Zerrissenheit und Konfusion, die im ganzen Volk herrschte!
Die prinzipielle Entscheidung Frankreichs und Englands über die Entsendung eines drei oder vier Divisionen umfassenden Expeditionskorps nach Skandinavien fiel am 5. Februar. Hitler faßte denselben Entschluß einen Monat später; aber er traf seine Vorbereitungen viel schneller. Er hatte das OKW offiziell mit der Organisation der Expedition beauftragt, in Wirklichkeit hatte er sie sich selbst vorbehalten. Am 1. März legte er seinen Plan, die Weisung für den ›Fall Weserübung‹, endgültig fest, nachdem er Göring beruhigt und Brauchitsch barsch angefahren hatte, als beide gegen ihre Ausschaltung protestieren wollten. Dänemark würde besetzt, Landungen in Oslo, Kristiansand, Stavanger, Bergen, Trondheim und Narvik sollten folgen. Am 14. empfing er Raeder, der sich selber widersprach und vorschlug, Norwegen erst nach dem Sieg über Frankreich zu besetzen. Hitler entließ ihn mit den Worten, seine Entscheidung sei getroffen und werde nicht geändert.

18. März 1940: Hitler und Mussolini am Brenner

Am 18. März unterbrach Hitler die Ausarbeitung seiner norwegischen Pläne, um Mussolini am Brenner zu treffen. Es war das erste Treffen der beiden Diktatoren seit Kriegsbeginn. Hitler hatte sich über den Schwächeanfall Italiens im September geärgert und machte auch nicht den geringsten Hehl daraus: Er ließ ein Schreiben Mussolinis vom 4. Januar unbeantwortet, in dem ihm der Duce zu Verhandlungen riet und vor der Illusion warnte, England und Frankreich auf die Knie zwingen zu können. Um seinen wankelmütigen Verbündeten von der deutschen Stärke zu überzeugen, fuhr Hitler zum Brenner. In seinem Gepäck befand sich ein umfangreiches Aktenstück mit einer detaillierten Karte, auf der die Standorte der 207 bereits bestehenden oder in Aufstellung befindlichen deutschen Divisionen verzeichnet waren. In 1400 Meter Höhe hielten an der kleinen verschneiten Grenzstation die beiden Sonderzüge nebeneinander. Der fahrplanmäßige Zugverkehr zwischen Deutschland und Italien war für mehrere Stunden unterbrochen. Im Salonwagen Benitos hielt Adolf einen seiner berühmten

Monologe. Mussolini mußte sich den Polenfeldzug in allen Einzelheiten schildern lassen. Es folgte ein genauer Bericht über die neuen deutschen Taktiken und weitschweifige Ausführungen über die materielle und moralische Überlegenheit, dank der das Reich einen raschen Sieg über die entnervten westlichen Länder erringen würde. Ciano, der diesen Monolog schon einmal gehört hatte, war gespannt, wie sein Schwiegervater wohl auf die Tatsache reagieren würde, von Hitler zum passiven Zuhörer verurteilt zu sein.

Die Reaktion des Duce überraschte ihn. Mussolini war begeistert. Hitlers beeindrukkende Aufzählung der gewaltigen deutschen Kräfte hatte ihn kriegerisch gestimmt. »Italien kann keinen langen Krieg durchhalten«, sagte er, »aber ich bin der gleichen Meinung wie Sie, daß das Los Frankreichs besiegelt ist und daß alles andere, was sonst sich noch am Rande abspielt, ohne Bedeutung ist. Mein Entschluß ist gefaßt. Verstehen Sie, Führer...?« Die beiden Generalstäbe, so wurde beschlossen, sollten Pläne für die Verlegung von 20 italienischen Divisionen an den Rhein ausarbeiten, die den Zweck hatte, eine gemeinsame Offensive in Richtung Dijon vorzutragen.

›Der Führer kam strahlend vom Brenner zurück‹, notierte Jodl. In den nächsten Tagen widmete sich Hitler wieder voll und ganz der Norwegenexpedition.

Die ›Home Fleet‹ vor Norwegen

Am 2. April war Generalprobe. Hitler versammelte in der Reichskanzlei die verantwortlichen Stäbe. Die Karten für das Unternehmen waren an den Wänden aufgehängt, und die Offiziere gruppierten sich vor ihrem jeweiligen Operationsgebiet. Hitler befragte einen nach dem anderen, welches seine Aufgabe sei und wie er sich deren Erledigung vorstelle. Von 11 Uhr bis 19 Uhr ging Hitler mit den Offizieren den Plan durch, billigte oder ließ richtigstellen und unterbrach nur ein oder zweimal, um belegte Brötchen bringen zu lassen. Schließlich gab er sich zufrieden und legte den 9. April als Datum für die Landung fest. Die 3. Gebirgsjägerdivision sowie die 69., 169. und 196. Infanteriedivision sollten die erste Welle bilden, während die 2. Gebirgsjägerdivision sowie die 198. und 214. Infanteriedivision als Verstärkung folgen sollten.

Der Oberste Kriegsrat des gegnerischen Lagers versammelte sich am 28. März in London. Es wurde beschlossen, die norwegischen Gewässer zu verminen, ebenso den Fjord von Narvik, um die Erztransporte zu unterbinden. Gleichzeitig sollte die Operation ›Royal Marines‹, eine der Lieblingsideen Churchills, gestartet werden. Sie sah vor, schwimmende Minen in den Rhein zu werfen, welche die Brücken zerstören und die Schiffahrt behindern sollten. Das Unternehmen war für den 5. April angesetzt.

Der Plan ›Royal Marines‹ erschreckte aber die französische Regierung, die von deutscher Seite Repressalien gegen Fabriken und Städte in Frankreich befürchtete. Die von Paul Reynaud gegebene Zustimmung wurde von seinem Kriegskabinett nicht ratifiziert. Chamberlain sah darin sofort die Möglichkeit, das Eingreifen Englands noch hinauszuzögern, und ließ ›Wilfred‹, das heißt die Verminung der norwegischen Gewässer, vertagen. Churchill begab sich umgehend nach Paris und versuchte, die französische Regierung umzustimmen, mußte aber die Idee einer gleichzeitigen Durchführung der Operationen ›Wilfred‹ und ›Royal Marines‹ aufgeben. Immerhin erreichte er, daß die Verminung der norwegischen Gewässer am 8. April stattfinden konnte. Am gleichen Tag sprach Chamberlain vor einer Versammlung junger Konservativer. »Mr. Hitler«, erklärte er, »is a man who has missed the bus.« (Herr Hitler ist ein Mann, der den Autobus verpaßt hat.) Dieser Ausspruch sollte noch oft zitiert werden.

Zur selben Stunde stachen drei Zerstörer, die ersten der deutschen Norwegenexpedition, in Richtung Narvik in See. Kein einziger der zahlreichen alliierten Nachrichtendienste hatte davon eine Ahnung.

In Berlin herrschte während der folgenden Woche Alarmstimmung. Immer mehr Schiffe liefen aus, die alle ganz genaue Anweisungen hatten. Sie mußten unter englischer Flagge fahren, durften sich untereinander nur auf Englisch verständigen und hatten den Befehl, für ihre Reise jederzeit eine einleuchtende Erklärung bereit zu haben. Die Soldaten mußten sich selbstverständlich unter Deck aufhalten. Die Kriegsschiffe hatten sich als britische Schiffe vergleichbaren Typs ausgegeben, so die *Köln* als *HMS Cairo*, die *Königsberg* als *HMS Calcutta* usw. Trotzdem war die Gefahr einer Entdeckung groß. Um die Mittagszeit des 8. April wurde der deutsche Transporter *Rio de Janeiro* vor Kristiansand durch das polnische U-Boot *Orzel* torpediert. Die von Fischdampfern an Bord genommenen uniformierten Besatzungsmitglieder erzählten, sie hätten den Auftrag, Bergen gegen einen englischen Angriff zu verteidigen. Diese Nachricht erreichte die britische Admiralität am selben Abend. Man legte sie in den Korb für laufende Angelegenheiten, wo sie der zuständige Offizier erst am nächsten Morgen vorfand.

Die Engländer waren immerhin bereit. Die Transporte für Narvik sammelten sich im Firth of Clyde. Die Truppen wurden seit dem 7. April in Rosyth auf die Kreuzer *Devonshire*, *Berwick*, *York* und *Glasgow* verladen, die für die Fahrt nach Stavanger zwölf Stunden und für die Überfahrt nach Narvik einen Tag brauchten. Da man beschlossen hatte, stufenweise vorzugehen, beschränkte man sich vorläufig auf das Verlegen von Seeminen. Sollten die Deutschen dagegen etwas unternehmen, würde der Gegenschlag blitzartig folgen.

Aber in der Morgendämmerung des 9. April eröffneten die Deutschen einen neuen Blitzkrieg, der den Engländern keine Zeit für einen Gegenschlag ließ. Als die deutschen Truppen eben die Grenze überschritten und die Schiffe in den Häfen kaum angelegt hatten, weckten die deutschen Botschafter in Kopenhagen und Oslo die Regierungs-

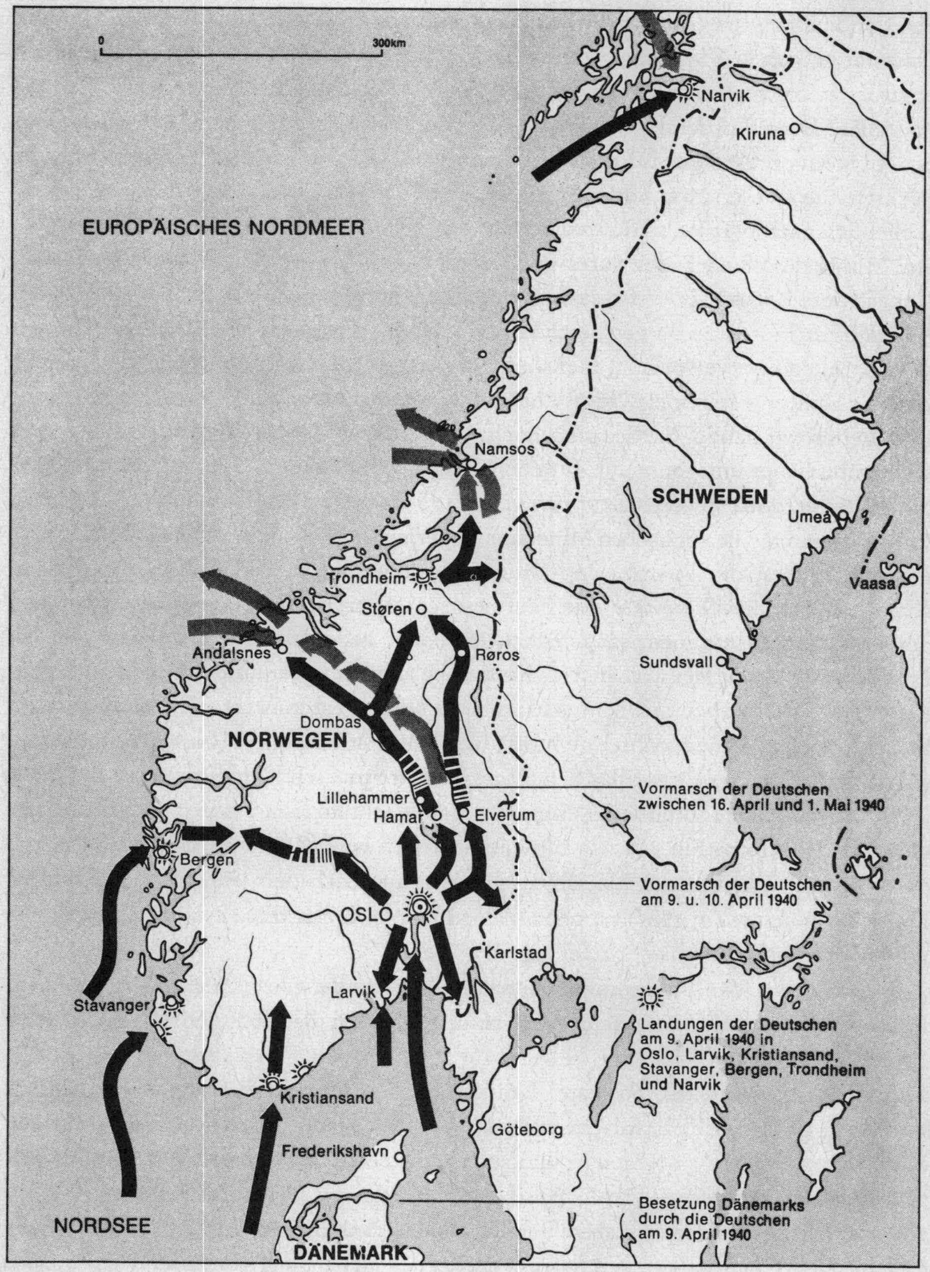

Karte 8 Unternehmen ›Weserübung‹. Schwarze Pfeile: deutsche Truppenbewegungen; graue Pfeile: alliierte Truppenbewegungen

chefs und verlangten von ihnen, sich den gegebenen Tatsachen zu fügen. Der dänische Staatsrat gab nach. Vielleicht hätte sich der norwegische ebenfalls gebeugt, wenn der deutsche Botschafter Bräuer nicht verlangt hätte, Quisling an die Spitze der Regierung zu stellen. Diese Forderung und der Widerstand der Küstenverteidigung gestatteten es dem König und seinen Ministern, die Hauptstadt zu verlassen und in die Wälder zu flüchten. Sie wurden zwar von Flugzeugen und Panzern verfolgt, konnten sich jedoch schließlich nach Norden zurückziehen.

Am Mittag desselben Tages waren sämtliche norwegischen Häfen in deutscher Hand. Der schwere Kreuzer *Blücher* war im Fjord von Oslo versenkt und der leichte Kreuzer *Königsberg* im Fjord von Bergen beschädigt worden. In Trondheim hatte sich ein Offizier in einem alten Fort verschanzt, aber sonst war die Überraschung vollkommen geglückt und der Landung keinerlei Widerstand entgegengesetzt worden.

Das Wetter war neblig, die See ging hoch, es schneite, die Sicht war schlecht und zeitweilig überhaupt unterbunden. Zum Schutz ihrer zweihundert Transporter hatte sich die deutsche Flotte in sechs Gruppen geteilt, die zwischen den Lofoten und dem Belt verstreut waren. Die englischen Minenleger operierten unter dem Schutz eines einzigen großen Schiffes, der *Renown*, und waren von zwei Zerstörer-Divisionen begleitet. Ein Zerstörer, die *Glowworm*, stieß auf den schweren Kreuzer *Admiral Hipper* und versuchte ihn zu rammen, sank jedoch im Feuer der deutschen Geschütze. In der Morgendämmerung des nächsten Tages traf die alte *Renown* auf die *Scharnhorst* und die *Gneisenau*, die plötzlich auf dem schaumbedeckten, weißen Meer auftauchten. Nach zehnminütigem Feuerwechsel zerstörte ein Glückstreffer der *Renown* den Hauptgefechtsturm der *Gneisenau*; das Schneegestöber trennte die Kämpfenden.

Der britischen Admiralität fehlte es nicht nur an Wachsamkeit, sondern auch an Scharfsinn. Als die ›Home Fleet‹ Scapa Flow und Rosyth verließ, war sie davon überzeugt, ein deutsches Geschwader bei seinem Durchbruch nach dem Atlantik abfangen zu können. Die Kreuzer, die Truppen an Bord hatten, luden diese schleunigst aus, um mit voller Fahrt zur Schlacht zu eilen.

Admiral Forbes, der Oberkommandierende, dampfte die ganze Nacht hindurch nach Norden, drehte dann aber nach Süden ab und verpaßte dadurch den entscheidenden Tag auf hoher See.

Dieser 8. April zeigt, daß Seeleute eben als Seeleute denken: Sie waren von der Anwesenheit großer Schiffe, für die in ihren Augen die Versenkung der *Glowworm* der beste Beweis war, fest überzeugt, und suchten diese Schiffe nun inmitten des Schneegestöbers. Erst am Morgen des 9. April rissen die Wolken auf. Mit dem Wetter wurden auch die Absichten der Deutschen klarer. Den Engländern blieb nur noch die Möglichkeit, die Deutschen anzugreifen, während sie in den Häfen die Truppen an Land setzten. Genau das beabsichtigte Forbes, aber die Admiralität widersetzte sich seinem Plan und verbot jeden derartigen Angriff, da unersetzliche Schiffe verlorengehen könnten

Am 10. April 1940 fand im Ofotfjord vor Narvik das erste Seegefecht zwischen deutschen und britischen Zerstörern statt. Deutsche Einheiten an der Mole von Narvik (vorherige Seite). – Deutsche Gebirgsjägereinheit auf einem Transportschiff unmittelbar vor ihrer Landung in Norwegen (oben). – Britische Truppen bei der Landung im Herjangsfjord bei Narvik im Mai 1940 (unten).

und man auch nicht wußte, ob die Küstenbefestigungen noch in norwegischer Hand waren.
Das aufklarende Wetter begünstigte auch den Einsatz von Flugzeugen; eine deutsche Staffel kreiste über den englischen Panzerkreuzern, konnte jedoch nur den Zerstörer *Gurkha* versenken. Einige Stunden später entdeckte eine englische Sturzbomberstaffel unter Kapitän Patridge die von norwegischen Küstenbatterien beschädigte *Königsberg*. Die Staffel war auf den Orkneyinseln gestartet und hatte beinahe ihren maximalen Aktionsradius erreicht, doch nach einem Bombardement ging die *Königsberg* auf Grund: Zum erstenmal in der Geschichte des Seekriegs wurde ein großes Schiff von Flugzeugen versenkt.
Das Auftauchen der Deutschen in Narvik, 1000 Seemeilen von der Elbmündung entfernt, war eine solche Überraschung, daß man anfänglich an eine Namensverwechslung glaubte und annahm, es handle sich um den kleinen Walfängerhafen Larvik bei Oslo. Dann vermutete man, höchstens ein Frachter habe heimlich eine kleine Abteilung Soldaten so weit nach Norden geschmuggelt. Der Kapitän zur See Warburton-Lee erhielt den Befehl, mit den ihm unterstellten Zerstörern *Hardy*, *Hunter*, *Havoc*, *Hostil* und *Hotspur* in den Westfjord einzudringen, um den dreisten Einzelgänger zu erledigen und Narvik wieder zu nehmen. Am Abend des 9. April stoppte er bei der Lotsenstation von Tranöy im Westfjord, um sich genauer zu informieren. Dort sagten ihm die Lotsen, daß es sich nicht um ein einzelnes Schiff handle, sondern daß sechs Kriegsschiffe, wesentlich größer als seine – Warburton-Lees – Kähne, den Erzhafen erobert hätten. Diese Nachricht wurde an die Admiralität weitergegeben, doch diese weigerte sich, Verstärkung zu schicken und gab Warburton-Lee freie Hand: ›Entscheiden Sie, was Sie für richtig halten; wir decken Sie auf alle Fälle.‹ Die sofortige Antwort war: ›Going into action.‹
Am nächsten Tag war das Wetter wieder schlecht. Die eisbedeckten Berge der Lofoten lagen in Wolken, die Schneeflocken tanzten im Sturm. Warburton-Lee lenkte sein Geschwader blindlings durch die klippenreiche Enge. Die Überraschung war daher um so größer, als er plötzlich vor dem Hafen von Narvik auftauchte. Die Zerstörer *Wilhelm Heidkamp* und *Anton Schmidt* wurden torpediert und sanken, drei weitere wurden beschädigt. Als aber Warburton-Lee sich wieder zurückzog, tauchten plötzlich aus dem Herjangsfjord drei neue Gegner auf. Er stellte sich zum Kampf, doch zwei weitere Zerstörer kamen aus dem Ballangenfjord und nahmen sein Geschwader ins Kreuzfeuer.
Es waren nicht nur sechs deutsche Schiffe, wie die Lotsen von Tranöy behauptet hatten, sondern zehn kleine, aber starke deutsche Schiffe, die in den Westfjord eingelaufen waren und 2000 Soldaten gelandet hatten.
Das Zerstörergefecht verlief für die Engländer ungünstig. Warburton-Lee wurde auf der Brücke der *Hardy* getötet, kurz darauf sank der Zerstörer. Der *Hunter* ging es nicht

besser. Der Zerstörer *Hotspur* wurde schwer beschädigt und schleppte sich mühselig mit seinen beiden unbeschädigten Kameraden aus dem Fjord. Zum Teil wegen des schlechten Wetters, zum Teil aus Furcht vor der *Renown,* die sie in der Nähe vermuteten, ließen die Deutschen die Gelegenheit verstreichen, das englische Geschwader völlig zu vernichten. Sie versäumten auch, die *Rauenfels* zu retten, die schwere Waffen für die Landungstruppen an Bord hatte. Sie wurde von dem Zerstörer *Havoc* versenkt. Wie sich zeigen sollte, schwächte dieser Umstand die Truppen in Narvik erheblich. Die englische Admiralität beschloß, die Angriffe fortzusetzen. Drei Tage später fuhren neun neue Zerstörer in den Westfjord ein. Diesmal aber waren sie nicht allein. Ein mächtiger Veteran, die *Warspite,* die schon die Skagerrakschlacht mitgemacht hatte, schützte sie. Die deutschen Zerstörer teilten sich und zogen sich bis in den Rombakenfjord zurück, dessen winklige Spitze an die schwedische Grenze stößt. Die Granaten der *Warspite* verfolgten und vernichteten sie. An den Ufern des eisigen Fjords brannten die deutschen Schiffe aus. Das Unterseeboot *U 64* teilte ihr Los. Narvik aber war fest in der Hand eines deutschen Gebirgsjägerregiments unter dem Befehl des Generals Dietl. Die englischen Matrosen verzichteten darauf, ihn zu vertreiben und den Sieg auf diese Weise zu vervollständigen. Für Hitlers Marine, die nur über 22 Zerstörer verfügte, war der Verlust von 10 Zerstörern vor Narvik ein schwerer Schlag. Dazu kam noch der Verlust der *Blücher,* der *Karlsruhe* und der *Königsberg,* die am 9. April versenkt worden waren, während die *Hipper,* die *Scharnhorst* und die *Gneisenau* schwer beschädigt worden waren. Erhebliche Zerstörungen wies auch die *Lützow* auf, die ein volles Jahr im Dock liegen mußte, ehe ihre Schäden wieder repariert waren. Norwegen hatte die deutsche Flotte empfindlich dezimiert; am 15. April waren nur mehr 2 leichte Kreuzer und 4 Zerstörer verfügbar.

In Paris hatte man nur bitteren Tadel für die Engländer übrig. Wie konnten sie sich nur derart überraschen lassen, und wozu hatten sie eigentlich ihre Flotte? Ihr berühmter Intelligence Service schlief vermutlich! Am Morgen des 9. April berieten Frankreichs Militärminister und Oberbefehlshaber und stritten sich heftig. Schließlich einigte man sich: Der wirkungsvollste Gegenschlag auf die Invasion in Norwegen sei ein Einmarsch in Belgien und die Besetzung des Albertkanals. Man beschloß, bei den Belgiern zu intervenieren und ihnen klarzumachen, daß man jetzt handeln müsse, da der größte Teil der deutschen Luftwaffe in Norwegen festliege. Die belgische Regierung war aber der Auffassung, daß die Ausdehnung des Krieges auf Skandinavien das Risiko einer deutschen Offensive gegen Belgien vermindern würde und daß es daher besser als je zuvor sei, neutral zu bleiben.

Nach der Sitzung im Elysee fuhren Reynaud und Daladier nach London. Sie wollten die geplante Besetzung der norwegischen Häfen, die durch den Frieden zwischen Rußland und Finnland aufgehoben worden war, nunmehr gegen einen dort schon festsitzenden Feind in aller Eile wieder durchsetzen. Churchill, der auf einmal Mäßigung zeigte, vertrat den Standpunkt, man solle sich auf Narvik beschränken. Die Franzosen waren wütend. Warum sollte man nicht auch Trondheim zurückerobern, das einen großen Hafen besaß und ein wichtiger Verkehrsknotenpunkt zwischen dem Süden und dem Norden Norwegens war? Die Einnahme von Trondheim würde den deutschen Erfolg in eine Niederlage verwandeln. Der Augenblick der Entscheidung war gekommen, und der eigentliche Krieg begann. Man beschloß, gleichzeitig Narvik und Trondheim zurückzuerobern.

Die norwegischen Landoperationen. Narvik

Die Lage der Deutschen in dem Erzhafen von Narvik war höchst abenteuerlich. Dietl verfügte nur über sein Gebirgsjägerregiment und zwei Batterien Gebirgskanonen, aber kaum über Munition. Mit Entsetzen sah Hitler die Möglichkeit, daß diese schwache deutsche Truppe gezwungen werden könnte, sich zu ergeben. Er beschloß, Dietl den Rückzug auf Trondheim zu befehlen, aber der Verbindungsoffizier zum OKH, Oberstleutnant von Loßberg, hielt den Funkspruch auf eigene Verantwortung zurück. Er war so mutig, sich zu Keitel und Jodl zu begeben und ihnen vorzuwerfen, sie gäben Befehle, die sich nicht ausführen ließen. Keitel verließ mit gewohnter Selbstsicherheit den Raum, indem er erklärte, es sei unter seiner Würde, mit einem so jungen Offizier, der sich derartig aufspiele, sich herumzustreiten. Der aalglatte Jodl gab zu, daß der Befehl sinnlos sei, doch sei der Führer gegenwärtig derart nervös, daß man ihm dies unmöglich beibringen könne. Darauf erwiderte Loßberg, daß der Führer sich andere Berater suchen solle, wenn die gegenwärtigen so wenig Autorität hätten. Jodl erinnerte sich nun eines Innsbrucker Professors, der Spezialist für norwegische Gebirgsformationen war. Man holte ihn und brachte ihn zu Hitler, dem er bewies, daß ein Rückzug über 1000 Kilometer Gletschergebiet von vornherein unmöglich sei. Hitler revidierte daraufhin seinen Befehl, ohne zu ahnen, daß dieser niemals weitergegeben worden war, und befahl Dietl, das besetzte Gebiet zu halten und sich im letzten Augenblick in Schweden internieren zu lassen. Jeder glaubte, Narvik werde in den allernächsten Stunden fallen.
Den Engländern fehlte aber jegliche Eingebung. Statt sich auf Narvik zu stürzen, landete die am 12. April verladene Brigade im kleinen Hafen von Harstad auf der Insel Hinnoy. Ihr Ziel aber lag 100 Kilometer entfernt hinter Bergriesen, deren Überwindung ebenso schwierig war, wie eine Montblanc-Besteigung. Churchill schickte nun einen alten Seebären, den energischen Admiral Lord Cork and Orrery, aber Churchill war nur die Admiralität, und MacKesey, der Befehlshaber der Landstreitkräfte, unterstand dem War Office und hörte infolgedessen überhaupt nicht auf die Rat-

schläge seines Marinekollegen. Dann mischte sich der Himmel drein und ließ eineinhalb Meter Schnee fallen. Da faßte Mackesey einen heroischen Entschluß: »Ich werde die Schneeschmelze abwarten.« Narvik hing nun nicht mehr von einem Handstreich ab, jetzt war ein richtiger Feldzug nötig.

Das alles hatte die Harmonie im alliierten Lager nicht gerade erhöht. Die französisch-englischen Beziehungen blieben süßsauer, und die Beziehungen innerhalb der führenden Kreise Frankreichs waren noch gespannter. Die fehlende Vorbereitung der Norwegenexpedition gab Anlaß zu Ärger und Gereiztheit. Paul Reynaud überhäufte Gamelin in der Sitzung des Kriegskabinetts vom 12. April mit Vorwürfen. Daladier erhob sich von seinem Platz als Vizepräsident des Ministerrats und setzte sich demonstrativ neben Gamelin ans andere Ende des Tisches, wie sich ein Rechtsanwalt neben seinen Klienten zu setzen pflegt. Nach der Sitzung entwarf Gamelin sein Entlassungsgesuch, aber Daladier veranlaßte ihn, es zu zerreißen, indem er andeutete, die Tage des Kabinetts Reynaud seien ohnehin gezählt.

In London wurde inzwischen ein grandioser Kriegsplan ausgearbeitet. Eine ganze Armada, bestehend aus den Panzerkreuzern *Valiant*, *Renown*, *Glorious* und *Warspite*, vier Luftabwehrkreuzern, 20 Zerstörern und zahlreichen Transportern sollte in den breiten Fjord von Trondheim eindringen, 100 Flugzeuge sie decken. Eine Brigade der regulären Armee sowie ein Bataillon Kanadier hatte den Auftrag, direkt in der Stadt an Land zu gehen, eine französische Brigade sollte als Verstärkung folgen. Diesen Frontangriff sollten zwei weitere Operationen unterstützen, welche 150 Kilometer nördlich von Namsos beziehungsweise 200 Kilometer südlich von Andalsnes angesetzt waren. Der Admiral Sir Roger Keyes, ein noch junger Mann voller Vertrauen in die Sache, erbat sich die Gunst, das Geschwader führen zu dürfen. 1918 hatte er sich schon einen Namen gemacht, als er Zeebrugge durch die Versenkung von Schiffen abgeschnitten hatte. Er verbürgte sich, bei Trondheim zu siegen. Der Angriff war unter dem Decknamen ›Hammer‹ für den 22. April geplant. Am 15. und am 17. landete die Vorhut, ohne auf Widerstand zu stoßen, in Namsos und Andalsnes. Aber der Rat der Generalstabschefs widerrief am 18. April das Unternehmen ›Hammer‹ mit der Begründung, das Risiko sei zu groß. Der darüber untröstliche Keyes erbot sich, die ältesten Kästen der Kriegs- und Handelsmarine gegen Trondheim zu führen, doch man nahm sein Angebot nicht an. Man vertrat vielmehr die Ansicht, die Stadt müsse ausschließlich mit Landtruppen genommen werden, und zwar durch eine Zangenbewegung, die die bei Namsos und Andalsnes gelandeten Truppen einleiten und durchführen müßten.

Diese feindlichen Landungsunternehmen brachten Hitler wieder in Bewegung. In Trondheim und in Narvik hatte sich die Lage nicht verändert. Die dort liegenden Truppen, insgesamt höchstens 5000 Mann, waren vom Gros der bei Oslo gelandeten deutschen Truppen abgeschnitten. Um ihnen zu Hilfe zu eilen, ordnete Hitler undurchführbare Märsche an, beabsichtigte er, auch die Marine eingreifen zu lassen, obwohl keine Schiffe mehr vorhanden waren. Er richtete seine Wut dann gegen die Norweger, die durch ihren Widerstand und die von ihnen angerichteten Zerstörungen im Gudbrandsdal den Marsch der 163. und 196. Infanteriedivision nach Trondheim verzögerten. Man hatte versucht, sie durch schonende Behandlung zu gewinnen, aber sie hatten mit der Waffe geantwortet. Hitler beschloß, seinen Gesandten zurückzurufen und für Norwegen den unbarmherzigen Terboven als Reichskommissar einzusetzen.

Für Hitlers Befürchtungen bestand aber kein Anlaß, denn sofort wendete sich das Blatt zuungunsten der Alliierten. Die einzige Möglichkeit für eine Einnahme Trondheims bestand in einem Frontalangriff, den die Generalstabchefs jedoch für zu riskant hielten. Lange Märsche auf drei Meter breiten Straßen durch Schnee und Schlamm bei gleichzeitiger deutscher Luftüberlegenheit – das war zuviel für schlecht ausgebildete und schlecht ausgerüstete Truppen!

Die Organisation der alliierten Expedition war schlecht: Die Luftabwehr kam erst mit der zweiten Angriffswelle und befand sich darüber hinaus auf dem ehemaligen Passagierdampfer *Ville-d'Alger*, der wegen seines großen Tiefgangs nicht in den winzigen Hafen Namsos einlaufen konnte. Die Deutschen ließen die Truppen, bestehend aus zwei englischen Brigaden und einer leichten französischen Division, ruhig landen; dann kamen die deutschen Flieger und setzten mit ihren Bomben die Stadt in Brand. General Carton de Wiart marschierte trotzdem mit seinen Engländern los, während der französische General Audet in Namsos mit seinen Leuten zurückblieb. Das Wetter war grauenhaft. Die durchfrorenen Truppen erreichten Steinkjer am Ende des Fjords von Trondheim, zogen sich aber rasch wieder zurück, und zwar eher wegen der Kälte und des Mangels am jeglichem Komfort als auf Grund der Feindeinwirkung.

Andalsnes, noch kleiner als Namsos, liegt am Ende eines tief eingeschnittenen Tals. Die Engländer sahen sich bereits als Sieger. Über einen 1500 Meter über dem Meeresspiegel gelegenen Paß erreichten sie das Gudbrandsdal, ein bedeutendes Verkehrs- und Wirtschaftszentrum. Von Dombas aus führte eine Straße nach Trondheim. Über diese konnte man die Verbindung zu Carton de Wiart herstellen; vorher jedoch mußte man für Flankendeckung sorgen und die Einheiten des norwegischen Obersten Ruge unterstützen, die bei Lillehammer das Gudbrandsdal sperrten. Die 148. Brigade eilte per Bahn und auf Straßen dorthin. Die 15. Brigade unter General Paget, die frisch aus Frankreich gekommen war, folgte. Der Zusammenstoß mit den deutschen Truppen unterbrach aber schlagartig ein Unternehmen, das anfangs einem Triumphzug zur Wiedereroberung Oslos geglichen hatte. Der General der 148. Brigade und alle Operationspläne fielen in die Hände der Deutschen. Diese Unterlagen bewiesen klipp und klar, daß Hitler den Engländern in Norwegen nur zuvorgekommen war. Paget führte die Reste des Expeditionskorps mit Mühe und Not nach Andalsnes zurück.

Am 30. April strahlte Hitler vor Freude. Seine Truppen im Gudbrandsdal hatten die Verbindung zu den Verteidigern von Trondheim hergestellt. Zwei Tage später war kein einziger Franzose oder Engländer in Mittelnorwegen mehr zu finden. Unter Bombenhagel waren sie abgerückt, hatten ihre Waffen zurückgelassen und zahlreiche Schiffe verloren. Sie hatten erkennen müssen, daß die militärische Überlegenheit zur See nichts wert ist ohne gleichzeitige Beherrschung des Luftraums.
In Narvik lag noch Schnee. Große Vorbereitungen waren im Gange. Churchill war es gelungen, den schüchternen Generalmajor MacKesey dem energischen Admiral Cork unterstellen zu lassen. Das von dem jungen General Béthouart, der beim Verlassen Frankreichs noch Oberst gewesen war, ausgezeichnet geführte französische Kontingent umfaßte eine Halbbrigade Alpenjäger, vier polnische Bataillone und zwei Bataillone der Fremdenlegion, die frisch aus Sidi-Bel-Abbès gekommen waren. Alle Legionäre waren Freiwillige, und da sich unter ihnen auch eine Anzahl Deutscher befand, stellte man ihnen Militärpapiere aus, die sie als ›bretonische Partikularisten‹ auswiesen. Man glaubte, sie würden auf diese Weise nicht von ihren Landsleuten als Hochverräter füsiliert werden, falls sie in Gefangenschaft gerieten. Der Angriffsplan war fertig. Es sollte in Bjervik, das tief im Herjangsfjord liegt, gelandet werden. Dann würde man Narvik vom Rombakenfjord her nehmen. Der Beginn der Operation war auf den 12. Mai festgesetzt.
Die Deutschen bemühten sich, die Gruppe Dietl zu verstärken. Hitler beabsichtigte bereits, die schwedische Neutralität zu verletzen, aber der durch ein an ihn persönlich gerichtetes Schreiben König Gustavs V. aufgescheuchte Göring konnte ihn davon abbringen. Die Schweden zahlten dafür, indem sie Munition und einige getarnte Verstärkungen durch ihr Land ließen. Die Luftwaffe schaffte ebenfalls Verstärkung heran, und zwar Mannschaften der 3. Gebirgsjägerdivision. Zu Land wurde Übermenschliches geleistet, um die Verbindung zwischen Trondheim und Narvik zu verstärken. Gebirgsjäger schufen eine Kette von Nachschubdepots, deren Errichtung, wie der Oberbefehlshaber Falkenhorst sich ausdrückte, eher einer Hochgebirgsexpedition als einer militärischen Operation glich: ›Die von unseren Abteilungen geleistete Arbeit kann man mit der Besteigung des Nanga Parbat vergleichen.‹
Alles war bereit für die Schlacht um die Eisenstraße. In Frankreich proklamierte Paul Reynaud, sie sei abgeschnitten, und in England versicherte Churchill, der Norwegenfeldzug werde mit einem Sieg enden, und die Alliierten würden Narvik nehmen und behalten.
Was dann aber kam, ließ den skandinavischen Kriegsschauplatz als völlig nebensächlich erscheinen. Der Monat Mai des Jahres 1940 brachte große Veränderungen.

Gefangene norwegische Seeleute, deren Schiffe versenkt worden sind, werden von deutschen Marinesoldaten in ein Gefangenenlager abgeführt (oben). – Während bereits am 5. Mai unter dem nach England geflohenen König Haakon in London eine norwegische Exilregierung gegründet wurde, stießen die deutschen Truppen noch immer durch brennende Dörfer ins Landesinnere vor (unten).

Am 10. Mai 1940 begann die Westoffensive: Die Cointet-Gitter an der belgischen Grenze erwiesen sich für die deutschen Panzer des XVI. Armeekorps als keinerlei Hindernis (oben). – Das – wie Belgien – neutrale Holland erlebte die deutsche Eroberung durch Fallschirmjäger (unten), deren wichtigstes taktisches Ziel die Besetzung der Maasbrücke bei Moerdijk war.

IV. Kapitel 10. bis 18. Mai 1940

Sedan

Regierungskrise in London

Das erste Opfer des Mai 1940 war Chamberlain. Am 7. begann die Debatte über die Niederlage in Norwegen im Unterhaus. Unter den Abgeordneten herrschte Beschämung und Wut. Keyes, Amery, Duff Cooper, Lloyd George und Arnold Wilson, ein fast unbekannter Abgeordneter, der später als Heckbordschütze eines Bombenflugzeugs fiel, überhäuften den Premierminister mit Vorwürfen.

Er, der alte Mann von München, verteidigte sich mit einer Verbissenheit, die schon ans Sinnlose grenzte. Er appellierte an die Solidarität der Tories, doch das war gerade in dieser Atmosphäre und angesichts der Gefahr, in der sich das Land befand, verfehlt. Bei der Abstimmung über den Antrag zur Einführung der Zensur stimmten 30 Konservative mit der Opposition und 60 enthielten sich der Stimme. Die Majorität ging von 200 auf 80 Stimmen zurück. Leo Amery hatte seine feurige Parlamentsrede mit dem Ausruf beendet: »Sie sind hier zu lange geblieben für das Gute, das Sie hier getan haben. Gehen Sie, sage ich Ihnen! Um Gotteswillen, gehen Sie!« Chamberlain folgte diesem dramatischen Begehren. Er erhob sich, stolperte über die Füße seiner Minister, drehte sich am Ausgang noch einmal um und musterte mit grimmig-bitteren Blicken die Abgeordneten. Draußen faßte er sich wieder und brach von neuem los. Nachdem er als Premierminister für die Konservativen nicht mehr tragbar war, wollte er wenigstens als Premierminister der Unionisten überleben und suchte Unterstützung bei den Labourabgeordneten. Diese aber lehnten ab. Chamberlain versuchte nun, seinen Nachfolger vorzuschlagen, um Churchill wieder einmal auszuschalten. Sein Favorit war Halifax, aber Halifax war Lord, dem die Verfassung der Vereinigten Königreiche das Betreten des Unterhauses untersagte. Da es nicht möglich war, den Krieg durch das Oberhaus führen zu lassen, blieb also nur Churchill.

Viele waren noch gegen Churchill eingestellt, da sie in ihm den ewigen Heckenschützen sahen, den impulsiven Mann der Dardanellen, den unglücklichen Schatzkanzler von 1923 und den Verantwortlichen für den Fehlschlag in Norwegen. Der erste Schuldige war seine Admiralität gewesen, durch deren Nachlässigkeit zehn deutsche Konvois gleichzeitig in allen norwegischen Häfen von Oslo bis Narvik anlegen konnten. Während der Debatte hatte Churchill sich als Verantwortlichen bezeichnet, aber der alte Lloyd George hatte seinen weißhaarigen Schädel emporgereckt und ausgerufen: »Der sehr ehrenwerte Gentleman hat nicht das Recht, sich in einen Luftschutzbunker zu verwandeln, um seine Kollegen vor Splittern zu schützen!«

Eine Gruppe von Begeisterten schob jetzt den Mann in den Vordergrund, in welchem die öffentliche Meinung mehr und mehr die Energie verkörpert sah, deren England so sehr bedurfte. Eine andere Gruppe dagegen wollte ihm den Zutritt zu Downing Street verweigern. Churchill wartete nervös auf das Ergebnis der Abstimmung.
In Paris war indessen eine ähnliche, aber wesentlich schlimmere Krise ausgebrochen, denn sie betraf gleichzeitig Regierung und Oberkommando. Paul Reynaud wollte endgültig nichts mehr mit Gamelin zu tun haben. Er wurde darin durch einen Brief unterstützt, den Oberst de Gaulle an ihn unter Umgehung der militärischen Hierarchie gerichtet hatte. ›Das militärische Korps wird sich wegen des ihm eigenen Konformismus nicht von selber reformieren. Seine Reform ist Sache des Staatsmannes, der Sie sind und der sie durchführen muß. Ich habe keinen größeren Ehrgeiz, als Ihnen bei diesem kapitalen Werk helfen zu können.‹ Aber Daladier war noch immer der Verbündete des Generalissimus, in dem er nach wie vor den Funken des Genies vermutete. Im Kabinettsrat vom 9. Mai weigerte er sich, Gamelin abzusetzen. Reynaud antwortete darauf mit dem Rücktritt des Ministeriums. Er ersuchte seine Kollegen nur, diesen Entschluß bis zum nächsten Tag geheimzuhalten... bis zum nächsten Tag, dem 10. Mai 1940, einem Freitag...

9. Mai 1940: ›Fall Gelb‹ wird ausgelöst

Am 27. April hatte Hitler Keitel und Jodl davon unterrichtet, daß er den Angriff gegen Frankreich, den ›Fall Gelb‹, für die Zeit zwischen dem 1. und 7. Mai vorgesehen habe.
Alles war bereit. Die Weisung vom 24. Februar war nicht mehr geändert worden. Die Einigkeit über Ziel und Durchführung war zwischen OKW und OKH, zwischen Hitler und seinen Generalen schließlich erzielt worden. Dieser Plan war übrigens bemerkenswert wegen seiner Nüchternheit und Klarheit. Die Heeresgruppe C (Leeb, 19 Divisionen) sollte die passive Front zwischen Luxemburg und der Schweiz halten, während die beiden anderen Heeresgruppen, B (Bock) und A (Rundstedt), aktiv eingreifen sollten.
Die Heeresgruppe B sollte einen Fesselungsangriff durchführen, rasch die ›Festung Holland‹ ausschalten, eine Verbindung der holländischen mit den englisch-französischen Truppen verhindern und mit einem blitzartigen Schlag den Eckpfeiler der belgischen Befestigungen im Raum Lüttich überrennen. 29 Divisionen, das heißt die 18. Armee unter Küchler und die 6. Armee unter Reichenau, waren dafür vorgesehen. Sie verfügten über verhältnismäßig wenig Panzereinheiten, dagegen hatten sie die größte militärische Neuheit jener Zeit zur Verfügung, nämlich die Luftlandetruppen der zu-

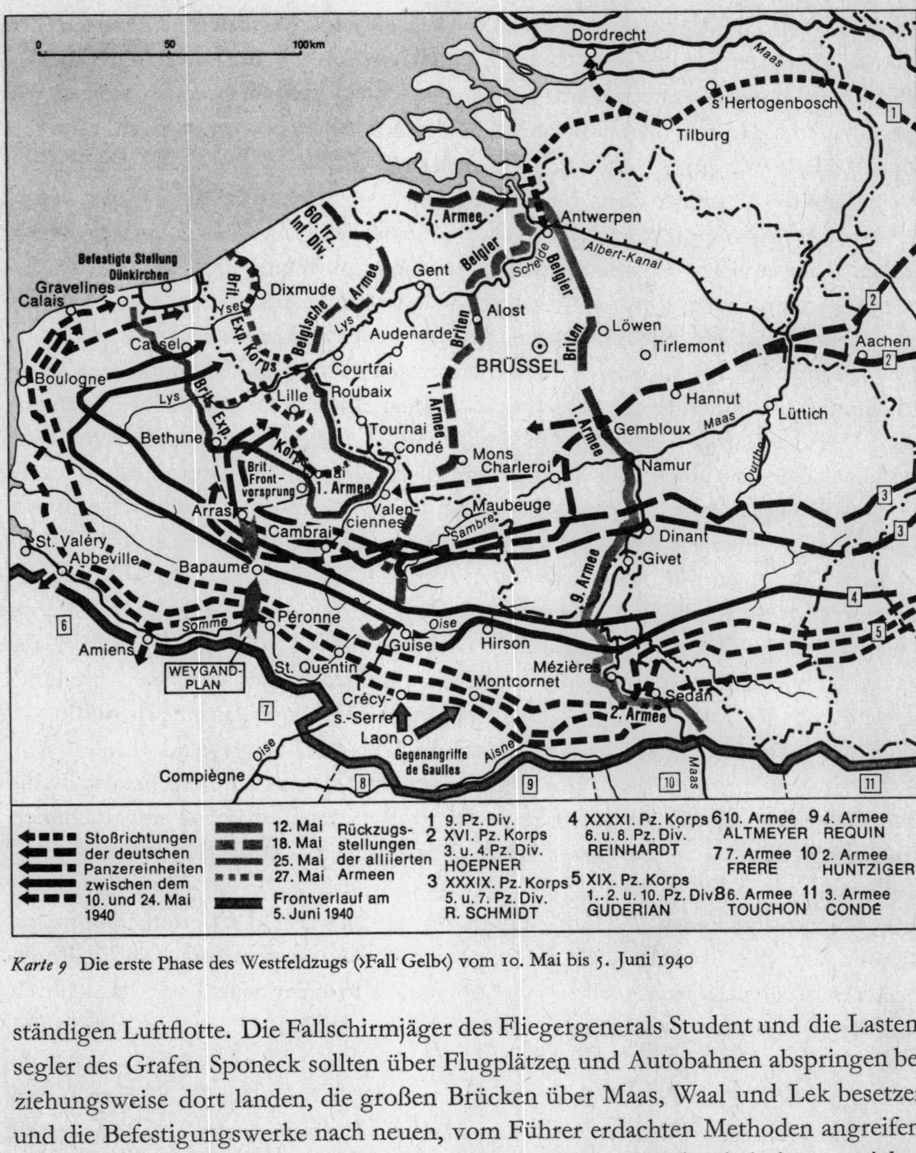

Karte 9 Die erste Phase des Westfeldzugs (›Fall Gelb‹) vom 10. Mai bis 5. Juni 1940

ständigen Luftflotte. Die Fallschirmjäger des Fliegergenerals Student und die Lastensegler des Grafen Sponeck sollten über Flugplätzen und Autobahnen abspringen beziehungsweise dort landen, die großen Brücken über Maas, Waal und Lek besetzen und die Befestigungswerke nach neuen, vom Führer erdachten Methoden angreifen. Man hoffte, durch diese völlig neue Taktik mit ihren charakteristischen, gezielten Schlägen die Aufmerksamkeit des gegnerischen Oberkommandos auf den nördlichen Flügel zu lenken und so den Feind zu veranlassen, den Schwerpunkt seiner Truppen dorthin zu verlagern.

Die Aufgabe der Heeresgruppe A war es dann, in Belgien einzufallen und die gegnerische Verteidigung einzudrücken.

Bock sollte also die Rolle des Ambosses spielen, während Rundstedt dazu ausersehen war, als Hammer zu fungieren. Ihm fiel die Hauptoffensive zu. Er verfügte über 45 Divisionen, darunter sieben Panzerdivisionen. Seine Aufgabe war, so schnell wie möglich den Maasübergang zwischen Dinant und Sedan zu bewerkstelligen, dann mit allen Kräften und mit größter Schnelligkeit in Richtung Sommemündung vorzustoßen, um die befestigte Zone Nordfrankreichs vom Rücken des Gegners her anzugreifen. Drei Armeen teilten sich in diese Aufgabe. Die 4. Armee (Kluge) sollte auf breiter Front zwischen Eupen und dem nördlichen Luxemburg angreifen, die 12. Armee (List) auf schmaler Front in Richtung Sedan vorstoßen und die 16. Armee (Busch) den Vormarsch gegen jede französische Reaktion vom Süden her decken.
Eine Besonderheit im Aufmarschplan der Heeresgruppe A war die Ballung der Durchbruchmittel. Lediglich Kluge behielt den direkten Befehl über seine Panzer, nämlich das XV. Panzerkorps, bestehend aus der 5. und 7. Panzerdivision unter dem Oberbefehl des Generals Hoth. Alle anderen schnellen Einheiten der Heeresgruppe waren zu einer ›Panzergruppe‹ vereinigt, die wegen der geringen Zahl von Straßen in drei Wellen gegen Sedan vorstoßen sollte. Dieser Panzerkeil bestand aus dem XIX. Korps Guderian (1., 2. und 10. Panzerdivision), dem XXXXI. Korps Reinhardt (6. und 8. Panzerdivision sowie die 2. motorisierte Infanteriedivision) und dem XIV. Korps Wietersheim (13. und 29. motorisierte Division). Das Oberkommando über die ›Panzergruppe‹ hatte Generaloberst von Kleist. Die in Polen angewendete Aufteilung des deutschen Heeres in eine rasche und eine langsamere Armee, in eine revolutionäre und eine konventionelle, wurde systematisch auch bei Sedan angewendet.
In vier Monaten wurde dank einer ausgezeichneten Technik des Generalstabs die strategische Idee Hitlers in einem Plan von großartiger Einfachheit und Kühnheit niedergelegt, in einer der hervorragendsten strategischen Kombinationen der Kriegsgeschichte.
Hitlers Nervosität wuchs. Die Zeit drängte. Am 3. Mai waren die Wetterbedingungen schlecht, und der Angriff wurde daher auf den 8. Mai verschoben. Am Siebenten abends erforderte ein letzter Blick auf die Wetterkarte einen neuen, von Brauchitsch geforderten Aufschub. Hitler gab nach: »Gegen mein Gefühl ... aber keinen Tag länger.«
Der vom OKW am Morgen des Neunten herausgegebene Befehl glich trotzdem wieder den fünfzehn vorhergegangenen. Man glaubte schon nicht mehr an einen Angriff und fing an, Witze zu machen. Dann aber kam nicht mehr das stereotype ›Angriff aufgeschoben‹, sondern folgender Befehl:

Berlin, den 9. V. 40.

W.FA/Abt. L-Nr. 22 – 180/40 g k CHEFS

Der Führer und Oberbefehlshaber ordnet an:

Tag A.................................. 10–V

Stunde Z .... 5 h 35

Die Kennworte ›Danzig‹ oder ›Augsburg‹ werden den verschiedenen Wehrmachtsteilen am 9. V. vor 21 h 30 durchgegeben.

Der Chef des Oberkommandos der Wehrmacht: *Keitel*

Am Neunten um 16 Uhr 48 verließ der Sonderzug des Führers Berlin-Finkenburg und kam noch vor Morgengrauen in Euskirchen an. Es war stockfinster, kalt und feucht. Infanteriekolonnen zogen lautlos durch die kleine Stadt. Der Aufstieg zu dem Felsennest bei Münstereifel, einem der vier Befehlsstände des obersten Kriegsherrn, erforderte eine halbe Stunde. Als Hitler und seine vierzehn Offiziere des OKW bei den im Wald verstreuten Bunkern ankamen, ging die Sonne über den im Nebel liegenden dunklen Wäldern auf. Seit einigen Minuten war die Offensive in Gang.

10. Mai 1940: Einmarsch in Holland

Schlag aus heiterem Himmel auf Holland... Seit Tagesanbruch regnete es Fallschirmjäger über Rotterdam, Den Haag und auf der Insel von Dordrecht bei der großen Brücke von Moerdijk.

Mehrmals hatte man während des Winters versucht, eine gemeinsame Verteidigung Belgiens und Hollands zu organisieren, doch ohne Erfolg. Die auf ihre eigenen Kräfte angewiesenen Holländer mußten auf eine Verteidigung ihrer Grenzen verzichten. Sie beschränkten sich also auf die Verteidigung der Grebbelinie zwischen Rhenen und dem Ijsselmeer sowie der Festung Holland zwischen Rotterdam und Den Helder und riefen ihren historischen Verbündeten, die Überschwemmung, zu Hilfe. Die künstliche Insel, die sie auf diese Weise vor dem Angreifer entstehen lassen wollten, hätte von England unterstützt werden und möglicherweise mit der Hauptverteidigungslinie durch eine auf Antwerpen vorstoßende Armee verbunden werden können. Für die Überschwemmung waren vier Tage nötig. Die Holländer verfügten über zehn Divisionen, die diese vier Tage lang Widerstand leisten sollten. Im Norden hatte das IV. und II. Armeekorps den Auftrag, möglichst langsam um Arnheim zu schwenken; im Westen hatte man dem III. Armeekorps befohlen, längs der Peelsümpfe eine vorbereitete Stellung um jeden Preis zu verteidigen. Das I. Armeekorps war zwischen Rhein und Zuidersee verteilt und hatte die Aufgabe, die zurückgehenden Truppen

aufzufangen und das nationale Bollwerk, die ›Vestring Holland‹, zu schützen. Nur an vom Himmel fallende Angreifer hatte man nicht gedacht!
Die Holländer schlugen sich wacker. Die Stellungen an der Grebbe und am Peel wurden zwar rasch durchstoßen, aber ihre wichtigsten Flugplätze konnten sie eine Zeitlang halten. Doch das Herz des Landes vermochten sie nicht mehr zu befreien. Ihre Hilferufe nach französischen und englischen Luftstreitkräften blieben unerhört. Die Geschwader Kesselrings beherrschten die Luft. Nachdem diese 4000 Mann der 7. Fliegerdivision abgesetzt hatten, sorgten sie für Nachschub und Verpflegung. Die gelandeten Truppen wurden durch unaufhörliche Bombardements, welche den Gegner völlig in Unordnung brachten, unterstützt. Zwei- oder dreimal meldeten die Holländer, sie seien siegreich, aber einige Stunden später erfuhr man dann, daß die deutsche Besetzung schon wieder weiter fortgeschritten sei.

Belgien und der Albertkanal

Ein Schlag aus heiterem Himmel auch in Belgien. Einige Kilometer westlich von Maastricht lag der Albertkanal, eine sechzig Meter breite Wasserstraße mit senkrechten Ufern, der beste Panzergraben Europas. Die über ihn führenden zwei Brücken, die von Veldvezelt und die von Vroenhoven, waren sorgfältig für eine Sprengung vorbereitet worden. Zwei gepanzerte Befehlsstände schützten die Brücken. Zwischen Deutschland und den belgischen Verteidigungsstellungen lagen 30 Kilometer holländischen Gebietes. Als am Morgen des 10. Mai Alarm gegeben wurde, glaubte das 18. Infanterieregiment, daß ihm genug Zeit bliebe, sich auf den Angriff vorzubereiten. Vier Stunden später überschritten die ersten deutschen Truppen in aller Eile die unzerstörten Brücken. Wie war das nur möglich? Es kam so: Ein heftiges Luftbombardement hatte die Verteidiger vernichtet, dann waren Luftlandetruppen hinter dem Kanal abgesetzt worden, die dann die Brücken vom Rücken her eroberten. Die Grenzwächter waren entweder tot oder gefangen oder derart konsterniert, daß sie die Sprengung nicht vornehmen konnten. Die deutschen Fallschirmjäger hatten rasch jeglichen Widerstand gebrochen und die Stellung bis zum Eintreffen der Spitze der deutschen Truppen, die auf Maastricht vorstießen, gehalten.
Das einzige, was die Deutschen jetzt noch am Überschreiten des Kanals hätte hindern können, waren die Geschütze des Forts Eben-Emael, das sich über 65 Hektar erstreckte und mit acht Geschützen zu 7,5 cm und mit zweien zu 12 cm bestückt war. Die Geschütze waren in Panzertürmen untergebracht und konnten nach allen Seiten feuern. Fort Eben-Emael schwieg aber, obwohl es noch nicht erobert war und sich noch eine Garnison von tausend Mann in den Kasematten verteidigte. Das Fort war

Das Schicksal Hollands besiegelte der deutsche Luftangriff auf Rotterdam. Noch während der Kapitulationsverhandlungen warfen 57 deutsche Bombenflugzeuge ihre Sprenglast ab. Das Resultat: Fast tausend Tote und 80000 Obdachlose (vorherige Seite). – Zerbombte Häuser und erschöpfte Soldaten bestimmten auch in Belgien das Bild bis zum Tag der Kapitulation am 28. Mai 1940.

noch nicht ganz in der Hand der Deutschen, aber seine Oberbauten waren bereits zerstört. Die mitten in der Befestigungsanlage gelandete Gruppe ›Granit‹ unter Witzig benötigte genau siebzehn Minuten, um mit Hohlladungen sämtliche Beobachtungs- und Geschützstände in die Luft zu sprengen. Dieser Handstreich war Hitlers eigenstes Werk. Er hatte ihn ersonnen, ausgearbeitet und durchführen lassen.

Alle diese Ereignisse zeigten, daß die Deutschen die Situation glänzend erfaßt hatten. Was da in einigen Stunden fiel, war der Angelpunkt der belgischen Verteidigung. Der Panzergraben, den man eine volle Woche hatte halten wollen, war in einem Vormittag genommen worden.

Die belgische Armee verfügte über 23 Divisionen. Die Linie, an der sie die erste Schlacht zu liefern gedachte, zog sich von Givet bis Lüttich längs der Maas hin, folgte dann dem Albertkanal von Lüttich bis zur Schelde und war durch drei feste Plätze – Namur, Lüttich und Antwerpen – verstärkt. Die Hauptkräfte der Armee waren in erster Linie gegen Holland konzentriert, als ob man den Stoß aus Richtung Tilburg und Breda zu erwarten hätte, nicht aber von Aachen und Maastricht her. Elf Divisionen lagen am Albertkanal, der von der Staatsgrenze zwischen einigen Metern und 40 Kilometer entfernt entlang führt. Diese Truppenverteilung öffnete die Flanke und war dadurch wenig geeignet, einen Angriff von Osten her aufzufangen. Während die zehn anderen Divisionen Abschnitte von zehn Kilometern zu verteidigen hatten, war die 7. Division zwischen Vroenhoven und Vedvezelt auf die doppelte Frontlänge verteilt. Man glaubte, sie sei durch Lüttich gedeckt, in der Flanke durch Eben-Emael geschützt und außerdem noch durch die Maas und den steilen Kanal abgeschirmt. Man hielt es eben nicht für möglich, daß der Gegner auf den Gedanken kommen könnte, den Angelpunkt des Verteidigungssystems mit einem Schlag auszuschalten. Aber Eben-Emael war der kleine Bruder von Sedan. Alle Versuche, die Brücken zurückzuerobern und Eben-Emael zu entsetzen, scheiterten kläglich. Um 17 Uhr überschritt die 4. Panzerdivision des Generalmajors Stever den Albertkanal, nachdem sie vorübergehend in Maastricht, wo man noch rechtzeitig die Brücken gesprengt hatte, aufgehalten worden war. Drei Luftangriffe der Belgier, Franzosen und Engländer scheiterten nacheinander. Eben-Emael kapitulierte schließlich, die Durchbruchsstelle verbreiterte sich zusehends. Am Morgen des 11. Mai mußten der Oberkommandierende, König Leopold III., sein neuer Generalstabschef General Michiels und sein Kabinettschef General van Overstraeten feststellen, daß der Feind die Verteidigungslinie am Albertkanal umgangen hatte. Es blieb also keine andere Wahl, als einen möglichst schnellen Rückzug auf die Hauptwiderstandslinie, die sogenannte ›KW-Linie‹, anzuordnen. Man hatte diese Frontverlegung ursprünglich eine Woche später vornehmen wollen, mußte sie aber nach der Lage der Dinge schon am zweiten Tag durchführen.

›K‹ bedeutete Koningshoykt, ein kleines Nest, das an der unteren Schelde liegt, und mit ›W‹ war Wavre gemeint, eine Stadt, südöstlich von Brüssel gelegen. Dort beabsichtigten die Belgier energischen Widerstand zu leisten. Sie hatten eine Reihe von befestigten Unterständen errichtet und Panzersperren angelegt, die aus den sogenannten Cointet-Gittern bestanden. Die französisch-englischen Truppen sollten die Belgier längs dieser Linie verstärken. Aber würden sie auch rechtzeitig eintreffen?

Aufmarschplan und Gegenbewegungen der alliierten Streitkräfte

In England hatte die deutsche Offensive dazu beigetragen, die Regierungskrise zu lösen, in Frankreich aber wurde sie dadurch verhindert beziehungsweise aufgehalten. Churchill bildete am 10. Mai innerhalb von wenigen Stunden sein historisch gewordenes Ministerium, das mit wenigen Änderungen bis zum Sieg fortbestand: Attlee, Halifax, Bevin, Eden, Beaverbrook usw. Reynaud zog seine Demission zurück und wechselte mit seinem Feind Gamelin pompöse Worte: »Von nun an gibt es nur eines: Siegen.« Worauf Gamelin ebenso bombastisch antwortete: »Ich sehe hier nur eine Antwort: Frankreich!« Die Pleite begann mit Pathos.
Um 7 Uhr 30 überschritten die französischen Vorposten die belgische Grenze. Die Truppenbewegung ging unter der Bezeichnung ›Dijle‹ vonstatten. Selbst die Ausführenden waren von der Klugheit dieses Manövers so wenig überzeugt, daß die beiden wichtigsten Kommandeure, nämlich Prioux, der Befehlshaber des Kavalleriekorps, und Blanchard, der Oberbefehlshaber der 1. Armee, forderten, man solle lieber den Plan ›Escaut‹ (Schelde) durchführen, doch Billotte und Gamelin widersetzten sich. Es war zu spät!
Die britisch-französische Armee führte eine Schwenkung aus, deren Drehpunkt die alte, kleine Festung Givet-sur-Meuse war. Ein Heer von einer Million Soldaten bewegte sich über jene Ebenen, die schon so oft Schauplatz blutiger Schlachten gewesen waren. Zwischen den Felsen der Ardennen und den Polders von Zeeland marschierten die britisch-französischen Verbände ihrem Schicksal entgegen.
Den linken Flügel bildete die 7. französische Armee, die eigentlich in Reserve liegen und für Gegenangriffe hätte bereitstehen sollen, aber Gamelin hatte sich darauf versteift, seine Schlacht in weiter Entfernung zu suchen. Die von General Giraud sorgfältig vorbereiteten Bewegungen wurden mit bemerkenswerter Schnelligkeit durchgeführt. Schon am Abend des 10. Mai drangen die 1. motorisierte leichte Division und die 25. motorisierte Infanteriedivision in Holland ein, erreichten Bergen op Zoom und näherten sich Breda. Zur Rechten Girauds setzten sich die neun englischen Divisionen des Lord Gort in Bewegung und bezogen zwischen Löwen und Wavre Stellung, um die Belgier zu unterstützen, deren Front sich bis Antwerpen hinzog. Rechts von

Die englischen Jagdflieger, hier eine ›Spitfire‹ im Visier des deutschen Gegners, bildeten eine ernste Gefahr für die Deutschen (vorherige Seite). – Mit großen Erwartungen erschien das Britische Expeditionskorps 1940 auf dem europäischen Kontinent (oben), wurde aber schon am 20. Mai durch die Panzergruppe v. Kleist an der Sommemündung vom Hinterland völlig abgeschnitten (unten).

den Engländern marschierte die 1. französische Armee, deren zwei leichte motorisierte Divisionen (DLM) in der Gegend von Saint-Trond Scharmützel durchführten, während ihre acht Infanteriedivisionen die klassische Durchbruchstraße von Gembloux sperrten. Daß das französische Oberkommando ausgerechnet hier den Hauptstoß erwartete, beweist die Tatsache, daß man gerade an diesen schmalen Frontabschnitt die besten Truppen gelegt hatte. Sie verfügten über Artillerie und Panzerabwehr, über die ausgezeichneten leichten motorisierten Divisionen (DLM) und hatten hinter sich die starken Panzerdivisionen (DCR). Jede Division der 1. Armee hatte nur einen Abschnitt von fünf bis sechs Kilometern zu halten. Der Armeebefehlshaber war General Blanchard, ein kluger und überlegter Offizier. Im Großen Hauptquartier sagte man von ihm, er sei zwar intelligent, leider aber Pessimist.

Der Nachbar von Blanchard war General Corap (9. Armee), ein ausgesprochener Landsknechtstyp. Sein Ruhm datierte noch aus dem Rifkrieg, in dessen Verlauf er als Infanterist Abd el Krim durch die Rifberge verfolgt und schließlich gefangengenommen hatte. Die von ihm befehligte Armee bildete zu Beginn des Krieges nur einen Teil der Ardennenarmee; spätere Verstärkungen blieben in bescheidenem Rahmen. Seine fünf Divisionen waren beauftragt, die erste Linie an der Maas von Namur bis in die Gegend von Sedan zu halten, wobei zwei von ihnen in den Befestigungen, die sie errichtet hatten, bleiben sollten, während die drei übrigen den Befehl hatten, sich auf belgisches Gebiet zu begeben. Jede dieser Divisionen hatte 15 bis 20 Kilometer Luftlinie zu verteidigen, in Wirklichkeit also – wegen der vielen Schleifen der Maas – wesentlich mehr.

Wahrhaft riesige Frontabschnitte! Dabei war nicht einmal die Ausrüstung vollständig: Die 61. Infanteriedivision hatte beispielsweise statt 25 nur 12 Geschütze, und die 102. Division (Festungstruppe) verfügte auf einem Frontabschnitt von 45 Kilometern statt über 72 lediglich über 43. Man muß Corap gegenüber gerecht sein: Er reklamierte und meldete mehrmals, seine Soldaten seien ungenügend ausgerüstet und außerdem recht mittelmäßige Krieger. Diese Beschwerden hätten ihn fast seinen Posten gekostet. Der alte Rifkrieger schien nicht verstehen zu wollen, daß man ihm einen passiven Frontabschnitt zugeteilt hatte, dichte Wälder mit tiefen Geländeeinschnitten, steile Felswände und schlechte Straßen. Sicher war es nicht unmöglich, daß der Gegner hier etwas unternehmen würde, besonders in Richtung auf Dinant, wo er schon 1914 vorgedrungen war, oder auf Mezières, wo mehrere große Straßen zusammenstießen. Aber jede Operation größeren Umfangs verlangte vorherige Truppenkonzentration und Artilleriemassierungen, was mindestens vierzehn Tage erfordert hätte und niemals geheim geblieben wäre. Mit zwei in Reserve gehaltenen Divisionen und den motorisierten Verbänden verfügte Corap – wenigstens nach Meinung des Oberkommandos – über genügend Kampfkraft, um einen vereinzelten Angriff aufzuhalten.

An die 9. Armee Coraps schloß sich die 2. Armee des Generals Huntziger an, deren Abschnitt am Ardennenkanal begann und bei Longuyon endete. Bei Sedan bestand ein kleiner Brückenkopf, der nach den Akten des Generalstabs angeblich ›durch den dahinter liegenden Wald von Marfée sehr gut gedeckt war‹. Feindliche Panzer, die aus dem Wald von Sedan vorstoßen wollten, könnten dies nur auf Wegen tun, die unter dem gestaffelten Feuer der auf den Höhen des linken Ufers verschanzten Batterien lagen. Befestigte Häuser, Unterstände, Kasematten und die Flußflanke sicherten gegen Nahangriffe. Allerdings hatte eine Parlamentskommission unter der Führung eines ehemaligen Offiziers des Ersten Weltkriegs, des Leutnants Pierre Taittinger, den ›rudimentären, um nicht zu sagen embryonalen Zustand der Verteidigungswerke um Sedan‹ schon festgestellt und hinzugefügt, man zähle wohl allzusehr auf die durch die Ardennen und die Maas gebildeten natürlichen Hindernisse. Der Oberbefehlshaber der 2. Armee hatte aber seinem Stab befohlen, darauf in leicht ironischer Weise zu antworten. Taittinger hatte gesagt: »Es gibt Landstriche, die für unsere Armee mit traurigen Erinnerungen verbunden sind. Um solche Erinnerungen, die ein Besuch in Sedan erweckt, nicht von neuem zu provozieren, sind einschneidende Maßnahmen unbedingt notwendig.« Darauf Huntziger: »Ich bin der Auffassung, daß keinerlei einschneidende Maßnahmen zur Verstärkung des Abschnitts Sedan notwendig sind. Wir haben schließlich nicht auf Herrn Taittinger gewartet, um zu arbeiten.«

Huntziger war gedeckt, denn Gamelin hatte seine Armee inspiziert und nichts auszusetzen gehabt. Außerdem hatte der Generalstab die Verteilung seiner Truppen gutgeheißen. Seine Instruktionen schrieben ihm vor, er habe in erster Linie die Umgehung der Maginotlinie zu verhindern. Daher hatte er auf seinen rechten Flügel am Brückenkopf von Montmédy seine vier besten Divisionen plaziert, nämlich die 41. Infanteriedivision, die 3. Kolonial-Infanteriedivision, die 3. Nordafrikanische Division sowie in der zweiten Linie die 1. Kolonial-Infanteriedivision. Es blieben ihm nur mehr zwei Divisionen übrig, die 55. und 71. Infanteriedivision, die aus alten Reservisten bestanden, deren Bewaffnung unvollständig und deren Ausbildungsstand und Kampfgeist mehr als schlecht waren. Er legte sie auf seinen linken Flügel an den Zugang nach Sedan.

Der Gipfel des Sinnlosen war erreicht: Die Maginotlinie schwächte Frankreich. Das war keine Festung, die Truppen ersparte, sondern ein Schwamm, der Truppen aufsog. Sie lähmte die besten Truppen der französischen Armee. Schlimmer war aber noch, daß diese Konzeption jeglichen strategischen Sinnes, ja sogar der simpelsten Vernunft entbehrte. Es hätte doch völlig klar sein müssen, daß man in allererster Linie eine kraftvolle Verbindung zwischen den unbeweglichen Heeresteilen und den auf sie zumarschierenden Armeen hätte herstellen müssen, damit das zu Recht oder zu Unrecht in Belgien operierende Heer wenigstens einen soliden Angelpunkt gehabt hätte. Aber das Gespenst der Maginotlinie vernebelte alle Köpfe. Huntzigers Aufmerksam-

keit hätte sich nach seiner Linken wenden müssen, zu den schwierigen Operationen, deren Flanke zu decken seine Aufgabe gewesen wäre. Er aber beschäftigte sich fast nur mit seinem rechten Flügel, zog die besten Truppen seiner Armee dort zusammen und verschwendete mehr Beton für den ohnehin gut befestigten Abschnitt von Montmédy als für den unbefestigten Abschnitt Sedan. Weder Georges noch Gamelin störten seine Dispositionen. Sie schienen sich beide nicht mehr an das ›Kriegspiel‹ zu erinnern, bei dem einige Monate zuvor aufgedeckt worden war, daß die Ardennen kein Hindernis für Panzer seien und daß acht feindliche Divisionen in drei Tagen die Maas erreichen könnten. Gamelin und Georges schienen zwei völlig verschiedene Schlachten zu erwarten: Die eine sollte in Belgien und die andere an der Maginotlinie geschlagen werden; dazwischen sollte eine ruhige Zone liegen, die sich mit einigen mittelmäßigen und schwach ausgerüsteten Divisionen halten ließ.
Es gab aber noch weitere widersinnige Vorkehrungen. In Lothringen und im Elsaß wurden hinter der Maginotlinie immer mehr Truppen zusammengezogen; von Longuyon bis zur Schweizer Grenze standen vier Armeen – die 3., 4., 5. und 8.; das waren insgesamt 40 Divisionen, eine Unmenge Artillerie und Hunderte von Panzern. Das französische Oberkommando wußte sehr wohl, daß gegenüber nur ungefähr zwanzig deutsche Divisionen mittelmäßiger Qualität standen und daß dort kein einziger Panzer zu finden war. Trotzdem bestand es darauf, die Überlegenheit von zweieinhalb gegen eins beizubehalten, obwohl an allen anderen Teilen der Front die französischen Truppen dem Gegner unterlegen waren.

12. Mai: Guderian vor Sedan

Der 12. Mai war ein herrlicher Pfingstsonntag. In Frankreich gingen weißgekleidete Kinder zur Erstkommunion, in Belgien und Holland verfinsterte der Rauch der Kriegsfackel den Himmel.
Von nun an stand eines fest: Holland konnte nicht entsetzt werden. Giraud hatte sich nach seinem energischen Vorstoß gehütet, das Gros seiner Truppen nördlich der Schelde einzusetzen, und begnügte sich damit, seine 1. leichte motorisierte Division und die Aufklärungsabteilungen seiner beiden motorisierten Divisionen gegen Breda vorzuschicken. Die deutsche Luftwaffe ließ die nach Norden ziehenden französischen Kolonnen am 10. und 11. in Ruhe, griff aber plötzlich wieder an. Wo gestern noch disziplinierte Truppen unter blühenden Bäumen marschierten, bot sich heute ein Bild der Zerstörung: brennende Lastwagen, Blut von Zivilisten und Soldaten auf den von Bomben zerrissenen Straßen. Die 7. Armee stand ihre Feuertaufe tapfer durch, aber am Abend kam dann der Befehl zum Rückzug über die Schelde.

Am gleichen 12. Mai hielten die verbündeten Franzosen, Belgier und Engländer einen Kriegsrat im nahe bei Mons gelegenen Schlößchen Casteau ab. Auf der Fahrt nach dort hatten die hohen Chefs zum erstenmal konkrete Eindrücke vom Krieg bekommen. In Belgien und Holland hatte das Eingreifen der Luftwaffe den Marsch unter Blüten in ein blutiges Drama verwandelt. Dörfer brannten, die Straßen lagen unter Maschinengewehrfeuer, und die Furcht vor Fallschirmjägern hatte unsinnige Schießereien entfacht.
Frankreich war durch den mit Schaftstiefeln ausgerüsteten Daladier und die Generale Georges, Billotte und Champon vertreten, England durch einen Delegierten des Lord Gort und Belgien durch seinen König. Jeder wartete darauf, dem anderen Vorwürfe zu machen. Die Franzosen hatten die Dijle-Stellung nicht so vorgefunden, wie sie es erwartet hatten, und beanstandeten, daß die Belgier den Albertkanal so rasch aufgegeben hatten. Allerdings waren auch sie von der deutschen Luftwaffe sehr beeindruckt. König Leopold sagte später zu Overstraeten, mit dem er im Wagen zurückfuhr: »Das Vertrauen auf Erfolg scheint höchst begrenzt zu sein.« Immerhin hatte der König General Billotte als Oberbefehlshaber der alliierten Armeen des linken Flügels akzeptiert; die Einheit des Oberbefehls schien hergestellt, wie sich zeigen sollte, hielt sie aber den Rückschlägen nicht stand.

Auf Eilmärschen wurde das Kavalleriekorps vor Gembloux verlegt. Seine beiden leichten motorisierten Divisionen sollten den Gegner vier Tage lang aufhalten. Der Zusammenprall war hart, doch waren die ersten, im Generalquartier von La Ferté-sous-Jouarre eintreffenden Berichte befriedigend. Die Schlacht schien so zu verlaufen, wie das französische Oberkommando erwartet hatte: Vorstoß der Vorhut südlich von Lüttich, sich daran anschließender Versuch, die Stellung Antwerpen – Namur zu stabilisieren. Aber alles ging schneller, als man es sich vorgestellt hatte.
Alle Augen waren auf Gembloux gerichtet. In Lothringen und am Rhein herrschte nach wie vor Ruhe. In den Ardennen waren die fünf leichten Divisionen, die vor die 9. und 2. Armee gestoßen waren, gewaltsam zurückgeworfen worden. Man hatte deutsche Panzereinheiten im Semois-Tal festgestellt. Trotzdem fand man das nicht beunruhigend. Huntziger saß fest in seinen vorbereiteten Stellungen, und Coraps linker Flügel erreichte die Maas zwischen Givet und Namur. Das französische Oberkommando war immer noch fest davon überzeugt, der Feind werde seinen Hauptstoß nicht im schwierigen Gebiet der Ardennen wagen.
Am Abend des 12. Mai erschien über Bouillon eine französische Fliegerformation und warf Bomben. Die Fenster des Hotels Panorame zersplitterten. Generationen von Jägern hatten dieses Hotel – über dem Semois-Fluß gelegen – mit Jagdtrophäen dekoriert, die nun durch die Erschütterungen von den Wänden fielen. Ein riesiger Wildschweinkopf fiel krachend nur wenige Zentimeter von einem deutschen General

entfernt, der sich gerade über eine Karte gebeugt hatte, auf einen Tisch. Die Splitter einer Glaswand trafen ihn. Draußen war ein Munitionstransport in die Luft geflogen. Der General, den eine tote Wildsau fast erschlagen hätte, war Guderian. Er schüttelte die Splitter ab und lachte. Vor einer halben Stunde erst war er im Hotel angekommen, wo sein Stabschef Oberst Nehring ungerührt den Gefechtsstand des Panzerkorps errichtet hatte, ohne sich um die nahe Brücke zu kümmern, die feindliche Bomber geradezu anziehen mußte. Guderian hielt es für besser, den Gefechtsstand zu verlegen. Bouillon, die letzte kleine Stadt auf belgischem Boden, war nur fünf Kilometer von der französischen Grenze entfernt, die um 9 Uhr 30 von der Spitze der 1. Panzerdivision überschritten worden war. Kurz darauf drang sie in das Waldgebiet vor Sedan ein. Sie erschien auf dem berühmten Schlachtfeld unterhalb des Kalvarienbergs von Illy, von dem aus König Wilhelm I. von Preußen am 1. September 1870 den verzweifelten Angriff der Chasseurs d'Afrique des Generals Galliffet beobachtet hatte. Die französische Artillerie am linken Ufer schoß bemerkenswert genau, doch das brennende Sedan schien nicht verteidigt zu werden. Die Deutschen hatten also die Maas erreicht, und zwar sechzig Stunden nach Verlassen der Aufstellungsräume in der Eifel.
Leicht war das allerdings nicht gewesen, denn die Belgier hatten durch Sprengungen den Vormarsch erheblich behindert. Die französische Kavallerie hatte sich gut geschlagen, obwohl sie – wie befohlen – nie in Stellung gegangen war, ›ohne an Rückzug zu denken‹. Diese Taktik hätte zum Erfolg führen können, denn nur die erste der drei Panzerdivisionen des XIX. Korps war pünktlich zur Stelle, während die 10. Panzerdivision erst mitten in der Nacht eintraf und die 2. Panzerdivision, die den Zeitplan nicht hatte einhalten können, noch an der Semois lag.
Ein Fieseler ›Storch‹ landete neben dem neuen Gefechtsstand im Dorf Noirfontaine. Der Befehlshaber des Panzerkorps, General von Kleist, bestellte den ihm unterstellten General Guderian am folgenden Tag zu sich, um ihm Befehle zu erteilen. Guderian war über das, was man ihm sagte, verdutzt: Erstmals übertraf man ihn nämlich an Kühnheit.
Am nächsten Tag, dem 13. Mai 1940 um 16 Uhr, sollte er die Maas beiderseits von Sedan überschreiten, einen Brückenkopf bilden und die Höhe 247, das Dorf Wadelincourt und den Wald von Marfée nehmen.
Guderian protestierte heftig: Seine Truppen seien noch nicht versammelt, denn eine Division sei zurückgeblieben und das Regiment ›Großdeutschland‹ habe noch nicht einmal Bouillon hinter sich gebracht. Kleist aber konnte nichts ändern, denn dieser Befehl kam weder von ihm selbst noch vom Heeresgruppen-Oberbefehlshaber von Rundstedt und auch nicht vom Chef des OKH, von Brauchitsch, sondern von Hitler selbst. Dessen Schlachtplan hatte sich bewährt; die Einzeloperationen für Holland und Belgien, die er ausgearbeitet hatte, waren hervorragend geglückt. Abgesehen von den rein militärischen Erfolgen hatten die Blitzoperationen das vom Führer ersehnte Ziel

erreicht, die Aufmerksamkeit der Alliierten auf Lüttich und Rotterdam zu lenken, von Dinant und Sedan aber abzuwenden. Er ordnete an, daß im Wehrmachtsbericht die Manöver um Rotterdam und Lüttich groß herauszustellen seien, während über den Zug der Panzer durch die Ardennen kein Wort verloren werden dürfe. Die Franzosen sollten ihre Truppen weiterhin nach Belgien schicken, was sie übrigens prompt taten, als ob sie den Befehlen Hitlers gehorcht hätten. In der Führerweisung Nr. 11 vom 14. Mai 1940 hieß es: ›Der bisherige Verlauf der Offensive ergibt, daß der Feind den Grundgedanken unserer Operation nicht rechtzeitig erkannt hat. Er führt noch immer starke Kräfte gegen die Linie Antwerpen–Namur und scheint den Abschnitt vor der Heeresgruppe A zu vernachlässigen. Guderian verlangte einen Aufschub von einigen Stunden, um sein Korps neu zu formieren. Seine direkten Vorgesetzten gaben ihm recht, hatten aber nicht die Befugnis, Hitlers Zeitplan zu ändern.
Nach der Hitze des Tages schien die sternklare Mainacht eisig kalt zu sein. Das kleine Flugzeug, das Guderian zu seinem Gefechtsstand zurückbrachte, verirrte sich einen Augenblick über die französischen Linien. Die Artillerie feuerte immer noch. Alle während dieses Tages eingelaufenen Berichte hatten auf die Zielschärfe der französischen Artillerie hingewiesen. Eine Stellung wie die von Sedan unter derartigem Feuer zu nehmen, verlangte, daß man zuerst die Geschütze zum Schweigen brachte. Aber Guderian hatte dazu nicht genügend Artillerie. Eines nur tröstete Guderian: Der Befehlshaber der Luftflotte 3, General Sperrle, der bei seiner Besprechung mit Kleist zugegen gewesen war, hatte ihm versprochen, ihm die größte Luftunterstützung zu geben, die jemals eine Armee erhalten habe.

Die Luftwaffe erobert – die Infanterie besetzt

Sperrles Versprechen wurde ab 11 Uhr in die Tat umgesetzt. Kurz zuvor hatte General Grandsard, der Befehlshaber des X. französischen Korps, seinem Divisionär General Lafontaine, dem Kommandeur der 55. Infanteriedivision, gegenüber geäußert:
»Ich habe Ihnen ja immer schon gesagt, daß die Deutschen Wochen und Monate brauchen, um einen Angriff zu starten. Wir sind immer erst in Feindberührung vor einer Gefechtseröffnung. Sie können jetzt acht Tage in aller Ruhe zuschauen.«
Nichts konnte den Pessimismus eines Kriegers alter Schule rechtfertigen. Es war ein wenig enttäuschend, daß die Deutschen die Maas erreicht hatten und dies noch dazu so rasch, aber die französische Doktrin lehrte, daß man sich wirklich ernsthaft einzig und allein an der Hauptwiderstandslinie schlage und daß alles, was sich in den letzten drei Tagen ereignet hatte, sozusagen nur ein Hors d'oeuvre sei. Die Deutschen waren mit Panzerwagen gekommen, aber Panzerwagen können nicht schwimmen, und nach-

Seit dem Polenfeldzug spielten die gefürchteten Sturzkampfflugzeuge vom Typ Ju 87 eine wichtige Rolle bei der Niederkämpfung des Gegners (oben). – In den ersten Kriegsjahren fand man noch Zeit, Feindflugjubiläen der Kameraden mit allem Zeremoniell zu begehen (unten). Selten konnten sich die Piloten vom Ausmaß der durch sie verursachten Zerstörungen überzeugen (folgende Seite).

dem sämtliche Brücken am Vorabend um 21 Uhr gesprengt worden waren, einschließlich der Schleusenbrücken, war also von den Panzern nichts zu befürchten. Der schnelle Vormarsch der Deutschen hatte übrigens das Oberkommando alarmiert. Es gab den Befehl, um Sedan die Einheiten der Hauptreserve zu versammeln. Dem X. Korps waren schon die Artillerieregimenter 314 und 369 zugeteilt worden. Zweihundert Feuerschlünde, vom 7,5-cm-Geschütz bis zur 15,5-cm-Langrohrkanone, starrten von den Höhen westlich von Sedan. Allerdings herrschte ein gewisses Durcheinander im Gebiet des Armeekorps. Um die Verteidigung zu verstärken, hatte das Oberkommando beschlossen, das 71. Infanterieregiment in die vorderste Linie zu werfen, statt es in Reserve zu halten. Dieses Regiment hatte einen weiten Anmarsch hinter sich, und seine Eingliederung in die Front gestaltete sich schwierig. Die dadurch hervorgerufene Verwirrung griff auch auf die Nachbardivisionen über, die zusammenrücken mußten, um dem Regiment Platz zu machen. Diese Aufmarschbewegung, die erst in der Nacht vom Vierzehnten auf den Fünfzehnten beendet wurde, war insofern nützlich, als sie die Front der 55. Infanteriedivision verkürzte. Diese Division mußte sich schlagen, so gut sie eben konnte. Immerhin war sie in der vorteilhaften Lage, einen eventuellen Stoß in einem seit Monaten dafür vorbereiteten Gelände auffangen zu können. Der Gefechtsstand der Division befand sich in Font-Dagot an der Straße von Bulson nach Maisoncelles, zehn Kilometer hinter der ersten Linie. Der Kommandeur, Brigadegeneral Henri Jean Lafontaine, sah mit seinem dicken Schnurrbart aus wie ein alter Gallier und war mit seinen achtundfünfzig Jahren ziemlich jung für seinen Dienstgrad. Im Gegensatz zu Grandsard war er davon überzeugt, daß die Deutschen mit aller Wucht angreifen würden. Der ehemalige französische Militärattaché in Warschau, General Musse, hatte ihm ausführlich über den Polenfeldzug berichtet. Lafontaine war überzeugt, die Maas sei kein Hindernis für eine Armee, die ohne Schwierigkeiten Bug und Weichsel überschritten hatte. Das hatte er übrigens auch Huntziger schon bei der Übernahme seiner Division gesagt, aber dieser hatte nur mit den Schultern gezuckt: »Polen ist Polen! Hier sind wir in Frankreich, General!« Die durch ein Maschinengewehrbataillon und Gruppen von Festungsinfanterie verstärkte, aber durch Abtretung des 213. Regiments an die Armeekorpsreserve wieder geschwächte 55. Division hatte die Maas vom Ardennenkanal bis nach Pont-Maugis zu schützen. Links davon lag die 9. Armee des Generals Corap und rechts die von General Baudet befehligte 71. Infanteriedivision. Der Fluß in dem breiten Tal verlief hier auf der Seite der von der 55. Infanteriedivision besetzten Höhen. Von ihren Beobachtungsposten aus konnte man die Wälder der Ardennen sehen, aus denen auf kurvenreichen Straßen der Feind über Saint-Menges und Givonne herunterströmte. In größerer Nähe sah man die sumpfigen Wiesen um Bazeilles und Donchery, die lange Maashalbinsel von Iges unterhalb von Sedan und die kampflos aufgegebene brennende Stadt. Mit Recht hatte man die Widerstandslinie an den 1500 Meter langen Kanal zurückverlegt.

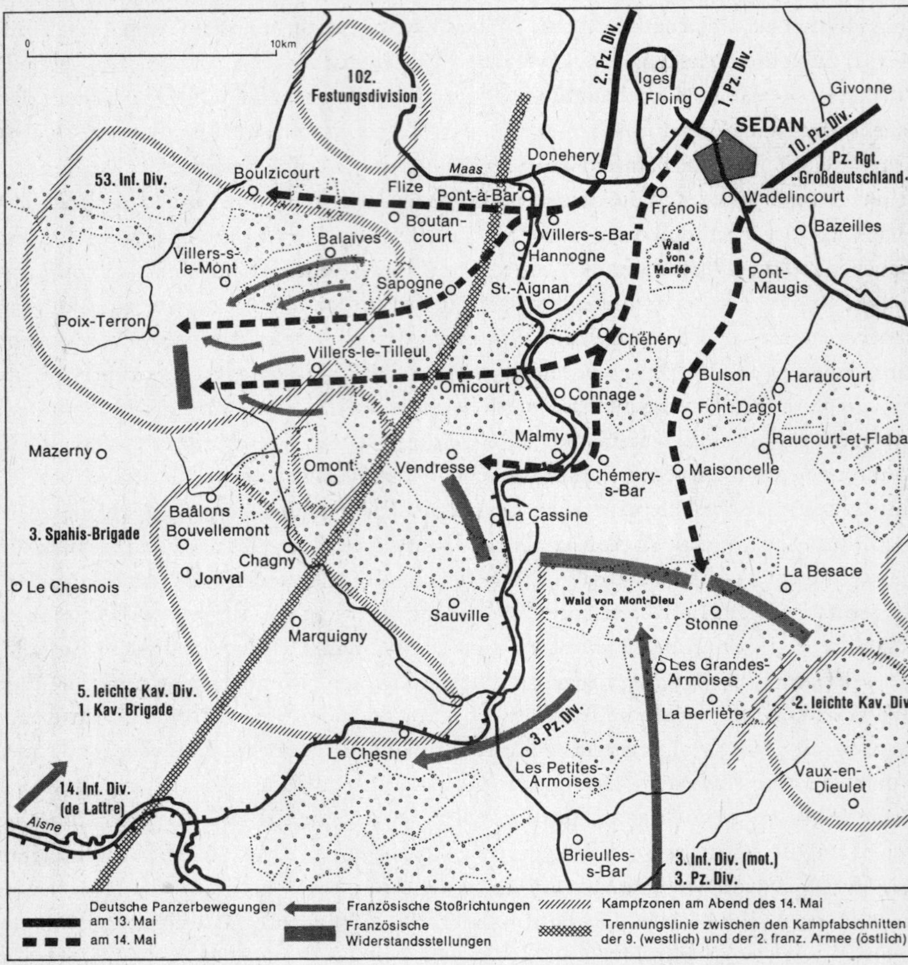

Karte 10 Die Kämpfe bei Sedan am 13. und 14. Mai 1940

Im übrigen war der Befehl gegeben worden, den Lauf der Maas zu verteidigen und auf den Fluß Sperrfeuer zu legen. Über fünfzig Betonbunker, die mit einem Maschinengewehr oder mit einer Kanone von 2,5 oder 4,7 cm bestückt waren, konnten jeden Zoll des Flusses bestreichen.

Im großen und ganzen bildete der Abschnitt einen Bogen. Der kleine Hügel des Waldes von Marfée war die Sehne zwischen Maas und Bar. Er ist schwer zugänglich, und seine Nordseite bot ein ausgezeichnetes Schußfeld auf den Bogen von Sedan. Dieser Halbkreis sollte die Auffanglinie bilden. Viele bedauerten, daß man die Hauptkampflinie nicht hierher verlegt und die Maasschleife aufgegeben hatte, die noch schwieriger zu verteidigen war als die Stadt. Die militärische Doktrin verlangte aber, sich an Wasserläufe zu klammern, an jene Panzergräben, die der liebe Gott geschaffen hatte.

Dies war also das Schlachtfeld der unglücklichen 55. Infanteriedivision der Serie B. Es sah aus, als hätte sich die deutsche Luftwaffe am 13. Mai unter allen französischen Divisionen ganz speziell diese Einheit ausgesucht, um sie erbarmungslos zu zerfetzen. Die von Sperrle versprochene Luftunterstützung umfaßte genau diesen Abschnitt. Die Ortschaften entlang der ersten Linie wurden zerstört: Hannogne, Villiers-sur-Bar, Croix-Piot, Frenois, Claire-et-Villette, die Vorstadt von Torcy, Wadelincourt, Pont-Maugis und Noyer-Pont-Maugis. Die Stukas bombardierten und beschossen die rückwärtigen Stellungen, Straßenkreuzungen, die Dörfer Bulson, Stonne und Raucourt-et-Flaba. Sie griffen die Kasematten an. Zahlreiche Befestigungswerke fielen aus, weil sie entweder unmittelbar getroffen wurden oder weil ihre Schießscharten durch hochgeschleudertes Erdreich verstopft wurden. Die deutschen Flieger arbeiteten methodisch mit Gruppen von dreißig Flugzeugen, indem sie ein großes Karussell flogen, aus dem wie heulende Pfeile die Stukas hervorstürzten. Selbst die Deutschen, die sich unter dem Luftdruck ihrer eigenen Bomben am Maasufer sammelten, waren sehr beeindruckt und hatten Mitleid mit ihren Gegnern. ›Der moralische Effekt muß furchtbar sein‹, notierte der Major von Kielmannsegg. ›Die französische Artillerie schweigt.‹ Und wo blieb die französische Luftwaffe? Am 10. und am 11. Mai hatten ihre Jäger einige Erfolge erzielt. Sie zeigte sich auch noch und schoß am 13. Mai am Vormittag drei Flugzeuge über der Maas ab. Das war der letzte sinnvolle Einsatz für sie gewesen in diesem Kampf, der sozusagen darin bestand, daß sich das Handwerk gegen die Großindustrie auflehnte. Als einige Stunden später eine Dreierpatrouille der Gruppe Murtin auftauchte, sah sie sich 80 Messerschmittmaschinen gegenüber, die 50 Bomber begleiteten. Die Patrouille verlor ein Flugzeug und schoß zwei gegnerische Maschinen ab. Für diesen Tag war es mit der Tätigkeit der französischen Fliegerei vorbei.

Inzwischen hatten sich die Angreifer immer mehr gesammelt. Von den Ardennenstraßen her strömten Massen von Menschen und Kampfgerät zum Becken von Sedan. Der Tag war heiß, der Staub trocknete die Kehlen aus, alle hatten brennenden Durst. Generalangriff um 16 Uhr! Das war Führerbefehl, und man mußte rennen, was das Zeug hielt, um diesen unbarmherzigen Zeitplan einzuhalten. Das Regiment ›Großdeutschland‹, dem die Hauptaufgabe bei dem Angriff zugedacht war, befand sich am Morgen noch vierzig Kilometer von seinem Bestimmungsort entfernt auf belgischem Gebiet. Am Rand des Waldes von Sedan sprangen die Soldaten des Regiments von den Lastwagen. Von dort waren noch sieben Kilometer zu marschieren. Die aufblasbaren Sturmboote und riesige Materialmengen mußten mitgeschleppt werden. Der Offizier, der die Spitzenkompanie immer wieder anfeuerte, war der Oberleutnant von Courbière, der wohl auf der Gegenseite gekämpft hätte, wäre das Edikt von Nantes nicht durch Ludwig XIV. widerrufen worden. Es war ein Gewaltmarsch, der Schweiß rann in Strömen – doch die französische Artillerie, die am Vortag noch die Hänge schwer beschossen hatte, schwieg. Floing brannte, und das Regiment mußte durch die Feuergarben rennen. Dann kam endlich die Maas, die schwarz an den Mauern einer verlassenen Textilfabrik dahinfloß. 15 Uhr. Es blieb also noch eine Stunde, um eine der schwierigsten Operationen der Kriegskunst durchzuführen, nämlich das Überschreiten eines Flusses, dessen gegenüberliegendes Ufer von befestigten feindlichen Stellungen strotzt.

»Wir Alten von Vierzehn-Achtzehn wissen recht gut, zu welchem Opfermut und zu welchem taktischen Geschick die französische Armee fähig ist«, sagte der Hauptmann Lothar Gittermann. »Wir sind gar nicht so siegesbewußt. Aber unsere jungen Offiziere und Soldaten vertrauen blindlings auf ihre Überlegenheit.«

Was diese dann erlebten, war nur dazu angetan, ihr Selbstvertrauen noch zu festigen. Guderian konzentrierte seine wenigen Mittel auf einer Strecke von zwei Kilometern zwischen dem Stadtrand von Sedan und der Halbinsel von Iges, die an dieser Stelle durch eine Maas-Schleife gebildet wird. Er konzentrierte sie aufs äußerste: Alles, was in der 1. Panzerdivision feuern konnte, wurde hier zusammengezogen, die Geschütze der Panzer, die motorisierte Artillerie, die Flak und die Pak. Die 10. Panzerdivision verfuhr südlich von Sedan bei Bazeilles auf gleiche Weise. Hauptsache war, daß man feuern konnte. Der Luftangriff durch die herabbrausenden Stukas, die jeden Franzosen glauben machten, er sei direkt anvisiert, hatte die Verteidiger niedergeschmettert. Sie konnten keinesfalls die Haltung der Soldaten des Ersten Weltkrieges wiederfinden, die sich nach dem stärksten Trommelfeuer aufrafften, sich rasch eine Waffe griffen, um den Angriff abzuschlagen. 1916 sagte man: Die Artillerie erobert, die Infanterie besetzt. Jetzt waren die Flugzeuge die Eroberer.

Was nun kam, war eigentlich nur mehr eine Kleinigkeit. Der unmögliche Angriff begann auf die Minute. Die Maas wurde in wenigen Augenblicken überquert. Bei Frenois wurde eine Zeitlang erbitterter Widerstand geleistet. In der Nähe von Schloß Bellevue hielt eine gut verteidigte und ebenso gut befehligte Kasematte die Angreifer auf. Doch diese drangen schließlich in die Befestigungsanlage ein und nahmen die Besatzung gefangen, deren 8,8-cm-Geschütz ausgefallen war. Um 19 Uhr war es noch heller Tag. Ohne daß ein einziger Panzer die Maas überquert hatte, stand das Regiment ›Großdeutschland‹ auf der Höhe 247 und hatte damit sein vorgeschriebenes Tagesziel erreicht. An diesem Abend stieß es sogar noch weiter bis in den Wald von Marfée vor.

Die 10. Panzerdivision traf anfänglich auf stärkeren Widerstand. Erst um 17 Uhr, also vierzig Minuten später als die Elitetruppen des Regiments ›Großdeutschland‹, landeten Leutnant Hanbauer und Feldwebel Ruberth vom 86. Schützenregiment am linken Ufer.

Von einem Beobachtungsstand des X. Artilleriekorps aus wurden die ihnen folgenden Soldaten gezählt: Es waren nur 40. Über eine wie durch ein Wunder nicht zerstörte Telefonlinie wurde diese Nachricht zu den höheren Stellen durchgegeben: ›Vierzig Deutsche haben die Maas bei Wadelincourt überschritten...‹

Auf deutscher Seite war Guderian in einem der ersten Sturmboote losgefahren. Als er am linken Ufer ankam, empfing ihn Oberstleutnant Beck mit dem Ruf: »Vergnügungsfahrten auf der Maas sind verboten!«

Auf französischer Seite hatte sich General Huntziger von seiner 50 Kilometer hinter der Front liegenden Befehlsstelle in Senuc nach dem Gefechtsstand des X. Artilleriekorps an der Berlière begeben, der nur 25 Kilometer hinter der Front lag. Dann war er wieder zurück nach Senuc gefahren, wo er um 19 Uhr eintraf, um sich sofort von weißbehandschuhten Ordonnanzen das Essen servieren zu lassen...

Ein Abgrund trennte die deutsche und die französische Auffassung von den Pflichten des Oberbefehlshabers! Bei den Deutschen waren die Anschauungen unter Hitlers Einfluß umgemodelt worden: Der Kommandeur mußte sich bei den vordersten Posten aufhalten oder in einem Flugzeug, wenn er einen Gesamtüberblick haben wollte, oder aber in einem Funkwagen, wenn er Befehle durchzugeben hatte. Persönlich hatte er einzugreifen, sobald er Gelegenheit dazu hatte. Nach der noch aus der Zeit des Ersten Weltkriegs stammenden Auffassung der Franzosen dirigierte der Chef den Krieg aus der Entfernung auf fast abstrakte Art mit dem nötigen zeitlichen Abstand, damit seine Entscheidungen nicht etwa durch Emotionen, die der Kampf hervorruft, beeinflußt werden konnten. In Senuc kam im Laufe des Abends eine einzige Nachricht an: »Vierzig Deutsche haben die Maas überschritten.« Das schien nur ein lokaler Zwischenfall zu sein. »Das sind vierzig Gefangene für uns«, sagte man Huntziger.

Die Kämpfe an der Maas

Im gleichen Augenblick brach der ganze linke Flügel der 2. Armee zusammen. Der Maasübergang hätte ein lokaler Zwischenfall sein können, wie ihn alle Armeen in allen Kriegen schon erlebt hatten. In diesem Fall aber löste er eine Panik aus, einen irreversiblen Prozeß – den Zusammenbruch einer ganzen Nation.

Soweit man das heute noch beurteilen kann, begann der Zerfall in Bulson, einem mittleren Dorf unterhalb des Waldes von Marfée, mit ungefähr hundert Einwohnern, einer Kirche ohne Pfarrer und einem Dutzend Bauernhäusern mit dem Misthaufen vor der Tür. Neun Monate lang hausten die Artilleristen in Scheunen. Das Land ist dort morastig und düster, das Klima feucht und kalt, ungesund für Menschen und noch viel ungesünder für die Pferde, die in Massen krepierten, ohne daß man sagen konnte, warum. Langeweile und Faulheit lasteten auf einer Truppe, deren Offiziere ebensowenig Geschmack am Kommandieren hatten wie die Mannschaften am Gehorchen. Die Kanonen standen nahe bei den Unterkünften, und die 10,5-cm-Langrohrgeschütze waren auf die Ausgänge des Waldes von Sedan gerichtet. Längst glaubten die Bedienungsmannschaften schon nicht mehr daran, jemals einen Schuß abfeuern zu müssen.

Das Unwahrscheinliche ereignete sich am 12. Mai 1940. Zunächst schien dieser Tag nur eine willkommene Abwechslung in das monotone Dasein der Artilleristen zu bringen. Die Stimmung war gut und blieb es auch bis zum Morgen des Dreizehnten, bis zu jenem Augenblick, als die Stukas auf die Batterien niederstießen. Die Verluste waren keineswegs groß, und kein einziges Geschütz fiel aus, aber die Kanoniere ließen alles im Stich und verkrochen sich in die Wälder. Gleichzeitig gingen die Deutschen auf die Maas los, wo General Lafontaine Zeuge war, wie eine große Zahl von Panzern und Panzerwagen völlig ungedeckt das vor der Maas liegende Glacis durchfuhr. Aber der französischen Artillerie fehlten jetzt die Kanoniere.

Dann flaute der Luftangriff ab. Einige Batterien feuerten noch. Fünf deutsche Panzer, die sich an der Ortsgrenze von Balan zeigten, wurden von 15,5-cm-Haubitzen abgeschossen. Vielleicht wäre es nicht schwierig gewesen, die verschreckten Soldaten wieder an ihre Kanonen zu bringen, wo sie den Rausch der Schlacht bei ihren Geschützen hätten auskosten können – bei jenen Geschützen, die sozusagen ihre Werkstatt bildeten, wo sie jenen handwerklichen Ehrgeiz möglicherweise wiedergefunden hätten, der von jeher die Grundlage des legendären Mutes der französischen Artilleristen gewesen ist. Im Grunde waren es ja nur Teile der deutschen Infanterie, die den Übergang über die Maas bewerkstelligt hatten. Kein einziger Panzer erreichte das linke Ufer vor dem nächsten Tag. Wenn die Artillerie sich wieder gefangen hätte, wäre diese Handvoll Soldaten von ihren Einheiten abgeschnitten worden und in Gefangenschaft geraten.

Die Artillerie aber war geflohen! Sie füllte die Straßen von Bulson nach Maisoncelles und von Bulson nach Chemery. Es war ein Zug von Kanonieren des 45., 99., 110., 145. und 310. Regiments, vermischt mit Troßsoldaten, Sanitätern und Fernmeldepersonal. Unten im Tal wurde noch gekämpft, die Kasematten hielten stand, und die Offiziere verteidigten sich in ihren Gefechtsständen, doch die Panik griff um sich wie ein Buschfeuer – und das bei Mannschaften, die noch nicht einmal den Schatten eines Feindes zu Gesicht bekommen hatten. ›Die Panzer der Boches sind in Bulson!‹ Dieses Gerücht gelangte bis zu den Stäben, deren letzte Verbindungen nur noch dazu dienten, diesen Unsinn weiterzuleiten. Die Gefechtsstände wurden hastig geräumt, Regimenter, wie die der 71. Infanteriedivision, die keine einzige Bombe explodieren sahen, verließen ihre Stellungen und zogen sich ungeordnet zurück. Oberste des Ersten Weltkriegs – einer von ihnen beging aus Scham Selbstmord – marschierten an der Spitze dieser

Operation ›Rette sich, wer kann‹. Gut disziplinierte Einheiten, wie die 5. leichte Kavalleriedivision, schlossen sich diesem Rückzug an und schleppten ihr gesamtes Material mit, denn sie waren davon überzeugt, es handle sich um einen ordnungsgemäßen Rückzugsbefehl. Der Tag ging in geradezu gespenstiger Ruhe zu Ende. Die Stukas waren verschwunden und der Kampflärm von den Hängen des Marfée-Waldes kaum hörbar. Die französische Armee war intakt, verfügte noch über Hunderte von Bataillonen, Tausende von Geschützen und Panzern und über eine jahrhundertealte Ruhmestradition, die das Herz eines stolzen Volkes hätte höher schlagen lassen müssen. Aber wozu sollte das nun alles nützen? Die französische Armee war geschlagen. Alle Bemühungen während der folgenden sechs Wochen waren in Wirklichkeit nur die letzten Zuckungen eines Sterbenden. Eine einzige Masche hatte sich gelöst, und das ganze Gewebe war zerfallen.

Durch die Motorisierung der Armee war die Straße zu einem militärischen Werkzeug erster Ordnung geworden. Sie hätte ausschließlich für militärische Zwecke requiriert, gesperrt und bewacht werden müssen. Im Notfall hätte man sich nicht scheuen dürfen, sie mit gewaltsamen Mitteln freizuhalten. Seit dem 10. Mai aber war sie von Flüchtlingen überschwemmt und verstopft mit langen Ardennenkarren, die von schweren Pferden gezogen wurden, mit Automobilen, die hoch mit Matratzen bepackt waren, mit Kinderwagen und Schubkarren, Vieh und allem, was die Bauern sonst noch retten wollten. Jede Truppenbewegung und jeglicher Nachschub von Soldaten und Munition war unmöglich geworden. Das Oberkommando wurde gelähmt in seinen Entschlüssen, die Armee war geschlagen, Frankreich vernichtet – und das alles nur aus dem einen Grund, weil die Verkehrsadern verstopft waren.

Die wenigen verantwortlichen Leute, die sich dem entgegenstellten, waren machtlos. Die Panik wurde zur Lawine. Die Zivilisten und Soldaten, die Hals über Kopf flohen, hatten nicht einmal von fern Schlachtenlärm gehört. Der 13. Mai war für sie ein Tag wie jeder andere gewesen. Man glaubte ja auch nicht recht an einen deutschen Angriff. Dann erfüllte urplötzlich das Geschrei von einer Niederlage die Ebene und lief dem beschämenden Niedergang voraus, den alle heimlich schon im Herzen fühlten.

Rommel in Dinant

Einer war noch schneller gewesen als Guderian, nämlich Rommel. Am 12. Mai hatte die Spitze seiner 7. Panzerdivision um 16 Uhr die Maas bei Dinant erreicht. Diese kleine, in einem Winkel des rechten Steilufers gelegene Stadt war kampflos besetzt worden. Fast wäre die Brücke heil geblieben, aber im letzten Moment, als bereits der erste deutsche Panzer auf sie zurollte, flog sie in die Luft.

Fünf Kilometer flußabwärts liegt – im Flußbett der Maas, gut einen Kilometer lang, fünfzig Meter breit, bewaldet, nahe dem linken Ufer – die Insel Houx. An dieser Stelle des Flusses treten die Steilufer zurück und umschließen ein Becken, in welchem der Ort Anhée liegt. Am Ostufer dagegen fallen die Felswände steil in den Fluß ab. Hier staute die Schleuse Nr. 5 den Fluß. Man hatte sie nicht gesprengt, um bei einem möglichen Sinken des Wasserspiegels den Verteidigungswert der Maas flußaufwärts zu erhalten. Sie war nicht befestigt; man hatte nicht einmal den Laufsteg zerstört. Lediglich einige Cointet-Gitter waren angebracht worden, hinter denen sich ein Maschinengewehr befand.

Gegenüber der 7. Panzerdivision lag der linke Flügel der Armee Corap, die 5. motorisierte Infanteriedivision und die 18. Infanteriedivision. Erstere lag südlich von Namur, während letztere zu Fuß die Straßen entlangkeuchte. Die Soldaten, die alle aus Anjou, Berri oder der Touraine stammten, waren gut. Allerdings fehlte ihnen für diesen Krieg jegliche Begeisterung; sie verstanden nicht, wofür sie eigentlich kämpfen sollten. Ein offizieller Bericht bezeichnete sie immerhin als ›höflich und diszipliniert‹. Aber der scheußliche Tornister, den auch die stark motorisierte moderne Armee nicht abzuschaffen vermochte, setzte den Infanteristen hart zu. Sie waren von Hirson gekommen und hatten hundert Kilometer zurücklegen müssen, um ihre Stellungen zu erreichen, also ebenso viele Kilometer wie Rommel. Nur hatte Rommel keinen einzigen Fußgänger in seiner Truppe. Außerdem hatte er die belgische Grenze bereits am Morgen überschritten, während die 18. französische Infanteriedivision, deren Einheiten zu Übungen verstreut waren, erst am Spätnachmittag die belgische Grenze passierte. Zwanzig Prozent der Mannschaften fehlten, weil sie auf Urlaub waren. Man wollte nämlich den im Winter aufgrund falschen Alarms nicht gewährten Urlaub nachholen. Selbst der kommandierende General Duffet befand sich bei seiner Familie in Besançon und kam erst am nächsten Tag bei seiner Division an.

Die französische Armee zog in den Kampf gegen einen Feind, von dem man wußte, daß er die Schlachten rasch und erbarmungslos schlug. Im Großen Hauptquartier saß Generalmajor Doumenc, der während des Ersten Weltkriegs den Nachschub für Verdun mit Lastwagen über die ›Voie Sacrée‹ organisiert hatte. Diesmal hieß es: ›Die 18. Division führt die Bewegung durch Fußmärsche aus.‹ So lautete das im Generalstabsjargon. Das bedeutete, daß die Mannschaften mit Blasen an den Füßen täglich 30 bis 40 Kilometer marschieren mußten, um ihr ›Feld der Ehre‹ zu erreichen.

Dann kamen die Flieger. Sie störten die Truppe wenig, zerbombten aber den Nachschubbahnhof von Hirson. Der Munitionsnachschub war abgeschnitten. Die Verpflegungsoffiziere der Regimenter kamen mit leeren Wagen zurück, die Soldaten waren gezwungen zu betteln oder zu plündern, wenn sie nicht verhungern wollten. Jetzt entdeckte man plötzlich, daß ein Marsch über offenes Land ohne Feuerschutz aus der Luft und ohne Flak schlecht möglich war. Ausgerechnet in dem Augenblick, in dem man eine für den Stellungskrieg geschaffene Armee in einen Bewegungskrieg führte, machte man diese sensationelle Entdeckung!

Wie bei der 2. Armee hatte man auch hier zwei leichte Kavalleriedivisionen, diese überaus komplizierten Einheiten, mit dem Auftrag vorgeschickt, den Feind so lange aufzuhalten, bis die Infanterie an der Maas Stellung bezogen hätte. Hinter ihnen wurden zur Deckung zwei Bataillone des 66. und 77. Infanterieregiments auf Kraftwagen nachgeschickt. General Duffet folgte ihnen und überzeugte sich von der ungeheueren Schwierigkeit seiner Aufgabe. Wenn er sich auf halber Höhe festsetzte, konnte man den Talgrund nicht mehr sehen und mit den automatischen Waffen den Fluß nicht mehr beschießen. Es blieb den Franzosen nichts anderes übrig, als sich ans Ufer zu legen und so den Feind über sich zu haben. In Wirklichkeit hätte es weit größerer Kräfte als eines einzigen Infanterieregiments bedurft, falls man den Abschnitt halten, die Wege des rechten Ufers unter Feuer nehmen und gleichzeitig einen Feuervorhang über die zahllosen Flußschleifen legen wollte. Auf der Karte bildete die Maas eine hervorragende Verteidigungslinie, begibt man sich aber an Ort und Stelle, so ändert sich das Bild. Die dichten Wälder, die Steilhänge und die engen Taleinschnitte begünstigen den Angreifer mehr als den Verteidiger.

Außerdem war der Feind schon da, und zwar – nach dem französischen Kalender – vier Tage zu früh. Der Befehlshaber der 18. Division hatte geglaubt, er könne seine Leute sich ausruhen lassen und er selber habe genügend Zeit, um seinen Operationsplan festzulegen. Man glaubte, die Zerstörungen in Belgien, die Rückzugskämpfe der Ardennenjäger und die Manöver der 1. und 4. leichten Kavalleriedivision würden das Aufeinandertreffen hinreichend verzögern. Man vermutete außerdem, daß der deutsche Stoß gerade in dieser strategisch so schwierigen Gegend nicht sehr heftig sein werde. Die Zerstörungen in Belgien waren unwirksam gewesen, und die leichten Divisionen hatten sich schleunigst zurückgezogen. Mit zwei unvollständigen Bataillonen sollte also der arme General Duffet 20 Kilometer Front halten, bis seine sieben anderen, todmüden Bataillone ankamen. Duffet forderte Verstärkung an. Er erhielt sie auch durch die 1. leichte Kavalleriedivision, die sofort nach ihrem Rückzug über die Maas den Abschnitt verstärkte, statt sich erst rückwärts wieder neu zu formieren. Die 5. motorisierte Infanteriedivision stellte an ihre Nachbardivision ein Bataillon ab. Am Abend des 12. Mai stand eine gewisse Ordnung hinter den zerstörten Brücken... auf dem Papier wenigstens. Im Süden war die Verbindung zwischen der 22. Infanteriedivision und einigen Schwadronen der Dragoner und Jäger zu Pferd hergestellt. Im Zentrum lagen gegenüber von Dinant die beiden Bataillone der 77. und 66. Infanteriedivision, und im Norden lagen das von der 5. motorisierten Infanteriedivision ausgeliehene Bataillon sowie das zweite Bataillon der 39. Infanteriedivision. In seinem 15 Kilometer hinter der Front gelegenen Gefechtsstand konnte General Duffet ruhig schlafen. Er war überzeugt, das Wichtigste getan zu haben.

Rommel schlief bei seiner Vorhut. Um 4 Uhr früh stieg er in Begleitung eines seiner Offiziere einen schmalen Fußsteig hinunter, um die Versuche der Maasüberquerung des 7. Schützenregiments mit Sturmbooten zu beobachten. Das französische Feuer lag gut. Boote sanken. Ein Verwundeter schrie um Hilfe, ertrank aber vor den Augen des Generals. Rommel befahl, einige Häuser in Brand zu setzen, um einen Rauchvorhang zu bilden, dann stieg er in einen Pz-Kw 4 und fuhr ans Maasufer, um den Angriff voranzutreiben. Bei Leffe, das voller Verwundeter war, gelang es einer Kompanie, am linken Ufer Fuß zu fassen, doch kam sie nicht weiter und erlitt schwere Verluste. Der Tag hätte für die Wehrmacht schlecht begonnen, wenn die Insel Houx nicht gewesen wäre. Doch die französische Stellung war nicht mehr lückenlos, die Infiltration begann.

Es war etwas sehr Einfaches geschehen: Die Schleuse Nr. 5 war nicht bewacht worden, denn das 39. Infanterieregiment hatte seine Stellungen nicht bezogen. Keiner bemerkte diese Bresche, außer dem VII. deutschen Kradschützenbataillon. Bei Einbruch der Nacht begannen die Soldaten, einer nach dem anderen, die Maas auf dem Schleusenkamm zu überschreiten. Irgend jemand mußte das bemerkt haben (die Berichte widersprechen sich sehr), denn es wurde Sperrfeuer bei der Artillerie angefordert, die daraufhin 1200 Granaten auf den südlichen Teil der Insel verschoß. Die deutschen Angreifer schienen davon wenig beeindruckt zu sein, denn im Morgengrauen kletterten sie die bewaldeten Hänge hoch, zerstreuten einige vereinzelte Gruppen, nahmen das Dorf Grange und drangen in den Surinvaux-Wald ein. Die Lage war hier ganz anders als bei Sedan, denn die Tätigkeit der Luftwaffe war schwach, und die Kradschützen waren nur gering an Zahl. Allerdings war auch der Widerstand, auf den sie stießen, gleich Null. Nachdem sie Verstärkung durch einige Schützenabteilungen erhalten hatten, drangen sie weiter nach Westen vor.

Um das linke Ufer wieder zu säubern, befahl General Duffet nacheinander drei Gegenstöße. Die für die beiden ersten Gegenangriffe bestimmten Truppen konnten sich nicht sammeln, und der dritte begann um 20 Uhr, als es bereits zu spät war. Mit einem Bataillon des 39. Infanterieregiments hinter einer Kompanie Panzerwagen und der Unterstützung von drei Batterien hätte diese Konterattacke gegen einen Feind, der weder Panzer noch Pakgeschütze zur Stelle hatte, wirksam sein können. Rommel, der ebenfalls über die Schleuse von Houx über die Maas gegangen war, befand sich mitten unter seinen Soldaten. Er ließ auf die gegnerischen Panzerwagen ein wahres Feuerwerk los. Die Panzerwagen fuhren weiter und kamen bis an die Maas, aber aus unerklärlichen Gründen folgte ihnen die Infanterie nicht. Die Panzerwagen zogen sich daraufhin wieder zurück, der Gegenstoß blieb erfolglos.

Gleichzeitig war bei Monthermé zwischen Givet und Mézières ein dritter deutscher Brückenkopf gebildet worden, und zwar durch die 6. Panzerdivision des Korps Reinhardt. An keiner Stelle ist die Maas reißender, das Tal enger und der Wald dichter.

Die deutschen Kradschützenabteilungen und einige Panzerspähwagen waren über die große Straße von Givet gekommen. Artillerie hatte sie beschossen, als sie die Lichtung der Hautes-Buttes überquerten; sie waren dann ins Tal hinabgefahren und hatten die kleine Industriestadt Monthermé besetzt. Am anderen Flußufer hielt eine einzige Kompanie eine sieben Kilometer lange Flußschleife. Die Einheit bestand zur Hälfte aus Madegassen, zur anderen Hälfte aus Franzosen. Ein heftiger Luftangriff setzte sie außer Gefecht, und die Deutschen konnten den Fluß über die nur teilweise zerstörte Brücke überschreiten und die Verteidiger aufreiben.

Die französischen Panzerdivisionen

Auf dem Weg zu den fernen Hauptquartieren wurden die Hiobsbotschaften immer mehr beschönigt. Weil der Gegenangriff bei Houx nicht durchgeführt worden war, entrüstete man sich bei Corap in Vervins. Aber Huntziger, der in Senuc weilte, war ›nicht übertrieben beunruhigt‹. Und bei Georges in La Ferté mußte man bis 23 Uhr 45 warten, um zu erfahren, daß es ›bei Sedan bedenklich hapere‹. Der Bericht wurde nach Vincennes weitergegeben, aber mit einem besänftigenden Zusatz versehen: ›Hier ist alles ruhig‹. Weniger zuversichtlich wurde man, als es plötzlich so aussah, als seien die Truppen einfach geflüchtet und die Auffangstellung angeschlagen. General Georges beschloß nun, Huntziger unter seinen direkten Befehl zu stellen, um die Aufgabe des Generals Billotte zu erleichtern. Georges' Unruhe galt bezeichnenderweise nicht der 1. Armeegruppe, deren Verbindungen bedroht waren, sondern der geliebten Maginotlinie; er befahl Huntziger, unter allen Umständen und um jeden Preis eine Umgehung zu verhindern, einen Verteidigungsbogen zu bilden und den Gegner unbedingt an der Linie Inor–Montmédy aufzuhalten. »Der Ausgang des ganzen Krieges hängt davon ab«, sagte Georges zu Huntziger.

Zwangsvorstellung einer Gefahr, die nicht bestand? Die Umgehung kam zwar zustande, aber auf andere Art und zu anderer Zeit. Als Georges Huntziger befahl, eine mögliche Umgehung zu verhindern, interessierte sich das deutsche Oberkommando nicht im geringsten für die Maginotlinie. Das einzig sinnvolle Eingreifen des Oberkommandierenden hätte in der Umgruppierung der Reserven bestanden, von denen aber nur wenige verfügbar waren, da die Operation ›Dijle‹ die 7. Armee und die Mehrzahl der schnellen Divisionen geschluckt hatte. Georges hatte jetzt nur noch 17 Infanterie- und drei Panzerdivisionen. Kein General hätte mit so geringen Kräften einen Widerstand gegen die taktisch und technisch überlegenen Deutschen organisieren können.

Die Schwäche der 9. Armee und die Stärke der sich ihr gegenüber sammelnden Trup-

pen wirkten jedenfalls nicht alarmierend. Alle großen Einheiten wurden auf Veranlassung des Oberkommandos Huntziger unterstellt: das XXI. Armeekorps, die 6. Infanteriedivision, die 3. motorisierte Infanteriedivision und die 3. Panzerdivision. Corap sei nicht ernsthaft angegriffen worden, meinte man, und außerdem habe er noch zwei Divisionen in Reserve, nämlich die 53. Infanteriedivision und die 4. nordafrikanische Infanteriedivision, eine der besten Truppen der französischen Armee. »Um Sie mache ich mir keine Sorgen, aber um Huntziger«, sagte Billotte zu Corap.
Der eiserne Kern der allgemeinen Reserven wurde durch drei Panzerdivisionen (DCR) gebildet, die nach französischer Auffassung dazu dienen sollten, die Stabilität der Front zu sichern. Zwei von ihnen waren schon der 1. Armee zugewiesen worden, um das Loch von Gembloux zu kitten. Die eine davon war seit dem Vorabend unterwegs und erreichte den Sammelpunkt bei Charleroi. Es war dies die 1. Panzerdivision. Die andere, die 2. Panzerdivision, brach nach der Gegend von Châlons auf, doch die höchst eigenartigen Transportvorschriften rissen sie bereits auseinander, ehe sie sich noch auf den Weg machte. Die Raupenfahrzeuge wurden verladen, während die nicht mit Ketten ausgerüsteten Fahrzeuge – einschließlich der Tankwagen – die Straße benutzen mußten. Wer sich diesen Plan ausgedacht hatte, lebte vermutlich noch in den Vorstellungen des Ersten Weltkriegs, also in einer Zeit, als die Fliegerei noch in den Kinderschuhen steckte und eine zusammenhängende, geschlossene Front sowie die Langsamkeit der Offensiven dafür sorgten, daß das Hinterland weitgehend verschont blieb. 1940 dagegen forderte jeder Eisenbahnzug, jede Fahrzeugkolonne die deutsche Luftwaffe geradezu heraus.
Am Abend des 13. Mai war die Zuweisung der 1. und 2. Panzerdivision noch nicht geändert worden. Die 3., die erst seit fünfzig Tagen bestand, erhielt den Befehl, bei Sedan einen Gegenangriff zu unternehmen.
Waren diese Panzereinheiten, die unter schwierigen Umständen aufgestellt worden waren, überhaupt kampffähig? Jede von ihnen umfaßte zwei schwere Panzerbataillone (120 Kampfwagen) und zwei mittlere Panzerbataillone (66 Kampfwagen). Jedenfalls stimmte es nicht, daß sie einem Drittel einer normalen deutschen Panzerdivision, die im allgemeinen zwischen 324 und 218 leichtere Panzer besaß, entsprachen. Im übrigen waren zahlreiche französische Kampfwagen der schweren Bataillone mit Kanonentypen des Ersten Weltkriegs ausgestattet, die im Kampf Panzer gegen Panzer durchaus eine große Durchschlagskraft besessen hätten, wenn die passende Munition noch von Frankreichs Rüstungsindustrie hergestellt worden wäre. Richtig ist, daß die Funkeinrichtungen defekt oder mangelhaft waren und daß das einfältige Verbot, durch Sprechfunk miteinander zu verkehren, den Funk fast zwecklos machte. Auch war die Flugabwehr unzureichend und das Nachschubsystem einfach unglaublich veraltet. Außerdem bestand keinerlei Verbindung zwischen diesen Divisionen und den Luftstreitkräften. Zu allem Überfluß befanden sich diese Einheiten in sklavischer Ab-

hängigkeit von höheren Kommandostellen, wo man nicht die geringste Ahnung von einer Panzerschlacht hatte, während die Divisionskommandeure – die Generale Bruneau, Bruché und Brocard – weder den Überblick und die Erfahrung noch das Draufgängertum und die gesunde Disziplinlosigkeit eines Rommel oder Guderian besaßen. Als Estienne, Hering und de Gaulle ein Panzerkorps forderten, verstanden sie darunter eine schnelle, schlagkräftige und einem autonomen Befehl unterstellte Waffe zum massiven Einsatz. Die französischen Panzerdivisionen wiesen keines dieser Merkmale auf. Nachdem man zuerst den Fehler begangen hatte, eine Panzerwaffe überhaupt abzulehnen, beging man einen zweiten Fehler, indem man sie zu spät aufstellte und unzulänglich organisierte. Die Panzerbataillone wären auch nicht wirksamer gewesen, wenn sie, wie 1918, der Infanterie unterstellt geblieben wären.
Die Nacht vom 13. auf 14. Mai verstrich. Die motorisierten deutschen Kolonnen durchquerten die Ardennen mit aufgeblendeten Scheinwerfern. Am Maasufer überwachten die unermüdlichen Generale Guderian, Rommel, Stever und Schaal die Brückenbauten, über die bei Morgengrauen die Panzer die Maas überqueren sollten. Auf französischer Seite griffen Furcht und Verwirrung immer mehr um sich.
In Belgien vollführte die 4. nordafrikanische Infanteriedivision einen Gewaltmarsch inmitten einer Lawine von Flüchtlingen. In Richtung Reims zogen die in panischer Angst fliehenden Zivilisten und Soldaten wie ein reißender Strom durch die Nacht. Der Troß der 3. Panzerdivision, der aus sehr guten Soldaten zusammengesetzt war, hatte alle Mühe, sich einen Weg zu bahnen. An der Brücke von Montgon am Ardennenkanal hatte die Feldgendarmerie eine Sperre errichtet und verteidigte sie mit dem Revolver in der Faust, um fliehende Soldaten aufzuhalten. Vor einer Artillerieformation, die in bester Ordnung ankam und von Offizieren geführt wurde, öffneten sie die Sperre und sahen dann zu ihrem Erstaunen, daß die Pferde gar keine Geschütze zogen, sondern nur die abgekoppelten Protzen.
In der Sprache des Obersten Hauptquartiers lautete die Zusammenfassung der Ereignisse des 13. Mai 1940 folgendermaßen:
›Zwischen Namur und Mezières (9. Armee) gelang es dem Feind zwei kleine Brückenköpfe zu bilden, den einen in Houx nördlich von Dinant, den anderen bei Monthermé. Einen dritten von größerer Bedeutung bildete er am Marfée-Wald in der Nähe von Sedan (2. Armee). Gegenangriffe wurden angeordnet, um ihn über die Maas zurückzuwerfen.‹

Am Morgen des 14. Mai 1940 ging der Kampf in Holland zu Ende. Am darauffolgenden Tag streckte die holländische Armee nach einem mit großen Bränden verbundenen Bombardement Rotterdams durch Kesselring die Waffen. Man versuchte noch, Antwerpen zu retten, aber General Georges hatte schon den Rückzug der schnellen Divisionen der 7. Armee beschlossen. Vor der Front der Belgier und Engländer wurde nicht ernsthaft gekämpft, dagegen um so mehr an dem Loch von Gembloux, wo die motorisierten leichten Divisionen schwere Verluste erlitten und hinter die Front der 1. Armee zurückgezogen wurden. Immerhin wurden Verteidigungsstellungen ausgebaut, und im großen und ganzen war in diesem Abschnitt die Lage befriedigend.

Am anderen Ende der Front ging die ›drôle de guerre‹ weiter. Die 8., 5. und 4. Armee blieben völlig bewegungslos und schossen nicht einmal auf feindliches Gebiet hinüber. Die 3. Armee wies ohne Schwierigkeiten einen schwachen Angriff ab, zog sich aber trotzdem aus dem Vorsprung von Longwy zurück, um eine Frontverkürzung vorzunehmen. Die durch den Brückenkopf von Montmédy geschützte 2. Armee hatte auf ihrem linken Flügel nicht viel zu befürchten. Das ganze Drama rollte nur an der Maas, genauer gesagt, an dem Bach Emmenance am Fuß der alten Befestigungen von Namur ab.

Für den Abschnitt Sedan ordnete das französische Oberkommando drei verschiedene Maßnahmen an. Erstens sollte eine Verteidigungsfront nach Osten am Ardennenkanal und an der Bar geschaffen werden, zweitens wollte man einen Gegenangriff im Norden vom kleinen Massiv des Waldes von Mont-Dieu aus unternehmen, und drittens beabsichtigte man, durch heftige Luftangriffe die gegnerischen Versuche einer Maasüberschreitung zu vereiteln. Diese drei Unternehmungen bildeten ein Ganzes. Durch die erste wollte man den Vormarsch der Deutschen stoppen, durch die zweite die am Vortage entstandene Bresche wieder schließen und durch die dritte den Feind hindern, Verstärkungen auf das linke Flußufer zu schaffen. Die Idee war vortrefflich, nur mußte man sie auch ausführen.

Guderian wußte wohl, daß sein Erfolg nur auf schwachen Füßen stand. Er mußte versuchen, sich auf dem linken Ufer der Maas auszubreiten, französische Gegenstöße abzuwehren und unverzüglich gegen Amiens vorzustoßen. Deshalb drängte er auch mit allen Mitteln und mit aller Energie, die 1. Panzerdivision solle die Maas überschreiten, und befahl General Kirchner, dem Kommandeur der Division, sofort mit allen Kräften in Richtung Westen anzugreifen und so weit wie möglich vorzustoßen. Die 10. Panzerdivision, die oberhalb von Sedan die Maas überquerte, mußte nach Süden schwenken und gegenüber von Mont-Dieu und Stonne die Flanke ihrer Nachbardivision decken. Es blieb also nur noch die 2. Panzerdivision übrig, die am Vortag an der Semois zurückgeblieben war. Sie kam endlich an, um die Maas bei Donchery zu überqueren. Guderian begab sich dorthin, ohne im Augenblick zu wissen, welche Aufgabe er ihr anvertrauen solle.

Hartnäckig griff die englisch-französische Luftwaffe die Brücken an. Die Staffeln flogen ihre Ziele in rasch aufeinanderfolgenden Wellen an, aber die Flak des Obersten von Hippel hatte gerade ihren besten Tag, schoß 150 feindliche Flugzeuge ab und verhinderte so jeden gezielten Bombenwurf. Inmitten dieses Stahlgewitters kam ein älterer Herr, der Oberbefehlshaber der Heeresgruppe A, Generaloberst von Rundstedt, zu Guderian an die Brücke von Donchery, um ein wenig Pulver zu riechen. »Ist das hier immer so?« fragte er. Die Frage konnte Guderian, wie er in seinen Erinnerungen schreibt, ›mit gutem Gewissen bejahen‹.

Nachdem der hohe Chef wieder fort war, zögerte Guderian noch. Der Kommandeur der 2. Panzerdivision erwartete neben ihm seine Befehle. Wie sollte man nun die 2. Panzerdivision einsetzen? Vielleicht im Westen, um der 1. Panzerdivision, die Chemery genommen hatte und gegen den Kanal vorging, zu helfen, oder im Süden gegen die starke französische Konzentration von Panzern um Mont-Dieu? Zögernd zwischen Vorsicht und Draufgängertum, beriet sich Guderian mit seinen Offizieren. Major Wenk antwortete Guderian lachend mit dessen eigener Devise: »Klotzen, nicht kleckern!« Dieser Ausspruch gab die Entscheidung, Generalleutnant Veiel, der Befehlshaber der 2. Panzerdivision, würde seine Panzer gegen Westen wenden. Durch einen Glücksfall traf die 3. französische Panzerdivision um 6 Uhr früh an der Front ein, ohne auch nur die geringsten Verluste an Menschen oder Material beklagen zu müssen. Ihre Vorposten gingen bis an den Wald von Mont-Dieu vor. Vor ihnen breitete sich ein stellenweise sumpfiges Tal aus, durch das ein Bach floß. Dahinter lagen Hügel, die das Dorf Chemery verdeckten, das die 1. deutsche Panzerdivision angriff, indem sie den Rücken der 3. französischen Panzerdivision, hinter der die 3. motorisierte Infanteriedivision als Verstärkung bereitstand, zuwendete. Die Deutschen waren noch nicht sehr zahlreich und griffen daher nur schwach an. Jeder General mit einem Blick für militärische Situationen hätte die Gelegenheit ausgenutzt, den noch im Sammeln begriffenen Gegner anzugreifen. Die französischen Generale befanden sich aber nicht bei den Kampftruppen wie die deutschen, konnten daher nicht die augenblickliche Lage beurteilen und die geographischen Möglichkeiten abschätzen. Der Befehlshaber Brocard der 3. Panzerdivision befand sich in diesem Augenblick bei Petits Armoises, zwölf Kilometer von Mont-Dieu entfernt, und stritt sich mit seinem Vorgesetzten, General Flavigny, herum. Flavigny, dem das XXI. Artilleriekorps unterstand, verlangte, Brocard solle sofort eingreifen, doch dieser erwiderte, er benötige zehn Stunden, um einen Angriffsplan auszuarbeiten und seine Panzer aufzutanken. Befehle und Drohungen berührten ihn nicht im geringsten. Es war fast 14 Uhr, als er sich mit seiner Division endlich nach vorn in Marsch setzte. Zu diesem Zeitpunkt überschritten aber die deutschen Panzer bereits seit Stunden die Maas.

Die Gelegenheit war verpaßt. Flavigny stoppte den Vormarsch der 3. Panzerdivision und ließ eine Verteidigungsstellung von 20 Kilometer Länge zwischen dem Weiher von Bairon und Stonne ausbauen. Die Division sollte die Waldwege sperren, eine Aufgabe, für welche die französische Panzerwaffe wahrlich nicht geschaffen worden war.

Gleichzeitig war die Rolle der 2. Armee in der Schlacht an der Maas beendet. Da die deutschen Panzer nach einer anderen Richtung vorstießen, konnte sie ohne allzugroße Schwierigkeiten ihren Auftrag, die Maginotlinie zu schützen, bis Juni erfüllen. Es hätte gerade noch gefehlt, daß sie der Generalstabschef dieser Division vor der später eingesetzten Untersuchungskommission als Siegerin hingestellt hätte. Er war nahe daran. »Wenn der Name Sedan nicht gewesen wäre«, sagte dieser merkwürdige Herr, »wäre nach meiner Überzeugung der Rückzug der 2. Armee für eine unbedeutende Angelegenheit gehalten worden.«

An der Bar kämpfte man verbissener. Man versuchte verzweifelt, quer durch die wegen des Verschwindens der 55. und 71. Infanteriedivision geschaffene Bresche eine Auffanglinie zu bilden. Das 148. Festungsinfanterieregiment hatte den von der Maas und der Bar gebildeten Winkel zu halten. Die Reiter der 5. leichten Kavalleriedivision, der 3. Kavalleriebrigade und der 3. Spahibrigade verteidigten den Kanal und versuchten eine Verbindung nach dem Dorf La Cassine und zur 2. Armee herzustellen. Die vom Truppenübungsplatz Sissonne zu Fuß eintreffende letzte Reserve der 9. Armee, die 53. Infanteriedivision unter General Etcheberrigaray, wurde als Verstärkung in das Waldgebiet zwischen Bar und Vence, einem kleinen Nebenfluß, eingesetzt. Die Division kam schon völlig übermüdet an und erlebte dann gleich den Wirbel von Befehlen und Gegenbefehlen, der das ganze Ausmaß der Unwissenheit und des Durcheinanders bei den höheren Stellen zeigte. Schließlich blieben die Bataillone dort stehen, wo sie sich zufällig befanden. In stockfinsterer Nacht waren sie über ein riesiges Waldgebiet verstreut. Manche Einheiten hielten gut durch, andere lösten sich schon beim ersten Zusammenstoß auf.

Den ganzen 14. Mai über hielten einige wenige Einheiten der 1. und 2. französischen Panzerdivision dem Gegner stand. Die Verteidigung war in die Tiefe gestaffelt, zog sich über Waldlichtungen und Schneisen des Waldmassivs hin, über das Plateau Charlemagne, die Dörfer Malmy, Vendresse und Omicourt. Am Abend wurde eine neue Verteidigungslinie an der Vence gebildet. Der Weg nach Amiens war für Guderian noch nicht ganz frei.

Diese so leicht aufzuspaltende Front mußte aber schnellstens gestützt werden gegen den auf sie zustoßenden Sturmbock aus Richtung Sedan. Die Einheiten der Hauptreserve waren in andere Richtung dirigiert worden, und die 6. Armee des Generals Touchon, die die Verbindung zwischen der 9. und 2. Armee herstellen sollte, stand praktisch erst auf dem Papier. Lediglich die unter dem Befehl des energischen de Lattre de Tassigny stehende und aus Rethel kommende 14. Infanteriedivision schickte ein Bataillon des 152. Infanterieregiments an die Vence – ein Tropfen auf den heißen Stein.

Eine stärkere Hilfe und schlagkräftigere Einsatztruppe stellte die 2. Panzerdivision dar. Einem Befehl aus dem Großen Hauptquartier vom 14. Mai zufolge wurde sie aus der 1. Armee herausgenommen und der 9. Armee unterstellt. Ein weiterer Befehl beorderte sie nach Signy-l'Abbaye. Nach dem Plan auf dem Papier hätte sie inmitten der Panzer Guderians auftauchen können, um eine Panzerschlacht, für die Panzer ja dasind, zu schlagen. Sie hätte wenigstens den deutschen Vormarsch aufhalten sollen; dadurch hätte das Oberkommando Zeit gewonnen und einen neuen Schlachtplan ausarbeiten können.

Das unsinnige Transportsystem vereitelte aber alle Pläne. Wegen der fehlenden Verladerampen wurden die Panzer in Hirson ausgeladen, also 60 Kilometer vom vorgeschriebenen Sammelort entfernt. Die Wagen, darunter besonders die Nachschub- und Werkstattwagen, verloren sich im Durcheinander auf den Straßen und kamen schließlich in Signy an, wo sie näher am Feind waren als die Kampftruppen. Dort, wo sich der Treibstoff befand, waren keine Panzer, wo die Panzer standen, fehlte der Treibstoff. »Am Mittag des 14. Mai«, gestand General Bruché, der Befehlshaber der Panzerdivision, »konnte man sagen, daß es die Division nicht mehr gab; es gab nur noch verstreute Einheiten, um die sich die Kommandeure stritten.«

Ein anderes Ereignis hätte den Franzosen fast eine Atempause verschafft. Kleist, der Oberbefehlshaber der Panzergruppe, hatte Guderian befohlen, am Brückenkopf von Sedan haltzumachen, damit sich die Infanterie um die Panzer sammeln könne. Guderian setzte sich mit dem Gefechtsstand seines Vorgesetzten in Verbindung und protestierte, indem er darauf hinwies, daß man sich durch ein weiteres Zögern nur um den Überraschungseffekt bringe. Kleist erwiderte jedoch, Guderian renne blindlings in eine Katastrophe. Falls Guderian mit seinen Panzern in die Ebenen Nordfrankreichs vordringe, werde er von hinten angegriffen, zersprengt und vernichtet. Als Guderian zu seinem Korps zurückgekehrt war, widersetzte er sich diesem Befehl und stieß weiter vor. Kleist setzte ihn sofort ab, aber Rundstedt benachrichtigte schleunigst Hitler, der Guderian ebenso rasch wieder einsetzte. Das Ganze hatte nur drei Stunden gedauert.

Die auf sich selbst gestellten Verteidiger der Vence kämpften noch den ganzen 15. Mai über. Die deutschen Panzer waren in vollem Einsatz und forderten ständig Stukas an, um den Widerstand endlich zu brechen. La Horgne wurde bis 17 Uhr durch das 2. Algerische und das 2. Marokkanische Spahiregiment verteidigt, die zusammen nur über ein 2,5-cm-Geschütz verfügten. Das brennende Chagny wurde durch die 8. Ardennenjägerdivision noch bis 19 Uhr gehalten, Baalons und Bouvellemont verteidigten sich bis Mitternacht, dann durchbrachen die Reste des 152. Infanterieregiments die feindliche Umklammerung und erreichten die 11. Kürassierdivision, die immer noch in Jouvel kämpfte. Die französischen Truppen schienen sich gefangen zu haben.

Am Morgen des 16. Mai war Guderian schon wieder unterwegs. Der Durchbruch war gelungen, aller Widerstand zusammengebrochen. Mit hoher Geschwindigkeit jagte die Division über die Straßen und holte die langen Kolonnen fliehender Soldaten ein.

Sie wurden aufgefordert, die ihnen noch verbliebenen Waffen auf die Straße zu werfen. Dann fuhren die Panzer darüber und zermalmten sie. Den Soldaten wurde der Weg zum nächsten Gefangenensammelplatz gewiesen. Dann ging diese militärische Touristenfahrt weiter. Die Männer mit den schwarzen Baskenmützen saßen mit nacktem Oberkörper auf ihren Panzern und ließen sich von der Sonne bräunen, spielten Mundharmonika und überwanden ihre Müdigkeit mit Siegesbegeisterung. Heute, ein Vierteljahrhundert danach, gibt es noch unzählige Deutsche, die inzwischen grau geworden sind, aber immer noch behaupten, sie hätten nie das Leben so genossen wie im Mai 1940. Später aber mußten sie teuer dafür bezahlen.

Der Zusammenbruch der 9. französischen Armee

An der Maas nördlich von Sedan war die Lage den ganzen 14. Mai über recht eigenartig. Die auf allen Wegen aus den Ardennen rollenden deutschen Panzerkolonnen erreichten den Fluß zu verschiedenen Zeitpunkten. Wie Rommel am Vortage, griff jede Division sofort bei ihrer Ankunft an, wo und wie sie eben konnte. Die Mannschaften überquerten den Fluß mit Sturmbooten, auf Brettern oder Strohbündeln. Manche Soldaten durchschwammen ihn sogar. Mehrere Abschnitte waren noch ruhig, besonders gegenüber der 6. französischen Infanteriedivision oberhalb und unterhalb von Fumay. Die Deutschen schlugen nach starker Luftvorbereitung durch energische Stöße jeweils enge Breschen. Im Abschnitt der 5. motorisierten Infanteriedivision wurde die Maas durch die 5. deutsche Panzerdivision bei Yvoir überschritten, im Abschnitt der 22. Infanteriedivision in Chooz bei Givet durch die 6. Panzerdivision. Das französische Oberkommando hatte sich einen Durchbruchversuch auf breiter Basis vorgestellt, doch hatten sich die Deutschen nicht an das Vorbild von 1918 gehalten. Eine Reihe improvisierter Vorstöße ließ die französische Front zusammenbrechen.

Rommel hatte von seinem Brückenkopf aus den Kampf bereits in der Morgendämmerung wiederaufgenommen, vermochte aber nur fünfzehn Panzer auf das linke Ufer zu bringen. Alles, was er nun tun konnte, war, durch hinhaltende Scharmützel in dem Becken von Houx die langsam nachrückende Verstärkung abzuwarten. Die Gegenmaßnahmen waren nur schwach und unzulänglich. Die nach langem und ermüdendem Nachtmarsch eintreffenden französischen Einheiten ließen sich widerstandslos auseinanderjagen. Die beiden Panzerkompanien, die vorgeschickt worden waren und einen Gegenangriff ausführen sollten, fanden wieder einmal keine Infanterie vor, die sie begleiten sollten. Sie zogen sich also zurück und wurden längs der Straße von Philippeville nach Dinant sozusagen als Straßenwärter verteilt.

Rommels Druck verstärkte sich mit dem Eintreffen von zusätzlichen Truppen. Oberst von Bismarck, der Kommandeur des Schützenregiments 7, unterstützt vom Panzerregiment 25 unter Oberst Rothenburg, nahm Onhaye. Rommels Befehlspanzer wurde von einem gut getarnten feindlichen Geschütz getroffen. Mit aufgerissener Wange kroch der General auf allen Vieren aus dem Turm des umgestürzten Pz-Kw 3. Im selben Augenblick bombardierte die deutsche Luftwaffe die von Artillerie verstopfte Straße Dinant–Philippeville. Die Zugpferde rissen sich los und galoppierten, vermischt mit den Sattelpferden eines Kavallerieregiments, erschreckt in alle Richtungen auseinander. Dem unternehmungslustigen Rommel drohte eine neue Gefahr, denn die 1. französische Panzerdivision war im Anmarsch. Während der Nacht war sie durch einen vorbereitenden Befehl alarmiert worden, der besagte, die Einheit habe sich auf eine Änderung ihrer ursprünglichen Anordnungen gefaßt zu machen und für eine Unterstützung der 9. Armee bereit zu halten. Mittags kam dann der Durchführungsbefehl. Die Division sollte sich in Richtung Florennes in Bewegung setzen und die deutschen Panzer in die Maas zurückzuwerfen. Bis zum Fluß waren es nur noch 30 Kilometer. Wäre Bruneau nun ein wirklicher Panzergeneral gewesen, so wäre er in einen B 1 gestiegen und hätte seine Division direkt ins Feuer geführt. Die Schlacht war noch nicht entschieden. Man konnte also nicht voraussagen, welchen moralischen und materiellen Effekt das plötzliche Erscheinen von 200 schweren Panzern haben würde. Bruneau war aber kein Rommel, sondern ein General französischer Schule, für den ein Gegenangriff im Rahmen klarer und strikter Befehle durchgeführt wurde. Bruneau suchte den General Martin vom XI. Korps auf, um sich unter seinen Oberbefehl zu stellen. Dann suchte er nach einem Telefon, um General Corap zur Angleichung an die Befehle Martins zu veranlassen. Anschließend wollte er neuerdings General Martin aufsuchen, doch hatte dieser seinen Gefechtsstand in Florennes aufgegeben und war unauffindbar. In der Zwischenzeit waren Bruneaus Panzerbataillone vollzählig an ihrem Bestimmungsort angekommen. Sie waren zwar mit allem Material ausgestattet und von bestem Kampfgeist beseelt, hatten aber nur noch wenig Treibstoff in den Tanks, und niemand wußte, wo die Tankwagen steckten. Obwohl man nach dem Krieg viele Untersuchungen anstellte, steht heute noch nicht fest, wo sie geblieben sind. Kein Mensch wird auch jemals herausfinden, wieso die beste französische Panzerdivision nach vorne geworfen wurde, ohne daß ihr Befehlshaber auf den Gedanken gekommen war, daß auch der nötige Treibstoff vorhanden sein müsse. Um all das zu begreifen, muß man die Gedankengänge kennen, die die französische Führung nach vier Tagen Blitzkrieg immer noch nicht aufgeben wollte, nämlich die Idee einer zusammenhängenden Front, eines geordneten Hinterlands, freier Straßen und eines genügend großen zeitlichen Spielraums.
Inzwischen war es Nacht geworden. Bruneau suchte noch immer den unauffindbaren Martin. Die Panzerbesatzungen hatten sich voller Mut und Vertrauen unter ihren

Panzern, die im Wald gut versteckt waren, schlafen gelegt. Flavion, Corenne und Florennes warfen roten Feuerschein gegen den nächtlichen Himmel. Der Schlachtenlärm hatte aufgehört. Einige Panzerkommandanten konnten ihre Tanks auffüllen, indem sie bei Zivilpersonen Benzin ›organisierten‹. Sie übertraten damit eine strenge Vorschrift, die besagte, daß Panzer ausschließlich mit Flugbenzin betrieben werden mußten. Die auf die Suche nach den Tankwagen ausgeschickten Soldaten kamen unverrichteterdinge zurück... oder waren verschwunden. Um 5 Uhr früh meldete man dem General zum wiederholten Male, seine Division stehe bereit und nur ein einziger Panzer habe eine Panne. Rommel aber war vorgestoßen, Rommel hatte gesiegt, obwohl er seine Flanke ungedeckt 7000 Elitesoldaten und 5000 Tonnen Stahl geboten hatte.

Während die 1. Panzerdivision in Wartestellung verharrte, brach die 9. Armee zusammen. Die Maasschlacht ging ihrem Ende entgegen. Um 19 Uhr waren dem General des XI. Korps die Nerven durchgegangen. Die bei ihm einlaufenden Meldungen waren schrecklich. Überall wurden die Breschen größer. Die 18. Infanteriedivision löste sich auf, die 22. floh mit ihrem Kommandeur an der Spitze. Die hinter der Front liegenden Gebiete boten das typische Bild der Niederlage: Lange Artilleriekolonnen, Krankenwagen, Artillerieparks, die von ihren Einheiten getrennt worden waren – alles floh in wildem Durcheinander nach Westen. General Martin sah nur eine Möglichkeit, sein Korps zu retten; er faßte den Entschluß, sich auf die Linie Florennes–Philippeville–Marienbourg zurückzuziehen. Während sonst die Befehle oft genug nicht durchgekommen waren, verbreitete sich dieser wie ein Lauffeuer bei den Frontsoldaten. Dieser Befehl war aber eine folgenschwere Fehlentscheidung. Die einzige Möglichkeit, Teile des XI. Armeekorps zu retten, hätte darin bestanden, die Truppen, von denen sich einige mit großer Tapferkeit schlugen, jeden Meter Boden verbissen verteidigen zu lassen. Der Rückzugsbefehl aber führte zur völligen Auflösung. Genau wie die 55. und 71. Infanteriedivision am Tag zuvor bei Sedan, so hörten hier die 18. und 22. auf zu existieren. Keine einzige Einheit blieb an der von Martin befohlenen Linie stehen. Der Kommandeur der 18. Infanteriedivision fand auch nicht den geringsten Teil seiner Division vor. In dieser Situation blieb ihm nichts anderes übrig, als nach Paris dem Minister zu berichten, er sei mit 15000 Mann ausgezogen, sei nunmehr aber allein.

Andere Generale hielten es für ehrenvoller zu fallen. So Bouffet, der Befehlshaber des II. Artilleriekorps, Thierry d'Argenlieu, der Bruder des späteren Admirals, und Augereau, der Chef der Luftstreitkräfte der Armee. Nachdem sein letztes Flugzeug zerstört worden war, begab er sich an die Front und fiel mit dem Gewehr in der Hand bei der Verteidigung des Rathauses von Catelet.

In Vervins, dem Hauptquartier der 9. Armee, rief die Nachricht vom Rückzugsbefehl des XI. Armeekorps größte Bestürzung hervor. Corap hatte mit Billotte eine lautstarke telefonische Auseinandersetzung, wobei er auf höchst soldatische Weise auf den Vorwurf antwortete, er habe die Maas aufgegeben. Am nächsten Tag wurde er durch General Giraud abgelöst. Dann wurde er mit einer Ungerechtigkeit, die nur durch die Umstände zu entschuldigen war, von Paul Reynaud als der Sündenbock hingestellt, der an der Niederlage schuld sei.

Nachdem man erst Martin wegen seines Rückzugs Vorwürfe gemacht hatte, taten Corap und Billotte das gleiche: Am 15. Mai um 2 Uhr 30 erhielt die ganze 9. Armee den Befehl, sich vom Feind abzusetzen und sich auf die Linie Marcinelle (Vorort von Charleroi) – Clerfontaine – Marienbourg – Rocroi – Signy-l'Abbaye zurückzuziehen. Dies sollte die letzte Kampfstellung sein, die ›unbedingt gehalten‹ werden müsse.

Die moralisch schwer angeschlagenen Truppen waren zu einem geordneten Rückzug nicht mehr fähig. Die 5. motorisierte Infanteriedivision stieg auf ihre Lastwagen und fuhr ins Landesinnere. Die 1. Panzerdivision konnte aus Spritmangel nicht weiter und wurde aufgerieben. Die 61. Infanteriedivision verflüchtigte sich in alle Winde, die 4. nordafrikanische Infanteriedivision machte den Eilmarsch vom Vortag in umgekehrter Richtung und brach vor Ermüdung zusammen. Philippeville und Clerfontaine wurden nach schwachem französischem Widerstand von Rommel genommen. In Philippeville ließ der deutsche General die französischen Offiziere, die sich ergeben hatten, zusammenkommen, drehte ihnen aber brüsk den Rücken, als sie um die Genehmigung ersuchten, ihre Offiziersburschen und ihr Gepäck mitnehmen zu dürfen. Vereinzelt fanden noch Kämpfe zwischen Panzern oder gegen Panzerabwehr statt, aber der französische Widerstand wurde rasch gebrochen. Die der 7. deutschen Panzerdivision zum erstenmal zur Verfügung gestellten Sturzkampfflieger stürzten auf den Feind nieder und zogen dann ihre heulenden Maschinen wieder hoch, während die Bomben reihenweise am Boden explodierten. Panzereinheiten, die mit einer Geschwindigkeit von 60 Kilometer je Stunde angriffen, wirbelten inmitten eines Feindes, der sich in völliger Auflösung befand, riesige Staubwolken auf. Es wurde Halali geblasen.

Die Lage im Großen Hauptquartier und bei den Stäben

Im Großen Hauptquartier und in den Stäben schien man merkwürdigerweise die Katastrophe nicht zu spüren. Am 15. Mai waren hier nur optimistische Töne zu vernehmen. Der Stab des Generals Georges telefonierte an Gamelin einen rosarot gefärbten Tagesbericht: »Nichts Neues von Bedeutung. Einige kleinere Einbrüche bei Mézières-Charleville. Abdichtung der Front bei Sedan. Der Angriff scheint gestoppt zu sein. Alle Gefangenen sprechen von der Übermüdung der deutschen Truppen...« In Vervins, bei Corap, wurden die Neuigkeiten noch als ›recht ermutigend‹ bezeichnet.

Das II. und XI. Artilleriekorps zögen sich ›wohlgeordnet‹ zurück und bildeten eine neue Verteidigungsfront. Eine am Abend in La Ferté-sous-Jouarre aufgestellte Zusammenfassung aller Meldungen war voller Vertrauen: »Der 15. Mai 1940 scheint eine gewisse Beruhigung an der Front gebracht zu haben. Unsere erschütterte Front wird wieder nach und nach hergestellt.« In den Augen der französischen Militärs mußte auf den deutschen Vormarsch, der seit dem 10. Mai im Gange war, notwendigerweise eine Pause folgen, um die Einheiten wieder zu sammeln, die Nachrichten und Nachschubverbindungen wiederherzustellen, die Artillerie nachzuziehen usw. Die Stabsoffiziere im Großen Hauptquartier beschrieben die Operationen auf die Art und Weise, in der Corneille die Menschen schildert – wie sie sein sollten und nicht, wie sie tatsächlich waren.

In Wirklichkeit wußten die Stäbe überhaupt nichts von dem, was in Wahrheit vorging. Darüber sind sich alle Zeugen einig. »Wir bekamen überhaupt keine Meldungen mehr«, sagte der Generalstabschef der 9. Armee. Im Kriegstagebuch der 9. Armee findet sich unter dem 15. Mai überhaupt keine Eintragung. ›Ereignisloser Tag‹, notierte einer der Offiziere Gamelins in Vincennes. Der unwiderrufliche Durchbruch der Deutschen wurde an dieser höchsten Kommandostelle der französischen Armee erst am 16. Mai um 11 Uhr vormittags bekannt, also volle vierundzwanzig Stunden nach der Katastrophe—und auch das erst durch einen Offizier, der den geradezu unglaublich kühnen Entschluß gefaßt hatte, direkt an das Große Hauptquartier zu telefonieren, um mitzuteilen, daß der Feind von allen Seiten ins Land ströme. Eine weitere Meldung, die in Vincennes eintraf, gab die Schuld an dem allgemeinen Rückzug der französischen Armee einem Hauptmann de Foulonge. Man suchte ihn, um ihn erschießen zu lassen, aber er war unauffindbar, denn es gab ihn überhaupt nicht. Die hohen Chefs und ihre Stabsoffiziere hatten weder eine konkrete Vorstellung von der Schlacht, noch besaßen sie die nötigen Nachrichtenverbindungen, um eine solche zu leiten. Die Nachrichtenübermittlung war von einer geradezu unwahrscheinlichen Langsamkeit, weshalb die Entscheidungen ständig hinter den Ereignissen herhinkten. Der Bankrott des Oberkommandos, das sich ganz auf einen Stellungskrieg vorbereitet hatte, war vollkommen.

In Vervins löste am Nachmittag des 15. Mai Giraud den General Corap ab. Seine ersten Befehle waren rigoros: Durchhalten um jeden Preis, an Ort und Stelle bleiben! Diese Anordnung bezog sich auch auf die Gefechtsstände der Generale, die unter keinen Umständen geräumt werden durften. Selbst der Armeeoberbefehlshaber wollte seine Befehlsstelle zu den Bataillonsgefechtsständen vorverlegen, von wo aus, wie er sagte, eine Schlacht geleitet werden müsse. Er tat dies auch bis zu dem Augenblick, in dem er mit seinem goldbetreßten Käppi auf dem Kopf und dem Generalsstander am Auto sich wie der gewöhnlichste Infanterist ergeben mußte, als er plötzlich eine Gewehrmündung auf sich gerichtet sah.

Plötzlich verbreitete sich im Großen Hauptquartier der Franzosen eine bestürzende Nachricht. Véron, der Stellvertreter des Stabschefs, überbrachte sie dem neuen Befehlshaber der 9. Armee: Die Deutschen waren in Montcornet im Departement Aisne, 20 Kilometer vor Vervins, auf halbem Weg zwischen Maas und Oise – auf der Straße von Laon nach Paris! Giraud wurde wütend. Das war absurd, unmöglich! Ein von der ›fünften Kolonne‹ in die Welt gesetztes Gerücht! Er verbot strengstens jede Weiterverbreitung und ordnete an, die Urheber derartiger Gerüchte als Defaitisten zu erschießen. Man kämpfte an der Bar, 15 Kilometer von Sedan entfernt, wo unter dem Befehl von General Touchon eine neue Armee, die 6., frisch eingesetzt worden war. Und da sollten die deutschen Panzer in Montcornet sein?!

Das Gerücht aber traf zu. Nachdem die 6. deutsche Panzerdivision vor Monthermé kurze Zeit aufgehalten worden war, war sie bis zu der Stadt durchgebrochen und hatte damit den Zusammenbruch der Front an der Maas besiegelt. Der von Sedan vordringende Guderian kam einen Augenblick später und wurde auf dem Hauptplatz durch den vor ihm eingetroffenen General Kempff, den Kommandeur der 6. Panzerdivision, begrüßt. Hunderte völlig überraschter Gefangener führte man aus den umliegenden Häusern heraus auf die Straße.

Kritik an der Verteidigungsstrategie Frankreichs

Der 15. Mai war ein entscheidender Tag; er war die erste große Wende in diesem Krieg. An diesem Tage begann der viele Jahre dauernde Leidensweg Frankreichs.

Keinerlei Illusion war jetzt mehr erlaubt. Was einige wenige bereits geahnt hatten, daß nämlich die deutsche der französischen Armee überlegen sei, war nun klar bewiesen. Wenn zwei Armeen gleich stark sind, können die Beschlüsse des Oberbefehlshabers, der Durchhaltegeist der Truppe und selbst das Kriegsglück den Ausschlag geben. Wenn aber zwei Armeen grundverschieden voneinander sind, kann vielleicht der Ablauf einer einzelnen Schlacht, nicht aber das Endergebnis des Konflikts beeinflußt werden. 1940 konnte nichts, aber auch gar nichts die französische Armee vor der Niederlage retten. Wenn Billotte nicht in Belgien einmarschiert wäre und Georges die Ardennen besser verteidigt hätte, wären die Kämpfe vielleicht anders verlaufen, hätten möglicherweise länger gedauert und die Deutschen höhere Verluste gekostet. Aber am Resultat hätte auch das nichts geändert. Auch einfallsreichere Entscheidungen der französischen Panzergenerale Bruneau und Brocard hätten auf die Dauer gegenüber der größeren Manövrierfähigkeit der deutschen Panzereinheiten und der Überlegenheit der Luftwaffe schließlich den Sieg der Wehrmacht nicht verhindern können. Am Abend des 15. Mai, also nach sechs Tagen Kampf, stand fest, daß die französische

Armee weder auf einer geschlossenen Front Widerstand leisten noch schnell genug einen Gegenstoß hatte ausführen können, denn die deutschen Truppen waren verblüffend beweglich. 1914 hatte zwar auch für Joffre der Krieg ungünstig begonnen, damals stand ihm aber genügend Hinterland zur Verfügung, in das er sich zurückziehen und wo er seine Truppen neu formieren konnte. Die Motorisierung hatte aber inzwischen die Größe der Schlachtfelder sozusagen zusammenschrumpfen lassen. Nach wie vor bestand jedoch die Verteidigungsstrategie darin, daß man Raum opferte, um Zeit zu gewinnen. Da aber, wie gesagt, dieser Raum durch die Motorisierung geschrumpft war, ließ sich durch Rückzugsbewegungen auch weniger Zeit gewinnen. Im Zweiten Weltkrieg mußte man über die Weiten Rußlands verfügen, falls man sich aus der Tiefe des eigenen Territoriums verteidigen wollte. In einem Land von der Größe Frankreichs, das für den Panzerkrieg geradezu geschaffen war, hätte man sich auf solch eine Strategie niemals einlassen dürfen.

Aus dieser Überlegung hätte man vielmehr die Konsequenz ziehen müssen, daß sich im Mutterland nur ein Krieg von begrenzter Dauer führen ließ. Damit hätte man vor der folgenden realistischen Alternative gestanden:

Entweder man suchte zu verhandeln, solange man noch Waffen besaß, oder aber man war entschlossen, unter keinen Umständen zu verhandeln. Dann aber hätte man unverzüglich alle nur möglichen Maßnahmen zur Weiterführung des Krieges außerhalb des Mutterlandes treffen müssen. Die Schlacht in Frankreich hätte dann den Charakter eines Nachhutgefechtes angenommen, das die Evakuierung von möglichst viel Menschen und Material nach England und Nordafrika gestattet hätte.

Aber der Gedanke einer Evakuierung Frankreichs wäre vermutlich ein Sakrileg gewesen, solange es die französischen Armeen noch gab. Ein patriotisches Volk wie die Franzosen wäre wahrscheinlich nie bereit gewesen, sein Land zu verlassen, wie das die Athener in den persischen Kriegen getan hatten. Der Waffenstillstand vom Juni war im Grunde bereits im Mai besiegelt.

Paris ist bedroht

Die Deutschen standen in Montcornet, der Weg nach Paris war offen. Das Große Hauptquartier verfügte über keine einzige Division, um diese Einfallstraße sperren zu können. Die Regierung wußte, daß die deutschen Panzer in einigen Stunden an der Porte de la Villette in Paris auftauchen konnten. Man kam überein, daß die Minister am 16. Mai um Mitternacht abreisen sollten. Im Hof des Quai d'Orsay verbrannte man riesige Stapel von Geheimdokumenten.

Weder General Noguès, der Militärdiktator von Nordafrika, noch sonst einer der kolonialen Prokonsuln war vom Ernst der Lage unterrichtet. Keiner rechnete mit der Möglichkeit, daß sein Befehlsbereich in Kürze Kampfgebiet sein könnte. Ähnlich unvorbereitet waren auch die hohen Militärs. Beispielsweise General Georges erklärte, daß er von dem Plan einer Fortsetzung des Krieges in Nordafrika erst in der zweiten Junihälfte gehört habe.

Am Abend des 16. Mai stand das XXXXI. deutsche Panzerkorps in Aubenton – zwischen Mézières und Guise – und das XIX. in Marle, 20 Kilometer vor Lens. Rommel unternahm einen nächtlichen Vorstoß und überschritt die Grenzstellungen im Mondschein bei Solre-le-Château, umging Maubeuge, rollte, so rasch es ging, über die verstopften Straßen, nahm ganze Regimenter gefangen, die den Feind noch meilenweit entfernt glaubten, besetzte Avesnes, Landrecies und Le Cateau und schuf dadurch im Hinterland der 1. französischen Armee heillose Verwirrung. Als er am Morgen des 17. haltmachte, hatte seine Division 120 Kilometer zurückgelegt, 35 Tote und 59 Verletzte zu beklagen, 10000 Mann gefangengenommen und 100 Panzer erbeutet. Guderian überquerte die Oise und erreichte am 18. Mai Saint-Quentin.
Am 16. Mai hätte die französische Armee eigentlich ein von General Georges ausgedachtes Manöver ausführen sollen; eine Zangenbewegung war vorgesehen, die sich hinter den deutschen Panzern schließen sollte. Giraud sollte im Norden den Befehl über die 1. und 2. Panzerdivision übernehmen, die durch Schwadronen von Somua-Panzern verstärkt werden sollte, und dann in südlicher Richtung angreifen. Der Befehlshaber der Nordostfront wußte überhaupt nicht, daß die 1. Panzerdivision völlig aufgerieben, daß die 2. vollkommen aus den Fugen geraten und auseinandergerissen worden war, daß der Oberbefehlshaber der Armee Giraud überhaupt nichts mehr zu befehligen hatte.
Seit dem 11. Mai gab es noch eine 4. Panzerdivision – zumindest war sie bereits teilweise aufgestellt. Als ihr Divisionär, Oberst de Gaulle, am 15. Mai im Gefechtsstand in Laon eintraf, war er allein auf weiter Flur. Die erste Truppe, der er begegnete, war eine chemische Kampfgruppe, die nur mit Karabinern bewaffnet war. Er legte diese Gruppe als Sicherungsgürtel hinter den Kanal von Sissonne und suchte dann die ihm zugeteilten Truppenteile zusammen, um seine Division aufzubauen. Der Plan Georges' war ihm überhaupt nicht mitgeteilt worden; sein ziemlich unklar abgefaßter Auftrag sah Verteidigungsmaßnahmen vor. An seiner Stelle hätte jeder andere französische Offizier vermutlich abgewartet und erst einmal alle seine Truppen gesammelt. De Gaulle aber schäumte vor Wut, seit er erfahren hatte, daß die Deutschen die Waffen französischer Soldaten einfach mit den Panzern zermalmten, anschließend ihren Marsch fortsetzten, indem sie den Franzosen zuriefen, sie hätten keine Zeit, Gefangene zu machen. In dieser Nacht schwor er sich, daß er kämpfen werde, bis der Feind besiegt und dieser nationale Schandfleck wieder weggewaschen sei. Er beabsichtigte, schon

am nächsten Morgen mit den Truppen, die er gerade zur Verfügung hatte, anzugreifen. Außerdem sagte ihm sein militärischer Instinkt, daß sich der Gegner viel rascher verstärken könne als er, weshalb er nur verlieren könne, falls er wartete.
Am Morgen sah die 4. Panzerdivision (DCR) folgendermaßen aus: ein Bataillon schwere Panzer (Typ B), zwei Bataillone mittlere Panzer (Typ R 35) und eine Gruppe Artillerie; sie besaß keine motorisierte Infanterie, kein einziges Panzerabwehrgeschütz und keine Flugabwehr. De Gaulle führte diesen Divisionsembryo bis nach Montcornet, unternahm einen Vorstoß von 30 Kilometern hinter die feindliche Linie, säuberte den Ort vom Feind, zerstörte die gegnerischen Fahrzeuge und kehrte am Abend mit 120 Gefangenen zurück, während über seinen Leuten die Stukas ihre Runden drehten. Am nächsten Tag wiederholte er das gleiche Manöver in Richtung Marle und zwei Tage später in die Gegend von Fismes, von wo ihn Georges abberief, um ihm eine andere Aufgabe zuzuteilen. Diese natürlich viel zu schwachen Vorstöße hatten den Vormarsch der deutschen Panzer weder aufgehalten noch die Bewegung des Feindes ernstlich beeinträchtigt. Trotzdem bewiesen sie, was ein Panzerkorps hätte ausrichten können, das in die Flanke des deutschen Vormarsches hineingestoßen wäre. Auch zeigten sie, daß die französischen Divisionen bei energischer Führung durchaus zu beachtlichen Teilerfolgen fähig waren.

18. Mai 1940: Pétain Minister, Weygand Oberkommandierender

Am 17. und 18. Mai beruhigte man sich in Paris wieder, denn der Panzervorstoß war offensichtlich nicht gegen die Hauptstadt gerichtet. Die Abreise der Regierung wurde verschoben. Hitler, so hieß es, habe die Gelegenheit verpaßt. Paul Reynaud übernahm das Kriegsministerium, rief Marschall Pétain von seinem Botschafterposten in Madrid zurück und nahm ihn in sein Kabinett auf. Zum neuen Oberbefehlshaber machte er General Weygand, den er von seinem Kommando in der Levante abberief. General Georges bildete eine Frontlinie entlang der Aisne und dem Crozat-Kanal, vereinigte die noch unvollständige 6. Armee (Touchon) mit der noch fiktiven 7. Armee und befahl der 9. Armee, an deren Existenz er immer noch glaubte, die kanalisierte Sambre und den Sambre-Oise-Kanal zu halten. Er zeichnete eine Stellung Sambre-Oise-Aisne auf der Karte ein, an der seiner Ansicht nach die erschöpften deutschen Panzertruppen zwangsläufig zum Stehen kommen mußten. Das Bild, das sich so vom Kriegsschauplatz bot, war günstiger als das von 1914. Der rechte französische Flügel stützte sich auf den Rhein; bedeutende Teile der französischen Armee in Belgien und Nord-Frankreich waren von der Invasion nicht berührt worden. Was Georges aber nicht wußte, war, daß die Sambre schon aufgegeben und die Oise bereits überschritten worden war. Am 19. Mai nahm das XIX. deutsche Panzerkorps Peronne, das XXXXI. Busigny und das XV. Cambrai. In der ländlichen Villa des Bondons, der hübschen Residenz des Generals Georges, tauchte ein Gespenst auf: Gamelin. Mit der gleichen Hand, mit der er einst den Tagesbefehl zur Marneschlacht geschrieben hatte, verfaßte er jetzt eine Empfehlung, keinen Befehl, denn Georges war ja der Oberbefehlshaber Nord-Ost: es sei das beste, in den Rücken der deutschen Panzer vorzustoßen. Ebensogut hätte er zu der Einnahme von Berlin raten können, denn die von ihm empfohlene Bewegung war genau das, was man seit drei Tagen schon versuchte – allerdings vergeblich. Bis zu seinem Tod behauptete Gamelin, Frankreich wäre zu retten gewesen, wenn Georges seinen Rat vom 19. Mai befolgt hätte.

Am 20. Mai erschien Weygand in Vincennes. Trotz seiner dreiundsiebzig Jahre und einer recht abenteuerlichen Reise von zwei Tagen war er vollkommen frisch. Dem Ruf Reynauds folgend, hatte er Beirut zwei Tage vorher an Bord eines Glen-Martin-Bombers verlassen, mußte aber über Tripolitanien umkehren, verlor eine Nacht in Tunis, mußte das südliche Gebiet des Massif Central im Tiefflug überqueren und kam schließlich in Etampes an, wobei das Flugzeug Bruchlandung machte und sein Fahrgestell verlor. Die Insassen waren eine Zeit lang in der Maschine eingesperrt. Am gleichen Abend übernahm Weygand nach einem kurzen Besuch bei Georges den Oberbefehl. Beim Abendessen teilte man Gamelin mit, daß er abgesetzt sei; er war nicht im geringsten überrascht. Nach einer durchwachten Nacht übergab er sein Amt in aller Form dem Nachfolger, dem Armeegeneral Maxime Weygand. Dieser war im Vollbesitz seiner körperlichen und geistigen Kräfte; man wußte, daß er ehrenhaft und energisch, charakterstark und eigensinnig war, daß weder seine Autorität noch sein glühender Patriotismus bezweifelt werden konnten. Allerdings gehörte der ehemalige Husarenoberst von 1914, der Fochs Generalstabschef während des ganzen Ersten Weltkriegs gewesen war, einer anderen Zeit an. Vor dem Krieg hatte er in zwei Artikeln in der *Revue des Deux Mondes* die Forderung de Gaulles, man müsse die Armee unbedingt mit einer Panzerwaffe ausstatten, heftig kritisiert und erst einige Wochen vor Kriegsausbruch bei einem Reitturnier erklärt, Frankreich könne beruhigt sein, denn nie sei seine Armee so gut gerüstet und so hervorragend befehligt worden. Er war sich durchaus bewußt, daß man ihn gerufen hatte, um eine äußerst verfahrene Situation zu meistern. Vornehm und ohne zu zögern, hatte er die schwere Verantwortung übernommen. Er hatte aber keine Ahnung, wie schlecht die militärische Lage war, wußte auch nicht, daß man bereits erwog, den Krieg außerhalb Europas fortzusetzen, nachdem er in Frankreich verloren war, denn Paul Reynaud hatte ihn nicht unterrichtet. Abgesehen davon, hätte man nicht Weygand, sondern de Gaulle mit dem Oberkommando betrauen sollen.

Als Weygand das Oberkommando übernahm, übermittelte man Hitler die entscheidende Nachricht: »Abbeville ist eingenommen und der Kanal ist erreicht. 45 alliierte

Divisionen sind in Flandern eingeschlossen.« Jodl notierte: »Der Führer ist ganz außer sich vor Freude.«
Hitler erklärte dann, der Waffenstillstand werde im Wald von Compiègne unterzeichnet werden, Frankreich müsse an Deutschland alle jene Gebiete zurückgeben, die es ihm seit vierhundert Jahren weggenommen habe.

V. Kapitel 20. Mai bis 5. Juni 1940
Dünkirchen

Rückzug der 1. französischen Armee und der britischen Expeditionsstreitkräfte

Für die 1. französische Armee war der Anmarsch überaus anstrengend, denn der schnelle deutsche Vormarsch zwang zu höchster Eile. Da es aber junge Truppen waren, erholten sie sich rasch. Am Abend des 14. Mai hatte Blanchard seine drei Armeekorps – das III., IV. und V. – in die Lücke von Gembloux geworfen. Die Schlacht begann am gleichen Tag, doch beteiligten sich von den 82 Bataillonen, über die Blanchard verfügte, nur ein Dutzend direkt an den Kämpfen; es waren jene, welche sich im Zentrum der 1. Armee befanden.
Der Angreifer war das XVI. Panzerkorps unter General Hoepner. Alle deutschen Vorstöße wurden vom IV. französischen Korps erfolgreich abgewehrt. Es gelang sogar, die deutschen Truppen durch einen Gegenangriff zurückzuschlagen. Auf seiten der französischen Truppen war das Vertrauen so groß, daß der Befehlshaber schon erwog, die Truppen abzulösen und Saxophone und Akkordeons kommen zu lassen, um seine Soldaten zu unterhalten.
Am nächsten Tag war die Schlacht beendet. Um 2 Uhr morgens erhielt der rechte Flügel der 1. Armee, der nach der Niederlage der 9. Armee keine Flankendeckung mehr besaß, den Befehl, um Gembloux zu schwenken. Um 18 Uhr wurde dann dieser halbe Rückzugsbefehl in einen allgemeinen Rückzugsbefehl umgewandelt. Es wurde angeordnet, daß die 1. französische Armee sich auf den Kanal von Charleroi zwischen Sambre und Tubize zurückziehen solle, um dort die Stellung zu halten, »ohne an Rückzug zu denken«. Dieser Rückzugsbefehl betraf auch das britische Expeditionskorps, worüber dessen Angehörige noch erstaunter waren als die Franzosen. Sie hatten fast im Laufschritt 100 Kilometer zurückgelegt, um eine Stellung zu beziehen, von der man ihnen gesagt hatte, sie müsse ›bis zum letzten Blutstropfen‹ verteidigt werden. Man schickte sie zurück, ehe sie in Feindberührung gekommen waren.
Weder die britischen noch die französischen Soldaten waren von jenem Zusammenbruch unterrichtet, der sich rechts von ihnen ereignet hatte. Sie konnten also nicht ahnen, daß der überstürzte Rückzugsbefehl, dem sie nur schimpfend und murrend nachkamen, in Wirklichkeit viel zu spät gegeben wurde. Als er nämlich auf dem Gefechtsstand der 1. Heeresgruppe in Folembray unterzeichnet worden war, erreichten die deutschen Panzer gerade Montcornet. Gegenüber den motorisierten deutschen Einheiten, die ein Umgehungsmanöver ausführten, waren die im Norden liegenden französischen Armeen um zwei Tagesmärsche im Rückstand. Die französischen Stra-

tegen waren sich der Gefährlichkeit der Lage zwar bewußt, sahen aber keine Möglichkeit, der drohenden Einkesselung zu entgehen.
Am 22. August 1914 hatte Joffre in Charleroi den allgemeinen Rückzug seines linken Flügels befohlen. Für alle, die ihn damals mitmachten, blieb er die schrecklichste Erinnerung des ganzen Krieges. Andererseits rettete aber diese rasche Entscheidung des Generalissimus die Armee.
Auch im Mai 1940 hätte ein solch entschlossener Rückzug die Einschließung möglicherweise verhindert, wenn diese Entscheidung blitzartig gefallen wäre. Aber die für den Stellungskrieg ausgebildeten Generale waren dazu nicht fähig.
Als die deutschen Panzerdivisionen am 20. Mai die Sommemündung erreichten, war die 1. französische Heeresgruppe immer noch darauf bedacht, die Schelde zu verteidigen. Die 1. Armee kämpfte in der Umgebung von Maubeuge mit dem Auftrag, die Grenzstellungen zu halten, selbstverständlich ›ohne an Rückzug zu denken‹! Die nur geringfügig angegriffenen Engländer und Belgier lagen hinter dem Fluß; alle Nachrichtenverbindungen mit den Franzosen waren unterbrochen. Die im Süden durch ihre Flankenschutzeinheiten gedeckten deutschen Panzer stießen nach Norden gegen Arras und Calais vor und drückten auf den Kessel, in dem 46 alliierte Divisionen (eine Million Soldaten) und eine weitere Million Flüchtlinge zusammengepreßt waren. Die Flankenschutzeinheiten leisteten sich voller Verachtung für ihre Gegner sogar den Witz, Brückenköpfe an der Aisne und der Somme zu bilden.

Weygand an der Front

Der am Vorabend zum Oberkommandierenden ernannte General Weygand wollte nun versuchen, den eisernen Ring zu sprengen. Am 21. Mai, vierundzwanzig Stunden nach seiner Befehlsübernahme, war er schon wieder mit dem Flugzeug unterwegs, diesmal aber über dem Schlachtfeld. Er hielt es für erforderlich, mit den Nordarmeen persönlich Fühlung aufzunehmen. Doch das immer um ein Ereignis den militärischen Vorgängen nachhinkende Hauptquartier hatte diese Reise per Eisenbahn und Auto vorbereitet und erst im letzten Augenblick entdeckt, daß beide Reisewege schon unterbrochen waren. Gegen die Empfehlungen Paul Reynauds, der befürchtete, seinen neuen Generalissimus zu verlieren, beschloß Weygand, sich per Flugzeug an Ort und Stelle zu begeben. Er startete in Le Bourget mit einem Bomber, der von einer Jagdstaffel begleitet wurde.
Die Lage war zwar alles andere als günstig, aber man sah jetzt wenigstens, was sich ereignet hatte: Die französische Armee war durch den deutschen Panzervorstoß in zwei Teile zerschnitten worden, und besonders der eng umklammerte nördliche Teil

war von der völligen Vernichtung bedroht. Der südliche Teil war zu schwach, um dem deutschen Ansturm standhalten zu können. Falls man dieses zerbrochene Schwert nicht wieder zusammenschweißen konnte, war der Krieg verloren.

Eile tat also not. Gamelin hatte seine Darlegungen mit den Worten geschlossen: »Das Ganze ist eine Frage von Stunden.« Deutlicher konnte man es nicht sagen. In die von motorisierten Einheiten geschaffene Bresche strömten die übrigen deutschen Kräfte ein. Flieger meldeten, das Dreieck Laon - Montcornet - Neufchâtel sei feindfrei, und Flüchtlinge aus der Gegend von Maubeuge bestätigten, sie hätten Deutsche nur auf den Straßen gesehen. Aber die Lage der Deutschen verbesserte sich trotz ihrer abenteuerlichen Kühnheit, trotz der französischen Flugzeuge und trotz der Aussichten der Alliierten, sich wieder zu vereinigen. Der Plan der Alliierten, eine feste Front zu bilden, wurde mit erschreckender Geschwindigkeit gegenstandsloser. Alles war eben eine Frage von Stunden.

Ebenso wie seine Warnung, so war auch die vom abgesetzten Generalissimus empfohlene Truppenbewegung im Prinzip richtig. Selbstverständlich hätten die auseinandergerissenen Armeen mehr Aussichten auf einen neuen Zusammenschluß gehabt, wenn sie aufeinander zumarschiert wären. Weygand konnte also nichts anderes tun, als das strategische Konzept seines Vorgängers aufzugreifen, ein Konzept, auf das auch ein sechsjähriges Kind gekommen wäre, hätte man ihm eine Landkarte in die Hand gegeben. Gamelin, der in abstrakten Regionen schwebte, sah die Dinge sehr großzügig. Er wollte den ursprünglichen Zustand wiederherstellen, indem er die feindliche Bresche durch eine Rückeroberung der Maasübergänge, die durch eine Offensive der 2. Armee in Richtung Sedan und Mézières erfolgen sollte, wieder zu schließen beabsichtigte. Weygand dachte realistischer. Er wußte, daß die im Brückenkopf von Montmédy zusammengedrängte 2. französische Armee zu einem derartigen Manöver überhaupt nicht fähig war. Er sah die Möglichkeit einer Entsetzung der Nordarmeen nur in einer von der Somme ausgehenden Offensive, die einem Angriff der Nordarmeen in südlicher Richtung entgegenkommen sollte. Um sich über die Lage klarzuwerden und sich über die Möglichkeiten dieser Armeen zu unterrichten, flog er nach Flandern, wo ihm bereits sechsundzwanzig Jahre vorher eine Zusammenführung an der Seite Fochs gelungen war.

Schon die Umstände, die er bei seiner Ankunft vorfand, zeigten ihm, welches Durcheinander bei den Nordarmeen herrschte. Seine Maschine war über Boulogne beschossen worden und landete in Norrent-Fontes bei Béthune. Der Flugplatz war verlassen, der Oberkommandierende der französischen Armee fand nur einen – übrigens ›sehr dreckigen‹ – französischen Soldaten vor, der seinem obersten Chef gestattete, in einem Lieferwagen Platz zu nehmen. Dann traf er auf eine Frau, die ihn wiedererkannte, weil sie sein Gesicht von einer Fotografie aus dem Jahre 1918 kannte; sie setzte ihm ein Omlett vor. Durch reinen Zufall begegnete er schließlich einem Obersten des Stabes, der ihm riet, bis nach Calais zu fahren. Er kletterte wieder in sein Flugzeug und landete auf einem noch von Bombenabwürfen rauchenden Gelände. Dort begegnete er dank einem weiteren Zufall auf dem Bürgermeisteramt dem Verbindungsoffizier zur belgischen Armee, General Champon, der ihm sagte, daß im Rathaus von Ypern eine Lagebesprechung angesetzt sei; König Leopold von Belgien, Lord Gort und Billotte erwarteten ihn bereits. Weygand begab sich unverzüglich nach Ypern, wo er zu seiner größten Überraschung feststellte, daß noch keiner der drei anwesend war.

Alliierte Lagebesprechung in Ypern. Billottes Tod

Nach einer Stunde traf schließlich König Leopold ein, dem Weygand seinen Plan erläuterte. Um jeden Preis müsse der bis an den Kanal vorgestreckte Arm der Deutschen abgeschnitten werden. Gort und Billotte sollten in Richtung Süden angreifen, während Frère nach Norden vorzustoßen hätte. Die belgische Armee hätte dann die Deckung der Operation zu übernehmen, um dadurch möglichst viele englische Truppen zu entlasten. Weygand schlug daher vor, die belgische Armee solle sich zwecks Frontverkürzung auf die Yser zurückziehen. Da griff van Overstraeten, der entgegengesetzter Meinung war, ein und erklärte, die belgischen Soldaten seien übermüdet und benötigten zwei Tage Ruhe; falls das nicht geschehe, werde sich die Armee auflösen, wofür es bereits Anzeichen gebe. Außerdem hätte ein Rückzug auf die Yser die Aufgabe großer Teile belgischen Gebietes zur Folge; der Zweck der belgischen Kriegsbemühungen sei aber gerade die Verteidigung des Landes. Der König ließ seinen Militärberater ruhig reden und begnügte sich mit der Bemerkung, er werde seine Entscheidung anschließend bekanntgeben.

In Wirklichkeit waren die Mißhelligkeiten im belgischen Lager, die eine tiefe Spur in der Geschichte hinterlassen sollten, kaum mehr überbrückbar. Der in Ypern anwesende Ministerpräsident Pierlot und der Außenminister Spaak hatten mit ihrem König eine peinliche Auseinandersetzung gehabt, die durch bittere Briefe fortgesetzt wurde. Die beiden Staatsmänner bestanden auf der Fortsetzung der militärischen Zusammenarbeit mit den beiden von Belgien zu Hilfe gerufenen Nationen. Auch nach der unglücklich verlaufenen Schlacht, die der Verteidigung Belgiens gegolten habe, solle die Allianz weiterbestehen. Van Overstraeten dagegen war der Ansicht, daß die verlorene Schlacht und die Unmöglichkeit, Belgien durch Franzosen und Engländer vor einer Invasion zu schützen, eine Rückkehr Belgiens zur Neutralität rechtfertige. In einem am nächsten Tag an Pierlot gerichteten Brief geißelte der König die ›lächerliche Hast‹, mit der mehrere Minister für die Franzosen Partei ergriffen und sich nach Frankreich begeben hätten.

Da jedoch die Verbindungen nur wenige Stunden nach ihrer Abreise unterbrochen worden waren, konnte man ihnen wirklich keine übertriebene Hast vorwerfen; Leopold tadelte im Grunde ihre Abreise selbst.
Billotte kam schließlich, nachdem er Weygand in Calais und Dünkirchen vergeblich gesucht hatte, in Ypern an. Kein General in der ganzen französischen Armee stand in dem Ruf, energischer und begabter zu sein als er, doch war auch er an dem Bankrott des Oberkommandos, der durch die völlig unvorhergesehene Art des Kriegsverlaufes hervorgerufen worden war, nicht unbeteiligt. Die 1. französische Heeresgruppe war zu groß, zu kompliziert aufgebaut und hatte eine zu schwache Führung. Ihr Chef richtete seine Aufmerksamkeit zu wenig auf seine Armeen des rechten Flügels – die 12. und 2. Armee –, die als statische Waffen betrachtet wurden, das heißt nur eine ruhige Front zu verteidigen hätten. Die gegnerische Operationsidee begriff man erst in letzter Minute, als die Deutschen ihr Angriffsziel schon erreicht hatten. Die Engländer, die damit einverstanden waren, sich Billotte zu unterstellen, beschwerten sich, sie hätten vier Tage lang keine Befehle erhalten. Das gesamte interalliierte Verbindungssystem war ebenso wie die Prinzipien der militärischen Führung auf einen langsamen Krieg eingestellt. Der ultraschnelle Krieg, den Hitlers Konzeption erzwungen hatte, setzte die französischen Gegenspieler einfach matt.
Billotte schilderte die Lage der 1. Heeresgruppe. Das Bild war alles andere als erfreulich. Nachdem Brüssel drei Tage vorher geräumt worden war, gaben die Belgier den Unterlauf der Schelde auf und zogen sich auf den Kanal von Terneuven zurück. Die Engländer standen noch von Audenarde bis Maulde an der Schelde und verlängerten ihre Verteidigungslinie entlang der Scarpe bis Arras. Die 1. französische Armee, zu der Reste der 9. gestoßen waren, ragte wie eine Beule aus dem gesamten Frontabschnitt der Armeegruppe heraus. Es gelang ihr nur unter großen Schwierigkeiten, sich bei Maubeuge abzusetzen und an der unregelmäßig gebogenen Front zwischen Condé und Douai wieder zu sammeln. Sie wurde ständig an ihrer rechten Seite von den Deutschen überholt und hatte schwere und verlustreiche Kämpfe zu bestehen. Immerhin griffen am 21. Mai zwei Divisionen in Richtung Cambrai an, während die 5. und 50. britische Division, die von der Schelde zurückgenommen worden waren, unter dem Befehl von General Franklyn vor Arras zum Angriff übergingen. Das Ziel dieser beiden Unternehmungen war eine Verkleinerung der Bresche zwischen der Sommelinie und der 1. Heeresgruppe. Die von Weygand soeben befohlene Operation war schon angelaufen, aber es war offensichtlich, daß Billotte nur wenig Hoffnung auf ein Gelingen hatte.
Man wartete auf Lord Gort, aber dieser kam nicht. Das Gelingen eines Durchbruchs hing vom britischen Expeditionskorps ab, das bisher kaum in Kämpfe verwickelt gewesen war und nur 500 Mann Verluste aufzuweisen hatte. Weygand hatte plötzlich den Verdacht, Gort sei absichtlich nicht gekommen. Billotte hegte den gleichen Ver-

dacht schon seit einigen Tagen, denn achtundvierzig Stunden zuvor hatte er dem Großen Hauptquartier mitgeteilt, Gort habe die Absicht, sich mit seinem Expeditionskorps zurückzuziehen und in Calais einzuschiffen. Demnach hatten sich also die Engländer bereits entschlossen, ihre französischen Waffenbrüder in der Falle sitzen zu lassen! Niederlagen sind eben nicht gut für Bündnisse. Das gegenseitige Mißtrauen wuchs, und die interalliierten Beziehungen wurden immer gespannter.
19 Uhr. Weygand hatte Paul Reynaud fest versprochen, noch am gleichen Abend zurückzukehren. Ein Telefonanruf unterrichtete den General aber davon, daß der Flugplatz Calais nicht mehr benützt werden könne und daß eine neuerliche Flugreise mehr als gefährlich sei. Marinekommandant Abrial, der ›Admiral Nord‹, der auch Dünkirchen befehligte, schlug vor, den Generalissimus mit einem Torpedoboot nach Cherbourg zu bringen, was Weygand akzeptierte. Die Fahrt von Ypern nach Dünkirchen zeigte ihm wieder die rauhe Kriegswirklichkeit, von der er nicht die leiseste Ahnung hatte: das Durcheinander aus Zivilisten und Soldaten und die damit verbundene Lähmung des ganzen Hinterlandes, die die Durchgabe von Befehlen oder Anordnungen verhinderte. Über Dünkirchen war die deutsche Luftwaffe im Einsatz. Explodierende Bomben schreckten die völlig verängstigten Menschen plan- und ziellos umher. Ein riesiger brennender Öltank leuchtete unheimlich in der einbrechenden Dunkelheit. Die *Flore*, das kleine Schiff, das Weygand nach Cherbourg bringen sollte, fuhr zwischen zwei brennenden hölzernen Brückenmolen hindurch. Weygand hatte während dieses arbeitsreichen und gefährlichen Tages nichts Wesentliches erreicht, aber er hatte den Krieg ganz anders als von Vincennes aus gesehen und konnte die verzweifelte Lage nun überblicken.
Eine Stunde nach Weygands Abreise erschien Gort in Ypern. Das französische Hauptquartier hatte einfach vergessen, ihn von der geplanten Besprechung zu unterrichten. Daß sie stattfand, erfuhr er erst spät über London. Billotte erklärte ihm den Plan Weygands, aber Gort, dessen blindes Vertrauen in französische Generale in tiefste Skepsis umgeschlagen war, reagierte kaum. Es stimmte nicht, daß er den Befehl gegeben hatte, seine Armee einzuschiffen, aber er hatte schon daran gedacht und diese Idee auch bereits seiner Regierung unterbreitet, denn er glaubte nicht an die Möglichkeit, sich bis zur Somme durchschlagen zu können. Trotzdem versprach er, das Unternehmen mit allen ihm zur Verfügung stehenden Mitteln zu unterstützen.
Die Lagebesprechung war beendet. Billotte verließ Ypern im Wagen. Bei Bailleul wich ein Lastwagen der Festungstruppen nicht rasch genug aus. Billottes Wagen raste gegen einen Baum... Am übernächsten Tag starb der Oberbefehlshaber der 1. Heeresgruppe im Krankenhaus von Ypern, ohne das Bewußtsein wiedererlangt zu haben.

Arras und das OKH

Arras war zum Mittelpunkt der Schlacht geworden. In die vordringende deutsche Flut ragte es wie ein Kap. Die als Widerstandszentrum ausgebaute Stadt hatte eine Besatzung, die aus Formationen bestand, die erst vor kurzem aufgestellt worden waren und die Lord Gort nicht nach Belgien mitgenommen hatte. Die deutsche Luftwaffe bombardierte die Stadt. Die Zivilbevölkerung war geflüchtet. Aber die Garnison hielt durch. General Franklyn kam mit der 5. und 50. Division. Nur 40 Kilometer waren jetzt die französischen Linien an der Somme noch voneinander entfernt. So schmal war der Streifen, den man durchstoßen mußte, um die neun deutschen Panzerdivisionen in der Falle zu haben, sie von jedem Nachschub abzuschneiden und zu umzingeln.
Beim französischen Oberkommando war man sich jetzt im klaren. Kaum war Weygand wieder in Vincennes angelangt, als er auch schon den Operationsbefehl Nr. 1 diktierte: »Die feindlichen leichten Formationen, die Verwirrung und Panik hinter unseren Linien zu verbreiten suchen, müssen dort aufgerieben werden. Die deutschen Panzerdivisionen müssen in dem Kessel eingeschlossen werden, in den sie sich gewagt haben. Sie dürfen keinesfalls wieder herauskommen.« General Besson, der den Befehl über die Armeen Touchon und Frère übernommen hatte, sagte in seinem Tagesbefehl: »Es genügt jetzt nicht mehr, sich zu verteidigen. Man muß angreifen, angreifen und nochmals angreifen.« Man hatte verstanden, daß man auf eine motorisierte Offensive nur mit einer Verteidigung antworten konnte, die mindestens ebenso beweglich war. Diese militärische Handlungsbereitschaft kam aber erst zu dem Zeitpunkt, als die dazu nötigen Mittel gänzlich zerstört waren.
Hitler hatte indes auch keinen Grund zu ungetrübter Siegesfreude. Im Hauptquartier in Münstereifel schwankte man zwischen Jubel und Angstträumen hin und her. Die deutschen Armeebefehlshaber waren zwar weniger nervös als Hitler, aber keineswegs frei von Unruhe. Die schnellen Einheiten hatten den Kanal erreicht, aber die langsamen Einheiten hatten die Sambre-Senke noch nicht überschritten. Wenn der Gegner durch geschickte Operationen diese Lücke auszunutzen verstand, konnte dies für die deutschen Armeen katastrophale Folgen haben. Die Fußtruppen marschierten so rasch sie nur konnten, kamen aber nur langsam voran. In der Bresche operierten außer den Panzern nur die Spitzen der 4. Armee. Die 16. Armee hatte sich im Süden festgesetzt, und die 12. lag längs der Aisne. Die Armeen der zweiten Welle hatten Deutschland überhaupt noch nicht verlassen. An der Somme standen die motorisierten Einheiten des XIV. Armeekorps noch immer als Flankenschutz und hielten ihre Brückenköpfe, statt an der Seite der Panzer zu kämpfen, die dauernd die Infanterie und Artillerie ersetzen mußten und schon Abnützungserscheinungen zeigten. Die Panzergruppe Kleist meldete, sie habe die Hälfte ihrer Panzer eingebüßt. Die deutschen Streitkräfte waren auseinandergerissen, verstreut und übermüdet.

Am Abend des 21. Mai trafen alarmierende Nachrichten von der Front ein. Das OKH meldete erstmals, daß ein feindlicher Erfolg im Bereich des Möglichen liege. Die 7. Panzerdivision befand sich in kritischer Lage. Sie erreichte im Südosten von Arras Beaurain, aber das motorisierte Schützenregiment war nicht nachgerückt, und die Panzer mußten unter schweren Verlusten umkehren. Rommel wäre um ein Haar in Gefangenschaft geraten. Nur von seinem Nachrichtenoffizier begleitet, befand er sich eine Stunde lang inmitten eines ganzen Rudels französischer Panzer. Die deutschen Generale, die noch immer unter dem Eindruck der Marneschlacht von 1914 standen, jenem französischen Aufschwung, den Kluck beschrieben und glorifiziert hat, fragten sich schon, ob man etwa an einem Wendepunkt der Schlacht um Frankreich angelangt sei. ›Die Krise bei Arras‹ – so hieß es auch noch in späteren Berichten. Halder vermerkte in seinem Tagebuch: »Der Tag beginnt in ziemlich nervöser Stimmung... Die Entscheidung liegt auf den Höhen von Arras ... dann erst ... ist die Schlacht gewonnen.«

In Wirklichkeit hatten die Deutschen keinen Augenblick Grund zu Befürchtungen. Die ›Krise bei Arras‹ war reine Einbildung. Die Niederlage der 7. Panzerdivision war nur ein lokaler Zwischenfall. Das gemeinsame britisch-französische Unternehmen war viel zu schwach und viel zu schlecht koordiniert, als daß es die Spitze des deutschen Heeres ernstlich hätte gefährden können. Nur weil sie selber von der Größe ihres Erfolges überwältigt waren, verloren die Chefs der deutschen Wehrmacht zeitweise ihre Kaltblütigkeit.

Der erst am 22. Mai begonnene Angriff des V. französischen Korps in Richtung Cambrai brach schon zusammen, ehe die Stadt erreicht war. In Arras hatte General Franklyn weder genügend Soldaten, noch die erforderlichen Instruktionen, um mit einem Gewaltstoß die Befreiung der Nordarmeen zu beginnen. Er säuberte die Umgebung der Stadt, zog sich aber dann wieder hinter deren Mauern zurück und war über das Umfassungsmanöver der Panzer zwischen ihm und dem Kanal, das die Deutschen ständig vorantrieben, sehr beunruhigt. Am Abend des 23. Mai, nach heftigen Kämpfen, erhielt er von Gort den Befehl, Arras ›bis zur letzten Patrone‹ zu verteidigen.

Lord Gort beschließt die Einschiffung der britischen Truppen

Die Engländer waren gerade dabei, die Stadtausgänge zu verbarrikadieren, als Franklyn einen neuen Befehl erhielt, demzufolge er Arras nächtlicherweile räumen und die 5. und 50. Division an den Kanal der oberen Deûle führen sollte, um die Flanke der von Lord Gort geschaffenen Widerstandslinie an den Wasserläufen Nordfrankreichs zu decken. Der Leiter des britischen Expeditionskorps, der schon eine Rückkehr nach

England erwog, zog seine Truppen zusammen und wollte sich nicht auf eine ebenso abenteuerliche wie aussichtslose Sache einlassen. Diese Räumung von Arras und der plötzliche Rückzug über 35 Kilometer, durch den dieser die letzte Möglichkeit für eine Wende bietende Frontvorsprung aufgegeben wurde, waren dann der Grund für höchst giftige Polemiken. Man hat oft genug behauptet, der Weygandplan sei dadurch zunichte gemacht und das Schicksal der Nordarmeen besiegelt worden. Wenn man aber den wahren Sachverhalt kennt, urteilt man anders. Andererseits kann man auch die Wut des Generalissimus verstehen, der am Morgen des 24. Mai erfahren mußte, daß die Basis seines Rettungsplanes zerstört war. ›Obwohl ich heute die Gründe des Lord Gort kenne, kann ich mir immer noch nicht erklären, warum er mich nicht davon in Kenntnis gesetzt hatte‹, schrieb Weygand später.

Das ganze Gerüst des alliierten Oberbefehls brach wieder einmal zusammen. Der neue Oberkommandierende der 1. Heeresgruppe, General Blanchard, konnte das britische Vertrauen in die Fähigkeiten der französischen Generale auch nicht wiederherstellen. Nachdem Weygand den Gedanken eines Durchbruchs hatte aufgeben müssen, versteifte er sich auf die Idee der Bildung eines ›Brückenkopfs Flandern‹, der von Calais, Dünkirchen und Ostende aus versorgt werden sollte und der dank der alliierten Vormacht zur See unbegrenzt gehalten werden könnte. Als er diesen Plan gerade ausgearbeitet hatte, waren die Engländer schon entschlossen, sich wieder einzuschiffen und Frankreich zu verlassen. Lord Gort hatte diese Entscheidung im Einvernehmen mit London getroffen. Keiner wurde seit Kriegsbeginn so sehr kritisiert wie dieser ernste und gutgläubige Offizier. Die einzige militärische Qualität, die man ihm zugestand, war persönlicher Mut, für den er 1917 bei Cambrai mit dem Victoria Cross ausgezeichnet worden war. Dagegen warf man ihm entschieden seinen naiven Optimismus vor, mit dem er bis zur Katastrophe beruhigende Berichte nach London sandte, sowie seinen blinden Gehorsam gegenüber allen französischen Befehlen, seine organisatorische Unfähigkeit und schließlich seine mangelnde Erfahrung in der Führung größerer Einheiten. Wie seine französischen Kollegen, so glaubte auch er, er habe in einem genau begrenzten Frontabschnitt eine bequeme, gemütliche Schlacht zu liefern. Jetzt aber saß er in seinem Gefechtsstand in Premesques bei Armentières mitten in der zusammenbrechenden Front. Die Nacht erdröhnte unter den Explosionen, der Himmel war von Bränden gerötet. Die Verbindungen waren gestört oder völlig abgerissen; Bahnhöfe und Straßenkreuzungen wurden immer wieder mit Bomben belegt. Das britische Expeditionskorps war auf halbe Ration gesetzt worden, und die Artillerie hatte für keine zehn Tage mehr Munition. Er selber, der britische Oberbefehlshaber, wurde vom Feind derart bedrängt, daß er seinen Gefechtsstand zur Festung erklären mußte. Nur selten geriet ein Oberbefehlshaber in eine solch unerwartete Lage.

Wenn Lord Gort die taktische Situation betrachtete, so mußte selbst er, der berühmte Optimist, sich sagen, daß sie mehr als schlecht war. Das britische Expeditionskorps

war völlig auseinandergefallen. Die 4., 3., 1. und 42. Division verteidigten sich in den schwachen Grenzfestungen nach Norden hin, und die 48., 44., 2. und 46. Division waren längs der ›Kanallinie‹ nach Südwesten in Stellung gegangen. Anstatt diese schwache Verteidigungslinie zu verstärken, marschierten die aus Arras zurückgerufenen Divisionen (die 5. und 50. Division), so schnell es die verstopften Straßen zuließen, nach Ypern. Die belgische Armee löste sich auf. Der Rückzug auf die Yser, den König Leopold schließlich genehmigt hatte, war nicht mehr möglich; außerdem war er sinnlos, seit der Plan, eine Öffnung bis zur Somme zu schaffen, fallengelassen worden war. Die 18. und 6. deutsche Armee waren zum Angriff in Richtung Roulers, Dixmuiden und Dünkirchen übergegangen. Ob nun die Belgier bis zum letzten Blutstropfen aushielten oder gleich kapitulierten, spielte kaum eine Rolle, denn der Unterschied hätte sich nur in einigen Stunden Aufschub bemerkbar gemacht. Gorts gesamte Nordflanke war ungedeckt. Die Franzosen hielten die beiden äußersten Zipfel der Südfront. Das Gros der 1. Armee war in einer Zange zusammengedrängt worden, die sich unaufhaltsam schloß. Das Kavalleriekorps war zerrissen, denn eine seiner motorisierten leichten Divisionen war nach Norden verlegt worden, um die Engländer zu unterstützen, während die beiden anderen den Airekanal bei La Bassée verteidigten. Im Westen wurde das Küstengebiet durch Reste des XVI. Korps und zwei Divisionen – 68. und 60. der Serie B – verteidigt. Die ganze Wucht des Panzerangriffs lastete auf diesem Abschnitt. Falls dieser verlorenging, war der Zugang zum Meer abgeschnitten und die Einkesselung nicht mehr zu vermeiden. Boulogne war am 24. Mai gefallen, obwohl ein britisches Garderegiment zur Verstärkung aus England eingetroffen war. Calais, das den Befehl erhalten hatte, sich bis zum Äußersten zu wehren, wurde heftig bedrängt. Ein einziger Hafen blieb noch offen: Dünkirchen. Doch machte man sich keine Illusionen darüber, daß auch er in einigen Tagen in Feindeshand sein würde.
An die Evakuierung hatte Lord Gort schon seit einiger Zeit gedacht. Er hatte sich an die britische Admiralität gewandt, und als er von ihr eine abschlägige Antwort erhielt, hatte er sich wieder auf den geplanten Durchbruch zur Somme konzentriert. Nachdem er dann die Aussichtslosigkeit dieses Unternehmens eingesehen hatte, wollte er sich hinter der Kanallinie einigeln. Wie sich zeigte, war auch die letzte Eingebung Weygands, einen Brückenkopf zu bilden, undurchführbar. Es blieb also nur noch die Möglichkeit, entweder ehrenvoll zu kapitulieren und sich in Gefangenschaft zu begeben oder sich in Richtung Meer zurückzuziehen, was soviel hieß wie Flucht. Alle Waffen und Ausrüstungsgegenstände, kurz alles, was zu einer Armee gehört, sollte in Flandern zurückbleiben. Die Navy sollte – wie ein Zerstörer die Überlebenden eines gesunkenen Schlachtschiffs auffischt – so viele Soldaten wie nur irgend möglich aufnehmen.
Dies war der Entschluß, den Lord Gort am 25. Mai 1940 in seinem Gefechtsstand in Premesques faßte. Am nächsten Tag, einem Sonntag, begab er sich am frühen Morgen nach Attiches zum Gefechtsstand des Generals Blanchard. Dieser hatte einen Rückzug

Die einst so ruhmreiche Armee Frankreichs ist geschlagen – gefallen, gefangen, geflüchtet. Marschall Pétain, Chef des neuen Kabinetts, bittet durch Vermittlung der spanischen Regierung um Waffenstillstand. Am 22. Juni um 18 Uhr 50 unterzeichnet General Huntziger im Wald von Compiègne, im selben Eisenbahnwagen wie beim Waffenstillstand 1918, für Frankreich die Verträge (unten rechts).

Erfolgreiche deutsche Jagdflieger waren der Stolz ihres Meisters Göring und kamen mit Vorrang in den Genuß der höchsten Kriegsauszeichnungen (oben). Fliegerasse wie Mölders, Galland, Marseille, Rudel oder Baumbach wurden der Jugend als leuchtende Vorbilder suggeriert. – Verwundetenbetreuung durch Kameraden (unten).

in drei Staffeln vorbereitet, war aber dabei von der Voraussetzung ausgegangen, es werde ein stabiler Brückenkopf in der Gegend von Dünkirchen gebildet. Lord Gort sagte seinem nominellen Vorgesetzten kein Wort von seinem Entschluß. Bei seiner Rückkehr nach Premesques fand er jedoch eine Botschaft Edens vor, die ihm auftrug, die Rettung des britischen Expeditionskorps ›als seine vordringlichste Aufgabe zu betrachten‹. Die Häfen westlich von Gravelines, fügte Eden hinzu, sollten für die Evakuierung benutzt werden. Die Royal Air Force werde volle Unterstützung geben und die Navy eine Flotte von Schiffen und Transportern stellen.
Das Einvernehmen zwischen dem britischen Kriegskabinett und dem Leiter des Expeditionskorps war also zustande gekommen. In Dover versammelte Admiral Bertram Ramsay die Kanal-Postschiffe, die holländischen Küstenfahrer, die Jachten der Themse, die Pinassen der Ozeandampfer aus Southampton, die Londoner Hafenschlepper, die Trawler und die Fischerboote aus Hull und Grimsby.
Die Operation ›Dynamo‹ begann. Es war auch allerhöchste Zeit.

Hitler und Dünkirchen

Die ›Krise bei Arras‹ hatte den Vormarsch der deutschen Panzer nicht gestört. Alle zehn Divisionen standen jetzt an der Flanke des Brückenkopfs von Dünkirchen. Die 9. Division war aus der 18. Armee herausgenommen worden, um die Panzergruppe Kleist – XIX. Panzer- und XXXXI. Armeekorps, insgesamt sechs Divisionen, die zwischen Saint-Pol und dem Meer operierten – zu verstärken. Die Gruppe Hoth – XXXIX. und XVI. Korps mit vier Divisionen – griff zwischen Saint-Pol und Lens an. Die Alliierten konnten diesem Ansturm nur Reste der zwei leichten motorisierten Divisionen entgegensetzen.
Am 23. Mai hielt ein rollendes Hauptquartier in einem kleinen Bahnhof bei Münstereifel. Göring rief den Führer an. Er hatte allen Grund zu triumphieren. Seine Luftwaffe war, noch mehr als die Panzer, die entscheidende Waffe in den Kämpfen seit dem 10. Mai gewesen. Aber Göring beklagte sich in seiner grenzenlosen Ruhmsucht, die Luftwaffe werde nicht in ausreichendem Maße herangezogen. Die Lorbeeren würden ihm von der Armee genommen, deren Generale die nationalsozialistische Bewegung im Grunde verachteten. Göring verlangte seinen Anteil. Er forderte insbesondere, es ihm zu überlassen, die britische Armee zu vernichten, die in der Falle von Flandern gefangen saß. Er bot sich an, England durch Zerstörung seiner Häfen zur Kapitulation zu zwingen.
Für Hitler war die Schlacht im Norden zu Ende. Der ›Fall Gelb‹ war durchgeführt worden. Jetzt kam der ›Fall Rot‹ an die Reihe, der zweite Teil des Feldzugs im Westen, der den Franzosen die totale Niederlage bringen und mit der völligen Besetzung Frank-

reichs abgeschlossen werden sollte. Er wollte vom 31. Mai 1940 an eine machtvolle Offensive gegen Aisne und Somme beginnen, die wiedererrichtete Front durchbrechen und die noch intakten französischen Armeen hinter der Maginotlinie umgehen. Wie gewöhnlich, stieß er dabei auf den Widerstand der Militärs, die es für angebracht hielten, erst einmal die Armee zu ordnen und die Panzerdivisionen wieder aufzufüllen, ehe man neue Ziele in Angriff nahm. Hitler wies alle Einwände zurück, gestand aber zu, daß die Verluste der Panzerdivisionen Grund zur Sorge gaben.

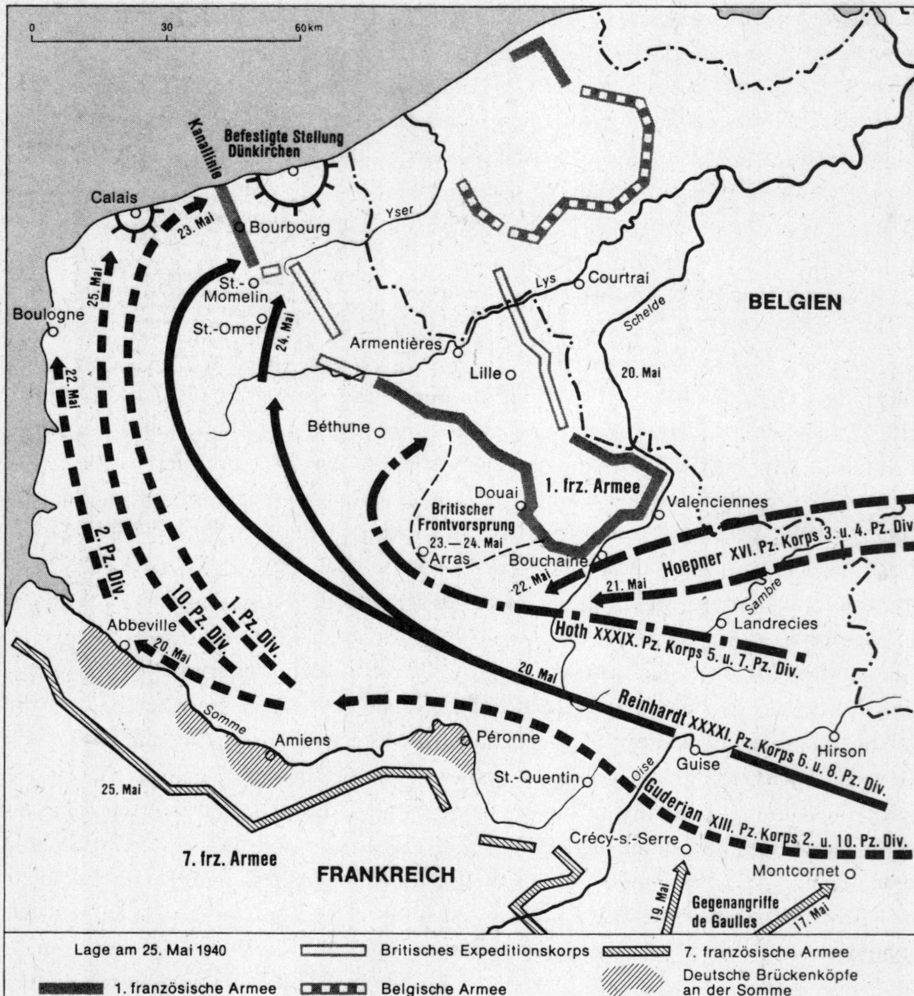

Karte 11 Der Vorstoß der deutschen Panzerdivisionen auf Dünkirchen (20. – 25. Mai 1940)

Etwas anderes beschäftigte ihn nicht weniger: Das Terrain, auf dem die Panzer operierten, war seiner Ansicht nach für eine Panzerschlacht nicht mehr geeignet. Er selber hatte am 10. Oktober 1939 Brauchitsch und Halder eine Notiz über den zweckmäßigen Einsatz von Panzern vorgelesen, in der es hieß, man müsse sie ›vor endloser Zersplitterung in belgischen Städten, vor allem in den endlosen Industriestädten‹ bewahren. In Flandern kam dann noch das Labyrinth von Kanälen und Überschwemmungsgebieten dazu. Der ehemalige Gefreite Hitler nahm seine Erinnerung zu Hilfe, um dieses wassertriefende Gebiet zu beschreiben, das er nur im Herbstregen und im Schlamm des Grabenkrieges gekannt hatte. Jetzt aber war man im Mai, außerhalb der Städte und in einem unzerstörten Land. Keitel, dem er seine Auffassung vortrug, gab ihm selbstverständlich recht.
Göring fuhr wieder ab, nachdem er die Versicherung erhalten hatte, die Leistungen der Luftwaffe würden in Zukunft größer herausgestellt.
Am 24. Mai fuhr Hitler nach Charleville zum Gefechtsstand Rundstedt. Dort war man in äußerst schlechter Laune, denn man hatte eben einen Befehl des OKH erhalten, wonach um Mitternacht des nächsten Tages die 4. Armee Kluges – einschließlich sämtlicher Panzerdivisionen – aus der Heeresgruppe A Rundstedts herausgezogen und der Führung Bocks unterstellt werden sollte. Begründet war dieser Befehl mit dem Hinweis, daß man die Leitung der Schlacht vereinheitlichen müsse. Hitler war wütend, denn diese Truppenverlegung war hinter seinem Rücken angeordnet worden. Er widerrief den Befehl Brauchitschs, beglückwünschte Rundstedt und versicherte ihn seines Vertrauens. »Sie haben meine Gedankengänge großartig erfaßt«, sagte er ihm. Dann war er wieder strahlender Laune und hörte sich den Bericht über die Operationen der Heeresgruppe an, der ihm vom Stabschef, General von Sodenstern, dem Nachfolger Mansteins, vorgetragen wurde.
Die Lage der Deutschen war nun wieder hervorragend. Hoth hatte die Höhen um das Becken von Lens genommen; Kleist hatte Boulogne erobert und war dabei, Calais einzunehmen. Die 1. Panzerdivision hatte den Wasserlauf erreicht, der als erster auf der Liste der europäischen Gewässer steht, die Aa. Dieses kanalisierte Flüßchen mündet bei Gravelines ins Meer. Guderian war also nur achtzehn Kilometer von Dünkirchen entfernt, dem letzten Verbindungspunkt zwischen den britisch-französischen Armeen und der Außenwelt. Achtzehn Kilometer konnten Panzer spielend in einer Stunde schaffen, aber die Einschließung war praktisch beendet, und man brauchte sich nicht mehr zu beeilen. Daher hatte Rundstedt auch dem Ersuchen Kluges nachgegeben und einen Tag Ruhe für die Panzer genehmigt. Die Anordnung hierfür war am Vorabend um 18 Uhr 10 erlassen worden.
Hitler billigte diese Anordnung nicht nur, sondern erweiterte sie noch, denn die Panzer mußten geschont werden und sollten in Zukunft keine Verluste mehr haben. ›Aufgabe der Luftwaffe ist es, jeden Feindwiderstand der eingeschlossenen Teile zu brechen und

das Entkommen englischer Kräfte über den Kanal zu verhindern.‹ Die Devise lautete: ›Dünkirchen wird der Luftwaffe überlassen.‹ Die Bodenoffensive sollte von der Heeresgruppe B weitergeführt werden, und zwar mit den normalen Divisionen der 6. Armee; die Panzer aber durften die Linie Lens – Béthune – Aire – Saint-Omer – Gravelines nicht überschreiten.
Nachdem Hitler wieder abgefahren war, erhielt Rundstedt einen Funkspruch des OKH, der ihm vorschrieb, die Offensive nördlich der Kanallinie mit aller Kraft fortzusetzen. Er kümmerte sich nicht um diesen Befehl. Am nächsten Tag, dem 25. Mai, erhielt er vom OKW eine recht eigenartige Mitteilung. Man hatte ihn zum Schiedsrichter ernannt. Brauchitsch und Hitler waren wieder einmal verschiedener Meinung. Brauchitsch bestand darauf, daß man stärksten Druck auf die Südflanke des Kessels ausüben müsse, um Dünkirchen einzunehmen und den Feind so rasch wie nur möglich gefangenzunehmen. Guderian meldete aus Gravelines, daß er die Stadt sehen könne und auf Schiffe schieße, da er Zeuge von umfassenden Truppenverladungen sei. Er ersuchte um Genehmigung, in die beim Feind herrschende unglaubliche Unordnung einbrechen zu dürfen. Brauchitsch war damit einverstanden, aber Hitler wiederholte immer wieder seine Gründe, weshalb er die Panzer schonen wollte. Schließlich fand er auch noch eine Möglichkeit, um den stolzen Brauchitsch wieder einmal zu verletzen, indem er zu verstehen gab, er wolle die Frage nicht selber entscheiden, sondern überlasse die Entscheidung Rundstedt. Man verlangte von dem Oberkommandierenden der Heeresgruppe A, zwischen seinem Vorgesetzten und dem Führer zu entscheiden. Rundstedt zögerte keine Minute und gab Hitler recht.
Diese Entscheidung sollte in Zukunft sehr umstritten bleiben. Hier, wie auch in anderen Fällen, so hieß es, habe sich der für die Strategie verantwortliche Gefreite Hitler gegen die Auffassung seiner Generalität durchgesetzt. Es wurde auch vermutet, Hitler habe den Vormarsch der Panzer gegen Dünkirchen aus politischen Gründen aufgehalten, da er mit England verhandeln und daher den Briten die Erniedrigung ersparen wollte, ihre Armee in Gefangenschaft wandern zu sehen. Es gibt aber nicht eine einzige Zeugenaussage, die diese Meinung bestätigt. Hitler beging ganz einfach vor Dünkirchen den ersten seiner großen taktischen Fehler, doch hatte auch Rundstedt seinen Teil der Verantwortung dafür, da er zuerst den Befehl Hitlers vorwegnahm und nachher die Meinung seines Führers teilte.

Für die Bewohner der dichtbesiedelten Gebiete Nordfrankreichs und Belgiens brachen die Kämpfe, die Vernichtung ihrer Häuser und das Elend des Flüchtlingsdaseins oftmals innerhalb von Stunden herein. Erst in den letzten Kriegsjahren lernte auch die deutsche Zivilbevölkerung die Grauen des Kriegs in der eignen Heimat kennen.

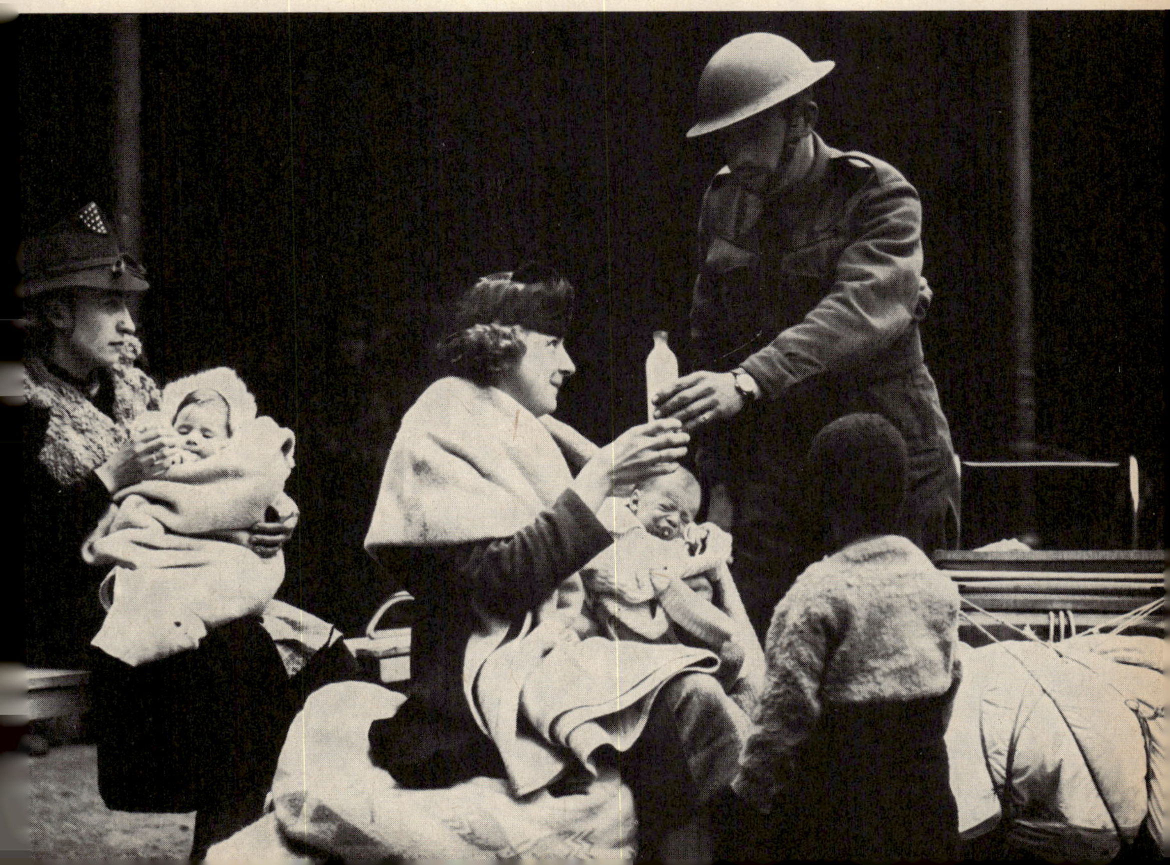

Die militärische Niederlage des britischen Expeditionskorps und sein hastiger Rückzug an die Kanalküste verwandelte sich in einen organisatorischen Triumph: Hitlers Befehl, die deutschen Panzerverbände vor Dünkirchen anhalten zu lassen, ermöglichte es, bis zum 4. Juni 340000 Mann alliierter Truppen nach England herüberzuretten.

27. Mai: Belgien kapituliert. Druck auf Dünkirchen

Am 27. Mai 1940 erhielten die Alliierten ihrerseits für einen noch viel größeren Fehler die Quittung, nämlich für ihren Einmarsch in Belgien. Die belgische Armee ergab sich mitten in der Schlacht. Damit fiel die linke Flanke der Nordarmeen zusammen.

Eine dramatische Aussprache war diesem Entschluß König Leopolds vorausgegangen. Am 25. und 26. Mai hatten Pierlot und drei seiner Kollegen den König auf seine Verantwortung hingewiesen. Die Regierung war einstimmig der Auffassung, das Mißgeschick der Armeen entbinde Belgien nicht von der Pflicht zur Solidarität, die es selbst begründet habe, als es Frankreich und England zu Hilfe rief. Die Regierung war entschlossen, den Krieg außerhalb des Landes fortzusetzen. Sie forderte den König auf, das zu tun, was die Königin von Holland und die Großherzogin von Luxemburg getan hatten, nämlich das Land demonstrativ zu verlassen.

Leopold lehnte diesen Vorschlag rundheraus ab. Die Sache der Alliierten sei verloren, Frankreich werde in einigen Tagen kapitulieren, und England könne bestenfalls in seinen fernen Kolonien weiterkämpfen. Folglich sei die Rolle Belgiens ausgespielt, und es bleibe dem Land nicht anderes übrig, als ein gewisses nationales Leben zu erhalten in einer, wenn auch beschränkten, Unabhängigkeit. Was ihn, den König betreffe, so sei es seine Pflicht, die Leiden seines Volkes zu teilen. Die Spannung war derart, daß die Minister, welche die ganze Zeit über gestanden hatten, um die Erlaubnis baten, sich setzen zu dürfen. Spaak war so bestürzt, daß er in Ohnmacht fiel. Eine Annäherung der beiderseitigen Standpunkte erwies sich als nicht möglich. Achtundvierzig Stunden später verließ Pierlot Belgien, während Leopold III. seinen Degen übergab.

Die Lage der belgischen Armee war nicht verzweifelter als die des britischen Expeditionskorps und die der 1. französischen Armee. Die Erschöpfung der Truppen, das Durcheinander, das hinter der Front herrschte, das Schwinden der Vorräte, das Ausbleiben von Nachschub und nicht zuletzt der Munitionsmangel betraf alle drei gleichermaßen. Die zwischen Thielt und Roulers bestehende Bresche war nicht breiter und nicht gefährlicher als jene, die sich am gleichen Tag zwischen Cassel und Hazebrouk geöffnet hatte. Die belgische Armee hätte gut noch zwei oder drei Tage an der Verteidigung des Brückenkopfes teilnehmen können, der möglicherweise die letzte Rettung für die Soldaten hätte sein können, die dem Ruf zu den Waffen am 10. Mai gefolgt waren. Aber Leopold sah nicht ein, warum er seine Untertanen für eine Sache opfern sollte, die ihm fremd geworden und die nicht mehr die seine war. »Auf 1700 Quadratkilometern, zwischen unserer Front und dem Meer, waren 450000 Soldaten, 800000 ansässige Zivilpersonen und eine Flüchtlingsmasse, die man ebenfalls auf 800000 Personen schätzen kann, zusammengedrängt«, schrieb der belgische Generalstabschef. »Hätten die Deutschen ihren Angriff quer durch die kopflose Bevölkerung fortgesetzt, wären ebensoviel Zivilpersonen wie Soldaten umgekommen.«

Um 17 Uhr fuhr der stellvertretende Generalstabschef, General Desrousseaux, in einem Auto, das eine große weiße Fahne zeigte, auf die deutschen Linien zu. Nachdem der Wagen bei Thielt mehrfach von Gewehrkugeln getroffen und dann von einer Befehlsstelle zur anderen weitergeschickt worden war, landete er schließlich beim Gefechtsstand Reichenaus, der die 6. Armee befehligte. Desrousseaux erklärte, er komme zu Waffenstillstandsverhandlungen, doch Reichenau erwiderte ihm, er könne nur eine Kapitulation entgegennehmen. Hitler war inzwischen benachrichtigt worden. Seine Entscheidung lautete: Bedingungslose Kapitulation. Die belgische Armee sei in ihrer Gesamtheit gefangenzunehmen und habe die Straßen frei zu machen, um den Deutschen die Fortsetzung des Angriffs gegen die Franzosen und Engländer zu erleichtern. Dem König wurde erlaubt, das Schicksal seiner Soldaten als Kriegsgefangener zu teilen, wie er es verlangt hatte. Nachdem die Übergabe der Fahnen und Standarten im einzelnen geregelt war, stellte das Protokoll Nr. 1 dem König das Schloß Laeken bei Brüssel ›mit einer Suite von ungefähr zwanzig Offizieren und Hofleuten und rund hundert Dienstboten‹ zur Verfügung.
Die belgische Kapitulation überraschte die Engländer nicht allzu sehr. Schon am 25. Mai hatte König Leopold an den König von England ein Schreiben gerichtet, in dem er auf die Möglichkeit hinwies, daß die belgische Armee die Waffen strecken werde. Am Morgen des Siebenundzwanzigsten meldete Admiral Keyes, der Vertreter Churchills beim belgischen König, dem britischen Befehlshaber Lord Gort, ein Waffenstillstandsersuchen könne jeden Augenblick erfolgen. Frankreich dagegen wurde überhaupt nicht unterrichtet. Weygand ›traf diese Nachricht wie ein Blitz: nichts, keine Warnung, kein Hinweis ließ mich einen derartigen Entschluß voraussehen‹.
Das Schicksal der britisch-französischen Truppen im Kessel von Dünkirchen schien besiegelt.
Am 27. Mai verschlechterte sich ihre Lage nochmals. Hitler hatte festgestellt, daß die normalen Divisionen auf der Stelle traten, und hatte seinen Befehl vom Vierundzwanzigsten rückgängig gemacht. Er ordnete an, die Panzer sollten einen letzten, harten Vorstoß unternehmen, ehe sie sich gegen Somme und Aisne wandten.
An der Aa griff Guderian mit der 1. Panzerdivision, dem Regiment ›Großdeutschland‹ und der ›Leibstandarte Adolf Hitler‹ in Richtung Dünkirchen an. Die französische 68. Infanteriedivision, die sich den Frontbrechern von Sedan entgegenwarf, war dieselbe Einheit der Serie B, die bei Sedan das Hasenpanier ergriffen hatte. Sie schlug sich verbissen und geschickt, verhinderte einen deutschen Durchbruch und sammelte sich bei Tagesende am alten Mardykkanal. Den Hafen mit einem Handstreich zu nehmen war jedoch nicht möglich gewesen. Diese Division lieferte den Beweis, daß die alten französischen Reservisten – nachdem sie erst einmal die durch Panzer und Stukas hervorgerufene Überraschung überwunden hatten – genausogut waren wie die Soldaten des Ersten Weltkriegs. Es war die Schuld der hohen französischen Armeeführer, daß

sie es nicht verstanden hatten, ihre Soldaten auf einen modernen Krieg mit allen seinen Überraschungen vorzubereiten.
Guderian, vorübergehend durch den Widerstand der gegnerischen Truppen und durch Überschwemmungen aufgehalten, war nur noch acht Kilometer von Dünkirchen entfernt. Seine Artillerie beschoß die Stadt, die gleichzeitig von der Luftwaffe bombardiert wurde. Das Rathaus, die Hauptpost und die Docks wurden zerstört, die Petroleumtanks brannten und verbreiteten stickigen Rauch, den der Wind auf die Stadt niederdrückte. Der Hafen war ebenfalls beschädigt, man konnte die Schleusen bei Ebbe nicht mehr schließen. Die Räumung schien sich in eine Niederlage zu verwandeln. Die britische Admiralität rechnete, nur 45 000 Mann, etwa ein Zehntel der Eingeschlossenen, nach England zurückschaffen zu können, doch schon die Operationen des ersten Tages ließen es fraglich erscheinen, ob überhaupt diese geringe Zahl noch erreicht werden konnte. Der erste Dampfer, der anlegte, war die *Mona's Isle*. Nachdem das Schiff wie durch ein Wunder von den Luftangriffen verschont worden war, wurde es beim Auslaufen durch die Batterien von Gravelines beschossen, und hundert von den 1400 Soldaten an Bord kamen um. Fünf weitere Transportschiffe drehten ab, ehe sie Dünkirchen erreicht hatten. Am ersten Tag wurden insgesamt nur 7669 Soldaten eingeschifft.
Das Verladen der Truppen war nicht das einzige Problem. Zunächst mußten ja die Soldaten erst einmal in Dünkirchen sein, und ob sich das bewerkstelligen ließe, war äußerst fraglich.
In den frühen Morgenstunden fand eine französisch-britische Beratung statt. Lord Gort, der entschlossen war, seinen Plan durchzuführen, ohne sich um die in den letzten Zügen liegende Allianz zu kümmern, war überhaupt nicht erschienen. Anwesend waren Blanchard, dessen Blick dem eines Häftlings glich, der die Mauern seiner Zelle betrachtet, Admiral Abrial, dem die Engländer vorwarfen, er verstecke sich unter zehn Meter Beton in seiner Bastion 32, der französische General Fagalde und der englische General Adams, die die Abschnitte West und Ost des Brückenkopfs befehligten, und schließlich noch General Koeltz, den Weygand geschickt hatte und der versuchen sollte, ein einheitliches Kommando wiederherzustellen. Er erläuterte den neuen Plan seines Vorgesetzten, der vorsah, Calais zurückzuerobern, um den Nachschub für die Armeegruppe zu ermöglichen. Das Mißverständnis trat jetzt klar zutage: Weygand dachte noch an einen dauerhaften Brückenkopf, und Blanchard hatte die Verteidigung der Lys, ›ohne an Rückzug zu denken‹, angeordnet. Aus Unwissenheit oder auf Befehl ließ der Vertreter Lord Gorts die Franzosen in ihrem Glauben und informierte sie nicht über den Plan seines Vorgesetzten und seiner Regierung, die den Gedanken an einen weiteren Widerstand inzwischen aufgegeben hatten und nur noch – unter Zurücklassung allen Materials – auf die Rettung ihrer Truppen bedacht waren.
Das auf einem Hügel liegende Cassel beherrschte die üppige, vom Krieg noch unbe-

rührte flandrische Ebene. Plötzlich unterbrach ein dumpfes Geräusch wie von einem Erdbeben aus Richtung Dünkirchen die Stille des frühen Morgens. Die erste Welle der deutschen Bomber lud ihre Last über der Stadt ab, und dichte Rauchwolken stiegen am nordwestlichen Horizont hoch. Es war der erste Angriff an diesem Tag. Dann fing die Ebene an, im Süden zu brennen. Vom Rathaus von Cassel aus konnten die Generale beobachten, wie ein Dorf nach dem andern in Flammen aufging. Die 6. deutsche Panzerdivision und die 20. motorisierte Division griffen Seite an Seite an, während die 8. Panzerdivision den Angriff im Gehölz von Hazebrouck unterstützte. Trotz aller Bemühungen der 46. englischen Division war der Hügel von Cassel am Abend westlich und östlich schon umgangen und der schmale Schlauch, durch den die französisch-englischen Truppen strömten, war um 15 Kilometer enger geworden. Die englischen Truppen standen noch an der Grenze zwischen Comines und Bourghelles und die französischen Divisionen südlich von Lille bei Seclin und Carvin. Hundert Kilometer trennten sie von Dünkirchen, das unter dem Feuer von Guderians Geschützen lag, der nur noch acht Kilometer von der Stadt entfernt war. Hundert Kilometer gegen acht Kilometer!

Auf den Straßen zogen die motorisierten und bespannten Kolonnen langsam dahin. Die deutsche Luftwaffe behinderte diesen Rückmarsch noch, indem sie auf die alten, gepflasterten Straßen die Häuser der Städte und Dörfer stürzen ließ. In Armentières war ein Irrenhaus durch eine Bombe zerstört worden, und die völlig konfusen Insassen in ihren braunen Samtröcken mischten sich unter die Flüchtenden. Zum erstenmal seit dem 10. Mai fiel wieder Regen. Das war immerhin ein gewisser Vorteil, denn er behinderte die deutsche Lufttätigkeit. Andererseits durchnäßte er die jammervolle Kolonne der Fliehenden, ermüdete und entmutigte die Menschen noch mehr. Am 27. Mai schien die Räumung Dünkirchens ein Hirngespinst zu sein. Keine vierundzwanzig Stunden würde es mehr dauern, bis die Deutschen den Hahn zugedreht hätten...

Die Kämpfe um Lille

Die entscheidende Ursache für die schließlich allen Erwartungen zum Trotz doch noch erfolgreiche Räumung Dünkirchens war die bei den hohen deutschen Befehlsstellen und im Oberkommando sich ausbreitende Verwirrung. Alles hatte seit Beginn des Feldzugs großartig geklappt. Dann aber ging alles ziemlich durcheinander, und man versäumte, die Früchte von Sedan zu ernten.

Rundstedt hatte den günstigen Augenblick verstreichen lassen, als er die Panzer vor Dünkirchen stoppte. Auch Bock versäumte den richtigen Zeitpunkt. Die belgische Kapitulation hatte ihm alle Wege nach Flandern geöffnet, aber er zauderte, ließ sich bei

Ypern in Gefechte mit dem II. englischen Korps ein, gestattete der an der Seite der Belgier kämpfenden 60. französischen Infanteriedivision, sich abzusetzen und den Brückenkopf zu erreichen, wo sie sofort den Ostabschnitt für die Verteidigung organisierte. Die Möglichkeit, Dünkirchen durch einen Überraschungsangriff zu nehmen, war damit vertan.

Im Süden und Osten war die Kriegführung des deutschen Oberkommandos auch höchst mittelmäßig. Die 6. und 4. Armee verhedderten sich ineinander und stritten sich dann bei Lille um die Frage, wer welchen Abschnitt übernehmen sollte. Die Heeresgruppe Rundstedt wartete den ganzen entscheidenden 28. Mai vergeblich auf Befehle. Rundstedt selber war der Ansicht, sein Auftrag sei erfüllt, als er das Meer erreicht und den linken Flügel der Alliierten umfaßt hatte. Hitler interessierte sich wieder einmal nicht für die Flandernschlacht. Die flüchtenden Soldaten, die ihre Waffen wegwarfen, waren ihm völlig gleichgültig. Sein ganzes Trachten konzentrierte sich jetzt auf den ›Fall Rot‹. Wie war die neue französische Front mit einem einzigen Schlag zum Einsturz zu bringen? Sollte man alle schnellen Truppen am rechten Flügel vor der Somme zusammenfassen, wie Brauchitsch es vorschlug, oder sie im Zentrum versammeln, in der Champagne, was Hitler beabsichtigte? Und Paris? Sollte man Paris zum Hauptziel machen oder es lieber seitlich liegen lassen und nur an die Vernichtung der feindlichen Armeen denken? Der Führer besprach sich lange mit seinen militärischen Beratern. Dünkirchen war für ihn längst erledigt.

Vom 27. Mai 1940 an wurde der Ring um Dünkirchen immer lockerer. Der Durchbruch im Abschnitt Cassel–Hazebrouk wurde nicht ausgenützt. Die 10. Panzerdivision war schon nach der Somme abkommandiert, die übrigen Panzerdivisionen erhielten den Befehl, sich für die gleiche Truppenbewegung bereitzuhalten. Hitlers Ungeduld und Eile, Frankreich den Gnadenstoß zu versetzen, gab den Engländern erneut Gelegenheit zu einem Rückzug über das Meer.

Die einzige, wirklich ernsthafte Schlacht wurde um Lille geschlagen, also um ein Gebiet, das für den Sieger in keiner Weise mehr wichtig war. Die Hauptaufgabe war dabei Rommel zugefallen. Am 27. Mai schrieb er an seine Frau Lu: »Ich bin sehr beschäftigt damit, die Franzosen und Engländer in Lille einzuschließen. Was meine Wäsche usw. anbelangt, ist alles in Ordnung...« Er hatte bei Givenchy den Kanal von La Bassée überschritten und war, verstärkt durch eine zusätzliche Panzerbrigade, gerade auf die Stadt vorgestoßen. Bei Einbruch der Nacht erstattete ihm Oberst Rothenburg Bericht. Er habe die Straße bei Lomme, welche die Verbindung mit Armentières herstellte, in unmittelbarer Nähe Lilles unterbrochen. Es war zu spät, um das III. französische Armeekorps, die 12. Infanteriedivision, die 32. Infanteriedivision und einen Teil der 1. motorisierten Infanteriedivision abzufangen, die General de la Laurencie mit bewundernswerter Energie nach Dünkirchen führte. Es war ebenfalls zu spät, die Befehlshaber des IV. und V. Armeekorps, die Generale Aymes und René Altmayer gefangenzunehmen, die ihren Armeekorps an der Lys weit vorausgeeilt waren. Die sechs Divisionen, die sie hinter sich gelassen hatten, wurden in dem Netz, das sich westlich der Deûle zusammengezogen hatte, gefangen. Die Engländer, die diese Falle offengehalten hatten, waren einfach abmarschiert. Der Bruch im alliierten Oberkommando nahm den Soldaten, die weit vom Meer entfernt kämpften, jede Möglichkeit eines Entrinnens.

In Lille schuf die Schnelligkeit, mit der sich die Ereignisse überstürzten, eine unglaubliche Verwirrung. Vorgestern noch hatte sich die Luftabwehr von Lille selber beglückwünscht, als sie zwei ihr der Form nach unbekannte Flugzeuge abgeschossen hatte, die auf dem Flugplatz landen wollten. Es waren leider zwei Glen-Martin-Maschinen gewesen, die von den Amerikanern geliefert worden waren und die dem Präfekten des Departements Nord die Millionen bringen sollten, die er zur Deckung seiner Ausgaben brauchte. Jetzt aber sah der Präfekt Fernand Carles plötzlich einen deutschen Offizier in sein Büro eintreten, der ihn aufforderte, nach unten zu kommen, um den deutschen General zu begrüßen. Er antwortete mit dem Ersuchen, der General möge zu ihm heraufkommen. »Ich bin zu Ihnen heraufgekommen, weil Sie der erste französische Beamte sind, den ich an seinem Platz vorgefunden habe«, sagte ihm dann der deutsche General.

Während die Deutschen nach der Mitte Frankreichs vorstießen, drängten 100000 Menschen nach Lille. Sie kamen aus Orchies, aus Pont-à-Marq, aus Douai und Attiches. Die Nacht vom 27. auf den 28. Mai war stockdunkel. Ein riesiger Menschentreck stockte in der angsterfüllten Dunkelheit. Die Kolonnen vermischten sich, und die Straßen waren kilometerweit von Menschen verstopft. Niemand kannte den Sinn und das Ziel dieses blindlings weitermarschierenden Zuges, und das Gerücht ging um, der Rückzug sei abgeschnitten. Viele ließen sich einfach hinfallen, wo sie gerade waren, mitten zwischen der zurückgelassenen Habe anderer Flüchtlinge, zwischen aufgegebenem Kriegsmaterial und toten Pferden.

Bei Morgengrauen befand sich General Juin, der Kommandeur der 15. motorisierten Infanteriedivision, vor Haubourdin, wo er die Deûle überschreiten wollte. Ein unglaubliches Durcheinander hatte die Brücke unpassierbar gemacht. Er schwenkte querfeldein, kehrte um und bezog Verteidigungsstellungen in den Ortschaften südlich der Stadt, in Wattignieslez-Lille, Ronchin und Abrisseau. Als er einige Stunden später angegriffen wurde, zog er sich kämpfend nach Postes und Arras zurück.

Im Westen bildeten sich andere Widerstandszentren, so in Lambersart und Canteleu, wo General Mellier, der Kommandeur der 1. marokkanischen Division, alle verstreuten Truppen zusammenzog, sowie in Loos, wo General Jenoudet ein Karree mit Teilen der 1. motorisierten Infanteriedivision bildete, die ihrem durchgebrochenen Armeekorps nicht hatten folgen können. Besonders in Haubourtin sammelten sich hinter dem Deûle-Kanal bedeutende Kräfte, nämlich die 25. motorisierte Infanteriedivision und

die 2. und 5. nordafrikanische Infanteriedivision. Molinier, der dienstälteste General, übernahm das Oberkommando und versuchte den Widerstand der verstreuten Teile der 1. Armee fest in die Hand zu nehmen.
In Haubourdin war noch eine unzerstörte Brücke vorhanden. General Dame, einer der jüngsten Divisionäre der Armee und Kommandeur der 2. nordafrikanischen Infanteriedivision, verlangte, man solle einen Durchbruch wagen. Dieser wurde auch um 19 Uhr 30 versucht, doch konnten die Soldaten sich nicht entfalten. Einige Gruppen fanden einen anderen Übergang über die Deûle. Der Rittmeister Marquis de Moustiers, Abgeordneter des Departements Doubs und Kommandeur der Aufklärungsabteilung der 15. motorisierten Infanteriedivision, brachte seine Kürassiere bis nach Dünkirchen, allerdings nicht ohne auf den Widerstand der Engländer zu stoßen, die lieber ihre überzähligen Lastwagen verbrannten, als sie ihren unglücklichen Alliierten zu überlassen. In Lille ging der Kampf noch drei Tage weiter. Eine Abteilung des 38. Infanterieregiments nahm den deutschen General Hanke gefangen und fand bei ihm ein Verzeichnis der sieben deutschen Divisionen, welche die Stadt angriffen. Betrunkene Soldaten, Zuhälter und anderes Gesindel, auch Huren gesellten sich zu den Verteidigern und hielten verbissen die Widerstandszentren. Um die Zivilbevölkerung zu schonen, beschossen die Belagerer die Stadt kaum, schickten mehrmals Parlamentäre und ließen einen Regen von Flugblättern auf die Verteidiger niedergehen, auf denen stand, daß jeder Widerstand zwecklos sei, daß ihre geliebten britischen Verbündeten sie schmählich im Stich gelassen und sich schon wieder eingeschifft hätten. Schließlich bot General Waeger dem General Molinier die ehrenvolle Kapitulation an. Molinier nahm am 31. Mai an, und am 1. Juni 1940 schritt er mit Säbel und weißen Handschuhen, gefolgt von den Generälen Dame, Mesmy und Jenoudet, einem Ehrendetachement voran, vor dem die Sieger präsentierten.
Es war ein völlig unzeitgemäßes Schauspiel. Hitler bestätigte das, indem er General Waeger am nächsten Tag seines Postens enthob.

Die Rettung der britischen Expeditionsstreitkräfte

Während der Kämpfe um Lille besserte sich für die Engländer die Lage in Dünkirchen. Die Zahl der auf Schiffe verladenen Soldaten stieg von Tag zu Tag: 17804 waren es am 28. Mai, 47310 am 29., 53823 am 30. und 68014 am 31. Mai. Göring hatte zuviel versprochen, denn seine Luftwaffe war nicht imstande, eine ganze Armee aufzureiben.
Die Verluste der Engländer waren jedoch groß, und das Hafenbecken und die Reede starrten von zerfetzten Wracks. Von den 848 britischen Schiffen aller Größen, die an der Rettungsaktion teilnahmen, wurden 235 zerstört, darunter der Postdampfer *Queen*

of the Channel und neun Zerstörer. Aber das Schiffskarussell drehte sich Tag und Nacht. Verladen wurde gleichzeitig an der Westmole, an der Ostmole und am Strand. Hier legten die Schiffe an, was wegen der Wracks immer schwieriger wurde und wegen der Luftangriffe auch oft genug aufgegeben werden mußte. Hier standen in langen Reihen die Soldaten mit den Füßen im Wasser und warteten auf die Barkassen, die sie zu den weiter draußen liegenden größeren Schiffen bringen sollten. Das Meer erwies sich wieder einmal als alte Freundin Englands und blieb völlig ruhig. Die geringste Brandung hätte den Strand unbenutzbar gemacht und die Zahl der Evakuierten um die Hälfte verringert.

Hauptsächlich am Strand arbeitete die außerordentlich tüchtige Freiwilligenflottille, die dem Ruf der Admiralität Folge geleistet hatte. Es waren Fischer, Yachtmen, Matrosen der Handelsmarine und Flottenveteranen. Sie waren in Regimenter aufgeteilt worden, wurden unter zahllosen Zwischenfällen bis an die französische Küste geschleppt, die unter einem Rauchschleier lag und von der her ständig Explosionen herüberdröhnten. Was sich dort Auge und Ohr bot, konnte selbst das Herz eines alten Kriegers erbeben lassen. Die Stukas stießen auf die Schiffe nieder und Splitter der Abwehrgeschosse prasselten auf das Meer. Leichen schwammen schlingernd im Kielwasser. Es verlangte außerordentliche Kräfte, die überladenen Boote zu steuern. Niemals wird sich eine Liste all der Seeleute aufstellen lassen, die an dieser Rettungsaktion teilnahmen, denn die meisten Schiffsbesatzungen nahmen sich nicht einmal die Zeit, sich einzutragen. Sie fuhren so rasch es ging nach Dünkirchen, brachten ihre Ladung Soldaten zurück nach England und legten gleich wieder ab.

Zur Rettung des Expeditionskorps hatte England seinen sorgfältig gehüteten Schatz, seine Luftstreitkräfte, eingesetzt, die es bisher so ängstlich für den Schutz seiner Insel zurückgehalten hatte. Die 16 Staffeln des Fighter Command hatten den Auftrag, vom Morgen bis zum Abend über Dünkirchen Deckung zu fliegen. Sie schossen 262 deutsche Maschinen ab und verloren selber 133.

Die Deutschen hielten erstaunlicherweise immer noch still. Das III. französische Armeekorps und die noch weiter zurückliegenden englischen Divisionen konnten sich daher aus schier hoffnungslosen Situationen befreien. Am Abend des 28. Mai lagen die 4. und die 42. Division noch an der Lys, aber vierundzwanzig Stunden später, am Abend des 29. Mai, befand sich die eine schon im verschanzten Lager, während die andere hinter der Yser in Sicherheit war. Die 50. und die 5. Division, die von Arras nach Ypern verlegt worden waren und nach dem Ausfall der belgischen Armee das britische Expeditionskorps gerettet hatten, waren ebenfalls außer Gefahr. Man hatte sie schon aufgegeben. Selbst Truppen, die sich in abenteuerlichster Lage befanden, etwa die in Cassel festsitzende 135. Brigade oder die zwischen Hazebrouck und Merville schon verlorengeglaubte 44. Division, entkamen den Klauen des Feindes. Vor Dünkirchen, während des Einschiffungsmanövers, verhielten sich die Deutschen an-

fangs nur wie Zuschauer. Der Generalstabschef der 4. Armee, Generalmajor Kurt Brennecke, schilderte dieses Schauspiel seinem Vorgesetzten, Generaloberst Günther von Kluge, folgendermaßen: »Große Schiffe fahren an die Kais heran. Bretter werden angelegt, und Menschen stürmen auf die Schiffe. Alles Material bleibt zurück...« Der General empfand Unbehagen bei dem Gedanken, »diese Menschen später wieder neu ausgerüstet vor uns zu haben«.
Am Abend des 30. Mai war alles im Brückenkopf versammelt, der durch den alten Mardykkanal, den oberen und unteren Colmekanal, den Kanal zwischen Bergues und Furnes und den Nieuportkanal begrenzt wurde. An den Zugängen türmten sich unglaubliche Mengen von Fahrzeugen, die von den verschiedenen Einheiten zurückgelassen werden mußten, als sie den Brückenkopf betraten. Die Stadt brannte lichterloh, die Luftwaffe bombardierte sie dauernd, doch die Rettungsaktion ging unvermindert weiter, ja die Zahl der hin- und herpendelnden Schiffe nahm sogar noch zu. Das III. britische Korps war schon fort, das II. Korps hatte sich soeben eingeschifft. Das I. Korps lag noch im Ostabschnitt in Stellung, doch sollte der Brückenkopf am nächsten Tag durch die Räumung von Furnes und den Rückzug auf den Canal des Chats verkleinert werden. Lord Gort verließ seinen Gefechtsstand in La Panne, um nach London zurückzukehren, und übergab den Befehl über die restlichen englischen Truppen an Alexander. Der Erfolg übertraf alle Erwartungen. 126000 Mann waren schon evakuiert worden, und am darauffolgenden Tag wurde die Zahl von 200000 fast erreicht. Darunter befanden sich zunächst nur 15000 Franzosen.

Das Gespenst der Niederlage

Am Freitag, dem 24. Mai 1940, begriff Weygand, daß er seine Nordarmeen nicht mehr retten konnte. Er wußte auch, daß er einem neuerlichen Ansturm der Deutschen mit den ihm verbleibenden Kräften nicht gewachsen war. Mit Tränen in den Augen sagte er zu Paul Baudouin, dem Generalsekretär des Kriegskabinetts: »Ein besiegter General hat kein Recht mehr, weiterzuleben. Warum bin ich nicht am Sonntag in Etampes bei der Bruchlandung umgekommen?«
Nachdem die Nordarmeen aufgerieben waren, verblieben Frankreich noch fünfzig Divisionen. Diesen standen 150 deutsche Infanteriedivisionen und 10 Panzerdivisionen gegenüber. In einer neuen Schlacht wäre also ein französischer Soldat auf drei deutsche gekommen, und fünf deutsche Flugzeuge und Panzer hätten einem französischen gegenübergestanden.
Weygand betrachtete das Problem von allen Seiten. Fünfzig Divisionen, auf eine Front von 540 Kilometer verteilt, konnten höchstens das bilden, was er einen ›Sandwall‹

nannte. Die Alpenarmee, die gegen Italien in Stellung lag, mit dessen Eintreten in den Krieg man jeden Augenblick rechnen mußte, war ohnehin auf das Minimum reduziert worden. In Nordafrika lagen noch etliche Divisionen, die Weygand nur ungern abziehen wollte, weil er mit dem Protest von General Noguès rechnen mußte. Paul Reynaud kam ihm zu Hilfe. »Man müsse«, so sagte der Ministerpräsident, »alles in die Schlacht gegen die Deutschen werfen, die Truppen in Afrika seien zugunsten des Mutterlandes abzuberufen.« Weygand befahl also die in Algier stationierte 84. und 85. Infanteriedivision nach Frankreich. Weiterhin rief er die Truppen aus Narvik, das General Béthouard eben eingenommen hatte, zurück und ordnete an, aus den bei Sedan geretteten und den aus Dünkirchen entkommenen Kräften leichte Divisionen zu je zwei Infanterieregimentern zu bilden. Das alles aber reichte bei weitem nicht für den Aufbau einer starken Front und die Bereitstellung der notwendigen Reserven.
Da Weygand sich nicht in der Lage sah, seine Front zu verstärken, entschloß er sich, sie zu verkürzen. Eine Lösung bot die Räumung der Maginotlinie. Paris und die Küste konnte man so zwar schützen, doch gab man damit die stärksten militärischen Mittel, die Frankreich noch besaß, aus der Hand und öffnete gleichzeitig das Rhonetal für eine Truppenverbindung Italien–Deutschland. Die umgekehrte Lösung bestand in der Aufgabe der Hauptstadt und des Küstengebiets. Diese Lösung ermöglichte eine Neugruppierung der verbliebenen Streitkräfte um die noch unverbrauchten Ostarmeen. Sie hätte aber einen Abbruch der Verbindungen zu den Seemächten zur Folge gehabt und letzten Endes zu einer Einschließung geführt. Weygand kam schließlich zu dem Schluß, es sei am besten, dort Widerstand zu leisten, wo man sich gerade befand, also am Rhein und an der Maginotlinie, an der Aisne und an der Somme. ›Weiche Taktik und harte Strategie‹, das war die Formel, nach der er, sollte es zu einer Entscheidungsschlacht kommen, handeln wollte.
Nachdem er sich entschieden hatte, hielt es der Generalissimus für angebracht, die Regierung über den Ernst der Lage aufzuklären. Im Kriegsrat vom 25. Mai legte er seinen Schlachtplan dar und stellte deutlich heraus, daß es, wenn diese Schlacht verlorenginge, keinerlei Rettung mehr gäbe: »Wir können durchbrochen werden. In diesem Fall müssen die Reste der Armee bis zum letzten Atemzug kämpfen, um die Ehre zu retten.« Am 29. Mai erneuerte er seine Warnung in einer an den Ministerpräsidenten gerichteten Note: ›Es kann der Augenblick eintreten, der es Frankreich unmöglich macht, den militärischen Kampf zum Schutze seines Bodens wirksam fortzusetzen. Dieser Augenblick ist gekommen, wenn die Stellungen, die die französischen Armeen zu halten angewiesen wurden – ohne an Rückzug zu denken –, endgültig durchbrochen werden.‹
Damit stand der Regierung das Gespenst der Niederlage vor Augen. Berge von neuen Problemen kamen mit ihm. In einem ganz neuen Vertrag, der übrigens durch die Abgeordnetenkammer noch nicht ratifiziert worden war, hatten sich Frankreich und Eng-

land gegenseitig getrennte Verhandlungen untersagt. Ohne den juristischen Wert einer solchen Verpflichtung von seiten Frankreichs zu bezweifeln, stellte Albert Lebrun, der Präsident der Republik, während des Kriegsrats am 25. Mai die Hypothese von den »verhältnismäßig günstigen Bedingungen« auf, die Deutschland vielleicht anbieten werde, und fügte hinzu, daß derartige Bedingungen »mit klarem Kopf genau geprüft« werden müßten. Gleichzeitig fragte er, »ob man nicht mehr Freiheit zu einer solchen Überprüfung habe, bevor die französischen Armeen vernichtet wüten«. Ob bei diesem Kriegsrat das Wort ›Waffenstillstand‹ schon fiel oder nicht und wer es als erster ausgesprochen hat, ist unwichtig. Die harten Tatsachen ließen sich nicht vertuschen. Frankreich war praktisch besiegt und mußte an die unmittelbaren Folgen einer Niederlage denken. Alle Diskussionselemente für die dramatischen Debatten des kommenden Monats waren bereits da.
Das mangelnde Waffenglück der Armeen zerstörte die Solidarität unter den Alliierten, zerstörte aber auch die Einheit und Einigkeit Frankreichs. Man fragte nach den Verantwortlichen, überwältigt von Erschöpfung, Wut und Scham. Die Militärs und die Politiker beschuldigten sich gegenseitig und waren doch gleichermaßen schuldig. Pétain, der den Franzosen gesagt hatte, eine Invasion sei nicht möglich, war tief entrüstet über eine Note des Ministerpräsidenten, mit welcher die Absetzung von fünfzehn Generalen bekanntgegeben wurde: »Ich kann nicht zugeben, daß man auf die Armee die Fehler der Politik abwälzt.« Weygand, der vor einem Jahr noch erklärt hatte, die französische Armee sei niemals besser gewesen, mußte zur Kenntnis nehmen, daß ›Frankreich den enormen Irrtum begangen habe, in einen Krieg einzutreten, ohne über das nötige Material und die erforderliche militärische Doktrin zu verfügen‹. Die hohen Offiziere hatten nicht unrecht, als sie äußerten, die verabscheuungswürdige Politik, die Demagogie und die wiederholten Lügen des Regimes hätten die nationale Widerstandskraft aufgeweicht und die Kampfmoral geschwächt. Andererseits stand aber die Armee der Politik, was ihren intellektuellen Niedergang und ihre Neigung betrifft, sich auf den verblichenen Lorbeeren längst vergangener Siege auszuruhen, in nichts nach.
Außer der drohenden Niederlage gab es aber auch noch andere Schwierigkeiten und Sorgen. Pétain verhehlte durchaus nicht, daß er kein Freund eines Kampfes bis zum Äußersten war: »Es ist einfach und dumm zu sagen, man werde bis zum letzten Mann kämpfen. Man sagt so etwas besser nicht und tut es auch nicht. Nach unseren Verlusten im letzten Krieg und unserer schwachen Geburtenzahl ist dies außerdem ein Verbrechen!« Weygand hatte Angst vor einer Revolution: »Wenn ich wenigstens sicher wäre, daß die Boches uns genügend Truppen ließen, um die Ordnung aufrechtzuerhalten...« Die politische Phrasendrescherei von einem Kampf bis zum Äußersten war widerlich. Die einzige Möglichkeit, so hieß es, den Widerstand nach der Vernichtung der Armeen fortzusetzen, sei eine nationale Erhebung, die jedes Haus zur Festung, jedes Messer zur Waffe und jeden Franzosen zum Helden mache. Dabei war wohl noch

nie ein Land so wenig für einen patriotischen Selbstmord geeignet. Alle jene, die ihn predigten, waren die ersten gewesen, die einem kleingläubigen Vorteilsdenken Vorschub geleistet hatten. Paul Reynaud widersetzte sich der Idee eines Waffenstillstands: »Ich ersuche Sie dringend, Pläne für ein letztes Bollwerk um einen Seehafen auszuarbeiten...« Dieses befestigte und verproviantierte nationale Bollwerk, das eine echte Festung darstellen muß, soll in erster Linie die bretonische Halbindel sein. »Ich habe die Absicht, zwei Jahrgänge ausheben zu lassen und sie nach Afrika zu schicken, um sie dort mit im Ausland gekauften Waffen die Verteidigung Nordafrikas ausbauen zu lassen...« Die Strategie des Ministerpräsidenten bestand demnach in folgendem: ein Bollwerk in der Bretagne, um die Regierung dort in Sicherheit zu bringen, in Nordafrika ein zweites, von wo aus – dank der Beherrschung der Meere – die Basis für eine Revanche geschaffen werden sollte. Das war eine Vorstellung, die man schon hätte haben müssen, ehe der erste Schuß fiel. Aber man war sich der haushohen Unterlegenheit des französischen Militärs eben nicht bewußt gewesen und hatte eine Niederlage im Mutterland nicht in Betracht gezogen. Das war eine Rückzugsstellung, die man vielleicht auch noch nach dem Durchbruch bei Sedan hätte errichten können, also nachdem es klargeworden war, daß weder Regierung noch Oberkommando etwas aus dem Polenfeldzug gelernt hatten. Jetzt aber war Ende Mai, die wichtigsten militärischen Mittel waren zerstört, Frankreich völlig desorganisiert, und die noch verbliebenen Kräfte rafften sich an Ort und Stelle zu einem Widerstand auf, nach dessen Zusammenbruch alle Wege bis zu den letzten Provinzen und den entlegensten Häfen offenstünden.

Churchill in Paris

Am 31. Mai kam Churchill mit Attlee nach Paris. Dill und Ismay begleiteten ihn ebenfalls. Reynaud wies ihn darauf hin, daß die Zahl von 15 000 bei Dünkirchen verladenen Franzosen gegenüber 165 000 Briten einen sehr schlechten Eindruck auf die französische Öffentlichkeit machen würde. Churchill antwortete, daran sei doch wohl das französische Oberkommando in erster Linie schuld, denn während die Engländer den festen und deutlichen Befehl zur Einschiffung erhalten hätten, wisse man immer noch nicht, ob die Franzosen bleiben oder ob sie sich ebenfalls einschiffen wollten. Weygand, der zu dieser Beratung mit Reitstiefeln und klirrenden Sporen erschienen war, sagte, er wolle den Brückenkopf nicht aufgeben, solange er nicht wisse, ob die französischen Divisionen in Lille noch am Leben oder schon tot seien. Churchill meinte darauf, man müsse in dieser Hinsicht leider alle Hoffnung fahren lassen. Mit Tränen in den Augen fügte er hinzu, er habe Befehl gegeben, die Verwundeten zuletzt auf die Schiffe zu bringen, um möglichst viele kampffähige Soldaten zu retten. Er hoffte jetzt 200000 Mann evakuieren zu können, aber das gesamte Kriegsmaterial, darunter 1000 Geschütze, sei verloren. Wenn auch nur geringe deutsche Streitkräfte in Großbritannien landen würden, stießen sie also höchstens auf einen heftigen Widerstand der Zivilbevölkerung. Dieses Wort war ein Hieb gegen Frankreich, dessen Zivilbevölkerung an alles andere dachte, als den deutschen Eindringlingen heftigen Widerstand entgegenzusetzen. Man kam überein, den Brückenkopf so lange zu halten, bis man die Gewißheit hätte, daß keine alliierte Truppe mehr die See erreichen könne. Dann schickte man sich an, sich in gemeinsamer Rührung durch britisch-französische Großmutsbezeugungen gegenseitig zu übertreffen. Paul Reynaud ließ in den Entwurf für das Protokoll den Satz aufnehmen, die Engländer würden sich zuerst einschiffen. Churchill protestierte in seinem englisch gefärbten Französisch mit großen Gesten: »Nein, nein, gemeinsam, Arm in Arm!« Er forderte für die Engländer die Ehre, die letzten Boote schützen zu dürfen.

Dagegen stießen Paul Reynaud und Weygand an eine Mauer, als sie von dem englischen Premierminister den Einsatz der gesamten englischen Luftstreitkräfte bei der unmittelbar bevorstehenden Schlacht auf französischem Boden forderten. Ohne daß die beiden davon eine Ahnung hatten, war die Entscheidung darüber schon gefallen. Einige Tage vorher hatte der Air Chief Marshal Sir Hugh Dowding, der Mann, der von Anfang an gegen den Einsatz der Jagdflieger auf dem Kontinent gewesen war, verlangt, vom Kabinett gehört zu werden. Er führte dort aus, daß die Feldzüge in Norwegen und Frankreich schon 400 ›Hurrican‹-Flugzeuge gekostet hätten, was gleichbedeutend mit 16 Jagdstaffeln sei, und forderte, daß das Fighter Command ›nicht weiterhin auf dem Altar der französisch-englischen Solidarität geopfert werde‹. Alles, einschließlich der kostbaren ›Spitfires‹, um Dünkirchen zu evakuieren –, aber nichts für andere Ziele! Sir Hugh Dowding war darauf gefaßt, mit Churchill, dem Dauerapostel der Allianz, aneinanderzugeraten. Zu seiner großen Überraschung gaben ihm alle Minister ohne Widerrede recht.

Die letzten Stunden von Dünkirchen

Abgesehen von der Frage der Unterstützung durch die Royal Air Force schien die britisch-französische Allianz im französischen Kriegsministerium an diesem Tag völlig intakt zu sein. In Dünkirchen sah es allerdings anders aus, denn dort mehrten sich die Zwischenfälle unter den uneinig gewordenen Alliierten. Eine feindselige Demonstration empfing die ersten französischen Soldaten, die entsprechend der Devise ›Arm in Arm!‹ auf der Mole erschienen. Die Kommandeure verstanden sich auch nicht besser als ihre Mannschaften. Alexander stritt sich mit Abrial herum, den die Engländer ›Admiral Abri‹ (Admiral Unterstand) nannten. Die Admiralität ließ wissen, daß sie am 1. Juni die Einschiffungsmanöver einzustellen gedenke, da an diesem Tag alle Engländer schon wieder in ihre Heimat gebracht sein würden. Weygand und Paul Reynaud protestierten und verlangten, die britischen Schiffe sollten noch einige Tage für die französischen Truppen zur Verfügung stehen. Die Admiralität beugte sich dann schließlich einem Befehl Churchills.

Die Franzosen kämpften inzwischen tapfer. Trotz des großzügigen Angebots des Premierministers Churchill waren es Franzosen und keine Engländer, welche als letzte Nachhut Dünkirchen verteidigten. Die Auswahl unter den Truppen erfolgte ganz von selbst. In den Dünen und Kellern von Malo-les-Bains hauste eine Menge von Soldaten, die ihre Waffen weggeworfen, und von Offizieren, die ihre Soldaten im Stich gelassen hatten. Der Schreck hatte aus ihnen eine ängstlich zitternde Herde gemacht. Die Schlacht rückte immer näher, sie lagen unter Artilleriefeuer und Bombardement und warteten nur darauf, daß der ganze Schlachtenlärm einmal aufhöre. Viele zogen auch die Gefangenschaft einer Flucht über das Meer vor, auf dem sie so viele Wracks und Ertrunkene schwimmen sahen. Darunter waren aber auch noch die 50000 Tapferen, die den Brückenkopf verteidigten. Sie waren nicht mehr die Flüchtenden von Dinant und Sedan – sie waren wieder richtige Soldaten geworden. Im Westabschnitt hielten die alten Reservisten der 68. Infanteriedivision ihre Stellungen bis zum 1. Juni, verloren am 2. nur das Dorf Spicker und hielten am 3. Juni abends immer noch eine Front, die sich im rechten Winkel von Mardyk nach den Vorstädten von Dünkirchen hinzog. Links von ihnen, im befestigten Flandernabschnitt, der durch das 137. Infanterieregiment verstärkt worden war, wurden zunächst die alten Wälle von Bergues Seite an Seite mit einem Bataillon Loyals gehalten. Nach dem Abzug der Engländer wurde der Abschnitt Schritt für Schritt auf die Landenge von Notre-Dame-des-Neiges zwischen die Sümpfe Petites Moeres und das Überschwemmungsgebiet von Coudekerke zurückverlegt. Dahinter setzte sich die von ihrem Gewaltmarsch von Lille nach Dünkirchen leidlich ausgeruhte 12. motorisierte Division am Canal des Chats fest und hatte nun allein die ganze östliche Flanke des Brückenkopfs zu verteidigen. Der Divisionsgeneral Janssen war in seinem Gefechtsstand im Fort des Dunes gefallen, aber die Division widerstand hartnäckig allen Angriffen des 1., 2. und 3. Juni. Das flache, morastige und teilweise überschwemmte kleine Schlachtfeld bot einen ungewöhnlichen Anblick. Rauchwolken lagen wie künstlicher Nebel über dem Boden, denn abgesehen von dem in Flammen gehüllten Dünkirchen brannten auch die Stahlwerke von Firminy, Betriebe in Bergues, der Rangierbahnhof von Saint-Pol, die Zichorientrocknerei von Teteghem, die Flachsschuppen und inmitten der explodierenden Munitionswagen die riesigen Mengen zurückgelassenen Materials. Die Deutschen waren jetzt entschlossen, endgültig Schluß zu machen und griffen tapfer und energisch an. Da sie sechs Divisionen einsetzen konnten, wollten sie direkt auf Dünkirchen durchstoßen. Weil sie aber nur über einige Panzer verfügten und die Franzosen sich an die Stukas gewöhnt hatten, konnten die um Dünkirchen liegenden wenigen französischen Regimenter auf die Art kämpfen, auf die man sie wie die ganze Armee geschult und vorbereitet hatte. Die drei zu eins überlegenen Deutschen gewannen zwar Terrain, konnten aber an keiner Stelle durchbrechen. Am 2. Juni hatten die letzten 4000 Engländer französischen Boden verlassen. Von den französischen Truppen sollte als erstes das Kavalleriekorps eingeschifft werden, das dringend für die unmittelbar bevorstehende Schlacht an der Somme gebraucht wurde. Die Rauchwolke über Dünkirchen bildete den besten Schutz gegen Luftangriffe, aber trotzdem blieben die Verluste so hoch, daß die Truppenverladungen am Hafen nur noch nachts stattfinden konnten. Für die Einschiffungen in der Nacht vom 2. auf den 3. Juni, welche die Admiralität als letzte bezeichnet hatte, wurde noch einmal alles aufgeboten, was greifbar war: 13 Postdampfer, 11 Torpedoboote, 2 Frachtdampfer, 5 Radbagger und eine Unzahl von kleinen Schiffen und Schleppern, die ganze Züge von Booten hinter sich herzogen, fuhren gegen Dünkirchen, verstärkt durch einige Kriegschiffe und ungefähr hundert französische Fischerboote. Leider waren infolge unzulänglicher Anordnungen zu viele französische Soldaten in der Feuerlinie zurückgelassen worden. Mehrere Schiffe warteten stundenlang und fuhren dann leer zurück. Man wollte 35 000 Mann mitnehmen, aber es waren schließlich nur 26 000.

Es kam aber noch eine Nacht – wohl die tragischste von allen. Die zusammengewürfelte Armada lief wieder aus Dover aus. Der Feind zeigte wenig Lufttätigkeit, aber die deutschen Infanteristen standen nicht einmal drei Kilometer vom Strand und vom Hafen entfernt. Am Vortage hatte die Admiralität übereilt zwei Dampfer zwischen den Molen versenken lassen, doch war die Sperrung nur unvollständig, und wieder einmal legten die Rettungsschiffe längs der Mole bis zur Uferpromenade von Malo an. Es waren Maßnahmen getroffen worden, welche sicherstellten, daß sich die an der Front liegenden Truppen auf Dünkirchen zurückziehen konnten, und zwar unter dem Schutz von zwei Staffeln, die sich als letzte vom Feind lösen sollten. Einige Geschütze und Maschinengewehre feuerten weiter, um den Feind zu täuschen. Munition und Geschützverschlüsse wurden ins Wasser geworfen oder im Sand vergraben. Die letzten Pferde ließ man frei. Die Soldaten verließen ihre Kampfstellungen, sammelten sich in kleinen Trupps und gingen schweigend zum Hafen. An der Front herrschte absolute Ruhe, denn auch die Deutschen waren von den harten Kämpfen erschöpft und schliefen.

Der Rückmarsch der französischen Soldaten wurde aber immer langsamer, denn die Schiffe konnten wegen der Verstopfung der Einfahrt und der vielen Wracks nur unter Schwierigkeiten anlegen. Die Einschiffung ging verhältnismäßig rasch vonstatten, doch waren die, welche auf die Schiffe kamen, vor allem kleine Gruppen, die schon dawaren, als die Dämmerung sich herniedersenkte. Die Kampftruppen, die Verteidiger von Dünkirchen, die Infanteristen, Artilleristen und Pioniere der 68. Infanteriedivision, der 12. motorisierten Division und des Befestigungsabschnitts warteten hinter einer Menschenmauer, während die Stunden dieser kurzen, viel zu kurzen Nacht verflossen.

Die Befehle der Admiralität waren streng: Das ganze Rettungsmanöver mußte um 3 Uhr 30 abgeschlossen sein. Juninächte sind kurz, und die Engländer wollten nicht noch mehr Verluste riskieren. Die Spitze der 12. Infanteriedivision erreichte die Mole erst um 3 Uhr und hatte dort eine Menschenmasse vor sich, die auf ihr Erstrecht pochte. Die Truppen des Befestigungsabschnitts, die bis zuletzt die Zugänge nach Dünkirchen zu halten hatten, befanden sich noch weiter hinten auf den zerstörten Kais. Die 68. Infanteriedivision und Teile der 32., die mit ihr im Feuer gestanden hatten, sollten an anderer Stelle eingeschifft werden, doch war dort alles von Dienststellen der 1. Armee verstopft. Die todmüden Männer, die eine ganze Woche an der Front gekämpft hatten, schwebten nun zwischen Angst und Hoffnung. Sie standen so nah den rettenden Schiffen; die Nacht war ruhig — und sie mußten nun warten, warten und auf der Stelle treten.

Längs der Molen warfen die letzten Schiffe die Haltetaue ab, und die Matrosen zogen die Laufstege ein. Die Kapitäne wußten, daß der Hafen diesmal unwiderruflich um 4 Uhr verstopft werden würde und sie dann selber Gefangene wären, falls sie das offene Meer nicht vorher erreichten. An Bord waren die Soldaten unvorstellbar eng zusammengepreßt. Die beginnende Morgendämmerung und das Leuchten der Brände ließen an Land noch Tausende von Stahlhelmen aufschimmern. Diese Soldaten mußten bleiben.

Der britische Offizier, der das Einschiffungsmanöver leitete, der Commodore H. R. Troup, berichtete über die Schlußszene. General Allaurent, der den letzten Trupp befehligt hatte, kam mit seinem Stab an der Mole an. Vor ihnen lag ein Streifen schwarzen Wassers, gleichsam die Mauer eines Gefängnisses, das sie für Jahre nicht verlassen würden. Das Wasser zwischen ihnen und dem Torpedoboot wurde immer breiter. Der General und seine Offiziere schlugen die Hacken zusammen und salutierten vor der entschwindenden Freiheit. Einige Minuten später kündigten Explosionen der Blockierungsschiffe an, daß die ›Operation Dynamo‹ abgeschlossen war.

Sie hatte immerhin einen unerhofften Erfolg gebracht. Statt 45 000 Mann, wie man zu Anfang beabsichtigt hatte, wurden aus dem Brückenkopf 338 000 evakuiert, darunter 123 000 Franzosen. Sogar die letzte Nacht hatte noch gute Ergebnisse gebracht, da 26 175 Mann in der kurzen Zeit zwischen Abend und Morgendämmerung aus einem zerstörten Hafen evakuiert werden konnten. Die bedauerliche Zurücklassung von 34 000 kampffähigen Soldaten, der letzten Verteidiger von Dünkirchen, war ein Geschenk an den Feind. Schuld daran waren Irrtümer über die Stärke der tatsächlich

im Brückenkopf befindlichen Truppen sowie eine mangelhafte Organisation, denn 10000 Plätze waren auf den Schiffen am 4. Juni frei geblieben.
Die Propagandatrompeten der Alliierten tönten diesen Erfolg in alle Welt. Man wollte damit die Niederlage vergessen machen, bei der in weniger als einem Monat drei französische Armeen, die britische, belgische und holländische Armee vernichtend geschlagen worden waren. Hitler ließ drei Tage lang die Glocken läuten und gab, ohne zu übertreiben, bekannt, daß 75 Divisionen aufgerieben worden seien, ihr Kriegsmaterial erbeutet wurde, daß 1200000 feindliche Soldaten gefangen, verwundet oder getötet worden waren, während die deutschen Verluste außerordentlich niedrig gehalten werden konnten, nämlich 10255 Tote, 8643 Vermißte und 42523 Verwundete. Die Alliierten verschwiegen diese Zahlen, um zu zeigen, daß Seemächte nicht umzingelt werden können und daß die Beherrschung der Meere der entscheidende Trumpf aller Strategie bleibe.
Für England mochte das seine Gültigkeit haben, Frankreich aber war tödlich getroffen.

VI. Kapitel 5. bis 24. Juni 1940
Das Ende Frankreichs

Die deutsche Offensive an Somme und Aisne

Der deutsche Angriff an Somme und Aisne war vom französischen Hauptquartier für den 10. Juni erwartet worden. Aber wieder einmal waren die Deutschen schon früher bereit. Am 5. Juni um 5 Uhr morgens begann die Artillerie zu feuern, Stukas stießen auf die französischen Stellungen nieder, und Panzer erschienen im Niemandsland. Der zweite Teil des Frankreichfeldzugs, der ›Fall Rot‹, hatte begonnen.

Für die Franzosen war es eine hoffnungslose Schlacht. An der Maas und in Belgien hatte Frankreich 30 Divisionen verloren, abgesehen von den neun englischen. Durch Abzug von Truppen aus den Alpen und aus Nordafrika war es möglich gewesen, wieder insgesamt 66 Divisionen an die Nordostfront zu stellen. Das waren 23 Divisionen weniger, als hier am 10. Mai gestanden hatten. Auch waren die neuaufgestellten Divisionen nur leichte Einheiten mit je zwei statt drei Infanterieregimentern und mit nur zwei bis drei Artilleriegruppen statt fünf. Die großen Panzereinheiten oder halbgepanzerten Einheiten wurden durch eine neuaufgestellte motorisierte leichte Division neuesten Datums, zwei unvollständige Reservekavalleriedivisionen und drei schwache leichte Kavalleriedivisionen gebildet. Sie waren alle zusammen nicht so viel wert wie zwei deutsche Panzerdivisionen.

Dieser Stummelarmee gegenüber befand sich das deutsche Heer in einer wesentlich günstigeren Lage als am 10. Mai. Damals hatten die Deutsche ausschließlich mit schnellen Truppen in schwierigem Gelände angegriffen, während die Fußtruppen in ständig zunehmendem Abstand folgten. Nun konnte die Infanterie gleichzeitig mit den Panzern vorgehen. Vom Rhein bis zum Kanal standen den 27 französischen Divisionen 45 Divisionen der Wehrmacht gegenüber. Gegen die 22 Divisionen, die Weygand in Reserve hielt, konnte die Wehrmacht das Doppelte einsetzen. Sie konnte sich auf eine Massenschlacht und eine Schlacht mit schnellen Kräften einlassen. Sie war in jedem Falle überlegen.

Trotzdem war die Kampfmoral des französischen Soldaten am Vorabend dieses ungleichen Kampfes erheblich gefestigter, denn zum erstenmal in diesem Krieg fühlte er sich wirklich geführt und befehligt. Weygands Anweisungen waren intelligent, kurz und bündig. Sie lauteten: Aufgabe der linearen Verteidigung, Staffelung in die Tiefe, geschlossene, feste Stützpunkte, keine Angst vor einem Überrollen durch Panzer. Die Frontsoldaten hatten wieder Vertrauen, doch machten sich alle, die das ungleiche Kräfteverhältnis kannten, keinerlei Illusionen.

Auf deutscher Seite waren wieder die Generale der vorhergegangenen Schlachten beteiligt. Bock stand am linken Flügel von der Sommemündung bis zum Massiv von Saint-Gobain mit der 4., 6. und 9. Armee, Rundstedt mit der 2., 12. und 16. Armee im Zentrum von Saint-Gobain bis Montmédy. Leeb befehligte den Frontabschnitt von Luxemburg bis zur Schweiz. Ihm unterstanden die 1. und die 7. Armee. Diesmal sollte er aus der Passivität herausgehen und an zwei Abschnitten, nämlich in Lothringen und im Elsaß, angreifen.

Als Angriffstag hatte der ungeduldige Hitler zunächst den 31. Mai festgesetzt. Verkehrsstauungen in der Etappe und eine gewisse Unordnung bei den Panzerkolonnen zwangen ihn, einen Aufschub von sechs Tagen zuzugestehen. Das Angriffsmanöver war in zwei Etappen durchzuführen. Zuerst sollte die Heeresgruppe B (Bock) die Sommefront durchbrechen; dann sollte die Heeresgruppe A (Rundstedt) in der Champagne angreifen und mit allen ihren Truppen die Ostarmeen vom Rücken her fassen. Dies würde durch eine Schwenkung erfolgen, die bis Dôle und Pontarlier reichen würde. Die Heeresgruppe B hatte den Befehl, sich fächerförmig auszubreiten. Ein Teil sollte Paris einnehmen und über Troyes, Dijon und Lyon an den Alpen vorbei in Richtung Mittelmeer vordringen. Der andere Teil hatte den Auftrag, die Bretagne zu besetzen und die Küste bis zu den Pyrenäen zu sichern.

Hitler hatte seinen Plan – anders als die Operation von Sedan – ohne jedes Schwanken ausgearbeitet. Keinerlei Reaktion des Gegners war darin vorgesehen. Der Plan war eher ein militärisches Marschprogramm als die Vorbereitung einer Schlacht. Diese Kühnheit war kalkuliert, denn das deutsche Oberkommando war genauestens über die der französischen Armee verbliebenen Kräfte unterrichtet. Im Mai hatte Deutschland noch etwas riskiert, im Juni war das nicht mehr der Fall.

Hartnäckiger Widerstand der Franzosen

Der alte, ruhmreiche und zur Ohnmacht verurteilte Weygand zog sich jeden Abend zu einer Foch-Gedächtnisstunde zurück, um von dessen Schatten eine wunderbare Eingebung zu erflehen. Er hatte seine schwache Streitmacht in drei Gruppen aufgeteilt. Die 2. Heeresgruppe unter General Prételat, bestehend aus der 8., 5. und 3. Armee, hatte die noch unverletzte Grenze zwischen Basel und Longuyon zu halten. Die 4. Heeresgruppe war dem Verlierer von Sedan, General Huntziger, unterstellt. Sie bestand aus der 2. und 4. Armee und hatte die Aufgabe, den Weg nach Châlons zu sperren. Die 3. Heeresgruppe, die schwächste von allen, bestand aus der 6., 7. und 10. Armee und zog sich von Reims bis zum Meer hin. Weygand wußte sehr wohl, daß seine Front nach Westen zu immer schwächer wurde. Um die Streitkräfte besser zu verteilen, hätte er mehrere Tage benötigt, denn die Straßen wurden bombardiert und waren von Flüchtlingen verstopft. Hinter der Frontlinie hatte Weygand seine Reserven aufgegliedert, die Gruppen Petiet und Audet hinter der 3. Armeegruppe und die Gruppe Buisson hinter der 4., insgesamt vier Infanteriedivisionen, eine halbe englische Panzerdivision und die Reste einer leichten mechanisierten, einer motorisierten und einer Panzerdivision. Das alles war unbedeutend, aber die Frontsoldaten wußten das nicht.

Am Abend des 5. Juni besserte sich in Vincennes, Montry und La Ferté die Stimmung. Die Verbindungsoffiziere strahlten Optimismus aus. Die Igeltaktik war begriffen und angewandt worden, und die Truppen schlugen sich tapfer. In den Dörfern verbarrikadiert, ließen sie die Panzer ruhig vorbeirollen und vernichteten die nachfolgende Infanterie. Die Panzerdurchbrüche waren von jetzt an nur mehr Breschen, wie die, welche Rommel zwischen Abbeville und Amiens geschlagen hatte, oder wie die der 10. Panzerdivision in der Gegend von Noyon. Es war drückend heiß, und die Tage waren endlos. In den Dörfern gab es nur mehr Soldaten und verirrte Hunde, und in den Ebenen hörte man während der Gefechtspausen das Gebrüll der Kühe, die gemolken werden wollten. Diese Art der Kriegführung war grundverschieden von dem Seite-an-Seite-Kämpfen, von dem Abriegeln und von dem Stellungskrieg, den Gamelin erwartet hatte. Die französischen Soldaten gewöhnten sich daran. Alle deutschen Generale, die über die ersten Tage der Schlacht um Frankreich berichteten, erwähnten ausdrücklich die Zähigkeit des Widerstandes, den sie antrafen. Rommel berichtet, die französischen Soldaten hätten sich verzweifelt geschlagen. Tippelskirch schreibt, die französische Führung habe sich nun, ›wo sie in einer vorbereiteten Stellung zum erstenmal in diesem Krieg eine Abwehrschlacht führen konnte, vorübergehend in ihrer alten Meisterschaft gezeigt‹. Manstein erklärte die blutigen Verluste seines XXXVII. Korps folgendermaßen: ›Als ich mich mit den elsässischen Gefangenen unterhielt, erzählten viele, nicht ohne Stolz, daß ihr Vater in der deutschen Armee, in der Garde oder in der kaiserlichen Marine gedient hatte.‹

Weygands Taktik wäre wirksam gewesen, hätte man die Panzerkolonnen, die durch das System der Stützpunkte eindrangen, zerstört, aber das war mit den wenigen Panzern, die von den Vogesen bis an den Kanal verteilt waren, nicht möglich!

Am 6. Juni wiederholten sich die Ereignisse des Vortages. Im Zentrum schob sich ein Keil vor, der Chemin des Dames ging verloren, doch die Gesamtgliederung blieb intakt. Im Westen von Amiens griff der Feind weniger stark an als am Vortag, und trotzdem begann gerade hier die Front in beängstigender Weise zu zerbröckeln. Die 51. britische Division, die aus Schotten der Highlands bestand und die einzige englische Division an der Front war, sowie das 31. französische Infanterieregiment hatten eine Front von 60 Kilometern zu halten. Die französischen und englischen Soldaten schlugen sich wacker, aber General Fortune, über die ziemlich starken Verluste beunruhigt und über den neuen Verteidigungsplan nur unzureichend informiert, befürchtete, von den Häfen abgeschnitten zu werden, und befahl einen allgemeinen Rückzug auf die Bresle.

Am 7. Juni wurde die Verteidigungsschlacht am rechten Flügel und im Zentrum der 3. Heeresgruppe fortgesetzt, aber am linken Flügel begann der Zusammenbruch. Das Panzerkorps Hoth (5. und 7. Panzerdivision sowie die 2. motorisierte Division) unternahm einen Massenangriff auf das Plateau von Hornoy. Es gab keine wilde Flucht wie bei Sedan; die Truppen verteidigten sich zäh; aber die schwache Stellung war einem derartigen Ansturm nicht gewachsen.

Rommel befahl die Umgehung der Stützpunkte und ordnete an, querfeldein vorzugehen und Straßen und Dörfer zu vermeiden. Er drang tief in die französische Stellung ein, überraschte die 17. leichte mechanisierte Division beim Ausladen und durchstieß sie, ohne sich aufzuhalten. Der Durchbruch war geschafft. Am Abend erlebte die verblüffte Badestadt Forges, wie plötzlich verstaubte deutsche Panzer in den schattigen Alleen auftauchten.

Der Weg nach Rouen war nun offen. Die 10. französische Armee unter Robert Altmayer wurde in zwei Teile gespalten, und das IX. Artilleriekorps, das die linke Flanke bildete, war zwischen der unteren Seine und dem Meer blockiert. Seine Geschichte ist rasch erzählt. Einige hundert Mann konnten sich in Le Havre und Saint-Valéry-en-Caux einschiffen, der Rest mitsamt dem Korpskommandanten Ihler und dem englischen General mit dem hier nicht angebrachten Namen Fortune kapitulierte am 12. Juni.

Inzwischen hatte Mussolini am 10. Juni 1940 Frankreich und England den Krieg erklärt. Die Heeresgruppe B hatte die Seine überschritten, Gaillon und Louviers genommen und marschierte auf Évreux zu. Der rechte Flügel der 3. französischen Heeresgruppe, die seit dem Zusammenbruch ihres linken Flügels ungedeckt war, zog sich auf die weitere Umgebung von Paris zurück und verlor beim Übergang über die Oise einen Teil ihrer Artillerie. Der zweite Teil der deutschen Offensive hatte begonnen. Am 9. Juni um 4 Uhr 30 hatte Rundstedt zwischen Soissons und den Argonnen angegriffen. Jetzt kam der Gnadenstoß!

Wie an der Somme schlugen sich die französischen Soldaten überall mit der Kraft der Verzweiflung. Die 14. Infanteriedivision des Generals de Lattre de Tassigny wies den deutschen Angriff auf Rethel ab. Das XXXXI. Panzerkorps wurde von der 6. Armee vor Fismes gestoppt und das XIX. Panzerkorps durch einen Gegenangriff der 3. Panzerdivision und der 7. leichten mechanisierten Division durcheinandergebracht. Aber zwischen Aisne und Maas verfügten die Deutschen über 6 Panzerdivisionen, 27 Infanteriedivisionen der ersten und 11 Divisionen der zweiten Linie, sowie 15 Divisionen Sofortreserven gegen 23 französische Divisionen einschließlich aller Reserven. Die Armeen Weygands waren einfach physisch nicht mehr in der Lage, den gegnerischen Vormarsch aufzuhalten.

Reims wurde erobert, La Montagne de Reims fiel. Die Marne wurde überschritten. Die deutschen Panzer rollten über die flache Champagne. Eingenebelt vom Staub folgten die Infanteriemassen. Die Möglichkeit eines ›Zusammenbrechens unserer Stellungen‹, die Weygand in seiner Note vom 29. Mai ins Auge gefaßt hatte, war jetzt Wirklichkeit geworden.

Briare: Die Allianz bricht zusammen

Am 11. Juni erlebte Paris eine Erscheinung, die alle modernen militärischen Katastrophen begleitet: Der Ruß brennender Treibstofflager regnete auf die Stadt. Die Regierung hatte sich schon am Vortag nach Tours abgesetzt. Plakate mit der Unterschrift des Militärgouverneurs Hering verkündeten, Paris sei eine offene Stadt. Es war Weygand, der diese Entscheidung getroffen hatte, denn er hielt es für sinnlos, die von Osten und Westen eingeschlossene Hauptstadt zerstören zu lassen. Die Deutschen verkündeten durch Funk, daß sie diese Neutralisierung nur anerkennen würden, wenn jeder Widerstand an der Linie Saint-Germain–Versailles–Juvisy–Saint-Maur und Meaux aufhöre. Diese Bedingung wurde angenommen.
Die Nachricht, Paris werde nicht verteidigt – das hieß, daß der Stadt die Schrecken einer Schlacht erspart bleiben würden –, war paradoxerweise dennoch das Signal für eine Panik. Unübersehbare Menschenmassen, schwarz vom Ruß, der vom Himmel fiel, drängten aus der Stadt. Man saß auf allen möglichen Fahrzeugen, schob Karren vor sich her und Kinderwagen, schleppte Säuglinge und große Wäschebündel mit fort. Die fliehenden Pariser verstärkten die Flut der Flüchtlinge aus dem Norden, die in den noch freien Teil Frankreichs strebten.
Während die Regierung Tours erreichte, zog sich das Hauptquartier nach Briare zurück. Churchill kam dort am 11. Juni abends – von elf ›Hurrican‹-Jägern eskortiert – mit seinem Privatflugzeug, einer ›Flamingo‹, an. Man führte ihn zur Wohnung Weygands, einem bonbonroten Gebäude, das den bukolischen Namen ›Maiglöckchenschloß‹ führte. Reynaud, Pétain, George und Weygand erwarteten ihn, ebenso General de Gaulle, den Reynaud bei der letzten Umbildung seines Kabinetts zum Unterstaatssekretär im Kriegskabinett gemacht hatte. Churchill kam in Begleitung Edens und der Generale Dill, Ismay und Spears. Die Dämmerung, die sich ballenden Wolken, das aufziehende Gewitter und der flackernde Kerzenschein verliehen dieser französisch-englischen Unterredung eine düstere und unheilverkündende Stimmung. Weygands Vortrag über die militärische Lage bestürzte die Briten. »Mein Mund war plötzlich wie ausgetrocknet«, berichtete Spears, obwohl der Generalissimus die Situation alles andere als hoffnungslos schilderte. Dabei hatte er kein einziges Bataillon

mehr in Reserve. Der 135 Kilometer lange Abschnitt der unteren Seine wurde durch fünf Divisionen gehalten, von denen zwei nur zwei Infanterieregimenter besaßen, die 44 Kilometer zwischen Ourcq und Marne wurden sogar nur von einer einzigen Division verteidigt. »Doch die 2. Heeresgruppe«, führte Weygand aus, »konnte sich wieder sammeln, und es ist nicht zu leugnen, daß der Gegner sehr ermüdet ist. Das Rennen spielt sich jetzt zwischen seinem Durchhaltevermögen und unserer Erschöpfung ab. Der Kriegsgott wird entscheiden!« Leider aber hatte der Kriegsgott schon entschieden. Mehr als die Hälfte der deutschen Infanteriedivisionen war überhaupt noch nicht eingesetzt worden, und die Panzer hätten noch spielend die Pyrenäen erreichen können.

Weygand hatte seinem Temperament entsprechend nervös und rasch gesprochen. Churchill, der ihn nicht sehr schätzte, verlangte Georges' Meinung zu hören, den er persönlich kannte und dem er vertraute. Der nüchterne und traurige Georges gab sich wesentlich pessimistischer in seinen Ausführungen als sein Vorgesetzter. Das Ende war erreicht, Frankreich war erledigt. Churchill resignierte aber nicht und wendete seine ganze Beredsamkeit auf: ein Sturzbach von Wörtern, in einer abenteuerlichen Mischung aus Englisch und Französisch vorgetragen, der ebenso unverständlich wie zeitweise verständlich war und mit einer Mimik unterstrichen wurde, die von eindringlicher Überredung bis zur wütenden Explosion alle Register spielen ließ. Aber seine pathetischen Worte waren schwach gegenüber einer Invasion, die sich immer weiter über das besiegte Frankreich ausdehnte. Er wünschte, Deutschland möge sich auf England stürzen, um Frankreich eine Schnaufpause zu geben, aber er befehligte die Wehrmacht leider nicht. Er wünschte auch, man solle den Widerstand durch eine Guerilla fortsetzen, aber eine Guerilla entsteht spontan und läßt sich nicht von einem Schloß aus anordnen. Er versprach englische Hilfe, aber das, worüber er verfügte, war verschwindend gering: nämlich eine Division sofort (›mit 72 Kanonen‹ fügte er vertraulich hinzu, als ob er ein großes, rettendes Geheimnis preisgebe) – und 25 Divisionen ›für einen Gegenangriff im Frühjahr‹. Dabei standen die Deutschen direkt vor Paris und drangen jeden Tag 50 Kilometer weiter vor!

Dann verlangte Pétain das Wort. »Er war so blaß«, berichtete Spears, »daß man ihn für eine Gipsfigur hätte halten können. Er sprach zu seinen Händen, die vor ihm auf dem Tisch lagen. Monsieur Churchill habe daran erinnert, daß es auch im vorigen Krieg verzweifelte Momente gegeben habe und daß der Umschwung gekommen sei, als man alles schon verloren geglaubt habe. General Weygand habe darauf geantwortet, daß die Lage nicht die gleiche sei und daß man 1914/18 keine Zusammenarbeit von Panzern und Luftstreitkräften gekannt habe. Er, Pétain, wolle noch folgendes beifügen: Im März 1918 habe er zwanzig Divisionen eingesetzt, um die Armee Gough zu retten, die an der Somme durchstoßen worden war, und etwas später dann weitere zwanzig Divisionen, am gleichen Tag, als Monsieur Churchill in sein Hauptquartier gekommen sei. Ohne die bleiche Stirn zu heben, sprach Pétain dann weiter, immer noch zu seinen Händen: ›Damals hatte England sechzig Divisionen auf französischem Boden stehen…‹«

Jetzt hatte England keine Divisionen; dafür besaß es Flugzeuge – und von den Luftstreitkräften hing in erster Linie der Ausgang der Schlacht ab. Reynaud forderte den totalen Einsatz der RAF. Da wurde Churchill plötzlich sehr verschlossen. Die Franzosen versuchten das Gespräch fortzuführen. Weygand berichtete über seine Beobachtungen bei einem Luftangriff, den er vor einigen Tagen im Hauptquartier des Generals Altmayer erlebt hatte. Die einzige Möglichkeit, den französischen Soldaten wieder ein gewisses Überlegenheitsgefühl zu verschaffen, bestand seiner Ansicht nach in einem massiven Einsatz der englischen Luftstreitkräfte, die den Himmel von den deutschen Flugzeugen reinigen würden, welche die französischen Soldaten demoralisierten. Jetzt sei der entscheidende Augenblick gekommen, noch sei es Zeit. Der Einsatz müsse aber sofort erfolgen, denn sonst sei es zu spät.

Churchill spielte den doppelgesichtigen Janus. Zu seinen Fliegern und dem Air Chief Marshal Dowding sprach er genauso, wie jetzt Weygand zu ihm sprach, aber vor den Franzosen führte er die Argumente seiner Leute ins Treffen. Nein, es war gar nicht der entscheidende Augenblick. Dieser sei erst gekommen, wenn Hitler seine Luftwaffe gegen England einsetzen würde, denn dort werde die Entscheidungsschlacht geschlagen. Die RAF müsse also für diesen Endkampf aufgespart werden, von dem das Schicksal der Welt abhänge. Wenn diese Schlacht verloren würde, wäre alles verloren, werde sie aber gewonnen, dann wäre alles gewonnen. Auch Frankreich wäre dann gerettet. »If we can keep command of the air, and if we can keep the seas open, we will win it all back to you…«

Nach mehreren Stunden gingen die französisch-englischen Beratungen ergebnislos zu Ende. Eine kurze Sitzung am nächsten Tag brachte nur Wiederholungen. Keinerlei Beschluß war gefaßt worden. Es wurde am Rande von der ›Festung Bretagne‹ gesprochen, die General Altmayer vorbereiten sollte, auch davon, daß die Mitarbeit der britischen Marine dazu unerläßlich sei, doch von einer Weiterführung des Widerstands in Nordafrika fiel kein Wort.

Die Allianz war tot. Keine weiteren Besprechungen fanden statt. Man konnte England keine Vorwürfe machen, weil es seine beste Waffe, die 25 Jagdstaffeln des Fighter Command, seiner eigenen Verteidigung vorbehalten wollte. Churchill wäre der letzte gewesen, der kaltblütig von Frankreich gefordert hätte, es sollte die völlige Verwüstung seines Landes und die Hinschlachtung oder Gefangennahme seiner ganzen Bevölkerung wortlos hinnehmen, während England die paar Flugzeuge eifersüchtig behielt, die möglicherweise eine Wendung bringen konnten. »Man muß bedenken«, schrieb er später, »daß bei dieser ganzen unglückseligen Unterredung der Gram mich zerfraß und peinigte, daß England mit seiner Bevölkerung von 48 Millionen nicht fähig gewesen war, einen größeren Beitrag in dem Landkrieg gegen Deutschland zu leisten, und daß bis jetzt neun Zehntel der Menschenverluste und 99 Prozent des Leidens über Frankreich allein hereingebrochen waren.« Aber alle diese sentimentalen Regungen und Gewissensbisse konnten ihn nicht davon abhalten, zuerst und vor allem an das Wohl und die Rettung seines Vaterlandes zu denken.

Gegen Mittag des folgenden Tages flog Churchill wieder ab. Da der bedeckte Himmel die ›Hurricanes‹ hinderte, als Eskorte mitzufliegen, flog er tapfer mit seiner ›Flamingo‹ allein und überquerte die deutschen Linien. Über dem brennenden Le Havre zerriß der schützende Wolkenvorhang, und die ›Flamingo‹ mußte in 30 Meter Höhe den Kanal überfliegen, um den deutschen Jägern zu entgehen.

Der Bericht, den Churchill am gleichen Abend dem Kabinett erstattete, hatte zum Inhalt: Frankreich ist verloren.

Die ›Festung Bretagne‹

Um 13 Uhr 15, drei Stunden nach Churchills Abreise, unterzeichnete General Weygand den allgemeinen Rückzugsbefehl, den er am Vortage verfaßt hatte. Das Ziel war, die Verbände geschlossen zurückzunehmen, deren Auflösung und Einkesselung nur mehr eine Frage von Stunden sein konnte, wenn sie in ihren Stellungen verblieben. Die Armeen sollten sich auf eine Linie zurückziehen, die von der Schweiz über Les Rousses, Champagnole, Dole, die Côte d'Or und das Morvan, die Loire zwischen Briare und Tours, über Alençon und Caen bis zur Küste hinzog. Die Maginotlinie sollte aufgegeben werden. General Prételat, der Oberbefehlshaber der 2. Heeresgruppe, hatte dies schon einige Tage früher vorgeschlagen, aber Weygand hatte eine nachteilige moralische Wirkung befürchtet und die Entscheidung aufgeschoben, wobei er hinter diesem zwecklosen Schild Frankreichs die völlig unangeschlagene 3., 5. und 8. Armee stehen ließ. Jetzt befahl er deren raschesten Rückzug auf die Linie Saarburg–Epinal–Dijon. Der Festungstrain sollte den Rückzug decken und dann zum Gros stoßen. So wurde die unheilvolle Maginotlinie, die Milliarden gekostet hatte – eine Summe, mit der man ein ganzes Heer hätte aufstellen können – und die das gesamte militärische Denken Frankreichs beherrschte, kampflos aufgegeben.

Im Zentrum zogen sich die 2. und 4. Armee auf Troyes und Nevers zurück. Der linke Flügel löste sich auf. Die 7. Armee (Frère) und die Armee von Paris unter General Hering, die mehr in der Phantasie als in der Wirklichkeit bestand, zogen in Richtung Orléans, wobei sie Paris seitlich liegen ließen. Die 10. Armee des Generals Altmayer wurde dem Großen Hauptquartier direkt unterstellt und mußte sich auf der Achse

Rouen–Argentan–Rennes zurückziehen. Ihr wurde eine doppelte Aufgabe zugeteilt. Erstens sollte sie das westliche Ende der Verteidigungslinie halten und zweitens die ›Festung Bretagne‹ ausbauen und verteidigen.

Armee – das hört sich majestätisch an! Es bedeutet ein Großes Hauptquartier, zahlreiche Dienststellen, zahlreiche starke Einheiten und Stäbe, die von Stufe zu Stufe die Befehle des Oberkommandierenden ausführen. Jetzt aber bestand nur mehr das Wort, gleich einer Fassade vor einem eingefallenen Haus. Die Hälfte der Divisionen gab es überhaupt nicht mehr, und viele von denen, die noch übrig geblieben waren, besaßen nur drei oder vier Bataillone und kaum noch Artillerie. Desertieren konnte, wer dazu Lust hatte, denn man brauchte sich nur in den Flüchtlingsstrom zu mischen und von ihm treiben zu lassen. Befehle konnten ohnehin schon kaum mehr durchgegeben werden, denn die Straßen waren verstopft und das Fernmeldematerial verloren.

Befehle, die eigentlich hätten chiffriert werden müssen, wurden jetzt über das ständig belegte, teilweise beschädigte und veraltete zivile Telefonnetz im Klartext übermittelt. In Briare war das ›Maiglöckchenschloß‹, das Quartier des Oberbefehlshabers der französischen Armee, mit der Truppe und der Außenwelt nur durch einen an der Mauer neben dem Klosett angebrachten Fernsprechapparat verbunden, der zwischen 12 und 14 Uhr nicht funktionierte, weil dann die Posthalterin beim Mittagessen war. Einige Tage später konnte sich das Deuxième Bureau über den deutschen Vormarsch nur mehr durch telefonische Anrufe in den bedrohten Städten informieren, und zwar auch nur mittels eines Mauerapparats, der im Büro des Direktors der Volksschule von Ussel angebracht war. Der Todeskampf Frankreichs spielte sich auf gespenstige Weise ab: Eine Phantombefehlsstelle gab einer Schattenarmee Anweisungen.

General Altmayer hörte am 12. Juni erstmals von der ›Festung Bretagne‹. Er wurde beauftragt, ›eine Verteidigungsfront längs der Rance und Vilaine zu bilden, um Rennes in der Höhe von Vitré zu decken‹. Seine Armee war nach der Gefangennahme des linken Flügels auf zwei Divisionen zusammengeschrumpft. Man verstärkte sie, indem man ihr die vier Divisionen des XVI. Korps zuwies, welche indes so gut wie gar nicht existierten. Die Mannschaften und der General Fagalde waren zwar aus Dünkirchen entkommen, die Divisionen waren aber weder organisiert noch neu ausgerüstet worden. Ihr Bestand belief sich nominell auf 50000 Mann; kampffähig waren am 13. Juni indes höchstens zwei oder drei Bataillone. Am 16. Juni sollten 12 Bataillone – acht Batterien mit 7,5-cm-Kanonen und vier Batterien mit 2,5-cm-Geschützen – einsatzbereit sein. Das aber entsprach nicht einmal der Geschützstärke einer normalen Division.

Die Kampfgruppe Fagalde hatte noch einen weiteren Nachteil; sie befand sich nämlich nicht in der ›Festung Bretagne‹, sondern in der Gegend von Alençon in der Normandie. Statt am Ausbau der Front an Rance und Vilaine mitzuarbeiten – wofür übrigens kein einziger Meter Stacheldraht vorhanden war –, mußte sie sich vor einem zehnmal schnelleren Gegner zurückziehen. Am 17. Juni stieß Rommel 240 (!) Kilometer vor, während die Verteidiger der hypothetischen ›Festung Bretagne‹ mit wunden Füßen mühsam marschierten. So mußten die deutschen Panzer schon lange vor ihnen in Rennes und Brest sein ...!

Das französische Kabinett tagt in Cangé

Tours war zur Hauptstadt Frankreichs geworden. Die Ministerien hatte man auf die Schlösser der Touraine verteilt; die Verbindungen unter ihnen waren wegen der großen Entfernungen und der dauernd verstopften Straßen denkbar schlecht. Wochen hätte es gedauert, eine halbwegs normale Regierungstätigkeit wiederaufzunehmen. Unbegreiflicherweise hatte man aber die Loire zur letzten Rückzugslinie erklärt. Man wäre am liebsten – wie 1914 – gleich nach Bordeaux gegangen. Aber Tours lag noch auf dem Weg nach Brest, und die Regierung wußte noch nicht recht, wohin sie sich wenden sollte.

Schloß Cangé war nun der Sitz des auf der Flucht befindlichen Präsidenten der französischen Republik. Während Churchill nach London zurückflog, fuhren Reynaud und Pétain nach diesem Exil-Elyseepalast. Weygand war ihnen gefolgt und traf in Cangé ein, als der Ministerrat schon versammelt war. Der für die Beratungen gewählte Salon hatte nicht einmal einen genügend großen Tisch. Es war inzwischen 19 Uhr geworden, die Sonne stand noch hoch am Himmel, und unten, im grünen Tal, floß friedlich der Cher.

Weygands Lagebericht war noch katastrophaler und ungeschminkter als der vom Vortag, den er in Anwesenheit Churchills gegeben hatte. Auch der letzte Hoffnungsschimmer war verblichen. Die Armeen waren zwar noch fest in der Hand ihrer Generale, doch konnten sie sich binnen weniger Tage in eine die Ordnung im Lande gefährdende Menschenmasse verwandeln. Eine Fortsetzung der militärischen Operationen war nicht mehr möglich; es war Pflicht gegenüber der Armee und dem Land, den Feind um Bekanntgabe der Waffenstillstandsbedingungen zu ersuchen.

Auf diesen Schock waren die Minister nicht gefaßt. Da sie von militärischen Problemen keine Ahnung hatten und von der Planung und Durchführung aller Operationen sorgfältigst ferngehalten worden waren, fielen sie ihren eigenen Propagandareden zum Opfer. Man feierte noch die Räumung von Dünkirchen als einen Sieg, der alle feindlichen Erfolge in den Ardennen als nebensächlich abtat. Die Schlacht in Frankreich war angeblich in vollem Gange, und die deutschen Panzer, so hieß es, waren ausgepumpt. Paris war ja noch nicht genommen, und hinter Paris lag die Loire, an der die Entscheidungsschlacht geschlagen werden sollte.

Der von Schlaflosigkeit, Angst und Kränkungen geplagte Weygand hatte zu diesen Zivilisten, in denen er die Hauptverantwortlichen sah, in gereiztem Ton gesprochen, mit der pathetischen Eindringlichkeit des höchsten Heerführers, der vom Gipfel des Ruhmes soeben in die tiefste Erniedrigung gestürzt worden war. Das Kabinett war wie gelähmt. Sollte man die Niederlage hinnehmen? Um einen Waffenstillstand bitten? Die öffentliche Meinung, Frankreich und die Welt würden das nie verstehen!
Paul Reynaud ergriff das Wort. Weygand, so führte er aus, habe als Militär gesprochen, aber das Problem sei nicht ausschließlich militärischer Natur. Ein Ersuchen um Waffenstillstand sei zwecklos, denn Hitler sei kein Gentleman alter Schule wie Wilhelm II., Hitler sei ein Dschingis-Khan, für den das Kriegsziel ausschließlich in der Vernichtung des Besiegten bestehe. Es sei daher nötig, den Kampf fortzusetzen, sich in der ›Festung Bretagne‹ zu verbarrikadieren, und, falls man von dort vertrieben werde, nach Algier, nach Dakar oder nach Fort-de-France zu gehen und abzuwarten, bis die Amerikaner die nötigen Panzer und Flugzeuge hergestellt hätten, mit denen dann der Feind zermalmt werden könne.
Die Diskussion endete in unsagbarer Verwirrung. Weygand ging wieder. Mehrere Minister hatten Argumente gegen den Waffenstillstand vorgebracht, die einen feurig – Dautry und Louis Marin –, die anderen – Queuille und Chichery – besonnener. Der Propagandaminister Jean Prouvost hatte seine entschiedene Abneigung gegen ein Verlassen des Mutterlands zum Ausdruck gebracht. Nur Marschall Pétain hatte einem Waffenstillstandsersuchen kategorisch zugestimmt. Es wurde keinerlei Beschluß gefaßt. Reynaud hatte Churchill ersucht, wieder nach Frankreich zu kommen, um mit der französischen Regierung die Lage noch einmal zu beraten. Ehe man das Unwiderrufliche unternehmen wollte, war eine letzte Aussprache nötig.
Churchill landete, wiederum eskortiert von mehreren ›Hurricanes‹, am 13. Juni um 13 Uhr in Tours. Kein Mensch erwartete ihn auf dem kurz zuvor bombardierten Flugplatz. Er trieb einen Wagen auf und irrte dann mit Halifax und Beaverbrook in der mit Flüchtlingen überschwemmten Stadt umher. Das Grand Hôtel öffnete für den englischen Premierminister sein sonst wegen Nahrungsmittelmangels geschlossenes Restaurant und ließ ihm ein Mittagessen vorsetzen, das der undankbare Churchill als Schlangenfraß bezeichnete. Während er – unter argen gastronomischen Verzichten – seinen Hunger stillte, wurde er überall von der französischen Regierung gesucht. Paul Baudouin entdeckte den Britenpremier, als dieser sich gerade vom Mahl erhob, und nahm ihn mit zur Präfektur, wo Reynaud ihn erwartete. Die Unterredung begann sofort.
Reynaud erklärte, er spreche im Auftrag seines Ministerrates. Welche Haltung, fragte er, werde England einnehmen, wenn das Schlimmste geschähe und Frankreich gezwungen wäre, sich wegen der erdrückenden deutschen Übermacht vom gemeinsamen Schlachtfeld zurückzuziehen?

Churchill ging nicht gleich auf diese Frage ein, sondern verfiel zunächst, wie schon in Briare, in eine pompöse Rhetorik. Er predigte vom Mut der letzten Viertelstunde, kam auf seine Idee von einem Guerillakrieg in Frankreich zurück, der das Grab der Wehrmacht sein werde. Eigenartigerweise sprach er kein Wort von der französischen Flotte, deren zukünftige Rolle doch einer der wichtigsten Gesichtspunkte gewesen wäre, und erwähnte auch mit keiner Silbe das französische Kolonialreich, jene riesige Rückzugsstellung, von der aus die britisch-französische Zusammenarbeit hätte neu organisiert werden können. Statt dessen forderte er das Unmögliche.
Churchills pathetischer Aufwand war umsonst. Die französische Niederlage war nicht mehr zu leugnen. Der Premier begab sich wieder auf den Boden der Tatsachen und erklärte, England werde ›keine nutzlosen Vorwürfe erheben, sondern als Sieger Frankreich ›in seiner Würde und Größe‹ wiederherstellen. Allerdings könne keine Rede davon sein, Frankreich aus dem am 28. März geschlossenen Vertrag zu entlassen, in dem es sich verpflichtet habe, von jedem separaten Waffenstillstand oder Friedensschluß Abstand zu nehmen. Einen harten Schlag einzustecken sei etwas anderes, als ihn zu sanktionieren.
Inzwischen war es Spätnachmittag geworden, und der Himmel verfinsterte sich. Wieder kam die Unterredung ins Stocken. Die Engländer standen wie ein Block Reynaud und Baudouin gegenüber. Nur mühsam verbargen sie ihre Enttäuschung über das, was sie als ›defätistische Politik‹ (dieses Wort stammt von Spears) von seiten Paul Reynauds empfanden. Nachdem sie eine Unterbrechung der Sitzung verlangt hatten, um sich zu beraten, spazierten sie unter düsteren Gesprächen um das verschlammte Wasserbecken im Garten der Präfektur. Am unnachgiebigsten war Beaverbrook. »Lassen Sie sich auf nichts ein!« sagte er zu Churchill. »Wir verlieren hier nur unsere Zeit! Fliegen wir zurück!«
Nach Wiederaufnahme der Sitzung erklärte der englische Premierminister, die Beratung mit seinen Ministern habe seine Ansichten nicht geändert. Er fügte hinzu, Reynaud solle einen feierlichen Appell an Roosevelt richten, den er, Churchill, nachdrücklich unterstützen werde. Während der nächsten achtundvierzig Stunden werde England den französischen Truppen weiter Beistand leisten. »Diese Stunde ist vielleicht die dunkelste unseres Lebens«, schloß Churchill. »Unser Kriegsziel bleibt die völlige Niederwerfung Hitlers.« – »Wenn ich das Vertrauen auf den Sieg verlieren würde, so wäre mein Leben nicht mehr wert gelebt zu werden«, antwortete darauf Paul Reynaud.

Waffenstillstand oder nicht? Das französische Kabinett zerfällt

Im Park von Cangé warteten die französischen Minister. Sie waren sehr erstaunt, Paul Reynaud allein zu sehen. Bouthillier erinnerte Reynaud daran, es sei am Vortage vereinbart worden, daß die gesamte Regierung mit Winston Churchill verhandeln werde. Reynaud erwiderte, Mister Churchill habe es eilig gehabt, und außerdem sei sein Erscheinen in Cangé überflüssig, da die beiden Regierungen sich in allen Punkten einig seien. Bouthillier und Chautemps protestierten. Wie könne man, fragten sie, von Einigkeit reden, wo doch der Ministerrat seine Entscheidung aufgeschoben habe?
Dann sprach abermals Weygand. Das Bild, das er von der militärischen Lage gab, war in seiner Düsterheit kaum mehr zu übertreffen; sein Verlangen, der Vernichtung der französischen Armee ein Ende zu machen, konnte nicht eindringlicher vorgebracht werden. Die Flotte, so schlug er vor, solle man in die afrikanischen Häfen verlegen, ehe man um einen Waffenstillstand ersuche, um sie so dem Zugriff des Gegners zu entziehen. Dagegen erklärte er für ›absurd und anrüchig‹ das Projekt der Regierung, sich nach den überseeischen Besitzungen abzusetzen. »Ich werde den französischen Boden nicht verlassen, selbst wenn man mich hier in Fesseln legen sollte.« Dann verlangte er sehr nervös, in sein Hauptquartier zurückkehren zu dürfen. Er ging und äußerte im Vorzimmer nach Soldatenart seine Meinung über die Politiker, die, ›den Hintern im bequemen Lehnsessel‹, das zwecklose Opfer der Soldaten verlängerten.
Die Dämmerung brach herein, und feiner Regen fiel. Der Park verschwand in der Dunkelheit, das Cher-Tal war nicht mehr sichtbar. Marschall Pétain bat um die Erlaubnis, eine Erklärung verlesen zu dürfen. Es war inzwischen so dunkel geworden, daß er ans Fenster treten mußte, um den Text entziffern zu können. Das tiefe Schweigen ringsum gab der brüchigen Stimme des Greises etwas Schauriges. »Es ist für die französische Regierung unmöglich, französischen Boden zu verlassen, ohne zu emigrieren, ohne zu desertieren. Die Erneuerung unseres Landes muß an Ort und Stelle eingeleitet werden. Wir können nicht auf die Wiedereroberung Frankreichs durch alliierte Kanonen zu unbekanntem Zeitpunkt und unvorherzusehenden Bedingungen warten. Ich bleibe beim französischen Volk, ob nun innerhalb oder außerhalb der Regierung, um seine Leiden und sein Elend zu teilen. Der Waffenstillstand ist in meinen Augen die notwendige Vorbedingung für das Überleben des ewigen Frankreichs.«
Das Dilemma war da. Zwei patriotische Auffassungen standen einander gegenüber. Die eine war bereit, die Gegenwart zu opfern und die Nation dem Feind auszuliefern, nur um das Prinzip der Ungebrochenheit aufrechtzuerhalten und um von einer ungewissen Zukunft eine völlige Wiederherstellung zu verlangen. Die andere Richtung war der Meinung, man müsse die Leiden Frankreichs mildern, die Gefangennahme seiner Armee verhindern, vermeiden, daß ein Gauleiter über Frankreich gesetzt werde, und müsse eine nationale Erneuerung vorbereiten, indem man aus der Kata-

Die Generale Weygand, Gamelin und Pétain (oben von links). Das Urteil der Historiker über die französische militärische Führung 1940 ist nicht schmeichelhaft. – Am 31. Mai flogen Churchill, General John Dill, Clement Attlee (unten von links) sowie General Lord Ismay (ganz rechts) zu einer Sitzung des Obersten Kriegsrates nach Paris. Zweiter von rechts der damalige französische Verteidigungsminister Paul Reynaud.

Am 14. Juni 1940 erfolgte die kampflose Besetzung von Paris durch deutsche Truppen: Am Etoile (oben), in der Rue de Rivoli (unten). ›Um zehn Uhr früh‹, schreibt der amerikanische Diplomat R. Murphy, ›wurden kleine Kommandos deutscher Soldaten den französischen Feuerwehrmännern beigegeben – fast die einzigen Menschen, die zum Schutz von Paris zurückgeblieben waren.‹

strophe möglichst viel rette. Keine Klasse, keine Partei, ja vielleicht keine einzige Familie gehörte geschlossen der einen oder anderen dieser beiden entgegengesetzten Richtungen an. Die Kommunisten waren durchaus für den Waffenstillstand – genau wie Weygand und Pétain. De Gaulle kam aus dem gleichen religiösen und konservativen Milieu wie jene, die sich in großer Zahl für einen Waffenstillstand einsetzten. Der alte Rechtspolitiker und Patriot Louis Marin bezog mit all seiner Kraft Stellung gegen den Waffenstillstand, aber er war darum kein besserer Franzose als der Baske und ehemalige Frontkämpfer Jean Ybarnegaray, der als disziplinierter Soldat gehorchte und dem Waffenstillstand zustimmte. Der Technokrat Jean Monnet war gegen, der Technokrat Yves Bouthillier war für den Waffenstillstand. Der Radikale Chautemps war dafür, der Radikale Herriot war absolut dagegen. Manche unter den Befürwortern eines Waffenstillstands waren bereits von der totalitären Ideologie angesteckt und bewunderten den Nationalsozialismus, andere dagegen, vor allem Weygand, waren fanatische Gegner Deutschlands und sahen im Waffenstillstand lediglich eine Pause, während der man sich auf einen neuen Waffengang vorbereiten konnte. Die Argumente der einen wie der anderen Seite waren so stark, daß jede der beiden Auffassungen als völlig ehrenhafter Standpunkt anzusehen ist. Der weitere Gang der Ereignisse gab weder den einen noch den anderen recht. Jene, die Frankreich verlassen hatten, kamen mit der Aureole des Siegers zurück – aber was hätten sie wohl bei ihrer triumphalen Rückkehr vorgefunden, wenn die Daheimgebliebenen nicht so schwere Arbeit geleistet hätten, um Bestehendes zu erhalten? Die wilden, gegenseitigen Anklagen, mit denen sich beide Teile nun schon seit einem Vierteljahrhundert überhäufen, werden künftigen Geschlechtern nichts mehr besagen. Sie werden keine Helden und Verräter, keine Kapitulanten und Abenteurer mehr unterscheiden, sondern nur in einem tragischen Konflikt zerstrittene Franzosen sehen. Am nächsten Tag wurde nur eine einzige Entscheidung getroffen: die Flucht nach Bordeaux. Bei der ersten Sitzung des Ministerrats in Cangé hatte Paul Reynaud die Beratung über einen Waffenstillstand vertagen lassen, um vorher mit Churchill zu sprechen. Bei der zweiten Sitzung berief er sich auf den Appell, den Churchill und er an Roosevelt gerichtet hatten, um wieder einen Aufschub der Waffenstillstandsfrage zu erreichen. Schon am 10. Juni – wenige Minuten vor seiner Abreise aus Paris – hatte Paul Reynaud sich an den Präsidenten der Vereinigten Staaten gewandt und ihn im Namen der Solidarität aller demokratischen Völker aufgefordert, England und Frankreich zu helfen, und zwar mit allen Mitteln, ›ausgenommen die Entsendung eines Expeditionskorps‹. Jetzt ging er noch weiter und verlangte den sofortigen Kriegseintritt Amerikas. »Wir müssen erst die Antwort des Präsidenten abwarten, ehe wir darüber beschließen, ob man mit dem Feind verhandeln oder den Kampf von außerhalb Frankreichs aus fortsetzen soll«, sagte er zu seinen Ministern.

Am frühen Morgen des 14. Juni 1940 verließen die Ministerwagen das Loiretal in Richtung Bordeaux. Ungefähr zur gleichen Stunde zogen die Sieger in Paris ein. Sie kamen über die Porte Maillot, marschierten am Arc de Triomphe vorbei zur Place de la Concorde und bezogen dann in den verlassenen Kasernen Quartier. Es waren keine Panzertruppen, sondern Infanteristen der 18. Armee. Die Pariser waren sehr verwundert über die Pferdegespanne, denn seit Wochen hatten sie nur von Panzern gehört. Trotz des Exodus war die Hauptstadt nicht menschenleer. Die Cafés waren geöffnet und auf den Champs-Elysées waren zwei oder drei Kinos in Betrieb. Der Rundfunk wurde sofort requiriert und spielte ›Deutschland, Deutschland über alles‹ und das Horst-Wessel-Lied. Die Uhr am Bahnhof Saint-Lazare war von unbekannter Hand um 7 Uhr 10 angehalten worden, und auf dem Eiffelturm wehte noch immer die Trikolore. Die ersten deutschen Soldaten, die den Turm erstiegen, zogen sie ein und nahmen sie als Andenken mit.
Für die Verteidigung der ›Festung Bretagne‹ rechnete das französische Oberkommando mit englischer Unterstützung. Es gab noch einige britische Truppen in Frankreich, in erster Linie eine ›Gruppe Beauman‹, die sich aus der Sommeschlacht hatte retten können, und die 52. Division, die von der Maginotlinie, wo sie am 10. Mai gelegen hatte, bis nach Contentin marschiert war. England stellte seine einzige Panzerdivision zur Verfügung, die eigentlich schon gänzlich verbraucht war, sowie eine kanadische Division. Das war der Rest der noch kampffähigen britischen Truppen. Sir Alan Brooke, der neue Oberbefehlshaber des britischen Expeditionskorps, traf am Abend des 11. Juni an Bord eines alten holländischen Frachtdampfers in Cherbourg ein. Da aber die Hafeneinfahrt zu dieser Stunde bereits gesperrt war, konnte der kleine Frachter nicht mehr anlegen. Alan Brooke erhielt nicht einmal die Erlaubnis, mit einem Lotsenboot an Land zu gehen. Erst am übernächsten Tag begab er sich nach Briare, um mit Weygand und Georges Kontakt aufzunehmen.
Die Fahrt nach Briare war für Brooke deprimierend. Ununterbrochen strömten Flüchtlingskolonnen aus dem Norden. Orléans war eine einzige undurchdringliche Masse von Autos. In der Umgebung der bis auf den letzten Tropfen geleerten Tankstellen standen Hunderte verlassener Wagen. Scharen übermüdeter Frauen und Kinder kampierten am Straßenrand. In den Ortschaften standen lange Menschenschlangen vor den Bäckereien und Brunnen. Von Zeit zu Zeit tauchten in dem unaufhörlichen Menschenstrom einzelne Truppenteile, Militärfahrzeuge und Geschütze auf. Um in diesem Chaos nicht hoffnungslos steckenzubleiben, waren Brooke und seine Offiziere gezwungen, gelegentlich Straßensperren zu errichten. Nach zwölfstündiger Fahrt kam der Oberbefehlshaber des britischen Expeditionskorps schließlich vollkommen erschöpft in Briare an.

Am nächsten Tag wurde Brooke von seiner Aufgabe in Kenntnis gesetzt. Er sollte an der Verteidigung der ›Festung Bretagne‹ teilnehmen, deren Errichtung, wie man ihm sagte, vom Obersten Alliierten Rat beschlossen worden sei. Wortlos zog Brooke seinen Taschenzirkel hervor und maß auf der Karte die Länge der vorgesehenen Front: 150 Kilometer. »Man braucht dazu fünfzehn Divisionen. Wo sind sie?« Weygand und Georges zuckten nur resigniert mit den Schultern. »Ich weiß«, sagte Weygand, »es handelt sich um ein reines Hirngespinst.« Und Georges meinte: »Einfach eine romantische Idee!«

Die Rückfahrt Brookes war ebenso unangenehm wie die Hinfahrt. Unmittelbar nachdem er in Mans angekommen war, wo er sein Hauptquartier aufgeschlagen hatte, ließ er sich mit Sir John Dill verbinden. Er berichtete ihm, daß seiner Ansicht nach der Bretagneplan völlig undurchführbar sei und daß er keine andere Möglichkeit sehe, als die britischen Truppen umgehend wieder einzuschiffen. Der britische Generalstabschef war höchst verwundert und fragte, um was für einen Plan es sich denn dabei überhaupt handle. Einige Minuten später rief er dann wieder an und teilte Brooke mit, er habe inzwischen mit Churchill gesprochen. Der Premier habe ihm versichert, daß in Briare keinerlei Abkommen über die gemeinsame Verteidigung der Bretagne getroffen worden sei. Brooke solle alle britischen Truppen, die nicht im Verband der 10. französischen Armee kämpften – das heißt die Voraustruppen der kanadischen Division sowie zwei Drittel der 52. Division und sämtliche Verwaltungseinheiten –, nach England zurückführen. Entsprechende Befehle unter Dringlichkeitsstufe folgten.

Während des Essens wurde wieder aus London angerufen. Diesmal verband Dill gleich mit dem Premierminister, mit dem Brooke jetzt zum erstenmal sprechen konnte. Churchill forderte Brooke auf, die Einschiffung aufzuschieben, denn man müsse der Allianz bis zum Schluß treu bleiben und mit allen Kräften den französischen Widerstand unterstützen. Brooke antwortete brüsk, es sei unmöglich, einen Kadaver wieder zum Leben zu erwecken. Während einer halben Stunde ging die Unterhaltung in diesem Ton weiter. Schließlich jedoch blieb dem Generalleutnant Brooke nichts anderes übrig, als gewissermaßen strammzustehen und das Gespräch mit einem ›Yes, Sir‹ zu beenden.

Dennoch war es ihm gelungen, Churchill zu überzeugen. Bereits am nächsten Morgen wurde der Einschiffungsbefehl wiederholt. Das gerade im Umzug befindliche Große Hauptquartier in Briare wurde von Sir John Dill benachrichtigt, daß General Brooke ihm nicht mehr unterstehe. In Cherbourg, Brest, Nantes, La Rochelle, Verdon und Bayonne drängten 136000 Engländer, 20000 Polen und 18000 Franzosen auf die Schiffe. Ganz ohne tragische Zwischenfälle ging dieses Unternehmen allerdings nicht ab, denn die mit 5800 Mann beladene *Lancastria* wurde beim Verlassen der Loiremündung von der Luftwaffe versenkt. Noch nach Wochen spülte die Flut die Leichen englischer Soldaten an Land.

Von einer ›Festung Bretagne‹ konnte keine Rede sein. Alle Bemühungen des Generals Altmayer, diesen romantischen Befehl auszuführen, blieben vergeblich. Am 16. Juni verlegte er seinen Gefechtstand nach Rennes, und bereits wenige Stunden später wurde er mitten in der Stadt gefangengenommen. Von der ganzen 10. Armee war nur noch das III. Artilleriekorps des hartnäckigen La Laurencie übrig, der über Nantes aus der bretonischen Falle entwischte und sich fechtend auf die Creuse zurückzog.

Der Plan, an der Loire eine feste Verteidigungslinie zu bilden, ließ sich nicht verwirklichen. Alle Flußübergänge wurden heftig bombardiert. An den verbliebenen Brücken stauten sich riesige Mengen von Soldaten und Zivilisten; sie traten sich gegenseitig, um über den Fluß zu kommen. Es hätte übrigens nicht viel gefehlt, und das Große Hauptquartier wäre an der Brücke von La Charité-sur-Loire in Gefangenschaft geraten. Die in einen Güterwagen verladenen Archive des Oberbefehlshabers fielen in die Hände der Deutschen. Darunter befanden sich 3000 Geheimdokumente, die unter anderem die französisch-britischen Vorbereitungen für eine Verletzung der norwegischen Neutralität klar bewiesen, ferner der Plan einer Blockierung der Donau in Rumänien, Pläne für die Sabotage der rumänischen Petroleumquellen und die Unterlagen über einen Angriff auf Baku.

Alles, was dem Feind jetzt noch entrinnen konnte, flüchtete in das Massif Central. Endlose Lastwagenkolonnen kletterten ratternd die steilen Straßen des Limousin und der Auvergne hoch. Das Große Hauptquartier kam in Vichy an, setzte alle Kurgäste des Hôtel du Parc auf die Straße, begann sich einzurichten wie für einen siebenjährigen Krieg – und zog am nächsten Tag schleunigst wieder aus, weil die Deutschen schon in Lapalisse standen. Für achtundvierzig Stunden machte man in La Bourboule Halt und setzte dann die abenteuerliche Reise Richtung Montauban fort.

In den Alpen begann der Krieg nur langsam. Zwei Tage nach der Kriegserklärung meldete die kleine, von General Olry befehligte Armee – bestehend aus drei Festungssektionen, einer Kolonialdivision und drei Infanteriedivisionen der Serie B – nur ›freundschaftliche Kontakte‹ zwischen Franzosen und Alpini-Patrouillen. Mussolini, der Angst hatte, seinen Teil vom Kuchen nicht abzubekommen, befahl Marschall Badoglio, die Offensive zu beginnen. »Wir haben nicht einmal die ausreichende Zahl von Hemden für alle Soldaten«, erwiderte ihm Badoglio. »Ich versichere Ihnen«, war Mussolinis Antwort, »daß im September alles vorbei sein wird und daß ich einige tausend Tote brauche, um mich als Kriegführender an den Tisch des Friedens zu setzen.« Die 1., 4. und 7. italienische Armee wurden an der Grenze zusammengezogen und der Angriff auf den 18. Juni festgesetzt.

In Lothringen, im Elsaß und in der Franche-Comté versuchten die französischen Ostarmeen, den Rückzugsbefehl vom 12. Juni durchzuführen. Um sich in der Gegend von Dijon zu sammeln, mußten sie 250 Kilometer zurücklegen. Seit dem 11. Juni aber hatte Guderian sich eine Bresche zwischen dem rechten Flügel der 4. und dem linken der 2. französischen Armee geschaffen. Wie Manteuffel im Jahre 1871 stieß er rasch vor, um der 2. Armeegruppe den Rückzug abzuschneiden. Der Alptraum des französischen Generalstabs, die Umgehung der Maginotlinie, wurde damit gleichzeitig Wirklichkeit. Am 16. Juni stand Guderian bereits an der Saône. Er überrannte die in aller Eile aufgerichtete, schwache gegnerische Verteidigung, wobei General de Cosson fiel. Dann ließ er mit der charakteristischen Wendigkeit der deutschen Führer schneller Truppen sein XXXXI. Korps um Gray schwenken, um es zwischen Charmes und Remiremont an die Mosel zu legen, während er selber an der Spitze der 2. Panzerdivision in Richtung Besançon und Pontarlier vordrang.

Die französische Front war zusammengebrochen. Unter dem Vorwand, den Abschnitt seiner Armeegruppe an Ort und Stelle besichtigen zu wollen, eilte General Prételat bis nach Gex, von wo aus er dann angeblich vergeblich zurückzukommen versuchte, um das Los seiner Soldaten zu teilen. Die auf sich selbst gestellten drei Armeebefehlshaber Condé, Bourret und Laure hatten nur eine sehr verschwommene Ahnung von der Lage. Die von ihnen befohlenen Truppenbewegungen erwiesen sich als undurchführbar. Die deutsche Luftwaffe hatte sie bis jetzt noch nie belästigt, nun aber griff sie mit aller Gewalt an. Die französischen Kolonnen gerieten durcheinander und lähmten sich gegenseitig.

Die 7. deutsche Armee überschritt den Rhein und besetzte das Elsaß. Mehrere Divisionen – das gesamte XX. Korps – befanden sich noch in der Gegend von Metz. Die Rapporte meldeten, daß der Feind in der Rückzugslinie der Armeegruppe erschienen sei. Bourret und Condé schickten einen verzweifelten Funkspruch an das Große Hauptquartier.

»Melden Lage äußerst kritisch, 23 Einheiten teilweise auseinandergerissen, 7 organische Teile von Armeekorps, 2 Generalquartiere der Armee von Einschließung bedroht. Rückzug und Neuformierung unmöglich. Massenhaft Flüchtlinge. Überall Bombardierungen. Beschwören Sie sofort Meldung an Oberbefehlshaber und Regierung.«

Georges antwortete, die 2. Heeresgruppe habe das befohlene Manöver auch weiterhin auszuführen. Dann fügte er noch etwas von ›Rettung der Ehre der Fahne‹ hinzu – das klassische Zeichen dafür, daß alles verloren ist.

Einige Stunden nach diesem Funkspruchwechsel zog Guderian in Pontarlier ein. Auf seinen Bericht antwortete Hitler telegraphisch: »Meldung beruht auf einem Irrtum. Gemeint ist wohl Pontailler-sur-Saône.« Guderians Antwort: »Kein Irrtum. Bin selbst in Pontarlier an Schweizer Grenze.«

Der Sturz Reynauds. Pétain fordert Beendigung der Kampfhandlungen

Lagen die Regierungsstellen in Tours allzuweit auseinander, so hockten sie in Bordeaux allzu eng zusammen. Die Rue Vital-Carles war zum Regierungsboulevard geworden. Paul Reynaud hatte seine Büros in einem Hotel eingerichtet, der Präsident der Republik saß im daneben liegenden Präfektenpalais, während der Innenminister Georges Mandel seinen Amtssitz in der in der Rue Esprit-des-Lois gelegenen Präfektur aufgeschlagen hatte.

Der englische Gesandte, den man in ein Schloß im Médoc einquartieren wollte, hatte es vorgezogen, lieber eng zusammengepfercht mit dem Botschaftspersonal im Konsulat in der Rue Montesquieu zu wohnen. Ein weiterer ›strategischer Punkt‹ war die Wohnung von Paul Baudouin, in der sich die Freunde Weygands trafen. Ein wichtiger Treffpunkt war auch das Rathaus an der Place Pey-Berland, dessen Hausherr, der Bürgermeister Adrien Marquet, sich vom Sozialisten zum Faschisten gewandelt und das gesamte städtische Personal Pierre Laval zur Verfügung gestellt hatte. Das Dreieck, in dem sich die letzte Phase der Dritten Republik abspielte, hatte kaum tausend Meter Seitenlänge – aber die Gegensätze, die damals dort aufeinanderprallten, hat Frankreich bis heute noch nicht ganz überwunden.

Rundherum brodelte eine unübersehbare Menschenmasse – von den Ärmsten der Flüchtlinge bis zu den Spitzen des Adels, der Wissenschaften und Künste – und nicht zuletzt des Geldes. Das nationale Unglück verband alle Schichten der Gesellschaft in der Sorge um die alltäglichsten Probleme, von denen Wohnung und Nahrung die dringlichsten, aber nicht die einzigen waren. So konnte man Gulbenkian, den Gebieter über Millionen Tonnen von Petroleum, um ein paar Liter Benzin betteln sehen, um nach Süden weiterreisen zu können. Furcht machte sich in den Herzen der Franzosen breit, die sich immer in Sicherheit und von einem mächtigen Staat beschützt gefühlt hatten. Die Hitze, die Ermüdung, das Warten, die Angst und der Kummer schufen jene irreale Atmosphäre, von der alle Berichte aus dem Bordeaux jener Tage sprechen.

Die erste der zahlreichen Attacken, die zum Sturz des Ministerpräsidenten Paul Reynaud führten, kam am 15. Juni von seiten des Admirals Darlan. Als er von der Möglichkeit eines Waffenstillstands hörte, brauste er auf: »Hören Sie mir gut zu: Wenn das geschieht, dann fahre ich mit der Flotte ab...!« Das war eine großartige Aussicht: François Darlan, der mit der ganzen französischen Flotte in englische Häfen einlief! Das hatte ihn mit einem Schlag zum berühmtesten und zu diesem Zeitpunkt wichtigsten Franzosen gemacht. Die tieferen Gründe für sein späteres Umschwenken wird man wahrscheinlich nie erfahren. Als er von Paul Reynaud aus Royan nach Bordeaux gerufen wurde, erklärte er dem Ministerpräsidenten mürrisch, daß dessen Absicht, 870000 Mann nach Nordafrika zu transportieren, einfach undurchführbar sei. In Wirklichkeit hatte Darlan bereits seine Wahl getroffen. Das Aus-

laufen der Flotte hätte jeden Waffenstillstand unmöglich gemacht, hätte das gesamte französische Empire mitgerissen und dem Krieg – sei es zum Besseren oder zum Schlimmeren – einen völlig anderen Verlauf gegeben.
Einige Minuten nach Darlan erschien Marschall Pétain beim Ministerpräsidenten. Er verlangte eine Sitzung des Ministerrats für 16 Uhr und erklärte, er werde zurücktreten, wenn das Waffenstillstandsersuchen nochmals vertagt werde.
Dann traf Weygand aus Vichy ein. Die Anordnung, in Bordeaux zu einer Zusammenkunft um 10 Uhr 30 bei Paul Baudouin zu erscheinen, war von Marschall Pétain unterzeichnet, der dem Oberbefehlshaber in keiner Weise etwas zu befehlen hatte. Weygand verständigte korrekt Paul Reynaud, der ihm mit der Formel »Sie sind immer willkommen!« antwortete. Um endlich einmal ausschlafen zu können, war Weygand mit seinem Sonderzug gekommen. Alle Vorfahrtsrechte des Oberkommandierenden hatten nichts genützt, da die Schienenwege durch Bombardierungen unterbrochen waren und riesige Umwege gefahren werden mußten. Nach zwölfstündiger Fahrt stand der Zug 150 Kilometer von seinem Abfahrtsort entfernt in Châteauroux, denn er war nach Norden umgeleitet worden, statt nach Süden zu fahren. Mit viel Mühe wurde er dann in die Richtung Bordeaux dirigiert, wo er erst nachmittags am Bahnhof Bordeaux-Bastide eintraf. Mit Tränen in den Augen empfing der Befehlshaber des XVIII. Korpsbezirks, General Lafont, seinen Chef und Freund. Er hatte den Auftrag, ihn sofort zu Paul Reynaud zu begleiten.
Der wegen seines Wutausbruchs in Cangé etwas verlegene Weygand hatte sich vorgenommen, völlig ruhig zu bleiben. Als ihm aber Paul Reynaud seinen Plan auseinandersetzte, nach dem Beispiel Hollands mit der Regierung außer Landes zu gehen, während Weygand mit der Armee kapitulieren sollte, konnte der Generalissimus nicht mehr an sich halten. »Was Sie da versuchen«, brüllte er los, »ist eine Verlagerung der Verantwortung! Die Regierung hat es auf sich genommen, den Krieg zu erklären, jetzt muß sie auch die Verantwortung für den Waffenstillstand übernehmen.« Vergeblich versuchte Reynaud Weygand zu überreden, indem er vorschlug, er werde ihm den Befehl erteilen und so das Oberkommando decken, aber Weygand antwortete, er lasse keinen Schandfleck auf die französischen Fahnen kommen und werde sich weigern, diesen Befehl auszuführen.
Wieder einmal standen sich zwei Auffassungen von patriotischer Pflicht gegenüber. Die Weigerung des Generalissimus entsprach dem Ehrenkodex, wie ihn die überwiegende Mehrzahl der Offiziere anerkannte. Sieben Jahre später gab der zweithöchste Offizier der französischen Armee, der General Georges, vor einer vom Geist der Résistance erfüllten Untersuchungskommission seinem ehemaligen Vorgesetzten voll und ganz recht: »Die Regierung hat zu entscheiden, ob der Kampf fortgesetzt werden soll oder nicht. Eine Kapitulation in offener Feldschlacht ist eine Schande für jeden Oberkommandierenden. Unsere Gesetze verbieten es übrigens ausdrücklich. Para-

graph 234 des Militärstrafgesetzbuchs bestraft ein derartiges Verhalten mit Tod und Degradierung.«

Um 16 Uhr 15 wurde die von Pétain verlangte Kabinettsitzung eröffnet. Ob der Marschall nun müde oder schwankend geworden war – er war nicht mehr so kategorisch in seinen Forderungen wie noch einige Stunden zuvor. Schlau verfolgte Reynaud seinen Plan, indem er mit der angsterfüllten Ungeduld des Greises rechnete, der gegen jede Fortsetzung der nutzlosen Schlächterei war. Er führte an, daß Waffenstillstandsverhandlungen mehrere Tage in Anspruch nehmen würden, während eine einseitige Einstellung des Feuers sofortige Wirkung habe. Pétain war bereit, diesen Gesichtspunkt Weygand näherzubringen, der im Wintergarten wartete, nachdem er über die jüngsten militärischen Ereignisse berichtet hatte. Nach einer Viertelstunde kam Pétain dann zurück und teilte dem Ministerrat mit, Weygand sei nicht in die Falle gegangen. Der zweite Versuch Reynauds, die Armee allein kapitulieren zu lassen, damit ›Frankreich eine Wilhelmine von Holland und kein Leopold von Belgien sei‹, war gescheitert.

In der Sitzung war auch der gewandte, spitzfindige Chautemps auf seine Art am Werk. Er widersprach der Auffassung Reynauds nicht, daß Hitlers Bedingungen unannehmbar sein würden, doch meinte er, man könne es ja einmal versuchen und ihn danach fragen. Wenn Hitler den Waffenstillstand verweigere oder unehrenhafte Bedingungen, wie etwa die Auslieferung der Flotte, stelle, dann habe man ja den Beweis dafür, daß keine andere Möglichkeit bestehe, als den Krieg von jenseits des Meeres aus fortzusetzen. Reynaud erkannte die Falle und wollte sich dem Vorschlag widersetzen, aber ein rascher Abstimmungsversuch belehrte ihn, daß dreizehn seiner Minister für und sechs gegen den Vorschlag Chautemps' waren. Er erhob sich und erklärte seinen Rücktritt, doch gelang es dem Präsidenten Albert Lebrun, ihn zum Widerruf seiner Entscheidung zu bewegen.

Weygand wartete immer noch im Wintergarten. Reynaud begab sich zu ihm: »General, der Ministerrat ist für Kapitulation des Landheeres. An Ihnen ist es, diese zu vollziehen.« Weygand war wütend und verlangte seine Entlassung. Er schwor, daß man ihn nie im Leben zu einer derartigen Gemeinheit werde bewegen können. Und dazu habe man ihn so weit herkommen lassen! Damit war auch der dritte Versuch, das Schicksal der Armee von dem des Landes zu trennen, gescheitert.

Am Abend hatte Paul Reynaud wieder hinter dem mit vergoldeten Akanthusblättern verzierten Ebenholzschreibtisch des Präfekten des Departements Gironde Platz genommen, als ihm zwei Besucher gemeldet wurden, der britische Gesandte Campbell und General Spears. Gleichzeitig überbrachte man dem Ministerpräsidenten einen Funkspruch, der ihn erblassen ließ. »Unser Appell hat nichts gefruchtet, die Amerikaner wollen keinen Krieg erklären«, flüsterte er. Roosevelt versprach zwar materielle Hilfe, doch schloß seine Antwort mit den Worten: »Ich nehme an, Sie werden verstehen, daß diese meine Erklärungen keinerlei Verpflichtung militärischer Art bedeuten. Nur der Kongreß könnte solche eingehen.«

Am darauffolgenden Tag – Sonntag, den 16. Juni – verlas Marschall Pétain seine Rücktrittserklärung im Ministerrat. Die flehentlichen und zusammenhanglosen Bitten Lebruns ließen ihn dann seinen Rücktritt doch noch hinausschieben, da diesem Schritt zweifellos eine Auflösung des ganzen Kabinetts gefolgt wäre.

Reynaud teilte den konsternierten Ministern anschließend die negative Antwort Roosevelts mit sowie die Haltung der britischen Regierung, die Worte Churchills, welche die Franzosen als eine Zustimmung zu einem Separat-Waffenstillstand aufgefaßt hatten, nicht zu ratifizieren. Reynaud fügte noch hinzu, er habe den englischen Premierminister zu einer klärenden Aussprache für den gleichen Tag nach Nantes gebeten.

Die Ereignisse überstürzten sich. Campbell erschien wieder auf der Präfektur und teilte mit, er sei eben telefonisch von einer neuen Haltung der englischen Regierung informiert worden: England sei damit einverstanden, daß Frankreich um Bekanntgabe der Waffenstillstandsbedingungen ersuche, unter der Bedingung, daß die französische Flotte sich nach englischen Häfen begebe und während der Dauer der Verhandlungen dort bleibe. Den genauen Text dieser englischen Zustimmung brachte der Gesandte kurz darauf. Einige Minuten vor 16 Uhr erschien er dann zum drittenmal, um den Ministerpräsidenten von einem neuerlichen Funkspruch in Kenntnis zu setzen, demzufolge er die Rückgabe des Reynaud bei seinem zweiten Besuch ausgehändigten Textes verlangen müsse. Gründe für dieses seltsame Verlangen konnte er nicht angeben.

Campbell befand sich noch bei Paul Reynaud, als dieser von London aus angerufen wurde. Es war de Gaulle, der am andern Ende der Leitung sprach. Was dieser ihm mitzuteilen hatte, konnte man nur als sensationell bezeichnen. Dem bereits in die Knie gezwungenen Frankreich bot England eine Fusion an. »Frankreich und Großbritannien sind von nun ab nicht mehr zwei Nationen, sondern die französisch-englische Union. Jeder französische Staatsbürger erhält sofort auch englische Staatsangehörigkeit, jeder Engländer wird sofort Franzose. Es wird ein einziges einheitliches Kriegskabinett gebildet, dem alle Land-, Luft- und Seestreitkräfte unterstehen. Die Union wird alle ihre Kraft einsetzen, um den Feind zu bekämpfen, gleichgültig, wo die Kämpfe sich abspielen werden. Auf diese Weise werden wir siegen.«

Das war ein großartiger Gedanke, ein echtes Churchill-Projekt, wenn es auch nicht seine Idee gewesen war. Es stammte von dem eiskalten Lord Halifax, de Gaulle, Monnet, Pleven und Robert Vansittard, einem Diplomaten alter Schule, und wurde vom britischen Kabinett mit Begeisterung angenommen. »Ich war ziemlich überrascht«, sagte Churchill, »alte und erfahrene Politiker so begeistert zu sehen für ein Projekt, dessen mögliche Verwicklungen und Konsequenzen überhaupt nicht bedacht worden waren.« Es handelte sich hierbei im Grunde um eine durch den französischen Zusammenbruch ausgelöste Gewissensmanifestation Englands. Nach dem Schock von Dünkirchen hatte England sich wieder beruhigt und beabsichtigte, wenigstens nach außen hin das Bild eines ruhigen Sommers zu bieten. Keine einzige Bombe fiel auf britisches Gebiet, und die Strandbäder, denen jederzeit eine Invasion drohte, waren überfüllt. Der aus seinem hart getroffenen Land gekommene de Gaulle fand die in London herrschende Fröhlichkeit, die zufriedenen Spaziergänger in den Parks und die tressengeschmückten Portiers vor den Klubs widerlich. Diese zur Schau getragene Gleichgültigkeit verbarg jedoch in Wirklichkeit eine tiefe innere Unruhe. Durch sie war die Begeisterung der Kabinettsmitglieder zu erklären, die zwei Nationen, deren eine schwer angeschlagen war, während die andere vom Krieg überhaupt noch nichts zu spüren bekommen hatte, nun für eine ungewisse Zukunft vereinigen wollten.

Von London aus sahen die Dinge ganz anders aus als von Bordeaux. Die schreckliche Niederlage verschloß das Denken gegen alles, was nicht sofort reale Vorteile bringen konnte. Ein neues Gespenst, der Hunger, richtete sich vor den flüchtenden Menschenmassen auf. General Georges meldete: »17 Uhr. Lage weiter verschlechtert. Ernste Verpflegungsschwierigkeiten bei Truppe und fliehender Bevölkerung. Beschlußfassung unbedingt erforderlich.« Ein Gedanke einigte die ganze Nation von den Armeeführern bis zum letzten Soldaten, von den von Hunger gepeinigten Flüchtlingen bis zum alten Marschall, der sich weigerte, weiterhin an den Kabinettsitzungen teilzunehmen – der Gedanke an eine sofortige Beendigung des Krieges. Die britisch-französische Union war ein grandioses Abstraktum, die herrschende Verwirrung aber war die grausame Realität.

Wieder einmal – es war das letzte Mal – traten die Minister der Regierung Reynaud zusammen. Dieser berichtete dem Kabinett von dem britischen Fusionsangebot und erklärte sich gleichzeitig mit diesem Plan völlig einverstanden. Er habe mit Churchill telefoniert und eine Zusammenkunft in Quiberon oder Concarneau vereinbart. In der Reaktion der Minister mischten sich Überraschung, Mißtrauen und offene Feindseligkeit gegenüber England. Ybarnegaray erklärte, England wolle offensichtlich aus Frankreich ein Dominion machen. Chautemps, der Tränen in den Augen hatte, weil man ihm eben die Bombardierung seiner Heimatstadt Blois gemeldet hatte, sagte, es gebe jetzt keine andere Wahl, als mit der Schlächterei endlich Schluß zu machen. Die sarkastische Bemerkung Mandels: »Der Ministerrat ist gespalten ... auf der einen Seite sind die Tapferen, auf der anderen die Feiglinge«, löste wütende Zwischenrufe aus. Hartnäckig bestand Paul Reynaud darauf, die Armee habe allein zu kapitulieren, während die Regierung ins Exil gehen solle, um dort mit Hilfe einer vorübergehenden britisch-französischen Symbiose Frankreichs Wiedergeburt vorzubereiten. Aber die Mehrheit der Minister war jetzt gegen Reynaud und forderte ihn auf, zu demissionie-

ren, um vom Präsidenten der Republik mit einer Regierungsneubildung beauftragt zu werden. Dann könne er Pétain ausschalten und Weygand absetzen. Doch von dem verzweifelten, völlig aufgelösten Lebrun waren die notwendigen Schritte in diesem Augenblick nicht zu erwarten.
Zwei Stunden später hatte Paul Reynaud abgedankt. Am Abend wurde Marschall Pétain mit der Neubildung der Regierung beauftragt. Als Präsident Albert Lebrun ihn bat, sich mit der Ernennung der Minister möglichst zu beeilen, zog Pétain aus seiner Brieftasche eine Namensliste und antwortete: »Meine Regierung? Da ist sie!«
Am 17. Juni um 0 Uhr 30 wurde der spanische Gesandte Lequerica aus tiefem Schlaf geweckt. Der neue Außenminister Paul Baudouin bat ihn, der deutschen Regierung das Waffenstillstandsersuchen des französischen Kabinetts zu übermitteln.
Mittags ertönte dann die brüchige Stimme eines Achtzigjährigen aus allen Lautsprechern. Aus zahllosen Augen flossen dabei Tränen, doch gleichzeitig fiel ein riesiger Stein vom Herzen der Nation. »Ich opfere mich für Frankreich, um sein Unglück zu mildern«, sagte Marschall Pétain. »Mit blutendem Herzen sage ich allen Franzosen, daß der Krieg beendet werden muß.«

Die letzten Kämpfe

Überall hörten die Kämpfe auf. Die Generale berichteten, daß die Regimenter sich auflösten und die Soldaten die Front verließen. Die Deutschen hißten weiße Fahnen und riefen, der Krieg sei aus. Damit veranlaßten sie Tausende, sich in Gefangenschaft zu begeben. Viele Franzosen fraternisierten mit den Deutschen. Als man sich über die ungenauen Formulierungen der Radioansprache klar wurde, wurde eine neue Fassung gesendet, in der es hieß: »Man muß *versuchen*, den Krieg zu beenden«... Damit konnte man einige Einheiten wieder zusammenfassen, doch war von militärischen Operationen oder einer zusammenhängenden Front keine Rede mehr. Alles, was die Truppe noch tun konnte, war eine Verzögerung des deutschen Vormarsches, indem kleine Kommandos die Flußübergänge und Ortseingänge hinhaltend verteidigten. Zu allem Überfluß bemühten sich die Zivilbehörden und sogar militärische Stellen, den Mut der letzten Verteidiger des Vaterlandes zu brechen. Bürgermeister, bekleidet mit ihrer Amtsschärpe, forderten Truppenbefehlshaber auf, das Ortsgebiet zu verlassen, als ob es sich um Zigeuner gehandelt hätte. Herriot in seiner Eigenschaft als Bürgermeister von Lyon verleugnete den Patrioten Herriot und widersetzte sich der Zerstörung der Brücken seiner Stadt, obwohl dadurch die gesamte Verteidigung des Südostens in Frage gestellt wurde. Im traditionsgemäß konservativen Westen war die Ablehnung jeglichen Patriotismus' am stärksten. General de La Laurencie, der sich aus dem

Perche nach dem Anjou zurückzog, meldete dem General Besson, er kämpfe ›inmitten einer nationalen Auflösung‹. In Angers forderte ihn der Bürgermeister auf, die Stadt nicht zu verteidigen, um ihr die Schrecken eines Bombardements zu ersparen. Und noch weniger konnte er Nantes verteidigen, da General Griveaud, der Befehlshaber des XI. Korpsbezirks sich geweigert hatte, die Brücken sprengen zu lassen.
In Saumur wollten die durch einige Offizierschüler von Saint-Maxence verstärkten Kadetten der Kavallerieschule die Loireübergänge verteidigen, doch fuhr der Bürgermeister in einem Lautsprecherwagen durch die Stadt und verkündete, Saumur sei offene Stadt und dürfe nicht verteidigt werden. Ähnliches ereignete sich in Tours, in Poitiers und Cholet, in der ganzen Bretagne, im Maine, Anjou und im Poitou, von den schon besetzten Provinzen gar nicht zu reden. Über allen Ortschaften wehten weiße Fahnen. Das disziplinierte Verhalten der Wehrmacht rief bei vielen Franzosen eine überraschende Sinnesänderung hervor, denn die Propaganda hatte die Deutschen immer nur als Brandstifter und Sadisten hingestellt. Vielen notleidenden Flüchtlingen wurde von den Deutschen geholfen. Riesige Plakate, die einen Feldgrauen zeigten, der ein Kind auf dem Arm hielt, wurden in allen eroberten Ortschaften angeschlagen. Der Text auf diesen Plakaten lautete: »Von deiner Regierung verlassene Bevölkerung, vertraue den deutschen Soldaten!« Die Wut der Nation war nicht mehr gegen die feindliche Armee und das siegreiche Deutschland gerichtet, sondern gegen die für dieses Unglück verantwortlichen Politiker. Als Paul Reynaud Bordeaux verließ, wurde er von vielen Leuten wild beschimpft. In Bordeaux wagten die Parlamentarier sich nicht mehr in die ihnen für Beratungen zur Verfügung gestellten Kinos, weil sie fürchteten, gelyncht zu werden.
Eine der ersten Maßnahmen der neuen Regierung war die Erklärung aller Städte mit über 20000 Einwohnern zur ›offenen Stadt‹, in deren Bereich keinerlei Widerstand geleistet werden durfte. Den Truppen war es verboten, sie zu durchqueren. Die Generale führten vergeblich ins Treffen, daß solche Maßnahmen jede Verteidigung des Landes unmöglich machten. Doch in der Lage, in der sich Frankreich damals befand, spielten militärische Erwägungen keine Rolle mehr.
Brest wurde am 19. Juni erobert. Am gleichen Tag nahm Rommel die Forts, die Zitadelle, die Stadt und den Kriegshafen von Cherbourg. Die Loire, die schon am 16. Juni bei La Charité überschritten worden war, wurde am 19. und 20. Juni entlang ihrem ganzen Lauf überquert, und Provinzen, die nie eine Invasion in neuerer Zeit erlebt hatten, wie Berry und Poitou, erdröhnten nun unter dem Gleichschritt deutscher Kolonnen. Im Osten war die Lage der 2. Heeresgruppe verzweifelt. Das XXXXV. Korps versuchte vergeblich nach Pontarlier durchzubrechen und wurde in der Schweiz interniert. Die 8. Armee wurde bei Gérardmer (Vogesen) teilweise vernichtet, das gleiche Schicksal ereilte die 5. Armee bei Saint-Dié. Die zwischen Maas und Mosel zusammengepreßte 3. Armee meldete, sie habe kein Brot mehr für

die 1200000 Soldaten und Zivilisten. Ein Drittel von dem, was einmal die französische Armee war, wurde zwischen Metz und Besançon allmählich aufgerieben. Am 21. Juni griffen 22 italienische Divisionen zwischen der Maurienne und Queyras an, damit auch Mussolini sich als Sieger aufspielen konnte.

De Gaulle nach London

Am 17. Juni startete auf dem Flugplatz Mérignac heimlich eine kleine Maschine, überflog den brennenden Hafen von La Pallice, die in Flammen stehenden Dörfer und Städte der Bretagne, ging zu einer Zwischenlandung auf der Insel Jersey nieder und erreichte schließlich Croydon. An Bord befanden sich drei Passagiere, General Spears, Leutnant Geoffroy de Courcel und General de Gaulle, der erst am Tag zuvor aus London gekommen war und nun wieder dorthin zurückflog. De Gaulle hatte sich an der Aisne geschworen, so lange zu kämpfen, bis die Ehre der Nation wiederhergestellt sei. Der General machte sich ans Werk. In London begleitete Spears de Gaulle unverzüglich in die Downing Street, wo Churchill nach seiner Tagesarbeit im Garten etwas frische Luft schnappte. General de Gaulle führte vor dem Premierminister aus, er werde den Kampf an der Seite der Engländer weiterführen, ein Nationalkomitee mit seinen Parteigängern gründen und vor allem einen Aufruf an die gefangenen Franzosen richten, sie sollten ihren Mut nicht verlieren. In einer weiteren Ansprache wolle er die freien Franzosen auffordern, sich ihm und seinem Werk anzuschließen. Churchill gratulierte ihm zu diesen Ideen, bedankte sich bei ihm und stellte ihm die Sender der BBC zur Verfügung. Als de Gaulle gegangen war, fuhr er Spears an: »Warum haben Sie mir diesen unbekannten General hergebracht? Was soll ich denn mit dem anfangen? Warum haben Sie mir keinen Politiker gebracht, Mandel oder einen anderen, hinter den sich die Franzosen stellen würden? Eben einen Mann mit Namen...« Am nächsten Tag, dem 18. Juni 1940, wurde die erste gaullistische Proklamation gesendet. Die oft erwähnte Phrase: »Frankreich hat eine Schlacht verloren, aber nicht den Krieg!« war in diesem Aufruf nicht enthalten. Sie wurde erst einige Tage später in London plakatiert. Nach einigen technischen Bemerkungen über die Niederlage, forderte der unbekannte General alle auf britischem Gebiet befindlichen Franzosen auf, sich mit ihm in Verbindung zu setzen, um den Kampf fortzuführen. Der Ton dieser Ansprache war recht kühl, die Stimme des Generals war alles andere als mitreißend. Alle, die diese Ansprache inmitten von Flüchtlingen und Soldaten mitangehört haben, können bestätigen, daß sie eher Ironie, Feindseligkeit und Beschimpfungen hervorrief als Zustimmung. Dagegen klangen allen noch die pathetischen Worte Pétains im Ohr: »Ich opfere mich für Frankreich, um sein Unglück zu mildern.«

In Bordeaux herrschte eine Atmosphäre ängstlicher Erwartung. Die Deutschen hatten immer noch nicht geantwortet, und die Unruhe wuchs von Minute zu Minute. Hitler hatte weder Polen noch Norwegen, Holland und Belgien einen Waffenstillstand zugestanden, sondern stets die bedingungslose Kapitulation gefordert. Man konnte also mit Fug und Recht annehmen, daß er Frankreich, den am meisten gehaßten Feind, nicht anders behandeln würde. Der Gedanke an eine Exilierung des Kabinetts nach Nordafrika nahm daher Gestalt an. Pétain indes war durch seinen Schwur, das Mutterland unter keinen Umständen zu verlassen, gebunden, aber der Präsident der Republik wollte ins Exil gehen. Man schlug vor, ein Teil der Regierung solle ihn unter der Führung des Stellvertretenden Ministerpräsidenten Camille Chautemps nach Algier begleiten, während die Heimattreuen Weygand, Baudouin, Bouthillier und andere mit dem Marschall in Frankreich verbleiben würden. Lebrun sollte sich nach einem Zwischenaufenthalt in Perpignan, wo sein Quartier schon in vollem Blumenschmuck auf ihn wartete, in Port-Vendres einschiffen. Für die Regierungsmitglieder und die Parlamentarier, die den Präsidenten und die Exilregierung begleiten wollten, waren auf dem Passagierdampfer *Massilia*, der abfahrbereit in Le Verdon lag, zweihundert Plätze reserviert worden.

Am 19. Juni 1940 weckte Lequerica endlich seinerseits Baudouin. Die deutsche Regierung hatte sich bereit erklärt, ihre Bedingungen für die Einstellung der Feindseligkeiten bekanntzugeben, und verlangte die Benennung von Verhandlungsbevollmächtigten. Gleichzeitig riet sie der französischen Regierung, sie möge sich zu dem gleichen Zweck mit Italien in Verbindung setzen.

Diese Delegation hätte eigentlich schon längst ernannt sein sollen, doch war in dieser Hinsicht nichts geschehen. In aller Eile wurde sie daher zusammengestellt. Ihre Mitglieder wurden der Gesandte Léon Noël, der bevollmächtigte Minister Rochat, der Admiral Le Luc und die Generale Parisot und Bergeret. Zum Vorsitzenden der Kommission ernannte Weygand den General Huntziger, den er von seiner Armee abkommandierte und der zutiefst bestürzt war, als ihm der neue Verteidigungsminister den wahren Grund seiner Abberufung bekanntgab. Die Delegation wurde angewiesen, für den Fall, daß die Deutschen die Auslieferung der Flotte verlangten, die Verhandlungen sofort abzubrechen. Diese Bedingung wurde auch den drei voller Angst und Spannung wartenden Engländern mitgeteilt. Es waren dies Lord Lloyd, der Seelord Alexander und der Admiral Sir Dudley Pound, die unerwartet in Bordeaux eingetroffen waren. Darlan versicherte zusätzlich unter Ehrenwort, kein einziges französisches Kriegsschiff werde jemals in deutsche Hände fallen. Churchill verbarg aber keineswegs seine Zweifel am Ernst dieses Versprechens.

Als die Waffenstillstandsdelegation sich am 20. Juni um 14 Uhr endlich auf den Weg machte, hatte die Mutlosigkeit in Bordeaux ihren Höhepunkt erreicht. Während der Nacht waren deutsche Flieger über der provisorischen Hauptstadt erschienen und hatten ungefähr zwanzig Menschen getötet. Das kurze Bombardement hatte genügt, um die politische und gesellschaftliche Elite Frankreichs in eine geradezu beschämende Panik zu versetzen. Der Exodus begann wieder in Richtung Toulouse und Bayonne. Bombardierung von Bordeaux, der weitere deutsche Vormarsch bis La Roche-sur-Yon, Niort und Poitiers schienen zu beweisen, daß Deutschland nicht ernsthaft an einen Waffenstillstand dachte. Albert Lebrun bestand darauf, sofort nach Perpignan abzureisen, damit er sich rechtzeitig nach Nordafrika einschiffen könne. Da kam Pierre Laval an der Spitze einer Gruppe seiner Anhänger in den Wohnsitz des Präsidenten gestürmt. Laval war außer sich. Einen Augenblick lang sah es sogar aus, als wolle er den Präsidenten tätlich angreifen. Laval forderte Lebrun auf, erst abzudanken, bevor er außer Landes fliehe. Pétain verbot nach kurzem Zögern allen Inhabern eines öffentlichen Amts, Bordeaux zu verlassen. »Und wenn Lebrun sich nicht um ein solches Verbot kümmert und doch abreisen will?« fragte Baudouin. »Dann lasse ich ihn festnehmen«, war Pétains Antwort. Nur einige Parlamentarier, unter ihnen der Exminister Mandel, begaben sich an Bord der *Massilia*, deren Besatzung sie schwer beschimpfte, denn sie sah in ihnen die Deserteure nach einer Niederlage, die sie selbst verschuldet hatten.

Am 21. Juni wurde die französische Waffenstillstandskommission in Fochs Eisenbahnwagen geführt, der auf persönliche Anordnung Hitlers hin aus dem Museum im Walde von Compiègne geholt und genau an den Platz gestellt worden war, wo er sich am 11. November 1918 befunden hatte. Nach Weygands Aussage hatte man damals die Unterzeichnung des Waffenstillstands in einen Wald verlegt, um den deutschen Stolz nicht allzusehr zu verletzen. Hitlers Absicht aber war, den französischen Hochmut zu demütigen. Die internationale Presse war anwesend, und der deutsche Rundfunk übertrug die Zeremonie. Hitler ließ seine Augen über die historische Stätte schweifen. Sein Gesicht verzog sich zu einer Grimasse, als er die Inschrift an dem Denkmal las: ›Hier wurde der Hochmut des deutschen Kaiserreichs gebrochen...‹ Nachdem er Befehl zur Schleifung des Denkmals gegeben hatte, das an eine Niederlage erinnerte, die nun wieder wettgemacht war, stieg er in den Waggon und setzte sich auf den Platz, den 1918 Marschall Foch eingenommen hatte. Keitel verlas ein Schriftstück, in dem Frankreich, ›ein tapferer Gegner‹, des Meineids und des Angriffs beschuldigt wurde. Dann wurde der Text der Waffenstillstandsbedingungen der Delegation übergeben. Die französischen Unterhändler wurden darauf aufmerksam gemacht, daß keinerlei Diskussion zugelassen sei und daß sie höchstens Aufklärungen verlangen könnten. Noël erinnerte vergeblich daran, daß die deutschen Unterhändler 1918 die Genehmigung erhielten, sich mit ihrer Regierung in Verbindung zu setzen, ehe sie die alliierten Bedingungen unterzeichneten. Alles, was man ihm zugestand, war ein Telefonat mit Weygand, dem er die Bedingungen vorlas. Die Verbindung war jedoch so schlecht, daß der Text nur undeutlich zu verstehen war. Weygand wiederholte die Sätze, wie er sie eben verstand, und sein Ordonnanzoffizier, Hauptmann Glaser, schrieb sie nieder. Auf diese Weise wurde der französischen Regierung ihr Unterwerfungskontrakt mitgeteilt.

Mitten in der Nacht trat der Ministerrat in den Räumen des Präfekten der Gironde zusammen. Es wurde festgestellt, daß die Flotte gerettet und keine entehrende Klausel in den Bedingungen enthalten sei, mit Ausnahme jener, welche die Auslieferung der deutschen politischen Flüchtlinge verlangte. Dagegen war die Härte der Bedingungen erschreckend. Drei Fünftel des Landes wurden besetzt. Die Gefangenen wurden nicht entlassen. Die Besatzungskosten hingen vom Wunsch und Willen des Siegers ab. Lebrun, Darlan und selbst Chautemps erklärten diese Bedingungen für unannehmbar und sprachen erneut von der Fortsetzung des Krieges in Nordafrika. Der anschließende Bericht Weygands war jedoch völlig entmutigend. In Nordafrika standen nur noch vier schwache gemischte Divisionen, die über kein einziges Flakgeschütz verfügten und keinen einzigen Panzer besaßen, der nach 1918 gebaut worden war. Der General war der Meinung, daß die deutsche Armee ihre Siege auch jenseits des Mittelmeers fortsetzen könne und daß jeder französische Widerstand nach kurzer Zeit zusammenbrechen werde.

Schließlich wurde beschlossen, Huntziger solle alles versuchen, Paris von einer Besetzung frei zu halten, damit eine organisierte Verwaltung Frankreichs möglich bleibe. Niemand aber glaubte ernsthaft daran, daß sich Hitler erweichen lassen würde.

Während der ministeriellen Beratungen wartete ein höchst ärgerlicher Herr im Vorzimmer, der englische Gesandte Ronald Campbell. Als Baudouin die Sitzung verließ, hielt Campbell ihn an und machte seinem Ärger Luft. Seit zwei Stunden warte er nun schon! Er, der Gesandte einer noch verbündeten Macht, habe das Recht, informiert und um Rat gefragt zu werden. Baudouin gab sich reichlich undiplomatisch, als er antwortete, die Deutschen verlangten eine französische Antwort bis 9 Uhr morgens und er habe jetzt keine Zeit für eine lange Unterhaltung. Am nächsten Tag verließ Sir Ronald Bordeaux mit dem letzten britischen Schiff. Die diplomatischen Verbindungen zwischen England und Frankreich waren abgebrochen.

In Compiègne wies Keitel alle Bitten um Milderung der harten Bedingungen zurück. Die Franzosen hätten die Wahl zu unterzeichnen oder die Verhandlungen abzubrechen. Einstimmig erteilte der Ministerrat, der am Vortag noch so heftig gegen eine Annahme der Waffenstillstandsbedingungen protestiert hatte, dem General Huntziger die Weisung, sofort zu unterzeichnen. Um 18 Uhr 30 wurde am 22. Juni 1940 der Waffenstillstand geschlossen.

Vorher aber hatte Huntziger noch eine letzte Erklärung abgegeben. Artikel 23 machte das Inkrafttreten des Waffenstillstands von dem Abschluß eines gleichartigen Abkom-

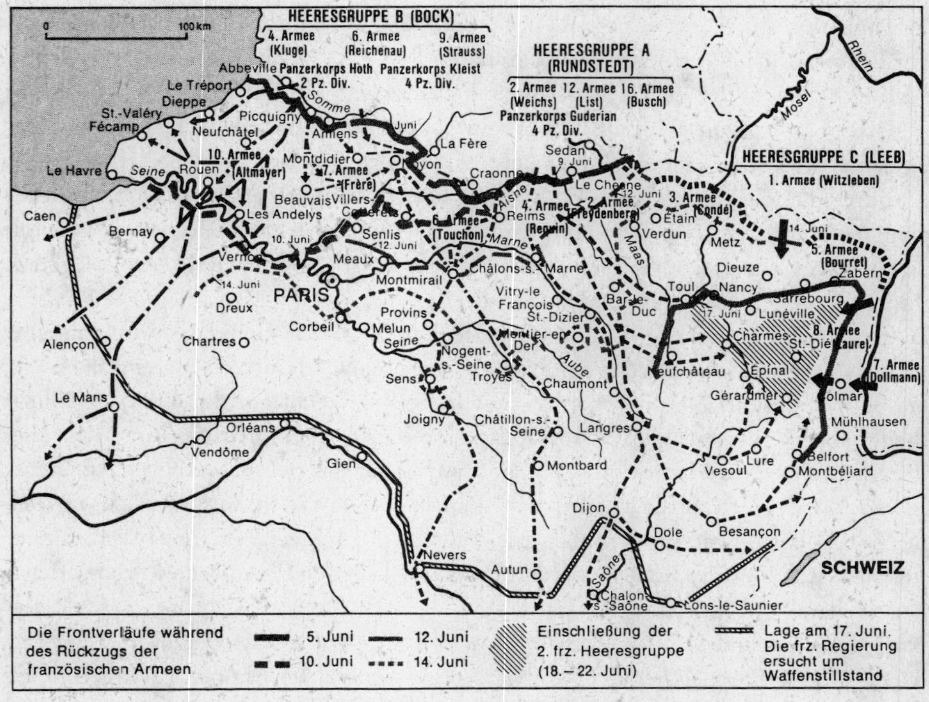

Karte 12 Zweite Phase des Westfeldzugs (›Fall Rot‹), vom 5. bis 17. Juni 1940

mens mit Italien abhängig. Die französische Abordnung sollte sich also sofort nach Rom begeben, doch Huntziger erklärte ausdrücklich, Frankreich könne nicht die gleichen Bedingungen wie dem siegreichen Deutschland einem Land zugestehen, das überhaupt nicht gekämpft habe. »Wenn uns derartige Bedingungen abverlangt werden, müssen wir unsere Handlungsfreiheit wieder zurückfordern. Unsere Marine und unsere Luftstreitkräfte sind völlig intakt. Frankreich hat schon andere Schicksalsschläge überstanden. Wenn es einen Waffenstillstand unterzeichnet, so wird es die Bedingungen loyal erfüllen. Rom darf aber Frankreich nicht mit einer durch nichts zu rechtfertigenden Habgier kommen!«

Als Huntziger dies mit stolzer und energischer Stimme erklärte, ahnte er nicht, daß er schon gewonnen hatte und daß sein wichtigster Verbündeter in diesem Punkt Adolf Hitler war. Dieser hatte nämlich, sobald er von dem französischen Waffenstillstandsersuchen Kenntnis erhalten hatte, Mussolini zu einer Konferenz gebeten. Die Zusammenkunft fand in München statt, und zwar in dem gleichen Saal, in dem 1938 mit Chamberlain und Daladier verhandelt worden war. Der Duce, dessen Truppen kaum eingegriffen hatten, stellte große Ansprüche. Er wollte territoriale Entschädigungen in Tunis und auf Korsika, bestand auf einer italienischen Besetzung Frankreichs bis zur Rhone und auf Auslieferung der französischen Flotte. Zu seiner größten Enttäuschung strich Hitler seine ehrgeizigen Forderungen rücksichtslos zusammen. Er erklärte ihm, er wünsche Frankreich keinen Vernichtungsfrieden aufzuerlegen, und ersuchte Mussolini, er möge verstehen, daß Bedingungen, wie er sie stellen wolle, Frankreich nur zu einer Fortsetzung des Krieges in seinen überseeischen Besitzungen zwingen werde. Der Duce bestand darauf, die Achsenmächte sollten wenigstens die Auslieferung der französischen Flotte fordern, doch Hitler erklärte, das sei gerade die Forderung, an der alles scheitern würde.

Wütend und enttäuscht fuhr Mussolini wieder ab. Während die Delegation Huntziger in Rom in relativ freundlicher Atmosphäre verhandelte, drängte Mussolini Badoglio, er solle wenigstens Nizza erobern, damit Italien ein Recht auf die Besetzung dieser Stadt habe. Es war aber alles umsonst, denn die italienische Offensive kam nicht über die Stadtmitte von Menton hinaus. Die französischen Verluste waren unbedeutend. In den Alpen scheiterte die italienische Offensive ebenso wie an der Küste. Zum erstenmal hatte Gamelin sich als Prophet erwiesen, als er seinerzeit erklärte: »Wenn Italien uns angreifen sollte, so brauche ich dafür vier Divisionen.« Über genau so viel verfügte jetzt General Olry.

Nach der Einnahme von Lyon am 19. Juni und dem Vorstoß von Culoz marschierten die deutschen Truppen gegen Chambéry und Grenoble. Im Rhônetal drangen sie bis Tournon vor. Der Widerstand, auf den sie hier stießen, brachte ihnen zwar einige Verluste, konnte aber den Ablauf ihrer Operationen nicht im geringsten stören. Als der Waffenstillstand in Rom unterzeichnet wurde, der damit den Vertrag von Compiègne in Kraft setzte, war die Alpenarmee bereits völlig umgangen.

Am 25. Juni um 0 Uhr 35 wurde das Feuer eingestellt. Die äußerste von der deutschen Armee erreichte Linie zog sich von Bellegarde über Aix-les-Bains, Voiron, Tournon, Saint-Etienne, Clermont-Ferrand, La Châtre, Montmorillon, Angoulême bis nach Royan hin. Die Truppen mußten fast überall zurückgenommen und hinter die Demarkationslinie verlegt werden. In der Maginotlinie wollten sich einige Werke nicht ergeben und kapitulierten erst Anfang Juli. Mehrere Befehlshaber, wie beispielsweise der Oberstleutnant Schwarz, der den befestigten Unterabschnitt Hagenau befehligte, verfaßten Protestnoten, in denen sie erklärten, ihre Verteidigungsmittel seien unangetastet; wenn sie sich ergäben, so geschehe das nicht aufgrund der feindlichen Übermacht, sondern ausschließlich in Befolgung des Befehls der französischen Regierung.

Die französischen Verluste waren schwer. In 45 Tagen waren 121 000 Soldaten gefallen. Die Holländer hatten 3000 Tote, die Belgier 7000 und die Engländer nur 3500 Tote zu beklagen. (Genaue Zahlen der holländischen und belgischen Gefallenen stehen bis heute nicht fest.) Im Verhältnis dazu waren die deutschen Verluste erstaunlich niedrig, nämlich 27074 Tote, 111034 Verwundete und 18384 Vermißte. Der Schweizer Histori-

6. Juli 1940: Ganz Berlin war auf den Beinen (am Pariser Platz, oben), um den ›Führer‹ und die Generale seiner siegreichen Armee nach dem Westfeldzug auf blumenübersäten Straßen (unten) willkommen zu heißen. Vor dem Reichstag am 19. Juli ernannte Hitler zwölf Generale zu Generalfeldmarschällen; Göring wurde Reichsmarschall.

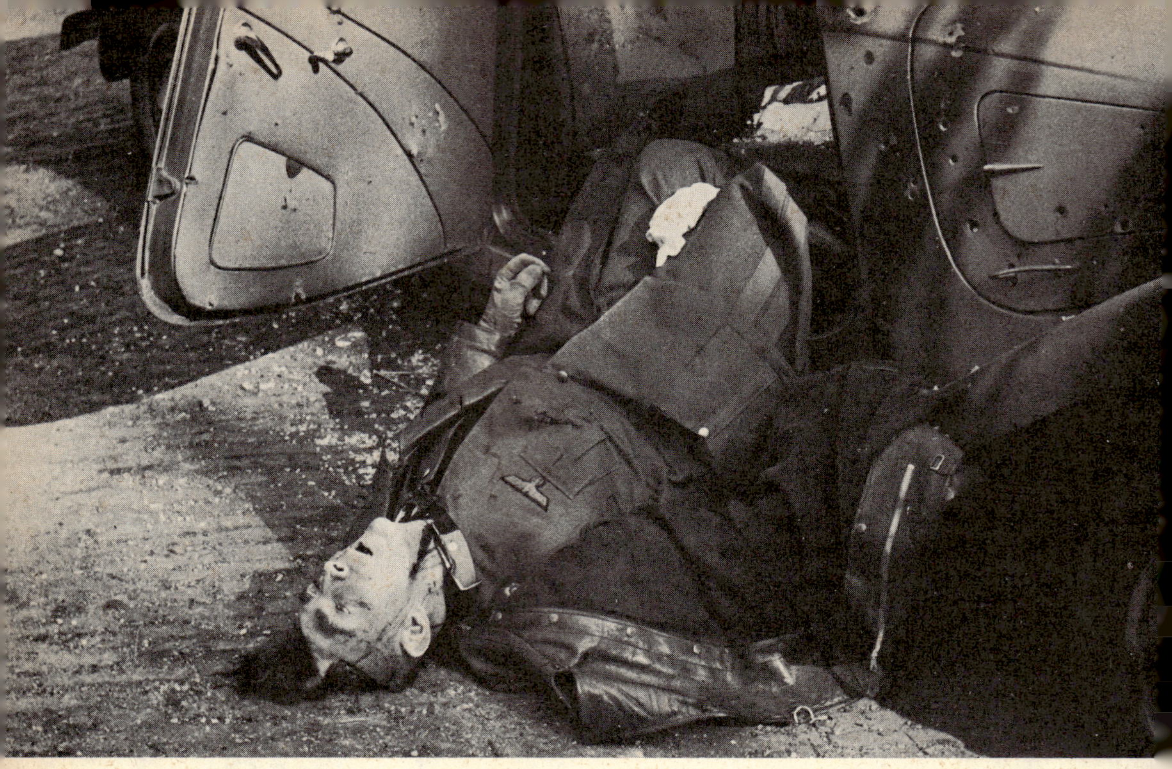

Bilder vom Tod in Frankreich: von Geschossen zerfetzt, geplündert und liegengelassen. Während das offizielle Deutschland frenetisch jubelt, zieht die europäische Bevölkerung Bilanz: Über 200000 Soldaten aus Deutschland, Frankreich, Großbritannien, Holland und Belgien sind gefallen, fast doppelt so viele verwundet oder vermißt.

ker Eddy Bauer bemerkt hierzu: ›Vom 10. Mai bis 4. Juni, also während der Kämpfe um Sedan und Dünkirchen, beliefen sich die deutschen Verluste auf nur 2449 Mann im Tagesdurchschnitt, in der Zeit vom 5. bis 25. Juni, obwohl die Kämpfe vom 17. ab an Heftigkeit verloren, auf durchschnittlich 4762 Mann pro Tag. Dies beweist, daß die französische Verteidigung von der Sommeschlacht an härter geworden war. Aber zu diesem Augenblick erlaubte das Kräfteverhältnis den Franzosen bereits keinerlei Hoffnung mehr.‹

Das erste große Kapitel des Zweiten Weltkriegs war abgeschlossen. Frankreich war von der Liste der Weltmächte gestrichen, Hitler beherrschte Europa von der Weichsel bis zum Atlantik. Der Waffenstillstand, dem er zugestimmt hatte und den er später bitter bereuen sollte, ließ Nordafrika frei von deutschen Truppen und machte es zum künftigen Sprungbrett für die Wiedereroberung.

VII. Kapitel Juli bis Oktober 1940
Die Schlacht um England

Hitler erwartet ein englisches Friedensangebot

Frankreich war besiegt. Die Kanonen schwiegen. Der Krieg war aus. Die Welt fragte sich, wie eine derartige Katastrophe möglich gewesen war.
Einige Sachverständige analysierten die technischen Gründe der französischen Niederlage und wiesen dabei auf den Effekt der blitzartigen Überraschung durch die Zusammenarbeit der feindlichen Luft- und Panzerwaffe hin. Die Weltmeinung aber wußte nur von der überstürzten Flucht ganzer Armeen und dem Zusammenbruch eines einst so tapferen und stolzen Volkes. In der Präambel zum Waffenstillstandsabkommen hatte der Sieger folgendes vermerkt: ›Frankreich ist nun nach einem heroischen Widerstand in einer einzigen Folge blutiger Schlachten besiegt worden und zusammengebrochen. Deutschland beabsichtigt daher nicht, den Waffenstillstandsbedingungen die Charakterzüge von Schmähungen gegenüber einem so tapferen Gegner zu geben...‹ Dieser ehrenvolle Satz wurde von der öffentlichen Meinung ignoriert. Jahre hindurch glaubte die Welt, Frankreich habe nicht gekämpft. Eine Teilwahrheit wurde zur ausschließlichen Wahrheit gemacht, ein Umstand, der schwer auf der Moral einer ganzen Nation gelastet hat und noch immer lastet.
Hitler erlebte Tage der Apotheose. Sein Sieg war vollständig. Zuerst und vor allem der Sieg über das verhaßte Frankreich, das er nun in der Hand hatte und das ihm auf Gnade und Ungnade ausgeliefert war. Ein weiterer Sieg war der über die eigenen Generale, die alle ohne Ausnahme von einem gefährlichen Gegner gesprochen und einen langen und blutigen Krieg vorausgesagt hatten. Nachdem Hitler seinen Rachedurst gestillt hatte, gönnte er sich eine Pause. Er verließ seinen düsteren rheinischen Gefechtsstand und verlegte ihn nach Bruly-de-Peche an die belgisch-französische Grenze nahe bei Rocroi. Mit zwei alten Kriegskameraden besuchte er die Schlachtfelder von 1914 bis 1918 in Flandern und in der Champagne, wo er das Elendsdasein eines Infanteristen miterlebt hatte. Dann verließ er Bruly-de-Peche wieder, denn die flache Landschaft behagte ihm nicht. Sein neues Hauptquartier verlegte er in die Nähe von Freudenstadt im Schwarzwald. Das zurückeroberte Elsaß lag in nächster Nähe. Er begeisterte sich an dem deutschen Charakter dieses Landstrichs und bemitleidete die Bevölkerung wegen der Leiden, die sie unter französischer Herrschaft hatte erdulden müssen. Die Place Kléber in Straßburg wurde in Adolf-Hitler-Platz umgetauft, in Mülhausen erfuhr die Rue du Sauvage, die ›Wilder-Mann-Straße‹ ebenfalls die Ehre, nach dem Führer benannt zu werden, was den dabei anwesenden Elsässern ein nur

mühsam unterdrücktes Schmunzeln entlockte. Vichy protestierte gegen diese Maßnahmen, die nach einer Wiedervereinigung ohne vorherigen Friedensvertrag aussahen, sowie gegen die Ausweisung französischsprechender Lothringer. Adolf Hitler kümmerte sich nicht darum. Seine Pläne gingen ganz erheblich weiter als bis zur Wiedereingliederung der ehemaligen Reichslande. Außer Metz und Straßburg wollte er auch die ›alten deutschen Städte‹ Toul und Verdun dem Reich einverleiben. Auch spielte er mit dem Gedanken, die ›Seedeutschen‹, die Holländer, ›heim ins Reich‹ zu führen und Burgund wieder zu germanisieren, indem er dort deutsche Kolonien mit den aus Siebenbürgen und Tirol stammenden Deutschen schaffen wollte.

Vorläufig war es aber noch zu früh, von diesen hochfahrenden Plänen zu sprechen. Zuerst mußte England um Frieden bitten. Hitler zweifelte nicht, daß dies geschehen würde. Die Engländer sind Realisten, und sie hatten ihren Festlandsdegen, die französische Armee, verloren. Von Amerika hatten sie nichts zu erhoffen, denn der Erste Weltkrieg hatte die Amerikaner gründlich von allen Interventionsgelüsten in Europa geheilt. Von Rußland war ebensowenig zu erwarten. »Es sieht unsere großen Erfolge mit Tränen in den Augen, aber es ist nicht stark genug, um Deutschland anzugreifen.« Molotow hatte sich beeilt, dem Führer zum Sieg über Frankreich zu gratulieren. England stand also allein da und müßte vollkommen verrückt sein, wenn es diesen Krieg weiterführen wollte, um so mehr, als es genau wußte, daß Hitler weder seinen Handel noch sein Empire zerstören wollte. So jedenfalls sah Hitler die Lage. »Die Engländer können den Frieden haben, wann sie wollen«, sagte er zu Jodl. »Sie brauchen nur darum zu ersuchen ... ich bin jederzeit bereit.« Was man von England nur verlangen würde, wäre freie Hand für die Neuordnung Europas und die deutsche Expansion nach Osten. Während des ganzen Monats Juni fiel nicht eine einzige Bombe auf England, und im Juli beschränkte sich die Lufttätigkeit auf die Bombardierung von Häfen. Hitler verkündete die Teildemobilisierung der deutschen Armee durch Auflösung von 35 Divisionen. Außerdem wies er alle diplomatischen Vertretungen an, die Verbindungsversuche englischer Agenten nicht negativ zu behandeln. Hitlers Unterhaltungen mit Männern seiner engsten Umgebung drehten sich immer um das gleiche Thema: Die Engländer würden verhandeln und der Krieg im Westen sei zu Ende.

Die Tragödie von Mers El-Kébir

Da aber traf die Nachricht von einem Ereignis ein, das aufs deutlichste zeigte, daß England fest entschlossen war, den Kampf mit allen Mitteln fortzusetzen: die Zerstörung eines Teiles der französischen Flotte.

Diese Flotte war zum Alpdruck für die Briten geworden. Die französische Admiralität hatte sie daher möglichst weit von den heimatlichen Häfen und Gewässern stationiert. Ein erheblicher Teil befand sich in englischen Häfen, so zwei Schlachtschiffe, acht Zerstörer, das große U-Boot *Surcouf* und etwa 200 kleinere Schiffe. Ein weiterer Teil unter dem Kommando des Admirals Godfroy, ein Schlachtschiff sowie vier Kreuzer, ankerten vor Alexandria, und ein Flugzeugträger sowie zwei Kreuzer befanden sich bei den Antillen. Die beiden 35 000-Tonnen-Schiffe, die schon vom Stapel gelaufen, aber noch nicht völlig fertiggestellt waren, hatten bei der Besetzung der Bretagne die Docks verlassen. Die *Jean Bart,* die noch nicht bestückt war, erreichte nur Casablanca, während die *Richelieu,* die bereits ihre 38-cm-Geschütze besaß, bis Dakar fuhr. Sieben Kreuzer waren in Algier stationiert, während das mächtigste Geschwader im Hafen von Mers El-Kébir vor Anker lag. Es waren dies die Schlachtschiffe *Bretagne* und *Provence*, das Flugzeugmutterschiff *Commandant-Teste*, sechs Zerstörer der *Terrible*-Klasse und schließlich die kostbaren Schlachtschiffe *Dunkerque* und *Strasbourg*. Gerade wegen dieser beiden letztgenannten schwimmenden Festungen war England höchst beunruhigt. Wenn es Deutschland gelingen würde, sie zur *Scharnhorst* und *Gneisenau* hinzuzufügen, wäre damit eine Schlachtfront möglich, gegen die England seine gesamte Flotte einsetzen müßte. Der Artikel 7 des Waffenstillstandsabkommens mit Frankreich und der Schwur des Admirals Darlan waren die einzigen Garantien, die England gegen diese Gefahr schützten.

Die Voraussetzungen, unter denen das Unternehmen ›Catapult‹ beschlossen wurde, das die französische Flotte außer Gefecht setzen sollte, blieben unbekannt. Die britische Admiralität riet davon ab, aber Churchill bestand auf der Durchführung. Es scheint, als hätten für ihn weniger militärische Gründe eine Rolle gespielt als vielmehr der Wunsch, zu beweisen, daß England mit dem Mut der Verzweiflung weiterzukämpfen entschlossen sei. ›Echt englische Art und Manier, sich selber den Rückzug abzuschneiden, indem man fremde Schiffe versenkt‹, schrieb der unbestechliche Geschichtsschreiber Vichys, Robert Aron. Und Churchill verglich sich in seinen Memoiren mit Danton: ›Die verbündeten Könige bedrohen uns, und wir werfen ihnen als Herausforderung den Kopf eines Königs vor die Füße...‹ Die Analogie ist höchst unklar – jedenfalls aber war das Unternehmen ›Catapult‹ keine sehr ritterliche Tat. Doch die Demonstration von Energie und Stärke, welche damit bezweckt war, zeitigte die von ihrem Urheber erhoffte Wirkung.

In England lief ›Catapult‹ ohne Schwierigkeiten ab. Die französischen Besatzungen wurden im Schlaf überrascht. Die Verluste beliefen sich auf einen Toten auf englischer, drei Tote auf französischer Seite und einige Verwundete. In Alexandria ließ Admiral Godfroy seine Schiffe neutralisieren, die dann an der Reede verrosteten, keine Kesselheizmittel mehr hatten und deren Geschützverschlüsse an Land unter Verschluß gehalten wurden. In Dakar wurde die *Richelieu* manövrierunfähig geschossen, aber nicht völlig zerstört. In Mers El-Kébir aber erfolgte das schreckliche Ende.

Generale im Schatten der Politik: H. Giraud, Kopräsident des Nationalen Verteidigungskomitees (links); F. Darlan, Minister der Vichy-Regierung, ab 1942 bei den Alliierten (Mitte); J. Gort, Chef des britischen Expeditionskorps, Hochkommissar in Palästina (rechts). – Dreimächtepakt zwischen Deutschland, Japan und Italien am 27. September 1940 (unten): Am Tisch von rechts: Ribbentrop, Hitler, Ciano, Kurusu.

Die Mächtigen im Schatten des Ruhms: M. Bormann, Reichsleiter, Chef der Parteikanzlei, 1945 vermißt. R. Hess, Stellvertreter Hitlers bis 1941, 1946 verurteilt (oben links). H. Himmler, Reichsführer SS, Chef der Polizei, ab 1943 Innenminister, 1945 Selbstmord (oben rechts). – Admiral Canaris, Chef der deutschen Abwehr, 1945 hingerichtet, und sein Rivale Heydrich, 1940 Gestapochef, stellvertretender Reichsprotektor, 1942 ermordet (unten).

Entsprechend den Vorschriften des Waffenstillstandsabkommens wurden die Schiffe abgerüstet. Die fünf großen Einheiten lagen nebeneinander an der noch nicht ganz fertiggestellten Mole. Gegenüber, auf der anderen Seite des Hafenbassins, waren die sechs Zerstörer vertäut. Die Feuer waren gelöscht, und die Mannschaften brachten Munition an Land.

Die von Vizeadmiral Somerville befehligte Flottenabteilung ›H‹ erschien am 3. Juli um 7 Uhr morgens. Sie bestand aus einem Schlachtkreuzer, zwei Schlachtschiffen, einem Flugzeugträger, zwei Kreuzern sowie elf Zerstörern und begann mit der Verlegung von Minen in der Hafenausfahrt. Dann überbrachte Kapitän zur See C. S. Holland dem Admiral Gensoul ein Ultimatum, das eine Reihe von Möglichkeiten zur Wahl stellte: 1. Abfahrt mit dem englischen Geschwader und Fortsetzung des Krieges gegen Deutschland und Italien. 2. Aufsuchen eines Hafens in Großbritannien unter englischer Kontrolle mit einer beschränkten Mannschaft. 3. Aufsuchen der Antillen, wo die Schiffe unter amerikanischer Kontrolle bleiben würden, bis die Feindseligkeiten eingestellt seien. 4. Versenkung der Schiffe. 5. Ablehnung aller vorgeschlagenen Möglichkeiten. Was den letztgenannten Vorschlag anbelangte, machte der englische Admiral darauf aufmerksam, daß er alle Vollmachten und nötigen Mittel habe, um die französischen Schiffe zu zerstören. Dem französischen Admiral wurden sechs Stunden Bedenkzeit zugestanden.

»Als anglophiler Protestant wäre ich am liebsten mit den Engländern abgefahren«, sagte Admiral Gensoul. Er war aber gewissenhaft genug, sich zu sagen, daß durch eine solche Handlung der Waffenstillstand aufgehoben und die Besetzung Nordafrikas die Folge sein würde. Er ließ Somerville antworten, er werde auf Gewalt mit Gewalt antworten. Als dann der Befehl zum Anheizen der Kessel gegeben wurde, waren die Besatzungen begeistert, denn sie glaubten, man fahre jetzt in die Schlacht gegen die Deutschen.

Zehn Tage nach dem Waffenstillstand waren die Verbindungen noch immer völlig gestört. Darlan hatte zuerst seinen Befehlsstand von Maintenon bei Paris nach Royan verlegt und dann die Reste seiner Admiralität nach der kleinen Pyrenäenstadt Nérac zurückgezogen, wo seine Schwester ein Anwesen besaß, auf dem sie ein provisorisches Asyl einrichten konnte. Gensoul beschränkte sich auf eine kurze Meldung, in der er die übrigen Möglichkeiten überhaupt nicht erwähnte, sondern nur sagte, daß starke englische Seestreitkräfte ihm eine Frist von sechs Stunden zugestanden hätten, um seine Schiffe zu versenken, und daß er die Absicht habe, Widerstand zu leisten. Er hoffte gar nicht, eine Antwort zu erhalten, doch bekam er fünf Minuten, bevor der erste Schuß fiel, einen Funkspruch der Admiralität, die seine Haltung billigte und ihm befahl, das Ultimatum zurückzuweisen.

Kurz zuvor hatte Gensoul noch geglaubt, er könne die Katastrophe verhindern. Er hatte es auf sich genommen, Holland die Geheimbefehle zu zeigen, die jeder Kommandant eines französischen Kriegsschiffes bei sich unter Verschluß hatte. Indem er zum letztenmal die Geheimchiffre benutzte, hatte Admiral Darlan Gensoul daran erinnert, daß ein Schiffskommandant stets verpflichtet sei, sein Schiff zu zerstören, statt es in fremde Hand fallen zu lassen. Holland, dem sein Auftrag im Grunde zuwider war, begab sich schleunigst zu Somerville, der sich seinerseits beeilte, London zu informieren, daß er den Beweis habe, daß die französischen Schiffe niemals in Feindeshand fallen würden. Die Lords der Admiralität waren geneigt, dieser französischen Versicherung Glauben zu schenken, aber Churchill wollte seinen ›Königskopf‹. Um 16 Uhr 26 erhielt Somerville, der die Frist des Ultimatums spontan verlängert hatte, folgende Anweisung Churchills: ›Die französischen Schiffe müssen sich vor Dunkelheit unseren Bedingungen fügen oder sich selbst versenken oder von Ihnen versenkt werden.‹ Kurz vor 16 Uhr 30 verließ Kapitän Holland die *Dunkerque,* um seinem Admiral die endgültige Weigerung der Franzosen zu überbringen. Als er an der *Bretagne* vorbeifuhr, salutierte der Wachoffizier, der nur mehr einige Minuten zu leben hatte. Das Feuer wurde um 17 Uhr 54 eröffnet. Da die französischen Schiffe nicht Anker gelichtet hatten, waren sie ein leichtes Ziel. Die *Strasbourg* und die Torpedobootzerstörer *Terrible, Tigre* und *Volta* kappten ihre Anker und fuhren durch die von den Engländern gelegten Minen, während um sie die Salven der britischen Schiffe donnerten und Flugzeuge sie verfolgten. Die *Dunkerque,* die das gleiche Manöver versucht hatte, konnte es nicht durchführen, feuerte aber vierzig Schuß auf die *Hood.* Die *Provence,* die schwer angeschlagen war, lief auf Grund, feuerte aber aus allen Rohren. Eine 15-Zoll-Granate ließ den Zerstörer *Mogador* in die Luft fliegen. Die *Bretagne,* die von der ersten Salve getroffen worden war, explodierte. Das Feuer wurde eingestellt, als Admiral Gensoul signalisierte, seine Schiffe seien alle außer Gefecht. Am nächsten Tag versuchten auf Weisung Londons drei Wellen von Torpedoflugzeugen vergeblich, die *Dunkerque,* die nur leicht beschädigt war, zu versenken. Mit einem überflüssigen Bordwaffenbeschuß gegen die mit Geretteten beladenen Schnellboote erhöhten sie die französischen Verluste an Toten auf 1297, von denen allein 977 mit der *Bretagne* untergingen. Krieg zwischen Frankreich und England hätte das Ergebnis dieses Angriffs sein können. Darlan erklärte: »Ich wurde von meinen Waffenbrüdern verraten! Sie haben meinem Wort, das ich ihnen gegeben hatte, nicht geglaubt.« Dabei zitterte seine Stimme vor Trauer und Wut. Auf seinen Befehl hin wurde die Abrüstung der Schiffe abgebrochen. Ein Gegenangriff durch die *Strasbourg* sowie die in Algier liegenden Kreuzer wurde angeordnet und die Bombardierung von Gibraltar beschlossen. Der Außenminister Paul Baudouin erreichte, daß diese Kriegshandlungen aufgeschoben wurden und daß man auf Mers El-Kébir mit dem Abbruch der diplomatischen Beziehungen, die de facto ohnehin schon nicht mehr bestanden, antwortete. Der heimliche Groll der französischen Marine und der Franzosen gegen England wird noch lange weiterbestehen.

England bereitet sich auf eine deutsche Invasion vor

Von Calais aus konnten die Deutschen die englische Küste sehen. Die große Frage des Sommers 1940 war, wann und wie würden sie einen Landungsversuch machen? Hätte man diese Landung sofort nach dem französischen Zusammenbruch versucht, so wären die Deutschen in England nur auf äußerst schwache Landstreitkräfte gestoßen. Bei einer Inspektion von Saint Margarets Bay bei Dover, wo deutsche Landungsunternehmen am ehesten zu erwarten waren, hatte Churchill damals nur drei Pak-Geschütze auf einem Küstenstreifen von fünf Meilen vorgefunden. 224000 Soldaten waren aus Dünkirchen zurückgekommen, und 144000 waren nach der Schlacht in Frankreich zurückgekehrt, aber sie hatten von den sechshundert Panzern, mit denen sie ausgezogen waren, nur ganze neun wieder mitgebracht und von tausend Geschützen nur zwölf. England besaß nur noch 786 Feldgeschütze, 167 Pak, 178 leichte und 81 mittlere Panzerwagen. Zu den zwölf unvollständigen Divisionen, die noch dazu schlecht ausgebildet waren und England nie verlassen hatten, wurden mit einem Federstrich 12 weitere Divisionen, die aus den vom Kontinent zurückgekommenen Soldaten zusammengestellt wurden, hinzugefügt, doch mußten diese vollkommen neu ausgerüstet werden. Ironside, der Befehlshaber der Home Force, der übrigens bald durch Sir Alan Brooke abgelöst wurde, hatte auf einer Karte die Verteidigungslinie eingetragen, die vom Bristol-Kanal um London herum bis Wash sich hinzog und weiterging bis zur Teesmündung, um die Midlands zu schützen. Leider aber war diese Linie ebenso illusorisch wie die berühmte ›Festung Bretagne‹. Außerdem verteidigen alle Inselbewohner sich an der Küste, und es wäre Selbstmord, wenn man dem Feind erlaubte, Brückenköpfe zu bilden. Die beweglichen Streitkräfte waren viel zu schwach, um einen gelandeten Feind ins Meer zurückzuwerfen. Also sammelte man alle Verteidigungsmittel an der Küste, aber achthundert Kilometer Küste sind nur allzu günstig für eine Truppenlandung. Die Zahl der ›V.P.‹ (Verwundbare Punkte) überstieg die Tausend. Um sie alle zu befestigen, hätte es ungeheuerer Mengen von Minen, Stacheldraht und Beton bedurft. Man mußte sich auf einige Abschnitte in Kent und Sussex beschränken, die wegen der Kontinentnähe am meisten gefährdet waren. Ungefähr siebzig Meilen Küste waren durch Drahtverhaue, Minenfelder und Netze geschützt. Der Rest blieb ohne Schutz. Die Byzantiner sollen angeblich das Meer angezündet haben. Dieser Gedanke ließ Lord Hankey nicht mehr schlafen, und er machte sich daran, das Griechische Feuer zu modernisieren, indem er das Petroleum Warfare Department schuf. Die Versuche ergaben, daß diese Art der Verteidigung zwar kein ausgesprochenes Hirngespinst war, aber unerhört teuer zu stehen kommen würde.
Zahlreiche englische Patrioten befürchteten, daß die Bevölkerung sich im Ernstfall lau und gleichgültig verhalten werde; eine ganze Anzahl von Theaterstücken, Romanen und Satiren beschäftigten sich mit diesem Thema. Ein Gedicht lautete:

Golf
Ich gab mich hin dem edlen Sport,
Als unsre Feinde landeten,
All unsre Truppen rannten fort,
Und Englands Schiffe strandeten.
Als ich die schlimme Nachricht hörte,
Sie beinah' mich beim Golfspiel störte.

Keine Voraussage wurde aber jemals derart Lügen gestraft. Es wäre übertrieben zu behaupten, England sei ›zu den Waffen geeilt‹. Es hatte ja kaum welche. Doch war der Wille, für das bedrohte Vaterland zu kämpfen, allgemein. Der erste Aufruf erfolgte am 14. Mai 1940 durch Anthony Eden, der die Schaffung eines ›Local Defense Volonteers‹-Korps bekanntgab, das im Falle einer Invasion an der Verteidigung der Städte und Dörfer teilnehmen sollte. Drei Tage später patrouillierten schon die ersten Bataillone an den Ufern, und nach kaum einer Woche hatten schon 250000 Freiwillige den Einstellungsvertrag unterzeichnet. Dünkirchen und der französische Zusammenbruch beschleunigten noch die Rekrutierung. Im Juli, als die ›Locals‹ in ›Home Guards‹ umbenannt wurden, war die Million schon überschritten.
Mannschaften gab es also genug, nur fehlten die Waffen. Sie waren schon rar bei der regulären Truppe, bei dem Milizheer hatten sie ungeheueren Seltenheitswert. Ein Appell an die Bevölkerung hatte die Ablieferung von rund 20000 Gewehren der verschiedensten Typen gebracht, darunter sogar uralte Enfield-Büchsen aus dem Sezessionskrieg. Trotzdem fehlte natürlich noch die weitaus größere Anzahl der notwendigen Waffen, weshalb manche recht unkonventionelle Lösungen suchten. Die aus dem spanischen Bürgerkrieg zurückgekommenen Dynamiteros wurden Instruktoren und Ausbilder der Home Guard, Anwälte und Lehrer übten Herstellung und Gebrauch von Molotow-Cocktails, um Panzer damit in Brand zu setzen, andere bastelten Piken aus Besenstielen. Die Home Guard wurde vom Volk ironisch als ›Besenstielarmee‹ bezeichnet. Doch sie entwickelte sich rasch. Bei Kriegsende verfügte sie über eigene Artillerie und Panzer.
Der feindliche Fallschirmjäger war zum Schreckgespenst geworden. Die Kirchenglocken riefen zeitweise nicht mehr zum Gottesdienst, sondern sollten nur läuten, um abspringende Fallschirmjäger anzukünden. Die RAF schauderte bei dem Gedanken, was ihren Piloten geschehen könnte, wenn sie über feindlichem Territorium abspringen mußten. Sie ließ es daher der Home Guard untersagen, irgend etwas gegen Fallschirmspringer zu unternehmen, sofern sie weniger als sechs seien, denn kein britisches Flugzeug hatte eine Besatzung von mehr als fünf Mitgliedern. Gegen Lastensegler wurden die Sportplätze mit allen möglichen Hindernissen gespickt und die Straßen mit Bogenkonstruktionen überdeckt.

England, im Jahr 1940 auf sich allein gestellt, erwartete die Invasion der Deutschen. Sandsackbarrikaden und Schützengräben waren keine unüberwindlichen Hindernisse, hoben aber die Moral und damit die psychologische Verteidigungsbereitschaft der Zivilbevölkerung (oben). – ›Kinderlandverschickung‹ englischer Kinder, die ihre Visitenkarte auf dem Schulranzen aus Sackleinen tragen (unten).

Übungen des Zivilschutzes, der sogenannten ›Home Guard‹. ›Überall im Land, in jeder Stadt, in jedem Dorf‹, schreibt Churchill in seiner Kriegsdarstellung, ›sammelten sich Scharen entschlossener Männer, bewaffnet mit Jagdflinten, Sportgewehren, Keulen und Speeren. Daraus sollte bald eine umfassende Organisation entstehen. Sie näherte sich rasch einem Stand von anderthalb Millionen Mann und erhielt nach und nach eine gute Bewaffnung.‹

Die historische Festung Englands war immer schon seine Flotte, doch sah sich die Royal Navy bei einer eventuellen Abwehr einer deutschen Invasion über den Kanal und die Nordsee sehr beschränkt durch die zu erwartende Tätigkeit der deutschen Luftwaffe. Das Hauptgewicht der Verteidigung wurde also, den Erkenntnissen des modernen Krieges entsprechend, auf die Luftstreitkräfte verlagert. Das Schicksal des letzten noch kampffähigen Gegners von Hitler hing also von der Beherrschung der Luft ab.
München hatte sich gerade auf die Luftverteidigung ausgewirkt; das unsanft aufgeweckte England war nicht wieder eingeschlafen. Man hatte eine machtvolle Erdbasis für Luftschlachten vorbereitet, das Observer Corps, das während der Friedensillusionen in sanftem Schlummer gelegen hatte, wurde wiedererweckt und verstärkt. Die Zahl der Flugplätze wurde vergrößert, und große Mengen von Material verschiedenster Art für Reparaturen bei Bombenschäden wurden in Depots gestapelt. Das ›System‹ wurde arbeitsfähig gemacht durch eine geheime Zusammenarbeit mit dem General Post Office. Es handelte sich dabei um ein Fernmeldenetz, das unter Zuhilfenahme aller zivilen Einrichtungen die an einer Luftschlacht direkt oder indirekt beteiligten Stellen miteinander verband und so eine zentrale Lenkung gestattete. Man muß all diese Verteidigungsmaßnahmen kennen, wenn man den Ablauf der Kämpfe über England verstehen will. Die ›ganz wenigen‹ (›so few‹), von denen Churchill sprach, hatten unter sich eine erhebliche Anzahl von Einrichtungen, die ihre Wirksamkeit merklich erhöhten. Die bevorstehenden Kämpfe sollten mehr sein als ein Turnier einiger Ritter der Luft.
Außerdem stand der RAF noch eine äußerst wichtige Erfindung zur Verfügung. Im Jahre 1935 hatte sich der Luftfahrtminister nach der Möglichkeit von ›Todesstrahlen‹ gegen feindliche Flugzeuge erkundigt. Watson Watt vom National Physical Laboratory antwortete ihm, Todesstrahlen in der vom Minister gewünschten Form und Art seien nicht zu verwirklichen, dagegen sei es nicht unmöglich, ein Flugzeug schon außer Sichtweite des menschlichen Auges aufgrund der Reflektierung elektromagnetischer Wellen durch die Ionosphäre zu entdecken. Aufgrund dieser Auskunft wurde dann das ›Radio Direction Finding‹ (RDF) entwickelt, heute weltweit bekannt unter der Bezeichnung ›Radar‹. Als einzige Nation besaß England 1940 eine doppelte Detektionskette: CH (Chains Home), das heißt das gewöhnliche Radar, und CHL (Chain Home Low-flying) gegen Tiefflieger. Von den Shetlands bis Wales wachten geheimnisvolle Einrichtungen über England. Die britischen Erfolge in der Schlacht um England wären ohne diese stummen Wächter nicht möglich gewesen.
Unter den drei großen Verbänden der englischen Luftwaffe (Aufklärung, Bomber und Jagdflieger) spielte der letztgenannte, das ›Fighter Command‹, die entscheidende Rolle. Sein Chef, Air Chief Marshal Sir Hugh Dowding, hatte unter seinem Befehl die hervorragendste und eigenwilligste britische Streitkraft, und er selbst war wohl

die farbloseste und kälteste Persönlichkeit der englischen Fliegerei. Daher wohl auch sein Spitzname ›Stuffy‹, was etwa mit ›der Muffige‹ zu übersetzen wäre. Er hatte eine entschiedene Abneigung gegen Uniformen und kleidete sich, wann immer es ging, wie ein konservativer Advokat. Er hauste allein, war Spiritist und verkehrte mit den Geistern gefallener Piloten. Seine technischen Fähigkeiten und seine Willenskraft machten ihn zu einem einzigartigen Chef. Er hatte das Fighter Command geformt und war auch sein Kommandeur während der härtesten Kämpfe.

Vor dem Krieg hatte ›Stuffy‹ hartnäckig die Priorität der Jäger beim Bau von Flugzeugen gefordert und mit aller Energie 53 Staffeln geschaffen, davon 51 für die Metropolitan Air Force. Er hatte zwei Typen von Jagdflugzeugen bauen lassen, ›Hurricane‹ und ›Spitfire‹; als die ›Spitfire‹ sich als die bessere erwies, veranlaßte er die Industrie, mit Vorrang diesen Typ zu bauen. Bei Kriegsbeginn konnte er nur 39 Staffeln mobilisieren, doch begann er sofort ein wildes Ringen mit Ministern und Generalen, um diese Staffeln in England zu behalten. »Für mich begann die Schlacht um London im September 1939«, sagte er. Dank seinem Egoismus verfügte er, als England allein stand, über 446 Jäger, darunter 331 einsatzbereite ›Hurricans‹ und ›Spitfires‹ – das Minimum für die Verteidigung Englands.

Neben Dowding gab es noch Lord Beaverbrook, den Churchill an die Spitze des neugeschaffenen Ministeriums für Flugzeugbau gestellt hatte. Die gesamte RAF war gegen dieses Ministerium und seinen Minister eingestellt. Der Kanadier Max Aiken, der zum Lord Beaverbrook ernannt worden war, Selfmademan, Zeitungsmagnat und Gründer des *Daily Express*, war in keiner Weise für diesen Posten qualifiziert. Zu allem Überfluß war er jähzornig, dünkelhaft und hochmütig, so daß man sich auf schlimmste Zusammenstöße zwischen ihm und den zivilen sowie militärischen Stellen gefaßt machen mußte. Churchill setzte auf seine großartige Energie und seine erstaunliche Einbildungskraft. Er setzte und gewann. »Die Wirkung von Lord Beaverbrooks Erscheinen konnte nur durch ein Wort wiedergegeben werden: magisch«, sagte später Dowding. Im Mai erfuhr der erstaunte Generalstab, daß der neue Minister für Flugzeugbau 325 statt der vorgesehenen 261 Maschinen liefern werde. Im Lauf der folgenden Monate überstiegen die Lieferungen ständig die vorhergesehenen Zahlen. Die Verluste in Norwegen, Belgien und Frankreich waren wettgemacht, und am 11. August 1940, am Vorabend der Entscheidungsschlacht, verfügte Sir Dowding über 704 Jäger, darunter 620 ›Hurricans‹ und ›Spitfires‹, also über doppelt soviel wie im Mai. Das Fighter Command wurde in vier Gruppen aufgeteilt. Eine davon, die Nummer 10 mit dem Hauptquartier in Bath, verteidigte den Südwesten Englands. Die zweite mit der Nummer 13 hatte ihr Hauptquartier in Newcastle-on-the-Tyne und verteidigte Schottland sowie die nördlichen Grafschaften. Die dritte Gruppe, die Nummer 12 mit dem Hauptquartier in Nottingham, schützte das Industriezentrum, die Midlands. Die vierte und wichtigste Gruppe führte die Nummer 11 und hatte ihr Hauptquartier

in Uxbridge (Middlesex). Sie hatte London und den Südosten zu verteidigen, wo man die Invasion erwartete.
Die Engländer glaubten an eine Invasion, und Churchill bestärkte sie noch in diesem Glauben. »Die Schlacht um Frankreich ist zu Ende, die Schlacht um England beginnt«, predigte er. Seine Reden waren zum Teil trivial – »Wir warten auf euch – und die Fische ebenfalls« – oder pathetisch – »Wir werden an unseren Ufern kämpfen, wir werden auf unseren Hügeln kämpfen, wir werden in unseren Dörfern und Städten kämpfen, und wir werden uns niemals ergeben.« Sein Thema war immer das gleiche: Deutschland würde erst den Krieg gewonnen haben, wenn es England niedergerungen habe – und das werde sich niemals ereignen. Er wollte das englische Volk vorbereiten auf die Prüfungen, die ihm bevorstanden. Seine große Hoffnung war, daß Amerika nicht neutral bleiben werde, wenn die Mutter seiner Demokratie und die Wiege seiner Zivilisation durch die barbarischen Nazis angegriffen wurde. Wenn er den klaren Julihimmel betrachtete, wünschte er sich manchmal, er möchte voller schwarzer Kreuze sein und Canterbury, Oxford und Westminster lägen in Trümmern, damit die Vereinigten Staaten endlich begriffen. Jeden Tag schrieb er an Roosevelt, verlangte verzweifelt Waffen, nahm dankend das Geschenk von 900 alten 7,5-cm-Kanonen aus dem Ersten Weltkrieg an und bat um die leihweise Überlassung von 50 Zerstörern. Amerika war der Leitstern, auf den Churchill während seines langen, einsamen Ringens hoffend schaute.
Er selber richtete sich auch für den Krieg ein. Man hatte an der Ecke Saint James Park - Storey's Gate einen Unterstand für den Premierminister vorgesehen. Churchill besichtigte ihn, fand ihn unheimlich, ordnete eine Vergrößerung sowie Neumöblierung an und forderte den Einbau eines Getränkeschranks. Außerdem ließ er noch eine Wohnung für sich und seine Gattin anfügen. »Da gehe ich nur als Sieger wieder heraus oder, falls Hitler gewinnen sollte, mit den Füßen voran«, sagte er. Dann ließ er die Worte der Königin Viktoria an allen Plakatsäulen anschlagen, die diese in schlimmen Augenblicken des Burenkrieges gesagt hatte: ›Bitte versteht, es herrscht kein Pessimismus in diesem Haus. Die Möglichkeit einer Niederlage ziehen wir gar nicht erst in Betracht!‹
Die Gefahr akzeptierte Churchill, aber nicht den Mangel an Komfort. Er setzte sein gewohntes Leben in seinen *battle apartments* fort, rauchte seine teueren Zigarren in gewohnter Menge, speiste und trank dabei reichlich wie im tiefsten Frieden und arbeitete im Bett liegend, angetan mit seinem rotgoldenen Schlafrock. Dagegen war er aber auch jederzeit bereit, irgendeinen gefährlichen Platz zu inspizieren, mit dem Flugzeug da- oder dorthin zu fliegen, obwohl dauernd feindliche Flieger am Himmel waren.
War aber die zur Schau getragene britische Entschlossenheit wirklich echt? Das ist sehr schwer zu sagen, denn nachdem die Ereignisse eine günstige Wendung genommen hatten, konnte der keimende Defätismus sich nicht entfalten. Es ist aber bekannt, daß

es unter der Aristokratie, den Bankiers, den Großkaufleuten und der anglikanischen Kirche Leute gab, die geneigt waren, sich dem Unvermeidlichen zu fügen, und die bereit gewesen wären, einen neuen Frieden von Amiens zu schließen. Man weiß auch, daß auf den Kanalinseln, dem einzigen britischen Gebiet, das die Wehrmacht erobern konnte, diese nicht von einer verzweifelt kämpfenden Guerilla, wie sie Churchill den Franzosen empfohlen hatte, empfangen wurde, sondern ganz im Gegenteil mit sehr viel Zuvorkommenheit. Selbst Churchill machte sich keine allzugroßen Illusionen. Er brüstete sich, daß die Behandlung der Frage eines Kompromißfriedens niemals auf dem Terminkalender des Kabinetts gestanden habe, schrieb aber andererseits an Lord Lothian, seinen Botschafter in Washington: ›Hämmern Sie dem Präsidenten dauernd ein, daß, falls dieses Land erobert und besetzt wird, sich möglicherweise eine Quislingregierung bildet und einen Frieden schließt, der England zu einem deutschen Protektorat macht.‹ Gegen die Gefahr eines Nachgebens der Elite spielte er den insularen Hochmut der Massen aus, diesen Geist der Unbesiegbarkeit, der in der englischen Geschichte schon immer eine wichtige Rolle gespielt hat. Er übertrieb sein Vertrauen, um es auch anderen einzuimpfen. Besser als jeder andere wußte er aber auch, daß einige tausend Fallschirmjäger, die über Flugplätzen absprangen und damit den Weg für eine Luftinvasion öffneten, in England genau wie in Holland die ganze Verteidigung durcheinanderbringen und in ein paar Tagen die Kapitulation erzwingen könnten. Jeder Morgen, an dem keine Landung erfolgte, war eine Erleichterung.

Hitler zögert

Während Churchill glücklich über den ihm von Hitler zugestandenen Aufschub war, fing dieser an, sich über den britischen Realismus langsam klarzuwerden. Wenn sich England nicht entschließen konnte, um Frieden zu bitten, war er wohl oder übel gezwungen, es mit Waffengewalt dahin zu bringen. Dadurch wurde aber eine neue und unerwartete Situation geschaffen. Lange Zeit wollte man nicht glauben, daß Hitler seine Truppen bis an den Kanal habe stürmen lassen, ohne dabei an eine Invasion in England zu denken. So unwahrscheinlich es auch scheinen mag – er dachte wirklich ernsthaft nicht an eine Invasion. Dieser Mann, der wahnwitzige Dinge plante und sogar einen neuen Sezessionskrieg der Deutschamerikaner ins Auge gefaßt hatte – daran, daß seine Soldaten eines Tages am Strand von Kent, nur dreißig Kilometer von Calais entfernt, Fuß fassen könnten, daran hatte er nicht gedacht! Folglich waren auch für ein derartiges Unternehmen keine Vorbereitungen getroffen worden.
Seine Weisung Nr. 6 vom 9. Oktober 1939 erwähnte unter den Zielen einer Offensive gegen Frankreich ›möglichst viel … Raum als Basis für eine aussichtsreiche Luft- und

Seekriegsführung gegen England‹. Von Landoperationen gegen England war keine Rede. Am 21. Mai, als die Panzer Abbeville erreichten, machte Großadmiral Raeder Hitler darauf aufmerksam, daß es Zeit sei, für alle Fälle den Plan zu einer Landung in England auszuarbeiten. Zu dem Chef des Stabes der Seekriegsleitung, Admiral Schniewind, sagte Raeder dann: »Der Führer glaubt nicht recht an eine Landung und interessiert sich auch gar nicht dafür.« Am 20. Juni kam Raeder bei einer Unterredung mit Hitler wieder auf das gleiche Thema zu sprechen, doch der Führer ging auch diesmal nicht darauf ein.

Erst am 2. Juli 1940 erwähnt ein Schreiben des OKW erstmals das Unternehmen ›Seelöwe‹. ›Der Führer und Oberste Befehlshaber hat entschieden: Unter bestimmten Voraussetzungen, deren wichtigste ist, die Luftüberlegenheit zu erringen, kann eine Landung in England in Frage kommen. Der Zeitpunkt bleibt demnach vorläufig offen. Vorbereitungen für die Durchführung zu einem möglichst frühen Zeitpunkt sind einzuleiten... Alle Vorbereitungen müssen dem Rechnung tragen, daß es sich nur um die Vorbereitung eines möglichen Falles handelt.‹

Sofort begannen Generalstabsbesprechungen, aber eigenartigerweise interessierte sich Hitler überhaupt nicht dafür. Für die Landung in Norwegen hatte er alles bis ins kleinste Detail geregelt, die Fahrtroute eines jeden Schiffes genau durchgesprochen und für jede Kompanie die Ziele festgelegt. Und beim Einfall in Belgien hatte er selbst die Einnahme von Eben-Emael und den Überraschungsangriff auf den Albertkanal geplant. Jetzt handelte es sich um ein Unternehmen, das Cäsar geglückt und an dem Napoleon gescheitert war, um die Eroberung Englands, und ausgerechnet da zeigte sich Hitler zerstreut und gelangweilt. Der wahre Grund für sein Verhalten war, daß er noch immer an eine Bitte um Frieden von seiten Englands glaubte. Die Weisung Nr. 16 vom 16. Juli begann folgendermaßen: ›Da England trotz seiner militärisch aussichtslosen Lage noch keine Anzeichen einer Verständigungsbereitschaft zu erkennen gibt, habe ich mich entschlossen, eine Landungsoperation gegen England vorzubereiten und, wenn nötig, durchzuführen.‹ Dieses ›wenn nötig‹ im Vokabular eines Mannes, der sonst nur kategorisch redete und dachte, ist bezeichnend für seine damaligen Überlegungen.

Der 19. Juli war ein Tag des Triumphs. Berlin war ein Meer von Fahnen. In der Krolloper erschien Hitler als Triumphator. Außer Göring, der zum Reichsmarschall ernannt worden war, bildeten die zwölf neuernannten Marschälle, Keitel, Brauchitsch, Rundstedt, Bock, Leeb, Reichenau, List, Kluge, Witzleben, Milch, Kesselring und Sperrle sein Gefolge. Hitlers Rede war von ausgesprochener Mäßigung. Er streckte England die Hand zum Frieden hin. »In dieser Stunde fühle ich mich verpflichtet, vor meinem Gewissen noch einmal einen Appell an die Vernunft auch in England zu richten. Ich glaube dies tun zu können, weil ich ja nicht als Besiegter um etwas bitte, sondern als Sieger nur für die Vernunft spreche. Ich sehe keinen Grund, der zur Fortsetzung dieses

Krieges zwingen könnte. Ich bedauere die Opfer, die er fordern wird. Auch meinem eigenen Volk möchte ich sie ersparen... Herr Churchill mag nun diese meine Erklärung wieder abtun mit dem Geschrei, daß dies nur die Ausgeburt meiner Angst sei und meines Zweifels am Endsieg. Ich habe dann eben jedenfalls mein Gewissen erleichtert gegenüber den kommenden Dingen...« Einen Augenblick lang glaubte das deutsche Volk, England werde spontan die Waffen strecken, besiegt von der Großmut des Führers.

Am 22. Juli antwortete Halifax: »Deutschland wird den Frieden erhalten, wenn es die von ihm besetzten Gebiete geräumt, alle von ihm unterdrückten Freiheiten wiederhergestellt und Garantien für die Zukunft gegeben hat.« Von Berlin aus fuhr Hitler nach Berchtesgaden. Seine Euphorie war vorbei. Er rief Keitel zu sich und fragte ihn, ob er glaube, daß es möglich sei, Rußland noch vor dem Winter niederzuschlagen, wenn Deutschland sofort angreife. Keitel war ein Jasager, doch kam diese Frage so unerwartet, daß es ihm die Sprache verschlug. Hitler geruhte, ihm seine Gründe für eine derart überraschende Frage auseinanderzusetzen. Er hielt es für wichtig, eine Erklärung für die ihm unbegreifliche Haltung Englands zu finden. Hitler und auch wohl England waren sich darüber klar, daß England verloren wäre, falls es keinen Verbündeten fände. Da es immer noch nicht kapitulieren wollte, hatte es offenbar die Hoffnung auf einen solchen immer noch nicht aufgegeben. Aber wen? Amerika? Nein, Amerika konnte ja gar keinen Krieg anfangen. Also blieb nur Rußland. Weil England ein russisches Eingreifen erwartete und erhoffte, wies es also die großherzigen Angebote Deutschlands ab. Wenn man nun Rußland niederschlug, war alles gelöst, denn dadurch würde man Englands letzte Hoffnung zerstören und gleichzeitig Deutschland den notwendigen Lebensraum schaffen. Übrig blieb nur mehr die Zeitfrage. Hitler wollte kurze Kriege. War es möglich, Rußland vor Winteranfang auf die Knie zu zwingen? Nur über diesen Punkt beriet er mit den Befehlshabern der Wehrmacht.

Damit befand sich Keitel wieder auf vertrautem Gebiet. Der Juli ging vorbei. Der größte Teil des deutschen Heeres lag im Westen. Es waren mindestens sechs Wochen erforderlich, um die Truppen nach Osten zu wenden. Demnach konnte der Feldzug gegen Rußland nicht vor der zweiten Septemberhälfte beginnen, denn man würde sofort in die Schlammperiode geraten. Wenn die Rote Armee auch noch so schwach war, die Entfernungen und die schlechten Straßen würden jede Hoffnung auf einen kurzen Krieg zunichte machen, der zu Ende wäre, ehe der russische Winter jede militärische Bewegung stoppte.

Zwei Tage nachdem er zu dieser Einsicht gekommen war, rief Hitler am 31. Juli 1940 die Oberbefehlshaber des Heeres und der Marine auf den Berghof. Als erster trug Großadmiral Raeder seine pessimistischen Gedanken über ein Landungsmanöver vor, das für den 13. September, den nächstmöglichen Zeitpunkt, geplant war, und schlug vor, dieses Manöver auf 1941 zu verschieben, denn Mai oder Juni seien wesentlich günstiger als Herbstanfang. Weit davon entfernt, die Meinung seines Großadmirals gelten zu lassen, erklärte Hitler, die Engländer würden in ›ein bis zwei Jahren‹ durch den Luft- und U-Boot-Krieg besiegt werden. Dann gab er unvermittelt das Thema England auf und sprach von Rußland.

Damit wechselte auch der Ton der Unterredung. Die Gleichgültigkeit schlug in Leidenschaft um. Hitler wiederholte das, was er Keitel schon erklärt hatte. Der Schlüssel, die wahre Lösung, bestehe in einer Niederwerfung Rußlands. Je eher diese erfolge, desto besser sei es. Man hätte schon 1940 damit beginnen können, aber die Zeit sei bereits zu weit fortgeschritten, also werde der Angriff im Frühjahr 1941 erfolgen. 120 Divisionen seien im Osten einzusetzen, während 60 im Westen bleiben sollten. Dazu müßten 20 neue Divisionen geschaffen werden. Die geplante Auflösung von 35 Divisionen werde nicht stattfinden. Die Vorbereitungen werde man durch eine erhöhte Tätigkeit der Wehrmacht im Mittelmeergebiet und durch die offenkundige Fortsetzung der Vorbereitungen einer Landung in England tarnen. Nach Vernichtung der Roten Armee werde der bolschewistische Staat aufgelöst und Rußland aufgeteilt.

Diese Gespräche wurden durch direkte Zeugen, die alle in ihrer Aussage übereinstimmen, bestätigt, und zwar durch Keitel beim Nürnberger Prozeß, durch Halders Tagebuch, durch den Geschichtsschreiber des OKW, Greiner, und andere. Keinerlei Diskussion schloß sich an Hitlers Vortrag über diesen Plan an, der alle bisherigen Erfolge des Krieges in Frage stellte und für Deutschland einen Abgrund von Gefahren öffnete. Einen Tag zuvor hatte Brauchitsch noch zu Halder gesagt, es sei besser, »daß man mit Rußland Freundschaft hält«. Jetzt waren sie beide auf dem Berghof – und schwiegen. Mit Hitler diskutierte man nicht. Göring äußerte einmal: »Unterstellen wir, er hätte einen Befehl gegeben und ich hätte ihn sabotiert. Glauben Sie, irgend jemand hätte auf mich gehört? Nun, Hitler hätte sich nicht einmal die Mühe gemacht, mich zu erschießen. Er hätte einfach gesagt: ›Armer Göring, hört nicht auf ihn, er ist nicht mehr ganz richtig im Kopf.‹ ... Solche Dinge waren einfach unmöglich.«

Diese Zusammenkunft vom 31. Juli war grundlegend für die kommenden Ereignisse. Der Krieg breitete sich aus und wurde abwechslungsreicher. Doch das blutige Bild diente nach Hitlers eigenen Worten nur zu einer umfassenden Tarnung oder stellte in seinen Augen bestenfalls nur eine Reihe zweitrangiger Unternehmen dar. Hitlers Denken war nur auf einen Punkt gerichtet: die Niederwerfung Rußlands. Alles, was nicht mit diesem Ziel zusammenhing, war für ihn nur eine Nebenerscheinung.

Außer England und Rußland gab es noch einen anderen Kriegsschauplatz, das Mittelmeer, das durch das Eintreten Italiens in die Kampfhandlungen einbezogen worden war.

Die strategische Lage Italiens war hervorragend; es beherrschte die Meerenge zwischen Sizilien und Nordafrika, durch Rhodos beherrschte es den östlichen Teil des Mittelmeeres. Das in langen Friedensjahren vernachlässigte Malta war einem Handstreich

durch feindliche Luftlandetruppen ausgesetzt, denn es hatte nur drei alte Gloucester-Doppeldecker vom Typ ›Gladiator‹ als Schutz zur Verfügung. Ironisch hatte man die drei alten Kisten ›Glaube‹, ›Hoffnung‹ und ›Barmherzigkeit‹ getauft. In Ostafrika hatte Italien am 1. Juni 1940 90000 italienische Soldaten und 182000 Askari stehen, denen 22000 über den Sudan, Somaliland und Kenia verstreute Engländer gegenüberstanden. In Nordafrika standen 14 Divisionen mit 160000 Mann unter Marschall Balbo den 36000 Mann des Generals O'Connor gegenüber. Dessen Vorgesetzter, Sir Archibald Wavell, verfügte in seinem Middle East Command, das neun Länder und ein Gebiet von 8640000 Quadratkilometer umfaßte, nur über zwei Infanteriedivisionen, eine unvollständige Panzerdivision, zwei selbständige Brigaden und ein Kamelreiterkorps von 500 Meharisten. Italien konnte also Ägypten in die Zange nehmen, Suez erobern und den Ostausgang des Mittelmeeres sperren. Am Westausgang lag das gefürchtete Gibraltar, aber jeder kannte die Schwäche dieser veralteten Festung, die noch dazu von der dritten faschistischen Macht Europas umschlossen war und überdies von ihr zurückverlangt wurde.
Nach der Niederlage Frankreichs wurde die Lage als derart ernst angesehen, daß am 22. Juli die britischen Generalstabschefs lange über eine vollkommene Räumung des Mittelmeers von englischen Geschwadern berieten. Das Ergebnis war, daß diese schwerwiegende Maßnahme nicht etwa abgelehnt, sondern nur vertagt wurde, um den Gang der Ereignisse noch etwas zu beobachten.
Hätte nun Deutschland die Möglichkeit gehabt, England eine entscheidende Niederlage im Mittelmeer zuzufügen? Es hätte dies ganz bestimmt gekonnt, und der erste, der das erfaßt hatte, war Jodl. Er überreichte dem Führer ein Memorandum mit dem Titel: ›Invasion oder nicht?‹ Darin führte er aus, ein Landungsversuch in England sei eine sehr gewagte Sache, die man nur im äußersten Notfall unternehmen solle. Statt dessen schlug er vor, Gibraltar zu erobern, das Mittelmeer abzuriegeln, die Kanarischen Inseln und die Azoren zu nehmen und Panzer nach Libyen zu schicken, um die Italiener bei der Einnahme von Suez zu unterstützen. Der Plan ›Felix‹ – Gegenstück und Bremse des englischen und russischen Abenteuers – nahm Gestalt an.

Das Unternehmen ›Seelöwe‹

Gleichzeitig wurde Hitler als Schiedsrichter von Heer, Luftwaffe und Marine angerufen, die sich bei der Vorbereitung des Unternehmens ›Seelöwe‹ nicht einigen konnten. Brauchitsch hatte einen sehr umfangreichen Plan ausgearbeitet, in dem er die Heeresgruppe A (Rundstedt) und die Heeresgruppe B (Bock) einsetzte. Rundstedt sollte zum Sturm auf England mit zwei Armeen antreten, der 16. (Busch) und der 9. (Strauß). Die eine sollte sich zwischen der Insel Texel und Boulogne einschiffen und sechs Divisionen in die Landungszonen werfen – Ramsgate – Dover, Folkestone – Dungerness und Rye – Hastings –, während die anderen vier Divisionen in der Bucht von Brighton und auf der Insel Wight landen sollten. Die Heeresgruppe B hatte den Auftrag, die 6. Armee (Reichenau) zu stellen, die ihrerseits den Befehl erhalten hatte, sich in Cherbourg einzuschiffen und in der Bai von Lyme westlich Portsmouth zu landen. Die deutsche Zange würde sich dann wieder einmal schließen. Der Heeresgruppe A war befohlen worden, eine Operationsbasis von Southampton bis Gravesend zu schaffen, dann unter Umgehung von London mit dem linken Flügel vorzustoßen und die Entscheidungsschlacht an der mittleren Themse bei Oxford zu schlagen. Nachdem die Heeresgruppe B Bristol genommen hätte, sollte sie nach Osten schwenken und das feindliche Gros vom Rücken her angreifen. Man hoffte mit den gegnerischen Kräften rasch fertig werden zu können; die Besetzung von ganz England und Schottland wäre dann nur mehr Formsache.

Gegen diesen Plan wehrte sich die Marine. Sie hatte, wie sie behauptete, weder die notwendigen Transportmittel noch die erforderlichen Deckungskräfte und am allerwenigsten die für die Vorbereitung nötige Zeit. Raeder verlangte zehn Tage, um die erste Welle von 13 Divisionen überzusetzen, und konnte keinen genauen Zeitplan für die folgenden Divisionen angeben. Er mußte mit Verzweiflungsangriffen der englischen Flotte rechnen, und die zur Flankendeckung erforderlichen Minenfelder im Kanal und in der Nordsee waren für die mit den unvorhersehbaren Risiken des Meeres vertrauten Seeleute viel weniger sicher als für die Landratten des Heeres. Aus all diesen Gründen schlug der Großadmiral eine erhebliche Verkürzung der Invasionsfront vor. Er war der Ansicht, es sei besser, sich auf eine Landung zwischen Beachy Head und Dover zu beschränken. Damit wäre jedoch kaum ein Viertel jenes Plans erfüllt worden, den das Heer vorgeschlagen hatte.

Brauchitsch breitete seine Karten wieder aus und plädierte von neuem für den Plan des Heeresgeneralstabs. Die Invasion habe nur dann Erfolg, wenn England auf breiter Front angegriffen werde. Die Befürchtungen der Marine nähmen den Truppen jegliche Manövrierfähigkeit, ließen sie gegen Steilküsten anrennen, zwinge die Panzer auf das sumpfige Gebiet von Kent und führe sie in eine Frontalschlacht, die man unbedingt vermeiden wolle. Auch die Luftwaffe war eingeschüchtert und wollte ihre Fallschirmjäger in Reserve halten. Dabei mußte man sie unter allen Umständen auf die Küste abspringen lassen, um die Invasion mit einem harten und plötzlichen Schlag zu eröffnen. General Jodl hatte vollkommen recht, wenn er sagte, eine Invasion sei immer eine riskante Angelegenheit, doch nur Kühnheit könne das Risiko mindern. Die Entscheidung lag nun in Hitlers Hand. Zur Überraschung aller Anwesenden entschied er sich für Vorsicht. Die Invasionsfront solle sich nicht über Brighton hinaus ausdehnen, die Insel Wight und Southampton blieben seitlich liegen. Die Teilnahme der Heeresgruppe Bock und das Schwenkungsmanöver der 6. Armee wurden nicht beschlossen, sondern

für den Notfall aufgehoben. Hitler bestand auf einer unerläßlichen Vorbedingung für den Beginn des Unternehmens ›Seelöwe‹: Zuerst müsse die RAF von der deutschen Luftwaffe vernichtet sein, eher werde kein Befehl zur Durchführung gegeben. Außerdem müsse die Luftwaffe nach Erledigung ihres Gegners noch stark und kampfkräftig genug sein, um die Landstreitkräfte auf englischem Boden unterstützen zu können.
Nach der Besprechung vom 31. Juli 1940 diktierte Hitler die Weisung Nr. 17. Die Luftoffensive gegen England sollte am 5. August beginnen. Ziel sei die Vernichtung der gegnerischen Luftstreitkräfte durch direkte Schläge gegen die RAF und ihre Bodenanlagen sowie die Flugzeugbau- und Reparaturwerke. Systematische Angriffe auf Städte und Terrorbombardements waren untersagt. Den Befehl hierzu behielt sich Hitler (Weisung Nr. 17) ausdrücklich vor.
Die hierfür vorhandenen deutschen Kräfte bestanden aus drei Luftflotten. Die Luftflotte 5 unter Generaloberst Stumpff lag in Skandinavien und sollte nur Nordengland angreifen. Die Luftflotte 2 unter der Führung des Generalfeldmarschalls Kesselring hatte ihre Flugplätze zwischen Zuidersee und Seine. Das Hauptquartier befand sich in Brüssel und der vorgeschobene Gefechtsstand am Kap Gris-Nez. Ihr fielen die Angriffe auf England bis zu der Linie Portsmouth–Oxford–Manchester zu. Die Luftflotte 3 unter Generalfeldmarschall Sperrle mit dem Hauptquartier in Paris und dem Gefechtsstand in Deauville lag in der Normandie und der Bretagne. Sie sollte von Südwesten und Westen her angreifen.
Insgesamt standen bei den drei Luftflotten am 10. August 2255 Flugzeuge einsatzbereit, davon 998 zweimotorige Bomber (Do 17, Do 215, He 111 und Ju 88), 316 Stukas (Ju 87), 702 Jäger (Me 109), 261 Zerstörer (Me 110) und 78 Aufklärer. Diese 2255 Maschinen sollten also das Britische Empire auf die Knie zwingen!

Luftwaffe gegen RAF

Der ›verschärfte Luftkrieg‹ gegen England wurde vom Oberkommando der Luftwaffe am 4. August freigegeben. Wegen der schlechten Wetterbedingungen wurde der erste ›Großkampftag‹ erst auf den 13. August angesetzt. Doch ein entscheidendes Datum war bereits der 12. August. Bomberformationen griffen sechs Radarstationen im Süden Englands an, und die Station Ventmoor auf der Insel Wight wurde fast völlig zerstört. Man schätzte, daß vierzehn Tage nötig seien, um sie wieder in Betrieb zu setzen. Dieser Schlag war beängstigend. Der erste Einsatz des Radarsystems wies diese Waffe als eine der wichtigsten für die englische Verteidigung aus. Mit dieser Einrichtung konnten die Engländer die Angreifer beobachten, wie sie sich in der Luft sammelten und sich ihr Ziel suchten. Sämtliche Operationen waren sofort auf dem

Das von Adolf Hitler immer wieder aufgeschobene Unternehmen ›Seelöwe‹, die Eroberung Englands, wurde am 12. Oktober 1940 endgültig aufgegeben. An seiner Stelle hatte sich die ›Luftschlacht um England‹ entwickelt, die auf deutscher Seite von den Luftflotten 2 und 5 bestritten wurde. Für die rund 1300 Kampfflugzeuge vom Typ He 111 (oben) und den entsprechenden Jagdschutz war London das hauptsächlichste Ziel (unten).

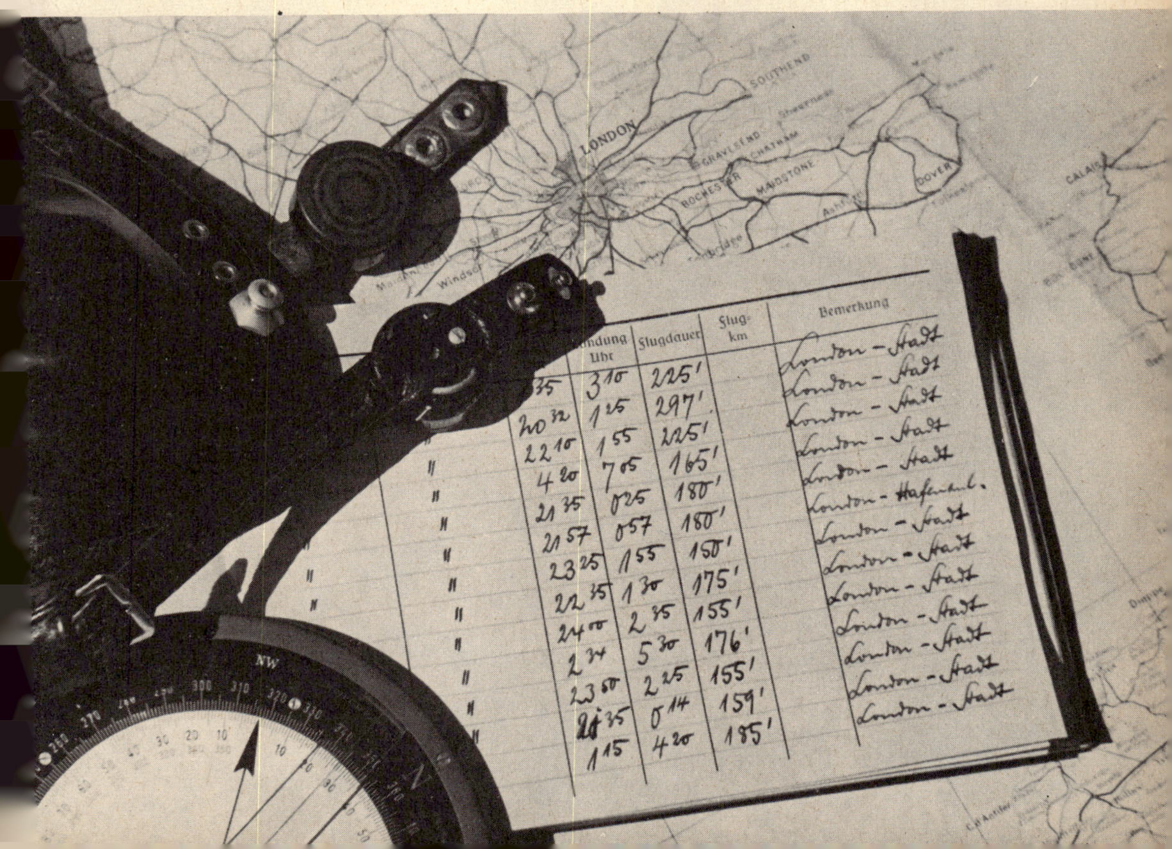

Daß die deutsche Luftwaffe in der ›Luftschlacht um England‹ in der Zeit vom 13. August (›Adlertag‹) bis 6. September 1940 fast 800 Maschinen einbüßte, verdankten die Engländer ihren Jagdflugzeugen vom Typ ›Hurricane‹ und ›Spitfire‹ (oben), die den Jägern der deutschen Luftwaffe vom Typ Me 109 ebenbürtig waren (unten).

Radarschirm sichtbar. Dadurch konnten die englischen Jäger aufsteigen und sich formieren, ehe die deutschen Bomber England erreicht hatten. Alle deutschen Versuche, die RAF schon am Boden zu zerstören, mußten hier scheitern, während sie in Polen und Frankreich hervorragend geglückt waren. Wenn aber die Deutschen die Radarstationen angriffen, so war das der Beweis, daß sie deren Existenz kannten und von ihrer Wichtigkeit wußten. Wie aber sollte man die hundert Meter hohen Masten verstecken?
Am folgenden Tag wurde keine einzige Radarstation angegriffen. Die Zerstörung von Ventmoor war den Deutschen unbekannt geblieben, denn die Berichte über den Angriff besagten, daß die Angriffe gegen die Radarkette erfolglos gewesen seien. Eine Radarstation war eben ein undankbares Ziel. Göring befahl daraufhin die Auswahl lohnenderer Ziele.
Der 13. August erhielt den glorreichen Namen ›Adlertag‹. Die erste deutsche Staffel wurde durch Radar um 5 Uhr 30 über Amiens festgestellt, eine zweite überflog die Küste bei Dieppe, während eine dritte aus Richtung Cherbourg kam. Wie bei einer Bewegung von Landstreitkräften wurde dieser Angriff in Zangenform ausgeführt, wobei der eine Zangenarm England in Höhe der Themse erreichte, während der andere den englischen Luftraum bei dem Solentarm umschloß. Ziel waren die vorspringenden Gebiete von Kent, Hawkinge und Manston sowie die Flugzeugwerke von Farnborough. Mittags und um 16 Uhr kamen die Deutschen wieder und erzielten damit 1485 Starts an diesem Tag. Der deutsche Wehrmachtsbericht sprach von bedeutenden Erfolgen und kündigte an, diese Offensive werde bis zur völligen Vernichtung des Feindes fortgesetzt werden.
In Wirklichkeit war dieser erste Tag ein Fehlschlag gewesen. Die beschädigten Flugplätze waren zehn Stunden später schon wieder verwendungsfähig. Die Zusammenarbeit von Bombern und Jägern hatte nicht geklappt. Die deutsche Luftwaffe hatte 55 Flugzeuge verloren, die Engländer nur 13 Maschinen und 7 Piloten. Von nun an wurde die ganze Schwäche der Luftwaffe im Kampf gegen England offenbar. Die Me 109 konnte nur zwanzig Minuten über England bleiben, und die Me 110 war der ›Spitfire‹ gegenüber nicht wendig genug. Die Ju 87, die in Frankreich mit so viel Erfolg eingesetzt worden war, wurde durch die Sperrballons stark gehindert, war für eine besonnen schießende Flak ein willkommenes Ziel und durch ihre Langsamkeit jedem Jäger ausgeliefert. Die Dornier, Heinkel und Ju 88 konnten nur 500 Kilogramm an Bomben mitnehmen, und ihre mangelhafte Zieleinrichtung gestattete keine genauen Abwürfe. Die Siege in Polen und Frankreich hatten Illusionen erweckt. Göring und seine Generale begriffen nicht, daß es jetzt keine Überraschungseffekte mehr gab und man es mit einem Gegner zu tun hatte, der über entsprechende Abwehrmittel verfügte. Sie glaubten noch an die Möglichkeit, ihre Hitler gegenüber gemachten Versprechungen halten zu können, die englischen Jagdflieger würden in zwei Wochen nicht mehr existieren und die Luftwaffe könne dann das Unternehmen ›Seelöwe‹ vorbereiten.

Am 14. August war schlechtes Wetter und die Lufttätigkeit wurde eingeschränkt. Am 15. aber wurde eine große Schlacht geschlagen, in die auch die Luftflotte 5 von Norwegen her eingriff. Die drei deutschen Luftflotten zusammen setzten an diesem Tag 1786 Maschinen ein.
Die englischen Gruppen 12 und 13 griffen die anfliegenden Deutschen schon über der See vor Newcastle an, und zwar so konzentriert, daß die deutschen Piloten, die von Radar keine Ahnung hatten, sich dies nicht erklären konnten. Da die Me 109 keinen genügend großen Aktionsradius hatte, setzten sich die angreifenden deutschen Staffeln ausschließlich aus Me 110 zusammen, deren Unzweckmäßigkeit dabei deutlich hervortrat. Die Bomber luden einen Teil ihrer Last über der Nordsee ab und flüchteten in die Wolken, um schleunigst wieder nach Norwegen zurückzukommen. Von da an nahm die Luftflotte 5 nur mehr bei Nacht an Angriffen gegen England teil.
Im Süden war der Kampf ausgeglichener. Die Flugplätze und Bodeneinrichtungen von Lympne, Hawkinge, Middlewallop, West Malling, Martlesham und Croydon wurden schwer beschädigt. Dowding mußte zu seiner höchsten Beunruhigung feststellen, daß die vorgeschobenen Flugplätze in Kent unbenutzbar waren und die Aktionsfähigkeit des Fighter Command dadurch erheblich vermindert wurde. Er ließ im Tagesbericht veröffentlichen, die Deutschen hätten 180 Flugzeuge verloren – wahrscheinlich sogar noch 53 mehr –, was unter der englischen Bevölkerung großen Jubel auslöste. In Wirklichkeit beliefen sich die Verluste der Luftwaffe auf 75 Flugzeuge. Der deutsche Wehrmachtsbericht war aber hinsichtlich der englischen Verluste noch großzügiger. Und nicht nur im Wehrmachtsbericht tauchten falsche Verlustziffern des Gegners auf, sie wurden auch bei deutschen Generalstabsbesprechungen zitiert, wo man die Zahl der noch vorhandenen britischen Jagdflugzeuge auf 300 schätzte. Das war nur die Hälfte der Dowding noch zur Verfügung stehenden Jäger!
Am 17. August wurden die allzu verwundbaren Stukas aus den Angriffskräften herausgezogen. Am 24. August änderten die Deutschen ihre Taktik. Im Verhältnis zu den Jägern wurde die Zahl der Bomber verringert, aber die Angriffe wurden jetzt auf die Sector Stations, die Befehlsstände der Luftschlacht, konzentriert. Biggin Hill, Kenley, Hornchurch und Northweald, die wichtigsten Stellen des Fighter Command, wurden zerstört, und in Bentley Priory, von wo aus Dowding seine Reserven einsetzte, wurde man wieder sehr nervös. Dowding wußte nicht genau, in welchem Umfang er die Luftwaffe verkleinerte, aber was ihm nur allzugut bekannt war, waren die Verluste seines Fighter Command. Und er merkte immer mehr, daß sich die Lage zugunsten der Deutschen veränderte. Wenn die Angriffe auf die Sector Stations noch eine Woche mit gleicher Heftigkeit weitergingen, mußte er die Gruppe 11 auf einen Abschnitt nördlich von London zurückziehen, was bedeutet hätte, daß die Gefechtszeit der englischen Jäger erheblich verkürzt und das Handikap der Anflugzeit der deutschen Jäger über den Kanal ausgeglichen wäre. Die Deutschen hatten die weiche Stelle im englischen

Panzer entdeckt, sie brauchten nur immer weiter in dieselbe Kerbe zu schlagen, um die RAF in die größten Schwierigkeiten zu bringen.

Aber die Deutschen wechselten wieder einmal die Taktik. Die Zerstörung des Fighter Command, die Vorbedingung für eine Invasion, wurde in den Hintergrund geschoben und reiner Rachedurst, der in den Terrorangriffen seinen Ausdruck fand, spielte von nun an die Hauptrolle. Am 24. August fiel abends der erste Bombenregen auf London. Da die Bomben nicht sehr dicht fielen, wurden weit voneinander entfernt gelegene Punkte, wie Tottenham, Islington, London Wall und Bethnal Green getroffen. Dabei handelte es sich jedoch um einen Irrtum der Flieger, denn die beabsichtigten Ziele waren die Petroleumtanks von Thameshaven und die Flugzeugwerke von Rochester und Kingston, aber der ›Knickebein‹, das Funkpeilgerät der Bomber, funktionierte nicht, und die Besatzungen luden ihre Bomben wahllos ab. Vom Dach des Imperial Chemical Building aus beobachtete Churchill die ringsum ausbrechenden Brände. Seine Reaktion erfolgte unverzüglich: Vom nächsten Tag ab sollte das Bomber Command mit Angriffen auf Berlin antworten.

Die Nacht vom 25. August 1940 brachte für die Berliner eine recht geräuschvolle Überraschung. Der Angriff wurde von 80 Bombenflugzeugen ausgeführt, von denen jedoch 42 umkehren mußten, ehe sie Berlin erreicht hatten. Drei Straßenzüge im Wilhelmstraßenviertel wurden getroffen, nur wenige Meter von Hitlers Schlafzimmer entfernt schlugen Bomben ein. Rund 20 Menschen wurden getötet. Die moralische Wirkung überstieg den materiellen Schaden bei weitem. »Wenn ein einziges englisches Flugzeug unsere Luftabwehr durchbrechen kann, wenn eine einzige Bombe auf Berlin fällt, dann will ich Meier heißen«, hatte Göring einmal gesagt. Aber die Engländer kamen mehrere Nächte hintereinander, ohne daß die Flak oder die Nachtjäger auch nur eine einzige Maschine abgeschossen hätten. Man erzählte sich, die englischen Flugzeuge seien mit einer Farbe bemalt, die sie unsichtbar mache! Ausgerechnet in dem Augenblick, da die Zeitungen schon von einem sterbenden England faselten, besaß die englische Fliegerei die Alleinherrschaft im Luftraum über der Reichshauptstadt.

Am 4. September wurde das Winterhilfswerk im Sportpalast eröffnet. Hitler sprach. »Sie kommen in der Nacht ... werfen ihre Bomben wahllos und planlos auf zivile Wohnviertel ... Ich habe das drei Monate nicht beantworten lassen in der Meinung, sie würden diesen Unfug einstellen. Herr Churchill sah darin ein Zeichen unserer Schwäche. Sie werden verstehen, daß wir jetzt nun Nacht für Nacht Antwort geben, und zwar in steigendem Maße.«

Die erste Stadt Englands, gegen die Hitler sein furchtbares Versprechen wahr machte, war Liverpool, das mit Brandbomben angegriffen wurde, die ungeheueren Schaden anrichteten. Dann, am 7. September nachmittags um 17 Uhr, kam London an die Reihe. Die Überraschung war vollkommen, obwohl in der Nacht vorher bereits 60 Tonnen Spreng- und Brandbomben über der Stadt abgeworfen worden waren. Die Gruppe 11

erwartete einen neuen Angriff auf die Sector Stations und war aufgestiegen, um diesen abzufangen. 625 deutsche Kampfmaschinen durchquerten das schwache Londoner Abwehrfeuer. Die Bombenabwürfe waren hauptsächlich auf das Arsenal von Woolwich und die Docks gerichtet, so daß man diesen Angriff vom 7. September nicht als ausgesprochenen Terrorangriff bezeichnen kann, doch wurden auch die benachbarten, stark bevölkerten Viertel schrecklich getroffen.
In der Nacht lag dann eine riesige Feuerwolke über der Themse und leuchtete in die Straßen der City wie einst das Big Fire von 1666. Diese Riesenfackel leitete die Nachtbomber, die keine Funkpeilung mehr brauchten, um ihre Bomben in das Feuermeer werfen zu können.
Für das englische Oberkommando war dieses erste Bombardement Londons das Zeichen für eine unmittelbar bevorstehende Landung der Deutschen. Es schien auch die sich seit einigen Tagen mehrenden Nachrichten zu bestätigen. Luftbilder zeigten Truppenkonzentrationen zwischen Amsterdam und Cherbourg und eine gewaltige Invasionsflotte von 172 Frachtern, 1200 Motorbooten, 1800 Kähnen, auf die man Landungsrampen montiert hatte, und 352 anderen Fahrzeugen. Die RAF griff diese zusammengewürfelte Armada an, und der von Calais herüberschallende Donner der Bomben ließ den Bewohnern von Kent das Herz aufgehen, aber die deutsche Flak zielte gut, und der angerichtete Schaden stand in gar keinem Verhältnis zu den schweren englischen Verlusten. Die deutschen Truppen sammelten sich an der Kanalküste. Bayerische Gebirgsjäger übten an der Steilküste von Kap Gris-Nez, um sich auf die Überwindung der Küste von Folkestone und Dungeness vorzubereiten. Ein SS-Führer namens Dix war bereits zum Chef der Gestapo in England ernannt worden, und stapelweise lagen auch schon die Plakate bereit, welche die englische Bevölkerung unter Androhung der schlimmsten Repressalien davor warnten, an den Kämpfen teilzunehmen. Eine Liste mit Namen von 2000 Personen, die verhaftet werden sollten, war schon seit längerem fertiggestellt. Eine weitere Liste bezeichnete die Einrichtungen wie Freimaurerlogen, Boy-Scouts, Church of England usw., die aufgelöst oder streng überwacht werden sollten. Kurz, alles war für die Invasion bis ins kleinste vorbereitet.
Um 20 Uhr 07, während in London die Brände wüteten, beschlossen die Generalstabschefs die Parole ›Cromwell‹ auszugeben, was bedeutete: ›Invasion vermutlich innerhalb von vierundzwanzig Stunden.‹ Das Meer war ruhig, die Wettervorhersage günstig und die Gezeiten ebenfalls. Es traf also alles zusammen, was einen deutschen Angriff für den 8. September erwarten ließ.
Die seit Juli andauernden englischen Bemühungen hatten es ermöglicht, 30 Divisionen – darunter drei Panzerdivisionen – aufzustellen, aber nur vier davon waren vollständig ausgerüstet. Die Ausrüstung von acht weiteren wurde als ›fairly good‹ bezeichnet. 12 Divisionen standen in Ulster, in Schottland und in den nördlichen und westlichen Grafschaften. 13 auf zwei Armeen verteilte Divisionen sollten die Uferschlacht liefern,

und zwar zwischen Cornwall und Wash. Nördlich und südlich von London standen das IV. und VII. Korps mit zwei Panzerdivisionen, einer kanadischen, zwei englischen Divisionen und einigen selbständigen Brigaden als Reserve des Oberbefehlshabers Sir Alan Brooke. Das alles wog, sowohl an Zahl wie an Kampfkraft, nicht schwer gegenüber der deutschen Wehrmacht, doch darf man nicht vergessen, daß die Engländer große Möglichkeiten hatten, da eine Landungstruppe nur nach und nach ihre volle Wirksamkeit entfalten kann. Was die britische Stärke zu Lande betraf, so war der ideale Augenblick für eine deutsche Invasion schon verpaßt.

›Cromwell‹ rief überall eine fieberhafte Tätigkeit, aber auch Verwirrung hervor. Viele Ortschaften hatten die Auslösung des Alarmzustands mit der Bekanntgabe einer erfolgten Landung verwechselt und läuteten Sturm. Dörfer wurden verbarrikadiert, verschiedene Behörden hatten den Kopf verloren und ließen die Brücken sprengen. Der Home Guard hatte Churchill als Parole gegeben: ›You can take on with you!‹ Sie versammelte sich, bewaffnet mit ihren Piken und alten Büchsen, und wartete.

In Wirklichkeit war das Bombardement Londons, dieser Zielwechsel der Luftwaffe, einer der schwersten deutschen Fehler gewesen. Dowding hatte das übrigens sofort erfaßt, und bei allem Mitgefühl für London beglückwünschte er sich zu der seinen Sector Stations zugestandenen Pause. Auf deutscher Seite hatten zwei Luftflottenkommandeure, Kesselring und Sperrle, das ebenfalls begriffen. Sie versuchten Göring klarzumachen, daß sie vor dem Sieg über die RAF stünden und daß man ihnen jede Möglichkeit dazu nähme, wenn man jetzt Strafexpeditionen gegen London unternehme, statt militärische Ziele zu zerstören. Aber Göring war in einem geradezu hysterischen Freudentaumel. Er hörte sich die Berichte von zurückkehrenden Flugzeugbesatzungen an und begeisterte sich im Rundfunk in einer Neros würdigen Weise an dem brennenden London, worüber sogar die deutschen Generale empört waren. Seinen beiden Feldmarschällen erklärte er, Hitler habe eine neue geniale Idee gehabt, indem er zu Terrorangriffen schreite, durch die das Risiko einer Landung ganz erheblich gemindert würde.

Aufschub der Invasion

In den nächsten Tagen ließ die Invasion, auf die sich ganz England vorbereitet hatte, immer noch auf sich warten. Am 11. September stellte man in Berlin während einer Lagebesprechung fest, daß die englischen Luftstreitkräfte noch nicht genügend geschwächt seien, weshalb man mit der Einschiffung der Truppen noch nicht beginnen könne. Am Vierzehnten kamen erfreulichere Nachrichten über die deutsche Botschaft in Washington, die einen Bericht übermittelte, in dem die Lage in London als katastro-

phal hingestellt wurde. Eine Revolution drohe, die Vorstadtbevölkerung fliehe aus East End nach West End, verlange Churchills Rücktritt und sofortigen Friedensschluß. Den Briten könnten die Nerven von einem Augenblick zum anderen durchgehen. Hitler beschloß, die Entscheidung auf den Siebzehnten zu vertagen. Da zehn Tage für die Vorbereitungen nötig waren, wurde die Invasion theoretisch auf den Siebenundzwanzigsten verschoben, doch gestatteten die Mondphase und die Gezeiten keinen Landungsversuch vor dem 8. Oktober. Die Marineleute betonten, daß es sich dabei um ein sehr spätes Datum handle, denn gleich danach kämen die Nebel und die Herbststürme. Hitler reagierte nicht darauf. Er rechnete damit, daß sein guter Stern ihn vor einer Kanalüberquerung behüten werde, die er instinktiv ablehnte, und dies um so mehr, als alle seine Generale dafür waren. Große Vorbereitungen waren getroffen worden, um gegen London einen nie dagewesenen Luftangriff zu entfesseln. Es war damit zu rechnen, daß die RAF bei der Verteidigung Londons endgültig vernichtet wurde. Auch konnte man hoffen, daß eine Landung sich erübrige, weil England zweifellos bald um Frieden bitten werde.
Der 15. September 1940, ein wichtiger Tag in der Schlacht um England, begann mit einem strahlend schönen Morgen. Die Sonne ging über einem spiegelglatten Meer auf. Am Kanal hatten die ständigen Bombardements die Landschaft derart verwandelt, daß sie einem Schlachtfeld auf dem Kontinent glich.
Kurz vor 11 Uhr kam Churchill als einfacher neugieriger Besucher nach Uxbridge, dem Gefechtsstand der Gruppe 11. »Ah, heut ist Sonntag, genau wie damals bei Waterloo«, meinte er. »Was ist los, meine Herren?« Der Gruppenkommandeur, der Neuseeländer Keith Park, antwortete ihm: »Vorläufig ist gar nichts los.« »Sir«, unterbrach ein anderer Offizier das Gespräch, »es ist hier verboten zu rauchen. Die Klimaanlage verträgt das nicht, und außerdem besteht Feuersgefahr«. Churchill warf seine Zigarre weg und trat sie aus. Er konnte nicht ahnen, daß der Stummel dann eingerahmt wurde und der Staffel bis Kriegsende als Talisman diente. Er betrachtete neugierig die Tätigkeit im ›Operation Room‹, der wie ein kleines Theater aussah, mit seiner Bühne, dem Parkett und dem Rang. Bunte Lampen zeigten Position und Einsatzgrad der verschiedenen Staffeln an. Fünfundzwanzig Mädchen in blauen Hemdblusen schoben kleine Plättchen mit Croupierrechen auf einem großen Plan hin und her. Die ganze Verteidigung Londons war hier konzentriert.
Churchill wollte gerade wieder gehen, da leuchtete eine rote Lampe auf und ein Lautsprecher meldete, daß eine Gruppe von ›40 plus‹ die französische Küste bei Dieppe überflogen habe und Newhaven ansteuere. Die Schlacht vom 15. September begann. Die Engländer waren von Anfang an im Vorteil, denn ihre Flieger waren bereits aufgestiegen, als die Deutschen die britische Küste überflogen. Fünf ›Spitfire‹-Staffeln kamen aus Canterbury, Dover und Maidstone und kreisten die gegnerischen Jäger ein. Sechs weitere Staffeln kamen nördlich von London her und lösten sie ab. Die

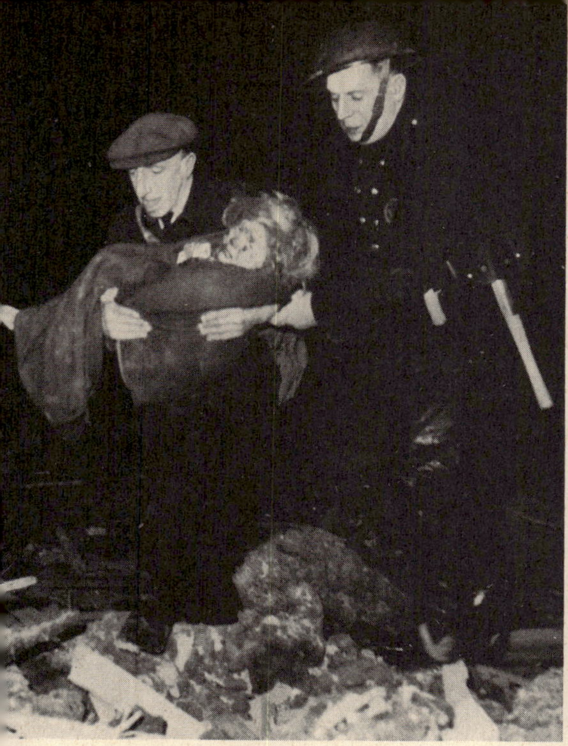

Trotz großer Verluste der Luftwaffe in der ›Luftschlacht um England‹ flogen die deutschen Maschinen Tausende von Tag- und Nachteinsätzen über der Insel. Birmingham, Plymouth, Coventry, vor allem aber die britische Hauptstadt waren immer wieder ihre Ziele. Am 4. September 1940 erklärte Hitler im Berliner Sportpalast: ›Wir werden ihre Städte ausradieren.‹ Der systematische Luftkrieg gegen die Zivilbevölkerung begann.

Bilder der Verwüstung, wie sie Deutschland erst im Laufe des Jahres 1943 kennenlernen sollte, waren in London bereits im Herbst 1940 (oben das Zeitungsviertel der Fleet Street) an der Tagesordnung. Vom 7. September bis 3. November wurde die englische Hauptstadt 57 Nächte hindurch von durchschnittlich 200 Bombenflugzeugen angegriffen. Trotz aller Behinderung durch diese Angriffe produzierte das Land 1940 allein fast 10000 Flugzeuge.

Me 109, die nur zwanzig Minuten über England bleiben konnten, drehten ab, und die nun allein gelassenen Bomber erlitten schwere Verluste durch die ›Hurricans‹ und ›Spitfires‹. Vom Boden aus sah man die Kämpfenden wie silberne Schuppen in der Sonne glänzen und ab und zu einen Fallschirm sich öffnen. Auf London fielen einige Bomben, aber verglichen mit dem vergangenen Sonntag war das ein Kinderspiel.
Nachmittags ballten sich Wolkenmassen über Kent und Sussex zusammen. Die Deutschen kamen in drei großen Formationen und flogen zwischen Dungeness und Dover ein. Die eine Formation wurde über Canterbury zersprengt, die beiden anderen erreichten London, und über der Stadt spielten sich dann die Luftkämpfe ab. Dieses Mal richteten die deutschen Bomben wieder erheblichen Schaden an. Der Gaskessel von Eastham flog in die Luft, ein Fernsprechamt wurde zerstört, Westminster, Fleet Street und der Buckinghampalast wurden getroffen, doch blieb das Fighter Command voll in Aktion. Auf ihrem Rückflug wurden die deutschen Maschinen noch einmal von vier Reservestaffeln angegriffen und bis aufs Meer hinaus verfolgt.
Am Abend ging dann ein Siegesgerücht durch ganz England. Die deutschen Verluste seien geradezu phänomenal gewesen. In den brennenden Straßen Londons ertönten wie Racheschreie die Rufe der Zeitungsverkäufer, die Sonderausgaben anboten, in denen zu lesen stand, der Feind habe 185 Flugzeuge verloren, gegen 60 englische. Das wäre ein erstaunliches Ergebnis gewesen, aber die Meldung traf wieder einmal nicht zu. Die Deutschen hatten nur 56 Flugzeuge verloren, doch diese Richtigstellung erfolgte erst nach dem Krieg. Jedenfalls aber endete dieser Tag im Siegestaumel der Londoner Bevölkerung.
Eine ganz andere Stimmung herrschte auf deutscher Seite. Die Flugzeugbesatzungen waren unzufrieden. Den Analysen des Generalstabs zufolge war die gesamte RAF schon mehrmals völlig zerstört worden, aber trotzdem sahen sich die deutschen Flieger immer wieder einem starken Gegner gegenüber. Göring, dessen zweite große Pleite nach Dünkirchen jetzt die Schlacht um England war, warf den Jagdfliegern mangelnden Kampfgeist vor und machte sie für die hohen Verluste der Bomber verantwortlich. Der durch vierzig Luftsiege und sein Ritterkreuz gegen eventuelle ›Unannehmlichkeiten‹ geschützte Fliegeroffizier Galland verteidigte seine Kameraden. Als Göring ihn fragte, was er denn eigentlich wolle, antwortete er eiskalt: ›Spitfires‹. Später beklagte sich Galland dann direkt bei Hitler über eine einfältige Propaganda, welche die gegnerischen Flieger als Waschlappen hinstellte. Er konnte dabei die Überraschung erleben, daß Hitler die englischen Flieger sehr lobte.
Am Siebzehnten wurde bei einer Konferenz in der Reichskanzlei festgestellt, daß die Kampfkraft der RAF durch die Schlacht vom vorgestrigen Tag nicht gebrochen worden war. Die Vorbedingungen für einen Invasionsversuch waren demnach nicht erfüllt. Es wurde beschlossen, die Bombenangriffe fortzusetzen, sie aber in die Nacht zu verlegen. Am Vortag war eine andere Entscheidung getroffen worden, die sich in

einem einzigen Satz im Tagebuch des Oberkommandos der Wehrmacht wiederfindet: ›Die Heeresgruppe B wird vom 17. 9. – 19. 9. nach dem Osten transportiert.‹ Schon am 26. August hatten zehn Divisionen Infanterie und zwei Panzerdivisionen Marschbefehl nach Südpolen erhalten, unter dem Vorwand, die rumänischen Petroleumfelder gegen eine sowjetische Bedrohung abzuschirmen. Jetzt wurde eine ganze Heeresgruppe, die noch dazu in der ersten Planung des Unternehmens ›Seelöwe‹ eine wichtige Rolle zu spielen hatte, nach Osten verlegt.

VIII. Kapitel Oktober bis Dezember 1940
Vom europäischen Krieg zum Weltkrieg

London im Bombenhagel

Es war Herbst geworden. Die Verteidigung der Britischen Inseln wurde jetzt durch die Nebel und Stürme sehr begünstigt. Das Unternehmen ›Seelöwe‹ war vor 1941 nicht mehr möglich. Dafür ließ Hitler jetzt immer mehr Bomben auf die englische Bevölkerung werfen. Die Tagflüge wurden spärlicher, statt dessen nahmen die Nachtflüge immer mehr zu. Von September 1940 bis Januar 1941 wurde London während sechsundachtzig aufeinanderfolgender Nächte bombardiert, außer am 3. November, an dem die Sirenen schwiegen, was bei der Bevölkerung eine ängstliche Spannung hervorrief. Die mittlere Zahl der Nacht für Nacht erscheinenden Flugzeuge betrug 160, die monatlich 6500 Tonnen Bomben abwarfen. Alle Londoner Bahnhöfe wurden getroffen, auf alle Stadtviertel regnete es Bomben; 900 Brände, darunter neun Großbrände stellte man fest. Die City und der Hafen wurden ganz besonders schwer getroffen. Um die Docks standen kilometerweit abgedeckte Häuser, und die Kuppel von Saint Paul's ragte aus einem Ruinenmeer hervor. Abend für Abend drängte sich die Menschenmenge, die Decken, Matratzen und die wertvollsten Dinge mit sich schleppte, in die ›Underground‹-Schächte, während viele Stoiker in ihrem Bett blieben und sich auf ihr Glück verließen. Jeden Morgen fanden dann eine ganze Anzahl der nächtlichen Troglodyten, die aus der Untergrundbahn kamen, anstelle ihrer Behausung nur mehr einen Trümmerhaufen vor.

Englischer Gleichmut antwortete der deutschen Zerstörungswut. »London can take it« und »Business as usual« sind Schlagworte aus den Tagen der ›Blitz‹-Angriffe. Die dauernd wiederholten Angriffe, Fotos vom Feuersturm und die Zerstörung oder Beschädigung allgemein bekannter Londoner Sehenswürdigkeiten, angefangen beim Buckinghampalast bis zum Wachsfigurenkabinett der Madame Tussaud, beeindruckten die ganze Welt. Wer aber einen Gesamtüberblick über die Geschehnisse hatte, wußte schon, daß alle Bemühungen der Luftwaffe zwecklos sein würden. Um London zu zerstören, hätte es einer mindestens zwanzigmal stärkeren Luftwaffe bedurft, und noch viel mehr wäre nötig gewesen, um die britische Entschlossenheit zu zerbrechen. Hitler besaß bei weitem nicht die entsprechende Anzahl von Flugzeugen, um die Voraussagen des italienischen Strategen Douhet von dem jeden Widerstand brechenden Terrorangriff wahr zu machen.

London wurde allnächtlich weiter bombardiert, doch richteten die Bomber jetzt von Zeit zu Zeit ihre Aufmerksamkeit auch auf bestimmte andere Ziele. Die Flugzeugwerke von Woolston, Weybridge, Farnborough usw. wurden zuerst systematisch mit Bomben belegt, doch wurden die Ergebnisse als nicht ausreichend beurteilt, und das ganze Gewicht des Luftkriegs wurde auf die großen Industriestädte, die Arsenale der Midlands, verlegt. In der Nacht vom 14. auf 15. November erschienen nur 21 Bomber über London, aber 509 über Coventry. Das neue deutsche Peilsystem, das X-Gerät, wurde zum erstenmal hier angewendet. Trotz aller Störversuche erreichten 449 Flugzeuge die Stadt. Eine Stunde später war Coventry ein über 100 Meilen im Umkreis sichtbares Flammenmeer. Das Stadtzentrum mit seinen wertvollen Baudenkmälern war ein einziger Schutthaufen. Von der Kathedrale aus dem 14. Jahrhundert blieben nur noch die Außenmauern stehen. Die deutsche sowie die englische Sprache bereicherten sich in der Folge mit dem neuen Wort ›coventrieren‹, um die Zerstörung einer Stadt durch einen einzigen Anflug zu bezeichnen. Der Erfolg des Angriffs war vergleichsweise gering. Zwar gab es 550 Tote, doch wurden die einundzwanzig getroffenen Fabriken der Autostadt Coventry in ihrer Produktionskapazität nicht wesentlich geschwächt. Die Luftwaffe überschätzte infolge des schauerlichen Anblicks, den das brennende Coventry bot, den angerichteten Schaden. Anstatt einen zweiten Angriff gegen die Stadt zu fliegen, bombardierte sie anschließend Birmingham, Leeds, Sheffield, ferner die Hafenstädte Southampton, Bristol und ganz besonders Liverpool. Die weite Streuung der Produktionsstätten hinderte die britische Rüstung nicht daran, täglich Fortschritte zu machen. Die RAF erhielt jetzt mehr Flugzeuge, als sie verlor.

U-Boot-Krieg

Der Seekrieg nahm härtere Formen an. In seinem französischen Hauptquartier entwarf Konteradmiral Dönitz Pläne für einen neuartigen Einsatz der U-Boot-Waffe. Danach sollten die U-Boote nicht mehr einzeln, sondern in Gruppen angreifen, wobei das erste U-Boot, das einen Konvoi aufspürte, diesen lediglich verfolgen und dabei alle anderen in den gleichen Gewässern kreuzenden U-Boote benachrichtigen sollte. Erst wenn dann das gesamte Rudel beisammen war, sollte der Angriff aufgetaucht bei Nacht erfolgen. Vor Tagesanbruch würden dann alle Boote tauchen und sich zerstreuen, dabei aber den Konvoi im Auge behalten und in der folgenden Nacht wieder angreifen. Eine Ozeanüberquerung würde so zu einer aufreibenden, mörderischen Dauerschlacht.

Für die Engländer war diese Rudeltaktik eine böse Überraschung. Die erste Operation dieser Art gelang der deutschen U-Boot-Waffe Anfang September. Am 20. September erfolgte ein besonders harter Schlag, als Prien fünf U-Boote gegen den Konvoi HX 72 sammelte und in zwei Nächten von den 47 Schiffen des Geleitzugs elf versenkte und

Während der ersten vier Kriegsjahre war der Seekrieg im Atlantik im wesentlichen ein Kampf der deutschen U-Boote gegen die englische Blockade. Nach anfänglichen Einzeloperationen erfolgte allmählich die Ausdehnung des Operationsgebiets auf den gesamten Atlantik in Form von Suchbewegungen ganzer U-Boot-Gruppen. Torpedierte Tanker (oben) und durch Wasserbomben versenkte U-Boote (unten) markierten bald jede Seeroute.

Die Gesamtstärke der englischen Flotte war trotz der konkurrierenden Seemächte USA und Japan bei Kriegsbeginn noch immer imponierend: 15 Schlachtschiffe (unten), 7 Flugzeugträger 64 Kreuzer und fast zweihundert Zerstörer (oben) operierten zum Schutz englischer Interessen auf den Meeren des Erdballs.

eins schwer beschädigte. Für die Engländer war es nur gut, daß Dönitz zuwenig U-Boote zur Verfügung hatte, um seine neue Taktik voll zur Wirkung zu bringen. Bei Kriegsbeginn hatte er 57 Unterseeboote, und von September 1939 bis September 1940 wurden 28 neue Boote fertiggestellt, aber die Verluste bezifferten sich bis dahin ebenfalls auf 28. Der Bestand war also gleichgeblieben, doch wären mindestens 300 U-Boote nötig gewesen, um dem englischen Schiffsverkehr den Todesstoß zu versetzen.

Der zweite Kriegswinter war für England eine dunkle Zeit. Die Vorstellung, von allen Ländern verlassen zu sein, lastete auf der ganzen Nation. Seit dem Zusammenbruch Frankreichs konnte keine einzige Allianz geschlossen werden. Amerika sympathisierte wohl mit Großbritannien, hielt sich aber – wenigstens nach außen hin – in jeder Hinsicht zurück, und die Beziehungen zwischen Sowjetrußland und dem Deutschen Reich waren noch befriedigend, wenn auch, wegen einiger territorialer Streitfragen, nicht mehr ganz so ungetrübt. London war schwarz vom Ruß der Brände. Die Beschädigungen der Abwasserkanäle und die in den Unterständen Nacht für Nacht zusammengepferchten Menschenmassen ließen Seuchen befürchten. Es brachen zwar keine Epidemien aus, aber die Londoner hatten dennoch bald alle das Aussehen von Schwerkranken, denn der dauernde Luftalarm und das ständige Übernachten in den U-Bahn-Tunnels zerrte erheblich an den Nerven. Im Ausland glaubten wegen der Goebbelspropaganda viele Leute, England sei praktisch schon besiegt. Man sah die oberflächlichen Wunden, aber nicht, daß das Land in seiner Substanz, in seiner inneren Kraft, noch nicht gebrochen war. Lloyds versicherte nach wie vor die Schiffe und zahlte jedesmal, wenn die Glocke der ›Lutine‹ angeschlagen wurde, um ein neues Opfer der feindlichen U-Boote zu melden. Die Versorgung der Inseln mit Lebensmitteln und Rohstoffen für die Industrie erfolgte weiter in erträglichem Maß. Dabei war die Industrie Englands nicht einmal ausschließlich der Rüstung gewidmet, denn ein Teil arbeitete für den Export, damit der Kriegsschatz nicht allzu rasch erschöpft wurde. Immerhin schwand er immer mehr dahin, und schwere Sorgen lasteten auch in dieser Hinsicht auf der Regierung. Der jüngere Pitt hatte ähnliche Sorgen im Krieg gegen Napoleon gekannt. Trotz der seither eingetretenen Wandlungen in der Kriegführung und trotz der durch die Luftfahrt hervorgerufenen Aufhebung der Isolierung der Britischen Inseln lassen sich die beiden Situationen miteinander vergleichen. Ein Eroberer hatte sich des Kontinents bemächtigt, aber ein gewisser Gleichgewichtszustand hatte sich am Kanal gebildet, während in anderen Teilen der Welt schicksalhafte Ereignisse die Zukunft vorbereiteten.

Umschwung in Rumänien

Im Osten Europas konsolidierte sich die Sowjetunion überraschend schnell. Die drei baltischen Staaten, denen Rußland im Herbst 1939 volle Souveränität zugesichert hatte, wurden zu Sowjetrepubliken. Russische Truppen hatten das rumänische Bessarabien besetzt. Das entsprach dem deutsch-sowjetischen Nichtangriffspakt vom Vorjahr, aber die Russen nahmen sich gleich die Nordbukowina und den Kreis Herta (Moldau) dazu. Hitler war durch diese sowjetischen Eigenmächtigkeiten höchst beunruhigt, denn er fürchtete für das rumänische Erdöl, ohne das, wie er sagte, Deutschland den Krieg nicht fortsetzen könne und das man vor der russischen Gier schützen müsse. Auch mußte mit den an Rumänien gerichteten Forderungen der beiden Besiegten von 1918, Ungarn und Bulgarien, auf Abtretung Siebenbürgens beziehungsweise der südlichen Dobrudscha Schluß gemacht werden. Ciano und Ribbentrop trafen sich im Belvedere in Wien, um darüber zu entscheiden. Als man am 30. August die Karten mit den neuen Grenzen vorlegte, sank der rumänische Außenminister Manolescu ohnmächtig zu Boden. Deutschland und Italien gaben Ungarn Nordsiebenbürgen sowie den Szeklerzipfel und Bulgarien die südliche Dobrudscha wieder zurück. Rumänien hatte damit zwei Drittel seiner Bevölkerung und seines Gebietes in weniger als einem Jahr verloren. Heftige Proteste der Bevölkerung waren die direkte Folge. Der allgemein verachtete König Carol II. dankte ab und flüchtete in Begleitung seiner unheilvollen Favoritin ›Madame Lupescu‹ (ehemals Magda Wolf) außer Landes. Sein Sohn Michael war noch unmündig. Hitler bot dem energischen Diktator Antonescu, der noch von Carol II. berufen worden war, zum Schutz gegen den russischen Expansionsdrang als beste Garantie die Besetzung des Landes durch deutsche Truppen an, was Antonescu mit Freuden annahm.

Malta und Sidi Barrani

Im Mittelmeergebiet ging der Krieg nur langsam weiter. Malta hätte sich längst in italienischer Hand befinden können, wenn die Italiener sich nur der geringen Mühe unterzogen hätten, die Insel zu nehmen. So ließen sie die günstige Gelegenheit vorübergehen. Der aus Gibraltar auslaufende Flugzeugträger *Ark Royal* schickte nach der strategisch so wichtigen Insel zwei Staffeln ›Hurricane‹, von denen die eine durch widrige Winde über dem Meer abstürzte. Von dem Träger *Argus* flogen 12 ›Hurricans‹ nach Malta ein. An Bord der *Warspite*, dem Veteranen von Narvik und der Schlacht im Skagerrak, kreuzte Admiral Cunningham weiter im Mittelmeer und bedrängte die italienische Flotte, die aus Treibstoffmangel ohnehin nur selten Tarent verlassen konnte.

In Libyen wurde Balbo von der eigenen Flak abgeschossen. Sein Nachfolger, Marschall Graziani, erhielt von Mussolini den Befehl, an dem Tag, an dem der erste deutsche Soldat den Fuß auf englischen Boden setzen würde, in Ägypten einzumarschieren. Nachdem dieses wichtige Ereignis aber auf sich warten ließ, beschloß der Duce, der Wehrmacht zuvorzukommen, aber Graziani ersuchte um Aufschub. Unter der Drohung, durch einen General ersetzt zu werden, ›der sich seinen Marschallstab noch verdienen könne‹, eröffnete er die Offensive am 13. September. Die Engländer zogen sich zurück, und die Italiener drangen bei einer Backofenhitze vor, inmitten von Staubwirbeln, welche die Menschen wie Mumien ausdörrten. Graziani gab seine geplante Flügelschwenkung durch die Wüste auf und begnügte sich, seinen linken Flügel längs der Küste bis zur Niederlassung Sidi Barrani vorwärts zu treiben. Dort hielt er an und meldete, er könne den Vormarsch erst wieder fortsetzen, wenn der Wassernachschub geregelt sei. Der Marsch auf Suez wurde bereits nach 50 Kilometern gestoppt.

Japan breitet sich aus

Der Zweite Weltkrieg, dessen Beginn man auf den 1. September 1939 festsetzt, hatte schon zwei Jahre früher begonnen. Den Konflikt zwischen Japan und China, der am 7. Juli 1937 mit dem Zwischenfall an der Marco-Polo-Brücke in Peking begann, könnte man vielleicht als den eigentlichen Weltkriegsbeginn ansehen. Als in Europa die Kriegsfackel aufflammte, war China schon seit vielen Monaten ein Feuerherd. Die Japaner hatten die chinesischen Ostprovinzen besetzt und in Nanking eine Satellitenregierung unter der Präsidentschaft des Wang Tsching-Wei, eines früheren Mitschülers Tschiankai-scheks, gebildet. Obwohl sie jede Gewaltmaßnahme scheuten, sahen die Amerikaner mit größtem Mißvergnügen, wie sich die Japaner immer weiter ausbreiteten, und sie taten daher ihr Bestes, um die Chinesen bei ihrem Widerstand zu unterstützen.

Die chinesische Regierung hatte als Hauptstadt Tschungking und als Stützpunkte die Provinzen Sezuan und Yünnan. Diese vom Meer weit entfernten Provinzen drohten zu ersticken, denn nur zwei Verkehrswege gestatteten eine Versorgung mit Kriegsmaterial: die durch die Hochgebirge von Burma führende Burmastraße und die von Haiphong kommende und über eine Unzahl von Brücken, Tunnels und andere Bauten bis in die Provinz Yünnan führende Eisenbahn.

Der Zusammenbruch Frankreichs machte diese beiden Verbindungswege höchst problematisch, denn Indochina war jetzt eine leichte Beute, da das ferne Frankreich seine Kolonie nicht mehr verteidigen konnte. Wenn die Japaner sich dort festsetzten, dann konnten sie die Bahnlinie unterbrechen und die Burmastraße bedrohen. Eine

Militärmission unter der Führung des Generals Issaku Nishihara traf in Hanoi ein, wo sie eine wirre Situation vorfand, denn zwei Generalgouverneure stritten miteinander um die Macht, der General Catroux, der sich gerade de Gaulle anschließen wollte, und der von Pétain ernannte Admiral Decoux, der ihn ablösen sollte. Catroux trat am 20. Juli zurück. Nun forderte Nishihara von Decoux das Recht, Haiphong und die Bahnlinie für militärische Zwecke gegen China benutzen zu können. Sollte er ablehnen, würde eine Invasion erfolgen.

Die Komplikationen in Indochina erleichterten nicht gerade die Situation der französischen Regierung. Sie war am 1. Juli von Bordeaux nach Vichy verlegt worden. Die Minister waren überzeugt, daß der Aufenthalt in dem Kurort nur einige Wochen dauern werde. Man rechnete mit der baldigen Rückkehr des Kabinetts nach Paris. Pierre Laval war inzwischen als Vizepräsident in die Regierung eingetreten. Sein Plan war, Frankreich in das siegreiche totalitäre System einzugliedern. Ihm war es geglückt, alle Hoffnungen und Wünsche des alten Marschalls zu erfüllen, indem er ihm durch die vereinigten beiden Kammern das Amt eines Präsidenten der Republik anvertrauen und ihn mit der Ausarbeitung einer neuen Verfassung beauftragen ließ. Er war davon überzeugt, daß er nun das Instrument für die Durchführung seiner Politik in Händen hielte und daß er, hinter der blauen Uniform des alten Verdunkämpfers Pétain verborgen, Frankreich einem neuen Schicksal entgegenführen werde.

Die Vichyregierung stand vor dringenden und schwierigen Aufgaben. Sie mußte die Rückkehr der Flüchtlinge einleiten, die Lebensmittelversorgung organisieren, die Verwaltung neu aufbauen, die Wirtschaft wieder ankurbeln, die Demarkationslinie zwischen der besetzten und der unbesetzten Zone Frankreichs festlegen, sich um die Freilassung der Kriegsgefangenen bemühen und einen *modus vivendi* mit dem Sieger finden. Zu allen diesen Aufgaben, von denen verschiedene mit Geschick und Mut erledigt wurden, kam noch die Sorge um die Aufrechterhaltung des französischen Kolonialreichs. Indochina war zwar 15 000 Kilometer entfernt, und eine Möglichkeit, dem Land zu helfen, bestand so gut wie gar nicht, aber deswegen durfte es sich doch nicht völlig selbst überlassen bleiben. Zwei Auffassungen standen hier einander gegenüber. General Buhrer, der Generalstabschef der Kolonialtruppen, konnte Weygand und Pétain von seiner Idee überzeugen, daß ein bewaffneter Widerstand in Indochina, wo 110000 Mann standen, die für drei Monate Munition hatten, sinnvoll sei. Baudouin führte dagegen aus, daß die indochinesischen Luftstreitkräfte nur aus vierzehn Jagdflugzeugen und 28 veralteten Bombern beständen. Folglich sei ein Widerstand gegen die japanische Flottenmacht aussichtslos. Man verhandelte weiter, während in Hanoi Decoux sich gegen immer unverhülltere Drohungen behaupten mußte. Am 3. September ordnete er die Mobilisierung an, nachdem er das Ultimatum Nishiharas zurückgewiesen hatte. Er ließ den Hafen von Haiphong sperren und drahtete nach Vichy, es sei besser, Indochina zu verlieren, als es zu verraten.

Karte 13 Japanische Eroberungen in China (Ende 1940)

Die Japaner zögerten jetzt. Nishihara milderte sein Ultimatum, und neue Verhandlungen begannen. Ein politischer Vertrag, dem dann ein militärisches Abkommen folgte, erkannte die Souveränität Frankreichs über Indochina an und beschränkte die Zahl der zulässigen japanischen Truppen auf 25 000 Mann in Tonking. Die japanischen Kräfte wußten aber nichts von den Beschlüssen Tokios und griffen am 22. September Dong-Dang und Langson an. Zwei Bataillone der Fremdenlegion wurden schwer angeschlagen, sie hatten 800 Tote, unter ihnen die beiden Obersten Luvet und Louat. Ein Befehl des Kaisers beendete die Kämpfe. Indochina hatte nun zwei Herren: die französische Verwaltung und die japanische Besatzung, die bis 1945 im Lande blieb.

Churchill setzt auf die USA

Die Lage in England war besonders schwierig. Lange Zeit war Großbritannien Japans Verbündeter gewesen und hatte dieses Bündnis nur auf amerikanischen Druck hin gelöst. England versuchte nun, wenigstens freundschaftliche Beziehungen mit der großen Seemacht des Fernen Ostens zu unterhalten. Alles sprach für eine Aufrechterhaltung des Friedens im Pazifik, und dies um so mehr, als Japan Australien und Neuseeland bedrohte, woher England ausgezeichnete Truppen bezog. Im Juni beschloß London, sich nicht mehr um die Meinung der Amerikaner zu kümmern und die Burmastraße zu schließen. Im September ließ Churchill sie dann wieder öffnen. Anscheinend war das ein nebensächlicher Beschluß, der in dem Augenblick gefaßt wurde, als die Schlacht um England auf ihrem Höhepunkt angelangt war, als die Docks und die City lichterloh brannten. Diese scheinbar beiläufige Entscheidung hatte aber einschneidende Folgen. Churchill hatte sich für eine systematische Gleichschaltung der englischen Politik mit der Amerikas entschieden. Er setzte auf ein Eingreifen Amerikas – und diesem Ziel mußte alles andere untergeordnet werden.

Ob eine solche Hoffnung berechtigt war, mußte sich erst noch erweisen. Amerika war zu diesem Zeitpunkt nicht geneigt, in den Konflikt der europäischen Völker aktiv einzugreifen.

Dadurch, daß Churchill den Vereinigten Staaten acht Stützpunkte auf den Antillen und in Neufundland zur Verfügung stellte, erhielt er endlich die erbetenen fünfzig alten Zerstörer, doch erfolgte auch hier, genau wie für andere Waffen, die Lieferung ›cash and carry‹, das heißt, die Engländer mußten bar bezahlen und auch selber den Transport übernehmen, denn die Amerikaner wollten ihre Schiffe nicht in die Blockadezone schicken. Was sie liefern konnten, war im übrigen recht wenig im Verhältnis zu dem, was England dringend brauchte.

Amerika befand sich gerade im Wahlkampf. Franklin D. Roosevelt hatte mit der Tradition gebrochen und bewarb sich ein drittes Mal um das Amt des Präsidenten. Die Republikaner setzten ihm Wendell Willkie, einen Neuling auf der politischen Bühne, gegenüber. Dieser war eine zweitrangige Persönlichkeit, die mit einer Riesenreklame hochgespielt wurde. Die beiden Konkurrenten waren sich indes in einem Punkt einig: Sie würden Amerika unter allen Umständen aus dem Krieg heraushalten. Den gleichen Schwur hatte schon Wilson im Jahre 1916 getan. Daran erinnerten sich jetzt die Isolationisten und wurden äußerst mißtrauisch. Roosevelts Botschafter in London, Joseph Kennedy, riet Washington, lieber einen Vertrag mit Hitler zu schließen, statt England in einem sinnlosen Krieg zu unterstützen. Roosevelt mußte ihn zurückrufen, obwohl Kennedy ihm bei der Wahl von großem Nutzen war und über ein riesiges Vermögen verfügte. Kennedy fuhr dann aus England ab und nahm eine Luftschutzsirene mit. Er meinte dabei, dieses Ding sei recht praktisch, um damit auf

seinem Besitz am Cape Cod die Schar der Kennedykinder zum Mittagessen zusammenzurufen. Die Sirenen Londons, die Gefahr anzeigten, die Schmerzen und Tod voraussagten, wurden so durch einen englandfeindlichen Plutokraten mit einer kaum verhohlenen Schwäche für Hitler lächerlich gemacht.
Der amerikanische Isolationismus wäre noch viel stärker gewesen, wenn nicht die deutschen Siege den Japanern die Köpfe verdreht hätten. Präsident der neuen japanischen Regierung war zwar der alte, weise Mann Prinz Konoye, doch war die Militärpartei, die den Krieg in Europa dazu benutzen wollte, Japans nationale und nationalistische Ziele zu verwirklichen, in der Übermacht. Außenminister Matsuoka verhandelte mittels seines Gesandten in Berlin, Kurusu, über den Abschluß eines von Hitler aus Angst vor den USA und der UdSSR initiierten Dreierpaktes mit Deutschland und Italien, der dann auch am 27. September von Ribbentrop, Ciano und Kurusu unterzeichnet wurde. Japan erkannte die führende Rolle Deutschlands und Italiens bei der Neuordnung Europas an, während Deutschland und Italien ihrem neuen Partner Japan die gleiche Rolle für das weitaus größere Ostasien zugestanden. Daß England besiegt sei, war sozusagen zwischen den Zeilen zu lesen. Durch die Ausschaltung Englands bedrohte der Dreierpakt aber Amerika, denn es war darin ausdrücklich niedergelegt, daß, wenn einer der drei Bündnispartner von einer gegenwärtig nicht im Krieg befindlichen Macht in einen Krieg verwickelt würde, die beiden anderen Partner den Bündnisfall als gegeben erachten und der betreffenden Macht ebenfalls den Krieg erklären würden. Churchill schrieb sofort an Roosevelt und riet ihm, auf diese Herausforderung mit der Entsendung eines Geschwaders nach Singapur zu antworten. Die amerikanische Reaktion aber war zurückhaltend. Der Kampf um die Präsidentschaft lief auf Hochtouren. Willkies Wahlzirkus zog von Bundesstaat zu Bundesstaat, während Roosevelt erklärte, er sei im Weißen Haus zu sehr beschäftigt mit der Wahrung der amerikanischen Neutralität, als daß er sich solche Propagandareisen erlauben könnte. Churchill gründete die gesamte englische Politik auf das Eintreten Amerikas in den Krieg, doch war ein entsprechender Schritt der USA noch nicht abzusehen.

Die Anfänge des Freien Frankreich. Dakar

In London hatte Charles de Gaulle seine Dienststelle zuerst in einem Geschäftshaus, dem Stephen's House am Embankment eingerichtet. Die Hauptstadt des Freien Frankreich bestand aus drei Zimmern, in denen einige Tische und umgestürzte Kisten herumstanden. Die ersten Rekrutierungsversuche des jungen Generals wurden von den Engländern verhindert, indem sie ihn die Repatriierungslager von Haydock und Aintree nicht betreten ließen. In anderen Lagern folgten sie ihm auf den Fersen, um die Franzosen von den Waffenstillstandsklauseln zu unterrichten, denen zufolge die von de Gaulle angeworbenen Soldaten bei Gefangennahme durch die Deutschen als Freischärler sofort erschossen würden. Am 14. Juli konnte de Gaulle nur die Parade eines winzigen Häufleins Freiwilliger abnehmen, während in Frankreich Hymnen der Verehrung und Liebe für den alten Marschall Pétain zum Himmel stiegen.

Am 8. August wurde durch ein Übereinkommen zwischen Churchill und de Gaulle das Statut für die Verwendung Freiwilliger des Freien Frankreich festgelegt. Einer der Artikel lautete: ›Diese Truppe darf niemals gegen Frankreich eingesetzt werden.‹ Allerdings gab es auch noch ein geheimes Schreiben Churchills, das durch eine Antwort de Gaulles bestätigt wurde, in dem es hieß, ›das Freie Frankreich könne seinen Weg wählen, ohne weder direkt noch indirekt durch Deutschland zu irgend etwas gezwungen zu sein‹. Die veröffentlichte Klausel wurde also durch diesen Geheimbrief wieder aufgehoben. Daraus entstand schon von Anfang an eine gewisse Konfusion in der gaullistischen Bewegung.

Genau wie der Aufruf an die in England befindlichen Franzosen, sie sollten sich als Freiwillige einschreiben lassen, war auch der Aufruf an das französische Kolonialreich enttäuschend für de Gaulle. Von sämtlichen Gouverneuren hatte sich nur Catroux de Gaulle angeschlossen, doch war er inzwischen von Decoux abgelöst worden und besaß keine Truppen mehr, die er hätte kommandieren können. In Nordafrika und Syrien hätten die Generale Noguès und Mittelhauser fast mit Pétain gebrochen, kamen aber dann wieder davon ab, und zwar hauptsächlich aus dem Grund, weil niemand mit ihnen gehen wollte. Als erstes schloß sich dann das französisch-britische Kondominium der Neuen Hebriden de Gaulle an. Seine Verfassung erlaubte ihm gar keine andere Wahl. Die Niederlassungen in Indien folgten unter englischem Druck. Einige Enthusiasten, wie der Kolonialgouverneur Eboué, General Larminat, Major Ornano und Hauptmann Hauteclocque, genannt Leclerc, verschafften dem gaullistischen Gedanken in den riesigen Gebieten Französisch-Äquatorialafrikas Gewicht. Anfang August hatte sich dann die Bevölkerung von zwei Millionen Quadratkilometer von Vichy getrennt und erkannte das ›Comité de la France libre‹ mit dem General de Gaulle als Symbol des Vaterlandes an.

So eindrucksvoll sich diese großen Gebiete auf der Landkarte machten, so wenig repräsentierten sie an realer Macht. Die riesigen Territorien waren nur von 3 Millionen Eingeborenen und kaum 6000 Weißen besiedelt. Das Reich de Gaulles konnte nur an Bedeutung gewinnen, wenn es sich auch auf die reicheren und günstiger gelegenen Kolonien Westafrikas ausdehnen konnte. De Gaulle war das klar, und er glaubte, Guinea durch einen Handstreich nehmen zu können, wie es Leclerc mit Kamerun gemacht hatte. Von Konakry führten eine Straße und eine Eisenbahnlinie

nach Dakar. Diese Stadt war ein strategischer Punkt von weltweiter Bedeutung und gleichzeitig das bedeutendste französische Wirtschafts- und Verwaltungszentrum südlich von Algier. Als Herr über Dakar wäre de Gaulle zu einer kriegführenden Macht geworden. Er hätte eine Armee aufstellen und beweisen können, daß seine Bewegung ein Gegengewicht gegen die Vichygetreuen und die von ihm geforderte Anerkennung der Souveränität auf mehr gebaut sei als auf seine eigene Person.
Plötzlich rührte sich Churchill. Am 6. August erklärte er im Beratungszimmer von Downing Street dem Chef der Freien Franzosen, daß dessen Plan eines langsamen Vordringens auf Dakar in keinem Verhältnis zur Wichtigkeit des Unternehmens stehe. Da Churchill selber Dakar für die harte Atlantikschlacht brauchte, war England bereit, der Expedition mit einem sehr starken Geschwader beizustehen, und zwar unter der einzigen Bedingung, daß diese Flotte nur während einer ganz kurzen Zeit in Anspruch genommen werden dürfte. Folglich müsse Dakar direkt angegriffen werden. Churchill redete sich in Begeisterung und mischte dabei französische und englische Wörter wahllos durcheinander.
De Gaulle zögerte. Das Unternehmen, das er als ein rein französisches betrachtet hatte, wechselte durch die englische Beteiligung entschieden seinen Charakter. Die Wichtigkeit des Unternehmens ließ ihn sein Zaudern überwinden. Niemals hatte de Gaulle einen so großen Fehler gemacht.
Von Anfang an war das Unternehmen vom Pech verfolgt. Irrtümer verzögerten es, und Indiskretionen wurden begangen, ohne daß man je erfuhr von wem und über was. Im ›Ecu de France‹ in der Germyn Street und im ›Coq Hardi‹ in der Stratton Street sollen junge gaullistische Offiziere Trinksprüche mit der Devise ›Auf nach Dakar!‹ ausgebracht haben. Auch soll de Gaulle in allzu auffallender Weise bei ›Simpson's‹ Tropenausrüstungen bestellt und zu offen mit seinem Vertreter in New York, Jacques de Sieyès, telefoniert haben. Zur Unvorsichtigkeit kam auch noch Verrat. Ob mit oder ob ohne Grund, dieser Verdacht lastete bis zum Schluß auf dem Freien Frankreich und hatte den häufigen Ausschluß der Franzosen von Geheimsachen sowie manche beleidigende Äußerung zur Folge.
Die Hoffnungen de Gaulles, dem Churchill einen gewaltigen Erfolg vorausgesagt hatte, wurden enttäuscht. Die alliierte Flotte bestand nicht aus hundert, sondern nur aus zwanzig Schiffen, darunter den alten Schlachtschiffen *Barham* und *Resolution* sowie dem Flugzeugträger *Ark Royal*. Selbst wenn diese Flotte stärker gewesen wäre, so hätten die Einwohner Dakars noch lange nicht ›unter der aufgehenden Sonne ein mit Schiffen bedecktes Meer‹ (Churchill) sehen können, denn dichter Nebel lag über der See. Die Parlamentäre wurden auch nicht zum Gouverneur geführt, sondern fanden am Kai pflichtgetreue Offiziere vor, die sie aufforderten, sofort wieder umzukehren, was diese dann auch unter Maschinengewehrbeschuß taten, wobei der Enkel des Marschalls Foch verletzt wurde. Dann fingen die großen Geschütze der *Richelieu* zu

feuern an und rächten den Überfall auf Mers El-Kébir vom 5. Juli, indem sie trotz der schlechten Sicht den Kreuzer *Cumberland* kampfunfähig schossen. ›Warum beschießen Sie mich?‹ funkte Admiral John Cunningham an Land. Die Antwort war: ›Ziehen Sie sich zwanzig Meilen zurück.‹ De Gaulle versuchte nun sein Legionärsbataillon in Rufisque an Land gehen zu lassen, aber heftiger Widerstand warf ihn zurück.

Am nächsten Tag, dem 24. September, und am übernächsten Tag, dem 25. September, wies Generalgouverneur Pierre Boisson zwei Ultimaten zurück. Das englische Geschwader beschoß die Stadt, die sich jedoch verteidigte. Die vorhandenen U-Boote verließen den Hafen. Eines davon wurde versenkt, doch ein anderes, das gerade aus dem Trockendock gekommen und noch frisch mit Mennige gestrichen war, was ihm unter Wasser das Aussehen eines riesigen Goldfisches gab, torpedierte die *Resolution*. Das schwer getroffene Schlachtschiff hatte zwar starke Schlagseite, konnte sich aber mit 600 Toten und Verwundeten an Bord bis Freetown schleppen lassen. Von Churchill traf ein Telegramm ein, das den Admiral Cunningham zum Rückzug aufforderte. Der Nebel hatte sich aufgelöst, und die Flotte entfernte sich unter der sinkenden Sonne.

3. Oktober 1940: Hitler und Mussolini am Brenner

Das Abenteuer von Dakar hätte dem Krieg eine Wendung geben können. Hitler hatte das Unternehmen ›Seelöwe‹ praktisch schon aufgegeben und überdachte von neuem seine strategischen Pläne. Zum Krieg gegen Rußland war er zwar entschlossen, aber trotzdem faßte er die Eroberung des Mittelmeers sozusagen als Zwischenspiel ins Auge. Wäre die englisch-gaullistische Expedition nach Dakar geglückt, so wäre ein Gegenschlag in Nordafrika unumgänglich gewesen.

Nach Jodl und seiner Denkschrift ›Invasion oder nicht?‹ drängten alle, die auf Hitler Einfluß hatten, zu einer ›Mittelmeerstrategie‹, in erster Linie Großadmiral Raeder. Er wagte es, Hitler über seine Pläne zu befragen, und im Laufe von zwei Besprechungen unter vier Augen gelang es ihm, mit dem Führer eine Unterhaltung über die nun, nach der Verschiebung des Unternehmens ›Seelöwe‹, nötig gewordene Neuorientierung der Strategie zu führen. Hitler wies wiederholt auf die Schlüsselstellung Rußlands hin. Er gab allerdings auch zu, daß das Mittelmeer während der Winterpause in Zentraleuropa ein Kriegsschauplatz von großer strategischer Bedeutung sein konnte. Beim Vorstoß auf Suez konnten die Deutschen nur bedingt behilflich sein. Mussolini betrachtete das östliche Mittelmeer als sein alleiniges Jagdgebiet. Also mußte man im Westen Ansatzpunkte für das deutsche Heer suchen. Das Unternehmen ›Felix‹ zielte auf Nordafrika. Aber auf dem Weg dorthin lag ein herausforderndes Objekt, die letzte Kralle, mit der sich England an den Kontinent festklammerte: Gibraltar, das Hitler ganz besonders interessierte. Seit der Einnahme von Eben-Emael hielt er sich nämlich für einen großen Spezialisten im Einnehmen von Festungen, und die Idee, sein Genie an dem berühmtesten Felsen der Welt zu erproben, erschien ihm verlockend. Später sollten die Azoren und die Kanarischen Inseln besetzt werden, da sie ihm als U-Boot-Stützpunkte und vorgeschobene Stellung gegen eine zwar noch nicht akute, aber immerhin mögliche amerikanische Bedrohung nützlich zu sein schienen. Und schließlich war er davon überzeugt, daß ihm die Sperrung des Mittelmeeres und der offene Weg nach Marokko ein Druckmittel gegen Frankreich lieferte. Gewiß, das waren nicht die Absichten der von Hitler so oft beschworenen ›Vorsehung‹, aber es handelte sich immerhin um wichtige Projekte, mit denen sich eine Winterpause ausfüllen ließ.

Die diplomatischen Vorbereitungen begannen im September. Am 4. Oktober traf Hitler mit Mussolini am Brenner zusammen. Wie im vergangenen März hielten die beiden Sonderzüge nebeneinander im Grenzbahnhof, doch lag jetzt kein Schnee, sondern die Höhen erglänzten in herbstlichem Gold. Hitler erklärte seinem Gesprächspartner, dem Duce, er habe sich entschlossen, Gibraltar zu nehmen, weshalb man auch Franco in den Krieg hineinziehen müsse. Deshalb habe er auch schon den Schwager des spanischen Diktators, Serrano Suñer, nach Berlin eingeladen. Da ihn das Zögern Suñers beunruhigt habe, halte er es für unbedingt notwendig, mit Franco persönlich zu sprechen. Er wolle daher bis nach Hendaye, also an die spanische Grenze fahren, schon um zu zeigen, welchen Wert er auf diese Zusammenkunft lege. Er habe Mussolini lediglich davon in Kenntnis setzen wollen und zähle auf dessen Hilfe.

Diesem Plan stimmte Mussolini zu. Dagegen beunruhigte ihn Hitlers Vorhaben, Frankreich in eine kontinentale Koalition einzubeziehen. Aber über die Tatsache, daß Deutschland ohne sein Wissen in Rumänien militärische Maßnahmen ergriffen hatte, konnte er seinen Ärger kaum verbergen. Rumänien war in seinen Augen ein Schutzland Italiens, und er fand es unzulässig, daß die Deutschen es zu ihrem Protektorat machen wollten. Zu Ciano sagte er nachher: »Hitler stellt mich immer vor vollendete Tatsachen! Diesmal werde ich ihm in der gleichen Münze heimzahlen: Er wird aus den Zeitungen erfahren, daß ich in Griechenland einmarschiert bin...«

In Frankreich gingen die Vorbereitungen langsam weiter. Pierre Laval wirkte dabei entscheidend mit. Der Marschall konnte ihn nicht ausstehen, ja er verachtete ihn sogar; er warf ihm seine politische Vergangenheit vor, sein auf recht zweifelhafte Weise erworbenes Vermögen, seine vulgären Manieren und seine Schmuddeligkeit, seine schwarzen Zähne, den Geruch von kaltem Tabakrauch, den er verbreitete, und die Aura des Unmoralischen, die ihm anhing. Am 10. Juli aber hatte Laval die Nationalversammlung zu einer geradezu triumphalen Abstimmung von 569 Stimmen gegen 80 veranlaßt, die Philippe Pétain zu einem wahren König Frankreichs machte. Die Politik Pétains war zu verschlagen, als daß sie sich auf eine Seite festgelegt hätte. Das Kabinett war eine antideutsche Brutstätte, so daß Weygand, der Verteidigungsminister, ganz offen von Revanche sprach. Nur Laval vertrat eine andere Meinung als alle anderen Minister. Für ihn war es eine Tatsache, daß der deutsche Sieg unwiderruflich war und daß die einzig mögliche Zukunft Frankreichs in einer loyalen Zusammenarbeit mit dem Sieger bestand.

Es war aber nicht leicht, mit diesem Sieger Kontakt aufzunehmen. Die Bedingungen von Compiègne waren hart, aber das genügte ihm offenbar noch nicht. Die Departements Nord und Pas de Calais wurden der deutschen Militärverwaltung in Brüssel zugeteilt, die noch in Frankreich befindlichen Kriegsgefangenen wurden nach Deutschland gebracht, für die Zivilbevölkerung wurden die Lebensmittel rationiert, und zwar derart, daß sie geringer waren als jene, welche die Deutschen 1918 erhalten hatten. Außerdem mußte Frankreich täglich 400 Millionen Franc Besatzungskosten zahlen, was faktisch eine erdrückende Kriegsentschädigung war. Nachdem Hitler den Irrtum eingesehen hatte, Nordafrika nicht beachtet zu haben, forderte er acht Flugstützpunkte in Marokko und das Benutzungsrecht der Bahnlinie Casablanca-Tunis. Vichy antwortete auf diese Forderung mit dem Argument, sie widerspreche dem Waffenstillstandsabkommen, war aber im übrigen auf das Schlimmste gefaßt. Es geschah aber gar nichts, denn Deutschland sprach nicht mehr von diesen Bedingungen. Warum nicht, das blieb bis heute unbekannt.

Laval setzte seine Arbeit fort. Als er zum erstenmal im Juli nach Paris fuhr, wußte er noch nicht, welchen Weg er einschlagen solle, zählte nur auf sein Glück und auf seinen Spürsinn. Generalfeldmarschall von Brauchitsch, der Oberbefehlshaber des Heeres, selbst General Streccius, der Chef der Militärverwaltung Frankreichs, waren für ihn zu hochgestellte Persönlichkeiten. Er hängte sich daher an eine Persönlichkeit zweiten Ranges, an Otto Abetz, der vor dem Krieg für die Hitlerpropaganda gearbeitet hatte und damals beauftragt gewesen war, französische Intellektuelle ins Nazilager herüberzuziehen. Abetz ließ den Vizepräsidenten des Ministerrates Frankreichs mehrere Stunden im Vorzimmer warten, aber Laval sagte später: »Ich hätte ihn auch die ganze Nacht über im Rinnstein erwartet.« Als er dann endlich empfangen wurde, hörte er sich ergeben das endlose Gerede des Herrn Abetz an: »Ich bin in Karlsruhe geboren. Ich war noch Kind, als Ihre Flieger meine Geburtsstadt bombardierten. Das war am Fronleichnamstag 1916. Ich habe geschworen, mein Leben der deutsch-französischen Annäherung zu widmen« usw. Der Überblick über die Lage, der dann folgte, brachte die beiden Männer zu dem Schluß, daß ein gemeinsamer Kampf gegen England die beste Basis für eine deutsch-französische Zusammenarbeit bildete. Abetz hatte als Frankreich-Referent im Büro Ribbentrop keinen bestimmten Auftrag, erklärte jedoch, er werde nach Berlin fahren und hoffe, daß dort die Gedanken, die sie nun zu zweit entwickelt hätten, Anklang finden würden. Laval fuhr im Gefühl seiner ungeheuren Wichtigkeit und umgeben von Geheimnissen nach Vichy zurück. Sofort begann er mit seinen Versuchen, Weygand, Bouthillier, Ybarnegaray, Baudouin, Noël und François-Ponçet aus der Regierung zu drängen. »Ich warte die Rückkehr von Abetz ab«, sagte er zu Pétain. »Ich rechne damit, daß er das Versprechen bedeutender Erleichterungen für Frankreich mitbringt, aber es wäre lächerlich auf deren Verwirklichung zu hoffen, solange in Vichy Leute sitzen, die ganz offen die Niederlage Deutschlands wünschen.«

Die Wartezeit war lang, aber sie endete im Triumph. Der eifrige Abetz kam am 5. August in der Uniform eines deutschen Botschafters in Paris an. Dank einem unglaublichen Zufall war seine Ankunft in Berlin gerade mit einer Sinnesänderung Hitlers zusammengefallen, der nun plante, Frankreich am Krieg gegen England teilnehmen zu lassen. Abetz konnte seine Vorgesetzten davon überzeugen, daß er der rechte Mann für diese Politik sei, denn seine Frau sei Französin, er habe schon Verbindungen in Frankreich, und er sei mit dem einzigen wirklichen Politiker in ganz Vichy einer Meinung. Auf diese Weise stützte Laval Abetz und Abetz deckte Laval. In Vichy war man skeptisch gegenüber diesem relativ Unbekannten gewesen, dessen Rückkehr sich verzögerte, weswegen alle Regierungsbeschlüsse vertagt werden mußten. Damit, daß er nun als Botschafter wiederkam, war der Beweis erbracht, daß Vizepräsident Laval sich nicht mit einem Phantasten oder Abenteurer eingelassen hatte.

Von nun an kannte Lavals Überheblichkeit keine Grenzen mehr. Er fuhr oft nach Paris. Am 28. August wurde er von Brauchitsch empfangen, dem er die Teilnahme Frankreichs am Krieg gegen England anbot. Doch der sture Soldat antwortete ihm: »Deutschland braucht keine französische Hilfe, die ohnehin gleich Null wäre...« Laval schluckte diese Abfuhr und fuhr nach Vichy zurück, um dort die Reinigung des Kabinetts von deutschfeindlichen Mitgliedern weiterzubetreiben.

Am 4. September erklärte Pétain Weygand, er könne von nun ab auf seine Dienste als Minister verzichten. Gleichzeitig schwenkte er neuerdings um und ernannte Weygand zum Generalbevollmächtigten für Afrika mit Sitz in Algier.

Eine weitere Sinnesänderung Pétains erfolgte einige Tage später: Am 20. September empfing er den Schriftsteller und Professor der philosophischen Fakultät der Universität Besançon, Louis Rougier, der sich unter Zuhilfenahme seiner angelsächsischen Beziehungen aus eigenem Antrieb zum Vermittler zwischen Vichy und London angeboten hatte. Ihm, dem völlig unbekannten Vermittler gegenüber, machte Pétain – nach Rougiers Aussage – recht kühne Erklärungen: »Sagen Sie den Engländern, daß ich Weygand nach Nordafrika schicke, wo ihn die Deutschen nicht überwachen können; er hat den Auftrag, dort eine Armee aufzustellen, die uns eines Tages nützlich sein kann... Laval ist der Mann, den ich am meisten auf der Welt verachte, aber vorläufig brauche ich ihn noch. Dann aber werde ich mich von ihm trennen. Das können Sie den Engländern sagen...« Zum Abschied gab er Rougier ein wichtiges Handschreiben mit, in dem es hieß: ›Der Marschall Pétain, Staatschef, empfiehlt Professor Rougier der wohlwollenden Aufmerksamkeit aller unserer diplomatischen und konsularischen Vertreter. Ph. Pétain, 20. September 1940.‹

Laval bei Hitler

Adolf Hitler war nicht sehr mutig. Nur ungern kam er aus seinen bombensicheren Unterständen heraus. Seinen Sonderzug ließ er stets in der Nähe eines Tunnels halten. Einem solchen unterirdischen Schlupfwinkel an der kleinen Bahnlinie von Vendôme und Pont-de-Braye verdankt das kleine Nest Montoire-sur-Loire seinen Platz in der Geschichte.

Abetz brachte am 22. Oktober Laval dorthin. Laval glaubte, Ribbentrop zu treffen, und war, als er erfuhr, daß er sich dem Führer gegenübersehen werde, derart beeindruckt, daß er nach seiner eigenen Aussage nur mehr ›verdammte Sch...‹ sagen konnte. Das Zusammentreffen war ausgesprochen freundschaftlich. Laval rief aus, es sei ihm unmöglich, seiner tiefen Überraschung und Rührung Ausdruck zu verleihen. Er sehne ›als Franzose‹ von ganzem Herzen die Niederlage der Engländer herbei. Hitler gefiel diese Beweihräucherung, und er versicherte, er sei sich des Sieges gewiß. Der Führer fügte hinzu, er wolle keinen Rachefrieden, sondern wünsche lediglich, daß die Engländer für die Kosten des Krieges aufkämen. Anschließend äußerte er den Wunsch, Marschall Pétain am übernächsten Tag zu empfangen. Laval antwortete, der Chef des französischen Staates hege keinen größeren Wunsch, als mit dem Führer des Deutschen Reiches zusammenzutreffen.

Die französische Kapitulation zerriß die politische Führung Frankreichs in zwei unversöhnliche Lager. Während Pierre Laval (oben rechts mit Ferdinand Buisson) als stellvertretender Ministerpräsident von Vichy aus die Zusammenarbeit mit den Deutschen suchte, bildete der General de Gaulle (unten rechts mit Staatspräsident Lebrun) in London ein ›Nationalkomitee der Freien Franzosen‹, das am 28. Juni 1940 von den Engländern anerkannt wurde.

Hitlers Treffen mit Spaniens Staatschef Franco (oben) am 23. Oktober in Hendaye an der spanischen Grenze verlief ergebnislos: Spanien lehnte den Eintritt in den Krieg an der Seite der Achsenmächte ab. – Englands Führung blieb 1940 auf sich allein gestellt: König Georg VI. (unten links mit de Gaulle) und Premierminister Winston S. Churchill (rechts), der ein Kriegskabinett bildete, in dem Konservative und Labourleute saßen.

Hendaye: Hitler und Franco

Der Sonderzug Hitlers, dieser mit Flak gespickte Unterstand auf Rädern, fuhr anschließend nach Hendaye, wo eine Zusammenkunft mit Franco vereinbart worden war. Wie üblich, hielt Hitler eine lange Ansprache. Er verlangte von Franco, Spanien solle am 10. Januar 1941 in den Krieg eintreten, und versprach ihm, daß Gibraltar von den deutschen Spezialtruppen in einigen Tagen genommen sein und dann wieder mit der spanischen Nation vereint werden würde. Bewegungslos und ungerührt, die Hände übereinander gelegt, die Beine gekreuzt, hörte Franco mit blassem Gesicht die lange Rede Hitlers an. Dann sprach er.

Spanien wolle Gibraltar selbstverständlich wieder zurückhaben. Seine Eroberung sei aber eine rein national-spanische Angelegenheit und könne infolgedessen nur von Spaniern durchgeführt werden, könne aber nicht als Geschenk einer fremden Macht an Spanien fallen, selbst wenn Spanien mit dieser befreundet sei. Dazu aber sei es unumgänglich, die spanische Armee vollkommen neu auszurüsten. Die Eisenbahnen, die im Bürgerkrieg zerstört worden seien, müßten wieder ausgebaut werden, außerdem müsse die unterernährte spanische Bevölkerung erst wieder zu Kräften kommen. Spanien zähle auf deutsche Hilfe für alle diese Dinge, aber es könne in dem von Hitler geforderten kurzen Zeitraum unmöglich kampfbereit sein.

Hitlers Darstellung war langatmig gewesen, und Franco versuchte nun, es ihm gleichzutun. Hitler war aber nicht der Mann, der sich lange Reden anhörte. Er stand brüsk auf, sagte, wenn es um Spanien so stünde, dann wäre er umsonst gekommen und es bliebe ihm nichts anderes übrig, als wieder abzufahren. Franco wartete, bis Hitler sich wieder beruhigt hatte, und setzte in ruhigem Ton seinen Vortrag fort. Darauf ergriff wieder Hitler das Wort, erging sich in drohenden Anspielungen gegen jene, die nicht verstehen wollten, daß die Situation Englands verzweifelt sei und daß der totale deutsche Sieg unmittelbar bevorstünde. Franco erwiderte, daß der deutsche Sieg tatsächlich schon errungen sei; er beschränke sich vorläufig jedoch nur auf den Kontinent. Es sei allerdings möglich, daß auch England eines Tages besetzt werde. Dies hätte aber zur Folge, daß sich die britische Flotte nach Kanada zurückzöge und das britische Empire den Kampf mit amerikanischer Hilfe fortsetzte. Er, der Chef des spanischen Staates, sei seinem Volk und der Geschichte verantwortlich, er müsse auch einen möglicherweise langen Krieg sowie alle Lasten und Risiken einer solchen Intervention in Betracht ziehen. Spanien benötige eine günstige Konstellation, in der sich die Kriegsbegeisterung seines Volkes wieder entfachen lasse, eines Volkes, das gegenwärtig nur seine Ruhe haben wolle. Franco forderte Mauretanien, ganz Marokko und die Provinz Oran, mit anderen Worten den größten Teil des französischen Nordafrika – und das in dem Augenblick, in dem Deutschland hoffte, Frankreich an seine Seite ziehen zu können!

Die Unterredung dauerte sieben Stunden. Hitler brach die Debatte ab und schlug vor, die Außenminister sollten einen Vertragsentwurf fertigstellen. Als er aus dem Konferenzraum in einem Waggon seines Sonderzugs wieder zu seinem eigenen Wagen zurückging, sagte er: »Ich würde mir lieber drei oder vier Zähne ausziehen lassen, als das noch einmal mitzumachen.« Nach einem ziemlich langweiligen Festessen ging die Diskussion zwischen Serrano Suñer und Ribbentrop weiter. Dieser übertrieb Hitlers Unzufriedenheit gewaltig und verstieg sich zu nackten Drohungen. Genau um Mitternacht entließ er Suñer und forderte ihn auf, am nächsten Morgen vor 8 Uhr mit einem annehmbaren Vertrag wieder zu erscheinen. Zur festgesetzten Stunde erschien aber nur der Unterstaatssekretär Espinoza de los Monteros, der einen vollkommen unbedeutenden, nichtssagenden Text mitbrachte. Ribbentrop hatte dann gerade noch Zeit, ein Flugzeug zu besteigen, um Hitler einzuholen, der mit dem Sonderzug nach Montoire zu Pétain fuhr. »Den ganzen Weg über«, erzählt der Dolmetscher Paul Schmidt, »schimpfte Ribbentrop auf den ›Jesuiten‹ Suñer und den ›undankbaren Feigling‹ Franco, der ›uns alles verdankt und nun nicht mitmachen will‹.«

Montoire: Hitler und Pétain

Der Unterredung von Montoire ging in Vichy eine heftige Szene voraus. Laval war wütend geworden, als Pétain ihm seine Absicht mitteilte, sich von Baudouin begleiten zu lassen: »Wenn ein anderes Mitglied Ihrer Regierung als ich an dieser Zusammenkunft teilnimmt, wird sie nicht stattfinden!« Die Drohung war lächerlich, denn die Zusammenkunft war vom Führer verlangt worden, und wenn sich Laval einbildete, der Gabenverteiler Hitlers Frankreich gegenüber zu sein, so war das noch völlig unbegründet. Aber Pétain gab nach.

Genau wie von den Gesprächen in Hendaye, so sind uns auch von denjenigen, die in Montoire geführt wurden, nur höchst fragmentarische Zeugenaussagen überliefert. Über die äußerlichen Zeremonien kann man rasch hinweggehen: Die Soldaten der Leibstandarte erwiesen regungslos wie Statuen die Ehrenbezeigungen. Hitler erwartete Pétain am Bahnsteig, der Händedruck Auge in Auge – all diese Bilder eines lächerlichen Prestiges, welches die Propaganda von Vichy bis zum Überdruß ausnützte, sind ja bekannt. Die äußerliche Würde verließ den Marschall nie. Er war ein sehr alter Mann, dessen geistige Präsenz von Zeit zu Zeit aussetzte, der inmitten eines im Grunde erniedrigenden militärischen Pomps zu einer Audienz beim Sieger ging. Als man Pétain später fragte, was in Montoire eigentlich geschehen sei, antwortete er mit falscher Naivität: »Nichts.« Er hatte sich aber ein Sündenregister anhören müssen, eine Aufzählung der französischen Verbrechen seit 1919, anschließend mußte er den

Standardmonolog über die Unbesiegbarkeit der deutschen Armee und die schon vollendete Niederlage Englands über sich ergehen lassen. Hitler fragte ihn dann, ob Frankreich entschlossen sei, seinen Boden gegen alle englischen Angriffe zu verteidigen und die abgefallenen Territorien wieder zu erobern. Pétain erwiderte, daß Frankreich materiell und moralisch zu viel gelitten habe, um sich auf einen neuen Konflikt einlassen zu können. Hitler antwortete darauf, daß seine Friedensbedingungen davon abhängen würden, in welcher Art und Weise Frankreich ihm helfe. Als das Wort ›Frieden‹ fiel, reagierte der alte Marschall wie ein Kavalleriepferd, das ein ihm bekanntes Signal hört. Er fragte, warum Deutschland Frankreich nicht über sein Schicksal aufkläre und warum es nicht deutlich beweise, daß es keinen Rachedurst Frankreich gegenüber habe. Warum erleichtere man Frankreich nicht die Rückkehr ins Alltagsleben, indem man die Besatzungskosten ermäßige, die Kriegsgefangenen freilasse und eine günstigere Demarkationslinie ziehe. Laval griff in das Gespräch ein und gab zu, daß eine Kriegserklärung an England gegenwärtig unmöglich sei, denn solch ein Schritt erfordere die Vorbereitung der öffentlichen Meinung. Dagegen sei eine Zusammenarbeit mit Deutschland auf anderen als auf militärischen Gebieten durchaus erwünscht. Im Grunde zeitigten die Gespräche von Montoire nur ein Resultat, nämlich das Wort Zusammenarbeit: ›collaboration‹. Im Oktober 1940 war dieses Ergebnis so etwas wie eine Medaille aus Blech; später sah man in ihm ein Verbrechen.

Beginn des italienisch-griechischen Kriegs

Der Oktober 1940 brachte noch ein letztes Ereignis, das einen der Wendepunkte des Krieges bilden sollte.

Nach seiner Unterredung mit Pétain blieb Hitler noch zwei Tage in Montoire. Seine Entschlüsse waren noch nicht endgültig getroffen. Das Vorhaben ›Seelöwe‹ war noch immer aktuell, die Enttäuschung von Hendaye hatte den Plan, Gibraltar zu erobern, nicht gänzlich umgestoßen, und Hitler hoffte noch immer auf eine Sinnesänderung Francos, gleichgültig ob diese durch Überredung oder durch Einschüchterung erfolgen würde. Eine kleine Gruppe von Offizieren des OKH arbeitete einen Feldzugsplan gegen Rußland aus, doch war die Geheimhaltung dermaßen streng, daß es ihnen sogar untersagt wurde, irgend etwas darüber schriftlich niederzulegen. Ribbentrop aber wachte über die Erhaltung der deutsch-russischen Allianz, deren Urheber zu sein er sich rühmte. Er war beunruhigt über die Spannung, die das Erscheinen deutscher Truppen in Rumänien hervorgerufen hatte, und schlug Hitler vor, er möge sich mit Stalin treffen. »Sie sind verrückt«, antwortete Hitler. »Sie wissen recht wohl, daß Stalin niemals nach Berlin kommen wird – soll ich vielleicht nach Moskau gehen?«

»Ich erhielt nur die Genehmigung, an Stalin zu schreiben und ihn zu bitten, uns Molotow zu senden«, berichtete später Ribbentrop. Für Hitler standen also sämtliche Möglichkeiten noch offen. Er hatte von Mussolini einen Brief erhalten, der ihn sehr beunruhigte. Der Duce beklagte sich über Griechenland. Er sprach von Provokationen, die er nicht dulden wolle. In Griechenland regierte aber der deutschfreundliche Diktator Metaxas, ein ehemaliger Zögling der Militärakademie Potsdam, dessen Sympathien den totalitären Mächten gehörten. Außerdem war Hitler gegen jegliche Komplikationen auf dem Balkan. Er wollte vorläufig alles vermeiden, was Rußland einen Vorwand für eine Intervention hätte liefern können. Es war ohnehin schon riskant gewesen, militärische Maßnahmen zum Schutz der für Deutschland unbedingt notwendigen Petroleumquellen ergreifen zu müssen. Es galt also, Mussolini unter allen Umständen zurückzuhalten, ohne dabei die deutschen Absichten preiszugeben.
Von Montoire aus teilte Ribbentrop Ciano telefonisch mit, Hitler wünsche eine Zusammenkunft mit dem Duce in einer norditalienischen Stadt. Die Zustimmung kam am darauffolgenden Tag. Falls der Führer einverstanden sei, könne die Zusammenkunft am Montag, dem 28. Oktober 1940, in Florenz stattfinden.
Hitler zog nicht in Erwägung, daß sein Verbündeter alle Anstrengungen machte, ihn vor vollendete Tatsachen zu stellen. Am 14. Oktober hatte Mussolini den Marschall Badoglio, seinen Generalstabschef, gefragt, wieviel Truppen und wieviel Zeit nötig seien, um die Griechen zu schlagen. Der Marschall hatte geantwortet, daß 20 Divisionen und drei Monate ihm erforderlich erschienen. Dann hatte Badoglio zu fragen gewagt, was denn die Deutschen von dem Projekt eines Feldzuges in Griechenland hielten. Mussolini wurde wütend. Hatte Hitler ihn vielleicht gefragt, als er Polen angriff? Und Norwegen? Und Frankreich? Hatte er die begründete Empfindlichkeit seines Alliierten berücksichtigt? Er, Mussolini, sei der Ansicht, Griechenland müsse dauerhaft in die strategische Sphäre Italiens einbezogen werden. Er wolle den Epirus, Korfu und die Ionischen Inseln annektieren, sich in Saloniki festsetzen, unabhängig davon, ob das Deutschland gefalle oder nicht! Der Feldzug hätte spätestens am 28. Oktober zu beginnen. Die Generale wurden aufgefordert, geeignete Vorbereitungen zu treffen. Acht Tage lang widersetzte sich Badoglio diesem Plan. Er gab zu bedenken, daß er von den Marine- und Luftwaffengeneralen negative Beurteilungen der Erfolgsaussichten eines Krieges erhalten habe, daß die Jahreszeit ungünstig sei und daß auf dem Epirus bald Schnee liegen werde. Er führte auch an, daß in Albanien nur acht italienische Divisionen stünden, daß die schlechten Häfen die Aufstellung der fehlenden zwölf Divisionen erheblich verzögern würden. Diese Einwände machten den Duce rasend. Er, Mussolini, wolle selbst nach Griechenland gehen, um die Schande der Italiener zu sehen, die vor den Griechen Angst haben. Ciano gegenüber bemerkte er, er sei bereit, jederzeit Badoglios Demission anzunehmen, falls dieser ihn darum ersuchte. Der derartig gewarnte Marschall zog es vor, sich ruhig zu verhalten.

Mussolini am 9. Mai 1940: ›Nach meinen Reden müßt Ihr Euch an mein Schweigen gewöhnen. Nur Taten werden es brechen.‹ Einen Monat später, am 10. Juni, trat Italien in den Krieg ein. – Unten von links: P. Badoglio, Oberkommandierender der italienischen Streitkräfte, stürzte 1943 den Duce; U. Cavallero, italienischer Generalstabschef, Gegner Hitlers; R. Graziani, Kommandeur der in Libyen stationierten Truppen.

Deutschlands italienischer Bundesgenosse, auf der Suche nach neuem Prestigezuwachs auf dem Balkan, überschritt am 28. Oktober 1940 die albanisch-griechische Grenze. Die von Artillerie (unten) unterstützten Angriffe der Infanterie- und Gebirgsjägereinheiten (oben) der 11. Italienischen Armee wurden jedoch von den Griechen bereits nach fünf Tagen gestoppt, die Italiener aus albanischem Gebiet zurückgeworfen.

Am 27. Oktober verließ Hitler Montoire. In Yvoir-sur-Meuse, wo eine der Durchbruchschlachten vom Mai stattgefunden hatte, wurde der Sonderzug angehalten. Man überreichte Hitler einen Brief Mussolinis. Dieser Brief war achtundvierzig Stunden vorher bei der italienischen Botschaft in Berlin angekommen, aber die deutschen Behörden erlaubten keinem Mitglied der Botschaft, Hitler den Brief zu überbringen. In diesem Schreiben teilte Mussolini mit, er habe sich entschieden, den Krieg gegen Griechenland unverzüglich zu beginnen. Danach fuhr der Zug mit doppelter Geschwindigkeit. In München wartete auf den Führer ein Telegramm, in dem Fürst Bismarck, der deutsche Geschäftsträger in Rom, mitteilte, Ciano habe ihn zu sich bestellt und ihm das Ultimatum vorgelesen, das drei Uhr morgens der griechischen Regierung gestellt werden sollte. Italien bezichtigte darin Griechenland der Konspiration mit England und verlangte von Griechenland, bestimmte Gebiete, die noch näher bekanntgegeben würden, besetzen zu dürfen, damit diese Konspiration endlich aufhöre. Die griechische Regierung hatte drei Stunden Zeit, sich zu entscheiden. Falls bis sechs Uhr keine bedingungslose Unterwerfung erfolgt sei – so stand dort zu lesen –, würden die Kriegshandlungen beginnen.

»Die Stimmung in den beiden Sonderzügen Hitlers und Ribbentrops war nicht gerade rosig...«, erzählt Dr. Schmidt, »...denn sowohl in Hendaye als auch in Montoire hatte Hitler nicht erreicht, was er sich vorgenommen hatte. Bei der gespannten Atmosphäre ... konnte man den Ruck fast körperlich verspüren ... den unser Zug beim Umbiegen nach Süden ... vollführte. ›Die Polizei eilt zum Ort der Tat‹ hätte man die Lage ... beschreiben können.«

In Florenz war der Bahnhof prachtvoll dekoriert. Mussolini wartete in seiner schönsten Uniform. »Heute früh«, sagte er »haben im Morgengrauen die siegreichen italienischen Truppen die albanisch-griechische Grenze überschritten.« Als er die Unzufriedenheit auf dem Gesicht seines Alliierten sah, fügte er hinzu: »Seien Sie nicht beunruhigt, das Ganze ist in vierzehn Tagen vorbei.« Vierzehn Tage später waren die Truppen Mussolinis in einem allgemeinen Rückzug begriffen.

Nach dem Feldzugsplan sollte die 9. italienische Armee über Florina und Edessa nach Saloniki marschieren. Die Griechen nutzten aber das unübersichtliche Terrain und die Schneestürme zu einem Gegenangriff und besetzten im Rücken der italienischen Armee den Knotenpunkt Koritza. Nur ein überstürzter Rückzug rettete die Armee vor der Gefangennahme. Die 11. italienische Armee sollte den Epirus erobern und dann gegen Athen vorstoßen. Der Widerstand der Griechen, die von General Alexander Papagos befehligt wurden, war überaus geschickt und unglaublich hartnäckig. Die Griechen paßten sich sofort dem Gebirgskrieg an, griffen instinktiv zur Infiltrationstaktik und waren gegen die Witterungseinflüsse völlig unempfindlich, während die Italiener vor Kälte zitterten. Es gelang ihnen nicht einmal, sich Janina zu nähern. Am 21. November war die endgültige Niederlage besiegelt. Die italienischen Streitkräfte

zogen sich ungeordnet auf eine Berghöhe zwischen dem Ochridasee und dem Meer zurück und versuchten Valona und Tirana zu decken.
An demselben 21. November wiegte sich das italienische Flottengeschwader in Tarent in Sicherheit. Es war elf Uhr abends, der Mond stand im letzten Viertel. Sämtliche Schlachtschiffe ankerten im Ostwinkel der äußeren Bucht, zwischen der Insel San Pietro und der Landspitze San Vito. Insgesamt waren es sieben große Schiffe, von denen zwei, die 41000 Tonnen großen *Littorio* und *Vittorio Veneto*, erst vor kurzem erworben worden waren. Eine hölzerne Brückenmole, zwei Linien Netze und drei Ballonsperren schützten sie. Die offene Flanke deckten mehrere Kreuzer. Gegen diese stark verteidigte Basis war bisher weder ein See- noch ein Luftangriff geführt worden. Plötzlich gab es Alarm. Die Flak schoß. Schlagartig war das Ufer erleuchtet. Zwei Flugzeuge hatten eine Reihe von Leuchtraketen abgeschossen, in deren grellem Licht die Silhouetten der Schiffe auftauchten. Zwölf ›Swordfish‹, alte einmotorige Zweidecker, näherten sich im Tiefflug von Osten. Admiral Andrew Cunningham hatte sich entschlossen, die italienische Flotte in ihrem Nest zu treffen. Der Angriff erfolgte vom Flugzeugträger *Illustrious* aus, der einige Wochen zuvor Cunningham unterstellt worden war. Ein anderer Flugzeugträger, die *Eagle*, sollte eigentlich auch an dieser Operation teilnehmen. Doch sie war zu veraltet und den italienischen Bombern, die sie am 9. Juli vor Kalabrien getroffen hatten, war es gelungen, sie vollkommen außer Gefecht zu setzen. Außerdem hatte Cunningham bei einem Zusammenstoß drei Flugzeuge verloren. Er vereinte alles, was ihm geblieben war, nämlich 21 Flugzeuge auf der *Illustrious*, verteilte sie auf zwei Wellen und ließ die erste Welle, bestehend aus 12 Flugzeugen, um 20 Uhr 40 180 Meilen vor Tarent starten.
Zwei Stunden später trafen die Torpedos der ›Swordfish‹ die *Cavour* und die *Littorio*. An den Bränden orientierte sich die zweite Welle, die fünfzig Minuten nach der ersten aufstieg und von nur neun Flugzeugen gebildet wurde. Ihre Torpedos verfehlten die *Vittorio Veneto*, rissen aber die *Caio Duilio* auf und beschädigten die *Littorio* nochmals so sehr, daß sie in der Bucht sank. Die Hälfte der italienischen Panzerflotte war zerstört; zwei ›Swordfish‹ kehrten nicht mehr zur *Illustrious* zurück.

Neue deutsche Mittelmeerstrategie

Am 5. November 1940 war Franklin Roosevelt mit 27 Millionen Stimmen zum Präsidenten der Vereinigten Staaten wiedergewählt worden. Sein Gegner Willkie hatte nur 23 Millionen Stimmen erhalten. Roosevelt hatte zwar immer verkündet, die Neutralität der Vereinigten Staaten zu wahren, aber niemand bezweifelte, daß Roosevelt an der Spitze Amerikas für Deutschland eine Drohung und für England eine Hoffnung sein werde. »Die Nachricht von der Wiederwahl war für mich eine unglaubliche Erleichterung«, sagte Churchill. Goebbels ordnete an, daß die Presse die amerikanischen Wahlen mit ausgesprochener Verachtung kommentieren solle. Ein italienischer Diplomat vermerkte allerdings in seinem Tagebuch: ›Die offiziellen Stellen sehen in dieser neuen Präsidentschaftsperiode eine Warnung, denn sie befürchten, Amerika werde in kürzester Zeit in den Krieg eintreten.‹

Die Fehlschläge Italiens brachten für Deutschland neue Probleme. Der Panzergeneral von Thoma kam aus Afrika zurück und berichtete in entmutigender Weise über den Wert der italienischen Armee sowie über die Feindseligkeiten der Italiener, die er zu erdulden gehabt habe. Hitler ordnete an, die Ausrüstung der 4. Panzerarmee für den Wüstenkrieg zu unterbrechen, forderte jedoch am 5. November den Generalstab des Heeres auf, Maßnahmen auszuarbeiten, die wegen der italienischen Fehlschläge in Albanien notwendig werden könnten. Einige Tage später traf Badoglio sehr niedergeschlagen in Innsbruck ein, um über die Zukunft der deutsch-italienischen Waffenbrüderschaft zu sprechen. »Der Krieg«, sagte ihm Keitel voller Überheblichkeit, »ist gewonnen; es handelt sich nur mehr darum, ihn zu beenden, indem man England anzuerkennen zwingt, daß es ihn verloren hat.« Dann hielt er Badoglio einen Vortrag über die herrliche deutsche Armee: 230 Divisionen, von denen 185 Linientruppen seien, davon 20 Panzerdivisionen und 12 motorisierte. Dieser Demonstration von Macht gegenüber mußte Badoglio eingestehen, daß er alle seine 74 Panzerwagen nach Libyen geschickt habe; er bat im Auftrag des Duce, man möge ihm 700 eroberte französische Panzer schenken. Aber Keitel wies diese Bitte mit der Begründung ab, daß diese Panzer zur Ausrüstung neuer deutscher Einheiten vorgesehen seien. Dagegen kam er auf den Vorschlag zurück, eine Panzerdivision nach Libyen zu schikken, was aber wiederum Badoglio – seinen Instruktionen entsprechend – zurückweisen mußte. »Wenn ich sie bei uns 'reinlasse«, hatte ihm Mussolini gesagt, »gehen sie nie wieder heraus.«

Der 12. November war ein Tag wichtiger Entscheidungen. Jodl übergab dem Führer einen Bericht über die Unmöglichkeit einer Landung in England. Hitler billigte diesen Rapport und verfaßte seine Weisung Nr. 18, die eine ganz neue Art der Kriegsführung vorsah.

Der erste Absatz betraf Frankreich: ›Das Ziel meiner Politik gegenüber Frankreich ist, mit diesem Land in einer für die zukünftige Kriegführung gegen England möglichst wirkungsvollen Weise zusammenzuarbeiten... Vordringliche Aufgabe der Franzosen ist die defensive und offensive Sicherung ihrer afrikanischen Besitzungen gegen England und die de-Gaulle-Bewegung. Aus dieser Aufgabe kann sich die Teilnahme Frankreichs am Krieg gegen England in vollem Maße entwickeln...‹ Dann kam Hitler auf Spanien zu sprechen: ›Das Ziel des deutschen Eingreifens auf der Iberischen Halbinsel (Deckname ›Felix‹) wird sein, die Engländer aus dem westlichen

Mittelmeer zu vertreiben. Hierzu soll Gibraltar genommen und die Meerenge abgeschlossen werden...‹
Der dritte Punkt behandelte die Atlantischen Inseln: ›Die Herren Oberbefehlshaber der Kriegsmarine und Luftwaffe prüfen, wie die spanische Verteidigung der Kanaren zu unterstützen ist beziehungsweise die Kap Verden in Besitz genommen werden können. Die Frage einer Besetzung von Madeira und der Azoren bitte ich ebenfalls zu prüfen, ebenso die sich daraus ergebenden Vor- und Nachteile...‹
Angesichts dieser Anordnung konnten Jodl und alle, die eine Mittelmeerstrategie verteidigt hatten, annehmen, sie hätten gewonnen. Hitler ging jetzt mit Leidenschaft ans Werk. Während er die Möglichkeiten einer Einnahme Gibraltars erwog, arbeitete er an einem großen Modell der Festung und sprach ständig von der Eroberung der Archipele, die seine Luftwaffen- und Marinechefs zwar einnehmen, nicht jedoch halten zu können glaubten.
An Mussolini hatte Hitler einen sehr langen Brief geschrieben, in dem er bedauerte, zu spät durch Florenz gekommen zu sein. Er sei jedoch entschlossen, die englische Gefahr in Griechenland zu bannen, was aber nicht sofort geschehen könne, denn militärische Operationen großen Umfangs seien auf dem Balkan vor dem Monat März unmöglich. Die Absperrung des Mittelmeeres dagegen sei jetzt aktuell. Und er fügte hinzu: ›Die Mittelmeerfrage muß noch in diesem Winter bereinigt werden, da zu dieser Zeit auch am besten der Einsatz deutscher Kräfte möglich ist...‹
Das Haupthindernis aber, die Neutralität Francos, war noch immer nicht beseitigt. ›Zu diesem Zwecke‹, schrieb der Führer dem Duce, ›will ich versuchen, Spanien zu einem schleunigen Kriegseintritt zu bewegen...‹ Wie das geschehen sollte, wußte jedoch auch Hitler nicht zu sagen.

Der Riß im deutsch-russischen Bündnis

Am Anhalter Bahnhof Blumen, Hammer und Sichel. Der Volkskommisar des Äußeren, Wjatscheslaw Molotow, kam auf Einladung Ribbentrops nach Berlin. Ribbentrop blieb die erwünschte Belohnung für seine Initiative allerdings versagt. Während der Besprechungen öffnete Molotow kaum die Lippen. Ribbentrop wiederholte fortwährend, keine Macht der Welt könne die englische Niederlage aufhalten. Der ironische und durchdringende Blick des Russen brachte den eingebildeten Ribbentrop fast zur Verzweiflung.
Hartnäckig diskutierte der Volkskommissar dagegen mit Hitler. Er beklagte sich über die Intrigen des Reiches in Finnland und drohte mit der Wiederaufnahme der Kriegshandlungen gegen dieses Land, falls es weiterhin die Infiltration von deutschen Trup-

pen dulden sollte. Er beschwerte sich auch über das Eindringen deutscher Truppen in Rumänien und drohte mit dem Abschluß eines Protektoratsvertrages mit Sofia, wie ihn Berlin von Bukarest hatte unterzeichnen lassen. Er verlangte die Kontrolle der Meerengen, die Bildung von sowjetischen Marine- und Luftstützpunkten in der Türkei. Als Hitler versuchte, ihn auf den Persischen Golf und Indien abzulenken, nahm ihm Molotow den rhetorischen Wind aus den Segeln, als er sagte, es seien nur die europäischen Fragen, die ihn interessierten. Hitler, der in Bad Godesberg fast vor Wut erstickt war, als Chamberlain sich erlaubt hatte, ihm eine Frage zu stellen, ertrug mit ungewöhnlicher Geduld die gezielte Antwort des kleinen Mannes mit Zwicker und stählernem Auge. Der Verlauf dieser Unterredungen war weit davon entfernt, einen Riß zwischen Sowjetrußland und Hitlerdeutschland offenbar werden zu lassen. Das Protokoll sprach von einer Übereinstimmung in allen Punkten, einschließlich der russischen Ansprüche auf die Meerengen. Wenn man den Wortlaut dieses Protokolls für bare Münze nahm, dann war das deutsch-russische Bündnis in keiner Weise gestört. Die wirtschaftliche Zusammenarbeit war überhaupt nicht berührt worden, und sämtliche Bedingungen des Moskauer Paktes blieben bestehen. Aber der Schein trog. Alle Zeugen berichten, daß Hitler nach diesen beiden Unterhaltungen mit Molotow außerordentlich erregt war. »Meiner Überzeugung nach«, sagt Paul Schmidt, »sind in diesen Tagen die Entscheidungen gefallen, die Hitler zu seinem Angriff auf die Sowjetunion veranlaßt haben.« »Der Führer«, berichtete Keitel, »sah in den Worten Molotows den Beginn eines großen Einkreisungsmanövers um Deutschland. Dem beschloß er zuvorzukommen.«

Es gab aber noch andere Gründe, die Hitler veranlaßten, einen Feldzug gegen Rußland ins Auge zu fassen. Alle Hoffnungen auf einen kurzen Krieg hatten sich als trügerisch herausgestellt. England hatte sich nun auf seiner Insel verbarrikadiert und war nur unter schwierigsten Umständen angreifbar. Die Operationen im Mittelmeer brachten keine endgültige Lösung. Amerika war militärisch nicht zu fürchten, aber seine wirtschaftliche Kraft verschaffte England ständig wachsende Hilfsquellen. Deutschland hing dagegen mehr und mehr von den großen Rohstoffquellen Rußlands ab. Hitler brachte Molotows Sicherheit, die sich so sehr von seinem bescheidenen Verhalten im Jahre 1939 unterschied, mit dieser Tatsache in Verbindung. Wenn Deutschland nicht sehr achtgab, würde es immer mehr in die Abhängigkeit Rußlands geraten, was dem Ziel der nationalsozialistischen Bewegung, das von Anfang an die Zerstörung des Bolschewismus war, diametral entgegenlief. Der Pakt mit den Sowjets war eine politische Notlösung gewesen, die einer bestimmten Phase des Krieges entsprach. Nun aber bestand das Risiko, daß daraus eine tödliche Umarmung werden konnte, falls sich die Bedingungen, die zu diesem Pakt geführt hatten, nicht änderten.

Menschen sind komplizierte Wesen. Es gibt ganz wenige hundertprozentige Zyniker.

Adolf Hitler war keiner von ihnen. Sein Zusammengehen mit Moskau hatte ihn innerlich immer beschämt. Viele Generale und viele deutsche Aristokraten, die in der Tradition Weimars erzogen worden waren, akzeptierten dieses Bündnis wesentlich skrupelloser als der österreichische Plebejer, dessen erste politische Auseinandersetzungen wilde Schlägereien mit dem Rotfrontkämpferbund gewesen waren. Hitler erleichterte sein Gewissen, als er den Kampf mit einem ideologischen Feind aufnahm, dessen Politik und Strategie ihn für eine gewisse Zeit zum Verbündeten gemacht hatten.

Italienische Niederlagen in Nordafrika

Mit Mussolini dagegen verband Hitler nicht nur eine ideologische Solidarität, sondern sogar eine gewisse Bewunderung und Freundschaft. Nur so ist Hitlers ungeheure Nachsicht verständlich. Seit drei Monaten kamen alle Schwierigkeiten für Deutschland, alle Niederlagen der Achse, von Italien her. Hitler machte sich zwar keine Illusionen mehr, beklagte sich aber trotzdem nie über den Gründer des italienischen Faschismus. Im Gegenteil, die Schwierigkeiten, mit denen Mussolini zu kämpfen hatte, rührten ihn manchmal zu Tränen: ›Er hatte zwei große Tränen in den Augen. Welch seltsamer Mann!‹ schreibt Ciano. Hitler versicherte Ciano, er stehe mit seiner ›ganzen Kraft‹ an der Seite Mussolinis. Dessen Lage wurde immer schwieriger. Er wechselte die Generale aus, entließ Soddu, den Oberbefehlshaber der albanischen Front, der während der Schlacht von Jannina Filmmusik komponiert hatte. Er trennte sich sogar von Badoglio und ersetzte die beiden durch den Optimisten und Deutschenfreund Cavallero, der sich einbildete, die Tätigkeit eines Generalstabschefs mit der Führung des albanischen Kriegs vereinbaren zu können. Die militärische Lage wurde dadurch nicht besser. Die Griechen nahmen Argyrokastron und den Hafen von Santi Quaranta. Den Italienern ging es längst nicht mehr darum, Saloniki und Athen zu erobern, sondern um die Frage, wie sie sich in Albanien halten konnten.
Plötzlich aber spielten die Niederlagen in Albanien keine Rolle mehr. In Afrika drohte ein italienischer Zusammenbruch. Nach ihrem schüchternen Vorstoß bis Sidi-Barrani hatten die Italiener zehn Lager zwischen dem Meer und den Steilhängen von Sofafi errichtet. Sie hatten sie schlecht gesichert und wagten sich nicht weiter auf Patrouille, als ihre Kanonen reichten. Ihre Bewaffnung war ungenügend, und die kleinen Fiat-Panzer von zwei Tonnen erwiesen sich als wahre Särge für ihre Besatzungen. Die Kampfmoral entsprach der Bewaffnung. Das harte Wüstenleben hatte die Offiziere und die Mannschaften einander nicht nähergebracht. Anstatt den gleichen Mangel an Komfort und den gleichen Durst zu teilen, lebten beide unter sehr verschiedenen materiellen Bedingungen. Vom Marsch nach Marsa Matruk war nicht mehr die Rede.

Die italienische Armee hatte die Hilfe der deutschen Panzer zurückgewiesen und ruhte sich nun auf ihren mittelmäßigen Erfolgen aus. Wavell wollte nicht mehr länger warten. Wie Admiral Cunningham hatte auch er eine Verteidigungsschlacht vorbereitet und beschloß dann wie dieser, seinerseits anzugreifen. Graziani hatte sieben Divisionen zur Verfügung, Wavell nur zwei, nämlich die 4. indische und die 7. Panzerdivision. Am 9. Dezember 1940 umgingen die Engländer an einem eisigen Morgen das italienische Lager von Nibeiwa, töteten den kommandierenden General, der noch im Pyjama war, eroberten das Lager innerhalb von zwei Stunden, nahmen auf die gleiche Weise in viertägigen Kämpfen Tummar-West, desgleichen Tummar-Ost, Maktila, Sidi Barrani usw. Vier italienische Divisionen wurden aufgerieben. Die britischen Verluste an Toten, Verwundeten und Vermißten betrugen 624 Mann. 38 300 Italiener wurden gefangengenommen.
Wavell hatte nicht einmal von einem solchen Sieg zu träumen gewagt. Er war so wenig darauf vorbereitet, ihn auszunützen, daß die 4. indische Division mit dem Befehl angegriffen hatte, sich nach dem Sudan in Bewegung zu setzen, sobald der ›raid‹ gegen Sidi Barrani beendet sei. Am 12. Dezember wurde der Befehl trotz der wütenden Proteste des Divisionskommandeurs O'Connor für die 4. indische Division bestätigt. Nachdem sie auf einen nebensächlichen Kriegsschauplatz versetzt worden war, sollte sie nach und nach durch die 6. australische Division ersetzt werden, die erst für den Wüstenkrieg vorbereitet werden mußte. Das ist nicht das einzige Beispiel für die unglaublichen Fehler, welche die Engländer bei ihrer Kriegführung im Mittelmeerraum gemacht hatten. Während Graziani seine Frau schickte, um Mussolini zu beschimpfen, wollte er sich in einem Sprung bis nach Tripolis zurückziehen, damit, wie er sagte, »das italienische Banner weiterhin auch noch über einer Zitadelle Nordafrikas wehe«.

Lavals Sturz

Der von Italien enttäuschte Hitler mußte auch mit Frankreich Enttäuschungen erleben. Der Grundgedanke des Operationsplans ›Felix‹ war, die Vichy-Regierung über den Umweg einer Wiedereroberung der französischen Kolonialbesitzungen in den Krieg hineinzuziehen. Am 29. November, fünf Monate nach dem Waffenstillstand von Compiègne, fand in der deutschen Botschaft in Paris eine Besprechung statt. In Gegenwart von Laval und Abetz saßen sich General Huntziger, Admiral Darlan und der junge General Warlimont gegenüber, der als der wichtigste Mitarbeiter Jodls galt. Sie diskutierten über die Wiedereroberung des Tschad-Gebietes; das die Gaullisten in der Hand hatten, sowie über die geplante Besetzung Britisch-Nigerias, denn Hitler hatte Frankreich dieses riesige Gebiet im Zentrum Afrikas als Entschädigung für Tunis

versprochen. Am 10. Dezember wurde die Konferenz fortgesetzt. Warlimont zeigte sich von dem Ergebnis sehr befriedigt und ließ 5000 Karten von Französisch-Ostafrika beschaffen. Deutschland konnte erwarten, daß die Offensivbewegungen im Tschad nach der Regenzeit beginnen würden. Gleichzeitig wurde eine symbolische Aktion vorbereitet: Hitler hatte den Gedanken des französischen Nationalsozialisten Benoist-Méchin aufgenommen und beschlossen, die sterblichen Überreste des Herzogs von Reichstadt, des Sohnes Napoleons, in den Invalidendom in Paris überführen zu lassen. Die Pariser, welche unter einem harten Winter zu leiden hatten, beantworteten dieses großzügige Angebot mit einem Witz: ›Sie nehmen uns unsere Kohlen und geben uns dafür die Asche.‹ Indes, der Kollaborations-Generalstab plante großartige Feierlichkeiten. Der Marschall sollte höchstpersönlich nach Paris kommen und die kostbare Reliquie in Empfang nehmen. Viele hofften bereits, er werde nicht mehr in die provisorische Hauptstadt Vichy zurückkehren. Die Zeremonie sollte am 15. Dezember stattfinden, an dem Tag also, an welchem die sterbliche Hülle Napoleons nach Paris überführt worden war. Dank der glorreichen Hand des Führers sollten Vater und Sohn vereint werden.
Mitten in die Vorbereitungen platzte jedoch am 13. Dezember die Nachricht, daß Laval aus der Regierung gejagt und in Vichy verhaftet worden sei.
Die Deutschen setzten ihn wieder auf freien Fuß. Der Botschafter Abetz, der seine Karriere in Frage gestellt sah, fuhr sofort mit Panzerspähwagen nach Vichy, befreite den Gefangenen, brachte ihn ins Hotel du Parc und führte ihn vor Pétain. Laval brach sogleich in Beschimpfungen aus: »Sie sind nur ein Waschlappen, eine Wetterfahne, eine alte Vogelscheuche!« Sein nächster Satz brachte ihm später die Todesstrafe ein: »Von jetzt an werde ich meine Freunde bei den Deutschen suchen.« Blaß vor Wut ging er hinaus und fuhr – im gleichen Wagen – mit Abetz nach Paris.
Die Ausschaltung Lavals hätte für Vichy schlimme Folgen haben können. Es ging aber glimpflich ab, Frankreich mußte nicht einmal auf die Asche des kleinen Herzogs verzichten. In einem Zeremoniell, an dem Pétain nicht teilnahm und das ebenso frostig war wie die Witterung, wurde sie am festgesetzten Tag überführt. Die bereits beschlossene Freilassung einer gewissen Anzahl französischer Kriegsgefangener wurde gestoppt, die Demarkationslinie hermetisch abgeriegelt und allen französischen Ministern das Betreten von Paris untersagt. Der Nachfolger Pierre Lavals als Kronprinz Pétains, Admiral Darlan, wurde zu Hitler befohlen und von diesem mit Beschimpfungen überhäuft. Weitere Repressalien gab es nicht. Dies war um so erstaunlicher, als ein Wort Hitlers genügt hätte, die Vichy-Regierung abzuschaffen und eine ihm genehme Regierung in Paris einzusetzen. Für diese nationalsozialistisch ausgerichtete Regierung hätte er nämlich auf die deutschfreundlichen Kandidaten Brinon, Déat, Doriot und Laval jederzeit zurückgreifen können. Die Vichy-Regierung aber blieb.

Damals begriff man diese Milde nicht, heute ist sie verständlich: Hitler interessierte die deutsch-französische Kollaboration nicht mehr. Er war voll und ganz mit den Hindernissen und Komplikationen der Mittelmeeroperationen beschäftigt. Gibraltar zu nehmen, hatte er aufgegeben. Franco ließ sich nicht umstimmen, und gegen dessen Willen wollte er nicht durch Spanien marschieren. Die Azoren, Dakar und der Tschad lagen außerhalb seiner strategischen Überlegungen. Das Unternehmen ›Felix‹ wurde abgeblasen. Nach viermonatigem Schwanken setzte sich bei Hitler die Überzeugung durch, daß die Entscheidung einzig und allein in den russischen Ebenen gesucht werden müsse.

Am 13. Dezember gab Hitler die Führerweisung Nr. 20 heraus, genannt ›Unternehmen Marita‹, die vorwiegend hinhaltende Maßnahmen vorsah: »Ich sehe wohl«, sagte er zu seinen Vertrauten, »daß der italienische Beistand gleich Null ist, aber die strategische Lage Italiens ist zu wichtig, als daß ich zugestehen könnte, daß das Land aus diesem Krieg vollkommen zusammengebrochen hervorginge.« Folglich sollten die deutschen Truppen mit Hilfe Rumäniens und Bulgariens im Frühjahr Griechenland besetzen und dadurch den Krieg auf dem Balkan beenden. Fünf Tage darauf, am 18. Dezember, unterzeichnete Hitler die Weisung Nr. 21, deren Deckname ›Barbarossa‹ lautete. Dieses Dokument ist in Nürnberg unter der Nummer 446 PS aufbewahrt, ein Text von acht Seiten, der als das wichtigste Dokument des Zweiten Weltkriegs angesehen werden muß. Darin waren jene Operationen zusammengefaßt, die nach der Meinung Hitlers und seiner militärischen Ratgeber nötig waren, um die sowjetische Armee in einem kurzen Sommerfeldzug zu vernichten. Danach sollte die neue deutsche Grenze die Linie Wolga – Archangelsk sein, ein Projekt, das Deutschland in einen Wirbel von Niederlagen und Verlusten stürzen sollte. Der vorletzte Abschnitt enthielt allerdings folgende Einschränkung: ›Alle... Anordnungen müssen eindeutig dahin abgestimmt sein, daß es sich um Vorsichtsmaßnahmen handelt für den Fall, daß Rußland seine bisherige Haltung gegen uns ändern sollte.‹ Hitler hatte diesen Satz gewohnheitsmäßig geschrieben, wie immer hatte er sich nicht festgelegt; alle Möglichkeiten blieben offen.

Obwohl der Führer in seinen Siegen schwelgte, hatte er sein erklärtes Ziel, den Endsieg, 1940 nicht erreicht. Wie schon der vergangene Winter, so war auch dieser außerordentlich hart. Der verbitterte Mussolini sah den Schnee auf Rom fallen und sagte zu Ciano: »Dieser Schnee und diese Kälte sind gut, so sterben die Halben, und diese mittelmäßige italienische Rasse wird verbessert werden.« Frankreich, das eine größere Niederlage als je zuvor in seiner Geschichte hatte hinnehmen müssen, litt unter seinem Elend und seiner Erniedrigung. London wurde von der Luftwaffe am 25. Dezember zwar kaum behelligt, aber am 29. erfolgte dann der bisher schwerste Luftangriff:

1500 Brände leuchteten zum Himmel, Guildhall brannte vollkommen nieder, acht Kirchen wurden zerstört. Trotz der Stürme versenkten die deutschen Unterseeboote 360000 Bruttoregistertonnen englischen Schiffsraums. Roosevelts Weihnachtsansprache vom 24. Dezember enthielt die bislang feindseligsten Äußerungen über die Achsenmächte, denn er sagte ihnen die Vernichtung voraus. Aber nur einigen seiner intimsten Freunde war jene Absicht bekannt, die er unter tropischem Himmel auf einer Kreuzfahrt nach den Wahlen geäußert hatte: »Ein Nachbar leiht seinen Schlauch seinem Nachbarn, dessen Haus in Flammen steht.« Seither suchte er nach einem Weg, wie man England Waffen leihen könnte, die es sich wegen seiner schwindenden Finanzen nicht kaufen konnte.

IX. Kapitel Januar bis Mai 1941
Italienische Niederlagen und deutsche Triumphe

3. Januar 1941: Die Schlacht von Bardia

Am 3. Januar 1941 wurde vor Sonnenaufgang der Mittelabschnitt der Befestigung von Bardia unter massiertes Artilleriefeuer genommen. Die erste Schlacht des Jahres 1941 begann.

Die Gegend war öde. Die Küstenlinie fiel zum Mittelmeer in großen Geröllfeldern ab. Der Hafen war eine unbedeutende Bucht. Die Straße nach Tobruk zog sich schwarz durch die Wüste dahin, verlief in gefährlichen Kurven bis zu der kleinen Stadt, stieg wieder auf das Plateau hinauf und führte dann nach Fort Capuzzo und zur ägyptischen Grenze. Die Italiener hatten sich auf diese Stellung nach ihrer Niederlage bei Sidi Barrani und dem Verlust von Sollum zurückgezogen. Als sich Graziani noch weiter zurückziehen wollte, ertönte die ärgerliche Stimme Mussolinis: Italien sei nun oft genug erniedrigt worden. Es kommt jetzt nicht mehr in Frage, daß auch nur eine Handbreit italienischen Bodens freiwillig aufgegeben werde. Bardia müsse bis zum letzten Blutstropfen verteidigt werden.

Der Angriff war keine Überraschung mehr. Die Italiener wußten jetzt, daß die Briten sie um jeden Preis vernichten wollten. Die Engländer waren zwar immer noch Deutschland gegenüber auf Verteidigung bedacht, aber sie befürchteten jetzt keine Landung mehr und zögerten nicht, erhebliche Kräfte von der Insel abzuziehen und mit massiven Mitteln den schwächsten Partner der Achse anzugreifen. Von August bis Dezember wurden 76000 Mann aus dem Vereinigten Königreich nach Ägypten verlegt, und die vier Passagierdampfer *Queen Elizabeth*, *Queen Mary*, *Aquitania* und *Mauritania* transportierten auf einer einzigen Fahrt aus Australien und Neuseeland 50000 Soldaten heran. Gleichzeitig formierten sich 80000 Mann, unter ihnen 27000 Südafrikaner im Sudan und in Kenia, um gegen die italienischen Kolonien Äthiopien und Eritrea vorzugehen. Mussolini hatte sich eingebildet, er trete in den Krieg nur mit dem einzigen Ziel, sich einen Platz an der Tafel der Friedenskonferenz zu sichern. Jetzt mußte er aber entdecken, daß er das ganze Gewicht und die größten Verluste des Kampfes zu tragen hatte, während sein deutscher Verbündeter nur einige Flugzeugbesatzungen und einzelne U-Boote verlor. In Bardia waren mehrere italienische Verbände stationiert. Die 1. und die 2. Division der Schwarzhemden, die 62. Division ›Marmarica‹, die 63. ›Cyrene‹, die 64. ›Catancaro‹. 45000 Mann unter dem Befehl des Generals Bergonzoli waren in einem Befestigungsring von 30 Kilometern Durchmesser zusammengezogen, der sich weder auf dem Land- noch auf dem Seewege ver-

sorgen ließ. Ein Panzerabwehrgraben, Stacheldrahthindernisse und Minenfelder umgaben den Stützpunkt. Das Wasser war streng rationiert, die Bewaffnung mittelmäßig und die Kampfmoral äußerst schlecht.
Die Angreifer waren zwei Infanteriebrigaden. Sie wurden verstärkt durch 23 Panzer, welche die 7. Panzerdivision hatte abstellen können. Die Australier griffen gegen einen fünfmal so starken Gegner an. Sie waren in Palästina hart ausgebildet worden und brannten darauf, den legendären ›Anzacs‹ von 1915 nachzueifern. Um 8 Uhr 30, drei Stunden nach Beginn des Sturmes, hatte die 16. Brigade die Verteidigungslinie durchbrochen und 8000 Gefangene gemacht. Die 17. Brigade griff den Westabschnitt an, während die *Warspite*, die *Barham* und die *Terror* den Westabschnitt unter einem Hagel von 38-cm-Geschossen begrub. Am Abend war der Befestigungsring in zwei Hälften geteilt. Am nächsten Tag besiegten die Australier, unterstützt von sechs Panzern, die restlichen Italiener. Bergonzoli, der nicht kapitulieren wollte, war in die Wüste ausgewichen. Aber die 40000 Gefangenen waren mit ihrem Schicksal mehr als zufrieden. Der Sieger hatte 456 Tote und Verletzte zu beklagen.
In Italien sprach man wieder einmal von dem Kampf des italienischen Flohs gegen den britischen Elefanten. »Ein merkwürdiger Floh«, sagte Mussolini bitter, »der zwischen Sidi Barrani und Tobruk über 1000 Geschütze verfügt.«
Der britische Landsieg wurde allerdings von einem alarmierenden Ereignis zur See etwas überschattet. Am 10. Januar wurde ein Konvoi, der Malta versorgen sollte, durch 40 Maschinen vom Typ Ju 87 und Ju 88 angegriffen. Vor allem die Begleitschiffe wurden mit einer Entschlossenheit attackiert, die die Engländer von den Italienern nicht mehr gewohnt waren. Die *Warspite* fuhr zwar unter dem Bombenhagel weiter, aber der Sieger von Tarent, der Flugzeugträger *Illustrious*, wurde sechsmal getroffen. Brennend erreichte er La Valetta, wo die Bomber vergeblich versuchten, ihn zu versenken. Die Angreifer gehörten zum X. Fliegerkorps, das von Norwegen nach Sizilien verlegt worden war, und nun zum erstenmal im Mittelmeerraum operierte.

Krieg in Albanien

Der Krieg in Albanien war entsetzlich, der Winter außerordentlich kalt. Die Italiener besaßen keine Winterkleidung; jedoch, verglichen mit ihnen, waren die Griechen geradezu nackt. Die Griechen hatten Waffen französischer und deutscher Herkunft; schon deshalb stieß der Munitionsnachschub auf unüberwindliche Schwierigkeiten. Die Engländer schickten ihnen 180000 Paar Stiefel, 300000 Paar Socken, 200000 Dekken, ferner das Material, das sie in Sidi Barrani und in Bardia den Italienern abgenommen hatten, darunter Geschütze, die nun gegen ihre ehemaligen Besitzer feuerten.

Die Briten entsandten unter dem Oberbefehl des Vize-Luftmarschalls d'Albiac auch eine kleine Luftflotte, bestehend aus 39 Jägern und 18 Bombern. Tausende von Soldaten zogen sich schwere Erfrierungen zu. Auf beiden Seiten schwand die Kampfkraft zusehends.

Alexander Papagos, ein kleiner General mit dunklen Augen, der Oberbefehlshaber der griechischen Armee, blieb aber trotz allem offensiv. Obwohl ihm nicht mehr als dreizehn Divisionen zur Verfügung standen, denen die Italiener 21 Divisionen, darunter eine Panzerdivision, entgegensetzen konnten, wollte er Valona und Tirana erobern. Zudem beabsichtigte er mit Unterstützung seiner griechischen Gebirgsbauern, die einen Guerillakrieg führten, die Italiener aus Albanien zu vertreiben, sobald die Witterungsverhältnisse es erlaubten.

Papagos' Eile war begründet, denn die rechte Flanke der Griechen war jederzeit von den Deutschen bedroht. Papagos wurde nämlich berichtet, daß deutsche Offiziere in Zivil, darunter der Oberst Zeitzler, der Stabschef der Panzergruppe 1, sich in Bulgarien aufhielten, und Vorbereitungen für einen Brückenschlag über die Donau im Gange seien. Bogdan Filoff, der bulgarische Ministerpräsident, hatte versucht, dem deutschen Druck zu widerstehen und seinen allzu deutschfreundlichen Landwirtschaftsminister Bagriamoff entlassen. Es war ihm aber klar, daß er von Moskau die erhoffte Unterstützung nicht bekam, weshalb sich Bulgarien den Achsenmächten nicht entziehen konnte. Hitler verlangte von ihm drei Dinge: Eintritt in den Dreierpakt, Öffnung Bulgariens für deutsche Truppen, die Griechenland angreifen sollten, und schließlich eine aktive Teilnahme an den Kampfhandlungen. Der zum 13. Januar auf den Berghof eingeladene König Boris wandte ein, sein Land sei unvorbereitet, außerdem bestehe die Gefahr eines türkischen oder russischen Eingreifens. Auch wies er darauf hin, daß in der Dobrudscha eine starke deutsche Flankendeckung erforderlich sei. Trotz dieser Einwände war er aber mit einer bulgarisch-deutschen Zusammenarbeit prinzipiell einverstanden. Schon am 22. Januar legte sein Generalstabschef Bojdeff auf einer Geheimkonferenz mit den Vertretern des deutschen Oberkommandos die Details dieser Zusammenarbeit fest.

Durch diese Wendung der Dinge verloren die griechischen Siege an Gewicht. Ein Volk von sieben Millionen Einwohnern stand gegen eine riesige Übermacht. Hitler, der Herr des Kontinents, konnte nicht zulassen, daß Italien siegte, er durfte aber ebensowenig gestatten, daß der südliche Balkan ein Flugplatz Englands wurde, denn dies hätte eine ständige Bedrohung der unentbehrlichen Erdölquellen Rumäniens bedeutet. Damals träumte Churchill davon, in Griechenland eine Plattform zu errichten, von der aus – dank der Beherrschung der Meere – die Wiedereroberung des Kontinents begonnen werden konnte. Jedenfalls befahl er Sir Archibald Wavell, die Griechen mit allen Mitteln, über die er verfüge, zu unterstützen.

Wavell war davon wenig begeistert, denn sein Middle East Command war schon auf zwei Kriegsschauplätze verteilt, nämlich auf Ost- und Nordafrika, und nun drohte eine weitere Zersplitterung. Er fragte bei den Generalstabschefs an, ob man tatsächlich sicher sei, daß es sich bei den deutschen Truppenbewegungen auf dem Balkan nicht nur um einen Bluff handle. Die Antwort, versehen mit Churchills Unterschrift, lautete: ›Wir erwarten und befehlen, daß Sie sich sofort mit aller Sorgfalt unseren Entschließungen fügen, für die wir die volle Verantwortung übernehmen.‹ Am 13. Januar war Wavell in Athen, wo er mit Metaxas und Papagos verhandelte. Er bot ihnen zwei Artillerieregimenter und 60 Panzer an. Die Griechen lehnten ab. Sie könnten zehn Divisionen akzeptieren, aber zwei Regimenter und einige Panzer wären eine unzureichende Unterstützung, die lediglich ein sofortiges Eingreifen der Deutschen provozieren würde. Man kam überein, die Engländer zu Hilfe zu rufen, sobald die Wehrmacht die Donau überschreite, denn die Griechen waren entschlossen, ob mit oder ohne Hilfe, bis zum letzten Blutstropfen zu kämpfen. Wavell fuhr, mit seinem Mißerfolg vollauf zufrieden, nach Kairo zurück.

In Ostafrika begann der Krieg. Ein britisch-indischer Verband unter Generalleutnant Platt drang in Eritrea ein, ein britisch-südafrikanischer unter Generalleutnant Sir Alan Cunningham überschritt die Grenze von Somaliland. Der Herzog von Aosta, ein Vetter des Königs von Italien, der den Titel eines Vizekönigs führte, hatte die riesigen Gebiete zwischen dem Roten Meer und dem Rudolfsee zu halten. Ihm standen rund hundert Bataillone zur Verfügung, aber die vollständige Befriedung Äthiopiens war bisher nicht gelungen. Der Oberst Sandford, der allein eine ganze feindliche Armee wert war, durchreiste das Land, rief zum Aufstand auf und kündigte die Rückkehr des Kaisers Haile Selassie an. Mussolini selber machte sich keine allzu großen Illusionen. Er hatte dem Herzog von Aosta freie Hand gegeben, als er sagte, das Schicksal Italienisch-Afrikas werde in Europa entschieden.

Mussolini auf dem Berghof

Hitler stand auf dem Bahnsteig einer kleinen Bergstation in der Nähe Salzburgs bis an die Knöchel im Schnee. Er wartete auf seinen Verbündeten Mussolini. Der Duce, der sich an seine großsprecherischen Reden von Florenz erinnerte – ›Führer, ich werde in vierzehn Tagen in Athen sein‹ –, befürchtete weniger Vorwürfe als Beileidsbezeigungen und hatte dieses Treffen daher so lange wie möglich hinausgezögert. Während der Zugfahrt hatte er wieder einmal die italienische Nation beschimpft. Die faschistische Fassade von Kraft und Mut war zusammengebrochen. Die Engländer hatten Tobruk besetzt, und in Albanien war die 7. Elitedivision, genannt ›Lupi di Toscana‹, die zur Verstärkung entsandt worden war, schon bei ihrem ersten Eingreifen aufgerieben worden. Herzlich, beinahe unterwürfig begrüßte Hitler den Duce und ließ sich seine Unzufriedenheit nicht anmerken. Die Besprechungen fanden vor den riesigen Fenstern des Berghofs statt, durch die man einen herrlichen Ausblick auf die verschneiten Berge hatte. Der einzige Vorteil, den Hitler aus seiner überlegenen Position zog, war, daß er ununterbrochen redete, was seinen ebenso geschwätzigen Partner zur Verzweiflung brachte. Doch Hitler sagte dem Duce kein Wort über den Plan ›Barbarossa‹, der ja auch für den Verbündeten eine Schicksalsfrage war. Die Vorbereitungen waren in vollem Gange. Der Beginn der Operationen war für den Mai festgesetzt. Sie sollten beginnen, sobald die russischen Ebenen wieder für Panzer befahrbar sein würden.

Hitler schwieg zwar über Rußland, verheimlichte aber nicht, daß er das Projekt einer Landung in England aufgegeben hatte. Die Engländer würden aber, so meinte er, die Landung immer noch befürchten: »Erschwerend kommt noch hinzu, daß England jetzt die Pistole der Landung auf sich gerichtet fühlt, während man nachher erfahren würde, daß Deutschland eine leere Pistole in der Hand hält.« Gibraltar dagegen war noch immer aktuell: »Die Schließung der Meerenge von Sizilien ist ein armseliger Ersatz für den Plan, den ich ausgearbeitet hatte und den der undankbare Franco hat scheitern lassen. Noch jetzt würden Sie unserer Koalition einen großen Dienst erweisen, wenn es Ihnen gelingt, ihn zum Kriegseintritt zu bringen. Die Lage im Mittelmeer würde dann vollkommen geändert sein.«

Den Deutschen gegenüber standen die Italiener immer Höllenqualen aus. Der kleine General Guzzoni, der eine Perücke und ein Korsett trug, war voller Minderwertigkeitskomplexe, als er nach seiner Ankunft dem arroganten Keitel die an zwei Fronten katastrophale Lage schildern mußte. Er erbat für Albanien bayerische Gebirgsjäger und für Libyen jene Panzerdivision, die Badoglio einige Wochen zuvor auf Befehl Mussolinis hatte zurückweisen müssen.

Hitler selbst nahm es auf sich, die Weigerung Deutschlands zu formulieren: »Wir sind noch nicht im Krieg mit Griechenland. Wenn die Truppen, die wir nach Albanien schicken würden, in rückwärtigen Stellungen blieben, hätte das Schauspiel von Deutschen, die mit verschränkten Armen dastünden, während die Italiener kämpften, eine bedauerliche moralische Wirkung. Wenn sie eingesetzt würden, könnte das eine Intervention der Türken hervorrufen und den Krieg auf dem Balkan vorzeitig ausdehnen. Ich werde Ihnen auch keine Panzerdivisionen nach Afrika schicken. Wir haben ohnehin schon schwer zu tragen, und es ist mir unmöglich, hochwertige Einheiten nach Gegenden zu schicken, wo sie nicht voll zur Wirkung kommen könnten.«

Der Führer legte dann in großen Linien den Plan ›Marita‹ dar und erörterte die Frage, wie der Balkankrieg zu Frühjahrsbeginn beendet werden könne. Mussolini zog eine ärgerliche Grimasse, als Hitler ihm darüber hinaus mitteilte, daß er beabsichtige, die Jugoslawen an der Besetzung Griechenlands teilnehmen zu lassen. Mussolini hatte vorgehabt, den jugoslawischen Staat aufzuteilen und zu zerstören – und jetzt schlug ihm Hitler die Jugoslawen als Verbündete vor! Der Duce forderte nun, der Regierung von Belgrad kein Eingreifen zu erlauben, bevor die Gegenoffensive im Frühjahr nicht die italienische Ausgangsposition in Albanien wiederhergestellt habe. Dann mußte er sich einen langen Vortrag Hitlers über taktische Einzelheiten anhören: wie die Italiener ihre Flak verbessern sollten, wie sie ihre Angst vor Panzern überwinden könnten, wie Minenfelder ausgelegt werden müßten, wie ihre großen Unterseeboote für die Versorgung Tobruks eingesetzt werden könnten usw. Mussolini verbarg seine Ungeduld hinter einer regungslosen Miene, aber Guzzoni war begeistert von dem militärischen Genie des Führers.

Tobruk fällt. Der italienische Rückzug

Als Mussolini Salzburg verließ, leistete man in Tobruk noch Widerstand; als Mussolini in Rom ankam, war Tobruk gefallen. Der Anmarsch war für die Engländer entsetzlich schwierig gewesen. Ein Sandsturm hatte die 7. Panzerdivision vier Tage lang zugedeckt, und die tägliche Wasserration war auf knapp zwei Liter beschränkt worden. Als endlich die Schlacht begann, war der italienische Widerstand an verschiedenen Stellen hartnäckiger als gewöhnlich, aber schließlich spielte sich alles genauso ab wie bei Bardia. Vor Sonnenaufgang hatten die englischen Pioniere die Minenfelder unschädlich gemacht, und durch die schmale Bresche war die 6. australische Division ins Innere des befestigten Lagers eingedrungen. General Pitassi Mannella, der Garnisonskommandant, war schon am ersten Tag gefangengenommen worden, und am Morgen des zweiten Tages kapitulierte General della Mura, der Kommandeur der 66. Division. 400 Engländer wurden verwundet oder getötet, 25 000 Italiener gefangengenommen. Außerdem fielen den Engländern die unzerstörten Hafenwerke, große Vorräte an Wasser und Benzin und sogar das reichlich mit Kohlen versorgte Elektrizitätswerk in die Hände.

Die Verfolgung ging weiter. Das Land hatte jetzt ein anderes Gesicht. Es war nicht mehr die elende Wüste an der ägyptischen Grenze, sondern der Djebel el Akhdar mit seinen besiedelten Tälern. Vor den überraschten Engländern tauchten italienische Höfe auf, umgeben von gepflügten Äckern, rosafarbenen Häusern und Windmotoren. Die Schwierigkeiten waren aber für die Engländer noch nicht vorbei. Plötzlich regnete es in Strömen, und der Schlamm, den sie schon vergessen hatten, machte ihnen zu schaffen. Die Panzer kamen nicht mehr weiter, und die Flugplätze waren nicht mehr brauchbar.

Die Italiener hatten riesige Verluste erlitten, aber sie verfügten noch über erhebliche

Kräfte, nämlich über die 17. Division ›Pavia‹, die 25. ›Bologna‹, die 27. ›Brescia‹, die 55. ›Savona‹, die 60. ›Sabratha‹, die Panzerdivision ›Babini‹ und kleinere Einheiten. Der Djebel el Akhdar war eine großartige Verteidigungsstellung, seine Ausläufer deckten Benghasi, die Hauptstadt des italienischen Nordafrika.

Graziani wollte keine Niederlage mehr riskieren. Auch Mussolinis Vorhaltungen bewogen ihn nicht, den Djebel zu halten, dessen Einschließung zu Land und zu Wasser ihm nicht ohne Grund unvermeidlich erschien. Am 3. Februar befahl er den allgemeinen Rückzug. Er selbst verließ seinen Gouvernementssitz in der Stadt.

Um dem Gegner längs des Meeres den Rückzug abzuschneiden, durchquerte die 7. Panzerdivision unter Generalmajor Sir Michael O'Moore Creagh den Djebel. Sie bewegte sich auf verschlammten Wegen bei Mondschein vorwärts und legte in 24 Stunden 150 Kilometer zurück. Am Morgen des 5. Februar traf sie auf eine endlose Kolonne von Italienern, die langsam auf der Via Balbia dahinzog. Die 4. Hussards unter Oberst Combe schnitt ihnen den Weg bei Dada-Fomm ab, und das Gros der Panzerdivision griff die Italiener von der Flanke her an. Zwei Tage lang versuchten die Italiener, sich einen Durchgang zu verschaffen. Als aber dann die 6. australische Division aus dem eroberten Benghasi eintraf und sie von hinten angriff, streckten sie die Waffen. 25 000 Mann erhöhten nun die Zahl der Kriegsgefangenen, die im Verlauf dieses Unternehmens gemacht wurden, auf 150000. General Tellera, der Befehlshaber des XXIII. Korps, fiel, und der energische Bergonzoli, der aus Tobruk und Bardia entkommen war, geriet in Gefangenschaft.

Diesmal war Hitler ernsthaft beunruhigt. Er sah schon den vollkommenen Verlust Nordafrikas vor sich und damit die Möglichkeit, daß England Italien zwang, sich aus dem Kriegsgeschehen zurückzuziehen. »Die militärische Lage«, sagte er zu den Oberbefehlshabern der Wehrmacht, »wäre dann immer noch besser als vor einem Jahr, aber es darf nicht riskiert werden, daß Italien innerlich zusammenbricht. Wir müssen helfen.« Jetzt war Hitler bereit, Mussolini die Panzer, die er ihm einige Tage zuvor verweigert hatte, zu liefern. Aber er stellte Bedingungen. Die Italiener hätten ihren statischen Krieg aufzugeben, ebenso den Gedanken, sich in Tripolis einzuigeln. Sie müßten ihre eigene Panzerdivision ›Ariete‹ nach Afrika schicken und einwilligen, daß alle schnellen Einheiten unter dem Oberbefehl eines deutschen Generals vereinigt würden, der im Prinzip dem italienischen Oberkommando unterstehe, in Streitfällen aber das Recht haben müsse, sich an das OKW zu wenden. Falls Rom diese Bedingungen nicht akzeptiere, halte Deutschland sich vollkommen aus der Angelegenheit heraus, denn es ziehe vor, lieber nichts zu tun, als zu riskieren, daß seine Truppen unter Bedingungen kämpfen sollten, die keinerlei Hoffnung auf Erfolg böten.

Die Zustimmung Mussolinis ließ nicht auf sich warten. Er fügte noch hinzu, daß Marschall Graziani aus Afrika zurückbeordert worden sei und nie wieder dorthin geschickt werden sollte. Der General Gariboldi werde ihn ersetzen.

Hitler hatte für Afrika schon eine 5. Leichte Division aufstellen lassen, die er nun mit einem Panzerregiment verstärkte; außerdem beschloß er, um das deutsche Afrikakorps (DAK) zu ergänzen, ihm die erst kürzlich aufgestellte 15. Panzerdivision zu unterstellen. Zuerst war als Oberkommandierender General von Funck vorgesehen, doch kam dieser von einer Aufklärungsfahrt nach Tripolitanien so pessimistisch zurück, daß Hitler ihn für den Posten nicht geeignet hielt. Dann rief er Erwin Rommel am 6. Februar nach Berlin. Dieser erhielt dort seine Instruktionen und fuhr sogleich nach Rom, von wo aus er an seine Frau schrieb, seine erste Begegnung mit den Italienern sei ausgezeichnet verlaufen. Am 12. Februar befand er sich in Tripolis, am 15. flog er bis zur libyschen Grenze, um sich ein Bild von der militärischen Lage zu machen.

Es ist allerdings leichter, einen General zu beordern, als ein ganzes Armeekorps zu verladen. Die Einschiffung der 5. Leichten Division konnte nicht vor dem 20. März beginnen und die der 15. Panzerdivision nicht vor Mai. Wochenlang lagen sich die Italiener und Engländer gegenüber.

Die Lage der Italiener war entsetzlich, denn sie hatten ihr gesamtes Material verloren, und ihre Kampfkraft war gebrochen. Defätismus machte sich breit. Zu der Bedrohung durch die Nilarmee kam eine unbestimmte, noch erschreckendere Drohung aus den Tiefen der Wüste, nämlich die ›Long Range Desert Group‹, die das große libysche Erg entlangzog. Die Truppen des Freien Frankreich, die vom Tschad gekommen waren, bedrohten Mursuk, und die Senussi rebellierten und träumten von blutiger Rache. Die deutsche Hilfe war noch weit, die Bedrohung aber unmittelbar. Sollte nach der Cyrenaika nun auch Tripolitanien verlorengehen?

In der großen Syrte, dem südlichsten Punkt des Mittelmeergebietes, hatten die Engländer El Agheila erobert. Sie fanden dort nur absolute Trockenheit vor und hatten große Wassersorgen. Immerhin gingen sie noch 500 Kilometer weiter vor und kamen dann neuerdings in kolonisierte Gebiete, in denen die Italiener 3,5 Millionen Dattelpalmen gepflanzt hatten, auf die sie sehr stolz waren. Einzig und allein die Wüste leistete den Engländern Widerstand. ›Der Sand im Vergaser ist ein wesentlich ernsthafteres Problem als der Italiener‹, meinten die Befehlshaber der Truppen verächtlich. Die Panzer erlitten beträchtliche Schäden durch Verschleiß, aber der Siegesrausch trieb die Männer weiter. 1000 Kilometer von El Agheila bis Tripolis! Die tunesische Grenze war nicht mehr als 200 Kilometer entfernt. Die Eroberung des gesamten italienischen Nordafrikas wäre für die Engländer nur noch ein Kinderspiel gewesen.

Aber das Hirngespinst Griechenland hatte den Vorrang. Am 29. Januar war der griechische Moltke, der deutschfreundliche, einarmige Diktator Metaxas, an Leukämie gestorben. Er hatte dauernd auf eine deutsche Vermittlung gehofft. Churchill sah in seinem Hinscheiden auch das Ende des entscheidenden Widerstandes, der seinem Balkanplan entgegengesetzt worden war. Am 12. Februar verließ Eden in Begleitung von John Dill London. In Kairo schlossen sich Wavell und dessen Luftwaffenbefehlshaber Longmore an. Die Delegation sollte sich nach Athen, Ankara und Belgrad begeben, um gegen die Achse eine Koalition zu bilden, die vom Ägäischen Meer bis zur Donau reichen sollte, 50 bis 60 Divisionen stellen könnte und deren Rückgrat die englischen Truppen, Panzer, Flugzeuge und Schlachtschiffe bilden würden. Leider ließ die Furcht vor Deutschland allen Mut erlahmen. Belgrad weigerte sich, die britischen Besucher zu empfangen. In Ankara, wo sie empfangen wurden, hörte man sie nicht an. Die Türken gingen so weit, die ›Hurricane‹- und ›Blenheim‹-Staffel, die Longmore ihnen befehlsgemäß anbot, abzulehnen. Sie würden sich verteidigen, falls man sie angriffe, meinten sie, aber sie wollten um keinen Preis Deutschlands Aufmerksamkeit auf sich ziehen, indem sie sich einer antideutschen Front unter Führung der Engländer eingliederten.

In Athen war Metaxas durch den Präsidenten der Bank von Hellas, Alexander Korisis, ersetzt worden. Die Lage, wie er sie den Engländern schilderte, war mehr als schlecht. In Albanien erschöpften sich die Griechen, in Thrazien hatten sie einem täglich zu erwartenden Angriff nur drei Divisionen entgegenzusetzen. Bulgarien war voller Touristen in Schaftstiefeln der Wehrmacht, die Wege auskundschafteten, die Tragfähigkeit von Brücken feststellten und Flugplätze anlegten. Koritzis bestätigte den Willen der Griechen, sich zu verteidigen, ohne Rücksicht auf die Nationalität oder die Zahl der Angreifer.

Man konnte in dieser Entschlossenheit kaum etwas anderes sehen als einen nationalen Selbstmord.

Die Schwäche Griechenlands und der türkisch-serbische Rückzieher brachten Churchill nicht von seinem Balkanplan ab. Er untersagte O'Connor, in Tripolitanien einzudringen, und ordnete an, Wavell solle eine Reserve von vier Divisionen im Nildelta bilden. Die 7. Panzerdivision und die 6. australische Division, beide in Wüstenschlachten erprobt, setzten sich in Richtung Alexandrien in Bewegung und ließen einige Kerntruppen zurück, um die sich zwei große Ersatzeinheiten formierten, nämlich die 2. Panzerdivision und die 9. australische Division. Diese bildeten eine Kette von Verteidigungsposten, verbarrikadierten sie mit Stacheldraht, gaben also in dem Moment ihre Offensivkonzeption auf, als das Angriffsgenie Rommel afrikanischen Boden betrat.

Das alles um eines europäischen Abenteuers willen, das wegen der ungleichen Kräfte von vornherein zum Scheitern verdammt war. Churchill hatte den strategischen Vorteil, den die Beherrschung des afrikanischen Küstengebietes bot, aufgegeben. Er begab sich damit der Chance, jenen entscheidenden Schritt gegen Italien zu unternehmen, den Hitler so fürchtete.

Das Leih- und Pachtgesetz

In Amerika, wo noch immer Frieden herrschte, fiel in der ersten Märzhälfte eine Entscheidung, die den Ausgang des Zweiten Weltkrieges in erheblichem Maße beeinflußte: Der Kongreß stimmte für das Leih- und Pachtgesetz. Die erste urkundliche Niederlegung dieses berühmten Gesetzes geht auf den 10. Januar 1941 zurück, als der Sekretär des Abgeordnetenhauses diesen wichtigen Gesetzestext, der ihm vom Weißen Haus übersandt worden war, mit einem Stempel versah, der ihn zur Bill HR-1776 machte. Die Debatte über das Für und Wider dieses Gesetzes erreichte ein Ausmaß, das seiner Bedeutung entsprach. Die Rhetorik, die um dieses Projekt entfaltet wurde, alle Versicherungen, es solle verhindern, amerikanische Boys auf die Schlachtfelder Europas zu schicken, waren nichts als Vernebelungen. Wer auch nur ein bißchen nachdachte, mußte verstehen, daß diese Vorlage eine befristete Kriegserklärung war, ein Eintreten in eine verhängnisvolle Knochenmühle.

Der Entwurf stammte von einem Juristen namens Cox aus der Justizabteilung des Schatzamtes. Der Wortlaut war recht beeindruckend: »Jeder Nation, deren Verteidigung er für die der Vereinigten Staaten lebenswichtig halte, kann der Präsident verkaufen, überführen, tauschen, mieten, leihen oder schenken – auf welche Art auch immer – jedes zur Verteidigung dienende Instrument, das ihm angemessen erscheint.« Als Gegenleistung sei er berechtigt, »jeden direkten oder indirekten Vorteil, den er als angemessen empfindet, anzunehmen«. Es wurde ihm die uneingeschränkte Entscheidungsgewalt hinsichtlich der zu begünstigenden Nationen zugestanden und keinerlei Begrenzung bezüglich Art und Höhe der Hilfeleistung auferlegt. »Wenn ich recht verstehe«, sagte ein Senator aus Texas, »gestattet dieses Gesetz, den Panzerkreuzer *Texas* der Sowjetunion zur Verfügung zu stellen.« Er hatte recht verstanden – genau das erlaubte das Gesetz.

Gegen diese unerhörte Vollmacht vereinigten sich alle pazifistischen, isolationistischen und sonstwie gegen Roosevelt eingestellten Kräfte. Die beiden katholischen Kardinäle O'Connel und Dougherty, beides Irländer, traten zur Quäkerkirche über, um gegen Amerikas Weg in den Krieg zu protestieren. Der General und Geschäftsmann Robert E. Wood, der Präsident der Kaufhausgesellschaft Sears and Roebuck,

gründete das Komitee ›America first‹ und sammelte ungeheure Summen, um die Bill HR-1776 zu bekämpfen. Der parlamentarische Führer dieser Opposition war der Senator von Montana, Burton K. Wheeler, doch die Seele der Kampagne war der Oberst Lindbergh. Seine Besuche in Deutschland, bei deren Gelegenheit er die nationalsozialistischen Politiker kennengelernt hatte und Einheiten der deutschen Luftwaffe besichtigen konnte, hatten ihn von der Unbesiegbarkeit des Totalitarismus überzeugt. Er schrieb seine Eindrücke in ›Wave of the Future‹ nieder und kam zu dem Schluß, Amerika müsse sich in Amerika verteidigen, in erster Linie durch Schaffung einer Luftflotte von 10000 Flugzeugen, um jegliche Gefahr abzuwenden.
Interventionisten und Isolationisten erschienen abwechselnd vor den Kommissionen der beiden Abgeordnetenhäuser: Lindbergh, Johnson, Hoover gegen Knudsen, Stimson, Knock, Dorothy Thompson und andere. Nur langsam setzten sich die Befürworter des neuen Gesetzes durch. Am 18. Februar ergab eine erste Abstimmung im Repräsentantenhaus 260 gegen 165 Stimmen. Diese Abstimmung wurde am 11. März durch den Senat mit 60 gegen 31 Stimmen bestätigt. Als die Bill zu einer Schlußabstimmung in das Repräsentantenhaus zurückging, erhielt sie diesmal eine triumphale Mehrheit von 317 gegen 71 Stimmen. Viele der Persönlichkeiten, die sie bekämpft hatten, besonders der Senator Vandenberg, erklärten, daß sie die Anwendung des Gesetzes mit allen Kräften unterstützen würden, sobald dieses Gesetz in Kraft sei.
Die Annahme des Leih- und Pachtgesetzes war eine Weltsensation. Alle Städte des Britischen Empire flaggten mit amerikanischen Fahnen. De Gaulle, der das Wochenende auf Chequers verbracht hatte, wurde im Morgengrauen von einem rotgoldenen Fabelwesen geweckt. Es war Churchill in seinem chinesischen Morgenrock, der in das Zimmer des Franzosen stürzte und vor Freude tanzte. Hitler erklärte verächtlich, dieses Gesetz sei von der internationalen Finanzwelt diktiert worden und werde die Vernichtung Englands nicht aufhalten. Er wußte aber sehr wohl, welches Gewicht sich gegen ihn auf die Schicksalswaage gelegt hatte. Er zog daraus den Schluß, daß es notwendiger denn je sei, sich der russischen Rohstoffquellen zu bemächtigen und umfangreiche Vorbereitungen für den bevorstehenden Kampf zu treffen.
Zunächst wurden drei Nationen als Empfänger der Leih- und Pachtlieferungen vorgesehen. Die erste war China, die zweite war England, das 28 starke Schnellboote erhielt, und die dritte Griechenland, dem Amerika ansehnliches Artilleriematerial liefern wollte. Das Arsenal der Demokratien begann zu funktionieren, aber für Griechenland war es schon zu spät.

Die Wehrmacht marschiert nach Griechenland

Am 1. März trat Bulgarien dem Dreierpakt bei und folgte damit den Vasallen der Achse, Ungarn, Rumänien und Slowakei. Am nächsten Tag schon überschritten deutsche Truppen die Donau auf Brücken, die innerhalb von vier Tagen erbaut worden waren.

Erdrückende Truppenmassen setzten sich gegen Griechenland in Marsch. Fünf Armeekorps, das XI., XIV., XVIII., XXX. und XXXX. bildeten die 12. Armee. Die Panzergruppe Kleist bestand aus der 5., 9. und 11. Panzerdivision sowie der 2. Panzerdivision, die dem II. Korps zugeteilt war. Dazu kam das VIII. Fliegerkorps, das von dem Fliegergeneral von Richthofen befehligt wurde, und außerdem noch eine ganze Reihe von technischen Truppen, besonders Eisenbahnern, die die Aufgabe hatten, das Beste aus dem mittelmäßigen Eisenbahnnetz des Balkans herauszuholen. Den Oberbefehl hatte zunächst Generalfeldmarschall von Kluge, der als bester deutscher Taktiker galt. Hitler ersetzte ihn im letzten Augenblick durch einen Schwaben, der dem Ruf der Schwerfälligkeit seines Landes gerecht wurde, nämlich Generalfeldmarschall List. »Der Balkan ist gebirgig«, hatte der Führer erklärt, »folglich braucht man einen Gebirgler dazu.«

Um das schwache griechische Heer niederzuwerfen, das schon mit 24 italienischen Divisionen im Kampf lag, war das ein riesiger Aufwand, aber Deutschland wollte nichts riskieren. Ein englisches Expeditionskorps war dazu bestimmt, an der Seite der Griechen zu kämpfen. Hitler wollte den Inselbewohnern, den Engländern, zeigen, daß sie den Fuß nicht auf den Kontinent setzen konnten, ohne zerschmettert zu werden. Auch war es möglich, daß die Türken eingriffen, und Hitler wollte stark genug sein, auch sie zu schlagen. Jugoslawien beunruhigte ihn nicht, obwohl es gewisse antideutsche Tendenzen unter den Ministern des Prinzregenten Paul gab. Die britischen Interventionsversuche waren gescheitert. Zur Zeit waren Verhandlungen im Gange, um auch Belgrad in den Dreierpakt aufzunehmen.

Im Grunde war Hitler durchaus nicht kampflustig. Er zog widerwillig in die Balkanarena, in die er sich wegen des törichten Angriffs Mussolinis auf die Griechen begeben mußte, denen die Achse nicht das geringste vorzuwerfen hatte. Die Truppen, die die Donau überschritten, waren eigentlich dazu bestimmt, die Ukraine zu besetzen, und nur äußerst unwillig befahl ihnen Hitler nun diesen Umweg über das Ägäische Meer. Er hoffte immer noch, daß die Griechen sich an das Reich wenden würden mit der Bitte, es möge sich zwischen sie und die Italiener stellen. Die deutschen Truppen bewegten sich nur langsam vorwärts – es war mehr eine Demonstration als ein blitzkriegartiger Vormarsch. Hitler gab den Griechen Zeit zum Überlegen.

Die deutsche Haltung rief in Rom heftigen Protest hervor. »Die Deutschen«, sagte Guzzoni, »versuchen friedlich nach Griechenland vorzudringen, während unsere

Leute kämpfen und sterben.« Im Februar hatten die Italiener einen ersten Erfolg errungen, indem sie nach der Einnahme der Höhen von Tepelenë gegen Valona vordrangen. Mussolini versuchte, diesen winzigen Erfolg auszubeuten, der im Grunde nur ein Verteidigungsunternehmen war, und wollte der deutschen Intervention zuvorkommen. Dazu begab er sich nach Albanien, um den Mut seiner Soldaten zu entflammen, aber der große italienische Angriff, der am 9. März begann, wurde gestoppt und endete am 11. mit einer totalen Niederlage. Den Italienern blieb also nichts anderes übrig, als den Sieg untertänigst aus den Händen ihres Verbündeten entgegenzunehmen.

Zwischen Engländern und Griechen gingen die Besprechungen weiter. Sir John Dill erklärte, es sei unmöglich, das gesamte griechische Staatsgebiet zu verteidigen. Er verlangte die Aufgabe Salonikis, den Rückzug der Epirusarmeen auf das Massiv des Pindus und die Schaffung einer kurzen Verteidigungslinie, die sich von der Aliakmonmündung bis zum Berg Kaimaktsalan erstrecken sollte. Die Griechen wiesen diese Vorschläge ab. Sie wollten die Metaxas-Linie nicht opfern, die den Schutz gegen Bulgarien hin bildete, doch gestanden sie eine Verkürzung der albanischen Front zu und versprachen, 23 Bataillone an die Aliakmonlinie zu legen, welche die Engländer nicht überschreiten wollten. Wavell beabsichtigte, die neuseeländische Division, die 6. australische Division, eine Panzerbrigade und später dann die 7. australische Division sowie eine polnische Brigade nach Griechenland zu verlegen. Generalleutnant Sir Maitland Wilson, genannt ›Jumbo‹, der dieses kleine Expeditionskorps befehligte, mußte also zwangsläufig seine ursprünglichen Pläne reduzieren.

Die Griechen konnten sich jedoch nicht entschließen, ihre albanischen Eroberungen aufzugeben, die sie mit viel Blut erkauft hatten. Am 4. März erfuhr Dill, daß die Verkürzung der Front nicht befohlen worden war und daß Wilson nur mit 16 griechischen Bataillonen rechnen konnte, statt mit den versprochenen 23. Die Mazedonienarmee, die den linken Flügel der Aliakmonlinie decken sollte, war ihrerseits nur ein sehr schwaches Armeekorps, das fast keine Artillerie besaß. Der Einsatz eines Expeditionskorps erschien immer sinnloser. In London kamen die Generalstabschefs überein, von einer Entsendung abzuraten.

Churchill zögerte, aus Athen aber erhielt er indignierte Protesttelegramme. ›Wie kämen wir dazu, Griechenland aufzugeben‹, drahtete der Botschafter Palairet. ›Die ganze Welt würde uns an den Pranger stellen.‹ Eden drang ebenfalls auf Erfüllung der eingegangenen Verpflichtungen. Wieder einmal standen militärische Gegebenheiten gegen politische Notwendigkeiten. Churchill fügte sich den letzteren. Am 7. März begannen britische Truppen, im Piräus und in Volos zu landen. Sie fanden ein entsetzlich armes Land vor, eine Bevölkerung, die hungerte, eisige Berge und schauerliche Straßen. Der Frühjahrsregen hatte begonnen und überzog das Land mit einer dicken Lehmbrühe, in der die Fahrzeuge versanken.

Aber die Eröffnung der Feindseligkeiten ließ auf sich warten. Die ›diplomatische Belagerung‹ Jugoslawiens ging weiter. Im Februar hatte Hitler den Ministerpräsidenten Svetkovic und den Außenminister Cinkar-Markovic empfangen, doch hatte ihn deren Zögern und Zurückhaltung fast zur Verzweiflung gebracht. Er lud daher den Prinzregenten Paul persönlich auf den Berghof. Dieser verlangte die Geheimhaltung des Treffens und wollte sich – auch im Angesicht des Herrn von Europa – noch immer nicht zum Eintritt in den Dreierpakt bereitfinden. Hitler erklärte sich bereit, die Grenzen Jugoslawiens zu garantieren. Gleichzeitig aber deutete er an, daß eine Weigerung nach so vielen Zugeständnissen als äußerst unfreundlicher Akt betrachtet werden würde. Mit diesem freundschaftlichen Ultimatum versehen, fuhr Paul wieder ab.

In Belgrad herrschte alles andere als Einmütigkeit. In der Auseinandersetzung um das deutsche Ultimatum machten sich die verschiedenen Interessen und Sympathien der einzelnen jugoslawischen Nationalitäten bemerkbar. Die Kroaten und Slowenen, deren Führer der stellvertretende Ministerpräsident Macek und der Pater Kulovec waren, verlangten eine Zustimmung, die sie unter das deutsche Protektorat bringen und damit gegen italienische Ansprüche schützen würde. Die Serben aber wollten keinerlei Verbindung mit Hitler. Am 20. März folgten zehn Mitglieder des Kronrats dem Prinzen Paul, indem sie sich teils aus Überzeugung, teils aus Resignation für den Pakt aussprachen; fünf enthielten sich der Stimme und drei stimmten dagegen. Gabriel Dositej wetterte von der Kanzel gegen das Dritte Reich. Der Regent kümmerte sich nicht um diesen Bannfluch, und am Fünfundzwanzigsten unterzeichneten Svetkovic und Cinkar-Markovic in Wien in einer Atmosphäre von Mißtrauen und Antipathie den Pakt.

Als ihr Zug am übernächsten Tag in der jugoslawischen Hauptstadt eintraf, herrschte Belagerungszustand. Bei Verlassen ihres Waggons wurden sie verhaftet und erfuhren, daß Prinz Paul in seinem Palais bewacht werde.

Dieser Staatsstreich war erfolgt, ohne daß ein Tropfen Blut vergossen worden wäre. Die Truppen hatten die wichtigsten Parteigänger einer Allianz mit dem Deutschen Reich aus den Betten geholt. Der Oberbefehlshaber, der Fliegergeneral Dusan Simovic, übernahm die Macht, verwies Prinz Paul des Landes und erklärte den siebzehnjährigen Peter II., den Sohn des ermordeten Alexander, zum König. Die kriegerischen und stolzen Serben jubelten, liefen zu Tausenden in den Dörfern zusammen, sangen in Riesenchören ›Oi Serbio‹ und die rauhen Komitadschilieder und berauschten sich an der Idee, daß sie den Lauf der Geschichte änderten, indem sie dem Tyrannen, der Frankreich niedergeworfen hatte, trotzten. In Kroatien dagegen folgte die Hälfte der Männer dem Mobilmachungsbefehl des Generals Simovic nicht.

Auf die Engländer hatten die Vorgänge in Jugoslawien eine ermunternde Wirkung. Eden und Dill, die nachdenklich nach England zurückreisten, erfuhren in Malta die Neuigkeit und kehrten unverzüglich um. In Athen gab es eine gewisse Ernüchterung. Simovic war zwar bereit, Dill zu empfangen, aber nur unter der Bedingung, daß der General in Zivil erscheine; auch zöge er es vor, wenn Minister Eden in Griechenland bleibe. Aus Belgrad brachte dann Dill enttäuschende Eindrücke mit. Simovic war nicht der starke Mann, den er sich vorgestellt hatte. Die Junta der Verschworenen war bereits zerstritten, und wenn auch das jugoslawische Volk davon überzeugt war, den Stern Deutschlands zum Erlöschen bringen zu können, so begriffen die Führer der Bewegung jetzt, in welche Gefahr sie sich begeben hatten. Simovic ließ Berlin wissen, daß der Staatsstreich an der deutschfreundlichen Haltung seines Landes nichts geändert habe. Von den englischen Vorschlägen wollte er nichts hören. Diese bestanden in einem Bündnisvertrag und einer blitzartigen Invasion in Albanien, um die Italiener zu verjagen, bevor die Deutschen Zeit hätten, sich in Bewegung zu setzen. Außerdem würde man dann die Türkei in den Krieg hineinziehen und so eine riesige Front bilden, die Deutschland vom Rücken her angreifen könnte. Die deutsche Reaktion erfolgte zu rasch. Der Putsch in Belgrad hatte in der Nacht vom 26. zum 27. März stattgefunden. Am Siebenundzwanzigsten mittags waren die Befehlshaber der Armee und der Luftwaffe beim Führer versammelt. Dieser teilte ihnen mit, daß er beschlossen habe, ›Jugoslawien militärisch und als Staatsgebilde zu zerschlagen‹. Die dazu nötigen Maßnahmen wurden sofort ergriffen. Die 2. Armee des Generalobersten von Weichs begann sich sofort in Kärnten und der Steiermark zu konzentrieren, und die Luftflotte 4 des Generalobersten Löhr stellte sieben Jagdfliegergruppen und drei Stukagruppen auf, welche die Aufgabe hatten, Belgrad unbarmherzig zu zerstören. Im Süden wurde die Aufgabe der 12. Armee geändert, denn sie war stark genug, um gleichzeitig Griechenland anzugreifen und sich in die Flanke der Jugoslawen zu werfen, um die Verteidigungslinien zwischen Skoplje und Nisch zu durchbrechen und sich dann fächerartig zwischen Monastir und Belgrad auszubreiten. Hitler ließ durch seinen Militärattaché in Italien, den General von Rintelen, Mussolini einen Brief überreichen, der von ihm in fast befehlendem Ton verlangte, in Albanien nichts weiteres zu unternehmen. Er solle sich damit zufriedengeben, so gut wie möglich den jugoslawischen Angreifern Widerstand zu leisten.

Der Plan der Operation war in der Führerweisung Nr. 25 niedergelegt. Diese enthielt diesen folgenschweren Satz: ›Der Beginn von Operation Barbarossa ist um vier Wochen zu verschieben.‹

Der Angriff gegen Rußland, die Eröffnung eines Blitzkrieges, der die Rote Armee in vier Monaten vernichten sollte, war vorher auf den frühesten Beginn der guten Jahreszeit festgesetzt worden. Mussolinis Eingreifen auf dem Balkan verschob ihn nun auf den Sommer.

Auf dem Balkan war es ruhiger geworden, und in Albanien hatten die Kämpfe fast aufgehört. In Thrazien und Thessalien vereinten sich die griechischen Kräfte, so gut es eben ging, mit dem britischen Expeditionskorps, das inzwischen aus Ägypten eingetroffen war. In Bulgarien und Österreich gingen die deutschen Truppenzusammenziehungen weiter. In Jugoslawien stand eine erregte Bevölkerung unter Waffen, aber die neue Regierung hoffte immer noch, den im Nachbarland bereits herrschenden Kriegsbrand fernhalten zu können.

Da flammte plötzlich der Krieg in Libyen wieder auf. Die Engländer sollten ihren Fehler teuer bezahlen, den sie begangen hatten, indem sie zwei strategische Ziele gleichzeitig zu erreichen beschlossen.

Am 21. Februar hatte ein britisches Aufklärungsflugzeug in der Wüste ein achträdriges Fahrzeug entdeckt, das nicht italienischer Herkunft war. Folglich mußte es ein deutsches Fahrzeug sein. Einige Tage später erhielten die Briten eine Nachricht aus Tripolis, die besagte, daß eine Panzereinheit, vermutlich ein Regiment, dort ausgeladen werde. Am 8. März nannte eine weitere Nachricht den Namen des Generals, der die deutschen Truppen befehligte: Rommel. Das war nun kein Unbekannter mehr seit dem Frankreichfeldzug, und sein Erscheinen in Afrika ließ für die allernächste Zukunft auf erhöhte feindliche Tätigkeit schließen. Der britische Oberbefehlshaber beunruhigte sich aber deswegen nicht. Wavells Überlegungen sahen etwa folgendermaßen aus. Die Anwesenheit deutscher Panzer und die heftigen Luftangriffe, die den Hafen von Benghasi unbenutzbar machten, waren gewiß Zeichen, die zu einer genaueren Überprüfung der Lage Anlaß gaben. Wenn man aber die Möglichkeiten von Tripolis in Betracht zog, so konnte man annehmen, daß zwei Monate erforderlich seien, bis eine Armee aufgestellt war, mit der man wirksame Operationen durchführen konnte. Lokale Unternehmungen waren zwar nicht auszuschließen, aber bevor ein wirklich großer Schlag geführt werden könnte, wäre die große Hitzeperiode angebrochen. Die Gefahr war also für den Herbst vorauszusehen, nicht aber mehr für das Frühjahr.

In einer Hinsicht immerhin täuschte sich Wavell nicht: Rommel verfügte nicht einmal über die gesamte 5. Leichte Division, und die Landung der 15. Panzerdivision war nicht vor Mai beendet. Die Motore besaßen nicht einmal Sandfilter, und die Fahrzeuge, die nur gewöhnliche Reifen hatten, versanken im Sand. Die Italiener schickten ihre Panzerdivision ›Ariete‹ sowie die motorisierte Division ›Trento‹. Doch waren diese beiden Einheiten höchst unvollkommen ausgerüstet, General Gariboldi mit seinem gewaltigen Schnurrbart, dem Rommel theoretisch untergeordnet war, zeigte nicht sehr viel mehr Mut als sein Vorgänger. Im OKH betrachtete man diesen afrikanischen Panzerfeldzug mit sehr viel Nüchternheit und Zurückhaltung. Halder,

der Chef des Heeresgeneralstabs, forderte Rommel auf, ihm bis zum 20. April einen Plan für die Wiedereroberung der Cyrenaika vorzulegen, riet ihm aber, vorläufig sehr vorsichtig zu sein, und untersagte ihm, über Agedabia hinaus vorzustoßen. Die Annahmen Sir Archibald Wavells waren also in diesem einen Punkt eigentlich richtig: Es würden zweifellos kleinere Gefechte stattfinden, jedoch keine großen Unternehmungen.

Am 24. März ging Rommel gegen die Engländer vor und vertrieb sie von ihrem Vorposten El Agheila. Die Briten zogen sich auf Mersa Brega zurück, wo die 2. Panzerdivision eine Verteidigungsstellung ausgebaut hatte. Ohne bei irgend jemand die Genehmigung dafür einzuholen, griff Rommel am Einunddreißigsten vorsichtig wie ein Boxer an, der seinen Gegner erst abtastet. Der gegnerische Widerstand war sehr stark. Rommel setzte den Frontalangriff nicht weiter fort, sondern umging die feindliche Stellung auf einer schmalen Wüstenpiste zwischen zwei unpassierbaren Sandgebieten. In der Sahara bewies er wieder seinen Geländesinn wie einst im Bogen von Houx und auf dem Plateau von Hornoy. Listig täuschte er den Gegner über die wahre Stärke seiner Panzer, indem er eine Überlegenheit vorspielte, die gar nicht vorhanden war. Er ließ nämlich durch einige Fahrzeuge riesige Staubwolken aufwirbeln, die den Eindruck erwecken sollten, als seien enorme Kolonnen im Anmarsch.

Vom 1. April ab hatte er dann den Eindruck, daß die Engländer sich kampflos zurückzogen. Er war nur für einen Einbruch ausgezogen, mit dem Befehl, Agedabia nicht zu überschreiten. Jetzt begriff er, daß, wenn er diesem Befehl nicht gehorchte, die ganze Cyrenaika ihm gehören würde.

Agedabia war inzwischen genommen worden. Die Versuchung war für Rommel zu stark. Er teilte seine Kräfte in drei Gruppen auf. Die eine, bestehend aus der Aufklärungsgruppe der 5. Leichten Division und der Division ›Brescia‹, marschierte an der Küste entlang gegen Benghasi. Die zweite Kolonne, die aus dem 5. Panzerregiment bestand, überquerte den Djebel el Akhdar, und die dritte, die aus der Division ›Ariete‹ und dem Gros der 5. Leichten Division zusammengesetzt war, umging den Djebel durch die Wüste.

Als das Manöver bereits angelaufen war, traf eine Warnung des OKW ein, also direkt von Hitler: ›General Rommel wird aufgefordert, keine Risiken einzugehen, besonders aber seine Flanke nicht zu gefährden, indem er sich gegen Benghasi ausbreitet.‹ An der Spitze der Vorhut war aber der junge Freiherr von Wechmar schon unterwegs zur Hauptstadt Italienisch-Nordafrikas. Er flehte Rommel an, ihn weitermachen zu lassen. Rommel setzte seinen Kommandoposten aufs Spiel und sagte einfach: »Ja.« Er war eben nicht nur dem Feind gegenüber ein wagemutiger General, sondern besaß auch Courage gegenüber seinen Vorgesetzten.

Am Morgen des 4. April zog Wechmar, umjubelt von den italienischen Kolonisten,

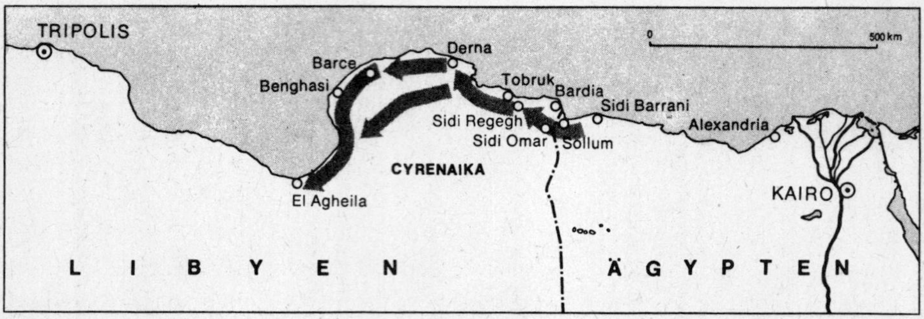

Karte 14 Der Vorstoß Wavells in der Cyrenaika (9. Dezember 1940 bis 9. Februar 1941)

in Benghasi ein. Er hatte keinen einzigen Mann verloren. Gleichzeitig mußte Rommel einen wütenden Angriff abwehren. Gariboldi hatte ihn endlich an seinem vorgeschobenen Gefechtsstand erreicht und ihm befohlen, sofort dieses wahnwitzige Unternehmen abzubrechen. Alle deutsch-italienischen Einheiten seien zerstreut, alle Lastwagen hätten mitten in der Wüste ihre Last abgeladen und seien nach hinten unterwegs, um Treibstoff nachzuholen. Gariboldi wütete und drohte. Rommel ließ sich nicht einschüchtern. Im kritischsten Augenblick dieser Auseinandersetzung kam ihm ein Telegramm zu Hilfe. Der Führer gab zu, daß er von Berlin aus die Lage nicht übersehen könne, und gab dem Kommandierenden General des Afrikakorps freie Hand. Gariboldi verließ ihn wütend mit dem Bemerken, er werde sich an das Comando Supremo wenden. Rommel wandte sich wieder seiner eigentlichen Aufgabe zu.

Bei den Briten herrschte ein beträchtliches Durcheinander. Der geschickte O'Connor war nach Ägypten zurückversetzt worden. Neuer Oberbefehlshaber war nun Generalleutnant Neame, ein Mann, der ebenso ein Neuling im Wüstenkrieg war wie seine Soldaten. Wavell kam schleunigst aus Kairo und brachte O'Connor mit, den er Neame als Berater beigab; doch hatten die raschen Bewegungen der deutsch-italienischen Kolonnen den gesamten britischen Plan durcheinandergebracht und der Schlacht inzwischen ein völlig anderes Gesicht gegeben. Die englischen Linientruppen waren unzureichend gegenüber einem Feind, der seine Truppenzahl durch seine Beweglichkeit gewissermaßen vervielfachte. Die 3. indische Brigade, die als Verstärkung einige Tage vorher eingetroffen war, besaß weder Artillerie noch Panzerabwehr. Die 7. australische Division bestand nur aus zwei Brigaden, und die 2. Panzerdivision verfügte lediglich über 47 Panzer, von denen die Hälfte erbeutete italienische M 3 waren. Es gab keinerlei einheitlichen Widerstand, keine geschlossene Gegenbewegung wurde dem deutschen Durchbruch entgegengesetzt.

In seinem Fieseler ›Storch‹ überflog Rommel den Djebel. Dabei entdeckte er die

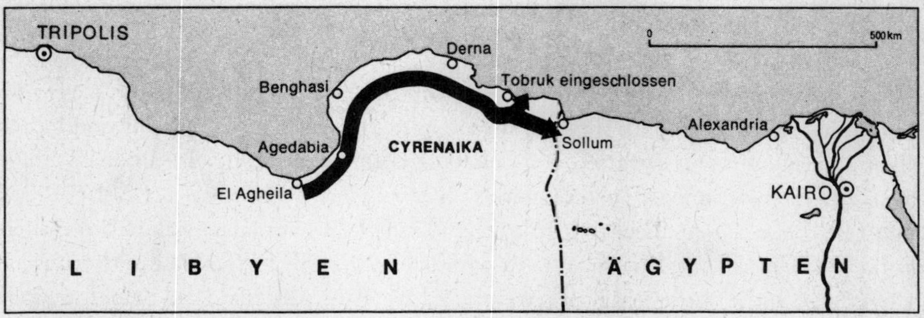

Karte 15 Der Vorstoß Rommels in der Cyrenaika (24. März bis 12. April 1941)

großen Depots in Mechili und in Derna, die ihn dazu verlockten, den Weg der Division ›Ariete‹ und der 5. Leichten Division nach Norden zu lenken. In der Nacht zum 6. April stieß eine deutsche Patrouille zwischen Derna und Mechili auf einen britischen Stabswagen. In dem Auto saßen O'Connor, Neame und Combe. Ihr Fahrer kämpfte und fiel, die Offiziere wanderten in die Gefangenschaft. O'Connor trug noch die italienische Verdienstmedaille, die er 1918 an der Piave bekommen hatte. Ein vierter englischer General, Gambier-Parry, geriet am nächsten Tag in Mechili in Gefangenschaft, und ein fünfter, der Brigadegeneral Remington, kapitulierte in Derna. Der zu einem einfachen Vorstoß von der tripolitanischen Grenze aufgebrochene Rommel hatte damit in zehn Tagen die Stellungen der Achse bis an die ägyptische Grenze vorgeschoben.

Es blieb Tobruk. Durch einen reinen Glücksfall war die dort in Garnison liegende 24. australische Brigade im letzten Augenblick durch die 18. australische Brigade, welche die Cyrenaikaarmee verstärken sollte, unterstützt worden. Dazu kamen noch die 20. und 26. australische Brigade, die zusammen mit der 24. australischen Brigade die 9. australische Division bildeten. Generalmajor Lavarack gelang es, den deutschen Überraschungsangriff zu stoppen, in dessen Verlauf der Kommandeur der 15. Panzerdivision, Generalmajor von Prittwitz und Gaffron, der an der Spitze seiner Truppen auf das Schlachtfeld gezogen war, fiel. Ein zweiter deutscher Angriff, der einige Tage später erfolgte, mißglückte ebenfalls. Dann begann die Belagerung. Die über die Seeseite versorgten 36000 Engländer hielten einen befestigten Ring von 48 Kilometer Umfang, den zu brechen Rommel nicht die nötigen Kräfte hatte.

Rommel war jetzt weltberühmt. Generaloberst Halder behauptete zwar immer noch, es handle sich um einen Verrückten, aber der vom OKH zur Inspektion des Afrikakorps entsandte General Paulus kam voller Bewunderung für Rommel zurück. Ungeahnte Möglichkeiten schienen sich für das Deutsche Reich auf dem afrikanischen Kontinent zu eröffnen.

Etwas Seltsames ereignete sich in der Nacht vom 5. zum 6. April. Gavrilovic, der jugoslawische Gesandte in Moskau, wurde mitten in der Nacht geweckt und in den Kreml gerufen. Stalin erwartete ihn bereits. Er legte Gavrilovic einen bereits einige Zeit zuvor von Simovic angeregten Nichtangriffspakt zwischen der UdSSR und Jugoslawien fertig zur Unterschrift vor. Die Mächte versprachen sich darin, beiderseitig ihre Unabhängigkeit zu wahren und ihre Hoheitsrechte sowie ihre territoriale Unverletzlichkeit gegenseitig zu garantieren. Im Fall, daß einer der beiden Staaten von einer dritten Macht angegriffen würde, versprach der andere, eine freundschaftliche Haltung gegenüber der angegriffenen Signatarmacht zu bewahren.
Diese eigenartige Haltung der Sowjets ausgerechnet in dem Augenblick, in dem sich die Wehrmacht um Jugoslawien sammelte und mit der Eröffnung der Feindseligkeiten von einem Moment zum anderen zu rechnen war, fand bis heute keine ausreichende Erklärung. Wie so vieles andere, verschwand auch dieses Geheimnis in den Archiven, die vielleicht niemals geöffnet werden. Damals glaubten manche, diese Haltung Stalins hätte den plötzlichen Krieg zwischen der Sowjetunion und dem Dritten Reich zur Folge gehabt. Der sowjetisch-jugoslawische Pakt wurde von Belgrad sofort jubelnd akzeptiert und in alle Welt hinausposaunt. Er erweckte bei den Jugoslawen große Hoffnungen und ließ insbesondere die Serben glauben, ihr traditioneller Bündnispartner, der jahrhundertelang die Slawen beschützt hatte, werde ihnen zu Hilfe eilen. Aber nichts geschah.
Einige Stunden später verwüstete einer der grausamsten Luftangriffe die jugoslawische Hauptstadt. Während in Athen Prinz zu Erbach-Schönberg, der deutsche Gesandte, die Kriegserklärung überreichte, die als Grund das Eingreifen der Engländer in Griechenland anführte, begnügte sich die Reichsregierung gegenüber Belgrad damit, »die verbrecherische und verschwörerische Clique«, die sich der jugoslawischen Regierung bemächtigt habe, als verantwortlich für diese Strafaktion zu bezeichnen.
Die von ihren militärischen Fähigkeiten sehr überzeugten Generale Belgrads weigerten sich, die englischen Ratschläge anzunehmen, und bestanden darauf, die Grenzen Jugoslawiens selbst zu verteidigen. Eine erste Armeegruppe deckte Kroatien von Fiume bis Brod, die zweite reichte bis zum Eisernen Tor, und eine dritte lag längs der bulgarischen Grenze und sollte außerdem noch Bulgarien besetzen. Was dabei als Armee bezeichnet wurde, waren nur drei oder vier Divisionen, die über keinerlei Panzer verfügten und noch weniger über Panzerabwehrwaffen. Die Luftwaffe besaß 930 zum Teil veraltete Flugzeuge, wovon 300 verwendbar waren. Der deutsche Feldzug war gegen diese schwache Armee nur insofern bewundernswert, als die Truppen alle natürlichen Hindernisse überwanden. Kleist fuhr mit seinen Panzern auf den Schienen des Orientexpresses und durchbrach die Engpässe von Tsaribrod; er nahm

Bereits am 4. November 1940 beschloß Hitler einen Entlastungsfeldzug, um in Griechenland der Bildung einer Balkanfront zuvorzukommen. Infolge des Belgrader Militärputsches am 27. März 1941 wurde der Angriff auf Jugoslawien ausgedehnt. Am 6. April rückten deutsche Truppen über die Grenzen vor. Für die Landser war es der vierte Feldzug, der auch hier oft noch den Charakter eines reinen Vormarsches hatte.

Nach vier Tagen zog die 14. Panzerdivision in Agram ein (oben), und weiter ging es, zu Fuß, zu Pferd oder Wagen, über die staubigen Gebirgswege des Balkans (unten) nach Süden. Am 18. April waren die Kämpfe in Jugoslawien beendet: 344000 Soldaten wanderten in die Gefangenschaft. König Peter II. fuhr nach London ins Exil.

Nisch, schickte seine 5. Panzerdivision in Richtung Albanien und fuhr mit der 11. Panzerdivision und der 60. motorisierten Division das Morawatal entlang, nahm Belgrad vom Rücken her ein, drehte nach Süden und schloß die nach Bosnien zurückgeworfenen Reste der jugoslawischen Armee ein.
In einer noch straßenärmeren Region operierte General Stumme. Er nahm Skoplje, teilte dann seine Truppen, stellte am Ochridasee die Verbindung mit den Italienern her und umging die englisch-griechischen Stellungen bei Florina. In Kroatien hatte sich, im selben Augenblick, als die ersten deutschen Panzer dort erschienen, eine Separatistenregierung gebildet. Dieser künstlich geschaffene Staat, der Jugoslawien nun einmal war, fiel bei der Niederlage seiner Armee auseinander. In elf Tagen war der Krieg zu Ende. Simovic verschwand, und sein Nachfolger, General Kalafatovic, befahl der Armee, die Waffen niederzulegen. Die Deutschen behielten nur die 344000 serbischen Gefangenen. Die Wehrmacht hatte einen ihrer billigsten Siege errungen, denn sie hatte nur 151 Tote, 15 Vermißte und 392 Verwundete zu beklagen. Die Vernichtung eines Staates, der sich als Nachfolger der Habsburgermonarchie bezeichnete, forderte weniger Menschenleben als ein einziges Wochenende in Europa mitten im Frieden.
Trotz aller englischen Vorstellungen konnten sich die Griechen nicht entschließen, die Metaxaslinie aufzugeben, die gegen eine bulgarische Invasion errichtet worden war und an deren Stelle nun die deutsche Invasion trat. General Bakopulos verfügte zu ihrer Verteidigung über die Brigaden ›Evros‹ und ›Nestos‹ sowie über die 7., 14., 18. und 19. Infanteriedivision. Von letzterer behauptete man, sie sei motorisiert, was in Wirklichkeit aber kaum der Fall war. Insgesamt verfügte er also über 25 Bataillone, 37 Batterien und 24 Panzerwerke. Bei den Engländern, die sich 50 Kilometer weiter rückwärts festgesetzt hatten, beließ Papagos nur die 12. und 20. Infanteriedivision. Auf diese Weise teilten die beiden alliierten Armeen ihre Kräfte und bereiteten sich auf zwei verschiedene Schlachten gegen einen erdrückenden Feind vor.
Die Griechen waren jedoch andere Soldaten als die Jugoslawen. Die drei deutschen Divisionen, die die Brigade ›Nestos‹ angriffen, wurden hart gestoppt. Im Rupelengpaß erlitt die 5. Gebirgsdivision schwere Verluste, und die 6. kam auf den Kämmen westlich der Struma nur langsam vorwärts. Drei Tage lang dauerten die heftigsten Land- und Luftangriffe auf die Metaxaslinie, die aber nirgends nachgab.
Die Entscheidung wurde durch eine der Panzerdivisionen von Sedan, die 2. Panzerdivision des Generals Veiel, erzielt. Sie kam nach Jugoslawien durch das Strumicatal und stieß auf keinerlei Widerstand bis nach Strumica. Das Tal verlief nach Westen weiter, aber Veiel hatte eine gute Idee. Er drehte nach Süden und führte seine Division über eine elende Bergstraße bis zum Doiransee, den er im Westen umging. Dann überschritt er die jugoslawisch-griechische Grenze und fuhr auf einem schwindelnden Weg in das Vardartal hinab. Die einzige Reserve des Generals Bakopulos, die 19. mo-

torisierte Division, war noch nicht zur Stelle, um die Deutschen aufzuhalten. Am 8. April brachten Veiels Panzer 90 Kilometer hinter sich und kamen um Mitternacht in Saloniki an. Die eingeschlossenen Verteidiger der Metaxaslinie erhielten nun von Papagos die Genehmigung zur Kapitulation. Die Deutschen überhäuften sie mit Lob, bewunderten die hervorragende Ausführung der Befestigungen und erklärten ihnen, was Hitler einige Tage später in seiner Siegesrede sagte: »Ihr seid die einzigen Truppen, die unter dem Bombardement von Stukas ausgehalten haben.«
Die Stellung ›Jumbo‹ Wilsons, dessen linker Flügel umgangen war, erwies sich nun als unhaltbar. Papagos versuchte Wilson zu bewegen, sich mit seinen Truppen in das Innere des Landes zu begeben, um das britische Korps mit der Epirusarmee zu vereinigen, aber der britische General zog es vor, sich lieber von den Griechen abschneiden zu lassen als vom Meer. Sein Rückzug liest sich wie eine Geschichte aus dem Griechenland der Antike: Olymp, Thermopylen... Der Marsch auf äußerst schlechten Straßen durch die noch winterlichen Berge war außerordentlich beschwerlich. Viele Australier sahen zum erstenmal in ihrem Leben Schnee. Der eisige Regen und deutsche Bombenangriffe machten den Rückzug zu einem wahren Leidensweg.
Am Achtzehnten fand im königlichen Palast von Tatoi eine Besprechung zwischen Wilson und Papagos statt. Sie begann unter einem schlechten Vorzeichen, denn am gleichen Morgen hatte der Ministerpräsident Korisis Selbstmord begangen. Er war damit im Abstand von nur ein paar Tagen dem Beispiel des ungarischen Außenministers, des Grafen Teleki, gefolgt, der die sklavische Abhängigkeit seines Landes vom Hitlerreich nicht mehr ertragen konnte.
Der Bericht des Generals Papagos war trostlos. Die Epirusarmee war nahezu eingeschlossen, denn die Deutschen waren mit großer Geschwindigkeit in Richtung Janina vorgestoßen. Alle Straßen wurden unbarmherzig mit Maschinengewehrfeuer belegt. Die Moral der Truppe war erschüttert, der Krieg verloren. Die Anwesenheit englischer Truppen in Griechenland war sinnlos geworden. Es war besser, wenn sie wieder abzogen. Die Griechen würden sie so gut wie möglich decken und schließlich die Waffen niederlegen, um eine restlose Verwüstung ihres Landes zu vermeiden. Sie wollten aber den Kampf auf ihren Inseln mit den dort noch befindlichen Mitteln und Möglichkeiten fortsetzen.
Die griechische Haltung war loyal, mutig und realistisch, jene Churchills dagegen die pure Heuchelei. »Wir können nicht in Griechenland gegen den Willen der Griechen bleiben und ihr Land der Verwüstung anheimgeben«, drahtete er an Wavell. Er schob die Schuld auf den jugoslawischen Zusammenbruch, den griechischen Oberbefehl, die Zersetzung der griechischen Armee, kurz auf alle und alles außer auf Winston Churchill, den eigentlichen Schuldigen, der die englischen Truppen in diesen Hinterhalt geschickt hatte.
Wieder kam das Meer dem Land zu Hilfe. Die Evakuierung begann. Die Zahl von

Wenn auch die Verluste während des Balkanfeldzuges als ›gering‹ bezeichnet wurden, blieb das Schicksal für den einzelnen oft eine Tragödie: Serbische Frauen bitten um Gnade für ihre Männer (oben). Um den jungen italienischen Soldaten, dessen Hand das Bild seines Kindes umklammert, trauert ebenfalls eine Familie.

In Griechenland setzte sich der Gegner verbissen zur Wehr. Deutscher Granatwerfer sichert eine Nachschubstraße (oben links). – Griechische Partisanen sprengten die Eisenbahnbrücke über die Struma (oben rechts). – Fallschirmjäger überquerten die Brücke von Korinth. Sekunden später explodierte eine Zeitzünderladung, und der Kameramann von der Heyden fand den Tod (unten).

Karte 16 Der Balkanfeldzug (Oktober 1940 bis Mai 1941)

55 000 Soldaten war zwar gering im Verhältnis zu Dünkirchen, aber die Möglichkeiten des Ägäischen Meeres waren auch nicht die der Nordsee. Am 28. und 29. März aber wurde vor Kap Matapan die italienische Flotte durch Cunningham angegriffen und verlor dabei die Kreuzer *Pola*, *Fiume* und *Zara*; die *Vittorio Veneto* konnte sich mit Mühe und Not retten und blieb außer Gefecht. Dagegen verfügte Vize-Luftmarschall John d'Albiac nur noch über wenige ›Hurricanes‹ und konnte gegen die Luftwaffe nicht das geringste ausrichten. Man beschloß, das Risiko möglichst zu verkleinern, indem man die Schiffe auf die zahlreichen kleinen griechischen Häfen verteilte. Sieben Kreuzer, zwanzig Zerstörer und Schaluppen wurden von kleinen Küstendampfern unterstützt.

An den Thermopylen wurde hinhaltend gekämpft. Die Thermopylen sind nicht mehr der Engpaß, den einst Leonidas verteidigte. Inzwischen befindet sich dort durch das Zurückweichen des Meeres ein flacher Streifen zwischen Küste und Gebirge. Dieser wurde von der 6. neuseeländischen Brigade gegen die 5. deutsche Panzerdivision verteidigt. Die Engländer konnten sich ohne große Schwierigkeiten absetzen und zogen dann weiter zum Peleponnes über Theben, Korinth, Mykene, Argos und Sparta. Die Einschiffung der englischen Truppen wurde fortgesetzt, allerdings nicht ohne einige schwerwiegende Zwischenfälle. So wurden bei Nauplia der holländische Dampfer *Slamat* und die beiden Zerstörer *Diamond* und *Wryneck* durch Stukas versenkt, wobei sehr viele Soldaten ums Leben kamen. Während die Panzerbesatzungen Athen nahmen und die Hakenkreuzfahne auf der Akropolis hißten, sprangen deutsche Fallschirmjäger über dem Kanal von Korinth ab und öffneten deutschen motorisierten Truppen den Isthmus. Die letzten Tage dieses Krieges waren ein Wettrennen auf den schlechten Straßen des Peloponnes. Die restlichen Truppen wurden in der Nacht vom 30. April zum 1. Mai in Kalamai, dem Hafen von Sparta, eingeschifft. Wieder einmal besaß der britische Löwe nur noch den Felsen von Gibraltar, um sich auf dem europäischen Kontinent festzukrallen.

Auch jetzt hatte England den Schaden möglichst gering gehalten. Von 58 000 britischen Soldaten konnten 41 000 nach Kreta und Ägypten zurückgebracht werden. Wie in Dünkirchen aber mußte sämtliches Material zurückbleiben. Durch einen weiteren Blitzkrieg konnte die Wehrmacht auf der gebirgigen und an Straßen armen Halbinsel beweisen, daß sie auf der Höhe ihrer Beweglichkeit und Stärke war. Hitler stand auf dem Gipfel seines Ruhmes. Das Bild, das er am 4. Mai von seinem Sieg gab, war beeindruckend: 575 000 feindliche Gefangene in 25 Tagen bei 1750 gefallenen und vermißten deutschen Soldaten. Hitlers Kriege kosteten die Deutschen nicht viel Blut, und ihr Führer konnte noch mit Recht voller Verachtung von den ›Schlächtern von 1914‹ sprechen.

Fallschirmjäger eroberten vom 20. Mai bis 1. Juni Kreta. Dieses, von 493 Transportmaschinen ausgeführte, größte Luftlandeunternehmen der Kriegsgeschichte brachte den Deutschen große Verluste. Die Engländer schossen viele der vom Himmel fallenden Soldaten bereits in der Luft ab. Gemeinsam mit nachfolgenden Gebirgsjägereinheiten (unten) wurden rund 15 000 britische Truppen nach Ägypten vertrieben.

SS-Obergruppenführer Sepp Dietrich, Kommandeur der ›Leibstandarte Adolf Hitler‹, nahm am 20. April das Waffenstillstandsangebot der Epirus-Mazedonien-Armee entgegen (oben). Am 23. April 1941 war der Krieg auf dem gesamten Balkanfestland beendet. General Zsolakoglu unterzeichnete den Kapitulationsvertrag (unten).

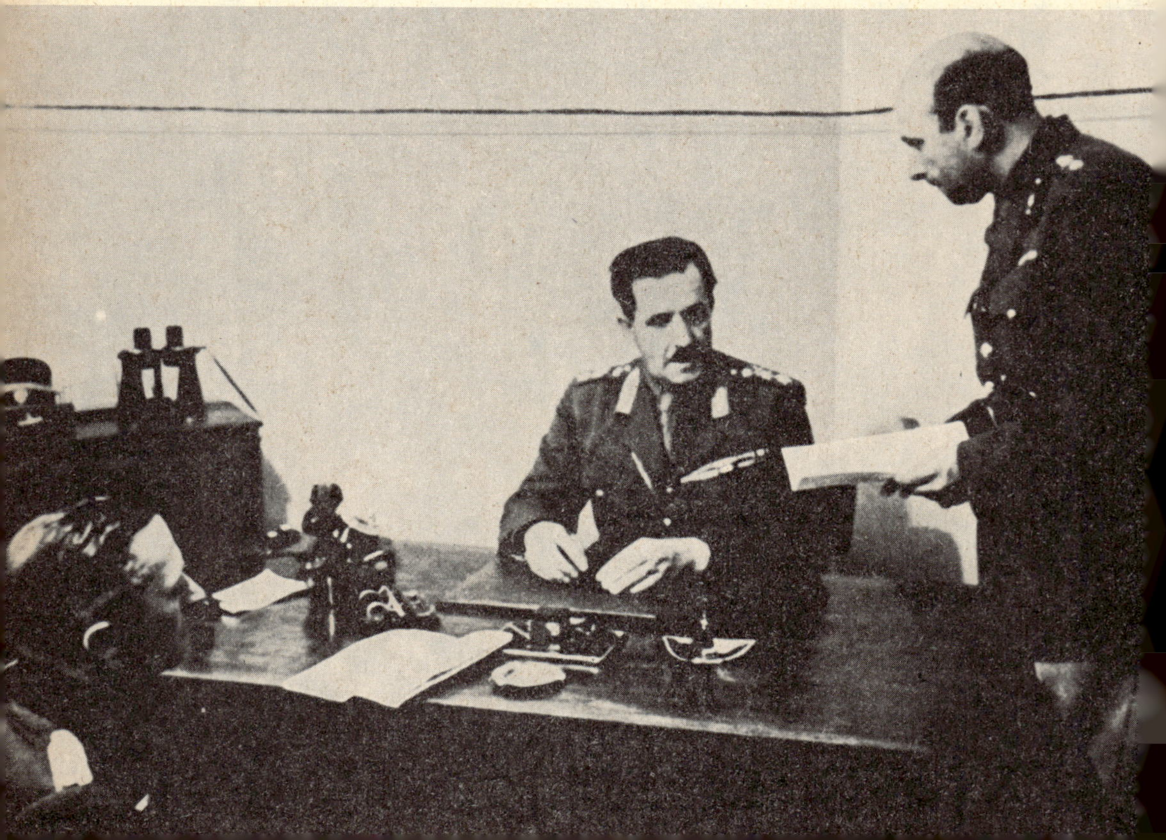

X. Kapitel Mai bis Juni 1941
England geschlagen und gerettet

Heß in England

Der mysteriöse Mann war in die Maryhill-Kaserne in Glasgow geführt worden. Er erklärte, er heiße Alfred Horn und wünsche den Herzog von Hamilton persönlich zu sprechen.
Am nächsten Tag, am Sonntag, dem 11. Mai, begab sich der Herzog, Wing Commander der RAF, in die Kaserne. Der Mann wandte ihm ein blasses, abgespanntes Gesicht mit tief in den Höhlen liegenden Augen zu.
»Kennen Sie mich wieder? Sie haben während der Olympischen Spiele in Berlin bei mir gespeist. Ich bin Rudolf Heß.« Hamilton brauchte einige Augenblicke, um sich zu erinnern, daß Rudolf Heß der Stellvertreter des Führers war und daß er ihn tatsächlich in Berlin getroffen hatte. Heß berichtete ihm, er sei am Vortage von Augsburg abgeflogen mit der Absicht, auf dem Flugplatz von Dungenal zu landen, doch habe er befürchtet, von der Flak abgeschossen zu werden und sei deshalb lieber mit dem Fallschirm abgesprungen. Er habe nach dem Herzog von Hamilton verlangt, weil er diesen als einen der vernünftigen Engländer ansehe, die ihm in seiner eigenmächtig unternommenen Mission helfen könnten. Er sei unter großem persönlichem Risiko gekommen, um dem Bruderkrieg zwischen Deutschland und England ein Ende zu machen.
Hamilton weigerte sich, den Mann weiter anzuhören, denn er war sich überhaupt nicht sicher, ob sein Gesprächspartner wirklich Rudolf Heß war. Außerdem fühlte er sich nicht berechtigt, irgendwelche Besprechungen mit diesem vom Himmel gefallenen Sendboten aufzunehmen. Erst Sir Ivon Kirkpatrick vom Foreign Office, der sich längere Zeit in Berlin aufgehalten hatte, erkannte Heß ohne den geringsten Zweifel wieder und nahm dessen Erklärungen auf. Heß wollte die Grundlage für eine englisch-deutsche Versöhnung schaffen. Deutschland verpflichte sich, das Britische Empire zu respektieren und England ein Bündnis gegen amerikanische Territorialwünsche anzubieten. Als einzige Gegenleistung verlange Deutschland freie Hand auf dem europäischen Kontinent. Heß betonte, daß seine Initiative völlig ohne Wissen Hitlers erfolgt sei, doch sei er sicher, daß er mit seinem Handeln der innersten Überzeugung und dem aufrichtigen Wunsch des Führers entspreche.
Es steht heute außer Zweifel, daß Hitler tatsächlich keinerlei Kenntnis von dem Abenteuer dieses Mannes hatte, der erst sein Sekretär, dann sein Stellvertreter gewesen war. Er erfuhr davon in Berchtesgaden durch einen Brief des Flüchtlings. Seine

Reaktion war eher Fassungslosigkeit als Wut. »Ich sehe ihn noch vor mir«, berichtete Keitel, »wie er in seinem großen Arbeitszimmer auf und ab ging, sich mit dem Finger an die Stirn tippte und sagte, Heß müsse geistig nicht normal gewesen sein.« Heß, ein exaltierter Mensch mit Neigung zu Halluzinationen, war Hitler geradezu mystisch ergeben. Er glaubte wirklich, daß er Verhandlungen einleiten könne. Die britische Regierung ließ ihn wissen, daß er Kriegsgefangener sei und als solcher bis zum Ende der Feindseligkeiten behandelt werde.

Heß war überrascht. Er glaubte fest an die Kraft der Drohung, durch welche er seinen anglophilen Gefühlen Ausdruck gab. »Sie müssen sich klar darüber sein«, sagte er zu Kirkpatrick, »daß Deutschland gewiß ist, den Krieg zu gewinnen. Hitler macht alles in gewaltiger und genialer Weise. Sie haben ja überhaupt keine Idee von der Zahl der Flugzeuge und der Unterseeboote, die in Deutschland gebaut werden.« Angesichts von Kirkpatricks phlegmatischer Haltung geriet er etwas in Wut. »Meine Reise bietet Ihnen die letzte Möglichkeit. Wenn Sie sie nicht ergreifen, wird Hitler sich veranlaßt sehen, England zu versklaven. Das ist sein gutes Recht und sogar seine Pflicht.«

Britische Zwischenbilanz

Diese Drohungen waren in dem Augenblick, als sie ausgesprochen wurden, weit davon entfernt, bloß leeres Gerede zu sein. England kämpfte seit zehn Monaten allein. Es war ihm bisher gelungen zu überleben, aber das war auch alles. Heftige Luftangriffe verwüsteten das Land nach wie vor. Am 19. April kamen in London durch Bomben 2300 Menschen um. Kein Weg führte die Engländer aus diesem Abgrund von Blut, von Schweiß und Tränen, den ihnen Winston Churchill versprochen hatte. Von den Erfolgen des Winters war im Frühjahr nur ein einziges Resultat geblieben, die Eroberung Italienisch-Ostafrikas. Alle anderen Vorteile, die den Italienern gegenüber errungen worden waren, hatten die Deutschen wieder rückgängig gemacht. Das griechische Festland war verloren. Der Feind eroberte die Ägäischen Inseln, und der ganze britische Ehrgeiz war darauf beschränkt, Kreta zu halten. Doch dessen Verteidiger, der Neuseeländer General Bernard Freyberg, der schon sechsunddreißigmal verwundet worden war, meldete seiner Regierung in Wellington, daß seine Truppen sich in einer Falle befänden. In Afrika standen die Truppen der Achse wieder an der ägyptischen Grenze. Um die Deutschen am Ausladen der 15. Panzerdivision, die Rommel zur Verstärkung erhalten sollte, zu hindern, stimmte die britische Admiralität einem Vorschlag Churchills zu, der darin bestand, das Schlachtschiff *Barham* zu versenken, um den Hafen von Tripolis zu blockieren. Admiral Cunningham protestierte schaudernd gegen die Versenkung eines großen Schlachtschiffes. Lieber nahm er das

Risiko auf sich, die Flotte gegen Tripolis zu führen und die Stadt zu bombardieren. Die Überraschung war vollkommen. Das Geschwader verfeuerte in 42 Minuten 530 Tonnen Munition auf den Hafen, doch waren die Resultate bei weitem nicht dem Aufwand entsprechend, denn die 15. Panzerdivision fuhr unbeirrt fort, ihre Panzer auszuladen.

Es tauchten neue Gefahren für England auf. Die arabische Welt schien sich gegen den britischen Löwen zu wenden. Im Ersten Weltkrieg waren die Araber von den Engländern gegen die Türken, die damals ihre Herren waren, aufgehetzt worden, aber die Rolle des Schutzheiligen, die England für den Zionismus spielte, hatte die arabischen Sympathien sich den Achsenmächten zuwenden lassen. Wenn ›Sidhi Mussolini‹ sich eher lächerlich gemacht hatte, als er sich selbst zum Schwert des Islam erklärte, so bewunderten sie doch den Fanatiker Hitler, seinen wilden Antisemitismus sowie seine großartigen Siege. Den Engländern war durchaus bekannt, daß Kairo beim Einzug Rommels mit Hakenkreuzfahnen flaggen würde, und sie wußten ebensogut, daß ein immer stärkerer Haß gegen Großbritannien sich in dem Gebiet zwischen Indus und Nil ausbreitete.

Im April wurde es im Irak brenzlig. Der Bündnisvertrag von 1930 hatte den Engländern zwei Truppenstützpunkte zugestanden, nämlich in Shaibah bei Bassorah und in Habbaniya im Euphrattal. Durch eine Militärverschwörung jedoch wurde der Regent Abdul Illah gestürzt und durch den geschworenen Englandfeind Raschid Ali el-Gailani ersetzt. Irakische Truppen marschierten gegen den Stützpunkt Habbaniya und besetzten das höher gelegene Plateau mit Geschützen. Im Stützpunkt lebte man hinter einem einfachen Gitterzaun wie im tiefsten Frieden; die britischen Soldaten hatten ihre Familien bei sich. Die Bedrohung erschien aber dermaßen ernst, daß Churchill, obwohl Wavell zu Verhandlungen riet, den Vize-Luftmarschall Smart bevollmächtigte, diese Truppenansammlung mit Waffengewalt auseinanderzusprengen. Verstärkung wurde aus Indien angefordert, und eine Brigade, die nach Malaya unterwegs war, zurückgehalten. Hitler sah schon den großen arabischen Aufstand kommen und versprach den Irakern seinen Beistand.

Auf diese Weise wurden die britischen Streitkräfte immer weiter zerstreut und unbarmherzig auseinandergezogen, während die wirkliche Schlacht um das Leben Englands sich in den atlantischen Gewässern abspielte.

Von allen Drohungen, die Rudolf Heß ausgesprochen hatte, klang eine am bittersten und furchtbarsten in englischen Ohren: »Sie können sich gar nicht vorstellen, wie viele Unterseeboote Hitler baut.« Allerdings hatte sich der Stellvertreter des Führers dabei etwas in rhetorische Effekte verstiegen. Die dem U-Boot-Bau zugestandene Priorität entsprach bei weitem nicht den Forderungen Raeders und Dönitz'. Nachdem das hervorragende VII-C-Atlantik-U-Boot (770 Tonnen, 12 Torpedos, 18 Knoten, 6500 Seemeilen Reichweite) gebaut worden war, versuchten die beiden Admirale seit 1939 einen Serienbau dieses Bootes durchzusetzen. Aber Hitler war der Ansicht, daß der Krieg gegen England kurz sein werde und seine Admirale zu weit sähen. Sie hatten 850 U-Boote verlangt, doch wurde ihr Programm auf 372 zusammengestrichen und die Baukapazität von 25 Booten pro Monat wurde bei weitem nicht erreicht. Im Frühjahr 1941 war die Zahl der verfügbaren Unterseeboote in etwa die gleiche wie zu Beginn der Feindseligkeiten. Die erhöhten englischen Verluste, die von 320000 Tonnen im Januar auf 687000 Tonnen im April anstiegen, waren in erster Linie auf die verbesserte Taktik und die größere Kühnheit der U-Boot-Kommandanten zurückzuführen.

Von diesen U-Boot-Kommandanten wurde als erster Günther Prien berühmt. Andere folgten. Schepke erhielt das Eichenlaub zum Ritterkreuz am 20. Dezember 1940, weil er als erster mehr als 200000 Tonnen Handelsschiffe versenkt hatte. Kretschmer übertraf ihn noch mit 300000 Tonnen und drei Zerstörern. Am 8. März aber rief der Flottenstützpunkt Lorient vergeblich U 47 unter Kommandant Prien, dessen letzter Funkspruch gemeldet hatte, daß er unverzüglich tauchen müsse. Am Siebzehnten erfolgte das gleiche Schweigen auf die Funkrufe an U 99 mit Kommandant Kretschmer und an U 100 mit Kommandant Schepke. Innerhalb von neun Tagen war für drei der berühmten U-Boot-Fahrer der Krieg zu Ende. Prien wurde von der *Wolverine* versenkt, Schepke von der *Vanoc* gerammt und zwischen dem Turm und dem Kiel des Zerstörers zerquetscht; Kretschmer wurde ins Meer geschleudert, als die *Walker* die U 99 rammte. Er beendete den Krieg in Gefangenschaft.

Diese Erfolge ließen England etwas aufatmen, aber die Lage blieb trotzdem sehr ernst. Der Hafen von London hatte nur noch ein Viertel seiner ehemaligen Leistungsfähigkeit, und die Importe waren auf die Hälfte zurückgegangen. Schiffe mit einer Tonnage von 2600000 Tonnen waren beschädigt und lagen in den Docks. Man baute fieberhaft Begleitschiffe, rasch zusammengebastelte Korvetten, und vervollkommnete die Abwehrmittel gegen U-Boote. Aber die Deutschen verbesserten gleichzeitig ihre Angriffsmittel. Die Operationen der U-Boote wurden unterstützt durch die viermotorigen Focke-Wulf 200, die weit ausgedehnte Patrouillen zwischen Brest und Bergen flogen und deren Wirksamkeit noch größer gewesen wäre, wenn Göring sich nicht mit der

Im Jahre 1943 operierten rund 400 deutsche und italienische U-Boote. Die Fertigstellung von 288 Einheiten bedeutete sogar einen absoluten Höhepunkt, doch die Einführung des Radar-Systems machte die Boote über Wasser äußerst verwundbar. Selbst der Einbau verstärkter Flak, meist 2-cm-Vierlinge, konnte die Verluste durch Fliegerbomben (unten) nicht aufhalten.

Von oben, von links: A. Rosenberg, Reichsminister für die besetzten Ostgebiete; H. Frank, Generalgouverneur in Polen; A. Seyss-Inquart, Reichskommissar für die besetzten Niederlande; V. Quisling, norwegischer Regierungschef; J. Terboven, Reichskommissar für das besetzte Norwegen; M. Horthy, Reichsverweser Ungarns; E. Hacha, Staatspräsident des Reichsprotektorats; J. Tiso, slowakischer Staatspräsident; I. Antonescu, rumänischer Ministerpräsident. Alle, außer Horthy, wurden nach 1945 hingerichtet.

Bemerkung: »Alles, was fliegt, gehört mir« eine Zeitlang geweigert hätte, die Maschinen dem Admiral Dönitz zu unterstellen. Viele Konvois fanden ein grausames Ende. Der Konvoi SC-26 wurde von sieben U-Booten angegriffen, die sechs Schiffe versenkten, während der Konvoi HX-126 durch neun U-Boote zehn Schiffe verlor. Das Leben der Handelsschiffsbesatzungen, besonders auf Tankern, war ein einziger Alptraum.

Die Jagd auf die *Bismarck*

Zu den Unterseebooten kamen die großen Überwasserschiffe. Bis ans Ende der Welt trugen diese deutschen Korsaren ihre todbringenden Waffen. Es waren zu Hilfskreuzern umgebaute Handelsschiffe, die die weiten Meere durchkreuzten, sich an geheimen Treffpunkten neu versorgten, verlassene Inseln wie die Kerguelen in geheime Stützpunkte verwandelten und geradezu Wunder an Ausdauer und Erfindungsgeist vollbrachten. Zwanzig Monate lang durchfuhr die *Atlantis* drei Ozeane und versenkte dabei 22 Schiffe von insgesamt 145 697 Tonnen. Sie wurde schließlich im südlichen Atlantik durch den Kreuzer *Devonshire* versenkt. Die Besatzung konnte von deutschen und italienischen U-Booten an Bord genommen werden.

Die *Pinguin* hatte sich die Antarktis zum Jagdgebiet erwählt. Sie traf dort auf eine norwegische Walfängerflotte, zerstörte drei Walkocher nebst Harpunierflottille, setzte dann ihr Zerstörungswerk in wärmeren Meeren fort, ehe sie im Indischen Ozean dem Kreuzer *Cornwall* unterlag. Die meisten dieser Korsaren endeten auf diese Art, aber einige, darunter die *Kormoran*, konnten wieder nach Europa zurückkehren; die *Thor* brachte sogar Prisen mit.

Die großen Kriegsschiffe blieben auch nicht untätig. Das ›Westentaschenschlachtschiff‹ *Admiral Scheer* blieb fünf Monate lang auf hoher See, legte 46 419 Meilen zurück und zerstörte eine Handelstonnage von 100 000 Tonnen sowie den Hilfskreuzer *Jervis Bay*.

Nach einem langen Reparaturaufenthalt in den Docks, wo ihre Schäden aus den Kämpfen vor Norwegen beseitigt wurden, fuhren die beiden Schlachtschiffe *Scharnhorst* und *Gneisenau* zu Beginn 1941 wieder aus. In der Höhe von Neufundland versenkten sie zwischen dem 22. Februar und dem 16. März 22 Schiffe und konnten heil nach Brest zurückkehren.

Da erhielt die britische Admiralität eine seit Wochen erwartete – und gefürchtete – Nachricht: Die *Bismarck* war in See gestochen. Durch Luftaufklärung war am 21. Mai das große Schlachtschiff im Korsfjord südlich von Bergen entdeckt worden, als es sich eben zum Auslaufen anschickte. Eine zweite Aufklärerwelle fand am Abend des 22. Mai den Fjord leer. Fünf Konvois waren gleichzeitig auf hoher See, der SC-31 auf dem

Heimweg nach England und der OB-324 auf dem Weg nach Westen. Ein weiterer Konvoi, NS-8B, war mit Truppen nach Ägypten unterwegs. Alle drei Konvois lagen in der vermuteten Fahrtrichtung der *Bismarck*. Sämtliche Eskortschiffe einschließlich der alten Linienschiffe wie die *Ramillies* und die *Revenge* waren nur kleine Fische gegenüber dem stärksten Schlachtschiff der Welt. Die *Bismarck* war 42500 Tonnen groß, lief 28 Knoten und besaß acht 38-cm-Geschütze. Auch die neuesten englischen Schlachtschiffe *King George V* und *Prince of Wales*, die soeben fertiggestellt worden waren und erstmals eingesetzt wurden, waren, zumindest in der Panzerung, nicht so stark.

Das Auslaufen der *Bismarck* ließ eine Generaloffensive der deutschen Flotte erwarten. Der nagelneue Kreuzer *Prinz Eugen* begleitete den Riesen. Großadmiral Raeder verfügte noch über die schweren Kreuzer *Lützow* und *Admiral Hipper*, die leichten Kreuzer *Köln* und *Emden*; in Brest lagen die starken Schlachtkreuzer *Scharnhorst* und

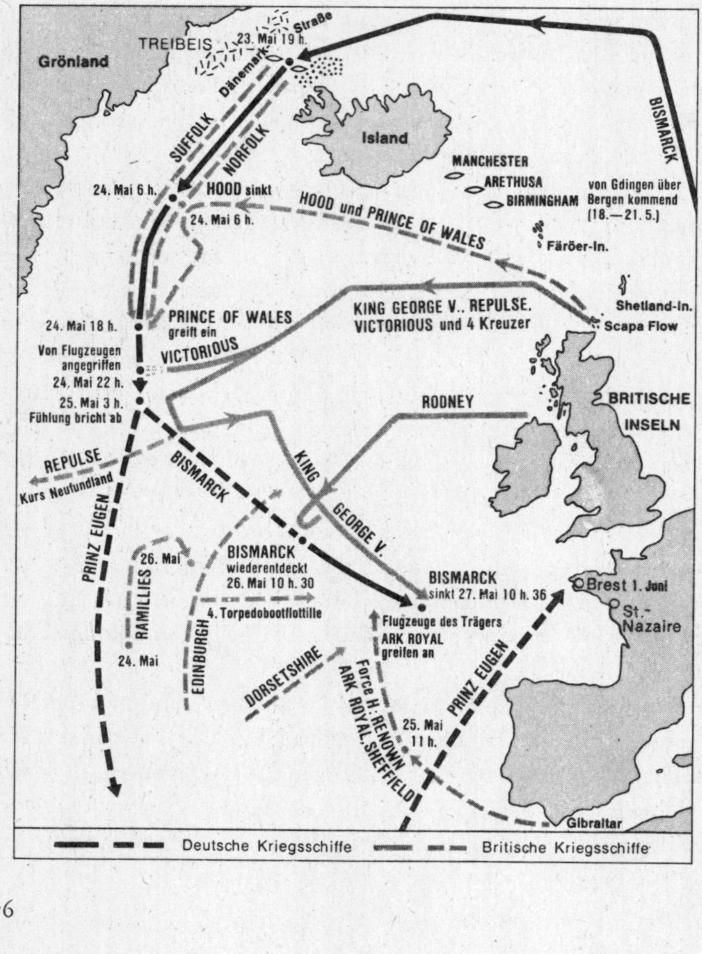

Karte 17
Die Jagd auf die *Bismarck* (Mai 1941)

Gneisenau. Sir John Tovey, als Nachfolger von Admiral Forbes an der Spitze der Home Fleet, sah einer Schlacht entgegen, von der die wirtschaftliche Existenz des Vereinigten Königreichs abhing.
Aber Glück und Kühnheit halfen den Engländern. Am 6. April erreichte als einziges von vier Flugzeugen die Maschine des Flying Officer Campbell von der 22. Staffel des Coastal Command die Reede von Brest und torpedierte die *Gneisenau.* (Campbell fand dabei den Tod.) Dieses mutige Unternehmen des Gegners veranlaßte die deutsche Admiralität, die allein noch kampffähige *Scharnhorst* nicht zur *Bismarck* stoßen zu lassen. Das große Schiff, das von Admiral Lütjens kommandiert wurde, befand sich jetzt nur noch in der Begleitung der *Prinz Eugen* und mußte auf seinen guten Stern vertrauen.
Am 23. Mai waren die Witterungsverhältnisse in der Dänemarkstraße (zwischen Island und Grönland) höchst eigenartig. In diesen Breiten ist die Mainacht nur eine verlängerte Dämmerung, aber der Nebel machte den Tag zu einem von milchigem Licht durchfluteten Halbdunkel, auf das die Augen empfindlich reagierten. Die Straße war fast zugefroren. Nur auf der isländischen Seite war eine Fahrrinne von einigen Meilen Breite offen. Die zwei 20-cm-Kreuzer des Konteradmirals Wake-Walker, die *Suffolk* und die *Norfolk,* patrouillierten an der Eisbarre. Um 19 Uhr 22 entdeckte die *Suffolk* die *Bismarck* sowie die *Prinz Eugen* in einer Entfernung von weniger als acht Meilen. Die *Suffolk* zog sich in den Nebel zurück und folgte dem Gegner mit Radar. Eine Stunde später, als der Nebel aufriß, wurde die *Norfolk* auf weniger als sechs Meilen durch das erste von der *Bismarck* gegen ein feindliches Schiff abgefeuerte Geschoß getroffen. Die *Norfolk* versteckte sich nun ebenfalls im Nebel und folgte mit der *Suffolk* den beiden deutschen Schiffen. Das Schneetreiben, die durch das Phosphoreszieren des Packeises hervorgerufenen Spiegelungen, das Eis, das gegen die mit 28 Knoten Geschwindigkeit fahrenden Schiffe prallte, und das Nordlicht schufen eine seltsame, von allen Beteiligten später als schwer beschreibbar bezeichnete Stimmung. Aus 600 Meilen Entfernung eilte Admiral Holland aus Südwesten herbei. Er kommandierte den Schlachtkreuzer *Hood,* das größte Kriegsschiff der Welt. Ihm folgte die *Prince of Wales,* die das stärkste Kriegsschiff gewesen wäre, hätte es die *Bismarck* nicht gegeben. Die *Hood* mit ihren zwanzig Jahren aber war zu alt, und die *Prince* war noch zu jung, denn sie war gerade fertiggestellt und noch nicht eingefahren. Admiral Tovey wollte schon der *Prince of Wales,* die besser geschützt war als die *Hood,* befehlen, an die Spitze zu fahren. Doch er dachte an das höhere Dienstalter Hollands und unterließ es. Die Anfahrt war schwierig; Holland wollte den Gegner überraschen und verzichtete auf Radar und Funk. Dadurch wurde er von den vier Zerstörern, welche das große Schiff bisher begleitet hatten und sich nun im Schneetreiben verloren, getrennt. Die *Hood* entdeckte ihren Gegner kurz nach 5 Uhr, aber dieser legte sich so, daß seine gesamte Artillerie feuern konnte, während die Engländer nur einen Teil der ihren benutzen

konnten. Wegen ungenügender Geschwindigkeit konnte Holland sich der *Bismarck* nicht nähern, und auf große Entfernung war der Einfallwinkel der Geschosse der *Bismarck* sehr gefährlich für die alte *Hood,* die kein gepanzertes Deck besaß.
Um 5 Uhr 25 eröffneten die beiden englischen Schiffe auf 25 000 Meter Entfernung das Feuer. Die deutschen Geschütze antworteten wie ein Echo. Eine Vollsalve der *Bismarck* traf die *Hood*, eine Flamme stieg vor dem Kamin auf und einige Sekunden später flog das größte Schiff der Welt in einer riesigen Explosion in die Luft. Die *Hood* war untergegangen wie die *Queen Mary* und die *Indefatigable* in der Skagerrakschlacht, die wie sie Opfer von Konstruktionsfehlern waren, durch die sich das Feuer auf die Munitionsbunker ausbreiten konnte. Von 95 Offizieren und 1324 Mann Besatzung wurden nur der Seekadett W. J. Douglas, der Steuermann A. E. Briggs und der Matrose R. E. Tilburn von einem englischen Zerstörer aus dem eisigen Wasser gerettet.
Die alleingebliebene *Prince of Wales* wurde in vier Minuten siebenmal getroffen. Admiral Wake-Walker nahm es auf sich, dem Schlachtschiff den Abbruch des Gefechts zu befehlen. Zusammen mit der *Suffolk* und der *Norfolk* führte er die von der britischen Admiralität aufgebotenen, haushoch überlegenen Kräfte gegen die *Bismarck.*
Die *Bismarck* war auch nicht unverletzt geblieben. Von einem Treffer der *Prince of Wales* war ihre linke Seite aufgerissen und Masut strömte aus. Normalerweise hätte sich Lütjens in einen norwegischen Hafen flüchten müssen, denn er hatte ja einen brillanten Sieg für Hitlers Marine errungen. Aber wegen des Ölverlusts war eine Umkehr nicht mehr möglich, und so entschloß er sich, nach Süden weiterzufahren. Um 8 Uhr 01 funkte er an die Seekriegsleitung, er habe die Absicht, Saint Nazaire zu erreichen.
Alles, was auf dem Atlantik umherkreuzte, wurde gegen die *Bismarck* aufgeboten. Tovey kam von Scapa Flow mit der *King George V*, der *Repulse* und dem Flugzeugträger *Victorious*; die *Ramillies*, die *Revenge* und die *Rodney* verließen die Konvois, die sie zu begleiten hatten, um sich an der Verfolgung der *Bismarck* zu beteiligen. Somerville kam von Gibraltar mit der *Ark Royal,* der *Renown,* zahlreichen Kreuzern, darunter die *Sheffield,* und Zerstörern. Die Deutschen befahlen ihrerseits allen ihren U-Booten, sich um die *Bismarck* zu sammeln, selbst wenn sie keine Torpedos mehr hätten, um durch ihre große Zahl falschen Alarm auszulösen. Auch *U 556* hatte keine Torpedos mehr. Im aufgewühlten Meer sah sein Kommandant Wohlfahrt in seinem Periskop den Flugzeugträger *Ark Royal* und den Panzerkreuzer *Renown* in voller Fahrt in einer Schaumwolke vorbeibrausen. Mit gemischten Gefühlen beobachtete er das prachtvolle Schauspiel.
Den ganzen 24. Mai über begleiteten die *Prince of Wales*, die *Suffolk* und die *Norfolk* in sicherer Entfernung die *Prinz Eugen* und die *Bismarck*. Um 18 Uhr trennten sich die beiden deutschen Schiffe. Der unbeschädigte Kreuzer fuhr genau südwärts, während die *Bismarck* nach Südosten abdrehte. Um Mitternacht fand eine ›Swordfish‹-Staffel der *Illustrious* die *Bismarck*. Trotz Nacht und Sturm und trotz der Unerfahrenheit der

Besatzungen gelang es, ein Torpedo in die Breitseite der *Bismarck* zu jagen. Drei Stunden später kam eine große Enttäuschung für die Verfolger. Die *Suffolk* war dauernd Zickzack gefahren, um sich gegen die U-Boote zu schützen und fand nun die *Bismarck* nicht mehr auf dem Radarschirm. Churchill, der ununterbrochen über die Verfolgung auf dem laufenden gehalten wurde, war einer Ohnmacht nahe. Die Spur war verloren! Das Unterhaus, dessen Sitzungssaal durch einen Bomber zerstört worden war, wollte sich gerade im Church-House, dem Hauptsitz der anglikanischen Kirche, versammeln. Wie sollte er nun vor das Parlament hintreten und gestehen, daß die *Bismarck*, nachdem sie die *Hood* versenkt hatte, in aller Ruhe heimfuhr!

Der Tag und die Nacht vergingen. Die Verfolgung löste sich von selber auf. Die Schiffe, deren Bunker fast leer waren, begaben sich eines nach dem anderen in den nächsten Hafen. Die *Repulse* steuerte auf Neufundland zu, während die *Victorious,* die *Prince of Wales,* die *Revenge,* die *King George V* und die *Rodney* Island ansteuerten. Die Admiralität war übrigens davon überzeugt, daß diese letzten Anstrengungen zwecklos seien. Nachdem Lütjens seine Spur verwischt hatte, war er vermutlich außer Gefahr. Die ›Catalina‹-Patrouillen suchten rein routinemäßig das Meer zwischen der Bretagne und Island ab, denn dort hoffte man, die *Bismarck* wieder zu entdecken, obwohl sie dann schon außerhalb der Gefahrenzone gewesen wäre.

Das südlichste dieser Patrouillenflugzeuge wurde von dem Flying Officer D. A. Briggs der 209. Staffel des Coastal Command gesteuert. Das Wetter war scheußlich, es stürmte, und der Himmel war dicht bewölkt. Um 10 Uhr 30 am Sechsundzwanzigsten sah Briggs ein großes Schiff. Er mußte sehr weit heruntergehen, um es zu identifizieren, und die Flak schoß mit einer solchen Genauigkeit, daß er fast nicht wieder hochgekommen wäre. Inmitten von Explosionen trudelte er herum und erreichte schließlich die Wolken, während sein Funker die große Neuigkeit weitergab. Die *Bismarck* war wiedergefunden! Man vermutete sie irgendwo am Polarkreis, und in Wirklichkeit befand sie sich 600 Meilen westlich von Brest. Zweifellos war sie jetzt gerettet. Zwischen ihr und dem Hauptgeschwader des Admirals Tovey lagen 100 Meilen. Sie würde nun sehr bald unter den Schutz der Luftwaffe kommen. Die einzigen englischen Schiffe, die noch eine Möglichkeit hatten, sie abzufangen, waren die von Gibraltar kommende alte *Renown*, die aber selbst einer angeschlagenen *Bismarck* weit unterlegen war. Alle Hoffnungen galten dem Flugzeugträger *Ark Royal.*

Die ›Swordfish‹ starteten unter größten Schwierigkeiten auf dem von Gischtwolken übersprühten schwankenden Deck. Wellen und Wolken berührten sich fast. An dem von Briggs angegebenen Punkt wurde ein Schiff auf dem Radarschirm entdeckt. Die Torpedos jagten direkt über dem Meer dahin, und die Maschinen überflogen das Schiff so niedrig, daß sie es fast berührt hätten. Zu ihrem größten Entsetzen erkannten jetzt die Besatzungen ihr Opfer. Briggs hatte sich in seinen Schätzungen um 25 Meilen getäuscht. Es war die *Sheffield,* welche die ›Swordfish‹ torpediert hatten!

Beinahe torpediert hatten – denn der Kreuzer war durch ein rasches Manöver den Torpedos ausgewichen. Mit hängendem Kopf flogen die ›Swordfish‹-Besatzungen wieder zur *Ark Royal* zurück.

Diesmal war es wirklich die letzte Möglichkeit. Unter dem Lieutenant-Commander T. P. Coode starteten 15 ›Swordfish‹. Die Sicht war schlecht, als sie um 19 Uhr 10 abflogen. Wenn sie jetzt wieder nicht die *Bismarck* entdecken würden, so würde das Schlachtschiff in der Nacht verschwinden und beim Morgengrauen unter dem Schutz der Luftwaffe in die Iroisebucht einfahren. Um 20 Uhr 47 war es fast Nacht. Die Staffeln waren durch den Sturm zerstreut worden, und die Flugzeuge mußten nun einzeln angreifen. Der Angriff dauerte 38 Minuten lang. Ein Torpedo traf die *Bismarck*, aber deren Panzerung war derartig stark, daß, genau wie bei dem Treffer vom Vortag, nur geringer Schaden entstand. Ein zweites Torpedo war gegen das Heck gerichtet. Schlechte Beleuchtung und das aufgewühlte Meer verzögerten um einige Sekunden das Ausweichmanöver. Einige Sekunden, die einige Meter ausmachten, und einige Meter, die den Unterschied zwischen Triumph und Tod bedeuteten. Das Torpedo hatte die Schrauben beschädigt und das Ruder verklemmt. Die Geschwindigkeit der *Bismarck* fiel auf drei Knoten. Das Schiff war nicht mehr zu steuern.
Die Todesnacht der *Bismarck* begann. Um 1 Uhr 20 kam eine Einheit von fünf Zerstörern unter Kapitän Vian und fuhr um den fast unbeweglich daliegenden Riesen herum. Die kleinen Schiffe konnten noch zwei Torpedos anbringen. Als dann am Morgen die *Rodney* und die *King George V* eintrafen, machte die *Bismarck* so gut wie überhaupt keine Fahrt. Meer und Wind erreichten die Stärken 5 und 7 und verzögerten die Eröffnung des Feuers bis 8 Uhr 47. Die *Bismarck* antwortete bald nur noch schwach. Um 10 Uhr 15 war sie ein einziges Flammenmeer, und alle ihre Geschütze schwiegen. Tovey, dessen Bunker vollkommen leer waren, drehte auf England zurück und befahl den Kreuzern, den besiegten Feind zu versenken. Die *Norfolk* und die *Dorsetshire* führten den Befehl aus. Um 10 Uhr 36 verschwand die *Bismarck* in den Fluten. Trotz des stürmischen Wetters wurden 110 Mann der Besatzung gerettet.

Die Eroberung Kretas

Im gleichen Augenblick, als die Verfolgung der *Bismarck* zu Ende ging, entschloß sich Churchill schweren Herzens, ein Projekt aufzugeben, an dem er bisher hartnäckig festgehalten hatte. Am Tag zuvor ließ er noch an Wavell drahten, daß ein Sieg in Kreta unbedingt notwendig sei. Jetzt stimmte er sogar den Vorschlägen des Generalstabs zu, der eine Räumung der Insel vorschlug, auf der man, wie Churchill gehofft hatte, vielleicht den Balkankrieg fortsetzen konnte. Nach dem kontinentalen Griechenland war auch das Griechenland der Inseln verloren.

Hitler hatte gezögert, ein Luftlandeunternehmen auf Kreta zu befehlen. Dem Fallschirmjägergeneral Kurt Student gelang es, den Führer davon zu überzeugen, daß es sich dabei um eine großartige, jedoch im Grunde einfache Angelegenheit handle, eine Sache von acht Tagen, die fast ohne Verluste durchgeführt werden könne und die die britischen Bomber vom rumänischen Petroleum fernhalten, den Balkan schützen und die deutsche Luftherrschaft im Mittelmeer festigen würde. Dieses Versprechen trug zu Hitlers Entscheidung bei, denn er brauchte alle Elitetruppen in dem Augenblick, in dem er gegen Rußland losschlagen würde.

Die Invasion begann am 20. Mai. Der Operationsplan war vom Generalstab der Luftwaffe ausgearbeitet worden, dem alle beteiligten Streitkräfte einschließlich der 5. Gebirgsjägerdivision unterstellt waren. Die Vorbereitungen hatten riesige Anstrengungen verlangt. In Südgriechenland mußten Stützpunkte für 228 Bomber, 205 Stukas, 119 Jäger, 114 Zerstörer des von Richthofen befehligten VIII. Fliegerkorps geschaffen werden; dazu kamen zehn Gruppen Ju 52, 520 Flugzeuge, die das XI. Fliegerkorps, die Fallschirmjäger des Generals Student, nach Kreta bringen sollten. In Korinth, Megara, Tanagra, Topolia, Dedion, Eleusis und Phaleron mußten in kürzester Frist Flugplätze angelegt werden. Die Kreta benachbarten Inseln mußten besetzt und als Truppenstützpunkte hergerichtet werden: Kythera und Antikythera wurden in Flakstützpunkte verwandelt, Milo in eine Basis für Landtruppen und Karpathos in einen Stützpunkt für die Messerschmitts und Stukas. Die Materialschwierigkeiten waren in mancher Hinsicht unterschätzt worden. So ging das Auftanken der Flugzeuge ungeheuer langsam vor sich, denn jeden Tag mußten 3600000 Liter Treibstoff mit der Hand eingefüllt werden. Ein weiteres Problem waren die riesigen Staubwolken, die bei den Massenstarts der Maschinen aufgewirbelt wurden und jegliche Sicht nahmen. Das 100 Kilometer vom Peloponnes entfernt gelegene Kreta bot dem Angreifer eine Seefront von 260 Kilometer Länge vor einer Gebirgskette, deren Gipfel sich jäh zu einer Höhe von zweieinhalbtausend Metern erheben. Die einzige Verkehrsstraße verband die Städte und kleineren Ortschaften der dichter besiedelten Nordseite, auf welcher der Angriff zu erwarten war. Die Eroberung Kretas bedeutete im wesentlichen die Einnahme der drei Flugplätze Maleme, Iraklion und Rethimnon sowie der Hauptstadt Chania. General Freyberg hatte seinen Verteidigungsplan auf die zu erwartende Besetzung dieser vier Abschnitte beschränkt. Seine Truppen bestanden zu 20 Prozent aus griechischen und zu 80 Prozent aus britischen Einheiten, von denen wieder die Hälfte Australier und Neuseeländer waren. Aufgeteilt waren diese Truppen folgendermaßen: 11859 Mann in Maleme, 14822 in Chania-Suda, 6173 in Rethimnon und 8029 in Iraklion. Sie besaßen fast keine Artillerie und nur 16 leichte und mittlere Panzer.

Was den Verteidigern aber am meisten fehlte waren Flugzeuge. Am Vorabend der

Invasion hatte Freyberg die vier jämmerlichen ›Hurricane‹ und die drei noch jämmerlicheren ›Gladiator‹ nach Ägypten zurückgeschickt. Es waren dies die einzigen von den Staffeln 33, 80, 112 und 805 verbliebenen Maschinen. Der deutschen Luftüberlegenheit aber stand die britische Überlegenheit auf dem Wasser gegenüber. Um die 5. Gebirgsjägerdivision nach Kreta zu schaffen, requirierte Konteradmiral Schuster die Kaiks des Ägäischen Meeres, Motorschiffe von 20 bis 50 Tonnen, die aber nicht schneller als sechs Knoten liefen. Admiral Cunningham verfügte über vier Schlachtschiffe, einen Flugzeugträger, acht Kreuzer, drei Flakkreuzer und 27 Zerstörer. Von der italienischen Flotte hatte er nichts zu befürchten, denn seit Kap Matapan ließ sie sich nicht mehr auf hoher See blicken. Dagegen hatte der Admiral eine ausgesprochene Abneigung, seine Schiffe unter einem ausschließlich vom Gegner beherrschten Himmel ins Feuer zu führen. Kreta wurde so zu einem seltenen militärischen Experiment, nämlich der Gegenüberstellung von absoluter Luftherrschaft auf der einen und uneingeschränkter Seeherrschaft auf der anderen Seite.

Um 7 Uhr 05 fielen die Fallschirmjäger des Sturmregiments und die Lastensegler auf dem Abschnitt Maleme ein, die des Regiments 3 der. 7 Fliegerdivision gingen auf Chania nieder. Die Ju 52 kehrten um, um zwei weitere Regimenter zu holen, die über Iraklion und Rethimnon abspringen sollten. Von den 493 Flugzeugen fehlten nur sieben bei der Rückkehr, und die Besatzungen erklärten, der Fallschirmabsprung sei großartig gelungen. Das war nicht ganz richtig. Die Fallschirmjäger wurden weit verstreut, und ihre Verluste waren wesentlich größer als die der Flieger. Generalleutnant Süßmann, der Kommandeur der Mittelgruppe, kam auf Ägina durch einen Unfall um, und Generalmajor Meindl, der Befehlshaber der Westgruppe, wurde bei der Landung schwer verletzt. Die Engländer konnten den deutschen Gegner nicht vernichten, aber die Deutschen konnten auch den britischen Widerstand nicht brechen. Am Abend war das Flugfeld von Maleme noch immer Niemandsland, und das sogenannte Gefängnistal, das sich nach Chania hin öffnet, blieb von einem griechischen Regiment versperrt. In Iraklion und Rethimnon erfolgten die Angriffe der zweiten Welle unter noch schlechteren Bedingungen. Der Staub und das langsame Auftanken hatten den Stundenplan durcheinandergebracht. Keiner der Flugplätze wurde genommen, keines der für den Tag angestrebten Ziele erreicht.

Student begriff, daß er eine Niederlage riskierte und in Ungnade fallen würde, wenn er die Situation nicht verbessern konnte. Am nächsten Tag befahl er seinen letzten Fallschirmjägern, auf Maleme abzuspringen, und ordnete an, die Ju 52 hätten auf dem Flugplatz trotz Artilleriebeschuß und Gewehrfeuer der Engländer zu landen. Ein Bataillon des 100. Gebirgsjägerregiments landete entsprechend dieser Anweisung, und bei Einbruch der Nacht war Maleme genommen.

In der gleichen Nacht spielte sich auf dem Meer ein Drama ab. Die Deutschen hatten beschlossen, ihren einzig von einem kleinen italienischen Torpedoboot eskortierten ersten Kaik-Konvoi mit 2300 Infanteristen an Bord von Milos aus loszuschicken. Um Mitternacht hatten sie auf dem nachtschwarzen Meer vier Fünftel der Überfahrt hinter sich. Da verriet der Radarschirm den Streitkräften des Konteradmirals Glennie, der über drei Kreuzer und vier Zerstörer verfügte, den Konvoi. Die Kaiks zerstreuten sich, doch wurden sie mit Erfolg von den Engländern gejagt. Zehn von den fünfundzwanzig Schiffen wurden versenkt, ihre Besatzungen ertranken. Die anderen kehrten um. Kein deutscher Truppennachschub sollte über das Meer nach Kreta gelangen. Diesen Vorteil mußten sich die Briten indes teuer erkaufen. Die Schiffsverluste stiegen in erschreckender Weise. Die Kreuzer *Najad* und *Carlisle* wurden beschädigt, die *Warspite*, das ›glückliche Schiff‹, wurde durch eine schwere Bombe erheblich angeschlagen. Am Zweiundzwanzigsten entdeckte der Zerstörer *Greyhound* einen Kaik, der sich nach Kythera flüchtete. Der Brite versenkte den Kaik, doch rächende Stukas erschienen unverzüglich am Himmel. Ihre Bomben rissen den *Greyhound* in zwei Teile. Die Kreuzer *Gloucester* und *Fiji*, welche der *Greyhound* zu Hilfe eilten, erlitten das gleiche Los. An den folgenden Tagen wurden die Zerstörer *Kelly* und *Kashmir* versenkt. Die wertvollsten Schiffe des Geschwaders, die Schlachtschiffe *Valiant* und *Barham*, wurden außer Gefecht gesetzt. Der einzige Flugzeugträger im östlichen Mittelmeer, die *Formidable*, entging dem gleichen Schicksal nur knapp. Man hatte ihn anfangs nicht in die Kämpfe eingreifen lassen, aber nachdem er zwölf ›Albacore‹ an Bord bekommen hatte, sandte ihn Cunningham aus, das Stukanest auf Karpathos zu bombardieren. Dort wurde die *Formidable* zweimal getroffen und schleppte sich mühselig nach Alexandria zurück.

Verzweifelt sah Admiral Cunningham seine Flotte unter den vom Himmel kommenden Schlägen dahinschwinden. Er versuchte sie zu schonen, indem er sie bei Tag aus den gefährlichsten Gewässern heraushielt, wurde aber deswegen von London umgehend heftig gerügt. Churchill billigte in der Schlacht um Kreta keine Kompromisse. Die Flotte dürfe sich nicht fürchten, sie müsse Tag und Nacht am Werk sein, um den deutschen Truppennachschub zu unterbinden.

Churchill indes täuschte sich insofern, als er glaubte, die Verteidiger Kretas blieben so lange Herr der Lage, als sie nur mit Luftlandetruppen zu tun hätten. Das Los von Kreta war schon besiegelt, als der Gegenangriff unter Brigadier Hargest, der Maleme wieder nehmen wollte, zusammenbrach. Die Ju 52 brachten jetzt Verstärkung am laufenden Band. Chania wurde immer härter bedrängt, die deutschen Luftangriffe rissen nicht ab. In der Sudabucht stiegen riesige Rauchsäulen von zehn brennenden Schiffen zum Himmel. Der tapfere General Freyberg telegraphierte, er werde die Front auch weiterhin halten, ›falls die Situation im Mittleren Osten so ist, daß die Frage von Stunden lebenswichtige Bedeutung hat‹. Aber seine Lage war hoffnungslos. Am Siebenundzwanzigsten befahl Wavell aus eigenem Antrieb die Räumung des Abschnitts Chania. Er meldete nach London, ›eine Verlängerung des Kampfes, der alle

drei Waffengattungen erschöpfe, stelle die Verteidigung des Mittleren Ostens weit mehr in Frage als der Verlust von Kreta‹. Die britischen Generalstabschefs billigten diesen Entschluß, dem sich schließlich auch Churchill nicht mehr widersetzte.
Wieder einmal mußten sich die Engländer einschiffen. Nicht alle übrigens, denn die Verteidiger von Rethimnon kapitulierten. Die Truppen des Abschnitts Iraklion wurden von Zerstörern an Bord genommen, von denen zwei, die *Imperial* und die *Hereward,* in der Straße von Kasos versenkt wurden. Die Überlebenden vom Mittelabschnitt zogen über die ›Via Dolorosa‹, wie Freyberg die steinige Bergstraße nannte, welche die Insel durchquert. Die Deutschen verhinderten den Abzug nicht. Eine Handvoll Fallschirmjäger hätte die Straße sperren können, aber sie waren nicht vorhanden. Völlig erschöpft erreichten die Briten das armselige Fischerdorf Sphakia am Fuß eines schneebedeckten Gebirgsmassivs. Die Einschiffung gestaltete sich wegen der auf dieser Seite herrschenden starken Brandung außerordentlich schwierig. Doch wenigstens blieben die Stukas fern.
Die britische Armee hatte 1742 Tote, 1737 Verwundete und 11835 Gefangene als Verluste zu melden, die Royal Navy hatte 1828 Tote zu beklagen. Neun Kriegsschiffe waren gesunken, darunter drei Kreuzer. Fünfzehn Schiffe – unter anderem drei Schlachtschiffe und ein Flugzeugträger – waren beschädigt. Das Geschwader von Alexandria war vorläufig lahmgelegt. Hätte die italienische Flotte, die noch vier Schlachtschiffe besaß, die Offensive ergriffen, hätte sie möglicherweise die Kontrolle über das Mittelmeer errungen. Aber sie dachte nicht daran.
Die moralische Wirkung der Niederlage auf die Engländer war noch schwerer. Hinzu kamen die Rückschläge in Nordafrika, wo ein Versuch, Tobruk zu entsetzen, gescheitert war. England befand sich auf einem Tiefpunkt, und die deutsche Wehrmacht schien mehr denn je unbesiegbar zu sein.
Für Deutschland war die Eroberung Kretas reichlich blutig ausgefallen. Von den 22000 eingesetzten Soldaten waren 2500 im Kampf gefallen, 1900 wurden als vermißt gemeldet (zum großen Teil ertrunken). 2600 Mann waren auf Kreta verwundet worden. Die Verluste der 7. Fliegerdivision beeindruckten Hitler, dessen Maxime es bisher gewesen war, nach Möglichkeit Blut zu sparen. Als er Student das Ritterkreuz überreichte, stellte er fest, Kreta habe gezeigt, daß die großen Tage der Fallschirmjäger vorbei seien. Sie könnten nur für Überraschungsangriffe verwendet werden, und das sei in Zukunft nicht mehr möglich. Deutschland hatte als erstes Land Fallschirmjäger eingesetzt. Es gab diese Waffe nun am Tage nach ihrem größten Erfolg auf. Amerika und England traten die Nachfolge an.

De Gaulle und Syrien

Nach dem Fall von Kreta richtete sich die Aufmerksamkeit auf Syrien. Der Aufstand im Irak war nur ein Strohfeuer gewesen. Die von Hitler versprochene Hilfe hatte sich auf das Eingreifen einiger Flugzeuge beschränkt, die britischen Streitkräfte hatten Bagdad wieder besetzt, und am 31. Mai floh Raschid Ali nach dem Iran. Auf Anordnung von Vichy hatte General Dentz, der Generalresident in der Levante, dem Irak Waffen geliefert und einige deutsche Flugzeuge in Damaskus zwischenlanden lassen. Der Vorwand für ein britisches Eingreifen war gegeben, und Churchill nahm die Gelegenheit wahr.

Wavell war dagegen. Zum wiederholten Male führte er die Zersplitterung des Middle East Command an und sprach sich gegen die unnötige Eröffnung einer neuen Front aus. Damit hatte er die Grenzen der Geduld Churchills erreicht, und seine Verabschiedung war nur noch eine Frage von Tagen. Obwohl das eigentliche Motiv, der Aufstand im Irak, nicht mehr stichhaltig war, wurde der Entschluß, Syrien zu erobern, aufrechterhalten.

De Gaulle stand vor einer schwierigen Entscheidung. Die Situation war für ihn noch mißlicher als im Falle von Dakar, denn von vornherein bestand keine Aussicht, durch Überredung oder Einschüchterung zum Erfolg zu kommen. Ein britischer Angriff gegen französischen Boden stand bevor. Sollte de Gaulle sich widersetzen? Sollte er mit den Engländern gemeinsame Sache machen? Oder war hier Neutralität geboten? Die Monate, die auf den Fehlschlag von Dakar gefolgt waren, hatten de Gaulle zahlreiche Schwierigkeiten gebracht. Seine Bewegung war immer noch schwach. Fast die ganze französische Nation, innerhalb wie außerhalb des Mutterlands, stand eisern hinter Pétain. De Gaulles eifrigste Anhänger, die kleinen Einheiten eines Leclerc, Ornano, Legentilhomme, Génin und Muselier, hatten einen Vorstoß in die italienische Sahara gemacht, an den Kämpfen in Eritrea teilgenommen und beschützten auch Konvois im Atlantik, aber sie waren bloß Spreu in dem Sturm, der über Europa fegte, und hatten am Kampf gegen Deutschland nicht im gleichen Maße teil wie die Polen, die Holländer oder die Norweger. De Gaulles Lage war außerordentlich seltsam. Sein Anspruch, Frankreich zu vertreten, sich mit Frankreich zu identifizieren, selber Frankreich zu sein, war eine mystische Haltung und gleichzeitig eine geschickte politische Position, aber sie war völkerrechtlich für eine fremde Regierung nicht annehmbar. Die Scharen von Europäern, welche die deutschen Eroberungen an die Ufer des Vereinigten Königreichs geschwemmt hatten, verfügten alle über Regierungen, welche die nationale Souveränität in ihrem kleinen Flüchtlingsgepäck mitgenommen hatten, während Frankreichs Souveränität tatsächlich und rechtlich unwidersprochen auf französischem Boden verblieben war.

Alle Bemühungen des Generals, als legitimer Vertreter Frankreichs anerkannt zu werden, scheiterten an der unnachgiebigen Haltung des Foreign Office. Man gestand ihm lediglich den Titel eines Chefs der Freien Franzosen zu. Prophet und Söldner – das war sein Status in dem Augenblick, als England sich anschickte, französisches Gebiet anzugreifen.

Anfang März hatte de Gaulle seine Unterführer befragt, welche Haltung ihrer Ansicht nach einzunehmen sei, falls England in Syrien eingriff. Die meisten, darunter der scharfsinnige Leclerc, hatten sich gegen eine militärische Teilnahme Frankreichs an diesem Unternehmen ausgesprochen. Die Regierung des Freien Frankreich aber war keine Angelegenheit von Abstimmungen unter Kollegen. De Gaulle kümmerte sich nicht um die Einwände. Das Lothringerkreuz mußte bei einer Eroberung Syriens anwesend sein, auch wenn das einen französischen Bürgerkrieg mitten im Weltkrieg bedeutete. Der General rechtfertigte seinen Entschluß damit, daß die französischen Rechte bei einem englischen Alleinsieg weggewischt würden. Es handelte sich für ihn nicht darum, das Mandat über Syrien und den Libanon zu behalten, dessen Aufgabe er sowieso für die Nachkriegszeit für unvermeidlich hielt, sondern ausschließlich um das alleinige Recht Frankreichs, diese Aufgabe auszusprechen.

Am 8. Juni begannen die Feindseligkeiten. Die englischen Streitkräfte setzten sich aus der 7. australischen Division, einer Gruppe von indischen Brigaden, zwei Kavallerieregimentern und einem Panzerregiment sowie verschiedenen Stoßtrupps zusammen. Die Freien Franzosen schlossen sich unter dem Oberbefehl des Generals Legentilhomme mit sechs schwachen Bataillonen, acht Geschützen, zehn Panzern und 6000 Mann an. General Dentz hatte dagegen 18 Bataillone mit 40000 Soldaten und 90 Panzern zur Verfügung.

Alle Hoffnungen auf einen nur symbolischen Widerstand brachen zusammen. Oberst Collet zwar führte Legentilhomme seine Tscherkessenschwadron zu, aber dem Marschall Pétain treue Franzosen schlugen sich gegen die Engländer aufs heftigste und gegen die Gaullisten mit äußerster Wut. Als sie am 14. Juli kapitulierten, da sie keinerlei Möglichkeit mehr für Nachschub hatten, verlangten sie, die Konvention von Saint-Jean-D'Acre ausschließlich mit den Briten unterzeichnen zu dürfen, um den General Catroux, der das Komitee des Freien Frankreich vertrat, ignorieren zu können. De Gaulle beabsichtigte, zur Dokumentation seiner Souveränität die Syrienfranzosen in seine eigene Armee einzureihen. Aber die Briten ließen den Betroffenen freie Wahl. 5668 Offiziere und Mannschaften von insgesamt 37736 ließen sich überreden; die anderen kehrten, mit Wut und Haß erfüllt, nach Frankreich zurück.

Der deutsche Feldzugsplan gegen Rußland

Eines der Rätsel dieses Krieges in Syrien war der Umstand, daß Deutschland nicht eingriff. Von Kreta bis Beirut waren es nicht einmal 800 Kilometer, Rhodos lag noch näher, und seit das Geschwader von Alexandria lahmgelegt war, konnte Cypern leicht genommen werden. Die Kühnheit Churchills und die Teilnahme de Gaulles an dem syrischen Abenteuer öffneten ein neues Operationsgebiet, auf dem Hitler eine militärische Zusammenarbeit mit Frankreich, wie er sie in Montoire angestrebt hatte, hätte herbeiführen können. Und doch griff er nicht ein. Damals hatte man sich nicht eindringlich genug gefragt, warum er so zurückhaltend war. Hitler war bereits mit etwas ganz anderem beschäftigt.

Das Kriegsschauspiel im Mittelmeer war zu Ende. Vom Baltikum bis zum Schwarzen Meer waren 3,2 Millionen Mann, 600000 Pferde, 600000 Kraftfahrzeuge, 17000 Eisenbahnzüge in Bewegung. Was sich hier anbahnte, sollte eines der bedeutendsten Ereignisse der Weltgeschichte werden. Der ›Plan Barbarossa‹ lief an.

Entsprechend den Anweisungen Hitlers hatte die Vorbereitung für den Krieg gegen Rußland vom Sommer 1940 ab begonnen. Der erste Offizier des Generalstabs der Armee, der sich mit der strategischen Ausarbeitung befaßte, war ein Mann, den Hitler haßte: Generalmajor Erich Marcks, ein Mitarbeiter des 1934 ermordeten Generals Schleicher. Marcks, ein Bewunderer Moltkes und ein hervorragender Kenner der militärischen Operationen von 1870, hatte die größte Umgehungsschlacht der Geschichte vorbereitet. Die Wehrmacht sollte in der Ukraine angreifen und bis Rostow am Don vorstoßen, dann um neunzig Grad schwenken, in Richtung Moskau marschieren und die gesamte russische Armee vom Rücken her angreifen. Die Idee war genial, aber Hitler lehnte sie ab, indem er erklärte, das sei die Ausgeburt eines allzu komplizierten Hirns. Gleichzeitig arbeitete der Quartiermeister I, Generaloberst Paulus, an einem Aufmarschplan. Die riesigen Entfernungen und die damit verbundenen Nachschubprobleme erschreckten ihn. Er nahm die Ukraine aus der Zone der raschen Operationen aus, weil zu wenig Straßen vorhanden seien. Der Hauptstoß sollte gegen Moskau geführt werden, über gute Straßen und brauchbare Eisenbahnlinien. Nach der Eröffnungsschlacht sollte der deutsche Vormarsch in der Höhe von Smolensk gestoppt werden, um Zeit zu lassen, die Transporte neu zu organisieren und die Eisenbahnstrecken auf mitteleuropäischer Spurweite fortzuführen. Hitler aber schob auch diesen genauen und methodischen Plan beiseite. Er wünschte sich eine Offensive größeren Umfangs und eine ununterbrochene Folge von Operationen. Der Krieg gegen Rußland sollte in einem Zug beendet werden, und zwar noch vor Wintersanfang.

Schließlich wurden die großen strategischen Grundzüge durch Hitler selbst in der Führerweisung Nr. 21, genannt ›Barbarossa‹, vom 18. Dezember 1940 festgelegt. Es finden sich darin die wichtigsten Maximen des geplanten Feldzugs gegen Rußland:

kurzer Krieg, Einkreisung großer feindlicher Truppenmassen, Verhinderung eines allgemeinen Rückzuges der Russen in ihr weites Hinterland, Eroberung der Linie Wolga–Archangelsk, von wo aus die Luftwaffe das letzte sowjetische Arsenal, die Industrien im Ural, zerstören könne. Drei Heeresgruppen sollten diese Aufgaben bewältigen, zwei nördlich und eine südlich der Pripjetsümpfe. Die Vorbereitungen sollten bis zum 15. Mai 1941 abgeschlossen sein.

Bekanntlich verhinderte dann das Abenteuer Mussolinis auf dem Balkan den vorgesehenen Beginn des Feldzuges und verschob den Angriff auf den Sommer.

Die Generalstabsarbeit wurde vornehmlich, wenn auch nicht ausschließlich, in Zossen bei Berlin ausgeführt, wo das OKH unter Brauchitsch (Oberbefehlshaber) und Halder (Chef des Generalstabs) residierte. Im Gegensatz zum Westfeldzug kümmerte sich Hitler nicht um die Einzelheiten. Jodl, der persönliche Stratege des Führers, wurde abseits gehalten. »Nicht einmal als Gast oder Beobachter«, berichtet Warlimont, »[wurde Jodl] zu den großen Ost-Kriegsspielen im Herbst 1940 zugezogen.« Hitler hielt den Sieg für sicher, er sah bereits weiter. Er dachte an die ›Neuordnung‹ des Ostens, die Umsiedlung der Russen nach Innerasien. Germanische Völker sollten ihren Platz einnehmen, einschließlich holländischer und englischer Kolonisten. In seinen Monologen vor seiner näheren Umgebung träumte er laut: »Ich werde aus den eroberten Gebieten ein Paradies machen.«

Einen der letzten, die der Führer noch überzeugen mußte, war Göring. Zu Beginn 1941 hatte er dem Reichsmarschall seinen Entschluß mitgeteilt, Rußland anzugreifen, indem er die gewaltigen russischen Vorbereitungen und die sowjetische Einkreisungspolitik ins Treffen führte, wie sie seiner Ansicht nach aus den Worten Molotows hervorging. Göring bat um die Erlaubnis, dies erst einmal überschlafen zu dürfen. Am nächsten Tag trug er dem Führer seine Meinung vor. Ein Krieg im Osten, sagte er, werde den Luftkrieg gegen England unterbrechen, und zwar gerade in dem Augenblick, in dem er bedeutende Erfolge zeitige. Er befürchtete auch, daß die deutsche Streitmacht sich in den riesigen Gebieten Rußlands verzetteln würde. Göring schlug Hitler das genaue Gegenteil von dessen Plan vor, das heißt den Vertrag mit Moskau in ein Bündnis zu verwandeln und Rußland gegen Indien marschieren zu lassen.

Die vorbereitenden Maßnahmen für das Unternehmen ›Barbarossa‹ wurden in den Grundzügen bei der Führerbesprechung vom 3. Februar 1941 festgelegt. Vier Transportwellen waren vorgesehen. Zu den 25 Divisionen, die bereits in Polen und in Rumänien standen, sollten im März 7 Divisionen kommen, im April 13, im Mai 30 und im Juni weitere 51. Die wichtigsten Einheiten sollten bis zum letzten Augenblick westlich der Linie Radom–Warschau–Neidenburg gehalten werden. Trotz der Autobahnen und des dichten deutschen Eisenbahnnetzes mußten viele Verbände marschieren. Für manche Einheiten, die noch in den Balkanländern standen, bedeutete das einen Marsch über 800 Kilometer.

Bisher unveröffentlichte Wochenschauaufnahmen Hitlers bei der Reichstagsrede am 4. Mai 1941, die er mit den Worten schloß: ›Der nationalsozialistische Volksstaat steht wie ein Denkmal sozialer Gerechtigkeit und klarer Vernunft. Er wird nicht nur diesen Krieg überdauern, sondern das kommende Jahrtausend.‹ Fast auf den Tag genau vier Jahre später war dieser Staat ein gigantischer Trümmerhaufen.

Dr. Joseph Goebbels, Gauleiter der Reichshauptstadt, Reichsminister für Volksaufklärung und Propaganda, Reichsverteidigungskommissar: ›Was uns betrifft, so haben wir die Brücken hinter uns abgebrochen... Wir sind zum Letzten gezwungen und darum zum Letzten entschlossen... Wir werden als die größten Staatsmänner in die Geschichte eingehen oder als ihre größten Verbrecher.‹ (Aus ›Das Reich‹, 14. November 1943.)

Aufmarschplan und Kräfteansatz

Im Oberbefehl hatte sich seit dem Frankreichfeldzug nichts geändert. Generalfeldmarschall von Brauchitsch und Generaloberst Halder verblieben auf ihren Posten als Oberbefehlshaber beziehungsweise als Chef des Generalstabs des Heeres, obwohl sich Hitler nach wie vor über die Dummheit des einen und den Katholizismus des anderen beklagte. Die Armeeoberbefehlshaber und die Generale der Luftwaffe waren dieselben wie während des Westfeldzugs. An der Spitze der Heeresgruppen standen die Generalfeldmarschälle Leeb, Bock und Rundstedt. Die Heeresgruppe Nord (Leeb) umfaßte die 18. Armee (Küchler), die Panzergruppe 4 (Hoepner), die 16. Armee (Busch); insgesamt 29 Divisionen mit 570 Panzern, die längs des Njemen aufgestellt wurden, griffen am 22. Juni an. Leeb war ebenfalls die Luftflotte 1 (Keller) unterstellt. Zwei gute Straßen bildeten die Achsen für die Bewegungen der Heeresgruppe. Die eine führte in Richtung Riga, die andere nach Dünaburg; beide Straßen vereinigten sich südlich des Peipussees und führten dann weiter nach Leningrad.

Im Zentrum des Aufmarsches stand die Heeresgruppe Mitte (Bock). Ihr sollte die Hauptrolle zufallen, weshalb sie über die bedeutendsten Kräfte verfügte, nämlich die 9. Armee (Strauß), die Panzergruppe 2 (Hoth), die Panzergruppe 3 (Guderian), die 4. Armee (Kluge). Die Angriffsstärke betrug insgesamt 49 Divisionen mit 930 Panzern. Luftunterstützung erhielt sie durch die Luftflotte 2 (Kesselring). Diese Heeresgruppe sollte das Zentrum der sowjetischen Verteidigung durchbrechen und zum weiteren Vormarsch die ›Rollbahn‹ Brest–Moskau benutzen. Brauchitsch hatte die Absicht gehabt, Moskau durch diese Heeresgruppe erobern zu lassen. Aber Hitler widersprach heftig: »Nur versteinerte Gehirne mit fossilen Auffassungen können sich von einer feindlichen Hauptstadt hypnotisieren lassen. Moskau ist nichts als ein Name. Die Zitadellen des Bolschewismus sind Leningrad und Stalingrad. Wenn diese genommen sind, dann bricht der Bolschewismus zusammen.« Die Heeresgruppe Mitte wurde beauftragt, die Gegend von Smolensk zu erreichen; anschließend sollte sie dann, je nach der herrschenden Lage, neue Befehle erhalten.

An der rechten Flanke stand die Heeresgruppe Süd (Rundstedt). Sie setzte sich zusammen aus der 6. Armee (Reichenau), der Panzergruppe 1 (Kleist), der 17. Armee (Stülpnagel), der 11. Armee (Schobert). In ihrem Bereich griffen 42 Divisionen und 750 Panzer an. Gemeinsam mit der unter ihrem Oberkommando operierenden Luftflotte 4 (Löhr), sollte die Heeresgruppe die Ukraine erobern. Wegen der Pripjetsümpfe, die so groß sind wie ganz Frankreich, war an eine Koordinierung der Operationen Rundstedts und Bocks nicht zu denken, bevor beide Heeresgruppen den Dnjepr erreicht hatten.

Wie bei der Schlachtordnung der römischen Legionen die Hilfsvölker, waren die ausländischen Truppen an den Flügeln aufmarschiert: Am linken Flügel, in Karelien,

stand das 16 Divisionen starke, von fünf deutschen Divisionen, darunter zwei Gebirgsjägerdivisionen des Generals Dietl, unterstützte finnische Heer. Am rechten Flügel stellte Rumänien zwei Armeen, die 3. und die 4., zwischen denen die 11. deutsche Armee stand. Ungarn stellte eine Kavallerie- und zwei motorisierte Brigaden, die Slowakei eine schnelle Division und zwei kleinere Infanteriedivisionen. Trotz seiner Sorge um die Geheimhaltung der Angriffspläne hatte das deutsche Oberkommando den finnischen, rumänischen, ungarischen und slowakischen Generalstäben ein Minimum von Hinweisen geben müssen, um die Zusammenarbeit zu koordinieren.
Gegenüber Mussolini und dem italienischen Commando Supremo bewahrte man dagegen absolutes Schweigen. Auf Veranlassung von Hitler und gegen den Willen des Duce (›Ich habe genug, immer herbeigeklingelt zu werden‹) fand eine Zusammenkunft am 2. Juni am Brenner statt. Stundenlang redete Hitler über den Verlust der *Bismarck* und vergoß Tränen wegen der Flucht seines Stellvertreters Heß. Nachdem Mussolini Hitler verlassen hatte, äußerte er seinem Schwiegersohn Ciano gegenüber, der Führer habe keinerlei genauen Plan, und ein Kompromißfriede sei aktueller denn je.
An der Ostfront hatte Deutschland einschließlich der OKH-Reserven 145 Divisionen stehen, zu welchen noch knapp 28 verbündete Divisionen kamen. Zwei Panzerdivisionen und eine Infanteriedivision befanden sich noch im Innern des Reichs. Drei Divisionen kämpften in Libyen. Der Rest der deutschen Streitkräfte wachte über die eroberten Gebiete. List war mit seiner 12. Armee, die auf sieben Divisionen reduziert worden war, auf dem Balkan geblieben. In Frankreich befehligte Generalfeldmarschall von Witzleben in Saint-Germain-en-Laye die Heeresgruppe D, die aus der 15. Armee (Haase), der 7. Armee (Dollmann) und der 1. Armee (Blaskowitz) bestand und insgesamt 38 Divisionen umfaßte. Acht Divisionen unter dem Befehl des Generals von Falkenhorst standen in Norwegen und Nordfinnland, eine neunte Division hielt Dänemark besetzt.
Die deutsche Wehrmacht zählte 6683000 Mann. Davon entfielen 4900000 auf das Heer (72,5 Prozent), 1485000 auf die Luftwaffe (22 Prozent) und 298000 auf die Kriegsmarine (4,4 Prozent). Dazu kamen 80000 Mann Waffen-SS (1,1 Prozent). Es waren bei weitem nicht alle wehrfähigen Männer mobilisiert, und die Gesamtverluste an Toten und Verwundeten seit September 1939 überschritten nur knapp 100000. Das Menschenpotential des Reichs war noch längst nicht ausgeschöpft.
Der Operationsplan gegen Rußland war kein Geniestreich. Der Angriff erfolgte fächerartig, das heißt, er ermöglichte ein Zurückweichen der Roten Armee, das Hitler erklärtermaßen vermeiden wollte. Es ist richtig, daß nach dem Durchbruch im Zentrum der Führer damit rechnete, weitere Umfassungsmanöver ausführen zu können, um große Massen feindlicher Soldaten einzuschließen und gefangenzunehmen. Hitler plante, die Heeresgruppe Mitte, sobald sie Smolensk erreicht hätte, eventuell aufzuteilen. In diesem Fall sollte ein Teil ihrer schnellen Einheiten der Heeresgruppe Nord für

die Eroberung Leningrads, ein anderer Teil der Heeresgruppe Süd zur Eroberung der Ukraine unterstellt werden. Das Bemühen, nach Möglichkeit Napoleon nicht zu kopieren, den er für einen Feldherrn zweiten Ranges hielt, mag eine der Ursachen dafür gewesen sein, daß Hitler in Moskau kein vorrangiges militärisches Ziel sah.
Dennoch hatte Hitler die Erfahrungen Napoleons wie auch Karls XII. nicht außer acht gelassen. Er wußte genau, daß beide durch das russische Klima und die Tiefe der weiten Räume, in welche sich der Feind zurückziehen konnte, besiegt worden waren. Er war aber der Auffassung, daß die Entfernungen für ein motorisiertes Heer kein entscheidendes Problem darstellten. Napoleon mußte Kutusow zu Fuß verfolgen, und auf Ochsenwagen brachte Loewenhaupt für Karl XII. das Brot, das er verlangte, um Moskau nehmen zu können. Hitler aber verfügte über Panzer, die in zehn Tagen von der Eifel bis an den Kanal, von Tripolitanien nach Ägypten, von der Donau bis zum Ägäischen Meer gerollt waren. Er besaß Lufttransporter, die in kritischen Augenblicken rasche Truppenverlegungen ermöglichten. Was im 18. und 19. Jahrhundert geschehen war, brauchte nach Ansicht Hitlers und seiner Planungsstäbe die Wehrmacht nicht zu fürchten.
Und der Gegner? Von allen Völkern mußten die Deutschen die Russen am besten kennen. Während der Weimarer Republik hatte sich eine Reihe von Offizieren der Reichswehr, unter anderem auch Brauchitsch, in der Sowjetunion aufgehalten, um sich mit Waffen vertraut zu machen, deren Besitz Deutschland durch den Versailler Friedensvertrag verboten war. Die deutschen Berichte über den Gegner waren allerdings von zweifelhaftem Wert. Die Einschätzung der Roten Streitkräfte fiel, je nachdem, welchen Eindruck der Berichterstatter hervorrufen wollte, stets anders aus. Einmal wurde die sowjetische Armee als furchterregende Macht dargestellt, die bereitstehe, das Reich zu verwüsten, dann wieder als ein völlig verrottetes Gebilde, das beim ersten Ansturm zusammenbrechen würde.
Am 2. Februar 1941 hatte Halder über die russische Armee einen Bericht abgefaßt, der mit der Feststellung endete, die deutschen Streitkräfte entsprächen den sowjetischen zahlenmäßig fast, seien jenen an Qualität jedoch überlegen. Anfang April stellte die Abteilung Fremde Heere Ost eine wesentlich genauere Statistik auf. Ausgehend von 1,5 Millionen wehrfähigen Männern pro Jahrgang, konnte Rußland mindestens 12 Millionen junge Soldaten aufstellen. Der Umfang der sowjetischen Armee war praktisch nur durch die industriellen Möglichkeiten des Landes beschränkt. Die mobile Stärke der Roten Armee wurde auf 145 Infanteriedivisionen, 26 Kavalleriedivisionen und 40 motorisierte Brigaden, also insgesamt 211 große Einheiten geschätzt, denen 173 deutsche beziehungsweise auf deutscher Seite kämpfende ausländische Einheiten gegenüberstanden. Im Fernen Osten blieben noch 25 Infanteriedivisionen, acht Kavalleriedivisionen und fünf mechanisierte Brigaden. Es war damit zu rechnen, daß ein Teil dieser Truppen, nachdem die Sowjetunion einige Wochen

zuvor einen Nichtangriffspakt mit Japan abgeschlossen hatte, nach Westen verlegt würde. Das Material war noch zu einem großen Teil veraltet; doch hatte die Umrüstung der sowjetischen Streitkräfte auf moderne Flugzeuge und Panzer bereits begonnen. Insgesamt standen Rußland etwa 10000 Panzer zur Verfügung, das heißt dreimal soviel wie den Deutschen. Sie waren in Form von Panzerbataillonen den gewöhnlichen Divisionen eingegliedert und über die gesamte Front verteilt. Ausgesprochene Panzerdivisionen gab es nicht. Die geläufigsten Panzertypen, der acht Tonnen schwere T26B sowie der zehn Tonnen schwere BT34, waren Kopien der britischen Modelle Vickers und Christie. Beide waren schwache Kampfwagen. Die Abteilung Fremde Heere Ost wußte, daß wesentlich schwerere Typen in Spanien eingesetzt gewesen waren, doch nahm man nicht an, daß sie bereits in genügend großer Anzahl vorhanden seien, um eine entscheidende Rolle zu spielen.

Die Deutschen zweifelten nicht an ihrer militärischen Überlegenheit. Sie rechneten mit einem baldigen Zusammenbruch der russischen Armee. Dennoch hatten zahlreiche hohe Offiziere ein unangenehmes Gefühl, das indes weniger vom technischen Vergleich der sowjetischen und deutschen Truppen und Kampfmittel herrührte als von der Erinnerung an den Ersten Weltkrieg, den Gedanken an die riesigen Dimensionen Rußlands und der bangen Erwartung eines Zweifrontenkrieges.

Nach außen hin machte die Wehrmacht einen hervorragenden Eindruck. Die Gesamtzahl der Divisionen war auf 208 erhöht worden, die der Panzerdivisionen von 10 auf 21 und die der motorisierten Divisionen von 8 auf 17. Das Kriegsmaterial hatte mehrere Feldzüge überstanden und war dabei ausprobiert worden, die Mannschaften waren kampferfahren.

»Der schlechteste deutsche Infanterist ist besser als der beste fremde Infanterist«, lehrte Hitler.

Die Wirklichkeit sah anders aus. Zwar war die Zahl der Panzerdivisionen verdoppelt worden, aber die Zahl der Panzerbataillone war nur von 35 auf 57 gestiegen, und die Durchschnittszahl von Panzern pro Division war von 258 auf 196 vermindert worden. Die Industrie sollte 600 Panzer im Monat liefern, konnte aber nur 227 herstellen. Die Wehrmacht verfügte zu Beginn des Angriffs über 3330 Panzer; das waren nur 750 Kampfwagen mehr als während des Westfeldzugs, in dem auf deutscher Seite 2574 Panzer eingesetzt worden waren. Die 14 motorisierten Divisionen an der russischen Front waren nur ein Achtel der Infanterie – sieben Achtel mußten über die glühenden Steppen oder durch Schlamm und Schnee marschieren. Ein großer Teil der Feldartillerie, die Munitionskolonnen und die Regimentstrains wurden von Pferden gezogen; weder die Bespannungen noch die Wagen waren den kommenden Strapazen gewachsen. Es konnte nicht mehr die Rede davon sein, daß die Infanterie nur den selbständig operierenden Panzerverbänden zu folgen brauchte, um die Gefangenen zu sammeln. Sie mußte sich ausbreiten und dauernd kämpfen.

Die Luftwaffe war bei weitem nicht in dem erforderlichen Maße verstärkt und verbessert worden. 1500 Flugzeuge waren durch den Luftkrieg mit England gebunden. Für den Angriff gegen Rußland standen nur 720 Jäger, 1160 Bomber und 120 Aufklärer bereit – eine völlig unzulängliche Luftstreitmacht angesichts der enormen Entfernungen und weiten Räume, mit denen man es nun zu tun hatte. Schon bevor die Feindseligkeiten begannen, stellten sich Versorgungsschwierigkeiten ein. Die Produktion von synthetischem Kautschuk vermochte den Bedarf nicht zu decken, so daß man zur Ergänzung auf die Schiffsladungen mit Naturkautschuk angewiesen war, die nur gelegentlich die Blockade passieren konnten. Hitler drängte nachhaltig auf den Schutz der rumänischen Petroleumquellen, weil die chemische Industrie nur 30 Prozent des Treibstoffbedarfs herstellen konnte; die Vorräte an Benzin reichten nur für drei, die Bestände an Dieselkraftstoff sogar nur für einen Monat. Hitler griff Rußland mit einem militärischen Instrument an, das viel zu schwach war. Es hätte wesentlich stärker sein können, wenn er die Geduld zu mehrjährigen Vorbereitungen gehabt hätte. Die Schlagkraft der deutschen Wehrmacht war hinreichend gewesen für die Blitzsiege von 1939 bis 1941 gegen weniger starke Armeen, etwa die Polens oder die der Balkanländer beziehungsweise gegen Armeen, die – wie die französische – einer Überrumpelung zum Opfer gefallen waren.

Gegen Rußland war kein Blitzkrieg möglich – weniger wegen seines Militärpotentials und seiner großen Ausdehnung als vielmehr wegen seiner ungünstigen Bodenbeschaffenheit. Sooft aber Brauchitsch mit Hitler über die natürlichen Grenzen eines motorisierten Krieges diskutieren wollte, fuhr ihm der Führer über den Mund. Er hatte genug davon, die Bedenken eines jener Militärs zu hören, die sich in seinen Augen bisher immer nur getäuscht hatten.

Ebensowenig hörte Hitler auf die Vorschläge zum Schutz der Truppen gegen die russische Kälte. Eine Massenproduktion von Spezialausrüstung, so wandte er ein, könne nur unliebsame Aufmerksamkeit wecken; außerdem werde die russische Armee vielleicht schon vor dem ersten Frost vernichtet sein. Ein Fünftel der deutschen Streitkräfte sollte in Rußland bleiben, um die neue Grenze zu bewachen, die vom Kaspischen Meer bis zum Weißen Meer verlaufen sollte. Auf dieser Grundlage hatte man warme Kleidung und Nahrungsmittel für den Winter hergestellt. »Den Rest der Armee werde ich dann demobilisieren und den Krieg gegen England mit der Luftwaffe und Kriegsmarine fortsetzen«, verkündete Hitler.

Weitgehende Uneinigkeit herrschte zwischen Hitler und der Generalität über den Charakter dieses Krieges. Zwischen ihm und seinen Generalen, sagte Jodl, habe in dieser Hinsicht eine völlig unterschiedliche Auffassung bestanden. In den Augen der Generale habe es sich um einen Konflikt zwischen zwei Armeen gehandelt, während der Führer ihn als Vernichtungskampf zwischen zwei unvereinbaren Zivilisationsformen betrachtet haben wollte.

Am 30. März 1941 wurden die Armeeoberbefehlshaber in die Reichskanzlei berufen. Hitler erschien vor ihnen mit finsterem Gesicht. Es handelt sich bei diesem Krieg, so führte er aus, um den »Kampf zweier Weltanschauungen gegeneinander... Wir müssen vom Standpunkt des soldatischen Kameradentums abrücken. Der Kommunist ist vorher kein Kamerad und nachher kein Kamerad. Es handelt sich um einen Vernichtungskampf. Wenn wir es nicht so auffassen, dann werden wir zwar den Feind schlagen, aber in dreißig Jahren wird uns wieder der kommunistische Feind gegenüberstehen... Der Kampf muß geführt werden gegen das Gift der Zersetzung. Das ist keine Frage der Kriegsgerichte... Die Truppe muß sich mit den Mitteln verteidigen, mit denen sie angegriffen wird. Kommissare und GPU-Leute sind Verbrecher und müssen als solche behandelt werden...« Ehe auch nur einer der Generale protestieren konnte, hatte Hitler den Saal schon wütenden Schrittes verlassen.
Die drei Heeresgruppenbefehlshaber erklärten Brauchitsch, man habe sie beschimpft. Sie verlangten vom Oberbefehlshaber des Heeres, in ihrem Namen zu protestieren. Brauchitsch aber war bereits weich geworden. Er gab den Generalen zwar recht, sagte ihnen aber, man dürfe den Führer jetzt nicht aufregen. Er werde überlegen, wie er ihn dazu veranlassen könne, diesen Entschluß wieder rückgängig zu machen. Seine Bemühungen verhinderten aber nicht den Erlaß des ›Kommissarbefehls‹ vom 6. Juni durch das OKH, der die Vernichtung aller Kommissare zur Pflicht machte.
Am 13. Mai wurde eine weitere, noch viel schwerer wiegende Entscheidung getroffen. Die rückwärtigen, das heißt eroberten Gebiete der deutschen Armeen in Rußland sollten auf eine vollkommen neue Art kontrolliert werden: Die Befehlsgewalt der Generale erstreckte sich in Zukunft nur noch auf die unmittelbare Kampfzone. Auf den Fersen der Frontsoldaten sollten Partei, Gestapo, SS sowie alle ideologischen und sonstigen Kontrolleinrichtungen des Hitlerstaates folgen. Der halbverrückte Theoretiker Alfred Rosenberg wurde zum ›Minister für die besetzten Ostgebiete‹ ernannt. Unter dem Decknamen ›Oldenburg‹ wurde eine riesige Organisation aufgebaut, welche die systematische Plünderung der eroberten Gebiete durchführen sollte. Rußland wurde in zwei Reichskommissariate (›Ostland‹ und ›Ukraine‹) unter Lohse und Koch sowie in sechs Wirtschaftsgebiete aufgeteilt. Alles, was irgendwie nützlich sein konnte, sollte ins Reich transportiert werden. Den ausführenden Organen wurde ausdrücklich eingeschärft, daß sie sich nicht um die Lebensbedingungen der Bevölkerung zu kümmern hätten. Wer verhungere, den brauche man dann später nicht zu verjagen, um Platz für deutsche Kolonisten zu schaffen.
Sicher wäre den Deutschen eine andere Politik möglich gewesen, nämlich die, sich zum Verbündeten des russischen Volkes zu machen. Stalins Tyrannei hatte unzählige Feinde. Die Bauern waren weitgehend unzufrieden. Hätte die deutsche Wehrmacht die Kolchosen aufgelöst und das Land unter die Bauern aufgeteilt, so hätte das vermutlich eine gegen das System gerichtete Volksbewegung hervorgerufen. Eine Reihe

von Ostfachleuten strebte eine solche Praxis an. Aber die Anordnungen des Ostministeriums verlangten genau das Gegenteil: Die Kollektivgüter sollten unangetastet bleiben. Von den Kolchosen seien die gleichen Lieferungen zu verlangen, wie sie bisher die sowjetischen Behörden gefordert hätten. Es war nicht die Rede davon, das russische Volk zu befreien, sondern es nach Asien zu verfrachten. »Den Russen«, erklärte Rosenberg, »stehen harte Zeiten bevor. In hundert Jahren aber werden sie uns dafür danken, daß wir sie in ihr angestammtes Gebiet zurückversetzt haben.«
Die Russen waren ›Untermenschen‹ im Vergleich zum deutschen Übermenschen, der ihnen gegenüber die gleichen Verpflichtungen habe wie gegenüber Tieren, nämlich keine unnütze Grausamkeit, aber das absolute Recht über Leben und Tod.

Die letzten Tage einer Freundschaft

Der 1. Mai 1941 wurde in Moskau im Zeichen der deutsch-sowjetischen Freundschaft begangen. Stalin und Marschall Timoschenko feierten sie in Aufrufen an die Nation und an die Armee. Fünf Tage später übernahm Stalin, der bis dahin nur den Titel eines Ersten Sekretärs der Kommunistischen Partei führte, die Leitung der Regierung mit dem Titel des Vorsitzenden des Rates der Volkskommissare. Der getreue Molotow rutschte stillschweigend auf den zweiten Rang.
Der deutsche Botschafter in Moskau, Friedrich Werner Graf von der Schulenburg, war ein echter Grandseigneur, der Hitler haßte, doch seinem Land ergeben diente. Er versuchte, den Frieden zu erhalten, denn Krieg würde den Alptraum von dem Zweifrontenkampf wieder heraufbeschwören. In seinen Depeschen an die Wilhelmstraße unterstrich er immer wieder, daß Stalin und Molotow alles täten, um einen Konflikt zu vermeiden oder, wie er sich in seiner Depesche vom 15. Juni ausdrückte, ›sie seien selbst zu äußersten Konzessionen bereit‹. Die Sowjetunion erfüllte gewissenhaft ihre Handelsverpflichtungen, die sie dem Reich gegenüber eingegangen war. Die wichtigsten Lieferungen, nämlich Petroleum, Getreide, Holz, Baumwolle usw. trafen pünktlich in Deutschland ein. Die Interventionsversuche der britischen Diplomatie waren gescheitert. Der ›rote‹ Aristokrat Sir Stafford Cripps, den Churchill nach Moskau geschickt hatte, war nach London zurückgekehrt. Es hieß, er sei entmutigt und werde nicht noch einmal nach Rußland gehen.
Die deutschen Truppenbewegungen konnten nicht vollkommen geheimgehalten werden. Die Nachrichtendienste in aller Welt waren auf dem laufenden. Sämtliche in Berlin akkreditierten Diplomaten stellten fest, daß die Eisenbahnen und Autobahnen mit Militärtransporten in Richtung Osten überlastet seien. In allen Berliner Gesandtschaften sprach man über einen unmittelbar bevorstehenden Konflikt, während Rei-

sende, die aus Moskau zurückkehrten, erstaunt berichteten, daß sich in Rußland kein Mensch beunruhige. Heute weiß man, daß Moskau durch Berichte der Berliner Sowjetbotschaft und zahlreiche Agentenmeldungen über die Vorgänge informiert war. Doch auf geheime Warnungen Churchills antwortete Molotow über die Presseagentur ›Tass‹ am 13. Juni: »Die verantwortlichen russischen Stellen halten es für notwendig, zu erklären, daß alle Gerüchte über Truppenkonzentrationen und aggressive Absichten von seiten Deutschlands nur ungeschickte Manöver von Kreisen sind, die ein Interesse an der Ausbreitung und Verlängerung des Krieges haben.« Die russische Regierung hielt sich auch weiterhin strikt an den Pakt von Moskau.

Am Tag nach der Veröffentlichung des Molotowschen Kommuniqués versammelten sich in der neuen Reichskanzlei die Spitzen der deutschen Wehrmacht. Das Aufgebot an Generalfeldmarschällen, Generalen und Admiralen war so eindrucksvoll, daß viele Beobachter in der Konferenz das Zeichen eines baldigen Kriegsausbruchs gegen Rußland sahen. Hitler war von den maßgeblichen Offizieren des OKW – Keitel, Jodl und Warlimont –, des OKH – Brauchitsch, Halder und Paulus –, des OKL – Göring, Milch, Jeschonnek und Bodenschatz – und des OKM – Raeder und Fricke – umgeben. Nacheinander erschienen vor ihm der Oberbefehlshaber der Truppen in Norwegen, Falkenhorst, der Chef der Luftflotte 5, Stumpff, die Befehlshaber der Heeresgruppe Süd – Rundstedt, Reichenau, Stülpnagel, Kleist, Schobert und Löhr –, der Marineeinheiten in der Ostsee – Carls –, der Heeresgruppe Nord – Leeb, Busch, Küchler, Hoepner und Keller – und der Heeresgruppe Mitte – Bock, Kluge, Strauß, Guderian, Hoth und Kesselring. Sie berichteten dem Führer über ihre Vorbereitungen und beantworteten seine Fragen. Beim Mittagessen, dem auch die Generalobersten Fromm und Udet beiwohnten, hielt Hitler eine Rede, in der er sein Lieblingsthema wieder aufnahm: Sobald Rußland niedergeworfen sei, werde England um Frieden bitten. Die Russen besiegen – das sei eine Sache von vier Wochen heftiger Kämpfe, denen dann ein Abflauen folgen würde. Das Gros des Heeres werde noch vor Weihnachten nach Deutschland zurückgekehrt sein. Die Welt hätte dann ein neues Gesicht.

Eins stand noch aus: das Datum des Angriffs. Am 17. Juni wurde der Angriff auf Sonntag, den 22. Juni, festgelegt. Die letzte Entscheidung werde am 21., um 13 Uhr, fallen. Das Stichwort ›Altona‹ sollte die Aufhebung des Angriffsbefehls bedeuten. während das Wort ›Dortmund‹ die Angriffsorder bestätigen sollte.

Das Stichwort ›Dortmund‹ war schon seit einigen Stunden gegeben, als am Abend des 21. Juni Molotow den Grafen Schulenburg zu sich berief. Er sprach ganz offen und teilte dem deutschen Botschafter seine Sorgen mit. Die russische Regierung sei sich über eine gewisse Unzufriedenheit der deutschen Regierung im klaren. Die Sowjetregierung würde gerne die Gründe kennen, um nach Mitteln der Abhilfe suchen zu können. Schulenburg versprach, Berlin von diesem Wunsch zu unterrichten. Als er in seine Botschaft zurückkehrte, hatte der Dechiffrierdienst gerade ein Telegramm

Am Sonntag, dem 22. Juni 1941, 3 Uhr 15 früh, begann das lang geplante ›Unternehmen Barbarossa‹, der Angriff auf die UdSSR, an einer mehr als tausend Kilometer langen Front von der Ostsee bis zu den Karpaten. Bei Luftangriffen auf Kiew (vorherige Seite) und andere Großstädte wurden bereits am ersten Tag über 1200 sowjetische Flugzeuge abgeschossen oder zerstört.

Ribbentrops in Klartext übertragen, in dem Schulenburg angewiesen wurde, Molotow die Kriegserklärung des Reichs zu übergeben.

Die letzten Stunden der letzten Nacht waren von einer erschütternden Melancholie. Der Generalstabschef Franz Halder hatte das künftige Schlachtfeld überflogen; völlig deprimiert von dem Eindruck der riesigen öden Flächen, die er gesehen hatte, kehrte er zurück. Manstein verbrachte den Abend des 21. Juni bei Freunden in Ostpreußen. Lange blieb er auf der Veranda sitzen und starrte in die Sommernacht. Dabei kam ihm zu Bewußtsein, welch unendlich hohen Preis jede einzelne Sekunde jetzt eigentlich habe.

Guderian stand mit seinem Panzerkorps vor Brest-Litowsk, das er während des Polenkrieges schon einmal genommen hatte und das er am nächsten Tag wieder erobern sollte. Der Bug war noch im Steigen. Guderian hatte das Ostufer genau beobachtet und keinerlei Verteidigungsmaßnahmen feststellen können. In der alten Zitadelle übten russische Soldaten Parademarsch. Wieder einmal würde der Feind also überrascht werden. Aber die Erwartung künftigen Ruhms vermochte nichts gegen das Gefühl der Beklemmung, welches Guderian – und nicht nur er – empfand, seit feststand, daß der Führer einen Krieg im Osten unternehmen wollte, bevor der im Westen gewonnen war.

An vielen Abschnitten saßen die Soldaten bereits seit drei Tagen in ihren Panzern oder auf ihren Lastwagen. Andere marschierten noch durch die sandigen Wege Ostpolens. Sie hatten dreißig Zigaretten und für vier Mann eine Flasche Schnaps erhalten, glaubten aber trotz dieser Großzügigkeit nicht an den Krieg. »Die Iwans sind unsere Verbündeten. Sie gehen mit uns gegen England. Sie lassen uns jetzt durchmarschieren, damit wir im Kaukasus auf Rommel treffen können. Sie haben die Ukraine an Hitler verkauft, und die werden wir jetzt besetzen...«

Um zwei Uhr pfiff eine Lokomotive an der Brücke von Brest-Litowsk. Ein sowjetischer Getreidezug fuhr nach Deutschland. Die Zöllner auf beiden Seiten erledigten ihre Routinearbeiten. An der Front war es still. Die Russen schliefen in ihren Kasernen. Auch Stalin schlief. In Berlin wurde der russische Gesandte Dekanosow geweckt; Ribbentrop erwartete ihn im Auswärtigen Amt. Der deutsche Außenminister ging mit großen Schritten auf und ab und wiederholte immer wieder, Hitler habe recht, mit Rußland endlich Schluß zu machen. Der Gesandte verstand kein Deutsch, der Übersetzer Pawlow mußte das lange Gerede, das Ribbentrop für nötig hielt, übersetzen. Als Dekanosow verstand, daß es sich um eine Kriegserklärung handle, stand er auf, machte eine kurze Verbeugung und verlangte seine Pässe. Ribbentrop begab sich anschließend in den Konferenzsaal, wo die Diplomaten und Auslandskorrespondenten versammelt waren. Unter den Versammelten befanden sich auch einige Damen in Abendkleidern. Ein Teil der Anwesenden erklärte jubelnd, das sei die größte Nacht der Geschichte, während andere nur mühsam ihre Furcht und Niedergeschlagenheit verbergen konnten. Als man das Außenministerium verließ, um die große Neuigkeit in die Welt hinauszutragen, ging die Sonne auf, und die Vögel sangen im Tiergarten. An der Front hatte die Artillerie um 3 Uhr 15 das Feuer eröffnet – im gleichen Augenblick, als der Himmel sich über Rußland rosa färbte.

XI. Kapitel 22. Juni bis 23. August 1941
Leningrad, Kiew oder Moskau

Die Reaktion auf den Angriff

Am Sonntag, dem 22. Juni, um 5 Uhr 30, ertönte die Stimme Joseph Goebbels' aus den Lautsprechern. Er verlas eine Erklärung Hitlers, in der dieser die Gründe für seinen Angriff auf Rußland darlegte.
Diese Erklärung endete mit dem Satz: »Ich habe mich heute entschlossen, das Schicksal des Deutschen Reiches und unseres Volkes wieder in die Hände unserer Soldaten zu legen.« Im gleichen Moment, als Goebbels sprach, verließ der deutsche Botschafter von der Schulenburg den Kreml. Die Kriegserklärung war eine Stunde nach Eröffnung der Feindseligkeiten erfolgt. Molotow war völlig konsterniert. Der ganze Vormittag verging, ehe das riesige russische Reich mit Ausnahme der bombardierten Städte wußte, daß es von der bis dahin gewaltigsten Kriegsmaschine der Geschichte angegriffen worden war. Endlich, um 12 Uhr 15, sprach Molotow. Er teilte den Angriff mit, die Verletzung der Grenzen, die Bombardierung von Schitomir, Kaunas, Kiew und Sewastopol, wobei bereits 200 Menschen getötet oder verwundet worden seien. Er erinnerte an die Niederlage Napoleons im Jahre 1812 und rief das russische Volk zu den Waffen. Der Ton seiner Rede war angsterfüllt, und seine Erklärung rief im ganzen Lande Bestürzung hervor. Viele Frauen weinten. Zu kriegerischen Kundgebungen kam es nirgends.
Am Abend desselben Tages sprach Churchill. Man hatte ihn um vier Uhr morgens geweckt, um ihm den deutschen Einmarsch in Rußland mitzuteilen. »Ich habe doch ausdrücklich gesagt, daß man mich nicht wecken soll, außer im Falle einer Invasion Englands«, antwortete er wütend und legte sich aufs andere Ohr. Dann bereitete er seine Rede vor, die er um 21 Uhr halten sollte. Niemals hatte Churchill besser gesprochen. Die Beschimpfungen, die er gegen Hitler losließ, und die bewegenden Worte des Mitgefühls für das russische Volk waren eine rhetorische Meisterleistung. Er erinnerte daran, daß er stets ein unversöhnlicher Feind des Kommunismus gewesen sei, daß er nichts davon zurücknähme, was er gesagt oder geschrieben habe, aber daß das alles nicht mehr zähle beim Anblick der ›brutalen Massen dieser hunnischen Soldateska‹ Hitlers, die ›wie ein Heuschreckenschwarm das Land überkriecht‹. England werde Rußland mit allen Kräften unterstützen und sich dadurch selber helfen. »Hitler versucht, Rußlands Macht zu zerbrechen, weil er hofft, daß er nachher in der Lage sein wird, das Gros seiner Armee und seiner Luftwaffe aus dem Osten zurückzubringen und gegen diese Insel zu werfen, die er – wie er weiß – erobern muß,

will er nicht die Strafe für seine Verbrechen erleiden. Diese Invasion ist nichts anderes als ein Auftakt zur Invasion der Britischen Inseln.«

Dieser Auffassung war die ganze Welt. Der amerikanische Kriegsminister Henry Lewis Stimson überreichte Roosevelt ein Memorandum, in dem er ausführte, daß Deutschland schätzungsweise für den Zeitraum von ein bis drei Monaten ausschließlich von der Niederwerfung Rußlands in Anspruch genommen sein werde. Das bedeute für die Westmächte eine wertvolle Atempause, die, wie Stimson sagte, dazu benutzt werden müsse, die amerikanische Tätigkeit im Atlantik zu verstärken. Die Öffentlichkeit reagierte auf den Angriff gegen Rußland eher mit Sarkasmus als mit Entrüstung. Das sei nichts anderes als der Streit zwischen zwei Gaunern, hieß es, und Stalin müsse dafür, daß er mit Hitler paktiert habe, jetzt eben bezahlen.

Als vierter sprach Roosevelt über den Rundfunk. Er verurteilte die Hitlersche Aggression mit einem gewaltigen Aufwand an Attributen, wie ›verräterisch, ehrlos, mörderisch, brutal‹ usw., achtete jedoch sorgsam darauf, zwischen Kommunismus und Nationalsozialismus keine allzu feinen Unterschiede zu machen. Die einzigen, die sofort zugunsten Rußlands umschwenkten, waren die Kommunisten.

In Harlem mußten die Teilnehmer an einem Treffen der ›Fighters for Freedom‹ zwischen Reihen von Polizisten durchgehen, ehe sie die Interventionisten als Spielzeug des britischen Imperialismus und als Knechte von Wall Street bezeichnen durften. Als die Versammlung geschlossen wurde, war von der Polizei nichts mehr zu sehen. Der Angriff gegen die UdSSR war in der Zwischenzeit in ganz Amerika bekanntgeworden, und wie überall forderte die Kommunistische Partei nun den unerbittlichen Kampf gegen Hitlerdeutschland.

In Rom überbrachte um 3 Uhr morgens der deutsche Vertreter, Fürst Bismarck, dem italienischen Außenminister ein langes Schreiben Hitlers. Mussolini befand sich in Riccione und wurde von Ciano telefonisch vom Inhalt des Briefs verständigt. Auf diese Weise erfuhr der Duce eine Viertelstunde vor Eröffnung der Feindseligkeiten von der Absicht Hitlers, in Rußland einzumarschieren. Der unberechenbare Mussolini fand sich wortlos damit ab, daß er wieder einmal von Hitler – worüber er sich oft entrüstet hatte – vor vollendete Tatsachen gestellt wurde. Er gab den Befehl, umgehend Rußland den Krieg zu erklären und der Wehrmacht ein italienisches Armeekorps anzubieten. Ciano berief den sowjetischen Gesandten zu sich, der am Badestrand gesucht werden mußte, wo er den Sonntag mit seinem Personal verbrachte. Der Russe nahm die Kriegserklärung entgegen, schüttelte dem Minister die Hand und verließ ihn so ungerührt, als hätte er soeben eine Einladung zum Diner erhalten.

Der Krieg hatte neue Dimensionen angenommen. Die Würfel waren gefallen.

Rund 150 deutsche Divisionen – Panzer, Artillerie und Infanterie (linke Seite) – stoßen tief ins Land vor und nehmen Grodno am Njemen, Kobrin, 60 Kilometer östlich von Brest, und Przemysl am Fuß der Karpaten. Flammenwerfer und Straßenkämpfe markieren den Weg der deutschen Wehrmacht, die im Begriff ist, das neunte Land in Europa zu erobern.

Nach weniger als vier Wochen stehen die deutschen Truppen in Kiew (oben), das XI. sowjetische Korps wird zerschlagen. Tausende russischer Soldaten (unten), unter ihnen der Kommandierende General Marakow, gehen in deutsche Kriegsgefangenschaft.

Die Kräfteverteilung der russischen Armee

Über die genaue Aufstellung der sowjetischen Streitkräfte zu Beginn der Feindseligkeiten sind wir aus russischer Quelle nur unzulänglich unterrichtet. Zwar wurden in Moskau umfangreiche historische Arbeiten über den Krieg veröffentlicht, von denen die sechsbändige ›Geschichte des Großen Vaterländischen Krieges der Sowjetunion‹ des Instituts für Marxismus-Leninismus, die ›Geschichte des Zweiten Weltkrieges‹, verfaßt von mehreren Offizieren und herausgegeben von Generalleutnant S. Platonow, und schließlich das große Handbuch von B. S. Telpuchowski, ›Die sowjetische Geschichte des Großen Vaterländischen Krieges‹, an erster Stelle zu erwähnen sind. Diese Werke enthalten jedoch nur zu einem geringen Teil strategische, taktische oder technische Studien. Sie sind überladen mit langatmigen Darstellungen der pazifistischen Haltung der UdSSR, des heroischen Kampfes ihres Volkes, der führenden Rolle der Kommunistischen Partei, der bestialischen Scheußlichkeiten des Angreifers und der Falschheit der Westmächte, die ständig mit Hitler zusammengearbeitet hätten, um den Untergang des proletarischen Staates zu erreichen.

Noch heute liegt der Schleier des Geheimnisses über einem Krieg, der schon ein Vierteljahrhundert vorüber ist und dessen Formen bereits ebenso der Vergangenheit angehören wie die des Siebenjährigen Krieges. Insbesondere über die Vorgänge auf russischer Seite während der ersten sechs Monate wissen wir nur wenig. Solange Stalin lebte, war es selbstverständlich, daß er ein geniales Manöver durchgeführt und daß sich alles nach seinen Plänen abgespielt hatte. Heute sieht man die Dinge anders. Tepulchowski zählt beispielsweise unbarmherzig alle Fehler des Diktators auf, den er bis 1954 für unfehlbar gehalten hatte. So beispielsweise die fehlerhafte Einschätzung der Pläne Hitlers, die mangelhaften Vorbereitungen auf einen militärischen Konflikt, die verspätete Ankurbelung der Rüstungsindustrie, Organisationsfehler, die 1937 die Abschaffung der Panzerkorps zur Folge hatten, und schließlich die fehlerhafte Truppenverteilung, welche die feindliche Invasion erleichterte. Tepulchowski dementiert auch, daß, wie im Jahre 1812, ein systematischer Rückzugsplan bestanden habe, und gibt zu, daß wichtige Teile des Landes nur infolge mangelhafter Verteidigungsbereitschaft verlorengegangen seien. Genaue Berichte über die militärischen Operationen jedoch sowie eine detaillierte Aufstellung der schweren Verluste zu Beginn des Feldzugs fehlen noch weitgehend.

Am 22. Juni wurde die Rote Armee zu 80 Prozent mobilisiert. Doch wurde sie bei weitem nicht in dieser Stärke in den zu erwartenden Kampfgebieten an der Westgrenze aufgestellt; auch sah ihr Aufmarschplan keine offensiven Operationen vor. Die sowjetischen Streitkräfte waren in fünf ›Fronten‹ aufgeteilt, wobei eine ›Front‹ etwa der deutschen ›Heeresgruppe‹ entsprach. Die Nordfront (General M. M. Popow) bestand aus der 7., 14. und 23. Armee, die Nordwestfront (General F. I. Kusnezow) aus der 8., 11. und 27. Armee, die Westfront (General D. G. Pawlow) aus der 3., 10. und 4. Armee sowie einem Kavalleriekorps und vier motorisierten Korps, die Südwestfront (General H. P. Kirponos) aus der 5., 6., 26. und 12. Armee, die Südfront (General I. P. Tilulenjew) aus der 9. Armee, dem II. Kavalleriekorps und dem II. motorisierten Korps. Viele Einheiten befanden sich in weit von der Grenze entfernten Garnisonen und lebten weiter, als ob tiefster Frieden herrsche.

Düna, Bug, Dnjepr

Da sie die deutschen Absichten hinsichtlich der Ukraine kannten, hatten die Russen dort die meisten Truppen versammelt, nämlich fast die Hälfte der Infanteriedivisionen und mehr als die Hälfte der Panzereinheiten. Die deutsche Heeresgruppe Süd unter Rundstedt mußte gegen einen an Truppenstärke und Material überlegenen Gegner antreten.

Die Überrumpelung des Gegners schien Rundstedt zunächst zu gelingen. Die Panzergruppe Kleist in der Mitte, zogen sich die 6. und 17. Armee in der Dunkelheit am westlichen Ufer des Bug und des San zusammen. Sie fielen buchstäblich über Schläfer her, nahmen die unzerstörten Brücken und überschritten die Flüsse, ohne einen einzigen Mann zu verlieren. Die russische Reaktion erfolgte indes so schnell, daß die deutschen Truppen eine unangenehme Überraschung erlebten. Vom Abend des Zweiundzwanzigsten an mußten die Armeen Reichenau und Stülpnagel heftige Gegenangriffe der Russen abschlagen. Und vom 23. Juni an sahen sich die Panzerkommandeure der Gruppe Kleist einem neuen sowjetischen Kampfwagen gegenüber, dem hervorragend konstruierten und stark bewaffneten T 34, gegen den die deutsche 37-mm-Pak fast nur durch gezielte Treffer auf die Raupen etwas ausrichten konnte. Der deutsche Plan war, über die Straße nach Schitomir mit dem III. und XIV. motorisierten Armeekorps sowie dem XXXXVIII. Panzerkorps auf Kiew vorzustoßen. Der erbitterte russische Widerstand gestattete jedoch einen so raschen Durchbruch nicht. Der Kampf nahm die Formen eines Frontalangriffs an.

Das Schlachtfeld war eine leicht gewellte Ebene, bedeckt mit Getreide-, Mais- und Sonnenblumenfeldern. Die kleinen, ehemals polnischen Städte Rowno, Dubno, Tarnopol, Luck und Kowel, die seit September 1939 zur UdSSR gehörten, waren recht armselige Ortschaften. Die Dörfer bestanden aus Holzhäusern, die von hohen Sonnenblumen umgeben waren. Die Bauern begrüßten die Deutschen als Befreier und baten um die Erlaubnis, die Kirche wieder öffnen und Messen abhalten zu dürfen.

Die Hitze war entsetzlich. Die deutschen Soldaten besaßen kein Drillichzeug und schwitzten in ihren grauen Zellwolluniformen. Jeden Nachmittag verdüsterte sich der

Himmel, Sturm kam auf und wirbelte Wolken von Staub in die Höhe. Dann brach das Gewitter los, und gewaltige Regenmassen stürzten auf die Ebene nieder, die in wenigen Augenblicken von einer Schlammschicht bedeckt war. Die Fahrzeuge, in erster Linie die in Frankreich erbeuteten Personen- und Lieferwagen, waren für ordentliche Straßen, höchstens aber für Feldwege gebaut. An den russischen Bodenverhältnissen aber mußten sie scheitern. Dabei stand man praktisch erst im Vorzimmer von Rußland. Die Deutschen drangen unter größten Schwierigkeiten vor. Die 6. Armee warf den Feind längs der Pripjetsümpfe zurück. Die Panzergruppe 1 breitete sich an der Styr-Linie aus. Lemberg, das nur 50 Kilometer vor der Ausgangslinie lag, wurde erst am 30. Juni durch die 17. Armee genommen, die dort an verschiedenen Hinrichtungsstätten eine große Zahl von Leichen vorfand. Darunter befanden sich mehrere hundert erschossene ukrainische Nationalisten, welche nach Ansicht der Russen bereit gewesen wären, mit dem Feind zu kollaborieren. Darauf hatte Hitler nur gewartet. Jetzt konnte er beweisen, daß der Kampf gegen den Bolschewismus nicht auf ritterliche Weise zu führen war. Hier fand man auch die ersten Leichen deutscher Soldaten, die grausam zugerichtet waren. Der Krieg in Rußland hatte begonnen.

Am 2. Juli weitete sich die Front aus. Die 11. deutsche Armee (Schobert) und zwei rumänische Armeen griffen im Süden der Karpaten an, überschritten den Pruth und eroberten Bessarabien. Rundstedt nahm den Russen, was Ribbentrop ihnen zwanzig Monate zuvor gegeben hatte, aber ein weiterer Durchbruch gelang ihm nicht.

Am Nordflügel der Front betrug die Dichte der russischen Streitkräfte, welche den Weg nach Leningrad sperrten, nur ein Drittel der Truppendichte des Südflügels. Leeb griff auf die gleiche Weise wie Rundstedt an, nämlich mit der 18. Armee (Küchler) im Norden, der 16. Armee (Busch) im Süden, welche die Panzergruppe 4 (Hoepner) flankierten. Der Angriff gelang bedeutend besser als in der Ukraine. Einer dieser schnellen Verbände, das LVI. motorisierte Armeekorps, wurde von Manstein befehligt. Er fuhr mitten in den Feind hinein, erreichte am Zweiundzwanzigsten das tief eingeschnittene Tal der Dubissa, nahm im Überraschungsangriff den Eisenbahnviadukt, der über sie hinwegführt, und rollte weiter auf Dünaburg zu. In vier Tagen legte er 200 Kilometer zurück. Auch die großen Brücken über die Düna konnte er nehmen, bevor die Russen daran dachten, sie zu sprengen. Das Wort vom ›Blitzkrieg‹ war noch nicht zu leeren Phrase geworden!

Und trotzdem, dieser großartige Vorstoß Mansteins zeigte die schwache Struktur der deutschen Armee. Das LVI. motorisierte Armeekorps besaß nur eine einzige Panzerdivision, die 8., die lediglich aus drei Panzerbataillonen bestand. Die 3. motorisierte Division vermochte zwar mit den Panzern Schritt zu halten, aber die dritte Division des Armeekorps, die 290., eine gewöhnliche Infanterieeinheit, blieb zurück. Das andere Korps der Panzergruppe 4, das XXXXI. motorisierte Armeekorps, marschierte über Jakobstadt auf die Düna zu, doch der Kommandierende General, Reinhardt,

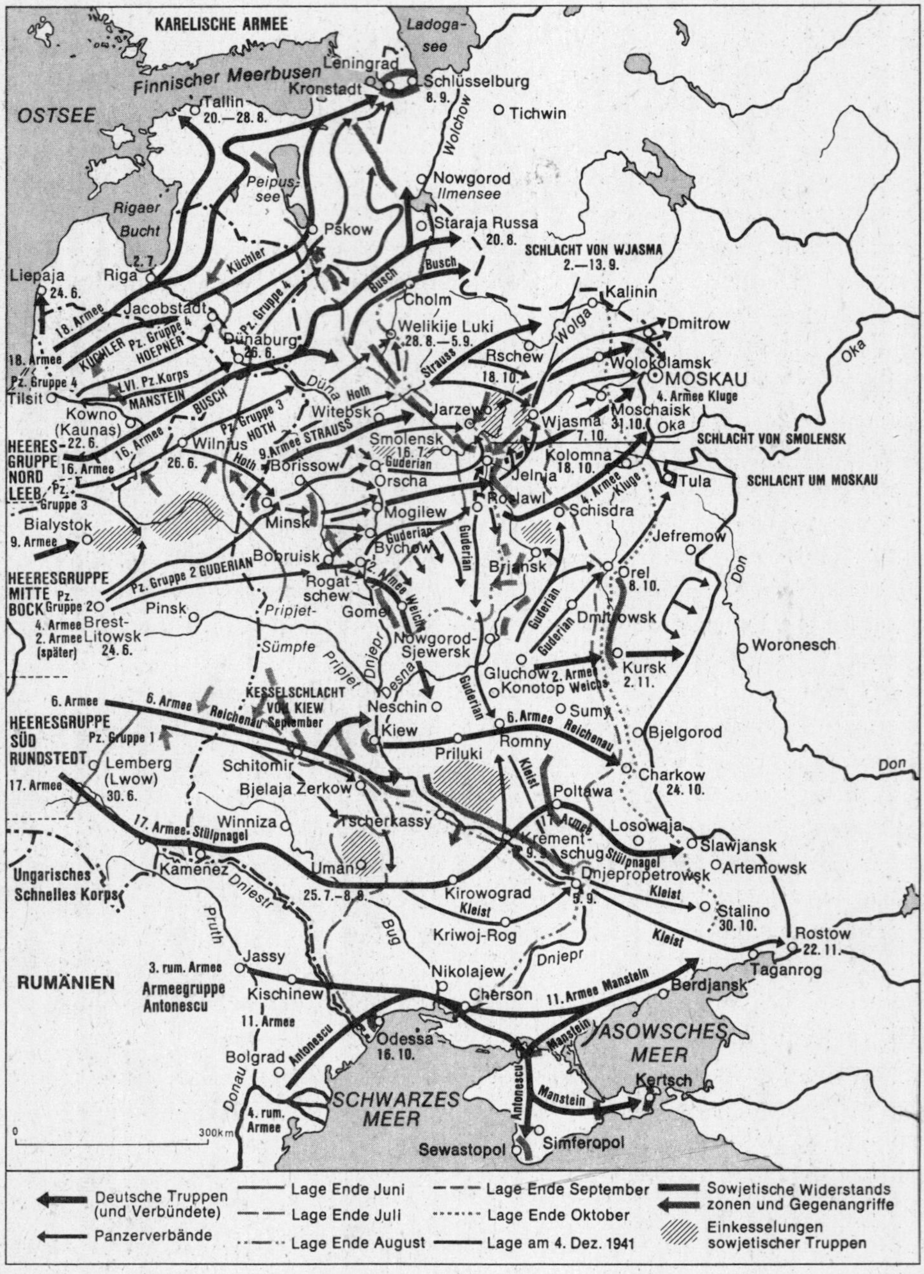

Karte 18 Beginn des Rußlandfeldzugs (Juni bis Dezember 1941)

entweder weniger kühn oder nicht so vom Glück begünstigt wie Manstein, kam nicht so rasch vorwärts. Drei Tage lang blieb Manstein an der Spitze. Über 100 Kilometer vor dem Gros der Heeresgruppe mußte er einen undankbaren Verteidigungskampf führen, um sich bei Dünaburg halten zu können.
Am Neunundzwanzigsten war die Krise überwunden. Die gesamte Heeresgruppe stand an der Düna. Die 16. Armee hatte die Gegend von Kowno gesäubert, die 18. nahm Riga ein. Nachdem der Fluß überschritten war, ging es rasch vorwärts, und am 10. Juli wurde der Peipussee erreicht. Zwei Jahre zuvor noch hatte sich bis hierher die unabhängige Estnische Republik erstreckt. In 18 Tagen hatte Leeb zwei Drittel des Weges nach Leningrad zurückgelegt, 20 feindliche Divisionen waren aufgerieben oder verbraucht worden. Den Deutschen war jedoch keine bedeutende Einkesselungsoperation gelungen, und hinter den Befestigungen der ehemaligen Grenze verhinderten starke russische Kräfte die Einnahme Leningrads durch einen deutschen Handstreich.
Die Flügeloffensiven Rundstedts und Leebs waren zweitrangige Kampfhandlungen. Die wichtigsten Operationen waren der Heeresgruppe Mitte unter Bock vorbehalten. Bock gegenüber lagen 38 Infanteriedivisionen, 8 Kavalleriedivisionen und 14 motorisierte Brigaden. Das waren stärkere Kräfte als im Norden, aber schwächere als in der Ukraine. Es war der einzige Abschnitt, an dem die Deutschen mit überlegenen Kräften antraten. Fünf der insgesamt zehn Panzerkorps der Wehrmacht waren hier eingesetzt.
Am Bug begann der Angriff recht zügig. Nachdem in der Nacht vom 20. auf den 21. Juni der letzte sowjetische Getreidezug Brest-Litowsk Richtung Deutschland verlassen hatte, herrschte wieder vollkommene Ruhe. 3 Uhr 15, im gleichen Augenblick, als die deutschen Batterien zu feuern begannen, stürmte Oberleutnant Zumpe mit der 3. Kompanie des 135. Infanterieregiments über die Brücke. Die Brücke ging nicht hoch, und aus dem Schilderhaus des russischen Postens fiel ein einziger Schuß, der niemanden verletzte. Innerhalb weniger Minuten hatte die Wehrmacht einen der breitesten Ströme Europas überschritten.
Nördlich von Brest-Litowsk verschwanden 18 Unterwasserpanzer der 18. Panzerdivision unter dem Kommando des Grafen Strachwitz in den Fluten, tauchten nach einer Weile am Ostufer wieder auf, warfen ihre wasserdichten Hüllen ab und rollten in breiter Formation über die Ebene. Hinter ihnen begannen Pioniere mit dem Bau von Pontonbrücken, während Teile der Infanterie bereits in Sturmbooten übersetzten. Das 135. Infanterieregiment versuchte die alte Zitadelle von Brest im Überraschungsangriff zu nehmen. Der Versuch mißlang. Auf einer der drei zu der Festung gehörenden Bug-Inseln hielten sich die Russen bis zum 30. Juni trotz des Feuers der schweren deutschen Artillerie und wiederholter Stukaangriffe. Erst nach zwei Wochen erfuhr das russische Volk von diesem Beispiel tapferen Widerstands. Stalin hatte die Bekannt-

gabe dieser Episode zunächst untersagt, weil sich die letzten Verteidiger ergaben, als ihnen Lebensmittel und Munition ausgegangen waren.
Zu beiden Seiten des Widerstandsnestes überschritt die starke Panzergruppe Guderian mit 15 Divisionen, darunter 5 Panzerdivisionen mit 930 Panzern, den Bug und die Lesna. Im Norden war es das XXXXVII. Panzerkorps unter General Lemelsen, im Zentrum das XII. Armeekorps unter General Schroth und im Süden das XXIV. Panzerkorps unter General Geyr von Schweppenburg. Die Reserve bildete das XXXXVI. Panzerkorps unter General Vietinghoff. In einer riesigen Staubwolke rollte diese 100 Kilometer breite Formation über Slonim und Baranowitschi nach Osten. Die 4. Armee, das IV., VII., XIII. und XXXXIII. Korps folgten. Guderian war wütend, weil er Generalfeldmarschall von Kluge unterstellt worden war.
Die Panzergruppe 3 unter Generaloberst Hoth war vor Beginn des Angriffs an der Grenze zwischen Ostpreußen und Litauen aufmarschiert. Hoth war verärgert, weil er den Oberbefehlshaber der 9. Armee, Generaloberst Strauß, zum Vorgesetzten erhalten hatte. Dem Kommando Hoths unterstanden das XXXIX. Panzerkorps des Generals Rudolf Schmidt, das LVII. Panzerkorps des Generals Kuntzen sowie das V. und VI. Armeekorps. Das waren insgesamt 250000 Mann und 840 Panzer. Obwohl sein Ausgangspunkt 50 Kilometer vor der Memel lag, hatte er bereits am Nachmittag des 22. Juni mehrere Memelbrücken unzerstört in der Hand. Am nächsten Tag begannen dann die Schwierigkeiten in den Treibsandgebieten östlich des Stroms, die, wie Hoth schreibt, noch nie ein Automobil gesehen hatten. Der Vormarsch ging trotzdem zügig weiter. Am Fünfundzwanzigsten standen die Eroberer in Molodetschno, von wo aus Napoleon auf dem Rückzug aus Rußland seinem Volk im 29. Kriegsbericht gnädig mitteilte, daß er niemals so gesund wie zum gegenwärtigen Zeitpunkt gewesen sei und im übrigen 600000 Mann verloren habe. Am nächsten Tag schlich sich die 20. Panzerdivision durch die Bunkerreihen der Stalinlinie und erreichte Minsk, die Hauptstadt der Weißrussischen Sowjetrepublik. Weiter östlich hatte die 7. Panzerdivision die ›Rollbahn‹ von Borissow nach Moskau an der Beresina überschritten. Hoth hatte die 3., die 4. und die 10. russische Armee, die beiderseits der Memel in der Gegend von Lida bis Nowogrudok lagen, bereits 200 Kilometer hinter sich zurückgelassen. Guderian kam von Baranowitschi her auf ihn zu. Dabei überließ er der 4. und 9. Armee die Schließung des Kessels, der durch die Panzer geschaffen worden war.
Zwei große Flüsse, die Düna im Norden und der Dnjepr im Süden, bilden von der Ostsee bis zum Schwarzen Meer eine Wasserstraße, die nur durch einen 60 Kilometer breiten Streifen Land, den weißrussischen Landrücken zwischen Witebsk und Orscha, unterbrochen ist. Dieses Tor ins Innere Rußlands sollte als nächstes eingedrückt werden. Anschließend wollte Hoth die russischen Nordarmeen zwischen seiner Panzergruppe und jener des Generals Hoepner umfassen, um dann nach Moskau abzu-

Unzählige russische Dörfer zwischen der Ostsee und dem Schwarzen Meer teilen dasselbe Schicksal: Brennende Häuser, fliehende Männer, Frauen und Kinder, die mit ihren letzten Habseligkeiten das Weite suchen.

Wie deutsche Soldaten berichten, wurde die Wehrmacht in vielen Orten als Befreier von der kommunistischen Herrschaft begrüßt. Rücksichtslose Ausbeutung der besetzten Gebiete und die Drangsalierung ihrer Bewohner bewirkten jedoch, daß unzählige Zivilisten in die Wälder flüchteten und als Partisanen weiterkämpften.

schwenken und die Verbindung mit Guderian, der von Smolensk herbeistieß, herzustellen. Doch die Verwirklichung dieser Pläne schien den Infanteriegeneralen im Oberbefehl der Heeresgruppe verfrüht. Hoth und Guderian wurden durch die Heeresgruppe aufgefordert, der Infanterie nicht übertrieben weit vorauszueilen, sondern ihre Kämpfe zu unterstützen. Hoth schickte einen Offizier nach Angerburg, der versuchen sollte, das OKH umzustimmen, aber Brauchitsch und Halder hatten noch beschränktere Auffassungen als Bock. Sie bestanden darauf, daß die Panzergruppen lediglich den äußeren Ring bilden sollten, innerhalb dessen die eingeschlossenen sowjetischen Armeen durch die Infanterie aufgerieben würden.

Dieser Auftrag war am 1. Juli bei Baranowitschi, Lida und Nowogrudok und einige Tage später auch im Süden von Minsk ausgeführt. Der russische Widerstand war unterschiedlich stark gewesen. Manche Einheiten hatten sich geradezu begeistert ergeben und den Deutschen sogar die Erschießung der Politkommissare erspart, einige waren in den Wäldern verschwunden, andere dagegen hatten heftigen Widerstand geleistet.

Am 11. Juli meldete der Wehrmachtsbericht des OKW das Ende der Doppelschlacht und die Gefangennahme von 323 898 feindlichen Soldaten, die Erbeutung beziehungsweise Zerstörung von 1809 Geschützen und 3332 Panzern. Das war ein glänzender Erfolg, der einen gewissen Ausgleich bildete für das langsame Vordringen in der Ukraine. Von den 188 sowjetischen Divisionen und Brigaden, die am 22. Juni an der ganzen Front gezählt wurden, waren 89 vollkommen oder teilweise aufgerieben. Halder schrieb in sein Tagebuch, das strategische Ziel der ersten Operationsphase, die Vernichtung sowjetischer Streitkräfte westlich der Düna und des Dnjepr, sei erreicht. Allerdings notierte er gleichzeitig: ›Die Weite des Raumes und die Hartnäckigkeit des mit allen Mitteln geführten Widerstandes werden uns noch viele Wochen beanspruchen.‹

Stalin spricht

Zwölf Tage lang hörte das russische Volk kein Wort von Stalin. Im Ausland liefen die wildesten Gerüchte um. Einmal hieß es, er sei erschossen worden, ein andermal, er sei in die Türkei, in den Iran oder nach China geflüchtet. Derartige Vermutungen lagen nahe: Mußte Stalin jetzt nicht für sein Bündnis mit Hitler büßen, für seine mangelnde Voraussicht, welche die Überrumpelung der Roten Armee und des ganzen Volkes verschuldet hatte? Mußte er nicht jetzt zumindest seine hohe Stellung verlieren?

Diese zwölf Tage im Leben des Diktators liegen heute noch weitgehend im dunkeln. Die schöne Legende, nach der Josef Stalin das Vaterland der Werktätigen gerettet habe, indem er vom ersten Tag an die Leitung der Operationen an sich genommen habe, wurde durch Nikita Chruschtschow am 25. Februar 1956 auf dem XX. Parteitag der KPDSU brutal zerstört. Nichts habe Stalin vorausgesehen, sondern vielmehr alle Warnungen in den Wind geschlagen. Er habe keinesfalls dem russischen Volk Mut zugesprochen, sondern sich selbst der Verzweiflung überlassen. Erst nachdem ihn eine Anzahl von Mitgliedern des Politbüros aufgesucht hatte, habe er sich aufgerafft und die Leitung von Staat und Armee wieder in die Hand genommen. Was während dieser Tage in und um Stalin vorging, ist bis heute noch nicht geklärt.

Am 3. Juli brach Stalin sein Schweigen. Um 6 Uhr 30 – Radio Moskau sendete gerade die Frühnachrichten – tönte plötzlich die tiefe Stimme mit dem georgischen Akzent aus den Lautsprechern. Stalin begann damit, daß er seinen Pakt mit Hitler rechtfertigte. Er versicherte, dieser Pakt habe der Sowjetunion die unbedingt notwendige Ruhepause verschafft. Dann gab er Anweisungen für den Kampf gegen den Eindringling. Wieder einmal sollte Rußland seine Erde verbrennen und mit einem Volksaufstand sich der technischen Überlegenheit des Westens widersetzen:

»Kein einziger Waggon, keine einzige Lokomotive, kein Kilo Getreide und kein Liter Brennstoff dürfen in die Hand des Feindes fallen. In den besetzten Gebieten müssen sich Partisanengruppen zu Fuß und zu Pferd organisieren, um einen Zermürbungskrieg zu führen, Brücken und Straßen zu sprengen, Lager, Häuser und Wälder in Brand zu setzen. Der Feind muß gehetzt werden bis zu seiner Vernichtung.«

Die Gefahr einer Panik war jetzt gebannt. Das Oberkommando, das für viele Fehler verantwortlich war, befand sich wieder in fester Hand. Zahlreiche Generale wurden für ihre Niederlagen schwer bestraft; eine Reihe von Truppenführern erschoß man, anderen wurde der Selbstmord befohlen. Das Oberkommando der den drei deutschen Heeresgruppen gegenüberliegenden drei sowjetischen ›Abschnitte‹ wurde in den nächsten Wochen mit drei zuverlässigen Marschällen neu besetzt: Woroschilow übernahm den Oberbefehl im Norden, Timoschenko im Mittelabschnitt und Budjennyj im Süden.

Woroschilow war ein ehemaliger Metallarbeiter, dessen bedeutendste Waffentat die Unterdrückung der Meuterei der Matrosen von Kronstadt im Jahre 1920 gewesen war. Budjennyj war ein ehemaliger Dragonerunteroffizier, der die Rote Reiterarmee während des Bürgerkriegs befehligt hatte – ein wilder, unkultivierter und äußerst vitaler Kerl mit einem gewaltigen Schnurrbart. Der überaus strenge und ernste Timoschenko besaß alle Gaben eines Feldherrn. Während des finnisch-sowjetischen Winterkriegs hatte er die entscheidende Wende herbeigeführt. Ihm vertraute man jetzt den Abschnitt an, der unter den Stößen des deutschen Rammbocks nachgegeben hatte – und damit den Schutz der Hauptstadt.

Zwölf Tage nachdem Stalin sein geheimnisvolles Schweigen gebrochen hatte, ernannte er sich selbst zum Verteidigungskommissar. Und ein wenig später, am 7.

August, wurde er Oberkommandierender der Sowjetarmee. Chef des Stabes war Boris Schaposchnikow, der seine Offizierslaufbahn noch unter dem Zaren begonnen hatte und 1917 schon Oberst war. Es ist unmöglich, sich ein genaues Bild von der Struktur und der Arbeit des sowjetischen Oberbefehls zu machen, also auch nicht von der Größe der Verantwortung und dem Verdienst der einzelnen Generale und Marschälle im Generalstab der Sowjetarmee.

Erste Widerstände

Am 5. Juli trat die Heeresgruppe Süd zum Sturm auf die Stalinlinie an. Diese bestand aus einer Reihe von Betonbunkern, die durch Feldbefestigungen unterstützt wurden. Dabei zeigte sich, mit welcher traditionellen Geschicklichkeit die russischen Infanteristen das Terrain zu benützen verstanden. ›Wir Städter‹, schrieb ein deutscher Kriegsteilnehmer, ›lieben es gar nicht, uns der Schaufel zu bedienen, während die Russen sich gar nicht von ihr trennen können und wesentlich geschickter als wir mit ihr umzugehen wissen. Ein russisches Schützenloch ist gerade so breit wie die Schultern, und aus zehn Meter Entfernung kann man den Schützen kaum noch sehen.‹
Die deutschen Infanterie- und Panzereinheiten kamen hier nur langsam vorwärts. Zehn Tage brauchten die Panzergruppe 1 und die 6. Armee, um sich durch die Befestigungszone zu kämpfen und Schitomir zu erobern. Weiter im Süden erreichte die 17. Armee bei Winniza den ukrainischen Bug. Rundstedt war es leid, sich Schritt für Schritt vorkämpfen zu müssen. Er gab den Frontalvorstoß gegen Kiew auf und schwenkte nach Südosten in der Absicht, große Teile der feindlichen Truppen zwischen seiner Heeresgruppe und den deutsch-ungarisch-slowakisch-rumänischen Streitkräften, die vom Dnjestr her vorstießen, einzuschließen.
Marschall Budjennyj versuchte durch einen Gegenangriff in die Flanke der deutschen Kolonnen dieses Manöver zu verhindern, aber die großen Panzereinheiten, die er zur Verfügung hatte, waren weniger leicht zu dirigieren als seine Kavalleriedivisionen im Bürgerkrieg. Die russischen Angriffe scheiterten, und am 2. August war die Zange um die kleine Stadt Uman geschlossen. Vom 2. bis 8. August vernichteten Rundstedts Armeen die 6. und 12. sowjetische Armee. Die Deutschen nahmen 103000 Mann gefangen und erbeuteten 858 Kanonen sowie 317 Panzer. Die beiden russischen Armeeoberbefehlshaber, die Generale Musytschenko und Ponedelin, waren unter den Gefangenen.
Durch den Sieg bei Uman wurde der russische Widerstand in der Westukraine gebrochen. Die 4. rumänische Armee schloß Odessa ein, die 11. deutsche marschierte auf die Dnjeprmündung zu, während die 6. und 17. Armee den großen Dnjeprbogen

eroberten. Die deutschen Soldaten marschierten bei Nacht, während der brütenden Mittagshitze schliefen sie im Getreide. Der majestätische Flußlauf des Dnjepr beeindruckte sie. Der breite Strom fließt langsam zwischen einer Unzahl bewaldeter Inseln dahin, und von den Steilufern der rechten Flußseite sah man in die unendliche Ebene jenseits des Dnjepr, die sich im Mittagsdunst verlor. Wie im ehemaligen Polen wurden die Deutschen auch hier als Befreier begrüßt. Bauern brachten ihnen Brot und Salz. Die ersten großen wirtschaftlichen Eroberungen fielen nun in deutsche Hände: Getreidefelder, die Baumwollfelder von Cherson, die Manganerzgruben von Nikopol und der Eisenerzbergbau bei Kriwoj-Rog. Dagegen war das eigentliche Ziel der Offensive, Kiew, noch nicht erreicht. Ein Überraschungsangriff scheiterte. Die große, rings von Hügeln umgebene Stadt war ein mächtiger russischer Brückenkopf auf dem Westufer des Dnjepr.

Eisen- und Manganerz im Süden, Nickel im äußersten Norden ... Am 22. Juli hatte das XIX. Gebirgsjägerkorps unter General Dietl die finnisch-norwegische Grenze, den reißenden Paatsjoki in der Nähe des Nordkaps, erreicht und besetzte die dort liegenden Bergwerke.

In diesen hohen Breitengraden gab es zahlreiche wirtschaftliche und strategische Objekte. Hitler hatte es insbesondere auf die an Bodenschätzen reiche russische Halbinsel Kola abgesehen. Murmansk war der einzige das ganze Jahr über eisfreie Hafen des nördlichen Rußlands und damit von größter Bedeutung für das Verladen von Hilfslieferungen verbündeter Mächte an die Sowjetunion. Hitler hätte die Einnahme von Murmansk wahrscheinlich noch für wesentlich dringlicher gehalten, wenn er nicht davon ausgegangen wäre, daß der Krieg in Rußland unter allen Umständen vor Wintersanfang zu Ende sein werde.

Dietl versuchte es. Am 29. Juni drangen seine Gebirgsjäger in die Tundra vor, wo sie knietief in den Morast einsanken und Wolken von Stechmücken hochjagten. Sie überschritten die ehemalige russisch-finnische Grenze und erreichten den kleinen Fluß Liza, der noch zugefroren zwischen den Zwergweiden lag. Weiter kamen sie nicht. Die Tundra schützte Murmansk besser, als es Beton vermocht hätte.

England beschloß, die Sowjetunion zu unterstützen. Stalin, der dem deutschen Bombenhagel auf London ungerührt zugesehen hatte, verlangte jetzt energisch, als handle es sich um eine Verpflichtung der Westmächte, eine zweite Front auf dem europäischen Kontinent. Die konnte ihm Churchill nicht schaffen, dafür aber pries er in Worten den heldenhaften Widerstand der Russen und versprach der Roten Armee 3 Millionen Paar Stiefel. Trotz aller Einwände der Admiralität beschloß er schließlich doch, in der Arktis die beiden Flugzeugträger *Victorious* und *Furious* sowie zwei Kreuzer und sechs Zerstörer einzusetzen. Unter dem Oberbefehl von Wake-Walker wurden Kirkenes und Petsamo bombardiert. Die Stukas waren anderweitig eingesetzt, so daß die Schiffe nicht beschädigt wurden; ein Drittel der englischen Flugzeuge ging jedoch

verloren. Der psychologische Erfolg dieses Unternehmens war so unbedeutend wie der militärische; denn die Geste der Engländer ließ die Russen fast vollkommen gleichgültig.
Da die Deutschen Murmansk nicht nehmen konnten, wollten sie die Hafenstadt isolieren und die Eisenbahnlinie unterbrechen. Das XXXVI. Armeekorps marschierte durch schauerliche Sümpfe bis 30 Kilometer vor Kandalakscha, die Hauptstadt Sowjetisch-Kareliens. Dort aber blieb die Truppe erschöpft liegen.

Vor Leningrad. Die Operationen der Heeresgruppe Nord

Große strategische und symbolische Bedeutung maß Hitler einer Eroberung Leningrads bei. Die Finnen standen, nachdem sie am 28. Juni die Grenze von 1939 überschritten und Teile des ehemals finnischen Territoriums wiederbesetzt hatten, 100 Kilometer vor Leningrad. Hitler wollte jedoch die Einnahme Leningrads nicht einer fremden Streitmacht verdanken, und Marschall Mannerheim hatte die Feindseligkeiten seinerseits auch nur widerstrebend eröffnet. Von der charakteristischen patriotischen Begeisterung, welche die Finnen während des Winterkriegs gezeigt hatten, war jetzt nichts mehr zu spüren. Juli und August vergingen, ehe sie Wiborg wiedererobert und die Swirlinie zwischen Ladoga- und Onegasee erreicht hatten.
Der Kampf um Leningrad spielte sich südlich der Stadt ab. Die von den Gletschern der Eiszeit geformte Landschaft ist dort waldreich, feucht und düster. Der langgestreckte, nicht sehr tiefe Peipussee ist mit dem Finnischen Meerbusen durch die Narwa verbunden, vom Ilmensee zum Ladogasee fließt der Wolchow. Die anderen stehenden Gewässer sind flache Sumpfseen, eingebettet in eine hügelige, für Panzer ungünstige Moränenlandschaft. In einigen vergleichsweise wohlhabenden Dörfern wurde Finnisch gesprochen, was daran erinnert, daß die Gegend einmal – unter schwedischer Krone – die Provinz Ingermanland war. Sie wurde dann von den Romanows annektiert und nunmehr von den Nationalisten in Helsinki zurückverlangt. Die Mehrzahl der Bevölkerung war arm, verschlossen und feindselig gegen alles, was von außen kam. Die meisten Männer waren mit ihren Kindern weggezogen und hatten nur die alten Frauen und Männer, die um Brot bettelten, zurückgelassen. Stalins Aufruf zum Partisanenkrieg war auch bis hierher gedrungen, und die Soldaten des Generalfeldmarschalls von Leeb, die im Baltikum mit Blumen begrüßt worden waren, lernten nun die Unsicherheit des Hinterlandes, die im Hinterhalt liegenden Partisanen, den Krieg ohne Uniform kennen, auf den alle Armeen der Welt keine andere Antwort wissen als Kampf ohne Gnade.
Zu Beginn des Monats Juli hatte die Panzergruppe Hoepner die frühere lettisch-

sowjetische Grenze überschritten und die Stalinlinie durchbrochen. Hoepner wollte mit einem direkten, raschen Stoß auf das nur 180 Kilometer entfernte Leningrad vordringen, aber die Anordnungen des OKH unterbanden diese Art des Vorgehens. Leningrad sollte eingeschlossen werden. Man beabsichtigte, den Hauptstoß rechts von der Panzergruppe durch das XXXXI. Korps (Reinhardt) ausführen zu lassen, das auf der Straße von Luga gegen Leningrad marschieren sollte, während das LVI. Korps (Manstein) den Befehl erhalten hatte, nach Osten vorzudringen, den Ilmensee zu umgehen, Nowgorod einzunehmen und bei Tschudowo die Bahnlinie Moskau-Leningrad zu unterbrechen. Die beiden Infanteriearmeen hingen noch zwei Marschwochen zurück, denn die 18. hatte sich bei der Säuberung der baltischen Länder aufgehalten und die 16. mußte feindliche Ansammlungen in der Gegend von Wilna zersprengen. Das deutsche Oberkommando zögerte aber nicht, eine schwache Panzergruppe von fünf Divisionen auf einer Front von 250 Kilometern Länge fächerförmig ausschwärmen zu lassen und dabei eine offene Flanke von 300 Kilometern zu riskieren. Dies war in einem Land, das keinen raschen Krieg gestattete, in welchem man mit heftiger Gegenwehr rechnen mußte, immer noch äußerst leichtsinnig.
Die Schwierigkeiten, auf die man bei der Durchführung dieses Befehls stieß, waren ungeheuer. Auf der Straße von Luga kam Reinhardt nur Schritt für Schritt vorwärts, denn es bestand für ihn keine Möglichkeit, die Panzer wirksam einzusetzen. Hoepner nahm an, daß auf seinem linken Flügel, näher am Finnischen Meerbusen, bessere Bedingungen herrschten. Er beschloß daher, das XXXXI. Korps hinter die Front zu verlegen, wobei allerdings das Risiko bestand, daß es in den Sümpfen, durch die keine Straßen führten, steckenblieb. Strömender Regen durchnäßte die Soldaten, Pioniere mußten Knüppeldämme bauen, um die Fahrzeuge durchzuschleusen, aber diese Frontbewegung glückte trotz allem, der Feind wurde überrascht und mußte unter schweren Verlusten weichen. Die Luga, der letzte große Fluß vor Leningrad, wurde am 14. Juli überschritten. Die Russen warfen in diese Richtung das Kadettenkorps von Leningrad und die erst kürzlich ausgehobenen Leningrader Volksbrigaden. Zum erstenmal stießen die Deutschen auf tote Frauen in Uniform.
Am rechten Flügel geriet Manstein in erhebliche Schwierigkeiten. Er wurde südlich des Ilmensees von der 1. sowjetischen Armee eingeschlossen, und Radio Moskau berichtete etwas übereilt, ein deutsches Armeekorps sei in die Falle gegangen; doch Manstein brach durch, allerdings unter Verlust von Material und einigen Geheimdokumenten des Generalstabs, was seine Stellung ernsthaft gefährdete. Am 18. Juli war die Krise überwunden. Allerdings wurde der Vormarsch des LVI. motorisierten Armeekorps auf Tschudowo nicht wiederaufgenommen, da die Umgebung des Ilmensees keine Panzeroperationen gestattete.
Wertvolle Zeit ging verloren. Im Oberkommando stritt man sich herum, ob der Schwerpunkt auf der linken oder auf der rechten Seite liegen solle. Hoepner bestand

Der Alltag des Krieges in Rußland: Deutsche Truppen überqueren einen Fluß an der Südfront (oben). – Russische Infanteristen setzen zum Gegenangriff an (unten).

Im September 1941 war der Belagerungsring um die Stadt Leningrad geschlossen. Noch galt Hitlers Entschluß vom 8. Juli 1941, Leningrad wie Moskau dem Erdboden gleichzumachen. Die Blockade forderte unter den Menschen der belagerten Stadt Hunderttausende von Opfern. Vor der Silhouette der Isaak-Kathedrale (oben) und auf dem Newskij-Prospekt (unten): Front und Heimat sind identisch geworden.

darauf, die Offensive auf seinem linken Flügel fortzusetzen, da diese Zone fast feindfrei war. Aber die bürokratischen Methoden des Oberkommandos der Wehrmacht legten die Frontgenerale auf vorgefaßte Konzeptionen der obersten Heeresführung fest. Das OKH und das OKW befahlen: ›Schwerpunkt rechts!‹, und dieser Anweisung mußte Hoepner folgen. Das Oberkommando fand es überdies zu riskant, daß die Offensive ausschließlich durch Panzertruppen durchgeführt wurde. Also mußte gewartet werden, bis die 18. und die 16. Armee ebenfalls die Luga erreicht hatten, bevor der Vormarsch wiederaufgenommen werden konnte.

Am 8. August wurde die Offensive fortgesetzt. Hoepner griff zwischen Narwa und Luga mit den Vortruppen der 18. Armee an. Manstein sollte daran teilnehmen, unternahm einen Flankenmarsch von 200 Kilometern durch schwieriges Gelände und stand schließlich – in zweiter Linie – hinter Reinhardt. Er war gerade in seinem neuen Gefechtsstand Samro eingetroffen und hatte seinem von Staub geschwärzten Generalstab befohlen, im See zu baden, als Hoepner anrief. Eine alarmierende Situation entwickelte sich in dem Abschnitt, den das LVI. Korps eben erst verlassen hatte. Starke sowjetische Kräfte kamen von den Waldai-Höhen herunter und schlossen das I. sowie das X. Armeekorps ein. Beide Verbände waren auf dem Marsch gegen Nowgorod. Manstein wurde befohlen, wieder zurückzumarschieren und die Lage zu retten. Das LVI. Korps, das nur noch die 3. motorisierte Division und die SS-Division ›Totenkopf‹ besaß, kehrte also an seinen Ausgangspunkt zurück. Manstein ließ den Russen Zeit, vorzudringen und den Lowat zu überschreiten. In dem Augenblick, in dem sich der Feind als Sieger fühlen mußte, stieß Manstein plötzlich in seine Flanke Die 38. sowjetische Armee wurde zersprengt, verlor 12000 Gefangene und 246 Geschütze, darunter mehrere Salven-Raketengeschütze, die später unter dem Namen ›Stalinorgel‹ berühmt werden sollten. Die russischen Truppen schlugen sich überaus tapfer, besaßen jedoch noch nicht die Manövrierfähigkeit und die taktische Erfahrung der Wehrmachtverbände.

Dennoch schien es, als sei die Wehrmacht nunmehr Aufgaben gegenübergestellt, die ihre Möglichkeiten überschritten. Die nichtmotorisierten Infanteriedivisionen ermüdeten in den riesigen Weiten Rußlands. Die Zahl der Kampfwagen einer jeden Panzerdivision war stark reduziert worden. Die Gruppe Hoepner benötigte dringend ein drittes Panzerkorps. Auch schien der Einsatz gepanzerter und motorisierter Einheiten in einem Gebiet, in dem sie sich nur schwer vorwärtsbewegen konnten, verfehlt zu sein. Hitler, der die Waldlichtungen der Ardennen eingehend studiert hatte, ließ die Sümpfe Livlands völlig außer acht, was sich bis zu einem gewissen Grad möglicherweise aus dem Mangel an zulänglichem Kartenmaterial zum damaligen Zeitpunkt erklärt. Trotzdem siegten die deutschen Armeen. Während Manstein die Schlacht am Ilmensee gewann, eroberte das I. Korps das brennende Nowgorod. Der linke Flügel der Heeresgruppe überschritt die Luga. Nachdem die 18. Armee die

russische Nachhut in Estland aufgerieben hatte, konnte sie nachfolgen und die Verbände der vordersten Linie unterstützen, während am anderen Flügel das XXXIX. Panzerkorps sich von der Heeresgruppe Mitte löste und einen noch offenen Abschnitt des Rings um Leningrad besetzte.
Das Los der ehemaligen Hauptstadt schien besiegelt zu sein. Das russische Oberkommando wollte bereits die Räumung befehlen, aber Stalin verweigerte seine Zustimmung und schickte seinen präsumtiven Nachfolger Schdanow nach Leningrad mit dem Auftrag, die Verteidigung der Stadt zu leiten. General Popow zog zwölf Divisionen zusammen, welche die 42. und 48. Armee bildeten. Neue Arbeiterbrigaden wurden in den Fabriken aufgestellt. Die Bevölkerung wurde herangezogen, um eine doppelte Befestigungslinie aufzubauen, die in Schlüsselburg am Ladogasee begann, dann der Newa folgte und schließlich in einem Halbkreis um die Industriestadt Kolpino und das frühere Tsarskoje-Selo verlief. Leningrad bereitete sich auf die Belagerung vor.

Smolensk. Die Operationen der Heeresgruppe Mitte

Das Ziel der Heeresgruppe Mitte im Zentrum der deutsch-sowjetischen Front war die Eroberung von Smolensk. In der Geschichte der Invasionen Rußlands hat keine andere Stadt eine wichtigere Rolle gespielt. Alle Eroberer, die auf Moskau marschierten, machten hier halt, legten eine Atempause ein und erwogen die weiteren Möglichkeiten. 1812 hatte Napoleon beschlossen, nicht weiter vorzudringen. »Ich werde in Smolensk haltmachen. Die Armee wird dort im Winterquartier liegen. Der Feldzug von 1812 ist zu Ende. 1813 wird das übrige erledigen.« Die Hoffnung, das Ungreifbare – diese russische Armee, die wie der Horizont immer zurückwich – greifen zu können, ließ ihn weitermarschieren.
Die Panzergruppen der Heeresgruppe Mitte hatten nicht einmal den letzten Schuß der Kesselschlacht von Minsk abgewartet, um weiter vorzustoßen. Hoth marschierte gegen Witebsk und Guderian zum Dnjepr. Sie stießen nur auf verzettelten Widerstand. Ihre Truppen hatten das Gefühl, unbesiegbar zu sein, und waren daher unempfindlich gegenüber dem demoralisierenden Eindruck der trostlosen Landschaft. Die Hitze war drückend, Wasser fehlte, die Staubwolken wurden immer dichter, der Nachschub war mangelhaft, Hilfsquellen an Ort und Stelle gab es kaum, die Dörfer, die nicht entsprechend der Taktik der verbrannten Erde von den Russen niedergebrannt worden waren, wimmelten von Ungeziefer, riesige Rabenscharen bedeckten den Himmel, und Milliarden von Mücken belästigten die Mannschaften. Doch blieb die Moral der Truppe gut, denn man war Sieger und marschierte gegen Moskau.

Die Chefs waren mehr um ihr stählernes Material als um ihre Mannschaften besorgt. Der Staub, gegen den kein Filter etwas vermochte, zerstörte die Motoren. Die Kolben fraßen sich fest, die Vergaser waren verstopft, und Pannen wurden immer häufiger. Von der Etappe aber kamen weder Ersatzpanzer noch Motoren. Jeder ausgefallene Panzer schuf ein Loch in den Panzerdivisionen, das nicht mehr zugestopft werden konnte.

Guderians Sorge war jetzt der Dnjepr. Wenn er auf das Eintreffen der Infanteriedivisionen hätte warten wollen, bevor er den Fluß überschritt, hätte er mindestens vierzehn Tage an Ort und Stelle verharren müssen. In dieser Zeit hätte der Feind sich neu formieren können. Wieder einmal versuchte er es mit Kühnheit. Er würde den Dnjepr überschreiten wie vierzehn Monate vorher die Maas, ohne sich von der größeren Breite des Flusses und der Härte der gegnerischen Verteidigung beeindrucken zu lassen. Seine Korpskommandanten kannten ihre Übergangsstellen. Geyr von Schweppenburg mit dem XXIV. Panzerkorps sollte bei Staryj-Bichow südlich von Mogilew den Dnjepr überschreiten, Vietinghoff mit dem XXXXVI. Panzerkorps und Lemelsen mit dem XXXXVII. Panzerkorps sollten bei Schklow und bei Kopys zwischen Mogilew und Orscha übersetzen. Als Termin waren der 10. und 11. Juli vorgesehen.

Wie bei Sedan mischte sich ein Vorgesetzter ein, um Guderian zu bremsen: Generalfeldmarschall von Kluge. Eine Umstellung hatte unter seinem Befehl die Panzergruppen 3 und 4 vereint, während die Infanteriedivisionen in Form einer zweiten Armee unter Generaloberst von Weichs zusammengefaßt wurden. Kluge wollte die Ankunft von Weichs abwarten, aber Guderian widersprach ihm, indem er behauptete, seine Eile entspreche den Absichten des Führers, der den Krieg mit Rußland vor Wintersanbruch beendet wissen wolle. »Ihre Operationen hängen immer an einem seidenen Faden«, bemerkte Kluge. »Sie riskieren da zweierlei, nämlich ein Mißlingen der Überquerung des Dnjepr oder, falls Sie das andere Ufer erreichen, eine Einkesselung.«

Die erste Befürchtung war überflüssig, denn die Dnjepr-Überschreitung erfolgte fast ohne Verluste. Am Abend des Zwölften rollten die neuen Divisionen Guderians an Orscha vorbei, schlossen Mogilew ein und erreichten über eine 100 Kilometer breite Bresche das östliche Ufer. Die Vorhut der 2. Armee stand noch an der Beresina – 120 Kilometer im Westen –, und das Gros hatte Minsk noch nicht hinter sich gelassen.

Der am Dnjepr völlig überraschte Timoschenko versuchte nun Guderian einzuschließen. Damit drohte sich die zweite Befürchtung des Generalfeldmarschalls von Kluge zu bewahrheiten. 20 russische Divisionen wurden in der Gegend von Gomel neu aufgestellt. Diese Truppen warf Timoschenko in die Flanke des deutschen Durchbruchs. Die einzige Kavalleriedivision der Wehrmacht und die 4. Panzerdivision fingen

den Stoß auf und machten ihn zunichte. Die anderen großen Einheiten der Panzergruppe rollten, ohne sich um diese Bedrohung zu kümmern, weiter nach Osten. Die 3. Panzerdivision stieß auf Roslawl vor, die 10. Panzerdivision und die SS-Division ›Das Reich‹ nahmen Jelnja ein. Die 29. motorisierte Division erreichte das unzerstörte Smolensk am 16. Juli, überschritt den Dnjepr und besetzte die auf dem rechten Ufer gelegenen Industrieviertel.
Gleichzeitig traf Hoth im Norden der Stadt mit dem XXXIX. und LVII. Panzerkorps ein. Er hatte seine Offensive mit der gleichen Stoßkraft wie Guderian durchgeführt, indem er die Düna überschritt, Witebsk einnahm und die Reste der 3. und 11. Sowjetarmee nach Süden zurückschlug. Die Zusammenarbeit der beiden Panzergruppen erfolgte spontan. Die 17. Panzerdivision und die SS-Division ›Das Reich‹ stießen an Smolensk vorbei und schlossen am 26. Juli bei Dorogobusch den von der 3. Panzergruppe vorbereiteten Kessel. Die Russen wehrten sich erbittert. Sie versuchten nicht nur aus dem Kessel zu entkommen, sondern wollten auch Smolensk zurückerobern. Der Verlust dieser Stadt stellte eine ernste Bedrohung Moskaus dar und wurde von der Sowjetregierung mehrere Wochen lang verschwiegen. In den letzten Julitagen wurden die russischen Ausbruchsversuche immer schwächer.
Die Gefahr für die Deutschen war jedoch damit nicht gebannt. Die rechte Flanke Guderians blieb noch immer weit offen, und Timoschenko griff erneut an. Nachdem er im Dnjeprtal zurückgeschlagen worden war, dehnte er seinen Gegenangriff mit 14 Divisionen der 13. Armee bis zur Desna aus. Weiter östlich drückten 11 Divisionen der 23. Sowjetarmee stark auf den Frontvorsprung, den die Deutschen bei Jelnja geschaffen hatten. Die Schlacht blieb unentschieden. Der nach Borissow, dem Hauptquartier der Heeresgruppe, berufene Guderian mußte sich die starken Bedenken seiner Vorgesetzten anhören. Bedenken, welche im Grunde nur verschleierte Vorwürfe wegen seiner Kühnheit waren. Mit Überraschung erfuhr er von einem neuen Führerbefehl, der allzu große Einkesselungen tadelte und eine engere Zusammenarbeit zwischen Infanterie- und Panzerverbänden forderte. Guderian hatte erwartet, den Befehl zum Marsch auf Moskau zu erhalten, und mußte nun hören, daß Hitler den Panzereinheiten verbot, weiter als bis Jelnja vorzudringen. Das einzige, was man im Augenblick von seiner Gruppe verlangte, war eine Festigung des Mittelabschnitts durch Aufreibung der feindlichen Truppen, die sich zwischen Roslawl und Gomel befanden.
Guderian führte den Auftrag aus. Er unternahm einen Frontalangriff mit dem VII., IX. und XX. Korps, die man ihm zur Verfügung gestellt hatte. Während sich die Russen dieser Offensive entgegenstellten, durchbrach das XXIV. Panzerkorps ihren linken Flügel. Die 4. Panzerdivision des Generalmajors von Langermann ging in einem Zuge vor, legte 80 Kilometer parallel zur Feuerlinie zurück und nahm Roslawl im Rücken des Feindes. Guderian, der sich bei den Vorposten vor Roslawl aufhielt,

sah plötzlich aus den Staubwolken des Schlachtfeldes eine große Zahl von Panzern auftauchen. Er gab den Feuerbefehl und entdeckte im letzten Augenblick, daß es seine eigenen waren.
Am 5. August hörte der russische Widerstand auf. Die Kesselschlachten von Mogilew, Smolensk und Roslawl wurden erfolgreich beendet. Die Zahl der Gefangenen belief sich inzwischen allein bei der Heeresgruppe Mitte auf mehr als 650000 Mann. Ungehindert drangen die Deutschen in Richtung Ukraine vor. Die Aufklärungsflieger meldeten zwei große feindliche Truppenmassen: die eine zwischen Kalinin und Rschew im Nordwesten, die andere zwischen Wjasma und Gschatsk westlich von Moskau. Die Russen versammelten eiligst ihre letzten Kräfte in der Absicht, vor ihrer Hauptstadt eine Verzweiflungsschlacht zu liefern.

›Barbarossa‹ und die Welt

»Wenn ›Barbarossa‹ beginnt«, hatte Hitler gesagt, »wird die Welt den Atem anhalten.« Der eindrucksvolle Ablauf der Schlachten in Rußland bestätigte seine Voraussage. In den Augen der Weltöffentlichkeit waren alle anderen Kriegsschauplätze vorübergehend nur von zweitrangiger Bedeutung. Das traf insbesondere für England zu. Die Angriffe auf London hatten praktisch aufgehört. Nach Aussage eines Augenzeugen machte sich auf den Gesichtern der Londoner ungläubige Erleichterung bemerkbar, andererseits aber auch ein neues Angstgefühl. Die Bomben waren paradoxerweise ein großer moralischer Halt gewesen, denn sie hatten bei den Engländern einen gewissen Trotz und Widerstandsgeist hervorgerufen. Die Müdigkeit, Langweile und die ganzen Scheußlichkeiten des Krieges empfand man jetzt, nachdem die unmittelbare Gefahr verschwunden war, wesentlich stärker.
In Afrika war der Krieg eingeschlafen. Tobruk wurde nur mit schwachen Kräften belagert. Churchill hatte Wavell nach Indien kommandiert, doch zu seiner größten Enttäuschung war der neue Oberbefehlshaber, Sir Claude Auchinleck, nicht weniger widerborstig als sein Vorgänger. Auchinleck weigerte sich hartnäckig, eine Offensive zu unternehmen, für die er nicht die nötigen Mittel zu haben glaubte. An der grundsätzlichen, ablehnenden Haltung des britischen Oberkommandos gegen jeden Krieg im Mittelmeer hatte sich nichts geändert. Sir John Dill, der Generalstabschef, machte Churchill darauf aufmerksam, daß Nachschub und Verstärkung für Ägypten die Verteidigung des Mutterlandes auf die Dauer in Frage stellen könne. Seiner Meinung nach sei Singapur wesentlich wichtiger als Suez. Es war also für Churchill recht schwierig, den Krieg in der Wüste, der im erdrückenden Saharasommer eingeschlafen war, wieder aufleben zu lassen.

Für Rommel war das erst recht nicht möglich. Seine Befehle untersagten ihm kategorisch, die Kämpfe in größerem Maßstab wiederaufzunehmen. Zur Sicherheit hatte das OKW dem italienischen Oberbefehlshaber in Nordafrika, Bastico, einen Vertreter in der Person des Generals Alfred Gause beigegeben, der den ›verrückten Soldaten‹ überwachen sollte. Von Rommel verlangte man nur die Einnahme von Tobruk, eine Aufgabe, die weder seinem Temperament noch seinen Mitteln entsprach. Im übrigen genügte es, wenn das Afrikakorps seine vorteilhaften Stellungen hielt. Das deutsche Oberkommando rechnete damit, daß der Krieg in Rußland im Herbst beendet sei und daß dann immer noch genügend Zeit bleibe, mit unbegrenzten Kräften den Orient zu erobern.

Das Ende des russischen Widerstandes erwarteten die Westmächte übrigens ebenso rasch wie die Deutschen. Die Heftigkeit der Schlachten beunruhigte Churchill; Millionen deutscher Soldaten mußten seiner Ansicht nach kampferfahren aus den Schlachten zurückkehren – gefährliche Gegner, wenn der Sturm auf England losging. In Amerika hielt man sich ungefähr an die ursprüngliche Schätzung, daß Hitler nur drei Monate brauche, um Rußland niederzuwerfen. »Die Parallele zu Napoleon«, schrieb *Time,* »ließ uns glauben, daß die Eindringlinge durch das Klima und die unendlichen Entfernungen genauso wie Bonaparte geschlagen würden. Aber mit seinen Flugzeugen und seinen Lastwagen ist Adolf Hitler beweglich wie eine Ballerina. Er wird die schwerfällige Rote Armee vernichten, ehe es ihr gelingt, ihn weiter ins Land hineinzulocken und aufzureiben.«

Dieses Rußland, das zum Tode verurteilt schien und sich dennoch tapfer verteidigte, stellte für die Westmächte ein ernstes politisches Problem dar. Inwieweit, fragte man sich, sollte man die Sowjetunion unterstützen? Alles, was Rußland darstellte – den Kommunismus, den Atheismus, die Diktatur –, war den Amerikanern ebenso verhaßt wie der Nationalsozialismus. Ein gesunder Realismus hätte darin bestanden, die beiden totalitären Länder sich gegenseitig vernichten zu lassen. Dadurch, daß Stalin mit Hitler paktiert und die Sowjetunion bis zum letzten Augenblick Deutschland mit Lieferungen unterstützt hatte, glaubten England und Amerika das moralische Recht zu einer solchen Auffassung und einem entsprechenden Handeln zu haben.

Eine solche Politik war aber durch Churchills spontane Reaktion unmöglich geworden. Dieser Vorkämpfer des Antikommunismus hatte bereits zu einem Zeitpunkt das Versprechen gegeben, die Sowjetunion zu unterstützen, als diese überhaupt noch nicht um Hilfe gebeten hatte. Einige Tage später, am 12. Juli 1941, schloß er dann einen Bündnisvertrag mit der Sowjetunion, der die Länder zu gegenseitigem Beistand verpflichtete und den Abschluß eines Separatfriedens verbot. Von diesem Augenblick an hatte das Hilfeersuchen Stalins eine juristische Grundlage. Churchill sah sich fortan gezwungen, die zunehmend hartnäckigeren Forderungen der Sowjetregierung immer wieder zurückzuweisen. Der sowjetische Gesandte Maiskij sagte Churchill ins

Gesicht, er verrate die Allianz, wenn er den Transport von 40 deutschen Divisionen aus dem Westen nach dem Osten zulasse. Als die zweite Front ausblieb, forderte Stalin die Entsendung von 30 englischen Divisionen nach Rußland, was allerdings die sowjetischen Geschichtsschreiber später nicht daran hinderte, den Westen anzuklagen, er habe durch Truppentransporte nach der UdSSR dort den Kapitalismus wiederherstellen wollen. Um die Russen zu unterstützen, gab England von seinen Vorräten ab, teilte die amerikanische Hilfe mit der Sowjetunion, besetzte Persien und entsandte Konvois nach Murmansk und Archangelsk, die wohl die verlustreichsten Geleitzugunternehmen des ganzen Krieges waren. Einen Dank erhielt es dafür niemals, sondern nur Verdächtigungen und Beleidigungen.
Roosevelt, der die Empfindlichkeit der öffentlichen Meinung seines Landes nur zu gut kannte, verhielt sich zunächst vorsichtig. Harry Hopkins, seine graue Eminenz, wurde nach Moskau geschickt, um sich dort ein genaues Bild von der Lage zu verschaffen. Hopkins, der äußerst ungern flog, mußte die Strecke zwischen Schottland und der russischen Weißmeerküste in einem langsamen ›Catalina‹-Flugboot zurücklegen, wobei zu der Bedrohung durch die deutschen Luftstützpunkte in Norwegen auch noch die Gefahr von Wetterstürzen kam, wie sie in diesen hohen Breitengraden häufig sind. In Archangelsk bestieg der Amerikaner dann einen sowjetischen Bomber, der tief über den Wäldern dahinbrauste, und kam schließlich völlig erschöpft in Moskau an. Sein erster Eindruck war das allgemeine Mißtrauen der Russen und ihre geradezu krankhafte Furcht vor Spionage. Es war ihm nicht möglich, auch nur die geringste militärische oder wirtschaftliche Auskunft zu erhalten. Bei seiner Rückkehr übermittelte er der amerikanischen Regierung zahlreiche, jedoch keineswegs präzis formulierte sowjetische Forderungen – und seine Überzeugung, daß die russische Lage weniger verzweifelt sei, als es aus der Ferne den Anschein habe. Einer der Haupteinwände gegen eine amerikanische Unterstützung der Sowjetunion – daß sie nämlich in jedem Falle zu spät käme – wurde durch Hopkins' Erklärung hinfällig.
Jedoch wurde Rußland nicht sofort in das Leih- und Pachtgesetz eingeschlossen. Roosevelt aber interpretierte das amerikanische Neutralitätsgesetz zugunsten der Sowjetunion, gestattete amerikanische Lieferungen über die Pazifikhäfen und stimmte dem Empfang einer russischen Militärmission zu, welche die Behörden von Washington durch ihr großsprecherisches Auftreten verblüffte. Bis Ende Oktober mußte die UdSSR jedoch noch alle Lieferungen bezahlen. Die Russen bestellten für 92 Millionen Dollar Material, von denen 42 Millionen bar bezahlt wurden. Dann nahm Roosevelt den günstigen Augenblick einer allgemeinen rußlandfreundlichen Welle wahr, welche die Tapferkeit der sowjetischen Soldaten hervorgerufen hatte, und dehnte das Leih- und Pachtgesetz auf die Sowjetunion aus.
Gegen Deutschland erfolgte die erste feindselige amerikanische Handlung am 10. April. Leutnant E. R. Durgin, der Kommandeur des Zerstörers *Niblack*, der eine schiff-

brüchige Besatzung aufgenommen hatte, konnte der Versuchung nicht widerstehen, dem Urheber des Untergangs einige Torpedos nachzuschicken. Einen Monat später wurde der amerikanische Frachter *Robin Moor* durch das U-Boot *U 69* versenkt. Der Kommandant des U-Bootes wurde zwar von Hitler bestraft, Roosevelt aber ergriff trotzdem die Gelegenheit, um die amerikanische Sicherheitszone bis zum 26. Längengrad auszudehnen. Amerika patrouillierte in zwei Dritteln des Nordatlantiks, gestattete britischen Schiffen, in amerikanischen Konvois mitzufahren, half der Royal Navy, feindliche U-Boote auszumachen. Die USA erklärten jedes Eindringen eines fremden Kriegsschiffes in ihre Sicherheitszone zum ›unfreundlichen Akt‹ – sofern es nicht einer Macht angehöre, die in der westlichen Hemisphäre Besitzungen habe. Das Prinzip Washingtons war es immer gewesen, England alle nur mögliche Hilfe ›short of war‹ – das heißt außer der eigenen Teilnahme am Krieg – angedeihen zu lassen. Von Woche zu Woche wurde der Bereich dessen, was nach dieser Formel möglich war, erweitert.

Am 7. Juli landete die 1. Brigade der US-Marineinfanterie unter Brigadier John Marston in Island. Das isländische Zugeständnis wurde in extremis dem Ministerpräsidenten Hermann Jonasson abgerungen. Die Engländer, welche die Insel seit der deutschen Okkupation Dänemarks im März 1940 mit kanadischen Truppen besetzt hielten, überließen sie den Amerikanern gern. Roosevelt begründete seine Entscheidung damit, daß die westliche Hemisphäre verteidigt werden müsse. Niemand fiel darauf herein. Denn diese Bewegung war eine Offensivbewegung. Amerika näherte sich Deutschland und besetzte ein Land, das eigentlich ein Teil Europas war. Die Proteste der Isolationisten, die Erklärungen eines Wheeler und Lindbergh waren schon fast Aufrufe zur Revolte, aber die Führer des Kongresses teilten die Meinung des Präsidenten.

Wie im Atlantik dehnte sich auch im Pazifik der Krieg aus. Die beiden Ozeane waren nicht mehr die breiten Gräben, die Amerika so lange von den Ereignissen auf anderen Kontinenten zu isolieren vermocht hatten. Jetzt rissen sie Amerika unaufhaltsam in den Weltkonflikt hinein.

Am 13. April 1941 hatte der japanische Außenminister Matsuoka einen Nichtangriffspakt mit der Sowjetunion unterzeichnet. Deutschland hatte diesen Schritt ausdrücklich gebilligt. Hitler stand zwar gerade vor dem Beginn eines Krieges gegen Rußland, aber er war überzeugt, daß er dazu nicht die Hilfe Dritter benötigte. Um Japan von der Beute in Rußland fernzuhalten, versuchte er, die Interessen des fernöstlichen Landes auf Südostasien zu richten. »Der Führer«, sagte Ribbentrop zu Matsuoka, »muß wohl als der größte Sachverständige der Jetztzeit in militärischen Fragen betrachtet werden, der Japan über die beste Methode des Angriffs auf Singapur beraten könnte.« Doch der japanische Außenminister verstand den Wink nicht.

Einige Wochen später stürzte sich Deutschland auf Rußland. Matsuoka begriff jetzt, daß ihn die Machiavellis der Wilhelmstraße hereingelegt hatten. Japan, so forderte er, müsse als Gegenmaßnahme unverzüglich die Rote Armee im äußersten Osten angreifen. Die zu erwartende Beute wäre nicht gering gewesen: Wladiwostok, Ostsibirien, das Amurtal. Die UdSSR hätte sich in diesen Gebieten kaum verteidigen können, nachdem sie alle verfügbaren Kräfte gegen die deutsche Wehrmacht wenden mußte.

Aber Matsuokas Kredit war erschöpft, und im Generalstab setzten sich die Ansichten der Marine durch, die nach Süden tendierte. Die notwendigen Nahrungsmittel und Rohstoffe wie Reis, Petroleum, Zinn, Kautschuk lagen auf den Philippinen, in Indochina, auf der Malayenhalbinsel und in Niederländisch-Indien. Japan, seit vier Jahren mit China im Krieg, war allmählich am Ende seiner Kräfte. Elend herrschte, der Reis war rationiert, Zucker und Zigaretten gab es so gut wie gar nicht mehr. Die Rohstoffe fehlten, und die Textilindustrie war nur zu 40 Prozent ausgelastet. Gebietseroberungen im Norden bedeuteten, wie das Beispiel der Mandschurei gezeigt hatte, Investitionen, welche die Wirtschaft Japans unerträglich belasteten. Die Eroberungen im Süden dagegen verhießen Beute.

Matsuoka zog es vor, diplomatisch krank zu werden. Das ganze Kabinett demissionierte. Der achtzigjährige Fürst Konoye bildete eine neue Regierung. Außenminister wurde ein farbloser Admiral, der die Befehle des Generalstabs auszuführen hatte.

Ein anderer Admiral, Kichisaburo Nomura, war seit vier Monaten Gesandter in Washington. Er kannte Amerika, wo er 1917 Marineattaché gewesen war. Zu jener Zeit hatte er mit dem Assistant Secretary of the Navy, Franklin Roosevelt, verkehrt. Er bemühte sich ehrlich, einen japanisch-amerikanischen Krieg zu verhindern. Vierzigmal traf er mit Cordell Hull zusammen, dessen schwache Gesundheit und ständige Erkältungen die Verhandlungen dauernd unterbrachen. Die Aufgabe Nomuras war undankbar. In Tokio standen zwei Auffassungen gegeneinander; die eine war auf Versöhnung gerichtet, die andere auf Krieg. Im Weißen Haus regierte die Unversöhnlichkeit. Die amerikanische Marine hatte einen japanischen Code dechiffriert, welcher die US-Regierung mit allen japanischen Expansionsplänen vertraut machte. Die Amerikaner wußten, daß sie einen Krieg im Pazifik nur vermeiden konnten, wenn sie der Verwirklichung der japanischen Pläne zustimmten. »Japan«, sagte Fürst Konoye zum amerikanischen Gesandten Grew, »möchte, daß seine Ausbreitung nach Südostasien auf friedliche Weise geschehe, sofern es nicht Umstände gibt, die dagegen sprechen.« Der Handel, den Hitler England angeboten hatte, nämlich den Frieden anzubieten, um die Hände frei zu haben, fand sein Gegenstück im Fernen Osten.

Als Hitler dann in Rußland einmarschierte, überstürzten sich die Ereignisse. Die Furcht, eine geschichtliche Gelegenheit ungenutzt verstreichen zu lassen, bewegte die japanischen Militaristen. Am 15. Juli teilte die französische Regierung Admiral Leahy, dem Gesandten Roosevelts, mit, daß Japan die Besetzung Indochinas fordere. Leahy predigte Widerstand, aber Vichy konnte nur seine Ohnmacht dartun. Wieder einmal war es besser, sich mit Japan über das 1940 geschaffene Kondominium zu verständigen und es auszuweiten. Die Vereinbarung wurde unterzeichnet, die Trikolore wehte weiterhin über Indochina, und die französischen Verwaltungen setzten ihre Arbeit ungestört fort. Admiral Decoux behielt seinen Gouverneurssitz, aber Saigon und Cam Ranh wurden japanische Stützpunkte, von denen aus die Eroberung Südostasiens ganz offen vorbereitet wurde. Die Antwort Roosevelts bestand darin, daß er die japanischen Guthaben einfrieren ließ und den Wirtschaftskrieg gegen Japan verschärfte. Da das britische Kabinett und die holländische Exilregierung sich den Beschlüssen Washingtons anschlossen, sah sich Japan der wichtigsten Rohstoffe für seine Rüstungsindustrie beraubt; die Lieferungen von Petroleum, Kautschuk, Eisen und Zinn blieben aus. Der Krieg stand vor der Tür, aber er begann noch nicht. Nomura konferierte weiter und versuchte, ein Treffen zwischen Roosevelt und Konoye herbeizuführen. Roosevelt lehnte ab.

Im gefesselten Europa

In Europa breiteten sich Hunger und Faschismus aus. Die Lebensmittel waren inzwischen in jedem der vierundzwanzig europäischen Länder rationiert, sogar in den neutralen Staaten Schweden und Schweiz. Die Tagesrationen betrugen in Polen 800 Kalorien, in Belgien 950, in Norwegen 1500, in Frankreich 1600, in Holland 1900, in Deutschland 2250 und in England 2800. In Griechenland brach eine furchtbare Hungersnot aus. Das Land war arm, und der Sieger hart. In dem von Flüchtlingen vollgestopften Athen sank die tägliche Brotration auf 30 Gramm. Lastwagenweise wurden die Leichen Verhungerter, Skelette mit aufgedunsenen Bäuchen, zu den Massengräbern transportiert.

Hunger und Tyrannei! Überall fand die Gestapo Unterstützung durch Fanatiker, Habgierige und Feiglinge. Der ›Nacht und Nebel‹-Erlaß organisierte die systematische Deportation aller mißliebigen Personen, die dem Reich gefährlich werden konnten. Die seit 1933 für Gegner des Hitlersystems errichteten Konzentrationslager entwickelten sich in monströser Weise. Unter der Zensur und dem Polizeiterror der Nationalsozialisten versank Europa in Furcht und Schrecken.

Die Juden standen im Mittelpunkt dieses Dramas. Ihre Lebensbedingungen wurden durch die sogenannten Nürnberger Gesetze bestimmt. Diese Gesetze verschärfte man jetzt und dehnte ihren Geltungsbereich auch auf die besetzten Länder aus. Das Tragen eines gelben Sterns wurde am 1. September 1941 für die deutschen Juden und bald auch für alle Juden im eroberten Europa angeordnet, mit Ausnahme von Vichy-

Partisanen drohte der Galgen (vorherige Seite), der jüdischen Bevölkerung das KZ (oben). Millionen anderer wurden als Fremdarbeiter ins Reich verschleppt (unten). ›Ob die anderen Völker im Wohlstand leben oder ob sie verrecken vor Hunger, das interessiert mich nur soweit, als wir sie als Sklaven für uns brauchen, anders interessiert mich das nicht‹, erklärte Heinrich Himmler am 3. Oktober 1943 in Posen (Nürnbg. Dok. 1919-PS).

Frankreich, das sich weigerte, diese Anordnungen durchzuführen. Juden durften zahlreiche öffentliche Plätze, wie zum Beispiel die Champs Elysées, überhaupt nicht betreten und in den Geschäften nur zu bestimmten Zeiten einkaufen, was bei der allgemein schlechten Lebensmittelversorgung die Lage der Juden noch verschlimmerte. Auch konnten sie jederzeit zur Zwangsarbeit herangezogen werden. Doch noch weit Entsetzlicheres reifte in den Gehirnen der führenden Nazis heran: die Vernichtung aller europäischen Juden – die ›Endlösung‹. Ursprünglich hatte die nationalsozialistische Judenpolitik nur die Ausweisung der Juden betrieben. Nachdem der Jude ausgeplündert war, hatte er den Boden Deutschlands von seiner Gegenwart zu befreien. Die Hitlerregierung hatte die Einwanderung nach Palästina forcieren wollen. Später bestand dann der Plan, Madagaskar von dem besiegten Frankreich zu trennen und ein israelitisches Reservat daraus zu machen. Nachdem aber die Meere für Deutschland versperrt waren, besann man sich wieder auf kontinentale Lösungen. Die Idee Hitlers, alle Russen Europas hinter den Ural zu verschicken, hatte sich nie zu einem konkreten Plan entwickelt und war – angesichts des sowjetischen Widerstandes – ja wohl auch recht illusorisch. Die Deportationszone beschränkte sich daher auf das als Generalgouvernement von Hans Frank verwaltete Polen. Die schon vorher überfüllten Gettos wurden noch mehr übervölkert. Zahllose Juden aus Deutschland und Westeuropa wurden dort zusammengepfercht. Die Gettobewohner führten ein elendes Leben. Sie wurden zur Zwangsarbeit verpflichtet und mit Gettogeld bezahlt, für das es so gut wie nichts zu kaufen gab. Eine Anordnung untersagte den Juden jegliche landwirtschaftliche Betätigung, eine weitere die ›Ausübung von jedem Handel, insbesondere von dem Handel mit Lebensmitteln und landwirtschaftlichen Produkten‹. Und eine dritte Verordnung schloß sie von der ›Belieferung mit Fleisch und fleischhaltigen Nahrungsmitteln, mit Eiern, mit mehlhaltigen Produkten – mit Ausnahme von Brot – und mit Voll- oder Magermilch‹ aus.

In seinem 43 Hefte umfassenden Tagebuch, das er vor seiner Verhaftung nicht vernichtet hatte, notierte Frank, man müsse den Tod durch Entkräftung von 1 200 000 Juden in Erwägung ziehen, die, falls er nicht erfolge, durch andere Maßnahmen beseitigt werden müßten. Die Deportationspolitik machte nach und nach der Vernichtungspolitik Platz.

Frank täuschte sich übrigens nicht. Der Hunger ist eine langsame Waffe. Der ehemalige Staatsminister im bayerischen Justizministerium und Präsident der internationalen Rechtskammer sah sich bald großen verwaltungstechnischen Schwierigkeiten und der Gefahr einer Epidemie gegenüber, welche den in seinem Generalgouvernement zusammengedrängten Juden drohte. Unter dem 16. Dezember 1941 schrieb er: ›Wir müssen die Juden vernichten, wo immer wir sie treffen und wo es irgend möglich ist, um das Gesamtgefüge des Reiches hier aufrechtzuerhalten.‹ Die Ausrottungsmaschine kam in Bewegung. Am 20. Januar 1942 trat die berüchtigte ›Wannseekonferenz‹ zusammen, an der die Leiter der wichtigsten Verwaltungsstellen des Reichs teilnahmen. Heydrich forderte eine Endlösung der Judenfrage durch Aussiedlung und ›andere Maßnahmen‹. Mitten im Krieg nahm eine Tragödie ihren Anfang – grausiger als der Krieg selbst.

In dem geknechteten Europa war das nicht besetzte Frankreich eine Insel relativer Freiheit. Nach der Entlassung Lavals hatte Pétain zum Leiter des Außenministeriums ein Mitglied des früheren Regimes berufen: Pierre-Etienne Flandin. Diese Wahl war eine jener Gesten, in denen die so ernsthaften wie wandelbaren und senilen Bestrebungen des alten Soldaten deutlich zum Ausdruck kamen. Flandin war ein begeisterter Anhänger von München, doch machten seine Herkunft, seine politischen Anschauungen, seine Verbindungen und seine Interessen ihn zum Anglophilen. Amerika, das einen bedeutenden Botschafter in der Person des Admirals Leahy, eines Freundes des Präsidenten Roosevelt, nach Vichy geschickt hatte, war voll gespannter Erwartung. Ribbentrop und Abetz verweigerten die Anerkennung des neuen Außenministers. Die Demarkationslinie blieb hermetisch geschlossen. Flandin war klug genug, nach sechs Wochen um seine Entlassung zu bitten.

Nun schlug Darlans Stunde! Er bemächtigte sich aller Stellen und Posten und ließ Frankreich durch seine Admirale regieren. Pétain suchte nach einem Ausgleich und schuf einen Nationalrat, dessen Mitglieder er selbst ernannte. Damit traf er Darlan empfindlich. Schwerer noch wog der Umstand, daß Darlan nicht vom Sieger anerkannt wurde, dessen Quisling immer noch Laval war. Ernsthaft gefährdet wurde die Macht des Admirals, als Laval und Pétain ihre Beziehungen wiederaufnahmen. Das Kommuniqué, welches die beiden nach ihrer heimlichen Zusammenkunft am 18. Juni 1941 verfaßten, war für Darlan ein Keulenschlag.

Oberflächlich gesehen, hatte sich nichts geändert, im Grunde aber war alles anders geworden. Weygand blieb in Afrika, jedoch in einer ziemlich unsicheren Position wegen der ständigen Denunzierungen durch französische und deutsche Nationalsozialisten. Admiral Leahy stellte fest, daß die Hoffnung auf ein Erstarken der Vichy-Regierung gegenüber der Besatzungsmacht immer mehr sank. Die totalitären und prodeutschen Einflüsse um den Marschall nahmen zu.

Am 12. August fand in Vichy ein großes Ereignis statt. Man spielte *Boris Godunow* im großen Kasino vor den Diplomaten und der Elite der Badestadt. Plötzlich wurde die Vorstellung unterbrochen und eine Botschaft des Marschalls verlesen: ›Franzosen, ich habe Euch schwerwiegende Dinge zu sagen...‹ Es folgte eine Aufzählung von totalitären Maßnahmen, wie die Abschaffung der politischen Parteien, Verdoppelung der Polizei, Schaffung von Sondergerichten usw. Diese Annäherung der französischen Regierung an den Nationalsozialismus verhinderte nicht, daß sie durch die Hitlerleute in Paris unbarmherzig antideutscher Gesinnungen bezichtigt wurde, die sie daran hinderten zu begreifen, welchem System die Zukunft gehöre. Rußland sei praktisch besiegt, England habe den Krieg verloren, Amerika sei nur ein lächerliches Phantom; Bolschewismus, Kapitalismus, Judaismus, Liberalismus seien bald verschwunden; es gebe keine andere Zukunft für die Völker Europas als jene im Rahmen der neuen Ordnung Adolf Hitlers.

Auf die schleichende Kapitulation der französischen Regierung antwortete ein steigender Widerstandsgeist der Bevölkerung. Das galt nicht nur für Frankreich, sondern für alle europäischen Länder, ja auch für Deutschland selber. Das Hakenkreuz bedeckte den Kontinent. Die in den besetzten Ländern noch weiter bestehenden legalen Gewalten wurden freiwillig oder unfreiwillig, das heißt infolge ideologischen Einverständnisses oder durch Zwang, zu Gehilfen des Dritten Reiches und seiner Wehrmacht. Die wirtschaftlichen Quellen, Arbeitskräfte und alle geistigen Einrichtungen standen dem Sieger zur Verfügung. Aber unter dem Schritt dieses triumphierenden Siegers schwankte schon der Boden. Der errungene Sieg wäre von Dauer gewesen, wenn er die Besiegten als Anhänger gewonnen hätte. Das Gegenteil war jedoch der Fall. Diese Besiegten, die zuerst gebannt auf die Sieger gestarrt hatten – und auch später noch oft in Versuchung gerieten –, sammelten sich in einer langsamen, aber machtvollen Bewegung.

In Frankreich manifestierte sich dieser Widerstandsgeist zum erstenmal öffentlich in einem Umzug von Studenten, die am 11. November 1940 zum Grab des Unbekannten Soldaten marschierten, wobei sie die Marseillaise sangen und zwei Angelruten mitführten. Im Französischen heißt ›Angelrute‹ *gaule* und ›zwei‹ *deux*. Auf diese Weise grüßten sie de Gaulle, den so mysteriösen wie umstrittenen Mann in London. Bei dem unvermeidlichen Zusammenstoß mit deutschen Soldaten gab es einen Toten und sechs Verwundete. Die Universität von Paris blieb sechs Wochen lang geschlossen. Damals arbeiteten schon einige kleine Résistancegruppen. Die erste im Norden war vermutlich die Gruppe ›Musée de l'Homme‹, die im September 1940 von einigen Intellektuellen gebildet worden war. Im Süden war zweifellos die erste die kleine Gruppe ›Combat‹, die der Kapitän Henri Frenay mit der holländischen Sozialfürsorgerin Berthie Albrecht gegründet hatte, deren Kopf unter dem Beil eines deutschen Henkers fiel. Der britische Intelligence Service baute ein Nachrichtennetz über ganz Europa aus, besonders über Norwegen und Holland. Die Emigranten in London – Franzosen und auch Angehörige anderer Nationen – suchten aus ihrer Isolierung herauszukommen und nahmen Verbindung zu ihren Landsleuten auf, die nicht resignieren wollten. Durch das Komitee de Gaulles wurden sie vom Sommer 1940 ab mit Missionen in der Bretagne und der Normandie betraut.

Solange Stalin Hitlers Verbündeter gewesen war, hatten die Kommunisten eine deutsch-französische Zusammenarbeit gefordert. Das Parteikomitee erklärte, daß die französische Niederlage als Sieg zu betrachten sei und der deutsche Imperialismus als ›zufälliger Verbündeter‹. Die Kommunisten versuchten, von den Besatzungsbehörden die Erlaubnis zu erhalten, die Parteizeitung *L'Humanité* wieder erscheinen zu lassen, und ihre Syndikate forderten die Wiederaufnahme der Arbeit in der Pariser metallverarbeitenden Industrie – selbstverständlich zugunsten der Besatzungsmacht. Sie beschimpften de Gaulle genauso wie die französischen Hitleranhänger es taten. *L'Avant-Garde* schrieb, die jungen Franzosen und Französinnen hätten von einem General, der im Sold des englischen Imperialismus stehe, nichts zu erwarten. In anderen Artikeln wurde behauptet, der Nationalsozialismus arbeite für das Wohl des Arbeiters, und man forderte nach dem Beispiel der UdSSR einen Versöhnungsfrieden mit dem Reich.

Am 22. Juni 1941 wandelte sich das Bild. Die Kommunisten gingen in die Widerstandsbewegung, der Kampf gegen die Besatzung nahm eine wesentlich brutalere Form an, die vollkommen unvereinbar mit den internationalen Konventionen war, welche die Kriegshandlungen begrenzen wollten. Am Einundzwanzigsten fiel von kommunistischer Hand in einem der zahlreichen Einzelattentate gegen deutsche Soldaten der Fähnrich zur See Mozer in der Metrostation Barbès-Rochechouart. Hitler befahl den Besatzungsbehörden, 100 Geiseln verhaften zu lassen, von denen 50 sofort erschossen werden sollten. Vichy konnte sie zwar retten, mußte aber Blut mit Blut bezahlen, indem es selber sechs Menschen an die Guillotine lieferte, darunter drei Kommunisten und drei gewöhnliche Verbrecher.

Von einem allgemeinen Widerstand aber konnte man noch nicht sprechen. Die wichtigsten Widerstandsbewegungen, wie ›Libération Nord‹ und ›Sud‹, ›Combat‹, ›Front National‹, ›Organisation Civile et Militaire‹ wurden zum Teil erst 1942 geschaffen. Eine der ersten Untergrundzeitungen, die *Petites Ailes de France,* die von Berthie Albrecht mit einem kleinen Vervielfältigungsgerät hergestellt wurde, begann erst im April 1941 in Lyon zu erscheinen. Die Niederlage war vorerst noch zu nahe und der Eindruck der deutschen Macht noch zu stark. Das Vertrauen in den Marschall war auch noch zu groß, als daß man die ganze Nation schon zum Widerstand hätte aufrufen können.

Noch aus einem anderen Grunde war die Zahl der Widerständler anfangs nicht so groß. Fritz Sauckel, ein ehemaliger Matrose, der es zum Generalbevollmächtigten für den Arbeitseinsatz im Reich gebracht hatte, war schon am Werk. Er hatte die Aufgabe, in die deutsche Kriegswirtschaft 7,5 Millionen Fremdarbeiter einzugliedern. Frankreich war nach seinen Berechnungen imstande, eine Million Arbeitskräfte zu liefern; da die Reichsregierung die Hoffnung auf ein gutwilliges Entgegenkommen Frankreichs noch nicht ganz aufgegeben hatte, war es Sauckel vorläufig untersagt, zu requirieren und zur direkten Aushebung zu schreiten. Er versuchte Freiwillige zu finden, indem er hohen Lohn und bessere Verpflegung versprach. Von Oktober 1940 bis Juni 1941 meldeten sich 100000 junge Franzosen. Nach dem Beginn des Rußlandfeldzugs fiel die Zahl der freiwilligen Meldungen pro Monat auf die Hälfte. Dazu kamen

noch die Rückführungen, so daß die Zahl der in Deutschland arbeitenden Zivilfranzosen sich verminderte, statt zu steigen. Im Juli 1942 war sie auf 70000 gesunken. Sauckel verlangte von der Vichy-Regierung, sie solle endlich aufhören, seine Anstrengungen zu sabotieren. Der ›Service du Travail obligatoire‹ (STO), der daraufhin geschaffen wurde, hatte eine erhebliche Verstärkung des Maquis zur Folge.
In Belgien organisierte sich die erste Widerstandsgruppe unter Oberst Lentz bereits im Jahre 1940. In Holland wurde die Judenerfassung von der Gestapo zwar besonders gründlich betrieben, andererseits hatte man den ›Seedeutschen‹ gewisse Vergünstigungen eingeräumt, so daß es Sauckel gelang, innerhalb einiger Monate 140000 holländische Arbeiter einzustellen. In Norwegen konnte Quisling sein Versprechen, sein arisches und nordisches Volk zu Hitlers Gefolgsleuten zu machen, nicht halten. Mit gewissen Unterschieden, die vom Grad des Terrors und dem nationalen Temperament abhingen, zeigte sich in allen europäischen Ländern Widerstand. Selbst in Deutschland mußte trotz der Siege der Wehrmacht die Moral durch immer stärkere Zwangsmaßnahmen aufrechterhalten werden. Unabhängig von den Urteilen, die durch Kriegsgerichte ausgesprochen wurden, geht aus den Akten des nationalsozialistischen Justizministeriums hervor, daß die Zahl der wegen politischer Vergehen gegen deutsche Staatsbürger ausgesprochenen Todesurteile von 1146 im Jahre 1941 auf 3393 im Jahre 1942 anstieg, wobei kriegsgerichtliche Urteile nicht mitgerechnet sind. In den besetzten Ländern waren die Zahlen nicht so hoch.
In den osteuropäischen Ländern und auf dem Balkan, wo die deutsche Gewaltherrschaft besonders schlimme Formen annahm, begann der bewaffnete Widerstand schon sehr zeitig. Die Griechen setzen das erste Aufflammen der Widerstandsbewegung auf den 31. Mai 1941 fest. An diesem Tag holten zwei beherzte junge Athener auf der Akropolis die Hakenkreuzfahne ein. In Jugoslawien bildete sich nach dem relativ schwachen Abwehrkampf des Heeres bald eine Partisanenbewegung, der sich eine Reihe von Offizieren anschloß. So wich Oberst Draža Mihailovic, der es ablehnte, sich zu ergeben, in die rauhe Ravna Gora 100 Kilometer südlich von Belgrad aus und bereitete den Partisanenkrieg vor. Tito erschien erst drei Monate später, kurz nach dem Beginn des Krieges zwischen Deutschland und der UdSSR, auf der Bildfläche.
Ähnlich war die Lage in Polen. General Graf Komorowski, der sich nach der Niederlage in Krakau befand, wollte schon nach Ungarn übertreten, als er sich im letzten Augenblick entschloß, auf heimatlichem Boden weiterzukämpfen. General Stefan Rowecki gründete die polnische Untergrundarmee ›Armia Krajowa‹, deren Oberbefehl Komorowski, der sich jetzt Bor nannte, im Jahre 1943 übernehmen sollte. In Verbindung mit der polnischen Exilregierung in London gründete er die ›Sluzba Zwyciestwu Polski‹, die Liga für den Sieg Polens. Geboren wurde diese Bewegung im Keller der Sparkasse von Warschau. Von 1939 an, also lange bevor die Kommunisten auch nur den kleinsten Finger gegen Deutschland erhoben hatten, sprengten

die SZP und die ihr untergeordnete ›Armia Krajowa‹ Züge in die Luft und griffen deutsche Truppen an. 1941 zählte die AK 4000 Offiziere, 16000 Unteroffiziere und schätzungsweise 100000 Mann, die in 1500 Einheiten zusammengefaßt waren. Sanktionen, wie beispielsweise die Verhaftung sämtlicher Universitätsprofessoren der Universität Krakau und, schon Ende 1939, die Erschießung von 107 Geiseln in Wawer bei Warschau waren die Antwort auf die polnische Untergrundtätigkeit.

Die Atlantik-Charta

In dieses geknechtete Europa drang plötzlich eine Nachricht aus der Neuen Welt. Franklin Roosevelt und Winston Churchill waren heimlich am 8. August 1941 in der Bucht von Neufundland zusammengetroffen. Churchill kam mit der *Prince of Wales*, die nach all den Wunden, die ihr die *Bismarck* geschlagen hatte, wieder repariert worden war. Rosevelt hatte sich ostentativ auf eine Kreuzfahrt zum Fischfang begeben und ließ seine Jacht den vorgesehenen Weg weiterfahren, nachdem er an Bord des Kreuzers *Augusta* gegangen war. Die gegnerischen Geheimdienste hatten nicht das geringste von dieser Zusammenkunft erfahren. Das Ergebnis des Treffens war die Atlantik-Charta – für Hitler eine völlige Überraschung. Doch er zuckte lediglich die Schultern und wiederholte, Roosevelt sei nur ein Instrument des Judentums und Churchill liege bereits in den letzten Zügen. Goebbels gab Anweisungen an die gelenkte deutsche Presse, diese angelsächsische Manifestation lächerlich zu machen. Churchill hatte geplant, mit Roosevelt in erster Linie über die amerikanische Hilfe, die Möglichkeiten des russischen Widerstandes und die japanischen Absichten zu sprechen. Aber der amerikanische Präsident hielt es darüber hinaus für unbedingt notwendig, daß die beiden Nationen, von denen für die eine der Krieg überhaupt noch nicht begonnen hatte, auf feierliche Weise ihre Kriegsziele in einer Charta niederlegten.
Ohne Diskussion war man sich über folgende acht Grundsätze einig: 1. Selbstlosigkeit der Alliierten, 2. Ausschluß jedes territorialen Wechsels, außer auf Wunsch und mit Zustimmung der Bevölkerung, 3. freie Verfassungswahl der Völker, 4. freier Zugang zu den Rohstoffen, 5. wirtschaftliche Zusammenarbeit, 6. Abschaffung von Angst und Not, 7. Freiheit der Meere, 8. Abrüstung. Die Welt, an die sich dieses Dokument wandte, war übrigens davon überzeugt, daß dahinter noch geheime Abmachungen stünden, daß der Chef der britischen Regierung die gefährliche Seereise nicht unternommen hätte, um lediglich einige Gemeinplätze zu unterschreiben. Was in Wahrheit in der Bucht von Argentia vereinbart worden sei, so glaubte man, sei der Kriegseintritt der USA. Churchill tat nichts, um diese Illusion zu zerstören.
Am Sonntag, dem 10. August, einen Tag nach der Unterzeichnung, wurden die edlen

anglo-amerikanischen Absichten durch einen Gottesdienst, der auf dem Achterdeck der *Prince of Wales* abgehalten wurde, besiegelt, wobei der Präsident und der Premierminister gemeinsam ›Onward Christian Soldiers‹ sangen und 14-Zoll-Geschütze Salut feuerten. Auf diese Weise erhielt die Atlantik-Charta ihre demokratische und religiöse Taufe. Es fehlte nur noch das Siegel des seltsamen Waffengefährten, des Atheisten und Freiheitsmörders, mit dem England und Amerika nun verbündet waren.

Hitler beschließt: Zuerst die Ukraine

Seit dem 23. Juni führte Hitler das zurückgezogene Leben, an dessen Rhythmus sich bis zu seinem Tode nicht mehr viel ändern sollte. Sonderzüge hatten das OKW nach Ostpreußen bis zur Station ›Bahnhof Görlitz‹, acht Kilometer östlich der kleinen Stadt Rastenburg, gebracht. In einem duftenden, schweigenden Wald umgab ein Sechseck aus Minen und Stacheldrahtverhauen die ›Wolfsschanze‹. Verstreut unter Bäumen lagen einige mit Geranien geschmückte Häuschen, die Keitel, Jodl, Bormann, Speer und einer geringen Zahl anderer Offiziere sowie dem Dienstpersonal als Wohnung und Büro dienten. Hitler hielt sich entweder im Kartenraum oder in seinem Bunker auf. Sein Panzerzug stand stets unter Dampf. Tödliche Langeweile herrschte in dieser geradezu klösterlichen Abgeschiedenheit.

Der Führer ließ sich in der Regel um 8 Uhr wecken, frühstückte im Bett und nahm bis 9 Uhr alle inzwischen eingegangenen Meldungen und Zeitungen entgegen. Da er nur Deutsch verstand, waren alle Presseauszüge aus ausländischen Zeitungen übersetzt, und da er sich wegen seiner Kurzsichtigkeit schämte, wurden die Texte auf einer speziellen Schreibmaschine mit übergroßen Typen geschrieben. Um 11 Uhr 30 begann die sogenannte ›Mittagslage‹, die erste tägliche Lagebesprechung. Die ›Abendlage‹ begann um 18 Uhr, die ›Nachtlage‹ um 24 Uhr. Dazwischen nahm Hitler seine Mahlzeiten zu sich, gab Audienzen, ging spazieren und las. Es war keine besonders arbeitsame Tätigkeit, die dort entfaltet wurde, denn Hitler haßte jegliche Büroarbeit und verließ sich lieber auf seine Intuition als auf eingehendes Studium. Zu Beginn des Krieges hatte er noch Regimenter besucht und sogar vegetarische Mahlzeiten inmitten seiner Soldaten eingenommen. Seit Beginn des Rußlandfeldzuges hatten diese Besuche aufgehört. Die Front, an der so unendlich viele Menschen fielen, blieb für ihren Führer eine unbekannte Welt. Niemals setzte er seine kostbare Haut einer zufälligen Kugel aus, und für einen Hospitalbesuch war er zu sensibel. Der Krieg wurde für ihn immer mehr zu einem Abstraktum, in dem die Tyrannei der Landkarte herrschte und der Mythos vom heroischen Willen, der den Menschen und den Geschehnissen sein Gesetz aufzwingt.

Das OKH und das OKL waren in Angerburg untergebracht, am Ufer eines Sees, 40 Kilometer von Rastenburg entfernt. Die Führer des Heeres, Brauchitsch und Halder, pflegten sich nur dann ins Führerhauptquartier zu begeben, wenn Hitler sie rufen ließ. Sie waren jetzt in ihren Entscheidungen etwas freier als während des Frankreichfeldzuges, denn Hitler mischte sich weniger in die Einzelheiten der Operationen ein. Allerdings war es nach wie vor jeden Augenblick möglich, daß ein Diktat der Wolfsschanze ihre Pläne über den Haufen warf.

Eines dieser Diktate, die Weisung Nr. 33, wurde ihnen am 19. Juli übermittelt. Darin wurde die Verkleinerung der Heeresgruppe Mitte befohlen. Ein Teil ihrer Panzerkräfte sollte zur Heeresgruppe Nord, eine weitere Partie später zur Heeresgruppe Süd abgestellt werden. Hitler blieb seinen vorgefaßten Ideen treu und wies die Eroberung Moskaus erst auf den dritten Platz zurück. Leningrad und die Ukraine hatten Vorrang. Die ganze Welt erwartete in allernächster Zukunft die Einnahme der russischen Hauptstadt. Das entschlossene Vordringen entlang der napoleonischen Route Wilna – Witebsk – Smolensk schien bewiesen zu haben, daß der Österreicher Hitler den Spuren des Korsen Napoleon folgte. Davon konnte jedoch in Wahrheit keine Rede sein.

Am 23. Juli versuchten Brauchitsch und Halder Hitler umzustimmen. Sie behaupteten, Moskau sei das Hauptziel, gerade wenn man ausschließlich von militärischen Erwägungen ausgehe. Sie wiesen auf die Bedeutung Moskaus als Verkehrsknotenpunkt sowohl zwischen Nord und Süd als auch zwischen dem asiatischen und dem europäischen Rußland hin. Sie beriefen sich auf Hitlers eigene Worte, als sie sagten, das Ziel des Feldzuges sei die Zerstörung der feindlichen Kräfte. Es sei aber gerade vor Moskau, wo die Russen für die Verteidigung ihrer Hauptstadt ihre letzten Mittel zusammengezogen hätten. Folglich müßte hier der entscheidende Schlag geführt werden. Es schien, als hätten die Argumente der beiden Generale Hitler mehr zu denken gegeben, als er sich anmerken ließ. Am Abend noch schrieb Halder in sein Tagebuch: ›Im übrigen interessiert (den Führer) im Augenblick Moskau gar nicht, sondern nur Leningrad.‹ Doch einige Tage später, am 30. Juli, machte die Weisung Nr. 34 die Abstellung der Panzergruppe 3 nach den Waldai-Höhen rückgängig. Sie ordnete eine Atempause für die Panzereinheiten an, während der die Verbindungswege wieder instand gesetzt werden sollten. Das war im übrigen dringend notwendig. Die Straßen waren schwer beschädigt. Die Abänderung der russischen Eisenbahnspur durch Verlegung einer dritten Schiene erwies sich als langwierig, und die von den russischen Truppen auf ihrem Rückzug verursachten Zerstörungen waren gigantisch. Während man also hinter der Front die nötigen Straßenarbeiten vornahm, sollten die Panzerbesatzungen sich ausruhen und ihre Fahrzeuge wieder herrichten. Die Generale in Angerburg hofften schon, daß die vom Führer angestrebten Flügelbewegungen aufgegeben würden und man statt dessen einer klaren und einfachen Schlacht um die Eroberung Moskaus entgegenging: Halder notierte in seinem Tagebuch: ›Diese Lö-

sung befreit jeden denkenden Soldaten von dem fürchterlichen Alpdruck der letzten Tage. Endlich einmal wieder ein Lichtblick.‹·
Doch plötzlich wurde wiederum alles geändert. Am 4. August wurden die Armeeoberbefehlshaber der Heeresgruppe Mitte nach Nowy Borissow, dem Hauptquartier des Generalfeldmarschalls von Bock, berufen. Strauß, Kluge, Weichs, Hoth und Guderian waren sehr überrascht, dort Hitler anzutreffen, den keiner von ihnen seit Beginn des Feldzuges gegen Rußland gesehen hatte. Der Führer erklärte ihnen, er wolle sie über das Ziel der nächsten Operationen befragen, und zwar einzeln, damit sie sich nicht gegenseitig beraten und beeinflussen könnten. Man steckte also die Generale in verschiedene Büros und rief sie dann nacheinander zu Hitler. Alle vertraten den gleichen Standpunkt: Moskau sei das nächste Ziel. Am Abend fand dann eine allgemeine Besprechung statt. Hitler erklärte, man müsse zuerst Leningrad nehmen, um die Russen von der Ostsee zu vertreiben und so jede Bedrohung für Erztransporte aus Schweden zu beseitigen. Außerdem werde man dadurch dem Feind seine wertvollste Waffenschmiede nehmen. ›Ob sodann Moskau oder die Ukraine erstrebt werden sollte‹, schreibt Guderian, ›wurde noch nicht endgültig entschieden. Hitler schien der letzteren Lösung zuzuneigen, weil sich auch bei der Heeresgruppe Süd ein Erfolg anzubahnen schien, weil er ferner glaubte, die Rohstoffe und Lebensmittel der Ukraine für die weitere Kriegführung nötig zu haben, und schließlich, weil er glaubte, die Halbinsel Krim als ‚Flugzeugträger der Sowjetunion gegen die Ölfelder Rumäniens' ausschalten zu müssen. Bis zum Einbruch des Winters hoffte er in Moskau und Charkow zu sein.‹
Damit waren die Grundzüge festgelegt, und nun begann die Diskussion über die Einzelheiten. Die Generale ergriffen die seltene Gelegenheit, ihrem Obersten Befehlshaber die Schwierigkeiten des Feldzuges zu schildern. Der hervorragende T 34 mit 26 Tonnen und einem 7,6-cm-Geschütz war ein für die deutsche 3,7-cm-Pak nahezu unverwundbarer Panzer, und es erschienen immer mehr Kampfwagen dieses Typs vor den deutschen Truppen. Völlig unvorhergesehen war auch das Auftauchen eines neuen 46-Tonnen-Panzers. Die ›Stalinorgel‹ war jedoch eine noch viel unangenehmere Überraschung. Ihre 32 heulenden Raketen schlugen nach 25 Sekunden ein. Im Feuer dieses Salvengeschützes verloren selbst die besten Truppen den Kopf. Die Generale forderten einen stärkeren Panzer und ein wirksameres Panzerabwehrgeschütz. Für sofort verlangten sie Ersatzpanzer, um den Kampfwert ihrer Panzerdivisionen wiederherzustellen.
Hitler lehnte ab. Die Panzer, welche die Fabriken verließen, seien dringend nötig, um neue Panzerdivisionen aufzustellen. Als Äußerstes gestand er der Ostfront 300 Ersatzmotoren zu, was bei weitem nicht ausreichend war. Guderian gegenüber ließ er sich zu einem Geständnis herbei: »Wenn ich gewußt hätte«, sagte er, »daß die Panzerzahlen der Russen, die Sie in Ihrem Buch erwähnt haben, tatsächlich stimmen, dann

hätte ich – glaube ich – den Krieg nicht angefangen.« Guderian hatte von 10000 Sowjetpanzern gesprochen, aber vermutlich besaßen die Russen das Doppelte.
Hitler schwankte in seinen Entschlüssen. Am 12. August wurde die Weisung Nr. 34 dahingehend modifiziert, daß die Heeresgruppe ihren linken Flügel nur so weit nach Norden führen sollte, daß die Heeresgruppe Nord gegen Leningrad vorstoßen konnte. Da von der Abstellung ganzer Einheiten nicht mehr die Rede war, glaubten die Generale der Heeresgruppe Mitte, Moskau erhalte jetzt doch noch den Vorrang. Bock befahl den Rückzug aller schnellen Truppen von der Front, um sie für einen Generalangriff bereitzuhalten. Die Bodenbeschaffenheit war hervorragend. Die Russen setzten ihre lokalen Störaktionen fort. Die deutsche Luftaufklärung stellte ungeheure Ansammlungen von Zivilisten und Truppen zwischen Wjasma und Moskau fest. Die Moral der deutschen Soldaten war nach wie vor gut. Auf ihre Panzer und Lastwagen schrieben sie: ›Nach Moskau!‹
Am 23. August kam Halder nach Nowy Borissow und übermittelte die neueste Entscheidung Hitlers: Weder Leningrad noch Moskau, sondern die Ukraine! Der Feind widerstand immer noch vor Kiew, und die Heeresgruppe Bock hatte die Heeresgruppe Rundstedt mit 300 Kilometer Vorsprung überrundet, was sie in die Flanke von Budjennyj brachte. Eine große Vernichtungsschlacht sollte sich aus dieser Situation ergeben. Guderian schwenkte um Roslawl, um von Süden her anzugreifen. Kleist überschritt den Dnjepr bei Krementschug, um von Norden her vorzustoßen. Die Vereinigung der beiden Gruppen sollte dann die größte Kesselschlacht des Krieges herbeiführen. Es waren nicht nur wirtschaftliche Vorteile, die Hitler in der Ukraine suchte, es war auch eine strategische Wende, die den Feldzug beenden sollte. Das Gros der letzten intakten Truppenmassen des Feindes sollte vernichtet werden.
Halder und Bock waren konsterniert. Das Fallenlassen Moskaus bedeutete einen Winterfeldzug. Guderian, den sie zu sich gerufen hatten, teilte ihre Überzeugung und ihre Enttäuschung. Bock bat ihn, zum Führer zu fliegen und zu versuchen, ihn umzustimmen. Niemand habe mehr Autorität bei Hitler als der General, der den Durchbruch bei Sedan bewerkstelligt, der bei Minsk gesiegt hatte, der Theoretiker, der zum Praktiker des Panzerkrieges geworden war. Guderian war damit einverstanden. In Angerburg traf er auf einen Brauchitsch, der ihm untersagte, die Frage von Moskau auch nur anzuschneiden. Die Entscheidung sei gefallen, und jede Gegenrede könne nur unnütze Stürme beim Führer hervorrufen. Brauchitsch war einverstanden, daß Guderian Hitler über die Frontlage berichtete, aber der Panzergeneral mußte ihm versprechen, den Namen Moskau nicht zu nennen.
Um Hitler waren viele eifrige Jasager versammelt: Keitel, Jodl und die anderen Offiziere vom OKW, aber weder Brauchitsch noch Halder. Hitler eröffnete sofort das Gespräch, indem er Guderian fragte, ob nach so vielen ermüdenden Operationen seine Truppen noch imstande seien, einen bedeutenden Vorstoß zu unternehmen.

»Wenn den Truppen ein großes, jedem Soldaten verständliches Ziel gesteckt wird: ja!« Darauf Hitler: »Sie meinen natürlich Moskau?« »Ja«, erwiderte Guderian. Das verbotene Wort war gefallen. Entgegen allen Befürchtungen Brauchitschs geriet Hitler nicht in Wut. Guderian erhielt die Erlaubnis, die Gründe, welche nach seiner Auffassung einen sofortigen Marsch auf die feindliche Hauptstadt verlangten, ausführlich darzulegen. Hitler hörte ihn an, ohne zu unterbrechen. Dann antwortete er mit einer langen und lauten Rede. Schließlich forderte er die Anwesenden auf, abzustimmen, wer von beiden, Guderian oder er selbst, überzeugt habe. Selbstverständlich lautete die Antwort: Zuerst die Ukraine!

Als sie den Raum verließen, wandte sich Jodl zu dem General: »Machen Sie sich doch keine Sorgen, Guderian. Die Eingebung des Führers ist unfehlbar. Er hat immer recht.«

XII. Kapitel 25. August bis 7. Dezember 1941
Bis vor die Tore Moskaus

Die Schlacht von Kiew

Der Führer hat immer recht! Nie schien das fanatische Vertrauen Jodls gerechtfertigter. Die Resultate der Schlacht in der Ukraine übertrafen alle Erwartungen und stellten alles Vorhergegangene in den Schatten.

Budjennyjs Verwegenheit verhalf den Deutschen zum Sieg. In dem riesigen Bogen, der von dem Lauf des Dnjepr und der Desna gebildet wird, hatte er sechs Sowjetarmeen mit einer Million Mann zusammengefaßt, deren einzige Operationslinie die ungeschützten Eisenbahnstrecken Kiew–Kursk und Kiew–Charkow waren. Das Ziel dieser Maßnahme war, Kiew zu halten. Diese Stadt bildete auf dem Westufer des Dnjepr einen großen Brückenkopf, der von elf Divisionen verteidigt wurde und dessen Erstürmung die Möglichkeiten der 6. deutschen Armee überstieg. Die sowjetische Propaganda konnte mit Recht behaupten, daß in der zehnten Kriegswoche keine einzige der großen russischen Städte genommen worden sei – aber für dieses Prestigeergebnis wurde eine ganze Heeresgruppe der Vernichtung ausgesetzt.

Der Widerstand Budjennyjs ermöglichte jedoch die Evakuierung der ukrainischen Industrie nach Osten. Der Befehl dazu wurde Anfang August gegeben. Am 7. begann die Räumung der Röhrenfabrik von Dnjepropetrowsk, und am 14. wurde die Demontage des auf Edelstahl spezialisierten Stahlwerks von Saporoschje eingeleitet. In allen noch nicht besetzten westlichen Gebieten des europäischen Rußlands wurde die Verlegung der wichtigsten Industrien befohlen. In 1,5 Millionen Eisenbahnwaggons rollten von Juli bis November 1360 Industriewerke nach Osten, darunter 419 aus der Ukraine und 498 aus Moskau. 450 davon wurden im Ural wieder aufgestellt, 210 in Westsibirien und 250 in Kasachstan, im Herzen von Asien. Eine derartige Transportbewegung auf einem schwachen, bereits mit Truppentransporten überlasteten Eisenbahnnetz stellte einen jener russischen Kraftakte dar, die mit den technischen Maßstäben des Westens unerklärlich sind.

Die große Zahl der nach Osten rollenden Züge war vielleicht der Grund dafür, daß das OKH glaubte, Budjennyj räume die Westukraine. Es wurde beschlossen, die deutsche Zange möglichst weit östlich zu schließen, um einen Rückzug der russischen Truppen in die Weite des Landes zu verhindern. Es wurde eine Operation von erstaunlichen Dimensionen. Zwischen Krementschug am Dnjepr, von wo aus der Südangriff erfolgen sollte, und der Gegend von Roslawl, wo der Nordangriff einsetzen mußte, betrug die Entfernung 600 Kilometer Luftlinie. Die großen Wasser-

Während die Rote Armee immer weiter ins Landesinnere auswich, lief die Kriegsproduktion in Moskau und anderen Rüstungszentren mit Hochdruck weiter. ›Das Ergebnis ist dennoch‹, schrieb Stalin am 3. September 1941 an Churchill, ›daß wir mehr als die Hälfte der Ukraine verloren haben. Das alles brachte die Sowjetunion in tödliche Gefahr.‹ Anglo-amerikanische Materiallieferungen ließen nicht lange auf sich warten.

Lederpolster oder Sandsack – eines der vielen äußeren Merkmale soldatischer Hierarchie vornehmlich in der ersten Phase des Vormarsches. Es verschwand mit der Dauer des Krieges, der unerbittlich seinen Tribut von Offizier und Soldat forderte: Einsatz bis zur völligen physischen Erschöpfung. Von Anbeginn wurde deshalb jede Unterbrechung des Kampfes zur Ruhepause genutzt.

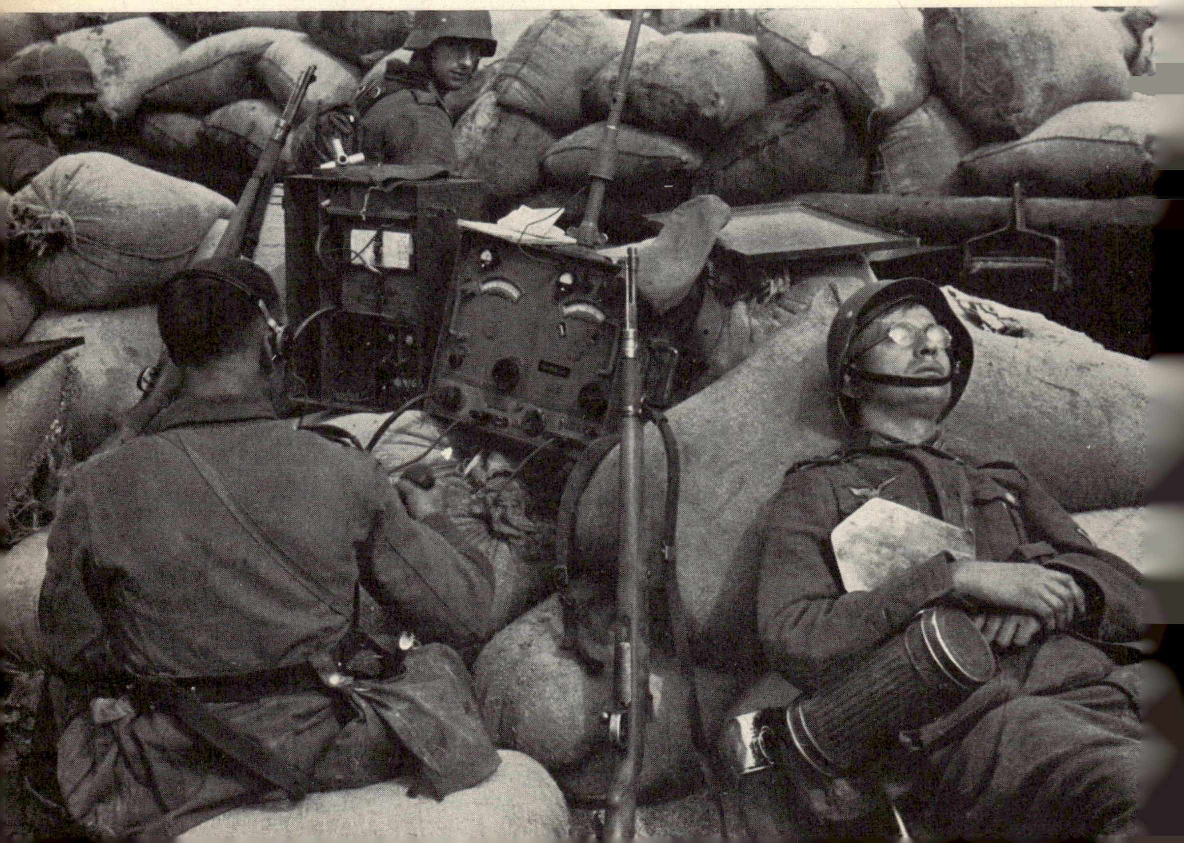

läufe verliefen in diesem Gebiet von Ost nach West gerichtet, so daß die beiden Zangenarme zahlreiche Hindernisse zu überwinden hatten. Die rückwärtigen Verbindungen mußten um 90 Grad schwenken, der Nachschub mußte durch die Steppe erfolgen, Wälder und Sümpfe umgehen. Zu den materiellen Schwierigkeiten kam der Widerstand eines an Zahl überlegenen Feindes. Daß das ganze Unternehmen schließlich erfolgreich war, war eine der größten taktischen Leistungen der Wehrmacht.
Im Norden erfolgte der Angriff am 25. August. An ihm waren die 2. Armee (Weichs), die aus dem XIII., XXXIII. und XXXV. Armeekorps bestand, und die Panzergruppe 2, die auf das XXIV. und XXXXVII. Panzerkorps zusammengeschnitten worden war, beteiligt. Die Soldaten, die aus dem armen Weißrußland kamen, waren von der Ukraine beeindruckt. »Dichte Wälder sind eine Ausnahme geworden. Das Land und die Bewohner machen einen besseren Eindruck; die Häuser sind mit Blumen geschmückt; die Leute sind besser gekleidet und freundlicher.« Aber die Entfernungen waren ermüdend, und der Staub bedeckte noch höher den Boden als in der Gegend von Minsk und Witebsk.
Das erste große Hindernis war die Desna, die fast so breit ist wie der Dnjepr und ebenfalls zahlreiche bewaldete Inseln hat. Am rechten Frontflügel bildete die 2. Armee unter Schwierigkeiten einen Brückenkopf, riß bei ihrem Vormarsch die 6. Armee mit, welche die Einschließung von Kiew vollendete. Der linke Flügel, die Panzerdivisionen Guderians, beschleunigte die Offensive erheblich. Die 17. Panzerdivision schlug die Russen am Oberlauf der Desna in die Flucht. Unter der Führung Models stürmte die 3. Panzerdivision auf Nowgorod-Sjewersk vor, wo eine hölzerne Brücke von 700 Metern Länge über den Fluß führte. Oberleutnant Buchterkirch stürmte an der Spitze einer kleinen Panzereinheit durch das feindliche Sperrfeuer und eroberte die Brücke, noch ehe die Russen die Zeit fanden, sie in Brand zu setzen. Budjennyj antwortete mit energischen Gegenangriffen, opferte seine Flieger über der verlorenen Brücke, setzte seine Panzer massiv ein, versuchte im Rücken des Feindes zu manövrieren und zwang das gegnerische Etappenpersonal – einschließlich einer Feldbäckerei, die sich bei Korop hervorragend schlug – zum Kampf. Aber die deutschen Methoden zu kopieren erforderte eine blutige Lehrzeit, welche die Russen noch nicht hinter sich hatten. Am Ende einer Woche brach der Widerstand an der Desna zusammen. Der Sejm wurde überschritten, die Bahnlinie Kursk–Kiew bei Konotop unterbrochen und Romny genommen. 250 Kilometer im Rücken der Verteidiger von Kiew stürmten die mit einem großen weißen ›G‹ bemalten Panzer Guderians dem Zusammenschluß mit den durch ein ›K‹ bezeichneten Panzern Kleists entgegen.
Bei der Heeresgruppe Süd bereitete die Überschreitung des flußabwärts von Krementschug sehr breiten Dnjepr nicht geringe Schwierigkeiten. Am 31. August überschritt um zwei Uhr nachmittags das 207. Gebirgsjägerregiment mit Sturmbooten an einem Schleusenbecken von 1500 Metern Breite den Strom und setzte sich am linken

Ufer fest. Bei Einbruch der Nacht hatten die Jäger die steile Flußböschung erklommen und einen Brückenkopf von drei Kilometern gebildet. Das andere Regiment der 97. leichten Division setzte ebenfalls über, dann folgte das ganze LII. Korps. Wie an der Desna unternahmen auch hier die Russen verzweifelte Anstrengungen, die ursprüngliche Lage wiederherzustellen, und schickten mehrere Panzerbrigaden gegen den Brückenkopf. Von deutscher Seite gesehen, war die Lage schlecht. Die Spitzenpanzer der 16. Panzerdivision, der Vorhut der Panzergruppe Kleist, konnten den Fluß erst am 11. September überschreiten. Acht Tage lang mußte ein isoliertes Armeekorps, das mit dem Rücken zu einem der breitesten Flüsse Europas stand, die unaufhörlichen Sturmwellen der Infanterie, der Kavallerie und der Panzer abwehren. Aber die Fehler des deutschen Oberkommandos wurden immer wieder durch die taktische Überlegenheit der Truppe ausgeglichen.

Am 15. September war schließlich die Verbindung der beiden Panzergruppen hergestellt. Die Reste der Armeen Budjennyjs waren in dem Dreieck Kiew–Tscherkassy–Priluki eingepfercht. Die 2. Armee drückte auf die Nordseite, die Panzergruppen rissen die Ostflanken auf. Die Aufklärungsflugzeuge brachten Luftaufnahmen des riesigen Kessels mit, in dem mehr Soldaten eingeschlossen waren, als die Wehrmacht

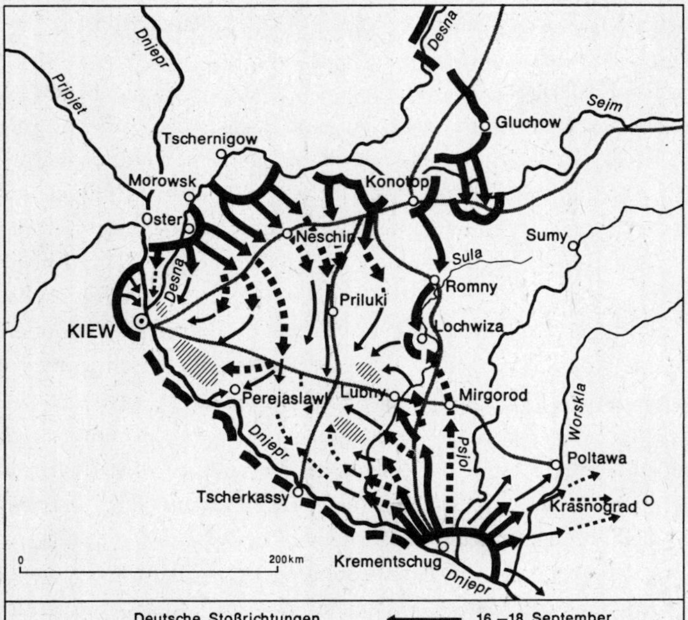

Karte 19
Die Kesselschlacht von Kiew (September 1941)

in Flandern gefangengenommen hatte. Eng gedrängte Infanteriekolonnen, Massen von Kavallerie und Panzern, von Transporten aller Art bewegten sich in dem Kessel in einer riesigen Staubwolke. Das VIII. Fliegerkorps bombardierte unbarmherzig die Eingeschlossenen, die nicht mehr unter einem entschlossenen Oberbefehl standen. Die deutschen Truppen machten riesige Beute. Sie eroberten ganze Eisenbahnzüge mit kompletten, in Kisten verpackten Fabriken.
Am Achtzehnten scheiterte der letzte Befreiungsversuch der Gruppe Budjennyj, am Neunzehnten fiel Kiew. Der riesige Kessel war unterteilt. Eine große Zahl russischer Truppen sah sich zwischen Borispol und dem Dnjepr isoliert, da die 6. Armee sich dazwischengelegt hatte. Die 2. Armee stellte die Verbindung mit dem linken Flügel der 17. her, während deren rechter Flügel, bestehend aus dem LII. und LV. Armeekorps, bereits in die Ostukraine einfiel und Poltawa sowie Krasnograd einnahm. Noch nie hatte die Wehrmacht bei einer einzigen Kesselschlacht eine so große Zahl von Gefangenen gemacht. 665 000 mußten sich ergeben. Viele verhungerten, weil es sich für die verantwortlichen deutschen Heeresstellen als unmöglich erwies, so viele Gefangene in einem verwüsteten Land zu ernähren.
Am 3. September machten die deutschen Soldaten eine unangenehme Erfahrung. Es begann zu regnen. Man erkannte sofort, daß dieser Regen etwas anderes war als die gelegentlichen Frühsommergüsse. Er strömte dicht und schwer, und es fehlte die heiße Sonne, die sonst in wenigen Minuten die dünne Schlammschicht, die durch Gewitterregen entstand, wieder austrocknete. Jetzt aber war der Schlamm dick und zäh und machte das Marschieren zu einer mühseligen Angelegenheit. Guderian brauchte fünf Stunden für 75 Kilometer, und mehrmals wurde der deutsche Zeitplan durch die schlechten Bodenverhältnisse durcheinandergebracht. Dabei war das erst ein Vorgeschmack der großen Schlammperiode, die bevorstand.

›Nach Moskau!‹

Der Sieg in der Ukraine war für Hitler ein persönlicher Triumph. Wieder einmal hatte er gegen die Erwartung seiner Generale eine Schlacht gewonnen. Nach so vielen Beispielen von Kühnheit hatte er diesmal ein Beispiel von Vorsicht gegeben. Seine Generale hatten geradewegs auf Moskau marschieren wollen, denn sie waren von dem Namen der Stadt fasziniert. Dabei hätten sie aber ihre Flanke einer Armee von einer Million Mann geöffnet. Hitler dagegen blieb bei den überlieferten strategischen Wahrheiten und zerstörte zuerst die Bedrohung.
Die Kesselschlacht in der Ukraine war das Gegenteil der Schlacht von Sedan. Gleichzeitig traditionsbewußt und revolutionär, Stratege und Psychologe, Taktiker und

Phantast, hatte Hitler damit in den Augen seiner Verehrer den Titel ›Größter Feldherr aller Zeiten‹ erworben – den man im Volk spöttisch zu ›Gröfaz‹ abkürzte. Von diesem Moment an übernahm Adolf Hitler selber die Leitung des Rußlandfeldzuges. Das OKH erschien ihm als eine überflüssige Einrichtung, als ein verzerrendes bürokratisches Zwischenglied zwischen seinen Anregungen und deren Durchführung. Von der Ukraineschlacht an hatte Angerburg nur noch Befehle zu übermitteln. Die strategischen Überlegungen, die Franz Halder weiterhin anstellte, fanden ihren Niederschlag nur noch in seinem persönlichen Tagebuch. Es war nicht mehr opportun, vor dem Führer den Mund aufzutun. Und da Keitel und Jodl ohnehin nur Jasage-Maschinen waren, hielt Adolf Hitler von nun an nur noch mit sich selbst Beratungen ab.
Er befand sich jetzt vor der schwersten Entscheidung seiner ganzen abenteuerlichen Laufbahn. Seine Absicht war es gewesen, Rußland in einem einzigen Feldzug noch vor Ende 1941 niederzuschlagen. War das aber noch möglich? Oder mußte er zugestehen, daß eine Vernichtung des Sowjetstaates erst im nächsten Jahr absehbar war und er sich also auf einen Winterfeldzug einlassen mußte?
Die Schlacht von Kiew war am 26. September zu Ende. Damit dauerte der Rußlandfeldzug bereits vier Monate, doppelt soviel, wie für den Frankreichfeldzug notwendig gewesen war. Dabei hatten alle deutschen Sachverständigen die französische Armee für doppelt, wenn nicht dreimal so schlagkräftig gehalten wie die russische Armee. Die erste Überraschung im Osten war der Mut der russischen Soldaten. Man hatte auf deutscher Seite angenommen, daß der russische Patriotismus durch das bolschewistische System vernichtet worden sei, und mit einem raschen moralischen Zusammenbruch der Roten Armee gerechnet. Die zweite Überraschung war das überreichlich vorhandene Kriegsmaterial der Russen, ganz besonders die hohe Anzahl der Panzer. Eine dritte Überraschung war die Schnelligkeit, mit der die Sowjetarmee sich immer wieder sammelte. Halder, der Rußland als Koloß mit tönernen Füßen bezeichnet hatte, stellte fest: ›Wir haben bei Kriegsbeginn mit etwa 200 feindlichen Divisionen gerechnet. Jetzt zählen wir bereits 360... Und wenn ein Dutzend davon geschlagen wird, dann stellt der Russe ein neues Dutzend hin!‹ Hitler zeigte nicht die geringste Überraschung. Was er schon zu Guderian gesagt hatte, wiederholte er sinngemäß vor seinen Vertrauten: »Wenn ich das gewußt hätte, wäre mir der Entschluß zum Angriff wesentlich schwerer gefallen.« Mit anderen Worten: Der Führer wußte, daß er ein großes Risiko eingegangen war. Aber er war auch überzeugt, daß ihn sein glücklicher Stern nicht verlassen hatte und daß die Gefahr überwunden war.
Diese Überzeugung wurde durch den Ausgang der Schlacht von Kiew noch verstärkt. Es schien sich zu bestätigen, daß der Feind am Ende seiner Kräfte und sein Kampfeswille endgültig gebrochen war. Viele hohe Offiziere verfluchten das Regime und schimpften auf das Oberkommando. Zahlreiche Soldaten waren bereits alte Reservisten, und viele Einheiten waren nur unvollständig bewaffnet. Der Wert der Roten

Während der Notzeit der ersten Kriegsmonate gegenüber der deutschen Invasion wurden die russischen Geschütze oft in direktem Beschuß, insbesondere gegen die deutschen Panzer, eingesetzt. Russischer Gegenangriff nach der Vernichtung eines deutschen Fahrzeugs (oben). – Deutscher Hauptverbandsplatz (unten).

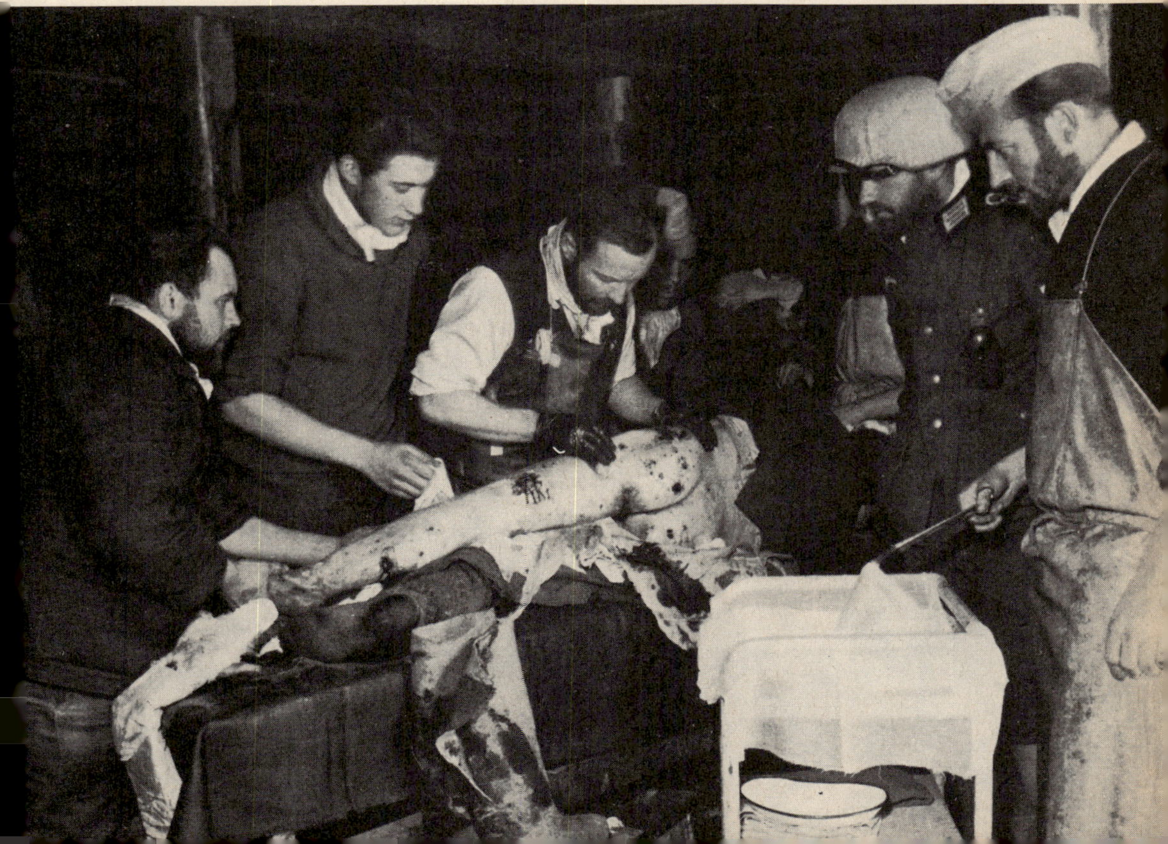

Das Gesicht des Krieges, wie es Freund und Feind Tag für Tag begegnete: Die Bäuerin, die um etwas Brot bettelte; der verzweifelte, verwundete Rotarmist, der um Hilfe flehte; das Kind, dessen Mutter von einer Fliegerbombe erschlagen wurde.

Armee schien gleichwohl größer zu sein, als es der deutsche Generalstab sich vorgestellt hatte. Dennoch: Das angestrebte Resultat war erreicht, denn der Feind konnte sich offensichtlich nicht mehr entschieden wehren.
Der Zustand der deutschen Armee gab zu keinerlei Beunruhigung Anlaß. Am 1. September, dem zweiten Jahrestag des Kriegsbeginns, unterbreitete Jodl dem Führer eine vergleichende Aufstellung: Die deutschen Verluste betrugen während der ersten beiden Kriegsjahre 418805 Mann, darunter 90491 Tote und 29687 Vermißte. Während der ersten beiden Jahre des Ersten Weltkriegs hatte sich diese Zahl auf 3117797, davon 416672 Tote und 371321 Vermißte, belaufen. Das war das Achtfache dessen, was Hitlers Feldzüge an Verlusten gekostet hatten. Diese waren in den Augen mancher ein durchaus geringer Preis für die Eroberung Europas.
Das Material hatte weit mehr gelitten als die Menschen. Die Berichte der Armeen enthielten stets lange Listen von Panzern, Geschützen, Protzen, Lastwagen, Futterwagen und anderen Fahrzeugen, die durch feindliches Feuer zerstört oder im Schlamm versunken waren. Die Einbuße an Bespannungen war besonders groß, denn die deutschen Pferde konnten die Lebensverhältnisse auf russischem Boden schlecht vertragen. Die Zahl der erbeuteten Pferde vermochte die Verluste auf deutscher Seite nicht voll auszugleichen. Hitler wußte allerdings, daß man derartige Klagen nicht allzu tragisch nehmen durfte. Alle Kriege werden mit Resten gegen Reste gewonnen. Die Kampfmittel der Russen waren nach einem Verlust von drei Millionen Kriegsgefangenen und riesigem Material nur noch Stückwerk. Die der Deutschen dagegen waren noch beeindruckend. Die Infanteriestärken hatten sich nur um 15 Prozent verringert, die Panzergruppen 1, 3 und 4 besaßen noch 70 bis 80 Prozent ihrer Panzer. Die Panzergruppe 2, die den langen Haken durch die Ukraine hatte machen müssen, hatte trotz allem nur 50 Prozent ihrer Panzer verloren. Das reichte immer noch aus, um den Krieg siegreich zu beenden.
So jedenfalls dachte Hitler. Was ihm ernstliche Sorgen bereitete, war das Datum. Der Sommer war zu Ende, und die Septemberregen hatten schon aufgehört, aber die wirkliche Schlammperiode kam immer näher. Sie würde den Krieg wie alles andere im Schlamm versinken lassen, dann würde die Kälte einsetzen. Wenn die deutsche Armee jetzt ihren Vormarsch gestoppt und ihre Winterquartiere vorbereitet hätte, wäre sie in einer großartigen Position stehengeblieben und hätte den Ansturm des ›Generals Winter‹ unter erträglichen Bedingungen durchstehen können. Dagegen war es leichtsinnig, noch im Oktober – selbst gegen einen geschwächten Feind – eine Reihe von großen Operationen durchführen zu wollen, wie sie auf dem Programm der Wehrmacht für das Jahr 1941 verzeichnet waren: nämlich die vollständige Besetzung der Ukraine, die Eroberung der Krim, des Kaukasus und Moskaus sowie schließlich die Ausdehnung des besetzten Territoriums bis zur Linie Astrachan–Archangelsk. Die Entfernungen und die wenigen rückwärtigen Verbindungen stell-

ten allein schon ein gewaltiges Risiko dar. Aber Hitler hielt stur an seinem vorgefaßten Plan fest, Rußland noch vor Einbruch des Winters endgültig niederzuwerfen. Ein Überwintern hätte in seinen Augen bedeutet, daß die Wehrmacht im Osten bis zum Sommer 1942 gebunden wäre. England, das im Frühjahr zu Boden geworfen werden sollte, würde einen neuen Aufschub erhalten. Amerika war seit Abschluß des Atlantikpakts faktisch in den Krieg eingetreten. Mit Hilfe der Westmächte konnte Rußland neue Kräfte sammeln. Die gemeinsame britisch-sowjetische Besetzung des Irans hatte gezeigt, daß Rußland vom Westen ernsthafte militärische Unterstützung zu erwarten hatte. Die Rückführung von russischen Streitkräften aus dem Fernen Osten nach dem europäischen Rußland – eine Folge der russisch-japanischen Annäherung, die Hitler begünstigt hatte – war im Gange. ›Von Tschita bis Krasnojarsk‹, erzählte ein Reisender der Transsibirienbahn, ›zählte ich 200 Militärzüge, die nach Westen rollten. Jeder Zug hatte 25 Waggons, davon 10 für die Truppe und die anderen für das Material, darunter in Kisten verpackt Flugzeuge.‹ Wenn man den Winter verstreichen ließ, würde inzwischen ein neu ausgerüstetes und aufgefrischtes russisches Heer an der Front aufmarschieren, gegen das Deutschland einen schon fast gewonnenen Feldzug von vorn beginnen müßte.

Für Hitler handelte es sich außerdem um eine Prestigefrage. Während der Vorbereitung des Rußlandfeldzuges hatte er sich wütend den Plänen eines Zweiphasensieges widersetzt. So hatte von Brauchitsch für das Jahr 1941 nur die Einnahme Leningrads, Rundstedt als Maximum die Eroberung der Linie Odessa–Kiew–Orscha–Riga und Kluge einen erfolgreichen Frontalangriff bis Moskau für möglich gehalten. Alle drei waren der Ansicht gewesen, daß weiter reichende Eroberungen dem Jahr 1942 vorbehalten bleiben müßten. Dagegen versicherte Hitler immer wieder, daß sämtliche strategischen und wirtschaftlichen Ziele 1941 erreicht sein würden. Deswegen weigerte er sich auch kategorisch, Leute anzuhören, welche die Produktion ausreichender Winterausrüstung forderten. Jetzt kam allmählich der Zeitpunkt heran, an dem er sich selber dementieren mußte. Aber noch schrieb man September, das Wetter war prächtig, die Hitze zurückgegangen, der Staub nicht mehr so dicht und der Boden hart wie Asphalt. Der Feind schien geschlagen, und die deutschen Soldaten malten an die Mauern ihrer Unterkünfte und an ihre Fahrzeuge die Devise: ›Nach Moskau‹.

Am 15. September ordnete Hitler die Wiederaufnahme der Offensive auf der ganzen Front an. Als Angriffsdatum wurde der 2. Oktober festgesetzt. In Hitlers Tagesbefehl an die Soldaten der Ostfront hieß es: ›Heute ist nun der Beginn der letzten großen Entscheidungsschlacht dieses Jahres. Sie wird diesen Feind und damit auch den Anstifter des ganzen Krieges, England selbst, vernichtend treffen... Vom Deutschen Reich aber und von ganz Europa nehmen wir damit eine Gefahr hinweg, wie sie seit den Zeiten der Hunnen und später der Mongolenstürme entsetzlicher nicht mehr über dem Kontinent schwebte.‹

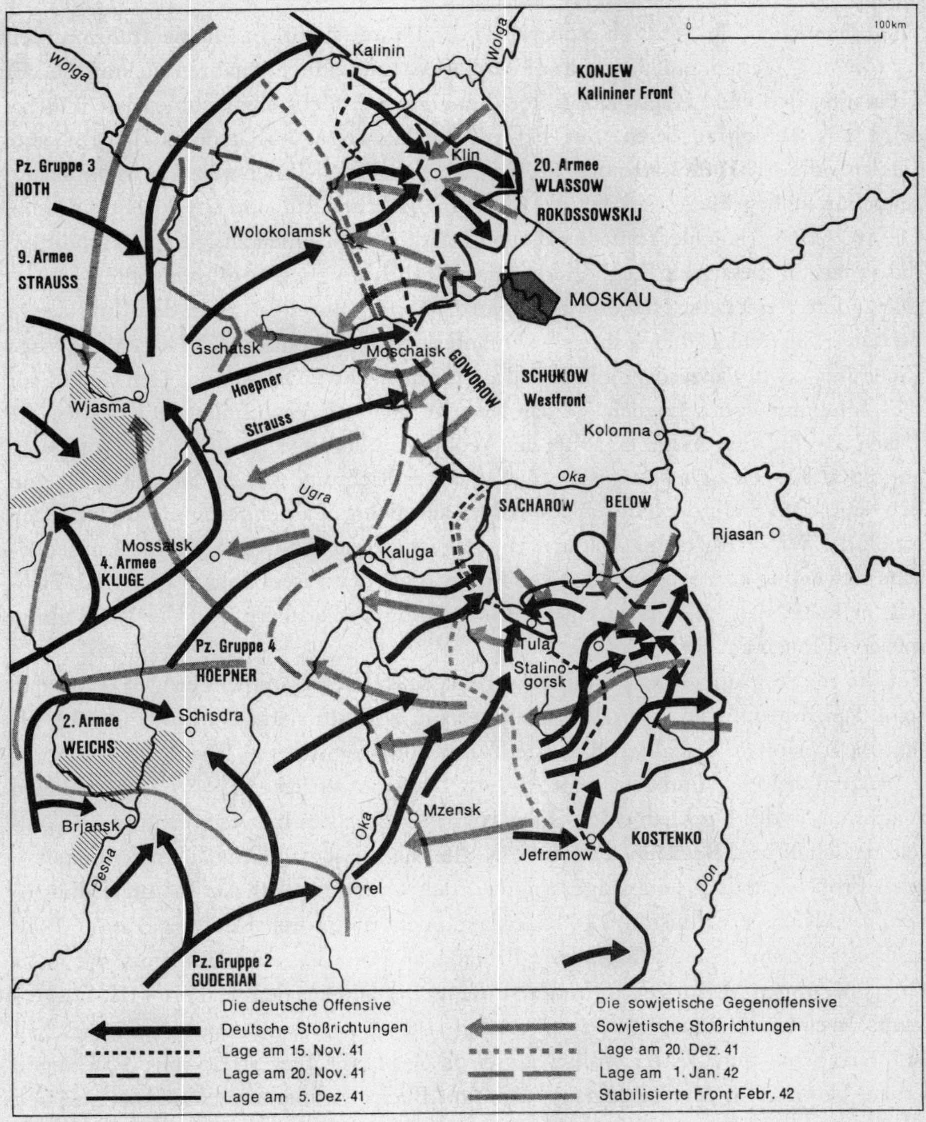

Karte 20 Der deutsche Angriff auf Moskau und die russische Gegenoffensive (Winter 1941/42)

Die Offensive sollte auf der ganzen Frontlänge, vom Finnischen Meerbusen bis zum Asowschen Meer, stattfinden, jedoch wurden auch diesmal wieder Schwerpunkte des Kräfteansatzes gebildet, die den jeweiligen konkreten Zielen entsprachen.
Im Norden sollte Leeb lediglich den Ring um Leningrad enger schließen. Er sollte

nicht versuchen, die Stadt zu erobern, da der Führer sie für bereits neutralisiert hielt und keinen Wert darauf legte, zwei Millionen Einwohner ernähren zu müssen. Er verlangte, daß ›eine Kapitulation von Leningrad... nicht anzunehmen ist‹. Flüchtlinge aus Leningrad seien ›mit Feuer zurückzuweisen‹. ›Kleine, nicht gesperrte Lücken, die ein Herausströmen der Bevölkerung nach Innerrußland ermöglichen‹, seien ›nur zu begrüßen, weil dies das Chaos im östlichen Rußland nur erhöhen‹ könne. Die 18. Armee (Küchler) wurde auf zehn Infanteriedivisionen zusammengeschnitten, die gegen die Besatzung Leningrads einen Grabenkrieg weiterführen sollte.
Die andere Armee der Heeresgruppe Nord, die 16. (Busch), lag um den Ilmensee in Stellung. Sie behielt neben ihren 13 Infanteriedivisionen das XXXIX. Panzerkorps (Schmidt), zwei Panzerdivisionen und drei motorisierte Divisionen. Der Grund für die Zuteilung von schnellen Verbänden war die außergewöhnliche Offensive, die Busch durchführen sollte. Er sollte den Wolchow überschreiten und nach Nordosten angreifen. Das einzige strategische Ziel in dieser Richtung war Archangelsk, das von den deutschen Stellungen durch 200 Kilometer dichte Wälder getrennt war, in denen schon der Winter herrschte. Hitler weigerte sich gegen alle Bedenken, diese exzentrische Bewegung aufzugeben. Busch sollte zunächst den Eisenbahnknotenpunkt Tichwin nehmen, dann die Bauxitlager von Boksitogorsk erobern und die Verbindung mit den Finnen am Swir herstellen.
Für die Heeresgruppe Mitte wurden ungeheure Kräfte zusammengezogen. Leeb gab seine Panzergruppe ab, die 5 Panzerdivisionen, 2 motorisierte Divisionen und 2 Infanteriedivisionen umfaßte. Rundstedt im Süden mußte 5 Infanteriedivisionen, 2 Panzerdivisionen und eine motorisierte Division stellen. Für das Unternehmen ›Taifun‹, wie der Deckname der Offensive gegen Moskau lautete, verfügte Generalfeldmarschall von Bock über stärkere Kräfte, als sie jemals unter dem Kommando eines Frontgenerals zusammengezogen worden waren, nämlich: 47 Infanteriedivisionen, eine Kavalleriedivision, 14 Panzerdivisionen, 9 motorisierte Divisionen, 6 Polizeidivisionen und eine SS-Kavallerie-Brigade, also fast 80 große Einheiten mit mehr als 1,5 Millionen Mann. Die Luftunterstützung bestand aus dem II. und VIII. Fliegerkorps, welche die Luftflotte 2 unter dem Oberbefehl von Generalfeldmarschall Kesselring bildeten. Hitler wollte das Gros der russischen Streitkräfte geschlagen haben, bevor er in Moskau einzog. Die von Bock kommandierten Truppenmassen erscheinen allerdings nicht mehr ganz so eindrucksvoll, wenn man in Betracht zieht, daß sie sich über eine Front verteilten, die von Welikije Luki bis Romny 750 Kilometer Luftlinie maß. Bock mußte also auf einer viermal längeren Front angreifen, als es die gesamte Wehrmacht am 12. Mai 1940 getan hatte, während das Straßennetz, das ihm zur Verfügung stand, nicht einmal ein Zehntel des französisch-belgischen Straßennetzes ausmachte. Seine Luftstreitkräfte waren überraschend gering. Was bedeuteten 549 Flugzeuge, darunter 158 Bomber und nur 25 Aufklärer angesichts

der riesigen Dimensionen des Kampfgebiets, das von dichten Wäldern überzogen war? Auf ein einziges Panzerkorps war bei Sedan eine mindestens ebenso starke Luftunterstützung gekommen.
Diese Heeresgruppe Bock war in drei Abteilungen gegliedert, von denen jede eine Armee und eine Panzergruppe umfaßte. Im Norden lagen die 9. Armee (Strauß) und die Panzergruppe 3 (Hoth), zusammen 3 Panzerdivisionen, 18 Infanteriedivisionen und 2 motorisierte Divisionen. Im Zentrum standen die 4. Armee (Kluge) und die Panzergruppe 4 (Hoepner), zusammen 5 Panzerdivisionen, 15 Divisionen Infanterie und 2 motorisierte Divisionen. Im Süden lagen die 2. Armee (Weichs) und die Panzergruppe 2 (Guderian), zusammen 5 Panzerdivisionen, 14 Infanteriedivisionen und 4 motorisierte Divisionen. Alle diese Kräfte sollten zuerst an einer Kesselschlacht teilnehmen, die laut Weisung Nr. 35 die Heeresgruppe Timoschenko zu vernichten hatte.
Der linke und der rechte Flügel sollten dann, nördlich und südlich an Moskau vorbeistoßend, die Wolga von Rybinsk bis Gorki besetzen, während die Mittelkräfte den Auftrag hatten, Moskau einzuschließen und zu erobern.
Die Heeresgruppe Timoschenko, die jetzt endgültig geschlagen werden sollte, hatte schon bei Baranowitschi, bei Minsk, bei Borissow, bei Witebsk, bei Smolensk und bei Roslawl schwere Niederlagen erlitten. Sie verfügte über die erstaunliche Fähigkeit der Regeneration, von der Halder so beeindruckt war. Im Juli war der Weg nach Moskau noch offen gewesen, die deutschen Aufklärer hatten östlich von Smolensk keine entscheidenden Kräfte entdecken können. Anfang Oktober meldete die Feindaufklärung, daß die Heeresgruppe Timoschenko wieder auferstanden sei und über 62 Infanteriedivisionen, 9 Kavalleriedivisionen, 11 Panzerbrigaden und -divisionen verfüge, ferner über rund 20 Divisionen, die nicht näher spezifiziert werden konnten. Im August waren die Deutschen wiederholt hartnäckig angegriffen und zur Aufgabe des Vorsprungs von Jelnja gezwungen worden, doch hörten die Angriffe im September auf. Die Russen hatten sich in die Defensive zurückgezogen und damit den Eindruck bestätigt, daß die Sowjetarmee entscheidend geschwächt sei. Dagegen gingen die Befestigungsarbeiten mit einer ungebrochenen Energie weiter. Niemals wurde so viel Erde bewegt wie im Herbst 1941 vor Moskau.
Die Heeresgruppe Süd bereitete sich ebenfalls auf den Angriff vor. In der nördlichen Ukraine hatte der deutsche Sieg vom September riesige nahezu menschenleere Gebiete hinterlassen. Die Flieger berichteten von weiten Regionen, in denen sich nicht ein einziger feindlicher Soldat befand. Nachdem Rundstedt Truppen an die Heeresgruppe Bock abgegeben hatte, verfügte er noch über 35 Infanteriedivisionen, 3 Panzerdivisionen, 3 motorisierte Divisionen, dazu 6 rumänische Divisionen, 2 ungarische Brigaden, 2 slowakische Divisionen, ein kroatisches Regiment und schließlich 3 italienische Divisionen. Man dachte daran, diese Kräfte möglicherweise zur Unter-

stützung des Angriffs auf Moskau heranzuziehen, indem man die Front der Heeresgruppe Mitte bis Woronesch verlängerte – oder indem man Rundstedts Truppen als Eingreifreserve betrachtete. Aber das war nicht der Plan Hitlers. Im Süden lockten die großen wirtschaftlichen Ziele. So fächerten sich also die deutschen Kräfte noch weiter auf.

Die 12 Infanteriedivisionen starke 6. Armee (Reichenau) wurde auf Charkow angesetzt, die 14 Infanteriedivisionen umfassende 17. Armee (Stülpnagel) auf die großen industriellen Ballungsgebiete im Donez-Bogen. Die Panzergruppe 1 (Kleist), bestehend aus 3 Panzerdivisionen, 2 motorisierten Infanteriedivisionen und einer Infanteriedivision, sollte diese Bewegung unterstützen und – mit dem linken Flügel – Stalino einnehmen, während der rechte Flügel Rostow erobern und einen Brückenkopf am Don in Richtung Maikop und Batum bilden sollte. Ziel der 11. Armee mit 8 Infanteriedivisionen sowie der kleinen 3. rumänischen Armee war die Eroberung der Krim und – anschließend – die ›Teilnahme‹ am Angriff gegen den Kaukasus. Der Oberbefehlshaber der 11. Armee, von Schobert, war bei einer Notlandung in einem Minenfeld umgekommen. Mit seinem Kommando wurde Manstein, den Hitler von der Leningradfront zurückrief, beauftragt.

Gegenüber der Heeresgruppe Rundstedt lagen, Meldungen der Abwehr zufolge, zwei sowjetische Heeresgruppen, und zwar die Südwestfront und die Südfront. Die beiden ›Fronten‹ setzten sich zusammen aus der 40., 21., 38., 6., 12., 18., 37., 9., 56. und 51. Armee mit insgesamt 82 Divisionen und Brigaden. Während die Nordukraine anscheinend ohne jegliche Verteidigung war, wurde der Weg zum Kaukasus und zur Krim durch erhebliche Streitkräfte gesperrt. Aber man nahm an, es handle sich nur um mittelmäßige Formationen, deren große Zahl für die Wehrmacht ohne erhebliche Bedeutung sei.

Die Kessel Wjasma und Brjansk

Am 2. Oktober – dem Tag, an dem die deutsche Offensive begann – traf in Moskau eine britisch-amerikanische Mission unter der Führung von Lord Beaverbrook und Averell Harriman ein. Gemeinsam mit Stalin wurde ein Abkommen unterzeichnet, in dem die beiden westlichen Mächte die Hilfe festlegten, die sie der UdSSR vom 1. Oktober 1941 bis zum 1. Juli 1942 zuteil werden lassen wollten, nämlich: 3000 Flugzeuge, 4000 Panzer, 30000 Lastwagen, 100000 Tonnen Treibstoff usw. Die Sowjetregierung trat in gewisser Hinsicht der Atlantik-Charta bei, wobei sie allerdings von den verpflichtenden Grundzügen des Dokuments die Meinungsfreiheit und die Religionsfreiheit kaum Kenntnis nahm. Die Russen akzeptierten die ihnen zugestandene

Hilfe äußerst hochmütig und erklärten, es handle sich dabei nur um einen ärmlichen Ersatz für die Eröffnung einer zweiten Front.

Moskau war noch weit von der Front. Seit dem 22. Juli hatte die Luftwaffe einige Angriffe geflogen, aber die sowjetische Fliegerabwehr war hervorragend, die Schäden blieben gering. Für die Bevölkerung gab es nur wenig Unterstände. Die diplomatischen Missionen begaben sich in Sicherheit, indem sie sich auf ihre Datschas in der Umgebung zurückzogen. Dagegen war die Tarnung der Stadt ausgezeichnet. Der Kreml war auf einmal ein Mietshaus und das Bolschoitheater ein Gewirr von engen Gassen. Die Bevölkerung machte einen gleichgültigen, müden Eindruck. Die Neuigkeiten von der Front, die immer sehr verspätet bekanntgegeben wurden, handelten ausschließlich von Gefechten, die sich auf beiden Flügeln abspielten, in der Ukraine und um Leningrad. Vom Mittelabschnitt hatte man im August gehört, als die heroische Verteidigung von Smolensk gefeiert wurde, und zum letztenmal im September, als die Wiedereroberung von Jelnja durchgegeben wurde. Die Moskowiter glaubten, durch den Verteidigungssieg vor ihrer Stadt sei die Front, die sie direkt interessierte, für den Winter festgelegt. Diese Überzeugung teilte übrigens auch Timoschenko, der durch den Angriff der Heeresgruppe Mitte völlig überrascht wurde. Die Befestigungsanlagen, welche die Russen gebaut hatten, die damit verbundenen enormen Erdarbeiten, die neuaufgestellten Divisionen – all das vermochte nicht zu verhindern, daß große Teile der Roten Armee wieder einmal unter dem Ansturm der Wehrmacht zusammenbrachen.

Im Norden der Angriffsfront durchstieß die Panzergruppe 3 an einem einzigen Vormittag die russischen Befestigungen. Das XXXXI. Panzerkorps und die 36. motorisierte Division deckten diesen Angriff, indem sie die russischen Einheiten zerstreuten, welche den Knotenpunkt Bjeloj verteidigten. Das LI. Panzerkorps, die 7. und 6. Panzerdivision, stieß direkt auf Wjasma vor. Am Oberlauf des Dnjepr erfolgte der Gegenangriff einer sowjetischen Panzerbrigade. Die Panzerbegegnung endete siegreich für die Deutschen, die eine Brücke über den noch nicht allzu breiten Fluß schlugen und ihren Angriff weiter nach Südosten fortsetzten. Wjasma, eine kleine, in einem grünen Tal gelegene Stadt von ungefähr 20000 Einwohnern, wurde nur schwach verteidigt. Am 7. Oktober, nur fünf Tage nach dem Beginn der Offensive, war sie in deutscher Hand. Wieder einmal kämpfte die Panzergruppe mit dem Rücken nach Osten, während das V., VI. und VIII. Korps sich durch große feindliche Truppenmassen durchschlugen und sich dann mit der Panzergruppe vereinigten. Die Einheiten des südlichen Arms der Zange von Wjasma zogen nicht weniger geschickt Nutzen aus ihren raschen Durchbrüchen. Am 7. Oktober trafen auf dem Schlachtfeld die 10. Panzerdivision der Gruppe Hoepner und die 7. Panzerdivision der Gruppe Hoth zusammen. Die Gegend war übersät mit Material, das der Feind zurückgelassen hatte. Nach nur fünf Tagen war der neue Kessel erledigt. Die Russen

ergaben sich massenweise, und wieder zogen endlose Kolonnen von Gefangenen nach Westen, wobei viele Soldaten an Dysenterie und an Entbehrungen starben und am Straßenrand liegenblieben.
Der rechte Flügel der Heeresgruppe begegnete größeren Schwierigkeiten. Während der Schlacht von Kiew war Guderian nach Süden abgeschwenkt und stand jetzt bei Romny, zwischen Kiew und Charkow, 700 Kilometer von Moskau entfernt. Jetzt mußte er wieder nordwärts marschieren. Er hatte die Aufgabe, die russischen Divisionen einzukesseln, die sich in der Gegend von Brjansk befanden, und bei Tula die Verbindungswege zwischen Moskau und Südrußland zu unterbrechen. Die Marschbedingungen waren infolge des Schlamms denkbar schlecht. Guderian, der mit seinem Fieseler ›Storch‹ ständig von einem Gefechtsstand zum anderen flog, erschrak über das Bild der Auflösung, welches seine Panzergruppe in den endlosen Weiten bot. 100 Ersatzpanzer, die Hitler ihm schließlich doch noch zugestanden hatte, lagen in Orscha fest, nachdem sich Transportschwierigkeiten eingestellt hatten. Seine Infanteriekorps und das XXXXVIII. Panzerkorps standen noch im Herzen der Ukraine. Das XXIV. Panzerkorps unter Geyr von Schweppenburg ließ Guderian in nordöstlicher Richtung marschieren. Als es in Orel eindrang, fuhren dort noch die Straßenbahnen. Das XXXXVII. Panzerkorps unter Lemelsen zweigte nach Nordwesten ab, um den Weg der 3. und 13. Sowjetarmee abzuschneiden, die durch die 2. deutsche Armee zurückgeworfen worden waren. Die deutschen Truppen lagen in ständigem Kampf und wurden von den schwer verwundbaren T 34 hart bedrängt. Am 9. Oktober waren zwei Kessel geschlossen, der eine südlich, der andere östlich von Brjansk in einer weißverschneiten Landschaft – der erste Schnee war an diesem Tag gefallen. Die zweite Armee war zu schwach, um die tiefen Wälder dieser Region von feindlichen Truppenresten vollständig säubern zu können. Ganze russische Einheiten schlugen sich zu den Partisanentrupps.
Der Doppelsieg von Wjasma und Brjansk kam der Schlacht in der Ukraine gleich. 80 Divisionen wurden vernichtet, 650000 Gefangene gemacht. Die Taktik dieses Erfolges hatte darin bestanden, daß man den Feind, der hinter einer geschlossenen Front lag, von hinten angriff und im Frontalangriff eine Bresche schlug, bevor man ihn einkesselte. Diese Spaltung der feindlichen Truppenmassen in zwei Teile hatte den Sieg nicht um einen einzigen Tag verzögert. Die Front war beim ersten Ansturm überall durchstoßen worden. Der Russe ist ein hartnäckiger Gegner, der das Terrain hervorragend auszunutzen versteht und sich oft mit äußerster Bitterkeit schlägt. Aber selbst im Verteidigungskrieg, der ihm am besten liegt, war er nicht imstande, der deutschen Infanterie zu widerstehen. Hitler behauptete, daß der schlechteste seiner Soldaten immer noch besser sei als der beste des Gegners. Seine bisherigen Siege schienen ihm recht zu geben.
Die Operationen an den Flügeln der Gesamtfront brachten zwar nicht so glänzende

Erfolge wie die Kämpfe im Mittelabschnitt, doch waren hier auch nicht jene Katastrophen eingetreten, welche Hitlers Generale aufgrund der weiten Auffächerung der Kräfte befürchtet hatten.

Im Norden rechnete man mit dem baldigen Fall Leningrads, als Hitler am 15. September den Belagerern ihre Flugzeuge und Panzer nahm. Schlüsselburg war im Sturm von der 20. motorisierten Division genommen. Das XXXXVI. Panzerkorps hatte die äußeren Verteidigungslinien durchbrochen und den Stadtrand erreicht. Die 1. und die 291. Division hatten sich einen Weg bis zum Finnischen Meerbusen gebahnt und dabei mehrere Sowjetdivisionen im Kessel von Oranienbaum eingeschlossen. Im eisigen Schneeregen wurde der Belagerungskrieg fortgesetzt. Dagegen hatte die 16. Armee den Wolchow überschritten und drang auf Tichwin vor.

Im Abschnitt der Heeresgruppe Süd stießen die 6. und 17. Armee durch die großen Industriegebiete des Donez vor. Ganz im Süden hatten Kleist und Manstein am Ufer des Asowschen Meeres eine russische Armee vernichtet, wobei sie 65 000 Gefangene machten. Die Panzergruppe setzte ihren Marsch in Richtung Rostow fort, während die 11. Armee die Landenge von Perekop durchbrach und dann weiterzog, die Krim zu erobern.

Derartig zerstreute Bewegungen schufen zwischen den Armeen Lücken, welche die Generale mit Schrecken bemerkten und wieder zu schließen versuchten. Hitler wachte darüber, daß sie sich nicht von ihren Bedenken überwältigen ließen. Er war unzufrieden mit Stülpnagel und enthob ihn seines Kommandos. An die Spitze der 17. Armee setzte er Hoth, dessen Panzergruppe von Reinhardt übernommen wurde. Hitler griff zweimal ein, weil die Gruppe Rundstedt nach Norden zog und versuchte, den Anschluß an die Offensive des Mittelabschnittes zu finden. Die Wolga und das Kaspische Meer mußten vor Weihnachten erreicht werden, damit das Petroleum des Kaukasus der deutschen Kriegswirtschaft im Jahre 1942 zur Verfügung stand.

Plötzlich brach in Moskau eine Panik aus. Der Fall von Orel und Wjasma ließ keinen Zweifel mehr, daß die Deutschen sich nun der Hauptstadt näherten. Die Zensur unterdrückte zwar alle Nachrichten, aber die in der Hauptstadt umgehenden Gerüchte malten die Lage noch viel dunkler, als sie in Wirklichkeit war. Am 15. Oktober konnte den Einwohnern Moskaus nicht mehr verheimlicht werden, daß das Diplomatische Korps und die Regierung die Stadt verließen. Ein überfüllter Zug entführte die Gesandten in unbekannte Richtung, ein weiterer die Minister, die hohen Beamten und das Ballett des Bolschoitheaters. Die Züge mußten auf offener Strecke stundenlang warten, um Militärzüge durchzulassen, und kamen erst nach fünf Tagen in der 900 Kilometer von Moskau entfernten Stadt Kuibyschew an der Wolga an. Im Regierungszug fehlte einer: Stalin. Er war im Kreml geblieben. Wir wissen nicht, ob es seine Absicht war, mit Moskau unterzugehen, oder ob er damit rechnete, die provisorische Hauptstadt doch noch im letzten Augenblick erreichen zu können.

Was damals in Moskau wirklich geschah, ist heute noch nicht sicher festzustellen. Nach der offiziellen Geschichtsschreibung nahm die Kommunistische Partei die Verteidigung in die Hand, rief die Massen auf, hob die Arbeiter aus und identifizierte sich mit der patriotischen Entschlossenheit der Hauptstadt und der Nation. Nach anderen Quellen löste sich die Kommunistische Partei auf, die hohen Funktionäre flohen, und die einfachen Parteigenossen verhielten sich ruhig oder versteckten sich. Es kam zu Aufruhr, Plünderungen und tätlichen Auseinandersetzungen mit der Polizei. Erst Militär schuf wieder Ruhe in der Stadt. Schukow, der aus Sibirien kam, ersetzte Timoschenko, den Stalin als Befehlshaber nach dem Süden geschickt hatte. Schukow übernahm den Oberbefehl über die Mittelfront. Er rief den Belagerungszustand aus, unterdrückte alle Unordnung, ließ fliehende Soldaten, die in den Vorstädten aufgetaucht waren, füsilieren. Die ganze Bevölkerung wurde requiriert und zum Bau von Panzergräben rings um die Hauptstadt kommandiert. Von oben sahen die deutschen Flieger einen von schaufelnden Menschen wimmelnden Gürtel um Moskau, auf den sie Flugblätter herunterregnen ließen, welche ›die lieben Moskauer Damen‹ aufforderten, ›sich nicht so viel Mühe zu geben, denn die großen Panzer werden die kleinen Gräben schon wieder zufahren‹. Der russische Rundfunk verkündete patriotische Parolen und erinnerte an 1812. Die Straßen nach Osten aber waren voller Flüchtlinge, und der Kasan-Jaroslawl-Bahnhof wurde von riesigen Menschenmengen belagert.

Schlamm und Partisanen

Am 14. Oktober erhielt die Heeresgruppe Mitte neue Befehle. Sie sollte Moskau einschließen. Die 9. Armee und die 3. Panzerarmee sollten nach Rschew und Kalinin vorstoßen. Die 4. Panzerarmee sollte die Stadt im Norden umgehen. Die 4. Armee hatte die Front Moschaisk–Kaluga zu erreichen, um dann bis zu den westlichen Vororten Moskaus weiter vorzudringen. Die 2. Armee sollte nach Säuberung des Kessels von Brjansk nach Südosten marschieren, um die Bresche, die sich zwischen der Heeresgruppe Mitte und der Heeresgruppe Süd aufgetan hatte, zu schließen. Der Panzergruppe Guderian, die in 2. Panzerarmee umbenannt worden war, wurde befohlen, Tula und Kolomna einzunehmen. Wie im Falle Leningrads untersagte der Führer die Entgegennahme einer Kapitulation der Stadt. Man solle die Bevölkerung durch Hunger und Bombardements zur Flucht zwingen, damit sie durch ihren Exodus das Chaos in den östlichen Provinzen Rußlands noch vermehre. Man werde erst nach Moskau einziehen, wenn die Stadt leer sei. Ein Sonderbefehl schrieb vor, den Kreml sofort in die Luft zu sprengen.

Der Kampf in Rußland richtete sich nicht minder verbissen gegen die unendlichen Schwierigkeiten in dem weiten russischen Land. Unzählige Brücken mußten geschlagen werden (vorherige Seite), und der Schlamm auf allen Wegen und Rollbahnen wurde, besonders im Frühjahr, zum Grab für Tausende von Panzern und Fahrzeugen.

Wieder einmal waren die Generale mit Hitlers Anweisungen nicht einverstanden. Bock betrachtete sie als undurchführbar. Er wollte seine Kräfte enger sammeln und direkt auf Moskau vordringen, die Stadt im frontalen Sturm nehmen und dort bis zum Ende des Jahres 1941 stillhalten. Hitler aber zeichnete schon auf seinen Karten die Achsen für späteres Vordringen: Kalinin–Jaroslawl, Moskau–Gorki, Kursk–Saratow. Noch immer wollte er vor Weihnachten an der Wolga stehen.

In Wirklichkeit war selbst die vergleichsweise bescheidene Bewegung, die Bock im Auge hatte, zu jenem Zeitpunkt unmöglich: Die Schlammperiode war ausgebrochen. Die anhaltenden Regenfälle, vermischt mit Schnee, hatten am 10. Oktober begonnen. Die Deutschen waren auf den Regen gefaßt gewesen, hatten sich aber kein rechtes Bild von seinen Auswirkungen gemacht. Alle Flüsse traten über ihre Ufer. Riesige Überschwemmungen bildeten unüberschreitbare Hindernisse. Die Fahrzeuge sanken in den grundlosen Wegen bis zur Achse ein, die Pferde bis zum Bauch. Die Soldaten marschierten im Schlamm, der in die Schaftstiefel eindrang, die Uniform verklebte, Gesichter, Waffen und Proviant verschmutzte. Das Aufstellen von Feldzelten war nicht mehr möglich, und da die Häuser heruntergebrannt waren, ließen sich die erschöpften Soldaten einfach in den Schlamm fallen. Die Truppen waren gegen die unangenehme naßkalte Witterung nicht durch geeignete Kleidung geschützt. Anforderungen von Winterausrüstung blieben unbeantwortet. Es kam übrigens überhaupt nichts mehr aus der Etappe, außer ein wenig Brot. Unter großen Anstrengungen hatten die Pioniere die Eisenbahnlinien bis Smolensk, Gomel und Dnjepropetrowsk wieder repariert, aber das Verlegen der dritten Schiene war noch nicht abgeschlossen, und mangels russischen Eisenbahnmaterials blieb die Transportkapazität äußerst niedrig. So rollten über die Linie nach Moskau pro Tag nur zwei Züge mit 400 Tonnen Nachschub. Selbst die frontnächsten Bahnhöfe lagen oft 200 Kilometer hinter der kämpfenden Truppe. Die Lastwagen, die für europäische Straßen gebaut waren, versanken im Schlamm und brachen auseinander. Es wären Schneeketten und Raupenschlepper notwendig gewesen, um die Fahrzeuge zu ziehen. Aber derartige Dinge waren bestenfalls für den nächsten Herbstfeldzug vorgesehen. In der schwarzen Erde der Ukraine war der Schlamm am schlimmsten. Ein ukrainisches Sprichwort sagt: ›Im Herbst gibt ein Löffel voll Wasser einen Eimer voll Schlamm.‹ Außer in den Industriegebieten gab es keine festen Straßen. Die Panzergruppe Kleist, die auf Rostow zumarschierte (sie war in der Zwischenzeit in 1. Panzerarmee umbenannt worden), mußte den ersten Frost abwarten, um die Mehrzahl ihrer Fahrzeuge wieder flottmachen zu können. Jeder Nachschub hatte aufgehört, und die Truppen ernährten sich von dem wenigen, was sie im Land vorfanden. Der Umfang der Zerstörungen erschreckte sie. Alle Häuser waren niedergebrannt, alle Fabriken geplündert, alle Brücken gesprengt und alle Silos zerstört. Tausende von Rindern verwesten auf den Feldern. Trotzdem konnten die deutschen Truppen eine gewisse Beweglichkeit bei-

behalten, indem sie sich der Panjepferdchen bedienten, die vor die leichten Telegas gespannt wurden. Die meisten deutschen Pferde waren krepiert, und nur die außerordentlich genügsamen Panjepferdchen vermochten noch Arbeit zu leisten.
Im Zentrum war die Lage nicht viel besser. Man sieht zwar auf der Landkarte eine majestätische Linie, die Autostraße nach Moskau, aber was bedeutet eine einzige Straße, wenn fünf Armeen verpflegt werden müssen? Im übrigen war diese ›Rollbahn‹ oft kilometerlang unterbrochen und war ohne Betondecke ständig mit einer dicken Schlammschicht bedeckt. Die endlosen Fahrzeugkolonnen kamen nur sehr langsam vorwärts. Am 20. Oktober war die Geschwindigkeit der motorisierten Fahrzeuge zwischen Gschatsk und Moschaisk drei Kilometer in der Stunde. Am nächsten Tag war aller Verkehr zusammengebrochen. 5000 Lastwagen mit Lebensmitteln, Munition und Treibstoff saßen hoffnungslos im Schlamm fest. Die ›Rollbahn‹ war unbrauchbar geworden. Wie in der Ukraine waren es schließlich die kleinen Pferdchen mit den Bauernwagen, welche die Heeresgruppe vor einer vollständigen Lahmlegung retteten. Neben den Unbilden der Natur machten dem deutschen Nachschub die russischen Partisanen schwer zu schaffen. Karl Marx hatte einer für ihre Freiheit kämpfenden Nation das Recht zugestanden, sich nicht an die Kriegsgesetze zu halten. Massenerhebungen und Partisanenkrieg seien legitime Mittel gegen einen an Kräften überlegenen Gegner. Schon im Jahre 1812 hatten die aufständischen Bauern Stafetten Napoleons abgefangen und Nachzügler massakriert. Die Deutschen hatten die Partisanengefahr, die einer romantischen Vergangenheit anzugehören schien, nicht ernst genommen. Die Sicherheit des Hinterlandes war einem halben Dutzend sogenannter Sicherungsdivisionen anvertraut worden, die man aus alten, schlecht bewaffneten Landsturmmännern gebildet hatte. Der Sicherheitsdienst (SD), der Himmlers SS unterstellt war, hatte seine gefährlichen Terrorspezialisten zur Partisanenbekämpfung abgestellt, aber die militärischen Mittel waren lächerlich: Vier Einsatzgruppen von insgesamt etwa 4000 Mann. Niemand hatte sich vorstellen können, daß der Kampf gegen die Partisanen Form und Ausmaß von wahren Kriegsoperationen annehmen könnte; man glaubte allgemein, daß einige Hinrichtungen, ein paar öffentlich Gehängte, genügten, um der russischen Bevölkerung die Lust zu nehmen, mit der Wehrmacht einen Kleinkrieg zu führen.
Man erkannte bald den Irrtum. Am 25. Juli warnte das OKH das Heer vor Sabotage der Verbindungswege. Im Oktober gab der harte Generalfeldmarschall von Reichenau seiner 6. Armee Unterdrückungsbefehle, von denen Halder erklärte, daß jeder anständige Offizier sie auf seine Fahne schreiben müsse. Aber im friedlichen Ostpreußen konnte Halder sich nicht den unbarmherzigen Charakter des Kampfes ohne Gesetz vorstellen. Versprengte Soldaten wurden von den Partisanen gefoltert, gepfählt und geschändet. Barbarische Repressalien antworteten auf diese barbarischen Handlungen – doch ohne Erfolg. Die ›Partisanenregionen‹ dehnten sich aus. Im Herbst zählte

Neben den Finnen kämpften gegen die Sowjetunion an der Seite Hitlers zeitweilig bis zu 27 Divisionen der Rumänischen Armee. Marschall Antonescu (mit heller Hose) im August 1941 während einer Frontbesichtigung in der Nähe von Odessa, das die Rumänen eroberten. – Hinter den deutschen Linien: Der Kommissar einer Partisanengruppe verliest den Eid der Rotarmisten im September 1941 bei Moskau (unten).

Die Partisanentätigkeit wurde mit dem zunehmenden Druck der Ortsverwaltung und mit dem Rückfluten der deutschen Front immer intensiver. Sabotageakte – ein Hinterhalt oder die Sprengung eines Gebäudes (oben) – und deutsche Vergeltungsmaßnahmen standen sich an Grausamkeit in nichts nach. Das Schild am Nacken der gehängten Partisanin Soja Kosmodemjanskaja trug den Text: Heldin der Sowjetunion (unten).

man elf im Gebiet der Heeresgruppe Nord; eine dieser Gruppen beherrschte ein Gebiet von 100 Kilometer Durchmesser. Im Zentrum waren die waldreichen Gegenden von Brjansk, Orscha, Witebsk sowie die Sumpfgebiete von Borodino, Newel und Glusk Schlupfwinkel, deren Säuberung Zehntausende von Soldaten erfordert hätte. Auf den schlechten Verbindungswegen der deutschen Armee nahmen die Angriffe der russischen Partisanen von Tag zu Tag zu.

Trotz all dieser Schwierigkeiten drangen die deutschen Armeen weiter vor. Am 16. Oktober wurde Odessa von der 4. rumänischen Armee genommen, wo allerdings 70000 Mann der Garnison über das Meer nach Sewastopol evakuiert werden konnten, was eine erstaunliche Leistung darstellte. Zwei Tage später begann die Eroberung der Krim. Die 11. Armee trat zum Angriff auf der Landenge von Perekop an und nahm diese nach zehntägigen Kämpfen. In der Südukraine eroberte die 1. Panzerarmee Stalino und überschritt am 30. Oktober den Mjus, die letzte Verteidigungslinie vor Rostow, dem Tor zum Kaukasus. In der Nordukraine drang die 6. Armee am 24. Oktober in Charkow ein. Bei der Heeresgruppe Mitte war die Säuberung der beiden Kessel von Brjansk am Siebzehnten und Fünfundzwanzigsten abgeschlossen. Die 2. Panzerarmee erreichte am 30. Oktober Tula, das die Division ›Großdeutschland‹ vergeblich mit einem Überraschungsangriff zu nehmen versuchte. Gegenüber von Moskau hatte Marschall Kluge, der sich immer bei der Vorhut befand, seinen Gefechtsstand in Malojaroslawez eingerichtet, und zwar fast in der Feuerlinie selbst. Sein XIII. Korps nahm Kaluga und sein LVII. Korps Borowsk, 80 Kilometer vom Kreml entfernt. Noch höher im Norden drang die 4. Panzerarmee in Richtung der ›Rollbahn‹ vor. Die 7. Infanteriedivision und die 10. Panzerdivision nahmen Dorf und Bahnhof von Dorochowo, wo zum erstenmal die 82. Sowjetdivision festgestellt wurde, die nach dreiwöchiger Eisenbahnfahrt aus der Äußeren Mongolei eingetroffen war. Schließlich näherten sich die 9. Armee und die 3. Panzerarmee Rschew.

Hitler hatte keinerlei Grund zu glauben, der Feldzug in Rußland sei ein Fehlschlag. Er wurde nur ungeduldig wegen der Langsamkeit, mit der die Truppen vorwärtskamen, und maß immer wieder den Weg, der noch bis zur Wolga zurückzulegen war. Er telegrafierte Bock und ließ Guderian sagen, er verstehe nicht, warum er denn seinen Brückenkopf an der Oka nicht mit Hilfe seiner schnellen Verbände erweitere. Aber im ganzen wurde der Feldzugsplan genau durchgeführt. Das OKH selbst war nicht mehr pessimistisch. Die Generale waren der Ansicht, daß die Lage weiterhin günstig bleibe, daß Rußland geschlagen sei und daß es möglich sei, noch vor Wintersanfang die wichtigsten Ziele des Feldzuges zu erreichen. Weder Hitler noch Brauchitsch, noch Keitel, Jodl oder Halder waren nur ein einziges Mal an die Front gefahren, um dort mit eigenen Augen die Bedingungen des Terrains kennenzulernen und sich zu vergewissern, unter welchen Umständen die Truppen gegen den Feind zu kämpfen hatten. Das deutsche Oberkommando beging den gleichen Fehler wie im vergangenen

Jahr das französische Oberkommando: Es führte seinen Krieg abstrakt. Die deutschen Armeen gingen ihrer Erschöpfung entgegen. Der Schlamm tötete. Um gegen Tula vorzudringen, ließ Guderian Knüppeldämme bauen, aber auch diese versanken im Schlamm. Seine schnellen Einheiten, die er nach Ansicht Hitlers nicht einsetzte, konnten unmöglich schneller vorwärtskommen als ein marschierender Mann. Das XXIV. Panzerkorps besaß nur noch 50 Panzer, die Guderian unter dem Befehl von Oberst Eberbach zusammenzog, indem er zwei Panzerdivisionen in eine schwache Brigade umbildete. Die Infanterie war nicht weniger erschöpft. Die offiziellen Verlustziffern wiesen noch nicht einmal 20 Prozent der im Juni eingesetzten Kräfte aus, aber die meisten Kompanien waren in Wirklichkeit nur noch ein Zug. Die Artillerie hatte im Schlamm Geschütze verloren. Die Mannschaften waren ausgehungert. General Heinrici meldete, daß sein Armeekorps seit zehn Tagen kein Brot mehr erhalten habe. Das Schuhzeug war verschlissen, und viele Infanteristen marschierten barfuß in durchlöcherten Stiefeln. Grausam blies der Wind durch die dünnen Uniformen. Viele Soldaten hatten keine Decken, da sie sich während der Hitzezeit von ihnen getrennt hatten. Aber die Armeen marschierten stoisch weiter. Doch war die Moral der Soldaten gesunken, denn nach dem Sieg von Wjasma hatte die nationalsozialistische Propaganda verkündet, die Rote Armee habe aufgehört zu existieren. Bei den Männern an der Front aber, die gegen einen sich ständig regenerierenden Feind kämpfen mußten, riefen die Übertreibungen eines Goebbels nur Verbitterung hervor.

Vom strategischen Standpunkt aus gesehen, war das Charakteristische dieser Offensive das vollkommene Fehlen von Reserven. Alle Divisionen standen in der vordersten Linie. Großräumige strategische Truppenbewegungen, wie sie die Wehrmacht einige Monate vorher noch so erfolgreich durchgeführt hatte, waren nicht mehr möglich. Hitler befürchtete, die Truppen könnten wankelmütig werden und verbot die Schaffung einer Auffangstellung. Um einen Winterfeldzug zu vermeiden, hatte er untersagt, Winteruniformen zu verteilen, und um ein Zurückgehen zu verhindern, verbot er jetzt, rückwärtige Stellungen anzulegen. Und um von Schlamm, Schnee, schlechten Wegen, Abnützung der Panzer und der Schuhe nichts hören zu müssen, weigerte er sich, an die Front zu gehen.

Am 13. November fand eine Besprechung in Orscha statt, zu der Halder die Generalstabschefs der Heeresgruppen befohlen hatte. Er hörte ihre Klagen und ihre Ratschläge an. Leebs Stabschef bezweifelte, daß es möglich sei, die Offensive gegen Tichwin fortzusetzen; Sodenstern überbrachte die kategorische Meinung Rundstedts, die Armee sei erschöpft, der Winter nahe, die Offensive müsse gestoppt werden. Bock dagegen ließ ausrichten, es sei notwendig, den Angriff fortzusetzen. Es habe gefroren und der Boden trage wieder, was erlaube, die eingesunkenen Fahrzeuge wieder flottzumachen und den Nachschub neu zu organisieren. Die Kälte sei noch

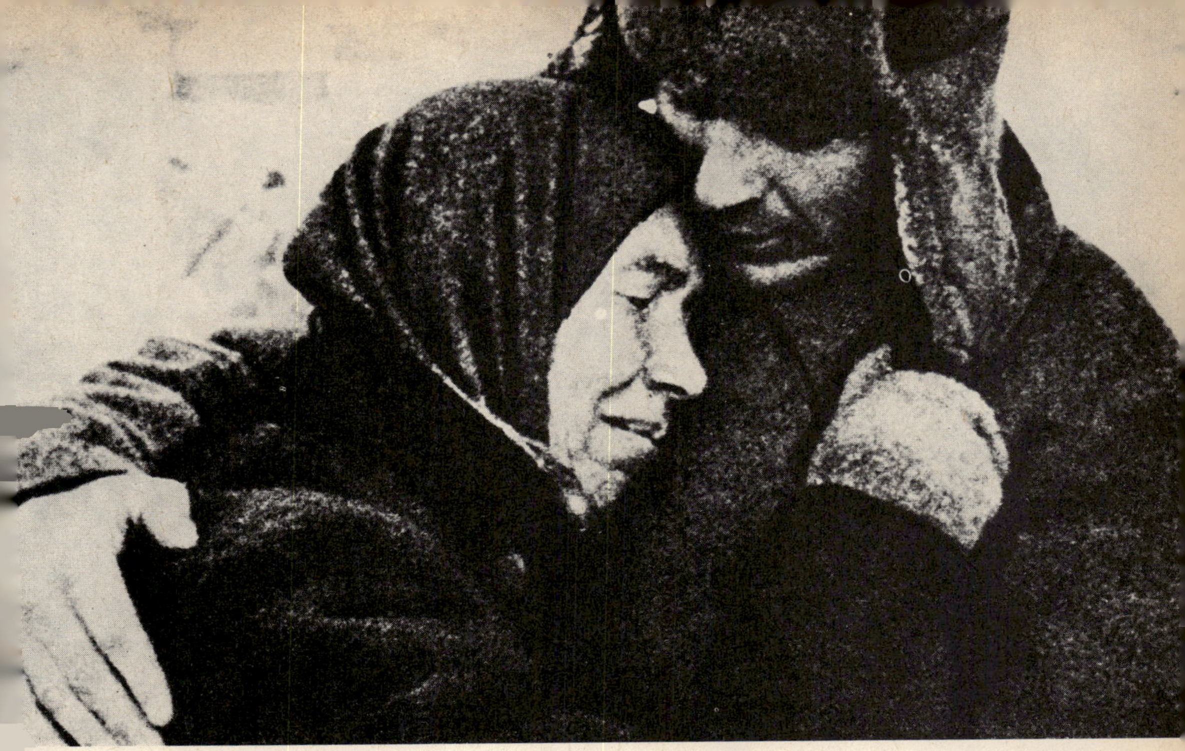

Jahrelang wütete das Ringen um die verbrannte Erde in Rußland. Die Bilanz des dreijährigen Kampfes war für die Zivilbevölkerung katastrophal: sieben Millionen Opfer – verhungert, erschlagen, verschleppt, erschossen, zwischen den Fronten vernichtet.

Von drei Millionen gefallenen deutschen Soldaten des Zweiten Weltkriegs liegen die meisten in russischer Erde begraben. Ein Birkenkreuz und Blasmusik erhielten nur die wenigsten von ihnen, und viele Namen auf diesen Kreuzen hat der nächste Schnee ausgelöscht.

erträglich. Man könne mit vier Wochen Vorwinter rechnen, bevor die niedrigen Temperaturen und der tiefe Schnee einsetzten. Unmöglich sei ein Überwintern in den gegenwärtigen Stellungen inmitten des zerstörten Landes. Man müsse Moskau nehmen oder auf die Stellungen vom Oktober zurückgehen; das bedeute 200 Kilometer Rückzug und die Aufgabe eines mit teurem Blut erkauften Gebietes. Eine letzte Kraftanstrengung sei vorzuziehen. Die Truppen seien bereit, diese letzten Kraftanstrengungen zu leisten, um das Ziel zu erreichen, was sie von Anfang an vor Augen gehabt hätten: die Einnahme von Moskau.
Die Meinung der Generalstabschefs war ohne jegliche Bedeutung, denn Hitler hatte seine Entscheidungen bereits getroffen. Halder war nur sein Sprachrohr. Er übermittelte nun die Befehle, die trotz der schon weit fortgeschrittenen Jahreszeit die Sammelbezeichnung ›Herbstoffensive‹ trugen. Nicht nur Moskau sollte genommen werden, sondern alle Ziele, die für 1941 vorgesehen waren: also Maikop, Stalingrad, Gorki, Wologda und Jaroslawl. Hitler bestand darauf, daß die Wehrmacht keinesfalls vor Erreichung der Linie Onegasee–Rybinsk–Tambow–Don–Rostow haltmachen dürfe. Das bedeutete für die einzelnen Armeen Vormärsche zwischen 200 und 600 Kilometern. Der feindliche Widerstand, meinte Halder, sei nur ein letztes Aufbäumen der Roten Armee vor ihrem Ende. Der Feind sei nicht mehr imstande, eine durchgehende Front von der Ostsee bis zum Schwarzen Meer aufzustellen. Er räume das Land zwischen Don und Wolga, um sich an das Dreieck Moskau–Saratow–Wologda zu klammern. Das sei die letzte Bastion, die ein für allemal zerbrochen werden müsse.

Japan tritt in den Krieg ein

Es war einer der Fehler Hitlers, seine Truppen sich in Rußland erschöpfen zu lassen, während der unbeendete Krieg im Westen sich unweigerlich zu seinem Nachteil wendete. Riesige Kräfte erhoben sich gegen ihn.
England war eine Atempause vergönnt. Die Luftangriffe hatten praktisch aufgehört. Die Zahl der U-Boot-Opfer war von 46 Schiffen im April auf 18 im November gesunken. Die britische Industrie wurde jetzt besser mit Rohstoffen versorgt und konnte das militärische Potential des Landes rasch steigern. Mit 2100 Flugzeugen der ersten Linie war die RAF nunmehr der Luftwaffe auf allen europäischen und afrikanischen Kriegsschauplätzen überlegen. Die Zahl der Landtruppen stieg auf 55 Divisionen. Die Frage war nun, wo die nahezu unangeschlagenen britischen Streitkräfte weiterhin Verwendung finden sollten. In England erhoben sich – von kommunistischer Seite inspiriert – Stimmen, die fragten, ob Churchill Gewehr bei Fuß stehen bleiben wolle, während die UdSSR allein gegen Hitler kämpfen müsse.

Der einzige Kriegsschauplatz, auf dem England seine Landkämpfe zu steigern vermochte, war der Mittelmeerraum. Die Lage war günstig. Die deutschen Luftstreitkräfte auf Kreta waren zum Teil abgezogen worden und befanden sich in Rußland. Die englischen Konvois fuhren wieder die direkte Route nach Alexandria. Malta, das bereits mit einem Angriff wie dem gegen Kreta gerechnet hatte, war wieder zu einem offensiven Luftstützpunkt geworden, von wo aus England den Schiffsverkehr in Richtung Italienisch-Nordafrika kontrollieren konnte. Die deutsch-italienischen Nachschubverluste bei der Überfahrt nach Afrika betrugen 12,5 Prozent im August und stiegen im November auf 63 Prozent. Im November meldete Rommel dem OKW, er habe nur 8093 Tonnen Nachschub bekommen, während man ihm 60000 versprochen habe. Das Afrikakorps zählte jetzt drei Divisionen, die 15. und 21. Panzerdivision und die 90. Leichte Division. Die Italiener stellten eine Panzerdivision, 2 motorisierte Divisionen und 5 Infanteriedivisionen; doch diese Kräfte mußten jetzt bei mangelndem Nachschub Tobruk belagern. Alles arbeitete zusammen, um England die Initiative in Libyen zu ermöglichen.
Churchill dachte bereits weiter. Er arbeitete unter dem Decknamen ›Whipcord‹ einen Invasionsplan für Sizilien aus, der mit englischen Truppen in einer Überraschungslandung durchgeführt werden sollte. Die Generalstabschefs aber waren dagegen. Die Wehrmacht hatte die ersten großen Siege in Rußland errungen, und es bestand die Möglichkeit, daß Hitler im Herbst wenigstens ein Drittel seiner Armee von der Ostfront abzog. Es war also durchaus nicht angezeigt, einen deutschen Gegenschlag zu riskieren, die Verteidigung der englischen Insel zu schwächen und damit die Gefahr einer Invasion wieder heraufzubeschwören.
Man beschied sich also mit der Rückeroberung der Cyrenaika, die unter dem Decknamen ›Crusader‹ durchgeführt werden sollte. Die 8. Armee, die sogenannte Nilarmee, wurde unter den Oberbefehl des Generalleutnants Sir Alan Gordon Cunningham, des Eroberers von Italienisch-Äquatorialafrika, gestellt. Sein Bruder, Admiral Sir Andrew Browne Cunningham, befehligte die Seestreitkräfte und ein neuseeländischer Vizeluftmarschall ähnlichen Namens, Arthur Coningham, hatte den Oberbefehl über die Luftstreitkräfte. Die fünf Brigaden starke Garnison von Tobruk sollte den Ausbruch versuchen, um an der Offensive teilzunehmen. Die Engländer glaubten eine Überlegenheit von 2:1 bei der Panzerwaffe zu besitzen und in der Luft um das Vierfache stärker zu sein. Churchills Tagesbefehl kündigte einen Sieg vom Range Waterloos an.
Die Offensive begann am 18. November bei strömendem Regen. Vier Tage zuvor hatte die englische Marine einen schweren Schlag erhalten, denn eines der ersten U-Boote, die Dönitz im Mittelmeer einsetzte, hatte die *Ark Royal* torpediert, und alle Versuche, den angeblich unsinkbaren Veteranen zu retten, waren gescheitert.
Im Atlantik rückte der Krieg zwischen Deutschland und Amerika immer näher. Am

11. September, nach dem Angriff des Zerstörers *Greer*, gab Roosevelt den Befehl ›Shoot first!‹. Am 31. Oktober schoß der Zerstörer *Reuben James* jedoch nicht rasch genug und wurde von einem U-Boot versenkt, wobei 115 amerikanische Matrosen den Tod fanden.

Die amerikanisch-japanischen Verhandlungen gingen nur zögernd weiter. Der Kaiser wollte den Frieden erhalten und griff verschiedentlich ein, um alle diplomatischen Möglichkeiten auszunutzen, bevor man zu den Waffen griff. Fürst Konoye, der Gesandte Nomura, zahlreiche andere Politiker sowie Teile der Admiralität und der Generalität strebten das gleiche Ziel an. Abgesehen von einer fanatischen Minderheit, hatte man eine sehr hohe Meinung von der militärischen Stärke der USA. Die Aussicht auf einen Krieg mit dem Riesen jenseits des Pazifiks war nicht sehr ermutigend. Andererseits befand sich Japan in großer Verlegenheit. Es hatte sich auf den ›chinesischen Zwischenfall‹ eingelassen und konnte kaum seine Eroberungen wieder aufgeben und zu dem Prinzip der offenen Tür zurückkehren. Es hatte sich für Südostasien entschieden und damit für die Reichtümer Indochinas und Indonesiens. Darauf zu verzichten, hätte bedeutet, daß die japanische Industrie in der Rohstoffversorgung weiterhin von Dritten abhängig blieb. Das aber war das Ziel der amerikanischen Politik Japan gegenüber. Am 26. Juli 1941 verhängte es ein Rohölembargo über das Inselreich. Japan hatte Treibstoff für ein Jahr Krieg eingelagert. Wenn der Krieg schon kommen mußte, dann war es besser, er kam sofort.

Am 6. September berieten unter dem Vorsitz des Kaisers die maßgeblichen zivilen und militärischen Führer Japans. Die Nervosität war auf ihrem Höhepunkt angelangt. Die feinfühligen Japaner waren sich der Bedeutung dieser Konferenz bewußt. Man stellte eine Liste der Mindestbedingungen auf: Nichtintervention der Westmächte in der Chinafrage, Freigabe der gesperrten japanischen Guthaben in den USA und Einstellung der amerikanischen Kriegsvorbereitungen im Pazifik. Sollte sich Anfang Oktober herausstellen, daß es unmöglich sei, die Annahme dieser Bedingungen auf diplomatischem Wege zu erreichen, so mußte man eben Krieg führen. Japan ließ dem Frieden noch eine Galgenfrist von einem Monat.

Die verbliebene Zeit versuchte Fürst Konoye zu nutzen. Der erfahrene Staatsmann, der bereits die heftigsten politischen Erschütterungen Japans überstanden hatte, entsandte zur Unterstützung von Admiral Nomura den mit einer Amerikanerin verheirateten Diplomaten Sabura Kurusu in die USA. Konoye glaubte immer noch, daß ein Vergleich möglich sei. Aber am 7. Oktober ersuchte sein Kriegsminister, General Tojo, ihn um eine Audienz. Dabei legte er ihm ein Ultimatum der Armee vor, die nicht zulassen wollte, daß die Möglichkeit einer Räumung Chinas bei den Verhandlungen mit den Vereinigten Staaten überhaupt in Betracht gezogen werde. Konoye hatte begriffen. Er demissionierte – diesmal endgültig.

Neuer Ministerpräsident wurde General Tojo selber. Die Trennungslinie zwischen

Krieg und Frieden war überschritten. Unbeeinflußt von den politischen Fluktuationen war der Angriff auf Pearl Harbor schon seit zehn Monaten vorbereitet worden. Der Urheber dieser Idee war der Oberkommandierende der japanischen Flotte, Admiral Isoroku Yamamoto. Er kannte die Stärke Amerikas ganz genau und hätte einen Krieg im Pazifik lieber vermieden. Wenn er aber nicht zu umgehen war, dann war es noch besser, er fand unter den für Japan günstigsten Bedingungen statt. Dieser Krieg mußte in Anbetracht der bescheidenen Mittel Japans rasch geschlagen werden. Mit den notwendigen Eroberungen, nämlich Hongkong, Malaya, Singapur, Sumatra, Borneo und Java durfte man nicht mehr lange warten. Man überprüfte die militärischen Möglichkeiten. Der Krieg in China hatte die Kräfte der Nation äußerst angespannt. Die Landtruppen waren nur gering an Zahl, doch auch die englischen, amerikanischen und holländischen Kräfte in Südostasien waren nur mittelmäßig und überdies weit verstreut. Japans Stärke zur See garantierte eine rasche Besetzung aller Halbinseln und Archipele. Die Marine besaß 10 Schlachtschiffe, 10 Flugzeugträger, 35 Kreuzer, 111 Zerstörer, 64 Unterseeboote. Ferner waren die *Yamato* und die *Musashi* mit 63 000 Tonnen und 40-cm-Geschützen fast fertiggestellt. Bei einer Überraschungsstrategie war es dieser Seemacht durchaus möglich, große Anfangserfolge zu erzielen.

Skeptisch sah Yamamoto den Ereignissen entgegen, die dann erfolgen mußten. Amerika würde zum Gegenangriff antreten. Hawaii war eine günstige Ausgangsstellung, um die japanischen Seeverbindungen anzugreifen. Es war also nur vernünftig, dieser Gefahr zuvorzukommen, indem man der amerikanischen Flotte derartige Verluste zufügte, daß sie während einer bestimmten Zeit auf jede Offensive verzichten mußte. Yamamoto bedachte wohl, daß Amerika diese Verluste wieder ausgleichen und sogar noch mehr Schiffe bauen würde, aber dazu waren zwei oder drei Jahre nötig. Diese Frist würde Japan erlauben, sich in weiten, seinen Eroberungen vorgelagerten Seegebieten festzusetzen, alle Angriffe abzuwehren und den allgemeinen Frieden abzuwarten.

Die Ausarbeitung des Überraschungsangriffs auf Pearl Harbor begann im Januar. Yamamoto beauftragte mit der Ausarbeitung der taktischen Einzelheiten des Luftangriffs Admiral Tahijiro Onishi, der den hervorragenden See- und Lufttaktiker, den sechsunddreißigjährigen Fregattenkapitän Minoru Genda hinzuzog. Als Versuchsgelände wurde die Bucht von Kagoschima auf der Insel Kiuschiu im äußersten Süden des Inselreichs ausgesucht, da sie am ehesten der Reede von Pearl Harbor glich. Ein hervorragender Spionagedienst, der im japanischen Generalkonsulat von Honolulu seinen Sitz hatte, beschaffte alle notwendigen Nachrichten und Unterlagen. Der Angriff wurde mehrfach gründlich durchgespielt.

Bei den höchsten Kommandostellen lehnte man den Plan Yamamotos ab. Der Kommandant der Flugzeugträger, Admiral Chuichui Nagumo, glaubte nicht an einen

Erfolg. Admiral Onishi selbst verlor den Mut und riet seinem Freund Yamamoto, den Plan aufzugeben. Aber Yamamoto war eigensinnig. Er drohte vom Oberbefehl der vereinigten Flotten zurückzutreten, falls sein Plan eines Überraschungsangriffs auf Pearl Harbor nicht akzeptiert werden sollte. Yamamoto setzte sich durch. Der Gesamtkriegsplan wurde am 5. November vom kaiserlichen Hauptquartier einstimmig angenommen. Wenn es nicht im letzten Augenblick zu einem diplomatischen Arrangement käme, sollte der Angriff auf Pearl Harbor am 8. Dezember stattfinden, was dem 7. Dezember auf den hawaiischen Inseln entsprach. Der 10. Dezember wäre wegen des Mondes günstiger gewesen, aber der 7. war ein Sonntag, und die Amerikaner hatten die Gewohnheit, ihre Schiffe am Samstag im Hafen ankern zu lassen, damit ihre Matrosen nicht das Weekend versäumten.

Am 10. November verließen die für den Angriff vorgesehenen Schiffe einzeln den Flottenstützpunkt von Kure. Sie begaben sich nach der einsam gelegenen Bucht von Hitokappu bei den Kurilen. Der Winter hatte schon begonnen und Schnee bedeckte die ganze Inselgruppe. Die frierenden Besatzungen hatten nicht die geringste Ahnung, warum so viele Schiffe auf einem so verlassenen Punkt versammelt wurden. Die Piloten der Flugzeuge dagegen wußten es. Am 5. Oktober hatte Yamamoto sie an Bord der *Akagi* in der Bucht von Shibushi versammelt und ihnen das Ziel und das voraussichtliche Datum des Angriffs mitgeteilt. Die allgemeine Ansicht bei den Piloten war, daß es sich um ein Selbstmordkommando handle. Dann erhielten sie acht Tage Urlaub. Mehrere hundert junge Männer waren nun Träger des größten Kriegsgeheimnisses und gleichzeitig überzeugt, daß sie zum Tode verurteilt seien. Sie zerstreuten sich über ganz Japan, aber kein Wort drang an die Öffentlichkeit.

Einer, der von all dem nicht die geringste Ahnung hatte, war Adolf Hitler. Man gab ihm Gleiches mit Gleichem zurück. Die totalitäre Allianz sollte noch einmal einen Donnerschlag auslösen, der von Freund und Feind gleichermaßen nicht erwartet war.

Am Stadtrand von Moskau. Die Wehrmacht kehrt um

An der russischen Front kam wieder Leben in die deutsche Armee. Eine nach der anderen kamen die Kanonen wieder zu ihren Batterien und die Lastwagen zu den Kolonnen. Die Bahnstrecken wurden wieder in Betrieb genommen. Sie reichten jetzt bis Rschew und Moschaisk. Die Moral der Truppe stieg an. Bei Nacht fiel das Thermometer bis auf minus 15 Grad, aber die strahlende Sonne machte die Kälte am Tag erträglich. Der Name Moskau übte eine magische Wirkung aus. Hatte man erst die Hauptstadt erobert, würde der Krieg bald aus sein. Viele Soldaten rechneten damit, Weihnachten wieder in der Heimat zu sein.

Aber die Lage hatte sich gründlich geändert. Die deutsche Armee war bis zum äußersten vorwärts getrieben worden. Hitler hatte in seinem Siegeswahn vollkommen vergessen, daß erfolgreiche Schlachten Nachschub erfordern. Ersatzmaterial, Truppenreserven und die notwendigen gewaltigen Mittel zum Wiederaufbau des Hinterlandes fehlten. Von der Ostsee bis zum Schwarzen Meer trat die Wehrmacht mit weniger als 1900 Panzern und 1000 Flugzeugen an. An frischen Truppen waren seit dem Beginn des Rußlandfeldzuges lediglich zwei Panzerdivisionen, einige Sondereinheiten, ein italienisches Armeekorps, die spanische ›Blaue Division‹ und französische, holländische, flämische, wallonische, dänische, norwegische sowie kroatische Freiwilligeneinheiten gekommen.

Rußland hatte seine Hilfsquellen herangezogen. Die Fabriken im Ural arbeiteten seit sechs Monaten, ohne daß eine einzige Bombe den Arbeitsrhythmus gestört hätte. Die Truppen aus dem Fernen Osten wurden jetzt an der Front eingesetzt. Moskau hatte alle Vorzüge einer Großstadt: Kasernen, Arbeitskräfte, Vorräte an Lebensmitteln, Treibstoff, Flugplätze mit betonierten Landebahnen, Eisenbahneinrichtungen und anderes mehr. Die vorgeschobene Stellung, die Schukow gebaut hatte, war eine befestigte Zone von mehreren Kilometern Tiefe, die von Klin ausging, dem Lauf der Istra folgte, die Moskwa bei Swenigorod überquerte, die Rollbahn bei Kubinka schnitt, dann dem Lauf der Nara bis zu ihrer Mündung in die Oka folgte und schließlich bei dem Endpfeiler Tula endete. Die Wälder, die Moskau umgaben, trugen zur Verteidigung bei. Die Felder waren mit Minen geradezu gepflastert, überall hatte man Hindernisse und Drahtverhaue errichtet, sämtliche Brücken waren mit Sprengladungen versehen.

Am 17. November begann der Angriff bei klarem Winterwetter. Die Kämpfe waren vom ersten Augenblick an äußerst heftig. Nordwestlich von Moskau sahen die Besatzungen der 2. Panzerdivision mit großem Erstaunen aus dem Wald von Wolokolamsk eine ganze Division mongolischer Kavallerie hervorbrechen, die mit gezogenem Säbel unter dem Feuer der Artillerie und der Panzer angriff. Einige Tage später erbeutete dieselbe deutsche Division den ersten britischen Panzer, dessen Besatzung sich verächtlich über die ›Konservenbüchsen‹ äußerte, die ihnen Churchill schicke. Trotz des starken Widerstandes machten die beiden angreifenden Flügel gute Fortschritte. Im Norden näherten sich die 3. und die 4. Panzerarmee Klin, erreichten den Moskau-Wolga-Kanal und durchbrachen im Sturm den Befestigungsgürtel. Im Süden kämpfte Guderian in einer weniger bewaldeten, relativ dicht besiedelten Industriegegend: Jefremow, Jepifan, Dedilowo, Bolschowo sowie das Gut Jasnaja Poljana, wo Tolstoj *Krieg und Frieden* geschrieben hatte. Guderian versuchte seine Armee nach Norden zu lenken, um die Oka zu überschreiten, aber seine rechte Flanke war ungeschützt und wurde von Tula her bedroht.

Von der Heeresgruppe Süd trafen in Rastenburg hervorragende Nachrichten ein.

Anfang Oktober 1941 vernichtete die Heeresgruppe Mitte in großen Kesselschlachten die Streitkräfte Timoschenkos. Die deutschen Truppen stießen in Richtung Moskau vor, blieben jedoch im Schlamm stecken. Am 7. Oktober fiel der erste Schnee. Er gab den Verteidigern Moskaus (oben) Zeit, sich zu formieren, stellte dagegen die deutsche Armee vor die bisher unbekannten Probleme des russischen Winters (unten).

Aus dem Tagebuch des Oberbefehlshabers der Heeresgruppe Mitte, Generalfeldmarschall F. v. Bock, am 5. Dezember: ›Guderian meldet..., daß unerträgliche Kälte von über minus 30 Grad jede Bewegung und den Kampf der müden, gelichteten Verbände aufs äußerste erschwert.‹ Hinter dieser knappen Formulierung verbirgt sich die Tatsache einer militärisch wie organisatorisch gleich schweren Katastrophe.

Rundstedt hatte am 21. November Rostow eingenommen. Manstein belagerte Sewastopol, nachdem er die übrige Krim im Sturm erobert hatte. Im Norden hatte die Heeresgruppe Leeb Tichwin genommen und damit ihren Chef Lügen gestraft, der gesagt hatte, er habe weder die nötigen Kräfte noch das notwendige Material für ein derartiges Unternehmen zu dieser Jahreszeit. Das bestärkte Hitler in seinem Prinzip, von den Generalen das zu verlangen, was sie unmöglich nannten, um das Minimum seiner Wünsche zu erreichen.

Bei der Gruppe Mitte wurde die Lage plötzlich kritisch. Am 20. November brach eine vorzeitige Kältewelle, begleitet von starkem Schneefall, über ganz Zentralrußland herein. Das Thermometer fiel auf minus 30 Grad. Viele Kraftfahrzeuge waren ausgefallen, weil die vorhandenen Frostschutzmittel bei diesen Temperaturen versagten. Schnee und Glatteis lähmten die Transporte. Der Nachschub an Lebensmitteln und Treibstoff war unterbrochen. Da man nicht die Motoren dauernd laufen lassen konnte, mußten die Panzer mit großen Holzfeuern angewärmt werden, damit die Motoren überhaupt ansprangen. Die Leiden der Truppen waren unbeschreiblich. Die Regimenter meldeten 400 Erfrierungsfälle. Die Rückführung Verwundeter war äußerst schwierig, und unter den Zelten der Feldlazarette erfroren die Verletzten. Die Mannschaften erhielten nicht die kleinste warme Mahlzeit, und viele Soldaten besaßen nur Drillichhosen wie im August. Aber die Armee griff weiterhin an. Die 3. und 4. Panzerarmee nahmen Klin, überschritten den Moskau-Wolga-Kanal und unterbrachen die Eisenbahnlinie Moskau–Leningrad. Aber das menschliche Leistungsvermögen hatte seine Grenze erreicht. Die Verluste an Offizieren waren ungeheuer, viele Kompanien wurden von Feldwebeln oder Unteroffizieren geführt und einige Regimenter von Leutnants.

Am Dreiundzwanzigsten verließ Guderian seinen Gefechtsstand von Jasnaja Poljana und flog nach Orscha, um Bock die Frontlage zu schildern. Er schlug vor, die Offensive abzubrechen, die Panzer als Befestigungswerke zu benützen, die Etappe richtig auszustatten und Moskau im Frühjahr zu nehmen. Bock ließ ihn reden, dann nahm er das Telefon und rief Angerburg an. Er wiederholte Wort für Wort, was Guderian ihm eben gesagt hatte. Halder antwortete, es könne keine Rede davon sein, die Einnahme von Moskau zu verschieben. Die Offensive müßte mit letzter Energie weitergeführt werden. Das OKH kannte den Entschluß des Führers und weigerte sich, ihn mit den Klagen der Frontsoldaten zu behelligen.

Sieben Tage später, am 30. November, wurde dem Oberkommando eine unzweideutige Warnung erteilt. Einer der erfolgreichsten Truppenführer des Frankreichfeldzugs, Generalfeldmarschall von Rundstedt, wurde entlassen.

Rundstedt hatte Rostow genommen. Die Stadt war vollkommen vermint und flog buchstäblich unter den Schritten der SS-Division ›Leibstandarte Adolf Hitler‹ in die Luft, die als Vorhut des 3. Panzerkorps einzog. Die Brücken wurden gesprengt,

Partisanen verteidigten die Vorstädte, und die 128. Sowjetdivision unternahm einen hartnäckigen Gegenangriff auf dem gefrorenen Don. Im Norden der Stadt brachen die 37. und die 9. Sowjetarmee in eine Frontlücke ein und drohten, den rechten Flügel der 1. Panzerarmee zu umfassen. Die 13. und 14. Panzerdivision unter Manteuffel machten kehrt und stoppten den Angriff. Rundstedt war der Ansicht, daß die Spitze von Rostow zu gewagt sei und befahl einen allgemeinen Rückzug hinter den Mjus. Es war dies das erstemal seit dem Beginn des Krieges, daß eine deutsche Armee sich zurückzog. Rostow, das Tor zum Kaukasus, ging den Deutschen nach einer Woche wieder verloren. Das war ein Weltereignis. Seinen Bericht über den von ihm befohlenen Rückzug hatte Rundstedt mit den Worten geschlossen, er könne die Verantwortung über die Heeresgruppe Süd nicht weiter übernehmen, wenn diese seine Entscheidung nicht gebilligt werde. Die Anordnung, seinen Oberbefehl an Generalfeldmarschall von Reichenau zu übergeben, war die sofortige Antwort. Reichenau erhielt gleichzeitig den Befehl, Rostow sofort wiederzuerobern. Er flog zum Gefechtsstand Kleists und überzeugte sich vom Ernst der Lage. Als alter Hitleranhänger wagte er es, dem Führer telefonisch mitzuteilen, daß es tatsächlich keine andere Möglichkeit gebe, als die Front durch einen Rückzug auf den Mjus zu verkürzen. Hitler gab nach. Rundstedt war bereits nach Deutschland zurückgekehrt, seine Ablösung wurde nicht rückgängig gemacht.

Der Don, der in der Nähe von Rostow ins Asowsche Meer mündet, entspringt nahe bei Tula. Eines der Korps von Guderian, das LIII. Panzerkorps, überschritt den Oberlauf am 26. November und machte dabei 4000 Gefangene und eroberte 42 Geschütze. Die Russen unternahmen aber einen Gegenangriff mit der 239. sibirischen Division gegen die 29. motorisierte Division. Diese mußte dem Ansturm weichen und ließ auf dem verschneiten Schlachtfeld zahllose Gefallene zurück. Nur mit Mühe fing sie sich wieder. Guderian befürchtete schon, dieser schwere russische Stoß könne die Auflösung seiner ganzen Armee zur Folge haben. Bei aller Anstrengung konnten die Deutschen in diesem Abschnitt die Entscheidung nicht erzwingen.

Im Norden von Moskau stieß Hoepner weiter vor. Er nahm Dimitrow am Moskau-Wolga-Kanal, 32 Kilometer vom Kreml entfernt. Er eroberte Istra nach erbarmungslosen Kämpfen zwischen der SS-Division ›Das Reich‹ und der 78. sibirischen Division. Aber die Bedingungen wurden immer schwieriger. Die Nacht hörte erst um 10 Uhr morgens auf, und um 3 Uhr nachmittags war es schon wieder dunkel. Das Thermometer fiel auf minus 40 Grad. In der Etappe froren die Lokomotiven ein, an der Front konnten die Geschützverschlüsse nicht mehr geöffnet werden, und die automatischen Waffen funktionierten nicht mehr, weil das Fett hart geworden war. Die Panzer blieben liegen. Die Margarine war marmorhart gefroren, und das Brot mußte mit dem Beil zerkleinert werden. Man hatte die seltsame Idee gehabt, einen Zug mit französischem Wein an die Front zu schicken, um die Feldgrauen etwas aufzumuntern.

Dieser Zug kam an, während die Munitionstransporte nicht eintrafen. Aus den Waggons wurden rosafarbene Eisblöcke geladen, denn die Fässer waren geplatzt. Die kleinste Verwundung war tödlich. Die Verbandspäckchen waren hart wie Holz, und ein Verwundeter erfror im Schnee in wenigen Minuten. Die Verrichtung ihrer Notdurft konnte für die Soldaten schwere Erfrierungen zur Folge haben. Nicht einmal jeder Soldat besaß Schal und Handschuhe. Sie bedeckten sich mit allem, was ihnen in die Hände fiel, mit alten Säcken, mit Fellfetzen, die sie in den Hütten fanden. Die Leiche eines russischen Soldaten war für manchen die Rettung, denn die russischen Truppen waren mit wattierten Jacken und dicken Filzstiefeln versehen. Man taute die Toten am Feuer auf, und die Soldaten losten dann um die Kleidungsstücke.

Guderian und Hoepner bedrängten Kluge. Während sie beide angriffen, blieb dessen schwere 4. Armee passiv zwischen der Moskwa und der Oka liegen. Sie hatte die Nara besetzt, einen Seitenfluß der Oka. Gegenüber lagen tiefe Wälder. Kluges linker Flügel reichte bis in die Zone der Datschas, und seine Flügeldivision, die 197., hatte die Ferienkolonie der Moskauer Künstler besetzt. Bei Nacht sahen die Posten die Scheinwerferbündel der Moskauer Fliegerabwehr am Himmel. Die Soldaten warteten stoisch, schützten sich gegen die Kälte so gut es ging und glaubten, daß der Vormarsch wie gewöhnlich weitergehe, sobald die Panzereinheiten den Feind eingeschlossen hätten. Aber Hoepner und Guderian protestierten gegen die Unbeweglichkeit ihres Nachbarn. Die letzte Möglichkeit, Moskau zu nehmen, bestand darin, daß Kluge aus seiner Stellung vordrang, und zwar gleichzeitig mit den Panzerarmeen. Schließlich gab Kluge nach. Die 4. Armee sollte die Offensive am 30. November wieder aufnehmen.

In den fernen, gut geheizten Hauptquartieren begriff man allmählich die Lage der deutschen Truppen. Die Feindberichte erwähnten das Erscheinen von 34 neuen Divisionen an der Front, darunter 20 vor Moskau, alles abgehärtete, sibirische Truppen, die den Winter kannten und gut gegen die Kälte gerüstet waren. Auf deutscher Seite gab es nur noch eine einzige Reservedivision, die 255. Infanteriedivision. ›Die Truppe ist hier am Ende‹, notierte Halder. Aus Orscha gab Bock am 1. Dezember einen langen telefonischen Bericht, in dem folgender Satz alles zusammenfaßte: ›Der Angriff erscheint somit ohne Sinn und Ziel, zumal der Zeitpunkt sehr nahe rückt, in dem die Kraft der Truppe erschöpft ist.‹ Mit diesem Schriftstück begab sich Brauchitsch zu Hitler, um ihm vorzuschlagen, die Offensive gegen Moskau abzubrechen. Doch Hitler schnitt ihm das Wort ab, beschimpfte ihn und die ganze »archaische und dumme Kaste von Berufssoldaten«. Er ließ sich auf nichts ein. »Ich will Moskau, ich werde Moskau haben, Sie werden mich nicht daran hindern, Moskau zu bekommen!«

An der Front hatte die 4. Armee die Nara überschritten und war in die Wälder am linken Ufer eingedrungen. Der Wind trieb einen bleischweren Schnee vor sich her. Die optischen Instrumente versagten. Das Benzin gefror. Wenn man Stahl anfaßte, blieb die Haut hängen. Von Tula bis Dimitrow taumelten die deutschen Angreifer im Sturm vorwärts wie Betrunkene. Am besten kamen die Soldaten Hoepners voran. Die 106. Division trieb einen Keil bis Krasnaja Poljana, ein 27 Kilometer vor Moskau gelegenes Industriestädtchen. Im Abschnitt der Istra nahm die 35. Infanteriedivision des Generals der Artillerie Freiherr von Roman die Dörfer Alabuschewo, Krjukowo, Matuschkino und entdeckte dabei an einer Straßenkreuzung einen Wegweiser: ›Moskau 22 km‹. Bei der 4. Armee erreichte die Aufklärungsgruppe der 258. Infanteriedivision die Trambahnendstation einer Vorstadt und sah im Rauch der Schlacht die Türme des Kreml. Aber das war nur eine schmale Durchbruchsstelle. In ihrer Gesamtheit waren die Angriffe der 4. Armee erfolglos. Kluge nahm es auf sich, den Angriff zu stoppen.

Im Süden der Angriffsfront hatte Guderian wieder einmal versucht, den Eckpfeiler Tula zu Fall zu bringen. Am 4. Dezember hatte sein XXXXIII. Korps Tula vollkommen eingeschlossen. Der Fall der Stadt war nur noch eine Frage von Stunden. Aber Guderian erkannte den drohenden russischen Gegenangriff. Große Truppenzusammenziehungen an der Oka waren ihm gemeldet worden. Wenn diese Massen auf die weit auseinandergezogene und erschöpfte 2. Panzerarmee losgingen, konnten sie nur siegen.

Am Sonntag, dem 6. Dezember und 168. Tag des Rußlandfeldzuges, fiel trotz strahlenden Sonnenscheins in Jasnaja Poljana das Thermometer auf minus 50 Grad. Jetzt zögerte Guderian nicht mehr. Er meldete Bock telefonisch, daß er seiner Armee den Befehl zur Räumung des Vorsprungs von Tula gegeben hatte. Bock, der die Wahl hatte zwischen einer verlorenen Schlacht und seinem schrecklichen Führer, versuchte zu verhandeln. Er verlangte von Guderian, er sollte sich an die Front begeben und an Ort und Stelle sich ein Bild machen, bevor er eine derartig schwere Entscheidung treffe. »Glauben Sie, ich sei in Orel?« antwortete Guderian. »Ich bin in Jasnaja Poljana und neben meinem Gefechtsstand wird gekämpft.«

Im gleichen Augenblick stoppte Hoepner ebenfalls seinen Vormarsch und beschloß, seine Armee auf die Istra zurückzunehmen. Vor den Toren der feindlichen Hauptstadt kehrten die Deutschen um. Es war ein kostspieliger Rückzug. Hunderte von Panzern und Lastwagen blieben liegen, zum Teil wegen Benzinmangels, zum Teil, weil sie am Boden festgefroren waren. Sie mußten gesprengt werden. Bei den bespannten Einheiten fehlten die Pferde. Es war notwendig, einen Teil des Materials zu opfern, um wenigstens den Rest zu retten. Vom 6. bis 12. Dezember eroberten die Russen unter anderem 386 Panzer, 305 Geschütze und zahlreiche Zugmaschinen.

Das klare Wetter dauerte nicht an. Der Himmel bedeckte sich wieder, Wind kam auf, und die deutschen Soldaten zogen sich in kleinen Gruppen mit umgehängtem Gewehr in einer milchigen Dämmerung zurück, nachdem um die Mittagszeit leichter Schneefall eingesetzt hatte. Der zweite große Rückzug in Rußland hatte begonnen.

Moskau war gerettet. Die Deutschen galten nicht mehr als unbesiegbar. Adolf Hitler hatte seine Schlacht von Moskau verloren, seinen Krieg in Rußland und seinen Krieg überhaupt. Er hätte seinen Gegner in der ersten Runde schlagen müssen, aber seine Schläge waren nicht stark genug. Rußland hatte dank seiner riesigen Ausdehnung wieder aufatmen können. Von nun an war es nicht mehr zu schlagen, es konnte sich auf die Westmächte stützen und sich mit seinem ganzen Gewicht gegen Deutschland wenden. Was Hitler von diesem Moment an unternahm, konnte seinen Untergang nur hinauszögern.

Am 6. Dezember traten die Russen zum Gegenangriff gegen den linken Flügel der Heeresgruppe Mitte an, am 7. Dezember gegen den rechten Flügel. Den Deutschen standen keine Reserven mehr zur Verfügung. Die sich zurückziehenden Truppen mußten sich selber wieder sammeln. Die einzig mögliche Auffanglinie war die Düna-Dnjepr-Linie. Das bedeutete einen Rückzug von 500 Kilometern.

Der Rückzug im russischen Winter hatte die Grande Armée vernichtet, warum sollte es 1942 anders ausgehen als 1812? Es herrschte eisige Kälte, und die Wege waren entsetzlich. Riesige Materialmengen hinderten die deutschen Armeen am raschen Rückzug. Zwei Drittel der deutschen Streitkräfte waren vor Moskau zwischen Dimitrow und Tula an einem Frontabschnitt von 300 Kilometern Länge versammelt. Die Flügel waren noch sehr schwach. Die an den Winter gewöhnten Russen kämpften auf eigenem Gebiet. Die Moral der deutschen Soldaten war gesunken, der Traum von der Eroberung Moskaus verflogen. Guderian war verzweifelt, als er durch die weißen Ebenen zog und im Schneesturm die in Lumpen gehüllten Gespenster, die einstmals die Sieger von Sedan waren, vorbeiwanken sah.

Da nahm der Krieg eine neue, ungeahnte Ausdehnung an. Es kam Pearl Harbor.

XIII. Kapitel 7. bis 31. Dezember 1941
Japan greift an

Die japanische Flotte läuft aus

Die Fahrt war sehr beschwerlich. Auf mehreren Schiffen wurden Matrosen durch Brecher von Bord gespült. Es war empfindlich kalt, und der Nebel erschwerte die Orientierung. Das war der Nachteil der Nordroute, dafür hatte sie den Vorteil, wenig befahren zu sein. Man war einem einzigen Schiff begegnet, einem Japaner.

Die Flugzeugträger fuhren in doppelter Kiellinie, gefolgt von zwei alten Schlachtschiffen, *Hiei* und *Kirishima;* zwei Zerstörer deckten die linke Flanke, drei Unterseeboote die rechte, während zwei schwere Kreuzer, *Tone* und *Chikuma*, zu beiden Seiten der Formation liefen; sieben weitere Zerstörer sicherten nach vorne. Acht Tanker und Versorgungsschiffe bildeten die Nachhut. Sie und die Notwendigkeit, Treibstoff zu sparen, zwangen zu langsamem Tempo. Zwei der sechs Träger, die *Akagi* und die *Kaga*, waren umgebaute Schlachtschiffe. Von den anderen hatten die *Hiryu* und die *Soryu* nur jeweils 17500 Tonnen, während die beiden modernsten, die *Shokaku* und die *Zuikaku*, 26000 Tonnen groß waren. Zusammen trugen sie 423 Flugzeuge: Jäger, Horizontalbomber, Sturzbomber, Torpedoflugzeuge. Es war die größte Luftflotte, die sich bisher auf See gewagt hatte.

Der Entschluß, auch Torpedoflugzeuge mitzunehmen, hatte zu großen Schwierigkeiten geführt. Ein von einem Flugzeug abgeworfenes Torpedo taucht zuerst ungefähr 20 Meter tief, kommt dann hoch, um auf sein Ziel zuzuschießen. Nun beträgt auf der Reede von Pearl Harbor die Meerestiefe nur 12 Meter – ein Problem, mit dem sich Genda eingehend beschäftigen mußte. Im allerletzten Augenblick konstruierte er besondere Flossen, die die Torpedos daran hindern sollten, auf Grund zu stoßen. Wenn der Mechanismus funktionierte, würde die Überraschung noch vollständiger sein. Die Amerikaner dachten nicht im entferntesten daran, daß ihre Schiffe in dem kleinen Meeresarm zwischen Ford Island und dem Arsenal von Pearl Harbor torpediert werden könnten.

Nicht nur die Luftflotte, auch die U-Boot-Waffe gedachte man einzusetzen. 27 Langstrecken-Unterseeboote waren den Trägern vorausgefahren und rund um Hawaii in Position gegangen; fünf von ihnen führten Kleinst-U-Boote von 15 Meter Länge mit, jedes mit einer zweiköpfigen Besatzung bemannt und mit zwei kleinen Torpedos bewaffnet. Man hoffte, es werde ihnen gelingen, trotz der Netzsperren in die Reede einzudringen. Die jungen Offiziere hatten sich um die Ehre gestritten, diese Selbstmordfahrzeuge steuern zu dürfen.

Die Kampfgruppe unter Vizeadmiral Nagumo hatte den Treffpunkt bei den Kurilen am 26. November verlassen. In Washington gingen die Verhandlungen weiter. Die Amerikaner sahen ein gutes Zeichen darin, daß die Japaner sie nicht abgebrochen hatten, als Cordell Hull ihnen die unannehmbaren Bedingungen Roosevelts übermittelte: Räumung Chinas und Indochinas, Auflösung des Dreierpaktes, Anerkennung Tschiangkaischeks und anderes mehr. Sie verfolgten die Vorbereitungen Japans bezüglich der Philippinen mit Besorgnis, hatten aber noch nicht jede Hoffnung auf Einigung aufgegeben.

Man hatte Admiral Nagumo gesagt, daß man ihm eine Bestätigung des Angriffsbefehls während des Anmarschs übermitteln werde. Es war auch vereinbart, daß er umzukehren habe, falls er vor dem Tag J — 2 gesichtet würde. Geschähe dies zwischen J — 2 und dem Tag J, sollte er selbst entscheiden. Nagumo war pessimistisch; sein Pessimismus bereitete ihm geradezu Qualen, weshalb er die Nächte damit verbrachte, in seiner Kabine auf der *Akagi* auf und ab zu wandern.

Am 2. Dezember ging bei der Flotte die erwartete Bestätigung: ›Niitaka Yama Nobore‹ (Ersteiget Berg Niitaka) ein. Das bedeutete, daß die Regierung in Tokio sich entschieden und der Krieg die Oberhand gewonnen hatte. Es bedeutete auch, daß sich die gesamte japanische Kriegsmaschine in Bewegung setzte. Die Truppen, die Hongkong nehmen sollten, näherten sich der Stadt. Die Verbände, die Malaya und die Philippinen zu erobern drohten, begannen sich einzuschiffen. Allein das Unternehmen Admiral Nagumos wurde ohne Landetruppen durchgeführt. Man hatte daran gedacht, die Hawaii-Inseln zu besetzen, aber eine derartige Expedition war dann als zu schwierig befunden worden.

Der Angriff auf Pearl Harbor, so kühn in der Konzeption, so aggressiv in der Form, war in Wirklichkeit eine defensive Operation; man ging ein kalkuliertes Risiko ein, um Zeit zu gewinnen. Am 2. Dezember enthüllte Nagumo den Besatzungen, was bisher nur die Piloten gewußt hatten: das Ziel der Fahrt. Die Begeisterung hatte keine Grenzen.

Dann zog auf den Schiffen wieder der Alltag ein. Die Piloten schlugen die Zeit mit langen Go-Partien tot oder schrieben in Form von Testamenten an die Nachwelt schwülstige Botschaften. Aus Honolulu trafen weitere Berichte des Geheimdienstes ein, getarnt als Geschäftsreklame einer Rundfunkstation. Genda und der Kommandant der Flugstaffeln, Kapitän zur See Mitsuo Fuchida, erfuhren auf diese Weise zwei Neuigkeiten, eine gute und eine schlechte. Erstere besagte, daß die Behörden von Hawaii die Sperrballone und die Torpedonetze, die vom Kontinent eingetroffen waren, noch nicht eingesetzt hatten; die zweite, daß die drei Träger des Pazifikgeschwaders, *Enterprise*, *Lexington* und *Saratoga*, sich nicht in Pearl Harbor befanden.

Fuchida war über das Fehlen der wichtigsten Ziele so betroffen, daß er sich fragte, ob man nicht das ganze Unternehmen aufgeben solle. Aber Nagumo, ein Admiral der

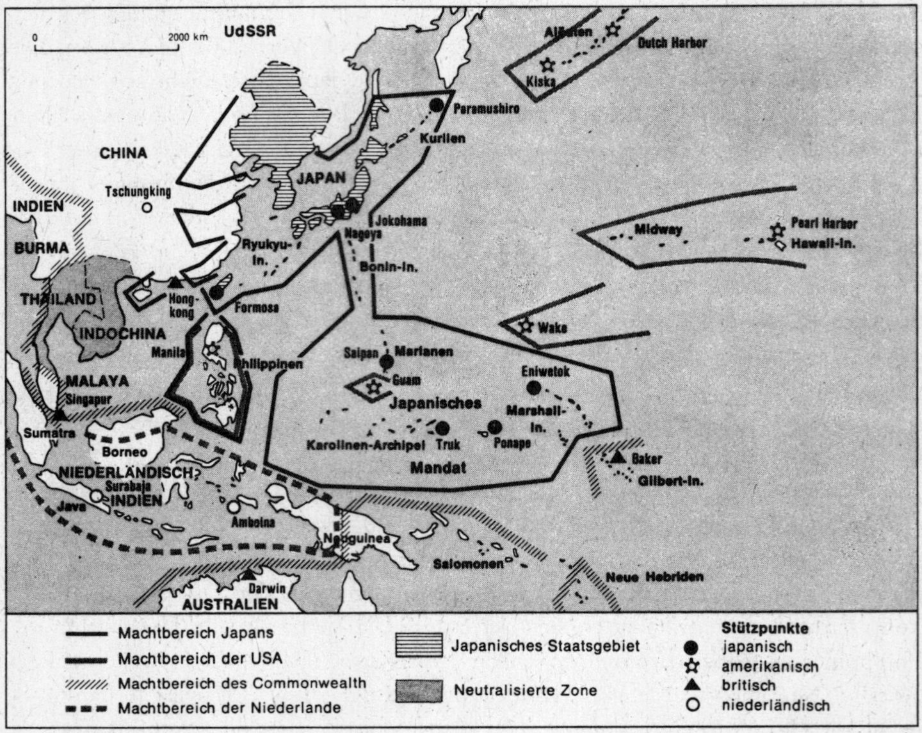

Karte 21 Die strategische Lage im Pazifik zur Zeit des japanischen Überfalls auf Pearl Harbor (7. Dezember 1941)

alten Schule, war der Ansicht, die acht in Pearl Harbor anwesenden Schlachtschiffe stellten das Rückgrat der Flotte dar, die zu zerstören seine Aufgabe war. Der Marsch werde fortgesetzt.

Am 7. Dezember morgens – nach der Zeitrechnung von Hawaii – erreichte die Flotte ihre Angriffsposition, 26 Grad nördlicher Breite, 158 Grad westlicher Länge, 275 Meilen nördlich Oahu. Um 6 Uhr starteten die Flugzeuge der ersten Angriffswelle. Der Himmel war noch dunkel, die Träger stampften durch eine schwer rollende See, und doch wurde die Operation in einem Tempo durchgeführt, das bei den Übungen nie erreicht worden war. Alle Flieger hatten gebadet und frische Wäsche angelegt; viele hatten das Hashikami, die Samuraischärpe, um ihre Kopfhörer geschlungen und ihre Gebete vor den Shintoaltären verrichtet, die man auf das Flugdeck gebracht hatte. In dem Augenblick, da die Verbände Kurs auf ihr Ziel nahmen, wurde es hell. Am Mast der *Akagi* ging die Flagge hoch, dieselbe, die Admiral Togo am 21. Mai 1905 gesetzt hatte, als er in der Straße von Tsushima der jungen japanischen Flotte den Befehl erteilte, die Panzerschiffe des Zaren anzugreifen.

Oahu im hawaiischen Archipel... Zwei Bergketten, Koolau und Waianae, umschließen einen üppig grünenden Landstrich, in dem Honolulu liegt, und Waikiki, sein Korallenstrand. Fünfzehn Kilometer sind es von Honolulu nach Pearl Harbor. Eine enge Einfahrt, nur 350 Meter breit, führt in eine Bucht, in deren Mitte Ford Island liegt. Die Wassertiefe ist für große Schiffe gerade noch ausreichend. Sie ankerten rund um Ford Island, in der südlichen, ›Battleship Row‹ genannten Fahrtrinne. Die Docks, Werkstätten, das Hospital und die sogenannten ›Tank-Farms‹, die Öldepots der Pazifikflotte mit ihren zahlreichen Buchten, lagen in der Nähe der ›Battleship Row‹, Ford Island gegenüber, die Armeeanlagen einschließlich des großen Flugplatzes Hickam Field (es gab damals noch keine unabhängige Air Force) neben der Hafeneinfahrt. Ein zweiter Flugplatz, Wheeler Field, befand sich in der Mitte der Insel, und an der Peripherie waren vier weitere verteilt. Hinsichtlich der Tarnung dieser wichtigen Anlagen waren keinerlei besondere Maßnahmen getroffen worden.

Dabei wurde ein Angriff auf Pearl Harbor trotz der die Inseln umgebenden Meeresflächen keineswegs ausgeschlossen. Am 24. Januar 1941 erwähnte der Marineminister, Frank Knox, diese Möglichkeit in einem Brief an seinen Kollegen, den Kriegsminister: ›Es ist durchaus denkbar, daß die Feindseligkeiten durch Japan mit einem plötzlichen Angriff auf die Flotte oder den Stützpunkt Pearl Harbor eröffnet werden... Die Gefahren sind, in der Reihenfolge ihrer Wahrscheinlichkeit, die folgenden: Luftbombardement, Angriff mit Lufttorpedos, Sabotage, Angriff mit Artillerie...‹ Zwei Monate später verfaßten Konteradmiral Bellinger, der Kommandeur der Marineluftstreitkräfte, und General Martin, der Chef der Heeresluftwaffe, gemeinsam ein Memorandum, das die Geschehnisse des 7. Dezember vorwegnahm: militärische Aktion vor der Kriegserklärung, Luftangriff am frühen Morgen, kombiniert mit dem Einsatz von Unterwassereinheiten, wahrscheinlich Verwendung von sechs Trägern, usw. Am 1. April fügte der Chef des Admiralstabes (Chief of Naval Operations) folgende Warnung hinzu: ›Die Erfahrungen lehren, daß die Achsenmächte gewöhnlich ihre Unternehmungen am Sonnabend oder Sonntag starten: Es ist wichtig, an diesen Tagen die Vorsichtsmaßregeln nicht zu lockern.‹ Der 7. Dezember 1941, an dem die Sonne so strahlend aufging, war ein Sonntag...

An diesem Sonntag hatte man besonderen Anlaß zur Wachsamkeit. Nachdem man die verschlüsselten japanischen Funksprüche in Washington gelesen hatte, wußte man, daß die Übergabe der sechs Punkte Cordell Hulls die Japaner in ihrem Stolz schwer getroffen hatte. Roosevelt und seine Stabschefs waren im Besitz eines Kabels, das Außenminister Togo an Nomura und Kurusu geschickt hatte: ›Ihr beiden habt das Menschenmögliche versucht, aber die Vereinigten Staaten haben uns diese demütigenden Bedingungen überreicht. Die Verhandlungen sind zu Ende, doch dürft ihr das

nicht erkennen lassen. Sagt, ihr wartet auf neue Anweisungen...‹ Angesichts der traditionellen japanischen Taktik des Überfallangriffs – der berühmte Präzedenzfall Port Arthur – war klar, was diese Formulierung bedeutete.
Den Amerikanern war übrigens, schon ehe sie diesen Funkspruch abfingen, bewußt, daß ihre Note vom 26. November eine Aufforderung zum Krieg darstellte. Noch am Abend dieses 26. Novembers hatte Admiral Stark, der Chef des Admiralstabs, Admiral Husband E. Kimmel, dem Oberbefehlshaber der Pazifikflotte in Pearl Harbor, Anweisungen erteilt, die mit dem Satz begannen: ›Diese Depesche ist als Warnung vor einem Krieg zu verstehen...‹ Der Stabschef der Armee, George C. Marshall, hatte eine ebensolche Warnung an Generalleutnant Walter C. Short, den Befehlshaber der Bodentruppen, geschickt: ›Feindangriff in jedem Augenblick möglich...‹ Kimmel und Short wurden aufgefordert, ›die vorbereitende Defensiventwicklung für Operationsbefehl W.P.C. 4C durchzuführen‹ (Plan ›Regenbogen‹), was praktisch Krieg mit Japan bedeutete. Sie sollten ›Erkundungen unternehmen und alle Sicherheitsmaßnahmen anordnen, die ihnen angemessen erschienen‹, aber ›die Zivilbevölkerung nicht beunruhigen‹. Eine verhängnisvolle Einschränkung! Es ist immer gefährlich, den Generalen einen Vorwand zu geben, nicht zu handeln.
An jenem 26. November war die japanische Trägerflotte eben in See gegangen. Sechs Tage Fahrt trennten sie von ihrem Ziel. Die Militärbehörden auf Hawaii hatten ausreichend Zeit, um den Archipel in Verteidigungszustand zu setzen. Und sie hatten auch die Möglichkeiten dazu: 9 Schlachtschiffe, 3 Träger, 12 schwere Kreuzer, 9 leichte Kreuzer, 67 Zerstörer, 27 Unterseeboote, 2 Divisionen Infanterie, 43 000 Soldaten, 1017 Flakgeschütze, erdgebunden oder bordgestützt, und 227 Flugzeuge, davon 152 Jäger, standen zur Verfügung. »Wir betrachteten Pearl Harbor«, sagte später General Marshall, »als den einzigen vernünftig ausgerüsteten Stützpunkt. Wir machten uns überhaupt keine Sorgen...«
Aber die Kommandobehörden von Pearl Harbor glaubten nicht, daß sie in der ersten Linie standen. Die Philippinen, ja; Guam, Wake, vielleicht; Midway, äußerstenfalls; aber Hawaii, nein! Als sein Abwehroffizier ihm mitteilte, der amerikanische Geheimdienst habe zwei Divisionen japanischer Träger aus den Augen verloren, meinte Admiral Kimmel ironisch: »Wollen Sie damit sagen, daß sie soeben Kap Diamond umschiffen, und wir nichts davon wissen?« An der Routine des Stützpunktes wurde nichts geändert. Wenn die drei Träger der Pazifikflotte nicht auf der Reede von Pearl Harbor ankerten, dann nur deshalb, weil die *Enterprise* Flugzeuge nach Wake und die *Lexington* Flugzeuge nach Midway brachte, während die *Saratoga* zur Reparatur in San Diego lag. Der Dienst lief weiter wie in Friedenszeiten; lediglich die Armee hatte Sabotagealarm bekommen (es gab 100 000 Japaner auf dem Archipel) und die Flotte hatte ohnehin Befehl, jedes unbekannte Unterseeboot ohne Warnung zu versenken. Die Deflektoren zur Torpedoabwehr waren nicht eingesetzt worden, da sie

Der Krieg im Pazifik zwischen Japan und den Vereinigten Staaten begann am 7. Dezember 1941 mit einem Paukenschlag: 104 Horizontal- und 132 Sturzkampfbomber sowie 83 Torpedobomber und 79 Jäger griffen in zwei Wellen den Hauptstützpunkt der US-Pazifik-Flotte in Pearl Harbor an. Fünf gewaltige Schlachtschiffe der amerikanischen Pazifik-Flotte, darunter die *Arizona* (oben) und die *West Virginia*, wurden versenkt.

Die Eroberung Hongkongs durch die Japaner war eine wichtige Station in der ersten Phase des japanischen Grundkriegsplans vom 5. November 1941. Am Weihnachtstag 1941 kapitulierte die Stadt. Japanische Truppen (oben) unter General Sakai und Vizeadmiral Nimi (unten) zogen in die eroberte Kronkolonie ein.

den Schiffsdienst behindert hätten, und die Ballonsperre war nicht gehißt worden, weil das zu jener Beunruhigung der Zivilbevölkerung geführt hätte, die man vermeiden sollte. Die Radarwache, von der viele Offiziere nichts hielten, war nur von 4 bis 7 Uhr morgens besetzt, und die Luftaufklärung beschränkte sich auf ein paar Abschnitte im Westen und Süden. Der nüchterne, arbeitsame Admiral Kimmel war ein Seemann von so hervorragendem Ruf, daß man ihn 32 rangälteren Offizieren vorgezogen und ihm das Kommando über das Pazifikgeschwader (CINPAC) und damit auch den Oberbefehl über die amerikanische Flotte (CINCUS) übertragen hatte. Er betrachtete es jedoch als seine Hauptaufgabe, seine Mannschaften in Schwung zu bringen, und seiner Ansicht nach waren allzu ausgedehnte Alarmvorschriften schädlich für die Ausbildung.

Man hat die Nacht vom 6. zum 7. Dezember mehrfach in Büchern und Filmen beschrieben. Paradiesischer Frieden, Scharen von Matrosen und Soldaten in den exotischen Straßen Honolulus, Empfänge, Tanz und Flirt in den Offiziersklubs. Nach dem einzigen Drink, den er sich pro Woche gestattete, lag der gestrenge Kimmel um zehn Uhr in dem Bungalow in Makapala Heights, den er mit seiner Kabine auf dem Schlachtschiff *Pennsylvania* vertauscht hatte, im Bett. Keine bösen Vorahnungen plagten ihn, obwohl ihm vom FBI mitgeteilt worden war, daß der japanische Generalkonsul seine Papiere verbrannt und daß man ein verdächtiges Telephongespräch zwischen Tokio und einer japanischen Zeitung in Honolulu abgehört hatte. Kimmel war für den nächsten Tag mit General Short verabredet – zu einer Partie Golf.

Die Stunden verstrichen. Die Stadt, der Stützpunkt, die Flotte, alles schlief. Das Meer lag ruhig, glänzend da. Um 3 Uhr 42 machte der Fähnrich McCloy auf dem Zerstörer *Ward* eine schwache Fahrspur und ein Sehrohr aus. Er rief den Kommandanten: »Unterseeboot getaucht, Kurs West, Geschwindigkeit 9 Knoten.« Kapitän Outerbridge befahl alle Mann auf Gefechtstationen, aber das Sonar der *Ward* zeigte kein Echo. Der Zerstörer warf Wasserbomben, vergebens. Überzeugt, daß sich der Fähnrich geirrt hatte, schickte Outerbridge seine Leute wieder schlafen. Um 6 Uhr 30 wurde es hell. Eben war ein ›Catalina‹-Flugboot von Ford Island zu seiner Morgenpatrouille gestartet. Die *Ward* näherte sich der Einfahrt. Auch der Schlepper *Antares* lief, mit einer Scheibe hinter sich, auf die Einfahrt zu. Auf der *Antares* entdeckte man es zuerst: knapp unter der Oberfläche ein kleines Unterseeboot. Fast gleichzeitig wurde es von der ›Catalina‹ ausgemacht, die zwei Rauchtöpfe abwarf, um seine Position festzuhalten. Outerbridge deckte es mit schwerem Geschützfeuer zu. Es sank wie ein Stein. Das erste der japanischen Kleinst-U-Boote war nicht mehr.

50 Kilometer nördlich, an der äußersten Spitze Oahus, ging die Radarwache zu Ende. Die Soldaten Lockard und Elliott hatten nur noch die Tür des Radarraums zu verschließen. Aber da der Lastwagen, der ihn zum Frühstück mitnehmen sollte, noch nicht gekommen war, ließ Elliott sein Gerät noch laufen. Plötzlich fuhr er hoch: Ein

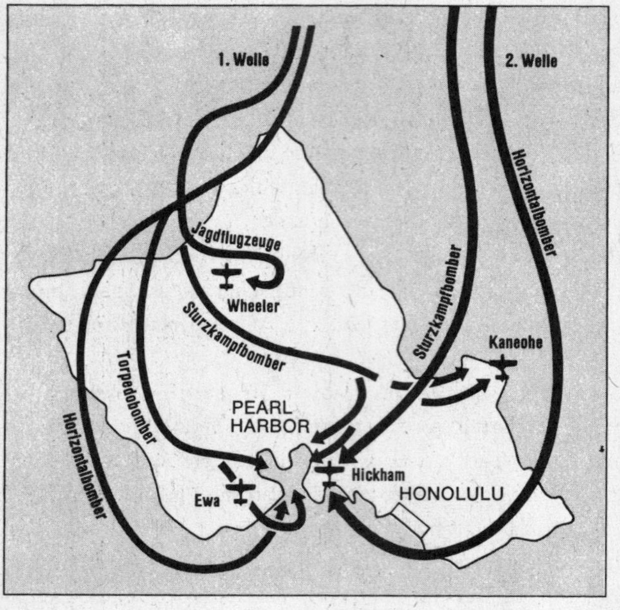

Karte 22
Der japanische Angriff
auf Pearl Harbor (Hawaii),
7. Dezember 1941

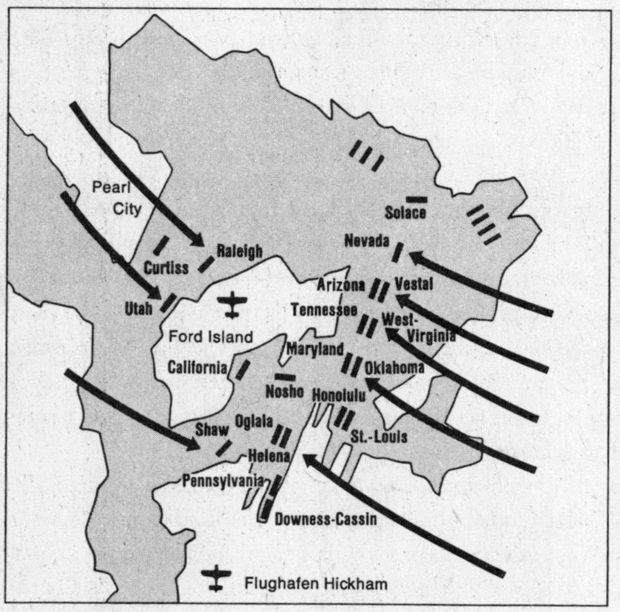

Karte 23
Der Angriff
der japanischen Torpedobomber
auf die Reede von Pearl Harbor

Schwarm von Punkten war auf seinem Schirm aufgetaucht. Es war 7 Uhr 02, als Lockard und Elliott sich entschlossen, im Stützpunkt anzurufen: »Zahlreiche Flugzeuge auf 132 Meilen Nordost.« Offizier vom Dienst war ein Oberleutnant Tyler. Seine Antwort: »Vergessen Sie's« wurde historisch.

Eben in diesem Augenblick rissen die Wolken auf, und Mitsou Fuchida sah vor sich die grünen Berge von Oahu. Der von ihm geführte Verband bestand aus 190 Maschinen: 50 ›Zeke‹-Jäger als Jagdschutz, die auch die Flugplätze unter Bordwaffenbeschuß nehmen sollten; 50 ›Val‹-Sturzkampfflugzeuge für den Einsatz gegen Ford Island, Hickham Field und Wheeler Field; 40 ›Kate‹, als Torpedoträger eingerichtet, die die Großkampfschiffe auf der Battleship Row anzugreifen hatten, und 50 weitere ›Kate‹-Horizontalbomber, die panzerbrechende Bomben auf die gleichen Ziele werfen sollten. Man hatte den Besatzungen ans Herz gelegt, keine Munition zu vergeuden und die Ziele so oft zu überfliegen, wie es zur Visierjustierung nötig sei – ungeachtet des Risikos. Tokio hatte sich ausgerechnet, daß der Verlust zweier Träger und der Hälfte der Flugzeuge kein zu hoher Preis für das Gelingen der Operation wäre.

Die Angreifer drehten über Oahu entgegen dem Uhrzeigersinn ab. Da lag Pearl Harbor, friedlich und freundlich im klaren Morgenlicht. Die Träger waren tatsächlich nicht im Hafen, aber an den Ankerplätzen auf der Battleship Row lagen sieben Schlachtschiffe. Ein achtes, die *Pennsylvania*, war im Trockendock auf der anderen Seite der Fahrtrinne. Noch war kein einziger Schuß abgegeben worden. Nichts rührte sich, weder an Land noch auf den Schiffen. Fuchida gab das vereinbarte Signal, das Zeichen, daß die Überraschung gelungen war: ›Tora, Tora, Tora‹ (Tiger, Tiger, Tiger). Durch einen beispiellosen Zufall wurde das Signal in der Bucht von Hiroschima, Tausende von Meilen entfernt, vom Flaggschiff der japanischen Flotte, der *Nagato*, aufgefangen – das erste Lebenszeichen, das Yamamoto von der gewagten Expedition erhielt. Seine Freude war dementsprechend groß.

Der amerikanische Oberkommandierende dagegen mußte vom Abhang des Vulkans Makalapa aus zusehen, wie die Flugzeuge in der grellen Sonne über seinen Schiffen kreisten. Der unglückliche Admiral Kimmel hatte sich zum Golf angekleidet, als sein Adjutant, Kapitän Murphy, anrief, um ihm – nicht ohne gewisse Skepsis – die Vernichtung eines Kleinst-U-Bootes durch die *Ward* mitzuteilen. Kimmel hatte geantwortet, er werde zum Stützpunkt hinunterkommen. Während er noch auf seinen Fahrer wartete, hörte er heftige Detonationen und stürzte auf die Veranda hinaus. Ein riesiger Geiser stieg aus der *Oklahoma* hoch, die neben der *Maryland* festgemacht war. Weitere Explosionen ertönten, Rauchsäulen stiegen zum Himmel, die Alarmhörner röhrten. Ein Wagen, mit einem völlig konsternierten Fliegeroffizier am Steuer, brachte Kimmel in wahnsinniger Fahrt zu seinem Gefechtsstand: Er wurde nur mehr hilfloser Zeuge der Katastrophe, die seine Karriere zerstörte. Ein abgeprallter Splitter traf ihn, worauf er den Ausspruch Neys bei Waterloo wiederholte: ›Warum hat er nicht durchgehauen?‹ Ein japanischer Admiral in der gleichen Situation hätte es vorgezogen, nicht am Leben zu bleiben.

Nach Erledigung ihres Auftrages zog sich eine Gruppe der Angreifer nach der anderen zurück. Fuchida wartete, nachdem er seine Bomben abgeworfen hatte, auf die Ankunft der zweiten Welle, 170 Flugzeuge unter Führung von Oberstleutnant Simazaki. Sie erschienen um 8 Uhr 40 über Kahuku Point, formierten sich und begannen den Angriff um 8 Uhr 54. Ihre Aufgabe war schwieriger. Wo vorher kristallene Ruhe geherrscht hatte, war jetzt die Hölle los. Ungeheure Wolken rötlichen Rauches, durchzuckt vom Feuerschein der Explosionen, verdeckten die Ziele. Die Flak war wenigstens teilweise zum Leben erwacht und legte ein mörderisches Sperrfeuer in den Himmel. Die zweite Welle, bei der es keine Torpedoflugzeuge gab, führte das Zerstörungswerk der ersten zu Ende; dann verschwand sie nach Norden. Ehe Fuchida ihr folgte, überflog er noch ein letztes Mal die Insel. Alle Flugplätze standen in Flammen. Die ›Battleship Row‹ bot einen phantastischen Anblick. Die *California* sank langsam; das große weiße Sonnensegel über dem Achterdeck und die bunten Wimpel an der Flaggleine flatterten im Wind. Neben der beschädigten *Maryland* lag die *Oklahoma* mit schwerer Schlagseite; sie sah aus wie die Leiche eines riesigen Walfisches. Die an ihren Gittermasten erkennbaren *Tennessee* und *West-Virginia* schienen fest ineinander verkeilt zu sein. Aber die *Tennessee* war durch die *West-Virginia* geschützt worden, die, an der Außenseite verankert, von den Torpedos völlig aufgerissen worden war. Die *Arizona*, deren Kessel in die Luft geflogen waren, war nur mehr eine formlose, brennende Masse. Im Trockendock, wo zwei Zerstörer vernichtet worden waren, wütete ein Bordfeuer auf der *Pennsylvania*. Ein einziges Schlachtschiff, die *Nevada*, hatte versucht auszulaufen: die ›Vals‹ hatten es in Brand geschossen, und das Schiff hatte sich im flachen Wasser selbst auf Grund gesetzt. Was an kleineren Einheiten, Kreuzern, Zerstörern und Hilfsschiffen sank, brannte und explodierte, konnte nicht im einzelnen ausgemacht werden; es waren zu viele. Auf der Reede selbst brannten riesige Mengen ausgeflossenen Öls. Die Tanklager hingegen, leichte Ziele, waren unbeschädigt geblieben, ebenso die Werkstätten des Arsenals. Als Fuchida wieder bei der *Akagi* angekommen war, waren die meisten Maschinen bereits gelandet. Die Verluste waren unglaublich niedrig: etwa dreißig Flugzeuge, ein Fünftel dessen, was man erwartet hatte. Die Besatzungen brannten darauf, nochmals aufzusteigen. Fuchida suchte Nagumo zu überzeugen, daß es noch Anlagen an Land zu zerstören gab und daß es sogar noch möglich sei, die Träger zu finden, die auf der Abschußliste fehlten. Aber Nagumo war über den Erfolg, an den er nicht geglaubt hatte, derart erleichtert, daß er bereits Befehl gegeben hatte, wieder Kurs auf Japan zu nehmen. Fuchida begehrte auf – vergebens; das Geschwader ging auf volle Fahrt. Zwei verirrte Bomber meldeten sich und fragten nach der Position; der Verband gestattete aber keinen Bruch der Funkstille. Die Bomber hatten keinen Treibstoff mehr und stürzten ab.

Zur gleichen Zeit wurde Midway von den Zerstörern *Sazanami* und *Ushio* beschossen. Wake und Guam wurden angegriffen, Hongkong bombardiert. In Siam und Malaya wurden Truppen gelandet; die Landung auf Borneo wurde vorbereitet. Auf den Philippinen wurde der Stützpunkt Clark Field zerstört. Der amerikanische Generalstab war der Auffassung gewesen, die Seeluftstreitkräfte der Japaner wären nicht imstande, mehr als eine Operation auf einmal durchzuführen. Aber die Japaner hatten deren sieben unternommen, davon drei größeren Umfanges: Pearl Harbor, die Philippinen und Malaya.
Aber der Blitzschlag von Pearl Harbor hatte den schlafenden Riesen geweckt. Der Wutschrei »yellow bastards!« ging durch Amerika.

Roosevelt und Churchill

Roosevelt sprach das Verdammungsurteil über den Feind (»a day which will live in infamy«). Zweifellos wären noch Monate nötig gewesen, um Amerika zum Kriegseintritt zu bewegen; die Bomben von Pearl Harbor führten diese Entscheidung schlagartig mit plötzlicher, rasender, mitreißender Gewalt herbei. Im Senat stimmten die einundachtzig Anwesenden einhellig für den Krieg. Im Repräsentantenhaus war die einzige, die sich nicht mitreißen ließ, die unter wütendem Schütteln ihres grauen Kopfes Widerstand leistete, eine alte Jungfer aus Montana, Jeanette Rankin, die schon 1917 gegen den Krieg gestimmt hatte, und die es jetzt wieder tat. Alle Chefs der Isolationistenpartei jedoch, Hoover, Lindbergh, Landon, Lewis, Wheeler, stellten sich dem Präsidenten und dem Lande zur Verfügung.
Am 7. Dezember speiste Churchill mit dem amerikanischen Botschafter John Winant und dem Abgesandten Roosevelts, Averell Harriman, zu Abend. Das Gespräch drehte sich um die Schlacht, die am 18. November in der Cyrenaika begonnen hatte. Die Nachrichten waren besser geworden; Auchinleck hatte gemeldet, daß Rommel sich zurückzog, die Befreiung Tobruks war bestätigt worden, aber zeitweise hatte es beängstigend ausgesehen. Die Anfangserfolge – man war bis Sidi Rezegh vormarschiert – waren durch eine brillante Gegenbewegung Rommels zunichte gemacht worden. Rommel hatte sein Afrikakorps gesammelt, das XXX. britische Korps überwältigt, war dann auf Bardia losmarschiert und hatte versucht, die ganze 8. Armee einzuschließen. Auchinleck hatte sich der Lage gewachsen gezeigt. Er war aus Kairo herbeigeeilt und hatte selbst die Führung übernommen. Die kühne Bewegung Rommels war mangels entsprechender Kräfte nicht geglückt. Aber die Schlacht erfüllte bei weitem nicht die Hoffnungen, die Churchill in sie gesetzt hatte. Die an Zahl überlegenen britischen Panzer blieben den Panzern Hitlers qualitativ unterlegen. Die britische Über-

legenheit auf See gegen die ins Mittelmeer eingedrungenen deutschen U-Boote zu beweisen kostete schwere Verluste: Nach der *Ark Royal* war nun auch die *Barham* versenkt worden. Obgleich Deutschland zwei Drittel seiner Kräfte in Rußland stehen hatte, gelang es Großbritannien doch nicht, auf dem zweitrangigen Kriegsschauplatz, den Nordafrika darstellte, eine klare Überlegenheit zu gewinnen. Man war weit von der zweiten Front entfernt, die Stalin so wütend verlangte! Wenn Amerika sich nicht entschloß einzugreifen, so war ein Umschwung undenkbar. Worauf wartete Amerika? Harriman und Winant schüttelten die Köpfe. Eine Kriegserklärung Amerikas an Deutschland kam im Augenblick nicht in Frage, es sei denn, Hitler beging eine kolossale Dummheit oder ließ sich zu einer außerordentlichen Provokation hinreißen. Seit dem Befehl ›Shoot first!‹ jedoch hatte er den U-Boot-Krieg eingeschränkt, um keinen Anlaß zu einer Intervention zu geben. Dazu kam, daß sich die amerikanische Aufmerksamkeit dem Pazifik zugewandt hatte. Zwischen Amerika und Japan war ein heftiger Nervenkrieg entbrannt. Roosevelt dachte jetzt daran, auf der Burmastraße Landgeleitzüge unter dem Schutz amerikanischer Flugzeuge laufen zu lassen. Seit England nicht mehr direkt gefährdet war, erregte sich die amerikanische Öffentlichkeit nicht mehr so über die Schlacht in Europa.

Aus dem Rundfunkapparat ertönte gedämpft die Stimme des Nachrichtensprechers. Die drei Herren hörten nicht zu. Plötzlich ein Name, der fremdartig und ungewohnt klang: Hawaii...

»Habe ich richtig gehört?« fragte Churchill. »Die Japaner haben die amerikanischen Schiffe in Hawaii bombardiert?« Winant hatte nichts gehört. Harriman glaubte ›American shipping‹ verstanden zu haben. Die Nachrichten waren zu Ende, und das nächste Programm wurde angesagt: ›Brain Trust...‹ Aber der Butler Sawyer bestätigte: »Sir, es ist wahr! Wir haben es in der Küche gehört. Die Japaner haben die Amerikaner in Pearl Harbor angegriffen.«

Winston Churchill stürzte wie ein Verrückter in sein Sekretariat und verlangte eine Verbindung mit Roosevelt. Die Stimme des Präsidenten bestätigte ihm über den Atlantik hinweg, was geschehen war: Ein hinterlistiger Angriff war geführt worden. Churchill strahlte. »Jetzt sitzen wir im selben Boot«, sagte Roosevelt. Das war ein Wort! Der Augenblick, für den Winston Spencer Churchill sein und das Schicksal seines Landes aufs Spiel gesetzt hatte, war da. Drei Wochen zuvor hatte er in der Guildhall den Japanern angekündigt, sie würden trotz der bestehenden traditionellen Freundschaftsbeziehungen binnen einer Stunde nach Eröffnung der Feindseligkeiten gegen Amerika die Kriegserklärung Englands erhalten. Das Versprechen war leicht zu erfüllen, denn es schloß ein angeschlagenes England und ein unbesiegbares Amerika in einer Schicksalsgemeinschaft zusammen. Churchill formulierte die Kriegserklärung an Tokio mit Hingabe und vergaß nicht, dem Botschafter des Tenno zu versichern, daß er ›sein ergebener Diener‹ sei. In Japan war die Begeisterung über den Erfolg von

Pearl Harbor ungeheuer. Die Heimkehr der Sieger löste eine Woge des Patriotismus aus. Der Kaiser brach mit der Etikette, indem er den Wunsch äußerte, Fuchida zu empfangen, obgleich dieser nur ein Plebejer war. Yamamoto allein blieb inmitten von 80 Millionen freudetrunkener Japaner nüchtern. Er wies darauf hin, daß man die Flugzeugträger verfehlt habe, daß die zerstörten Schlachtschiffe veraltet gewesen seien, daß die amerikanische Kapazität nach wie vor kolossal sei und daß mit harten Kämpfen gerechnet werden müsse.

In Rastenburg waren die Nachrichten vom Pazifik in eine Atmosphäre der Neurasthenie geplatzt. Man war sich nicht klar über den Ernst der Lage an der Front. Die Weisung Nr. 39 bestätigte den Stillstand der Offensive, indem sie von dem ›überraschend früh ausgebrochenen Winter‹ und der Notwendigkeit – makabrer Doppelsinn der Worte – einer ›Auffrischung‹ der Truppe sprach. Aber die russische Gegenoffensive erwies sich als etwas ganz anderes denn eine örtliche Aktion, die nur das Ziel hatte, Moskau Luft zu verschaffen. Gestern noch triumphierend, war die Wehrmacht nun in schwerer Bedrängnis. Und in der Stunde dieser beängstigenden Entdeckung kam der Blitzschlag von Pearl Harbor. Über die persönliche Reaktion Hitlers gibt es kaum Aufzeichnungen. Er verabscheute die Japaner, behauptete, daß sie lögen, sooft sie den Mund aufmachten, und daß ihre militärische Stärke nur Bluff sei. Doch am 11. Dezember verließ er insgeheim Rastenburg, um dem gleichfalls geheim zusammengerufenen Reichstag Deutschlands die Kriegserklärung an Amerika bekanntzugeben. Der Konflikt dehnte sich auf ungeheure neue Gebiete aus; aber die Grenze zwischen der Sowjetunion und dem japanischen Reich blieb so friedlich wie eine schöne Sommernacht.

Die Kapitulation Wakes. Die Philippinen überwältigt

Wake, die Spitze eines fast überfluteten erloschenen Vulkans, ist eines der einsamsten Atolle im Pazifik. Drei Inselchen ohne Süßwasser, ohne Vegetation, schließen sich wie eine Hummerzange um eine von Korallen überwucherte Lagune. Sie ist von ewigem Lärm erfüllt: dem Tosen der Brandung des Pazifik und dem Geschrei unzähliger Meeresvögel. Amerika entdeckte Wake 1841, annektierte es 1899, ließ es jedoch unberührt bis zu der Zeit, da der Pazifik für die Luftschiffahrt erschlossen wurde. 1941 unterhielten die ›Panamerican Airways‹ dort ein Hotel für Passagiere und Besatzungen ihrer China-Clipper, und 1146 Zivilarbeiter waren dabei, aus Wake einen Luftstützpunkt für die US-Marine zu machen, einen unversenkbaren Träger, der die japanischen Besitzungen auf den Marshallinseln bedrohte. Eine Abteilung von 449 Marineinfanteristen unter dem Kommando von Major Devereux sorgte für ihren Schutz.

Wake war am 8. Dezember bombardiert worden. Drei Tage später erschien ein von drei alten Kreuzern geführter japanischer Landungsverband. Die Japaner waren überzeugt, die Garnison würde auf die erste Aufforderung hin kapitulieren. Aber ›Marines‹ sind eben ›Marines‹. Die auf Wake hatten Enfield-Gewehre, Stahlhelme aus dem Ersten Weltkrieg und nur sechs alte Geschütze, die von abgewrackten Schiffen stammten. Ein großer Teil der Zivilisten lehnte es ab, sich an der Verteidigung zu beteiligen, und verlangte die Übergabe. Devereux wollte nichts davon wissen. Er ließ die feindlichen Schiffe auf 4000 Meter herankommen, dann eröffnete er das Feuer, während die vier ›Wildcats‹, die das Bombardement vom 8. Dezember überlebt hatten, die Japaner aus der Luft angriffen. Kanonade und Bombardement wirkten Wunder. Zwei Zerstörer wurden versenkt, die drei Kreuzer beschädigt, mehrere hundert Japaner getötet, während die Amerikaner nur einen Toten hatten. Der Feind zog sich zurück.
Für das durch Pearl Harbor schwer angeschlagene Amerika wurde der Name Wake eine Fanfare. Die ›Marines‹ auf dem Atoll zischten ihren Kommandanten aus, als sie im Rundfunk hörten, er habe auf die Frage, was er brauche, geantwortet: »Send us more Japs« (›Schickt uns doch noch mehr Japaner‹). Devereux verwahrte sich gegen die Behauptung, er habe diese sagenhafte Eselei von sich gegeben. Aber ganz Amerika wiederholte sie ehrfürchtig.
Admiral Kimmel, dessen Tage als Oberbefehlshaber gezählt waren, entwarf einen Plan, wie man den populären Verteidigern von Wake zu Hilfe kommen könne. Die drei Träger der Pazifikflotte – *Lexington* und *Enterprise*, die auf dem Rückmarsch nach Pearl Harbor waren, und *Saratoga*, die aus San Diego heraneilte – sollten an der Unternehmung teilnehmen. Aber seit dem schrecklichen 7. Dezember barg der Stille Ozean für die US-Flotte fürchterliche Gefahren. Der japanische Kampfverband war verschwunden, ohne daß die Amerikaner ein einziges Überwasserfahrzeug gesichtet hatten. Die *Saratoga* erreichte am 23. Dezember einen Punkt 425 Meilen von Wake entfernt, aber Konteradmiral Fletcher fürchtete, in einen Hinterhalt zu geraten. Der zu Kimmels Nachfolger ernannte Nimitz befand sich noch in Washington, und der Interimsbefehlshaber, Vizeadmiral Pye, war der Meinung, daß der Verlust eines oder mehrerer ›flat tops‹ für Amerika und ihn selbst eine Katastrophe bedeuten würde, und rief die Träger nach Pearl Harbor zurück.
Wake war aufgegeben. Um ein Ende zu machen, entsandten die Japaner die *Soryu* und die *Hiryu*, die am Pearl-Harbor-Einsatz teilgenommen hatten, unter dem Kommando von Konteradmiral Abe. Sechs Tage Luftbombardement nahmen die Garnison schwer mit. Es kam zu harten Kämpfen Mann gegen Mann. Schließlich hißten die Verteidiger die weiße Fahne. Inzwischen war Guam kampflos gefallen, und die Eroberung der Philippinen hatte begonnen.
Für Japan war dieser Archipel von 7000 zum Großteil unbewohnten Inseln nur von geringem Interesse. Es war jedoch unmöglich, ihn in den Händen der Amerikaner zu

lassen, wenn man nicht auf die Schätze Indochinas, Malayas, Borneos, Sumatras und Javas verzichten wollte. Die 3. Flotte unter Vizeadmiral Takahashi und die 14. Armee unter Generalleutnant Homma wurden mit dieser Nebenoperation betraut, die auf die Errichtung einer schützenden Flankendeckung hinauslief. Beide Verbände waren nicht sehr groß. Die Flotte bestand aus einen Träger – der *Ryujo* –; sie hatte kein einziges Schlachtschiff, sondern nur 10 Kreuzer und 29 Zerstörer. Die Armee setzte sich aus nur zwei Divisionen, der 16. und der 48., sowie aus zwei Panzerregimentern zusammen; allzu viele Kräfte saßen in China fest, Japan war einfach zu arm, um sein Menschenpotential voll ausnutzen zu können.

Die Verteidigung der Philippinen oblag einer der markantesten Persönlichkeiten dieses Krieges: MacArthur. Als eben aus West Point entlassener Leutnant hatte er 1903 seine Feuertaufe erhalten. Amerika hatte gerade Spanien den philippinischen Archipel entrissen, aber der philippinische Nationalismus hatte damit nur einen neuen Gegner bekommen. Der Guerillakrieg gegen das Sternenbanner ging weiter. MacArthurs Vater, ein Veteran des Sezessionskrieges, befehligte die amerikanischen Truppen. Aber bald lief der Sohn dem Vater den Rang ab.

Im Ersten Weltkrieg befehligte der jüngere MacArthur eine Infanteriebrigade. Dann wurde er Divisionskommandeur und avancierte später zum jüngsten Superintendenten von West Point und schließlich zum Stabschef der Armee. Dann bot sich ihm auf den Philippinen eine neue Karriere. Die Filipinos machten eben ihre Lehrzeit für die Unabhängigkeit durch, die ihnen für 1946 versprochen worden war. Ihr politischer Führer, der an Tuberkulose erkrankte Manuel Quezon, bot Douglas MacArthur an, eine Armee aufzubauen. MacArthur vertauschte seine amerikanische Generalsmütze gegen die – im eigentlichen und übertragenen Sinne – stärker vergoldete Mütze des ›Marschalls der Philippinen‹, richtete sich in Manila fürstlich ein und verlangte zehn Jahre Zeit, um die werdende Nation vor einer Invasion zu sichern. Das war 1937, sechs Jahre zu spät.

1941 verfügte eine einzige der großen von MacArthur organisierten Einheiten, die ›Philippine Scout Division‹, über ausreichende Ausbildung und Bewaffnung. Die anderen neun bestanden aus 100000 kaum über die Anfangsgründe hinausgekommenen Rekruten und einem Kader von 6000 amerikanischen Ausbildern, die keine einzige der sechsundzwanzig Sprachen verstanden, die in der Armee Marschall MacArthurs gesprochen wurden. MacArthur wurde im übrigen wie überall auch in Manila angefeindet. In ihm steckte ein Prophet, ein Redner, ein Schauspieler, und viele sagten, auch ein Schwindler. Ganze Nächte lang ging er in seiner Dachwohnung auf und ab – er wohnte im ›Manila-Hotel‹ über der herrlichen Bucht, die in der Ferne von der schwarzen Linie Corregidors begrenzt wird. In schwülstigen Formulierungen ließ er sich über die Zukunft des pazifischen Raums aus. Die Offiziere seines Stabs – er verlangte viel von ihnen und behandelte sie schlecht – bewunderten ihn entweder oder sie verabscheuten ihn – das letztere war bei Major Dwight D. Eisenhower der Fall, der einige Jahre unter ihm gedient hatte. Der Hochkommissar der Vereinigten Staaten verdächtigte MacArthur, daß er nur seinen Sold, der viermal so hoch war wie zur Zeit seiner Tätigkeit in Amerika, möglichst lange beziehen wolle. Andere jedoch behaupteten, MacArthurs Extravaganz sei bloß das etwas groteske Gewand eines Genies.

Zu Beginn des Sommers machte sich Washington Sorgen über die Verteidigung der Philippinen. Nach langen Zögern rief Marshall MacArthur wieder in die Armee zurück, was eine Vereinigung der philippinischen und amerikanischen Kräfte unter MacArthurs Kommando gestattete. Die amerikanischen Kräfte bestanden aus einem Regiment Infanterie, einer kleinen Abteilung Panzer und einer embryonalen Luftwaffe. Man entwarf einen Plan, der vorsah, den Stand der amerikanischen Truppen auf 75 000 Mann zu bringen. Er sollte im Januar 1942 anlaufen.

5500 Seemeilen trennen Manila von San Francisco. Für die Überfahrt benötigten die Passagierschiffe fünfzehn Tage. Die Pacific Clippers brauchten vier Tage, indem sie in nicht ganz gefahrlosem Flug von einer Insel zur anderen sprangen. Die Zusammenarbeit zwischen den Wehrmachtsteilen war schwierig. Der Operationsplan ›Orange‹ sah lediglich vor, daß sich eine Garnison von 10 000 Mann im Falle eines Krieges mit Japan auf der Insel Corregidor einzuschließen habe. Sie sollte so lange Widerstand leisten, bis die amerikanische Flotte die eine Seeschlacht gewonnen haben würde, die über die Zukunft des Pazifiks entscheiden sollte. 30,4-cm-Geschütze sperrten den Zugang zur Bucht von Manila, und ein Tunnel unterhalb von Manita Hill gab den Verteidigern Schutz auch vor schwerstem Bombardement. Man nannte Corregidor – wie Gibraltar – ›The Rock‹, den Felsen. Aber MacArthur war der Ansicht, daß einen systematischen Rückzug auf Corregidor zu planen Defätismus sei. Er hielt seine philippinisch-amerikanische Armee für fähig, mit Unterstützung einiger ›Fliegender Festungen‹ vom Typ B 17 eine Invasion der Hauptinsel Luzon zu verhindern. Er teilte seine Streitkräfte in zwei Armeekorps; das erste unter Wainwright stand im Norden, das zweite unter Parker im Süden von Manila. Einige andere Inseln, wie Mindanao, behielten schwache Garnisonen, und eine, Panay, diente als Stützpunkt für die kleine Asien-Flotte – ein einziger schwerer Kreuzer – unter Admiral Hart. Die anderen überließ man ihrem Schicksal.

Die ersten Landungen der Japaner gingen ziemlich zaghaft vor sich. Die eigentliche Invasion begann am 21. Dezember, als die 48. Division im Inneren des Golfes von Lingayen Fuß faßte. Der Befehlshaber der Invasionsstreitkräfte, Homma, war ein Gegner Tojos und der gewagten Politik, die Japan seit dem ›Chinesischen Zwischenfall‹ verfolgte. Die Landungsoperation machte ihm Sorgen, und er führte sie ohne Entschlossenheit durch. Aber die Amerikaner hatten die Handvoll Bomber, die ihnen geblieben waren, bereits nach Australien dirigiert, und ihren Unterseebooten gelang es nur, ein einziges Transportschiff zu versenken. Die 11. und die 71. philippinische Division wichen zurück. Die Japaner überschritten den Agno und rückten über die Straßen 3 und 5, die wie die amerikanischen Federal Highways beschildert waren, auf Manila vor. Die auf der anderen Seite gelandete 16. japanische Division marschierte der 48. entgegen. MacArthurs Absicht, die Küste zu verteidigen, war durchkreuzt. Daher griff man überstürzt nochmals auf den Plan ›Orange‹ zurück. Manila erlebte bewegte Weihnachten. Die japanischen Flugzeuge zerstörten die Altstadt, den Hafen, das Arsenal von Cavite. Die Benzinvorräte brannten; die tropische Luft war mit dichtem, stickigem Rauch geschwängert. Auf der Straße Nr. 3 bewegte sich ein riesiger, bunt zusammengewürfelter Fahrzeugtreck, Zivilisten und Militär, zur Halbinsel Bataan, dem letzten Zufluchtswinkel vor Corregidor. In der von Fahrzeugen wimmelnden Bucht lief das Fährschiff *Corregidor* auf eine Mine und ging mit 500 Passagieren unter. Auch Manuel Quezon wurde, in einem Rollstuhl sitzend, an Bord eines Schiffes gebracht. Auf seinen Befehl waren jedoch mehrere Minister in Manila geblieben, um mit den Japanern zusammenzuarbeiten. Die Stadt brannte, aber die Nachtlokale waren geöffnet, und die westlichen Geschäftsleute machten Zukunftspläne, überzeugt, daß die Sieger sie nicht würden entbehren können. MacArthur ging als einer der letzten, zusammen mit seiner jungen Frau und seinem kleinen Sohn. Er bezog Quartier in der langgestreckten weißen Kaserne von Topsight, am höchsten Punkt von Corregidor. Seiner Entrüstung über eine Rede Knox': ›Zuerst Hitler!‹ machte er in düsteren Prophezeiungen Luft. Amerika begehe einen fundamentalen Fehler: Es wende sich wegen des nebensächlichen Europa vom Wesentlichen ab, vom Pazifik! Im Augenblick bedeutete das, daß die Philippinen keinerlei Hilfe erwarten könnten. Corregidor war es weiterhin bestimmt, belagert zu werden.

Einnahme von Hongkong. Landung in Malaya

Hongkong war der Eckpfeiler der britischen Macht im Fernen Osten. Die Insel Victoria, beherrscht von den Steilhängen des Peak, war größer als Gibraltar. Die New Territories auf dem Kontinent bildeten eine ausgedehnte Glacisböschung. Die Wandlungen der Kriegstechnik und die Tatsache, daß sich Japan in China festgesetzt hatte, hatten diese Vorzüge allerdings teilweise aufgehoben, und 1941 war man der Ansicht, daß Hongkong nicht zu halten war. Seine kampflose Preisgabe indes, fand man, kam nicht in Frage, und die Garnison wurde nicht nur in Hongkong belassen, sondern durch Entsendung zweier kanadischer Bataillone auf sechs Bataillone verstärkt.
Die Kämpfe begannen am 8. Dezember. Am 13. gaben die Briten die New Territories auf. In der Nacht zum 19. Dezember griffen die Japaner die Insel Victoria an. Das

indische Bataillon, das North Point und Aldrich Bay verteidigte, wurde von den Japanern, die sich auf ihren Gummisohlen lautlos und geschickt wie Katzen bewegten, auseinandergejagt. Die Angreifer drangen in das hügelige Tal zwischen Mount Parker und Mount Cameron ein. Sie schnitten die Insel in zwei Teile, indem sie sich des Luxushotels in der Repulse Bay bemächtigten. Die Kanadier wurden auf die kleine Halbinsel Stanley zurückgedrängt. Die Royal Scots, die Middlesex' und die Inder wurden in die Stadt getrieben, in der das Feuer und der chinesische Mob wüteten. Gouverneur Sir Marks Young kapitulierte am ersten Weihnachtstag. Die Ausschreitungen gingen noch mehrere Tage weiter.

Hongkong war ein Vorposten, den man von vornherein aufgegeben hatte, Singapur hingegen glaubte sich vor jeder Gefahr gefeit. Daß die Feindseligkeiten mit den Japanern begonnen hatten, regte dort niemand auf. Man war optimistisch. Der ewige Sommer bestärkte die Menschen in dem Gefühl, daß immer alles so bleiben würde wie es war, Vergnügen und Tändelei waren die Hauptbeschäftigung: Tennis, Golf, Cricket, Pferderennen, Polo, Segeln während des Tages; Cocktails, Spiel, Tanz, Soupers bis tief in die träge Tropennacht hinein. Die Engländer, die aus der von Bomben heimgesuchten, unter der Rationierung leidenden Heimat gekommen waren, waren zuerst schockiert durch so viel Überfluß und Sorglosigkeit, staunten über die Damen in Abendkleidern, die Herren im Smoking und die Offiziere im Dinnerjackett; dann machten sie es wie die anderen und ergaben sich dem Wohlleben, das seit dem Krieg in der Welt selten geworden war. Der Dienst lief wie in den friedlichsten Zeiten des Britischen Reiches, mit genauer Beachtung der Etikette und strenger Trennung zwischen Offizieren und Mannschaften. Ein australischer Soldat namens Russell Brandon provozierte einen Skandal, als er unbedingt in der Bar des Raffles ein Getränk bestellen wollte und, als man ihn hinausgeworfen hatte, den üblichen Soldatenschlupfwinkel in der Lavender Street aufsuchte, wo es von Prostituierten und japanischen Spionen wimmelte. Die Japaner störten die Europäer Singapurs nicht in ihrem Schlafe. Vor den Japanern hatte niemand Angst. Die Akten des Geheimdienstes waren voll von Berichten, wonach die japanische Armee unmodern, die japanischen Flugzeuge veraltet und die japanischen Piloten schlecht ausgebildet waren. Die japanischen Piloten seien durch eine besondere Mißbildung des Auges gehandikapt, die sie nachtblind mache. Der Beweis für die Schwäche Japans sei die Tatsache, daß es seit vier Jahren mit dem ohnmächtigen China Krieg führe, ohne es besiegen zu können. Man hatte angenommen, die wirtschaftlichen Sanktionen Amerikas würden es zum Einlenken bringen. Und jetzt stürzte es sich in den Krieg, wie sich ein Verzweifelter vom sechsten Stockwerk stürzt! Der Selbstmord einer Nation! Zwanzig Jahre lang hatte man sich wegen Singapurs gestritten. Sollte man dort einen Marinestützpunkt als Ersatz für Hongkong bauen? Wenn ja, sollte man die Basis an der Außenseite, der großen Straße von Malakka, oder an der Innenseite, der kleinen Straße von Johore, errichten?

Die Gewinner und die Verlierer in Hongkong: Jubelnde Soldaten der japanischen Armee (oben), gefangene Engländer, die mit ihren Habseligkeiten in die Gefangenschaft ziehen (unten).

Die zweite Etappe des japanischen Vormarschplans sah die Eroberung der Inseln Niederländisch-Indiens vor. Japanische Truppen rückten in Pelmbang auf Sumatra ein (oben). – Am 28. Februar 1942 landeten die Japaner auf Java. Fallschirmjäger (unten) eroberten mit den Erdtruppen die Insel. Die Regierung floh nach Australien.

Sollte man Verteidigungsanlagen nur an der Seeseite erstellen oder sollte man sich gegen eine Gefahr von der Landseite, der malaiischen Halbinsel, her schützen? Sollte man sich auf die klassischen Waffen, die Küstenartillerie, verlassen oder den Fortschrittlern folgen, die dem Flugzeug die Hauptrolle zuweisen wollten?
Schließlich war der Stützpunkt dann gebaut worden. Man hatte sich für die Straße von Johore entschieden und für das Prinzip der Verteidigung durch Artillerie. Ein Angriff vom Land her wurde für äußerst unwahrscheinlich angesehen, und zwar wegen der großen Entfernungen, der Sümpfe und Urwälder, Singapur war großartig befestigt, aber ausschließlich gegen die See. Fünf 38-cm-Geschütze mit 35 Kilometer Reichweite waren in Buena Vista und an der Spitze von Changi in Stellung gebracht worden. In Tekong Besar und Blakang Mati hatte man 23,4-cm-Batterien eingebaut und weitere Batterien vom Kaliber 15 cm längs der Küste verteilt. Die Insel Singapur war ein unversenkbares Schlachtschiff mit Schwerpunkts- und Hilfsartillerie; alle Geschütze waren, wie gesagt, auf See gerichtet. Die Landgarnison beschränkte sich auf sechs Bataillone zur Nahverteidigung. Die einzige Form der Belagerung, die man in Betracht zog, war die durch ein japanisches Geschwader mit einer kleinen Landungstruppe: In diesem Fall mußte Singapur sich so lange halten, bis britische Seestreitkräfte herangekommen waren. Der entsprechende Zeitraum wurde auf 70, später auf 180 Tage festgesetzt. Entsprechend wurden die Vorräte an Verbrauchsgütern und Munition berechnet. Sie waren ausschlaggebend, da Singapur uneinnehmbar sein sollte.
Am 2. Dezember lief eine Nachricht durch die ganze Stadt: England halte sein Versprechen, in Singapur starke Seestreitkräfte zu stationieren, um der Lage in Südostasien gewachsen zu sein. Die beiden großen Einheiten, die in der Straße von Djohore Posten bezogen, waren das Schlachtschiff *Prince of Wales* und der Schlachtkreuzer *Repulse*. Churchill selbst hatte die Entsendung des modernsten englischen Großkampfschiffes verlangt. Die Admiralität hatte *Rodney* und *Nelson* schicken wollen, die aus dem Jahre 1920 stammten, sowie die vier ›R‹, *Royal Sovereign*, *Revenge*, *Resolution* und *Ramillies*, oberflächlich modernisierte Überlebende aus dem Ersten Weltkrieg. »Eure alten Schlachtschiffe«, hatte Churchill gesagt, »sind schwimmende Särge. Behaltet sie für eure Geleitzüge im Atlantik. Ein einziges modernes Schiff in Singapur wird die japanische Flotte binden. Nach der *Bismarck* spukt euch die *Tirpitz* im Kopf herum. Dreht den Stiel um und setzt den Japanern die *Prince* als Laus in den Pelz...«
Noch ein drittes großes Schiff hätte dabei sein sollen, der Träger *Indomitable*. Aber er war beim Auslaufen aus dem Hafen von Kingston in Jamaika auf ein Korallenriff geraten und mußte erst repariert werden, ehe er zum Fernostgeschwader stoßen konnte. An der Landseite war Singapur ungeschützt. Die Straße von Johore war nur wenige hundert Meter breit, und man hatte ihren Verteidigungswert noch verringert, indem man einen Damm anlegte, über den die Straße und die Eisenbahn führten. Die Nach-

richt von der Landung der Japaner auf der Landenge von Kra löste noch keine Beunruhigung aus. Der Feind war noch 1000 Kilometer von Singapur entfernt; außerdem waren die Zeiten vorbei, da man sich bei der Verteidigung Malayas ausschließlich auf die natürlichen Hindernisse verlassen hatte. 38 Prozent der Weltproduktion an Gummi und 58 Prozent der Weltproduktion an Zinn kamen aus Malaya, es stellte für England, wie es Gouverneur Sir Shelton Thomas ausdrückte, ›eine Dollarfabrik‹ dar – Grund genug, ernste Maßnahmen zu seiner Verteidigung zu treffen. Nacheinander wurden das III. indische Armeekorps, die 9. und 11. Division, Sikhs und Pandschabis als Verstärkungen herangebracht, außerdem eine Brigade Ghurkas und eine weitere, die aus Maisur und Haiderabad kam. Man wollte auch eine weiße Division; Australien übernahm es, sie zu stellen, und die Admiralität willigte ein, die *Queen Mary* zu entsenden, um die Division in einem Schub heranzuholen. Die beiden motorisierten Brigaden Singapurs eingerechnet, waren das annähernd 100000 Mann, was für einen Tropenkrieg beträchtlich war, vor allem, da es gegen einen Feind ging, der 5000 Kilometer von seiner Basis entfernt in einem Lande operierte, in dem es nur zwei Straßen gab, auf denen er angreifen konnte. Der Befehlshaber dieser Streitmacht in Malaya war Generalleutnant Percival, dessen besonderes Kennzeichen zwei vorstehende Schneidezähne, richtige Raffzähne, waren, die seinem Gesicht den Ausdruck ständigen Grinsens verliehen. Über sich hatte er den Oberbefehlshaber in Südostasien, Sir Robert Brooke-Popham, rotgesichtig, mit Schnurrbart, fröhlich und unbelastet durch übergroßes Wissen, der klassische Typ des Obersten der indischen Armee. Unter sich hatte er einen schwierigen Untergebenen namens Gordon Bennett, Kommandeur der 8. australischen Division, einen als General verkleideten Politiker, der den Posten seines Vorgesetzten haben wollte und sich von seiner Regierung hatte ermächtigen lassen, jeden Befehl zu verweigern, der seinen Ansichten nicht entsprach. Percival hatte seine Truppen verteilt, ohne sich um die Absichten des Feindes zu kümmern. Bei Singapur hatte er die beiden Brigaden Bennetts zurückgelassen, die ebenso undiszipliniert waren wie ihr Chef. In der Mitte der Halbinsel stand die 9. indische Division, deren einzelne Abteilungen durch 100 Kilometer Urwald voneinander getrennt waren. Im Norden hatte er die gesamte 11. Division nahe an die siamesische Grenze verlegt. Im Operationsplan ›Matador‹ war vorgesehen, daß sie sofort nach Landung der Japaner zur Offensive schreiten und den Feind zum Meer zurückdrängen sollte.

Genau genommen, begann die Operation in Malaya noch vor dem Angriff auf Pearl Harbor. Die erste Landung der Japaner erfolgte am 8. Dezember um 3 Uhr morgens Ortszeit. Das entsprach nach Greenwichzeit 17 Uhr 15 des Vortages. Die erste Bombe auf die Hawaii-Inseln fiel erst um 18 Uhr 25 Greenwichzeit.

Aus China und Indochina kommend, hatte sich die japanische Flotte im Golf von Siam geteilt: ein Verband lief nach Kota Bharu, ein zweiter nach Patani, und ein dritter, der stärkste, auf den kleinen thailändischen Hafen Singora zu. Die Überraschung glückte vollständig. In Singora tauchten die Eindringlinge buchstäblich aus dem Schaum der Wellen auf. Der einzige Versuch, die thailändische Neutralität zu verteidigen, war eine Garbe aus dem Maschinengewehr eines Polizeipostens. Ein Dolmetscher machte den Kampfhandlungen ein Ende, indem er rief: »Wir sind die japanische Armee; wir kommen, um euch von den Weißen zu befreien!«

Wie auf den Philippinen waren die Invasionsstreitkräfte auch hier keineswegs bedeutend. Die Bezeichnung 25. Armee war recht hochtrabend. Von den vier Divisionen dieser Armee war eine in Japan geblieben, da die Transportmittel fehlten; eine zweite machte einen Umweg über Bangkok, um die thailändische Regierung zur Räson zu bringen; die beiden anderen, die 5. und die 18., hatten nicht einmal ihre Sollstärke; mehrere Einheiten waren in China geblieben; ein Regiment war auf der Fahrt nach Borneo. Als sie zur Eroberung Singapurs aufbrach, zählte die 25. Armee ganze 17230 Mann. Sie bestand, alles in allem, aus vier Infanterieregimentern: dem 56. in Kota Bharu, dem 42. in Patani, dem 11. und 41. in Singora. Befehlshaber war Generalleutnant Tomoyoku Yamashita, ein dicker, brutaler Mann, dessen Hals für den Strick des Kriegsverbrechers bestimmt zu sein schien. Man hatte ihm hundert Tage gegeben, um das uneinnehmbare Singapur zu erobern.

Die Soldaten, die diese neue Phase des Krieges einleiteten, waren keine Wehrpflichtigen. Sie kamen aus der Gegend von Shanghai und Kanton, wo sie chinesische Guerillas bekämpft hatten. Es gab keine widerstandsfähigeren, disziplinierteren Soldaten. Sie hatten, ohne zu murren, die Qualen einer Überfahrt tief unten im Schiffsraum ertragen, im muffigen Gestank überlaufender Latrinen und der Folgen der Seekrankheit, zu Schweigen und Finsternis verurteilt, zu dritt jeweils auf zwei Quadratmetern Tatami-Matte zusammengedrängt, mit einer Essensration von einem Eimer Reis oder Gerste pro Korporalschaft und Tag. Die in unbeugsamer Strenge, Förmlichkeit und geradezu fanatischer Kameradschaft bestehende japanische Disziplin zwang sie zu peinlichstem Gehorsam, ohne ihnen ihre moralischen Kampfgründe zu nehmen: Der geringste Soldat wußte, daß er am Kampf um das Leben seines Volkes teilnahm; seine persönliche Hingabe war bedingungslos. Die Offiziere belasteten sich mit dem langen Samuraisäbel und ertrugen die archaische Bluse mit dem einschneidenden Kragen, aber ihr Opfermut machte aus ihnen mitreißende Vorbilder. Die Vorbereitungen für den malaiischen Feldzug waren entsprechend den Erfahrungen der Studienzentrale für den Tropenkrieg in Formosa geschaffen worden. Den Soldaten war der Kampf im Dschungel durch und durch vertraut, sie wußten, daß nüchterne, harte Männer sich einen Weg durch den Urwald bahnen können, daß es durch Giftschlangen nur wenige Opfer gibt, daß die roten Ameisen eher eine Plage sind als eine Gefahr, daß der Mensch in Wirklichkeit nur zwei unerbittliche Feinde hat: den Bedalang, einen kraftvollen asiatischen Büffel, und eine kleine Wespe mit gelbem Ring, von der fünf Stiche tödlich sind. ›Da die Menschen des Abendlandes feige und verweichlicht sind‹, hieß es in den Dienstvorschriften, ›haben sie Angst, den Dschungel zu betreten. Sie betrachten ihn daher als undurchdringlich. Aus diesem Grund müssen wir ihn benutzen, um sie zu überraschen...‹ Diesen Soldaten genügten zwei Tage, um die indischen Truppen – die verstärkte Rekrutierung war auf Kosten der Qualität gegangen – niederzuzwingen. Wolkenbruchartige Regenfälle demoralisierten die Verteidiger und lähmten ihre Organisation, ließen ihre Artillerie versinken, unterbrachen die Nachschubwege und führten schließlich zur Aufgabe der Operation ›Matador‹ – während sie den Vormarsch der Japaner, die in 60 Stunden 120 Kilometer zurücklegten, nicht einmal verlangsamten. Die Kolonnen von Singora und Patani vereinigten sich und drangen ins westliche Malaya vor. Die Kolonne von Kota Bharu marschierte nach Osten weiter, ohne sich im geringsten darum zu kümmen, daß Wege völlig fehlten. Die Versuche, die Japaner an dafür geeigneten Stellen aufzuhalten, wie etwa an der Linie von Djitra oder am Lauf der Muda, mißlangen. Zu Weihnachten war der ganze Norden Malayas in japanischer Hand.

Untergang der *Prince of Wales* und der *Repulse*

Inzwischen hatte die britische Marine eine Katastrophe erlebt: Die *Repulse* und die *Prince of Wales* waren gesunken. Befehlshaber des Verbands war Vizeadmiral Sir Tom Phillips, genannt Tom Pouce (Däumling), gewesen. Diesen Spitznamen verdankte er seiner geringen Körpergröße von nur einssechzig, die ihn zwang, auf See auf eine umgekehrte Seifenkiste zu steigen, um über den Rand der Brücke sehen zu können. Aber auch Nelson war klein gewesen, und Phillips war unter den britischen Admiralen derjenige, den man am liebsten mit diesem unsterblichen Vorbild verglich. Um den starken Verband zu führen, der sich so weit von den heimischen Gewässern der Gefahr aussetzte, bedurfte es eines kühnen Seemanns. Niemand hatte gegen die Berufung Phillips' auf diesen ehrenvollen, aber auch schwierigen Posten etwas eingewendet. Am 8. Dezember wurde an Bord der *Prince* Kriegsrat gehalten. Die Landungen der Japaner waren bestätigt worden. Wieder hatte es an Wachsamkeit gefehlt: Die Invasionsflotte war im Golf von Siam von einem ›Catalina‹-Flugboot gesichtet worden, und man hatte nicht Alarm gegeben! Der Großteil der Flugzeuge war auf den Flugplätzen im Norden am Boden zerstört, und Singapur war bei strahlender Beleuchtung bombardiert worden, da der Chef der Zivilverteidigung, der den Befehl zur Verdunkelung hätte geben müssen, unauffindbar war! Glücklicherweise hatten die *Prince of Wales* und die *Repulse* keine Schramme abbekommen. Die Frage, die sich jetzt stellte, war: Welche Rolle sollten die Schiffe bei der Verteidigung Malayas spielen? Der Befehlshaber der Seefront, Admiral Layton, rangälter als Phillips, jedoch ohne

Befehlsgewalt über ihn, vertrat die Meinung, die beiden großen Schiffe sollten an ihren Ankerplätzen in der Straße von Johore bleiben. Das Malheur der *Indomitable* hatte sie der Luftdeckung beraubt; aber ohne solchen Schutz war es zu riskant, so wertvolle Einheiten auf hohe See zu schicken. Aber Phillipps wollte derart vorsichtige Worte nicht hören; er sagte, die Ehre der Royal Navy stehe auf dem Spiel. Er lehnte es ab, ängstlich hinter den Torpedoabwehrnetzen liegenzubleiben, während die Japaner in Malaya vorstießen. Immer noch konnten die *Prince* und die *Repulse* über die japanischen Geleitzüge herfallen und sie vernichten. Das Fehlen eines Flugzeugträgers war gewiß unangenehm, aber die Luftabwehr der Schiffe war außerordentlich stark, und der Befehlshaber der an Land stationierten Luftstreitkräfte, Generalmajor Pulford, hatte die Unterstützung seiner Staffeln versprochen. Überdies war ja der größte und beste Teil der japanischen Luftmacht in Pearl Harbor eingesetzt gewesen. Was für Südostasien übriggeblieben war, konnte nicht viel wert sein. Am 8. Dezember um 17 Uhr 35 lief der Verband ›Z‹ stolz aus der Straße von Johore aus. Die Zerstörer *Electra*, *Express*, *Tenedos* und *Vampire* begleiteten die beiden Meeresriesen. Nach dem Auslaufen brachte man Sir Tom ein Kabel Pulfords: ›Bedaure, Ihnen keinen Jagdschutz geben zu können.‹ Sir Tom steckte den Funkspruch in die Tasche: ›Ich werde ohne ihn auskommen.‹

Auf den Schiffen herrschte Zuversicht. In der Messe der *Repulse* diskutierten die jungen Offiziere unbekümmert über die japanischen Flieger, diese schlechten Piloten, die nachts angeblich blind waren. Der amerikanische Journalist Cecil Brown mischte sich ein: »Ihr Briten könnt es euch nicht abgewöhnen, den Feind zu unterschätzen. Ihr habt es in Norwegen getan, in Frankreich, auf Kreta, und ich fürchte diesmal wieder...« Er wurde ausgepfiffen. Wenn diese schrecklichen Japaner zu etwas gut wären, wären sie schon längst mit den langzöpfigen Chinesen fertiggeworden! Außerdem sei es an der Zeit, daß die *Repulse* zum Einsatz komme; seit Kriegsbeginn habe sie an keinem einzigen Gefecht teilgenommen, als ob ihr der Krieg aus dem Weg ginge!

Die Nacht und der Vormittag verstrichen. Das Wetter war trübe, die See stürmisch. Die Schiffe bahnten sich ihren Weg mit 25 Knoten und warfen riesige Bugwellen. Bei dieser Geschwindigkeit ging auf den Zerstörern rasch das Öl zur Neige, aber man mußte die Wolkendecke ausnutzen, die die fehlende Luftdeckung ersetzte. Am Nachmittag klarte der Himmel auf, und die Gefahr, entdeckt zu werden, wuchs. Unerschütterlich und doch besorgt teilte Phillips den Offizieren der *Prince of Wales* mit, wozu er sich entschlossen hatte: Wenn es gelang, den Rest des Tages ohne bösen Zusammenstoß durchzustehen, würde man den Kurs beibehalten und bei Tagesanbruch den Feind angreifen. Im gegenteiligen Falle werde der Verband ›Z‹ nach Singapur zurückkehren. Alles hing jetzt vom Überraschungsmoment ab. Wenn man den Feind nicht überraschen konnte, war die Gefahr zu groß, denn der Admiral mußte in erster Linie an die Erhaltung der kostbaren Schiffe denken, die ihm anvertraut waren. Der

Nachmittag verging, das Tageslicht schwand. Die Äquatornacht sank wie ein Stein herab. Es war 20 Uhr 15. In wenigen Minuten würde es finster sein... In diesem Augenblick vernahm man Motorengeräusch. Der Ausguck sichtete drei Flugzeuge. Sie blieben auf Distanz, ohne den Kurs zu ändern, zu weit entfernt, um sich identifizieren zu lassen, und verschwanden im Dunkel. Waren es Feindflugzeuge? Hatten sie das Geschwader entdeckt? Wie konnte man das feststellen? Tom Pouce überlegte hin und her. Sollte er ein Risiko eingehen, das ihm, gleich Nelson, Ruhm bringen konnte?... Wenige Minuten später funkte die *Tenedos*, daß ihr der Treibstoff ausgehe. Phillips befahl ihr, nach Singapur zurückzukehren. Dann ließ er nach Nordosten abdrehen, um in den Golf von Siam einzulaufen. Die Schiffe blieben in der pechschwarzen Nacht weitere fünfundzwanzig Minuten auf ihrem neuen Kurs. Dann plötzlich, um 21 Uhr, blinkte von der *Prince of Wales* ein neuer Befehl: Umkehren! An Bord der *Repulse* herrschte Aufregung. Kapitän Tennant versuchte, über das Bordsprechgerät die Entscheidung des Admirals zu rechtfertigen. Aber die Besatzung war nicht einverstanden. Unlucky ship! Der Krieg würde zu Ende gehen, ohne daß die *Repulse* auch nur einen einzigen Schuß abgefeuert hatte! Auch 250 Meilen weiter nördlich war man enttäuscht. Über der verzweigten Flußmündung des Mekong dröhnten die Motoren von 80 Bombern durch die Nacht. Das japanische 22. Geschwader kehrte zu seinem Stützpunkt Saigon zurück. Es hatte nach den englischen Schiffen gesucht und sie nicht gefunden.
Phillips war schon viel früher gesichtet worden, als er angenommen hatte. Die drei Flugzeuge hatten ihn in der Dämmerung nicht entdeckt; aber er selbst wiederum hatte in der hochgehenden See das Sehrohr des Unterseebootes *I-56* nicht ausgemacht. *I-56* hatte schon um 13 Uhr 40 an Admiral Kondo die Position des Verbandes ›Z‹ gefunkt.
Die Meldung war an das 22. Geschwader weitergegeben worden, das sich gerade zu einem neuen Einsatz gegen Singapur vorbereitete. Hastig hatte man bei einem Teil der Maschinen die Bomben durch Torpedos ersetzt. Die Vernichtung der *Prince of Wales* würde die Besatzungen ebenso berühmt machen wie die Sieger von Pearl Harbor. Mit Feuereifer waren sie aufgestiegen. Enttäuscht kehrten sie jetzt zurück. Die See war leer gewesen. Mit dem letzten Tropfen Treibstoff kamen sie gerade noch nach Saigon, wo sie um Mitternacht landeten.
Um Mitternacht schlief Tom Phillips völlig angekleidet im Wachraum der *Prince of Wales*. Man brachte ihm einen Funkspruch seines Stabschefs, Flottillenadmiral Palliser, der in Singapur zurückgeblieben war, um Verbindung mit der Armee zu halten. ›Feindliche Landung bei Kuantan gemeldet.‹ Keine Einzelheiten, keine Bewertung der Nachricht. Aber es war unmöglich die Funkstille zu unterbrechen, um Erklärungen zu verlangen. Wieder war Phillips unschlüssig. Kuantan war ein kleiner Hafen an der Ostküste, mitten im Dschungel, 250 Kilometer von Singapur entfernt. Ihn anzulaufen

bedeutete, das waghalsige Abenteuer zu verlängern, dem man eben mit heiler Haut zu entrinnen hoffte. Wenn er die ganze Nacht Kurs Süden lief, würde er am Morgen fast in Sichtweite von Singapur sein – der Umweg nach Kuantan bedeutete, daß die *Prince of Wales* noch einen weiteren ganzen Tag wie auf dem Präsentierteller sitzen würde. Andererseits konnte die Landung der Japaner in Kuantan das nutzlose Auslaufen des Verbandes ›Z‹ nachträglich rechtfertigen. Wenn er, nachdem er für Treibstoff ein Vermögen ausgegeben hatte, umkehrte und nach Singapur zurückdampfte, würde er zur Verteidigung Malayas nicht mehr beigetragen haben als der Portier des Gouverneurs. Und wenn es in Kuantan auch nur eine Kompanie Japaner gab, würde man doch sagen können, daß die Royal Navy sie aufgerieben hat. Um 0 Uhr 52 gab Phillips Befehl, auf Kurs Ostsüdost zu gehen. Der Verband steuerte Kuantan an.

Halbgetaucht lag I-58 auf der Lauer. Es war das letzte der neun Unterseeboote, die Admiral Kondo zurückgehalten hatte, um die Landungsoperationen zu decken. Um 2 Uhr 40 machte sein Kommandant, Kapitän Tanisaki, mit seinem Nachtglas die Umrisse der *Prince of Wales* und der *Repulse* aus. Die See war bewegt, aber die Entfernung war gering, und Tanisaki nützte seine Chance. Fünf Torpedos liefen auf die feindlichen Schiffe zu. Nichts geschah, alles blieb still. Das Glück war wieder auf seiten der Engländer: Sie hatten nicht einmal die Blasenbahn der Torpedos gesichtet! Aber sie hörten auch nicht, wie in nächster Nähe der enttäuschte Tanisaki seinem Chef per Funk über die Begegnung, die er soeben gehabt hatte, und seinen Mißerfolg Bericht erstattete.
Kondo und sein Verband waren zu weit entfernt, um eingreifen zu können, aber das 22. Geschwader konnte es noch einmal versuchen. In der drückend heißen Nacht füllten in Saigon die Mechaniker noch einmal die Treibstofftanks. Die Besatzungen schliefen zwei Stunden. Noch vor Morgengrauen starteten zehn Aufklärungsflugzeuge; als 34 Horizontalbomber und 51 Torpedoflugzeuge abhoben, wurde es eben Tag. Jede Staffel hatte Befehl, unabhängig den 5. Meridian entlangzufliegen und nicht kehrtzumachen, ehe der 2. nördliche Breitengrad, die Grenze des Aktionsradius' der Maschinen, erreicht war.
Zu der Zeit, da die japanischen Bomber die Küste Indochinas überflogen, näherten sich die englischen Schiffe der malaiischen Küste. Tom Puce gab der *Express* Befehl, den Hafen Kuantan aufzuklären. Aus der Meldung, die der Zerstörer machte, klang Ironie: ›Alles ruhig wie an einem verregneten Sonntag...‹ Die Nachricht von der Landung war falsch gewesen. Ein paar Büffel waren in ein Minenfeld geraten, und die Explosionen hatte man für Artilleriefeuer gehalten... Phillips verlor die Fassung. Er hatte die kostbaren Stunden der Dunkelheit verloren für nichts! Es blieb ihm nur übrig, wieder Kurs auf Singapur zu nehmen. Aber das große Minenfeld zwischen den Tioman- und Anambas-Inseln zwang ihn zu einem langen Umweg nach Osten.

Um 10 Uhr meldete *Tenedos* über Funk, daß sie soeben 175 Meilen weiter südöstlich von neun japanischen Flugzeugen angegriffen worden war. Sie hatte den Bomben entgehen können und setzte ihren Marsch nach Singapur fort. Aber jetzt war klar, daß die feindlichen Flugzeuge gefährlich nahe waren. Wie am Vortage kehrte das 22. Geschwader unverrichteter Dinge um. Die Besatzungen waren erschöpft und enttäuscht. Wenn die englischen Schiffe wirklich unterwegs gewesen wären, hätte man sie gesichtet! Leutnant zur See Tado Mishima, Pilot des Aufklärungsflugzeuges Nr. 3, erinnerte sich wieder des hochtönenden Tagesbefehls, mit dem Flottenadmiral Matsunaga seine hundert Maschinen auf die Jagd nach Englands modernstem Schlachtschiff geschickt hatte: ›Das ist eine goldene Gelegenheit, wie sie einmal in tausend Jahren kommt...‹

Die Gelegenheit war versäumt! Man kehrte heim. Mishima war hungrig und zu Tode erschöpft. Er zitterte, er verspürte den wahnsinnigen Drang zu urinieren. Und nur, um sein Gewissen zu beruhigen, hielt er seine Aufmerksamkeit auf die See gerichtet. Man verließ die Zone, in der die *Repulse* und die *Prince of Wales* sich angeblich aufhielten... Und plötzlich waren sie da! Hunger, Kälte, Schlaf, Blasendruck, alles war vergessen. Mishima ging tiefer und flog den Verband an. Ein grandioses Bild: drei Zerstörer bildeten ein gleichseitiges Dreieck, in dessen Innerem die *Prince of Wales* vor der *Repulse* lief. Eilig gab Mishimas Funker durch: ›Große feindliche Schiffe gesichtet, 4 Grad nördlicher Breite, 104 Grad 55 Minuten westlicher Länge, große feindliche Schiffe gesichtet...‹

Bei den Engländern kam der Befehl ›Klar Schiff zum Gefecht‹. Niemand war übertrieben besorgt. Die Flak der *Prince of Wales* war so stark, daß das Schlachtschiff als praktisch unverwundbar galt. Die *Prince of Wales* war das erste Schiff, das die erstaunlichen amerikanischen Schießwerkzeuge erhalten hatte, die von den Matrosen ›Chikagoklaviere‹ genannt wurden. Vier Batterien zu je 25 Rohren konnten 60000 Geschosse pro Minute ausspucken, also eine regelrechte Kuppel aus Eisen über dem Schiff errichten. Die *Repulse* besaß eine Luftabwehr, die zu den feuerkräftigsten der Royal Navy gehörte. Auch ohne Jagdschutz waren die beiden Schiffe keine leichte Beute.

Der erste Angriff richtete sich gegen die *Repulse*. Aus 5000 Metern Höhe nahmen die neun Horizontalbomber unter Kapitänleutnant Sadao Takai das Schiff aufs Korn. Die blasierten Veteranen auf dem Zerstörer *Elektra* sahen interessiert zu. Sie wußten: Horizontalbomber waren eher imposant als gefährlich... Aber da...! Die Männer auf der *Elektra* hielten den Atem an. Der Schlachtkreuzer war völlig in einer Wassergarbe verschwunden. Die Flakkanoniere hatten nie so geschossen... Niemals hatten sie ein Ziel mit so wundervoller Exaktheit mit Feuer eingedeckt! Die *Repulse* wurde wieder sichtbar. Die Matrosen der *Elektra* schrien Hurra, aber das Hurra blieb ihnen in der Kehle stecken. Die *Repulse* war schwer getroffen. Rauchschwaden drangen aus ihrem aufgerissenen Deck. Über den Bordlautsprecher blies ein atemloser Trompeter Feuer-

alarm. Aber das Schiff behielt seine Geschwindigkeit. Kapitän Tennant meldete phlegmatisch: ›Ein Volltreffer, jedoch Feuerkraft ungemindert, Situation unter Kontrolle.‹ Kapitänleutnant Hariki Iki stürzte sich mit einer Staffel Torpedoflugzeuge auf die *Prince of Wales*, die, eingehüllt in die Flammen ihrer ›Chikagoklaviere‹, einem Vulkan während des Ausbruchs glich. Der Ausbruch war nutzlos. Die Wirkung der beiden Torpedos, die das Schlachtschiff trafen, war fürchterlich. Das Steuerruder, die beiden Backbordschrauben und die Flakartillerie fielen aus. Das Schiff bekam 15 Grad Schlagseite, und seine Geschwindigkeit sank auf 13 Knoten. Ein Angriff folgte auf den anderen; immer wieder jagten die Staffeln heran. Die *Repulse* kämpfte um ihr Leben wie gehetztes Wild, schlug Haken und behielt bis zum Ende ihre Geschwindigkeit. Aber um 12 Uhr 10 trafen sie drei Torpedos gleichzeitig. Die Schlagseite erreichte 30 Grad. Im Inneren wüteten Brände. Der Kapitän gab Befehl zum Verlassen des Schiffes. Die Besatzung ging über Bord. Etwa vierzig Mann versuchten, durch einen Schornstein zu entkommen, da er aber mit einem Metallnetz verschlossen war, waren sie wie in einem Käfig gefangen und verbrannten. Um 12 Uhr 33 rollte die *Repulse* über, der Vordersteven stieg hoch, und das Schiff versank.
Die *Prince of Wales* trieb noch auf den Wellen, ihre Geschwindigkeit war auf 8 Knoten gefallen, das Vorderdeck war überflutet. Die *Express* kam entschlossen längsseits und begann, die Besatzung zu übernehmen, aber das Schlachtschiff kämpfte weiter und empfing eine neue Bomberwelle mit einem Geschoßhagel seiner Flak. Als hätte Phillips noch hoffen können, sein Flaggschiff zu retten, ließ er aus Singapur Abschleppschiffe anfordern. Das war der letzte Befehl Tom Pouces, der vom Ruhm Nelsons geträumt hatte. Weder er noch Kapitän Leach überlebten die Katastrophe. Um 13 Uhr 20 kenterte die *Prince of Wales* und ging unter. Die Japaner hatten nur vier Maschinen verloren. Als großmütige Sieger signalisierten sie den Zerstörern, sie könnten die Überlebenden auffischen. Von den 2921 Offizieren und Seeleuten der *Prince of Wales* und der *Repulse* kehrten 2081 nach Singapur zurück.

Der russische Winter. Rückzug der Wehrmacht bei —52°

Während der Krieg sich in die Tropen hinein ausbreitete, ging die Kälteschlacht in Rußland weiter.
Die sowjetische Gegenoffensive vor Moskau gewann an Umfang. Ein Drittel der dort eingesetzten Einheiten waren sibirische Truppen: Sie verfügten über Kleidung aus dickem Tuch, Filzstiefel, Pelzkappen und weiße Mäntel, die sie über ihre langen Stoffmäntel zogen. Alle Motorfahrzeuge waren mit Ketten ausgerüstet, eine unumgängliche Notwendigkeit im winterlichen Rußland. Die Schmiermittel waren eigens auf

tiefe Temperaturen abgestimmt. Selbst die Pferde besaßen eine besondere Fähigkeit zu überleben und unglaubliche Kraftreserven, sogar wenn sie außer den gefrorenen Strohdächern der Isbas nichts zu fressen hatten. In diesem durch den Frost veränderten Krieg nahmen die Russen Revanche. Reiterpatrouillen streiften umher, berittene Stafetten überbrachten Befehle – während die deutschen Kradfahrer im Schnee steckenblieben und die Funkgeräte infolge der Kälte ausfielen. Die Kavalleriedivisionen der Roten Armee erwiesen sich als wirkungsvoller als Panzerverbände. Im Norden Moskaus konzentrierten drei Armeen der Heeresgruppe Schukow ihre Anstrengungen auf die 3. Panzerarmee, an deren Spitze jetzt Reinhardt anstelle von Hoth stand. Die 30. Armee unter Leljuschenko durchquerte die Eiswüste vor Moskau und schnitt östlich von Klin die einzige Rückzugslinie Reinhardts, die Straße nach Wolokolamsk, ab. Hinter den deutschen Linien kam es zur Panik. Flüchtende Soldaten setzten sich im Schneesturm nach Westen ab, eine sinnlose Flucht über eine kilometerweite Eiswüste. Bock unterstellte die 3. Panzerarmee der 4. und forderte Hoepner auf, die Nachbargruppe freizukämpfen. Hoepner warf die 1. und 2. Panzerdivision zum Gegenangriff vor; sie säuberten die Straße nach Wolokolamsk. Aber Reinhardt war gezwungen, Klin der 1. sowjetischen Armee zu überlassen und am 14. Dezember seine Panzergruppe über die Lama zurückzunehmen, ein Zurückweichen um 100 Kilometer: Der nördliche Greifer der Zange, die Moskau umschloß, war zerbrochen. Noch hatte Hoepner Reinhardt nicht aus seinen Schwierigkeiten befreit, als seine eigene Panzergruppe in schwerste Gefahr geriet. Die russische Kavallerie griff über die Moskwa an, faßte das IX. Korps an der Flanke und drohte es zu umzingeln. Die Verhältnisse wurden immer katastrophaler. Tauwetter, gefolgt von einem Temperatursturz bis auf minus 40 Grad machte das ganze Land zu einem riesigen Eislaufplatz, auf dem Männer, Tiere und Fahrzeuge hilflos umherglitten. Wäre der russische Angriff nicht ziemlich kraftlos gewesen, wäre kein einziges Regiment der 4. Panzerarmee aus dem Frontvorsprung bei Istra entkommen. Aber die Kämpfe erlahmten von selbst. Deutsche wie Russen wollten schließlich nichts anderes mehr als einen Kamin finden, und sei es in einer niedergebrannten Isba, um nicht während der achtzehnstündigen Dunkelheit zu erfrieren. Es gelang Hoepner, Istra zu räumen und sich an der Rusa wieder festzusetzen. Hundert Kilometer hatte er sich, von Krasnaja Poljana herkommend, zurückgezogen. Moskau war tatsächlich gerettet.
Im Zentrum hielt die 4. Armee ihre Verteidigungsstellungen an der Nara. Zu ihrer Rechten hingegen mußten sich die 2. Panzerarmee unter Guderian und die 2. Armee unter Weichs überstürzt absetzen, da sie im Osten höchst gefährdet waren. Der Rückzug über eine Strecke von 150 Kilometern bei minus 52 Grad war qualvoll. Der Mut der Soldaten war gebrochen. Vielleicht hätten sie sich ergeben, wenn man sich den Russen hätte ergeben können. Die entsetzliche Angst vor der Gefangenschaft war die moralische Kraft, die die deutschen Armeen weiter in Bewegung hielt. Die am

meisten Erschöpften schossen sich eine Kugel in den Kopf oder ließen sich in den Schnee fallen, um dort zu sterben.

Guderian hatte das Kommando über beide Armeen übernommen. Jeden Abend schrieb er bekümmerte Briefe an seine Frau. Er war der Ansicht, man müsse die ganze Heeresgruppe bis zu der Linie zurücknehmen, die sie im Oktober gehalten hatte. Auf diese Weise käme man in die Nähe der beiden einzigen Eisenbahnknotenpunkte, Brjansk und Wjasma, über welche die tausend Kilometer lange Mittelfront zu versorgen war. Sie waren überdies so verstopft, daß Hunderte von Verwundeten beim Warten auf den Abtransport starben und kaum zehn Züge im Tag bis zu den Armeen durchkamen.

Die Ansicht Guderians wurde von der Heeresgruppe geteilt. Schon am 9. Dezember hatte Bock auf der Karte eine Winterstellung eingezeichnet, die dem Lauf der Oka und Ugra folgte, östlich vorbei an Medyn, Gschatsk und Rschew. Die Stellung war nicht ausgebaut, aber es würde leichter sein, den Russen auf einer verkürzten Front Widerstand zu leisten.

Aus Rastenburg kam am 16. Dezember jedoch die entgegengesetzte Order: ›Halt! Keinen Schritt mehr zurück! Nicht ein Fußbreit Boden wird mehr preisgegeben! Unter persönlichem Einsatz der Befehlshaber, Kommandeure und Offiziere ist die Truppe zu fanatischem Widerstand in ihren Stellungen zu zwingen, ohne Rücksicht auf durchgebrochenen Feind in Flanke und Rücken. Nur durch eine derartige Kampfführung ist der Zeitgewinn zu erzielen, der notwendig ist, um die Verstärkungen aus der Heimat und aus dem Westen heranzuführen, die ich befohlen habe... Jeder Offizier, jeder Mann muß davon überzeugt sein, daß ein Zurückgehen im russischen Winter bedeutend gefährlicher ist als eine Verteidigung an Ort und Stelle. Das Gespenst des napoleonischen Rückzugs muß gebannt werden.‹

Die Erinnerung an Napoleon ließ Hitler nicht los. Wenn er nicht direkt auf Moskau losgegangen war, dann deshalb, weil er eine Wiederholung der Vorgänge von 1812 vermeiden wollte. Wenn er seinen Armeen befohlen hatte, nicht zu weichen, dann geschah es, weil er vor einer Neuauflage der Tragödie Angst hatte, in der die Große Armee zugrunde gegangen war. Seine Überlegungen waren keineswegs unbegründet. Der deutsche Rückzug aus den Vororten von Moskau war von ungeheuren Menschen- und Materialverlusten begleitet gewesen. Was würde von der Wehrmacht übrigbleiben, wenn es darum ging, sie bis zum Dnjepr oder zur Memel zurückzuführen? Die napoleonische Armee war, ohne daß sie eine einzige richtige Feldschlacht hatte schlagen müssen, an der Kälte, den Entfernungen und den ständigen Scharmützeln zugrunde gegangen. Um seiner Armee dieses Schicksal zu ersparen, ließ sie der Führer am Platz verharren.

Aber die Generale an der Front waren verzweifelt. Für sie war Rückzug ein Weg, die Linien zu verkürzen, die Kräfte neu zu gruppieren, Reserven zu entlasten, die Nachschubwege und Nachrichtenverbindungen wiederherzustellen. Sie hatten den Eindruck, daß man in Rastenburg die wirkliche Lage nicht erfaßte, daß man den Zustand der völlig erschöpften Truppen, die Tiefe des Schnees, die Heftigkeit der Kälte, die materielle und zahlenmäßige Überlegenheit der Russen gar nicht kannte, die Gefahr einer Auflösung der deutschen Armeen gar nicht ermessen konnte: Es wäre nötig gewesen, daß ein General mit unbestreitbarer Autorität zum Führer gegangen und ihm die Wahrheit gesagt hätte.

Wieder opferte sich Guderian. Niemals sollte er diese Stunden in den verschneiten Ebenen vergessen. Deutschland hatte drei Millionen Soldaten dorthin geschickt, und doch waren sie wie leergefegt! Es war fünf Tage vor jenem Weihnachtsfest, an dem sie als Sieger in die Heimat hätten zurückgekehrt sein sollen. Das Gegenteil war der Fall: Die deutsche Armee kämpfte um ihr Leben.

In Angerburg hatte sich am Vortage ein entscheidender Wechsel vollzogen: Hitler hatte Brauchitsch abgesetzt. Der Generalfeldmarschall hatte das Hauptquartier ohne Abschiedsfeier, ja ohne einen Händedruck verlassen. Hitler hatte ihn bereits durch Hitler ersetzt. Jetzt war es der Führer selbst, der dem Heer unmittelbar befehlen würde. »Die Pflicht des OKH«, erklärte er, »besteht darin, eine nationalsozialistische Armee zu schaffen. Ich kenne keinen General, der dazu fähig ist. Ich werde es selbst tun.« Noch eine Veränderung: Fedor von Bock war nicht mehr Oberbefehlshaber der Heeresgruppe Mitte. Hitler hatte ihn durch Guderians Feind, Generalfeldmarschall von Kluge, ersetzt.

Die zweite Unterredung zwischen Guderian und Hitler ähnelte der ersten. Die Erregung über die Tragödie von Moskau war dem Führer ins Gesicht geschrieben; Hitler hatte den starren Blick, der bis zum Ende allen, die mit ihm zu tun hatten, immer wieder auffiel. Guderian sprach über die Leiden der Truppe, betonte nachdrücklich, um wieviel leichter es sei, andere, ohne Schwierigkeiten zu verteidigende Stellungen zu beziehen, daß es möglich sei, Moskau im Frühling zu nehmen, falls man die Armee rette. Er wagte sogar zu sagen, die Leute in Rastenburg kämen nie in die Nähe der Front, und es sei notwendig, die Mitarbeiter Hitlers durch Offiziere zu ersetzen, die wüßten, wie der Krieg im Jahre 1941 wirklich aussah. Hitler erwiderte, Soldaten seien zum Leiden da, Guderian dürfe sich nicht so beeindrucken lassen. Auch die Grenadiere Friedrichs II. seien nicht gern gestorben. Man könne die Dinge aus der Ferne besser beurteilen, die Stellungen müßten gehalten werden. Das alles volle fünf Stunden lang, im Beisein Keitels und Jodls, die bei jedem Argument dieses Mannes, der ihnen ihr Metier beibringen wollte, die Schultern zuckten. Das war Guderians Ende. Der Panzergeneral ging zu seiner Armee zurück, um wenige Tage später seines Kommandos enthoben zu werden. Am 31. Dezember war er wieder in Berlin, ein geschlagener Mann.

Der letzte Tag des Jahres 1941

Dieser 31. Dezember brachte in Malaya den allgemeinen Rückzug der britischen Truppen. Das kleine Singapur des Nordens, die Insel Penang, war geräumt worden, zur großen Empörung der weißen Einwohner, die nicht verstehen konnten, warum die britische Armee sie zwang, ihren Grund und Boden zu verlassen, anstatt die Japaner zu schlagen. Am meisten erstaunt und bestürzt waren die Malayen. Sie hatten die Anwesenheit und die Macht der Engländer als ebenso endgültig angesehen wie das ewige Grün der Blätter – und jetzt sahen sie die Briten abziehen! Ihr Glaube war erschüttert, auch daraus sollten sich unübersehbare Konsequenzen ergeben.

Im stolzgeblähten Japan hatte man das kommende Jahr zum Jahr des ›Leuchtenden Friedens‹ erhoben, und der Kaiser hatte ihm das poetische Leitmotiv: ›Wolke über einem Berge‹ vorangestellt. Die japanischen Truppen beendeten die Besetzung Sarawaks, des britischen Teils von Borneo. Was die Philippinen betraf, so war für den nächsten Tag, den 1. Januar, der Einmarsch in Manila vorgesehen. Auf der Halbinsel Bataan beendeten die Amerikaner das Jahr in dem schmerzlichen Gefühl, verlassen zu sein. An diesem 31. Dezember kehrte auch Churchill aus Ottawa zurück. Er war am Zweiundzwanzigsten in Amerika angekommen und hatte seine Besprechungen mit Roosevelt für einen kurzen Besuch in Kanada unterbrochen. Am nächsten Tag, dem 1. Januar, würde er die gemeinsame Erklärung der Vereinigten Nationen unterzeichnen, in der die Prinzipien der Atlantik-Charta zum Kriegsziel erhoben wurden. Der Krieg hatte das Protokoll gelockert. Winston Churchill wohnte im Weißen Haus, schob den Rollstuhl des Präsidenten, und bisweilen besuchten sich die beiden Männer auf ihren Zimmern. Von Roosevelt dabei überrascht, wie er eben aus dem Bad stieg, erklärte Churchill einmal: »Der Premierminister Großbritanniens hat vor dem Präsidenten der Vereinigten Staaten nichts zu verbergen.« In ihren Beziehungen gab es eine Nuance der Ehrerbietung von seiten Churchills, der zu Roosevelt ›Mr. President‹ sagte, und eine Nuance der Überlegenheit von seiten Roosevelts, der Churchill mit ›Winston‹ anredete. Dieses herzliche Verhältnis erleichterte die Führung der Koalition; es verdeckte auch erhebliche Divergenzen in der politischen Philosophie und Ideologie der beiden Politiker. In Nordafrika stand Rommel am letzten Tag des Jahres 1941 wieder bei Agedabia, von wo er acht Monate zuvor zur Wiedereroberung der Cyrenaika aufgebrochen war. Nach Aufhebung der Blockade von Tobruk hatte er es für notwendig erachtet, einen langen Rückzug anzutreten, um die Briten dadurch zu zermürben, daß er die Versorgungslinien der 8. Armee in die Länge zog. Die italienischen Generale Bastico und Gambarra hatten gegen diese Taktik protestiert, weil sie dem faschistischen Prestige schade. Sie hatten Unterstützung bei Generalfeldmarschall Kesselring gefunden, der zum Oberbefehlshaber der Gesamtstreitkräfte im Mittelmeerraum ernannt worden war und sich als Rivale Rommels zu gebärden begann. Rommel hatte nichtsdestoweniger seine Ansichten durchgesetzt und nacheinander Gazala, Derna und Benghasi aufgegeben. Seine Verluste waren nicht unbedeutend gewesen, aber die drei Divisionen des Afrikakorps, die 5. Leichte Division, die 15. Panzer- und die 90. Leichte Division, waren im wesentlichen intakt. Die Italiener hatten größere Verluste erlitten: 48 Prozent ihres Kontingents war verlorengegangen, der größte Teil als Gefangene.

In Deutschland gab es ein Jahresende der schrecklichen Ernüchterung. Josef Goebbels, Gauleiter von Berlin, hatte am 22. Dezember eine Sammlung von Wollsachen, Pelzen und Skiern für die Soldaten an der Front angeregt. Trotz aller Wachsamkeit der Zensur war es nicht gelungen, die Katastrophe in Rußland der Bevölkerung zu verheimlichen. Der Verlust Rostows und der Rückzug von Moskau sprachen für sich. Eisenbahnzüge, voll von Truppen, rollten von Westen nach Osten durch Deutschland und brachten Verstärkungen aus der milden Normandie in die russische Hölle. Die Absetzung Brauchitschs erweckte den Eindruck, als seien ungeheure Fehler gemacht worden. Goebbels erteilte die Weisung, man solle durchblicken lassen, daß die Pläne des Führers durch die Unfähigkeit und den schlechten Willen der Generale sabotiert worden seien.

Die letzte Nachricht Ende des Jahres vom Kriegsschauplatz: Die Russen sind in Feodosia auf der Krim gelandet, der sowjetische Druck läßt nicht nur nicht nach, sondern verstärkt sich an der gesamten Front.

XIV. Kapitel 1. Januar bis 31. März 1942
Von der Arktis bis Neuguinea

Kriegsgericht

In Ostpreußen trat in den ersten Januartagen des Jahres 1942 ein Kriegsgericht unter dem Vorsitz von Reichsmarschall Hermann Göring zusammen. Angeklagt war General Graf Sponeck; das Urteil lautete: Todesstrafe.

Das Verbrechen General Graf Sponecks hatte darin bestanden, sich dem grundlegenden Haltebefehl Hitlers an die Heeresgruppe Mitte, wonach jede angegriffene Einheit an Ort und Stelle Widerstand zu leisten habe, widersetzt zu haben. Von einer Einkesselung bedroht, sah er sich vor die Entscheidung gestellt, entweder dem Befehl Hitlers zu folgen oder sich im Sinne der preußischen Tradition zu verhalten, die besagte, daß ein Truppenführer seine taktische Situation selbst zu beurteilen hat. Er hatte sich für die Tradition entschieden. Für diese Entscheidung eines Angehörigen der Militäraristokratie hatte Hitler keinerlei Verständnis. Obwohl Sponecks Handeln zu keiner Katastrophe geführt hatte, insistierte Hitler auf dem Führerprinzip: Die Generale haben nicht die Lage zu beurteilen, sondern zu gehorchen.

Sponecks große Zeit war der Mai 1940 gewesen. Er hatte die 42. Division befehligt, die als Luftlandeeinheit in vier Tagen die Festung Holland zur Kapitulation gezwungen hatte. In Rußland hatte er an der Spitze des XXXXII. Korps um die Landenge von Perekop gekämpft; während die Hauptmacht der 11. Armee Sewastopol einschloß, gelang es ihm, den Osten der Krim einschließlich der Halbinsel Kertsch zu erobern. Diese Kette kahler Hügel, zwischen denen Schlammvulkane brodeln, schnürt das Asowsche Meer beinahe ab: Zwischen ihr und der Kubanküste liegt eine ziemlich seichte Wasserstraße von fünf Kilometern Breite. Weil der Kaukasus von hier nicht weit entfernt ist, maß Hitler gerade dieser Landzunge eine große Bedeutung bei. Zudem liegen zwischen Kertsch und dem ersten der großen Erdölfelder von Maikop weniger als 200 Kilometer. Als Graf Sponeck Kertsch nahm, bestand sein XXXXII. Armeekorps aus der 46., 73. und 170. Infanteriedivision. Da es der ehrgeizige Manstein eilig hatte, Sewastopol zu erobern, beanspruchte er zwei der drei Divisionen und ließ Sponeck lediglich die 46., mit welcher er die gesamte östliche Krim zu verteidigen gezwungen war. Darüber hinaus machten Partisanen Sponeck Kopfzerbrechen; die Deutschen hatten auf der Krim eine partisanenfreundliche Bevölkerung angetroffen; es gab eine regelrechte Guerillatruppe, die sich im Jailagebirge an der Küste zwischen Jalta und Feodosia eingenistet hatte. Das rumänische Gebirgskorps machte Jagd auf die Partisanen, statt die Küstengürtel zu verstärken.

Die Russen griffen am Weihnachtstag an. Sie überschritten die teilweise gefrorene Straße von Kertsch, wobei sie manchmal bis zum Hals im eisigen Wasser wateten. Es gelang Sponeck, sie zurückzuwerfen, aber er hatte nicht genug Reserven. Deshalb informierte er Manstein über seine Lage und ersuchte um die Erlaubnis, sich auf die viel leichter zu verteidigende Landenge Parpatsch zurückziehen zu dürfen. Manstein verwies nur auf den Befehl des Führers: Widerstand leisten, ohne einen einzigen Schritt zu weichen. Am 29. Dezember landeten die Russen in Feodosia im Rücken des XXXXII. Korps. Das war kein Kommandounternehmen mehr. Ein schwerer Kreuzer und eine Anzahl anderer Kriegsschiffe, eine Flotte von Transportern und die 44. sowjetische Armee beteiligten sich an der Operation. Die Gefahr für die Belagerer von Sewastopol war eklatant: Wenn der Gegner entschlossen auf die Landenge von Perekop losmarschierte, liefen sie Gefahr, auf der Krim abgeriegelt zu werden. Noch größer war die Gefahr für das XXXXII. Korps, das von der Einschließung bedroht war. Sponeck entschloß sich, auf die Landenge von Parpatsch zurückzugehen. Er teilte dies Manstein über Funk mit. Manstein verwies wiederum auf Hitlers Befehl und verbot Sponeck, seine Stellung zu verlassen. Aber Sponeck hatte eilig seine Antenne abmontieren lassen, so daß ihn Mansteins Antwort nicht mehr erreichen konnte. Bei minus 30 Grad traten seine 10000 Mann über die völlig vereiste Straße schnellstens den Rückmarsch an. Die sonst so milde Krim war eine Hölle: Es gab zahllose Erfrierungen, die Pferde krepierten, die Geschütze mußten zurückgelassen werden. Die Angst vor der Gefangenschaft trieb die Männer vorwärts. In 72 Stunden schafften sie 120 Kilometer, um der Mausefalle zu entgehen, mußten dabei aber noch kämpfen, um den Vormarsch des Feindes aufzuhalten.

Manstein trat der Gefahr entschlossen entgegen. Er stoppte den Sturm auf Sewastopol in dem Augenblick, als Oberst von Choltitz die Swernaja-Bucht erreicht hatte. Er zog die 22. und 170. Infanteriedivision aus der Belagerungsfront heraus, so daß sich beide Divisionen mit der 46. vereinigen konnten und eroberten Feodosia wieder zurück. Die Russen hielten zwar die Halbinsel Kertsch, doch die Gelegenheit, der Wehrmacht einen empfindlichen Schlag zu versetzen, war vereitelt worden. Graf Sponecks Rückzug hatte Mansteins Operationen nicht nur nicht geschadet, sondern ihnen sogar genützt. Nichtsdestoweniger wurde Sponeck, weil er sich offen dem Befehl Hitlers widersetzt hatte, zum Tode verurteilt.

Das Urteil gegen Sponeck wurde jedoch nicht sofort vollstreckt; Hitler wandelte es in Festungshaft um. (Später, nach dem Attentat vom 20. Juli 1944, erschien die Gestapo bei dem früheren Kommandeur des XXXXII. Korps in der Festung Germersheim und erschoß Sponeck ohne weitere Formalitäten.) Wenige Tage nach dem Kriegsgerichtsprozeß gegen Graf Sponeck traf das deutsche Oberkommando ein neuer Schlag. Ein Panzergeneral, dessen Ruf kaum geringer war als der Guderians, Generaloberst Hoepner, wurde seines Kommandos enthoben und wegen ›Ungehorsams und Feigheit‹ aus der Wehrmacht ausgestoßen. Seine Truppe, jetzt die 4. Panzerarmee, hatte an der Kusalinie dem Feind härtesten Widerstand entgegengesetzt. Daraufhin gestattete sich Hoepner, den neuen Chef der Heeresgruppe Mitte um die Erlaubnis zu ersuchen, seine Front verkürzen zu dürfen. Aber Generalfeldmarschall von Kluge, ein strenger, fanatischer Soldat von außerordentlichem persönlichem Mut, ein Mann, der seinen Gefechtsstand stets an den exponiertesten Stellen errichtete, wagte nicht, die Erlaubnis zu geben. Er empfahl Hoepner, sich an den Führer direkt zu wenden. Einen ganzen Tag lang hatte Hoepner vergeblich versucht, Rastenburg zu erreichen. Dann hatte er den Befehl gegeben, die Front zu begradigen. Der Fall war so geringfügig, daß der juristische Rat des OKW es ablehnte, gegen den General ein Verfahren zu eröffnen. Hitler jedoch statuierte ein Exempel, schloß Hoepner aus der Armee aus und verbot ihm, Uniform zu tragen. Als Antwort auf die Skrupel der Juristen ließ der Führer durch seinen Reichstag ein Gesetz beschließen, das ihm über alle Bürger des Reiches unbegrenzte Verfügungsgewalt gab. Die Generale ließen sich nicht täuschen: Dieses Terrorgesetz richtete sich in erster Linie gegen sie.

Die Situation wurde immer schwieriger. Rundstedt, Stülpnagel, Brauchitsch, Guderian und Hoepner hatte man entfernt. Reichenau starb an einem Schlaganfall; Bock, seines Posten bei der Heeresgruppe Mitte enthoben, wurde Oberbefehlshaber der Heeresgruppe Süd, aber seine Beziehungen zum OKW wurden bald unhaltbar. Der würdige Generalfeldmarschall von Leeb erklärte, er könne sein Kommando nicht mehr ausüben und sei daher auch nicht in der Lage, die Verantwortung für die Heeresgruppe Nord zu tragen: Er wurde durch Küchler ersetzt. Der Befehlshaber der 9. Armee, Generaloberst Strauß, meldete sich krank. Zahlreiche kommandierende Generale und Divisionskommandeure wurden nach Deutschland zurückbeordert. Das Mißtrauen zwischen Hitler und den Armeeführern wuchs. Sogar den servilen Keitel nannte Hitler einen ›Kinoportier‹.

Die verzweifelte Lage der Heeresgruppe Mitte

Trotz allem ging es jetzt darum, die russische Winteroffensive aufzuhalten; die Wehrmacht mußte gerettet werden. Bei der Heeresgruppe Mitte war die Lage geradezu verzweifelt. An einer Zickzackfront, die er weder begradigen noch verkürzen durfte, verfügte Kluge über 68 Divisionen. Die Abteilung Fremde Heere Ost zählte auf der Gegenseite 12 sowjetische Armeen: 88 Infanteriedivisionen, 15 Kavalleriedivisionen und 24 motorisierte Brigaden, aufgeteilt zwischen der Heeresgruppe Konjew, der Heeresgruppe Schukow und dem rechten Flügel der Heeresgruppe Sacharow.

Die Dezemberkälte war keine vorübergehende Erscheinung, vielmehr hatte der Winter begonnen, das Thermometer fiel täglich bis auf minus 30 Grad, oft auf minus 40 Grad, manchmal sogar auf minus 50 Grad. Die von Goebbels gesammelten warmen Kleider paßten den Soldaten nicht, waren nicht in ausreichender Menge vorhanden. Die Erfrierungen lichteten die Regimenter. Der Schnee zermürbte Männer und Tiere, machte aber noch mehr den motorisierten Kolonnen zu schaffen, deren Marschgeschwindigkeit auf zwei Kilometer pro Stunde sank. Für die deutschen Soldaten wurde der erste Winter in Rußland ein Alptraum, der sie nie mehr losließ. Im Zentrum der Heeresgruppe Mitte war die 4. Armee unter das Kommando von Generaloberst Heinrici gestellt worden. Heinrici hielt seinen Abschnitt, aber sein Frontalwiderstand erhöhte nur die Gefahr an den Flügeln seiner Armee. Er mußte bis zur zweiten Januarhälfte warten, bis Hitler den Haltebefehl etwas lockerte und ihm gestattete, so vorgeschobene Positionen wie Kaluga und Medyn zu räumen. Gleichzeitig wurde der 4. Panzerarmee, bei der Ruoff Hoepner abgelöst, und der 9. Armee, bei der Model Strauß ersetzt hatte, gestattet, Rusa und Wolokolamsk aufzugeben und sich auf die Winterstellung zurückzuziehen. Ebenso wie es bei Rundstedt der Fall gewesen war, bestätigte Hitler die Entscheidungen, derentwegen er seine Generale davongejagt hatte, oder ging sogar noch weiter.
Die Winterstellung war ein Bleistiftstrich auf der Karte. Nirgends gab es so etwas wie eine feste Stellung. Der gefrorene Boden machte jegliche Erdarbeit unmöglich, und Hitlers Empfehlung, man solle mit Hilfe von Haubitzenschüssen reihenweise Sprengtrichter anlegen, erschien fast wie ein Witz, wenn man bedachte, wie gering die Munitionsvorräte der Artillerie waren. Die einzelnen Divisionen hielten Abschnitte von 20 bis 40 Kilometern; mit den auf 50 Mann zusammengeschrumpften Kompanien war eine durchgehende Front gar nicht zu errichten. Die kleinen Einheiten richteten sich in festen Stützpunkten ein und suchten die Nachbarstützpunkte durch ihr Feuer zu schützen. Die Etappendienststellen, die Gefechtsstände igelten sich ein, indem sie die Dörfer, die Schulen, die Kolchosen verrammelten. Die Stabsquartiere, wie zum Beispiel dasjenige Heinricis in Juchnow, waren nicht dagegen gefeit, durch einen Handstreich genommen zu werden. Erst weit im Hinterland war man in Sicherheit, immer vorausgesetzt, daß die Gegend nicht von Partisanen unsicher gemacht wurde. In Wirklichkeit war die Front eine Zone von 100 bis 150 Kilometern Tiefe, in der vom General bis zum einfachen Soldaten, vom Maschinengewehrschützen bis zum Küchenbullen alle in der Feuerlinie standen.
Der Teilrückzug der 4. Armee kam so spät, daß ihre Chancen, der Umzingelung zu entgehen, zweifelhaft schienen. Zwei Zangenarme schlossen sich um sie und näherten sich der Hauptschlagader der Armee, der Smolensker Rollbahn. Zwischen dem rechten Flügel der 4. Armee und dem linken Flügel der 2. Panzerarmee, die nach Guderians Ablösung Rudolf Schmidt befehligte, klaffte eine Lücke. Die 10., 16. und 61.

sowjetische Armee stürzten sich in die Bresche; vor sich hatten sie nur die aus Frankreich überstellte 216. Infanteriedivision unter General Freiherr von und zu Gilsa. Gilsas Division konnte sich nur in der kleinen Stadt Suchinitschi festsetzen, dem Kreuzungspunkt der Eisenbahnlinien Smolensk–Kursk und Brjansk–Moskau. Dort wurde sie von den russischen Massen belagert. Weitere russische Verbände bedrohten die Rollbahn Roslawl–Juchnow, die für den deutschen Nachschub von wesentlicher Bedeutung war. Die gesamte Flanke der 4. Armee war offen. Wenn der Pfeiler Suchinitschi fiel, war sie verloren!

In den mit Verwundeten überfüllten Ruinen verteidigte sich Gilsa verbissen. Um ihn herauszuhauen, setzte die Heeresgruppe die 18. Panzerdivision ein, die der frühere Generalstabschef Guderians, Nehring, befehligte. Es dauerte zehn Tage – zehn Tage, in denen die deutsche Führung von einer Stunde zur anderen den Fall Suchinitschis erwartete –, um sie aus dem Abschnitt Orel herauszuziehen und sie zu ihrem 150 Kilometer entfernten Einsatzort zu bringen. Aber der Angriff gelang. Die 18. Panzerdivision durchbrach den russischen Ring, kämpfte sich zur 216. Infanteriedivision durch, brachte sie zu den deutschen Linien zurück und sicherte die brüchige Front, die die Straße nach Roslawl deckte. So wie auf der Krim hatten die Russen auch hier ihren Anfangserfolg nicht auszunutzen verstanden. Auch die Russen hatten unter dem Wetter zu leiden. Sie waren keine Übermenschen; auch sie waren nur Soldaten, die entsetzlich froren; ihre Einheiten wurden vom Flecktyphus heimgesucht.

Die für den Augenblick an Heinricis rechtem Flügel gebannte Gefahr entstand von neuem am linken Flügel, aber hier war die Lage nun bedeutend ernster. Jetzt war es nicht mehr nur die 4. Armee, sondern auch die 4. Panzerarmee, die 3. Panzerarmee und die 9. Armee, ein Drittel der deutschen Streitkräfte, die sich von einer riesenhaften Klammer bedroht sahen.

Der Schlag kam von Norden. Am 5. Januar schritt der linke Flügel der sowjetischen Kalininfront (Konjew), bestehend aus der 29., 30. und 39. Armee, zur Offensive. Der Angriff richtete sich gegen die rückwärtigen Gebiete der Heeresgruppe Kluge, Welikije-Luki, Witebsk, Smolensk, Wjasma, die Rollbahn und Eisenbahnlinie nach Moskau. Dem Umfang nach kam die Operation den größten Umfassungsmanövern der Wehrmacht gleich. Strategisches Ziel war es, den gesamten Mittelabschnitt der deutschen Front zu liquidieren. Der Ehrgeiz der Sowjets stand dem Hitlers nicht nach: Dieser hatte Stalins Armee in einem kurzen Sommerfeldzug niederwerfen wollen; Stalin seinerseits suchte Hitlers Armee in einem kurzen Winterfeldzug zu vernichten. Bedauerlicherweise weiß man über die Entstehung dieses meisterhaften Planes nicht alles. Man weiß auch nicht, wie die Russen es schafften, so viele Truppen wieder einsatzfähig zu machen, neu zu formieren, neu auszurüsten, wie aus der geschlagenen Roten Armee vom November die schlagkräftige Streitmacht vom Januar werden konnte, jene Streitmacht, die vom Ende des Jahres 1941 an dem Sieg entgegenmarschierte.

Der erste Einsatz der Sowjets richtete sich gegen Rschew, den nördlichen Stützpfeiler der 9. Armee. Deren neuer Oberbefehlshaber, der Panzergeneral Walter Model, erreichte sein Hauptquartier in Sytschewka zu einem kritischen Zeitpunkt. Die Russen hatten das Hauptquartier angegriffen, und das Schreibstubenpersonal, die Melder sowie die Ordonnanzen hatten zur Waffe greifen müssen. Die sowjetischen Truppen hatten den Bahnhof gestürmt und einige Waggons Kognak erbeutet, was den erfolgreichen Gegenangriff einer Abteilung der 1. Panzerdivision wesentlich erleichterte. Die ›Rollbahn‹, die bei Wjasma auf die Linie von Smolensk stieß und die einzige Nachschublinie der Armee darstellte, blieb in deutscher Hand. Die Lage war dennoch mehr als kritisch. Als Model, der noch wenige Monate zuvor einfacher Divisionskommandeur gewesen war, sein Kommando übernahm, fragten ihn seine Offiziere besorgt, was er mitgebracht habe. Model lachte und sagte nur ›mich‹. Das OKW, das OKH, die Heeresgruppe verfügten über keinerlei Reserven. Die Truppenführer mußten sich selbst helfen! Die 9. Armee war von drei Seiten eingeschlossen. Gegen Osten verteidigte sie die fiktive Winterstellung, wobei sie über die ›Rollbahn‹ Verbindung mit der 4. Panzerarmee hatte. Gegen Norden hielt sie die Schlüsselstellung Rschew. Der russische Durchbruch zwang sie, gegen Osten eine dritte Front zu bilden, die infolge des Vormarschs der 39. sowjetischen Armee Tag für Tag länger wurde. Von Partisanen unterstützt, erreichte die sowjetische Kavallerie den Raum Wjasma und näherte sich der ›Rollbahn‹. Die 9. Armee und die 4. Panzerarmee waren von völliger Einschließung bedroht.

Am 8. Januar weiteten die Russen ihre Offensive nach Norden hin aus. Der rechte Flügel der Kalininfront und der linke Flügel der Nordwestfront, die 27., 22., 34. Armee, die 4. und 3. Stoßarmee gingen zum Angriff vor. Der heftigste Schlag wurde gegen die Naht zwischen den Heeresgruppen Kluge und Küchler in der Gegend des Seligersees geführt. Die hier eingesetzten Stoßarmeen waren ausgesuchte Verbände, sorgfältiger versorgt, mit einer besseren Führung versehen und stärker politisch geschult als die gewöhnlichen Armeen.

Der von Seen und Sumpfgebieten durchsetzte Landstrich war im Sommer so gut wie unpassierbar; im Winter jedoch waren die Sümpfe zugefroren, die Seen hatten eine meterdicke Eisschicht und konnten mit Panzern befahren werden. Von dorther erfolgten die gefährlichen Angriffe. Der Fehler des russischen Plans bestand darin, daß man sich zuviel vorgenommen hatte. Zur gleichen Zeit, da die Russen nach Witebsk durchstießen, griffen sie zwischen dem Seliger- und dem Ilmensee an, um die tief verschneiten Waldai-Höhen zurückzuerobern. Noch weiter nördlich wurde eine Offensive dreier Armeen am Wolchow zwischen dem Ilmen- und dem Ladogasee vorbereitet, um Leningrad zu entsetzen. Stalin beging den gleichen Fehler wie Hitler:

Auch er unterschätzte den Gegner. Er ließ seine Armeen fächerförmig vorgehen und schwächte die Durchschlagskraft der Angriffsstöße, indem er sie vervielfachte. Man darf annehmen, daß die Wehrmacht ihre Rettung dieser Überschätzung der eigenen Möglichkeiten durch die Russen verdankte.
Am Seligersee zersplitterte die deutsche Front. Die Sowjets erzwangen den Übergang über den Unterlauf der Lowat trotz des Widerstandes einiger Kompanien, die sich mehrere Wochen lang hielten und bis zum letzten Mann aufgerieben werden mußten. Anstatt jedoch mit größter Energie und Geschwindigkeit auf Witebsk vorzustoßen, schwenkten Teile der 3. Stoßarmee nach Norden ab: Vor den Ruinen von Staraja Russa wurden sie von der 18. deutschen motorisierten Division aufgehalten. Andere Teile der 3. Stoßarmee rückten zuerst durch freies Gebiet über 120 Kilometer vor und öffneten eine Bresche zwischen der Heeresgruppe Nord und der Heeresgruppe Mitte. Der deutsche General Scherer warf sich in die kleine Stadt Cholm am Oberlauf der Lowat, sammelte versprengte Einheiten, gliederte sie neu und stellte so aus Teilen der 123. und 218. Infanteriedivision, Tiroler Gebirgsjägern, dänischen Freiwilligen, einer Abteilung Kriegsmarine, Fliegern und anderen Gruppen und Grüppchen eine buntgewürfelte Streitmacht auf. Durch den russischen Vormarsch eingeschlossen, machte Scherer aus Cholm eine Festung, an der alle Angriffe scheiterten. Er wurde erst im Mai entsetzt, nachdem er drei Monate lang, ohne ein einziges Geschütz und ausschließlich durch Gleitflugzeuge versorgt, standgehalten hatte.
Auf den Waldai-Höhen gelang den Russen eine bedeutend wichtigere Einschließung. Dem ›Haltebefehl‹ entsprechend, waren die dort stehenden Kräfte, das gesamte II. und Teile des X. Korps, an Ort und Stelle geblieben, als die 1. sowjetische Stoßarmee das Plateau umgangen und ihre Vereinigung mit der 11. Armee an der Lowat vollzogen hatte. Sechs Divisionen, 100000 Mann unter dem Befehl von Brockdorff-Ahlefeldt, waren zum Tode verurteilt. Eines der historischen Einschließungsmanöver des Krieges vollzog sich; es sollte auf die Entschließungen Hitlers zum Zeitpunkt des Kampfs um Stalingrad weitreichenden Einfluß haben. Demjansk, der Mittelpunkt der Waldai-Höhen, war einer der düstersten Orte im trostlosesten Gebiet Rußlands; er gab einer der längsten und bedeutungsvollsten Schlachten des Krieges im Osten seinen Namen.
Die Offensive in Richtung Witebsk–Smolensk versprach den größten Erfolg. Wenn es den Russen gelang, dorthin zu kommen, dann konnten sie das gesamte deutsche Zentrum östlich der Düna und des Dnjepr blockieren. Die Anfänge berechtigten zu Hoffnungen. Die 3. Stoßarmee nahm Toropez, wo ihr die von der deutschen Intendantur bereitgestellten Vorräte in die Hände fielen. In Bjeloj wurde eine deutsche Division eingeschlossen. Ende Januar erreichten die Russen nach zwanzigtägigem Vormarsch Welikije-Luki, Newel, Uswity, Welisch und Demidow. Die Winteroffensive Stalins näherte sich ihrem Ziel. Der Einschließung der Heeresgruppe Mitte stellten sich nur mehr die aus Frankreich eingetroffenen Verstärkungen, das LIX.

Armeekorps – 83., 205. und 330. Infanteriedivision – unter dem Befehl von General Kurt von der Chevallerie entgegen. Die Einheiten waren aus der Bretagne und der Normandie abgezogen worden. Die Männer hatten in Polen zwei Wochen zur Akklimatisierung verbracht und gefütterte Stiefel erhalten. Die Kälte machte ihnen anfänglich weniger zu schaffen als der Charakter dieses Krieges. Sie waren erstaunt, daß hier Bahnhöfe wie Festungen aussahen. Aber wie aktiv die Partisanen waren, erkannten sie bald an den zerstörten Lokomotiven und Waggons und an den endlosen Aufenthalten irgendwo auf freier Strecke. Sie waren plötzlich in eine Welt der Katastrophen versetzt. Ein Bataillon wurde beim Verlassen des Zuges 10 Kilometer vor Witebsk heftigst beschossen. Ein Regiment, das durch den tiefen Schnee auf Welikije-Luki marschierte, wurde angegriffen und erlitt schwere Verluste. Trotz der Eile, die nottat, wurden viele Einheiten in Fußmärschen aus Polen herangeholt. Sie durchquerten ein zerstörtes Land, Wälder voller Hinterhalte, völlig zerstörte Städte, in denen die in Lumpen gehüllten Kinder nur ein einziges deutsches Wort kannten: Brot. Mit jedem neuen Schritt in dieser unermeßlichen Düsternis wurde ihre Sehnsucht nach dem verlorenen Paradies Frankreich brennender.

Kurt von der Chevallerie hatte nur eine ungewisse Vorstellung von der Lage, aber er spürte ihren Ernst. Er entschloß sich, seine Bataillone einfach an die bedrohten Gebiete heranzuführen. Überall stieß man auf fliehende Truppenteile, die sich nicht mehr zum Kampf stellten, auf Bodenpersonal der Luftwaffe, das sein Gerät aufgegeben hatte. Er sammelte kleine Gruppen von erschöpften Soldaten, denen Nasen, Finger, Zehen abgefroren waren, Überreste der SS-Kavalleriebrigade, der 123. und 81. Infanteriedivision, Gruppen des Sicherheitsdienstes, die bei Ostaschkow, Andreapol, Toropez zerschlagen worden waren. Die Russen waren ihnen auf den Fersen. Es kam zu heftigen Kämpfen, die während der tobenden Schneestürme des Februar weitergingen. Aber die Russen, selbst am Ende ihrer Kräfte, kamen nicht durch. Welikije-Luki, Demidow, Welisch und Bjeloj wurden heftig angegriffen, hielten jedoch verbissen stand. Die Russen erreichten weder Witebsk noch die Rollbahn, und allmählich verlor die Offensive an Heftigkeit.

Das war teilweise dem brillanten Erfolg zu verdanken, den Model westlich von Rschew errang. Die von der vereisten Wolga hervorbrechende russische Offensive hatte den linken Flügel der 9. Armee durchstoßen und das XXIII. Korps völlig isoliert. Model ließ die Flut vorbeiziehen, dann ging er im Rücken der 29. sowjetischen Armee wieder an die Wolga vor und vereinigte sich mit dem XXIII. Korps. Das XXXXVI. Panzerkorps brach aus Sytschewka hervor und umklammerte die 29. Armee. Die Kämpfe dauerten vom 23. Januar bis zum 17. Februar. Die Temperaturen wechselten sprunghaft zwischen Tauwetter und Kälte bis zu minus 52 Grad. Die Russen griffen mit unerhörter Erbitterung an, um ihre eingeschlossene Armee zu befreien. Die Deutschen erlitten enorme Verluste; das SS-Regiment ›Der Führer‹

schmolz auf 35 Mann zusammen – aber Model ließ seine Beute nicht entkommen. Er rieb sieben russische Divisionen auf und brachte die Offensive zum Stehen. Der Wehrmachtsbericht des OKW vom 21. Februar ließ die Deutschen nachdenklich werden, die sich der Siegesberichte des vergangenen Jahres erinnerten, der ungeheuren Menschenmassen, die im letzten Herbst gefangengenommen worden waren: ›Der Feind verlor rund 5000 Gefangene, 27000 Tote...‹

Im Norden des Seligersees, im Abschnitt der Heeresgruppe Nord, kam es in den ersten drei Monaten des Jahres 1942 zu weiteren erbitterten Kämpfen.

Am 22. Januar drängte die 2. Stoßarmee die 216. deutsche Division über den Wolchow zurück. Die Bresche war nur schmal, etwa fünfzehn Kilometer breit, aber die Russen warfen mehrere Divisionen hinein, die hinter den deutschen Linien einen riesigen Brückenkopf mit unbestimmten Konturen bildeten. Die Hälfte der Entfernung nach Leningrad, 150 Kilometer, schafften die Russen in fünf Tagen.

Südlich von Schlüsselburg griff die 54. sowjetische Armee an und suchte das I. deutsche Armeekorps in einer Zangenbewegung zu umfassen. Das ganze Gebiet südlich Leningrad war von Wäldern bedeckt, der gefrorene Boden war hart wie Eisen, und da hier nur wenig Menschen lebten, gab es auch nur wenige Dörfer, in denen die Soldaten Unterschlupf finden konnten. Die Kälte forderte fürchterlichen Tribut. So verlor das 426. Infanterieregiment binnen weniger Stunden die Hälfte seines Bestandes durch einen plötzlichen Temperatursturz.

Aber es gelang den Russen nicht, sich entscheidend durchzusetzen. Der ganze Februar und die beiden ersten Märzwochen gingen mit Operationen verloren. Die 2. Stoßarmee hungerte jämmerlich in den großen Wäldern. Der 54. Armee gelang es nicht, zu ihr durchzukommen. Die Deutschen ergriffen wieder die Initiative; sie wollten die dünne Nabelschnur abschneiden, den einfachen Waldweg ›Erikaschneise‹, durch den die Tasche von Wolchow mit ihrer Etappe in Verbindung stand. Der neue Oberbefehlshaber der 18. Armee, Lindemann, zog die 58. Infanteriedivision aus dem Belagerungsring um Leningrad ab. Sie sollte von Süden nach Norden angreifen, während die SS-Polizei-Division von Norden nach Süden vorstieß. 250 Flugzeuge der Luftflotte sollten ihr die bisher stärkste Luftunterstützung des Rußlandfeldzuges geben. Die Operation begann am 15. März. Das Thermometer zeigte minus 50 Grad, im Wald lag der Schnee mannshoch. Trotzdem gelang der Doppelangriff. Der Waldweg wurde abgeschnitten, die 2. Stoßarmee war umzingelt. Aus diesem Erfolg der Deutschen ergaben sich verschiedene Konsequenzen, unter anderem die, daß Stalin zur Rettung seiner Elitetruppe in die Wolchowtasche einen Elitegeneral schickte, der sich in den Schlachten von Kiew und Moskau glänzend geschlagen hatte: Andrej Andrejewitsch Wlassow.

Die Russen, nördlich des Ilmensees eingeschlossen, konnten im Süden selbst eine Umklammerung vollziehen. Die Frontnase um Demjansk, in der sich Brockdorff-

Ahlefeldt mit 100000 Mann und 20000 Pferden befand, war am 8. Februar geschlossen worden. Die erste Luftbrücke der Geschichte wurde eingerichtet. Fünf Gruppen von Ju 52 mußten täglich 300 Tonnen Versorgungsgüter transportieren, die sich folgendermaßen zusammensetzten: zwei Drittel der üblichen Verpflegungsration, die Hälfte des Munitionssatzes und ein Viertel der bisherigen Futterration für die Pferde. Normalerweise wären dazu 85 Maschinen notwendig gewesen, aber die Verluste und die atmosphärischen Verhältnisse zwangen die Luftflotte 1 zur Verdoppelung der Einsatzflüge. Die Eingeschlossenen litten und kämpften. Am 15. Februar warf die sowjetische Führung mehrere Bataillone Fallschirmjäger in die Tasche, doch gelang es den Deutschen, sie aufzureiben. Die Deutschen versuchten auch einen Ausbruch, der jedoch mißlang. Die Tasche um Demjansk blieb abgeschnitten; die einzige Verbindung mit der Außenwelt waren die Transportflugzeuge, die durch Nebel, Schnee und Flakfeuer anflogen, auf dem von der Artillerie verwüsteten Boden aufsetzten, ihre Munitionskisten und Hafersäcke ausluden und mit Verwundeten beladen wieder starteten.
Auch sonst hatten die Kämpfe nirgends an der riesigen Front an Heftigkeit nachgelassen. Der rechte Flügel der Heeresgruppe Mitte war mehrmals in Schwierigkeiten geraten, besonders am 20. Februar, als die Russen unter Einsatz von Luftlandetruppen erneut versucht hatten, die 4. Armee von der 2. Panzerarmee zu trennen. Gegen die Heeresgruppe Süd rannten die 40. sowjetische Armee, die versuchte, Kursk zu nehmen, und die 38. Armee an, die Charkow in ihren Besitz bringen wollte. Am Donez war es für die Deutschen beinahe zu einer Katastrophe gekommen. Das Tagebuch Halders enthält unter dem Datum des 24. Januar, des 217. Tages des Rußlandfeldzugs, folgende Eintragung: ›Bei 17. Armee große Schweinerei!‹ Als nördlich Smolensk die Gefahr am höchsten war, war auch die gesamte deutsche Südfront nahe daran, eingedrückt zu werden.
Das Ziel der sowjetischen Führung war die Wiedereroberung des Industriegebiets der Ukraine. Die 6., 57., 9. und 39. Armee hatten auf einer 150 Kilometer langen Front angegriffen, von Balakleja bis Kreminaja. Die Nahtstelle zwischen der 6. und 17. deutschen Armee hatte nachgegeben. Die Russen waren in acht Tagen 120 Kilometer weit vorgedrungen, hatten Kramatorsk, Barwenkowo, Losowaja wiedergenommen. Die Bahnstrecke Dnjepropetrowsk–Stalino, die für die Heeresgruppe Süd lebenswichtig war, wurde bei Postischewo abgeschnitten. Wie in der Mitte, wie im Norden hing das Schicksal der deutschen Armeen auch hier nur an einem Faden. Der Mann des Tages war Generaloberst von Kleist gewesen, der unter seinem Befehl die 17. Armee und seine eigene 1. Panzerarmee vereinigte. Er stellte drei Gruppen Panzerinfanterie zusammen, die er von der Mjusfront abzog, und führte, einen Augenblick des Nachlassens der sowjetischen Offensive ausnützend, konzentrische Gegenangriffe gegen die Stelle, wo der Feind von den stehengebliebenen Eckpfeilern von

Balakleja und Slawjansk, eingeengt wurde. Die Russen zogen sich unter schweren Verlusten zurück. Am Donez ebenso wie anderswo hatten ihre Erfolge mit ihren Absichten nicht Schritt gehalten. Es war ihnen nicht gelungen, ihre Anfangserfolge in einen Sieg zu verwandeln. Das Tauwetter hatte eingesetzt. Für die deutschen Armeen in Rußland begann die zweite Schlammsaison. Zum Unterschied von der ersten brachte sie ihnen jedoch eine Ruhepause. Die Russen konnten zwar bei strengster Kälte kämpfen, aber als die Flüsse über die Ufer traten und die ganze Ebene ein einziges Schlammeer wurde, waren sie ebenso handlungsunfähig wie ihre Gegner. Außerdem waren sie von den pausenlosen Anstrengungen, die seit zehn Monaten von ihnen gefordert wurden, schwer mitgenommen.

Bilanz und Dogma

Selbstverständlich gibt es keine Unterlagen, keine Dokumente, aus denen man erfahren könnte, wie die sowjetische Führung die Winterkämpfe beurteilte. Man weiß nicht, ob man zufrieden war, daß man die Wehrmacht in eine so schwierige Situation gebracht hatte, oder enttäuscht, weil man ihr die Möglichkeit gegeben hatte, sich immer wieder aufzuraffen. Man weiß nicht, wieweit Kritik an den Operationen geübt wurde. Ein objektiver Betrachter kann nicht umhin, festzustellen, daß sich die Sowjets verzettelten. Sie schienen die taktische Schwerpunktbildung, der alles untergeordnet werden muß, noch nicht zu kennen. Sie griffen überall gleichzeitig an. Die deutschen Generale waren an eine starre Verteidigung gebunden, die sowjetischen Generale dagegen schienen zu unablässigem Angriff verpflichtet zu sein. Der ständige Zwang zur Initiative um jeden Preis war teuer bezahlt worden. Einen entscheidenden Erfolg hatte er nicht gebracht.

Auf deutscher Seite war man mit der Bilanz des Winterfeldzugs relativ zufrieden. Die Wehrmacht hatte eine Prüfung, in der jede andere Armee zugrunde gegangen wäre, überstanden. Die Verluste waren schwer. Sie erreichten Ende Februar die Höhe von 1005636, das heißt 31 Prozent des Personalstandes vom 22. Juni 1941, davon 33223 Offiziere. Die Zahl der Toten betrug 202251, die der Verwundeten 725642 und die der Vermißten 46511 – das bedeutete, daß die Russen nur wenige Gefangene gemacht hatten. Alle eingeschlossenen Einheiten hatten sich siegreich verteidigt oder hielten sich immer noch. Nach wie vor besaß die Wehrmacht die technische und taktische Überlegenheit. Auch etwas anderes überlebte die Winterkrise: der Ruf von Hitlers Unfehlbarkeit. Der Führerbefehl vom 16. Dezember war durch den Ausgang der Schlacht gerechtfertigt worden. Hitler hatte, so hieß es, die Wehrmacht gerettet, die durch den frühen Einbruch des Winters und seine Heftigkeit überrascht worden

war, indem er ihr befohlen hatte, an Ort und Stelle auszuharren. Wäre es nach den Panikmachern unter den Generalen gegangen, dann hätte sich die Wehrmacht auf ihrem Rückzug zum Dnjepr, zum Bug und an die Memel aufgelöst. Die Defensivsiege, die sie im Februar und März errungen hatte, waren nur möglich, weil rund um Demjansk, Cholm, Welisch, Slawjansk usw. bedeutend stärkere Feindkräfte gebunden worden waren. Man durfte, so lautete die Theorie Hitlers und seiner Anhänger, keine Angst davor haben, eingekesselt zu werden, ja die Einkesselung könne sogar gelegentlich von Nutzen sein.
Der Frühling brachte auch die Siegeshoffnung wieder. Gewiß hatte der Eintritt der Vereinigten Staaten in den Krieg die Weltlage verändert. Er nahm Deutschland die Aussicht auf eine rasche Beendigung des Konflikts. Dagegen war die sowjetische Armee so gut wie ausgeblutet. Ihre Vernichtung, die 1941 durch die ungünstige Witterung verhindert worden war, mußte die Aufgabe des Jahres 1942 sein. Gestützt auf die Bodenschätze der Ukraine und des Kaukasus, würde das Reich stark genug sein, um den beiden westlichen Demokratien die Stirn bieten zu können. Der Krieg dauerte zwar schon länger, als Hitler vorausgesehen hatte, aber Deutschland werde ihn siegreich bestehen – wie die Wehrmacht den russischen Winter überstanden hatte. In Rastenburg drehte sich von nun an alles um die Vorbereitung des Sommerfeldzuges 1942.

Rommel erobert die Cyrenaika

Die Tragödie der deutschen Wehrmacht in Rußland während des dritten Kriegswinters hätte die allgemeine Aufmerksamkeit in stärkerem Maße auf sich gezogen, wenn sie nicht durch zwei bedeutende Ereignisse abgelenkt worden wäre: die Erfolge Rommels und die Siege Japans.
Rommel war zu Beginn des Jahres 1942 nach Ansicht der Engländer ein geschlagener General. Er hatte seine Armee durch einen überstürzten Rückzug retten können, besaß aber jetzt nur noch schwache Kampfmittel. Im Hauptquartier des Mittelostkommandos herrschte eitel Optimismus. Churchill telegrafierte Auchinleck aus Washington, er sei schwer enttäuscht, daß die sieben deutsch-italienischen Divisionen nach Tripolitanien hatten zurückweichen können. »Stimmt«, antwortete Auchinleck, »aber es sind nur mehr dem Namen nach Divisionen... Völlig desorganisiert, erschöpft durch unseren fortwährenden Druck, ohne erfahrene Offiziere, ohne Kriegsgerät entspricht ihre Kampfkraft sicher nicht ihrer zahlenmäßigen Stärke.«
Am 5. Januar hatte sich Rommel, durch schwere Regengüsse gedeckt, bis auf den tiefsten Punkt der Syrte zurückgezogen, und zwar auf die Stellung bei Mersa Brega,

Nach dem Kriegseintritt Italiens am 10. Juni 1940 erfolgten als erste Aktionen des Sommers die Eroberung Britisch-Somalilands (oben) sowie ein Vorstoß unter Graziani nach Sidi Barrani (unten). Den ganzen Krieg über litten die italienischen Verbände an allen Fronten unter der unzureichenden Motorisierung. Zu ihrer Unterstützung wurde im Februar 1941 das Deutsche Panzerkorps, später genannt Deutsches Afrikakorps, aufgestellt.

Der Kampf zwischen dem Deutschen Afrikakorps unter General Rommel (oben rechts, im Mai 1942) und den britischen Truppen unter General Montgomery (unten rechts bei einer Teepause) hatte sich trotz aller Härte und Rücksichtslosigkeit etwas von Ritterlichkeit und Achtung vor dem Gegner bewahrt. Rommels taktisches Geschick brachte die Engländer zeitweilig in arge Bedrängnis.

zwischen dem Meer und der Senke des Wadi El Farigh. Von hier aus wollte er seinen letzten entscheidenden Kampf liefern. Etwa um dieselbe Zeit legten die belagerten Garnisonen in Bardia und am Halfayapaß die Waffen nieder. Ein deutscher General strapazierte die deutsch-italienischen Beziehungen, indem er einem Korrespondenten des *Daily Herald* erklärte, er habe sich ergeben müssen, weil er italienische Soldaten befehligte. Die 13800 Gefangenen erhöhten die Verluste der Achse auf 38000 Mann, darunter 14000 Deutsche, gegenüber halb so hohen Verlusten der Briten. Die Operation ›Crusader‹, die Wiedereroberung der Cyrenaika, war gelungen. Es war an der Zeit, an die nächsten Unternehmungen zu denken: ›Acrobat‹, ›Gymnast‹ und ›Super Gymnast‹, deren Endziel die völlige Besetzung Nordafrikas war.

Wie man im Mittelmeerraum die Initiative ergreifen könne, war eines der Themen der großen britisch-amerikanischen Konferenz, die am 23. Dezember in Washington begonnen hatte und Anfang Januar noch andauerte. Churchill hatte Roosevelt ein Memorandum überreicht, nach dem ›1942 ein Feldzug unternommen werden muß, um die gesamten Küsten Nordafrikas, einschließlich Dakars, zu erobern‹. Das Projekt hatte schon zu Beginn der Operation ›Crusader‹ bestanden, zu einer Zeit, da England noch allein gekämpft hatte. Durch den Eintritt Amerikas in den Krieg ergaben sich bedeutend größere Möglichkeiten. An die Operation ›Gymnast‹, für die drei Divisionen aus England nach Algerien transportiert werden sollten, würde sich die Operation ›Super Gymnast‹ anschließen, die Landung dreier amerikanischer Divisionen in Marokko. Churchill hoffte, daß diese große Unternehmung schon im Monat März durchgeführt werden könnte.

Die Hast Churchills rief bei den Amerikanern eine gewisse Zurückhaltung hervor. Immer noch geschützt durch die Weiten des Atlantiks und des Pazifiks, betrachteten sie den Konflikt nicht unter den gleichen Gesichtspunkten wie die Engländer. Viele nahmen an, daß der Krieg noch zehn Jahre dauern könne. Auf dem Papier war ein ungeheures Rüstungsprogramm aufgestellt worden: 45000 Flugzeuge und 45000 Panzer im Jahre 1942; 100000 Flugzeuge und 75000 Panzer 1943 und so fort. Unter Leitung des Präsidenten des großen Warenhauskonzerns Sears and Roebuck, Donald Nelson, sowie unter Mitarbeit des Präsidenten der General Motors, Knudsen, und des Gewerkschaftsführers Hillman begann das ›War Production Board‹ zu arbeiten. Es bedurfte jedoch geraumer Zeit, um die amerikanische Wirtschaft von Friedens- auf Kriegsproduktion umzustellen, und vorläufig bestand noch ein krasser Gegensatz zwischen der industriellen Macht der Nation und der Unzulänglichkeit ihrer Rüstung: Wake wurde nur von einer Handvoll Flugzeugen verteidigt, die U-Boote Hitlers wüteten direkt vor den amerikanischen Häfen unter den Handelsschiffen. Die Öffentlichkeit war ungeduldig, aber die für die Produktion Verantwortlichen verlangten Zeit und verwiesen auf die Engpässe und Schwierigkeiten, die überwunden werden mußten, ehe das ›Victory Program‹ voll in Schwung kommen konnte.

Der Generalstab wehrte sich gegen jede vorzeitige Initiative. Er lehnte eine amerikanische Intervention im Mittelmeerraum ab. »Ich bin überzeugt«, sagte General Stanley D. Embick, Marshalls wichtigster strategischer Berater, »daß Nordafrika ein für die Deutschen bedeutend günstigerer Kriegsschauplatz ist als für uns.« Der Präzedenzfall Griechenland, der waghalsige Einsatz ungenügender britischer Streitkräfte in einem ungeeigneten Gebiet, hatte der Autorität Winston Churchills, der für diese Niederlage verantwortlich gewesen war, Abbruch getan. Daß Roosevelt mehr aus einem persönlichen Gefühl als aus militärischen Überlegungen heraus Churchill unterstützte, führte dann schließlich doch zu einem halben Erfolg des britischen Premiers. Am Prinzip von ›Super Gymnast‹ wurde festgehalten. Datum und Einzelheiten sollten noch geprüft werden. Auf jeden Fall sollte zuerst ›Acrobat‹ über die Bühne gehen. Voraussetzung für eine Landung in Marokko und Algier war die vorherige Eroberung Tripolitaniens. Den Befehl über die 8. Armee hatte ein junger General inne, Neil Ritchie, ein Riese, dessen kommandierende Generale rangälter und erfahrener waren als er. Auchinleck wollte diesen Nachteil ausgleichen, indem er Ritchie ›zur Hand ging‹. Er stellte sich die neue Offensive als Kombination eines Frontalangriffes mit einer Landung im Rücken des Feindes bei El Agheila vor. Man würde die Küstenstraße abschneiden und das Afrikakorps einschließen. Aber es gab manches zu bedenken. Im Laufe der letzten Monate hatte die britische Marine katastrophale Verluste erlitten. In der Nacht zum 19. Dezember waren zwei italienische Kampfschwimmer auf einer Boje im Hafen von Alexandria gefangengenommen worden. Sie hatten sich geweigert, die Gründe für ihre Anwesenheit bekanntzugeben, auch nachdem sie im Kielraum des Schlachtschiffes *Valiant* eingesperrt worden waren. Erst um 5 Uhr 50, als es bereits eine Explosion gegeben hatte, teilten sie dem Kommandanten mit, daß sein Schiff binnen kurzem in die Luft fliegen werde. Eine Viertelstunde später wurde die *Valiant* durch eine an ihrem Rumpf befestigte Sprengladung aufgerissen, und vier Minuten darauf ereilte die *Queen Elizabeth* das gleiche Los. Sechs mutige Männer waren von dem Unterseeboot *Scire* am Eingang des Hafens von Alexandria abgesetzt worden und hatten mit drei Torpedos die beiden einzigen Schlachtschiffe des im östlichen Mittelmeer operierenden Geschwaders kampfunfähig gemacht, die nach Zerstörung der *Ark Royal* und der *Barham* durch deutsche U-Boote noch übriggeblieben waren.
Das Unternehmen ›Acrobat‹ konnte nun nicht mehr durch die Flotte unterstützt werden. Noch schwerer wog, daß der Feind seine Luftstreitkräfte verstärkt hatte. Seit der Ankunft Kesselrings war Malta so gut wie ausgeschaltet, und die letzten Geleitzüge aus Neapel und Palermo waren unter starker Bedeckung ohne Verluste in Tripolis eingetroffen. RAF und Marineluftwaffe hatten die Luftherrschaft wieder abgeben müssen.
Zu Lande hatten die Deutschen ihre zahlenmäßige und technische Überlegenheit beibehalten können. Die 8. Armee hatte der deutschen 8,8-cm-Flak, die sich auch im

Bodeneinsatz bewährt hatte, noch immer nichts Gleichwertiges entgegenzustellen. Keiner ihrer Panzertypen war ausreichend stark. Die in Amerika hergestellten ›Stuart‹-Panzer waren nur leichte Kampfwagen. Die Bewaffnung der Panzer vom Typ ›Crusader‹, ›Valentine‹ und ›Matilda‹ ging anfangs nicht über ein Kaliber von 4 cm hinaus, was gegen die 5-cm- und 7,5-cm-Kanonen der deutschen Panzer KW III und KW IV völlig ungenügend war. Diese waren in Rußland dem T 34 bei weitem nicht ebenbürtig, während sie in Afrika den englischen Panzern überlegen blieben.
Im übrigen wurde das Middle East Command infolge des Krieges im Pazifik benachteiligt. Die 18. Infanteriedivision war schon auf dem Wege nach Ägypten gewesen, als sie, ebenso wie die Geleitzüge WS 14 und WS 122, die je zwei Flak- und Pakregimenter transportierten, nach Singapur umgeleitet wurden. Ferner entzog man Auchinleck 18 Staffeln Flugzeuge und 100 Panzer. Das australische Korps, die 6. und 7. Division, ging in die Heimat zurück, die nun selbst bedroht war. Die britischen Kräfte, die Rommel ausschalten sollten, waren erheblich gekürzt worden.
Trotzdem machten sich Auchinleck und Ritchie keine Sorgen. In aller Ruhe rüsteten sie die 8. Armee für eine neue Offensive aus. Die einzige Einheit in Feindberührung war die 22. Panzerbrigade, die am 29. Dezember schwere Verluste erlitt. In der Etappe war die 7. Panzerdivision im Dschebel Achdar durch die 1. abgelöst worden, die aus England eingetroffen war und noch nie im Feuer gestanden hatte. Die 4. indische Division lag rings um Benghasi, die anderen großen Einheiten erholten sich in der Gegend von Tobruk. Die aus Tripolitanien eintreffenden Nachrichten, durch Gerüchte aus Rom bestätigt, besagten, daß sich Rommel darauf vorbereitete, El Agheila zu räumen. An den Detonationen jenseits der Linien erkannte man, daß der Feind sein nicht transportfähiges Gerät in die Luft sprengte. Der britische Generalstab war der Ansicht, Rommel werde sich bis nach Tripolis zurückziehen. Das war bedauerlich, denn ein solcher Rückzug mußte die Entscheidungsschlacht hinauszögern.
Am 21. Januar war Neil Ritchie in Kairo. Man teilte ihm mit, daß zwei deutsch-italienische Kolonnen, die eine über die Via Balbia, die andere längs des Wadi El Faregh, die Stellung von Mersa Brega verlassen hätten. Ritchie frohlockte. »Der Feind will durch eine Kräftedemonstration den Rückzug des Afrikakorps verschleiern«, sagte er. »Er steckt den Kopf aus dem Schneckenhaus; das ist eine vom Himmel gesandte Gelegenheit, scharf loszuschlagen!«
Auchinleck hatte nicht unrecht, wenn er Rommels Lage für schwierig hielt. Rommel war Oberbefehlshaber der deutsch-italienischen Panzerarmee geworden, während das ›Deutsche Afrikakorps‹ mit der 5. und 21. Panzerdivision unter dem Kommando von General Crüwell verblieb. Aber der höhere Rang machte die materielle Schwäche nicht wett. Der Mannschaftsstand der Deutschen war auf 12500 gesunken. Die Stärke der Italiener war doppelt so groß. Die beiden italienischen Divisionen, die direkt dem Befehl Rommels unterstanden, die einzigen übrigens, die im Wüstenkrieg zu ge-

brauchen waren, waren ›Ariete‹ und ›Trieste‹ vom XX. Panzerkorps unter dem ausgezeichneten Truppenführer General Zingales. Oberbefehlshaber in Nordafrika war immer noch der eifersüchtige Bastico, und auf den deutschen Oberkommandierenden im Mittelmeerraum, Generalfeldmarschall Kesselring, konnte Rommel, was die Verbesserung seiner Beziehungen zu den Italienern betraf, nicht zählen. Insgesamt verfügte Rommel nur über eine Handvoll Männer und Fahrzeuge. Die unerwartete Ankunft eines kompletten Geleitzuges brachte ihm 54 Panzer KW III und KW IV als Verstärkung, so daß er jetzt 270 Wagen einsetzen konnte. Außerdem konnte er nun seine Treibstoffreserven auffüllen. Nachdem er die Nacht über seinen Aufzeichnungen und Karten verbracht hatte, verkündete er am dreizehnten seinen Offizieren: »Meine Herren, wir greifen an...« Ein verrückter Entschluß? Eher das Gegenteil. Er wußte, wie zersplittert die Kräfte der Briten waren. Er wußte, daß es sich um eine flüchtige Chance handelte. Warten, in der Defensive bleiben, hieß, sich mit der Niederlage abfinden. Wenn er angriff, hatte er eine Chance durchzuhalten, vielleicht bis zu dem Augenblick, da das OKW begriffen haben würde, wie wichtig der Mittelmeerkriegsschauplatz war, und sich entschloß, ihm die notwendigen Streitkräfte zuzuteilen.

Das Wetter war den Deutschen günstig. Sandstürme deckten ihren Aufmarsch. Die Überraschung gelang vollständig. Die 22. Brigade wurde vernichtet. Rommel drang in den Dschebel ein und marschierte in der Absicht, die 1. Panzerdivision einzuschließen, gegen den Straßenknotenpunkt bei Msus. Verärgert darüber, daß man ihn nicht zu Rate gezogen und er ebenso wie die anderen an einen Rückzug geglaubt hatte, forderte Bastico Rommel auf, in die Stellungen von Mersa Brega zurückzukehren; außerstande, sich Gehör zu verschaffen, rief er den Chef des Comando Supremo, Cavallero, zu Hilfe. Es kam zu einer stürmischen Aussprache. Rommel erklärte dem italienischen Marschall, er werde die Offensive fortsetzen, solange er dazu imstande sei; nur der Führer könne ihm den Befehl erteilen, anzuhalten. Cavallero antwortete, er entziehe ihm die italienischen Truppen. Worauf Rommel nicht sehr höflich zurückgab, er werde sie zu entbehren wissen.

Auch bei den Engländern herrschte Uneinigkeit. Der kommandierende General des XIII. Korps, Godwen-Austen, befahl sofortigen Rückzug, da aber Ritchie nicht an einen starken deutschen Angriff glauben wollte, widerrief er den Befehl. Die 1. britische Panzerdivision, an das Klima nicht gewöhnt, hatte die Orientierung verloren, erstickte halb in den Sandstürmen und Wolkenbrüchen und wurde völlig zerschlagen. Rommel stürzte sich auf Benghasi, durchquerte die als unpassierbar geltende Wüste vor der Stadt und zog in Benghasi ein, stürmisch umjubelt von den Arabern, die bei seinem Erscheinen die grüne Fahne des Propheten hißten. Die 4. indische Division wurde gefangengenommen, riesige Vorratslager verbrannten. Die geschlagenen britischen Truppen gingen ungeordnet zurück und gaben die Hänge von Derna kampflos auf. Erst in Gazala, 50 Kilometer vor Tobruk, setzten sie sich wieder fest, und auch da nur, weil der Sieger keinen Treibstoff mehr hatte, um sie zu verfolgen. Die ganze westliche Cyrenaika war wiedererobert. Viel wichtiger war es jedoch für die Achse, daß damit die Operation ›Acrobat‹ zerschlagen war, daß die anglo-amerikanische Landung in Marokko und Algerien auf unbestimmte Zeit verschoben werden mußte. Goebbels schrieb einen begeisterten Aufsatz im ›Reich‹. Alles wurde darangesetzt, daß der Erfolg von Benghasi die Mißerfolge bei Demjansk und Charkow überschattete.

Singapur fällt

Die Siege der Japaner waren noch glänzender – sogar die Nazis waren besorgt. Die deutschen Rassenfanatiker fragten sich, ob der große Triumphator dieses Krieges nicht ein farbiges Volk sein werde. Am 31. Januar zogen bei Tagesanbruch die letzten Briten in die Festung Singapur ein. Zwei Dudelsäcke spielten den Hochländermarsch ›Hiellan laddie...‹, dahinter marschierten im Gleichschritt die neunzig Überlebenden des Bataillons ›Argyle‹. Als letzter kam Oberstleutnant McStewart. Gleich danach erdröhnte eine heftige Explosion, Wasser schäumte durch die Bresche im Damm. Singapur war wieder eine Insel... Aber die Lücke war keine 50 Meter breit, und bei Ebbe stand der Wasserspiegel dort kaum 1,20 Meter hoch. An den vorangegangenen Tagen hatte sich über den Damm von Johore eine wahre Völkerwanderung gewälzt: Mehrere hunderttausend Menschen, Europäer, Malaien, Chinesen, Inder, Reiche und Arme. Das Gedränge war geradezu dramatisch. In den Eingeborenenvierteln schliefen die Massen im Freien, und es fehlte an Nahrungsmitteln, ehe noch die Belagerung begonnen hatte. Die Luftbombardements forderten zahlreiche Opfer, aber alle Bemühungen, Luftschutzkeller auszuheben, wurden durch das Grundwasser zunichte gemacht, das bis einen Meter unter die Erdoberfläche reichte. Der für Belagerungen typische Geruch nach ungewaschenen Massen und notdürftig verscharrten Leichen begann sich über Singapur auszubreiten.

Es war nur schwer zu begreifen, wie die 25. japanische Armee in 65 Tagen von der Landenge von Kra bis zur Straße von Johore hatte vordringen können. Die Japaner waren zahlenmäßig immer unterlegen gewesen. Sie waren mit 12 Bataillonen gelandet, wogegen die Garnison Malayas 31 Bataillone zählte. Später, nach dem Eingreifen der Gardedivision Konoye, betrug die Stärke der japanischen Streitkräfte 30 Bataillone, doch die Engländer hatten ihrerseits 15 Bataillone Verstärkung erhalten. Aber die zahlenmäßige Überlegenheit der Briten hatte nichts genützt. Im Gefecht bei Dschitra zum Beispiel hatte eine japanische Vorhut von zwei Bataillonen unter Oberstleutnant Sakki die gesamte 27. indische Division zurückgeworfen und um den Preis von 27 Toten 50 Geschütze erobert und 3000 Gefangene gemacht. Die Überlegenheit an

Flugzeugen und Panzern ist keine ausreichende Erklärung. Der entscheidende Faktor war die Kampfmoral. Die Japaner marschierten in den Kampf wie zu einer religiösen Zeremonie. Jeder Erfolg, jedes Opfer löste überschwengliche Begeisterung aus, die sich in Tränenströmen ausdrückte. Der Krieg war ein Kreuzzug, die Revanche gedemütigten Stolzes. Es gab keine Müdigkeit, die Furcht war verflogen; der Tod formte eine heilige Gemeinschaft.
Die Blitzeroberung Malayas wäre ohne die ›Churchill-Vorräte‹ unmöglich gewesen. So nannten die dankbaren Japaner Lastwagen, Kanonen, Verpflegungsrationen, Munition und Treibstofflager, die sie eroberten. In Dschitra hatten sie Lebensmittel für drei Monate erbeutet, und in Alor Star setzten sich ihre ausgehungerten Offiziere in der britischen Offiziersmesse an Tische, auf denen noch die warme Mahlzeit stand. Ihre Flugzeuge landeten auf dem Flugplatz – einem ›Churchill-Flugplatz‹ –, wo sie Hunderte Kanister Benzin von 92 Oktan fanden und ein Lager von Bomben, die sie nur einfach an Bord zu nehmen brauchten. Das wiederholte sich mit solcher Regelmäßigkeit, daß die Japaner jetzt fast ausschließlich mit den vom Feind gelieferten Vorräten rechneten. Das konnten sie um so eher, als ein Befehl des britischen Hauptquartiers verbot, Munitionslager zu sprengen und Treibstofflager anzuzünden. Die indischen Soldaten wurden nämlich von Panik erfaßt, sobald sie in ihrem Rücken Flammen sahen und Explosionen vernahmen.
Das Transportproblem hatte der japanischen Führung Sorgen gemacht. Darum waren dem Expeditionskorps sechs Kompanien mit Brückengerät und zwei Eisenbahnregimenter beigestellt worden. Durch die ›Churchill-Lastwagen‹ wurden die Transportschwierigkeiten erheblich verringert. Die 5. motorisierte Division besaß an Fahrzeugen das Dreifache der üblichen Ausrüstung. Alles, was nicht auf vier Rädern rollte, fuhr dank den aus Japan mitgebrachten und am Ort vorgefundenen Fahrrädern auf zweien und profitierte von dem ausgezeichneten Asphalt der ›Churchill-Straßen‹. Die Landungsinfanterie war vorgerückt wie ein Strom von Sonntagsradlern – singend, pfeifend und schwatzend. Dennoch war man in Singapur nicht allzu besorgt. Was auf dem Festland vorgefallen war, hatte man ja vorausgesehen – wenngleich es rascher gegangen war, als man erwartet hatte. Die eigentliche Partie, die Belagerung, begann ja erst. Selbstverständlich war es bedauerlich, daß man den Flottenstützpunkt hatte zerstören, das Spezialpersonal nach Ceylon evakuieren, das Trockendock sprengen, das Arsenal in Brand stecken müssen. Am 1. Februar, dem Tag der Einschließung, war das ›Raffles‹ zur Cocktailstunde stärker besucht denn je, und man tanzte, wie jeden Abend, im ›Tanglin Club‹.
In London schwanden am 29. Januar die letzten Illusionen hinsichtlich Singapurs. An diesem Tag traf der Leiter von Churchills Kriegskabinett, General Sir Henry Ismay, seinen Chef dabei an, wie er unter gräßlichen Verwünschungen gegen die Dummheit der Militärs wütete. Durch ein Telegramm Sir Archibald Wavells, der anstelle von

Brooke-Popham zum Oberbefehlshaber in Südostasien ernannt worden war, hatte der Premier erfahren, daß Singapur nicht verteidigt werden konnte. Churchill schäumte. Wie hatte man 63 Millionen Pfund für den Bau einer Festung ausgeben können, die soviel wert war wie ein Schiff ohne Boden? Wieso hatte man sich damit begnügen können, Singapur mit Geschützen zu bestücken, die ausschließlich auf die See gerichtet waren? Warum hatte sich in den drei Jahren, die der Krieg währte, kein General gefunden, der Landbefestigungen gebaut, Panzerabwehrgräben ausgehoben, die Meerenge vermint, die Sümpfe mit Fallen ausgerüstet hatte? Die Japaner waren im Anmarsch. Sie hatten Kuala Lumpur, die Hauptstadt des malaiischen Bundesstaates, genommen, und näherten sich dem Sultanat Johore. Und was war Singapur? Eine nackte Insel! Churchill hatte recht, aber sein Zorn nützte nichts. Singapur war verloren. Sollte man die gesamte Armee in Malaya opfern, damit die Verteidigung ein paar Tage verlängert werden konnte? Durfte man noch frische Truppen in diesen Abgrund stürzen – wenn man die unglückliche 18. Division überhaupt als frisch bezeichnen konnte, die seit drei Monaten zwischen zwei Ozeanen hin und her geworfen wurde? Es war zweifellos realistischer, alle Kräfte einzuschiffen, die man zur Verfügung hatte, und sie zur Verteidigung Burmas, des Vorzimmers Indiens, der Nachschubpforte Tschiangkaischeks, einzusetzen. Dazu entschloß sich Churchill.
Der neue Premierminister Australiens, der Arbeiterführer John Curtin, wehrte sich gegen diese Entscheidung. Im *Melbourne Herald* hatte er einen Artikel veröffentlicht, in dem es hieß, Australien könne zu seiner Verteidigung nicht mehr auf das alte Mutterland zählen, sondern müsse sich an die Vereinigten Staaten halten. Als er von der Absicht Londons erfuhr, Singapur zu räumen, telegrafierte er an Churchill: ›Das wäre unverantwortlicher Verrat...‹
Wieder einmal vergewaltigte die Politik die Strategie. Churchill suchte jeden Konflikt mit dem Dominion auf der anderen Seite des Erdballs zu vermeiden. Er schreckte auch vor der Empörung der britischen Öffentlichkeit zurück, die eine Preisgabe Singapurs hervorrufen würde. Die Illusion der Uneinnehmbarkeit, die Legende von der unbezwingbaren Festung waren noch fest in der Vorstellung der Engländer verankert. Nur die Mitglieder des Kriegskabinetts und einige militärische Spezialisten kannten die Wahrheit. Churchill hatte sich damit abgefunden. Englands Ruhm ruhte ebenso auf seinen Niederlagen wie auf seinen Siegen. In Dünkirchen hatte man aus einer Katastrophe eine eindrucksvolle Rettungsoperation gemacht. In Singapur würde das Gegenteil geschehen. Die Welt würde erleben, wie der britische Löwe um seine Ehre bis zum Ende kämpfte.
Die Befehle zur Verteidigung Singapurs betonten ausdrücklich, daß eine Übergabe nicht in Frage komme und daß die Garnison mit der Stadt unterzugehen habe. Zwei Wochen nach diesem Entschluß kam der Tag der Entscheidung. Die Schlacht um Singapur, eine der aufsehenerregendsten des ganzen Krieges, hatte begonnen.

Riesige Rauchwolken, von roten Flammen durchzuckt, stiegen über den brennenden Treibstofflagern hoch. Ununterbrochen regnete es schwarze, glühendheiße Rußflocken. Als das tägliche Gewitter losbrach, waren es Ströme von Tinte, die auf das Schlachtfeld niedergingen und sich in die Kanäle Singapurs ergossen. Die ganze Stadt lag unter Artilleriefeuer. Die Granaten zermalmten die leichten Eingeborenenhäuser und wirbelten Wolken von Staub auf. Die Flugzeuge mit dem Zeichen der aufgehenden Sonne fegten dicht über die Dächer hinweg; ihre MG-Salven forderten Hunderte von Opfern. In Flugblättern wurde die Bevölkerung aufgerufen, ihre Leiden dadurch

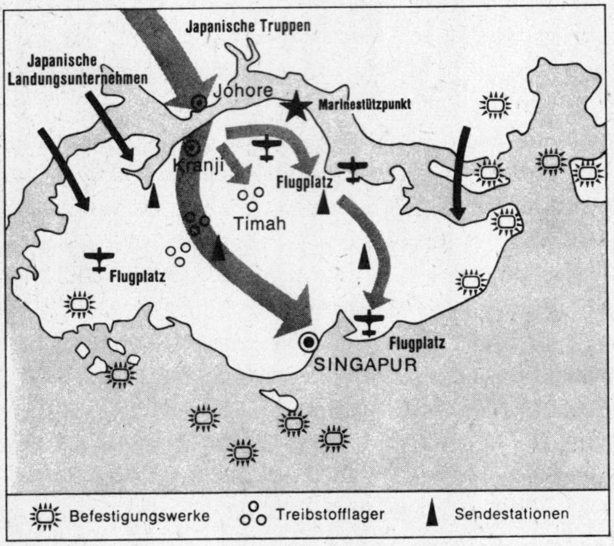

Karte 24
Eroberung Singapurs durch die Japaner (Februar 1942)

abzukürzen, daß sie sich gegen die englischen Kolonialherren erhob. Ganze Stadtteile standen in Flammen, aber Hilfe war unmöglich, weil die Straßen durch Trümmer versperrt waren und es an Wasser fehlte. Der scharfe Brandgeruch mischte sich mit dem scheußlichen Gestank der Verwesung und des Unrats. Die Leichen verfaulten in den glühenden Straßen in wenigen Stunden. Es gab keine Müllabfuhr mehr. Noch ein anderer Geruch prägte sich unauslöschlich in die Sinne der Überlebenden. Eine ungeheure Saufforgie von Siegern und Besiegten befürchtend, hatten die Behörden angeordnet, die Alkoholvorräte, die man in Voraussicht einer langen Belagerung angelegt hatte, in den Kanal zu schütten. 25 Millionen Liter Whisky, Gin, Wein und chinesischer Schnaps gaben dem sterbenden Singapur den Atem eines Trunkenbolds.
Die Japaner hatten in der Nacht vom 8. zum 9. Februar mit dem Angriff auf die Insel begonnen. Eine Woche später blieben ihnen noch fünf Kilometer zu erobern, um eine

der großartigsten Bastionen der weißen Welt von der Karte zu tilgen. Wieder einmal hatte den Engländern die richtige Witterung gefehlt. Percival hatte zwei Drittel seiner Kräfte – das indische Armeekorps und die 18. englische Division – östlich des Damms nach Johore aufgestellt, in der Überzeugung, die Japaner würden die Kais der Marinebasis zur Landung benutzen. Der Westen jedoch, ein von Mangrovenwurzeln umsäumter Sumpf, der als undurchdringlich galt, war der durch Verluste und Desertion geschwächten 8. australischen Division allein anvertraut worden. Yamashita tat jedoch das Gegenteil dessen, was man erwartet hatte. Auf der Seite des Stützpunktes begnügte er sich mit einem Ablenkungsangriff und warf zwei seiner drei Divisionen in die Mangroven. Die Mangroven waren für die Japaner kein Hindernis, sondern ein Schutz. Und dabei hatte Churchill trotz der schweren Enttäuschung, die ihm Wavells Bericht bereitet hatte, gehofft, Percival könne die Straße von Johore zwei Monate lang verteidigen!

Nie war die Stimmung der Japaner überschwenglicher gewesen. Ganze Regimenter weinten vor Stolz, als sie die Insel mit dem Zaubernamen sahen, die zu erobern sie gekommen waren. Vor dem Angriff hatten Offiziere und Soldaten zum erstenmal seit dem Beginn des Feldzugs ihre Wäsche gewechselt, und sie hatten sich wirklich im Zustand mystischer Reinheit dem Endziel ihrer übermenschlichen Anstrengungen genähert.

Am 10. Februar brach der Angriff gegen die Mitte der Insel vor, wo die Europäer sich aus Gründen der Gesundheit eingerichtet hatten. Höchster Punkt war mit 117 Metern der von wunderschönen Jasminbäumen bewachsene Hügel Bukit Timah. Die Artillerie war noch nicht nachgekommen. Die Kommandeure der beiden Divisionen beschlossen, trotzdem anzugreifen. Als die Truppen vorzugehen begannen, zerriß ein riesiger Blitz die Wolken, ein fürchterlicher Sturm erhob sich, der Regen prasselte nieder. In dem Gemisch aus Brandwolken, Regen und Wasserdampf fanden die Angreifer Deckung. Ihre Ausbilder hatten sie gelehrt, daß Sturm und Nacht ihre Verbündeten seien, und sie hatten recht gehabt. Die japanische Infanterie erreichte Bukit Timah und metzelte die Verteidiger nieder. Der offizielle britische Bericht sprach von einer ›Unglücksnacht‹. Die letzte Verteidigungslinie von Singapur war gefallen.

Bei Morgengrauen hörten die Sieger von Bukit Timah zu ihrer Rechten heftige Explosionen. Die Engländer sprengten die Fünfzehnzöller der Batterie von Buona Vista in die Luft, die Riesengeschütze, die Singapur uneinnehmbar machen sollten. Kein einziger Schuß war aus ihnen abgefeuert worden.

Wie an jedem anderen Morgen ging friedlich und herrlich die Sonne auf. Der Landwind ließ die Fackel des Brandes sich zur See hin neigen. Wieder rannen Tränen über die Wangen der empfindsamen Japaner. Das Panorama zu ihren Füßen war alle Mühen, alle Wunden, alle Toten wert: der Golfplatz, der Rennplatz, das Cricketfeld, eine Farm mit ihrem weißen Zaun, prachtvolle Bungalows inmitten gepflegten Rasens.

Ganz nahe, zur Linken, lagen die Wasserreservoirs Mac Ritchie und Pierce, ohne die die Million Einwohner Singapurs nicht leben konnte. Da lag Singapur selbst! Die geradlinige Doppelstraße der Bukit Timah Road, die gewundene Holland Road verloren sich in der Häusermasse und vereinigten sich zu der großen Stadtachse Orchard Road. In der Ferne glänzte die See. Die Kreuzfahrer des asiatischen Kreuzzuges erblickten Jerusalem!

Churchills Stolz war getroffen. ›Die Ehre unseres Volkes steht auf dem Spiel... Der Kampf muß um jeden Preis bis zum Ende fortgesetzt werden... Es kann nicht davon die Rede sein, die Truppen zu retten oder die Zivilbevölkerung zu schonen... Die Generale müssen mit ihren Soldaten sterben... Sie haben Gelegenheit, in die Geschichte einzugehen...‹ Diktiert mit zitternder Stimme im Arbeitszimmer in Downing Street, waren diese Zeilen an einen verbitterten Mann gerichtet. Feldmarschall Wavell hatte sein Hauptquartier auf Java eingerichtet, aber er machte sich keine Illusionen über seine Chancen, Niederländisch-Indien zu verteidigen, wenn Singapur gefallen war. Und der Fall Singapurs war nur noch eine Frage von Stunden, woran alle schönen Reden Churchills nichts zu ändern vermochten.

Wavell antwortete dem Premierminister eisig. Er war soeben von einer vierundzwanzigstündigen Inspektion Singapurs zurückgekehrt. Die Lage sei wenig hoffnungsvoll. Percival besitze wohl die zahlenmäßige Überlegenheit, aber seine Truppen fühlten sich dennoch unterlegen. Er selbst, Wavell, habe getan, was er konnte, um die Moral zu heben. Er wisse, daß seine Bemühungen fruchtlos geblieben seien.

Nach der Besichtigung hatte sich Wavell wieder zum Hafen begeben, um sein Torpedoboot zu besteigen. Auf dem dunklen Kai war er ausgerutscht und gestürzt. Der Arzt habe, so berichtete Wavell Churchill, ihm soeben mitgeteilt, daß er sich zwei kleine Knochen am Rückenende gebrochen habe. ›Nichts Ernstes, aber ich muß ins Hospital und werde zwei bis drei Wochen festliegen.‹

Vielleicht hatte Churchill gedacht, daß er den Oberbefehlshaber veranlassen könnte, in Singapur zu bleiben, um dort das Beispiel jenes historischen Todes zu geben, den Churchill von seinen Generalen verlangte... Der Oberbefehlshaber aber ging ins Hospital.

In Singapur war jede Kampfmoral dahin. Der Aufruf, der von Churchill kam und durch Wavell weitergegeben wurde – beide waren abwesend –, bewirkte das Gegenteil dessen, was beabsichtigt war. Die Kompaniechefs zerrissen ihn fluchend vor ihren Leuten. Die Einheiten lösten sich auf. In der Stadt wimmelte es von weißen Deserteuren. Mit dem Revolver in der Faust versuchten sie, die letzten Schiffe zu stürmen, die den Hafen verließen. Sie wurden zurückgeschlagen, strömten wieder ins Zentrum und plünderten zusammen mit dem Pöbel die Läden, die durch die Bombardements aufgesprengt waren. Vor den Army and Navy Stores, dem Symbol der britischen Kolonialherrschaft, sah eine aus Johore geflüchtete Französin australische Soldaten mit nackten Frauen in einem rauchgeschwärzten Torbogen tanzen, ein surrealistisches Bild: Es waren aus den Auslagen gestohlene Wachsfiguren. Der Gestank der in den Trümmern verwesenden Leichen wurde infernalisch, und zu Erschöpfung und Angst gesellte sich noch der Durst.

Am Sonntag, dem 15. Februar, hielt Percival eine Besprechung der Abschnittskommandanten ab. Das Hauptquartier war nach Fort Canning verlegt worden, mitten in die Stadt, aber jetzt lag ganz Singapur an der Front. Die Japaner griffen die ganze Stadt an, vom Schwimmklub bis zur Ziegelei von Bukit Chermin. Die zusammengerufenen Generale hatten die größten Schwierigkeiten, sich einen Weg zu bahnen. Sie hatten Fort Canning noch nicht erreicht, als sie eine mächtige Explosion aufschreckte; das Munitionsdepot der Alexandrakaserne, einer der letzten Zufluchtsorte der Belagerten, war in die Luft geflogen. Zur gleichen Zeit erreichten die Japaner das gleichnamige Hospital und erstachen alle, die sie dort fanden, einschließlich eines Verwundeten auf dem Operationstisch. Fort Canning selbst war von Rauch eingehüllt. Unaufhörlich schlugen Granaten ein, ständig ratterten die Maschinengewehre auf dem Rasen des Raffles College nebenan.

Ein Kaplan sprach ein Gebet und verabreichte allen, die es wünschten, die Kommunion. Dann ergriff Brigadegeneral Simson, der Leiter des zivilen Luftschutzes, das Wort. Er teilte mit, in vierundzwanzig Stunden werde überhaupt kein Wasser mehr vorhanden sein, es werde nach Beendigung der Kämpfe mehrere Tage dauern, bis man wieder darüber verfügen könne. Was das bei diesem ungesunden Klima bedeutete, war klar: Jetzt drohte nicht nur der Durst, sondern auch die Pest.

Dann sprachen die Abschnittskommandanten: Im Osten ließen sich die Stellungen halten, aber im Westen brach die Front zusammen. Nachdem die I. malaiische Brigade sich über alle Erwartung gut geschlagen hatte, trat sie plötzlich längs der Küste den Rückzug an und entblößte dadurch die linke Flanke der australischen Division. Der Rückzug der englischen 54. und 55. Brigade hatte deren rechte Flanke freigelegt. General Bennett hatte bereits Vorkehrungen für die Flucht getroffen, welche er anzutreten gedachte, sobald die unvermeidliche Kapitulation beschlossen sein würde. Er hütete sich jedoch, dem Kriegsrat seinen Entschluß mitzuteilen; er erklärte lediglich, er könne die wenige Munition, die er noch besitze, nur zur Verteidigung seines eigenen Frontabschnitts verwenden. Die Fenster waren mit Sandsäcken verbarrikadiert, die Ventilatoren funktionierten nicht mehr. Der Schweiß rann den Generalen über die Gesichter, die Arme und die nackten Knie. Percival faßte die Lage mit tonloser Stimme zusammen: fast kein Wasser mehr, keine Lebensmittel, keine Munition, kein Treibstoff. Die für eine Belagerung Singapurs angelegten Vorratslager waren riesig gewesen, aber die Japaner hatten sie in Besitz genommen. Die einzige Art, hinhaltenden Widerstand zu leisten, bestand darin, sie wieder zurückzuerobern. Hielten es die Generale für möglich, durch einen Gegenangriff Bukit Timah wieder zu nehmen?

Nein, das hielten die Generale nicht für möglich, sie hielten es für ganz und gar unmöglich. »Wenn es so steht«, sagte Percival, »bleibt mir nichts anderes übrig, als zu kapitulieren.«

Er zog ein Radiogramm hervor, das er soeben erhalten hatte: Java und London hatten die strengen Anweisungen der vorangegangenen Tage gemildert, Churchill hielt jetzt ein Blutbad für zwecklos, da es ja keine Hoffnung mehr auf einen Sieg gab; Wavell hatte telegrafiert, er überlasse es Percival zu entscheiden, wann der Widerstand aufhören solle.

»Jetzt«, entschied Percival. Diesem Wort folgten keine schwülstigen Phrasen. Major Wilde wurde bestimmt, dem Feind den Kapitulationsvorschlag zu überbringen. Man verfertigte aus einem Tischtuch eine weiße Fahne. Wilde fuhr in einem Jeep die Bukit Timah Road hinauf, wobei er das Zeichen der Niederlage im Fahrtwind flattern ließ. Die Straße war verlassen; auf dem Gehsteig sahen Soldaten und Zivilisten völlig unbeteiligt zu, wie sich ein Reich ergab. Nach der Kreuzung der Adams Road tauchte ein Japaner auf und machte Major Wilde Zeichen, ihm zu folgen. Das Feuer wurde eingestellt. Ein kleiner Mann mit Schnurrbart, Fangschnüren und einem langen Säbel, kam angelaufen: Major Fujita, einer jener erstaunlichen japanischen Stabsoffiziere, die man immer in der Feuerlinie fand. Eine Kleinigkeit erklärt, wieso seine Jacke entgegen den Vorschriften der strengsten Armee, die es je gab, geöffnet war: Fujita hatte eine Schulter in Gips. Ein gebrochenes Schlüsselbein konnte ihn nicht daran hindern, den Feldzug mitzumachen.

Kapitulation? Einverstanden. Die Japaner stimmten zu, natürlich unter der Bedingung, daß es sich um bedingungslose Übergabe handle und daß der Oberbefehlshaber der feindlichen Armee, Generalleutnant Percival, persönlich darum ersuche, wobei er, wie ausdrücklich verlangt wurde, neben der weißen die britische Fahne tragen müsse. Das Foto, das bei dieser Gelegenheit entstand, sollte als Symbol der aufsehenerregendsten Niederlage des Westens in die Geschichte eingehen.

Die Japaner besetzen Niederländisch-Indien

Die Alliierten hatten gegen den japanischen Angriff ein Bollwerk errichtet: ABDA, American-British-Dutch-Australian. Eine gemeinsame Kommandobehörde sollte die Verteidigung Südostasiens übernehmen. Die Leitung lag in der Hand Wavells, der einen weiteren Engländer, Sir Henry Pownall, als Generalstabschef, und einen dritten Engländer, Air Chief Marshall Sir Richard Peirse, als Befehlshaber seiner Luftstreitkräfte unter sich hatte. Das Kommando über die Seestreitkräfte sollte der amerikanische Admiral Thomas Hart, das über die Bodenstreitkräfte der Holländer General

Hein ter Poorten ausüben. Die Aufgabe des ABDA war die Verteidigung des ›malaiischen Riegels‹. Damit war Malaya selbst gemeint, aber auch Amboina und Timor. Die Mittel, die zur Erfüllung dieser ungeheuren Aufgabe zur Verfügung standen, waren ebenso unzureichend wie ungeeignet. Jeder Buchstabe der Bezeichnung ABDA bezog sich auf eine strategische Absicht, die mit den Plänen der drei anderen Partner unvereinbar war. Der Gegner, die Japaner, verfolgten außerordentlich hochgesteckte Ziele mit überaus vorsichtigen Methoden. Ihr Plan war aufgrund einer zwischen Flotte und Armee geschlossenen Übereinkunft wenige Wochen vor dem Angriff auf Pearl Harbor ausgearbeitet worden. Drei große Greifarme schoben sich in die indonesischen Inselgruppen hinein. Der westliche Greifer, ausgehend von der Kamran-Bucht in Französisch-Indochina, erstreckte sich über den Norden Borneos und zielte auf Sumatra; der mittlere ging von Formosa aus, lehnte sich an die Philippinen an und umfaßte durch die Makassar-Straße Westcelebes, Ostborneo, Lombok und Bali; der östliche ging vom Archipel Palau aus, lehnte sich gleichfalls an die Philippinen an, durchlief die Molukkensee, umfaßte Amboina und Timor und bedrohte Australien. Diese Arme schoben sich systematisch von einer Insel zur nächsten vor; keine neue Vorwärtsbewegung erfolgte, ohne daß die letzte Eroberung durch eine Marineluftbasis gesichert worden war. Das Zentrum, auf das alle zustrebten, war Java. Die Eroberung dieser reichen Insel sollte die Krönung aller Eroberungen sein. Zusammen mit Malaya, Indochina, Siam, Burma, mit China und der Mandschurei würde es unter der bescheiden philanthropischen Bezeichnung ›Sphäre gemeinsamen Wohlstandes‹ ein großartiges Reich bilden.

Vor und nach dem Fall Singapurs wurde dieser umfassende Plan weitergeführt. Der britische Teil Borneos wurde im Dezember erobert, ebenso der Süden von Mindanao, wo die Japaner in Davao eine große Zwischenlandebasis errichteten. Im Januar fanden Landungen in Tarakan und Balikpapan im Osten Borneos, in Menado und Kendari, auf Celebes sowie in Amboina statt. Im Februar waren Bali und Sumatra an der Reihe. Es handelte sich nie um besonders auffallende Operationen. Ein paar Transportschiffe, geleitet von einigen Kreuzern, setzten ein oder zwei Bataillone an Land, die den Hafen, ein Gummilager oder eine Ölraffinerie unbeschädigt zu erobern suchten. Die holländischen oder britischen Abteilungen wehrten sich, so gut sie konnten, und zogen sich manchmal, wie in Sarawak, in den Dschungel zurück, um der Gefangenschaft zu entgehen. Ernsten Widerstand gab es bei der Eroberung Indonesiens jedoch nicht. Amerika war zu einer Gegenoffensive noch nicht bereit. Der Ehrgeiz Admiral Kings und Admiral Nimitz' beschränkte sich darauf, die Verbindung zwischen Kalifornien und Australien aufrechtzuerhalten. Ehe man mehr versuchen konnte, mußte die Flotte wieder ergänzt sein.

In der zweiten Februarhälfte war die Isolierung Javas vollendet. Die mächtigen Greifarme schlossen sich um die Insel. Im Westen hatte ein japanisches Regiment – nach einer mißglückten Landung von Fallschirmjägern – Palembang auf der Insel Sumatra genommen, wo es reiche Öllager vorgefunden hatte. Im Osten war es durch ein vernichtendes Luftbombardement gelungen, die Verbindungen zwischen Java und Australien zu unterbrechen, wobei Stadt, Hafen und Flughafen von Port Darwin zerstört worden waren. Die 48. japanische Division, die von den Philippinen abgezogen worden war, hatte Bali besetzt, das von Java nur durch eine schmale, gewundene Meerenge getrennt ist. Nun lag die Beute – neben Singapur der wichtigste Preis dieser Unternehmung – vor den Japanern. Was zwei Monate vorher unvorstellbar erschienen war, die Vernichtung zweier großer europäischer Reiche und der Umsturz einer seit drei Jahrhunderten bestehenden Ordnung, vollzog sich mit magischer Schnelligkeit und Leichtigkeit. Die Revanche Asiens hatte riesenhafte Ausmaße angenommen!

In Java war die Verwirrung unbeschreiblich. Die Menschen, denen es irgendwie gelungen war zu entkommen, strömten auf der Insel zusammen. Tausende von Zivilisten und Soldaten aus Singapur hatten die holländischen Besitzungen erreicht; die einen durch reguläre Evakuierung, wie beispielsweise 10000 RAF-Soldaten, die anderen als Flüchtlinge oder Deserteure. Schreckliche Abenteuer hatten sie dezimiert, aber trotzdem waren es riesige Menschenmassen, die sich, verdoppelt durch die Flüchtlinge aus Sumatra, auf Java gestürzt hatten. Der Hafen von Batavia, Tandjung Priok, war von Menschen und Schiffen überfüllt. Die Lage der Marinebasis Surabaja war wegen der heftigen Bombardements noch bedrohlicher. Die ängstlichen Indonesier flohen, Hungersnot und Epidemien drohten. Es fehlte an allem, einschließlich des Öls für die Maschinen der Schiffe, und das in diesem Land des Überflusses an Öl, in dem die Japaner mit spielerischer Leichtigkeit ungeheure Treibstofflager eroberten. Die verzehrende Sonne und die ständigen Regenfälle erschöpften und demoralisierten die ihrer kolonialen Bequemlichkeit entrissenen Europäer, die plötzlich wie obdachlose Flüchtlinge zu leben gezwungen waren. Wavell war nicht der Mann, der kühn und entschlossen diese schwierige Lage hätte meistern können. Er war zwar nicht mehr im Lazarett, aber er wankte gebeugt umher und stöhnte abwechselnd über seinen verletzten Rücken oder über sein schlimmes Schicksal. Sein ABDA funktionierte nicht. Der alte Admiral Hart war von Roosevelt wegen seiner Streitigkeiten mit den Holländern abberufen worden. Aber ebenso wie Hart glaubte Wavell, daß Niederländisch-Indien nicht zu halten und Java eine Falle sei, in der er keinesfalls gefangen werden wollte. Er nahm dem Komitee der Generalstabschefs den Mut, das aus dem Mittleren Osten abgezogene australische Korps dorthin zu schicken, und verlangte von sich aus die Auflösung seines Kommandos. Sein bedauernder Ausspruch: »I hate the idea of leaving these stouthearted Dutchmen...« (›Mir ist der Gedanke zuwider, diese beherzten Holländer zu verlassen...‹) war vielleicht aufrichtig gemeint. Nichtsdestoweniger verließ Feldmarschall Sir Archibald Wavell am 25. Februar mit großer Hast und unaussprechlicher Erleichterung Java.

»These stouthearted Dutchmen« blieben allein. Ein ungerechtes Los: Während des Feldzuges in Malaya, während der Belagerung Singapurs hatten sie mit allen verfügbaren Kräften – insbesondere mit ihrer Jagdwaffe – den britischen Widerstand verstärkt. Ihre Handvoll alter Unterseeboote hatte mehr Tonnen japanischen Schiffsraums versenkt als sämtliche Marine- und Luftstreitkräfte Großbritanniens und der Vereinigten Staaten zusammengenommen. Auf Java zusammengedrängt, kämpften sie um Haus und Herd. Eine halbe Million Holländer war auf der Insel heimisch geworden, der Großteil von ihnen dachte nicht an Rückkehr nach Holland. Durch eine Unzahl von Mischehen hatte sich ihr Blut mit dem der Einheimischen vermengt. Die niederländische Herrschaft war so alt, daß es niemandem, weder Indonesiern noch Holländern in den Sinn kam, sie könnte enden. Als im Mai 1940 die Niederlande besetzt wurden, hatte sich der Geist des Widerstandes auf Niederländisch-Indien übertragen. Die Holländer gaben nicht auf. Generalgouverneur Jonkheer Dr. van Starkenborgh-Stachouwer, General Hein ter Poorten und die Admirale Helfrich und Doorman glaubten einfach nicht, daß die Japaner unbesiegbar seien. Und als man sie vor die vollendete Tatsache stellte, erklärten sie: »Wir kämpfen bis zum Ende.«

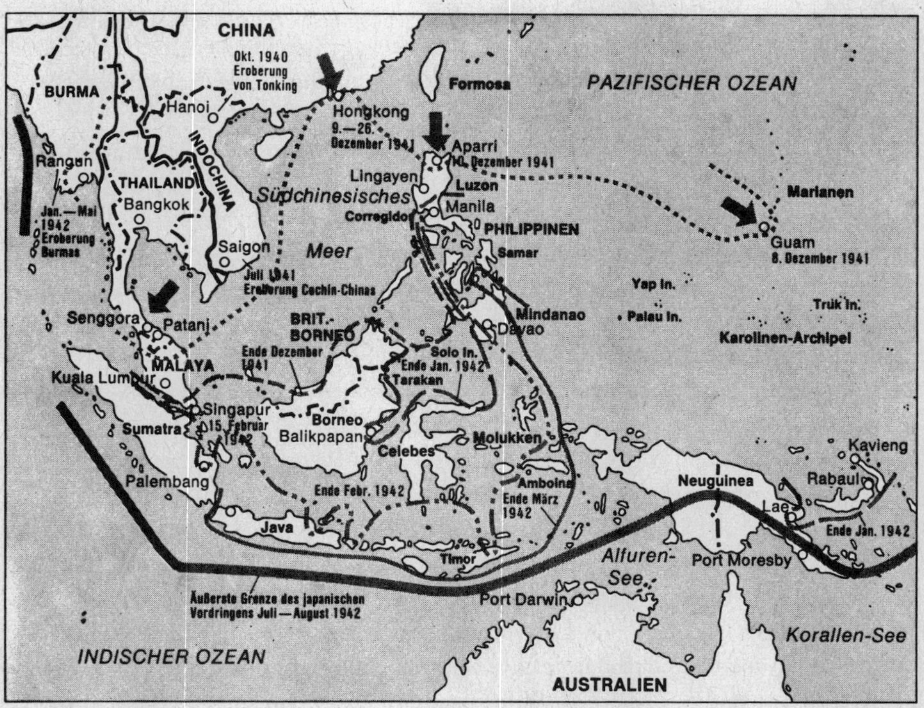

Karte 25 Die Eroberung Südostasiens durch die Japaner (Dezember 1941 bis August 1942)

Am frühen Nachmittag des 27. Februar kehrte Konteradmiral Doorman eben nach Surabaja zurück, als ihn ein Befehl Vizeadmiral Helfrichs erreichte: Angriff auf die östlich von Bawean auftauchenden feindlichen Kräfte. Bawean ist eine kleine Insel, nur etwa sechzig Meilen von Surabaja entfernt. Der Angriff auf Java hatte begonnen. Doorman befehligte die alliierten Flotteneinheiten, die noch in Südostasien vorhanden waren: den schweren englischen Kreuzer *Exeter*, den amerikanischen schweren Kreuzer *Houston*, den australischen leichten Kreuzer *Perth*, die holländischen leichten Kreuzer *De Ruyter* und *Java* sowie eine Handvoll Zerstörer. Die Überlegenheit der japanischen Streitmacht, gegen die er um 16 Uhr 16 das Feuer eröffnete, war nicht erdrückend, wenngleich ein Turm der *Houston* nicht einsatzfähig war und die schweren Kreuzer *Haguro* und *Nachi* zwanzig 30-cm-Geschütze gegen Doormans neun einsetzten. Aber der alliierte Verband war zu heterogen, er hatte keinen gemeinsamen Signalcode; und den Kommandanten fehlte es an Vertrauen zu ihrem Admiral. Die *Exeter* erhielt einen Treffer im Kesselraum, verließ die Kampflinie und flüchtete angeschlagen nach Surabaja. *Java* und *De Ruyter* wurden torpediert und sanken; die letztere nahm den beherzten Admiral Doorman mit in die Tiefe. *Houston* und *Perth* erreichten Tandjonk Priok, wurden aber am 1. März bei dem Versuch, durch die Straße zwischen Java und Sumatra in den Indischen Ozean zu fliehen, versenkt. Die *Exeter*, die auf anderem Kurs ebenfalls die Flucht wagte, ereilte das gleiche Los. Die alliierten Marinestreitkräfte in Südostasien waren vernichtet, das Schicksal Javas war besiegelt.

Am 1. März, durch den aufopfernden Doorman nur vierundzwanzig Stunden aufgehalten, landeten die Japaner im Osten und Westen. Die Garnison an Land bestand aus vier holländischen Regimentern, zusammen 25000 Mann, verstärkt durch ein australisches Bataillon und eine britische motorisierte Schwadron. Die Luftstreitkräfte setzten sich aus 150 verschiedenen Maschinen zusammen. Die Japaner konnten sechs Divisionen gegen die Insel schicken, außerdem eine Marineluftstreitmacht von erdrückender Überlegenheit.

Die Landung im Osten erfolgte in einer wunderschönen Tropennacht. Die 48. Division marschierte zur gleichen Zeit gegen den kleinen Hafen Tjilatjap, um Java in zwei Teile zu schneiden, und gegen Surabaja, um das Arsenal zu erobern. Die beiden Ziele wurden unter geringfügigen Verlusten am Siebenten erreicht.

Die Landung der 2. Division im Westen war ebenso erfolgreich. Eine Kolonne marschierte über die Küstenstraße nach Batavia, eine zweite durch das Innere nach Buitenzorg. Das weiter östlich gelandete 230. Infanterieregiment überschritt das Gebirge und rückte gegen Bandung vor. Die von den Europäern geschaffene Stadt, ein Paradies der Kühle über der Gluthitze der Ebenen, war das letzte Bollwerk der Verteidiger. Es bestand sogar ein Plan, den Widerstand in den umgebenden Bergen durch Guerillas weiterführen zu lassen. Aber die Holländer hatten sich getäuscht: Die einheimischen Sundanesen zeigten keineswegs die loyale Haltung, die man von ihnen erwartet hatte. Das war eine der Überlegungen, auf die General ter Poorten beim Kriegsrat am Fünften hinwies, um die Lage in schwarzen Farben zu malen. Batavia war widerstandslos aufgegeben, Buitenzorg mit Gewalt genommen worden. Alle Gegenangriffe waren gescheitert; Lebensmittel, Munition und Treibstoff begannen zu fehlen; die Hospitäler von Bandung waren voll Verwundeter, und die Eingeborenen empfingen die Japaner mehr oder weniger freudig als Befreier...

Man beschloß, dennoch Widerstand zu leisten. Aber dieser Entschluß war nicht von Dauer. Vom Westen und Norden kommend, trafen die Japaner am Siebenten am Rande von Bandung ein. Jetzt konnte man entweder kapitulieren oder an Ort und Stelle sterben oder als Guerillakämpfer in den feuchtheißen Urwald gehen... Man kapitulierte schließlich. Aber wie bei Percival in Singapur war es mehr als die Kapitulation einer Armee: Ein Reich trat ab.

MacArthur verläßt die Philippinen: »Ich komme wieder...«

Am 16. Januar waren die Japaner in Burma eingedrungen, am 7. März hatten sie Rangun erobert, sie waren auf den Inseln des Bismarckarchipels gelandet und hatten am 24. Januar Rabaul genommen. Die Eroberung Ranguns bedeutete, daß die Landverbindung mit Tschiangkaischek bald unterbrochen sein würde und der Angriff auf Indien bevorstand. Die Eroberung Rabauls, weniger als 1200 Meilen von Brisbane entfernt, hatte zur Folge, daß Australien in Gefahr war.

In der Mitte des ›Ölflecks‹ flatterte – in Bataan und auf der kleinen Insel Corregidor – noch die amerikanische Flagge. Die Japaner hatten den Amerikanern den Widerstand erleichtert, indem sie Homma seine beste Division, die 48., entzogen und zur Eroberung Javas abgestellt hatten. Die Angreifer waren deshalb vor allem alte Reservisten; die kaiserliche Marine war anderwärts beschäftigt, und die Luftstreitkräfte waren zweite Garnitur.

Der Generalstab in Tokio hatte keinen Grund, für eine Stellung, deren Bedeutung nebensächlich und deren Fall unabwendbar war, besondere Risiken einzugehen. Der einzige Nachteil, der sich von Woche zu Woche stärker bemerkbar machte, war der Prestigezuwachs, den Amerika aus der Fortsetzung des Kampfes zog: Das uneinnehmbare Singapur war gefallen, aber das unbedeutende Corregidor hielt sich noch immer!

Nichtsdestoweniger war die Situation in Bataan verzweifelt. Die Japaner kämpften trotz ihrer Schwäche erbittert. MacArthur hatte seine beiden Armeekorps, Wainwright links, Parker rechts, vor Abucay postiert, aber Oberst Takeshi, der in den

Dschungel, der die Hänge des Berges Natib bedeckte, eingedrungen war, hatte den Amerikanern die Hälfte der Halbinsel abgenommen. Dann versuchten die Japaner dem Spiel ein Ende zu machen, indem sie hinter den feindlichen Linien landeten. Sie wurden aufgehalten, zogen sich jedoch in die Grotten der Kaps Quinauan und Longoskawajan zurück, wo sie mit solchem Gleichmut Widerstand leisteten, daß die Amerikaner nur einen einzigen Gefangenen machten, obwohl Hunderte von Japanern der Hitze und dem Hunger zum Opfer fielen. Die Angreifer waren erschöpft. Der Monat Februar verging in fast vollkommener Ruhe. Aber ob nun Ruhe war oder nicht: Jeder Tag brachte die Verteidiger Bataans ihrem Verderben näher. Die herrliche Halbinsel mit ihren beiden großen Vulkanen und der üppigen Vegetation hat ein überaus ungesundes Klima. Ruhr, Malaria und Beriberi verbreiteten sich immer stärker. Die Chininvorräte waren erschöpft, es fehlte an Medikamenten, die beiden Feldhospitäler waren Leichenhäuser. Die Amerikaner wurden auf halbe Ration gesetzt. Die Filipinos erhielten nur eine Handvoll Reis, bis MacArthur endlich bis zu einem gewissen Grad gleiche Lebensbedingungen herstellte. Man verzehrte wilde Büffel, Affen und Reptilien. Die physische Not schwächte den Körper, Langeweile und Verzweiflung machten die Psyche krank. Ein Soldatenlied, das unter den Männern entstand, die wußten, daß sie auf keine Hilfe zählen konnten, drückte ihre resignierte Bitterkeit aus, nährte und verstärkte sie: ›Wir sind die kämpfenden Bastarde von Bataan – keine Mammi, kein Pappi, kein Onkel Sam – niemand kümmert sich einen Dreck um uns.‹ Anfänglich hatte MacArthur großartig gelogen: Er hatte im Tagesbefehl angekündigt, daß Hilfe auf dem Weg sei, daß Tausende von Soldaten, Hunderte von Flugzeugen kommen würden. Jetzt gab sich niemand mehr die Mühe, diese Illusion aufrechtzuerhalten.

Für die Eingeschlossenen von Bataan schien Corregidor ein Paradies. Der Felsen war von der Halbinsel 1500 Meter weit entfernt: Er schien eine Insel der Sicherheit und des Überflusses zu sein, bewohnt nur von Privilegierten. In Wirklichkeit brodelte es dort von Streitereien und Mißhelligkeiten. Präsident Quezon schäumte. Eine Rede Roosevelts, in der dem Krieg gegen Hitler das Primat eingeräumt worden war, versetzte ihn in einen solchen Zustand der Wut, dem seine angegriffene Gesundheit beinahe zum Opfer gefallen wäre. Er erhob sich in seinem Rollstuhl und tobte, er wolle nichts mehr von Amerika, nichts mehr von Europa hören. Sein Volk verbrannte und starb in einem Krieg, der es nichts anging, und für eine Fahne, die außerstande war, es zu schützen. Er sandte ein wütendes Protesttelegramm an Roosevelt, in dem er verlangte, die Amerikaner sollten die Philippinen räumen, damit diese ihre Neutralität erklären könnten. Schließlich gelang es MacArthur, ihn abzuschieben. Ein Unterseeboot brachte den hitzigen Patrioten nach Mindanao. Drei Wochen lang weigerte er sich, philippinischen Boden zu verlassen, dann erklärte er sich bereit, nach Australien zu gehen. Er starb schließlich im Exil in Washington.

MacArthur selbst blieb. Die ›Rose von Tokio‹ prophezeite ihm, man werde ihn vor dem Kaiserpalast hängen. Er erwog, durch die japanischen Linien zu gehen und in den Bergen den Guerillakrieg zu organisieren, wenn die Kapitulation unvermeidbar sein sollte. Aber Roosevelt entschied anders. Am 22. Februar schlug er Admiral King und General Marshall vor, MacArthur aus Corregidor zurückzuberufen und ihm den Südpazifik anzuvertrauen, um die Anarchie abzuwenden, die der Zusammenbruch des ABDA und der Streit Churchill–Curtin im dortigen Kommando hervorgerufen hatten. Marshall war trotz seines langjährigen Zwistes mit MacArthur einverstanden. Der entsprechende Befehl ging sofort hinaus. MacArthur war, ungeachtet seiner komödiantischen Neigungen, ein wirklich ehrenhafter und mutiger Mann. Der Gedanke, als Kapitän der erste zu sein, der sein verlorenes Schiff verließ, war ihm unerträglich. Er weigerte sich zuerst zu gehorchen, dann verzögerte er die Ausführung des Befehls 14 Tage lang. Endlich, am 10. März, ließ er Wainwright kommen und übergab ihm das Kommando, das nur mehr in Tod oder Gefangenschaft enden konnte. Die Abfahrt aus dem durch Bomben zerstörten Hafen Corregidor erfolgte bei Nacht. MacArthur wollte kein Unterseeboot benutzen, das paßte nicht zu seinem theatralischen Gehabe. Die vier Torpedoschnellboote, die es noch in Corregidor gab, gebrechliche Sperrholzkonstruktionen, geschwärzt in wochenlangem Kampf, sollten ihn, seine Frau, seinen Sohn und einige Offiziere nach Cagayan bringen, von wo er mit einer B-17 nach Australien fliegen sollte – ein in den vom Feinde beherrschten Gewässern höchst gefährliches Unternehmen. Aber MacArthur war der Ansicht, daß allein äußerste Gefahr die skandalösen Umstände seiner Abfahrt kompensieren konnte. Er nahm von dem klapperdürren Wainwright Abschied, bestieg, seine goldstrotzende Mütze auf dem Kopf, sein kleines Boot und erklärte: »Ich komme wieder...« Als man den ›Bastards‹ von Bataan berichtete, auf welche Art ihr Oberbefehlshaber sie verlassen hatte, quittierten sie diesen Ausspruch mit einem Pfeifkonzert.

XV. Kapitel April bis Juni 1942
Das Wunder von Midway

Bomben auf Tokio

Der Frühling 1942 war für Japan eine jener kurzen Perioden des Hochgefühls, wie sie Völker manchmal durchleben: Athen nach Salamis, England nach Höchstädt, Frankreich nach Jena, Deutschland nach Dünkirchen... Der Eindruck der Unbesiegbarkeit lähmt den Gegner. Den Siegern scheint nichts unmöglich, den Besiegten alles zu mißlingen.
Nach den japanischen Plänen hätte die Eroberung Südostasiens fünf Monate dauern sollen; sie war in dreien beendet: 7. Dezember (Pearl Harbor) – 9. März (Kapitulation Javas). Sechs Monate waren für die Wiederherstellung der Bergwerks- und Industrieanlagen vorgesehen; das genügte. Der Preis, der für diese großartigen Erfolge gezahlt wurde, war unglaublich niedrig. Die Armee hatte keine 5000 Toten zu beklagen. Die Marine hatte nur 23 Schiffe verloren, deren größtes ein Zerstörer war. Man hatte die deutschen Siege für Meisterwerke der Ökonomie und Schnelligkeit gehalten; aber die japanischen Siege waren noch perfekter. Am 18. April zog die erste Wolke über die strahlende Sonne Japans. Pearl Harbor schrie nach Rache. Auch die kühne Tat eines japanischen U-Bootes, das vor Los Angeles aufgetaucht war und die Küste Kaliforniens beschossen hatte – der erste solche Fall in der Geschichte des Landes – war unbestraft geblieben. Roosevelt befragte Admiral King, ob es möglich wäre, zur Vergeltung Tokio zu bombardieren. Das war ein überaus schwieriges Unterfangen. Es gab kein Marineflugzeug, das für diese Aufgabe geeignet war. Das Problem, Bomber von einem Flugzeugträger aufsteigen zu lassen, hatte man gelöst, aber das Problem, wie man sie wiederaufnehmen sollte, blieb bestehen. Die Beendigung des Einsatzes mußte daher auf dem Gebiet einer befreundeten Macht erfolgen. Rußland kam aufgrund seiner behutsamen Neutralität Japan gegenüber nicht in Frage. Also blieb nur China. Aber aus Geheimhaltungsgründen war es nicht möglich, Tschiangkaischek zu sagen, warum man von ihm verlangte, er solle die amerikanischen Bomber landen lassen. Mißtrauisch gab er fünf Flugfelder an, die einen in gefährlicher Nähe der japanisch besetzten Gebiete, die anderen gefährlich weit im Inneren Chinas. Technische Daten, wie etwa die Anflugbedingungen, waren unbekannt. Das von Roosevelt geforderte Unternehmen bestand darin, mit zweimotorigen Bombern und einer Last von 10 Tonnen von einem zu kurzen Deck aufzusteigen, 500 Meilen über vom Feind beherrschter See zurückzulegen, die feindliche Hauptstadt ohne Jagdschutz anzugreifen, und dann noch 700 Meilen zurückzulegen, um in unbekanntem Gebiet zu landen!

Die Vorbereitungen begannen trotzdem. In drei Bombergruppen wurden Freiwillige für einen außerordentlich gefährlichen Einsatz angefordert: 200 meldeten sich, 80 wurden ausgewählt. Sie stellten die Besatzungen der 16 B 25, die man auf dem neuesten Träger, der *Hornet*, unterbringen konnte. Die Ausbildung der Flieger und die Ausrüstung der Maschinen begannen in Florida und wurden in Kalifornien fortgesetzt. Die Armierung wurde ausgebaut, um zusätzliche Treibstofftanks anbringen zu können, aber man baute hölzerne Maschinengewehrattrappen ein, um die feindlichen Jäger einzuschüchtern. Am 1. April passierte die *Hornet* mit ihrer Fracht das Golden Gate. Ein Begleitträger, der von den Hawaii-Inseln kam, die *Enterprise*, schloß sich ihr mit 4 Kreuzern, 8 Zerstörern und zwei Ölschiffen an. Leiter des Unternehmens war Admiral William F. Halsey. Der Fliegeroffizier, der die Kampfflugzeuge führen sollte, war Oberstleutnant James H. Doolittle, Kalifornier von Geburt, Absolvent des Massachusetts Institute of Technology, Ingenieur und Bomberpilot.
Am 18. um 2 Uhr 10 morgens wurden auf den Radarschirmen des Geschwaders zwei Schiffe ausgemacht. Stunden danach versenkte der Kreuzer *Nashville* das japanische Patrouillenboot *Karita Maru* und verbrauchte dabei übermäßig viel Munition. Der Verband wußte also, daß er entdeckt war. Er war noch 650 Meilen von der japanischen Küste entfernt. Geplant war, daß der Verband während des ganzen Tages noch weitermarschieren sollte; die Flugzeuge sollten dann bei Sonnenuntergang starten. Halsey schlug vor, das Unternehmen abzublasen, aber Doolittle wollte nicht aufgeben. Er nahm das Risiko auf sich, das sich aus der weiteren Entfernung und aus der Tatsache ergab, daß der Angriff jetzt statt bei Nacht bei Tag durchgeführt werden mußte.
Die erste Maschine, die Doolittles, startete um 7 Uhr 25; die See toste und besprühte das Flugdeck mit Gischt. Eine Stunde später waren die sechzehn Maschinen in der Luft. Es war vereinbart, daß die ersten dreizehn Tokio und Jokohama bombardieren sollten, während die drei letzten Osaka, Kobe und Nagoja zu übernehmen hatten. Amerika gab seine Visitenkarte in Japan ab.
Doolittle und seine zwölf Gefährten erschienen genau zu Mittag über Tokio. Man hielt die Amerikaner für Japaner, denn soeben war ein Scheinangriff beendet worden. Eine einzige Maschine wurde von der verspätet einsetzenden Flak getroffen. Die Bomben wurden aus geringer Höhe abgeworfen, die Ziele waren Arsenale, Kasernen, Docks, Raffinerien und Stahlwerke; aber es blieb bis heute unmöglich, Art und Ausmaß der verursachten Schäden festzustellen. Glücklicherweise begünstigte Rückenwind die Angreifer bei ihrem Weiterflug und kompensierte in gewissem Maße die zusätzliche Entfernung. Nichtsdestoweniger gestaltete sich das Ende des Unternehmens schwierig und gefährlich. Eine einzige Maschine ging auf einem Flugplatz nieder: in Wladiwostok; die Besatzung wurde interniert. Elf Besatzungen stiegen mit dem Fallschirm aus, vier Maschinen vollführten eine Bruchlandung. Nur fünf Flieger verloren dabei das Leben.

Die Besatzungen der Leutnants Hallmark und Farrow jedoch, die von den Japanern gefangengenommen waren, verurteilte ein Kriegsgericht zum Tode. Die beiden Kommandanten wurden enthauptet, ebenso der Bombenschütze Sergeant Spatz, der unter der Folter gestanden hatte, absichtlich auf eine Schule gezielt zu haben. Der Angriff selbst war kostspielig gewesen, das materielle Resultat ohne Bedeutung, die moralische Wirkung jedoch beträchtlich. ›Doolit' do it‹ wurde ein amerikanischer Slogan – das Versprechen durchschlagender Vergeltungsmaßnahmen für die Schande von Pearl Harbor.

Zur Zeit, da Tokio von ein paar Haudegen bombardiert wurde, errangen die japanischen Streitkräfte einen neuen leichten Sieg. England stand am Rand einer noch schwereren Katastrophe, als es der Verlust Malayas gewesen war.
Nach dem Fall Singapurs bildete Ceylon die Riegelstellung. Admiral Layton, dessen Ratschläge, wenn sie befolgt worden wären, den Verlust der *Prince of Wales* verhindert hätten, wurde zum Marinebefehlshaber der Insel ernannt, Admiral Somerville zum Flottenbefehlshaber. Die Admiralität sammelte ihre letzten Reserven. Somerville erhielt zwei große und einen kleinen Träger, *Indomitable*, *Formidable* und *Hermes*, außerdem die unverwüstliche *Warspite*; die Schäden, die sie im Mittelmeer davongetragen hatte, waren repariert worden. Dazu kamen die völlig antiquierten vier ›R‹, *Resolution*, *Ramillies*, *Royal Sovereign* und *Revenge*, außerdem zwei schwere Kreuzer mit 28-cm-, fünf leichte Kreuzer mit 20-cm-Geschützen, darunter der Holländer *Heemskerck*. Sechzehn Zerstörer und sieben Unterseeboote vervollständigten dieses Sammelsurium verschiedenster Schiffstypen. Eine geheime Basis ›T‹ genannt, wurde auf den Malediven eingerichtet. Das war die größte Massierung von Marinekräften, zu der England östlich von Suez imstande war.
Am 2. April verließ Admiral Nagumos Kampfgruppe die Javasee und lief in den Indischen Ozean ein. Nach Pearl Harbor war es Admiral Nagumos Verband gewesen, der Port Darwin zerstört hatte. Er zählte jetzt fünf Träger, vier Schlachtschiffe, drei Kreuzer, acht Zerstörer und stellte unleugbar das ruhmreichste Geschwader der Welt dar. Während Nagumo auf Ceylon zumarschierte, lief ein anderer Verband unter Admiral Ozawa, bestehend aus einem Träger, sechs Kreuzern und acht Zerstörern durch den Golf von Bengalen in Richtung Kalkutta. In diesen von den Engländern eifersüchtig bewachten Gewässern, die einem Subkontinent vorgelagert waren, der immer noch als Pfeiler des britischen Weltreiches angesehen wurde, hielt die Streitmacht eines farbigen Volkes stolz Einzug.
Die Lage in Indien war seltsam. Die Massen dort waren aus ihrer dumpfen Lethargie noch nicht erwacht. Abermillionen von Menschen wußten gar nicht, daß ein großer Krieg stattfand, der sich ihrem Land näherte. Ein paar tausend englische Soldaten, ein paar hundert Beamte des Indian Civil Service hielten die Pax Britannica aufrecht.

Die Fürsten, die 80 Millionen Untertanen beherrschten, blieben weiter loyal, und sie waren es, die den größten Teil der zwei Millionen Freiwilligen zur Verfügung stellten, die England unter seine Fahne gebracht hatte. Aber die zwei großen politischen Parteien Indiens, die Moslem-Liga Jinnahs und die Kongreßpartei Gandhis und Nehrus, lehnten es ab, sich in dem Kampf gegen die verschiedenen Formen des Totalitarismus für England auszusprechen. Die Bedrohung Indiens, behaupteten sie, sei eine Folge der Anwesenheit Englands: Wenn die Engländer abzögen, würde Indien seine Neutralität erklären, und die Bedrohung wäre aufgehoben. Andere Aktivisten behaupteten, die Sache Indiens sei an die Sache Japans gebunden, kraft der Solidarität der asiatischen Völker, und an die Sache Hitlers, aufgrund des Kampfes, den Deutschland gegen die großen räuberischen Reiche führe. Chandra Bose, der ins Exil gegangen war, um mit Hilfe Berlins und Tokios eine Armee der nationalen Befreiung aufzubauen, war der ungekrönte König Bengalens. Ein Ereignis wie das Erscheinen siegreicher japanischer Streitmächte konnte in ganz Indien schwere Erschütterungen hervorrufen.
In strategischer Hinsicht konnte das Unternehmen Ceylon noch andere unberechenbare Folgen haben. Daß sich Japaner und Deutsche im Nahen Osten die Hand reichten, lag keineswegs außerhalb der Möglichkeiten. Von Colombo bis Suez ist die Entfernung geringer als von Kobe nach Colombo, und auf dem Weg lag kein mit Singapur vergleichbares Hindernis. Das einzige, was im Wege stand, war die bunt zusammengewürfelte Flotte Admiral Somervilles. Wenn sie vernichtet wurde, hinderte nichts Nagumo daran, sich mit Rommel zu vereinigen. Diese Flotte nun versuchte Nagumo aufzuspüren. Somerville wich geschickt aus. Er war sich seiner Verantwortung bewußt und widersetzte sich Churchills Drängen, der wie immer Kampf wollte. Der Admiral hielt sich östlich von Ceylon auf, in der Nähe seiner geheimen Basis auf den Malediven, deren Bestehen die Japaner glücklicherweise nicht entdeckt hatten. Nach Pearl Harbor, nach Port Darwin, schlugen Nagumos 300 Flugzeuge auf Colombo und Trinkomali los. Sie fanden die Schweren Kreuzer *Dorsetshire* und *Cornwall*, den Träger *Hermes*, den Zerstörer *Vampyre*, die Korvette *Hollyhock* und schickten sie auf den Grund. Das Geschwader Ozawa seinerseits streifte durch den Golf von Bengalen, riegelte den Hafen von Kalkutta ab, isolierte Burma und versenkte oder kaperte Handelsschiffe mit insgesamt 112000 Tonnen. Diesen beschämenden Verlusten hatten die Engländer nicht einmal die Zerstörung einer Schaluppe entgegenzusetzen. Somerville, der seine unnützen vier ›R‹ entlassen hatte, entkam mit seinen beiden Trägern den Luftpatrouillen, die den Raum um Ceylon absuchten. Wie lange würde das Glück noch auf seiner Seite sein?
Plötzlich geschah das Wunder: Nagumo drehte ab. Er tat es im Bewußtsein seines Sieges. Der Admiralstab in Tokio hatte ihn zurückgerufen, völlig zufrieden mit den Erfolgen der Operation, den Verlusten, die er dem Feind zugefügt hatte, der Demon-

stration japanischer Herrschaft im Indischen Ozean. In Wirklichkeit verbarg sich hinter dem glänzenden Erfolg ein nicht wieder gutzumachender Fehler. Japan ließ die Gelegenheit ungenutzt, eine Revolution in Indien zu entfachen, die arabische Welt mitzureißen, seine Operationen mit denen seiner europäischen Verbündeten zu vereinigen. Der Höhepunkt seiner Siegeskurve war am 9. April um neun Uhr früh erreicht, als Nagumo vor Trinkomali, im Angesicht der sicheren Beute Ceylon, seinen Schiffen Befehl gab, Kurs auf Singapur zu nehmen.

Die Entscheidung des Kaiserlichen Hauptquartiers war von jener Mischung aus Defensivgeist und äußerster Aggressivität diktiert, welche die Strategie Japans kennzeichnete. Als alle wesentlichen Eroberungen gemacht waren, trachtete Japan diese zu schützen, indem es den sie umgebenden Sicherheitsgürtel verbreiterte. Der neue Gürtel sollte im Süden Neuguinea einschließen, die Salomoninseln, die Neuen Hebriden, Neukaledonien und die Fidschiinseln. In der Mitte sollten Midway und im Norden der Bogen der Alëuten dazugehören. In Richtung Amerika sollte sich die neue Meeresstraße ausbreiten. Auf der anderen Seite, vom schwachen, zermürbten England her, drohte keine Gefahr mehr. Also wurde dort die Sicherheitslinie nicht verlegt. Sie verlief unverändert vor den Sundainseln, Siam und Burma.

Wieder im Pazifik, teilte sich der Verband. Nagumo kehrte mit seinen Schlachtschiffen und drei Trägern nach Japan zurück. Konteradmiral Tadaichi Hara führte die *Zuikaku* und die *Shokaku* zu neuen Kämpfen nach Südosten.

Die Schlacht in der Korallensee

MacArthur verstand es, sich in Szene zu setzen. Jeder andere General, der seine Truppen verlassen hätte, wie er es hatte tun müssen, wäre mit einem Komplex nach Australien gekommen. Er aber zog dort als Held ein. Roosevelt half ihm nach Kräften. Die höchste amerikanische Auszeichnung, die Congressional Medal of Honor, erwartete den General in Melbourne. Die gefährliche Reise von Corregidor her wurde als Heldentat gefeiert. Er setzte das marmorne, geheimnisvolle Gesicht des vom Schicksal Auserwählten auf. Er verkörperte den Sieg, und rund um ihn lebte die Zuversicht wieder auf.

London und Washington hatten sich in die Verteidigung der Welt geteilt. Es gab drei große strategische Zonen. In der Zone Europa–Atlantik sollten die Operationen gemeinsam geführt werden. In der Zone Mittlerer Osten–Indischer Ozean hatte Großbritannien die Leitung. In der Pazifikzone übernahmen die Vereinigten Staaten die Verantwortung. Sie teilten ihre Zone in zwei große Sektoren: das Gebiet des Pazifischen Ozeans und das Gebiet des Südwestpazifiks. Im ersten Sektor gab es

Im Frühjahr 1942 traten die Japaner zur Großoffensive auf Burma an. Japanische Truppen beim Angriff auf den Erdölfeldern von Yenanggyang (oben). – Kurz zuvor war Singapur in die Hände der Japaner gefallen. Englische Parlamentäre – mit weißer Fahne Major C. A. T. Wild – auf dem Weg zur Kapitulation (unten).

Bei der Schlacht bei Midway im Pazifik vom 3. bis 7. Juni 1942 wurde von der Schiffsartillerie kein einziger Schuß abgefeuert. Allein Flugzeuge und Flak traten bei dieser Trägerluftschlacht in Aktion: Die USA verloren den Träger *Yorktown* (oben), die Japaner dagegen vier Träger und unter anderem einen Kreuzer der Mogamoklasse (unten). Midway brachte die Wende im Pazifik-Krieg.

ungeheure Meeresflächen, im zweiten die großen Inseln: Australien, Neuguinea, die Philippinen, Indonesien. Den Befehl im ersten Sektor führte Nimitz, den Befehl im zweiten MacArthur.

In Australien herrschte düsterer Pessimismus. Die Australier waren der Ansicht, sie benötigten mindestens 25 Divisionen, um ihren Inselkontinent zu verteidigen. Bei einer Bevölkerung von 7 Millionen konnten sie im höchsten Fall ein Dutzend Divisionen aufbringen. Mit 15 britisch-amerikanischen Divisionen zu rechnen wäre eine Illusion gewesen. Man zog die Preisgabe des gesamten Westens und Nordens in Betracht, um die Linie Adelaide–Brisbane zu verteidigen, die die wichtigsten Energiequellen des Landes schützte. Aber auch das war immer noch eine Front von 1500 Kilometer Länge, die keinesfalls ausreichend besetzt werden konnte!

MacArthur akzeptierte diese absurde Annahme nicht. »Die Verteidigung Australiens ist nur von außen möglich«, sagte er. Das Bollwerk, das man halten mußte, war Neuguinea, verlängert durch den Bismarckarchipel und die Salomonen. Länder, die zu den einsamsten Regionen der Erde zählen, gelangten auf diese Art zu strategischer Bedeutung. Neuguinea hat beängstigende Dimensionen. 900 000 Quadratkilometer, 5000 Meter hohe Berge, unerforschte Gebiete, in denen die primitivsten Volksstämme der Erde leben. Die anderen Inseln sind nicht weniger beeindruckend: hohe Berge, furchtbarer Urwald, erstickendes Klima, menschenfressende Kanaken. In diesem Gebiet, das Europa so gut wie unbekannt war, sollte ein beispielloses Ringen um den Sieg vor sich gehen. Durch seine Beschaffenheit und seine periphere Lage schien es bis dahin vor jeder bewaffneten Auseinandersetzung sicher zu sein. 1938 hatte ein Engländer, der den Krieg kommen sah, auf Guadalcanal eine Plantage gekauft!

Seine erste Aufgabe sah MacArthur darin, eine Armee aufzustellen. Das war nicht einfach. Die Blitzsiege der Japaner und die Tatsache, daß die früheren Isolationisten auf die These ›Pacific first!‹ umgeschwenkt waren, hatte das Prinzip, daß vor allem Hitler geschlagen werden müsse, nicht erschüttert. Als Churchill auf dem Umweg über Curtin das Ersuchen um zwei britische Divisionen und einen Flugzeugträger erhielt, fragte er Roosevelt, für wen sich dieser General MacArthur eigentlich halte, der die interalliierten Entscheidungen zu ignorieren scheine. Bei Freigabe des australischen Korps war es England gelungen, die 9. Division, zum größten Bedauern MacArthurs, in Libyen festzuhalten. Die neuen australischen Truppen waren wegen mangelhafter Bewaffnung und Ausbildung noch nicht verwendbar. Also mußte Amerika seine Bemühungen intensivieren. Die 41. Division war eingetroffen. Die 32. kam gleichfalls, während die 37. in Neuseeland eingesetzt wurde, wo Nimitz das Kommando führte. Mitte März standen 34000 Amerikaner im Gebiet Südpazifik, während 23000 sich auf der Überfahrt befanden. Die theoretische Bevorzugung Europas änderte nichts daran, daß MacArthur anfänglich doppelt soviel Soldaten und Flugzeuge erhielt wie England. Er beklagte sich jedoch weiterhin und unterstrich fortwährend, daß Europa im Grunde nebensächlich, der Pazifik hingegen von höchster Bedeutung sei.

Die Gefahrenzone in Neuguinea war das Australien zugekehrte Papuagebiet. Die wilden Berge der Owen-Stanley-Kette beschränkten die Bedeutung Neuguineas auf das Küstengebiet, genauer gesagt auf die kleine Hauptstadt Port Moresby. Rabaul, das die Japaner seit Januar besetzt hielten, war nur 500 Seemeilen entfernt. Die Besetzung von Port Moresby würde ihnen eine vorgeschobene Operationsbasis geben, die Isolierung Australiens vorbereiten, die Landung auf dem Kontinent einleiten.

MacArthur und Nimitz waren sich darin einig, daß hier das nächste Ziel des Feindes lag. Um den 15. April wich die Ungewißheit. Umfangreiche japanische Vorbereitungen waren im Gange. Starke Streitkräfte sammelten sich in Rabaul, ebenso im Stützpunkt Truk in den Karolinen. Die herrliche Korallensee sollte Kampfplatz werden. Sie erstreckt sich zwischen den Salomoninseln, Neuguinea und Australien. Sein Great-Barrier-Riff gehört zu den größten Naturwundern der Welt. Auch die kleinste Insel ist von phantastischen Korallenbildungen umgeben. Auf diesem Meer, blauer, leuchtender und lieblicher als das Mittelmeer, sollte sich die erste Schlacht um die Herrschaft über den Pazifik abspielen. Für diese Schlacht verfügte Amerika über zwei Träger, die *Yorktown* und die *Lexington*. Der erste befand sich seit Februar in den australischen Gewässern. Der zweite, der Prototyp aller amerikanischen ›flat tops‹, war aus Pearl Harbor gekommen. Die Vereinigung fand am 1. Mai, 200 Seemeilen von Neukaledonien entfernt, statt. Der Admiral der *Yorktown*, Fletcher, übernahm als Rangältester das Kommando. Er verfügte über 150 Flugzeuge, 11 Zerstörer und 8 Kreuzer, darunter die australischen Schiffe *Australia* und *Hobart*. Es war seine Absicht, den Invasionskräften den Weg abzuschneiden, wenn sie auf dem Wege von Rabaul die Spitze Neuguineas umschiffen würden, um in den Papuagolf einzulaufen.

Aber der Plan der Japaner war komplizierter, als die Amerikaner dachten. Admiral Shigayoshi Inouye hatte beschlossen, gleichzeitig mit Port Moresby auch Tulagi, eine kleine, Guadalcanal benachbarte Insel, zu besetzen. Die Trägerflotte, bestehend aus den großen Trägern *Zuikaku* und *Shokaku*, machte einen Bogen nach Osten und lief um die Salomoninseln herum, statt direkt in die Korallensee einzulaufen. Am Siebten stieß der Verband auf den großen amerikanischen Flottentanker *Neosho* und den Begleitzerstörer *Sims*. Sie versenkten beide Schiffe. Aber noch am selben Tag wendete sich das Blatt: Die Bomber und Torpedoflugzeuge der *Lexington* entdeckten den kleinen Träger *Shoho*, den Begleiter des Landungsgeleitzuges, und verwandelten ihn innerhalb fünf Minuten in ein brennendes Wrack, das in einem Meer aus Flammen unterging. Am nächsten Tag stießen die großen Träger nach längerem Suchen aufeinander. Nur die *Zuikaku* kam ohne Beschädigung davon. Die *Yorktown* wurde von einer 7-Zentner-Bombe getroffen, die drei Decks durchschlug, 66 Mann tötete und einen Großbrand entfachte. Die *Shokaku*, torpediert und bombardiert, hatte 108 Tote

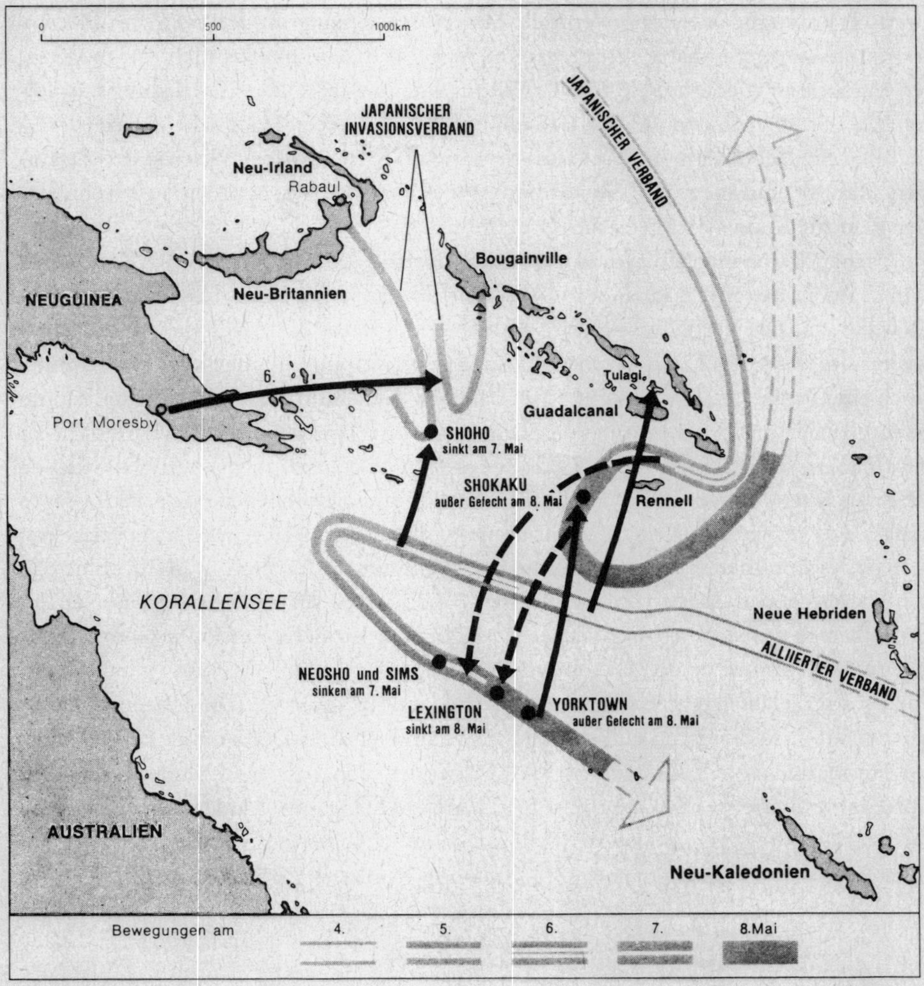

Karte 26 Die Schlacht in der Korallensee (Mai 1942)

und schleppte sich brennend aus dem Ring. Die *Lexington* bekam zwei Torpedos und mehrere Bomben. Die Schlagseite war unbedeutend, die Schäden schienen nicht tödlich zu sein, aber im Augenblick, da der Sicherheitsoffizier verkündete, man sei wieder Herr der Lage, verwüstete eine Serie von Explosionen das Schiff und setzte es in Brand. Die Räumung gelang einwandfrei. Nicht ein Mann ertrank. Seinen Hund auf dem Arm, ging der Kapitän als letzter von Bord. Ein Zerstörer gab der *Lexington* den Gnadenstoß. Die erste Seeschlacht, bei der kein einziger Kanonenschuß von einem Überwasserschiff abgefeuert wurde, war zu Ende.

Taktisch waren die Japaner im Vorteil. Aber der Geleitzug mit den für Port Moresby bestimmten Truppen hatte kehrtgemacht. Admiral Inouye hielt es nicht für möglich, den Versuch zu wiederholen. Tokio zwang ihn nicht dazu. Neue Überlegungen spielten nun mit. Yamamoto sah ein, daß ein entscheidenderer Sieg als die Ausschaltung der alten Schlachtschiffe in Pearl Harbor nötig war. Er zog seine Streitkräfte zusammen. Randoperationen, wie die Eroberung des Papuagebiets wurden aufgeschoben. Der Plan für Midway war reif zur Durchführung.

Inzwischen waren die Kämpfe auf den Philippinen zu Ende gegangen. Am Karfreitag, dem 3. April, hatten die Japaner im Abschnitt Bataan angegriffen. Das Kräfteverhältnis war 1:10. Die Verteidigung war schwach. Zum Feuer der Artillerie und der Luftstreitkräfte kam noch ein Erdbeben. In den philippinisch-amerikanischen Linien brach eine Panik aus. Der örtliche Kommandant, Generalmajor Edward King, sandte einen Offizier mit der Kapitulation Bataans zu den Japanern, ohne Wainwright zu informieren, der seinerseits den Fehler begangen hatte, sich in dem Augenblick, da die Krise ihren Höhepunkt erreichte, in Corregidor einzuschließen. »Ich weiß«, sagte King, »daß ich vor das Kriegsgericht komme, sobald ich nach Amerika zurückkehre, aber das Leben meiner 78000 Soldaten ist wichtiger als meines...« Mehr als 10000 von diesen 78000 Mann, darunter 2500 Amerikaner, sollten übrigens bei einem Todesmarsch umkommen, der vier Jahre später den Eroberer der Philippinen, Generalleutnant Homma, an den Galgen brachte.

Corregidor hielt sich tapfer. Wainwright lehnte die Übergabe ab. Die Japaner nahmen die winzige Insel mit großkalibrigen Mörsern unter Feuer. Der Tunnel von Malinta, mit Hunderten von Verwundeten und Tausenden von Schutzsuchenden verstopft, wurde eine Stätte des Irrsinns und des Todes. Anfang Mai landete der Feind mit Panzern. Am 6. Mai, als alle Verteidigungsmöglichkeiten erschöpft waren, kapitulierte Wainwright, nachdem er die Zustimmung Roosevelts erhalten hatte.

Eine Armada gegen ein Atoll

Am 26. Mai lief der Midwayplan an. Die mächtigste Armada der Seekriegsgeschichte verließ die japanischen Häfen, um die amerikanische Flotte zum Kampf zu stellen. Admiral Yamamoto leitete selbst die Operation. Er hatte seine Flagge auf dem Schlachtschiff *Yamato* gehißt, das mit 63000 Tonnen und 46-cm-Geschützen nicht seinesgleichen hatte. Sorgen bedrückten ihn, und die Magenschmerzen, über die er klagte, waren durch seine Gemütsverfassung bedingt. Die Vorbehalte, die er im Augenblick des Ausbruchs der nationalen Freude über den Angriff auf Pearl Harbor geäußert hatte, waren nur allzu begründet gewesen. Durch diesen kühnen Schlag war nichts entschieden worden. Die Schlacht in der Korallensee hatte bewiesen, daß Amerika nicht von den Meeren vertrieben war. Die riesige Flotte, die Amerika baute, ließ vielmehr eine Umkehrung des Kräfteverhältnisses erwarten. Es galt vorbeugend zu handeln, die schwimmenden Werften zu beschießen und durch ihre Zerstörung zu verhindern, daß die derzeitig vorhandenen Kräfte durch neu hinzukommende verstärkt wurden. Wie alle japanischen Pläne hatte auch der Yamamotos mehrere Seiten. Die Ausfahrt der japanischen Armada hatte zwei Zielsetzungen, die einem gemeinsamen Zweck dienten. Das erste Ziel war die Besetzung von drei Aleuteninseln: Attu, Kiska und Adak. Das zweite Ziel war die Eroberung des Midway-Atolls. Der gemeinsame Zweck bestand darin, die amerikanische Flotte zum Kampf zu stellen, um sie zu vernichten.

In Richtung Aleuten marschierte die 5. Flotte unter Vizeadmiral Boshiro Hosogaya. Sie bestand aus den leichten Trägern *Ryujo* und *Junyo*, fünf Kreuzern und zwei Landungsgeleitzügen. Die öden Aleuten waren des wirtschaftlichen oder strategischen Wertes bar. Der Grund, weshalb Yamamoto sie den japanischen Eroberungen hinzufügen wollte, blieb unklar. Möglicherweise ging es ihm darum, den amerikanischen Stützpunkt Dutch Harbor auszuschalten, vielleicht – so nahm man an – wollte er auch die Invasion des amerikanischen Kontinents vorbereiten – aber die Aleuten liegen 3000 km von Alaska entfernt, wo überdies eine Invasion nicht in Frage kam. In Wirklichkeit verlor sich die japanische Strategie in Umwegen. Sie erwies sich als unfähig zu jener Konzentration der Anstrengungen, die das Wesen der Kriegskunst ausmacht. Die Aleutenoperation bewirkte nur, daß man geschwächt an die Erreichung des Hauptziels, die Eroberung Midways, ging.

Midway besitzt Ähnlichkeit mit Wake. Ein einsames Atoll, dessen Vegetation sich auf zähe Disteln beschränkt und dessen einzige Bewohner lange Zeit kreischende Vogelscharen waren. Es unterscheidet sich von Wake nur durch seine Lage: 1000 Seemeilen, anstelle von 2000, trennen es von den Hawaii-Inseln. Auf Midway stationierte Marineluftstreitkräfte konnten Pearl Harbor kaltstellen und den amerikanischen Kontinent unter ständiger Bedrohung halten.

Im Dezember wäre Midway einnehmbar gewesen. Yamamoto machte sich Vorwürfe, damals die Situation nicht genutzt zu haben. Aber er war sich klar darüber, daß Amerika sich weniger denn je den Verlust einer so wichtigen Position leisten konnte. Es würde Midway verteidigen und wiederzuerobern suchen, falls es verlorenging. Das mußte die entscheidende Seeschlacht herbeiführen, die Japan wünschte.

Die Verteidigungsanlagen des Atolls waren seit Dezember verstärkt worden. Man nannte es das Gibraltar des Pazifiks. Trotzdem, die Verteidigungskräfte waren unzureichend und die Bedingungen, unter denen sie zu kämpfen hatten, hart. Der Zugang zur Lagune war schwierig, das Ankern draußen gefährlich, und die beiden Inseln des Atolls, Sand und Eastern Island, waren sehr klein. Gerät, Waffen und Menschen waren auf engstem Raum zusammengedrängt. Die Garnison war bunt zusammengewürfelt: Flieger der US Army, des US Marinekorps und der US Navy; das verstärkte 6. Bataillon des Marinekorps (2138 ›Ledernacken‹ unter dem Befehl von Oberstleutnant Harold D. Shannon); und schließlich einige hundert ›Sea Bees‹ (Seebienen), deren poetischer Name sich von den Initialen C. B. (Construction Batallions) herleitete. Die technischen Anlagen waren mangelhaft. Süßwasser war rationiert, Alkohol – offiziell – verboten. Das enge Zusammenleben, der ständige Wind, das Rauschen der Brandung, das ohrenbetäubende Vogelgeschrei, der Korallenstaub – das alles zerrte an den Nerven. Es gab Schlägereien, welche die S. P. (Shore Patrol) schlichtete, indem sie die Kämpfenden beider Parteien einfach zusammenschlug. Trotz allem hatte man eine Menge erreicht. Eastern Island, kaum größer als das Deck eines Flugzeugträgers, besaß Rollfelder, die in Form eines Dreiecks angelegt waren, und unterirdische Treibstofftanks. Man hatte Lagerhäuser, Hangars, Unterkünfte, ein Hospital, ein kleines Kraftwerk und eine Destillationsanlage für Seewasser gebaut. Der zur Inspektion eingetroffene oberste Chef, Admiral der Pazifikflotte Chester W. Nimitz, fand den Strand mit Minen gepflastert, von Flammenwerfern umsäumt, starrend von Stacheldraht, der sich bis in die Brandung hinaus fortsetzte. Er gratulierte dem Kommandanten der Insel, Fregattenkapitän Cyril T. Simard, und sandte ihm, nach Pearl Harbor zurückgekehrt, eine Nachricht: ›Am 4. Juni werden Sie angegriffen...‹ Wieso wußte Nimitz das? Ganz einfach, weil die Amerikaner das Codesystem der Japaner herausgefunden hatten und die feindlichen Funksprüche ständig entschlüsselten. Eine letzte Ungewißheit bestand noch über die Bedeutung der Formel ›AF‹, die das Ziel der in Gang befindlichen Vorbereitungen umschrieb. Fregattenkapitän Rochefort bediente sich einer Kriegslist; er ließ von Midway einen unverschlüsselten Funkspruch senden, daß die Destillationsanlage für Seewasser ausgefallen sei. Am nächsten Tag wurde ein japanischer Funkspruch aufgefangen, welcher besagte, das Objekt ›AF‹ habe Mangel an Süßwasser.

Für die japanische Flotte schien die Fahrt nach Midway eine Wiederholung des Marschs nach Pearl Harbor zu sein. Wieder war die See rauh: heftiger Wind, Regengüsse, Brecher über die Decks der Kreuzer und Zerstörer. Am 2. Juni geriet die Armada in eine Waschküche aus tiefliegenden Wolken, Nebel und Sprühregen. Die Sicht wurde so schlecht, daß man Schwierigkeiten hatte, die Tanker zu finden. Dann mußte man die Treibstoffübernahme wegen Havariegefahr unterbrechen. Darunter litt die Koordination. Der Aufklärungsplan mißlang völlig. Die Unterseeboote von Konteradmiral Komatsu waren beauftragt worden, einen Vorpostenstreifen zu bilden. Das gelang nicht, weil die Geschwindigkeit zu gering war. Zwei Aufklärungsflugboote sollten durch ein Unterseeboot beim Korallenriff French Frigate Shoals zwischen Midway und Oahu aufgetankt werden; das mißlang, weil French Frigate Shoals von feindlichen Schiffen bewacht wurde. Yamamoto stürmte im Nebel weiter.

Aber sein Verband war so stark, daß ihm anscheinend nichts etwas anhaben konnte. An der Spitze lief Nagumos berühmte Trägerflotte. Durch die Beschädigung der *Shokaku* und den vorübergehenden Ausfall der *Zuikaku* nach der Schlacht in der Korallensee war sie auf vier Träger geschrumpft: *Akagi*, *Kaga*, *Hiryu* und *Soryu*. Sie verfügte noch über 250 einsatzfähige Maschinen, bemannt mit den besten Besatzungen der Welt, zahlenmäßig und technisch allen entsprechenden amerikanischen Verbänden überlegen. Die Schlachtschiffe *Haruna* und *Kirishima*, zwei große Kreuzer und zwölf Zerstörer bildeten Nagumos Hilfskräfte. Ein großartiger Korpsgeist, getragen von dem stolzen Gefühl, Sieger von Pearl Harbor zu sein, erfüllte die Mannschaften. Der Admiral selbst, der zu Beginn des Krieges unsicher und ängstlich gewesen war, hatte an Sicherheit gewonnen, wenngleich er des öfteren Wutanfälle hatte, die eher Nervosität als Energie verrieten.
Die mit der Eroberung Midways beauftragte Flotte unter Vizeadmiral Kondo näherte sich dem Atoll auf einem anderen Weg. Sie teilte sich in eine Beschießungsgruppe, eine Gruppe zur direkten Unterstützung, eine Landungsgruppe, einen Seeflugzeugträgerverband und eine Minensuchflottille. Die Schlachtschiffe *Kongo* und *Hiei*, 9 Kreuzer, 20 Zerstörer und zahlreiche Hilfsschiffe sicherten ihr eine enorme Feuerkraft, die wahrscheinlich überflüssig war, da die Staffeln Nagumos die Verteidiger kaltstellen würden. Dahinter liefen die Großkampfschiffe. Die modernen Schlachtschiffe *Nagato* und *Mutsu* bildeten mit der riesigen *Yamato* die erste Gruppe. Anschließend kamen die Schlachtschiffe *Ise Hyuga*, *Fuso*, *Yamashiro*. Drei leichte Kreuzer, zwei Zerstörergruppen, der Träger *Hosho* und die Seeflugzeugträger *Shiyoda* und *Nishin* bildeten den Abschluß.
Abgesehen von den zu den Aleuten entsandten Schiffen, zählte die japanische Flotte insgesamt mehr als 200 Schiffe, davon 11 Schlachtschiffe, 5 Träger, 22 Kreuzer und 65 Zerstörer. Nach Angaben des Nachrichtendienstes waren die amerikanischen Kräfte bedeutend schwächer: höchstens 2 Schlachtschiffe, 3 Träger, 9 Kreuzer und etwa 30 Zerstörer. Mehrere dieser Schiffe, darunter mindestens ein Träger, würden nicht imstande sein, an dem Gefecht vor Midway teilzunehmen. Japan hatte es immer noch nur mit dem zu tun, was Pearl Harbor übriggelassen hatte.
Am 3. Juni verschlechterte sich das Wetter noch. Die Trägerflotte lief wie durch Watte. Ihre 26 Schiffe fuhren in 600 Meter Abstand und verloren die Sichtverbindung. Sie mußten die Geschwindigkeit herabsetzen, um Zusammenstöße zu vermeiden. Das dumpfe Angstgefühl, das der dichte Nebel hervorrief, griff bis in die Maschinenräume über. Die einzigen, die nicht davon erfaßt wurden, waren die Flieger, die bis zu dem Augenblick, da sie sich in die Kanzel setzten, nichts zu tun hatten. Aus der Messe der Piloten drang Gelächter und Gesang. Aber auf der Brücke des Flaggschiffs *Akagi* lastete bange Stille.

Zwei Gruppen hatten sich gebildet. An Backbord stand der Kommandant des Trägers, Kapitän zur See Aoki, mit seinen wachhabenden Offizieren. An Steuerbord Admiral Nagumo, umgeben von seinem Stab, mit Ausnahme Minoru Gendas, des Seeflugspezialisten, den ein Fieberanfall auf einer Pritsche im Krankenrevier festnagelte. Der Augenblick der Entscheidung rückte näher. Am folgenden Tag, vor Morgengrauen, würde Midway in Reichweite der japanischen Bomber sein. Nagumo hatte zwei Aufgaben. Die eine bestand darin, das Atoll zu zerschlagen, um die Landung zu ermöglichen. Die zweite, die amerikanische Flotte zu versenken. Falls man in die Nähe der amerikanischen Flotte käme, hätte die zweite Aufgabe Vorrang und man wäre gezwungen, äußerst vorsichtig zu operieren. Stieß man hingegen nicht auf die amerikanische Flotte, dann sollte, ja mußte die gesamte Streitmacht der vier Träger auf Midway geworfen werden.
Nagumo beriet sich mit seinem Aufklärungschef, Kapitän zur See Furakawa: keine neue Nachricht, außer der Mitteilung, daß man die Schlechtwetterzone eben verlassen hatte und daß der Himmel über Midway klar war. Nagumo sprach auch mit seinem Stabschef, Konteradmiral Kusaka: keine Nachricht von Admiral Yamamoto, dessen *Yamato* sich 600 Meilen westlich befand. Der Operationschef, Kapitän zur See Oishi, wagte als erster, seine Meinung zu äußern: »Unsere Befehle schreiben vor, Midway auszuschalten, um übermorgen, am 5. Juni, die Landung zu ermöglichen. Daran müssen wir uns unter allen Umständen halten, auch wenn wir bis zu diesem Zeitpunkt keine Nachrichten über den Feind erhalten.«
»Aber wo ist der Feind?« fragte Admiral Nagumo.
»Wenn er in Pearl ist – und angenommen, er beabsichtigt einen Kampf bei Midway –, so hat er 1100 Meilen zurückzulegen. Wir haben also genügend Zeit, uns zu seinem Empfang entsprechend vorzubereiten. Jedenfalls ist er nicht in unserer Nähe. Ich glaube daher, daß es unsere erste Pflicht ist, den vorgeschriebenen Angriff gegen Midway durchzuführen.«
Nagumo stimmte zu. Als habe der Himmel nur auf diese Entscheidung gewartet, riß der Nebel auf. Am Abend waren zum erstenmal seit Beginn der Reise die Sterne zu sehen. Um 2 Uhr 45 morgens holten die Lautsprecher die Flieger aus ihren Betten. Die Decks der Träger waren hell erleuchtet. Die Motoren liefen warm. Um 4 Uhr 30 gab Nagumo den Befehl: ›Aufsteigen.‹ Die grünen Signallichter flammten auf. Die Jäger voran, stürzte sich die erste Welle in den noch dunklen Himmel. Nach 15 Minuten waren 108 Maschinen in der Luft, kreisten kurz wie ein Zug Kraniche über den Schiffen und nahmen dann Kurs auf das 240 Meilen entfernte Midway. Schon brummten die Aufzüge, um die zweite Welle, Torpedoflugzeuge und Sturzbomber, an Deck zu heben. Die sollten auf dem Abflugdeck bis zu dem Augenblick warten – bereit für alle Eventualitäten –, an welchem die in Richtung Midway abgeflogenen Maschinen zurückkehren würden. Mit der ersten Welle waren sieben Aufklärungsflugzeuge von

den Schlachtschiffen *Haruna* und *Shikuma*, von dem Kreuzer *Tone* und den Trägern *Kaga* und *Akagi* gestartet. Jedes sollte 350 Meilen weit fliegen und dabei ein Kreissegment von 20 Grad aufklären. Man hatte es nicht für nötig befunden, sich an das Prinzip der Doppelpatrouille zu halten, das bei wichtigen Erkundungen stets angewendet wurde. Kapitän Oishi war eben der Ansicht, daß die feindliche Flotte nicht in der Nähe sein konnte. Aber er irrte sich.
Das Flugzeug des Kreuzers *Tone* hatte Motorschwierigkeiten. Die Mechaniker nahmen die Motorhaube ab, als die anderen Maschinen gerade am Horizont verschwanden. Eine unbedeutende Einzelheit?

Für den amerikanischen Generalstab war Midway ein unversenkbarer Flugzeugträger. Man hatte 121 Maschinen auf der Insel zusammengepfercht. Aber bemerkenswerter als ihre Anzahl war ihre Verschiedenartigkeit. Sie kamen von der Marine, dem Marinekorps und der Heeresluftwaffe (Army Air Force), weshalb sie eher einer Flugmaschinenausstellung als einem Kampfverband glichen. Die größte Gruppe bildeten die 32 Seeflugzeuge PBY, davon fünf amphibische ›Catalinas‹, widerstandsfähig und verläßlich, aber langsam und schwerfällig. Die Jagdstaffel bestand aus 20 gänzlich veralteten ›Buffalos‹, denen man den wenig ermutigenden Spitznamen ›fliegende Särge‹ gegeben hatte. Daneben gab es sieben ›Wildcats‹, die erheblich effektiver waren. Bei den Bombern sah es nicht anders aus: 16 einigermaßen brauchbare ›Dauntless‹, elf alte ›Vindicators‹, deren Besatzungen sie in ›Vibrators‹ umgetauft hatten. Wirklich modern waren nur die sechs ›Avengers‹, Torpedoflugzeuge der Marine, und vor allem die Maschinen der Army Air Force: vier B-26 ›Marauders‹ und 19 ›Flying Fortresses‹ (Fliegende Festungen), die ersten großen viermotorigen Bomber.
Die Zeiger standen auf 5 Uhr 25, das Wetter war schön und klar. Passat, Stärke 3, abflauend, Sicht 25 bis 30 Meilen. Midway stand seit drei Uhr morgens unter Alarm, die Mannschaften warteten neben ihren Maschinen. Viele Amerikaner sahen zum letztenmal die Sonne aufgehen. Schon am Vortag hatte Leutnant zur See Jewell Reid einen japanischen Geleitzug gesichtet, den einige B 17 ohne Erfolg angegriffen hatten. Die ersten Nachrichten der PBY, die vor Tagesanbruch von der Lagune aufgestiegen waren, bestätigten den Anflug eines großen feindlichen Verbandes.
Die See war von Schiffen übersät, ein riesiger Flugzeugschwarm näherte sich Midway. Der Radarposten der Insel bestätigte um 5 Uhr 52: ›Many planes 89 miles 320 degrees...‹ Die Nachricht, die Admiral Nimitz gegeben hatte, war richtig gewesen.
Kurz darauf begannen Millionen Vögel in Midway ein Protestkonzert: Die Flugzeuge starteten. Die PBYs und einige gebrechliche Maschinen hatten Befehl, sich abseits zu halten. Die Bomber hatten die feindlichen Schiffe anzugreifen. Aufgabe der Jäger war es, Midway zu verteidigen.
Es war ein ungleicher Kampf. Die 36 Kate-Horizontalbomber und die 35 Sturz-

bomber vom Typ ›Val‹ waren von 36 ›Zeros‹ begleitet, die den ›Buffalos‹ und sogar den ›Wildcats‹ ungefähr im selben Maß überlegen waren wie der Adler dem Falken. Major Parks ließ seine Staffeln auf 5000 Meter steigen; er hoffte, von dort auf die Bomber hinunterstoßen zu können, aber die ›Zeros‹ waren an Geschwindigkeit und Wendigkeit so überlegen, daß sie die amerikanischen Jäger einholten und in der Luft zerstörten. 26 Piloten waren von der Startbahn auf Eastern Island aufgestiegen; nur neun, von denen zwei eine verwendungsfähige Maschine heimbrachten, gehorchten 25 Minuten später dem Befehl: ›Land and reservice‹! Die übrigen waren tot.

Die beiden Inselchen schienen in Flammen zu stehen. Ein Treibstofftank brannte, eine gigantische Rauchsäule stieg in den Himmel. Das Hospital war zerstört, mehrere Gebäude hatten kein Dach mehr, der Boden war von Bombenkratern aufgerissen. Trotzdem waren die Schäden unbedeutend. Die Rollbahnen auf Eastern Island waren unbeschädigt, die Waffen der Verteidiger waren noch intakt. Die Verluste beliefen sich nur auf wenige Tote und Verwundete. Wären nicht die ›Buffalos‹ gänzlich zerstört worden, hätte man von einem völligen Mißlingen des Angriffs sprechen können. Der Offizier, der ihn geleitet hatte, Kapitänleutnant Joishi Tomonaga, war sich durchaus im klaren: Noch auf dem Rückflug – er hatte zehn Maschinen verloren – gab er den Funkspruch durch: ›Zweiter Angriff notwendig...‹ Drei Worte, die schicksalhafte Bedeutung haben sollten.

Es war eben 7 Uhr 10. Eine neue Phase des Kampfes begann. Die amerikanischen Bomber näherten sich den japanischen Schiffen; die PBYs hatten sie zu ihren Hauptzielen, den Trägern, herangeführt. Aber diese wurden mit allen Mitteln verteidigt. Es war vorgesehen, daß alle amerikanischen Flugzeuge gleichzeitig angreifen sollten, damit die feindlichen Jäger zerstreut werden könnten. Anstatt gleichzeitig, erfolgten aber die Angriffe nacheinander. Darüber hinaus hatte Nagumo einen Teil seiner gefürchteten ›Zeros‹ zur Verteidigung seiner Schiffe zurückbehalten.

Die erste Gruppe bildeten die 6 ›Avengers‹, also Torpedoflugzeuge. Sie flogen knapp über dem Wasser, aber die ›Zeros‹ vernichteten fünf von ihnen, ehe sie in Wurfdistanz gekommen waren. Dem sechsten, dessen MG-Schütze getötet worden war, gelang es, bis zu den seichten Stellen vor Midway durchzukommen; dort vollführte er eine Bruchlandung. Dann kamen die vier ›Marauders‹, die gleichfalls mit Torpedos ausgerüstet waren. Sie gerieten in ein Flakfeuer, das so kompakt war wie eine Mauer; man hörte den letzten Schrei eines Piloten in sein Bordsprechgerät: »Oh, Mutter, wenn du mich sehen könntest...« Zwei ›Marauders‹ explodierten, zwei kamen durch. Die Mechaniker zählten später in einem von ihnen 500 Einschüsse.

Um 7 Uhr 55, eine halbe Stunde nach dem Mißerfolg der Torpedoflugzeuge, versuchten die ›Dauntless‹ ihr Glück. Von den 16 Piloten waren 13 unerfahren; daher befahl Major Lofton B. Henderson anstelle des Sturzfluges ein ›glide bombing‹, das unter weniger steilem Winkel ausgeführt wird und daher weniger Geschicklichkeit erfordert. Auch dieser Angriff scheiterte an der Heftigkeit des Abwehrfeuers und dem rücksichtslosen Eingreifen der ›Zeros‹, die sich sogar in das Feuer ihrer eigenen Flak stürzten. Keine einzige Bombe traf ihr Ziel, nur die Hälfte der ›Dauntless‹ kehrten nach Midway zurück.

Aber hoch oben am Himmel erschien eine majestätische Formation: 15 Fliegende Festungen unter Oberstleutnant Sweeney. Die ›Zeros‹ stiegen zu den Kolossen empor, bekamen ihre Feuerkraft zu verspüren, blieben deshalb auf Distanz. Sweeney besaß die notwendige Ruhe, um auf die schlecht gruppierten Träger seinen Bombenteppich zu legen. Aus dem Meer stiegen die Geiser hoch, fielen auf die Schiffe und ließen die Flieger oben glauben, sie hätten die feindliche Flotte schwer beschädigt. Aber der kleine Admiral Nagumo notierte mitten in der Schlacht in sein Notizbuch: ›Kein Treffer!‹

War alles zu Ende? Noch nicht. Jetzt kamen noch die Nachzügler des Verbandes, die elf ›Vindicators‹. Von ihnen kehrten sechs – gegen alle Erwartung – auf ihre Basis zurück. Allerdings war es ihnen nicht einmal gelungen, in die Nähe der Träger zu kommen. Sie hatten sich folglich an die Schlachtschiffe *Haruna* und *Kirishina* gehalten, welche sie nur um ein Haar verfehlten; aber sie hatten sie eben verfehlt...

Es war 8 Uhr 25. Die japanischen Schiffe waren ohne Treffer geblieben. Die Luftstreitkräfte auf Midway waren, mit Ausnahme der B 17, vernichtet. Nagumo hatte erst ein Drittel seiner Kräfte eingesetzt, und die Ausschaltung der feindlichen Jäger gestattete ihm jetzt jedes Risiko. Nicht nur seine Einheiten waren auf dem Marsch gegen eine Handvoll Amerikaner, die auf einem Korallenriff festsaßen, sondern auch Admiral Kondo mit seiner Landungsflotte und Admiral Yamamoto mit seinen schwimmenden Festungen näherten sich der Insel. Am nächsten Tag würde überall in Japan ein neuer Sieg verkündet werden. Der Vorposten der Hawaii-Inseln würde in Japans Hände fallen, Kalifornien würde zittern, die feindlichen Verbindungen im Pazifik würden abgeschnitten sein.

Die Schlacht von Midway

Nachdem der rebellierende Motor endlich in Gang gebracht worden war, stieg das Seeflugzeug des Kreuzers *Tone* mit 45 Minuten Verspätung auf. Niemand hatte es für nötig erachtet, eine andere Maschine einzusetzen. Deshalb erreichte die erste Nachricht seines Beobachters die *Akagi* erst um 7 Uhr 28, nachdem alle anderen aus ihren jeweiligen Abschnitten gemeldet hatten, daß die See völlig leer sei. Das Seeflugzeug der *Tone* dagegen berichtete, es habe einen Schiffsverband gesichtet, der aus zehn Einheiten bestehe.

Genau dreizehn Minuten zuvor hatte Admiral Nagumo Befehl gegeben, die 93 Bomber, die er für diesen Fall in Reserve hatte, in ihre Hangars hinunterzubefördern. Die negativen Berichte seiner Aufklärer hatten ihn schließlich überzeugt, daß der Feind nicht in der Nähe sei. Konnte Nagumo die Maschinen wieder auf das Flugdeck schaffen lassen, um sie gegen die gesichteten Schiffe einzusetzen? Nicht sofort. Er hatte Befehl gegeben, für einen zweiten Angriff auf Midway die Torpedos durch Bomben ersetzen zu lassen, wie Kapitänleutnant Tomonaga vorgeschlagen hatte. Unten war man an der Arbeit, und die Ausführung des Gegenbefehls erforderte Zeit. Außerdem mußte man die Decks freihalten, damit die Staffeln der ersten Welle, die jeden Augenblick zurückerwartet wurden, aufsetzen konnten.

Es verging noch fast eine Stunde. Die Rückkehrer von Midway hatten Verspätung. Nagumo war nicht besonders beunruhigt; er war sich auch völlig sicher, als die Maschine der *Tone* um 8 Uhr 09 eine neue Meldung durchgab: ›Die feindliche Formation besteht aus 5 Kreuzern und 5 Zerstörern...‹ Also kein Grund zur Aufregung. Eine Flottille, keine Flotte. Damit würde man sich beschäftigen, sobald man Midway erledigt hatte. Von der *Hiryu* kamen Lichtsignale. Die Nachricht stammte von Konteradmiral Tamon Yamaguchi, dem Kommandanten der 2. Trägergruppe. Man sah in ihm den Nachfolger Yamamotos; sein hervorragender Ruf gestattete es ihm, seinem Vorgesetzten Ratschläge zu erteilen. ›Empfehle sofortigen Angriff gegen feindliche Schiffe.‹ Auf den Decks der *Hiryu* und der *Soryu* standen hoch 42 ›Vals‹, die nur auf das Startzeichen warteten.

Nagumo beriet sich mit Genda, der sich fiebernd nach oben geschleppt hatte. Genda blickte zum Himmel empor. Die ersten Flugzeuge, die von Midway zurückkehrten, tauchten auf. Sie hatten kaum noch Treibstoff, manche qualmten. Die Jäger, die die Angriffe gegen die Träger abgewehrt hatten, wollten gleichfalls an Bord genommen werden, da sie Treibstoff und Munition verbraucht hatten. »Meiner Ansicht nach müssen wir in erster Linie unsere Maschinen an Bord nehmen und neu versorgen. Dann können wir mit allen Kräften angreifen.«

Wenige Sekunden darauf brachte man dem Admiral eine neue Meldung des Aufklärers der *Tone:* ›Der Feind wird anscheinend von einem Flugzeugträger begleitet.‹ Nagumo biß sich auf die Lippen. Wäre er informiert gewesen, hätte er seinen Schlag nicht gegen Midway geführt. Dann hätte er dieser neuen Wendung anders begegnen können. Jetzt aber kam die Hälfte seiner Maschinen von einem Angriff zurück, und die andere Hälfte befand sich noch in den Hangars.

Aber Nagumo wußte noch nicht alles. Er hatte nicht nur einen Träger vor sich, sondern deren drei: *Enterprise*, *Hornet*, *Yorktown*... Ein Wunder an Schnelligkeit hatte sie hierhergebracht. Zwei Wochen vorher waren sie noch im Südpazifik gewesen. *Hornet* und *Enterprise* waren zu spät eingetroffen, um an der Schlacht in der Korallensee teilzunehmen. Die *Yorktown* hatte einen schweren Treffer erhalten.

Nimitz hatte die beiden einsatzfähigen und den beschädigten Träger nach Pearl Harbor beordert, fest entschlossen, um Midway zu kämpfen. Seine Kräfte waren begrenzt und nicht konzentriert. Einige Schlachtschiffe, Denkmäler aus vergangenen Zeiten, waren in San Francisco stationiert, von wo aus sie zaghafte Küstenfahrten durchführten. Der Träger *Saratoga* lag noch zur Reparatur in San Diego. Nimitz war der Ansicht, man könne die Aleuten, die zu gleicher Zeit wie Midway angegriffen werden sollten, nicht preisgeben, und entsandte einen seiner tüchtigsten Offiziere, Admiral Theobald, mit einem Kreuzerverband zu den Aleuten. Für Midway verblieb ihm die Task Force Nr. 17, mit anderen Worten die angeschlagene *Yorktown* mit ihrer schwachen Bedeckung von 2 Kreuzern und 6 Zerstörern sowie die Task Force Nr. 16, die aus 5 schweren Kreuzern sowie den Trägern *Enterprise* und *Hornet* bestand. Die Lage und der Zustand seiner Schiffe hätten es Nimitz eigentlich geboten erscheinen lassen müssen, sich fernzuhalten.
Aber er entschloß sich anders. Die Task Force Nr. 16 kam am 24. Mai nach Pearl und erhielt Befehl, am 28. wieder auszulaufen. Ihr Chef, Admiral Halsey, mußte in dem Augenblick, als sein Geschwader in See ging, wegen einer Hautkrankheit ins Lazarett. Nimitz setzte Konteradmiral Raymond A. Spruance an seine Stelle. Die Weisungen, die er Spruance erteilte, waren ebenso kurz wie pauschal: ›Midway verteidigen und dem Feind größtmöglichen Schaden zufügen.‹ Mit anderen Worten: Er überließ es Spruances Inspiration, zu entscheiden, was zu tun war.
Es blieb noch die Task Force Nr. 17. Die *Yorktown* war am 27. Mai ins Trockendock gegangen. Eine erste Untersuchung der Schäden ergab, daß ein Zeitraum von drei Monaten zur Wiederinstandsetzung nötig sein würde. Nimitz erlitt einen Wutanfall. Konnte der Patriotismus der Werftarbeiter in Pearl Harbor nicht zu einer außerordentlichen Kraftleistung führen, wenn man ihnen den 7. Dezember in Erinnerung rief? Es gelang. Zweitausend Männer arbeiteten wie besessen an Bord, während die Werkstätten an Land die Ersatzteile nach Holzmodellen gossen und schmiedeten, denn man hatte keine Zeit, Pläne anzufertigen. Am Neunundzwanzigsten – nach zwei Tagen anstatt drei Monaten – verließ die *Yorktown* das Dock. Am nächsten Morgen um 9 Uhr, nach einer letzten Nacht fieberhafter Arbeit, verließ sie Oahu, um sich der *Enterprise* und der *Hornet* am festgesetzten Treffpunkt 300 Meilen von Midway anzuschließen. Nimitz hatte sich entschieden, in Pearl Harbor zu bleiben, um die Aktion zu koordinieren; das Kommando hatte der ältere der beiden Admirale, Frank J. Fletcher, an Bord der *Yorktown*.
Am 4. Juni liefen die amerikanischen Schiffe mit 25 Knoten Kurs West. Das Frühstück wurde auf den Trägern um 1 Uhr 30 eingenommen. Die darauffolgende lange Wartezeit machte die Flieger nervös, die den Augenblick des Starts sehnlichst herbeiwünschten. Die Schlacht um Midway hatte mit der Bombardierung des Atolls begonnen. In den Operation Rooms folgte man besorgt den Vorgängen und verglich die von den

unermüdlichen ›Catalinas‹ eingehenden Berichte. Es war offensichtlich, daß die Japaner jetzt ihrerseits über die Anwesenheit der Amerikaner informiert waren, denn man hörte zeitweise Motorengeräusch, das man nicht orten konnte. Fletcher hatte von der *Yorktown* elf Aufklärer ausschwärmen lassen. Das bedeutete ein Handikap für ihn, denn er sah sich genötigt, sie zurückzurufen. Er drängte Spruance zum Angriff, dieser aber, ein Marineoffizier alter Schule, wäre lieber näher an den Feind herangelaufen. Die Japaner waren noch 200 Meilen entfernt; beim augenblicklichen Kurs und der augenblicklichen Geschwindigkeit würde sich die Entfernung auf die Hälfte verringern, wenn man den Abflug bis 9 Uhr verschob.
Glücklicherweise hatte Spruance den Stab Halseys behalten, insbesondere dessen Chef, einen widerborstigen Mann mit Adlerblick, Kapitän zur See Miles Browning. Browning billigte den Standpunkt des Admirals nicht: Die Flugzeuge seien dazu da, aufs Spiel gesetzt zu werden. Man müsse den Feind in dem Augenblick überraschen, in dem er verwundbar sei. Das würde binnen kurzem der Fall sein, wenn er gezwungen sei, die von Midway zurückkehrenden Bomber an Bord zu nehmen. Man hätte die Chance, die japanischen ›flat tops‹ mit ihren Decks voll manövrierunfähiger Flugzeuge zu erwischen. Aber dazu müsse man unverzüglich die eigenen Flugzeuge aufsteigen lassen. Spruance hatte verstanden. Er ließ sich überzeugen und ging das Risiko ein. Um 6 Uhr 56 änderten *Enterprise* und *Hornet* ihren Kurs und liefen gegen den Wind. Um 7 Uhr 02 starteten auf der Enterprise und der Hornet die ersten Maschinen. Um 8 Uhr 06 waren alle in der Luft. Sie flogen in Staffeln, 119 Maschinen verschwanden in Richtung Südosten. Es waren 20 ›Wildcats‹, 29 Torpedobomber vom Typ ›Devastator‹ und 70 Sturzbomber, Typ ›Dauntless‹.
Die Piloten waren junge Amerikaner. Sie besaßen nicht die lyrische Sensibilität ihrer Gegner; sie waren gummikauend und Zoten reißend in ihre Kanzeln gestiegen. Sie zogen die Wiederkehr dem Heldentod vor, aber sie verbargen ihre Gefühle hinter einem Pokergesicht oder soldatischem Zynismus. Einer der wenigen, der seine Gedanken aussprach, war Major John C. Waldron, der die Torpedoflugzeuge der *Hornet* befehligte. Er stammte aus Nord-Dakota und hatte Siouxblut in den Adern. Vor dem Abflug drückte Waldron seinen Chef, Kapitän Marc Mitscher, die Hand: »Ich weiß, daß meine Staffel vernichtet wird und ich keine Aussicht habe, diesen Träger wiederzusehen, aber Sie können auf mich zählen, Sir...« Er startete als erster.
Kurz darauf, um 8 Uhr 38, stiegen die Flugzeuge der *Yorktown* auf; zehn Jäger, zwölf Torpedoflugzeuge und 17 Bomber griffen die japanischen Träger an.
Zunächst ging es darum, die Träger ausfindig zu machen. Das war gar nicht so leicht. Das Seegebiet war groß, die Schiffe fuhren schnell, die Flugzeuge hatten noch kein Radar. Major Stanhope C. Ring, der die Sturzbomber der *Hornet* befehligte, traf dort, wo er auf den Feind zu stoßen hoffte, nichts als Wasserwüste an. Nagumo hatte den Kurs geändert, hatte nach Norden abgedreht, entfernte sich also von Midway. Ring

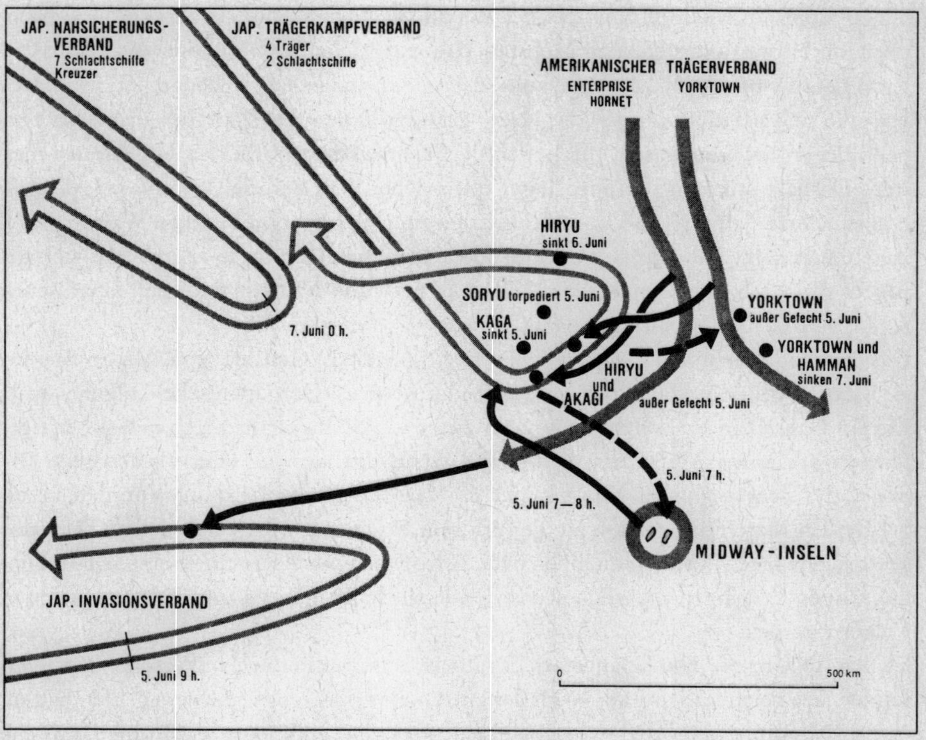

Karte 27 Die Schlacht bei den Midwayinseln (Juni 1942)

bog dagegen nach Süden ab. 35 Sturzbomber und 10 Jäger folgten ihm irrtümlicherweise; sie hätten aber die Torpedoflugzeuge begleiten sollen. Damit mußte ein gutes Viertel des amerikanischen Verbandes für die Schlacht abgeschrieben werden. Die zehn Jäger waren verloren; ihnen ging der Treibstoff aus, sie stürzten ab.

Die drei Staffeln der Torpedoflugzeuge wandten sich nach Nordwesten. Der mutige Waldron machte als erster den Feind aus. Leutnant George H. Gay, der hinter ihm angriff, hörte seine Rufe: »Achtung auf diese Jäger! Krach... Ich würde eine Million drum geben, wenn ich wüßte, wer... Meine beiden Nachbarn gehen aufs Wasser...« Leutnant Gay hörte auch den Schrei seines eigenen MG-Schützen: »Sie haben mich erwischt!« Er vernahm noch, wie neben ihm eine Granate explodierte, und spürte dann den Aufschlag seiner Maschine aufs Wasser. Er hatte sein Torpedo abgeworfen, war über dem Träger, den er angegriffen hatte, abgesprungen, und schwamm wie durch ein Wunder im Wasser, das durch die rotierenden Propeller aufgepeitscht wurde. Neben ihm tanzte ein Schlauchboot auf dem Wasser, aber er hütete sich, es aufzublasen, um nicht die Aufmerksamkeit der ›Zeros‹ auf sich zu lenken. Er deckte seinen Kopf mit einem Gummipolster zu und spielte den Toten, während die Japaner über ihn hinwegbrausten. Am nächsten Tag fischte ihn eine ›Catalina‹ auf. Bis dahin hatte Leutnant Gay noch nicht gewußt, daß er der einzige Überlebende von 30 Piloten war, die sich auf die *Kaga* und die *Akagi* gestürzt hatten. Da sie selbst die ersten Torpedoflieger gewesen waren, fürchteten die Japaner diese Form der Angriffe am meisten. Deshalb stürzten sich ihre Jäger mit solcher Wut auf die Amerikaner, deshalb konzentrierte sich ihre Flak so auf diesen Gegner, der knapp über dem Wasserspiegel angebraust kam. Die Staffel Waldrons hatte nicht weniger als 50 ›Zeros‹ auf sich gezogen, die ihr keine Chance ließen. Die Offiziere und Matrosen auf den japanischen Schiffen klatschten begeistert Beifall.

Das Blutbad unter den Torpedofliegern ging weiter. Geführt von Major Eugene E. Lindsay griff die Staffel der *Enterprise* die *Kaga* an. Der japanische Träger wurde, wie ein Überlebender berichtete, von so vielen Zeros abgeschirmt, so daß sie, wie die Fliegen um einen Mülleimer schwirrend, zehn der 14 Angreifer abschossen. Die Staffel der *Yorktown* unter Major Lance E. Massey griff die *Soryu* an: Von den 13 angreifenden Maschinen gingen zwölf verloren. Insgesamt waren nur sieben Torpedos geworfen worden; keiner von ihnen hatte getroffen. Von den 41 eingesetzten Torpedoflugzeugen entgingen lediglich sechs den japanischen Jägern und kehrten zu ihren Trägern zurück.

Es war 10 Uhr 20. Die japanischen Schiffe waren immer noch unversehrt, ein glänzender Sieg zeichnete sich ab. Nach der Anzahl der Flugzeuge, die angegriffen hatten, wußte Nagumo jetzt, daß er nicht einen, sondern zumindest zwei amerikanische Träger gegen sich hatte. Ihre Lage war hoffnungslos. Sie hatten in drei erfolglosen Angriffen ihre Kräfte verbraucht und würden nun den Gegenschlag der Japaner zu spüren bekommen. Auf der *Soryu* und der *Hiryu* standen längst die Bomber und Torpedoflugzeuge bereit. Sie wären dem Feind auf den Leib gerückt, wenn nicht Nagumo angeordnet hätte, daß alle Angriffe zugleich erfolgen sollten. Auf der *Akagi* und der *Kaga* war das Auftanken und Ausstatten der Flugzeuge mit Munition nicht unterbrochen worden. Eine Maschine nach der anderen wurde aus den Hangars auf das Oberdeck gebracht. Die Motoren liefen warm, die Besatzungen saßen in den Kanzeln. Um 10 Uhr 20 gab Nagumo Befehl, aufzusteigen, sobald man fertig sei. Um 10 Uhr 24 senkte sich auf der *Akagi* die Flagge des Flugoffiziers; eine ›Zero‹ rollte als erstes an, gewann an Geschwindigkeit, stieg hoch... Dann erscholl ein Schrei: ›Bomber!‹

Niemand hatte sie kommen sehen, sie tauchten aus der Sonne auf. Wie gesättigte Raubvögel waren die ›Zeros‹ nach dem Blutbad, das sie angerichtet hatten, nicht wieder hochgestiegen. Jetzt konnte nichts die ›Dauntless‹ aufhalten; sie schossen wie Pfeile herunter; nichts, aber auch gar nichts, hielt sie auf. Ein fürchterlicher Schlag erschütterte die *Akagi* vom Kiel bis zum Schornstein. Die Männer wurden durcheinandergewirbelt. Neben dem Hauptaufzug in der Mitte des Schiffs klaffte eine riesige Höhle. Der Aufzug selbst, von einer Riesenhand verbogen, stürzte in den Hangar hinunter. Die Stahlplatten des Decks ragten hoch wie hochgestellte Schuppen. Die dichtgedrängten Flugzeuge entzündeten sich gegenseitig. Das Benzin brannte mit fahler Flamme. Die Munition explodierte: Patronengurte knatterten, Bomben und Torpedos krachten. Dumpfe, mächtige Explosionen erschütterten das Schiffsinnere. Männer liefen, Männer schrien, Männer brannten – und Männer weinten, wie Fregattenkapitän Mitsuo Gushida, als er feststellte, daß auch aus der *Soryu* und der *Kaga* dicke Rauchwolken quollen. Alle drei Träger waren getroffen worden. Fünf Minuten hatten genügt, um aus einem sicheren Sieg eine Katastrophe zu machen.

Es hatte buchstäblich an einem Faden gehangen... Wie sein Kamerad von der *Hornet* hatte auch der Führer der Sturzbomber der *Enterprise*, Clarence McClusky, den Feind nicht an der vorgesehenen Stelle gefunden. Er wandte sich nach Nordnordost, flog 50 Meilen, ohne ein Schiff auszumachen und dachte schon daran, umzukehren, als er unter sich den Silberstreifen einer Kielspur erblickte. Ein Zerstörer lief mit Volldampf nach Nordwesten. McClusky nahm an, er suche zu der Schlachtflotte zu stoßen und folgte ihm. Und dann bot sich ihm ein berauschender Anblick: drei große Träger. Er befahl seiner Staffel, die beiden nächsten aufs Korn zu nehmen: es waren die *Akagi* – kenntlich daran, daß sich ihre ›Insel‹ an Backbord befand und nicht an Steuerbord wie bei den anderen Trägern – und die *Kaga*. Wenige Minuten später bohrten sich die Bomben in die Schiffsrümpfe.

Glücksfälle treten paarweise auf. In selben Augenblick, da McClusky eine Kielspur ausmachte, entdeckte Maxwell S. Leslie, der Führer der Sturzbomberstaffel der *Yorktown*, eine Rauchfahne. Sie wies ihm den Weg zum Schauplatz des Kampfes. Das erste Schiff, das er entdeckte, war ein riesiger Träger – die *Soryu*. Er stieß in steilem Winkel hinunter, spürte plötzlich, daß seine Maschine leichter wurde. Sein rechter Nebenmann machte heftige Zeichen, aus denen er entnahm, daß er seine Bombe verloren hatte. Seit fünfzehn Jahren war Leslie Marineflieger, hatte sich immer wieder auf diesen großen Moment vorbereitet, und jetzt verlor er seine Bombe... Er konnte nichts anderes tun, als das feindliche Schiff mit Maschinengewehrfeuer zu belegen. Seine Kameraden erzielten vier Volltreffer: eine Bombe in den vorderen Aufzug, eine zweite neben den hinteren Aufzug, eine dritte an der Steuerbordseite des Hecks und eine vierte mittschiffs, neben die Insel. Ungeheure Flammen schossen hoch, Stahlplatten flogen in die Luft. Die Sturzkampfbomber zogen nach oben: Keine Maschine war getroffen worden.

Admiral Nagumo auf der *Akagi* war wie betäubt. Sein Stabschef drängte ihn, den Kreuzer *Nagara* zum Flaggschiff zu machen. »Die Mehrzahl unserer Schiffe ist unbeschädigt. Sie müssen Ihr Kommando weiterführen.« Der alte Mann schüttelte stumm den Kopf. Sein Adjutant, Leutnant zur See Nishibayashi, nahm ihn an der Hand und sprach zu ihm, wie zu einem Kinde: »Herr Admiral, sämtliche Niedergänge stehen in Flammen. Sie können nur entkommen, wenn Sie über ein Tau aufs Ankerdeck klettern. Ein Zerstörer erwartet Sie. Das Bild Seiner Majestät des Kaisers wurde bereits hinübergebracht. Kommen Sie.« Nagumo folgte wie ein Automat.

Es war 10 Uhr 46. Vor fünfundzwanzig Minuten waren die drei Träger getroffen worden; alle drei waren verloren. *Kaga* und *Soryu* sanken fast gleichzeitig am Nachmittag; die erstere nahm ihren toten Kapitän in die Fluten mit, die zweite ihren lebenden, Yamagimoto, den ein Unteroffizier, Meister im japanischen Ringkampf, vergeblich von der Kommandobrücke zu reißen versucht hatte. Die *Akagi* trieb noch die Nacht über auf dem Meer und erhielt erst bei Morgengrauen, auf Befehl Yamamotos, den Gnadenstoß. »Und das ist mein erstes Ziel in diesem Krieg!« klagte weinend der Kommandant des Zerstörers.

War die Schlacht bei Midway zu Ende? Nein. Es gab immer noch einen japanischen Träger, die *Hiryu*. Der völlig verstörte Nagumo wurde vom härtesten Admiral der japanischen Marine, von Tamon Yamaguchi, abgelöst. Noch war eine gewaltige Armada von Schlachtschiffen und Kreuzern vorhanden. Daneben die beiden Träger, die zu den Aleuten kommandiert worden waren, und die Yamamoto Hals über Kopf zurückgerufen hatte. Das Glück, das den Japanern zuerst gelächelt hatte, hatte sich gewendet und war nun auf seiten der Amerikaner. Ein neuerlicher Umschwung, und Midway würde trotz allem einen Sieg für das Reich der aufgehenden Sonne bezeichnen. Yamaguchi hatte nicht erst einen Befehl von oben abgewartet, um die Flugzeuge der *Hiryu* gegen den einzigen Träger, dessen Position er kannte, loszuschicken. Begleitet von zwölf Jägern, stiegen 18 Bomber und 18 Torpedoflugzeuge zum Angriff gegen die *Yorktown* auf, sie fanden sie, warfen sie in Brand. Wie die *Akagi* trieb auch die verlassene *Yorktown*, die sieben Torpedotreffer abbekommen hatte, stundenlang auf See und wurde durch ein amerikanisches Torpedo versenkt.

Schon wieder setzten die Amerikaner zu einem Gegenschlag an. Was Fletcher und Spruance an Bombern noch zur Verfügung hatten, 24 im ganzen, stieg um 5 Uhr nachmittags von der *Enterprise* und der *Hornet* auf. Die *Hiryu* starb heldenhaft, fuhr mit 30 Knoten verzweifelt Zickzackkurs und deckte die Angreifer mit rasendem Flakfeuer ein. Umsonst. Ihre Jäger waren bei dem Angriff auf die *Yorktown* geopfert worden, und die zu Tode erschöpften amerikanischen Flieger schlugen sich wie die Teufel. Kurz nacheinander trafen vier Bomben das Schiff. Die Wirkung war so durchschlagend, daß die Flugzeuge, die noch nicht angegriffen hatten, sofort die Schlachtschiffe *Haruna* und *Kirishima* aufs Korn nahmen. Diese flüchteten mit voller Kraft. Fletcher konnte an Nimitz funken: ›Beherrschen Luftraum.‹

Die *Hiryu* war gleichfalls verloren. Ihr Inneres war eine Hölle. Alle Versuche, die Maschinen zu erreichen und die Pumpen in Gang zu setzen, scheiterten an den Flammen. Am 5. Juni um 2 Uhr 30 erteilte Yamaguchi Kapitän Kaka den Befehl, die Überlebenden auf Deck zu sammeln. Es waren 800 Mann, ihre Kleidung war versengt, Brauen und Haare verbrannt. Im Mondschein und im Schein des Feuers standen die Matrosen trotz des glutheißen Decks, an dem fast die Sohlen verbrannten, in Habtachtstellung. Der kleine Yamaguchi, der nicht nur an der Universität Princeton studiert hatte, sondern auch die Sprache des Feindes beherrschte, benutzte, da die Bordsprechanlage unterbrochen war, ein Megaphon und sagte: »Als Kommandant dieses Trägerverbandes trifft mich die volle Verantwortung für den Verlust der *Hiryu* und der *Soryu*. Ich bleibe an Bord. Ich befehle euch, das Schiff zu verlassen und Seiner Majestät dem Kaiser weiter treu zu dienen.«

Die Männer gehorchten und gingen an Bord des Zerstörers, der bei dem tödlich getroffenen Träger längsseits gegangen war. Der Stab Yamaguchis bat um die Erlaubnis, bei seinem Admiral bleiben zu dürfen. Yamaguchi lehnte dankend ab, und nach einem Ehrentrunk mit purem Wasser – es gab nichts anderes – empfahlen sich alle mit steifer, tiefer Verbeugung, ausgenommen Kapitän Kaka, der Hausherr an Bord seines Schiffes war. Der Kaiser hatte ihm die Ehre erwiesen, ihm eines seiner Schiffe anzuvertrauen. Er blieb auf der *Hiryu*, um mit ihr zu sterben. Weshalb war ein gewissenhafter Diener des Kaiserreiches wie Yamaguchi nicht auch der Ansicht, daß sein, Kakas, Opfer genügte? Warum wollte Yamaguchi nicht überleben, um eine große Aufgabe zu übernehmen, um eine Flotte zum Sieg zu führen, die eben eine ehrenvolle Niederlage erlitten hatte?

Yamaguchi lächelte. Wenn Kaka mit der *Hiryu* sterben wolle, solle er seinen Willen haben. Dieser Entschluß ehre ihn, Yamaguchi. Sie würden also gemeinsam sterben, durch die Torpedos, die abgefeuert werden sollten, sobald die letzten Männer die *Hiryu* verlassen hätten.

Die Schlacht um Midway war beendet. Yamamoto verblieb der größte Teil seiner Flotte. Keine seiner Einheiten hatte ein feindliches Schiff gesichtet. Keines hatte, die Flak ausgenommen, einen einzigen Schuß abgegeben. Die riesigen Geschütze der *Yamato* waren stumm geblieben, und die 13 Tonnen ihrer Breitseite hatten keinerlei Rolle gespielt. In einem nächtlichen Kriegsrat sprachen sich die Mutigen dafür aus, die Operation fortzusetzen, Midway trotz allem anzugreifen und die gesamte Flotte gegen die Amerikaner zu werfen, ungeachtet der Verluste, mit denen man rechnen mußte, da man den Luftraum nicht mehr beherrschte.

Yamamoto lehnte ab. Besser als die jungen Leute, denen die Demütigung der Niederlage den Blick getrübt hatte, wußte er, wie hilflos Überwasserschiffe gegen die Angriffe der Bomber waren. Das Unternehmen, das man ihm vorschlug, würde nur zu neuen Verlusten führen, zu einer noch ernsteren Schwächung in dem ungleichen Kampfe, der Japan bevorstand.

Am 5. Juni um 2 Uhr kam von der *Yamato* der Befehl: Umkehr! Das Unglück riß nicht ab: beim Wenden rammten die schweren Kreuzer *Mikuma* und *Mogami* einander. Die beiden anderen Kreuzer des Verbandes ließen die beiden Havaristen, die nur noch wenige Knoten Fahrt machten, allein zurück. Das amerikanische Unterseeboot *Tambor* führte die ›Fliegenden Festungen‹ aus Midway an die beiden heran. Die schwer getroffene *Mikuma* sank nach einigen Stunden. Die *Mogami* erreichte wie durch ein Wunder einen japanischen Stützpunkt. Die Reparaturen legten sie für ein Jahr still.

Der einzige Erfolg des großartigen Unternehmens war die Besetzung der beiden nahezu unbewohnten und völlig unverteidigten Inseln Attu und Kiska: Die Japaner machten 39 Aleutenbewohner und ein Missionarehepaar zu Gefangenen. Vizeadmiral Hosogaya hatte nicht einmal gewagt, Adak zu besetzen, weil dieses seiner Ansicht nach zu nahe an den amerikanischen Stützpunkten Dutch Harbor und Kodiak lag.

Am Morgen des 4. Juni schien Japan noch unbesiegbar zu sein. Am Abend des 4. Juni war es geschlagen. In der langen, bewegten Geschichte der Kriege hatte es niemals zuvor eine so plötzliche, so vollständige Wende gegeben.

XVI. Kapitel Mai bis September 1942
Nil, Kaukasus und Wolga

Die Schlacht der Werften

Im Sommer 1942 erreichte der Krieg seinen Höhepunkt. Wenn Japan in Midway einen entscheidenden Schlag erlitten hatte, so erzielte Deutschland triumphale Erfolge, die erneut den Eindruck erweckten, die Wehrmacht sei unbesiegbar. Aber die ungeheuren Kräfte, die sich ihr entgegenstellten, machten aus diesen glänzenden Waffentaten Pyrrhussiege.

Im Atlantik war das Auftauchen deutscher U-Boote vor den amerikanischen Küsten die Überraschung des Winters gewesen. Dönitz hatte U-Boote mit großer Dauerleistung eingesetzt sowie U-Tanker für Kampfboote, die bis zu 600 Tonnen Öl mitführten. Die durch Erweiterung des Aktionsradius erzielte Erhöhung der Versenkungsziffern stellte eine völlige Überraschung dar. *U 123* unter Korvettenkapitän Hardegen versenkte nicht nur 50000 Tonnen, es drang auch in die Reede von New York ein. Andere Kommandanten kreuzten in der Gegend von Kap Hatteras, stießen in den Golf von Mexiko vor und brachten ihre Torpedos bis zu den Antillen. Die Küstenbewohner von New Jersey und Carolina bekamen den Krieg zu spüren; sie hörten die dumpfen Explosionen draußen auf See. Die in voller Friedensbeleuchtung erstrahlende Küste war eine wichtige Orientierungshilfe für den Feind; als endlich Verdunklung verfügt wurde, widersetzte sich Florida, das seine Touristensaison nicht stören lassen wollte. Das mutige, glückliche Amerika akzeptierte den Krieg mit seinen Opfern, nicht aber seinen Zwang. Die zaghaften Beschränkungen, die man für Benzin, Reifen und Fleisch angeordnet hatte, trafen auf heftigen Widerstand.

Während der ersten Monate des Jahres 1942 gingen die Schiffsraumverluste durch deutsche Boote an den amerikanischen Küsten weiter. Sie erreichten im Mai 569000 Tonnen beziehungsweise 123 Schiffe, das heißt zwei Drittel der Gesamtverluste im Atlantik. Churchill sprach von einem ›U-Boat's Paradise‹... Glücklicherweise besaß Dönitz nicht genug Unterseeboote, um seinen Vorteil wirklich voll auszunutzen. Ein Drittel seiner etwa hundert Einheiten war im Mittelmeer und in der Nord- und Ostsee festgehalten, und wenn man die Hin- und Rückfahrten rechnete, konnten höchstens sieben oder acht U-Boote gleichzeitig in der westlichen Hemisphäre operieren. Die Gefahr verringerte sich, als die Amerikaner, unterstützt von englischen Fachleuten, in ihren Küstengewässern den Kampf gegen die U-Boote systematisch organisierten. Vom Sommer 1942 an war ›U-Boat's Paradise‹ ein verlorenes Paradies. Die Entscheidungsschlacht wurde auf den Werften geschlagen. Als die Alliierten ihre strategischen

Pläne überprüften, stellten sie fest, daß ihr Bedarf an Schiffsraum die Möglichkeiten überstieg. Es galt nicht nur, die Verluste auszugleichen, sondern noch mehr Schiffe zu bauen, als die Deutschen, Italiener und Japaner vernichteten. Die Todd-Kaiser-Werft hatte schon vor Pearl Harbor ein Frachtschiff für England entwickelt, das zur Serienherstellung bestimmt war: Es wurde unter der Bezeichnung *Liberty Ship* ein Werkzeug des Sieges. Die vorfabrizierten Schiffe wurden in einem Zeitraum zusammengebaut, der schließlich auf vier Tage reduziert werden konnte. Was sich auf See ereignete, war eine Tragödie. Dutzende von Handelsschiffen und Ölschiffen explodierten, brannten aus und sanken. Die Überfahrt eines Geleitzuges war ein einziger, schier endloser Angsttraum. Die Besatzungen der Handelsschiffe hatten Prüfungen zu bestehen, die schrecklicher als die Schlachten an der Front waren. Sie kamen in den Flammen um oder starben einen langsamen Tod im eisigen Wasser. Aber die U-Boot-Waffe war nicht mehr so gefährlich wie während des Ersten Weltkrieges, als die Torpedierungen die Alliierten an den Rand der Niederlage gebracht hatten. 1942 erinnerte zwar an 1917, aber die Lage war keineswegs so kritisch.

Die deutschen Sommerpläne

Was Rußland betraf, so waren Halder und andere Generale der Ansicht, daß die Verluste des Winters es den deutschen Armeen nicht gestatteten, Offensivoperationen großen Stils durchzuführen. Sie hielten es für nötig, die Front zu verkürzen, Reserven zu schaffen, die Querverbindungen zu verbessern, die Russen in die Offensive zu locken und ihnen durch kraftvolle Gegenstöße ständig Niederlagen beizubringen.
Hitler dagegen hielt es für notwendig, alles in eine Offensive zu werfen, um im Jahre 1942 zu erreichen, was der russische Winter 1941/1942 unmöglich gemacht hatte: die Vernichtung der Roten Armee. Er wußte, daß der Kriegseintritt Amerikas die Hoffnungen auf einen kurzen Krieg zunichte gemacht hatte. Es war ihm nicht unbekannt, daß die Alliierten Pläne für eine Invasion Europas schmiedeten. Die Vernichtung der Sowjetarmee würde dem Dritten Reich gestatten, die Kräfte zu sammeln, mit denen dieser Gefahr begegnet werden konnte.
Im Westen gedeckt, würde Deutschland im Osten die Initiative in der Hand behalten, indem es vom Balkan und dem Kaukasus aus zu einer mächtigen Offensive schritt, durch die man sich in Verbindung mit der von Rommel geführten Nebenaktion des gesamten Mittleren Ostens bemächtigen würde. Hitler hoffte, eine für Deutschland politisch und wirtschaftlich so günstige Lage zu schaffen, daß eine Verlängerung der Kriegsdauer ohne jede Bedeutung sein würde.

Deutschland würde imstande sein abzuwarten, bis die Seemächte erschöpft den Kampf aufgeben würden. Dazu war es aber nötig, den letzten Feind auf dem Kontinent, Rußland, zu vernichten.

Am 5. April unterzeichnete Hitler seine Weisung Nr. 41, ein langatmiges Dokument, in dem die nüchterne Sprache der Strategie von Passagen über Kriegskunst und überschwenglicher Propaganda durchsetzt war. Die Grundidee war aber trotzdem klar: Hitler blieb Hitler treu; er lehnte es weiterhin ab, sich Moskau zu nähern, von dem die deutsche Front nach wie vor nur 150 Kilometer entfernt war, und blieb dabei, die Entscheidung an den Flügeln zu suchen. Im Süden sollte die Wehrmacht zuerst zuschlagen. Zwei vorbereitende Operationen würden zwei Mißerfolge des Winters wiedergutmachen. Auf der Krim würde die Halbinsel Kertsch zurückerobert und die Belagerung Sewastopols erfolgreich zu Ende geführt werden; in der Ukraine würde die durchbrochene Donezfront wiederhergestellt werden. Die daraufhin einsetzende Operation ›Blau‹ sollte in drei Phasen stattfinden, gefolgt von einer Abschlußoperation. In der ersten Phase würden die Armeen der Heeresgruppe Süd mit ihrem linken Flügel angreifen und die russischen Armeen in der Gegend von Woronesch vernichten. In der zweiten würden sie die Russen zwischen Donez und Don einkesseln. In der dritten würde der linke Flügel am Don aufwärts, der rechte abwärts marschieren; sie würden sich in der Gegend von Kalatsch vereinigen, die 50 Kilometer, die den Don von der Wolga trennen, durchqueren und Stalingrad nehmen. Die Krönung des Sommerfeldzugs würde der Marsch zum Kaukasus sein.

Der Plan bestand also darin, eine riesige Defensivflanke von Stalingrad bis Woronesch aufzubauen, und zwar in der Absicht, den Kaukasus zu isolieren und seine Eroberung zu ermöglichen. Hitler war nicht, wie man sagt, zwei Hasen zugleich nachgelaufen, als er sich zwei Ziele setzte, die durch tausend Kilometer Berge und Steppen voneinander getrennt waren. Die Unvereinbarkeit der Ziele wurde erst später offenbar, als der stets ungeduldige Führer auf Baku marschieren wollte, ehe noch die Schlacht bei Stalingrad beendet war. Stalingrad, die Schließklappe eines Riegels, unter dessen Schutz Hitler ein Gebiet erobern wollte, dessen Besitz ihm, wie er glaubte, gestatten würde, den Krieg unbegrenzt weiterzuführen.

Die verhängnisvolle Schwäche des Hitlerschen Plans lag in dem Mißverhältnis zwischen Absicht und Mitteln. Für die Sommeroffensive verfügte die Heeresgruppe Süd über 60 deutsche Divisionen, darunter nur neun Panzerdivisionen. Die Rumänen, Italiener, Ungarn und Slowaken stellten weitere 21 Divisionen, aber das OKH war großzügig, wenn es ihnen für die Defensive die Kampfkraft einer halben und für die Offensive die eines Drittels einer deutschen Division zuerkannte. Es hätte doppelt so starker Kräfte bedurft – indessen hatte Hitler die 2000 Kilometer Abwehrfront zwischen Woronesch und Karelien ohnehin schon mit weniger als den 85 Divisionen besetzt, die die unterste Sicherheitsgrenze bildeten. Kritikern gegenüber, die auf dieses offenkundige

Mißverhältnis hinwiesen, antwortete Hitler immer wieder mit dem Argument, der Feind sei erschöpft. Diese Maxime stand am Anfang der Weisung Nr. 41: ›Der Feind hat schwerste Verluste an Menschen und Material erlitten. In dem Bestreben, scheinbare Anfangserfolge auszunützen, hat er auch die Masse seiner für spätere Operationen bestimmten Reserven in diesem Winter weitgehend verbraucht.‹ Die Abteilung Fremde Heere Ost bestätigte dieses Axiom nicht, aber Hitler erklärte die Nachrichtenleute für unfähig, böswillig und ergo nicht kompetent. ›Er bekam eine Wutanfall‹, erzählte Halder, ›als der Beweis erbracht wurde, daß der Ausstoß der russischen Produktion an frontfähigen Panzern monatlich mindestens 1200 Stück betrage.‹ Der Weg des Feldherrn ist schmal und führt an Abgründen entlang. Sich den Tatsachen zu fügen, darauf zu verzichten, ihnen seinen Willen aufzuzwingen, führt zu Passivität und zur Katastrophe. Die Tatsachen zu schmähen, sich vorzustellen, der Wunsch allein sei das höchste und es gäbe keine Schranken des Möglichen, führt zur Hybris und ebenfalls in die Katastrophe. Hitler war unrettbar in den zweiten dieser Abgründe gestürzt. Alles, was er später befahl, war praktisch unausführbar.

Sewastopol

Am 8. Mai begann die erste der vorbereitenden Offensiven, die Mansteins auf der Krim. Die 44., 47. und die 51. sowjetische Armee hatten sich auf der kleinen Landenge von Parpatsch verschanzt. Manstein täuschte die Russen durch einen Ablenkungsangriff im Norden und brach im Süden durch. Zehn Tage später war die Wiedereroberung der Krim beendet. Die 11. Armee hatte um den Preis von 8000 Toten, Verwundeten und Vermißten 170000 Gefangene gemacht. Die schwerste Aufgabe, die Einnahme Sewastopols, stand noch bevor.

Während des Winters waren die Truppen in der belagerten Stadt verstärkt worden, die Verbindungen über See waren ja offengeblieben. Die Verteidiger unter dem Befehl von General I. J. Petrow verfügten über 7 Schützendivisionen, 3 selbständige Brigaden, 2 Regimenter Marineinfanterie, 2 Panzerbataillone, eine kleine Luftstreitmacht, 1600 Geschütze und Werfer. Der Verlauf der Küste gestattete die Errichtung einer verhältnismäßig kurzen Stellung vom Belbektal bis zur Bucht von Balaklawa. Viele Namen erinnerten an die anglo-französische Expedition des Jahres 1855. Im Norden war das Gelände verhältnismäßig offen, aber die Russen hatten dort Befestigungen angelegt, von modernisierten alten Forts, die mit 30,5-cm-Geschützen ausgerüstet worden waren, bis zu Infanterieschutzwällen. Im Osten war das Gelände zerklüftet und wild. Kleine, von Gestrüpp bedeckte Hügel, von Schluchten durchzogen, erschwerten das Vordringen der Infanterie. Die felsigen Höhen von Sapun erhoben sich geradlinig wie eine Schutzmauer. Dahinter, am südlichen Ufer der Sewernajabucht, die als Schutzgraben gegen einen vom Norden kommenden Angriff diente, lag Sewastopol. Trotzdem beschloß Manstein, seinen ersten Einsatz gegen den Nordabschnitt zu führen. Der brillante Meister der schnellen Kriegführung verwandelte sich in einen Techniker der Materialschlacht. Er holte sich aus den Arsenalen die ungewöhnlichsten Kaliber: 30,5-cm-, 35-cm- und 42-cm-Geschütze, ferner zwei Supermörser ›Thor‹ und ›Odin‹ mit 61,5-cm-Rohren und schließlich das Eisenbahngeschütz ›Dora‹ mit 80 cm, die größte Kanone, die es je gegeben hatte. Das Geschoß wog 7 Tonnen, das Rohr maß 30 Meter. 60 Eisenbahnzüge waren notwendig gewesen, um das Geschütz und sein Zubehör heranzuschaffen, und 4000 Mann waren eingesetzt, um es zu bedienen und zu schützen. Es feuerte nur drei Geschosse pro Stunde ab, aber diese durchschlugen die dicksten Bunkerwände. Sewastopol war also, und das war neu im Zweiten Weltkrieg, eine Artillerieschlacht. Manstein setzte 171 Batterien ein und ließ dem Sturmangriff seiner Infanterie ein Trommelfeuer von fünf Tagen Dauer vorangehen. Dazu kam das Bombardement aus der Luft durch das VIII. Fliegerkorps Richthofens. Die im Nordabschnitt angreifenden vier Divisionen des LIV. Korps hatten den Eindruck, daß kein Russe den Geschoßhagel überlebt haben konnte. Sie wurden bald ernüchtert. Der Widerstand der Überlebenden war heldenhaft. Um jedes einzelne der von den Deutschen ›Maxim Gorki‹, ›Stalin‹, ›Tscheka‹, ›GPU‹ usw. getauften Festungswerke wurde schwer gerungen. Die Hitze von 50 Grad, die mit unglaublicher Plötzlichkeit hereingebrochen war, lastete auf den Kämpfenden. Die Verluste waren ungeheuer. Eine deutsche Kompanie wurde bis auf neun Mann aufge-

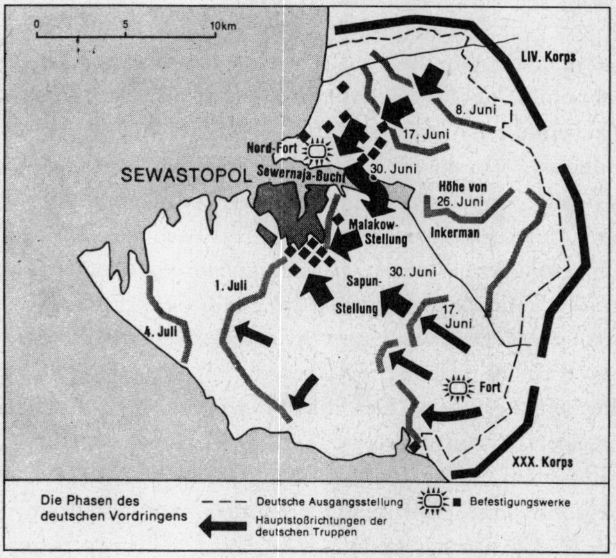

Karte 28
Eroberung Sewastopols
(Juni bis Juli 1942)

rieben; Manstein mußte die Infanterie der 46. Division aus Kertsch herbeiholen, um die der 132. zu ersetzen, die völlig verbraucht war. »Trotz dieser schwer erkämpften Erfolge aber scheint das Schicksal des Angriffs auf des Messers Schneide zu stehen«, sagte er.

Am 18. Juni, dem elften Tag der Offensive, erreichte die 22. Infanteriedivision endlich die Sewernaja-Bucht. Fünf Tage später verlegte Petrow seine Verteidigung auf das Südufer. Am Achtundzwanzigsten eroberte die 50. Infanteriedivision Inkerman und dessen Hügel. Man fand zahlreiche Sektkeller, in denen riesige Mengen Munition gelagert waren, aber auch Tausende von Frauen und Kindern Zuflucht gesucht hatten. Die Russen sprengten die Lager in die Luft. Die Explosion ließ eine 300 Meter hohe Wand des Berges niederstürzen und begrub die Flüchtlinge unter sich. Selten hatte der Krieg sich zu solchem Grauen gesteigert.

In der darauffolgenden Nacht führten die Deutschen zwei kühne Schläge aus. Manstein ließ in der Bucht von Sewernaja Sturmboote angreifen, die einen Brückenkopf für das LIV. Korps errichteten. Weiter südlich ging das XXX. Korps schrittweise vor und nahm die Höhen von Sapun. Der Hügel von Malakow wurde erobert. Die zweite Belagerung Sewastopols war beendet. Die Reste der Garnison wehrten sich noch vier Tage lang im Chersonesskij-Kap, während die Flotte einen Teil der Verteidiger aufnahm, darunter General Petrow. 97000 Gefangene fielen dem Sieger in die Hände.

Der Fall ›Blau‹ läuft an

In der Ukraine war man den Deutschen zuvorgekommen. Die zweite vorbereitende Operation von Fall ›Blau‹, ›Fridericus I‹, die Wiederherstellung der Donezlinie, hätte am 17. Mai beginnen sollen. Die Russen griffen schon am 9. an. Ihr erstes Ziel war die Wiedereroberung Charkows, die ihnen im Winter mißlungen war. Nach Einnahme Charkows sollte die Offensive in Richtung Dnjepropetrowsk bis zur völligen Befreiung der Ukraine fortgesetzt werden. Timoschenko, der Befehlshaber der Südwestfront, verkündete es den Ukrainern in einer Bekanntmachung, die von Drohungen gegen die Nationalisten, die mit den Eindringlingen gemeinsame Sache gemacht hatten, strotzte. »Der Krieg nimmt eine neue Wendung...«, sagte er. Die russische Offensive traf auf die 6. deutsche Armee, die seit Januar von dem Panzergeneral Friedrich Paulus befehligt wurde. Der linke Flügel der 6. Armee gab nach, ohne gesprengt zu werden, aber ihr Zentrum südlich von Charkow wurde eingedrückt. Die Deutschen bannten die Gefahr, indem sie die 17. Armee an der Flanke der Einbuchtung angreifen ließen, die der feindliche Vormarsch geschaffen hatte. Die 9. sowjetische Armee unter General F. M. Charitonow konnte, schwer angeschlagen, hinter den Donez zurückgehen. Timoschenko sah, wie sich in wenigen Stunden ein vielversprechender Erfolg in tödliche Gefahr wandelte. Er machte Stalin den Vorschlag, den Vormarsch auf Charkow zu stoppen und die Heeresgruppe aus der Klemme, in der sie sich befand, zurückzuziehen. Stalin lehnte ab, und die Dinge nahmen ihren Lauf. Die 17. deutsche Armee unter Hoth nahm Isjum am Donez im Rücken der Russen. Die Armee Paulus ergriff wieder die Initiative und vereinigte sich am 25. Mai mit der Armee Hoths. Weitere 240000 marschierten in die deutschen Lager. Zu früh hatten die Russen an ›eine neue Wende des Krieges‹ geglaubt. ›Unsere Offensive im Mai 1942‹, gab der Militärhistoriker Platonow zu, ›endete mit einem völligen Mißerfolg. Die Verantwortung dafür fällt dem Oberkommando zu, das es nicht verstand, den richtigen Rhythmus zu finden, und sich nicht um die Flankensicherung kümmerte.‹ Aber die Schlagkraft und der Erfolg des Anfangsstoßes hätten Adolf Hitler beweisen müssen, daß die Russen nicht so vernichtend getroffen waren, wie er behauptete. Der 28. Juni war ein großer Tag. Der Fall ›Blau‹ begann. Die Armeen der Achse setzten sich gegen Stalingrad in Bewegung.

Roosevelt und die zweite Front

Im anglo-amerikanischen Lager herrschte Sorge, der russische Widerstand könne zusammenbrechen.

Im Januar, während der Konferenz von Washington, war das Prinzip der Vorrangigkeit des Krieges gegen Deutschland ohne Diskussion bestätigt worden. Churchills Formulierung: ›Closing the ring‹ (Schließen des Ringes) war angenommen worden. Die stählerne Klammer, die das Reich umschloß, begann an der russischen Front und reichte über England, den Atlantik, Nordafrika, den Nahen Orient, Iran und zurück zum Kaukasus. Durch die Operation ›Supergymnast‹ sollte das afrikanische Kettenglied eingesetzt werden.

Eine andere Entscheidung der Konferenz, die sogenannte Operation ›Bolero‹, betraf die Umwandlung Englands in einen Exerzierplatz der Allianz. Die amerikanischen Divisionen sollten nach ihrer jeweiligen Aufstellung dorthin verlegt werden, um ihre Ausbildung zu beenden und sich auf die Invasion Europas vorzubereiten. Es hatte keinen Widerspruch gegeben, keine Diskussion über endgültige Zielsetzung der alliierten Strategie. Anders verhielt es sich bezüglich der Festsetzung der einzelnen Etappen und Termine. So hitzig Churchill auch war, er wies doch entschieden darauf hin, daß jedes Überstürzen auf Kosten Englands gehen würde. Deshalb hielt er mit solcher Beharrlichkeit an der Landung in Nordafrika fest: Personalstärke und Risiken waren begrenzt. Ähnlich verhielt es sich seiner Ansicht nach mit dem Einsatz, und die

Risiken mußten so lange untragbar sein, als die amerikanischen Streitkräfte nicht die Hauptlast tragen konnten. Er wies überzeugend nach, daß eine mißlungene Invasion in Europa katastrophale Folgen hätte und Hitlers Niederlage um Jahre hinausschöbe. Es war auch das amerikanische Engagement, das schließlich zu Hitlers Niederlage führte. Amerika wollte Ende 1943 eine Armee von 143 Divisionen und 1944 192 Divisionen aufgestellt haben. Die vorgesehene Stärke der Heeresluftwaffe betrug 269 Geschwader, die Marine sollte einen Personalstand von 4 Millionen Mann erreichen. Aber die Probleme der Ausrüstung der Organisation, der Produktion und des Nachschubes, die dieser gewaltige Einsatz mit sich brachte, waren enorm. Bei der Durchführung des Planes ›Bolero‹ gab es immer neue Schwierigkeiten. Es gab zu wenig Schiffsraum. Der Bau der Landungsschiffe wurde durch die technischen Engpässe und die Streitereien zwischen Heer und Marine verzögert. Die notwendigen Neubauten, Kasernen, Lager, Flugplätze, stellten das ohnehin überfüllte England vor schwere Probleme. Zu Anfang des Frühlings 1942 gab es noch keine komplette amerikanische Einheit auf den Britischen Inseln. Die 34. Infanteriedivision und die 1. Panzerdivision begannen in Nordirland an Land zu gehen; der erste Geleitzug der 8. Luftflotte erreichte Liverpool erst am 11. Mai.
So war die Lage, als Churchill am 2. April einen Brief von Roosevelt erhielt, der ihm die Ankunft von Harry Hopkins und George Marshall ankündigte. ›Sie werden Ihnen einen Plan vorlegen, der von Rußland, wie ich hoffe, mit Begeisterung begrüßt werden wird...‹ Es handelte sich um nichts weniger als die überstürzte Eröffnung einer zweiten Front in Europa! Stalins Klagen, der Druck linksstehender Kreise, das Drängen seiner Militärberater hatten Roosevelt zu diesem Schritt veranlaßt. Im Januar hatte er sich Churchills Standpunkt angeschlossen: Vorbereitung einer Invasion Europas auf lange Sicht, zunächst Eroberung Nordafrikas. Aber Kriegsminister Stimson und Generalstabschef Marshall hatten Roosevelt von neuem bestürmt. Der Erste Weltkrieg habe sie gelehrt, daß jeder Ablenkungsangriff ein Fehler war. Das aber wäre bei ›Supergymnast‹ der Fall, einer Operation, die der ungestüme alte Mr. Stimson »the wildest kind of dispersion debauch« nannte. Man müsse den Feind an der empfindlichsten Stelle treffen, das heißt in Frankreich, anstatt sich auf dem Umweg zu verlieren, den der Amateurstratege Churchill vorgeschlagen hatte. Ein junger Oberstleutnant, der inzwischen den ersten Generalsstern trug, Dwight D. Eisenhower, hatte ein Projekt ausgearbeitet. Dieses sollten Marshall und die graue Eminenz Hopkins Churchill vorlegen, von diesem Projekt sollten sie ihn überzeugen. Die Begegnung fand am 8. April in Downing Street statt. Eisenhowers Plan sah eine Invasion Frankreichs im Jahre 1943 durch Überquerung des Kanals zwischen Calais und Le Havre vor. 30 amerikanische Divisionen, 18 britische Divisionen, 5800 Flugzeuge, davon 2250 englische, sollten an der ›Round-up‹ genannten Operation teilnehmen; der Name bezeichnet das Zusammentreiben einer Herde durch Cowboys.

Eine begrenzte Operation ›Sledgehammer‹ (Vorschlaghammer) war für 1942 vorgesehen. Sie sollte in der Eroberung einer französischen Halbinsel, vielleicht der Bretagne, eher des Cotentin bestehen. England sollte dafür acht Divisionen stellen.
Churchill befand sich in schrecklicher Verlegenheit. Er rühmte den ›meisterhaften Plan‹ des Präsidenten über alle Maßen, hatte aber Einwand über Einwand gegen ihn vorzubringen und ließ seine Militärs sprechen. Der spöttische Brooke bezeichnete den Plan als ›geradezu phantastisch‹ und schrieb in seinem Tagebuch ein hartes Urteil über Marshall: ›Ein charmanter, überaus gefährlicher Mann... Sehr von sich eingenommen, aber seine strategischen Fähigkeiten beeindrucken mich nicht... Sein Plan geht über die Landung nicht hinaus: Er hat nicht einmal begonnen, darüber nachzudenken, was wir nachher tun sollen... Sollen wir nach Touquet gehen und Bakkarat oder Eisenbahn spielen?... Da Churchill ihn mit Phrasen fütterte, dachte Marshall, er sei im Begriff sich durchzusetzen. Hopkins freilich erkannte, daß die Engländer nicht mitmachen wollten. Ein unerwarteter Zwischenredner mischte sich in die Debatte: der deutsche Rundfunk. Er stürzte die Versammlung in London in einen Abgrund des Argwohns. Wer hatte Goebbels unterrichtet? Wie hatte er die Identität von Mr. A. H. Hones und Mr. C. C. Mell herausgefunden? Wo war das Mikrophon versteckt, das die Staatsgeheimnisse von Downing Street verriet? ›Wir wissen‹, sagte die Stimme des Feindes, ›daß der Bolschewistenfreund Hopkins und General Marshall in London sind, um über eine Invasion Europas zu diskutieren. Wir können ihnen nur den Vorschlag des Führers wiederholen: Deutschland ist bereit, jenen Teil des Kontinents zu räumen, der den Engländern genehm ist, um dort so viele Truppen zu landen als möglich...‹
Hopkins und Marshall reisten am 15. April wieder ab und nahmen eine prinzipielle, unscharf formulierte Zusage der Briten mit. Wenige Tage später traf Molotow ein, umgeben von Leibwächtern und voller Mißtrauen. Man brachte ihn in Chequers unter, worauf er verlangte, daß ihm alle Schlüssel ausgehändigt würden; er warf sämtliche Bediensteten hinaus, ließ jedes Möbelstück durchsuchen, machte sein Bett so, daß er bei Alarm sofort herausspringen konnte, und schlief mit einem Revolver unter dem Kissen. Er forderte ein kategorisches Versprechen bezüglich der Eröffnung einer zweiten Front im Jahre 1942. Churchill lehnte ab.
Von London fuhr Molotow nach Washington. Er fragte Roosevelt, ob er Stalin die Nachricht bringen könne, daß tatsächlich die zweite Front in Vorbereitung sei. Roosevelt ließ Marshall rufen, damit dieser selbst antworte. Marshall versicherte, daß die Truppen, die Panzer, die Munition, die Flugzeuge bereitstünden, die er brauche, und daß die Transportschwierigkeiten nicht unüberwindlich seien. Daraus konnte Molotow schließen, daß die Engländer die zweite Front sabotierten. Schon seit dem Flug von Rudolf Heß waren die Russen der Überzeugung, daß zwischen London und Berlin geheime Verhandlungen in Gang seien.

Geleitzug PQ 17

Ein anderer Streit entbrannte um die Geleitzüge in der Arktis. Anfangs unbehindert, stießen sie jetzt auf einen starken Sperriegel: U-Boote, Bomber, Überwasserschiffe. Jede Fahrt wurde zu einer großen militärischen Operation. Die Bedingungen waren hart. Die Schiffe verschwanden unter Eispanzern. Die tobende See überspülte die Schlachtschiffe und brachte kleinere Schiffe in tödliche Gefahr. Die Besatzungen wußten, daß ihre Überlebenschancen im Falle eines Unglücks äußerst gering waren: Jeder Mann über Bord war ein toter Mann, und die Rettungsboote hatten nach wenigen Stunden nur mehr steifgefrorene Leichen an Bord. Die Verluste waren verheerend. Von etwa 170 Schiffen, die im ersten Halbjahr 1942 die russischen Eismeerhäfen ansteuerten, beendeten 44 ihre Reise auf dem Meeresgrund, ebenso wie die Kreuzer *Edinburgh* und *Trinidad*.

Trotzdem beklagten sich die Russen. In Island und Schottland lagen nicht weniger als 59 mit Material beladene Schiffe. Moskau beschuldigte London, es habe sich die für die Sowjetarmee bestimmte Leih-Pacht-Hilfe angeeignet. Washington schaltete sich ein und forderte die Engländer auf, dafür zu sorgen, daß die unerledigten Frachten weiterbefördert wurden. Churchill antwortete aufgebracht, man verlange Unmögliches von ihm. Admiral Torey fügte hinzu, man müsse sich auf eine Katastrophe gefaßt machen, wenn man aus politischen Gründen die Geleitzugfahrten durch die Arktis um jeden Preis fortsetzen wolle. Der Admiral hatte nur allzu recht. Die tragische Geschichte des PQ 17 sollte es bald beweisen.

PQ 17 war die Kennziffer des Geleitzuges von 36 Handelsschiffen, der Island am 28. Juni verließ. Der vorhergehende Geleitzug hatte schwere Verluste erlitten, und die Nachrichten der Admiralität ließen einen Angriff der großen deutschen Einheiten *Tirpitz*, *Lützow*, *Scheer* und *Hipper* erwarten, die in Norwegen lagen. Die Kräfte des Geleitschutzes waren entsprechend berechnet worden: 6 Zerstörer und vier Korvetten, dazu 2 U-Boote, 3 Minensucher, 4 Trawler, 2 Flakschiffe; außerdem war ein Geschwader von vier Kreuzern mit der Sicherung betraut, zudem stand die ›Home Fleet‹ bereit. Die sommerliche Tag-und-Nacht-Gleiche hatte kurz zuvor stattgefunden, und die Länge des Tageslichtes begünstigte Lufteinsätze. Dennoch war das Wetter abscheulich, der Nebel tückisch und das Wasser eiskalt. Große Eisberge trieben auf der See.

Am 4. Juli lief der Geleitzug durch die breite Meeresstraße zwischen Nordkap und Spitzbergen, nahe der Packeisgrenze, in die Barentsee. Um 5 Uhr früh wurde, mitten im Nebel, ein Schiff versenkt, und zwar durch ein Flugzeug, das buchstäblich ein Loch gefunden hatte, um auf sein Opfer hinabzustoßen. Die ›Home Fleet‹, die ihre Schlachtschiffe keiner Gefahr aussetzen wollte, war auf 15 Grad westlich geblieben, aber das Kreuzergeschwader unter dem Kommando Admiral Hamiltons begleitete die Handels-

schiffe weiter. Um 9 Uhr abends kamen von der Admiralität hastige Befehle: Das Geschwader solle sich sofort mit größter Geschwindigkeit zurückziehen, und die Zerstörer müßten den Geleitzug verlassen, um die Kreuzer zu decken. Die Handelsschiffe wurden aufgefordert, sich zu zerstreuen und einzeln nach Archangelsk zu laufen. Entsetzt sah die Herde, wie ihre Wachhunde sie verließen und nach Westen flohen.
Die Entscheidung, die heute noch umstritten ist, wurde laut Churchill von der Tatsache diktiert, daß zwei der Kreuzer Hamiltons, *Tuscaloosa* und *Wichita*, Amerikaner waren. Zum erstenmal in der Geschichte unterstanden Marinekräfte der Vereinigten Staaten einem britischen Admiral. Auf die Nachricht hin, daß die *Tirpitz* im Anmarsch sei, war die Admiralität angesichts der Gefahr eines ungleichen Kampfes, der Vernichtung zweier befreundeter Schiffe, der Verantwortung, die man ihr aufladen würde und der zu erwartenden Konsequenzen für die Beziehungen zwischen den beiden Flotten, in Panik geraten. Sie zog es vor, den Geleitzug zu opfern.
Die Jagd auf die Frachter war eine der grausamsten Episoden des Krieges. Sie wurde nicht von den großen Überwasserschiffen durchgeführt, die auf Befehl Hitlers hin kehrtgemacht hatten, sondern nur von U-Booten und Flugzeugen. Die Handelsschiffe waren völlig wehrlos. Einigen gelang es, das Weiße Meer zu erreichen und ihre Reise zu Ende zu führen. Ein paar andere drangen ins Packeis ein und erreichten die Küste von Nowaja Semlja. Der Großteil, 24 von 36, wurde versenkt. Hunderte von Matrosen fanden unter schrecklichen Umständen den Tod.

Rommel auf dem Weg nach Suez

Im Mittelmeer war die Lage der Engländer kritisch. Am 1. April 1942 beschränkten sich ihre Marinestreitkräfte auf vier Kreuzer und 15 Zerstörer, gegen vier Schlachtschiffe, neun Kreuzer, 55 Torpedoboote oder Zerstörer, 50 italienische Unterseeboote sowie 20 hervorragende deutsche U-Boote.
Malta war in Gefahr. Es war nur 50 Flugminuten von Sizilien entfernt, dafür aber von Gibraltar durch das halbe Mittelmeer getrennt und ebensoweit von Alexandria entfernt. Die Versorgung seiner 300000 Einwohner bedeutete ein schwieriges Problem. Die Geleitzüge erforderten den Einsatz starker Kräfte, ohne daß diese eine Garantie gegen ihre Vernichtung geben konnten. Im Februar bestand der Geleitzug aus drei Frachtern, von denen kein einziger sein Ziel erreichte. Der Märzkonvoi wurde von 20 Kriegsschiffen begleitet: Von vier Handelsschiffen erreichten zwei La Valetta, aber sie wurden durch Luftbombardements im Hafen zerstört. Im April und Mai verzichtete die Admiralität auf einen neuen Versuch. Malta brauchte seine letzten Vorräte auf. Das ständig bombardierte La Valetta war zerstört. Der Gouverneur, Sir William Dobbie,

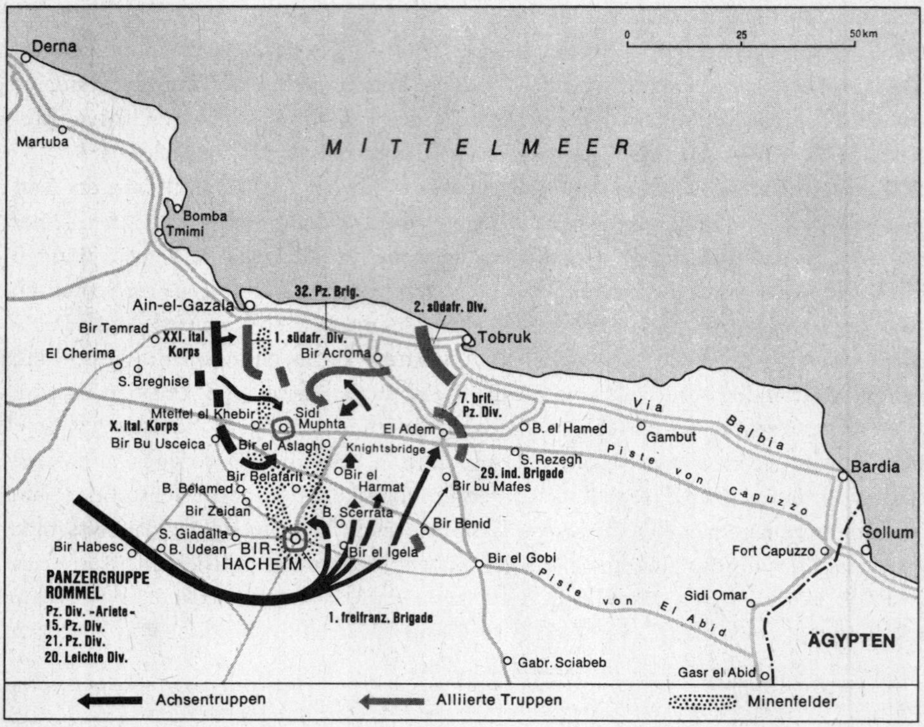

Karte 29 Die Schlacht von Bir Hacheim (Mai bis Juni 1942)

erlitt einen Nervenzusammenbruch und mußte durch einen Mann mit eisernen Nerven ersetzt werden: Lord Gort, der aus Gibraltar zurückgeholt wurde. Viele Leute waren der Meinung, Malta, das durch die Luftbombardements praktisch ausgeschaltet war, solle geopfert werden. Außer der Gefahr einer Hungersnot befürchtete man einen Angriff in der Art des Unternehmens gegen Kreta, der den Verlust der dort liegenden 13 Bataillone (26000 Mann) bedeuten mußte.

Tatsächlich gab es einen Plan ›Herkules‹ zur Eroberung Maltas. Der Sieger von Kreta, Student, war unter dem nominellen Oberbefehl des Herzogs von Savoyen mit seiner Ausführung betraut. Aber Hitler lehnte es ab, grünes Licht zu geben. Er drehte die Reihenfolge um: Anstatt Malta zu nehmen, um einen Sieg in Nordafrika zu erleichtern, sollte damit gewartet werden, bis Rommel in Suez sein würde oder zumindest in Tobruk...

Am 29. April wurde ein gewohnter Brauch wiederaufgenommen. Der Führer hatte den Duce nach Salzburg kommen lassen. Die Italiener wurden im Schloß des Fürsterzbischofs untergebracht, dessen französisches Mobiliar, wie Ciano schrieb, seine neuen

Besitzer nicht viel gekostet haben dürfte. Es war das erstemal seit den Rückschlägen an der Ostfront, daß Mussolini Hitler wiedersah. Er fand ihn verändert, sorgenvoll, ergraut, aber noch wortreicher als früher. Ciano stoppte eine dieser Tiraden, einen einzigen endlosen Satz: eine Stunde vierzig Minuten. Diese erschreckenden Monologe, diese wütenden Irreden markierten die zunehmende geistige Verwirrung Adolf Hitlers. Wie seinerzeit seine Triumphe in Polen und Frankreich, so schilderte Hitler jetzt seinem Verbündeten, wie sein Wille den russischen Winter besiegt habe und wie sich vor seinen Armeen die Siegesstraßen wieder geöffnet hätten. Die Achse werde auf allen Fronten die Initiative ergreifen. In Afrika werde die deutsch-italienische Armee wieder zum Angriff schreiten, die Eroberung der Cyrenaika vollenden und diesmal bis Suez vorstoßen. Malta werde durch die Fallschirmjäger der beiden Armeen genommen, die Engländer würden aus dem Mittelmeer verjagt werden.
Das Interesse des Führers für das Mittelmeer war von den Umständen diktiert und nur oberflächlich. Das wußte Rommel. Als er am 17. Februar nach Rastenburg gerufen wurde, hatte er die Absicht, auf die Möglichkeiten hinzuweisen, die sich auf dem afrikanischen Kriegsschauplatz ergeben könnten. Aber Hitler gelang es nicht, sich von der russischen Front zu lösen, wo die Winterkrise ihren Höhepunkt erreicht hatte. Die Atmosphäre des Hauptquartiers hatte den Oberbefehlshaber der Panzerarmee Afrika überzeugt, daß sein Kampf völlig außerhalb der Gedankenwelt lag, in der die Oberste Heeresführung lebte. Seine Siege waren gut für die Propaganda, eine hervorragende Zerstreuung für das besorgte Deutschland. Sie blieben nebensächlich im Vergleich zu der riesigen, kräfteverzehrenden Front, an der sich Deutschlands Schicksal entschied. Also blieben auch Rommels Möglichkeiten beschränkt. Die einzige Verstärkung, die er von deutscher Seite erhielt, war die 15. Fallschirmjägerbrigade, die ihm General Ramcke aus Griechenland brachte.
Die Italiener waren zahlenmäßig stark. Da sie aber nur zur Hälfte motorisiert waren, konnten vier ihrer sieben Divisionen nur für defensive Aufgaben verwendet werden. Die drei anderen, ›Ariete‹, ›Trieste‹ und ›Trento‹, litten weiter unter den Mängeln einer als Aushängeschild für ein zweifelhaftes Regime aufgestellten Armee: minderwertiges Stammpersonal, schlechte Stimmung der Truppe, tiefe Kluft zwischen Mannschaften und Offizieren, schlechte, unmoderne Ausrüstung. Auch die Engländer hatten schwache Punkte. Ein neues Panzerabwehrgeschütz war in Dienst gestellt worden, aber es war bei weitem nicht so gut wie die deutsche 8,8-cm-Flak. Die Panzer britischer Herkunft – ›Crusader‹, ›Valentine‹ und ›Matilda‹ – waren aufgrund ihrer schwachen Bewaffnung nicht sehr kampfstark. Die wichtigste Errungenschaft der Engländer waren die mittelschweren amerikanischen Panzer vom Typ ›Grant‹. Sie waren zwar nach einer veralteten Konzeption hergestellt, aber ebenso kampfstark wie der deutsche Panzer IV. Von den 630 Panzern der Armee waren 160 ›Grants‹. Die Deutschen wußten noch nichts von den neuen Fahrzeugen.

Die Armee bestand aus zwei Korps. Das XIII. unter Generalleutnant W. H. E. Gott bestand aus zwei südafrikanischen Divisionen – eine der beiden deckte Tobruk – und der 50. englischen Division sowie zwei selbständig operierenden Panzerbrigaden. Das XXX. Korps unter Generalleutnant C. W. M. Norrie bestand aus der 1. und 7. Panzerdivision, zwei indischen Brigaden und der 1. freifranzösischen Brigade. Oberbefehlshaber der Armee war weiterhin Neil Ritchie, der immer noch von Auchinleck an der Hand geführt und von seinen Untergebenen, die älter waren als er selbst, kritisiert wurde. Das Verhältnis zwischen Churchill und Auchinleck wurde immer gespannter. Der britische Premier bestand auf sofortiger Offensive, aber ›The Auck‹ verlangte vier Monate Zeit, um seine Vorbereitungen abschließen zu können. Churchill wollte ihn durch Alexander ersetzen, der sich nach dem Verlust Ranguns mit seiner kleinen Armee unter Schwierigkeiten aus den Dschungeln Burmas zurückzog. Es gelang Brooke, die Entscheidung aufzuschieben, und Auchinleck, dem man klarmachte, daß die einzige Möglichkeit, Malta zu retten, in der Wiedereroberung Benghasis bestand, versprach ohne Überzeugung, er werde in der zweiten Junihälfte angreifen, trotz des ungeheuren Verbrauchs an Wasser und Treibstoff, den der Sommer in der Sahara mit sich brachte.
Übrigens waren die englischen Generale weiterhin von einem Defensivkomplex erfüllt. Ritchie hatte die 8. Armee von Ain el Gazala, einer kleinen Küstenoase, bis Bir Hacheim Stellung beziehen lassen.
Ein bedrückendes Schlachtfeld: Das steinige Marmarika-Plateau ist von starrer Düsterheit und Kahlheit. Die Truppenverbände marschierten nach dem Kompaß, die Wüstensoldaten spähten nach Staubsäulen wie der Seemann nach den Rauchwolken am Horizont. Ritchie versuchte trotz allem, eine fortlaufende Front zustandezubringen, gleichsam eine Seeschlacht in der Wüste vorzubereiten, schnell und flüchtig, als handle es sich darum, eine Position in Flandern oder der Pikardie zu verteidigen.
Jegliches natürliche Hindernis fehlte: Statt dessen wurde eine halbe Million Minen ausgelegt. Die Verteidigung wurde durch eine Kette von ›Boxen‹ gewährleistet, Kampfstände, umgeben und abgedeckt durch Drahtverhaue und Minenfelder. Im Inneren dieser Gehege fühlten sich die Soldaten schon jetzt als Gefangene. Die große Hitze war gekommen, der Wüstenwind wehte, die Wasserration reichte zur Löschung des Durstes nicht aus, und Milliarden von Fliegen brachten die Männer fast zum Wahnsinn.
Auchinleck hatte Ritchie geraten, die beiden Panzerdivisionen des XXX. Korps rechts und links von der Capuzzopiste bereitzustellen, um dann geschlossen nach Norden oder Süden vorzustoßen. Ritchie folgte dem Rat nicht. Seine beiden Armeekorps teilten sich in die Verteidigung der Stellungen, das XIII. im Norden auf der Meeresseite, das XXX. im Süden auf der Wüstenseite. Bir Hacheim, am äußersten Ende, war der Anker, an dem die ganze Stellung hing. Es glich den anderen Stützpunkten, insbesondere dem von General Gott, El Ualeb, der etwa fünfzehn Meilen nördlich davon lag.

Tobruk in der Nähe der libysch-ägyptischen Grenze war ein hart umkämpfter Wüstenort, der im Laufe des Nordafrikafeldzugs mehrmals den Besitzer wechselte. Für die Engländer diente sein Hafen oftmals zur Ausschiffung von australischen Verstärkungen. Auch als Nachschublager (oben) nahm es eine wichtige Stelle ein und wurde hart umkämpft (unten).

Trotz der Weite des Raumes und der Schwierigkeiten des Klimas kam es zu Nahkämpfen und Begegnungen zwischen den einzelnen feindlichen Soldaten. Abwechselnd und mit ungefähr gleichem Erfolg machten die Deutschen und Italiener (oben) und die Engländer ihre Gefangenen (unten).

Der annähernd dreieckige Bereich, umgeben von 50000 Minen, war 16 Quadratkilometer groß, Gräben gab es nicht, aber zahlreiche Kampfstände, die mit großer Mühe in dem sehr harten Boden ausgehoben worden waren. Die Bewaffnung bestand aus 26 Feldgeschützen, 62 Panzerabwehrkanonen und 44 Werfern. Die Garnison, befehligt von Oberstleutnant Pierre Koenig, der vor Narvik noch Hauptmann gewesen war, bestand aus der 1. freifranzösischen Brigade: zwei Bataillone Fremdenlegion, ein Bataillon Marineinfanterie, ein Bataillon Marinefüsiliere, ein Bataillon Ubangis sowie ein weiteres Bataillon aus dem Pazifik; 3500 Mann, die aus allen Ecken des französischen Kolonialreichs kamen, das innerlich so zerrissen war wie das Mutterland.
Jenseits von Bir Hacheim stand die 3. indische Brigade. Noch weiter draußen durchzogen Kommandos die Wüste. Doch in Richtung Wüste blickte Ritchie nicht. Er war überzeugt, Rommel werde im Küstenabschnitt angreifen, um den direkten Weg nach Tobruk zu nehmen: Gewiß, man war vor den Kriegslisten des deutschen Fuchses auf der Hut, aber diesmal konnte es keine Täuschung sein. Die Flieger folgten dichten Panzerkolonnen, die sich gegen Gazala zusammenzogen, und in der Ferne zeigten Staubsäulen die Bewegung der deutsch-italienischen Streitkräfte in Richtung des Frontendes am Mittelmeer.
Was Ritchie nicht ahnte: Die von seinen Fliegern beobachteten Kolonnen fuhren nachts den ganzen Weg wieder zurück, die Panzer, deren Massierung man ihm berichtet hatte, waren aus Leinwand, und die Staubwolken wurden durch alte, auf Lastwagen montierte Flugzeugmotoren erzeugt. Als am 26. Mai im Abschnitt Gazala heftige Artillerie- und Fliegervorbereitung einsetzte, beglückwünschte sich Ritchie zu der Richtigkeit seiner Annahme. Er hatte seine Truppen hauptsächlich auf dem linken Flügel zurückbehalten und deshalb die 1. südafrikanische und die 50. englische Division in die erste Linie gelegt. Er war bereit und voller Zuversicht. Er wartete.
Am nächsten Tag griff tatsächlich die italienische Infanterie unter dem Kommando eines persönlichen Freundes Rommels, des deutschen Generals Crüwell, vor Gazala an. Aber südlich von Bir Hacheim tauchten die gesamten schnellen Kräfte der Achse auf. Zu diesem Zweck waren die 10000 Fahrzeuge die ganze Nacht hindurch gefahren. Die Luftwaffe gab ihnen die Orientierung, indem sie über Bir Hacheim Leuchtzeichen abfeuerte. Die Division ›Trieste‹ kam vom Weg ab und verspätete sich, aber die vier anderen, ›Ariete‹, die 15. Panzer-, 21. Panzer- und die 90. Leichte Division, umfuhren in dieser Reihenfolge den äußersten Flügel der englischen Front. Die Idee des ganzen Manövers bestand darin, die 90. Leichte Division gegen Tobruk zu werfen, um das Hinterland des Feindes in Unordnung zu bringen, während ›Ariete‹ Bir Hacheim nehmen und die Hauptmacht des Afrikakorps die 8. Armee einkesseln würde. Rommel fuhr an der Spitze der 15. Panzerdivision.
Dieser Angriff hatte zuerst eine blitzartige Wirkung. Die 3. indische Brigade wurde beim Frühstück überrascht, das sie ebenso ruhig einnahm, als befinde sie sich im

Manöver. Eine einzige dröhnende Staubwand bewegte sich auf die Inder zu. ›Falls es Sie interessiert‹, gab der Kommandant der Brigade an das Armeekorps durch, ›wir haben eine ganze verdammte deutsche Panzerdivision vor uns.‹ Aber das Armeekorps war der Ansicht, es handle sich um einen Ablenkungsangriff und die Hauptaktion finde bei Gazala statt. Die Deutschen und Italiener entwaffneten die Inder und sagten ihnen, sie seien frei. Manche verdursteten, andere erreichten halb verschmachtet Bir Hacheim. Nur die Engländer wurden gefangengenommen. Unter ihnen befand sich ein Freiwilliger, ein zweiundsiebzigjähriger Admiral, Walter Cowan, der sein erstes Kommando sechsundvierzig Jahre vorher am Nil im Feldzug Kitcheners gegen die Derwische erhalten hatte. Die Italiener ließen ihn wegen seines hohen Alters frei. Später strafte er sie jedoch Lügen, indem er über Jugoslawien mit dem Fallschirm absprang, um an der Seite der Partisanen zu kämpfen.

Der einzige Mißerfolg des Vormittags war der Angriff auf Bir Hacheim. Die Stellung hätte in einer Stunde erobert sein sollen, aber die Division ›Ariete‹ verlor 32 Panzer und 91 Gefangene, darunter einen Oberst. Der Angriff blieb erfolglos. Anderwärts gelang die Überrumpelung. Die verstreut stehenden 8. Husaren und die 4. Panzerbrigade wurden vernichtet.

Man zog nur langsam die Lehren aus den Niederlagen: Dreißig Monate nach Polen wurde eine statische Stellung durch einen Panzereinbruch völlig durcheinandergebracht. Ritchie war zu weit entfernt und außerdem nicht informiert. Norrie entging der Gefangennahme durch überstürzte Flucht nach El Adem. Messervy, der Kommandeur der 7. Panzerdivision, wurde gefangengenommen, hatte aber seine Rangabzeichen abgerissen und gab sich für die Ordonnanz eines seiner Offiziere aus; dank dieser Bescheidenheit gelang es ihm zu entfliehen. »Afrika ist für mich zu Ende«, sagte ihm ein deutscher Sanitäter. »In drei Tagen bin ich fünfunddreißig, das ist die Altersgrenze im Afrikakorps. Aber ich staune, daß ein Mann in deinem Alter noch in der Wüste Dienst macht.« »Was soll denn«, antwortete Messervy philosophisch, »ein alter Berufssoldat wie ich tun...?«

Die deutschen Spitzen hatten die Küstenhänge erreicht und sahen die Via Balbia vor sich, die einzige Rückzugslinie des rechten feindlichen Flügels. Aber außer den Verlusten, die es bei Bir Hacheim gegeben hatte, verdarb eine weitere unliebsame Überraschung Rommel den Tag: der ›Grant‹-Panzer. Gleich zu Beginn der Schlacht waren deutsche Panzer von diesem Fahrzeug mit der unbekannten Silhouette zerstört worden, das man zunächst für eine Attrappe gehalten hatte. Die Bilanz war beunruhigend. Das Afrikakorps hatte ein Drittel seiner Panzer verloren. Die 15. Panzerdivision hatte keinen Treibstoff mehr. Die 90. Leichte Division war gefährlich weit vorgeprellt. Rommel hatte die Stellungen von El Gazala umfahren, aber er war von seiner Nachhut durch die Minensperrgürtel und durch zwei heilgebliebene ›Boxen‹, Ualeb und Bir Hacheim, getrennt. Er hatte den Feind weitgehend umzingelt, war aber selbst fast eingekesselt. Die gelungene Überraschung vom Morgen hatte nicht zur Entscheidung geführt. Aber Rommel war ein findiger Mann. Er sammelte seine Kräfte wieder, brachte selbst seinen Nachschub in Bewegung und ließ, um seine Verbindungen wiederherzustellen, in den Minenfeldern zwei Breschen öffnen. Mit dem Rücken gegen die Hauptsperre gelehnt, setzte sich das Afrikakorps wie in einem Brückenkopf fest, den die Engländer ›The Cauldron‹, den Kessel, nannten. Rommel ging unter dem Feuer der Box von Ualeb westlich an der Sperre vorbei, um seinen linken Flügel neu zu formieren, wo Crüwell, vom Motor seines Fieseler ›Storchs‹ im Stich gelassen, in den englischen Linien niedergehen mußte. Kesselring, obgleich Feldmarschall und nicht der beste Freund des ›Wüstenfuchses‹, bot sich an, das Kommando der italienischen Divisionen, die Gazala angriffen, zu übernehmen.

Am 31. Mai war die Krise überwunden. Rommel schrieb an seine Frau: ›Crüwell ist den Engländern in die Hände gefallen, aber ich hoffe, ihn zu befreien.‹ Dann schrieb er noch: ›Die Engländer verfolgen meine Bewegungen mit größter Umsicht. Für sie sind normalerweise zur Durchführung einer Operation hundertprozentige Erfolgschancen erforderlich...‹

Trotzdem war die Stimmung euphorisch. Nach vierundzwanzig Stunden der Ungewißheit, hervorgerufen durch die Höhe seiner Verluste und die verwirrenden Meldungen vom Schlachtfeld, war Ritchie überzeugt, daß es den Deutschen nicht gelungen war, ihre operativen Absichten zu verwirklichen. Der an der Sperre in die Enge getriebene Rommel schien ihm in verzweifelter Lage zu sein. ›Ich habe ihn‹, schrieb er an Auchinleck. ›Ich werde ihn im Kessel vernichten.‹ Um das zu erreichen, arbeitete er nach endlosen Beratungen eine langsame, methodische Gefechtsbewegung aus, die Operation ›Aberdeen‹. Briggs und Messervy sollten abwechselnd das Kommando führen, der eine an den geraden, der andere an ungeraden Tagen. Die Operation sollte in der Nacht vom 4. zum 5. Juni beginnen. Ritchie plante eher eine Verfolgung als eine Schlacht. Sämtliche Einheiten, einschließlich der 1. freifranzösischen Brigade, erhielten Marschbefehle, die folgendermaßen begannen: ›Der Feind zieht sich zurück...‹

Am 31. Mai schlug Rommel los. Ein Sandsturm, tiefliegende, schwarze Wolken, ›die der Landschaft seltsame, düstere Schönheit verliehen‹, hinderten ihn nicht, Gott in El Ualeb anzugreifen. Nach mehrstündigen Kämpfen fiel die ›Box‹, wobei den Deutschen die gesamte 150. Infanteriebrigade – 3000 Gefangene, 123 Geschütze – in die Hände fiel. ›Es tut mir leid‹, schrieb der ahnungslose Ritchie, ›die 150. verloren zu haben, aber unsere Lage bessert sich von Tag zu Tag...‹

Nun war Bir Hacheim an der Reihe. Der Angriff begann am 2. Juni. Zwei Nächte darauf nahm die englische Gegenbewegung, die Operation ›Aberdeen‹, ihren Anfang, unter der dünnen Sichel des abnehmenden Mondes, dessen Schein die Wüste in ein geisterhaftes Licht tauchte. Achtundvierzig Stunden lang spielten sich, 40 Kilometer voneinander entfernt, zwei verschiedene Schlachten ab: Die Truppen der Achse griffen

Bir Hacheim an, und die 8. Armee suchte das Innere des ›Kessels‹ zu durchbrechen, um die Breschen im Sperrfeld zu erobern und die prahlerischen Worte Ritchies ›Ich habe ihn‹, wahrzumachen.
Das Unternehmen ›Aberdeen‹ ging als erstes zu Ende. Es war ein völliger Mißerfolg. Der Plan hatte die Engländer veranlaßt, Einzelabteilungen nach einem starren Schema und unter geteilter Führung einzusetzen. Rommel hatte zwar schwere Verluste erlitten; Nehring meldete, daß ihm von seinen 320 Panzern nur 130 geblieben seien. Aber wieder siegte die Überlegenheit der Führung, der Truppe und der Ausrüstung. Die 8,8-cm-Flak zerfetzte die unbeweglichen und schwachen ›Stuart‹- und ›Crusader‹-Panzer. Die 32. Panzerbrigade griff mit ihren schweren, schlecht bewaffneten ›Matildas‹ die Höhen von Sidra an, geriet in die eigenen Minenfelder und verlor unter dem Feuer der deutschen Artillerie in wenigen Minuten 50 ihrer 70 Riesenfahrzeuge. Als die Deutschen zum Gegenangriff antraten, zerschlugen sie die unzusammenhängenden Bataillone Messervys und Briggs'. 153 Panzer blieben auf der Strecke. Sämtliche Einsatzkräfte der 8. Armee waren verbraucht. Ihr aufgerissenes Zentrum hielt nur mehr an dem Stützpunkt bei Knightsbridge, wo sich die Gardebrigade verschanzt hatte. Rommels Umgehungsbewegung, die Einkesselung des rechten englischen Flügels, der immer noch unbeweglich vor Gazala lag, schien am zehnten Tage vor dem erfolgreichen Abschluß zu stehen.
Da beging Rommel den Fehler, sich in Bir Hacheim zu verbeißen. Am 27. Mai war Bir Hacheim noch von höchster Bedeutung gewesen, am 5. Juni hatte es diese völlig verloren. Die Verbindungen Rommels waren wiederhergestellt. Die Breschen in den Sperrfeldern waren erweitert worden, und die englische Niederlage schloß jede Bedrohung aus. Der Schwerpunkt lag jetzt im Norden. Das XIII. britische Korps wäre völlig verloren gewesen, wenn Rommel jene Via Balbia abgeschnitten hätte, die er am ersten Tage seiner Offensive hatte erreichen wollen. Was bedeutete ihm eine kleine französische Brigade, isoliert in der Wüste?
Ihre Rolle war so geringfügig, daß Ritchie an die Räumung von Bir Hacheim dachte und sie gewiß angeordnet hätte, wenn er ein weniger ›statischer‹ General gewesen wäre, weniger aufs Terrain bedacht und mehr auf Bewegung. Dieses eine Mal half ihm diese Schwäche. Er befahl Koenig, bis zum äußersten durchzuhalten – und Rommel stürzte sich aufs Nebensächliche, wobei er das Wesentliche vergaß.
Der Angriff setzte am Sechsten wieder ein. Rommel führte selbst die 15. Panzerdivision, zusammen mit der 90. Leichten Division, nach Süden. Er war wütend über den Widerstand einer Stellung, die in einer Stunde hätte genommen werden müssen und die sich nun schon elf Tage hielt. Er wollte dem ein Ende bereiten, bevor er die Einkesselung der 8. Armee fortsetzte.
Auch unter den verstärkten Anstrengungen gab der französische Widerstand nicht nach. Die Bomben von rund 50 Stukas schleuderten ungeheure Sandmengen zum

Himmel; aber die Maschinen mußten abziehen, ohne einen einzigen Mann verwundet zu haben. Alle Einbruchsversuche scheiterten an dem höllischen Abwehrfeuer. Trotz der erlittenen Verluste setzten die englischen Bodentruppen die Kolonnen ›Primrose‹, ›Daisy‹ und ›Butterfly‹ in Marsch, um die Belagerten durch Angriffe gegen die Belagerer zu entlasten. Die RAF schlug sich so wirkungsvoll, daß Kesselring, der vernünftiger war als Rommel, diesem eine Szene machte, weil Bir Hacheim seine Luftstreitkräfte dezimierte. Die Deutschen erzielten erst am Achten einen ersten Teilerfolg, indem sie die Höhe 186 im Inneren des befestigten Geländes nahmen. Der Widerstand war noch lange nicht gebrochen, aber es begann an Wasser zu fehlen. Einer kleinen Kolonne von Tankwagen war es in der Nacht vom Siebten zum Achten gelungen, in das verschanzte Lager zu kommen, und die englischen Flieger hatten einige Blöcke Eis abgeworfen, die für die Verwundeten aufgespart wurden. Aber der Augenblick war nicht mehr so fern, da Bir Hacheim dem Durst erliegen würde. Ritchie sah das ein und gab Koenig am Neunten Befehl, durchzubrechen. Es ist schwer, diese Aktion, die sich in rabenschwarzer Nacht vollzog, zu schildern, da sie aus so vielen Einzelabenteuern bestand. Die Garnison zog in westlicher Richtung los und umging die feindlichen Linien, um den mit der 7. englischen Brigade vereinbarten Treffpunkt zu erreichen. Einige kamen durch, ohne auf Widerstand zu treffen, andere mußten kämpfen, verirrten sich und erreichten den Treffpunkt in Einzelgruppen. Koenig fuhr los. Seine Fahrerin war Susan Travers, die einfach den Gehorsam verweigert hatte, als die sechs Mitglieder des Weiblichen Hilfskorps, die bei der 1. freifranzösischen Brigade dienten, Befehl erhalten hatten, Bir Hacheim zu verlassen. Koenig erreichte den Sammelpunkt erst, nachdem er mehrmals der Gefangenschaft oder dem Tod mit knapper Not entgangen war. Ebenso erging es Amilakvari, einem georgischen Fürsten und Obersten der Legion, und Hauptmann Messmer, der später der Heeresminister Präsident de Gaulles werden sollte. Die Leuchtraketen, Leuchtspurgeschosse und hochgehenden Minen sorgten für ein Feuerwerk in der Wüste, das die ganze Nacht andauerte. Trotz des Getöses glaubte Rommel nicht an einen allgemeinen Ausbruch und ließ am Morgen Bir Hacheim, wo nur mehr eine Handvoll Männer, hauptsächlich Verwundete, zurückgeblieben war, erneut bombardieren. Zwei Drittel der 1. freifranzösischen Brigade waren aus der Falle geschlüpft.
Das war die berühmte Schlacht bei Bir Hacheim, die Frankreich wieder einen Abglanz früheren Ruhms verleihen sollte. Sie war noch im Gange, als Übertreibungen der französischen Rundfunkstation in London Koenig zu einem heftigen Protest veranlaßten: ›Die Belagerung von Bir Hacheim bedarf keiner Romantisierung. Ich bin Soldat; ich bin kein Clown.‹ Gemessen an den ungeheuren Dimensionen dieses Krieges war die hervorragende Haltung einer Handvoll französischer Freiwilliger nur eine winzige Episode. Daß dieser erste Schritt zur nationalen Ehrenrettung so enthusiastisch begrüßt wurde, war freilich durch die Schmach gerechtfertigt, die sich an den Namen

Frankreichs geheftet hatte. Überdies bewies England seine Geschicklichkeit, indem es den Verteidigern Bir Hacheims großzügig Kränze flocht. ›Die Klugheit dieser Haltung, die bewußt darauf ausging, das französische Volk zu ermuntern‹, schreibt der Historiker Henry Maulde, ›ließ sich bald erkennen. Seit dem verzweifelten Kampf bei Bir Hacheim hatte Frankreich seine Seele wiedergewonnen, und die vorher matte Widerstandsbewegung gewann an Kraft.‹

Die Katastrophe von Tobruk. Churchill in Washington

Churchills Stellung gerät ins Wanken, aber sein Mut rettet ihn.

Anfang Juni entschloß sich Churchill zu einer neuerlichen Reise nach Washington. Der Besuch Hopkins-Marshall hatte letztlich keine Früchte getragen. ›Bolero‹, die Verlegung der amerikanischen Truppen nach England, schritt mit trostloser Langsamkeit voran. ›Round-up‹, die Invasion Europas für 1943, rief zunehmende Skepsis hervor. ›Sledgehammer‹, der bereits für 1942 vorgesehene Einsatz in Frankreich, war praktisch fallengelassen worden. ›Gymnast‹, die Besetzung Französisch-Nordafrikas, stand nicht mehr zur Diskussion. Die Alliierten besaßen keinerlei Strategie mehr. Churchill war der Ansicht, eine Reise nach Amerika sei fällig, um die intellektuelle Maschinerie der Koalition wieder in Gang zu bringen.

Die Wendung, die die Schlacht in Libyen genommen hatte, war in London vorerst mit Befriedigung registriert worden: Man nahm an, Rommels Offensive sei gescheitert, er bemühe sich, der Niederlage zu entgehen. Die Berichte aus Kairo klangen optimistisch. Plötzlich, am 14. Juni, verdüsterte sich das Bild. Eine Depesche Auchinlecks teilte mit, daß Ritchie die Absicht habe, sich auf ›die alte Grenze‹ zurückzuziehen; Churchill wurde unruhig. Was war da im Gange? Warum diese plötzliche Absicht, bis nach Ägypten zurückzugehen? Und was würde mit Tobruk geschehen? Was sich ereignet hatte, war ebenso einfach wie tragisch. Der 11., 12. und 13. Juni waren für die Engländer katastrophal gewesen. Sobald Rommel Bir Hacheim erledigt hatte, war er zum Angriff geschritten. Es war den Engländern gelungen, eine Sperrstellung vor Gazala zu errichten, die die beiden befestigten Stellungen Knightsbridge und El Adem einschloß. Sie besaßen zwei Panzer gegen einen, drei Geschütze gegen zwei des Gegners; in Knightsbridge, der Pistenkreuzung mit dem Spottnamen, hatte sich die 201. Gardebrigade nach Angaben der Engländer mit einer Bravour geschlagen, die noch größer war als die der Soldaten Koenigs. Alles war umsonst gewesen. Wieder hatten die Deutschen unter den englischen Panzern schrecklich gewütet. Sie bedrohten die Via Balbia, die einzige Versorgungslinie des Korps. Die 8. Armee war nur durch überstürzten Rückzug zu retten. Der durch Bir Hacheim bewirkte Aufschub war kurz ge-

Ohne technische Hilfsmittel war der Wüstenkrieg nicht zu führen: Englische Schützenpanzer, von denen im Krieg über 40000 Exemplare hergestellt wurden (oben). Englischer Panzerkampfwagen vom Typ ›Valentine‹, der auch an die Sowjetunion geliefert wurde (Mitte). Englische Panzerabwehrkanone Mark II, die beim Abschuß ganze Staubfontänen hochgehen ließ (unten).

Vom November 1942 an, als die Amerikaner in Marokko und Algerien landeten, gesellten sich de Gaulles Truppen des ›Freien Frankreich‹ zu den Verbänden im Wüstenkrieg (oben). – Für die gefangenen Deutschen des Afrikakorps (unten bei Black Watch im Oktober 1942) war der Krieg mit der Gefahr neuer Einsätze zu Ende.

wesen. Der Rückzug war kräfteraubend. Am Morgen verursachte der graublaue Nebel Augenschmerzen, und die plötzlich ansteigende Temperatur nahm dem Körper jede Energie. Am Nachmittag stach die brennende Sonne auf die Köpfe. Die Männer waren von Schweiß, Schmutz und Stauböl schwarz wie Neger. Sie hatten, nicht ohne Gewissensbisse, die Reserven an Wasser verteilt, die großen 350-Liter-Fässer geleert, und jetzt, wie zur Strafe, wurde ihr Durst immer größer. Ein 150 Kilometer langer Zug von Fahrzeugen, das Gerät einer motorisierten Armee, bedeckte die Via Balbia, die sich unter solchem Gewicht in ihre Bestandteile auflöste. Der einzige Unterschied zu den Flüchtlingszügen in Frankreich bestand darin, daß es hier weniger Zivilisten gab. Nichtsdestoweniger kam man nur mit tödlicher Langsamkeit voran. Die Straße hatte Serpentinen und Engpässe, um sich dem Gelände der Küste anzupassen, um den steilen Hängen der Wadis hinunter und wieder hinauf zu folgen. Der geringste Zwischenfall ließ den Verkehr stocken. Die Kolonne blieb stehen, die Motoren liefen, und ihre Abgase verpesteten die drückend heiße Luft.
Glücklicherweise drängte der Feind nicht nach. Die deutsche Luftwaffe war kraftlos. Dickköpfig wie alle Elitetruppen, murrte das Afrikakorps über die übermäßigen Anstrengungen, die ihm seit dem 27. Mai abverlangt wurden. Ohne ausgesprochen zu streiken, gaben die Panzer ihrer Ermüdung nach. Rommel wurde Artillerist, schoß selbst auf die endlose Wanderraupe, aber die Entfernung war zu groß, die Sichtverhältnisse waren zu schlecht, und es gab zu wenig Granaten, um wesentliche Wirkung zu erzielen. Der 1. südafrikanischen Division unter Generalmajor Pienaar gelang es, sich vollzählig über die Via Balbia zu retten. Die stärker bedrohte 50. englische Division stieß nach Westen durch, umging Bir Hacheim und gelangte auf einem mühseligem Umweg an die ägyptische Grenze. Diese gehetzte Armee wurde nun vor das Problem Tobruk gestellt. Vier Monate zuvor hatte Admiral Cunningham – der den Mittelmeerraum verließ, um dem Gemeinsamen Komitee der Generalstabschefs beizutreten – Churchill darauf aufmerksam gemacht, daß die Flotte nicht mehr imstande sei, Tobruk zu versorgen, wie sie es während der langen Belagerung 1941 getan hatte. Die Oberbefehlshaber von Heer, Marine und Luftwaffe im Mittleren Osten hatten daher einen Beschluß gefaßt: Es würde keine Belagerung Tobruks mehr geben. Wenn es das Schicksal entschied, daß Tobruk neuerlich abgeschnitten würde, sollten die Hafenanlagen in die Luft gesprengt und die Lager in Brand gesteckt werden.
Ein derartiger Beschluß läßt sich leichter fassen als durchführen. Der Verlust Tobruks mußte ein psychologischer Schlag werden, nach all den Heldensagen, die über die unbesiegbare Festung der Wüste in Umlauf gesetzt worden waren. Churchill, der im Februar keinen Widerspruch geäußert hatte, mischte sich ein. ›Ich hoffe‹, drahtete er an Auchinleck, ›daß in keinem Fall von einer Räumung Tobruks die Rede sein kann.‹
Auchinleck suchte sich diesem Dilemma zu entziehen. Die einzige Möglichkeit, um zu vermeiden, daß Tobruk aufgegeben oder belagert wurde, bestand in der Aufrecht-

erhaltung seiner Landverbindungen mit Ägypten. Da Knightsbridge geräumt worden war, mußte man die ›Box‹ von Acroma als äußersten Vorposten halten, und die Stützpunkte von Sidi Rezegh, El Adem, Gambut und Bir el Hamed mußten die Glieder der Kette nach Tobruk bilden. Dort konnte sich die 8. Armee darauf vorbereiten, mit frischen Truppen wieder die Initiative zu ergreifen. Das weite befestigte Rechteck, 25 mal 12 Kilometer, sollte ein Gefechtskopf, ein Waffensammelplatz werden, von dem die Eroberung der Cyrenaika ausgehen würde.

Diese Entscheidung ließ eine Frage offen: Was sollte man tun, wenn trotz allem die Verbindungen mit Tobruk abgeschnitten wurden? Sollte die Garnison durchbrechen, wie jene von Bir Hacheim und Knightsbridge? Oder würde man sich der im Februar als unannehmbar bezeichneten Belagerung entziehen? Auchinleck, kraftvoll auf dem Schlachtfeld, jedoch unentschlossen im Konferenzzimmer, wich einer klaren Antwort aus. Sein Telegramm an Churchill lautete: ›Die Auffassung des Kriegskabinetts ist richtig. General Ritchie läßt Streitkräfte in Tobruk, die er für ausreichend hält, um durchzuhalten, selbst wenn sie zeitweise durch den Feind abgeschnitten werden sollten ... mit hinreichenden Vorräten an Munition, Treibstoff, Lebensmitteln und Wasser.‹

Churchill trat beruhigt seine Reise nach Washington an. Am 16. Juni, dem Tage, an dem er ins Flugzeug stieg, wurden die Glieder der Kette, die Tobruk mit der ägyptischen Grenze verband, zerrissen. Rommel nahm Sidi Rezegh und Bir el Hamed und durchschnitt endlich jene Via Balbia, mit deren Erreichung er schon am 27. Mai gerechnet hatte. Das Gros der 8. Armee entging der Gefangenschaft, aber es kam zu dem, was die Engländer unbedingt hatten vermeiden wollen: zur Einschließung Tobruks.

Die Stadt war gut versorgt, das war richtig. Unter dem Befehl eines soeben ernannten südafrikanischen Generals, H. B. Klopper, waren die 2. südafrikanische Division und drei unabhängige Brigaden, 35 000 Mann, ausgerüstet mit allem, was sie benötigten, zur Verteidigung bereit. Die Lage war unvergleichlich besser als im April 1941, als Tobruk nur durch die zufällige Anwesenheit der 9. australischen Division und die Inspiration Generalmajor Morsheads gerettet worden war. Es hatte damals 243 Tage lang durchgehalten.

In der tragischen, düsteren Geschichte dieses Krieges war Churchill ein Beispiel für Mut und Energie. Der Zynismus, die Enttäuschung der alten Soldaten konnten ihm nichts anhaben. Nichts konnte ihn verzagt machen, und die Reise, die er in einem kritischen Augenblick der Kämpfe um Nordafrika unternahm, war für ihn eine Erholung. Vor dem Abflug hatte er sein Testament gemacht und dem König geschrieben, um ihm, für den Fall eines Unglücks, Anthony Eden als seinen, Churchills, Nachfolger zu empfehlen. Nach diesen Vorsichtsmaßregeln zeigte er sich in bester Laune. Er pfiff – schauderhaft falsch: ein Zeichen guter Laune bei Churchill. Er besichtigte das große Seeflugzeug, bestaunte seinen Umfang, die Schlafkojen, die Kombüse, seine Toiletten. Er nahm neben dem Piloten Platz und beobachtete mit der Begeisterung des Malers den Sonnenuntergang über dem Wolkenmeer, dann verzehrte er ein ausgiebiges Diner, schlief ein wie ein Säugling und verbrachte die Nacht in ruhigem Schlaf. Die Flugbedingungen waren so gut, daß man die Versorgungsstation Gander übersprang, aber Winston Churchill war anspruchsvoller. Er verlangte sein Diner. »Sir, nach der Sonne ist es erst 4 Uhr 30. Wir werden in drei Stunden in Washington sein, und Sie müssen in der Botschaft Abendbrot nehmen...« Da wurde er böse. »Ich richte mich nicht nach der Sonne, sondern nach meinem Magen.« Man suchte die letzten Vorräte an Bord zusammen, die er mit einer Flasche Champagner und einem Rest Kognak hinunterspülte. Als die Maschine auf dem Potomac im wundervollen Dämmerlicht Virginias niederging, strahlte Churchill vor Wohlbehagen und tafelte dann am Tisch des Botschafters wie ein Mann, der den Atlantik mit einem Sandwich und sonst nichts überquert hatte.

Roosevelt hielt sich in Hyde Park auf, und Churchill wurde eingeladen, dort das Wochenende zu verbringen. Nachdem der Präsident seinem Gast das Haus seiner Familie und das Hudsontal gezeigt hatte, berichtete er ihm über die Fortschritte des Projekts ›Tube Alloys‹ – so lautete der Deckname für die Atombombe. Die Physiker hielten jetzt eine Uranbombe für möglich. »Ich hoffe«, bemerkte Churchill, »daß wir nicht genug Zeit haben werden, um sie zu verwenden.«

Nach dem Abendessen brachte der Zug des Präsidenten die beiden Staatsmänner nach Washington zurück. Es herrschte drückende Hitze, aber nach drei Jahren der Einschränkungen, der Luftwarnungen, der Beschießungen und der Verdunkelungen, wunderte sich Churchill über den Überfluß und die Sicherheit, die ihn umgaben. Glückliches Amerika! Es konnte in aller Ruhe die vernichtenden Waffen für morgen herstellen. Mit solch einem Koloß an der Seite mußte man den Krieg gewinnen!

In Washington wurde die gewaltige Hitze durch starke Feuchtigkeit noch drückender. Entzückt entdeckte Churchill in seinem Appartement im Weißen Haus die Klimaanlage. Er nahm ein Bad und ließ seine Wanne übergehen, als er untertauchte und im Wasser die Luft ausblies wie ein Delphin. Unter Hopkins' Führung begab er sich dann in das ovale Arbeitszimmer. Es kam zu einer Erörterung des wohlbekannten Themas der Teilung der Kräfte zwischen Europa und dem Pazifik. Sie dauerte noch an, als Marshall eintrat. Er hielt ein rosa Blatt in der Hand. Ohne ein Wort reichte er es Roosevelt. Wortlos gab Roosevelt es an Churchill weiter. Es war die Nachricht vom Fall Tobruks!

Die Sache hatte sich blitzartig abgespielt. Wieder hatte Rommel eine Finte angewandt. Er hatte den Eindruck erweckt, als verfolge er die 8. Armee und werde die Richtung nach Alexandria einschlagen. Klopper und seine Soldaten bereiteten sich in Tobruk mit Muße auf die kommende lange Belagerung vor. Am 20. Juni um 5 Uhr 30 fielen sämtliche Bomber, die die Luftwaffe für Rommel bereitstellen konnte, einschließlich einer Staffel, die aus Kreta kam, über die südöstliche Ecke der befestigten Umschließung her. Eine Stunde später tauchten die Panzer auf. Die Verteidigungsanlagen waren in schlechtem Zustand, das Vorfeld teilweise entmint. Der Stoß richtete sich gegen ein Bataillon indischer Mahratten, die nicht einmal zum Schein Widerstand leisteten. Zu Mittag waren die Deutschen auf den Höhen von Pilastrino. Um 19 Uhr drangen sie in Tobruk ein. Nachdem er bis zum letzten Augenblick an einen Scheinangriff geglaubt hatte, löste Klopper seinen Stab auf und flüchtete in den Gefechtsstand einer seiner Brigaden. Um 2 Uhr morgens versprach er Ritchie über Funk, er werde sich ›bis zum letzten Mann und bis zur letzten Patrone‹ verteidigen. Um 6 Uhr ersuchte er um die Erlaubnis zu kapitulieren. ›Gott stehe Ihnen bei‹, antwortete Ritchie. ›Sie sind für uns alle ein Beispiel, Südafrika wird stolz sein auf Sie.‹ Am selben Abend telegrafierte Hitler dem Sieger, er werde ihm den Marschallstab schicken. »Er täte besser«, sagte Rommel, »mir eine Division zu schicken.«

Die Katastrophe verdarb Churchills Reise. Wie sollte er Pläne machen, wenn das Afrikakorps in drei Tagen Suez erreichen konnte? Am 23. Juni hatte Rommel die ägyptische Grenze überschritten. Ein phantastischer Ruf ging ihm voraus. Die ersten, die dafür sorgten, waren die Besiegten, indem sie von ihm als einem Übermenschen sprachen. Sie sagten es trotz der Erklärung Auchinlecks »Ich bin nicht eifersüchtig auf Rommel«, trotz dessen Versicherung, Rommel sei schließlich nichts anders als ein ganz gewöhnlicher deutscher General. In Ägypten, wo neben dem englischen Kriegsrecht prinzipielle Neutralität herrschte, war Rommel in allen Gesellschaftsklassen, von der großen koptischen Bourgeoisie, deren Anglophobie geradezu manisch war, bis zu den Fellachen, der König. Man erwartete ihn, rechnete sich aus, wie lange er bis Kairo brauchen würde. Auchinleck, der persönlich das Kommando der 8. Armee übernommen hatte, zog sich auf Marsa Matruch zurück, aber Rommel blieb ihm mit einer Handvoll Panzern auf den Fersen und schlug ihn. Die Engländer gingen auf El Alamein zurück, eine unbedeutende Eisenbahnstation in der Nähe der Kattarasenke, einer Wüste in der Wüste, einem unüberschreitbaren Gewirr von Quicksand und Salzsümpfen. Weniger als 100 Kilometer trennten diese Stellung, die letzte Chance der Engländer, vom Nil.

Merkwürdigerweise wurde Malta durch den deutschen Triumph von Tobruk gerettet. Kesselring bestand darauf, daß der Luftlandeangriff wie vorgesehen durchgeführt werde, aber Rommels Ruhm war zu groß, als daß er nicht die Notwendigkeit geltend gemacht hätte, zuerst Suez zu nehmen. Man mußte den Duce überzeugen, der außerordentlich eifersüchtig war. ›Duce‹, schrieb Hitler, ›die Göttin des Glücks streift den Krieger in der Schlacht nur einmal...‹ Mussolini schaltete rasch. Diesmal würde er nicht zulassen, daß der unersättliche Verbündete ihm die Schau stahl; er würde dort sein, und er würde sich im Glanze des Ruhmes sonnen. Am 29. Juni steuerte er selbst sein Flugzeug nach Afrika. »In zwei Wochen«, so sagte er, »werde ich in Kairo einen italienischen Zivilgouverneur einsetzen...«.

Ein Sturm erhob sich gegen Churchill. Das britische Volk war ihm von einem Unglück ins andere gefolgt und hatte die Zähne zusammengebissen. Man hatte seine Erklärungen hingenommen, als Griechenland verlorenging, als Kreta fiel, als die *Prince of Wales* versenkt wurde, als Malaya im Handumdrehen genommen, als Singapur erstürmt wurde. Und jetzt Tobruk! Die Engländer begannen sich zu fragen, ob sie nicht ihrem allzu kurzen Gedächtnis zum Opfer gefallen waren, ob der wahre Churchill nicht jener unüberlegte Bruder Leichtsinn war, der bei den Dardanellen Schlachtschiffe gegen Forts und Menschen gegen Felsen hatte anrennen lassen. Niemals hatte dieser Schönredner einen Sieg zustande gebracht. Zeit seines Lebens in der Öffentlichkeit, im Krieg wie im Frieden, war er ein Redner, ein Epikureer, ein Abenteurer gewesen. Führte er hinter seiner Fassade von Großsprecherei und Halsstarrigkeit England nicht ins Unglück?

Am 2. Juli diskutierte das Unterhaus in seiner provisorischen Unterkunft über den Mißtrauensantrag, den der konservative Abgeordnete Sir John Wardlaw Milne eingebracht hatte. Churchill wurde von seinen besten Freunden angegriffen: einem Hore-Belisha, seinem Mitstreiter gegen München, einem Admiral Keyes, der eben erst als Leiter der Kommandooperationen gegen das besetzte Europa durch Lord Louis Mountbatten abgelöst worden war. Sie waren dafür, daß die Führung des Krieges von jener der Regierung getrennt werden müsse. England brauchte einen Generalissimus, es konnte sich nicht länger mit einem allmächtigen Premierminister begnügen.

Churchills Antwort war ein Glanzstück an Psychologie. Weit entfernt davon, die Niederlage abzuschwächen, beschrieb er sie in Zügen, die den englischen Ehrgeiz brennend verletzten: ›Unsere Streitkräfte waren denen der Achse überlegen. Wir hatten 100000 Mann gegen 90000, davon nur 50000 Deutsche. Unsere Artillerieüberlegenheit stand im Verhältnis 8 zu 5, und wir setzten unsere neuen 75-Pfund-Haubitzen ein. Trotzdem fiel Tobruk nach einem einzigen Kampftag. Wir gingen nach Marsa Matruch zurück und ließen 120 Meilen Wüste zwischen der 8. Armee und dem Feind. Fünf Tage später erschien Rommel vor unserer neuen Stellung, und wir mußten wieder abziehen, zurück nach Ägypten, bis El Alamein. Ich verstehe nicht, was geschehen ist...‹

Seine Tapferkeit war grenzenlos, seine Klugheit überragend. Ungewöhnliche Bewegung ergriff alle, eine Welle des Vertrauens stieg zu diesem Manne hoch, der so stark war, daß nichts ihn den Blick senken ließ, der den Männern, zu denen er sprach, die Ehre erwies, sie als ebenso stark zu betrachten, wie er es war. Als die Kammer zur Abstimmung schritt, gingen nur 25 Abgeordnete durch die Tür links, die des Mißtrauens, während 475 sich vor der Tür des Vertrauens drängten. Ein neuer Vertrag war zwischen England und dem Erben Marlboroughs geschlossen worden.

Die folgenden Wochen waren von sorgenvollem Warten erfüllt. Der Sieg war wieder auf seiten Hitlers. Seine Afrikaarmee stand kurz vor Suez, seine Armeen in Rußland näherten sich der Wolga und dem Kaukasus. Würde der russische Widerstand zusammenbrechen? Würden sich die Flügel der Hitlerarmeen in Kleinasien vereinigen? Würden England und Amerika der Vernichtung Rußlands tatenlos zusehen? Was würde nachher geschehen? Würden sie versuchen, Deutschland durch Beherrschung des Meeres und des Luftraumes in die Knie zu zwingen? Oder würden sie mit Hitler als dem Zertrümmerer des Bolschewismus und Kaiser Europas verhandeln?

Der Eröffnung der Operation ›Blau‹ am 28. Juni war ein Mißgeschick vorangegangen, das an jenes der Flieger von Mechelen an der Maas erinnerte. Ein Major Reichel hatte in seinem Fieseler ›Storch‹ eine Aktennotiz für das XXXX. Panzerkorps mitgeführt. Die Maschine war zwischen den Linien abgestürzt. Als eine deutsche Patrouille das Wrack abtransportieren wollte, fand sie zwar zwei zur Unkenntlichkeit verstümmelte Leichen in der Nähe vergraben, nicht aber die Dokumente. Die Generale verheimlichten dem Führer den Zwischenfall achtundvierzig Stunden lang, worauf Hitlers Zorn nur um so stürmischer losbrach. Der kommandierende General Stumme kam vor ein Kriegsgericht. Besser behandelt als Sponeck, wurde er nur zu Festungshaft verurteilt, die ihm alsbald erlassen wurde.

Es gelang also nicht, die Russen zu überraschen. Trotzdem wurde die sowjetische Front eingedrückt. Die Anfänge der Operation ›Blau‹ spielten sich wieder in dem für die Wehrmacht charakteristischen Tempo ab. Der Angriff ging von Norden aus, von den Verbänden unter Weichs – 2. Armee, 4. Panzerarmee und 2. ungarische Armee –, denen sich zwei Tage später die 6. Armee unter Paulus anschloß. ›Überraschende Entwicklung‹, schrieb der pessimistische Halder, der die Möglichkeit bezweifelte, an der Ostfront die Initiative wiederzugewinnen. Der Don wurde überschritten und Woronesch am 8. Juli von der 4. Panzerarmee genommen. Zwei Tage später erreichte die 6. Armee 200 Kilometer stromaufwärts den Don. Der Widerstand war schwach: Viele der Einheiten, auf die die Angreifer stießen, waren Arbeitermilizen, die hastig ausgehoben und notdürftig bewaffnet worden waren. Das schien Hitler recht zu geben: Der Russe war am Ende.

Am 11. Juli zog das OKW eine erste Bilanz. Die russische Front war über 300 Kilometer aufgerissen, aber die Anzahl der Gefangenen war gering; Weichs meldete 28 000 Gefangene, Paulus 45 000. Der 15. Juli bestätigte diese Feststellung. Die 1. Panzerarmee unter Kleist, die ihrerseits zur Offensive übergegangen war, vereinigte sich bei Millerowo mit dem XXXX. Panzerkorps, das von Norden kam. Die Zange war geschlossen – der Kessel war so gut wie leer. Die Russen hatten den Widerstand am Ort, der bei Kiew und Wjasma der Wehrmacht ihre kolossale Ausbeute an Gefangenen verschafft hatte, durch eine Taktik elastischer Verteidigung ersetzt. Von der Luftwaffe beunruhigt, überschritten dichte Kolonnen auf dem Rückzug den Don über die Brücken bei Kasanskaja und Jelanskaja und tauchten in den Wolgasteppen unter, näherten sich Asien...

Hitlers Auffassung war die: Rußland ist im Begriff zu verbluten und wartet auf den Winter, um Zuflucht zu suchen wie ein verwundetes Wild in seinem Bau. Radio Moskau bestätigte Hitler in dieser Überzeugung. Der Ton war ängstlich geworden, man stellte fest, daß Rußland allein kämpfte und daß seine ungetreuen Verbündeten die versprochene zweite Front zu seiner Entlastung nicht errichteten. Die unfehlbare Intuition des Führers sagte ihm, daß die Wehrmacht kurz vor dem Halali stand. Infolgedessen galt es, die Schläge zu beschleunigen und zu vervielfachen, zum Zwecke des endgültigen Sieges die Gliederung der Heere ebenso wie die Abwicklung des Planes zu ändern. Am 9. Juli teilte er die Heeresgruppe Süd auf, benannte den rechten Flügel in ›Heeresgruppe A‹ und unterstellte ihn Generalfeldmarschall List, während der linke Flügel, die ›Heeresgruppe B‹, weiterhin unter dem Befehl Bocks stand. Sechs Tage später entließ er diesen endgültig in einem heftigen Wutanfall und ersetzte ihn an der Spitze der Heeresgruppe B durch Generaloberst von Weichs, der seine eigene 2. Armee General von Salmuth überließ.

Tatsächlich hatte Hitler beschlossen, die Operationen gegen den Kaukasus selbst zu leiten, indem er den unmittelbaren Befehl über eine Heeresgruppe übernahm; er hatte schon vorher den Oberbefehl über die Wehrmacht und das Heer übernommen. Er verließ Ostpreußen und bezog in der Ukraine nahe Winniza ein neues Führerhauptquartier. Er litt unter dem Klima, was sein Verhältnis zu den Generalen noch weiter verschlechterte. Es herrschte drückende Hitze, und der Schatten der spärlichen Nadelwälder spendete keine Kühle. Hitler sehnte sich nach Rastenburg und besonders nach Berchtesgaden zurück, wohin er übrigens immer wieder flüchtete. Dabei ließ er die Zügel locker, die in seiner Abwesenheit niemand in die Hand zu nehmen wagte, auch nicht in die Hand nehmen konnte.

Am Einundzwanzigsten und Dreiundzwanzigsten veränderten die Weisungen Nr. 44 und 45 Schlag auf Schlag die planmäßigen Bewegungen der Deutschen. Das Gleichgewicht der Operation ›Blau‹ war zerstört. Unter dem sengenden Himmel der Ukraine, in der Abgeschlossenheit eines Kartenzimmers, wurde der Zenit des Krieges erreicht. Die Tragödie von Stalingrad spann sich an, Hitler hatte sich selbst besiegt.

Die Weisung Nr. 44 betraf die 11. Armee. Erich von Manstein war nach Einnahme Sewastopols und seiner Ernennung zum Feldmarschall auf einen Erholungsurlaub nach Rumänien gegangen. Die Befehle, die er bei seiner Rückkehr vorfand, beauftragten ihn mit der Eroberung Leningrads! Er sollte seine rumänischen Truppen auf der Krim lassen, ebenso zwei deutsche Divisionen. Eine weitere deutsche Division sollte er nach Kreta schicken und eine vierte an die Heeresgruppe Mitte abgeben, die keine

Reserven besaß. Der Rest der 11. Armee, das XXX. und LIV. Korps, das ungeheure Artilleriegerät, ›Thor‹, ›Odin‹ und ›Dora‹, die Riesengeschütze von Sewastopol, wurden auf die Bahn verladen und über das allzu beanspruchte Netz von Süden nach Norden durch das partisanenverseuchte Rußland geschickt! Hitler war der Meinung, daß es der neue Operationsplan gestatte, ohne weiteres Zögern die Nordoffensive wieder aufzunehmen. Die Weisung Nr. 44 schwächte die Operation ›Blau‹. Die Weisung Nr. 45 entzog ihr das Konzept.

Als Hitler ihm die Hälfte seiner Heeresgruppe genommen hatte, schrieb Generalfeldmarschall von Bock in sein Tagebuch, die Schlacht würde nun in zwei Teile geschnitten werden. Und genau das war Hitlers Absicht.

Bereits im Laufe der beiden vorangegangenen Wochen hatte Hitlers Ungeduld den Ablauf der Operation ›Blau‹ verändert. Die Zangenbewegung der beiden Flügel der Heeresgruppe Süd war aufgegeben worden. Die Bemühungen der Deutschen waren nun auf den Unterlauf des Don gerichtet, die direkte Straße zum Kaukasus. Rostow wurde der gemeinsame Zielpunkt der Armeegruppe Ruoff – 17. deutsche und 3. rumänische Armee – und der 1. Panzerarmee unter Kleist. Die zu Beginn des vergangenen düsteren Winters verlorengegangene Stadt wurde am 23. Juli zurückerobert. Am nächsten Tag überschritt Kleist den Don. Der Feind zog sich geordnet zurück, seine Materialverluste waren unbedeutend.

Das deutsche Oberkommando wußte jetzt, daß dieser Rückzug beabsichtigt war; es hatte insgeheim von dem am 13. Juli stattgefundenen Kriegsrat in Moskau Kenntnis erhalten, in dem Stalin das Prinzip der elastischen Verteidigung akzeptiert hatte. Aber Hitler verharrte weiterhin in dem Glauben, daß die Russen bereits geschlagen seien und daß die deutsche Armee unter Verzicht auf jedes planmäßige Manövrieren ihren Sieg auswerten könne, indem sie gleichzeitig in alle Richtungen vorstieß.

Die Weisung Nr. 45 entsprach dieser eigensinnigen Überzeugung. Die Heeresgruppe A wurde zum Angriff gegen den Kaukasus eingesetzt. Ihrem rechten Flügel wurde vorgeschrieben, das Kubangebiet zu erobern, die ganze Ostküste des Schwarzen Meeres zu besetzen, die Berge des Westkaukasus und Batum zu nehmen und sich der Ölfelder von Maikop zu bemächtigen. Ihr linker Flügel sollte das ossetische Gebiet erobern, die Öllager von Grosny nehmen, die Straße nach Tiflis abschneiden und ans Kaspische Meer vorstoßen, ›um Baku in Besitz zu nehmen‹. Der Plan trug den Namen einer einfachen Blume: ›Edelweiß‹ – ein bescheidenes Symbol für ein unsinniges Programm. Die Heeresgruppe A besaß kaum 300 Panzer. Sie verfügte nur über 15 deutsche Divisionen, während die rumänischen und slowakischen Kontingente zum Teil schlecht bewaffnet und von zweifelhaftem Wert waren. Die Entfernungen waren ungeheuer: von Rostow bis zu den ersten Hängen des Kaukasus 400 km, vom Don bis Baku mehr als 1000! Die Ausgangsfront der Heeresgruppen A und B, Rostow – Zymljanskaja – Woronesch war 1200 Kilometer lang; die Front, die Hitler zu erreichen befahl, Batum –

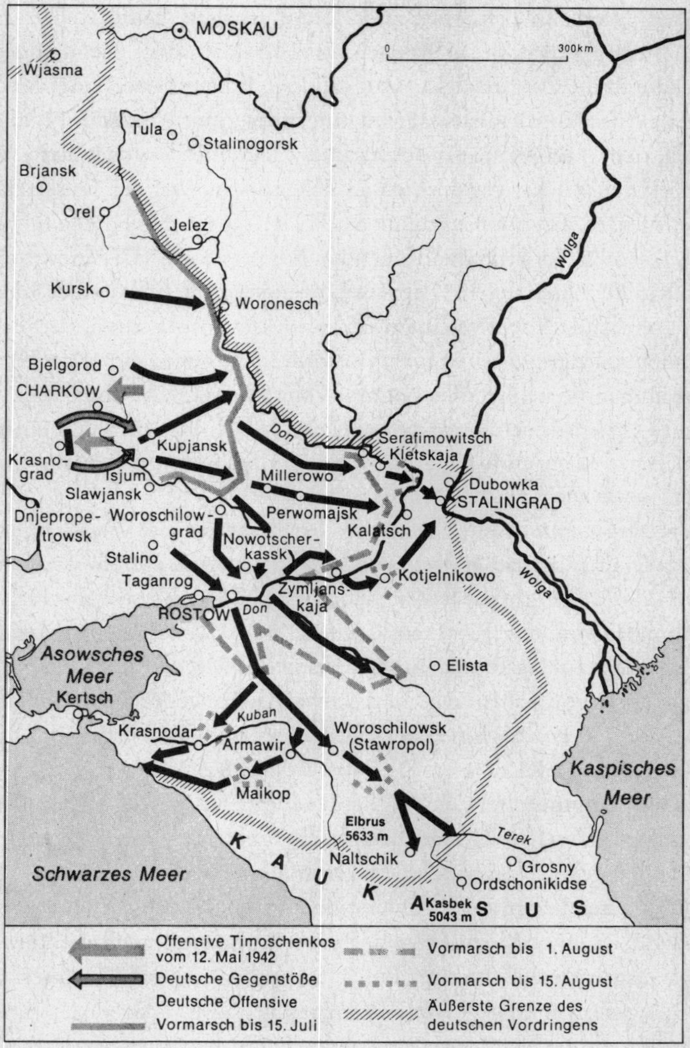

Karte 30
Der Vorstoß der deutschen Truppen gegen Stalingrad und Kaukasus (›Fall Blau‹)

Baku – Astrachan – Stalingrad – Woronesch, maß nicht weniger als 4100 Kilometer! Es war nicht möglich, bei der Wiederherstellung der Bahnlinie mit dem Vormarsch der Truppen Schritt zu halten, und die Verlängerung der Nachschublinien machte den Lastwagentransport sinnlos, da die Laster ebensoviel Benzin verbrauchten, wie sie mitbrachten. Für die Pferde gab es zuwenig Wasser, um sie zu tränken, zuwenig Hafer, um sie zu füttern. Die leuchtende, fruchtbare, sengendheiße Kubansteppe trocknete im Sommer aus wie die Sahara.

In diesen unermeßlichen, glutheißen Raum drangen die deutschen Truppen ein. Am letzten Julitag betrat die Wehrmacht asiatischen Boden, nachdem sie die Manytsch-Senke, die als die Ostgrenze Europas gilt, durchquert hatte. Die russischen Streitkräfte waren zu einer Nordkaukasus-Front umgruppiert und Marschall Budjennyj unterstellt worden, dem man sein Mißgeschick in der Ukraine verziehen hatte. Sie gingen unter gleichzeitigen Rückzugsgefechten an den Einschnitten der Flüsse zurück, soweit sie Wasser führten. Die Armeegruppe Ruoff überschritt den Kuban und nahm am 8. August Krasnodar. In der darauffolgenden Nacht sah das III. Panzerkorps den Horizont vor sich in Flammen stehen: Die Russen zündeten die Erdölfelder von Maikop an. Die Mineralölbrigade machte sich am nächsten Tag sofort daran, den Brand zu löschen. Aber monatelange Arbeiten waren erforderlich, bevor ein ertragbringender Betrieb wieder aufgenommen werden konnte. Von diesem Öl, das ihn hypnotisierte, ohne das er, wie er sagte, »diesen Krieg aufgeben müßte«, sollte Hitler nur ein paar Tropfen bekommen, einen geringfügigen Bruchteil der Ströme von Benzin, die er für seine Eroberung verbraucht hatte.
Der Vormarsch ging weiter. Halbtot vor Durst schaffte die Infanterie 50 Kilometer am Tag. Die Landschaft änderte sich, wurde gebirgig, die Täler waren eingeschnitten, schneebedeckte Berge tauchten am Horizont auf. Der Menschenschlag änderte sich, die Russen wurden selten. Kosaken, Tscherkessen, Tschetschenen, Osseten stellten sich den Eroberern zur Verfügung, und Patriarchen hielten ihnen lange Willkommensreden in nie gehörten Sprachen. Aber das schwache Armeekorps zog sich immer mehr auseinander. Seine Front vom Asowschen Meer bis zum Mittleren Kaukasus betrug in gerader Linie 700 Kilometer. Die Notrufe der Kommandeure der großen Einheiten kamen ins Hauptquartier von Stalino, Hunderte Kilometer von der Front entfernt, wo Feldmarschall List, völlig machtlos, dem Namen nach einem Unternehmen vorstand, dem er nicht gewachsen war. Überall mangelte es an Treibstoff, und die Versorgungsschwierigkeiten hemmten die Operationen. Das hinderte Hitler nicht, dem Plan noch weitere Änderungen hinzuzufügen, die das Projekt nur noch abenteuerlicher machten. Die Heeresgruppe A sollte ihren Bereich ausdehnen, in den Kaukasus selbst eindringen, so daß sich riesige, unwegsame Berge zwischen ihre verstreuten Einheiten schoben... Hitler leugnete die Natur, nachdem er den Feind geleugnet hatte.
Der Widerstand dieses Feindes festigte sich. Ruoff hatte vor den Kaukasusstädten am Schwarzen Meer Schwierigkeiten; Anapa, Noworossisk, Tuapse wurden von Tscherwitschenko geschickt verteidigt. Kleist errang sensationellere Erfolge, eroberte schwindelnde Höhen, errang den Ruhm, die Spitze des Elbrus (5630 m), des höchsten Berges im Kaukasus, besetzt zu haben, den 21 Gebirgsjäger der 1. Gebirgsdivision vom 18. bis 21. August unter Führung der Hauptleute Groth und Gämmerler erstiegen. Er nahm Stawropol und nach Durchquerung der Nogaischen Steppe Pjatigorsk, die ›Stadt der Fünf Berge‹, inmitten ihrer Schwefelquellen und ihrer Wälder. Noch weiter östlich

erreichten die 13. Panzerdivision und das LII. Korps den Terek, der durch die Schluchten der hohen Berge herunterkommt; dort hatten die Soldaten des Zaren die Ossetische Heerstraße gebaut, um die Bergbewohner zu unterwerfen. Die deutsche Vorhut näherte sich der Stadt Wladikawkas (Pforte des Kaukasus), dem die Bolschewiken den Namen des Volkskommissars Ordschonikidse gegeben hatten. An der Flanke des Kasbek führte dann die Straße hinunter nach Tiflis.

Die Offensive begann überall gleichzeitig zu stocken. Ruoff gelang es nicht, Noworossisk zu nehmen. Kleist konnte den Terek nicht überschreiten. Der Führer wollte nicht begreifen, warum seine Armeen nicht weiter vordrangen. Am 31. August berief er List nach Winniza und überhäufte ihn mit Vorwürfen.

Auch vor Stalingrad dauerten die Kämpfe an. Im deutschen Plan war Stalingrad ursprünglich kein Ziel erster Ordnung. Hitler war sogar damit einverstanden, die Stadt nicht zu nehmen, vorausgesetzt, daß ihre Fabriken unter Artilleriefeuer gehalten würden und die Wolgaschiffahrt unterbrochen werde.

Für die Russen hingegen war es von außerordentlicher Bedeutung, Stalingrad zu halten. Der Verlust der Stadt hätte die letzte Verbindung zwischen der UdSSR und dem Kaukasus abgeschnitten. Das war bereits 1918 der Fall, als Stalingrad noch Zarizyn hieß und Jossif Wissarionowitsch Dschugaschwili, genannt Stalin, nicht mehr war als ein Kommissar, beauftragt, an der Wolga Getreide zur Rettung Moskaus vor der Hungersnot zu suchen. Wenn die Kosaken des Atamans Krasnow die Stadt genommen hätten, wäre wahrscheinlich der Triumph der kaukasischen Nationalisten gesichert gewesen. Der Kaukasier Stalin war im entscheidenden Augenblick da, um sich dem zu widersetzen.

Am 12. Juli hatte das sowjetische Oberkommando die Verteidigung Stalingrads organisiert. Eine Front dieses Namens wurde geschaffen, die zunächst unter dem Befehl Marschall Timoschenkos stand, dem als Generalstabschef General P. I. Bodin und als politischer Kommissar N. S. Chruschtschow beigegeben waren. Sie bestand aus der 63., 62. und 64. Armee sowie der zusätzlich herangezogenen 51. und 57. Armee. Daneben stand den Russen die 8. Luftarmee unter General T. T. Chrjukin zur Verfügung. Ihr Abschnitt begann bei Pawlowsk, folgte dem Lauf des Dons bis Kletskaja und schnitt dann, nordsüdlich verlaufend, den Bogen des Flusses ab, den sie bei Werchne-Kurmojarskaja wieder erreichte, wo die Südostfront begann. Die Russen nahmen den Nachteil auf sich, mit dem Rücken zum Fluß zu kämpfen, um die Breite des Gebietsstreifens zu vergrößern, der Stalingrad schützte.

Die Deutschen und ihre Verbündeten hatten sich nach und nach längs des Dons aufgestellt, wobei sie gegen Norden zu die Offensive gegen Stalingrad deckten. An die 2. deutsche und die 2. ungarische Armee schloß sich die 8. italienische Armee unter General Gariboldi an, die in der zweiten Julihälfte zum Einsatz kam. Die Sicherung war keineswegs ideal. Der träge Don war kein Hindernis von strategischem Wert, und

überdies hielten die Russen mehrere Brückenköpfe am rechten Ufer; einer von ihnen, der bei Serafimowitsch, hatte sich auf 100 Kilometer ausgedehnt. General Paulus, der den Auftrag hatte, Stalingrad zu nehmen, machte die Heeresgruppe auf die Schwäche seiner rechten Flanke aufmerksam, aber der gleichzeitige Marsch zum Kaukasus und der Einsatz vor Stalingrad entzogen der deutschen Heeresleitung jede freie Reserve. Außerdem erklärte Hitler, er habe das Gefühl, es werde zu einer Landung der Engländer in Frankreich kommen, und befahl, zwei Divisionen schneller Truppen von der Ostfront abzuziehen, um Rundstedt im Westen zu verstärken.
Die letzten Julitage waren für die 6. Armee kritisch. Die Armee war gespalten, in einen Teil nördlich von Kalatsch und einen südlich eines Donzuflusses, der im Laufe der folgenden Monate berühmt werden sollte, des Tschir. Die durch Hitlers Improvisationen verursachte Desorganisation beraubte die 6. Armee des Treibstoffes und nagelte sie für eine Woche fest. Ihr Oberbefehlshaber, Friedrich Paulus, Sohn des Kassierers einer Besserungsanstalt, war durch seinen unermüdlichen Eifer zu hohem Rang gelangt. Aber es fehlte ihm der sportliche, rücksichtslose Schwung, Eigenschaften, die sein Vorgänger Reichenau besessen hatte. Paulus war der Krise jedoch gewachsen und schloß am 11. August die Zangengreifer seines XIV. und XXIV. Panzerkorps um die sowjetischen Kräfte am Don. Die Wehrmacht hatte eine neuerliche Kesselschlacht gewonnen, die ihr zahlreiche Gefangene einbrachte. Acht Tage später schlug die 6. Armee vier Behelfsbrücken über den Don und setzte sich in der Landenge Don – Wolga fest. Sie war jetzt weniger als 50 Kilometer von Stalingrad entfernt. Übrigens war sie bei dem Angriff auf die große Stadt nicht mehr allein. Die 4. Panzerarmee unter Hoth war zur Unterstützung eingetroffen. Hoths Odyssee seit dem 28. Juni war bezeichnend für die Verwirrung, die das militärische Denken Adolf Hitlers ergriffen hatte. Zuerst hatte Hoth Woronesch an der Nordgrenze der Heeresgruppe genommen, dann war er, vom OKH getrieben, mit höchster Geschwindigkeit nach Süden geeilt, um an einer Einkesselungsschlacht teilzunehmen, die Hitler ganz plötzlich absagte. Dann überschritt die 4. Panzerarmee zusammen mit der 1. Panzerarmee, die ihre Hilfe gar nicht nötig hatte und deren Hinterland sie nur verstopfte, den Unterlauf des Dons. Sie war im Begriff, zur Eroberung des Kaukasus aufzubrechen, als Hitler sie zurückhielt, um sie wieder der Heeresgruppe B einzugliedern. Er setzte sie zur Mitwirkung an der Einnahme Stalingrads ein. Zu diesem Zweck mußte sie einen langen Flankenmarsch durchführen. Sie rückte durch ein merkwürdiges Land an der Grenze zwischen Europa und Asien vor: Herden wilder Pferde flohen vor ihren Kradfahrern, Raubvögel segelten über ihren Kolonnen. Kalmücken mit struppigem Haar sahen zu, wie die Eroberer an ihren gelbgestrichenen Hütten vorbeizogen. Das Thermometer zeigte 55 Grad Celsius im Schatten – aber in der Steppe, über der sich ein Meer von Staub erhob, gab es keinen Schatten. Die Ausrüstung hatte schwer gelitten, und überdies war die 4. Panzerarmee zugunsten anderer Einheiten geteilt worden. Hoth brachte in Wirklichkeit nur eine

motorisierte und eine Panzerdivision mit, die von den 200 etatmäßigen Panzern nur mehr etwa fünfzig besaß.
Stalingrad war eher eine langgestreckte Fabrik an der Wolga als eine Stadt. Das Stadtgebiet begann im Norden mit dem Vorort Rynok und endete 45 Kilometer weiter südlich mit dem Vorort Kuperosnoje. Die Schlüsselposition der Stadt war eine kleine Hügelkette, die von der 4. Panzerarmee von Süden und der 6. von Norden her angegriffen wurde. Wie am Terek leisteten die Russen verzweifelt Widerstand. Die Zeit der Elastizität war vorbei. Jetzt galt es wieder, die Füße in den Boden zu stemmen und an Ort und Stelle zu sterben. Dem LII. deutschen Korps war ein Tagesbefehl Stalins in die Hände gefallen, in dem er in väterlichem Ton, ohne Vorwürfe, ohne Drohungen, seinem Volk erklärte, Rußland könne von nun ab kein Gebiet, keine Industriequellen mehr verlieren. Alles, was noch geblieben war, müsse verbissen verteidigt werden.

Landung der Briten in Dieppe

Am 19. August traf eine bestürzende Nachricht in Winniza ein. Die Engländer waren in Dieppe gelandet. Die ersten Berichte der Heeresgruppe D (seit dem 1. März Generalfeldmarschall von Rundstedt anvertraut) sprachen von einer Operation großen Umfangs, die französische Küste sei auf 30 Kilometer Länge unter starker Beteiligung von See- und Luftstreitkräften angegriffen worden. Hitler vermutete, die Engländer würden versuchen, Le Havre zu nehmen oder die Verteidigungsstellungen des Pas de Calais zu vernichten. Aber dem Unternehmen wurde ein schnelles Ende bereitet. General Kuntzen, Befehlshaber des LXXXI. Korps, berichtete, daß er die SS-Division ›Leibstandarte Adolf Hitler‹ und die 10. Panzerdivision einsetze. Er hoffe, es gebe noch am selben Abend keinen einzigen bewaffneten Engländer mehr in Dieppe. Tatsächlich mißlang der Angriff völlig. Die Landung kam über den schmalen, mit Kieseln bedeckten Strand nicht hinaus. 27 Panzer, die von Spezialbooten, den LCT, an Land gebracht worden waren, wurden 20 Meter vom Ufer entfernt vernichtet; einem einzigen gelang es, 100 Meter voranzukommen. Die Angreifer – zwei Drittel waren Kanadier – wurden zerschlagen. Schon um 9 Uhr kam der überstürzte Befehl, sich wieder einzuschiffen. Aber von den 6000 eingesetzten Soldaten blieben 3350 tot oder gefangen an Land. Rundstedts Bericht meldete, daß sich das Leben in Dieppe seit 16 Uhr völlig normalisiert habe, daß alle Läden wieder geöffnet seien. Er fügte hinzu, daß die Haltung der Bevölkerung »nicht nur untadelig, sondern völlig loyal« gewesen sei. Als einige Monate vorher ein Kommando das große Trockendock in Saint-Nazaire gesprengt hatte, hatten Angehörige der Résistance an der Seite der Engländer gekämpft; nach einem Bericht der französischen Widerstandsbewegung hatten diesmal gewisse Einwohner

Dieppes den Deutschen geholfen, britische Soldaten gefangenzunehmen. Der Führer war entzückt und gab Befehl, die Kriegsgefangenen aus Dieppe und Umgebung freizulassen. Es war das erstemal, sagte er, daß man die Freundlichkeit gehabt habe, das Meer zu überqueren, um dem Feind eine vollständige Musterkollektion der neuen Waffen zum Geschenk zu machen.

Die Deutschen erreichen die Wolga

Dieser kurze Alarm, der die Schwäche der Engländer bewies, war schnell vergessen. Die einzige Realität war die schonungslose Schlacht, die sich auf den sengenden Steppen an Don und Wolga abspielte. Am 20. August stießen die Russen aus ihrem Brückenkopf bei Kremenskaja zu einem wütenden Angriff vor, und der Einsatz des VIII. und XI. deutschen Korps war notwendig, um ihn abzuweisen. Drei Tage später überschritt das XIV. Panzerkorps, befehligt von einem früheren Stabsoffizier Guderians, von Wietersheim, in voller Stärke den Don über die Brücke bei Wertjaschij. Der einarmige General Hube stieß mit seiner 16. Panzerdivision in geschlossener Formation, wie eine Kürassierschwadron in den Kriegen früherer Zeiten, durch. Nichts konnte ihm widerstehen; er legte 60 Kilometer in einem Zug zurück. Die Konturen von Stalingrad stiegen im dichten Staub des Spätnachmittags vor ihm auf, die Fabrikschlote, die Wassertürme. Noch eine kurze Anstrengung: Da war die Wolga! Das Westufer fiel steil ab. Der Strom war zwei Kilometer breit, bedeckt von Flößen, schillernden Öllachen, befahren von Fahrzeugen, darüber die deutschen Bomber, die Stalingrad mit Bomben belegten. Das andere Ufer war flach, ein Irrgarten aus schilfbedeckten Inseln, mit langen, melancholischen Flußschleifen, die sich in der Ferne verloren.
Die 6. deutsche Armee hatte die Wolga erreicht! Aber das war nur ein enger Durchbruch, ein zwei bis drei Kilometer breiter Gang. Eine Woche lang blieb die 16. Panzerdivision im Vorort Rynok in kritischer Lage stecken. Die beiden anderen Divisionen Wietersheims, die 3. und 60. motorisierte, sowie das von General von Seydlitz-Kurzbach befehligte LI. Korps, das soeben Demjansk freigemacht hatte, verbreiterten die von Hube vorgezeichnete sägenförmige Linie.
Am 31. August wurde nördlich von Stalingrad ein Schwerpunkt gebildet. Im Süden schuf die 4. Panzerarmee einen zweiten, deren XXXXVIII. Panzerkorps die Höhen von Gawrilowka genommen hatte. Die Stadt Stalins befand sich in einem Schraubstock. Das dritte Jahr des Krieges ging zu Ende, und man erwartete von einer Stunde zur anderen den Fall Stalingrads.

Bereits knapp zwei Jahre vor der Invasion der Alliierten in der Normandie, im August 1942, starteten die Engländer beiderseits von Dieppe eine Versuchslandung. Unter starker Luftsicherung gingen zwei kanadische Divisionen mit Panzern an Land, wurden aber noch am gleichen Tage zur Wiedereinschiffung gezwungen.

...»Und eine Furcht kommt uns, wir sind zu weit gefahren/Als daß wir je die Heimat wiedersehen« (B. Brecht). Der Landser starb für ›Führer, Volk und Vaterland‹. Der Tod des stellvertretenden ›Reichsprotektors für Böhmen und Mähren‹ R. Heydrich zog brutale Vergeltungsaktionen nach sich: Lidice wurde ›ausradiert‹, die Bevölkerung ›liquidiert‹.

Im westlichen Lager war das Abenteuer von Dieppe nur ein kostspieliger Irrtum gewesen; man hatte einfach um jeden Preis etwas unternehmen wollen. In England wartete eine kanadische Armee voll Ungeduld. Stalin protestierte unablässig gegen die Untätigkeit der Briten, und Lord Louis Mountbatten drängte auf kombinierte Operationen. Das Unternehmen war als Aufklärung mit starken Kräften geplant worden, gleichzeitig bescheiden und großzügig. Die Stadt sollte am Morgen besetzt, bis zum Abend gehalten und während der Nacht langsam geräumt werden. Die deutsche Garnison war vom Geheimdienst auf ein einziges Bataillon älterer Jahrgänge geschätzt worden. Ein schlagkräftiger Fliegerverband sollte die Luftwaffe vom Himmel verjagen. Jedenfalls würde man darauf verzichten, Dieppe durch ein vorbereitendes Bombardement zu zerstören, um keine Zivilisten zu töten. Man verzichtete sogar auf die ganze Operation, die für den 7. Juli vorgesehen war, als der Sturm es den Landungsbooten unmöglich machte, die Insel Wight zu verlassen. Man griff trotz des Einspruchs Montgomerys, des Oberbefehlshabers Südostenglands, wieder darauf zurück. Es ist nicht erwiesen, aber möglich, daß die Operation den Deutschen verraten wurde. Der Widerstand übertraf bei weitem die Erwartungen der Engländer. Sogar in der Luft: Sie beabsichtigten, die Luftwaffe in eine Falle zu locken, verloren jedoch mehr als doppelt soviel Maschinen, als sie selbst abschossen.

Dieppe war der Beweis dafür, daß eine Invasion Europas 1942 unmöglich war, eine überflüssige Demonstration. Im Augenblick, da sie durchgeführt wurde, war die Idee ›Sledgehammer‹ endgültig aufgegeben worden. Die britische Vorsicht hatte über die Abenteuerlust der Amerikaner den Sieg davongetragen.

Der Kampf war hart gewesen. Marshall war starrköpfig. Er hatte gedroht: Falls die Engländer keine Operationen in Europa durchführen würden, würde Amerika seine Strategie ändern. ›Mein Ziel‹, schrieb Marshall in einem Bericht an Roosevelt, ›besteht darin, die Briten zu zwingen, gegen Deutschland vorzugehen. Wenn sich das als unmöglich erweist, müssen wir uns unverzüglich dem Pazifik zuwenden und alle unsere verfügbaren Kräfte gegen Japan einsetzen.‹ Die von Churchill vorgeschlagene Alternative ›Gymnast‹, die Eroberung Nordafrikas, hielt Marshall für ›kostspielig und wirkungslos‹. Der ungestüme Kriegsminister, der alte Stimson, klatschte in die Hände: »I cordially endorse the proposal of a showdown with the British...«

Mächtige Einflüsse drängten auf Umstellung der amerikanischen Strategie. MacArthur in Australien war der Kopf einer Schule, der sich die früheren Isolationisten und die gesamte öffentliche Meinung im australischen Westen anschlossen. Der Oberbefehlshaber der Marine, Admiral King, wollte zu Ende führen, was bei Midway begonnen worden war. Zwei extreme Gruppen verbündeten sich gegen die Briten: die heftigsten Sowjetgegner, die nichts dagegen einzuwenden hatten, wenn Hitler Stalin vernichtete,

und die fanatischsten Sowjetanhänger, die um jeden Preis sofort eine zweite Front errichten wollten.
Hopkins und Marshall erschienen am 17. Juli wieder in Großbritannien, begleitet von Admiral King. Die Abordnung war überaus schlechter Laune. Besonders Hopkins, dessen Reise seine zweite Heirat verschob, hatte nur auf Roosevelts Drängen eingewilligt, der auf der Anwesenheit seines ›alter ego‹ bei einer so entscheidenden Besprechung bestanden hatte. Ein erster Vorfall bestimmte den Ton. Nach ihrer Ankunft in Prestwich nahmen die Amerikaner den Schnellzug aus Schottland, den Churchill ausnahmsweise in Chequers anhalten ließ, aber Hopkins weigerte sich auszusteigen, weil er sich zuerst mit dem amerikanischen Generalstab in London besprechen wollte, ehe er mit dem Premierminister zusammentraf. Die darauffolgende telefonische Aussprache war derart erregt, daß Churchill seine Kaltblütigkeit verlor und drohte, den persönlichen Vertreter des Präsidenten der Vereinigten Staaten aus dem Lande weisen zu lassen. ›Er warf mir die Konstitution des Vereinigten Königreiches ins Gesicht‹, schrieb Hopkins an Roosevelt, ›aber da das kein schriftliches Dokument ist, war der Schaden unbedeutend.‹
Die geheime britisch-amerikanische Besprechung wurde an einem Ort abgehalten, wie man ihn sich kaum weniger geheim vorstellen kann, im vierten Stock des Hotels Claridge. Die Gemüter beruhigten sich, aber die Diskussion blieb heftig. King zeigte eisige Ablehnung für alles, wodurch auch nur der geringste Bruchteil amerikanischer Streitkräfte vom Pazifik abgezogen werden konnte. Marshall beschränkte ›Sledgehammer‹ auf die Eroberung des Cotentin, hielt aber im übrigen hartnäckig an dem Projekt fest. Die Engländer gaben ihrem Widerstreben gegen jede übereilte Landung auf dem Kontinent Ausdruck. Da sie sich in einer Sackgasse befanden, bestand die Frage darin, zu erfahren, ob Marshalls Drohung, man werde die amerikanische Hauptmacht gegen Japan schicken, auch praktiziert würde. Marshall wußte am besten, daß das nicht der Fall sein würde: Am 16. Juli, vor seiner Abfahrt aus Washington, hatte Roosevelt ihm mitgeteilt, er würde eine solche Umstellung nicht billigen. Er wünsche so bald wie möglich eine zweite Front in Europa, um Rußland zu retten, aber es käme nicht in Frage, die Engländer zu bestrafen, indem man entschied, Deutschland sei nicht mehr der Gegner Nummer eins. Wenn man auf ›Sledgehammer‹ verzichten müsse, würde sich Amerika auf die Operation in Afrika umstellen.
Churchill blieb Sieger. Mit dem ihm eigenen Sprachgefühl ließ er die konventionelle Bezeichnung ›Gymnast‹, die er zu gewöhnlich fand, in ›Torch‹ umändern. Man kam überein, den ursprünglich vorgesehenen Plan zu erweitern; Algier sollte bei der ersten Landung einbezogen werden, man beabsichtigte auch Tunis so schnell wie möglich zu nehmen. Das Unternehmen sollte im Prinzip vor Ende Oktober anlaufen, und General Dwight D. Eisenhower, der sich in London befand, wurde von Marshall privatim informiert, daß Roosevelt ihm den Oberbefehl zudachte.

Nun mußte noch Stalin von der Verschiebung der Errichtung der zweiten Front auf unbestimmte Zeit verständigt werden. Churchill übernahm es, diesen schwierigen Auftrag zu erledigen. Er verließ am 2. August London in einem jeden Komfort entbehrenden Bomber und kam via Gibraltar, Kairo und Teheran am 12. in Moskau an. Der Zusammenstoß mit dem Diktator war äußerst heftig. »Sie halten Ihre Verpflichtungen nicht ein«, sagte Stalin, »weil Sie Angst davor haben, sich mit den Deutschen zu messen.« Worauf Churchill zurückgab: »Sie waren ihr Verbündeter, während wir allein gegen sie kämpften.« Dieser Austausch von Vorwürfen war bezeichnend für die Begegnung.

Rommels Kampf bei El Alamein

Vor El Alamein wurde Rommels Vormarsch gehemmt. Der Sieg hatte den Sieger verbraucht. Das Afrikakorps besaß statt der vorgeschriebenen Sollstärke von 371 Panzern nur noch 55. Die 90. Leichte Division war auf 1500 Mann zusammengeschmolzen. Die Italiener waren nicht weniger geschwächt. Dem XX. Korps waren nur 50 Panzer verblieben, und alle Infanteriebataillone des X. und XXI. Korps hatten nur noch ein Drittel ihrer Sollstärke. Rommel gelang es nicht einmal, seine schwachen Streitkräfte zu verpflegen. Im August erhielt das Afrikakorps 8200 Tonnen Nachschub, das waren 32 Prozent der notwendigen Mengen. Die Soldaten wurden auf Halbration gesetzt. Ohne die in Tobruk erbeuteten Vorräte wäre ihre Lage erheblich schlimmer gewesen. Die deutsch-italienische Armee gab sich angelsächsisch. Sie rauchte englischen Tabak, aß amerikanische Konserven und führte 85 Prozent ihrer Transporte mit Fahrzeugen durch, die in Coventry oder Detroit hergestellt worden waren. Dennoch wurde auch mit den Beutefahrzeugen die notwendige Transportkapazität nicht erreicht. Rommel machte hierfür weitgehend die Italiener verantwortlich. Als Gründe führte er an: Unfähigkeit und Korruption des faschistischen Regimes, Defätismus und sogar Sabotage von seiten der Offiziere und offiziellen Stellen, die, wenngleich auf seiten der Deutschen kämpfend, deren Niederlage wünschten.
Die Italiener ihrerseits verabscheuten Rommel, insbesondere wegen seines eigenmächtigen Vorgehens. Mussolini hatte von den Demütigungen genug. Nach drei Wochen des Wartens in Libyen mußte er nach Rom zurückkehren, wobei er den Schimmel, den er für seinen triumphalen Einzug in Kairo mitgenommen hatte, zurückließ. Während dieser drei Wochen hatte Rommel ihm nicht einen einzigen Besuch abgestattet. In Italien wie in Afrika führten die Arroganz der Deutschen und die Empfindlichkeit der Italiener ständig zu Zwischenfällen. Ciano entsann sich der Warnung François-Poncets am Tag der Kriegserklärung an Frankreich: »Die Deutschen sind harte Herren.« »Was Polen, Norwegen, Frankreich, Rußland und Afrika nicht erreicht haben«, sagte Hitler,

»sind die Italiener im Begriff zu bewerkstelligen: Sie demoralisieren meine Soldaten.« So wie seine Armee war auch Rommel kurz vor Erreichung seines höchsten Triumphes erschöpft. Das Wüstenklima hatte seinen Organismus zugrunde gerichtet. Sein Arzt, Professor Horster, stellte folgende Diagnose: »Feldmarschall Rommel leidet an chronischem Magen- und Darmkatarrh, Nasendiphtherie und erheblichen Kreislaufstörungen. Er ist nicht in der Lage, die befohlene Offensive zu führen.« Rommel telegrafierte sofort an Hitler, daß seiner Ansicht nach nur Guderian ihn ersetzen könne. Die Antwort kam noch am selben Abend: »Guderian untragbar«. Rommel beschloß zu bleiben.
Auf der Gegenseite setzte heftige Betriebsamkeit ein. Malta stand am Rande einer Hungersnot. Um die Insel zu retten, zogen die Engländer zwei Schlachtschiffe, vier Träger, sieben Kreuzer, 32 Zerstörer, acht U-Boote und vier Korvetten zusammen und stellten in die Mitte dieses schützenden Geleits einen Konvoi von 14 Schiffen. Der Kampf, der vom 11. bis 13. August gegen zwei Fliegerkorps – ein deutsches und ein italienisches –, fünf deutsche und zwei italienische U-Boote sowie gegen einen Schnellbootverband geführt wurde, erstreckte sich über das ganze westliche Mittelmeer. Der Träger *Eagle* und zwei Kreuzer wurden versenkt, aber fünf Handelsschiffe, darunter der große Öltransporter *Ohio*, erreichten La Valetta. Malta war gerettet. Andere Geleitzüge, die eine ruhigere Fahrt hatten, brachten auf dem Umweg über das Kap immer stärkere Kräfte nach Ägypten. Churchill inspizierte auf seinem Wege zur Besprechung mit Stalin in Moskau längere Zeit den Mittleren Osten und führte unerbittlich die nötigen Entlassungen durch. Auchinleck wurde, obgleich er Rommel in El Alamein aufgehalten hatte, durch Alexander ersetzt. Zum Nachfolger Ritchies an der Spitze der 8. Armee bestimmte Churchill den Befehlshaber des XIII. Korps, Gott; er war wohl besiegt worden, aber für seine Charakterstärke und Energie berühmt. Es kam jedoch nicht zu dieser Personalveränderung. Gott flog an Bord eines Flugzeuges auf Urlaub; als die Maschine Kairo verließ, wurde sie von zwei Messerschmitt abgefangen, die sie zum Landen zwangen und am Boden zerstörten. Gott wurde getötet. Auf Empfehlung des Generalstabschefs wurde nun Bernard Montgomery an die Spitze der 8. Armee gestellt.
Rommels letzte Chance bestand darin, eine schnelle Entscheidung herbeizuführen, bevor die gegnerischen Kräfte übermäßig stark wurden. Seine Armee hatte sich ein wenig erholt. Die Anzahl der deutschen Panzer war wieder auf 229 gestiegen, und ihre Treibstoffreserven erlaubten einen neuen Versuch. Er wußte aber: Er müsse Kairo in achtundvierzig Stunden erreichen oder sein letzter Trumpf sei vertan.
Am 30. August begann der Angriff gegen die Linien von El Alamein. Genau drei Jahre vorher hatte dieser Krieg begonnen, mit dem ungestümen Vorstoß der stolzen deutschen Panzerdivisionen über die schwach verteidigte polnische Grenze. Die erste Hälfte des Krieges – aber wer konnte das wissen? – war vorbei. Japan stand an den Grenzen Indiens und vor Australien, Deutschland fast am Nil und im Kaukasus. Aber die An-

greifer hatten inzwischen die stärksten Mächte der Welt gegen sich, und führende Politiker und Militärs erkannten allmählich, daß die Hoffnung auf einen völligen Sieg geschwunden war.

Deutschland und Japan hatten bewiesen, daß sie siegen konnten. Ob sie aber unbesiegbar waren, das mußte die Zukunft erweisen.

XVII. Kapitel September 1942
Die sieben Kriegsschauplätze

Von Finnland bis zum Schwarzen Meer

Das Kräfteverhältnis läßt keinen Zweifel mehr zu: Deutschland, Italien und Japan kämpfen nicht länger um den Sieg – sie kämpfen gegen ihre Niederlage.
Der Krieg spielte sich auf sieben Hauptkriegsschauplätzen ab: 1. Ostfront, 2. Europäischer Luftraum, 3. Atlantik, 4. Nordafrika, 5. Burma, 6. China, 7. Pazifik.

Der östliche Kriegsschauplatz war bei weitem der wichtigste – und auch der blutigste. Er verlief von der Barentssee bis nahezu an das Kaspische Meer. Auf deutscher Seite kämpften 264 Divisionen; neben 196 Divisionen der Wehrmacht standen 68 rumänische, italienische, ungarische und slowakische Divisionen. Die Frontlänge betrug über 5000 Kilometer, das Zehnfache der deutsch-französischen Front im Ersten Weltkrieg. Eine zusammenhängende Verteidigungslinie ließ sich über eine solche Entfernung nicht aufrechterhalten. Die deutschen Linien hatten ihre Lücken, was der sowjetischen Armeeführung nicht nur operative Vorteile bot, sondern auch die Möglichkeit zum planmäßigen Einsatz von Partisanen. Das Kriegsgeschehen spielte sich also nicht nur entlang einer schmalen Frontlinie ab, sondern entwickelte sich in der Tiefe weiter Räume. Die rückwärtigen Verbindungen der Deutschen bedurften daher der militärischen Absicherung, wobei für den Schutz einer einzigen Bahnlinie Truppen in Divisionsstärke notwendig waren. Um den Partisanen Schach zu bieten, ging man zum Einsatz von aus der russischen Bevölkerung rekrutierten Hilfstruppen (Hilfswilligen, genannt ›Hiwis‹) über. Anfangs fehlte es nicht an Freiwilligen, doch mit zunehmender Ungunst des Kriegsglücks für die Deutschen wurde die Zuverlässigkeit der fremden Truppen immer zweifelhafter.
Die zunächst noch leichten deutschen Verluste waren mittlerweile immer schwerer geworden. Im August 1942 beliefen sie sich auf 336000 Gefallene, 1126941 Verwundete, 75990 Vermißte, insgesamt also eineinhalb Millionen Mann, darunter 47966 Offiziere. Zwar hatte man zahlreiche aus den Lazaretten entlassene Verwundete wieder an die Front geschickt, neue Rekruten einberufen und Ersatz aus den Westgebieten herangeführt, so daß man die Streitkräfte auf einer Ist-Stärke von 3405000 Mann zu halten vermochte, doch wären eine weitere Million Soldaten nötig gewesen, um die Soll-Stärke der Einheiten zu erreichen. Da die Wehrmacht auf verschiedenen Kriegsschauplätzen kämpfte, verfügte sie fast nie über operative Kräfte, deren Stärke den gestellten Aufgaben entsprochen hätte.

Auch das Kriegsmaterial ließ zu wünschen übrig. Der Fall der Kampfwagen war hierfür typisch. Seit dem Erscheinen des russischen Panzers T 34 hatten die Generale der Panzertruppe von Hitler einen Panzer verlangt, der mehr zu leisten imstande sei als der Pz-Kw IV. Die Firma Henschel und Professor Porsche hatten den Fünfundfünfzigtonnen-Panzer ›Tiger I‹ sowie eine leichtere Weiterentwicklung unter dem Namen ›Panther‹ vorgeschlagen, doch Hitler vertrat den Standpunkt, daß die Zeit des Panzers bereits vorüber und jede wirtschaftliche Anstrengung in dieser Hinsicht unangebracht sei. Erst am 23. Juni 1942 gab er seine Zustimmung zum Serienbau von ›Tiger‹ und ›Panther‹. Zunächst – bis zum März 1943 – genehmigte er jedoch nur die Produktion von 255 Stück. Es vergingen mehrere Monate, bis diese ausgezeichneten Kampfwagen an der deutschen Front zur Verfügung standen.
In absoluten Zahlen waren die russischen Verluste weitaus höher. Nie sind von russischer Seite genau aufgeschlüsselte Angaben über die eigenen Verluste gemacht worden, wohl deshalb nicht, weil man die gewaltige Zahl von vier Millionen Gefangenen in vierzehn Kriegsmonaten nicht zugeben wollte. Als sich das Kräfteverhältnis zugunsten der Russen zu ändern begann, nahm die Zahl der gefangenen Sowjetsoldaten zwar ab, doch blieben die Verluste an Gefallenen und Verwundeten weiterhin hoch. Rußland zahlte für die Verteidigung seines Bodens mit Opfern an Menschen, die an die Hekatomben des Ersten Weltkriegs an der französischen Front erinnern. Das sowjetische Vaterland konnte sich diesen Aderlaß leisten. Sein Menschenreservoir war schier unerschöpflich, und die Regenerationsfähigkeit seiner Armee grenzte ans Wunderbare. Am 15. August stellte die Abteilung Fremde Heere Ost des OKH auf russischer Seite 375 Schützendivisionen, 26 Kavallerie- und 68 Panzerverbände fest, zusammen also 469. Die Gesamtzahl der sowjetischen Divisionen schätzte man auf etwa 790. Diese Schätzung dürfte richtig gewesen sein, doch muß man mit General Warlimont bezweifeln, daß man sie Hitler vorzulegen gewagt hat, der ohnehin seine Generale stets beschuldigte, sie zählten den Gegner doppelt.
Kaum weniger Bewunderung verdient die russische Leistung in der Produktionsschlacht. Entscheidend war hier das Jahr 1942, als ein großer Teil der Kriegsindustrie erfolgreich hinter den Ural verlegt wurde. Entlegene Städte Zentralasiens wurden zu Waffenschmieden, in denen die Hochöfen glühten. Die großen Verluste an Material wurden mehr als ausgeglichen, vor allem auf dem Gebiet der klassischen Artillerie, auf dem die Russen ihre alte Meisterschaft bewiesen. Der Schwerpunkt der Rohrwaffenproduktion lag bei den Granatwerfern. Eine entscheidende Rolle spielte ein Seriengeschütz mit Raketentreibsätzen, das bei den Russen unter dem Namen ›Katjuscha‹ und bei den Deutschen als ›Stalinorgel‹ berühmt wurde. Mit dem Nebel-Werfer versuchte die Wehrmacht ein Pendant zu diesem Geschütz zu schaffen. Bei der Panzerwaffe gingen die Russen von den schweren Typen ab und fertigten den mittleren schnellen Panzer T 34 in Serie.

Für den Luftkampf entwickelten sie verschiedene Typen des Jagdflugzeugs sowie das ausgezeichnete Schlachtflugzeug Il 2.
Im ganzen gesehen, schwand der große Unterschied zwischen den deutschen und den russischen Streitkräften in allen Bereichen der Truppenführung und der Bewaffnung. Hatte es denn wirklich einen derartig großen Unterschied gegeben? Wie die deutsche Wehrmacht war auch die Rote Armee allzu hastig aufgebaut worden. Ausgehend von guten Voraussetzungen, konnte sie anfangs gegen schwache oder wenig bewegliche Gegner leichte Siege erringen, doch fehlte ihr ein gründlicher Unterbau.
Deutschland besaß nicht genug Reserven und hatte keine Vorbereitungen von langer Hand getroffen, um eine lang anhaltende militärische Auseinandersetzung durchstehen zu können. Die Generale, die in Einzelheiten gegen Hitler so oft im Unrecht waren, hatten dennoch im Grunde recht. Zwar hatte Deutschland ganz Europa erobert, zwar verfügte es nach Belieben über alle Hilfsquellen an Menschen und Material, doch gelang es ihm nicht, seine Kriegsmaschinerie auf den Stand zu bringen, der den maßlosen Kriegszielen entsprochen hätte.
Entscheidend hatte zur Änderung des Kräfteverhältnisses an der Ostfront die amerikanische Hilfe beigetragen. Vergebens wird man eine umfassende Darstellung dieser Hilfe in sowjetischen Veröffentlichungen suchen, obwohl die Materialmengen, die seit 1941 nach Rußland transportiert wurden, jede Vorstellung übertrafen.
Die amerikanische Rüstungsindustrie hatte gerade ihre Anfangsschwierigkeiten überwunden und war zur Serienfertigung übergegangen. Aber die Kapazität reichte noch nicht aus, denn an zahllosen Frontabschnitten wurde Kriegsmaterial dringend benötigt. Unterstützt von Admiral King, behaupteten MacArthur und Nimitz, man opfere ihre Truppen und vergieße unnötiges Blut auf dem pazifischen Kriegsschauplatz, nur weil man die amerikanischen Truppen nicht mit ausreichendem Material versorge. Die Generalstäbler, welche die Landung in Nordafrika vorbereiteten, die Schlacht auf dem Atlantik führten, die Invasion planten, forderten verzweifelt mehr Waffen. Die Russen drängten nicht weniger. Sie waren nur sehr schwer zufriedenzustellen, bestürmten das Munition Assignment Board mit Reklamationen, bemängelten die Qualität der ihnen überlassenen Ausrüstung und forderten riesige Liefermengen, ohne über deren Verwendung Rechenschaft abzulegen. Ihre Geheimhaltungsmanie ging so weit, daß sie lieber auf die Lieferung von Bombern verzichteten, als amerikanischen Piloten die Überführung der Maschinen nach Sibirien zu gestatten.
Wieder stellte sich – wie bereits 1914 – das Problem der Verbindungswege. Auch jetzt waren die Dardanellen verschlossen. Die arktischen Gewässer forderten einen hohen Tribut. Der pazifische Seeweg wiederum bedeutete einen gewaltigen Umweg. Die Japaner kontrollierten zwar die Zufahrtswege nach Wladiwostok, doch ließen sie amerikanische Transporter wegen politischer Rücksichten auf Moskau passieren. Die Straßen durch den Iran waren sicher, aber in ihrer Kapazität beschränkt. Überall also

Hindernisse und Schwierigkeiten. Es blieb nichts anderes übrig, als alle diese Verbindungen gleichzeitig zu benutzen und Verluste und Verzögerungen in Kauf zu nehmen. Durch derart enge Kanäle ergossen sich nun Ströme von Material. Von Oktober 1941 bis Juni 1942 lieferten die Vereinigten Staaten an die Sowjetunion 1285 Flugzeuge, 2249 Panzer, 81 287 Maschinengewehre, 30 Millionen Kilogramm Explosivstoffe, 36825 Lastkraftwagen, 56445 Feldtelefone, mehr als eine halbe Million Kilometer Telefonkabel und anderes mehr. Aufgrund weiterer Abmachungen wurden diese Mengen im Laufe der Zeit auf das Dreifache, Vierfache, ja Fünffache erhöht. Hinzu kamen ganze Fabrikeinrichtungen: eine Ölraffinerie zur Gewinnung von Treibstoff mit hohem Oktangehalt, eine Reifenfabrik der Ford Motor Company, die demontiert und im Ural wieder aufgebaut wurde, ein Signalsystem zur Modernisierung des russischen Eisenbahnnetzes, unzählige Werkzeugmaschinen der verschiedensten Art. In Amerika entstanden Fabriken, die eigens der Herstellung speziell für russische Bedürfnisse bestimmter Güter dienten, so zum Beispiel der Erzeugung von Filzstiefeln, deren Fabrikationsmuster von einem ehemaligen Schuster des Zaren Nikolaus II. erstellt wurde, der seit 1920 in den USA lebte. Rußland hatte die Hälfte seiner landwirtschaftlichen Nutzfläche und Nahrungsmittelindustrie eingebüßt. Amerika lieferte der Sowjetunion nun Proteine und Kalorien in konzentrierter, soweit wie möglich in trockener Form. Im Mittleren Westen stellten verschiedene Fabriken ›Borschtsch‹ in Trockenwürfeln von der Größe einer Streichholzschachtel sowie das russische Schweinefleischgericht ›Tjuschuha‹ her. Die Sowjetregierung verlangte, daß jegliche Herkunftsbezeichnung weggelassen wurde; denn das russische Volk würde es als demütigend empfinden, in der Ernährung vom Ausland abhängig zu sein.

Ein Vergleich läßt den Umfang der amerikanischen Hilfeleistung erkennen. Am 21. Juni 1941 war die Wehrmacht mit 1280 Flugzeugen, 3330 Panzern und 600000 Kraftfahrzeugen gegen Rußland angetreten; zwischen 1942 und 1943 lieferten die USA an die Sowjetunion 3052 Flugzeuge, 4084 Panzer und 520000 Motorfahrzeuge – in einem einzigen Jahr also mehr als das gesamte Arsenal, mit dem Deutschland in die Sowjetunion eingefallen war.

Im Norden der Ostfront, zwischen dem Eismeer und dem Finnischen Meerbusen, hatte die Lage sich seit 1941 nicht geändert. Die Kampftätigkeit war schwach. Nach der Frostperiode während des langen Winters kam der Juni, der die Landschaft in unwegsame Sümpfe verwandelte. Nach wenigen Wochen war der Sommer wieder zu Ende. Das Nachlassen der deutschen Stoßkraft zeigte sich darin, daß eine Wiederaufnahme der Offensive gegen die Eisenbahnlinie nach Murmansk nicht mehr gelang. Nur wenige Kilometer von den feindlichen Linien entfernt fuhren die Züge vollbeladen mit amerikanischem Kriegsmaterial vorüber, und nur selten versuchten Kampfflieger oder Artillerie, die Transporte anzugreifen.

Der nächste, sich südlich anschließende Abschnitt der deutsch-russischen Front war jener der Heeresgruppe Nord unter dem Kommando von Generalfeldmarschall von Küchler. Die Front verlief vor Leningrad, erreichte den Ladogasee bei Schlüsselburg, folgte dem Wolchow, lief um den Ilmensee herum, bezog die Waldaihöhen ein und endete bei Cholm an der Lowat. Die annähernd 1000 Kilometer wurden von nur 45 deutschen Divisionen gehalten. Trotz der riesigen Wälder und weglosen Moore stießen die Gegner hier in erbitterten Kämpfen aufeinander.

Leningrad verteidigte sich standhaft. Fast von allen Seiten eingeschlossen, wurde die Stadt nur noch über einen schmalen Zugangsweg versorgt. Dieser verlief über den Ladogasee zwischen Schlüsselburg und der Grenze von 1939, die von den Finnen gehalten wurde, die sich allerdings den Deutschen gegenüber weigerten, darüber hinaus vorzudringen. Während des Winters hatte eine Straße über das Eis die notdürftige Versorgung der Stadt ermöglicht, aber als das Tauwetter einsetzte, bestand auch dieser Versorgungsweg nicht mehr, für den die Wiederaufnahme des Schiffsverkehrs auf dem See nur beschränkten Ersatz bot. Der tägliche Bissen Brot für eine Million Zivilisten, die Rationen und Munitionsvorräte einer Armee, die Rohstoffe für eine Rüstungsindustrie, die sich nicht abdrosseln ließ, waren nun abhängig von wenigen Binnenseeschiffen. Doch Leningrad hielt weiterhin aus. Von ihren Stellungen in Zarskoje Selo sahen die Deutschen den Rauch der Schlote über den großen Werken von Kolpino, aus denen ihnen immer wieder fabrikneue Panzer entgegenrollten. Sie erblickten die Kuppel der Isaakskathedrale, die Turmspitze der Admiralität und die Peter-Pauls-Festung. Sie beschossen die Stadt, doch die Zähigkeit der Belagerten erwies sich jeder Prüfung gewachsen. Hitler, der es 1941 verschmäht hatte, Leningrad zu nehmen, geriet nun in Wut über den Widerstand, den man ihm hier bot. Um ihn zu brechen, holte er die Eroberer Sewastopols vom Südabschnitt der Front nach Norden: die 11. Armee unter dem jüngsten deutschen Generalfeldmarschall, Erich von Manstein. Nach ausgeklügeltem Plan brachte Manstein seine Riesengeschütze in Stellung, welche schon die Festung auf der Krim zerschlagen hatten. Während der Vorbereitungen erreichte ihn am 4. September ein Anruf Hitlers aus Winniza. Eine Krise zeichnete sich ab. Um dem Angriff auf Leningrad zuvorzukommen, hatten die Russen südlich von Schlüsselburg angegriffen. Die 18. Armee war unter diesem Stoß zurückgewichen. Der Führer zählte auf Manstein, der – nach seinen eigenen Worten – eine ›Katastrophe‹ abwenden sollte. Den Belagerern Leningrads drohte die Einkesselung.

Die Sieger von Sewastopol kamen aus der Gluthitze des Krimsommers. Im Gebiet von Leningrad war es bereits Herbst. Erneut hatte die Jahreszeit des Schlamms begonnen. In den grundlosen Wäldern entwickelte sich die Schlacht. Man hatte dem XXX. Armeekorps des Generals Fretter-Pico die drei ersten fabrikneuen ›Tiger‹-Panzer zugeteilt, wahre Giganten, von denen man sich ein Wiederaufleben des Panzerkriegs erhoffte. Doch die sowjetische Panzerabwehr vernichtete alle drei binnen weniger Minuten. Mansteins Tatkraft und Geschicklichkeit retteten die Situation. Er richtete seinen

Gegenstoß auf die Flanken des durch den sowjetischen Vorstoß entstandenen feindlichen Frontvorsprungs und zerschlug die Offensive. Bei diesen Kämpfen waren im Oktober alle Munitionsvorräte für den Angriff auf Leningrad verschossen. Zudem erlaubte die fortgeschrittene Jahreszeit nicht mehr eine erneute Offensive gegen die Stadt. Zwar hatte man eine weitere russische Armee zerschlagen, doch Leningrad war wieder gerettet.

Weiter im Süden hatten sich zwei Schlachten mit unterschiedlichem Ausgang abgespielt: die von Demjansk, in der die Deutschen eingekesselt wurden, und jene am Wolchow, in der sie ihrerseits den Gegner einschlossen. Bei Demjansk konnte das Desaster noch abgewendet werden. Nachdem die sechs Divisionen des Generals der Infanterie von Brockdorff-Ahlefeld vier Monate lang aus der Luft versorgt worden waren, hatte sie Anfang April der General der Artillerie von Seydlitz-Kurzbach aus der Umklammerung befreit. Hitler triumphierte: Die Verteidigung jeden Fußbreits Boden sowie die Versorgung aus der Luft, auf der er bestanden hatte, waren die einzigen sinnvollen Rettungsmaßnahmen in einer Situation gewesen, die seine Generale bereits für aussichtslos gehalten hatten.

Wie Hitler bei Demjansk, so hatte Stalin östlich des Wolchow seinen Truppen befohlen, um jeden Preis auszuharren. Der Preis war die völlige Vernichtung der 2. sowjetischen Stoßarmee.

Die deutschen Stoßtrupps waren auf der Suche nach dem russischen Befehlshaber, dem Stalin die Aufgabe übertragen hatte, die in der Falle steckende Armee zu retten: Es war der Verteidiger von Kiew, einer der Sieger von Moskau, General Andrej Andrejewitsch Wlassow. Am 11. Juli machte ein Bauer die Deutschen auf einen russischen Offizier aufmerksam, der sich in seiner Scheune versteckt hielt. Hauptmann von Schwerdtner, Stabsoffizier der 58. Infanteriedivision, ließ die Scheune umstellen. Ein hagerer Riese trat ins Freie mit den Worten: »Nicht schießen, ich bin General Wlassow.« General Georg Lindemann, Oberbefehlshaber der 18. deutschen Armee, wünschte seinen besiegten Gegner zu sehen. Er reichte ihm die Hand, sprach ihm seine Anerkennung aus und ließ ihn mit allem Nötigen versorgen.

Drei Monate später befand sich Wlassow im ukrainischen Hauptquartier des Führers in Winniza. Über den russischen Linien regnete es deutsche Flugblätter. Der Kriegsgefangene mit der Nummer 16901, Generalleutnant Wlassow, richtete einen Appell an alle Generale, Offiziere und Soldaten der Roten Armee sowie an alle Russen, sich gegen die Tyrannei Stalins zu erheben und sich ihm, Wlassow, zur Befreiung Rußlands anzuschließen.

Dieser Mann war die Entdeckung einer kleinen Gruppe deutscher Offiziere, die einen Sieg über die Sowjetunion ohne Einbeziehung der Russen in den Kampf gegen den Bolschewismus für unmöglich hielten. Einer war der Oberst Graf Stauffenberg, der durch seinen Attentatsversuch auf Hitler in die Geschichte eingehen sollte. Ferner gehörten zu dieser Gruppe der Botschaftsrat Hilger, der Hauptmann der Reserve Strik-Strikfeldt, Oberst Herre, General Köstring und andere. Für sie war Wlassow, der Bauernsohn und Günstling des Sowjetregimes, der den Ruf besaß, einer der fähigsten sowjetischen Generale zu sein, ein Geschenk des Himmels. Er hatte sich bereit erklärt, gegen die Truppen Stalins eine aus Kriegsgefangenen und Bewohnern der besetzten Gebiete rekrutierte Armee zu führen. Als Bedingung stellte er, daß ein vom Stalinismus und vom Kolchosensystem befreites Rußland von Deutschland nicht als besiegt, sondern als gleichberechtigt behandelt werden sollte. Eine unrealistische Forderung! Leute wie Hitler, Himmler, Göring und Rosenberg wollten einen Verräter, keinen Partner. Kein einziger Bericht der an Wlassow interessierten Offiziere gelangte in Hitlers Hände. Keitel fing sie vorher ab und versah sie mit Randbemerkungen wie: »Kommt nicht in Frage! ... Nutzlos, dem Führer damit zu kommen; ich weiß, was er darüber denkt...« In Winniza hoffte Wlassow Hitler zu treffen, doch er begegnete nur Leuten ohne größeren Einfluß, mit denen er unverbindliche Gespräche führte. Ein am 27. Dezember 1942 in Smolensk gegründetes Komitee zur Befreiung Rußlands verschwand bald wieder von der Bildfläche. Himmler verfaßte eine Schrift, in der er betonte, der Russe sei nur ein Untermensch, zu dem man unmöglich Beziehungen auf gleicher Ebene herstellen könne. Während eines ganzen Monats saß der ›Verräter zur besonderen Verwendung‹, Wlassow, in einer Villa in Berlin-Dahlem.

Der Sommer 1942 war, im mittleren wie im nördlichen Abschnitt der Ostfront, für die Wehrmacht eine Zeit unablässiger Anspannung. Die erbitterten Winterkämpfe, in denen Generalfeldmarschall von Kluges Heeresgruppe knapp der Vernichtung entrann, hatten nicht nur eine weit vorspringende, sondern auch eine im Verlauf sehr komplizierte Frontlinie hinterlassen. Gemessen längs des Bogens Orel – Kirow – Gschatsk – Rschew – Welikije-Luki, besaß sie nur eine Länge von 900 Kilometern, aber sie war doppelt so lang, wenn man den tatsächlichen Verlauf der Kampflinien berücksichtigte. Angesichts des kühnen und harten Gegners waren fünf Armeen mit 85 Divisionen kaum stark genug, mit jenen kritischen Kampfsituationen fertig zu werden, die ununterbrochen aufeinanderfolgten. Die Kämpfe waren erbittert. Nachdem Seydlitz die Deutschen aus dem Kessel von Demjansk befreit hatte, säuberte er das Hinterland der 9. Armee und verkürzte die Front um 200 Kilometer. Die Russen reagierten darauf am 14. August mit einem heftigen Vorstoß gegen Rschew. Am 1. September erschien Kluge die Situation dermaßen bedenklich, daß er den Mut fand, Hitler die Zurücknahme des Frontbogens vorzuschlagen. Er erhielt eine unwirsche Abfuhr: Rschew sei ein Name von exemplarischer Bedeutung, die Stadt dürfe auf keinen Fall aufgegeben werden. Durch Heranführung aller verfügbaren Reserven gelang es dem deutschen Oberkommando, den Feind in den Ruinen der Stadt zum Stehen zu bringen, noch ehe die einsetzende Schlechtwetterperiode die Kampfhandlungen unterbrach.

Nun setzte Hitler alles auf die eine große Operation, mit der er den Kaukasus zu gewinnen trachtete, um Rußland von seinen Erdölquellen abzuschneiden, aus denen es den Treibstoff für die Armee bezog. Die ersten Phasen dieses gewaltigen Unternehmens sind bereits geschildert worden. Anfang September stand die Armee des Generalobersten von Kleist bereits im Vorfeld von Tiflis, die Armee des Generalobersten Paulus am Stadtrand von Stalingrad. Eine der größten Tragödien der gesamten Militärgeschichte bereitete sich vor.

Die Luftschlacht über Europa

Ende des Jahres 1941 und in den ersten Monaten des folgenden Jahres war im Luftkrieg zwischen England und Deutschland ein gewisses Nachlassen der Kampftätigkeit zu verzeichnen. Die Engländer machten dem ein Ende, als sie am 28. März 405 Bomber zum Angriff auf Lübeck schickten, von denen 234 ihr Ziel erreichten. Nach dem offiziellen britischen Bericht brannte die Stadt, die ein einziges Museum war, ›wie Feuerholz‹. Hitler bereitete die Vergeltung vor.
Er rief zwei Gruppen von Bombern aus Sizilien ab und begann mit den von den Engländern ›Baedeker Raids‹ genannten Angriffen auf die ob ihrer Sehenswürdigkeiten berühmten Städte in England. Exeter, Bath, York, Canterbury mußten für Lübeck büßen. Doch die deutschen Luftwaffenverbände, die diese barbarischen Angriffe durchführten, zählten nicht mehr als hundert Maschinen.
Aber in der Nacht vom 30. auf den 31. Mai griffen 1046 Bomber – ausschließlich Maschinen der Royal Air Force – die Stadt Köln an. Viele Menschen, die in jener Nacht das Dröhnen der Bomberstaffeln vernahmen, ahnten, daß nun der Krieg einen Wendepunkt erreicht hatte. Gewaltig waren die Zerstörungen in der großen Stadt am Rhein. Die Generale der Luftwaffe beim Führerhauptquartier in Winniza, Bodenschatz und Jeschonnek, meldeten Hitler, einigen hundert englischen Maschinen sei es gelungen, in Köln gewisse Zerstörungen anzurichten. Aber Hitler hatte bereits von Gauleiter Grohé einen ungeschminkten Bericht erhalten, und so entlud sich seine Wut gegen die Männer der Luftwaffe, vor allem aber gegen den ewig abwesenden Göring: »Herr Göring ist natürlich wieder nicht hier...« Als der Chef der Luftwaffe am Tag darauf eintraf, hatte die Royal Air Force bereits mit 936 Maschinen einen zweiten Angriff – diesmal auf Essen – geflogen. Hitler ignorierte die ausgestreckte Hand des Mannes, den er zu seinem Nachfolger bestimmt hatte.
Göring war der Sündenbock: Faul und mit privaten Spielereien beschäftigt, hatte er sich um die Luftwaffe nur dann gekümmert, wenn er nicht gerade seinen Liebhabereien nachging. Doch traf Hitler nicht weniger Schuld. Er hatte die Weiterentwicklung

der Luftwaffe selbst unterbunden, als er im Juli 1940 den Befehl gegeben hatte, die Entwicklung aller Waffen einzustellen, die nicht innerhalb von acht Monaten einsatzfähig seien. Diese Entscheidung brachte die deutsche Luftwaffe in einen Rückstand, den sie nie wieder aufzuholen vermochte. Ihre Bedeutung für das Kriegsgeschehen war seither zusehends geschwunden, ja schlimmer noch – sie erwies sich als unfähig, die deutschen Städte vor feindlichen Angriffen zu schützen.
Der für die technische Entwicklung verantwortliche Generalluftzeugmeister, Ernst Udet, mit 62 Luftsiegen eines der Asse des Ersten Weltkriegs, beging am 17. November 1941 Selbstmord. Kurz vorher soll er noch einen verzweifelten Appell an die Verantwortlichen gerichtet haben: ›Wir brauchen Jäger, Tausende von Jägern, oder wir sind verloren.‹
Die Engländer hatten unterdessen ständig an der Verbesserung ihrer Luftstreitkräfte gearbeitet. Als die Luftgefahr für England geringer wurde, richteten sie die Hauptanstrengungen ihrer Luftrüstung nicht länger auf die defensive Jagdwaffe, sondern wieder auf die offensiven Bomberverbände. Zur gleichen Zeit nahm die amerikanische Luftrüstung einen gewaltigen Aufschwung. Noch im Jahre 1939 hatten die USA nur 2141 Flugzeuge hergestellt, ein Viertel der deutschen Produktion. Bereits im Jahre 1942 aber verließen 47836 Maschinen die Werke, darunter 12627 Bomber, d. h. das Dreifache der deutschen Produktionsziffern des Jahres 1942.
Nunmehr beteiligte sich auch Amerika an der Luftoffensive gegen Deutschland. Die 8. Luftflotte der USAAF (US Army Air Force) wurde am 18. Juni in England unter dem Kommando von Generalmajor Carl Spaatz gebildet. Die amerikanischen Maschinen flogen, mit Ausnahme der Jäger, über ein Netz von Stützpunkten in Labrador, auf Neufundland, Grönland und Island nach England. Der Generalstab hatte ausgerechnet, daß bei einer Verlustrate von weniger als zehn Prozent die Verlegung noch als geglückt anzusehen sei. Die tatsächliche Verlustquote belief sich während des Sommers und Herbstes auf 5,2 Prozent, doch zwangen die Winterstürme schließlich zur Einstellung der Flüge. Zwischen den amerikanischen und den britischen Stellen kam es zu Auseinandersetzungen darüber, ob Nachtangriff oder Tagangriff vorzuziehen sei. Die Engländer befürworteten den Nachtangriff, da er geringere Verluste brachte. Die Amerikaner hingegen entschieden sich für den Angriff bei Tag. Sie entwickelten ein System des Angriffs in großen geschlossenen Formationen durch schwere Bomber vom Typ B 24 ›Liberator‹ oder B 17 ›Flying Fortress‹, wobei die Maschinen sich gegenseitig Feuerschutz gaben. In der Praxis führte diese unterschiedliche Auffassung zu einer Spezialisierung: Die USAAF bombardierte Europa am Tage, die RAF löste sie des Nachts ab.
Am 4. Juli 1942 flogen die amerikanischen Bomber ihren ersten Angriff: Sechs Maschinen nahmen Kurs auf die holländischen Flugplätze Haamstede und De Kooy; nur zweien allerdings gelang es, ihr Ziel zu treffen, zwei andere Maschinen wurden

abgeschossen. Das zweite Unternehmen der Amerikaner war ein Angriff auf Sotteville-lès-Rouen, am 17. August, der von Generalleutnant Eaker vom Flugzeug *Yankee Doodle* aus geleitet wurde. Er brachte keine Verluste, aber auch nicht den erwünschten Erfolg; indes erlitt die Zivilbevölkerung durch die weite Streuung der Bomben schwere Verluste. Dies führte zu der Auffassung, die Amerikaner seien blindlings wütende Massenvernichter, während die Engländer durch genaue Zielwürfe die Zivilbevölkerung zu schonen versuchten. Erstaunlich, daß das Eintreten der amerikanischen Luftstreitkräfte in die Luftschlacht über Europa in Deutschland keineswegs großen Eindruck hervorrief. Hier schrieb man weiterhin den Engländern die Zerstörungen in den Städten zu – so tief war das Vorurteil eingewurzelt, die Amerikaner seien keine guten Soldaten. Am 4. Oktober, anläßlich des Erntedankfestes, zog Göring, der einst geschworen hatte, er wolle ›Meier‹ heißen, wenn auch nur eine einzige Bombe über Deutschland niedergehe, alle Register seiner plumpen Ironie: »Nun bin ich der letzte, der die amerikanische Rüstung unterschätzt... Wir wissen, sie haben kolossal viele und schnelle Autos gemacht. Dann gehört noch das Radio zu ihren besonderen Taten und die Rasierklinge... [Doch] vergessen Sie nie: Amerika hat ein Wort ganz groß geschrieben, riesengroß, und dieses Wort heißt ›Bluff‹.«

Die Schlacht auf dem Atlantik

Admiral Dönitz hatte vorausgesehen, daß die Erfolge der deutschen Unterseeboote vor der amerikanischen Küste die Entscheidung nicht herbeiführen konnten. So stellte er seine Taktik wieder um und beschränkte sich auf die alten Operationsgebiete. Die Verluste der Alliierten waren nach wie vor groß, nahmen jedoch mit der Zeit erkennbar ab. Nimmt man alle Erfolge auf sämtlichen Meeren zusammen, so war im Juni 1942 die Versenkung von 138 Schiffen mit insgesamt 622000 Tonnen gelungen. Im Juli hingegen lag die Versenkungszahl nur noch bei 82 Schiffen von insgesamt 406478 Tonnen. Sie verringerte sich in den folgenden Monaten weiterhin und sank infolge der Winterstürme im Dezember auf den niedrigsten Stand seit 1941. Insgesamt wurden während des Jahres 1942 8333258 Tonnen an Handelsschiffen versenkt, ein monatlicher Durchschnitt also von 694438 Tonnen.
In seiner Pariser Kommandozentrale in der Avenue Maréchal-Maunoury versuchte Admiral Dönitz eine Bilanz zu ziehen. Sein Ziel war es, mindestens ebensoviel Schiffsraum zu versenken, wie von den Alliierten gebaut wurde. Sein Nachrichtendienst (B-Dienst) schätzte die gemeinsame Produktion der britischen und amerikanischen Werften auf 8090000 Tonnen im Jahr. Für die Luft- und Seestreitkräfte der Achsenmächte hätte das monatliche Zerstörungserfolge von etwa 700000 Tonnen erfordert.

Dieses Gleichgewicht wurde im Jahre 1942 zum letztenmal erreicht. Der Kampf zur See wurde in aller Härte ausgetragen. Das gemeinschaftliche Operieren der Unterseeboote, die Rudeltaktik, hatte seinen Höhepunkt erreicht. Im Oktober bereits, nach den größten deutschen Erfolgen, verlor der Konvoi SC 107 innerhalb von vier Nächten 15 seiner 39 Schiffe. Nach der Torpedierung der *Laconia*, die mit 1800 italienischen Kriegsgefangenen an Bord unterging, versanken – allein im Oktober – drei große Überseeschiffe von mehr als 20000 Tonnen, nämlich die *Oronsay*, die *Orcades* und die *Duchess of Atholl*. Dennoch war die Erfolgsquote des einzelnen U-Bootes auf ein Zehntel der Zahlen von 1940 gesunken. Dönitz vermochte seine Bilanz nur durch Vermehrung seiner Flotteneinheiten zu halten. Da er nun 260 Unterseeboote besaß, konnte er im Atlantik gleichzeitig 100 Boote operieren lassen.

Doch es mehrten sich unerklärliche Verluste. *U 502* unter Rosenstiel, *U 578* unter Rehwinkel, *U 705* unter Horm, *U 751* unter Bigalk verschwanden – zum Teil im Golf von Biskaya –, als sie von der Feindfahrt zurückkamen und man sie in der Avenue Maunoury bereits außerhalb aller Gefahr wähnte. Die Einsatzberichte anderer Kommandanten vermochten über ihr Ende Aufschluß zu geben: Das U-Boot fährt aufgetaucht während der Nacht, um seine Batterien aufzuladen und Frischluft einzusaugen, um schnell voranzukommen und die Verzögerung während der Tauchfahrt auszugleichen Plötzlich flammen am Himmel Scheinwerfer auf, die das Meer mit Licht überfluten. Im Sturzflug stößt ein Flugzeug auf das U-Boot herab und belegt es mit Bomben...

Bisher war die Nacht ein unentbehrlicher Verbündeter der U-Boot-Fahrer gewesen, die ja von Zeit zu Zeit wie Pottwale an die Oberfläche kommen müssen, um Luft zu schöpfen. Wenn aber die Nacht nicht mehr länger Schutz bot, wenn nun das Radar eine unablässige Verfolgung ermöglichte, dann bedeutete dies ein Ende des U-Boot-Kriegs in der seit 1914 üblichen Form.

Dönitz suchte nach Mitteln, diesem Umstand zu begegnen. Keines aber erwies sich als wirksam genug. Was fehlte, war ein durch eine Sauerstoffturbine angetriebenes Boot, wie es seit Jahren schon von Professor Walter vorgeschlagen wurde, ein Schiff, das den Namen ›Unterseeboot‹ wirklich verdient hätte, da es auch zu langen Feindfahrten unter Wasser befähigt gewesen wäre und sogar noch getaucht eine Geschwindigkeit von 23 Knoten statt 7 oder 8 erreicht hätte. Doch Walter erklärte jetzt, daß es zur Verwirklichung solcher Pläne bereits zu spät sei. Anstelle der Sauerstoffturbine bot er dem Admiral eine relativ einfache Vorrichtung an: ein Rohr mit automatischem Ventil, das über Wasser die für das Funktionieren der Dieselmotoren nötige Luft ansaugt; das hätte im Laufe der weiteren Entwicklung auch einen weitgehenden Verzicht auf die Elektromotoren erlaubt, womit die Notwendigkeit eines häufigen Auftauchens zur Oberfläche entfallen wäre. Der Schnorchel, bereits im Jahre 1897 erstmals praktisch verwendet, machte nun Geschichte. Mit seiner Hilfe versuchten die Deutschen noch einmal, England und Amerika die Seeherrschaft streitig zu machen.

Die Beziehungen zwischen Dönitz und Raeder waren nicht die besten. Der siebenundsechzigjährige Großadmiral war noch in der Tradition der Seekriegsführung über Wasser groß geworden und konnte es nur schwer verwinden, daß er nur über so wenige Großkampfschiffe verfügte. Den Ruhm des U-Boot-Spezialisten Dönitz vertrug er nur schlecht. Zwei- oder dreimal versuchte Dönitz, ihm gegenüber eine selbständige Führungsposition zu erlangen, ein nicht ungefährliches Unterfangen, da Charakter und Uniform des Großadmirals sich bei Hitler eines gewissen Ansehens erfreuten. »Auf dem Lande«, sagte bescheiden der Führer, »bin ich ein Kriegsheld; auf dem Meer bin ich eine Niete.« Der Großadmiral war einer der letzten hohen Offiziere der Wehrmacht, deren Meinungsäußerungen Hitler noch gelten ließ.
Der Fehlschlag der Operation gegen den Geleitzug JW 51 B machte auch mit dieser Ausnahme ein Ende. Es handelte sich hierbei um einen nach Murmansk bestimmten Geleitzug, den die Engländer in den letzten Tagen des Dezembers 1942 im Vertrauen auf die arktische Nacht und die Wetterverhältnisse auf See zu entsenden gewagt hatten. Die Kriegsmarine, die von dem Unternehmen erfahren hatte, entschloß sich zu einem Zerstörungsschlag mit Überwasserschiffen. Der Panzerkreuzer *Lützow*, der schwere Kreuzer *Admiral Hipper* und sechs Begleitzerstörer fuhren inmitten eines Sturmtiefs bis in die Höhe des 73. Breitengrades und griffen am Silvestertag einen aus Korvetten und Zerstörern zusammengesetzten Sicherungsverband an. Doch dieser leistete geschickten Widerstand, der den Kreuzern *Jamaica* und *Sheffield* genug Zeit gab, sich zum Kampfort zu begeben. Die *Hipper* wurde beschädigt, ein Zerstörer versenkt. Der deutsche Admiral Kummetz, der vor sich überlegene Kräfte des Gegners wähnte, befahl den Rückzug. Nur ein einziges Frachtschiff wurde beschädigt. Mit allen seinen Schiffen lief der Geleitzug JW 51 B in Murmansk ein.
Hitler erwartete den Ausgang dieses Seegefechts am Silvestertag in größter Ungeduld. Als er die Nachricht von dem deutschen Mißerfolg erhielt, kam es zu einem Zornesausbruch. Der Führer erklärte, die Großkampfschiffe seien nutzlos geworden, sie müßten ausnahmslos, die leichten Kreuzer eingeschlossen, abgerüstet werden. Diese Entscheidung war durchaus nicht widersinnig, da die Hochseeflotte, allzu schwach, um strategisch noch eine Rolle zu spielen, lediglich Mannschaften gebunden hielt und Material verschlang. Aber der alte Admiral Raeder mochte einem solchen Verdikt nicht zustimmen. Er versuchte einen Widerruf zu erreichen, doch Hitler überschüttete ihn mit Schmähungen, so daß er stotternd um seinen Abschied bat. Gedrängt, zwei hohe Offiziere der Marine zu nennen, die er am geeignetsten als seine Nachfolger halte, nannte er in erster Linie Admiral Carls und in zweiter Linie Admiral Dönitz. Zum großen Verdruß Raeders entschied sich Hitler für Dönitz.

Am 31. August griff Rommel die englischen Stellungen bei El Alamein an. Für seine Entscheidung gab es schwerwiegende Gründe. Er wußte, daß bedeutende gegnerische Verstärkungen nach Ägypten unterwegs waren, vor allem, daß ein Geleitzug von 100000 Tonnen das Kap der Guten Hoffnung passiert hatte und im September zu erwarten war. Das Kräfteverhältnis drohte sich also immer mehr zu seinen Ungunsten zu verschieben. Zwar hatte er eine vierte deutsche Division erhalten, die 164. Leichte Division, dazu zwei italienische Divisionen – die Panzerdivision ›Littorio‹ und die Fallschirmdivision ›Folgore‹ –, doch war er nun entschlossen, nicht mehr länger zu warten. Seiner letzten Chance, Suez zu nehmen, gab er in knappen Worten Ausdruck: »Jetzt oder nie.«

Im August hatte das Afrikakorps nur etwa ein Drittel der erwarteten Nachschublieferungen erhalten. Am Vorabend der Offensive waren seine Vorräte keineswegs ergänzt, ja man begann bereits auf eiserne Bestände zurückzugreifen. Die bei Tobruk erbeuteten Lebensmittel und sonstigen Nachschubgüter waren nahezu verbraucht. Den Männern knurrten die Mägen vor Hunger. Der Fahrzeugpark, der zu 85 Prozent aus englischen und amerikanischen Modellen bestand, wurde bis zum äußersten beansprucht, und die Treibstoffvorräte gingen zur Neige. Rommel hatte damit gerechnet, vor dem 1. September 5000 Tonnen Treibstoff zu erhalten; doch 2600 Tonnen waren auf dem Transport verlorengegangen und 1500 lagerten noch immer in Italien. Die Offensive mußte so bald wie möglich zum Erfolg führen. Man war darauf angewiesen, Alexandria in vier Tagen zu nehmen, um dort die Vorräte zu ergänzen.

Doch schon der Beginn seiner Offensive brachte nur einen halben Erfolg. Rommel sah sich von Minenfeldern aufgehalten, deren Dichte ihn überraschte. Er hatte für den ersten Tag mit einem Geländegewinn von fünfzig Kilometern gerechnet, aber er schaffte nur dreizehn. Zudem wurde er in seinem Vormarsch durch die Luftüberlegenheit des Gegners gebremst. Nicht länger beherrschte allein der Panzer das Schlachtfeld. Erbarmungslos war die Jagd aus der Luft auf ortsfeste wie motorisierte Befehlsstellen. Von den Kommandeuren im Afrikakorps wurden General Georg von Bismarck und sieben Offiziere getötet. General Nehring wurde verwundet. Rommel selbst entkam dem Tod mehrmals nur mit knapper Not.

Bereits am ersten Abend war er sich über den Fehlschlag seines Unternehmens im klaren. Um sich der Höhen von Alam el Halfa zu bemächtigen, hätte er eine Abnutzungsschlacht liefern müssen. Doch dies erlaubten ihm seine Treibstoff- und Munitionsvorräte nicht.

So suchte er drei Tage lang nach der schwächsten Stelle in der Front des Gegners. Am 4. September nahm er schließlich seine Truppen auf ihre Ausgangsstellungen zurück, wobei er der Versuchung widerstand, sich gleich bis zur libyschen Grenze vom Gegner abzusetzen. Montgomery stieß sofort nach und vernichtete die 132. Panzerdivision ›Ariete‹. Bevor er jedoch weitere Operationen unternahm, wollte er das Eintreffen des über den Indischen Ozean heranschwimmenden Nachschubs abwarten. Für eine kurze Atempause herrschte wieder Ruhe vor El Alamein.

In den Dschungeln Burmas

Am Rande des indischen Subkontinents war eine Front entstanden, die im Bewußtsein der Öffentlichkeit zwar keine sehr große Rolle spielte, die aber dennoch von größter Bedeutung war. Die Engländer hatten Burma infolge einer Reihe von Niederlagen verloren, die ganz ähnliche Ursachen hatten wie jene auf der Malaienhalbinsel. Durch Infiltration und Umgehungsmärsche in einem Gelände, das nach den Maßstäben europäischer Militärs als unwegsam gelten mußte, hatte die kleine 15. Armee General Iidas Rangun im Vorstoß genommen, die Versorgungsstraße in das Gebiet Tschiangkaischeks durchbrochen und die Engländer auf Assam zurückgedrängt. In London befürchtete man schon den Vormarsch der siegreichen japanischen Armee auf den in Schrecken verharrenden indischen Subkontinent.
Der Rückzug der japanischen Flotte aus dem Golf von Bengalen, nicht zuletzt auch der schwere Schlag bei Midway, hatten aber Iidas Position geschwächt. Ein Vorstoß nach Indien wäre nur im Zusammenwirken mit Luft- und Seestreitkräften möglich gewesen; nun war daran nicht zu denken. Auch der japanische Nachschub war auf die Seewege angewiesen. Zu diesem Zweck ließ der japanische Generalstab durch Kriegsgefangene eine Eisenbahnlinie bauen, die Burma mit Siam verband. Doch dieser Kampf gegen den Urwald, den viele Europäer mit dem Leben bezahlten, fand und fand kein Ende. Wie Rommel vor den Häfen Ägyptens, so wurde auch Iida vor den Häfen Indiens aufgehalten, da die Kräfte seines Landes erschöpft waren.
Die Lage der Engländer war indes kaum weniger kritisch. Der indische Nationalismus hatte radikale Formen angenommen. Zur Bekräftigung seiner unter der Devise ›Quit India!‹ laufenden Kampagne rief Gandhi zum gewaltlosen Widerstand auf, der die Militärtransporte verzögerte. Zwar wurde er am 9. August verhaftet, aber die Unruhen in Madras, Bihar und den Zentralprovinzen banden dort 57 britische Bataillone. Im mohammedanischen Teil Indiens standen die Dinge nicht viel besser. In Sind unterbrachen Banden die Eisenbahnstrecke nach Lahore. Im Himalaja rief der ›Fakir von Ipi‹ zum Heiligen Krieg auf, so daß man gegen ihn vier Brigaden in Marsch setzen mußte. Die Japaner aber hatten die Gärung in Indien nie in ihre Pläne einbezogen; ihre Strategie orientierte sich nach ganz anderen Gesichtspunkten.
Tatkräftig bereitete unterdessen General Wavell die Verteidigung Assams vor. Im

Inneren lag das Zentrum der Verteidigung bei Imphal, das vom XV. Korps gedeckt wurde. An der Küste bildete Chittagong die Ausgangsbasis für die Operationen des burmanischen Korps. Das Gelände wechselte stark – von den Naga-Bergen mit einer Höhe von 4000 Metern bis zu den sumpfigen Mangrovenwäldern der Küste. Das Klima war äußerst ungesund. Als größte Plage erwiesen sich die Blutegel, sowohl die kleinen schwarzen, die zu Milliarden in den Reisfeldern lebten, als auch die großen grünen und gelben Elefantenblutegel. Ungeheuer schnell sich vermehrende Tausendfüßler, Zecken und Ringwürmer traten in der kurzen Trockenheit an die Stelle der Egel. Von November bis Mai ließ der Monsun das Land unter Sturzbächen von Regen versinken. Gewaltige Erdrutsche rissen häufig die wenigen vorhandenen Wege in die Tiefe. Ein auf Unkenntnis der lokalen Gegebenheiten beruhender Optimismus hatte im britischen Kriegsministerium die Zahl der in Assam eingesetzten Divisionen auf elf begrenzt. Doch sollten noch Monate vergehen, bis nach großen Anstrengungen diese Zahl überhaupt erreicht wurde.

Ohne indes darauf zu warten, versuchte Wavell wieder die Initiative an sich zu bringen, indem er den Japanern das Küstengebiet des Arakan entriß, dessen nördlicher Teil sich vom Bengalischen Golf bis zum Mayu erstreckt. Die Bedingungen, unter denen er kämpfte, waren außerordentlich ungünstig. Allein an einem einzigen Tag, dem 5. November, betrug die Niederschlagsmenge des Monsunregens 300 Millimeter. Die 14. indische Division unter der Führung von W. L. Lloyd kam in der überschwemmten Ebene nur unter großen Mühen voran. Man mußte die von den Japanern gehaltenen Häfen einen nach dem anderen nehmen, dabei gleichzeitig eine Straße anlegen, um den Nachschub zu ermöglichen. Das Jahr 1942 sollte vorübergehen, ohne daß die Engländer ihr Ziel, die Einnahme des Küstenorts Akyab und seines Flugplatzes, erreicht hatten.

In diesem von einer verelendeten Bevölkerung dicht besiedelten Landstrich Asiens nahm der Krieg entsetzliche Formen an. Die kleinste militärische Aktion scheuchte Massen verschreckter Menschen auf, die ziellos flohen und bald schon an Entkräftung oder an Epidemien starben. Gemessen an den Bombenangriffen in Europa, waren die Angriffe in diesem Raum Bagatellen, doch riefen sie unter der Bevölkerung jedesmal entsetzliche Panik hervor. Am 20. Dezember griffen die Japaner mit nur acht Flugzeugen Kalkutta an: Eine halbe Million Menschen machte sich auf die Flucht und ergoß sich in die übervölkerte Provinz Bengalen. Dies war der Beginn jener großen Tragödie, die sich hier im Jahre 1943 abspielen sollte.

Japanische Streitkräfte überqueren einen Paß (oben). Chinesischer Pächter schenkt den Tee ein: Symbol der ›Neuen Ordnung‹ der japanischen Kriegsherren (unten). Die Burmastraße, wichtigster Nachschubweg für die Armeen Tschiang Kai-scheks zwischen Burma und China, kam 1942 unter Kontrolle der Japaner (folgende Seite).

Der Krieg in China

Nachdem die Burmastraße unterbrochen worden war, machte man sich in Washington ernste Sorgen wegen der möglichen Folgen für die Haltung Tschiangkaischeks. Heftige Vorwürfe, die dessen Schwager, der Botschafter T. V. Soong, erhoben hatte, ließen eine Sonderregelung mit Tokio nicht ganz unmöglich erscheinen, wodurch in China gebundene japanische Kräfte für andere Aufgaben frei geworden wären. Heftige Vorwürfe kamen auch aus Tschunking, von der Frau des chinesischen Generalissimus: »Wir haben den Eindruck«, so ließ sich diese einflußreiche Politikerin vernehmen, »als ob die Alliierten sich offenbar nicht klarmachen wollen, daß China ihre Kriegsanstrengungen teilt. Wir müssen eine eindeutige Antwort auf folgende Frage erhalten: Will Amerika eigentlich, daß wir mit Japan Frieden schließen oder nicht?«

Die tatsächlichen Kriegsanstrengungen Chinas rechtfertigten keineswegs einen derart überheblichen Ton. General Magruder, der ehrliche Soldat, der in Tschunking die Pacht- und Leihlieferungen abwickelte, ließ das amerikanische Kriegsministerium wissen, daß der militärische Wert des chinesischen Verbündeten gewaltig überschätzt werde. China rühmte sich einer Armee von 234 Divisionen, doch waren diese in der Mehrzahl nur schlechtbewaffnete Banden ohne alle Disziplin, die von Raub lebten, einzig ihren Kriegsherren gehorchten und sich nie auf Kämpfe mit den Japanern einließen. Unfähigkeit und Korruption herrschten in sämtlichen Zweigen der Verwaltung. Die Feindseligkeiten waren fast völlig eingestellt worden, teils durch stillschweigende Übereinkunft, teils durch zahlreiche örtliche Abmachungen. Die letzte militärische Operation von einiger Bedeutung war der erneute Versuch der Japaner gewesen, sich der Provinzhauptstadt von Hunan, Tschangscha, zu bemächtigen, um zwischen Kanton und Hankau eine Eisenbahnverbindung herzustellen. Nach dem Fehlschlag dieses Unternehmens war die Kampftätigkeit völlig zum Erliegen gekommen.

Den chinafreundlichen Kreisen in Washington erschienen der Verlust von Mandalay und die Unterbrechung der einzigen Bahnstrecke, die Nationalchina noch mit dem Westen verbunden hatte, nichtdestoweniger als eine Katastrophe. Man machte die Engländer, vor allem Feldmarschall Wavell dafür verantwortlich. Einflußreiche Stimmen forderten, Amerika müsse überall in Asien die britische Vormacht ablösen, die sich durch ihren Imperialismus diskreditiert habe. Andere forderten die Wiederherstellung der Verbindungslinie zu Tschiangkaischek, koste es was es wolle. Man prüfte die Möglichkeit eines Ausbaus der alten, über die Oasen der zentralasiatischen Wüstengebiete führenden Seidenstraße, man erwog die Anlage einer neuen Route durch die Gebirge Nordburmas, die zu den am wenigsten erschlossenen und unberührtesten Gebieten der Erde gehörten. Als man aus solchen Luftschlössern wieder zur Wirklichkeit zurückfand, blieb als einzige praktische Möglichkeit eine Luftbrücke über den Himalaja.

Es begann nun eines der großen ›Abenteuer‹ dieses Krieges. Der letzte indische Flugplatz vor der Grenze, der für diese Flüge benutzt werden mußte, war Dinjan im Brahmaputratal, nur wenige Meter über dem Meeresspiegel gelegen. Am Ende des Rollfelds erhob sich ein 3000 Meter hoher Felshang. Von hier ab mußten die Flugzeuge einen schneebedeckten Bergkamm nach dem anderen überfliegen; ein jeder bildete die Grenze zu einem neuen Tal, durch das einer der Ströme Hinterindiens floß: Chindwin, Irawadi, Saluën und Mekong. Was die Piloten mit einem historisch gewordenen Ausdruck als ›the hump‹, den Buckel, bezeichneten, war die Santsingkette, die zwischen den beiden letztgenannten Strömen bis zu 6000 Meter Höhe aufragt. Über diesem Gebiet, von dem keine Karten existierten, herrschten besonders gefährliche Luftströmungen, wirkte der Monsun mit voller Gewalt, ohne daß die Piloten sich auf die Vorwarnungen von Meteorologen hätten verlassen können. Allein nach ihrem fliegerischen Gefühl zogen sie ihre C 47 ›Dakotas‹, ihre C 53 ›Skymaster‹ an den Hängen hoch und suchten im Wolkenmeer nach einem Flugweg über die Pässe. Stets war die Landung voll Gefahren, sowohl in Kunming, das eingezwängt inmitten von Bergen lag, als auch in Tschungking, wo die Nebelschleier des Jangtse Anflug und Landung erschwerten. Verluste, die denen im Kampfeinsatz gleichkamen, waren der hohe Preis für diese Luftbrücke. Die Flieger leisteten Erstaunliches. Hatte im Juli 1942 die monatliche Transportkapazität noch 306 Tonnen betragen, so erreichte sie am Ende des Krieges die Zahl von 71 042 Tonnen – weitaus mehr, als man auf der Burmastraße je befördert hatte.

Die befürchtete Katastrophe trat nicht ein. China blieb weiterhin kriegführende Macht, aber es blieb auch weiterhin die Ursache immer neuer Schwierigkeiten, die zu Auseinandersetzungen führten, in denen sich Intrigen, Ideologie und strategische Forderungen fast ununterscheidbar mischten.

Neuguinea und Guadalcanal

Die Ausnutzung des Sieges, den die Japaner bei Midway zu erringen gehofft hatten, war bereits bis in das kleinste Detail vorausgeplant gewesen. Ihm sollte die Besetzung Neukaledoniens, der Fidschiinseln und Samoas folgen. Von ihm erhoffte man sich einen erneuten Impuls für jene Offensivpläne, die durch die Schlacht im Korallenmeer zunächst fehlgeschlagen waren, darunter Pläne für die Inbesitznahme des östlichen Neuguinea. Dahinter stand als Fernziel die Isolierung Australiens und schließlich dessen Invasion.

Ein kaiserlicher Befehl vom 11. Juli machte jedoch alle operativen Weisungen vom 18. Mai rückgängig. Der Verlust von zwei Dritteln seiner Trägerwaffe erlaubte Japan

nur noch Unternehmungen von begrenztem Ausmaß, den Sprung von Insel zu Insel unter dem Luftschirm am Boden stationierter Flugzeuge. Der Krieg zwischen den Vereinigten Staaten und Japan hatte mit weiträumigen Operationen begonnen, wie sie bis dahin in der Kriegsgeschichte ohne Beispiel waren. In der Folge wurde er zu einer Art Stellungskrieg – gemessen an den riesigen Entfernungen im Pazifik.
Für die Eroberung von Port Moresby planten die Japaner einen Vorstoß quer über die Landzunge am südöstlichen Ende Neuguineas. Von ihrer Ausgangsbasis Rabaul auf der Insel Neu-Britannien operierend, landeten sie bei Buna an der Nordküste der Landzunge.
Port Moresby lag nur 160 Kilometer Luftlinie von Buna entfernt, auf den ersten Blick keine bedeutende Entfernung für eine Streitmacht, die bereits weitaus größere Entfernungen zurückgelegt hatte.
Doch die Kilometer Neuguineas waren noch etwas anderes als selbst die Kilometer der Malaienhalbinsel und Burmas. Zwischen Buna und Port Moresby ragt die Owen Stanley Range zu einer Höhe von 4000 Metern auf. Bergwildnis und tropischer Dschungel wetteifern hier an Unwegsamkeit. Im Urwald ertrinkt man nahezu in den Fluten des Regens; die Vegetation ist undurchdringlich und birgt giftiges Gewächs, gebiert giftiges Getier. Das Gebirge versperrt den Weg mit senkrechten Felswänden oder jäh abfallenden Schluchten, durch welche wilde Sturzbäche dahinschießen; mitten aus schweren Wolken ragen die eisigen Gipfel, auf denen mannshohes Gras wächst, dessen Blätter scharf sind wie Säbelklingen. Der einzige einigermaßen gangbare Weg war der sogenannte Kokoda Trail. Mittels einer Hängebrücke führte er über den tief eingeschnittenen Kumusi und kletterte – kaum mehr als ein Saumpfad – an der Flanke eines 1500 Meter hohen Bergrückens hoch, um schließlich den ›Gap‹, einen Engpaß, zu erreichen, durch den man nur einzeln, Mann für Mann, hindurch konnte. Schließlich führte er wieder bergab nach Port Moresby, mitten hinein in die Hölle des Urwalds durch 16 Kilometer stickigen Halbdunkels, wie am Grunde eines Aquariums.
Die Japaner machten sich auf diesen mühsamen Marsch. Vergebens versuchte eine Handvoll Australier, ihnen den Weg zu verlegen. Die Soldaten Nippons gelangten durch das Hindernis des Gap und erreichten Ende September das Dorf Ioribawaia, etwa 30 Kilometer von Port Moresby entfernt. Doch nun sahen sie kaum noch wie Menschen aus: Sie glichen wandelnden Skeletten. In ihrem Rücken hatten amerikanische Bomber die Hängebrücke über den Kumusi zerstört. Kein Nachschub an Nahrungsmitteln erreichte mehr die Marschierenden. Die ausgezehrten Japaner stürzten sich auf alles, was sie in den Gärten der Eingeborenen finden konnten. Sie verschlangen sogar allerlei unappetitliches Getier, das sie im Dschungel fanden, denn der Hunger war stärker als der Ekel vor dieser elenden Nahrung. Viele aber siechten dahin. Die Überlebenden warf schließlich das Fieber nieder. Der Befehlshaber der 17. Armee, Generalleutnant Hyakatuke, befahl den Rückzug auf Kokoda und schließlich am

9. November auf Buna. Dies war die erste japanische Offensive, die abgebrochen werden mußte.

Bestimmte Überlegungen hatten den Rückzug veranlaßt: Die Schlacht um die Salomonen hatte begonnen. Nicht mehr das östliche Neuguinea war jetzt wichtig, sondern Guadalcanal. Ein Befehl des kaiserlichen Generalstabs stellte alle anderen Offensiven im Südpazifik zurück.

Die Salomonen, in denen sich der Bismarckarchipel fortsetzt, beginnen mit ihrer größten Insel Bougainville, wo die Japaner verschiedene Flotten- und Luftstützpunkte unterhielten. Die Inselgruppe setzt sich in zwei parallelen Inselketten fort, die einem Flottenverband gleichen, dessen Schiffe, nebeneinander in Linie fahrend, südöstlichen Kurs halten.

Die ›Schiffsreihe‹ auf der Backbordseite dieses ›Flottenverbands‹ bilden die Inseln Choiseul, Santa Isabel und Malaita; die ›Schiffsreihe‹ auf der Steuerbordseite besteht aus den Inseln Vella Lavella, New Georgia und Guadalcanal. Die Meeresstraße, welche die beiden Inselreihen trennt, wurde ›the Slot‹ (der Schlitz) genannt. In ihrer Mitte befinden sich die Floridainseln mit Tulagi, dem Zentrum der britischen Besitzungen in der Mitte zwischen Malaita und Guadalcanal. Diese Bruchstücke von Land gleichen sich alle untereinander, und alle gleichen sie wiederum Neuguinea in ihrer Bodengestalt, ihrem Klima, ihrer Vegetation, ihrer Bevölkerung, ihren ungesunden Lebensverhältnissen, ihrer extremen Wildheit.

Nachdem sie sich auf Bougainville festgesetzt hatten, entschieden sich die Japaner auch für die Errichtung von Stützpunkten auf Guadalcanal. Die etwa 160 Kilometer lange Insel war praktisch unerforscht. Zwei oder drei Missionare, einige Koprapflanzer an der Küste – aber niemand hatte es noch gewagt, ins Innere vorzudringen, wo etwa 12000 Eingeborene in ursprünglicher Wildheit lebten. In der Nähe von Kap Lunga fanden die Japaner für die Anlage eines Flugplatzes geeignetes Gelände. Von Rabaul brachten sie Arbeiter heran, die unter dem Schutz einer Abteilung Marineinfanterie den Ausbau der Piste in Angriff nehmen sollten.

Zur gleichen Zeit besetzte eine Kompanie Tulagi, dessen hauptstädtischer Charakter durch einen Golfplatz, einige Läden und durch ein chinesisches Hotel unterstrichen wurde. Doch die Amerikaner waren entschlossen, die Initiative wieder an sich zu reißen. Vier Tage nach der Schlacht von Midway unterbreitete MacArthur den Vereinigten Stabschefs den Plan für eine Großoffensive gegen Rabaul. Man wollte bald zur ersten Phase ihrer Verwirklichung schreiten, zur Rückeroberung von Tulagi und Guadalcanal. Da das Kampfgebiet zum operativen Raum Südpazifik gehörte, stand diese Unternehmung unter dem Oberbefehl des Admirals Nimitz und unter der unmittelbaren Leitung von Admiral Ghormley. Die Truppen für den Erdkampf wurden von der ersten Division der Marineinfanterie gestellt und standen unter dem Kommando von Generalmajor Alexander Archer Vandegrift. Diese Männer, ›Ledernacken‹ ge-

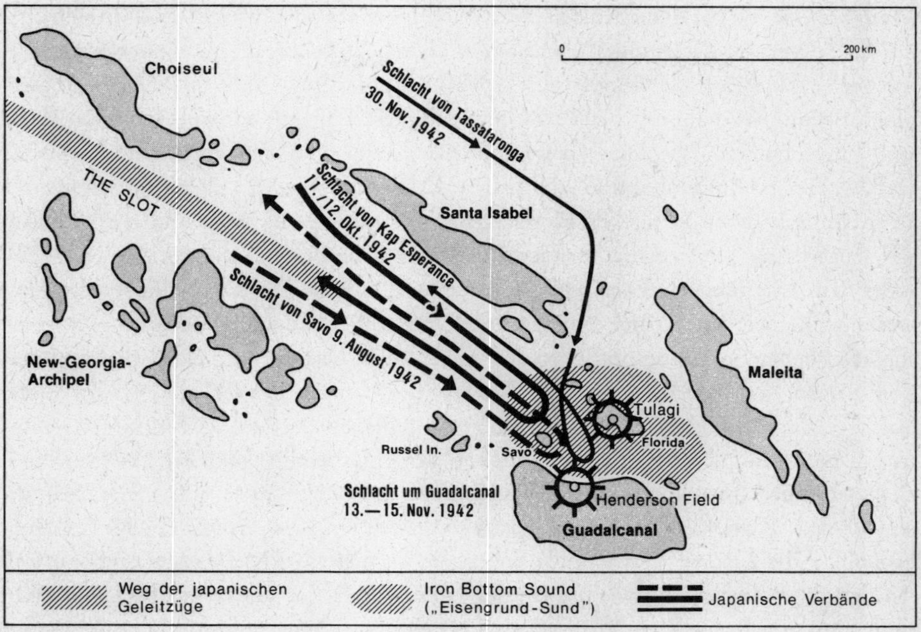

Karte 31 Das Ringen um Guadalcanal (August bis November 1942)

nannt, waren Berufssoldaten, die eine harte körperliche wie psychologische Ausbildung im Marinekorps hinter sich hatten.

Ihre Ausschiffung begann am 7. August. Die japanische Kompanie, die Tulagi besetzt hielt, leistete Widerstand bis zum letzten Mann, aber die 1700 Arbeiter auf Guadalcanal sowie die 430 japanischen Marineinfanteristen, die dort zu ihrem Schutze stationiert waren, zogen sich zurück. Am 9. August hatte Vandegrift den größten Teil der 19000 Männer seiner Division an Land gebracht. In kleinen Gruppen irrten die Japaner durch den Dschungel, durch den Mangel am Nötigsten dem Untergang preisgegeben. Die Episode Guadalcanal schien nun beendet.

Doch in Wahrheit hatte sie erst begonnen. Blitzschnell erfolgte die Reaktion der Japaner. In Rabaul ließ der Oberbefehlshaber der 8. Flotte, Admiral Gunichi Mikawa, alle verfügbaren Truppen auf sechs Transporter einschiffen, denen er selbst an der Spitze von sieben Kreuzern und einem Zerstörer vorausfuhr. Nur zwölf Stunden nach der überraschenden Landung der Amerikaner verließ dieser Flottenverband den Bismarckarchipel und fuhr mit voller Kraft dem noch sorglosen Feind entgegen. Bis man mit ihm Fühlung erhalten sollte, waren noch 500 Seemeilen zurückzulegen.

Doch es gab Späheraugen, die das Meer aufmerksam beobachteten. Die australische Regierung hatte aus Pflanzern und Beamten Freiwillige organisiert, die sogenannten

›*coastwatchers*‹, die vor der japanischen Invasion nicht geflohen waren, sondern sich über die Inseln verteilt hatten und Nachrichten über Feindbewegungen weitergaben. Ein solcher ›*coastwatcher*‹ auf Bougainville gab als erster die Nachricht durch, daß ein japanischer Flottenverband mit hoher Geschwindigkeit Kurs auf Südwest hielt. Da Mikawas Unternehmen also gleich zu Beginn dem Gegner bekanntgeworden war, lief er Gefahr, eine schlimme Lektion zu erhalten. Er war im Begriff, sich auf Seestreitkräfte zu stürzen, die über die großen Flugzeugträger *Enterprise*, *Saratoga* und *Wasp* verfügten. Ein irdener Topf versuchte einen eisernen in Scherben zu schlagen.
Aber den Amerikanern fehlte eine einheitliche Führung. Das Operationsgebiet Südwestpazifik unter MacArthur und das Operationsgebiet Südpazifik unter Nimitz waren scharf voneinander getrennt. Selbst auf Guadalcanal bestand kein einheitliches Oberkommando, das die Bewegungen der Streitkräfte aufeinander abgestimmt hätte. Vandegrift unterstand ohne selbständige Befehlsgewalt der US-Navy; Ghormley war in Nouméa geblieben, so daß Fletcher, der Oberbefehlshaber der Hochseeflotte, allein über das Ausmaß des Risikos zu entscheiden hatte, das er auf sich zu nehmen gewillt war. Zwei Flugzeugträger waren unter seinem Kommando bereits verlorengegangen, die *Lexington* im Korallenmeer, die *Yorktown* bei Midway, und er war sich mit seinem hohen Verantwortungsgefühl des Wertes der unter seinem Oberbefehl stehenden Schiffe vielleicht allzu skrupulös bewußt. Am 9. August, acht Uhr abends – Mikawa war noch 150 Seemeilen entfernt –, entschied Fletcher sich plötzlich, den Geleitzug zurückzuschicken. Er selbst fuhr mit den Kreuzern weiter.
Die Nacht brach herein. Von einem japanischen Flugzeug in Brand gesetzt, war der Transporter *George F. Elliott* ein einziges Flammenbündel. Den Feuerschutz für die Ausschiffungsoperation hatte man einem kleinen Kreuzerverband unter dem Kommando des Admirals Turner überlassen. Dieser ließ seine Einheiten an verschiedenen Punkten vor der Insel Savo in Position gehen, die wie eine kegelförmige Boje in der schmalen Meeresstraße liegt, welche Guadalcanal und Tulagi trennt. Die *Vincennes*, die *Astoria* und die *Quincy* befanden sich steuerbord, die *Chicago* und der australische Kreuzer *Canberra* backbord. Hinter ihnen waren die noch nicht völlig entladenen Truppentransporter dicht an der Küste vor Anker gegangen. Für Vandegrifts Marineinfanteristen hatte eine zweite Nacht schweißtreibender Schwüle, durchsummt von Moskitos, begonnen.
In Nacht und Regen näherte sich unbemerkt Mikawas Flotte. Dem Kreuzer *Chokai*, seinem Flaggschiff, folgend, lief der Flottenverband in die Meeresstraße südlich der Insel ein, wo die brennende *George F. Elliott* die Silhouetten der amerikanischen Schiffe deutlich hervortreten ließ. Um 0 Uhr 43 erhellten die japanischen Leuchtbomben die Szene. Die Torpedos überraschten einen schlafenden Gegner. Die *Canberra* erhielt bereits vernichtende Treffer, als noch ihre Alarmsirenen liefen. Der *Chicago* wurde der Bug vom Schiffsrumpf gerissen. Mit voller Kraft umliefen Mikawas Schiffe

nun die Insel, und genau fünf Minuten später stießen sie in der nördlichen Meeresstraße auf den dort ankernden amerikanischen Verband. Die *Astoria* flog in die Luft, die *Quincy* legte sich getroffen auf die Seite, die *Vincennes* versank mit aufgerissener Bordwand wie ein Stein. In einer Viertelstunde – es war eine der kürzesten Seeschlachten aller Zeiten – waren vier große Kreuzer vernichtet, ein fünfter außer Gefecht. 1091 Seeleute der Alliierten fanden den Tod. Auf japanischer Seite waren nur 58 Gefallene zu beklagen.

Doch Mikawa entging ein noch größerer Sieg. Die Angst vor den Flugzeugträgern – er wußte nicht, daß sie sich fern vom Schauplatz des Gefechts befanden – bestimmte ihn zu schneller Weiterfahrt; so wartete er nicht die Morgendämmerung ab, um auch noch die Transporter zu zerstören. Bereits um 2 Uhr 30 lief er mit dreißig Knoten durch den ›Slot‹ Kurs heimwärts. Ein Handstreich war ihm gelungen, ein großer Sieg jedoch versagt geblieben. Die sechs Transporter aber, die japanische Truppen für die Eroberung von Guadalcanal hätten heranführen sollen, waren umgekehrt, nachdem der größte von ihnen, die *Mayo Maru*, bei einem fast zufälligen Zusammentreffen mit dem amerikanischen Unterseeboot *S-38* versenkt worden war. So lief der ganze japanische Verband wieder nach Rabaul zurück – mit Ausnahme des Kreuzers *Kako*, dessen Begegnung mit dem amerikanischen Unterseeboot *S-44* während der Rückfahrt tödlich verlief. Die US-Navy mußte sich mit einer empfindlichen Niederlage abfinden, doch ihre Marineinfanterie blieb weiterhin auf Guadalcanal.

Deren Situation war nicht gerade beneidenswert. Wenige Stunden nach dem Desaster vor Savo hatte Turner die Transporter zu einem Verband zusammengefaßt und war mit ihnen und den restlichen Kriegsschiffen nun seinerseits in Richtung Südwesten verschwunden. Die Meeresstraße zwischen den Florida-Inseln und Guadalcanal, die am Vortage noch reger Schiffsverkehr belebt hatte, war nun wie ausgestorben. Das Gefühl, verlassen zu sein, schlich sich in die Herzen der Soldaten und fand vor den armseligen Lagerfeuern seinen Ausdruck in deftigen Flüchen auf die Marine und zynischen Bemerkungen über die ›Abschreibung‹ der Marineinfanterie. Nur die Hälfte der Munition und ein geringer Teil der Artillerie waren an Land gebracht worden. Aus den vorhandenen Lebensmittelvorräten ließen sich nur dadurch für dreißig Tage Rationen gewinnen, daß man eine der drei täglichen Mahlzeiten ausfallen ließ und auf die wenig geschätzten japanischen Nahrungsmittel wie Reis und getrockneten Fisch zurückgriff. In allen Gesprächen verglich man die Lage immer wieder mit jener verzweifelten Situation, in der sich acht Monate zuvor die Streitkräfte MacArthurs auf den Philippinen befunden hatten, und stets fiel das gleiche Wort: Bataan. Auch jetzt war man von den Schiffen abgeschnitten, und es schien keine andere Wahl mehr zu geben als die zwischen Tod und Kapitulation.

Doch eine Hoffnung zeichnete sich ab durch den Ausbau des halbfertigen Flugplatzes bei Kap Lunga. Man benannte ihn nach Major Lofton Henderson von der Marine-

luftwaffe, der sich während der Midwayschlacht mit seiner alten ›Vindicator‹ auf die *Hiryu* gestürzt haben soll. Doch der Zustand dieses lebenswichtigen Flugplatzes war keineswegs ermutigend. Das nur unzureichend applanierte Rechteck des Pistengeländes bestand noch aus einem einzigen Sumpf. Alles, was den Amerikanern für die Planierungsarbeiten zur Verfügung stand, war ein Bulldozer. Sie hätten kaum wieder an die Arbeit gehen können, wenn nicht die Japaner bei ihrer übereilten Flucht eine altmodische Planierungswalze zurückgelassen hätten, die im Kampf um den Pazifik nun eine wichtigere Rolle spielte als das stolzeste Schlachtschiff.
Zum Glück hatte man vier Neunziger-Geschütze an Land gebracht. Sie befanden sich jetzt rings um das Henderson Field in Stellung und zwangen die feindlichen Bomber, sich außerhalb der Reichweite ihrer Rohre in 7000 Meter Entfernung zu halten. Doch die Baustelle wurde auch so noch täglich von Bomben und Granaten getroffen. Immer wieder mußte man von neuem die Trichter auffüllen und nivellieren, mußte man Erde in Körben fortschaffen, eine Sisyphusarbeit unter Sturzregen oder sengender Sonne. Um dieses Henderson Field tobte während eines halben Jahres die Schlacht von Guadalcanal. Alle erdenklichen Kampfhandlungen zu Lande, zur See und in der Luft wurden hier mit Erbitterung ausgetragen, wüteten auf der Insel, über ihr, ringsherum. Die Geschichte der Kämpfe zwischen Menschen kennt genug Beispiele blutiger Schlachten um irgendwelche Ortschaften, um irgendein Austerlitz oder Douaumont, Namen, die plötzlich aus der Anonymität auftauchen und bald wieder in ihre alte Unbedeutendheit zurückfallen, sobald das letzte Opfer begraben ist. Doch noch viel unbedeutender und unbekannter waren jene wenigen Quadratmeter von Henderson Field, ein Stück dahinfaulender Erde auf einer Insel voller Schrecken, die heute schon lange wieder der Wildnis anheimgefallen ist.
Ein Glück war es für die Amerikaner, daß die Japaner die Stärke ihres Gegners unterschätzten, da sie sich nur 2000 Mann gegenüber glaubten, keineswegs aber einer ganzen Division Marineinfanterie, der Elite des amerikanischen Heeres. Nachdem sie auf eine Ausnutzung ihres Seesiegs bei der Insel Savo verzichtet hatten, betrieben sie die Eroberung Guadalcanals nur schrittweise und mit ungenügenden Kräften.
Den ersten Versuch sollte eine Einheit unternehmen, die bereits zuvor nicht sehr glücklich gekämpft hatte, das 28. Infanterieregiment unter Oberst Kiyonao Ichiki, das bei Midway am 5. Juni hatte an Land gehen sollen. General Hyakatuke gab dem Regimentskommandeur zu verstehen, daß ihm hier eine Gelegenheit geboten werde, die Scharte jenes unglücklichen Tages wieder auszuwetzen. Sechs Zerstörer setzten im Schutze der Nacht das erste Bataillon des Regiments, etwa tausend Mann, an Land, und die Soldaten nahmen sofort Verbindung zu den auf der Insel versprengten Japanern auf, von denen sie ermutigende Nachrichten erfuhren. Die amerikanischen Soldaten schienen nicht allzuviel Unternehmungsgeist zu besitzen. Sie hatten sich zwischen den Flüssen Lunga und Tenaru eingegraben, und die einzige Patrouille, die

sich aus dieser Stellung herausgewagt hatte, um die Japaner zur Kapitulation aufzufordern, war bis auf den letzten Mann vernichtet worden. Ichiki kam zu der Überzeugung, daß er einen derartig mutlosen Gegner durch einen rücksichtslosen Überraschungsangriff überwältigen könnte. So setzte er den Überfall auf den 21. August fest; sein Ziel war der Küstenstreifen von Tenaru.
Doch ein Eingeborenenspäher hatte das Herannahen des japanischen Regiments verraten. Auch fand man einige in einem Hinterhalt getötete japanische Soldaten allzu wohlgenährt, als daß sie zu den hier schon länger anwesenden Truppen hätten gehören können. So stieß der Angriff auf die wohlvorbereiteten Amerikaner, die den Sumpf des Deltas bald mit den Leichen ihrer Feinde übersät sahen. Das erste Bataillon des 1. Marineinfanterieregiments unter Oberstleutnant Cresswell ging zum Gegenangriff über und schloß die Angreifer in einem Kokoswald ein. Zum ersten Mal fanden sich die Japaner hier einem Gegner gegenüber, der ihnen an Kampfeswillen und Angriffsgeist noch eine Lektion zu erteilen vermochte. Die leichten amerikanischen Panzer fuhren gegen die biegsamen Stämme der Kokospalmen, bis aus deren Kronen Heckenschützen und verschreckte Eingeborene zur Erde stürzten. Die Japaner, die sich im Meer zu retten versuchten, gerieten mitten in der Brandung ins feindliche Feuer. Nur fünfzehn ergaben sich, achthundert fielen. Oberst Ichiki machte seinem Unglück durch Selbstmord ein Ende.
Zwei Tage vor diesem Sieg hatte Henderson Field seinen ersten Verband von Jägern und Sturzkampfbombern erhalten. Eine Flottille alter, in Truppentransporter umgewandelter Zerstörer hatte wieder die Verbindung nach Guadalcanal hergestellt. Ein Bataillon »CBs« (›Seabees‹ – Seebienen genannte Freiwillige für Erdarbeiten) trug das Seine zum Kampf bei, indem es unermüdlich das Rollfeld ausbesserte, das immer wieder durch starke Beanspruchung und Bomben unbrauchbar zu werden drohte. Zwar blieb hier das Leben noch hart genug, ein Leben in überschwemmten Lagern, unter Schwärmen von Insekten, bei eintöniger und ungenügender Ernährung, doch immerhin: Das Gefühl der Verlorenheit, welches während der ersten Tage vorgeherrscht hatte, war vorbei. Aber auch die Japaner formierten sich erneut zum Kampf. Auf Esperance, am Nordende der Insel, bauten sie ihren Stützpunkt aus, zu dessen Versorgung sie ein nächtliches Kommen und Gehen ihrer Zerstörer organisierten, das von den Amerikanern als ›Tokyo Express‹ bezeichnet wurde. Schließlich entschlossen sie sich dazu, am hellichten Tag auf der Insel Truppen in Stärke von 1500 Mann zu landen, wobei sie zur Deckung dieser geringfügigen Landungsoperation eine gewaltige Flottenmacht aufboten, deren Operationen Großadmiral Yamamoto in seiner Eigenschaft als Oberbefehlshaber der japanischen Kriegsmarine persönlich befehligte. Es handelte sich um einen Kreuzer, acht Zerstörer, sowie als Fernsicherung unter Admiral Kondo der Trägerverband *Shokaku*, *Zuikaku* und *Ryujo* und ein Schlachtschiffgeschwader *Yamato*, *Mutsu*, *Hiei* und *Kirishima*. Eine ganze Flotte, nur für ein einziges Bataillon! Die Ameri-

kaner hatten von diesen Vorbereitungen erfahren und eine vergleichbare Streitmacht versammelt: die Flugzeugträger *Enterprise*, *Saratoga*, *Wasp*, das werftneue Schlachtschiff *North Carolina*, sieben Kreuzer und 18 Zerstörer. Die Schlacht, als ›Seeschlacht bei den östlichen Salomonen‹ in die Seekriegsgeschichte eingegangen, spielte sich am 24. August ab und erinnert in manchem an die Schlacht von Midway, ohne ihr jedoch zu gleichen. Kein einziges Schiffsgeschütz wurde abgefeuert. Die japanischen Trägerflugzeuge beschädigten die *Enterprise* schwer, die amerikanischen wiederum versenkten die *Ryujo*. Als Yamamoto feststellte, daß er sich nicht im Besitze der absoluten Überlegenheit zur See befand, sah er von einer Ausschiffung der Truppen ab. Das Bataillon kehrte nach Rabaul zurück, die Flotte hatte sich vergebens geschlagen.
Der September sah einen neuen Versuch. Jene Verstärkungen, die Yamamoto mit einem so großen Aufwand an Seestreitkräften hatte anlanden wollen, wurden nun mit dem ›Tokyo Express‹ herangeschafft. Anstelle des unglücklichen Ichiki befehligte nun der schnauzbärtige General Kawaguchi, der den Schwur ablegte, Guadalcanal noch vor dem 10. Oktober von allen Amerikanern freizukämpfen. Er ließ eine Straße durch den Dschungel anlegen und richtete nur 3000 Meter von Henderson Field entfernt seinerseits einen Stützpunkt ein. Der Henderson Field beherrschende Geländepunkt war eine Höhe, die aus dem Urwald aufragte und die in den offiziellen Berichten nach ihrem Verteidiger ›Edson's Ridge‹ genannt wird, bei den Soldaten aber einfach nur ›Bloody Ridge‹ hieß. Am 12. September hatten die dort liegenden Amerikaner den unter lautem Kriegsgeschrei vorgetragenen Angriff der Japaner abzuwehren. Die harten Berufssoldaten des Marinekorps waren ebenbürtige, ja überlegene Gegner für die Soldaten des Inselreichs, die bei einem Zahlenverhältnis eins gegen fünf die Engländer wie totes Laub von der malaiischen Halbinsel heruntergefegt hatten. Sie verteidigten jeden Fußbreit Boden dieses Hügels und zwangen Kawaguchi zum Abbruch der Schlacht und zum Rückzug in den Dschungel. Hatte dieser schon durch den Angriff auf den Bloody Ridge 600 Gefallene zu beklagen, so kostete ihn der Rückzug durch die grüne Hölle des Urwalds noch einmal das Doppelte.
Die nun folgenden Tage standen für die Amerikaner im glücklichen Zeichen ihres Sieges. Nun beherrschten sie wieder Meer und Himmel. Zwar hatten sie das Unglück, den Flugzeugträger *Wasp* zu verlieren, der aus der anderen Welthälfte kam, wo er bei der Rettung Maltas sich verdient gemacht hatte – die Torpedos zweier Unterseeboote beschädigten den Träger so schwer, daß er von einem amerikanischen Zerstörer versenkt werden mußte –, doch sie gewannen die Schlacht um das Kap Esperance, während der sie die schweren Kreuzer *Furutaka* und *Hatsuyuki* zu all den anderen zahlreichen Schiffen auf den Grund schickten, die bereits den Boden dieser Meeresstraße bedeckten, die von den Amerikanern ›Iron Bottom Sound‹, also ›Eisengrund-Sund‹, genannt wurde. An Land ermöglichte die erste Verstärkung der Armee, das 164. Infanterieregiment, dem General Vandegrift eine Offensive, in deren Verlauf ihm eine Vorschiebung sei-

ner Linien bis zum Matanikau gelang. Bei der Führung setzte sich der Eindruck durch, daß man die Kämpfe um Guadalcanal nunmehr siegreich bestanden habe.
Doch die japanische Ehre stand hier auf dem Spiel. Diese Insel Guadalcanal, fast nur ein einziges Sumpfgebiet und von zweifelhaftem strategischem Wert, wurde nun zum Gegenstand einer bewußten Kraftprobe. Zwischen dem Heer und der Marine des Tenno kam es zu einer Abmachung, nach der man Guadalcanal als Hauptkriegsschauplatz im Pazifik betrachten wolle und Henderson Field als dessen Schlüsselstellung.
In nächtlichen Transporten von jeweils 900 Mann wurde die 2. Sendai-Division unter General Maruyama durch den ›Tokyo Express‹ nach Guadalcanal gebracht, dazu 3000 Marineinfanteristen, auch bei den Japanern eine Elitetruppe. Schließlich belief sich die Stärke der japanischen Truppen auf 30000 Mann. Der Angriffsbeginn war auf den 18. Oktober festgesetzt worden. Die dazu bestimmten Einheiten sollten Henderson Field am 21. Oktober genommen haben. In der Nacht vom 11. zum 12. Oktober begann man mit den Vorbereitungen. Die Schlachtschiffe *Kongo* und *Hiruna* überschütteten Henderson Field mit 918 Granaten des Kalibers 36, darunter 293 Brisanzgranaten mit dünnem Geschoßmantel. Die Auswirkungen waren verheerend. Die Kokospalmen zersplitterten zu Kleinholz. Von den Flugzeugschuppen blieb nur noch Staub. Die Treibstofftanks standen in Flammen. Flugzeuge wie Menschen wurden zerrissen. Als die Schlachtschiffe ihre Granaten verschossen hatten, wurden sie von den Kreuzern mit ihren 20-cm-Granaten abgelöst. Doch überraschenderweise hatte die ganze Beschießung nur 41 Tote gekostet, und von 90 Flugzeugen befanden sich noch 42 in einsatzfähigem Zustand. Die bewundernswerten ›Seabees‹ setzten die Landebahnen in erstaunlich kurzer Zeit wieder instand. Verstreut in den umliegenden Pflanzungen fand man einige hundert Treibstoffässer, und vom 12. Oktober an flogen von Henderson Field bereits wieder Maschinen in den Einsatz und versenkten zwei Transporter. Obwohl sie durch Mangel an Schlaf erschöpft waren, faßten die Marineinfanteristen wieder Mut und erwarteten in guter Haltung den unmittelbar bevorstehenden Angriff.

Der Angriffsplan der Japaner sah zwei Abteilungen vor. Die eine, bestehend aus fünf Bataillonen unter dem General der Artillerie Sumiyoshi, sollte mit Panzern über den Unterlauf des Matanikau ihren Angriff vortragen. Die andere, unter Oberst Oka, sollte den Fluß weiter oberhalb auf einer Behelfsbrücke aus Kokospalmstämmen überschreiten, die als ›Nippon Bridge‹ bekannt wurde. Den Hauptangriff aber wollte General Maruyama an der Spitze von etwa zehn Bataillonen selbst führen; er folgte im wesentlichen einer Erweiterung des alten Planes, der im Vormonat gescheitert war. Der linke Flügel sollte einen direkten Stoß gegen den Bloody Ridge führen, um dort feindliche Kräfte zu binden, während der rechte Flügel den Hügel umgehen sollte, um Henderson Field zu nehmen. Er wurde von General Kawaguchi befehligt, der, anders als der verzweifelte Oberst Ichiki, eine Revanche dem Harakiri vorzog. ›Sie können‹, so hieß es

in seinen Instruktionen, ›die Übergabe des Feindes annehmen, doch unter der Bedingung, daß General Vandegrift sie in Person anbietet und dabei neben ihm eine amerikanische und eine weiße Fahne getragen wird...‹ Auf den Inseln der Kannibalen des Pazifik wollten die Japaner das Zeremoniell der Übergabe von Singapur wiederholen.
Doch um zuerst eine Absprungbasis zu schaffen, war es notwendig, mitten durch den Urwald von Guadalcanal eine Straße für 10000 Mann und 800 Tonnen Material zu bauen. Die Pionierkompanie des Hauptmanns Oda machte sich ans Werk, und um ihr noch zusätzlich einen Ansporn zu geben, erlaubte es der Divisionskommandeur, dem Weg den Namen Maruyama-Straße zu geben. Einige Bulldozer freilich hätten hier mehr geholfen.
Die Straße führte durch undurchdringliche Urwälder voll Feuchtigkeit, durch eine nahezu kompakte Masse von Pflanzen, wo sich mannsdicke Lianen um Riesenbäume schlangen, deren Holz hart wie Eisen war. Die Japaner verfügten über keine anderen Geräte als die, die sie mit sich führten. Als die Pioniere Hauptmann Odas den Abhang des Mount Austen erreicht hatten, gerieten sie in ein Labyrinth von Felsrippen und Schluchten, die von der Vegetation halb verborgen waren. Die Straße, die sie hier zu bauen vermochten, war nicht viel mehr als ein Pfad für Patrouillen. Es hätte noch Wochen harter Arbeit bedurft, um den Weg für eine Armee zu schaffen.
Die Marine wurde langsam ungeduldig. Sie erklärte, daß sie ihre Schiffe nicht unbegrenzt lange auf dem Meer lassen könne. Als die Armee wissen ließ, daß sie für einen Angriff am 18. Oktober nicht bereit sei, antwortete die Marine mit Vorwürfen. Als aber Maruyama erklärte, daß auch der Dreiundzwanzigste ihm noch zu früh scheine, drohte man dort mit einem Rücktritt von den getroffenen Vereinbarungen und der Aufgabe des Unternehmens. Hyakatuke verlor die Nerven. Er befahl Maruyama anzugreifen, unter welchen Umständen auch immer, und ließ die Operationen am Matanikau ihren Lauf nehmen. Der Fehlschlag war total. Bei dem Versuch, den Fluß über das Schwemmland an seiner Mündung zu überschreiten, wurden die japanischen Panzer hintereinander abgeschossen, die aufgesessenen Mannschaften hingemäht. So hart die Ledernacken auch waren, so wurde ihnen doch übel beim Anblick der Krokodile des Matanikau, die auf den Sandbänken zwischen den Leichen gefallener Japaner herumkrochen. Als die Abteilung des Obersten Oka die ›Nippon Bridge‹ überschritten hatte, blieb sie im Urwald stecken und kam nicht zur Ausführung jener umfassenden Bewegung, die ihr vorgeschrieben worden war. Man schob ihrem Kommandeur die Schuld am Fehlschlag des Unternehmens zu.
Während dieser furchtbaren Geschehnisse erlebte die Division Maruyamas ein wahres Martyrium. In Einerkolonne arbeitete sie sich durch das Halbdunkel des Dschungels, suchte stolpernd ihren Weg über Wurzeln und schmieriges Erdreich. Die Männer waren wie Lasttiere beladen, jeder Infanterist schleppte außer seiner persönlichen Ausrüstung nebst sonstigen Waffen und Geräten auch noch je eine Granate. Die Artillerie wurde

mit bloßen Händen gezogen. Als man an die Hänge des Mount Austen kam, sah man sich genötigt, die Geschütze mittels Seilwinden hochzuziehen, doch die Mühe stand in keinem Verhältnis zur menschlichen Leistungsfähigkeit, so daß man schließlich die Geschütze zurückließ. Als die Truppe unter der Flut eines tropischen Sturzregens auf dem Kampffeld erschien, war sie völlig entkräftet. Außerdem kam ihr Eingreifen nicht einmal mehr überraschend. Der Urwald hatte sie nicht nur erschöpft, er hatte sie auch verraten. Vom Abhang des Mount Austen aus hatten die Amerikaner den endlosen Heerwurm der Japaner bereits gesehen, der unter ihnen seine menschlichen Schuppenringe zusammenzog und dehnte. Sie warteten, sie waren bereit.

Der erste japanische Angriff war auf die Nacht vom 23. auf den 24. Oktober festgesetzt worden, Punkt 0 Uhr 30. Durch die undurchdringliche Finsternis rauschte der Regen. Nur ein einziges Regiment, das 29., trat zum Angriff an. Drei andere verfehlten in der Finsternis den richtigen Weg. ›Der Dschungel und die Nacht‹, so hieß es in den japanischen Instruktionen, ›sind unsere Verbündeten gegen die verweichlichten und schwächlichen Weißen...‹ Dieses Bündnis, das auf der malaiischen Halbinsel so gut funktioniert hatte, erwies sich nun auf Guadalcanal als nichtig. Um sieben Uhr früh war es nur einigen schwachen Feindkräften gelungen, in die Verteidigungsstellungen der Amerikaner einzudringen. Sie wurden ohne Erbarmen aufgerieben.

Die Nacht vom Sechsundzwanzigsten auf den Siebenundzwanzigsten sah eine Wiederholung des Geschehens der Vornacht. Der japanische Angriff, der ohne Zusammenhang nur an einzelnen Stellen erfolgte, wurde zusammengeschossen, ohne daß die Amerikaner nennenswerte Verluste zu beklagen gehabt hätten. Den Japanern blieb nichts anderes übrig, als sich auf ihrem schmalen Pfad zurückzuziehen. In Eile begruben die Marineinfanteristen die Leichen ihrer Gegner; es waren 2500. Doch nie hat man gezählt, wie viele Tote einer Natur überlassen blieben, in der ein Leichnam in der Zeit zwischen Morgen und Abend zerfällt.

Doch da elektrisierte eine Siegesnachricht die japanische Streitmacht. Sie war um 1 Uhr 26 vom Verbindungsoffizier der Marine durchgegeben worden und lautete: ›Banzai! Flugplatz genommen.‹ Bei Tagesanbruch schickte der Admiral etwa fünfzehn Flugzeuge, die über Henderson Field ihre Kokarden zeigten und auf Landeerlaubnis warteten. Doch zum großen Erschrecken der Piloten in den kreisenden Transportflugzeugen stiegen von dem in japanischer Hand geglaubten Flugplatz plötzlich acht amerikanische Jäger auf und schossen einen der Ankömmlinge nach dem anderen ab.

Auf See spielte sich unterdessen die vierte Schlacht um Guadalcanal ab, diesmal bei den Santa Cruz Islands, einer Inselgruppe, auf der sich der Landkrieg wegen der dort herrschenden Malaria verbot. Die gegnerischen Flotten schlugen sich erbittert. Die Amerikaner schossen 100 Flugzeuge ab, setzten die *Shikaku*, die *Zuiho* und die *Chikuma* außer Gefecht, mußten selber aber die brennende *Hornet* ihrem Schicksal überlassen, nachdem sie einen verzweifelten Kampf gegen die Flammen geführt hatten. Es war dies ihr

siebenter großer Flugzeugträger, den sie innerhalb von zehn Monaten im Pazifik verloren.
Aber nicht sosehr auf den Schlachtfeldern zu Lande und zur See wurde über das Schicksal Guadalcanals entschieden, sondern vielmehr in den Generalstäben beider Gegner. Denn auf beiden Seiten bestand gute Lust, diese Insel, die nur Menschen und Material verschlang, aufzugeben. Vandegrift ersuchte seinen Vorgesetzten in Nouméa, Admiral Halsey, der Ghormley ersetzt hatte, um die Erlaubnis zur Wiedereinschiffung der Truppen, falls nicht durch ausreichende Verstärkungen ein Sieg zu garantieren sei.
Bald darauf befaßte man sich auch in Washington mit dem Problem. Dort waren die Vorbereitungen für eine Invasion Nordafrikas in vollem Gange. Es gab nicht wenige Generalstäbler, die entschieden die Ansicht vertraten, man müsse im Pazifik an einer defensiven Strategie festhalten, weshalb es ein Fehler wäre, auf Guadalcanal noch weitere Kräfte zu binden. Doch Roosevelt gab zu bedenken, die Insel habe eine symbolische Bedeutung erlangt, ihre Aufgabe müsse als moralischer Schock wirken. Am 24. Oktober schnitt ein Memorandum aus seiner Hand jede weitere Diskussion ab: ›Es muß alles Notwendige getan werden, um Guadalcanal zu halten, selbst wenn dies eine Verzögerung in der Durchführung unserer anderen Verpflichtungen mit sich brächte.‹

Die Entscheidung des Präsidenten zeitigte sofortige Folgen. Admiral King, der seine Auffassung über die Vordringlichkeit des pazifischen Kriegsschauplatzes stets energisch vertreten hatte, entsandte umgehend einen starken Flottenverband, der aus einem Schlachtschiff, sechs Kreuzern und weiteren Einheiten bestand, in den Stillen Ozean. Von den Landstreitkräften wurde die erste Marineinfanteriedivision nach Australien zurückgebracht und durch die zweite Marineinfanteriedivision ersetzt, zu der noch zwei Divisionen der Armee kamen. Auf der Insel errichtete man nun einen zweiten Stützpunkt, dessen Versorgung weit besser organisiert wurde und dessen Unterkünfte den hygienischen Anforderungen entsprachen. Die Improvisation der ersten Wochen wich normalem Dienstbetrieb. »Guadalcanal«, sagten die Veteranen, »ist nicht mehr Guadalcanal.«
Die Japaner hatten sich ähnlichen Versuchungen ausgesetzt gesehen wie die Amerikaner und waren zu ähnlichen Ergebnissen gekommen. Man beschloß, die 38. und die 230. Division sowie Artillerie und Generalstab der 17. Armee nach Guadalcanal zu verlegen. Nun sollte im November glücken, was im Oktober nicht geschafft worden war: die Zerstörung von Henderson Field und die Verwirklichung des alten Traumes von der weißen Fahne neben dem Sternenbanner.
Um dies zu erreichen, beabsichtigten die Japaner auf einen Schlag 13000 Mann durch schnelle Transporter an Land zu bringen, und zwar unter dem Schutz ihrer ganzen Flotte – mit Ausnahme der *Zuikaku*, die zwar unbeschädigt geblieben war, aber alle

ihre Flugzeuge in der Schlacht von Santa Cruz verloren hatte. Wie schon im Oktober, so eröffneten auch jetzt wieder zwei Schlachtschiffe, die *Hiei* und die *Kirishima*, die Operation mit einer Beschießung von Henderson Field. Und damit begann die fünfte und wichtigste der Seeschlachten in den Gewässern um Guadalcanal – jene Schlacht, die nach dieser Insel genannt wird.

Am 13. November, einem Freitag, liefen die dreizehn Einheiten eines aus Zerstörern und Kreuzern bestehenden amerikanischen Flottenverbandes in Kiellinie an der Insel vorbei. Bei den Schiffen befanden sich zwei Admirale, Scott und Callaghan, wobei dieser als der ältere das Kommando führte. Schwarz brach die Nacht herein, gelegentlich von Leuchtkugeln erhellt. Im selben Gebiet befanden sich zur gleichen Zeit, doch in entgegengesetzter Richtung fahrend, die *Hiei* und die *Kirishina*, geleitet von 15 Zerstörern. Sie waren im Begriff, zwischen Savo und Guadalcanal ihre Geschütze auf Henderson Field zu richten. Rechnet man die Geschwindigkeit beider Verbände zusammen, von denen ein jeder nichts vom Herannahen des Gegners wußte, so glitten sie im Hundertkilometertempo im Dunkeln aufeinander zu. Die Amerikaner waren mit Radar ausgerüstet, die Japaner nicht. Um 1 Uhr 34 entdeckte man auf dem Kreuzer *Atlanta* den Feind. Doch die Übermittlung funktionierte schlecht. Das Radar hatte die Mariner der alten Schule noch nicht so recht zu überzeugen vermocht. Callaghan zögerte also, den Befehl zur Feuereröffnung zu erteilen. Dieser Befehl war denn auch noch nicht gegeben, als um 1 Uhr 42 die Wachen auf dem japanischen Zerstörer *Akatushi* backbord die hohen Aufbauten eines Kreuzers ausmachten. Sofort durch Lichtsignale informiert, ließ Admiral Abe die Scheinwerfer aufblenden und das Feuer eröffnen.

Das nun folgende Gefecht hat auch später nicht mehr rekonstruiert werden können. Die Linie der Schiffe Callaghans brach bereits bei der ersten Salve auseinander. Die japanische und die amerikanische Formation schoben sich ineinander. Von den Schiffen feuerte man aufs Geratewohl, wann immer sich irgendwo eine Silhouette zeigte. Die beiden amerikanischen Admirale fielen auf ihren Gefechtsbrücken. Im anbrechenden Morgen des 14. November sah man zwischen Savo und Guadalcanal auf der spiegelglatten, wie Metall glänzenden Meeresfläche nicht weniger als acht manövrierunfähige Schiffe. Fünf von ihnen waren Amerikaner, darunter die Kreuzer *Portland* und *Atlanta*. Einer der drei Japaner war kein geringeres Schiff als das Schlachtschiff *Hiei*, das durch eine aus nächster Nähe abgefeuerte Salve der *San Francisco* zerstört worden war. Ein japanischer Zerstörer sollte ihr im Laufe des Tages den Gnadenstoß geben.

Henderson Field, das eigentlich das Ziel des ganzen Unternehmens gewesen war, hatte keinen einzigen Schuß abbekommen. Auch die elf Transporter der Japaner landeten ihre Truppen nicht auf Guadalcanal. So konnten die Amerikaner trotz der Fehler, die sie begangen hatten, trotz ihrer hohen Verluste diese Nacht zu ihren Gunsten buchen.

Doch diese Nacht war nur ein Vorspiel. Den Amerikanern war es in Nouméa inzwischen gelungen, die *Enterprise* wieder notdürftig in einen kampfbereiten Zustand zu bringen, obwohl während der Schlacht bei den Santa Cruz Islands einer der Flugzeugaufzüge sowie das Startdeck zerstört worden waren. Sie erschien nun mit 78 Flugzeugen auf dem Kampfplatz, begleitet von zwei neuen Schlachtschiffen, der *Washington* und der *South Dakota*, und vier Zerstörern. Am Abend sollte sie von diesen Flugzeugen nur noch achtzehn besitzen, doch die Verluste des Gegners wogen diese Opfer auf. Der Kreuzer *Kinugasa* und sieben der elf mit Truppen beladenen Schiffe waren versenkt worden; drei andere Kreuzer und ein Zerstörer konnten zwar entkommen, waren aber stark beschädigt worden.

Doch die Kraft der Japaner war noch nicht gebrochen. Um die vier übriggebliebenen Transporter sammelte Admiral Kondo seine letzten Flotteneinheiten und nahm Kurs auf Guadalcanal. Die friedliche Tropennacht vom 14. auf den 15. November wurde erneut von wütendem Geschützfeuer unterbrochen. Unter dem Kommando von Admiral William Augustus Lee fuhren die zwei großen amerikanischen Linienschiffe unter der schwachen Bedeckung von nur vier Zerstörern in die engen Fahrwasser des ›Ironbottom Sound‹ ein. Die Gegner machten sich zum Teil durch Radar, zum Teil durch Leuchtkugeln aus. Drei der vier amerikanischen Zerstörer wurden versenkt. Auf der *South Dakota* fiel der Strom aus, sie lag unter schwerem Beschuß des japanischen Geschwaders. Nur seine massive Bauweise bewahrte das Schiff davor, auf den ›Eisengrund‹ zu sinken. Die *Washington*, Lees Flaggschiff, rettete die Lage, indem sie den Feuersturm ihrer Sechzehnpfünder auf die *Kirishima* richtete. In wenigen Minuten war das japanische Schlachtschiff ein Wrack, das in kurzer Zeit versank. Während dieses Gefechts gingen nun endlich die japanischen Verstärkungen auf Guadalcanal an Land. Es war dies schon fast eine Verzweiflungstat, da die vier Transporter auf den Korallenriffen Schiffbruch erlitten, wo sie bei Anbruch des Tags von amerikanischen Bombern in Brand gesetzt wurden. Das gesamte Material war verloren. Um den Preis von zwei Schlachtschiffen war es 2000 Soldaten mit knapper Not gelungen, zu ihren Waffenbrüdern auf dem Schlachtfeld zu stoßen, wo ihnen ein harter Kampf gegen die wilde Natur und einen furchtbaren Gegner bevorstand.

Nur der unglaubliche Stoizismus der Japaner ließ sie noch an dieser höllischen Insel festhalten. Immer ausschließlicher beherrschten nun die Amerikaner die Luft und das Meer. Für den ›Tokyo Express‹ wurde seine Aufgabe zusehends schwieriger. Die Stärke der japanischen Verbände betrug weniger als 25 000 Mann, denen doppelt so starke amerikanische Truppen gegenüberstanden. Um den Schlägen aus der Luft auszuweichen, mußten sich die Japaner im Hintergrund halten, im Dschungel leben und waren vielen gefährlichen Krankheiten ausgesetzt. Ihre sanitäre Versorgung befand sich in äußerst schlechtem Zustand. Die Soldaten verfügten weder über Chinin noch über Moskitoschutzmittel, so daß sie das Sumpffieber hinwegraffte. Sie waren vom Hunger gequält, und Fälle von Kannibalismus waren nicht selten. Die kleinen gelben Männer leisteten nichtsdestoweniger einen hartnäckigen Widerstand, der trotz aller

Sturheit Mitgefühl erregen konnte. Keinem Aufruf zur Übergabe schenkten sie auch nur die geringste Beachtung, und jeder angegriffene japanische Vorposten verteidigte sich bis zum letzten Mann.

Im Dezember planten die Amerikaner die Einnahme des Mont Austen, die innerhalb von zwei Wochen abgeschlossen sein sollte. Die Höhe 27, der unter dem Namen Galloping Horse bekannte Hügel, die Gifu-Stellung – sie alle wurden im Januar unter gleich schwierigen Bedingungen genommen. Zu dieser Zeit hatten die Amerikaner den Eindruck, daß die Japaner erneut ein großes Unternehmen vorbereiteten. Sie waren über die Flottenkonzentrationen beunruhigt. Der ›Tokyo Express‹ hatte seine Fahrten wiederaufgenommen. Nach der Seeschlacht von Tassafaronga fand vom 29. auf den 30. Januar eine siebente Seeschlacht bei den Rennellinseln statt, die den Verlust des Kreuzers *Chicago* zur Folge hatte. Patch, der an die Stelle von Vandegrift getreten war, setzte das Oberkommando davon in Kenntnis, daß eine kritische Situation bevorstehe, und verlangte Verstärkung.

Doch die japanische Aktivität diente nur geschickter Verschleierung. In Wahrheit hatten die Japaner Guadalcanal aufgegeben. Was die Amerikaner für Truppenbewegungen zur Verstärkung gehalten hatten, waren in Wahrheit Maßnahmen zur Räumung. Alle japanischen Überlebenden, insgesamt 11700 Mann, wurden über Schleichwege auf Zerstörer eingeschifft. Die Amerikaner, die, sich vorsichtig vorantastend, im Norden der Insel eine Zangenbewegung durchgeführt hatten, waren erstaunt, nirgends auf Widerstand zu stoßen. Sie beschleunigten daraufhin ihren Vormarsch, und am 9. Februar trafen sich ihre beiden Einheiten in einem Eingeborenendorf am Tenanbo. Weit und breit war kein Feind. Nicht ein einziger Japaner, auch kein Verwundeter, war mehr auf Guadalcanal geblieben.

Diese bemerkenswert gut geglückte Evakuierung änderte nichts daran, daß die Amerikaner eine der längsten und erbittertsten Schlachten der Militärgeschichte gewonnen hatten. Die Anzahl der Kombattanten auf der Insel selbst gibt keinen Anhalt für die Bedeutung dieser Schlacht. Auf beiden Seiten stand hinter jedem Soldaten eine ganze Schar von Seeleuten, Fliegern und Arbeitern, die Nachschub und Stützpunkte unterhielten und schützten. Die Verluste der Amerikaner in den Erdkämpfen betrugen nur 1492 Tote – bei den Japanern hingegen waren 14800 Soldaten gefallen und 9000 von Krankheiten dahingerafft worden. Die US-Navy hatte hier zwei Flugzeugträger verloren, dazu 126000 Tonnen an Kriegsschiffen.

Midway hatte erstmals bewiesen, wie hervorragend die Amerikaner sich zu schlagen vermochten. Guadalcanal hatte es mit seinen unsäglich harten Bedingungen und seinen immer neuen Schwierigkeiten unter ganz anderen Umständen ein zweites Mal deutlich gezeigt. Die Legende von der Unbesiegbarkeit der Japaner war zerstört worden.

Berichtigungen: Band I; S. 115, 11. Z. v. o., lies Wenck *statt* Wenk; *S. 305, 9./10. Z. v. u., lies* 18. Panzerregiment *statt* 18. Panzerdivision;

Raymond Cartier
Der Zweite Weltkrieg

Zweiter Band 1942—1945

Inhaltsverzeichnis zweiter Band

XVIII. KAPITEL Oktober bis November 1942 Suez gerettet, Algier genommen

Montgomery 533 – *Die diplomatischen Vorbereitungen der Operation ›Torch‹* 534 – *Giraud* 537 – *El Alamein* 539 – *Die Landung in Nordafrika* 546 – *Pétain: »Ich bleibe ...«* 553 – *Die Selbstversenkung der französischen Flotte* 556 – *Das Ende Admiral Darlans* 559

XIX. KAPITEL November 1942 bis Februar 1943 Die Wende

Wolga und Kaukasus 564 – *Die Eroberung Stalingrads* 567 – *Der russische Gegenangriff* 572 – *Mansteins Entsatzangriff* 580 – *Der Todeskampf der 6. Armee* 586 – *Die Kapitulation* 588

XX. KAPITEL Januar bis Mai 1943 Die Wehrmacht verliert an Boden

Die Rote Armee stößt vor 590 – *Hitler überlebt zwei Attentate* 598 – *Verbitterung bei den Italienern. Cianos Sturz* 600 – *Casablanca und die bedingungslose Kapitulation* 603 – *Rommels letzte Kämpfe in Afrika* 607 – *Das Afrikakorps kapituliert* 616

XXI. KAPITEL April bis Dezember 1943 Der amerikanische Vormarsch im Pazifik

Der Tod des Admirals Yamamoto 618 – *Japans scheinbare Stärke und wirkliche Schwäche* 619 – *Die Eroberung Rabauls* 621 – *Bougainville* 628 – *Über Dschungel oder Atolle? MacArthur oder Nimitz?* 630 – *Die Gilbertinseln* 631

XXII. KAPITEL Mai bis September 1943 Mussolinis Entmachtung

Die Planung der Operation ›Zitadelle‹ 635 – *Änderung der deutschen Mittelmeerstrategie* 636 – *Fehlschlag des U-Boot-Krieges* 638 – *Pantelleria und Lampedusa* 640 – *Kursk – ein weiterer Schritt in die Niederlage* 641 – *Sizilien fällt. Der italienische Faschismus bricht zusammen* 643 – *Absetzung und Festnahme Mussolinis* 649 – *Quebec und ›Overlord‹* 660 – *Die bedingungslose Kapitulation Italiens* 663

XXIII. KAPITEL September bis Dezember 1943 Die Morgenröte des Sieges: Salerno, Kiew, Teheran

Die Entwaffnung der italienischen Truppen 667 – *Die Alliierten landen bei Salerno* 668 – *Gefangennahme und Befreiung des Duce* 672 – *Mussolini in Salò* 674 – *Ostfront: Kampf gegen eine Hydra* 676 – *Speer und die neuen Waffen* 678 – *Der deutsche Rückzug auf den Dnjepr* 679 – *Die Konferenz von Kairo* 682 – *Bewegungen in der Ukraine* 685 – *Teheran: Stalin und Roosevelt gegen Churchill* 688 – *Frankreich im Jahre 1943* 691

XXIV. KAPITEL Dezember 1943 bis Juni 1944 Vom Dnjepr zum Dnjestr Von Anzio nach Rom

Rückzug in der Ukraine. Der Kessel von Tscherkassy 696 – *Italienisches Strafgericht* 706 – *Die Franzosen in Italien* 709 – *Anzio und Nettuno* 711 – *Monte Cassino* 716

XXV. KAPITEL 6. Juni 1944 D-Day: Die Landung in der Normandie

Mutmaßungen und Verteidigungsanstrengungen der Deutschen 723 – *Rommel Chef der Heeresgruppe B* 726 – *Die deutsche Lage am Vorabend der Invasion* 730 – *Die alliierten Vorbereitungen für ›Overlord‹* 734 – *Die Entscheidung* 737 – *Der Landeplan ›Neptun‹* 741 – *Die Chronik des ›Längsten Tages‹: 0 Uhr bis 1 Uhr* 747 – *1 Uhr bis 6 Uhr* 748 – *6 Uhr bis 12 Uhr* 752 – *12 Uhr bis 18 Uhr* 756 – *20 Uhr bis 24 Uhr* 759

XXVI. KAPITEL 7. Juni bis 31. Juli 1944 Die Kämpfe in der Normandie Das Attentat auf Hitler

Caen und Carentan 761 – *Die V 1 über London* 766 – *Der Kampf um Cherbourg* 766 – *Kluge statt Rundstedt* 772 – *Zwischen Sümpfen und Hecken. Caen fällt* 774 – *Das Attentat wird geplant* 777 – *Der 20. Juli* 782 – *Das Strafgericht* 790 – *Alliierte Bomber über der Normandie* 792 – *Offener Kampf der Résistance* 797 – *Tag des Massakers: Oradour* 799

XXVII. KAPITEL April bis Oktober 1944 Die Befreiung Rußlands Alliierte Siege im Pazifik

Sewastopol fällt 801 – *Die Heeresgruppe Mitte wird überrannt* 803 – *Über Beresina und Bug* 810 – *Warschau unter den Nazis* 815 – *Die Vernichtung des Ghettos* 816 – *Der Warschauer Aufstand* 818 – *Die Wende in Rumänien* 824 – *Im Pazifik. Rabaul und Hollandia* 826 – *Die Marshallinseln und Marianen* 831 – *Saipan: Japans zweites Midway* 837 – *Japans Sicherheitsgürtel durchbrochen* 843

XXVIII. KAPITEL 1. bis 31. August 1944 Die Befreiung Frankreichs

Die Durchbrüche der Alliierten im Nordwesten Frankreichs 845 – *Blitzlandung in der Provence* 859 – *Der Kessel von Falaise – ein halber Erfolg* 861 – *Die letzten Tage von Vichy* 866 – *Toulon, Marseille, Montélimar, Lyon* 869 – *Choltitz Kommandant von Paris* 875 – *De Gaulle und die Alliierten: Das Problem Paris* 878 – *Die Erhebung* 880 – *Waffenstillstand, Barrikaden und die Ankunft der 2. Panzerdivision* 883 – *Choltitz kapituliert. De Gaulle in Paris* 890

XXIX. KAPITEL September bis Dezember 1944 Deutschlands letzte Offensive

96 Tage nach der Landung: US-Truppen auf deutschem Boden 892 – *Die Krise des alliierten Nachschubs* 893 – *Montgomery contra Eisenhower* 895 – *Letzte Verteidigungsanstrengungen der Deutschen* 897 – *Nimwegen und Arnheim* 899 – *Beschwerlicher Herbst* 906 – *Antwerpens Blockade gesprengt. Straßburg genommen* 909 – *Die Ardennenoffensive* 915

XXX. KAPITEL Oktober 1944 bis Februar 1945 Leyte, Straßburg, Warschau, Jalta

Demission des Kabinetts Tojo. Verluste der japanischen Kriegsmarine 927 – *Die Schlacht von Leyte* 929 – *Indien und Burma* 939 – *Malinowskij und Tolbuchin vor Budapest* 942 – *Die Kämpfe im Elsaß* 944 – *Die russische Weichseloffensive* 948 – *Die Schlacht bei Colmar* 955 – *Die Konferenz von Jalta* 957

XXXI. KAPITEL Februar bis April 1945 Schauplatz Deutschland
Das Ende der Diktatoren

Dresden brennt 966 – *Die Kämpfe an der Rur* 968 – *Der Rheinübergang bei Remagen* 971 – *Speer will Hitler töten* 973 – *Die Rheinbarriere bricht zusammen* 975 – *Die Alliierten in Deutschland: Vorsorge und furchtbare Entdeckungen* 981 – *Eisenhower verzichtet auf Berlin* 982 – *Die Russen dringen auf Berlin vor* 984 – *Im Führerbunker* 988 – *Der Tod des Präsidenten und die Geburt der Bombe* 991 – *Die Schlacht um Berlin* 993 – *Mussolinis Ende* 1004 – *Der Selbstmord Hitlers* 1010

XXXII. KAPITEL Mai bis 2. September 1945 Das Ende des Zweiten Weltkriegs

Berlin kapituliert 1016 – *Dönitz wird Staatschef* 1020 – *Japans verzweifelte Lage. Von Manila nach Iwo Jima* 1031 – *Potsdam und Alamogordo* 1043 – *Der Todeskampf Japans* 1049

Zeittafel 1939 bis 1945 1061 – Kartenverzeichnis 1074 – Danksagung 1076
Bildquellenverzeichnis 1077 – Register 1078

XVIII. Kapitel Oktober bis November 1942
Suez gerettet, Algier genommen

Montgomery

Der lange Wüstenkrieg hatte bei allen Teilnehmern eine charakteristische Haltung aufkommen lassen: Beharren auf Sonderinteressen, Stolz, Verbitterung und die Überzeugung, daß ihre Leistungen und ihre Leiden in der Heimat verkannt würden. Die Ernennung Bernard Montgomerys zum Oberkommandierenden der 8. Armee war mit gemischten Gefühlen aufgenommen und keineswegs überall begrüßt worden. Man kannte ihn als kühl und schroff, als einen eingeschworenen Gegner von Alkohol und Tabak, als einen Mann von höchst puritanischen Grundsätzen, der 1940 die gesamten britischen Expeditionsstreitkräfte durch ein Rundschreiben erheitert hatte, das auf die schrecklichen Folgen der Geschlechtskrankheiten und die Wichtigkeit der Enthaltsamkeit für die militärische Schlagkraft hingewiesen hatte. Er galt als außerordentlich streng in Fragen der Disziplin und versessen auf die äußerlichen Zeichen soldatischen Respekts. Nun hatte aber die 8. Armee das militärische Grüßen so gut wie abgeschafft, und es geschah nicht selten, daß Offiziere im Generalsrang, vor allem wenn es sich um Inspektionen bei den Australiern handelte, von fröhlichen Burschen eingeladen wurden, deren ganze Uniform aus dem Rangabzeichen bestand, das sie sich mittels Heftpflaster an der Schulter befestigt hatten. Die alten Wüstenkrieger hatten eine spontane Abneigung gegen den neuen Befehlshaber, dessen ganzes Wesen ihren eigenen Gebräuchen und Traditionen widersprach.

Dieses Vorurteil bestand auch noch, als am 19. und 20. Oktober alle Offiziere über Majorsrang nach Kairo zusammengerufen wurden und sich dort im ›Amaryia‹-Lichtspielhaus trafen. Montgomery legte ihnen den Plan seiner Offensive bei El Alamein vor. Er beabsichtigte, in der ersten Phase der Schlacht die feindlichen Divisionen in vorderster Linie durch einen Frontalangriff zu vernichten. In der zweiten Phase sollte der Durchbruch erfolgen, seine Ausnützung dann nach den gewöhnlichen Kampfregeln der Wüste vor sich gehen. Die Schlacht, deren Zeitpunkt durch den Vollmond festgelegt war, sollte am Abend des 23. Oktober mit heftiger Artillerievorbereitung beginnen. Nur wenige der anwesenden Offiziere konnten leugnen, daß sie beim Anhören von Montgomerys Vortrag ihre Meinung über ihn hatten ändern müssen. Seine Klarheit, seine Trockenheit bewiesen in hinreichendem Maße die Befähigung und die Energie des Neuankömmlings. Die Gründe, die er für seine Truppenbewegungen nannte, waren sehr gut durchdacht. Die Überflügelungsmanöver im Stile eines Auchinleck oder Rommel verboten sich durch den Verlauf der deutsch-italienischen Frontlinie, die sich auf der einen Seite an das Meer anlehnen konnte, auf der anderen Seite aber durch die unpassierbare Kattarasenke abgesichert war. Die Überlegenheit der 8. Armee an Artillerie und Flugzeugen erlaubte es, den Gegner zu zermürben. So wurde El Alamein mit voller Absicht eine Abnützungsschlacht, eine Neuauflage der Kämpfe von 1917 in der Sahara.

In nackten Zahlen betrug die Überlegenheit der Briten fast das Doppelte der deutsch-italienischen Verbände: 150000 Mann gegen 95000, 1114 Panzer gegen 575. Die Italiener zählten 55000 Soldaten und 280 Panzer, doch weder ihre Truppen noch ihre Ausrüstung waren dem Gegner gewachsen. Auch die Deutschen begannen Zeichen der Ermüdung zu zeigen. Das Material war starkem Verschleiß ausgesetzt, die Versorgung mit Nahrungsmitteln gelang nur unzureichend. Die gesundheitlichen Verhältnisse ließen zu wünschen übrig. Innerhalb von zehn Tagen waren alle tüchtigen Unterführer Rommels ausgefallen: Gause wegen völliger Erschöpfung, Westphal wegen einer Gelbsucht, Mellenthin wegen einer Amöbenruhr. Rommel selbst hatte Afrika verlassen, um auf Befehl Hitlers – unter anderem wegen eines Leberleidens – einen Spezialarzt in Wien zu konsultieren. Bei seinem Zwischenaufenthalt in Rom versuchte er Mussolini weitere italienische Zusagen abzuringen, doch wurde ihm nur ein herablassender und frostiger Empfang zuteil. Im Hauptquartier des Führers traf er auf strahlenden Optimismus, fabelhafte, doch nur sehr vage Versprechungen und die Großsprecherei Görings, der immer aufs neue wiederholte, daß die Amerikaner nur zur Herstellung von Rasierklingen fähig seien.

Der in Rommels Abwesenheit befehligende General war wie Montgomery in der Wüste ein Neuling: eben jener General Stumme, der, wie bereits geschildert, in der Ukraine nur knapp der Erschießung entgangen war. Zwar entfaltete er eine große Aktivität, doch es gelang ihm nicht, bei den verschlossenen Veteranen des Afrikakorps viel Autorität zu gewinnen.

Die diplomatischen Vorbereitungen der Operation ›Torch‹

Im gleichen Augenblick, in dem Montgomery seine geheimen Pläne vor seinen Offizieren enthüllte, begann auch die Operation ›Torch‹. Anstelle der Bezeichnung ›Gymnast‹ diente dieser konventionell klingende Deckname zur Umschreibung der Landungspläne im französischen Nordafrika. Am 20. Oktober verließ der erste nach Marokko und Algerien bestimmte Geleitzug die Chesapeake Bay. Die Würfel waren gefallen.

Die Entscheidung hierfür war schon am 22. Juli getroffen worden. Daß die Begeisterung des für dieses Unternehmen ernannten Oberbefehlshabers Eisenhower sich in

3U M

Der Sommer 1942 brachte die größte kriegerische Entfaltung der Achsenmächte in Nordafrika. Rommels Offensive führte bis 100 Kilometer vor Alexandria, wo die Briten dem letzten deutschen Ansturm am 31. August jedoch standzuhalten vermochten. Deutscher Zerstörer Me 110 über Tripolis (vorherige Seite). – Deutsche Flakstellung (oben) und Fallschirmjägerpatrouille, die in einem Kaktuswald Deckung sucht (unten).

Grenzen hielt, verbürgt eine Äußerung, die er gegenüber seinem Verbindungsoffizier, dem Kapitän zur See Harry C. Butcher, machte: »Ich hoffe inständig, daß der 22. Juli nicht der schwärzeste Tag in der Geschichte sein wird.« Stimson und Marshall, deren strategische Erwägungen in andere Richtung gingen, hatten sich gegen die Expedition ausgesprochen, doch Churchill hatte Roosevelt dafür zu gewinnen vermocht, und die Techniker der Strategie hatten sich beugen müssen.

Die Landung auf französischem Boden stellte für die politisch gespaltenen Franzosen ein heikles Problem dar. In Französisch-Nordafrika standen Truppen in Stärke von 200 000 Mann, deren Bewaffnung unzureichend war, denen auch nur geringe Bestände an Munition zur Verfügung standen, deren Disziplin und Ausbildungsstand aber vorzüglich genannt werden konnte. Sollte diese Armee sich zum Widerstand entschließen, so konnte dies zu einem Desaster führen. Es war also von größter Bedeutung, daß durch angemessene politische Schritte dem Landungsunternehmen ein günstiger Boden bereitet wurde. Zumindest sollte der Widerstand möglichst kurz, gewissermaßen nur symbolisch sein.

Von allen politischen Vorbereitungen dieser Art war de Gaulle von vornherein ausgeschlossen. Sämtliche Fühlungnahmen mit militärischen und zivilen Stellen waren darauf abgestimmt, de Gaulles Bewegung aus dem Spiel zu halten. Im besetzten Frankreich galt de Gaulle fast unbestritten als Symbol des nationalen Widerstands. Im nichtbesetzten Frankreich war seine moralische Position anfangs noch schwach, festigte sich jedoch mit der langsamen Auflösung des Vichy-Regimes und der Nazifizierung der Regierung Laval. In Nordafrika hingegen betrachtete man den General weiterhin als einen Rebellen, als einen Komplizen des Anschlags von Mers El-Kebir, als den Anstifter des Angriffs auf Dakar, als Schuldigen am Brudermord in Syrien. Nordafrika stand also fest hinter Marschall Pétain, und nur unter dessen Anhängern versuchten die Amerikaner eine Kooperation anzubahnen.

Vor allem Robert Murphy entfaltete hier eine rege Tätigkeit. Der Berater der amerikanischen Botschaft in Vichy, gleichzeitig in Algier akkreditierter Generalkonsul, war der persönliche Vertreter Präsident Roosevelts und Agent des Office of Strategic Services (OSS), des amerikanischen Geheimdienstes. Sein konservativer Katholizismus brachte ihn in die Nähe der maßgeblichen Persönlichkeiten im französischen Nordafrika. Er erkannte sofort Geschick und Befähigung jener Männer, die in Gebieten von gewaltiger Ausdehnung mit einer sehr vielfältig zusammengesetzten Bevölkerung weiterhin im Namen Frankreichs zu regieren verstanden. Er hatte sie als glühende Patrioten kennengelernt, die leidenschaftlich gegen Deutschland eingestellt waren, wenn auch ihrem Handeln nach der Niederlage Schranken gesetzt waren und sie ihrem Wunsch nach Revanche, der die meisten beseelte, augenblicklich auch nicht nachgeben konnten. Mit diesen Männern also glaubte Murphy, das französische Nordafrika auf ein gemeinsames Handeln vorbereiten zu können.

Er hatte diese Aufgabe noch vor Pearl Harbor in Zusammenarbeit mit Weygand in Angriff genommen. So war es Murphy gelungen, eine Abmachung über eine begrenzte Versorgung Nordafrikas zu treffen. Von etwas Zucker und Textilien erwartete er sich bei den Massen der Eingeborenen Sympathien für die amerikanischen Lieferanten. Außerdem hatte diese Abmachung die Einsetzung von elf sogenannten Vizekonsuln ermöglicht, die kaum etwas anderes waren als nur notdürftig getarnte Agenten des OSS. Wegen der unbegreiflichen Zurückhaltung der Deutschen konnte dieses Agentennetz auch dann noch weiterbestehen, als Deutschland und die USA bereits miteinander im Kriege lagen.

Als Weygand im November 1941 zurückgerufen wurde, verlor Admiral Leahy jeden Mut. Er bezeichnete die Haltung der Franzosen gegenüber den deutschen Forderungen als ›quallig‹ und schlug die Kündigung des Versorgungsabkommens vor, wurde aber daraufhin abberufen. Murphy indes war geblieben und führte sein Werk weiter. Nach und nach bildete sich um ihn eine kleine Gruppe von Verschwörern: Militärs, Regierungsbeamte, Siedler, Mitglieder von Jugendlagern. Unter ihnen fanden sich Namen wie der des Generals Mast, des Generals Montabert, Männer wie Henri d'Astier de La Vigerie, Tarbé de Saint-Hardouin, Van Heck, Jean Rigault, Lemaigre-Dubreuil.

Diese Verschwörer von Algier – sie alle waren Konservative, ja zum Teil sogar Monarchisten –, die davon träumten, durch eine Erbmonarchie des Grafen von Paris jene aus den Umständen geborene Monarchie Pétains weiterzuführen. Murphy ging auf ihre patriotischen Gedanken ein, und er tat recht daran. Es fiel ihm nicht schwer, sich über jeden Verdacht hinwegzusetzen, der durch ihre politische Färbung oder ihre Mitarbeit in der Vichy-Regierung auf sie fiel. Aus dem einen oder dem anderen, oft ganz entgegengesetzten Grund war alles verdächtig, was nur französisch war. ›Es ist bekannt‹, schrieb Admiral Leahy, ›daß de Gaulle von Spionen umgeben ist und daß jede Information, die er über unsere Pläne erhält, sogleich den Deutschen zur Kenntnis gelangt.‹ Doch die Verschwörer von Algier wurden kaum eines größeren Vertrauens gewürdigt. Immer wieder wurde Murphy darauf hingewiesen, daß er ihnen keine Winke hinsichtlich des Datums der in Nordafrika geplanten Landung geben solle. So tasteten die Verschwörer im dunkeln.

Die beste Art und Weise, jeden Widerstand bei einer Landung von vornherein zu unterbinden, schien folgende zu sein: Man wollte eine hohe französische Persönlichkeit finden, die im gegebenen Moment den Befehl erteilen könnte, sich den Alliierten anzuschließen. Leahy hatte Pétain gefragt: »Was würden Sie im Falle einer Landung in Nordafrika unternehmen?« – »Wir würden Widerstand leisten.« – »Auch gegen die Amerikaner?« – »Auch gegen die Amerikaner.« Weygand, den man ebenfalls gefragt hatte, gab zur Antwort, er sei nun wieder ein ganz kleiner Privatmann und stehe bedingungslos hinter dem Marschall; im übrigen sei er zu alt, um noch an einer Verschwörung teilnehmen zu können. Man hatte ferner an einen hervorragenden Offizier aus der

Mit dem Auftreten der Vereinigten Staaten auf dem europäischen Kriegsschauplatz vollzog sich zugleich eine eindrucksvolle Demonstration ihres unerschöpflich anmutenden amerikanischen Wirtschaftspotentials: Nachschubgüter aller Art, wertvolle Verbündete der oft noch kriegsunerfahrenen US-Soldaten, stapelten sich schier endlos in den Versorgungszentren der Expeditionsarmee.

Obwohl die deutsche Rüstungsproduktion trotz fortschreitender Behinderung durch alliierte Luftangriffe ihren Höhepunkt erst im Jahr 1944 erreichte, blieben in Nordafrika bereits im Oktober 1942 Wagenpark und Flugzeuge des Afrikakorps aus Mangel an Treibstoff unbenutzt stehen.

Schule Lyautey gedacht, an den Generalresidenten Auguste Noguès, dessen erfahrene und feste Hand Marokko in vorbildlicher Loyalität hielt. Nach zweitägigem Zögern beschloß er, auf den Appell de Gaulles vom 18. Juni 1940 nicht zu reagieren; zudem war er stolz darauf, daß kein einziger Deutscher je den Fuß auf die Schwelle seiner Residenz gesetzt hatte. Daher zierte sich Murphy auch nicht lange, als er anläßlich eines guten Essens das Bild einer amerikanischen Armee in Stärke von einer halben Million Mann ausmalte, die nach ihrer Landung in Nordafrika die dortigen Franzosen auf ihrem Wege zum Sieg mitreißen würde. Aber Noguès war aufgesprungen: »Tun Sie das ja nicht! Wenn sie das versuchen, dann werde ich ihnen mit all der mir zur Verfügung stehenden militärischen Macht einen entsprechenden Empfang bereiten. Es ist für Frankreich noch nicht die Zeit gekommen, wieder in den Krieg einzutreten...« Er fuhr auf eine Weise fort, die auf seine Art des Patriotismus, auf seine Haltung, ein Schlaglicht warf: »Wenn Marokko ein Schlachtfeld wird, ist es für Frankreich verloren!«

Giraud

Die Liste der in Frage kommenden Persönlichkeiten war erschöpft, als ein nahezu romanhafter Vorfall einen neuen Namen ins Spiel brachte: den des Generals Henri Honoré Giraud.

Wir haben Giraud in diesem Buch zuletzt als Kriegsgefangenen in den Ebenen von Cambrai erwähnt; im April 1942 gelang dem Dreiundsechzigjährigen die Flucht aus der sächsischen Festung Königstein. Giraud entkam in den von den Deutschen nicht besetzten Teil Frankreichs. Dort empfing man ihn mit gemischten Gefühlen. Nicht wenige machten ihn dafür verantwortlich, daß durch seine Flucht die Kriegsgefangenen nun Repressalien ausgesetzt seien, und Laval forderte ihn auf, in die Kriegsgefangenschaft zurückzukehren, damit der Zorn Hitlers besänftigt werde. Für einen Augenblick schwankte Giraud, doch dann weigerte er sich, unter das Joch zurückzukehren. Um den Preis des Versprechens, ›nichts zu unternehmen, was in irgendeiner Weise unsere Beziehungen zur deutschen Regierung belasten könnte‹, erhielt er die Erlaubnis, sich zu seiner Familie in der Nähe von Lyon zu begeben. Er schien nunmehr lediglich ein alter General zu sein, der die Entscheidung der Waffen abwartete, mit dem Krieg aber nichts mehr zu tun hatte.

Doch eine Intrige von beispielloser Kühnheit angesichts einer nahezu allmächtigen Polizei zog sich um ihn zusammen. Giraud hatte in Marokko die glücklichsten Tage seiner Laufbahn verbracht, und die amerikanische Regierung glaubte in ihm den geeigneten Mann gefunden zu haben, der ihr die Mitarbeit Nordafrikas garantierte, nachdem Pétain und Weygand dafür nicht in Frage kamen. Im Namen des Präsidenten

Roosevelt ließ ihm der amerikanische Geschäftsträger in Vichy, Pinckney Tuck, durch die Vizekonsulin in Lyon die Zusammenarbeit bei einer militärischen Aktion gegen Deutschland vorschlagen. Giraud stellte seine Bedingungen; eine von ihnen war, daß er ›den Oberbefehl über die alliierten Truppen, wo sie mit französischen zusammenkämpfen‹, erhalten müsse. Er war der Überzeugung, daß das geplante militärische Vorgehen sich in Frankreich abspielen müsse. Da er sich schon ganz in der Rolle des Oberkommandierenden sah, machte er sich an den Entwurf eines Operationsplans, der die Errichtung eines Brückenkopfes an der Mittelmeerküste zwischen Port-Vendres und Toulon vorsah. 250 Jagdflugzeuge und drei amerikanische Divisionen, bei der Landung sofort unter französischen Befehl gestellt, schienen ihm hierfür ausreichend zu sein.

In den Vorstellungen des Generals Giraud sollte Nordafrika das militärische Hinterland für den Brückenkopf im Languedoc bilden. Er war damit einverstanden, daß der amerikanische Generalstab die Landungsoperationen selbst leite, doch forderte er, daß alle alliierten Truppen achtundvierzig Stunden nach der Landung der ersten Verbände unter seinen Befehl gestellt würden. Die Verschwörer in Algier, deren Konservatismus und monarchistische Gesinnung durch die Person Girauds bestätigt zu sein schienen, gingen nun daran, die Armee in Afrika an sich zu binden.

Man hatte nicht an Juin herantreten wollen, der die Truppen der Armee in Afrika befehligte, da er von den Deutschen unter der Bedingung freigelassen worden war, nicht mehr gegen sie zu kämpfen. Aber der General Mast befehligte die Division in Algier, und so machte ihn Giraud zu seinem Vertreter in Nordafrika. Lemaigre-Dubreuil wurde aktiv, eilte von Algier nach Lyon, als sei er Ministerpräsident eines Geheimkabinetts. Doch weder er noch Giraud waren besser über die britisch-amerikanischen Pläne informiert als das Oberkommando der Wehrmacht. Vom strategischen Gesichtspunkt aus machte eine Landung in Nordafrika El Alamein eigentlich überflüssig. Bei dem Mangel an Schiffsraum war es geradezu paradox, daß England und Amerika die 8. Armee verstärkten und dabei auch noch den Riesenumweg um das Kap der Guten Hoffnung in Kauf nahmen, anstatt daß sie dem Maghreb alle nötigen Mittel in die Hand gegeben hätten, durch einen Stoß in Rommels Rückzugslinien dem Sieg einen Schritt näher zu kommen. Allein, die starken Bedenken, mit denen die Amerikaner das afrikanische Abenteuer immer noch betrachteten, waren ständig rege.

Ein Engagement jenseits der Straße von Gibraltar schien gefährlich. In ihren Augen war ein derartiges Unternehmen nur mit der widersinnigen Entscheidung eines Mannes vergleichbar, der seinen Kopf in eine offene Schlinge legt. Mehr als eine französische Gegenwehr fürchteten sie ein Eingreifen Spaniens. Franco könnte eine Landung als indirekte Herausforderung ansehen, das Mittelmeer schließen und durch einen Vorstoß von Spanisch-Marokko aus bei Fez die dünne Nabelschnur abschneiden, die Marokko und Algerien verband. Es bedurfte der Hartnäckigkeit Churchills, um eine

Ausdehnung der Landungsoperationen auch bis Algier durchzusetzen. Alle Pläne einer Landung bei Tunis gab man allerdings auf.
Man muß sich gerechterweise vor Augen führen, daß die alliierten Kräfte nur gering waren. Die Generalstäbler hatten 250000 Mann als Minimum angesetzt. Gegenüber den Verschwörern von Algier sprach man aber immer von einer halben Million. In Wirklichkeit waren es nicht mehr als 113000 Mann, die man in drei Gruppen aufteilte und unter den Befehl der Generale Patton (Casablanca), Fredendall (Oran) und Ryder (Algier) stellte. Diese Aufsplitterung der Streitkräfte, die von reichlicher Unerfahrenheit zeugte, stimmte selbst den keineswegs sehr erfahrenen Eisenhower bedenklich. Die Landung in Nordafrika war tatsächlich verfrüht; sie entsprang weniger militärischer Notwendigkeit als vielmehr dem Bedürfnis der Politiker, nun endlich mit Taten aufzuwarten. Es wäre besser gewesen, Montgomerys Unternehmungen zu unterstützen.
Doch man zog es vor, das Pferd am Schwanze aufzuzäumen. Man erachtete einen Sieg bei El Alamein keineswegs für überflüssig. Nach Lage der Dinge hielt man diesen nun sogar für die unumgängliche Voraussetzung des Gelingens der Landung. ›Er wird in entscheidender Weise‹, schrieb Churchill, ›das Verhalten der Franzosen gegenüber dem Unternehmen ‚Torch' beeinflussen.‹ Diese Überlegungen bestimmten auch den Zeitplan der Unternehmen. Die günstigen Gezeiten vom 7. auf den 8. November beeinflußten die Landung in Marokko und Algerien in ähnlichem Maße, wie zwei Wochen zuvor der Vollmond am 23. Oktober für Montgomerys Offensive ausschlaggebend gewesen war. Man hoffte, in der Zwischenzeit einen durchschlagenden Erfolg in der Wüste erringen zu können.

El Alamein

Um die Wende herbeizuführen, hatte Montgomery versucht, sogar Rommels ausgeklügelte Kriegslisten zu übertreffen: Er hatte eine falsche Ölleitung in Richtung auf den Südabschnitt der Front verlegen lassen, um den Gegner glauben zu machen, der britische Hauptangriff werde längs des Randes der Kattarasenke erfolgen. Die Panzer, welche die Deutschen in dieser Gegend feststellten, waren absichtlich schlecht getarnte Attrappen, während man die im Nordteil der Front konzentrierten echten Panzer als Lastwagen getarnt hatte. Die Bewegungen der Infanterie erfolgten nur nachts. Die Soldaten verbrachten die Stunden des Tages enggedrängt und von Fliegenschwärmen geplagt in Grabenstellungen; sie hatten den ausdrücklichen Befehl, sich unter keinen Umständen zu rühren.
Am 23. Oktober verschwand die Sonne hinter dem Horizont. Die Nacht brach an, kalt und klar. Die Männer nahmen ihr ungewärmtes Essen zu sich, schlichen sich dann laut-

los durch die in den englischen Minenfeldern gebahnten Gassen und erreichten den Rand des deutschen Minengürtels. Um 21 Uhr 40 begann die Artillerievorbereitung. Auf einer Frontbreite von 60 Kilometern feuerten 1500 Geschütze und Werfer, darunter 540 mit Kalibern über 10,5 cm. Zwar erreichte dieses Feuer nicht die vernichtende Gewalt der Trommelfeuer des Ersten Weltkrigs, prägte sich jedoch wegen seiner furchtbaren Zerstörungsmacht den Briten wie den Deutschen tief ein. Genau um Mitternacht setzte sich eine Feuerwalze in Bewegung, die alle fünf Minuten um 100 Meter vorrückte – ganz nach der bewährten Weise von 1916. Die Artillerie des Gegners blieb so gut wie stumm; allerdings nicht, weil sie etwa zum Schweigen gebracht worden wäre, sondern wegen des Befehls, Munition zu sparen. Hinter der den Boden umpflügenden Feuerwalze vordringend, überrannte die Infanterie die in den Minenfeldern versteckten, vorgeschobenen Maschinengewehrnester. Bei den schottischen Hochländern marschierten die Dudelsackpfeifer voraus; man vernahm zwischen den Einschlägen der Granaten ihre Musik. In den Minenfeldern ging die Infanterie vor, nahm die Verluste in Kauf. Für die Panzerdivisionen aber mußten Breschen geschlagen werden, welche Aufgabe spezielle Pioniereinheiten übernahmen. Für sie hatte der südafrikanische Ingenieur Du Toit eine Maschine konstruiert, die – auf Panzer vom Typ ›Mathilda‹ montiert – den Erdboden vor sich wie mit Dreschflegeln schlug. Doch dieses Ungetüm wirbelte dermaßen viel Staub auf, daß man auf seine Verwendung verzichten mußte. Die Entfernung der Minen wurde weiterhin mit der Hand besorgt. Die ganze Nacht über, während der die Infanterie der Feuerwalze folgte, arbeiteten die Minenräumkommandos; sie stellten die Lage der gefährlichen Explosivkörper fest und machten sie unschädlich. Bei Anbruch der Dämmerung war es noch immer nicht ganz geschafft. Von den zwei Breschen, die für die beiden Panzerdivisionen des X. Korps vorgesehen waren, ließ sich erst eine zur Not befahren. Die Kampfziele der Infanterie waren nur zum Teil erreicht worden. Im Norden war es von den acht Divisionen und zwei Brigaden des XXX. Korps nur zwei Einheiten, der 9. australischen und der 2. neuseeländischen Division, gelungen, das Hauptminenfeld zu durchqueren. Im Süden hatten die vom XIII. Korps durchgeführten Scheinangriffe zur Bindung feindlicher Reserven nur wenig Erfolg gezeitigt, und ganz im Süden war die französische Brigade bei ihrem Vorstoß auf die Zuckerebene von Himmeinat im lockeren Sand steckengeblieben. Die Artillerievorbereitung und die langwierige Entminung begannen von neuem. Rommel war in seinem österreichischen Sanatorium durch ein Blitzgespräch Keitels vom Beginn der Offensive unterrichtet worden. Wenige Stunden später befahl ihm Hitler persönlich, auf seinen Posten zurückzukehren. Stumme wurde als vermißt gemeldet, und die Heftigkeit des Angriffs ließ keinen Zweifel daran, daß die Engländer jetzt aufs Ganze gingen.
Am folgenden Tag, dem 25. Oktober, brachte ein Fieseler ›Storch‹ Rommel nach Afrika. Bei der Zwischenlandung in Rom übergab ihm der dortige deutsche Militär-

attaché, General von Rintelen, die jüngsten Lageberichte, die ihn zunächst mit sprachlosem Zorn erfüllten: Die Treibstoffreserven des Afrikakorps erlaubten jedem Fahrzeug nur einen Bewegungsradius von 300 Kilometern. Auf die Vorwürfe des Generalfeldmarschalls gab Rintelen dann ziemlich kühn zurück, er selbst habe sich auf einem Erholungsurlaub befunden, und der Nachschub sei Angelegenheit der Italiener. Als Rommel in Derna landete, brachte man dort gerade den Leichnam Stummes an. Stumme war ohne Begleitfahrzeug, zusammen mit dem Armeenachrichtenführer Oberst Büchting, auf die Feuerlinie zugefahren, als in der Nähe der Höhe 28, die von den Engländern Kidney Ridge (Nierenhügel) genannt wurde, sein Kübelwagen in MG- und Pakfeuer geriet. Büchting fiel sofort durch Kopfschuß. Stumme versuchte, auf dem Trittbrett stehend, den Wagen als Deckung zu benutzen, aber der schon etwas korpulente Mann, der außerdem an hohem Blutdruck litt, bekam einen Herzanfall und fiel vom Wagen, ohne daß der Fahrer dies bemerkte. Die Suche nach seiner Leiche hatte zwei Tage gedauert.

Die Stellung von El Alamein, die von acht Infanteriedivisionen, darunter sechs italienischen, gehalten wurde, war nur durch ununterbrochene Gegenangriffe der sechs motorisierten oder gepanzerten Divisionen – drei deutsche, sechs italienische – zu behaupten. Die Panzerabwehr der Engländer war außerordentlich wirkungsvoll: Bei der 15. Panzerdivision waren von den am Morgen des 25. Oktober angetretenen 119 Panzern am Abend nur noch 31 einsatzbereit. Insgesamt gab es noch 81 deutsche und 197 italienische Panzer. Rommel wußte, was ihm hier jetzt allein noch übrig blieb: Er mußte sich vom Gegner absetzen, er mußte aus dem Bereich dieser Artillerie herauskommen, deren Feuerkraft die deutsche um das Fünfhundertfache übertraf, mußte wieder zu einer beweglichen Kampfführung zurückfinden und seine Unterlegenheit durch schnelle Operationen ausgleichen. Doch der Mangel an Treibstoff war derart groß, daß die mechanisierten Einheiten sich kaum noch in der Lage sahen, die allernotwendigsten taktischen Bewegungen durchzuführen. Mit Ungeduld erwartete man das Eintreffen des italienischen Tankers *Proserpina* mit 7000 Tonnen Treibstoff. Doch das Schiff wurde bei seinem Einlaufen in den Hafen von Tobruk versenkt. Das gleiche widerfuhr der *Louisiano*, die man als Ersatz gesandt hatte. Nun mußte sich Rommel Montgomerys Willen fügen, mußte die Abnützungsschlacht annehmen, in der sein Gegenspieler sich das Drei-, ja Zehnfache an Verlusten zumuten konnte.

Und dennoch befand sich die britische Offensive in einer Krise! Am Sechsundzwanzigsten legte Montgomery sich wie jeden Abend schlafen. Aber die Berichterstattung am Ende des Tages war so unklar, daß sein Generalstabschef, Sir Francis de Guingand, aus eigenem Entschluß die Generale Leese und Lumsden, die kommandierenden Generale des XXX. beziehungsweise XIII. Korps, im fahrbaren Hauptquartier zusammenrufen ließ. Todmüde kamen sie dort um 3 Uhr 30 an. Montgomery, über diese Störung seines Schlafs verärgert, empfing sie unfreundlich. Die Offensive, so entschied er,

werde unter den gleichen Bedingungen fortgesetzt wie am Vortag, und zwar bis zur völligen Erschöpfung der gegnerischen Reserven.
Am nächsten Morgen, bei Tageslicht, änderte Montgomery seine Ansicht und entschied sich für einen anderen Weg. Das XIII. Korps sollte in die Defensive gehen und die 7. Panzerdivision, die ihm bisher angeschlossen war, nach Norden verlegt werden, um dort das X. Korps zu unterstützen. Die 2. neuseeländische Division beabsichtigte er aus der Front herauszuziehen; mit ihr wollte er eine Stoßtruppe bilden. Dies aber nahm mehrere Tage in Anspruch; die Verzögerung des Schlachtablaufs erweckte bei der 8. Armee den Eindruck, daß die Offensive steckengeblieben sei.
Den Beobachtern in der Heimat drängte sich dieser Eindruck noch weit stärker auf. Churchill brach in Zorn aus: »Werden wir denn nie imstande sein, einen General zu finden, der eine Schlacht auch gewinnen kann?« Schon hatte er ein Telegramm aufgesetzt, das von Alexander die Ablösung Montgomerys verlangte. Nur mit Mühe gelang es Sir Alan Brooke, für seinen Freund noch eine Frist zu erwirken.
Der neue Angriff vom 2. November war noch methodischer durchdacht, noch genauer nach der Uhr vorbereitet als jener vom 24. Oktober. Der Hauptstoß sollte von zwei zusammengefaßten Brigaden ausgeführt werden, und zwar auf einer Frontbreite von nur vier Kilometern, wobei die Tiefe, bis zu der die Infanterie vorstoßen durfte, auf sechs Kilometer begrenzt worden war. Eine der gepanzerten Brigaden sollte die Infanterie begleiten, eine andere ihr vorausfahren und die Höhe von Akkuakir nehmen. Falls dies gelungen sei, hatten die 1. Panzerdivision sowie die Reste der 7. den Auftrag, mit ihren Kampfwagen den Einbruch zum Durchbruch zu erweitern. Die Truppenbewegungen, die Schnelligkeit des Vorrückens, die verschiedenen Feuerschwerpunkte – dies alles hatte man mit äußerster Exaktheit vorbereitet. Was Bernard Montgomery hier zeigte, war ausgeklügeltes militärisches Ballett, war Drill auf einem Manöverfeld.
Die Nacht vom 1. auf den 2. November brach kalt herein. Die Männer wurden vom Frost geschüttelt. Die Stunde H war auf 1 Uhr 05 festgelegt. Da General Freyberg mit der Begründung, sie habe genug geblutet, Montgomery die neuseeländische Infanterie verweigert hatte, setzte dieser die 151. Northumberland-Brigade sowie die 152. Schottische ein. Der Staub verwandelte die Infanteristen bei ihrem über elf Kilometer langen Anmarsch in wahre Gespenster. Die Artillerievorbereitung begann mit gleicher Heftigkeit wie am 24. Oktober und war von Luftangriffen begleitet, die hinter den feindlichen Stellungen große Brände entfachten. So ausgeklügelt der Zeitplan auch war – das Tempo des Vormarschs stimmte keineswegs immer mit ihm überein. Die 9. Panzerbrigade, bestehend aus den 3. Husaren und den Wiltshire und Warwickshire Yeomanries, überholte die Infanterie erst um 6 Uhr 15, zu einem Zeitpunkt, als im ersten schwachen Lichtschein des Morgens die Umrisse einiger zerschossener Telegraphenmasten sichtbar wurden, die längs der Rahmanrollbahn standen. Brigadier Collins, der

diese Truppen befehligte, hatte gegenüber Freyberg bemerkt, daß die Einnahme des Höhenzugs von Akkuakir vermutlich Verluste von 50 Prozent mit sich brächte. »Das gleiche habe auch ich Monty gesagt«, hatte Freyberg geantwortet, »da hat er mir zur Antwort gegeben, daß er auch hundertprozentige Verluste in Kauf nehmen würde.«
Den ganzen Tag über wütete die Schlacht. Ein Sandsturm verringerte die Sicht auf 25 Meter. Der auf Verdacht vorgetragene Gegenangriff der 21. Panzerdivision vermochte wenigstens festzustellen, bis zu welcher Tiefe die Engländer bereits vorgedrungen waren. Am Abend besaß die 9. Brigade von den 94 Panzern, mit denen sie am Morgen ausgezogen war, nur noch 19, und ein Teil des Höhenzuges von Akkuakir befand sich nach wie vor in Händen der Deutschen.
Doch nun waren Rommels Kräfte erschöpft. Er besaß nur noch 32 Panzer, mit denen er den Vorstoß von drei britischen Panzerdivisionen aufhalten sollte. Während der relativen Ruhe der letzten Tage hatte er über hundert Kilometer weiter zurück eine Auffangstellung an der Fukalinie vorbereitet, in welche die Front zurückverlegt werden sollte. Nun schien ihm der Augenblick gekommen zu sein, sich vom Feind zu lösen. Von britischen Schlachtfliegern verfolgt, die wie Falken auf seinen Wagen herunterstießen, begab er sich zu seiner Befehlsstelle beim angeblichen Heiligengrab von Sidi Omar, um von dort aus die nötigen Befehle zu erteilen. Er rechnete damit, seine nichtmotorisierten Verbände während der Nacht zurücknehmen zu können. Die motorisierten Einheiten sollten unterdessen versuchen, vierundzwanzig Stunden hinhaltenden Widerstand zu leisten, bevor sie ihrerseits den Rückzug anträten.
Es war 13 Uhr 30. In Sidi Omar traf eine Botschaft Hitlers ein, mit der er einen Notruf Rommels vom Vortag beantwortete. Er verbot jegliche Absetzbewegung. ›Es wäre nicht das erstemal in der Geschichte‹, so lautete Hitlers Befehl, ›daß der stärkere Wille über die stärkeren Bataillone des Feindes triumphierte. Ihrer Truppe aber können Sie keinen anderen Weg zeigen als den zum Sieg oder zum Tod.‹
Die Wüste hatte keinerlei Wert. 50 oder 500 Kilometer der Marmarika – militärisch waren sie ohne Belang, zudem hatte Rommel vor überlegenen Feindkräften seine Truppen bereits einmal bis nach Tripolitanien zurückgenommen, dann aber das Glück der Waffen gewendet. Aber Hitler ging es um das Prestige. Vor Stalingrad trat man auf der Stelle, und die Welt wunderte sich, welche Mühe die Deutschen sich bei der Ausschaltung der Verteidiger einer Stadt geben mußten, in die sie schon vor Wochen eingedrungen waren. Ein Rückzug des Siegers von Tobruk mußte dem Feind neue Hoffnung geben und für das eigene Lager verheerende moralische Folgen haben. Hitler weigerte sich, sein Einverständnis zu geben. Immer wieder kehrte er mit seinen Gedanken und in seinen Gesprächen zum sogenannten Haltebefehl des Winters 1940/41 zurück, dem seine Umgebung, vielleicht zu Recht, die Rettung der deutschen Wehrmacht zuschrieb. Ob also die Knobelbecher nun im Schnee oder auf Sand standen – Rückzug kam nicht in Frage.

Rommel gehorchte. Der Befehl zum Rückzug erging nicht. Die Nacht vom 3. auf den 4. November blieb verhältnismäßig ruhig; bei Tagesanbruch begann die Offensive erneut. Die Engländer warfen nun alle ihre Kräfte in die Schlacht, setzten alles auf eine Karte.
An allen Stellen begannen die Italiener zurückzuweichen. Im Süden löste sich ihr XXI. Korps vor dem XIII. der Engländer auf. Im Zentrum schlug sich die Division ›Ariete‹ – alte Waffengefährtin des Afrikakorps – mit größter Tapferkeit, doch ihre Panzer vom Typ L und M waren den ›Grants‹ und ›Shermans‹ hoffnungslos unterlegen, so daß die Division zum zweitenmal vernichtet wurde. Auch die Division ›Littorio‹ wurde zerschlagen. Die Division ›Trieste‹, die den rechten Flügel des Afrikakorps deckte, setzte sich ab. Die Italiener bildeten keine zusammenhängende Streitmacht mehr. Wer über ein Fahrzeug verfügte, suchte das Weite; die übrigen, denen es an Wasser und Verpflegung fehlte, ergaben sich...
Auch die Deutschen wurden nicht verschont. Die Argylls von der schottischen Division eroberten den Gefechtsstand der 15. Panzerdivision und dekorierten sich mit Hunderten von Eisernen Kreuzen, die sie dort in Kassetten fanden. Die 9. australische und die 1. Panzerdivision erreichten im Vorstoß über die Reste der italienischen Division ›Trieste‹ das Meer und schlossen die bereits zerschlagene 164. deutsche Division ein. Der Kommandeur des Afrikakorps, General Ritter von Thoma, geriet bei dem Versuch, sie aus der Umklammerung herauszuführen, in Gefangenschaft. Der Chef seines Stabes, Oberst Bayerlein, schlug sich zu Fuß in rückwärtige Stellungen durch und erschien in Rommels Hauptquartier in El Deba. Um sie tobte die Schlacht, ringsum spritzten die einschlagenden Bomben und Granaten Sandfontänen in die Höhe. Rommel, noch in hellem Zorn, kam gerade von einer heftigen Unterredung mit Marschall Kesselring, der auf die letzten Nachrichten vom Schauplatz herbeigeeilt war. Er hatte seinem Oberkommandierenden heftige Vorwürfe gemacht, bei Hitler Illusionen genährt zu haben. Kesselring, der im selben Tone antwortete, gab Rommel den Rat, Befehlen Hitlers, die jeglichen Rückzug verbäten, nicht nachzukommen. Rommel dachte zwar nicht daran, diesen Rat zu befolgen, aber als die neuesten Meldungen eingetroffen waren, blieb ihm gar keine andere Wahl mehr. Er befahl Bayerlein, den Befehl über das Afrikakorps zu übernehmen – es waren nur noch zwölf Panzer – und den Rückzug auf Fuka anzutreten. »Ich werde vors Kriegsgericht kommen, aber bei den gegenwärtigen Umständen ist es meine Pflicht, nicht zu gehorchen...«
Das Kriegsgericht sollte Rommel erspart bleiben. Kesselrings Rat war aufrichtig gemeint gewesen, denn sobald er in Italien angekommen war, rief er Hitler an und teilte ihm mit, daß eine unelastische Verteidigung die sofortige und völlige Vernichtung des Afrikakorps nach sich zöge. Wenige Stunden später, als der Rückzug schon begonnen hatte, gab eine neue Botschaft des Führers Rommel freie Hand.
Montgomerys Verfolgungseifer hielt sich in Grenzen. In einigem Abstand folgte er

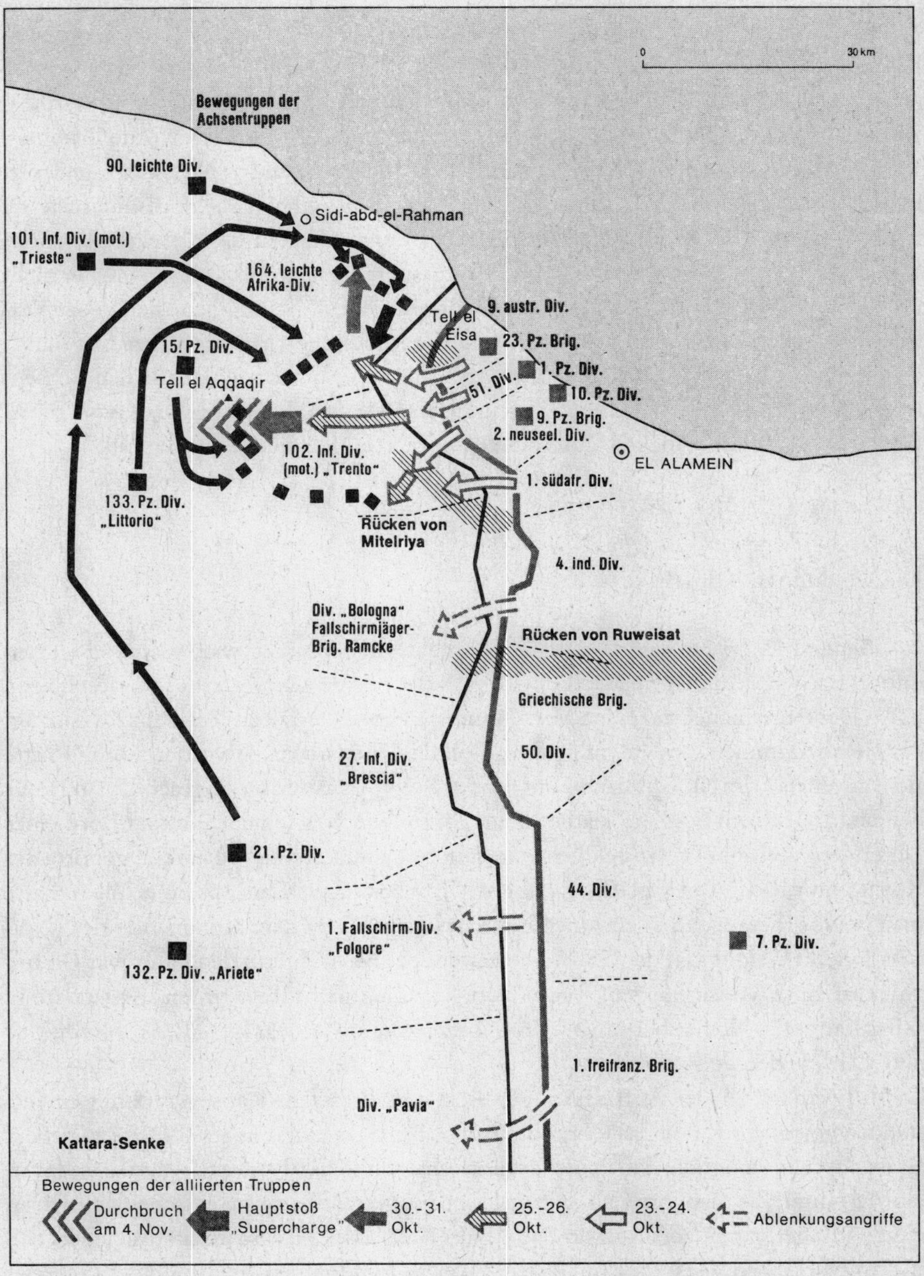

Karte 32 Die Schlacht von El Alamein (Oktober/November 1942)

Rommel und wies alle Vorschläge seiner Generale ab, die ihm zu einer Beschleunigung des Vormarsches rieten. Höheren Orts erklärte er sein Vorgehen damit, daß sintflutartiger Regen seinen Gegner gerettet habe und daß er ihn unter englischen Witterungsbedingungen sicher in seine Hand bekommen hätte. In Wirklichkeit wurde Rommels Rückzug mehr durch sein Prestige als durch die feuerspeienden Maschinen gedeckt, die er hinter sich zurückließ. Immer wieder sagte Montgomery, daß er es ›nicht wie die anderen machen wolle‹ – also nicht wie O'Connor und Ritchie, die eine plötzliche Kehrtwendung des Gegners auf ihre Ausgangsstellungen zurückwarf. So ging er nicht auf die verlockenden Möglichkeiten des Wüstenkrieges ein und blieb auch in der Verfolgung – wie vorher in der Schlacht – der methodische Truppenführer mit seinen britischen Maßstäben. Doch auch so war an seinem Sieg nicht zu zweifeln. Die Achsenmächte verloren 25 000 Tote und Verwundete sowie 30 000 Gefangene, davon 10 724 Deutsche. ›Laßt die Glocken läuten!‹ telegraphierte Alexander an Churchill.

Die Landung in Nordafrika

Als General Henri Honoré Giraud in Gibraltar angekommen war, wurde er zu den unterirdischen Räumen geführt, in denen Eisenhower sein Quartier aufgeschlagen hatte. Der Amerikaner traf einen Mann an, dessen hohe Gestalt auch in dem Zivilanzug, der sie noch immer kleidete, mit jedem Zoll den alten Soldaten verriet. Giraud hatte sich am Vortag um ein Uhr nachts auf offener See vor Lavandou eingeschifft, und zwar bei derartig hohem Seegang, daß er beim Umsteigen von seinem Boot an Bord eines Unterseebootes ins Wasser gefallen war. Dieses Unterseeboot, die *Seraph*, gehörte der Royal Navy, doch um eine Bedingung des französischen Generals zu erfüllen, hatte man sie vorübergehend in ein amerikanisches Schiff unter dem Kommando des Kapitäns Jerauld Wright von der US-Navy verwandelt. Nach 36 Stunden Fahrt war Giraud an Bord eines Wasserflugzeugs vom Typ ›Catalina‹ gebracht worden. Er landete in Gibraltar am 7. November um 15 Uhr. Kurze Zeit später war das Mißverständnis in aller Schärfe deutlich geworden.

Giraud war immer der Auffassung gewesen, daß Präsident Roosevelt damit einverstanden gewesen sei, ihm das Oberkommando über die alliierten Streitkräfte zu geben. Es ist durchaus möglich, daß er nicht unrecht hatte und daß Roosevelt, darauf bedacht, eine Rivalität, die man ihm als unvermeidlich hingestellt hatte, zu entscheiden, sich zu einem unüberlegten Versprechen hatte hinreißen lassen. Es ist jedenfalls sicher, daß Murphy bei einem Gespräch mit Eisenhower in London den Anspruch des Generals vertreten hatte. Der geschickte Eisenhower war jedoch jeder Schwierigkeit ausgewichen, indem er geäußert hatte, daß die Frage des Oberkommandos noch Zeit habe,

Mit der Landung amerikanischer Streitkräfte in Nordafrika im November 1942 gerieten die Truppen der Achsenmächte in einen Zweifrontenkrieg. Im Laufe des Januar 1943 mußte das Afrikakorps ganz Libyen schrittweise aufgeben. Erbitterte Panzerschlachten (oben ein englischer Typ ›Churchill‹) und die Einkesselung immer weiterer deutscher Einheiten (Mitte) mündeten am 13. Mai 1943 in die Kapitulation der letzten deutschen Truppen.

Machte es dem britischen Sergeanten Mühe, die deutschen und italienischen Richtungsweiser (oben) recht zu entziffern, so hatte der algerische Rekrut, der von der französischen Kommandantur seinen Sold ausgezahlt erhielt, Schwierigkeiten anderer Art. Er quittierte mit dem Abdruck seines Daumens (unten).

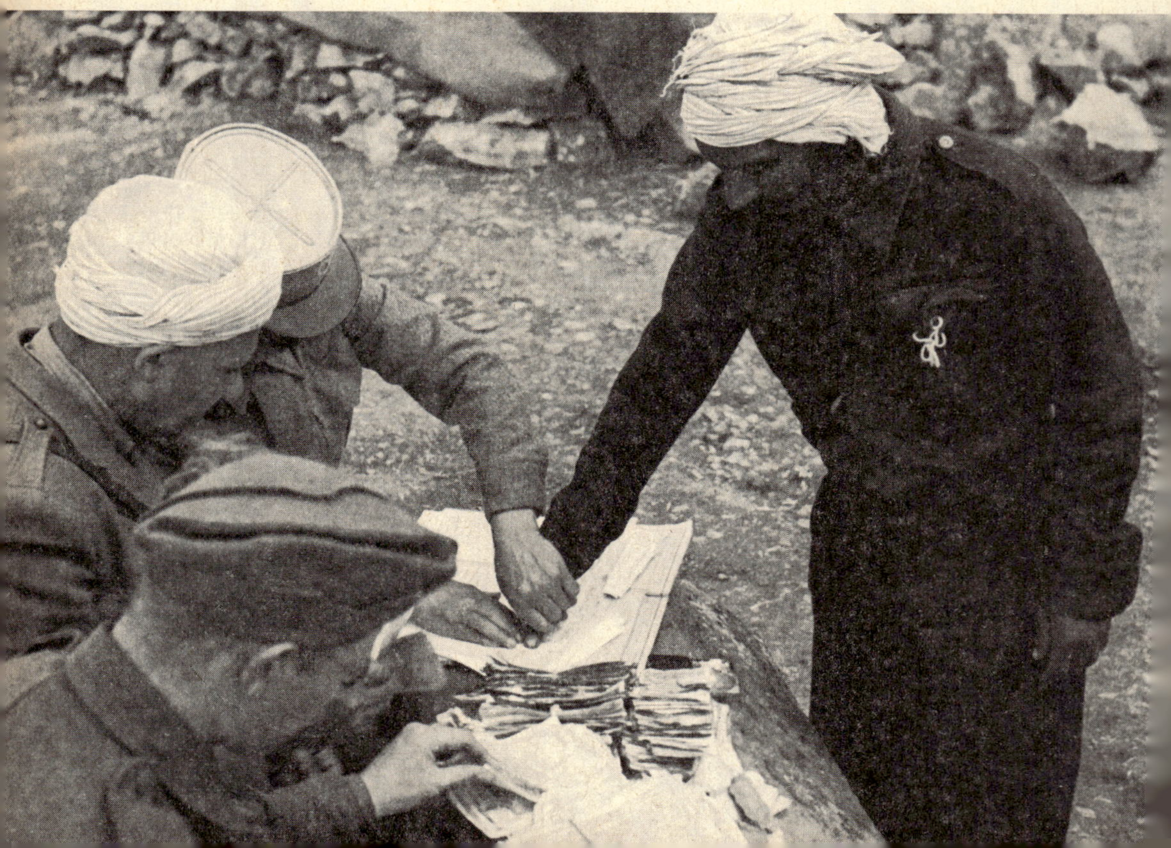

und Murphy hatte sich gehütet, Giraud zu eröffnen, daß sein Status nicht eindeutig bestimmt war. Der Flüchtling aus Königstein betrat das Büro Eisenhowers wie ein Vorgesetzter das eines Untergebenen. »General Giraud«, erklärte er theatralisch, »ist bereit, sein Kommando zu übernehmen.«
Dieser Anspruch war absurd. In wenigen Stunden sollte die Ausschiffung der Truppen beginnen. Kein einziger Franzose war unter den See-, Luft- und Landstreitkräften, die sich den Küsten Algeriens und Marokkos näherten. Giraud hatte nicht die geringste Vorstellung von der Organisation, den Nachschubproblemen und den Methoden jener aus verschiedenen Nationen zusammengesetzten Armee, über die er den Oberbefehl verlangte. Er hatte nicht die geringste Vorstellung von Amerika; gegenüber den Engländern hegte er heftige Antipathien, die auf die Ereignisse von 1940 zurückgingen. Seine Flucht war eine sportliche Glanzleistung gewesen, aber was seine sonstigen Leistungen während des Zweiten Weltkrieges betraf, mußte er als ein General gelten, der am zweiten Tag schon besiegt und am siebten gefangengenommen worden war. Es bedurfte mehr als bloßer Naivität, es bedurfte eines gerüttelten Maßes erstaunlicher Eitelkeit, eine Position zu fordern, die man selbst Foch nur nach vier Jahren Kampf zugestanden hatte, was aber darauf zurückzuführen war, daß sich die französische Armee während dieser Zeit als die beste Waffe der ganzen Koalition erwiesen hatte.
Als er sich um Mitternacht zurückzog und wie ein Verdikt verkündete: »Giraud bleibt Zuschauer«, ließ er seine Gesprächspartner in sprachlosem Erstaunen zurück. Die beiden politischen Berater Eisenhowers, der Engländer Mack und der Amerikaner Matthews, schlugen vor, ihm das nominelle Oberkommando zu geben, doch Eisenhower lehnte diese Zwitterlösung ab. Er erklärte, daß, falls Giraud seine Forderung aufrechterhalte, die Expedition durchgeführt werde, als habe es niemals einen General Giraud gegeben. Aus Washington übermittelte das Gremium der Vereinigten Stabschefs seine Zustimmung. ›Unser einziges Bedauern‹, so schloß die Botschaft, ›ist, daß Sie gerade in einem Augenblick wie jetzt so viel von Ihrer Zeit verlieren mußten...‹
Es war gewiß ein entscheidender Augenblick. Am Vortag hatte Eisenhower die Geleitzüge nach Algerien durch die Meerenge von Gibraltar passieren sehen. Aus Großbritannien und Nordirland führten sie 49000 amerikanische und 23000 britische Soldaten heran, die in Oran, Arzew, Castiglione, Sidi-Ferruch, in Algier selbst und bei Kap Matifou an Land gehen sollten. Andere Geleitzüge, direkt aus Amerika kommend, brachten 35000 Soldaten, die zur Landung in Marokko bei Safi, Fédala und Port-Lyautey bestimmt waren. Man wußte im Hauptquartier zu Gibraltar, daß die Operationen in Algerien wie vorgesehen um 23 Uhr begonnen hatten. Über Marokko hingegen herrschte noch ängstliche Ungewißheit. Die schwierigen Sandstrände der marokkanischen Küsten konnten nur bei besonders günstigen Witterungsverhältnissen als Landeplätze dienen, und die Berichte der Unterseeboote ließen eine viereinhalb Meter

hohe Brandung erwarten. Schon faßte Eisenhower ins Auge, die Geleitzüge in den Hafen von Gibraltar umzudirigieren und dort eine Besserung des Wetters abzuwarten. Doch es handelte sich immerhin um 204 Schiffe, und das Durcheinander, das sie mit sich gebracht hätten, gab zu schlimmsten Befürchtungen Anlaß.
In den ersten Nachtstunden des 7. November hatte der Seegang nachgelassen. Admiral Hewitt nahm das Risiko auf sich, den Plan auszuführen. Hauptziel war die kleine Ortschaft Fédala, wo 19870 Mann und 1701 Fahrzeuge sich am Ufer sammeln mußten, um von dort zur Eroberung Casablancas aufzubrechen. Von vier Zerstörern gedeckt, schickten sich zwölf Transporter an, zwei Meilen vor der Küste zu ankern. Am 8. November um 4 Uhr 45 glitten dort die Landungsboote ins Wasser und nahmen in völliger Dunkelheit Kurs auf die sechs verschiedenen Landungsplätze am Strand. Die meisten unter den Offizieren und Mannschaften von Armee und Marine, die hier bei Nacht an einem unbekannten Strand von den Schiffen gingen, hatten noch keine Erfahrung und machten auf ihrer Fahrt erstmals Bekanntschaft mit dem Meer. Dennoch zeigten sie sich der Situation in unerwartetem Maße gewachsen. Um 5 Uhr 15 wateten die ersten Infanteristen der 3. US-Division durch die Brandung an Land.
Dort lag noch alles im Schlaf. Niemand hatte das Herannahen der Armada bemerkt, niemand hatte gesehen, wie sie ein ganzes Heer aus den Leibern ihrer Schiffe entließ. Niemand war Zeuge des kurzen Kampfes gewesen, der sich auf dem Meere zwischen dem bewaffneten Fischkutter *Victoria* und dem Zerstörer *Hogan* abgespielt hatte, als der Kutter, zum Beidrehen aufgefordert, den Zerstörer zu rammen versucht hatte, von diesem aber aus nächster Nähe mit Granaten zersiebt worden war. Fédala wurde von der Hafenbatterie und der Batterie von Pont-Blondin verteidigt, die aus vier modernen 13,8-cm-Geschützen bestand. Doch sie blieben stumm. Alles lag noch im Schlaf.
Die großen Bewegungen auf dem Meer, die seit zwei Wochen stattfanden, waren nicht ganz unbemerkt geblieben. Die Achsenmächte waren aufmerksam geworden, und auch Vichy-Frankreich war in seinem Gefängnis darüber unterrichtet worden. Indes – erstaunlich genug – niemand dachte an Nordafrika. Nur ganz wenige hielten eine Landung bei Dakar für möglich. Die meisten aber erwarteten eine auf das Mittelmeer gerichtete Operation: Nachschub für Malta, Landung unmittelbar im Rücken Rommels, höchstenfalls Landung auf Sizilien, möglicherweise auch auf Sardinien. Das deutsch-italienische Oberkommando hatte die üblichen Vorbereitungen getroffen und seine Kräfte rings um die Meerengen des zentralen Mittelmeeres zusammengezogen. Abgesehen von der kleinen Schar der Verschwörer, hegte in Französisch-Nordafrika niemand den geringsten Verdacht.
Nachdem man Noguès für weitere Pläne hatte abschreiben müssen, war einer der Agenten Murphys, der Pseudo-Vizekonsul King, auf den Kommandeur der Division von Casablanca, den jungen General von Narvik, Emile-Marie Béthouart, aufmerksam geworden. Doch wegen der strikten Geheimhaltung hatte man Béthouart nicht den

leisesten Wink über die amerikanischen Pläne geben können, und wegen der gespannten Beziehungen zu den Verschwörern von Algier wurde er erst kurz vor der Landung – Mitternacht, 7. November – über die Lage informiert. Er eilte daraufhin sofort nach Rabat, ließ Noguès wecken und suchte ihn zu bewegen, sich auf die Seite der Alliierten zu stellen. Respekt vor dem höheren Dienstgrad und Unerfahrenheit in der Technik der Konspiration ließen ihn leider versäumen, sich der Person des Generalresidenten zu versichern und ihm jegliche Möglichkeit zu einer Fühlungnahme mit der Außenwelt zu nehmen. So aber setzte sich Noguès telefonisch mit dem Befehlshaber der Marine, Admiral Michelier, in Verbindung, der eine amerikanische Invasion rundweg abstritt und erklärte, es handele sich doch wohl nur um ein britisches Kommandounternehmen. Noguès erinnerte sich seiner Befehlsgewalt und ließ Béthouart festnehmen.

Doch in der Zwischenzeit hatten die Waffen bereits gesprochen. In Fédala hatte die Batterie von Pont-Blondin kurz nach sechs Uhr im Morgendunst das Feuer eröffnet, ohne zu wissen, welcher Nationalität die Schiffe angehörten, denen sie ihre Granaten entgegensandte. Bei Port-Lyautey und bei Safi waren die Amerikaner glücklich gelandet, doch kam es zu Kämpfen, als die Franzosen sich von ihrem ersten Schrecken erholt hatten. Vor Casablanca wurde ein französischer Jäger, der ein amerikanisches Flugzeug abzufangen versuchte, von der Schiffsflak abgeschossen. Um 7 Uhr 01 eröffnete dann die im Hafen festliegende *Jean Bart* das Feuer auf den amerikanischen Kreuzer *Massachusetts*. Der Kampf zwischen Amerikanern und Franzosen um Marokko hatte begonnen.

Ganz ähnlich liefen die Ereignisse in Oran ab. Nach der ersten Überraschung fingen sich die Franzosen wieder und leisteten Widerstand. Die Zerstörer *Hartlord* und *Walney*, britische Schiffe, doch als Transporter für amerikanische Infanterie dienend, wurden von den Küstenbatterien um Oran versenkt, als sie in den Hafen eindringen wollten. 200 Mann gingen dabei zugrunde.

Algier war die einzige Stadt, wo zwischen den amerikanischen Befehlshabern und dem französischen Untergrund eine wirksame Zusammenarbeit vorbereitet worden war. Am 23. Oktober hatte man Eisenhowers Stellvertreter, General Clark, durch das Unterseeboot *Seraph* an die algerische Küste gebracht, wo er bei Cherchell in der Villa eines Kolonialfranzosen namens Tessier mit General Mast zusammengetroffen war. Der Franzose hatte mit einer Fülle interessanter Nachrichten aufgewartet, doch konnte der Amerikaner Vertrauen nicht mit Vertrauen erwidern und Mast von dem Datum der Landung unterrichten. Erst am 4. November erhielt Murphy die Erlaubnis, mitzuteilen, daß die Nacht vom Sechsten auf den Siebten die große Nacht zu werden bestimmt sei. Mast war wie vor den Kopf geschlagen und protestierte gegen das mangelnde Vertrauen, das in dieser verspäteten Mitteilung zum Ausdruck kam. Vor allem, so betonte er, sei es ihm zu diesem Zeitpunkt nun gänzlich unmöglich, noch irgend-

einen brauchbaren Plan vorzulegen. Murphy konnte zum Zeichen seiner Ohnmacht gegenüber der Situation nur mit den Schultern zucken. Die Verschwörer mußten sich fügen. Es war nun beschlossene Sache, daß sie sich der Hauptpost bemächtigen sollten, auch der Hauptsitze der Verwaltung und des Flugplatzes von Maison-Blanche, auf dem Murphy seinen Mann Giraud wie einen *Deus ex machina* erscheinen zu sehen hoffte.
Am Abend des 7. November gingen die führenden Persönlichkeiten von Militär und Zivilverwaltung wie jeden Abend zu Bett. Einer der Schläfer war der General Juin. In der Villa ›Les Oliviers‹ in El Biar erschien er kurz darauf – aus dem Schlaf gerissen, im rosa Pyjama – vor Murphy, der ihm die Nachricht von der Landung mitteilte. Gebeten, Stellung zu nehmen, wich Juin zögernd aus und erklärte, er würde sich sofort äußern, wenn dies allein an ihm läge. »Doch wie Sie ja wissen, ist Darlan in Algier. Er ist mein Vorgesetzter, und ihm steht die Entscheidung zu.«
Darlan in Algier? Murphy wußte davon nichts! Das brachte ein neues Element ins französisch-amerikanische Spiel. Als Admiral Leahy noch in Vichy weilte, hatte Darlan ein verlockendes Angebot gemacht: »Wenn Sie mit 50000 kommen, dann schieße ich auf Sie; wenn Sie mit 500000 kommen, empfange ich Sie mit offenen Armen.« Als Leahy dann abgefahren war, hatte Darlan sich um Kontakte mit Murphy bemüht. Durch Admiral Fenard, den Generalsekretär für Algerien, ließ er Murphy ausdrücklich sagen, daß er, Darlan, auch nach der Rückkehr Lavals an die Macht an der Spitze der Streitkräfte geblieben sei, sich an seiner Stellung als Oberkommandierender in Nordafrika also nichts geändert habe. Übrigens fungierte als Verbindungsmann auch noch der eigene Sohn des Generals, der Leutnant zur See Alain Darlan. »Mein Vater«, erklärte er Murphy, »muß im Hinblick auf die Deutschen gewisse Rücksichten üben, doch er sucht nach Wegen, um französische Soldaten und französische Schiffe für die alliierten Pläne in Nordafrika bereitzustellen, vielleicht sogar auch für ihre Pläne in Frankreich.« Murphy erstattete Roosevelt Bericht, und dieser setzte wiederum Churchill davon in Kenntnis, von dem die seltsame Äußerung gegenüber Eisenhower stammt: »Wie sehr ich Darlan auch hasse, ich würde vor ihm eine Meile auf dem Bauch kriechen, wenn er uns nur die Flotte von Toulon brächte...« Durch ein Telegramm des Präsidenten vom 17. Oktober war Murphy übrigens autorisiert worden, mit Admiral Darlan in Verhandlungen einzutreten über ›jegliches Abkommen, das geeignet sein könnte, eine Landung zu erleichtern‹. Gewiß war es eine amerikanische Idee, den Admiral, der seit langem schon als Kronprinz Marschall Pétains galt, in die Pläne einzubeziehen.
Jedenfalls war die Überraschung Murphys nicht gering: Er hatte nichts davon gewußt, daß Darlan in Algier war. Vor vier Tagen aber hatte sich Darlans Sohn Alain infolge eines Anfalls von Kinderlähmung in Lebensgefahr befunden. Am Fünften war daraufhin der Admiral incognito angereist und wollte am nächsten Tag seinen Sohn mit sich nach Frankreich zurücknehmen. Keiner der Verdachtsgründe, die man wegen dieses

seltsamen Zusammentreffens verständlicherweise vorbrachte, hat sich jedoch als stichhaltig erwiesen. Es war wirklich ein unvorhersehbarer Umstand dafür verantwortlich, daß die dritte maßgebliche Persönlichkeit Vichys sich ausgerechnet zu einem Zeitpunkt in Nordafrika aufhielt, als die Alliierten mit ihrer Landung begannen.

Darlan wohnte bei Admiral Fenard. Aus dem Schlaf gerissen, fand er sich alsbald mit seinem Gastgeber und Admiral Battet ein. Von Murphy über den Stand der Dinge informiert, ließ ihm der Zorn die Röte ins Gesicht steigen. Dann brach er los: »Ich weiß schon lange, daß die Engländer ein stupides Volk sind. Die Amerikaner habe ich für klüger gehalten. Jetzt sehe ich, daß die einen so gut sind wie die anderen. Wenn sie nur einige Wochen Geduld gehabt hätten, dann hätten wir gemeinsam handeln können, nicht nur im Hinblick auf Nordafrika, sondern auch im Hinblick auf ganz Frankreich. Sie haben aber alleine marschieren wollen! Ich frage mich, was jetzt aus meinem Land werden soll!«

Außer sich vor Wut, verließ Darlan den Salon. Der hochgewachsene Murphy lief neben ihm her und versuchte seine langen Schritte dem kurzen, nervösen Trippeln des Admirals anzupassen. Er redete und log, nannte als Zahl der Invasionstruppen das Vierfache der wirklichen Stärke, weil er Darlan doch daran erinnern wollte, daß dieser ihn mit offenen Armen zu empfangen versprochen hatte, wenn nur die Stärke der Landungstruppen 500000 Mann betrage – und nun seien sie doch wirklich gekommen. Darlan ging nicht darauf ein, sondern brach erneut in Zorn aus, als er den Namen Giraud hörte: »Er taugt allenfalls zum Divisionsgeneral! Er ist ein Kind! Er hat von nichts ein Ahnung, und er wird auch für Sie zu nichts gut sein!« Enttäuschung und Hoffnungslosigkeit überkamen ihn nun, da er plötzlich seine ganzen Pläne zerrinnen sah. Als einer, der auf der Verliererseite stand, hatte er Hitlers Wutausbrüche überstanden, sich bis zur Rückkehr Lavals gehalten und bereitete nun eine Kehrtwendung vor, die ihn auf die Seite der Sieger bringen sollte. All das war nun hinfällig.

Der Spaziergang des aufgebrachten Mannes dauerte eine Viertelstunde, dann hatte sich sein Zorn gelegt. Darlan gewann seine Beherrschung zurück und setzte sich nieder. Er wollte nun Zeit gewinnen. Zunächst mußte er sich Informationen über den Umfang der Landungen verschaffen. Wie sich Juin an Darlan erinnert hatte, so erinnerte sich Darlan nun an Pétain. Er erinnerte sich, daß er dem Marschall sein Wort verpfändet hatte und daß er ohne dessen Zustimmung nichts unternehmen konnte. So wollte er ihm erst berichten und dann weitere Instruktionen abwarten.

Murphy erklärte sich einverstanden. Einverstanden auch damit, daß die Herren Admirale und Generale wieder zu ihren Dienststellen zurückkehrten. Aber die jungen Männer, die ›Les Oliviers‹ umstellt hatten, beurteilten die Lage realistischer als der Konsul der Vereinigten Staaten. Mit vorgehaltener Maschinenpistole versperrten sie den Weg.

»Sind wir nun Gefangene?« fragte Juin.

»Es scheint so«, antwortete Murphy.
»Aber«, warf Darlan ein, »wie soll ich denn nun mit Vichy Verbindung aufnehmen?«
Der amerikanische Vizekonsul Kenneth Pendar erbot sich, eine Nachricht zur Telegraphenzentrale zu bringen.
Schon war der Tag da. Die Franzosen lagen im Schlummer. Murphy verzweifelte fast. Um 2 Uhr 30 sollten die amerikanischen Truppen auftauchen; es war bereits 6 Uhr 30, und man wartete noch immer...
Plötzlich änderte sich die Szene. Rings um die Villa tauchten Mobilgarden auf, entwaffneten die Verschwörer und befreiten die Generale. Murphy, der *manu militari* in ein kleines Zimmer gedrängt wurde, blieb dort unter der Aufsicht von Admiral Fenard, während Juin und Darlan sich zum Fort L'Empereur begaben. Schon begann der Nachmittag, und der Vertreter des amerikanischen Präsidenten fragte sich nicht ohne Sorge, während ihm der Angstschweiß auszubrechen begann, ob er sich nicht gar im Datum versehen habe und wie denn eigentlich die rechtliche Lage eines Diplomaten sei, den man an der Spitze einer Verschwörung im Lande seiner Akkreditierung in flagranti ertappt.
Endlich öffneten sich um 15 Uhr die Türen, und Darlan erschien. Die Landung war kein Hirngespinst gewesen. Die amerikanischen Fahrzeugkolonnen hatten sich verfahren und waren deshalb zu spät gekommen. Nun aber zogen sie in Algier ein, und Darlan bat Murphy, mit dem kommandierenden General Kontakt aufzunehmen. Dieser verließ also das Haus, ihm zur Seite eine amerikanische und eine weiße Fahne. Er stieß bald auf einen amerikanischen Vorposten, den ein mißtrauischer Leutnant befehligte, dann begegnete er Randolph Churchill, dem Sohne des Premiers, in der Uniform eines amerikanischen Rangers. Dieser führte ihn zu General Ryder, der sich einverstanden erklärte, Murphy zum Fort L'Empereur zu begleiten. Ein örtlicher Waffenstillstand wurde noch vor Einbruch der Dunkelheit unterzeichnet. Die Verluste beschränkten sich auf eine geringe Zahl von Soldaten und den britischen Zerstörer *Broke*, der im Hafen von Algier so heftig abgewiesen worden war, daß er einige Stunden später auf Grund ging. Es dauerte noch drei Tage, bis die Lage in ganz Nordafrika geklärt war.
Am 9. November landete Giraud auf dem Flugplatz von Blida. Er konnte sich vor Erstaunen kaum fassen, daß niemand zu seinem Empfang erschienen war, noch mehr aber erstaunte ihn, daß er von der Mehrheit der Armee in Afrika als Rebell betrachtet wurde. Da er seine Verhaftung befürchtete, suchte er bei Lemaigre-Dubreuil Unterschlupf in der Kasbah.
Um Oran, Port-Lyautey und Safi gingen die Kämpfe weiter. In Casablanca füllte sich der Hafen mit Wracks, doch der Widerstand war immer noch nicht gebrochen. Im Radio konnte man den nachdrücklichen Appell des Marschalls Pétain hören: »Ich habe immer gesagt, daß wir unser Kolonialreich gegen jeden Angreifer verteidigen werden,

gleichgültig wer es sei. Wir wurden angegriffen, also verteidigen wir uns. Den Befehl habe ich gegeben...« Dieser Widerstand war von vornherein sinnlos. Sollte er sich noch länger hinziehen, so drohte er eine unüberbrückbare Kluft zwischen den Franzosen und den Alliierten aufzureißen.
Die Amerikaner erkannten, daß der einzige Mann, der diesem traurigen Blutvergießen Einhalt zu gebieten vermochte, Admiral Darlan war. Er verkörperte die Legitimität, die Treue zum gegebenen Wort, und nicht ohne Erstaunen stellten sie fest, daß er dadurch Überzeugungskraft ausstrahlte. Clark eilte nach Gibraltar, ließ dem Admiral keine Ruhe, ja drohte sogar mit seiner Festnahme, bis er ihm schließlich am 10. November ›im Namen Marschall Pétains‹ den Feuereinstellungsbefehl abgerungen hatte. Zu diesem Zeitpunkt ergab sich gerade Oran, und Casablanca stand kurz vor seiner Beschießung.
Die Einstellung der Kampfhandlungen geschah unverzüglich. Die angloamerikanischen Streitkräfte hatten den Verlust von 700 Gefallenen und 29 Schiffen zu beklagen, darunter drei Zerstörer und sieben Transporter. Die französischen Verluste an Mannschaften waren nahezu gleich hoch, die Schiffsverluste aber bedeutend höher. Die in Casablanca befindlichen Flotteneinheiten waren zerstört. Die *Jean Bart* ruhte auf dem Grunde des Hafens. Acht Unterseeboote waren von der Feindfahrt nicht zurückgekehrt, und vier Zerstörer, die sich geopfert hatten, waren beim Angriff auf die überlegenen amerikanischen Flottenkräfte versenkt worden. Pétains offizielle Reaktion erfolgte sofort: Darlans Handlungsweise wurde verworfen, der Admiral seiner Posten enthoben und durch Noguès ersetzt. Der Befehl, bis zum äußersten Widerstand zu leisten, wurde wiederholt – freilich vergeblich. Die Nachkriegsprozesse haben indes an den Tag gebracht, daß Darlan durch eine geheime verschlüsselte Botschaft des Marschalls dessen Zustimmung erhalten hatte. Die Affäre verliert sich in den mäandergleichen Wegen eines Doppelspiels.

Pétain: »Ich bleibe...«

Die Ereignisse in Nordafrika vom November 1942 kennzeichneten einen entscheidenden Schritt in der Entwicklung des Krieges. Nun begann die Gegenoffensive der großen Seemächte. Vor El Alamein hatte es für sie nur Fehlschläge gegeben, nach El Alamein gab es für sie nur Erfolge.
Für Frankreich und die Franzosen zeitigte das sofort seine Auswirkungen. Sie waren gespalten gewesen, doch nun mochten sie es nicht länger bleiben. Bis jetzt hatten sie sich in der Illusion wiegen können, daß sie trotz ihrer Niederlage von allen unterjochten Völkern Europas am besten weggekommen seien. Doch der abwartende Neutralis-

mus Vichys hatte nun ausgespielt. Dort entschied man sich dann auch für das deutsche Lager: Innerhalb des Weltkriegs begann sich ein französischer Bürgerkrieg zu entwickeln.
Für de Gaulle waren die Umstände, unter denen sich die Landung in Nordafrika vollzog, ein Schlag ins Gesicht. Churchill hatte zwar Roosevelt um dessen Einwilligung gebeten, de Gaulle schon einige Tage vorher einzuweihen, wobei er den General auf seine Offiziersehre zur Schweigsamkeit verpflichten wollte, doch der Präsident hatte mit Entschiedenheit abgelehnt. Erst am 8. November wurde de Gaulle in die Downing Street gerufen und hörte aus Churchills Mund, was bereits ganz England wußte. Der erwartete Zornesausbruch blieb aus. De Gaulle beschränkte sich auf einige Bemerkungen militärischer Art, erklärte, daß die Alliierten einen großen Fehler begangen hätten, weil sie nicht in Tunis gelandet seien, und zog sich in eisiger Würde zurück. Am gleichen Abend noch erließ er einen Aufruf an die französische Bevölkerung Nordafrikas und forderte sie auf, sich um die Alliierten zu scharen, ›ohne sich um Formulierungen und Namen zu kümmern‹. Trotzdem war die Lage seltsam genug. Das französische Mutterland mitsamt seinen Kolonien zerfiel in drei gegensätzliche Lager: In diejenigen Gebiete, die de Gaulle anhingen, in jene, die in der Hand der Männer von Algier waren, und in das Mutterland, welches Laval regierte. Die olympische Ruhe, die General de Gaulle zu bewahren verstanden hatte, war freilich nicht nach dem Geschmack seiner Anhänger, deren Wut über die Düpierung ihres führenden Mannes keine Grenzen kannte. Als der französische Exilabgeordnete Henri de Kérillis sich zur französischen Delegation in der Fifth Avenue begab, um dort seine Begeisterung über die Ereignisse auszudrücken, sah er nur ›schräge Blicke und verbitterte Münder‹. Der antiamerikanische Ton gaullistischer Organe steigerte sich in bis dahin unerhörter Weise. Die Zeitung ›La Marseillaise‹ druckte Sätze wie diesen: ›Die Tatsache, daß unsere amerikanischen Verbündeten Gebiete besetzen, die uns so viel Blut gekostet haben, trifft unser Land viel mehr als die Besetzung einiger unserer Departements durch die Nazis, denn es trifft unsere Ehre.‹
In Vichy hatte während der Nacht zum 7. November Tuck Marschall Pétain eine Botschaft Präsident Roosevelts überbracht, die ihn von der vollzogenen Landung in Kenntnis setzte, sie als eine Präventivmaßnahme bezeichnete und gleichzeitig Vichy aufforderte, Frankreich möge sich den Alliierten anschließen. Wenige Stunden später wurde eine weitere Botschaft im Hotel du Parc abgegeben – diesmal durch den Vertreter Deutschlands, Krug von Nidda. Hitler gab in ihr der französischen Regierung zu verstehen, daß er einen Abbruch der diplomatischen Beziehungen zu den Vereinigten Staaten nicht als ausreichende Antwort auf deren Landungsunternehmen in Nordafrika betrachten würde. Er verlangte von Frankreich eine Kriegserklärung an die angelsächsischen Mächte und ließ gleichzeitig wissen, daß er Laval in München erwarte, wo am nächsten Tage eine deutsch-italienische Konferenz stattfinden sollte.

In München herrschten Unzufriedenheit und Verwirrung – ›die penetrante Atmosphäre einer verschworenen Gruppe‹, wie ein Augenzeuge es schilderte. Von trübsinniger Gleichgültigkeit gelähmt, hatte der unter Magenschmerzen leidende Mussolini sich nicht zur Reise entschließen können. An seiner Stelle ließ nun Ciano den Monolog Hitlers über sich ergehen. Es ging darum, daß die britisch-amerikanische Landung keine Gefahr darstelle und daß die Anwesenheit von 52 deutschen Divisionen im Westen jede Möglichkeit einer Invasion in Europa ausschließe, die geeignet sei, den Einfall in Afrika über das Mittelmeer hinaus weiterzutragen. Doch seien zwei Sicherheitsmaßnahmen geboten: die Besetzung ganz Frankreichs und eine Verlegung von Truppen der Achse nach Tunesien. Der Führer hatte entschieden, auch noch Laval zu hören, der, mit dem Wagen unterwegs, vom Nebel aufgehalten wurde, doch alles, was dieser noch sagen mochte, hätte Hitlers Entscheidung ohnehin nicht mehr beeinflussen können. Laval traf erschöpft um 4 Uhr morgens ein.
In Vichy erwartete man die völlige Besetzung Frankreichs, und Pétain war nicht geringem Druck von Leuten ausgesetzt, die forderten, er möge der Situation entsprechend handeln und Frankreich auf die Seite führen, auf die es eigentlich gehöre. Von Saint-Raphaël war Weygand in einem Flugzeug herbeigeeilt, das ihm Pétain dafür eigens zur Verfügung gestellt hatte. Es war zu heftigen Auseinandersetzungen mit Laval gekommen, der gerade im Begriff stand, nach München abzufahren.
»Monsieur Laval, Sie haben 95 Prozent der französischen Bevölkerung gegen sich!«
»Sagen Sie ruhig 98 Prozent, aber ich werde auch gegen ihren Willen das tun, was zu ihrem Besten ist.«
Zwei Gesinnungsgruppen, bis zum Haß einander befehdend, spalteten die provisorische Hauptstadt Frankreichs. Dem Befehl General Verneaus folgend, machte sich die nach dem Waffenstillstand noch verbliebene kleine Armee kampfbereit, entschlossen, sich notfalls zu opfern, wenn dadurch Pétain die Möglichkeit eines Entkommens nach Algier gegeben wäre. Angesichts dieser patriotischen Bekundungen beschlich Laval eine beklemmende Unruhe. Nur höchst ungern verließ er in einem so entscheidenden Augenblick die Hauptstadt, doch schien es ihm nicht möglich, sich einer Besprechung mit Hitler zu entziehen. Er war im übrigen entschlossen, Forderungen nach einem Kriegseintritt Frankreichs abzuweisen. Am 10. November ab 11 Uhr wartete Laval stehend in demselben Raum, in dem 1938 Chamberlain und Daladier Hitler einen Sieg ohne Kampf überlassen hatten. Ciano hat den Franzosen beschrieben, wie er in seinem etwas bäurisch wirkenden Anzug reichlich fremd zwischen all den Uniformen dastand und versuchte, die sturen Gesichter rings um ihn mit ungezwungenen Späßen zu erheitern, die keine Resonanz fanden. Hitler ließ ihn mehrere Stunden warten, ehe er ihn schließlich anhörte. Zwei Dinge irritierten den Franzosen bei diesem Gespräch: einmal das Verbot, in Gegenwart Hitlers zu rauchen, zum anderen die ihm von Abetz zugesteckte Nachricht von der Erteilung eines Feuereinstellungsbefehls durch Darlan.

Doch dessenungeachtet plädierte er mit Eindringlichkeit für seine Sache. Als er sich verabschiedete, nahm er einen durchaus angenehmen Eindruck von Hitler mit, dessen Geduld und urbane Umgänglichkeit ihm gefallen hatten. Als nächstes stürzte er ans Telefon, um Vichy mitzuteilen, man möge vor seiner Rückkehr nichts entscheiden und nichts unternehmen. Der geringste Fehler könne jetzt Frankreich den schlimmsten Repressalien aussetzen und dem Land das Schicksal Polens bescheren.
Im selben Augenblick, als Laval sich wieder auf die Heimfahrt machte – es war der Morgen des 11. November – erhielt die Regierung in Vichy einen wichtigen Besuch, nachdem sie zuvor schon in kurzem Abstand drei deutsche Noten empfangen hatte. Die erste, um 23 Uhr 50 abgegeben, forderte Frankreich höflich auf, Tunis den deutsch-italienischen Streitkräften zu öffnen; die zweite, um 2 Uhr morgens überreicht, griff der französischen Erlaubnis vor und kündigte an, daß besagte Streitkräfte bereits mit ihrer Landung begonnen hätten; die dritte, abgegeben um 5 Uhr 30, gab den Einmarsch deutscher Truppen in den unbesetzten Teil Frankreichs bekannt. Der wichtige Besuch schließlich – Generalfeldmarschall von Rundstedt – bekräftigte diese letzte Mitteilung. Marschall Pétains Antwort war nur schwacher Protest. An ernsthaften Widerstand dachte man nicht, nachdem General Bridoux, Staatssekretär für Verteidigungsfragen, Sohn eines 1914 gefallenen Generals und Vater eines Sohnes, der als Hauptmann in deutscher Uniform kämpfte, das Hauptquartier Verneaus durch Mobilgarden hatte auflösen lassen und den Truppen die Rückkehr in die Kasernen befohlen hatte.
Pétain hätte Vichy verlassen können. Ein Flugzeug stand bereit, ihn nach Nordafrika zu bringen. Seine engsten Berater bestürmten ihn. Doch er lehnte ab mit dem Bemerken, daß es nun mehr denn je seine Pflicht sei, sich schützend zwischen das französische Volk und seine Besieger zu stellen. Nach General Serrigny, der dreißig Jahre mit ihm zusammengearbeitet hatte, führte er auch die Bedenken seines Arztes ins Feld, der auf die Gefahren einer Luftreise in seinem Alter hingewiesen habe, und wurde höchst ärgerlich, als Serrigny meinte, ein solches Ende würde ihn in den Augen seines Volkes für immer verklären. Beide der genannten Beweggründe mögen authentisch sein. Die Antriebe, aus denen heraus ein Mensch handelt, sind fast immer mehrschichtig, und leicht gewinnt im Alter der schiere Egoismus die Oberhand.

Die Selbstversenkung der französischen Flotte

Nicht nur Pétain hat die Gelegenheit des Absprungs nach Algier verpaßt. Seit 1940 lag die französische Flotte untätig im Hafen von Toulon. Sie bestand einerseits aus der Hochseeflotte unter dem Befehl des Flottenadmirals Jean de Laborde, andererseits aus den Kräften der Küstenverteidigung unter dem Befehl des Marinepräfekten, des Vize-

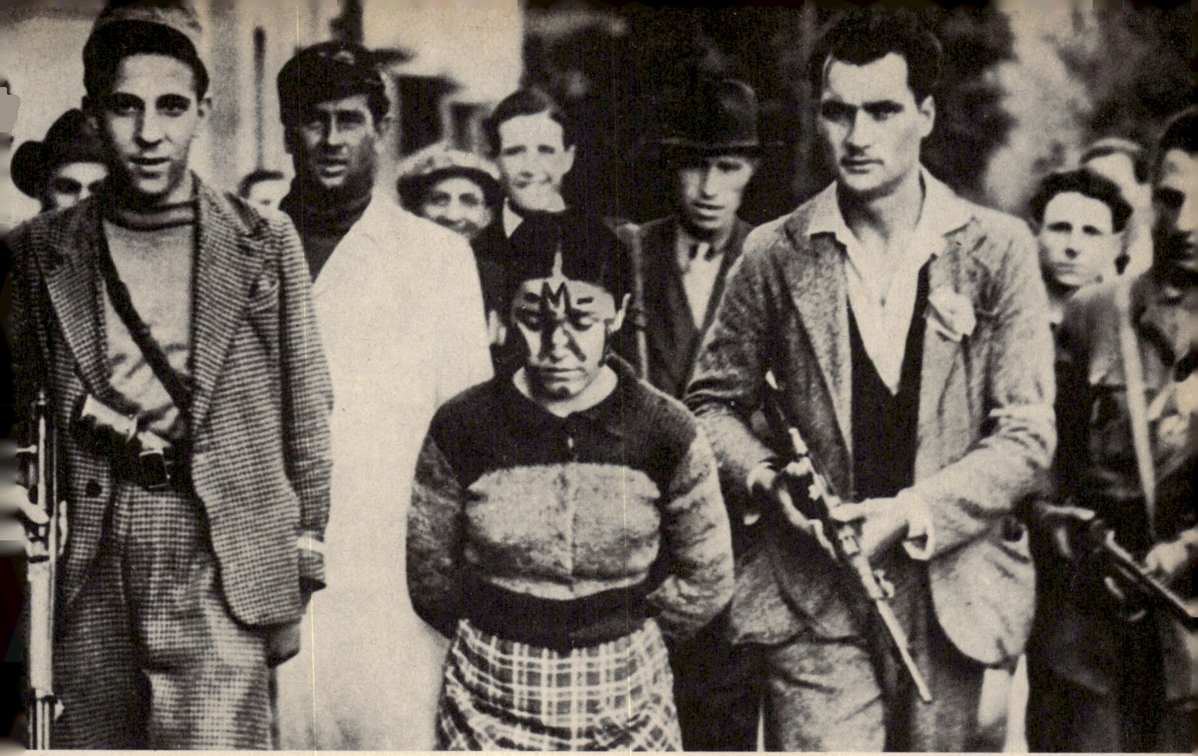

Das Wort ›Kollaborateur‹ wurde zur Anklage gegen Hunderttausende, gegen die sich 1944 in Frankreich, Italien und anderen besetzten Gebieten die entfachte Volkswut erhob. In Frankreich wurden Pétain und Laval zum Tode verurteilt, weitere 2071 Todesurteile gefällt, über 40000 Freiheitsstrafen verhängt. Die ersten Wochen nach der Befreiung sahen fast 100000 Menschen hinter Schloß und Riegel.

Als Antwort auf die amerikanische Landung in Nordafrika besetzten deutsche Truppen am 9. November 1942 das noch unbesetzte Frankreich, erreichten den Kriegshafen Toulon allerdings erst am 27. November, als die Reste der französischen Flotte bereits von ihren Besatzungen im Hafen kampfunfähig gemacht oder versenkt worden waren. Admiral Darlan hatte seinen Schwur, die Flotte nie in deutsche Hände fallen zu lassen, gehalten.

admirals Marquis. Die allgemeine Hochachtung, der sich die Marine erfreute, gab dem Stützpunkt in Toulon eine Lebendigkeit und einen äußeren Glanz, wie man ihn in jenen trüben Jahren in ganz Frankreich kein zweitesmal hätte finden können. Das Marineoffizierskorps war traditionell antibritisch gesonnen und nahm für sich in Anspruch, unbesiegt geblieben zu sein – als ob irgend etwas hätte heil bleiben können im allgemeinen Unglück der Nation. Es war ungeschriebenes Gesetz, daß keines der Schiffe in fremde Hände fallen dürfe – weder in die der Feinde, noch in die ehemaliger Verbündeter. Diese Entschlossenheit hatte bei der französischen Marine geradezu eine Psychose der Selbstversenkung entstehen lassen. Nie war jemals in der Geschichte eine Selbstzerstörung sorgfältiger vorbereitet worden. Umfangreiche Pläne hatte man zu diesem Zwecke ausgearbeitet. In regelmäßigen Abständen hielt man Übungen ab. Auf diesen Kriegsschiffen, die nach der Entscheidung ihrer Befehlshaber keine Gelegenheit erhalten sollten, an einer siegreichen Seeschlacht teilzunehmen, war jegliche Aktivität auf die Einübung des Selbstmords gerichtet. Und dennoch wäre auch dies beinahe noch umsonst gewesen!

Darlan übermittelte den Einheiten den Befehl, seinem Beispiel zu folgen. Was daraufhin geschah, war bemerkenswert: Keine einzige Schiffsschraube setzte sich in Bewegung. Die wichtigsten Schiffe hatten genug Treibstoff, um über das Mittelmeer zu kommen, und starke britisch-amerikanische Flottenverbände waren bereit, ihnen Geleitschutz zu geben. Aber Admiral de Laborde hegte eine tiefe Abneigung gegen die Engländer, und Admiral Marquis betrachtete sich als Befehlsempfänger. Zwar waren die Kessel bereits angeheizt worden, als noch ein Eingreifen gegen die in Algerien gelandeten Truppen im Bereich des Möglichen stand, doch hatte man sie wieder gelöscht, als jede Wahrscheinlichkeit hierfür geschwunden war. Erneut begann nun eine Zeit des Wartens.

Dann kehrte das alte Hochgefühl wieder. Mit erleichtertem Aufatmen vernahm man in Toulon, daß der Führer nicht die Absicht habe, seine Hand auf die Schiffe zu legen, daß er sie vielmehr im Vertrauen auf die Ehre der französischen Marine dieser zur Verteidigung der Stadt überlassen wolle. Nun bildete sich ein nach außen abgeschlossenes Lager. Zwanzig Bataillone der Armee wurden hier zusammengezogen. Toulon sah sich nun plötzlich in der schmeichelhaften Rolle des alleinigen Wahrers französischer Militärhoheit im sonst vom Feind völlig besetzten Frankreich. Diese Illusion hielt sich auch dann noch, als die Deutschen eine Verstärkung des Stützpunkts durch Erdtruppen untersagten und die Auflösung der zwanzig Bataillone forderten. So mußte sich die Marine damit begnügen, die Seeseite gegen die britisch-amerikanischen Streitkräfte in Verteidigungszustand zu setzen, während auf der Landseite, zu den Deutschen hin, an drei Stellen – in Ollioules, Sanary und La Valette – je drei Gendarmen als einzige über die Integrität Toulons wachten.

Hitlers Entscheidung, alles, was noch von der französischen Militärmacht geblieben war, nun endgültig zu liquidieren, war durchaus verständlich. Dem Waffenstillstand in Algier war die Partnerschaft der französischen Streitkräfte in Nordafrika mit den Alliierten gefolgt. Giraud, der schriftlich sein Wort gegeben hatte, der Deutschlandpolitik Pétains keine Hindernisse in den Weg zu legen, hatte am 13. November den Oberbefehl übernommen und den französischen Truppen Order erteilt, den Vorstoß der Alliierten nach Tunesien zu decken. Juin, der unterzeichnet hatte, was früher beim Militär ein ›Revers‹ genannt wurde, hatte sich unter Girauds Kommando gestellt und bis dahin unschlüssige Generale wie Mendigal und Koeltz mitgezogen. Darlan war mit Feuer in seine Rolle eines Rächers des Vaterlandes geschlüpft, wobei übrigens die Deutschen – nach dem Zeugnis von Goebbels' Tagebuch – sein geheimes Einverständnis mit Pétain voraussetzten.

Jene Männer, die nun ihre Haltung änderten oder sich früherer Bindungen entledigten, hatten dafür sehr überzeugende Gründe, doch muß man zugeben, daß sie Hitler keine schlechten Vorwände lieferten, sich durch entsprechende Maßnahmen vor weiterem Schaden zu schützen.

In der Nacht vom 26. November kehrte der Überbringer höchster Zornesäußerungen, Krug von Nidda, zum Schauplatz des Geschehens zurück. Er begab sich zum Landsitz Lavals, Châteldon, und wartete dort, seinem Auftrag gemäß, bis 4 Uhr 30, ehe er sich die Torgitter öffnen ließ. Zehn Minuten später eilte Laval zu seinem Wagen und ließ sich auf schnellstem Wege nach Vichy fahren. Er konnte dort freilich nicht aufhalten, was bereits seinen Lauf genommen hatte, nämlich die totale Auflösung von Heer und Flotte, doch wollte er jeden möglichen Widerstand verhindern und Zwischenfälle ausschalten. Frankreich, so lautete seine Konzeption, ist ein kraftloser Körper in der Hand eines allmächtigen Gegners. Das einzige, was man tun konnte, damit die Mißhandlungen nicht allzu unerträglich wurden: sich nicht zu versteifen, sondern mitzugehen.

Die ›Demobilisierung‹ der Armee – so die Sprachregelung der Nazis – brachte keinen einzigen Zwischenfall mit sich. Seit dem 11. November waren die Streitkräfte in ihren Kasernen marschbereit geblieben, doch nur ein einziger General, de Lattre de Tassigny, hatte den Versuch unternommen, es auf einen Kampf ankommen zu lassen. Die Deutschen drangen in die Unterkünfte ein und trieben die Soldaten, von denen sich manche noch im Nachthemd befanden, auf die Straßen. Das Unglück von Sedan – hier wurde es bis zur bitteren Neige ausgekostet, und es wäre alles verloren gewesen, sogar die Ehre, wenn nicht jenseits des Meeres bereits die Wiedergeburt begonnen hätte.

In Toulon ging es unterdessen um Minuten. Die Deutschen hatten eine Panzerdivision zusammengezogen und waren in die Stadt eingedrungen, so lautlos wie das ihnen die Ketten ihrer Panzer nur irgendwie erlaubten. Zwei der drei Polizeiposten wurden überwältigt, noch ehe sie Alarm schlagen konnten. Dann drangen die Soldaten in das Fort Lamalgue ein, in dem die Marinepräfektur ihren Sitz hatte. Sie war nun vom Hafen abgeschnitten, blieb aber in Verbindung mit Vichy, woher ein Anruf des Admirals Le Luc eintraf, der im ›Auftrag Lavals‹ Anweisung gab, jeden Zwischenfall zu vermeiden. Ausdrücklich fügte er noch hinzu, daß hiermit alle zuvor gegebenen Befehle widerrufen seien. Im letzten Augenblick noch versuchte also Vichy, eine Versenkung der Flotte zu vereiteln. Laval befürchtete, die Zerstörung der Schiffe könne Hitlers Zorn furchtbar entfachen...

Hierfür war es aber schon zu spät. Hafen und Reede hallten wieder von den Detonationen der Bomben. Die hervorragend ausgearbeiteten Pläne zur Selbstzerstörung funktionierten perfekt. Der Fahrlärm der Panzerwagen hatte Toulon geweckt. Beinahe hätte Admiral Comte de Laborde zu lange gewartet, doch um 5 Uhr 29 ließ er endlich von der *Strasbourg* aus den Befehl zur Versenkung erteilen. Schon hatten die Deutschen den Quai erreicht und zwischen Panzern und Schiffen entspann sich ein kurzes Feuergefecht. Doch der letzte aus Vichy durchgegebene Befehl: ›Spart euch die Kosten!‹ wurde nicht verstanden. Der Tag brach an über einer wirren Masse gesunkener oder brennender Schiffe: 2 Schlachtschiffe, 1 Schlachtkreuzer, 1 Flugzeugträger, 29 Zerstörer, 12 Unterseeboote, insgesamt über 100 Schiffe mit einer Gesamttonnage von 230000 Tonnen waren in einer Nacht zu Schrott gemacht worden, in einer Nacht, die kostspieliger war als Trafalgar. Was den Deutschen in die Hände fiel, war etwas Alteisen und eine Anzahl kleinerer Schiffe. Zu den Alliierten schlugen sich durch die *Casablanca* unter ihrem Kommandanten L'Herminier sowie drei andere Unterseeboote, die ihre Ankerketten zerrissen hatten und nach Durchbrechung der Sicherungsnetze das offene Meer gewannen. Das war nun der traurige Rest der mächtigen Flotte, die Frankreich seit den Tagen Ludwigs XIV. besessen hatte.

Das Aufsehen über dieses Ereignis war beträchtlich. Die Nacht von Toulon stellte eine Verurteilung des Tages von Mers El-Kébir dar. Sie bewies, daß selbst dort, wo Franzosen England auch noch so feindlich gegenüberstanden, sie keineswegs auch die Komplizen der Deutschen waren. Die amerikanischen Zeitungen setzten über ihre Berichte die Schlagzeile: ›Ruhm sei Toulon!‹ Freilich ein melancholischer Ruhm, ein negativer Ruhm, Symbol des Niedergangs, der schwer auf Frankreich lastete.

Das Ende Admiral Darlans

Der Tag, der dem Selbstmord der Flotte in Toulon folgte, war für die britisch-amerikanische Armeeführung ein Tag strahlender Hoffnungen. Nach ihrer ohne Zwischenfälle erfolgten Landung bei Bougie, Philippeville und Bône, überschritt die 1. britische Armee am 15. November die Grenze nach Tunis. Am 27. erreichte ihr linker Flügel, auf der Straße von Bizerta kommend, Mateur. Im Medjerdatal nahm ihr rechter Flügel

Tebourba und stieß auf Djedeida vor. Tunis war nur noch 25 Kilometer entfernt. Das Spiel in Nordafrika schien gewonnen.
Es wäre gewonnen gewesen, wenn sich der Generalresident von Tunesien, Admiral Esteva, der deutsch-italienischen Landung widersetzt hätte. Niemand war ein besserer Franzose als dieser bärtige und sittenstrenge Seemann, von dem es hieß, er gehe um 6 Uhr zur Messe, um seinen Arbeitsmorgen zu unterbrechen.
Aber die entnervenden Umstände, unter denen man auf französischer Seite handeln mußte, überforderten seinen schlichten Verstand. Er weigerte sich, Darlan zu gehorchen, in dem er einen in die Politik verstrickten Militär sah, und vermochte hinter Pétains unwilligen Protesten gegen die Vergewaltigung Nordafrikas nicht dessen heimliche Zustimmung zu erkennen. Da er Befehl hatte, Tunesien den Achsenmächten zu öffnen, tat er es auch. Tunis wurde besetzt, Bizerta kapitulierte, und die deutsch-italienischen Streitkräfte hätten sich noch schneller des Landes bemächtigt, wenn nicht General Barré eine kleine Streitmacht aus Chasseurs d'Afrique und Mobilgarden zusammengerafft hätte, um mit ihr bei Medjez el-Bab an der Straße nach Algerien Widerstand zu leisten. Als der deutsche General Nehring ihn um freie Durchfahrt ersuchte, verweigerte sie ihm Barré und zog sich kämpfend nach Westen zurück. Am 20. November vereinigte er sich bei Oued-Zarga mit einer britischen Vorhut unter General Blade. Nun mußte sich Nehring, der selbst nur über eine Handvoll Panzer verfügte, seinerseits zurückziehen, und die Engländer stießen weiter gegen Tunis vor.
Zur gleichen Zeit war die bei Constantine gelandete Division unter General Welvert auf dem Vormarsch in Zentraltunesien. Verstärkt durch die Fallschirmjäger des Obersten Raff, bemächtigte sie sich der Orte Kasserine, Pichon und Gafsa. Nun schien die Einnahme von Sfax, der Vorstoß zum Golf von Gabes und die Erreichung der Mareth-Linie nur noch eine Angelegenheit weniger Tage zu sein.
Diese Hoffnung war indes von kurzer Dauer. Am 29. November wendete sich das Kriegsglück. Blade verlor bei dem Versuch, Djedeida zu nehmen, 40 Panzer, und mußte sich am 4. Dezember Tebourba entreißen lassen.
Die Heranführung weiterer alliierter Truppen nach Tunesien stieß auf große Schwierigkeiten. Aus Furcht vor einem Eingreifen Francos blieben unnötig viele Verbände unter Patton in Marokko zurück. Die einzige Straße, die Algier und Tunis verband, hatte nur eine sehr beschränkte Transportkapazität. Die gesamte Organisation der rückwärtigen Verbindungen und des Nachschubs krankte noch an der Unerfahrenheit der hierfür zuständigen Leute. Die gegenseitige Abstimmung der Operationen dreier nach ganz verschiedenen Prinzipien geführten Armeen schuf ständig neue Schwierigkeiten. Den französischen Truppen mangelte es überall am Nötigsten, und heftige Meinungsverschiedenheiten erschütterten das Offizierskorps, in dem Mast, Béthouart, ja selbst Giraud wegen der Rolle, die sie vor dem 7. November gespielt hatten, als Verräter angesehen wurden. Das rauhe Klima Nordafrikas war für die Führung eine unan-

genehme Überraschung. Wo man Sand zu finden geglaubt hatte, stieß man auf Schlamm, und statt unter der erwarteten Trockenheit hatten die Soldaten unter sintflutartigen Regenfällen zu leiden. Die ursprünglich für den 9. Dezember angesetzte Offensive in Richtung Tunis mußte auf den 22. verschoben werden. Doch verstärkt einsetzende Regenfälle machten die Straßen unpassierbar, unterbanden den Vormarsch der Panzer, machten jede Kampftätigkeit in der Luft unmöglich und zögerten eine Wiederaufnahme des Angriffs weiter hinaus. Am Vierundzwanzigsten begab sich Eisenhower bei strömendem Regen zum Hauptquartier Andersons in der kleinen Ortschaft Beja. Man setzte einen neuen Termin fest, wobei man diesmal das Ende der Regenzeit abwarten wollte. Damit war jede Hoffnung auf eine Einnahme von Tunis vor dem Frühjahr 1943 zunichte.

Eisenhower befand sich noch in Beja, als eine Nachricht aus Algier eintraf. Admiral Darlan war ermordet. Das ›Geschäft mit Darlan‹ war in der letzten Zeit zu einem aufsehenerregenden Fall geworden, den die Amerikaner selbst mit dem französischen Ausdruck ›cause célèbre‹ bezeichneten. Außer der Öffnung von Algerien und Marokko hatte er auch die Zusammenarbeit mit Französisch-Westafrika erbracht sowie ein enges Zusammengehen mit den französischen Behörden und dem Expeditionskorps. Zwar war es Darlan nicht gelungen, die Flotte zur Befolgung seines Befehls zu bringen, aber die geschickte Aktivität, die er dann entfaltete, entlastete das amerikanische Oberkommando doch von einer Vielzahl schwieriger Aufgaben, denen es gewiß nicht gewachsen gewesen wäre. Man war übereingekommen, daß der Admiral den Titel eines Oberkommissars in Afrika führen solle, während man für Giraud das Kommando über die französischen Truppen ausersehen hatte und für die übrigen Männer in hohen Positionen, wie Noguès, Boisson, Yves Chatel und andere auch, weiterhin ein Verbleiben auf ihren bisherigen Posten wünschte. Es war eine schnelle und realistische Entscheidung, ganz in jenem Geiste, in dem Murphy monatelang gearbeitet hatte, doch sie warf die Frage nach der Moral in der Politik auf und war Grund für leidenschaftliche Auseinandersetzungen.

Die Angriffe auf Darlan begannen auch auf jene abzufärben, die man als seine Mentoren betrachtete: auf Eisenhower, das State Department, ja auf Roosevelt selber. Murphy sah Milton Eisenhower anreisen, der schon für die Laufbahn seines Bruders fürchtete, falls dieser weiterhin mit dem faschistischen Admiral in Zusammenhang gebracht würde. Es erschienen auch andere *very important persons* in Algier, die peinliche Fragen stellten. Warum die Gesetze von Vichy nicht schon längst außer Kraft seien, warum man die 1939 inhaftierten kommunistischen Abgeordneten noch nicht wieder auf freien Fuß gesetzt habe, wie es denn mit der Emanzipation der Juden bestellt sei – von denen die Amerikaner glaubten, sie seien nach Hitlers Sieg in den Mellâhs zusammengepfercht worden. Schließlich: Wann denn die geknechteten Völker vom französischen Imperialismus befreit würden. Eine weltweite Kampagne, an der sich amerikanische Liberale, de-Gaulle-Anhänger und Kommunisten um die Wette beteiligten, ließ Darlan als die personifizierte Verneinung all jener Ideale erscheinen, für die sich die verbündeten Nationen schlugen.

Als erster begann Roosevelt Ballast abzuwerfen. Bei einer Pressekonferenz vom 17. November bezeichnete er die mit Darlan getroffenen Vereinbarungen als ›vorläufige Zwischenlösung‹. Der Admiral reagierte daraufhin mit einem Schreiben an Clark, in dem er zum Ausdruck brachte, daß diese Art, ihn wie eine ausgepreßte Zitrone wegzuwerfen, nachdem man Nutzen aus seinen Diensten gezogen habe, seiner Autorität Abbruch tue und den Wert seiner Leistungen für die gemeinsame Sache in Frage stelle. Im übrigen hege er keine Illusionen, sondern hoffe nur, sobald wie möglich sich aus dem Spiel zurückziehen zu können. Als einzige Gegenleistung erbitte er sich einen Paß zur Ausreise in die Vereinigten Staaten. Am 23. Dezember sagte er während eines Essens zu Murphy, daß er von vier Verschwörungen gegen sein Leben Kenntnis erhalten habe; dann stellte er die Frage seiner Nachfolge: »De Gaulle«, sagte er, »wäre noch zu früh; er käme erst für nächstes Frühjahr in Frage...«

Am nächsten Tage erschien ein junger Mann, der als seinen Namen Morand angab, im Sommerpalast und wünschte Admiral Darlan in dringender Angelegenheit zu sprechen. Man hieß ihn im Empfangsraum Platz nehmen. Darlan erschien kurz darauf in Begleitung seines Adjutanten, des Fregattenkapitäns Hourcade. Von den drei auf ihn abgefeuerten Schüssen trafen zwei. Zwei Stunden später verschied Darlan im Krankenhaus. Ein rätselhafter Mord. Der Täter, Bonnier de La Chapelle, ein einundzwanzigjähriger Algerienfranzose, war Mitglied der Chantiers de la Jeunesse, ein glühender Monarchist und Deutschenhasser. Als er am nächsten Tage von einem Militärgerichtshof zum Tode verurteilt wurde, erklärte er, keine Komplizen zu haben, denn: »Um einen Verräter zu beseitigen, muß man sich nicht erst zusammentun.« Sein auf den Namen Morand ausgestellter Ausweis war ihm von einem Geistlichen namens Cordier ausgehändigt worden, das Auto, in dem er vor dem Sommerpalast vorgefahren war, gehörte Astier de La Vigerie; doch niemals konnte geklärt werden, wer ihm die Tatwaffe, eine kleine Pistole vom Kaliber 6,35 verschafft hatte. Auch ließ sich die Wahrheit der Behauptung nicht belegen, Bonnier sei für zwei durch das Los schon für die Tat ausgewählte Kameraden eingesprungen, denen es im letzten Augenblick an Mut gefehlt habe.

Zur Rettung Bonniers wurden große Anstrengungen unternommen. Die Londoner Gaullisten alarmierten das Gewissen der Welt. Die algerischen Gaullisten bereiteten gar eine Erstürmung des Barberousse-Gefängnisses vor. Giraud, der sofort von Tunesien zurückgekehrt war, sah sich dem Druck verschiedener Seiten ausgesetzt. Am 26. Dezember brachte ihm ein persönlicher Bekannter um 11 Uhr einen Besucher, der sich als der Graf von Paris zu erkennen gab. Eigentlich hatte man ihn auf seinen Besitzungen in Spanisch-Marokko geglaubt; doch nun erschien er plötzlich auf geheimen

Wegen inmitten der allgemeinen Verwirrung, die Darlans Tod hervorgerufen hatte. Er war eigens gekommen, um für Bonnier um Gnade zu bitten. Giraud ließ ihn reden, dann teilte er ihm mit, daß das Urteil bereits im Morgengrauen vollstreckt worden sei. Völlig niedergeschlagen mußte der Graf sein Vorhaben aufgeben und belehrte dafür den General über den Ruhm, der jenem Soldaten winke, der Frankreich wieder zur Legitimität zurückführe. Giraud antwortete, er wolle lieber vergessen, daß der Graf von Paris nach Algier gekommen sei; ein Flugzeug stehe schon bereit, ihn umgehend nach Spanisch-Marokko zurückzubringen.

Niemand trauerte sehr um Darlan. Giraud wurde sein Nachfolger als Oberkommissar. In Nordafrika erstarkte die gaullistische Richtung. Ein neuer Abschnitt der innerfranzösischen Auseinandersetzung hatte begonnen.

XIX. Kapitel November 1942 bis Februar 1943
Die Wende

Wolga und Kaukasus

Zurück in die Steppen Rußlands, Schauplatz einer Tragödie, die an dramatischer Intensität jener des Winters 1941 vor Moskau gleicht, sie an historischer Bedeutung aber noch übertrifft.

Die Ausdehnung, ja Überdehnung der von Woronesch bis zum Kaukasus reichenden deutschen Linien hatte einen außerordentlichen Grad erreicht. Die Heeresgruppe Süd hatte ihre Sommeroffensive auf einer Frontbreite von 800 Kilometern begonnen. Sie war in zwei Heeresgruppen, A und B, unterteilt worden, deren gemeinsame Front nicht weniger als 2000 Kilometer lang war. Die im Einsatz stehenden Truppen waren mit ihrem Nachschub allein durch Straßen verbunden, die schon der geringste Regen unpassierbar machte, oder aber durch meist eingleisige Eisenbahnen, deren Schienenstränge ohne Aufschüttungen auf der Erde verlegt worden waren. Die ohnehin schon äußerst langsamen Transporte wurden darüber hinaus noch von den Attentaten der Partisanen beeinträchtigt. Es waren monatlich etwa 700 Anschläge, und keine noch so strengen Gegenmaßnahmen konnten sie verhindern.

Ziel der Offensive war die Eroberung Transkausasiens. Diese Aufgabe fiel der Heeresgruppe A zu, die seit dem 10. September Generalfeldmarschall von Kleist kommandierte. Die Heeresgruppe B, seit dem 15. Juli unter dem Oberbefehl des Generalobersten von Weichs, hatte nur die – allerdings schwere – Aufgabe, diesen Vormarsch zu decken. Sie hatte den Auftrag, die Abwehrfront am Don weiter voranzuschieben, indem sie, die etwa 60 Kilometer breite Landenge zwischen Don und Wolga abriegelnd und entlang diesem Fluß vorstoßend, sich Astrachans bemächtigen sollte. Am Ende der Offensive, also mit Beginn der schlechten Jahreszeit, wäre dann der deutsche Frontverlauf im Süden der UdSSR durch das Schwarze Meer, die transkaukasische Senke zwischen Batum über Tiflis nach Baku, durch die Küste des Kaspischen Meeres und schließlich durch Wolga und Don begrenzt worden.

War aber eine solche Zielsetzung denn nicht absurd? In einer Hinsicht nicht: Hitlers Plan sollte die Erdölquellen des Kaukasus in deutsche Hand bringen. Er hätte die Russen ganz vom Schwarzen Meer zurückgedrängt, womit jede Gefahr einer auf die Krim, die Ukraine und Rumänien gerichteten Gegenoffensive gebannt worden wäre. Man gedachte die Wolga zum großen, festen Pfeiler des deutschen Baus in Rußland zu machen. Im Laufe dieses Feldzugs wurden Operationen mit einer Reichweite von 4200 Kilometern notwendig. Doch ein Sieg hätte die Verkürzung der Front auf etwa

1000 Kilometer ermöglicht: von der Wolgamündung zum Mittellauf des Don. Tatsächlich bestand keine andere Aussicht mehr auf einen Sieg, nachdem alle Hoffnung auf eine schnelle und völlige Vernichtung der Roten Armee geschwunden war.
Die offensichtliche und fatale Absurdität dieses Planes lag jedoch im Mißverhältnis von Ziel und Mitteln. Zur Ausführung der Absichten Hitlers hätten die deutschen Streitkräfte doppelt so stark sein müssen, hätten sie über dreimal soviel Beweglichkeit und das Vierfache an Luftstreitkräften verfügen müssen. Es wäre notwendig gewesen, den Truppen längere Verschnaufpausen zu gewähren und ausreichenden Ersatz zu sichern. Ohne Unterbrechung kämpften sie nun schon seit dem Beginn des Rußlandfeldzugs, und weder die Menschenverluste noch die Materialeinbußen konnten wettgemacht werden. Die Stärke der Kompanien war in den meisten Fällen auf nicht mehr als sechzig Mann abgesunken, die der Panzerdivisionen auf meist nur achtzig Panzer. Hitler, der selbst nie die Front besuchte und dies auch seinen engsten Mitarbeitern nicht gestattete, hatte keine wirkliche Vorstellung von dem Verschleiß, dem seine Truppen selbst schon in der Zeit ihrer Siege ausgesetzt waren.
Auf die Ungewißheit, die sich in seiner Umgebung breitmachte, reagierte der Führer indes mit der unerschütterlichen Meinung, daß die sowjetischen Armeen am Ende ihrer Kräfte seien. Mit Begeisterung nahm er alle Anzeichen wahr, die auf eine Erschöpfung des Gegners hindeuteten, und mit Ärger wies er alle gegenteiligen Anzeichen von sich. Die Gewagtheit seiner Strategie, so behauptete er, sei angesichts des nahe bevorstehenden sowjetischen Zusammenbruchs gerechtfertigt. Jeder Krieg werde mit den übriggebliebenen Bataillonen gewonnen; gegenüber den Trümmern des russischen Heeres würden die übriggebliebenen deutschen Kräfte den Ausschlag geben.
Der Sommer war vorübergegangen. Auch der Herbst ging vorüber. Der Wind, der kurz zuvor noch Regenschauer über die Steppe gepeitscht hatte, wurde nun eisig. Schnee fiel in den Bergen und bald auch im Flachland. Die Truppenführer schrieben Lagebericht um Lagebericht, worin sie eine Beschleunigung ihrer Versorgung mit Winterausrüstung forderten. Nach dem Zeitplan des Oberkommandos sollten die Ziele für das Jahr 1942 erreicht werden. In welchem Umfang aber war es möglich, dies noch vor Einsetzen der ersten Fröste zu bewerkstelligen?
Am Schwarzen Meer war Batum das Ziel. Bis dorthin waren es noch 500 Kilometer. Doch seit der Einnahme von Noworossisk war der Vormarsch steckengeblieben, und im Zentralkaukasus schienen sich nach der Ersteigung des Elbrus (5630 Meter), die eher eine sportliche Leistung war, die Grenzen der deutschen Möglichkeiten abzuzeichnen. Die Armeegruppe Ruoff, bestehend aus der 17. deutschen und der 3. rumänischen Armee, hatte hier bis zu ihrer Auflösung im September in reizvoller Landschaft gekämpft: unberührte Wälder, wilde Schluchten, felsige Gipfel, von denen aus man die grüne Küstenebene und die große dunkle Fläche des Meeres sah. Doch alle Versuche, in diese gesegneten Küstenstriche hinabzusteigen, schlugen fehl.

Im mittleren Kaukasus sollte – plangemäß – Tiflis in deutsche Hand kommen; doch selbst der Zugangsort, Ordschonikidse, war noch nicht erobert. Im Terekbogen war die 1. Panzerarmee mit allen Kräften zusammengezogen worden, deren man auf 700 Kilometern Frontlänge hatte habhaft werden können, und die 13. Panzerdivision hatte versucht, die Engpässe zu nehmen, durch die sich die Ossetische Heerstraße schlängelt. Geländeschwierigkeiten, Treibstoffmangel und der russische Widerstand hinderten sie am Vormarsch. Weiter östlich hatte die aus skandinavischen Freiwilligen gebildete SS-Division ›Wiking‹ versucht, sich der wichtigen Erdölfelder um Grosny zu bemächtigen. Am anderen Ufer des Terek war um den Preis blutiger Verluste ein Brükkenkopf gebildet worden, doch die notwendigen Verstärkungen zur Ausnützung dieses Vorteils waren nicht vorhanden. Am 12. November überschritten die Männer der Division ›Wiking‹ während eines eisigen Sturmes erneut den Fluß. An keinem Teil der Front war die Wehrmacht weiter vorgestoßen als hier.
Das eigentliche Ziel des Vormarsches war Baku. Doch kein deutscher Soldat kam näher als 600 Kilometer an die Stadt heran. Wenn er die Erdölfelder von Baku nicht nehmen könne, hatte Hitler gesagt, dann sei er gezwungen, den Krieg zu beenden.
Zwischen dem Terek und der unteren Wolga, in der Kalmückensteppe, war es Aufgabe einer einzigen Division, der 16. motorisierten, die 400 Kilometer breite Lücke zu sichern, die zwischen den Heeresgruppen A und B bestand. Selbst den Russen gelang es nicht, derartig große Räume ausreichend mit Truppen zu füllen. So nahm die 16. motorisierte Division Elista, die Hauptstadt der dortigen Nomaden, und eine Patrouille unter Oberleutnant Gottlieb kam bis auf 25 Kilometer an Astrachan heran. Sie unterbrach die Eisenbahnlinie nach Baku, setzte einen Zug mit Erdöl in Brand und kehrte wieder um, ohne einen einzigen feindlichen Soldaten zu Gesicht bekommen zu haben. Fast völlig leeres Land erstreckte sich zwischen den Armeen, die im Kaukasus kämpften und auf die Wolga vorstießen.
Nördlich von Elista errichtete die 4. rumänische Armee, die sich aus zwei schwachen Armeekorps zusammensetzte, eine Verteidigungsfront, indem sie sich an eine lange Kette von Seen anlehnte, die in einem alten Flußbett der Wolga lagen. Zu ihrer Linken erreichte die 4. Panzerarmee unter Generaloberst Hoth den großen Strom an seinem Knie, wo er nicht länger dem Schwarzen Meer entgegenfließt, sondern auf das Kaspische Meer zuströmt. Bis zum 16. September hatte sie am Kampf um Stalingrad teilgenommen, dann waren einige ihrer Einheiten an die 6. Armee abgegeben worden, der man die Aufgabe der Eroberung der Stadt übertragen hatte. Nunmehr nur noch aus dem IV. Armeekorps, der 16. und 29. motorisierten Division sowie einigen rumänischen Divisionen bestehend, war es ihr nicht möglich, die Höhen von Krasnoarmejsk zu nehmen, von wo aus die Russen ihre Linien beherrschten. Das IV. Armeekorps und die 29. motorisierte Division sollten am 21. November ebenfalls unter das Kommando der 6. Armee gestellt werden.

Die Eroberung Stalingrads

Am Stadtrand von Stalingrad gelangte man in den Frontabschnitt der 6. Armee. Generaloberst Friedrich Paulus, unter dessen Befehl sie stand, war der jüngste unter den wichtigen deutschen Heerführern. Nur zweiundfünfzig Jahre alt war der frühere Oberquartiermeister im OKH und Chef des Stabes bei Reichenau, als er, nicht ohne Neidgefühle zu wecken, an die Spitze einer der wichtigsten Kräfte auf dem militärischen Schachbrett berufen wurde. Hitler hatte ihn freilich für eine andere, weniger beneidenswerte Aufgabe vorgesehen. Er dachte daran, Paulus nach der Eroberung von Stalingrad mit Jodls Aufgaben zu betrauen, ihn zu seinem Leibstrategen zu machen.

Irgendwelche politischen Erwägungen hatten in der glänzenden Laufbahn des Generalobersten Paulus keine Rolle gespielt. Er stammte aus einer mittleren Beamtenfamilie, war aber durch seine Verbindung mit einer Frau aus bester rumänischer Familie sozial arriviert. In der Politik verhielt er sich neutral, seine Persönlichkeit war zudem farblos. Gehorsam gehört zu den machtvollen Grundprinzipien einer jeden Armee, aber Ungehorsam zeichnet immer den großen Feldherrn aus. Paulus indes war nicht der Mann, den militärischen Gehorsam zu verweigern.

Die Lage, die er bei der Herbstoffensive 1942 vorfand, verschlechterte sich zusehends. Die Operationen der 6. Armee hatten zunächst vor allem im Donbogen stattfinden sollen, wobei Stalingrad nur als zweitrangiges Ziel gegolten hatte, mehr ein taktisches denn ein strategisches Ziel. Doch schließlich wurde die Nebensache zur Hauptsache in diesem Kampf. Hitler hatte noch im April erklärt, daß er nicht unbedingt die Eroberung dieser Stadt beabsichtige, daß er sich auch mit der Zerstörung ihres Industriepotentials zufriedengebe. Am Ende aber sah er in der schrecklichen Schlacht, die sich an dieser Stadt entzündet hatte, die entscheidende Phase seines Kampfes gegen Rußland, nachdem in der Weisung Nr. 45 vom 23. Juli bereits von ›Besetzung‹ die Rede war. Am 2. September hatte die Belagerung Stalingrads durch die Vereinigung der 6. Armee mit der 4. Panzerarmee auf den beherrschenden Höhen um die Stadt begonnen. Für die Russen schien keine Hoffnung mehr zu bestehen. Alle Landverbindungen nach Stalingrad waren abgeschnitten, und die Versorgung der Besatzung mußte über die Wolga erfolgen. General Lopatin, Oberbefehlshaber der 62. Armee, war der Ansicht, die Stadt lasse sich nicht verteidigen, und bat um die Erlaubnis zum Rückzug über den Fluß. Doch Stalin, der nun das System der elastischen Verteidigung wieder verwarf, das er zu Beginn des Sommers verkündigt hatte, war jetzt überzeugt, daß Rußland sich weitere Gebietsverluste nicht mehr leisten könne. Der Oberbefehlshaber der Heeresgruppe, Jeremenko, und sein neuer Politkommissar, Chruschtschow, ersetzten Lopatin durch General Tschuikow, der erst vor kurzem aus dem Fernen Osten gekommen war. Sein Plan ließ sich in einem einzigen Satz zusammenfassen: Stalingrad retten oder sterben.

Stalingrad liegt mit dem Rücken zur Steppe und erstreckt sich längs der gewaltigen Wassermasse der Wolga. Steil fallen die Ufer ab, was den Verkehr zwischen Stadt und Fluß behindert, gleichzeitig aber einen toten Winkel gegen direkten Beschuß schafft. Die Erosionsschluchten, die Balkas der Steppe, setzen sich innerhalb des Stadtgebiets in einer Reihe von Senken fort, deren tiefste einem Flüßchen als Bett dient, das seinen Namen Zariza behalten hatte, während die Stadt Zarizyn in Stalingrad umbenannt worden war. Die Altstadt liegt im Süden. Der Stadtkern, dessen Herz der Rote Platz bildet, senkt sich in Treppenfluchten vom Mamaihügel bis zur Anlegestelle der Fähre, die – Brücken ersetzend – den Verkehr über den Strom versah. Das Gebiet der Industriebetriebe schließt sich im Norden an. Die chemische Fabrik ›Lazur‹ liegt im Zentrum der Schleife einer Bahnlinie, die auf Luftaufnahmen besonders sichtbar war, weshalb sie auch den bildhaften Namen Tennisschläger erhielt. Danach kommt die Stahlgießerei ›Roter Oktober‹, die Geschützgießerei ›Barrikaden‹ und die Traktorenfabrik ›Dserschinskij‹. In den Vorstädten von Spartokowska und Rynok setzt sich Stalingrad bis zu jener großen Wasserfläche fort, wo der Wasserarm Aschtuba von der Wolga abzweigt. Die Gesamtlänge dieser Kette von städtischen Siedlungen und Industrieanlagen beträgt über fünfzig Kilometer. Die Breite geht nur selten über 3000 Meter hinaus.
Zuerst wurde die Altstadt genommen. Die Eroberung des großen Silos durch die 29. motorisierte Division war die erste jener unwirklichen Kampfszenen, die der Schlacht um Stalingrad ihren unvergleichlichen Charakter verleihen. Die Detonationen, die in dem enormen Betonklotz widerhallten, spannten die Trommelfelle bis zum Platzen. Der Bau, in dem sich Russen und Deutsche mordeten, war noch voll Getreide. Die Deutschen behielten die Oberhand. Mitte Oktober hatten sie im südlichen Sektor etwa zehn Kilometer Ufer zwischen Kuperowskoje und dem Ende der Treppenfluchten des Roten Platzes erobert. Im nördlichen Abschnitt hielten sie einen vergleichbaren Geländestreifen, der Teile Rynoks durchlief.
Wären die Russen vernünftig gewesen, so hätten sie nachgegeben. Sie besaßen nur noch einen Teil der Industrieviertel im Norden sowie im Stadtkern den unteren Teil der Uferböschung, ein etwa zehn Meter breiter Streifen, der sich in leichter Neigung bis zum Fuße des Anlegeplatzes senkte. Doch der Kampf hatte mittlerweile irrationale Formen angenommen. Es standen sich nicht zwei Heere gegenüber, die nach den Regeln militärischer Logik vorgingen, vielmehr stürzten sich hier zwei Feinde in entfesseltem Fanatismus aufeinander.
Als es im Oktober klargeworden war, daß im Jahre 1942 keine Hoffnung auf eine Eroberung der kaukasischen Ölfelder mehr bestand, hatte auch Stalingrad jegliches Interesse als strategische Position verloren. Der letzte wirtschaftliche Gesichtspunkt, der seine Eroberung noch gerechtfertigt hätte, nämlich die Unterbrechung des Schiffsverkehrs auf der Wolga, verlor immer mehr an Gewicht, da das Eis des Stromes ihn viel wirksamer unterband, als dies die Soldaten des Generalobersten Paulus bei Rynok und

die Truppen des Generalobersten Hoth bei Kuperowskoje je vermocht hätten. Hauptaufgabe des deutschen Oberkommandos hätte es also sein müssen, dem russischen Winter unter besseren Bedingungen als im Vorjahr entgegenzusehen, was eine Zurücknahme, eine Verkürzung der Front zur Voraussetzung gehabt hätte. Vor allem hätte man auf den Vorstoß nach Tiflis und auf den Frontkeil gegen die Wolga verzichten müssen.

Doch Hitler war den Realitäten nicht mehr zugänglich. Wer ihn dennoch auf sie hinzuweisen wagte, mußte dies teuer bezahlen. Anfang September war ein General seines Kommandos enthoben worden, weil er die Ansicht vertreten hatte, der Vormarsch dürfe nur noch in begrenztem Maße fortgesetzt werden; ein zweiter General, der für den Entlassenen eingetreten war, fiel ebenfalls in Ungnade. Der erste General war Generalfeldmarschall von List, der zweite Generaloberst Jodl. Nach seiner Rückkehr von einem Auftrag im Hauptquartier der Heeresgruppe A hatte Jodl die Kühnheit besessen, Hitler ins Gesicht zu sagen, daß die Fehler, die er List zuschreibe, in Wahrheit nur die Folge von Befehlen seien, die er, Hitler, selbst erteilt habe. Der Führer bebte vor Wut. Stundenlang lief er ziellos im Wald von Winniza umher. Fortan verzichtete er darauf, seine Mahlzeiten gemeinsam mit seinen Generalen einzunehmen. Nach der Enthebung von seinem Kommando spielte List keine Rolle mehr in den Feindseligkeiten zwischen Hitler und seiner Generalität.

Ende September verschwand auch Halder in der Versenkung. Seit der Zeit des Münchner Abkommens hatte er sich auf seinem Posten als Generalstabschef des Heeres zu behaupten vermocht. Doch sein kritischer Verstand, sein Zwicker und seine Redeweise, seine dringenden Vorstellungen und Warnungen sowie schließlich sein Katholizismus waren dem Diktator ein Ärgernis, der sich in Rundfunk und Presse als ›größter Feldherr aller Zeiten‹ bezeichnen ließ. Am 24. September war es soweit. Unter Hinweis auf die ›Notwendigkeit der Erziehung des Generalstabs im fanatischen Glauben an die Idee‹ trennte sich der Führer von Halder.

Der Mann, der Halder ersetzte, Kurt Zeitzler, war nur General der Infanterie; sein Oberkommando des Heeres befehligte lediglich an der Ostfront, während die anderen Kriegsschauplätze direkt der Befehlsgewalt des Oberkommandos der Wehrmacht, also Keitel unterstanden. Tatsächlich herrschte unter der starrköpfigen und geschwätzigen Allmacht Hitlers völlige Verwirrung. Kurz nach seinem Wutausbruch gegenüber Jodl wurde entschieden, alle Lagebesprechungen im Führerhauptquartier künftig stenographisch festzuhalten. Die Protokolle ergaben einen historischen Galimathias, in dem man Hitler von höchst schwierigen Problemerörterungen auf die unwichtigsten Details überspringen sieht, wo er über Gott und die Welt redet und schon im nächsten Augenblick eine Kompanie verlegt – ohne daß er übrigens ein einziges Mal auch nur im geringsten den Wunsch geäußert hätte, seinen Krieg persönlich in Augenschein zu nehmen oder auf andere Männer in feldgrauer Uniform zu treffen als auf jene hoch-

dekorierten Kriegshelden, die ihm entlaust und in Handschuhen gelegentlich vorgestellt wurden.
So gab die Wehrmacht Stalingrad also nicht auf, sondern verbiß sich. Alle Pioniereinheiten des Heeres wurden in die Stadt eingeflogen und zu Sturmtrupps zusammengefaßt, die in den großen Industriekomplexen der Infanterie den Weg bahnen sollten. Die Kämpfe spielten sich inmitten eines Gewirrs zerfetzter Maschinen, umgekippter Förderbänder und verbogenen Gestänges ab. Der Widerstand der Russen war erbittert. Die Deutschen erkannten schon bald, daß ihnen hier nichts kampflos preisgegeben würde, daß noch der letzte Stein Stalingrads mit ihrem Blut errungen werden müßte.
Am 9. November, bei der neunzehnten Jahresfeier des Marschs auf die Feldherrnhalle, tönte Hitler: »Ich wollte zur Wolga kommen, und zwar an einer bestimmten Stelle... zufälligerweise trägt sie den Namen von Stalin selber. Also denken Sie nur nicht, daß ich aus diesen Gründen dorthin marschiert bin... sondern weil dort ein ganz wichtiger Punkt ist... wir haben ihn nämlich. Es sind nur noch ein paar ganz kleine Plätzchen da. Nun sagen die andern: ›Warum kämpfen Sie dann nicht schneller?‹ Weil ich dort kein zweites Verdun haben will, sondern es lieber mit ganz kleinen Stoßtrupps mache.«
Hitlers Behauptung, Stalingrad sei fast ganz genommen, war kaum übertrieben. Die Russen hielten noch den Landungsplatz, hatten sich im ›Tennisschläger‹ festgekrallt, hielten einen Teil der Fabrik ›Roter Oktober‹, ebenso die östlichen Teile der Fabriken ›Barrikaden‹ und ›Dserschinskij‹. Alle übrigen Teile der Stadt aber waren in Feindeshand, insgesamt etwa neun Zehntel, ein einiges Ruinenfeld von 50 Kilometern Länge. Sämtliche Wohnhäuser im Zentrum bestanden nur noch als leere Ruinen, alle Holzhäuser waren niedergebrannt, und wo sie einst gestanden hatten, zogen sich nun zu Tausenden schwärzliche Bahnen hin. Die Bevölkerung, die nicht über die Wolga hatte fliehen können, war in die Steppe hinausgeflüchtet, wo Hunderte von Unschuldigen verhungerten.
Wenn Hitler sich gegen gewisse Befürchtungen mit spöttischer Herablassung gewendet hatte, so deshalb, weil er die Überzeugung verbreiten wollte, die Kämpfe in Stalingrad beständen nur noch aus einigen Säuberungsaktionen. Doch das ganze LI. Korps, das bis auf acht Divisionen verstärkt worden war, mußte sich an den Straßenkämpfen beteiligen. Die besten Einheiten der Heeresgruppe waren in sie verwickelt. In Wahrheit war Hitler weit davon entfernt, sich hier Zeit zu lassen; im Gegenteil, er wollte so schnell wie möglich diesen Kampf beenden. Am 17. November richtete er von Berchtesgaden aus, wo er sich seit der alliierten Landung in Nordafrika befand, einen Appell an alle Kommandeure in Stalingrad bis hinab zum Regimentskommandeur. ›Die Schwierigkeiten des Kampfes um Stalingrad und die gesunkenen Gefechtsstärken sind mir bekannt. Die Schwierigkeiten für den Russen sind jetzt aber bei dem Eisgang auf der Wolga noch größer. Wenn wir diese Zeitspanne ausnützen, sparen wir uns später viel Blut. Ich erwarte deshalb, daß die Führung nochmals mit aller wiederholt

bewiesenen Energie und die Truppe nochmals mit dem oft gezeigten Schneid alles einsetzen, um wenigstens bei der Geschützfabrik und beim Metallurgischen Werk bis zur Wolga durchzustoßen und diese Stadtteile zu nehmen...‹

Die deutschen Regimenter leisteten diesem Appell Folge: Am 19. November befanden sich die Fabriken ›Dserschinskij‹ und ›Barrikaden‹ völlig in ihrer Hand. Einige hundert Meter des Uferstreifens wurden erobert. Das Treibeis auf der Wolga behinderte die Versorgung der Verteidiger. Tschuikow mußte melden, er sei nun am Ende seiner Munitionsvorräte, seiner Lebensmittel, seiner Menschenkraft.

Die Belagerung schien ihrem Ende entgegenzugehen. Doch gerade in diesem Augenblick erreichte den Oberkommandierenden der 6. Armee ein gänzlich unerwarteter Befehl: Alle Angriffshandlungen an der Stalingradfront seien einzustellen.

Die 6. Armee kämpfte nicht nur in Stalingrad. Gekrümmt wie ein schützender Arm, sperrte sie auch den schmalen Streifen Lands zwischen Wolga und Don. Sie griff mit ihrer Front auf das andere Ufer des Stromes über und reichte unter Aussparung der Höhe von Kremenskaja, die in russischer Hand blieb, bis nach Kletskaja. Zwei Armeekorps, das VIII. und das XI., lagen längs dieser Linie in Verteidigungsstellung.

Über Kletskaja hinaus bis in die Gegend von Woronesch erstreckten sich auf einer Frontbreite von 400 Kilometern die von den Verbündeten Deutschlands gehaltenen Abschnitte. Hier standen Rumänen, Italiener und Ungarn. Ihre drei Armeen waren sich in ihrer Schwäche gleich. Ein italienischer Augenzeuge, der in Wien seine Landsleute auf dem Weg an die russische Front gesehen hatte, gab seinen Eindruck folgendermaßen wieder: ›Unsere Soldaten zeigen nicht gerade eine sehr stolze Haltung. Sie wirken ungepflegt, sind mangelhaft ausgerüstet, vor allem auch schlecht diszipliniert und bewaffnet. Sollten sie wirklich gegen die Russen kämpfen müssen, so würden sie wohl sehr schnell in eine schlimme Lage geraten. Uns schnürt es das Herz zu...‹ Auch die Motorisierung der drei Armeen war praktisch gleich Null. Ausrüstung, Kleidung, Nachrichtenwesen usw. waren von schlechtester Qualität. Ihre Artillerie war veraltet. Die Panzerabwehr verfügte über keine bessere Waffe als die bespannten Kanonen vom Kaliber 3,7 cm. Die Kampfmoral dieser Truppen war zweifelhaft. Wie die ausländischen Soldaten in der Armee Napoleons waren sie sich bewußt, daß dieser Krieg nicht der ihre war, und es konnte ihnen nicht verborgen bleiben, daß sie sich an Kampfmoral und an Kampfkraft nicht mit den anderen Truppen messen konnten.

Gemessen an der Zahl der Truppen, war der Beitrag der Ungarn, Rumänen und Italiener für Hitlers Krieg indes beachtlich. Die 2. ungarische Armee, die sich Woronesch am nächsten befand, zählte drei Armeekorps; die 4. rumänische Armee, die unweit von Stalingrad operierte, sogar deren fünf – hinzu kamen zwei Korps der 3. Armee, die in der Kalmückensteppe lagen, sowie sieben Divisionen, die im Verband der 17. deutschen Armee kämpften. Da Ungarn und Rumänen Erzfeinde waren, hatte man zwischen sie die 8. italienische Armee mit vier Armeekorps einschieben müssen, unter denen sich auch die Gebirgstruppen befanden. Zusammen verstärkten also 32 Divisionen, 24 von ihnen an der Donlinie, die Kampfgliederung der Wehrmacht, aber es wäre selbst dann noch sehr großzügig gerechnet, wollte man ihre Kampfkraft auf zwei Drittel des deutschen Standards veranschlagen.

Die deutschen Generale hatten immer verlangt, daß diese schwachen Verbündeten durch dazwischengezogene deutsche Truppen hinreichend abgestützt würden. Aber Erwägungen der hohen Politik standen dem entgegen. Die Regierungen der verbündeten kleinen Staaten verlangten geschlossene Armeen unter nationalem Kommando. Doch da sie als Offensivtruppen kaum zu verwenden waren, wurden diese Armeen in der Verteidigung eingesetzt. Aus diesem Grunde hatte man den Schutz an den Flanken der gegen Stalingrad gerichteten Offensive fast ausschließlich den Verbündeten übertragen.

Der russische Gegenangriff

Was die Vorgeschichte des russischen Gegenangriffs betrifft – die Vorbereitung eines der glorreichsten Siege der russischen Geschichte –, so sind die sowjetischen Quellen nicht sehr ergiebig. Die Geschichte des Zweiten Weltkriegs, herausgegeben von General Platonow, setzt die Anfänge der einschlägigen Pläne in den September und stellt sie ziemlich klar dar. Doch leidet die Darstellung an einer gewissen starren Trockenheit. Die Bedingungen, unter denen eine meisterhafte taktische Bewegung ausgeführt wurde, die Diskussionen, zu denen sie führte, werden gänzlich außer acht gelassen. Man verbleibt in einem konventionellen, leicht deklamatorischen Stil, wobei eine offizielle Version von einer anderen, ganz entgegengesetzten Darstellung abgelöst werden kann. So galt bis 1953 Stalin als der einzige Sieger von Stalingrad. Seit 1956 aber war Stalin für die Geschichtsschreibung tot: Selbst seinen Namen nennt Platonows Text nicht mehr.

Drei ›Fronten‹ – die russische Bezeichnung für Heeresgruppen – umgaben den deutschen Frontvorsprung in Richtung Stalingrad: die Südwestfront unter dem Oberbefehl Watutins; die Donfront unter Rokossowskij; die Stalingradfront unter Jeremenko. Der Grundgedanke aller Operationen bestand im gleichzeitigen Angriff von Norden und Süden, mit dem Ziel, eine Zangenbewegung in dem am weitesten nach Osten vorgeschobenen Teil des Donbogens durchzuführen. Eine noch weiter gespannte Planung, durch die das Schicksal des ganzen deutschen rechten Flügels besiegelt worden wäre, hätte darin bestanden, direkt den Vorstoß auf Rostow oder gar Stalino zu wagen, das den lebenswichtigen Knotenpunkt der feindlichen Nachschublinien darstellte. Es entzieht sich unserer Kenntnis, ob solch eine Möglichkeit tatsächlich ins Auge gefaßt wurde.

Am 22. November 1942 schlossen sich im Rücken der in Stalingrad kämpfenden 6. deutschen Armee die Angriffszangen dreier sowjetischer Heeresgruppen unter Watutin, Rokossowskij und Jeremenko zusammen. Da Hitler einen Ausbruchsversuch untersagte, blieben 284000 Mann deutscher und rumänischer Verbände eingeschlossen. Die Trümmer der umkämpften Stadt (oben) und ihre deutschen und sowjetischen Verteidiger (unten).

Generaloberst Paulus (oben, am Scherenfernrohr), der Verteidiger im Kessel von Stalingrad, wanderte am 31. Januar 1943 in russische Kriegsgefangenschaft und kehrte erst 1953 zurück. – Sein Gegenspieler, General Tschuikow (unten Mitte) bei einer Lagebesprechung in seinem Unterstand, der in die Felsen an der Wolga getrieben war.

›Die Steppe‹, schreibt Platonow, ›war einer Konzentration der sowjetischen Streitkräfte nicht günstig. Dennoch gelang es uns, sie zu tarnen. Alle Bewegungen geschahen nur in der Nacht. Beim ersten Morgengrauen hielten die Truppen an, versteckten sich in den Dörfern oder fanden Deckung in den Erosionsschluchten. Für die gegnerische Führung war unsere Offensive eine völlige Überraschung.‹

Doch Platonow irrt. Der Angriff kam für die Wehrmacht keineswegs unerwartet. Die Schwäche der deutschen Flankenstellungen war seit langem ein Grund zur Besorgnis. Seit August hatte Hitler auf die Gefährdetheit der Donlinie hingewiesen und daran erinnert, daß die weißrussische Armee 1920 beim Angriff auf Zarizyn durch eine über den Fluß hervorbrechende Offensive geschlagen worden war. Truppenbewegungen im Hinterland, die Konzentration von Einheiten in den gefährlichen Brückenköpfen waren zu wiederholten Malen gemeldet worden. In den Generalstäben sprach man nur noch über die Frage, ob der erwartete Stoß die Ungarn, die Italiener oder die Rumänen treffen werde. »Ich habe mehr schlaflose Nächte bei dieser Geschichte«, sagte Hitler, »als im Süden. Man weiß nicht, was passiert.«

In der Lagebesprechung vom 7. November gab der neue Generalstabschef Zeitzler bekannt, daß nach den Unterlagen der Abwehr eine große sowjetische Offensive entweder an der Donfront oder in der Mitte drei Tage zuvor, nämlich am 4. November, im Kreml beschlossen worden sei. Die einzige motorisierte Reserve, das XXXXVIII. Panzerkorps, das sich hinter der 8. italienischen Armee befand, erhielt nun Befehl, hinter der 3. rumänischen Armee Stellung zu beziehen. Dieses Armeekorps unter dem Oberbefehl des Generalleutnants Heim bestand aus der 22. deutschen und der 1. rumänischen Panzerdivision. Diese war erst kürzlich gebildet worden und verfügte nur über etwa 40 tschechische Panzer, deren schwache Bewaffnung aus einer 3,7-cm-Kanone bestand. Insgesamt besaß das Korps 164 Kampfwagen, darunter 100 tschechische Fahrzeuge. Auch die 22. Panzerdivision befand sich in einem keineswegs zufriedenstellenden Zustand. Ihr Panzerregiment war geteilt worden, um mit der einen Hälfte den Kern einer 27. Panzerdivision zu bilden, und die meisten Ersatzpanzer, die es seither erhalten hatte, waren vom Typ II und III und konnten sich nicht mit dem sowjetischen T 34 messen. Außerdem erwartete Heim eine geradezu groteske Überraschung. Da er nicht über genügend Treibstoff verfügte, hatte er die Panzer der 22. Panzerdivision mit Stroh getarnt in Stellung gehen lassen. Als man sie von der Tarnung befreite, entdeckte man, daß die Mäuse, von denen es im Stroh wimmelte, die Guttaperchaverkleidung durchgenagt und die elektrischen Anlagen unbrauchbar gemacht hatten. Von den 104 Panzern der Division setzten sich nur etwa 60 in Bewegung. Vor ihnen lagen 250 Kilometer vereister Straße. Nur 32 Panzer erreichten die neuen Stellungen, 12 kamen in den folgenden Tagen nach. Am 19. November setzte sich das XXXXVIII. Panzerkorps aus einer Handvoll rumänischer Panzer verschiedener Typen sowie aus 44 deutschen Kampfwagen, darunter 31 leichten Panzern, zusammen.

In der Nacht vom 18. auf den 19. November herrschte dichter Nebel. Gegen Mitternacht kam Schneefall hinzu. Um 4 Uhr morgens begann die russische Artillerie mit konzentriertem Trommelfeuer auf zwei eng begrenzte Geländestreifen, den einen im Brückenkopf von Serafimowitsch, den anderen im Brückenkopf von Karemenskaja. Um 8 Uhr tauchten die russischen Panzer auf, an denen in Trauben die Grenadiere hingen. Die von Westen her ansetzende Offensive der 5. sowjetischen Panzerarmee stieß auf das II. rumänische Korps, der aus dem Osten geführte Angriff der 3. sowjetischen Stoßarmee traf das IV. Die Rumänen waren keineswegs die schlechtesten Verbündeten der Deutschen. Die meisten ihrer Einheiten verfügten über Kampferfahrung; einige ihrer Generale waren hervorragend. Ihre Soldaten waren härter, dem Klima besser gewachsen, auch ideologisch auf einen Krieg mit der Sowjetunion besser vorbereitet als die Ungarn oder gar die Italiener. Und dennoch war ihre Niederlage nicht aufzuhalten. Der Einbruch der russischen Panzer zeitigte ähnliche Folgen wie der Einbruch der deutschen Panzer bei Sedan. Die Auflösung griff immer mehr um sich und riß bald auch Truppenteile mit, die noch gar nicht angegriffen worden waren. Zwischen den beiden russischen Durchbruchskeilen suchte ein Truppenverband unter General Lascar Rückendeckung am Don und verteidigte sich erbittert, doch im ganzen gesehen zerbrach die 3. rumänische Armee vollständig. Über verschneite Straßen flohen im peitschenden Schneesturm die entsetzten Soldaten in hellen Haufen. Nur ein Gegenangriff hätte hier noch etwas zu retten vermocht. Doch Verluste und Schwäche der weit auseinandergezogenen Truppen hatten die Wehrmacht bis zu einem kaum glaublich scheinenden Grade ihrer Schlagkraft beraubt. Die 14. Panzerdivision, am linken Flügel der Armee Paulus, unternahm einen Gegenangriff, der jedoch scheiterte. Daraufhin mußte das XI. deutsche Armeekorps zurückgenommen werden. Das XXXXVIII. Panzerkorps, durch widersprüchliche Befehle desorientiert, wurde über das eisige Schlachtfeld gejagt, schwamm in einem Strom flüchtender Horden, die sich überall anhängten, wo sie noch auf kampftüchtige Truppen stießen, schließlich aber doch die Flucht ergriffen, wenn ihnen die Einkesselung drohte. Generalleutnant Heim, dessen Panzerwaffe zur Hälfte durch die Mäuse ausgefallen war, wurde für diesen Zusammenbruch der Front verantwortlich gemacht und blieb bis 1945 im Berliner Strafgefängnis Moabit eingekerkert.

Am 20. November, während Watutin und Rokossowskij westlich des Don voranpreschten, griff Jeremenko südlich von Stalingrad an. Das IV. deutsche Armeekorps hielt dem Stoß stand, doch die 4. rumänische Armee löste sich teilweise auf. Ihr linker Flügel blieb beim IV. deutschen Armeekorps, die Reserven wichen aus und vereinigten sich mit der 4. Panzerarmee. Die 51. sowjetische Armee stieß bis Kalatsch vor, wo die Hauptverbindungslinien über den Don gingen, die für die Versorgung der 6. deutschen Armee lebenswichtig waren. Als sie die Brücke erreichte, war die bereits in der Hand der Soldaten Rokossowskijs. Die zum Schutz der Brücke hier stationierten Flakeinheiten und 15,5-cm-Geschütze hatten, nachdem sie einen ersten Angriff von vierzig russischen Panzern abgewiesen hatten, mit einem russischen Durchbruch so wenig gerechnet, daß sie die sich dem Don nähernden T 34 für Beutepanzer hielten, im Glauben, die Ausbildungskompanie von Kalatsch verwende sie für Übungszwecke. Wenige Minuten später befand sich die Brücke unversehrt in russischer Hand. Die 6. Armee war abgeschnitten.

Paulus selbst entging nur knapp der Gefangennahme. Er befand sich in seinem Hauptquartier in Globulinskaja, etwa 15 Kilometer nördlich von Kalatsch, auf der westlichen Seite des Don, als um 14 Uhr die Russen auftauchten. Der Armeestab floh über den zugefrorenen Don, wobei er das gesamte Material der Propagandakompanie zurücklassen mußte. Paulus und sein Stabschef, General Arthur Schmidt, entkamen in zwei Fieseler ›Storch‹ und gelangten in das Winterhauptquartier der Armee in Nischne-Tschirskaja am Zusammenfluß von Don und Tschir, also außerhalb des Kessels, der durch die Zangenbewegung des Feindes geschaffen worden war. Das Glück hätte sich kaum grausamer wenden können. Noch vor zwei Tagen hatte Paulus glauben dürfen, daß die Einnahme von Stalingrad, jener Sieg, der seinen Namen berühmt machen würde, nur noch eine Frage von Stunden sei. Doch gestern hatte er vom Oberbefehlshaber der Heeresgruppe, Generaloberst von Weichs, den überraschenden Befehl erhalten, seine beweglichen Einheiten nach Westen in Stellung zu bringen. Am Morgen hatte er in Erfahrung zu bringen versucht, was sich denn so plötzlich bei der Nachbararmee verändert habe. Am Nachmittag sah sich der unbesiegte General in der absonderlichen Lage, von seinen Truppen abgeschnitten zu sein, so, als habe er als erster die Flucht ergriffen. Nachdem er aus der Schlinge geschlüpft war, glaubte Paulus für einen Augenblick, daß er von außerhalb des Kessels die rettende Ausbruchsbewegung seiner Truppe leiten könne. Doch ein Telegramm Hitlers forderte: ›Der O.B. begibt sich mit seinem Stab nach Stalingrad. Die 6. Armee igelt sich ein und wartet weitere Befehle ab.‹ Es war eine jener Situationen, die sofortiges Handeln und kühne Entschlüsse verlangen. Doch die ersten Anweisungen Hitlers – sie ergingen aus Berchtesgaden – forderten, man möge abwarten und vorläufig nichts unternehmen.

Schon bereit zum Abflug nach Stalingrad, sah Paulus einen Genossen im Unglück auftauchen: Generaloberst Hoth, den Befehlshaber der 4. Panzerarmee. Ein Teil seiner Truppen war im Kessel von Stalingrad eingeschlossen worden, und seine zerstreuten rumänischen Einheiten irrten in der Kalmückensteppe umher. Zwischen beiden Befehlshabern – der eine nur noch Symbol einer vernichteten Armee, der andere Führer einer zum Untergang bestimmten – kam es zu einem äußerlich förmlichen, doch mit Emotion geladenen Abschied. Das kleine Flugzeug des Generalobersten Paulus flog dann im Tiefflug über die verschneiten Ebenen, bis es neben der Bahnstation von Gumrak, etwa 15 Kilometer von Stalingrad entfernt, landete, wo sich das neue Hauptquartier der Armee bereits eingerichtet hatte.

Paulus war ein Generalstabsoffizier reinsten Wassers: Seine Analyse der Lage erfolgte rasch, seine Darstellung der Situation war klar. Nach sechzehn Stunden erstattete er dem Oberkommando des Heeres Bericht über den Stand der Dinge. Die 6. Armee war eingeschlossen. Sie hielt einen Brückenkopf westlich des Don, doch klaffte in ihrer Südflanke eine Frontlücke. Es fehlte an Treibstoff, und die Lebensmittel reichten nur für wenige Tage.

Das war eine klare Darstellung, doch die daraus gezogenen Folgerungen zeigten keineswegs große Entschiedenheit. Paulus zauderte. In Nischne-Tschirskaja diskutierte man die Lage. Sich einzuigeln, wie dies Hitler verlangte, machte eine Versorgung aus der Luft notwendig, bis der Einschließungsring durch den Gegenstoß einer anderen Armee gesprengt würde. Doch der Oberbefehlshaber der Luftflotte 4, Wolfram von Richthofen, erklärte kategorisch, daß die Versorgung von 350000 Menschen aus der Luft, die zudem harte Kämpfe durchzustehen hätten, die Transportkapazität der Luftwaffe überschreite. Ähnlich äußerte sich auch der General der Flakartillerie Martin Fiebig, der Paulus sagte, daß diesem doch wohl nur übrigbleibe, unverzüglich mit seinen Truppen aus dem Kessel auszubrechen. Doch Stabschef Schmidt hatte eine andere Auffassung vertreten: Ein Rückzug, so meinte er, müsse ›napoleonische‹ Folgen zeitigen, wobei er die Zurücklassung des gesamten Materials und der 15 000 Verwundeten als besonders schwerwiegend unterstrich. Unschlüssig beschränkte sich Paulus nun darauf, vom Führer Handlungsfreiheit zu erbitten. Er wollte die Freiheit haben, aus Stalingrad auszubrechen, falls es der 6. Armee nicht gelinge, ihre Südflanke zu schließen.

Vierundzwanzig Stunden später waren die Entschlüsse Paulus' weiter gediehen. Der neue Tag zeigte ihm die Lage in noch trüberem Licht, und in einer erneuten Berichterstattung an Hitler schlug er den sofortigen Durchbruch vor, damit die ›Mehrzahl wertvoller Kämpfer‹ gerettet würde. Auf die Gefahr hin, einer Verschwörung beschuldigt zu werden, setzte er hinzu, daß seine Kommandierenden Generale Heitz, Strecker, Hube und Jaenecke seine Meinung teilten.

Inzwischen hatte der Oberbefehlshaber der Heeresgruppe, Generaloberst von Weichs, sich noch entschiedener geäußert. Eine Luftversorgung der fünf Korps, so führte er in Angerburg ins Feld, vermöge nur ein Zehntel aller notwendigen Bedürfnisse zu decken. Die eingeschlossene 6. Armee sei also in Gefahr, im Laufe nur weniger Tage ihren Kampfwert fast gänzlich einzubüßen. Ein Durchbruchsversuch würde wohl den Verlust eines Großteils an Material bedeuten, doch bestehe keine andere Möglichkeit mehr, eine völlige Katastrophe zu vermeiden.

Hitler kam in Rastenburg am 23. November um ein Uhr nachts an. Zeitzler erfuhr, daß der Führer von der Reise ermüdet und vor Mittag nicht zu sprechen sei. Doch er protestierte, sprach von äußerster Dringlichkeit und erreichte schließlich, daß man ihn vorließ. Zu seiner großen Überraschung fand er Hitler in bester Laune. In gemeinsamer Arbeit mit Jodl während der Zugfahrt hatte er ein Mittel gefunden, die Krise von

Stalingrad zu bannen: den Abzug einer, vielleicht auch zweier gepanzerter Divisionen aus dem Kaukasus, mit deren Hilfe die Verbindungswege nach Stalingrad wieder geöffnet werden sollten. Zeitzler wandte dagegen ein, daß man zwei Wochen für die Verschiebung einer Division rechnen müsse und daß die 6. Armee vorher völlig aufgerieben sei. Als er vorschlug, den sofortigen Durchbruch einzuleiten, fragte ihn Hitler in drohendem Tone, ob er denn dafür eintrete, Stalingrad aufzugeben. Als Zeitzler bejahte, schlug er mehrmals mit der Faust auf den Tisch und schrie: »Ich gehe nicht von der Wolga zurück! Ich gehe nicht von der Wolga zurück!«

Im Laufe des Tages wurden die Nachrichten immer schlechter. Nur mit Mühe hielt man noch den Brückenkopf am Westufer des Don. Zeitzler wurde bei Hitler noch einmal vorstellig und hoffte, ihn umzustimmen. Um 2 Uhr morgens teilte er dem Generalstabschef der Heeresgruppe B, von Sodenstern, telefonisch mit, der Führer habe sich bereit erklärt, die Frage eines Ausbruchs erneut zu überdenken; seine Entscheidung werde er um 8 Uhr bekanntgeben. Es erscheine ausgeschlossen, fügte er hinzu, daß diese Entscheidung etwas anderes ergeben könne als den Befehl zum unverzüglichen Ausbruch aus dem Kessel. Die 6. Armee könne bereits mit ihren Vorbereitungen beginnen. Über eine Telefonleitung, die von den Russen bereits kurz danach unterbrochen wurde, teilte Sodenstern dem Hauptquartier in Gumrak die Nachricht mit. Sie verbreitete sich schnell im Kessel und rief ein allgemeines Gefühl der Erleichterung hervor.

Um 10 Uhr war jedoch bei der Heeresgruppe immer noch keine Nachricht eingegangen. Beunruhigt rief Sodenstern in Rastenburg an, erhielt aber nur zur Antwort, er möge sich gedulden. Einige Minuten später fing die Radioabhörstelle einen direkt von Hitler an Paulus gerichteten Befehl ab. Die 6. Armee wurde aufgefordert, in folgender Aufstellung Front zu machen: Stalingrad-Nord, Höhe 137, Marinowka, Zybenko, Stalingrad-Süd. Auf der Karte ergab dies eine Fläche von etwa 60 Kilometer Länge und 40 Kilometer Breite. Der Brückenkopf am Westufer des Don, die Schleuse für den Fall eines Ausbruchs, sollte aufgegeben werden. Der Führer schloß seinen Befehl mit der Versicherung, die 6. Armee könne sich wegen ihrer Versorgung auf ihn verlassen, er werde sie zudem zu gegebener Zeit aus dem Kessel herausholen.

Also hatte sich Hitler doch nicht damit abfinden können, Stalingrad aufzugeben. Als Zeitzler um acht Uhr bei ihm vorsprach, führte der Oberste Befehlshaber ein neues Wort im Munde: ›die Festung Stalingrad‹. Stalingrad war nun also eine Festung. Die 6. Armee war deren Garnison. Und eine Garnison verläßt die ihr anvertraute Festung nicht. »Wenn notwendig, wird die Besatzung von Stalingrad eine Belagerung den ganzen Winter aushalten, und ich werde sie mit meiner Sommeroffensive befreien.« Als Zeitzler zu zeigen versucht hatte, daß Stalingrad gar keine Festung sei, hatte Hitler erneut mit der Faust auf den Tisch geschlagen: »Ich gehe nicht von der Wolga zurück!« Es war sein erstes und letztes Wort in der Frage Stalingrad. Noch am 9. Novem-

ber hatte Hitler in München folgende Worte gesprochen: »Was der deutsche Soldat hält, kann ihm keine Macht der Welt wieder entreißen.« Wie hätte er auch zulassen sollen, seine Worte so schnell Lügen gestraft zu sehen?
Zeitzler konnte sich nicht länger beherrschen und schrie nun seinerseits: »Mein Führer! Es wäre ein Verbrechen, die 6. Armee ihrem Schicksal zu überlassen. Das bedeutet Tod oder Gefangennahme für eine Viertelmillion tapferer Soldaten. Ja mehr noch! Der Verlust dieser großen Armee würde der Ostfront das Rückgrat brechen.«
Bei dem Wort Verbrechen war Hitler hochgefahren. Doch er beherrschte sich, läutete der SS-Ordonnanz und befahl, man möge Keitel und Jodl holen. In schneidendem Tone erklärte er, daß er im Begriff stehe, eine schwerwiegende Entscheidung zu fällen, daß er dies aber nicht tun wolle, ohne zuvor die unabhängige Meinung seiner besten Mitarbeiter gehört zu haben.
»Generalfeldmarschall Keitel?«
»Mein Führer, geben Sie Stalingrad auf keinen Fall auf!« Keitel hatte in Habtachthaltung gesprochen, mit theatralischer Stimme und flammendem Blick. Jodl indessen erwog das Für und Wider, kam aber zu dem Schluß, daß man zumindest vorläufig noch in Stalingrad bleiben müsse.
Auch Zeitzler wurde nochmals nach seiner Meinung gefragt, blieb aber dabei, was er zuvor schon vertreten hatte: den sofortigen Durchbruch. Hitler hörte ihm ruhig zu, dann sagte er mit eisiger Höflichkeit: »Sie sehen, General, daß ich mit meiner Ansicht nicht allein stehe. Sie wird geteilt von zwei anderen Generalen, die alle beide einen höheren Rang und mehr Erfahrung haben als Sie. Ich werde mich also weiterhin an die von mir bereits getroffene Entscheidung halten. Ich befehle die Verteidigung der Festung Stalingrad.«
Die entscheidende Frage war, ob die 6. Armee aus der Luft versorgt werden konnte. Im vorangegangenen Winter hatte man es bei den im Kessel von Demjansk eingeschlossenen Truppen vermocht, aber im Kessel von Demjansk befanden sich nur 100000 Menschen, während es im Kessel von Stalingrad einschließlich der Rumänen, Turk-Truppen und Kroaten 350000 Mann waren.
Auf Anfrage hatte die 6. Armee mitgeteilt, die Mindestmenge des von ihr benötigten Nachschubs betrage täglich insgesamt 600 Tonnen Munition, Treibstoff, Futter und Lebensmittel (davon allein 40 Tonnen Brot). Der Chef der Transportflotte hatte seinerseits die ihm mögliche Maximalleistung mit 350 Tonnen beziffert. Wer die militärischen Gepflogenheiten kannte, wußte wohl: Die erste Zahl war eine absichtliche Übertreibung, die zweite eine vorsichtige Untertreibung. Göring, wie immer abwesend, befand sich in Paris – gewiß ein angenehmerer Aufenthalt als Rastenburg. Als man ihn telefonisch zu Rate zog, erklärte er, daß eine der Wirklichkeit entsprechende Leistungsfestsetzung dem goldenen Mittelweg folgen müsse. Seine Luftwaffe sei in der Lage, täglich 500 Tonnen in die Festung Stalingrad einzufliegen. Er könne also die Garantie für eine

ausreichende Versorgung der 6. Armee übernehmen. Sein Generalstabschef Jeschonnek überbrachte diese Versicherung Hitler. Er unterließ es aber, eine Mitteilung Richthofens weiterzugeben, in der dieser gefordert hatte, man möge seine Auffassung von der Undurchführbarkeit einer Versorgung Stalingrads aus der Luft zur Kenntnis Hitlers bringen.

Für die Eingeschlossenen war Hitlers Entscheidung ein furchtbarer Schlag. Das Wort von der ›Festung‹ konnte allenfalls auf eine schlecht unterrichtete Öffentlichkeit Eindruck machen, doch die ›Garnison‹ wußte schließlich sehr wohl, woran sie war.

Ganz Stalingrad lag in Trümmern. Nicht wenige Abschnitte des eingeschlossenen Gebiets waren dem Erdboden gleichgemacht. In völliger Kahlheit erstreckte sich rings die Steppe. An der Nordfront hatte man während des Sommers sich an einigen Stellen eingegraben, doch im Westen und Süden war es nicht einmal möglich gewesen, Schützenlöcher oder Gräben auszuheben, da der gefrorene Boden dem Spaten widerstand. Zudem fehlte es an Holz für die Errichtung von Unterständen.

Zum Schutz gegen das feindliche Feuer und gegen Schneestürme mit Kältegraden bis zu minus 30 Grad Celsius hatten die Soldaten oft nur das Segeltuch ihrer Zelte. Die erste Reaktion bei einem Teil der Generale war Auflehnung gegen den Wahnsinnsbefehl. Der Befehlshaber des IV. Korps, General Jaenecke, warf Paulus vor: »Reichenau hätte den Gehorsam verweigert!« Paulus senkte den Kopf: »Ich bin kein Reichenau.« Und er brachte die Proteste seiner Unterführer zum Schweigen durch ein Argument, auf das es keine Antwort mehr gab: Ein Soldat könne nur gehorchen. Doch ein General hatte noch nicht aufgegeben, der Kommandeur des LI. Korps, von Seydlitz-Kurzbach. So sicher war er von der Durchführung des Ausbruchs überzeugt, daß er bereits Teile seines Korps bis zu zehn Kilometer zurückgenommen und die Vernichtung überflüssigen Marschgepäcks angeordnet hatte.

Er faßte ein Schreiben ab, das er Paulus mit der Bitte zukommen ließ, es zur Spitze weiterzuleiten. Darin vertrat er die Ansicht, daß selbst 500 Flugzeuge mit einer Transportleistung von 1000 Tonnen täglich nicht imstande seien, die 6. Armee hinreichend zu versorgen. Was daher zu tun sei, sei dies: die kurze Zeit noch auszunützen, in der sich die feindliche Front im Südwesten der Stadt noch nicht gefestigt habe, und in Richtung Kotjelnikowo auszubrechen. ›... Hebt das OKH den Befehl zum Ausharren in der Igelstellung nicht unverzüglich auf, so ergibt sich vor dem eigenen Gewissen, vor der Armee und dem deutschen Volke die gebieterische Pflicht, sich die durch den bisherigen Befehl verhinderte Handlungsfreiheit selbst zu nehmen, ... die Katastrophe durch eigenen Angriff zu vermeiden. Die völlige Vernichtung von 200000 Kämpfern und ihrer gesamten Materialausstattung steht auf dem Spiel. Es gibt keine andere Wahl.‹

Der Name von Seydlitz ist mit einer großen Zeit der preußischen Militärgeschichte verbunden. Der Seydlitz des Siebenjährigen Krieges gilt als einer der fähigsten Reitergenerale aller Zeiten. Doch diese Zeilen, die kühnste Herausforderung, die je ein deutscher Offizier an Hitler gerichtet hat, sind auch für einen Mann von solcher Abstammung ein sicheres Todesurteil. Seydlitz war darauf gefaßt, daß stündlich ein Flugzeug kommen konnte, mit einem Erschießungskommando an Bord, den Befehl in der Tasche, ihn an die Wand zu stellen. Doch Generaloberst von Weichs hatte das Schreiben abgefangen, und Seydlitz erreichte der Befehl, die ganze Nordfront des Kessels unter sein Kommando zu nehmen. »Was wollen Sie jetzt machen?« fragte ihn Paulus. – »Da Sie nicht den Gehorsam verweigern, kann auch ich nur gehorchen.«

Inzwischen hatte man die Versorgung aus der Luft organisiert. Über 100 Ju 52 und etwa 200 andere Maschinen starteten von den Flugplätzen in Tazinskaja und Morosowskaja im Donbogen und landeten nach einem Flug von 200 Kilometern auf einem der beiden Stalingrader Flugplätze, entweder in Pitomnik oder in Gumrak. Mit Verwundeten beladen, flogen sie wieder zurück. Die Verluste durch Feindeinwirkung waren anfangs nicht sehr hoch; um so höher aber waren die Ausfälle durch die schlechten Wetterverhältnisse und die Überbeanspruchung des Materials. Die tägliche Leistungsmenge begann mit etwa 50 Tonnen und wurde nur langsam auf 100 Tonnen erhöht. Die durchschnittliche Tagesleistung lag bis zum 12. Dezember bei 93 Tonnen. Die Luftwaffe ließ sich mit den Eingeschlossenen Zeit; ihr Argument war, sie müsse sich erst entsprechend organisieren.

Im Kessel befanden sich das IV., VIII., XI. und LI. Armeekorps sowie das XIV. Panzerkorps; die Infanteriedivisionen 44, 71, 76, 79, 94, 99, 100, 113, 295, 297, 305, 371, 376, 384 und 389; die motorisierten Divisionen 3, 29 und 60; die Panzerdivisionen 14, 16 und 24; das VIII. Flakartilleriekorps; die Werferregimenter 243 und 245; zwölf Pionierbataillone des Heeres; dazu noch weitere 149 unabhängige Einheiten, die teils zur schweren Artillerie, teils zur Feldpost gehörten. Ferner befanden sich im Kessel Teile von zwei rumänischen Divisionen, ein kroatisches Lehrregiment und drei Turk-Bataillone. Eine große, mächtige und kampftüchtige Armee...

Mansteins Entsatzangriff

Zur Befreiung der eingeschlossenen Armee hatte Hitler seinen militärischen Zauberkünstler ausersehen, der mit ihm den Ruhm des Planes von Sedan teilte, den Mann, der mit seiner Artillerie Sewastopol niedergezwungen hatte, den großen Taktiker, dem es gelungen war, eine Aufhebung der Belagerung von Leningrad zu verhindern – Generalfeldmarschall Erich von Manstein.

Am 21. November erhielt Manstein abends in Witebsk den Befehl, das Oberkommando über die Heeresgruppe Don zu übernehmen. Der Wortlaut seines Auftrags läßt erken-

nen, wie weit das OKH noch von der Realität entfernt war und wie sehr das deutsche militärische Denken seinen früheren Rang verloren hatte. Manstein sollte die ›feindlichen Angriffe zum Stehen bringen und die vor dem Beginn des Angriffs innegehabten Stellungen wiedergewinnen‹.
Manstein ließ sich zunächst Zeit. Dem Risiko eines Fluges durch die Schneestürme Rußlands zog er die Reise in seinem Kommandozug vor und kam erst am Vierundzwanzigsten in Starobjelsk an, dem Hauptquartier der Heeresgruppe Don, die er für seine Zwecke erst neu formieren mußte. Erst an Ort und Stelle wurde ihm der Ernst der Lage völlig bewußt. Er begriff den ganzen Umfang seiner Aufgabe, sah aber auch, wie gering die Mittel waren, die ihm zu ihrer Lösung zur Verfügung standen. Unter Mansteins Befehl befanden sich nun folgende Verbände: die 6. Armee, eingeschlossen in Stalingrad und durch Hitlers Befehl an Ort und Stelle festgenagelt; die 4. Panzerarmee, die nur noch aus der 16. motorisierten Division bestand; die 3. rumänische Armee, von der nur noch der linke Flügel intakt war; die 4. rumänische Armee, die noch stärker angeschlagen worden war als die 3. Ferner verfügte er über die Reste des XXXXVIII. Panzerkorps und über Einheiten der Gruppe Hollidt, ein Konglomerat deutscher und rumänischer Verbände. Schließlich befanden sich noch einige Panzerdivisionen im Anmarsch. Zwei, die 23. von der Kaukasusfront und die 6. aus Frankreich, sollten südlich von Stalingrad die 4. Panzerarmee neu formieren, um den Angriff zur Befreiung der 6. Armee zu führen. Eine weitere Panzerdivision, die 17., sollte später noch zu ihnen stoßen.
Selbst wenn diese Verbände geschlossen und ausgeruht in den Kampf geworfen worden wären, hätte die doppelte Aufgabe doch ihre Kräfte überstiegen, die einerseits darin bestehen sollte, den sowjetischen Angriff zum Stehen zu bringen, andererseits aber Stalingrad zu entsetzen. Doch sie waren müde, keineswegs vollständig aufgefüllt und kämpften zudem weit auseinandergezogen. Die aus dem Kaukasus und Frankreich eintreffenden Verstärkungen erreichten auf Umwegen über das Eisenbahnnetz ihr Ziel, wobei die Mannschaften sehr unter der Kälte zu leiden hatten. Die anderen Einheiten waren über einen Frontbereich von 600 Kilometer Länge verstreut, der vom Don, an den Hollidt seinen linken Flügel angelehnt hatte, bis zur Kalmückensteppe reichte, wo die 16. motorisierte Infanteriedivision, praktisch im Leeren hängend, die Verbindung zwischen dem Kaukasus und der Wolga herstellte. Es war ein Wunder, daß die Russen am Tschir haltmachten, wo statt einer Armee ein durcheinandergewürfelter Haufen von geflüchteten Einheiten, Luftwaffensoldaten und Urlaubern der Paulusarmee stand. Leicht hätten sie bis nach Rostow vorstoßen können, wo die Nachschublinien der Heeresgruppe A abgeschnitten worden wären. Aber die methodische russische Strategie dachte nicht daran, die deutsche Etappe zu verwüsten, ließ sich auch nicht von allzu günstig scheinenden Gelegenheiten verlocken, ja schätzte wohl auch den Grad der Auflösung beim Gegner nicht hoch genug ein, den sie noch im Vorjahr

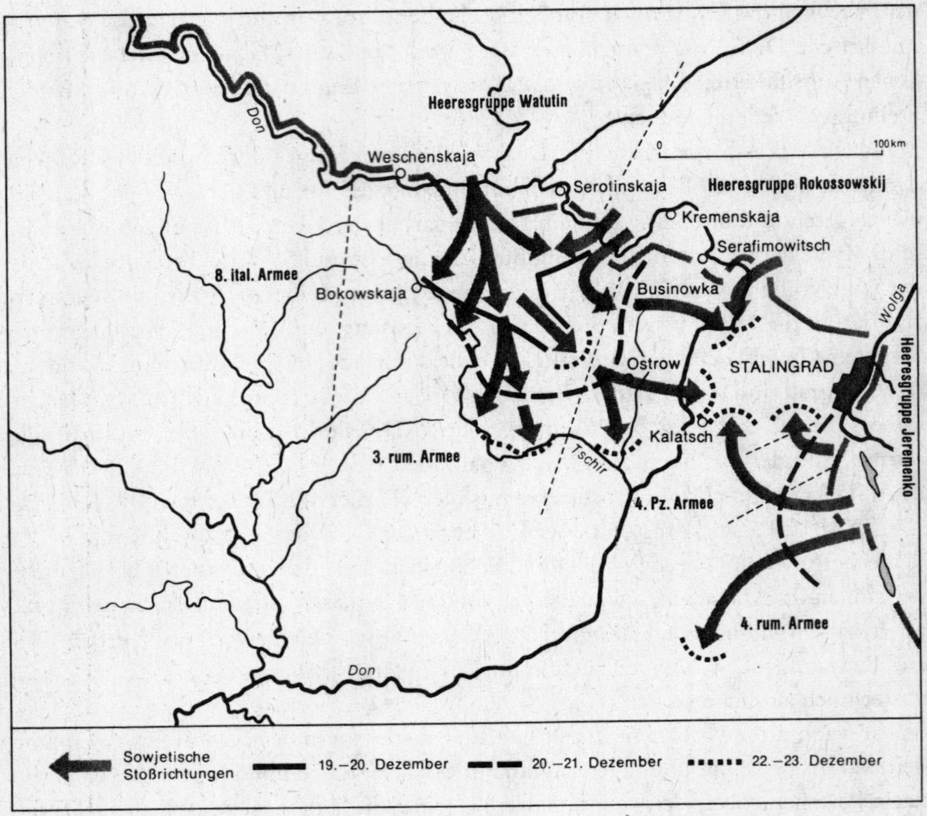

Karte 33 Stalingrad: Erste Phase der sowjetischen Offensive (19. bis 23. November 1942)

als höchst gefährlich kennengelernt hatte. Das sowjetische Oberkommando hätte Manstein zu einer Verzweiflungsschlacht um Rostow zwingen können, so aber ließ sie ihm immer noch die Hoffnung auf ein glückliches Unternehmen gegen Stalingrad.
Dieses glückliche Unternehmen wäre nach dem Urteil des Sowjetmarschalls Jeremenko möglich gewesen. »Bis zum 24. Dezember«, so meinte er, »hatten wir im Frontabschnitt Kotjelnikowo nur geringe Streitkräfte. Die 51. Armee war sehr schwach, und das IV. Kavalleriekorps hatte nur eine Dichte von weniger als einem Zug pro Kilometer... Vom 4. Dezember an hätte die 6. Panzerdivision, die ausgeruht und so gut wie vollzählig aus Frankreich kam, sich einen Weg nach Stalingrad bahnen können... Wieder einmal waren die Nazis Opfer ihrer eigenen Routine geworden. Manstein hatte uns zehn Tage geschenkt.«
Manstein hatte vor allem ein klug durchdachtes Manöver vorbereitet. Im Donbogen sollte Hollidt angreifen und Kalatsch zurückerobern. Das durch die 2. Panzerdivision

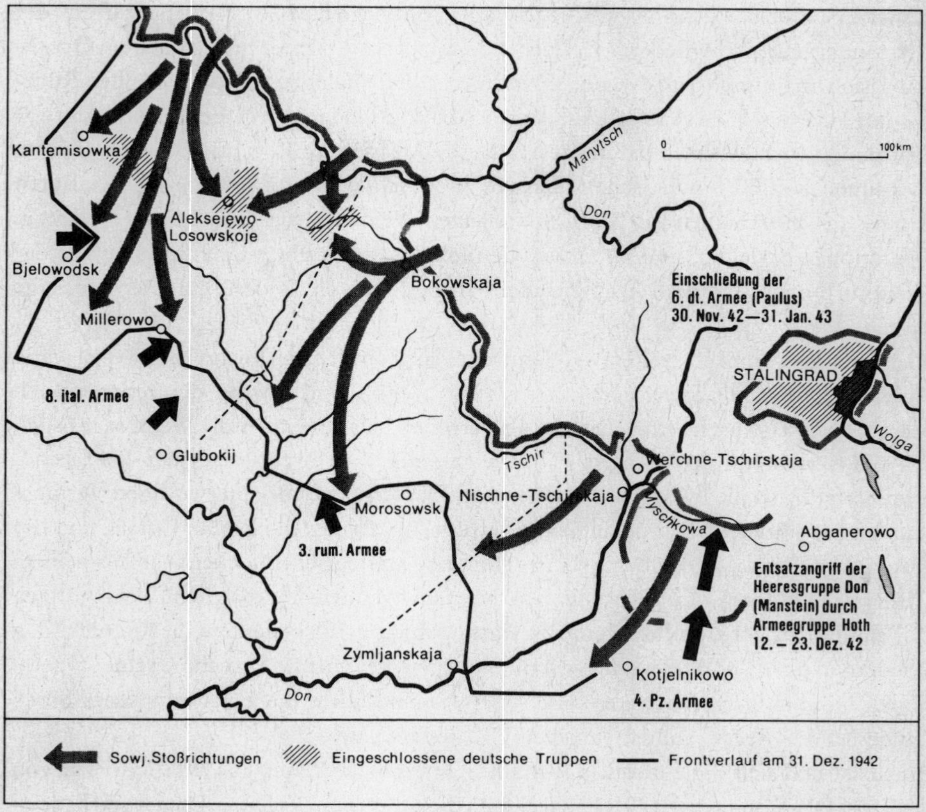

Karte 34 Stalingrad: Zweite Phase der sowjetischen Offensive (30. November bis 31. Dezember 1942)

verstärkte XXXXVIII. Panzerkorps war dazu ausersehen, mit einem Stoß aus dem bis dahin noch gehaltenen Brückenkopf von Nischne-Tschirskaja den aus dem Raume von Kotjelnikowo geführten Hauptangriff des LVII. Panzerkorps zu unterstützen. Doch die Truppen unter Hollidt waren außerstande, an der Offensive teilzunehmen, da die Verteidigung des Tschir sie ganz in Anspruch nahm und das XXXXVIII. Panzerkorps aus seinem Brückenkopf geworfen wurde. Anstatt des geplanten konzentrischen Angriffs beschränkte sich das Entsatzunternehmen allein auf einen Vorstoß des LVII. Korps. Ursprünglich auf den 2. Dezember angesetzt, war der Angriff zunächst auf den 8., dann auf den 12. Dezember festgelegt worden, da die Nachschublieferungen nur entmutigend langsam eintrafen.

Es bestand übrigens ein bedeutender Unterschied zwischen den Plänen Mansteins und Hitlers. Der Entsatz von Stalingrad hätte sich in den Vorstellungen beider Männer auf ganz verschiedene Weise vollziehen sollen.

Manstein wollte die 6. Armee wiedergewinnen, um sie in die beweglichen Kräfte an der Ostfront erneut einzugliedern. Er dachte daran, daß die Armee nach erzieltem Durchbruch sich im Raum Rostow wieder formieren sollte. Gleichzeitig plante er einen Rückzug der Heeresgruppe A aus dem Kaukasus bis zum Don. Durch die Verkürzung der Frontlinie glaubte Manstein eine ausreichende Massierung von Streitkräften erzielen zu können, um die sowjetische Offensive zu zerschlagen und womöglich der Roten Armee den entscheidenden Stoß zu versetzen. Sein Wunsch war es, die gesamten Operationen zu leiten, und als er auf die Notwendigkeit eines Oberkommandos der Ostfront hinwies, bestand kein Zweifel darüber, wen er als dessen Leiter im Auge hatte.

Niemand kann wohl abstreiten, daß Manstein dafür am ehesten geeignet gewesen wäre. Hitlers militärischer Stern verblaßte bereits. Wenn er zu Beginn des Krieges auch beachtliche strategische Entscheidungen getroffen hatte, wenn er die Wehrmacht auch zweifellos während des Winters 1941/42 gerettet hatte, wenn auch der Plan seines Sommerfeldzugs die letzte Chance darstellte, Deutschland vor einer völligen Vernichtung zu bewahren, so war er seither doch für seine Armee die größte Gefahr und der grausamste Feind geworden. Jegliches sinnvolle strategische Denken war aus seinem Hirn geschwunden, und nichts war darin zurückgeblieben außer dem blindwütigen Willen, das Eroberte zu behalten. Ein Entsatz Stalingrads bedeutete für ihn nicht den Wiedergewinn einer Armee, mit deren Hilfe ihm eine erneute Aufnahme seiner Operationen möglich gewesen wäre, sondern einzig und allein die Erhaltung eines Stück Landes an der Wolga, auf das er seinen Fuß gesetzt hatte.

Zunächst ließ sich der Entsatzangriff auf Stalingrad durchaus gut an. Zwar war von den zwei Divisionen des LVII. Panzerkorps die 23. nur etwa vierzig Panzer stark, doch die 6. aus Frankreich herbeigeholte Panzerdivision erschien vollständig an der Front. Ihren ersten Stoß führte sie gegen den Akssaj, den sie am Dreizehnten überschritt. Rechts von ihr schob sich trotz ihrer Schwäche die 23. Panzerdivision entlang der Bahnlinie vor, auf der man 3000 Tonnen Lebensmittel und Treibstoff für die Belagerten bereitgestellt hatte. Am Neunzehnten erreichte man die Myschkowa. 130 der 180 Kilometer, welche die 4. Panzerarmee von der 6. Armee trennten, waren bereits durchmessen, und die Befreier sahen am Himmel die Scheinwerfer der Verteidiger von Stalingrad. Doch Manstein gab sich keinen Illusionen hin. Er wußte, daß die Dinge, die sich vor Rostow vorbereiteten, ihm nur noch einen knapp bemessenen Zeitraum zur Verfügung ließen. Die einzige Chance der 6. Armee bestand darin, daß sie sich selbst bis zur Armeegruppe Hoth durchschlug. Manstein gab dazu den Befehl, stand über Funktelefon in ständiger Verbindung mit Paulus, über dessen Zögern er beunruhigt war, weshalb er am 18. Dezember einen Offizier seines Stabes, den Major Eismann, in den Kessel schickte. Doch dieser kam bald zurück und berichtete über die ablehnende Haltung, die der Befehlshaber der 6. Armee und sein Stabschef Schmidt an den Tag legten. Nach ihren Schätzungen beschränkte sich der Bewegungsradius der etwa 100 noch verbliebenen Panzer auf höchstens 20 Kilometer. Es bestehe die Gefahr, daß sie auf der Strecke liegenblieben, falls die Eingeschlossenen ausbrechen sollten, ehe Hoth wenigstens bis auf diese Entfernung herangekommen war. Umsonst hatte Eismann eingewendet, daß das Risiko, das sie nicht auf sich nehmen wollten, noch gering sei angesichts einer möglichen Aushungerung oder Gefangennahme. Doch Paulus und Schmidt waren nicht zu überzeugen, und als Eismann sich auf die Autorität Generalfeldmarschall von Mansteins berief, beriefen sie sich auf eine noch höhere Autorität: die des Führers.

Tatsächlich war es Hitler, der den Ausbruch der Besatzung von Stalingrad nicht erlaubte. Zeitzler, der ihn von Morgen bis Abend drängte, erhielt von Hitler die Antwort, die 6. Armee stehe nun nicht mehr zur Diskussion; Stalingrad aufzugeben falle ihm nicht ein, er wolle weiter über die Wolga hinaus vorstoßen. Als aber Zeitzler einmal doch mit seinen Argumenten durchgedrungen zu sein glaubte, legte er Hitler den Ausbruchsbefehl zur Unterschrift vor. Hitler unterschrieb, doch fügte er mit eigener Hand hinzu, ausdrückliche Bedingung sei, daß die Armee weiterhin die Wolgalinie halte. Bis auf weiteres war die Angelegenheit damit erledigt.

Nach dem Zusammenbruch der Rumänen war die Front westlich des Don nahezu wieder gefestigt worden. Sie folgte dem Flußlauf bis Weschenskaja, bog dann nach Süden ab, erreichte den Tschir, dem sie bis zu seiner Mündung folgte, und stieß nördlich von Potjemkinskaja wieder auf den Don. Die Wasserläufe stellten wegen der Vereisung keine Hindernisse mehr dar. Verteidigungsstellungen gab es nicht. Nur der Schnee bedeutete in der Steppe für die Panzer eine gewisse Behinderung. Das Thermometer fiel bis auf minus 30 bis 35 Grad – zur großen Bestürzung der Italiener, denen man versichert hatte, daß im Süden Rußlands höchstens 5 bis 6 Grad Kälte herrschten.

Von Osten nach Westen wurde die Front von den Resten der 3. rumänischen Armee, den Einheiten Hollidts, der 8. italienischen und der 2. ungarischen Armee gehalten. Jeder wußte, daß das schwächste Glied dieser langen Kette die Italiener waren. Hitler hatte darüber in der Lagebesprechung vom 12. Dezember Besorgnis geäußert, doch standen keinerlei deutsche Kräfte zur Verfügung, um General Gariboldis Truppen zu verstärken. Längs einer Front von 270 Kilometern erwarteten vier italienische Armeekorps, das XXIX., das XXXV., das II. und die Alpini, den feindlichen Stoß. Dieser erfolgte am 16. Dezember. Im Nebel überschritt die 1. sowjetische Gardearmee den Don und warf sich auf das Zentrum der Italiener. Wieder flohen Tausende in völliger Auflösung über die Steppe. Ein Augenzeuge, der deutsche General Fretter-Pico, beschrieb den unwirklichen Eindruck, den die Haufen italienischer Soldaten machten, deren einzige Waffe oft nur in einer Gitarre bestand, zu deren Klang sie bei eisiger Kälte westwärts zogen. Hitler telegraphierte an Mussolini, er möge doch einen Appell an seine Soldaten richten, nicht weiter zu fliehen, doch der verärgerte Duce antwortete nicht.

Seit dem Abend des 16. Dezember waren die Russen um 25 Kilometer vorangekommen. In den folgenden Tagen trieben sie ihre Offensive noch weiter vorwärts. Auf dem rechten Flügel der Russen marschierte die 6. sowjetische Armee auf Woroschilowgrad und Stalino. Auf dem linken Flügel dehnten die 3. Gardearmee und die 5. Panzerarmee die Offensive bis zum Tschir aus. Die Truppen unter Hollidt mußten eine Wendung ausführen und hatten unter schwierigen Bedingungen zu kämpfen. Die Übergänge über den unteren Donez bei Kamensk, Schatinsk und Forchstadt waren bedroht, auch Rostow war in Gefahr. Ein Super-Stalingrad, ein Stalingrad mit einer Million Eingekesselter schien sich abzuzeichnen.
Besonders gefährdet war die 4. Panzerarmee. Während die deutsche Front sich auflockerte und der russische Vormarsch Rostow bedrohte, klammerte sie sich an die Myschkowa in der Erwartung, die 6. Armee werde sich zum Ausbruch entschließen. Die Aufgabe, mehr als 200000 Kameraden zu retten, hielt die Moral aufrecht, doch Hoth gab stets zu verstehen, daß seine Truppen nur noch ums nackte Leben kämpften und sich zurückziehen müßten, wenn nicht binnen kürzester Frist die 6. Armee zu ihm stoße. Am Weihnachtsabend beschleunigte ein Befehl der Heeresgruppe den Rückzug: Manstein, der Hoth von der Lage westlich des Don in Kenntnis setzte, verlangte von ihm eine seiner Panzerdivisionen, da er im Raum von Morosowskaja wieder Herr der Situation werden wollte. Hoth, der dort drohenden Gefahren ebenfalls gewärtig, bestimmte hierfür die 6. Division. Sie machte sich auf den Weg in Richtung Potjemkinskaja, und im Schneesturm, in dem sie verschwand, ging auch alle Hoffnung auf eine Rettung der Eingeschlossenen von Stalingrad dahin.

Der Todeskampf der 6. Armee

Weihnachten hatte man vorübergehen lassen, dann waren die täglichen Brotrationen von 200 auf 100 Gramm gekürzt worden. Am 1. Januar meldete der Gesundheitsdienst die ersten Todesfälle durch Verhungern. Nun war erwiesen, daß die 6. Armee auf dem Luftwege nicht versorgt werden konnte. Um das Versprechen ihres hierfür verantwortlichen Chefs wenigstens einigermaßen halten zu können, unternahm die Luftwaffe vergebliche Anstrengungen, wobei sie Verluste hinnehmen mußte, die Stalingrad auch zu einer Luftschlacht größten Ausmaßes machten, die mit dem Verlust von 488 Flugzeugen und etwa 1000 Mann die Deutschen fast so teuer zu stehen kam wie die Luftschlacht um England. Die Wetterverhältnisse waren außerordentlich ungünstig: War der Himmel über Stalingrad klar, so war er im Raum von Rostow gewöhnlich bedeckt und umgekehrt, wobei der reibungslose Ablauf der Luftversorgung entweder beim Start oder bei der Landung gefährdet war. Da die Russen Tazinskaja und Moro-

Zu den Soldaten der Roten Armee stießen bewaffnete Arbeiter des Traktorenwerks ›Roter Oktober‹ (unten). – Der verbissene Kampf um jedes Haus, um jeden Unterstand, um jeden Granattrichter dauerte bis zur physischen Erschöpfung. Die Reste der 6. deutschen Armee ergaben sich; Monate später gab Stalin bekannt, daß auf dem Schlachtfeld Stalingrad 146 300 deutsche Gefallene aufgesammelt und verbrannt worden seien.

»Am 2. Februar 1943, vier Uhr nachmittags, haben die Truppen der Donfront die Vernichtung der feindlichen Kräftegruppierung in Stalingrad abgeschlossen. 22 Divisionen wurden aufgerieben oder gefangengenommen...«, meldete Generalleutnant Rokossowskij an Stalin. Rund 91000 Mann, 2500 Offiziere und 24 Generale, darunter Feldmarschall Paulus und sein Stabschef, Generalleutnant Arthur Schmidt (unten), streckten die Waffen.

sowskaja genommen hatten, waren die Ausgangsflugplätze nach Salsk, Nowotscherkassk und Scheretkowo verlegt worden, was eine doppelte Flugstrecke bedeutete und gleichzeitig die Transportkapazität der Maschinen herabsetzte. Der Tagesdurchschnitt der Nachschublieferungen sank weit unter 100 Tonnen.
Um ihm das Eichenlaub an sein Ritterkreuz zu heften, ließ Hitler General Hube aus dem Kessel herausholen. »Mein Führer«, sagte Hube, »Sie haben Generale des Heeres erschießen lassen. Warum lassen Sie nicht den Fliegergeneral erschießen, der Ihnen die Versorgung Stalingrads versprochen hat?«
Nun bestand keine Hoffnung mehr auf Entsatz. Hoth hatte sich kämpfend zurückgezogen, zuerst noch Schritt um Schritt, mit blutendem Herzen, dann immer schneller und schneller. Anfang des Jahres 1943 befand sich die 4. Panzerarmee am Kuberle, 200 Kilometer von Stalingrad entfernt. Die 6. Armee war damit unwiderruflich aufgegeben.
Unsäglich war die Lage im Kessel selbst. Die Brotrationen hatte man auf 75 Gramm gekürzt. Der Treibstoff war so rar geworden, daß als einzige Fahrzeuge nur noch die Motorräder fahren durften. Nur wer von den Verwundeten noch die Kraft hatte, sich bis zum Flugplatz zu schleppen, konnte aus dem Kessel ausgeflogen werden. Der Schnee bildete kleine Hügel über den zugewehten Leichen der an Hunger und Kälte gestorbenen Soldaten.
Am 8. Januar sahen die Vorposten eine weiße Fahne flattern. Drei sowjetische Parlamentäre kamen, um Paulus die ehrenvolle Kapitulation anzubieten. Auf Befehl Hitlers hatte Paulus die Annahme des Kapitulationsangebots verweigert; er war gehalten, jede neue Aufforderung zur Übergabe durch Feuer zu erwidern. Am anderen Tag griffen die Russen an. Verzweifelt wehrten sich die Deutschen. Hauptschauplatz der Kämpfe war das Gelände von Pitomnik, über das der größte Teil der Luftversorgung ging. Die Russen eroberten es am 16. Januar. Nun war die Versorgung auf den schlechten Flugplatz von Gumrak angewiesen, nach dessen Einnahme durch die Russen dann ganz auf Fallschirmabwürfe. Vier Fünftel des Kessels waren verloren. Die Deutschen wurden gegen die Wolga zurückgeworfen, eingeschlossen in der von ihnen zu ihrem eigenen Verderben eroberten Stadt, den Ruinen von Stalingrad. Am 24. Januar meldete sich Paulus bei Hitler. Weiterer Widerstand sei sinnlos. 18000 Verwundete lägen unversorgt und eng gedrängt in den Höhlen. Der Typhus wüte. Mit Munition und Lebensmitteln sei man am Ende. Der Oberbefehlshaber der Armee verlangte deshalb die Einwilligung für seine Kapitulation. Der Oberbefehlshaber der Heeresgruppe, Manstein, unterstützte ihn, unterhielt sich eine dreiviertel Stunde lang mit Hitler. Doch Hitler blieb völlig unzugänglich. ›Ich verbiete jede Kapitulation. Die Armee muß bis zur letzten Patrone Widerstand leisten. Ihr Heldentum ist eine unvergeßliche Leistung für das Wohl des Abendlandes.‹
Am Fünfundzwanzigsten erfolgten neue russische Angriffe. Am Sechsundzwanzigsten

vereinigte sich die 62. russische Armee auf dem Mamaihügel mit der 21. Armee. Die 6. deutsche Armee war damit in zwei Teile zersprengt. Im Norden hatten sich die Reste des XI. Korps in der Traktorenfabrik verschanzt. Im Süden drängten sich die Trümmer von vier anderen Korps im Zentrum der Stadt, wo Paulus sein letztes Hauptquartier in den Kellerräumen des Univermag-Kaufhauses am Roten Platz eingerichtet hatte. Die Russen, die nun schnell zu einem Ende kommen wollten, nahmen die Ruinen von Stalingrad unter wütendes Feuer. Kein einziges Geschütz antwortete ihnen, doch als die Infanterie inmitten der Trümmer vorzustoßen versuchte, versperrten ihnen die Einschläge der letzten deutschen Granaten den Weg. Am 30. Januar ernannte Hitler Paulus zum Generalfeldmarschall. »Es gibt«, sagte er zu Keitel, »in der Kriegsgeschichte keinen deutschen Feldmarschall, der in Gefangenschaft ging.« Von diesem Offizier, den er in den höchsten militärischen Rang erhoben hatte, erwartete der Führer nur noch eines: den Selbstmord. Er wußte nicht, daß Paulus seinen Offizieren diesen Ausweg ausdrücklich mit der Begründung verboten hatte, sie hätten das Schicksal ihrer Soldaten bis zum Ende zu teilen.

Die Kapitulation

Am Einunddreißigsten war der Kampf so gut wie zu Ende. Einer der letzten Funksprüche der 6. Armee gab folgende Meldung über die Lage: ›Auflösungserscheinungen... Keine einheitliche Befehlsführung mehr möglich.‹ Und kurz darauf, um 5 Uhr 45: ›Der Russe steht vor dem Bunker. Wir zerstören die Befehlsstelle...‹. Dann, dreimal wiederholt, das Zeichen ›CL‹, das bedeutete: ›Diese Station sendet nicht mehr...‹ Die Russen hatten endlich das Univermag-Haus erreicht, in dessen Kellerhöhle sich der jüngste Generalfeldmarschall des Reiches aufhielt, der erste Generalfeldmarschall der Niederlage, die Hitler selbst herbeigeführt hatte. Niemand schoß. Ein sowjetischer Parlamentär näherte sich und verlangte die Kapitulation. Man führte ihn zum Bunker, aus dem Paulus, ein apathisch wirkender, zum Skelett abgemagerter Mann, heraustrat. Ja, er kapituliere. Nein, er habe dem ›Heil Hitler!‹ nichts mehr hinzuzufügen, das er noch vor kurzem im Munde führte. Dieser Prototyp eines Generalstabsoffiziers geht in aller Stille in die Gefangenschaft.

Hitlers Bemerkungen zur Kapitulation Stalingrads sind durch Stenogramme auf uns gekommen. ›Die haben sich da absolut formgerecht übergeben. Denn im anderen Falle stellt man sich zusammen, bildet einen Igel und schießt mit der letzten Patrone sich selbst tot. Wenn man sich vorstellt, daß eine Frau den Stolz hat, daß sie, weil sie nur ein paar beleidigende Worte hört, hinausgeht, sich einsperrt und sich sofort totschießt, dann habe ich vor einem Soldaten keine Achtung, der davor zurückschreckt, sondern lieber in Gefangenschaft geht... Ich kann es verstehen in einem Falle wie General Giraud... Im Deutschen Reich haben im Frieden jährlich 18- bis 20000 Menschen den Freitod gewählt... Hier kann ein Mann sehen, wie 50-, 60000 seiner Soldaten sterben und mit Tapferkeit bis zum letzten sich verteidigen – wie kann er sich da den Bolschewiken ergeben?!... In diesem Krieg wird niemand mehr Feldmarschall... Mir tut das darum so weh, weil das Heldentum von so vielen Soldaten von einem einzigen charakterlosen Schwächling ausgelöscht wird... [Paulus] wird in kürzester Zeit im Rundfunk sprechen...‹

Paulus fand keine Zeit mehr, die Männer im Kessel zur Übergabe aufzufordern: Die letzten ergaben sich schon am 2. Februar. Auch über den Zeitpunkt, an dem Paulus die Wehrmacht und das deutsche Volk zur Niederlegung der Waffen auffordern würde, hatte sich Hitler getäuscht. Das Nationalkomitee Freies Deutschland wurde erst am 13. Juli 1943 unter dem Vorsitz des Grafen Einsiedel und des Generals von Seydlitz gegründet. Der aus kleinbürgerlichen Verhältnissen stammende Paulus brauchte längere Zeit als diese Träger historischer Namen, sich dem außerdeutschen Widerstand anzuschließen. Er entschied sich hierfür erst nach dem 20. Juli 1944, als er vom Schicksal einiger hoher Soldaten wie Witzleben und Hoepner erfuhr, für die er den größten Respekt empfand.

›Paulus‹, sagte einer seiner Biographen, ›entschloß sich nur schwer und unterschied nur schwer das Wahre vom Falschen...‹ Selbst die größten militärischen Begabungen hätten 1942 die Wehrmacht nicht vor einer Niederlage gerettet. Aber es waren die besonderen Unzulänglichkeiten des Offiziers Paulus, die dieser Niederlage einen vernichtenden Charakter gaben.

XX. Kapitel Januar bis Mai 1943
Die Wehrmacht verliert an Boden

Die Rote Armee stößt vor

Zu Beginn des Januar, als die Eingeschlossenen von Stalingrad noch nicht alle Hoffnung auf Entsatz aufgegeben hatten, stellte sich die Lage der deutschen Streitkräfte an der Ostfront folgendermaßen dar.

1. Die Heeresgruppe A befand sich noch immer im Kaukasus. Die Entfernungen, die sie vom Flaschenhals von Rostow trennten, betrugen für die 17. Armee 400 Kilometer, für die 1. Panzerarmee 700 Kilometer.
2. Nachdem ihr Versuch, Stalingrad zu entsetzen, gescheitert war, stand die 4. Panzerarmee in Abwehrkämpfen südlich des Don. Sie befand sich noch immer 400 Kilometer östlich von Rostow.
3. Durch Erfolge an Don und Tschir während des Dezember waren die Russen bis zum Unterlauf des Donez vorgedrungen. Sie waren nur noch 70 Kilometer von Rostow entfernt – sechsmal näher als die Soldaten Hoths und zehnmal näher als die Soldaten Mackensens, des neuen Befehlshabers der 1. Panzerarmee.
4. Westlich von Rostow befand sich ein zweiter Flaschenhals: die Übergänge über den Dnjepr bei Dnjepropetrowsk und Saporoschje. In ihren Stellungen im Raum von Woronesch waren die Russen von diesen Punkten nur 450 Kilometer entfernt, die 4. und 1. deutsche Panzerarmee hingegen 700 beziehungsweise 1000 Kilometer.
5. Auch an den übrigen Frontabschnitten war den Deutschen keine Ruhe gegönnt. Im Raume von Rschew, Demjansk und Leningrad waren sie ununterbrochen heftigen Angriffen ausgesetzt. Aus diesem Grunde konnten nur mit unendlichen Schwierigkeiten Truppen aus dem Mittel- oder Nordabschnitt nach Süden verschoben werden.

Während des Winters 1941/42 hatte die Wehrmacht vor allem durch das eisige russische Klima zu leiden gehabt, das die Bewegungen einer Armee lähmte, die für einen Bewegungskrieg in den gemäßigten Breiten Europas geschaffen war. Das gleiche Klima herrschte auch 1942/43 mit all seinen Erschwernissen für die Truppe und ihre Führung. Doch nun war dieses Klima nur ein zusätzlicher Faktor innerhalb des tödlichen Gefahrenkomplexes, dem sich die deutschen Armeen ausgesetzt sahen. Am bedrohlichsten aber war die prekäre strategische Situation, die durch die Maßlosigkeit und den Illusionismus Hitlers geschaffen worden war.

Hitlers Starrköpfigkeit hatte ihn eine Armee gekostet. Würde er nun angesichts eines Gegners, der kampftüchtig, beweglich und an Zahl überlegen war, den zudem seine jüngsten Erfolge anspornten – würde er angesichts eines solchen Gegners die anderen

deutschen Armeen zu retten versuchen oder aber den totalen Zusammenbruch der Wehrmacht durch sein Verhalten beschleunigen?
Am 29. Dezember hatte sich Hitler schließlich entschieden, die Heeresgruppe A zurückzunehmen. Nach seiner Vorstellung handelte es sich indes nicht darum, auf den Kaukasus zu verzichten und so schnell wie möglich die Streitkräfte unter Kleist im Raum von Rostow zusammenzuziehen, wie Zeitzler und Manstein es gefordert hatten. Laut Führerbefehl mußte diese Bewegung vielmehr schrittweise erfolgen, wobei die einzelnen Etappen festgelegt waren: Mortowskja, Armawir, Salsk. Nach Ansicht Hitlers sollte vom Kaukasus bis zum Don ein ›Balkon‹ von 200 Kilometer Tiefe bestehen bleiben. Von dort aus wollte er sich später erneut auf seine Ziele stürzen, die er nur vorübergehend aufgegeben zu haben glaubte.
Während des ganzen Januar vollzog sich die Rückführung der vor dem Kaukasus stehenden Truppen. Die deutschen Soldaten mußten nun im beißenden Frost den Rückmarsch durch jene Gebiete antreten, die sie in der Hitze des August erobert hatten. Der Rückzug wurde häufig verzögert, weil alles Material geborgen werden mußte und es außerdem notwendig war, viele Verwundete abzutransportieren – all dies bei schlechtesten Verkehrsverbindungen. Die 1. Panzerarmee forderte, daß die Front an der Kuma 25 Tage lang gehalten werde, damit zum Abtransport von 155 Zügen die nötige Zeit zur Verfügung stände. Zum Glück für die Deutschen wurde die Verfolgung mit einem Ungeschick betrieben, das den kommandierenden Generalen der Russen kein glänzendes Zeugnis ausstellt. Die 17. Armee konnte sich dadurch ohne größere Schwierigkeiten auf Krasnodar zurückziehen, während das XXXX. Panzerkorps der 1. Panzerarmee vorgezogen wurde, um die Armee Hoth zu unterstützen.
Diese Armee hatte eine schwierige Aufgabe übernommen: den Korridor von Rostow offen zu halten, welcher der Heeresgruppe A als Rückzugsweg dienen sollte. Auf sie konzentrierten sich die Angriffe der 2. sowjetischen Gardearmee sowie der 5. Panzerarmee. Am 7. Januar stieß eine Panzerspitze bis auf 40 Kilometer in die Nähe von Rostow vor, wobei sie versäumte, Generalfeldmarschall von Manstein und sein Hauptquartier bei Nowotscherkassk auszuheben. Hoth begegnete dieser Situation mit jener lächelnden Kaltblütigkeit, die seinem Ansehen unter den deutschen Generalen etwas Ungewöhnliches verlieh. Langsam zog er sich in das Tal des Manytsch zurück, die Grenze zwischen Europa und Asien, deren Überschreitung im Sommer des vergangenen Jahres von der deutschen Propaganda ausgiebig gefeiert worden war. Nördlich von Rostow bezogen die Armeeabteilungen Hollidt und Fretter-Pico Stellungen entlang des Donez. Die 8. italienische Armee hielt anschließend 200 Kilometer Front zwischen Donez und Don, aber die beiden Verbände, erst im Dezember schwer geschlagen, gab es eigentlich nur auf dem Papier, ebenso wie das XXIV. Panzerkorps, das aus den Trümmern deutscher und italienischer Einheiten zusammengewürfelt war und trotz seines Namens über keine einzige gepanzerte Einheit verfügte. Das Korps

der Alpini, das nicht angegriffen worden war, schirmte den Don von Kalitwa bis Balka ab, wo die Front der 2. ungarischen Armee begann. Diese stand unter dem Oberbefehl von Generaloberst Jány, und ihr Bereich erstreckte sich bis in die Gegend von Woronesch, wo sie an die 2. deutsche Armee unter General von Salmuth anschloß. Hier verlief die Front in einem Bogen nach Westen, bis sie in der Nähe von Kursk an den rechten Flügel der Heeresgruppe Mitte stieß.

Die Lage war ähnlich wie im November, nur noch um einige Grade schlechter. Eine überdehnte Front von 600 Kilometer Luftlinie wurde von etwa vierzig größeren Einheiten gehalten, von denen weniger als ein Drittel der Wehrmacht angehörte. Jene Divisionen, die russischen Angriffen unmittelbar ausgesetzt gewesen waren, bestanden entweder überhaupt nicht mehr oder waren nur noch Schatten ihrer einstigen Verbände: zwei oder drei Bataillone, die man aus aufgefangenen Fliehenden wieder aufgestellt hatte und die so gut wie gar kein Material mehr besaßen. Nirgends befanden sich hinter der Front vorbereitete Stellungen, und die vom Oberkommando des Heeres geschickten Verstärkungen beschränkten sich auf ein halbes Dutzend Divisionen, darunter die Division ›Großdeutschland‹ und das SS-Panzerkorps.

Die sowjetische Januaroffensive war eine Wiederholung der beiden vorangegangenen. Die Russen griffen an zwei Abschnitten die Frontlinie der ungarischen Armee an: im Zentrum und am rechten Flügel, bei den Orten Korotschak und Kalitwa. Ohne große Mühe gelang ihnen der Durchbruch; sie ließen ihre Panzer und ihre Kavallerie ausschwärmen. Die Ungarn behaupteten sich nur vier Tage: Zum drittenmal zerbrach nun schon jene wichtige Flanke bereits nach dem ersten Stoß, die lebenswichtige Verbindungen des deutschen Heeres hätte schützen sollen.

Durch das Zurückweichen der Ungarn war auch das Alpinikorps vom Feind umgangen worden, doch gelang es den Italienern, sich zu lösen und der Einkesselung zu entkommen. Nach vierzehn Tagen ununterbrochener Kämpfe stieß es am Donez wieder auf deutsche Panzertruppen. Mit diesem Rückzug bei starkem Frost durch ein von Feindkräften wimmelndes Gebiet verdienten sich die tapferen und zähen Truppen ein Ruhmesblatt in der so unglücklichen Geschichte der italienischen Beteiligung am Ostfeldzug. Die italienische Regierung hatte die Rückführung ihrer in Rußland stehenden Truppen verlangt, als ihre Heimatgebiete in zunehmendem Maße bedroht wurden. Doch Keitel verweigerte die nötigen Transportmittel. So mußten sich die Überlebenden der 8. italienischen Armee zu Fuß über eine Entfernung von 1000 Kilometer auf den Marsch westwärts machen – 110000 Mann von ehedem 230000.

Im Frontabschnitt von Woronesch war die Lage kaum weniger ernst. Die 60. sowjetische Armee brach im Rücken der 2. deutschen Armee durch. Am 26. Januar bemächtigten sich die Russen des Straßenknotenpunktes von Gortschetschnoje, etwa 80 Kilometer hinter den Deutschen. Ein erneuter Angriff aus Norden unterbrach bei Kastornoje die einzige Eisenbahnverbindung des Generalobersten Hans von Salmuth. Erst im letzten Augenblick gab Hitler den absurden Gedanken an eine ›Festung Woronesch‹ auf, die mit einer Garnison von drei Divisionen auch nur ein Stalingrad im kleinen geworden wäre. In der völlig zerstörten Stadt belud man Züge mit Nachschubgut und Munition für den Fall einer Belagerung, während die Bahnlinie bereits vom Feind unterbrochen worden war.

Noch konnte das Schlimmste verhütet werden. Die durch die Aufgabe Woroneschs freigewordenen Divisionen warf man nach Westen, wo sie den Zugangsweg wieder öffneten. Salmuth formierte seine Armee zu einer dichtgestaffelten Marschkolonne. Als ein geschlossener Block machte sie sich auf den Rückzug. Ständig von den Flanken her angegriffen, ließ sie eine breite Spur weggeworfener Waffen, liegengebliebener Fahrzeuge und Pferdekadaver zurück. Nichts hätte mehr an den Rückzug der Napoleonischen Armee erinnern können als gerade dieser Gewaltmarsch bei einer Kälte von minus 25 Grad in schneidendem Wind. Am Oskol, auf halbem Wege zwischen Don und Donez, versuchten die Deutschen zum Stehen zu kommen. Doch der Angriffsgeist der Russen war noch nicht erschöpft. Der siegreiche Ausgang der Schlacht von Stalingrad hatte ihre Moral beträchtlich gehoben. Das Gefühl der Unterlegenheit, mit dem Mannschaften und Offiziere lange hatten kämpfen müssen, war nun überwunden. Rußland war sich seines Sieges sicher. Die neuen Pläne für die Befreiung des eigenen Landes zeichneten sich alle durch diese Gewißheit aus. Drei große russische Städte sollten sofort befreit werden: Kursk, Charkow und Rostow. Man hatte ein entscheidendes strategisches Ziel im Auge: den Übergang über den Dnjepr. Sollte es den sowjetischen Truppen gelingen, den Fluß zu überqueren, so hätten sie damit die Bedingungen für ein Super-Stalingrad geschaffen, dessen Möglichkeit bereits die deutsche Generalität nicht mehr ruhig schlafen ließ.

Aber auch die Deutschen konnten zufrieden sein: Vorläufig hatten sie die 1. und 4. Panzerarmee gerettet. Allerdings um den Preis eines doppelten Kampfes – gegen die Russen und gegen Hitler.

Diese beiden Armeen sollten nach den Vorstellungen Mansteins an den Nordflügel seiner Heeresgruppe gebracht werden, um dort gegen die auf den Dnjepr drängenden russischen Kräfte zu kämpfen. Hitler hingegen wollte sie südlich des Don belassen, um zu gegebener Zeit mit ihnen erneut auf den Kaukasus vorzustoßen. Erst am 22. Januar ließ sich Hitler auf eine Abänderung seines Planes ein. Nun sollte ausschließlich die 17. Armee im Kubangebiet verbleiben, wobei ihre Versorgung über die Krim und die Halbinsel Kertsch geplant war. Die 1. Panzerarmee hingegen sollte über den Don zurückgehen. Vorläufig jedoch befand sie sich immer noch im Raum von Armawir in etwa 300 Kilometer Entfernung. Der schmale Korridor bei Rostow mußte so lange offen gehalten werden, bis sie ihren Rückzug bewerkstelligt hatte. Aber am 20. Januar waren die Russen bis zum Flugplatz vorgestoßen, wodurch der Rückzugsweg so gut wie abgeschnitten war. Manstein setzte nun alles auf eine Karte. Obwohl an der Donezfront der Zusammenbruch drohte, ließ er die 7. und 11. Panzerdivision auf das südliche Donufer übersetzen, deren Gegenangriff dann auch die Russen nach kurzem und heftigem Kampf bis in das tief eingeschnittene Tal des Manytsch zurückwarf. Am 31. Januar begannen die Panzer des Generals der Kavallerie Eberhard von Mackensen mit ihrem Übergang über den Don bei Rostow. Sie waren weiter nach Osten gelangt als alle anderen deutschen Truppen, waren unbesiegt geblieben, sahen sich nun aber, nach diesem langen und erschöpfenden Rückmarsch, am Ende ihrer Kräfte. Nicht wenige Einheiten indessen waren – wie die ganze 50. Division –, im Brückenkopf am Kuban zurückgeblieben, wo 400000 Mann auf engstem Raum derartig zusammengedrängt waren, daß sie nicht eingesetzt werden konnten. Deshalb erbrachte die Rettung der Armee Mackensen für Manstein nicht mehr als vier Divisionen, darunter zwei gepanzerte.

Dem deutschen Oberkommando stellte sich nun die schwierige Frage, welche Operationen im Donez-Bogen auszuführen seien. Falls die Deutschen dieses Gebiet zu halten gedachten, hätten sie in diesem Frontvorsprung einen verzweifelten Kampf liefern müssen, während 400 Kilometer im Westen die drohende Gefahr einer Einschließung des ganzen rechten Flügels am Dnjepr von Stunde zu Stunde wuchs.

Als Manstein am 6. Februar nach Rastenburg gerufen wurde, hatte er dort eine erschöpfende Diskussion mit Hitler. Die Gebiete, deren Aufgabe er vorschlug, um seinen linken Flügel zu entlasten und wieder bewegliche Streitkräfte zu gewinnen, gehörten zu jenem großen Bergbau- und Industrierevier, dessen Besitz Hitler für eine Weiterführung des Krieges als absolut notwendig erachtete. Deutsche Techniker hatten dort die Bergwerke wieder geöffnet und die Hochöfen erneut in Betrieb gesetzt. Diese Eroberung wollte Hitler nicht aufgeben, und er kämpfte um sie gegen seinen besten Feldmarschall mit leidenschaftlicher Energie. Könne Manstein denn nicht noch ein wenig warten, bevor man diese Gebiete opfere? Waren denn nicht die Russen, die doch furchtbare Verluste erlitten hatten, diesmal wirklich am Ende ihrer Kräfte? War denn die Lage am Dnjepr tatsächlich derart bedrohlich, daß selbst das SS-Panzerkorps, das in diesen Raum verlegt worden war, zu ihrer Stablisierung nicht genügte? Ließ nicht das vorzeitig einsetzende Tauwetter, die Aufweichung aller Wege, den Anbruch der Schlammperiode erwarten, die bald schon alle aktiven Operationen, auch die der Sowjets, zum Stillstand bringen würde? Manstein antwortete darauf, daß er das Schicksal der Armee nicht von derart schwachen Hoffnungen abhängig machen wolle. Stalingrad war Hitler noch allzugut in Erinnerung, als daß er gewagt hätte, den Befehl zur Einigelung in Rostow zu geben. Am 17. Februar wurde der Befehlsbereich des Generalfeldmarschalls westlich über Charkow hinaus ausgedehnt. Man löste die Heeresgruppe B auf und teilte die 2. Armee der Heeresgruppe Mitte zu. Die Heeresgruppe Don, die den Don an keiner Stelle mehr berührte, hieß von nun an Heeresgruppe Süd. Am 14. Februar eroberten die Russen Rostow zum zweiten Male zurück. Am 17. überschritten die Truppen unter Hollidt den Mjus. Die deutschen Verbände standen nun

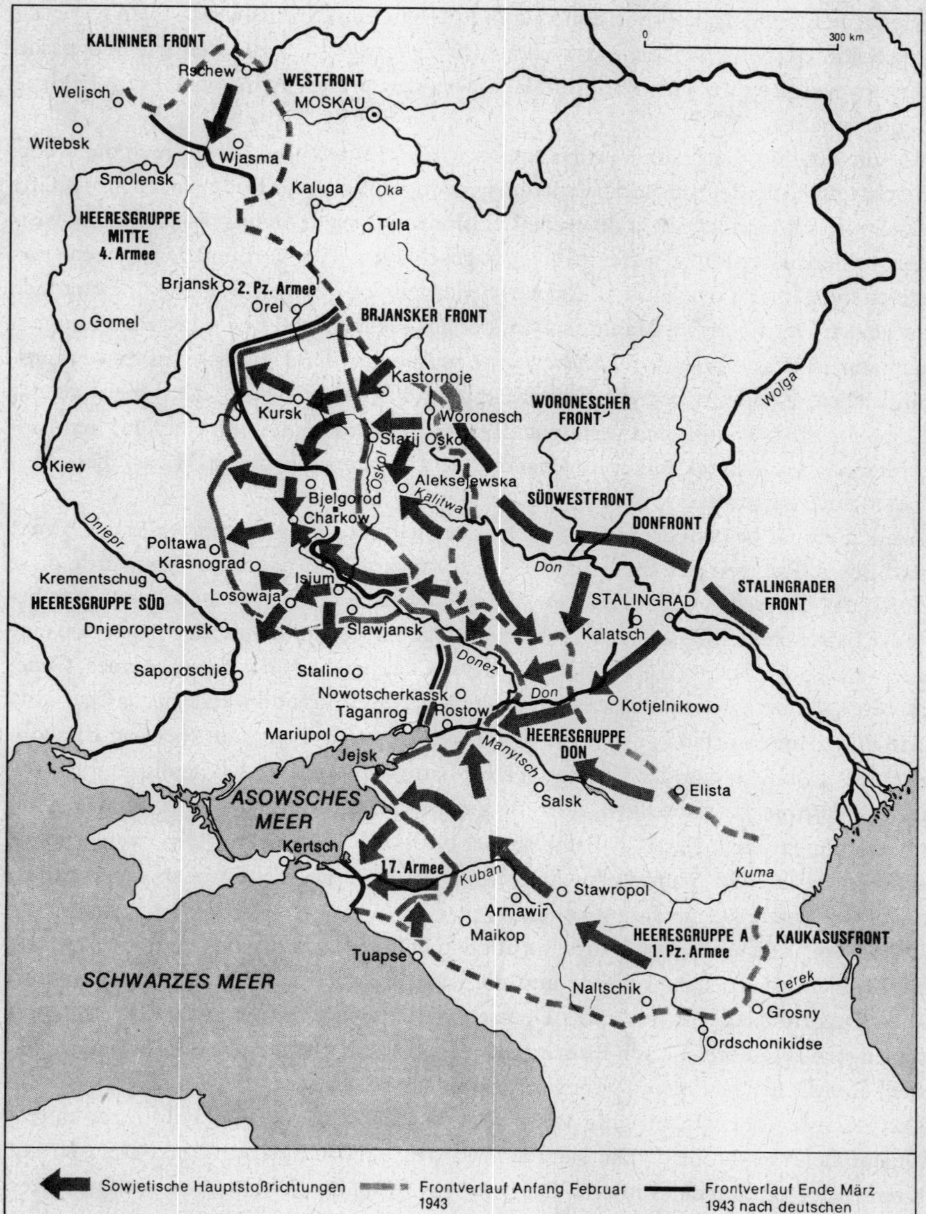

Karte 35 Die deutsch-russische Front von Januar bis März 1943

wieder an ihren Ausgangspositionen vom Frühjahr 1942. In sieben Monaten waren sie 800 Kilometer vorgestoßen und wieder zurückgegangen – in der Zeit wie in der Entfernung vergleichbar dem Hin- und Rückweg der Grande Armée bei ihrem Feldzug gegen Moskau.

Wie die Grande Armée und das Napoleonische Frankreich, so hatten auch die Wehrmacht und Hitlerdeutschland bei diesem gewaltigen Vor- und Rückmarsch ihre Kräfte erschöpft. Zweiundzwanzig deutsche Divisionen waren in Stalingrad vernichtet worden, andere Divisionen waren schwer angeschlagen, vier verbündete Armeen, von denen die 3. und 4. rumänische Armee wieder teilweise aufgefüllt wurden, hatten sich aufgelöst. Der Ersatz an Mannschaften, der aus Deutschland und – in ganz geringem Umfang – aus den besetzten Ländern kam, vermochte diese Verluste keineswegs auszugleichen. Zudem waren die Winterkämpfe noch nicht beendet. Und mehr als das Doppelte der bei Stalingrad verlorenen Divisionen wurde nun von einer zweiten Einschließung im Dreieck Nikopol, Charkow und Taganrog bedroht. Waren diese Verbände noch zu retten?

Am 2. Februar begann der russische Druck erneut mit einer Offensive der 69. Armee und der 3. Panzerarmee im Raum von Stary Oskol. Am nächsten Tag wurde diese durch das Eingreifen der 60. und 40. Armee auch nach Norden ausgedehnt. Am 8. Februar befreiten die Russen Kursk. Am 9. erreichten sie den Donez und eroberten eine andere wichtige Stadt zurück: Bjelgorod. Der Oberbefehlshaber der 40. Armee, General Moskalenko, nützte kühn seinen errungenen Vorteil aus und warf sich auf Charkow. Am Fünfzehnten befand er sich vor den Toren dieser großen Stadt (900000 Einwohner), der zweitgrößten der Ukraine. Hitler hatte befohlen, sie wie Stalingrad bis zur letzten Patrone zu verteidigen, doch da geschah etwas Außergewöhnliches: Der SS-Obergruppenführer Hausser, Befehlshaber des III. SS-Panzerkorps, verweigerte den Gehorsam. Um sein Armeekorps zu retten, überließ er den Russen Charkow, in das sie am Sechzehnten nahezu kampflos einzogen.

Da der Verlust Charkows unmittelbar auf den Fall Rostows folgte, während gleichzeitig Demjansk aufgegeben wurde und die Kapitulation von Stalingrad erst gut zwei Wochen zurücklag, erregte er in Deutschland ängstliches Erstaunen. Die Ostfront schien sich aufzulösen! Nach Rumänen, Italienern und Ungarn waren es nun die unbesiegbaren Deutschen, deren Front zerbrach.

Die Offensive der Russen ging weiter. Schon war sie bis auf 500 Kilometer an den Dnjepr herangekommen. Die siegreichen Armeen von Charkow marschierten auf Krementschug. Die am mittleren Donez angreifende Sowjetarmee war nur noch 200 Kilometer von Dnjepropetrowsk entfernt: Zwei Drittel dieser Entfernung legte sie in acht Tagen zurück. Die Einnahme des Eisenbahnknotenpunktes von Losowaja unterbrach eine der Versorgungslinien der Heeresgruppe Manstein. Eine zweite wurde mit der Eroberung von Sisitnikowo durchschnitten. Noch eine dritte war geblieben, die den Dnjepr bei Saporoschje überquerte; auch sie hatten die Russen bereits erreicht. Zur Verteidigung des Flusses standen nur Flakartillerie, Feldgendarmerie und Alarmeinheiten bereit, deren Mannschaften aus Wehrmachtsangehörigen bestanden. Nun drohte die Tragödie von Kalatsch sich am Dnjepr zu wiederholen.

Im Osten der Heeresgruppe begann auch die neue deutsche Front Risse zu zeigen. Ein sowjetisches Panzerkorps war bei Matweschewkurgan über den Mjus gegangen. Dem VI. sowjetischen Kavalleriekorps unter Sokolow sowie der 6. Armee unter Charitonow war der Übergang über den Donez gelungen. Anstatt daß er mit Hilfe der 1. Panzerarmee seinen bedrohten linken Flügel hätte entlasten können, mußte Manstein mit ihr nun versuchen, seinen erschütterten rechten Flügel zu festigen. Um die Übergänge über den Dnjepr zu retten, stand ihm nur noch die 4. Panzerarmee zur Verfügung, die vom Don her im Anmarsch war, sich aber durch das einsetzende Tauwetter verspätete. Würde sie noch zur rechten Zeit eintreffen?

Die Lage war so kritisch, daß Hitler sich entschloß, persönlich zur Front zu fahren, wozu er sich selbst in den schrecklichen Augenblicken des Kampfes um Stalingrad nicht bequemt hatte.

Manstein empfing ihn am 17. Februar in Saporoschje. Hier befand sich das Hauptquartier der Heeresgruppe, unter normalen Umständen ein Ort, der sich völliger Sicherheit hätte erfreuen können. Doch die Lage war ungewöhnlich. Bis auf 50 Kilometer stieß eine russische Panzerbrigade in die Nähe des Hauptquartiers vor, und die einzige Truppe, die zur Verteidigung von Saporoschje zur Verfügung stand, war die Wachkompanie des Hauptquartiers. Manstein atmete erst auf, als nach 48 Stunden die ›Condor‹, die Hitler herangebracht hatte, im Schutze eines Schwarms von Messerschmittjägern den Rückflug antrat.

Doch Mansteins angstvolle Stunden erbrachten einen Vorteil: Hitler hatte selbst Furcht empfunden und verstand, daß die Situation höchst kritisch war. Er war mit der Absicht angekommen, Charkow sofort wieder zu nehmen, da dessen Verlust sein Prestigedenken empfindlich traf. Doch nun, am Tage nach seinem Abflug, stimmte er zu, auf eine Rückeroberung zu verzichten. So konnte das SS-Panzerkorps im Raum von Pawlograd Aufstellung nehmen, von wo aus es sich an der Gegenoffensive der 4. Panzerarmee beteiligen sollte. Hoth griff an verschiedenen Punkten des tiefen russischen Durchbruchskeils mit vier schnellen Einheiten an: dem XXXXVIII. und LVII. Panzerkorps sowie den SS-Panzerdivisionen ›Leibstandarte‹ und ›Das Reich‹.

Jetzt wendete sich die Lage. Das sowjetische Oberkommando erkannte, daß Wassiljewskij, der Koordinator der großen Offensive, einen Fehler begangen hatte: Im Glauben, daß die Deutschen sich über den Dnjepr zurückziehen würden, schien ihm durch sofortiges Nachsetzen ein Sieg möglich. Nun aber stießen die weit auseinandergezogenen sowjetischen Truppen, deren Munitionsreserven nahezu erschöpft waren, auf einen Gegenangriff, dessen Aufstellung und Durchführung gut organisiert war.

Von nicht geringer Bedeutung war, daß ein deutscher Horchzug die Frequenz gefunden hatte, über die Watutin und Popow verkehrten. Am 1. März war jegliche Bedrohung des Dnjepr abgewendet.

Die Leichen von 23000 russischen Soldaten wurden auf dem Schlachtfeld gezählt. Bis zum 5. März waren 866 Panzer und 1198 Geschütze in deutsche Hand gefallen. Doch hatte die Wehrmacht nur 9000 Gefangene gemacht – die Russen starben, aber sie ergaben sich nicht mehr.

Manstein hatte hier haltmachen wollen, doch Hitler hatte Charkow nicht vergessen. Auf seinen Befehl schloß Hoth die Stadt ein, die am 14. März durch das SS-Panzerkorps genommen wurde. Die deutsche Front wurde weiter bis zum Donez, nach Woroschilowgrad, und bis zum Mjus östlich Taganrog vorgeschoben. Schließlich trennte, wie zweimal in jedem Jahr, der Schlamm der Übergangszeit die Kämpfenden.

Nachdem das deutsche Heer bereits seiner völligen Vernichtung entgegengesehen hatte, war es doch noch gerettet worden. Aus der von Manstein meisterhaft geführten Operation war eine klare Lehre zu ziehen: Im Bewegungskrieg, im schnellen Manövrieren waren die Deutschen immer noch überlegen. Sie hatten den unschätzbaren Vorteil, im Feindesland zu kämpfen; verlorene Städte, aufgegebenes Gelände hatte für sie im Grunde nicht die geringste Bedeutung. Große Offensiven, wie die von 1941 auf Moskau oder die von 1942 gegen den Kaukasus, standen nicht mehr in ihren Kräften. Eine rein statische Verteidigung mit Fronten ohne genügende Reserven setzte sie gegenüber dem an Zahl und Material überlegenen Feind in Nachteil. Die einzige Strategie, die ihren Möglichkeiten entsprach, war ein Wechsel von Defensive und Offensive mittels schneller Gegenstöße und Auffangeinheiten. Doch dies verlangte eine eingreifende Verkürzung der gesamten Front, einen Rückzug auf Düna und Dnjepr, also die Aufgabe des ukrainischen Industriegebietes, ganz Zentralrußlands und des Frontvorsprungs gegen Leningrad.

Hitler hätte nicht Hitler sein dürfen, um solch einer Strategie zuzustimmen.

Hitler überlebt zwei Attentate

Das große Ereignis war ausgeblieben. Hitler war noch am Leben. Am 13. März hätte er sterben sollen, doch wieder einmal schien die ›Vorsehung‹ ihre Hand über ihn gehalten zu haben.

Inmitten außerordentlicher Schwierigkeiten und größter Gefahren war eine Verschwörung gegen Hitler zustandegekommen. Männer in hohen Stellungen bei Zivilverwaltung und Militär, Männer wie Goerdeler, Witzleben und Beck hielten die Fäden in den Händen, die immer wieder durcheinandergerieten oder zerrissen wurden. Sie hatten ihre Skrupel beiseite geschoben in klarer Erkenntnis, daß die Ermordung des Tyrannen für Deutschlands Wohl nunmehr geboten sei. In Kreisen des Militärs, vor allem im Generalstab, hatte die grausame Opferung der 6. Armee bei Stalingrad tiefe Erbitterung hervorgerufen. Unter den jungen Offizieren, die zumeist der Hocharistokratie angehörten, fand sich dann schließlich auch ein Brutus. Doch Hitler zu töten war ein schwieriges Unterfangen. Er trug, wie es hieß, kugelsichere Weste und Mütze, ließ alle seine Speisen durch seinen Leibarzt vorkosten; wo er sich aufhielt oder hinbegab, unterlag strenger Geheimhaltung, und die Gelegenheiten, inmitten seiner Leibwache an ihn heranzukommen, waren sehr selten.

Der Generalmajor Henning von Tresckow, einer bekannten brandenburgischen Soldatenfamilie entstammend, war der Erste Stabsoffizier der Heeresgruppe Mitte. Er hatte versucht, seinen Vetter Generalfeldmarschall von Bock für einen Putsch zu gewinnen, hatte dann, nachdem Bock durch Kluge abgelöst worden war, seine Bemühungen auf diesen konzentriert. Sein Plan bestand darin, Hitler anläßlich eines seiner Besuche im Hauptquartier der Heeresgruppe in Smolensk zu töten. Oberst Georg Freiherr von Boeselager, Kommandeur des neuen Kavallerieregiments ›Mitte‹ wollte diese Aufgabe übernehmen, wobei er glaubte, seiner Untergebenen sicher sein zu können. Doch Kluge war der Auffassung, daß die militärische Lage einen derart radikalen Schritt noch nicht rechtfertige. Weder die Heimat noch die Armee würden ihn verstehen. So entschlossen sich Tresckow und sein Adjutant, Leutnant Fabian von Schlabrendorff, auf eigene Faust zu handeln. Mit Hilfe von Sprengstoff und englischen Zeitzündern, die sie von einem Mitverschworenen erhalten hatten, bauten sie zwei Bomben, denen sie die Form von Flaschen verliehen. Am 13. März traf Hitler in Smolensk in Begleitung einer SS-Leibwache ein, deren demonstratives Auftreten anzuzeigen schien, daß Hitler Verdacht geschöpft hatte. Als er wenige Stunden später abflog, befanden sich in seinem Flugzeug die scharfgemachten Bomben. Schlabrendorff hatte das Päckchen mit der Höllenmaschine Oberst Brandt aus dem Stab anvertraut, mit der Bitte, die zwei Flaschen Kognak dem General Helmuth Stieff mit einem schönen Gruß zu überbringen. Eine Stunde, zwei Stunden schließlich waren vorübergegangen. Das vereinbarte Wort, das von der Durchführung des Attentats Kenntnis geben sollte, war an die Zentrale in Berlin weitergegeben worden. Tresckow und die Verschwörergruppe in Smolensk saßen am Radio und erwarteten von einem der eskortierenden Jagdflugzeuge die Meldung, daß Hitlers Flugzeug in der Luft explodiert sei. Doch aus Minsk kam die Nachricht, der Führer sei dort ohne Zwischenfälle gelandet.

Die Verschwörer retteten die Situation. Die Auslösung des Putschs wurde vorläufig verschoben. Schlabrendorff telephonierte mit dem Oberst, den er zum unschuldigen Ausführenden und Opfer des Attentats bestimmt hatte, er möge das Paket nicht abliefern, und ließ es am nächsten Tag im Auftrage Tresckows in Rastenburg wieder abholen. Als er es öffnete, mußte er feststellen, daß in beiden Bomben zwar der Draht, der

die Zündung auslösen sollte, von der Säure zerfressen worden war, daß aber die Zündkapseln selbst nicht reagiert hatten!
Wenige Tage später scheiterte ein anderer Versuch, Hitler im Berliner Zeughaus, das er anläßlich des Heldengedenktags besuchte, durch eine Bombe zu töten. Die Verschwörer mußten auf eine neue Gelegenheit warten.

Verbitterung bei den Italienern. Cianos Sturz

Im Dezember, als gerade die italienische Armee am Don in voller Auflösung zurückflutete, erschien Graf Ciano im Führerhauptquartier. Während der langen Bahnfahrt hatte er sich in tiefen Unwillen gegen diese ›deutschen Idioten‹, ›diese Kanaille Ribbentrop‹ und ›diesen Verbrecher Hitler‹ hineingesteigert. Die Atmosphäre von Rastenburg erfüllte seine einer leichteren Lebensart zugeneigte Seele mit Bitterkeit und Abneigung. ›Man sieht nicht einen einzigen farbigen Fleck‹, schrieb er auf der Rückfahrt in sein Tagebuch, ›es riecht nach Küche, Uniformen, schweren Stiefeln.‹ Die Katastrophennachrichten von der Front, die Flucht der italienischen Armee verdüsterten diese Tage, die ohne einen Strahl der Hoffnung waren. Offiziere aus der Umgebung des Marschalls Cavallero waren angepöbelt worden, und die Italiener in ihrem Schlafwagen hatten den Eindruck, daß sie wie Gefangene bewacht würden.
Die Botschaft, die Mussolini durch seinen Schwiegersohn Hitler überbringen ließ, lautete: ›Machen Sie Frieden mit Rußland!‹ Ciano interpretierte die Argumente des Duce: Der Krieg mit Rußland habe kein Ziel, die wahre Gefahr drohe von Westen. Die Briten und Amerikaner hätten im Mittelmeerraum die Offensive ergriffen, und im kommenden Jahr würden sie diese auch auf Europa ausdehnen. Aus diesem Grunde müsse Deutschland dem Zweifrontenkrieg ein Ende machen, einen neuen Vertrag à la Brest-Litowsk abschließen und die Interessen Rußlands auf Indien und den Persischen Golf lenken. Falls dies nicht sofort zu erreichen sei, müsse man die Ostfront defensiv zu halten versuchen und den Großteil der Wehrmacht im Westen konzentrieren.
Diese Kritik an seiner gesamten Politik seit 1941 vernahm Hitler nur unwillig. Er antwortete, daß er seit 1940 versucht habe, die Russen an Indien und Persien zu interessieren, daß sie darauf aber nicht eingegangen seien, weil sie auch heute noch die auf die Ostsee und die Dardanellen gerichtete Politik Peters des Großen verfolgten. Durch den deutschen Angriff sei man nur russischen Angriffsabsichten zuvorgekommen, habe man die Vorbereitungen der Sowjetunion durchkreuzt. Angesichts der augenblicklichen Schwierigkeiten, dürfe man nicht aus den Augen verlieren, daß man bereits große Erfolge erzielt habe. Die Russen seien 1500 bis 2000 Kilometer zurückgeworfen worden, die Gefahr, die sie darstellten, sei weitgehend gemindert. Wie immer sei der

Winter ihnen günstig gewesen, doch eine neue Sommeroffensive werde sie zerschlagen. Ciano brach das Gespräch ab, indem er sagte, er werde dem Duce genauen Bericht über die Ansichten des Führers erstatten. Für den Augenblick war die Unterredung zu Ende, aber das Mißtrauen war auf beiden Seiten gewachsen. Die Italiener erkannten mit zunehmender Erbitterung den Abgrund, in den ihr Land durch einen Größenwahnsinnigen hineinzugeraten drohte, der sie stets vor vollendete Tatsachen gestellt hatte. Die Deutschen wußten wohl, daß Italien sich aus dem Bündnis lösen wollte und daß Mussolini mit seiner Treue zum Partner fast schon allein dastand.

Nachdem man sich über Rußland ausgesprochen hatte, ging das Gespräch auf die Fragen des Mittelmeerraums über. Man stehe, erklärte Hitler, in einem vierten Punischen Krieg. Nicht von ungefähr komme Tunesien nun wieder eine außerordentliche strategische Bedeutung zu. Der Ausgang des Kampfes dort hänge allein von den Transportmöglichkeiten ab. Sei es nicht möglich, sie in hinreichendem Umfange zu garantieren, so sei jede Waffe und jeder Soldat, die nach Nordafrika geschickt würden, schon von Anfang an verloren. Bei ausreichender Sicherheit des Nachschubs aber werde Deutschland Algerien und Marokko erobern, und ständen seine Soldaten erst bei Melilla, würde auch Francos Haltung sich schnell ändern. Aber sei denn die italienische Marine zu den notwendigen Opfern bereit, damit der britisch-amerikanische Einfall in Nordafrika durch einen glänzenden Sieg sein Ende finde? Dies also war die Fragestellung. »Der weitere Verlauf des Krieges«, äußerte Keitel hochnäsig, »liegt in den Händen Ihrer Marine!«

Eine in diesem Kreise ungewöhnliche Figur tauchte während der deutsch-italienischen Gespräche auf. Aus irgendeinem Grunde herbeizitiert, war Laval nach zwanzigstündiger Bahnfahrt eingetroffen, um eine Unterredung von zwei Stunden zu führen, während der er allein zwanzig Minuten lang nichts anderes verlangte als die Einwilligung zur Auflösung radikal pronazistischer Bewegungen, die ihn bekämpften. Hitler aber verweigerte seine Zustimmung, was seinen Vasallen zu dem verzweifelten Ausspruch hinriß: »Es ist nicht leicht, jetzt in Frankreich zu regieren, wo jedermann schreit: ›Stellt Laval an die Wand!‹« Ciano gegenüber erklärte Hitler, daß er, was die Franzosen betreffe, keinerlei Illusionen hege. »Pétain«, sagte er, »ist ein Gummitier, das in sich zusammensinkt. Es liegt in unserem Interesse, es von Zeit zu Zeit aufzublasen.«

Nach Italien zurückgekehrt, fand Ciano in Rom allenthalben die Anzeichen der Kriegsmüdigkeit und einen erkrankten Mussolini, der, grausam enttäuscht von Hitlers Reaktion, im Begriffe stand, sich in La Rocca delle Caminate, seinem Besitz in der Romagna, von der Umwelt abzuschließen. Drei Wochen später kehrte er von dort zurück und erschien am 5. Februar im Arbeitsraum seines Schwiegersohns. Ciano traute seinen Ohren nicht, als der Duce ihn rundheraus fragte, ob er denn nicht gerne Gouverneur von Albanien werden möchte. Doch er wußte sofort, woher der Wind wehte, und antwortete ohne Zögern, daß er den Botschafterposten beim Vatikan vorziehe. Der Duce stimmte zu, versuchte aber später seine Einwilligung zurückzunehmen, doch Ciano hatte sich bereits beeilt, von der päpstlichen Kanzlei sein Agrément zu erhalten. Es war unmöglich, seine Ernennung nun rückgängig zu machen, ohne den Papst vor den Kopf zu stoßen.

Entscheidend für Cianos Sturz war sein Plan, auf dem Balkan einen Block von Achsensatelliten unter italienischer Führung zu bilden und so einen Separatfrieden zu erzwingen. Er hatte außerdem bei Bottai und Grandi gegen Mussolini intrigiert.

Die Entlassung des Außenministers war kein isolierter Schritt. Auch alle anderen Minister wurden verabschiedet. So erfuhr der Minister für öffentliche Arbeiten von seiner Entlassung erst, als er entdeckte, daß man seinen Salonwagen vom Zug nach Palermo abgehängt hatte. Der Duce liebte solcherlei spektakuläre ›Wachablösungen‹, doch glaubte man allgemein, daß sein Schwiegersohn hier eine Ausnahme mache. Mussolinis Undankbarkeit ließ ein tiefes Zerwürfnis sichtbar werden. Die Deutschen waren vor Erstaunen sprachlos. Einige sahen in Ciano einen Agenten der Engländer, weshalb seine Berufung auf den Botschafterposten beim Vatikan – ein neutrales Gebiet, auf dem jegliche Kontakte möglich waren – sie ebenso beunruhigte, wie sie sich darüber erfreut zeigten, daß er den Palazzo Chigi hatte verlassen müssen. Ein anderer ihrer eingeschworenen Gegner, Dino Grandi, verlor seinen Posten als Justizminister, blieb aber – wie auch Ciano – Mitglied des Faschistischen Großrats. Auch Marschall Cavallero, der Chef des Comando Supremo, war der ›Wachablösung‹ zum Opfer gefallen, doch über seinen Nachfolger, den General Ambrosio, konnte man keine Illusionen hegen. »Wenn es nach ihm ginge«, sagte Hitler, »würde er aus Italien ein englisches Dominion machen.« Sobald Ambrosio sein Amt übernommen hatte, verlangte er denn auch die Zurückführung der im Ausland an verschiedenen Orten stationierten italienischen Truppen in die Heimat, vor allem jener 33 Divisionen, ein Drittel der Armee, die auf dem Balkan standen. Hitler lehnte ab und verlangte von den Italienern verschärfte Maßnahmen gegen kommunistische und nationalistische Partisanen, ohne Rücksicht auf Frauen und Kinder.

Die vom Duce in Szene gesetzte Kraftprobe festigte für einen Augenblick seine Autorität. Aber die nicht sehr ehrenvolle Niederlage in Rußland und die Rückschläge in Afrika sollten bald schon wieder das ängstliche Bestreben wecken, gleichgültig mit welchen Mitteln auch immer, sich dem fatalen Bündnis zu entziehen. Hinter den schwankenden Fassaden des Faschismus und der Monarchie brütete man über großen und weitreichenden Intrigen.

Casablanca und die bedingungslose Kapitulation

In der Zwischenzeit war bei einem Zusammentreffen Churchills mit Roosevelt ein neues Ziel für das gemeinsame Vorgehen festgelegt worden, das auch in die innerfranzösischen Auseinandersetzungen ein neues Entwicklungsmoment brachte, und, in die Formel von der bedingungslosen Kapitulation gekleidet, den Krieg an Härte noch zunehmen ließ und Deutschland zu verzweifeltem Widerstand trieb.
Ursprünglich hatten Churchill und Roosevelt eine Dreierkonferenz im Auge gehabt, doch hatte Stalin sie wissen lassen, daß es ihm ›selbst für einen einzigen Tag‹ nicht möglich sei, die Sowjetunion zu verlassen, daß ihm außerdem eine Zusammenkunft keineswegs unerläßlich scheine, da ja die Alliierten ohnehin nichts anderes zu tun hätten, als ›wie versprochen‹ eine zweite Front zu errichten. Die Invasion in Nordafrika hatte als ein Unternehmen ohne weitere Perspektiven seinen Platz in den Planungen zugewiesen bekommen, galt aber kaum mehr als eine Art diplomatischer List, mit deren Hilfe man sich vor eingegangenen Verpflichtungen drücken wollte.
Ohne Stalin hatte die Begegnung wenig Sinn. Doch Roosevelt war nach einem Luftwechsel zumute. Das letzte Jahr war in politischer Hinsicht für ihn nicht gerade günstig gewesen. Bei radikalen Ausschreitungen in Detroit und Harlem hatten vierzig Menschen den Tod gefunden, und bei den Kongreßwahlen im November war die demokratische Mehrheit auf wenige Stimmen zusammengeschmolzen. ›Ich hätte nichts dagegen‹, schrieb er an Churchill, ›für einige Wochen der Atmosphäre Washingtons zu entgehen.‹ So war also die Konferenz von Casablanca, die unnötigste des ganzen Krieges, allein einer Laune des amerikanischen Präsidenten zu verdanken. »He wanted to make a trip«, sollte Hopkins später gestehen.
Casablanca war auf Churchills Vorschlag zum Konferenzort bestimmt worden. Roosevelt traf nach einem großen Umweg mit dem Flugzeug ein. Er hatte die Route von Miami über Trinidad, Belém und Bathurst gewählt. Churchill war in seiner Maschine geradezu bei lebendigem Leib gebraten worden, und Eisenhower trug bei der Landung noch den Fallschirm auf dem Rücken, da zwei Motoren seines Flugzeugs ausgefallen waren. Der ganze Stadtteil Anfa wurde abgesperrt, mit Stacheldraht umzogen, lückenlos von Posten bewacht. Zwei große Villen hatte man dem Präsidenten und dem Premierminister zur Verfügung gestellt. Zwei kleinere blieben für noch weitere Besucher reserviert. Die Umgebung der beiden angelsächsischen Staatsmänner bestand zum größten Teil aus Militärs, nur Macmillan auf englischer, Hopkins und Murphy auf amerikanischer Seite waren Zivilisten. Roosevelt hatte ausdrücklich erklärt, daß er niemanden vom State Department dabeihaben wolle; da er also auf Hull verzichtet hatte, war auch Churchill gebeten worden, sich nicht mit der Anwesenheit Edens zu belasten.
Für die Diskussion strategischer Fragen hatten sich die Engländer besonders gut vorbereitet. Ein Schiff von 6000 BRT diente als schwimmendes Hauptquartier und war

beladen mit einer Bibliothek von Fachliteratur. Brooke, Portal, Tedder, Pound, Alexander, Ismay und Jacobs erschienen mit ausgefeilten strategischen Konzeptionen. Sie konnten auf die Lehren von Dieppe hinweisen und legten dar, daß eine vorzeitige Landung in Frankreich Hitler nur zu einem leichten Sieg verhelfen werde. Bis auf weiteres blieb das Mittelmeer der einzige Kriegsschauplatz, wo das Risiko sich in überschaubaren Grenzen hielt. War erst einmal Afrika erobert, konnte man auch an eine Eroberung der italienischen Inseln, schließlich Italiens selbst denken, ohne daß Deutschland, durch die beschränkte Verkehrskapazität der Alpenstraßen behindert, hier eine ähnliche Entfaltung seiner Streitkräfte vorzunehmen imstande wäre wie in den ebenen Landschaften Nordwesteuropas.

Die Amerikaner diskutierten mit Leidenschaft. Die Kämpfe in Afrika hatten sie in ihrer Abneigung gegen das Mittelmeer noch bestärkt. Sie hatten geglaubt, daß dieses Unternehmen schnell erledigt sein würde, steckten aber bald in einem regelrechten Krieg mit allen Schwierigkeiten und Härten. Marshall, von Hopkins unterstützt, verlangte eine Beendigung dieses Krieges in möglichst kurzer Zeit. Seine Absicht war, aus dieser Sackgasse herauszukommen und sich ganz der Vorbereitung einer Invasion in Europa für das Jahr 1943 zu widmen.

Doch die von den Engländern vertretene Anschauung setzte sich immer mehr durch, so daß die Amerikaner schließlich einer Weiterführung der Operationen im Mittelmeerraum zustimmen mußten, deren Planung die Eroberung Unteritaliens unter operativen Gesichtspunkten der Luftkriegführung vorsah. Zuletzt drehten sich die Auseinandersetzungen nur noch um den Schauplatz der beabsichtigten Landung. Die Amerikaner waren, wenn schon nicht für Frankreich, für Sardinien, weil sie von dort aus leichter nach Mitteleuropa vordringen zu können glaubten. Die Engländer hingegen setzten sich für Sizilien ein. Auch hier setzten sie sich durch. Der Tag der Landung wurde auf den 10. Juli festgelegt – mit dem Vorbehalt freilich, daß man bis dahin die Streitkräfte der Achse aus Tunis vertrieben habe.

Alle diese Entscheidungen hätten ebensogut in London oder in Washington getroffen werden können. Andererseits aber bot Casablanca Engländern wie Amerikanern einen geeigneten Hintergrund für einen Aussöhnungsversuch mit Frankreich.

Das französische Problem ging Roosevelt auf die Nerven. Er hatte mit Vichy verhandelt, hatte sogar Anhänger Pétains in die amerikanischen Pläne hineingezogen, und dennoch stand er seinen persönlichen Neigungen nach der Gefühls- und Gedankenwelt des durch Pétain vertretenen Frankreich fremd gegenüber. Bei de Gaulle argwöhnte Roosevelt totalitäre Neigungen, außerdem mißfiel ihm dessen Stolz, den er für unangemessen hielt. Gleichermaßen gegen de Gaulle wie gegen Pétain aber nahm ihn etwas anderes ein: Sie beide erschienen ihm als Repräsentanten der imperialistischen Kolonialmacht Frankreich, und er war nicht willens, daß sie die Konstituierung der Vereinten Nationen überdauern sollte. Murphy machte er Vorwürfe, weil dieser General

Die Casablanca-Konferenz im Januar 1943, an der auch die französischen Generale Giraud und de Gaulle teilnahmen (unten), bestätigte Roosevelts Forderung nach bedingungsloser Kapitulation der Achsenmächte. – Zwei Jahre später, im Februar 1945 in Jalta (oben), standen die alliierten Truppen bereits tief in Mitteleuropa.

Die letzten Kriegsjahre sahen immer häufiger stattfindende Konsultationen der Alliierten untereinander: Im September 1944 waren Churchill und Roosevelt in Quebec (Kanada) zusammengetroffen, um das Unternehmen ›Overlord‹, die Invasion Nordfrankreichs, zu beschließen (unten). – Einen Monat später reiste Churchill nach Moskau, um auch wegen der polnischen Frage und der ›Operationszonen‹ auf dem Balkan zu beraten (oben).

Giraud die schriftliche Versicherung gegeben hatte, daß Frankreich wieder sein ganzes Kolonialreich zurückerhalten werde: ›Ihr Brief kann mir nach dem Krieg Schwierigkeiten bereiten...‹ So übersah er auch geflissentlich den französischen Generalresidenten in Marokko und unterhielt direkte Beziehungen mit dem Sultan, dem er während eines zu dessen Ehren gegebenen Essens ständig von der Unabhängigkeit Marokkos sprach. Die offensichtliche Übellaunigkeit Churchills rührte dann auch nicht ausschließlich von der Frugalität des auf den mohammedanischen Gast abgestimmten Mahles her: Der Engländer mit seiner profunden Kenntnis der Geschichte sah nicht wenige der Schwierigkeiten voraus, die durch die Selbstgerechtigkeit, das Unverständnis und das Sendungsbewußtsein der Amerikaner heraufbeschworen wurden. Nach Darlans Tod hatte de Gaulle an Giraud ein Telegramm gesandt, in dem er ihm ein Treffen vorgeschlagen hatte. Giraud aber war nicht darauf eingegangen, da er überzeugt war, daß Darlans Mörder im Auftrag der Gaullisten gehandelt hatte. So blieb de Gaulle aus Afrika verbannt, und seine flammenden Proteste fanden in Amerika ein lautes Echo. Die britische Regierung unterstützte de Gaulle ihrerseits. »De Gaulle«, sagte Macmillan einmal zu Murphy, »ist ein schwieriger Charakter, doch er hat uns 70 Millionen Pfund gekostet, und wir können nicht vergessen, daß er in unserer schwärzesten Stunde auf unserer Seite stand. Unser Interesse, unser Prestige, unsere Ehre fordern, daß wir seine politischen Pläne unterstützen.« Aus derartigen Überlegungen wurde schließlich die Idee geboren, die Macht zwischen de Gaulle und Giraud zu teilen, die Gruppen von London und von Algier zu vereinigen. Die Konferenz von Casablanca schien die geeignete Gelegenheit, eine Zusammenarbeit beider Seiten herbeizuführen.

Giraud erschien sofort und ohne Hintergedanken. De Gaulle indes weigerte sich. Churchill wiederholte die Einladung mit dem ausdrücklichen Hinweis, daß die Einladung sowohl von ihm als auch vom Präsidenten der Vereinigten Staaten ausgehe. Doch de Gaulle beharrte auf seiner Weigerung. Er vertrat die Ansicht, seine Auseinandersetzung mit Giraud sei eine rein innerfranzösische Angelegenheit, bei der jegliche Einmischung von außen als unerwünscht gelten müsse. Wie Murphy berichtet, war Roosevelt durch den herrischen Ton de Gaulles mehr amüsiert als verärgert, aber Churchill geriet in Wut. Ein Telegramm, in aufgebrachter Stimmung abgesendet, ging an den zu Hause gebliebenen de Gaulle: ›Falls Sie weiter darauf bestehen, die einzige Gelegenheit zurückzuweisen, die man Ihnen bietet, so werden wir über Sie hinweg zu Lösungen gelangen...‹

Vor diesem brutalen Ultimatum beugte sich selbst der Starrsinn des Generals. Am 22. Januar, dem neunten Tag der Konferenz, setzte ein Bomber der Royal Air Force de Gaulle auf dem Flugplatz von Casablanca ab. Er hatte zwar nachgegeben, aber dadurch, daß er auf sich warten ließ, hatte er sich einen wirkungsvollen Auftritt verschafft, war er zur Schlüsselfigur des ganzen Zusammentreffens geworden.

Im übrigen blieb er völlig unzugänglich. Mit Bitterkeit vermerkte er, daß er sich auf französischem Gebiet, doch umgeben von ausländischen Bajonetten befinde. Churchill, der sein Kommen erzwungen hatte, vermochte ihn auch nicht zu mehr zu überreden. »Ich sehe den Premierminister vor mir«, schildert Murphy die Situation, »wie er mit erhobenem Zeigefinger auf die Gestalt des Generals deutet und in seinem unnachahmlichen Französisch mit klapperndem Gebiß und erhobener Stimme sagt: ›Vous ne devez *obstacler* la guerre!‹« Doch de Gaulle blieb unbewegt. Roosevelt versuchte es auf eine andere Weise, durch Entfaltung seines ganzen Charmes. Aber auch er hatte keinen Erfolg. De Gaulle lehnte die Zusammenarbeit ab, die man ihm zu diktieren versuchte. Er war gekommen, weil man ihn zu kommen gezwungen hatte; er wollte frei von allen Bindungen wieder zurückkehren.

Der nächste Konferenztag – es war der 24. Januar, ein Sonntag – stand unter dem Zeichen einer stürmischen Auseinandersetzung zwischen de Gaulle und Churchill. Die beiden Männer begaben sich anschließend zu Roosevelt, wo sie auch Giraud antrafen. Ein erneuter Versuch, sich auf den Wortlaut eines gemeinsamen Kommuniqués zu einigen, schlug fehl. Roosevelt fragte dann de Gaulle, ob er etwas dagegen habe, zusammen mit Giraud neben dem Premierminister und ihm selbst fotografiert zu werden. De Gaulle war einverstanden. »Würden Sie«, versuchte es Roosevelt weiter, »General Giraud auch vor den Fotografen die Hand schütteln?« – »I shall do that for you.« Man brachte den Präsidenten in den sonnigen Hof, wo die englischen und amerikanischen Kriegskorrespondenten nicht ohne bitteren Unwillen erfahren mußten, daß man hier bereits seit zwei Wochen eine Konferenz auf höchster Ebene abhielt, zu der man sie jetzt erst eilig aus Casablanca herbeigeholt hatte. Sie ließen sich dann auch prompt vom Augenschein täuschen, der eine Versöhnung vorspiegelte. Doch de Gaulle hatte in nichts nachgegeben. Allerdings fuhr er nicht ab, ohne für sich etwas herausgeholt zu haben: Giraud war damit einverstanden, daß ein Vertreter des Comité de la France libre zu ihm entsandt würde und man Verbindungen zwischen London und Algier herstellte. In die schwache Festung der Giraudanhänger war damit das Trojanische Pferd des Gaullismus eingeschleust worden.

Nachdem sich die beiden rivalisierenden Generale zurückgezogen hatten, blieben die Presseleute noch im offenen Hof bei Churchill und Roosevelt. Es entspann sich eine Unterhaltung in familiärer Atmosphäre. Als Roosevelt auf die Beendigung der Feindseligkeiten zu sprechen kam, meinte er, daß die Vereinten Nationen von ihren Gegnern nur eine bedingungslose Kapitulation entgegennehmen wollten. Dieses Wort ging sofort um die ganze Welt. Die Meinungsverschiedenheiten, die es ausgelöst hatte, dauern bis zum heutigen Tage an.

Dieses schwerwiegende Wort stammte aus dem amerikanischen Bürgerkrieg. U. S. (Ulysses Simpson) Grant war im Jahre 1862 ein noch ziemlich unbekannter General, der im Tale des Mississippi gegen die Konföderierten zu Felde zog. Als er den Südstaatengeneral Bricker in Fort Donelson eingeschlossen hatte, ließ dieser um die Be-

dingungen für eine Kapitulation bitten. Grant aber antwortete mit zwei Worten, die mit den selben Buchstaben begannen wie sein Vorname: Unconditional Surrender. Wohl kaum ein amerikanischer Schüler kennt diese Worte nicht, und sie waren dem Präsidenten unwillkürlich über die Lippen gekommen. So behauptete er jedenfalls später. Doch den Aufzeichnungen Hopkins' zufolge verhielt es sich keineswegs so. Roosevelt soll vielmehr diese Erklärung sorgfältig vorbereitet und während der ganzen Pressekonferenz ein Papier mit Notizen in der Hand gehalten haben.
Churchill war völlig überrascht. Er bekam einen Wutanfall wegen dieser Formulierung, die ohne seine vorherige Zustimmung England festlegte. Erst später versuchte er diese Äußerung Roosevelts abzuschwächen, indem er erklärte, daß die Forderung nach einer bedingungslosen Kapitulation nicht durch Rachegefühle gegenüber dem deutschen Volk bestimmt sei. Doch im offenen Hof der Villa in Casablanca schien es ihm nicht ratsam, Bedenken zu äußern, die in aller Öffentlichkeit Meinungsverschiedenheiten zwischen ihm und dem amerikanischen Präsidenten sichtbar gemacht hätten.
›Voller Bestürzung‹, so berichtete Hitlers Dolmetscher Paul Schmidt, ›übersetzte ich kurz darauf die folgenschwere Erklärung über die bedingungslose Kapitulation. Ich war mir sofort klar, wie außerordentlich die Stellung Hitlers innerhalb des deutschen Volks und gegenüber seinen Bundesgenossen dadurch gestärkt wurde.‹ Das Wort von der bedingungslosen Kapitulation wurde für die Goebbelspropaganda zur kostbaren Münze. Nach Auffassung Hitlers und anderer fanatischer Verfechter des ›Siegen oder sterben‹ hatte sich ohnehin nur bestätigt, was sie immer schon gesagt hatten. Doch für jene Deutschen, die dagegen zu kämpfen versucht hatten, bestand nun eine andere Lage. Von nun an verstärkten die führenden Männer des deutschen Widerstands ihre Bemühungen um Kontakt zu den Alliierten, die sehr gut über das Vorhandensein von Verschwörungen gegen Hitler und die tiefe Kluft zwischen Wehrmacht und NSDAP unterrichtet waren. Man hätte versuchen können, diese Kluft noch zu vertiefen. Doch die Forderung nach einer bedingungslosen Kapitulation – die selbst von Cordell Hull und Eisenhower kritisiert wurde – mußte diese Kluft zwangsläufig wieder schließen. Von nun an konnte der Krieg nur noch bis zum bitteren Ende durchgefochten werden.

Rommels letzte Kämpfe in Afrika

Um der Landung der Alliierten in Nordafrika zu begegnen, hatte Hitler in Tunesien eine 5. Panzerarmee bilden lassen, deren Führung er dem General Hans-Jürgen von Arnim anvertraute. Arnim kam aus dem Frontbogen von Rschew und hatte Afrika noch nie in seinem Leben gesehen. Er war daher der Überzeugung, daß der Krieg, der ihm nun bevorstand, für einen Veteranen von der Ostfront ein Kinderspiel sein müsse.

Seine Aufgabe beschränkte sich übrigens nicht nur auf eine Verteidigung des tunesischen Brückenkopfes; Hitler hatte ihm vielmehr das Ziel gesetzt, Nordafrika zurückzuerobern und die Alliierten ins Meer zu werfen. Zur Erfüllung dieser Aufgabe hatte er ihm sechs deutsche Divisionen versprochen, wobei ihm eröffnet worden war, daß er nominell zwar unter dem italienischen Oberkommando stehe, in Wahrheit aber dem OKW und Generalfeldmarschall Kesselring verantwortlich sei.

Als Arnim Mitte Dezember in Tunesien eintraf, fand er dort nur drei größere Einheiten vor: die Division Broich, die nur aus Splitterverbänden bestand, die 10. Panzerdivision und die italienische Division ›Superga‹. Hierzu stießen im Januar zwei weitere Divisionen: die 334. deutsche Infanteriedivision und die Division des italienischen Generals Imperiali. Im März kam schließlich noch die Division ›Hermann Göring‹. Alle diese Einheiten waren keineswegs völlig aufgefüllt. Die deutschen Bataillone zählten nicht mehr als 400 Mann, die italienischen Divisionen waren nur sechs Bataillone stark, so daß die 5. Panzerarmee einschließlich der Transport- und Verbindungseinheiten nur aus 78000 Deutschen und 27000 Italienern bestand. Mit Ungeduld erwartete Arnim die notwendigen Verstärkungen, um mit der Rückeroberung von Algier und Casablanca beginnen zu können.

Er wartete vergeblich. Der Krebsschaden, der bereits Rommels Siege entwertet hatte – die unablässigen Transportschwierigkeiten –, machte sich jetzt auch bei ihm bemerkbar. Obwohl die Fahrt durch die Meerenge zwischen Sizilien und Afrika keine Nacht dauerte, wurden in den Monaten Dezember und Januar 47 Schiffe versenkt. Etwa 20 andere wurden schwer beschädigt in die Docks geschickt. Zu Beginn des Krieges hatte die italienische Marine über 3300000 Tonnen Schiffsraum verfügt, zu dem noch weitere 560000 Tonnen Beuteschiffe aus griechischen und französischen Häfen kamen. Anfang des Jahres 1943 war ihr davon kaum ein Drittel geblieben, das aber nicht nur der Versorgung Afrikas, sondern auch des Balkans und des Dodekanes dienen mußte.

Was man über das Meer nicht transportieren konnte, wollte man daher auf dem Luftweg heranbringen. Hierzu sollten 200 Ju 52 und 15 sechsmotorige Me 323 ›Gigant‹ dienen. Der Flugplatz von Tunis leistete mehr als der Flugplatz von Stalingrad, so daß mit nur einem Drittel der an der Wolga eingesetzten Maschinen das Doppelte an Nutzlast transportiert werden konnte, nämlich 7000 Tonnen im Monat. Das war freilich auch nur ein mageres Ergebnis angesichts der benötigten Menge von 120000 Tonnen. Selbst im besten Monat, dem Januar, erhielt Arnim davon nur ein Viertel. Immer weiter hatten sich unterdessen die feindlichen Linien nach Südtunesien verschoben, bis in die bereits an die Sahara grenzenden Ausläufer der Schotts. Auf der Seite der Achsenmächte hielt die Division Broich Nordtunesien; die 10. Panzerdivision operierte im zentralen Teil der Front und aus deutschen und italienischen Einheiten zusammengesetzte Verbände daran anschließend im südlichen Abschnitt. Die 1. britische Armee, die

Daß Rommels Offensive trotz taktischer Erfolge und überraschender Schläge gegen den Gegner steckenblieb, lag an der immer schwieriger werdenden Versorgung, vor allem mit Treibstoff. Britischer Konvoi bei El Hamma (oben), in Brand geschossene britische Nachschubkolonne bei Gafsa in Tunesien (unten).

Zahlreich waren auf beiden Seiten die Versuche, den Gegner durch Kriegslist zu täuschen. Stießen australische Verbände ins Leere, wo sie hinter dichten Staubwolken irrtümlich deutsche Soldaten vermuteten (oben), so sahen sich die Deutschen überrascht, wenn ihre Gegner mit Hilfe von riesigen Drahtplanen scheinbar unwegsames Gelände mit ihren Panzern überwanden (unten).

vorerst nur aus einem einzigen Korps mit zwei Divisionen bestand, hatte zwischen dem Meer und Pont-du-Fahs Stellung bezogen. Das XIX. französische Korps mit drei Divisionen hielt eine 100 Kilometer lange Front im mittleren Teil Algeriens, verfügte aber über keine panzerbrechenden Waffen und besaß an Artillerie allein die 7,5-cm-Geschütze aus dem Ersten Weltkrieg. Anschließend erstreckte sich das II. amerikanische Korps bis Gafsa. Zwar hatten die Amerikaner in Nordafrika bereits acht Divisionen an Land gebracht, doch standen an der Front erst ihre 1. Infanterie- und ihre 1. Panzerdivision. Der schlechte Zustand der Verkehrsverbindungen und die Furcht vor einem Eingreifen Francos hatten die Amerikaner dazu bestimmt, eine wohl übertrieben große Truppenmacht in Marokko zu belassen.

Zu diesem Zeitpunkt befanden sich zwei der populärsten Generale dieses Krieges auf dem Wege zum tunesischen Kriegsschauplatz: Rommel und Montgomery. Seit El Alamein hatte sich Rommel auf dem Rückzug befunden. Nach seiner Auffassung war der Krieg in Afrika verloren, die Kämpfe in Tunesien betrachtete er nur als Nachhutgefechte, und die einzige realistische Maßnahme, die ihm angezeigt schien, wäre eine Zurückführung von möglichst vielen Soldaten der in Afrika kämpfenden Streitkräfte nach Europa gewesen. Da solche Auffassungen als defätistisch galten, wurde er von Hitler ziemlich kurzgehalten. Man hatte ihn allen Ernstes ermahnt, er möge seine italienischen Truppen nicht noch einmal ›wie nach El Alamein‹ im Stich lassen, und es waren ihm jegliche Rückzugsbewegungen ohne vorherige Zustimmung des italienischen Generals Bastico, des nominellen Oberbefehlshabers der in Afrika kämpfenden Truppen, verboten worden. Die Zeit, da Rommel sich Ungehorsam hatte erlauben können, war vorbei. Nun mußte er bei Mersa Brega Stellung beziehen, das den Zugang nach Tripolitanien abriegelte, dann bei Buerat el-Hsun, das Tripolis deckte.

Der Befehl, diese Stellung bis zuletzt zu halten, wurde immer von neuem wiederholt – und das angesichts der Unmöglichkeit, im Golf der Syrte eine Schlacht zu schlagen. So hätten die erzwungenen Marschunterbrechungen und der chronische Treibstoffmangel Rommel keine Chance mehr gelassen, Tunesien noch zu erreichen, wenn nicht Montgomery, wie immer außerordentlich vorsichtig, Schritt um Schritt vorgegangen wäre. Nachts im Traum sah Rommel sich in der Lage seines Gegners, oder er ließ vom Chef seines Stabes den Gegenangriff ausarbeiten, den er führen würde, wenn ihm genügend Treibstoff zur Verfügung stände. Ein vergebliches Kriegsspiel!

Mitte Januar flammte der Krieg gleichzeitig in Tunesien wie in Tripolitanien wieder auf. Eisenhower bereitete eine Operation unter dem Deckwort ›Satin‹ vor, deren Ziel die Eroberung von Sfax war, genauer gesagt: die Unterbrechung der Verbindungen zwischen den Armeen von Arnims und Rommels. Doch dieser Plan wurde infolge von Materialschwierigkeiten aufgegeben, und statt angegriffen zu werden, griff von Arnim nun selber an. Dabei warf er das XIX. Korps von den Höhen von Kairouan und drängte es bis in das Tal des Ousseltia zurück. Vor den Stellungen von Buerat, in denen Rommel

während der mohammedanischen Festtage des Id al-Fitr abwartend verhalten hatte, war Montgomery wieder rege geworden und bedrohte die deutsch-italienische Panzerarmee mit Einschließung. Doch Rommel entschlüpfte, überließ dem Gegner am 20. Januar Tripolis und erschien wenige Tage später in Tunesien, um dort die Marethlinie zu inspizieren, die zu verteidigen er nunmehr Befehl hatte. Dort waren einige tausend Italiener am Werk, die dieser bescheidenen Maginotlinie der Wüste wieder einigen Verteidigungswert verleihen sollten. Rommel aber hielt nicht viel von dieser Stellung und hätte sich lieber bis nach Gabes zurückgezogen, um dort zwischen dem Meer und den Schotts den Gegner zu erwarten. Doch darüber hatte er nun nicht mehr zu befinden. Auch wußte er, daß Mussolini seine Ablösung betrieb und daß er in wenigen Tagen sein Kommando an den italienischen General Messe würde abgeben müssen.
Am 16. Februar ließen die deutschen Nachhuten den letzten Fußbreit Boden des neuen Imperium Romanum hinter sich zurück und verschwanden hinter der Marethlinie. Rommel führte 129 Panzer nach Tunesien, von denen die Hälfte abschleppreif war. Mit ihnen kamen die auf ein Drittel ihrer einstigen Stärke zusammengeschmolzenen Truppen des Afrikakorps, seine alten bewährten Divisionen wie die 15. und die 21. Panzerdivision und die 90. Leichte Division, dazu die erst am Vorabend der Schlacht von El Alamein zu ihm gestoßene 164. Division, ferner vier schwache italienische Divisionen aus der Garnison von Tripolis. Insgesamt waren es 30000 Deutsche und 48000 Italiener, die nun der Verstärkung des tunesischen Brückenkopfes dienen sollten.
Doch auf den Fersen folgte ihnen schon die 8. britische Armee mit ihrem einzigartig bunten Gemisch aus Verbänden der verschiedensten Nationen und Rassen: Engländer, Schotten, Australier, Neuseeländer, Südafrikaner, Kanadier, Inder, Malaien, Gurkhas, Maoris, Kanaken, Somalis, Senegalesen, Franzosen und Griechen. Die Vorhut bildete das Korps des Generals Freyberg, dem sich der Verband des Generals Leclerc angeschlossen hatte, welcher vom Tschadsee aus durch die Sahara zu den Briten gestoßen war. Die Masse der Armee aber befand sich noch immer im Raum von Tripolis und Benghasi. Erst nach einigen Wochen sollten sie in der Lage sein, die Marethlinie anzugreifen.
Diese Situation veranlaßte Rommel zu einem letzten Versuch, wenigstens vorübergehend das Glück der Waffen noch einmal zu wenden. Er plante einen Schlag gegen die britisch-amerikanischen und französischen Truppen in Tunesien, ehe die 8. Armee die Zeit gefunden hätte, ihr Gewicht auf diesem Kriegsschauplatz mit entscheidender Wirkung in die Waagschale zu werfen.
Im mittleren Tunesien teilt sich jene bei Kap Bon beginnende Bergkette wie ein umgedrehtes Y. Die westliche Kette verläuft mit etwa tausend Metern Kammhöhe entlang der algerischen Grenze. Die etwas niedrigere östliche Kette fällt zur Ebene zwischen Sfax und Gabès ab. Zwischen den beiden Rücken erstreckt sich eine dürre Hochfläche.

Einige kleine Städtchen, mehrere Straßen und eine Schmalspurbahn nach Tozeur geben diesem unwirtlichen Plateau nur hie und da das Aussehen einer von Menschen besiedelten Landschaft. Über die beiden Bergketten führen Pässe. Im Osten ist es der Paß von Faid, über den die von Sfax kommende Straße verläuft. Im Westen sind es die Pässe von Sbiba, Kasserine und Dernaia, die fächerförmig in die Täler Nordtunesiens führen, in die Gegend der alten kleinen Stadt Tebessa, Hauptort des Hochplateaus von Constantine. Der Paß von Kasserine gibt gleichermaßen den Weg nach Tebessa wie nach Souk el-Arba frei – Zugänge sowohl zu den alliierten Nachschublinien in der Tiefe des Hinterlands als auch unmittelbar in den Rücken der Streitkräfte Eisenhowers.
Die deutsche Offensive begann am 1. Februar. Unter der Führung des Arnim unterstehenden Generals Heinz Ziegler warfen die 10. und 21. Panzerdivision die Amerikaner vom Paß von Faid und riegelten damit den Zugang zur Ebene von Gabès ab. Am 14. Februar wurde die Offensive weiter vorangetragen. Mit 200 Panzern führte Ziegler eine Zangenbewegung um die Ortschaft Sidi-Bou-Zid aus, ein Viereck aus weißen Häusern am Fuße der östlichen Kette. Ihm stand die 1. amerikanische Panzerdivision gegenüber, die an Stärke den Deutschen gleichkam, ihnen an Kampferfahrung aber unterlegen war. Ihr ohne genügenden Nachdruck vorgetragener Gegenangriff wurde zerschlagen. Einige Bataillone wurden eingeschlossen und ergaben sich. 112 amerikanische Panzer blieben zerstört auf dem Schlachtfeld oder fielen in deutsche Hand. Dieser Schlag ließ Eisenhowers Position ins Wanken geraten. Er hatte eine Inspektion an der Front hinter sich gebracht, trug zum erstenmal seinen vierten Generalsstern und besichtigte gerade die antiken Ruinen von Timgad, als seine beste Division vor dem Feind zerstob. Selbst in Amerika erhoben sich nun Stimmen, die meinten, seine Begabung liege nur auf politischem Gebiet, und er täte besser daran, sein Kommando an den ihm unterstellten englischen General Alexander abzugeben.
Auch Rommel hatte an der Offensive teilgenommen. Seine nichtmotorisierten Einheiten hatte er an der Marethlinie zurückgelassen und aus dem Afrikakorps eine gepanzerte Einheit von der Stärke einer Division gebildet, mit der er nun nach Gafsa marschierte. Doch der Gegner stellte sich nicht zum Kampf. Die Amerikaner hatten die Stadt verlassen und befanden sich in eiligem Rückzug auf Tebessa. Wieder einmal kam es zu einem zügigen deutschen Vormarsch inmitten jubelnder Araberscharen, die durch Leichenfledderei an Gefallenen ihre armselige Habe mehrten. Die Panzer rollten auf den Flugplatz von Thelepte zu, wo 30 amerikanische Flugzeuge, gerade noch im letzten Moment von ihren Besatzungen in Brand gesteckt, in Flammen standen. Am 17. Februar verhielt Rommel am Fuße der westlichen Bergkette vor dem Paß von Kasserine. Er hatte mit den Verbänden Arnims Verbindung aufgenommen, die soeben Sbeitla erobert hatten, das im Zentrum des Plateaus lag. Der gesamte südliche Flügel der alliierten Front hatte sich aufgelöst.
Doch in der deutschen Führung herrschte Uneinigkeit. Rommel, der innerhalb von

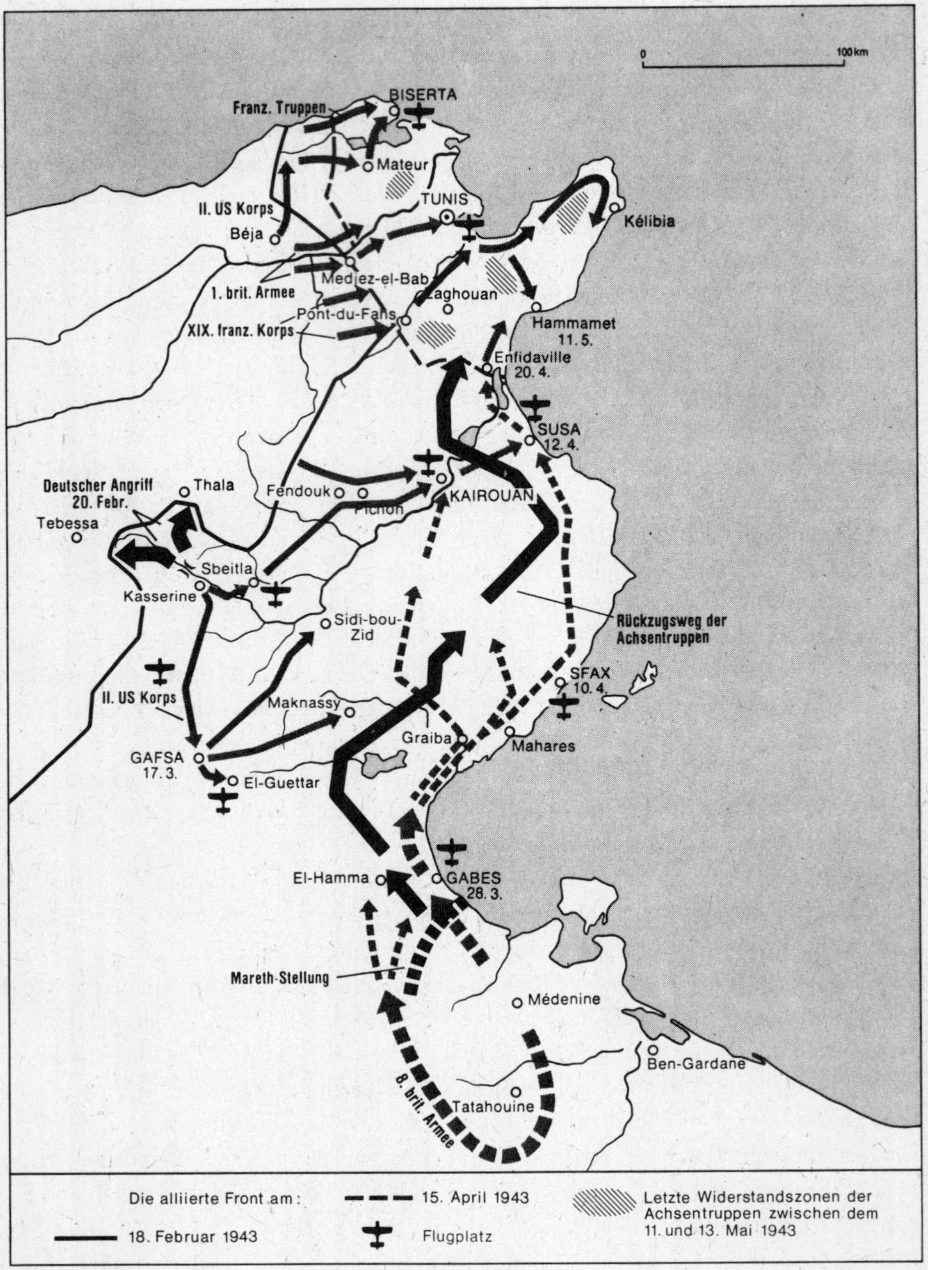

Karte 36 Die Kämpfe in Tunesien (Februar bis Mai 1943)

drei Tagen 120 Kilometer zurückgelegt hatte, wollte nicht verstehen, daß Arnim nicht einmal 30 Kilometer hatte schaffen können und nun zögerte, seinen bei Sidi-Bou-Zid errungenen Sieg auszunutzen. Er wußte nicht, daß Arnim seinen Stoß nach Norden richten wollte, um im Tal der Medjerda eine Frontaloffensive zu führen, während er, Rommel, getreu seiner Taktik des Wüstenkampfes, sich den weiteren Verlauf der Operationen als großangelegte Umfassungsbewegung dachte: als einen auf Tebessa und darüber hinaus auf Bône gerichteten Angriff, der die rückwärtigen Verbindungen des Gegners abschneiden und ihn zur überstürzten Räumung Tunesiens zwingen sollte. Die Entscheidung für diesen oder für jenen Plan lag bei Kesselring und dem Comando Supremo in Rom. Rommel schickte den Chef seines Stabes, Bayerlein, in die italienische Hauptstadt und erwartete in fiebernder Spannung die Entscheidung. Sie erreichte ihn um 1 Uhr morgens und brachte ihm sowohl eine erfreuliche als auch eine enttäuschende Nachricht: Die Panzerdivisionen wurden wieder unter seinen Befehl gestellt, doch dem Comando Supremo erschien der Gedanke einer Umfassungsbewegung über Tebessa hinaus als allzu gewagt. Generalfeldmarschall Rommel sollte sich mehr nach Osten halten und nur bis Le Kef vorstoßen, damit er von der 5. Panzerarmee nicht allzu weit abkomme. Rommel bedauerte diese Beschneidung seines Planes, doch konnte man nicht länger in Diskussionen verharren. Die Zeit drängte. Schon trafen Verstärkungen beim Gegner ein. Rommel mußte losschlagen.
Die Offensive begann am folgenden Tag. Rommel hatte sich für einen gleichzeitigen Angriff auf die Pässe von Sbiba und Kasserine entschieden, da er seinen Plan für einen erfolgversprechenden Hauptstoß auf Tebessa hatte aufgeben müssen. Von Sbeitla aus rollten die Panzer der 21. Division gegen Sbiba. Gleichzeitig arbeitete sich das deutsche Afrikakorps durch das Engtal von Oued Hatab gegen den Paß von Kasserine vor. Die 10. Panzerdivision und die Division ›Centauro‹ wurden in Reserve gehalten, um jederzeit nach rechts oder links zum Angriff antreten zu können. Der Lehm der vom Regen aufgeweichten Straßen klebte schwer an den Raupenketten der Panzer. Dichter Nebel verzögerte den Anbruch des Tages und verhüllte die aufgehende Sonne. Wieder sahen die Soldaten, wie eisig Afrika sein konnte.
Auf den Pässen rafften die Alliierten zusammen, was sie an Streitkräften im Augenblick zusammenraffen konnten. In Sbiba wurde ein Teilverband des XIX. Korps in aller Eile durch die 6. britische Panzerdivision verstärkt. In Kasserine übernahm der amerikanische Oberst Stark um 6 Uhr morgens den Oberbefehl des gesamten Frontabschnitts. Er verfügte nur über ein Bataillon der 26. Infanteriedivision, ein Panzerabwehrbataillon und eine Batterie alter französischer 7,5-cm-Geschütze. Verstärkungen waren unterwegs, doch zögerte man bei der Führung, andere Abschnitte allzusehr zu entblößen, da man den Eindruck hatte, daß der Hauptstoß weiter nördlich, in der Gegend von Fondouk oder Pont-du-Fahs, erfolgen würde.
Zum Glück für die Alliierten hatten die Deutschen lange Anmarschwege. Die 21. Pan-

zerdivision stieß gegen Sbiba mit einer Langsamkeit vor, die Rommel zur Weißglut trieb. Für den Paß von Kasserine hatte er mit dem Überraschungsangriff des 3. Aufklärungsbataillons gerechnet, doch dessen 200 Kradfahrer waren zu schwach, als daß sie einen über Artillerie verfügenden Gegner aus seinen Stellungen hätten werfen können. Die Kämpfe begannen nicht vor Ende des Nachmittags. Als die Nacht hereinbrach, hatten die Deutschen erst das verfallene Gemäuer des Bordj Chambi in etwa einem Kilometer Entfernung vom Paß genommen. Die Kammlinie der Höhe befand sich nach wie vor in den Händen der Alliierten.

Doch am folgenden Tag wurde der Paß von Kasserine schließlich durch die Deutschen und Italiener genommen. Es waren die Bersaglieri der Division ›Centauro‹, die mit einem letzten, brillant geführten Angriff die Höhe gewannen. Das Verhältnis von 2450 unverwundeten Gefangenen zu 192 Gefallenen auf seiten der Amerikaner zeigt, daß der Kampfgeist ihrer Truppe nicht allzu groß war. Kesselring fand sich mit Rommel auf der eroberten Paßhöhe ein, und die beiden Generalfeldmarschälle besichtigten die eindrucksvolle Menge des erbeuteten Kriegsmaterials. »Wir haben von denen viel zu lernen«, sagte Rommel und wies auf die perfekte Standardisierung von Ausrüstung und Gerät hin. »Ja«, gab Kesselring zurück, »aber die haben von uns auch noch einiges zu lernen.«

Doch die deutschen Erfolge gingen dem Ende zu. Der auf der Straße nach Tebessa vorstoßende Verband wurde am Paß von Bou-Chebka zum Stehen gebracht. Auf der Straße nach Kef wurde die kleine Ortschaft Thala gegen den deutschen Angriff gehalten. Von den beherrschenden Höhen feuerte die amerikanische Artillerie mit nachhaltiger Wirkung auf die deutschen Panzer. Kesselring und Rommel überschlugen die Menge des ihnen noch verbliebenen Treibstoffs. Die Reichweite ihrer Panzer betrug 250 Kilometer, und die in Sousse, Sfax und Gabès verfügbaren Reserven reichten nur für noch weitere 150 Kilometer. Eine Weiterführung der Offensive wäre nur dann möglich gewesen, wenn man sich aus Beutebeständen beim Gegner hätte versorgen können. Doch die hierfür bestehende Möglichkeit war allzu unsicher, als daß man den völligen Verlust der Panzer hätte in Kauf nehmen dürfen. Am 24. Februar erging an die Truppen der Achse der Befehl, sich hinter die Kammlinie des Gebirges wieder zurückzuziehen. Die Alliierten bereiteten sich auf einen verzweifelten Widerstand vor, doch die Gefahr verschwand so plötzlich, wie sie gekommen war.

Eine Laune Hitlers verlängerte für einige Tage Rommels Zeit in Afrika. Anstatt ihn abzulösen, wie dies Mussolini gewollt hatte, übertrug er ihm das Kommando der Heeresgruppe Afrika. Nun zum Vorgesetzten seines Rivalen geworden, mußte Rommel Arnims Offensive in Nordtunesien gewissermaßen übernehmen. Sie erzielte Anfangserfolge, mußte sich dann aber vor einem überlegenen Gegner zurückziehen.

Im Süden unternahm Rommel einen Vorstoß über die Marethlinie hinaus, mit dem er Montgomerys Angriffsvorbereitungen stören wollte. Zum letztenmal zog er nun in die

Wüste, sah er ihre tafelförmigen Höhenrücken, die versiegten Wadis, den fahlen Morgennebel und die stechende Sonne, die mit ihrer Glut schnell die eisige Luft durchwärmte. Am 6. März führten die 10., 15., und 21. Panzerdivision einen konzentrischen Angriff gegen das kleine Städtchen Medenine, um welches das XXX. britische Armeekorps unter General Sir Oliver Leese einen Ring von Geschützstellungen gelegt hatte. Die 160 deutschen Panzer gerieten in ein derart heftiges Feuer, daß sie zum Abbruch des Kampfes gezwungen wurden. Am folgenden Tag flog Rommel nach Europa zurück. Er wollte Hitler schlüssige Beweise vorlegen, daß es notwendig sei, so schnell wie möglich den größten Teil Tunesiens zu räumen. Nach seiner Auffassung durfte die Front nicht weiter nach Süden reichen als bis Enfidaville, das von Tunis nur 80 Kilometer entfernt lag. Hitler aber antwortete ihm, es sei so kurz nach dem Prestigeverlust von Stalingrad nicht möglich, einen derartigen Rückzug durchzuführen. Dann überreichte er dem Besiegten von El Alamein das Ritterkreuz mit Schwertern und Brillanten und legte ihm nahe, auf dem Semmering seine unterbrochene Kur wiederaufzunehmen.

Rommel sah Afrika nicht wieder. Am 20. März begann Montgomery mit seiner lange vorbereiteten Offensive gegen die Marethlinie. Der Frontalangriff des XXX. Korps scheiterte an der Straße nach Zigzaou zunächst am Widerstand der Divisionen ›Trieste‹ und ›Giovani Fascisti‹, doch ein von Freyberg ausgeführtes Umgehungsmanöver über 200 Kilometer brachte das neuseeländische Korps und den Verband Leclercs in den Rücken der Verteidiger bis nach El-Homma. Messe begegnete der Gefahr, indem er seine beweglichen Reserven auf den bedrohten rechten Flügel warf. Aber Montgomery hatte nun seinerseits die Offensive an der Marethlinie abgebrochen und jagte sein X. Korps hinter Freyberg her. Auf Arnims Anraten fiel Messe nunmehr schnell auf die kurze Front am Oued Akarit zurück, die Rommel bereits früher der befestigten Marethlinie hatte vorziehen wollen. Damit war der Süden Tunesiens verloren.

Doch auch der Widerstand am Akarit war nur von kurzer Dauer. Am 6. April setzte Montgomery erneut zum Angriff an. Ein weiterer Widerstand der 1. italienischen Armee war jetzt schon deshalb nicht länger möglich, weil bereits die Amerikaner in Mitteltunesien durchgebrochen waren. Durch ausgedehnte Olivenhaine fluteten die deutschen und italienischen Verbände zurück. Am 19. April hatten sich die letzten Einheiten des Afrikakorps nach schweren Verlusten auf Enfidaville zurückgezogen. Der Brückenkopf war nunmehr auf die nordöstliche Spitze Tunesiens zusammengeschrumpft. Die Front verlief fast geradlinig bis in die Gegend von Kap Serrat. Die alliierten Streitkräfte, jetzt um fünf Divisionen überlegen, von einer starken Artillerie nachhaltig unterstützt, im Besitz der absoluten Luftüberlegenheit und mit Nachschub wohl versehen, bedrängten diese letzte Bastion hart. Aber weder Hitler noch Mussolini wollten es wahrhaben, daß Tunis verloren war.

Am 7. April fand ein Treffen der beiden Diktatoren bei Salzburg statt. Die anderen Teilnehmer glaubten zwei Gespenster zu sehen. Der von Magenschmerzen gepeinigte Mussolini nährte sich nur noch von gesüßter Milch und sah eingefallen, ja zusammengeschrumpft aus. Hitler wirkte fast noch erschreckender mit seinem gekrümmten Rücken, seinem glasigen Blick aus tiefliegenden Augenhöhlen. Die Unterredung der beiden an ihren Niederlagen krank gewordenen Männer führte zu keinem anderen Ergebnis als zu der Entscheidung, Tunis um jeden Preis zu halten.

Die Lage im Brückenkopf war verzweifelt. Hitler bot weitere Divisionen an, doch Arnim lehnte als erster ab mit der Begründung, die Versorgung der bereits vorhandenen Einheiten mit Lebensmitteln sei schwierig genug. Das Schicksal Tunesiens erregte übrigens bei den Völkern der beiden Achsenmächte nur ein beschränktes Interesse. Jedermann wußte, daß es nun um viel mehr ging als um die Behauptung eines afrikanischen Außenpostens. Hinter der Eroberung Nordafrikas durch die Alliierten zeichnete sich deren Landung in Italien ab. Die Italiener waren nicht so dumm, als daß sie nicht gesehen hätten, daß der Krieg verloren war und der Faschismus seinem Ende entgegenging.

Alles andere ist schnell berichtet. Am 19. April begann die Großoffensive gegen den Brückenkopf. Alexander hatte an den Nordabschnitt der Front das II. US-Korps, verstärkt durch das Freikorps des Generals Montsabert, legen lassen. Die erste britische Armee stand mit ihren drei Armeekorps und der 5., 9. und 19. französischen Division zwischen Medjed el-Bal und Pont-du-Fahs. An sie schloß sich die 8. britische Armee bis zum Meer an. Immer enger zog sich der stählerne Ring um die angeschlagenen deutschen und italienischen Truppen. Heftige Kämpfe entspannen sich um Enfidaville, um Mateur und das Tal der Medjerda. Es waren unnötige Opfer. Am 7. Mai drangen die Alliierten gleichzeitig in Bizerta und Tunis ein. Die letzten Stunden des Kampfes verliefen durchaus gemäßigt. Die alten Soldaten des deutschen Afrikakorps sahen gelassen ihrer Gefangennahme entgegen, während sie in der Haltung von Touristen auf den Terrassen der Cafés saßen. Arnim und die meisten Generale ergaben sich ohne unnötige Komplikationen. Hitler erließ Aufrufe, bis zum Ende weiterzukämpfen, befahl der Truppe, sich auf Kap Bon zu verschanzen. Doch alle seine flammenden Parolen konnten niemanden mehr dazu bewegen, sich abschlachten zu lassen. Das Afrikakorps streckte die Waffen vor dem IX. französischen Korps. Als letzte feuerte noch die Division ›Trieste‹. General Messe erhielt am 12. Mai abends die Erlaubnis Mussolinis zur Feuereinstellung, gleichzeitig mit der Benachrichtigung, daß er zum Marschall von Italien ernannt worden sei. Ähnlichkeit und doch auch Unterschied zum Fall Paulus: Der Duce verlangte von seinem Marschall der Niederlage nicht ein Ausharren bis zum Ende. Dabei war die Niederlage von Tunis nicht weniger schwer als die von Stalingrad.

Nur 600 ausgesuchte Geheimnisträger und Spezialisten gewannen auf Schnellbooten das rettende Ufer Siziliens. Die Alliierten konnten 275 000 Gefangene zählen, von denen etwa die Hälfte Deutsche waren. Die alliierten Gesamtverluste während des Feldzugs beliefen sich auf 10 290 Gefallene, 38 688 Verwundete und 21 863 Vermißte – davon 36 000 Briten, 18 000 Amerikaner und 16 000 Franzosen. Aber sie hatten eine feindliche Armee zerschlagen, deren Effektivstärke über 350 000 Mann betrug, hatten die Herrschaft im Mittelmeer wiedergewonnen und die Voraussetzungen für ein baldiges Ausscheiden Italiens geschaffen.

XXI. Kapitel April bis Dezember 1943
Der amerikanische Vormarsch im Pazifik

Der Tod des Admirals Yamamoto

Unter dem Schutz einer Gruppe von ›Zero‹-Jägern schickten sich zwei japanische Bomber zur Landung auf dem Flugplatz von Kaihili an, der am südlichen Ende der Insel Bougainville gelegen ist.

Die im Tiefflug über das Meer heranbrausenden amerikanischen Jäger zogen hoch. Hauptmann Thomas G. Lanphier schoß einen der japanischen Bomber ab. Den anderen schickte Leutnant T. Barber in die Tiefe. Die beiden Bomber stürzten in den Dschungel und brannten aus. Großadmiral Isoroku Yamamoto war tot.

Nicht aufgrund einer zufälligen Begegnung mit den amerikanischen Flugzeugen war er ums Leben gekommen. Schon seit langem war den Amerikanern die Entschlüsselung des japanischen Codes gelungen. In den ersten Apriltagen setzten die Fachleute der Dechiffrierabteilung Admiral Halsey davon in Kenntnis, daß der japanische Oberkommandierende im Südpazifik eine Inspektionsreise plane. Von Rabaul aus gedachte Yamamoto die Luft- und Marinestützpunkte im Raum von Buin zu inspizieren. Sein Flugzeug mußte am 18. April um 9 Uhr 35 über Kaihili eintreffen. Die Amerikaner wollten zur gleichen Zeit am gleichen Ort sein.

Doch zunächst ließen Skrupel sie noch zögern. War das denn eine anständige Art, Krieg zu führen, wenn man sich eines heimlichen Vorteils bediente, um einen bedeutenden gegnerischen Führer zu töten? War ein derartiger Hinterhalt nach den Gesetzen der Kriegführung noch erlaubt?

Halsey beriet sich mit Nimitz. Nimitz fragte seine Spezialisten, ob nach ihrer Meinung das Verschwinden Yamamotos Japan zu schwächen geeignet sei. Die Spezialisten bejahten. Zwar habe der Großadmiral sich zunächst gegen einen Krieg mit den USA ausgesprochen, dann aber, nachdem er ihn nicht habe verhindern können, mit Umsicht und Energie betrieben. Auf ihn sei der Plan eines Angriffs auf Pearl Harbor zurückzuführen, und trotz der Niederlage von Midway und der Aufgabe von Guadalcanal sei er ein kluger Gegner. Dieses Zeugnis der Anerkennung kostete Admiral Yamamoto das Leben.

Das Unternehmen war keineswegs leicht. Die 16 P 38 der 339. Fighter Squadron, die unter Führung Major Mitchells von Guadalcanal aufgestiegen waren, mußten 500 Kilometer weit fliegen, ehe sie sich mit der Pünktlichkeit eines Chronometers über Bougainville einfanden. Sie hatten an den Inseln von New Georgia vorüberfliegen müssen, über denen die feindlichen Flugzeuge in Schwärmen die Luft durchdröhnten. Im Tiefflug knapp über den Wellen dahinjagend, entkamen sie den Augen der Feinde und trafen auf die Minute genau über Kaihili ein. Alle Maschinen, bis auf eine, kehrten zurück. Das Unternehmen wurde bis zum Ende des Krieges geheimgehalten, erstens um die Japaner nicht wissen zu lassen, daß man ihren Kode entschlüsselt hatte, zweitens aber auch, weil man grausame Repressalien gegen Lanphiers Bruder befürchtete, der sich in japanischer Kriegsgefangenschaft befand.

Japans scheinbare Stärke und wirkliche Schwäche

Man hatte in Casablanca auch den Krieg im Pazifik zum Gegenstand der Diskussion gemacht. Erneut hatte sich Admiral King für eine Intensivierung des Krieges auf diesem bislang so vernachlässigten Kriegsschauplatz ausgesprochen und ein Memorandum vorgelegt, in dem er nachwies, daß auf den Pazifik nur 15 Prozent der amerikanischen Kriegsanstrengungen entfielen, wobei er gleichzeitig deren Verdoppelung forderte. Auch Marshall hatte wieder seine These vertreten, daß Amerika, falls es sich nicht zum Angriff in Europa entscheiden könne, die Auseinandersetzung mit Deutschland England und Rußland ganz überlassen müsse, sich selbst aber dann mit aller Kraft gegen Japan zu wenden habe. Die Verfechter der Priorität des europäischen Kriegsschauplatzes waren zu einigen Konzessionen gezwungen gewesen. Man war übereingekommen, daß man die Unternehmungen im Mittelmeer zwar weiterverfolgen wolle, daß auch der Luftkrieg gegen Deutschland verstärkt fortzusetzen und den Russen weiterhin Hilfe zu leisten sei, daß man zudem die Invasion in Europa vorbereiten wolle, daß aber gleichzeitig die verbündeten Nationen auch gegen Japan die Offensive aufnehmen müßten.

Zu diesem Zeitpunkt hatten die Japaner von all den von ihnen bis dahin eroberten Gebieten noch nichts wieder aufgegeben, und auf den Heimatinseln herrschte die unerschütterliche Überzeugung, daß man den Krieg siegreich beendet habe. Eine strenge Zensur wachte auch weiterhin über die Aufrechterhaltung dieser Meinung. Alle Nachrichten waren gefärbt. Die Marine wartete zwei Monate, ehe sie den Tod von Admiral Yamamoto bekanntgab – und auch da stellte sie ihn als Flugzeugunglück hin. Die hohen Verluste bei Midway, die blutigen Kämpfe auf Guadalcanal, die wachsende Stärke der Amerikaner hielt man dem eigenen Volke verborgen, das sich weiterhin im Glanze der Siege von Pearl Harbor, Singapur und Java sonnte, eingelullt von Berichten über die Schlaffheit des weißen Mannes.

Theoretisch waren die Vorteile der Japaner tatsächlich gewaltig. Aus den eroberten Gebieten strömten ihnen die Reichtümer zu. Die strategische Lage des Landes erlaubte ihren Truppen ein Operieren auf der inneren Linie, während der Gegner zu weitausholenden Bewegungen an seiner Peripherie gezwungen war. Die Zivilverwaltung wie auch die Militärs hatten sich weder mit einer parlamentarischen Kontrolle noch mit einer unabhängigen Presse auseinanderzusetzen. Alle Macht war auf absolutistische Weise zentralisiert, denn alle Fäden liefen im Dai Honei, dem Kaiserlichen Hauptquartier zusammen, wo der Tenno thronte. Ein derart organisierter Staat mit einer zahlreichen Bevölkerung, die zudem kriegstüchtig und für ihre Sache begeistert war, hätte solche Eroberungen höchst nachhaltig verteidigen können. So glaubten jedenfalls viele Amerikaner, die sogar nach einer Kapitulation Deutschlands noch mit einem zehnjährigen Krieg gegen Japan rechneten.

Doch so lange hätte er selbst dann nicht gedauert, wenn die Atombombe ihm nicht vorzeitig ein Ende bereitet hätte. Wie es der amerikanische Seekriegshistoriker Samuel Eliot Morrison vorzüglich dargestellt hat, nahm das kaiserliche Japan seine Vorteile nur sehr ungeschickt wahr. Genauer gesagt: Diese Vorteile bestanden zum Teil gar nicht wirklich. So war der nominell allmächtige Tenno in Wahrheit ohne jegliche reale Macht. Die Zivilverwaltung hatte zwar einen Großteil ihrer Befugnisse an die Militärs abtreten müssen, aber diese waren unter sich keineswegs einig, da Heer und Marine zwei eifersüchtig miteinander rivalisierende, voneinander unabhängige Gruppen darstellten. Die Zusammenarbeit zwischen Land- und Seestreitkräften vollzog sich dann auch nicht wie etwa bei den Amerikanern in vereinigten Stäben, sondern in Form von gegenseitigen Abmachungen. Zwar beugte sich der Marineminister Shimada der Autorität seines Kampfgenossen Tojo, doch Reibereien und Eifersüchteleien waren auf jeder Sprosse der militärischen Rangleiter alltäglich. Der gesamte militärische Apparat war sowohl beim Heer wie bei der Marine in einer Weise erstarrt, die geradezu funktionsbehindernd wirkte. Das Schwert des Samurai und der steife Kragen der Offiziere hatten während des triumphalen Vormarschs zu Beginn des Krieges noch wie die Zeichen eines ritterlichen Stoizismus wirken können, doch nun erwiesen sie sich doch als Merkmale einer archaischen Auffassung vom Kriegshandwerk, deren Vertreter ihren größten Vorteil schon verloren hatten, als das Überraschungsmoment nicht mehr zu ihren Gunsten wirkte.

Planung wie Führung des Krieges aber ließen bei den Japanern viel zu wünschen übrig. Man hielt sich nicht an die klassische Regel vom sparsamen Haushalten mit den eigenen Kräften. Die Umstellung der Wirtschaft auf den Bedarf des Krieges war zudem auch nur auf Teilgebieten gelungen. Japan kämpfte im Stile einer Macht, die in der Ferne einige Expeditionsheere unterhält, aber nicht wie ein Volk, dem im Falle einer Niederlage Invasion, Besetzung und Beherrschung durch ein anderes Volk drohten. Seine Regierung versagte sich übrigens auch nur die Erwägung derartiger Möglichkeiten. Die ganze Zeit über wurde China als Hauptkriegsschauplatz bewertet. Dort stand die Masse des Heeres mit ihren besten Verbänden. Der Pazifik war vorwiegend Operationsgebiet der Flotte.

Die Konferenzteilnehmer von Casablanca kannten die japanischen Schwächen keineswegs, und so schien ihnen eine Offensive gegen Japan als äußerst schwieriges Unternehmen. Die neuen Flugzeugträger der Essexklasse waren noch nicht in Dienst gestellt, und in der Zwischenzeit erlaubte es das Kräfteverhältnis auf See nicht, einen direkten Stoß gegen das Zentrum der feindlichen Macht zu führen. Ihre falschen Vorstellungen führten die Amerikaner dazu, eine Aufstellung und Bewaffnung chinesischer Massenheere als rettende Lösung ins Auge zu fassen. Dies hätte die Zurückeroberung Burmas und die Wiedereröffnung der Straße von Mandalay zur Voraussetzung gehabt. Die Pläne von Casablanca sahen dies auch vor, nicht zuletzt auf Betreiben Marshalls, der nach den Worten Alan Brookes ›a strong feeling for China‹ zeigte. Aber auf dem burmesischen Kriegsschauplatz bestimmten die Briten, was zu geschehen hatte, und da sie realistischer und besser informiert waren, ließen sie keine fremde Einmischung zu.
Da Burma entfiel, bestand das einzige strategische Nahziel darin, die japanische Bedrohung des australischen Festlands abzuwehren. Seitdem der größte Teil der japanischen Trägerflotte auf dem Meeresgrund lag, bestand eine ernstliche Bedrohung dieser Art nicht mehr, aber die im Pazifik kämpfenden Militärs führten sie immer wieder ins Feld, um gegenüber ihren Antipoden eine Fortsetzung der aktiven Operationen rechtfertigen zu können. Ihre Aufgabe bestand nun darin, den Teppich der japanischen Eroberungen an seinem äußersten Ende zu packen und ihn um den Preis harter und blutiger Anstrengungen wieder zurückzurollen. Die Gegenlandung auf Guadalcanal, die ursprünglich in defensiver Absicht unternommen worden war, löste eine ganze Reihe von außergewöhnlichen Angriffsunternehmen aus, die auf Inseln, welche an Wildheit nichts zu wünschen übrigließen, die militärische Stärke und Tüchtigkeit der Amerikaner in helles Licht stellten. Eine andere Frage ist es freilich, ob sie im Gesamtverlauf des Krieges eine so entscheidende Rolle gespielt haben, daß die hohen Opfer dadurch gerechtfertigt waren.

Die Eroberung Rabauls

Die amerikanische Offensive zielte auf Rabaul. Die eigentliche Bedeutung dieses japanischen Flottenstützpunkts stand in keinem Verhältnis zu den Opfern an Menschenleben, die seine Eroberung forderte. Ein knappes Tausend Weiße – Missionare, Kaufleute und Regierungsbeamte – lebte in der kleinen Stadt, die von den Deutschen während der kurzen Spanne ihrer Kolonialzeit mit Sorgfalt erbaut worden war. Ihre Lage ist freilich ungesund und gefährlich. Von nahegelegenen Sümpfen steigen verpestende Lüfte auf, und ein Kranz von aktiven Vulkanen hält die Gegend in ständiger Bedrohung.

Einem Erdbeben im Jahre 1937 waren einige hundert Menschenleben zum Opfer gefallen; ein erneuter Erdstoß im Jahre 1941 hatte zur Folge, daß die Hauptstadt der australischen Mandatsverwaltung nach Lae auf Neuguinea verlegt wurde. Neubritannien, die Insel, auf der Rabaul lag, war übrigens derart wild und unwirtlich, daß bis zum Beginn des Jahres 1943 kein Weißer sie je durchquert hatte. Kraushaarige Melanesier mit kalkweiß gefärbtem Kopfschmuck lebten dort inmitten des raschelnden Dschungels in unbeschwertem Kannibalismus.
Aber den Krieg kümmert es nicht, ob eine Gegend angenehm oder gesund ist. Die Wichtigkeit der Reede und der strategischen Lage von Rabaul bestimmte die Japaner, es am 22. Januar 1942 zu nehmen, und veranlaßte die Amerikaner, einen hohen Preis für seine Rückeroberung zu zahlen. Der Ankergrund in der Blanchebucht, die nach dem Schiff ihres Entdeckers Simpson so genannt wird, gilt als einer der besten natürlichen Häfen der Welt. Noch interessanter aber ist die geographische Lage. Am Schnittpunkt zweier Inselketten gelegen, war Rabaul der strategische Angelpunkt des ganzen südwestlichen Pazifik. Rabaul zu beherrschen bedeutete für einen Verteidiger, daß er von hier aus jede Bedrohung Neukaledoniens und Australiens abzuwehren imstande war; für einen Angreifer aber, daß er damit die Barriere des Bismarckarchipels durchbrochen hatte, daß er Zugang besaß zu den weiten Wasserflächen zu beiden Seiten des Äquators, daß er sich von hier aus den Philippinen von Osten, den Marshallinseln von Westen nähern konnte, daß er die Karolinen zu bedrohen imstande war und eine Bresche in Richtung auf Japan zu schlagen vermochte.
Für die Einnahme Rabauls planten die Amerikaner einen Angriff längs der beiden Inselketten, die sich dort schnitten: einmal also längs der Achse Neuguinea–Neubritannien, zum anderen längs der Achse Salomonen–Neuirland. Ihre Stellung hatte sich sowohl durch den Fehlschlag des japanischen Unternehmens gegen Port Moresby als auch durch ihren Sieg bei Guadalcanal gefestigt. Es war ihnen gelungen, den Gegner zu stoppen; nun ergriffen sie selbst die Initiative.
Das Gebiet von Neuguinea unterstand General MacArthur, da es zum Kriegsschauplatz Südwestpazifik gehörte. Die Salomonen hingegen fielen in das Operationsgebiet Südpazifik, das dem Admiral Halsey unter dem Oberbefehlshaber Pazifik, Admiral Nimitz, unterstand. Unter MacArthurs Oberbefehl befanden sich die von Admiral Carpender geführte 7. Flotte und eine Luftstreitmacht von 1300 Flugzeugen unter General Kenney, ferner drei kleine Armeen der Landstreitkräfte unter dem Kommando des australischen Generals Blamey. Halsey verfügte über die 3. Flotte, die zu Teilen von Admiral Turner befehligt wurde, das Luftkommando Südpazifik unter Admiral Fitch sowie zwei größere Gruppen von Bodentruppen, wovon die eine unter General Harmon der US-Army, die andere unter General Vogel dem US-Marinekorps angehörte. Nach großen Einheiten gerechnet, hatte MacArthur also ein Dutzend Divisionen, Halsey ein halbes Dutzend. Vom Standpunkt der Seekriegsführung aus gesehen,

verfügte weder der eine noch der andere über Schlachtschiffe und Flugzeugträger. Was die Organisation betraf, war der Befehlsbereich Südwestpazifik und der Befehlsbereich Südpazifik durch die sehr unterschiedlichen Organisationsprinzipien von Armee und Marine geprägt. Was die Leitung der Operationen anlangte, so ging die Zentralisierung nicht über eine allgemeine Festlegung der strategischen Direktiven durch MacArthur hinaus. Zwar war die Zusammenarbeit besser als bei den Japanern, doch ließ sie immer noch viel zu wünschen übrig.

Die Klagen, man vernachlässige den Pazifik, ziehen sich wie ein roter Faden durch die amerikanische Kriegsgeschichte jener Jahre. »Ich hatte«, sagte General MacArthur, »weniger als zwei Prozent der US-Army zur Verfügung und etwa zehn Prozent der in Übersee eingesetzten amerikanischen Streitkräfte.« Aber er hatte auch noch einige australische Divisionen, und auf alle Fälle waren seine und Halseys Truppen weitaus stärker als die der Japaner.

Rabaul war das Zentrum des 8. Operationsgebietes (8th Area Army) der Japaner, das Generalleutnant Hitoshi Imamura unterstand. Die zwei Armeen, über die er verfügte, waren die 18. unter General Hatazo Adachi auf Neuguinea und den umliegenden Inseln sowie die 17. unter Generalleutnant Haruysoki Hyakutuke auf den Salomonen. Doch der anspruchsvolle Name Armee war ein allzugroß geschneidertes Gewand für diese schmächtigen Truppenkörper. So bestand die 17. Armee, die auf Guadalcanal den hohen Blutzoll hatte entrichten müssen, fast nur noch aus einer einzigen, der 6. Division. Die 18. Armee zählte immerhin drei Divisionen, nämlich die 20., 41. und 51. Man muß sich immer wieder vor Augen halten, wie weit verstreut die japanischen Truppen operierten und daß nur ein Teil der männlichen waffenfähigen Bevölkerung mobilisiert war, um nicht darüber erstaunt zu sein, mit welch geringen Streitkräften die Japaner den Krieg im Südpazifik führten. Etwa 20000 Mann auf den Salomonen, etwa 50000 Mann auf Neuguinea – das waren alle Kräfte, über die Imamura verfügte. Die Überlegenheit der Alliierten betrug mindestens fünf zu eins.

Das gleiche gilt für die See- und Luftstreitkräfte. Die Japaner verfügten über noch nicht einmal 400 Schlachtflugzeuge, und die Flotte des Admirals Jinichi Kusaka, die dem 8. Operationsgebiet zugeteilt war, bestand aus nicht mehr als einem Kreuzer und acht Zerstörern. Die japanische Strategie war auf unvernünftige Weise abhängig vom empfindlichen Ehrgefühl der hohen Militärs. Nach der allzu lange hinausgezögerten Aufgabe von Guadalcanal wäre es vernünftig gewesen, die leicht verwundbaren Nachschubwege zu verkürzen, indem man die Verteidigungslinien näher an das Zentrum Rabaul herangezogen hätte. Doch der kaiserliche Generalstab konnte sich zu einer derart ehrbefleckenden Maßnahme nicht entschließen. Die Inselgruppe von New Georgia in der Mitte der Salomonen wurde folglich bis zum äußersten verteidigt. Auf der Landspitze von Munda sahen die amerikanischen Aufklärungsflugzeuge zu ihrer Überraschung zwischen Morgen und Abend eines einzigen Tages einen vollständigen Luft-

stützpunkt entstehen: Die Japaner hatten an ihm seit Monaten gearbeitet, aber das ganze Gelände zur Tarnung scheinbar im ursprünglichen Zustand als Palmenhain belassen, indem sie die Wipfel mittels Drähten in der Luft gehalten hatten.
Auch auf Neuguinea wollten die Japaner verbissen an ihren Eroberungen festhalten. Nach ihrem Rückzug aus Papua hatten sie sich in Buna an der anderen Küstenseite eingerichtet. Doch auch dort hatten sie nach heftigen Kämpfen in ungesunden Sumpfgebieten weichen müssen und hatten schließlich ihre Truppen um die Hüonhalbinsel zusammengezogen, die ein Sprungbrett über die Dampierstraße nach Neubritannien bildete. In den ersten Märztagen traf die japanischen Streitkräfte in diesem Raum ein schwerer Schlag: Ein aus Rabaul abgesandter Geleitzug von sieben Transportern und acht Zerstörern mit 9000 Mann Verstärkungen an Bord der Schiffe war in der Bismarcksee durch Bomber vom Typ B 25 versenkt worden, die eine neue Angriffstechnik des Bombenabwurfs aus Masthöhe hier erstmals angewendet hatten. Der Krieg, den die Japaner führten, war längst kein Feldzug für ritterliche Soldaten mehr, aber der todesverachtende Stolz der Offiziere und der Stoizismus der Mannschaften blieb gleichwohl ungebrochen.
Nur langsam nahm der amerikanische Plan Gestalt an. Der Krieg im Pazifik hatte nicht jenen hektischen Charakter wie oft die Kämpfe in Europa. Für alles mußte man große Umwege und Verzögerungen in Kauf nehmen. Der Aufwand an Nachschub, der für jede einzelne Waffe und für jeden einzelnen Kämpfer notwendig war, betrug ein Vielfaches dessen, was im atlantischen Raum hierfür als Norm gelten konnte. Menschen wie Material waren auf den pazifischen Inseln den größten Belastungsproben ausgesetzt. Während der Schlacht von Buna ließ der Kommandierende General Eichelberger einen Werfer vom Kaliber 15,5 in Stellung bringen, hatte aber schließlich nicht genügend Munition, so daß er auf die Herbeischaffung eines zweiten Werfers dieser Art von vornherein verzichtete. Die Zeiträume, in denen Operationen geplant und durchgeführt wurden, waren hier ganz andere als in Europa. Nach verschiedenen Konferenzen, die in Brisbane und in Washington stattgefunden hatten, setzte man die als Operation ›Cartwheel‹ bezeichnete Eroberung von Rabaul in über das ganze Jahr verteilten Etappen fest. Wie in einem Filmdrehbuch wurden alle Schritte, selbst die kleinsten, vorher genau geplant. Angesichts dieser Tatsache erscheint es verwunderlich, daß zu Anfang des pazifischen Krieges die Operationen ziemlich schnell vonstatten gegangen waren. Zur Rückeroberung der wilden Inselwelt New Georgias indessen mußte der amerikanische Generalstab das Doppelte der Zeit veranschlagen, die von den Japanern für alle ihre Eroberungen von Hongkong bis in die Korallensee aufgewendet worden war. Der Angriff auf New Gorgia begann dann auch erst am 30. Juni. Ein direkt geführter Stoß gegen Munda war nicht möglich wegen der Riffe, die den Ort auf der Seeseite umgaben. Die Landung mußte deshalb in der Hauptsache auf der kleinen Insel Randova erfolgen, dann aber auch am Strand von Zenana, etwa zehn Kilometer vom Flugplatz

entfernt. Anfangs leisteten die Japaner so gut wie keinen Widerstand, dafür aber spotteten die natürlichen Hindernisse, mit denen die Amerikaner zu kämpfen hatten, jeder Beschreibung. Der bleischwer herabrauschende tropische Regen hörte nur gelegentlich auf, dann aber schien die Sonne mit mörderischer Kraft. Der Urwald war hier fast noch wegloser als auf Guadalcanal. Selbst ein Eingeborenenpfad war nicht vorhanden, und so mußten sich die Infanteristen der 43. US-Division in zähem Schlamm unter einem Laubtunnel den Weg bahnen. Am ersten Tag schafften sie einen Kilometer, dann brach die Nacht über die verschwitzten und schlammverkrusteten Soldaten herein. Der Dschungel war voll unsichtbarer Bewegung und rätselhafter Geräusche. Aus der Luft schwebten die Schleier wuchernder Pflanzen herab. Höhnisches Gelächter schallte schrill durch das monotone Summen der Insektenschwärme. Riesige Sumpfblasen, mit Gasen gefüllt, explodierten mit dumpfem Laut. Phosphoreszierendes Leuchten zerfallender Pflanzenteile erhellte das Dickicht in gespenstischem Schein. Die GIs überkam eine unbestimmte Furcht. Manchmal glaubten sie den Schleichschritt der Japaner zu hören. Nicht selten warf Kamerad auf Kamerad die Handgranate, trafen die Schüsse die eigenen Reihen. Aus einem einzigen Regiment mußten 336 Mann wegen neurotischer Störungen nach Guadalcanal zurückgeschickt werden. Für die Nerven der jungen amerikanischen Soldaten, die in der Sicherheit des heimischen Komforts aufgewachsen waren, war diese erste Begegnung mit dem Dschungel des südlichen Pazifik eine harte Zerreißprobe.

In den folgenden Tagen kam zum Widerstand der tropischen Natur auch noch der des Feindes. Die Verteidigungsmethoden der Japaner waren den Bedingungen des Kampfgebiets auf bewundernswürdige Weise angepaßt. Die gelben Soldaten legten sich zwischen den vorspringenden Wurzeln der Bäume auf die Lauer, verschmolzen geradezu mit der Vegetation und warteten stundenlang in völliger Reglosigkeit, bis ein Ziel in der Visierlinie ihrer Gewehre auftauchte. In vierzehn Tagen kamen die Amerikaner nur fünf Kilometer voran. Halsey nahm einen Wechsel in der Führung vor und ernannte den energischen Griswold zum Leiter der Operation. Gleichzeitig schickte er Verstärkungen. Schließlich sandte man drei Divisionen, die 25., 37. und 43., auf die wilde Insel. Zum Angriff auf Munda Point traten nicht weniger als sechs verstärkte Regimenter an. »Nach unserem Plan«, sagte Halsey, »sollten 15000 Mann die 5000 Japaner aus New Georgia vertreiben. Wir haben schließlich 50000 geschickt. Wenn ich daran denke, dann steigt mir der Brandgeruch aus der Asche so manchen dort erloschenen militärischen Ruhms in die Nase...«

Auf die Dauer siegten die größere Zahl und die überlegenen Mittel. Die GIs gewannen wieder ihr seelisches Gleichgewicht. Bulldozer räumten nun im Dschungel. Mit Flammenwerfern räucherte man die feindlichen Schützennester aus. Der Widerstand Mundas wurde unter einem Hagel von Artilleriegranaten, nicht zuletzt aber durch die Abschnürung der japanischen Zufuhren zermürbt. Am 1. August funkte Griswold an

Halsey: ›Ich habe Munda genommen und übergebe es Ihnen ganz als Ihr Eigentum.‹ Die Verteidiger zerstreuten sich in den Urwäldern, wo sie fast ausnahmslos zugrunde gingen. Die Vereinigten Staaten von Amerika hatten für New Georgia 1094 Tote und 1873 Verwundete opfern müssen. Auch der andere Arm der gegen Rabaul gerichteten Zange war am 30. Juni in Bewegung gesetzt worden. Streitkräfte aus dem Operationsgebiet Südpazifik hatten sich der Inseln Woodlark und Kiriwana bemächtigt, die als zukünftige Flugplätze ausersehen waren, womit amerikanische Bomberbasen bis auf 480 Kilometer an Rabaul herangelegt werden sollten. Währenddessen dauerte es Wochen, bis die Offensive in Neuguinea vorankam. Von ihren Schiffen und ihren Flugzeugen völlig abgeschnitten zu sein demoralisierte die japanischen Einheiten. Die etwa hundert Tagebücher, die man bei den Japanern fand, geben ein dramatisches Zeugnis von ihren Leiden: ›Fieber und Beriberi... Bin seelisch und körperlich am Ende. Ich fühle mich wie ein Fetzen Baumwolle. Ich möchte sterben... Viele fallen auf der Straße einfach um und sterben am Hunger... Ständig kommen über uns Malaria, Moskitos, giftiges Gewürm. Regen ohne Ende. Die Armee auf dem Vormarsch auf Fahrrädern oder im Auto – was für eine Schönfärberei!... Die Rationen sind alle. Wir leben von Wurzeln und Baumrinde. Die Moral ist auf dem Tiefpunkt.‹

Auf seiten der Amerikaner und Australier stellte man indes ausgeklügelte Berechnungen an. Für den Angriff auf Lae wollte man Wetterverhältnisse abwarten, bei denen auf Neubritannien schlechte Sicht herrschen sollte, damit die feindliche Luftwaffe am Eingreifen gehindert werde, während man sich jenseits der Dampierstraße klaren Himmel erwartete, damit die Fallschirmjäger der eigenen Seite ungehindert ihre Aufgabe ausführen könnten. Diese Bedingungen, in jeder Hinsicht Schwierigkeiten schaffend, machten es notwendig, den Tag der Landung auf den 4. September zu verschieben. Als aber dann die Offensive endlich entfesselt werden konnte, führte sie zu einem glänzenden Erfolg. Die 9. australische Division landete unverhofft wie aus dem Meer auftauchend östlich von Lae. Aus einem klaren Himmel fielen unterdessen überraschend die Männer des 503. amerikanischen Fallschirmjägerregiments. Sie landeten im Westen von Lae im breiten Tal des Markham. Die beiden Einheiten bewegten sich auf den Kolonialhafen zu, der einst zur Ausbeutung der Goldfelder von Bololo angelegt worden war. Die Einnahme erfolgte am 16. September gegen nur schwachen japanischen Widerstand. Es war der erste Einsatz von Fallschirmjägern im Pazifik gewesen. MacArthur hatte den Schauplatz ihres Einsatzes majestätisch aus der Höhe überblickt, als eine B 17 den General, der seine prunkvoll goldbetreßte Mütze trug, sicher darüber hinwegflog.

Nachdem sie auch Lae aufgegeben hatten, versuchten die Japaner, sich auf der Hüonhalbinsel zu halten, deren Hafen Finschhafen für Neubritannien etwa die gleiche Rolle spielt wie Calais für die britische Insel. Kämpfend zog sich die 51. japanische Division durch die in die Rawlinson Ridge eingeschnittenen Pässe zurück. Aber die auf dem

Luftwege herangeschaffte 9. australische Division setzte ihr hart zu. Der Rückmarsch der Japaner wurde zu einem wahren Leidensweg. Ihre ganze Ausrüstung warfen sie fort, sogar ihre Gewehre. Die nach der Einnahme von Lae wieder eingeschiffte 7. australische Division kam dem Gegner zuvor und erreichte Finschhafen, das am 2. Oktober eingenommen wurde. Nun hätte man die Japaner auch aus dem westlichen Teil Neuguineas vertreiben können, doch da die Alliierten nunmehr an der Dampierstraße saßen, zeichnete sich eine Landung auf Neubritannien ab. Der Beweis war jetzt zur See und zu Land erbracht worden, daß die Unbesiegbarkeit der Eroberer Singapurs auf bloßem Schein beruhte, da sie allein durch das Überraschungsmoment ihrer blitzartigen Angriffe gegeben war.

Am anderen Ende des Pazifischen Ozeans hatte die kaiserliche Armee ebenfalls Rückschläge einstecken müssen. Der einzige Erfolg der gewaltigen Anstrengung von Midway war die Eroberung der zwei Alëuteninseln Attu und Kiska gewesen. Am 24. März 1943 gab das Gremium der Vereinigten Stabschefs seine Zustimmung zur Rückeroberung der Inseln. Die 7. US-Division ging am 11. Mai inmitten eines Schneesturms an Land. Achtzehn Stunden dauerte die Schlacht im eisigen Nebel. Zur Rückgewinnung des Flugplatzes an der Holzbay unternahmen die Japaner einen selbstmörderischen Gegenangriff, nachdem der gefrorene Boden der Tundra mit Leichen übersät war. Die amerikanischen Sieger zählten 2531 gefallene Feinde, hatten aber nur 28 Gefangene gemacht; ihre eigenen Verluste betrugen 600 Mann. In der Meinung, daß sie auf Kiska ein ähnlich wütender Widerstand erwarte, belegten sie die Insel mit dem Feuer ihrer großkalibrigen Schiffsgeschütze – tausend Schuß –, nur um nach der Landung festzustellen, daß sie ihr Pulver umsonst verschossen hatten: Die Japaner hatten die Insel im Schutze des dichten Nebels geräumt.

Im Norden wie im Süden spielten sich diese Rückschläge auf Gebieten ab, die ohne große Bedeutung waren. So beunruhigte sich auch der Kaiserliche Generalstab nicht sonderlich. Die japanische Strategie hatte sich geändert. Man dachte nun nicht länger an neue Eroberungen. Auf der Karte wurde eine ›unter allen Umständen zu haltende Linie der nationalen Verteidigung‹ festgelegt, die von der Westhälfte Neuguineas über die Karolinen und Marianen verlief. Rabaul und seine Außenposten auf den Salomonen und Neubritannien waren in diese Verteidigungslinie nicht einbezogen. Das bedeutete aber keineswegs, daß man an ihre Aufgabe dachte. Nach Ansicht des japanischen Oberkommandos sollten sie so lange wie möglich einer hinhaltenden Verteidigung dienen.

Seitdem die Amerikaner New Georgia erobert hatten, wurde der methodische Vorstoß gegen Rabaul über die nördlichste Insel der Salomonen geführt, die auch die wildeste und größte dieser Gruppe war: Bougainville. Es ist dies eine Insel von dramatischer Schönheit. Über einem Dschungel aus dicht verfilzter Vegetation ragt der Mount Bagana, ein gewaltiger Vulkan, dessen Gipfel ewiges Feuer umlodert. Aus deutscher Kolonialzeit stammen noch viele der topographischen Namen. So heißen die Berge im Norden Kaiserkette, die etwas niedrigeren im Süden mit geziemendem Abstand der Rangfolge Kronprinzenkette. Das einzige einigermaßen bewohnbare Gebiet ist die Buinebene am Fuße der Kronprinzenkette, wo auch die Japaner ihre Verteidigungsanlagen und ihre Flugplätze ausgebaut hatten. Im mittleren Teil der Insel hingegen, in der Kaiserin-Augusta-Bucht, die wegen der hier vorherrschenden Winde ungünstig gelegen war, befanden sich nur einige schwache Einheiten. Gerade hier aber setzten die Amerikaner am 1. November 14000 Mann der 3. Marineinfanteriedivision an Land, dazu eine Spezialeinheit von Hundeführern mit 24 Dobermännern, die zum Aufspüren japanischer Heckenschützen abgerichtet waren. Der amerikanische Plan zielte nicht auf eine Eroberung der ganzen Insel Bougainville, da dies angesichts der Vegetation und der Geländeschwierigkeiten ein allzu aufwendiges Unterfangen gewesen wäre, sondern er wollte ein genügend großes Gebiet sichern, um dort die Errichtung eines Stützpunkts für schwere Bomber zu ermöglichen, mit deren Hilfe Rabaul unter ständige Angriffe genommen werden konnte.
Die Landung gelang unter der Führung Admiral Wilkinsons in vorbildlicher Weise. Die wenigen hundert Japaner, die Widerstand zu leisten versuchten, wurden buchstäblich bis auf den letzten Mann aufgerieben. Zwar befanden sich 35000 Mann japanischer Truppen an den beiden entgegengesetzten Enden der Insel, doch waren die Verbindungen derart schlecht, daß sie zu ihrer Konzentrierung im Raum der amerikanischen Landung zwei bis drei Monate benötigten, obwohl dieser von ihren Ausgangsstützpunkten nur etwa hundert Kilometer entfernt lag. Dies besagt freilich nicht, daß die Amerikaner nicht auch schon früher mit dem Feind zu tun gehabt hätten. Auf Bougainville und den umliegenden Inseln befanden sich sieben japanische Luftstützpunkte, und Rabaul selbst war nicht weiter als 425 Kilometer entfernt. So wechselten heftige Gefechte auf See und in der Luft einander ab. Admiral Omori versuchte den Schlag von Savo zu wiederholen und lief mit seinen schweren Kreuzern *Myoko* und *Haguro* sowie zwei leichten Kreuzern und sechs Zerstörern in die Kaiserin-Augusta-Bucht ein. Das amerikanische Einsatzgeschwader 39 unter Führung von Admiral Merrill drängte sie zurück und spielte ihnen übel mit, noch ehe sie den Transportern hatten Schaden zufügen können. Die zwei letzten großen Flugzeugträger der Japaner, die *Shokaku* und *Zuikaku*, befanden sich auf den Karolinen, nahe genug,

daß sie hätten eingreifen können. Doch der Nachfolger von Yamamoto, Admiral Koga, wagte nicht, sie wegen eines Außenpostens wie Bougainville aufs Spiel zu setzen. Admiral Nimitz hingegen schickte seine werftneuen Flugzeugträger *Essex, Bunker Hill* und *Independence* zur Bombardierung Rabauls. Der Mut zu kühnen Unternehmen war jetzt ganz auf die Seite der Amerikaner übergegangen. Gleichzeitig von den Russelinseln, Guadalcanal, Woodlark und auch Port Moresby aus operierend, machten die amerikanischen Jäger den Himmel zu einer Hölle für die japanischen Transporte. Es lag eine ausgleichende Gerechtigkeit darin, daß dieser Feind, der so überheblich als Sieger und so grausam in den von ihm beherrschten Gebieten war, nun eine blutige Lehre nach der anderen hinnehmen mußte.

Auf Bougainville war es einigen japanischen Einheiten gelungen, eine Art Front um den amerikanischen Brückenkopf zu bilden. Sie wurden am 7. November durch eine Gegenlandung auf Kap Torokina und mit der Zeit auch durch Truppen aus Duka, Kieta und Buin verstärkt. Doch den Amerikanern gelang es ohne Schwierigkeiten, das Gleichgewicht wiederherzustellen, ja zu ihren Gunsten zu verschieben, da erst die 37. Division, dann die Division ›Americal‹, später noch die 40. Division und schließlich das XIV. Korps an Land gebracht wurden. Gewaltige Mengen an Material wurden auf den schmalen Korallenstränden ausgeladen und stapelten sich auf der Insel Purnata, von der Griswold sagte: »Ich warte nur darauf, bis sie durch all die Lasten untergeht.« Der besonnene und fähige Griswold brachte Ordnung in das anfängliche Chaos und organisierte nicht nur den Kampf gegen die Japaner, sondern auch gegen die feindliche Natur Bougainvilles. Nie zuvor und auch später nicht sind amerikanische Soldaten auf einen so furchtbaren Gegner gestoßen.

Nach Guadalcanal und New Georgia glaubten die amerikanischen Soldaten zu wissen, was Schlamm sei. Doch sie wußten es nicht. Die westlichen Hänge der Insel Bougainville ertranken unter Sturzbächen von Regen, deren Wasser von den hohen Bergen sich in Strömen talwärts ergoß und die mitgeführten vulkanischen Verwitterungsprodukte zu wahren Schlammfluten zusammenschwemmte. Man erinnerte sich später an einen Bulldozer, der wie ein Schiff versank und spurlos verschwand. Bis zu den Knien, den Oberschenkeln, den Achseln im flüssigen Schlamm, wateten die amerikanischen Marineinfanteristen voran. Am Abend befestigten sie ihre Waffen an Bäumen und schliefen im Sitzen. Hoch waren die Ausfälle durch das Fieber und andere Tropenkrankheiten, und dennoch waren die Sanitätsoffiziere erstaunt, daß sie nicht noch höher lagen.

Zum Glück erwies sich das geologische Gutachten, auf dessen Aussagen die Amerikaner sich bei ihrem Landungsunternehmen stützten, als gut fundiert. Es gab wirklich in den Küstensümpfen festgründige Geländestreifen, auf denen die Anlage von Flugplätzen möglich war. Der erste, für die Jagdflugzeuge bestimmt, konnte unmittelbar auf dem Küstenstreifen angelegt werden. Zwei andere, von denen aus schwere Bomber

aufsteigen sollten, wurden zwischen den Flußläufen des Piva und des Koromonika ausgebaut. Dort waren acht Bataillone der Seabees am Werk. Lichtungen mußten in den dichten Urwald geschlagen werden, der ganze verfügbare Maschinenpark war für die Erdbewegungs- und Applanierungsarbeiten eingesetzt, schließlich legte man mit Hilfe von Traktoren den Metallbelag für die Rollfelder aus. Unbeirrt von Sturzregen, Sonnenglut und feindlichen Bombenwürfen, sah man hier auf der wildesten Insel der Salomonen Straßenbauer und Techniker am Werk.
An Weihnachten war eine der Startbahnen fertig. Wenige Tage zuvor war es einer Einheit MacArthurs gelungen, die Dampierstraße zu überqueren, von Neuguinea nach Neubritannien zu gelangen. Nun befand man sich auf dem Boden jener Insel, auf der Rabaul lag. Zwei Kraftlinien liefen langsam und unwiderstehlich auf die große japanische Flotten- und Luftwaffenbasis im südlichen Pazifik zu.

Über Dschungel oder Atolle? MacArthur oder Nimitz?

Aber die amerikanische Strategie zielte bereits weiter als auf die Eroberung nur eines japanischen Außenpostens. Das, was zu Beginn des Jahres auf der Konferenz von Casablanca noch wie ein fern in den Nebeln der Zukunft verhülltes Ziel erschienen war – die Invasion auf den japanischen Inseln –, hatte inzwischen klare und festumrissene Formen angenommen. Es bestanden sogar schon zwei Pläne über den Weg zu diesem Ziel, die miteinander im Wettstreit lagen.
Der eine Plan war von der Marine entwickelt worden. Die Zeit, da sie mit den Schiffen hatte kämpfen müssen, die ihr nach dem Überfall von Pearl Harbor geblieben waren, war endgültig vorüber. Schon befanden sich die großen Schlachtschiffe der Washingtonklasse und die großen Flugzeugträger der Essexklasse im Einsatz. Eine bewundernswürdige Nachschuborganisation hatte im ganzen Pazifik eine Kette von Versorgungsstützpunkten geschaffen, gewaltige Vorratslager und Arsenale: Brisbane und Sydney in Australien, Wellington in Neuseeland, Nouméa in Neukaledonien, Tulagi auf den Salomonen, Nandi und Souva auf den Fidschiinseln, Canton Island im Ellicearchipel, Bora Bora auf den Gesellschaftsinseln und andere mehr. Der wachsende Riese der Marine verlangte eine Strategie, die seinen Kräften gemäß war. Der Weg nach Japan, den sie vorzeichnen möchte, verläuft über den mittleren Pazifik, durch die weithin verstreuten Inseln aus Korallenriffen, die insgesamt als Mikronesien bezeichnet werden und im einzelnen als Gilbert- und Marshallinseln, als Karolinen und Marianen, als Bonininseln auf den Landkarten zu finden sind. Als Mandatsmacht verwaltete Japan seit dem Ersten Weltkrieg einen Teil dieser Inseln im Auftrage des Völkerbundes. Die anderen hatte es erobert, auf den wichtigsten Flugplätze und Garnisonen angelegt. Die

Die Wiedereroberung von Guadalcanal, dem ›Verdun des Pazifik‹, brachte nach unerhört verlustreichen Kämpfen auf beiden Seiten nunmehr auch die Wende des Krieges zu Lande. Erst nach einem halben Jahr, Anfang Februar 1943, war die Insel in amerikanischem Besitz (oben und unten). Von hier aus, der Kette der Salomoneninseln, setzte die große strategische Zangenbewegung zur Wiedergewinnung Neuguineas und der Philippinen ein.

Der Krieg in der südpazifischen Inselwelt bedingte den ausgedehnten Einsatz von Flugzeugträgern, den schwimmenden Luftbasen für die alliierten und die japanischen Operationen. Seit 1944 fügten japanische Kamikazeflieger in Selbstopferungsangriffen den Alliierten empfindliche Verluste zu (oben). – Landung eines feindlichen Fliegers auf einem Träger der britischen Pazifikflotte (unten).

US Navy plante eine Eroberung dieser Inseln Schritt für Schritt, bis man nahe genug an Japan herangekommen sei, um es durch Flugzeuge zu bombardieren, ja schließlich sogar mit einer Invasion zu bedrohen.
Das Ziel MacArthurs war im wesentlichen das gleiche, doch wollte er es auf anderem Wege erreichen. Der von ihm nach der Eroberung von Rabaul als notwendig erachtete Weg lief über den Norden Neuguineas und die Molukken und erreichte die Philippinen über Mindanao. Hier wurden Inseln als Kriegsschauplätze in Aussicht genommen, die gebirgig, stark bewaldet, ungesund und unkultiviert waren und in denen den dort kämpfenden Soldaten gleiche Erschwernisse und Leiden drohten wie bereits in Papua und auf Guadalcanal und New Georgia. Aber MacArthur als General der Landstreitkräfte verteidigte seine Auffassung mit jener Eloquenz und Überzeugungskraft, die ihn zu einer außergewöhnlichen Persönlichkeit machte, der ein schicksalhafter, dabei gefährlicher Zug eigen war.
Das Gremium der Vereinigten Stabschefs, das in letzter Instanz über die Richtlinien der Strategie zu bestimmen hatte, war mehr für den Plan der Marine, über die Atolle vorzudringen. Es zeigte dies deutlich, indem es trotz der heftigen Proteste MacArthurs Admiral Nimitz die Zustimmung zur Eroberung der Gilbertinseln erteilte und das Marinekorps wieder unter dessen Oberbefehl stellte. Aber dennoch besaß MacArthur genug Einfluß, so daß er sich keineswegs mit einer Zweitrolle begnügen mußte. So fand letztlich gar keine Wahl zwischen den beiden Alternativen statt. Die Rache für Pearl Harbor nahm nicht nur auf einem Wege ihren Lauf gegen Japan, sondern auf zweien. Die Vereinigten Staaten verfügten über genügend Mittel, um sich – ohne größere Nachteile – diesen zwiefachen Weg nach Japan leisten zu können.

Die Gilbertinseln

Der Kampf auf den Atollen hatte wenige Tage nach der Landung auf Bougainville begonnen. Als die beiden ersten Ziele hatte man zwei Inselgruppen des Gilbertarchipels ausgewählt: Makin, wo die Japaner eine Basis für Wasserflugzeuge unterhielten, und Tarawa, wo sie einen Stützpunkt für Landflugzeuge errichtet hatten. Beide Ziele waren sich ähnlich, wie sich überhaupt alle diese Stützpunkte ähnlich waren, die von den Amerikanern in Melanesien angegriffen wurden. Aus dem Ozean aufsteigende Korallenriffe formen eine mehr oder minder vollständig gebildete Lagune. Über Meeresflächen, die ausgedehnt scheinen, die aber an der Weite des ganzen Ozeans gemessen nur winzig sind, nimmt dort das Meer eine jadegrüne Färbung an. Aufbrechende Schaumkronen färben die Brandungswellen weiß. Die Inseln, die sich höchstens zwei bis drei Meter über den Meeresspiegel erheben, tragen häufig, wenn auch nicht immer, jene Bekrönung aus Kokospalmen, die der landläufigen Vorstellung entspricht. Oft mangelt es auf diesen Inseln an Süßwasser. Doch wo es vorhanden ist, fehlt der Mensch nur selten. Hier wohnen die den Polynesiern nahestehenden Mikronesier. Die tropische Hitze dieses Gebiets wird gemildert durch die ständig vom Meer her wehenden Winde. Fast immer ist der Ozean ruhig und von Licht überstrahlt. Nur gelegentlich durchtobt ein Taifun diese idyllische Stimmung.

Das amerikanische Unternehmen gegen die Gilbertinseln glich auf merkwürdige Weise dem der Japaner gegen Midway. Die Kommandobrücken der daran teilnehmenden Schiffe lagen höher als die höchsten Teile der zu erobernden Inseln. Vor diesen winzigen Landsplittern rollte ein Schauspiel perfekter Seekriegsführung ab, das Potenzen der Zerstörung entfaltete, wie sie der Ozean Mikronesiens noch nicht gesehen hatte. Aus dem Norden näherten sich die Einsatzverbände TF (Task Force) 50.1, TF 50.2 und TF 52. Die beiden ersten Verbände verfügten über einen Kern aus den Flugzeugträgern *Yorktown*, *Lexington*, *Cowpens*, *Enterprise*, *Belleau Wood*, *Monterey* und den beiden Schlachtschiffen *South Dakota* und *Massachusetts*. Der Verband TF 52 war zum Angriff auf Makin bestimmt und bestand aus Truppentransportern und ihrem Geleitschutz aus einer Anzahl von größeren Kampfeinheiten, unter denen vor allem die Schlachtschiffe *Idaho, Mississippi, New Mexico* und *Pennsylvania* zu nennen sind – das letzte übrigens war Flaggschiff Admiral Turners. Im Süden hatte man die Bewegungen gleichsam symmetrisch organisiert. Die Verbände TF 50.3 und 50.4 bestanden aus den Flugzeugträgern *Essex, Bunker Hill, Independence, Saratoga, Princeton* mit einem Geleit aus Kreuzern und Zerstörern. Der Verband TF 53, bestimmt, den Angriff auf Tarawa zu führen, setzte sich aus den Schlachtschiffen *Maryland, Tennessee* und *Colorado* sowie aus den Begleitflugzeugträgern *Sangamon, Suwanee, Chenango, Barnes* und *Nassau* zusammen. Der Sieger von Midway, Admiral Raymond A. Spruance, befehligte von Bord des schweren Kreuzers *Indianapolis* diese Streitmacht von 200 Schiffen mit 50000 Mann Marineinfanterie. Noch keine zwei Jahre waren seit dem Tag von Pearl Harbor verflossen, an dem Japan für absehbare Zeit der amerikanischen Marine ihre Kraft genommen zu haben glaubte. Und dieser gewaltige Aufmarsch vollzog sich im Pazifik, der in den Beschwerden von King, Nimitz, MacArthur und den ehemals isolationistischen Senatoren der Staaten an der Westküste stets als vernachlässigter Kriegsschauplatz mahnend in Erinnerung gebracht worden war. Diese mächtige Flottenstreitmacht hatte die Aufgabe, 6742 Mann der 27. Infanteriedivision bei Makin an Land zu setzen – genauer: auf dem kleinen Eiland von Butaritari – sowie 18600 Mann der 2. Marineinfanteriedivision bei Tarawa – genauer: auf dem Eiland von Betio. Die zur Vorbereitung dieses Unternehmens dienenden Luftaufnahmen waren so genau, daß man die am Rande der Lagune gegrabenen Abtritte zählen konnte, was eine bis auf hundert Mann genaue Schätzung der gegnerischen Truppenstärke ermöglichte. Auf Makin unterhielten die Japaner 800 Mann, von denen die Hälfte aus koreanischen

Arbeitern bestand, auf Tarawa hatten sie 4800 Soldaten stationiert. Der Kommandeur dieses Stützpunktes, Admiral Keiji Shibashi, hatte erklärt, daß die Amerikaner auch mit einer Million Mann und in zehn Jahren nicht imstande seien, Tarawa zu nehmen Die beiden Landungsunternehmen fanden gleichzeitig am 20. November statt. Auf Makin war der Widerstand verhältnismäßig leicht zu brechen: Die Amerikaner mußten nur 695 Verteidiger töten, etwa hundert, meist Koreaner, nahmen die Schande der Gefangennahme auf sich. Auf Tarawa hingegen entwickelte sich ein gnadenloser Kampf. Artillerievorbereitung und Bombenabwürfe hatten bereits die Hälfte der Verteidiger getötet. Doch dann ließ eine Laune der Gezeiten die Landung vorzeitig

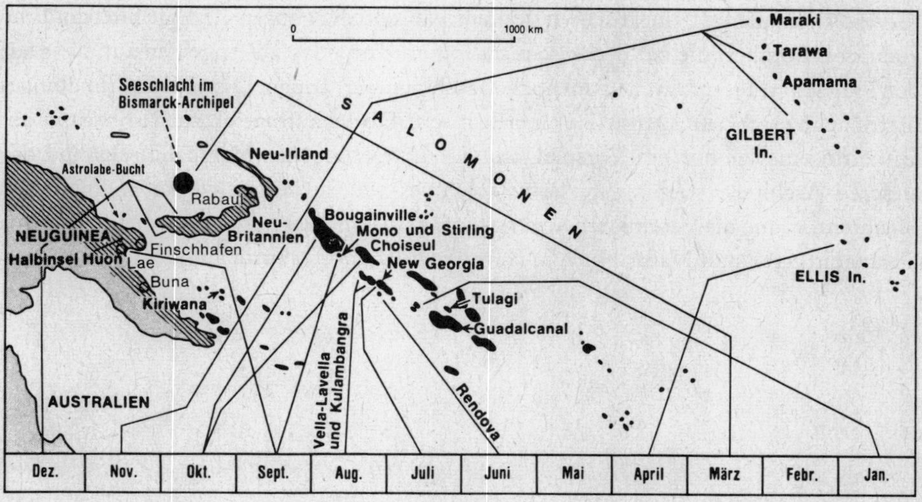

Karte 37 Das Vordringen der Alliierten im Süd-Ost-Pazifik 1943

auf dem Riff der Lagune enden. Die Soldaten mußten mitten in den Wellen ihre Landungsboote verlassen und wurden von dem wütenden Feuer der Verteidiger empfangen. Dennoch gelang es ihnen, am Strand Fuß zu fassen. Dort warteten sie die Nacht ab und arbeiteten sich am nächsten Tage 500 Meter weiter voran. Stück um Stück wurde die Insel genommen. Mit Flammenwerfern mußte man die einzelnen Widerstandsnester des Gegners niederkämpfen. Als der Kampf am Dreiundzwanzigsten zu Ende war, zählte man 4654 Gefallene von ursprünglich 4800 Mann Besatzung. Was an Gefangenen in die Hand der Amerikaner fiel, waren fast ausschließlich Verwundete. Es ergaben sich 17 Japaner und 129 Koreaner. Die amerikanischen Verluste beliefen sich auf 1000 Tote. Nun, da Betio genommen worden war, bot auch die Eroberung der anderen Inseln des Atolls keine nennenswerten Schwierigkeiten mehr. Auf einem der Eilande stieß man auf eine Gruppe belgischer und französischer Missionare, die seit

Beginn des Krieges im Pazifik von der Außenwelt abgeschnitten waren und nun mit Erstaunen vernahmen, daß Amerika die japanischen Siege zu überstehen vermocht hatte.

Im Jahre 1942 hatten die Amerikaner bei Midway alle Seestreitkräfte riskiert, die ihnen nach Pearl Harbor noch geblieben waren. Die japanische Reaktion auf die amerikanische Landung auf den Gilbertinseln war indessen nur schwach. Ein gut gezieltes Torpedo des Unterseeboots I 175 traf zwar den amerikanischen Hilfsflugzeugträger *Liscom Bay,* doch konnte der Verlust dieses für Kriegszwecke umgebauten Schiffes der gewaltigen Flottenmacht des Admirals Spruance keinerlei Abbruch tun; er beherrschte weiterhin unangefochten das Meer. Die japanischen Riesenschlachtschiffe *Yamato* und *Mushashi* befanden sich in Truk, wo sie auch während der ganzen Kämpfe blieben. Eine Handvoll Bomber, die auf den Inseln stationiert war, stieg zu Angriffen auf, aber auf den Flugzeugträgern waren kaum noch Maschinen vorhanden. Die Schlacht um Rabaul hatte Japan erschöpft. Der große amerikanische Flottenaufmarsch zur Eroberung der Gilbertinseln war nur ein Vorspiel, das der Eroberung der Marshallinseln und der anderen Archipele vorausging. Er zeigte, über welche Möglichkeiten militärischer Machtentfaltung die Vereinigten Staaten verfügten. Und das ungeachtet der gewaltigen Vorbereitungen und Maßnahmen in Europa – zu dem jetzt zurückzukehren ist.

XXII. Kapitel Mai bis September 1943
Mussolinis Entmachtung

Die Planung der Operation ›Zitadelle‹

Am 4. Mai – wenige Tage vor dem Fall von Tunis – fand in München in Gegenwart Hitlers eine wichtige militärische Lagebesprechung statt. Anwesend waren Generalfeldmarschall Keitel und die Generalfeldmarschälle Kluge und Manstein als Befehlshaber der Heeresgruppen Mitte beziehungsweise Süd; ferner der Rüstungsminister Speer, die Generale Zeitzler und Jeschonnek als Generalstabschefs der Heeres beziehungsweise der Luftwaffe; schließlich der Oberbefehlshaber der 9. Armee, Generaloberst Model, sowie der wieder aus der Versenkung aufgetauchte Generaloberst Guderian. Hitler hatte ihn jetzt ganz plötzlich geholt, nachdem er im Dezember 1941 in Ungnade gefallen war, und ihn zum Generalinspekteur der Panzerwaffe gemacht.
Das deutsche Oberkommando sah sich einer Entscheidung von größter Tragweite gegenüber: Sollte Deutschland auch in diesem dritten Sommer in Rußland zum Angriff übergehen? Oder sollte es nicht besser in der Defensive bleiben, da es ja nun einen Zweifrontenkrieg zu führen hatte, der ein Haushalten mit den Kräften verlangte? In einer Hinsicht waren sich Hitler und seine Ratgeber voll schmerzlichen Bedauerns einig: Eine Offensive im Jahre 1943 mußte anders aussehen als die der vorausgegangenen Sommer. Hatte die Offensive von 1941 sich noch die Vernichtung der russischen Armee zum Ziel setzen können, so hatte jene von 1942 Eroberungen angestrebt, die Deutschland in strategischer wie wirtschaftlicher Hinsicht unverwundbar gemacht hätten. Im Jahre 1943 aber konnte eine Offensive ihr Ziel nur noch darin sehen, das Gleichgewicht an der Ostfront mehr oder weniger wiederherzustellen. Die Sowjetarmee hatte für ihren Triumph bei Stalingrad teuer bezahlen müssen, und die Winterschlacht vor dem Dnjepr hatte mit einem deutschen Sieg geendet. Ein erneuter Sieg der Deutschen, selbst wenn er nur begrenzte Ausmaße besäße, könnte es Rußland unmöglich machen, während der nächsten Monate die Offensive wiederaufzunehmen, womit der Wehrmacht die nötige Ruhepause gegeben wäre, die Bedrohung aus dem Westen zu zerschlagen.
Seit Einsetzen des Tauwetters beschrieben die russischen Linien im Raume von Kursk einen rechteckigen Frontvorsprung von ungefähr 200 Kilometer Seitenlänge. Die Versuchung, diesen Vorsprung abzuschnüren und die darin befindlichen Truppen zu vernichten oder gefangenzunehmen, kam jedem kundigen Betrachter schon beim ersten Blick auf die Karte. Zeitzler hatte einen ›Zitadelle‹ genannten Plan ausgearbeitet, nach dem zwei deutsche Angriffsstöße aufeinander zulaufen sollten. Der im Norden

des Frontvorsprungs sollte durch die Heeresgruppe Kluge, der im Süden durch die Heeresgruppe von Manstein ausgeführt werden. Es war dies ein Versuch, in verkleinertem Maßstabe eine Kesselschlacht im Stile jener des Jahres 1941 zu führen, die Deutschland eine so phantastische Anzahl von Kriegsgefangenen eingebracht hatten.
Um die zwei Backen seines Schraubstocks kräftig genug zu machen, mußte Zeitzler andere Frontabschnitte von Truppen entblößen. Für die nördliche Backe des Schraubstocks war die 9. Armee unter dem Oberbefehl des energischen Model vorgesehen, der eben erst von einer Verwundung genesen war, die er bei einem Überfall durch Partisanen erhalten hatte. Zeitzler vertraute ihm acht schnelle Divisionen und sieben Infanteriedivisionen an. Im Süden bestanden die Offensivtruppen einerseits aus Verbänden der Armeeabteilung Kempf, andererseits aus der 4. Panzerarmee Generaloberst Hoths, zusammen elf Panzerdivisionen, sieben Infanteriedivisionen und drei Sturmgeschützbrigaden. Die Gesamtstärke der für den Plan ›Zitadelle‹ eingesetzten Truppen belief sich also auf 33 Divisionen, davon 16 Panzerdivisionen. Dies war so ziemlich das Äußerste, was die Wehrmacht noch zu leisten imstande war.
Hitler war keineswegs begeistert. Er stellte eine Bedingung: Die Offensive ›Zitadelle‹ dürfe keinesfalls das Industriegebiet der Ukraine in Gefahr bringen, die beiden Armeen, die das Donezbecken schützten, die 1. Panzerarmee und die neugebildete 6. Armee, müßten in voller Stärke erhalten bleiben. Außerdem wollte er die Offensive möglichst spät ansetzen, einmal, um den Einsatz der neuen ›Panther‹-Panzer noch abwarten zu können, zum anderen, weil er zuerst in Nordafrika klarsehen wollte, bevor er sich weiter in Rußland einließe. Bei der Lagebesprechung in München lieh er vor allem den Gegenstimmen sein Ohr: Model, weil dieser behauptete, daß der günstige Augenblick vorüber sei; Speer und Guderian, weil sie Verluste in keinem Verhältnis zum taktischen Erfolg befürchteten. Die Entscheidung wurde auf eine neue Zusammenkunft vertagt, und Hitler erklärte, er müsse die Sache noch bedenken.

Änderung der deutschen Mittelmeerstrategie

Vergebens hatten die in München zusammengerufenen Generale irgendwelche Entscheidungen bezüglich der Lage im Mittelmeer erwartet. Gegenüber seinen schlichten Befehlsausführern der Ostfront handelte Hitler nach seinem alten Prinzip, nach dem jeder nur über das informiert wurde, was ihn gerade unmittelbar betraf. Ungerührt hatte er erklärt, der tunesische Brückenkopf werde gehalten. Schon eine Woche später wurde diese Versicherung durch die Ereignisse dementiert: Tunis war verloren, die gesamte deutsch-italienische Armee in Gefangenschaft. Es stellte sich nun die Frage, wo die Alliierten ihr nächstes Unternehmen ansetzen würden. Der Wehrmachtfüh-

rungsstab beim OKW erwartete Landungen auf dem Peloponnes oder auf Sardinien, Hitler auf Korsika oder Sardinien. Entsprechende Schriftsätze vom 12. und 13. Mai, von Warlimont beziehungsweise Keitel unterzeichnet, lassen erkennen, daß man in allen vermutlichen Landungsgebieten die Abwehr zu verstärken gedachte. Schwerpunkt wurde der Peloponnes.
Die deutschen Hauptverstärkungen wurden auf den Balkan verlegt. Rommel wurde designierter Oberbefehlshaber der Heeresgruppe B mit Sitz in Oberitalien. Die deutschen Truppen in Sizilien beschränkten sich auf zwei schwache Divisionen und einige rückwärtige Einheiten der in Afrika zerschlagenen Armee. Obwohl die Italiener überzeugt waren, daß die Alliierten in Sizilien landen würden, waren ihre Abwehrmaßnahmen völlig unzureichend. Der von einer Besichtigung zurückkehrende SS-Sonderführer Konstantin von Neurath, der Sohn des früheren Außenministers, schilderte Hitler die schlechte Moral der italienischen Soldaten, die antideutsche Stimmung in der Bevölkerung und die Bereitschaft der Generale zum Verrat. Daraufhin schrieb Hitler Mussolini einen heftigen Brief. Charakteristisch für die Richtung, in der seine Gedanken damals gingen, war, daß die gegen den Verbündeten gerichteten Vorwürfe sich fast ausschließlich auf den Balkan bezogen. Die Italiener leisteten den dortigen nationalistischen Strömungen Vorschub, ihr Vorgehen gegen die Partisanen sei nicht scharf genug, die italienischen Generale gefährdeten ein Gebiet, das für die Austragung des Kampfes von höchster Wichtigkeit sei.
Man blieb übrigens nicht nur bei Vorwürfen. Im Falle einer ›italienischen Schweinerei‹ hatte Hitler Befehl zur Ausführung des Planes ›Alarich‹ gegeben, der die militärische Besetzung Italiens vorsah. Ein ähnlicher Plan war nach Neuraths Zeugnis für alle italienisch besetzten Gebiete, also auch Südfrankreich und den Balkan, ausgearbeitet worden. An den Plänen von Casablanca hatte sich nichts geändert: Nach der völligen Befreiung Afrikas sollte die Landung der Alliierten auf Sizilien erfolgen. Indes war über den nächsten Schritt noch nicht entschieden worden, und die britisch-amerikanische Kontroverse über die einzuschlagende Strategie wurde heftiger als je zuvor ausgetragen.
Zu dieser sogenannten Dreierkonferenz, die am 12. Mai in Washington stattfand, war Churchill an Bord der *Queen Mary* samt seinem imposanten Stab eingetroffen. Er war auf das alte Mißtrauen der Amerikaner gestoßen, die auch jetzt noch davon überzeugt waren, daß ein Krieg im Mittelmeer Großbritannien nur zur Verfolgung seiner imperialistischen Ziele diene. Alan Brooke gab diesem Verdacht weitere Nahrung, als er verkündete, er halte eine Invasion in Westeuropa vor 1945 oder gar 1946 für unmöglich. Ungeachtet dieser Auffassung seines militärischen Beraters mußte Churchill doch dem amerikanischen Druck nachgeben und der Festsetzung einer Landung in Frankreich auf den 1. Mai 1944 zustimmen. Er mußte zudem einräumen, daß sieben Divisionen aus dem Mittelmeerraum abgezogen wurden, um die in England stationierten Truppen

zu verstärken. Dennoch verfocht er energisch, daß das nächste Ziel der Alliierten darin bestehen müsse, den Sprung auf die italienische Halbinsel zu wagen, da man nur auf diese Weise Mussolini zur Kapitulation zwingen könne.
Eisenhower fand schließlich eine Formel, auf die man sich einigte: Der Umfang der Operationen in Italien müsse vom Ausgang des Kampfes auf Sizilien abhängig gemacht werden. Sei der Widerstand nur schwach und gelinge es, die Insel beispielsweise schon vor dem 15. August zu erobern, dann sollten die alliierten Truppen die Straße von Messina überqueren und versuchen, ihren Erfolg auf dem italienischen Festland weiter auszubauen. Stoße man aber auf heftige Gegenwehr und lasse sich eine baldige Entscheidung nicht absehen, so wolle man die Operationen möglichst einschränken. Auf jeden Fall aber – und Churchill hatte dies ausdrücklich versprochen – sollten die Kampfhandlungen in Italien keinesfalls die Vorbereitungen für das Unternehmen ›Overlord‹ beeinträchtigen.

Fehlschlag des U-Boot-Krieges

In den Tagen der Dreierkonferenz gelang den Alliierten ein gewaltiger Schritt in Richtung Sieg: Der deutsche U-Boot-Krieg, die schwerste Belastung ihrer Kriegsführung, stand im Begriff zu scheitern.
Von allen Wendungen des Schlachtenglücks in diesem Kriege sind allein die deutschen Niederlagen vor Moskau und Stalingrad, was Schwere und Härte anbelangt, mit dem Fehlschlag des U-Boot-Krieges vergleichbar. Noch zu Beginn des Frühjahrs hatte der Sieg gewinkt, seit Anfang Sommer aber drohte den U-Booten die Vertreibung aus allen Weltmeeren.
Die Rudeltaktik hatte ihre Vervollkommnung erreicht. Bis zu 60 U-Boote operierten gleichzeitig im Atlantik, in Gruppen aufgeteilt, die zwischen 12 und 20 Stück schwankten. Im März versenkten sie 85 Handelsschiffe, davon 21 aus den 35 Schiffen der Geleitzüge HX 229 und SL 122. Zwar gelangen den Alliierten im April einige Geleitzugunternehmen besser, doch wurden in diesem Monat immerhin 140000 BRT ihres Schiffsraums versenkt. Die Verluste der U-Boote – fünf Einheiten im Monat – betrugen kaum ein Fünftel der neu in Dienst gestellten Boote. Auf der Seite der Alliierten jedoch blieb das Verhältnis zwischen neugebautem und zerstörtem Schiffsraum defizitär. Auf seiten der Deutschen wurde die U-Boot-Flotte immer größer. Angesichts dieser Tatsachen mußte eine Invasion Europas als undurchführbar erscheinen.
Plötzlich änderte sich aber die Lage: Reihenweise verschwanden die Unterseeboote, häufig auf der Rückkehr von der Feindfahrt, zu einem Zeitpunkt also, zu dem sie der BdU am Boulevard Maunoury außerhalb jeder Gefahr glaubte. Die Logbücher der

Kommandanten, welche die neuen Angriffsweisen des Gegners überlebt hatten, gestatteten eine Rekonstruktion des Untergangs der anderen: Aufgetaucht fährt das U-Boot während der Nacht, um seine Batterien aufzuladen, seinen Sauerstoff zu erneuern und die gefährliche Langsamkeit der Tauchfahrt wieder wettzumachen. Plötzlich strahlen Scheinwerfer aus dem Himmel herab, fallen im Reihenwurf die Bomben. Verstärkungen der Begleitflugzeugträger, zu denen man Frachtschiffe umgebaut hatte, und die Verwendung des Zehn-Zentimeter-Radars erlaubten den Alliierten – neben anderen einschneidenden Maßnahmen – diese erbarmungslose Jagd. Bis dahin war die Nacht Freund und Zuflucht der U-Bootfahrer gewesen. Nunmehr gab sie Männer und Boote preis.

Der Mai war eine Folge von Katastrophen. 24 U-Boote kehrten nicht mehr in ihre Stützpunkte zurück. Dönitz forderte eine Unterredung mit Hitler und fuhr auf den Obersalzberg, um ihm Einzelheiten zu dieser Unglücksserie mitzuteilen. Als Preis für die Vernichtung von 240 000 BRT Handelsschiffraum war der Verlust von 2000 Seeoffizieren und Elitematrosen, die noch weniger ersetzbar waren als die Boote selbst, erschreckend hoch. Die erfahrensten Kommandanten, Träger des Ritterkreuzes mit Eichenlaub wie Lehmann-Willenbock und Scholtz, erklärten sich zwar zu jedem Opfer bereit, hielten es aber für unmöglich, den Kampf mit Booten fortzusetzen, die getaucht nur 9 Knoten fuhren und alle 24 Stunden zur Lufterneuerung auftauchen mußten. Aus diesem Grunde hatte sich Dönitz dafür entschieden, seine Unterseeboote so lange aus dem Nordatlantik zurückzuziehen, bis man ein Abwehrmittel gefunden hätte. So operierten sie vorläufig nur in entfernteren Meeren – falls sie die langen Fahrten überlebten, die sie zu ihren Sammelplätzen zurücklegen mußten.

Hitlers Reaktion war außergewöhnlich heftig. Mit zornesrotem Gesicht lief er mit langen Schritten in seinem großen Salon auf und ab. Er konnte sich die Schlußfolgerungen seines Großadmirals nicht zu eigen machen. Er wollte nicht glauben, daß die Engländer – von den Amerikanern war niemals die Rede – genug Flugzeugträger und Flugzeuge hätten, um den gesamten Nordatlantik zu überwachen. Er wollte auf keinen Fall auf den U-Boot-Krieg verzichten. »Der Atlantik ist mein westliches Vorfeld, und wenn ich dort auch in der Defensive kämpfen muß, so ist das besser, als wenn ich mich erst an den Küsten Europas verteidige.« Er befahl sofort, Dönitz alle angeforderten Mittel zur Verfügung zu stellen, und hielt die Luftwaffe zu verstärkter Zusammenarbeit mit den U-Booten an. Dönitz ließ auf seinen Booten Vorrichtungen zur Störung des feindlichen Radars sowie Waffen zur Luftabwehr einbauen. Er beschleunigte den Einbau des Schnorchels, der die Luft über der Meeresoberfläche anzusaugen vermochte, so daß Tauchfahrt mit Dieselmotoren möglich war und die Notwendigkeit häufigen Auftauchens entfiel. Der Schnorchel war nur eine Verlegenheitslösung. Man hatte versäumt, das sogenannte Walter-Boot in Serie zu bauen, das den für die Verbrennungsmaschine notwendigen Sauerstoff in chemisch gebundener Form mitführte und daher nicht gezwungen war aufzutauchen. Dafür arbeitete man mit allen Kräften an den Typen XXI und XXIII. Typ XXI konnte bei Tauchfahrt 18 Knoten erreichen. Zu Recht erwartete man von diesen Typen eine Neubelebung des U-Boot-Krieges für den Beginn des Jahres 1944.

Im Juni betrug der im Atlantik versenkte alliierte Schiffsraum nur noch 27000 Tonnen, der auf allen Weltmeeren zusammen von deutschen U-Booten versenkte Schiffsraum belief sich im gleichen Monat auf 157000 Tonnen. Auf Hitlers ständiges Drängen stiegen im Juli die Versenkungsziffern zwar wieder auf 140000 beziehungsweise 389000 Tonnen, doch der Verlust von 25 U-Booten gab Dönitz recht und zwang zu einer Einschränkung der Operationen. Im August verloren die Alliierten auf dem Atlantik nur noch vier Schiffe mit insgesamt 27941 Tonnen. Zum erstenmal seit Beginn des Krieges übertraf nun die Menge des neugebauten alliierten Schiffsraums die Menge der auf allen Weltmeeren einschließlich des Pazifiks vernichteten Tonnage. Damit war eine gewaltige Schlacht gewonnen. Der Weg war frei für die großen alliierten Unternehmungen.

Pantelleria und Lampedusa

Zwischen Afrika und Europa liegt als vulkanische Pyramide von 850 Meter Höhe die Insel Pantelleria. Sie wurde von den Truppen der Achse gehalten und galt als uneinnehmbar. Eisenhower hätte die Insel gerne im Besitz der Alliierten gesehen, um einen Luftstützpunkt in nächster Nähe der sizilianischen Küsten zur Verfügung zu haben. Der Festungskommandant, Admiral Gino Pavesi, verfügte über eine Garnison von 11000 Italienern und 87 Deutschen. Zwei Bombergruppen vom Typ B 25, drei vom Typ B 26 und vier vom Typ B 17 erhielten den Auftrag, die Garnison zu zerschlagen. Die 1. britische Division unter dem Kommando Brigadegenerals Clutterback sollte auf Pantelleria landen.

Nach zwölf Tagen ununterbrochener Bombenangriffe rauchte die Insel, als sei ihr Vulkan erneut in Tätigkeit getreten. Am 11. Juni nahmen die Landungsboote Kurs auf die wenigen Strandpartien, die eine Ausbootung ermöglichten. Der Zerstörer *Laforey* signalisierte, er sehe eine weiße Fahne am Signalmast flattern. Auch die britischen Soldaten wurden von weißen Flaggen empfangen. Admiral Pavesi unterschrieb die Kapitulation, die er mit Wassermangel begründete. Doch die landenden Engländer fanden alle Zisternen wohl gefüllt. Dank der in den Berg getriebenen ausgezeichneten Schutzbunker hatte die Garnison nur 100 Mann verloren. ›Der einzige Verwundete auf unserer Seite bei dieser Operation‹, lautete der britische Bericht, ›war ein von einem Schakal gebissener Soldat.‹

Vierundzwanzig Stunden später ergab sich die Insel Lampedusa, auf der sich ebenfalls ein Flugplatz befand, einem amerikanischen Sergeanten, der dort notgelandet war. Dieser zwiefache, leicht errungene Erfolg der Alliierten überzeugte Hitler noch stärker von der zunehmenden italienischen Schwäche, änderte aber nichts an seiner festen Meinung, daß die nächste alliierte Landung auf dem Balkan erfolgen werde. Mussolini aber war zutiefst bestürzt: »Pantelleria ist ein Alarmzeichen; das Schicksal warnt…«

Kursk – ein weiterer Schritt in die Niederlage

Auch in die Ostfront war wieder Bewegung gekommen. Nach langem Zögern hatte Hitler Befehl zur Auslösung des Plans ›Zitadelle‹ gegeben. Am 5. Juli traten die Heeresgruppen Kluges und Mansteins zum Angriff an. Wetter und Gelände waren für eine Panzeroffensive wie geschaffen. Kempf, Hoth und Model verfügten zusammen über 1081 Panzer, davon 200 ›Panther‹ zu 45 Tonnen und 90 ›Tiger‹ zu 55 Tonnen. Hinzu kamen einige Probemodelle des neuesten Jagdpanzers ›Ferdinand‹ von 70 Tonnen, der zwar nahezu unzerstörbar, aber zu schwerfällig und für den Nahkampf schlecht bewaffnet war.
Im Führerhauptquartier hielt man den Atem an. Wenn Hitler auch nur einer Schlacht mit begrenzter Zielsetzung seine Zustimmung gegeben hatte, so schöpfte er dennoch neue Hoffnung. Immer wieder wies er darauf hin, daß die Sowjetunion 11 Millionen Soldaten verloren und daß es Rußland nur dem unglaublichen Fanatismus seiner Soldaten zu verdanken habe, daß es noch nicht geschlagen sei. Das Unternehmen ›Zitadelle‹ sollte der entscheidende Stoß sein, unter dem der Zusammenbruch des ganzen Gebäudes erfolgen mußte.

An der Nordseite des Frontbogens von Kursk griff Model mit drei Panzerkorps an, dem XXXXVI., XXXXVII. und XXXXI., die er zu dreieckigen Stoßkeilen formiert hatte. Auf russischer Seite stand ihm Marschall Rokossowskij, der Oberbefehlshaber der Zentralfront, gegenüber. In den eng gestaffelten Verteidigungsstellungen der Russen ging dem deutschen Angriff schon bald der Atem aus. Zwar gelang dem XXXXVII. Panzerkorps ein Vorstoß bis Olchowatka, das 25 Kilometer von seinen Ausgangsstellungen entfernt lag, doch zwangen heftige Gegenangriffe zum Abbruch der Offensive. Vom 7. Juli an kamen die Angriffe im Norden zum Stehen.
Manstein griff auf der Südseite des Frontbogens, im Raum Bjelgorod, an. Ihm gegenüber standen die Truppen der Woronescher Front unter Marschall Watutin. Auf Mansteins rechtem Flügel scheiterten die Angriffe der Verbände Kempfs, die sich aus dem III. Panzerkorps und dem XI. Armeekorps zusammensetzten, vor den Haupt-

stellungen der Sowjets. Auf dem linken Flügel aber gelang der 4. Panzerarmee, die aus dem XXXXVIII. Panzerkorps, dem II. SS-Panzerkorps und dem LII. Armeekorps bestand, der Durchbruch in Richtung Obojan.

Manstein wollte seinen Erfolg ausnützen und frische Truppen in die Frontlücke des Gegners werfen, doch verbot ihm Hitler, hierzu das XXIV. Panzerkorps heranzuziehen, da dieses nach seinem Willen das Donezbecken abschirmen sollte. Am 11. Juli entwickelte sich der Gegenangriff der Steppenfront – südlich der Woronescher Front – zu einer gewaltigen Panzerschlacht. Die Russen verloren mehrere hundert Panzer, aber auch die Stoßkraft der deutschen Offensive war gebrochen. Manstein war 50 Kilometer vorangekommen, doch war dies erst die Hälfte des Weges bis Kursk.

Am 13. Juli wurden Kluge und Manstein nach Rastenburg gerufen. Hitler unterrichtete sie von der neuesten Entwicklung der Dinge. Am 10. Juli waren die britisch-amerikanischen Truppen auf Sizilien gelandet. Die Italiener leisteten keinen Widerstand. Nun mußten Kräfte von der Ostfront abgezogen werden, um der wachsenden Gefahr am Mittelmeer zu begegnen. Das bedeutete den Abbruch des Unternehmens ›Zitadelle‹. Hitler setzte hinzu, er bedauere, überhaupt jemals seine Zustimmung entgegen besserer Vorahnung erteilt zu haben.

Manstein protestierte: Die schweren Verluste, die man bei der Durchführung von ›Zitadelle‹ bereits in Kauf genommen habe, seien umsonst gewesen, wenn man diese Schlacht, die noch zu gewinnen sei, jetzt abbreche. Doch Kluge fügte sich bereitwillig. Seine 9. Armee, sagte er, sei völlig außerstande, die Offensive weiter voranzutragen: Sie müsse sich vielmehr auf ihre Ausgangsstellungen zurückziehen. Das Blatt hatte sich also gewendet. Für die Heeresgruppe Mitte galt es nun nicht länger, den Frontvorsprung von Kursk abzuschnüren, als vielmehr zu verhindern, daß der Frontvorsprung von Orel nicht umgekehrt von den Russen abgeschnürt wurde, was den Verlust der dort stehenden deutschen Truppen bedeutet hätte.

Dieser Frontvorsprung von Orel war ein Spiegelbild des Frontvorsprungs von Kursk. Die deutschen Linien wölbten sich hier tief in die russische Front vor. Sowjetische Vorbereitungen zur Abschnürung dieses Frontvorsprungs waren bereits im Gange, als das Unternehmen ›Zitadelle‹ begann. Doch Stalin war dagegen, die bereits getroffenen Maßnahmen rückgängig zu machen. Die Verstärkungen, die nach dem Frontabschnitt von Brjansk auf dem Wege waren, wurden nicht umgeleitet. Die Russen beabsichtigten bei dieser Offensive nach denselben Prinzipien vorzugehen, die bereits an Don und Tschir erstaunliche Erfolge erbracht hatten: starke Artillerievorbereitung, Durchbruch auf schmaler Front mit Panzerunterstützung, Ausnützung des Durchbruchs in der Tiefe durch mechanisierte Einheiten. Die taktische Lage war vorzüglich. Der Frontbogen von Orel wurde nur durch eine einzige Eisenbahnlinie versorgt. Sollte es den Russen gelingen, sie abzuschneiden, so war ein neues Stalingrad nicht ausgeschlossen.

Im Morgengrauen des 12. Juli setzten die vernichtenden Schläge der Russen ein. Bereits zwei Stunden später hatten vier gezielte Stöße die deutschen Stellungen durchbrochen. Im Norden Bagramjan, im Nordosten Below, im Osten Gorbatow, im Südosten Puchow. Alle Stöße, außer dem ersten, der gegen die Eisenbahnlinie zwischen Orel und Brjansk gerichtet war, zielten auf Orel. Zweiundzwanzig Monate relativer Ruhe hatten den Deutschen den Ausbau befestigter Stellungen erlaubt, doch waren die zu verteidigenden Abschnitte allzu ausgedehnt und die verfügbaren Truppen zu schwach. Die Situation hätte nur durch den Einsatz von Reserven gerettet werden können, aber die zweite Panzerarmee, die der Hauptstoß traf, hatte die letzte noch halbwegs entbehrliche Einheit für die Durchführung des Unternehmens ›Zitadelle‹ abstellen müssen. So wurden schon am ersten Abend die Hauptstellungen durchbrochen. Der gefährlichste russische Vorstoß unter Bagramjan erzielte über 25 Kilometer Geländegewinn. Die Deutschen vermochten nur hinhaltenden Widerstand zu leisten, während das Oberkommando in Eile Truppen aus anderen Frontabschnitten herausnahm, um der Flut des sowjetischen Angriffs einen Damm vorzuschieben. Der Verlauf dieser furchtbaren Kämpfe wird in späteren Kapiteln geschildert werden.

Doch bevor wir uns wieder den Kämpfen im Mittelmeerraum zuwenden, muß festgehalten werden, daß hier ein entscheidender Wendepunkt im Ostfeldzug eingetreten war, nicht weniger folgenschwer als die Abwehrschlacht vor Moskau und der Sieg in Stalingrad. Hatte Moskau gezeigt, daß auch die Deutschen besiegbar waren, so hatte Stalingrad den deutschen Großoffensiven ein Ende gesetzt. Die Schlacht von Kursk, nicht ganz so groß und nicht ganz so berühmt, besiegelte jedoch den endgültigen Verlust jeglicher Initiative auf der deutschen Seite der Ostfront. Selbst eine offensive Verteidigung war nun der Wehrmacht nicht länger möglich. Sie war jetzt nur noch ein angeschlagener Boxer, der auf den Schlaghagel des Gegners immer schwächer reagiert.

Sizilien fällt. Der italienische Faschismus bricht zusammen

Den steil abfallenden Bergen an der Südostküste Siziliens ist ein flacher Landstreifen vorgelagert. Seine Breite wechselt; an manchen Stellen springen die Berge bis zur Küste vor, an anderen Stellen erstrecken sich weite Täler bis tief ins Gebirge hinein. Parallel zur Küste verlaufen eine Straße und eine Eisenbahnlinie. Andere Straßen führen ins Innere. Auf den Höhen herrscht Dürre, in den tieferen Lagen Malaria. Die Häfen sind bestenfalls mittelmäßig, die Städte klein. Von ihnen ist Gela, dessen Geschichte bis ins siebente Jahrhundert vor Christus zurückreicht, noch die bedeutendste. Gela, heute ein heruntergekommenes und von Armut gezeichnetes Städtchen, liegt an einem offenen Golf, den Winden aus drei Himmelsrichtungen ausgesetzt.

Gela wurde zum zentralen Ziel der 7. amerikanischen Armee ausersehen, die unter dem Befehl George Pattons stand. Einer Gruppe von Rangers hatte man die Aufgabe übertragen, sich der Stadt in direktem Angriff zu bemächtigen, während die 1. US-Division nicht weit entfernt an Land gehen sollte. Am linken Flügel war die Landung der 3. US-Division in der Nähe des kleinen Hafens Licata vorgesehen, am rechten Flügel die Landung der 45. US-Division in der Umgebung der Ortschaft Scoglitti. Man fürchtete die unvorhersehbaren Launen des Meeres.

Zum Abschnitt der 8. britischen Armee war die für ein Landungsunternehmen weniger ungünstige Südostspitze des Dreiecks Sizilien bestimmt worden. Es erstreckte sich von der Halbinsel Pachino bis zum Hafen von Syrakus. Die Soldaten Montgomerys gingen am selben Küstenstreifen an Land, an dem einst die athenischen Krieger unter Alkibiades und Nikias gelandet waren. Das XIII. Korps, das sich aus der 5. und 50. Division zusammensetzte, errichtete einen Brückenkopf am Golf von Noto. Die 51. schottische Division sowie die 1. kanadische, die geradewegs aus England kam, griffen unmittelbar östlich und westlich von Pachino an. Briten und Amerikaner vereinigten sich in der Ebene von Ragusa, ehe sie ihren Vormarsch ins Innere fortsetzten.

Nur wenige Tage zuvor hatten die italienischen Zeitungen eine feierliche Ansprache Mussolinis vor dem Direktorium der faschistischen Partei veröffentlicht. ›Wenn der Feind in Italien landet, wird er bis zum letzten Mann auf dem Streifen Sand vernichtet werden, wo das Wasser aufhört und die Erde beginnt. Wenn er einen Flecken vaterländischen Bodens innehaben sollte, dann hingestreckt, nicht aufrecht, und zwar für immer!‹

Der Oberbefehlshaber der 6. Armee und Militärgouverneur von Sizilien, General Alfredo Guzzoni, war für die Ausführung der flammenden Parole des Duce verantwortlich. Doch er stand im 66. Lebensjahr, hatte seinerzeit glücklos in Albanien gekämpft und hegte schon seit langem keine Illusionen mehr. Seine völlig unzureichend bewaffneten sechs Divisionen der Küstenverteidigung hatten Abschnitte von 100 Kilometer Länge zu verteidigen, und von seinen vier Eingreifdivisionen besaß nur die Division ›Livorno‹ einen Kern veralteter französischer Panzer aus der deutschen Wehrmachtsbeute von 1940. Die zwei Divisionen der Wehrmacht, die sich auf Sizilien befanden, unterstanden ihm nur auf dem Papier, da deren Kommandeure ihre Befehle unmittelbar von Kesselring oder seinem Verbindungsoffizier, General von Senger und Etterlin, erhielten. Sehr stark waren auch sie nicht. Die 15. Panzergrenadierdivision verfügte nur über 46 leichte Panzer. Die Division ›Hermann Göring‹, deren Hauptverbände in Tunesien geopfert worden waren, zählte 90 Panzer – davon 17 ›Tiger‹ –, aber nur zwei Bataillone Infanterie.

Doch die Alliierten waren nicht ohne Besorgnis. Sie landeten zum erstenmal an der Küste der ›Festung Europa‹, und trotz des alliierten Sieges in Tunesien war das militärische Prestige Deutschlands nicht wesentlich erschüttert. Zwar stießen sie bei ihrer

Der 10. Juli 1943 sah die ersten amerikanischen Truppen auf dem europäischen Festland: Operation ›Husky‹, die Landung zwischen Syrakus und Licerta in Südsizilien, umfaßte die 8. britische und die 7. US-Armee unter dem Befehl der Elite der alliierten Generalität: Eisenhower, Alexander, Cunningham, Montgomery, Patton, Spaatz und Tedder. Landemanöver (oben) und erster Vorstoß der Engländer (unten).

Über 3600 Flugzeuge der alliierten Luftstreitkräfte waren aufgeboten worden, um die Landung auf Sizilien vorzubereiten. Männer des 1. britischen Bataillons ›Duke of Wellington‹ am Rand eines riesigen Bombenkraters (oben). Viadukt an der Bahnstrecke nach Syrakus nach einem Angriff der RAF (unten).

Annäherung an die Küste während der Nacht vom 9. auf den 10. Juli auf keinerlei Widerstand, aber das Meer war stark bewegt, und die Landung von sieben Divisionen gleichzeitig, die zum Teil ohne Kampferfahrung waren, stellte ein gewagtes Unternehmen dar. Der Nachschub aus der Luft ließ sich schlecht an, und zwar wegen des heftigen Windes, der Fallschirmspringer und Lastensegler über ganz Sizilien abtrieb. In einzelnen Abschnitten wären die Truppenlandungen um ein Haar gescheitert. Es genügte schwaches Feuer, um die GIs so weit einzuschüchtern, daß sie die schützenden Landungsboote nicht verließen. Jedenfalls hätte eine entschlossene Verteidigung den ersten Angriff abweisen können.

Aber die seit sechs Wochen andauernden Bombenangriffe hatten den Verteidigern auch den letzten Rest von Kampfmoral genommen. Die 206. und 207. Division des italienischen Küstenschutzes floh geschlossen. Gela wurde eher besetzt als genommen. Der amerikanische Brückenkopf war schon am ersten Abend gesichert.

Noch bemerkenswerter war der Erfolg der Engländer. Bei der Piazza Marittima Augusta-Siracusa, einem Stützpunkt für die amphibische Kriegführung unter dem Befehl Admiral Leonardis, hatte man heftigen Widerstand erwartet. 137 Lastensegler sollten auf der Halbinsel Maddalena eine Luftlandebrigade im Überraschungsangriff absetzen. Doch nur zwölf Seglern gelang die Landung am vorgesehenen Ort. Allein 67 fielen ins Meer. Aber die acht Offiziere und 60 Mann, die sich der Straßenbrücke nach Anapo, dem Zugang nach Syrakus, bemächtigten, vermochten diese zwölf Stunden lang zu halten und gaben so der 5. Division die Möglichkeit zum Eingreifen. Leonardi ließ nur einige militärische Anlagen in die Luft sprengen und zog sich in Richtung auf Augusta zurück. Noch am Abend des Tages der Landung sahen sich die Engländer im Besitz einer Stadt von 50000 Einwohnern und eines guten Hafens.

Die Division ›Hermann Göring‹, die in den lang hingestreckten Städtchen mit engen Gassen ihre Panzer nur langsam hatte voranbringen können, setzte erst am nächsten Tag zum Gegenangriff an. Der Durchbruch in der Küstenebene auf den Straßen zwischen Nimesci und Biscari führte bei den Amerikanern an einigen Stellen zur Panik und zu voreiligem Rückzug auf die Schiffe. Der Kreuzer *Savannah* rettete die Lage, indem er mit seinen Fünfpfündern eine Gruppe von Panzern des Typs KW IV auf dem Flugplatz von Ponte Olivo beschoß. Der Kreuzer *Boise*, die Zerstörer *Shubrick*, *Jeffers*, *Buttler* und *Glennon* schlossen sich ihm an und vernichteten in der Folge auf der Küstenstraße einige ›Tiger‹. Das erneute Auftauchen alliierter Jagdbomber, deren Tätigkeit durch den Morgennebel behindert worden war, bannte schließlich die Gefahr.

Am 15. Juli befand sich die ganze Küstenebene zwischen Empedocle und Augusta in den Händen der Alliierten. ›Der Streifen Sand, wo das Wasser aufhört und die Erde beginnt‹, war nicht zum Grab der landenden Feinde geworden.

Die Invasion auf Sizilien besiegelte in Italien das Schicksal des bereits erschütterten faschistischen Regimes. Der König verfolgte weiterhin – zusammen mit dem ehemaligen Ministerpräsidenten Bonomi und Marschall Badoglio – seine vorsichtige Verschwörung, in die selbst in Ungnade gefallene Mussolinianhänger wie Ex-Polizeichef Carmine Senise einbezogen wurden. Die Würdenträger des Regimes zerfielen in zwei Gruppen: jene, die wie Grandi, Bottai und Ciano Italien auf jeden Fall aus dem Krieg heraussteuern, und jene hinter Farinacci, die Italiens Schicksal auf Gedeih und Verderb

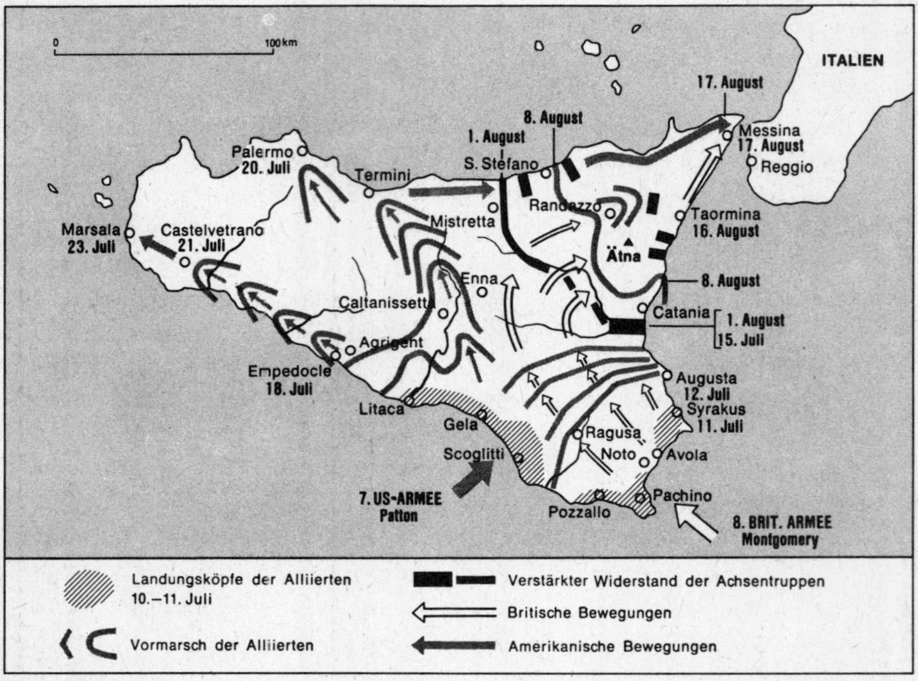

Karte 38 Die Eroberung Siziliens durch die alliierten Truppen (Juli bis August 1943)

an das Schicksal Deutschlands ketten wollten. Scorza, der neue Sekretär der faschistischen Partei, versprach dem deutschen Botschafter, Mackensen, eine nationale Erhebung wie die von 1793 in Frankreich. Wie damals die Abgesandten des Konvents, wollten die führenden Männer der faschistischen Partei kreuz und quer durch Italien reisen, dem Volk die Gefahr des Vaterlandes vor Augen führen und die Parole ausgeben: Sieg oder Tod. Zu den Gegnern derartiger Pläne gehörte auch Dino Grandi, der sich weigerte, seine politische Hochburg Bologna zu verlassen, sowie der Schwiegersohn des Duce, Galeazzo Ciano, der sich mit seinem schlechten Gesundheitszustand entschuldigte. Aber auch jene, die dafür eintraten, gaben ihre Zustimmung nur zögernd und waren auch sonst uneinig. Sie wünschten jedenfalls vor Aufnahme ihres patrio-

Nur an wenigen Punkten – wie vor und in Catania – trafen die Briten auf erbitterten Widerstand. – »Der Gegner«, schrieb General Patton, »vergeudete enorme Zeit, Energie und Kosten, um sich Verteidigungsstellungen zu schaffen. Ich bin sicher, daß ihr Kampfeswille dadurch geschwächt wurde, daß sie sich auf diese Verteidigungsstellungen allzusehr verließen.« Darüber hinaus fehlte den deutschen Truppen fast jede Luftunterstützung.

Noch während der Kämpfe in Sizilien, am 25. Juli, wurde in Rom Mussolini gestürzt. Monreale, die kleine Stadt vor Palermo, empfing die GIs, wie viele Orte der Insel bereits als Befreier (oben). – Spontane Begeisterung und sizilianisches Temperament kennzeichneten die politischen Kundgebungen der Bevölkerung (unten links) unmittelbar nach der Übergabe der Insel an die Alliierten (unten rechts).

tischen Kreuzzugs noch eine Aussprache mit dem Duce, der sie am 16. Juli im Palazzo Venezia empfing. Ein Teil der neunzehn Männer erschien in Zivil, was Mussolini zu der boshaften Bemerkung veranlaßte: »Was sind denn das für schlecht angezogene Leute?« Die Aussprache verlief stürmisch. Farinacci richtete heftige Angriffe gegen die Generalität und forderte die Köpfe von Ambrosio, Roatta und Guzzoni, verlangte außerdem die Einberufung des Faschistischen Großrats, durch die der Krieg mit revolutionärem Atem erfüllt werden sollte. Auch Bottai forderte eine Einberufung des Großrats, wenn auch aus anderen Gründen: »Nicht um dir, Duce, deine Macht zu beschneiden oder zu mindern, sondern um deine Verantwortung mitzutragen.« Mussolini, von tiefer Enttäuschung nahezu gelähmt, willigte ein: »Ihr wollt den Großrat? Gut. Unsere Feinde werden zwar sagen, das sei wegen der Kapitulation. Aber ihr wollt ihn ja haben.« Die Sitzung wurde auf den 24. Juli festgesetzt. Für Intrigen blieben also acht volle Tage Zeit.

Kurz darauf sollte eine erneute Begegnung der beiden Partner des ›Stahlpakts‹ erfolgen, deren jeder vom anderen auf seine Weise enttäuscht worden war.

Die Auflösungserscheinungen in Sizilien hatten in Deutschland tiefen Unwillen hervorgerufen. Hitler verlangte, Leonardi vor das Kriegsgericht zu stellen, da der Admiral nach Syrakus auch Augusta kampflos in die Hände der Feinde hatte fallen lassen. Zwar hatten die Deutschen die 29. Panzergrenadierdivision aus Kalabrien und die 1. Fallschirmjägerdivision aus Frankreich nach Sizilien verlegt, eine Verlegung weiterer Einheiten lehnte Jodl jedoch mit der Begründung ab, die »italienischen Verräter« wollten nur deshalb soviel deutsche Truppen wie möglich auf die Insel ziehen, »damit sie dort zerschlagen werden«. Rommel wurde gefragt, ob er denn nicht einen faschistischen Führer kenne, der fähig sei, den italienischen Widerstand zusammenzuschweißen und die deutsch-italienische Zusammenarbeit zu retten. Der Generalfeldmarschall zögerte nicht mit seiner Antwort: »Einen solchen Italiener gibt es nicht...«

Hitler unternahm nun noch einmal einen letzten Versuch. Am 18. Juli überbrachte Mackensen dem Duce die Einladung zu einem Treffen mit Hitler. Der Führer sei bereit, alle Fragen seiner persönlichen Sicherheit hintanzustellen und über die Alpen zu kommen. Zum Ort des Treffens bestimmt man das am Fuße der Dolomiten gelegene Feltre. Nicht weit von hier, in Venedig, hatten die beiden Diktatoren vor noch nicht zehn Jahren zum erstenmal Kontakt aufgenommen – Adolf Hitler noch im Regenmantel, wie ihn jeder kleine Angestellte trug, Benito Mussolini bereits umgeben vom Pomp des Machthabers. Ihre Begegnung von 1943 war die vierzehnte.

Am Vorabend seines sechzigsten Geburtstags war Mussolini ein von Niederlage und Krankheit gezeichneter alter Mann. Hitler hatte zwar noch ein starkes und tapferes Volk hinter sich, aber die Initiative in diesem Krieg war seinen Händen entglitten. Im selben Augenblick, als er nach Feltre abfuhr, hatte sich die russische Offensive bei Orel bis zum Asowschen Meer ausgedehnt und gefährdete die ganze Ostfront.

Die Italiener hatten mit einer Konferenzdauer von drei Tagen gerechnet. Am Flugplatz von Treviso erfuhren sie, daß der Führer entschlossen sei, noch am Abend des gleichen Tages in sein Hauptquartier zurückzukehren. Bereits während der zweistündigen Fahrt von Treviso nach Feltre konferierte Hitler mit Mussolini. Gleichzeitig fand eine Besprechung zwischen Ambrosio und Keitel statt. Der italienische General griff den deutschen ohne Rücksicht an und hielt ihm vor, daß die Wehrmacht sich nur noch in der Defensive befinde, daß mit dem Jahre 1943 der Krieg verloren sei. Die Frage eines einheitlichen Oberkommandos in Italien, die der Zweck der Zusammenkunft gewesen war, wurde überhaupt nicht mehr angeschnitten. Im Palazzo Gaggia waren dann Deutsche wie Italiener nur noch stumme Zuhörer Hitlers. Der Führer erging sich des langen und breiten über die wirtschaftliche und militärische Lage der Achse und gelangte zu der Feststellung, daß sie nach wie vor günstig sei. Das einzig Neue in seinen weitschweifigen Ausführungen war die Ankündigung, daß Deutschland noch vor Jahresende über zwei Waffen verfügen werde, mit denen es London dem Erdboden gleichzumachen imstande sei.
Hitler hatte noch nicht geendet, als ein Adjutant Mussolini eine Nachricht überbrachte: Rom lag im Bombenhagel der Feinde.
Zum Bombenangriff auf die Hauptstadt der Christenheit hatte man sich auf alliierter Seite nur nach einigem Zögern entschlossen. Aber die Flugplätze von Littorio und Ciampino und die Bahnhöfe von Littorio und San Lorenzo, über die der gesamte Bahnverkehr nach Süditalien ging, waren militärische Ziele von größter Bedeutung. Vierzehn Gruppen der US Air Force warfen über ihnen 1000 Tonnen Bomben ab. Trotz der Warnungen, die an das Bahnpersonal und die Zivilbevölkerung ergangen waren, gab es annähernd 2000 Todesopfer. Auch wurden zahlreiche Baudenkmäler getroffen. Die Basilika San Lorenzo, vor den Mauern gelegen, wurde zur Hälfte zerstört.
»Was werden die Römer sagen«, rief Mussolini, »wenn sie hören, daß der Duce nicht in der Hauptstadt war, als die Bomben fielen!« Hitler ließ sich von der Nachricht wenig beeindrucken. Er zeigte nur Zeichen der Ungeduld, weil er unterbrochen worden war, und beeilte sich, in seinen Ausführungen fortzufahren. Er hielt den Italienern eine lange Rede darüber, was Mut sei, und erklärte, Deutschland werde sich nicht auf eine Verteidigung Siziliens versteifen, falls nicht den Auflösungserscheinungen mit äußerster Härte entgegengetreten werde.
Als Hitler sich zu Beginn der Mittagspause kurz zurückzog, nützte Ambrosio die Gelegenheit, um mit Mussolini zu sprechen. Warum er Hitler nicht unterbrochen habe? Warum er ihn nicht klipp und klar gefragt habe, ob Deutschland in der Lage sei, die Italienfront zu verstärken? Warum er ihm nicht offen gesagt habe, daß Italien sich gezwungen sehe, innerhalb der nächsten vierzehn Tage ein Ausscheiden aus dem Krieg ins Auge zu fassen? Mussolini wurde einer Antwort enthoben, da in diesem Augenblick

ein Offizier erschien und im Namen des Führers zu Tisch bat. So nahmen die beiden Diktatoren nebeneinandersitzend das Mahl und fuhren auch nebeneinander wieder die Eisenbahnstrecke von Feltre nach Treviso zurück. Irgendeine Entscheidung war nicht getroffen worden, weder von den Führern selbst noch von ihren Mitarbeitern.
Um 17 Uhr hob Hitlers Flugzeug von der Landebahn ab. Bei der italienischen Delegation herrschte Ratlosigkeit, allein Mussolini schien gestärkt und getröstet. Er erklärte, daß er über Hitlers Geheimnis Bescheid wisse; für ihn sei es zur unumstößlichen Gewißheit geworden, daß Deutschland schließlich als Sieger aus dem Krieg hervorgehen werde.
Am 20. Juli, einen Tag nach der Zusammenkunft in Feltre, waren die Alliierten in Sizilien zur Offensive angetreten. Zwar stießen die Engländer in der fieberverseuchten Ebene von Catania auf große Schwierigkeiten, dafür aber kamen die Amerikaner an den anderen Abschnitten gut voran. Noch am Zwanzigsten eroberte die 1. US-Division Enna. Am Einundzwanzigsten stieß die 3. US-Division über Agrigent hinaus vor. Am Dreiundzwanzigsten setzte sich Patton an die Spitze einer Kolonne von Panzern, fuhr durch eine Reihe von Städten, die sich endlos längs der Straße hinzogen, und hielt seinen Einmarsch in Palermo, wo ihn die Menge mit dem Ruf »Nieder mit Mussolini!« begrüßte. Am selben Tag gelang es der 82. Luftlandedivision, sich des westlichen Teils von Sizilien zu bemächtigen, indem sie ohne einen Mann Verlust den Kriegshafen Trapani nahm. Nun war den Achsenmächten nur noch jener Winkel des sizilianischen Dreiecks geblieben, in dem wie eine Festung das gewaltige Massiv des Ätna aufragt.
Am folgenden Tage, dem 24. Juli, trat im Palazzo Venezia um fünf Uhr nachmittags der Faschistische Großrat zusammen.

Absetzung und Festnahme Mussolinis

Dieser Faschistische Großrat, der in einem dramatischen Augenblick der italienischen Geschichte wieder auf der Bildfläche erschien, war eine Art Reliquie des frühen Faschismus. Der aus 28 Mitgliedern zusammengesetzte Großrat, der unter dem Vorsitz des Duce stand, sah in seinen Reihen auch zwei der vier großen Männer des Marsches auf Rom: die alten Marschälle De Bono und De Vecchi. Außerdem waren in diesem Gremium politische Persönlichkeiten wie Farinacci, Ciano und Grandi vertreten, ferner gehorsame Minister wie Polverelli und Cianetti, die höchsten Funktionäre der syndikalistischen Organisationen wie Gottardi, Frattari und Balella, hohe Würdenträger der Partei wie deren Sekretär Scorza und der Führer der Schwarzhemden, Galbiati, der Botschafter in Berlin, Alfieri, der Präsident des Senats und Innenminister, Federzoni, schließlich einfache Befehlsausführer wie die Unterstaatssekretäre Bastia-

nini und Albini. Diese bunt zusammengewürfelte Körperschaft war seit 1939 nicht mehr zusammengetreten. Man war der Auffassung gewesen, daß sie durch das Autoritätsprinzip und die dem Duce zuerkannte politische Unfehlbarkeit ihre Daseinsberechtigung verloren hatte. Doch nun versammelten sich ihre Mitglieder, um diesen Duce abzusetzen. Die Vertreter der einzelnen Richtungen bezogen Stellung. Der aus Bologna zurückgekehrte Grandi hatte einen Antrag verfaßt, der die ›sofortige Wiederherstellung aller staatlichen Funktionen‹ forderte und dem Regierungschef – also Mussolini – nahelegte, den König zu bitten, die oberste Initiative durch die Übernahme des Oberbefehls über sämtliche Streitkräfte‹ in seine Hände zu nehmen. Das Bündnis mit Deutschland, die Weiterführung des Krieges und die Zukunft der faschistischen Partei waren mit keinem Wort erwähnt. Kein Wort auch des Vertrauens oder der Dankbarkeit für Mussolini war in diesem Antrag enthalten.
Doch Farinacci stellte sich Grandi entgegen. Auch sein Antrag wollte wieder dem König das Oberkommando übertragen, ›um der Welt die Einigkeit der Nation im Kampfe zu zeigen‹, aber sie bestand auf unerschütterlicher Loyalität gegenüber dem Regime und ›getreuester Einhaltung der von Italien eingegangenen Bündnisse‹.
Es war der heißeste Tag des Sommers. Noch lag der Brandgeruch aus den vor fünf Tagen zerstörten Stadtteilen in der Luft. In Massen waren die Menschen aus Rom geflohen, ungeachtet des energischen Protestes des Heiligen Vaters, eine Wiederholung des Sakrilegs vom 19. Juli möge nicht stattfinden.
Man hatte auf jedes äußere Zeremoniell beim Zusammentritt des Großrats verzichtet. Nur im Inneren des Palazzo Venezia sah man etwas vom faschistischen Lametta, von Stiefeln, Ehrendolchen, Mützen und Tressen. Mussolini, der zwanzig Kilo abgenommen hatte und nur noch von Milch lebte, erschien wieder in seiner Uniform eines Feldwebels der Miliz, in schwarzem Hemd und weißem Überwurf, mit dem großen dreieckigen Ärmelzeichen. Er betrat den Saal des Großrats, in dem sich ihm die Arme zum Römischen Gruß entgegenhoben, erwiderte mit imperialer Geste den vielstimmigen Ruf »A noi!« und befahl den Appell. Unter den Verschworenen herrschte Unruhe. Niemand war sich sicher, ob er den Palazzo Venezia noch lebendig und frei verlassen werde. Einige waren vorher zur Beichte gegangen, andere trugen Pistolen oder Handgranaten in der Tasche.
Mussolini sprach zwei Stunden lang. Er gab einen Abriß der militärischen Lage, nahm Deutschland gegen den Vorwurf in Schutz, es habe Italien fallengelassen, und stellte mit Entschiedenheit fest, daß das Heil nur von der bedingungslosen Treue zum Bündnis zu erwarten sei. Der von Grandi vorgeschlagene Appell an den König stelle diesen vor eine Alternative, deren eine Möglichkeit vergeblich, deren andere verwerflich sei. Entweder werde der Souverän ihn, Mussolini, in seinen Funktionen bestätigen oder das Regime liquidieren. Die reaktionären Freunde Englands würden freilich versuchen, ihn in die zuletzt genannte Richtung zu drängen.

Die Relikte der kurz vor der Niederlage stehenden faschistischen Diktatur lösten den angestauten Haß des Volkes aus. Ein erschütterndes Dokument von der Qual menschlichen Leides: »Wo ist unser Sohn, unser Vater, mein Mann...«? (unten). Ärzte und Sanitäter kämpften unter schwersten Bedingungen ums Leben der Verletzten: auf der Straße (oben rechts) in improvisierten Lazaretten... und oft gab es keine Rettung mehr (folgende Seiten).

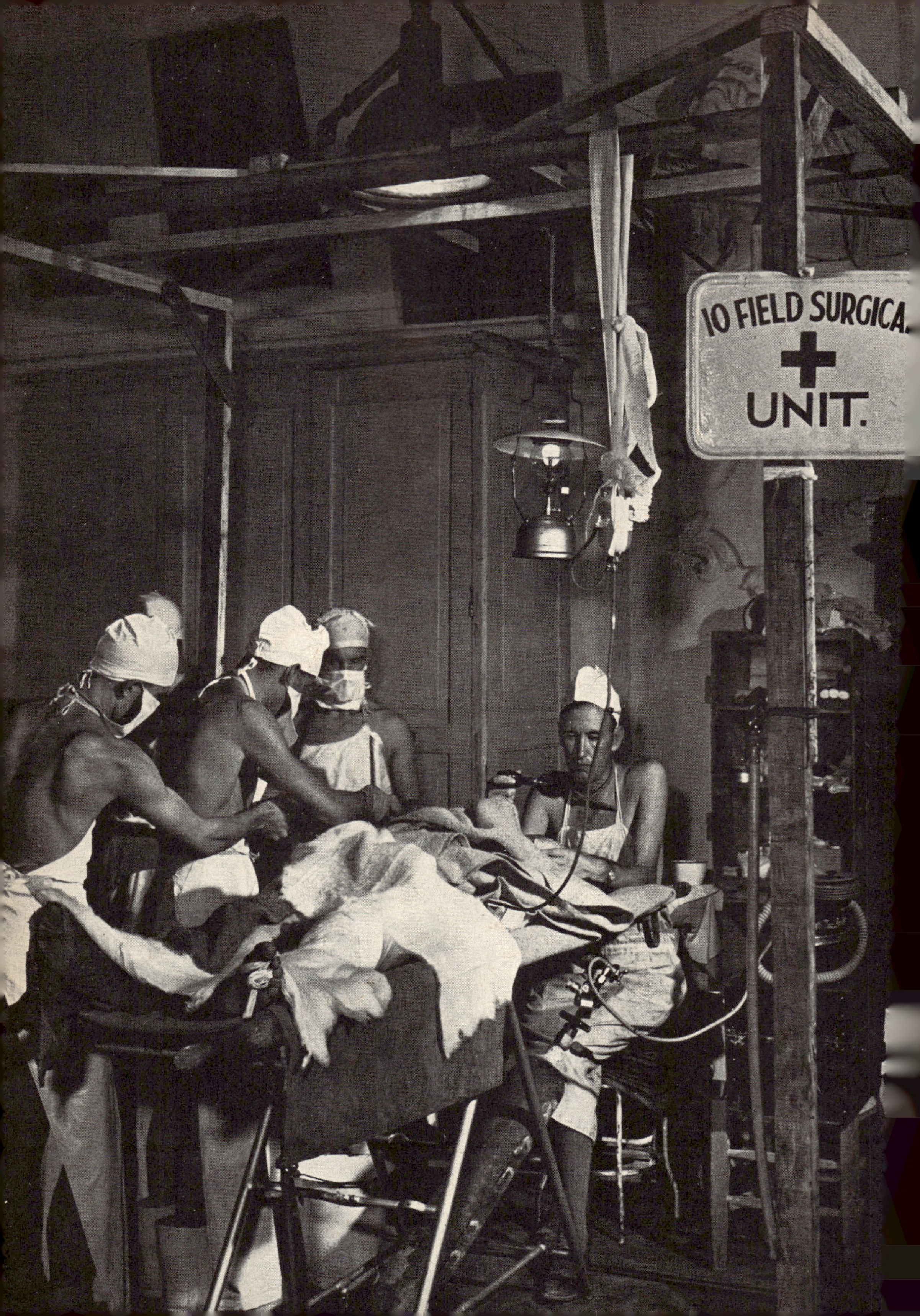
10 FIELD SURGICA
UNIT.

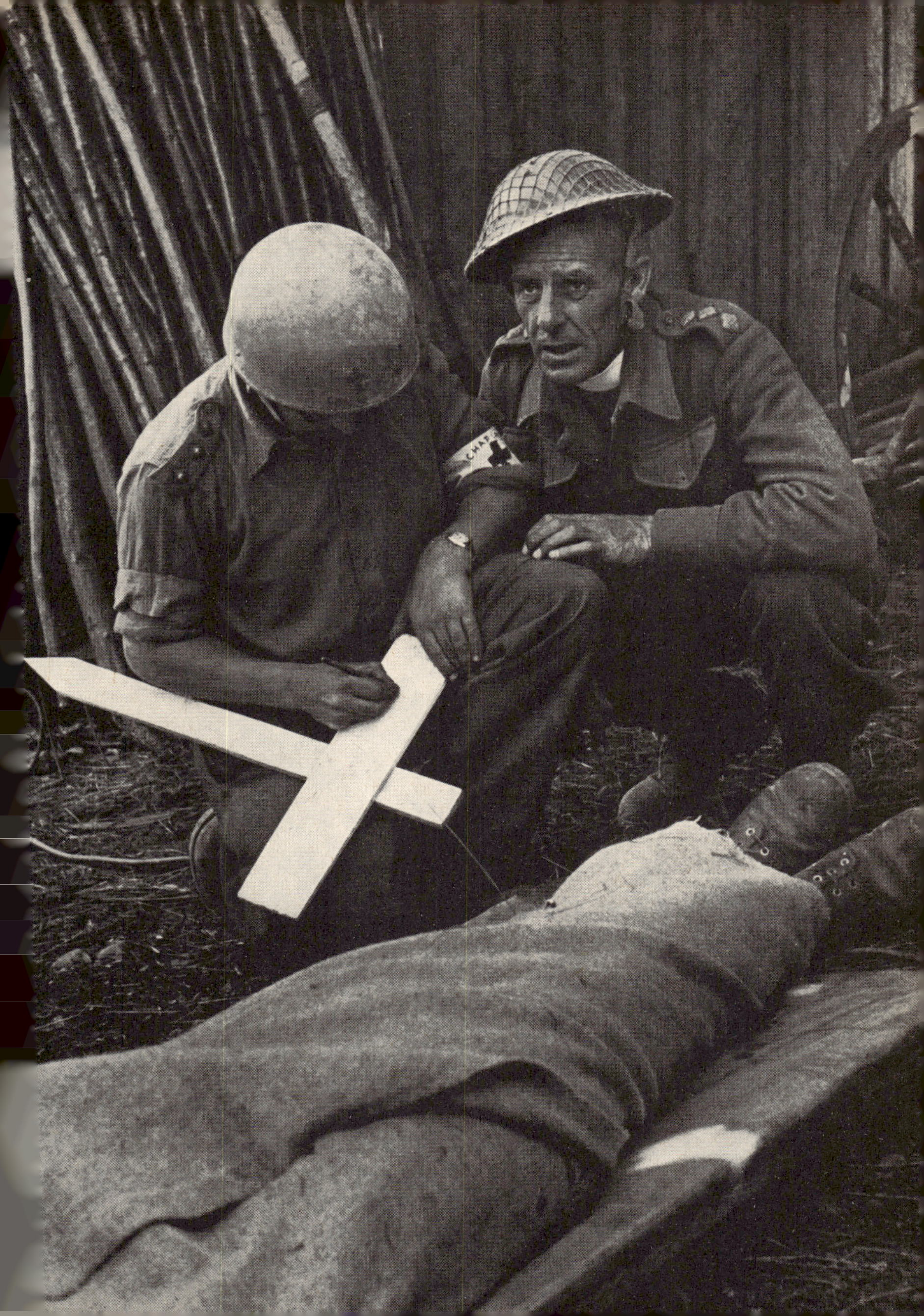

Auch auf dem europäischen Kontinent offenbarte sich die Materialüberlegenheit der alliierten Streitkräfte. Ihr wichtigster Panzerkraftwagen war der ›Sherman‹ aus der Baureihe M 4 (oben). – Britische Haubitzenstellung in Süditalien (unten). 1943 und 1944 erhielt England aus den USA fast das Doppelte der eigenen Kriegsproduktion.

Aber Grandi ließ nicht locker. Die Überzeugungskraft seiner Rednergabe stand im Gegensatz zu der etwas pedantisch wirkenden Sprechweise des Duce. Hier wurde eine alte Rechnung beglichen. Die ganze Richtung des Regimes seit zwanzig Jahren erfuhr nun ihre Anklage: »Der Faschismus ist an jenem Tag gestorben, als wir auf unseren Bannern die alte Devise ›Freiheit und Vaterland‹ durch die Parole ›Glauben, gehorchen, kämpfen‹ ersetzt haben. Nicht der Faschismus hat diesen Krieg verloren, sondern die Diktatur.«
Die Debatte setzte sich die Nacht hindurch fort. Für kurze Zeit zog sich Mussolini erschöpft in sein Arbeitszimmer zurück. Farinacci und Galbiati suchten ihn dort auf und schlugen ihm vor, die Verschwörer festzunehmen. Aber die Spannkraft des Diktators war gebrochen. Erneut nahm er im Saal des Großrats Platz, wo sich die Diskussion fortsetzte. Im wesentlichen wurden die bereits vorgebrachten Argumente wiederholt. Der einzige, der noch für eine Sensation sorgte, war Alfieri, Botschafter in Berlin: »Deutschland will aus Italien ein Schlachtfeld machen, um den Einmarsch in seinem eigenen Land hinauszuzögern. Nichts anderes.« Dieser Mann war ein fanatischer Befürworter der Achse gewesen, ein gefügiges Werkzeug des Dritten Reiches. Und nun kamen aus seinem Mund solche Worte.
Alle traten für eine entschlossene Lösung ein. Grandi hielt Mussolini seinen Antrag mit 19 Unterschriften vor Augen. Mussolini gab ihn zögernd an Scorza weiter und bat ihn um Verlesung. Scorza las die neunzehn Namen, jeder Genannte sprach sein »Ja!«: De Bono, De Vecchi, Grandi, De Marsico, Acerbo, Pareschi, Cianetti, Federzoni, Balella, Gottardi, Bignardi, De Stefani, Bottai, Rossoni, Marinelli, Alfieri, Ciano (sein »Ja« kam ruhig und natürlich), Bastianini, Albini... Die neunzehn hatten ihre Unterschrift ratifiziert und den Sturz des Regimes und die Absetzung Mussolinis proklamiert. Einige hatten damit ihr eigenes Todesurteil ausgesprochen.
Von der Verfassung her war eine derartige Abstimmung nicht vorgesehen. Als zwanzig Jahre zuvor Mussolini dem siegreichen Faschismus seine Institutionen gab, hatte er ausdrücklich darauf hingewiesen, daß der Faschistische Großrat ›kein kleines Parlament sei und daß ›eine Wahl nicht in Frage‹ komme. Als die Verschworenen in den frühen Morgenstunden vor dem Palazzo ihre Wagen bestiegen und es kaum begreifen wollten, daß sie als freie Männer hatten gehen können (wobei freilich nicht wenige sich bereits darüber Gedanken machten, wie sie es auch künftig bleiben könnten), brüteten die Getreuen des Duce über den einschlägigen Texten, mit deren Hilfe sie die Unverbindlichkeit des Vorgangs, der sich soeben abgespielt hatte, darzutun gedachten. Mussolini wirkte keineswegs beunruhigt. Er kehrte in seine Villa Torlonia zurück, wo Donna Rachele, die während der ganzen Nacht aufgeblieben war, mit dem Zorn der Romagnolin gegen den verräterischen Schwiegersohn Galeazzo wetterte, von dem sie schon immer behauptet hatte, er werde noch Unglück über die Familie bringen. Der Duce schlief etwas und saß dann ab 8 Uhr morgens wie jeden Tag seit zwanzig Jahren

an seinem rechteckigen Tisch in der prächtigen Sala del Mappamondo. Es schien, als sei der Palazzo Venezia vom Gift der Zwietracht der vergangenen Nacht gereinigt.
Der neue Tag zog ebenso heiß herauf wie der vergangene. Es war ein Sonntag, der 25. Juli 1943. Ciano und die meisten derer, die mit Ja gestimmt hatten, hatten sich zurückgezogen und versuchten, mit ihrer Angst fertig zu werden. In der deutschen Botschaft hatte man nur nebelhafte Vorstellungen von den Geschehnissen im Großrat. Mackensen telegraphierte nach Berlin, der Duce unterhalte sich seit 10 Uhr morgens mit dem König unter vier Augen. Es werde erwogen, ›Orlando, den Politiker des Ersten Weltkriegs, einen Mann von dreiundachtzig Jahren‹, wieder zu rufen.
Mussolini pflegte zweimal wöchentlich mit dem König zusammenzutreffen, und zwar montags und donnerstags. In Abweichung von dieser Regel hatte er ihn noch für den gleichen Tag um eine Unterredung um 17 Uhr gebeten. Er wollte den Souverän über die Vorgänge im Großrat unterrichten und sich des königlichen Vertrauens versichern lassen. Mussolini zeigte sich völlig gelassen. Den nervösen Milizgeneral Galbiati beruhigte der Duce mit den Worten, er halte spektakuläre Vergeltungsmaßnahmen nicht für notwendig; der König werde schon alles in Ordnung bringen. »Ich habe volles Vertrauen in ihn. Seit zwanzig Jahren habe ich nur in Übereinstimmung mit ihm gehandelt. Er wird mir unerschütterlich zur Seite stehen.« Mussolini empfing den neuen japanischen Gesandten und sprach mit ihm über seine Lieblingsidee: die Beendigung des deutsch-russischen Krieges. »Ich habe nicht einen Augenblick lang den Eindruck gehabt, daß der Mann, der mit mir sprach, seiner Macht nicht mehr sicher war«, sagte der Gesandte später.
Auch in einem Polizeistaat funktioniert die Überwachung des politischen Gegners nicht immer lückenlos. So war es dem Oberhaupt des Faschismus entgangen, daß sich Grandi nach der Sitzung des Großrats zum Präsidium der Abgeordnetenkammer begeben hatte und dort mit dem Herzog von Acquarone, Minister des Hofes und treibende Gestalt hinter der Verschwörung, zusammengetroffen war. Gemeinsam waren die beiden Männer aufgebrochen und hatten ihre Unterredung bis in den frühen Vormittag hinein in einem Haus in der Via Giulia fortgesetzt. Diese Zusammenkunft zwischen einem Vertreter der Krone und dem rebellischen Faschisten hätte Verdacht erregen müssen, doch Mussolini wußte davon nicht das geringste. Noch hatte er alle Staatsgewalt in seiner Hand. Noch am gleichen Tag ging er jedoch in die Falle. Um 17 Uhr erschien er im Straßenanzug vor der Villa Savoia. Der Wagen mit seiner Leibwache wurde am Torgitter zurückgehalten, er selbst zum König geführt.
Der einzige Ohrenzeuge dessen, was sich nun abspielte, war der Chef des königlichen Stabes, General Puntoni, der, hinter einer halboffenen Tür lauschend, freilich nur Bruchstücke des Gesprächs mitbekam. Mussolini wollte mit Erklärungen beginnen, doch der König schnitt ihm das Wort ab und sprach in abgehackten Sätzen von dem Unglück, das über Armee und Nation gekommen sei.

»Sie sind«, sagte er, »der bestgehaßte Mann ganz Italiens. Ich selbst habe für Sie volle Sympathie. Das habe ich oft genug bewiesen, als ich Sie in Schutz genommen habe. Aber diesmal muß ich von Ihnen Ihren Rücktritt verlangen.«

Doch Mussolini war mürbe geworden durch eine Kette von Fehlschlägen und Erniedrigungen. Er brach auseinander vor diesem kleinen König, der nun aufs grausamste Rache nahm. Puntoni hörte den Duce wie einen entlassenen Angestellten, der sich nunmehr vom Elend bedroht fühlt, den Stoßseufzer tun: »Also ist alles aus? Was soll aus mir werden, aus meiner Familie?« Dann tönten die Stimmen in erregter Diskussion durcheinander, anklagend der König, sich verteidigend der Duce. Es fiel der Name Badoglio. »Er hat bereits die Regierung übernommen«, sagte Victor Emanuel. Auch hörte Puntoni den König noch sagen: »Ich hafte mit meinem Kopf für Ihre persönliche Sicherheit.« Dann begleitete Victor Emanuel den Mann noch zur Freitreppe, dessen Laufbahn er soeben beendet hatte. ›Er schien mir‹, schilderte Puntoni seinen Eindruck, ›noch kleiner als gewöhnlich, fast wie ein Zwerg. Er schüttelte mir mit größter Herzlichkeit die Hand.‹ Während der Audienz hatte man den Fahrer des Duce, Ercole Battoro, unauffällig verhaftet. Als Mussolini sich zu seinem Wagen begab, trat ein Hauptmann der Carabinieri an ihn heran: »Ich bin von Seiner Majestät mit Ihrem persönlichen Schutz beauftragt worden. Steigen Sie da ein.« Er deutete auf einen Ambulanzwagen, in dem sich der Hauptmann, ein Leutnant, drei Carabinieri und zwei mit Maschinenpistolen bewaffnete Polizisten mit Mussolini und dessen Sekretär zusammendrängten. In höchster Geschwindigkeit jagte man zur Kaserne in Trastevere, dann nach kurzem Aufenthalt weiter zur Kaserne an der Via Quintino Sella, wo der Begründer des Faschismus eine unruhige Nacht auf einem Feldbett verbrachte.

Um 10 Uhr 45 teilten drei kurz hintereinander abgegebene Bekanntmachungen der Stadt und dem Erdkreis die Absetzung Mussolinis mit. Es rührte sich keine Hand. Armee und Polizei hielten Rundfunk, Telefonzentralen und die Quartiere der Miliz besetzt. Farinacci war geflohen. Scorza, Galbiati und Bufarini waren verhaftet worden, letzterer bei Donna Rachele in der Villa Torlonia, wo er zu spät eingetroffen war, als daß er den Duce noch von einer Audienz beim König hätte zurückhalten können. Organisiert hatte den Staatsstreich der in Ungnade gefallene Chef der Polizei Mussolinis, Carmine Senise. Anderentags fegten die Straßenkehrer Roms Tausende von Parteiabzeichen der PNF in den Rinnstein.

Als Hitler vom Ausgang der Großratssitzung erfuhr, kehrte sich sein Zorn gegen den Ultragermanophilen, dem er für die ganze Entwicklung die Schuld gab: »Der gute Farinacci hat ein großes Glück, daß er das in Italien gemacht hat, nicht bei mir. Wenn er es bei mir gemacht hätte, würde ich ihn sofort von Himmler abholen lassen...« Über die Ersetzung Mussolinis durch Badoglio gab er sich keinerlei Illusionen hin: »Die werden natürlich erklären, daß sie weiter bei der Stange bleiben... Das ist aber eine Verräterei; die bleiben nämlich nicht bei der Stange...«

Am Sechsundzwanzigsten und Siebenundzwanzigsten war man noch zu einschneidenden Maßnahmen entschlossen. Die 3. Panzerdivision befand sich nördlich von Rom. Hitler dachte daran, sie in die italienische Hauptstadt zu werfen, mit dem Befehl, ›die ganze Regierung, den König, die ganze Blase ... vor allem den Kronprinzen sofort zu verhaften‹. Dann ließ die Spannung merklich nach. Vier lange Besprechungen ergaben so gut wie nichts. Es wurde lediglich entschieden, die SS-Division ›Leibstandarte Adolf Hitler‹ von der Ostfront abzuziehen und sie nach Italien zu verlegen. Hitler versprach sich von dem Beispiel seiner SS-Leute eine ermutigende Wirkung auf die italienischen Faschisten. Der Führer weigerte sich zu glauben, daß die Schwarzhemden wieder auf den Boden der Tatsachen zurückgekehrt waren und daß die Partei, die Vorbild seiner NSDAP gewesen war, sich aufgelöst hatte. Als Jodl ihm die Geschichte von den in den Rinnstein gekehrten faschistischen Parteiabzeichen erzählte, soll er achselzuckend gesagt haben: »Man muß ein General sein, um solche Sachen zu glauben.«
Der Grund für diese forcierte Flucht in die Illusion war klar. Die deutschen Truppen wurden an allen Fronten schwer bedrängt. Jede weitere Belastung bedeutete die Möglichkeit eines Zusammenbruchs. Mochte Italien auch nur schwach gewesen sein, so drohte sein Ausfall doch in die deutschen Fronten ein höchst gefährliches Loch zu reißen. Zwar war die Wahrscheinlichkeit, den Verbündeten weiterhin bei der Stange zu halten, nur gering, doch durfte man wenigstens auf einen Versuch in dieser Richtung nicht verzichten.
An der Ostfront war es Manstein gelungen, die Front am Mjus wieder zu festigen. Doch die Fähigkeit der Russen, sich nach Schlägen wieder zu erholen, hatte etwas Unheimliches. Bereits am 3. August, als man in Rastenburg sich zum Erfolg Mansteins gratulierte, traten die Russen im Abschnitt der Woronescher Front und der Steppenfront zu einer gegen Charkow gerichteten Offensive von unwiderstehlicher Gewalt an. Im Norden fiel Orel; die völlig zerschlagene 2. Panzerarmee mußte praktisch aus der Liste der verfügbaren Truppen gestrichen werden. Während der zwei vorausgegangenen Jahre war stets der Sommer die Jahreszeit der deutschen Siege gewesen, während die Rote Armee während des Winters triumphiert hatte. Doch 1943 galt diese Regel nicht mehr. Das ganze Jahr über traf die Wehrmacht ein Schlag nach dem anderen.
Ähnlich wie der Krieg in Rußland hatte auch der Luftkrieg eine für Deutschland ungünstige Wendung genommen. Die Alliierten führten weiterhin ihre Operation ›Pointblank‹ durch, die systematische Zerstörung der feindlichen Städte. Im März wurde Berlin in verstärktem Maße mit Brandbomben belegt. Im April wurde Düsseldorf zur Hälfte zerstört. Im Mai zerstörten neunzehn ›Lancaster‹-Bomber der RAF die Edertalsperre sowie die Talsperren der Möhne und der Sorpe. Die Überschwemmungen verursachten den Tod von mehr als tausend Menschen, die Industriewasserversorgung des Ruhrgebiets wurde empfindlich gestört. Hamburg war das große Opfer des Sommers. Die Phosphorkanister setzten den Asphalt der Straßen in Brand, und der fallende

Luftdruck über dem Brandgebiet machte die Stadt zum Zentrum eines Orkans, der glücklicherweise Regen mit sich brachte. 48602 Tote wurden registriert. Siebzig Prozent der 1400000 Einwohner wurden obdachlos. Der Zug der Flüchtlinge bot einen grausigen Anblick: Blinde, Halbwahnsinnige und Menschen mit schweren Verbrennungen befanden sich unter den Fliehenden. Unter der Bevölkerung Berlins verbreitete sich Angst. Goebbels ließ in den Häusern Handzettel verteilen, auf denen alle Berliner, deren Anwesenheit in der Hauptstadt nicht unbedingt nötig war, aufgefordert wurden, das Stadtgebiet zu verlassen. Ein Sturm auf die Bahnhöfe setzte ein, Panik brach aus. ›Am Abend‹, berichtete ein Augenzeuge, ›kroch ein riesiges Tier durch die schweigende Stadt: die Furcht.‹

Ein anderes Unternehmen des Luftkriegs machte auf Hitler einen tiefen Eindruck. Am Tag nach der Bombardierung Roms waren die fünf Gruppen von Bombern des Typs B 24, die daran teilgenommen hatten, vom italienischen Kriegsschauplatz abgezogen und nach Libyen geschickt worden, wo sie an einem Spezialtraining im Tiefflugangriff teilnahmen. Am 1. August flogen sie in einer Gesamtstärke von 177 Maschinen mit 1725 Amerikanern, einem Engländer, 311 Tonnen Bomben und 330 Brandkanistern einen neuen Angriff: Nachdem sie Korfu, Albanien, Jugoslawien und Bulgarien überflogen hatten, nahmen sie beim Eisernen Tor Kurs über die Donau auf Ploesti, das Hauptzentrum der rumänischen Erdölproduktion. Zwar ließen Irrtümer in der Navigation die Ausführung des Plans nur zum Teil gelingen, aber die Besatzungen ersetzten, was ihnen an navigatorischer Erfahrung abging, durch Wagemut im Einsatz. Immer wieder stießen sie in die Rauchwolken hinab, nahmen das Risiko eines Zusammenstoßes mit den Sperrballonen, den Schloten und den Feuersäulen explodierender Öllager in Kauf. Schwer waren die Verluste: 44 Maschinen, 533 Flieger. Aber die angerichteten Zerstörungen betrugen 40 Prozent der Kapazität der Raffinerien von Ploesti, die 60 Prozent der 9 Millionen Tonnen betragenden rumänischen Rohölförderung verarbeiteten.

Man muß Hitlers Reaktion nach dem Sturz von Mussolini vor dem Hintergrund dieser Ereignisse sehen. Auf den Staatsstreich in Rom hatte er im ersten Augenblick mit den Worten reagiert: »Wir haben schon einmal eine solche Schweinerei erlebt: Das war an dem Tag, an dem dieser [jugoslawische] Staatsstreich stattfand.« Aber im Jahre 1941 hatte es von ihm nur eines Wortes bedurft, um eine hervorragende, vollzählige, ausgeruhte und unbesiegbare Armee auf den Balkan zu werfen. Im Jahre 1943 konnte er nur noch mit Notmaßnahmen auf die Ereignisse in Italien reagieren.

»Unsere Situation«, sagte Jodl später, »war schwierig. Die im Falle eines offenen Verrats zu ergreifenden Maßnahmen [der Plan ›Alarich‹] waren bis ins kleinste Detail ausgearbeitet, aber die Verräter wiederholten ihre Treueversicherungen mit so viel innerem Nachdruck, daß sie bei einigen deutschen Offizieren Glauben fanden, die unfähig waren, an einen solchen Grad der Unehrenhaftigkeit zu glauben ... Unsere Aufgabe bestand darin, einen so großen Gebietsanteil wie möglich zu halten, um eine Landung in Norditalien zu verhindern. Andererseits war es notwendig, den Italienern keinen Vorwand für den Vollzug ihres Verrats zu liefern.«

Die Achse überlebte also vorerst Mussolinis Sturz. Badoglio schickte Hitler General Marras, den Militärattaché in Berlin, in Begleitung des Botschaftskanzlers Michele Lanza. Alfieri hatte klug daran getan, in Rom zu bleiben. Die Begegnung fand in Gegenwart Jodls, Schmundts und des Botschafters Hewels statt, die, wie Lanza berichtete, aufrecht stehen blieben, ›die rechte Hand in der Tasche ihres Waffenrocks, mit wachsamen Augen und sprungbereit‹. Hitler indessen verhielt sich gegenüber den Italienern höflich, ja selbst liebenswürdig. Er tat, als nehme er ihre Treuebeteuerung für bare Münze, entschuldigte sich, die Einladung des Königs nach Italien nicht annehmen zu können, und ermahnte sie wie üblich, heroisch durchzuhalten. »Der Tag unseres Sieges wird kommen, und wenn wir dreihundert Jahre darauf warten müssen, und an diesem Tag werden wir uns rächen.« Was den Wechsel des Regimes betraf, so beschränkte er sich darauf zu sagen, daß er gerne vorher informiert worden wäre und daß er vom Duce Nachrichten zu erhalten hoffe. »Es geht ihm gut«, sagte Marras trocken.

Eine erneute deutsch-italienische Begegnung wurde für den 6. August auf dem Bahnhof von Tarvis vereinbart. Die deutsch-italienischen Beziehungen sollten ›endgültig‹ klargestellt werden. Auf beiden Seiten bestand die Delegation aus Militärs und Diplomaten: Keitel und Ambrosio, Ribbentrop und der neue italienische Außenminister Raffaele Guariglia. Der aus Berlin eintreffende Baron Lanza war erstaunt über die Ferienatmosphäre und fast vergleichsweise üppige Versorgungslage Süddeutschlands, die zur Tragödie Norddeutschlands in scharfem Gegensatz stand. Als weiterer Kontrast erschien ihm dann das im Fiebertaumel liegende, heruntergekommene Italien, in dem es von bewaffneten Männern wimmelte. Die Täler der Berge hallten bereits von den ersten Feuerstößen wider, die reguläre Truppen mit Partisanen tauschten. Nicht weit von Tarvis, bei Arnoldstein, wurde die Grenze vor der 44. Gebirgsdivision geschlossen, die den Brenner besetzen sollte, und vor der 305. Infanteriedivision, die für Livorno bestimmt war. Ambrosio war sich darüber klar, daß die Wehrmacht Italien zu besetzen trachtete. Neun deutsche Divisionen standen bereits auf italienischem Boden.

Ribbentrop und Keitel fühlten sich wie in einem feindlichen Land. Der Minister hatte die Zurücklassung der Codes und aller Geheimdokumente auf deutschem Boden befohlen, da er es für möglich hielt, ›daß die Banditen vorhaben, uns im Auftrage der Engländer und Amerikaner auf italienischem Gebiet zu kidnappen‹. Die Maschinenpistolen in der Faust, nahmen SS-Männer vom Bahnhof Besitz und umstellten den Salonwagen Ribbentrops, in dem in einer Atmosphäre von eisiger Höflichkeit die Unterredungen stattfanden. Keitel und Ambrosio verhandelten über die Zukunft der deutschen Truppen in Italien. Der Deutsche erklärte, er verstehe nicht, warum man ihnen Schwierigkeiten in den Weg lege, da sie doch ins Land kämen, um es zu vertei-

digen. Der Italiener gab zurück, daß der Boden Italiens besser durch eine Zurückführung der in Frankreich und auf dem Balkan befindlichen italienischen Truppen zu schützen sei.
Zwischen Guariglia und Ribbentrop entspann sich eine noch härtere Diskussion. Hitlers Minister fragte den Minister Victor Emanuels, ob er in der Lage sei, ihm – Ribbentrop – gegenüber die förmliche Versicherung abzugeben, daß keinerlei Verhandlungen zwischen Italien und den alliierten Mächten stattfänden. Guariglia antwortete, es bestehe immer die Möglichkeit, daß Personen ohne Auftrag unkontrollierbare Initiativen unternähmen, doch seien keinerlei Gespräche von offiziellem Charakter im Gange. Falls Italien in dieser Richtung Schritte unternehmen wolle, würde es vorher die deutsche Regierung davon in Kenntnis setzen.
Ribbentrop blickte Guariglia scharf an: »Ist dies das Wort der italienischen Regierung?«
Guariglia hielt dem Blick stand: »Dies ist das Wort der italienischen Regierung.«
Nach Beendigung der Gespräche bestiegen Keitel, Ribbentrop und eine Gruppe von Offizieren mehrere Autos, die sie aus Deutschland hatten kommen lassen. Eine Straßensperre schloß die Straße vor den Italienern, die ihnen zu folgen versuchten. Zwei Stunden lang wurden die Vertreter der Regierung Badoglio im Wartesaal festgehalten und liefen, sich ängstlich Befürchtungen zuraunend, vor den Mündungen der Maschinenpistolen der SS auf und ab. Dann erschienen Keitel und Ribbentrop wieder und erklärten, sie hätten persönlich den deutschen Truppen die Grenze nach Italien geöffnet. Man trennte sich in einer Atmosphäre von Haß und tiefer Verletztheit. Als der deutsche Zug sich in Bewegung setzte, blieben die Italiener, statt die Hand zum römischen Gruß zu erheben, mit angelegten Armen unbeweglich stehen.
Soweit Guariglia die Versicherung abgegeben hatte, daß keinerlei offizielle Verhandlungen Italiens mit den Alliierten im Gange seien, hatte er nicht gelogen. Der frühere Privatsekretär Cianos, der Marchese d'Aieta, der in Lissabon mit dem britischen Botschafter Campbell Verbindung aufgenommen hatte, war im strengen Sinne des Wortes kein offizieller Unterhändler. Er war allerdings, mit der vollen Zustimmung des Ministers Guariglia, der offiziöse Beauftragte der Regierung Badoglio.
Soweit er jedoch versprochen hatte, daß Italien Deutschland im Falle von Verhandlungen informieren werde, hatte Guariglia bewußt die Unwahrheit gesagt. Absicht, Ziel und Aufgabe des neuen Regimes waren der Abschluß eines gesonderten Waffenstillstands mit den Alliierten. Man rechnete damit, vom Bündnispartner zum Gegner Deutschlands zu werden, um Italien die härtesten Folgen einer Niederlage zu ersparen. Doch fürchtete man auch die Rache der Deutschen. Man strebte also danach, sich unter den Schutz der britisch-amerikanischen Truppen zu stellen, sobald man den gefährlichen Absprung wagen wollte. Es handelte sich um ein schwieriges Unternehmen, das ohne sorgfältigste Übereinstimmung aller Akteure nicht durchführbar war und strengste Geheimhaltung verlangte.

Die englisch-amerikanischen Gegensätze waren einem Ausscheiden Italiens freilich nicht günstig. Der alte, gallige amerikanische Kriegsminister, Henry Stimson, fand in London und Algier nur seine Befürchtungen bestätigt: Die Engländer, vor allem Churchill, der die Scharte des Dardanellenunternehmens von 1915 wieder auswetzen wollte, versuchten die Invasion in Frankreich hinauszuzögern, um zuerst ihre Ziele im Mittelmeer zu erreichen. Stimson machte Roosevelt deutlich, zu welchen Aktionen Amerika durch das perifide Albion schon gezwungen worden war: erst die Landung in Nordafrika und dessen Eroberung, dann die Landung in Sizilien, jüngst auch der Sprung über die Straße von Messina, der mit Zustimmung des amerikanischen Oberkommandos erfolgt war. Mussolinis Sturz, die wachsende Wahrscheinlichkeit eines Ausscheidens Italiens aus dem Krieg lieferten Großbritannien neue Argumente und ließen Amerika nur noch entschiedener auf seinem Standpunkt beharren.
Badoglios Erklärung, Italien werde den Krieg an der Seite Deutschlands fortsetzen, wurde in Washington mit Erleichterung aufgenommen. Damit hatte sich ein Problem erledigt, das in der Öffentlichkeit noch höhere Wellen zu schlagen drohte als der Fall Darlan. Sollte man mit dem Hause Savoyen verhandeln, das dem Faschismus bereitwillig Hilfestellung geleistet hatte, oder mit Marschall Badoglio, der das wichtigste militärische Werkzeug Mussolinis gewesen war, der Äthiopien erobert und Griechenland überfallen hatte? Vor der Landung auf Sizilien hatten Roosevelt und Churchill das italienische Volk aufgefordert, sich vom Faschismus loszusagen und wieder zu seinen demokratischen Traditionen zurückzukehren. Nun beeilte sich Roosevelt, zu unterstreichen, daß die Formel ›Bedingungslose Kapitulation‹ für Italien auch weiterhin voll gültig sei. Das Regime, das Mussolini gestürzt hatte, durfte keine Gnade finden. ›Bei aller Phantasie‹, schrieb der Berater Hopkins, ›kann ich mir Victor Emanuel und Badoglio nicht als Repräsentanten einer demokratischen Regierung vorstellen.‹
Zum Glück besaß Italien einen hinreichend starken Selbsterhaltungstrieb, um sich nicht auf einen Verzweiflungskampf einzulassen. Trotz der brüsken Reaktion der Alliierten gingen die Fühlungnahmen in Richtung auf Friedensverhandlungen weiter. Nach d'Aieta und Berio, dem italienischen Generalkonsul in Tanger, erschien ein gewichtigerer Unterhändler auf der Szene: General Giuseppe Castellano, den Badoglio zum Planungsoffizier im Comando Supremo ernannt hatte. Am 15. August stellte er sich, nachdem er mit falschem Paß nach Madrid gereist war, dem dortigen britischen Botschafter, Sir Samuel Hoare, vor und ließ, wie dieser berichtet, einen möglichen Frontwechsel Italiens durchblicken.
Das deutsch-italienische Spiel mit verdeckten Karten ging dennoch weiter. Am selben Tag, an dem General Castellano bei Sir Samuel Hoare erschien, fand in Bologna eine militärische Besprechung statt. Hitler schickte Jodl, Ambrosio den Generalstabschef des Heeres, Roatta. Auch Rommel, Kesselring und Rintelen waren zugegen. Die Bombenangriffe, von denen die italienischen Städte heimgesucht wurden (im Laufe der

Woche wurde Mailand viermal, Turin dreimal, Genua und Rom je einmal angegriffen), schienen gegen Geheimverhandlungen Italiens mit den Alliierten zu sprechen. Aber die Deutschen wußten es besser. Sie kamen, wie in Tarvis, im Schutze einer SS-Eskorte und speisten mit den Italienern, während sie die Pistolen auf dem Tisch liegen hatten. Gemeinsam machte man sich dann an die Ausarbeitung eines Operationsplans. Die deutsch-italienischen Kräfte sollten schrittweise auf die Linie Pisa–Florenz–Ravenna zurückweichen, dort aber bis zum Äußersten Widerstand leisten. Gelassen stimmten die Italiener einem Plan zu, der den größten Teil ihres Landes zur verbrannten Erde machen mußte. Und Sizilien? Auch dieses Problem wurde gelöst. Opferte man die Insel, so blieb der Achse ein zweites Tunis erspart.

Der Beschluß wurde nicht ohne Bedauern getroffen. Admiral Dönitz hatte sich gegen eine Aufgabe Siziliens gewandt, da der Besitz der Insel den Alliierten die völlige Herrschaft über das Mittelmeer sichere. Der nach Sizilien befohlene einarmige General Hans Hube, der mit seinen Truppen als erster Stalingrad erreicht und das unwahrscheinliche Glück gehabt hatte, den Kessel noch wenige Tage vor der Kapitulation verlassen zu können, verteidigte an der Seite der italienischen 6. Armee noch immer befehlsgemäß jeden Fußbreit sizilianischen Bodens. Als am 3. August die Alliierten an drei Stellen die Offensive gegen Messina begannen, trafen sie auf heftigen Widerstand. Das Massiv des Ätna und die Nebrodiciberge zwangen sie, auf eng begrenztem Raum, oft direkt an der Felsküste, zu operieren. Der Kampf spielte sich bei 40 Grad im Schatten ab. Schrecklich plagte der Durst auch die alliierten Soldaten. Aber die britisch-amerikanischen Streitkräfte waren in der Luft und zur See zu überlegen, als daß Guzzoni und Hube noch eine Chance gehabt hätten. Die Südflanke des Ätna zwischen Catania und Taormina wurde zwischen dem 6. und 14. August von der 8. britischen Armee genommen. Am Nordhang des Vulkans besetzte die 7. US-Armee nacheinander Nicosia, Troina und Randazzo. Messina war ständigen Bombenangriffen ausgesetzt. Von den vier Fährbooten, die den Verkehr nach Italien besorgten, waren bereits drei gesunken.

Die Räumung der Insel begann am 9. August. Jede Nacht war alles, was sich überhaupt nur auf den Wellen fortbewegen ließ, zwischen Sizilien und Kalabrien unterwegs. Als am 17. August Patton in Messina einzog, hatten rund 40000 deutsche und 62000 italienische Soldaten ohne nennenswerte Verluste die Meerenge überquert. Die Alliierten hatten so gut wie keine Anstrengungen unternommen, ihren Sieg in Sizilien, so wie in Tunis, durch die Gefangennahme des Feindes zu krönen. Zur Eroberung Nordafrikas hatten sie sechs Monate gebraucht. Sizilien befand sich nach 38 Tagen in ihrer Hand. Zunehmende Siegesgewißheit bemächtigte sich der alliierten Truppen.

Zur selben Zeit, da sich derartig günstige Perspektiven abzeichneten, waren erneute Besprechungen zwischen den Alliierten im Gange. Daß man sich diesmal in Quebec getroffen hatte, war ein Zugeständnis an britische Empfindlichkeiten, das gleichwohl den Präsidenten der Vereinigten Staaten nicht zu einer Reise nach Großbritannien zwang, die, wie Roosevelt glaubte, von seinen irischen Wählern übelgenommen werden konnte.

Bei diesen Besprechungen in Quebec brachen erneut die ernsten Meinungsverschiedenheiten zwischen Engländern und Amerikanern auf. Folgende Episode war kennzeichnend für die herrschende Spannung: Während einer streng geheimen Konferenz der Generalstabschefs hörten die Mitarbeiter im Nebenzimmer, wohin sie sich zurückgezogen hatten, zu ihrem Schrecken einen Schlag, dann einen Schrei, dann eine Detonation. Mountbatten hatte ein Probestück tiefgefrorenen Eises mitgebracht. Ein Mr. Pyke hatte angeregt, aus solchem Eis schwimmende Flugplätze für die Invasion in Europa zu fabrizieren. Arnold, der kräftigste unter den anwesenden Militärs, hatte den Block mit einem Axtschlag zu spalten versucht: Das war der Schlag gewesen. Aber das Stück war so hart, daß Arnold sich das Schultergelenk auskugelte: der Schrei. Und um den Versuch zu vervollständigen, hatte Mountbatten einen Pistolenschuß auf den Eisbrocken abgefeuert: die Detonation. Aber die Offiziere im Vorzimmer dachten alle das gleiche: ›Mein Gott, die bringen sich gegenseitig um!‹

Die Streitfrage war wieder die alte: Mittelmeer oder Westeuropa? Die Ideologie Amerikas stand gegen den britischen Imperialismus. Da eine siegreiche Beendigung des Krieges offensichtlich bevorstand, nahmen die Zusammenstöße an Schärfe zu. Die Probleme der Welt von morgen begannen sich hinter den verschwommenen und glatten Phrasen der Atlantikcharta abzuzeichnen. Die Frage nach der Rolle Rußland in einer neuen Weltordnung und das Kolonialproblem spielten entscheidend in die strategischen Planungen hinein.

Die Amerikaner verlangten von den Briten die Aufnahme der Offensive in Burma zur Entlastung Tschiangkaischeks, aber es wurde ihnen bedeutet, daß ein solches Unternehmen Großbritannien keinerlei politische Vorteile bieten könne.

Churchill erweckte bei den Amerikanern den Verdacht, er wolle den Kolonialismus in Südostasien wiederbeleben, da er eine Ausdehnung der Operationen auf Sumatra vorschlug. Die endgültige Auseinandersetzung mit Japan sollte nach der Niederwerfung Deutschlands erfolgen, doch wurde den Amerikanern klar, daß die Engländer dabei nicht mehr allzuviel einsetzen wollten. Als Führer einer seit vier Jahren kriegführenden Nation, die Deutschland zunächst allein Widerstand geleistet hatte, mußte Churchill Englands Rolle bei den letzten Kämpfen im Pazifik möglichst zu beschränken suchen. Dies hatte zur Folge, daß, in eklatantem Gegensatz zur sonst verfolgten angelsächsischen Politik, Roosevelt die Mitwirkung der Russen bei der Zerschlagung der Aggressoren von Pearl Harbor sehnlichst wünschte. Der Preis, den er schließlich dafür zahlen mußte, war hoch.

In der Diskussion über die Frage Ärmelkanal oder Mittelmeer vertrat Churchill einen klaren Standpunkt. Im Jahre 1942 war er gegen das Unternehmen ›Sledgehammer‹ gewesen, im Jahre 1943 gegen ›Roundup‹. Im Jahre 1944 war er entschieden für ›Overlord‹. Aber er war weiterhin der Meinung, daß die Fortführung der Offensivoperationen im Mittelmeer keineswegs mit einer Landung in der Normandie unvereinbar sei, ja die Invasion sogar erleichtern werde. Zehn Monate waren es noch bis zum frühesten der für das Unternehmen ›Overlord‹ festgesetzten Termine. Würde man auf dem Kriegsschauplatz im Mittelmeer nicht mehr offensiv vorgehen, so müßte dies wie ein deutscher Erfolg aussehen. Der Kampf in Italien aber bringe eine weitere Aufsplitterung der gegnerischen Streitkräfte mit sich und zwinge die Deutschen, auf ihre Reserven zurückzugreifen. Der Gegner werde vor dem entscheidenden Schlag geschwächt. Badoglios Schritte schienen Churchills Thesen zu bestätigen. Marshall sah ein, daß es vorteilhafter sei, den auf Sizilien siegreich beendeten Kampf auf der italienischen Halbinsel fortzusetzen. Eisenhower arbeitete in diesem Sinne zwei Operationspläne aus: den einen, ›Baytown‹, für eine Landung in Kalabrien, den anderen, ›Avalanche‹, für eine Landung im Raume Neapel. Man setzte sich das Ziel, Rom zu erobern, Italien zum Ausscheiden aus dem Krieg zu zwingen und die strategisch wichtige Luftbasis Foggia zu nehmen, von der aus die Bombenangriffe auf Ploesti mit Jägern gedeckt werden konnten.

Doch die englisch-amerikanische Kontroverse entzündete sich neu an der Frage, wie die geplanten Eroberungen dann auszunutzen seien. »Wir wären dann imstande«, sagte Churchill, »über die Adria hinweg unsere Hand den aufständischen Patrioten des Balkans zu reichen.« Doch nicht anders als Sumatra erregte auch der Balkan als Gegenstand britischer Bemühungen das Mißtrauen Roosevelts. Zwar hatte er Verständnis für die uneingestandenen Beweggründe Churchills, aber billigen konnte er sie nicht. ›Der Präsident‹, so heißt es in der offiziellen amerikanischen Geschichte, ›glaubte nicht, daß Rußland seine Hand auf den Balkan zu legen beabsichtigte.‹ Churchills Absicht, dort vor den Russen auf den Plan zu treten, erschien demnach nicht als angebrachte Vorsichtsmaßnahme gegen die Ausbreitung des Kommunismus, sondern als eine neue Regung des britischen Imperialismus.

Für die Durchführung des Unternehmens ›Overlord‹ sollten sieben Divisionen aus dem Mittelmeerraum abgezogen und nach England verlegt werden. Doch Churchill verlangte ihre Ersetzung durch sieben neue Divisionen aus den Vereinigten Staaten. Die Amerikaner aber lehnten ab, obwohl sie über genügend Truppen verfügten und Transportschwierigkeiten infolge einer Bedrohung durch deutsche U-Boote nicht mehr bestanden. ›Sieben Divisionen als Ersatz zu schicken‹, schrieb Marshall an Roosevelt,

›hieße nur, Mr. Churchill einen Anreiz zu geben, sich ihrer für eine Landung auf dem Balkan zu bedienen.‹ Eine gleichfalls offene Frage belastete die englisch-amerikanischen Beziehungen: Wer sollte den Oberbefehl über das Unternehmen ›Overlord‹ erhalten?

Da den USA die Leitung der Operationen im Mittelmeer übertragen worden war, schien es angebracht, daß ein Engländer den Oberbefehl bei einer Landung auf dem Kontinent übernahm. Churchill hatte Sir Alan Brooke bereits davon in Kenntnis gesetzt, daß dieses schwere und ruhmvolle Amt ihm, Brooke, zufallen werde. Doch in amerikanischen Regierungs- und Militärkreisen waren sofort Gegenstimmen laut geworden. Nach seiner Rückkehr aus London und Algier machte sich Stimson zu ihrem Sprecher: ›Wir können vernünftigerweise nicht Spekulationen Nahrung geben‹, schrieb er an Roosevelt, ›daß wir den Kanal unter britischem Oberbefehl überschreiten werden. Der Premierminister und sein Generalstabschef sind offen gegen dieses Projekt... Zwar haben sie jetzt ein Lippenbekenntnis dafür abgegeben, mit dem Herzen aber sind sie keineswegs dabei. Es bedarf eines höheren Grades an Entschlossenheit, an innerer Freiheit und an festem Glauben, als man mit guten Gründen von einem britischen Oberkommando erwarten darf, um alle Schwierigkeiten einer solchen Operation zu meistern.‹ Stimson zufolge war Roosevelt in allen Punkten mit ihm einig. Auch war der Präsident von dem Vorschlag durchaus angetan, General Marshall das Oberkommando über ›Overlord‹ zu übertragen.

Churchill hatte wohl geglaubt, diese Forderungen unmöglich zurückweisen zu können. ›Als dann im Lauf des Jahres der ungeheure Invasionsplan Gestalt anzunehmen begann, wurde ich immer mehr von dem gewaltigen Übergewicht der amerikanischen Truppen beeindruckt, die nach der ersten mit gleichen Kräften vorzunehmenden Landung eingesetzt werden mußten, so daß ich in Quebec selbst die Initiative ergriff und dem Präsidenten vorschlug, die Expedition nach Frankreich einem amerikanischen Oberbefehlshaber zu unterstellen. Meine Anregung befriedigte ihn sehr... Ich teilte dem von mir hochgeschätzten General Brooke den neuen Beschluß und unsere Gründe mit. Er trug die große Enttäuschung mit soldatischer Fassung.‹ In Wirklichkeit aber war Brooke bitter enttäuscht: ›Für mich war es ein vernichtender Schlag, aber das berührte Winston nicht einen Augenblick. Er äußerte mir gegenüber keinen Ausdruck des Bedauerns oder der Anteilnahme und behandelte die ganze Angelegenheit wie einen nebensächlichen Vorgang.‹ Noch war die Frage offen, wer das Oberkommando erhalten sollte – Marshall oder Eisenhower? Selbstverständlich wollte man nun den Engländern die Führung auf den beiden anderen Kriegsschauplätzen überlassen. Mountbatten erhielt das Oberkommando in Südostasien, Alexander im Mittelmeer. Churchill sah darin Vorteile, was seinen leichten Verzicht im Falle ›Overlord‹ erklärt. Die Landung in der Normandie lag noch in weiter Ferne und stand vorerst nur auf dem Papier, während in Italien sich die Ereignisse jagten.

Von oben, von links: George Marshall, US-Stabschef; M. W. Clark, OB XV. Armeegruppe; C. H. Hodges, OB 1. US-Armee; Sir F. E. Morgan, britischer Generalleutnant, plante D-Day; O. N. Bradley, OB VII. Armeegruppe, leitete D-Day; A. P. Wavell, OB Nordostpazifik; H. G. Alexander, OB Mittelmeerfront; Sir A. B. Cunningham, Stabschef der Royal Navy; Sir A. Brooke, britischer Generalstabschef.

Die Auseinandersetzungen mit den Amerikanern überschatteten zuweilen die japanischen Kämpfe an der chinesischen Tschungkingfront (oben), wo die Japaner seit Jahren gegen Tschiang Kai-schek zu Felde zogen. – Einer der westlichsten japanischen Expansionspunkte waren die Andamanen im Indischen Ozean südlich von Burma, wo die Japaner am 23. März 1942 an Land gingen (unten).

Badoglio taktierte verzweifelt. Gegenüber dem neuen Vertreter Deutschlands, Rudolf Rahn, berief er sich auf seinen Namen, seinen Titel, seine Vergangenheit: »Ich bin Marschall Badoglio. Ich gehöre mit Mackensen und Pétain zu den ältesten Marschällen Europas. Das Mißtrauen der deutschen Regierung gegen meine Person ist mir unverständlich. Ich habe mein Wort gegeben, und ich stehe zu meinem Wort. Haben Sie bitte Vertrauen.« Im selben Augenblick, da Badoglio diese Sätze mit vor Erregung bebender Stimme sprach, traf sein neuer Unterhändler, General Giacomo Zanussi, in Lissabon ein. Ihn begleitete der prominenteste britische Kriegsgefangene, General Adrian Carton de Wiart. Was Zanussi vorschlug, war nichts weniger als ein Plan für einen Handstreich zur Eroberung Roms im Zusammenwirken italienischer und alliierter Verbände.

In nächster Nähe Roms, versicherte Zanussi, befinde sich nur eine einzige deutsche Division. Sechs italienische Divisionen, hinreichend ausgerüstet, ständen in der Hauptstadt und in ihrer Umgebung. Die Alliierten sollten eine Fallschirmjägerdivision absetzen, der sich dann die italienischen Truppen anschließen würden. Auf ein Wort seines Königs werde sich das italienische Volk gegen die verhaßten Deutschen erheben. Die südlich von Rom stehenden Truppen wären damit abgeschnitten und könnten gefangengenommen werden. Innerhalb weniger Tage könne Italien bis zu den Alpen befreit und die deutsche Grenze erreicht werden.

Selbst heute, nachdem viele Einzelheiten enthüllt worden sind, ist sicher noch nicht die ganze Wahrheit über diese Episode bekannt. Eisenhower jedenfalls ging auf den Vorschlag ein. Die 82. US-Luftlandedivision sollte das Unternehmen starten. Von Quebec aus ließen Roosevelt und Churchill gemeinsam telegraphisch ihre Zustimmung übermitteln. Bezüglich der bedingungslosen Kapitulation aber wurden keine Zugeständnisse gemacht. Der Oberbefehlshaber erhielt zwei Dokumente, deren eines, ›short term‹ genannt, sich auf die militärische Kapitulation bezog, während das andere, ›long term‹, den Italienern erst nach Unterzeichnung des ersten Dokuments vorgelegt werden sollte. Der ehrliche Eisenhower verhehlte nicht seine Abneigung gegen eine solche Unaufrichtigkeit – er nannte sie ›crooked deal‹ – noch seinen Unmut über das den Besiegten zugedachte Schicksal. »Dieses Dokument«, sagte er, »wird erst zehn Jahre nach dem Krieg veröffentlicht werden.« Worauf ihm Murphy erwiderte, er, Eisenhower, überschätze die Zeitspanne, in welcher sich ein solches Geheimnis bewahren lasse. Tatsächlich ist der Krieg nun über zwanzig Jahre zu Ende, aber die politischen Bedingungen, die Italien nach seiner Kapitulation diktiert wurden, sind bis heute nicht in vollem Umfang publiziert worden.

Damals aber bereiteten die Militärs der Alliierten die Besetzung Roms zusammen mit denselben Italienern vor, die sie in den Staub zu werfen beabsichtigten. Der stellvertretende Kommandeur der 82. US-Luftlandedivision, Generalmajor Maxwell Taylor, begab sich in Begleitung von Oberst William Gardiner an Bord eines Wasserflugzeugs heimlich nach Ustica, von wo aus eine italienische Korvette sie nach Gaeta brachte. Die beiden amerikanischen Offiziere gelangten in Zivilkleidung und mit einem Sender im Koffer nach Rom – ständig in Gefahr, im Falle der Entdeckung erschossen zu werden. Die Auskünfte, die sie von General Carboni, dem Chef des italienischen militärischen Geheimdienstes, erhielten, gaben viel weniger zu Optimismus Anlaß als die, welche Zanussi gegeben hatte. Die Deutschen hatten 12000 Mann in nächster Umgebung Roms stehen und 35000 Mann in einem Umkreis von 100 Kilometern. Die Italiener, die nicht über genügend Munition verfügten, konnten nicht einmal garantieren, daß sie die Flugplätze würden halten können. Taylor verlangte ein Gespräch mit Badoglio. Der Marschall bestätigte Carbonis Aussagen und bat um eine Vertagung des Landungsunternehmens.

Am 8. September um 2 Uhr morgens saß Badoglio im Pyjama in seinem Schlafzimmer. Ein ereignisreicher Tag stand dem zweitältesten Marschall Europas bevor.

Eine Woche zuvor waren die Alliierten im Süden der italienischen Halbinsel gelandet. Am 2. September hatte sich Montgomery zum Angriff über die Straße von Messina entschlossen. Er war zu diesem Unternehmen übrigens von Eisenhower seit dem 17. August immer wieder gedrängt worden. Die Deutschen leisteten keinen nennenswerten Widerstand. Das einzige deutsche Regiment, das an der Küste gestanden hatte, war in die Berge zurückgewichen und hatte sich dann nach Norden aus dem Staub gemacht, so schnell die Straßen Kalabriens dies erlaubten. Die Stiefelspitze Italiens wurde in drei Tagen vom XIII. britischen Korps erobert. Admiral Cunningham improvisierte ein Unternehmen gegen Tarent: Die britischen Schiffe liefen wie zu einem Flottenbesuch in den Hafen ein, von dem Mussolini so oft behauptet hatte, er beherrsche das Mittelmeer. Brindisi und Bari wurden an den folgenden Tagen unter ähnlichen Umständen genommen. An diesem 8. September, 2 Uhr morgens, war es auch gerade eine Woche her, daß Italien bedingungslos kapituliert hatte. Doch weder Deutschland noch die Welt wußten etwas davon.

Am 31. August hatten sich Zanussi und Castellano, der eine aus Algier, der andere aus Rom kommend, im Hauptquartier Alexanders in Cassibili in der Nähe Palermos getroffen. Sie hatten versucht, die italienische Kapitulation von der Luftlandung in Rom abhängig zu machen, indem sie zu bedenken gaben, daß eine begrenzte Landung in Süditalien den König und seine Regierung der deutschen Rache ausliefern werde. Die Alliierten waren im Prinzip einverstanden. Man ließ die Unterhändler nach Rom zurückbringen, von wo sie am 2. September wieder zurückkehrten. Sie erklärten, die Vollmacht zur Unterzeichnung nur unter der Bedingung erhalten zu haben, daß zum Zeitpunkt der Kapitulation das Luftlandeunternehmen durchgeführt werde. Außerdem solle das Ganze um etliche Tage verschoben werden. Nun griffen die Alliierten zum Mittel der Einschüchterung. Wie Murphy erzählt, präsentierte sich Alexander gestiefelt und gespornt im Schmuck seiner sämtlichen Orden den beiden Italienern. Als habe er von den italienischen Einwänden eben erst erfahren, betrat er in gespielter Verärgerung den Raum, sprach von Verrat und erklärte, daß Rom bombardiert werde, falls die Kapitulation nicht innerhalb von vierundzwanzig Stunden unterzeichnet sei. Castellano und Zanussi verbrachten angstvolle Stunden in Erwartung der Antwort ihrer Regierung. Es schien völlig ausgeschlossen, daß die Deutschen von dem regen Verkehr nichts gemerkt haben sollten, der seit vierzehn Tagen zwischen Rom, Madrid, Lissabon, Quebec, Algier, Palermo und wieder Rom im Gange war. Doch das Unwahrscheinliche war wahr. Die Deutschen rochen zwar Verrat, doch was im einzelnen geplant war, wußten sie nicht.

Die Zustimmung zur Kapitulation erhielt Castellano am 3. September. Eisenhower kam aus Tunis, um auch seine Unterschrift unter das ›short term‹ genannte Dokument zu setzen, das einzige, das die Italiener bisher kannten. Die Unterzeichnung fand um 15 Uhr 15 statt. Der verärgerte Eisenhower verschwand sogleich wieder und überließ Bedell Smith die undankbare Aufgabe, den Italienern auch das zweite Dokument zu unterbreiten, das die juristische Existenz ihres Landes für unbestimmte Zeit aufhob. Mit Bestürzung hörte Castellano zu. Aber er hatte sich in der Hand und erklärte mit tonloser Stimme, daß er es auf sich nehme, ›long term‹ weder dem König noch Badoglio mitzuteilen. Nun war eine der drei Mächte, gegen die sich die freie Welt mit der Sowjetunion verbunden hatte, aus dem Kriege ausgeschieden. Das sensationelle Ereignis blieb vorläufig noch geheim. Eisenhower hatte sich die Wahl des Zeitpunkts der Bekanntgabe ausbedungen, und Badoglio hatte sich verpflichtet, kurz darauf seine Bestätigung folgen zu lassen. Die Alliierten beabsichtigten, die italienische Kapitulation publik zu machen, wenn das Unternehmen ›Avalanche‹, die Landung im Golf von Palermo, anlief. Zwar gab man Castellano auch jetzt noch keine feste Zusicherung, aber die Besprechungen bezüglich eines Luftlandeunternehmens auf Rom gingen weiter, und die Italiener durften noch immer auf seine Verwirklichung hoffen. Für die königliche Regierung in Rom waren die Tage zwischen der heimlichen und der öffentlichen Kapitulation Tage der Angst, und während der letzten Stunden steigerte sich diese Angst zu wahren Alpträumen. Infolge der wenig ermutigenden Auskünfte Carbonis und Badoglios an Taylor wurde das Landungsunternehmen der 82. Luftlandedivision eine Stunde vor Übernahme der Truppen in die Transportflugzeuge abgeblasen. Die Italiener wußten nicht, daß Keitel kurz zuvor die unverdächtige Parole ›Achse‹ – seltsamer Einfall! – als Stichwort für die Entwaffnung der italienischen Einheiten ausgegeben hatte, aber schon allein die deutschen Truppenbewegungen sahen bedrohlich genug aus. Diejenigen, die diese Truppenbewegungen zuerst entdeckten, hatten den Eindruck, daß das Geheimnis wie Dampf aus einem undichten Kessel entwich. Botschafter Rahn erhielt eine Audienz beim König. Dieser erklärte

ihm am Schluß der Unterredung emphatisch, Italien sei Deutschland auf Leben und Tod verbunden und werde den Kampf bis zum Ende fortsetzen.
Es war um die Mittagszeit des 8. September. Über dem sonnendurchfluteten Rom dröhnte der Lärm des Krieges. Amerikanische Bomber griffen Frascati, das Hauptquartier Kesselrings, an. Um 18 Uhr 30, zwei Stunden vor Beginn der Landungsoperationen im Golf von Salerno, tönte eine Stimme durch den Äther: »Hier spricht General Dwight D. Eisenhower, der Oberkommandierende der alliierten Streitkräfte. Die italienische Regierung hat die bedingungslose Kapitulation ihrer Streitkräfte erklärt... Die Kampfhandlungen zwischen den Streitkräften der alliierten Mächte und denen Italiens werden sofort eingestellt. Allen Italienern, die von nun an zu der Vertreibung des deutschen Angreifers von italienischem Boden beitragen, wird Hilfe und Unterstützung von seiten der alliierten Mächte zugestanden.« Diese zuvor auf Tonband gespielte Erklärung, der die italienische Übersetzung folgte, wurde von allen alliierten Sendern ausgestrahlt.
Im Hauptquartier Eisenhowers wartete man auf das Echo: die entsprechende Erklärung Badoglios. Doch sie ließ auf sich warten. Auf deutsche Anfragen erklärten italienische Stellen, daß dieser Aufruf eine List der Alliierten sei, um vor dem zu erwartenden Landeunternehmen Verwirrung in Italien zu stiften. Schließlich wurde Rahn ins Außenministerium gebeten, wo ihm Guariglia eine Erklärung gab. »Es ist richtig«, sagte langsam der italienische Außenminister, »daß angesichts der verzweifelten Lage Marschall Badoglio um einen Waffenstillstand nachgesucht hat, der ihm auch gewährt worden ist.« – »Aber«, erwiderte Rahn, »der Marschall hat mir am 3. September sein Ehrenwort als Soldat gegeben.« – »Das war«, unterbrach ihn Guariglia, »genau der Tag, an dem der Waffenstillstand unterzeichnet wurde.« Das Gespräch endete in einer Flut von gegenseitigen Vorwürfen. Kurze Zeit später, um 19 Uhr 45, bestätigte der italienische Rundfunk Eisenhowers Erklärung.
Nun blieb den Akteuren dieses Schauspiels nichts anderes mehr zu tun, als ihre Haut zu retten. In höchster Eile verließen König, Königin und die königliche Familie, Badoglio, seine Minister und Generale, dazu die Milliardäre der Stadt ihre Paläste. Während der Nacht kam es zu Schießereien zwischen einigen italienischen Einheiten und auf Rom marschierenden deutschen Truppen. Die Flüchtlinge fuhren Richtung Adria, überquerten in anstrengender Fahrt die Abruzzen und kamen am Morgen in Pescara an, von wo aus eine Korvette den König und andere hohe Persönlichkeiten nach Brindisi brachte. Murphy, der sich einige Tage später dorthin begab, fand die geflüchtete Regierung und den Hof in einigen düsteren Gebäuden der Marine einquartiert. Direkt davor lag eine Korvette unter Dampf auslaufbereit. Es war ein herbes Geschick, von dem das Haus Savoyen betroffen war. Der König klagte Murphy, daß er nur die Uniform besitze, die er am Leibe trage, und daß die Königin hier keine frischen Eier bekomme. Wahrlich, schlimme Entbehrungen für diese großen Herrschaften!

XXIII. Kapitel September bis Dezember 1943
Die Morgenröte des Sieges: Salerno, Kiew, Teheran

Die Entwaffnung der italienischen Truppen

Am 9. September um 19 Uhr 30, wenige Minuten vor der Bestätigung des Waffenstillstands durch Badoglio, setzte Generalfeldmarschall Kesselring mit dem Losungswort ›Achse‹ die Entwaffnung der italienischen Truppen in Gang. Die von der Wehrmacht vorsorglich getroffenen Maßnahmen machten das Unternehmen leicht. Die 4. Armee in Frankreich leistete keinerlei Widerstand. In Kroatien und Montenegro schlossen sich einzelne Gruppen italienischer Soldaten den Partisanen an. Andererseits entschlossen sich auf Sardinien, in Jugoslawien, Griechenland und Norditalien einige Einheiten, den Kampf an der Seite der Deutschen fortzusetzen. Die Beute entsprach dem, was man von einem besiegten Land und einer schwer angeschlagenen Armee erwarten konnte. Die Mannschaften und Offiziere der fast achtzig Divisionen wurden Kriegsgefangene. Die Liste des in die Hände der Deutschen gefallenen Materials verzeichnete 1250000 Gewehre, 38383 Maschinengewehre, 9988 Geschütze, 970 Panzer, 4553 Flugzeuge, 287502 Tonnen Munition, 15500 Lastwagen, 67600 Pferde und Maultiere, 196000 Tonnen Eisenerz, 3400 Tonnen Quecksilber, 1139000 Hemden, 352000 Meter Stoff und anderes. »Der Überfluß«, bemerkte Jodl, »kehrte für einige Zeit bei der deutschen Armee ein. Das war der einzige Dienst, den Italien uns jemals erwiesen hat.«

Auf ernsthaften Widerstand stießen die Deutschen nur um Rom. Die 3. Panzergrenadierdivision und die 2. Fallschirmjägerdivision kämpften örtliche Widerstandszentren nieder, von denen sich jenes im Hauptquartier des Monte Redondo unter General Roatta am zähesten verteidigte. Die Kapitulation des Generals Calvi di Bergolo, eines Schwiegersohns des Königs, ersparte den deutschen Truppen ein gewaltsames Eindringen in die Ewige Stadt. Kesselring beließ dem General seine Division ›Piave‹ zur Aufrechterhaltung der Ordnung in der Hauptstadt und trug ihm auf, die Soldaten der anderen Einheiten nach Hause zu schicken. Im Augenblick der alliierten Landung gab es zwei deutsche Befehlsbereiche in Italien. Der Norden gehörte bis zur Linie Ancona–Piombino zur Heeresgruppe B unter Rommel, der Rest zur Heeresgruppe Süd unter Kesselring. Die beiden Feldmarschälle mochten einander nicht und vertraten völlig verschiedene Konzeptionen. Der Pessimist Rommel wollte Rom aufgeben und die Verteidigungslinien bis auf die Höhe von Florenz zurücknehmen. Der optimistische Kesselring meinte, man müsse den Gegner schon bei der Landung ins Meer werfen. Hitler, den der Krieg im Mittelmeerraum nicht interessierte, griff hier nicht als Schiedsrichter ein. Rommel versuchte sich Kesselring gegenüber in die Position des Vorgesetzten zu bringen, doch ging das OKW darauf nicht ein. Die Kommandogewalt in Italien blieb geteilt.

Unter Rommels Befehl standen 7 Infanteriedivisionen, 2 Panzerdivisionen – eine der beiden war die Leibstandarte ›Adolf Hitler‹ –, außerdem eine Brigade Gebirgstruppen. Diese Einheiten waren zwischen Brenner und dem Arno verteilt und hatten mit den Kampfhandlungen im Süden nichts zu tun. Rommel durfte, da Rahn mit einer Landung nördlich des Arno rechnete, zunächst keine Kräfte nach dem Süden abgeben. Die Heeresgruppe Süd zählte zwei Panzerdivisionen, drei Panzergrenadierdivisionen und zwei Fallschirmjägerdivisionen. Sie war in drei Armeekorps aufgeteilt: das LXXVI. Panzerkorps, das dem vorsichtigen Vorrücken Montgomerys in Apulien und der Provinz Potenza hinhaltenden Widerstand leistete, das XIV. Panzerkorps, das im Raume von Neapel stand, und das II. Korps, das den Raum um Rom besetzt hielt. Kesselring wurde durch das Unternehmen ›Avalanche‹ keineswegs überrascht. Der Golf von Neapel war für ein Landungsunternehmen nicht geeignet, da die Artillerie der Verteidiger in dem großen Halbrund die Angreifer unter gefährliches Kreuzfeuer nehmen konnte. Der Golf von Salerno hingegen war offener und lag Sizilien näher; die auf der Insel stationierten Jagdflugzeuge konnten leichter in den Kampf eingreifen. Also wurde die 16. Panzerdivision Anfang September in diesen Abschnitt verlegt. Bei der ersten Nachricht vom Abfall Italiens besetzte sie sämtliche Verteidigungsanlagen, Maschinengewehrnester und Artilleriestellungen, die dort von der 222. Division der italienischen Küstenverteidigung eingerichtet worden waren. General Ferrante Gonzalgua, der sich der Übernahme zu widersetzen versuchte, wurde standrechtlich erschossen. Die beiden Grenadierregimenter wurden unmittelbar längs des Küstenstreifens in Stellung gebracht, während das Panzerregiment weiter zurück bei Battipaglia als Reserve für den Gegenangriff verblieb.

Die Alliierten landen bei Salerno

Zwar wurde die alliierte Armee, die in der Nacht vom 8. auf den 9. September zur Eroberung Italiens landete, als 5. US-Armee bezeichnet, ihr Befehlshaber, General Mark Wayne Clark, war auch Amerikaner; aber sie zählte trotzdem 100 000 Briten und nur 69 000 Amerikaner. Die Angriffsspitze bestand aus der 46. und der 56. britischen Division, die zusammen das X. britische Korps unter Generalleutnant MacCreery bildeten, sowie aus der 36. amerikanischen Division, die zum VI. US-Korps gehörte. Die Amerikaner wurden bei Paestum in der Nähe des Poseidontempels auf den Strandabschnitten ›Blau‹, ›Gelb‹, ›Grün‹ und ›Rot‹ an Land gesetzt. Eine sumpfige Zone von

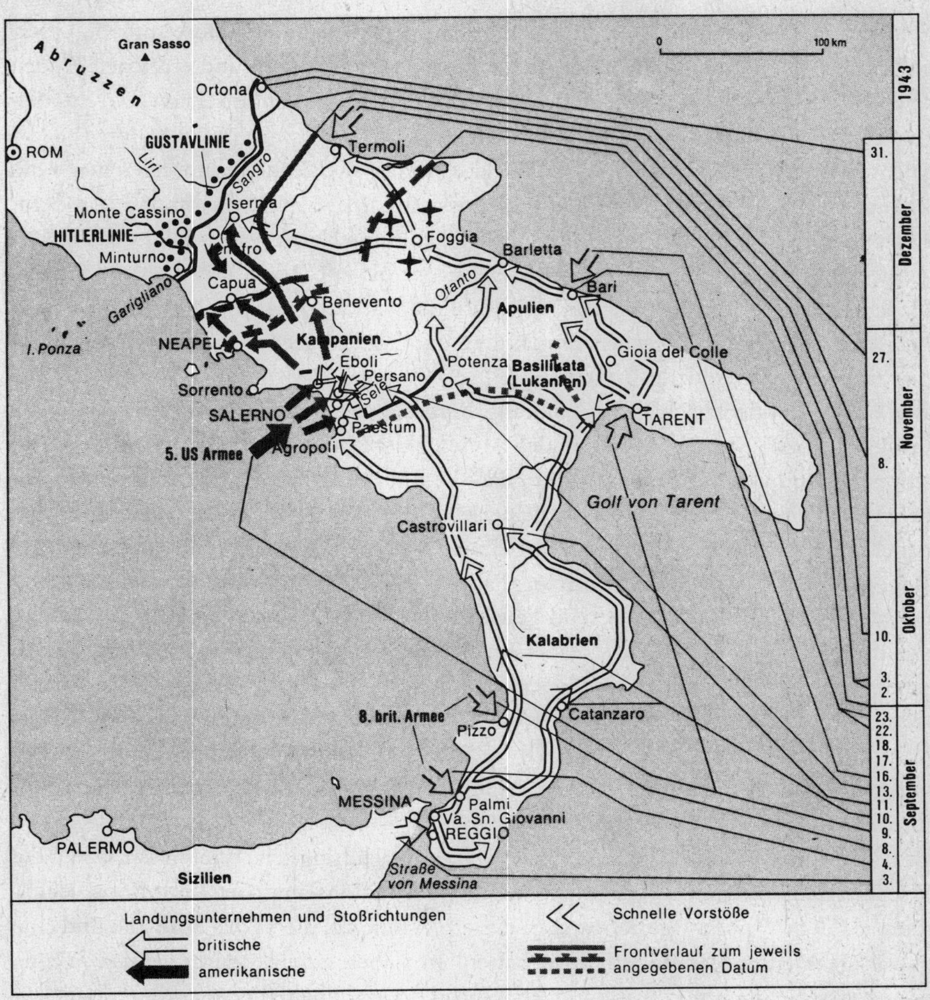

Karte 39 Landung und Vormarsch der alliierten Truppen in Süditalien (September bis Dezember 1943)

etwa 15 Kilometer Länge im Mündungsgebiet des kleinen Flüßchens Sele trennte die Amerikaner von den südlich von Salerno an den Strandabschnitten ›Roger‹, ›Sugar‹ und ›Uncle‹ landenden Engländern. Zwei britische Kommandobataillone und drei Bataillone amerikanischer Rangers landeten auf der anderen Seite von Salerno.
Die Strände waren für eine Landung verhältnismäßig gut geeignet, zum Hinterland aber waren die Zugänge schlecht. Der südliche Abschnitt des Kampfgebiets, in dem die Amerikaner operierten, war vom Kegel des Monte Sottine und vom Monte Soprano beherrscht. Die reich bebaute Küstenebene dehnt sich bis tief in das Tal der

Sele aus, an deren linkem Ufer in halbkreisförmigem Verlauf die Calore zufließt. Oberhalb von Salerno, gegen Eboli zu, steigen die Berge weiter an und erreichen Höhen über 1600 Meter. Dort gehen sie über in die wundervolle Halbinsel von Sorrent, hinter der sich die Bucht von Neapel öffnet.
Die Alliierten gedachten sich in der Tiefe des Golfs von Salerno festzusetzen und dann um Salerno in einer Schwenkung auf Neapel vorzustoßen und die Stadt zu erobern. Die von Süden kommende 8. britische Armee sollte sich am rechten Flügel der 5. US-Armee anschließen, um eine geschlossene Front bis zur Adria herzustellen. Weitere Pläne für die Operationen bis zur Volturnolinie waren vorhanden, aber noch immer herrschte Uneinigkeit zwischen Engländern und Amerikanern hinsichtlich der strategischen Rolle des Feldzugs in Italien.
Das Wetter war dem nächtlichen Landungsunternehmen günstig. Die Transporter und großen Einheiten mußten wegen der Minenfelder zwölf Seemeilen vor der Küste stoppen, doch war das Meer so ruhig, daß die Räumung von Durchfahrtswegen und der Aufmarsch der Landungsboote keinerlei ernsten Schwierigkeiten begegneten. Bei der Truppe herrschte nach den leicht errungenen Erfolgen von Gela, Syrakus und Reggio eine zuversichtliche Stimmung; außerdem hatte die Nachricht von der italienischen Kapitulation elektrisierend gewirkt. Clark spielte sogar mit dem Gedanken, geradewegs in die Bucht von Neapel einzulaufen und die Truppen im Hafen auszuschiffen. Der Kommandierende General des X. britischen Korps forderte eine Artillerievorbereitung, wohingegen sich der Befehlshaber des VI. amerikanischen Korps, Ernest J. Dawley, entschloß, die 36. Division auf dem Strand von Paestum anzulanden, ohne auch vorher nur ein einziges Geschütz abzufeuern. Diese Division kam aus Oran und hatte noch nie im Feuer gestanden.
Es war 3 Uhr 30 nachts; die Dunkelheit war undurchdringlich. Wie immer waren die Fischer von Amalfi aufs Meer gefahren, und die Positionslämpchen ihrer Boote leuchteten auf dem Wasser. Plötzlich waren die 450 Schiffe da, die 55 000 Soldaten und eine gewaltige Menge Material an Bord hatten. In sieben aufeinanderfolgenden Wellen näherten sich Hunderte von Landungsbooten und Amphibienfahrzeugen der friedlichen Küste. In Richtung auf Salerno belegten die Geschütze das Festland mit Feuer, doch wurden ihre Salven nicht erwidert. Dann wurde vor Paestum die Stille von einer Stimme zerrissen, einer Stimme mit deutschem Akzent, die aus einem Lautsprecher kam: »You're covered! Come on and give up!« (Ihr seid in unserem Schußfeld! Ergebt euch!). Der Strand war ins Licht der Scheinwerfer getaucht, und die Waffen begannen zu sprechen. Die Wunderlandung in Kalabrien, die leichte Landung in Sizilien – sie sollten sich hier nicht wiederholen. Die Deutschen waren auf dem Posten und hatten Befehl, energischen Widerstand zu leisten.
Die Amerikaner erteilten ihnen eine klare Antwort. Sie rannten gegen die Dünen an, nahmen Paestum, überquerten die Straße und die Eisenbahnlinie, erreichten ihre

Tagesziele und sicherten sich einen Brückenkopf von fünf Kilometer Tiefe, in dem sich bald Berge von Kriegsmaterial häuften. Die Engländer, unter ihnen viele Veteranen des Wüstenkriegs, waren weniger erfolgreich als die Neulinge. Es gelang ihnen weder die Stadt Battipaglia noch den kleinen Flugplatz von Montecorvino zu nehmen. Ihr Brückenkopf, am linken Flügel durch die Landungen der Kommandoeinheiten gut abgesichert, vermochte sich dennoch bereits am ersten Abend zu festigen.

Am nächsten und übernächsten Tag mußten die Engländer immer noch hart um Salerno, Montecorvino und Battipaglia kämpfen, aber auch die Amerikaner bekamen nun die Versteifung des deutschen Widerstandes zu spüren. Das 142. Regimental Combat Command bemächtigte sich der enggebauten Ortschaft Altavilla, die das Tal der Calore beherrschte. Clark brachte seine noch auf den Schiffen befindliche Reserve, die 45. US-Division, an Land; sie ging in zwei Abteilungen auf Ponte Sele vor, wo Straße und Eisenbahnlinie den Fluß überquerten, um hinter Eboli tiefer hinein in das von greller Sonne überstrahlte armselige Land des Südens zu führen. Die Vereinigung mit Montgomery schien unmittelbar bevorzustehen.

Aber Kesselring hatte unverzüglich und der Situation angemessen gehandelt. Er nützte die übertriebene Vorsicht Montgomerys aus und zog die 26. Panzer- und die 29. Panzergrenadierdivision von dem den Briten gegenüberliegenden Abschnitt ab, um sie gegen die rechte Flanke des amerikanischen Brückenkopfs zu werfen. Gegen dessen linke Flanke aber setzte er die 3. Panzergrenadierdivision und die 2. Fallschirmjägerdivision an, die soeben aus Rom eingetroffen waren. Im Zentrum, wo die deutsche Front auseinanderzubrechen drohte, hatte er die Reste der Division ›Hermann Göring‹ sowie die 15. Panzergrenadierdivision aufgestellt. Als Clark schon den Sieg in Händen zu halten glaubte, mußten sich seine Soldaten gegen den wütenden Ansturm der Deutschen wehren. Die beiden Angriffsspitzen, die sich gegen Ponte Sele vorschoben, mußten harte Schläge einstecken. Altavilla, das die Amerikaner so leicht erobert hatten, ging nach heftigem Kampf wieder verloren. Zahlreiche amerikanische Panzer blieben im Seletal, in der Umgebung der Tabakfabrik von Persano, liegen. Am 13. September meldete Generaloberst von Vietinghoff, der die Salernofront befehligte, seinem Vorgesetzten Kesselring, er hoffe, den Feind noch am selben Abend ins Meer zurückwerfen zu können. Clark war nahe daran aufzugeben. Er war bereits entschlossen, den Befehl zur Vernichtung des am Strand liegenden amerikanischen Materials zu geben.

In diesem Kampf stand eine große militärische Karriere auf dem Spiel. Soeben hatte Eisenhower erfahren, daß ein Amerikaner den Oberbefehl über das Unternehmen ›Overlord‹ erhalten solle, und er war sich sehr wohl bewußt, daß er zur ersten Wahl gehörte, da man Marshall kaum von seinen Pflichten als Vorsitzender der Vereinigten Stabschefs entbinden konnte. Ein Fehlschlag des Landeunternehmens aber mußte Eisenhowers Chancen sinken lassen. »Wenn die Geschichte in Salerno schiefgeht«, sagte er, »bin ich geliefert.«

Der Staub lag in dicken Wellen über dem Schlachtfeld. Die Männer banden sich ihre Taschentücher vors Gesicht. Die Deutschen drängten mit aller Kraft. Am Dreizehnten um 18 Uhr 30 erreichten fünfzehn deutsche Panzer vom Typ KW IV die brennende Brücke über die Calore unweit des Zusammenflusses mit der Sele. Sie waren nur noch sieben Kilometer vom Meer entfernt. Doch Clark brachte die 158. und 179. Batterie seiner Feldartillerie ins Gefecht. Die Geschütze nahmen das Tal unter Feuer und brachten die feindlichen Panzer zum Stehen. Zwei Stunden später landeten 2500 Fallschirmspringer der 82. Luftlandedivision, die durch den Verzicht auf den Absprung über Rom verfügbar geworden war, genau im Mündungsgebiet der Sele, dem am stärksten bedrohten Punkt des Brückenkopfes. Die Gefahr war abgewendet.
Auch am 14. und 15. September griffen die Deutschen an. Aber langsam begann sich das Blatt zu wenden. Die Luftüberlegenheit der Alliierten machte sich nachhaltig bemerkbar. Auch große Einheiten konnten nun in den Golf einlaufen, der inzwischen von Minen geräumt worden war. Der amerikanische Kreuzer *Savannah* und die alte *Warspite* wurden durch ferngesteuerte Gleitbomben, eine neue deutsche Waffe, schwer beschädigt, aber das Feuer der Schiffsartillerie, das die Straßen kontrollierte und jeden heranrollenden Panzer aufs Korn nahm, machte es den Deutschen unmöglich, den Brückenkopf von Salerno vor Eintreffen der 8. Armee zu zerschlagen. Kesselring gab auf. Er verfügte den Rückzug auf die erste Sperrstellung, die sogenannte Reinhardstellung, die dem Lauf des Volturno folgte und über Campobasso und Termoli bis zur Adria führte. Der Rückzug verlief geordnet; die Deutschen führten Nachhutgefechte und verzögerten durch nachhaltige Zerstörungen das Vordringen der Alliierten.
Am 1. Oktober zogen die King's Dragoons Guards in Neapel ein. Die Stadt befand sich in einem erbarmungswürdigen Zustand. Die Deutschen hatten den Hafen zerstört, die tiefer gelegenen Stadtteile in Brand gesetzt, Wasser- und Elektrizitätsleitungen gesprengt, ja sogar Spaghettifabriken zerstört, wobei im Einzelfall nicht ausgemacht werden kann, ob militärische Notwendigkeit oder das Bedürfnis nach Rache das Motiv für die Zerstörungen war. Amerikaner und Engländer hatten nun für eine Million von Zivilisten zu sorgen. Am 6. Oktober wurde Capua genommen und der Volturno erreicht. Ein Viertel des italienischen Bodens befand sich in der Hand der Alliierten.

Gefangennahme und Befreiung des Duce

Man hatte den gestürzten Mussolini auf die Insel Ponza in der Gegend von Neapel, dann am 8. August auf die Insel Maddalena an der Nordküste Sardiniens gebracht. Die Regierung Badoglio wußte, daß die Deutschen den Ex-Duce in ihre Hand bekommen wollten, übersah indes auch nicht die Bemühungen der alliierten Geheimdienste, die mit der gleichen Absicht Mussolinis Aufenthaltsort ausfindig zu machen suchten. Ob nun Mussolini von Churchill gefangen oder von Hitler befreit wurde – die Folgen mußten alle Male für den Marschall wie für den König gleich unerquicklich, ja verhängnisvoll sein.

Auf der kleinen Insel Ponza, wohin er an Bord der Korvette *Persefone* gebracht worden war, hatte der Gefangene, erbärmlich untergebracht, Wochen in trüber Stimmung abgesessen. Die Insel diente als Straflager für Antifaschisten, und ein gewisser Zaniboni, der einst auf Mussolini ein Attentat verübt hatte, befand sich dort noch immer als Gefangener. Der 60. Geburtstag des Duce, den Hitler zum Anlaß hatte nehmen wollen, eine heroische Freundschaft in großem Stile zu feiern, war glanzlos vorübergegangen.

Die Lage Ponzas ließ einen britischen Handstreich immerhin als möglich erscheinen. Die kleine Inselgruppe von La Maddalena, die man zu einem Marinestützpunkt ausgebaut hatte, lag wiederum in gefährlicher Nähe der Deutschen, die auf Sardinien immer noch eine Panzergrenadierdivision stehen hatten. Am Achtzehnten überflog ein deutsches Flugzeug die Insel. Zehn Tage später erschien ein Rotkreuzflugzeug, das Mussolini abholen sollte. Dieser aber hatte inzwischen in dem inmitten von Zypressen gelegenen, mit allen Bequemlichkeiten ausgestatteten Haus begonnen, sich in die Lektüre der Gesammelten Werke Nietzsches zu vertiefen, die Hitler ihm zum Geburtstag übersandt hatte. Nur unwillig machte der Duce sich bereit, erneut seinen Aufenthaltsort zu wechseln.

Das Flugzeug des Roten Kreuzes wasserte auf dem Braccianosee in der römischen Campagna. Von hier ging die Fahrt in einem Ambulanzwagen weiter; schließlich brachte man den Gefangenen mit der Seilbahn auf den Gran Sasso d'Italia. Durch nichts war dieser höchste Gipfel der Apenninen, ein langer kahler Höhenrücken zwischen Aquila und Pescara, als Haftort sonderlich prädestiniert. Das 1226 Meter hoch gelegene Wintersportzentrum hieß ›Campo Imperatore‹ – eine bittere Erinnerung für den gestürzten Duce. In der Obhut von 250 Polizisten quartierte man ihn im Hotel gleichen Namens ein.

Ums Haar wäre Mussolini tatsächlich von La Maddalena entführt worden. An Bord des Flugzeugs, das am 18. August über der Insel aufgetaucht war, hatte sich Sturmbannführer Skorzeny befunden. Ein Handstreich war für den Augenblick geplant, da der Gefangene auf das italienische Festland gebracht werden sollte. Adolf Hitler hatte geschworen, den Mann, von dem ihn keine Enttäuschung zu trennen vermocht hatte, zu retten. Skorzeny hatte Mussolinis neuen Aufenthaltsort schnell entdeckt, und der Führer persönlich legte den Ablauf der Befreiungsoperation fest.

Am 12. September um 14 Uhr erschienen deutsche Flugzeuge über den Hängen des Gran Sasso. Von den zwölf Lastenseglern, die sie ausklinkten, landeten acht auf dem Rasen des Hotels ›Campo Imperatore‹. Mussolini lief ans Fenster und sah seine Befreier

kommen; seine Bewacher rührten sich nicht. Tausend Meter tiefer besetzte eine andere Einheit, die auf dem Landweg heranbefördert worden war, die Talstation der Seilbahn. Carmine Senise, der wieder in seine Funktionen als Polizeichef eingesetzt worden war, hatte von der Fahrt dieser zweiten Gruppe nach Aquila gewußt, aber nichts dagegen unternommen. Der Waffenstillstand war vier Tage zuvor öffentlich bekanntgemacht worden; wenn Badoglio Mussolini in Gewahrsam behalten hätte, wäre er verpflichtet gewesen, den Duce an die Alliierten auszuliefern. Hitler ersparte es ihm.
Skorzeny ließ Mussolini wissen, daß er Befehl habe, seinen Schützling zum deutschen Stützpunkt von Pratica di Mare in der Nähe von Rom zu geleiten. Ein Fieseler ›Storch‹ landete vor dem Hotel. Mussolini stieg unrasiert, in einem Mantel, der ihm viel zu weit war, einen zerdrückten Hut auf dem Kopf, ein; so zu reisen, war ihm sichtlich unbehaglich. Skorzeny drängte sich neben ihn auf den einzigen Passagiersitz. Alle Anwesenden befürchteten, daß die Maschine nicht hochkommen und am Berg zerschellen würde.
Das Risiko war überflüssig. Mussolini hätte auch die Straße benutzen können, wie der italienische General Soleti, der mit einem der Lastensegler gelandet war, oder wie Polizeiinspektor Gueli, der von Badoglio mit der Bewachung des Duce betraut worden war und von seinem Schutzbefohlenen nicht lassen wollte. Die beiden Männer im Flugzeug erreichten Pratica di Mare noch rechtzeitig genug, um in eine nach Wien fliegende Heinkel He 111 umsteigen zu können. Um Mitternacht kam Mussolini total erschöpft in der Donaustadt an. Als ihn Hitler am Telephon willkommen hieß, sagte er, er sei ›müde, sehr müde‹ und brauche Ruhe. Am nächsten Tag flog er nach München, wo Donna Rachele ihn mit ihren beiden jüngsten Kindern Romano und Anna-Maria erwartete.
In München befanden sich auch zwei andere Mitglieder der Familie: Edda und Galeazzo Ciano. Mit Hilfe der Wehrmacht hatten sie Rom verlassen und hofften nun, mit einem spanischen Visum versehen, am nächsten Tag nach Spanien oder Südamerika fliegen zu können. Sie warteten schon vierzehn Tage.

Mussolini in Salò

Am 14. und 15. September traf Mussolini mit Hitler in Rastenburg zusammen. Auch Goebbels war zugegen. Als Propagandaminister hatte er aus dem Unternehmen am Gran Sasso Kapital geschlagen, doch als Politiker hegte er seine Bedenken. ›Ich hatte mir gedacht‹, schrieb Goebbels in sein Tagebuch, ›daß, ganz abgesehen von Südtirol, unsere Grenze eventuell noch bis Venetien vorverlegt würde. Das wird, wenn der Duce wieder eine politische Funktion übernimmt, kaum möglich sein.‹ Keitel und

Rommel waren ebenfalls der Auffassung, daß die Existenz einer italienischen Rumpfregierung die deutsche Aufgabe nur erschwere, weshalb eine einfache militärische Besetzung vorzuziehen sei. Der befreite Mussolini war seinen Befreiern ein Hemmschuh.

Noch schlimmer: Er enttäuschte sie. ›Der Führer hatte nun geglaubt, der Duce würde als erstes ein großangelegtes Strafgericht an seinen Verrätern abhalten‹, schrieb Goebbels in sein Tagebuch. ›Das ist aber in keiner Weise der Fall, und darin zeigt sich eigentlich seine Begrenztheit. Er ist kein Revolutionär etwa im Sinne des Führers oder im Sinne Stalins. Er ist doch in seinem italienischen Volkstum so gebunden, daß ihm der große Zug zum weltweiten Revolutionär und Umwälzer fehlt... Es hat den Führer die größte Mühe gekostet, ihn davon zu überzeugen, daß wenigstens Grandi ein bewußter Verräter der faschistischen Partei und des Duce gewesen ist... Edda [Ciano] war vor einigen Tagen beim Führer. Sie hat bei dieser Gelegenheit einen sehr schlechten Eindruck gemacht. Sie hat sich von ihm nur erbeten, über Spanien nach Südamerika auswandern zu können, hat dabei Devisenfragen zu regeln versucht; Ciano hat etwa 6 Millionen Lire aus Italien mitgebracht, sie wollte diese in Peseten umtauschen und hat dem Führer dabei den Kursunterschied angeboten... Sie hat gleich nach seiner [des Duces] Ankunft in München eine längere Unterredung mit ihm gehabt, und das Ergebnis dieser Unterredung war eine Aussöhnung zwischen dem Duce und Ciano... Es ist klar, daß der Duce an den Verrätern aus dem Faschismus selbst kein Strafgericht vollziehen kann, wenn er nicht seinen eigenen Schwiegersohn zur Verantwortung ziehen will...‹ Es lag nun in der Hand Hitlers, den Mann kaltzustellen, der ihm diese Enttäuschung bereitet hatte. Der seelisch gebrochene Mussolini wollte nur noch seine Ruhe. In schöner Unschuld erklärte er, er wolle ins Privatleben zurückkehren. Er hatte eine Formel für seine Resignation gefunden: ›Man überschreitet mit sechzig Jahren den Rubikon kein zweites Mal.‹ Da Hitler sich seiner sofortigen Rückkehr nach Italien widersetzt hatte, verbrachte Mussolini eine Woche in Bayern, auf dem ehemaligen Schloß des Bismarckschen Bankiers Bleichröder bei Weilheim, wobei er sich durchaus fragen konnte, ob er nicht einfach eine Gefangenschaft gegen die andere ausgetauscht hatte. In der Zwischenzeit krempelten die Deutschen Italien um. Die Landschaften Südtirol und das julische Venetien wurden den Gauleitern Hofer und Rainer unterstellt. Der Rest des Landes wurde unterteilt in ein Operationsgebiet, das dem jeweiligen Oberbefehlshaber unterstand, und in ein ›besetztes Gebiet‹. Für den italienischen Faschismus schien in dieser Ordnung kein Platz mehr zu sein.

Und dennoch begann er, wenn auch schwach, wieder aufzuleben. Die Milizen formierten sich neu, die nach dem 25. Juli inhaftierten Führer wurden aus den Gefängnissen entlassen, in die statt ihrer nun andere gesteckt wurden, vor allem Monarchisten und abtrünnige Faschisten. Die Partei fügte ihrem Namen noch das Adjektiv ›republikanisch‹ hinzu, womit sie den ›bewußten Verrat der Monarchie‹ geißeln wollte. Der zum

Parteisekretär ernannte Pavolini befand sich in Rom, wo die deutschen Behörden seine Bemühungen zu durchkreuzen versuchten. Vielleicht wäre das Kommuniqué vom 15. September, das ankündigte, Mussolini werde wieder in seine Funktionen eintreten, ein totes Blatt Papier geblieben, wenn nicht Marschall Graziani aus Haß auf Badoglio das Verteidigungsministerium übernommen hätte. So begann der Regierungsmechanismus wieder zu funktionieren. Mussolini verließ München und gelangte nach Rocca della Caminate. Während dreier Wochen war sein Haus Sitz der Regierung.
Das äußere Zeichen der wieder erstarkenden Herrschaft des Duce wäre seine Rückkehr nach Rom gewesen. Doch die Deutschen gaben zu verstehen, daß davon nicht die Rede sein könne. Die Fiktion von der offenen Stadt Rom mußte herhalten, um die Übersiedelung der faschistischen Zentrale in das Städtchen Salò am Westufer des Gardasees, zu begründen. Mussolini traf dort am 10. Oktober ein und bezog mit Donna Rachele in der Villa Feltrinelli bei Gargnano Wohnung. Das römische Doppelleben führte er auch hier weiter. Seine Geliebte Clara Petacci weilte in der Nähe. Sie war nach ihrer Verhaftung durch die Polizei Badoglios von der Gestapo befreit worden und bewohnte nun ein Haus oberhalb der Uferstraße bei Gardone. Wie diese Regierung vom Ausland eingeschätzt wurde, läßt sich an einer Note Madrids ermessen, das auf eine entsprechende deutsche Bitte geantwortet hatte, es sei nicht möglich, einen Schatten anzuerkennen. Eine Abteilung SS und Schwarzhemden bewachten den Regierungssitz, und ein in der Villa Feltrinelli diensttuender Offizier registrierte die Besucher des Duce und berichtete über dessen Tun und Lassen täglich an seine Vorgesetzten. Noch ein Italiener wurde Italien von Deutschland zurückerstattet. In einem Flugzeug wurde Graf Ciano nach Verona gebracht und dort der italienischen Polizei übergeben, die ihn ins Gefängnis Degli Scalzi einlieferte. Ciano betrat heiteren Sinnes seine Zelle und erklärte, er sei glücklich, nun seine deutschen Bewacher los zu sein. Doch einige Tage später entdeckte er, daß zwei SS-Männer vor seiner Türe postiert waren.

Ostfront: Kampf gegen eine Hydra

Die sowjetische Gegenoffensive um den Frontvorsprung von Orel hatte die Wehrmacht gezwungen, ihre eigene Offensive am Frontbogen von Kursk einzustellen. Am selben Tag, an dem die Deutschen sich dazu entschlossen hatten – es war der 13. Juli –, begannen zwei andere sowjetische Offensiven gegen den rechten Flügel der Heeresgruppe Manstein: die eine am Mjus nördlich von Taganrog, die andere am Donez östlich von Isjum. Die Russen erzielten große Erfolge, schlugen in die deutschen Linien Breschen von 20 bis 30 Kilometer Tiefe, brachten das Industriegebiet von Stalino und Woroschilowgrad in Gefahr und bedrohten Charkow.

Anfang August konnte das deutsche Oberkommando eine nicht unbefriedigende Bilanz ziehen. Indem Manstein das III. Panzerkorps und das SS-Panzerkorps auf seinen linken Flügel brachte, war es ihm gelungen, die Russen zum Stehen zu bringen und seine Front an die beiden Flußläufe anzulehnen, wobei er 18000 Gefangene gemacht und 700 Panzer und 600 Geschütze zerstört hatte. Auch im Frontvorsprung von Orel war die Abwehrschlacht einigermaßen günstig verlaufen, Gorbatows Vorstoß war 6 Kilometer vor Orel zum Stehen gebracht, der bedrohliche Durchbruch Bagramjans in Richtung auf die den Abschnitt versorgende Eisenbahnlinie von der Division ›Großdeutschland‹ abgefangen worden. Außerdem hatte Hitler kurz zuvor seine Zustimmung zur Räumung des Frontbogens erteilt. Kluge rechnete damit, daß die Verkürzung der Front ihm die Zurücknahme von 17 Divisionen erlauben werde, mit deren Hilfe er die Reserven bilden konnte, die ihm bis dahin gefehlt hatten.
Die Sommerkrise an der Ostfront schien damit abgewendet zu sein. Hitler erklärte, das Mittelmeer sei 1943 ›wichtiger als Rußland‹. Die Verstärkungen, vor allem die SS-Divisionen, erhielten nun ihre Marschbefehle nach Italien, nachdem sie durch die Julikämpfe so lange festgehalten worden waren.
Die Ruhepause dauerte drei Tage. Am 3. August eröffneten 3000 russische Geschütze am Frontvorsprung von Charkow das Feuer. Die Schlachten des Juli waren nur eine Einleitung gewesen. Die eigentliche sowjetische Sommeroffensive begann erst.
Die militärischen und politischen Führer Deutschlands wurden von Angst, ja von Panik gepackt. Das Wort von der tausendköpfigen Hydra ging um. Goebbels, der für einen Augenblick die Maske des fanatischen Optimismus abgelegt hatte, äußerte vertraulich zu Guderian, man müsse sich darauf gefaßt machen, die Russen vor Berlin auftauchen zu sehen – dann bliebe nur noch, ›unsere Frauen und Kinder zu vergiften‹. Gegenüber einem Ungeheuer, dessen Regenerationsfähigkeit unbegrenzt schien, nützten die schönsten Siege nichts. Im vorangegangenen Jahr hatten selbst jene deutschen Generale, die am wenigsten geneigt waren, Hitlers Illusionen zu teilen, die Rote Armee am Ende ihrer Kräfte geglaubt. Doch 1943 stieg eine dritte Woge, höher als die beiden vorangegangenen, aus den Weiten Rußlands auf und überflutete die Wehrmacht.
Gegenüber den 29 Infanteriedivisionen und 13 Panzer- beziehungsweise Panzergrenadierdivisionen seiner Heeresgruppe konnte Manstein im Juli auf russischer Seite 109 Divisionen und 9 Brigaden Infanterie, 7 Kavalleriekorps, 7 mechanisierte Korps sowie Panzerverbände in der Stärke von 10 Korps, 20 Brigaden und 16 selbständigen Regimentern feststellen. Mochten seine Schätzungen auch hoch sein, so deckten sie sich doch mit dem Gesamtbild der Sowjetarmee vom Jahre 1943: 513 Divisionen oder Brigaden Infanterie, 41 Divisionen Kavallerie, 290 Panzerbrigaden und mechanisierte Brigaden. Die russischen Einheiten hatten zwar eine geringere Mannschaftssollstärke als die entsprechenden deutschen, aber in deren Mannschaftsbestand klafften dafür gähnende Lücken. So verlor die Heeresgruppe Süd zwischen Juli und August 133000

Mann und erhielt dafür nur 33000 Mann Ersatz. Auch Rußland hatte furchtbaren Blutzoll entrichten müssen, doch konnte es zur Auffüllung seiner Verbände auf Jahrgänge zurückgreifen, die viermal so stark waren wie die entsprechenden deutschen. Zudem mußte die Sowjetunion nur gegen einen einzigen Gegner kämpfen.

Speer und die neuen Waffen

Auf dem Gebiet der Erzeugung von Kriegsmaterial gelangen Deutschland erstaunliche Leistungen. Für den am 8. Februar 1942 bei einem Flugzeugunglück ums Leben gekommenen Rüstungsminister Todt hatte Hitler den sechsundreißigjährigen Architekten und Erbauer des Reichsparteitagsgeländes in Nürnberg, Albert Speer, bestimmt. Diese Wahl war gewagt, aber Speer erfüllte die in ihn gesetzten Erwartungen. Die alliierten Bombenangriffe zerstörten die Fabriken, lähmten den Verkehr, zermürbten die Arbeiter: Dennoch verdoppelte, ja vervierfachte sich die deutsche Rüstungsproduktion unter Speer. Die Panzerproduktion stieg von 36000 Tonnen im Jahre 1940 auf 150000 Tonnen im Jahre 1943 und 590000 Tonnen im Jahre 1944. Auch die Flugzeugindustrie brachte Speer wieder auf Hochleistung, obwohl ihre Produktionsziffern derart gefallen waren, daß nach Udet auch der Generalstabschef der Luftwaffe, Jeschonnek, den Freitod gewählt hatte. Zwischen 1940 und 1942 hatte sich die Anzahl der in Deutschland gebauten Flugzeuge von 10247 lediglich auf 15556 erhöht; Speer aber erreichte 25527 im Jahr 1943 und 40593 im Jahre 1944. Deutschland befaßte sich außerdem mit den Entwicklungsarbeiten an einer fliegenden Bombe, die, zunächst A 1 genannt, später als V 1 bekannt wurde – eine einfache Waffe, die nur 2140 Kilogramm wog, eine Geschwindigkeit von rund 600 Kilometern je Stunde erreichte und deren Herstellung nur 286 Arbeitsstunden beanspruchte. Die Gesamtkosten pro Stück beliefen sich auf nur 3500 RM. Für die V 1 zeigte Hitler Interesse, doch verhielt er sich skeptisch gegenüber dem Projekt A 4, der späteren V 2. Bei ihr handelte es sich um eine revolutionäre Waffe, eine 14 Meter lange und 12,9 Tonnen schwere Rakete, die schneller als der Schall war und in 90 Kilometer Höhe flog. Es war eine schreckliche Waffe, aber Arbeits- und Kostenaufwand drohten in keinem Verhältnis zum möglichen Einsatzerfolg zu stehen. Um die Zweifel des Führers zu zerstreuen, lud Speer ihn zu einer Besichtigung des Entwicklungszentrums Peenemünde ein. Hitler kehrte beeindruckt, ja begeistert zurück; Projekt A 4 erhielt sofort die höchste Dringlichkeitsstufe.

Trotz seines schrumpfenden Herrschaftsbereichs, trotz abnehmender Mittel produzierte das von Luftangriffen heimgesuchte Deutschland mehr als zur Zeit seiner größten Machtentfaltung. Dennoch wurde die deutsche Rüstungsproduktion von der russischen überflügelt. Die sowjetischen Arbeiter stellten monatlich 2000 Panzer her, ein Mehrfaches der deutschen Produktion. Die russische Lieblingswaffe, die Artillerie, erlebte einen noch schnelleren Zuwachs: 30000 Geschütze von Kalibern über zehn Zentimeter im Jahre 1943. Dies erlaubte die Aufstellung von Artilleriedivisionen und Artilleriekorps. Die Dichte der Geschütze an den Angriffsfronten betrug zeitweilig 300 auf einen Kilometer – der Angriff von Bjelgorod wurde von mindestens 6000 Geschützen unterstützt. Auf dem Gebiet der Taktik führten die Russen kaum Neuerungen ein. Die Schlacht von Charkow glich den vorangegangenen Schlachten, nur verfügte man jetzt über stärkere Kräfte. Der Hauptstoß richtete sich gegen die 4. Panzerarmee und die 8. Armee, die frühere Armeeabteilung Kempf. Am 8. August klaffte zwischen beiden Armeen eine Frontlücke von 55 Kilometern. Anstatt durchzubrechen, wie dies die Wehrmacht getan hätte, entwickelten die Russen ihre Offensive in die Breite, um die feindlichen Reserven zu binden und aufzureiben. Im Zentrum richteten sie ihren Angriff gegen Smolensk; im Süden nahmen sie die Angriffe gegen den Mjus und den Donez wieder auf; im äußersten Süden berannten sie den Kubanbrückenkopf. Die russischen Verluste waren außerordentlich hoch. Die Angriffe zur Bindung der feindlichen Kräfte wurden nicht immer lagegerecht durchgeführt, und die Angreifer fielen in Massen. Doch das gewünschte Ergebnis wurde schließlich dennoch erreicht. Am 13. August war die von General Konjew geführte Steppenfront bis auf den Stadtrand von Charkow zurückgefallen. Manstein, dessen Heeresgruppe die Hauptlast des Kampfes zu tragen hatte, rief vergeblich nach Verstärkungen. Am 22. August mußte er die Räumung der Stadt befehlen. Der in ihrem Weichbild angelegte Befestigungsgürtel fiel kampflos in die Hand des Gegners.

Am 27. August erschien Hitler für einen Tag wieder in seinem alten Hauptquartier in Winniza, um mit Manstein die Lage zu besprechen. Der Generalfeldmarschall verlangte die Aufgabe des Donez, der nicht mehr zu verteidigen sei. Doch Hitler erwiderte, man müsse an allen Abschnitten standhalten, »bis der Feind die Vergeblichkeit seiner Angriffe einsieht«. Der Führer hatte seine Abneigung gegen alles, was nach Rückzug aussah, überwunden und die Errichtung einer Verteidigungsstellung, der sogenannten ›Pantherlinie‹, angeordnet. Sie verlief von der Ostsee zur Narwa, erreichte den Dnjepr bei Witebsk und Gomel, folgte dem Flußverlauf bis Saporoschje und erstreckte sich über Melitopol bis zum Asowschen Meer. Allerdings sollte ein möglicherweise unvermeidlicher Rückzug langsam und methodisch unter Rettung des gesamten Materials erfolgen, wobei die Kräfte des Gegners in Rückzugsgefechten zu schwächen seien.

Vorläufig aber sollte sich Manstein noch energisch auf den gegenwärtigen Linien behaupten. Hitler versprach ihm Verstärkungen in Form von Kräften, die er aus den Heeresgruppen Nord und Mitte abziehen werde.
Schon am nächsten Tag erschien Generalfeldmarschall von Kluge in Rastenburg. Es sei ihm nicht möglich, auch nur eine einzige Division abzugeben. Vor Smolensk und Jelnja griffen die Russen heftig an. Sie verfügten nach den Unterlagen des OKH noch über 134 Divisionen Infanterie und 187 Panzerbrigaden, die nicht im Einsatz standen. Wie er denn dazu komme, sich zu entblößen, nur um Manstein zu bedecken, fragte Kluge, da doch diese Massen jeden Augenblick über ihn herfallen könnten? Das waren die Bedingungen, unter denen gekämpft werden mußte. Überall unlösbare Probleme, überall Widersprüche. Nun, da es Sommer war, hatte auch die Tätigkeit der Partisanen wieder zugenommen. Allein am 2. und 3. August, den Tagen, an denen die sowjetische Offensive begonnen hatte, waren 8422 Anschläge auf Bahnlinien und 1478 Überfälle gezählt worden. Die Truppenbewegungen wurden dadurch verlangsamt, und in den rückwärtigen Gebieten herrschte Unsicherheit. Es hätte Dutzender von Divisionen bedurft, um die Wälder zu säubern – doch woher sollte man diese Divisionen nehmen, wenn selbst an den am meisten gefährdeten Abschnitten der Front Truppen fehlten? Da Hitler alles behalten wollte, blieben Truppen an der Eismeerküste, um Leningrad und in den vorgeschobenen Kaukasusstellungen. Dennoch ging Stück um Stück verloren. Stalino fiel am 8. September. Zwei Korps der nach Stalingrad neu aufgestellten 6. Armee wurden am Asowschen Meer eingeschlossen und zur Hälfte aufgerieben. Im Kubangebiet landeten die Truppen der Transkaukasischen Front bei Noworossisk im Rücken der 17. Armee. Weiter im Norden räumte die 9. Armee Brjansk, mußte sich die 4. Armee Jelnja entreißen lassen, verlor die 3. Panzerarmee Welisch. Hitler schrieb Kluge, der Kampf sei nun nicht länger eine Frage des taktischen Geschicks, sondern einzig und allein des stoischen Durchhaltens. Die Armeen sollten sich doch an den Winter 1941/42 erinnern, keinen Fußbreit Boden aufgeben und lieber an Ort und Stelle sterben. Doch der Stab der Heeresgruppe Mitte hatte die Kühnheit, dem Führer zu antworten, die Verhältnisse seien nicht mehr dieselben, der Vergleich treffe daher nicht zu. Hinter dem Dnjepr hofften die hart bedrängten deutschen Generale erneut Atem schöpfen zu können, hier gedachten sie ihre Divisionen zu reorganisieren, eine Verteidigungslinie zu schaffen, ihre Reserven aufzufüllen und neu zu verteilen. Am 8. September erschien Hitler noch einmal an der Ostfront, im Hauptquartier Mansteins in Saporoschje, wo er sich die Argumente des Generalfeldmarschalls für einen Rückzug über den Strom anhörte. Hitler antwortete, daß wirtschaftliche Erwägungen und auch Prestigerücksichten ihn dazu zwängen, einen solchen Rückzug zu verbieten.
Doch schon am 14. September erreichte ihn ein erneuter Verzweiflungsruf Mansteins. Hitler beorderte den Feldmarschall nach Rastenburg und versuchte ihn davon zu überzeugen, daß sich die militärische Lage unverzüglich ändern werde, wenn erst die

neuen Sturmgeschütze im Einsatz seien. Manstein verwies auf die Lagekarten und die Berichte seiner Kommandeure. Schließlich gab Hitler nach. Die Hauptmasse der Heeresgruppe Süd überschritt den Dnjepr. Die Heeresgruppe Mitte setzte die Front längs des Dnjepr-Nebenflusses Sosh fort und schloß sich dann über Witebsk an die Heeresgruppe Nord an, die in ihren Stellungen verblieb. Hitler hatte Karelien und die Frontvorsprünge um Leningrad nicht aufgeben wollen, da er politische Rückwirkungen auf Finnland befürchtete. Aus ähnlichen Gründen hatte er auch die Krim nicht räumen wollen, deren Verlust die Lage in Rumänien und der Türkei beeinflussen mußte. So zweigte er von der Heeresgruppe Manstein die 6. Armee ab, die im Verein mit der Heeresgruppe Kleist, quer durch die sich über 150 Kilometer flach dahinstreckende Nogaische Steppe, den Zugang zur Landenge von Perekop sperren sollte.
Nun hatte der große Rückzug begonnen. Die schweren Lastwagen wirbelten in der Ukraine mächtige Staubwolken in die Höhe. Die vier einzigen Eisenbahnlinien beförderten endlose Schlangen von Zügen, rollende Festungen, jederzeit des Angriffs der Partisanen gewärtig. Schon befürchtete man den Verlust der 4. Panzerarmee, die an der Front von Woronesch abgeschnitten worden war. Doch im letzten Augenblick gelang ihr der Rückzug über Kiew und Tscherkassy.
Am 25. September erreichten die russischen Vorhuten den Dnjepr zwischen Saporoschje und Dnjepropetrowsk. Ein denkwürdiger Augenblick. Zwei Jahre zuvor hatte die deutschen Truppen Begeisterung, ja ein Freudentaumel erfaßt, als sie jenseits der gewaltigen Wasserflächen die unendlichen Ebenen im Dunst des Sommers erblickt hatten. Jetzt standen wieder die russischen Soldaten an diesem Riesenstrom, über den sie damals, unterlegen und geschlagen, zurückgegangen waren. Doch nun ließen sie sich hier nicht aufhalten. Eine Fallschirmjägerbrigade bildete bei Krementschug einen Brückenkopf, eine Infanterieeinheit faßte in der Stromschleife von Perejeslaw im Süden Kiews Fuß. Im Norden der Stadt erleichterten Partisanen das Einsickern sowjetischer Truppen in die sumpfigen Gebiete um die Mündung des Pripjet. Der Schutzgraben des Dnjepr war keine sichere Verteidigungslinie mehr. Und dennoch wurden, auf Hitlers kategorischen Befehl, am Ostufer noch die Brückenköpfe vor Saporoschje, Dnjepropetrowsk, Krementschug und Kiew gehalten, obwohl die örtlichen Befehlshaber sich dagegen gewandt hatten mit der Begründung, es würden zu viele Truppen gebunden und die Verteidigung der Stromlinie selbst werde erschwert.
Im Mittelabschnitt hatte die sowjetische Kalininfront am 24. September Smolensk genommen. Der Einzug in Smolensk war ein symbolhaftes Ereignis, und zum erstenmal schoß man in Moskau Siegessalut. Als Smolensk im Jahre 1941 gefallen war, schien dies das Ende für Moskau zu bedeuten. Jetzt war die Hauptstadt außer Gefahr.

Die Konferenz von Kairo

In Moskau, das nun gerettet war, trafen sich im Laufe des Oktober die Außenminister der verbündeten Mächte. Ihre Aufgabe war es, ein Treffen der Regierungschefs vorzubereiten. Bei Roosevelt war der Wunsch nach persönlichem Kontakt mit Stalin zur fixen Idee geworden. Nach seiner Auffassung mußte nicht nur die Weiterführung des Krieges erörtert werden, sondern auch die Gestaltung der Zukunft nach dem Sieg. Zwar war der Krieg noch nicht gewonnen, aber der Präsident hatte das Gefühl, daß etwas geschehen müsse. ›Die verbündeten Nationen‹, schrieb er an Stalin, ›dürfen nicht das Ende der Feindseligkeiten abwarten, um den Grundstein für die Welt der Zukunft zu legen. Wenn wir das tun, werden die Bande der Freundschaft, die zwischen uns bestehen, schon bald gelockert, ja vielleicht gelöst werden. Jeder von uns wird durch seine Eigeninteressen wieder gefangengenommen sein, und unseren auseinanderstrebenden Bemühungen wird es nicht gelingen, den Frieden zu schaffen, für den so viele Menschen sterben...‹

Über die einzuschlagende Methode war sich Roosevelt klar: Nur Stalin und er konnten die großen Entscheidungen fällen. Churchill war ein Anachronismus. Seine konservative Haltung, seine Bindung an die Monarchie, seine Abneigung gegen den Kommunismus, sein Kolonialismus, ja selbst seine Sprechweise, seine Kleidung und seine ganze Art schienen Roosevelt aus einer vergangenen Welt zu stammen. Churchills England, dem der Präsident der Vereinigten Staaten die Ehre eines Besuchs zu erweisen sich weigerte, war nur eine schwache kleine Insel am äußersten Rande eines von der Geschichte verdammten Kontinents, und das Empire, auf das es so stolz war, nur ein Denkmal der Unterdrückung, das den Sieg Amerikas nicht überleben sollte. Stalin und die Sowjetunion aber segelten im Wind der Geschichte. Unwillig wandte sich Roosevelt gegen die Auffassung von Leuten, die, wie sein Militärattaché Deane, in dem Bündnis zwischen Amerika und dem Bolschewismus eine ›seltsame Allianz‹ sahen, die nach der Vernichtung des gemeinsamen Gegners auseinanderfallen müsse.

Roosevelt dachte als erster an ein Zusammentreffen mit Stalin. Etwas romantisch stellte er sich vor, daß es auf einer Insel in der Beringstraße, in der Mitte zwischen Amerika und der Sowjetunion stattfinden solle. ›Ich werde außer Harry Hopkins, einem Dolmetscher und einem Stenographen niemanden bei mir haben‹, schrieb er an Stalin, ›und ich hoffe, daß Sie die Zahl ihrer Begleiter ebenso klein halten werden‹. Er war gegen eine Begegnung auf Island oder in Afrika, ›weil es dann, offen gesagt, schwierig wäre, nicht auch Churchill einzuladen...‹ Der Brief datiert vom 5. Mai 1943. Stalin ließ die Gelegenheit, einen Keil in das angloamerikanische Bündnis zu treiben, ungenutzt vorübergehen, vermutlich weil er eine Abneigung gegen das Fliegen hatte und es keine andere Möglichkeit gab, von Moskau zur Beringstraße zu gelangen, als mit dem Flugzeug. Churchill, der von Roosevelts Absichten durch Harriman unterrichtet worden war, protestierte am 25. Juni, wenn auch reichlich schwach: ›Was auch immer Sie entscheiden mögen, ich werde mein Bestes tun, um hier Ihre Haltung zu rechtfertigen.‹ Nun sollte es doch eine Dreierkonferenz werden, und die Außenminister kamen vorher zusammen, um das Terrain zu sondieren. Da Cordell Hull alt und nicht bei bester Gesundheit war, versuchten die Amerikaner, Molotow zu einer Reise nach Washington oder wenigstens nach London zu bewegen. Doch die Russen gingen nicht darauf ein. Wenn die Außenminister sich treffen sollten, dann in Moskau.

Doch das war nur das einleitende Geplänkel. Die eigentliche Schlacht sollte dort stattfinden, wo die Großen tagen würden. Stalin behauptete, er sei als Oberkommandierender nicht in der Lage, Rußland auch nur für eine Woche zu verlassen. Roosevelt antwortete, daß auch er Oberster Befehlshaber einer großen Nation sei, und die Verfassung der Vereinigten Staaten verpflichte ihn, innerhalb von zehn Tagen die vom Kongreß verabschiedeten Gesetze durch seine Unterschrift in Kraft zu setzen. Er nahm es auf sich, den größeren Teil des Weges zurückzulegen. Den ganzen Weg möge ihm Stalin ersparen.

Am 25. Oktober wurde Cordell Hull im Kreml empfangen. Die Konversation begann mit einem Vergleich der Getreideaussaat-Techniken in der UdSSR und in Tennessee. Dann umriß Hull den großen politischen Entwurf, zu dessen Verwirklichung es dem Präsidenten der Vereinigten Staaten unerläßlich scheine, mit dem obersten Führer der Sowjetunion Kontakt aufzunehmen. Stalin antwortete, daß er, um Präsident Roosevelt einen Gefallen zu tun, bis Teheran zu kommen bereit sei. Zwischen der persischen Hauptstadt und Moskau bestand Telephonverbindung, und – was der Marschall nicht eigens erwähnte – nach Teheran führte eine Bahnlinie. Roosevelt hatte Teheran bereits abgelehnt. Wegen der Berge war eine Flugreise dorthin gefährlich. Da Stalin bereits Fairbanks, Scapa Flow, Asmara, Ankara, Beirut, Zypern, Kairo sowie eine Begegnung auf hoher See abgelehnt hatte, versuchte Hull seine Zustimmung zu einem Treffen in Bagdad zu erhalten. Doch seine Bemühungen waren vergebens. ›Zukünftige Generationen‹, schrieb Roosevelt an Stalin, ›werden es als eine Tragödie betrachten, daß nur einige hundert Meilen über eine Begegnung entschieden haben sollen, von der ihr Schicksal abhing...‹ Aber solches Pathos ließ den Georgier kalt. »Wenn Präsident Roosevelt«, sagte er zu Hull, »nicht nach Teheran kommen kann, müssen wir unsere Begegnung auf das nächste Jahr verschieben. Dann gehe ich dahin, wo er will – auch nach Fairbanks.« Hull verließ Moskau mit der Überzeugung, die Begegnung werde nicht stattfinden. Doch nach seiner Rückkehr wurde er eines Besseren belehrt. Als er in Washington eintraf, erwartete ihn Roosevelt voll Ungeduld am Flugplatz. ›Er wartete auf seine Begegnung mit Stalin‹, berichtet Hull, ›mit dem Enthusiasmus eines jungen Menschen.‹

Das Problem China machte die Beziehungen zwischen den Verbündeten noch schwieriger. Da Rußland mit Japan weiter in Frieden leben wollte, zwang es sich dazu,

Tschiangkaischek zu ignorieren. Churchill, in diesem Punkt mit Stalin einer Meinung, erachtete den Wert der militärischen Zusammenarbeit mit den Chinesen für sehr gering. Roosevelt indessen sah in China neben Indien die große Macht der Zukunft, mit den USA und der UdSSR die dritte Macht im Bunde derer, die die Welt zu führen bestimmt seien. Da es nicht möglich gewesen war, England von der Begegnung mit den Russen fernzuhalten, hatte Roosevelt auch die Teilnahme Chinas gewünscht – allerdings gegen den Willen Moskaus. Die Lösung, auf die man sich schließlich einigte, war die, zwei oder gar drei Konferenzen zu halten: Roosevelt und Churchill sollten Tschiang und Madame Soong auf dem Wege nach Teheran treffen; auf dem Rückweg wollte man dann eine neue Besprechung abhalten, um die mit Stalin getroffenen Vereinbarungen gegebenenfalls unter dem Gesichtspunkt ihrer Anwendung auf den Fernen Osten einer Prüfung zu unterziehen. Am 11. November schiffte sich Roosevelt in der Chesapeake Bay auf dem Schlachtschiff *Iowa* ein. Während der Überfahrt streifte ein von dem Begleitzerstörer *William D. Porter* irrtümlich abgefeuerter Torpedo das Schiff des Präsidenten. Ohne weiteren Zwischenfall endete die Reise dann am 20. November in Oran. Das viermotorige Flugzeug des Weißen Hauses, die ›Heilige Kuh‹, brachte Roosevelt über Tunis nach Kairo, wo er am 22. November um 9 Uhr 35 eintraf. Churchill und das Ehepaar Tschiang erwarteten ihn bereits. Die durch Diners und Empfänge aufgelockerte Konferenz dauerte vier Tage.
Man wird in ihr kaum viel Sinn finden können. Roosevelt führte mit Tschiangkaischek und seiner Frau Besprechungen im kleinsten Kreise, in deren Verlauf er eine große Wirtschaftshilfe für China und die Befreiung ganz Asiens ankündigte. Churchill, nach dessen Meinung die chinesischen Angelegenheiten ›kompliziert und von minderer Wichtigkeit‹ waren und der meinte, daß man der Auflösung des Britischen Empire nachzuhelfen gedachte, zeigte üble Laune. Zwischen den Stäben ging die Auseinandersetzung weiter. Brooke und King gerieten sich fast in die Haare, als der Amerikaner einen Plan aus der Tasche zog, nach dem Truppen aus dem Mittelmeerraum für eine Landungsoperation in Burma zur Unterstützung Chinas abgezogen werden sollten. Schließlich kam man überein, vor der Rückkehr aus Moskau keine Entscheidung zu fällen. Bis zum letzten Augenblick suchte man nach Möglichkeiten, auf der Trans-Iran-Bahn nach Teheran zu gelangen, um den Gefahren einer Luftreise zu entgehen, die von den Mitarbeitern Roosevelts gewaltig übertrieben wurden. Am 27. November um 7 Uhr 07 morgens hob die ›Heilige Kuh‹ von der Startbahn des Kairoer Flughafens ab. Franklin D. Roosevelt stand vor seiner ersten Begegnung mit dem Manne, in dem er, neben sich selbst, den Erbauer einer neuen Welt sah.

An diesem 27. November, als die künftigen Sieger ihrer ersten Begegnung entgegensahen, fanden an der Ostfront ausgedehnte und heftige Kämpfe statt. Die Schlacht am Dnjepr war in vollem Gange. Von Smolensk bis Cherson, von der Quelle bis zur Mündung war das Land zu beiden Seiten des Stroms Schauplatz eines erbitterten Ringens.
Infolge der Trockenheit war die Schlammperiode nur sehr kurz gewesen, und die Ruhepause hatte nicht so lange gedauert, wie die Deutschen gehofft hatten. Bereits am 7. Oktober hatte ein Tagesbefehl Stalins den Beginn der Befreiungsoffensive an der Front zwischen Witebsk und Kuban angekündigt. Am 20. Oktober hatte eine Neuverteilung der russischen Armeen stattgefunden; auch waren die Bezeichnungen der Fronten geändert worden: Wolchowfront; 1. und 2. Baltische Front; 1., 2. und 3. Weißrussische Front; 1., 2., 3. und 4. Ukrainische Front – so hießen nun die sowjetischen Heeresgruppen, die das Kampfgeschehen bestimmten. Die reichlich vorhandenen Reserven nicht eingerechnet, bestanden sie zusammen aus 69 Armeen mit 330 Divisionen, denen 197 deutsche Divisionen und einige verbündete Einheiten gegenüberstanden.
Das sowjetische Oberkommando machte sich keine geringen Hoffnungen. Die Erfolge der Sommeroffensive hatten die Erwartungen weit übertroffen – Stalin selbst sagte zu Roosevelt, daß die Armee Hitlers ›weitaus schwächer‹ sei, als er selbst geglaubt habe. Dank der Tatsache, daß drei Millionen deutscher Soldaten durch die drohende Invasion im Westen gebunden waren, besaß Rußland über seinen Gegner eine eindeutige Überlegenheit, an der auch kein vorübergehender Rückschlag etwas zu ändern vermochte.
Im Süden trugen die Russen ihren ersten Sieg davon. Am 14. Oktober wurde die deutsche 1. Panzerarmee zur Aufgabe des Brückenkopfes von Saporoschje gezwungen. Am nächsten Tag griffen die 2. und 3. Ukrainische Front zwischen dieser Stadt und Krementschug mit 61 Infanteriedivisionen und 37 Panzerbrigaden an. Sie stießen in die große Flußbiegung des Dnjepr vor, erreichten Kriwoj-Rog und bedrohten die 1. Panzerarmee mit Einschließung. Doch Manstein gelang es, die 1. Panzerarmee mit Hilfe der aus Frankreich herbeigeholten 14. und 24. Panzerdivision zu retten. Die Russen verlegten nun das Hauptgewicht ihres Angriffs auf die Küstenstrecke des Asowschen Meers. Melitopol fiel am 22. Oktober. Am 1. November wurde die Landenge von Perekop erreicht; die 17. deutsche Armee verschanzte sich auf der Krim, während die 6. Armee über den Dnjepr zurückging und nur noch einen kleinen Brückenkopf östlich von Cherson hielt.
Anfang November wendeten sich die Dinge auch in der nördlichen Ukraine. Hier ging es um eine Stadt, die bereits hart umkämpft gewesen war: Kiew. Bei ihrer Verteidigung hatten die Russen im Jahre 1942 eine ganze Heeresgruppe geopfert und über eine halbe

Million Gefangene verloren. Zu ihrer Wiedergewinnung begannen sie nun eine erbitterte Schlacht.
Die Lage Kiews war der Stalingrads nicht ganz unähnlich. Die Stadt wurde von zwei Brückenköpfen bedroht. Der eine, im Norden, lag gegenüber der Mündung der Desna in den Dnjepr, der andere, im Süden, in der leichten Strombiegung bei Perejeslaw. Watutin, der Oberbefehlshaber der 1. Ukrainischen Front, entschloß sich zu einem Angriff von Süden her, weil dort die Geländeverhältnisse günstiger waren. Aber alle Angriffe der 3. sowjetischen Panzergardearmee wurden von der deutschen 4. Panzerarmee abgeschlagen.
Auf brillante Weise disponierte Watutin um. Die Hauptmasse seiner Streitkräfte zog er wieder über den Dnjepr zurück, brachte sie vom Südflügel auf den Nordflügel, ließ sie dort erneut über den Strom setzen und nahm dann den Angriff von der anderen Seite her wieder auf. Am 3. November stürzten sich 30 Infanteriedivisionen und 34 mechanisierte Brigaden auf das XIII. deutsche Korps. Der Durchbruch war unvermeidlich, die Straße nach Schitomir wurde abgeschnitten. Am nächsten Tag unterbrach die im Süden erneut zur Offensive angetretene 3. Panzergardearmee die Eisenbahnverbindung bei Fastow. Der Befehl zur Räumung Kiews kam so rechtzeitig, daß der Großteil der deutschen Truppen sich der drohenden Umklammerung entziehen konnte. Einige umzingelte Einheiten leisteten zwar noch Widerstand, doch am 6. November war Kiew den Deutschen entrissen.
›Daß die Bolschewisten Kiew in ihre Hand bekommen haben‹, vermerkte Goebbels in seinem Tagebuch, ›ist natürlich für sie und für das ganze Feindlager eine große Sensation. ... Rasend ist natürlich die Truppe darüber, daß am Dnjepr kein Ostwall aufgebaut worden ist.‹ Der Propagandaminister berücksichtigte hier nicht die psychologischen und strategischen Maximen seines Führers. »Wenn die Generale«, hatte Hitler gesagt, »hinter sich Auffangstellungen wissen, dann gibt es für sie nur eines: schnell zurück, um sich dort festzusetzen.« Hitler ging inzwischen so weit, jegliche taktische Bewegung überhaupt abzulehnen. »Wenn einem ein General was von taktischen Manövern erzählt, dann kann man sicher sein, daß das nur Rückzug bedeutet.«
Am 7. November erschien Manstein wieder in Rastenburg. Seine Lage war äußerst kritisch. Der aus der 4. Panzerarmee bestehende linke Flügel seiner Heeresgruppe war in drei Teile zerbrochen. Das LIX. Armeekorps war nach Norden zurückgedrängt worden. Das VII. Armeekorps versuchte sich südlich von Fastow zu halten. Das XIII. Armeekorps befand sich in vollem Rückzug nach Westen. Die sowjetischen Verbände waren in zügigem Vormarsch auf Schitomir, Knotenpunkt von fünf Straßen und vier Eisenbahnlinien. Der Oberbefehlshaber der Armee, Hoth, wurde durch General Erhard Rauß ersetzt, doch war es leichter, den Befehlshaber zu wechseln als das Kriegsglück zu wenden. Manstein war willens, den Dnjeprbogen zu räumen und eine Umgliederung seiner Verbände vorzunehmen.

Zu seiner großen Überraschung fand er Hitler nicht übermäßig beunruhigt. Zwar sah Hitler wohl, daß der Durchbruch bei Schitomir riskant war, aber er wollte das Risiko auf sich nehmen. Im Süden Rußlands, so meinte er, stehe am meisten auf dem Spiel. Von der Krim aus könnten die Russen die rumänischen Erdölgebiete bombardieren, und Nikopol mit seinen Mangangruben sei für die Kriegsindustrie des Reichs unentbehrlich. Er dachte keineswegs an eine Aufgabe des Dnjeprbogens, sondern bereitete eine Offensive zur Zurückgewinnung der Landenge von Perekop vor.

Die Diskussion ging lange hin und her. Manstein, der den Inspekteur der Panzertruppe, Guderian, zur Unterstützung heranzog, wollte alle mobilen Kräfte zu einer großen Gegenoffensive am Nordflügel seiner Heeresgruppe zusammenfassen. Doch Hitler versagte ihm die freie Verfügung über das XXXX. und LVII. Panzerkorps und gab ihm statt dessen nur drei Panzerdivisionen: die 1., die 25. und die SS-Panzerdivision ›Leibstandarte Adolf Hitler‹, die aus dem Westen kam. Zusammen mit drei anderen Panzerdivisionen wurden diese Verbände zum XXXXVIII. Panzerkorps zusammengefaßt. Unter dem Oberbefehl des Generals Balck stellte man sie südlich der Bahnlinie Kiew–Schitomir bereit. Die Russen ahnten nicht, was sich an ihrer Flanke zusammenbraute.

Am 15. griffen die Deutschen an. Es war nur mäßig kalt, und der Schnee lag nicht so hoch, als daß er ein ernstes Hindernis für die Operationen dargestellt hätte. Balck wollte sofort auf Kiew vorstoßen und die Lücke in der deutschen Front schließen. Doch Rauß veranlaßte ihn, erst die feindliche Angriffsspitze bei Schitomir zu brechen. Die alte Stadt wurde am 20. November von der 7. Panzerdivision zurückerobert. Durch eine Schwenkung nach Osten zerschnitt Balck die 60. Sowjetarmee und stellte den Zusammenhang der deutschen Front wieder her. Er versuchte anschließend auf Kiew vorzustoßen, aber ein plötzlich einsetzendes Tauwetter, das seine Panzer bis über die Ketten im Schlamm versinken ließ und eine Verstärkung der feindlichen Kräfte setzten seiner Offensive schließlich ein Ende. Kiew blieb in den Händen der Russen, doch die allgemeine deutsche Situation hatte sich gebessert. Am Ende des Jahres 1943 hielt die Wehrmacht immer noch bedeutende Teile des Dnjeprufers, und die Mangan- und Eisenerzvorkommen von Nikopol und Kriwoj-Rog befanden sich nach wie vor in deutscher Hand. Die Öffnung des Weges nach der Krim war indessen nicht gelungen. Die auf dem See- und Luftwege nur notdürftig versorgte 17. Armee mußte auf der Halbinsel einen schlimmen Winter verbringen.

Nicht nur an der Front in Rußland, sondern auch im Mittelmeerraum war zur Zeit der Konferenz von Teheran die Lage der Alliierten weniger günstig als in den Monaten zuvor. Nach dem Sieg von Salerno und der Einnahme Neapels waren keine weiteren spektakulären Erfolge mehr errungen worden. Das deutsche Oberkommando hatte in Kesselring eine einheitliche Führung erhalten, und alle Pläne für eine Aufgabe Roms waren von den Deutschen fallengelassen worden. Die italienische Kapitulation hatte Churchill veranlaßt, im östlichen Mittelmeerraum die Eroberung von Rhodos und des Dodekanes zu planen, in der Hoffnung, die Türkei zu einer Beteiligung am Krieg zu bewegen. Aber Roosevelt, der darin nur einen neuen Schachzug zur Verzögerung der Landung in Frankreich sah, hatte hierzu brüsk seine Zustimmung verweigert. So fanden die Deutschen Zeit, sich der Inseln zu bemächtigen, und als Churchill seinen Plan mit eigenen, britischen, Truppen ausführen wollte, mußte er eine kleine, wenn auch vollständige Niederlage hinnehmen. Eine auf der Insel Leros gelandete Brigade war zur Kapitulation gezwungen worden, nachdem Versuche, sie wieder einzuschiffen, die Royal Navy sechs wertvolle Zerstörer gekostet hatten. Doch das waren nur Kleinigkeiten. Die fünf Tage in Teheran zwischen Sonntag, dem 28. November, und Dienstag, dem 2. Dezember, lagen ganz im Licht der aufgehenden Sonne des Sieges. Es zeigten sich aber auch schon die Keime des Zerwürfnisses, die aus diesem Sieg einen neuen Konflikt entstehen lassen sollten. Die drei Großmächte waren nur nach dem Protokoll gleichberechtigt. Der unerwünschte Churchill wurde auf den zweiten Platz gedrängt. Die erste Geste Stalins bestand in einer Einladung an Roosevelt, sich in der sowjetischen Botschaft niederzulassen, mit der Begründung, Teheran wimmle von feindlichen Agenten, und jeder andere Ort sei gefährlich. Churchill, der nicht eingeladen worden war, offenbar weil man seinem Leben weniger Wert zumaß, verstand die tiefere Bedeutung dieses Zusammenwohnens, erkannte die Gefahr, daß es auf diese Weise zu Kurzschlußentscheidungen kommen konnte, aber da es angeblich um die persönliche Sicherheit Roosevelts ging, untersagte er sich jeglichen Einwand. Er handelte sich auch bald eine Absage ein, als er Roosevelt ein Frühstück zu zweit vorschlug und der Präsident antwortete, er wolle Stalin nicht den Eindruck geben, als ob die Engländer und die Amerikaner insgeheim Absprachen träfen. Dabei fand täglich eine Unterhaltung zwischen ihm und Stalin statt, bei der außer dem Dolmetscher niemand zugegen war. Stalin machte Churchill zur Zielscheibe seiner Witze, wozu Roosevelt ihn noch ermunterte, indem er offen zeigte, wie sehr ihn Stalins Einfälle erheiterten. Es kam zu einem kleinen Zwischenfall, nicht zuletzt wegen Oberstleutnant Elliott Roosevelt, des Sohnes des Präsidenten, der nicht immer die gebührende Zurückhaltung wahrte. Während eines Essens erklärte Stalin, man müsse summarisch 50000 deutsche Offiziere und Techniker liquidieren. Churchill erwiderte, daß Großbritannien entschieden gegen jede summarische Exekution sei und daß er lieber unverzüglich erschossen werden würde, als jemals einem solchen Vorhaben zuzustimmen. Hier mischte sich der junge Roosevelt ein und gab dem sowjetischen Diktator begeistert recht, während Roosevelt senior, das Haupt der größten Demokratie der Welt, die Würdelosigkeit hatte, sich dem Protest des Engländers nicht anzuschließen. Churchill verließ in hellem Zorn die Tafel, doch Stalin lief dem Premier nach und brachte ihn wieder zurück, wobei er betonte, es habe sich doch nur um einen Spaß gehandelt.

In den Zweiergesprächen zwischen Roosevelt und Stalin war auch von Frankreich die Rede. Der Georgier, dessen Truppen sich 1500 Kilometer hatten zurückziehen müssen und 4 Millionen Kriegsgefangene verloren hatten, zeigte keinerlei Verständnis für die Niederlage eines Landes, das gleiche territoriale und Menschenopfer zu bringen nicht imstande gewesen war. Nach Stalins Ansicht hatte Frankreich ›seine Grenzen dem Feind geöffnet‹, unterstütze den Feind auch weiterhin, weshalb es ›für diese verbrecherische Zusammenarbeit bestraft werden‹ müsse. Roosevelt billigte ›hundertprozentig seine Ansicht‹. Churchill, sagte er, vertrete die Meinung, Frankreich müsse wieder eine Großmacht werden, aber das sei nicht seine Auffassung. Lange Jahre der Arbeit seien notwendig, bevor Frankreich sich seine Großmachtstellung wieder verdient haben würde. Vordringlicher sei, aus den Franzosen wieder ein Volk anständiger Staatsbürger zu machen. Stalin fügte hinzu, nicht de Gaulle, sondern Pétain repräsentiere das wahre Frankreich. Es sei undenkbar, daß ein Land, das sich auf solche Weise mitschuldig gemacht habe, am Ende der Feindseligkeiten sein Kolonialreich und sein früheres politisches Gebiet wiedergewinnen solle. Und Roosevelt bekräftigte erneut, er sei ebenfalls hundertprozentig dieser Auffassung.

Ein anderes Gespräch unter vier Augen galt der Gestaltung des Friedens. Geduldig, wenn auch skeptisch, hörte Stalin Roosevelt zu, wie dieser nicht ohne Eitelkeit seine Pläne entwickelte: ein gemeinsames Forum aller Völker mit gleichem Stimmrecht für jeden und die Institutionalisierung ›der vier Polizisten‹ Amerika, Rußland, Großbritannien und China. Diese vier sollten die Aufrechterhaltung der Weltordnung garantieren. Was ›Uncle Joe‹ interessierte, das waren die Möglichkeiten und Wege, Deutschland für immer niederzuhalten. Er glaubte nicht an einen Wandel der deutschen Mentalität und prophezeite, daß dieses Land ›in zwanzig Jahren einen neuen Krieg provozieren werde‹, wenn man ihm nicht die strengsten Einschränkungen auferlege. Als die Frage der Behandlung Deutschlands bei den Besprechungen zu dritt wiederum zur Sprache kam, gab sie Anlaß zu einer neuen Auseinandersetzung mit Churchill. ›Es ist dem Premierminister nicht möglich‹, stellte Stalin fest, ›sich von seiner Vorliebe für die Deutschen zu lösen.‹

Auch das Schicksal der an Rußland grenzenden Nationen wurde summarisch behandelt. Die Überlassung der östlichen Gebiete Polens an Rußland und die Entschädigung Polens durch die deutschen Ostgebiete wurde ohne Diskussion gutgeheißen. Was

Finnland betreffe, das auf seiten Deutschlands kämpfte, sagte Stalin, habe die Sowjetunion nicht die Absicht, es zu annektieren. Stalin schnitt indes alle schüchternen Einwände der Amerikaner ab, die für ein Weiterbestehen der drei baltischen Staaten – Litauen, Lettland und Estland – plädierten. Am Vorabend seiner Abreise bat Roosevelt Stalin um eine letzte Unterredung. Er wolle mit ihm offen über ein Problem sprechen. Ohne Zweifel werde er 1944 erneut für die Präsidentschaft kandidieren, und dann wolle er nicht die Stimmen einiger Millionen Wähler baltischer oder polnischer Abstammung verlieren. Er brauche deshalb die Zusicherung, daß ›das Volk seine Meinung werde äußern können‹, bevor Rußland zur Annexion schreite. Doch Stalin antwortete nur, die drei baltischen Republiken hätten vor dem Ersten Weltkrieg auch keine Selbständigkeit besessen, und er sehe nicht ein, warum er ihnen etwas zugestehen solle, was ihnen die Zaren auch nicht gewährt hätten. Man vertagte dann diese Frage, ohne sich hinsichtlich des künftigen Verfahrens irgendwie festzulegen. Stalin widmete ihr nur beschränkte Aufmerksamkeit. Dagegen drängte er immer wieder – wenn auch weniger ungeduldig als im Vorjahr – auf die beschleunigte Errichtung einer zweiten Front in Form einer Landung in Westeuropa. Alle anderen militärischen Unternehmungen bedeuteten für ihn nur eine Verzettelung der Kräfte. Auch hier standen Russen und Amerikaner gemeinsam gegen Churchill.

Der britische Premierminister gab bei der Sitzung am 28. November einen brillanten Abriß der strategischen Situation im Westen. Neunzehn amerikanische und sechzehn britische Divisionen, eine jede doppelt so stark wie eine Division der Deutschen, sollten an dem Landungsunternehmen teilnehmen. Zu ihnen wollte man noch Truppen stoßen lassen, die auf direktem Wege aus den Vereinigten Staaten herangebracht werden sollten, wodurch das Expeditionskorps auf etwa fünfzig Divisionen anwachsen würde. Zweiundzwanzig zum großen Teil britische Divisionen sollten im Mittelmeerraum bleiben. Churchill war der Auffassung, daß die Mittelmeeroperationen unabhängig von ›Overlord‹ zu erfolgen hätten und auch durch dieses Unternehmen nicht beeinflußt werden dürften. Eine aus wenigen Divisionen gebildete Angriffsgruppe müsse zur Eroberung der ägäischen Inseln abgestellt werden. Um den Preis einer unbedeutenden Verzögerung des Unternehmens ›Overlord‹ – ›ein oder zwei Monate höchstens‹ – lasse sich die Türkei zum Kriegseintritt bewegen. Die verbündeten Heere würden dadurch um eine leistungsfähige Armee verstärkt, und statt über die Polarroute oder den unbequemen Umweg durch Persien könne die amerikanische Hilfe für Rußland dann durch die Dardanellen laufen.

Aber Stalin war nicht sehr für eine Öffnung der Dardanellen: Sie hätte Rußland, das bisher in sicherer Abschirmung lag, in allzu enge Berührung mit dem Westen gebracht. Er blieb dabei, daß eine zweite Front in Frankreich errichtet werden müsse. Er verlangte einen Abbruch der Offensive in Italien und schlug vor, die dadurch im Mittelmeer frei werdenden Divisionen sofort in der Provence zu landen. Auch die Frage des Oberbefehls für das Unternehmen ›Overlord‹ brachte er zur Sprache: »Ich werde so lange nicht daran glauben, bis ich nicht weiß, welcher General mit der Durchführung des Unternehmens betraut worden ist.« Schließlich wandte er sich an Churchill: »Ich möchte Ihnen eine direkte Frage stellen: Glauben Sie wirklich an das Unternehmen ›Overlord‹?« Churchill antwortete voller Überzeugung, allerdings auch mit Vorbehalten: »Vorausgesetzt, daß zum festgesetzten Zeitpunkt günstige Bedingungen gegeben sind: Ja, ja und nochmals ja!«

In Teheran wurde nichts entschieden. Das einzige Ergebnis, das erzielt wurde, war ein Kommuniqué, in dem die Großen Drei versicherten, sie trennten sich als ›Freunde, die durch die gemeinsame Sache, die gemeinsame Gesinnung und das gemeinsame Ziel verbunden seien.‹ Das Protokoll über die militärischen Vereinbarungen hielt fest, daß das Unternehmen ›Overlord‹ gleichzeitig mit einer Landung in Südfrankreich im Monat Mai des Jahres 1944 stattfinden solle und daß zu diesem Zeitpunkt auch Marschall Stalin eine Offensive einleiten werde, um die Verlegung deutscher Truppen von Osten nach Westen zu unterbinden.

Der Rückweg führte Churchill und Roosevelt über Kairo. Dort sahen sie die Sphinx wieder, deren Lächeln zu ergründen sie abends nach Gizeh fuhren. Anstelle von Tschiangkaischek und seiner Gattin trafen sie den schmächtigen, schwerhörigen, weißhaarigen General Ismet Inönü, der sie feierlich der türkischen Freundschaft versicherte, doch unmißverständlich klarmachte, daß sein Land neutral bleiben werde. Der enttäuschte Churchill gab sich schließlich damit zufrieden, die amphibische Operation im Golf von Bengalen zu Fall zu bringen. Dann reiste der plötzlich Gealterte nach Marrakesch weiter, um dort eine bösartige Lungenentzündung auszukurieren, die er sich in Teheran zugezogen hatte.

Frankreich im Jahre 1943

Für dieses Frankreich, in dem Marschall Stalin unterschiedslos einen Hilfswilligen Hitlers sehen wollte, war das Jahr, das nun seinem Ende zuging, düster und voll dramatischer Ereignisse gewesen. Das Land mußte weiterhin für seine Niederlage zahlen. Man sollte sich aber auch verschiedener Tatsachen erinnern, die in späteren Darstellungen nicht recht gewürdigt worden sind.

Selbst im dritten Jahr seiner Besetzung bot Frankreich keineswegs überall das Bild einer verzweifelten und geknechteten Nation. Es gab Franzosen, die sterben mußten, aber auch solche, die durchaus zu leben wußten – ohne dabei notwendigerweise den Sold des Feindes zu beziehen. Persönlichkeiten, die durch ihre Ansichten wie durch ihr Tun ganz klar Stellung bezogen hatten, konnten bei einem Mindestmaß an Vorsicht doch ungefährdet leben. Von Sartre kamen ›Die Fliegen‹ zur Aufführung, die mit dem ›Seidenen Schuh‹ von Paul Claudel (der eine ›Ode auf den Marschall‹ verfaßt hatte) und ›Sodom‹ von Giraudoux zu den bedeutenden Erfolgen der Theatersaison von 1943 zählten. Der Textilmangel provozierte die Mode zu Schöpfungen, deren Extravaganz einen deutschen Offizier zu der Frage an eine Pariserin veranlaßte: »Welche Hüte würden sie denn tragen, wenn sie den Krieg gewonnen hätten?« In vieler Hinsicht waren die Bedingungen, unter denen das besiegte Frankreich lebte, besser als die, mit denen der Sieger Deutschland fertig zu werden hatte. Auf Frankreich ging nur ein Bruchteil der Bomben nieder, die Deutschland verwüsteten, auch hatte es nicht jenen entsetzlichen Blutzoll zu entrichten, der dem deutschen Volk an der Ostfront abverlangt wurde.

Gewiß war das tägliche Leben harten Einschränkungen unterworfen, doch war es glücklicherweise weniger tragikumwittert, als man nach der bloßen Statistik – etwa der Anzahl der Sterbefälle durch langsames Verhungern – annehmen müßte. Es gab ganze Provinzen, die nicht im geringsten Not litten. Außerhalb des eigentlichen Schwarzen Marktes fand ein bemerkenswert flüssiger Austausch von Lebensmitteln statt, der die offizielle Nahrungsmittelknappheit milderte. Auf 80 Tonnen offizieller Lieferungen, die hauptsächlich aus Brot und Rüben bestanden, erhielt zum Beispiel Lyon dazu 50 Tonnen privater Lebensmittelpakete von weitaus substantiellerem Inhalt. Trotz Zunahme der Tuberkulose war der Gesundheitszustand der Bevölkerung nicht schlecht, und auf Grund des Rückgangs des Alkoholismus hatten die Krankenhäuser sogar weniger Patienten als vor dem Krieg. Solche relativ annehmbaren Zustände wären nicht möglich gewesen, wenn Frankreich von Gauleitern verwaltet worden wäre, wenn sich nicht zwischen Besatzer und Besetzte immer wieder eine französische Verwaltung hätte schieben können. Und dennoch waren die letzten Tage der Vichy-Regierung ein schmerzliches Schauspiel. Man sah, wie sich das, was sich noch immer als der französische Staat gerierte, zunehmend enger an die Sache der Nazis anschloß. Ein obligatorischer Arbeitsdienst, der Deutschland mit Arbeitskräften beliefern sollte, wurde 1943 im Februar eingeführt. Die aus Angehörigen der Légion Française gebildete Miliz wurde zu einer Hilfspolizei umgebildet. Wie Vieh trieb man die Juden zusammen und lieferte sie einem Schicksal aus, dessen Grauen noch kaum jemand ahnte. Die französischen Nazis machten sich über die provisorische französische Hauptstadt her und usurpierten sie für sich. Brinon, Bonnard, Gabolde, Henriot, Marion, Darnand, Déat – sie waren die neuen Minister und Staatssekretäre, die Generalbevollmächtigten und Generalkommissare einer Regierung, die nur ein Vasall des Dritten Reichs war. An ihrer Spitze stand Pierre Laval, der gewiß bemüht war, deutschen Übergriffen zu steuern, dessen grundsätzliche Haltung aber (›Ich wünsche den deutschen Sieg‹) auf die überwiegende Mehrheit der Franzosen wie ein Schlag ins Gesicht wirkte.

1943, das Jahr des Niedergangs des Vichy-Regimes, wurde auch zum Jahr der französischen Résistance. Selbst heute ist es noch nicht möglich, ein wahrheitsgetreues Bild dieser weitgespannten Bewegung zu zeichnen. Ein künstliches Dunkel ist über Quellen und Dokumente gebreitet. Um nur ein Beispiel zu geben: Ich habe versucht, Einblick in ein Dokument zu nehmen, das eine objektive Darstellung der militärischen Unternehmungen der Résistance zu sein scheint, nämlich in den 1500 Seiten starken Bericht über die französischen Streitkräfte des Widerstands, den der amerikanische Major R. A. Bourne-Paterson mit Hilfe einiger französischer Offiziere verfaßt hat. Doch ich stieß bei meinen Bemühungen auf eine Mauer. In Washington gilt dieser Bericht als ›classified‹, also als geheim, und zwar auf Veranlassung der französischen Regierung. Selbst die offizielle Kommission für die Geschichte des Zweiten Weltkriegs in Paris erklärte, sie habe in dieses Dokument noch keinen Blick tun können. Angesichts solcher Verhältnisse muß man es der Zukunft überlassen, dieses dramatische und vielschichtige Kapitel der französischen Geschichte darzustellen.

Bescheid weiß man allerdings über die bürgerkriegsähnlichen Kämpfe, in die sich die gegen die deutsche Besatzung gerichteten Aktionen mischten. Das stärkste Element in der Résistance, das Element, das übrigens auch am stärksten unter den Vergeltungsmaßnahmen des Gegners zu leiden hatte, sie aber mit Heroismus ertrug, war die Kommunistische Partei, deren Ziele freilich weiter gesteckt waren als nur bis zur Besiegung Deutschlands. Da sich ein nicht geringer Teil des Bürgertums um Marschall Pétain gesammelt hatte, war der Kampf gegen sein Regime in gewissem Sinne auch ein Klassenkampf. Nachdem die Miliz, in der Gescheiterte und Kriminelle Dienst taten, zu einem Werkzeug der Unterdrückung geworden war, wurden die Kämpfe immer erbitterter. Verbrechen zeugten neue Verbrechen, und in ganz Frankreich floß Blut.

Die Anschläge gegen Angehörige der deutschen Wehrmacht lösten Vergeltungsmaßnahmen aus. Verschiedene örtliche Befehlshaber versuchten, sie in Grenzen zu halten, aber es gab andere, die eine regelrechte Politik des Schreckens betrieben. Die großen Geiselerschießungen hatten 1942 in Châteaubriant mit der Liquidierung von 50 Menschen begonnen. Von Anfang an hatte die Regierung von Vichy gegen die Anwendung der Kollektivschuldthese in so furchtbarer Form gekämpft, aber mit dem Anwachsen der Résistance, mit der zunehmenden Gefährdung isolierter Militärposten oder -transporte nahmen auch die Repressalien an Schwere zu. Die ganze Polizei und alle Geheimdienste des Hitlerreiches waren in den besetzten Ländern am Werk, um mit jeglichen Mitteln, vor allem auch dem der Folter, die Fäden des nationalen Widerstandes in die Hand zu bekommen. Es ist eine Tatsache, daß sie überall Unterstützung durch Einheimische erhielten, daß die deutsche Gestapo sich überall auf französische, polnische, holländische und norwegische Parallelorganisationen stützen konnte, daß sich Verräter in allen Kreisen der Résistance fanden, daß den interessierten Stellen derartig

viele Denunziationen zugetragen wurden, daß sie, wie Geld in der Inflation, bereits ihren Wert zu verlieren begannen. Jene Männer, die sich der Tätigkeit im Untergrund verschworen hatten, lebten inmitten von Gefahren und starben häufig vor den Gewehren eines Exekutionskommandos den Heldentod.
1943 tauchten verschiedene gegen die bestehenden Ordnungsorgane operierende Gruppen auf, die sich ebenfalls alle als ›Maquis‹ bezeichneten. Auch hier fehlen stichhaltige Unterlagen. Soviel zu ersehen ist, handelte es sich bei diesen Organisationen zum Teil um disziplinierte militärische Einheiten, manchmal aber auch einfach nur um Banden Krimineller. Zu Beginn des Jahres 1943 wurde das Gebirgsgebiet von Vercors zwischen der Isère und der Drôme ein regelrechtes Übungsgebiet, in dem unter dem Befehl des Generals Delestraint alias Vidal Offiziere der Frankreich nach dem Waffenstillstand verbliebenen Armee Freiwillige aus Lyon und Grenoble ausbildeten. Das Zentralmassiv, der Jura, die Alpen, die Pyrenäen und die Bretagne waren voll junger Leute, die sich dem obligatorischen Arbeitsdienst (STO) entziehen wollten. Um diese schwierig zugänglichen Gebiete wirkungsvoll zu säubern, mußte man sich entweder auf die Bevölkerung verlassen können, die sich jedoch meist aus allem herauszuhalten suchte, oder aber man mußte über ausreichende Truppen in hinreichender Stärke verfügen. Das letztere war bei den Deutschen nicht der Fall.
Seit 1940 hatten die Engländer unter dem Namen ›Special Operations Executive‹ eine Organisation gebildet, die einen Nachrichtendienst auf dem Festland einrichten sollte. Die gaullistischen Behörden hatten ihrerseits das ›Bureau central de renseignement et d'action‹ mit dem Ziel gegründet, die französische Résistance für ihre Zwecke einzuspannen. Reibereien zwischen beiden Organisationen waren an der Tagesordnung. Die Schwierigkeiten nahmen zu, je mehr Organisationen der verschiedensten politischen Schattierungen ins Spiel kamen. Das Komitee in London, später die provisorische Regierung in Algier, suchte in dieses Durcheinander wenigstens etwas Ordnung zu bringen.
In der Silvesternacht des Jahres 1942 ließ man den früheren Präfekten von Chartres, Jean Moulin, über der Provence mit dem Fallschirm abspringen. Versteckt im doppelten Boden einer Streichholzschachtel trug er eine auf Mikrofilm aufgenommene Legitimation General de Gaulles mit sich. Am 27. Mai des Jahres 1943 gelang es ihm, in einem Restaurant in der Rue du Four in Paris die bedeutendsten Vertreter der Widerstandsgruppen in Nord- und Südfrankreich zu versammeln. Das ›Conseil national de la Résistance‹ war geboren. Jean Moulin, der den Vorsitz übernahm, machte sich keine Illusionen über die Nachhaltigkeit seines Erfolgs. Er mußte seine Aufgabe angesichts von Konflikten und Gruppenkämpfen wahrnehmen, wobei er zum ersten Führer der Résistance, Henri Frenay, ja sogar zu zwei anderen Abgesandten aus London, Dewavrin und Brossolette, in Gegensatz geriet. Sechs Wochen später wurde er vor den Toren Lyons, in Caluire-et-Cuire, auf Grund einer Denunziation verhaftet. Er wurde

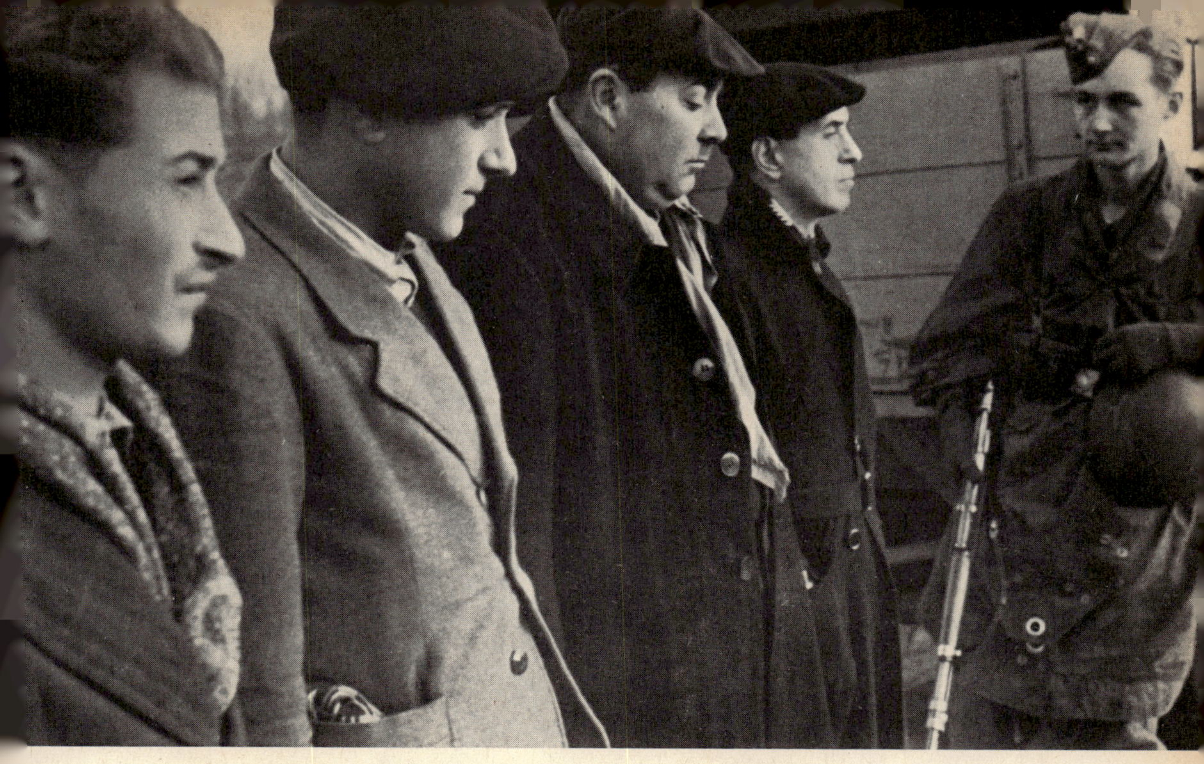

Die Résistance, ursprünglich geheime Kampforganisation gegen die deutsche Besetzung, entwickelte sich unter der nationalistischen Inspiration des Generals de Gaulle von London aus immer mehr zu einer politischen Bewegung, die 1944 in die IV. Republik mündete. Bis dahin hatten Tausende Franzosen ihre Freiheit (oben) oder gar ihr Leben (unten) für ein freies Frankreich aufs Spiel gesetzt.

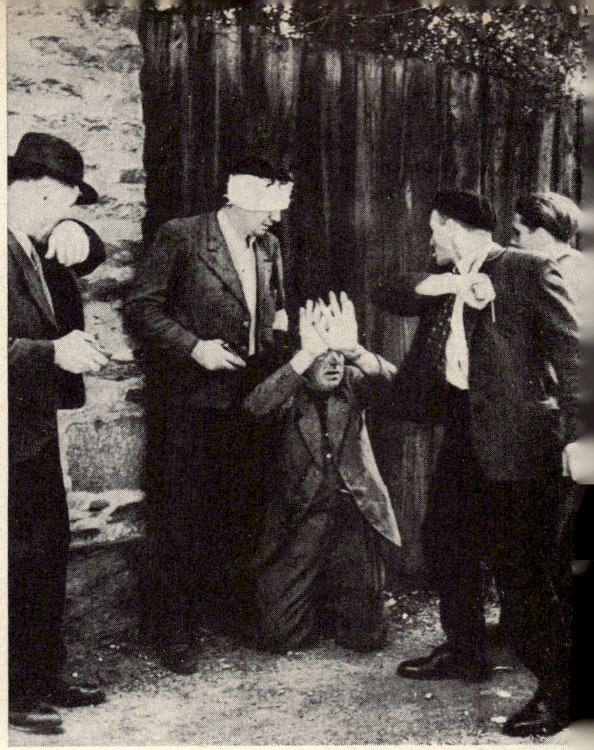

Politische Agitation, Nachrichtenübermittlung, Sabotage und Konspiration waren Aufgaben der Résistance (oben links, unten); im Glauben an ihren gerechten Kampf für ein freies Frankreich nahm sie nach dem Abzug der Deutschen blutige Rache an den Landsleuten, die – wie die Vichy-Regierung – mit Hitler paktiert oder wenigstens kollaboriert hatten.

gefoltert und starb auf dem Transport nach Deutschland. Sein Nachfolger an der Spitze des CNR wurde der katholische Professor und Journalist Georges Bidault. Der Zusammenschluß blieb oberflächlich und gezwungen. Die einzelnen Gruppen wahrten entschieden ihre Selbständigkeit und standen häufig zueinander im Gegensatz. Eine gewisse Gemeinsamkeit, wenn auch mit manchen Vorbehalten, hatte sich nur im Hinblick auf die Gestalt des Generals de Gaulle herauskristallisiert, der immer mehr als Führer der Nation erschien.

Dazu kontrastierte der sinkende Stern des Marschalls Pétain. Der greise Staatschef entfremdete sich zusehends seinem Volke, das ihn einst so geliebt und verehrt hatte. Im Herbst 1943 unternahm er einen letzten Versuch, sich aus der gefährlichen Verstrickung zu lösen. Er entschied sich, Laval zum zweiten Male in die Wüste zu schicken. Er dachte daran, wieder in die Gleise der Dritten Republik zurückzukehren und ein Kollegium von Persönlichkeiten zusammentreten zu lassen, das, um Lucien Romier und Léon Noel geschart, die Nationalversammlung einberufen solle. Doch Laval hatte davon Wind bekommen und alarmierte den deutschen Geschäftsträger in Vichy, Krug von Nidda. Schon war der Aufruf des Marschalls auf Platte gesprochen, da untersagte Nidda seine Verbreitung über den Rundfunk. Pétain antwortete mit der Erklärung, daß er sein Amt als Staatsoberhaupt nicht länger ausüben wolle, aber diese etwas senile Verweigerung der Mitarbeit konnte Hitler nicht erschüttern. »Niemals«, gab der Führer zu verstehen, »werde ich dem Wiedererscheinen der Nationalversammlung zustimmen, die an Deutschland den Krieg erklärt hat.« Die Nationalversammlung war überdies auch vom Gaullismus als ungesetzlich erklärt worden, und zwar wegen der Vollmachten, die sie Pétain übertragen hatte. Von zwei Seiten also wurde die Dritte Republik in den Austrag der Geschichte verwiesen.

Alles war zu Ende, als Botschafter Abetz in Begleitung Skorzenys erschien, hinter dem zwei SS-Panzerkompanien bereitstanden. Pétain fügte sich, und Laval blieb Ministerpräsident. Diese Episode markierte das Ende des Vichy-Regimes. Während des Winters liefen die Dinge noch notdürftig weiter, doch immer mehr Behörden verließen die ›Hauptstadt‹, lösten sich auf oder kehrten nach Paris zurück. Schon lauerte überall der Maquis, und in der Stadt begann die Furcht einzuziehen.

XXIV. Kapitel Dezember 1943 bis Juni 1944
Vom Dnjepr zum Dnjestr. Von Anzio nach Rom

Rückzug in der Ukraine. Der Kessel von Tscherkassy

Die Erholungspause, die sich die deutschen Armeen durch die Gegenoffensive bei Kiew verschafft hatten, war nicht von langer Dauer. Um Weihnachten nahm Watutin seine Offensive wieder auf. Die Weihnachtsferien in den Gräben und Unterständen der Deutschen fanden ein jähes Ende. Manstein, der das Fest bei den Grenadieren der 20. Panzergrenadierdivision verbrachte, begab sich schleunigst zu seinem Hauptquartier in Winniza zurück. Die dort einlaufenden Meldungen waren noch schlimmer, als er befürchtet hatte. Die fünf Armeen der 1. Ukrainischen Front hatten auf breiter Front zu beiden Seiten der Rollbahn Kiew–Schitomir mit einer großangelegten Offensive begonnen. Die im Verlauf der heftigen Kämpfe der Vorwoche stark aufgelockerten Verbände der 4. Panzerarmee erhielten einen Stoß, der in seiner Plötzlichkeit und seiner Stärke völlig überraschend kam.
Dies führte in der letzten Woche des Jahres 1943 zu einer Auflösung der deutschen Front. Schitomir, am 20. November von den Deutschen zurückerobert, fiel am 1. Januar erneut in die Hand der Russen. Die 4. Panzerarmee mußte Gelände preisgeben. Der Kampf beanspruchte Menschen und Material aufs äußerste. Die Temperaturen waren wieder gestiegen, dafür fiel jetzt in der ganzen Ukraine nasser Schnee, der bald in Regen überging. Man hielt sich angesichts der drohenden Gefahr der Einkesselung nicht mehr an den Befehl, keinen Fußbreit Boden aufzugeben, so daß der Rückzug mancherorts in wilde Flucht ausartete, wobei große Mengen an Kriegsmaterial verlorengingen.
Auch die Verbände des Angreifers befanden sich keineswegs alle in bester Verfassung. Zwar waren die sogenannten Gardeeinheiten und die mechanisierten Truppen nach wie vor höchst schlagkräftig, doch die meisten sowjetischen Divisionen boten einen recht ungewohnten Anblick. Nach Meldungen der 1. Panzerdivision bestand die Hälfte der von ihr eingebrachten Gefangenen aus Soldaten unter 18 Jahren, vereinzelt sogar aus dreizehnjährigen Jungen. General von Vormann, der Kommandeur des XXXVIII. Panzerkorps, sprach von »zusammengewürfelten, unausgebildeten, kaum uninformierten, schlecht bewaffneten Haufen«. Am Don seien Frauenbataillone gegen die deutschen Linien angerannt, »deren Angehörige noch vor wenigen Tagen in Rostow für uns gekocht und Wäsche gewaschen hatten«. Von den rund tausend Gefangenen, die sein Armeekorps einbrachte, verfügte unter zwanzig kaum einer über eine Waffe, und mehr als die Hälfte besaßen keine Schuhe. »Trafen diese Haufen auf eine noch intakte

Truppe, waren ihre Verluste grauenvoll, überstiegen jede Vorstellung.« Aber es kamen immer wieder neue Russen, wie Wellen aus dem Meer.
Am 4. Januar begab sich Manstein ins Führerhauptquartier, entschlossen, seine Auffassung durchzusetzen. Er verlangte eine Unterredung mit Hitler und wollte für dieses Gespräch keinen anderen Zeugen als den Chef des Generalstabs, Zeitzler. Manstein begann: »Man muß sich klarsein, mein Führer, daß die überaus kritische Lage, in der wir uns jetzt befinden, nicht allein auf die unbestreitbare Überlegenheit des Gegners zurückgeführt werden darf. Sie ist auch die Folge der Art, in der bei uns geführt wird.«
Bei diesen Worten verwandelte sich Hitlers Gesicht in das Haupt des Gorgo. Ein Keuchen entrang sich seiner Brust: Niemand als er, Hitler, sei fähig, die deutsche Wehrmacht zu führen. Kein anderer könne die Last dieses Krieges tragen. »Selbst mir gehorchen die Feldmarschälle nicht! Glauben Sie, daß sie zum Beispiel etwa Ihnen besser gehorchen würden?«
Manstein kehrte an die Front zurück, ohne etwas erreicht zu haben. Die Schnelligkeit, mit der nun die Russen vorrückten, erinnerte an den Blitzkrieg in Frankreich: 30 bis 40 Kilometer am Tag. Die Offensive weitete sich fächerförmig aus und wurde mit einer Kühnheit ohnegleichen vorangetrieben. Der nördliche Stoßkeil zielte auf Korosten, erreichte Nowgograd–Wolinsk, danach Sarnij am Rande der Pripjetsümpfe. Der mittlere Stoßkeil drang über die Grenze von 1938 vor und eroberte Luck und Rowno, die lange Zeit polnische Garnisonstädte an der Grenze gegen Rußland gewesen waren. Der südliche Stoßkeil nahm Berditschew und marschierte gegen den Bug. Durch einen Gegenangriff mit zwei Armeekorps gelang es Manstein, die Spitze des Dreizacks zu brechen, als dieser Winniza erreicht hatte und Uman bedrohte. An den anderen kritischen Stellen der Front behinderten Nachschub- und Geländeschwierigkeiten den russischen Angriff. Trotzdem war nun ein breiter Keil von 500 Kilometern Tiefe in die deutsche Front getrieben worden. Die Russen hatten die Heeresgruppen Mitte und Süd auseinandergedrängt.
Am erstaunlichsten aber war, daß mit dieser großen Offensive die sowjetischen Kräfte nicht erschöpft waren. Zur selben Zeit, als sie die Deutschen vor Kiew schlugen, gelang es den Russen, sie auch im Raum von Leningrad zurückzudrängen. Zwei Jahre lang hatte die Heeresgruppe Nord unter Generalfeldmarschall von Küchler nur unbedeutende Veränderungen des Frontverlaufs erlebt. Die 16. Armee hatte den Belagerungsring um Leningrad wieder lockern müssen, war zur Aufgabe von Schlüsselburg gezwungen worden und hatte den sowjetischen Brückenkopf bei Oranienbaum nicht zu beseitigen vermocht, doch sie hielt sich einen Zugang zur Newa frei, und auch ein Teil des Wolchowufers, Nowgorods und des Ilmensees befand sich in ihrer Hand.
Die 18. Armee hatte den Kessel von Demjansk geräumt, hielt aber bei Staraja-Russa und Cholm die Front. Hier war der Krieg zum Stellungskrieg geworden, abwechselnd in arktischem Frost und sumpffeuchter Schwüle. Einen Teil seiner Kräfte hatte Küch-

ler an andere Heeresgruppen abtreten und dazu wiederholt seine Front verlängern müssen. Er verfügte jetzt nur noch über 48 Divisionen, darunter – kaum zu glauben – keine einzige Panzerdivision. Rechnete man die finnische Front dazu, so war ein Drittel der in Rußland kämpfenden deutschen Truppen nördlich von Witebsk gebunden.
Ein derartiges Verhältnis war wider alle Vernunft. Nachdem die Deutschen den Plan einer Eroberung Leningrads aufgegeben hatten, besaß der Nordflügel der Ostfront für sie nur noch begrenzte strategische Bedeutung. Die Forderung der Generale nach einem Rückzug hinter die Narwa oder gar hinter die Düna, durch den die Front verkürzt, Nachschublinien eingespart und Reserven frei geworden wären, entsprach der neuen Lage. Aber Hitler sagte nein und nochmals nein. Er fürchtete den Abfall Finnlands und außerdem, daß durch den vorgeschlagenen Rückzug den Russen Stützpunkte an der Küste überlassen werden müßten, von denen aus sie die Eisenerztransporte aus Schweden empfindlich stören könnten.
Man hatte bereits im Herbst von einer bevorstehenden Offensive erfahren, doch seit Anfang Januar häuften sich die Anzeichen, daß sie nun bald losbrechen würde. Am 14. Januar stießen zwei sowjetische Armeen, die 42. sowie die 2. Stoßarmee, in Richtung auf Zarskoje-Selo vor. Am gleichen Tag trat die 59. Armee zu beiden Seiten der Stadt Nowgorod zum Angriff an der Wolchowfront an. Beide Stöße richteten sich auf Luga an der Luga, das Zentrum der deutschen Etappe. Sie sollten zur Einschließung der 18. Armee führen.
Der Winter war relativ mild und der Schneefall nur gering, aber die schlechten Wegverhältnisse, die tiefen Wälder und die Aktionen der Partisanen schufen Schwierigkeiten genug. Da Hitler mit Küchler nicht zufrieden war, ersetzte er ihn durch den Spezialisten für schwierige Situationen, Generaloberst Walter Model. Der energische Model war der richtige Mann, um die deutschen Armeen des Nordabschnitts zu retten.
Am 20. Januar traten die Russen aus dem Brückenkopf von Oranienbaum zum Angriff an. In der Nacht vom Einundzwanzigsten auf den Zweiundzwanzigsten zogen sich die deutschen Truppen zwischen Newa und Wolchow aus ihrer gefährlichen Lage unter Aufgabe ihrer Artillerie zurück. Model versuchte die Front an der Luga wieder zu stabilisieren, doch war das Ufer nicht zu halten. Am 12. Februar vereinigte sich die von Leningrad aus zum Angriff angetretene Armee mit jener, die von Nowgorod her operiert hatte. Freilich war es jetzt zu spät für eine Einschließung der 18. Armee, die an den beiden Enden des Peipussees vorbei über Narwa und Pleskau zurückflutete – schlimm mitgenommen, aber gerettet.
Jetzt war die 16. Armee in Gefahr, da sie an ihrem Nordflügel umgangen zu werden drohte; sie war zu eiligem Rückzug nach Südwesten gezwungen, der durch weglose Wälder von riesiger Ausdehnung führte. Zwei Städte, die in der deutschen Propaganda eine große Rolle gespielt hatten, weil an ihnen während des Winters 1941/42 die russischen Angriffe zerbrochen waren, Staraja-Russa am Ilmensee und Cholm, die letzte

Karte 40 Das Vordringen der sowjetischen Armeen von Juli 1943 bis April 1944

deutsche Position am Lowat, mußten aufgegeben werden. Die 16. Armee führte an ihrer rechten Flanke eine Kehrtwendung aus und ging 200 Kilometer zurück, bis sie wieder Anschluß an ihre nördliche Nachbararmee fand.
Am 1. März war den russischen Streitkräften gelungen, was die deutschen Generale bei Hitler vergebens zu erreichen versucht hatten: Die Front der Heeresgruppe Nord stimmte nun mit der Verteidigungslinie überein, die als Pantherlinie bezeichnet worden war. In Leningrad hörte man nun keinen Kanonendonner mehr.
Was die Ukraine betraf, so hatte die Niederlage von Kiew Hitler nicht zu einer Änderung seiner Strategie zu bewegen vermocht. Obwohl die deutsche Armee den größten Teil der Dnjeprlinie verloren hatte, klammerte sie sich im Raum von Tscherkassy in einer Tasche von 50 Kilometer Breite an den Fluß. Vor Kirowograd und Kriwoj-Rog beschrieb die Front anschließend einen tiefen Bogen, traf dann bei Saporoschje wieder auf den Strom, um über ihn hinweg auf der Ostuferseite weiterzulaufen und den Frontbogen zu bilden, der die Nickelgruben von Nikopol schützte.
Weiter südlich sprang die Front wieder hinter den Dnjepr zurück und folgte dem Stromlauf bis zu seiner Mündung bei Cherson. Nach Hitlers Befehl sollte diese unübersichtliche und gefährdete Linie unter allen Umständen gehalten werden.
Drei Armeen, von denen die eine zur Heeresgruppe A (Kleist) gehörte, während die beiden anderen der Heeresgruppe Süd (Manstein) zugeteilt waren, trugen diese Aufgabe gemeinsam. Die südlichste, die 6. Armee unter Generaloberst Hollidt, deckte Nikopol. Die nördliche, die 1. Panzerarmee unter dem General der Panzertruppen Hube, hielt locker Fühlung mit der 4. Panzerarmee. Beide bildeten eine Art Sack, dessen Boden bis an den Dnjepr reichte, und in dem dazwischengeschoben die 8. Armee unter dem General der Infanterie Wöhler stand. Alle Hinweise auf die Unsinnigkeit eines Frontvorsprungs mit ungesicherten Flanken fruchteten bei Hitler nichts. So, wie er Stalingrad nicht hatte aufgeben wollen, so wollte er jetzt auch den Dnjepr und Tscherkassy nicht aufgeben.
Die Einnahme von Kirowograd durch die Russen Anfang Januar verschlechterte die deutsche Situation nochmals. Der Frontvorsprung war über 400 Kilometer breit. Zwar füllten vier Armeekorps, nämlich das VII., XXXXII. und XI. Armeekorps und das XXXXVII. Panzerkorps diesen Sack aus, aber der Verschleiß infolge dauernder Kämpfe und der ungenügende Zusammenhang der Verbände minderte ihren Kampfwert. Das Panzerregiment der 14. Panzerdivision bestand zum Beispiel aus 7 Panzern IV, vier Sturmgeschützen und vier Flammenwerferpanzern – was etwa der Stärke einer normalen Kompanie entsprach. Die Grenadierregimenter, deren Sollstärke 1100 Mann betrug, zählten selten mehr als 500 Soldaten. Die einzelnen Divisionen verteidigten Frontabschnitte von 18 bis 25 Kilometer Länge mit jeweils nur 3000 Soldaten – eine schwache Front, deren Reserven, falls sie diesen Namen überhaupt verdienten, die entstandenen Ausfälle nicht wettmachen konnten. Trotzdem war jede Begradigung der

Front, jeder freiwillige Rückzug, so nebensächlich er auch sein mochte, ohne ausdrückliche Zustimmung des Führers verboten.
Am 25. Januar griff die 1. und 2. Ukrainische Front zu beiden Seiten des Frontvorsprungs an. Beide Heerkörper vereinigten sich am Achtundzwanzigsten bei Swenigorodka, am Ufer eines kleinen Flusses mit tief eingeschnittenem Bett, des Guiloi Tikitsch. Damit waren zwei deutsche Armeekorps, das XI. und das XXXXII., eingekreist. Zu ihnen gehörten fünf Divisionen Infanterie, die SS-Panzerdivision ›Wiking‹ sowie die SS-Sturmbrigade ›Wallonie‹.
Doch Hitler blieb unbeirrbar. Gegenüber der bevorstehenden neuen Katastrophe verhielt er sich wie seinerzeit in Stalingrad. Der Befehlshaber der eingeschlossenen Truppen, General Stemmermann, mußte den Kessel in seiner ganzen Ausdehnung halten. Die zwei Armeekorps sollten über das Flugfeld von Korsun versorgt werden, und zu ihrer Befreiung wollte Hitler eine großartige Operation mit acht Panzerdivisionen durchführen. Die 16., die 17. und die 1. Panzerdivision sowie die Leibstandarte sollten von Westen nach Osten im Bereich der 1. Panzerarmee angreifen. Die 11., 13., 14. und 24. Panzerdivision hatten ihren Angriff im Verband der 8. Armee von Osten nach Westen zu führen. Der Feind sollte auf diese Weise zerrieben werden. Doch im Gelände gestalteten sich die Operationen schwieriger als auf der Karte. Die Konzentration der Panzerdivisionen begegnete den größten Schwierigkeiten. Tags taute der Boden und ließ die Fahrzeuge in grundlosem Morast versinken, nachts fror er wieder und hielt sie in der steinhart gefrorenen Erde fest. Am 3. Februar war nur ein Bruchteil der vorgesehenen Verbände an Ort und Stelle. Aber es war nicht möglich, den Angriff länger hinauszuzögern. Die Truppen im Kessel waren am Ende ihrer Kräfte. Durch die Luft konnte nur ein Teil des Nötigsten herangeschafft werden, und der Flugplatz von Korsun war bereits bedroht. Zehn Tage lang versuchten die zwei Panzerverbände vergebens zu ihren eingeschlossenen Kameraden durchzudringen. Das von rechts angreifende XXXXVII. Panzerkorps unter General von Vormann stieß auf den erbitterten Widerstand der 5. sowjetischen Armee und mußte dreißig Kilometer vor den Eingeschlossenen den Angriff abbrechen. Das von links kommende III. Panzerkorps unter General Breith gelangte bis dreizehn Kilometer an den Kessel heran, dann wurde es ebenfalls zum Stehen gebracht.
Stemmermann handelte Hitlers Befehlen zuwider, löste sich vom Dnjepr und warf seine Kräfte nach Westen, von wo die Retter erwartet wurden. Doch seine Männer starben bereits an Hunger, die Munitionsvorräte waren so gut wie erschöpft. Die Russen forderten die Deutschen zur Übergabe auf. Oberst Fouquet ließ den Parlamentär durch die Linien, nur um darauf von Hitler wegen Verhandlungen mit dem Feind mit dem Kriegsgericht bedroht zu werden. Im Namen des ›Nationalkomitees Freies Deutschland‹ riefen General von Seydlitz und der Enkel Bismarcks, Graf von Einsiedel, ihre Kameraden auf zu kapitulieren. Die Eingeschlossenen antworteten nicht, aber sie

waren mit ihren Kräften am Ende. Der Kessel war auf drei Viertel seines anfänglichen Umfangs zusammengedrängt, der Flugplatz von Korsun verloren.

Jetzt aber tat Manstein, was er bei Stalingrad nicht zu tun gewagt hatte: Er gab Stemmermann den Befehl, unter allen Umständen durchzubrechen.

Am Abend des 17. Februar verschossen die deutschen Geschütze ihre letzten Granaten. Die noch kampffähigen Männer formierten sich hinter den letzten Panzern zu drei Kolonnen. Die Nacht war finster, und der Nachtfrost hatte den Boden wieder tragfähig gemacht. Die Waffe des Durchbruchs war das Seitengewehr. Die Russen waren völlig überrascht, als der verzweifelte Haufe sich auf sie warf. Aber die Deutschen kamen durch, wenngleich die Verwirrung so groß war, daß die Überlebenden keine zusammenhängende Darstellung der Kämpfe zu geben vermochten. General Stemmermann und Oberst Fouquet, dessen Kopf Hitler gefordert hatte, fielen während des Durchbruchs, aber 30000 der 50000 Eingekesselten gelang es, sich zum III. Panzerkorps durchzuschlagen.

Die Nazipropaganda feierte die Aktion dieser Nacht als große Bewährung heldischer Tugend. »Unsere Männer«, sagte mit bitterem Hohn General von Vormann, »waren höchst erstaunt, als sie von ihrem großen Sieg hörten.«

In Wirklichkeit waren zwei weitere Armeekorps zerschlagen worden. Die Schlacht von Tscherkassy gab den Russen die Möglichkeit, die im Süden stehenden deutschen Armeen zu isolieren, sie ans Schwarze Meer zu drängen und dort zu vernichten. Von der Mündung des Dnjepr bis zu den Karpaten bildeten vier sowjetische Fronten einen Halbkreis, der sich um die Heeresgruppen Manstein und Kleist legte. Mit dem Rücken gegen die unwegsamen Pripjetsümpfe stand die 1. Ukrainische Front, an deren Spitze Schukow den schwerverwundeten Watutin ersetzt hatte, mit Front nach Süden der 4. Panzerarmee, die allzu stark aufgelockert war, und der erschöpften 1. Panzerarmee gegenüber. Die 2. und die 3. Ukrainische Front unter Konjew und Malinowskij drückten auf die 8. Armee, die völlig ausgeblutet war. Die 4. Ukrainische Front unter Tolbuchin schnürte den Zugang zur Krim ab und nagelte die 6. Armee in der absurden Stellung fest, die sie auf Geheiß Hitlers am Unterlauf des Dnjepr zu halten hatte.

Die Schlacht von Tscherkassy war noch nicht zu Ende, als die 6. Armee besiegt wurde. Nikopol, das so viel Opfer gekostet hatte, wurde ihr am 8. Februar entrissen. Die zum Entsatz Stemmermanns auf dem Weg nach Norden befindliche 24. Panzerdivision (ehemals 1. Kavalleriedivision) wurde sofort wieder nach Süden umdirigiert, erschien aber infolge des aufgeweichten Bodens zu spät, als daß sie die Nickelstadt noch hätte retten können. Doch auch die Eisenstadt Kriwoj-Rog war nicht mehr zu halten; sie wurde am Zweiundzwanzigsten nach dem Durchbruch der Russen durch die deutschen Linien bei Apostolowo genommen. In einer Wendung nach Süden drängten die Russen die 6. Armee in der Gegend von Cherson gegen den Dnjepr. Sie vermochte sich mit Mühe zu lösen und kämpfte an zwei parallelen Wasserläufen, dem Ingulez und dem

Ingul, ohne daß es ihr gelang, die Front zu stabilisieren. Unwiderstehlich näherten sich die Russen nun Odessa, wo 10000 Partisanen, die in dem riesigen unterirdischen Kanalnetz der Stadt Zuflucht gefunden hatten, seit zwei Jahren einer regelrechten Belagerung widerstanden hatten.

Im Norden der Ukraine hatte eine weitere Kampfphase begonnen. Am 4. März griff Schukow im Raume von Schepetowka an. Sein Ziel war Tschernowitz, die Hauptstadt der Bukowina, die zwischen 1919 und 1939 zu Rumänien gehört hatte. Auch hier stießen die Russen durch und bedrohten bereits am zweiten Tage die große Bahnlinie Lemberg–Odessa, die einzige direkte Verkehrsader, die zum Schwarzmeergebiet führte. Der mit drei Panzerdivisionen geführte deutsche Gegenangriff konnte die Russen nicht daran hindern, die wichtige Bahnlinie bei Tarnopol zu unterbrechen. Die Versorgung der Heeresgruppe Kleist war von da an nur noch auf langen Umwegen über die Slowakei, Ungarn oder Rumänien möglich.

Die Schlammperiode hatte begonnen. Wenn die Russen sich nun genauso verhalten hätten wie in den beiden vorangegangenen Frühjahren, so wären die Operationen für einige Wochen unterbrochen worden. Doch diesmal hielten sie nicht an, sondern holten sofort zum erneuten Schlag aus – sehr zur Überraschung des deutschen Oberkommandos, das mit der jahreszeitlichen Ruhepause gerechnet hatte. Der Rückzug durch den Schlamm, der bis zu den Schenkeln reichte, war ein Alptraum. Die Soldaten kamen nur unter unsagbaren Strapazen vorwärts und mußten ständig damit rechnen, vom Gegner eingeholt und gefangengenommen zu werden. Selbstverständlich hatten auch die Russen größte Transportschwierigkeiten; sie mußten ihren Vormarsch verlangsamen und ihre Operationsziele zurückstecken, weil auch ihre Truppen Anzeichen der Erschöpfung zeigten. Aber sie waren doch viel beweglicher als die Deutschen. Wie sie den Schnee besser ertrugen als ihre Gegner, so fanden sie sich auch im Schlamm ihrer Straßen besser zurecht. Ihre Versorgungswagen waren leichter und ihre Raupenschlepper, die selbst noch die schlechteste Straße meisterten, auch dann noch verwendbar, wenn die Panzer und Zugmaschinen der Wehrmacht längst schon versagten.

Nun folgte Schlag auf Schlag. Am 6. März warf sich die 2. Ukrainische Front auf die 8. deutsche Armee und marschierte auf Uman. Nach Einnahme der Stadt wurde der Vormarsch in Richtung auf den Bug fortgesetzt, der am Zwanzigsten erreicht und überschritten wurde. Schukow trat wieder zum Angriff an, überrollte die 4. Panzerarmee, setzte über den Dnjestr und eroberte am Vierundzwanzigsten Tschernowitz. Innerhalb von drei Wochen betrug der durch die 1. und 3. Ukrainische Front erzielte Geländegewinn mehr als 200 Kilometer. Die Russen drangen in Rumänien ein und bedrohten Ungarn. Noch schlimmer aber: Die 1. deutsche Panzerarmee war eingeschlossen.

Auch hierfür war Hitler verantwortlich. Er wollte nur im äußersten Falle einer Räumung des Frontvorsprungs zustimmen, den die 1. Panzerarmee jenseits des Bug bildete, ja er bestimmte sogar, daß Winniza zum festen Platz erklärt und bis zuletzt verteidigt werde. Zwar wurde dieser Befehl nicht befolgt, und das einstige Führerhauptquartier ging in Flammen auf, aber der Rückzug auf den Dnjestr bei einsetzendem Tauwetter nahm die 1. Panzerarmee in einer Weise mit, daß er einer verlorenen Schlacht gleichkam. Die im Schlamm steckenbleibenden Panzergrenadiere ließen ihre Ausrüstung zurück, manchmal sogar ihre Waffen. Festgefahrene Lastwagen blieben fahrerlos stehen. Die Überquerung der zu Strömen und Seen angeschwollenen Flüsse auf schmalen und schwankenden Behelfsbrücken gestaltete sich schwierig. Der feindliche Vormarsch war schneller als der Rückzug der 1. Panzerarmee. Die Russen erreichten noch vor den Deutschen die Ufer des Dnjestr. Am 23. März gaben sich die 1. und 4. sowjetische Panzerarmee im Rücken der Deutschen südlich von Kamenez-Podolsk die Hände. Zehn Divisionen waren damit eingekreist. Ihr Oberbefehlshaber Hube, der das unwahrscheinliche Glück gehabt hatte, dem Kessel von Stalingrad zu entkommen, saß erneut in der Falle.

Das Trauerspiel begann von neuem. Die Ju 52 sollten die Versorgung sichern. Noch war der russische Ring nur schwach, und die Lufttransporte wurden kaum durch die gegnerische Abwehr behindert. Aber der eingeflogene Nachschub reichte bei weitem nicht aus. Hube wollte direkt nach Süden durchbrechen, ungeachtet der Schwierigkeiten, die eine Überschreitung des Dnjestr mit sich bringen mußte, aber Hitler untersagte ihm, seine vorgeschobenen Stellungen aufzugeben. Manstein begab sich sofort auf den Obersalzberg, wo er mit Hitler die Lage in dem großen Salon besprach, von dem aus der Blick über das Panorama der Salzburger Alpen schweift. Hitler erhob Vorwürfe über Vorwürfe, erinnerte daran, daß Manstein von ihm zuerst den Rückzug hinter den Don, dann hinter den Donez, dann hinter den Dnjepr und schließlich hinter den Bug gefordert habe, jedesmal mit der Versicherung, den Gegner an einer günstigeren Verteidigungslinie zum Stehen zu bringen – und daß jedesmal der Feind durchgebrochen sei. Doch schließlich erklärte er sich mit den Vorschlägen Mansteins einverstanden. Die Verteidigung Rumäniens wurde Generalfeldmarschall von Kleist übertragen, der noch die 8. Armee zugeteilt erhielt. Die 1. Panzerarmee sollte sich den Durchbruch nicht nach Süden, wie Hube ursprünglich vorgeschlagen hatte, sondern nach Westen erkämpfen, um sich mit der 4. Panzerarmee zu vereinigen und einen Vorstoß der Russen nach Ungarn zu verhindern. Sicherheitshalber wurde Ungarn besetzt. Hitler drängte dem Reichsverweser Horthy den früheren Botschafter in Berlin, Sztójay, als Ministerpräsidenten auf, der das bedrohte Land zusammenzuschweißen versuchte.

Mühsam bewegte sich der wandernde Kessel der 1. Panzerarmee am Dnjestr entlang nach Westen. Verspäteter Schnee verwandelte die Ebene in eine endlose Schlammfläche. Die Überquerung der tiefeingeschnittenen Flußtäler wie das des Sereth machte größte Schwierigkeiten und gelang oft nur nach harten Kämpfen. Russische Flugzeuge warfen Flugblätter ab: ›Ihr seid völlig eingeschlossen. Weiterer Widerstand ist sinnlos.

Ich gebe euch für die Kapitulation eine Frist bis zum 2. April. Nach diesem Zeitpunkt wird jeder dritte Gefangene erschossen. Schukow, Marschall der Sowjetunion.‹
In Wirklichkeit aber war der Einschließungsring ziemlich schwach, und die beteiligten russischen Kräfte wurden ihrerseits im Rücken vom II. SS-Panzerkorps angegriffen, das vor der 1. Armee operierte. Am 6. April gelang bei Buczecz an der Strypa die Vereinigung. General Hube wurde nach Berchtesgaden beordert, um dort Eichenlaub mit Schwertern und Brillanten zum Ritterkreuz entgegenzunehmen. Als er zu seiner Armee zurückflog, fand er beim Absturz seines Flugzeugs den Tod.
Einige Tage zuvor, am 30. März, hatte man Manstein davon in Kenntnis gesetzt, daß das Privatflugzeug des Führers in Lemberg gelandet sei, um ihn, Manstein, nach Berchtesgaden zu holen. Schon am Vortag war Generalfeldmarschall von Kleist auf ähnlich überraschende Weise abgeholt worden. Den beiden Feldmarschällen erklärte Hitler, daß sie der neuen Form der Kriegsführung, die jetzt im Osten notwendig werde, nicht mehr gerecht zu werden vermöchten. Die Zeit des Manövrierens sei vorbei. Oberste militärische Tugend sei ein fanatischer Widerstandswille, der von unbeugsamer Energie gespeist werde. Also tauschte Hitler die beiden Aristokraten gegen zwei Generale bürgerlicher Herkunft aus: Walter Model übernahm das Kommando der Heeresgruppe Süd, die in Heeresgruppe Nordukraine umbenannt wurde, während Ferdinand Schörner den Oberbefehl über die Heeresgruppe A erhielt, die von nun an Heeresgruppe Südukraine hieß. Schon im Oktober 1943 war ein anderer Adliger, Generalfeldmarschall Günther von Kluge, der bei einem Autounfall schwer verletzt worden war, durch den Hitler ergebenen Ernst Busch als Oberbefehlshaber der Heeresgruppe Mitte ersetzt worden.
Am 2. April unterzeichnete Hitler den Operationsbefehl Nr. 7. ›Die russische Offensive im Süden der Ostfront‹, hieß es darin, ›hat ihren Höhepunkt überschritten. Der Russe hat seine Verbände abgenutzt... Es ist der Zeitpunkt gekommen, das russische Vorgehen endgültig zum Stehen zu bringen.‹ Von den Pripjetsümpfen bis zum Schwarzen Meer wurde diese ›endgültige‹ Verteidigungslinie wie folgt festgelegt: Kowel–Brody–Tarnopol–der Karpatenrand zwischen Kolomea und Targul Neamt–Jassy–Kischinew. Dann sprang die Front nach Osten vor, folgte dem Küstenflüßchen Tiligut und erreichte schließlich Odessa, den Hauptversorgungshafen der 17. Armee, die auf der Krim abgeschnitten war. Nach Manstein, Kleist und Schörner verlangte nun auch Antonescu die Räumung der Halbinsel, wo außer der deutschen 17. Armee das I. rumänische Gebirgskorps gebunden war, das jetzt zur Verteidigung der Heimat benötigt wurde. Doch Hitler verweigerte seine Zustimmung. Er wolle nicht gerade in dem Augenblick dem Feind ein Geschenk machen, da dieser ausgeblutet in seinen Angriffen innehalte. Eine wahrhaft prophetische Voraussicht: Sechs Tage später, am 8. April, begann eine heftige Offensive der Russen gegen die Linien von Perekop. Nun war die Krim an der Reihe.

Das Gerichtsverfahren gegen Ciano stand bevor. Der Schwiegersohn des Duce befand sich noch immer unter italienisch-deutscher Bewachung im Gefängnis von Verona. Stets war eine Dame namens Felicitas Beetz um ihn, die als Agentin der Gestapo ein doppeltes Spiel trieb. »Sie klebt an mir wie eine Briefmarke«, äußerte Ciano gegenüber seinem italienischen Untersuchungsrichter, »aber ich weiß, was die Deutschen haben wollen: meine Tagebücher. Aber die werden sie niemals bekommen.« Indes: Fräulein Beetz tat zwar Spitzeldienste, hatte aber auch Sympathien für den Gefangenen und versuchte ihm das Leben zu retten.
Fünf Mitglieder des Faschistischen Großrats, die am 25. Juli ihre Stimme gegen Mussolini abgegeben hatten, waren in die Hände der Faschisten gefallen und teilten Cianos Schicksal: Der Marschall De Bono, die Ex-Minister Pareschi und Cianetti, der Chef des Korporationsministeriums, Gottardi, schließlich Marinelli, der aus anderen Gründen inhaftiert war. Beim faschistischen Parteikongreß in Verona, der einige Wochen zuvor stattgefunden hatte, war von verschiedener Seite ihre Verurteilung zum Tode gefordert worden. Die Gräfin Ciano versuchte bei ihrem Vater zu intervenieren, aber Mussolini, obwohl er hinsichtlich der Zweckmäßigkeit eines Strafgerichts Zweifel hegte, erklärte sich außerstande, irgendwie einzugreifen. Die neun Richter wurden von der Regierung in Salò unter dem Gesichtspunkt ihrer langjährigen Mitarbeit in der faschistischen Partei ausgewählt. Der Prozeß begann am 8. Januar im Castelvecchio. Marschall De Bono, ein Greis von siebenundsiebzig Jahren, mußte aus dem Krankenhaus herbeigeholt werden, während man die anderen aus dem eisigen Scalzi-Gefängnis vorführte. Man hatte ihnen Verteidiger zugestanden, nicht aber das Recht auf Anhörung von Zeugen.
Der Prozeß dauerte achtundvierzig Stunden. Die Abgeordneten behaupteten, daß sie mit ihrer Stimmabgabe vom 25. Juli nicht das Ausscheiden des Duce beabsichtigt hätten. Ciano und De Bono bewahrten Haltung, aber Marinelli flehte um Gnade, indem er vorbrachte, daß er ein Opfer seiner Schwerhörigkeit und Gutgläubigkeit geworden sei. Im Beratungszimmer waren die Richter bereits zur Milde geneigt, als das brutale Dazwischentreten des Richters Vezzalini die Kollegen einschüchterte. Von den mildernden Umständen, die man dem greisen Marschall bereits hatte zubilligen wollen, war nun nicht mehr die Rede. Nur Cianetti entging der Verurteilung zum Tode. Edda Ciano schrieb an Hitler, schrieb an Mussolini, drohte mit schrecklichen Enthüllungen, versuchte mit den Tagebüchern ihres Mannes dessen Leben zu erkaufen, aber alles war vergebens. Die Gnadengesuche wurden nicht einmal an Mussolini weitergeleitet. Paviolini hatte sich mit der Begründung dagegengewandt, es sei unmenschlich, vom Duce zu verlangen, er solle das Todesurteil des Vaters seiner Enkelkinder bestätigen. Ciano, De Bono, Pareschi, Gottardi und Marinelli wurden mit dem

Rücken zum Peleton auf einem Schießstand erschossen. Das Exekutionskommando der italienischen Faschisten bestand aus derart schlechten Schützen, daß eine zweite Salve auf die Opfer abgegeben werden mußte. Zu diesem Zeitpunkt hatte Edda Ciano die Grenze zur neutralen Schweiz bereits überschritten, und die Tagebücher ihres Mannes, die Mussolini und Ribbentrop ebenso belasteten wie ihn selbst, waren jeglichem Zugriff entzogen.

Diese politische Familientragödie war das einzige nennenswerte Ereignis unter einem Regime, dem es nicht gelang, aus seinem Schattendasein herauszutreten. Mussolinis Einfluß war derart geschwunden, daß er nicht einmal mehr an dem Veroneser Kongreß teilnahm, über den er sich in sarkastischen Äußerungen erging. Die Partisanen wurden aktiver, die Anschläge gegen faschistische Würdenträger nahmen zu. Dennoch hielt sich der Widerstand gegen das Regime von Salò und dessen deutsche Oberherren in Grenzen. Ein von den Kommunisten in den Turiner Fiat-Werken organisierter Streik wurde unschwer niedergeschlagen, obwohl es in Turin nicht mehr als 200 Deutsche gab. In dem von den Deutschen beherrschten Norden wie in dem in alliierter Hand befindlichen Süden hatte die Masse der Bevölkerung nur noch einen Wunsch: Frieden. Keiner der beiden in verschiedenen Lagern stehenden italienischen Marschälle, Graziani und Badoglio, vermochte eine nennenswerte Streitmacht hinter sich zu bringen. Nur eine Handvoll italienischer Soldaten war an dem ›Kampf um Rom‹ beteiligt, der jetzt entbrannte.

Das Schlachtfeld war geschichtlicher Boden. Die Straße vom Meer her, die prosaisch ›Straße Nr. 7‹ genannt wurde, war die antike Via Appia, die ins Land hineinführende Straße mit der Nummer 6 die alte Via Latina oder Cassilina. Für vorrückende Soldaten war weder die eine noch die andere leicht. Die Küstenstraße verlief streckenweise durch von Überschwemmungen bedrohtes Gebiet. Die ins italienische Hinterland führende Straße schwang bei Capua über den Volturno, bei Cassino über den Rapido; auf ihrer ganzen Länge führte sie ausschließlich durch schwieriges, zerklüftetes Gelände. Hinter Cassino öffnete sich das Tal des alten Latiums, vom Liri durchflossen. Beherrschend erhob sich über dieser Tallandschaft das ehrwürdige Stammkloster aller Benediktinerabteien, das hoch auf der stolzen Naturfestung des Monte Cassino gelegene Kloster gleichen Namens.

Nach dem Sieg bei Salerno und der Einnahme Neapels hatten die Alliierten die Eroberung Roms für die zweite Hälfte des Oktober angesetzt. Für die unwirtlichen Gebirgslandschaften Italiens erwies sich die amerikanische Armee als viel zu schwerfällig. Zahlreiche Straßen waren unterbrochen, ganze Einheiten blieben stecken, der Nachschub kam nicht nach. Außerdem hatte der Feind keineswegs die Flinte ins Korn geworfen, wie man nach dem Fall von Neapel vielleicht erwartet hätte. Die Deutschen leisteten harten Widerstand, da sie Zeit für den Ausbau einer starken Verteidigungsstellung gewinnen wollten.

Das von Kesselring für diese Verteidigungsstellung ausersehene Gebiet begann an der Mündung des Garigliano am Golf von Gaeta und endete am Adriatischen Meer in der Höhe der Mündung des Sangro. Von Küste zu Küste lehnte sich die sogenannte ›Gustavlinie‹ an Berge von 1559, 1669, 2070 und 2252 Meter Höhe an, Berge, von denen aus man ausgezeichnete Sicht, gutes Schußfeld auf die tiefer gelegenen Küstenstriche von Garigliano, Rapido und Sangro hatte. Die Arbeiten wurden von der Organisation Todt mit Hilfe italienischer Arbeitsbataillone bewerkstelligt, die durch die faschistischen Behörden ausgehoben worden waren. Alle Möglichkeiten der Feldbefestigung wurden ausgenutzt. Vor allem hatte man einen mächtigen Sperriegel vor den Eingang ins Lirital bei Monte Cassino gelegt.

Während die italienischen Arbeiter an der Gustavlinie bauten, machten die deutschen Soldaten ihren Gegnern schwer zu schaffen. Die Eroberung vorgeschobener Positionen verlangte von der 5. US- und der 8. britischen Armee einen zähen Kampf um jeden Fußbreit Boden. Vom 15. November bis zum 15. Januar vermochten die Amerikaner nur einen Geländegewinn von 15 Kilometern zu erzielen. Die Engländer kamen sogar noch langsamer voran. Die britischen Offiziere scheuten vor hohen Blutopfern zurück. Den amerikanischen Generalen erklärten sie, daß Großbritannien seine Menschenreserve erschöpft habe und sie deshalb ihre Verluste möglichst gering zu halten bestrebt seien, nicht nur, weil es kaum noch Ersatz gebe, sondern auch, weil sie an die wirtschaftliche und bevölkerungspolitische Zukunft ihres Landes denken müßten.

Auf beiden Seiten der Front stand etwa eine gleiche Anzahl großer Verbände. Unter Kesselrings Kommando befanden sich jetzt sämtliche deutschen Kräfte in Italien, zusammengefaßt in der Heeresgruppe C; dennoch konnte der Feldmarschall nicht nach Belieben über die 14. Armee verfügen, da Hitler nach wie vor eine Landung im Golf von Genua befürchtete. So hatte die 10. Armee allein die Last des Kampfes zu tragen. Unter Vietinghoffs Kommando standen zwölf Divisionen, die durch drei weitere Divisionen, darunter die aus der finnischen Tundra herangebrachte 5. Gebirgsdivision, verstärkt wurden. Allerdings zählten die deutschen Divisionen meist nur sechs, ja oft sogar nur vier Bataillone Infanterie, deren Stärke kaum über 400 Mann betrug. Kesselring schätzte die Stärke des Gegners auf das Dreifache der eigenen, was die Feuerkraft betraf sogar auf das Zehnfache.

Auf der Seite der Alliierten bestand die 8. britische Armee aus zwölf englischen, kanadischen, neuseeländischen und polnischen Divisionen sowie einer griechischen Brigade, die 5. Armee aus vier amerikanischen und drei englischen Divisionen. Beide Armeen waren in der 15. Heeresgruppe unter dem Oberbefehl von Sir Harold Alexander zusammengefaßt, der seinerseits dem Oberbefehlshaber im Mittleren Osten, dem Engländer Sir Henry Maitland (›Jumbo‹) Wilson unterstellt war. Eisenhower, der das Unternehmen ›Overlord‹ leiten sollte, hatte das Mittelmeergebiet verlassen, und Montgomery, der Stellvertreter werden sollte, stand im Begriff, ihm zu folgen.

Mitte November landete die Vorhut einer bedeutenden Verstärkung, die 2. marokkanische Infanteriedivision, in Neapel. In Tunesien hatte die französische Armee noch gekämpft, wie sie der Waffenstillstand angetroffen hatte: unzureichend und veraltet ausgerüstet. Jetzt erschien sie, neu ausgestattet durch ihre Verbündeten, in Italien.

Die Franzosen in Italien

Das Wiederauftauchen französischer Truppen auf dem Kriegsschauplatz war das Ergebnis des Abkommens von Anfa, das fast zwei Jahre zuvor zwischen General Giraud und der Regierung der Vereinigten Staaten geschlossen worden war. Dieses Abkommen sah die Aufstellung von drei Panzer- und acht motorisierten Infanteriedivisionen sowie einer Luftstreitmacht von 500 Jagdflugzeugen, 300 Bombern und 200 Transportern vor. Man rechnete mit einer Stärke von 400 000 Mann, davon mindestens ein Drittel Europäer. Die Verwirklichung dieses Programms betrieb Giraud mit blindem Eifer. Er hatte sich als ›einziges Ziel den Sieg‹ gesetzt und strebte danach, den Kampf so bald wie möglich aufzunehmen. Er hielt sich nicht an die Vereinbarungen von Anfa, da er Eliteeinheiten wie das ›Corps franc d'Afrique‹, das Stoßbataillon und vor allem die marokkanischen Infanteriebataillone aufstellte, welche zusammen die Kopfzahl einer starken Division hatten. Aus diesem Grunde verzögerten die innerfranzösischen Meinungsverschiedenheiten in kompromittierender Weise die militärische Auferstehung Frankreichs.
Am 3. Juni 1943 wurde die Spaltung Frankreichs nach außen theoretisch beendet. General de Gaulle, vier Tage zuvor in Algier eingetroffen, teilte sich mit General Giraud in den Vorsitz des ›Comité de libération nationale‹. Aber es handelte sich selbst im Hinblick auf militärische Fragen nur um ein Nebeneinander und nicht um ein Miteinander. Zwei französische Armeen, die einander im Grunde feind waren, standen sich unter den Augen der Amerikaner gegenüber, die dieses Spiel bald satt hatten. Die eine setzte sich den Lorbeer von Bir Hacheim aufs Haupt und rühmte sich der heroischen Entscheidung, die sie in jenem Augenblick getroffen habe, da alles verloren schien. Die andere, aus der Armee des Waffenstillstands hervorgegangen, gebrandmarkt durch den Schwur, den sie Marschall Pétain geleistet hatte, war von den Ressentiments durchdrungen, die Mers El-Kébir und Dakar hinterlassen hatten. Die Armee der Gaullisten war die kleinere, aber auch die rührigere. Sie führte eine Abwerbekampagne, indem sie die Offiziere verächtlich machte, die Soldaten Vichys gewesen waren. Die Rivalitäten reichten bis nach New York, wo das Schlachtschiff *Richelieu*, das zur Überholung in die Docks von Brooklyn geschickt worden war, 120 Mann seiner Besatzung verlor, die von gaullistischen Agenten männlichen wie weiblichen

Geschlechts für die Flotte des Freien Frankreichs abgeworben worden waren. Die schließlich am 22. Juni beschlossene Vereinigung beider Armeen brachte nur langsam eine Besserung.

Roosevelt verfolgte den französischen Zwist mit Verärgerung. Er setzte Churchill davon in Kenntnis, daß er de Gaulle nicht gestatten werde, ›die französischen Streitkräfte in eigener Person oder durch einen seiner Parteigänger unter seine Kontrolle zu bringen.‹ Er lud Giraud nach Amerika ein und empfing ihn fast wie ein Staatsoberhaupt. In seinen Augen verfolgte de Gaulle mit unbeugsamer Energie ohne viel Skrupel sein Ziel, als einziger Repräsentant Frankreichs zu gelten, und für den Präsidenten zeichnete sich bereits die Gestalt eines neuen Diktators ab, obwohl Europa noch nicht einmal von seinen alten Diktatoren befreit war. So versuchte Roosevelt mehrere Male, die Wiederbewaffnung Frankreichs zu verhindern. Einige Divisionen mehr in den Armeen der Alliierten schienen ihm nicht zu rechtfertigen, daß man einer im Entstehen begriffenen totalitären Macht die Waffen schmiedete.

Die Befreiung Korsikas hatte die Entwicklung beschleunigt. Nach der Kapitulation Italiens hatte Hitler am 12. September den Befehl zur Räumung der Insel erteilt. Die aus Sardinien zurückgezogene 90. Panzergrenadierdivision und die auf Korsika stationierte SS-Brigade ›Reichsführer‹ zogen sich auf den Hafen Bastia zurück. Der Maquis, der damit auf Korsika freie Hand hatte, unternahm Angriffe auf deutsche Verbände und forderte dafür Unterstützung an. Aber die Amerikaner und Engländer, die mit ihrer Landung im Golf von Salerno vollauf beschäftigt waren, erklärten sich außerstande zu helfen. Giraud indessen, der schon seit langem eine Landung auf Korsika geplant hatte, beschloß, mit seinen eigenen Truppen einzugreifen. Am 13. September um 1 Uhr morgens setzte das seinerzeit aus Toulon entkommene U-Boot *Casablanca* am Quai der bereits feindfreien Stadt Ajaccio hundert Mann des Stoßbataillons an Land. Es war dies die Vorhut eines kleinen Expeditionskorps von 15 000 Mann, das in den folgenden Tagen durch die Kreuzer *Montcalm* und *Jeanne-d'Arc* sowie die Zerstörer *Fantasque* und *Terrible* herangeführt wurde. Der Landung war eine starke Untergrundaktivität vorausgegangen, in die lokale politische Auseinandersetzungen hineinspielten, wobei die gaullistischen und giraudistischen Geheimdienste entweder voneinander keine Notiz nahmen oder jeweils die Pläne des anderen zu durchkreuzen suchten. De Gaulle, der nun vor der vollendeten Tatsache dieser Landung stand, erklärte sich ›nicht einverstanden, ja gekränkt‹, und drohte, ›die sich ergebenden Konsequenzen‹ zu ziehen.

Auf Korsika liefen die Dinge nicht schlecht. Giraud begab sich persönlich auf die Insel und organisierte die Zusammenarbeit zwischen dem italienischen General Mogli und dem französischen General Martin, dem Kommandierenden der Landungstruppen. Die Deutschen mußten sich in der Umgebung von Bastia schlagen, um ihre Einschiffung zu decken. Am 4. Oktober zogen marokkanische Soldaten in die Stadt ein, die vier Stunden zuvor der letzte Angehörige der Wehrmacht verlassen hatte. Die französischen Verluste bei der Befreiung des ersten Heimatdepartements betrugen 72 Gefallene und 270 Verwundete. Im Wehrmachtsbericht brachte Hitler General von Senger und Etterlin seine ›höchste Anerkennung‹ für die vorzügliche Leitung des Unternehmens zum Ausdruck. Die See- und Luftstreitkräfte der Alliierten hatten 30000 Mann mitsamt ihrem Gerät ungeschoren über das Meer entkommen lassen.

Die von de Gaulle angedrohten Konsequenzen wurden bald gezogen. Bereits Anfang Oktober verlor Giraud bei einer Reorganisation des ›Comité de Libération nationale‹ seine Stellung als Mitvorsitzender. Er war es zufrieden, da er sich ganz den militärischen Funktionen widmen wollte, die man ihm überlassen hatte. Damit aber war der entscheidende Schritt zu seinem Sturz getan.

In der Zwischenzeit erlebte das Programm von Anfa eine Krise nach der anderen. Die Franzosen erklärten, durch die amerikanische Organisation erstickt zu werden, und waren völlig betäubt von der Vielzahl der zu erledigenden Aufgaben, die selbst so lächerliche Probleme wie die Einrichtung von Feldwäschereien einschlossen. Die Amerikaner warfen den Franzosen vor, mehr Divisionen verlangt zu haben, als sie mit dem ihnen zur Verfügung stehenden Potential an Menschen in quantitativer wie qualitativer Hinsicht auszufüllen imstande seien. Die französischen Rivalitäten brachen immer wieder aus. Die Ausrüstung der 1. leichten französischen Division hatte zum ersten Konflikt zwischen General Giraud und dem Komitee geführt. Schon bei dieser Gelegenheit konnte Giraud ermessen, wieviel sein Titel eines Oberkommandierenden wert war. Er sollte ihn nicht mehr lange führen.

Im November stand noch keine einzige der im Plan von Anfa vorgesehenen Panzerdivisionen. Verschiedene andere Einheiten waren erst teilweise aufgestellt. Die einzigen einsatzbereiten Verbände waren die 2. marokkanische Infanteriedivision und die 3. algerische Infanteriedivision. Sie unterstanden dem Befehl General Juins und waren durch marokkanische Einheiten verstärkt worden. Man schickte sie nach Italien, wo sie ihren Platz am rechten Flügel der 5. Armee in der Mitte des italienischen Stiefels zugewiesen erhielten, im gebirgigsten und rauhesten Abschnitt der Front, in den Abruzzen.

Anzio und Nettuno

Als das französische Korps auf dem Kriegsschauplatz erschien, hatten die Engländer und Amerikaner gerade nach harten Kämpfen ihre Winterlinie erreicht. In strömendem Regen gelang es dem X. britischen Korps und dem II. US-Korps, den Camino, einen 900 Meter hohen Bergklotz über dem Garigliano, zu nehmen. Zehn Tage dauerte auch die Eroberung des 1025 Meter hohen Monte Sammucro und der Ortschaft San Pietro.

Tausende von Tonnen Artilleriemunition wurden dabei verschossen. Weiter östlich hatte die 45. amerikanische Division, dann auch das französische Korps erbitterte Kämpfe auf den beiden kurvenreichen Straßen zu bestehen, die vom Fuße zweier Berge namens Majo (1259 Meter) und Mare (2021 Meter) in das Hochtal des Rapido führten. Am 15. Januar war nach zügigem Vormarsch der Marokkaner am rechten Flügel und der Erstürmung des Monte Troccio durch die Amerikaner die Gustavlinie in ihrer ganzen Ausdehnung erreicht. Die Vorbereitungen für den Angriff auf Rom begannen also drei Monate nach dem Zeitpunkt, den man ursprünglich für ihren Abschluß festgesetzt hatte.

Für Churchill war dies eine herbe Enttäuschung. Er hatte Italien stets als den ›weichen Unterleib‹ der Achse betrachtet, und nun stellte sich heraus, daß dieser Unterleib aus Eisen war.

Nun richtete sich alle Hoffnung auf ein Unternehmen, von dem man sich eine Abkürzung des Feldzugs versprach: die Landung bei Anzio und Nettuno. Man betrachtete sie etwas einfallslos als ein Unternehmen, das der Unterstützung des Stoßes auf Rom während dessen zweiter Phase dienen sollte. Durch einen Einfall im Rücken der Gustavlinie gedachte man diese Stellung unschwer zu Fall bringen zu können. Der Landungsplatz lag vor den Albanerbergen; wurden diese gewonnen, konnte man die Straßen Nr. 6 und Nr. 7 abschneiden, über die der gesamte deutsche Nachschub lief.

Die Pläne waren noch einmal überarbeitet und ergänzt worden. Man hatte die Stärke der teilnehmenden Truppen von 24000 Mann auf 110000 Mann erhöht. Anstatt einer einzigen Division sollte nun das ganze VI. Korps mit der 1. britischen und der 3. amerikanischen Division an Land gehen. Der Strand von Anzio und der Fischerhafen Nettuno waren für die Operation günstig. Eine weite Ebene stieg allmählich und ohne Hindernisse bis zu den sanften Hängen der Albanerberge an. Der Canale Mussolini, durch den das Gebiet der ehemaligen Pontinischen Sümpfe entwässert wurde, deckte als eine Art gewaltiger Panzergraben die rechte Flanke des Landungskopfes. Der Nachrichtendienst hatte festgestellt, daß der Gegner in der Umgebung von Rom über drei Divisionen verfügte, daß der Rest der 14. Armee in der Nähe von Livorno stand und daß ferner das deutsche Oberkommando Einheiten aus Südfrankreich und dem Balkan heranziehen konnte. Doch glaubte man bei den Luftstreitkräften, das Heranführen von Verstärkungen aus diesen Räumen durch eine gründliche Zerstörung der Zufahrtsstraßen verhindern zu können.

Die Vorbereitungen für die Landung begannen am 17. Januar mit einer Reihe von Angriffen an der Gustavlinie. Zweck dieser Operationen war, deutsche Truppen zu binden. Das X. britische Korps erzwang den Übergang über den Garigliano. Trotz heftiger Gegenangriffe konnte es einen Teil des Brückenkopfes halten, den es am Fuße des Monte Faito und vor der Ortschaft Castelforte gewonnen hatte. Drei Tage darauf überquerte die 36. texanische Division den Rapido unterhalb von Cassino. Doch bereits sechsunddreißig Stunden später mußte sie wieder über den Fluß zurückgehen, wobei sie 875 Gefangene in der Hand des Feindes ließ. Nördlich von Cassino kämpfte die 34. US-Division; ihre Operationen verliefen erfolgreicher. Auch sie hatte den Rapido überquert, vermochte sich aber auf der anderen Seite des Flusses zu halten. Durch die Zerstörung der Deiche war jedoch das Tal unter Wasser gesetzt worden, wodurch der amerikanische Vormarsch empfindlich gestört wurde. Zwar gelang es den Amerikanern, sich der Kasernen am Rande von Cassino zu bemächtigen, die Stadt selbst aber

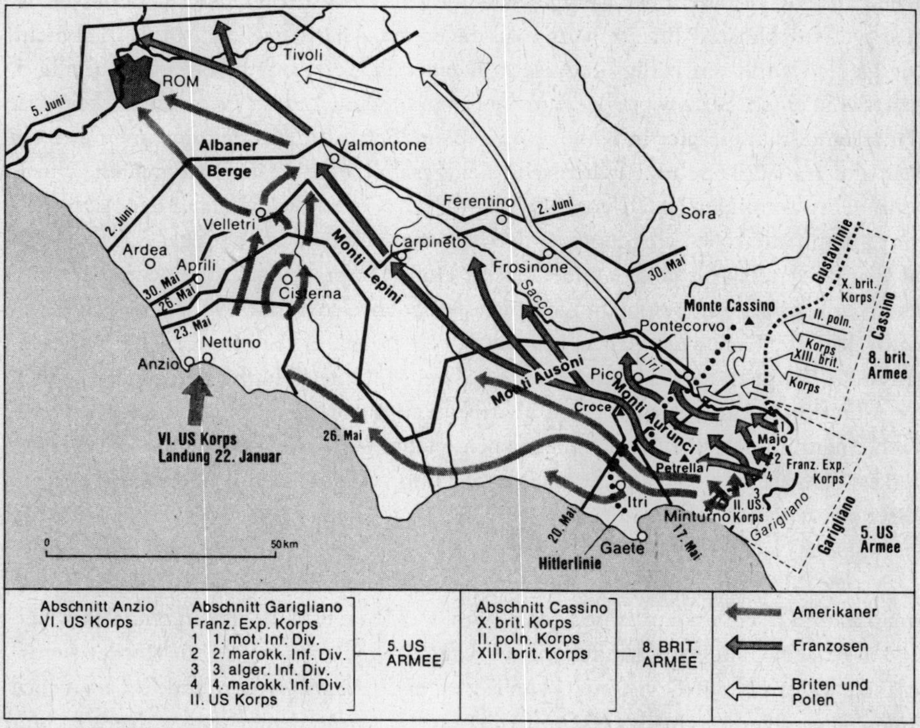

Karte 41 Alliierter Durchbruch bei Monte Cassino und Vorstoß auf Rom (Mai/Juni 1944)

vermochten sie nicht zu nehmen. Mit ihren für den Gebirgskrieg eher geeigneten Truppen erreichten die Franzosen bessere Ergebnisse. Das 4. tunesische Schützenregiment nahm den Belvedere und den Abate. Den Abate eroberten die Deutschen zwar wieder zurück, doch der Belvedere blieb in der Hand der Tunesier. Juin verfügte allerdings nicht über genug Kräfte, um auch noch den Cifalco zu erobern, dessen mächtiges Massiv, von starken Feindkräften gehalten, über seiner rechten Flanke emporragte. Clark hatte übrigens seinen Plan fallengelassen, auf Atina vorzustoßen, um einen tiefen Durchbruch durch die Gustavlinie zu erzielen. Er warf nun alles gegen den Sperriegel des Monte Cassino, in der Überzeugung, der Zugang zum Lirital genüge, um den Weg nach Rom zu öffnen. Allerdings: Die Verluste der 5. Armee waren schwer, und die Gustavlinie schien nur an einigen Stellen gefährdet.

Da hob eine unerwartete Nachricht die Stimmung der Truppe: Die Landung bei Anzio-Nettuno war fast ohne einen Schuß gelungen. Eine Probelandung hingegen, die wenige Tage zuvor im Golf von Neapel stattgefunden hatte, war chaotisch verlaufen, was bereits einen Fehlschlag der zweiten Landung hatte befürchten lassen. Aber die eigentliche Landung gestaltete sich weniger schwierig als das Vorspiel. Die Nacht des 22. Januar war stockfinster. Präzise hatte man die ersten Angriffswellen an Land gebracht. Die Deutschen waren völlig überrascht. Die ersten Gefangenen waren vier Artilleristen, die in einem Stabswagen gerade dabei waren, einige Flaschen zu entkorken. Der Widerstand, den die hier in Ruhestellung befindlichen Infanteriekompanien und ein paar alte französische und italienische Feldgeschütze zu leisten versuchten, wurde rasch gebrochen. Der Hafen von Nettuno fiel unversehrt in die Hand der Alliierten: 36034 Mann und 3069 Fahrzeuge wurden bereits am folgenden Tage ausgeladen. General Clark, General Alexander und General Donovan erschienen in einem P.T.-Boot bereits am frühen Morgen beim Kommandierenden General des VI. Korps, Generalmajor John P. Lucas, um das Schauspiel mitzuerleben. Schon um die Mittagsstunde hatten die Truppen ihr Tagesziel erreicht. Zwei Millionen Flugblätter, die das Nahen der Alliierten ankündigten, wurden über Rom abgeworfen.

Nach einem Tag hatten sich die Deutschen wieder gefangen. Im Wehrmachtsbericht hieß es, daß der Feind sich im Brückenkopf ruhig verhalte. Der Feind hätte allerdings besser daran getan, sich auf die unverteidigten Straßen und Eisenbahnlinien zu werfen, über die der Nachschub für die Verteidiger von Monte Cassino lief. Hitler befahl der 10. Armee, auf der Gustavlinie die Front zu halten, der 14. Armee, »die Warze von Anzio zum Verschwinden zu bringen«. Nun wurden die Maßnahmen eingeleitet, die für den Fall einer alliierten Landung in der Umgebung Roms – den ›Fall Marder‹ – vorgesehen waren. Neun Divisionen, von denen einige aus Kärnten und der Provence kamen, marschierten auf das Kampfgebiet zu. Die Amerikaner hatten die Wirkung ihrer Luftangriffe auf Straßen und Eisenbahnen überschätzt. Zwar wurden die Transporte verzögert, gestoppt wurden sie nicht.

Lucas hatte unterdessen eine einmalig günstige Gelegenheit vorübergehen lassen, indem er sich an den routinemäßigen Ausbau seines Brückenkopfes machte, anstatt auf der offenen Straße nach Rom vorzustoßen. Patton, der ihn besuchte, gab ihm den Rat, »vielleicht nicht gerade den Tod zu suchen, aber sich doch eine schwere Verwundung zu holen, weil man einen verwundeten General nicht kritisiert«. Churchill schrieb, er habe geglaubt, »eine Wildkatze, nicht einen gestrandeten Walfisch« auf den Strand von Anzio gesetzt zu haben. Alexander meinte sachlicher, Lucas habe »eben die Gelegenheit nicht wahrgenommen«. Clark hingegen ersetzte zwar Lucas durch Truscott, erklärte aber, es wäre bedenklich gewesen, gleich die Albanerberge zu besetzen oder gar nach Rom vorzustoßen. Er verurteilte damit das ganze Unternehmen.

Am 1. Februar konnte die Operation von Anzio als gescheitert gelten. Nicht sehr nachdrücklich geführte Angriffe auf Cisterna und Campoleone wurden bereits von den ersten der herangeführten deutschen Truppen abgewiesen. Auch wurde der Brückenkopf jetzt unter Artilleriefeuer genommen, wobei sich besonders zwei deutsche Eisenbahngeschütze hervortaten, die den Hafen von Nettuno unbrauchbar machten. Das VI. Korps verlor 6487 Tote, Verwundete und Vermißte. An Verstärkungen erhielt es die 1. Panzerdivision, die 45. US-Infanteriedivision und die 56. britische Infanteriedivision, doch sein Kampfauftrag war rein defensiv: Es sollte sich eingraben und den Landekopf verteidigen. Dieser wurde bei einer Tiefe von 11 Kilometern und einer Breite von 24 Kilometern von 150000 Mann gehalten.

Die deutsche Gegenoffensive begann am 3. Februar unter dem Befehl des Oberkommandierenden der 14. Armee, Eberhard von Mackensen. Am Zehnten entrissen die 1. Fallschirmjägerdivision und das LXXVI. Panzerkorps den Engländern den Bahnhof von Carroceto und die landwirtschaftliche Versuchsstation von Aprilia. Am Sechzehnten führte Mackensen seine sämtlichen Verbände ins Treffen – 61 Bataillone, unterstützt von 270 Panzern, darunter 75 ›Tigern‹. Hitler verfolgte den Kampfverlauf aufs genaueste und betonte unablässig die militärische und politische Notwendigkeit eines totalen Sieges. Bei einem Angriff ohne Artillerievorbereitung gelang es dem Infanterie-Lehrregiment, die alliierten Linien an verschiedenen Stellen längs der Straße nach Albano, die im Bereich der 1. britischen und 3. US-Division lag, zu unterbrechen. Ein britisches Bataillon opferte sich, damit der Feind seinen Durchbruch nicht erweitern konnte. Am Neunzehnten um 14 Uhr 30 mußte General Westphal, der Chef des Stabes von Generalfeldmarschall Kesselring, dem Oberkommando der Wehrmacht mitteilen, daß der hartnäckige Widerstand und die Luftüberlegenheit des Gegners sowie das Feuer seiner Schiffsgeschütze es unmöglich machten, den Feind ins Meer zu werfen. Der Angriff wurde abgeblasen.

Die Offensive wurde am Neunundzwanzigsten wiederaufgenommen, aber am 1. März erneut eingestellt. Das Dreieck Anzio–Nettuno mit seinen Grabenstellungen und Stacheldrahthindernissen wirkte wie ein Frontabschnitt des Ersten Weltkriegs. Hitler schnaubte vor Wut und Enttäuschung. Der Kampf um Anzio stand remis. Die Alliierten hatten die Gelegenheit verpaßt, aber auch die Deutschen waren um den Sieg gekommen, den sie so dringend gebraucht hätten.

Auch an der Gustavlinie ging der Kampf weiter. Clark versuchte weiterhin, den Zugang nach Rom durch Beseitigung des Sperriegels von Monte Cassino zu erzwingen. Bei einer Umgruppierung der Kräfte kam ein weiteres Armeekorps unter sein Kommando, nämlich das II. neuseeländische Korps unter dem sechsunddreißigmal verwundeten General Bernard Freyberg. Das Korps bestand aus je einer neuseeländischen, indischen und englischen Division. Clark beschloß, es im Frontalangriff gegen Monte Cassino zu werfen.
Drei Tage vor dem für den Angriff festgesetzten Zeitpunkt stellte Freyberg eine Bedingung und warf damit gleichzeitig ein schwieriges Problem auf: Er verlangte die Bombardierung des Monte Cassino und die Zerstörung der Abtei.
Auf dem Monte Cassino, zu dessen Gipfel nur ein schmaler Pfad führte, verrichtete Erzabt Gregorio seine Gebete, als sei nichts geschehen. Die Mönche wollten den Achtzigjährigen nicht verlassen. Die deutsche Wehrmacht hatte dafür Sorge getragen, daß die Kunstschätze und historischen Kostbarkeiten des Klosters in der Vatikanstadt in Sicherheit gebracht worden waren. Wie eine Insel des Gottesfriedens ragte das Kloster aus dem Meer des Krieges ringsum. Auf Bitten des Heiligen Stuhls hatte Kesselring um das Kloster einen Sperrkreis von 300 Meter Durchmesser gelegt, den zu betreten allen deutschen Soldaten, selbst den verwundeten, verboten war. Nur eine einzige deutsche Militärperson hatte Zutritt erhalten, General Fridolin von Senger und Etterlin, der an der Weihnachtsmesse in der Krypta des Heiligen Benedikt hatte teilnehmen wollen. Die Klosterbrüder selbst bezeugten später, daß im Klostergebiet niemals deutsche Soldaten noch deutsche Depots untergebracht waren. Damals aber behauptete ein Zeuge, dessen Stimme freilich schwer wog, nämlich der britische Oberkommandierende im Mittelmeerraum, Sir Henry Maitland Wilson, das Gegenteil. Er hatte es riskiert, den Monte Cassino mit seiner Piper ›Cub‹ in 75 Meter Höhe zu überfliegen. Er behauptete, Sendeantennen über dem Kloster und deutsche Soldaten in den Höfen gesehen zu haben. Freyberg konnte sich also, als er die Bombardierung der Abtei verlangte, auf seinen Vorgesetzten berufen.
Clark besprach sich mit dem Befehlshaber der Luftstreitkräfte, Ryder, und dem Kommandeur des II. US-Korps, Kayes. Der eine bestätigte das Zeugnis Wilsons, der andere dagegen erklärte, daß von seinen Soldaten niemals feindliches Feuer aus dem Klosterbau beobachtet worden sei. Clark lehnte ein Bombardement ab, aber Freyberg war kein gewöhnlicher Untergebener. Als Befehlshaber des neuseeländischen Expeditionskorps hatte er direkte Verbindung zu seiner Regierung, die jederzeit ihr Kontingent abberufen konnte. Er durfte sich deshalb erlauben, seinen Standpunkt nachdrücklich zu vertreten. »Wenn Sie einem Bombardement des Klosters nicht zustimmen«, ließ er Clark wissen, »übernehmen Sie die Verantwortung für einen möglichen Fehlschlag des Angriffs.«

Die Benediktinerabtei Monte Cassino, an strategisch beherrschender Stelle auf dem Weg nach Rom gelegen, war von der deutschen Führung nicht in die Verteidigungslinie einbezogen. Dennoch griffen am 15. Februar 1944 rund 250 alliierte Bomber das Kloster an, warfen 363 Tonnen Spreng- und Brandbomben und legten das Kloster in Schutt und Asche. Erst danach begannen sich die Deutschen in den Ruinen zu verschanzen.

General von Senger und Etterlin verabschiedete den Abt des Klosters, Dom Gregorio Diamare, nach seinem Besuch des zerstörten Klosters (oben). – Pausenloser Granatwerfer- und Artilleriebeschuß (unten) verwandelte auch den Ort Cassino in eine Kraterlandschaft. Erst am 18. Mai 1944 nahmen die Alliierten, verstärkt durch Franzosen, Polen, Brasilianer, italienische Partisanen und eine jüdische Brigade, das Kloster in Besitz.

Clark antwortete, daß er einem amerikanischen General seine Zustimmung gewiß nicht erteilen würde, daß er aber die außergewöhnliche Position Freybergs in Betracht ziehe und deshalb mit Alexander über die Angelegenheit sprechen wolle. Alexander seinerseits wandte sich an Wilson, der erklärte, ›den unumstößlichen Beweis‹ dafür zu besitzen, daß die Klosteranlagen in die deutschen Verteidigungsstellungen einbezogen seien. Offenbar war die Erhaltung des ehrwürdigsten Klosters der abendländischen Christenheit nicht so wichtig wie die Teilnahme Neuseelands am Krieg. Die Bombardierung wurde am 15. Februar beschlossen und durchgeführt.
Unter den von 142 ›Fliegenden Festungen‹ und 87 weiteren Maschinen abgeworfenen Bomben, die mit unerhörter Präzision ihr Ziel trafen, schien das alte Kloster in einem einzigen Rauchpilz zu explodieren. Sofort nachdem die Maschinen abgedreht waren, eröffnete die Artillerie aller Kaliber das Feuer: dann kam die zweite Bomberwelle. Insgesamt gingen 287 Tonnen Sprengbomben und 66 Tonnen Brandbomben auf Monte Cassino nieder. Als der Gipfel durch den sich verziehenden Rauch wieder sichtbar geworden war, bedeckte nur noch ein bizarres Konglomerat von Trümmern den Berg. Die Krypta mit den Gebeinen des Heiligen Benedikt war unversehrt geblieben, ebenso war den Klosterbrüdern nichts geschehen, die sich dorthin geflüchtet hatten. Der Abt, der auf dem Rücken eines Gläubigen ins Tal hinabgetragen worden war, starb wenige Tage später. Die Bombardierung Monte Cassinos kam allein den Deutschen zugute. Die Ruinen des Klosters, das am Vortag noch kein deutscher Soldat hatte betreten dürfen, wurden jetzt erst zu einer Festung, in der sich das I. Bataillon des Fallschirmjägerregiments 3 unter Oberst Heilmann verschanzte. Durch Heeresartillerie bedeutend verstärkt, hielt die 1. Fallschirmjägerdivision unter Generalleutnant Richard Heidrich, der das 3. Regiment angehörte, den ganzen Frontabschnitt von Cassino. Sie war eine Nachfolgeeinheit jener 7. Fliegerdivision, die sich am 19. Mai 1940 auf den Werken des Forts Eben Emael die ersten Lorbeeren geholt hatte. Seit Kreta aber hatte Hitler zu den Fallschirmjägern kein rechtes Verhältnis mehr, weshalb sie wie gewöhnliche Infanterie eingesetzt wurden. Aber Korpsgeist und Unternehmungslust hatten darunter nicht gelitten. Monte Cassino wurde zu einem Verdun im kleinen, wo jeder Grabenabschnitt und jeder Mauerrest erbittert umkämpft wurde. Die Alliierten konnten es sich leisten, soviel Munition zu verfeuern, wie immer sie wollten. So belegten sie den Berg im Laufe der letzten Märzwoche mit nicht weniger als 588094 Granaten – und dennoch erschöpfte sich das Korps Freybergs in blutig abgewiesenen Angriffen. Alle Vorstöße, die es auf Monte Cassino unternahm, scheiterten. In Cassino gelang es ihm, die Hälfte des Bahnhofs, einen Teil des nördlichen Stadtgebiets und den Schloßhügel zu nehmen. Doch dieser geringe Bodengewinn vermochte die deutsche Position nicht ernstlich zu schwächen. Der Zugang zum Lirital blieb verschlossen; die Straße nach Rom war noch immer gesperrt.
Ende April wurde die Front wieder ruhig. Wie zuvor schon am Anzio-Brückenkopf,

so beschränkte sich jetzt auch an Rapido und Garigliano die Kampftätigkeit auf Vorpostengefechte. Die Deutschen glaubten allerdings nicht, daß es so bleiben würde. Eine der Hauptfragen für die deutsche Aufklärung war: Wo befand sich das französische Expeditionskorps? Zwei neue Divisionen waren zu ihm gestoßen, die 1. motorisierte Division unter Diego Brosset und die 4. marokkanische Gebirgsdivision unter Sevez. Seine drei marokkanischen Bataillone, die einer fünften Division gleichkamen, sowie eine Panzerbrigade brachten die Gesamtstärke des Korps auf 99000 Mann. Kesselring und sein Chef des Stabes, Westphal, nahmen an, daß der Schwerpunkt der Offensive dort liegen werde, wo sich diese starke Streitmacht befand. Bis jetzt aber war nur die 4. marokkanische Gebirgsdivision im Einsatz; sie hielt einen breiten Abschnitt des Brückenkopfs Garigliano. Die anderen Einheiten des französischen Expeditionskorps schienen sich in der Gegend von Neapel zu befinden, vielleicht in Ruhestellung, vielleicht aber auch gerade im Begriff, für die zweite Landungsoperation eingeschifft zu werden, welche die Deutschen gegen Rom oder Gaeta erwarteten. Kesselring mußte alle Risiken einkalkulieren. Schon ließ er neue Verteidigungsanlagen errichten, die sogenannte Gotenlinie, die Italien auf der Höhe von Florenz abriegeln sollte. Ferner entstand die Cäsarlinie im Süden Roms und unmittelbar hinter der Front die Adolf-Hitler-Linie, der Hitler aber seinen Namen nicht leihen wollte, weshalb sie bescheidener als Sengerriegel bezeichnet wurde. Außerdem stellte Kesselring Reserven bereit: die Panzerdivision ›Hermann Göring‹ sowie die 26. Panzerdivision, dazu die 15., 29. und 90. Panzergrenadierdivision. Aber der deutsche Generalstab erwartete die Offensive erst vom 25. Mai an. Aus diesem Grunde waren der Befehlshaber der 10. Armee von Vietinghoff, und der Kommandierende General des XIV. Panzerkorps, von Senger und Etterlin, nach Deutschland gefahren, um dort das Eichenlaub zum Ritterkreuz für ihre Verteidigung des Monte Cassino entgegenzunehmen.
Während der Nacht vom Zehnten auf den Elften überquerte ein marokkanischer Deserteur die Linien und kündigte eine große Offensive für die folgende Nacht an. Man verstand ihn schlecht und nahm ihn nicht recht ernst.
Die folgende Nacht begann wie die vorangegangenen Nächte. Am Tag war der Himmel bedeckt gewesen, auch war Regen gefallen. Fast an der ganzen Front herrschte Ruhe. Die Nacht war finster, da der Mond noch nicht aufgegangen war. Plötzlich brach das Donnern der Geschütze los. Der ganze Horizont war ein einziger Feuerkreis. Aus 2000 Rohren jagten die Geschosse durch die Nacht. Die Offensive auf Rom hatte zu schnell begonnen, als daß Kesselring ihr noch hätte zuvorkommen können. Der Fehlschlag der Landung bei Anzio und die vergeblichen Blutopfer vor Cassino hatten das alliierte Oberkommando zögern lassen. Schon rückte der Tag des Unternehmens ›Overlord‹ näher und die in Teheran getroffenen Dispositionen sahen gleichzeitig mit der Landung in der Normandie eine Landung in der Provence, die Operation ›Anvil‹, vor. Die Amerikaner drängten auf Einhaltung des Zeitplans. Aber die Operation

›Anvil‹ mußte wegen Mangels an Schiffsraum vertagt werden. Am 19. April erteilten die Vereinigten Stabschefs Maitland Wilson den Auftrag, das Unternehmen ›Overlord‹ durch ›Zerstörung und Bindung möglichst vieler Feindkräfte im Mittelmeer‹ zu unterstützen. Der Angriff gegen Rom sollte den Angriff gegen Paris erleichtern.
Im Hinblick auf die neue Offensive hatte man die Gliederung der Streitkräfte in Italien verändert. Ein eigenes Korps wurde gebildet, das die Adriafront übernehmen sollte. Das X. britische Korps, das am linken Flügel der alliierten Front gestanden hatte, wurde ins Zentrum gebracht, vom tief gelegenen Garigliano zum hoch gelegenen Sangro, und der 8. Armee unterstellt, die nunmehr General Leese kommandierte. Mit seinem II. polnischen Korps und dem XIII. britischen Korps lehnte sich Leeses linker Flügel an die Mündung des Liri an und ließ so Clark und seiner 5. Armee nur einen schmalen Frontstreifen am Garigliano. Das französische Expeditionskorps, das die deutsche Aufklärung in Neapel wähnte, wurde jenseits des kleinen Flusses unterhalb des Monte Majo und Castelfortes zusammengezogen. Das II. amerikanische Korps, dessen beide neuen Divisionen, die 85. und 88., bis dahin noch nie eine wirkliche Schlacht gesehen hatten, schlossen sich an das französische Korps bis zum Meer an.
Die großen Einheiten, die diesen Kampf bestimmten, waren das II. polnische Korps, das XIII. britische Korps, das französische Expeditionskorps, das II. US-Korps sowie das VI. US-Korps im Brückenkopf von Anzio. Ihnen gegenüber lag das LI. Gebirgskorps am Rapido, das XIV. Panzerkorps am Garigliano, das I. Fallschirmjägerkorps und das LXXVI. Panzerkorps um Anzio. Insgesamt standen zweiundzwanzig alliierte Divisionen gegen achtzehn deutsche.
Clarks Plan sah mehrere Etappen vor. Die 8. Armee hatte die Aufgabe, in direktem Angriff die Öffnung des Liritals zu erzwingen. Die beiden kleinen polnischen Divisionen des General Anders, Männer mit schwerem und abenteuerlichem Schicksal – ihr Führer selbst war in Rußland politischer Strafgefangener gewesen –, sollten das vollbringen, was weder Amerikanern noch Neuseeländern gelungen war: die Eroberung des Monte Cassino. Das XIII. britische Korps sollte den Rapido überschreiten und nach der Einnahme oder Umgehung der Ortschaft Cassino den Polen die Hand auf der Via Cassilina reichen. Bei der 5. Armee sollte das amerikanische Korps entlang der Küste auf Anzio vorrücken, während dem französischen Korps zwei Aufgaben zufielen: erstens die Eroberung des Monte Majo, des Südpfeilers der deutschen Stellungen bei Cassino; zweitens ein Durchbruch in die Tiefe über die Bergmassive der Aurunci und Petrella, welche die deutschen Verteidigungsstellungen im Lirital überragten. Juin hatte auf diesem Plan bestanden, den er in ähnlicher Form bereits im Februar vorgebracht hatte, als er nach der Einnahme des Belvedere auf Atina vorstoßen wollte, anstatt in Richtung auf Cassino anzugreifen.
Die britisch-polnischen Angriffe waren anfangs nicht sehr erfolgreich. Nach drei Tagen Kampf war es der 4. britischen und 8. indischen Division gerade erst gelungen, am

anderen Ufer des Rapido Fuß zu fassen. Trotz hoher Blutopfer scheiterten die 3. und 5. polnische Division an der Höhe 593, die sie erobern mußten, um auf den Monte Cassino zu gelangen. Angreifer und Verteidiger schlugen sich gleich tapfer, doch die Verteidiger behielten das letzte Wort.

Im französischen Abschnitt war das gesamte Expeditionskorps östlich von Garigliano auf der kleinen Ebene von Sujo zusammengezogen worden: Waffen, Geräte, Feuerstellungen, Stäbe und dazwischen Quartiere, in denen die Männer kaum Platz hatten, sich auszustrecken. Rauch aus Hunderten von Vernebelungsgeräten reizte die Atemwege, verschleierte aber auch die Zusammenziehung einer ganzen Armee, die sonst deckungslos der feindlichen Artillerie ausgesetzt gewesen wäre. Sechs Behelfsbrücken waren errichtet worden, doch die Deutschen hatten nichts davon bemerkt. Ihre Geschütze waren stumm geblieben. Andererseits belegten die französischen Batterien die deutschen Stellungen im Tal mit starkem Feuer.

Vierzig Minuten nach Beginn der Artillerievorbereitung trat die Infanterie zum Angriff an. Trotz des Überraschungseffekts, der Stärke des Feuers, des Ausfalls der eigenen Artillerie und der unterbrochenen Verbindungen zwischen den Befehlsstellen leisteten die Infanteristen der 71. und 94. Division zähen Widerstand. Die vom rechten Flügel her angreifende 1. marokkanische Infanteriedivision wurde durch automatische Flammenwerfer und Flankenfeuer vom Monte Girofano zum Stehen gebracht. Die am linken Flügel vorgehende 3. algerische Infanteriedivision gewann vor Castelforte an Boden. Die Hauptlast hatte die 2. marokkanische Infanteriedivision des Generals André-Marie Dody zu tragen. Vom 750 Meter hohen Monte Ornito aus arbeiteten sich die Schützen auf allen vieren über steinige, mit Buschwald bedeckte Hänge voran. Die Männer des 4. marokkanischen Schützenregiments blieben vor den Stellungen des Monte Cerasola liegen; denen des 8. marokkanischen Schützenregiments gelang der Sturm auf die langgestreckte Kuppe des Monte Faito, dessen Gipfel sie erreichten und hielten. Als der Morgen des Zwölften graute, bestand die wichtigste Eroberung des französischen Expeditionskorps, ja der ganzen 5. Armee, in einem eineinhalb Kilometer langen Felssporn, der die Senke von Mass Ruggero beherrschte. Die Schlüsselposition des Monte Majo aber war nach wie vor in der Hand des Gegners. Juin wollte sich vom Fortgang der Operationen mit eigenen Augen überzeugen und stieg im Feuer der Granatwerfer bis zum Gipfel des Ornito empor. Er war voll Bedenken, besorgt, daß der Angriffsgeist der Marokkaner nachlassen könnte. Seiner Meinung nach hatte man nicht genug erreicht. Er war überzeugt, ein neuer Anlauf sei notwendig.

In der Nacht zum Dreizehnten um 3 Uhr 20 begannen achtzehn Batterien erneut mit der Beschießung der deutschen Stellungen. Um 4 Uhr, dann wieder um 8 Uhr, trat das 5. marokkanische Schützenregiment, das zur Reserve der 2. marokkanischen Division gehörte, in den beiden Stoßrichtungen des Vortags zum Angriff an. Auf dem rechten Flügel überrannte das 3. Bataillon den Feind, stürmte den Cerasola und brachte das

Feuer zum Schweigen, das bisher den Vormarsch der 1. marokkanischen Infanteriedivision gegen den Liri verhindert hatte. Auf dem linken Flügel verzögerte ein auf dem Faito vorgetragener entschlossener Gegenangriff des Feindes das Eingreifen des 2. Bataillons in den Kampf bis 10 Uhr 45. Doch schließlich konnte das Bataillon vorrücken. Vom Ornito aus sah man es in kleinen Kolonnen vom Faito absteigen, dann an den Abhängen des Feuci hochklettern, erblickte es auf dessen Gipfel, beobachtete sein Verschwinden in der zwischen Feuci und Majo gelegenen Senke, und gewahrte es dann inmitten von Granateinschlägen am zerschrundeten Hang des Majo. Jeden Augenblick mußte der Gegner in Aktion treten.
Doch nichts geschah. Der vom 8. marokkanischen Schützenregiment zum Stehen gebrachte Gegenangriff auf dem Faito hatte die letzten Kräfte der Deutschen verbraucht. Ein allgemeiner Rückzug wurde eingeleitet. Überstürzt räumten die Deutschen die Senke von Mass Ruggero und versuchten die Besetzung des Majo nur noch durch Feuer aus der Entfernung zu behindern. Um 15 Uhr war der 940 Meter hohe Gipfel erreicht. Kurz darauf drangen Begeisterungsrufe bis in die vordersten Linien: Eine große Trikolore, die der Regimentsadjutant Pomiès mit Hilfe deutscher Gefangener hatte hissen lassen, war überall im Tal zu sehen – sichtbares Zeichen, daß der Majo endgültig in französischer Hand war.
Nun waren die Dinge in Bewegung geraten. Am 13. erreichte die 1. marokkanische Infanteriedivision den Liri und drang am Tag darauf auf dessen rechter Uferseite bis San Georgio vor. Am anderen Flügel des Expeditionskorps eroberte die 3. algerische Infanteriedivision unter General Monsabert Castelforte und öffnete dadurch dem sogenannten ›Gebirgskorps‹ den Weg. Es bestand aus den selbständigen marokkanischen Eingeborenenbataillonen, den ›Tabors‹, sowie einem Regiment der 4. marokkanischen Gebirgsdivision – insgesamt 12000 Mann mit 4000 Maultieren. Diese Truppe sollte das große Kesseltreiben veranstalten, das Juin geplant hatte.
Mensch und Tier waren in den Bergen in ihrem Element. Auf Saumpfaden drangen sie in die Kette der Aurunci vor, erstiegen den Monte Rotondo und gelangten in das Tal des Ausente. Sperrfeuer der 15. Panzerdivision verlegte einer der Abteilungen den Weg; sie wich aus und setzte mit Unterstützung der 3. algerischen Infanteriedivision ihren Umgehungsmarsch bis zur Via Casellina fort. Die beiden anderen Unterabteilungen überschritten den Ausente, stiegen wieder in das Petrellamassiv hoch, nahmen am Fünfzehnten den Monte Revole und unterbrachen am Achtzehnten die wichtigste Querverbindung der 10. deutschen Armee, die Straße von Pico nach Itri. Die marokkanischen Schützen hatten in der Luftlinie 60 Kilometer hinter sich gebracht, doch der tatsächliche Weg über die zerklüfteten Bergketten hatte sicher das Doppelte, wenn nicht gar Dreifache betragen.
Das deutsche Oberkommando war höchst überrascht. Man hatte es nicht für möglich gehalten, daß die Aurunci von einer Truppe durchquert werden könnten, weshalb sich

von Senger und Etterlin darauf beschränkt hatte, die Kare mit kleinen Verbänden zu sichern. Doch diese wurden über die Grate umgangen, umstellt und gefangengenommen. Von der Versorgung aus der Luft, die übrigens nur zum Teil funktionierte, abgesehen, hatte man bei diesem Unternehmen ganz auf Motorisierung verzichtet. Es war ein Fußmarsch, der wieder Bewegung in die Front brachte. Vier Monate lang hatte die Gustavlinie den unter ungeheurem Materialaufwand vorgetragenen Frontalangriffen standgehalten; nun fiel sie innerhalb von vier Tagen aus, weil eine Truppe einen kühnen Marsch gewagt hatte.

Zu beiden Seiten der Stelle, wo die Franzosen eingebrochen waren, kam nun die deutsche Front ins Wanken. Das II. US-Korps rückte schnell längs der Küste vor, nahm Itri, dann Gaeta, und vereinigte sich mit dem VI. Korps, das aus dem Brückenkopf von Anzio heraus angegriffen hatte. Bei Cassino, das die Deutschen zum Teil schon geräumt hatten, unternahmen die Polen erneut einen verlustreichen und unnötigen Angriff gegen das Kloster, aber die deutschen Fallschirmjäger bewog letztlich nur der persönliche Befehl Kesselrings zum Abzug aus ›ihrem‹ Monte Cassino. Der Feldmarschall wies sie an, sich schleunigst über die noch offene Via Casellina abzusetzen. Da das deutsche Oberkommando seine Reserven aufgebraucht hatte, konnte es jetzt nur hinhaltenden Widerstand leisten. Noch kam es zu heftigen Kämpfen um Pico, Cisterna, Valmontone und Velletri. Doch die Schlacht war bereits entschieden.

Die Deutschen räumten Rom, dem sich das VI. und das II. US-Korps auf den Straßen von Südwesten näherten, während das französische Expeditionskorps und die 8. britische Armee – in östlicher Richtung an der Stadt vorbei – weiter vorstießen.

Am 4. Juni um 18 Uhr fuhr das Combat Command A der 1. Panzerdivision über die Brücke von San Giovanni, inmitten einer Menschenmenge, der nach den Worten eines amerikanischen Offiziers ›gelang, was den Deutschen nie gelungen war: unsere Panzer aufzuhalten‹.

Überall im besetzten Europa hingen Plakate an den Mauern, die den Marsch der Alliierten auf Rom verspotteten; sie zeigten eine Schnecke, die an einem Fühler eine amerikanische, am anderen eine britische Fahne trug. Jetzt wurden die Plakate schnell entfernt. Die Schnecke war am Ziel.

XXV. Kapitel 6. Juni 1944
D-Day: Die Landung in der Normandie

Mutmaßungen und Verteidigungsanstrengungen der Deutschen

Die angelsächsischen Demokratien, deren Politikern man Geschwätzigkeit nachsagte, deren Presse gern indiskret war, deren Parlamente stets über alles Rechenschaft verlangten – sie verstanden ihre militärischen Geheimnisse besser zu wahren als das Dritte Reich, zu dessen Prinzipien es gehörte, niemanden über mehr zu informieren, als er in seinem Bereich unbedingt wissen mußte. Die Invasion war beschlossene Sache und stand unmittelbar bevor; dennoch blieben die alliierten Pläne in Dunkel gehüllt. Die Deutschen wußten, daß sich in Großbritannien etwas Großes vorbereitete. Aber der genaue Zeitpunkt, Ziel und Art des Unternehmens blieben unbekannt.

Da sie im dunkeln tappten, stellten die Deutschen Mutmaßungen an. Auf Grund der Reisebeschränkungen in Großbritannien und der verstärkten Luftangriffe sowie anhand der Tabellen über Mondphasen und Gezeitenverhältnisse glaubte man, ›mit absoluter Sicherheit‹ das Datum der Landung auf den 18. Mai festlegen zu können. Doch der 18. Mai ging vorüber, ohne daß das erwartete Ereignis eintrat. Man nahm an, daß erst wieder im August die Gefahr einer Invasion bestehe.

Wichtiger als der Zeitpunkt war der Ort, da sich danach die Verteidigungsmaßnahmen richten mußten. Zwar gab es Hinweise genug, und die Geheimdienste hatten nicht wenige Informationen gesammelt, doch alle waren zweifelhaft und voller Widersprüche. Alle europäischen Küsten, von Griechenland bis Norwegen, wurden als möglicher Schauplatz einer Invasion in Betracht gezogen. Anfang des Jahres 1944 vertrat die Abteilung Fremde Heere West die Ansicht, daß die Vorbereitungen der Alliierten am Ärmelkanal nur eine Finte darstellten und daß die eigentliche Landung anderswo stattfinden werde. Schon beim Unternehmen von Anzio hatte man geglaubt, es sei der Start zur großen Invasion im Mittelmeerraum. Am 27. April tippte der deutsche Geheimdienst auf Norwegen. Doch einen Monat später glaubte er bereits wieder, daß sich die Bemühungen des Feindes auf das Kanalgebiet konzentrierten. Im Bericht vom 23. Mai hieß es: ›Die Insel Wight bezeichnet das Zentrum der Vorbereitungen zu einer Invasion. Das Küstengebiet von der Scheldemündung bis zur Normandie und der Nordküste der Bretagne muß als der am stärksten bedrohte Abschnitt angesehen werden.‹

Der Bereich zwischen Antwerpen und Brest war groß genug. Das deutsche Oberkommando suchte innerhalb dieses Raumes die Möglichkeiten einzugrenzen. Nachdem Hitler lange Zeit eine Landung auf dem Balkan, dann in Norwegen für möglich gehalten hatte – entsprechende Pläne hatte es bei den Briten durchaus gegeben –, war er plötzlich der Überzeugung, daß die bretonische und normannische Küste mit ihren großen Häfen den Invasoren am geeignetsten erscheinen müsse. Diese Ansicht teilten nur wenige. Viele schlossen die Landschaft Calvados aus, weil sie allzu felsig sei. Hitler und Jodl glaubten, die Alliierten würden den kürzesten Weg über das Meer wählen, der auch gleichzeitig den schnellsten Zugang zum Ruhrgebiet versprach. Bei der Luftwaffe meinte man, die Möglichkeiten des Gegners seien durch die Reichweite seiner Jagdflugzeuge begrenzt, die von ihren Stützpunkten in England aus operieren müßten. Schließlich gelangte man zu der Ansicht, daß die Invasion in der Umgebung von Calais, allenfalls im Küstengebiet zwischen Ostende und der Sommemündung stattfinden werde.

Die Verteidigung der Festung Europa stieß auf zahlreiche Schwierigkeiten, die insbesondere mit der Lage der Ostfront zusammenhingen. Dort waren die deutschen Armeen allen Schrecken des Krieges im harten Klima Rußlands ausgesetzt. Im Westen dagegen lagen andere deutsche Armeen, die sich den vergleichsweise angenehmen Obliegenheiten einer Besatzungstruppe widmen konnten. Ein gerechter Ausgleich hätte durch einen regelmäßigen Austausch erzielt werden können, doch war dies bei den großen Entfernungen schwierig. Truppenverlegungen vom Westen in den Osten und umgekehrt fanden nur in dringenden Fällen statt, vornehmlich dann, wenn allzu große Verluste ausgeglichen werden mußten.

Die Leichtverletzten, jene, die Erfrierungen dritten Grades davongetragen hatten, Männer, welche an Sehstörungen, Hörfehlern, Atembeschwerden oder Kreislaufstörungen litten – sie wurden nach Westen geschickt. Eine ganze Division, die 70. Infanteriedivision, bestand aus Magenkranken, die eine spezielle Diät und ausschließlich Weißbrot erhielten. In den Besatzungsdivisionen lag das Durchschnittsalter über vierzig Jahren. Viele der Offiziere waren Einäugige, Einhänder, Beinamputierte, Männer in den Fünfzigern oder Sechzigern. Die Verluste der Wehrmacht an der Ostfront – auf 2086000 Mann waren im Jahre 1943 die Ausfälle angewachsen – schlugen sich in der schlechten körperlichen Verfassung und der geringen Kampfkraft der im Westen stehenden Einheiten nieder.

Neben dem Absinken der militärischen Tauglichkeit machte sich auch eine zunehmende Überfremdung bemerkbar. Erstaunlich, welchen Widerspruch zu seiner Doktrin Hitlers Handeln vertrug. Anfangs hatte er noch das Prinzip vertreten, daß ›nur Deutsche eine Waffe zu tragen würdig‹ seien. Inzwischen war er oberster Kriegsherr eines zusammengewürfelten Heerhaufens, wie ihn bunter die Welt seit den Tagen eines Xerxes wohl nicht mehr gesehen haben dürfte.

Die Waffen-SS, ursprünglich das marschierende Symbol der germanischen Rasse, repräsentierte als erste militärische Institution die später so charakteristische Völkervielfalt der deutschen Streitkräfte. Seit 1940 stand sie Freiwilligen aus den westeuropäischen Ländern offen, und zwar dank der persönlichen Initiative Himmlers, auf dessen Veranlassung das Regiment ›Germania‹ gegründet worden war, aus dem sich die spätere Division ›Wiking‹ entwickelte. Bald darauf wurden aus französischen, belgischen, holländischen und skandinavischen Freiwilligen die Brigaden beziehungsweise Divisionen ›Charlemagne‹, ›Wallonien‹, ›Flandern‹, ›Nederland‹ und ›Nordland‹ gebildet. Hinzu kamen Verbände, die außerhalb der Waffen-SS standen, so etwa die spanische ›Blaue Division‹ und die französische Freiwilligenlegion.

Die aus westlichen Ländern stammenden Soldaten wurden meist an der Ostfront eingesetzt und kämpften verzweifelt bis zum Ende. Die Erwartungen, die ein Teil der deutschen Generalität an eine Zusammenarbeit mit dem russischen General Wlassow geknüpft hatte, waren enttäuscht worden. Zwar war es gelungen, fast eine Million Freiwilliger zu finden, aber Hitler lehnte die Aufstellung einer nationalen russischen Armee ab. Außerdem war der günstige Augenblick dafür vorbei, seit die Deutschen den Nimbus der Unbesiegbarkeit eingebüßt hatten. Wlassow wartete noch immer in der Villa in Berlin-Dahlem, umgeben von einer kleinen Gruppe enttäuschter Deutscher. Das Dritte Reich ging andere Wege, um sich das Menschenpotential des Ostens nutzbar zu machen.

Zuerst geschah dies durch Heranziehung antirussischer und antibolschewistischer Minderheiten. Aus diesen rekrutierten sich die ›Osttruppen‹ im engeren Sinn: aus Ukrainern, Aserbeidschanern, Georgiern, Armeniern, Kosaken, Mongolen und anderen Völkerschaften, die entweder zur Zeit der deutschen Besetzung im Lande selbst angeworben worden waren oder die man aus Kriegsgefangenenlagern herausgezogen hatte. Einen anderen Fall stellten die sogenannten Volksdeutschen dar, die sich zu ihrer deutschen Abstammung bekannten. Man gab ihnen die Möglichkeit, nach einer Bewährungszeit von zehn Jahren die deutsche Staatsangehörigkeit zu erwerben, und erwies ihnen in der Zwischenzeit die Ehre, sie automatisch zur Wehrmacht einzuziehen. Bei den Mannschaften betrug ihr Anteil oft bis zu acht Prozent.

Dieses Völkergemisch kennzeichnete vor allem die im Westen stehenden deutschen Truppen. Die dort stationierten 76 Bataillone boten alles andere als einen ›reinrassigen‹ arischen Anblick. Zeitweise hörte man alle möglichen Sprachen, nur nicht die deutsche. Der amerikanische Historiker G. A. Harrison zählt folgende Nationalitäten auf: ›Franzosen, Italiener, Kroaten, Ungarn, Rumänen, Polen, Finnen, Letten, Litauer, Nordafrikaner, Neger, Asiaten, Russen, Ukrainer, Ruthenen, Baschkiren, Nordkaukasier, Georgier, Aserbeidschaner, Armenier, Turkmenen, Wolgatataren und Wolgafinnen, Krimtataren, Kalmücken, ja sogar Inder.‹ Gerechterweise muß man jedoch hinzufügen, daß die Invasionsarmee, die aus Freiwilligen aus dem gesamten Britischen Empire und aus vielen Ländern Europas bestand, ebenso bunt zusammengewürfelt war.

Bereits 1942 hatte der Oberbefehlshaber West, Generalfeldmarschall Gerd von Rundstedt, die Aufmerksamkeit des Oberkommandos der Wehrmacht auf Verteidigungslücken gelenkt, aber Hitler beachtete Rundstedts Hinweise erst seit Herbst 1943. ›Im Osten‹, hieß es in der Weisung Nr. 51 vom 3. November 1943, ›läßt die Größe des Raumes im äußersten Falle einen Bodenverlust auch größeren Ausmaßes zu, ohne den deutschen Lebensnerv tödlich zu treffen. Anders der Westen! Gelingt dem Feind hier ein Durchbruch in unsere Verteidigung in breiter Front, so sind die Folgen in kurzer Zeit unabsehbar... Ich kann es daher nicht mehr verantworten, daß der Westen zugunsten anderer Kriegsschauplätze weiter geschwächt wird. Ich habe mich daher entschlossen, seine Abwehrkraft zu verstärken...‹

Nun wurde der ›Atlantikwall‹ zu einem Lieblingskind der deutschen Propaganda. Millionen Menschen in den von den Deutschen besetzten Gebieten waren überzeugt, daß jeder Versuch der Alliierten, in Europa zu landen, sich an diesem unbezwingbaren Hindernis totlaufen müsse und mit einem gewaltigen Fehlschlag enden werde.

Rommel Chef der Heeresgruppe B

Um diese Zeit wurde Rommel in Technik und Mystik der Verteidigung des Westens eingeweiht. Kesselring hatte ihn in Italien abgelöst. Jetzt bekam Rommel den Oberbefehl über die Heeresgruppe B, deren Befehlsbereich sich von der deutsch-holländischen Grenze bis zur Loiremündung erstreckte, und wurde beauftragt, die bedrohten Küsten verteidigungsbereit zu machen. Nicht zuletzt sollte schon sein Name dafür bürgen, daß die Invasoren umgehend ins Meer geworfen würden, falls sie sich auf ein Landungsunternehmen einließen. Rommel hatte seine aus der Kriegführung in Afrika stammenden taktischen Prinzipien weiterentwickelt. Die alliierte Luftüberlegenheit war ein in jeder Hinsicht bestimmender Faktor, der die deutschen Möglichkeiten einengte. Jede größere Truppenbewegung, jeder Versuch, am hellichten Tage zu operieren, kurz, jedes großangelegte Unternehmen gegen einen bereits gelandeten Gegner war von vornherein zum Scheitern verurteilt. Falls den Alliierten die Landung gelang, mußte die Invasion als eine Tatsache betrachtet werden, die sich nicht mehr rückgängig machen ließ. Die einzige Chance bestand darin, den Feind in dem Augenblick, da er von den Schiffen ging, zu schlagen. Also mußten die Waffen und Hindernisse in unmittelbarer Nähe der Strandzone bereitstehen, also mußte man über die Reserven sofort verfügen können, damit jeder Landungsversuch beantwortet werden konnte.

Auf diese Weise wurde Rommel, der Anhänger des Prinzips der weiträumigen Bewegung, durch den Druck der Gegebenheiten ein Verfechter der Verteidigung an Ort und Stelle. Bei seinen Kollegen in der Generalität erfreute sich Rommel freilich nicht derselben Bewunderung wie in der Öffentlichkeit. Rundstedt zweifelte, ob Rommel wirklich für ein großes Kommando geeignet sei. Man führte an, ihm fehle die General-

Feldmarschall Rommel hatte 1944 einen speziellen ›Führerauftrag‹ erhalten, die Westfront in ihrer gesamten Ausdehnung, von der Biskaya bis hinauf nach Dänemark, auf ihren Verteidigungszustand zu überprüfen (unten). Goebbels hatte es verstanden, eine gewaltige ›Atlantikwall‹-Propaganda im In- und Ausland zu entfesseln.

Panzerhöcker und Batteriestellungen waren meist unsystematisch gestreut, oft auch ohne jede Verbindung. »Der gesamte Festungsbau«, schreibt H. Speidel, ehemaliger Chef des Generalstabes bei Rommel, »litt am Fehlen einer leitenden Idee, an Materialmangel, vor allem aber unter den Kompetenzschwierigkeiten, dem zwangsläufigen Ergebnis der verworrenen Befehlsverhältnisse.« Insbesondere die Gegend um Bayeux blieb fast völlig unbefestigt.

stabsausbildung, man sah in ihm einen Frontgeneral, der durch besondere Umstände zu Ruhm gelangt war und den dieser Ruhm eigensinnig gemacht hatte. Guderian, der im Schatten Rommels stand, versuchte einmal, dessen Ansichten zur Diskussion zu stellen, bekam aber prompt eine sehr ungnädige Antwort. Der ›Panzerführer West‹, General Geyr von Schweppenburg, war gleichfalls anderer Auffassung als Rommel. Er ging davon aus, daß die Schlacht um Frankreich durch das Aufeinandertreffen der Panzer nach der Landung entschieden werde, weshalb er darauf bestand, die ihm unterstellten Panzerdivisionen südlich und östlich von Paris in Bereitschaft zu halten. Vergebens versuchte Rommel, den Oberbefehl über die Küstenanlagen und den küstennahen Aufmarsch zu bekommen. Da Hitler die Schlacht im Westen persönlich leiten wollte, war ihm die komplizierte Kommandostruktur, die ja auch auf ihn zurückging, sehr gelegen. In einem Punkt stimmten die Befehle Hitlers mit Rommels Ansichten überein: Des Führers Befehl, keinen Fußbreit Boden aufzugeben, entsprach Rommels Konzeption einer Verteidigung unmittelbar am Strand. Für diese Taktik sprach noch ein besonderer Umstand: Nach langen Verzögerungen infolge der alliierten Bombenangriffe sollten nun die Vergeltungswaffen, die Flugbombe V1 und die Rakete V2, zum Einsatz gelangen. Die in der Nähe der Kanalküste gelegenen Abschußrampen mußten folglich unter allen Umständen in deutscher Hand bleiben. Der Atlantikwall war keine Fiktion. Er war aber auch nicht das lückenlose Verteidigungssystem, als das die Goebbelssche Propaganda ihn hinstellte. Boulogne, Le Havre und Cherbourg waren stark befestigte Plätze. Auch an der Straße von Dover hatte man umfangreiche Verteidigungsanlagen errichtet, an allen anderen Abschnitten der Küste steckten die Vorbereitungen jedoch noch in den Anfängen. Auch gab es Gebiete, in denen die Verteidigungsmaßnahmen noch nicht über das Stadium der Planung hinausgekommen waren. Hitler hatte von der Organisation Todt die Errichtung von 15000 Betonbunkern bis zum 1. Mai 1944 gefordert, doch am 1. Mai 1944 war nur ein Drittel der geplanten Arbeiten abgeschlossen. Von 547 Küstengeschützen befanden sich nur 299 in betonierten Stellungen: Wie in zahlreichen anderen Fällen deckte sich auch hier nicht die Realität mit den Wünschen der Machthaber des Dritten Reiches.
Rommel suchte durch Einfallsreichtum und Energie den Mangel an Beton auszugleichen. Der ihm von der Marine zugeteilte Konteradmiral Ruge hat jeden Tag der Inspektionsreisen Rommels zwischen Dänemark und der Provence festgehalten. Wie ein Wirbelsturm raste Rommel durch das Land, rüttelte die Nachlässigen durch Zornesausbrüche oder zündende Appelle auf, interessierte sich angesichts des Mont-Saint-Michel allein für dessen Unterstände und beschäftigte sich mit dem Gedanken, von der Porzellanmanufaktur von Sèvres antimagnetische Minengehäuse herstellen zu lassen. Er vergaß zu schlafen und zu essen. Er forderte immer wieder, daß die Kampfeinheiten einschließlich der Divisionsstäbe unmittelbar an die Küste verlegt werden müßten. Die Hauptkampflinie liege unmittelbar an der Küste, die Küste müsse unver-

züglich befestigt werden, an der Küste müßten sich die Verteidiger auf Leben und Tod schlagen...

Rommel beabsichtigte, die ganze Atlantikküste mit einem Dschungel aus Hindernissen zu überziehen, in dem der Angriff des Gegners steckenbleiben sollte. Ein Teil dieser Hindernisse befand sich unter Wasser, ein anderer am Strand, eine dritte Kette verlief durch die rückwärtigen Gebiete, wo man eine Luftlandung befürchtete. Rommel improvisierte, indem er alle Hilfsmittel heranzog, deren er irgendwie habhaft werden konnte. Die sogenannten ›belgischen Gitter‹, die an der Grenze der bei Ebbe freiliegenden Strandzone eingebaut wurden, waren nichts anderes als die alten ›Elements de Cointet‹, die sich bereits 1940 gegen seine eigenen Panzer als unwirksam erwiesen hatten. Die Eisenspitzenhindernisse bestanden aus zusammengeschweißten Eisenbahnschienen. Die Tetraeder wurden an Ort und Stelle mittels behelfsmäßiger Betonmischmaschinen hergestellt. Die Spanischen Reiter, mit oder ohne Minen, oft auch mit Schneiden versehen, die den Landungsbooten den Rumpf aufreißen sollten, wurden aus dem Holz der Wälder der Normandie gezimmert. Zur Armierung seiner sogenannten ›Spargel‹, in den Wiesen versteckter Fallen für landende Lastensegler, verwendete er beträchtliche Mengen alter französischer Granaten, die für Artilleriezwecke nicht mehr verwendbar waren. Vor allem aber verlangte er Erdminen, 100 bis 200 Millionen Erdminen, um einen zehn Kilometer breiten Todesstreifen längs der französischen Küste anlegen zu können. Doch die Engpässe in Stahlerzeugung und Kohleförderung erlaubten nur eine Produktionsziffer, die zwischen zwei und drei Millionen lag.

Rommel litt unter einer Art von Bewußtseinsspaltung: Es war ihm zwar einerseits klar, daß der Krieg verloren war und daß man das Schlimmste nur durch eine Beseitigung Hitlers verhindern konnte, aber andererseits unternahm er alles, um eine Invasion zu vereiteln.

Die ersten Fäden zwischen Rommel und den Verschwörern gegen Hitler waren erst im April 1944 gesponnen worden. Die Verschwörer hatten lange gezögert, ob sie einen Mann einweihen sollten, der von der Propaganda stets als der Prototyp des nationalsozialistischen Soldaten hingestellt worden war. Schließlich übernahm der Oberbürgermeister von Stuttgart, Karl Strölin, ein Kamerad Rommels aus dem Ersten Weltkrieg, auf Ersuchen Goerdelers diese gewagte Aufgabe. Rommel erbat sich Bedenkzeit und unternahm wenige Tage später von sich aus Schritte zu einem zweiten Gespräch. Es fand am 24. Mai in Freudenstadt im Schwarzwald, im Heim des neuen Chefs des Stabes der Heeresgruppe B, Generalleutnant Dr. Hans Speidel, statt. Rommel erklärte sich mit einer Entmachtung Hitlers und einem Sturz des Regimes einverstanden. In einem solchen Falle wollte man sofort die gesamten Gebiete im Westen räumen. Die Armee sollte bis zum Westwall zurückgenommen werden. Man wollte Verbindungen mit den Westmächten anstreben und gegebenenfalls mit ihrer Billigung nach

Mitteln suchen, wie man die Russen außerhalb des Reichsgebiets halten könnte. Was die Zukunft betraf, dachte Rommel an eine europäische Föderation auf christlicher Grundlage. Viele höhere Stäbe im Westen waren in die Pläne der Verschwörer eingeweiht. Speidel war eine der treibenden Kräfte. Auch Geyr war gewonnen worden. Die beiden Befehlshaber der deutschen Truppen in Frankreich und Belgien, Karl-Heinrich von Stülpnagel und Alexander von Falkenhausen, gehörten jenem Kreis hoher Militärs an, die bereits 1938 einen ersten Versuch unternommen hatten, Hitler unschädlich zu machen. Der einzige bedeutende General, der noch abseits stand, war Rundstedt. Er verachtete Hitler und duldete die abfälligsten Äußerungen über ihn, machte auch wie weiland Hindenburg kein Hehl daraus, was er über den ›böhmischen Gefreiten‹ dachte. Dabei wußte er zwar über die Verschwörung Bescheid, weigerte sich aber, sie zur Kenntnis zu nehmen. Seine Haltung war, wie Speidel sagte, »sarkastische Resignation«. Es lag außerhalb des Vorstellungsvermögens Rundstedts, daß ein deutscher Marschall preußischer Schule im Angesicht des Feindes seinen Eid brechen und sich gegen seinen Oberbefehlshaber auflehnen könnte – selbst wenn dieser Oberbefehlshaber Hitler hieß.

Rommel stellte für seine Teilnahme an der Verschwörung eine Bedingung: Er war dagegen, Hitler zu ermorden, und forderte, daß der Führer vor ein deutsches Gericht gestellt werden müsse. Mit erstaunlichem Optimismus hoffte er, Hitler zum Rücktritt bewegen zu können, wenn man ihm nur deutlich genug machte, daß der Krieg für Deutschland verloren war.

Am 5. Juni fuhr Rommel im Wagen von seinem Hauptquartier, dem Schloß von La Rochefoucauld in La Roche-Guyon, ab. Er wollte am Abend zu Hause in Herrlingen sein, um dort den Geburtstag seiner Frau zu feiern, und am folgenden Tag nach dem Obersalzberg weiterfahren. Dort erwartete ihn Hitler zu einer Unterredung, um die ihn Rommel gebeten hatte. Im Tagebuch, das Hauptmann Aldinger für ihn führte, wurde vermerkt: ›Die Gezeiten der kommenden Tage sind sehr ungünstig, und eine Landung scheint nicht unmittelbar bevorzustehen.‹ Das Tagebuch bezeugt im übrigen, daß Rommel sich vorgenommen hatte, Hitler über die Schwäche seiner Heeresgruppe ins Bild zu setzen und von ihm zwei neue Panzerdivisionen zu verlangen, dazu ein Fliegerabwehrkorps und eine Brigade Raketenwerfer.

Dachte er auch an anderes? Hatte er vor, im Gespräch unter vier Augen Hitler unverblümt die Wahrheit zu sagen, ihm klarzumachen, daß alles verloren war und daß man nun ein Ende machen müßte? Man weiß es nicht.

Die deutsche Lage am Vorabend der Invasion

Am Abend dieses 5. Juni war die Zusammensetzung, Verteilung und Stärke der zur Abwehr einer Invasion bereitstehenden Kräfte die folgende:
Es gab zwei Heeresgruppen: die Heeresgruppe G unter Generaloberst Blaskowitz und die Heeresgruppe B unter Rommel. Den Oberbefehl über beide Gruppen hatte Generalfeldmarschall von Rundstedt. Die Heeresgruppe G bestand aus der 1. Armee (zwischen der Loire und den Pyrenäen) unter General von der Chevallerie und der 19. Armee (zwischen Port-Bou und Mentone) unter General von Sodenstern. Dies waren insgesamt 21 Infanteriedivisionen mit einer beweglichen Reserve, die sich aus der 9. und 11. Panzerdivision, der 2. SS-Panzerdivision und der 17. SS-Panzergrenadierdivision zusammensetzte. Die Heeresgruppe B umfaßte folgende Einheiten: das LXXXVIII. Armeekorps in Holland, die 15. Armee unter Generaloberst von Salmuth zwischen Schelde und Dive, die 7. Armee unter Generaloberst Dollmann zwischen Dive und Loire. Sie bestand aus 25 Infanteriedivisionen, drei Fallschirmjägerdivisionen sowie einer taktischen Reserve, die durch die 2., 21. und 116. Panzerdivision gebildet wurde.
Die strategische Reserve unter General Geyr von Schweppenburg umfaßte die 1. und die 12. SS-Panzerdivision und die Panzerlehrdivision. Diese Reserve unterstand ausschließlich dem Oberkommando der Wehrmacht, also Hitler. Hitler hatte sich auch das Recht vorbehalten, die Verschiebung einzelner Einheiten innerhalb der Armeen, ja sogar der Armeegruppen, selbst vorzunehmen.
Neben V 1 und V 2 war das deutsche Westheer im Frühjahr 1944 Hitlers große Hoffnung. Er war davon überzeugt, daß es jeden Landungsversuch zum Scheitern bringen werde, daß für lange Zeit die Bedrohung seitens der Angloamerikaner aus der Welt geschafft werden könne. Dies würde ihm dann den Abzug von 5 Divisionen gestatten, die an der Ostfront das Kräfteverhältnis wieder zugunsten Deutschlands verändern und schließlich den Sieg herbeiführen sollten. Damit es seiner Aufgabe auch gewachsen sei, wurde das Heer im Westen verstärkt. Die Anzahl der unter Rundstedts Kommando stehenden großen Einheiten, die im März während der Krise in der Ukraine auf 46 gefallen war, wurde wieder auf 61 Divisionen angehoben. Dennoch wurden durch den ständig wachsenden Bedarf im Osten die Maßnahmen zur Verstärkung der Truppen im Westen oft durchkreuzt. Gerade an diesem 5. Juni hatte General Bayerlein Teile seiner hervorragenden Panzerlehrdivision nach Osten in Marsch setzen müssen, weitere Verbände sollten in den kommenden Tagen nachfolgen. Manche der unter Rundstedts Befehl stehenden Einheiten waren äußerst kampfstark; dies galt vor allem für die SS-Divisionen. Die 1. SS-Panzerdivision zählte beispielsweise 21386 Mann, die 9. SS-Panzerdivision 17950 Mann. Gleichzeitig war man dabei, zahlreiche Verbände wieder aufzufüllen oder gar neu aufzustellen. Daneben versuchte man, die Schlagkraft

der alten Besatzungsdivisionen dadurch zu erhöhen, daß man sie beweglicher machte und besser bewaffnete. Aber Deutschland war in Wirklichkeit am Ende seiner Kräfte. Für die bewegliche Kriegführung standen einigen tausend Infanteristen nur Fahrräder zur Verfügung. Die Artillerie war zum größten Teil bespannt, was sie – vor allem bei einem Gegner, der den Luftraum beherrschte – äußerst verwundbar machte. Das Material war deutscher, französischer, tschechischer, polnischer, italienischer und russischer Herkunft. Ein General meldete, daß in seinem 57 Kraftfahrzeuge umfassenden Wagenpark 50 verschiedene Modelle vorhanden seien. Von den 61 einsatzfähigen Divisionen waren 32 sogenannte ›bodenständige Divisionen‹, bestehend aus nur bedingt verwendungsfähigen Mannschaften, die so zusammengesetzt waren, daß auf ein Bataillon Osttruppen zwei deutsche Bataillone kamen.

Diese gemischten Verbände waren mit der Verteidigung ausgedehnter Abschnitte betraut; am Kanal waren diese Abschnitte 30 bis 50 Kilometer lang, an der Atlantikküste, wo beispielsweise zwischen Saint-Nazaire und Bayonne nur zwei Divisionen standen, noch ausgedehnter; die ganze Küste zwischen Honfleur und Barfleur wurde seit dem 6. Juni 1944 von der 352., 709., 711. und 716. Infanteriedivision gesichert, wobei die letzte nur aus sechs Bataillonen bestand. Die 709. Division hatte in ihrem Abschnitt, der die ganze Osthälfte des Cotentin umfaßte, nur einen einzigen betonierten Stützpunkt statt der 42 Stützpunkte, die ursprünglich vorgesehen waren.

Dennoch bestand die augenfälligste Schwäche der Deutschen nicht in ihrem Mangel an Bodentruppen, sondern in der Ohnmacht von Luftwaffe und Flotte.

Die Zeit der deutschen Überwasserflotte war vorbei. Ihr letztes noch kampffähiges großes Schiff, die *Scharnhorst*, war in der Polarnacht des 26. Dezember 1943 bei einem Angriff auf einen alliierten Geleitzug in Brand geschossen worden und gesunken. Ihr Schwesterschiff, die *Gneisenau*, lag gekentert als Wrack im Hafen von Gdingen. Die schwer beschädigte *Tirpitz* war im Kaatfjord eingeschlossen. Konteradmiral Krancke befehligte fünf Zerstörer, die nur zum Teil einsatzbereit waren, acht Torpedoboote, 34 Schnellboote, 309 Minensucher, 116 Bewacher und 42 andere Artillerieträger sowie eine Anzahl kleinerer Boote. Angesichts der gewaltigen Armada, mit deren Hilfe sich die Landung vollziehen sollte, war dies nicht viel.

Auch die Stärke der U-Boot-Flotte war nicht überzeugend: 22 Boote in norwegischen Häfen, 15 Boote in Brest, 11 im Raum zwischen Lorient, Saint-Nazaire und La Pallice. Nur neun waren mit Schnorchel ausgerüstet, viele waren beschädigt. Die Boote, die auszulaufen vermochten, lagen auf Abruf in Bereitschaft, hatten ihre Torpedos schon an Bord genommen, ihre Tanks und Vorratsbehälter gefüllt. Mit etwas Glück konnten sie einem landenden Gegner zwar einigen Schaden zufügen, keinesfalls aber eine Landung verhindern.

In der Luft besaßen die Angloamerikaner eine fünfzigfache Überlegenheit. Noch waren die von Hitler den Streitkräften im Westen versprochenen tausend Düsenjäger nicht fertig. Die Luftflotte 3 unter Generalfeldmarschall Hugo Sperrle, die zur Zeit der deutschen Siege ein so machtvolles Kriegsinstrument gewesen war, zählte am 31. Mai 1944 nur noch 891 Maschinen verschiedenster Typen, von denen nur 497 einsatzfähig waren. Die 266 Jagdflugzeuge gehörten zur Hälfte zum 5. Jagdgeschwader, das übrigens in Metz stationiert war, von wo aus es die alliierten Bombengeschwader abfangen sollte, welche die deutschen Städte anflogen. Nur im Augenblick einer feindlichen Invasion gedachte man, es nach Westen zu werfen.

Die Luftwaffe war nahezu ebenso geschwächt wie die Kriegsmarine. Durch Albert Speers Anstrengungen wurde zwar die Produktionsziffer für Flugzeuge nicht nur gehalten, sondern sogar noch gesteigert, aber die Maschinen allein machten noch keine Luftwaffe aus. Der Treibstoffmangel zwang zu einer Senkung der Flugstundenzahl für Flugschüler von 260 auf 110, ja 50 Stunden. Die Verluste durch Unfälle entsprachen dann auch denen beim Feindeinsatz. Die Flugplätze wurden ständig angegriffen – Nancy, Dijon, Avord, Saint-Dizier, Evreux, Cormeilles und viele andere. Selbst die zuversichtlichsten unter den deutschen Generalen, wie Geyr und Rundstedt, die der Auffassung waren, daß die überlegenen Luftstreitkräfte des Gegners die deutschen Truppen nicht festzunageln vermochten, stellten sich niemals die Frage, ob nicht die Luftwaffe auch dem Feind den Luftraum streitig machen könnte.

Seit März wirkte sich die Luftüberlegenheit des Gegners in massierten Schlägen gegen Ziele in Nordfrankreich und Belgien aus. Diese Luftoffensive – deutliches Zeichen einer bevorstehenden Invasion – zielte darauf ab, die Verkehrswege in diesem Bereich, vor allem aber die besonders verwundbaren Eisenbahnlinien, unbrauchbar zu machen. Im deutschen Generalstab versuchte man aus diesen Luftangriffen auf mögliche weitere Schritte des Gegners zu schließen, aber die Angriffsziele waren derartig zahlreich und so gestreut, daß sich keine sicheren Anhaltspunkte finden ließen. An der Zahl der Bomberflüge war lediglich zu erkennen, daß der Gegner es sich leisten konnte, seine wahren Absichten hinter einem Vorhang von Bomben zu verschleiern. Die Aufzeichnungen über Operationen gegen französische und belgische Ziele weisen für den Monat Mai 495 Angriffe auf das Eisenbahnnetz aus. Hinzu kamen 29 Anschläge der französischen beziehungsweise belgischen Résistance.

Am 24. Mai begannen die Angriffe gegen die Übergänge der Seine. Sie wurden im Tiefflug von Bombern des Typs B 26 durchgeführt, die Tausendkilobomben warfen. Ende des Monats waren alle Brücken oberhalb von Mantes zerstört, und dank immer neuer Angriffe blieb es dabei. Auch dies war ein Zeichen, daß die Invasion nun bevorstand. Die Alliierten versuchten das künftige Schlachtfeld durch Zerstörung aller Verbindungen über die Seine zu isolieren. Wären sie der brutalen Logik des Krieges gefolgt, so hätten sie auch die Brücken in Paris zerstören und die Trümmer der Stadt zu einem riesigen Hindernis auftürmen müssen. Doch das taten sie nicht, weil sie wußten, daß die Franzosen damit nicht einverstanden gewesen wären.

Am 5. Juni, einem Montag, war nach dem Wetterbericht der Luftwaffe bei Windstärke 5 bis 6 das Meer ziemlich bewegt, auch regnete es – Bedingungen, die eine Invasion ausgeschlossen erscheinen ließen. Am nächsten Tag sollte für die ganze 7. Armee ein Kriegsspiel stattfinden, für dessen Durchführung Generaloberst Dollmann verantwortlich zeichnete. Sein Chef des Stabes, Generalmajor Pemsel, hatte die Teilnehmer gebeten, ihre Befehlsstellen nicht vor zehn Uhr morgens zu verlassen, doch hatten sich viele angesichts der schlechten Straßenverhältnisse bereits am Spätnachmittag auf den Weg gemacht. Der Wetterbericht war so, daß man sich wegen einer feindlichen Invasion keine Sorgen zu machen brauchte.

Aber bei der 15. Armee, deren Hauptquartier in Tourcoing lag, wurde plötzlich um 22 Uhr Bereitschaftsalarm gegeben. Einige Tage zuvor hatte die Abwehr den Funkabhördiensten verschiedene verschlüsselte Botschaften des Gegners an die französische Résistance mitgeteilt, die ihr ein Verräter hatte zukommen lassen, dessen Identität nie gelüftet worden ist. Nun waren diese Botschaften, die achtundvierzig Stunden vor Beginn der Invasion gegeben werden sollten, aufgefangen worden. Doch es war nur ein Teil, nämlich die letzten drei Zeilen eines Sechszeilers von Verlaine, mitgehört worden; nach Ansicht der Abwehr hatten die ersten drei Zeilen vorbereitende Nachrichten enthalten. Zwischen Schelde und Vire standen die Besatzungen der Küstenverteidigungsanlagen bereit. Doch die 7. Armee reagierte nicht. Das LXXXIV. Armeekorps, das am rechten Flügel der 7. Armee stand, deckte das Gebiet zwischen Vire und Mont-Saint-Michel. Es bestand aus der 716., der 709., der 243., der 352. und der 91. Infanteriedivision. Kommandierender General dieses Korps war der strenge und gebildete General Erich Marcks, dessen Operationsplan gegen Rußland Hitler, der diesen Mann haßte, abgelehnt hatte. Inzwischen hatte Marcks auf den Schlachtfeldern Rußlands ein Bein und ein Auge verloren.

Marcks saß um Mitternacht noch in Saint-Lô an seinem Schreibtisch, als drei seiner Offiziere, Oberst von Criegern und die beiden Majore Hayn und Viebig, mit einer Flasche Chablis hereinkamen; sie wollten den dreiundfünfzigsten Geburtstag ihres Chefs begießen. Doch die Feier war kurz. Es gab genug zu tun. In der Frühe wollte Marcks losfahren, um an dem Kriegsspiel in Rennes teilzunehmen. Das Thema: Absprung feindlicher Luftlandetruppen in der Bretagne.

Dies war das Bild auf der deutschen Seite; wie aber sah es bei den Alliierten aus? Die Invasion Europas technisch vorzubereiten war seit Dezember 1942 Aufgabe des britischen Generals Frederick E. Morgan. Der ihm unterstehende Stab nannte sich nach den Funktionen seines Leiters COSSAC, eine Abkürzung für Chief of Staff to the Supreme Allied Commander. Ein Jahr lang, nämlich bis zur Ernennung Eisenhowers, war dieses Kommando eine Statue ohne Kopf. Morgan wußte nicht, für wen er arbeitete. Doch dies war nur eine der Absonderlichkeiten seiner Tätigkeit. Die Divisionen, die er in seinen Plänen marschieren ließ, existierten meistens nur auf dem Papier. Die alliierte Überlegenheit zur See, von der letztlich alles abhing, war damals noch von etwa hundert deutschen Unterseebooten in Frage gestellt. Die Transport- und Landungsschiffe, mit denen Morgan rechnete, mußten oft noch gebaut, ja manchmal sogar erst noch entworfen werden. Doch von all dem abgesehen, ließen die strategischen Meinungsverschiedenheiten zwischen Amerikanern und Engländern eine Landung in Westeuropa überhaupt zweifelhaft erscheinen.

Aber sie arbeiteten. Ihre Methode war folgende: Das gemischte Gremium der Vereinigten Stabschefs in Washington (CCS – Combined Chiefs of Staff) gaben COSSAC die Mittel bekannt, die es in seine Planungen einbeziehen könne. Von diesen Voraussetzungen ausgehend, unterbreitete COSSAC Lösungsvorschläge, die durch CCS angenommen, abgelehnt oder abgewandelt wurden. Je nach persönlicher Einstellung konnte man eine solche Arbeit als höchst interessant oder unerträglich trocken empfinden. Ihre Ergebnisse werden noch heute unter Verschluß gehalten. Es ist die umfangreichste Generalstabsstudie, die je angefertigt worden ist.

Am leichtesten zu lösen war die Frage nach der geeigneten Landungszone. Holland schied aus, weil die Küstengebiete leicht unter Wasser gesetzt werden konnten. Auch die belgischen Küsten waren nicht geeignet, da die Meeresströmung dort zu stark war. In der Bretagne bestanden zwar durchaus günstige Bedingungen, doch war sie von den britischen Inseln zu weit entfernt und besaß zudem nur schlechte Verbindungen ins Innere Frankreichs. Nicht wenige Vorteile bot die Kanalküste selbst, aber gerade sie war sehr stark befestigt, und auch ihre Strände entsprachen nicht ganz den Erfordernissen. So blieben zur Wahl nur noch die obere oder die untere Normandie, also entweder der Raum Le Havre–Dieppe oder der Raum Caen–Cherbourg. Morgan stellte zwei Gruppen zusammen – Lösung A und Lösung B. Man diskutierte Lage und Zugänglichkeit der Küsten, die Verbindungen zwischen Strandregion und Landesinnerem, die Kapazität der deutschen Verteidigungseinrichtungen und anderes mehr. In dem Disput siegten die Argumente jener Gruppe, die für die untere Normandie plädierte. Folglich wurden die Landschaften Calvados und Cotentin dazu ausersehen, das Stahlgewitter der Invasion über sich ergehen zu lassen.

Zu Beginn des Jahres 1944 ging man an die Ausarbeitung des endgültigen Plans. Drei Divisionen und zwei Luftlandebrigaden sollten an der Mündung der Orne und bei der Landspitze von Hoc zu landen versuchen, gefolgt von zwei weiteren Divisionen. 16 britische und 20 US-Divisionen waren ausersehen, unmittelbar danach an den von der ersten Welle eroberten Strandabschnitten und Häfen an Land zu gehen. Das erste strategische Ziel war die Schaffung einer Basis zwischen Seine und Loire, von der aus man später gegen den Rhein vorzustoßen gedachte. In Teheran war man übereingekommen, gleichzeitig mit der Operation in der Normandie eine Landung in der Provence stattfinden zu lassen. Als Datum für die aufeinander abgestimmten Unternehmen ›Oberlord‹ und ›Anvil‹ war der 1. Mai festgelegt. Morgan hatte übrigens nicht verheimlicht, daß er diesen Plan keineswegs als vollkommen ansehe, doch mußte er innerhalb der ihm vorgegebenen Möglichkeiten bleiben.

Am 14. Januar übernahm Eisenhower sein Kommando. Er schlug sein Hauptquartier in London, 20 Grosvenor Square, auf, wo er einen britisch-amerikanischen Generalstab (SHAEF – Supreme Headquarters Allied Expeditionary Forces) bildete. COSSAC ging in diesem Riesengebilde auf, und der Planer Morgan mußte sich mit seiner neuen Stellung als stellvertretender Stabschef zufriedengeben, in der er hinter Eisenhowers erstem Mitarbeiter Bedell Smith rangierte.

Der von COSSAC ausgearbeitete Plan hielt der Kritik nicht stand. Montgomery, der die gesamten Operationen der Bodentruppen bei der Landung leiten sollte, war einer der ersten, der darauf hinwies, daß die geplante Front zu schmal sei. Sein energisches Vorgehen, sein rücksichtsloses Drängen (›Machen Sie einen anderen Plan oder suchen Sie sich einen anderen Befehlshaber‹) trugen viel dazu bei, daß man sich schnell zu wichtigen Änderungen entschloß. Die Anzahl der Landungsdivisionen der ersten Welle wurde von drei auf fünf erhöht, die Anzahl der Luftlandedivisionen von einer auf drei.

Doch diese Ausweitung des Unternehmens ›Overlord‹ stellte die Operation ›Anvil‹ in Frage. General Marshall und er, sagte Eisenhower, betrachteten den Angriff im Süden Frankreichs als einen wichtigen und notwendigen Bestandteil der Hauptinvasion über den Kanal. Aber die für dieses Unternehmen vorgesehenen Schiffe und Flugzeuge wurden nun für die erweiterte Landung in der Normandie gebraucht. Nach heftigen Diskussionen stimmten die Amerikaner einer Vertagung des Unternehmens ›Anvil‹ auf unbestimmte Zeit zu. Außerdem wurde der Zeitpunkt für die Invasion einen Monat später angesetzt, auf den 1. Juni statt auf den 1. Mai, weil man noch mehr Kriegsmaterial stapeln wollte. In Moskau argwöhnte man natürlich, es handle sich wieder nur um einen Vorwand und die zweite Front werde nie und nimmer eröffnet.

Eine gewaltige Streitmacht marschierte unterdessen in England auf. Der Atlantik wurde zur Straße der Befreiung Europas. Ohne Geleitschutz dampften die Ozeanriesen *Queen Mary* und *Queen Elizabeth* mit 28 Knoten zweimal im Monat über den

Ozean und brachten jedesmal eine ganze Division mit. Die anderen Truppen kamen mitsamt ihrem Material und dem ganzen Nachschub in praktisch unangreifbaren Geleitzügen an. Diese Truppenmassen mit ihrer Ausrüstung in Großbritannien unterzubringen war ein ernstes Problem. Es war sehr schwierig, die von den amerikanischen Luftstreitkräften geforderten 133 Areale zur Verfügung zu stellen, noch schwieriger, das nötige Gelände für Truppenübungen zu finden. Mit 1750000 britischen, 1500000 amerikanischen und 175000 Soldaten aus dem Empire sowie 44000 Freiwilligen verschiedener Nationalität befand sich eine Armee von insgesamt 3500000 Mann auf der Insel, dazu Kriegsmaterial im Gewicht von 20 Millionen Tonnen. »Wenn England nicht im Meer versinkt«, sagte man, »dann nur deshalb nicht, weil es von Tausenden von Fesselballonen über Wasser gehalten wird.«
Für das Übersetzen einer derart großen Streitmacht und ihrer riesigen Materialmengen gab es bisher kein Beispiel. Andere Landungsunternehmen dieses Krieges, in Nordafrika, auf Sizilien, in Italien, auf Guadalcanal, auf Bougainville und Kwajalein, hatten nur in beschränktem Maße Erfahrungen zu liefern vermocht. Hier handelte es sich um die Ausschiffung der zehn- bis zwanzigfachen Anzahl von Soldaten plus Gerät – und dies unter den Augen des zahlenmäßig starken Gegners. Auch handelte es sich darum, nach der Landung weiträumige und schnelle Bewegungen durchzuführen. Jener Zweig der Kriegskunst, den die Amerikaner mit dem Kunstwort Logistik bezeichnen, erhielt nun eine Bedeutung, wie sie sich wohl niemand erträumt hatte.
Es ist bemerkenswert, daß die Engländer schon seit langem eine Landung in Europa ins Auge gefaßt hatten, trotz aller Beschuldigungen, sie seien daran nicht interessiert. Bereits im Oktober 1940 hatte sich Churchill das erste Modell eines LCT (Landing Craft Tank) vorführen lassen, ein Boot mit einem sich nach außen öffnenden Laderaum für die Anlandung von Panzern am Strand. England dachte also bereits an eine Befreiung Westeuropas, als es allein einem Deutschland gegenüberstand, das unbesiegbar schien.
Seither hatte dieses erste Landungsboot eine zahlreiche Nachkommenschaft erhalten. Es gab zwei Gruppen von Landungsschiffen – die eigentlichen Landungsschiffe (landing ships) und die Landungsfahrzeuge (landing crafts). Im allgemeinen – wobei Ausnahmen durchaus vorkamen – mußte ein Landungsfahrzeug in Küstennähe geschleppt werden, während ein Landungsschiff mit eigenem Antrieb laufen konnte. Zahlreiche Untertypen waren, je nach dem besonderen Verwendungszweck, geschaffen worden: LSH (Landing Ship Headquarters), LSI (Landing Ship Infantry), LST (Landing Ship Tank), LCI, LCG, LCF, LCT, LCVP (Landing Craft Infantry, Gun, Flak, Tank, Vehicle and Personel), dazu die DUKW (amphibische Lastwagen) und DD (amphibische Panzer). Trotz der Landungsschiffe und Landungsfahrzeuge war man jedoch immer noch auf Häfen angewiesen. Geschützte Landemöglichkeiten mußten innerhalb kürzester Frist verfügbar sein, da ja eine große Armee, um operieren zu können, mit

YELLOW.
X RAY.
Red
Green
T
C
4°W
Y
N19W
337°
3·8m
036° N40E
3·5m.
R.U.
P.B.
410
R.U.
P.B.
W.C.
410
C
TRANSPORT
AREA
ANGER
FORCE 9
in
X R
TE
1 2 3
SEA MIL
Q

Mit wissenschaftlicher Präzision (vorherige Seite) sowie unter größtmöglicher Geheimhaltung wurde die Koordinierung der Operationen von Tausenden von Kriegs- und Transportschiffen unterschiedlichster Art festgelegt. Wetterbedingungen, Meeresströmungen und Beschaffenheit der See spielten dabei eine gleich wichtige Rolle wie Fragen des Nachschubs, des Transportes von Verwundeten und des Nachrichtenwesens.

riesigen Materialmengen versorgt werden mußte. Eine Lösung hätte darin bestanden, sich gleich am ersten Tag eines großen Hafens zu bemächtigen, doch mußte man mit der Reaktion des Gegners rechnen, der entweder einen solchen Versuch vereiteln oder die Hafenanlagen beim Abzug zerstören konnte. Folglich kamen nur Behelfshäfen in Frage. Zwei solcher künstlicher Häfen waren in Auftrag gegeben worden und wurden in den britischen Docks fertiggestellt. Je eine dieser Konstruktionen mit dem unverfänglichen Namen ›Mulberry‹ sollte den Engländern und Amerikanern an ihren Landungsplätzen die Ausschiffung erleichtern. Die Idee stammte von Churchill selbst. In einem an die Vereinigten Stabschefs gerichteten Brief vom 30. Mai 1942 hatte er geschrieben: ›Zerredet nicht die Angelegenheit; die Schwierigkeiten werden für sich selbst sprechen.‹ Die Schwierigkeiten waren gewaltig. Der Ärmelkanal ist ein Gewässer voller Tücken, hat gegenläufige Strömungen und ungleichmäßige Gezeiten, und die künstlichen Häfen, die der Mensch ihm aufgezwungen hat, sind wie Cherbourg und Dover in jahrhundertelanger Arbeit entstanden.

Die Mulberry-Häfen waren im Prinzip höchst einfache Konstruktionen, doch dabei von einer faszinierenden Vielseitigkeit in der praktischen Verwendung. Man gedachte die Arbeit auf altbewährte Weise zu vereinfachen, indem man vor der Küste außer Dienst gestellte Schiffe, sogenannte ›Gooseberries‹, mit schnell abbindendem Zement beladen, versenkte. Diese Behelfswellenbrecher sollten durch schwimmende Röhren aus Stahlbeton miteinander verbunden werden, die sogenannten ›Bombardons‹. Senkkästen aus Stahlbeton – ›Phoenix‹ genannt – sollten zur Vervollkommnung dieser Molen auf den Grund gelassen werden. Es handelte sich dabei um Stücke von der Höhe eines fünfstöckigen Hauses, die über den Kanal geschleppt werden mußten. Die auf diese Weise errichteten improvisierten Deiche hatten eine Länge von mehreren Kilometern und schützten eine Wasserfläche von gut tausend Hektar, in der bewegliche Kais, ›Whales‹ genannt, mittels schwimmender Landungsstege aus Metall mit dem Ufer verbunden werden konnten. Sieben Liberty-Schiffe und etwa dreißig Landungsfahrzeuge konnten in einem solchen Hafen entladen werden – eine Kapazität, die etwa der des Hafens von Dover entsprach. Die Haltbarkeit der Konstruktion wurde auf vierzehn Tage veranschlagt.

Die Entscheidung

In den Überlegungen der Alliierten spielte das Problem Frankreich eine wichtige Rolle. Es war ein sehr vielschichtiges Problem. Gewiß, Frankreich war ein Verbündeter, denn es war ja mit England und an dessen Seite in den Krieg eingetreten und hatte mit ihm gemeinsam gekämpft, bis es niedergeworfen worden war. Aber es war auch ein Geg-

ner, der mit Hitler paktierte: Der französische Ministerpräsident, Pierre Laval, hatte erklärt, er wünsche den Sieg der Deutschen. Andererseits gab es zweifellos eine im französischen Volk weitverbreitete Bewegung, die der Besatzungsmacht aktiv Widerstand leistete. Es war aber auch nicht zu leugnen, daß bestimmte französische Kreise mit den Deutschen zusammenarbeiteten. In der Résistance selbst gab es verschiedene Gruppen, die sich in Zusammensetzung und Zielen stark voneinander unterschieden – ein heilloses Durcheinander. Welches Maß an Vertrauen konnten die Alliierten einer derart vielschichtigen und in sich gespaltenen Bewegung entgegenbringen? Welche Hilfe konnten sie von dieser Seite bei einem Unternehmen erwarten, das den Franzosen die Befreiung, aber auch den Krieg bringen würde? Die meisten alliierten Militärs waren skeptisch. Luftmarschall Sir Arthur W. Tedder, der Stellvertreter Eisenhowers, war höchst verärgert, als man wenige Tage vor Beginn der Invasion von seinen insgesamt 15000 Flugzeugen 25 anforderte, die Waffen für den Maquis abwerfen sollten. Die hohe Ziffer von 808 Sabotageakten an Lokomotiven, welche von der Résistance für die drei ersten Monate des Jahres 1944 gemeldet worden war, wollte man nicht so recht glauben; man zweifelte auch an der Durchführbarkeit des vom Maquis aufgestellten ›Plan Vert‹, der 571 Anschläge auf das Eisenbahnnetz im Augenblick der Landung vorsah. Keine allzu großen Erwartungen hatte man auch hinsichtlich der Möglichkeiten der Forces Françaises im Inneren des Landes, zu deren Oberbefehlshaber soeben General Koenig ernannt worden war. Nach einigen Diskussionen entschloß man sich bei SHAEF, die französische Résistance als Dreingabe anzusehen. Man war bereit, dankbar für ihre Dienste zu sein, doch wollte man nicht fest mit ihr rechnen. De Gaulle machte das ganze Problem noch schwieriger. Wahrscheinlich hätte Roosevelt von sich aus die Landung im französischen Mutterland durchgeführt, ohne den General, der nur Haupt einer provisorischen Regierung war, davon rechtzeitig zu unterrichten. Roosevelt wäre also am liebsten so verfahren wie bei der Landung in Nordafrika. Doch die Briten bewahrten ihn vor diesem Fehler. De Gaulle freilich, der am 4. Juni nach London gerufen und informiert worden war, bereitete trotzdem Schwierigkeiten. ›Er hat gebrummt und geschimpft‹, schrieb Churchill an Roosevelt, ›aber Massigli und andere drohten, aus dem Befreiungskomittee auszutreten, falls er meine Einladung ablehne. Wenn er kommt, wird er für eine halbe Stunde mit Eisenhower zusammensein, der ihm die Situation ausschließlich vom militärischen Standpunkt aus erklären wird. Ich glaube nicht, daß für uns viel dabei zu gewinnen ist...‹
Kaum war der Brief abgesandt, da erschien auch schon de Gaulle in Begleitung Edens, der den General in Algier abgeholt hatte. De Gaulle war die Widerspenstigkeit in Person. Er habe soeben erfahren, sagte er, »daß trotz meiner Warnungen das Expeditionskorps mit Geld versehen in Frankreich landen wird, das im Ausland geprägt wurde und das die Republik absolut nicht anerkennt«. Dann bezog er sich darauf, daß General Eisenhower Frankreich unter sein, des amerikanischen Oberbefehlshabers, Kommando

zu stellen beabsichtige und es so den Entscheidungen der AMGOT (Allied Military Government Occupied Territories) unterwerfen wolle. Er aber, de Gaulle, werde sich dem mit allen Kräften widersetzen. Seine Person allein verkörpere die Legitimität. Er werde als die von der überwiegenden Mehrheit der Franzosen anerkannte Autorität seinen Fuß auf den Boden Frankreichs setzen, und ihm als einzigem stehe es zu, in völliger Freiheit und Souveränität die Bedingungen festzulegen, unter denen die französischen Behörden und das französische Volk zur Zusammenarbeit mit den Alliierten bereit seien.

Die Begegnung verlief alles andere als freundlich. Die Berichte Churchills und de Gaulles über dieses Treffen lesen sich recht verschieden. Doch aus beiden wird klar, daß die Ansichten hart aufeinanderprallten. Churchill drohte, er werde den General wieder nach Algerien bıingen lassen. In aller Deutlichkeit erklärte er, daß Großbritannien, vor die Wahl zwischen de Gaulle und den Vereinigten Staaten gestellt, sich für die Vereinigten Staaten entscheiden werde. De Gaulle antwortete, er könne verstehen warum, und ›mit dieser unfreundlichen Bemerkung‹ war das Gespräch zu Ende.

Eisenhower befand sich in Southwick in der Nähe von Brighton; Churchill begleitete de Gaulle im Sonderzug dorthin. Auf dem Oberkommandierenden lasteten drückende Sorgen und schwere Verantwortung. Der folgende Tag, Montag, der 5. Juni, sollte ›D-Day‹ sein. Am Vortag hatten bereits Hunderte von Schiffen die Anker gelichtet, als die Berichte der Meteorologen um 4 Uhr 30 morgens Eisenhower – gegen den Einspruch Montgomerys – dazu bewogen, sich zu einer Verschiebung des Unternehmens um vierundzwanzig Stunden zu entschließen. Die daraus entstandenen Störungen in dem komplizierten Mechanismus des Landungsunternehmens waren höchst beunruhigend. Pannen mit katastrophalen Folgen waren bei einer neuerlichen Verschiebung des Landungstermins zu befürchten. Für den Fall, daß man gar den 7. Juni vorübergehen ließ, blieb nichts anderes übrig, als bis zum 19. Juni zu warten. Man hätte dann die Truppen, die zum Teil schon seit Tagen auf den Transportern warteten und dort nur notdürftig untergebracht waren, wieder an Land bringen müssen. Dadurch hätte man auch die strengen Abschirmungsmaßnahmen nicht mehr aufrechterhalten können, die man in der letzten Maiwoche wegen der Geheimhaltung getroffen hatte. Eine erneute Verschiebung hätte eine völlige Umorganisierung der Landung nötig gemacht, ja das gesamte Unternehmen gefährdet. Andererseits konnte eine Landung bei stürmischem Wetter zu einer Katastrophe führen.

In dieser kritischen Situation zeigte sich Eisenhowers starker Charakter in der Art und Weise, in der er den verärgerten de Gaulle mit urbaner Geduld anhörte – Churchill war darüber nicht wenig verwundert. Aber diesem widerborstigen Partner gegenüber war Liebenswürdigkeit fehl am Platze. Mit kalter Zurückhaltung hörte sich de Gaulle die Darlegungen des Amerikaners zu ›Overlord‹ an. Als er von der Proklamation Eisenhowers an das französische Volk erfuhr, erklärte er für unannehmbar, was er in seinen

Memoiren nur als ›ce factum‹ bezeichnen sollte. Der Aufruf, der übrigens des Lobes für die französische Armee und das französische Volk voll war, enthielt nämlich zwei Sätze, die einer Beleidigung der Majestät de Gaulles gleichkamen. Sie lauteten wie folgt: ›Prompter und bedingungsloser Gehorsam gegenüber den von mir erteilten Befehlen ist unerläßlich‹ und: ›Wenn Frankreich erst befreit sein wird, können die Franzosen selbst in Freiheit die Regierungsform wählen, unter der sie leben möchten.‹
Man hatte vereinbart, daß der König von Norwegen, die Königin der Niederlande, die Großherzogin von Luxemburg und der belgische Ministerpräsident nacheinander über den Rundfunk zu den Völkern Europas sprechen sollten. Dann wollte Eisenhower seine Proklamation verlesen und nach ihm sollte de Gaulle den Reigen der Befreiungsbotschaften beschließen. Aber der General weigerte sich. Er schloß sich nicht den europäischen Staats- und Regierungschefs an, welche die britisch-amerikanische Landung auf dem geknechteten Boden Europas begrüßten. Ja mehr noch: Die 200 französischen Verbindungsoffiziere bei SHAEF blieben in England. Und um seine Ablehnung zusätzlich durch eine symbolische Geste der Verärgerung zu bekräftigen, lehnte der General auch noch eine Einladung zum Essen ab und weigerte sich, in Churchills Zug nach London zurückzufahren.
Nachdem de Gaulle abgereist war, konzentrierte man sich wieder ganz auf das Unternehmen. Eisenhowers Hauptquartier bestand aus mehreren Baracken in einem feuchten Wald bei Southwick. Das Wetter entsprach den pessimistischen Voraussagen der Meteorologen: heftiger Regen und Winde mit einer Geschwindigkeit von ca. 50 Kilometer pro Stunde. Von Plymouth bis Newhaven wimmelte es auf der Reede von Schiffen, die in der bewegten See auf und nieder tanzten. Draußen im offenen Meer gingen die Wogen noch höher. Die Admiralität hatte an alle Schiffe Sturmwarnung gegeben.
Um 21 Uhr 30 fand eine neue Besprechung im Leseraum von Southwick statt. Der Chefmeteorologe, Gruppenkapitän J. M. Stagg von der RAF, begann seine Darlegungen mit dem Hinweis, daß ein Festhalten an der vorgesehenen Landezeit 5 Uhr – das war in wenigen Stunden – ein Desaster nach sich ziehen müsse. Für den Augenblick zeigte die Wetterkarte eine leichte Tendenz zur Besserung: Der Wind sollte sich mäßigen, auch der Himmel stellenweise aufreißen. Auf dringliches Befragen erklärte Stagg jedoch, er könne nichts garantieren. »Wenn ich Ihnen eine eindeutige Antwort geben würde, wäre ich kein Meteorologe, sondern ein Wahrsager.«
Die Wissenschaft hatte gesprochen. Nun lag es an den Strategen, eine Entscheidung zu fällen.
Bei der Luftwaffe war man skeptisch. Die Luftmarschälle Leigh-Mallory, der Befehlshaber der Luftstreitkräfte, und Tedder, der Stellvertreter Eisenhowers, bezweifelten, daß bei der Dichte der Wolkendecke die schweren und mittleren Luftbombardements überhaupt auszuführen seien. Auch bei der Marine hatte man Bedenken: Admiral Ramsey wies darauf hin, daß der Befehl zum Start des Unternehmens in einer halben

Stunde gegeben werden müsse, anderenfalls die Schiffe nicht mehr in der Lage wären, den Zeitplan einzuhalten. Die Armeegenerale waren zuversichtlicher: Bedell Smith unterstrich die Gefahren einer Verlegung auf den 19. Juni, und Montgomery sprach sich erneut für die unverzügliche Durchführung aus. Nachdem jeder seine Meinung gesagt hatte, lastete die Entscheidung wieder voll auf Eisenhowers Schultern.

In wenigen Worten beschrieb er noch einmal das Für und Wider. Dann sagte er: »Ich treffe diese Entscheidung mit Bedauern, aber sie muß jetzt getroffen werden.«

Es waren nur noch wenige Minuten bis 22 Uhr, und das war der späteste Zeitpunkt, zu dem eine Entscheidung noch getroffen werden konnte. Noch war es allerdings möglich, wie bereits in der vergangenen Nacht, die Durchführung des Unternehmens in den frühen Morgenstunden zu stoppen. Für diesen Fall hatte man noch eine weitere Frist bis 3 Uhr 30 festgesetzt.

Als Eisenhower sich auf den Weg machte, fuhr ein heftiger Wind durch sein kleines Hauptquartier im Wald. Die Straße war aufgeweicht, und vor den Scheinwerfern des Generalswagens peitschte der vom Meer kommende Regen fast waagrecht vorbei. Stagg blieb bei seiner Ansicht und war von ihr nicht abzubringen: Voraussichtlich werde sich das Wetter in den kommenden vierundzwanzig Stunden bessern. Doch mehr zu sagen sei ihm nicht möglich.

Der Landeplan ›Neptun‹

Zwei Armeen nahmen an der Landung teil. An den westlichen Landeplätzen war es die 1. amerikanische Armee unter General Omar Bradley, die ihr V. und VII. Korps – jedes durch eine Division verstärkt – in die Schlacht führte. Im östlichen Landungsgebiet war es die 2. britische Armee unter General Sir Miles Dempsey, die ihr I. und XXX. Korps ins erste Treffen schickte; das eine Korps bestand aus zwei Divisionen, das andere aus einer. Die Amerikaner sollten sich in den Häfen zwischen Salcombe und Poole auf die Schiffe begeben, die Briten in den Häfen zwischen dem Solent und Newhaven. Zehn Divisionen der zweiten Welle sollten den Sturmtruppen unmittelbar folgen. Sie hatten sich an den Flügeln einzuschiffen, und zwar die Amerikaner in Plymouth und Falmouth, die Engländer im Mündungsgebiet der Themse, in Sheerness, Southend und Harwich.

Die Überquerung des Kanals hatte nach einem äußerst komplizierten Plan, dem sogenannten Plan ›Neptun‹, zu erfolgen. Die Aufgabe bestand in der Überquerung eines keineswegs leicht zu befahrenden Meeresteils, der zudem noch von alliierter wie von deutscher Seite vermint worden war. Es galt 4126 Schiffe 26 verschiedener Kategorien zur gegenüberliegenden Küste zu bringen, Schiffe, deren Seetüchtigkeit im allgemeinen nur gering war und die nur in den seltensten Fällen von gelernten Seeleuten geführt wurden. Die Landing Craft Tanks mit den schweren Motoren im Heck bewegten sich aus eigener Kraft voran. Man hatte wohl gehofft, daß sie diese Überfahrt in einer schönen Sommernacht machen würden. Doch nun sollten sie mit zwei Meter hohen Wellen und Winden von 50 Kilometern pro Stunde fertig werden. Die alten Marinesoldaten hatten nicht geringe Bedenken.

Die Masse der Landungsschiffe und ebenso die meisten der sie begleitenden 1213 Kriegsschiffe mußten eine Art ›Rangierbahnhof‹ passieren, die sogenannte Zone Z, die scherzhaft als ›Piccadilly Circus‹ bezeichnet wurde. Dieser Sammelplatz hatte einen Durchmesser von zehn Meilen; sein Zentrum befand sich 18 Meilen südöstlich der Insel Wight. Jede Einheit des gewaltigen Geleitzugs hatte einen minutiösen Zeitplan mit auf den Weg bekommen; diese ›Mickey Mouse Diagrams‹ waren genau einzuhalten. Am ›Piccadilly Circus‹ begann der ›Spout‹, jene Fahrstraße, die, sich trichterförmig erweiternd, bis zur Höhe der Linie zwischen Barfleur und Cap d'Antifer reichte. Der ›Spout‹ führte durch den breiten deutschen Minengürtel in der Mitte des Kanals, durch den man fünf Paar Fahrtrinnen für schnelle und langsame Fahrzeuge geschaffen hatte. Die am Nachmittag des Fünften begonnenen Räumungsarbeiten wurden, vom Gegner unbemerkt, fortgesetzt.

Hatten die einzelnen Geleitzüge den ›Spout‹ verlassen, so sollten sie fächerförmig auseinanderstreben und Kurs auf die Landungszonen der einzelnen Divisionen halten. Von Westen nach Osten waren dies: ›Utah‹ (4. US-Division), ›Omaha‹ (1. US-Division), ›Gold‹ (50. britische Division), ›Juno‹ (3. kanadische Division) und ›Sword‹ (3. britische Division).

Die an der Überfahrt teilnehmenden Einheiten waren aufgeteilt in die sogenannte ›Western Task Force‹ unter Konteradmiral Alan C. Kirk, auf deren Schiffen die 1. amerikanische Armee transportiert wurde, und in die ›Eastern Task Force‹ unter Konteradmiral Sir Philip Vian, der die 2. britische Armee zugeteilt war. Unter den 213 Schiffen dieser beiden Gruppen befanden sich 7 Schlachtschiffe (4 englische, 3 amerikanische), 24 Kreuzer (16 englische, 3 amerikanische, 2 französische, 2 holländische, 1 polnischer), 123 Zerstörer und Fregatten (79 britische, 36 amerikanische, 3 französische, 3 norwegische, 2 polnische). Zwei Drittel dieser Flotte bestanden also aus britischen Einheiten. Erstaunlich, daß die Royal Navy nach fünf Jahren Krieg und dem Verlust von 3 Schlachtschiffen, 2 Schlachtkreuzern, 8 Flugzeugträgern, 45 Kreuzern und Hilfskreuzern sowie 136 Zerstörern noch in der Lage war, ein solches Aufgebot in den Kampf zu werfen. Es war dies ein imponierender Beweis britischer Stärke und Lebenskraft.

Der größte Teil der Kampfschiffe hatte die Aufgabe, die Landungsoperationen durch Beschießung von Zielen an und hinter der Küste zu unterstützen. Andere Einheiten bewachten die Eingänge zum Kanal oder schirmten die Invasionsflotte gegen Unterseeboote und Schnellboote des Gegners ab. Denn mochten die Deutschen zur See auch

nicht sonderlich stark sein, man mußte jedenfalls mit ihnen rechnen. Im Mai hatte eine Gruppe ihrer Schnellboote eine Landungsgruppe überrascht, wobei sie drei der wertvollen Landungsboote mit 700 Matrosen und Soldaten an Bord versenkt hatten. Da der Kanal mit Hunderten von lohnenden Zielen angefüllt war, hätten ein paar beherzte deutsche Kommandanten nicht unbeträchtlichen Schaden stiften können.
Die Unterstützung aus der Luft hatte kaum minder gewaltige Ausmaße. Luftmarschall Sir Trafford L. Leigh-Mallory befehligte 13000 Kampfflugzeuge, von denen 11590 verfügbar waren. Die RAF sowie die verschiedenen ihr unterstellten Einheiten – kanadische, australische, neuseeländische, polnische, französische, belgische, holländische, norwegische – stellten 5510 Maschinen. Die übrigen 6080 Flugzeuge gehörten zur 8. US Army Air Force. Unter den 3440 schweren Bombern für Tag- und Nachtangriffe befanden sich Maschinen der Typen ›Halifax‹, ›Lancaster‹, B 17 oder ›Fliegende Festung‹, B 24 oder ›Liberator‹, die eine Bombenlast bis zu 4000 Kilogramm zu tragen vermochten. Unter den 930 leichten Bombern waren Maschinen der Typen ›Mitchell‹, ›Boston‹, ›Mosquito‹, B 26 oder ›Marauder‹, A 20 oder ›Havoc‹. Über 1500 Maschinen der verschiedensten Typen waren als Aufklärer, Artilleriebeobachter, beim Küstenschutz, bei der U-Boot-Bekämpfung oder beim Verwundetentransport eingesetzt. 1360 Maschinen sowie 3500 Lastensegler bildeten die Transportflotte. Schließlich gab es die 4190 Jäger und Jagdbomber, die ›Spitfire‹, ›Typhoon‹, P 47 oder ›Thunderbolt‹, P 51 oder ›Mustang‹. Die Luftüberlegenheit gegenüber den Deutschen wurde von SHAEF auf 15 zu 1 geschätzt. Die deutsche Schätzung von 50 zu 1 kam der Wirklichkeit näher. Diese gewaltige Luftstreitmacht hatte bereits Lücken in den Atlantikwall geschlagen, indem sie die meisten der 64 Radarstationen außer Betrieb gesetzt hatte, die von der Insel Texel bis zum Cap Fréhel über die Küsten wachten. Am Tage der Invasion sollte sie mit aller Kraft den Widerstand der Küstenbefestigungen brechen. Ungünstigerweise mußten wegen der schlechten Wetterverhältnisse tatsächlich viele Bombenangriffe nach den Instrumenten geflogen werden.
Der Zeitpunkt der Landung war nach vorsichtigem Abwägen der Vor- und Nachteile festgesetzt worden. Aus vielen Gründen schien eine Landung in den Abendstunden geboten. Aber man entschied sich schließlich für eine Landung am Morgen, weil man das Durcheinander fürchtete, das in der Dunkelheit der Nacht entstehen mochte. Was die Gezeiten anging, so hielt man es zunächst für zweckmäßig, sich der Flut zu bedienen, um möglichst nahe an die Küste heranzukommen. Schließlich entschloß man sich dennoch zu einer Landung bei Ebbe. Dadurch schlug man Rommel ein Schnippchen, denn bei Ebbe lagen die von den Deutschen eingebauten Hindernisse über dem Wasserspiegel, waren also sichtbar und deshalb ungefährlich. Bei Einberechnung der lokalen Ebbezeiten hatte man die Landung für ›Utah‹ und ›Omaha‹ auf 6 Uhr 30 angesetzt, für ›Gold‹ und ›Sword‹ auf 7 Uhr 25 und für den rechten beziehungsweise linken Flügel von ›Juno‹ auf 7 Uhr 35 und 7 Uhr 45.

Die fünf Landungszonen lagen an verschiedenen Orten, und die Bedingungen waren überall verschieden. Deshalb hatte für jedes Teilunternehmen ein besonderer Plan ausgearbeitet werden müssen.
Der Abschnitt ›Sword‹ lag zwischen der Mündung der Orne und dem kleinen Badeort Lion-sur-Mer. Die Küste war dort gleichmäßig flach und sandig. Die Küstenstraße führte an Häusern und Villen vorbei, die nur bei Riva-Bella und Ouistreham am Ende des Kanals nach Caen dichter standen. Die eingeschnittene Küste schuf hier für Artilleriefeuer auf die Schiffe günstige Bedingungen. Aus diesem Grunde hatte man für diesen Abschnitt starke Deckung durch die schweren Einheiten *Warspite* und *Ramillies* und den Monitor *Roberts* vorgesehen, welche die Aufgaben hatten, die Batterien von Villerville, Benerville und Houlgate zum Schweigen zu bringen. Zur Einweisung der 3. britischen Division und der 27. Panzerbrigade hatte man das Klein-U-Boot *X-23* mit zwei Offizieren zur Mündung der Orne gesandt. Es sollte um 5 Uhr morgens auftauchen und den Schiffen die Richtung weisen. Da aber die Landung verschoben worden war, hatte *X-23* den Befehl erhalten, abzuwarten. Deshalb wartete es weitere vierundzwanzig Stunden auf dem Meeresgrund. Die Landungszone ›Sword‹ war wichtig wegen der in ihrem Hinterland gelegenen Stadt Caen. Diese Stadt, Ausfalltor der Normandie nach Paris, sollte schon am ersten Tag genommen werden. Das war eine harte Aufgabe, weshalb man die Landung von See her noch durch eine Luftlandeoperation zu unterstützen gedachte.
Die von Generalmajor Gale befehligte 6. britische Luftlandedivision wurde mit dieser Aufgabe betraut. Ihr Kampfauftrag bestand darin, das rechte Ufer der Orne zu gewinnen, um die linke Flanke der Invasionstruppen abzusichern. Die 3. und 5. Fallschirmjägerbrigade sollten in drei Landezonen abgesetzt werden: in der Zone V bei Varaville; in der Zone K bei Touffréville; in der Zone N bei Amfréville. Mittels eines Überraschungsangriffs sollten sie sich der Brücken über die Orne und des Schiffskanals bei Bénouville und Ranville bemächtigen, die Brücken über die Dives bei Périers, Robehomme und Troarn sprengen und schließlich die Batterie von Merville an der Mündung der Orne zerstören. Die Gruppen 38 und 46 der RAF sollten mit ihren Lastenseglern in der Gegend von Oxford aufsteigen und die französische Küste um Mitternacht überfliegen.
Acht Kilometer westlich von Lion-sur-Mer begann die Zone ›Juno‹. Da dort die Küste sehr felsig ist, wäre eine Landung bei Ebbe schwierig gewesen, weshalb man den Zeitpunkt des Angriffsbeginns etwas später angesetzt hatte. Ein anderes Klein-U-Boot, *X-20*, erwartete den Geleitzug, der die 3. kanadische Division und die 2. kanadische Panzerbrigade heranbrachte, deren Sektor zwischen Saint-Aubin und Courseulles-sur-Mer lag.
Die Kanadier hatten den Auftrag, schon am ersten Tag über die Straße von Bayeux nach Caen vorzustoßen und den Flugplatz von Carpiquet zu erobern.

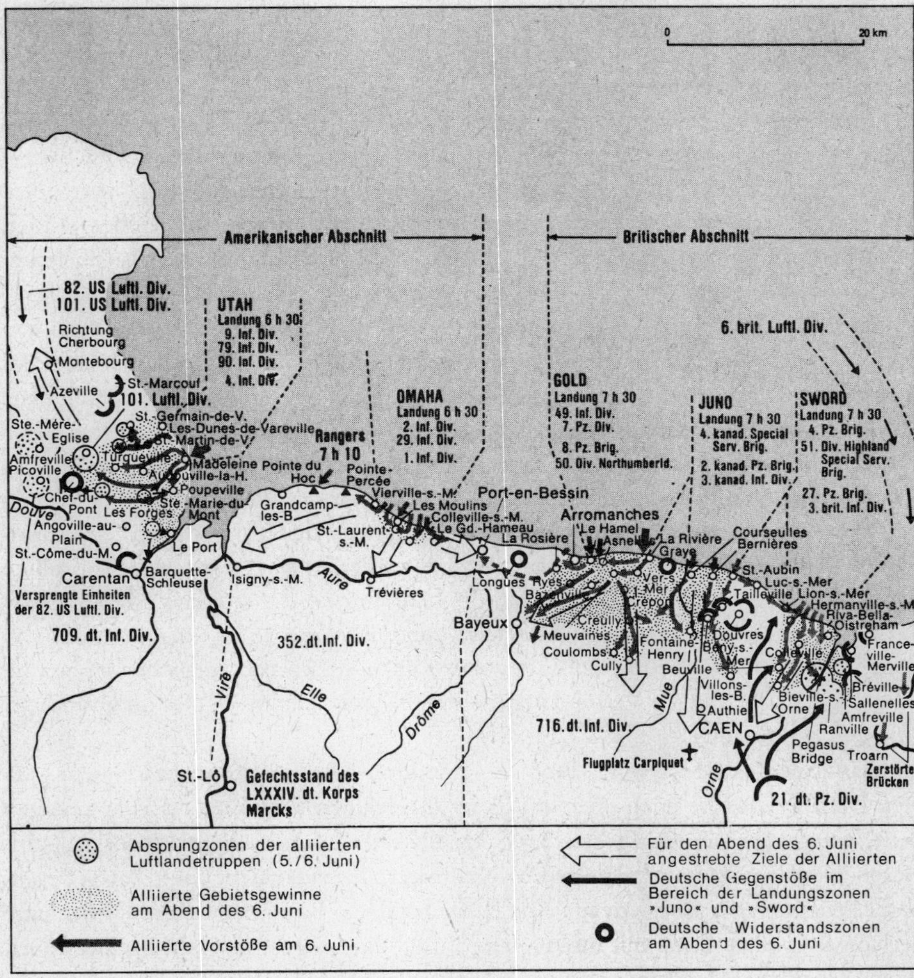

Karte 42 Der erste Tag der alliierten Invasion in der Normandie (6. Juni 1944)

In der Zone ›Gold‹ sollte die Landung der 50. britischen Division und der 8. Panzerbrigade in der Nähe der Ortschaften La Rivière und Le Hamel erfolgen. Das unwirtliche Küstengebiet war viel weniger dicht besiedelt als die Zone um Riva-Bella. Hinter dem Strand erstreckten sich Sümpfe, an denen die Route Nationale 814 vorbeilief. Laut Plan hatten die gelandeten Truppen nach Westen vorzustoßen, um Arromanches-les-Bains einzunehmen, wo man einen Mulberry-Hafen errichten wollte. Der andere Flügel sollte weiter ins Hinterland vordringen und dort schon am ersten Abend Bayeux nehmen.

25 Kilometer von der britischen Landungszone entfernt lag die amerikanische. Die Landschaftsstruktur war hier ganz anders. Die Ausschiffung und die ihr folgenden Maßnahmen waren äußerst schwierig.

›Omaha Beach‹ reichte von Port-en-Bessin bis auf die Höhe von Pointe de la Percée. Steile Felsklippen, etwa 30 Meter hoch, bildeten die Begrenzung nach beiden Seiten. Zum Strand, den ein breiter Dünengürtel beherrschte, führten nur einige versandete Straßen; sie verbanden das Ufer mit den Orten le Grand-Hameau, Colleville-sur-Mer, Saint-Laurent-sur-Mer und Vierville-sur-Mer. Diese Hohlwege, in den Aufzeichnungen des Generalstabs stets mit dem amerikanischen Ausdruck ›draws‹ bezeichnet, bildeten die einzigen Ausfallpforten, durch die die 1. US-Infanteriedivision von ›Omaha Beach‹ ins Hinterland vorstoßen konnte. Darüber hinaus war das Gelände für motorisierte Streitkräfte ungünstig. Statt der offenen Ebene der Umgebung von Caen gab es hier mit Apfelhainen bedecktes Buschland, von Hohlwegen durchzogen, durch Hecken aufgeteilt. An dieses Labyrinth schloß sich der Flußlauf der Aure an, die bis Bayeux parallel zum Meer fließt. Die von Natur aus schon sumpfige Gegend war von den Deutschen noch unter Wasser gesetzt worden, so daß das Tal zwischen dem Marktflecken Trévières und dem Städtchen Isigny unpassierbar war. Nach dem Plan sollten die beiden Ortschaften noch am Abend des Landungstages genommen werden. Von Trévières aus gedachte man die überschwemmte Flußstrecke zu umgehen und von Isigny aus bis zur Mündung der Vire vorzustoßen, wobei man versuchen wollte, im Vorstoß auf Carentan die Verbindung mit den auf der Halbinsel Cotentin gelandeten Truppen herzustellen.

Die Landspitze von Hoc sollte durch ein gesondertes Unternehmen genommen werden. Die Batterie, die hoch oben auf dieser dreieckigen Felsspitze Stellung bezogen hatte, wurde als ›die gefährlichste des ganzen Kanals‹ bezeichnet. Ihre sechs 15,5-cm-Geschütze mit einer Reichweite von 22 Kilometern konnten nicht nur ›Omaha Beach‹ unter Feuer nehmen, sondern auch die Küste bei ›Utah Beach‹ bestreichen. Man hatte deshalb auf sie die *Texas* mit ihren Vierzehnpfündern angesetzt und außerdem noch einen verwegenen Handstreich unter Oberstleutnant James E. Rudder, einem Texaner, geplant. Zur Stunde H sollte sein Rangerbataillon am Fuße der Klippen, deren unterer Teil bei Ebbe freilag, an Land gehen. Mittels einer Harpune sollten Strickleitern an der senkrechten Wand befestigt werden, an der man ferner zwei Schiebeleitern der Londoner Feuerwehr anzubringen gedachte. Übungen an den Kreideklippen der Insel Wight hatten gezeigt, daß das Unternehmen gelingen konnte – falls der Feind nicht allzu heftigen Widerstand leistete.

Bei ›Utah Beach‹ stellten sich aber noch schwierigere Probleme. Der ›Ike‹ genannte Strand war denkbar ungünstig. Er war zwar weitflächig, aber schlammig und von einem Sumpfgürtel umgeben, der allein über die engen Landstraßen zu durchqueren war, die zu den längs der Departement-Straße 14 liegenden Dörfern führten. Vier

D-Day: Am 6. Juni 1944 morgens um 6 Uhr 30 gingen die ersten amerikanischen Truppen an Land. Robert Capa, Fotoreporter aus dem spanischen Bürgerkrieg, dem Zweiten Weltkrieg und dem Krieg in Indochina, wo er später fiel, folgte den ersten Soldaten im Morgengrauen zum Strand. »Es war noch zu dunkel, um gute Bilder zu schießen. Vor dem grauen Licht hoben sich surrealistische Silhouetten der Strandbefestigungen ab...«

Unterstützt wurde diese größte Landung der Kriegsgeschichte durch schweres Schiffsartilleriefeuer, durch pausenlose Einsätze alliierter Kampfflieger und nächtliche Luftlandeoperationen (oben). Dem militärischen Einsatz der 1. US-Armee und der 2. britischen Armee stand der organisatorische nicht nach: Innerhalb weniger Stunden setzten 6400 Landefahrzeuge Truppen, Bewaffnung, Panzer und schweres Material an Land.

dieser Überlandwege, und zwar die nach Pouppeville, Houdienville, Audouville und Saint-Martin-de-Varreville, waren als Ausfallpforten 1, 2, 3 und 4 bezeichnet worden. Sie führten in dichtes Unterholz, und jenseits des Plateaus von Sainte-Mère-Eglise bildeten die Überschwemmungen der Douve und des Merderet für eine ins Innere des Cotentin vordringende Armee ein schwer zu bezwingendes Hindernis.
Ein großes Luftlandeunternehmen der Amerikaner – zwei Divisionen, 13 200 Fallschirmjäger, 822 Transportmaschinen und 900 Lastensegler – sollte diese doppelte Schwierigkeit beheben.
Die unter Generalmajor Maxwell Taylor stehende 101. Luftlandedivision hatte den Auftrag, sich der Zugänge zum Gebiet von ›Utah Beach‹ zu bemächtigen, damit nicht die 4. US-Infanteriedivision auf diesen Wegen aufgehalten würde, die zu sperren eine Handvoll Männer und wenige Waffen genügten. Die 82. Luftlandedivision unter Generalmajor Matthew Ridgway sollte sich auf dem Plateau von Sainte-Mère-Eglise festsetzen und außerdem einen großen Brückenkopf über die Douve und den Merderet bilden.
Für die Fallschirmjäger war die Stunde H Mitternacht. Sie hatten sich dem Cotentin nicht von Osten, sondern von Westen her zu nähern, als wollten sie zunächst auf die Bretagne zufliegen, dann aber in der Mitte des Kanals die Richtung zu ändern. Die Startplätze waren in Devon, den Midlands, in Berkshire und Wiltshire. Alle Flugzeuge mußten den Punkt Elko nördlich von Southampton anvisieren, von dort Kurs auf Hoboken nehmen, dann über dem Meer um 90 Grad schwenken, vor der Küste noch einmal die Richtung ändern, die Orientierungspunkte Peoria und Reno überfliegen und zehn Minuten später ihre sechs Absprungzonen erreichen, von denen vier östlich und zwei westlich des Merderet gelegen waren. Jede dieser Sprungzonen war ein Oval von 1,6 Kilometer Länge und 400 Meter Breite. Die zwanzig Minuten vor dem Gros der Divisionen landenden Einweiser hatten zu versuchen, diese Zonen mit Hilfe ihrer Taschenlampen kenntlich zu machen.
Dies also war in groben Zügen die Planung des gewaltigen Unternehmens ›Neptun‹, der ersten Phase der Landung in Europa, welcher man den Namen ›Overlord‹ gegeben hatte. Versuchen wir dem Ablauf der Ereignisse Stunde für Stunde zu folgen.

Die Chronik des ›Längsten Tages‹

0 Uhr bis 1 Uhr

Mitternacht war eben vorbei, als sechs große Lastensegler vom Typ ›Horsa‹ mit Einheiten der 6. britischen Luftlandedivision an Bord bei Houlgate die französische Küste überflogen. Ein Gleiter landete inmitten der Stacheldrahtverhaue, die zum Schutz der bei Bénouville über den Kanal von Caen führenden Brücke errichtet worden waren.

Zwei andere setzten neben der Querbrücke bei Ranville auf. Die Überraschung war geglückt. Es dauerte nicht ganz eine Viertelstunde, da waren die beiden Brücken in der Hand der Luftlandesoldaten. Zur selben Zeit sprangen die ›Pfadfinder‹ der Fallschirmjäger über den Sprungzonen ab, wenig später flackerten am Boden ihre Lichtsignale auf. Um 1 Uhr morgens begann das Gros der 6. britischen Luftlandedivision vom Himmel zu fallen.
Am anderen äußersten Ende der Landungszone, gegen das Cotentin zu, hatte die Luftlandung der Amerikaner im gleichen Augenblick begonnen. Die ›Pfadfinder‹ der 101. Luftlandedivision waren um 0 Uhr 15 als erste gesprungen. Der Himmel war bewölkt, am Boden war es dunstig, gelegentlich brach Mondlicht durch. Um 0 Uhr 50 sah Oberstleutnant Hoffmann, Kommandeur eines Regiments der 709. deutschen Infanteriedivision, östlich von Montebourg Fallschirme zur Erde schweben. Seine Posten feuerten. Eine amerikanische Maschinenpistole gab Antwort.

1 Uhr bis 6 Uhr

Um 1 Uhr erhielt das LXXXIV. deutsche Korps in Saint-Lô aus Caen von der 716. Infanteriedivision eine Meldung über die Landung feindlicher Fallschirmjäger östlich der Ornemündung im Raum Ranville-Bréville und am Nordrand des Bavent-Waldes. Um 1 Uhr 45 bekam das Korps aus Valognes eine Meldung der 709. Infanteriedivision über Luftlandungen südlich Saint-Germain-de-Varreville und bei Sainte-Marie-du-Mont sowie westlich der großen Straße Carentan–Valognes, an beiden Ufern des Merderet.
Die genannten Gebiete befanden sich an den beiden Flügeln des Armeekorps. Aus den Meldungen konnte man entnehmen, daß es sich um eine große Operation handeln mußte. General Marcks gab seine Reise nach Rennes auf. Kein Kriegsspiel – es wurde ernst. Schwaden rötlichen Rauchs färbten den Horizont. Das Motorengedröhn Tausender von Flugzeugen – feindlicher Flugzeuge – erfüllte die Nacht.
Um 2 Uhr liefen neue Meldungen aus Caen und Valognes ein. Feindliche Fallschirmjäger waren gefangengenommen worden, sie gehörten zur 3. britischen Luftlandebrigade und zu den amerikanischen Fallschirmjägerregimentern 501, 505 und 506. Drei der vier Luftlandedivisionen des Gegners, von denen man auf deutscher Seite wußte, waren also an dem Unternehmen beteiligt. Nun weckte man die höheren Kommandeure: Dollmann in Mans, Salmuth in Rourcoing, Rundstedt in Saint-Germain-en-Laye. Speidel in La Roche-Guyon zögerte noch, Rommel zu benachrichtigen, der zu Hause in Herrlingen war.
Östlich der Orne hatte die 6. Luftlandedivision ihre Kampfziele erreicht. Es war ihr gelungen, den Brückenkopf von Ranville zu festigen. Die Brücken über die Dives flogen in die Luft einschließlich der Brücke bei Roarn, die Major Roseveare praktisch

Eine komplette Luftlandedivision unter General Frederick schwebte in der Gegend von Le Muy in der Provence am 15. August bei der alliierten Landung in den ersten Stunden vom Himmel (oben). – Die Feuerglocke schwerer und schwerster kanadischer und amerikanischer Kaliber und rund 25 000 Einsätze der alliierten Luftwaffe wüteten unermeßlich grausam in den kleinen Ortschaften des Landes zwischen Rouen und Cherbourg (unten).

Ende Juli brachen die Panzerverbände bei Avranches durch und gingen zum Bewegungskrieg über. Bereits drei Wochen später war Paris ernsthaft bedroht. Zu der Freude über die Befreiung von vierjähriger Militärherrschaft gesellte sich nur zu oft die Empörung über die verhaßten Okkupanten (oben), von denen sich 500 Soldaten in der französischen Deputiertenkammer in Paris vorübergehend verschanzt hatten (unten).

allein im Rücken der deutschen Garnison sprengte. Das Schloß von Varaville wurde genommen, ebenso die Batterie von Merville. Sie war um 2 Uhr 45 vom IX. Fallschirmjägerbataillon angegriffen worden. Nach kurzem Kampf ließ Oberstleutnant Otway um 4 Uhr 45 eine Brieftaube mit der Meldung ›Batterie genommen‹ aufsteigen. Man war erstaunt, hier nur 75 Mann zu finden, die zudem kaum Widerstand leisteten, denn man hatte mit 150 gerechnet. Um 3 Uhr 30 landete Generalmajor Gale mit der dritten Welle von Fallschirmjägern; jetzt wurde auch das schwere Material herangebracht. Seine Division hielt die Orne, beschäftigte den Gegner zwischen Orne und Vire und brachte Gefangene ein, die zur 716. Infanterie- und zur 2. Panzerdivision gehörten. Die Verluste der Landetruppen waren leicht, doch fehlte noch die Hälfte der 4800 Mann; infolge von Fehllandungen war die Division weit verstreut.

Die Amerikaner begegneten weitaus größeren Schwierigkeiten. Die Kriegsgeschichtler vermögen den Verlauf dieser Operation nicht mehr genau zu rekonstruieren. Hecken und Nebelschwaden schoben sich zwischen die kleinen Gruppen der Gelandeten – Phantome in einer Landschaft, die den jungen Soldaten aus den weiten Ebenen der Neuen Welt fremd war. Sümpfe und Wasser forderten Opfer. Die Behauptung, ganze Regimenter seien im Talgrund des Merderet im Morast versunken, so wie dies von den Teichen bei Austerlitz erzählt wird, ist allerdings erfunden. Wahr ist, daß es nicht wenige der Fallschirmjäger fast übermenschliche Anstrengungen kostete, sich aus dem Schlamm zu befreien, und daß in einigen Fällen Soldaten unter der Last ihrer Ausrüstung umgekommen sind. Von den 13 200 Mann der beiden Luftlandedivisionen fanden nicht einmal 2500 sofort zu den Sammelzonen. Um sich zu verständigen, hatten sie Schnarren, deren Ton sich in der feuchten Luft der normannischen Nacht wie das Gezirp fremdartiger Grillen anhörte. Sonst aber verschluckte das dichte Unterholz jegliches Geräusch.

Das 502. Regiment der 101. Luftlandedivision hatte die Aufgabe, die Zufahrtswege im Norden von ›Utah Beach‹ sowie die Ortschaften Saint-Germain, Saint-Martin-de-Varreville, Mésières und Andouville-le-Hubert zu nehmen. Das 506. Regiment sollte die Zufahrtswege im Süden sowie die Ortschaften Houdienville, Pouppeville und Sainte-Marie-du-Mont besetzen. Das 501. Regiment hatte Befehl, an der Douve nördlich von Carentan Fuß zu fassen. Doch Nebel, Wind und die deutsche Luftabwehr brachten den Ablauf des Unternehmens, das zuvor auf der Karte so genau einstudiert worden war, durcheinander. Die Männer sammelten sich meist um den ersten Offizier, der ihnen begegnete. In der Dunkelheit stieß man mit kleineren feindlichen Einheiten zusammen, die in den Dörfern in Quartier lagen, aber auch mit eigenen Verbänden, die man für gegnerische hielt. Bei Tagesanbruch befanden sich nur einige Gruppen des 501. Regiments an den Punkten, an denen sie sich laut Plan hätten befinden müssen. Allerdings hatte der Absprung so vieler Fallschirmjäger hinter den deutschen Linien die Küstenverteidigung weitgehend desorganisiert.

Die 82. Luftlandedivision bestand aus den Fallschirmregimentern 505, 507 und 508. Das Regiment 505 hatte die Aufgabe, sich in Sainte-Mère-Eglise festzusetzen und den Übergang über den Merderet bei Chef-du-Pont und La Fière zu sichern. Die beiden anderen Regimenter sollten zwischen Douve und Merderet den Brückenkopf nach Westen bilden.

Als der Himmel sich rötete, wateten Teile der Regimenter 507 und 508 noch immer in den überfluteten Wiesen. Anderen Abteilungen aber war es bei Amfreville gelungen, festen Boden unter die Füße zu bekommen; doch auch hier ging das Sammeln infolge der dichten Hecken nur langsam voran. Noch hätte man von Erfolg nicht sprechen können, wenn nicht eine Gruppe von Fallschirmjägern in den Hof eines kleinen Schlosses bei Picauville eingedrungen wäre – eben in dem Augenblick, da ein Mercedes auftauchte. Bereits auf dem Wege zu den Stabsübungen in Rennes, hatte sich der Kommandeur der 91. Infanteriedivision, Generalleutnant Wilhelm Falley, zur Rückkehr in seine Befehlsstelle entschlossen, nachdem ihn die außergewöhnlich starken Bombenangriffe davon überzeugt hatten, daß der anbrechende Tag wohl ernste Ereignisse mit sich bringen würde. Seine Vorahnung trog ihn nicht – er fuhr seinem Tod entgegen. Eine Geschoßgarbe traf seinen Wagen. Er sprang heraus, die Pistole in der Faust. Ein zweiter Feuerstoß streckte ihn nieder. Eine der Divisionen, die das Cotentin verteidigen sollten, hatte ihren Kommandeur schon zu Beginn des Kampfes verloren.

Am anderen Ufer des Merderet hatte das 505. Regiment Glück. Die Einnahme von Sainte-Mère-Eglise wurde wohl zur berühmtesten Episode der ganzen Landung. Die ganze Welt sah auf der Filmleinwand, wie das Haus von Monsieur Hairon in Flammen stand, wie die Feuerwehrleute mit ihren Messinghelmen den Brand unter den Augen deutscher Soldaten bekämpften, wie inmitten der Flammen die amerikanischen Fallschirmjäger vom Himmel schwebten und wie der Gefreite Steel durch die Leinen seines Fallschirms an die Kirchturmspitze gefesselt wurde. Freilich spielten sich die Ereignisse nicht ganz so ab. Kaum war es ins Feuer der gegnerischen Luftabwehr geraten, sprang das III. Bataillon des 505. Regiments mit bemerkenswerter Genauigkeit in die Absprungzone o, 1500 Meter nordwestlich von Sainte-Mère, in einem Vallée de Misère genannten Tal. Oberstleutnant Edward C. Drause sammelte schnell seine Leute. Er befahl ihnen, bei der Säuberung des Geländes nur Handgranaten und Messer zu verwenden. In dem Raum befanden sich etwa dreißig Deutsche, außerdem eine gerade durchfahrende Lkw-Kolonne. Die Deutschen waren schnell niedergemacht oder gefangengenommen.

Während dieser Scharmützel wurde auf deutscher Seite höchste Alarmbereitschaft gegeben. In Saint-Lô befahl Marcks seinem einzigen in Reserve stehenden Regiment, sich auf Carentan zu werfen. In Mans gab Dollmann Weisung, die im Raum von Sainte-Mère-Eglise gelandeten Fallschirmjäger in konzentrischer Aktion zu vernichten. In Roche-Guyon wies Speidel die 21. Panzerdivision, die Reserve der Heeresgruppe B, an,

Spezialfahrzeuge, Amphibienwagen, Schlauchboote und Landerampen setzten am ersten Tag der Invasion 132710 Soldaten an der Normandieküste ab. Am Abend des 6. Juli hatten die Alliierten bereits zwei Brückenköpfe erobert; die Briten nordöstlich von Bayeux, die Amerikaner nördlich von Carentan. Außerdem war ihnen die Überlegenheit zu Luft und zu Wasser bereits jetzt sicher.

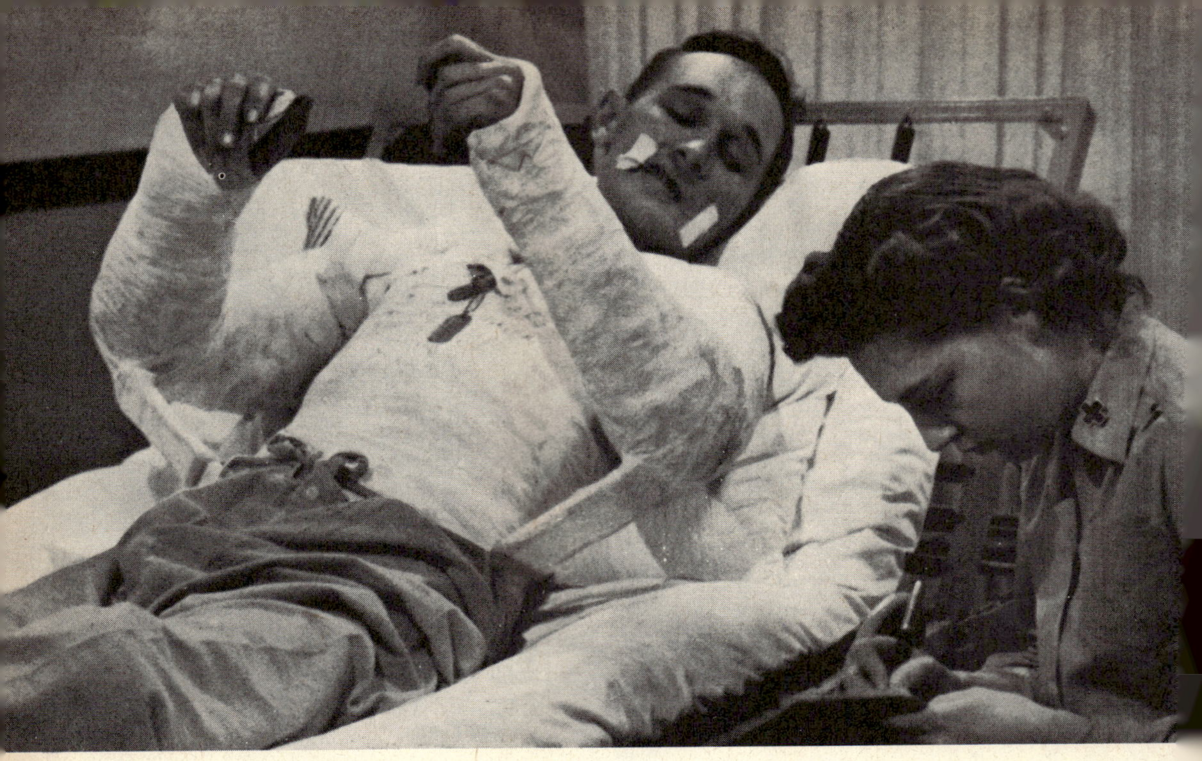

Nach vier Jahren scheinbarer militärischer Ruhe an der Westfront brach die Invasion wie ein Feuersturm über die friedliche Normandie herein. Um 10 Uhr 30 betrugen die Verluste allein der 1. amerikanischen Division 3000 Tote und Verwundete. Die Lazarette füllten sich mit Freund und Feind.

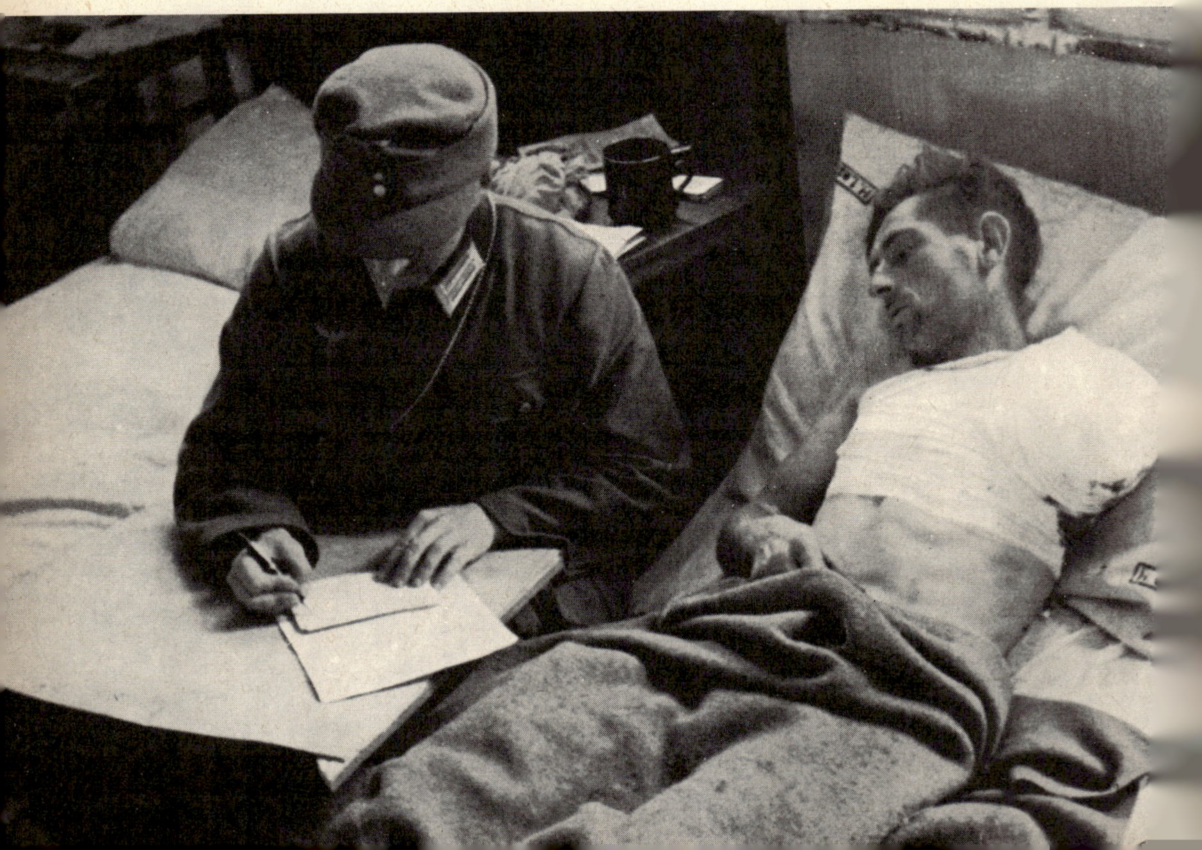

das rechte Ufer der Orne vom Feind zu säubern. In Saint-Germain versetzte Rundstedt die Panzerlehrdivision und die 12. SS-Panzerdivision in höchste Kampfbereitschaft und kündigte an, daß die beiden Verbände bald in Richtung auf Caen in Marsch gesetzt würden. Kurz vor 6 Uhr rief Blumentritt, der Chef des Stabes Rundstedts, Jodls Stellvertreter Warlimont in Berchtesgaden an, teilte ihm den Beginn der Invasion mit und unterrichtete ihn von den Entscheidungen des Generalfeldmarschalls. Hitler aufzuwecken wagte niemand, aber Warlimont telefonierte mit Jodl. Der aus dem Schlaf gerissene Generaloberst war skeptisch. Die Landungen der Fallschirmjäger hielt er für ein Ablenkungsmanöver; die eigentliche Landung, meinte er, werde nicht in der unteren Normandie stattfinden.

Über den Kanal blies der Wind mit Stärke 5, die Wellen trugen Schaumkronen, die Seekrankheit grassierte. Dumpfes Grollen und das Aufzucken der Reflexionsblitze am Horizont ließen ahnen, welche Wirkung die Angriffe der Bomber auf das Küstengebiet der Normandie hatten. 1056 ›Lancaster‹-Bomber griffen die zehn wichtigsten deutschen Batterien an. Sie hatten mit Merville, Fontenay und Saint-Martin-de-Varreville begonnen, noch bevor die ersten Fallschirmjäger gesprungen waren, dann ihre Angriffe gegen La Pernelle, Maisy, die Landspitze von Hoc, Longues, Mont-Fleury, Ouistreham und Houlgate gerichtet. Bei den Schiffen herrschte absolute Stille; aber vor ihnen loderte ein einziges Feuermeer. Um 2 Uhr 29 ging LSH *Bayfield* mit Generalmajor Lawton Collins an Bord elf Seemeilen vor ›Utah Beach‹ bei 17 Faden Wassertiefe vor Anker. Collins kommandierte das VII. Korps. Fünf Minuten später ankerte LSH *Ancon* mit Generalmajor Gerow, dem Kommandierenden des V. Korps, vor ›Omaha‹. Um die beiden schwimmenden Hauptquartiere gruppierten sich die übrigen Schiffe. Sieben Minuten später tanzten bereits die Landungsboote auf den Wellen. Der Mond hellte die Dunkelheit zwar etwas auf, aber die Küste war nicht zu sehen.

In der Gischt der Wellen formierten sich die Angriffsgruppen der Landungsboote. An der Spitze fuhren die Lotsenschiffe, gefolgt von anderen Booten, die einen dichten Nebelschleier legten. Ihnen schlossen sich die Kolonnen der übrigen Schiffe an, verschiedene Typen mit verschiedenen Aufgaben. Da waren die PC, die Patrouillenboote; die LCT, mit deren Hilfe die amphibischen Panzer an Land gebracht werden sollten, und andere, die gewöhnliche Panzer transportierten; die LCA der Engländer und die LCVP der Amerikaner zum Transport der Infanterieeinheiten; die LCG, welche die Artillerie heranschafften; die LCF für die Luftabwehr; die LST, vollgepfropft mit Menschen und Material; die LCR mit den Raketenwerfern an Bord. Die wendigen Zerstörer begleiteten die plumpen Transportschiffe. Aus einer Flotte löste sich eine zweite und verschwand in der Dunkelheit in Richtung Küste.

Die Schiffe dieser zweiten Flotte waren für die Fortbewegung in seichtem Wasser gedacht, besaßen also nur geringen Tiefgang, was das Steuern erschwerte. Auf den Seegang reagierten diese Boote heftig. Bis zur Küste brauchten sie drei Stunden. Die

Mannschaften waren das Meer nicht gewöhnt und wurden seekrank. Die Gruppe U, die auf ›Utah Beach‹ zuschlingerte, geriet bald in den Schutz der vorspringenden Küste des Cotentin, wo das Wasser ruhiger war. Hingegen mußte die Gruppe O ihren Weg fortsetzen, während langsam und zögernd der Tag heraufkam.
Den Strandabschnitten der Engländer näherten sich die Schiffe noch langsamer; noch befanden sie sich sieben Seemeilen von der Küste entfernt. Als um 5 Uhr 05 der Tag anbrach, zeigten grüne Lichter auf der Wasseroberfläche, daß die U-Boote *X-20* und *X-23* zur Stelle waren. Wenige Augenblicke später lichteten die großen Einheiten, darunter *Warspite* und *Ramillies*, die Anker; die Flugzeuge hüllten sie in einen dichten Nebelschleier, um sie für die schweren Batterien in Le Havre unsichtbar zu machen. Sofort formierten sich die Schiffe zum Angriff. Aber aus dem Dunst tauchten drei Pfeile auf, die deutschen Torpedoboote *T 38*, *Jaguar* und *Möwe*. Drei winzige Boote griffen die Könige des Meeres an. Sie wurden von heftigem Artilleriefeuer empfangen, drehten auch sogleich ab, um hinter dem Nebelschleier zu verschwinden – doch ihre Torpedos waren abgefeuert. Einer traf den norwegischen Zerstörer *Svenner*, der sofort sank.
Dieser kühne, wenngleich bedeutungslose Angriff zeigte, daß die Deutschen das Herannahen der Invasionsflotte bemerkt hatten. Um 3 Uhr 09 hatte eine der letzten intakten deutschen Radarstationen, die vor Port-en-Bessin, zahlreiche feindliche Schiffe ausgemacht. Admiral Krancke hatte daraufhin den Flottillen in Cherbourg und Le Havre Befehl zum Eingreifen gegeben. Die Schnellboote von Cherbourg wurden durch die feindlichen Luftangriffe im Hafen festgehalten. Jenen von Le Havre gelang es, sich ein Opfer zu holen: ein Kriegsschiff unter 1200. Von Land her feuerten einige Geschütze. In der Luft lösten 1630 ›Liberators‹ und B 17 der Amerikaner die ›Lancasters‹ der Briten ab. Auf See hatten Schlachtschiffe und Kreuzer ihre Feuerpositionen bezogen: Die Wassertiefe durfte nicht geringer sein als zehn Faden. Kurz nach 5 Uhr 30 eröffneten ihre Geschütze das Feuer gegen ›Sword‹, ›Juno‹ und ›Gold‹. Die Beschießung der Landungszonen von ›Omaha‹ und ›Utah‹ begann erst um 5 Uhr 50, da die Amerikaner eine überraschende Aktion längerer Artillerievorbereitung vorgezogen hatten. Die Landungsboote befanden sich drei Kilometer vor der Küste. Die Ebbe hatte ihren tiefsten Stand erreicht. Noch stand die Sonne nicht über dem Horizont.

6 Uhr bis 12 Uhr

›Utah Beach‹: Einer der ersten Amerikaner, der, getreu der soldatischen Tradition der Roosevelts von Oyster Bay, seinen Fuß auf französischen Boden setzte – es war genau 6 Uhr 39 –, war Brigadegeneral Theodore Roosevelt jr. Vor, über und hinter ihm machten die von den Werferschiffen aus gestarteten Raketen einen infernalischen Lärm. Zwar hatte Roosevelt zuvor das Gelände genau auf der Karte studiert, doch nun erkannte er es nicht wieder. Eine Strömung mußte die Schiffe abgetrieben haben, und zwar bis zu dem Weiler La Madeleine, wo die Straße von Sainte-Marie-du-Mont endete. Dort befand sich ein Unterstand, der mit einem Feldgeschütz und einem alten Panzerturm bewaffnet war. Die Verteidiger dieses Stützpunktes Nr. 5, die zum 919. Infanterieregiment gehörten, waren durch das Bombardement verschüttet worden. Die Amerikaner gruben sie wieder aus. Ihr Führer, Leutnant Janke, ließ sich vor dem Unterstand mit zwei Amerikanern fotografieren.

Auf diesem Abschnitt, der gar nicht für die Landung vorgesehen war und dessen Besetzung unschwer gelang, ging die Ausschiffung schnell vor sich. Einige Schiffe, darunter ein LCT, waren durch Minen gesunken, aber Spezialeinheiten, die sogenannten Underwater Demolition Teams, hatten rasch alle Hindernisse zerstört und die Minenfallen entschärft. Die Brandung war hier nur noch ein leichtes Plätschern. Die Männer gingen geradezu frohgemut ins Wasser, mehr gehindert durch die schnell ansteigende Flut als durch die wenigen Granaten, die hier einschlugen. Die Vorausabteilungen der 4. US-Infanteriedivision warfen sich auf die Wege nach Audouville, Sainte-Marie und Pouppeville, um Verbindung mit den Fallschirmjägern Taylors aufzunehmen.

Vor ›Omaha Beach‹ war das Meer immer noch bewegt. Die Schaumkronen brachen sich auf dem Strand. Die Landungsboote hatten den Zeitplan eingehalten, wurden jedoch durch die Brandung abgetrieben, und der dichte Nebelschleier vor der Küste machte die Orientierung schwierig. Auf dem linken Flügel waren 32 amphibische Panzer in fünf Kilometer Entfernung von der Küste ins Wasser gelassen worden, aber ihre Schwimmkörper waren für ruhige See konstruiert, so daß alle mit Ausnahme von zweien samt ihren Besatzungen untergingen. Auf dem rechten Flügel sollten ebenso 28 Amphibienpanzer unter gleichen Bedingungen ins Wasser gelassen werden. Doch da Oberleutnant Rockwall seine Transportboote lieber stranden als seine schwerfälligen Enten einfach ins Wasser werfen ließ, konnten diese feuernd den Strand gewinnen. Aber hier empfing sie ein Hagel von Geschossen. Die 8,8-cm-Granaten erledigten einen Panzer nach dem anderen und schließlich auch die Transportboote.

Die Deutschen feuerten. Die Geschoßgarben der automatischen Waffen bestrichen die weite Fläche, die durch die Ebbe freigelegt worden war. Die Männer, die von den Landungsbooten ins Wasser gingen, versanken in den Wellen oder waren gezwungen, sich sofort nach Erreichen des Strands im Sand einzugraben. Wer Glück hatte, kam bis zum Damm, der den Strand begrenzte. Doch dieser wurde nun von der Flanke her unter Beschuß genommen. Die deutschen Maschinengewehrschützen und Kanoniere feuerten auf ›einen Teppich von Menschen‹. Der Offizier, der an diesem Abschnitt das Kommando führte, meldete seinem Vorgesetzten, der ganze Strand sei mit brennenden Panzerfahrzeugen und Schiffen und mit Verwundeten und Toten bedeckt.

Im März hatte Rommel diesen Abschnitt besichtigt. Seine Wutausbrüche hatten eine geradezu magische Wirkung gezeitigt. An Stelle der fehlenden Minen hatte man alle jene Hindernisse, deren Einbau der Generalfeldmarschall immer wieder verlangt hatte, am Strand verlegt: eine Sperre aus ›belgischen Gittern‹, verschiedene Reihen spanischer Reiter, zahlreiche Hindernisse aus Betonklötzen und Stacheldraht. Durch Luftaufnahmen wußten die Alliierten von diesen Hindernissen; sie glaubten, sie durch eine Landung bei Ebbe umgehen zu können. Was ihrer Luftaufklärung indes entgangen war, waren die an den Flanken in den Felsen eingebauten Maschinengewehrnester und Geschützstellungen. Sie wußten auch nichts von einer anderen schwerwiegenden Änderung, die Rommels Inspektionsbesuch zur Folge gehabt hatte. Rommel hatte stets die Auffassung vertreten, daß in Reserve belassene Verbände ohne Nutzen seien; also war auf seinen Befehl hin die 352. Infanteriedivision in die vorderste Linie verlegt worden. Die Amerikaner hatten erwartet, in diesem Abschnitt auf einen Teil der 716. bodenständigen Division zu treffen, stießen in Wahrheit aber auf eine vollwertige Division, die sich sorgfältig eingegraben hatte.

Noch ein weiterer, auf die übertriebene Vorsicht der Amerikaner zurückzuführender Umstand begünstigte die Verteidiger. Aus Angst, ihre Bomben könnten zu kurz liegen und wirkungslos in der Strandzone explodieren, hatten die ›Liberators‹ einige Sekunden zu spät ausgeklinkt, und der größte Teil ihrer tödlichen Fracht war dabei vier Kilometer landeinwärts niedergegangen. Auch hatte die Feuerunterstützung durch die Schlachtschiffe *Texas* und *Arkansas*, den englischen Kreuzer *Glasgow* und die französischen Kreuzer *Montcalm* und *Georges Leygues* nicht lange genug gedauert, als daß sie den Feind hätten außer Gefecht setzen können. Die Verteidigungsanlagen an der Küste waren zum größten Teil intakt, ihre Besatzungen unversehrt.

An der Landspitze von Hoc wurde der Angriff durch einen Orientierungsfehler verzögert. Die das Rangerbataillon transportierenden LCVP und DUKW liefen zwar zunächst nicht auf die vorgesehene Stelle an der Küste zu, aber Oberst Rudder erkannte den Irrtum und konnte ihn korrigieren. Die Rangers erklommen die Steilküste im feindlichen Feuer. Oben angekommen, fanden sie statt der Batterie nur Baumstämme vor. Die Deutschen hatten die 15,5-cm-Geschütze zurückgenommen. Vier dieser Geschütze wurden bald darauf in der Nähe der von Vierville nach Grandcamp führenden Straße unter Tarnnetzen entdeckt und zerstört.

Am Vormittag war die Lage bei ›Omaha Beach‹ alarmierend. Nach den Amphibienpanzern waren nun auch die DUKW mit den Geschützen versenkt worden, die sie hätten heranbringen sollen. Der ganze Strand war übersät mit zerstörtem Kriegsmaterial. In der steigenden Flut ertranken die Verwundeten. Immer neue Wellen von Soldaten gingen von den Schiffen, wobei die Männer bis zum Hals im Wasser wateten – doch über den Damm gelangten sie nicht hinaus. Die einzigen Amerikaner, denen es gelang, vom Strand aus weiter vorzustoßen, waren Oberst Canham, Kommandeur des 116. Infanterieregiments, und Brigadegeneral Cota, stellvertretender Kommandeur der 1. Infanteriedivision, sowie einige Soldaten, die sie hatten mit sich ziehen können. Mit Hilfe einer geballten Ladung sprengten sie eine Bresche in den Stacheldrahtverhau, der den Eingang in den Hohlweg nach Saint-Laurent sperrte. Über ihnen stand das Heidekraut in Flammen und entwickelte beißenden Rauch. Eng an die Sandwände des Hohlwegs gepreßt, warteten die beiden Offiziere auf einen günstigen Augenblick. Die Granaten der Zerstörer, die, von der Flut nun begünstigt, bis auf 800 Meter an die Küste herangekommen waren, flogen über ihre Köpfe hinweg und schlugen in die deutschen Widerstandsnester ein.

Bei der Landung der Briten hatte es mit dem Meer ebenfalls Schwierigkeiten gegeben. Etwa 50 alte Panzer vom Typ ›Centaur‹, die mit Granatwerfern vom Kaliber 9,5 bestückt waren und den landenden Truppen einen beweglichen Feuerschutz sichern sollten, waren versunken. Indessen war die Brandung vor ›Sword‹, ›Juno‹ und ›Gold‹ viel weniger heftig als vor ›Omaha Beach‹, und die Kampfkraft der deutschen 716. Infanteriedivision ließ sich mit der der 352. nicht vergleichen. Zwar verlief die Landung der Briten nicht ohne Verluste, wohl aber im ganzen ohne bedrohliche Momente.

Am Ende des Vormittags hielt sich in der Zone ›Gold‹ immer noch das Widerstandsnest von Le Hamel, doch drang dessenungeachtet die 50. Division gegen Arromanches und Ver-sur-Mer vor. In der Landungszone ›Juno‹ hielt sich ebenfalls der Stützpunkt Courseulles, doch konnten die Kanadier ihn umgehen und die Hügel gewinnen. In der Landungszone ›Sword‹ war der Stützpunkt La Breche gefallen, und das Kommando Nr. 4, zu dem zwei französische Abteilungen des Kommandos Nr. 10 gehörten, griff Ouistreham an. Außerdem rüstete sich in der Enklave Ranville-Bénouville die 6. Luftlandedivision – verstärkt durch Einheiten, die mit Lastenseglern gelandet waren – zum nächsten Schlag.

Auf der deutschen Seite hatte Jodl telefonisch an Rundstedt ein Veto übermittelt: Die beiden Divisionen, über die der Feldmarschall direkt verfügen zu können gehofft hatte, sollten nicht ohne ausdrückliche Genehmigung des Führers in Marsch gesetzt werden. Der Führer aber schlief. Rundstedt fügte sich, ohne daß er auch nur verlangt hätte, daß man den Führer weckte. ›Sarkastische Resignation‹, wie Speidel es ausdrückte. Der böhmische Gefreite wollte seine Armeen befehligen – gut, sollte er sie eben befehligen. Generalfeldmarschall Gerd von Rundstedt spielte den Zuschauer.

Inzwischen war Rommel unterwegs. Zwischen 6 Uhr und 6 Uhr 30 hatte man ihn von dem Beginn der Offensive in Kenntnis gesetzt. Er hatte daraufhin seine Begegnung mit Hitler abgesagt und sich eilig auf den Weg zu seinem Hauptquartier gemacht. Er war dabei übrigens keineswegs überzeugt, daß die eigentliche Invasion der Alliierten schon begonnen habe, glaubte vielmehr an eine Ablenkungsoperation, durch welche die deutschen Reserven in der unteren Normandie gebunden werden sollten. Nach Rommels Meinung war der große Schlag des Gegners an der Mündung der Somme zu erwarten.

12 Uhr bis 18 Uhr

Um die Mittagsstunde erhob sich Winston Churchill im Unterhaus. Er spannte seine Zuhörer auf die Folter, indem er zunächst zwanzig Minuten lang über die Einnahme von Rom sprach, für die sich niemand interessierte. Dann aber beschrieb er in großen Worten die im Gange befindliche Landung. »Bis zum Augenblick«, sagte er, »läuft alles planmäßig.« Auf dem Obersalzberg war Hitler inzwischen erwacht. Was seine erste Reaktion auf die Nachricht von der Landung war, ist nicht überliefert. Die große Lagebesprechung sollte in Schloß Kleßheim bei Salzburg stattfinden, wo ein Empfang zu Ehren des neuen ungarischen Regierungschefs, General Sztójay, stattfinden sollte. Am Programm des offiziellen Empfangs war nichts geändert worden. Vor der Karte der Normandie machte Hitler Witze: »Die kommen, um vom großen Wolf verschlungen zu werden. Sehr gut!« Seine ganze Umgebung lachte laut. Dann hieß Hitler Jodls Veto vom Morgen gut: Auch er glaube nicht, daß es sich hier um die eigentliche Invasion handle.

In der Normandie gingen die Kämpfe weiter. Der aus Périers herbeigerufene Major von der Heydte, der mit seinem Fallschirmjägerbataillon das Gebiet von Carentan säubern sollte, stieg auf den Kirchturm von Saint-Come-du-Mont an der Straße nach Sainte-Mère-Eglise. So weit er sehen konnte: Schiffe und Landungsfahrzeuge, die Truppen und Material an Land brachten. »Ich hatte dennoch nicht den Eindruck, daß hier eine große Schlacht im Gange war. Die Sonne schien hell. Außer gelegentlichem Gewehrfeuer war alles still. Der rege Betrieb bei der Landung erinnerte an einen Sommersonntag auf dem Wannsee…«

›Utah Beach‹ und die zu dieser Landungszone führenden Wege waren abgeriegelt. Das 8. Infanterieregiment versuchte sich durch die Sümpfe einen Weg zu bahnen, blieb aber stecken und gab das Unternehmen auf. Um 12 Uhr 15 wurde die Verbindung zum 501. Fallschirmjägerregiment hergestellt, das kurz zuvor Pouppeville nach hartem Kampf erobert hatte. Um 12 Uhr hatte man Verbindung zum 502. Regiment geschaffen. Es gelang ihm, durch die Sümpfe zu kommen. Die 101. Luftlandedivision hatte ihre Aufgabe erfüllt.

Weiter im Hinterland schlug sich die 82. Division. Die Einnahme von Sainte-Mère-Eglise hatte die große Straße nach Cherbourg unterbrochen und ermöglichte den Amerikanern die Beherrschung des höher gelegenen Geländes zwischen den Sümpfen und dem Gebiet hinter dem Merderet. Die von Generaloberst Dollmann befohlene konzentrische Aktion hatte die Zurückeroberung der kleinen Stadt zum Ziel. Das Regiment 1058 der 709. Infanteriedivision griff von Norden her an, doch wurde es bei dem Weiler Neuville-au-Plain zum Stehen gebracht. Auch ein von Süden geführter Gegenangriff der Deutschen wurde abgewiesen. Indes gelang es dem Infanterieregiment 1057, die Flußübergänge bei Chef-du-Pont und bei La Fière wieder zu nehmen. Westlich des Merderet wurden viele Fallschirmjäger gefangengenommen. Andere sammelten sich um Amfreville und bei den Bauernhöfen auf der Höhe über dem überschwemmten Gelände gegenüber Chef-du-Pont.

Im Abschnitt der Landungszone ›Omaha‹ meldete auf deutscher Seite Generalleutnant Dietrich Kraiss, der Kommandeur der 352. Infanteriedivision, daß er die Landung des Gegners unmittelbar am Strand zum Stehen gebracht habe. Die gleiche Überzeugung spricht auch aus den Aufzeichnungen über das Kampfgeschehen, die in den letzten 13 Stunden der Landung beim LXXXIV. Armeekorps gemacht worden waren: ›Bei Vierville kann die Landung als gescheitert angesehen werden.‹ Kraiss machte sich aber Sorgen wegen seines rechten Flügels, der durch den englischen Vormarsch umfaßt zu werden drohte. So ließ er das Infanterieregiment 915 unter Führung von Oberst Meyer nach Osten vorgehen; es sollte Bayeux umgehen und zwischen Bazenville und Crépon zum Gegenangriff schreiten. Vor ›Omaha Beach‹ war nun keinerlei Reserve mehr geblieben.

Dort aber hatten die Amerikaner bald die erste Lähmung überwunden. Als der Abschnitt auf deutscher Seite nur noch von einem verstärkten Bataillon des Infanterieregiments 914 gehalten wurde und das Feuer nachließ, gelang es einigen energischen Offizieren, den Damm zu überqueren; sie zogen die tapfersten Soldaten mit sich. Bei der nun herrschenden Flut gerieten LCT 30 und LCI 54 über die Brandung hinaus und strandeten genau vor dem Eingang zum Hohlweg nach Colleville, wo die am weitesten vorgeprellten Amerikaner Deckung gesucht hatten. Der Volltreffer eines Zerstörers riß den Geschützstand von Moulins auf, so daß sich die Verteidiger ergaben. Gepanzerte Bulldozer schufen Wege durch die Dünen. Langsam schob sich die Linie der Amerikaner zur Höhe vor, wo bereits die ersten Hecken notdürftig Deckung boten.

Die deutsche Führung richtete ihre Aufmerksamkeit vor allem auf ihren rechten Flügel, auf Caen. Dort griff eine schlagkräftige Einheit an: die 21. Panzerdivision mit 16000 Mann, 146 Panzern KW IV und 61 Sturmgeschützen. Ihr Auftrag bestand in der Säuberung des rechten Ufers der Orne von den dort während der Nacht abgesprungenen Fallschirmjägern. Als der einbeinige General Marcks am Ort der Handlung eintraf, sah er auf den ersten Blick, daß dieser Kampfauftrag der Lage nicht mehr angemessen war. Er stieß auf Oberst von Oppeln-Bronikowsky, den Kommandeur des Panzerregiments 22, und erteilte ihm mitten im feindlichen Feuer seine Instruktionen. Oppeln sollte mit seinem Regiment auf die linke Uferseite der Orne übersetzen und einen Gegenangriff auf Luc-sur-Mer unternehmen. »Es hängt von Ihnen ab«, sagte Marcks, »ob die Invasion zurückgeschlagen wird oder nicht.« Der General überließ den Oberst sich selbst und machte sich auf die Suche nach weiteren Verbänden, fand ein Bataillon des Panzergrenadierregiments 192 und setzte es ebenfalls gegen Luc-sur-Mer in Marsch. Alles mußte versucht werden, um den englischen Angriff hier aufzuspalten und die Ausschiffung durcheinanderzubringen, damit die erwarteten Reserven dann den Feind zerschlagen konnten.

Doch Oppeln zögerte. Seine Aufgabe war schwierig. Der einzige noch bestehende Übergang über die Orne war eine Brücke in Caen. Die Panzer des Regiments 22 fuhren durch die in Flammen stehende Stadt. Als sie Caen wieder verließen, wurden sie von feindlichen Jagdbombern angegriffen. So fuhren sie mit Höchstgeschwindigkeit die Höhe von Lebisey hinan, durch die Stadt hindurch abwärts in ein kleines von Gehölz bestandenes Tal. Als man vor Biéville ankam, hatten gerade die Norfolk- und Warwickshire-Bataillone, verstärkt durch Geschütze auf Selbstfahrlafetten, den Ort genommen. Caen, das Hauptziel des ersten Tages, lag nur sieben Kilometer vor ihnen, und es war erst 18 Uhr.

Die beiden Einheiten prallten mit Wucht aufeinander. Die zurückgeschlagenen deutschen Panzer versuchten Biéville über die Höhen von Périers zu umgehen. Doch Abteilungen der Shropshire Light Infantry und der Staffordshire Yeomanry zerstörten sechs Kampfwagen. Acht Jagdbomber vom Typ ›Typhoon‹ setzten, im Sturzflug angreifend, weitere deutsche Panzer in Brand. Das Regiment ging zurück und sammelte sich am Stadtrand von Caen. Sein Eingreifen hatte zwar die Einnahme der Stadt am ersten Abend verhindert, aber die Invasion nicht aufzuhalten vermocht.

Der Gegenangriff des Panzergrenadierregiments 192 war weiter gekommen. In die Lücke zwischen den Landungszonen ›Juno‹ und ›Sword‹ hineinstoßend, hatten die Panzergrenadiere das Meer erreicht. Sie entlasteten die Widerstandsnester von Saint-Aubin, Luc und Douvres-la-Délivrande, bezogen Verteidigungsstellung und warteten dann auf das Erscheinen der Panzer. Doch sie warteten vergebens.

In den übrigen britischen Landungsräumen war die Lage zufriedenstellend. Die 3. kanadische Division hatte einige Kilometer Geländegewinn erzielt, und die 50. Division, verstärkt durch die ersten gelandeten Einheiten der 7. Panzerdivision, näherte sich Bayeux.

Gegen Abend war Rommel in La Roche-Guyon eingetroffen. Hier erfuhr er von den Entscheidungen Hitlers. Die 12. SS-Panzerdivision, die südlich von Rouen stationiert war, sowie die Panzerlehrdivision im Raum von Dreux wurden ihm zur Verfügung gestellt. Andererseits untersagte der Führer eine Heranziehung von Einheiten der 15. Armee, ja er hatte sogar einen Befehl Dollmanns wieder rückgängig machen lassen, durch den ein Teil der in der Bretagne stationierten Truppen herbeigerufen werden sollte. Hitler hatte unwiderruflich klargestellt, daß es sich bei dieser Landung vom 6. Juni nur um eine Finte handeln könne und daß die eigentliche Invasion noch bevorstehe.

Die Kampfhandlungen ließen an Heftigkeit nach. Die Angriffseinheiten der Alliierten waren erschöpft, und den Deutschen fehlten die Mittel für einen nächtlichen Gegenangriff. Von Ranville bis Sainte-Mère-Eglise schwieg bei Sonnenuntergang das Feuer. Doch dafür begann die nächtliche Tätigkeit der alliierten Luftstreitkräfte. Ihre Aufgabe bestand darin, das Kampfgebiet abzuriegeln, um die Heranführung gegnerischer Reserven zu verhindern. Leuchtbomben, von den deutschen Soldaten ›Christbäume‹ genannt, tauchten die Marschkolonnen in taghelles Licht, und die systematische Bombardierung der Übergangsstellen und Verkehrsknotenpunkte erhöhte die Verluste und behinderte den Nachschub der Deutschen. Bayerlein hat dem Schriftsteller Paul Carell jene Nacht geschildert, in der die Panzerlehrdivision sich auf Caen zubewegte. Im Bombenhagel durchfuhren die Panzer Sées, dann Argentan. Es war 2 Uhr morgens. Die Stadt war taghell erleuchtet, ein einziges Flammenmeer, in das immer neue Bomben fielen. Der Schutt der Häuser versperrte die Straßen, die Brücke über die Orne war zerstört. Zwar stellten die Pioniere einen Übergang her, doch mußte Bayerlein seinen Weg querfeldein nehmen, um Flers und Condé-sur-Noireau zu erreichen, die ebenfalls völlig zerstört waren. Bei Tagesanbruch war keine der fünf Kolonnen der Division über Falaise hinausgekommen, das 25 Kilometer vor dem Kampfgebiet lag. Und schon griffen die Jabos von neuem alles an, was sich im Gelände bewegte. Die Panzerlehrdivision hätte im Morgengrauen zum Gegenangriff antreten sollen; doch nun mußte sie bis zum Abend in Deckung gehen.
Ganz anders waren in dieser Hinsicht die Verhältnisse bei den Alliierten. Vor Einbruch der Dunkelheit hatte der Ic des LXXXIV. deutschen Korps, Major Hayn, in Cabourg Beobachtungsposten bezogen, um mit eigenen Augen die Landung des Gegners zu verfolgen. »Die Geschäftigkeit eines großen Hafens mitten im Frieden«, konstatierte er. Während des ganzen Tages hatte die deutsche Luftwaffe überhaupt nicht eingegriffen. Die in Metz stationierte Jagdstaffel war völlig ausgeschaltet; mit Ausnahme dreier Focke-Wulf 190, die sofort in die Flucht geschlagen worden waren, hatte sich kein einziges Flugzeug mit dem Balkenkreuz über dem Schlachtfeld der Normandie gezeigt. Um Mitternacht befanden sich 75215 Engländer und 57500 Amerikaner, die auf dem Seeweg über den Kanal gekommen waren, sowie 15500 Mann amerikanischer und 7900 Mann britischer Luftlandeeinheiten, zusammen also mehr als 156000 Mann, auf französischem Boden. Die Divisionen der zweiten Welle, nämlich die 29. und 90. amerikanische sowie die 51. Highlander und 7. britische Panzerdivision, waren gerade im Begriff zu landen. Rommel hatte recht gehabt: War erst die Schlacht um den Strand verloren, dann stand Europa einer Invasion offen. Für die Briten und Amerikaner war der Kanal ein viel leichteres Hindernis als für die Deutschen der Schirm der feindlichen Luftwaffe, die den Himmel beherrschte.
Die auf alliierter Seite für den Abend des 6. Juni gesetzten taktischen Ziele waren aller-

dings nirgends erreicht worden. In der Normandie betrugen die Bodengewinne nur einen Teil dessen, was geplant worden war. Die Errichtung eines Brückenkopfes über den Merderet war gescheitert, und südlich von Sainte-Mère-Eglise hielt ein georgisches Bataillon noch immer die Straße nach Cherbourg. Bei ›Omaha Beach‹ hatten die Deutschen Colleville und Saint-Laurent-sur-Mer aufgegeben, doch weiter als eineinhalb Kilometer waren die Amerikaner nirgends ins Land vorgedrungen. Dabei hatte man die Aure – acht Kilometer vom Strand entfernt – noch am Abend zu erreichen gehofft. Bei den Briten wäre nur etwas mehr Wagemut notwendig gewesen, um die hervorragenden Erfolge des Morgens so auszubauen, daß abends die gesetzten Ziele erreicht worden wären. Die Vereinigung mit den Amerikanern war nicht zustande gekommen. Auch der Brückenkopf war nicht wirklich gesichert. Weder Caen noch sein Flugplatz Carpiquet waren in der Hand der Angreifer. Vor Bayeux mußte die 56. Brigade ihren Vormarsch um 20 Uhr 30 einstellen, obwohl die Stadt feindfrei war. Doch trotz aller Enttäuschungen hatte der Tag einen großartigen Sieg gebracht. In Amerika und England war man begeistert. Das geknechtete Europa schöpfte Hoffnung. In Frankreich griff der Maquis zu den Waffen, durchschnitt Telefonleitungen und bezog längs der Straßen Stellung, um gegen die deutschen Kolonnen zu operieren. Die Eisenbahner ließen ihre Truppentransporte im Stich und zerstörten Lokomotiven und Weichen. Nachdem er sich geweigert hatte, zusammen mit den europäischen Staatsoberhäuptern zu den Europäern zu sprechen, hielt de Gaulle am Abend eine Ansprache, nach der man hätte glauben können, daß die französischen Truppen sich allein für die Befreiung ihres Vaterlandes schlugen: »Wohlverstanden, dies ist die Schlacht um Frankreich und deshalb Frankreichs Schlacht. Frankreich wird sie mit Erbitterung, es wird sie in guter Ordnung führen. Jawohl, wir haben seit eineinhalbtausend Jahren jeden unserer Siege selbst errungen. Wichtigste Bedingung ist, daß die Befehle der französischen Regierung und der qualifizierten französischen Führer genau befolgt werden. So wird die Sonne unserer Größe wieder zu strahlen beginnen...« Nur an einer einzigen Stelle wurden die Engländer und Amerikaner indirekt erwähnt, und zwar in der Wendung ›die Streitkräfte der Alliierten und Frankreichs‹ – die letzteren bestanden am 6. Juni aus den 256 Mann Kommandosoldaten des Fregattenkapitäns Philippe Kiefer. Kein Gruß und kein Wort der Anerkennung für die Tausende junger Männer, die aus Kansas, aus Oregon, aus Quebec, aus Lancashire, aus Saskatchewan, aus allen Teilen der USA und des Britischen Empires gekommen waren, um ihr Leben auf französischem Boden zu opfern. Der Groll machte de Gaulle blind.
Der deutsche Wehrmachtsbericht beschränkte sich an diesem Abend darauf, von heftigen Kämpfen an der Küste zu sprechen. Hitler freilich hatte bereits seiner Ungeduld und Enttäuschung Ausdruck gegeben, hatte Befehl auf Befehl hinausgehen lassen, des Inhalts, daß die gelandeten Truppen ›bis spätestens heute nacht‹ zurückgeworfen werden müßten. Schon witterte er schuldhaftes Versagen, sogar Verrat.

XXVI. Kapitel 7. Juni bis 31. Juli 1944
Die Kämpfe in der Normandie. Das Attentat auf Hitler

Caen und Carentan

Die Sonne des 7. Juni stieg empor, die Kämpfe flackerten wieder auf. Für die Alliierten ging es darum, die Brückenköpfe zu festigen, dann aber so schnell wie möglich die Linien zu erreichen, die sie bereits am Vorabend zu erreichen gehofft hatten. Für die Deutschen handelte es sich darum, die Eindringlinge zurückzuschlagen, bevor diese Zeit gefunden hätten, die Bresche im Verteidigungssystem Europas zu erweitern. In der Normandie unternahm man einen erneuten Versuch, Sainte-Mère-Eglise zurückzugewinnen. Aber die alten Reservisten des Infanterieregiments 1058 stoben auseinander, als sie etwa 60 amerikanische Panzer auf sich zukommen sahen, und Generalleutnant von Schlieben mußte persönlich eingreifen, um die Flüchtenden zum Stehen zu bringen. Südlich von Sainte-Mère folgte das 795. Osttruppen-Bataillon der Aufforderung eines ehemaligen Obersten der zaristischen Armee, der ihnen eine angenehme Gefangenschaft versprach, und ergab sich geschlossen. Eine Eliteeinheit, ein Bataillon des 6. Fallschirmjägerregiments, wurde bis auf 25 Mann, denen es gelang, Carentan zu erreichen, gefangengenommen. Die schlechte Moral und die gesunkene Kampfkraft der deutschen Truppen, die angesichts solcher Schlappen sichtbar wurden, beunruhigten die Führung und erregten den Zorn Hitlers.
Vor dem V. amerikanischen Korps hatte sich der Widerstand der 352. deutschen Infanteriedivision bereits am Abend des Sechsten erschöpft. In Widerspruch zu den Befehlen Hitlers führte General Kraiss die Trümmer seiner Division zurück, um ihre völlige Zerschlagung zu vermeiden. Der alliierte Vormarsch kam nun gerade in jenem Abschnitt am schnellsten voran, wo die Deutschen die Invasion zurückgeschlagen zu haben glaubten. Am Achten vereinigten sich die Engländer mit den Amerikanern bei Port-en-Bessin. Am selben Tage wurde Isigny genommen; am nächsten Tag stießen die Spitzen der 22. US-Division, die soeben erst ausgeschifft worden war, bis zur kleinen Bahnstation von Lison, 12 Kilometer von Saint-Lô entfernt, vor. Das Hauptquartier des LXXXIV. deutschen Korps wich eilig aus und bezog in einem alten Seminar an der Straße von Coutances Quartier, auch hier zu erneuter Flucht bereit.
Dennoch hatte die amerikanische Führung Sorgen. Schon zu Beginn war die Invasion ins Stocken gekommen. Nur die Hälfte der 14000 Fahrzeuge, nur vier Fünftel der insgesamt 107000 Mann, kaum ein Viertel der 14500 Tonnen Nachschub, die bereits während der ersten zwei Tage hätten ausgeladen werden sollen, befanden sich wirklich an Land. Nicht der Feind war schuld an diesem logistischen Versagen. Die vereinzelten

nächtlichen Angriffe hatten kaum Schaden gestiftet. Drei kümmerliche Zerstörer, die tapfer von der Mündung der Gironde aus einen Angriff gegen die Invasionsflotte gefahren hatten, wurden kurz und klein geschossen. U-Boote und Torpedoboote hielten sich in respektvoller Entfernung. Doch Strände, die bis dahin nur dem Badebetrieb gedient hatten, in Kais zur Ausladung einer ganzen Flotte zu verwandeln – das machte größere Schwierigkeiten, als man erwartet hatte. In aller Eile begann man mit der Errichtung von Mulberry-Häfen bei Arromanches und ›Omaha Beach‹.

Am Siebten hatte Eisenhower bei einer ersten Inspektion der Strandzone Befehl gegeben, so schnell wie möglich die Verbindung zwischen dem VII. und dem V. Korps herzustellen, was bedeutete, daß Carentan genommen werden mußte. Die Deutschen konnten sich unschwer ausrechnen, was die amerikanische Aktivität in diesem Gebiet zu besagen hatte: In Fontenay-sur-Mer hatte das Ostbataillon 439 bei der Leiche des ›Beachmasters‹ von ›Utah Beach‹, der in seinem Landungsfahrzeug getötet worden war, den Operationsplan für das VII. amerikanische Korps gefunden, der eine Abschnürung der Normandie und die Eroberung Cherbourgs vorsah. Rommel entschied sich deshalb dafür, Carentan hartnäckig zu verteidigen. Ausdrücklich von Hitler dazu ermächtigt, rief er aus dem Anjou und der Bretagne die 17. SS-Panzergrenadierdivision, die 3. Fallschirmjägerdivision, die 77. und 265. Infanteriedivision sowie Teile der 275. Division auf den Kampfplatz. Die Verbände wurden dem II. Fallschirmjägerkorps eingegliedert und bezogen östlich von Saint-Lô Stellung.

Hingegen war ein Abzug von Teilen der 15. Armee streng verboten. Außerdem widersetzte sich Hitler einer Rückführung der auf den anglo-normannischen Inseln stationierten 319. Infanteriedivision sowie einer Flakbrigade und eines Panzerregiments – zusammen 35 000 Mann –, die dort fast Ferienruhe genossen. Des ständigen Drängens von seiten Rommels müde, verbot er schließlich, daß dieses Thema noch einmal angeschnitten wurde.

Bei der Heranführung der deutschen Verstärkungen hatten auch die alliierten Luftstreitkräfte ein Wort mitzusprechen. 500 Bomber zerstörten das Eisenbahnnetz an den Knotenpunkten Alençon, Mayenne, Rennes, Fougères und Pontaubault sowie den Tunnel von Saumur. Die Résistance in der Bretagne unternahm Sabotageakte in der Gegend von Rennes. Um ein Beispiel zu geben, sei hier nur die Geschichte der Einheit Heintz von der 275. Infanteriedivision erwähnt: Am Sechsten war sie in Redon auf vierzehn Züge verteilt worden. Zwölf mußten zwischen Redon und Fougères infolge von Gleisunterbrechungen ausgeladen werden. Dem dreizehnten sollte ein gleiches in Pontorson widerfahren; der vierzehnte aber wurde durch einen Luftangriff vernichtet, kaum daß er in Folligny angekommen war. In nächtlichen Gewaltmärschen mußten also die Verstärkungen in die Normandie gebracht werden. Sie kamen dort mit mehrtägiger Verspätung an. Als das II. Fallschirmjägerkorps an der Front erschien, war es zur Verteidigung von Carentan bereits zu spät. Die 101. Luftlandedivision hatte den

Ort am 11. Juni erobert. Major von der Heydte, der Hitlers Befehl, die Stadt bis zum letzten Mann zu verteidigen, nicht befolgt hatte, entging dem Strafgericht nur, weil er sich bei Monte Cassino ausgezeichnet hatte.
Den Gegenangriff zur Wiedereroberung Carentans wollte General Erich Marcks persönlich führen. Als er sein Hauptquartier verließ, legte ihm der Chef seines Stabes, Oberst von Criegern, respektvoll nahe, er möge sich doch nicht allzu unbedenklich in Gefahr begeben. Marcks antwortete, daß bei der augenblicklichen Lage Deutschlands der Soldatentod das beste Schicksal sei, das einem widerfahren könne. Einige Minuten später hörten von Criegern und seine Offiziere das charakteristische Geräusch der Kanonen einer ›Typhoon‹: Einer der fähigsten deutschen Generale, ein Mann, den Hitler nie anerkannt hatte, war tot. Sein Nachfolger Fahrmbacher, General der Artillerie, der seinerseits wenige Tage später durch von Choltitz ersetzt wurde, versuchte nun, Carentan zu nehmen. Doch sein Angriff schlug fehl.
Die Briten hatten am 7., 8. und 9. Juni die Vereinigung ihrer Brückenköpfe vollzogen. Bis auf Douvres-la-Délivrande, das sich hartnäckig hielt, hatte man alle Widerstandsnester niedergekämpft. Bayeux war wie durch ein Wunder unversehrt genommen worden. Aber im Raum von Caen, das den Schlüssel zur Normandie bildete, kam man nur langsam voran. Der Abschnitt zwischen Dives und Seulles wurde nun der 7. Armee entzogen und der Panzergruppe West unter Geyr von Schweppenburg zugeteilt. Hitler gab Befehl, die Engländer ins Meer zu werfen.
Doch Geyrs Start war nicht gerade glücklich. Im Augenblick, da er sich in seinem Hauptquartier im Chateau de la Caine, etwa 30 Kilometer von Caen entfernt, einzurichten anschickte, wurde das Schloß mit einem Bombenteppich zugedeckt. Geyr selbst kam mit einer Gehirnerschütterung davon, aber sein Chef des Stabes, Ritter und Edler von Dewans, wurde mit allen Offizieren getötet. Die Panzergruppe, die dadurch ihres Hauptes beraubt war, mußte bald auch an ihren Gliedern Verluste hinnehmen. Nur mit großen Verzögerungen und schwer angeschlagen, traf sie im Kampfgebiet ein. Sie trat dem Gegner in einzelne kleinere Verbände aufgesplittert entgegen, und statt zur großen, von Hitler befohlenen Gegenoffensive reichten ihre Kräfte nur zur Verteidigung. Am fünften Tage der Invasion war der Feind nicht mehr so verwundbar wie in der ersten Stunde.
Für die Eroberung Caens plante Montgomery ein Umfassungsmanöver. Vom rechten Ufer der Orne aus sollte sich das I. Korps bis Cagny im Südosten der Stadt vorschieben. Das XXX. Korps sollte mit der 7. Panzerdivision aus dem Raum Bayeux heraus zum Angriff antreten, Tilly-sur-Seulles, Villers und Noyers-Bocage nehmen, sich dann nach links wenden und die Höhen von Evrecy im Südosten von Caen erreichen. Letzter Schritt zur Einkreisung sollte die Schließung der Lücke zwischen Cagny und Evrècy durch Luftlandetruppen sein. Hierfür hatte man die einzige Luftlandedivision ausersehen, die nicht an der Landung des 6. Juni teilgenommen hatte: die 1. britische

Luftlandedivision. Sie hielt sich in England in Bereitschaft. Am Zehnten griffen südlich Bayeux die Briten und Deutschen zugleich an. Der deutsche Angriff brach zusammen. Der englische Angriff erhielt Artillerieunterstützung durch die Sechzehnpfünder der *Nelson*, die sich selbst leichte Schlagseite gab, so daß ihre Geschütze einen steileren Winkel bekamen, was ihre Reichweite auf 30 Kilometer erhöhte. Das buschbestandene Gelände war für die Wüstenratten der 7. Panzerdivision, die ihre Kriegserfahrungen in den weiten Flächen der libyschen Wüste gesammelt hatten, völlig ungewohnt. Dennoch kamen sie zügig voran und verloren am ersten Tag nur vier Panzer. Am nächsten Tag aber wendete sich das Blatt. Die Panzerlehrdivision unter Führung des alten Afrikaners Bayerlein stand wohlgetarnt in einem Gebiet, das östlich von Tilly begann und nördlich von Villers endete. Die Panzergrenadiere hielten sich mit panzerbrechenden Waffen in den Hecken versteckt. Die Panzer selbst hatten sich in Büsche verwandelt und lagen im Hinterhalt, bereit zu feuern und loszufahren. Die beste der deutschen Panzerdivisionen hatte sich eine Technik des Buschkriegs zugelegt, die geduldiges Warten im vorbereiteten Hinterhalt verlangte. Die über das Schlachtfeld schwärmenden Jagdbomber suchten nach Zielen und fanden gelegentlich welche. Dann wurde irgendein Hohlweg Schauplatz eines blutigen Gemetzels. Häufiger aber verstanden es die Gejagten, sich unter dichtem Grün den Blicken ihrer Jäger zu entziehen.

Der ganze 11. Juni war angefüllt mit örtlichen Kämpfen. Die 7. Panzerdivision drang in Tilly ein, wurde aber von den Deutschen bald wieder vertrieben. Östlich der Orne war die Lage der Briten sogar noch ungünstiger. Die Schauplätze der Kämpfe der großen Nacht vom 5. auf 6. Juni, Orte wie Bréville, Amfreville und Ranville – erlebten die Rückkehr der deutschen Soldaten, welche die Engländer wieder bis ans Meer zurückdrängten. Aber im gezielten Feuer der Schiffsartillerie brachen diese Gegenangriffe schließlich zusammen.

Während in der britischen Landungszone der Kampf hin und herwogte, hatten die Amerikaner vor ›Utah Beach‹ nur die Besiegten vom 6. Juni vor sich. Da sich die Trümmer der 352. Division auf ihrem linken Flügel zusammenzogen, um Saint-Lô zu decken, ließen sie zu ihrer Rechten eine gähnende Lücke. Rommel wollte diese Lücke mit aus der Bretagne herbeigeholten Einheiten schließen, doch wurden diese durch das Kampfgeschehen um Carentan in der Normandie festgehalten. Gerow hätte nur in diese Frontlücke hineinstoßen müssen, und Saint-Lô und Caen wären ihm zugefallen. Doch der amerikanische Angriffsgeist war noch nicht voll erwacht. Das V. Korps begnügte sich mit der Besetzung des Waldes von Cerisy und einem vorsichtigen Vorrücken auf Balleroy und Caumont-l'Eventé.

General Bucknall, Kommandierender General des XXX. britischen Korps, kam auf den Gedanken, die Lücke zu nutzen, um den Prellbock von Tilly zu umgehen. Die 7. Panzerdivision stieß deshalb an ihrer Rechten vor, setzte über die Aure und wich

einer deutschen Defensivbewegung aus, indem sie diese umging. Am Dreizehnten tauchte sie auf den Höhen von Villers-Bocage auf, drang in den Ort ein, fuhr durch ihn hindurch und gewann die Straße nach Caen. Bayerlein war vom Rücken her bedroht.
Und nun kam eine dramatische Wendung. Die Vorhut der 7. Panzerdivision, bestehend aus der Londoner Escadron der Sharpshooters, hielt Rast längs der Straße nach Caen auf der Höhe 213, die über dem eingeschnittenen Tal des Odon liegt. Niemand bemerkte die Gruppe von fünf ›Tiger‹-Panzern, die an der überraschten Kolonne, wie Schiffe in Kiellinie vorbeifahrend, all ihre Fahrzeuge in Brand schossen, darunter 25 Panzer und 14 Schützenpanzer. Weitere deutsche Panzer griffen am Ostrand von Villers-Bocage an und überrollten die 8. und 11. Husaren. Die so plötzlich aufgetauchten Panzer, die den glänzenden Erfolg der Wüstenratten zunichte machten, gehörten zur 2. Panzerdivision, die Hitler mit verspätetem Entschluß der Panzergruppe Geyrs zugeteilt hatte. Sie kam aus dem Raum von Beauvais, war nur nachts marschiert und hatte die Seine über die Pariser Brücken überschritten, weshalb sie der Aufmerksamkeit der alliierten Luftaufklärung entgangen war. Am 13. Juni sollte sie ihre Panzer überholen, aber SS-Obersturmführer Wittmann und SS-Hauptsturmführer Möbius hatten die Engländer an einer Stelle entdeckt, wo sie ihrer Meinung nach nichts zu suchen hatten, und waren unverzüglich zum Angriff übergegangen. Generalleutnant Freiherr von Lüttwitz unterstützte sie mit allen ihm zur Verfügung stehenden Teilen seiner Division.
Villers-Bocage ging verloren. Der Kommandeur der 7. britischen Panzerdivision, Erskine, zog sich im Schutze der Nacht zurück und vermied weitere Verluste, indem er die Höhen von Tracy-Bocage zwischen sich und die Deutschen brachte. Am folgenden Tag wurde die Lage durch Unterstützung aus der Luft und das Eingreifen der 1. US-Infanteriedivision sowie die Angriffe der 50. britischen Infanteriedivision gegen Tilly wieder etwas stabilisiert. Aber erneute Anzeichen für deutsche Truppenkonzentrationen bestimmten Montgomery, die 7. Panzerdivision auf eine weniger gefährdete Position zurückzunehmen. In der Nacht vom Vierzehnten auf den Fünfzehnten löste sie sich ganz vom Feind und zog sich auf Livry zurück, wobei der Motorenlärm der abfahrenden Panzer vom Motorenlärm 300 schwerer Bomber übertönt wurde. Am westlichen wie am östlichen Ufer der Orne hatte man den Angriffsstoß gegen Caen einstellen müssen.

Die V 1 über London

Zur Stunde, da um Villers-Bocage der Kampf tobte, mußte der Beginn der deutschen V 1-›Vergeltungsschläge‹ verschoben werden. Die ersten Starts waren für den 6. Juni, dann für den 12. vorgesehen gewesen, doch an den Abschußrampen gab es noch so viele Schwierigkeiten, daß sich der leitende Offizier, Oberst Wachtel, zu einem weiteren Aufschub entschloß. Doch am 13. Juni wagte er nicht länger, den Einsatz der Waffe hinauszuzögern, auf die Hitler mit solcher Ungeduld wartete. 500 Geschosse standen an ihren Abschußorten, 55 Abschußrampen waren fertiggestellt. Nur zehn waren feuerbereit. Fünf V 1 explodierten beim Start, eine sechste stürzte in den Kanal, und von den vieren, welche die englische Küste überflogen, traf nur eine einzige das Londoner Stadtgebiet, wo sie in Bethnal Green sechs Menschen tötete. Wachtel und sein Vorgesetzter, General Heinemann, entgingen Hitlers Ungnade nur mit knapper Not.
Die Atempause für die Londoner war freilich nur kurz. Die Starts wurden am 15. Juni wiederaufgenommen, und am 16. schickte man um die Mittagszeit 244 V 1 in die Luft, von denen 144 auf England niedergingen, darunter 73 auf das Gebiet von Groß-London. Das automatische Steuerungssystem war noch unzureichend, die Treffgenauigkeit so gering, daß sich eine V 1 bis nach Norfolk verirrte; aber die Sprengkraft war gewaltig und der angerichtete Schaden beträchtlich. Seit dem Jahre 1942 hatte London vom Luftkrieg so gut wie nichts mehr zu spüren bekommen; daß er nun wieder begann, bedeutete einen spürbaren Schock. Der Widerstandsgeist, der mit dem Blitzkrieg von 1940 fertiggeworden war, schien unter dieser neuen Belastung nicht mehr aufkommen zu wollen. England war kriegsmüde, und wie Churchill bemerkte, hatte diese neue Waffe durch ihren unpersönlichen Charakter eine deprimierende Wirkung.

Der Kampf um Cherbourg

In der Normandie herrschte im Gebiet von Caen Ruhe, aber die Offensive gegen Cherbourg ging weiter. Sie entwickelte sich zu zwei großen Unternehmen: den direkten Stoß nach Norden und den in ost-westlicher Richtung geführten Stoß, durch den die Normandie in zwei Teile gespalten werden sollte.
Der direkte Stoß wurde an den Stellungen von Montebourg abgefangen, welche die vorgeschobenen Verteidigungslinien Cherbourgs auf der Landseite bezeichneten. Doch die Tapferkeit und Einsatzfreudigkeit des Soldaten Ralph G. Riley ermöglichte die Einnahme der Batterie von Azeville, während die Batterien von Crisbecq und Queneville wiederholten Angriffen widerstanden. Am 13. Juni waren die für den 6. Juni gesetzten Ziele noch kaum erreicht.

Der nach Westen führende Stoß mußte zunächst das vom Merderet überschwemmte Gelände durchqueren. Der kleine Wasserlauf hatte sich in einen zwei bis drei Kilometer breiten Sumpf aus Wasser und Schlamm verwandelt. Die 82. Luftlandedivision versuchte, einen Brückenkopf zu errichten. Dies gelang ihr nicht; übrig blieben in der Nacht vom 5. auf den 6. Juni nur drei kleine Widerstandszentren unter dem Befehl der Obersten Millet, Timmes und Shanley. In ihren Igelstellungen erwarteten dort einige hundert Fallschirmjäger des 507. und 508. Regiments ihren Entsatz durch das V. Korps, sobald dieses die Säuberung der Gegend von Sainte-Mère-Eglise durchgeführt haben würde.

Am Abend des Achten entdeckten zwei Soldaten, daß eine Durchquerung des überschwemmten Gebiets auf einem nicht allzu tief unter Wasser liegenden Weg möglich sei, der nahe am Weiler La Fière vorbeiführte. Auf diesem unsicheren Weg gelang es dem 325. Luftlanderegiment, sich mit der Gruppe Timmes zu vereinigen. Doch in dem Augenblick, als diese Verstärkung auf dem Schauplatz erschien, ergab sich die Gruppe Shanley, und das zur Gewinnung des westlichen Ufers gedachte Unternehmen war zum Scheitern verurteilt. Ridgway entschloß sich, den Übergang durch einen Angriff auf der Departements-Straße Nr. 15 zu erzwingen, die oberhalb des Überschwemmungsgebiets verlief. Hier rollte auf einem nur fünf Meter breiten Geländestreifen eine schnelle Aktion von Panzern und Infanterie ab, die Ridgways Stellvertreter, Brigadegeneral James A. Gavin, leitete. Der Weiler Cauquigny, die Dörfer Motey, Amfreville und Gueutteville wurden genommen. Der Merderet, dessen Namen mit einer der entscheidenden Schlachten der Invasionsfront verbunden bleibt, verschwand damit aus den Frontberichten. Das nächste Ziel war Saint-Sauveur-le-Vicomte, ein Städtchen von einigen tausend Einwohnern auf der rechten Uferseite der Douve. Collins führte eine neue Division in den Kampf, die 90., deren Soldaten meist aus Texas oder Oklahoma stammten. Doch sie bereitete ihm eine herbe Enttäuschung. Diese ›problematische Division‹, wie Bradley sie später nennen sollte, hielt im Feuer nicht stand. Das erste Bataillon, das mit dem Feind in Berührung kam, wandte sich zur Flucht, und die anderen Bataillone, die man an seine Stelle bringen wollte, wagten sich nicht vom Fleck. Collins enthob ihren Führer, General MacKelvie, sowie zwei Obersten ihrer Posten, aber diese Maßnahmen vermochten der wenig kampffreudigen Einheit auch keinen größeren Mut einzuflößen. Am 12. Juni hatte das VII. Korps noch nicht einmal die Linien erreicht, die es laut Plan am 6. bereits hätte erreicht haben müssen. Andererseits zerfiel am 13. Juni ein deutscher Verteidigungsriegel vor der 82. Luftlandedivision, die den linken Flügel der Angriffstruppen bildete. Die Fallschirmjäger nahmen Pont-l'Abbé, das nur noch aus Ruinen bestand. Am 16. Juni drangen sie in Saint-Sauveur ein, aus dem sich die Deutschen in regelloser Flucht zurückzogen. Zur Rechten der Fallschirmjäger kam die 9. Infanteriedivision schnell voran. Sie setzte bei Néhou über die Douve und schickte am 17. Juni eine Kolonne

auf die Straße von Carteret, welche die Westküste der Normandie bei Barneville-sur-Mer erreichte. Cherbourg war damit abgeschnitten.
Rommel hatte die Räumung der Halbinsel vorgeschlagen, doch Hitler hatte dies ausdrücklich untersagt. Das LXXXIV. Armeekorps mußte sich in zwei Teile zerschneiden lassen. Die Kampfgruppe Hellmich (91. und 243. Infanteriedivision) sollte den unteren Teil der Normandie verteidigen, die Kampfgruppe Schlieben (709. und Teile der 77. Infanteriedivision) hatte den Auftrag, die Spitze der Halbinsel zu halten. Vier Divisionen wurden hier also der Vernichtung preisgegeben, nur um den Fall von Cherbourg um eine Woche hinauszuzögern.
In dieser Phase des Kampfes wurden Rommel und Rundstedt mit ihren Stäben plötzlich nach Margival in der Nähe von Soissons gerufen. Im Jahre 1940 hatte man dort mehrere Bunker für ein Hauptquartier errichten lassen, von dem aus Hitler die Landung in England leiten wollte. Jetzt war er zum ersten Male an diesen Ort gekommen, um mit seinen beiden Marschällen die Probleme zu besprechen, welche die Landung des Feindes geschaffen hatte. Rundstedt, Rommel, Blumentritt und Speidel trafen einen bleichen, gealterten Mann, der nervös mit Farbstiften spielte. Er hatte als einziger Platz genommen, während die Feldmarschälle wie Angeklagte vor ihm standen. Dann gab er ihnen zu verstehen, das Heer im Westen habe sich ›im Schlaf überraschen‹ lassen, und der Feind wäre schon längst ins Meer geworfen worden, wenn nicht die Führung so lau und die Truppe so schlapp gewesen wären. Was die beiden Verantwortlichen zu sagen und vorzuschlagen hätten?
Rundstedt überließ Rommel das Wort. Dieser nahm seine Soldaten in Schutz, unterstrich, wie tapfer diese sich in dem ungleichen Kampf geschlagen hätten, verlangte erneut die Räumung der Normandie und die Aufgabe Caens, gab dann auch seiner jüngst gewonnenen Überzeugung Ausdruck, daß die Landung in der Normandie tatsächlich den Hauptschlag der Alliierten darstelle, und regte eine Verstärkung der Front in der Normandie durch den größten Teil der 15. Armee an. Hitler widersprach heftig. Er forderte die Verteidigung Cherbourgs bis zum äußersten. Dann wies er darauf hin, daß in England noch 80 britische und amerikanische Divisionen bereitstünden – eine irrige Schätzung der Abteilung Fremde Heere West infolge alliierter Täuschungsmaßnahmen. Von ihnen befinde sich nur ein Bruchteil in der Normandie; man müsse mit dem Erscheinen der anderen an der Kanalküste rechnen. Daher sei es unmöglich, die 15. Armee heranzuziehen. Die Truppen, welche am Brückenkopf kämpften, müßten allein mit der Situation fertig werden. Der Augenblick, da England, durch die Vergeltungswaffe der V 1 zermürbt, um Frieden flehen werde, sei nicht mehr ferne. Ein fanatischer Glaube an den bevorstehenden Endsieg müsse die im Westen kämpfenden Soldaten durchdringen.
In diesem Augenblick läutete eine Alarmglocke, und Hitler begab sich in den Schutzraum. Hier fand außer den beiden Feldmarschällen, ihren Chefs und General Schmundt

niemand mehr Platz. Rommel nutzte die Gelegenheit. Er protestierte gegen die Behandlung der Bevölkerung in Frankreich, gegen die Maßnahmen des SD und gegen die Methoden von Sauckel und seinen Beamten. Derartige Exzesse, sagte er, seien nur geeignet, Rachegefühle zu wecken und jegliche Zusammenarbeit mit den Franzosen unmöglich zu machen. Hitler schnitt ihm das Wort ab: »Kümmern Sie sich nicht um den Weitergang des Krieges, sondern um Ihre Invasionsfront.«

Die Besprechung führte zu keinen Ergebnissen. Um 16 Uhr brachen Rommel und Rundstedt wieder auf. Alles, was sie erreicht hatten, war, daß Hitler sich am übernächsten Tage bis La-Roche-Guyon wagen wollte. Sie rechneten damit, ihn in Kontakt mit Frontoffizieren zu bringen, die ihn, wie sie hofften, über die wirkliche Lage im Westen ins Bild setzen würden.

Am anderen Morgen telefonierte Blumentritt mit den zuständigen Offizieren in Margival, um über den Verlauf der Inspektionsfahrt des Führers Näheres zu erfahren. Aber Hitler hatte Frankreich während der Nacht verlassen. Eine vom Kurs abgewichene V 1 war in nur drei Kilometer Entfernung von seinem Hauptquartier niedergegangen, was ihn einen Attentatsversuch argwöhnen ließ. Er war daraufhin sogleich abgefahren mit der Bemerkung, er wolle Verbrechern keine Gelegenheit zu einem ›Dolchstoß‹ geben.

Inzwischen wurde Cherbourg belagert. Schlieben hatte strengen Befehl erhalten, nur Schritt um Schritt zurückzuweichen und auf jeden Fall die Linie Saint-Vaast-de-la-Hougue–Le Thiel–Vauville zu halten, wobei er sich auf die Landfront um Cherbourg stützen solle. Indes waren hinhaltende Rückzugskämpfe durch bespannte Einheiten, die zudem den ständigen Angriffen der Tiefflieger ausgesetzt waren, ebensowenig möglich wie ein längeres Aushalten an den Linien um Cherbourg. Der Kriegshafen war zwar zur Seeseite hin befestigt, gegen das Land hin aber lag er schutzlos da. General Marcks hatte bereits vor der Invasion Beton zur Errichtung einer Kette von Festungswerken angefordert, doch war dieser für die Abschußrampen der V 1 benötigt worden. Die in Eile ausgeworfenen Gräben waren nicht durch Stacheldraht gesichert, und die meisten Gefechtsstände waren einfache Unterstände aus Rundhölzern. Die Truppen waren zahlenmäßig und in der Kampfkraft dem Gegner unterlegen. Drei der vier Divisionen Schliebens waren nur Gerüste; die Infanteriebataillone waren aus Rekruten, Männern der Organisation Todt und Flakveteranen zusammengesetzt. Von der anderen Division, der 77., meinte Schlieben, daß sie die Verteidigung Cherbourgs nur schwächen könne, da nicht genug Vorräte vorhanden seien. Generalleutnant Stegmann versuchte, die amerikanischen Linien zwischen den sumpfigen Wiesen und dem Meer zu durchbrechen. Aber das Unternehmen glückte nur halb. Ein Teil der Infanterie entkam längs der Küste, aber die Artillerie und der Fahrzeugpark wurden zerstört. Stegmann selbst kam durch Jagdbomberbeschuß ums Leben. Nachdem Hellmich am Vortag auf die gleiche Weise den Tod gefunden hatte, war dies der fünfte deutsche General, der innerhalb von zwölf Tagen an der Westfront gefallen war.

Als die Amerikaner am Neunzehnten angriffen, trafen sie nur bei Montebourg auf einigen Widerstand. An allen anderen Stellen rückten sie in Fahrkolonnen bis zur landseitigen Front um Cherbourg vor. Drei Divisionen bezogen ihre Ausgangsstellungen für den Angriff: am linken Flügel die 9., im Zentrum die 79., am rechten Flügel die 4. Division. Die 90. Division hielt man hinter der Front zurück. SHAEF hatte ihre Auflösung vorgeschlagen, doch Eisenhower ersparte Texas diese Blamage, indem er sich entschloß, die Einheit neu zu organisieren.
Erneut herrschte schlechtes Wetter; Flugzeuge konnten infolgedessen nur beschränkt eingesetzt werden. Die legendäre 353. Infanteriedivision, die, ohne einen einzigen Mann verloren zu haben, aus der Bretagne herbeigeeilt war, gab nun dem deutschen LXXXIV. Korps, das durch Abtretungen für die Verteidigung Cherbourgs stark geschwächt worden war, erneuten Rückhalt. In der Nacht vom 18. auf den 19. Juni kam heftiger Nordwestwind mit peitschenden Regenschauern auf. Nach den Schwierigkeiten der ersten Tage hatte man die Leistungsfähigkeit der provisorischen Häfen am Strand in zufriedenstellendem Umfang gesteigert, auch waren ständig neue künstliche Häfen errichtet worden. Doch all diese Erfolge wurden nun durch das Unwetter in Frage gestellt. Hunderte von Landungsfahrzeugen zerbrachen in den Wellen, wurden auf die Klippen geworfen oder so hoch am Strand abgesetzt, daß sie nur bei einer Springflut wieder flottgemacht werden konnten. Bei ›Omaha Beach‹ wurden die Wellenbrecher auf den Strand getrieben, die halbfertigen Molen durchbrochen. Zehn schwere Senkkästen vom Typ ›Phoenix‹, die man eben herbeischleppte, mußte man den Wellen überlassen. Der schwimmende Kai wurde wie durch die Faust eines Riesen verbogen.
Am Morgen des Zweiundzwanzigsten beruhigten sich zwar die Wogen wieder, aber der amerikanische Mulberry-Hafen bot ein Bild des Jammers. Sein britisches Gegenstück hatte weniger gelitten, da es in einem günstigeren Winkel zum anrollenden Seegang gestanden hatte. So heftig der Sturm auch gewesen war – um einen Orkan hatte es sich nicht gehandelt. Die Windgeschwindigkeit hatte 27 Knoten nicht überschritten, was der Windstärke 6 – ›starker Wind‹ – der Beaufort-Skala entspricht. Auf dem Strand waren die Arbeiten unterdes weitergegangen, wenn auch der Durchschnitt der täglich ausgeschifften Mannschaften und Fahrzeuge von 34712 auf 9945 beziehungsweise von 5624 auf 2426 gefallen war. Die Engländer versuchten Arromanches einzunehmen, doch gaben die Amerikaner ihren Mulberry-Hafen auf. Der Sturm hatte damit die Wiederaufnahme der britischen Offensive gegen Caen verzögert. Der Angriff auf Cherbourg mußte unbedingt vorankommen. Am 21. Juni forderte Collins die Garnison auf deutsch, russisch, polnisch und französisch zur Übergabe auf. Da Schlieben nicht antwortete, begann die Operation am folgenden Tage mit einem heftigen Bombardement aus der Luft. Methodisch arbeiteten sich die drei amerikanischen Divisionen voran; manche deutschen Truppen leisteten erbitterten Widerstand, andere ergaben

sich schnell. Am Vierundzwanzigsten teilte Schlieben seinen Offizieren mit, daß die Kampfkraft seiner Truppen schnell nachlasse und daß er bezweifle, ob sie einem erneuten Angriff noch standhalten könnten. Am 25. Juni nahm das 47. US-Infanterieregiment das alte Fort du Roule, zu dessen Füßen sich Cherbourg ausbreitet. In einer Funkbotschaft schilderte Schlieben am Abend die Lage: ›Truppe erschöpft und ausgehungert. Verlust der Stadt in Kürze unvermeidlich... 2000 Verwundete unversorgt. Ist die Opferung der Überlebenden nötig? Schnelle Antwort.‹ Rommel beschränkte sich darauf zu antworten: ›Gemäß Führerbefehl müssen sie bis zur letzten Patrone Widerstand leisten.‹

Am Sechsundzwanzigsten nahm das 37. Infanterieregiment Octeville und schloß im Vorort Saint-Sauveur das Hauptquartier Schliebens ein. Etwa 1000 demoralisierte Soldaten befanden sich in dem Bunker, dessen Lüftungsanlagen nicht funktionierten, so daß die Insassen von Erstickung bedroht waren. Schon hörte man, wie die Amerikaner Erdarbeiten zur Vorbereitung einer Sprengung vornahmen. Da gab Schlieben auf, befahl die weiße Fahne zu zeigen und stieg mit seinen Soldaten, die heilfroh waren, sich ergeben zu können, ans Tageslicht. Man fragte Bradley, ob er den besiegten feindlichen General nicht zu Tisch bitten wolle. »Wenn der Bastard vier Tage früher kapituliert hätte«, sagte er, »würde ich ihn eingeladen haben, aber nachdem er uns einen Haufen Menschenleben gekostet hat – nein!«

Schlieben hatte es übrigens abgelehnt, einen allgemeinen Befehl zur Niederlegung der Waffen zu erteilen. Die Deutschen zogen sich gegen das Arsenal zurück, während ihre Pioniere die Zerstörung des Hafens durch die Sprengung des dortigen Bahnhofs vollendeten, dessen Trümmer das Hafenbecken für große Schiffe unbrauchbar machten. Das Arsenal kapitulierte am 27. Juni. Kapitän zur See Witt, der Kommandant des Hafens, entkam in einer kleinen Segeljacht zum westlichen Fort am äußersten Ende des großen Deichs, wo er sich noch achtundvierzig Stunden hielt. Das letzte Widerstandsnest auf der Halbinsel von La Hague wurde am 1. Juli beseitigt.

Hitler hatte keine Sympathie für Soldaten, die sich gefangennehmen ließen. So war es eine große Ausnahme, daß er Konteradmiral Hennecke das Ritterkreuz verlieh, obwohl dieser sich zur gleichen Zeit wie Schlieben ergeben hatte. »Die völlige Zerstörung des Hafens von Cherbourg«, sagte Hitler, »ist ohne Beispiel in der Geschichte der Küstenverteidigung.« Die Amerikaner, die von der Zeitspanne ausgingen, die sie für die Wiederherstellung des Hafens von Neapel benötigt hatten, glaubten, Cherbourg nach vier Tagen in Betrieb nehmen zu können. Es dauerte indes mehrere Wochen, bis man so weit war.

Doch war es nicht nur die Wiederinstandsetzung des Hafens von Cherbourg, die den Zeitplan der Befreiung in Verzug brachte. Die erneute britische Offensive, die Operation ›Epsom‹, begann am 25. Juni. Die Engländer überquerten den Odon, erreichten die Höhen südöstlich von Caen, vermochten aber die Stadt nicht zu erobern. Nach dem

Plan des Unternehmens ›Overlord‹ sollte am 1. Juli (Tag D + 25) der Brückenkopf bis Trouville, Lisieux, Alençon, Rennes und Mont-Saint-Michel ausgedehnt sein. Doch nur ein Fünftel des durch diese Orte abgesteckten Gebiets befand sich in den Händen der Alliierten.

Es war indessen offensichtlich geworden, daß die Eroberung von Cherbourg das Ende der ersten Phase des Feldzugs in Europa bezeichnete. Jetzt konnte die Invasion nicht mehr abgeschlagen werden wie etwa das Unternehmen Dieppe. Bis zum 1. Juli hatten die Alliierten in der Normandie 920000 Mann, 586000 Tonnen Kriegsmaterial und 177000 Fahrzeuge an Land gebracht. Die britische und die amerikanische Armee stellten, fast gleich groß, 15 bis 16 Divisionen, während sich weitere neun amerikanische und sechs britisch-kanadische Divisionen vor ihrer Einschiffung auf der englischen Insel befanden. Trotz des Mangels an geeigneten Plätzen waren bereits 33 Flugfelder im Brückenkopf in Betrieb genommen worden, wodurch die Leistungsfähigkeit der Luftstreitkräfte stieg, die seit dem 6. Juni die ans Fabelhafte grenzende Zahl von 160403 Starts aufweisen konnten. Die Verluste der Truppe – 61732 Tote, Verwundete und Vermißte – lagen unter den angenommenen Zahlen und wurden durch frische Kräfte mehr als ausgeglichen, so daß die Einheiten stets ihre volle Stärke hatten. Das bereits geschwächte Deutschland war gänzlich außerstande, eine derartige Konzentration geballter und unverbrauchter Macht vom Festland zu fegen. Hitlers Strategie hatte auf einen schnellen Sieg über die Invasoren gezielt; jetzt mußte sie sich an andere Hoffnungen klammern.

Kluge statt Rundstedt

Am 29. Juni waren die Feldmarschälle von Rundstedt und Rommel erneut unterwegs. Sie waren nach Berchtesgaden gerufen worden, wobei sie weder Flugzeug noch Eisenbahn benutzen durften. Sie mußten vierundzwanzig Stunden ununterbrochen durchfahren, um zur vorgeschriebenen Zeit an Ort und Stelle zu sein, warteten dann aber sechs Stunden. Der alte Rundstedt erklärte, verärgert und erschöpft, er werde zusammenbrechen. Der Oberbefehlshaber der 7. Armee, Generaloberst Dollmann, war am Vortag einem Herzanfall erlegen. Das ganze ›Gespräch‹ bestand dann aber nur aus einem langen Gerede Hitlers vor einer zahlreichen, mit Beifall keineswegs geizenden Zuhörerschaft. Hitler erklärte, daß er den am 20. Juni aufgestellten Plan einer allgemeinen Gegenoffensive, bei der drei Panzerkorps an der Nahtstelle zwischen den amerikanischen und den englischen Verbänden hätten angreifen sollen, aufgegeben habe. Die Armee im Westen und ihre Führer hätten die Zeit ungenutzt verstreichen lassen, in der es noch möglich gewesen wäre, den Feind ins Meer zu werfen. Was sie jetzt tun sollten, sei eine Begrenzung des Gegners auf seinen Brückenkopf. Man müsse den Alliierten den Zugang zu den offenen Ebenen Nordfrankreichs verwehren; in der Zwischenzeit würden V 1 und V 2 England den Garaus gemacht haben. Man müsse um jede Hecke in der Normandie wie um ein letztes Bollwerk des Deutschtums kämpfen!

Als sich Rommel am 30. Juni um Mitternacht wieder in La Roche-Guyon befand, lagen auf seinem Schreibtisch zwei gegensätzliche Vorschläge. Geyr von Schweppenburg verlangte die Räumung des Frontvorsprungs von Caen. Der zum Nachfolger Dollmanns aufgestiegene Paul Hausser, der erste General der Waffen-SS, der das Kommando über eine Armee erhielt, verlangte eine Zurücknahme der Front bis Villers-Bocage und Saint-Lô. Rommel machte sich sofort Haussers Vorschläge zu eigen und übermittelte sie an Rundstedt, der sie noch schneller weitergab. Bereits um 3 Uhr 30 morgens wurden sie dem OKW übermittelt. Man übergab Hitler diese Herausforderung beim mittäglichen Frühstück.

Um 17 Uhr 30 rief Keitel Rundstedt an, um ihm mitzuteilen, daß seine Vorschläge abgelehnt worden seien und daß der Führer jede Aufgabe von Gelände untersage. Rundstedt verlangte daraufhin, von seinem Oberbefehl entbunden zu werden, da ihm jegliche Initiative versagt sei. »Herr Generalfeldmarschall«, fragte der schwerfällige Keitel steif, »was sollen wir denn tun?« »Frieden schließen, Ihr Narren! Was denn sonst?« antwortete Rundstedt und hängte ein.

Am nächsten Tage, dem 2. Juli, brachte Oberstleutnant Borgmann das Eichenlaub zum Ritterkreuz für Generalfeldmarschall von Rundstedt nach Saint-Germain. Der Führer hatte Rundstedts Bitte um Enthebung von seinem Posten gebilligt und Generalfeldmarschall von Kluge zu seinem Nachfolger ernannt. Geyr von Schweppenburg, der in seiner Forderung nach einer Evakuierung Caens Hitlers Strategie allgemein kritisiert hatte, wurde mit weniger Zeremoniell durch Eberbach ersetzt. Als Rommel von diesen Veränderungen hörte, zuckte er die Schultern: »Als nächster bin ich dran.«

So erschien Kluge wieder auf dem westlichen Kriegsschauplatz. Er war ein fähiger, furchtloser Soldat von strenger Disziplin, ein eigenartiger, etwas schillernder Charakter, nicht immer geradlinig, häufig schwankend, dabei übervorsichtig und rücksichtslos in einem. Zwar sagte er, man müsse Hitler, ›dieses Schwein!‹, töten, aber ›dieses Schwein‹ hatte ihn für acht Tage nach Berchtesgaden eingeladen und dort davon überzeugt, daß allein mangelnde Disziplin und Schlappheit das Heer im Westen daran hinderten, die englischen und amerikanischen Amateurkrieger zu liquidieren. An die harten Maßstäbe der Ostfront gewöhnt, war Kluge entschlossen, den verweichlichten Soldaten im Westen wieder Disziplin beizubringen und sie zu einer heroischen Haltung zu zwingen.

Die erste Begegnung mit Rommel brachte schon einen heftigen Zusammenstoß. Auf dem Gefechtsstand von La Roche-Guyon sprach Kluge seinen Untergebenen in Gegenwart des Chefs und des Ia des Stabes der Heeresgruppe an: »Sie, Generalfeldmarschall Rommel, müssen von nun an auch bedingungslos gehorchen! Ich rate Ihnen gut!« Es gab eine heftige Auseinandersetzung, und schließlich forderte Rommel den neuen Oberbefehlshaber schriftlich auf, seine Vorwürfe zurückzunehmen. Er erhielt keine Antwort.

Immerhin war Kluge ein Mann von großen Fähigkeiten, dazu von außerordentlicher Tapferkeit. Schon am ersten Tag, nachdem er das Kommando übernommen hatte, ging er zur Inspektion vorgeschobener Einheiten in die vorderste Linie, wobei er feststellen mußte, daß seine Vorstellungen vom Kampf im Westen revisionsbedürftig waren. Von der russischen Front aus gesehen, schien das hier ein Krieg in Samt und Seide zu sein. Hätte man im Osten Freiwillige für den Westen gesucht – alle Hände wären in die Höhe geflogen. Doch Kluge entdeckte hier, wie schwer es war, unter einem Himmel kämpfen zu müssen, aus dem jeden Augenblick der Tod herabstieß. Auch er mußte aus seinem Wagen heraus schnell einen Kopfsprung in den Graben machen, sobald der Ruf »Jabos!« erscholl. Es fehlte an Fahrzeugen, an Werkzeug und Lebensmitteln, an Sanitätsmaterial, an Granaten, ja selbst an Patronen, und man stand einem Gegner gegenüber, der mit allem im Überfluß versehen war. Gewiß waren dort Mängel in der Truppe feststellbar, wo die Soldaten zu jung oder zu alt waren, wo man von Russen verlangte, daß sie sich in Frankreich töten lassen sollten, um Deutschland gegen die Amerikaner zu verteidigen. Im ganzen gesehen, kämpften aber auch die Soldaten im Westen tapfer und entsagungsvoll. Kluge konnte das überall feststellen und sah seinen anfänglichen Irrtum ein. Er schloß sich Rommels Auffassung an: Der Augenblick war nicht mehr ferne, da die Front in der Normandie auseinanderreißen würde wie ein überdehnter Gummi.

Zwischen Sümpfen und Hecken. Caen fällt

Dies wäre schon längst eingetreten, wenn nicht die Geländeverhältnisse die Verteidiger begünstigt hätten. »Unsere Geheimwaffe«, sagte ein Offizier aus dem Stab des LXXXIV. Armeekorps, »sind die Apfelbäume und die dichten Hecken.« Ausgenommen die Gegend um Caen, hatte jeder Geländegewinn die Alliierten nur noch tiefer in das dichte Grün hineingeraten lassen, dessen Undurchdringlichkeit sie schon am Tag der Landung überrascht hatte. Hedgerows – Hecken, nichts als Hecken. Mit Ausnahme Brookes, der die Geschichte der Chouans, der aufständischen Bauern der Bretagne zur Zeit der Französischen Revolution, kannte, hatte niemand in der gewaltigen Planungsmaschinerie von SHAEF an diese Hecken gedacht. Niemand hatte sich vorgestellt, daß die normannischen Hecken nicht einfache Buschreihen sind, sondern hohe und solide Erdwälle, von Bäumen bestanden, oft von Hohlwegen begleitet. Ebenso hatte

niemand den Sumpfgebieten die nötige Aufmerksamkeit gewidmet. So erstreckten sich vier große Sümpfe allein um die Bucht von Carentan. Es waren dies die Täler der Douve, der Taute und der Vire sowie die weite, nahezu auf Meereshöhe gelegene Senke, die unter dem Namen ›Sumpfige Wiesen von Gorges‹ bekannt war. Der mit Feuchtigkeit vollgesogene Boden, von zahllosen Tümpeln durchsetzt und von Gräben durchzogen, konnte zu Fuß nur begangen werden, wenn man die wenigen festen Wege kannte. Die Kriegsführung mußte sich auf die schmalen Streifen festen Landes beschränken, was einem zahlenmäßig unterlegenen Gegner manche Vorteile bot. Die Amerikaner hatten mit einem Krieg gerechnet, in dem die Menge ihrer Fahrzeuge eingesetzt werden konnte und ihnen den entscheidenden Vorteil sichern sollte. Nun aber mußten sie zu Fuß kämpfen.
Am 3. und 4. Juli traten die Amerikaner zu beiden Seiten der ›Sumpfigen Wiesen von Gorges‹ zum Angriff an. Ziel der Operation war es, aus der Normandie herauszustoßen und dann in die Bretagne abzuschwenken, um die Versorgung der alliierten Truppen im erwünschten Umfang über die bretonischen Häfen laufen lassen zu können. Die Eroberung Cherbourgs hatte sich auf die Moral der Amerikaner günstig ausgewirkt. Die Lage beim Feind rechtfertigte einen solchen Optimismus. Die besten deutschen Kräfte waren in der Gegend von Caen gebunden. Die 1. US-Armee sah sich nur dem LXXXIV. Korps gegenüber, das notdürftig zusammengeflickt worden war, sowie am linken Ufer der Vire dem schwachen II. Fallschirmjägerkorps. Man hoffte den Gegner innerhalb eines Tages zu schlagen.
Östlich der Wiesen stand das VIII. Korps unter Generalmajor Troy H. Middleton, das drei Divisionen stellte: die 79., 82. und 90. Mit der Offensive begann auch der Regen. Er sollte eine Woche anhalten. Die Sümpfe dehnten sich aus, in den Hohlwegen stand der Schlamm, die Hecken wuchsen noch dichter als zuvor, die Lufttätigkeit kam fast völlig zum Erliegen, die Stimmung der Soldaten sank. Am östlichen Flügel des Armeekorps hatte man die 90. Division nach vorne gebracht und ihr den Auftrag erteilt, den Mont Castre zu erobern, doch sie vermochte hier keineswegs die Scharte vom Merderet auszuwetzen. Am anderen Flügel vor den Höhen von Montgardon zeigte sich die 79. Division kaum wagemutiger. Nur die Fallschirmjäger und Luftlandesoldaten der 82. Division waren aus härterem Holz, doch wurden sie schon bei Beginn des Angriffs zurückgezogen und nach England gebracht. Die offizielle Darstellung der Kampfhandlungen ist eine Folge von Berichten über zurückweichende Einheiten, die sich nur mit Mühe wieder ins Feuer bringen ließen und ganze Tage lang von einer Handvoll Deutscher aufgehalten wurden. In Scharen meldeten sich die Soldaten bei den Verbandsplätzen mit Symptomen von ›battle neurosis‹, womit sie oft mangelnden Kampfgeist zu beschönigen suchten. Die Anfang Juli ausgeschifften Soldaten gehörten meist eben erst aufgestellten Divisionen an, denen es an Kampferfahrung und Disziplin fehlte. Auch nach einer Woche war der Mont Castre noch nicht gefallen. Die kleine

Ortschaft La Haye-du-Puits an seinem Fuße blieb in der Hand der Deutschen. Der durchschnittliche Geländegewinn entsprach dem der erfolglosesten Offensiven des Ersten Weltkriegs: 500 Meter pro Tag.
Ganz ähnlich lagen die Dinge östlich der Sumpfigen Wiesen. Das von Lawton Collins befehligte VII. Korps, bestehend aus der 83., 4. und 9. US-Infanteriedivision, wollte das Dorf Sainteny bereits am ersten Tag nehmen und rechnete mit dem Fall des Städtchens Périers für den zweiten Tag, wodurch eine Unterbrechung der Straße Coutances–Saint-Lô möglich gewesen wäre. Aber auf dem nur drei Kilometer schmalen Landstreifen, der sich zwischen den Sumpfigen Wiesen und dem Moor der Taute erstreckte, vermochte Collins nur eine Division einzusetzen. Die 83., die er hierfür ausgewählt hatte, erhielt ihre Feuertaufe in strömendem Regen, und alle Energie Collins' reichte nicht aus, sie zu zügigem Vorgehen zu bewegen. Am 7. Juli befand sich Périers noch immer in der Hand der 17. SS-Panzergrenadierdivision.
Am gleichen Tage dehnte sich die Offensive auch auf die beiden Korps am linken Flügel aus: auf das XIX. und V. Korps, beide zur 1. amerikanischen Armee gehörend, die zwischen Vire und Caumont stand. Vor allem im Raum von Caen wurde heftig gekämpft.
Montgomery hatte stets mit stoischer Gelassenheit auf Kritiker reagiert, die ihm vorwarfen, er brauche allzu lange, um eine Stadt zu erobern, die doch bereits am ersten Tag hätte genommen werden müssen. Auch hatte er stets darauf hingewiesen, daß sein Plan – von Eisenhower leider nicht verstanden – darin bestehe, die deutschen Kräfte am linken Flügel der Invasionsfront zu binden, um den amerikanischen Kräften Gelegenheit zum Durchbruch am anderen Flügel, zum Stoß gegen die untere Loire zu geben. Caen hatte für sich genommen also keinen besonderen Wert. Dennoch mußte die Stadt ein Martyrium über sich ergehen lassen. Jeden Tag lag sie unter dem Feuer der Schiffsartillerie und der Feldgeschütze und den Bomben der Kampfflugzeuge. Die deutsche Kommandantur hatte die Zivilbevölkerung aufgefordert, die Stadt zu verlassen, doch der Präfekt von Calvados, Cacaud, hatte diese Anordnung rückgängig gemacht, da er die Bevölkerung weniger gefährdet glaubte, wenn sie in ihren Kellern blieb, als wenn sie sich auf die Landstraßen begeben hätte. Die Alliierten bemühten sich, eine Sicherheitszone um die Kirche Saint-Etienne auszusparen, aber die Bomben waren blind, und viele Unschuldige fielen ihnen zum Opfer. Inmitten von Schrecken und Entbehrungen erwartete Caen seine Befreiung – aber nach Montgomerys Ansicht war gerade der hartnäckige Widerstand der Deutschen in dieser Stadt seinen Plänen günstig. Hitler, der in Caen den Schlüssel zu Paris und in Paris den Schlüssel zu Frankreich sah, opferte im Brückenkopf der Orne die besten Truppen, die er im Westen stehen hatte.
Die neue Offensive begann am 4. Juli mit der Einnahme von Carpiquet. Als die Nacht zum 7. anbrach, begann die Luftvorbereitung mit einem vernichtenden Bombarde-

ment des nördlichen Stadtrands von Caen, wobei die in vorderster Linie liegenden Truppen von ihren rückwärtigen Verbindungen abgeschnitten wurden. Um 4 Uhr 30 schaltete sich die Artillerie der Alliierten ein, einschließlich der Sechzehnpfünder der *Rodney*, die über eine Entfernung von 40 Kilometern feuerten. Um 7 Uhr – der Morgen war frisch, der Himmel leicht bewölkt – begannen die Bomber der 9. US-Luftflotte mit ihren Angriffen auf Brücken, Straßenkreuzungen, Hauptquartiere und andere wichtige Ziele. Um 7 Uhr 30 brach der Angriff los. Ausgeführt wurde er vom I. Korps, dessen drei Divisionen – die 3. und 59. britische sowie die 3. kanadische – konzentrisch gegen die 12. SS-Panzerdivision vorgingen. Alle Vororte im Nordwesten wie Buron, Ardenne, Couvre-Chef, Epron, Lebisey waren zu Widerstandsnestern ausgebaut worden, die von den Engländern und Kanadiern eines nach dem anderen genommen werden mußten. Nach zweitägigem Kampf tat SS-Standartenführer Kurt Meyer, genannt ›Panzermeyer‹, was die höheren Offiziere der Waffen-SS häufiger als die der Wehrmacht wagten: Er weigerte sich, seine Division zu opfern, und nahm sie über die Orne auf deren rechtes Ufer zurück. Seine Infanterie war auf die Stärke eines Bataillons zusammengeschmolzen.

So konnte Caen nun befreit werden – ein Teil zunächst, da einige Stadtviertel im Osten noch in der Hand der Deutschen blieben. Nach über einem Monat harter Kämpfe, in die eine mächtige Luftarmada immer wieder eingriff, hatte die Landung von einer Million Soldaten nicht mehr erbracht als die Eroberung einer halben Präfektur und die Befreiung eines Hundertstels des französischen Territoriums.

Das Attentat wird geplant

Wie schon zwischen den Offensiven des Ersten Weltkriegs flaute auch hier die Kampftätigkeit ab, während beide Gegner neue Kräfte sammelten. Es konnte unter solchen Umständen nicht erstaunen, daß sich kritische Stimmen der englisch-amerikanischen Presse mehrten. Dabei wurde Montgomery von den Amerikanern, Eisenhower von den Engländern aufs Korn genommen. Umgekehrt hätte man nun erwarten können, daß die Langsamkeit des alliierten Vorrückens in den deutschen Stäben ein Gefühl optimistischer Befriedigung hervorgerufen hätte. Das war aber keineswegs der Fall. Die Last des Kampfes war derart schwer, daß irgendwelche Hoffnungen überhaupt nicht aufkommen konnten. Alle Offiziere, die einen gewissen Überblick besaßen, wußten, daß über die Westfront das Urteil bereits gesprochen war, daß alle Abwehrerfolge nur den endgültigen Zusammenbruch etwas hinauszuschieben vermochten. Der Tyrann mußte beseitigt, der Nationalsozialismus gestürzt werden, solange im Westen noch ein schlagkräftiges Heer stand. Die Zeit drängte.

Am 9. Juli, dem Tag, an dem Caen fiel, war einer der Verbindungsmänner der Verschwörung, Oberstleutnant Cäsar von Hofacker, in La Roche-Cuyon erschienen, um Rommel zu fragen, wie lange es ihm noch möglich erschiene, die Invasion aufzuhalten. Der Generalfeldmarschall antwortete: »Maximal 14 Tage bis 3 Wochen...«
Immerhin war die Bombe, die Hitler töten sollte, bereits fertig. Und der Mann, der es übernommen hatte, sie dem Führer vor die Füße zu legen, war damit einer der tapfersten Männer, die jemals gelebt haben.
Die Bombe entsprach in etwa jener, die Fabian von Schlabrendorff am 13. März 1943 in Hitlers Flugzeug gebracht hatte. Sie entsprach auch der anderen, welche die Verschwörer wenige Tage später im Berliner Zeughaus anläßlich einer Feier zum Heldengedenktag zur Explosion bringen wollten – hätte nicht Hitler seinen Besuch abgekürzt. Sie war auch von gleichem Typus wie die Bombe, die Ewald Heinrich von Kleist-Schmenzin, der Sproß einer alten pommerschen Familie, erbeten hatte, um sich für Deutschland zu opfern. Als Explosivstoff diente bei all diesen Bomben englischer Plastiksprengstoff. Jetzt hatte man auch den Zündmechanismus verbessert, um nicht noch einmal eine Enttäuschung zu erleben.
Ausführen sollte das Attentat Oberst Graf Claus Schenk von Stauffenberg. Zu Anfang des Jahres 1943 hatte er seine Tätigkeit im OKH aufgegeben, um an der tunesischen Front Dienst zu tun. Im April 1943 wurde er von der Bordwaffengarbe eines englischen Tieffliegers getroffen. Er verlor den rechten Arm, das linke Auge und zwei Finger der linken Hand. Als er zeitweilig erblindet auf seinem Lazarettbett lag, hatte er sich über die Pflichten eines Edelmannes und Christen Gedanken gemacht. Viele seiner gegen Hitler eingestellten Kameraden fühlten sich in dem verhängnisvollen Eid gefangen, den sie geschworen hatten: ›Ich schwöre bei Gott diesen heiligen Eid, daß ich dem Führer unbedingten Gehorsam leisten und als tapferer Soldat bereit sein will, jederzeit für diesen Eid mein Leben einzusetzen.‹ Andere gab es, die sich davor scheuten, aus Hitler einen Märtyrer zu machen, wieder andere hatten Angst, Deutschland einen Dolchstoß in den Rücken zu versetzen, angesichts eines Gegners, der kein anderes Ende des Krieges verlangte als die bedingungslose Kapitulation. Wie Beck, Tresckow und Oster ließ auch Stauffenberg seine schweren, doch auf falschen Voraussetzungen beruhenden Skrupel fallen. Man mußte Hitler töten, nicht nur, weil sein Verschwinden die einzige Chance bedeutete, die Katastrophe nicht bis zum Äußersten treiben zu lassen, sondern auch, weil die Beseitigung dieses Ungeheuers, das aus dem Schoße Deutschlands hervorgegangen war, für Deutschland eine Gewissensfrage darstellte. Obwohl die Wehrmacht bereits in einem Maße ausgeblutet war, daß sie auf die Versehrten nicht verzichten konnte, zögerte man, dem Wiederverwendungsgesuch des Grafen Stauffenberg stattzugeben. Stauffenberg machte geltend, daß seine Sehfähigkeit teilweise wiederhergestellt sei, daß er mit den drei ihm verbliebenen Fingern zu schreiben gelernt habe und daß er einen fronttauglichen Offizier entlassen werde.

Nachdem man seinem Gesuch stattgegeben hatte, versuchte er alles, um einen Posten zu erhalten, durch den er Zugang zum Führer gewinnen konnte. Die Funktion, die er im Dezember 1943 ausübte, war unter diesem Gesichtspunkt halbwegs befriedigend. Er war Chef des Generalstabs beim Befehlshaber des Ersatzheeres, unterstand dabei Generaloberst Fromm und wurde gelegentlich zu den Lagebesprechungen im OKW gerufen. Im Ersatzheer, dem die Wehrkreiskommandos unterstanden, sah er ein Werkzeug zur Machtergreifung nach Hitlers Beseitigung. Stauffenberg hatte also zwei Aufgaben: das Attentat auf Hitler und die Organisation der darauf folgenden Maßnahmen. Immer noch bestanden Schwierigkeiten. Wie bereits der junge Kleist, so hatte auch Stauffenberg vorgeschlagen, sich – um ganz sicher zu gehen – mit Hitler in die Luft zu sprengen. Doch man hatte ihn darauf hingewiesen, daß er unabkömmlich sei, das Attentat also überleben müsse. Das vereinbarte Schema für die Maßnahmen nach dem Attentat orientierte sich an dem sogenannten ›Walküre‹-Plan, der für den Fall innerer Unruhen vorgesehen war, speziell für den Fall eines Aufstands der Millionen von Kriegsgefangenen und Fremdarbeitern. General von Tresckow hatte diesen Plan ausgearbeitet, Stauffenberg ihn überprüft und verändert. Auf das Stichwort ›Walküre‹ sollten die Wehrkreisbefehlshaber alle staatlichen Funktionen übernehmen. Damit würde der Sitz des Befehlshabers des Ersatzheeres im Reichskriegsministerium in der Bendlerstraße zum Zentrum aller Macht werden. Fromm schien durch stillschweigende Zustimmung für die Verschwörung gewonnen, und von Stauffenberg als dem Generalstabschef des Ersatzheeres hing der Ablauf der Ereignisse ab, die dem Ruf ›Hitler ist tot!‹ folgen sollten. Dem Ersatzheer war die Aufgabe zugedacht worden, die SS zu entwaffnen sowie die NSDAP aufzulösen und ihre Führer zu verhaften. Eine schwere und komplexe Aufgabe, die man ohne Stauffenberg nicht lösen zu können glaubte. Er mußte lebend von jener Stätte entkommen, an die er den Tod getragen hatte. Zu dieser Bedingung, die bereits schwierig genug zu erfüllen war, fügten die Häupter der Verschwörung noch eine weitere: Die Bombe, die Hitler töten solle, müsse gleichzeitig auch Göring und Himmler töten, denn der eine war der präsumptive Nachfolger des Führers, der andere der Kopf der Waffen-SS, einer Sonderarmee, der gegenüber das Ersatzheer nur ein Sammelbecken aus Rekruten und Versehrten war. Aber weder Göring noch Himmler wohnten regelmäßig den Besprechungen beim Führer bei, und es wäre ein großer Zufall gewesen, wenn die beiden gemeinsam mit Stauffenberg an einer Konferenz beim Führer teilgenommen hätten.

Am 11. Juli wurde Stauffenberg nach Berchtesgaden gerufen. Er fuhr dorthin mit einem seiner Mitarbeiter, dem Hauptmann Klausing, wobei jeder sein Kilo Sprengstoff mit sich trug. Immer und immer wieder hatte er die Handgriffe geübt. Mit Hilfe einer kleinen Zange, die für ihn, der nur drei Finger hatte, nicht eben leicht zu handhaben war, wollte er die Bombe scharf machen, sie im Besprechungsraum abstellen und unter irgendeinem Vorwand verschwinden, während Klausing draußen im Wagen auf ihn warten sollte. So schnell wie möglich wollte man dann zum Flugplatz Freilassing gelangen, von dort aus nach Berlin fliegen und den Sturz des Regimes in Gang setzen. Als er in Berchtesgaden ankam, erfuhr Stauffenberg, daß Himmler nicht beim Führer sein werde. Er riskierte ein Telefongespräch mit General Friedrich Olbricht, dem Chef des Allgemeinen Heeresamtes, seinem nächsten Vorgesetzten, um ihn zu fragen, ob er das Attentat dennoch durchführen solle. Die Antwort lautete: nein. Der Sprengstoff blieb bei Klausing im Auto.

Am selben Abend wurden sich Beck und Olbricht in Berlin darüber klar, daß sie einen Fehler begangen hatten. Sie entschieden, daß in Zukunft das Attentat nicht von der Gegenwart Himmlers und Görings abhängen dürfe. Doch eine kostbare und seltene Gelegenheit war ungenutzt vorübergegangen. In dieser zweiten Juliwoche hatte es an der Ostfront schwere Rückschläge gegeben; die Heeresgruppe Mitte war zusammengebrochen. In der Normandie rückten das XIX. und das V. US-Korps langsam gegen Saint-Lô vor. Rommel, der sich mit Kluge wieder ausgesöhnt hatte, setzte einen Bericht auf, der zwar formal an den Oberbefehlshaber West, in Wahrheit aber an Hitler selbst gerichtet war. Er gab ein ungeschminktes Bild vom Verschleiß des Heeres im Westen. Die Verluste betrugen 97000 Mann, davon 2160 Offiziere, unter ihnen 28 Generale und 354 Kommandeure. Man hatte nur 6000 Mann Ersatz erhalten. Darüber hinaus waren 225 Panzer verlorengegangen, aber nur 17 neue geschickt worden. Die Truppe schlage sich heroisch, doch drohe eine Krise, die nicht mehr zu meistern sei. Rommel fügte hinzu: ›Unter diesen Umständen muß damit gerechnet werden, daß es dem Feind in absehbarer Zeit – vierzehn Tage bis drei Wochen – gelingt, die eigene dünne Front, vor allem bei der 7. Armee, zu durchbrechen und in die Weite des französischen Raumes zu stoßen.‹ Dem mit Schreibmaschine geschriebenen Text fügte Rommel handschriftlich an: ›Ich muß Sie bitten, die politischen Folgerungen aus dieser Lage unverzüglich zu ziehen. Ich fühle mich verpflichtet als Oberbefehlshaber der Heeresgruppe, dies klar auszusprechen. Rommel, Feldmarschall.‹

Speidel berichtet, daß ›politischen‹ bei der Weitergabe des Blitzfernschreibens ›entfiel‹. Hitler hätte beim Lesen des Wortes ›politischen‹ rot gesehen. Im übrigen war Speidel der Ansicht, daß der Text auch ohne das Wort ›politischen‹ deutlich genug sei; aus ihm ginge klipp und klar hervor, daß der Krieg verloren sei und daß man unverzüglich wenigstens mit den Westmächten verhandeln müsse.

Hatte Rommel Illusionen? Konnte er glauben, daß Hitler angesichts der verlorenen Partie sich selbst opfern würde, um Deutschland das Schlimmste zu ersparen? Es war dies die Frage, die ihm Admiral Ruge stellte: »Wird er sich umbringen?« – »Nein«, erwiderte Rommel, »ich kenne diesen Mann. Er wird den Krieg ohne das geringste Mitleid für das deutsche Volk weiter fortsetzen, bis zu dem Augenblick, da in Deutschland kein einziges Haus mehr steht.« Und dennoch weigerte er sich nach wie vor, am Attentat teilzunehmen. »Ich habe ihm jetzt die letzte Chance gegeben«, sagte er zu

Speidel. »Wenn er keine Konsequenzen zieht, werden wir handeln.« Rommel plante, einen Waffenstillstand mit dem alliierten Oberkommando auszuhandeln; die Zusammensetzung der Delegation, die er zu Eisenhower schicken wollte, ist nie bekannt geworden.

Aber konnte er auch auf Gefolgschaft rechnen? Die Inspektionsreisen, die er in immer größerer Zahl unternahm, dienten dazu, die Lage zu sondieren. Einige Generale zögerten nicht, in vorderster Reihe mitzumachen. Graf Schwerin, der Kommandeur der 116. Panzerdivision, hatte den Mut, ein Memorandum aufzusetzen, in dem er im Namen seiner Truppe eine Beendigung des Krieges und die Beseitigung des Regimes forderte. Freiherr von Lüttwitz, Kommandeur der 2. Panzerdivision, stellte sich hinter seinen Kameraden. Jene, die Hitler voll Haß als ›Almanach-Adel‹ bezeichnete, taten sich gegen einen Abenteurer zusammen, der Deutschland in den Abgrund zu ziehen drohte. Ein Großneffe Bismarcks, ein Großneffe Moltkes, Nachkommen des großen Yorck von Wartenburg, des großen Seydlitz und viele Träger berühmter Namen, die mit der ruhmreichen Geschichte Deutschlands und Preußens eng verbunden waren, hatten sich gegen Hitler gestellt.

Auch in der SS hatte man das Vertrauen zu Hitler verloren. Am 17. Juli inspizierte Rommel das I. SS-Panzerkorps, dessen Befehlshaber Sepp Dietrich war, der ehemalige Kommandeur der »Leibstandarte Adolf Hitler«. Voll Erbitterung erklärte dieser, daß die Lage unhaltbar sei, daß alles sinnlos zu werden beginne, daß es nicht möglich sei, den Krieg ohne Nachschub, ohne Ersatz und vor allem ohne Luftunterstützung zu führen. Auf die eine oder die andere Weise müsse man ein Ende machen. Die Divisionskommandeure Bittrich und Meyer äußerten sich ähnlich. Selbst die Treuesten der Treuen hatten jetzt den bedingungslosen Glauben an den Führer verloren.

Gegen 16 Uhr machte sich Rommel auf die Rückfahrt nach La Roche-Guyon. Es war ein heißer klarer Sommertag – lebensgefährliches Wetter. Den Wagen steuerte Fahrer Daniels, neben ihm suchte Unteroffizier Holke den Himmel nach feindlichen Jabos ab. Im Fond des Wagens saß Rommel mit Major Neuhaus und Hauptmann Lang. Auf einer Umgehungsstraße kam man an Livarot vorbei, über dessen Dächern die feindlichen Flugzeuge kreisten, dann gelangte man zwischen Livarot und Vimoutiers auf die Route Nationale 179, in der Nähe des Dorfes Montgomery. Holke schrie: »Jabos!« und Daniels versuchte, den Wagen in einen Hohlweg in Deckung zu bringen. Aber zwei Jagdbomber kamen, aus allen Rohren feuernd, mit unheimlicher Geschwindigkeit heran. Daniels wurde tödlich getroffen, der Wagen schleuderte nach links, prallte zurück und wurde über die Straße geworfen, wo er im rechten Straßengraben aufschlug. Rommel wurde aus dem Wagen geschleudert. Befund: Schädelbasisbruch und drei weitere Schädelbrüche. Im Krankenhaus von Bernay kam er wieder zu sich, nachdem die Ärzte bereits alle Hoffnung aufgegeben hatten.

Am Tage nach der Verwundung Rommels griffen die Briten östlich der Orne an, um die Eroberung Caens abzuschließen und den Angelpunkt der deutschen Front zu treffen. Am Tage darauf, dem 19. Juli, wurde eine weitere französische Präfektur, Saint-Lô besetzt. Diese Stadt war von außerordentlich schweren Bombenangriffen heimgesucht worden. Ihre Ruinen, unter denen 1200 Zivilisten den Tod gefunden hatten, lieferten den nazihörigen Zeitungen in Paris dramatische Schlagzeilen: ›Wie sie Frankreich befreien‹. Die Amerikaner marschierten in die Stadt ein, den Leichnam ihres Majors Thomas D. Howie auf den Schultern, der während der letzten Angriffe gefallen war. Sie trugen ihn in die Trümmer der Kathedrale und bahrten ihn dort auf; Saint-Lô war vierundzwanzig Tage nach der Landung gefallen; wäre der Zeitplan der Alliierten eingehalten worden, hätte es bereits am sechsten Tag erobert sein müssen.

Der 20. Juli

Über ganz Europa begann der 20. Juli als ein strahlender Tag. Ausnahmsweise war Berlin während der Nacht nicht bombardiert worden. Um 7 Uhr startete ein Kurierflugzeug vom Flugplatz Rangsdorf. An Bord befanden sich Oberst Graf Stauffenberg und sein Adjutant Werner von Haeften. Jeder trug eine schwere Aktenmappe. Stauffenberg hatte die Bombe bei sich. Es handelte sich um denselben Bombentyp, der bereits am elften – damals waren es zwei Bomben gewesen – die Fahrt nach Berchtesgaden und zurück mitgemacht hatte. Stauffenberg war am 6. Juli zu General Stieff ins Führerhauptquartier geflogen, am 11. Juli nach Berchtesgaden, am 15. Juli nach Rastenburg. Aber dann war die Führerbesprechung im letzten Augenblick abgesagt worden. Deswegen machte sich Stauffenberg zum drittenmal in zehn Tagen auf, um Hitler zu töten. Er wußte, daß dies wohl die letzte Möglichkeit war. Schon zogen sich die Fäden enger um die Verschwörer zusammen. Zwei der leitenden Männer unter ihnen, der ehemalige sozialdemokratische Reichstagsabgeordnete Julius Leber und Adolf Reichwein, waren gerade verhaftet worden. Die Sicherheit, der sich diese weitverzweigte und viele Mitwisser zählende Verschwörung bisher wunderbarerweise hatte erfreuen können, war wohl kaum mehr von langer Dauer.

In Berlin hatte sich die provisorische Regierung, zu der Reichspräsident Beck, Reichskanzler Goerdeler, Außenminister von Hassell und Oberkommandierender Generalfeldmarschall von Witzleben gehören sollten, bereits teilweise versammelt. Nach Ausführung seiner Aufgabe sollte Stauffenberg am Nachmittag in ihrer Mitte als Staatssekretär für das Wehrwesen Platz nehmen. Der Stadtkommandant von Groß-Berlin, General von Hase, sowie Polizeipräsident Graf Helldorf – einer der Verschwörer von 1938 – waren auf ihrer Seite. Hase zählte auf die Infanterieschule in Döberitz, auf die Panzerschule in Krampnitz, auf die Panzerlehrgänge Groß-Glienicke, auf die

Fahnenjunkerschule und Unteroffiziersschule von Potsdam sowie auf die Ersatzbrigade ›Großdeutschland‹ und das Berliner Wachbataillon. Man zweifelte nicht daran, daß Fromm mitzumachen bereit sei – doch war er nicht über die Absichten informiert worden, die sein Stabschef hatte, als er nach Ostpreußen flog. Sollte er aber abspringen, so war man entschlossen, an die Spitze des Ersatzheeres ein berühmtes Opfer Hitlers, den Generalobersten Hoepner zu stellen.
Nach dreistündigem Flug landeten Stauffenberg und Haeften in Rastenburg. Stauffenberg nahm Verbindung zu General Erich Fellgiebel auf, dem Chef des Wehrmachtsnachrichtenwesens im OKW. Fellgiebel war eine wichtige Schlüsselfigur der Verschwörung, da ihm die Aufgabe übertragen worden war, nach dem Attentat – durch Sperrung der Nachrichtenübermittlung – das Hauptquartier des getöteten Führers von der Außenwelt abzuschnüren. Stauffenberg passierte im Wagen mehrere Kontrollen. Die Posten versicherten sich aber nur, ob die im Wagen sitzende Person identisch mit der des Sonderausweises sei, für den Inhalt der Aktenmappe zeigten sie kein Interesse. Nach einem Besuch bei Buhle begab sich Stauffenberg zu Keitel. Mit den drei Fingern seiner einen Hand trug er vorsichtig die Mappe. Spezialisten hatten den Verschwörern versichert, daß eine einzige Bombe genüge. Sofern sie in einem geschlossenen Raum explodiere, werde sie alle darin befindlichen Personen töten. Mit Keitel besprach Stauffenberg noch einmal die Angelegenheit, wegen der er nach Rastenburg gerufen worden war: die neuen, vom Ersatzheer zu formierenden Divisionen des letzten Aufgebots, denen Hitler den klingenden Namen ›Volksgrenadierdivisionen‹ gegeben hatte. Als Keitel seine Mütze nahm, um sich in die Lagebaracke zu begeben, in welchem die Führerbesprechungen stattfanden, ging Stauffenberg in die Garderobe, schloß sich ein und zerbrach mit seiner Zange die Kapsel, in der die Säure enthalten war, welche die Detonation herbeiführen sollte. Nichts konnte die Explosion aufhalten, zehn Minuten später mußte sie erfolgen. Draußen begann der Generalfeldmarschall bereits unruhig zu werden. Der außerordentlich gedrängte Zeitplan mußte wegen des am Nachmittag zu erwartenden Besuchs von Mussolini, der die vier in Aufstellung begriffenen italienischen Divisionen inspiziert hatte, genauestens eingehalten werden. Stauffenberg trat heraus und entschuldigte sich wegen der Verzögerung. Einige Offiziere boten ihm an, seine Mappe zu tragen. Doch Stauffenberg lehnte mit höflichem Lächeln ab, als wolle er zeigen, daß er trotz seiner Verletzungen noch durchaus dazu imstande sei.
Die Besprechung fand in der Lagebaracke statt, was immer dann der Fall war, wenn nicht gerade Luftgefahr bestand. Diese Baracke war ein Holzbau, der durch Betonteile verstärkt war und – nach den neuesten Ermittlungen – wenigstens fünf, höchstens neun Fenster besaß. Am Eingang befand sich eine Telefonzentrale, vor der ein Unteroffizier Wache hielt. Mit allseits vernehmlicher Stimme rief ihm Stauffenberg zu, daß er ein dringendes Gespräch aus Berlin erwarte, dann betrat er hinter Keitel und General Buhle den Besprechungsraum. Es war bereits nach 12 Uhr 30; die Besprechung hatte

seit einigen Minuten begonnen, und General Heusinger legte die letzten Ereignisse an der Ostfront dar. Keitel unterbrach dessen Vortrag, um die Anwesenheit Stauffenbergs zu erklären. Hitler, der als einziger inmitten von gut zwanzig stehenden Personen saß, ließ dem kriegsversehrten Obersten einen kurzen Gruß zukommen, dann forderte er Heusinger auf, in seinem Vortrag fortzufahren. Stauffenberg stellte seine Aktenmappe an einer der hölzernen Stützen ab, auf denen der Tisch ruhte, und zwar stellte er sie auf die Innenseite, also in Richtung auf Hitler. Dann trat er einen Schritt zurück, wartete einige Minuten und verließ den Raum. Buhle hatte Stauffenberg nicht gehen sehen, bemerkte jedoch bald seine Abwesenheit. Deshalb verließ auch er den Raum, um den Verschwundenen zu suchen und ihm zu sagen, daß er jeden Augenblick mit seinem Bericht an der Reihe sei, weshalb er sich bereithalten möge. Doch der Oberst befand sich nicht im Vorzimmer. Verwundert kehrte Buhle in den Lageraum zurück.
In diesem Augenblick – es war zwischen 12 Uhr 40 und 12 Uhr 50 – explodierte die Bombe. Stauffenberg und Haeften hatten bereits den Sondersperrkreis, den Bezirk des Führers, verlassen. Sie warteten, eine Zigarette rauchend, zusammen mit Fellgiebel im Sperrkreis I vor dem Bunker der Nachrichtenabteilung. Die Detonation, die sie vernahmen, hatte die Stärke einer explodierenden Granate vom Kaliber 15 cm. Als sie wenige Minuten später beim Verlassen des Sperrkreises die Lagebaracke von der Ferne her betrachteten, sahen sie Flammen und hörten Schmerzensschreie. Ihr Werk war vollbracht. Haeften steuerte den Wagen zum Flugplatz. Der Diensteifer eines wachhabenden Offiziers, der durch die Detonation, die er soeben gehört hatte, mißtrauisch geworden war, hielt sie für einen Augenblick am inneren Sperrkreis auf, dann kam noch der äußere Sperrkreis II, der erst nach längerem Telefonieren mit Möllendorf, dem stellvertretenden Kommandanten des Führerhauptquartiers, passiert werden konnte; während inzwischen Alarm gegeben worden war, befanden sie sich auf dem Wege nach Berlin.
Um 15 Uhr 45 landete Stauffenberg in Rangsdorf und übermittelte Olbricht telefonisch die gute Nachricht: Hitler ist tot! Olbricht eilte zu Fromm, setzte ihn von dem großen Ereignis in Kenntnis und legte ihm den Ausführungsbefehl für den Plan ›Walküre‹ zur Unterschrift vor. Fromm, ein Hüne von einem Mann, mit 2,04 Meter Körperlänge der größte aller deutschen Generale, verlangte einen eindeutigen Beweis. Olbricht hob das Telefon ab und verlangte Keitel in einem Blitzgespräch – überzeugt, daß er aus Rastenburg keine Antwort erhalten werde, da Fellgiebel ja die Zentrale gesperrt haben mußte. Doch schon wenige Sekunden später war Keitel am Apparat. Fromm, der den Hörer in die Hand genommen hatte, teilte ihm mit, daß in Berlin ein Gerücht umgehe, es sei ein Attentat auf den Führer verübt worden. Keitel bestätigte dies. Der Führer sei Gott sei Dank nicht ernsthaft verletzt. Er habe sich an den Bahnhof von Rastenburg begeben, um dort Mussolini zu empfangen. Nein! Es liege keine Veranlassung vor, besondere Maßnahmen zu ergreifen und den Plan ›Walküre‹ durchzuführen. Aber, ob Fromm denn wisse, wo sich der Chef seines Stabes, Oberst von Stauffenberg befinde?

Er habe sich noch wenige Augenblicke vor der Explosion in der Lagebaracke befunden. Er sei jetzt verschwunden. Fromm erwiderte in gutem Glauben, er wisse es nicht. Zunächst war auf Stauffenberg kein Verdacht gefallen. Die Explosion war von vernichtender Wucht. Vier Männer, der Wehrmachtsadjutant General Schmundt, der Fliegergeneral Korten, ein Oberst Brandt, der Hitler vermutlich das Leben rettete, als er Stauffenbergs Aktentasche beiseite stellte, nachdem er über sie gestolpert war, und der Stenograph Berger erlagen später ihren Verletzungen. Blutüberströmt taumelten die Teilnehmer der Besprechung ins Freie. Ihre Uniformen waren zerfetzt, die Gesichter schwarz vom Ruß. Viele schrien vor Schmerzen. Sie vermuteten, ein einzelnes Flugzeug habe den Anschlag ausgeführt. Dann aber glaubte man, durch Fremdarbeiter der Organisation Todt, welche die Lagebaracke erst neuerdings umgebaut hatten, sei eine Höllenmaschine in der Verschalung versteckt worden. Bis Keitel, der einzige, der außer geplatzten Trommelfellen nicht eine Schramme davongetragen hatte, sich Stauffenbergs erinnerte.

Hitler war der ruhigste von allen. Als Mussolinis Zug in den Bahnhof einfuhr – nach einer längeren Wartezeit, welche die Insassen schon nichts Gutes ahnen ließ – stand er auf dem Bahnsteig, in einen weiten schwarzen Umhang gehüllt. Hinter ihm hatten sich Göring, Himmler, Ribbentrop und Bormann aufgestellt, die aus den nahe gelegenen Generalsunterkünften herbeigeeilt waren. Nur der Gruß mit der Linken, ein Verband um die rechte Hand, ein Wattepfropf im rechten Ohr, dessen Trommelfell geplatzt war, zeugten von dem Attentat. »Duce«, sagte er, »bei mir ist eben eine Bombe losgegangen.« In der Wolfsschanze angekommen, entschuldigte er sich und zog sich mit Himmler zurück, während vor den wie versteinert dastehenden Italienern die anderen großen Naziführer erregt miteinander debattierten, wobei Göring Ribbentrop mit dem Interimsstab vor dem Gesicht herumfuchtelte.

Als Hitler wieder erschien, legte sich die Erregung. Himmler reiste nach Berlin ab, seine Ernennung zum Befehlshaber des Ersatzheeres in der Tasche. Dann hielt Hitler dem anderen Diktator – dieses Mal etwas herablassend – seine zwanzigste große Ansprache über seinen Glauben an den Endsieg. Nur beim Tee explodierte in ihm die angestaute Wut. Er bekam einen Anfall hysterischer Rachsucht und drohte den Verrätern, ihren Familien sowie ihrer ganzen Klasse die schrecklichsten Strafen an.

Stauffenberg war inzwischen in der Bendlerstraße eingetroffen. Eindringlich versicherte er Fromm, der Führer sei tot: »Nach menschlichem Ermessen ist Hitler tot.« Doch Fromm wollte ihm nicht glauben. Daraufhin wurde er von Olbricht, Stauffenberg und Merz von Quirnheim festgenommen. Haeften und ein anderer Offizier kamen mit gezogenen Pistolen hinzu, aber es fielen keine Schüsse. Die Wache des Ministeriums gehorchte Olbricht, besetzte die Ausgänge und patrouillierte in den Gängen. Viele Offiziere arbeiteten in ihren Büros, ohne sich um das Drama zu kümmern, das in ihrer unmittelbaren Nähe abrollte.

Das Drama rollte ab – doch im Zeitlupentempo. Bei seiner Fahrt durch Berlin hatte Stauffenberg enttäuscht feststellen müssen, daß nirgends Truppenbewegungen zu sehen waren. Der Befehl ›Walküre‹ war erst zehn Minuten vor seinem Eintreffen in der Bendlerstraße herausgegangen, und auch dies nur dank der Energie des Obersten Merz von Quirnheim, der seinen zögernden Vorgesetzten zuvorkam. Beck kam erst um 16 Uhr 30 im Ministerium an. Witzleben hatte sich nach dem 40 Kilometer südlich von Berlin gelegenen Zossen begeben, um mit dem Generalquartiermeister Wagner die Lage zu besprechen, und kam erst um 19 Uhr 30 in die Bendlerstraße. Die Infanterieschule Döberitz war nicht in Alarmbereitschaft versetzt worden. Jene Generale, die, dem Beispiel Fromms folgend, sich wie Kortzfleisch gegen den Putsch aussprachen, wurden verhaftet und nicht kurzerhand erschossen. Die Verschwörer hatten die gnadenlosen Methoden des Nationalsozialismus vor Augen gehabt. Sie wußten, daß sie im Falle eines Scheiterns nur noch ein Tod in Schrecken erwartete. Und dennoch spielten sie dieses Spiel um höchste Einsätze mit weltmännischem Gehabe und – von Stauffenberg und einigen anderen abgesehen – greisenhafter Langsamkeit.
Das Berliner Wachbataillon wurde von Major Otto Ernst Remer, einem neunmal verwundeten zweiunddreißigjährigen Frontoffizier befehligt, der übrigens von Hitler persönlich mit dem Ritterkreuz ausgezeichnet worden war. Helldorf hatte Beck und Witzleben zu verstehen gegeben, daß man diesen Mann wegen seiner zweifelhaften politischen Haltung – sobald es soweit sei – besser aus Berlin entferne, aber die beiden alten Herren hatten diese Warnung nicht beachtet. Für sie galt der Schluß: Ein Soldat gehorcht, Remer ist ein Soldat, also wird Remer gehorchen. Durch Hase in die Kommandantur Unter den Linden gerufen, hörte er dort die Neuigkeit, daß der Führer tot sei, wobei man ihm die dreißig Aufgaben seines Bataillons zur Aufrechterhaltung der Ordnung aufzählte: Besetzung der Rundfunkstationen, Absperrung des Regierungsviertels, Besetzung der Gestapostellen, Verhaftung Goebbels' und anderes mehr. Remer erhob keine Einwände. Er kehrte in die Stadtkommandantur zurück, gab seine Befehle und fuhr selbst mit einigen Panzern ab, um Goebbels zu verhaften. Die ganze Geschichte sei ihm verdächtig erschienen, sollte er nachher sagen. Bisher allerdings hatten Witzleben und Beck recht behalten: Der Soldat Remer gehorchte.
Doch Goebbels wußte Bescheid. Ein gewisser Reserveleutnant Hagen, NS-Führungsoffizier des Bataillons, hatte ihn vorbereitet. Als Remer schließlich kurz vor 9 Uhr erschien, fand er einen mit kaltblütiger Ruhe gewappneten Goebbels. Was der Herr Major wünsche? Ihn verhaften? Warum? Weil der Führer tot sei? Bedauerndes Schulterzucken. Der Major sei Opfer einer Täuschung. Aber er trage doch am Hals das Ritterkreuz. Ob es ihm denn nicht vom Führer verliehen worden sei? Jawohl, das sei es. Ob er in der Lage sei, die Stimme des Führers wiederzuerkennen? Gut, dann möge er selbst hören. Innerhalb von dreißig Sekunden war Goebbels mit der Wolfsschanze verbunden. Er reichte Remer den Hörer. Hitler sagte dem jungen Offizier, Verräter

am deutschen Vaterland hätten tatsächlich versucht, ihn zu ermorden, er sei aber nicht einmal verwundet, und die Vergeltung für diese Schurkentat lasse nicht auf sich warten. Er übertrug ihm persönlich die Aufgabe, die Verschwörer festzunehmen, und unterstellte ihn, bis zum Eintreffen des Reichsführers SS Himmler seinem eignen Kommando. Er rechne mit seiner Treue, seinem soldatischen Eifer und seiner Ehrenhaftigkeit.

Es war inzwischen fast 18 Uhr geworden. Obwohl sie allmählich am Tode Hitlers zweifelten, glaubten die Verschwörer, die sich im Besitz des Kriegsministeriums und des Generalstabs befanden, die Lage sei für sie günstig. Von Zossen aus proklamierte sich schließlich Witzleben als Oberkommandierender der Wehrmacht. Aus der Bendlerstraße ließ Stauffenberg im Namen Fromms Befehle für die Verhaftung der Gauleiter, Reichsstatthalter, Gestapo- und SD-Leute sowie der Konzentrationslagerkommandanten hinausgehen. Verbindung mit Paris wurde hergestellt, wo Stülpnagel mit Enthusiasmus die weiteren Schritte unternahm. Kluge befand sich an der Front, doch man erwartete jeden Augenblick seine Rückkehr nach La Roche-Guyon. Niemand zweifelte daran, daß er sich der Verschwörung anschließen werde. Wiederholt soll er gesagt haben, man müsse Hitler, ›dieses Schwein‹, töten und den verlorenen Krieg beenden.

Für Kluge war dieser Tag anstrengend genug gewesen. Verschwitzt und verschmutzt kehrte er zurück, da er längere Zeit unter Bombenhagel hatte Deckung nehmen müssen und seinen Wagen verloren hatte. Nach der Verwundung Rommels hatte er das Oberkommando im Westen und das Oberkommando über die Heeresgruppe B inne. Da er täglich die Normandie durchfuhr, kannte er jetzt aus eigener Erfahrung das drückende Gefühl der Unterlegenheit, mit dem jene Truppen kämpfen mußten, die er zuvor für schlapp und verweichlicht gehalten hatte. Die Lagebesprechung, von der er gerade kam und an der alle Oberbefehlshaber und Kommandierenden Generale der Normandiefront teilgenommen hatten, war in einem Waldstück bei Saint-Pierre-sur-Dives abgehalten worden, da jede Versammlung in einem Haus gleichbedeutend mit Selbstmord gewesen wäre. Das Wetter war prächtig, die feindliche Luftwaffe hatte freies Spiel. Der Himmel schien zu vibrieren, und alle Flugzeuge, die über diesen tiefblauen Himmel zogen, zeigten den weißen Stern. Die Besprechung hatte in gedrückter Stimmung stattgefunden. Seit achtundvierzig Stunden war die britische Offensive östlich von Caen im Gange. Die am ersten Tag von 2000 Flugzeugen abgeworfenen Bombenteppiche hatten die deutschen Einheiten in der vordersten Linie vernichtet, so daß man sofort auf die Reserven hatte zurückgreifen müssen. Alle verfügbaren Panzer waren um einen feindlichen Frontvorsprung im Einsatz, der sich zwischen Troarn und Bourguébus ständig erweiterte. Würde die Front standhalten? Übelgelaunt und abgespannt übertrafen die Generale sich gegenseitig darin, den feindlichen Durchbruch vorauszusagen.

Speidel, der Generalstabschef der Heeresgruppe geblieben war, unterrichtete Kluge

über die Ereignisse des Tages. Als handle es sich um ein Detail der militärischen Routine, setzte er noch hinzu, man habe einen allem Anschein nach erfolgreichen Anschlag auf das Leben des Führers unternommen. Kluge sprang nicht auf, verzog keine Miene, sagte dazu kein Wort. Er fragte nur noch: »Ist das alles?«, dann das einzige Wort: »Danke.«
Dieses Verhalten war unverständlich. Das Ereignis, mit dem er sich in Gedanken so oft schon beschäftigt hatte, Hitlers Ermordung, löste bei ihm keine sichtbare Reaktion aus. Er nahm ein Bad und wechselte die Wäsche, um Zeit zu gewinnen und klarer zu sehen.
Um 19 Uhr rief Berlin an. Am Apparat war Ludwig Beck: »Der Führer ist tot. Sie müssen sich jetzt entscheiden, was Sie zu tun gedenken. Nein, die Lage ist noch nicht restlos geklärt. Hitlers Tod ist wahrscheinlich, er ist nicht absolut sicher... Doch, das macht nichts, unsere Aktion ist angelaufen und wird bis zum Ende durchgeführt. Alles hängt jetzt ab von der Armee im Westen, von Ihnen. Ich erwarte eine klare Antwort.« Kluge ließ den nervösen Wortschwall des alten Mannes, der einst sein Vorgesetzter gewesen war, an seinem Ohr vorübergehen, dann antwortete er: »Ich muß mich mit meinem Stab darüber besprechen. Ich rufe in einer halben Stunde zurück.«
Einen Augenblick später erschien Stülpnagel in Begleitung von Dr. Horst, dem Schwager Speidels, und Cäsar von Hofackers, des begeistertsten und mitreißendsten unter den Verschwörern. Sie zogen sich mit Kluge zurück, der seine Zusage, Beck anzurufen, noch nicht eingelöst hatte – und auch nicht mehr einlösen sollte. Der schlichte Reserveoberstleutnant Hofacker nahm das Wort: »Der Krieg ist verloren, machen Sie dem Gemetzel ein Ende, verhindern Sie, daß die schlimmste aller Katastrophen über das deutsche Volk hereinbricht.« Doch all diese Beredsamkeit stieß auf eisige Zurückhaltung. Kluge stand auf: »Meine Herren, das Attentat ist gescheitert.« »Aber«, sagte Stülpnagel, »ich glaubte, Sie wußten es schon.« – »Ich habe es soeben direkt aus Rastenburg erfahren.« Jedes weitere Wort wäre überflüssig gewesen. Stülpnagel und Hofacker hatten verstanden. Für Stülpnagel, Hofacker und Tausende anderer Personen war damit das Todesurteil gesprochen. Generalfeldmarschall Günther von Kluge hatte sich entschieden.
War der Abend schon zu Ende? Keineswegs. Kluge wußte sich als Gastgeber zu benehmen. Die Besucher aus Paris wurden an die Tafel zurückgeführt. Nach der militärischen Rangordnung nahm man im vornehmen Speisesaal des alten Landsitzes Platz. Es wurde Abend, und da der Strom durch die Bombenangriffe ausgefallen war, brachte man Fackeln. Totenfackeln? Niemand außer Kluge hatte Appetit, niemand außer Kluge hatte Lust zu reden. Er erzählte von den Kämpfen in Rußland, Anekdoten aus seiner Garnisonzeit. Er lachte. Plötzlich legte Stülpnagel seine Serviette zur Seite: »Herr Generalfeldmarschall, darf ich Ihnen unter vier Augen etwas sagen?«
Kluge zögerte, stimmte dann zu und führte seinen Untergebenen in einen benachbarten

Raum. Im Speisesaal herrschte Totenstille. Da öffnete sich jäh wieder die Tür. In rauhen Worten tönte eine soldatische Stimme – wie aus dem Treppenhaus einer Kaserne. Generalfeldmarschall von Kluge tobte wie ein Feldwebel: Das sei unerhört! Das sei Wahnsinn! Das sei Ungehorsam. Herr General von Stülpnagel habe Befehl zur Verhaftung von SS-Brigadeführer Oberg, von SS und SD in Paris gegeben. Blumentritt solle telefonieren! Er solle in seinem, Kluges, Namen diesen Blödsinnsbefehl widerrufen. Sofort!
In Paris war alles nach Wunsch verlaufen. Mit Schwung führten die Soldaten die Befehle zur Liquidierung der Stützen des Regimes aus. Diese leisteten keinerlei Widerstand. Fahrzeugkolonnen der Wehrmacht lieferten in das Gefängnis von Fresnes und ins Fort Saint-Denis jene rund zwölfhundert Männer ein, die seit vier Jahren die Naziherrschaft in der französischen Hauptstadt aufrechterhielten. Im Hotel ›Raphael‹ tranken Stülpnagels Offiziere Sekt in Erwartung der Rückkehr ihres Chefs. Im Rundfunk war durchgegeben worden, daß Hitler einem Attentatsversuch entkommen sei, aber jedermann war davon überzeugt, daß Generalfeldmarschall von Kluge sich dem Putsch angeschlossen habe und daß er in Verhandlungen mit den Alliierten eintreten werde.
Gegen 23 Uhr erhielt der Chef des Stabes, Oberst von Linstow, den Telefonanruf aus La Roche-Guyon, daß die Verhaftung der Nazis aufzuheben sei. Er antwortete, es sei zu spät, die Operation sei im Rollen. Eine halbe Stunde später rief Berlin an. Der herzleidende Linstow sank ohnmächtig auf seinem Stuhl zusammen. Stauffenberg persönlich – völlig ruhig und ohne ein Zittern in der Stimme – setzte seine Mitverschwörer in Paris davon in Kenntnis, daß der Putsch gescheitert sei und daß sie nun auf ihre eigene Sicherheit bedacht sein müßten. Das Wachbataillon der Ersatzbrigade ›Großdeutschland‹ sei zurückgekehrt. Doch anstatt den Bendlerblock zu beschützen, habe es diesen umstellt und beginne einzudringen. Gestapoleute befänden sich im Gefolge der Soldaten. »Sie sind vor der Türe meines Büros, sie sind da.«
In La Roche-Guyon hatte sich Kluge zur Tafel zurückbegeben. Er hatte darauf bestanden, daß Stülpnagel wieder zu seiner Rechten Platz nahm. Nach dem Kognak begleitete er den General bis zu dessen Wagen und flüsterte ihm, jetzt wieder ganz guter Kamerad, den Rat ins Ohr: »An Ihrer Stelle würde ich mich in Zivilkleider werfen und verschwinden!« Stülpnagel ging nicht darauf ein, und als ihm der Marschall die Hand reichte, übersah er sie.
In Berlin war die Stunde der Entscheidung gekommen. Der wiederbefreite Fromm hatte es eilig, jene Männer verschwinden zu sehen, deren stillschweigender Mitwisser er gewesen war. Witzleben, der sich nur kurz in der Bendlerstraße gezeigt hatte, kehrte nach Hause zurück, um dort seine Verhaftung abzuwarten. Goerdeler, der sich während des ganzen Tages nicht hatte blicken lassen, ergriff die Flucht. Der Generalquartiermeister, General Wagner, beging Selbstmord. Hoepner, dem Fromm im Namen ihrer alten Kameradschaft den gleichen Ausweg anbot, antwortete, er hoffe sich rechtferti-

gen zu können, und ließ sich in das Militärgefängnis von Moabit abführen. Einigen gelang die Flucht. Andere, wie Yorck, Schwerin von Schwanenfeld und Berthold von Stauffenberg, der Bruder des Attentäters, wurden zur Gestapo in der Prinzregentenstraße gebracht. Beck versuchte sich eine Kugel durch den Kopf zu schießen, brachte sich einen Streifschuß an der Stirne bei, wurde ohnmächtig, kam wieder zu sich und versuchte es erneut – ohne Erfolg. Fromm forderte einen Feldwebel auf, dem alten Herrn zu helfen. Der Feldwebel nahm den ehemaligen Generalstabschef des Heeres und machte ihm in einem benachbarten Büro ein Ende.
Generaloberst Friedrich Fromm sprach mit Offizieren des Wachbataillons und erklärte dann, daß ein Standgericht General Olbricht, Oberst Merz von Quirnheim, Oberleutnant von Haeften und »den Oberst, dessen Namen ich nicht mehr kenne«, zum Tode verurteilen werde. Sie wurden in den Ehrenhof hinuntergebracht und im Licht der Autoscheinwerfer erschossen, während man die Detonationen der Bomben hörte, mit denen feindliche Fliegerverbände ein Viertel im Norden Berlins in Trümmer legten.

Das Strafgericht

Bei den Alliierten wurde das rätselhafte und schreckliche Ereignis des 20. Juli systematisch unterbewertet. Die Regierungen waren von den Verschwörern sowohl über die Vorgeschichte als auch den Umfang der Verschwörung unterrichtet worden, hatten sich aber geweigert, die Verschwörer in irgendeiner Form zu unterstützen. Hätten sie es getan, dann hätten sie die Vorstellung von der absoluten Einheit zwischen Deutschland und seinem Führer aufgeben müssen. Auch das Konzept von der engen Verbindung zwischen dem Nationalsozialismus, der Klasse der Junker und dem von ihr verkörperten preußischen Militarismus hätte sich dann nicht mehr halten lassen. Selbst heute will kaum jemand die Tatsache wahrhaben, daß unter den führenden Köpfen der Nationalsozialisten kaum Preußen, geschweige denn Adelige waren, daß jene vielmehr beinahe ausschließlich aus dem Westen oder Süden kamen und meist aus katholischen Familien stammten. Viele waren in sozial bescheidenen, wenn nicht gar ärmlichen Verhältnissen aufgewachsen – Hitler so gut wie Goebbels, Bormann, Ley und Sauckel. Wäre anerkannt worden, daß eine soziale und geistige Elite das Verbrecherische des Regimes sehr wohl erkannt hatte und bereit war, ihr Leben bei der Beseitigung der Verbrecher aufs Spiel zu setzen, so hätte dies die Forderung nach der bedingungslosen Kapitulation in ein schlechtes Licht gerückt. So aber verkörperte Deutschland in den Augen der Alliierten weiterhin das Prinzip des Bösen schlechthin: Kriege werden eben selten mit differenzierten Grundsätzen und abgewogenen Forderungen geführt.

Das mißglückte Attentat auf Hitler am 20. Juli 1944 war der letzte Versuch, das NS-Regime gewaltsam zu stürzen. Feldmarschall v. Witzleben, als OB Wehrmacht vorgesehen, vor dem Volksgerichtshof (oben). – Dr. Karl F. Goerdeler (unten links), designierter Reichskanzler; Oberst Claus Graf v. Stauffenberg; Ulrich v. Hassell, ehemaliger Botschafter in Rom, sollte das Außenministerium übernehmen. Alle vier Beteiligten wurden hingerichtet.

Im Frühjahr 1943 setzten sich die im Warschauer Ghetto lebenden Juden gegen die Zwangsumsiedlung verzweifelt zur Wehr. Mitglieder der jüdischen Ghettopolizei (oben links), deutsche Polizei bei der Verhaftung (rechts). Mit Flammenwerfern und Sprengtrupps begann die SS am 13. April ihre Vernichtungsaktion. Am 16. Mai meldete Brigadeführer Stroop (unten): »Gesamtzahl der erfaßten und vernichteten Juden beträgt insgesamt 56065.«

Hitler und die Alliierten überboten sich gegenseitig darin, den 20. Juli als eine Angelegenheit ohne Bedeutung abzutun. Als der Führer gegen Mitternacht im Rundfunk sprach, um sich als den Mann darzustellen, den die Vorsehung vor dem Attentat bewahrt hatte, betonte er, daß die Verschwörer eine ›ganz kleine Clique‹ von verbrecherischen und dummen Offizieren seien, die nur ihrem schmutzigen persönlichen Ehrgeiz gehorcht hätten.
Churchill, der die Vorgeschichte der Verschwörung sehr genau kannte, beschränkte sich auf die Erklärung, daß das Attentat gegen ›the old bastard‹ zeige, wie klar sich der deutsche Generalstab über den für ihn negativen Ausgang des Krieges sei. Ehe Tresckow sich zwischen den deutschen und russischen Linien mit einer Gewehrgranate in die Luft sprengte, schrieb er: ›Wenn einst Gott Abraham verheißen hatte, er werde Sodom nicht verderben, wenn auch nur zehn Gerechte darin seien, so hoffe ich, daß Gott auch Deutschland um unseretwillen nicht verderben wird. Niemand von uns kann über seinen Tod Klage führen. Wer in unseren Kreis getreten ist, hat damit das Nessushemd angezogen.‹
Es dauerte Jahre, bis man im 20. Juli das erkannte, was der Historiker Maurice Beaumont ›den heroischen Versuch weniger‹ nennt, ›die Ketten, die sich alle gaben, zu sprengen‹.
Am 21. Juli begann die schreckliche Vergeltung. Hitler schwor, den Namen Stauffenberg zu tilgen, die fanatischen Nazis redeten einer Liquidierung der Aristokratie das Wort. Bereits in Haft befindliche Männer wie General Graf von Sponeck, der wegen Ungehorsams zum Tode verurteilt, von Hitler aber wieder begnadigt worden war, ermordete man in ihren Zellen. Mit den Ermittlungen wurde die ›Sonderkommission des 20. Juli‹ beauftragt, mit der Aburteilung der sogenannte Volksgerichtshof.
Mehrere tausend Verhaftungen wurden vorgenommen. Auf Goerdelers Kopf stand ein Judaslohn von einer Million Mark. Die Leichen von Stauffenberg, Olbricht, Merz und Haeften grub man wieder aus, verbrannte sie und zerstreute ihre Asche in alle Winde, ›nicht auf bebautes Land‹, wie Himmler genau festlegte, sondern ›auf Rieselfelder‹. In der Wehrmacht trat ein ›Ehrenhof‹ zusammen, dessen Vorsitz zu übernehmen Generalfeldmarschall Rundstedt sich nicht scheute. Er hatte über jene Offiziere zu befinden, die der Nazijustiz ausgeliefert werden sollten. Hitler schlug los, ohne zu zögern. Da Fromm sich durch die allzu eilige Exekution Stauffenbergs verdächtig gemacht hatte, wurde auch er verhaftet. Der Generalstabschef Kurt Zeitzler hatte mit der Verschwörung nichts zu tun, war aber mit vielen der Verschwörer aus der Wehrmacht durch freundschaftliche Beziehungen verbunden gewesen. Hitler entließ ihn aus der Armee mit dem Verbot, eine Uniform zu tragen. Guderian nahm die Nachfolge auf seinen Posten an. In Paris hatten die Männer von SS und SD es vorgezogen, ihre lächerliche und ruhmlose Verhaftung, die ihre Position nur hätte schwächen können, zunächst zu vertuschen. Während einiger Tage konnten Hofacker, Linstow und ein

Oberst namens Finckh sich der Illusion hingeben, noch einmal davongekommen zu sein. Dann aber schlug die Gestapo zu und verschleppte sie nach Deutschland, wo ihnen Folter und Tod bevorstanden. Tragisch war Stülpnagels Ende: Zur Rechtfertigung nach Berlin gerufen, befahl er seinem Fahrer, einen Umweg über die Schlachtfelder von Verdun zu machen. In der Gegend von Vachereauville, wo er 1916 gekämpft hatte, schoß er sich eine Kugel durch den Kopf, war aber nicht tot. Blindgeschossen brachte man ihn in ein Krankenhaus; unter der Einwirkung der Narkose nannte er einen Namen: Rommel.

Alliierte Bomber über der Normandie

An der Front in der Normandie ließ die Härte des Kampfes den Teilnehmern kaum Zeit, sich näher für das Attentat in Rastenburg zu interessieren. Montgomery entschied sich plötzlich zum Abbruch der Offensive ›Goodwood‹. Die Engländer waren fast zehn Kilometer vorgedrungen und hatten 2000 Gefangene gemacht – ein nur mittelmäßiges Resultat angesichts der eingesetzten Mittel, die nicht geringe Hoffnungen erweckt hatten. In der englischen und amerikanischen Presse erschienen höchst kritische Betrachtungen. Eisenhower begann, sich Sorgen zu machen. Man erinnerte sich an die Dardanellenexpedition von 1915 und befürchtete, daß die Ereignisse diesmal ähnlich verlaufen könnten. Damals war es nämlich ebenfalls gelungen, einen Brückenkopf zu bilden, doch waren alle Versuche gescheitert, von ihm aus ins Hinterland vorzustoßen, so daß die Kämpfe im Stellungskrieg erstarrten. An der Ostfront aber begannen die deutschen Linien sich aufzulösen, und die russischen Armeen stießen bereits zum Njemen vor.

Um wieder Bewegung in die Operationen zu bringen, hatte man bei SHAEF andere Landungsunternehmen ins Auge gefaßt, nämlich die obere Normandie, die nördliche Bretagne oder Quiberon. Nach reiflicher Überlegung entschied man sich für ein neues Angriffsunternehmen im Cotentin. Die schrecklichen Hecken und Hohlwege wurden von den Amerikanern zwar gefürchtet, aber Bradley glaubte, nach genauem Kartenstudium eine relativ günstige Angriffszone gefunden zu haben. Sie lag unmittelbar im Westen von Saint-Lô, zwischen den Ortschaften Hébécreyon und Montreuil. Das Gelände war nicht ganz hindernisfrei, wies aber festen Boden auf sowie wenig Buschbestand. Die Zugangswege von der Seeseite her verliefen in südwestlicher Richtung zwischen mittleren Höhenzügen. Man gelangte bald in ein Gebiet, wo das Buschwerk weniger dicht und die Felder größer waren, wo der Boden leichter befahrbar und die Hohlwege weniger ausgeprägt waren. Setzte man diesen Weg weiter fort, gelangte man nach Avranches, wo bereits die Bretagne beginnt. Hier wäre ein Übergang über die

Loire möglich gewesen und damit jene große Umfassungsbewegung, die Verwirklichung jener strategischen Idee, die dem Plan ›Overlord‹ zugrunde gelegen hatte. Erfindergeist hatte übrigens inzwischen den Kampf in den Hecken für die Alliierten erleichtert. Sergeant Curtis G. Culin jr. von der 102. Aufklärungseskadron hatte sich eine Vorrichtung ausgeklügelt, mit deren Hilfe den ›Sherman‹-Panzern eine Überwindung der Hecken möglich wurde. Der Befehlshaber des Korps, Generalmajor Gerow, ja Bradley selbst, nahmen diese neue Vorrichtung in Augenschein. Aus Schrott, den er am Strand aufgelesen hatte, und einer in einer zerschossenen Garage gefundenen Lötlampe hatte Culin eine Art Schild verfertigt, der mit vier langen Stahlzinken versehen war. Sie dienten den Panzern als Grabgabel, die ihnen die Beseitigung der Hindernisse ermöglichte, so daß sie nicht mehr gezwungen waren, beim Überrollen der Hecken sich steil aufzurichten und dem Feind die verwundbare Unterseite darzubieten. Nunmehr grub sich der Sherman im Wurzelwerk der Hecke ein, wühlte sich wie ein Eber voran und durchbrach den Wall aus Erde, Büschen und Wurzelwerk. Man entschloß sich, alle Panzer mit dieser Vorrichtung auszurüsten, ließ aus England das zur Serienfertigung notwendige Material kommen. Allerdings untersagte Bradley die Verwendung dieser Hilfswerkzeuge bis auf weiteres; sie sollten nämlich am Tag des Durchbruchs die Deutschen überraschen.

Über die Art und Weise, in der der Durchbruch vorbereitet werden sollte, war sich Bradley noch nicht schlüssig. Seine Korpsgenerale sprachen sich für die Artillerievorbereitung in der herkömmlichen Form aus. »Ich würde ihnen zustimmen«, sagte Bradley, »wenn ich über die zehnfache Anzahl von Geschützen verfügte.« Mit der Artillerie, über die er gebiete, sei ein Trommelfeuer von mehreren Tagen nötig. Das aber würde dem Feind Rückschlüsse auf den Beginn des Unternehmens erlauben; der Überraschungseffekt ginge verloren. Zwar besäßen Luftangriffe selten die Genauigkeit von Artilleriebeschuß, dafür böten sie aber den Vorteil, durch ihre Plötzlichkeit, durch ihr würgendes Zupacken, den Gegner zu lähmen. Bradley meinte, es gehe vor allem darum, den notwendigen Intensitätsgrad der Bombardierung sicherzustellen, die Bombenmenge festzulegen, die über einem bestimmten Gebiet abgeworfen werden müsse, damit das vorgegebene taktische Ziel erreicht werde.

Um sich seine fliegende Artillerie zusammenzustellen, begab sich Bradley zurück nach England. Die Ergebnisse seiner Suche nach einsetzbaren Maschinen übertrafen seine Erwartungen. Man stellte ihm 1500 schwere, 396 mittlere Bomber und 350 Jagdbomber zur Verfügung. Er hätte sogar noch mehr erhalten können, aber die ›Lancaster‹ der RAF waren nur für den Abwurf großkalibriger Bomben gebaut; man fürchtete deren Riesentrichter – im Raum von Caen hatten sie sich schon einmal als hinderlich für den britischen Vormarsch erwiesen –, so daß Bradley auf sie verzichtete.

Sieben Kilometer lang und drei Kilometer breit war das Gebiet, das durch das Bombardement aus der Luft für den Angriff vorbereitet werden sollte. Die eine Seite dieses

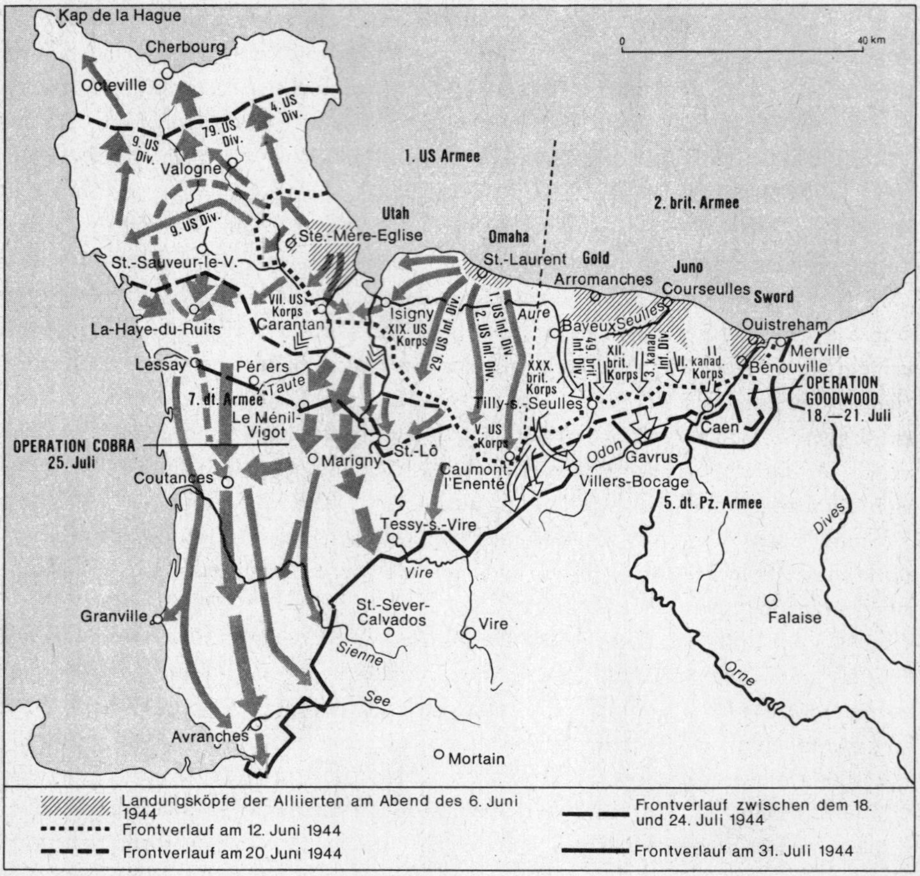

Karte 43 Die Eroberung der Normandie durch die amerikanischen und britischen Truppen (7. Juni bis 31. Juli 1944)

Rechtecks wurde durch die Straße Périers–Saint-Lô begrenzt. Zwanzig Quadratkilometer normannischer Erde sollten durch Bomben, abgeworfen von 2246 Maschinen, umgepflügt werden – mehr als ein Flugzeug pro Hektar. Der 9., 4. und 30. US-Infanteriedivision hatte man den Auftrag erteilt, durch die von den Bomben geschlagene Bresche vorzustoßen. Der 3. und 2. Panzerdivision und der 1. motorisierten Infanteriedivision war befohlen worden, die drei anderen Infanteriedivisionen zu überholen und zusammen mit dem VIII. US-Korps in südwestlicher Richtung auf Coutances vorzugehen. Auf diese Weise hoffte man, mit einem einzigen Schlag die Verteidigung der Normandie aus den Angeln zu heben und dadurch die bei Périers und Lessay umzingelten alliierten Truppen zu befreien.

Auf deutscher Seite hatte man sich Schritt um Schritt von den Höhen bei La Haye-du-

Puits bis zu den Sumpfigen Wiesen von Gorges zurückgezogen. Wenige Tage zuvor waren die Panzerlehrdivision und die 2. SS-Panzerdivision südwestlich von Saint-Lô in Kämpfe verwickelt worden, in deren Verlauf es ihnen nicht gelang, die Stadt zu retten. Kluge erwartete nun, daß die englische Offensive erneut losbrechen werde, weshalb er die beiden Panzerdivisionen wieder aus der Front nehmen wollte, um sie im Raum von Caen einzusetzen. Die 2. SS-Panzerdivision war bereits abgelöst worden, ebenso sollte die Panzerlehrdivision eine Atempause erhalten. Hitler hatte sich inzwischen bereit erklärt, beide durch einige Divisionen von der Kanalküste zu ersetzen. Aber die örtlichen Befehlshaber fürchteten so sehr um den Bestand der Front, daß sie Panzer und Besatzungen Bayerleins zurückhielten. Sie, die Elitedivision der Westfront, stand zusammen mit einigen Fallschirmjägereinheiten und Resten der 275. Infanteriedivision zwischen Montreuil und Hébécrevon.

Infolge des Regens wurde die ursprünglich unter dem Deckwort ›Cobra‹ auf den zwanzigsten Juli festgelegte amerikanische Offensive zweimal verschoben. Man hatte sich schließlich für den vierundzwanzigsten entschieden. Schon befanden sich die Geschwader in der Luft, als sich der Himmel derart schnell mit Wolken überzog, daß die Flugzeuge wieder zurückgerufen werden mußten. Ein Teil der Maschinen hatte diesen Befehl jedoch nicht aufgefangen; sie führten ihren Auftrag aus. Die 800 Tonnen Bomben, die sie abwarfen, töteten und verwundeten zwar deutsche Soldaten – aber auch 156 Amerikaner. Eine Panik brach aus, man zog sich zurück. Trotz eigener Verluste lachten sich die Veteranen der Panzerdivision ins Fäustchen, als sie den Feind unter seinen eigenen Bomben fliehen sahen.

Am nächsten Tag, dem 25. Juli, erreichte eine erstaunliche Neuigkeit aus der vordersten Linie die deutschen Hauptquartiere: ›Allgemeiner Rückzug des Feindes.‹ Diesmal erschien die fliegende Artillerie vollständig; das Mißgeschick vom Vortag hatte auf die Amerikaner einen derartig nachhaltigen Eindruck gemacht, daß – sei es auf Befehl oder sei es aus eigenem Entschluß – ganze Regimenter zurückgingen. Die Deutschen konnten sich nicht lange darüber freuen. Das Stahlgewitter, das sich über dem von Bradley bezeichneten Rechteck entlud, übertraf alles, was man in diesem Krieg, an welcher Front auch immer, erlebt hatte. Die deutschen Stellungen wurden buchstäblich pulverisiert. Die Munition flog in die Luft, Waffen und Panzer wurden zerstört, die Hecken davongeblasen. Die Soldaten lagen zerfetzt und tot herum; Überlebende, die bereits fünf Kriegsjahre hinter sich hatten, zitterten und schluchzten; viele verloren den Verstand; die Erde bebte. Im nahegelegenen Saint-Lô schrieen die Einwohner, das Ende der Welt sei gekommen, während andere glaubten, eine der kriegführenden Mächte habe eine neue und schreckliche Waffe erfunden und eingesetzt. Schließlich war das angegriffene Gebiet ein einziges Flammenmeer, das die Jagdbomber mit ihrem Brandöl entzündet hatten.

Dieses Inferno schien niemand überleben zu können.

Doch auch den Amerikanern blieben Verluste nicht erspart. Wie schon am Vortag waren auch jetzt wieder die Bomben reihenweise nördlich der Straße von Périers nach Saint-Lô gefallen. Mehrere hundert Soldaten wurden getötet oder verletzt. General Lesley J. McNair, der gekommen war, sich das Schauspiel anzusehen, flog in seinem Jeep in die Luft. Er hatte in England eine nur auf dem Papier stehende Heeresgruppe kommandiert, die den Feind in Furcht vor einer neuen Landung setzen sollte, so daß man seinen Tod geheimhalten mußte, um keinen Verdacht zu erwecken.
Um 11 Uhr stießen die Amerikaner über die Straße von Saint-Lô nach Périers vor, während gleichzeitig die Kanadier im Raum von Caen angriffen, um die deutschen Reserven zu binden. Man hatte den amerikanischen Soldaten gesagt, die Verteidiger seien durch das Bombardement bis auf den letzten Mann vernichtet worden. Doch in Lozon, La Chapelle-en-Juger und Hébécrevon hoben die Überlebenden die Köpfe, griffen sich irgendwelche Waffen und leisteten Widerstand. Aber auch dort, wo die amerikanischen Bataillone ungehindert vordringen konnten, wurden sie von den Obersten und Divisionsgeneralen ängstlich gebremst. Collins hielt zudem seine Panzerdivisionen noch zurück, da er die von der Infanterie geschaffene Bresche nicht für groß genug hielt. Am Abend war man nicht mehr als drei Kilometer vorangekommen. Weder Marigna noch Saint-Gilles, die laut Plan hätten genommen werden sollen, waren erreicht worden. Die Enttäuschung darüber war groß. Man kritisierte die Luftstreitkräfte.
»Bis jetzt«, sagte General Hobbs, »haben wir noch keine Wirkung der Bombardements gesehen.«
Sein Urteil war ungerecht. Daß man so langsam vorankam, lag hauptsächlich am mangelnden Angriffsgeist der Infanterie. Die Angriffe der Bomber hatten die Panzerlehrdivision nahezu zerschlagen und eine erhebliche Bresche in die deutsche Front gerissen. Am sechsundzwanzigsten und siebenundzwanzigsten waren auch die letzten örtlichen Widerstandsnester am Ende ihrer Kraft. Am achtundzwanzigsten stießen zwei mächtige Panzerkolonnen auf den Straßen nach Coutances und Avranches vor. Die deutschen Befehlsverbindungen waren ausgefallen, die Telefonleitungen unterbrochen. Funkverkehr aber zog sofort die Aufmerksamkeit der alliierten Flugzeuge auf sich, und Verbindungsoffiziere wurden auf den Straßen von den Jabos wie Enten abgeknallt. Im brennenden Térence wurde General von Choltitz von eindringenden amerikanischen Panzern überrascht, entkam querfeldein und konnte mit seinem Stab wieder Verbindung aufnehmen. Man teilte ihm mit, daß man an seiner Stelle General Elfeldt an die Spitze des LXXXIV. Korps kommandiert habe. Auch der Generalstabschef der 7. Armee, Pemsel, wurde seines Postens enthoben; er mußte für seinen Vorgesetzten, den General der Waffen-SS Hausser, zahlen, der gegen die Absichten Kluges gehandelt hatte, als er seinen linken Flügel nach Südosten zurücknahm, wodurch er die Fühlung mit der Küste der Normandie verlor. Folglich war die Flanke der deutschen

Die alliierten Oberbefehlshaber in Europa am 1. Februar 1944. Von links: Omar N. Bradley, OB 1. US-Armee; Sir B. Ramsey, OB Seestreitkräfte; Sir A. Tedder, stellv. OB alliierte Streitkräfte; Dwight D. Eisenhower, OB alliierte Streitkräfte; Sir B. Montgomery, OB 21. Heeresgruppe; Sir T. L. Mallory, OB Luftstreitkräfte; W. Bedell Smith, Chef des Stabes – Luftmarschall A. Harris, Chef der britischen Bomberkommandos (unten rechts).

Churchill und Montgomery am 25. März am Niederrhein (oben). »Drüben auf dem feindlichen Ufer«, schreibt Churchill, »erstreckten sich glatte ebene Wiesen. Ich sagte zu Montgomery: ›Wollen wir nicht sehen, wie es drüben ausschaut?‹... Im hellsten Sonnenschein und absolutem Frieden landeten wir am deutschen Ufer und gingen dort eine halbe Stunde unbelästigt spazieren.« – Adolf Hitler in seinem Bunkerquartier 1945 (unten).

»Zweifellos ist Ike bemüht, sein Bestes zu tun, um zwischen Amerikanern und Engländern die bestmöglichen Beziehungen aufrechtzuerhalten. Ebenso klar aber ist, daß Ike nichts von Strategie versteht« (Tagebuch des britischen Stabschefs Alan Brooke 27. Juni 1944). Die Beziehungen Eisenhowers (oben) zu General de Gaulle (unten) litten bis zum Ende des Kriegs unter dem Stolz des Franzosen, sich dem US-Kommando zu unterstellen.

Am 8. Februar 1945 setzten Einheiten der 1. Kanadischen Armee zwischen Rhein und Maas östlich von Nimwegen zur Offensive an. Am folgenden Tag überschritten sie die deutsche Grenze bei Reichswald (oben). – Die Eisenbahnbrücke in Remagen war der einzige Übergang über den Rhein, der unversehrt in die Hand der Alliierten fiel. Über viele Pontonbrücken rollte der Nachschub aus Frankreich an die Front (unten).

Armee von der Meeresseite her nicht mehr gedeckt. Am 29. Juli drangen die Amerikaner in Coutances ein. Am 30. nahmen sie Avranches, am 31. Pontaubault, den letzten Ort der Normandie auf dem Weg zur Bretagne. Laut Invasionsplan hätten sie bereits zwanzig Tage nach der Invasion dort sein sollen; inzwischen waren jedoch 54 Tage vergangen, aber sie waren dort.

Offener Kampf der Résistance

Der Kampf der Untergrundgruppen des Vercors gehört zu den ruhmvollsten Kapiteln der Geschichte der französischen Résistance. Der gebirgige Landstrich von Vercors, eine natürliche Festung von über 200 Kilometern Ausdehnung zwischen den Tälern des Drac, der Isère, der Drôme und der Rhône, in unmittelbarer Nähe von Grenoble gelegen, galt als uneinnehmbar. Das alliierte Oberkommando hatte diesem Gebiet einen wichtigen Platz in seinen Plänen zugewiesen; es sollte nämlich als innerfranzösische Festung dienen, in der sich die aktiven Gruppen des Widerstands sammeln konnten. Über dem Vercors sprangen Agenten mit dem Fallschirm ab, wurde Material auf gleiche Weise gelandet. Außerdem sollte es als Binnenbrückenkopf nach der Landung in Südfrankreich dienen.
Im März 1944 zählte der Maquis von Vercors nur 300 bis 400 Mitglieder: Soldaten der von den Deutschen aufgelösten französischen Armee, Abtrünnige des SDO, Freiwillige, entlaufene Gefangene. Die Führung lag in der Hand von alten Offizieren und Unteroffizieren verschiedener Einheiten, vor allem des 6. Jägerregiments zu Fuß, des 11. Kürassierregiments und des 159. Gebirgsregiments.
Sie unterstanden dem Oberbefehl Oberst Zellers (Joseph), dem Kommandanten der Militärregionen R-1 und R-2, die von der Provence bis zum Jura reichten. Der Chef der R-1, innerhalb dessen Gebiet das Vercors lag, war Oberst Descours (Bayard). Der eigentliche Maquis wurde hauptsächlich durch Hauptmann Geyer (Thivollet), dann durch den Major Huet (Hervieux) befehligt. Chef der zivilen Résistance war Eugene Chavant (Clement). Bereits im Winter 1942/43 waren im Berggebiet Lager angelegt worden, die den Maquiskämpfern Unterschlupf bieten sollten. Doch nachdem die Deutschen einige dieser Lager ausgehoben und Verhaftungen vorgenommen hatten, wurden sie durch eine lockere Organisation, die sogenannten ›Trentaines‹ ersetzt. Dies blieb so bis zur Landung der Alliierten in der Normandie. Die im geheimen gebildeten Einheiten formierten sich, die Freiwilligen wurden im voraus benachrichtigt, viele Einzelpersonen stellten sich zur Verfügung, so daß man im Vercors plötzlich über 4000 Kämpfer verfügte. Die Alliierten ließen verschiedentlich Spezialgruppen über dem Gebiet abspringen, darunter das Kommando des Hauptmanns Tuppers.

Am 13. Juni fanden die ersten Kämpfe im Gebiet von Saint-Nizier statt. In den folgenden Tagen standen die Partisanen in harten Kämpfen mit der Wehrmacht. Durch zweimalige Fallschirmabwürfe von Waffen und Lebensmitteln erhielten die Männer der Résistance eine gewisse Hilfe. Als aber die 157. deutsche Reservedivision unter General Pflaum, unterstützt durch eine Landung von 20 Lastenseglern, auf dem Plateau von Vassieux zum Angriff überging, mußten sich die an Zahl unterlegenen Franzosen zurückziehen. Die deutsche Vergeltung war grausam. Nicht nur Maquisards wurden erschossen, sondern auch Zivilpersonen. Andere wurden aufgehängt wie in Vassieux. Am 27. Juli drangen die Deutschen in die Höhle von Luire ein, die als Lazarett diente. Man machte mit den Verwundeten kurzen Prozeß, erschoß Ärzte und Pflegepersonal oder verschleppte sie nach Deutschland.
Seit dem 23. Juni hatte Major Huet den Befehl gegeben, sich zu zerstreuen. Die Aufgaben des Maquis im Vercors waren zum Teil erfüllt. Wenn auch mangels Materials und einer genügenden Anzahl von Menschen der innerfranzösische Brückenkopf nicht gebildet werden konnte, so wurden hier doch nicht unbeträchtliche deutsche Kräfte gebunden, die den Vormarsch der in der Provence gelandeten alliierten Truppen hätten aufhalten können.
Siebenhundert Gräber von Kämpfern oder Zivilisten, die während der Kämpfe des Maquis im Vercors getötet wurden, erinnern noch heute an die Tätigkeit der Résistance. Die widersprüchlichen Meldungen, die man im Generalstab Eisenhowers über die französischen Widerstandsgruppen erhalten hatte, veranlaßten diesen, die Aktionen des Maquis als ein willkommenes Ereignis anzusehen, welches bewies, daß die Opfer der in der Normandie und in der Provence gelandeten Truppen honoriert wurden.
Die Erwartungen wurden nicht selten übertroffen. Sabotage an Eisenbahnlinien, Brücken und Straßen und Angriffe auf deutsche Fahrkolonnen erwiesen sich als wirksam. Sie verzögerten die Verlegung der für die Normandie bestimmten deutschen Verstärkungen ebenso wie die Rückzugsbewegungen der Wehrmacht.
Die Stärke des Maquis war nicht überall gleich. Hie und da gelang es, vor dem Eintreffen der alliierten Truppen in bravourösen Unternehmen Städte oder Dörfer zu befreien. Die mangelhafte Bewaffnung sowie die geringe Stärke erlaubten jedoch meist nur beschränkte Handstreiche gegen auf dem Rückzug befindliche deutsche Kolonnen. Die von einigen Mitgliedern vor, während und nach der Befreiung begangenen Exzesse waren oft nur Reaktionen auf Ausschreitungen der Besatzung. Sie waren in vielen Fällen Reaktionen auf die Opfer zahlreicher Franzosen, vor allem unter den Maquisards von Glières in Obersavoyen.
Wie ihre Kameraden in Vercors waren auch die Kämpfer von Glières durch Offiziere und Soldaten der aktiven Armee – sie stammten zumeist aus dem 27. Bataillon der Alpenjäger – zu Kampfeinheiten zusammengefaßt worden. Seit Ende Januar des

Jahres 1944 hatten sie sich auf einer Hochalm in 1550 Meter Höhe festgesetzt. Die Kämpfe begannen am 5. Februar anläßlich einer Massenverhaftung der Miliz in Thônes. Sie setzten sich während der Monate Februar und März in heftigen Auseinandersetzungen zwischen Maquis, Miliz und den Mobilgarden Vichys fort. Im Laufe des Monats März trat auch die Luftwaffe in Aktion, schließlich, am 24. März, die Wehrmacht durch kräftige Artillerieunterstützung. Die Operation stand unter der Leitung der Generale Niehoff und Pflaum, die von Dr. Knab, dem Leiter des SD von Lyon, unterstützt wurden. Vor der erdrückenden Übermacht mußten die Maquisards überall zurückweichen. Hart war die Vergeltung: Erschießungen und Deportationen. Von 500 Verhafteten überlebten nur 200. Wem es gelang zu entkommen, fand Anschluß bei anderen Gruppen des Gebiets, konnte an den weiteren Operationen der Résistance teilnehmen.

Tag des Massakers: Oradour

Die Tragödie von Oradour-sur-Glane begann mit der Gefangennahme des Obersturmbannführers Kämpfe durch Maquiskämpfer auf der Route Nationale 741 in der Nähe von Saint-Léonard. Am nächsten Tage – es war Samstag, der 10. Juni 1944 – erschien aufgrund eines falschen Hinweises, der besagte, Kämpfe werde in Oradour gefangengehalten und solle dort öffentlich exekutiert werden, die 3. Kompanie des SS-Regiments ›Der Führer‹ unter Obersturmbannführer Diekmann in diesem Ort. In einem Anfall mörderischer Vergeltungssucht gab Diekmann Befehl zur Erschießung aller männlichen Einwohner und zur Zerstörung sämtlicher Häuser. Die in der Kirche eingeschlossenen Frauen und Kinder wurden verbrannt oder niedergemacht. Das Massaker forderte 642 Opfer im Alter zwischen 18 Tagen und 85 Jahren. Die einzigen Überlebenden waren eine Frau, fünf Männer und ein Kind.

Diekmann wurde wenige Tage später in der Normandie getötet. Sein Vorgesetzter, Standartenführer Stadler, ließ gegen ihn gerichtliche Ermittlungen einleiten. Der Präfekt von Haute-Vienne, Freund-Valade, der deutsche Kommandant in Limoges, General Gleiniger, die Regierung in Vichy und Generalfeldmarschall Rommel hatten gegen die Bluttat protestiert, aber Diekmanns Tod, die Vernichtung eines Großteils der 3. Kompanie, Hitlers Veto und der deutsche Zusammenbruch in Frankreich verhinderten eine weitere gerichtliche Verfolgung.

Zehn Jahre später sollte das Massaker von Oradour noch einmal Frankreich erregen. Ein Drittel der Soldaten des Regiments ›Der Führer‹ waren junge elsässische Wehrpflichtige, die, wie übrigens viele Deutsche, zur Waffen-SS eingezogen worden waren. Fünf von insgesamt zwanzig Angeklagten kamen vor das Kriegsgericht in Bordeaux, wo sie kraft eines aus den Umständen geborenen Gesetzes über die Kollektivschuld verurteilt wurden. Nach sechswöchigem Hin und Her, das im Elsaß viel böses Blut erregte, verhängte das Kriegsgericht am 12. März 1953 insgesamt zwei Todesurteile und zwölf Zuchthaus- und Gefängnisstrafen. Die zum Tode Verurteilten, darunter auch ein Elsässer, wurden begnadigt, den übrigen wurden ihre Freiheitsstrafen schon bald erlassen.

Nach dem Zeugnis der einzigen Überlebenden, Marguerite Rouffanche, die schwerverwundet durch ein Kirchenfenster entkommen konnte, stellten die SS-Leute in die Kirche ›einen Behälter, so hoch wie mein Nachttisch‹, zündeten ihn mit Hilfe von Zündschnüren an, was ›eine Art blindmachendes und erstickendes bengalisches Feuer erzeugte‹. Auch jagten sie mehrere Feuerstöße in die Menge der Frauen und Kinder. Die fünf Lehrerinnen des Orts kamen in der Kirche um, und von den 242 Schülern von Oradour überlebte als einziger der kleine Lothringer Roger Godfrin das Gemetzel.

Oradour galt als behäbiger und besonders friedlicher Ort in der Landschaft Limousin, wo sonst die Aktivität und oft auch die Übergriffe des Maquis beträchtliche Ausmaße erreichten. Die Bevölkerung bestand nicht nur aus Einheimischen, sondern auch aus lothringischen Flüchtlingen und Evakuierten der großen Städte sowie Hamsterern, die aus dem nahe gelegenen Limoges mit der Eisenbahn herübergekommen waren, um zusätzliche Lebensmittel zu ergattern. In den Gasthäusern stellte man gerade das Frühstück auf die Tische, als SS, feldmarschmäßig ausgerüstet, in die Ortschaft einfuhr und ihre Fahrzeuge auf dem Platz vor der Kirche abstellte.

Die Bevölkerung wurde aus den Häusern geholt und auf dem Marktplatz zusammengetrieben. Man verlangte von Bürgermeister Desourteaux, einem Arzt, die Stellung von fünf Geiseln. Er stellte sich daraufhin selbst mit den Mitgliedern seiner Familie zur Verfügung. Nachdem sie Frauen und Kinder in die Kirche gebracht hatten, teilten die Deutschen die Männer in mehrere Gruppen und erschossen sie in fünf Scheunen, an die sie dann Feuer legten. Sie verließen Oradour am Sonntag, kehrten aber am Montag zurück, um die Reste ihrer Opfer in Massengräbern zu verscharren.

XXVII. Kapitel April bis Oktober 1944
Die Befreiung Rußlands. Alliierte Siege im Pazifik

Sewastopol fällt

Zu Anfang des Jahres 1944 hielt die Wehrmacht noch die ganze Krim. Zwar war den Russen im Osten der Übergang über die Meerenge von Kertsch gelungen, aber das V. Armeekorps unter General Allmendinger konnte ihren Vormarsch an der Landenge von Parpatsch stoppen. Im Norden hatten sie an seichten Stellen die unter dem Namen Siwasch oder Faules Meer bekannte Lagune überschritten, doch das XXXXIX. Gebirgsjägerkorps unter General Konrad vermochte sie auf der Landenge von Perekop aufzuhalten. Schörner, der den Oberbefehl über die Heeresgruppe Südukraine erhalten hatte, inspizierte die 17. Armee, zeichnete ein Bild strahlender Zuversicht und meldete, »daß dort alles in Ordnung sei. Die Verteidigung auf der Krim ist auf längere Zeit gewährleistet...«
Dieses von Schörner an das OKH gerichtete Telegramm war am 7. April um 21 Uhr 35 aufgegeben worden. Am 8. April um 9 Uhr griff Sowjetmarschall Tolbuchin die Landenge von Perekop mit der 2. sowjetischen Gardearmee sowie der 51. Armee an. Vom 9. April an verlangte Generaloberst Jaenecke, der Oberbefehlshaber der 17. deutschen Armee, die Erlaubnis, sich in Sewastopol einzuschließen, »um die Vernichtung der ganzen Armee zu verhindern«.
Am anderen Tag wiederholte Jaenecke seine Forderung und schlug die Räumung der gesamten Krim vor. Schörner, der die Dinge inzwischen klarer sah, schloß sich dieser Forderung an. Doch Hitler weigerte sich, darauf einzugehen, und befahl, die Festung Sewastopol auf eine unbegrenzt lange Verteidigungszeit einzurichten. »Kein Fußbreit Boden darf hergeschenkt werden. Kein kampffähiger Mann darf sich einschiffen.«
Am 16. April erreichte die 17. Armee nach einem eiligen Rückzug, der sie zwei Drittel ihres Materials kostete, Sewastopol. Das V. Korps, das aus drei deutschen und vier rumänischen Divisionen bestand, verteidigte den östlichen Abschnitt von Balaklawa bis zur Swernajabucht. Das XXXXIX. Korps, bestehend aus zwei deutschen und drei rumänischen Divisionen, hielt die Front im Westen. Marschall Tolbuchin führte gegen die Stadt drei Armeen mit insgesamt 28 Divisionen. Zwei Jahre nach der Belagerung Sewastopols durch die Deutschen begann die Belagerung Sewastopols durch die Russen.
Die Kämpfe waren diesmal weniger erbittert. Die rumänischen Einheiten zeigten keine große Lust zum Kampf. Die fünf deutschen Divisionen besaßen insgesamt nicht mehr als 20000 Mann. Soldaten, Offiziere und Generale hatten nur einen Gedanken: die

Festung auf dem Seewege zu verlassen. Schörner flog nach Berchtesgaden und verlangte erneut die Räumung. Diesen General, der so ganz nach seinem Geschmack war, hielt Hitler für würdig, die politischen und strategischen Erwägungen wissen zu lassen, die ihn dazu zwangen, eine so schwer verständliche Maßnahme zu fordern: Die Aufgabe Sewastopols müsse zu diesem Zeitpunkt die Türkei zum Eintritt in den Krieg verlocken. In sechs bis acht Wochen jedoch sei die Lage ganz anders. Die Engländer seien in der Zwischenzeit in Frankreich gelandet. Man werde sie vernichtend schlagen. Deutschland könne dann alle seine Kräfte gegen Rußland kehren, und dann sei ihm auch die Haltung der Türkei gleichgültig. Sewastopol solle sich nur sechs bis acht Wochen halten, mehr verlange der Führer nicht.

Aber Hitler mißtraute Jaenecke. Er ließ Allmendinger rufen, um ihn zu einer Äußerung des Sinnes zu veranlassen, sein Vorgesetzter schwäche durch seinen Defätismus die Verteidigung. Dann ließ er Jaenecke selbst kommen. Dieser ließ sich nicht einschüchtern, hielt daran fest, daß er nur nachteilige Befehle habe ausführen müssen, und wagte es, vor seiner Rückkehr nach Sewastopol Hitler einen Brief zu schreiben, in welchem er die Maßnahmen des Führers kritisierte. Er wurde daraufhin bei der Durchreise in Galatz abgefangen und aus dem Heer ausgestoßen.

Am 5. Mai trat die 2. russische Gardearmee zum Angriff auf die Westseite Sewastopols an. Am 7. dehnten die 51. Armee sowie die Küstenarmee ihre Angriffe auch bis Balaklawa aus und eroberten den Bergrücken Sapun, mit dessen Einnahme Manstein seinerzeit die Belagerung besiegelt hatte. Allmendinger, der Jaeneckes Nachfolge angetreten hatte, nahm seine Linien bis Inkerman zurück, wo er sich zum Gegenangriff formieren wollte, um die beherrschende Höhe wiederzugewinnen. Hitler tadelte ihn deshalb, doch Hitlers Tadel hatte jetzt wenig Einfluß auf den Lauf der Dinge. Die Lage der Verteidiger war verzweifelt. Eine deutsche Division nach der anderen wich zurück.

Am 8. Mai gab Schörner auf seine Verantwortung an Marine und Luftwaffe den Befehl, zu retten, was noch zu retten war. Hitler gab nach und stimmte der Räumung zu.

Am 9. Mai befreiten die Russen Sewastopol. Wie Popow im Jahre 1942, so leistete jetzt auch Allmendinger noch vier Tage lang auf der Halbinsel Chersones Widerstand, um die Einschiffung der Überlebenden zu ermöglichen. Von den 235000 Mann der 17. Armee – so die Verpflegungslisten vom 8. April – wurden etwa 150000 über See nach Rumänien zurückgeführt. Sie trugen nur noch ihre Pistolen bei sich. Wieder hatte eine deutsche Armee aufgehört zu existieren. An der Ostfront trat erneut Ruhe ein.

Der Verlauf der Front ergab jetzt ein sehr eigenartiges Bild. Am Nord- und Mittelabschnitt standen die deutschen Armeen trotz starker Rückzugsbewegungen noch immer tief in russischem Gebiet. Die Heeresgruppe Nord, die seit kurzem Generaloberst Lindemann befehligte, hielt immer noch Narwa und das Westufer des Peipussees und deckte damit das Baltikum. Die Heeresgruppe Mitte stand noch weiter nach Osten vorgeschoben. Sie hielt Witebsk in einem ausgeprägten Frontvorsprung an der Düna. Ihre Front lehnte sich, nach Osten verlaufend, vor Orscha und Mogilew an den Dnjepr an, wobei sie nur am Zufluß der Beresina hinter den Strom zurücksprang. Die Deutschen standen immer noch 100 Kilometer westlich von Smolensk, als hätten sie die Hoffnung auf einen erneuten Vorstoß nach Moskau noch nicht ganz aufgegeben.
Der Südabschnitt der Front aber war stark zurückgedrängt worden. Die Russen hatten die Ukraine befreit, waren nach Polen vorgedrungen und standen bereits 50 Kilometer vor Brest-Litowsk. Der Fuß der Karpaten war erreicht, Dnjestr und Pruth überschritten, russische Truppen befanden sich nicht nur bereits in der Bukowina und in Bessarabien, sondern auch schon im Königreich Rumänien. Odessa hatte mit Sewastopol zu den letzten Städten im Süden Rußlands gehört, welche die Deutschen gehalten hatten. Es wurde am 10. April genommen.
Aufgrund der heftigen Kämpfe im Südabschnitt der Front hatte man Zahl und Kampfstärke der Truppen an den anderen Frontabschnitten ständig vermindern müssen. Die Zahl der Verbände in Divisionsstärke war bei der Heeresgruppe Mitte auf 34 zurückgegangen, zu denen zwei Luftwaffenfelddivisionen, eine schlecht bewaffnete Polizeidivision sowie zwei ungarische Divisionen zur Partisanenbekämpfung zählten. Kurz vor seinem Autounfall, der seine Ersetzung durch Generalfeldmarschall Busch zur Folge gehabt hatte, war Kluge immer wieder in die vordersten Linien gefahren, um die Lage nicht nur aus der Perspektive des Generalstabs kennenzulernen. ›Der Eindruck der Leere‹, schrieb er an Hitler, ›ist geradezu erschreckend.‹ Da die Divisionen Frontabschnitte von 25, 30 oder gar 50 Kilometer Breite zu verteidigen hatten, kam in den vordersten Linien oft nur ein Mann auf 50 oder 80 Meter. Reserven waren nicht vorhanden, an eine Ablösung der Truppen war daher nicht zu denken. ›Allein bei der Heeresgruppe Mitte‹ beklagte sich Kluge, ›fehlen 200000 Mann. Kein Heerführer ist in der Lage, Ihnen die verbindliche Zusicherung zu geben, daß eine Katastrophe vermieden werden kann...‹
Die Partisanen erschwerten in fühlbarer Weise die Operationen gerade der Heeresgruppe Mitte. Auf Partisanen waren die Deutschen überall in der Sowjetunion gestoßen, nirgends aber auf so viele wie in Weißrußland. Die ausgedehnten Wald- und Sumpfgebiete bildeten unangreifbare Verstecke, aus denen heraus größere Operationen stattfanden, die von einem eigenen Generalstab geplant und koordiniert wurden.

Jede Nacht zählten Horchposten zwischen 100 und 200 Flugzeuge, die Nachschub für die 250000 Partisanen brachten. Die Armeen verfügten nur noch über eine einzige Verbindungslinie, auf die sie ihre ganze Wachsamkeit konzentrierten, ohne sie jedoch völlig gegen Sabotage und Überfälle sichern zu können. Es war ein Krieg ohne Erbarmen, der weder Verwundete noch Gefangene schonte, der auf die Unsicherheit mit Terror antwortete und sich weder vor Folterungen noch vor Leichenschändung scheute. Die Deutschen fanden in der Bevölkerung freilich nicht nur erbitterte Feinde, sondern auch willige Helfer. Aber die Loyalität der Hilfswilligen oder ›Hiwis‹ und der aus der russischen Bevölkerung rekrutierten Partisanenbekämpfungseinheiten wurde mit zunehmender deutscher Schwäche zweifelhafter.

Den immer bedrohlicher werdenden Krisen begegnete Deutschland mit von Mal zu Mal wirkungsloseren Maßnahmen. Im Frühjahr 1944 erschienen die ersten Rekruten des Geburtenjahrgangs 1926 an der Ostfront, Soldaten im Alter von achtzehn Jahren. Hitler hielt an seiner Meinung fest, der deutsche Landser sei eine Art Übermensch, von dem man alles verlangen könne. Doch dieser überhebliche Glaube wurde von der russischen Wirklichkeit täglich widerlegt. Ein Drittel aller an der Ostfront kämpfenden deutschen Truppen war bereits einmal verwundet und dann wieder verwendungsfähig geschrieben worden. Die Zerstörungen des Luftkrieges wirkten auf die Soldaten bei ihren seltenen Urlaubsaufenthalten in der Heimat deprimierend. Die melancholische russische Landschaft, die verlassenen Dörfer, der Eindruck der Leere und die unsicheren rückwärtigen Verbindungen – all das übte auf die Truppe eine demoralisierende Wirkung aus, unter der sich Zuversicht in Resignation, Resignation in Fatalismus, Fatalismus schließlich in Hoffnungslosigkeit verwandeln mußte. Die deutschen Armeen ahnten, daß sie im Grunde bereits unwiderruflich besiegt waren.

Ersatzteile wie neues Material wurden immer schlechter, da wichtige Rohstoffe wie Mangan, Nickel, Molybdän und Wolfram nicht mehr ausreichend vorhanden waren. Mit der Vernichtung der rumänischen Erdölfelder durch die amerikanischen Bomberverbände begann auch die große Versorgungskrise bei den Treibstoffen. Im Mai 1944 sanken die monatlichen Treibstofflieferungen nahezu auf die Hälfte des Vormonats. In den Frontabschnitten konnte oft nur von einem Tag auf den anderen disponiert werden, stets drohte die völlige Lähmung beweglicher Einheiten.

Der neue Oberbefehlshaber der Heeresgruppe Mitte war einer der wenigen deutschen Heerführer, der Sympathien für den Nationalsozialismus hegte und am militärischen Genie des Führers nicht im geringsten zweifelte. Busch war – neben Reichenau – 1938 der einzige gewesen, der sich gegen das Memorandum Becks, das sich gegen eine Mitwirkung der Generalität an einem von vornherein verlorenen Krieg wandte, und für den Führer ausgesprochen hatte. Der große, korpulente und vierschrötige Westfale Ernst Busch, Sohn eines in bescheidenen Verhältnissen lebenden Waisenhausdirektors, war völlig von der preußischen Tradition des selbständigen Urteils und der freien Verantwortung des Generalstabs abgegangen. Er sah die ›höchste Pflicht im absoluten Gehorsam‹. Seine Weigerung, gemeinsam mit gleichrangigen Offizieren etwas gegen Hitlers Kriegspolitik zu unternehmen, sowie seine Gehorsamsdevise, die Hitler gewiß angenehm geklungen haben muß, hatten übrigens seine Laufbahn nicht sonderlich gefördert. Im Jahre 1940 war er Generaloberst und Befehlshaber einer Armee. Erst am 1. Februar 1943 wurde er zum Generalfeldmarschall ernannt, den Oberbefehl über eine Heeresgruppe erhielt er am 12. Dezember 1943.

Es dauerte nicht lange, bis Busch die Schwere seiner ehrenvollen Aufgabe erkannte. Am 20. Mai 1944 wurde er bei Hitler vorgelassen, wobei er es sich zur Pflicht machte, zwei Pläne seines Generalstabs zur Verkürzung der allzu umfänglichen Front seiner Heeresgruppe vorzulegen. Die ›kleine Lösung‹ bestand in einem Rückzug hinter den Dnjepr, die ›große Lösung‹ in einem Rückzug über die Beresina. Hitler sah den Generalfeldmarschall erstaunt an: »Ich habe nicht gewußt, daß Sie auch zu den Generalen gehören, die immer nach hinten blicken...« Die Situation wurde verstanden. Busch erwiderte, daß er alle Befehle stets treu ausführe, und ließ seinen überraschten Generalstab ›den unmißverständlichen Willen des Führers‹ wissen, keinen Fußbreit Gelände aufzugeben.

Busch berichtete ferner, Hitler habe ihm ›einen ruhigen Sommer‹ versprochen. Wie in den vorhergehenden Jahren werde der Mittelabschnitt ein Nebenschauplatz sein, auf dem man nur gelegentlich mit örtlichen Angriffen rechnen müsse. Es sei der Südabschnitt der Front, wo der Russe seine im Winter errungenen Vorteile weiter auszubauen versuchen werde, um bis zur Donaumündung vorzustoßen, die rumänischen Erdölfelder in die Hand zu bekommen, die Deutschen aus den Balkanländern zu vertreiben und auf Wien vorzustoßen. Der Führer habe bereits Maßnahmen getroffen, um den zu erwartenden Stoß ›Schwerpunkt gegen Schwerpunkt‹ aufzufangen, indem er die beiden Heeresgruppen im Süden so stark wie möglich gemacht habe. Die Offensive werde sich am stählernen Kern der Wehrmacht brechen. Die riesige Rote Armee sei eine Masse von labilem Gleichgewicht. Ein einziger Stoß von hinreichender Stärke könne sie ins Wanken bringen. So sei auch die Armee des Zaren bei ihrem Einfall nach Deutschland im Jahre 1914 durch einen einzigen Stoß ins Wanken gekommen und ebenso Lenins Armee bei ihrem Einfall in Polen im Jahre 1920. Der Beitrag der Heeresgruppe Mitte zum Endsieg bestehe darin, die Front mit den zur Verfügung stehenden Kräften zu halten.

Diese Heeresgruppe Mitte bestand aus vier Armeen. Die schwache und von geringem Kampfgeist beseelte 2. Armee unter Generaloberst Weiss, dessen Stabschef bis zum 21. Juli 1944 der Verschwörer von Tresckow gewesen war, hielt nicht weniger als 500 Kilometer Front östlich der Pripjetsümpfe, hatte aber kaum Fühlung mit regulären Verbänden des Gegners. Die 9. Armee unter General Jordan stand zu beiden Seiten der Beresina. An sie schloß sich die 4. Armee unter Tippelskirch an, der bis auf weiteres den wegen Krankheit beurlaubten Generalobersten Heinrici vertrat. Sie überschritt zweimal den Dnjepr, ehe sie an die 3. Panzerarmee unter Generaloberst Reinhardt Anschluß fand, der keinen einzigen Panzer mehr besaß und den Frontbogen von Witebsk hielt. In kluger Voraussicht hatte man bei der Heeresgruppe westlich der Beresina Auffangstellungen anlegen lassen, doch mußte dies vor Hitler geheimgehalten werden, nach dessen Ansicht rückwärtige Positionen nur eine Versuchung für die an Rückzugsmanie leidenden Generale waren.

Gegen Forderungen nach gestaffelten Verteidigungslinien führte Hitler seine ›Wellenbrecher‹-Theorie ins Feld. Vier solcher Wellenbrechergebiete befanden sich im Raum der Heeresgruppe: Bobruisk an der Beresina, Mogilew und Orscha am Dnjepr, Witebsk an der Düna. Wie zuvor Stalingrad, so wurden sie zu Festen Plätzen erklärt und mit Verteidigungsanlagen umgeben. Sie erhielten Besatzungen sowie Kampfkommandanten und sollten sich im Falle einer feindlichen Offensive einschließen lassen, um die Kräfte des Gegners aufzusplittern. Bobruisk, Mogilew und Orscha sollten durch je eine Division verteidigt werden, Witebsk durch deren drei. Alle Generale standen dieser Konzeption einer Abwehrschlacht ablehnend gegenüber, da sie bedeutende Teile der im Feld stehenden Armee der sicheren Vernichtung ausliefern mußte. Aber Hitlers Selbstherrlichkeit hatte mit den großen Rückschlägen nicht etwa nachgelassen, sondern im Gegenteil noch zugenommen. Man schwieg und tat, was er befahl, hob aber oft die Augen mit verzweifeltem Blick zum Himmel.

Der Mai war vorübergegangen, der Juni hatte begonnen. Die Ereignisse im Westen, wie der Verlust Roms und die Landung in der Normandie, lösten beim deutschen Ostheer keine erkennbaren Reaktionen aus. Dort war jetzt eine etwas ruhigere Zeit eingekehrt, aber die Feindaufklärung stellte immer häufiger alarmierende Anzeichen fest. Die am 14. Juni in Rastenburg zusammengekommenen Generalstabschefs der Armeen tauschten gegenseitig ihre Informationen aus. Bei der Heeresgruppe Nord sowie bei den Heeresgruppen Nord- und Südukraine waren keinerlei Anzeichen einer bevorstehenden Offensive wahrzunehmen. Dafür aber wußte die Heeresgruppe Mitte von beträchtlichen Konzentrationen feindlicher Truppen an ihrem Abschnitt zu berichten: Zwischen Pripjet und Düna hatte man neun Armeen, darunter mehrere Stoßarmeen, festgestellt. Sie gehörten vier verschiedenen Fronten an: der 1. Baltischen Front, der 3., 2. und 1. Weißrussischen Front sowie der 16. Luftarmee unter dem Oberbefehl der Marschälle Wassiljewskij und Schukow. Das waren unmißverständliche Zeichen. Die große russische Sommeroffensive sollte sich demnach nicht an jenem Teil der Front abspielen, an dem das deutsche Oberkommando seine Vorbereitungen getroffen hatte. Sie zielte also nicht auf das rumänische Erdöl und die Erzlager des Balkans, auf die Hitler so gebannt starrte. Durch eine erstaunliche organisatorische Leistung, die uns in den Einzelheiten nicht bekannt ist, hatte Stalin den Schwerpunkt der sowjetischen Kräfte 500 Kilometer nach Norden verlagert. Hier stand nun Stärke gegen Schwäche.

Das Ende der 6. deutschen Armee in Stalingrad im Februar 1943 brachte zugleich den Zusammenbruch der Donfront und damit die entscheidende Wende im Ostfeldzug. Trotz vorübergehender Zwischenerfolge der deutschen Heeresgruppe Süd blieb die Rote Armee auf dem Vormarsch: Überquerung des Bugs in der Ukraine (oben), Raketengeschütze, sogenannte ›Stalinorgeln‹ (Mitte) und Panzerverbände vor Leningrad (unten).

Deutsche Generale der Ostfront: von oben, von links: G. v. Küchler, Heeresgruppenführer; W. v. Leeb, Heeresgruppenführer; W. List, Heeresgruppenführer; P. E. v. Kleist, Heeresgruppenführer; E. Hoepner, OB einer Panzerarmee, nach dem 20. Juli 1944 hingerichtet; H. H. Hoth, Panzergeneral; W. v. Reichenau, Heeresgruppenführer; F. Schoerner, Heeresgruppenführer; W. Model, Heeresgruppenführer.

Marschälle der Roten Armee: von oben, von links: Budjenny, OB SW-Abschnitt; Timoschenko, OB W-Abschnitt, und Woroschilow, OB NW-Abschnitt; R. I. Malinowski, OB 2. Ukrainische Front; I. S. Konjew, OB 1. Ukrainische Front; A. I. Jeremenko, OB Stalingradfront; T. Bor-Komorowski, Chef der polnischen ›Heimatarmee‹; E. Rydz-Smigly, OB polnische Armee 1939; St. Mikolajczyk, Chef der polnischen Exilregierung, Nachfolger Sikorskis.

Zweimal Rote Armee: Nahkampf mit aufgepflanztem Bajonett (unten), motorisierte Kolonne in amerikanischen Jeeps (oben). Vom Oktober 1941 bis zum Ende des Krieges wurden im Rahmen des amerikanischen Pacht-und-Leih-Gesetzes über 15 Millionen Tonnen Kriegsmaterial an Rußland geliefert, darunter 13 000 Kampffahrzeuge und 4,5 Millionen Tonnen Lebensmittel, im Wert von insgesamt 11 Milliarden Dollar.

Doch Hitler zeigte sich blind gegenüber den Tatsachen, die ihn widerlegten. Die Truppenbewegungen im Zentrum der russischen Front waren für ihn allzu auffällig und deshalb eine Finte. Bestenfalls mochten sie eine Ablenkungsoffensive ankündigen. Busch erhielt noch nicht einmal die Erlaubnis, das XXXXVI. Panzerkorps zurückzuhalten, das gerade im Begriff stand, sich zur Heeresgruppe Nordukraine auf den Weg zu machen. Noch am 20. Juni vertrat Keitel auf einer Besprechung in Sonthofen den Standpunkt, daß das Schwergewicht des Gegners nicht vor der Heeresgruppe Mitte, sondern vor den beiden südlichen Heeresgruppen zu erwarten sei.
Zu diesem Zeitpunkt hatte die sowjetische Offensive gegen die Heeresgruppe Mitte bereits mit einer Großaktion der Partisanen begonnen. Von überallher tauchten diese nun plötzlich auf, griffen Straßen und Eisenbahnlinien sowie Versorgungslager an, verwickelten die Deutschen in 3500 einzelne Gefechte und führten 10 500 Sprengungen an Eisenbahnlinien durch. Achtundvierzig Stunden später, in der Dämmerung des 22. Juni, nach einer schwülen, von vehementen Hitzegewittern unterbrochenen Nacht, traten Panzer und Soldaten der 1. Baltischen und 3. Weißrussischen Front zum Angriff auf die 3. Panzerarmee an. Die Offensive griff am nächsten Tag auch auf die 4. Armee, am übernächsten auf die 9. Armee über. Die ganze Front zwischen Düna und Pripjet war in Bewegung geraten. Gegen die 34 Divisionen der Heeresgruppe Mitte und deren einzige Panzerdivision führten die Russen 140 Infanteriedivisionen und 43 Panzerbrigaden in die Schlacht.
Eine bedrohliche Neuerung kennzeichnete diese Sommeroffensive. Zu dem Trommelfeuer, zu dem massierten Beschuß aus Stalinorgeln, der die ersten Linien der Deutschen zerschlug, kam jetzt auch eine Luftvorbereitung, die die Deutschen wegen ihrer Stärke und Reichweite überraschte. Dem hatte die Wehrmacht in der Luft außer ihrer Luftflotte 6, die der Heeresgruppe Mitte zugeteilt war, so gut wie nichts entgegenzusetzen. Diese Luftflotte verfügte am 22. Juni nur über 40 einsatzfähige Jagdmaschinen. Eine erstaunliche Umkehrung der bisherigen Verhältnisse, die an die Lage in der Normandie erinnerte, war damit eingetreten. Im Osten wie im Westen mußten nun die deutschen Soldaten bei absoluter Luftüberlegenheit des Gegners kämpfen.
Im Raum von Witebsk führten die Kämpfe schon bald zu einer katastrophalen Lage. Die Russen schlossen die Stadt ein und hatten damit das gesamte LIII. Armeekorps umzingelt, dessen fünf Divisionen fast die Hälfte der 3. Panzerarmee bildeten. Reinhardt hängte sich ans Telefon und bat Busch dringend, bei Hitler um die Genehmigung zum Ausbruch der eingeschlossenen Truppen zu ersuchen. Doch Hitler lehnte ab, mit dem Hinweis, er habe Witebsk zur festen Stadt erklärt, die selbstverständlich bis zur letzten Patrone verteidigt werden müsse. Endlich erlaubte er am Fünfundzwanzigsten, als es schon zu spät war, zwei Divisionen den Ausbruch. Die übrigen Divisionen wurden aufgefordert, sich weiter zu halten. General Hitter sollte mit ihnen die Stadt ›bis zur Aufhebung der Belagerung‹ verteidigen. Hitler verlangte außerdem, einer der Ge-

neralstabsoffiziere der 3. Panzerarmee solle über Witebsk abspringen, um General Hitter einen handgeschriebenen Befehl zu überbringen. Reinhardt weigerte sich, für diesen unnötigen Auftrag einen seiner Mitarbeiter zu opfern. »Herr Generalfeldmarschall«, sagte er zu Busch, »ich bitte Sie, dem Führer mitzuteilen, daß, falls er seinen Befehl aufrechterhält, der einzige Offizier der 3. Panzerarmee, der über Witebsk abspringen wird, deren Befehlshaber sein wird, nämlich ich selber.« Hitler bestand nicht auf seinem Befehl. Am nächsten und übernächsten Tag überwältigten die Russen die Eingeschlossenen. Nacheinander schwiegen nun die Feldfunkgeräte des LIII. Korps. Die in Witebsk verbliebenen Einheiten waren allzu schwach, als daß sie den Befestigungsgürtel rund um die Stadt ausreichend hätten besetzen können, und wurden im ersten Anlauf überwältigt. Die für den Ausbruch bestimmten Truppen waren nicht in der Lage, sich einen Weg durch die russischen Truppenmassen zu bahnen, und wurden völlig aufgerieben. Der Rest der 3. Panzerarmee schlug sich in verzweifelten Rückzugsgefechten durch unwegsame Wälder, in denen die Partisanen unbarmherzig angriffen.
Am anderen Flügel hatte Rokossowskij gegen die 9. deutsche Armee und die Scheinfestung Bobruisk 50 Infanteriedivisionen und 13 größere mechanisierte Einheiten konzentriert. Er plante einen direkten Vorstoß auf Minsk, wodurch nach einer Vereinigung mit Tschernjakowskij, der von Witebsk aus operierte, dem gesamten deutschen Zentrum die Einschließung drohte.
Die Geländeverhältnisse in diesem Frontabschnitt waren schwierig. Mehrere große Flüsse – Olssa, Ola, Drut, Dobissna und Beresina – flossen hier dem Dnjepr zu, dessen träge, schlammige Wassermassen in der Ebene in ausgedehnte Sumpfgebiete übergingen. Insgesamt war dies eine Flußlandschaft, die sich kein Oberkommando eines westeuropäischen Staates zum Schauplatz einer Offensive ausgewählt hätte. Doch die sowjetischen Truppen waren dem Sumpfkrieg auf bewundernswerte Weise gut angepaßt. Bei ihrem Vordringen führten sie gewaltige Mengen von Knüppelholz, Faschinen und Bohlen mit sich, um Fahrwege für Lastwagen und Panzer zu schaffen. Die Marschkolonnen ihrer Infanterie glichen wandelnden Wäldern.

Von den drei gegen die 9. Armee geführten Angriffen wurden zwei abgewiesen. Der dritte aber, südlich der Beresina vorgetragen, warf das XXXXI. Armeekorps aus seinen Stellungen und umfaßte Bobruisk im Westen. Am Sechsundzwanzigsten flog Busch in heller Verzweiflung nach Berchtesgaden, um seinem Führer die hoffnungslose Lage zu schildern. Nach Witebsk war nun auch Bobruisk nicht mehr zu halten. Die sowjetischen Streitkräfte hatten sich nur kurz durch das XXXV. Korps an der Drut aufhalten lassen, dann waren auch sie durchgebrochen, und die Einschließung der Stadt auch von Norden her war besiegelt. Der gehorsame Busch verlangte eine Reorganisation seiner Verbände. Er wollte für die in ihrem Zentrum nur mit mäßigen Kräften angegriffene 4. Armee die Erlaubnis zu einem Zurückgehen über den Dnjepr erwirken, da sie sonst durch die Auflösung ihrer Nachbarverbände von Einschließung bedroht sei. Weiter verlangte er die Aufgabe der auf dem Papier als Feste Plätze bezeichneten Orte Bobruisk, Mogilew und Orscha, denen er das gleiche Schicksal wie Witebsk ersparen wollte. Außerdem forderte er dringend die sofortige Verstärkung des Mittelabschnitts durch frische Truppen. Hitler lehnte alle diese Forderungen ab, und als Busch nach Minsk zurückgekehrt war, erfuhr er von seiner Ablösung durch Model.

Hitlers Halsstarrigkeit, Blindheit und Verranntheit in Fehleinschätzungen der Lage änderten sich also auch nicht angesichts der Niederlage. Gleichzeitig behauptete er, daß weder die angloamerikanische Landung in der Normandie noch die russische Offensive in Weißrußland die eigentlichen Großaktionen des Gegners seien. So wie er die 15. Armee, Gewehr bei Fuß, nördlich der Seine beließ, so band er auch die besten Truppen der Ostfront in der Ukraine. Selbstverständlich waren die Generale dann am Mißerfolg der von ihm verfügten Maßnahmen schuld. Sein eigenes Prestige erschien dem Führer als ein unersetzliches Kapital, das auf keinen Fall Schaden leiden durfte. Generale ließen sich ersetzen.

Am 27. Juni wurde die Masse der 9. Armee im Raum von Bobruisk eingeschlossen. Wie im Falle von Witebsk entschied Hitler, daß eine Division die feste Stadt halten müsse, während das Gros des XXXV. und XXXXI. Korps den Einschließungsring durchbrechen sollte. General von Lützow ließ alles nicht transportierbare Material verbrennen und setzte sich in die Mitte einer dicht formierten Kolonne, mit der er in Richtung auf Minsk zu entkommen suchte. 500 russische Bomber griffen die deutsche Kolonne an. Panzereinheiten der Verbände Gorbatows verlegten ihr den Weg. Eine aufgelöste Menge von Soldaten, die sich teilweise schwimmend über die Beresina gerettet hatte, suchte in Bobruisk Zuflucht, wo sich die Reste einer Handvoll Divisionen in völliger Unordnung zusammendrängten. Dem Ortskommandanten, General Hamann, gelang es nicht, eine zusammenhängende Verteidigung zu organisieren. Bereits am Neunundzwanzigsten befand sich in Bobruisk kein einziger bewaffneter deutscher Soldat mehr. Von der 9. Armee waren nur noch etwa 14000 Mann ohne Kriegsmaterial übriggeblieben.

Von diesen beiden großen deutschen Niederlagen bei Witebsk und Bobruisk läßt sich eine genaue Schilderung freilich nicht geben, da es an Quellen fehlt und nur sehr wenige der damals gefangengenommenen Deutschen in ihre Heimat zurückgekehrt sind. Es ist jedoch sicher, daß dort bei weitem nicht ein so hartnäckiger Widerstand wie bei den Schlachten von Demjansk, Stalingrad oder Tscherkassy geleistet wurde. Gerade die führenden Offiziere waren die ersten, die sich dem Unvermeidlichen fügten. So ergab sich Lützow, der Befehlshaber des XXXV. Korps, mit seinem ganzen Stab.

Von den drei angegriffenen deutschen Armeen war nur eine einzige, nämlich die 4., kampffähig geblieben. Der mit ihrer Führung beauftragte General von Tippelskirch suchte um die Erlaubnis nach, über den Dnjepr zurückzugehen, doch Busch verweigerte sie im Hinblick auf Hitlers Haltung. Tippelskirch handelte indes auf eigene Faust und führte seine Truppen auf das rechte Ufer, ging aber in seinem Ungehorsam nicht so weit, daß er die beiden von Hitler zu Festen Plätzen erklärten Orte aufgegeben hätte. Zwar wurde Mogilew dann doch noch im letzten Augenblick geräumt, Orscha aber, wo eine Division zurückgelassen worden war, erlag am Siebenundzwanzigsten dem russischen Angriff. Es war dies der letzte Punkt gewesen, an dem deutsche Truppen noch am zweitgrößten der russischen Ströme gestanden hatten. Von nun an aber lief der Dnjepr von seiner Quelle bis zur Mündung durch befreites Land.

Über Beresina und Bug

Das Kampfgeschehen hatte sich unterdessen an die Beresina verlagert. Dort wurde Borissow zum Angelpunkt. Tippelskirch, der östlich des Flusses immer noch zwei Armeekorps stehen hatte, kämpfte um den Besitz der Stadt gegen die 2. und 3. Ukrainische Front, die von Norden wie von Süden gegen die beiden Flüsse anrannte. Die erste Verstärkung durch Panzertruppen erhielt der Mittelabschnitt durch die 5. Panzerdivision, welche die russischen Angriffsspitzen auf der Rollbahn nach Moskau brach, aber schon bald wurde sie nach Minsk gerufen, wo die Zerschlagung der 3. Panzerarmee eine katastrophale Situation geschaffen hatte. Am 30. Juni wurde Borissow samt seinen zwei Brücken den Deutschen entrissen. Immer noch schlugen sich Tausende von Soldaten in den Sümpfen östlich der Beresina.

Ein Übergang war noch geblieben: die Feldbrücke bei Beresino. Ohne Unterlaß griffen die sowjetischen Flugzeuge an, stürzten sich mitten ins Feuer der Flak, wurden abgeschossen, aber schließlich gelang es ihnen doch, die Brücke zu beschädigen, die von tapferen Pionieren in stoischer Ruhe wiederhergestellt wurde. In den Pausen zwischen den Angriffen ergoß sich ein Strom von Menschen und Fahrzeugen über die Brücke. Die Verluste waren gewaltig – auf der Brücke fielen allein drei Generale –, aber Tippelskirch hielt Beresino bis zum 3. Juli. Das ermöglichte es ihm, die Masse seiner Armee auf die Westseite des Flusses zu überführen.

Die Armee hatte unter allen Umständen gerettet werden müssen. Die sowjetische Offensive zielte in die Tiefe. Über Polozk wandte sich die 1. Baltische Front in Richtung Dünaburg. Die 3. Weißrussische Front marschierte über Lepel auf Molodetschno. Die 1. Weißrussische Front stieß über Slutsk auf Baranowitschi vor, wo seit zwanzig Jahren die Reisenden aus Moskau in den Nordexpreß umzusteigen pflegten. Nachdem Model den Oberbefehl über die 350 Kilometer breite Frontlücke zwischen Pripjet und Njemen übernommen hatte, nahm er – unter Nichtbeachtung der Befehle des Führers – die

noch intakte 2. Armee schleunigst auf die polnische Grenze zurück, gab die Festen Plätze Hitlers auf, zog drei Panzerdivisionen aus seiner alten Heeresgruppe heran – doch alle diese entschlossenen Maßnahmen kamen zu spät. Die Schlacht war jetzt nur eine einzige große Verfolgungsjagd, bei der die Deutschen verzweifelt der Gefangennahme zu entkommen trachteten, während den Russen auf den schlechten Verkehrswegen langsam der Atem auszugehen drohte.
Nachdem die deutsche 4. Armee sich durch die Sümpfe der Beresina geschlagen hatte, gelangte sie in ein Waldgebiet von einer derartigen Ausdehnung und Dichte, daß sich dort selbst der Lärm des Krieges verlor. In Marschkolonnen formiert, bewegten sich das XII. und XXVII. Korps auf endlosen sandigen Waldstraßen westwärts, in welche die Räder der Wagen tiefe Fahrspuren gegraben hatten. Geländeschwierigkeiten und ständige Angriffe von seiten der Partisanen, Mangel an Munition und der Vorsprung der beiden feindlichen Gruppen an beiden Flügeln machten diesen Rückzug zu einem hoffnungslosen Unterfangen. Am 3. Juli war dann auch mit der Einnahme von Minsk durch die 2. Weißrussische Front die Einschließung der Deutschen besiegelt. Die Luftwaffe versuchte die Versorgung der Eingeschlossenen zu übernehmen, doch bereits am ersten Tag ließ man von diesem Vorhaben wieder ab. General Vincenz Müller gab daraufhin den Kampf auf und kapitulierte mit seinem XII. Armeekorps. Das XXVII. Armeekorps spaltete sich in Teile auf, von denen es einigen gelang, sich durch Umgehung von Minsk vom Feind zu lösen. So hatte die 4. Armee ihren Todeskampf nur hinauszögern können; in Wahrheit war sie noch nachhaltiger zerschlagen worden als die ihr benachbarten Verbände im Norden und Süden.
In der zweiten Juliwoche flauten die Kämpfe westlich von Minsk etwas ab. Die Lockersande des Waldgebiets von Nabilotschi, die den Deutschen im Jahre 1941 so viele Schwierigkeiten bereitet hatten, schafften ihnen jetzt etwas Erleichterung, da sie den Vormarsch des Gegners aufhielten. Hitler befahl die Errichtung einer ›uneinnehmbaren Stellung‹, die bei Baranowitschi am Westrand des Waldgebiets und am Ufer des Narotschsees verlaufen sollte. Aber das Mißverhältnis in den Kräften machte diese Weisung zu einer Absurdität. Dieses Desaster vom Juni 1944 wog wohl noch schwerer als Stalingrad. Endgültig erwies sich nun die Unterlegenheit der Wehrmacht, die sich zwei Jahre zuvor zum ersten Male gezeigt hatte. In einem Zeitraum von nur vierzehn Tagen waren 28 Divisionen vernichtet worden; Deutschland hatte 350000 Soldaten verloren, 22 Generale waren in sowjetische Gefangenschaft geraten. Die Heeresgruppe Mitte bestand nur noch aus 8 Divisionen sowie 8 weiteren, die als Verstärkungen unterwegs waren. Auf der Seite des Gegners stellte die Abteilung Fremde Heere Ost 126 Infanteriedivisionen, 6 Kavalleriedivisionen und 62 Panzerbrigaden fest. Die Deutschen kämpften im Verhältnis eins zu zehn.
Am 8. Juli nahmen die sowjetischen Truppen Baranowitschi, am 9. Lida. Am 11. vernichteten sie die letzten deutschen Widerstandsnester östlich von Minsk. Am 13. fiel

Wilna in ihre Hand, wo Hitler noch einmal 7 Bataillone opferte, denen er befohlen hatte, die Stadt ›bis zum letzten Atemzug‹ zu verteidigen. In fünf Tagen waren die Russen 500 Kilometer vorgedrungen und hatten damit ihr Staatsgebiet völlig vom Feind befreit. Doch die Verlängerung der russischen Verbindungswege verschaffte den Deutschen nicht einmal jene Pause, der sie so dringend bedurft hätten. Zwar hatte die Offensive in der Mitte an Stoßkraft verloren, dafür griff sie nun auf die beiden Flügel über. Das Desaster der deutschen Wehrmacht spielte sich nicht länger allein zwischen Düna und Pripjet ab: Es betraf die gesamte Front zwischen Ostsee und Schwarzem Meer.

Hitler, der es müde war, die ständigen Forderungen Generaloberst Lindemanns nach einem Rückzug der Heeresgruppe Nord hinter die Düna anzuhören, ersetzte diesen am 3. Juli durch General Frießner. Doch bereits nach neun Tagen richtete der neue Oberbefehlshaber an Hitler einen persönlichen Brief, in dem er in dringlicher Form die Forderungen seines Vorgängers wiederholte. Hitler rief ihn zu sich, versuchte es zuerst mit Drohungen, ernannte ihn aber dann in einer sprunghaften Anwandlung zum Generalobersten, wobei er ihn gleichzeitig durch Schörner ersetzen ließ. Frießner begab sich nach Rumänien, während der Mann, der Hitler versichert hatte, Sewastopol sei uneinnehmbar, mit der Verteidigung des Baltikums ›bis zum Tod‹ betraut wurde.

Die Russen waren bereits zum Angriff übergegangen. Die Operationen der 1. Baltischen Front erreichten zwar keineswegs den heftigen Charakter des Angriffs gegen Witebsk und Minsk, aber sie übten doch einen hinreichend starken Druck aus, um die beiden deutschen Armeen zu unaufhaltsamem Rückzug zu zwingen. Nacheinander wurden ihnen Pleskau, Ostrow, Dünaburg und Mitau entrissen. Am 29. Juli erreichte die 1. Baltische Front bei Tukkum den Golf von Riga. Die Landverbindungen der Heeresgruppe Nord drohten damit abgeschnitten zu werden.

Inzwischen war das deutsche Reichsgebiet gefährdet. Am 31. Juli nahmen die Russen Kowno. Am nächsten Tage stieß eine Panzerspitze über Suwalki vor und erreichte bei Wilkowitsche die ostpreußische Grenze. Rastenburg war nur noch 60 Kilometer entfernt.

Aber in geradezu abergläubischer Weise klammerte sich Hitler an seinem Hauptquartier fest. »Wenn ich hier weggehe«, sagte er, »ist Ostpreußen verloren.« Nach Stauffenbergs Attentat war er ein menschliches Wrack. Heftige Schmerzen in Magen und Darm ließen seine Umgebung eine Vergiftung argwöhnen. Er stand nur noch auf, um die täglichen Lagemeldungen entgegenzunehmen. »Achten Sie darauf, daß diese Herrn mich nicht länger als eine Stunde aufhalten«, sagte er zu Keitel, »das ermüdet meine Stimme zu sehr.« An manchen Tagen aber gewann diese erlöschende Stimme wieder an Kraft und steigerte sich dann zu hysterischer Beredsamkeit. Am 31. Juli redete Hitler ohne innezuhalten von 23 Uhr 53 bis 0 Uhr 59, wobei er die schweren Rückschläge der letzten Zeit, welche die Russen um 500 Kilometer näher an Berlin herangebracht

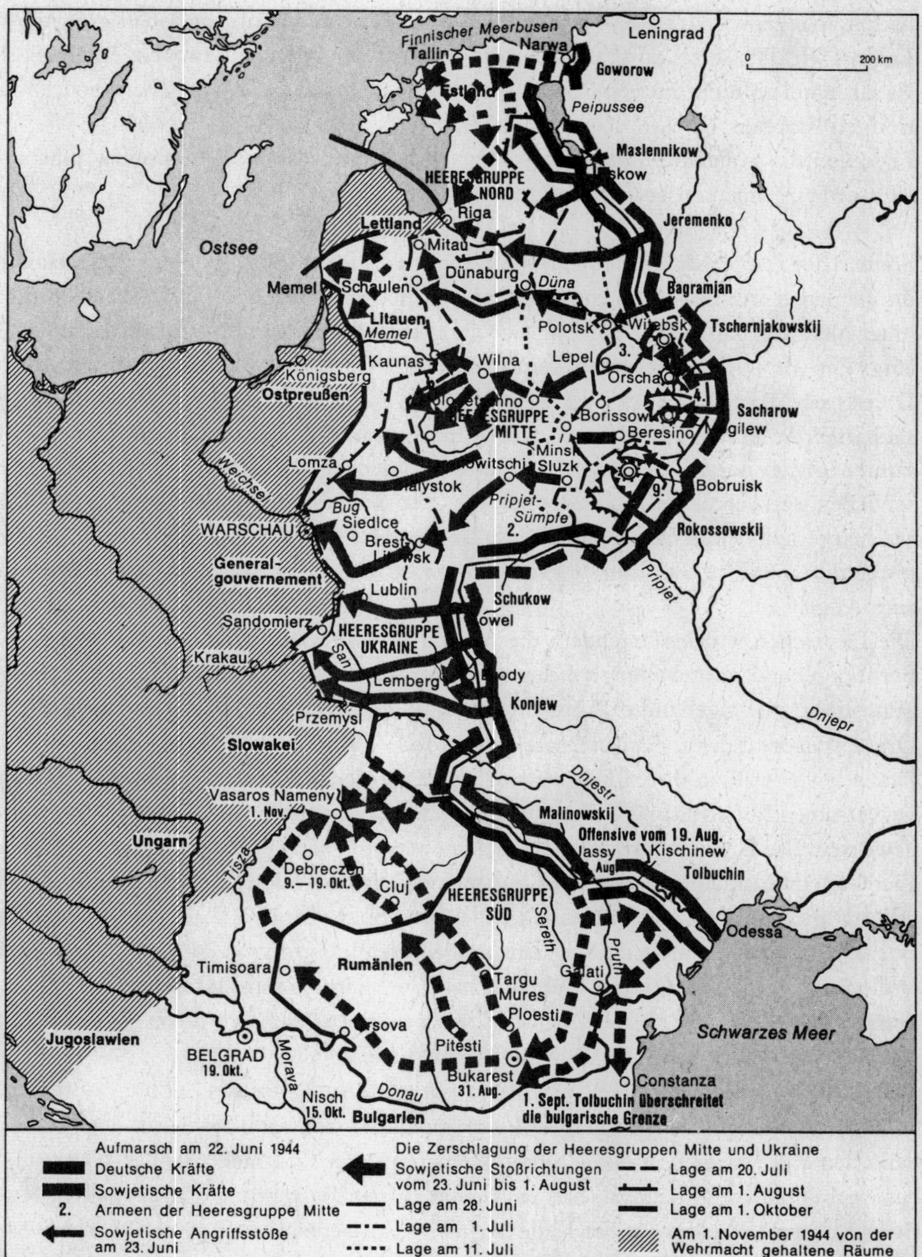

Karte 44 Der sowjetische Vormarsch von Juni bis Oktober 1944

hatten, in eigenwilliger Weise beurteilte. »... Ich frage mich, ob angesichts der ganzen Lage es wirklich so schlimm ist, daß wir verhältnismäßig eng zusammengepreßt sind. Es hat nämlich nicht nur Nachteile, sondern auch Vorteile... Wir haben nicht diese riesigen Etappen.«

Es schien, als wolle Hitler, der die Massen hypnotisiert hatte, sich nun selbst mit aberwitzigen Argumenten beschwichtigen.

Südlich des Pripjet hatte die sowjetische Offensive am 13. Juli begonnen. Dort standen die beiden deutschen Armeen der Heeresgruppe Nordukraine, die 4. Panzerarmee unter Nehring, dann unter Balck, sowie die 1. Panzerarmee unter Generaloberst Raus, längs der 400 Kilometer langen, durch hügelige Ebene verlaufenden Front zwischen Dnjestr und Pripjet. Zwar trugen diese Armeen die Bezeichnung ›Panzerarmee‹, aber sie hatten die Hälfte ihrer Panzer opfern müssen, mit denen man die durch den Zusammenbruch der Heeresgruppe Mitte entstandene Frontlücke in Weißrußland zu schließen versuchte. Generaloberst Harpe, der Nachfolger Models, befehligte über 31 Infanteriedivisionen und 5 Panzerdivisionen mit insgesamt 600 Panzern. Gegen sie traten die 4. und 1. Ukrainische Front mit 70 Infanteriedivisionen und 3000 Panzern zum Angriff an.

Die Deutschen wurden, nachdem die Russen durch eine stark verminte Kampfzone vorübergehend aufgehalten worden waren, rasch geschlagen. Ihre Hauptverteidigungslinie, die sogenannte Prinz-Eugen-Stellung, wurde bei Brody durchbrochen. Drei Divisionen der 1. Panzerarmee, etwa 40000 Mann, waren eingekesselt. Das III. Panzerkorps griff zu ihrem Entsatz an. Dabei wurde eine seiner Divisionen von den sowjetischen Luftstreitkräften zerschlagen, die andere unter großen Verlusten zurückgeworfen. Die Generale Lange und Lasch brachen mit 5000 Mann aus dem Kessel aus, aber General Lindemann, den Hitler in Abwesenheit zum Tode verurteilen sollte, kapitulierte mit dem Rest der im Kessel gebliebenen Soldaten. Harpe zog sich hinter den Bug zurück, aber Konjew dehnte seine Angriffe nach Norden aus und ging, nachdem er die Pripjetsümpfe hinter sich gebracht hatte, gemeinsam mit Rokossowskij vor, der den rechten Flügel der Heeresgruppe Mitte vor sich hertrieb. Vom Narew bis zu den Karpaten rollte die russische Walze unaufhaltsam dahin.

Am 22. Juli wurde der Bug bei Cholm überschritten. Am 24. wurde Lublin genommen. Allein am 27. fiel im Norden Bialystok, im Süden Lemberg und Stanislaw. Der 28. sah dann den Fall zweier Festungen, deren Namen mit der Geschichte beider Weltkriege eng verbunden ist: Przemysl, das 1915 einer langen Belagerung standgehalten, und Brest-Litowsk, welches auf der Linie lag, von der aus das Unternehmen ›Barbarossa‹ seinen Lauf genommen hatte. Am Dreißigsten wurde die Weichsel am Zusammenfluß mit dem San erreicht und am nächsten Tag auf breiter Front überschritten. In den darauffolgenden Tagen setzten die Russen auch oberhalb von Pulawy und zu beiden Seiten der Pilicamündung über den Strom. Nun stießen die russischen Kräfte von mehreren Seiten auf Warschau vor. Am 31. Juli erreichte die 8. Gardearmee bei Otwock Josezow und Felenica die Außenbezirke der Stadt. Das von Norden ihr entgegeneilende III. sowjetische Panzerkorps nahm Rodzymin und Wolomin und näherte sich dem Vorort Praga.

Warschau unter den Nazis

Am nächsten Tag, dem 1. August, brach um 17 Uhr in Warschau der Aufstand aus. Gruppen von Männern, die nur eine rot-weiße Armbinde statt Uniform trugen, tauchten plötzlich allerorts auf und schritten zum Angriff auf den Hauptbahnhof, die Hauptpost, die Wehrmachtslager und Weichselbrücken. Innerhalb weniger Sekunden befand sich die erste der von Hitler eroberten Hauptstädte in heftigen Kämpfen mit ihrer Besatzung. Die Bevölkerung Warschaus hatte seit dem Jahre 1939 in einer Mischung aus Niedergedrücktheit und fiebriger Erregung gelebt, worin sich das harte und verworrene Schicksal ganz Polens spiegelte. Frankreichs Niederlage und Hitlers Pakt mit Stalin hatten zunächst alle Hoffnung auf eine Erhebung in absehbarer Zeit zunichte gemacht. Aus dem in die Sowjetunion eingegliederten Teil Polens gelangten nur ungenaue Gerüchte über die Zerschlagung der besitzenden Klassen und Umsiedlungen größeren Ausmaßes in die Hauptstadt. Im Westen hatte Deutschland die Grenzen von 1914 wieder großzügig hergestellt, so daß als Rest des polnischen Staates nur noch die zentralen Provinzen unter der Bezeichnung ›Generalgouvernement‹ übriggeblieben waren. An Warschaus Stelle war nun Krakau die Hauptstadt dieses Fragments geworden.

Der deutsche Feldzug gegen Rußland, der in Polen nicht geringe Hoffnungen wiederaufleben ließ, machte Warschau zu einem wichtigen Knotenpunkt der Etappe. Die zwei Eisenbahn- und drei Straßenbrücken Warschaus bildeten die Hauptübergänge über die Weichsel. Zahlreiche Dienststellen militärischen oder halbmilitärischen Charakters hatten hier ihren Sitz. In Warschau erschienen damals zwei deutsche Zeitungen. Die Zerstörungen aus der Zeit der Belagerung durch die Wehrmacht waren nur geringfügig. In dem Maße, in dem die britisch-amerikanischen Bombardierungen des Reichsgebiets zunahmen, zogen immer mehr deutsche Stäbe und Ämter in die polnische Metropole.

Die Vernichtung des Ghettos

In Polen, wo bei einer Gesamtbevölkerung von 27 Millionen 5 Millionen Juden lebten, wütete die nationalsozialistische Judenverfolgung am schlimmsten. In Warschau nahmen Leid und Widerstand der Judenschaft ihre extremsten Formen an.
Das Ghetto befand sich im Zentrum der Stadt, unmittelbar hinter dem Regierungsviertel. Die Deutschen hatten die Juden gezwungen, ihr Viertel mit einer Mauer von 4 Meter Höhe und 18 Kilometer Umfang zu umgeben. Diese umschrieb ein unregelmäßig geformtes T, dessen Deckbalken sich von der Stare Miasto, der Altstadt, bis zum israelitischen Friedhof hinzog und dessen senkrecht stehender Strich vom Nordbahnhof bis in die Nähe des Zentralbahnhofs verlief. Die Straßenbahn fuhr durch dieses von verelendeten Massen überfüllte Straßengewirr hindurch, ohne anzuhalten. Vor dem Krieg hatten über eine halbe Million Menschen im Ghetto gelebt, inzwischen aber waren 150000 bis 200000 Flüchtlinge dazugekommen, die aus dem Warthegau, der ehemaligen Provinz Posen, vertrieben worden waren.
An den Ein- und Ausgängen des Ghettos standen Polizisten Wache. Wollte man hinein oder heraus, so mußte man einen Sonderausweis vorzeigen. Der Versuch, Lebensmittel ins Ghetto zu bringen, war ein Vergehen, das mit Gefängnis bestraft wurde. Die Rationierungsbestimmungen schlossen die Juden von jeder Zuteilung von Fleisch, Milch oder Fetten aus und gestanden ihnen nur eine monatliche Brotration von 2 Kilogramm zu. Die Juden sollten bis auf den letzten Einwohner des Ghettos ausgehungert werden. Jedoch sie widerstanden ihren Feinden. Die Mauer vermochte Lebensmittelzufuhren von außen nicht völlig zu unterbinden, und da ein Teil der Judenschaft des Ghettos für die Wehrmacht arbeitete, gab dies der israelitischen Gemeinde Warschaus eine gewisse Existenzmöglichkeit. In Hunderten von Werkstätten waren Juden und Jüdinnen mit Nadel und Faden am Werk, um Hemden und Uniformen für ihre Unterdrücker zu nähen. Die monatliche Brotration wurde auf diese Weise auf 6 Kilogramm erhöht. Die Sterblichkeit hatte unterdessen beträchtlich zugenommen. Jeden Tag fand man zum Skelett abgemagerte Hungerleichen auf den Gehsteigen der Straßen. Doch man litt nicht nur unter dem Hunger, sondern auch unter der völligen Stromsperre und dem Mangel an Brennmaterial. All dem zum Trotz ließen sich die Bewohner des Ghettos nicht auf die Knie zwingen.
Zunächst jedoch schienen diese seit Jahrhunderten im Dulden erfahrenen Menschen ihr Schicksal hinnehmen zu wollen. »Wir glaubten«, sagte einer der Überlebenden, »daß diese Prüfungen siebzig- bis hunderttausend Juden das Leben kosten würden, daß es aber damit sein Bewenden haben werde. Diese Überzeugung hörte man nicht nur in privaten Gesprächen, sondern auch bei den Zusammenkünften der jüdischen Gemeindemitglieder, die mit der Verwaltung des Ghettos beauftragt worden waren.«
Bis man eines Tages feststellte, daß immer mehr Menschen aus dem Ghetto verschwan-

den. Sie verschwanden durch die Stawskistraße, die zu den Schienensträngen des Nordbahnhofs führte. Seit Januar 1942 wurden jeden Morgen dort 7000 Personen in Züge verladen, die mit unbekanntem Ziel abfuhren. Nicht wenige waren Freiwillige, die glaubten, man bringe sie in Arbeitslager, und so der drangvollen Übervölkerung und der erstickenden Atmosphäre des Ghettos zu entkommen hofften.

Eines Tages wurde London von Angehörigen der polnischen Widerstandsbewegung darüber unterrichtet, daß die Juden Warschaus in die Lager von Maidanek und Treblinka gebracht und dort systematisch vernichtet würden. Erstaunlicherweise ging die BBC darauf nicht ein. Die Engländer wollten dieser Meldung keinen Glauben schenken, aus Angst, einem jener phantastischen Gerüchte aufzusitzen, die in unterdrückten, vom Haß auf ihre Unterdrücker erfüllten Ländern so häufig kursieren.

Gegen Ende des Jahres 1942 war das Ghetto bereits merklich entvölkert, so daß es auf zwei Drittel seines einstigen Umfangs reduziert wurde. Ein Dreieck im Winkel zwischen Twarda- und Prostrastraße bildete das sogenannte kleine Ghetto im Zentrum der Stadt, während das sogenannte große Ghetto auf etwa ein Dutzend Straßen in der Umgebung des Nordbahnhofs im Bereich der Milastraße beschränkt wurde. Zu diesem Zeitpunkt gab es in Warschau nur noch etwa 80000 Juden. Keiner von ihnen konnte sich noch die geringste Illusion über das ihm bevorstehende Schicksal machen.

Im Januar 1943 kam es zum erstenmal zu bewaffnetem Widerstand. SS-Männer, die sich auf Menschenjagd gemacht hatten, wurden getötet. Zum allgemeinen Erstaunen ließ die deutsche Reaktion auf sich warten. Zunächst erschienen keine Deutschen mehr im Ghetto, und die Transporte wurden eingestellt. Die restlichen Ghettobewohner bereiteten sich darauf vor, mit der Waffe in der Hand zu sterben. Ein Widerstandskomitee, jetzt die wahre Regierung dieser verzweifelten Stadt, wurde in aller Öffentlichkeit tätig; es residierte in der Milastraße Nummer 34. Noch heute weiß man nicht, woher sie den Sprengstoff und das Benzin bekamen, mit dem man nun an die Fertigung von Handgranaten und Molotowcocktails ging. Sogar einen Vorrat von ätzenden Substanzen legte man an, um damit das Gesicht der Henker zu zeichnen.

Der 19. April 1943 wurde von den Nazis dazu ausersehen, das Ende der Warschauer Judenschaft herbeizuführen. Vier Panzerspähwagen, zwei Bataillone der Waffen-SS sowie acht litauische und polnische Kompanien drangen über die Stawski- und Nelewkistraße in das Ghetto ein. Die Operation leitete Brigadeführer Stroop, SS- und Polizeiführer des Warschauer Distrikts. Die Aufgabe seiner Einheiten bestand in der Räumung sämtlicher Häuser und in der Zusammentreibung der Restbevölkerung auf dem jüdischen Friedhof, von wo sie in die Lager abtransportiert werden sollten.

Die Heftigkeit des Widerstands überraschte die eindringenden Einheiten. Sie zogen sich fluchtartig wieder hinter die Mauer zurück, während ein Hagel von Wurfgeschossen von den Dächern der Häuser und Schuppen auf sie herunterprasselte. Wenige Stunden später klirrten die Fensterscheiben Warschaus im Donnern der Geschütze.

Hinter der Ghettomauer stiegen Wolken von Rauch auf. Die Deutschen hatten mit der Beschießung begonnen. Die Juden ihrerseits legten Feuer an jene Häuser, in denen für die Wehrmacht gearbeitet wurde. Auf einem hohen Gebäude des Muranowskiplatzes sah man die weiß-rote polnische und die weiß-blaue israelische Flagge wehen.
Am nächsten Tage kehrten die Deutschen mit Flammenwerfern wieder. Die Soldaten gingen methodisch Schritt um Schritt vor und setzten ein Haus nach dem anderen in Brand. Zahlreiche Ghettobewohner fanden beim Sprung aus den Fenstern den Tod, andere kamen in den Flammen um. Jene, die den Widerstand aufgegeben hatten, wurden in langen Kolonnen mit erhobenen Armen zum israelitischen Friedhof geführt. Einzelne Gruppen aber, die 25 bis 30 Menschen zählten und bei denen sich zahlreiche Frauen durch ihre Tapferkeit hervortaten, setzten den Kampf bis zum Ende fort. Erst am 23. Mai um 20 Uhr 15 betrachteten die Deutschen den Kampf als abgeschlossen. Sie hatten die große Synagoge in die Luft gesprengt und die letzte Gruppe der Verteidiger in der Nähe des Muranowskiplatzes aufgerieben. Die Jagd auf einzelne Widerständler ging jedoch in den unterirdischen Kanalisationsanlagen und dem Ruinengewirr des Ghettos bis Anfang Juni weiter. Hinter der Mauer lag jetzt eine Wüstenei, aus der als einziges unversehrtes Bauwerk das Pawiakgefängnis herausragte.
Die Anzahl der bei dieser Aktion ums Leben gekommenen Juden läßt sich nicht mehr ermitteln. Was könnte sie auch besagen, da doch jene, die überlebt hatten, schon bald in einen noch fürchterlicheren Tod getrieben wurden. Die Verluste auf deutscher Seite waren hingegen gering: 15 Tote, etwa hundert Verwundete. Aber dieser verzweifelte Aufstand eines Volkes, das man für feige und schwächlich gehalten hatte, kam so überraschend, daß in den deutschen Dokumenten diese Manifestation zivilen Widerstands auch den polnischen Partisanen zugeschrieben wurde, die angeblich den Aufstand der Juden unterstützt haben sollten. Die Juden indes wissen davon nichts. Zwar wurden einige jüdische Kämpfer vom polnischen Widerstand gerettet, andererseits aber hebt der Bericht des Brigadeführers Stroop lobend die Leistungen der polnischen Hilfspolizei hervor, die »mit außergewöhnlicher Energie bei der Unterdrückung des Aufstandes im Ghetto mitwirkte«.

Der Warschauer Aufstand

Die Gemüter der Polen erregte damals die Entdeckung eines anderen grauenhaften Geschehens. Nun wußte man nach langer Zeit der Ungewißheit, wo ein Teil der polnischen Offiziere geblieben waren, die man seit 1939 in russischer Gefangenschaft wähnte: Tausende lagen tot unter den Birken des Waldes von Katyn.
Seit drei Jahren hatte die polnische Regierung und das Internationale Rote Kreuz nach

Am 29. Juli 1944 rief die Radiostation des ›Verbandes polnischer Patrioten in Moskau‹ die Bevölkerung Warschaus zum Aufstand gegen die Deutschen auf. Die erwartete Hilfe durch die anrückende Rote Armee blieb jedoch aus; die ›Heimatarmee‹ unter General Bor-Komorowski kapitulierte am 2. Oktober. Die Stadt wurde auf Befehl Hitlers verwüstet (oben). M. Kunitzki (unten links, Mitte) war einer der Befehlshaber der Partisanenarmee.

Die Partisanentätigkeit in Rußland wurde mit jedem Jahr intensiver und nahm schließlich durchaus paramilitärische Formen an. Bereits am 3. Juli 1941 hatte Stalin in seiner berühmten Rundfunkrede zum Aufbau einer riesigen Partisanenbewegung aufgerufen. Der wahre Zustrom in die Bewegung setzte jedoch erst ein, als die Bevölkerung entsprechend der Lehre vom ›Untermenschen‹ von den Nazis zur Zwangsarbeit rekrutiert wurde.

ihrem Schicksal geforscht. Während seines Besuches in Moskau hatte General Sikorski sogar Stalin nach ihrem Verbleib gefragt. »Ich nehme an«, hatte ihm der Diktator spöttisch geantwortet, »daß Ihre Polen sich über die Mandschurei auf die Flucht gemacht haben.« Als die Deutschen in der Nähe von Smolensk im Februar 1943 acht Massengräber entdeckten, gab es in Polen nicht den geringsten Zweifel über die Schuldigen an diesem Mord. In Katyn wurden 4143 tote Polen ausgegraben, zwei Massengräber konnten nicht mehr geöffnet werden. Stalin hatte mit der ihm eigenen Rücksichtslosigkeit die dem Kommunismus feindliche Klasse kurzerhand liquidieren lassen, nach dem gleichen Prinzip, das er auch bei dem Treffen in Teheran für die Deutschen anzuwenden empfahl, was jedoch Winston Churchill zu einer wütenden Reaktion veranlaßt hatte. Die beiden blutigen Diktaturen Hitlers und Stalins überboten sich in ihren Schrecken.

Für die polnischen Patrioten wurde durch die russischen Siege eine schwierige Situation geschaffen. Der mit Riesenschritten herannahende Befreier war nicht minder ein gefährlicher und freiheitsbedrohender Feind durch Jahrhunderte gewesen als die Deutschen. Jene Nation, mit der man sich als befreundet ansah, war Großbritannien – aber es war weit vom Schauplatz entfernt und konnte deshalb in den Lauf der Dinge nicht eingreifen. Nachdem Sikorski bei einem Flugzeugunfall ums Leben gekommen war, konnte die schwache Stimme seines Nachfolgers Mikolajczyk nur noch das Verhältnis der Angelsachsen zur Sowjetunion stören, was ihm bei Roosevelt, ja sogar bei Churchill kalte Abfuhren eintrug. Er forderte die Grenzziehung im Osten Polens nach dem Stand von 1920, während die Amerikaner und Engländer bereits Stalin die Gültigkeit des mit Hitler geschlossenen Teilungsvertrags zugesichert hatten. Die Wiederherstellung der demokratischen Freiheiten war aber ebenso in Frage gestellt wie die Wiederherstellung der alten Grenzen.

Am 21. Juli setzte Moskau in Cholm eine polnische Regierung nach russischem Geschmack ein. Dieses ›Polnische Komitee der Nationalen Befreiung‹ siedelte eine Woche später nach Lublin über. Wie in Frankreich ging die Widerstandsbewegung zum offenen Kampf gegen die Deutschen über, doch anders als dort erschien hier der Befreier in Gestalt der Roten Armee, die gleichsam als weltlicher Arm des Kommunismus im Gefolge ihrer Panzer soziale Umwälzung und die Diktatur des Proletariats mit sich brachte.

Die einzige – schwache – Chance für ein freies Polen hätte in einer spontanen Erhebung des ganzen Volkes im Augenblick seiner Befreiung bestanden. In einem solchen Falle wäre es den Polen vielleicht möglich gewesen, mit Unterstützung durch die westlichen Alliierten die Sowjetunion zu einem annehmbaren Abkommen zu bewegen. Die Führer der geheimen Widerstandsarmeen hatten derartiges auch durchaus im Sinn. Sie waren Berufsmilitärs und verstanden in ihren Einheiten eine strenge Disziplin aufrechtzuerhalten, auch wollten sie ihre Aktionen keineswegs auf Terroranschläge beschränken. Was ihnen vor Augen stand, war eine durchorganisierte Erhebung mit allen Kennzeichen einer militärischen Aktion, der so schnell wie möglich die Wiederherstellung einer gesetzlichen Ordnung folgen sollte.

Der Plan, nach dem dies alles ablaufen sollte, hieß ›Burza‹, das heißt ›Sturmwind‹. Oberkommandierender der ›Armia Krajowa‹ (AK) war General Graf Tadeusz Komorowski, genannt ›Bor‹. Die polnische Exilregierung in London hatte sich mit der von den Widerstandsführern in Warschau getroffenen Wahl des Zeitpunkts zum Losschlagen einverstanden erklärt. Russischerseits waren keine Zusicherungen auf Unterstützung des Aufstands gegeben worden – aber die Rote Armee stand mittlerweile vor den Toren der Hauptstadt, nachdem sie die Hälfte des polnischen Staatsgebiets in den Grenzen von 1938 erobert hatte. Die Erhebung mußte jetzt oder nie stattfinden. Die deutschen Zivilisten waren bereits dabei, Warschau zu räumen. Ihre Zeitungen hatten das Erscheinen eingestellt, ihre Lokale waren geschlossen. Schon setzte der Sturm der deutschen Staatsangehörigen auf die letzten Züge ein. Angesichts dieses Bildes drohender Auflösung wurde die Bevölkerung Warschaus von unruhiger Erwartung ergriffen, und wenn der geheime Zivilchef der Hauptstadt den Befehl zum Aufstand nicht gegeben hätte, wäre er vielleicht von selber ausgebrochen. Sowjetische Sender wurden zudem nicht müde, die polnische Bevölkerung zu den Waffen zu rufen und sie zum Angriff auf den angeschlagenen Gegner überall und mit allen Mitteln zu ermutigen.

Die deutschen Einheiten in Warschau waren Truppen der Etappe, Polizeiverbände, Stabspersonal und Bataillone von Ostlegionären. Dennoch konnte die Erhebung nur teilweise befriedigende Erfolge erzielen. Die Gebäude, in denen deutsche Dienststellen untergebracht waren, wurden zwar eingeschlossen, doch gelang es nicht, auch nur ein einziges zu nehmen. Vergeblich war auch der Angriff auf die beiden Flugplätze. Der Zentralbahnhof fiel zwar für kurze Zeit in die Hände der Aufständischen, wurde ihnen aber wieder entrissen. Das Bataillon, dem man die Aufgabe zugeteilt hatte, den Vorort Zoliborz zu erobern, scheiterte schon beim ersten Versuch und mußte sich in den vor der Stadt gelegenen Kampinosforst zurückziehen und dort neu gruppieren. Am folgenschwersten aber war, daß es nicht gelang, sich der Weichselbrücken zu bemächtigen. Dadurch blieb der Vorort Praga, der nur 10 Kilometer von den sowjetischen Vorposten entfernt lag, vom Zentrum der Erhebung in der Stadtmitte abgeschnitten. Es gelang den deutschen Panzern auch bald, den Aufstand östlich der Weichsel niederzuschlagen. Andererseits war General Bor Herr des Stadtgebiets von Stara Miasto, des größten Teils der Innenstadt und des ausgedehnten Arbeiterviertels von Wola. Man hatte sich in den Besitz bedeutender Lebensmittelvorräte gebracht, so daß im Augenblick eine hinreichende Versorgung gesichert war. Mehr noch: Man hatte nicht unbeträchtliche Mengen an Waffen erbeutet, darunter sogar zwei Tigerpanzer, die, unter Beschuß wieder fahrtüchtig gemacht, die erste Panzereinheit der Armia Krajowa bildeten. Bor konnte London mitteilen, daß er bis zum Eintreffen der Roten Armee aushalten könne.

Nordöstlich von Warschau gelang es den Kräften Models zwischen dem 31. Juli und dem 3. August, das III. sowjetische Panzerkorps, das sich bei Wolomin in einer gefährlichen Position befand, zu zerschlagen. Dieser Schlag brachte den Gegner zum Stehen, doch Model verfügte weder über genügend Infanterie, um seinen Erfolg auszunützen, noch über genug Treibstoff für seine Panzer, als daß er eine zweite Operation dieser Art hätte unternehmen können. Am 5. August hatten sich die Russen wieder gefangen. Die schlagkräftigsten deutschen Einheiten wurden nach Norden abgezogen, um der zunehmenden Bedrohung Ostpreußens zu begegnen. Im Brückenkopf von Praga blieben als einzige Verbände eine bereits stark geschwächte Infanteriedivision sowie einige Einheiten der 19. Panzerdivision.

Stalin hatte seine Entscheidung bereits getroffen. Am 3. August empfing er Mikolajczyk. Als der Präsident der polnischen Exilregierung den Georgier um Unterstützung der polnischen ›Heimatarmee‹ (Armia Krajowa) bat, zeigte sich dieser höchst erstaunt: »Von welcher Armee sprechen Sie denn da? Ist das denn eine Armee, ohne Artillerie, ohne Panzer, ohne Luftstreitkräfte?« So fragte derselbe Mann, der im Jahre 1941 den Partisanenkrieg ›zu Fuß und zu Pferd‹ gefordert hatte, der noch jetzt ständig Aufrufe an alle europäischen Völker, vor allem aber an die Polen erließ, sich mit bloßen Fäusten gegen die Deutschen zu wehren. Nun aber wollte er keine Notiz von den Männern nehmen, die sich inzwischen eines großen Teils von Warschau bemächtigt hatten, und zwar mit der Begründung, sie seien nicht vollständig ausgerüstet wie eine richtige Armee. Auch hier war sein Verhalten durch die Logik von Katyn bestimmt: Die Führer der aufständischen Armee waren Klassenfeinde; es galt, sie zu vernichten. Um so besser, wenn man diesmal die Arbeit den Deutschen überlassen konnte.

In Warschau nahm die Bevölkerung plötzlich eine Veränderung in der Geräuschkulisse des Schlachtenlärms wahr: Das Donnern der russischen Geschütze, das seit dem 25. Juli vom rechten Ufer der Weichsel herübergedrungen war, verstummte auf einmal. Auch die sowjetischen Flugzeuge, die vor dem Aufstand den Luftraum über Warschau beherrscht hatten, erschienen nun nicht mehr. Am 6. August bombardierten zum erstenmal deutsche Flugzeuge die Stadt. Vom 8. August an warfen britische Maschinen Behälter mit Waffen und Munition für die Aufständischen ab. Weitere Flugzeuge erschienen in der darauffolgenden Woche und schafften das für eine Fortsetzung des Widerstands nötige Material heran. Ihr Anflugweg war über 1750 Kilometer lang, desgleichen ihr Rückflug. Zwar lagen zahlreiche russische Feldflugplätze nur einige Flugminuten weit entfernt jenseits der Weichsel, von ihnen aus aber war kein einziges sowjetisches Flugzeug zur Unterstützung der Aufständischen aufgestiegen.

Churchill war verärgert. Er gab Stalin seinen Unwillen deutlich zu erkennen und wies ihn auf die Welle antisowjetischer Gefühle hin, welche die Preisgabe der Freiheitskämpfer in England erregen müsse. Stalin antwortete ihm, daß seine Regierung entschlossen sei, ›die Abenteurer, die kriminelle Clique‹ in Warschau zu ignorieren. Churchill forderte dann, es möge doch den britischen Flugzeugen, die Warschau versorgten, erlaubt werden, in Poltawa zu landen, wie dies ja auch im Falle der im sogenannten ›shuttle bombing‹ eingesetzten Maschinen geschah, die im Pendelverkehr zwischen England und Rußland unterwegs waren und auf der Strecke ihre Angriffe gegen Ziele in Deutschland führten. Doch Roosevelt, der den Premierminister ohnehin nur halbherzig unterstützt hatte, sagte: »Ich sehe keine Möglichkeit mehr, darüber hinaus noch etwas zu tun...« Nach der offiziellen Darstellung des Krieges aus der Sicht der US Army Air Force gingen die hohen Offiziere der amerikanischen Luftwaffe sogar noch weiter, indem sie eine völlige Einstellung der Versorgungsflüge verlangten, »durch die unsere guten Beziehungen zur Sowjetunion beeinträchtigt werden könnten«.

In Warschau nahmen die Kämpfe unterdessen überaus heftige Formen an. Model äußerte dazu, daß diejenigen, die durch Korruption und falsche Behandlung der polnischen Bevölkerung diesen Aufstand verursacht hätten, ihn auch bereinigen sollten. Seine Soldaten seien ihm *dafür* zu schade. Trotz solcher Erklärungen mußte das Heer jedoch das schwere Kriegsgerät liefern, ohne das der Widerstand in der Stadt nicht zu brechen war: ›Tiger‹-Panzer und ferngesteuerte Sprengpanzer vom Typ ›Goliath‹, 38-cm-Geschütze, ja sogar den Riesenmörser ›Karl‹ mit seinem 60-cm-Rohr, dessen Geschosse bis zu zweieinhalb Tonnen wogen und ganze Häuserblocks vernichten. Die Einsätze waren von Himmler befohlen worden und wurden von SS-Obergruppenführer von dem Bach-Zelewski geleitet. Die für die Niederschlagung des Aufstands herangezogenen Truppen waren wüste Haufen: das SS- und Polizeiregiment Dirlewanger, das aus Kriminellen bestand; die russische SS-Sturmbrigade RONA unter Kaminski, die sich auf die Partisanenbekämpfung spezialisiert hatte; ein Polizei-Sicherungsregiment; zwei Aserbeidschaner-Bataillone und ein paar Panzerbesatzungen der Fallschirm-Panzerdivision ›Hermann Göring‹. Im Stadtteil Ochota kam es zu unsäglichen Grausamkeiten. Pflegepersonal und Patienten des Radium-Instituts Curie-Sklodowska wurden vergewaltigt und ermordet. Bor widerstand der Versuchung, an den Gefangenen dafür Rache zu nehmen. Mit nur wenigen Ausnahmen wurden sie nach Kriegsrecht behandelt.

Der Kampf zog sich durch den ganzen Monat August hin. Deutsche wie Russen verkündeten zu wiederholten Malen, das Abenteuer von Warschau habe ein Ende gefunden – und jedesmal wurden sie durch Radio Blyskawica leidenschaftlich dementiert. Zwar wurden Wola und das alte Ghetto von den Deutschen zurückerobert, aber Bor gab die Altstadt, inzwischen nur noch ein einziger Ruinenhaufen, erst am 29. August auf. Noch immer aber hielten sich die Aufständischen im Zentrum der Stadt zwischen dem Sächsischen Garten und dem Park von Lazienki, ferner in drei Enklaven: im Norden in Zoliborz, das sie zurückgewonnen hatten, und im Süden in Mokotow und Czerniakow.

Doch mit jedem Tag wurde die Lage verzweifelter. An zwanzig bis dreißig Punkten der Stadt herrschten Brände, die nicht unter Kontrolle gebracht werden konnten. Das Wasser war knapp geworden, die Hitze quälend. Tag und Nacht lag das Stadtgebiet unter einer Rauchglocke, die zudem von den Ausdünstungen nicht oder nur notdürftig vergrabener Menschenleichen und Tierkadaver verpestet wurde. Die Verteidiger wurden von Dysenterie entkräftet. Hinzu kam die seelische Belastung durch das Gefühl, verraten und verkauft zu sein, und Erbitterung angesichts der entstellenden Berichte im sowjetischen Rundfunk. Dennoch antwortete Bor nicht auf die Aufforderungen des SS-Obergruppenführers von dem Bach-Zelewski, der den Aufständischen im Falle einer sofortigen Kapitulation eine Behandlung nach der Haager Landkriegsordnung zusicherte, im Falle einer Fortsetzung ihres aussichtslosen Widerstands aber die völlige Vernichtung androhte.

Am 4. September wurde das Elektrizitätswerk, das auch noch unter Artilleriebeschuß weitergearbeitet hatte, völlig zerstört. Am 5. ging Powisla, das Weichselviertel, verloren. Bor erwirkte einen Waffenstillstand von einigen Stunden, damit die Bevölkerung das Viertel verlassen könne. 30000 Zivilisten machten von dieser Möglichkeit Gebrauch.

Am 10. September begannen die russischen Geschütze wieder zu feuern. Am 13. begaben sich die Menschen furchtlos in die oberen Stockwerke der stehengebliebenen höheren Bauwerke, um den Kampf zwischen Deutschen und Russen in den Straßen von Praga zu verfolgen. Am gleichen Tage zogen sich die letzten Panzer der 19. Panzerdivision auf das linke Weichselufer zurück, während hinter ihnen die Brücken in die Luft flogen. Ein Bataillon der im Verband der Roten Armee dienenden polnischen Division Berling setzte über die extrem niedrigen Wasserstand aufweisende Weichsel, doch statt sofort mit den Aufständischen Verbindung aufzunehmen, zog es sich schnell wieder über den Strom zurück. Eine einzige Telefonverbindung nach Praga war intakt geblieben. Über sie versuchte Bor nun mit Rokossowskij Kontakt aufzunehmen. Doch er erhielt keine Antwort, und die Leitung wurde stillgelegt. Erneut schwiegen die russischen Geschütze. Auf dem rechten Ufer war wieder alles still. Die russischen Flugzeuge verschwanden zum zweitenmal vom Himmel. In Warschau ging die Belagerung der Aufständischen weiter.

Am 16. September fiel die Enklave von Czerniakow. Die Deutschen nahmen die Jerozolimskajaallee, wodurch das Stadtzentrum in zwei Teile zerschnitten wurde. An die Kämpfer waren die letzten Rationen ausgegeben worden; schon starben Menschen der Zivilbevölkerung an Durst.

Doch noch einmal kam es zu einer großen Stunde: Am 18. September um 11 Uhr morgens ging die ganze Bevölkerung, trotz der herabregnenden Flaksplitter, auf die Straße, Tränen der Freude in den Augen. Der Morgen war großartig, das in seinem Licht sich abspielende Schauspiel gewaltig. 110 Riesenflugzeuge vom Typ B 17 warfen

über 1800 Nachschubbehälter auf Warschau ab. Von zehn Behältern fielen nach Bors eigener Schilderung neun in Stadtteile, die von den Aufständischen erst wenige Tage zuvor aufgegeben worden waren...
Bor hielt noch bis zum 2. Oktober aus, dem 64. Tag seit Beginn der Kämpfe. Dann sah er keine andere Möglichkeit mehr, als ein erneutes Angebot der Deutschen auf ehrenvolle Kapitulation anzunehmen.

Die Wende in Rumänien

Am 19. September 1944 schloß Finnland mit der UdSSR einen Waffenstillstand, der seinen Fortbestand sicherte. In den baltischen Staaten war es den Deutschen gelungen, ihre Heeresgruppe Nord aus der Einschließung zu befreien, doch Hitler verweigerte die Rückführung der Truppen Schörners in das bedrohte Reich. In Polen hatte sich die Front längs der Flüsse Narew, Weichsel und Wislaja stabilisiert. Erneut erklärte nun Hitler: »Das Schlimmste ist vorüber...« Und er sagte auch: »Ich hatte recht. Im Süden der Front entscheidet sich das Schicksal des Krieges.«
Zur Verteidigung Rumäniens verfügte General Frießner über zwei Armeegruppen: die Armeegruppe Moldau unter dem Befehl von General Wöhler und die Armeegruppe Bessarabien, deren Leitung man dem Rumänen Generaloberst Dumitrescu anvertraut hatte. Diese Streitmacht setzte sich aus der 8. deutschen und der 4. rumänischen Armee unter Wöhler und der 6. deutschen sowie der 3. rumänischen Armee unter Dumitrescu zusammen. Zusammen war dies eine beachtliche Streitmacht, die 23 rumänische und 21 deutsche Divisionen in ihren Reihen zählte, darunter die 13. und die 20. Panzerdivision.
Seit den Tagen der nun schon weit zurückliegenden Kämpfe am Don hatten die rumänischen Truppen des öfteren die Flucht ergreifen müssen. Im Inneren Rumäniens jedoch hatten sich noch keine Auflösungserscheinungen gezeigt. Zwar hatte dem Diktator Antonescu das Bündnis mit Deutschland lange Zeit Sorge genug bereitet – die so weit ging, daß er Hitler gegenüber einmal von der Notwendigkeit eines Ausscheidens Rumäniens gesprochen und Fühler zu den Westmächten ausgestreckt hatte –, und auch hatte er mit ansehen müssen, wie Ribbentrop zunehmend die Angelegenheiten des Landes entschied, aber dies alles tat schließlich seiner Bündnistreue keinen Abbruch. Der junge König war neben ihm nur eine unbedeutende Figur. Die Königinmutter indessen, die nach der Abdankung ihres Mannes und dem Verschwinden der unheilvollen Magda Lupescu nach Rumänien zurückgekehrt war, betrieb in aller Vorsicht antideutsche Politik.
Der ehemalige Führer der Bauernpartei, Juliu Maniu, schien nichts sehnlicher zu

wünschen, als aus dem Bewußtsein der Öffentlichkeit zu verschwinden. Der deutsche Botschafter in Bukarest, der frühere U-Boot-Kommandant von Killinger, gab aus Rumänien folgenden Bericht: ›Marschall Antonescu hat Volk und König hinter sich. Eine Regierungskrise irgendwelcher Art ist nicht zu befürchten.‹ Hitler teilte dieses Vertrauen: »Solange Antonescu dort ist, habe ich nichts zu befürchten.« Antonescu seinerseits sagte im Hinblick auf das Attentat vom 20. Juli zu Guderian: »Ein derartiger Verrat ist bei uns undenkbar. Ich kann im Schoß meiner Offiziere ruhig schlafen.«

Am 20. August griffen die Russen an. Die 2. Ukrainische Front unter Malinowskij richtete ihren Stoß gegen die Armeegruppe Wöhlers; die 3. Ukrainische Front unter Tolbuchin führte ihren Schlag gegen die Armeegruppe Dumitrescus. Die erstgenannte kämpfte zwischen Pruth und Sereth mit Front nach Süden; die andere griff aus einem Brückenkopf am Dnjestr in westlicher Richtung an. Beide Stöße richteten sich auf Galatz und hatten die Abschnürung des Frontbogens von Kischinew zum Ziel. Antonescu persönlich hatte dessen Räumung verlangt und war zur Aufgabe rumänischen Gebiets bereit gewesen, um die Frontlinie zu verkürzen und Reserven zu entlasten. Doch Hitler hatte auch dies verweigert.

Niemals zuvor war einer sowjetischen Offensive ein leichterer Erfolg zuteil geworden. Bereits am 23. August gelang Malinowskij und Tolbuchin die Vereinigung am Pruth zwischen den Orten Leova und Cahul. Nirgendwo leisteten die Rumänen ernsthaften Widerstand. An zwei Stellen hatte sogar eine Verschwörung rumänischer Frontoffiziere zur Frontöffnung geführt. Sechzehn deutsche Divisionen, denen der Rückzug abgeschnitten worden war, wurden am 23. August eingeschlossen. Am gleichen Tag traf im Hauptquartier Frießners in Slania und im Führerhauptquartier in Rastenburg eine Hiobsbotschaft ein: Marschall Antonescu war zum König befohlen und im königlichen Palast verhaftet worden. Im Ablauf wie in der Art und Weise glich diese Verschwörung jener, durch die Mussolini gestürzt worden war. Die beiden Königreiche Italien und Rumänien hatten sich ihre Diktatoren nur so lange gefallen lassen, als sie ihnen Vorteile und Machtzuwachs gebracht hatten. Nachdem sich das Glück aber zu wenden begonnen hatte, waren die Abneigung gegen allzuviel Macht in der Hand einer einzigen Person und die Furcht vor den Folgen einer totalen Niederlage wach geworden. Nun versuchte man verzweifelt, den Fortbestand der Staatswesen zu sichern, und zwar durch den Sturz eben jener Männer, mit deren Person sich der Staat so lange identifiziert hatte. Doch im Unterschied zu den Ereignissen des vergangenen Sommers in Italien verlief in Rumänien nun alles sehr schnell. Schon standen die Russen vor den Toren. Ein Tauziehen um gewisse Äußerlichkeiten war nicht mehr angezeigt: Bereits nach zwanzig Stunden bat die neue rumänische Regierung um einen Waffenstillstand. Der kommandierende General Gerstenberg, welcher der ›Deutschen Wehrmachtmission‹ in Rumänien angehörte, teilte Rastenburg telefonisch mit, daß es sich bei der Verschwörung um die Tat einer »ganz kleine Clique« handele, die »vor Angst in die Hosen« mache. Hitler

befahl, ihrem Treiben ein Ende zu setzen, und ließ einige Maschinen der Luftwaffe zur Unterstützung der Kampfgruppen Gerstenbergs einen Angriff auf den Stadtkern von Bukarest fliegen. Der Angriff rief viel Erbitterung hervor, verursachte aber wenig Schaden. Rumänien beantwortete ihn mit einer Kriegserklärung an Deutschland und dem Befehl an die Streitkräfte, gegen die Deutschen vorzugehen. Dies führte zu einer restlosen Auflösung der Front. Die sowjetischen Streitkräfte konnten ungehindert vorgehen. Jeglicher Widerstand ging im allgemeinen Chaos unter.
Ploesti mit seinen Ölfeldern wurde am 29. August genommen, Konstanza am 30. und Bukarest am 31. Am 5. September vereinigten sich die Russen bei Turnu-Severin mit Titos Partisanen. Die Bulgaren waren dem rumänischen Beispiel gefolgt und hatten Deutschland den Krieg erklärt, erhielten aber dessenungeachtet nun ihrerseits eine Kriegserklärung der Russen und mußten die Besetzung ihres Landes durch sowjetische Truppen hinnehmen. Noch zu Anfang August hatte Hitler gegenüber Generalfeldmarschall von Weichs seine Entschlossenheit zur Verteidigung des gesamten Balkans beteuert. Jetzt aber sah er sich gezwungen, Befehl zur Räumung eines Teils der Ägäischen Inseln, Griechenlands und Südjugoslawiens zu erteilen. Kampflos kamen die Russen über die Karpaten und stießen nach Ungarn vor. Immer näher rückte nun auch von Südosten der Krieg gegen die deutschen Grenzen.
Es ist an der Zeit, den Blick wieder auf den pazifischen Kriegsschauplatz zu richten, wo sich die Kampfhandlungen über viel weitere Räume erstreckten und in einem langsameren Rhythmus aufeinanderfolgten.

Im Pazifik. Rabaul und Hollandia

Am 12. März 1944 hatten die Vereinigten Stabschefs die amerikanische Strategie im Pazifik festgelegt. Eine militärische Unternehmung war gerade abgeschlossen: die Neutralisierung Rabauls. Zwei andere liefen soeben an: die beiden parallel geführten Vorstöße auf Tokio unter MacArthur und Nimitz; der eine sollte vom westlichen Pazifik aus, der andere vom mittleren Pazifik aus erfolgen. Im Bewußtsein der gewaltigen militärischen Macht, über die sie verfügten, hatten sich die amerikanischen Strategen endgültig für die gleichzeitige Verfolgung beider Angriffspläne entschieden. MacArthur war beauftragt worden, den Weg durch den Dschungel zu nehmen, über Neuguinea, die Molukken und die Philippinen. Nimitz hatte man den Weg über die Atolle zugewiesen, über die Marshallinseln, die Marianen, die Karolinen und die Bonininseln.
Der dritte im Spiel war General Stilwell, ›Vinegar Joe‹, der noch immer in Tschungking zwischen chinesischen Intrigen und amerikanischer Ideologie seine Vorstellun-

Akteure des pazifischen Kriegsschauplatzes: 1. Reihe von links: Fürst F. Konoye, Präsident des japanischen Thronrats; Generalleutnant Yamashita, Eroberer Singapurs; T. Yamaguchi, Nachfolger Nagumos. 2. Reihe: Douglas MacArthur, OB Südwestpazifik; Ch. W. Nimitz, OB Zentralpazifik; W. D. Leahy, Chef des Stabes des US-Präsidenten. 3. Reihe: Admiral Halsey, Befehlshaber im Südpazifik; General C. Spaatz, OB US-Luftstreitkräfte Europa, dann Pazifik; Lord L. Mountbatten, OB Südostasien.

Die Geleitzüge, die von den USA aus kriegswichtige Nachschubgüter nach England und der Sowjetunion brachten (oben), fuhren auf weitab liegenden Routen, um den deutschen U-Booten (unten) auszuweichen, die bis 1943 vor der amerikanischen Nordatlantikküste mit ihrer ›Rudeltaktik‹ große Erfolge hatten. Die Forcierung des U-Boot-Krieges führte 1942/43 zu einem Wechsel im OKM: Raeder wurde von Dönitz abgelöst.

gen zu verwirklichen suchte. Mit einiger Verspätung infolge der Opposition Churchills begannen nun auch in Burma Operationen, die Tschiangkaischek entlasten und dem Krieg in China neue Impulse geben sollten, wodurch man die Invasion der japanischen Inseln vorzubereiten gedachte.

Es war mittlerweile gelungen, Rabaul unschädlich zu machen. Regelmäßig wurde es von Bomberschwärmen angeflogen, die den ehedem kaum bekannten kleinen Kolonialhafen in Schutt und Asche legen sollten, der inzwischen zur Wendemarke des Kriegs im Pazifik geworden war. Von Zeit zu Zeit veranstalteten die amerikanischen Schlachtschiffe regelrechtes Übungsschießen auf Rabaul, und selbst gewöhnliche Torpedoboote nahmen sich die Freiheit, Angriffe auf den Schiffsverkehr vor der Blanchebucht zu unternehmen. Durch diese fortgesetzten Angriffe wurde der Luft- und Flottenstützpunkt der Japaner, der ohnehin nur als Stützpunkt für Angriffe gegen Neuseeland und Australien strategisch sinnvoll war, schließlich völlig unbrauchbar. Schon seit geraumer Zeit hatten die Japaner jeden Gedanken an weitere Eroberungen aufgeben müssen; für sie konnte es jetzt nur noch darum gehen, ein Gebiet zu halten, das die Sicherheit des Mutterlandes zu gewährleisten und seine Versorgung mit Rohstoffen zu sichern vermochte.

Dennoch konnten sie sich nicht zur Aufgabe Rabauls entschließen. Ein System von Laufgängen, insgesamt 500 Kilometer lang, war in die Berge hineingegraben worden, so daß die Bombardierungen Rabaul zwar als Stützpunkt verwendungsunfähig machen konnten, der Besatzung aber nur unbedeutende Verluste beibrachten.

Das amerikanische Oberkommando, das mit seinen Truppen sehr vorsichtig umging, verzichtete auf eine Eroberung, die lediglich ein Prestigeerfolg gewesen wäre. Abgeschnitten von ihrer Heimat und ohne hinreichende Versorgung, mußten die 100000 japanischen Soldaten auf Neubritannien und Neuirland ihre Zeit bis zum Ende des Krieges absitzen. Erst der Befehl des Kaisers bewog sie zur Kapitulation.

Nun, da er von Rabaul nichts mehr zu befürchten hatte, konnte MacArthur ungestört mit seinem Vorstoß nach Westen beginnen. Indem er ständig in Washington Klage führte und dadurch die öffentliche Meinung schürte, die stets ihren Unwillen über die angebliche Bevorzugung des europäischen Kriegsschauplatzes äußerte, war es dem General gelungen, im Operationsgebiet Südwestpazifik eine imposante Streitmacht zusammenzuziehen. Die Stärke der unter seinem Befehl stehenden Truppen belief sich auf 750000 Mann, die sich auf die Luftstreitkräfte, das Heer und die Flotte verteilten. Er verfügte über die 5. Luftflotte unter General George C. Kenney, über die 7. Flotte unter Admiral Thomas C. Kinkaid; er befehligte ferner acht amerikanische und sieben australische Divisionen, die dem nominellen Oberbefehl des australischen Generals Sir Thomas Blamey unterstanden. Die Autorität, die MacArthur ausstrahlte, bewirkte, daß alle Fäden in seiner Hand zusammenliefen: Er war Zentrum und Seele der gesamten Streitkräfte.

Der Krieg hatte die wilde und undurchdringliche Welt Neuguineas nur am Rande berührt. Lediglich an der Nordküste waren militärische Operationen durchgeführt worden. Entlang der spärlichen Buchten, Inseln und Küstenebenen hatten die Japaner viele kleine See- und Luftstützpunkte errichtet. Die taktische Konzeption MacArthurs bestand darin, einige dieser Stützpunkte zu überspringen, andere aber zu erobern, um so von einem eroberten Stützpunkt zum anderen zu gelangen. Hatte er erst einmal die Halbinsel Vogelkop erreicht, die mit ihrem auf der Landkarte einem Vogelkopf gleichenden Umriß die westlichste Landspitze Neuguineas bildet, so befand er sich nur noch 500 Seemeilen von den Philippinen entfernt. Dazwischen lagen wie die Steine einer Furt die Inseln des Molukkenarchipels.
Am 20. April setzte sich eine starke kombinierte See- und Landstreitmacht von Finschhafen aus in Bewegung. Die Flugzeugträger der 5. Flotte hatte man bei Admiral Nimitz ausgeborgt; sie sollten bei der Aufklärung und bei der Sicherung des Unternehmens mitwirken. All die klassischen Listen der Kriegführung wurden angewendet, um die Bewegung geheimzuhalten. Die Japaner befürchteten übrigens höchstens einen Angriff gegen die drei Stützpunkte, die ihnen im östlichen Teil Neuguineas noch verblieben waren, also gegen Madang, die Hansabucht und Wewak. Ihre kleine 18. Armee unter Generalleutnant Hatazo Adachi hatte sich auf alle Eventualitäten vorbereitet und hoffte gleichzeitig auf Verstärkungen, damit die bei den Kämpfen in Papua erlittenen Verluste wieder ausgeglichen werden könnten. Doch MacArthur war so kühn, diese Verbände des Gegners gleichsam zu überspringen, um in den weniger gut verteidigten Gebieten im Westen der Nordküste überraschend aufzutauchen.
Fast tausend Kilometer im Westen der Hansabucht lag Hollandia, wo niemand an einen amerikanischen Angriff dachte. Dieser kleine Hafen, der an der für den Schiffsverkehr günstig gelegenen Humboldtbucht errichtet worden war, hatte einst der Ausfuhr von Paradiesvogelbälgen gedient, doch war der Ort nahezu verlassen worden, als dieser poetische Handel mangels Nachfrage eingeschlafen war. Die Japaner hatten dort nur noch Missionare angetroffen, darunter auch einige Deutsche, die sich auf die Achse Tokio–Berlin beriefen, aber noch grausamer behandelt wurden als Holländer und Engländer. Drei Flugplätze wurden im Inneren zwischen der Humboldtbucht und der Bucht von Tanahmera im Schutze der hohen und dicht bewachsenen Küstenkette der Cyclops Mountains vor der schlammigen und dunklen Wasserfläche des Sentanisees angelegt. Die zunächst nur langsam vorangetriebenen Arbeiten an diesen Projekten erhielten nach den Erfolgen der Amerikaner erhöhte Dringlichkeit. Wenige Tage zuvor war Konteradmiral Yoshikazu Endo angekommen, um die Arbeiter durch seine Anwesenheit zur Eile anzuspornen.
Die Überraschung gelang vollkommen. In Hollandia fanden die Amerikaner den japanischen Frühstücksreis noch warm in den Schüsseln. Admiral Endo war zunächst wie versteinert angesichts der Schande, die diese Überraschung durch den Feind für ihn

bedeutete. Doch dann zog er seine Galauniform an und ging in die Cyclopsberge, wo seine Spur sich für immer verloren hat. In der Humboldtbucht, in welcher die 41. Division an Land ging, war der Widerstand gleich Null. In der Bucht von Tanahmera – Landeplatz der 24. Division – behinderte nur das ungünstige Gelände das amerikanische Unternehmen. Man hatte geglaubt, sich zweier drei Kilometer auseinanderliegender Küstenstreifen zur Landung bedienen zu können. Doch der eine Landungsstreifen war von einem Sumpf umgeben, der als solcher von der Luftaufklärung nicht erkannt worden war. Die Männer, die dort Fuß zu fassen versuchten, versanken in schwimmendem Grün, das fest zu sein schien wie eine Wiese. Desungeachtet riskierte man eine Kompanie des 21. Infanterieregiments, das einen Weg bis zum zweiten Landungsstreifen finden sollte. Sie brauchte vierundzwanzig Stunden, um die drei Kilometer zu überwinden. Da entschloß man sich, wieder in die Landungsboote zu steigen und die Landung an einer anderen Stelle zu versuchen.
Am nächsten Tag war den Japanern das Kriegsglück auf geradezu unwahrscheinliche Weise günstig: Der einzige Bomber, der über Hollandia erschien, traf ein Munitionsdepot und entfachte dadurch einen gewaltigen Brand, durch den die Amerikaner jene Vorräte wieder verloren, in deren Besitz sie sich bereits geglaubt hatten. Darüber hinaus büßten sie aber auch einen beträchtlichen Teil des von ihnen an Land gebrachten Materials ein. Aber trotz dieses Feuers war das Unternehmen ein voller Erfolg. Die 24. und die 41. Division vereinigten sich auf den Flugplätzen. Sie hatten nur 24 Gefallene zu beklagen, während über 3000 Japaner, die man im Dschungel aufgespürt hatte, getötet wurden. Durch sofort aufgenommene Ausbauarbeiten wurde Hollandia zu einem der Hauptstützpunkte im südlichen Pazifik.
Östlich von Hollandia war die 41. Division bei der kleinen Missionsstation Aitape an Land gegangen. Zweck dieses Unternehmens war es, einen Flankenschutz gegen die 18. japanische Armee zu errichten, von der eine Gegenoffensive zu erwarten war. Ein ganzes Armeekorps unter General Charles P. Hall folgte nach und nach dem 163. Infanterieregiment längs des breiten Flusses Driniumor, der durch schwüle Dschungel strömt. MacArthur sicherte seine rückwärtigen Verbindungen, indem er weiter nach Westen vordrang.
Nachdem die Methode einmal vorexerziert worden war, fand sie Anwendung an verschiedenen Orten. Am 18. Mai eroberten die Amerikaner die vor der Küste gelegene Insel Wakde. Bald darauf landeten sie auch an der Küste und nahmen Sarmi, das unbedeutende Zentrum der einstigen Kolonialverwaltung; vorher hatten sie bei den gedeckten Stellungen des Lone Tree Hill allerdings ein hartes Gefecht liefern müssen. Ihr nächstes Unternehmen führte sie am 27. Mai auf die Insel Biak, die in der tiefen Bucht liegt, welche Neuguineas Hauptmasse von der Halbinsel Vogelkop trennt. Von Biak aus waren bereits die Philippinen durch amerikanische Bomber zu erreichen.
Selten verläuft im Krieg ein Unternehmen wie das andere. Die Geländeverhältnisse auf

Biak erwiesen sich als außerordentlich schwierig. Dichter Busch bedeckte den tief zerklüfteten, von Höhlen durchzogenen Untergrund der ungesunden Insel. Die angreifenden Streitkräfte – zwei Regimenter der 41. Division – erwiesen sich als ungenügend. Die Verteidiger unter dem Oberbefehl des energischen Oberst Kuzume hatten in ihren Reihen das 222. Infanterieregiment, eine der besten Einheiten der kaiserlichen Armee. Die Landung der Amerikaner wurde durch die Riffe und Strömungen behindert und vollzog sich in Unordnung. Als Ziele des Unternehmens galten die drei Flugplätze von Mokmer, Borokoe und Sorido, die nebeneinander auf einer kleinen Ebene angelegt worden waren. Die gedeckte Stellung, die zwischen ihnen und der Küste lag, hielt den amerikanischen Angriff auf, zwang zu einem Umgehungsmanöver über die Höhen sowie zur Heranführung neuer Truppen, ja zu einem Wechsel im Kommando, das nun Generalleutnant Eichelberger übernahm, der sich bereits auf Buna und bei Hollandia ausgezeichnet hatte. Doch erst am 8. Juni wurde der Flugplatz von Mokmer genommen, der jedoch von den Japanern beherrscht wurde.
Auf die Angriffe gegen Hollandia und Wakde hatten die Japaner nicht reagiert. Aber der tapfere Widerstand der Kampfgruppe Kuzume veranlaßte den kaiserlichen Generalstab, Biak zu einem Punkt zu machen, an dem man stärkere feindliche Verbände zu binden hoffte. Beträchtliche Luft- und Seestreitkräfte wurden also nach der westlichen Hälfte Neuguineas verlegt. Auf den Philippinen wurde die 4. amphibische Brigade eingeschifft. Aber bei dieser Operation war von der einstigen Kühnheit der Japaner nichts mehr zu bemerken. Bei dem ersten Unternehmen, das nun erfolgte, kehrten am 3. Juni 1 Schlachtschiff, 4 Kreuzer und 6 Zerstörer auf halbem Wege wieder um, nachdem ein Aufklärer irrtümlich das Auftauchen feindlicher Flugzeugträger gemeldet hatte. Zwar wurde die Operation am Achten wiederaufgenommen, diesmal aber waren die Truppentransporter nur von den Zerstörern begleitet. Durch amerikanische Bomber vom Typ B 25 wurde die *Harusame* versenkt. Dann ergriff Admiral Sakonju vor einem Flottenverband des englischen Admirals Crutchley die Flucht, wobei er die Truppentransporter im Stich ließ. An der Spitze von acht amerikanischen Zerstörern verfolgte ihn der Kommodore Jarell mit einer Geschwindigkeit von 35 Knoten. Es gelang ihm, die *Shiratsuyu* zu beschädigen, aber die hereinbrechende Nacht und Crutchleys Befehl an die Verbände, sich zu sammeln, retteten die Einheiten des Feindes.
Biak wurde zu einer kürzeren und schwächeren Wiederholung der Schlacht um Guadalcanal. Zwar gelang es japanischen Blockadebrechern, etwa 1200 Mann einzuschleusen, aber diese Truppen waren viel zu schwach, als daß sie am Ausgang der Schlacht noch etwas hätten ändern können. Am 18. und am 24. Juni fielen die beiden letzten Flugplätze in die Hand der Amerikaner. Bis zum 20. August gingen die Kämpfe noch vereinzelt im Höhlenlabyrinth der Insel weiter. Von den 10000 Mann der japanischen Verteidiger gerieten nur 220 in amerikanische Gefangenschaft. Die übrigen waren im Feuer geblieben, hatten Selbstmord begangen oder waren verhungert.

Seltene Bilder von japanischen Kriegsgefangenen: Der japanische Soldat besaß eine Kampfmoral, die es ihm so gut wie unmöglich machte, sich dem Feind zu ergeben. So fochten auch in Tarawa auf den Gilbertinseln die Japaner mit dem Mut der Verzweiflung. Von den 4600 Mann der dortigen Garnison konnten die Amerikaner nur noch zwölf (!) Japaner und 129 Koreaner lebend gefangennehmen.

»Ich bin zurückgekehrt«, rief MacArthur stolz Millionen von Filippinos am Radio zu, als er Manila (oben) wieder in Besitz nahm. Manila war ein Trümmerhaufen wie Hunderte anderer Städte im pazifischen Raum. Mit immer schwächer werdenden Kräften schlugen die Japaner zurück: Japanisches Bombardement auf Hawaii (unten).

Östlich von Hollandia kam es zu einem weiteren großen Gefecht. Adachi hatte Befehl erhalten, seine 18. Armee über Dschungelpfade bis zur Halbinsel Vogelkop zu führen – offensichtlich ein undurchführbarer Befehl. Er zog es deshalb vor, die amerikanischen Stellungen am Driniumor anzugreifen. Am 11. Juli gelang ihm die Überschreitung des Flusses, aber seine drei Divisionen zählten nur 20000 Mann. Der amerikanische Gegenangriff zerschlug diese Verbände; die fieberkranken Überlebenden wurden nach Wewak zurückgebracht. Als Japan kapitulierte, befanden sich dort immer noch einige hundert ausgemergelte Soldaten, die an der Echtheit des kaiserlichen Kapitulationsbefehls zweifelten und deshalb einige Wochen abwarteten, ehe sie sich ergaben.
Nach Biak eroberten die Amerikaner die Insel Noemfor. Auf der Halbinsel Vogelkop ließen sie den Hauptstützpunkt Sorong unangetastet und begnügten sich mit den Flugplätzen Maret und Sansapor. Damit war die Offensive auf Neuguinea abgeschlossen. Am 15. September aber pochten die Detonationen von Bomben und Granaten bereits an die Insel Morotai, gegen deren Strand die Landungsboote durch die Wellen pflügten.
Morotai – das war noch keine Insel der Philippinen, aber immerhin, sie gehörte zu den Molukken. MacArthur war auf dem Weg zurück auf die Philippinen, die er 1942 verlassen hatte.

Die Marshallinseln und Marianen

Der Marsch auf Tokio über die Atolle hatte bereits im Jahre 1943 mit der Eroberung der Gilbertinseln seinen Anfang genommen. Die nächste Etappe bildeten die Marshallinseln, deren 32 Inselgruppen und 867 Korallenriffe sich über eine Fläche von der doppelten Ausdehnung Frankreichs erstreckten – vom 5. bis zum 12. nördlichen Breitengrad.
Man befand sich hier bereits in einem Gebiet, das Japan schon vor dem Krieg als seinen Besitz betrachtet hatte, da ihm durch den Völkerbund das Mandat über die Marshallinseln, die Karolinen und die Marianen mit der Ausnahme Guams übertragen worden war. Die Japaner hatten sich allerdings über die Mandatsbestimmungen hinweggesetzt, die eine militärische Verwendung der Inseln untersagten. Auch als sie später aus dem Völkerbund ausgetreten waren, hatten sie die ihnen anvertrauten Inseln als ihren Besitz betrachtet. Von den drei Inselgruppen liegen die Marianen den japanischen Inseln am nächsten. Im Zentrum der sich weit in west-östlicher Richtung erstreckenden Karolinen befand sich die große Flottenbasis von Truk, von wo aus die Japaner ihren Schlag gegen Australien zu führen begonnen hatten. Tausend Meilen weiter im Osten, fast schon in der Mitte des Pazifiks, liegen die Marshallinseln auf halbem Wege zwischen den Philippinen und Hawaii.

Gegen die Auffassung seiner Offiziere entschied sich Nimitz für den direkten Angriff auf das Herzstück der Inselgruppe, auf das größte Korallenatoll der Erde, Kwajalein, dessen hundert Inseln aus einem Barriereriff von 320 Kilometer Umfang emporragen. Nur zwei Punkte waren allerdings von militärischer Bedeutung: das eigentliche Kwajalein, eine bumerangförmige Landscholle im Süden der Lagune, sowie zwei Inselchen im Nordosten, Roi und Namur, die untereinander durch eine Straße verbunden waren.
Die auf den Gilbertinseln gewonnenen Erfahrungen wurden hier in vollem Umfang genutzt. Die Stärke des auf jedes der drei Ziele gerichteten Feuers betrug das Dreifache dessen, was seinerzeit für Tarawa aufgewendet worden war. Die Landungswellen der 4. Marineinfanteriedivision auf Roi und Namur, die der 7. Infanteriedivision auf Kwajalein verwendeten mehrere hundert Amptracks, LTVs und LTVAs, amphibische Fahrzeuge und Zugmaschinen, die plötzlich vor den Stellungen des durch das Feuer an Ort und Stelle festgehaltenen Feindes auftauchten. Dieser Angriff erfolgte am 31. Januar um 9 Uhr. Die Japaner starben schnell: Innerhalb von 72 Stunden waren die 8675 Verteidiger getötet worden, mit Ausnahme von 265 Gefangenen, zwei Drittel davon koreanische Arbeiter, die als einzige willens waren, die Niederlage zu überleben. Von den 41446 amerikanischen Heeressoldaten und Marineinfanteristen, die bei diesem Unternehmen eingesetzt worden waren, zählte man 272 Gefallene und Vermißte.
Für die Japaner war dieser so vollständig und schnell errungene amerikanische Sieg ein schrecklicher Schlag. Es erfolgte von ihrer Seite nicht die geringste Reaktion. Wie gelähmt verharrten ihre See- und Luftstreitkräfte im Raum der Karolinen. Auf den Marshallinseln selbst waren von ihren acht Stützpunkten sechs nicht angegriffen worden, aber Eniwetok, Wotje, Maloelap, Mili, Jaluit und Kusaie waren so weitgehend mattgesetzt worden, daß sie für ein Eingreifen nicht mehr in Frage kamen. Im weiteren Verlauf der Operationen sollten sich die Amerikaner mit der Einnahme von Eniwetok begnügen. Die anderen Basen überließen sie ihrem Schicksal, wo wie gewöhnlich die japanischen Besatzungen langsam dahinsiechten.
Für die Amerikaner hatte der Sieg auf den Marshallinseln den Beweis erbracht, daß ihre Strategie des Sprungs von Atoll zu Atoll richtig war. Zwar verlangte sie gewaltige Anstrengungen, doch waren diese zeitlich und räumlich begrenzt. Außerdem erlaubte sie ein volles Ausspielen der amerikanischen Überlegenheit in der Luft und auf dem Wasser. Sie brachte die amerikanischen Streitkräfte den japanischen Inseln in Riesensprüngen näher, was den Einsatz der Bomber vom Typ B 29 gegen das Mutterland des Feindes erlaubte, nachdem diese Maschinen ihre Kinderkrankheiten überwunden hatten und in Massen in Dienst gestellt werden konnten. Doch es gehört zu den Eigenheiten bedeutender Männer, blind gegen alles zu sein, was ihrer ausschließlichen Wichtigkeit Abbruch tun könnte. Zu der Zeit, als Nimitz die Marshallinseln erobert hatte, war MacArthur noch nicht zu seinem Vorstoß auf Hollandia aufgebrochen.

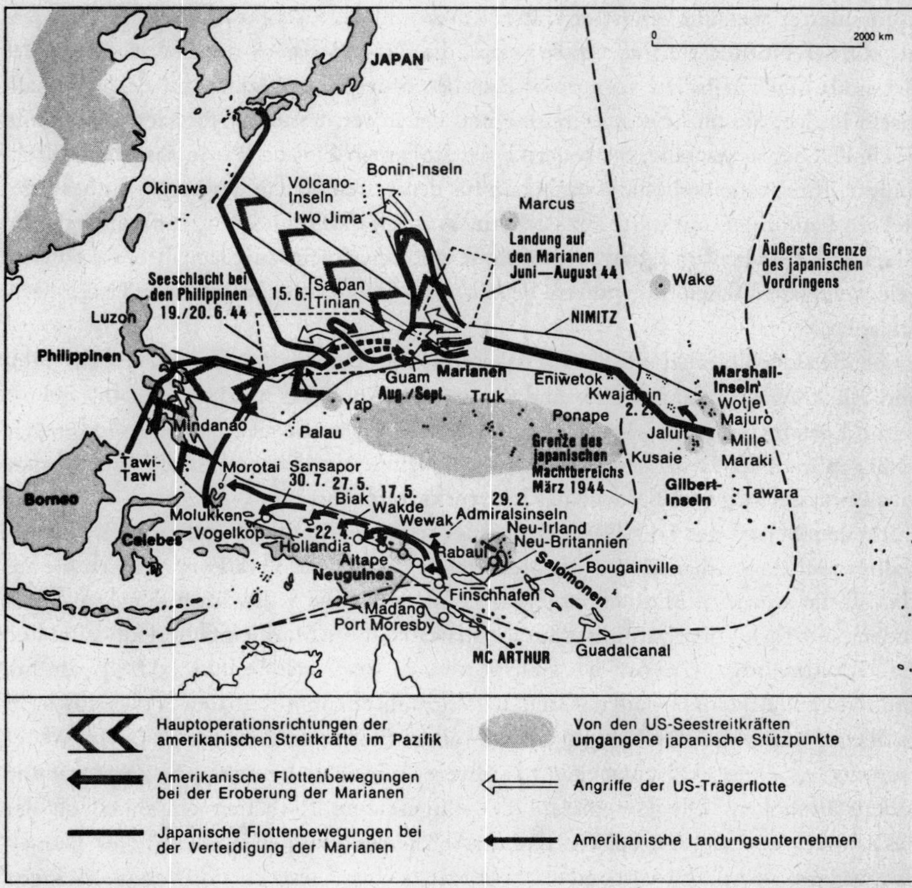

Karte 45 Die Operationen im Pazifik von Februar bis August 1944

Dennoch behauptete er, daß diese Operation nur einen ›weak thrust‹, einen schwachen Stoß, darstelle, und verlangte erneut den Oberbefehl im gesamten Pazifik, wobei er die Ansicht vertrat, daß es einen anderen strategisch sinnvollen Weg als den seinen nicht gebe und daß dieser Weg über die Philippinen führen müsse. Schließlich forderte er noch die Aufgabe aller operativen Pläne für eine Eroberung der Gilbert- und Marshallinseln. Im Februar kam es zu heftigen Diskussionen, als der Generalstabschef Mac Arthurs, Richard K. Sutherland, in Washington vorsprach. Aber Admiral King verwendete sich aus eigener Überzeugung energisch für eine Weiterverfolgung der strategischen Pläne im Pazifik und setzte sich durch.

So begann zur selben Zeit, als das Unternehmen ›Overlord‹ anlief, auf einem zur Normandie fast antipodisch gelegenen Punkt der Erde eine zweite gewaltige Operation kombinierter See- und Landstreitkräfte. Am 6. Juni, als Eisenhowers Soldaten auf dem Strand der Normandie Fuß faßten, stach die Task Force 58 unter dem Befehl des Admirals Mark Mitscher vom provisorischen Stützpunkt Majuro auf den Marshallinseln in See. Sie umfaßte 87 Kreuzer und Zerstörer, ferner 15 Flugzeugträger und 7 schnelle Schlachtschiffe. Sie war eine der stolzesten Flotten, die je das Meer durchpflügte. Ihre Aufgabe bestand darin, die für den ersten Schlag gegen Saipan bereitgestellten Landungsstreitkräfte abzusichern. Von Kwajalein und den Admiralitätsinseln stiegen die Bomber der 5. und 11. Luftflotte auf, um gemeinsam die in ihrer Reichweite gelegenen japanischen Stützpunkte Peleliu, Yap, Pulawat, vor allem aber Truk zu zerschlagen.

Es handelte sich hierbei um höchst riskante Unternehmen, da die Strecken für Hin- und Rückflug sehr lang waren und die bei den Angriffen häufig durch die gegnerische Luftabwehr beschädigten Flugzeuge über weite Wasserflächen ihre Flugplätze anfliegen mußten. Doch trotz aller Schwierigkeiten wurden die Angriffe über Monate hinaus mit der Regelmäßigkeit eines Uhrwerks durchgeführt.

Unter dem Schutz der Task Force 58 und der schweren Bomber näherten sich zwei gewaltige Geleitzüge dem Gebiet der Marianen. Der eine, die Task Force 51, brachte aus Hawaii die 2. und 4. Marineinfanteriedivision sowie die 7. Division der Army. Der andere, die Task Force 52, führte aus Guadalcanal die 3. Marineinfanteriedivision und die 1. Marinebrigade heran. 77 Transporter, 34 Frachtschiffe und 44 LST, die mit Truppen und Material beladen waren, hatten zu ihrem unmittelbaren Schutz sowie als Artillerie- und Luftunterstützung eine gewaltige Flotte zur Verfügung: 14 Geleitflugzeugträger, 7 ältere Schlachtschiffe, 12 schwere und leichte Kreuzer, 122 Zerstörer und andere Einheiten. Die Gesamtzahl der eingesetzten Einheiten einschließlich der Task Force 58 betrug 664 Schiffe, und die Stärke der Truppen lag bei 127541 Mann – also weniger als in der Normandie. Andererseits waren aber die von den Geleitzügen zurückzulegenden Strecken zwanzig- oder gar dreißigmal so lang wie die Entfernungen zwischen der englischen und französischen Küste. Sie betrugen von Hawaii aus gerechnet 3500 Meilen, von Guadalcanal aus gesehen 2400 Meilen. Im Gesamtaufwand lassen sich daher beide Unternehmen durchaus vergleichen, doch im Unterschied zu ›Overlord‹ waren die Operationen im Pazifik rein amerikanische Unternehmen. Es war dies eine gewaltige Demonstration militärischer Stärke, wenn man bedenkt, daß noch vier Jahre zuvor von dieser Macht kaum etwas bestanden hatte und daß sie aufgestellt werden konnte, ohne daß dadurch das Alltagsleben des amerikanischen Volkes übermäßig beeinträchtigt worden wäre.

Die Marianen sind keine Korallenatolle, sondern vielmehr die Gipfel einer Kette von versunkenen Vulkanen, die aus den Tiefen des Pazifischen Ozeans emporragen. Sie bilden, von Norden nach Süden verlaufend, einen schwach gekrümmten Bogen von 800 Kilometer Länge, der sich von Farallon und Pajaros bis Guam erstreckte. Die mit

I. Yamamoto, OB der japanischen Flotte, befehligte den Angriff auf Pearl Harbor; Sh. Inouye, OB der 4. japanischen Flotte, befehligte Landung auf Neuguinea; O. Nagamo, Generalstabschef der japanischen Marine (oben von rechts nach links). Ihr Gegenspieler, die amerikanische Pazifikflotte, entwickelte neben den herkömmlichen Schlachtschiffverbänden (unten) die neue Taktik und Strategie der schnelleren Verbände, der ›Task Forces‹.

Der Krieg im Pazifik spielte sich zur gleichen Zeit an verschiedenen Fronten ab, die viele Tausende von Kilometern auseinanderlagen: Während die amerikanische Aleutenflotte sich formierte (unten) um die Insel Kiska wieder in Besitz zu nehmen, flogen US-Transportflugzeuge japanische Kriegsgefangene unter scharfer Bewachung von den Salomoneninseln zum US-Hauptquartier nach Australien (oben).

dichtem Grün bewachsenen Inselberge erreichen Höhen bis zu einigen hundert Metern. Zwar ist ihr Klima noch tropisch, doch von anderer Art als das der feuchtheißen und ungesunden Dschungel der Salomonen oder Neuguineas. Ihre Geschichte ist sonderbar genug. Magellan hatte sie ›Islas de los Ladrones‹ genannt, zu Ehren der flinken Diebesfinger der eingeborenen Chamorros, die seine Schiffe besuchten. Später erhielten sie den respektierlicher klingenden Namen Marianas nach Maria Anna von Österreich, der Gemahlin Philipps II. Die von den Spaniern kaum beachteten Inseln wurden schließlich von den Deutschen gekauft und gerieten dann in die Hände der Japaner – mit Ausnahme Guams, das die Amerikaner, denen es nur darum ging, zwischen den Philippinen und Hawaii einen Stützpunkt zum Bunkern von Kohle zu besitzen, nach ihrem Sieg über Spanien im Jahre 1899 für sich beansprucht hatten. Die Japaner hatten ihnen die Insel nur wenige Tage nach Pearl Harbor entrissen.
Guam ist eine der größeren Inseln der Marianen, zu denen auch die benachbarten Inseln Rota, Tinian und Saipan gezählt werden müssen. Die zuletzt genannte Insel war der Sitz des Hauptquartiers der 31. japanischen Armee unter Generalleutnant Hideyoshi Obata sowie der verstärkten 43. Division unter Generalleutnant Yoshitsugu Saito, also das militärische Zentrum des Archipels. Die Gesamtstärke der hier befindlichen Truppen einschließlich der Marinestreitkräfte belief sich auf 31649 Mann. Die anderen Inseln waren weniger stark mit Truppen belegt: 18500 Mann auf Guam, 8000 auf Tinian, einige Hundert auf Rota. Die gesamten Streitkräfte standen nominell unter dem Oberbefehl des Siegers von Pearl Harbor, Chuichui Nagumo, der seit der verlorenen Schlacht von Midway aus der ruhmvollsten Stellung innerhalb der Flotte auf einen obskuren Posten als örtlicher Befehlshaber herabgesunken war. Er befand sich zwar persönlich auf Saipan, spielte dort aber eine nur fiktive Rolle.
Die Japaner hatten sich auf ihren Inseln fest eingerichtet, aber ihr Plan, die dort verfügbaren Truppen durch weitere zu verstärken, die man aus der Mandschurei heranholen wollte, scheiterte an den amerikanischen Unterseebooten. Die meisten japanischen Geleitzüge mußten Verluste hinnehmen. Zwar gelang es relativ oft, eine beträchtliche Anzahl der auf versenkten Schiffen befindlichen Soldaten zu retten, doch beinahe das gesamte Material pflegte verlorenzugehen. So wurde die *Saito Maru* am 29. Februar versenkt. Von den auf ihr eingeschifften 3080 Soldaten des 18. Infanterieregiments wurden 1688 wieder aus dem Meer gefischt. Aber sie kamen in Guam mit nur sieben Gewehren, einem Granatwerfer und 150 Bajonetten an. Derartige Vorkommnisse hatten zur Folge, daß verschiedene Einheiten ohne Waffen waren und alle unter Munitionsmangel litten.
Die Eroberung der Marianen begann genau zu dem Zeitpunkt, der mehrere Monate zuvor festgesetzt worden war, nämlich am 15. Juni. Die hierzu ausersehenen Truppen standen unter dem Befehl des Generals Holland Smith vom Marineinfanteriekorps. Die Ausfahrt der zum Angriff bestimmten Streitkräfte bot einen Anblick, den man nur

schwer vergißt. Es war ein strahlender Morgen, ruhige See, erfrischende Luft. Die Landungszone erstreckte sich zu beiden Seiten von Kap Aftena, wobei am linken Flügel die 2. Division auf den Strandzonen Rot und Grün, am rechten Flügel die 4. Division auf den Strandzonen Blau und Gelb an Land gehen sollte. Den Hintergrund des Schauplatzes bildete eine Bergkette, deren Gipfel über fünfhundert Meter aufragten. Im Vordergrund zerschäumte das grüne Meer auf den Korallenriffen, lief mit glatter Oberfläche in einer Lagune von einigen hundert Meter Breite aus und verebbte längs eines schmalen Strandstreifens, über dem der Rauch einschlagender Granaten hing. Südlich des Kaps, im Abschnitt der 4. Marineinfanteriedivision, gingen Holz und Papier der japanischen Häuser des kleinen Ortes Charan Kanoa in Flammen auf, während der Schlot einer Zuckerfabrik sich schwarz zu färben begann. Um 8 Uhr 50 näherten sich 34 LST den Riffen bis auf eine halbe Meile, klappten ihre Türen aus und entließen 719 LVT und LVTA, die Schlepper für die amphibischen Fahrzeuge, die sich zu Angriffswellen formierten. Der Angriffsplan bestand darin, auch nicht einen Augenblick auf dem Strand zu verharren, sondern in einem einzigen Schwung die Panzerlandung bis zur Höhe der Hügelkette voranzutragen. Von dieser Hügelkette erstreckten sich bewaldete Täler hinab zur Bucht der Zauberer, die von der einen Kraterhälfte eines versunkenen Vulkans gebildet wurde. Man hoffte diese Bucht in zwei Tagen zu erreichen, wodurch die Insel in zwei Teile auseinandergeschnitten worden wäre.

Aber die großartige Ordnung des Aufmarschs wurde gestört. Eine Brandung von dreieinhalb bis viereinhalb Metern trieb an den Riffen die Amptracks ab und zog ihre Kolonnen weit auseinander. Unter heftigem Feuer von Kap Aftena mußte die zweite Division nach Norden ausweichen, wobei ihre Bataillone auf den Landungsstreifen Rot und Grün durcheinandergerieten. Die 4. Division drang schnell durch Charan Kanoa vor, hatte aber Schwierigkeiten, sich nach Norden und Süden weiter vorzuschieben. Den LTVs mangelte es an Kraft, um die Panzerhindernisse zu überwinden, so daß sie, unter feindliches Feuer genommen, von den Marineinfanteristen aufgegeben wurden, die zu Fuß oder robbend an Boden zu gewinnen suchten. Die amerikanische Führung hatte sich allzusehr auf die Hilfe der Technik verlassen. Bei Einbruch der Nacht war nur die Hälfte des Kampfgebiets D-1 in der Hand der Amerikaner. General Yoshitsugu Saito, der an die Stelle des auf Guam von den Ereignissen abgeschnittenen Obata trat, sandte nach Tokio telegrafische Fanfarenklänge: ›Diese Nacht wird die 21. Armee mit aller Macht zum Gegenangriff übergehen und den Feind vernichten.‹ Tatsächlich erfolgte zwei Stunden nach Mitternacht ein Sturmangriff alten Stils, begleitet vom Schmettern der Trompeten. Unter den von ihnen abgeschossenen Leuchtkugeln sahen die Marineinfanteristen der 2. Division ein Bild wie aus den alten Tagen des Krieges: Dicht an dicht stürmende Japaner schwangen Säbel und Fahnen. Ein mörderisches Feuer mähte sie nieder. 800 Gefallene deckten die Hänge des Tapotchau.

Der heraufziehende Morgen sah die Amerikaner in ihren Schützenlöchern vom Vortag, während ihre Flugzeuge und Schiffe erneut die japanischen Stellungen unter Beschuß nahmen und Verstärkungen an Land gebracht wurden. Wie in der Normandie hatten die Verteidiger den Augenblick der Schwäche bei den landenden Gegnern nicht auszunutzen vermocht. Der Brückenkopf hatte sich gefestigt.

Saipan: Japans zweites Midway

Doch nun wurde die Aufmerksamkeit der Marineinfanteristen von neuen Ereignissen in Anspruch genommen. Am Vortage hatte das Unterseeboot *Flying Fish* um 18 Uhr 35 einen feindlichen Flottenverband festgestellt, der mit einigen Flugzeugträgern durch die Meeresstraße von San Bernadino zwischen den Philippineninseln Luzon und Samar Kurs nach Osten hielt. Eine halbe Stunde später war durch ein anderes Unterseeboot, die *Seahorse*, ein Verband aus Schlachtschiffen gemeldet worden, der vor Mindanao in nordnordöstlicher Richtung fuhr. In der Verlängerung beider Linien lagen die Marianen. Die japanische Hochseeflotte war im Begriff, den Amerikanern die Herrschaft im Pazifik streitig zu machen. Nicht auf den Hängen des Tapotchau sollte sich nun das Schicksal Saipans und die strategische Absicherung Tokios entscheiden. Die Entscheidung fiel nunmehr auf See in einem Gebiet, das sich über fünfzehn Längen- und Breitengrade zwischen den Marianen, Neuguinea und Japan erstreckte.
Nie hatte die kaiserliche Marine in den Tagen ihrer vorübergehenden Schwächung die Hoffnung auf eine entscheidende Begegnung aufgegeben, mit der sie die Scharte von Midway wieder auswetzen konnte. Nach Yamamotos Tod hatte sein Nachfolger, Mineichi Koga, seine ganze Strategie auf das Abwarten einer günstigen Gelegenheit ausgerichtet, hatte kleinere Aktionen, die zu einer Zersplitterung der Kräfte hätten führen können, vermieden und seine Einheiten in Bereitschaft für den entscheidenden Schlag gehalten, mit dem alle Fehlschläge auf einmal wieder wettgemacht werden sollten. Doch am 31. März 1944 verschwand spurlos ein Wasserflugzeug zwischen Palau und Davao: Die japanische Hochseeflotte hatte ihren zweiten Oberbefehlshaber verloren, aber Admiral Soemu Toyoda setzte die Strategie seines Vorgängers fort. Erstes Gebot war die Wiederherstellung der Flotte. Dann wollte man eine strategische Situation provozieren, die die Vernichtung des Feindes gestatten sollte.
Japan war arm. Die Kapazität seiner Werften und Flugzeugfabriken war begrenzt. Die unglaublichen Erfolge des Jahres 1942 täuschten über die wahre Lage hinweg. Zwar war man durch sie in den Besitz bestimmter Rohstoffe wie Zinn, Kautschuk und Erdöl gekommen, aber das Land besaß keine ausreichenden industriellen Reserven, um daraus vollen Nutzen zu ziehen. Das hatte dazu geführt, daß die Flotte ihre Kessel mit

dem relativ reinen Rohöl aus Borneo heizen und die damit verbundenen zahlreichen Nachteile und Gefahren in Kauf nehmen mußte. Durch fieberhafte Anstrengungen und großzügige Improvisation war es gelungen, neue Flugzeugträger einsatzbereit zu machen, neue Luftflotten zu schaffen, aber unter dieser glänzenden Schale verbargen sich nicht geringe Schwächen. So verfügte man über kein entwickeltes Radarsystem, und auch die Abwehrwaffen gegen die Unterseeboote waren nur ungenügend. Die Flugzeuge verfügten weder über eine Panzerung noch über automatisch abdichtende Treibstoffbehälter. Die Piloten der Trägerluftwaffe waren nur oberflächlich geschult und hatten eine geradezu lächerlich geringe Flugpraxis. ›Jene vom ersten Geschwader‹, hieß es in einem Bericht, ›haben eine sechsmonatige Ausbildung hinter sich, jene vom dritten Geschwader eine dreimonatige und die vom zweiten Geschwader eine nur zweimonatige. Kein einziger hat eine Flugerfahrung von hundert Seemeilen.‹ Die hervorragenden Mannschaften, die den Angriff gegen Pearl Harbor geflogen hatten, waren auf diese Aufgabe jahrelang moralisch und ausbildungstechnisch vorbereitet worden. Doch von ihnen lebte so gut wie keiner mehr.
Der japanische Admiralstab hatte auf eine günstige strategische Situation im Südwestpazifik gehofft und sich entsprechend vorbereitet. Sein Traum war es, die amerikanische Hochseeflotte im Dreieck Yap–Mindanao–Neuguinea erscheinen zu sehen – in der Nähe der Philippinen, da dies die Versorgung erleichtert hätte –, vor allem aber in der Nähe von Stützpunkten auf dem Land, wodurch man die Unterlegenheit bei der Trägerluftwaffe hätte ausgleichen können. MacArthurs Vorstoß gegen Biak hatte den Eindruck erweckt, daß dieser Traum sich verwirklichen könnte. Ein starker Flottenverband, bestehend aus den Riesenschlachtschiffen *Yamato* und *Musashi*, war bereits auf Vorposten nach Batjan in den Molukken entsandt worden. Das Gros der Flotte aber, vor allem die drei Flugzeugträgerverbände, lagen zwischen den Philippinen und Borneo auf der Lauer. Aber die amerikanische Flotte ging nicht in die ihr im Südwestpazifik gestellte Falle, sondern wollte sich bei den Marianen auf offener See schlagen, also in einem Gebiet, von dem aus die Bomber Tokio bereits erreichen konnten.
Damit war der um die Heimatinseln gelegte Sicherheitsgürtel in Gefahr, waren das Vaterland selbst und die Person des Kaisers bedroht. Die kaiserliche Marine konnte einer Eroberung der Marianen nicht ebenso tatenlos zusehen wie etwa der Eroberung der Marshallinseln. Auf zwei Wegen, westlich und östlich an Mindanao vorbei, nahm die Flotte unter Vizeadmiral Jizaburo Ozawa Kurs in die philippinischen Gewässer, wohin der Gegner seine Initiative zu lenken schien. Diese letzte Flotte, die unter dem Banner der aufgehenden Sonne fuhr, stellte eine imposante Streitmacht dar: 5 große Flugzeugträger, 4 leichte Flugzeugträger, 5 Schlachtschiffe, 11 schwere Kreuzer, 2 leichte Kreuzer, 28 Zerstörer. Unter den Flugzeugträgern befanden sich zwei Veteranen, die mit Ruhm und Narben bedeckt waren, die *Zuikaku* und die *Shokaku*, sowie die soeben erst fertiggestellte *Taiho*, einer der größten Flugzeugträger auf den Weltmeeren.

429 Trägerflugzeuge wurden mitgeführt, also doppelt soviel wie bei dem Unternehmen von Pearl Harbor. Indes war diese Feindfahrt mit dem erwartungsvollen Auslaufen im Jahre 1941 nicht zu vergleichen. Sie wurde überschattet von Unfällen, deren schwerster, ein Zusammenstoß, zum Verlust eines Zerstörers führte. Die im Rahmen der Operation geplanten Unterseebootunternehmen scheiterten kläglich. Den 25 Unterseebooten, welche die philippinischen Gewässer von feindlichen Einheiten säubern sollten, gelang es nicht, auch nur ein einziges amerikanisches Schiff zu versenken; wohl aber versenkten die Amerikaner 17 von ihnen, davon allein sechs der Zerstörer *England*.
Vor Saipan hatte der Oberbefehlshaber der 5. Flotte, Vizeadmiral Raymond Spruance, sich sofort mit Vizeadmiral Turner in Verbindung gesetzt, der die Landungsflotte der 5. Flotte befehligte. Diese wurde daraufhin geteilt. Die älteren Schlachtschiffe und ein Teil der Kreuzer und Zerstörer setzten ihren Kampfauftrag fort, der in der Unterstützung der bei Kap Aftena gelandeten Truppen bestand, der andere Teil aber schloß sich der Task Force 58 an, um dem Feind entgegenzueilen. Somit bestand die den Japanern entgegengesandte Streitmacht aus 7 schweren und 8 leichten Flugzeugträgern mit insgesamt 956 Flugzeugen verschiedenster Typen, die von 7 schnellen Schlachtschiffen, 20 Kreuzern und 67 Zerstörern begleitet wurden. Die Amerikaner waren den Japanern auf dem Wasser und in der Luft also um das Zweifache überlegen.
Der 19. Juni war ein Tag unter tiefblauem Himmel und mit weiter Sicht über den lichtüberfluteten Ozean, der von Schwärmen fliegender Fische durchzogen wurde. Die gute Arbeit seiner Aufklärer sicherte Admiral Toyoda einen Vorteil über seinen Gegner: Er wußte, wo dieser sich befand. Ein anderer Vorteil kam hinzu, der eigentlich einer Schwäche entsprang: Seine nicht gepanzerten Flugzeuge waren leichter als die der Amerikaner und waren diesen daher an Reichweite überlegen. Sie vermochten im Umkreis von 650 Kilometern zu operieren, die der Amerikaner hatten nur einen Aktionsradius von 500 Kilometern. Der Gegner befand sich folglich zwar in der Reichweite der Flotte Toyodas, dieser aber außerhalb der Reichweite des Gegners. Dies war der optimale Zeitpunkt für einen Angriff.
Die Trägerflugzeuge begannen aufzusteigen. Die Vorhut, bei der sich die *Shitose*, *Zuiho* und *Chiyoda* befanden, ließ um 8 Uhr 30 64 Flugzeuge starten. Um 8 Uhr 56 stiegen vom Hauptverband Admiral Ozawas – *Taiho*, *Shokaku* und *Zuikaku* – 128 Maschinen auf. Der Pilot einer dieser Maschinen, Bootsmann Sahio Komatsu, sah im selben Augenblick, als er bereits Höhe gewann, den Schaumstreifen eines Torpedos, das geradewegs auf die *Taiho* zulief. Er stürzte sich auf dieses Torpedo mit seinem Flugzeug herab und starb, um das große Schiff zu retten. Der zweite Verband, der aus den leichten Flugzeugträgern *Junyo*, *Hiyo* und *Ryujo* bestand, schickte um 10 Uhr noch 47 Maschinen in die Luft. Um 11 Uhr erging Befehl an den ersten und dritten Verband, 114 Flugzeuge starten zu lassen. Ozawa hatte damit vier Fünftel seiner Flugzeuge auf den Feind geworfen und zum Schutz seiner Schiffe nur eine Handvoll Jäger behalten.

Noch wußten die Amerikaner nicht, wo sich der Feind befand. Doch rettete sie das Radar, als auf den Schirmen das Bild feindlicher Flugzeuge erschien, deren Entfernung man auf knapp 270 Kilometer bemaß. Mit äußerster Schnelligkeit stiegen die Jäger nun auf. Es kam zu großen Luftkämpfen, zuerst im Westen der Schiffe gegen die zwei ersten Wellen der japanischen Maschinen, dann im Norden und Süden gegen die beiden folgenden Wellen. Die Angreifer erlitten gewaltige Verluste, hagelten buchstäblich vom Himmel, Bündel aus Flammen und Rauch, oder mußten sich beschädigt auf die Insel Guam zu retten versuchen. Von den etwa 375 Maschinen Ozawas, die aufgestiegen waren, kamen nur etwa 40 an die gegnerischen Schiffe heran. Ein einziges vermochte schließlich das Schlachtschiff *South Dakota* zu treffen, wobei 27 Seeleute den Tod fanden, das Schiff aber nicht ernstlich beschädigt wurde. Einige andere Schiffe waren nur knapp verfehlt worden und meldeten leichtere Schäden. Der Preis, den die Japaner hierfür hatten zahlen müssen, war also unglaublich hoch. Dieser Tag hatte ihnen 315 Maschinen gekostet, den Amerikanern aber nur 29.

Jenes Torpedo, das der Pilot Komatsu um den Preis seines Lebens von der *Taibo* abgewendet hatte, war von dem amerikanischen Unterseeboot *Albacore* unter dem Kommando von J. W. Blanchard abgefeuert worden. Es war eines von insgesamt sechs, die Admiral Ozawas Flaggschiff gegolten hatten. Nur ein einziges traf backbord in der Höhe des vorderen Aufzugs. Es schien nur ein leichter Treffer zu sein, die Schäden waren gering, Brände brachen nicht aus. Der Kommandant meldete seinem Admiral, das Schiff sei weiterhin voll einsatzfähig.

Zwei Stunden später traf ein anderes Torpedo die *Shokaku*. Es kam aus den Rohren des Unterseeboots *Cavalla* unter dem Kommandanten H. J. Kossler. Dieser Treffer schien weniger harmlos. Das Schiff verlor sofort an Geschwindigkeit, mußte ausscheren und hatte gegen die Flammen zu kämpfen, die sich im Schiffsinneren rasch ausbreiteten. Der Treibstoff für die Flugzeuge, der aus den ungünstig gelegenen und schlecht geschützten Behältern austrat, gab dem Brand gefährliche Nahrung. Kurz nach 15 Uhr erreichte das Feuer eine der Munitionskammern. In einer Kette von Explosionen wurde die *Shokaku* in Stücke zerrissen. Nun war die *Zuikaku* als einziger unter den Flugzeugträgern von Pearl Harbor übriggeblieben.

Auf der *Taiho* war die Zuversicht des ersten Augenblicks schnell gewichen. Eine höchst kritische Situation hatte sich entwickelt. Durch die Wucht des auftreffenden Torpedos waren Rohrleitungen gebrochen und die Treibstoffbehälter aus ihren Halterungen gelockert worden. Das große Schiff füllte sich langsam mit einem hochexplosiven Gemisch aus Luft und Benzindämpfen, dessen man sich vergeblich zu entledigen suchte. Doch das Geschick war nicht mehr abzuwenden. Um 15 Uhr 32 wurde die Brücke von einer gewaltigen Explosion in die Luft geschleudert, wurde das Schiffsinnere von Detonationen verwüstet. Der Zerstörer *Wakatsuhi* fuhr heran, um das geheiligte Bildnis des Kaisers zu bergen, und Ozawa verlegte seinen Befehlsstand auf den Kreuzer *Haguno*. Doch kaum waren Kaiserbild und Admiral in Sicherheit, als die Flammen aus dem Schiffsrumpf brachen. Die *Taiho* sank um 17 Uhr 06 inmitten der ringsum brennenden See. Nur mit Mühe gelang es den Zerstörern, 500 Überlebende der 2150 Offiziere und Matrosen zu retten.

Der Tag war für die Japaner so unheilvoll wie der von Midway. Ozawa hatte zwei seiner wichtigsten Schiffe verloren. Er hatte nur noch etwa hundert Flugzeuge zur Verfügung, während die amerikanische Flotte voll einsatzfähig geblieben war. Dennoch verfügte er über so viel Willensstärke oder falsche Hoffnung, daß er die Schlacht noch nicht verlorengab. Er verließ sich nur allzu bereitwillig auf die Meldungen seiner Flieger, die von schweren Verlusten beim Gegner berichteten. Die Bomberbesatzungen der *Zuikaku* berichteten von Volltreffern auf einem großen Flugzeugträger und einem schweren Kreuzer. Die Männer von der ersten Flottenabteilung versicherten, vier Flugzeugträger in Flammen hinter sich gelassen zu haben. Der Rapport vom Ende des Tages stellte fest: ›Insgesamt sind zweifelsfrei vier bis fünf feindliche Flugzeugträger vernichtet worden, außerdem sind ein Schlachtschiff sowie ein schwerer Kreuzer versenkt oder außer Gefecht gesetzt worden. Es scheint nicht ausgeschlossen, daß noch weitere Einheiten des Gegners in die Luft gesprengt beziehungsweise versenkt worden sind.‹ Aufgrund solcher Angaben wollte Ozawa am übernächsten Tag, dem Einundzwanzigsten, die Schlacht wiederaufnehmen, den folgenden Tag aber zum Bunkern von Treiböl benutzen.

Die amerikanische Führung, die zweifellos einen Sieg errungen hatte, erwies sich als weniger angriffslustig. ›Ich rechne damit, morgen angreifen zu können‹, funkte Admiral Spruance, ›sobald mir die Position des Gegners genau genug bekannt ist.‹ Indes unternahm man nichts, um den Ort der feindlichen Schiffe näher zu bestimmen. ›Kein einziges Aufklärungsflugzeug‹, berichtet Eliot Morison, ›wurde in der entscheidenden Nacht vom 19. auf den 20. Juni ausgesandt.‹ Schuld daran war die menschliche Haltung Admiral Mitschers. Dieser nur 1,64 Meter große Admiral, der seine Marineflieger ebenso vergötterte wie umgekehrt sie ihn, ›haßte den Gedanken, daß einer seiner einzeln ausgeschickten Aufklärer sich zu einer Notlandung auf hoher See gezwungen sehen könnte, ohne daß eine Möglichkeit zur Rettung des Piloten bestand‹. Welch gewaltiger Kontrast wurde hier sichtbar zur Gleichgültigkeit, mit der Japaner, Russen und Deutsche über das Leben ihrer Soldaten verfügten!

Der Morgen des 20. Juni, so strahlend wie der des Vortags, stieg über der amerikanischen Flotte herauf, die parallel zur Flotte des Feindes fuhr, ohne dies allerdings noch zu wissen. Die routinemäßig startenden Morgenpatrouillen kehrten ohne Feindmeldung zurück. Auch die Nachmittagspatrouillen waren zu ihren Flügen aufgestiegen und kehrten vereinzelt schon zurück, als eine kaum zu dechiffrierende Meldung den Feind ankündigte. Kurz darauf bestätigte der Leutnant zur See Nelson, daß er mit eigenen Augen Ozawas Schiffe gesehen habe, und korrigierte damit den Irrtum über die mutmaßliche Position des Feindes. Die japanische Flotte befand sich in 250 Seemeilen Entfernung, fast schon in äußerster Reichweite der Flugzeuge, und es blieben nur noch vier Tagesstunden Zeit. Sollte man sie trotzdem aufsteigen lassen? Oder sollte man den nächsten Tag abwarten?

Der Platz der Admirale in der Geschichte hängt von der Schnelligkeit ihrer Entscheidungen ab. Mitscher entschied sich, die Flugzeuge starten zu lassen. In der Rekordzeit von zehn Minuten befanden sich 216 Bomber, Zerstörer und Jäger in der Luft. Noch im letzten Augenblick hielt Mitscher eine gleichstarke Welle vom Start zurück. In der Nacht hätte man allzu viele Maschinen aus Seenot retten müssen.

Der um 18 Uhr 40 beginnende Angriff spielte sich vor dem Hintergrund der rot im Ozean versinkenden Sonne ab. Etwa dreißig japanische Jäger stellten sich tapfer zum ungleichen Kampf. Es gelang ihnen, die Angriffswucht des Gegners etwas zu dämpfen, nicht aber, sie zu brechen. Der von einem Torpedo getroffene Flugzeugträger *Hiyo* geriet in Brand und versank in den Fluten. Die *Zuikaku* und die *Chiyoda* erhielten Treffer, ebenso das Schlachtschiff *Haruna*. Zwei der wertvollen Tanker wurden versenkt. Gewiß war dies nicht der große Sieg, der Mitscher und Spruance bei größerem Wagemut hätte zufallen können. Aber immerhin war es ein Erfolg mit weitreichenden Konsequenzen.

Von den 430 Flugzeugen, über die Japans Flotte am Morgen des 19. Juni noch verfügt hatte, waren am Abend des 20. Juni nur noch 35 geblieben. ›Das wichtigste Ergebnis‹, schreibt die offizielle Geschichte, ›bestand in der fast völligen Zerstörung der japanischen Trägerwaffe. Sie war nun bis zum Ende des Krieges kein entscheidender militärischer Faktor mehr.‹

Um 19 Uhr 19, als die Sonne unter dem Horizont verschwand, drehte das letzte amerikanische Flugzeug vom Kampfplatz ab. Aus ungebrochenem Kampfeswillen oder aus Verzweiflung befahl Admiral Ozawa einen nächtlichen Angriff durch die Flotte, an deren Spitze er Vizeadmiral Kurita gegen den Feind schickte. Aber seine Einheiten verfügten für eine derartige Aktion nicht mehr über genügend Treibstoff. So wurde Kurita zurückbeordert, und die noch fahrtüchtigen Schiffe der Flotte nahmen Kurs auf Japan, nun doch im Bewußtsein, die Schlacht verloren zu haben.

In stockfinsterer Nacht kehrten die amerikanischen Flugzeuge zurück. Ihr Treibstoff ging zu Ende, schon gingen einzelne Maschinen mitten im Meer nieder. Alle gaben durch, nur noch wenige Tropfen Sprit im Tank zu haben. In größter Besorgnis überschlug Mitscher die Zeit, die für eine Landung bei Dunkelheit, in der die meisten Piloten keine Erfahrung hatten, nötig wäre. Doch da entschloß er sich zu einer kühnen Maßnahme, indem er ohne Rücksicht auf etwa in der Nähe operierende feindliche U-Boote seine Schiffe erleuchten und zusätzlich Leuchtkugeln schießen ließ. Auch so waren die Verluste noch hoch genug. Von den 216 Flugzeugen waren nur 20 im Kampf abgeschossen worden, aber 80 gingen auf dem Wasser nieder oder zerschellten an den

Aufbauten der Flugzeugträger. Durch Rettungsaktionen konnten die Verluste an Menschenleben freilich auf nur 38 begrenzt werden. Verglichen mit einer Landschlacht ähnlicher Bedeutung und ihren Hekatomben war eine Seeschlacht, zumindest für den Gewinner, nicht allzu verlustreich.

Japans Sicherheitsgürtel durchbrochen

Die Niederlage der japanischen Flotte besiegelte auch das Schicksal Saipans. Aber das Wort Übergabe gab es im japanischen Sprachgebrauch nicht. Mit unverminderter Heftigkeit dauerten die Kämpfe weiter fort.

Am 17. Juni war es den Amerikanern gelungen, sich des wichtigsten Flugplatzes, Aslito, zu bemächtigen. Am 18. erreichten sie die Bucht der Zauberinnen und begannen, den Süden der Insel vom Feind zu säubern. Holland Smith schob die 27. Division der US-Army zwischen seine beiden Marinedivisionen und änderte seine Angriffsrichtung, um auch den Mittelteil der Insel und ihren Norden zu erobern. Diese 27. Division wurde von einem anderen General gleichen Namens, Ralph Smith, befehligt, den sein Vorgesetzter und Namensvetter für die schlechte Leistung seiner Leute in der mit Buschwerk dicht bestandenen, Death Valley genannten Senke am Fuße des Tapotchau verantwortlich machte. Mit Zustimmung von Spruance und Turner enthob er ihn seines Kommandos und setzte an seine Stelle den Marineinfanteriegeneral Jarman. Diese Entscheidung führte zu heftigen Auseinandersetzungen, die auch in das Gebiet der Politik hinüberspielten, einen Sturm im Blätterwald der Hearst-Presse erregten und Wasser auf die Mühlen der MacArthur-Anhänger gossen, die diese Gelegenheit zum Anlaß nahmen, erneut für ihren großen Mann den ausschließlichen Oberbefehl im Pazifik zu fordern. Bei nüchterner Betrachtung schien es klar, daß ein gemeinsamer Einsatz von Einheiten des Marinekorps und der aktiven Nationalgarde, zu der die 27. Division gehörte, Schwierigkeiten mit sich bringen mußte. Allzu groß waren die Unterschiede im Kampfwert beider Truppen.

Die Japaner befanden sich bereits in einem bemitleidenswerten Zustand. Sie verfügten mittlerweile über kein einziges Geschütz mehr. Ihre Regimenter zählten nur noch 200 bis 300 Mann. Die Amerikaner drangen unter Entfaltung einer unerhörten Feuerkraft vor, säuberten jede Höhle mit Flammenwerfern, erstickten den geringsten Widerstand unter Bombenteppichen und konzentriertem Feuer der Schiffsartillerie. Sie nahmen den Tapotchau, eroberten Ruine um Ruine Garapan, die kleine Hauptstadt der Insel, drängten den Feind systematisch in den Nordteil der Insel ab. In demütigen Worten entschuldigte sich Generalleutnant Saito beim Tenno dafür, daß er Saipan nicht mit gebotener Energie verteidigt habe, dann verfügte er seinen letzten Willen,

nachdem er noch für die Nacht vom 7. auf den 8. Juli den Befehl zu einem Verzweiflungsangriff erteilt hatte. Mit seinem Säbel schnitt er sich seine Pulsader auf, sein Ordonnanzoffizier gab dem Sterbenden durch einen Pistolenschuß den Rest. In der Nähe entleibte sich in derselben Weise der Held von Pearl Harbor, Vizeadmiral Chuichui Nagumo, der 80 Millionen Japaner zu Tränen des Stolzes gerührt hatte.
Der Verzweiflungsangriff vereinigte alle Japaner, die noch am Leben waren. Viele besaßen nur noch das Bajonett als einzige Waffe, oft auch nur ein Messer an einer Bambusstange. Ihr Ansturm in finsterer Nacht war phantastisch. Sie überrannten zwei Batterien Artillerie, schlugen mehrere Bataillone in die Flucht. Von Panik ergriffen, warfen sich die Amerikaner gruppenweise ins Meer, schwammen durch die Lagune und suchten sich auf dem Korallenriff von Tanapag zu retten, wo sie im Morgengrauen von Zerstörern aufgenommen wurden. Doch schließlich gelang es der Artillerie und den Panzern, die anstürmenden Haufen bis auf den letzten Mann zusammenzuschießen. Das Schlachtfeld bedeckten 4000 Leichen. Sie hatten 406 Amerikaner mit sich ins Jenseits genommen. Die Gesamtverluste um Saipan beliefen sich auf 3674 Gefallene, Verwundete und Vermißte bei der US-Army und 10437 beim Marinekorps.
Der Angriff auf Guam begann am 21. Juni durch eine Doppellandung der 3. Marineinfanteriedivision und der provisorischen 1. Brigade. Vier Tage später begann der Angriff gegen Tinian mit einer Landung der 4. Marinedivision. Die Insel Plate, die für den Einsatz von Panzern und Flugzeugen günstige Bedingungen bot, wurde im Laufe einer Woche erobert, nachdem ihre 8000 Verteidiger bis auf den letzten Mann gefallen waren. Auf Guam, das größer war und mehr Geländeschwierigkeiten bot, dauerten die Kämpfe weitaus länger. Doch auch hier wurde der organisierte Widerstand am 10. August durch Einnahme des Berges Santa Rosa gebrochen. Am 11. August fiel der Oberbefehlshaber der 31. japanischen Armee, Obata, der zur Schlacht um Saipan nicht mehr rechtzeitig auf dem Schauplatz eingetroffen war. Einzelne Gruppen japanischer Soldaten entzogen sich der Schande der Gefangennahme oder der Verpflichtung zum Heldentod, indem sie sich kämpfend in den Dschungel Guams zurückzogen.
Die Eroberung der gesamten Marianen hatte 23795 Mann an Toten, Verwundeten und Vermißten gekostet – für ein Expeditionskorps von 150000 Mann eine keineswegs geringe Zahl. Doch nun war der japanische Sicherheitsgürtel gesprengt worden, und Tokio lag in der Reichweite der Bomber vom Typ B 29.

XXVIII. Kapitel 1. bis 31. August 1944
Die Befreiung Frankreichs

Die Durchbrüche der Alliierten im Nordwesten Frankreichs

Als Generalfeldmarschall von Kluge von dem Durchbruch bei Avranches erfahren hatte, begab er sich eiligst in das Hauptquartier der 7. Armee in Mans. Sein Zorn entlud sich in soldatischen Kraftausdrücken. Die Situation sei eine ›Riesensauerei‹. Dadurch, daß sie die Panzerlehrdivision in die vorderste Linie verlegt hatte, war die 7. Armee ihrer besten beweglichen Einheit unter den amerikanischen Bomben verlustig gegangen. Weil sie sich trotz ausdrücklichen Befehls nach Südosten zurückgezogen hatte, besaß sie nun keine Anlehnungsmöglichkeiten an die Küste mehr, wodurch ein Loch in der Mauer entstanden war, die mit aller Anstrengung bisher die Invasion auf die Heckenlandschaft der Normandie eingegrenzt hatte. Was die deutsche Führung immer befürchtet hatte – den Durchbruch schneller feindlicher Einheiten in das freie Hinterland –, war nun Tatsache geworden.

Kluge machte sich im übrigen keine Illusionen. Zwar enthob er nach altem militärischem Brauch die Verantwortlichen ihrer Posten, aber er wußte sehr wohl, daß der Durchbruch an dieser oder jener Stelle früher oder später ohnehin erfolgen mußte. Er hatte die von Rommel am Vorabend seiner Verwundung verfaßte und unterzeichnete Denkschrift über die Unmöglichkeit längeren Widerstands an das OKW weitergeleitet und um eine Unterredung mit Hitler nachgesucht. Er wollte dem Führer die Räumung Frankreichs, zumindest aber eine Zurücknahme der Front auf die Seine vorschlagen. Doch Hitler weigerte sich, ihn zu empfangen. Er war auch nicht bereit, erneut an die Westfront zu kommen; Hitler gab vor, der Zustand seines Trommelfells gestatte ihm keine Luftreisen.

Kluge blieb nichts anderes übrig, als den Durchbruch bei Avranches abzuriegeln. Über den Kopf des Oberstgruppenführers Hausser hinweg, den er nicht abzusetzen wagte, übernahm Kluge die taktische Führung der 7. Armee. Er befahl General Fahrmbacher, dem Befehlshaber des XXV. Armeekorps, einen Sperriegel entlang der Bucht von Mont-Saint-Michel zu legen. Die besten Verbände der in der Bretagne stationierten Truppen – die 3. und 5. Fallschirmjägerdivision, die 77., 275. und 353. Infanteriedivision – waren bereits abgezogen worden. Doch Kluge war der Auffassung, es sei gerechtfertigt, noch weitere Einheiten zu verlegen, zumal das OKW am 31. Juli 1944 dem deutschen Gegenangriff bei Avranches große Bedeutung beigemessen hatte: ›Der Feind darf unter keinen Umständen zur Operation ins Freie gelangen ... Die Entscheidung des Feldzuges in Frankreich hängt von diesem Angriff ab.‹

Nun aber war es zu spät; die Deutschen hatten den Amerikanern aus Unachtsamkeit eine Ausfallpforte aus jener Provinz freigegeben, in der die Invasionstruppen seit dem 6. Juni litten und starben. Nach der Einnahme von Avranches am 31. Juli war eine gepanzerte Vorhut der 4. Division inmitten aufgelöster deutscher Verbände bis zur Brücke über die Sélune an der Straße nach Pontorson, 9 Kilometer im Süden der Stadt, vorgestoßen. Diese Brücke bestand aus elf niedrigen Bögen, unter denen ein schnellfließendes Flüßchen dahinströmte, das aus der Normannischen Schweiz kam und, sich mit großen Mäandern um den Felsen von Tombelaine schlingend, schließlich in die Bucht von Mont-Saint-Michel mündete. Glücklicherweise war diese Brücke von den alliierten Bombern bei ihren Angriffen, denen so viele Werke der französischen Kultur zum Opfer fielen, ausgespart worden, und auch die Deutschen hatten sie nicht vermint. Das Combat Command des Obersten Clarke überquerte sie um 7 Uhr abends und setzte am anderen Ufer das Dorf Pontaubault in Verteidigungszustand.
Am nächsten Tag, dem 1. August, kehrte zur Mittagszeit General Patton zurück und übernahm den Oberbefehl über die 3. Armee. Patton, der kampfeslustige amerikanische General, hatte bis zum 6. Juli seine Zeit in England totgeschlagen, wodurch man die Deutschen im Glauben zu wiegen hoffte, daß die eigentliche Landung noch bevorstehe. Zwar hatte man ihm gestattet, den Kanal mit einem kleinen Stab zu überqueren, hatte ihm verschiedene Aufgaben übertragen, etwa die Oberaufsicht über das VIII. Korps, im übrigen aber hatte man ihn gebeten, weiterhin in der Versenkung zu bleiben und das Täuschungsmanöver mitzumachen. Die folgenschwere Ohrfeige, die Patton in Sizilien dem Soldaten Bennett gegeben und die bei den Müttern Amerikas einen Sturm der Entrüstung hervorgerufen hatte, überschattete auch jetzt noch die Laufbahn des Generals. Eisenhower, der ihm trotz allem ein neues Kommando versprochen hatte, nahm ihm freilich das Ehrenwort ab, jeweils immer bis zehn zu zählen, bevor er sich zu Äußerungen hinreißen ließe, und fest die Hände verschränkt zu halten, sobald er den Zorn in sich hochsteigen fühle. Patton, der ein neues Kommando wünschte, hatte sich fügen müssen.
Der Plan ›Overlord‹ sah die Schaffung zweier Heeresgruppen aus den zwei zuerst gelandeten Armeen vor: Aus der 2. britischen und der 1. kanadischen Armee gedachte man die 21. Heeresgruppe zu bilden; aus der 1. und 3. amerikanischen Armee sollte sich die 12. Heeresgruppe formieren. Den Oberbefehl über die zuerst genannte Heeresgruppe sollte Montgomery erhalten, den über die andere Bradley. Als Armeebefehlshaber waren Sir Miles C. Dempsey, H. D. G. Crerar, Courtney H. Hodges und George S. Patton jr. vorgesehen.
Bei dieser Umorganisation wurde Montgomerys Funktion nicht eindeutig festgelegt. Man war übereingekommen, daß der britische Feldmarschall zwar einerseits das Kommando über seine Heeresgruppe führen solle, andererseits aber auch weiterhin mit der Gesamtleitung der Operationen aller Truppen betraut bleiben solle, bis Eisenhower

– man sprach von September – das Kommando über die Expeditionstruppen übernähme. Montgomery reagierte auf diese vorläufige und zwitterhafte Lösung unwirsch. Er übermittelte dem alliierten Oberkommando seine Ansichten zu diesen Fragen, die sein Freund Alan Brooke seinem geheimen Tagebuch anvertraute: ›Eine gewinnende Persönlichkeit, ein guter Koordinator, keine echte Führerpersönlichkeit... Von Strategie versteht er absolut nichts... Er möchte alleine das Kommando führen: Der Krieg wird sechs Monate länger dauern...‹ Nach Montgomerys Auffassung sollte sich Eisenhower mit dem nominellen Oberkommando begnügen und ihm die eigentliche Leitung der Operationen überlassen.
Die britische Heeresgruppe war am 23. Juli einsatzbereit. Die amerikanische Heeresgruppe ließ noch auf sich warten. Am Fünfundzwanzigsten zählte die 1. US-Armee 22 Divisionen mit insgesamt einer Million Mann, eine im Rahmen einer einzigen Armee nur sehr schwer zu befehligende und noch schwieriger zu verwaltende Armee. Dennoch zögerte Bradley die Teilung immer wieder hinaus, da er den Augenblick keineswegs herbeisehnte, in welchem er seinen einstigen Vorgesetzten, den brillanten, impulsiven und unvorsichtigen George Patton, unter sich haben würde.
Schließlich übte Eisenhower auf Bradley einen gewissen Druck aus und empfahl ihm als endgültigen Termin für die Bildung der 12. Heeresgruppe den 1. August. Bei der 1. Armee blieben das VII., XIX. und V. Korps mit dem Gros der Divisionen, den wichtigsten rückwärtigen Dienststellen und Stäben. Der 3. Armee wurden das VIII., XV. und XX. Korps zugeteilt. Die beiden letzten Korps hatten freilich nur einige Einheiten auf dem Festland, das XV. Korps war überhaupt erst im Entstehen. Einsatzbereit war lediglich das VIII. Korps, das aus der 4. und 6. Panzerdivision sowie aus der 8. und 79. Infanteriedivision bestand. Diese Verbände warf Patton nun in die Bresche. Er hatte mit Montgomery um fünf Pfund Sterling gewettet, daß er am kommenden Samstag in Brest sein werde.
Die einzige Straße dorthin führte über Pontorson, die einzige verfügbare Brücke war die bei Pontaubault. Eine wahre Flut von Fahrzeugen ergoß sich nun über diese fünf Meter breite Straße: Panzer, Geschütze auf Selbstfahrlafetten, Lastwagen, Raupenschlepper, Jeeps, Kommandowagen, Brückenfahrzeuge, Bulldozer, Ambulanzwagen, die während der Nacht mit aufgeblendeten Scheinwerfern fuhren, als gäbe es keine feindlichen Kampfflugzeuge. Allen Regeln des militärischen Transportwesens zum Hohn ordneten sich die einzelnen Fahrzeuge nach der Reihenfolge ein, in der sie bei den einweisenden Posten eintrafen, und die Einheiten versuchten sich erst wieder auf dem nach Rennes, Dinan, Fougères, Combourg, Vitré und Laval sich öffnenden Straßenfächer zu formieren. Die vier Divisionen des VIII. Korps überquerten die Sélune in 48 Stunden; zwei Divisionen des XV. Korps folgten mit der gleichen Geschwindigkeit. Die amerikanische Armee hatte sich nun endlich aus der Starre gelöst, in die sie der Heckenkrieg in der Normandie gebracht hatte. Die ungeheuren Mengen an Mate-

rial, die unter den Tarnnetzen hatten brachliegen müssen, weil es an Platz zur Entfaltung fehlte, kamen jetzt zur Verwendung und gerieten in Bewegung wie ein Ameisenhaufen in der ersten Frühlingssonne.

Pattons Befehle hätten nicht einfacher lauten können: 8. Infanteriedivision und 4. Panzerdivision nach Rennes, 79. Infanteriedivision und 6. Panzerdivision nach Brest. Als er den Kommandeur der letzteren Einheit, seinen Freund Bob Grow, traf, der mit eigener Hand den Verkehr an der Straße von Pontorson regelte, klopfte er ihm auf die Schulter und sagte: »Take Brest!« Und als Grow mit dem Hinweis protestierte, bis dorthin seien es ja immerhin noch 400 Kilometer, gab ihm Patton zur Antwort: »Du wirst mich doch trotzdem nicht die 5 Pfund verlieren lassen, die ich mit Monty gewettet habe!«

In den Planungsstäben von ›Overlord‹ hatte man damit gerechnet, in Frankreich noch einen Winterkrieg führen zu müssen. Im Januar erwartete man die Front längs der Linie Abbeville–Amiens–Laon–Reims–Troyes, und mit einer Befreiung ganz Westeuropas rechnete man erst für den kommenden Sommer. Nach dem Planungsschema sollte die Bretagne die Rolle einer Großplattform der Invasion übernehmen. Bedeutende Anstrengungen waren vorgesehen, um die im argen liegenden Straßenverhältnisse zu verbessern. Man wollte auch einen künstlichen Hafen im Schutze der natürlichen Mole von Quiberon anlegen. Die ganze 3. Armee sollte sich an die Eroberung der Bretagne machen, während der 1. Armee die Aufgabe des Flankenschutzes zugedacht war.

Aber man dachte weiter. Plötzlich gewann man eine kühnere Auffassung der Lage. Der in seiner Taktik vorsichtige, im Strategischen aber durchaus ausgreifende Montgomery war der erste, der einen schnelleren Weg zum Sieg voraussah. Die bretonische Etappe schien ihm nutzlos und der Einsatz einer Armee von vier Korps gegen vier alte deutsche Divisionen nicht angemessen. Auch Patton und die besten seiner Untergebenen dachten so. Generalmajor John S. Woods erschien bereits am Abend des 1. August mit seiner 4. Panzerdivision vor Rennes, erkannte, daß die Stadt in den Verteidigungszustand versetzt worden war, und umging sie deshalb, stieß aber nicht nach Vannes und Lorient vor, wie sein Auftrag eigentlich vorgesehen hatte, sondern nach Angers. Er wurde deshalb vom Korpskommandeur Middleton zurückgerufen, dem die bretonischen Häfen nach wie vor wichtig erschienen, und mußte unter Protest gehorchen: »Ich wollte gar nicht auf Lorient marschieren, sondern auf Chartres.« Hier standen sich Methodik und der aus der Lage geborene Einfall gegenüber. Jene Operationen, die das Ende der Kämpfe in Frankreich beschleunigt herbeiführen sollten, wurden auf dem Schlachtfeld beschlossen, entstanden aus dem Zusammenprall zweier militärischer Geisteshaltungen.

Am 3. August schrieb Montgomery: ›Ich entsende nur das VIII. US-Korps in die Bretagne.‹ Doch auch das war fast noch zuviel gesagt. Nur ein Teil der 8. Infanteriedivision drang nämlich bis nach Rennes vor. Die gesamte 79. Infanteriedivision setzte keinen Fuß auf eine bretonische Straße, wendete sich vielmehr gegen Laval und Le Mans. Nur die 4. und 6. Panzerdivision stießen über die Linie Saint-Malo – Saint-Nazaire hinaus vor. Sie trafen dort übrigens bereits verbündete Streitkräfte an, darunter die 20000 Résistancetruppen (FFI) des Obersten Eon, der vor dem 6. Juni über Frankreich abgesprungen war. Neun Zehntel der Provinz befreiten die Franzosen selbst und öffneten den amerikanischen Panzern Straßen und Städte.

Durch einen Federstrich hatte Hitler sämtliche französische Häfen zu Festungen erklärt: Dünkirchen, Calais, Boulogne, Le Havre, Saint-Malo, Brest, Lorient, Saint-Nazaire, La Rochelle, Royan. Die Begründung, die er hierfür in seinem großen Monolog bei der Lagebesprechung vom 31. Juli 1944 gab, war nicht absurd. Die in den Häfen stationierten Truppen waren für eine bewegliche Kriegführung nicht zu verwenden, wären auf dem flachen Lande sicherlich zerschlagen worden. Es war also sinnvoller, wenn sie die europäischen Häfen besetzt hielten und jene Unterseeboot-Stützpunkte schützten, die nach der Indienststellung des neuen U-Boot-Typs XXI als Operationsbasen dienen sollten. Enttäuscht vom raschen Fall Cherbourgs, ließ der Führer alle Stützpunkte einer genauen Inspektion unterziehen, zog Erkundigungen über die Kampfmoral aller Kommandanten ein, ließ einige ersetzen und zwang darüber hinaus alle, einen besonderen Schwur zu leisten.

In der Bretagne zogen sich also die zersprengten Einheiten des XXV. Armeekorps in die Häfen zurück, anstatt nach Osten durchzubrechen. Etwas mehr Wagemut und Selbstvertrauen innerhalb der FFI hätten es ihr wohl erlaubt, sich Lorients durch Handstreich zu bemächtigen, aber die günstige Gelegenheit ließ man ungenutzt vorübergehen. Die 6. US-Panzerdivision erschien am 7. August vor Brest, verfügte aber nicht über die nötigen Mittel zur Eroberung einer so bedeutenden Festung – und Patton hatte seine Wette verloren. Saint-Malo wurde als einzige Hafenstadt sofort durch einen von der 83. Infanteriedivision zur Verfügung gestellten Truppenverband belagert. Mit 12000 Mann, von denen viele noch nie ein Gewehr in der Hand gehabt hatten, hatte sich dort der deutsche Oberst Andreas von Aulock zwischen den beiden Mündungsarmen der Rance verschanzt. Als man ihn zur Übergabe aufforderte, antwortete er, daß er Saint-Malo bis zum letzten Blutstropfen verteidigen wolle.

Die entscheidenden Ereignisse in der Schlacht um Frankreich spielten sich jetzt außerhalb der Landstriche von Calvados und Cotentin ab. Der nach Osten abgebogene Stoßkeil Pattons traf ins Leere. ›Es ist schwierig‹, meldete er, ›über den Gegner etwas zu sagen, da wir noch nicht auf ihn gestoßen sind.‹ Le Perche und Le Maine waren von den Deutschen geräumt. Aufgehalten wurde man allenfalls durch verstopfte Straßen. Man nahm deutsche Soldaten von rückwärtigen Dienststellen fest, von denen nach dem Bericht eines Augenzeugen viele aus Freude darüber lachten, daß der Krieg für sie nun zu Ende war. Überall wurden die Fahrzeugkolonnen von Zivilisten, Gendarmen und

Gruppen des Widerstands eingewiesen, was bei den Amerikanern den Eindruck verwischen half, sie befreiten die Franzosen wider deren eigenen Willen – ein Eindruck, der sich ihnen in der Normandie nicht selten bot, wenn der dortige Bauer sah, daß die Granaten sein Vieh nicht verschonten. Bei Laval, wo ein deutsches Bataillon die Brücke verteidigte, wurden die Amerikaner von der Ortspolizei über einen Staudamm geführt, auf dem sie die Mayenne überqueren konnten. Am Achten traf die 79. Infanteriedivision, die vom VIII. Korps dem XV. überstellt worden war, um 15 Uhr in Mans ein; sie rückte im Gefolge der 5. Panzerdivision vor, die am linken Ufer der Sarthe operierte. Noch wenige Stunden zuvor war die große Stadt, bedeutender Verkehrsknotenpunkt im Westen Frankreichs, das Hauptquartier und Materiallager der 7. deutschen Armee gewesen. Die Masse des XV. Korps unter Generalmajor Wade H. Haislip erreichte sie in weniger als vier Tagen nach der Überschreitung der Brücke von Pontaubault.
Diesmal hatte sich Hitlers Voraussage bestätigt. In freiem Gelände und unter dem Schutz einer gewaltigen Luftstreitmacht verlieh die Vollmotorisierung den amerikanischen Streitkräften Flügel, verlieh ihnen eine ähnliche Beweglichkeit, wie sie die deutschen Panzerdivisionen im Jahre 1940 besessen hatten. Diese Überlegenheit mit vertauschten Vorzeichen bewog die alliierten Generale, den Plan zu erwägen, ob man die deutschen Truppen nicht in der Normandie auf ähnliche Weise einkesseln könne, wie Rundstedt und Bock seinerzeit die alliierten Truppen in Flandern umzingelt hatten. Patton, dessen strategisches Denken sich aus einem gründlichen Studium der Kriegsgeschichte speiste, die allen großen Heerführern die einzige wirkliche Lehrmeisterin ist, erkannte sehr schnell die großartigen Möglichkeiten, die sich hier boten. »Seien Sie nicht erstaunt«, sagte er zu Haislip, »wenn Sie Befehl bekommen, nach Nordosten oder gar nach Norden zu marschieren.«
Eine weitere verblüffende Analogie zur Situation von 1940 stellte der Flaschenhals dar, durch den sich die motorisierte Invasion ergoß. An dem Tage, als Patton über die Brücke von Pontaubault rollte, war die Bresche, durch welche er vorbrechen konnte, knapp 10 Kilometer breit. Die deutsche Front war nur an ihrer äußersten Linken aufgerissen. An allen anderen Punkten hielt sie stärkstem Druck stand, wobei sie freilich nur um den Preis von Verlusten gehalten wurde, die auf die Dauer untragbar waren. Im Augenblick allerdings hielt sie noch gut. Der 1. kanadischen Armee gelang es nicht, über den Umkreis von Caen hinaus vorzustoßen. Die 2. britische Armee war vor Villers-Bocage zum Stehen gebracht worden. Die 1. US-Armee trat zwischen Torigny und Villedieu-les-Poeles auf der Stelle. Pattons Vormarsch ähnelte wie der Guderians nach Sedan mehr einem Streifzug als einem Vorstoß. Auch hier schien dieselbe Antwortoperation angezeigt, die 1940 von Gamelin und Weygand ins Auge gefaßt worden war: Abriegelung des Durchbruchs. Während die Alliierten bereits die Einkreisung ihres Gegners ins Auge gefaßt hatten, konzentrierten die Deutschen ihre Anstrengungen

auf die Abschnürung des durch ihre Linien verlaufenden Durchbruchwegs sowie auf die Gefangennahme der vorgeprellten Truppenteile. Hitler war überzeugt, daß ihm hierdurch der Schlüssel zu einem Sieg im Westen in die Hand gegeben worden sei, der es ihm ermögliche, den Gang des Kampfgeschehens entscheidend zu wenden.
Folgende Überlegung nährte seinen Optimismus: Er hatte besondere Vorstellungen vom Zustand der amerikanischen Armee, weshalb er überall herumging und wie einen Talisman die Studie des Sonderführers von Neurath herzeigte, in der sie als ›wüster Haufen‹ beschrieben war. Ihre Soldaten hätten sich nur wegen des Solds gemeldet, seien Feiglinge und wüßten nicht, wofür sie sich schlügen. Die Offiziere seien beschränkte Ignoranten. Außerdem, setzte Hitler hinzu, sei eine Armee nur schlagkräftig, falls sie mit dem Mutterboden verbunden sei. Dies sei aber bei den Amerikanern gerade nicht der Fall, denn sie seien ja bekanntlich rassisch entartet. Dies müsse eine schwere Niederlage und den Verlust ihres Materials zur Folge haben.
Am 3. August kam Jodls Stellvertreter, General Warlimont, in La Roche-Guyon an, um die Vorbereitungen für den Gegenangriff zu überwachen, der die Invasionstruppen in zwei Teile spalten sollte. Den Instruktionen, die er selbst gegeben hatte, hatte Hitler noch folgenden Gedanken hinzugefügt: »Sagen Sie dem Feldmarschall von Kluge, er habe seine Augen ausschließlich nach vorn und auf den Feind zu richten und nicht nach rückwärts zu blicken.«
Ein schwerer Verdacht lastete auf Kluge – ein besonderer Fall jenes fanatischen Hasses, den der 20. Juli in den Reihen der Nazis hervorgerufen hatte. Reichsleiter Ley, der Führer der Arbeitsfront, ging so weit, zu behaupten, daß das Offizierskorps als Ganzes sich schuldig gemacht habe und daß das deutsche Volk am Adel insgesamt Rache nehmen müsse.

Für ein so entscheidendes Unternehmen wie die Eindämmung des Durchbruchs von Avranches forderte Hitler die Zusammenziehung so vieler Truppen wie nur irgend möglich. Die 5. Panzerarmee, wie die Panzergruppe West nunmehr bezeichnet wurde, sollte ihre fünf Panzerdivisionen durch Infanteriedivisionen ablösen lassen, die man vom nördlichen Ufer der Seine herbeigeholt hatte, und sich in den Raum von Mortain begeben. Das LVIII. Panzerkorps, das auf die 9. Panzerdivision verkleinert worden war, wurde von Südfrankreich herbeigeholt. Die vier zur 7. Armee gehörenden Panzerdivisionen hinzugenommen, verfügte man demnach über eine zehnmal größere Kampfstärke als im Mai 1940. Auf der Karte sah es aus, als würde diese stählerne Masse die enge Durchbruchsstelle zermalmen, durch welche Pattons Armee, die sich zögernd auffächerte, mit ihren rückwärtigen Basen in der Normandie verbunden war. Doch dieses Bild entsprach nicht der Wirklichkeit. Die von Hitler vorgeschriebenen Bewegungen stießen auf unüberwindliche Schwierigkeiten. Das LVIII. Panzerkorps blieb in einem Gewirr von Zerstörungen und Hinterhalten stecken, wodurch sein rechtzeitiger und wirkungsvoller Einsatz völlig unmöglich gemacht wurde. Die mit der Ablösung der Panzer beauftragten Infanteriedivisionen wurden durch Angriffe gegen die Verbindungswege derart lange aufgehalten, daß es bis zum 6. August keiner einzigen gelungen war, die Seine zu überqueren. Statt der fünf Panzerdivisionen, mit denen man gerechnet hatte, vermochte die 5. Panzerarmee nur eine einzige bereitzustellen, die zudem durch monatelange Kämpfe stark geschwächt war. Da auch die Panzerlehrdivision nicht mehr bestand, verfügte man eigentlich nur über vier Panzerdivisionen, die an dem großen Schlag gegen Avranches teilnehmen konnten. Zusammen verfügten sie über nicht mehr als 150 Panzer und Sturmgeschütze.

Auf amerikanischer Seite hatte der vorsichtige Bradley über den Kopf des waghalsigen Patton hinweg durchgesetzt, daß die Flanken des Durchbruchs bei Avranches gefestigt wurden. Die von der 3. Armee herangezogene 90. Infanteriedivision wurde mit der Einnahme von Saint-Hilaire-du-Harcouez beauftragt, das am Eingang der Schluchten der Sélune lag. Eben diese Division hatte sich in der Normandie als gefährlich schwach erwiesen, ihre Auflösung war bereits befürchtet worden. Nun aber überraschte sie durch außergewöhnlichen Kampfgeist; sie führte ihren Auftrag aus und erweiterte den Durchbruchskorridor. An ihrer linken Flanke war auch die Masse der 1. Armee zum Angriff übergegangen. Das VII. Korps eroberte Mortain gegen schwachen deutschen Widerstand. Das XIX. und das V. Korps waren in heftige Kämpfe in einem Heckengebiet verwickelt, die denen des Cotentin in nichts nachstanden. Aber die amerikanischen Truppen hatten ihre Kampfesweise inzwischen den örtlichen Gegebenheiten angepaßt. Kaum hatte man die Panzer zurückgezogen, die infolge des Geländes nicht recht zu verwenden waren, da eroberte das 116. Infanterieregiment schon die Höhe 219 und drang in Vire ein. Ehe diese leidgeprüfte und zur Hälfte zerstörte Stadt erobert war, mußten heftige Straßenkämpfe ausgestanden werden.

Kluge sah sich also bereits vor Beginn seiner Offensive in der Gefahr, seine Ausgangspunkte zu verlieren. In seinen täglichen Ferngesprächen mit dem OKW ersuchte er um die Erlaubnis zum sofortigen Angriff. Seine Panzer waren östlich von Mortain im Wald von Lande Pourrie verborgen. Er fürchtete, die amerikanischen Luftstreitkräfte könnten sie entdecken oder gar noch vor Beginn des Kampfes zerstören. Hitler erwiderte, daß die Truppenkonzentration noch nicht ausreiche. Und Jodl meinte hochmütig: Je mehr Amerikaner der Generalfeldmarschall durch die Bresche von Avranches passieren lasse, desto mehr könne er gefangennehmen.

Der auf den 7. August festgelegte Angriff sollte durch den Kommandeur des XXXXVII. Panzerkorps, General von Funck, geführt werden. Am Vorabend hatte Hitler mit Kluge telefoniert, hatte ihm noch 140 Panzer zusätzlich versprochen, dabei aber auch die Ablösung Funcks durch den Chef der 5. Panzerarmee, Heinrich Eberbach, gefordert. Kluge hatte verzweifelt protestiert. Die Forderung Hitlers bedeutete einen Aufschub von mindestens 24 Stunden, und in der Zwischenzeit konnten sich katastrophale Entwicklungen ergeben. Außerdem hatte der Wetterdienst Morgennebel

angekündigt. Die deutschen Chancen standen zehnmal so hoch, wenn die alliierten Luftstreitkräfte nicht eingesetzt werden konnten.
Zu guter Letzt ließ Hitler sich überzeugen. Die Stunde H blieb weiterhin der 7. August, 0 Uhr 00.
Der Plan war einfach: In die vorderste Linie hatte man drei Panzerdivisionen gestellt: die 116. vor Sourdeval; die 2. vor Saint-Barthélémy; die 2. SS-Panzerdivision in die Gegend von Mortain. In der zweiten Linie befand sich die 1. SS-Panzerdivision in Bereitschaft, die jeden Durchbruch ausnützen sollte. Das Kampfziel war ein direkter Durchbruch nach Avranches. Kluge besaß zwar nicht die geringste Vorstellung davon, was dann zu erfolgen habe, aber Hitler war überzeugt, der Alliierten werde sich eine Panik bemächtigen, so daß es der Masse der siegreichen deutschen Verbände dann möglich wäre, eine Schwenkung nach Norden auszuführen und dadurch die gesamte Front des Gegners zu Fall zu bringen. Möglicherweise könne man auf diese Weise die in der Normandie befindlichen feindlichen Verbände zwingen, sich Hals über Kopf wieder einzuschiffen. Die bereits ins Hinterland durchgebrochenen Verbände aber könnte man dann einen nach dem andern zerschlagen.
Dem Angriff fehlte jedoch der Zusammenhalt. Im Norden rührte sich die 116. Panzerdivision unter dem Kommando eines erklärten Nazigegners, des Grafen Schwerin, nicht vom Fleck. Im mittleren Abschnitt drang die 2. Panzerdivision bis zum Weiler von Mesnil-Adelée vor, blieb dort aber liegen. Im südlichen Abschnitt vernahmen die amerikanischen Soldaten der 30. Division, die in Mortain lagen, nachts das Geräusch von Panzerketten, das nicht von ihren ›Shermans‹ stammte, und eröffneten mit ihrer Artillerie aufs Geratewohl ins Dunkle hinein das Feuer. Aber die 2. SS-Panzerdivision räumte den Widerstand hinweg, schloß ein Infanteriebataillon ein, das sich auf der Höhe 317 in Verteidigungsstellung einigelte, durchfuhr die Ruinen von Mortain und warf sich auf die Straße nach Saint-Hilaire-du-Harcouez. Bei Tagesanbruch, der, wie von den Meteorologen vorausgesagt, Nebel brachte, befanden sich die Deutschen auf halbem Wege zu diesem Ort.
Plötzlich hob sich der Nebel. Aus dem Waschküchenhimmel wurde in wenigen Minuten ein Himmel in reinstem Blau. Die Reaktion der deutschen Panzerbesatzungen war ungewöhnlich: Sofort lenkten sie ihre Panzer in Hohlwege und ließen sie unter Laubdächern verschwinden, ehe noch die britischen ›Typhoons‹ und die amerikanischen ›Thunderbolts‹ über dem Schlachtfeld hatten erscheinen können. Die drückende Luftüberlegenheit der Alliierten stoppte die Offensive. Bis zum Einbruch der Dunkelheit blieb in den deutschen Linien alles ruhig, während die Amerikaner ihre Reserven nach vorne brachten und den Gegenangriff vorbereiteten. Hitler hatte einen Luftschirm von 300 Jägern versprochen, doch kein einziger erreichte den normannischen Himmel.
Kluge wußte, daß die Schlacht von Avranches verloren war. Doch Hitler wollte dies nicht zur Kenntnis nehmen. »Der Angriff ist mißlungen«, sagte er zu Warlimont, der

von der Westfront zurückkam, »weil der Generalfeldmarschall von Kluge ihn mißlingen lassen wollte.« Doch er sollte wiederholt werden. Diesmal wurde Eberbach persönlich mit der Leitung der Offensive betraut, und Hitler wollte dieses Mal selbst Tag und Stunde bestimmen. Doch um dem erneuten deutschen Angriff auf Avranches zuvorzukommen, unternahm das II. kanadische Korps in der Nacht vom 7. auf den 8. August einen Angriff großen Stils im Süden von Caen. Sein Ziel war Falaise. Montgomery hatte alle Infanterie auf Sturmgeschützen aufsitzen lassen, die sich in Kolonnen – zu vier Fahrzeugen nebeneinander – in langen Schlangen zu beiden Seiten der großen geradlinigen Straße formierten und vorrückten. Lotsenpanzer und solche zur Entminung fuhren voraus. Dies alles geschah im Licht der Scheinwerfer der Luftabwehr. Man hatte aber nicht mit dem Staub gerechnet, der über dem Schlachtfeld schwebte und zur Einschränkung des Bombardements zwang. Desungeachtet war der Erfolg dieser ersten Nacht glanzvoll genug. Zwar leistete Tilly-la-Campagne, das eingeschlossen worden war, erbitterten Widerstand, aber die Ortschaften Roquancourt, Cramesnil, Saint Aignan und andere wurden im Sturm genommen. Man drang vier bis fünf Kilometer weit vor; zwei Panzerdivisionen, die 4. kanadische und die 1. polnische, wurden nach vorne geworfen, um den Durchbruch zu erweitern.
Eberbach rief um Hilfe. Doch anstatt ihm Unterstützung zuzusagen, mußte Kluge ihm eröffnen, der Führer gedenke zwei Panzerdivisionen von der Front von Caen abzuziehen; er, Eberbach, müsse seine Armee in dieser kritischen Lage verlassen, um die Leitung der Offensive gegen Avranches zu übernehmen. Durch Hitlers Befehle drohte der rechte Flügel zusammenzubrechen, während der linke Flügel vorstieß.
Doch der hellichte Tag war den Engländern weniger günstig als die Nacht. Die beiden Panzerdivisionen, die zum erstenmal eingesetzt worden waren, wurden in der Hitze des Gefechts auseinandergezogen; der polnischen wurden infolge eines Signalisationsfehlers schwere Verluste durch amerikanische Bomber zugefügt. Man setzte die Offensive mit geschwächter Stoßkraft fort, blieb aber dann, etwa 12 Kilometer von Falaise entfernt, stecken. Zwar war die deutsche Front erneut ins Wanken gebracht worden, aber sie hatte auch wieder einmal standgehalten.
Dieser halbe Verteidigungserfolg entfachte Hitlers Optimismus maßlos. Während er bei der ersten Offensive gegen Avranches eine Verschiebung gewünscht hatte, war er nun wütend über die Verzögerungen, die man bei dem zweiten Angriff von ihm forderte. Kluge und Eberbach mußten sich zusammentun, um ihm zu beweisen, daß der 11. August völlig ungeeignet sei, weil die 124 Panzer, darunter 47 ›Tiger‹, die ihnen geblieben waren, für die gestellte Aufgabe nicht ausreichten. Sie forderten Verstärkungen und erklärten, nicht vor dem 20. August angriffsbereit zu sein. Inzwischen aber hatte der Feind diesen Fragen eine neue Wendung gegeben. Während Generalfeldmarschall von Kluge mit Rastenburg über die beste Weise diskutierte, die Invasionstruppen in zwei Teile zu spalten, mußte er eine schlimme Entdeckung machen: Seine eigenen

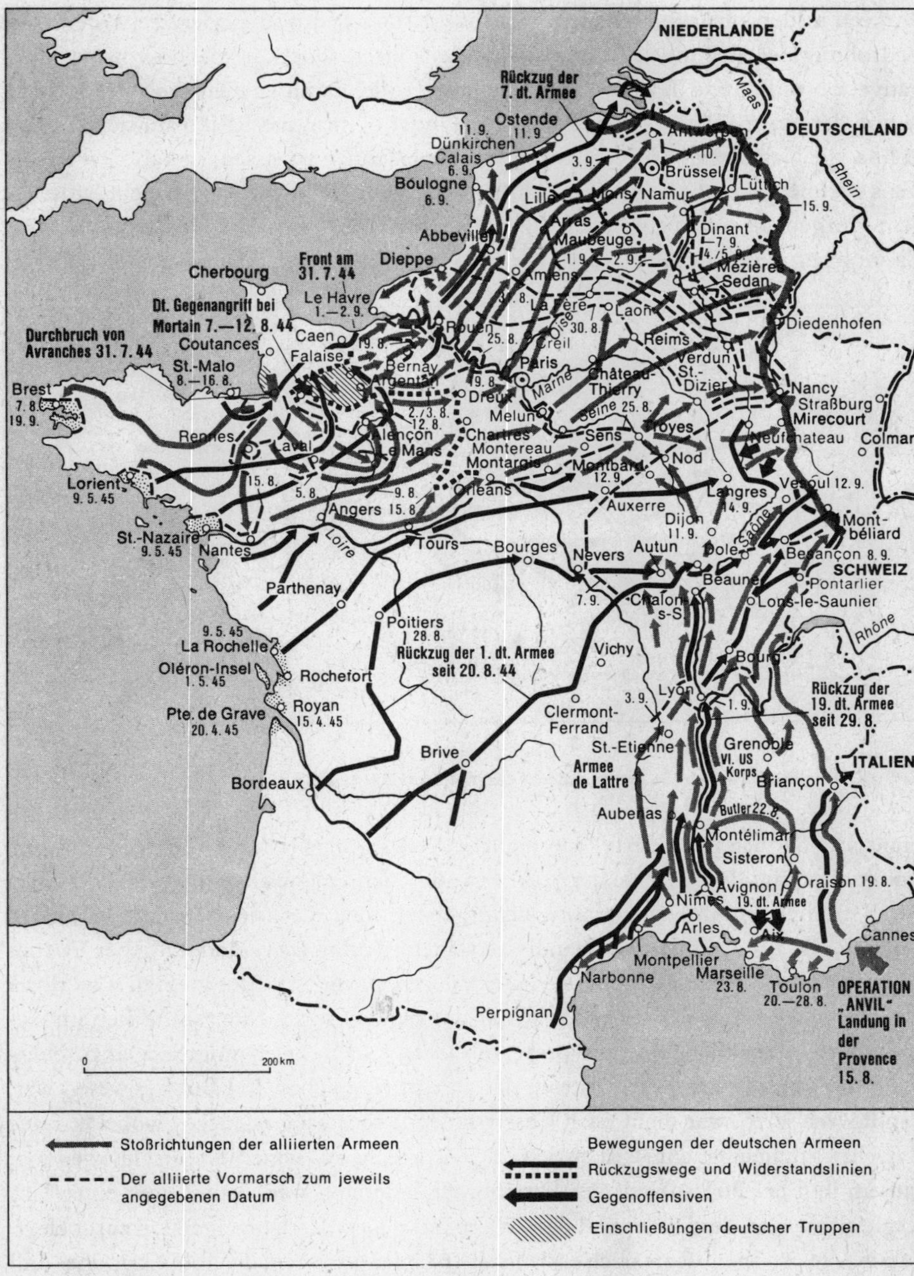

Karte 46 Die Befreiung Frankreichs bis zum 15. September 1944

Armeen in der Normandie waren von Einkreisung bedroht. Andererseits stellte die Bedrohung der Stellungen bei Avranches das alliierte Oberkommando vor die Alternative, ob es Pattons Truppen zurücknehmen solle, damit er nicht von der Küstenregion der Normandie abgeschnitten werde, oder ob man das Risiko auf sich nehmen könne, die Nabelschnur der 3. US-Armee durchtrennen zu lassen, so daß sie – wenigstens vorübergehend – keine Verbindung mit den rückwärtigen Linien mehr hätte. An dem Morgen, als sich die deutschen Panzer Saint-Hilaire-du-Harcouez näherten, hatte Eisenhower diese Entscheidung zugunsten des kalkulierten Risikos gefällt. Der Air

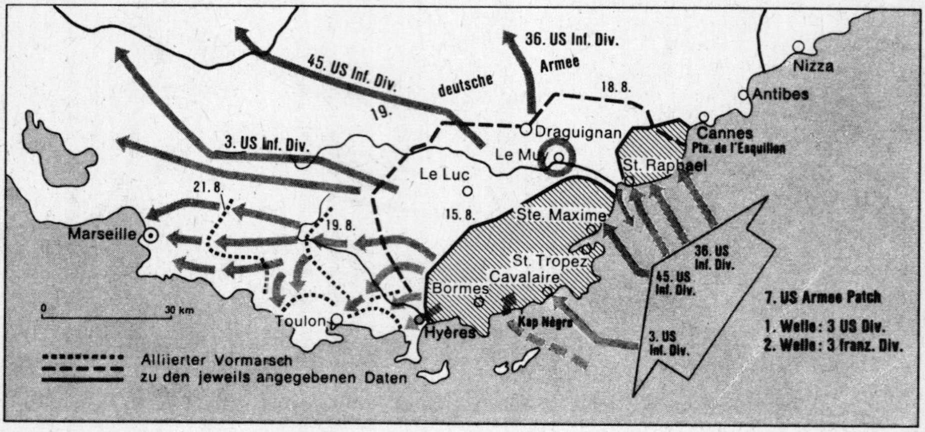

Karte 47 Die alliierte Landung in der Provence (Operation ›Anvil‹ – 15. August 1944)

Transport Service garantierte eine tägliche Versorgungsleistung von 2000 Tonnen, womit die Grundbedürfnisse der 3. Armee auf jeden Fall befriedigt werden konnten. Die Befreiung Frankreichs konnte weitergehen, ohne Rücksicht auf Hitlers letzten Versuch, die Front in der Normandie zu seinem Vorteil zu verändern. Aber Pattons zügiger Vorstoß sollte nicht nur den Geländegewinn sichern, der im Plan ›Overlord‹ vorgesehen war. Die Hartnäckigkeit, mit der die deutschen Streitkräfte sich im Gelände festkrallten, schuf eine hervorragende Gelegenheit, sie zu umgehen, einzuschließen und gefangenzunehmen. Patton, dessen ursprüngliches Ziel Brest gewesen war, wandte sich jetzt zwar nicht nach Chartres, wohl aber nach Alençon, wobei er seine Marschrichtung um mehr als neunzig Grad änderte, so daß seine Vormarschbewegung, seitdem ihm bei Pontaubault der Durchbruch gelungen war, dem Zeiger einer Uhr vergleichbar war, der Dreiviertel des Zifferblatts gegen den Uhrzeigersinn zurücklegt. Nun mußte er seinen Vormarsch entlang einer Linie fortsetzen, die über Carrouges und Sées führte. Von Norden sollte ihm die 1. kanadische Armee entgegenstoßen, wodurch sich der Ring um die deutschen Truppen geschlossen hätte.

In dem Augenblick, als dieses große Wendemanöver beginnen sollte, war die 3. Armee, auf einen Raum von 400 Kilometern verteilt, auf einen Geländeabschnitt auseinandergezogen, der von Kap Finistère bis in die Gegend von Le Mans reichte. Sie kämpfte vor Saint-Malo, in dessen brennende Altstadt die amerikanischen Soldaten eindrangen. Sie schritt zur Belagerung Brests, für welche die 8. Infanteriedivision eigens abgezweigt worden war. Sie blockierte ebenso Lorient sowie Saint-Nazaire und hatte zwischen Nantes und Angers die Loire erreicht. Trotzdem waren der 3. Armee noch jene Truppenverbände übriggeblieben, ohne die die neue Aufgabe nicht hätte gelöst werden können; drei Armeekorps standen ihr teilweise oder vollständig zur Verfügung. Den Schwerpunkt und Großmast des Armeeschiffs bildete gleichsam das XV. Armeekorps, das auf Alençon vordrang. Das XII. Armeekorps vermochte sich noch weiter nach Osten zu entfalten, das XX. war imstande, es abzusichern, indem es die Verbindung zur 1. Armee über Domfront herstellte. Zur Störung dieser Bewegungen verfügten die Deutschen nur über einige Abteilungen von Soldaten aus den rückwärtigen Verbindungen des XXXXVIII. Panzerkorps, der 9. Panzerdivision und der 708. Infanteriedivision, die völlig zersplittert aus dem Süden Frankreichs eintraf.
Die Landschaft um Alençon unterschied sich wiederum von allem, was die Amerikaner bisher in der Normandie kennengelernt hatten. Üppige Weiden wechselten mit wohlhabenden Gestütsbauten und dichten Wäldern ab, in denen das Geschützfeuer Hirschrudel in die Flucht jagte. Das XV. Korps war mittlerweile um die 2. französische Panzerdivision verstärkt worden, die am 3. August in der Bucht von Mont-Saint-Michel an Land gegangen war. Leclerc, an der Spitze seiner Vorhut, nahm die Brücken von Alençon unversehrt ein, wollte nicht den zeitraubenden Weg durch den Wald von Ecouves nehmen, weshalb er von seiner Marschrichtung abwich und dadurch die Vormarschwege der 5. US-Panzerdivision versperrte. Argentan lag weder in der amerikanischen noch in der französischen Zone, vielmehr war sie den Kanadiern von der 21. Heeresgruppe zur Einnahme zugewiesen worden. Eine von zwei Gendarmen des Orts herangeführte französische Patrouille drang dennoch am 13. August in die Stadt ein, zog sich aber wieder zurück, nachdem sie für kurze Zeit die französische Fahne am Fenster des Bürgermeisters hatte wehen lassen. Falaise, gegen das die Kanadier ihre Offensive gerade begonnen hatten, lag 25 Kilometer entfernt. Für Panzer eine Entfernung von zwei Stunden.
Am 11. August machte Kluge seinem obersten Kriegsherrn Hitler die Schwere und Bedrohlichkeit der Lage klar. Er schlug vor, drei Panzerdivisionen aus dem Frontvorsprung von Mortain herauszuziehen, um einen Gegenstoß von Westen nach Osten in die Flanke des XV. amerikanischen Korps zu führen. Hitler stimmte im Prinzip zu, wollte aber gewisse Details in seinem Sinne durchgeführt wissen. So weigerte er sich, einer Aufgabe der Offensive gegen Avranches zuzustimmen, weshalb er im Raume von Mortain auch nur einen begrenzten Rückzug zulassen wollte. Seiner Ansicht nach

waren die Operationspläne seines Generalfeldmarschalls nicht kühn genug. Vielmehr müsse der Angriff nach Südosten, in direkter Richtung auf Le Mans, geführt werden, damit sich der Stiel des feindlichen Heerkörpers abschneiden lasse. Hätten sie dann das XV. US-Korps zerschlagen, könnten die Panzer eine Wendung nach Westen vornehmen und über Mayenne nach Avranches vorstoßen, und zwar im Verein mit den im Raum von Mortain belassenen Kräften.
Hitlers Pläne waren reine Phantastik. Die Panzerdivisionen, die er in alle Richtungen der Windrose warf, bestanden nur aus einigen ausgedienten Panzern und völlig erschöpften Mannschaften. Die Treibstoffversorgung war mehr als prekär. In ihrer Beweglichkeit waren sie durch die Luftüberlegenheit des Gegners stark eingeschränkt. Eberbach, der Lieblingsschüler Guderians, ein furchtloser Offizier, ließ Hitler in einem besonderen Bericht wissen, daß man der Tatsache ›Rechnung tragen müsse, daß beim augenblicklichen Mondstand von den vierundzwanzig Stunden des Tages uns nur sechs – von 3 Uhr bis 9 Uhr – zur Verfügung stehen, und auch dies nur unter der Voraussetzung, daß wir durch Morgennebel hinreichend geschützt sind‹. Doch Hitler war insofern konsequent, als er derartige Überlegungen beiseite schob. Hätte er sich auf sie eingelassen, wäre ihm nichts anderes übriggeblieben, als Deutschlands Niederlage als sicher anzusehen, womit er sein Scheitern zugeben und seinen Selbstmord ins Auge hätte fassen müssen. Doch er kämpfte nicht, um sein Land vor einem schlimmen Schicksal zu bewahren, sondern vielmehr, um sein eigenes Leben so lange wie möglich zu verlängern.
In der Nacht vom Zwölften begannen die bereitgestellten Panzer den Frontbogen von Mortain zu verlassen. Der Kampfauftrag sah vor, daß sie einen Großangriff im Raum von Carrouges gegen den Raum von Sées unternehmen sollten. Als Zeitpunkt war die Nacht vom 14. auf den 15. August vorgesehen. Aber das ganze Unternehmen war ein Hirngespinst. Bereits am Dreizehnten hatte Eberbach der 116. Panzerdivision mit nur 15 Panzern die Verteidigung von Argentan anvertrauen müssen. Am nächsten Tag mußte die 1. SS-Panzerdivision herangeholt werden, um im Raum von Carrouges bei Ferté-Macé die Front zu schließen. Kurz darauf mußte die 2. SS-Panzerdivision mit 25 Panzern vor Ecouché der 2. britischen Division entgegengestellt werden. Die 10. SS-Panzerdivision, die zur Verstärkung aus dem Raume von Domfront eintreffen sollte, hatte kein Benzin, um sich vom Fleck zu bewegen. Auch die 9. Panzerdivision, die sich den Verbänden Eberbachs anschließen sollte, war im Wald von Ecouves durch die Franzosen nahezu aufgerieben worden. In Rastenburg sammelte sich auf der großen Lagekarte des Führers ein mächtiger Verband gepanzerter Einheiten, um in die allzu waghalsig ausgesetzte Flanke der Amerikaner hineinzustoßen. In der Normandie leisteten einige weit auseinandergezogene, in unübersichtlichem Heckengelände eingegrabene Truppen zwischen Flers und Gacé Widerstand, doch waren sie zu offensiven Aktionen nicht mehr zu verwenden. Auch Napoleon hatte während des Rückzugs aus

Rußland kleine Scharen von Offizieren, die sich um einen Adler scharten, während ihre Mannschaften schon längst im Durcheinander des allgemeinen Haufens marschierten, hartnäckig als Armeekorps bezeichnet. Alle größenwahnsinnig gewordenen Kriegsherren gehen auf ähnliche Weise zugrunde – durch Nichtachtung der Realität.
Am 14. August nahm die 21. Heeresgruppe die Offensive wieder auf. Sechs erneute Bombenteppiche, die das Gebiet zwischen Quesnay und Tassilly verwüsteten, löschten die 85. Infanteriedivision aus den Reihen des deutschen Heeres. Am Abend befanden sich die 3. kanadische Infanteriedivision und die 4. kanadische Panzerdivision 5 Kilometer von Falaise entfernt, über dem ein derart heftiger Bombenhagel niedergegangen war, daß selbst die Straßen unter den Trümmern nicht mehr auffindbar waren. Die Polen erweiterten die Offensive auch östlich der Dives, um den Ring noch dichter um die zwei in der Falle sitzenden deutschen Armeen zu schließen.

Blitzlandung in der Provence

Vom folgenden Tag, dem 15. August 1944, sollte Hitler wenige Wochen später sagen: »Der 15. August war der schlimmste Tag meines Lebens.« Doch die Vorsehung hielt für ihn noch schwärzere Tage bereit.
Während der Nacht sprangen Tausende amerikanischer und englischer Fallschirmjäger der 1. US-Luftlandedivision über der Provence ab. Um 8 Uhr morgens landeten drei amerikanische Divisionen zwischen Cannes und Hyères. Die Operation ›Dragoon‹ – bis zum 6. Juni 1944 hieß sie ›Anvil‹ –, die man schon öfter verschoben hatte, lief endlich an. Churchill war gegen sie gewesen, die Amerikaner unternahmen sie weniger aus militärischer Notwendigkeit als vielmehr in der Absicht, die Engländer vom Balkan abzulenken.
Die daran teilnehmenden Streitkräfte waren von der alliierten Armee in Italien abgezweigt worden. Am 28. Juli waren das VI. US-Korps sowie das französische Expeditionskorps, die sich nach der Einnahme von Livorno, Pisa und Siena auf der Verfolgung des Gegners befanden, dem General Clark entzogen und nach Süditalien verlegt worden, um von dort aus nach der Provence eingeschifft zu werden. Die 9. Division der Kolonialinfanterie, welche die Insel Elba am 17. und 18. Juli erobert hatte, sowie die in Algerien aufgestellte 1. und 5. Panzerdivision stießen nun zu den französischen Streitkräften, aus denen man zwei Armeekorps gebildet hatte; beide sollten später zu einer Armee erweitert werden. Juin, den man trotz seiner vorzüglichen Führung während der Kämpfe in Italien durch Lattre de Tassigny ersetzt hatte, nahm damit von der aktiven Kriegführung Abschied. De Lattre war übrigens ein Gegner der Operation ›Anvil‹, da er die Poebene zu Recht als strategische Drehscheibe des Krieges betrach-

tete, als ein Schlachtfeld, das geschaffen schien, um von ihm aus ›in kurzer Zeit nach Wien, Prag und zur Elbe‹ vorzudringen. Indes, die Politik – Roosevelts prosowjetische Politik – hatte anders entschieden, als die Strategen es gerne gesehen hätten.
Die Rückkehr so vieler französischer Soldaten nach Frankreich war von starker Wirkung auf die Bevölkerung. Freilich war das Unternehmen ›Anvil‹ nach dem Maße seiner Vorbereitungen und der Anzahl der eingeschifften Truppen nicht mit dem erregenden Wendepunkt des Krieges zu vergleichen, den die Operation ›Overlord‹ darstellte. Es handelte sich dennoch um ein Unternehmen von größter Wichtigkeit, bei dessen Durchführung fast 2000 Schiffe und Fahrzeuge zum Einsatz kamen, abgesehen von den 300 Geleitschiffen, unter denen sich Veteranen von der Normandie wie die Schlachtschiffe *Nevada*, *Texas*, *Arkansas* und *Ramillies* befanden. Auf acht Routen näherten sich der französischen Küste die Geleitzüge, die von Oran, Algier, Bizerta, Palermo, Tarent, Brindisi, Neapel und Calvi aus in See gestochen waren. Überfahrt und Annäherung an die Küste verliefen ohne Schwierigkeiten, nur zwei deutsche Patrouillenboote erschienen um 5 Uhr bei der Insel Levante, wurden aber vom Zerstörer *Somers* mit einer einzigen Salve erledigt. In diesem Augenblick hatten außer den Fallschirmjägern der 1. Luftlandedivision auch noch die französisch-marokkanischen Kommandos Roméo und Rosie bei Cap Nègre und an der Landspitze von Esquillon französischen Boden betreten. Darüber hinaus waren zwei Ablenkungsunternehmen, bei denen Fallschirmjägerpuppen abgeworfen wurden, zwischen Gênes und La Ciotat im Gange.
Im Morgengrauen begann das Bombardement vom Meer her und aus der Luft. Bei Sonnenaufgang standen am Himmel Wolken, aber das Meer war ruhig und die Voraussagen der Meteorologen schienen günstig. Die Landungswellen der 36., 45. und 3. US-Infanterievidision formierten sich ohne Zwischenfall vor Saint-Raphael, Saint-Tropez und Cavalaire. Fast gleichzeitig gingen sie zwischen Kap Cavalaire und der kleinen Bucht von Anthéor um 8 Uhr 01 an Land.
Die Mittelmeerküste wurde von der 19. deutschen Armee verteidigt, an deren Spitze gerade von Sodenstern durch General Friedrich Wiese ersetzt worden war. Da diese Armee Verbände an die Normandiefront hatte abgeben müssen, bestand sie jetzt nur mehr aus sieben bodenständigen Divisionen, zu denen nicht weniger als 20 Bataillone Osttruppen gehörten, sowie aus der 11. Panzerdivision, die sich unglücklicherweise auf der Westseite der Rhône, in der Gegend von Montpellier, befand. Bereits in den ersten Morgenstunden war es dem deutschen Oberkommando klar, daß die noch nicht fertiggestellten Verteidigungsanlagen des Mittelmeerwalls samt den sie verteidigenden mittelmäßigen Truppen einer neuen Invasion keinen ernstlichen Widerstand zu bieten vermochten.

In der Normandie war an diesem 15. August der erwartete Durchbruch nicht erfolgt. Die Deutschen hatten den Frontvorsprung von Mortain aufgegeben, die Amerikaner nahmen ihn wieder in Besitz, wobei sie die Eingeschlossenen auf der Höhe 317 befreiten. Sieben deutsche Armeekorps waren zwischen Flers und der Dives zusammengedrängt. Der Kessel war 50 Kilometer lang und etwa 20 Kilometer breit; nach den Worten des Generalstabschefs der Heeresgruppe B verschärfte sich die Lage ›von Stunde zu Stunde‹. Noch war der Kessel nicht völlig abgeschnürt, doch die Versorgung begann bereits schwierig zu werden, und die alliierten Bomber richteten unter den eingeschlossenen Truppen ein wahres Blutbad an. Und doch war es weder die Landung in der Provence noch der ungleiche Kampf in der Normandie, wodurch Hitlers neuester Zornausbruch erregt wurde. Vielmehr war in ihm der Verdacht erwacht, in seiner Armee sei ein neuer Fall von Hochverrat im Gange: Der Oberbefehlshaber West, Generalfeldmarschall von Kluge, war spurlos verschwunden.
Am Vierzehnten hatte er in Meulles bei Vimoutiers, im Hauptquartier Sepp Dietrichs, übernachtet. Er hatte sich am nächsten Tag um 5 Uhr 30 zum Hauptquartier Eberbachs in Nécy bei Falaise begeben wollen, war aber dort nicht angekommen. Die an den ihn begleitenden Funkwagen gerichteten Rufe blieben unbeantwortet. Man suchte den Feldmarschall überall – er blieb verschwunden. Hitler hatte für dieses Verschwinden sogleich eine Erklärung bereit. In die Verschwörung vom 20. Juli verwickelt, seine Demaskierung fürchtend und im Bewußtsein, daß er dann verloren wäre, hatte der Generalfeldmarschall Günther von Kluge sich zum Überlaufen entschlossen. Er hatte sich in den Kessel von Falaise nur deshalb begeben, um sich leichter ergeben zu können, wahrscheinlicher noch, um mit seiner ganzen Armee zu kapitulieren.
Am frühen Nachmittag wollte sich Hitler nicht länger gedulden. Er befahl Generaloberst Hausser, provisorisch das Kommando über die Heeresgruppe B zu übernehmen, und suchte nach einem Oberbefehlshaber West, der fähig wäre, Kluges Verrat im Keime zu ersticken. Nachdem er zuerst zwischen Kesselring und Model geschwankt hatte, entschied er sich schließlich für Model und befahl ihn sofort zu sich nach Rastenburg.
Um 1 Uhr früh aber war der Verschwundene wieder zurückgekehrt. Sein Wagen war von Jagdbombern in Brand geschossen worden, der Funkwagen außer Betrieb, seine Begleiter tot oder verwundet. Der Feldmarschall hatte den Tag im Schutze eines Kleefelds verbracht, ebenso an jeder Bewegung gehindert wie seine Truppen seit Tagen. Nur mit Mühe war es ihm in der Dämmerung gelungen, ein Fahrzeug ausfindig zu machen, dann hatte es Stunden gedauert, bis er nach Nécy gelangt war, wo er niedergeschlagen, abgerissen und völlig durchnäßt angekommen war. Als Willkommensgruß aus Rastenburg erhielt er ein Telegramm, das ihm die Rückkehr in den Kessel

untersagte und ihm befahl, die Schlacht vom Hauptquartier Sepp Dietrichs aus zu leiten, also unter den Augen eines alten Nazis.
Kluge gehorchte und kehrte nach Meulles zurück. Seine unmittelbar gewonnene Erfahrung setzte ihn in die Lage, Jodl ein ungeschminktes Bild von den Zuständen unmittelbar hinter der Front in der Normandie zu geben. Er schilderte die verstopften Straßen, die sich gegenseitig überschneidenden, einander behindernden Kolonnen, die Stauungen vor den zerstörten Brücken, das Feuer der feindlichen Artillerie auf die Knotenpunkte, das ständige Dröhnen der feindlichen Flugzeuge, die brennenden Fahrzeuge, die immer wieder neue Bomben auf sich zogen... Jodl hörte dies alles nicht ohne Skepsis an. Er unterrichtete seinen Gesprächspartner nicht über dessen unmittelbar bevorstehende Ablösung, sondern beschränkte sich darauf, ihm mitzuteilen, daß die Räumung des Kessels von Falaise wahrscheinlich die Zustimmung des Führers finden werde.
Schon befanden sich die Kanadier in Falaise, die Polen in Trun. Die Engländer drangen ins Tal der Orne ein. In der Bretagne waren die Amerikaner soeben mit Saint-Malo fertig geworden, wo von Aulock, ungeachtet seines Hitler geleisteten Schwurs, die weiße Fahne über der Zitadelle hißte. In der Richtung auf Paris wurde Dreux genommen, an der Loire Orléans. In der Normandie verstärkte sich der Druck gegen den hinteren Teil des Kessels im Raume von Tinchebray, Barenton und Domfront. Es schien, als breche jetzt alles zusammen, als löse sich alles auf.
In Wirklichkeit ließen die Alliierten eine der großen Gelegenheiten dieses Krieges ungenützt vorübergehen. Von allen Abschnitten der Front war es an einem einzigen ruhig geblieben. Doch gerade dieser war der wichtigste: der Abschnitt um Argentan. Das XV. amerikanische Korps war nicht über die Linien hinaus vorgestoßen, die es am 13. August erreicht hatte. Zwei seiner Divisionen, die 5. Panzerdivision und die 79., waren aus der Front herausgenommen und in Richtung Paris in Marsch gesetzt worden. Die südliche Backe des Schraubstocks, der den Kessel von Falaise abschnüren sollte, war von selbst unbeweglich geworden. So blieb dieser meisterhaft begonnene Versuch, die 7. deutsche Armee und die 5. deutsche Panzerarmee einzukesseln, ohne Ergebnis. Die Amerikaner zerstreuten sich wie durchs Land schwärmende Kavallerie, anstatt daß sie sich auf die einzige Aufgabe konzentriert hätten, die im Krieg zählt: auf die Vernichtung des Gegners.
Schuld an diesem falschen Ablauf der Dinge war Bradley. Er hat dies ausdrücklich zugegeben: »Es war dies ausschließlich meine Entscheidung...« Bereits am Dreizehnten hatte Haislip um die Erlaubnis nachgesucht, seinen Vorstoß weiterführen und aus der Zone der 12. Heeresgruppe heraustreten zu dürfen, um Argentan zu nehmen und der kanadischen 1. Armee im Raum von Falaise die Hand zu reichen, womit der Ring um den Gegner geschlossen gewesen wäre. Begeistert hatte Patton zugestimmt, doch Bradley hatte sich dazwischengeschaltet: »Meine Anweisungen waren so unmißver-

ständlich, daß George Haislips Truppen ohne ein weiteres Wort zurückrief…« Der Oberbefehlshaber auf dem Kriegsschauplatz, Montgomery, kümmerte sich um nichts und erteilte keine Befehle, und Eisenhower plante in derart hohen Sphären, daß er nicht wegen des Einsatzes eines schlichten Armeekorps sich engagieren konnte. So blieb Bradley die Entscheidung alleine überlassen. »Ich war völlig damit zufrieden, mein Ziel erreicht zu haben, und ich sah nicht ein, warum ich mir ein anderes hätte stecken sollen.« Männer, denen es an Phantasie mangelt, werden nie große Soldaten. Für Omar N. Bradley bestand das Ziel darin, die Linie Tinchebray–Ranes–Sées–Moulins-la-Marche zu erreichen, während es doch darin bestanden haben müßte, in der Normandie durch die Einschließung der deutschen Armeen ein zweites Stalingrad zu schaffen und durch diesen Schlag gegen Kampfkraft und Moral des Gegners das baldige Ende des Krieges herbeizuführen.

Kluge machte sich keine Illusionen. Er wußte, daß ihm nur eine kurze Atempause gegönnt sein würde. In äußerster Besorgnis nahm er es auf sich, ohne Hitlers Zustimmung die Räumung des Kessels zu befehlen. In der Nacht vom 16. auf den 17. August begann der Rückzug. Wegen Mangels an Treibstoff mußten die Motorfahrzeuge zurückgelassen werden. Die marschierenden Kolonnen kamen in der Dunkelheit nur langsam voran, zumal die Straßen oft stark von Bomben zerstört und durch ausgebrannte Fahrzeuge versperrt waren. In der Dämmerung des anbrechenden Morgens sah man lange Reihen von Pferdefuhrwerken der 7. Armee, die sich westlich der Orne vor der Brücke von Putange stauten, dem letzten intakten Übergang über den Fluß. Kluge befahl einen Ablenkungsangriff gegen Bourg-Saint-Léonard, das am Ausgang des Kessels lag. Dadurch wurden die feindlichen Luftstreitkräfte gebunden. Die 2. SS-Panzerdivision sicherte den Ausfallweg, indem sie die 90. US-Infanteriedivision von der beherrschenden Höhe zwischen der Dives und Chambois vertrieb. Während des Tages war es übrigens 45 Heinkelbombern, die man zu Transportflugzeugen umgebaut hatte, gelungen, etwas Treibstoff und Munition für die Panzer in den Kessel einzufliegen. Bis zuletzt erwies sich Generalfeldmarschall von Kluge als erfahrener und fähiger Soldat.

Seine Stunden waren bereits gezählt. In den Abendstunden des 16. August erschien Model und bestätigte das Einverständnis des OKW mit der Räumung des Kessels von Falaise. Gleichzeitig überbrachte er Kluge einen Brief Hitlers, in dem es hieß, er – Kluge – sei ›infolge der Belastung in den vorangegangenen Wochen den Anforderungen der Führung gesundheitlich nicht mehr gewachsen‹. Der Führer forderte Kluge auf, sich zu anderweitiger Verwendung bereit zu halten.

Kluge schloß sich ein und schrieb die Antwort. Danach unterhielt er sich in aller Ruhe mit seinem Generalstabschef Blumentritt, bestellte seinen Wagen auf fünf Uhr und verabschiedete sich höflich von seinem Nachfolger. Der Brief, den er für Hitler zurückließ, begann mit folgenden Worten: ›Wenn Sie diese Zeilen erhalten, bin ich nicht mehr.‹

Dann wies er es von sich, für den unglücklichen Verlauf der Kämpfe in der Normandie verantwortlich gemacht zu werden, und wünschte Model mehr Glück. ›Sollte es aber nicht der Fall sein und Ihre neuen heißersehnten Kampfmittel, insbesondere die der Luftwaffe, nicht durchschlagen, dann, mein Führer, entschließen Sie sich, den Krieg zu beenden. Das deutsche Volk hat so namenlos gelitten, daß es Zeit ist, dem Greuel ein Ende zu machen.‹ Am Morgen des folgenden Tages ließ Generalfeldmarschall von Kluge seinen Wagen am Stadteingang von Metz anhalten. Der Fahrer sah, wie Kluge eine Kapsel zum Munde führte, und fuhr den Sterbenden in ein Krankenhaus. Doch das Leben jenes Mannes, der den Verschwörern vom 20. Juli ihre letzte Chance geraubt hatte, war nicht mehr zu retten.

Auf seiten der Alliierten hatte man inzwischen Bradleys Fehler erkannt und sich entschlossen, den Kessel zu schließen. Die 1. kanadische Armee trat in Richtung auf Saint-Lambert zum Angriff an. Die Amerikaner bildeten vorübergehend ein Korps, das von Bourg-Saint-Léonard in Richtung auf Chambois vordrang. Doch der deutsche Widerstand hielt an. Am Abend des Achtzehnten war es den Alliierten noch nicht gelungen, sich zu vereinigen. Starke gegnerische Verbände entkamen zwischen Trun und Chambois über die Dives. Am Neunzehnten versuchte man es erneut. Die Wälder wurden mit Phosphorgranaten in Brand geschossen. Die herrliche normannische Landschaft mit ihren prächtigen Höhen, ihren Gestüten und Schlössern lag unter einem dichten Schleier beißenden Qualms, in den sich bald Staub, bald Regen mischte. Unvorstellbare Mengen zerschossener oder ausgebrannter Fahrzeuge verstopften die Straßen. Jedes Dorf bot ein Bild des Grauens: An allen Enden loderten Brände, am Wegrand lagen halbverweste Leichen. Über allem lag der Gestank zahlloser Pferdekadaver. Der deutsche Widerstand war erbittert. Erst am Spätnachmittag gelang es der 1. polnischen Panzerdivision, den Feind von der Höhe des Ormel zu werfen, jenes bewaldeten Klotzes, der bis dahin den Fluchtweg offengehalten hatte. Von der anderen Seite kam den Polen das 317. US-Infanterieregiment entgegen, das sich mit Hilfe von Bulldozern, die Trümmer und Leichen unterschiedslos beiseite räumten, seinen Weg durch Chambois hatte bahnen müssen. Der Kessel war geschlossen.

Aber fünf Tage zu spät! Über die Hälfte der 120000 Mann, denen die Einschließung gedroht hatte, waren entkommen. Um Haaresbreite war den Alliierten ein spektakulärer Sieg entgangen: die Kapitulation zweier deutscher Armeen auf offenem Schlachtfeld.

Doch auch so war der Erfolg noch ansehnlich genug. In einem Rechteck von zehn mal zwölf Kilometer Kantenlänge waren mehr als 50000 Deutsche zusammengedrängt. Die eingeschlossenen Truppenteile waren zu einem großen Teil schon in Auflösung begriffen, deprimiert sahen die Soldaten ihrer Gefangennahme entgegen. Ein Armeestab, der Stab der Panzergruppe, die Stäbe von vier Korps, ein gutes Dutzend Divisionsstäbe – das war kein schlechter Fang. Aber die Schlacht war noch nicht zu Ende.

Die auf dem soeben eroberten Höhenrücken des Ormel sich selbst überlassenen Polen verloren die Fühlung mit den Kanadiern. Es regnete so, daß die alliierten Flugzeuge nicht eingreifen konnten und die Bodenkämpfe an Heftigkeit nachließen. Zudem war der zu spät geschlossene Kessel keineswegs dicht. Energische deutsche Truppenführer machten sich daran, auszubrechen. In der Nacht vom Neunzehnten auf den Zwanzigsten ließ der Kommandeur des II. Fallschirmjägerkorps, Eugen Meindl, zwei Kolonnen formieren, denen er befahl, so lautlos wie möglich durchzubrechen. Der Oberbefehlshaber der 7. Armee, Hausser, fuhr in der Mitte einer dieser Kolonnen, die Maschinenpistole auf den Knien. Die Dives wurde bei einer Furt in der Nähe von Saint-Lambert am Fuße eines Hügels durchwatet, auf dem sich die Umrisse feindlicher Panzer abzeichneten. Als Meindl entdeckte, daß der Ormel besetzt war, umging er ihn und marschierte bis Coudehard in der Nähe des berühmten Ortes Camembert. Dort traf er wieder auf Hausser, der, nachdem er bereits vor Moskau ein Auge verloren hatte, nun von einem Geschoß am Kiefer schwer verwundet worden war und mit blutüberströmtem Gesicht umherlief. Im Geschoßhagel unternahmen die beiden Generale mit der 2. und 9. SS-Panzerdivision – insgesamt 20 Panzer – einen Angriff zur Öffnung des Kessels. Hierauf ließ Meindl die Verwundeten, unter ihnen auch Hausser, auf Lastwagen, die das Zeichen des Roten Kreuzes trugen, am hellichten Tage über die Straße von Vimoutiers abtransportieren. Und wirklich: Das Feuer setzte aus.

Auf ähnliche Weise wie Meindl entkamen aus dem Kessel auch Mahlmann, der Kommandeur der 353. Infanteriedivision, von Lüttwitz, der Kommandeur der 2. Panzerdivision, und Meyer, der Kommandeur der 12. SS-Panzerdivision. Statt der reichen Ernte, welche die Alliierten hätten halten können, nahmen sie nun nur drei Generale gefangen, darunter Elfeldt, der Choltitz abgelöst hatte.

Durch Meindls Gegenangriff nördlich des Ormel war erneut eine Ausfallpforte geschaffen worden. So gelang es mehreren tausend Mann und einigen Fahrzeugen, welche die Dives auf der passierbaren Brücke von Saint-Lambert überschritten, sich in der Nacht vom Zwanzigsten auf den Einundzwanzigsten durch die feindlichen Linien zu schlagen. Starker Regen machte die Nacht noch dunkler. Meindl hatte sich am Rande des Waldes von Coudehard festgesetzt, der am Fuße des Ormel lag, auf dem die erschöpften Polen schliefen. Auch Meindls Männer hatte der Schlaf überwältigt, einschließlich der überforderten Wachen. Der General selbst aber hielt sich noch auf den Beinen. So war er es, der als erster eine Gruppe von Männern lautlos durch Nacht und Regen aus der Richtung von Vimoutiers herankommen sah. Eine Stunde vor Anbruch der Dämmerung meldeten ihm diese Männer – Überlebende eines Grenadierbataillons –, daß sie nun die letzten seien. Meindl ließ wecken und in Marschkolonne antreten. Er selbst wartete noch bis fünf Uhr, ehe er, nur von wenigen seiner Männer begleitet, zu Fuß seiner Kolonne folgte. Verstärkt setzte der Regen ein. Die Schlacht um die Normandie war zu Ende.

Die deutsche Niederlage in der Normandie hätte vollständiger, vor allem aber auch nach außen hin eindrucksvoller sein können. Immerhin: Sie war entscheidend. Die Schlacht um Frankreich, und damit Frankreich selbst, war für die Wehrmacht unwiderruflich verloren.

Gewiß waren viele Soldaten aus dem Kessel von Falaise entkommen. Jene aber, die als Gefallene oder Gefangene dort geblieben waren, hatten zu den besten deutschen Kräften gehört. Zudem waren die beiden deutschen Armeen als zusammenhängende Truppenkörper so gut wie nicht mehr vorhanden. Die Panzerdivisionen, denen die schwerste Last des Kampfes zugefallen war, bestanden nur noch aus kläglichen Resten. So zählte die 116. Panzerdivision nur noch 500 Mann, die 2. SS-Panzerdivision nur 450, die 12. SS-Panzerdivision kaum mehr als 300 Mann. Die 1. und die 10. SS-Panzerdivision verfügten über keinen einzigen Panzer mehr.

Und dennoch waren es allein diese gut ausgebildeten Einheiten, die den Mut nicht sinken ließen. Die übrigen Verbände lösten sich auf. Scharen von Menschen strömten über eine halbwegs wieder instandgesetzte Brücke bei Rouen. In hellen Haufen überquerten die Soldaten die Seine mit allem, dessen sie an Schwimmbarem nur irgend habhaft werden konnten. Selbst geleerte Apfelmostfässer mußten herhalten. Nicht selten kam es zu Schlägereien um die Benützung eines der vorhandenen Transportmittel. Durch Feldgendarmerie wurden die Flüchtenden in das Gebiet von Amiens eingewiesen, wo sie erneut zu Einheiten zusammengefaßt und bewaffnet wurden.

Auch die Etappe begann sich aufzulösen. Schon hatte die Räumung von Paris begonnen. Die Hauptquartiere in La Roche-Guyon und Saint-Germain wurden unter die Betondecken von Margival verlegt. Model, von dem Hitler ein Wunder erwartete, war ein schwer von seiner Bürde gebeugter Mann, der nun an seinen zahlreichen Verwundungen litt, die er früher, im Rausch des Sieges, nicht gespürt hatte. Die 7. Armee erhielt in Eberbach, die 5. Panzerarmee in Dietrich einen neuen Oberbefehlshaber. Diesem erteilte Model, den Weisungen Hitlers folgend, Befehl, längs der Linie Touques–Trouville–Lisieux–Gacé zu halten. Aber er machte dem OKW klar, daß jegliche Hoffnung auf Widerstand südlich der Seine illusorisch sei und daß er zur Vermeidung eines völligen Zusammenbruchs der Front 30 neue Divisionen, darunter 9 Panzerdivisionen, benötige. Diese Kräfte hätten freilich nur von der Ostfront herangeschafft werden können, und Model, der aus dem Osten kam, wußte besser als irgendein anderer, daß dort auch nicht ein einziges Bataillon entbehrt werden konnte.

Längs der Avrelinie, also zwischen Verneuil und Nonancourt, sollte die 5. Panzerarmee den Anschluß an die zwischen Dreux und Orléans stehende 1. Armee suchen, der die Verteidigung des Gebiets um Paris aufgetragen worden war. An ihrer rechten Flanke sollte sie jenseits der Yonne mit der 19. Armee verbunden werden, die sich auf dem

Rückzug von der Mittelmeerküste befand. Damit wäre eine zusammenhängende Front von Le Havre bis Besançon geschaffen worden, in deren Schutz die Abschußbasen der V-Waffen lagen.

Die 1. deutsche Armee unter dem Kommando des Generals der Infanterie Kurt von der Chevallerie hielt die Atlantikküste von der Loiremündung bis zu den Pyrenäen besetzt. Sie mußte sich daher den Rückzug durch weite Gebiete Frankreichs erkämpfen, um jene strategische Rolle spielen zu können, die man ihr zugedacht hatte. Indes war dies eine Armee ohne jegliche Schlagkraft. Ihre beiden Armeekorps bestanden je aus nur einer einzigen bodenständigen Division, in deren Völkergemisch man sogar das 950. indische Regiment des Nationalistenführers Chandra Bose finden konnte. Ein Befehl vom 16. August, der den Rückzug der nicht im Fronteinsatz zu verwendenden Einheiten auf das Gebiet östlich der Linie Orléans–Clermont-Ferrand anordnete, setzte 100000 in der Wehrmacht tätige Männer und Frauen in Bewegung, die zum größten Teil wegen des Mangels an Fahrzeugen marschieren mußten. Zwei Tage später folgten ihnen mit Ausnahme der in den Häfen verbliebenen Garnisonen die Kampfverbände. Aufgrund der vorangegangenen Zerstörungen von Straßen und Brücken und wegen der Überfälle des Maquis kamen sie nur langsam voran. Am 28. August erreichte das Gros des aus der Gegend von La Rochelle kommenden LXIV. Armeekorps Poitiers. Zum Sammelort für all diese Verbände war Orléans bestimmt worden. Doch die Amerikaner waren schneller in der Stadt als die Deutschen, denen nun nichts anderes übrigblieb, als auf der Straße nach Osten den Anschluß an die 19. Armee zu suchen.

Auf den Fersen der abziehenden deutschen Soldaten erhoben sich der ganze Südwesten sowie sämtliche Departements Mittelfrankreichs. Es waren insgesamt dreißig Departements, fünf jener zwölf Militärbezirke, in die der Generalstab General Koenigs die durcheinandergeratene Masse der im französischen Mutterland befindlichen bewaffneten Kräfte einzuteilen versucht hatte: B (Bordeaux), R 3 (Montpellier), R 4 (Toulouse), R 5 (Limoges), R 6 (Clermont-Ferrand). Im Maquis hatte sich eine Verwaltung vorbereitet, die nun plötzlich aus dem Untergrund auftauchte. Zwar hatte man von Algier aus Kommissare der Republik sowie Präfekten und Unterpräfekten ernannt, doch herrschten in einigen Provinzen kommunistische oder halbanarchistische Strömungen vor, so daß die Befreiung fast überall mit einer revolutionären Machtergreifung Hand in Hand ging. Diese wirre und schreckensreiche Zeit wird mit Sicherheit in einigen Jahren ihre historische Darstellung finden, wobei diese sich in der Darstellungsweise an Hippolyte Taines detaillierter Schilderung der Französischen Revolution ein Vorbild nehmen sollte. Zur Zeit ist dies noch nicht möglich. Alle, die sich bisher daran versuchten, sind gescheitert. Die Zeugnisse dieser jüngsten Spontananarchie, die Akten dieser neuen Schreckenszeit sind noch immer nicht zugänglich. Die Zahl der mit oder ohne Verfahren summarisch zum Tode beförderten Menschen hat niemals auch nur annähernd festgestellt werden können. Doch steht außer Zweifel, daß zahlreiche Verbrechen begangen worden sind, ohne andere Rechtfertigung als die, daß auch von der Gestapo, der französischen Miliz und verschiedenen Einheiten der Waffen-SS bestialische und sadistische Verbrechen verübt worden sind. Es dauerte mehrere Monate, ehe die Behörden in den südlichen Departements wieder die Oberhand bekamen und die Aburteilung von Kollaborateuren ausschließlich ordentlichen Gerichten vorbehalten blieb.

Vichy lag im Randgebiet der von den Maquisards der Auvergne beherrschten Zone. Man befürchtete daher einen Vorstoß des Maquis zur Entführung Pétains. Am 7. Mai wurde der greise Marschall unter starker deutscher Bedeckung in das dem Grafen de Fels gehörende Schloß Voisins in der Nähe von Rambouillet gebracht. Vierzehn Tage später entschlossen sich die Deutschen wieder anders, schützten eine bevorstehende Landung der Alliierten im Norden Frankreichs vor und brachten den Mann, der sich noch immer als französisches Staatsoberhaupt bezeichnete, erneut in seine Thermalbad-Hauptstadt. Pétain bestand darauf, daß man ihn über Nancy, Epinal, Dijon, Lyon und Saint-Etienne zurückbringe. Noch empfingen ihn beifällig klatschende Menschenmengen, wie schon zuvor bei Aufenthalten in Paris und Rouen. Dies bestärkte ihn in der Überzeugung, er repräsentiere noch immer die Legalität, das französische Volk sei ihm nach wie vor in Verehrung zugetan, ja, es ermutigte ihn sogar zu einem Brief an de Gaulle, in dem er ihm vorschlug, mit ihm während einiger Monate des Übergangs die Macht zu teilen, wonach er sich zurückziehen wolle, um seine Tage in Frieden zu beschließen. Nie ist diesem Monument parzivalhafter Unschuld eine Antwort zuteil geworden.

Juni und Juli waren ohne Zwischenfälle vorübergegangen. Zwar gaben die Stacheldrahthindernisse rings um das Hôtel de Parc Vichy die Atmosphäre einer Stadt im Belagerungszustand, doch war nichts vorgefallen, was den äußerlichen Frieden hätte stören können. Die dramatischen Ereignisse geschahen anderswo: in der verwüsteten Normandie; im Vercors, wo der verfrühte Eintritt des Maquis in den Kampf blutig ausging; in Oradour-sur-Glane, dessen gesamte Bevölkerung durch eine Kompanie der SS-Division ›Das Reich‹ vernichtet worden war; oder auch auf der Straße, wo Georges Mandel von Milizionären ermordet wurde als Repressalie für die Ermordung des Informationsministers Philippe Henriot, dessen Mörder Demoulin wiederum wenige Tage später bei einem Angriff auf eine Bank am Boulevard Haussmann ums Leben kam. Seit 1940 war Frankreich von den Leiden der übrigen Welt weithin verschont geblieben, doch brachte plötzlich der sich nähernde Krieg dem Land einen schweren Schlag nach dem anderen. Vichy aber blieb weiterhin eine Insel des Friedens.

Am 8. August verließ Laval die Badestadt in aller Heimlichkeit. Am 12. begab er sich von Paris aus nach Nancy, wo der Präsident der französischen Abgeordnetenkammer, Edouard Herriot, sich unter Vorspiegelung einer leichten Sinnesverwirrung im dortigen Heim für Geisteskranke hatte unterbringen lassen. Das Wiedersehen dieser beiden mit allen Wassern gewaschenen Politiker vollzog sich unter Tränen. Laval hatte einen Plan: Er wollte die Nationalversammlung des Jahres 1940 wieder einberufen, in deren Mitte er die Alliierten zu empfangen und mit de Gaulle zu verhandeln gedachte. Er beabsichtigte, sich nach Wiederherstellung der republikanischen Legalität zurückzuziehen, notfalls auch ins Exil zu gehen, doch sollte dieses – im Gegensatz zu den Plänen Pétains – nur ein Rückzug auf Zeit sein. Schließlich hatte er die Sechzig gerade erst überschritten und wollte seine glänzende Laufbahn höchstens vorübergehend unterbrechen.

Der Versuch war zum Scheitern verurteilt. Nach den beiderseitigen Herzensergießungen in Nancy zeigte sich der inzwischen nach Paris zurückgebrachte Herriot nun doch ziemlich zurückhaltend. Die Nazis, die keinen Anlaß hatten, sich über Frankreichs Zukunft den Kopf zu zerbrechen, verhafteten den Kammerpräsidenten und brachten ihn als Gefangenen in die Nähe von Berlin. In der Zwischenzeit hatten sie Laval unter Druck gesetzt und dazu zu zwingen versucht, mit seiner Regierung nach Belfort zu gehen. Doch Laval weigerte sich und erklärte, er wolle die Alliierten im Hôtel Matignon erwarten. Seine Gegenspieler antworteten mit Gewalt: Am 17. August um 23 Uhr entführte ihn ein Gestapokommando nach Osten. »Ich bin jetzt nur noch ein Gefangener«, sagte er, als er den Wagen bestieg.

Pétain war drei Tage später an der Reihe. Am 20. August brach ein deutscher Soldat mit einer Eisenstange die Tür seines Schlafzimmers auf. Im Vestibül des Hôtel de Parc standen die Wachen Pétains mit entsicherten Maschinenpistolen und geöffneten Kisten voll Handgranaten. Doch Pétain untersagte ihnen ein Eingreifen. Jeglicher Widerstand sei sinnlos. Aufrecht und bleich trat er ins Freie, begleitet vom Schweizer Geschäftsträger und vom päpstlichen Nuntius, die er beide hatte zu sich rufen lassen, um ihnen einen Protest gegen die Entführung seiner Person zu überreichen. »Ich bin nicht für so etwas Offizier geworden«, sagte laut der deutsche General von Neubronn. Eine kleine Gruppe Getreuer stimmte die Marseillaise an, während sich die deutsche Wagenkolonne in Bewegung setzte und mit Marschall Philippe Pétain und Gattin im trüben Regen verschwand. Vichy war nicht mehr Hauptstadt.

Toulon, Marseille, Montélimar, Lyon

In der Provence kamen die Alliierten über Erwarten schnell voran. Der deutsche Widerstand entlang der Küste wurde in kurzer Zeit überwunden. Bereits am Abend des ersten Tages war die Verbindung zwischen den an der Küste gelandeten Einheiten und den über dem Hinterland abgesprungenen Fallschirmjägern hergestellt. Der deutsche General Neuling, Befehlshaber der LXII. Korps, wurde in Draguignan samt seinem Stab gefangengenommen. Eine Panzerabteilung, die sogenannte Task Force Butler, stieß über die Route Napoléon in Richtung auf Grenoble vor. Die 3. US-Infanteriedivision nahm Brignoles und marschierte gegen Aix. Die 45. gewann die Talsenke der Durance und zielte auf Avignon. Die 36. folgte der Task Force Butler. Das deutsche Oberkommando forderte verzweifelt seine einzige bewegliche Einheit, die am linken Rhôneufer stehende 11. Panzerdivision, an, doch waren alle Brücken zerstört, und das Übersetzen der Panzer auf das andere Ufer mit Behelfsmitteln ging nur äußerst langsam voran. Die 19. Armee, die Heeresgruppe G und der Oberbefehlshaber West machten sich keine Illusionen hinsichtlich ihrer Möglichkeiten, die neue Invasion zurückzuschlagen oder auch nur aufzuhalten. Sie schlugen vor, sich vom Feind zu lösen und die sofortige Räumung des Südens Frankreichs einzuleiten.

Am 17. August gab Hitler seine Einwilligung. Auf dem linken Flügel der 19. Armee setzten sich die Trümmer des LXII. Korps nach Italien ab, wo sie Anschluß an die Streitkräfte Feldmarschall Kesselrings fanden. Die beiden anderen Korps, das IV. Luftwaffenfeldkorps sowie das LXXXVI., traten den Rückzug an – das eine auf dem rechten, das andere auf dem linken Rhôneufer. Ihre Lage war verzweifelt. Die Eisenbahnverbindungen waren unterbrochen, in den Cevennen und den Alpen herrschte der Maquis. Bei den sich zurückziehenden Marschkolonnen befanden sich dreimal soviel Nichtkombattanten wie bewaffnete Soldaten, wobei wohl selten eine Armee eine derart hohe Zahl von Drückebergern und Schmarotzern mitgeschleppt haben dürfte wie gerade die an der Riviera stationierten Besatzungstruppen. Mit den Deutschen zog auch eine Einheit Hilfswilliger aus Tongking über die verstopften Straßen nach Norden, die, ursprünglich zur Bekämpfung der Hitlertruppen nach Europa geholt, zum Feind übergelaufen war. Von zwei Gefahren sahen sich die Flüchtenden bedroht: von den feindlichen Flugzeugen und vom unaufhaltsamen Vormarsch der Amerikaner im Alpenraum. Durch die Täler des Aygues, der Drôme und der Isère waren sie im Vormarsch auf die Rhône und drohten die 19. Armee abzuschneiden. Den Führerbefehl zum Rückzug versah der Oberbefehlshaber der Heeresgruppe G, Blaskowitz, mit folgendem Zusatz: ›Versuchen Sie den Raum von Chalon-sur-Saône zu erreichen. Es geht um Stunden. Anderenfalls werden weitere Befehle an Sie nicht mehr ausgegeben.‹

Die Besatzungen in Toulon und Marseille waren von dem Rückzugsbefehl ausdrücklich ausgenommen worden. Sie sollten, um im Sprachgebrauch der Propaganda zu sprechen, die ihnen anvertrauten Festungen ›bis zur letzten Patrone‹ verteidigen. Doch diese Streitkräfte waren ihren Aufgaben bei weitem nicht gewachsen. Toulon wurde von der 242. bodenständigen Division unter General Bäßler verteidigt, Marseille von der 244. unter General Schaefer. Beides waren Einheiten der zweiten Garnitur, in deren Reihen sich mehrere Bataillone Osttruppen sowie zahlreiche nicht voll einsatzfähige

Soldaten oft höheren Alters befanden. Zu einer beweglichen Taktik und elastischen Verteidigung waren sie nicht zu gebrauchen. Sie dienten nur noch dazu, einen dünnen Schleier von Menschen um die beiden ausgedehnten Stadtgebiete zu ziehen.
Die Eroberung Marseilles und Toulons blieb den französischen Truppen überlassen. Es war dies eine undankbare Aufgabe, weil dadurch die Divisionen des Generals de Lattre de Tassigny im Küstenraum gebunden wurden, während die Streitkräfte der Amerikaner weite Teile Frankreichs befreiten. Die Einnahme Toulons wurde nicht vor dem zwanzigsten Tag nach der Landung, die Eroberung Marseilles nicht vor dem vierzigsten Tag erwartet – also am 5. beziehungsweise am 25. September. Die ganze Operation ›Anvil-Dragoon‹ sollte nach einem durchaus großzügig gehaltenen Zeitplan vonstatten gehen. So rechnete man nicht damit, Lyon vor dem neunzigsten Tag nach der Landung erreichen zu können, also am 15. November. Überschätzung der gegnerischen Streitkräfte hatte zu dieser Planung geführt.
Doch die Amerikaner hielten sich nicht an die festgelegten Daten. Am 19. August überschritten sie die Durance bei Oraison, eine Aktion, die im Kalender der Task Force Butler erst für den 30. September vorgesehen war. De Lattre de Tassigny war deshalb gezwungen, auch seinerseits die Belagerung Toulons und Marseilles voranzutreiben, damit die französischen Truppen so schnell wie möglich in Richtung auf Burgund und das Elsaß marschieren konnten. Der Oberbefehlshaber der 7. Armee, Alexander M. Patch, den er bis zur Bildung der 6. Heeresgruppe ablösen sollte, gab hierfür seine Zustimmung.
Die Belagerung von Toulon begann am 20. August, bevor noch der zweite Truppenverband der französischen Armee seine Landung abgeschlossen hatte. Die stark zerklüfteten Berge, die ringsum die Stadt umgeben, machten einige Kletterpartien über Ziegenpfade oder bebuschte Steilhänge notwendig. Während die 1. leichte französische Division (DIA) in heftige Kämpfe um Hyères verwickelt war, umging die 3. algerische Infanteriedivision unter Monsabert die Stadt und gewann bei Bandol und Sanary das Meer. Der dadurch eingeschlossene große Kriegshafen wurde zu Lande, vom Meer und aus der Luft angegriffen. Ein starker französisch-amerikanischer Flottenverband mit der alten *Nevada* und der noch älteren *Lorraine* beschoß die Halbinsel von Saint-Mandrier und die Batterien auf dem Kap Sicié. Der deutsche Kommandant, Admiral Ruhfus, hatte die Hafeneinfahrt durch Versenkung des Schlachtschiffes *Strasbourg* und des Kreuzers *La Galissonnière* unpassierbar machen wollen, die nach der Selbstversenkung von 1942 wieder flottgemacht worden waren. Aber 35 Bomber des Typs B 25 durchkreuzten diesen Plan, indem sie diese beiden großen Kriegsschiffe erneut im Hafen versenkten. An Land leisteten die Deutschen fanatischen Widerstand. Die Kämpfe spielten sich bei glühender Hitze und unter dichten Staubschleiern inmitten brennender Pinienwälder ab. Aber das Eingreifen der 9. Kolonialdivision (DIC) sowie der Einsatz beträchtlicher Artilleriekräfte ließen den Deutschen keine Möglichkeit zu

einer lang anhaltenden Verteidigung. Die Franzosen nahmen im Sturm die drei Forts, die Toulon, les Caumes, le Faron und le Coudon beherrschten, und drangen durch die Schlucht von Dardennes in die Stadt ein, die sich am 22. August in ihrer Hand befand. Die Deutschen leisteten nun auf der Halbinsel Saint-Mandrier, die den Riegel zum Hafen darstellte, unter Führung von Admiral Ruhfus letzten Widerstand. Die Halbinsel wurde mit 785 Tonnen Bomben und über 8500 Granaten aus Schiffsgeschützen der Kaliber 13,8 bis 34 cm belegt. Ruhfus kapitulierte am 28. August mit den letzten Verteidigern Toulons – 1800 Angehörigen der Marine und des Heeres.

Zu diesem Zeitpunkt war Marseille bereits befreit. Zwar sollte der Angriff auf die Stadt ursprünglich erst nach der Eroberung Toulons erfolgen, aber man wollte den Amerikanern ›nicht alleine auf den Straßen Frankreichs den Ruhmeskuß der Befreiung‹ zuteil werden lassen. Monsabert übersprang die Reihenfolge der geplanten Schritte. Vom Straßenknotenpunkt Le Camp aus setzte er einen Teil der 3. DIA, eine Abteilung marokkanischer Eingeborenentruppen und eine Einsatzgruppe der 1. Panzerdivision nach Marseille in Marsch. Aubagne wurde im Norden wie im Süden umgangen und fiel am Einundzwanzigsten. Am nächsten Tag war der Vorort Saint-Julien erreicht. Da er nicht seine noch schwachen Kräfte im Häusermeer von Marseille verschwinden sehen wollte, befahl de Lattre, bis auf weiteres nicht über den Jarret hinaus vorzudringen, dessen schmaler Wasserlauf Marseille von seinen Randgebieten trennt. Aber das 7. RTA des Obersten Chapuis ließ sich durch die Bevölkerung zu einem weiteren Vorstoß ermuntern. Am Dreiundzwanzigsten um 8 Uhr morgens drang es über den Boulevard Madeleine vor, der bis zur Canebière führt. Um 10 Uhr befand er sich am Vieux Port. Dadurch waren die deutschen Kräfte in zwei Teile geschnitten. Der Verbindungsoffizier von Oberst Chapuis, der Geistliche Hauptmann Crosia, begab sich in die Hauptpost und rief den deutschen General Schäffer an, um ihn zur Übergabe aufzufordern. Der deutsche Kommandant stimmte einem Treffen mit Monsabert im Fort Saint-Jean zu, aber die geforderte bedingungslose Kapitulation verhärtete seine Haltung, und der bereits vereinbarte Waffenstillstand wurde wieder ausgesetzt.

Doch am Siebenundzwanzigsten glaubte Schäffer seine Möglichkeiten zum Widerstand ausgeschöpft zu haben und kapitulierte. Wahrscheinlich hätte sich der Kampf noch länger hingezogen, wenn unter der Besatzung tatsächlich der von Hitler geforderte Fanatismus geherrscht hätte.

Tausend Kilometer im Norden wurde Brest belagert. Am 25. August war das VIII. US-Korps zum Angriff übergegangen. Man glaubte die Stadt in fünf Tagen erobern zu können. Wenn Fallschirmjägergeneral Ramcke schließlich auch nicht so weit ging, sein Grab unter den Trümmern der Stadt zu suchen, so leistete er doch mit bewundernswürdiger Energie dem an Truppen und Ausrüstung weit überlegenen Gegner Widerstand. So fiel Brest erst am 19. September. Es bedurfte eines Monats intensiver Arbeiten, ehe der schwer in Mitleidenschaft gezogene Hafen wieder benutzbar war.

Im Rhônetal entschied sich unterdessen das Schicksal der 19. deutschen Armee. Der in den Alpen unter dem Befehl von Berufsoffizieren ausgezeichnet organisierte Maquis erleichterte den Marsch der Amerikaner auf Grenoble und gegen die italienische Grenze, so daß das VI. amerikanische Korps seine Hauptkräfte auf das Abfangen der sich mühsam auf Lyon zubewegenden feindlichen Marschkolonnen richten konnte.

Am 22. August wurde nördlich von Montélimar der deutsche Rückzugsweg abgeschnitten. Die der 36. Division vorauseilende Task Force Butler erreichte die Route Nationale Nr. 7 und ließ ihre Artillerie im Wald von Marsanne in Stellung gehen, der fast 500 Meter über dem Tal lag – eine sehr günstige taktische Situation. Das ganze Land lag ausgebreitet vor den Rohren der amerikanischen Geschütze: die beiden Rhôneufer und der Nebenfluß Drôme, Straße und Eisenbahnlinie auf dem linken Stromufer, die in der kleinen, fruchtbaren Ebene von Loriol auseinanderliefen, schließlich beim Dorf Coucourde wieder zusammenkamen, um dort eng nebeneinander durch die als ›Porte de Montélimar‹ bezeichnete Schlucht zu führen. Die deutsche 19. Armee wurde an der Schlucht abgefangen. Eine Kapitulation an Ort und Stelle schien unvermeidlich.

Aber die Offiziere und ein Teil der Truppen bewahrten ihre Kaltblütigkeit. Verschiedene amerikanische Versuche, Montélimar durch das Tal des Roubion zu nehmen, wurden abgewiesen. Nachdem Wiese diesen Pfeiler seiner Verteidigung abgesichert hatte, vereinigte er die 11. Panzerdivision sowie die 198. Infanteriedivision unter der Führung Wietersheims, dem er den Befehl gab, unter allen Umständen die Straße nach Lyon wieder zu öffnen. Der Vorstoß begegnete äußersten Schwierigkeiten. Ständig wurden die Verbindungen unterbrochen, und die alten, mit Holzgas betriebenen Lastwagen waren die einzigen schnellen Transportmittel. Einheiten, die mit Kampfauftrag unterwegs waren, mußten sich gewaltsam einen Weg durch die Masse von Menschen und Fahrzeugen bahnen, welche die Route Nationale Nr. 7 verstopften. Es scheiterte der erste, der zweite, der dritte und vierte der bei Tag und Nacht vorgetragenen Angriffe. Aber die amerikanische Führung beging den gleichen Fehler wie bereits bei Falaise: Sie erkannte nicht recht, um was es bei diesem Kampf ging, und setzte nicht alle ihre Truppen ein, um die Schlinge zuzuziehen, die sie bereits um den Hals des Gegners geworfen hatte. Anstatt daß er seine 45. Division nach Montélimar beordert und alle verfügbaren Kräfte herangezogen hätte, nahm Truscott die Task Force Butler zurück und sandte sie zur Erkundung ins Tal der Isère. So schwächte er sich im entscheidenden Moment am entscheidenden Ort.

Am Sechsundzwanzigsten meldete Wietersheim um 8 Uhr morgens seinem Vorgesetzten, Coucourde sei wieder genommen, die Straße freigekämpft. Kaum waren die auf dem Rückzug befindlichen deutschen Truppen wieder in Bewegung geraten, als ein plötzliches Hochwasser der Drôme die beiden Furten unpassierbar machte, die nach der Zerstörung der Brücken als einzige Übergänge über den Fluß geblieben waren.

Die Stauung, die den Abzug des LXXXVI. Armeekorps behinderte, konnte erst am Mittag des Siebenundzwanzigsten behoben werden. Die amerikanische Artillerie, die von den Höhen von Marsanne aus auf Sicht feuerte, hielt die deutschen Kolonnen unter heftigem Beschuß, in dem die Fahrzeuge auseinanderbrachen, die Munitionswagen in die Luft flogen, die Zugtiere krepierten, bis die ganze Straße ein unbeschreibliches Gemenge von verbogenem Eisen und zerfetztem Fleisch war. Die offizielle amerikanische Geschichtsschreibung spricht vom ›Traum eines jeden Artilleristen‹. Dennoch erzwangen einige energische Stabsoffiziere den Übergang, indem sie im wahrsten Sinne des Wortes die Reste der 19. Armee in die Drôme trieben.

Am anderen Ufer war alles auf dem Weg nach Lyon – Deutsche wie Alliierte. Wiese ließ das Stadtgebiet von Lyon durch das IV. Luftwaffenfeldkorps besetzen, um dem LXXXVI. Korps einen geordneten Durchmarsch zu ermöglichen. Die Amerikaner näherten sich unterdessen über Grenoble und Valence. Nach der Einnahme von Marseille hatten die Franzosen mittlerweile auf halsbrecherische Weise die Rhône überquert und marschierten über Saint-Etienne und den Höhenrücken von Arbresle heran. Die FFI (Forces Françaises de l'Intérieur, die französischen Untergrundstreitkräfte) der Region R 1 unter dem Oberbefehl des Obersten Descours formierten sich zu drei Verbänden zu beiden Seiten der großen Stadt. Erneut schien die 19. deutsche Armee von Einschließung bedroht.

Doch auch diesmal gelang es ihr wieder, zu entschlüpfen – dank dem mangelhaften Zusammenspiel ihrer Verfolger. Drei Tage lang zog eine Masse abgekämpfter deutscher Soldaten mit schwarz uniformierten französischen Milizionären in ihrer Mitte durch Lyon und schlug über den Quai de la Saône den Weg in Richtung Bourg ein. Zu einem Losschlagen der Résistance in der Stadt kam es nicht, weniger wegen der harten Unterdrückungsmaßnahmen, die sich bis zum letzten Augenblick noch steigerten, als wegen des Ausbleibens jeglicher auslösender Signale von seiten der alliierten und französischen Stellen. Am 1. September brach der Strom der Flüchtenden ab. Am 2. September sprengte eine von Morgen bis Abend in strömendem Regen arbeitende Pionierkolonne in aller Ruhe sämtliche über die Rhône und fast alle über die Saône führenden Brücken. Am Sonntag, dem 3. September, hielt die 1. freifranzösische Infanteriedivision, an der Spitze die Marinefüsiliere, ihren Einzug in die Stadt. Doch General Wiese war es gelungen, von den 209 000 Mann, mit denen er den Rückzug begonnen hatte, 130 000 bis zum Durchlaß von Belfort zu führen.

Choltitz Kommandant von Paris

Die zweitgrößte und die drittgrößte Stadt Frankreichs waren dem Feind innerhalb einer Woche entrissen worden. Aber ihre Eroberung war bereits von vornherein durch die zu erwartende Befreiung von Paris in den Schatten gestellt.
Diese ließ allerdings auf sich warten. Bereits Anfang August wäre eines der drei Korps unter Patton in der Lage gewesen, auf Paris zu marschieren. Doch der Plan ›Overlord‹ hatte anders entschieden. Paris sollte nicht durch einen Frontalangriff fallen, sondern durch Einkreisung. Das alliierte Oberkommando scheute einen Kampf im Labyrinth der Straßen und fürchtete die Zerstörung unersetzlicher Kunstwerke. Auch hatten die Organisatoren des Nachschubs zu bedenken gegeben, daß die Versorgung des befreiten Paris die Heranschaffung von täglich 4000 Tonnen Lebensmitteln notwendig mache, zu deren Transport Truppenfahrzeuge herangezogen werden müßten, was – neben dem hohen Treibstoffverbrauch – den Fortgang der rein militärischen Operationen erheblich behindern würde. Paris sollte wie eine reife Frucht den Siegern von selbst in den Schoß fallen. Als ungefähren Zeitpunkt hatte man den 15. Oktober in Aussicht genommen. Es hat nicht den Anschein, als habe man bei diesen Überlegungen auch daran gedacht, was zwei weitere Monate des Wartens für vier Millionen Menschen bedeuten mußten, die praktisch ohne Lebensmittelzufuhren und ohne Vorräte diese Zeit zu überstehen hatten.
Auch für die Deutschen war Paris ein schwieriges Problem. Eine Verteidigung der Stadt mit der Absicht, sie zu behalten, hätte das Vorhandensein starker Kräfte vorausgesetzt, hätte vor allem die Front an der Seine fixiert, wovon man im deutschen Generalstab abgeraten hatte. Doch Hitler hatte entschieden, daß eine Besatzung in der französischen Hauptstadt bleiben und sich dort bis zum letzten Mann verteidigen solle. Der Kampf um Paris sollte die Errichtung einer Verteidigungsstellung an Somme und Marne erleichtern und der Wehrmacht eine wertvolle Atempause gewähren.
Hitler suchte nun einen Mann, der bereit war, sich unter den Ruinen von Paris begraben zu lassen. Der Stadtkommandant war bis dahin ein Invalide aus alter Familie, der Generalleutnant Freiherr von Boineburg-Lengsfeld, der sich während der Vorgänge des 20. Juli mit Eifer um die Verhaftung von Angehörigen der SS und des SD gekümmert hatte. Der Chef des Heerespersonalamts, Burgdorf, schlug an seiner Stelle General Dietrich von Choltitz vor, der erst jüngst seines Kommandos über das LXXXIV. Korps enthoben worden war – wegen eines Fehlers, den er nicht begangen hatte. Hitler wollte diesem Soldaten, dem man Energie nachrühmte, persönlich seine Anweisungen erteilen. So machte sich Choltitz am 7. August nach Rastenburg auf den Weg, ohne die geringste Ahnung von der Rolle, zu der ihn das Vertrauen des Führers ausersehen hatte.
Einige Darstellungen über die Befreiung von Paris haben Choltitz unrecht getan, haben

ihn als einen von den Ereignissen überraschten Haudegen dargestellt. Das zeugt weder von Großzügigkeit noch von Wahrheitsliebe. Choltitz war ein intelligenter und fähiger Soldat, der einige Zeit lang der jüngste Divisionskommandeur im deutschen Heer gewesen war. Seine Ausbildung hatte er noch in der Reichswehr des Versailler Vertrags erhalten. Der monokeltragende, beleibte und herzleidende General stand der Politik, wie übrigens die meisten Berufssoldaten, fremd gegenüber und war anfangs weder für noch gegen Hitler, begann sich aber Gedanken zu machen, als er allmählich den Abgrund erkannte, in den das Dritte Reich Deutschland hineinzuziehen drohte. Als junger General vergleichsweise bescheidener Rangstufe hatte er es immerhin gewagt, Generalfeldmarschall von Manstein nach seiner Ansicht über die gegen Hitler gerichtete Verschwörung der Militärs zu fragen. Manstein selbst, ein Mann von hoher Intelligenz und starkem Charakter, hatte sich für den Gehorsam entschieden. Er legte diesen Gehorsam auch dem jungen General nahe, ohne dabei allerdings seinen tiefen Pessimismus und seine Abneigung gegen den Diktator zu verheimlichen. Choltitz war dieser mit ihrer ganzen Autorität sprechenden Stimme gefolgt. Aber er hatte sich immerhin über die Grenzen des Gehorsams Gedanken gemacht, ehe er mit dem Oberbefehl über Groß-Paris betraut wurde.

Als er nach der damals bereits obligatorischen Leibesvisitation in der Wolfsschanze vorgelassen wurde, sah er ›einen alten, gebeugten, aufgeschwemmten Mann mit dünnem grauem Haar, einen zitternden, körperlich erledigten Menschen‹ vor sich, dem er auf Anraten General Burgdorfs die Hand nur mit Vorsicht schüttelte. Er mußte sich die ganze Geschichte des Nationalsozialismus anhören und wurde, als Hitler auf den 20. Juli zu sprechen kam, Zeuge eines Anfalls blutdürstiger Geistesverwirrung. »Der Geifer lief ihm buchstäblich aus dem Munde. Er zitterte am ganzen Körper, so daß der Schreibtisch, an den er sich klammerte, ebenfalls in Bewegung geriet. Mich überkam die Gewißheit: Ich hatte einen Wahnsinnigen vor mir!«

Die Choltitz übergebenen schriftlichen Befehle zeigten keine Spur von geistiger Verwirrtheit. Man gab ihm die Machtbefugnisse eines Festungskommandanten, die sich auf die verschiedenen Teile der Wehrmacht erstreckten. Er wurde unmittelbar dem OKW unterstellt und erhielt detaillierte Anweisungen über die Art seiner mit dem Oberbefehlshaber West, der Polizei und Botschafter Abetz zu unterhaltenden Beziehungen. Man befahl ihm, Paris von Drückebergern zu säubern, und damit die Stadt zum ›Schrecken von Personen‹ zu machen, ›die nicht ehrliche Helfer und Diener der kämpfenden Front sind‹. Man trug ihm ferner auf, die Sicherheit und Ordnung in Groß-Paris gegen jeden Aufstandsversuch, gegen jegliche Sabotage- und Terrorakte zu wahren, wobei aber nicht eigens eine Vergeltung durch Niederbrennung oder sonstige Gewaltmaßnahmen erwähnt war.

Als Choltitz am 9. August seinen Posten antrat, war Paris ruhig. Die gut unterrichteten Pariser warteten, wann sich die Folgen der Schlacht in der Normandie auch für sie zu zeigen begännen. In den Fabriken wurde gearbeitet. Gelegentlich kamen Züge an, etwas Post wurde ausgetragen, in den Theatern wurde gespielt, die Kinder vergnügten sich in den Parks, an den Uferböschungen der Seine wimmelte es von Menschen, aber die Versorgungslage wurde bereits schwierig, die Stationen der Metro schlossen nach und nach, und elektrischen Strom gab es nur während einer halben Stunde des Tages. Die Auflösung von Dienststellen und Stäben der Wehrmacht ging weiter. Die weiblichen Hilfskräfte, ›graue Mäuse‹ genannt, verschwanden. Die Gestapo, die Befehlsstellen von Kriegsmarine und Luftwaffe, der Militärbefehlshaber Frankreichs waren bereits abgezogen oder standen im Begriff, dies zu tun. Der Frontsoldat Choltitz machte nicht ungern Jagd auf alle Drückeberger, aber er hatte damit gerechnet, sie in Kampfeinheiten verwenden zu können, während sie doch nur auf neue Druckposten kamen. Auch die Kollaborateure verließen die Stadt. Der Botschaftsrat Schweidemann hatte eine Panik ausgelöst, als er dem ›Führer‹ der Pariser Presse, Jean Luchaire, anvertraute, die deutsche Armee werde möglicherweise Paris in kürzester Zeit verlassen. Drieu La Rochelle beging Selbstmord, einige tapfere Männer wie Brasillach und Suarez blieben, um ihre Haltung zu verantworten, aber die anderen, wie Brinon, Doriot, Luchaire, Jeantet, Rabattet, Cousteau, ergriffen die Flucht. Zum Abschied hörten sie noch die zornigen Worte des Botschafters Abetz: »Wir werden wiederkommen. Wir haben schreckliche Waffen erfunden, hören Sie, schreckliche Waffen. Das Herz kann einem bluten, wenn man sich vorstellt, was sie aus Frankreich machen werden. Weihnachten spätestens werden wir zurück sein.« Die militärischen Mittel, über die General von Choltitz verfügte, waren nur schwach. Von den vier überalterten Regimentern der 325. Sicherungsdivision, welche die ursprüngliche Garnison von Paris darstellte, waren drei bereits in der Normandie zerschlagen worden. Das 4. verteilte sich auf 36 Stützpunkte, die für die ganze Division gedacht waren. Die einzige mobile Einheit war ein Bataillon, von dem zwei Kompanien mit Fahrrädern ausgerüstet waren und das, außer 17 französischen Panzern aus dem Jahre 1917, ein Geschütz vom Kaliber 7,5 gleichen Alters besaß, welches über Munition für 68 Schuß verfügte. Es gelang Choltitz, siebzehn ›Panther‹-Panzer auf dem Wege zur Front abzufangen, doch mußte er sie, bis auf vier, wieder freigeben. Die Stärke der ihm unterstellten Verbände einschließlich der Schreibstubensoldaten und halbwüchsigen Flakhelfer belief sich auf 30000 Mann. Es war illusorisch, von ihnen die Besetzung zweier äußerer Verteidigungslinien sowie gleichzeitig die Wahrnehmung von Sicherungsaufgaben in einer Stadt von 4 Millionen Einwohnern zu erwarten.

Daher beschränkte sich Choltitz darauf, die lebensnotwendigen Verbindungswege für die deutschen Truppen offenzuhalten. Dies war schon darum wichtig, weil die Brücken von Paris als einzige unzerstört geblieben waren und weil die von Bombenangriffen verschonte Stadt zur Drehscheibe der Operationen werden mußte. Ruhe und Ordnung im Häusermeer von Paris war deshalb eine zwingende Notwendigkeit.

De Gaulle und die Alliierten: Das Problem Paris

Für Frankreich hatten die militärischen Fragen im Zusammenhang mit Paris ihre besondere Bedeutung. Sie beschäftigten den Mann, der sich bewußt war, in einer entscheidenden Stunde die historische Verantwortung für sein Land übernommen zu haben: Charles de Gaulle. In Bayeux hatte er am 14. Juni zum erstenmal wieder seinen Fuß auf den Boden des Mutterlandes gesetzt. Es war ihm eine maßvolle Ovation zuteil geworden. Dann hatte er die französische Souveränität durch eine Reihe von Verwaltungsmaßnahmen in den befreiten Gebieten unter Beweis gestellt und war bereits am nächsten Tag wieder nach Algier zurückgekehrt. Einige Tage später führte ihn eine weitere Reise nach Italien, wo er den Segen des Papstes erhielt. Dann flog er nach Washington, nachdem er, was von Roosevelt zur Bedingung gemacht worden war, vorher angefragt hatte, ob sein Besuch erwünscht sei. Noch sechs Wochen zuvor hatte der Präsident seinem progaullistischen Botschafter John Winant gegenüber folgende Äußerungen getan: »Nur wenn ich den Beweis habe, daß de Gaulle wirklich das französische Volk repräsentiert, lasse ich mich auf ihn ein. Andernfalls sehe ich keine Veranlassung, meine bisherige Haltung aufzugeben.« Seither hatten die amerikanischen Behörden die Stimmung im französischen Volk zu erkunden versucht und waren, wie Cordell Hull es ausdrückte, zu dem Schluß gelangt, daß de Gaulle im Lande als ›provisorische Autorität‹ anerkannt werde. Die amerikanische Politik richtete sich nach dieser Feststellung.

Aus Washington brachte de Gaulle eine Erklärung mit, in welcher die Regierung der Vereinigten Staaten anerkannte, daß ›das französische Befreiungskomitee die Qualifikation besitze, in Frankreich Verwaltungsaufgaben wahrzunehmen‹. Das Gespenst der AMGOT verschwand – nicht aber das tiefe Mißtrauen de Gaulles, ein wesentlicher Charakterzug des Generals und so gut seine Stärke wie seine Schwäche.

Paris war der Schlüssel Frankreichs und das einzige Sprungbrett zur Macht im Lande. De Gaulle wurde von höchster Unruhe ergriffen. Die Intrige, die sich zwischen Laval und Herriot angebahnt hatte, war ihm zu Ohren gekommen, und er war der Überzeugung, Amerika stehe diesen Plänen mit wohlwollender Duldung gegenüber. So erschien es ihm vordringlich, zurückzukehren, ›um die aus dem Abgrund emporsteigende Nation um sich zu sammeln‹. Am 18. August verließ er Algier über Casablanca und Gibraltar. Flugzeugunglücke und eine Verzögerung infolge eines technischen Schadens ließen ihn argwöhnen, daß man es auf ihn abgesehen habe, sich vielleicht gar seiner Person entledigen wolle, was später zu romantischen Darstellungen dieser historischen Rückkehr geführt hat. In Wahrheit hatten die Vereinigten Stabschefs auf eine Anfrage von SHAEF wissen lassen, daß sie mit dieser Reise völlig einverstanden seien und daß General Eisenhower den General de Gaulle als den Oberkommandierenden der französischen Streitkräfte empfangen solle.

Die Begegnung der beiden Männer fand am 21. August statt. Anhand der Karten erklärte Eisenhower die militärische Lage nach dem Sieg von Falaise. Sie war außerordentlich günstig. Der Gegner hatte 30 Divisionen verloren, und die ihm noch verbliebenen Verbände befanden sich am Rande der Auflösung. Südlich von Rouen jagten die 1. kanadische Armee und die 2. britische Armee den aus dem Kessel von Falaise entkommenen Feind vor sich her, während die 1. US-Armee die Übergänge über die Seine zwischen Vernon und Elbeuf besetzt hatte, um ihm den Rückzug abzuschneiden. Plangemäß war ein kurzer Halt am Fluß vorgesehen, aber Eisenhower hielt nun diese Verzögerung angesichts des Zustandes der deutschen Truppen für überflüssig. Am Abend des vorvergangenen Tages hatte eine Patrouille des 313. US-Infanterieregiments unter Sergeant White bei strömendem Regen in der Nähe von Mantes-Gassicourt eine nur ungenügend zerstörte schmale Brücke ausfindig gemacht. Man war, bis über die Hüften im Wasser watend, ans andere Ufer hinübergelangt, kurz darauf schon gefolgt vom gesamten Regiment, das man unverzüglich geweckt und in Marsch gesetzt hatte. Nachdem auch noch Pioniere herangezogen worden waren, stand nun die ganze 79. Infanteriedivision im Begriff, mitsamt Panzern und Artillerie auf das rechte Ufer überzusetzen. Dasselbe taten mittlerweile auch die 4. und die 7. Infanteriedivision bei Melun und Montereau. So befand sich ein gesamtes Armeekorps im Vormarsch auf die Marne, während andere Einheiten der Armee Pattons auf Troyes und Dijon vorstießen, um ihre Vereinigung mit der 7. Armee zu vollziehen.
De Gaulle hielt unbeirrbar an seiner Absicht fest, Paris zu befreien. Seine Argumente waren ausschließlich militärischer Art. Die Alliierten seien dabei, die Seine oberhalb und unterhalb von Paris zu überschreiten, warum dann nicht gleich in Paris selbst? Die Vermeidung eines Frontalangriffs sei sinnvoll, wenn man eine starke und hartnäckige Verteidigung durch den Gegner zu erwarten habe. Aber man wisse doch, daß die deutsche Besatzung nur sehr schwach sei. »Einige Geschützsalven, und Sie haben Paris genommen...« Dies aber habe zur Folge, daß der bedeutendste Verkehrsknotenpunkt Westeuropas, das Industriepotential einer großen Stadt sowie wahrscheinlich 62 unzerstörte Brücken für einen nur geringen Preis in die Hand der Alliierten fielen.
In seinen Memoiren spricht de Gaulle von dem Unbehagen, das er bei seinem Gesprächspartner festzustellen meinte. Er sah seinen Verdacht bestätigt: Die Auffassung des Oberkommandierenden wurde nicht allein durch Erwägungen militärischer Art bestimmt; die Engländer und Amerikaner suchten nur nach einer Möglichkeit, ihn, de Gaulle, um die öffentliche Anerkennung zu bringen, als die sein begeisterter Empfang in Paris zu Recht gewertet werden müsse.
In Wirklichkeit aber hatten die Planer des Unternehmens ›Overlord‹ niemals daran gedacht, die Franzosen von der Befreiung ihrer Hauptstadt auszuschließen. In den ersten Tagen des Jahres 1944 hatte der mit Planungsaufgaben betraute Frederick Morgan geschrieben: ›Es ist von größter Wichtigkeit, daß sich unter den ersten in

Paris einmarschierenden Truppen auch Franzosen befinden.‹ Es entsprach auch ganz der hier zum Ausdruck gebrachten Auffassung, daß man die 2. französische Panzerdivision, eine durch und durch gaullistische Einheit, den in der Normandie gelandeten Truppen zugeteilt hatte. Zwar ist es richtig, daß diese Einheit vor Argentan in Stellung gelassen wurde, während verschiedene amerikanische Divisionen auf Dreux und Chartres vorstießen, aber zu dem Zeitpunkt, als diese Entscheidung getroffen wurde, rechnete man mit einem Einmarsch in Paris nicht vor mehreren Wochen, und noch kümmerte sich kein Mensch darum, ob die Befreier von Norden, Westen oder Süden ihren Einzug in die Stadt halten würden. Indessen dürften die militärtechnischen Argumente de Gaulles auf Eisenhower kaum ihren Eindruck verfehlt haben. Tatsächlich war durch die Schwere der deutschen Niederlage eine Einkreisung der Hauptstadt überflüssig geworden. Als de Gaulle Eisenhowers Hauptquartier verärgert verließ, weil er keine Zustimmung gefunden hatte, war seine Sache fast schon gewonnen. ›Ich halte eine weitere Hinauszögerung der Besetzung von Paris nicht länger für wünschenswert‹, schrieb Eisenhower noch am selben Abend an Bradley. Und Bradley schloß sich seiner Ansicht an: ›Wir können und müssen einmarschieren.‹ Und vor den Journalisten seines Hauptquartiers scherzte er, sie seien für sich alleine schon zahlreich genug, um Paris einzunehmen. Als einziger verwendete sich nur noch Montgomery für einen Aufschub der Einnahme von Paris. Ihm schien es vorrangig, die nordwesteuropäischen Küstengebiete so schnell wie möglich von den Abschußrampen der deutschen V-Waffen zu säubern. Noch immer richtete die V 1 in London große Zerstörungen an, und die mit Überschallgeschwindigkeit fliegenden V 2 erwartete man jeden Tag.

Die Erhebung

Doch der Gang der Ereignisse enthob die Verantwortlichen weitgehend der Entscheidung. Am 21. August hatte in Paris die Erhebung gegen die deutsche Besatzung begonnen.

Die Streiks hatten bereits am Zehnten angefangen, als ein großer Teil des Eisenbahnpersonals, wenn auch zunächst nur zögernd, der Arbeit ferngeblieben war. Am Fünfzehnten verschwanden die Gardiens de la Paix von den Straßen und erschienen nicht mehr zum Dienst – ein Vorgang ohne Beispiel. Zwar antwortete Choltitz mit Drohungen, aber er willigte auch in die Erfüllung der zwischen dem schwedischen Generalkonsul Raoul Nordling und der deutschen Verwaltung geschlossenen Abmachung über die Freilassung der politischen Gefangenen ein, deren Ermordung man befürchtet hatte. Insgesamt 4000 Menschen konnten so aus den Gefängnissen der Santé, von Fresnes, Drancy, Saint-Denis und Compiègne befreit und in letzter Minute aus den

Deportationszügen geholt werden. Am Vorabend der großen Abrechnung überließ der Kommandant von Groß-Paris dem Gegner einen nicht geringen Teil seiner führenden Köpfe – eine Entscheidung, die vor Hitler zu rechtfertigen Choltitz die unangenehme Aufgabe hatte.

In den führenden Kreisen der Résistance bedeutete das Herannahen der Befreiung nur eine Intensivierung des lautlosen und vielseitigen Kampfes, der sich bereits seit geraumer Zeit abspielte. Es ging dabei nicht zuletzt auch um die künftige Regierungsform des französischen Volks. Würde nach dieser Zeit schwerer Prüfungen und gefährlicher Untergrundtätigkeit, nach soviel Heldentum und Opfern, ein kommunistisches oder ein demokratisch-liberales System sich bilden? Die Antwort darauf hing weithin von Paris ab.

Für die Kommunisten lagen die Dinge klar: De Gaulle mußte in der Hauptstadt von einer durch eine Erhebung bereits an die Macht gelangte Autorität empfangen werden, die ihn zwar als dekorative Figur vorläufig gelten lassen sollte, seinen tatsächlichen Einfluß aber auszuschalten hatte. Leid und Blutvergießen sollte nicht vermieden werden, da dies eine revolutionäre Stimmung und Erwartung im Volk schaffen würde, der die Kommunistische Partei dann politisches Gewicht zu verleihen gedachte. Tatsächlich verfügte sie über nicht geringe Macht und einen beachtlichen Einfluß. Ein Mann aus ihren Reihen, Bastien, hatte den ersten deutschen Offizier niedergeschlagen, der in den Straßen des besetzten Paris den Tod fand. Ein anderer Kommunist, Breton Tanguy, genannt Colonel Rol, leitete die FFI im Departement Seine. Die Kommunisten beherrschten auch das Pariser Befreiungskomitee und das Militärkomitee, COMAC, von dessen drei Mitgliedern der eine ein eingeschriebener Kommunist, der andere ein Kryptokommunist und der dritte ein für das Volk schwärmender Adeliger war. Freilich waren weder ihre zum Kampfeinsatz bereiten Kader noch die Menge der ihnen zur Verfügung stehenden Handfeuerwaffen wirklich so groß, wie sie behaupteten. Doch sie waren das aktive Element, das unter revolutionären Umständen alle anderen Gruppen mitriß.

Die nichtkommunistischen Führer der Résistance durchschauten den Plan und erkannten die ihnen hieraus erwachsenden Gefahren. Deshalb begrüßten sie die Entscheidung der Alliierten, keine Waffen über dem Stadtgebiet abzuwerfen, ebenso wie den Entschluß General Koenigs, die Widerstandsbewegung zu zügeln und eventuelle Repressalien möglichst in Grenzen zu halten. Die Männer von Algier, vor allem der Generalbevollmächtigte der provisorischen Regierung, Alexandre Parodi, waren sich der Taktik der Kommunisten gegenüber de Gaulle wohl bewußt, der für diese das einzige Hindernis auf dem Wege zur Macht war. Sie fürchteten deshalb auch eine Erhebung in Paris, während diese von den Kommunisten gerade herbeigewünscht wurde. Aber die Anklagen, denen sie sich aussetzten, waren lebensgefährlich, der Druck, unter dem sie standen, gnadenlos.

Am 15. August kehrte Parodis Mitarbeiter in militärischen Fragen, Chaban-Delmas, über die Normandie aus London von einer Erkundigungsfahrt zurück, deren eigentlichen Zweck er durch das Hamstern eines Hähnchens und eines Batzens Butter verschleierte. Er wußte, daß die Alliierten Paris nicht vor Ablauf einiger Wochen einzunehmen planten, was die Entwicklung noch alarmierender zu machen schien, die offensichtlich auf den Generalstreik und eine allgemeine Erhebung hinauslief. Die von ihm abgefaßte Aufforderung läßt seine Befürchtungen erkennen: »Halten Sie die Bevölkerung über BBC davon ab, und zwar auf klare und eindeutige Weise, damit ein neues Warschau vermieden wird...«

Doch es war bereits zu spät. Am 17. August versammelte sich der Nationalrat der Résistance in einem Haus des Stadtteils Vanves. Parodi mußte feststellen, daß die Extremisten in der Überzahl waren. Der Aufstand drohte auszubrechen, trotz aller Bemühungen, ihn zu verhindern. Doch nun galt es, auf ihn Einfluß zu gewinnen, damit man nicht von ihm überrollt werde.

Am Neunzehnten begannen die Angriffe gegen Fahrzeuge und einzelne Soldaten der Wehrmacht in den Straßen von Paris. Das für die Erhebung richtungweisende Ereignis war die Besetzung der Polizeipräfektur durch Angehörige des Widerstands. Diese verschanzten sich dort mit einer Handvoll Waffen und einigen Kanistern Benzin zur Herstellung von Molotowcocktails. Mit Begeisterung erteilten sie hier dem Präfekten Luizet ihre Anerkennung, der von Algier aus ernannt worden war. Damit war ein Präzedenzfall geschaffen worden, den die Kommunisten anerkannten, ohne seine ganze Tragweite zu ermessen. In Wahrheit verfolgten sie ihre Ziele ohne Autorität und Entschlossenheit. Ihre Führer waren Männer des Handstreichs, Partisanen, aber keine echten Revolutionäre. Es gab in den Augusttagen des Jahres 1944 keinen Lenin in Paris, sonst hätten sich Frankreichs Geschicke und die zukünftige Entwicklung Europas gänzlich anders gestaltet.

Da die Erhebung am Tage nach der Befreiung der gefangenen Politiker ausbrach, hätte dies Choltitz zu dem Schluß bringen können, daß rücksichtslose Unterdrückung die einzig mögliche Haltung sei. Dem war aber keineswegs so. Die von ihm erteilten Befehle waren maßvoll. ›Das tägliche Leben der Bürger soll sowenig wie möglich beeinträchtigt werden... Die Kampfgruppen haben eine zurückhaltende und verständnisvolle Haltung gegenüber erregten Jugendlichen einzunehmen...‹ Der Einsatz von schweren Waffen sowie die Verwendung von Explosivmunition durch Panzer waren untersagt. Choltitz ging es darum, daß keines der von den Deutschen besetzten Häuser angegriffen wurde und daß alle Brücken unter seiner Kontrolle blieben. Die Aufgabe, die er sich gestellt hatte und die in der Sicherung freier Durchfahrt für die durch Paris zu schleusenden deutschen Truppen bestand, vermochte er zu erfüllen. Seiner Ansicht nach wäre er dazu nicht in der Lage gewesen, wenn er radikale Maßnahmen gegen die Aufständischen ergriffen hätte.

Dieser Standpunkt wirkt merkwürdig konstruiert. Denn die Ereignisse, die sich am 19. August abspielten, waren höchst alarmierend. Deutsche Soldaten wurden getötet, deutsche Fahrzeuge in Brand gesetzt, und zwar in fast allen Arrondissements und Vorstadtbezirken. Neben der Polizeipräfektur waren auch alle Bürgermeisterämter besetzt worden. Zwar war die Erhebung nicht eben vehement, doch faßte sie Fuß und breitete sich aus. Der Kommandant von Groß-Paris ließ den Präsidenten des Stadtrats, Pierre Taittinger, wissen, daß er sich gezwungen sehe, rücksichtslos vorzugehen, aber seine Drohungen endeten mit gefühlvollen Betrachtungen über die Schönheit von Paris; es breche ihm das Herz bei dem Gedanken, das Blut der hübschen Pariserinnen vergießen zu müssen. So sprach kein entschlossener Truppenführer.

Waffenstillstand, Barrikaden und die Ankunft der 2. Panzerdivision

Ein Sturm zog sich nach diesem hitzigen Tag zusammen. Die Polizeipräfektur war als Hochburg der Erhebung von einigen Panzern unter Feuer genommen worden, und wenn sie auch einen Versuch, sich ihrer zu bemächtigen, abzuschlagen vermocht hatte, so hatte sich doch gezeigt, daß ihre Möglichkeiten zum Widerstand nur gering waren. Zudem hatte eine Panik die Reihen der Verteidiger gelichtet: Von den 2000 Gardiens de la Paix, die das Gebäude in den Morgenstunden besetzt hatten, waren nur 500 geblieben. Ihre automatischen Waffen, etwa 30 Maschinengewehre, besaßen nur für einen zehnminütigen Schußwechsel Munition. Um 17 Uhr sagte Pisani, der Chef des Mitarbeiterstabs von Luizet, seiner Frau über das Telefon: »Wir kommen hier nicht lebend heraus.« Um 18 Uhr befahl Parodi, der inzwischen aus dem Gebäude entkommen war, dessen Räumung. Man antwortete ihm, dies sei unmöglich, da alle Ausgänge im Feuer des Feindes lägen.
Zu diesem Zeitpunkt geschah ein wichtiges Ereignis: Der schwedische Konsul Nordling hatte einen Telefonanruf erhalten – wahrscheinlich vom abgesetzten Präfekten Bussière, den man in seine Wohnräume eingesperrt hatte. Der Anrufer schilderte ihm die verzweifelte Situation der Polizeipräfektur und fragte, was zu tun sei, um ihre Verteidiger zu retten. Nordling ließ sich von Choltitz im Hôtel Meurice empfangen, wo er erfuhr, daß die Präfektur am nächsten Tag bei Sonnenaufgang, nach einer Luftvorbereitung mit dreißig Flugzeugen, die sich noch auf dem Flugplatz Bourget befanden, angegriffen werden sollte. Der Schwede gab zu bedenken, daß die Bomben die Sainte-Chapelle treffen könnten, und schlug versuchsweise einen Waffenstillstand vor. Es schien ein Wunder, denn Choltitz gab seine Zustimmung, und die von ihm selbst gestellten Bedingungen waren erstaunlich. Er stimmte Verhandlungen mit den Führern der Résistance zu und versprach, sie bei freiem Geleit zu empfangen. Auch versprach

er, keine Angriffe gegen Gebäude zu führen, die von den Männern besetzt waren, die er selbst als Patrioten bezeichnete. Sein Ziel war es, für die folgenden Tage einen Modus vivendi zu finden.
Man kann sich heute nur schwer vorstellen, wie gewagt Choltitz handelte. Der 20. Juli war kaum einen Monat vorüber. Einer der berühmtesten deutschen Marschälle hatte zwei Tage zuvor Selbstmord begangen, im Bewußtsein, daß auch nur der Verdacht einer Verbindung zum Gegner ihn zum Freiwild mache. Hitlers Mißtrauen hatte furchtbare Züge angenommen, was Choltitz, der Zeuge eines der Anfälle des Führers geworden war, nur allzu gut wußte. Auch war ihm bekannt, daß man den Gehorsam der Generalität durch das Gesetz der Sippenhaft, das Frau und Kinder der Betroffenen mit dem Tode bedrohte, aufrechtzuerhalten versuchte. Der Waffenstillstand konnte für die deutsche Armee gewisse Vorteile bringen, war also vom rein militärischen Standpunkt aus durchaus zu rechtfertigen. Doch ist es kaum zu glauben, daß Choltitz diesen Waffenstillstand schloß, ohne Generalfeldmarschall Model, seinen Vorgesetzten, oder das OKW, mit dem er jederzeit ein Blitzgespräch führen konnte, zu verständigen.
Am nächsten Tag, dem 20. August, wurde der Waffenstillstand mit Lautsprechern auf französisch und deutsch in den Straßen von Paris ausgerufen. Parodi hatte sich geweigert, persönlich Kontakt mit Choltitz aufzunehmen, und der im Namen der provisorischen Regierung und des Nationalrats der Résistance formulierte französische Aufruf beschränkte sich auf die Forderung, ›das Feuer gegen die Besatzung bis zur völligen Räumung von Paris einzustellen‹. Übrigens hemmte der Waffenstillstand nicht die Ausdehnung der Erhebung. Das Hôtel de Ville, seit je eine Hochburg der Pariser Revolutionäre, wurde zu Beginn des Tages besetzt. Wie vor ihm der Polizeipräfekt, so konnte jetzt auch der von de Gaulle ernannte Präfekt des Departements Seine seine Geschäfte ohne große Schwierigkeiten aufnehmen. Der Waffenstillstand sollte sich bald auf unvorhergesehene Weise bewähren. Am Nachmittag wurde vor dem Kriegsministerium ein Auto von einer deutschen Sperre aufgehalten, in dem Parodi und zwei seiner Mitarbeiter saßen. Ein höherer Gestapobeamter war bereits entschlossen, die drei Männer an Ort und Stelle zu erschießen, aber Choltitz ließ sie zu sich ins Hôtel Meurice bringen und gab sofort Befehl zu ihrer Freilassung, als sie sich auf den Waffenstillstand beriefen. Zwar stieg ihm vor Ärger die Röte ins Gesicht, als Parodi die Hand übersah, die er ihm ›von Offizier zu Offizier‹ reichte, aber er ging nicht von seiner Entscheidung ab. Der Generalbevollmächtigte konnte frei das Hotel verlassen – was ihm den Verdacht der Extremisten einbrachte, die in seiner Verhaftung auf dem Boulevard Saint-Germain ein geschicktes Arrangement sahen, um persönliche Kontakte herzustellen, deren Ablehnung Parodi nur geheuchelt habe.
Für die Polizeipräfektur war der Waffenstillstand die Rettung. Im übrigen Paris wurde sie mit Genugtuung und oft mit Begeisterung aufgenommen. Als einziger im Nationalrat der Résistance hatte sich der Vertreter der Kommunistischen Partei, Villon, dage-

gen ausgesprochen. Aber seine Kollegen täuschten sich, wenn sie seine Haltung nur als Ausdruck eines moralischen Prinzips verstanden. Für die Kommunisten war der Waffenstillstand wirklich eine Katastrophe. Als man einem ihrer leitenden Männer entgegenhielt, daß dadurch das Leben von 200000 Parisern gerettet worden sei, gab er – nicht ganz unlogisch – zur Antwort, daß die Revolution einen solchen Preis doch wohl verlangen könne.

Am nächsten Tag schlugen Männer der Kommunistischen Partei und ihrer Tarnorganisation, der Nationalen Front, überall in Paris Aufrufe an. ›Der Waffenstillstand ist eine List der Boches! Das Volk von Paris will sich schlagen. Los auf die Boches! Kein Erbarmen!‹ Als der Nationalrat bei erstickender Hitze in einem kleinen, schlecht gelüfteten Raum am Platz Denfert-Rochereau zusammentrat, kam es zu heftigen Diskussionen. Chaban-Delmas verteidigte den Waffenstillstand als einen unverhofften Erfolg, durch den die Zerschlagung der Erhebung verhindert worden sei und der eine Anerkennung der Résistance von seiten des Feindes darstelle. Zornig brach es aus Villon hervor: »Ich habe noch nie einen französischen General gesehen, der so nachgiebig ist.« Parodi protestierte gegen diesen Ausbruch. Doch wie er drei Tage zuvor nachgegeben und eine Erhebung ausgelöst hatte, mit der er nicht einverstanden war, so gab er auch jetzt wieder nach, indem er einen Waffenstillstand verurteilte, der ihm in Wahrheit ein Geschenk der Vorsehung schien. Seine Entschuldigung lautete beide Male gleich: Er habe vermeiden wollen, von den Extremisten überrannt zu werden, und habe versucht, den Schein der Autorität zu wahren. Kurz darauf ging die Parole um: ›Macht Paris voll Barrikaden!‹ Und Rol-Tanguy forderte auf, zu töten: ›Jedem seinen Boche!‹

Durch den Waffenstillstand war indes der Schwung der Aufständischen gebrochen worden. Gewiß, in Paris wurden immer mehr Barrikaden errichtet, aber vornehmlich in Straßen, in denen sich die Deutschen nicht mehr zeigten. Außerdem waren diese Hindernisse in den meisten Fällen eher Werke romantischen Kunstsinns als brauchbare Verteidigungsanlagen. Am 21. und am 22. August flammten verschiedentlich Kämpfe auf, in denen abenteuerliche Ruhmestaten nicht selten waren, insgesamt aber nahm die Intensität der Kämpfe im Laufe des Dreiundzwanzigsten ab. Am Vierundzwanzigsten feuerte eine durch Paris fahrende Panzerkolonne in der Nähe des Rond-Point, nachdem sie selbst beschossen worden war, setzte das Grand-Palais in Brand und legte über die Champs-Elysées einen dramatisch wirkenden Rauchschleier. Im ganzen aber blieb dieser Tag noch ruhiger als der vorausgegangene. Der Résistance fehlte es an Waffen und Munition, und die Alliierten standen klugerweise davon ab, das Gewünschte mit Fallschirmen auf dem Vorplatz von Notre Dame abzuwerfen, worum man sie gebeten hatte. Die Deutschen verließen ihre Stützpunkte nicht, so daß Zusammenstöße der beiden Parteien selten waren. Andererseits hatte sich der größte Teil von Paris bereits aus eigener Kraft befreit. Die heimlichen Zeitungen der Stadt erhoben ihre Stimme, und

die Behörden der Résistance festigten ihre Macht, gleichgültig, ob sie in Verbindung zu der Delegation Algiers standen oder nicht.
Im Hôtel Meurice versuchte Choltitz unterdessen Zeit zu gewinnen. Er hatte bereits am Siebzehnten den Befehl erhalten, die Brücken zu sprengen, doch war es ihm gelungen, unter Hinweis auf ihre Notwendigkeit für den Rückzug der deutschen Truppen einen Widerruf zu erwirken. Der jüngste Befehl, den er am Zweiundzwanzigsten erhielt, war von Hitler persönlich unterzeichnet und lautete: ›Paris ist in ein Trümmerfeld zu verwandeln.‹ Der kommandierende General sollte die Stadt bis zum letzten Mann verteidigen und sich, wenn nötig, unter den Trümmern begraben lassen. Choltitz bedankte sich ironisch beim Oberbefehlshaber West ›für den schönen Befehl‹ und erstattete über seine Maßnahmen in folgenden Worten Meldung: »Ich habe drei Tonnen Sprengstoff in die Notre-Dame bringen lassen, zwei Tonnen in den Invalidendom, eine Tonne in die Deputiertenkammer. Und den Eiffelturm sprenge ich so, daß er als Drahthindernis vor den zerstörten Brücken liegt.« In Wahrheit rührte er keinen Finger.
In der ganzen Welt hatte die Pariser Erhebung eine Welle der Begeisterung ausgelöst. Gleichzeitig waren aber auch Befürchtungen laut geworden. Die Entwicklung einer revolutionären Situation in einer Stadt, in der so viele Revolutionen ihren Ausgang genommen hatten, beunruhigte jene, die ein Anwachsen der kommunistischen Macht im Gefolge der deutschen Niederlage befürchteten. Die Situation erinnerte – nur eben mit umgekehrten Vorzeichen – an Warschau. Vor der polnischen Hauptstadt hatte die Sowjetarmee für einige Wochen ihren Vormarsch unterbrochen, um der SS die Ausrottung der polnischen Antikommunisten zu ermöglichen, aber ein derart rücksichtsloser Realismus entsprach nicht dem Stil der westlichen Mächte. Dazu fürchteten diese auch allzusehr die Schande, die auf sie hätte fallen müssen, wenn sie eine Zerschlagung des Aufstands zugelassen und Paris nur als Aschenhaufen befreit hätten.
General Leclerc, der zur Befreiung von Paris ausersehen war, zeigte zunehmende Ungeduld. Bereits am 14. August, als die Hälfte des XV. Korps den Kampf bei Argentan abgebrochen hatte, hatte er von Patton wissen wollen, wann denn die 2. Panzerdivision ihrerseits in Richtung auf Paris vorgehen könne. Seine Ungeduld hatte sich noch gesteigert, als seine Division vom XV. dem V. Korps zugeteilt und aus der 3. Armee in die 1. verlegt worden war. Am 21. August vermochte er sich nicht länger zurückzuhalten. Er befahl Oberstleutnant Guillebon, sich mit einer Abteilung marokkanischer Spahis – 150 Mann und 30 Fahrzeuge – nebst seiner Fahne und Stabswache unverzüglich auf den Weg nach Paris zu machen. Seine Aufgabe war in zwei Punkten genau festgelegt: ›1. Die französischen Streitkräfte in der befreiten Hauptstadt zu repräsentieren. 2. Die Funktionen der französischen Regierungsgewalt bis zum Eintreffen der einzelnen Bevollmächtigten auszuüben.‹
Das Unternehmen rief in den Generalstäben einen wahren Sturm hervor. Die 3. Armee richtete an die 1. die Anfrage, um welche französische Kolonne es sich denn handele,

die sich da über die ohnehin schon verstopften Straßen schlängele. Der Offizier, der von Leclerc zum Korpskommandeur Leonard T. Gerow geschickt worden war, um diesem die französische Initiative zu erklären, kam mit einer deutlichen Absage zurück: ›Die 2. französische Panzerdivision steht ausschließlich unter meinem Oberkommando. Sie ist, als Ganzes und in Teilen, von Ihnen nur zu Operationszielen zu verwenden, die von mir ausdrücklich angeordnet sind.‹ Diese Feststellung schloß mit dem Befehl, Guillebon sofort zurückzurufen. Leclercs Situation war schwierig. Er zögerte, was nahezu einer Gehorsamsverweigerung gleichkam, die Ausführung von Gerows Widerrufsbefehl hinaus und flog ins Hauptquartier Bradleys, um dort Unterstützung zu suchen. Auch Koenig und de Gaulle taten alles, was in ihren Kräften stand, wobei de Gaulle so weit gehen wollte, die 2. Panzerdivision Eisenhowers Befehl zu entziehen, um sie auf Paris zu werfen. Doch hätte es nur eines Wortes von seiten der Amerikaner bedurft, um Leclerc den Treibstoffhahn zuzudrehen und ihn dadurch an Ort und Stelle zu bannen.

Der Nachmittag des Zweiundzwanzigsten ging zu Ende. Leclerc wartete auf Bradley, der mit Eisenhower eine Besprechung führte. Aber der Abend kam immer näher, ohne daß Bradley erschien. Doch wenige Minuten bevor Leclerc wieder in seine ›Piper Cub‹ steigen und in seinen Gefechtsstand zurückfliegen mußte, um dort den Befehl Gerows auszuführen, landete der Amerikaner und klärte die Angelegenheit. Die Entscheidung, die 2. Panzerdivision gegen Paris marschieren zu lassen, war bei der Heeresgruppe am Morgen bekanntgeworden, und nur um das Einverständnis seines Oberbefehlshabers einzuholen, war Bradley in Eisenhowers Hauptquartier geflogen. Dieser hatte nicht nur die Gemüter beschwichtigt. Er gab vielmehr Befehl, 26000 Tonnen Lebensmittel und Kohlen nach Paris zu schaffen – davon 3000 Tonnen auf dem Luftwege –, um den dringendsten Bedarf zu decken. Doch eine Einschränkung wurde gemacht: Es sollte in der Hauptstadt nicht zu schweren Kämpfen kommen. ›Wenn diese Bedingung nicht zu gewährleisten ist, muß der Vormarsch eingestellt und Verteidigungsstellung bezogen werden.‹

Verschiedene amerikanische Divisionen standen in günstigerer Stellung für einen Vorstoß auf Paris als die 2. französische Panzerdivision. Diese mußte über Sées und Alençon eine Strecke von 200 Kilometern zurücklegen, während das Gros des VII. US-Korps, das auch über eine Panzerdivision verfügte, sich im Raum von Corbeil in nur 50 Kilometer Entfernung von Paris befand. Eisenhower entkräftete die französischen Verdächtigungen, indem er es sich angelegen sein ließ, alle Maßnahmen so zu treffen, daß die Ehre der Wiedereroberung ganz den Franzosen zufallen sollte. Die 4. US-Infanteriedivision, der nun die Aufgabe zugewiesen worden war, Leclercs Vormarsch an der Flanke zu unterstützen, nahm zur Rechten der Franzosen und hinter ihnen Aufstellung, um die Seineübergänge in die Hand zu bekommen und die östlichen Randgebiete von Paris zu befreien. Zum Ziel der 2. Panzerdivision hatte man Notre-Dame

erklärt. Damit auch die britischen Farben nicht fehlten, hatte Eisenhower Montgomery gebeten, auch seinerseits eine Einheit zu entsenden. Aber der Brite wollte nicht mitspielen und ging auf den Vorschlag nicht ein.
Bei all seiner historischen Bedeutung war der Marsch auf Paris doch alles andere als ein Musterbeispiel taktischen Zusammenwirkens der Alliierten. Gerow hatte Leclerc zwei Marschrouten zugewiesen. Die eine lief über Mortagne, Châteauneuf-en-Thymerais, Maintenon, Rambouillet und Versailles; die andere führte über Nogent-le-Rotrou, Chartres, Nemours und Palaiseau. Leclerc hielt sich an keine von beiden. Er verlagerte den Hauptstoß von Westen nach Süden, von der Straße Rambouillet–Paris auf die Straße Etampes–Paris, was eine unglückliche Entscheidung war, da sie ihn bei Arpajon auf härtesten deutschen Widerstand stoßen ließ. Am Spätnachmittag des Vierundzwanzigsten hatte Oberst Langlade, der die im Westen vorrückenden Verbände befehligte, die Brücke von Sèvres überschritten und 15 Panzer nach Boulogne-Billancourt geworfen, während der Hauptteil der Division, die Kampfgruppen Dio und Billotte, immer noch auf der Höhe von Fresnes in Kämpfe verwickelt waren, etwa zwölf Kilometer von der Porte d'Orléans entfernt. Langlade indes, der keine Verbindung mehr mit seiner Division hatte, hielt an, da er es nicht wagen wollte, während der Nacht in Paris einzudringen.
In der Zwischenzeit wurden Gerow und Bradley immer ungeduldiger und ärgerlicher, weil sie bereits seit einem Tag nichts von Leclerc gehört hatten, der überdies völlig unauffindbar war. Sie rechneten mit der Einnahme von Paris noch vor Mittag – doch sollten sie sich täuschen. Für Bradley war die Erklärung rasch zur Hand: Der Enthusiasmus der Menge und der Befreier hatte den Vormarsch der 2. Panzerdivision verzögert. »Ich kann nicht abwarten«, sagte er, »bis die Franzosen endlich nach Paris hineingetanzt sind. Zum Teufel mit Prestigefragen! Ich werde Barton sagen, daß er in Paris einmarschiert, gleich, ob die Franzosen zur Stelle sind oder nicht.« Und er setzte hinzu: »Wenn die Burschen von Leclerc das wüßten, würden sie sich auf die Socken machen, daß das Pflaster raucht!«
In Wirklichkeit war Bradleys Befehl nicht bis zu Leclerc durchgedrungen. Der Tag war hart genug verlaufen, der ›Tanz‹ nach Paris eine sehr rauhe Angelegenheit gewesen, da er der 2. Panzerdivision immerhin 317 Mann an Gefallenen, Verwundeten und Vermißten gekostet hatte, ferner 252 Panzer, Selbstfahrlafetten und andere Fahrzeuge. Leclerc war weit davon entfernt, seine Zeit zu vertrödeln, vielmehr versuchte er seinen Offizieren die Dringlichkeit ihrer Aufgabe klarzumachen, wie sie ihm de Gaulle am Vortag in Rambouillet dargelegt hatte. Bei Einbruch der Dämmerung befand er sich an einer Kreuzung in der Nähe von Croix-de-Berny. Nach seitlicher Aufklärung warf sich eine Abteilung unter Hauptmann Dronne auf die große Straße. Leclerc befahl ihm, nach Fresnes zurückzukehren und in Paris auf demjenigen Wege einzudringen, auf dem ihn kein Widerstand erwarte. Dronne führte diesen Befehl aus und schlängelte sich

über Hay-les-Roses, Bagneux, Cachan, Arcueil und die engen Straßen des 8. Arrondissements bis zur Seine vor, die er auf dem Pont d'Austerlitz überquerte. Kurz vor Mitternacht erschien er mit einer Abteilung Infanterie in Mannschaftswagen sowie den leichten Panzern ›Montmirail‹, ›Romilly‹ und ›Champaubert‹ vor dem Rathaus. Eine Stunde später begannen die Glocken sämtlicher Pariser Kirchen, in Bewegung gesetzt durch die wunderbarerweise wieder instand gesetzte elektrische Auslöseanlage, zu läuten. Choltitz telefonierte gerade mit der Heeresgruppe, am anderen Ende der Leitung hielt Speidel den Hörer in der Hand. Der Kommandant von Paris ging mit dem Apparat ans Fenster: »Bitte hören Sie zu... haben Sie gehört?« – »Jawohl, ich höre Glockenläuten.« »Die amerikanisch-französische Armee zieht in die Stadt ein. Speidel, was hat die Heeresgruppe für den Kommandierenden General ohne Truppen für Befehle?« – »Herr General, Sie wissen doch, wir dürfen nichts befehlen!« – »Bitte geben Sie mir den Feldmarschall.« – »Der Herr Feldmarschall hört am Apparat mit ... der Herr Feldmarschall schüttelt den Kopf, er hat keine Befehle mehr zu geben.« – »Na dann, lieber Speidel, habe ich euch nur noch Adieu zu sagen. Kümmert euch um meine Frau in Baden-Baden und behütet sie mit den Kindern.«

Die Nacht war erstaunlich ruhig. Kein Feuerstoß durchbrach die Stille. Azurblau und golden zog der Morgen des 25. August über der schlafenden Hauptstadt herauf. Während der Nacht hatte Choltitz seinen Truppen den Befehl erteilt, über die Seine zurückzugehen. Die letzte Etappe des Befreiungsmarsches wurde nur noch durch die vor Freude außer sich geratenen Menschen verlangsamt. Bei der 4. amerikanischen Division hatte Barton dem 12. Infanterieregiment, das vor Mortain tausend Mann verloren hatte, die Ehre zugedacht, als erste Einheit in Paris einziehen zu dürfen. Das Regiment bemächtigte sich der Bahnhöfe Gare d'Austerlitz, Gare de Lyon und Gare de Vincennes und erschien um die Mittagszeit im Zentrum der Stadt. Bei der 2. Panzerdivision fuhr Langlade durch den Arc de Triomphe und über die Champs-Elysées. Billotte erreichte die Place du Châtelet. Dio teilte seinen Verband in zwei Gruppen auf, von denen die eine über die Seine-Quais zur Ecole Militaire aufbrach, während sich die andere zum Bahnhof Montparnasse, dem Invalidendom und dem Palais Bourbon auf den Weg machte. Außerstande, sich in den Straßen zu behaupten, verteidigten sich die Deutschen in den von ihnen besetzten Gebäuden. Nach mehr oder weniger heftigen Kämpfen wurden das Hôtel Majestic, die Ecole Militaire, das Außenministerium und die Kommandantur auf der Place de l'Opéra genommen. Um 12 Uhr 30 flatterte die Trikolore vom Eiffelturm – zum erstenmal nach vier Jahren.

Um 10 Uhr hatte Oberst Billotte durch den Konsul Nordling General von Choltitz ein Ultimatum stellen lassen. Choltitz empfing ihn nicht, aber sein Adjutant, Leutnant von Arnim, gab zu verstehen, daß sein Widerstand symbolischer Natur sein werde und daß der General, sei er erst einmal in Gefangenschaft, die Übergabe der Widerstandsnester anordnen werde. Der Angriff auf das Hôtel Meurice begann dementsprechend um 15 Uhr 30 über die Rue de Rivoli, ausgehend von der Place du Chatelet. Das von einer Abteilung Infanterie verteidigte Hotel wurde nach kurzem Kampf erstürmt. »Plötzlich«, berichtet Choltitz, »öffnete sich die Tür des Nebenzimmers und ein ganz verwirrter Zivilist, den Finger am Abzug einer Maschinenpistole, stürzte in den Raum. ... Der Zivilist richtete seine Waffe auf mich und rief wiederholt: ›Sprechen deutsch?‹ Ich sagte ruhig: ›Wahrscheinlich besser als Sie.‹ Da tauchte hinter ihm ein Major, der Kommandant von La Horie, auf, verstand die Situation, nahm den aufgeregten Zivilisten am Ärmel seiner Jacke und beförderte ihn zur Türe hinaus.« Die französischen Darstellungen der Befreiung von Paris haben diese Version nicht überliefert, vielmehr ein weitaus schmeichelhafteres Bild von jenem ›aufgeregten Zivilisten‹ – es handelte sich um den Leutnant Karcher von der FFI – gezeichnet. Aber auch Choltitz täuscht sich in wenigstens einem Punkt und übergeht außerdem ein ihm nicht angenehmes Detail. Karcher trug durchaus Uniform, und er nahm als Andenken die Schulterstücke des Kommandanten von Groß-Paris an sich.
Vom Meurice aus brachte man Choltitz in das Rathaus. Leclerc diktierte ihm die Bedingungen der Kapitulation, aber Rol-Tanguy verlangte im Namen der FFI, den Text mit zu unterzeichnen, der das Protokoll der Befreiung von Paris darstellte. Ohne Ahnung von den politischen Verhältnissen war Leclerc selbst damit einverstanden, daß sein Name hinter dem des Kommunistenführers auf das Papier kam. De Gaulle sollte ihm deshalb schwere Vorwürfe machen.
Nachdem Choltitz in das Hauptquartier Leclercs am Bahnhof Montparnasse gebracht worden war, überkam ihn eine kurze Ohnmacht, dann erließ er an seine Stützpunkte den Befehl zur Streckung der Waffen. Überall wurde der Befehl befolgt, auch in den beiden Verteidigungsstützpunkten im Senat und am Platz der Republik. Lange Reihen von Gefangenen marschierten durch die Straßen inmitten einer Menge, die bei ihrem Anblick von fröhlicher Ausgelassenheit in Wut verfiel. Die Verbrechen, die, wie zu erwarten, von einer durch Extremisten aufgeputschten Masse begangen wurden, geben jenem großen Tag der Befreiung die schreckliche Atmosphäre, die den großen revolutionären Tagen eignet. Gefangene wurden ermordet, Unschuldige gelyncht, angebliche Kollaborateure massakriert oder gemartert, Frauen schor man das Haar ab oder tat ihnen Gewalt an. Die für nur kurze Zeit leer gewordenen Gefängnisse füllten sich bald schon mit neuen Gefangenen.

Am 11. November 1944, anläßlich des ersten Besuchs Churchills in Paris nach 1940, führte de Gaulle seinen Gast über die Champs-Elysée (unten). – Wochen zuvor hatten die Belgier der einrückenden amerikanischen Truppen zugejubelt (oben). Am 3., 4. und 6. September waren Brüssel, Antwerpen und Lüttich gefallen.

Die Kraft der Zerstörung wütete grausam an allen Fronten. Die Materialverluste steigerten sich ins Gigantische. Den systematisch durchgeführten Luftangriffen auf Deutschland hatte die Wehrmacht jedoch nur ihre ›Wunderwaffen‹ V 1 und V 2 (unten) entgegenzusetzen, denen eine entscheidende Wirkung versagt blieb. Die V 1, ein 13 Tonnen schwerer Koloß, traf in wenigen Minuten mit 1000 Meter je Sekunde im Ziel London ein.

Die Kommunisten hätten gerne gesehen, daß sich Paris aus eigenen Kräften durch eine Volkserhebung befreit hätte, hinter der ihre Partei gestanden hätte. Ihre Absicht ging dahin, die bewaffneten Gruppen, die sie auf die Straße gebracht hatten, beizubehalten und gegen eine allfällige Fünfte Kolonne abzusichern. Schon bald wurde die 2. Panzerdivision in ihrer Flüsterpropaganda zu einer Prätorianergarde, die das Volk von Paris um die Früchte seines Sieges gebracht habe. Doch de Gaulle war de Gaulle. Seine Selbstsicherheit, ja Überheblichkeit, seine Identifizierung mit dem Staat, die ihn zu einem so unbequemen Partner während des ganzen Krieges gemacht hatten, kamen ihm nun zunutze. Der Nationalrat der Résistance wollte ihn in der befreiten Stadt zum Rathaus führen, damit er dort in seinem Namen die Sozialistische Republik ausrufe. Doch de Gaulle weigerte sich. Anstatt dem Nationalrat zu folgen, ging er ihm voran, stellte ihn in den Schatten und ließ ihn bald ganz aus dem Bewußtsein der Öffentlichkeit verschwinden. Sein Einzug über die Champs-Elysées am 26. August war ein Meisterstück in der psychologischen Behandlung der Masse. Die Kugeln, die bis in die Kirche von Notre-Dame hinein um seine hagere und unberührte Gestalt schwirrten, trugen nicht zuletzt dazu bei, ihn in den Augen des Volkes zu einer mythischen Gestalt zu machen. Er sollte freilich noch ungemütliche Tage erfahren. Er ließ Untaten begehen, die später den Stoff zu gnadenlosen Anklagen gegen seine Person liefern sollten. Aber das Wesentliche hatte er gerettet: Er bewahrte die Kontinuität der Nation.

Der Krieg ging weiter. Am Tage nach der Befreiung von Paris überschritt die 21. Heeresgruppe die untere Seine und rückte gegen den Kanal vor. Am 27. August erzwang die 3. US-Armee den Übergang über die Marne bei Château-Thierry. Am letzten Tag des Monats wurden Somme und Maas gleichzeitig bei Amiens und Commercy erreicht. Fast nirgends traf man mehr auf Widerstand. Der Gegner floh und ergab sich, wo ihm der Rückzug abgeschnitten war. Nach den Schätzungen der Generalstäbe hatte die Wehrmacht seit dem 6. Juni an der Westfront über eine halbe Million an Gefallenen, Verwundeten und Gefangenen verloren. Die Alliierten hatten im gleichen Zeitraum 2 100 000 Mann und 460 000 Fahrzeuge an Land geschafft, eine gewaltige Streitmacht, die unwiderstehlich vordrang.

XXIX. Kapitel September bis Dezember 1944
Deutschlands letzte Offensive

96 Tage nach der Landung: US-Truppen auf deutschem Boden

Am 1. September wurde den Kanadiern die tiefe Genugtuung zuteil, Dieppe einzunehmen, wo im Jahre 1942 so viele ihrer Landsleute umsonst gefallen waren. Die 2. britische Armee stieß durch Amiens, und in Saleux konnte sie jenen Panzergeneral Eberbach gefangennehmen, der ihr vor Caen so sehr zu schaffen gemacht hatte.
Am Tag darauf drang die britische Garde in Belgien ein und nahm Tournai, während sich die Amerikaner der Städte Noyon und Saint-Quentin bemächtigten. Am 3. September, als Lyon befreit wurde, nahmen die Engländer Brüssel, und die Amerikaner schlossen 30000 Deutsche im Raum von Mons ein. Am 4. setzte sich die 2. britische Armee in den Besitz von Antwerpen, während die 45. US-Infanteriedivision Bourg-en-Bresse, zwischen Lyon und Besançon, nahm. Der 5. September war ein triumphaler Tag: Die 1. US-Armee (Hodges) setzte bei Sedan über die Maas; die 3. US-Armee (Patton) befreite Nancy; die 1. kanadische Armee (Crerar) nahm Boulogne und näherte sich Calais. Am Sechsten schloß das von Béthouart kommandierte I. französische Korps zur Rechten der 7. US-Armee längs der Schweizer Grenze auf. Am selben Tag noch erreichte die 1. US-Armee die Linie Tirlemont–Namur und am Tag darauf den Albertkanal. Der Krieg kehrte jetzt an die Orte zurück, von denen er im Mai 1940 seinen Ausgang genommen hatte. Er erschien auch wieder, als die 3. amerikanische Armee bei Sainte-Marie-aux-Chênes den Durchlaß erkämpfte und Saint-Privat einnahm, auf den Schlachtfeldern von 1870. Auf dem äußersten rechten Flügel fiel Besançon in die Hand der 7. US-Armee. In der ersten Woche des September waren die Alliierten von der Seine bis zur Maas und von der Provence bis zum Doubs gelangt.
Am 8. September hielt der zügige Vormarsch immer noch an. De Lattres Truppen nahmen Beaune und Autun, Pattons Truppen Briey, die Verbände unter Hodges eroberten Lüttich und Maastricht. Dempseys Soldaten setzten über den Albertkanal. Crerars Einheiten nahmen Brügge. Am Neunten trat eine kurze Pause in dieser Folge von Siegen ein, aber bereits am Zehnten vereinigten sich die Invasionstruppen von der Normandie mit denen vom Mittelmeer in dem burgundischen Dorf Sombernon, wo sich zwei französische Divisionen, die 2. Panzer- und die 1. Infanteriedivision die Hand gaben. Am gleichen Tag nahm ein französisches Armeekorps Dijon, ein amerikanisches Armeekorps Luxemburg, während ein weiteres amerikanisches Korps, ohne auf Widerstand zu stoßen, in das Fort von Eben-Emael eindrang, dessen Fall am 10. Mai 1940 angezeigt hatte, daß für Gamelins Armeen die Stunde geschlagen hatte. Wie in

Frankreich, so umringten auch in Belgien die Massen in freudiger Erregung ihre Befreier und boten ihnen die Kostbarkeiten jener kärglichen Tage als Geschenk – Wein, Zigaretten, Tomaten und Obst.
Am 11. September um 18 Uhr 55 vollzog sich ein denkwürdiges Ereignis. Eine Geländepatrouille der 85. US-Aufklärungs-Eskadron überschritt die deutsche Grenze in der Nähe des luxemburgischen Ortes Stolzenburg. Ein kleiner Wasserlauf, die Our, bildet hier die Grenze zwischen beiden Ländern, aber die Brücke war unbeschädigt, und die amerikanischen Pfadfinder überschritten sie ungestört. Niemand schoß auf sie. Sie gelangten bis zu den Betonklötzen des Westwalls.
Damit standen die Alliierten auf deutschem Boden, 47 Tage nach dem Durchbruch von Saint-Lô und 96 Tage nach der Landung in der Normandie. Entgegen allen Erwartungen wurde die deutsche Grenze zuerst nicht im Osten, sondern im Westen überschritten. Zwar hatten die Russen während der großen Sommerschlachten die ostpreußische Grenze gestreift, jedoch an keiner Stelle überschritten.

Die Krise des alliierten Nachschubs

Doch nun geriet die siegreiche Armee der Westalliierten in eine ernstliche Krise: Der Nachschub drohte zu versagen.
Das betraf insbesondere die Treibstoffversorgung. Während der Tage des zügigen Vormarschs hatte jede einzelne der Armeen Eisenhowers zwischen 1 und 3 Millionen Liter am Tag verbraucht. Der Treibstoffbeschaffungsdienst (POL) hatte unterdessen begonnen, die schwimmende Versorgungslinie über den Kanal durch eine über Land verlegte Rohrleitung zu ergänzen. Die erstaunte Landbevölkerung wurde Zeuge, wie amerikanische Spezialisten eine Schlange aus Stahl zusammenfügten, die mit jedem Tag um 20 bis 30 Kilometer wuchs und deren Wachstum weder durch Geländeschwierigkeiten verlangsamt noch durch einen Flußlauf aufgehalten werden konnte. Und bald schon stellten sich auch die Glücksritter des Schwarzen Marktes ein, die ihr Leben riskierten, um die Lebensader des Sieges anzuzapfen, und die um geringfügiger Mengen willen ganze Ströme vom ›rosa Blut des Krieges‹ im Erdboden versickern ließen. Diese Rohrleitung funktionierte übrigens wegen der wenig leistungsfähigen Pumpstationen alles andere als zufriedenstellend. Außerdem war das für ihren Bau nötige Material immer schwieriger heranzuschaffen, je weiter sich die Anlage von der Küste entfernte. So entschloß man sich, sie vorläufig bei Dourdan enden zu lassen.
Für die Armeen klassischen Stils, die deutsche Wehrmacht eingeschlossen, war die Eisenbahn das Hauptmittel operativer Truppenbewegungen gewesen. Auch die amerikanische Armee vermochte nicht ganz auf dieses Transportmittel zu verzichten. Aber

die Wiederinstandsetzung des Eisenbahnnetzes war eine langwierige Arbeit. Die erste Eisenbahnverbindung, die aus der Normandie herausführte, verlief über einzelne Streckenabschnitte in jeweils nur einer Richtung und verband im Pendelverkehr Pontaubault, Saint-Hilaire-du-Harcouet, Fougères, Mayenne und Le Mans. Da es an einem intakten Signalsystem fehlte, mußte der ganze Verkehr mit der Hand geleitet werden, tagsüber mit Flaggen, nachts mit Lampen. Nach dem Sieg von Falaise machte man sich an die Wiederinstandsetzung der großen Linie Vire–Argentan–Dreux. Der erste Zug fuhr bereits am 30. August in Paris-Batignolles ein – nur vier Tage nach der Eroberung der Stadt. Bereits Mitte September befanden sich wieder 5400 Streckenkilometer in Betrieb, an 40 Brücken wurde fieberhaft gearbeitet. Schon fuhren die Züge bis Lüttich, Verdun und Toul. Aber dennoch kamen größere Transporte nur langsam und unter häufigen Aufenthalten voran.
Für den Straßenverkehr organisierte General Ross den sogenannten Red Ball Highway, der durch Schilder mit einem roten Kreis gekennzeichnet war. Als Hinweg diente die Straßenverbindung Saint-Lô–Argentan–Dreux–Versailles, von der ein Seitenast nach Soissons, ein anderer nach Sommesous abzweigte. Der Rückweg führte über Fontainebleau, Chartres und Alençon wieder nach Saint-Lô.
Die Fahrzeuge waren täglich fünf Stunden unterwegs, hielten voneinander 20 Meter Abstand und fuhren mit der Einheitsgeschwindigkeit von 40 Kilometern die Stunde. Am Abend wurden die Scheinwerfer aufgeblendet, als habe es nie eine feindliche Luftwaffe gegeben, und eine endlose Kette von Lichtern zog sich durch Frankreich hin. Auf diese Weise konnten täglich bis zu 12000 Tonnen transportiert werden.
Doch auch dies reichte nicht aus. Der Bedarf an Lebensmitteln und Munition für die Truppe – von der Versorgung der Pariser gar nicht zu reden – belief sich auf 20000 bis 25000 Tonnen täglich, die von den Depots in der Normandie zu den immer weiter vorrückenden Frontlinien geschafft werden mußten.
Nach der Einnahme von Antwerpen hoffte man dieses Problem lösen zu können. Man hatte den Hafen fast unzerstört in die Hand bekommen. An seinen Kais konnten täglich 80000 bis 100000 Tonnen gelöscht werden, zudem trennten ihn nur geringe Entfernungen von der Front. Die 15. deutsche Armee hielt jedoch noch die Scheldemündung besetzt. Eine methodische Strategie hätte nun eine Öffnung der Scheldemündung versuchen müssen, ehe sie sich auf weitere große Operationen eingelassen hätte. Doch gegen eine derartige methodische Strategie führte nun ausgerechnet Montgomery ein kühnes Konzept ins Feld.

In Afrika, Italien und in der Normandie hatte Montgomery sich als sehr vorsichtiger Taktiker erwiesen. Jetzt aber war er der Ansicht, daß man dem Feind das Rückgrat gebrochen habe und daß nun, wie er es ausdrückte, der Augenblick gekommen sei, dem Gegner entschlossen die Mittel aus der Hand zu reißen, die er für eine Fortsetzung des Krieges benötigte. So wollte er den Kanadiern die Eroberung der Nordseeküsten überlassen, während er die 2. britische Armee unter Dempsey und die 1. US-Armee unter Hodges unter einem einzigen Kommando – dem seinen – vereinigt wissen wollte. Diesen Block gedachte er geradewegs auf die Ruhr anzusetzen, die trotz schwerer Zerstörungen durch den Luftkrieg und die von Speer organisierte Dezentralisierung der Industrie noch immer die bedeutendste Waffenschmiede des Dritten Reiches war. Nach Eroberung des Ruhrgebietes sollten die beiden alliierten Armeen auf die Elbe und weiter auf Berlin vorstoßen. Der Krieg könnte noch vor Weihnachten beendet sein.

Diese strategische Auffassung mußte der 3. US-Armee für die Zukunft eine rein defensive Aufgabe zuweisen. Als rechte Faust der in der Normandie gelandeten Kräfte hatte sie nach dem Durchbruch in der Normandie dem Gegner einen vernichtenden Schlag versetzt. Von nun an aber sollte diese Faust nur noch abdecken, die linke aber ihrerseits zum Schlag ausholen.

Doch an der Spitze der 3. US-Armee stand Patton. Er war wieder aus der Versenkung aufgetaucht, nachdem er während des Frühsommers vorübergehend von der Bildfläche verschwunden war. Amerika sah in ihm jetzt den Helden, der den Kampf, der in der Normandie zu versacken gedroht hatte, wieder in Schwung gebracht und Frankreich im Sturm erobert hatte. Der publicityfreundliche Patton war für die Kriegsberichterstatter eine ergiebige Quelle, deren starker Einfluß auf die öffentliche Meinung bei den Entscheidungen des Oberkommandos gebührend berücksichtigt werden mußte. Er verstand es wohl, sich seiner Presse zu bedienen, und durch seine Klagen die Leidenschaften der öffentlichen Meinung für sich zu gewinnen: »Meine Männer«, sagte er vor Journalisten, »können ihr Koppel und auch ihre Stiefel fressen; aber sie können nicht den Treibstoff pissen, den sie brauchen, damit ihre Panzer fahren...« Sein übertriebener Stolz auf seine 3. Armee, seine leichte Entflammbarkeit für jegliches offensive Unternehmen, seine spezielle Abneigung gegen Montgomery ließen ihn in dessen Plan nur einen Schachzug sehen, der den Engländern die Palme des Sieges zuteil werden lassen sollte. Patton bezog deshalb offen gegen diesen Plan Stellung in dem Bewußtsein, daß die Heldenverehrung seiner Landsleute ihn zur sakrosankten Figur machte.

Die der Vorstellung Montgomerys von einem konzentrierten Vorstoß entgegengesetzte Konzeption war die einer gleichzeitigen Offensive aller alliierten Armeen längs der gesamten Front. Die Mittel hierzu waren zwar nicht gerade bei der Hand, aber sie waren immerhin vorhanden. In den Vereinigten Staaten standen 30 Divisionen bereit.

Sie konnten dem Expeditionskorps sehr wohl eine überwältigende Schlagkraft verleihen, doch wäre ihr Einsatz in Europa erst nach der Wiederinstandsetzung der meisten Häfen und des gesamten Verkehrsnetzes möglich gewesen. Immerhin gaben sie die Garantie, daß der Krieg im Frühjahr 1945 gewonnen werden würde. Montgomerys Plan stellte die letzte Chance dar, noch 1944 zu siegen; es war jetzt an Eisenhower, zu entscheiden.
Aber Eisenhower entschied nicht gerne zwischen zwei Möglichkeiten, wenn die eine die andere ausschloß. Außerdem befand er sich zu diesem Zeitpunkt nicht eben in bester Form. Bei einer Rückkehr in sein Hauptquartier in Granville, das unbequem lag, weil es schon allzuweit von der Front entfernt war, hatte sein Flugzeug eine Notlandung machen müssen, bei der er sich eine überaus schmerzhafte Zerrung in der Kniegegend zugezogen hatte. Ausgerechnet in diesem Zustand mußte er am 10. September auf dem Brüsseler Flugplatz die leidenschaftlichen Ausfälle Montgomerys über sich ergehen lassen. Für einige Augenblicke wurde der Ton derart laut, daß dem Oberbefehlshaber die Zornesröte ins Gesicht stieg: »Monty! Etwas ruhigeren Ton! Sprechen Sie mit mir nicht auf diese Art. Ich bin Ihr Vorgesetzter!« Ein kurzer Wortwechsel charakterisiert die Verschiedenartigkeit im Temperament der beiden Generale. »Kriege«, sagte Eisenhower, »werden mit der öffentlichen Meinung gewonnen.« »Nein!« erwiderte Montgomery, »Kriege werden durch Siege gewonnen.« Eisenhower wich der Entscheidung aus. Er legte Patton nichts in den Weg, der sich im Raum von Metz auf kostspielige, aber nur geringe Wirkung zeitigende Operationen eingelassen hatte. Er legte auch Hodges nichts in den Weg, der im ungünstigen Gelände der Schnee-Eifel sich am Westwall festgerannt hatte. Er erklärte sich damit einverstanden, daß der Vorstoß gegen die Ruhr die Hauptoperation des Herbstes darstellen solle – doch entsprach die tatsächliche Zuteilung von Mitteln seinen gegebenen Zusicherungen keineswegs. ›Es ist meine Absicht‹, schrieb er an Marshall, ›gleichzeitig Saar- wie Ruhrgebiet zu erobern, dabei aber auch Le Havre und Antwerpen wieder zu freier Verfügung zu erhalten.‹ Während solche Meinungsverschiedenheiten im alliierten Lager ausgetragen wurden, begannen sich die Deutschen langsam wieder zu fangen. Der Bericht des Nachrichtendienstes für SHAEF vom 2. September hatte die Lage des Gegners mit folgenden Worten geschildert: ›Das deutsche Heer stellt keine zusammenhängende Streitkraft mehr dar, sondern nur noch eine Reihe flüchtender, ungeordneter und demoralisierter Kampfgruppen ohne ausreichende Bewaffnung und sonstige Ausrüstung.‹ Zu diesem Zeitpunkt entsprach diese Schilderung genau der Wirklichkeit. Doch nur wenige Tage später war das in diesem Ausmaß bereits nicht mehr der Fall.

Ein neuer Fehler der alliierten Politik trug dazu bei, daß Deutschlands Widerstand sich versteifte und die Bevölkerung enger an das Regime band. Bei ihrer zweiten Zusammenkunft in Quebec vom 13. bis zum 16. September nahmen Engländer wie Amerikaner den nach Roosevelts Schatzsekretär Henry Morgenthau genannten ›Morgenthau-Plan‹ über die Behandlung des deutschen Volkes nach dessen bedingungsloser Kapitulation an. Dieser sah die Demontierung der ganzen deutschen Industrie, den Abbau sämtlicher Fabriken vor. Deutschland sollte in ein Agrarland mit vorwiegender Viehzuchtwirtschaft umgewandelt werden. Erst nach Jahren stellte sich heraus, daß an dem Plan der kommunistische Berater Morgenthaus, Dexter White, der sich einige Jahre später kurz vor seiner Verhaftung das Leben nahm – möglicherweise entscheidend – mitgewirkt hatte. Es wurde auch bekannt, daß viele Bedenken und Proteste dagegen laut geworden waren und daß Churchill, Eden, Stimson, Cordell Hull, Hopkins und de Gaulle im Grunde einen Plan abgelehnt hatten, der ein ganzes Volk zum Sterben verurteilt hätte. Auch Roosevelt hatte sich nur im Prinzip einverstanden erklärt – ein Einverständnis, das er unter dem Einfluß seiner Ratgeber schon bald hatte zurückziehen müssen. Aber diese Dinge wurden erst bekannt, als die Geschütze schon schwiegen. Im Herbst 1944 jedoch gab der Morgenthauplan zahlreichen Deutschen einen vermeintlichen Grund, mit der Waffe in der Hand zu fallen.

Zur Wiederauffüllung seiner zerschlagenen Armeen gab Hitler den Befehl zu einer Masseneinziehung aller Deutschen im Alter zwischen sechzehn und sechzig Jahren. Außerdem stellte er die sogenannten Volksgrenadierdivisionen auf. Sie erhielten Namen und Zeichen der in Frankreich verschwundenen großen Einheiten, aber da ihre Regimenter nur zwei Bataillone stark waren, außerdem die sonstigen zu einer Division gehörenden Einheiten möglichst zusammengefaßt und kleingehalten wurden, betrug ihre Sollstärke nur 10000 Mann. Die Mannschaften bestanden aus entlassenen Verwundeten, aus Soldaten, die man der Kriegsmarine und Luftwaffe entzogen hatte, aus alten Männern oder Halbwüchsigen. Aber trotz allem waren sie eine Verstärkung der Front und schlugen sich weit besser als die mit Osttruppen aufgefüllten bodenständigen Divisionen am Atlantikwall.

Material war zwar nirgends in großen Mengen vorhanden, aber es fehlte durchaus nicht völlig. Dem Luftkrieg, der viele alte Städte vernichtet hatte, war es nicht gelungen, der deutschen Industrie den entscheidenden Schlag zu versetzen. Deutschland produzierte mehr Gewehre, mehr automatische Waffen, mehr Panzerabwehrgeschütze als im vergangenen Jahr. Es produzierte fast ebenso viele Panzer und bedeutend mehr Flugzeuge. Der absolute monatliche Rekord in der deutschen Flugzeugproduktion wurde im April 1944 mit 4103 Maschinen erreicht, wobei auch das Jahr eine Rekordproduktion von 40593 Flugzeugen aufwies.

Dabei wurden in der Flugzeugproduktion die Grundlagen für eine revolutionierende Neuerung gelegt: Man begann mit der praktischen Erprobung von Raketenflugzeugen für den Serienbau. Bereits am 10. Mai 1941 hatte eine Me 163 die Geschwindigkeit von 1000 Kilometern je Stunde erreicht. In Serienproduktion gingen das zweimotorige Düsenflugzeug Me 262 und die mit vier Strahlturbinen getriebene Arado 234. In amateurhafter Verkennung der technischen Möglichkeiten ließ Hitler sich nicht davon abbringen, aus der ausgezeichneten Me 262 einen sogenannten ›Blitzbomber‹ entwickeln zu lassen, von dessen Einsatz er sich die Zerschlagung eines jeglichen britisch-amerikanischen Landungsversuchs erhoffte. General Galland und Generalfeldmarschall Milch rieben sich bei dem Versuch auf, ihm hier Widerstand entgegenzusetzen.

Im Westen hatte Generalfeldmarschall Model darum gebeten, von seinen Aufgaben als Oberkommandierender entbunden zu werden, um sich ganz seiner Heeresgruppe widmen zu können. Hitler tat ihm den Gefallen, indem er zum zweitenmal Rundstedt aus seiner Zurückgezogenheit holte. Der alte Marschall – er war siebzig Jahre alt – hatte tausend Eide geschworen, daß er niemals mehr ein Kommando übernehmen werde. Am 1. September mußte er sie alle brechen. Hitler ließ ihn nach Rastenburg kommen, gab ihm Schmeichelhaftes zu hören und war von Rundstedt höchst angetan. »Er ist fabelhaft«, äußerte er zu Jodl, »wenn er zehn Jahre jünger wäre, würde ich ihn zum Oberbefehlshaber der Wehrmacht machen. Ich weiß wohl, daß er kein Nationalsozialist ist und daß er mich nicht mag, aber die Geschichte wird mir darin recht geben, daß ich mich nur immer im Hinblick auf die Leistung bei meinen Entscheidungen habe leiten lassen.« Auch Rundstedt hatte eine Entschuldigung für sich gefunden: »Wenn so viel junge Soldaten im Feld stehen, kann der älteste deutsche Soldat im Augenblick größter Gefahr nicht zu Hause sitzen bleiben.«

Speidel war wegen seiner Teilnahme an der Verschwörung des 20. Juli verhaftet worden, Blumentritt in Ungnade gefallen. Als neuer Stabschef Rundstedts war Siegfried Westphal vorgesehen, der früher mit Rommel und Kesselring zusammengearbeitet hatte. Auch er war nach Rastenburg gerufen worden und mußte dort feststellen, daß Hitler überhaupt keine Vorstellungen von der Schwere der Lage im Westen hatte. Der Führer sah im Verlust Frankreichs das Ergebnis des Zusammenwirkens widriger Umstände mit begangenen Fehlern und verräterischen Handlungen. Für ihn waren die bis zur deutschen Grenze vorgestoßenen anglo-amerikanischen Kräfte bloß einfache Panzerspitzen, die ohne weiteres zerschlagen werden konnten. Die Reorganisation der deutschen Streitkräfte im Westen war im Gange. Die Heeresgruppe B, die weiterhin unter dem Befehl Generalfeldmarschall Models verblieb, bestand aus der 15. Armee, die, in ihrem Bestand stark zusammengeschmolzen, die Scheldemündung hielt, der neugebildeten 1. Fallschirmjägerarmee, deren Zone sich von Nimwegen bis Maastricht erstreckte, und schließlich der reorganisierten 7. Armee, deren Frontabschnitt südlich der Linie Koblenz–Luxemburg verlief. Südlich von dieser schloß sich

die Heeresgruppe G unter Generaloberst Blaskowitz an. Sie bestand aus der 1. Armee, deren schwache Front sich bis nach Nancy erstreckte, und aus der 19. Armee, die aus der Falle von Lyon entkommen war und nun versuchte, sich vor Besançon festzukrallen. Die vorübergehend aus der Front gezogene 5. Panzerarmee sollte später in diesem Rahmen Stellung beziehen. Die Gesamtstärke dieser Heeresgruppen belief sich auf 48 Divisionen Infanterie und 14 Panzerdivisionen, zu denen noch 4 Panzerbrigaden kamen, aber nur 18 dieser 66 großen Einheiten konnten als voll kampffähig angesehen werden. In verschiedenen gab es nur den Divisionsstab.
Hinter der Front setzte man, so gut es ging, den Westwall instand, den man zugunsten des Atlantikwalls in den Vorjahren seiner Waffen und Panzerungen, ja seiner Minen beraubt hatte. Die Instandsetzungsarbeiten sollten erst in einigen Wochen abgeschlossen sein. Es war die Frage, ob die Alliierten eine derartig lange Frist gewähren würden.

Nimwegen und Arnheim

In der Franche-Comté näherten sich die französischen und amerikanischen Verbände den Vogesen. In Lothringen trug der ungestüme Patton, der fürchtete, man werde ihm die ›traurige Rolle eines Verteidigers‹ zuweisen, seine Offensive in Richtung auf Metz vor, in der Hoffnung, einen Durchbruch zur Saar zu erzielen, ehe noch Montgomery Zeit gefunden hätte, den Vormarsch ins Ruhrgebiet anzutreten. An der deutsch-luxemburgischen Grenze und an der Nahtstelle bei Aachen griffen das V. und das VII. amerikanische Korps die deutschen Verteidigungslinien an. In dem Augenblick, als die amerikanische Versorgungskrise ihren Höhepunkt erreichte, schritten die US-Streitkräfte auf einer Frontbreite von 300 Kilometern gemeinsam zum Angriff, wodurch jedoch ihre Kräfte zersplittert wurden. Schon bald wurde dieser Fehler deutlich erkennbar. Patch und de Lattre konnten wegen Treibstoffmangels ihren Vormarsch nicht fortsetzen. Patton versank im Lehmboden Lothringens. An dem luxemburgischen Frontabschnitt überschritt die 5. US-Panzerdivision die Sauer, durchbrach den Westwall und kam im Süden der Eifel schnell voran – aber Nachschub und Verstärkungen konnten ihr nicht folgen. Wie ein Bataillonskommandeur mußte Rundstedt sich die versprengten Einheiten selbst auf dem Schlachtfeld zusammensuchen und sie zum Gegenangriff führen, worauf der amerikanische Kommandeur den Rückzug über die Sauer befahl. Weiter nördlich versuchte das VII. Korps unter Generalmajor Collins Aachen am Rande des Hürtgenwalds zu umgehen. Es eroberte verschiedene deutsche Ortschaften, darunter das romantische Städtchen Monschau, das wunderbarerweise unversehrt blieb, aber Gegenangriffe hielten ihn auf, und bald lag man im Stellungskrieg fest.

In Holland begannen Operationen, die sich schwierigere Ziele gesetzt hatten: die Überquerung der beiden großen Flüsse Nordwesteuropas, der Maas und des Rheins. Unter dem Befehl des amerikanischen Generalleutnants Lewis H. Brereton hatte man in England die Allied First Airborne Army formiert, die 1. Luftlandearmee der Welt. Diese kostspielige und nicht leicht auf der Höhe ihrer Kampfbereitschaft zu haltende Truppe stellte eine überaus bewegliche Reserve dar, eine Art geflügelter Kavallerie, deren Einsatz für Entscheidungsschlachten oder Spezialaufgaben von größter Schwierigkeit vorgesehen war. Man entschied sich dafür, sie im Raum von Eindhoven, Nimwegen und Arnheim abzusetzen, um so den Übergang über die Unterläufe von Maas und Rhein zu gewinnen und den Westwall zu überflügeln.
Dieser Gedanke hatte den einzigen Fehler, daß er zu einem ungünstigen Zeitpunkt gefaßt wurde. Die alliierten Armeen waren weit auseinandergezogen und ihre Stoßkraft war erschöpft. Die Nachschubkrise machte sich höchst nachteilig bemerkbar. Die Strategie folgte keiner klaren Linie und verzettelte sich. Verbände, die notwendig gewesen wären, um im Erdkampf die bei der Luftlandung errungenen Erfolge auszunutzen, gab es nicht. Aber Montgomery hoffte, daß ein Erfolg der Luftlandeoperation, die unter dem Namen ›Market Garden‹ lief, Eisenhower dazu bringen würde, von seiner Konzeption einer fächerförmigen Offensive abzugehen und sich ganz hinter seinen Gedanken eines keilförmigen Vorstoßes zu stellen. Sein Befehl für die Operationen sagte ausdrücklich: ›Unser eigentliches Ziel ist die Ruhr.‹ Es wäre dies die letzte Möglichkeit gewesen, den Krieg noch 1944 zu beenden.
Der 17. September war ein herrlicher Spätsommertag. Die aus England auf zwei zusammenlaufenden Flugstrecken sich nähernde Luftarmada erschien am frühen Nachmittag bei strahlender Sonne am Himmel. Der Befehlshaber der 1. deutschen Fallschirmjägerarmee, der dieser Angriff galt, war jener selbe General Student, der vor vier Jahren ebenfalls über Holland an der Spitze einer weitaus schwächeren Fallschirmdivision abgesprungen war. In seinem Hauptquartier Vught bei Herzogenbusch beobachtete er sprachlos vor Bewunderung und Neid dieses Schauspiel. Schwärme von Jägern begleiteten die 1073 mit Fallschirmjägern voll beladenen Flugzeuge sowie die 478 Maschinen, denen im Schlepp eine gleiche Anzahl Lastensegler folgten. Kein deutsches Jagdflugzeug versuchte einzugreifen. Auch die Flak, die durch ein vorangegangenes schweres Bombardement stark in Mitleidenschaft gezogen worden war, reagierte nur schwach. Die Verluste – 35 Transportmaschinen, 13 Lastensegler und etwa 30 weitere Flugzeuge – hielten sich weit unter den Schätzungen. Die ersten Meldungen nach der Landung klangen vielversprechend. Der Feind schien vollkommen überrascht zu sein, ein großer Erfolg kündigte sich an. Montgomerys Absicht war es, wie er zu sagen liebte, den ›Teppich‹ über folgenden fünf Wasserwegen aufzurollen: Wilhelminakanal, Zuid-Wilems-Waart, Maas, Waal und Rhein, die sich von Osten nach Westen, dem Vormarsch der Alliierten entgegensetzten. Die operative Achse war

die Straße von Eindhoven nach Arnheim. Die Gardepanzerdivision an der Spitze des XXX. britischen Korps sollte zum Vorstoß ansetzen, um sich mit den Luftlandetruppen zu vereinigen und die Bresche auszuweiten, welche diese in die feindlichen Linien geschlagen hatten. Mit einem dritten Schritt sollte der Luftbrückenkopf von Arnheim bis zur Zuidersee ausgedehnt werden. Die deutschen Streitkräfte im Westen Hollands sollten dadurch eingeschlossen und eine Ausgangsbasis für einen Vorstoß gegen die Ruhr geschaffen werden. Selbstverständlich wendete sich nicht nur Patton, der ja keinen Engländer in einer führenden Rolle sehen konnte, gegen diesen kühnen Plan, sondern auch Bradley, der sich nun völlig hinter den eigenwilligen Unterführer stellte, den er zu Beginn der Kämpfe in der Normandie auszuschalten getrachtet hatte. »Als ich von diesem Plan erfuhr«, sagte er mit soldatischer Höflichkeit, »war ich genauso

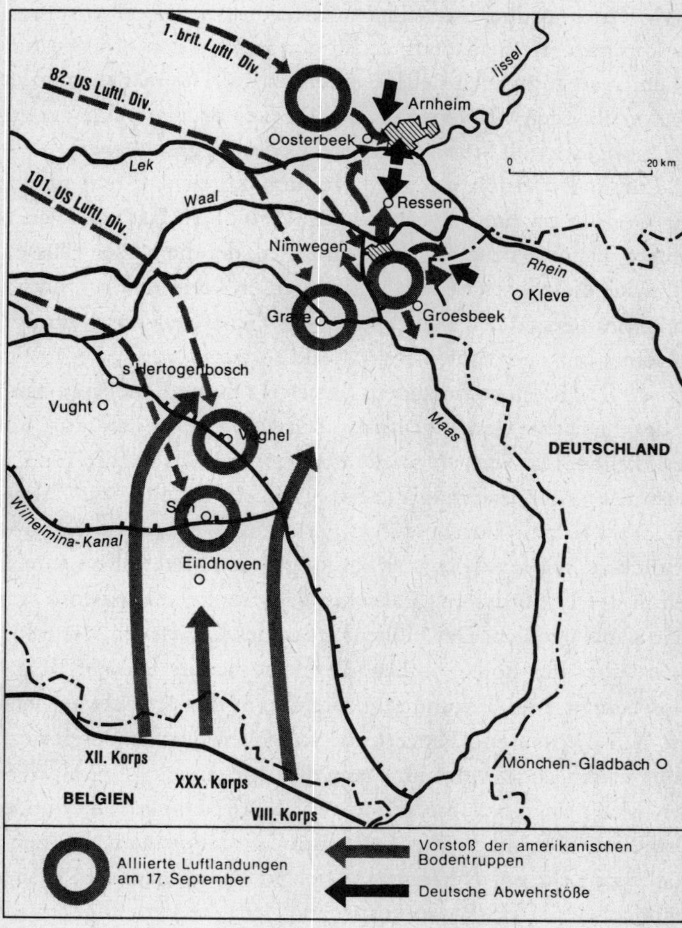

Karte 48
Die Kämpfe um Nimwegen und Arnheim (September 1944)

erstaunt, als wenn ich den Antialkoholiker Monty mit einem Katzenjammer bei mir hätte erscheinen sehen.«

Drei Luftlandedivisionen, die im Notfall durch eine vierte Verstärkung erhalten sollten, die noch in England zurückgehalten wurde, nahmen an der Operation teil. Das Schlachtfeld war ein Gebiet saftig grüner Weiden, aufgelockert durch zahlreiche Städtchen und Dörfer. Auch noch jetzt, im sechsten Kriegsjahr, schien es erstaunlich unberührt und friedlich. Die Holländer ergingen sich im Freien und freuten sich trotz der Nähe der Front über den schönen Sonntag. Da sahen sie, wie Tausende von Fallschirmen sich ihnen zu Häupten öffneten. Das Schauspiel der vom Himmel herabschwebenden Befreier führte zu wahren Begeisterungsausbrüchen der Bevölkerung. »Der Empfang«, berichtete ein amerikanischer Offizier, »war ganz toll. Die Luft war geladen mit Haß auf die Deutschen.« Die 101. Luftlandedivision unter General Maxwell Taylor hatte nördlich von Eindhoven nahezu ohne Verluste festen Boden unter die Füße bekommen. Sie bemächtigte sich der Stadt in den Morgenstunden des 18. September und vereinigte sich bei Hereinbruch der Dunkelheit mit der Gardedivision. Die bei Zon über den Wilhelminakanal führende Brücke war leider gesprengt worden, und es vergingen zwölf Stunden, ehe sie wieder hergestellt war.

Der 82. Luftlandedivision war eine viel umfangreichere und schwierigere Aufgabe zugeteilt worden. Sie hatte zwei große Brücken über Maas und Waal zu nehmen sowie vier weitere, kleinere Brücken über den Kanal, der die beiden Flüsse verband. Außerdem sollte sie die wichtige Stadt Nimwegen erobern und sich nach Osten durch die Einnahme des bewaldeten Höhenzuges des Groesbeek absichern, der sich auf deutschem Gebiet im sogenannten Reichswald fortsetzt. 7277 Mann fielen vom Himmel, darunter der Divisionskommandeur James Gavin und der Kommandeur des Armeekorps, der britische Generalleutnant Browning. Die Landung vollzog sich ohne Schwierigkeiten. Die Verluste waren noch geringer als bei der 101. Luftlandedivision. Die zusammenfassende Erfolgsmeldung war ein Schulbeispiel lakonisch geäußerten Triumphes: ›Landung durchgeführt. Fast kein Widerstand.‹ Die über die Maas führende Brücke von Grave, deren sieben Bögen 600 Meter überspannten, war nach drei Stunden in der Hand des 504. Fallschirmjägerregiments. Ebenso waren die Brücken über den Kanal gefallen. Der Höhenrücken des Groesbeek, der mit seiner Höhe von 80 Metern über der holländischen Tiefebene bereits wie ein Berg erschien, wurde kampflos besetzt, und Erkundungsvorstöße in den Reichswald jenseits der Grenze ergaben, daß die ›tausend Panzer‹, die angeblich dort in Bereitschaft standen, reine Erfindung waren. Indes versäumte man die Gelegenheit, ohne einen Schuß die Brücke über den Waal zu nehmen. Sie wurde nur von 16 Männern einer bodenständigen Einheit verteidigt, aber die beiden Fallschirmjägerkompanien, die den Auftrag hatten, die Brücke zu nehmen, ›verfranzten‹ sich in Nimwegen, und General Bittrich, der Kommandeur des II. SS-Panzerkorps fand Zeit, die Verteidiger zu verstärken.

Die Anwesenheit des II. SS-Panzerkorps zwischen Nimwegen und Arnheim stellte eine böse Überraschung dar. Den sonst so leistungsfähigen Nachrichtendiensten war es nicht gelungen, diesen Verband auszumachen. Man sollte später behaupten, daß der holländische Doppelagent Lindemans, alias King Kong, den Plan ›Market Garden‹ an die Deutschen verraten und daß Student im letzten Augenblick die beiden Divisionen Bittrichs in das fragliche Gebiet geworfen habe. Die deutschen Dokumente und auch die nach dem Krieg in den Niederlanden angestellten Untersuchungen konnten diese Auffassung indes nicht bestätigen.

Am Neunzehnten wurde das Wetter dunstig, weswegen weitere Fallschirmabsprünge nicht mehr möglich waren. Aus dem Reichswald heraus vorgetragene deutsche Gegenangriffe konnten auf dem Groesbeek abgefangen werden, und am Abend vereinigte sich die Gardedivision in Nimwegen mit der 82. Luftlandedivision. Zwei Drittel des Weges nach Arnheim waren damit zurückgelegt, aber die Brücke über den Waal, die von 500 Mann Waffen-SS verteidigt wurde, sperrte noch den Weg. Alle Versuche einer Umgehung über den Huner Park, der sich zwischen der Brücke und Nimwegen hinzog, wurden vereitelt.

Ein neuer Angriff wurde auf den 20. September festgesetzt. Die britischen Panzer rollten im Huner Park vor, während die amerikanischen Fallschirmjäger den Waal überschritten, um die Verteidiger im Rücken anzugreifen. Unter dem Oberbefehl des Oberstleutnants Julian A. Cook warf sich das III. Bataillon des 504. Regiments auf 26 von den Engländern herangeschafften Booten aus Segeltuch und Sperrholz in die hier immerhin eine Geschwindigkeit von 15 Kilometern je Stunde erreichende Strömung. Das Abwehrfeuer, das nun vom Ufer losbrach, war so heftig, daß nach den Worten eines Augenzeugen das Wasser aufgeriffelt war, als schwämmen Schwärme kleiner Fischchen über die Oberfläche dahin. Nur 13 Boote gelangten an das andere Ufer; sie fuhren sofort wieder zurück, um die nächste Welle zu holen. Einem solchen Angriffsgeist war nicht zu widerstehen. Die Verteidiger von der SS wurden niedergemacht. Und – die Brücke flog nicht in die Luft. Nach holländischer Darstellung war es der junge niederländische Widerstandskämpfer Jan Van Hoof, der im Kugelhagel die Zündschnüre abriß. Am folgenden Tag geriet er unter einen englischen Panzer und starb. Nach der offiziellen amerikanischen Darstellung ist diese Tat jedoch nicht ›hinreichend bewiesen‹. In Anbetracht der Wichtigkeit der Brücke von Nimwegen hatte Generalfeldmarschall Model ihre Sprengung untersagt. Sie sollte verteidigt, aber nicht zerstört werden.

Der Übergang über den Waal war also erzwungen worden. Jetzt mußte nur noch die Vereinigung mit der 1. britischen Luftlandedivision vollzogen werden, die seit drei Tagen bei Arnheim im Kampfe stand.

Ihre Landung war fast noch hervorragender geglückt als die der beiden amerikanischen Divisionen. Sie hatte kein einziges ihrer 155 Transportflugzeuge und 358 Lastensegler verloren. Ihre Ziele lagen günstig. Es handelte sich dabei um die beiden Straßen- und Eisenbahnbrücken, die in Arnheim über den Niederrhein führten. Unglücklicherweise hatte eine Überschätzung der Luftabwehr dazu geführt, daß man die Absprungzonen allzuweit von der Stadt festgelegt hatte. Die Roten Teufel von der 1. britischen Luftlandedivision mußten erst gute zehn Kilometer zu Fuß laufen, ehe sie den Kampf aufnehmen konnten.

Nach dieser meisterlichen Landung formierten sich die Einheiten jedoch nur sehr langsam. Bei ihrem allzu methodischen Vorgehen machten sich die englischen Fallschirmjäger nicht klar, daß Kühnheit bei militärischen Operationen gänzlich neuen Stils immer der beste Teil der Vorsicht ist. Übrigens trug die Zivilbevölkerung nicht gerade zum reibungslosen Ablauf des Unternehmens bei. In Scharen strömte sie aus den schmucken Häuschen von Wolfheze, Renkum und Heveadorp. Außer sich vor Freude schwenkte man die dreifarbige Fahne der Niederlande und versuchte, die englischen Soldaten in die Wohnungen zum Tee zu nötigen. Inmitten dieses an eine Volksbelustigung erinnernden Treibens marschierten die englischen Soldaten in die Schlacht. Nur eine einzige Brigade nahm Richtung auf die festgesetzten Ziele, die anderen bezogen rings um ihre Landungszone Stellung. Da zwei Bataillone am Rande von Oosterbeek durch heftige Kämpfe mit einer SS-Einheit aufgehalten wurden, war es schließlich nur ein einziges Bataillon, welches unter dem Befehl von Oberstleutnant C. D. Frost die Aufgabe der Division erfüllen sollte. Vor Frosts Jeeps wurde die Eisenbahnbrücke in die Luft gesprengt. Das Bataillon setzte seinen Marsch über die kleinen Straßen Arnheims fort und erreichte um 20 Uhr 30 die große Straßenbrücke. Die 25 bejahrten Feldgrauen, die hier Wache schoben, dachten nicht ans Kämpfen und flohen wie ein Mann. Anstatt nun sofort sich der beiden Brückenenden zu bemächtigen, sandte Frost vorsichtig eine Patrouille aus, die, nachdem sie von einem Flakgeschütz Feuer erhalten hatte, sich entschloß, den Morgen auf dem rechten Ufer abzuwarten. Die deutschen Berichte über diese Kämpfe unterstreichen die Tatsache, daß die Engländer ihre Chance durch allzu bedachtsames Vorgehen verspielten. Den Briten, die in der Verteidigung so hartnäckig, ja heldenhaft zu sein vermochten, fehlte jener Funke, an dem sich erfolgreiche Angriffe entzünden.

Die Nacht war hereingebrochen. Frost verschanzte sich in den ersten Häusern des Numeegswegs, wobei er sich weder um die Proteste der Bewohner noch um die Handgreiflichkeiten einer alten Holländerin kümmerte, die mit einem Nudelholz auf die Männer eindrosch, die zwar die Befreier ihres Landes, aber auch die Verwüster ihrer Wohnung waren. Die inzwischen herbeigeeilten Deutschen verbarrikadierten sich in den Häusern auf der gegenüberliegenden Straßenseite. In unwirklich scheinender Stille schlief jedermann, bis dann bei Sonnenaufgang der Kampf mit Heftigkeit entbrannte. Die kaum 500 Mann des Bataillons Frost versuchten vergebens, über die Brücke zu gelangen, die am Abend des Vortags noch frei gewesen war. Alle Versuche,

Verstärkungen zu ihnen gelangen zu lassen, schlugen fehl. Für die Engländer war eine Pechsträhne angebrochen. Ihr Kommandeur, Generalmajor Urquhart, verschwand plötzlich und kam erst nach sechsunddreißig Stunden zum Vorschein – er hatte die ganze Zeit im Speicher eines von Deutschen besetzten Hauses gesessen. Der dichte Nebel, der sich unterdessen über England gebildet hatte, machte die Entsendung weiterer Luftlandetruppen unmöglich. Die bereits gelandeten Kräfte hatten sich nach und nach um den Oosterbeek zusammengezogen, in dessen Nähe auch das Hotel lag, das dem Oberbefehlshaber der Heeresgruppe, Generalfeldmarschall Model, als Hauptquartier gedient hatte, aus dem er sich aber fluchtartig bei Beginn der Landung hatte entfernen müssen. Die Engländer hätten ihn gefangennehmen können, wenn sie schneller und schneidiger vorgegangen wären.
Die Deutschen aber unternahmen gewaltige Anstrengungen. Es war ihnen klar, daß es bei dieser Schlacht, die sich nur wenige Kilomter vor ihrer Grenze abspielte, unmittelbar um das Schicksal ihres Landes ging. Die in atemloser Hast von Hitler aus Rastenburg erteilten Befehle setzten alles in Richtung auf Arnheim in Marsch, was nur eine Waffe zu tragen imstande war. Hierunter befand sich auch ein Bataillon, das ausschließlich aus Versehrten bestand und das von einem einbeinigen Major auf Krücken ins Feuer geführt wurde.
Die einzige Hoffnung für die 1. britische Luftlandedivision lag nur noch in einem möglichst schnellen Erscheinen der Erdkampftruppen. Die Entfernung zwischen Nimwegen und Arnheim betrug bloß 17 Kilometer, aber die Straße lief durch Wiesen, die mit Wasser vollgesogen waren, so daß in ihnen auch nicht ein einziger Panzer eingesetzt werden konnte. Bei Ressen brachten ein Bataillon SS und zwei Batterien 8,8-cm-Flak den Vormarsch der Garde zum Stehen. Eine weitere Division des XXX. Korps, die 43., schloß sich ihr an der linken Flanke an, kam aber über Nebenstraßen nur mühsam voran. Man spielte nun den letzten Trumpf aus, indem man sich entschloß, südlich des Oosterbeek die polnische Fallschirmjägerbrigade des Generals Sosabowski abzusetzen. Doch es gelang nur einigen Dutzend Mann, den Rhein zu überqueren und zu den Soldaten Urquharts zu stoßen, die immer härter bedrängt wurden. Zu diesem Zeitpunkt hatte sich Frost mit den 200 Mann, die ihm noch geblieben waren, ergeben. Das Luftlandeunternehmen auf Arnheim war fehlgeschlagen. Man versuchte nun zu retten, was noch zu retten war. Während zweier regnerischer Nächte wurden 2163 Mann der ursprünglich 10095 Luftlandesoldaten, die nördlich des Rheins gelandet worden waren, mit allem, was man an Schwimmbarem finden konnte, über den großen Fluß gebracht, den sie zuvor so leicht in der Luft überquert hatten. Sie wurden der 43. Division eingegliedert. Die übrigen waren tot oder gefangen.

Das Mißlingen des Unternehmens von Arnheim war der Auftakt zu einem düsteren Herbst. Das Wetter war ungewöhnlich schlecht. Westeuropa versank unter Strömen von Regen, welche die Flüsse anschwellen ließen, Wege und Felder unpassierbar machten. Der erste Schnee fiel bereits Anfang November. Die große Flamme der Begeisterung, die der siegreiche Sommer bei den alliierten Truppen hatte emporlodern lassen, war erloschen. Den Alliierten war die Möglichkeit zu einem raschen Sieg aus den Händen geglitten, Deutschland hatte sich wieder aufgerafft, und der Krieg zog sich weiter hin.

Am 8. September waren die beiden ersten V 2 auf London niedergegangen, die eine in Chiswick, in einer Themseschleife nahe Chelsea, die andere im Wald von Epping. Im Lauf der folgenden Tage zählte man noch 25 weitere Raketen. Am Siebzehnten trat eine Pause ein – die Landung bei Arnheim hatte gerade begonnen –, doch am Fünfundzwanzigsten wurde die Beschießung erneut mit wachsender Heftigkeit fortgesetzt. Die Abschußrampen für diese Flugkörper befanden sich auf der Insel Walcheren und in der Umgebung von Den Haag, ein Umstand, der zusammen mit der Notwendigkeit, die Scheldemündung zu sperren, den deutschen Widerstand in Holland so heftig werden ließ. Die schneller als der Schall fliegende V 2 war über ihren Zielen, ehe eine Warnung gegeben werden konnte. An tödlicher Wirkung und Zerstörungskraft übertraf sie ihre Vorgängerin weit. Da die von Deutschland ausgestrahlten Rundfunksendungen in England frei abgehört werden durften, vermochte die Ankündigung noch schrecklicherer Waffen eine ungünstige Wirkung auf die Moral der Bevölkerung auszuüben. Der Krieg war nicht spurlos an den Bewohnern der Insel vorübergegangen, und immer noch sahen sie nicht das Ende der schweren Prüfung, die nun schon fünf Jahre dauerte.

Die Lage in Frankreich war nach wie vor äußerst angespannt. Der Mangel an Lebensmitteln, Brennstoffen und Bekleidung war jetzt viel stärker fühlbar als zur Zeit der deutschen Besatzung. Trotz de Gaulles großem Prestige vermochte sich die Staatsgewalt in dem verwüsteten und aus den Fundamenten gehobenen Land nur mühsam zu festigen. Am 28. Oktober löste de Gaulle die ›Milices patriotiques‹ auf, wobei er sich nicht um die flammenden Proteste des Nationalrats der Résistance kümmerte, und entwandt damit den Kommunisten ihre Waffe für einen Bürgerkrieg. Man rechnete mit offenem Widerstand gegen diese kühne und notwendige Tat. Doch dieser Widerstand blieb aus. Maurice Thorez, der nach seiner Amnestierung wegen im Jahre 1939 begangener Fahnenflucht wieder zurückgekehrt war, befahl Gehorsam.

Für die Mehrzahl der Franzosen bedeutete die Befreiung Frankreichs auch das Ende des Krieges. De Lattre de Tassigny hatte versucht, den Maquis mit seiner 1. Armee zu verschmelzen. Koenig und Larminat waren darangegangen, aus den FFI ein Armeekorps

zu bilden, um die an der Atlantikküste abgeschnittenen kleineren deutschen Truppenverbände zur Übergabe zu zwingen. Die Ergebnisse bei derartigen Umwandlungen waren dort gut, wo der Maquis sich auf der Grundlage der Militärorganisation hatte aufbauen können, wie dies in den Alpen der Fall war, wo neue Bataillone und Halbbrigaden von Alpenjägern und schließlich die 27. Division der Chasseurs alpins gebildet wurden. Aber die Mißerfolge überwogen bei jenen Verbänden des Maquis, die aus einer romantischen, gleichsam revolutionären Haltung heraus entstanden waren. Die französische Armee, die gegen Deutschland kämpfte, bestand zu ihrem größten Teil aus nordafrikanischen Franzosen und Mohammedanern – sogenannten pieds-noirs, die später aus ihrer Heimat vertrieben werden sollten, einerseits und den Kadern der algerischen Erhebung gegen Frankreich andererseits. Am 19. Dezember richtete de Lattre einen besorgten Brief an de Gaulle: ›Von einem Ende des Staatsgebäudes zum anderen erhält man den Eindruck, daß das Volk von uns nichts wissen will und uns im Stich läßt. Gelegentlich geht man so weit zu glauben, daß die reguläre Armee, die von außerhalb des Mutterlandes gekommen ist, eine nur ihr zukommende Aufgabe erfüllt. Der tiefere Grund dieser Misere ist, daß die Nation am Krieg nicht teilgenommen hat.‹ De Lattre beschloß seinen Brief mit der Forderung, daß ›die 1. Armee sobald wie möglich 8000 bis 10000 junge Franzosen in ihre Reihen einziehen muß, was dringend notwendig ist, damit sie ihr moralisches Gleichgewicht und ihre Kampfkraft bewahrt.‹ De Gaulle sagte zu, hatte aber Schwierigkeiten, sein Versprechen zu halten.
In Italien war die Lage noch verzweifelter. Unsägliches Elend, grenzenlose Demoralisierung herrschten überall. ›Mit Ausnahme des Papstes‹, schrieb die *Saturday Evening Post*, ›ist jedermann für den Meistbietenden käuflich.‹ ›Das Gewebe der Gesellschaft zerfällt‹, stellte Pietro Nenni fest. Prostitution, Schwarzer Markt, Eigentumsvergehen aller Art vermochten den Hunger Italiens nicht zu stillen. 360000 Römer, darunter viele aus dem gehobenen Mittelstand, ernährten sich aus öffentlichen Garküchen. Der Krieg tobte weiter und schuf immer neue Ruinen. Nach dem Abzug des französischen Expeditionskorps sowie des VI. amerikanischen Korps hatten die Streitkräfte General Alexanders Ersatz erhalten, darunter auch ein brasilianisches Armeekorps. Dann hatten sie wieder die Initiative an sich gerissen. Der Einnahme von Florenz folgte ein Angriff der 5. amerikanischen Armee im Zentralapennin gegen die befestigten Stellungen, welche von den Deutschen als ›Grüne Linie‹, von den Alliierten als ›Gotenlinie‹ bezeichnet wurden. Hinter Bologna brachte der Winter, der die höheren Lagen mit Schnee bedeckte, die Kampftätigkeit zum Erliegen. Die 15 Millionen Italiener, die noch unter der nominellen Herrschaft Mussolinis lebten, mußten den Schrecken der Bomben und den Terror der Nazis über sich ergehen lassen. Im übrigen Land hatten sich jene Mächte, die an die Stelle des Faschismus treten sollten, noch nicht formiert, so daß die Kommunisten in dem so entstandenen Vakuum überall im Land Einfluß gewinnen konnten.

In Griechenland geschah eine Tragödie. Athen war am 12. Oktober von den Deutschen geräumt worden, worauf das britische Korps des Generals Sir Ronald Scobie die Stadt besetzt hatte. Aber die EAM, eine Organisation der Kommunisten, und ihr militärischer Arm, die ELAS, setzten sich über die zwischen Stalin und Churchill getroffene Vereinbarung hinweg, durch die Griechenland zum britischen Einflußgebiet geschlagen worden war, während man der UdSSR Rumänien und Bulgarien überlassen hatte. Am 3. Dezember brach im Zentrum von Athen im Schutz einer lebendigen Mauer von Frauen und Kindern eine kommunistische Erhebung aus. Churchill telegraphierte Scobi, Ruhe und Ordnung zu bewahren, ›wenn möglich ohne, wenn nötig mit Blutvergießen‹. Mehr denn je sowjetischen Vorstellungen geneigt, protestierte Amerika, und zwischen den beiden atlantischen Alliierten kam es zu erbitterten Diskussionen. Doch Churchill setzte seinen Willen durch, wenn es auch die britischen Soldaten und regulären griechischen Truppen vierzig Tage mörderischer Anstrengungen kostete, die Kommunisten aus der Hauptstadt zu drängen. Diese sammelten sich jedoch in den Bergen und setzten den Kampf fort, wodurch ein neuer weltweiter Konflikt eingeleitet wurde, ehe der Krieg noch vorüber war.
In Deutschland hatte die Schlacht von Arnheim die Zuversicht wiederbelebt. Drei Wochen später drang die 3. Weißrussische Front in Ostpreußen ein, erreichte Gumbinnen und Goldap, wurde aber von der 4. deutschen Armee zerschlagen und mußte sich wieder über die Grenze zurückziehen. Es war dies freilich nur ein örtlicher Verteidigungserfolg, aber er ließ die Räumung des Balkans, den Verlust Belgrads und den Vorstoß der Sowjets in die ungarische Tiefebene vergessen. Das erste russische Vordringen auf deutschen Boden war übrigens von Grausamkeiten, Plünderungen, Vergewaltigungen und Ermordungen unter der deutschen Zivilbevölkerung (und auch unter französischen Kriegsgefangenen) begleitet, was den Widerstand der Deutschen nur stärkte. Am 9. August wurde Generalfeldmarschall Erwin von Witzleben, den der Volksgerichtshof zum Tode verurteilt hatte, an einem Fleischerhaken aufgehängt. Am 14. Oktober sah Generalfeldmarschall Erwin Rommel, der sich auf Genesungsurlaub in seinem Heim in Herrlingen aufhielt, die beiden Generale Burgdorf und Maisel erscheinen, die ihm die Wahl zwischen Volksgerichtshof und Selbstmord ließen. Er wählte den Selbstmord, nahm das Gift, das Hitlers Abgesandte ihm mitgebracht hatten, und wurde mit einem Staatsbegräbnis, einem in tiefer Erschütterung schwelgenden Beileidtelegramm Hitlers und einer Trauerrede Generalfeldmarschall von Rundstedts, der von den wahren Vorgängen keine Kenntnis hatte, unter die Erde gebracht. Die grausame Vergeltung, die über die Verschwörer des 20. Juli kam, traf auch ihre Namen. Goerdeler, der in einer Pension für eine Million Mark verraten worden war, wurde ergriffen, gefoltert und hingerichtet. Darüber hinaus befahl Hitler, daß der Name Goerdeler in Deutschland getilgt werde.
Die schlechte Stimmung des Herbstes 1944 machte auch vor Amerika nicht halt. Wei-

tere Einziehungen führten in Kanada zu Unruhen in der Provinz Quebec, die sich von Anfang an gegen eine Teilnahme des Commonwealth am Krieg gewandt hatte. In den Vereinigten Staaten, wo man die amerikanischen Soldaten für Weihnachten zurückerwartet hatte, führte die Verzögerung ihrer siegreichen Rückkehr zu einer allgemeinen Enttäuschung, die ihren Niederschlag in einem Sinken der Produktionsziffern der Rüstungsindustrie fand. Die vierte Wahl Roosevelts ging nur noch unter Schwierigkeiten über die Bühne. Die Camarilla des Weißen Hauses ließ den Präsidenten geschminkt in der Öffentlichkeit erscheinen und suchte ungünstige Photos aus dem Verkehr zu ziehen, damit nicht offenbar wurde, daß Roosevelt ein todkranker Mann war. Sein Arzt, McIntire, den man zum Admiral ernannt hatte, verkürzte die Arbeitszeit des Präsidenten auf vier Stunden am Tag und besaß die Würdelosigkeit, ein Gesundheitsbulletin herauszugeben, in dem versichert wurde, daß die Verfassung des Präsidentschaftskandidaten Roosevelt niemals besser gewesen sei. Das Land ließ sich jedoch nur zu einem Teil täuschen. Zwar setzte sich Roosevelt gegen Tom Dewey durch, aber seine Mehrheit war gegenüber der vorangegangenen Wahl um die Hälfte zusammengeschmolzen. Viele Wähler hatten ihm ihre Stimme mehr aus Resignation denn aus Überzeugung gegeben. Auch sah sich Präsident Roosevelt gezwungen, der wiedererwachenden konservativen Strömung nachzugeben, die sich überall in den Vereinigten Staaten bemerkbar machte. Er mußte sich von seinem rot angehauchten Vizepräsidenten, Henry Wallace, trennen und ihn durch einen nur wenig bekannten Senator aus Missouri namens Harry Truman ersetzen.

Antwerpens Blockade gesprengt. Straßburg genommen

Trotz des Fehlschlags von Arnheim richtete Montgomery auch weiterhin seine Anstrengungen mit bewundernswürdiger Hartnäckigkeit darauf, den großen Stoß gegen die Ruhr durchzusetzen. Erst am 16. Oktober gab er ritterlich und ohne Hintergedanken Eisenhower nach. ›Ich habe Ihnen meine Ansichten dargelegt, und Sie haben mich Ihre Ansichten darüber wissen lassen. Ich werde mich nun zu diesen Fragen nicht mehr äußern. Ich werde mich hundertprozentig für die Durchführung Ihrer Entscheidungen einsetzen. Ich habe im Rahmen der Operationen der 21. Heeresgruppe der Freikämpfung des Zugangs nach Antwerpen allerersten Vorrang verliehen.‹
Die Mündung der Schelde wurde von der 15. deutschen Armee gehalten, an deren Spitze Salmuth, der Teilnahme an der Verschwörung des 20. Juli verdächtig, durch Zangen ersetzt worden war. Ein Teilverband der Armee in Stärke von 80000 Mann, der an den südlichen Mündungsarm, den Hauptwasserweg nach Antwerpen, gedrängt worden war, hatte sich auf die Insel Walcheren und die Halbinsel Beveland zurückge-

zogen. Die 64. Infanteriedivision hatte man an Ort und Stelle belassen und beauftragt, einen Brückenkopf um den kleinen Hafen Breskens zu bilden. Eine andere Division stand am Stadtrand von Antwerpen, während zwei weitere die Front längs des von Antwerpen nach Turnhout führenden Kanals hielten.

Die Offensive begann am 6. Oktober mit einem Angriff des II. kanadischen Korps gegen den Brückenkopf von Breskens. Man kämpfte in den unter dem Meeresspiegel gelegenen Poldern in Wasser und Schlamm. ›Ein schmutziges und aufreibendes Geschäft‹ heißt es in einer kanadischen Darstellung. Es dauerte vierzehn Tage, bis man nach hartem Kampf den Brückenkopf gesäubert hatte. 12707 Gefangene fielen in die Hand der Kanadier. Da sich die Deutschen in der Zwischenzeit auch vom Kanal Antwerpen–Turnhout zurückgezogen hatten, war Belgien nun das erste Land Westeuropas, das völlig befreit war.

Nachdem man die Maas erreicht hatte, richteten sich die Anstrengungen nach Osten. Zuid Beverland wurde am 31. Oktober durch das Zusammenwirken eines Angriffs gegen die Landenge und einer amphibischen Operation genommen. Zur Öffnung der Scheldemündung mußte man jetzt nur noch die Insel Walcheren der Hand des Gegners entreißen, die Hitler zur Festung erklärt und mit wilder Entschlossenheit zu verteidigen befohlen hatte.

Auf Walcheren war alles ungewöhnlich. Das Inselniveau lag mit Ausnahme einiger Dünen und des imposanten Deichgürtels unter dem Meeresspiegel. Die Garnison bestand nur aus der 70. Infanteriedivision, die als ›Weißbrotdivision‹ bekannt war, weil ihre Angehörigen – alles Magenkranke, die man aus Versorgungsgründen zu einem Verband zusammengefaßt hatte – auf eine spezielle Diät angewiesen waren. General Simonds, der vorübergehend General Crerar an der Spitze der 1. kanadischen Armee abgelöst hatte, kam auf die Idee, die Deiche durch die RAF torpedieren zu lassen. Das Meer brach herein, überschwemmte das Innere der Insel und jagte holländische Zivilisten wie deutsche Soldaten auf die Deiche. Am 1. November erfolgte der Angriff. Generalleutnant Daser kapitulierte am Sechsten. Die Alliierten machten 41000 Gefangene, hatten aber selbst 12170 Tote, Verwundete oder Vermißte zu beklagen. Die Scheldemündung war frei. Es vergingen jedoch mehr als drei Wochen, bis die Mündungsarme vollständig von Minen geräumt waren.

Am 28. November fuhr der erste Geleitzug in die Flußmündung ein. Für Antwerpen begann eine Zeit harter Prüfungen. Hitler befahl die Ausschaltung des Hafens durch den Beschuß mit V-Waffen. 3700 V 1 und V 2 – über das Doppelte dessen, was auf England niederging – wurden dabei abgeschossen. 1250 trafen das Stadtgebiet, wobei mehrere tausend Menschen den Tod fanden. Allein am 16. Dezember kamen 858 Personen um, als das Lichtspielhaus Rex getroffen wurde. Dieser Beschuß verringerte zusammen mit einem Streik der Hafenarbeiter die tägliche Leistung des Hafens auf etwa 10000 Tonnen. Der Nachschub der Alliierten wurde empfindlich gestört. Auf alliierter

Seite unternahm man eine letzte Anstrengung, den Krieg noch im Jahre 1944 zu beenden. Die Oberbefehlshaber waren am 18. Oktober in Brüssel übereingekommen, eine Großoffensive sämtlicher Heeresgruppen einzuleiten. Die 21. Heeresgruppe sollte die Befreiung der Niederlande zu Ende führen, die 12. – verstärkt durch die 9. US-Armee unter William H. Simpson – sollte zu beiden Seiten der Ardennen angreifen. Die 6. unter Generalleutnant L. Devers, welche sich aus der 7. amerikanischen und der 1. französischen Armee zusammensetzte, sollte den Rhein im Raum von Straßburg erreichen und überschreiten. Man hoffte, der deutsche Widerstand werde unter einer so großen Anzahl gleichzeitiger Schläge zusammenbrechen.

Die Schlacht um Aachen, die vorübergehend geruht hatte, belebte sich wieder. Die Stadt lag in Ruinen. Sie war nicht nur eine wichtige Schlüsselposition für die Verteidigung des Ruhrgebiets, sondern auch von beträchtlicher symbolischer Bedeutung. Sie wäre die erste große deutsche Stadt gewesen, welche die Alliierten erobert hätten, und der Bann wäre damit gebrochen, der bis dahin die Grenzen des Reichs zu schützen schien. Hitler selbst sah in der Stadt Karls des Großen, der Wiege des Heiligen Römischen Reiches, ein Mahnmal des Germanentums, das um jeden Preis gehalten werden mußte. Die mit der Eroberung beauftragten Generale Hodges und Simpson drangen unbeirrt vor. Ehe die Zange sich um Aachen schloß, hatten Artillerie und Luftstreitkräfte ihr vorbereitendes Werk getan. Am 16. Oktober um 16 Uhr 35 vereinigten sich die einschließenden Verbände um die in ihrer Lage nicht zu verteidigende Stadt. Hitler ließ seinen üblichen Appell ergehen: in den Ruinen zu sterben. Doch Oberst Wilck tat, was immer mehr Kommandanten eingeschlossener Städte taten: Er antwortete dem Führer mit großen Worten, entschloß sich aber, am Leben zu bleiben, und hißte am 21. Oktober die weiße Flagge.

Am 19. November traten die 9. und 1. Armee zu einer Großoffensive an, deren Ziel der Rhein war.

Die in einer Bresche des Westwalls angreifende Armee Simpsons mußte die zahlreichen kleinen Ortschaften in der Ebene von Eschweiler eine nach der anderen erobern. Die Armee Hodges schlug sich an den bewaldeten und verschneiten Hängen der rauhen Eifel. Die Verluste waren groß, die Kämpfe äußerst erbittert. Das Dorf Hürtgen im Waldgebiet gleichen Namens wechselte vierzehnmal den Besitzer, das Dörfchen Vessenach bei Monschau achtundzwanzigmal. Mitte Dezember hatten die beiden amerikanischen Armeen an einigen Stellen die Rur erreicht, aber weder Jülich noch Düren waren genommen, auch der Rhein lag noch weit. Die Deutschen konnten durch die Eifel-Stauseen den Wasserstand der Rur regeln und so den Kampf südlich Aachen monatelang hinziehen.

Den Rhein als erster durch Lothringen und die Pfalz zu erreichen, hatte sich George Patton geschworen. Doch die heftigen Herbstregen hatten die 3. Armee während des ganzen Monats Oktober im Schlamm versinken lassen, außerdem war sie durch die

Transportkrise in ihrer Beweglichkeit gehemmt. Sie stieß am 8. November wieder vor, wie man in Brüssel beschlossen hatte, aber weder Bradley noch Eisenhower waren davon in Kenntnis gesetzt worden, so sehr fürchtete Patton, daß man von ihm verlangen würde, auf Hodges und Simpson zu warten. Die Wetterbedingungen, die am ersten Tag noch erträglich gewesen waren, verschlechterten sich zusehends. Der amerikanische Überfluß, dank dem die Männer jeden Tag mit ihren Rationen ein neues Paar Stiefel fassen konnten, vermochte dennoch nicht zu verhindern, daß in einigen Divisionen die Zahl von Erfrierungen an den Füßen bis zu 3000 betrug.
Hauptziel der 3. Armee war Metz. Wie Aachen, so wurde auch diese Stadt zuerst eingeschlossen. Mit Unterstützung durch die 10. Panzerdivision erzwang sich die 90. Infanteriedivision, die inzwischen eine der besten Divisionen des amerikanischen Heeres geworden war, den Übergang über die Mosel im Raum von Diedenhofen und drang nach Südosten vor. Eine andere Division des XX. Korps, die 5., überquerte die Seille und wandte sich dann nach Nordosten. Beide trafen sich am 19. November auf der Straße nach Boulay. Die Überschwemmungen, der Zustand des Geländes, die schlechte Sicht und beißender Frost hatten die Angriffe stark behindert, aber die Deutschen, die schlecht gekleidet und schlecht versorgt waren, hatten schlimm gelitten. Der rechte Flügel ihrer 1. Armee fiel auseinander. Ohne den Fall von Metz noch abzuwarten, setzte sich die 10. Panzerdivision in Richtung auf das Saargebiet in Marsch.
Natürlich hatte Hitler befohlen, daß Metz bis zum äußersten verteidigt werde. General Lübbe, schlaffer Haltung verdächtig, war durch General Kittel ersetzt worden, dem der Führer eigens das Ehrenwort abnahm, eine besonders heldische Haltung an den Tag zu legen. Aber der Generalstab der 1. Armee hatte auf seine Verantwortung die besten Truppen aus der Mausefalle zurückgezogen, und ein SS-Regiment, dem wenig daran gelegen war, in Gefangenschaft zu geraten, schwächte die Verteidigung noch zusätzlich, als es sich auf eigene Faust davonmachte. Kittel blieb nichts anderes übrig, als auf dem Schlachtfeld die tödliche Kugel zu suchen. Metz wurde am 20. November besetzt, ohne allzu großen Schaden genommen zu haben.
Das XII. US-Korps, das am rechten Flügel der 3. Armee angriff, war bei Saint-Avold durch die Maginotlinie gelangt. Am 29. November wurde die Grenze erreicht, die Saar bei Saarlouis am 2. Dezember überschritten. Der optimistische Patton bereitete sich schon darauf vor, den Rhein zwischen Worms und Speyer zu überschreiten – aber wie bei Aachen, so versteifte sich auch hier der Widerstand, sobald sich die deutschen Truppen auf eigenem Boden schlugen. In Saarlouis mußten einige Straßen Haus um Haus erobert werden. Mitte Dezember lag die 3. Armee nahezu fest. Der draufgängerische Patton war ebensoweit vom Rhein entfernt wie der methodische Hodges.
Der Oktober war für die 6. Heeresgruppe, wie auch für die beiden anderen, ein Monat der Enttäuschungen gewesen. Nur unter Schwierigkeiten gelang es, die Verbindungen mit Marseille wiederherzustellen, und Mangel an Treibstoff und Munition verlang-

In der Gegend von Aachen, das bereits im Oktober 1944 von der 9. US-Armee erobert worden war, entwickelte sich ein verbissener Kampf von Mann zu Mann und von Haus zu Haus.

Die Zivilbevölkerung, durch nationalsozialistische Propaganda oder alliierte Gegenpropaganda beeinflußt, begab sich entweder mit ihren Habseligkeiten auf die Flucht ins Ungewisse (oben) oder ließ den Einmarsch alliierter Truppen mit fassungslosem Staunen über sich ergehen (unten). Beide Bilder stammen aus Aachen im Herbst 1944.

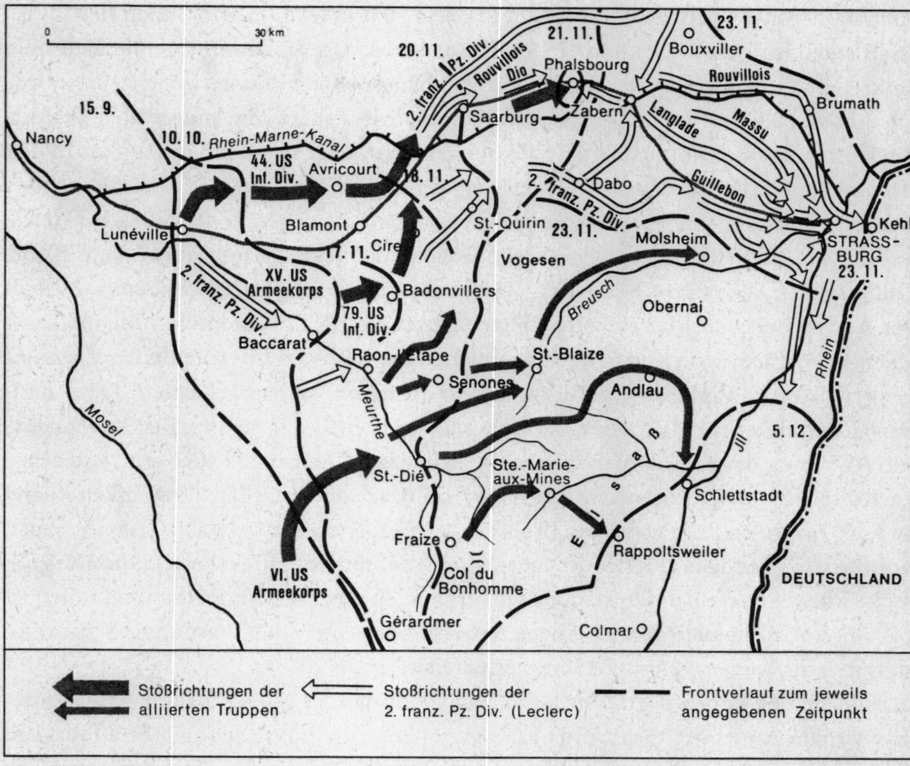

Karte 49 Der alliierte Vorstoß im nördlichen Elsaß vom 15. September bis zum 5. Dezember 1944

samte den Gang des Kampfgeschehens. Außerdem wurde die Heeresgruppe in zwei entgegengesetzte Richtungen angesetzt. Die Franzosen wollten über Belfort ins Elsaß vorstoßen, während SHAEF beabsichtigte, die Gruppe Devers nach Norden an die anderen Armeen anzuschließen.

Mitte Dezember erstreckte sich die Front der Heeresgruppe von Lunéville bis in die Gegend von Montbéliard. Eine französische Infanteriedivision und ein anglo-amerikanischer Verband sicherten die Alpenpässe. In Brüssel hatte man der 6. Heeresgruppe die Aufgabe erteilt, den Durchbruch bei Zabern zu erzwingen, Straßburg zu nehmen und einen Brückenkopf auf dem rechten Rheinufer zu errichten. Die Hauptaufgabe sollte dabei der 7. amerikanischen Armee zufallen. Die 1. französische Armee, der übrigens eine Verringerung ihres Truppenbestandes drohte, da Verbände für die Bereinigung der deutschen Brückenköpfe am Atlantik herausgezogen werden sollten, mußte sich darauf beschränken, an dieser Operation als rechte Flankendeckung teilzunehmen. Doch de Lattre nahm das nicht widerspruchslos hin. Er hatte einen Plan zur

Einnahme von Belfort entwickelt und erklärte sich imstande, von Süden her in das Elsaß einzudringen. Da er hartnäckig darauf bestand, gab man ihm schließlich freie Hand. So sollten nun zwei voneinander unabhängige Operationen gleichzeitig nördlich und südlich der Vogesen abrollen, die eine über Zabern, die andere über Belfort.
Am Vortag des 14. November war ein Schneesturm über das Land gegangen. In den Morgenstunden hatte sich das Wetter langsam gebessert. Die 338. Volksgrenadierdivision, welche die dreißig Kilometer lange Front zwischen der Schweizer Grenze und der Straße Belfort–Besançon hielt, rechnete keineswegs mit einem Angriff. Ihr Kommandeur, General Oschmann, inspizierte gerade die vorgeschobenen Posten. Der Angriff der marokkanischen Schützen der 9. Kolonialdivision überraschte ihn in einem Waldstück, wo er im Kugelhagel fiel. Seine Division bestand aus bunt zusammengewürfelten Einheiten, darunter einem Bataillon tauber Soldaten. Trotz hoffnungsloser Unterlegenheit verteidigte sie sich tapfer. An der rechten Flanke erreichte eine Abteilung der 9. Kolonialdivision die Schweizer Grenze und stieß am Neunzehnten um 18 Uhr 30 bei Rosenau in der Nähe von Basel auf den Rhein. Am linken Flügel fand der Angriff auf der gesamten Frontbreite des I. Armeekorps statt. Hérimoncourt, Montbéliard, Sochaux, Héricourt wurden eingenommen. Hitler befahl, die Burgundische Pforte unter allen Umständen zu verteidigen, aber die Verstärkungen trafen zu spät ein, als daß sie Belfort noch hätten retten können. Die Stadt wurde am 20. November durch die 2. marokkanische Infanteriedivision erobert.
Im Norden der Vogesen griff die 44. US-Division mit fliegenden Fahnen entlang der Hauptstraße Avricourt–Saarburg–Pfalzburg über Zabern in Richtung Straßburg an. Die 79. US-Division stieß über die Nebenstraße bei Dabo und den Wolfsberg vor. Die in vier taktische Gruppen aufgeteilte 2. Panzerdivision unterstützte diese Angriffe.
Am 19. November gelang der Durchbruch. Das entschlossen verteidigte Pfalzburg wurde gehalten, aber die Amerikaner hatten Blamont und Cirey genommen und damit den französischen Panzern den Weg geöffnet. Diese drangen durch den Wald von Wangenburg vor, rollten über die Höhe des Wolfsbergs und fuhren talwärts auf Zabern, wobei sie Pfalzburg umgingen. Die vier taktischen Verbände Leclercs richteten unter strömendem Regen ihren Vormarsch auf Straßburg. Drei wurden durch die im Westen der Stadt liegenden Forts in Schach gehalten. Der vierte Verband, der über Brumath eine Umgehungsbewegung ausgeführt hatte, drang am 23. November um 14 Uhr 30 in die Stadt ein. Er eilte zu der nach Kehl über den Rhein führenden Brücke, die jedoch vor seinen Augen in die Luft flog.
Es waren also die Armeen am rechten Flügel der Front, die unter ihren Führern Patton, Patch und de Lattre die größten Erfolge errungen hatten. Dies führte jedoch zu keinen strategischen Folgerungen, dafür aber zu hochgespanntem Optimismus in den Stäben. Nach der Einnahme von Belfort, Mühlhausen und Straßburg kam General Devers zu dem Schluß, daß die 19. deutsche Armee aufgehört habe, als taktischer Verband zu

existieren. Er war deshalb der Meinung, daß die 1. französische Armee genüge, um das Oberelsaß vom Feind zu säubern und daß er seine 7. amerikanische Armee an Pattons Front anschließen könne, um sie bei der Eroberung der Pfalz zu verwenden. Doch der Monat Dezember sah das XV. und das XVI. amerikanische Korps in heftigen Kämpfen um die unteren Vogesen im Raum von Saargemünd, Bitsch und Weißenburg.

Die Ardennenoffensive

Aber Hitler wollte noch immer nicht zugeben, daß er den Kampf im Westen verloren hatte. Von September an beschäftigte er sich mit der Vorbereitung einer Gegenoffensive, mit der er den Alliierten ihre Siege in der Normandie und in der Provence heimzuzahlen gedachte.

Am 9. Oktober hatte sich Hitler die verschiedenen Pläne vorlegen lassen, deren Ausarbeitung er dem OKW befohlen hatte. Es waren insgesamt fünf: Holland, Raum Aachen–Lüttich, Luxemburg, Lothringen, Elsaß. Sie alle hatten Gegenoffensiven mit beschränkten Zielen zum Gegenstand, waren Abwehrschläge, dem Ausfall aus einer belagerten Festung vergleichbar. So hatte die Gegenoffensive Luxemburg die Wiedereroberung der Eisenerzbergwerke von Longwy zum Ziel, die Gegenoffensive Elsaß die Rückeroberung von Vesoul.

Hitler entschied sich nicht sofort, sondern wünschte zunächst die Unterlagen der 4. und 12. Armee über die Kämpfe des Jahres 1940 zu sehen. Diese beiden Armeen hatten die Ardennen durchquert und waren über die Maas vorgestoßen. Doch man mußte entdecken, daß die vom Führer gewünschten Dokumente nicht mehr vorhanden waren: Die Protokolle des Sieges waren bei einem Bombenangriff verbrannt.

Während der Monate Oktober und November wurden die deutschen Armeen im Westen verstärkt und nach und nach neu gruppiert. In Zukunft sollten sie sich nach folgendem Schema ordnen: 1. Aus der Armeegruppe Student hervorgehend die Heeresgruppe H von der Nordsee bis in die Höhe von Düsseldorf; 2. die Heeresgruppe B unter Generalfeldmarschall Model bis zur Mosel; 3. die Heeresgruppe G unter General Balck anstelle von Blaskowitz bis in den Raum Karlsruhe; 4. die Heeresgruppe Oberrhein (bisher G), deren Oberbefehl Hitler in einer ungewöhnlichen Entscheidung dem Reichsführer SS Heinrich Himmler übertragen sollte, bis hinab zur Schweizer Grenze. Noch aber wußte keiner der höheren Generale, was Hitler beabsichtigte. Die Offensive, die er vorbereitete, sollte als Rundstedtoffensive in die Geschichte eingehen, doch hatte der Generalfeldmarschall an ihrer Planung, Vorbereitung und Ausführung nur wenig Anteil. Hitler arbeitete auf eigene Faust in erbittertem Mißtrauen gegenüber seinen eigenen Soldaten. Nur Jodl zog er heran.

Was sich weder vor den Armeeoberbefehlshabern noch vor dem Nachrichtendienst des Gegners verheimlichen ließ, war die Tatsache, daß Elitetruppen aus der westlichen Kampflinie gezogen oder andere von der Ostfront nach Westen verlegt wurden. Die 5. Panzerarmee, die zu diesem Zeitpunkt von einem vierundvierzigjährigen, kleinen General geführt wurde, der einen großen Namen der preußischen Militärgeschichte trug – Hasso von Manteuffel –, war seit den Kämpfen in Lothringen aus der vordersten Linie verschwunden. Zwei SS-Panzerkorps, die man von der Ostfront geholt hatte, bildeten in aller Heimlichkeit eine 6. SS-Panzerarmee, deren Führung Hitler dem ehemaligen Münchner Bäckergehilfen, dem SS-Oberstgruppenführer Sepp Dietrich, anvertraute, der einst seine Leibstandarte geführt hatte. Die deutschen Generale wie die Stäbe der Alliierten konnten nur mutmaßen, daß hier Truppenverbände zu einem Gegenangriff zusammengestellt würden, die dem Gegner den Zugang ins Ruhrgebiet verwehren sollten, falls die Front an der Rur zusammenbrach.
Am 24. Oktober begann sich der Schleier des Geheimnisses für die höchsten Spitzen der Wehrmacht zu lüften. Die nach Ostpreußen gerufenen Generalstabschefs Models und Rundstedts, die Generale Krebs und Westphal, ließen sich die Gedanken des Führers darlegen. Hitler gab zu, daß die Wiederherstellung einer geschlossenen Front an der Reichsgrenze nach den großen Niederlagen des Sommers nicht mehr und nicht weniger als ein Wunder gewesen sei. Ein Wunder aber wiederhole sich nicht. Eine Fortsetzung der Defensive aber könne den Einbruch des Gegners ins Reich nur hinauszögern. Sobald die Amerikaner den Hafen von Antwerpen wieder in Betrieb genommen hätten, würden die auf dem Seeweg eingeschleusten Verstärkungen die deutsche Front unwiderstehlich unter Druck setzen. Es sei deshalb dringend geboten, Antwerpen wieder zu nehmen.
Nachdem Hitler das Ziel genannt hatte, zeigte er, daß man die Mittel besaß, es zu erreichen. Der Feind sei erschöpft und seine siebzig Divisionen reichten nicht aus, um eine Front von 700 Kilometer Länge zu halten. An der Ostfront seien die Kämpfe zu einem gewissen Stillstand gekommen, was gestatte, von dort größere Verbände abzuziehen. Die mit der Offensive beauftragte Heeresgruppe B könne eine Verstärkung durch zwanzig Infanteriedivisionen, zehn Panzerdivisionen sowie zehn Artillerie- oder Granatwerferkorps erhalten. Als Luftschirm habe der Reichsmarschall 3000 Jagdflugzeuge versprochen. Göring sei zwar Göring und statt 3000 Jägern stelle er vielleicht nur 2000, unter ihnen aber befänden sich die hundert ersten Düsenjäger, allem weit überlegen, was Amerikaner und Engländer besäßen. Außerdem werde das schlechte Wetter, mit dem man zu dieser Jahreszeit rechnen könne, die Wichtigkeit der Luftstreitkräfte ohnehin mindern.
So war nur noch der Ort fraglich, an dem die Offensive ansetzen sollte. Hitler gab den beiden Generalstabschefs zu wissen, daß er sich für einen Angriff in den Ardennen entschieden habe. Er gab zu, daß Glatteis und Schnee ihre Durchquerung schwieriger

machten als im Mai 1940. Aber der Feind sei in diesem Gebiet schwach, und vorausgesetzt, daß die Geheimhaltung gelänge, bestehe eine Chance von neun zu eins, ihn zu überraschen.

Westphal und Krebs trafen, als sie ihren Vorgesetzten von diesen hochfliegenden Plänen berichteten, auf Skepsis. Zwar befürworteten Rundstedt und Model eine Offensive, doch betrachteten sie den Gedanken eines Vorstoßes auf Antwerpen als phantastisch und hätten lieber realistischere Ziele gesehen. Westphal bat Rundstedt inständig, seine Einwände persönlich Hitler vorzutragen, aber dem alten Mann war schon der Gedanke daran unerträglich. Er wußte, daß der Diktator ihn nach den ersten Worten unterbrechen und ihm lange, verworrene Reden halten würde.

Am 3. November erschien Jodl beim Oberbefehlshaber West, wo ihn die Armeebefehlshaber erwarteten. Bevor er zu sprechen begann, erklärte er, daß die Herren Generalfeldmarschälle und Generale noch eine kleine Formalität erfüllen möchten. Gemäß dem Befehl des Führers sollten sie sich verpflichten, nichts von dem, was sie nun zu hören bekämen, weiterdringen zu lassen, ansonsten ihnen die Todesstrafe drohe. Sie sahen sich gegenseitig an, begriffen den ihnen angetanen Schimpf, aber senkten die Köpfe und unterzeichneten. Der Stolz des deutschen Oberkommandos war gebrochen.

Mit stockender Stimme gab der sichtlich gealterte Jodl weiter, was der Führer von seinen Soldaten im Westen erwartete: Nicht mehr und nicht weniger, als das Kriegsgeschehen zu wenden und dem Deutschen Reich noch zu einem Zeitpunkt den Sieg zu erringen, zu dem seine Gegner es schon als besiegt betrachteten.

Die Ardennenoffensive wurde von der Heeresgruppe Model getragen. Die Armee ihres rechten Flügels, die 15. unter General Gustav von Zangen, sollte einen Angriff in Richtung auf Maastricht führen, um gegnerische Kräfte zu binden. Die Armee ihres linken Flügels, die 7. unter General Erich Brandenberger, sollte nach Süden vorstoßen und am Semois Stellung beziehen, um die Operation gegen eine voraussichtliche Reaktion Pattons abzusichern. Der Durchbruch und dessen Ausweitung fielen den beiden Panzerarmeen, der 5. und 6., zu. Auf sie waren die Gewichte verschieden verteilt. Die Armee Manteuffel mit ihren vier Panzer- und drei Infanteriedivisionen sollte zwischen Fumay und Namur über die Maas setzen, südlich an Brüssel vorbeistoßen und gegen die Scheldemündung vordringen, dabei Gegenangriffe des Feindes zerschlagen. Mit vier SS-Panzerdivisionen und fünf Infanteriedivisionen sollte die 6. SS-Panzerarmee Sepp Dietrichs die Hauptaufgabe übernehmen: Überquerung der Maas beiderseits von Lüttich, Überquerung des Albertkanals, Eroberung Antwerpens.

Jodl zufolge, einem nur wenig überzeugten Interpreten Hitlers, waren die zu erwartenden Ergebnisse der Offensive nicht genau zu begrenzen. Die voneinander getrennten englischen und amerikanischen Streitkräfte könnten sehr wohl ihr Heil in einer überstürzten Wiedereinschiffung sehen; dem zweiten Durchbruch in den Ardennen

könnte ein zweites Dünkirchen folgen. Der Führer habe wiederholt betont, wie wichtig Schnelligkeit sei: Er erwarte, daß die Maas bereits am zweiten Tag erreicht werde.
Im Hintergrund begann Model zu sprechen. In geschickter Weise schlug er eine verführerische Alternative vor. Im Raum von Aachen bilde die Front einen Vorsprung. Wenn man, anstatt sich über die Maas zu wagen, zweihundert Kilometer weit mit den vorgezogenen Flanken vorstoße, werde sich die feindliche Operation nach Norden richten, wo ihr ein von Limburg aus geführter Stoß der 15. Armee entgegenkommen könne. Die in dem Frontvorsprung befindlichen amerikanischen Streitkräfte, etwa zwanzig Divisionen, könnten eingekreist und zerschlagen werden. Danach könnte man gegen einen geschlagenen und geschwächten Feind unter weitaus günstigeren Bedingungen die Rückeroberung Antwerpens betreiben. Jodl weigerte sich, auf eine Diskussion einzugehen, und beschränkte sich auf die Zusicherung, er werde dem Führer die Pläne des Feldmarschalls übermitteln.
Die Offensive war für den 27. November in Aussicht genommen. Schwierigkeiten im Transportwesen zwangen zu einer Verschiebung auf den 16. Dezember. In der Zwischenzeit ging die Diskussion des Planes weiter. Da Hitler inzwischen endgültig die vom russischen Vormarsch bedrohte Wolfsschanze hatte verlassen müssen, kam es am 2. Dezember in der Reichskanzlei zu einer sieben Stunden dauernden Besprechung. Models Darlegungen waren so zwingend, daß Hitler ihn kein einziges Mal unterbrach. Aber er blieb unerschütterlich. Models Plan, die kleine Lösung, sagte er, sei nur eine halbe Lösung. Der von ihm, Hitler, vorgeschlagene Plan müsse in vollem Umfange ausgeführt werden.
So mußte er nur noch die Zuversicht seiner Truppenführer heben. Am 11. und am 12. Dezember versammelte Hitler deshalb in zwei Schüben alle Korpskommandeure und Divisionschefs, die an der Offensive teilnehmen sollten. Sie wurden durch SS-Männer zu einem Sammelpunkt gebracht, dort durchsucht und entwaffnet, dann in Autos gesteckt, die, wie es ihnen schien, im Kreis durch die Nacht fuhren. Keiner von ihnen kannte den Ort, wo man ihnen auszusteigen befahl. Es war das Schloß Ziegenberg in Hessen, das seit 1940 als geheimes Hauptquartier des Führers eingerichtet worden war. Der Bunker, in den man sie hinabsteigen ließ, war ein enger Raum. Die SS-Generale wurden gebeten, aufrecht stehen zu bleiben, während man die Generale der Wehrmacht sitzen ließ – keineswegs als ein Ehrenerweis, sondern vielmehr aus Vorsicht. Hinter jedem Stuhl stand ein Leibwächter, die Hand am Griff der Pistole. »Keiner von uns«, sollte Bayerlein später sagen, »hätte auch nur gewagt, sein Taschentuch zu ziehen.« Er hätte sein Leichentuch gezogen.
Hitler erschien. Alle Anwesenden erschraken. Der Führer bot ein Bild körperlichen Zerfalls. Er zog ein Bein hinter sich her und hielt mit der rechten Hand seinen linken Arm fest, um ihn am Zittern zu hindern. Seine Stimme wirkte gebrochen, als spräche sie aus dem angstvollen Dämmer eines Alptraumes. Dennoch redete Hitler zwei Stun-

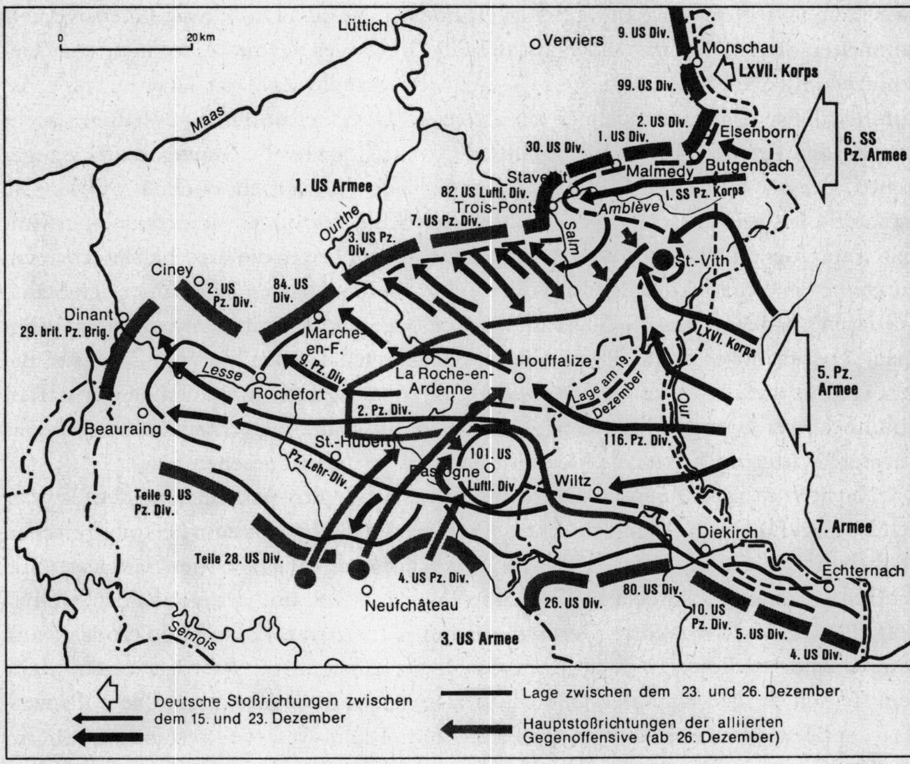

Karte 50 Die Ardennenoffensive und der alliierte Gegenangriff (Dezember 1944)

den lang. Vorübergehend gewann er jene düstere Glut wieder, die ihn zum Tyrannen Deutschlands und zur Geißel der Welt gemacht hatte. Er erging sich in ausgedehnten historischen Darlegungen, erinnerte an die Kämpfe, das hartnäckige Aushalten, die Triumphe Friedrichs II., wies darauf hin, daß der Bruch im Bündnis der Alliierten kurz bevorstehe und daß der Erfolg der Ardennenoffensive diesen Bruch zum Vorschein kommen lassen werde. Die Generale waren voller Fragen und Einwände. Sie wollten Näheres wissen über die Mittel, die fünf Tage vor dem unverrückbar festgesetzten Zeitpunkt für den Beginn der Offensive nur als Versprechungen existierten. Alle waren übrigens für die von Model vorgeschlagene kleine Lösung. Aber eine erneute Diskussion kam nicht in Frage. Die Generale der unteren Ränge waren nicht vor Hitler geführt worden, um eine Ansicht darzulegen oder um Klagen zu führen. Man hatte sie nur herbeigeholt, um ihnen seine Worte mit auf den Weg zu geben. Eine Wirkung zeitigten diese Worte übrigens nicht. Für die Praktiker des Krieges klang der politische Wortschwall mit seinem Appell an den Fanatismus nur wie ein Ausdruck letzter Verzweiflung. Wie vor den Kopf geschlagen brachen sie auf. Die für die Offensive versammelten Streitkräfte bestanden aus dreißig Divisionen: 250000 Soldaten, 1900 Geschützen und 970 Panzern. Die von Göring bereitgestellte Zahl der Jäger betrug 1500, von den Düsenjägern war keiner einsatzbereit. Der Treibstoffmangel hatte es nicht erlaubt, den Panzern mehr als die Hälfte der 500 Kilometer Bewegungsraum zuzugestehen, der als Minimum für einen Vorstoß nach Antwerpen erachtet wurde. Die Infanterie bestand ausschließlich aus Volksgrenadierdivisionen, improvisierten Einheiten aus Jugendlichen und älteren Männern. Sie aber hatten die Breschen zu schlagen, durch die der Vorstoß der Panzer dann erfolgen sollte. Kein einziger unter den Stabsoffizieren glaubte daran, die Maas am zweiten oder auch nur am vierten Tag zu erreichen. Aber man war so vorsichtig, diesen Glauben nach außen hin vorzuspiegeln. Bei der Truppe war die Moral einigermaßen gut. Man sagte diesen Soldaten der letzten Minute, es werde ein zweites 1940 geben, man wolle Frankreich erneut erobern. Etwas wärmere Witterung hätten die Männer freilich nicht ungern gesehen.

Die Nacht vom 15. auf den 16. Dezember war eisig. In den Ardennenwäldern lag der Schnee zwei Fuß hoch. Vom deutschen Städtchen Monschau bis zum luxemburgischen Städtchen Echternach standen an der 130 Kilometer langen Front, längs der die deutsche Offensive losbrechen sollte, die 2., 99., 106., 28. und 4. amerikanische Division, die zum V. Armeekorps Gerows und zum VIII. Armeekorps Middletons gehörten, die beide in diesen ruhigen Frontabschnitt zurückgezogen worden waren, nachdem sie sich bei den Kämpfen an der Rur ziemlich verbraucht hatten. Die 9. Panzerdivision befand sich zum Teil an der Front, zum Teil in Reserve. Von einer Front im strengen Sinne des Wortes konnte allerdings nicht die Rede sein. Die amerikanischen Soldaten unterhielten Ketten kleiner Posten und lagen in den Orten Schönberg, Saint-Vith, Houffalize, Bastogne, Clervaux. Viele konnten sich abends erleichtert aufatmend in ein gemütliches Bett legen. Zu Kämpfen kam es nur hie und da. Gelegentlich hörte man Geschützfeuer. Die Dorfbevölkerung, ja sogar deutsche Urlauber bewegten sich ungeniert im Niemandsland. Eine der amerikanischen Divisionen, die 106. unter Generalmajor Jones, lebte fast völlig abgeschnitten in dem rauhen kleinen Berggebiet der Schnee-Eifel und erging sich dort beim Wintersport. ›Wir sind hier so sicher wie in England‹, schrieb der junge Soldat Schachtmann an seine Mutter. Der einzige Umstand, der Erstaunen weckte, waren die vielen deutschen Flugzeuge, die während der letzten Nächte ohne offensichtlichen Grund durch den Himmel gekurvt waren. Niemand machte sich klar, daß sie ihren kostbaren Treibstoff verbrauchten, um mit dem Geräusch ihrer Motoren den Lärm der Panzer und Artillerieschlepper zu übertönen, die in Stellung fuhren.

In den alliierten Generalstäben nahm man Anzeichen einer Konzentration der deutschen Kräfte wahr. Trotz des schlechten Wetters stellte die Luftaufklärung starken Verkehr auf Straßen und Eisenbahnlinien fest. Berühmte Divisionen, wie die wiederhergestellte Panzerlehrdivision waren in Frontnähe verlegt worden. Die Festigung der Moral, die sich bei eingebrachten Gefangenen feststellen ließ, beeindruckte die alliierten Nachrichtenoffiziere. Doch trotz des warnenden Beispiels von 1940 maß man den Ardennen keine besondere Wichtigkeit zu. Der Bericht vom 15. Dezember lautete: ›Keine besonderen Vorkommnisse in diesem Abschnitt.‹

Um 5 Uhr 30 wurden die Amerikaner durch das Donnern einer heftigen Artillerievorbereitung aus dem Schlaf gerissen. Die Scheinwerfer der deutschen Flakartillerie strahlten die Wolken an und schufen so ein künstliches Mondlicht, das den Angriff der Infanterie erleichterte. Die Überraschung und das dadurch hervorgerufene Durcheinander waren derart, daß bei der 12. Heeresgruppe noch vier Stunden nach Einsetzen des Angriffs keine Meldung darüber eingegangen war. Der Lagebericht um 9 Uhr 15 besagte, daß keine Veränderung im Bereich des VIII. und V. Korps eingetreten sei. Bradley befand sich in Versailles im Trianon, wohin Eisenhower SHAEF hatte verlegen lassen. Die beiden Generale sprachen mit Generalstabschef Bedell Smith über Fragen des Ersatzes bei der Infanterie, als ein Oberst auf Zehenspitzen hereintrat und meldete, die Deutschen seien in den Ardennen zum Angriff übergegangen und hätten einige Geländegewinne erzielt. Zu Beginn des Nachmittags sei von der 99. Division ein Tagesbefehl abgefangen worden, der erkennen lasse, daß es sich um einen gegnerischen Großangriff handele. Bedell Smith legte seine Hand auf die Schulter des Kommandeurs der 12. Heeresgruppe: »Sehen Sie, Brad, Sie haben sich eine Gegenoffensive gewünscht – jetzt haben Sie eine.« – »Ja, schon. Aber so groß habe ich sie mir auch wieder nicht gewünscht.«

Man ergriff Gegenmaßnahmen. Alle verfügbaren gepanzerten Einheiten wurden nach dem angegriffenen Frontabschnitt in Marsch gesetzt. Als strategische Reserve blieben dem alliierten Oberkommando nur noch zwei Luftlandedivisionen, die 82. und die 101., die in der Gegend von Reims lagen. Nach einigem Zögern setzte Eisenhower auch sie in Bewegung. Die 82. beorderte er nach Houffalize, die 101. nach Bastogne im Zentrum der Ardennen.

Die Nachricht, daß die Deutschen wieder in den mit schicksalhaften Erinnerungen verbundenen Ardennen zum Angriff antraten, ließ in dem kurz zuvor erst befreiten Europa Panikstimmung aufkommen. Aus dem Äther ertönte Hitlers Stimme: »Frankreich wird für die Amerikaner zu einer gewaltigen Falle werden.« Mancher, der zuletzt noch Anschluß an die Résistance gesucht hatte, stellte sich bereits wieder auf eine neue Schwenkung ein. In Belgien und Nordfrankreich bündelte die Bevölkerung, bereit zur Flucht, erneut ihre mageren Habseligkeiten. In Sigmaringen erklärten die französischen Nazianhänger, sie wollten zum Neujahrstag wieder in Paris sein, und schworen schreckliche Rache.

Doch 1944 war nicht 1940. Die deutsche Offensive stand vor außergewöhnlich großen Schwierigkeiten. Die Versorgung über die engen, kurvenreichen, verschneiten und

vereisten Straßen war unsäglich schlecht. Das Material wies zahlreiche Verschleißschäden auf. Viele Infanteristen kämpften in Lumpen. Der Ausfall des belagerten Deutschland über die winterlichen Ardennen erinnerte eher an die Rückzüge in Rußland als an die schwungvollen Vorstöße Rundstedts vor mehr als vier Jahren.
Sepp Dietrichs Frontabschnitt, der als entscheidend galt, war auf 25 Kilometer begrenzt. Das LXVII. Korps auf seinem rechten Flügel sollte mit einer Wendung nach Norden angreifen, um längs der Linie Monschau–Eupen–Lüttich eine Abwehrflanke zu bilden. Die beiden Panzerkorps folgten hintereinander gestaffelt, wobei das I. SS-Panzerkorps vorausging, das II. SS-Panzerkorps folgte. Sie sollten im Vorstoß über die Maas den Angriff in Richtung Antwerpen tragen. Drei Divisionen Volksgrenadiere standen als Infanterieunterstützung bereit und hatten den Auftrag, den Panzern den Weg zu öffnen.
Am 16. und 17. Dezember kam das LXVII. Armeekorps nur langsam voran. Es gelang ihm nicht, Monschau zu nehmen noch sich des kleinen Bergrückens bei Elsenborn zu bemächtigen, der von der 78. US-Division verteidigt wurde. Auf dem linken Flügel warf die Grenadierdivision des I. SS-Panzerkorps die 99. US-Division zurück, und es gelang ihr, den deutschen Panzern den Weg durch die gewundenen Täler der Warche und der Amblève zu öffnen. Die beiden Flüßchen laufen bei Stavelot zusammen und münden unter dem Namen Ourthe bei Lüttich in die Maas.
Während der folgenden Tage wurde erbittert gekämpft. Hodges gab seine Offensive gegen die Rur auf und verwendete die dadurch freigewordenen Kräfte, um die Flanke des durch das deutsche Vorprellen geschaffenen Frontvorsprungs abzustützen. Das LXVII. Armeekorps vermochte durch seine Wendung nach Norden der Offensive nicht in entscheidender Weise Raum zu gewinnen. Das Hintereinander der beiden Panzerkorps auf schlechten Straßen verstopfte in ungeahntem Ausmaß die Nachschubwege, so daß ein Eingreifen des II. SS-Panzerkorps fast unmöglich gemacht wurde. Dietrich und die SS-Generale büßten hier für manche Unerfahrenheit ihrer Stäbe. Ein Fallschirmjägerunternehmen unter Oberst von der Heydte war gescheitert, und auch das von Skorzeny in Szene gesetzte Abenteuer, bei dem in alliierte Uniformen gekleidete deutsche Soldaten hinter den Linien Verwirrung stiften sollten, vermochte die Situation nicht zu ändern.
Am 19. Dezember nahm das I. SS-Panzerkorps Trois Ponts am Zusammenfluß von Amblève und Warche und gelangte bis zum Dorf La Gleize. Es sollte nicht weiter gelangen. Das durch das Eingreifen von Schlachtflugzeugen von seiner Versorgung abgeschnittene I. SS-Panzerkorps wurde fast völlig zerschlagen. Die von der 82. Luftlandedivision angegriffene 9. SS-Panzerdivision wurde zum Rückzug über die Amblève gezwungen. Ein Versuch, den Angriffsstoß der Armee nach Süden zu richten, verschlimmerte nur noch die Situation. Am Weihnachtstag mußte sich die 6. SS-Panzerarmee erschöpft in die Defensive begeben.

Ihr zur Linken hatte die 5. Panzerarmee mit geringeren Kräften auf einer doppelt so breiten Front angegriffen. Das LXVI. Armeekorps auf ihrem rechten Flügel wurde von der 7. amerikanischen Panzerdivision aufgehalten, die ihr bis zum 23. Dezember den kleinen Verkehrsknotenpunkt Saint-Vith streitig machte. Ihre beiden Korps am linken Flügel, das LVIII. und das XXXXVII. Panzerkorps, setzten über die Our und schlossen in der Schnee-Eifel Teile der 106. US-Infanteriedivision ein, schlugen die 28. in die Flucht und stießen durch das Großherzogtum Luxemburg vor. Beim LVIII. Panzerkorps nahm die neuaufgestellte 116. Panzerdivision Houffalize auf der Straße nach Arlon und Lüttich. Beim XXXXVII. Panzerkorps arbeiteten sich zwei andere, wiedererstandene Einheiten, die 2. Panzerdivision und die Panzerlehrdivision, durch Zerstörungen stark behindert, gegen die großen Waldgebiete um Saint-Hubert vor. Die Panzerlehrdivision, immer noch unter dem Kommando von Bayerlein, stand am 19. Dezember bei Anbruch der Nacht vor Bastogne. Erst wenige Stunden zuvor war das Städtchen von der 101. Luftlandedivision besetzt worden, die schnell aus Reims herangeführt worden war.

Von Bastogne aus lief die große, von Luxemburg kommende Straße über Namur nach Brüssel. Auch die große Straße nach Lüttich zweigte hier ab. Vier weitere kleinere Straßen führten nach Neufchâteau, La Roche, Trois-Vierges und Ettelbruck. Im Jahre 1940 war es der Heeresgruppe Rundstedts gelungen, sich des Knotenpunktes der Ardennen bereits am Morgen des 10. Mai kampflos zu bemächtigen. Diesen Ort zu nehmen erwies sich unter den harten Bedingungen des Winters als noch vordringlicher. Manteuffel stand vor einem Dilemma. Er hätte sein ganzes XXXXVII. Panzerkorps auf Bastogne werfen oder die Stadt umgehen können, indem er die Zufahrtswege blockierte. Im ersten Fall hatte er die Chance, ein größeres Hindernis schnell auf die Seite zu schaffen, doch bestand auch das Risiko, den Rhythmus der Offensive zu brechen. Im zweiten Fall konnte er ohne Unterbrechung weiter auf die Maas vorstoßen, ließ aber in seinen ohnehin schwachen Verbindungswegen ein gefährliches Hindernis bestehen.

Manteuffel entschloß sich zu einem Kompromiß. Er ließ vor Bastogne ein Regiment der Panzerlehrdivision stehen, welches die 26. Volksgrenadierdivision bei der Einnahme der Stadt unterstützen sollte, und verstärkte sie zusätzlich durch die Führerbegleitbrigade aus der Panzerreserve des XXXXVII. Korps sowie durch Verbände der 15. Panzergrenadierdivision. Die Verteidiger des Orts bestanden außer der 101. Luftlandedivision und der 28. Infanteriedivision aus Teilen der 10. Panzerdivision sowie einigen rückwärtigen Formationen. Ihr Kommandeur war Brigadegeneral McAuliffe, der vorübergehend an Taylors Stelle getreten war.

Der Befehlshaber der Angreifer, General Heinz Kokott, hielt es für richtig – »ohne meine Zustimmung«, wie Manteuffel bemerkte –, den Gegner zur Übergabe aufzufordern. Sein Parlamentär überbrachte McAuliffes schriftliche Antwort. Sie bestand in einem einzigen Wort: ›Nuts!‹ Wörtlich übersetzt bedeutet dies ›Nüsse‹. Der Bedeutung nach läßt es sich vielleicht mit ›Quatsch!‹ wiedergeben. Die Belagerung begann. In der Zwischenzeit setzten die Panzer ihren Vormarsch auf die Maas fort. Es war ein schwieriger Marsch, aufgehalten durch den tapferen Widerstand des Gegners, verlangsamt durch Geländeschwierigkeiten, unterbrochen durch Ausfälle in der Treibstoffversorgung. Im Norden nahm die 116. Panzerdivision La Roche-en-Ardenne, setzte bei Hotton über die Ourthe, stieß aber, da sie infolge eines Irrtums der Führung achtundvierzig Stunden verloren hatte, auf die ausgeruhte 84. US-Division, die ihr den Weg versperrte. Im Süden nahm die Panzerlehrdivision Saint-Hubert sowie Rochefort und stieß mit ihren Vorauseinheiten bis Ciergnon, zwanzig Kilometer vor Dinant, vor. Zwischen diesen beiden Divisionen lag die 2. Panzerdivision seit sechsunddreißig Stunden wegen Treibstoffmangels unbeweglich fest. Am 22. Dezember setzte sie sich wieder in Bewegung, durchbrach eine Sperrstellung zwischen Marche-en-Famenne und Rochefort und erreichte am 24. mit ihrer Aufklärungsabteilung Foy-Notre-Dame am ersten Damm der Maas. Vor ihren Augen strömte der Fluß, kaum sechs Kilometer entfernt. Vom selben Ort aus hatten ihn Rommels Soldaten dreiundfünfzig Monate zuvor zum erstenmal erblickt.

Doch diesesmal war die Angriffsspitze stumpfer. Überlegene Kräfte taten sich zusammen, um gegen die gefährlich weit vorgeprellte 2. Panzerdivision anzutreten. Der Himmel hatte aufgeklart, und die alliierten Luftstreitkräfte taten ihr furchtbares Werk. Bombenteppiche gingen auf allen Straßen nieder. Das nähere wie das weitere Hinterland der Front stand unter pausenlosen Angriffen, die sämtliche Verbindungen der Heeresgruppen zerschlugen. In zwei Teile zersprengt, von Artilleriefeuer stark mitgenommen, von Jagdbomberschwärmen ständig angegriffen, wurde die 2. Panzerdivision so gut wie aufgerieben. Bayerlein war ihr tapfer zu Hilfe geeilt, vermochte aber nur noch einige Überlebende zu retten, die er mit seiner Panzerlehrdivision, die selbst stark angeschlagen war, nach Rochefort zurückführte.

Die deutsche Offensive war gescheitert. Es begann der Gegenschlag der Alliierten.

Es ist unmöglich, anhand all der widersprüchlichen Zeugnisse mit Sicherheit zu sagen, wie sich Eisenhower angesichts des massiven Schlags in den Ardennen verhielt. Nach englischen Darstellungen verlor er den Kopf. ›Er war sehr aufgeregt, als er mich anrief‹, schildert Montgomery, ›sprach ungeheuer schnell und schrie in den Apparat. Ich konnte nicht verstehen, was er sagte. Glücklicherweise wurde die Verbindung unterbrochen, ehe er noch zu Ende gekommen war.‹ Auch die amerikanischen Unterführer Eisenhowers kamen nicht gut weg. ›Ich erschien im Hauptquartier von Hodges‹, schrieb ein englischer Generalstabsoffizier an Brooke, ›wie Christus, im Begriff die Wechsler aus dem Tempel zu treiben... Seit Beginn der Schlacht hatte niemand Bradley gesehen...‹ Nach den amerikanischen Zeugnissen indessen waren Ike und seine Unterführer standhafte Männer, die der Situation kaltblütig begegneten.

Am 19. Dezember traten in einer Kaserne Verduns Eisenhower, Tedder, Bradley, Devers und Patton zu einer Besprechung zusammen. Der Kommentar Pattons zur Lage lautete: »Man müßte diese Schweine bis Paris kommen lassen, ihnen ins Kreuz springen und sie zu Mus schlagen!« Eisenhower antwortete, die Deutschen dürften auf gar keinen Fall über die Maas gelangen. Er plane, sagte er, sie am Nordabschnitt des Frontbogens zu stoppen und den Gegenangriff am Südabschnitt zu führen. Wann es dann nach Pattons Ansicht möglich sei, mit sechs Divisionen auf Bastogne und Houffalize vorzustoßen? Patton antwortete, daß er vom 22. Dezember an bereit sei, freilich nur mit drei Divisionen. Doch Schnelligkeit, betonte er, wiege mehr als die Zahl: Man müsse den Gegner treffen, solange er noch nicht sein Gleichgewicht wiedergefunden habe. Eisenhower stimmte zu.
Der nächste Tag, der 20. Dezember, brachte neue Umstellungen. In Anbetracht des Umstandes, daß der deutsche Durchbruch seine Verbindungen zu Montgomery zerschnitten hatte, entschloß sich Eisenhower, Montgomery all jene alliierten Streitkräfte anzuvertrauen, die sich nördlich des Frontbogens befanden, wodurch die 9. und die 1. US-Armee unter das Kommando des Feldmarschalls gerieten. Als Montgomery diese Aufgabe übernahm, konnte er nicht umhin, das Durcheinander und die Unordnung nachdrücklich zu erwähnen, die in den amerikanischen Frontabschnitten herrschten. Anstatt in dieses Durcheinander sein XXX. britisches Korps zu werfen, das er völlig in der Hand hatte, befahl er ihm, sämtliche Maasübergänge abzusichern. ›Ich fühlte mich nun sicherer...‹ Eine einzige Panzerbrigade der Garde nahm am Vierundzwanzigsten östlich von Dinant am Kampf teil und half, die 2. Panzerdivision zu zerschlagen. Patton hielt sein Versprechen. Seine Offensive begann er am 22. Dezember um 4 Uhr morgens mit seiner 26., 80. und 4. Panzerdivision. Sie stieß auf die 7. deutsche Armee, die mit drei Divisionen Volksgrenadieren und einer Division Fallschirmjägern die linke deutsche Flanke schützte. Im tiefen Schnee und auf schlechten Straßen waren die amerikanischen Geländegewinne anfangs nur sehr gering. Doch am Dreiundzwanzigsten schien strahlende Sonne über der winterlichen Landschaft. Die Jagdbomber warfen sich in die Schlacht; man kam nun schneller voran. »Lovely weather for killing Germans!« rief Patton.
Dank der Wetterbesserung konnte Bastogne aus der Luft versorgt werden und hielt sich gut. Schon nahten die Befreier. Am Vormittag des Sechsundzwanzigsten war die 4. Panzerdivision auf der Straße von Neufchâteau über Vaux-Les-Rosières hinausgestoßen. Um 14 Uhr telefonierte ihr Kommandeur, Generalmajor Gaffey, mit Patton: »Kann ich ein großes Risiko eingehen?« – »Natürlich. Um was geht's denn?« Gaffey schlug vor, in einem Blitzunternehmen sein Combat Command R unter Oberst Wendell Blanchard auf Bastogne zu werfen. Das gefrorene Gelände war für einen Panzereinsatz günstig, und die Division befand sich nur zehn Kilometer von den Belagerten entfernt. Das Combat Command machte sich auf den Weg. Es umging Sibret und die Straße

nach Neufchâteau, schlug einen Landweg ein, zerschoß den Weiler von Assenois und kam inmitten aufgelöster deutscher Einheiten voran. Um 16 Uhr 50 sahen die Männer einer kleinen Kolonne von drei ›Shermans‹ und einigen Raupenfahrzeugen unter Befehl des Oberleutnants Bogess im Rauch eine Gruppe von Soldaten in Khaki-Uniform, die ein Blockhaus angriffen. Es waren dies die Soldaten des 326. Pionierbataillons. Der Ring um Bastogne war durchbrochen.

Doch damit war die Schlacht in den Ardennen noch nicht zu Ende. Die deutschen Truppen räumten nur, was nicht zu halten war, krallten sich aber dann an einer Verteidigungsstellung fest, die immer noch die Hälfte der von ihnen seit dem 16. Dezember eroberten Gebiete in ihrem Besitz ließ. Im Raum von Bastogne gingen die erbitterten Kämpfe weiter, die allein drei deutsche Armeekorps auf diesen Frontabschnitt zogen. Die Kampfteilnehmer fragten sich, weshalb man sich denn so erbittert um einige Waldgebiete schlage. Rundstedt hatte bereits am 20. Dezember einen Rückzug hinter den Westwall verlangt. Model und Guderian hatten sich ihm angeschlossen. Doch Hitler wies ihre Vorschläge zurück.

Sein neues Geheimnis lautete: Die Ardennenoffensive wird wiederaufgenommen werden. Annähernd 100000 Mann waren geopfert worden; unersetzliches Material war verloren. Alle Generale wußten, daß die deutsche Armee nicht mehr zu retten war. Fast alle waren der Auffassung, daß man den Kampf im Westen abbrechen und alles versuchen müsse, ein Eindringen der Russen in Deutschland zu verhindern. Doch Hitler hielt an seiner Meinung fest, daß ein Sieg im Westen immer noch notwendig und möglich sei. Vor allem sei es nötig, die feindlichen Reserven an den sekundären Frontabschnitten abzunutzen. Der Führer dachte dabei an das Elsaß. Von den in den Ardennen behaupteten Stellungen aus könne man dann wieder die Eroberung Antwerpens anstreben.

Es war nur noch eine Stunde bis zum Jahresende 1944. Die 7. US-Armee stand von Saarlouis bis südlich von Straßburg. Zwischen Saargemünd und Hagenau hielt das VI. Korps mit seinen drei Divisionen die Front. Gegen dieses Korps richtete sich mitten in der Silvesternacht der erste Ablenkungsangriff Hitlers.

XXX. Kapitel Oktober 1944 bis Februar 1945
Leyte, Straßburg, Warschau, Jalta

Demission des Kabinetts Tojo. Verluste der japanischen Kriegsmarine

Der Verlust von Saipan, die Niederlage im Philippinenbecken waren für Japan unheilkündende Warnungen. General Tojo und sein Kabinett demissionierten am 18. Juli 1944 und baten S.M. den Kaiser alleruntertänigst um Entschuldigung für die bangen Stunden, die sie ihm verursacht hatten. Der neue Premierminister, General Kuniaka Koiso, früherer Generalgouverneur von Korea, übernahm ganz einfach wörtlich die Parolen seines Vorgängers: Kampf auf Leben und Tod bis zum Augenblick, da sich die Feinde Japans vor seiner Unbesiegbarkeit beugen würden. Große, nichtssagende Worte. Bereits eine Woche später streckten japanische Regierungskreise über Schweden wegen eines Waffenstillstands die Fühler aus.

Drei Kriegsjahre hatten die Macht Japans verbraucht. Die japanische Führungsschicht war in der Vorstellung befangen gewesen, die Eroberung Südostasiens und seiner unzähligen Hilfsquellen würde ihrem Land die Möglichkeit geben, die Last eines Krieges unbegrenzt lange zu ertragen. Das war offenbar ein Irrtum. Sie mußten nun das Reich, das sie sich erkämpft hatten, gegen einen Gegner verteidigen, der jederzeit den Kriegsschauplatz wählen konnte, um seine ungeheure Überlegenheit an Material auszunutzen. Wie konnte Japan überall gleich stark sein, wenn sich das Gebiet, über dem seine Fahne flatterte, trotz verschiedener Rückschläge noch immer von den Philippinen bis nach Burma, von den Kurilen bis zur Mandschurei erstreckte?

Menschen und Völker in Not erliegen oft der Magie des Wortes. Die vom kaiserlichen Hauptquartier ausgearbeiteten Pläne trugen einen klingenden Namen: Sho (Sieg). Ihr Prinzip, keineswegs absurd, sah den einzig denkbaren Versuch einer Lösung für eine unmögliche Situation vor. Für jede gefährdete Zone wurde eine bewegliche Reserve gebildet. Gelang dem Angreifer etwa eine anfängliche Überrumpelung, würden sich sofort bedeutende Kräfte gegen ihn sammeln, um ihn zu zerschlagen.

Es gab vier Sho-Pläne: Sho 1 für die Philippinen; Sho 2 für Formosa und Südchina; Sho 3 für die drei großen Mutterinseln Honschu, Schikoku und Kiuschu; Sho 4 für die vierte: Hokkaido. Sho 1 erschien dem japanischen kaiserlichen Hauptquartier als die wahrscheinlichste Hypothese. Saßen die Amerikaner erst auf den Philippinen, waren Teile der Mutterinseln in Reichweite ihrer Bomber. Außerdem konnten sie die Zufuhr strategisch wichtiger Rohstoffe wie Öl, Gummi, Zinn usw., die aus dem Malaiischen Archipel und den Sundainseln kamen, abschneiden. Militärs und Industrielle waren einer Meinung: Die Philippinen zu halten war eine Frage auf Leben und Tod.

Die Philippinen bestehen aus 7000 Inseln und Inselchen und sind für einen Gegner, der das Meer beherrscht, von allen Seiten zugänglich.
Die Heeresgruppe in Südostasien stand unter dem Befehl von Marschall Hisaichi Terauchi und hatte ihr Hauptquartier in Manila. In ihrem Rahmen oblag die Verteidigung der Philippinen der 14. Armee, deren Kommando soeben dem Sieger von Singapur, Tomoyi Yamashita, übertragen worden war. Außer den Garnisonen auf den Hauptinseln wurden etwa 150000 Mann auf zwei Hauptgruppen verteilt: eine im Norden auf der Insel Luzon, die andere im Süden auf der Insel Mindanao. Man mußte sie rasch auf jedes angegriffene Gebiet konzentrieren können, und das erforderte ungehinderte Transportmöglichkeit zur See. Die Konzeption der Verteidigung der Philippinen, wie die Sho-Pläne im allgemeinen, führten wieder zu der Idee zurück, mit der die japanische Marine so gern liebäugelte: eine große Seeschlacht, die Japan – zumindest für den Augenblick – die Herrschaft über die See wiedergab.
Der Zustand der kaiserlichen Marine war jedoch keineswegs befriedigend, und die Bemühungen zur Wiedererlangung ihrer früheren Schlagkraft stießen auf unüberwindliche Schwierigkeiten. Man hatte als Ersatz für die zerstörten Flugzeugträger die alten Schlachtkreuzer *Ise* und *Hyuga* teilweise umgebaut. Zusammen mit *Zuikaku*, die seinerzeit in Pearl Harbor dabeigewesen war, und den leichten Flugzeugträgern *Chiyoda*, *Chitose*, *Junyo* und *Ryujo* war damit wieder eine Operationsbasis für die Marineluftwaffe geschaffen. Sie trug die Bezeichnung 1. Flotte oder Kampfflottengruppe. Der halsstarrige und wenig erfolgreiche Befehlshaber bei der Schlacht im Philippinenbecken, Admiral Jizaburo Ozawa, führte weiter das Oberkommando.
Die Basis war wiederhergestellt, aber die Spitze fehlte. Das Gemetzel, das seit der Schlacht im Korallenmeer nicht mehr aufhörte, hatte die Flottenverbände, die sich in Pearl Harbor ausgezeichnet hatten, praktisch aufgezehrt. Die Ausbildung neuer Piloten – die bei der amerikanischen Marine verhältnismäßig leicht war – erwies sich mit den Japanern als außerordentlich schwierig. Die fanatischen jungen Offiziere waren der Meinung, man brauche nicht so lange zu trainieren, um sich mit seinem Flugzeug auf ein feindliches Schiff zu stürzen und es mit in den Tod zu nehmen; aber diese großartige Doktrin der späteren ›Kamikazes‹ wurde vom Admiralstab erst erwogen. So wartete die Flotte Ozawas im Japanischen Meer die langsame Ausbildung ihrer Flieger ab.
Bei den traditionellen Schiffstypen sah die Situation besser aus. Die *Yamato* und die *Musashi*, beide 65000 Tonnen, 46-cm-Geschütze, waren immer noch die stärksten Kriegsschiffe der Welt. Es gab weiterhin eine beträchtliche Anzahl älterer Schlachtschiffe und schwerer Kreuzer; hingegen fehlte es an Zerstörern, Hilfsschiffen und vor allem an Tankschiffen. Außerdem waren die Japaner in allen Angriffs- und Verteidigungssparten des Unterwasserkrieges den Amerikanern unterlegen. Die Verluste, die die Amerikaner den Transportschiffen, besonders den Tankschiffen, zufügten, waren katastrophal. Alle nach Beendigung des Krieges befragten Marinebehörden Japans

nannten als Ursache für ihre Niederlage an erster Stelle die Leistungen der amerikanischen Unterseeboote.
Die Versorgungsschwierigkeiten hatten dazu geführt, daß der Großteil der japanischen Seestreitkräfte in der Nähe der Raffinerien von Borneo und Sumatra konzentriert worden waren. Nur das kleine Geschwader von Vizeadmiral Shima, drei Kreuzer und vier Zerstörer, war mit Ozawas Flugzeugträgern, die keine Flugzeuge mit sich führten, bei Kure und Sasebo geblieben. Der Rest, unter dem Kommando von Admiral Takeo Kurita, hatte sich auf die Reede von Lingga in der Nähe von Singapur begeben. Das war eine weitere hervorragende Seestreitmacht: 7 Schlachtschiffe, 11 schwere Kreuzer, 2 leichte Kreuzer und – nur – 19 Zerstörer.
Aus diesen Komponenten setzte sich die Aufgabe der Flotte im Plan Sho 1 zusammen. Dieser Plan trug den Stempel der verzweifelten Lage, in die Japan, ohne es zugeben zu wollen, gedrängt war. Das Geschwader Ozawa mit seinen operationsunfähigen Flugzeugträgern sollte als Köder dienen. Es sollte bewußt die großen Flotten- und Marineeinheiten Admiral Halseys auf sich ziehen und damit Kurita Gelegenheit geben, die Marine- und Landstreitkräfte zu vernichten, mit denen die USA die Philippinen überfallen würden. Der Augenblick rückte offensichtlich immer näher. MacArthur nahm im September die Insel Morotai sowie Neuguinea in Besitz. Im selben Monat griff Nimitz den kleinen Archipel Palau, 500 Seemeilen östlich von Mindanao, an und eroberte ihn ebenfalls. Das nächste Angriffsziel schienen die Philippinen zu sein, und der übliche Rhythmus der amerikanischen Operationen ließ ihren Angriff für November erwarten. Aber die Japaner wußten nicht, ob der Feind im Norden, Süden oder im Zentrum angreifen würde – in Luzon, Mindanao oder einer der um die Surigaostraße gruppierten Inseln Panai, Negros, Leyte, Samar...

Die Schlacht von Leyte

Die Amerikaner setzten die strategische Diskussion mit Verbissenheit fort. Nach ihrem Sieg bei den Marianen behaupteten die amerikanischen Admirale energischer denn je, nunmehr könnten sie direkt in das Herz des japanischen Mutterlandes vorstoßen. MacArthur wollte sein Versprechen einlösen und setzte seine ganze Beredsamkeit dafür ein, daß der Weg nach Tokio nur über die Philippinen führe.
Im Juli wurde der General von George Marshall nach Honolulu berufen. Zu seiner Überraschung war auch Präsident Roosevelt anwesend, der sich selbst eine Meinung über die strategische Fehde im Pazifik zu bilden wünschte. Admiral King wurde in Washington zurückgehalten, aber Admiral Nimitz vertrat die Ansicht der Flotte: Man müsse alle Kräfte unter seinem Oberbefehl konzentrieren und auf Formosa landen.

Die Insel bildete seit 1895 einen Grundbestandteil des japanischen Reiches. Ihre Besetzung würde Japan von all seinen eroberten Gebieten, einschließlich Burma, Malaya und den Philippinen, abschneiden und mehr als eine Million Mann außer Gefecht setzen. Mit den B 29 könnte man Tokio in drei Stunden erreichen und verfüge dann über sämtliche Möglichkeiten, Japan durch Blockade und Bombardements in die Knie zu zwingen.

Militärisch gesehen, war die These Nimitz' überzeugend. Aber die Argumente MacArthurs gingen über die strategischen Fragen hinaus, sie berücksichtigten politische, psychologische und emotionelle Erwägungen. Den Filipinos war von den Amerikanern versprochen worden, sie sollten befreit werden. Viele von ihnen warteten auf diesen Tag und führten einen verbissenen Guerillakrieg gegen die Besetzung. Die Kapitulation Japans war noch in weiter Ferne. Amerika konnte es sich nicht leisten, die siebzehn Millionen auf den Philippinen sitzenzulassen, ohne eine allgemeine Enttäuschung zu verursachen, die sich in der Politik im pazifischen Raum jahrelang fühlbar machen würde. MacArthur, der die Insel Morotai in der Hand hatte, war bereit, nach Mindanao überzusetzen, von dort nach Leyte und dann weiter nach Luzon. Die Marine sollte sich im Südwestpazifik bereithalten, um diese große Wiederinbesitznahme zu unterstützen.

Bei der Zusammenkunft in Honolulu wurde noch keine Entscheidung getroffen. Im Komitee der Generalstabschefs wurde so lange verhandelt, bis man sich auf einen Kompromiß einigte. Nimitz sollte die Inselbasis Jap nehmen, während MacArthur sich Mindanaos und Leytes bemächtigte. Nach Einnahme Leytes würde man entscheiden, ob man die Befreiung der Philippinen beenden wollte, indem man Luzon nahm, oder direkt auf Formosa losging – und zwar im kommenden März 1945.

Inzwischen ging der Krieg weiter. Admiral Halsey führte ein riesiges Geschwader durch den Pazifik, die 3. US-Flotte: 17 Flugzeugträger, 6 Schlachtschiffe, 13 Kreuzer, 58 Zerstörer. Die japanischen Flugplätze wurden zerschlagen, die Flugzeuge zu Hunderten in der Luft und auf dem Boden zerstört. Die Gegenangriffe blieben außerordentlich schwach, besonders am 9. September, als Halseys Trägerflotte, die TF 38, Mindanao bombardierte, und am 12., als sie vor Samar die Inseln der Surigaostraße angriff. Am Dreizehnten mußte Halsey annehmen, das Rückgrat des Feindes sei gebrochen. Er machte daher den Vorschlag, man solle die Etappen überspringen, keine Zeit in Jap und Mindanao verlieren und direkt auf Leyte losgehen, den Mittelpunkt und Schlüssel des philippinischen Archipels.

Dieser Vorschlag, aus der neuen Lage geboren, verbreitete sich mit Windeseile. Von Nimitz vermittelt, erreichte die Kunde von ihm die Teilnehmer der Konferenz in Quebec. King, Marshall und Arnold unterbrachen ihr Galadiner, um ihn zu prüfen. Neunzig Minuten darauf sandten sie ihre Zustimmung in den Südpazifik: General MacArthur und Admiral Nimitz wurden aufgefordert, die Zwischenoperationen, mit

Das Jahr 1944 sah die amerikanischen Streitkräfte im Pazifik in breitem Vordringen gegen die Japaner auf allen Fronten: 11. August Rückeroberung von Guam (oben), 7. Dezember Landung in Leyte (unten).

Die Kämpfe in Burma – Weihnachtsmesse im Schutze einer amerikanischen Batterie (oben) – zogen sich bis Mai 1945 hin. Oberbefehlshaber der alliierten Streitkräfte im Südwestpazifik war Douglas MacArthur (unten, mit Mütze). Nach dem Verlust der Philippinen schwor der selbstbewußte General, er werde wiederkehren, und hielt Wort. Am 23. Februar 1945 zog er als Sieger in das völlig verwüstete Manila ein.

Ausnahme der Besetzung der Palauinseln, aufzugeben und sobald wie möglich auf Leyte zu landen. Das XXIV. Korps, das bereits nach Jap eingeschifft worden war, verlegte man in den Südpazifik, wo es, zusammen mit dem X. Korps unter dem Befehl von General Walter Krueger, die 6. Armee bilden sollte. Die Pläne wurden geändert, die Nachschubanordnungen umgestellt; die Kontroverse Armee–Marine ging in Improvisation und Aktivität unter.

Am 20. Oktober begann die Landschlacht auf Leyte. Die 150 Kilometer lange, 30 Kilometer breite Insel hat ein amerikanischer Autor mit einem abgebrochenen Backenzahn verglichen, und ein anderer mit der Nike von Samothrake. Sie erstreckt sich zwischen Mindanao und Samar, von Mindanao durch die Surigaostraße und von Samar durch die wenigen hundert Meter der gewundenen Meerenge von San Juanito getrennt. Drei Viertel der Insel sind Berge und Sümpfe. Der nutzbare Teil liegt im Norden: Die beiden Täler von Leyte und von Ormoc, die durch eine bis über 1200 Meter ansteigende von Urwald bedeckte Bergkette getrennt sind. Seit der Invasion Nordafrikas vor knapp zwei Jahren hatte die Entwicklung der amerikanischen Landetechnik erstaunliche Fortschritte gemacht. Die Landung auf Leyte – 700 Schiffe, 175 000 Mann – lief wie ein gut eingespieltes Theaterstück ab. Das X. Korps – die 1. Kavallerie- und die 24. Infanteriedivision – landete in der Bucht von San Pedro am Ende des Golfs von Leyte, in der Nähe der kleinen Hauptstadt Tacloban. Das XXIV. Korps – 96. und 7. Infanteriedivision – landete etwa 20 Kilometer weiter südlich in der Nähe der kleinen Stadt Dulag und ihres Flugplatzes. Die Japaner, denen die vernichtende Feuerkraft der amerikanischen Küstenbombardements bekannt war, hatten daher den Küstenbezirk gar nicht befestigt, sondern die Verteidigung weiter im Landinnern aufgebaut. Tacloban samt Flughafen sowie Palo und Dulag wurden am zweiten Tag genommen. Schon am Nachmittag des ersten Tages begab sich MacArthur an Land. Er watete würdevoll durch das Wasser, das ihm bis zum Knie ging, und hielt am Strand eine von geradezu mystischem Feuer erfüllte Ansprache an das philippinische Volk. Zwei Tage später setzte er in Tacloban feierlich Sergio Osmena als Nachfolger Manuel Quezons ein. Vorher hatte er den Hochkommissar, den Washington ihm zur Verwaltung des Archipels beigeben wollte, abgelehnt. Die Legalität war wiederhergestellt, auf dem ersten Teilstück des befreiten Inselterritoriums begann die Verwaltung wieder zu funktionieren.

Aber die Landschlacht von Leyte trat jetzt in den Hintergrund. Das Schicksal der Insel entschied sich nicht mehr auf der Insel selbst, sondern auf See. Es kam zu einer erbitterten Seeschlacht.

Admiral Toyoda hatte am 18. Oktober Befehl gegeben, den Plan Sho 1 auszuführen. Das Geschwader der Flugzeugträger, dessen Rolle darin bestand, die amerikanische Streitmacht auf sich zu lenken, zählte nicht mehr als 110 Maschinen, größtenteils von Piloten gesteuert, die unfähig waren, ihre Maschinen sicher auf Deck wieder zu landen.

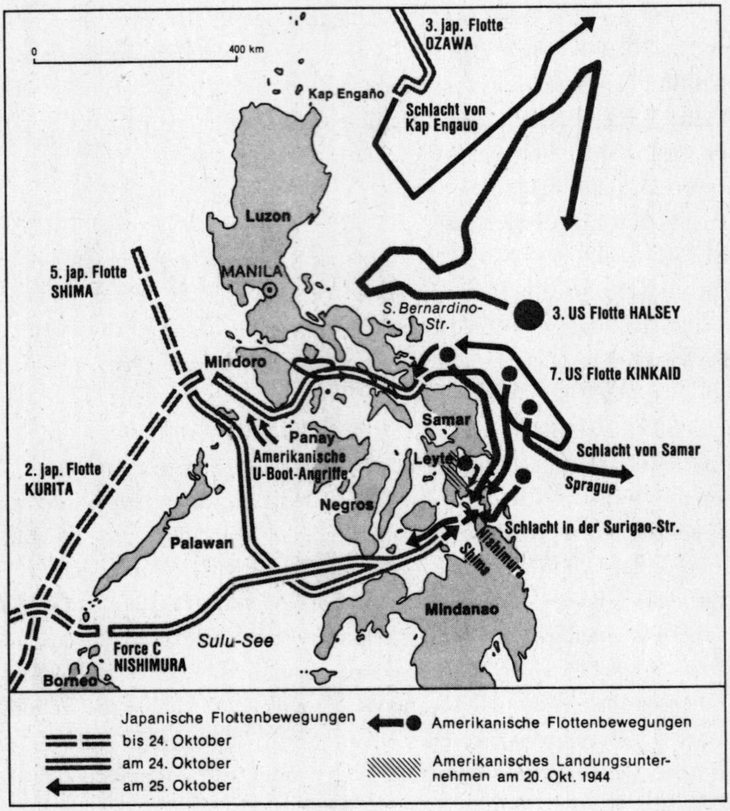

Karte 51 Die Seeschlacht von Leyte (Oktober 1944)

Die umgebauten Schlachtschiffe *Ise* und *Hyuga* verfügten über kein einziges Flugzeug, und da ihre hauptsächliche Bestückung demontiert worden war, waren sie praktisch hilflos. Man beschloß jedoch, sie trotzdem mitzuführen, um den Eindruck gewaltiger Kampfkraft dieses Geschwaders zu verstärken, das man von vornherein als Köder preisgegeben hatte. »Ich rechnete mit der völligen Vernichtung meiner Flotte«, erklärte Admiral Ozawa später, »es kam mir jedoch einzig und allein darauf an, daß Kurita seine Aufgabe erfüllen konnte...« Er stach am 20. Oktober mit den *Ise*, *Hyuga*, *Zuikaku*, *Zuiho*, *Chitose*, *Chiyoda*, drei leichten Kreuzern, acht Zerstörern sowie zahlreichen Frachtern und Ölschiffen, die gleichfalls dazu bestimmt waren, Stärke vorzutäuschen, in See.

Kurita seinerseits hatte die Linggstraße verlassen und sich nach Brunei an der Nordküste von Borneo begeben. Am Zweiundzwanzigsten verließ er Brunei. Seine Seemacht teilte sich in zwei Hauptgruppen. Die weniger starke unter Vizeadmiral Nishimura bestand aus den Schlachtschiffen *Fuso* und *Yamashiro*, dem schweren Kreuzer *Mogami* und vier Zerstörern. Zu ihr sollten die sieben Schiffe Admiral Shimas stoßen. Sie würden die Surigaostraße passieren und Leyte südlich umlaufen. Die Hauptmacht unter dem Kommando von Kurita bestand aus den Schlachtschiffen *Yamato*, *Musashi*, *Nagato*, *Kongo*, *Haruna*, 12 Kreuzern und 15 Zerstörern. Sie sollte die San-Bernardino-Straße zwischen Luzon und Samar passieren und Samar südlich umfahren, um dann zur gleichen Zeit wie Nishimura in den Golf von Leyte einzudringen. Man hoffte, daß Admiral Halsey zu diesem Zeitpunkt durch die Flotte Ozawas auf die falsche Spur geführt sein würde, und rechnete damit, die amerikanischen Einheiten, die vor Leyte geblieben waren, zu zerschlagen, die gelandeten Truppen zu isolieren und die Invasion der Philippinen zum Scheitern zu bringen.

Der 23. Oktober brach an. Der im Lauf der letzten Tage durch einen Taifun aufgepeitschte Pazifik kam langsam wieder zur Ruhe. Eine der vier Trägergruppen Admiral Halseys, die TF 38.1, verproviantierte sich in Ulithi. Die drei anderen kreuzten auf offener See vor Samar. Die 7. amerikanische Flotte unter Admiral Thomas C. Kinkaid, zum unmittelbaren Schutz der Landung eingesetzt, füllte den Golf von Leyte mit Schiffen verschiedenster Gattung, Größe und Bestimmung. Sie wurden von den sechs alten Schlachtschiffen *Mississippi, Maryland, West Virginia, Tennessee, Pennsylvania* und *California* begleitet. Wenn die Amerikaner auch kaum mit der Möglichkeit einer Seeschlacht rechneten, hatten sie doch drei Vorpostenstreifen aus U-Booten bezogen. Daß es drei japanische Flotten waren, die sich ihnen näherten, war ihnen jedoch nicht bekannt.

Bei Morgengrauen lief das von Brunei kommende japanische Geschwader in die Fahrstraße ein, welche die langgestreckte Insel Palawan von der unter dem Namen Dangerous Ground bekannten Untiefe trennt. Die Schiffe fuhren in Dwarslinie; der rechte Flügel wurde vom Kreuzer *Atago*, dem Flaggschiff Admiral Kuritas, angeführt. Wenige Minuten nach 6 Uhr wurde das Schiff von mehreren Torpedos getroffen, die Kessel standen unter Wasser, Schrauben und Steuer waren abgerissen. Der folgende Kreuzer, *Takao*, wurde ebenfalls torpediert, desgleichen um 6 Uhr 40 die dritte Einheit des linken Flügels, *Maya*. Die *Atago* sank, die *Maya* flog in die Luft, die *Takao* schleppte sich nach Singapur. Von *Dace* und *Darter* angegriffen – letztere ging wenige Stunden später auf dem Dangerous Ground verloren –, versagte die kaiserliche Marine neuerlich im U-Boot-Krieg. Kurita hatte seine Admiralsflagge inzwischen auf der *Yamato* gesetzt und nahm, geschwächt und vom Feind gesichtet, seine Fahrt wieder auf. Die Position Admiral Nishimuras wurde im Lauf des Tages dagegen durch Aufklärungsflieger geortet. Die einzige der drei japanischen Flottenabteilungen, deren Anwesenheit auf See den Amerikanern verborgen blieb, war ausgerechnet das Ködergeschwader, das den Angriff auf sich ziehen sollte. Ozawas Schiffe liefen den ganzen Tag ohne

jeden Zwischenfall und drehten während der Nacht gegen Südwesten ab, um sich Luzon zu nähern.
Der Vierundzwanzigste war ein heißer Tag. Die Amerikaner suchten die Geschwader von Kurita und Nishimura zu vernichten, ehe sie die Meerengen erreichten. Die Japaner setzten ihre auf den Inseln stationierten Flugzeuge ein. Erstmals hatten sie Erfolg. Am frühen Vormittag wurde von 150 Flugzeugen ein entschlossener Angriff gegen die TF 38.3 unter Konteradmiral Frederick C. Sherman gestartet. Die letzte Maschine der letzten Welle traf mit einer Bombe die *Princeton*. Aus dem Flugzeugträger stieg ein phantastischer Rauchpilz hoch. Bis zum Abend versuchte man vergeblich, den Träger zu retten, dann entschloß man sich, ihn aufzugeben.
Aber die Japaner mußten diesen Erfolg bezahlen. Das Geschwader Kuritas wurde fünfmal, und zwar um 10 Uhr 26, 10 Uhr 45, 12 Uhr 45, 13 Uhr 50 und 15 Uhr 50 angegriffen. Seine starke Flak vermochte die fehlenden Jagdflieger nicht zu ersetzen. Mehrere Einheiten, darunter die *Yamato*, wurden schwer beschädigt. Das andere Riesenschlachtschiff, *Musashi*, erhielt zwölf Volltreffer, brannte den ganzen Tag und sank bei Sonnenuntergang. Kurita dachte an Umkehr. Er bekam von Tokio den Befehl, seinen Auftrag bis zum Ende durchzuführen, und zwar um jeden Preis.
Während dieser schweren Kämpfe hatte Ozawa seinen Weg fortgesetzt und bereits die Hoffnung, entdeckt zu werden, aufgegeben. Er hatte alle seine Flugzeuge ausgeschickt, in der Hoffnung, sie würden Ziele finden. Die meisten landeten auf Luzon, ohne ein Schiff zu sichten. Nur 23 konnten auf ihren Träger zurückkehren.
Der Nachmittag ging bereits zu Ende, als amerikanische Aufklärungsflugzeuge endlich die japanische Flotte überflogen. Ozawa wußte, daß er entdeckt war. Seine Besatzungen wußten, daß sie verloren waren. Admiral Halsey erfuhr, daß er sich beinahe hatte überrumpeln lassen; während er in der Vizayasee kreuzte und seine Flugzeuge auf die Jagd gegen die beiden Geschwader der Schlachtschiffe und Kreuzer schickte, die in Richtung Surigao und San Bernardino liefen, war die feindliche Hauptmacht herangekommen (sämtliche Flugzeugträger!), um ihm in den Rücken zu fallen. Es war höchste Zeit, diese Bedrohung auszuschalten. Da der Feind die Schlacht wünschte, mußte man sie ihm mit größtem Nachdruck liefern.
Als die Nacht einbrach, gingen die Befehle heraus. Die drei vor Samar kreuzenden Trägergruppen vereinigten sich und steuerten zum Kap Engaño, der Nordspitze der Insel Luzon. Man rechnete damit, den Feind bei Morgengrauen zu finden und den Kampf zu Beginn des Vormittags zu eröffnen.
Die 3. Flotte ließ jedoch dabei die Straße von San Bernardino ungedeckt und entblößte somit die rechte Flanke der 7. Flotte. Das versetzte mehrere der Untergebenen Halseys in Unruhe, doch der Admiral blieb unbesorgt. Während des ganzen Tages hatten seine Flieger die veralteten Geschwader angegriffen, die in den Meerengen kreuzten, und ihnen vernichtenden Schaden zugefügt, ohne selbst bemerkenswerte Verluste zu erlei-

den. Ein Superschlachtschiff wurde versenkt, alle anderen Einheiten von Bombern oder Torpedos getroffen. Der Feind mußte trachten, die Schäden zu reparieren, und würde wahrscheinlich unter dem Schutz der Nacht abdrehen. Halsey, voller Zuversicht, hatte es so eilig, die Flugzeugträger zum Kampf zu stellen, daß er nicht einen einzigen Zerstörer als Wachtposten am Ausgang der. San-Bernardino-Straße zurückließ. Er versäumte es auch, Kinkaid mitzuteilen, daß die Flanke der 7. Flotte ohne Deckung war. Er stürzte sich blindlings auf Ozawa – wie Ozawa und der kaiserliche Admiralstab es erhofft hatten...

Die Nacht war schwül. Im Inneren der Schiffe rangen die Männer nach Luft. Mit Sonnenuntergang hatte im Golf von Leyte jede Luftbewegung aufgehört. Die Kampfeinheiten der 7. Flotte waren ausgelaufen und hatten sich nach Süden gewandt, um die Surigaostraße zu sperren. Admiral Kinkaid im Norden verhielt sich ruhig, schickte jedoch vorbeugend den Admiral John B. Oldendorf vor.

Den ganzen Tag über hatte Admiral Nishimura den Kurs durch die Sulusee bei Mindanao verfolgt. Er lief um Mitternacht in die Surigaostraße ein, ohne auf die sieben Schiffe Admiral Shimas zu warten, die in einer Entfernung von dreißig Seemeilen folgten. Sein Fahrplan stimmte. Er konnte bei Morgengrauen im Golf von Leyte eintreffen, gleichzeitig mit Kurita, der von Norden kam. Er sollte in eine Falle laufen...

Über dem stillen, dunklen Gewässer leuchten Scheinwerfer auf. Niedrige Silhouetten jagen mit höchster Geschwindigkeit heran. Die japanische Artillerie donnert. 45 amerikanische Schnellboote greifen in mehreren Wellen an. Ein paar Mann und vier Torpedos in einer Nußschale aus Sperrholz, unter dem Kommando eines Reserveleutnants zur See. Mangelnde Erfahrung oder Pech: Keiner der 180 Torpedos trifft ein feindliches Schiff. Um 2 Uhr erreicht Nishimura die engste Stelle der Straße, zwischen Mindanao und einer kleinen Küsteninsel von Leyte, Paneon, ohne Verluste erlitten zu haben.

Die Schlacht entbrennt aufs neue. Nach dem Schwarm der Schnellboote greifen nun die Zerstörereinheiten von Kapitän Jesse B. Coward an.

Drei Schiffe tauchen im Osten auf, schießen 27 Torpedos ab und ziehen sich in Zickzackfahrt inmitten der von den japanischen Geschossen aufgewirbelten Wassergarben zurück. Acht Minuten später Explosionsgeräusch: Eines der beiden Schlachtschiffe Nishimuras, die *Fuso*, unterbricht seinen Lauf und fällt gefechtsunfähig nach Steuerbord ab.

Der zweite Angriff, von den beiden anderen Einheiten der Division ausgeführt, erfolgt von Westen. Ein japanischer Zerstörer fliegt in die Luft, ein zweiter beginnt zu sinken, ein dritter bleibt kampfunfähig zurück. Das Flaggschlachtschiff *Yamashiro* wird ebenfalls von einem Torpedo getroffen. Es meldet: Kampfkraft unvermindert, Kurs unverändert...

Aber das Treffen ist noch nicht zu Ende. Die großen Zerstörer unter Kapitän McManes greifen ihrerseits an. Zeitweilig erhellt die *Fuso* als Flammengarbe die Meerenge. Nur drei japanische Einheiten bleiben übrig, die *Yamashiro*, der schwere Kreuzer *Mogami* und der Zerstörer *Shigura*. Die *Yamashiro* wird neuerlich von einem Torpedo getroffen, liegt einen Augenblick fest, dann gewinnt sie wieder ein wenig Fahrt und setzt mit eiserner Beharrlichkeit die Durchführung ihres Auftrags fort. Sie hat von Leyte abgedreht und läuft nach Norden.

Der Horizont beginnt sich in ein Flammenmeer zu verwandeln. Die sechs Schlachtschiffe und acht Kreuzer der 7. Flotte haben quer über die Meerenge eine dreifache Sperre gebildet. Sie eröffnen unter Verwendung von Radar ein fürchterliches Feuer. Die *Yamashiro* antwortet: Etwa ein Geschoß gegen fünfzig. Mehrere Explosionen erschüttern sie, dann wird sie völlig von leuchtenden hohen Flammen eingehüllt. Sie kentert und sinkt. Es ist 4 Uhr 19. Die Schlacht in der Surigaostraße, eine der drei, welche zusammen als die große Seeschlacht bei Leyte in die Geschichte eingehen sollten, ist zu Ende.

300 Meilen weiter nördlich beginnt die Schlacht am Kap Engaño. Der TF 38.1 war es nicht gelungen, sich dem Haupttreffen anzuschließen, aber die von Admiral Halsey und seinem Stellvertreter Vizeadmiral Mark A. Mitscher befehligten Kräfte genügten für jede denkbare Aufgabe. 64 werftneue Schiffe, 5 schwere Träger, 5 leichte Träger, 6 Schlachtschiffe, 2 schwere Kreuzer, 6 leichte Kreuzer, 40 Zerstörer, 700 Flugzeuge. Diese Streitmacht lief mit 25 Knoten gegen die bunt zusammengewürfelten Schiffe von Admiral Ozawa und die 23 Flugzeuge, die am Vortag zu ihnen zurückgekehrt waren. Es konnte keine Schlacht mehr, nur ein Abschlachten geben.

Ozawa drehte nach Norden ab, nicht um zu entkommen, sondern um den Feind so weit als möglich mitzuziehen. Ab 9 Uhr folgte ein Angriff dem anderen. Beim ersten sank der Träger *Chitose*, und der Träger *Zuikaku* wurde schwer beschädigt. Beim zweiten erlitt der Träger *Chiyoda* schwere Treffer – sein Zustand war hoffnungslos – auch der Kreuzer *Tama* wurde beschädigt. Beim dritten wurde *Zuikaku* erledigt und der Träger *Zuiho* in Brand geschossen, beim vierten die *Zuiho* erledigt und das umgebaute Schlachtschiff *Ise* beschädigt. Jetzt rückten die Artillerieträger, die Schlachtflotte, heran, und ihre Geschosse erhöhten die Wirkung der Bomben. Nichts schien Ozawas Flotte vor der erwarteten und von ihrem Admiral hingenommenen völligen Vernichtung retten zu können... Aber es gab noch Hoffnung. Die dritte Teilschlacht, die bei Samar, war bereits im Gange. Admiral Kurita hatte angenommen, daß die Schlacht bei seiner Einfahrt in die Straße von San Bernardino beginnen werde. Er lief jedoch mit 20 Knoten ein, ohne einen Schuß abzufeuern; er hatte Befehl erteilt, die Scheinwerfer einzuschalten. Größte Eile tat not, da er sechs Stunden Verspätung hatte und wußte, daß es bei seinem kühnen Vorhaben nur einen Verbündeten gab: die Schnelligkeit.

Der Tag kam herauf, der Himmel stand voll Gewitterwolken. Die See war ruhig, aber der Wind launenhaft. Kurita entwickelte seine Schiffe: die Zerstörer an den Flügeln,

die Kreuzer im ersten Glied, die Schlachtschiffe in zwei Kolonnen, *Yamato* und *Nagato* rechts, *Kongo* und *Haruna* links. Um 7 Uhr machten seine Späher Silhouetten von Flugzeugträgern am Horizont aus. Kurita eröffnete auf 32000 Meter das Feuer.
Bei den Amerikanern wurde erst um 6 Uhr 47 Alarm gegeben – und zwar durch den Hubschrauber einer U-Boot-Abwehrpatrouille, die höchst bestürzt eine mächtige feindliche Flotte westlich von Samar ausmachte. Konteradmiral Thomas L. Sprague, Führer einer Gruppe von Geleitträgern, war vorerst der Meinung, es handle sich um eine Verwechslung mit Halseys Schiffen. Eine Viertelstunde später konnte er mit eigenen Augen die charakteristischen, pagodenhaften Gefechtsmasten der großen japanischen Schiffe erkennen. Da schäumten rings um ihn bereits die Geiser der aufs Wasser schlagenden Riesengeschosse auf. Die Überrumpelung war gelungen. Die Hauptmacht der 7. Flotte befand sich südlich von Leyte, wo sie soeben die Schlacht in der Surigaostraße zu ihren Gunsten geschlagen hatte. Die am Ort verbliebenen Restkräfte bestanden aus der Gruppe Thomas L. Sprague sowie zwei weiteren ebensolchen Gruppen von Geleitträgern, Zerstörern und Begleitzerstörern. Aber die Geleitträger waren in Wirklichkeit nur umgebaute Frachtschiffe, die nur etwa 30 Flugzeuge fassen konnten; die Begleitzerstörer, die gleichfalls zum Schutz von Geleitzügen bestimmt waren, hatten eine Geschwindigkeit von nur 20 Knoten. In dem Augenblick, da die Niederlage Nishimuras besiegelt war, da Ozawas Flucht begann, konnte Kurita sie rächen!
Aber die Amerikaner schlugen sich tapfer und geschickt. Sprague zog sich hinter einen Rauchvorhang zurück, den ein Regenschauer noch rechtzeitig unterstützte. Seine Zerstörer führten entschlossene Gegenangriffe. Seine Bomber, unterstützt von denen der beiden anderen Gruppen, verbissen sich in den Feind. Die Verluste waren auf beiden Seiten ungefähr gleich hoch. Bei den Amerikanern wurden die Zerstörer *Hoel* und *Johnston*, der Begleitzerstörer *Samuel B. Roberts* und die Geleitträger *Gambier Bay* und *Saint-Lo* von der schlagkräftigen Artillerie der Japaner versenkt, sechs weitere amerikanische Geleitträger beschädigt. Aber die amerikanischen Bomben und Torpedos brachten die schweren Kreuzer *Chokai*, *Suzuya* und *Chikuma* zum Sinken; die Kreuzer *Kumano*, *Tone* und das Schlachtschiff *Kongo* wurden schwer beschädigt. Um 9 Uhr 25 brach Kurita den Kampf ab und zog sich nach Norden zurück.
Um diese Zeit waren bei Admiral Halsey Hilferufe von Kinkaid und Befehle von Nimitz eingelangt. Man ersuchte ihn und man befahl ihm, der in Gefahr befindlichen 7. Flotte zu Hilfe zu kommen.
Halsey zögerte. In seiner Macht lag es, den von ihm verfolgten Feind vernichtend zu schlagen. Seine Schlachtschiffe holten gegen die älteren und beschädigten japanischen Schiffe auf. Seine Träger waren bereit, die Flugzeuge, die eben die ersten Schläge geführt hatten, wieder aufzunehmen und von neuem loszuschicken. Er begnügte sich zuerst damit, der TF 38.1, zwei schweren sowie zwei leichten Trägern, Befehl zu geben, sich nach Samar zu wenden, anstatt ihm wie seit dem Vortag zu folgen. Als die Hilfe-

rufe dringender wurden, faßte er einen Entschluß: Die sechs Schlachtschiffe unter Konteradmiral Lee, die fünf Träger unter Konteradmiral Bogan und Halsey selbst an Bord der *New Yersey* gaben die Verfolgung auf und nahmen Kurs nach Süden. Das Bombardement der Schiffe Ozawas ließ an Heftigkeit nach. Ein letzter Angriff um 17 Uhr 10 forderte kein einziges Opfer. Der japanische Admiral, dessen Flagge nun auf dem leichten Kreuzer *Oyodo* flatterte, hatte nicht erwartet, bei Einbruch der Nacht noch am Leben zu sein. So brachte er seine beiden Zwitterschlachtschiffe sowie acht Zerstörer und drei Kreuzer nach Japan zurück.
Auch Kurita entkam und rettete vier von seinen fünf Schlachtschiffen. Er passierte um Mitternacht die Straße von San Bernardino mit zehn Stunden Vorsprung vor Halsey. Die Luftgeschwader, die am nächsten Tag auf die Suche nach ihm geschickt wurden, fanden ihn nicht.
Der amerikanische Sieg bei Leyte war also nicht vollständig. Nichtsdestoweniger bedeutete er die endgültige Niederlage der japanischen Flotte. Die Verluste, die Vernichtung ihrer sämtlichen Flugzeugträger, gestatteten ihr keine gemeinsame Aktion mehr. Das Schicksal des Inselreiches war besiegelt.
Dennoch wehrte sich Japan verbissen! In Leyte wurde unter dem Befehl von Generalleutnant Sasaku Suzuki eine 35. Armee gebildet. Kleine Geleitzüge brachten Verstärkungen aus Luzon, aus Cebu, aus Mindanao. Die Amerikaner hatten nach ihren anfänglichen Erfolgen auf eine schnelle Eroberung gehofft. Sie mußten einen harten Feldzug führen, der durch den Monsun noch erschwert wurde: Märsche durch den Schlamm, Schlachten in strömendem Regen. Selbst auf See blieben die Japaner noch äußerst gefährlich. Die unter dem Namen ›Kamikaze‹ (Götterwind) bekannten Selbstmordflieger tauchten auf. Am 15. Oktober hatte Konteradmiral Arima ›die Fackel entzündet‹, indem er sich mit seinem Flugzeug auf ein amerikanisches Schiff stürzte. Acht Tage später bildete sein Vorgesetzter, Vizeadmiral Onishi, Befehlshaber der 1. Luftflotte, aus eigener Initiative ein Freiwilligenkorps von Todeskandidaten. Am 27. November erschienen die Kamikazes im Golf von Leyte und beschädigten den Kreuzer *Montpellier* und das Schlachtschiff *Colorado*. Zwei Tage später setzten sie ein anderes Schlachtschiff, *Maryland,* außer Gefecht. Abgesehen vom materiellen Schaden, verursachte das spektakuläre Opfer der Kamikazes einen moralischen Schock unter den Amerikanern und bestärkte sie in der Vorstellung, man müsse die Japaner ausrotten, um sie zu besiegen. Den US-Kriegsberichterstattern wurde ausdrücklich verboten, sie zu erwähnen.
Langsam eroberte die 6. Armee das Tal von Leyte und drängte die Japaner in das Tal von Ormoc zurück. Eine Landung der 77. Infanteriedivision gestattete die Einnahme dieses kleinen Hafens, des letzten, der den Japanern geblieben war. Der organisierte Widerstand zerfiel, aber, wie üblich, wurde keine Kapitulation angeboten. Die besten Kräfte wurden insgeheim auf die Nachbarinseln verlegt. Die anderen zerstreuten sich in den Bergen und kamen durch Partisanen um oder starben an den Entbehrungen.

Burma, zwischen Indien und China gelegen, stellte die Alliierten wie die Japaner vor beträchtliche strategische Probleme. Für die Alliierten handelte es sich darum, Burma wieder zu erobern, um ihre Landverbindungen mit Tschiangkaischek herzustellen. Die Japaner standen vor der Wahl, Burma entweder lediglich als Verteidigungsflanke zu benutzen oder aber als Angriffsbasis, die ihnen gestatten würde, mit dem Einfall ihrer Truppen in Indien zugleich einen nationalen Aufstand zu entfesseln. Als Generalleutnant Mutaguchi, ein profilierter, entschlossener Mann, den Befehl in Burma übernahm, gewann die Auffassung der zweiten strategischen Alternative die Oberhand. Der aus Deutschland in einem Unterseeboot zurückgekehrte Aktivist Subhas Chandra Bose, der ungekrönte König von Bengalen, hatte am 4. Juni 1942 in Singapur die provisorische Regierung des Freien Indien eingerichtet. Sobald die Japaner in Assam eingedrungen waren, sollte Bose sich dorthin begeben und an die 400 Millionen Inder einen Freiheitsaufruf richten. Für dieses große Unternehmen hatte Mutagachi vom kaiserlichen Generalstab eine Verstärkung von drei Divisionen erhalten, die zu den fünf Divisionen der 15. Armee hinzukamen.
Die militärische und politische Lage der Alliierten war dagegen komplizierter und vielschichtiger. Der Kriegsschauplatz Südostasien war Sache der Engländer und stand seit Quebec unter dem Befehl von Admiral Lord Louis Mountbatten. Großbritannien stellte den Großteil der Erdtruppen (14. britische Armee unter Generalleutnant W. J. Slim) und der Kampfflieger. Aber die Luftbrücke über den Himalaya, die einzige Versorgungslinie Chinas, war Sache der Amerikaner. Amerikas Hilfeleistungen waren auch in China ausschlaggebend, wo Generalmajor Claire Chennault die 14. USAAF, darunter auch chinesische Staffeln, befehligte, und Generalleutnant Joseph W. Stilwell theoretisch die Funktion eines Generalstabschefs Tschiangkaischeks ausfüllte. Die sich aus dieser komplizierten Befehls- und Organisationssituation ergebenden Verwicklungen machten aus dem chinesisch-burmanischen Kriegsschauplatz in dem sengendheißen, bergigen, vielfach wilden Land einen der schwierigsten des ganzen Weltkriegs.
Die persönlichen Beziehungen der Kommandierenden untereinander waren schlecht. Stilwell, dessen Spitzname ›Vinegar-Joe‹ (Essig-Joe) lautete, war ein fähiger, ehrenhafter Soldat, aber äußerst empfindlich. Tschiang fand ihn unerträglich, und seine Frau fühlte sich durch seine Bemerkungen über die chinesische Korruption beleidigt. Die Gruppe um Chennault bekämpfte ihn rücksichtslos. Die Chinesenfreunde in Washington warfen ihm vor, er hasse die Asiaten (obwohl er wie Chennault ebenfalls mit einer Chinesin verheiratet war), und verdächtigten ihn der Parteilichkeit zugunsten der europäischen Kolonialisten. Stilwell seinerseits konnte jedoch die Engländer nicht ausstehen. Sein Tagebuch war voll beleidigender Bemerkungen über ihren Mangel an Mut

und ihr ›welshing‹, das heißt ihre betrügerische Art, sich ihren Verpflichtungen zu entziehen. Als Stellvertreter Mountbattens benahm er sich ausfällig gegen den relativ jungen Aristokraten; die Stimmung im Kommandostab war gespannt, und das Klima trug nicht zur Verbesserung bei.

Das Programm für 1944 bestand aus drei Operationen: 1. einer Offensive des XV. britischen Korps im Küstengebiet; 2. einer Offensive des IV. britischen Korps im

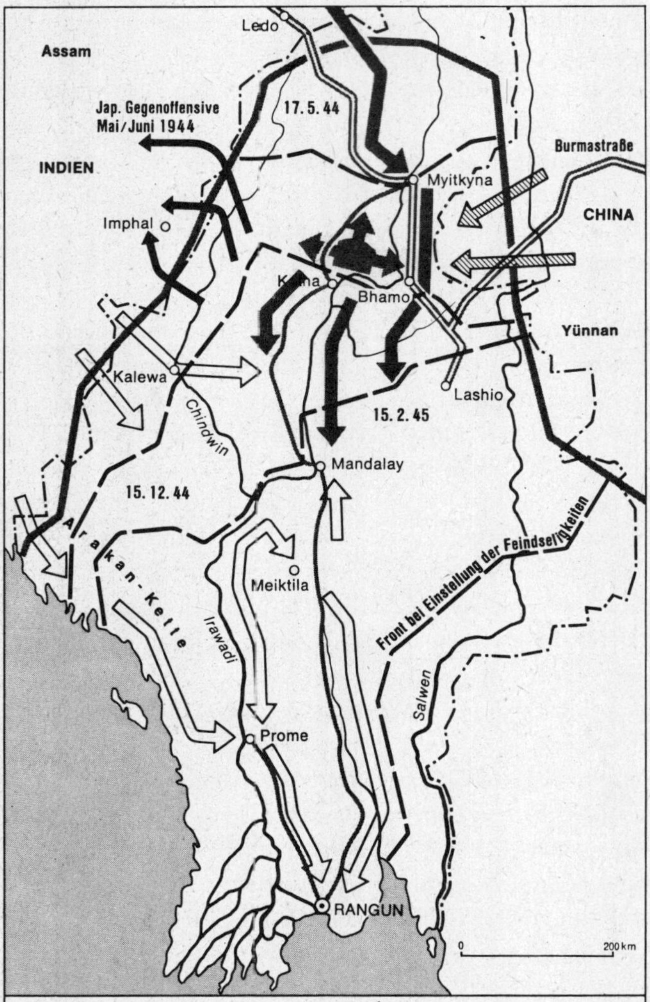

Karte 52
Die Kämpfe in Burma
1944/45

Zentrum; 3. einer Offensive mit Hilfe von vier chinesischen Divisionen unter Marschall Wei Li-huang, der chinesischen 1. Armee (Sun-Li-Yen) und 6. Armee (Liao Jo-schiang) und Unterstützung verschiedener anglo-amerikanischer Verbände im burmanischen Hochland. Die beiden ersten Divisionen stellten die Anfangsphase des Marsches auf Rangun dar. Die anderen hatten den Bau einer Straße und das Anlegen einer Pipeline mit Ledo als Ausgangspunkt zum Ziel. Diese Pipeline sollte jenseits von Lashio auf die Straße nach Mandalay treffen. Mit China sollte eine Landverbindung hergestellt werden, ohne daß man auf die Wiedereroberung Zentralburmas warten mußte. Dafür waren jedoch riesenhafte Anstrengungen vonnöten. Mountbatten betrachtete das Unternehmen als utopisch und beugte sich nur der Hartnäckigkeit der Amerikaner.
Die Japaner kamen ihren Gegnern zuvor. Sie griffen bereits im Januar im unteren Burma an und schnitten die 7. indische Division im Arakangebirge ab. Als dann Slim die Lage bereinigt zu haben glaubte, begannen sie mit drei Divisionen eine Offensive in der Ebene von Imphal, im Zentrum der Front. Die Bahnstrecke nach Ledo, das Tal des Brahmaputra, waren in Gefahr. Aber die Japaner besaßen nicht länger die Durchschlagskraft, die ihre siegreichen Vormärsche in Malaya und Java ausgezeichnet hatten. Im Juni war jede Gefahr für Indien beseitigt. Die Ebene von Imphal wurde zurückerobert, und die 14. Armee begann, während der Periode des tobenden Monsuns den Feind ins Tschindwintal zurückzudrängen.
Während dieser Kämpfe der Briten in Zentralburma führte Wei Li-huang seine Chinesen durch fast 700 Kilometer Gebirge und Dschungel zum oberen Tal des Irawadi. Der Flugplatz von Mjitkjina, der Schlüsselpunkt des Gebiets, wurde am 14. Mai genommen, aber die Japaner hielten an der Stadt fest und blockierten den Weitermarsch zur chinesischen Grenze. Mountbatten schien die Situation so günstig, daß er vorschlug, sich mit diesem Erfolg zufriedenzugeben. Der Organisator der antijapanischen Guerilla, der britischen ›Special Forces‹, der Mann, der den Europäern beigebracht hatte, sich mit der asiatischen Natur zu verbünden, O. C. Wingate, war einige Wochen vorher bei einem Flugzeugunglück ums Leben gekommen, aber sein Nachfolger, Brigadegeneral W. D. A. Lentaigne, operierte mit starken Kräften im mittleren Irawadital in Richtung Indaw. Mountbatten hatte die Absicht, ihm die beträchtlichen Transportmittel zur Verfügung zu stellen, die von der Kolonne Stilwell angefordert wurden. Ein neuerlicher Grund für einen langwierigen anglo-amerikanischen Streit.
Während er noch andauerte, gingen die Kräfte der Japaner zu Ende. Auf 400 Hungergestalten zusammengeschmolzen, ergab sich die Garnison von Mjitkjina. Anfangs 1945 wurde die Straße nach Ledo fertiggestellt, und der erste Konvoi betrat am 28. Januar chinesischen Boden. Stilwell war nicht mit dabei, um den von ihm erzielten Erfolg zu feiern. Tschiang und Mountbatten hatten seine Abberufung verlangt, und damit war ›Vinegar Joe‹ seinen vereinten Gegnern zum Opfer gefallen. Die Straße nach Ledo stand mit der ersten Verwendung der B 29 in Verbindung. Die Generalstabschefs hatten

beschlossen, daß der Superbomber mit einer Reichweite von 3500 Meilen und einer Bombenlast von vier Tonnen nicht in Europa, sondern im Pazifik verwendet werden solle. Anfang 1944 bestand die einzige Möglichkeit, ihn gegen Japan einzusetzen, von einem Stützpunkt in China aus. Zu diesem Zweck wurde eine 20. USAAF unter dem Befehl von General Curtiss Le May gebildet. Unzählige Kulis bauten in Lüehjang und Tschengtu geeignete Flugplätze. Bis die Landverbindungen wiederhergestellt waren, mußte man enorme Mengen Treibstoff über den Himalaya fliegen. Die B 29 flogen ihren ersten Einsatz am 5. Juni gegen Bangkok. Als sie am 15. auf der Insel Kiuschu das Stahlwerk Jamata zerstörten, hatten sie zum erstenmal japanischen Boden getroffen. Im Laufe der folgenden Monate wurden die Hüttenwerke der Mandschurei, der Marinestützpunkt Sasebo und die Stadt Nagasaki bombardiert. Aber die durch die chinesischen Stützpunkte bedingten Schwierigkeiten waren entmutigend, und die Ausbeute der Angriffe stand in keinem Verhältnis zu ihren Kosten. Anfangs 1945 brach die 20. USAAF ihre Zelte ab und verlegte sich auf die vor kurzem eroberten Marianen Guam, Saipan und Tinian. Nun waren die Amerikaner nur mehr knapp 2000 Kilometer von Tokio entfernt.

Malinowskij und Tolbuchin vor Budapest

In Europa begannen mit Anfang des Jahres zwei deutsche Offensiven, die eine an der Donau, die andere am Rhein. Das Prinzip dieser beiden Offensiven war am 24. Dezember 1944 im Hauptquartier Ziegenberg der Grund für eine heftige Szene gewesen. Guderian hatte dem Führer die Berechnungen des Chefs der Abteilung Fremde Heere Ost, Generalmajor Gehlen, zur Lage an der Ostfront überbracht. Die russische Überlegenheit wurde bei den Panzern auf 7 zu 1, für die Infanterie auf 11 zu 1 und für die Artillerie auf 20 zu 1 geschätzt. Wenn derartige Massen die Ostprovinzen Deutschlands bedrohten und eine Generaloffensive bevorstand, war es da vernünftig, im Westen eine Operation zweiten Ranges zu unternehmen? War es auch nur vernünftig, Budapest um jeden Preis verteidigen zu wollen? Wäre es nicht besser gewesen, sämtliche Kräfte, über die Deutschland noch verfügte, an die Ostfront zum Schutze Berlins zu werfen – und gleichzeitig, wenn möglich, mit den Amerikanern und Engländern zu verhandeln? Hitlers Reaktion war außerordentlich heftig gewesen. Er hatte gegen Gehlen getobt: »Das ist der größte Bluff seit Dschingis Khan.« Die Russen täuschten die deutsche Abwehr durch aus der Luft gegriffene Informationen! Sie hätten nie eine derartige Anzahl starker Einheiten besessen! Überdies stünde die Ostfront immer noch an der Weichsel und die Westfront am Rhein. »Die Ostfront hat noch nie so viele Reserven gehabt wie jetzt.« Deshalb hielt der Führer an der Gegenoffensive im Elsaß fest, welche die Invasion zum Stehen bringen würde.

In Ungarn hatte sich die Lage seit dem Herbst ständig verschlechtert. Malinowskij hatte am 29. Oktober die Front vor Kecskemét durchbrochen und war bis in die Vorstädte von Budapest vorgestoßen. Wenige Tage später gelang Tolbuchin ein Durchbruch südlich der Hauptstadt, und dann verlagerte sich der sowjetische Druck wieder mehr nach Süden. Die Donau wurde auf breiter Front überschritten, und die Armeeabteilung unter General Fretter-Pico, die 6. deutsche und die 3. ungarische Armee, wurde auf die sogenannte ›Margaretenstellung‹ zurückgeworfen, eine angenommene befestigte Stellung zwischen dem Plattensee und dem Hügel von Buda. Der Führer hatte Frießner an der Spitze der Heeresgruppe Süd durch Wöhler ersetzt, aber dieser Führungswechsel hatte die sowjetische Offensive vom 19. Dezember an ihrer Durchschlagskraft nicht gehindert. Die 3. Ukrainische Front hatte die ›Margaretenstellung‹ eingedrückt und die 6. Armee zurückgeworfen. Die 2. Ukrainische Front hatte die 8. Armee zurückgedrängt und bei Komorn und Gran die Donau erreicht. Budapest war eingeschlossen. Der Führer hatte am 25. Dezember SS-Obergruppenführer Karl Pfeffer von Wildenbruch zum Festungskommandanten ernannt, die Verteidigung der Stadt durch ›Kampf Haus um Haus‹ angeordnet und die Bevölkerung gegen den Bolschewismus zu den Waffen gerufen. Aber die Ungarn benahmen sich eigenartig. Einzelne Kompanien liefen zum Feinde über; die Arbeiter von Miskolc hatten nicht gegen die Russen, sondern mit ihnen gekämpft; und in Budapest war der Entschluß, den Krieg zu ignorieren, offenkundig. Am 23. Dezember, dem Tage der Einschließung, lebte die schöne Stadt fast wie in Friedenszeiten. Die Straßenbahnen verkehrten, die Läden waren geöffnet, und die Bewohner tätigten ihre Weihnachtseinkäufe.
Dieses Ungarn, das sich offensichtlich nicht verteidigen wollte, war Hitler zu verteidigen entschlossen. Er begründete das Guderian gegenüber. Wie zur Zeit der Mongoleneinfälle, sei Budapest das Bollwerk Wiens. Außerdem befänden sich die einzigen Ölquellen, über die das Reich noch verfügte, in Ungarn und dem angrenzenden Österreich. Deshalb wurde eine Gegenoffensive angeordnet, um Budapest zu entsetzen und die Russen über die Donau zurückzuwerfen. Das IV. SS-Panzerkorps, zu dem die Divisionen ›Totenkopf‹ und ›Wiking‹ gehörten, traf aus Ostpreußen ein, um sie durchzuführen. Guderian wandte dagegen ein, daß es sich dabei um einen Großteil der ohnehin schwachen Reserven der Ostfront handle. Hitlers Zorn war verraucht. Der ebenfalls anwesende Himmler beendete das Gespräch: »Wissen Sie, lieber Generaloberst, ich glaube nicht, daß die Russen überhaupt angreifen ... Ich bin fest überzeugt, daß im Osten nichts passiert.«

Die Kämpfe im Elsaß

Vom Standpunkt des SHAEF aus gesehen, hatte die deutsche Offensive, die am Silvesterabend im Elsaß begann, nichts Beängstigendes. Die Kräfte, auf die sie sich stützte, wurden auf zwei oder drei Panzerdivisionen und sechs oder sieben Infanterie- oder Volksgrenadierdivisionen geschätzt. Sie verdienten es nicht, die amerikanische Führung von der Operation abzulenken, die das Abschnüren des ›bulge‹ zum Ziele hatte, der Tasche, die der Teilrückzug Models in den Ardennen hatte bestehen lassen. Voraussetzung jedoch war, daß die amerikanischen Kräfte, die sich in der durch die Vogesen, die Lauter und den Rhein gebildeten Sackgasse befanden, nicht in die Falle gingen. Jeder Fortschritt in die Tiefe bei Saarburg, jede Bedrohung der Lücke bei Zabern und der Hauptstraße Nancy–Straßburg hätte das VI. US-Korps in höchste Gefahr gebracht.

Aufgrund dieser Überlegungen faßte Eisenhower den seit dem 16. Dezember bereits erwogenen Entschluß, daß Elsaß zu räumen und die Front der 6. Heeresgruppe auf den Kamm der Vogesen zurückzuverlegen.

Der Befehl wurde am Abend des 1. Januar von Versailles telefonisch durchgegeben.[1] Am nächsten Tag kamen die ergänzenden Instruktionen. Das VI. Korps hatte sich zuerst auf die Maginotlinie zurückzuziehen, darauf eine Schwenkung nach links auszuführen und nacheinander die Linie Bitsch–Niederbronn–Bitschweiler, die Linie Bitsch–Ingweiler–Straßburg und schließlich die Linie Bitsch–La-Petite-Pierre–Dabo zu besetzen. Diese letztere, die mit dem Kamm der Vogesen zusammenfällt, mußte am 5. Januar erreicht sein. ›Sie haben sich um die politischen Konsequenzen dieser Maßnahme nicht zu kümmern‹, schrieb General Devers an General Patch. ›Sie müssen das gesamte Gebiet östlich der Vogesen einschließlich Straßburgs aufgeben...‹

Die Gewinne der beiden ersten Tage der Offensive waren bescheiden. Östlich der Vogesen war das XV. US-Korps unter dem Ansturm der 14. Panzerdivision zurückgewichen, aber Rohrbach, das Ziel des ersten Tages, wurde nicht erreicht. Im Osten hatte das VI. Korps sein Rückzugsmanöver ungehindert durchgeführt. In den Vogesen selbst hatte sich die Lage für die vorgeschobene Stellung bei Bitsch durch das deutsche Vorrücken auf Althorn und Wingen etwas verschärft. Aber die Dienststellen der 7. US-Armee wurden etwas überstürzt geräumt, wodurch in der Etappe der Eindruck eines Zusammenbruchs entstand. Das Hauptquartier zog sich von Zabern nach Lunéville zurück. Über die verschneiten Straßen rollten lange Autokolonnen nach Westen.

Am 3. Januar, kurz nach Mitternacht, überbrachte ein Verbindungsoffizier einen höchst besorgten Brief des amerikanischen Generals Schwartz, des Gouverneurs von Straßburg, nach Lunéville. Die Preisgabe des Elsaß, schrieb Schwartz, stelle eine Katastrophe dar; es liefere eine Bevölkerung, die man praktisch nicht zu evakuieren in der Lage sei, entsetzlichen Repressalien, ja geradezu einem Blutbad aus!

Wenige Stunden später traf Devers im Hauptquartier der Armee ein. Patch und sein Generalstabschef, General White, legten die Argumente Schwartz' dar und betonten, daß es noch möglich wäre, den Rückzug des VI. Korps bei der Maginotlinie aufzuhalten. Devers antwortete mit einer gewissen Schärfe, daß Straßburg zu räumen sei und daß der Oberbefehlshaber der 7. Armee sich um den politischen oder sonstigen Druck, den man auf ihn ausübe, gefälligst nicht kümmern solle.
Der Oberbefehlshaber der Heeresgruppe hatte Lunéville noch nicht verlassen, da trafen neue Befehle vom SHAEF ein. Alles war geändert! Der Rückzug sollte zum Stehen gebracht und Straßburg verteidigt werden. Die von Patch und White vor kurzem gemachten Vorschläge verwandelten sich prompt in Befehle. Das VI. Korps sollte an der Maginotlinie festhalten. Das XV. Korps würde einen Gegenangriff unternehmen, um den Feind westlich der Vogesen zurückzuwerfen. Man hatte beschlossen, um das Elsaß und Straßburg, die eben noch aufzugeben waren, zu kämpfen! Dieser Umschwung war das Werk de Gaulles. Sobald er von den Absichten des SHAEF erfahren hatte, telegrafierte er an Roosevelt und an Churchill, daß er die Preisgabe des Elsaß nicht hinnehme, und gab de Lattre Befehl, Straßburg auf eigene Faust zu verteidigen. Churchill kam eben aus Athen zurück, wo er während der dramatischen Weihnachten versucht hatte, den von der ELAS (›Griechische Volksbefreiungsarmee‹) entfesselten blutigen Streit zu beenden. Er eilte nach Versailles und war am frühen Nachmittag des 3. Januar im Zimmer Eisenhowers anwesend, als dieser den Chef der provisorischen Regierung Frankreichs empfing. Er nahm zwar an der Diskussion nicht teil, hatte aber vorher Eisenhower und Bedell Smith die schweren, mannigfachen Nachteile einer Preisgabe Straßburgs dargelegt.
Ike hatte keine Schwierigkeiten, seine Entscheidung auf militärischem Gebiet zu begründen. Er ließ es sich nicht entgehen, darauf hinzuweisen, daß die Lage weniger bedrohlich wäre, wenn die französische Armee die Tasche bei Colmar bereinigt hätte, und daß es die Kampfkraft dieser Armee bedeutend erhöhen würde, wenn die französische Regierung ihre Divisionen auf voller Stärke hielte. De Gaulle antwortete, er würde Straßburg auf jeden Fall verteidigen, auch wenn die französischen Truppen unabhängig vom Alliierten Oberkommando handeln müßten. Ike erklärte darauf, ein Wort von ihm genüge und die französischen Truppen bekämen keine einzige Kugel und keinen Liter Benzin mehr. Worauf de Gaulle entgegnete, Frankreich »in seinem Zorn« werde den Alliierten »die Benützung seiner Eisenbahnen und der für die Operationen unbedingt notwendigen Fernmeldeanlagen entziehen«. Diese Drohung war maßlos übertrieben, verfehlte aber ihren Eindruck auf den Oberbefehlshaber nicht, der vor allem jede Schwierigkeit in seinen Verbindungslinien vermeiden wollte. Außerdem hatte Churchill von vornherein die Sache für Straßburg gewonnen, und Ike war trotz seines lebhaften Temperaments zu klug, um sich durch die Heftigkeit einer Auseinandersetzung mit de Gaulle hinreißen zu lassen und auf seiner ursprünglichen Haltung

zu beharren. Er war einverstanden, Devers sofortige Instruktionen zu geben, die rückläufige Bewegung der 7. Armee auf die Räumung unhaltbarer Fronttaschen zu beschränken. Straßburg sollte standhaft verteidigt werden. Das Gewitter endete bei einer Tasse Tee. »Wir trennten uns in bester Freundschaft«, erzählt de Gaulle. Und Ike: »Er schied in bester Laune, wobei er mich seines unbegrenzten Vertrauens in meine militärischen Fähigkeiten versicherte.«

An diesem selben 3. Januar begann die alliierte Generaloffensive in den Ardennen. Die noch unter dem Befehl Montgomerys stehende 1. US-Armee griff die Nordflanke der Tasche an, wobei Houffalize das Ziel für das VII. und XVIII. Korps darstellte. Die 3. Armee verstärkte mit dem VIII. und III. Korps ihren Druck gegen Bastogne und Saint Hubert. Der tiefe Schnee beschränkte die Kämpfe auf die Straße und begünstigte die Verteidigung, da er die Bewegungen des Angreifers hemmte. Hitler trat täglich von neuem dafür ein, daß die Heeresgruppe B aus ihrer Defensive heraustreten solle und die Initiative, ›das Gesetz des Handelns‹ wieder an sich reißen. Model antwortete, der Zustand seiner Truppen und seines Nachschubs zwinge ihn zur Fortsetzung seiner defensiven Haltung. Man kämpfte verzweifelt um winzige Orte in den Ardennen, Lierneux, Odeigne, Bihain, Villers-la-Bonne-Eau, Flemierge usw., inmitten der ausgedehnten vereisten Wälder. Langsam schlossen sich die beiden Backen der amerikanischen Zange.

In Frankreich mißlang der deutsche Versuch, die Lücke bei Zabern durch einen Vorstoß westlich der Vogesen zu schließen. Die Fronttasche bei Bitsch dehnte sich nicht weiter aus, sondern begann sich allmählich unter dem Druck des XV. Korps zusammenzuziehen. Die Amerikaner eroberten Wingen zurück. Ihr dichtes Feuer zermürbte die deutschen Einheiten. Ein Bataillon der 362. Infanteriedivision schrumpfte auf 60 Mann, ein anderes auf 15 Mann zusammen.

Nach dem deutschen Mißerfolg änderte sich die militärische Taktik der Kämpfe im Elsaß. Hitler arbeitete seinen Plan um. Die bedeutenden Operationen spielten sich jetzt nicht mehr im Westen, sondern im Osten der Vogesen ab. Der Angriff der 1. Armee sollte von der Umgebung von Weißenburg ausgehen und sich gegen Wasselnheim und Molsheim richten. Die 19. Armee sollte über Ernstein angreifen, die 553. Volksgrenadierdivision bei Hagenau den Rhein überschreiten und als Zwischenglied dieser beiden Einsätze dienen. Das in der ursprünglichen Planung abseits gelegene Straßburg wurde damit zum Mittelpunkt der Kämpfe. Der Führer bestimmte jedoch ausdrücklich, das Ziel sei unverändert. Es gelte weiterhin, von Osten wie von Westen her die Lücke bei Zabern zu fassen und »die feindlichen Kräfte zwischen Vogesen und Rhein zu vernichten«.

Am 5. Januar um 7 Uhr 45 setzte die 553. Volksgrenadierdivision 25 Kilometer nördlich von Straßburg, zwischen Kilsitt und Drusenheim, über den Fluß. Der Abschnitt wurde von der Task Force Linden gehalten, die aus fünf Bataillonen der 42. US-Infan-

teriedivision bestand. Sie verloren das Dorf Gambsheim und wurden bis zum Rand von Bischweiler, 8 Kilometer von Hagenau entfernt, zurückgeworfen. Auf der Straßburger Seite erstreckte sich der Brückenkopf bis zur Wanzenau, der Sommerpromenade der Straßburger.
Die Verteidigung der Stadt wurde der 1. französischen Armee anstelle der 7. amerikanischen übertragen. De Lattre betraute damit seine einzige verfügbare große Einheit, die 3. algerische Infanteriedivision, die von den Höhen der Vogesen über die schwer vereisten Straßen mehr herabrutschte als marschierte. Außer Straßburg sollte sie einen Abschnitt von 30 Kilometern zwischen dem Brückenkopf von Gambsheim und Erstein halten. Rechts von ihr lag die 1. freifranzösische Division am Rheinufer bis Rheinau, von wo die Tasche von Colmar sich bis Schlettstadt erstreckte. Eine gefährliche Situation! De Gaulle hatte zweifellos recht, als er behauptete, man könne Straßburg nicht preisgeben. Und Eisenhower hatte nicht unrecht, als er behauptete, die Kriegskunst gebiete ihm, es preiszugeben.
Die neue Offensive begann am 7. Januar nördlich und südlich von Straßburg. Die Angreifer hatten ihre Panzer weiß angestrichen und über ihr Feldgrau weiße Mäntel gezogen. Im Süden warf die 198. Infanteriedivision, unterstützt durch eine SS-Panzerbrigade, die 1. französische Division über die Ill zurück und stieß bis Erstein vor. Der Hauptangriff kam von Norden. An ihm nahmen sieben Divisionen teil, darunter drei Panzerdivisionen. Aber die Infanteriedivisionen waren abgekämpft, und die Panzerdivisionen bestanden nur aus einer Handvoll Kampfwagen.
Der Kampf entspann sich am Nordrand des Waldes von Hagenau. Die 79. und 14. US-Infanteriedivision hielten dem Stoß stand. Die Dörfer Buhl, Haten, Rittershofen, besonders der Friedhof des letzten Ortes, waren Schauplätze erbitterter Kämpfe. Am 9. Januar erklärte die 1. deutsche Armee, sie sei am Ende. Sie hatte zuwenig Munition und Infanterie, um die Panzer zu unterstützen.
Hitler wollte sich das nicht eingestehen. Er begnügte sich damit, die Achse des Angriffes noch weiter nach Osten zu verlegen. Die Schlacht beschränkte sich auf die Rheinebene. Die 19. Armee nahm ihren Kräfteansatz wieder auf, und die 1. Armee setzte sich an der Tasche bei Gambsheim fest. Das Unternehmen im Elsaß hatte jede größere Bedeutung verloren, da die Vernichtung eines irgendwie wichtigen Teiles der alliierten Streitkräfte unmöglich geworden war. Der einzige Gewinn, den Hitler noch erhoffen konnte, wäre ein Trompetenstoß zur Anspornung der deutschen Kampfmoral gewesen: Ich habe Straßburg wieder genommen!
Am 9. Januar herrschte in Ziegenberg Gewitterstimmung. Guderian kehrte von einer Inspektion an der Ostfront mit der Überzeugung zurück, daß der Beginn der großen sowjetischen Offensive nur mehr eine Frage von Stunden sei. ›Hitler‹, schreibt Guderian, ›geriet in großen Zorn, als ich Gehlens Ausarbeitungen vorlegte, erklärte sie für ‚völlig idiotisch‘ und verlangte, daß ich den Bearbeiter sofort in ein Irrenhaus sperren

sollte. Da faßte mich der Zorn und ich erklärte Hitler: ‚Die Ausarbeitungen stammen von dem General Gehlen ... Wenn Sie verlangen, daß der General Gehlen in ein Irrenhaus kommt, dann sperren Sie auch mich gleich dazu.‘‹ Die Diskussion wurde erbittert weitergeführt. Hitler wiederholte, er werde die Initiative im Westen nicht aufgeben, und sämtliche Informationen über die sowjetischen Armeen, die er erhalte, seien falsch. Guderian erzielte aber doch einen Vorteil. Hitler willigte schließlich ein, die 6. SS-Panzerarmee, zu der das I., II., IX. und XII. SS-Panzerkorps gehörten, aus den Ardennen zurückzuziehen und sie vor dem Transport nach Osten wiederaufzufüllen.
Die beiden nächsten Tage traten aus dem Kriegsalltag nicht heraus. Ungefähr 70000 Mann, darunter 33000 Deutsche, verschanzten sich in Budapest, wurden durch Fallschirmabwürfe versorgt und warteten mit Bangen auf den Beginn der Offensive, die sie befreien sollte: Der Rest der Ostfront war weiterhin ruhig. Die Operationen im Elsaß waren auf einem toten Punkt angelangt. In den Ardennen wurde die Lage der Deutschen durch den Abzug der SS-Divisionen endgültig unhaltbar. Das XXX. britische Korps nahm Laroche. Die 1. US-Armee nahm Bihain, die 3. US-Armee Saint-Hubert. Houffalize, das Ziel der Alliierten, war nur mehr zehn Kilometer entfernt. Alle Generale hatten die Absicht, sich hinter den Westwall zurückzuziehen. Rundstedt ging noch weiter und schlug in einem Memorandum an das OKW einen Rückzug auf das rechte Rheinufer vor. Er meldete wörtlich, die Truppe habe »vom Kriege die Schnauze voll bis oben hin...« Die Truppe habe deshalb nur beschränktes Zutrauen zu den Westbefestigungen. Sie lehne besonders die zahlreichen Bunker mit dünner Betondecke und Frontalscharten ab, weil diese auch schon bei leichterem Beschuß einstürzten und die Besatzung durch Flammenwerfer geblendet würde. Der Soldat zöge es vor, solche Anlagen zu verlassen und sich lieber im freien Gelände anzuklammern. Hitler, der Erbauer des Westwalls, wies das Memorandum wütend zurück und befahl, jeden Fußbreit Landes zu verteidigen.

Die russische Weichseloffensive

An der Ostfront teilte niemand Hitlers Meinung, es sei idiotisch, an eine Offensive zu glauben. Zahlreiche Anzeichen bewiesen, daß die Russen große Transporte durchführten und daß der Angriff bevorstand.
Die Heeresgruppe Nord, die 18. und 16. Armee, 22 Divisionen, unter Generaloberst Schörner, war zu Lande eingeschlossen und wurde von der See aus versorgt. Sie mußte in den baltischen Ländern ausharren, und alle Versuche, Hitler dazu zu bringen, ihre Evakuierung anzuordnen, solange es noch Zeit war, blieben fruchtlos. Die deutsche Front begann wieder an der Memel, mit der Heeresgruppe Mitte unter Generaloberst

Reinhardt, 3. Panzerarmee, 4. und 2. Armee; darauf folgte die Heeresgruppe A unter Generaloberst Harpe, 1. und 4. Panzerarmee, 9. und 17. Armee. Die südlichste von ihnen, die 1. Panzerarmee, lag an den Beskidenpässen. Südwestlich von ihr erstreckte sich die Heeresgruppe Süd unter General der Infanterie Wöhler quer durch die Slowakei und Ungarn. An der Drau stand sie in Verbindung mit dem Befehlsbereich des Oberbefehlshabers Südost, Feldmarschall Kesselring, der Kroatien und Norditalien verteidigte. Seit dem Herbst war die Front unverändert geblieben; sie folgte ungefähr den Konturen Ostpreußens bis zum Narew, dann dem Narew bis zu seiner Mündung in die Weichsel, dann der Weichsel bis zur Einmündung der Wisloka und der Wisloka bis zu den Karpaten. Der Verteidigungswert der Wasserläufe wurde durch die tiefgehende Vereisung gemindert sowie durch die russischen Brückenköpfe, die trotz zahlreicher deutscher Angriffe erfolgreich gehalten wurden.
Die deutschen Armeen bestanden jeweils aus fünf bis elf Divisionen. Die Reserven beliefen sich auf zwölf motorisierte oder Panzerdivisionen. Man hatte Hitler darauf hingewiesen, daß sie für eine 700 Kilometer lange Front, die von den feindlichen Massen bedroht wurde, unzulänglich sei. Hitler antwortete, die Ostfront müsse sich mit den vorhandenen Kräften halten. »Die Ostfront ist wie ein Kartenhaus. Wird die Front an einer einzigen Stelle durchstoßen, so fällt sie zusammen«, prophezeite Guderian.
Am 12. Januar begann die russische Offensive, ausgehend vom Brückenkopf bei Baranow, nordöstlich von Krakau. Geführt von der 1. Ukrainischen Front unter Befehl von Marschall Konjew, vollzog sie sich längs zweier strategischer Achsen: die eine, untergeordnete, verlief in Richtung Oppeln in Oberschlesien, die andere, wichtigere, hatte die Oder zwischen Breslau und Glogau als Ziel. Konjew verfügte über 60 Divisionen Infanterie, 8 Panzerkorps und vor allem über eine schlagkräftige Artillerie. Die 4. Panzerarmee wurde durchstoßen wie ein Löffel Schaum. Schon am ersten Abend erreichten die russischen Panzer Orte, die vom Ausgangspunkt der Offensive 25 Kilometer entfernt waren.
Am nächsten Tag, dem 13. Januar, griff die 1. Weißrussische Front unter Marschall Schukow an. Der Ausgangspunkt der Offensive waren die Brückenköpfe bei Pulawy und Magnuszew, südlich von Warschau. An diesem und am übernächsten Tag dehnte sich die Offensive auf die 2. und 3. Weißrussische Front aus, unter den Marschällen Rokossowskij und Tschernjakowskij; die erstere ging vom Brückenkopf bei Pultusk am Narew aus in Richtung Danzig, die zweite verlief von Osten nach Westen an der Grenze Ostpreußens entlang. Die 1. Baltische und die 4. Ukrainische Front dehnten die Offensive auf die beiden Flügel nach Königsberg und nach Ratibor aus. Die UdSSR warf alle ihre Kräfte in die Schlacht – ein unbeschreibliches Gemisch, das von Joseph-Stalin-Panzern, den modernsten der Zeit, bis zu kaum bewaffneten asiatischen Gruppen reichte.
Der deutsche Gegenschlag war außerordentlich schwach. Es war kein einheitlicher

Einsatz vorbereitet worden. Die auf ausdrücklichen Befehl des Führers viel zu nahe an der Front gehaltenen Reserven wurden durch die russische Artillerievorbereitung dezimiert oder durch das Tempo des russischen Vormarsches in Verwirrung gestürzt. Das XXIV. Panzerkorps wurde bei Kielce entzweigeschnitten: Es formierte sich dank der Energie seines Kommandierenden Generals Walther Nehring neu und zog sich inmitten der feindlichen Truppen zurück, wobei es versprengte Teile der 4. Panzer- und der 9. Armee mit sich nahm. Das Panzerkorps ›Großdeutschland‹ unter General von Saucken wurde von Hitler aus Ostpreußen abgezogen, um in der Gegend von Posen eingesetzt zu werden; der Transport mit der Eisenbahn erforderte mehrere Tage, das Einsatzgebiet war bereits vom Feind überschwemmt, und das Panzerkorps entging mit knapper Not der Vernichtung. Man sucht vergeblich ein Konzept in der deutschen Verteidigung; man findet nur unzusammenhängende Kämpfe, zerfahrene Bemühungen, gegen eine heranbrandende Flut gerichtet, die zwischen zerstörten Deichen hindurchbraust.
Am 14. Januar vollzog sich der russische Vormarsch auf der gesamten Front vom Baltikum bis zu den Karpaten. Am 15. nahm Schukow Kielce und am 16. Radom. An diesem Tage willigte Hitler endlich ein, die Offensiven im Westen abzublasen. Er kehrte nach Berlin zurück, wo er sich bis zum bitteren Ende in den Bunker der neuen Reichskanzlei zurückzog.
Gleichfalls an diesem Tag erfuhr Guderian mit Entsetzen, daß ein Korps der 6. SS-Panzerarmee, das von den Ardennen abgezogen worden war, nicht an der Oder, sondern an der Donau eingesetzt wurde, um an der Schlacht um Budapest teilzunehmen. An diesem Tag wurde der Sündenbock Harpe an der Spitze der Heeresgruppe A durch Schörner ersetzt. Am folgenden Tag, dem Siebzehnten, nahm die 1. Ukrainische Front Tschenstochau; die 1. Weißrussische Front überschwemmte Warschau. Infolge eines Irrtums, hervorgerufen durch eine Unterbrechung der Verbindungslinien, teilte man Hitler den Fall der Stadt vorzeitig mit: Er schrie, es handle sich um Sabotage, ließ Oberst von Bonin und zwei Offiziere der Einsatzabteilung durch die Gestapo festnehmen und drohte, er werde »die Intellektuellenclique vom 20. Juli, aus der der Generalstab besteht« zerschlagen. Am Neunzehnten fielen Lodz und Krakau. Am Zwanzigsten war Tilsit an der Reihe und am Einundzwanzigsten Gumbinnen und Tannenberg. Reinhardt hatte das Tannenberg-Denkmal in die Luft sprengen und Hindenburgs Sarg sowie den seiner Gattin nach dem Westen bringen lassen.
Die Lebenden flüchteten gleichfalls. Das frühere Westpolen war vom Deutschen Reich wieder annektiert und in zwei ›Gaue‹ geteilt worden: Danzig-Westpreußen mit Danzig und den Warthegau mit Posen als Hauptstädten. Man hatte dort die im Jahre 1939/40 infolge des Bündnisses Hitler-Stalin vertriebenen volksdeutschen Minoritäten wieder angesiedelt: Adelige oder Bauern, die aus den alten deutschen Kolonisierungsländern Kurland, Livland, Galizien, Bessarabien und der Bukowina kamen. Sie hatten dort

An der Ostfront, die sich im Laufe des Jahres 1944 den deutschen Grenzen genähert hatte, wurden Pimpfe ausgeschickt, um unter Leitung der Partei einen Schutzwall gegen die russischen Panzer zu errichten (oben). – Erich Koch, ›Reichskommissar‹ für die Ukraine und Gauleiter von Ostpreußen, besichtigte am 22. August 1944 die Lager der eingesetzten Mannschaften (unten).

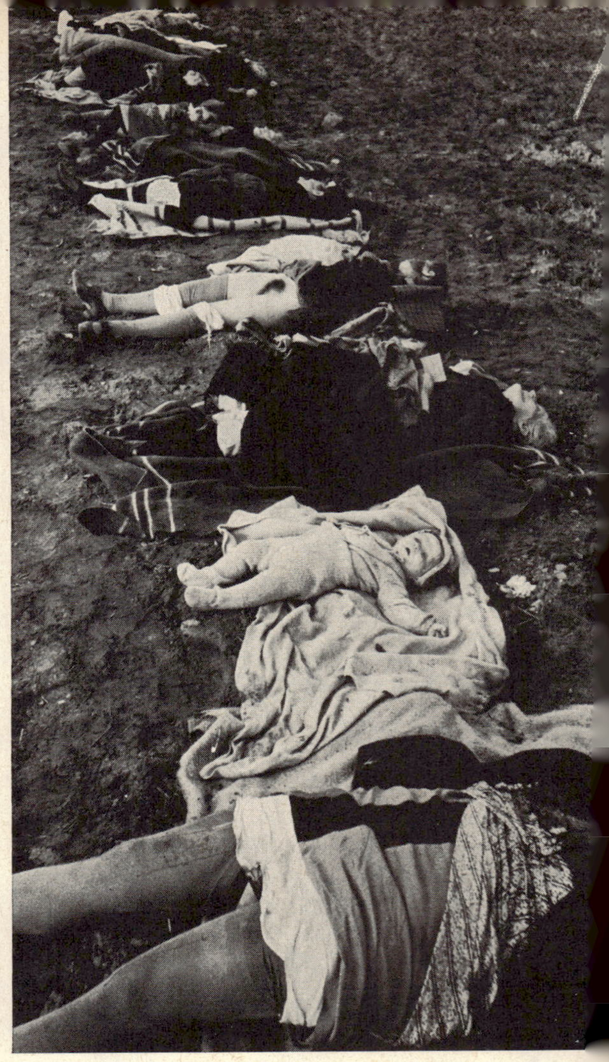

Am 10. Oktober 1944 drangen die ersten Russen nach Ostpreußen ein. Waren sie in Litauen noch als freundlich begrüßte Befreier aufgetreten (oben links), so waren ihre Wut und ihr Rachedurst in Deutschland grenzenlos. Tausende Deutsche, das grauenvolle Schicksal ihrer Landsleute in Nemmersdorf (oben rechts) vor Augen, flohen in endlosem Treck über die winterlichen Ebenen oder per Schiff (unten am Pier von Kolberg, 1945).

eine neue Heimat gefunden. Die Periode trügerischer Ruhe war zu Ende; die Russen kamen zurück, und es hieß von neuem weiterziehen.
An eben dem Tag, an dem die deutsche Front zusammenbrach, erklärte der Staatssekretär im Propagandaministerium, Werner Naumann, den versammelten Spitzen der Behörden des Warthegaus, die Verteidigungslinien an der Weichsel stünden fest wie Beton, und die begonnene Schlacht würde mit der Wiederaufnahme des deutschen Marsches nach Moskau enden. Die Kreisleiter hatten diese offizielle Erklärung weitergegeben und der Bevölkerung mitgeteilt, sie habe keinerlei Grund, ihre Häuser zu verlassen. Viele gingen auf diese Versicherung hin zu Bett und erwachten von dem Lärm der russischen Panzer in ihrer Dorfstraße. Manche hatten sich im letzten Augenblick davongemacht, als der kaum zu glaubende Ruf: »Die Russen kommen!« durch die erste Welle der Flüchtlinge bestätigt wurde.
Fürchterlicher Exodus, der Beginn einer menschlichen Lawine, die an Umfang und Schrecken alle bisherigen Völkerwanderungen übertraf, wie sie der Krieg im Westen verursacht hatte. Schnee bedeckte die Straßen, das Thermometer stand auf minus 20 Grad. Die Transportmittel waren auf wenige von Ochsen oder Pferden gezogene Bauernkarren beschränkt; bald wurde es unmöglich, die Tiere zu ernähren. Frauen und Kinder gingen zu Fuß, zogen Schlitten oder umgedrehte Tische als Schlittenersatz hinter sich her. Man wird nie erfahren, wie viele Tausende dabei umkamen.
Während der letzten Januarwoche verschlechterte sich das Wetter. Die Schneefälle waren die angeblich stärksten des Jahrhunderts. Das Eis der zugefrorenen Flüsse vermochte die schwersten Fahrzeuge zu tragen. Man beabsichtigte, das Eis der Oder zu sprengen, um dem Fluß seinen Wert als Hindernis wiederzugeben: Der Meteorologe Schuster, den der Führer in seinen Bunker kommen ließ, wies nach, daß die Idee undurchführbar sei. Die Schlacht ging im Schneesturm von einem Ende der Ostfront bis zum anderen weiter. In vielen Fällen war sie nichts anderes mehr als eine aufreibende Flucht vor einem Eindringling, der eher durch Schneeverwehungen als durch die Waffen der Wehrmacht aufgehalten wurde.
Vor Riga, das am 18. September 1944 gefallen war, angekommen, konnte Schörner das Kommando der Heeresgruppe A erst am 20. Januar übernehmen. Welche Art Mensch er war, zeigt sich in seiner Devise ›Kraft durch Furcht‹, einer Parole, die auf das ›Kraft durch Freude‹ der Arbeitsfront zurückging. Als Choleriker und Bayer haßte er die preußische Aristokratie und glaubte schwärmerisch an Hitler. Seinem Eifer, seiner Brutalität fiel die Aufgabe zu, das letzte Arsenal des Dritten Reiches, Schlesien, zu retten. Die Ruhr, die Saar waren zerstört, Schlesien aber war unberührt geblieben. Neben Dresden war Breslau die einzige große deutsche Stadt, auf die keine einzige Bombe gefallen war. In zunehmendem Maße hatte man die lebenswichtigen Industrien in diese ruhige Gegend verlegt. Wenn Schlesien verlorenginge, würde die Fortsetzung des Krieges fast unmöglich werden.

Aber an dem Tag, da Schörner das Kommando übernahm, drangen die Russen bereits in Schlesien ein. Sie überschritten die Oder zu beiden Seiten von Breslau bei Brieg und Steinau. Das wertvolle Industriebecken in Oberschlesien wurde überrannt. Zur Rettung der Lage wäre eine größere Anzahl frischer Divisionen nötig gewesen, um den durch seinen raschen Vormarsch in Unordnung geratenen Gegner anzugreifen; solche Divisionen gab es nicht. Alle Teilangriffe schlugen fehl. Nehrings erschöpften Truppen gelang es, das Panzerkorps ›Großdeutschland‹ zu retten, aber ihr Versuch, die Oderlinie wiederherzustellen, mißlang. Die verhältnismäßig intakte 17. Armee erhielt die Aufgabe, das Industriebecken zu verteidigen; sie war außerstande, die Einnahme von Kattowitz, Oppeln, Gleiwitz und die Einschließung Beuthens zu verhindern. Schörner, der die totale Katastrophe kommen sah, entschloß sich, Hitler um die Erlaubnis zu ersuchen, die Ruhr des Ostens zu räumen. Vielleicht zum erstenmal reagierte der Diktator wie ein Mensch, der resigniert. »Wenn Sie glauben, daß nichts mehr zu machen ist, Schörner, dann tun Sie es!«

Durch die Kriegsumstände war Breslau zu einer Millionenstadt angewachsen. Zunächst hatte Gauleiter Hanke angeordnet, daß niemand die Stadt verlassen dürfe. Als sie von Hitler zur ›Festung‹ erklärt wurde, änderte er seine Politik und befahl die Evakuierung der Zivilisten. Lautsprecherwagen fuhren in der Stadt umher und verkündeten, daß Frauen und Kinder sofort Breslau zu Fuß auf der Straße nach Liegnitz zu verlassen hätten. Das Thermometer zeigte 20 Grad unter Null, und auf den Straßen lag ein Viertelmeter Schnee.

In Posen die gleiche Tragödie. Um das wieder eingedeutschte Posen zu verteidigen, hatte Generalmajor Gonell 2000 Kadettenschüler und ein paar Bataillone von Reaktivierten, insgesamt kaum mehr als 10000 Mann, zur Verfügung. Der Gauleiter Greiser floh von seinem Posten. Die Belagerung begann am letzten Januartag.

Um Ostpreußen schloß sich die Zange. Tschernjakowskij schnitt Königsberg ab. Rokossowskij rückte über Allenstein und Osterode vor und erreichte am 27. Januar das Frische Haff bei Elbing. Zwei Armeen, die 3. Panzerarmee unter Generaloberst Rauß und die 4. Armee unter General Hoßbach, waren abgeschnitten. Hitler befahl Rauß, Königsberg und Pillau, den Hafen am Frischen Haff, zu verteidigen. Er befahl Hoßbach, sich in Igelstellung um den kleinen Ort Lötzen, zwischen den Masurischen Seen, zu legen. Rastenburg, Adolf Hitlers frühere Wolfsschanze, liegt weniger als 20 Kilometer davon entfernt. Nach dem Attentat des 20. Juli hatte man aus dem Sperrkreis des Führers eine richtige Festung gemacht. Sie wurde in die Luft gesprengt, ohne jemals verteidigt worden zu sein.

Hoßbach gehorchte jedoch nicht. Er hatte 350000 Soldaten, denen er ein neues Stalingrad ersparen wollte, und eine ungezählte Menge ostpreußischer Zivilisten, die nichts sehnlicher wünschten, als ihren Leidensweg, die Flucht nach dem Westen, fortzusetzen. Das XXVI. Armeekorps unter General Matzky erhielt daher Auftrag, die Straße nach

Königsberg in Ostpreußen im Winter 1944/45. Pausenlos zogen die Trecks der geflohenen Landsleute in Richtung Westen. Mit klingendem Spiel jedoch, an Ruinen vorbei, die der nahende Feind geschlagen, gingen die frisch zur Wehrmacht eingezogenen Rekruten an die Front – makabres Beharren auf hohlgewordener Tradition (oben) angesichts der in Ostpreußen immer mehr Fuß fassenden Roten Armee (unten).

Auf allen Fronten des deutsch-russischen Kriegsschauplatzes drang die Rote Armee vor. Dort betrug ihre Stärke Ende 1944 insgesamt fünfeinhalb Millionen Mann. Am 20. Oktober 1944 fiel die jugoslawische Hauptstadt Belgrad (oben), am 15. April 1945 die Stadt Mährisch-Ostrau (unten).

Danzig zu öffnen. Der Oberbefehlshaber der Heeresgruppe, Reinhardt, machte sich mitschuldig, indem er die Absichten und Bewegungen seines Untergebenen durch sein Schweigen deckte. Ein Marsch von 200 Kilometer brachte die 131. und 170. Infanteriedivision aus der Gegend von Lötzen in das Gebiet von Wormditt. Sie griffen am Abend des Sechsundzwanzigsten bei 30 Grad Kälte an. Bei hellem Mondschein wurden viele der Russen in den Dörfern betrunken und mit Frauen überrascht und niedergemacht. Am nächsten Tag machten weitere Schneefälle die Lage noch schwieriger, aber jeder einzelne deutsche Soldat griff mit der Energie eines Gefangenen an, der entweichen will. Am Neunundzwanzigsten stand die 170. Infanteriedivision in Preußisch-Holland, 20 Kilometer von Elbing, wo die 2. Armee noch Widerstand leistete. Hoßbach hoffte die Verbindung im Lauf des Tages herstellen zu können.

Aber der Fall von Lötzen, das kampflos geräumt wurde, und die Denunziation Erich Kochs, des Gauleiters von Ostpreußen, hatten Hitler den Ungehorsam Hoßbachs enthüllt. Sein durch den 20. Juli vergifteter Geist fand eine Erklärung: Die Preisgabe Ostpreußens war ein Komplott mit dem Ziel der Proklamierung einer Anti-Hitler-Regierung auf deutschem Reichsgebiet, ein Komplott, das vom Komitee ›Freies Deutschland‹ ausgehe. »Die beiden (Hoßbach und Reinhardt) stecken mit Seydlitz unter einer Decke«, sagte er. »Das ist Verrat! Sie gehören vor ein Kriegsgericht!« Der Österreicher Rendulic, ein zum Generaloberst aufgestiegener, promovierter Offizier, Verehrer Hitlers, wurde an die Stelle von Reinhardt gesetzt. Ein anderer treuer Nazi, General Friedrich-Wilhelm Müller, trat an die Stelle von Hoßbach. Die Ausbruchsoffensive wurde gestoppt, und die 4. Armee grub sich gegen Osten ein, knapp neben der 3. Panzerarmee. Trotzdem versuchten Zehntausende Flüchtlinge unter dem Feuer der russischen Artillerie über das zugefrorene Frische Haff zu fliehen. Ihre Leichen bedeckten das Eisfeld.

Anfang Februar wurde der Vormarsch der russischen Armee durch die rapide angewachsene Länge ihrer Etappenlinien gebremst. Aber die Niederlage der Deutschen hatte bereits erschreckende Ausmaße angenommen. Die Oder war weit überschritten. Im Süden näherte sich der sowjetische Vormarsch der Görlitzer Neiße in der Lausitz, der Westgrenze Schlesiens. Bei Frankfurt an der Oder hielten die Deutschen zwei Brückenköpfe östlich der Oder, aber die Russen standen schon am linken Ufer. Sie waren nur mehr 70 Kilometer von Berlin entfernt.

Um die klaffende Bresche zu schließen, die sich vor seiner Hauptstadt gebildet hatte, stellte Hitler eine neue Heeresgruppe auf, der er den Namen ›Weichsel‹ gab – wenngleich ebensowenig Aussicht bestand, die Weichsel jemals wiederzuerobern wie die Wolga. Guderian schlug vor, der Oberbefehl solle Feldmarschall von Weichs übertragen werden. Hitler lehnte ab. Er habe, sagte er, zu Maximilian Maria Josef Reichsfreiherr von Weichs auf Glonn, einen alten Soldaten und frommen Katholiken, kein Vertrauen.

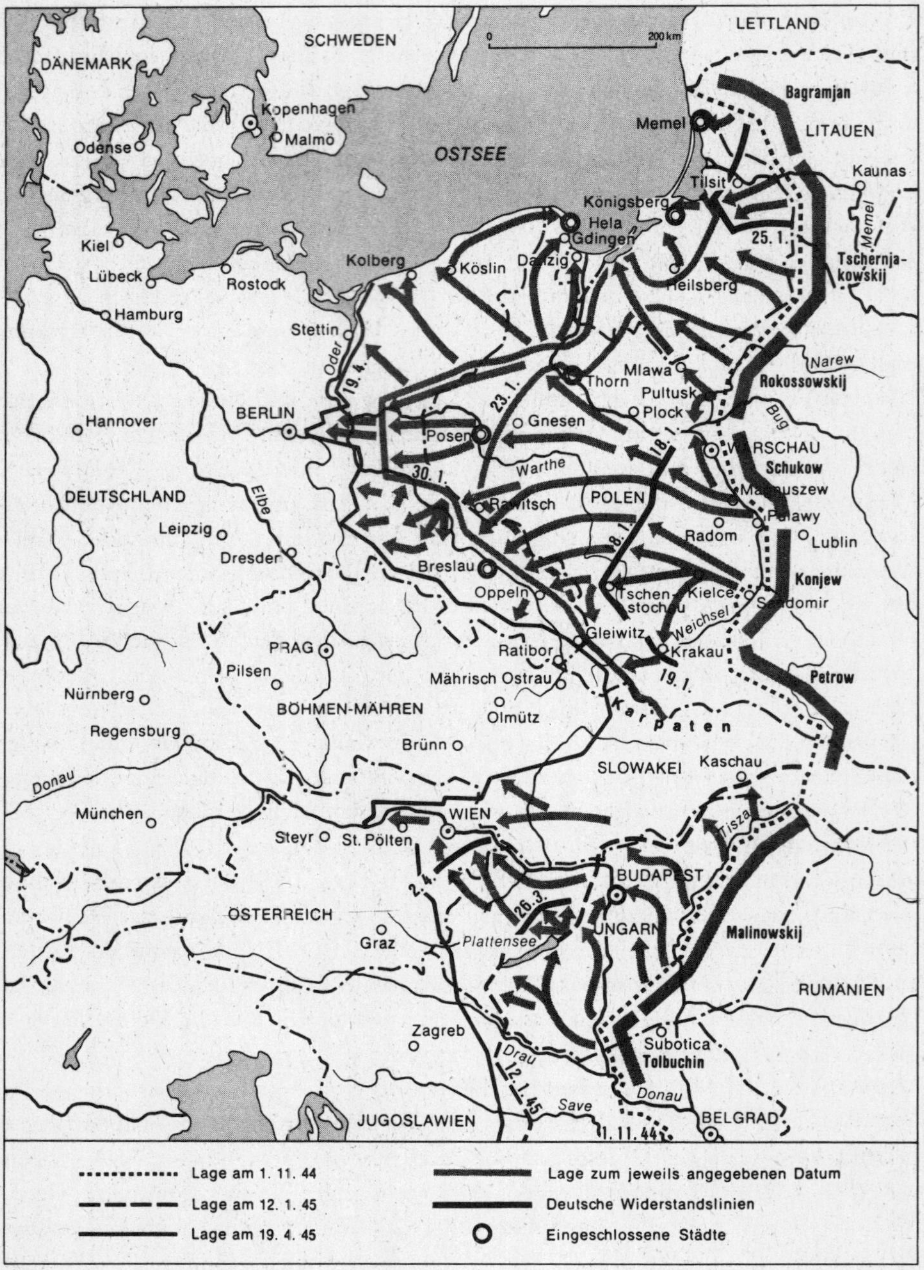

Karte 53 Die deutsch-russische Front zwischen November 1944 und April 1945

Er übertrug Himmler, der am Oberrhein seine ersten Erfahrungen als Feldherr gemacht hatte, die Aufgabe, Berlin zu schützen. In diesem Augenblick standen an der Ostfront 103 deutsche Infanterie- und 33 Panzerdivisionen; an der Westfront waren es 65 Infanterie- und 12 Panzerdivisionen. Fast alle Generale fragten sich, weshalb man nicht sämtliche Streitkräfte aus dem Westen nach dem Osten brachte, sogar – und gerade deswegen – wenn diese Verlegung die völlige Besetzung durch die westlichen Alliierten bedeutete.

Die Schlacht bei Colmar

Die Schlachten im Westen hatten nicht den großartigen, barbarischen und verzweifelten Charakter wie das Ringen, das sich in den deutsch-polnischen Grenzgebieten abspielte. Aber auch hier waren die Bedingungen des Kampfes außerordentlich hart. ›Die Toten sind sofort steifgefroren‹, notierte Patton, ›und bekommen eine entsetzliche weinrote Farbe ... Ich wunderte mich über die schwarzen Punkte, die ich im Schnee verstreut sah; dann kam ich dahinter, daß es die Zehen der Toten waren...‹
Am 16. Januar trafen in Houffalize eine US-Kavallerieschwadron der 3. Armee und das 41. Regiment der Panzerinfanterie der 1. Armee zusammen. Diese Vereinigung war der Abschluß der Schlacht in den Ardennen. Die amerikanischen Truppen kehrten wieder in ihre Stellungen vom 18. Dezember zurück. Die Gegenoffensive Hitlers hatte dem Deutschen Reich gegen seinen westlichen Gegner einen Monat Aufschub gebracht. Dem östlichen, unerbittlicheren Gegner hatte sie einen Vorsprung auf dem Marsch ins Innere Deutschlands und zur Eroberung Mitteleuropas gegeben.
Der Überraschungsangriff in den Ardennen hatte die Alliierten 8000 Tote, 48 000 Verwundete und 21 000 Vermißte gekostet. Obwohl letztlich siegreich überstanden, hatte er bei ihnen einige Narben hinterlassen. Eisenhower war mehr denn je von der Notwendigkeit überzeugt, Vorsicht zu üben und auf der Länge der gesamten Front gleichzeitig einen kontinuierlichen Druck aufrechtzuerhalten. Montgomery trat neuerlich für seine Einzeloffensive nördlich der Ruhr ein und stellte wieder, gestützt auf die Gesamtheit der britischen Meinung, seine Anwartschaft auf das Kommando über alle alliierten Armeen in Westeuropa zur Diskussion. Aber Ikes Nimbus hatte durch die Vorfälle im Dezember nicht etwa so viel Glanz eingebüßt, und die Amerikaner unterhielten 50 Divisionen gegenüber nur 15 des Commonwealth auf dem westlichen Kontinent. Der zweifellos recht mittelmäßige General Bradley tauchte wieder auf, den man im Augenblick der Gefahr praktisch ausgeschaltet hatte. Zwei Tage nach der Vereinigung in Houffalize unterstellte ihm Eisenhower wieder die 1. US-Armee, so daß nur die 9. US-Armee bei der Heeresgruppe Montgomery verblieb. Für die weiteren Operationen legte Eisenhower etwas wie einen Plan fest; er selbst zumindest bezeichnete es so.

Dieser Plan bestand darin, in einer ersten Phase das linke Rheinufer zu säubern, in der zweiten den Rhein zu überschreiten und in der dritten jenseits des Rheins vorzugehen. Die Fachleute des SHAEF erklärten, der Wasserstand und die heftige Strömung würden ein Überschreiten des Flusses vor dem Monat Mai unmöglich machen. Ike gab sich also für die Durchführung der Phase Nummer eins seines Programmes fünf Monate Zeit.

Diese Phase begann mit einer französisch-amerikanischen Offensive im Elsaß. Die schwere Bedrohung Straßburgs war noch nicht abgewendet. Die 1. deutsche Armee hatte sich mit dem Brückenkopf bei Gambsheim, von den Amerikanern mit ›Tasche‹ bezeichnet, vereinigt, die 7. amerikanische Armee hatte den Nordrand des Hagenauer Waldes aufgegeben und sich bis an die Moder zurückgezogen, so daß die 3. amerikanische Infanteriedivision mehrere heftige Angriffe gegen Straßburg abwehren mußte. Die alliierte Führung war dennoch der wohlbegründeten Ansicht, daß die beste Methode zur Klärung der Lage im Elsaß darin bestand, den Brückenkopf bei Colmar, der seit drei Monaten ihren rechten Flügel beengte, verschwinden zu lassen.

Die in der ›Tasche‹ stehende 19. Armee wurde von General Rasp kommandiert. Ihm standen im Norden das LXIV. Armeekorps und im Süden das LXIII. Armeekorps zur Verfügung. Seine acht Divisionen waren weder vollzählig noch von ungebrochener Kampfmoral beseelt, und eine von ihnen, die aus Österreichern bestehende 2. Gebirgsdivision, die aus Norwegen hierher verlegt worden war, hatte eine beträchtliche Anzahl von Deserteuren zu verzeichnen. Aber auch die französischen und amerikanischen Truppen zeigten Ermüdungserscheinungen. Schneestürme tobten im Elsaß, und die Flugzeuge blieben die meiste Zeit am Boden. Die Transportverhältnisse waren überaus schwierig. Die Leistungsfähigkeit auch der besten Einheiten wurde durch die Strapazen der Soldaten beeinträchtigt. Als erstes trat das I. Armeekorps, unter dem Kommando von Béthouart, gegen die südliche Flanke der ›Tasche‹, zwischen Thann und Mühlhausen, in Aktion. Sein rechter Flügel sollte bei Fessenheim den Rhein erreichen, sein linker längs der Vogesen vorrücken und sich mit dem II. Armeekorps bei Rufach vereinigen. Aber die Erfolge waren nicht überwältigend. Die 4. motorisierte Gebirgsdivision blieb im Schnee an den Hängen der Vogesen stecken, und die 2. marokkanische Infanteriedivision kam vor Mühlhausen nicht von der Stelle. Béthouart schlug vor, den Angriff vorübergehend einzustellen und besseres Wetter abzuwarten. De Lattre trieb ihn an, aber die Fortschritte waren weiterhin langsam und blieben qualvoll.

Zwei Tage nach dem Angriff im Süden griff Monsabert an der Nordflanke der ›Tasche‹ mit vier Divisionen an, darunter der 3. und 28. US-Infanteriedivision. Er mußte Colmar umgehen, um den Rhein bei Neubreisach zu erreichen. Zwei weitere Angriffsspitzen sollten gegen Rufach und Sainte-Croix-en-Plaine gerichtet werden, ihr Ziel war die Vereinigung mit dem I. Armeekorps.

Die Anfangserfolge waren hier bedeutender als im Süden. Der Feind gab den Stoßkeil auf, den er zwischen Ill und Rhein in Richtung Straßburg getrieben hatte. Der Domänenwald von Colmar wurde gesäubert, und man erreichte den Kanal von Colmar. Aber de Lattre fehlte eine Division, um die Dynamik des Angriffs fortsetzen zu können. Er forderte erfolglos Verstärkung an. Am 25. Januar gab ihm Devers ein ganzes Armeekorps, das XXI. unter Generalmajor Milburn. Es ging südlich von Monsabert in Stellung.

Nach kurzer Unterbrechung wurde der Angriff wiederaufgenommen. Am 2. Februar besetzte die 3. US-Infanteriedivision Colmar – und ließ als erste die französischen Panzer der 5. Panzerdivision in die Stadt einfahren. Der Vormarsch gegen Rufach ging trotz des Tauwetters weiter, das die kleinen Flüsse aus den Vogesen in reißende Ströme verwandelt hatte. Das I. Korps, das seinen Vormarsch wiederaufnahm, zog vor der 75. US-Infanteriedivision in Rufach ein. Die Vereinigung erfolgte am 5. Februar. Damit war die ›Tasche‹ bei Colmar in zwei Teile geschnitten. Die deutschen Soldaten, die sich im Vogesenteil, in der Umgebung von Münster und Gebweiler, befanden, wurden in den folgenden Tagen einzeln gefangengenommen. Die alte Festung Neubreisach fiel kampflos am 6. Februar. Am 9. gingen die letzten deutschen Truppen über die Eisenbahnbrücke von Chalampe, die wie durch ein Wunder unversehrt geblieben war, aufs rechte Ufer. Hinter ihnen flog die Brücke in die Luft. Das Elsaß war wieder französisch.

Die Konferenz von Jalta

Wie schon 1943 bei den Vorbereitungen für Teheran, kam es, da jeder seinen Willen durchsetzen wollte, bereits zu einem Konflikt über den Ort der Konferenz. Churchill wehrte sich mit aller Macht gegen die Zusammenkunft auf der Krim. ›Wir könnten zehn Jahre lang suchen‹, telegrafierte er an Roosevelt, ›ohne einen derart abscheulichen Ort zu finden. Das ist einzig und allein ein Paradies für Läuse.‹ Er schlug Edinburgh, Nassau, Malta, Athen, Zypern, Kairo, Jerusalem oder Rom vor – alles unversehrte Städte, in denen es entsprechende Unterkünfte, moderne Flughäfen, sichere und intakte Verkehrsnetze gab. Alles war vergeblich. Stalin verlangte, daß die Zusammenkunft der Großen Drei auf sowjetischem Boden stattfinden müsse. Er hatte Angst vor Flugzeugen und lehnte es ab, das Leben des ›Vaters der Völker‹ den Gefahren einer Flugreise auszusetzen. Außerdem war er entschlossen zu zeigen, daß er die wichtigste Figur sei. Im Vorjahr hatte er nur zögernd eingewilligt, bis nach Teheran zu reisen. Die fortgesetzten Siege hatten seine Stellung noch gestärkt, und seine letzte kategorische Erklärung lautete: »Ihr kommt zu mir, oder die Konferenz findet nicht statt.«
Einzig und allein Roosevelt wäre imstande gewesen, sich dem zu widersetzen. Als

Stalin darauf hinwies, er schlage eine ungeheure Schlacht, hätte Roosevelt antworten können, daß seine noch umfangreicher sei, da ja auch der Pazifik dazugehöre. Außerdem war Roosevelt so krank, daß eine Reise um die halbe Erde für ihn eine übermenschliche Anstrengung darstellte. Ja, Roosevelt hätte seine Belastung und seine Gesundheit ins Treffen führen können, um zu verlangen, daß Stalin ihm wenigstens auf halbem Wege entgegenkomme. Da sich aber Roosevelt fügte, wie hätte Churchill, der nur die zweite Rolle spielte, handeln sollen? Das einzige, was Churchill erreicht hatte – und auch das nur unter Schwierigkeiten –, war die Vereinbarung einer anglo-amerikanischen Vorbesprechung in Malta auf dem Weg nach Jalta. Roosevelt hatte seine Zustimmung nur mit äußerstem Widerstreben erteilt, hatte eingewendet, ein Zwiegespräch werde Stalin verärgern und ihm den Eindruck vermitteln, die Westmächte wollten sich verabreden, um ihm eine einheitliche Front entgegenzustellen. Am 2. Februar, bei strahlendem Sonnenschein, erwartete der Premierminister den US-Kreuzer *Quincy* im Hafen von La Valetta. Er war über das von der Krankheit gezeichnete Gesicht Roosevelts tief erschüttert. Er wußte noch gar nicht – denn der Gesundheitszustand des Präsidenten war ein streng gehütetes Staatsgeheimnis –, daß Roosevelt während der ganzen Überfahrt seine Kabine nicht verlassen hatte und daß der Arzt des Präsidenten, Admiral McIntire, Tag und Nacht bemüht war, ihn für die bevorstehende Konferenz in Form zu bringen.

Der todkranke Roosevelt hatte als seinen ersten Berater einen Mann mitgebracht, der ebenfalls dem Tod nahe war: Harry Hopkins. Der kraftlose Körper der grauen Eminenz war völlig verbraucht; wie sein Chef hatte auch er die Überfahrt in der Kabine, im Bett liegend, verbracht. Das State Department hatte für Roosevelt und ihn ausgezeichnete Memoranden über die Probleme Osteuropas angefertigt. Aber wie sollten Schwerkranke, die schon den Hauch des Todes im Nacken fühlten, die Energie aufbringen, sich in die Akten zu vertiefen?

Das Treffen in Malta hatte keinerlei praktischen Wert, da Roosevelt jede Diskussion über die Fragen ablehnte, die in Jalta zur Sprache kommen sollten. Schon am nächsten Tag brachte eine regelrechte Luftbrücke die 150 Personen, aus denen die beiden Delegationen bestanden, auf die Krim. Die Flugverhältnisse waren schlecht und die Flughafenanlagen auf der Krim derartig mangelhaft, daß man der strengen Neutralität der Türken sanfte Gewalt antun mußte, damit sie das englische Passagierschiff *Franconia* und den amerikanischen Transporter *Cacoctin* ins Schwarze Meer passieren ließen. Die Schiffe dienten als schwimmende Flugbasis und als Relaiszentrale für die Übermittlung. Die Flugzeuge landeten auf dem Flughafen von Saki, in der Nähe von Eupatorija. Zwischen dem Flughafen und Jalta, das noch 200 Kilometer entfernt war, lag eine Gebirgskette. Die Fahrt dauerte sechs Stunden. Längs der Straße standen Soldaten Schulter an Schulter. Dörfer und Brücken waren schwer bewacht. Viele der Soldaten waren Frauen, dicke pausbäckige Geschöpfe. Vernichtete Panzer, ausgebrannte Lastwagen, die ganze Schlacke der Schlachtfelder zeugten von der Heftigkeit der Kämpfe, die um den Besitz dieser einstigen Romanowstraße, der strategischen Verbindungsstraße der Krim, stattgefunden hatten. Man durchfuhr Simferopol, das völlig niedergebrannt war. Das pausenlose Gerüttel, die scharfen Kurven im Gebirge zermürbten Roosevelt völlig. Er kam leichenblaß an, aber McIntire beruhigte alle, die sich seinetwegen Sorgen machten. »Ich kenne ihn... Er ist nur etwas übermüdet ... er wird sich bald erholen...«

Stalin kam per Bahn aus Moskau. Er hatte mitteilen lassen, er werde erst am nächsten Morgen eintreffen, ein Protokollkniff, der es ihm ersparte, dieses England und Amerika, das er von so weit hatte kommen lassen, zu empfangen.

Churchills ablehnende Haltung erwies sich als begründet. Die Bequemlichkeit ließ zu wünschen übrig. Churchill wohnte zehn Kilometer außerhalb von Jalta, in dem völlig ausgeraubten ehemaligen Palais Woronzoff, und es hatte der ganzen Verbissenheit von Miß Joan Bright, einem Mitglied der Vorausabteilung, bedurft, um für ihren Chef die Aufstellung eines großen Bettes durchzusetzen, wie er es gewohnt war. Zur englischen Delegation gehörten drei Marschälle, zwei Admirale, mehrere Dutzend Generale, Obersten, höhere Offiziere und außerdem die Elite des Außenministeriums mit dem Ständigen Sekretär Sir Alexander Cadogan. Die Herren von höherem Rang wohnten im Palais Woronzoff, zu viert und fünft in einem Zimmer, während die anderen in zwei mehrere Kilometer weit entfernten Heilanstalten zusammengepfercht waren. Für 20 Generale war ein Badezimmer vorgesehen, und da es nur einen einzigen Waschtisch in jedem Haus gab, mußte man ein SOS an die *Franconia* schicken, um von dort Waschschüsseln kommen zu lassen, damit der zivile und militärische Generalstab des Vereinigten Königreichs sich wenigstens waschen konnte. Die Amerikaner hatten es nicht besser getroffen. Man hatte ihnen das Liwadiapalais zur Verfügung gestellt, die einstige Winterresidenz Nikolaus' II., aber die Generale waren zu acht, die Obersten zu sechzehnt in einem Zimmer untergebracht. Die Atmosphäre der Konferenz litt unter diesem Durcheinander. Und doch hatten die Russen getan, was sie konnten. Es gab im Ort selbst einfach gar nichts. Der einfachste Nachttisch, Spiegel, jede Flasche Wodka war aus Moskau herangeschafft worden. 500 Waggons waren fünf Tage unterwegs gewesen, um diese Luxusgüter, die von den Amerikanern als ausgesprochen spartanisch angesehen wurden, auf die Krim zu bringen. Auch das gesamte russische Personal hatte diese weite Reise gemacht. Als man es im Moskauer ›National‹ und im ›Metropolis‹ angefordert hatte, dachten die Kellner, Köche und Zimmermädchen, man wolle sie nach Sibirien schicken. Ein rührendes Detail: Für die Zimmermädchen hatte man eine Anzahl hochhackiger Schuhe aufgetrieben, und die armen Mädchen, die sie nicht gewohnt waren, verrenkten sich darin die Knöchel. Aber sie sahen in ihren netten schwarzen Kleidern und tadellos weißen Häubchen sehr ordentlich aus.

Sogar die Gärten hatte man instandgesetzt. Aus Georgien ließ man Zypressen und

Orangenbäume kommen und pflanzte sie auf einem Grundstück ein, das noch nicht einmal völlig von Minen gesäubert war. Die Goldfische hatte man vergessen, aber es genügte, daß Luftmarschall Portal eine Bemerkung darüber machte, um sie am Tag darauf in den Bassins erscheinen zu lassen. Ein anderer Engländer bemerkte, daß es keine Zitronen für die Cocktails gebe. Noch am Abend desselben Tages stand ein Zitronenbaum voller Früchte zwischen den Steinlöwen der Terrasse. Stalin wohnte in der Villa Koreiz, einige Kilometer außerhalb von Jalta. Um die Kräfte Roosevelts zu schonen, den er zu einer so mörderischen Reise gezwungen hatte, entschied Stalin entgegenkommend, daß die Plenarsitzungen im Liwadiapalais stattfinden sollten. Vor der ersten, die für 17 Uhr 10 angesetzt war, führten sie ein Zwiegespräch, wie es der Präsident der Vereinigten Staaten dem Premierminister Großbritanniens nur so ungern gewährt hatte. Das Hauptthema der Unterredung war Frankreich. Stalin berichtete von dem Besuch, den ihm de Gaulle in Moskau abgestattet hatte und dessen Erfolg für den General ein ziemlich rätselhafter franko-sowjetischer Freundschaftsvertrag war. »Ich glaube nicht«, sagte Stalin, »daß de Gaulle besonders kompliziert ist, aber in seiner Einschätzung der Rolle, die Frankreich bei der Erringung des Sieges gespielt hatte, ist er völlig unrealistisch.« »In Casablanca«, sagte Roosevelt, »verglich er sich mit Jeanne d'Arc und Clemenceau.« »Mir hat er in Moskau erklärt, die natürliche Grenze Frankreichs sei der Rhein und dieser müsse ständig von französischen Truppen besetzt bleiben... Glauben Sie übrigens, daß man den Franzosen eine Besatzungszone in Deutschland geben muß?« »Das wäre ein reines Geschenk von unserer Seite!«
Als Konferenzraum (23 mal 10 Meter) diente der frühere Thronsaal. Die venezianischen Lüster und die Kristallwandleuchter waren den großen Zerstörungen während der Kampfhandlungen zum Opfer gefallen. Am Tag sah man über die notdürftig wiederhergestellten großen Gärten hinweg auf die schieferfarbene See. Aber es wurde früh dunkel, und der große Saal mit seiner provisorischen Beleuchtung wirkte düster. Der gewaltige Konferenztisch war rund, keine andere geometrische Form konnte die Protokollgleichheit der Großen Drei besser zum Ausdruck bringen. Ein Kreis, drei Kreisbogen. Aneinander gefügt, doch sehr verschieden, ja entgegengesetzt. Der britische Bogen war nüchtern, streng, von Sorgen erfüllt. Als einziger Zivilist: Anthony Eden. Mit Ausnahme von Admiral Cunningham trugen die Militärs, Brooke, Alexander, Portal, den einfachen ›battle dress‹ beziehungsweise die graublaue Uniform der RAF. Churchill hatte sich von einer kürzlichen Unpäßlichkeit erholt, war aber noch übelgelaunt und gereizt. Während des ganzen Krieges hatte er im Schatten Roosevelts gestanden, von dem er so viel zu erwarten hatte; jetzt ermaß er den Verfall Großbritanniens am Vorabend eines Sieges, der ohne seine heldenhafte, einzigartige Hartnäckigkeit in den Jahren 1940/1941 unmöglich gewesen wäre. In Wirklichkeit gab es in Jalta zwei Große und einen Halben. Die zähe Miß Bright hatte es durchgesetzt, daß ihr Chef ein größeres Bett bekam. Seinen Sessel jedoch konnte sie nicht vergrößern.

Im russischen Bogen herrschten die Zivilisten vor: Molotow, Gromyko, Maiskij, Pawlow. Stalin wirkte, trotz seiner Uniform als Marschall der Sowjetunion, nicht wie ein echter Militär. Nie war er strahlenderer Laune gewesen. Seine Heere standen vor Berlin, und seine Verbündeten beugten sich seinem Willen.
Der amerikanische Bogen wirkte tragisch. Roosevelt war dem Tode nah. Seine Hände zitterten, die Augen waren bleischwer, sein Hals sah aus wie der einer ägyptischen Mumie, der Adamsapfel stand vor, und die Haut wurde nur von den Knorpelringen gehalten. Er saß zwischen dem nichtssagenden Stettinius und Harry Hopkins, der selbst so krank war, daß man ihn nur aus dem Bett holte, um ihn an den Konferenztisch zu setzen, und ihn danach sofort wieder zurückbrachte. Aber in dem Zusammenbruch seines zerstörten Körpers war Hopkins' Geist unversehrt geblieben. Sein schmerzlicher Blick ging ununterbrochen von den verwüsteten Zügen seines Chefs zur Maske Stalins, dessen geringstes Zucken er zu deuten suchte. Von Zeit zu Zeit beugte er sich zu Roosevelts Ohr oder reichte ihm mit seiner durchscheinenden Hand einen rasch bekritzelten Zettel: einen Hinweis, einen Rat, eine Warnung. Leider redete Roosevelt oftmals allzu ausführlich, erschöpfte sich in der herzzerreißenden Bemühung, eine Welt zu halten, die sich von ihm entfernte. Dann ließ er seinen Kopf auf die Brust fallen und bat, man möge die Debatte abkürzen, die er selbst in die Länge gezogen hatte.
Die anderen Amerikaner waren in Uniform: Marshall, Deane, Kuter, McFarlane, King, Leahy. Eine unbeschreibliche materielle Macht stand ihnen zur Verfügung. Ihre Seestreitkräfte beherrschten die Meere, berannten Japan, jagten Schwärme von Unterseebooten durch die Tiefen des Atlantiks und machten ihn zu einem Schiffsfriedhof. Ihre Luftflotten, ihre Rudel von ›Fliegenden Festungen‹ zerstörten die deutschen Städte. Ihre Landheere hatten einen Stand von elf Millionen Mann erreicht, die überdies durch die schlagkräftigste Bewaffnung und die schnellsten Transportmittel unterstützt wurden. Hinter sich hatten sie ein ungeheures, völlig unangetastetes Land, eine Kriegsindustrie, die ihre volle Leistungsfähigkeit noch gar nicht erreicht hatte, und eine Atombombe, deren Fertigstellung nur mehr eine Frage von Wochen war. Eigentlich hätten die Amerikaner bei dieser Konferenz dominieren müssen. Dennoch erschienen sie in Jalta mit einem Minderwertigkeitskomplex. Sie benahmen sich wie Bittsteller. Amerika wollte vor allem die Beteiligung Rußlands am Krieg im Pazifik durchsetzen. Der Wunsch war berechtigt, aber die Grundbegriffe der Geschicklichkeit hätten den Hinweis zum Gebot gemacht, daß Japan schwer angeschlagen, daß seine Flotte vernichtet war, daß die vielen B 29 bereits seine Inseln verwüsteten und daß eine auf den Zeitpunkt nach dem Sieg über Deutschland verschobene Beteiligung der Sowjets nur einen sehr bedingten und hypothetischen Wert besaß. Amerika nahm jedoch die entgegengesetzte Haltung ein. Es bettelte um den russischen Einsatz und war bereit, dafür jeden Preis zu zahlen.
Diese beiden einander widersprechenden Haltungen erklärten sich aus Roosevelts

Prinzipien. Er hatte an Bord der *Quincy* folgende erstaunliche Erklärung abgegeben: »Einer Sache bin ich wenigstens sicher: Stalin ist kein Imperialist.« Zu Churchill hingegen sagte er: »Winston, Ihnen liegen vierhundert Jahre Eroberungen im Blut. Sie können nicht gelten lassen, daß ein Volk sich eines Gebietes nicht bemächtigt, wenn es die Möglichkeit dazu hat. Aber die Weltgeschichte tritt in eine neue Periode, und Sie müssen sich ihr anpassen...« Und weiter: »Ich kann nicht zugeben, daß wir die faschistische Sklaverei bekämpfen und es gleichzeitig ablehnen, alle Völker zu befreien, die unter einem Kolonialregime leben. Im Frieden darf dem Despotismus keine Handhabe mehr gelassen werden...«

Der Engländer, Gefangener seiner Vergangenheit, galt als der Despot. Der Russe dagegen, trotz der Einschränkungen, die bei ihm am Platze sein mochten, war ein Demokrat, ein Mann der Zukunft, ein Befreier.

Auch in der Frage des Rooseveltschen Lieblingskindes, der Organisation der Vereinten Nationen, trat Amerika als Bittsteller auf. Stalin hatte sich schließlich bereit erklärt, der Organisation beizutreten, verlangte jedoch, daß jede der sechzehn Sowjetrepubliken bei der Vollversammlung eine Stimme bekäme. Das Verlangen wurde von den amerikanischen Zukunftsplanern als unannehmbar angesehen. Man mußte Stalin davon abbringen und ihm daher auf anderem Gebiet Konzessionen machen.

Eine Sitzung in Jalta folgte der anderen und glich der anderen. Niemals war eine Konferenz so unzusammenhängend durchgeführt worden. Keine Frage war vorbereitet, man folgte keiner Tagesordnung. Die wegen der drohenden Erschöpfung Roosevelts abgekürzten Zusammenkünfte der Großen Drei wurden zu zusammenhanglosen Besprechungen, bei denen immer wieder die gleichen Fragen ohne jede Tagesordnung aufgeworfen wurden. Die Beratungen der Außenminister und die Besprechungen der Generalstabschefs wurden durch die Willkür, die sich bei Roosevelt wie bei Stalin durch die allzulange Ausübung der Macht entwickelt hatte, zur Bedeutungslosigkeit verurteilt. Schließlich wehrte sich Churchill nur mehr schwach, da er sich der Fruchtlosigkeit seiner Bemühungen bewußt war. Müde kehrte er jeden Abend in sein weit entferntes Palais Woronzoff zurück. Die Amerikaner hielten noch an ihrem Wahnbild fest und hofften weiter, die Welt werde aus diesem Krieg, geeint im gleichen demokratischen Glauben, mit den gleichen Prinzipien des Respektes vor der menschlichen Würde und der Regierung des Volkes durch das Volk, hervorgehen. Churchill selbst wußte, daß die Welt aus dem Krieg uneiniger hervorgehen werde denn je. Der Titel, den er später dem letzten Band seiner Memoiren gab, ›Triumph und Tragödie‹, zeichnete sich damals schon in seinen Gedanken ab.

Die Meinungsverschiedenheiten färbten auf die persönlichen Beziehungen ab. Churchill diente dem Spott der Russen sichtlich als Zielscheibe. Sie verbargen nur notdürftig ihre Ungeduld, als er davon sprach, wie warm sein Parlament und die öffentliche Meinung für die Sache der Polen einträten, die als Piloten über London so viele Heldentaten vollbracht hatten. Sie betrachteten die Behauptungen der Chefs der westlichen Demokratien über das, was ihre Völker dachten, als Argumente wider besseres Wissen, wenn nicht als Zeichen innerer Schwäche. »Sie sollten Ihren Amerikanern beibringen«, sagte Wyschinskij zu seinem Tischnachbarn Charles Bohlen, »ihrer Regierung zu gehorchen.« Beim selben Diner neckte Stalin Churchill: »Sie scheinen schreckliche Angst vor Ihrem Unterhaus und vor den nächsten Wahlen zu haben.« Churchill antwortete: »Von uns dreien bin ich der einzige, der jederzeit von den Vertretern seines Landes gestürzt werden kann, und ich bin stolz darauf.« Onkel Joe lachte herzlich. Das war eine Art Stolz, die er nicht teilte!

Die Engländer verteidigten Frankreich eindringlich. »Churchill und Eden«, erzählte Hopkins später seinem Freunde Sherwood, »schlugen sich wie die Löwen für Frankreich.« In den bittersten Stunden des Jahres 1940, als die anglo-französische Allianz in dem Wirbel der Niederlage unterging, hatte Churchill gesagt, Großbritannien werde nach seinem Sieg Frankreich »in her dignity and greatness« wiederherstellen. Im gegebenen Moment hielt Churchill sein Versprechen. Trotz seiner Sentimentalität waren es jedoch nicht nur gefühlsmäßige Überlegungen, die ihn bewegten, sondern auch sein staatsmännischer Blick.

Wenn man Europa in diesem Februar 1945 betrachtete, sah man die sichtbaren Zerstörungen, die verwüsteten, brennenden, dem Boden gleichgemachten Städte, das brachliegende, von ausgehungerten Menschenmassen überschwemmte Land ... Aber ein Staatsmann sah noch viel schwerwiegendere Zerstörungen: den politischen Zerfall, der aus Europa nach Ende des Krieges ein Vakuum machen würde. In Casablanca war Deutschland zur bedingungslosen Kapitulation verurteilt worden, und in Teheran hatte man sogar beschlossen, Deutschland als Staat abzuschaffen. Wenn Frankreich machtlos blieb, würde sich die politische Unselbständigkeit bis an die Felsen des Kanals erstrecken und wie ein Saugnapf die sowjetische Expansion anziehen. Eigentlich war es gar nicht wichtig, daß die Franzosen in Deutschland eine Besatzungszone erhielten, während es in ihrem eigenen verwüsteten Land so viel zu tun gab. Aber es war der Anspruch Frankreichs auf Anerkennung als Großmacht, der auf dem Spiel stand. Stalin war unerbittlich. »Die Leiden Frankreichs«, erklärte er, »waren geringer als die Belgiens oder Hollands. Seine Beteiligung am Kriege mit acht Divisionen liegt unter der Jugoslawiens mit neun oder des Lubliner Polens, das über elf Divisionen verfügt.« Und insbesondere: »Frankreich hat dem Feind seine Pforten geöffnet.« Stalin hatte es bereits vergessen, daß er selbst den Befehl dazu erteilt hatte, indem er im Jahre 1940 als Hitlers Verbündeter den französischen Kommunisten hatte befehlen lassen, die Verteidigung des Landes zu sabotieren. Wenn die Engländer und Amerikaner Frankreich einen Platz in Deutschland reservieren wollten, sollten sie selber näher zusammenrücken, nicht aber von den Russen verlangen, die Besatzungszone, die ihnen zugeteilt worden war, zu beschneiden. Man sollte auch nicht von ihnen verlangen, die Franzosen in die Kontrollbehörde aufzunehmen, in der lediglich die Großen Drei sitzen würden. Schließlich setzte sich jedoch Churchill durch. Die Besatzungszone Frankreichs und seine Beteiligung an der Kontrolle wurden zuerst von Roosevelt, dann auch von Stalin zugestanden. Frankreich war nicht in die Gruppe der zweitrangigen europäischen Mächte gedrängt worden. Gewiß mußte es seinen materiellen und moralischen Tiefstand überwinden; es würde noch lange Jahre unter dem Stigma seiner schändlichen, unverzeihlichen Niederlage im Jahre 1940 zu leiden haben. Theoretisch wenigstens saß es an allen diplomatischen Tischen auf gleicher Stufe mit den Großen Drei und konnte allmählich wieder mitsprechen und den Lauf der Weltereignisse beeinflussen. Das verdankte es Winston Churchill.

Bezüglich der Behandlung Deutschlands brachte Jalta gegenüber Teheran nichts Neues. Das Prinzip der Zerstückelung wurde neuerlich bestätigt (man kam jedoch überein, es bis zur bedingungslosen Kapitulation geheimzuhalten), aber die Einzelheiten blieben noch offen. Die Frage der Reparationen blieb unklar, wenn auch ein sowjetischer Plan für die Demontage von 80 Prozent der deutschen Industrie vorlag, der ihre Verteilung nach einem doppelten Maßstab vorsah: dem der erlittenen Schäden und (was nach russischer Ansicht Frankreich ausschloß) der Beteiligung am Sieg. Doch wurde lediglich über die Begrenzung der Besatzungszonen und das Prinzip einer ungeteilten Besetzung Berlins Einigung erzielt.

Den größten Teil nahmen die Debatten um Polen in Anspruch. Den hartnäckigen Bemühungen Churchills und den zurückhaltenderen Roosevelts blieb jeder Erfolg versagt. Stalin war fest entschlossen, Polen zu einem Satellitenstaat zu machen, der Moskau unwiderruflich untertan war, und zugleich zu einem Schild für die Westgrenze der UdSSR. Der Krieg war um Polen entbrannt, dessen volle territoriale Integrität, politische Freiheit und völlige Wiederherstellung England garantiert hatte. »Für uns«, sagte Churchill, »ist das eine Frage der Ehre.« »Für uns«, antwortete Stalin, »ist das eine Frage auf Leben und Tod...«

Churchill hatte gerettet, was zu retten war. Trotz der Proteste der polnischen Patrioten hatte er sein Einverständnis dazu gegeben, die Ostgrenze Polens auf die 1919 von Lord Curzon vorgeschlagene Linie zurückzuverlegen. Er beharrte nicht einmal darauf, Lemberg unter polnischer Fahne zu behalten. Der Grenzverlauf war eine Frage zweiten Ranges. Wesentlich war, daß Polen sein Schicksal selbst bestimmen konnte, daß es ihm freistand, seiner tiefen, leidenschaftlichen Neigung zu folgen, die es im Grunde an den Westen band. Darum und um nichts anderes ging es.

Der Kampf darüber war von Anfang an verloren. Als Marschall Stalin erklärte, er wünsche ein ›starkes, demokratisches‹ Polen, drückte er sich klar und unumwunden aus. Stark, das hieß, daß sich Polen bis zur Oder ausdehnen sollte (und noch darüber hinaus bis einschließlich Stettin, das so polnisch war wie Borneo) und bis zur westlichen Neiße. Demokratisch, das hieß, es mußte die gleiche Regierungsform erhalten wie der sowjetische Totalitärstaat. Die Mitglieder des polnischen Exilkomitees in London, gegen die man die fürchterlichsten Anklagen erhob, sollten die Heimat, für die sie gekämpft hatten, nicht wiedersehen. Die der Form halber versprochenen freien Wahlen fanden niemals statt. Das Komitee von Lublin vervollständigte die Vorgänge in Katyn und Warschau, indem es die Bourgeoisie ausrottete. Wer hätte sich dem widersetzen wollen, da doch die russischen Armeen da waren, bereit, jeden Widerstand zu brechen? Was für die Polen als richtig galt, galt in noch höherem Maße für die anderen Länder Osteuropas, des Balkans und der Donau. Sie erhielten die gleichen Zusicherungen der Freiheit und Unabhängigkeit, der freien Wahlen und der freien Entscheidung über ihre Regierung. Es waren Scheingarantien. Stalin war ein Realist der Macht. Alles, was durch die Rote Fahne befreit wurde, wurde rot. Das Übrige interessierte ihn vorläufig nicht.

Deshalb hatte Jalta weniger Bedeutung, als man ihm gewöhnlich zuerkennt. Man behauptete, es habe 100 Millionen Europäer an das sowjetische Reich ausgeliefert: Das stimmt nur symbolisch. Als sich die Konferenz versammelte, waren Rumänien, Bulgarien, Jugoslawien, Ungarn, ein Teil der Tschechoslowakei, Polen, Ost- und Westpreußen und Schlesien bereits von den Russen erobert. Jalta war nichts anderes als eine Bestandsaufnahme. Die amerikanische Delegation verließ die Krim voll Optimismus. Sie hatte mündliche Garantien für das Schicksal der europäischen Völker erhalten. Sie hatte das Versprechen der Beteiligung der UdSSR an den Vereinten Nationen erhalten, wobei Stalin sich mit drei Stimmen bei der Vollversammlung begnügt hatte anstelle der sechzehn, die er gefordert hatte. Insbesondere hatten die Amerikaner das Versprechen erhalten, die Russen würden ›innerhalb von zwei oder drei Monaten nach der Kapitulation Deutschlands‹ gegen Japan vorgehen. Die Form und Begrenzung dieses Vorgehens war dem Kreml überlassen geblieben.

Was fixiert wurde, war der Preis. Rußland würde erst nach Erhalt verschiedener militärischer und industrieller Lieferungen in den Krieg eintreten: 120000 Tonnen Benzin mit 100 Oktangrad, 30000 Lastwagen, 500 Flugzeuge usw. Es würde als Bezahlung die Kurilen erhalten, die südliche Hälfte von Sachalin sowie Port Arthur als Militärstützpunkt, Dairen als Handelshafen und schließlich die Mitverwaltung der ostasiatischen und südmandschurischen Eisenbahn. Ohne Wissen seines Staatssekretärs hatte Roosevelt über das verfügt, was seinem Verbündeten Tschiangkaischek gehörte. Als er Stalin ersuchte, seine Forderungen mit Rücksicht darauf, daß die Kolonialzeiten vorüber seien, zu mäßigen, hatte ihm der Russe geantwortet, daß er nur die Wiederherstellung der Lage im Fernen Osten verlange, wie sie unter dem vorletzten Zaren bestanden habe.

XXXI. Kapitel Februar bis April 1945
Schauplatz Deutschland. Das Ende der Diktatoren

Dresden brennt

Die Flut der Flüchtlinge aus Schlesien überschwemmte Dresden. Die ersten Züge waren am 26. Januar eingetroffen, sie kamen aus Trebnitz und Umgebung. Die Mädchen vom Arbeitsdienst hatten den Greisen und Kranken geholfen, warme Mahlzeiten verteilt, Obdach aufgetrieben.
Der Strom war an den folgenden Tagen noch größer und tragischer geworden. Züge waren angekommen mit Waggons, die trotz der strengen Kälte offen waren, deren Insassen aneinandergedrängt stehen mußten. Dann waren zahlreiche Trecks von Bauernwagen, Karren, Schlitten, Fußgängern gekommen. Man schätzte, daß drei Millionen von den 4700000 Schlesiern den Russen und ihrer rächenden Grausamkeit entkommen waren. Am Abend des 13. Februar befand sich eine halbe Million von ihnen in Dresden. Sie überfüllten die Bahnhöfe, kampierten in den Parkanlagen, an den Ufern der Elbe, rund um den Zwinger und die Hofkirche – jenen Barockbauten, die aus der früheren Hauptstadt der Sachsenkönige ein unvergleichliches Wahrzeichen des 18. Jahrhunderts machten. Sie fühlten sich gerettet.
Die Stadt Dresden hatte zwei Bombardements erlebt, eines am 7. Oktober 1944, das andere am 16. Januar 1945. Sie waren nur auf die Vororte gerichtet gewesen, wo optische Fabriken und einige andere Industrien lagen. Die Stadt selbst war völlig unbeschädigt geblieben. Unter der Bevölkerung wurde behauptet, man habe wegen der Schönheit der Stadt ein Abkommen geschlossen: Wenn die Alliierten Dresden verschonten, würde die deutsche Luftwaffe Oxford nicht bombardieren.
Die Nacht vom 13. zum 14. Februar war klar und still. Trotz der Tragödie der Flüchtlinge und des Herannahens der Russen feierten die Dresdner den Fastnachtdienstag. Im Zirkus Sarrasani fand eine Galavorstellung statt. Um 22 Uhr steuerte die RAF die Beleuchtung bei: Die ›Weihnachtsbäume‹ der großen Leuchtraketen rissen die Denkmäler und die überfüllten Straßen der alten Stadt aus ihrer Dunkelheit. Weder die Einwohner von Dresden noch die Flüchtlinge aus Schlesien hatten je ein solches Schauspiel gesehen, und viele verstanden seine Bedeutung nicht. Wenige Minuten zuvor hatte der Rundfunk mitgeteilt, daß sich ein bedeutender Bomberverband Dresden näherte. Die Bevölkerung wurde aufgefordert, die Luftschutzkeller aufzusuchen. Im Zirkus Sarrasani wurde die Meldung von den Clowns verkündet, die sie mit ein paar Späßen begleiteten. Kinder und Erwachsene hatten gelacht. Die Piloten und Bombenschützen der ersten 24 ›Lancaster‹ der RAF sahen unter sich die ruhige Stadt mit ihren eindrucks-

vollen Bauwerken und den schönen Brücken über die Elbe. Kein einziger Schuß störte sie bei ihrer Arbeit. Es gab keine Flak; alle Abteilungen waren nach Schlesien geschickt. Die ersten Bomben fielen um 22 Uhr 15. Es waren große Viertausendpfünder, deren mächtige Explosion besonders dazu bestimmt war, die Fensterscheiben zu zerbrechen, damit das Feuer schneller um sich griff.

In der Nacht vom 25. zum 26. Juli 1943 hatten die Alliierten Hamburg verbrannt. Die Zerstörung Dresdens wurde noch schonungsloser exerziert. Auf die erste Welle folgte um 1 Uhr 30 eine zweite, doppelt so starke, 529 ›Lancaster‹, und zu Mittag kamen noch 450 ›Fliegende Festungen‹ der USAAF. Ziel von 650000 Brandbomben war das Zentrum der Stadt, jenes Dreieck, welches das gesamte historische Viertel, die engen Straßen und alten Häuser begrenzt. Als die zweite Welle eintraf, brannte die Stadt von einem Ende zum anderen so heftig, erzählte ein Beobachter, daß ›ich meinen Bericht in dem Lichtschein schreiben konnte, der die Kabine erfüllte‹. Zwölf Stunden später führten die ›Fliegenden Festungen‹ ihr Bombardement in einer 5000 Meter hohen Rauchwolke aus. Diese Bombardierung Dresdens war eine der fürchterlichsten Episoden dieses an Entsetzlichem so reichen Krieges. Der Brand wurde zu einem Feuerzyklon, der sich selbst durch den von ihm hervorgerufenen Druckfall schürte – bis zu dem Augenblick, da der Himmel, barmherziger als die Menschen, Regenströme sandte, die die Flammen löschten. Keine Gegenwehr, keine Flucht war möglich. Wer in den Luftschutzkellern blieb, erstickte. Wer die Keller verließ, verbrannte in dem Flammenmeer. Der Asphalt der Straßen brannte. Auf dem Altmarkt verbrannte eine Menschenmenge wie ein Wald. Hunderte von Menschen, die den Feuerqualen zu entgehen suchten, ertranken in der Elbe. Der Hauptbahnhof war beim ersten Angriff verschont geblieben; die Tausende von Flüchtlingen, die dort Schutz gesucht hatten, glaubten sich außer Gefahr, aber der zweite Angriff kam ohne jede Warnung und hatte ein unbeschreibliches Blutbad zur Folge. Die Dresdner Feuerwehr war durch den Brand vernichtet worden, und die aus den Nachbarstädten herangeeilten Feuerwehren wurden von den ›Mustangs‹, von denen die ›Fliegenden Festungen‹ des dritten Angriffs begleitet wurden, mit Bordwaffenfeuer belegt. Der Brand dauerte vier Tage, verzehrte 20 Quadratkilometer und erfüllte das Elbetal mit verkohlten Trümmern. Die Menge der Leichen war schreckenerregend, man sammelte 20000 Eheringe in Eimern. Fünf große Leichenscheiterhaufen wurden auf dem Altmarkt errichtet, und man begrub die zwei Meter hohe menschliche Asche mit Schaufeln. Die Zahl der Opfer läßt sich noch heute unmöglich exakt feststellen, erreichte jedoch eine geschätzte Höhe von etwa 135000; das Bombardement von Dresden war also das mörderischste des ganzen Krieges, Hiroshima eingeschlossen.

Wenngleich die Welt an Schrecken gewöhnt war, so gab es in diesem Fall doch einen Schock. Der Luftfahrtminister, Sir Archibald Sinclair, mußte im Unterhaus eine Reihe unangenehmer Fragen beantworten. Um sich zu rechtfertigen, blähte die RAF die industrielle Bedeutung Dresdens auf, aber niemand wagte die Wahrheit zu sagen: daß das Bombardement im Grunde nicht ausdrücklich von den Russen verlangt worden war, denn diese hatten in Jalta lediglich gefordert, die RAF solle die Verkehrsadern im Rücken der Ostfront bombardieren, um das deutsche Hinterland an der schlesischen Front in Verwirrung zu stürzen. In dieser Hinsicht war der Mißerfolg vollkommen; der große Rangierbahnhof von Friedrichstadt, ganz nahe dem Stadtzentrum, blieb unbeschädigt, und der Zugverkehr lief bereits am 15. Februar wieder ungehindert. Dagegen liefert die Zerstörung Dresdens noch heute den russischen und deutschen Kommunisten Stoff für Anklagereden gegen die Barbarei der Westmächte.

Die Kämpfe an der Rur

Seit dem 8. Februar griff die kanadische Armee unter General Crerar die deutsch-holländische Grenze an. Sie war mit neun englischen, schottischen und walisischen Divisionen ergänzt und dadurch auf einen Stand von 13 Divisionen gebracht worden. Ihr Ziel war der Rhein zwischen Nimwegen und Moers. Rechts von ihr stand die 2. britische Armee, im Augenblick Gewehr bei Fuß, hinter der Maas, von Mook bis zur Mündung der Rur.
Vor der Offensive war es zu einem lebhaften, ja scharfen Meinungsaustausch zwischen den englischen und amerikanischen Generalstabschefs gekommen. Eisenhower hatte neuerlich das Zugeständnis gemacht, der Haupteinsatz werde im Norden der Front stattfinden und die größtmögliche Zahl von Kampftruppen, ungefähr 35 Divisionen, sollte Montgomery zugeteilt werden, soweit es die gegebenen Transportmöglichkeiten erlaubten. Die amerikanischen Generalstabschefs hielten jedoch am Prinzip eines anderen Planes fest – des Pattonplanes –, der zu beiden Seiten der Mosel einen Vorstoß vorsah, um den Rhein zwischen Koblenz und Worms überschreiten und ins Maintal vorbrechen zu können. Die Strategie der Alliierten blieb weiter unentschlossen, und ihre Entscheidungen waren Kompromisse. Die Engländer waren nur teilweise zufriedengestellt, und Bradley und Patton verbargen ihre Unzufriedenheit nicht.
Der Gegner, den die kanadische Armee vor sich hatte, war die 1. Fallschirmjägerarmee; zusammen mit der schwachen 25. Armee, die den Norden der Niederlande besetzt hielt, bildete sie die Heeresgruppe H, deren Befehl der vor kurzem aus Elsaß-Lothringen abkommandierte Generaloberst Blaskowitz übernommen hatte. Sie hielt den Westwall besetzt, ebenso eine Abriegelungsstellung in der Nähe des Rheins. Die deutschen Generale behaupteten, diese Verteidigungsanordnungen seien illusorisch. ›Das war keine Mauer‹, schrieb der Oberbefehlshaber der Fallschirmjägerarmee, Schlemm, ›das war ein Phantasiegebilde‹. Der Kommandierende General Straube

Das rheinische Städtchen Erkelenz wurde am 26. Februar 1945 von Einheiten der 9. US-Armee erobert (vorige Seite). – Am 25. September 1944 hatte Hitler bereits die Bildung des deutschen Volkssturms angeordnet, der alle 16- bis 60jährigen zum ›Kampfeinsatz‹ aufrief. »Infolge des Versagens aller unserer europäischen Verbün-

deten«, hieß es in seinem Aufruf, stehe »der Feind an einigen Fronten in der Nähe oder an der deutschen Grenze.« Schwörende, schippende und schießende Zivilisten mochten zuweilen vergessen lassen, daß sich der wahre Einsatz der ›Heimatfront‹ auf den brennenden Dächern der zerbombten Häuser abspielte (linke Seite oben).

Das Jahr 1945 sah allmählich Hunderttausende von deutschen Soldaten in russischer, amerikanischer und britischer Kriegsgefangenschaft. Erschöpft, furchtsam oder gleichgültig wanderten erfahrene Frontsoldaten und junge, hastig in Uniform gesteckte Pennäler in oft improvisiert eingerichtete alliierte Gefangenenlager.

erklärte: »Hitler war der einzige, der sich vorstellte, daß das Reich hinter tiefen, dicken Betonverteidigungsanlagen in Sicherheit gewesen wäre.« Die vom Führer selbst diktierten Anweisungen sahen vor, das linke Rheinufer mit äußerster Verbissenheit zu verteidigen. Die Brücken sollten ›strengstens‹ überwacht werden. Kein Soldat, kein Fahrzeug, kein Geschütz durfte ohne unterschriebenen Befehl des Stabschefs der Armee auf das rechte Ufer übersetzen. Sogar kampfunfähige Panzer und Krankenwagen mit Verwundeten wurden abgewiesen.

Wenn die befestigten Stellungen auch nicht ausgebaut waren, so kämpften die an den Grenzen ihres Vaterlandes eingesetzten deutschen Soldaten doch weiterhin tapfer und standhaft. Auf den raschen Beginn der anglo-kanadischen Offensive folgten verbissene Kämpfe. Das Flachland war überschwemmt oder mit Schlamm bedeckt. Zwischen Nimwegen und Emmerich war der Rhein 15 Kilometer breit, und aus seinen schlammigen Fluten ragten die Orte wie Inseln hervor. Die Kolonnen rollten über Straßen, auf denen das Wasser bis zu einem halben Meter hoch stand.

Die 9. US-Armee sollte an der Offensive teilnehmen, zum Rhein vorstoßen, sich mit den Kanadiern vereinigen und hierdurch die 1. deutsche Fallschirmjägerarmee einschließen. Eine der Voraussetzungen für eine erfolgreiche Durchführung war es, daß die Talsperren der Rur nicht durchstochen wurden. Das hatte seine besondere Bewandtnis. Das amerikanische Oberkommando hatte im Oktober ihre Bedeutung nicht klar erkannt und daher verabsäumt, sie zu nehmen. Eine verspätete Aktion war durch die deutsche Ardennenoffensive aufgeschoben worden. Darauf hatte die RAF versucht, die Talsperren zu torpedieren, damit die eingeschlossenen Wassermassen die im Rurtal festsitzenden deutschen Truppen überschwemmten – aber die Dämme waren Erdstauwerke mit Betonkern, die allen Bemühungen widerstanden. Jetzt galt es, sie unbeschädigt in die Hände zu bekommen, bevor die 9. US-Armee die Rur zu überschreiten begann. Eine Überschwemmung hätte die Amerikaner von ihren nachfolgenden Kräften abschneiden und ihnen unübersehbare Verluste zufügen können.

Die Aufgabe fiel der 1. Armee zu. Das V. Korps unter Generalmajor Gerow hatte schon am 5. Februar um 3 Uhr angegriffen. Das stark bewaldete, hügelige Gelände, voller Minenfelder, war äußerst schwierig. Sechs der sieben Dämme wurden genommen. Blieb noch der siebente, wichtigste, Schwammenauel, eine eindrucksvolle Anlage zwischen zwei steilen Berghängen. Die 78. US-Infanteriedivision nahm in zwei Tagen das benachbarte Dorf Schmidt, umging den Stausee und eroberte nach einem Marsch durch wilde Schluchten den Wasserkontrollposten. Zu spät! Die Deutschen hatten bereits die Schützen gesprengt. Ein schlammiger Strom ließ die Rur vor den elf Divisionen General William H. Simpsons, die zum Angriff bereitstanden, bedrohlich anschwellen. Man mußte den Abfluß der Wassermassen abwarten.

Die Kanadier und Briten setzten die Offensive allein fort. Sie ging methodisch und kraftvoll, aber mühselig vor sich. Die Stadt Kleve und der Reichswald wurden dem

Feind zwischen dem 18. und 21. Februar entrissen. Die Deutschen klammerten sich nur mehr an zwei bewaldeten Höhen, dem Hochwald und Balbergerwald, fest, die etwa zehn Kilometer vom Rhein entfernt lagen. Rundstedt ersuchte um Erlaubnis, den geringen Rest der 1. Fallschirmjägerarmee auf das rechte Ufer zurückzunehmen. Dies scheiterte an der Starrköpfigkeit Hitlers. Jeder Quadratzentimeter des Rheinlandes mußte bis zum letzten Blutstropfen verteidigt werden.
Während dieser Kämpfe floß die Flut der Rur ab. Am 23. Februar überschritt die 9. Armee unter äußerst starker Luftsicherung den Fluß, der noch breit und schnell dahinströmte. Die Ruinen von Linnich und Jülich wurden mit Flammenwerfern genommen. Um den Vorstoß der Amerikaner aufzuhalten, zog das deutsche Oberkommando die Panzerlehrdivision und die 15. Panzergrenadierdivision von den Streitkräften ab, die den Kanadiern gegenüberstanden. Am 4. März fielen der Hochwald und der Balbergerwald, und die Reste der vier Armeekorps wurden rund um Xanten in einem winzigen Brückenkopf zusammengedrängt. Hitler verweigerte ihnen nach wie vor die Erlaubnis zur Überschreitung des Rheins.
Das XVI. Korps der 9. Armee rückte schnell auf Wesel vor, das XIII. Korps nahm Krefeld. Das XIX. Korps nahm Mönchen-Gladbach und erreichte den Rhein bei Neuß, gegenüber von Düsseldorf. Ein Brückenkopf der Deutschen am linken Ufer nach dem anderen verschwand; entweder ergaben sich die Verteidiger, oder sie ignorierten den höchsten Befehl, indem sie auf das rechte Ufer flüchteten. Hinter sich ließen sie sämtliche Brücken in die Luft gehen.
Bei der 12. Heeresgruppe war Hodges während des größten Teiles des Februars verhältnismäßig passiv geblieben. Patton hingegen, dessen 3. Armee eine sehr ausgedehnte Front von der Schnee-Eifel bis Saarbrücken hielt, hatte unaufhörlich angegriffen. ›Bradley fragte mich am 10. Februar‹, erzählt Patton in seinen Erinnerungen, ›wann ich zur Defensive übergehen würde. Ich antwortete, ich sei der dienstälteste und erfahrenste General im ganzen amerikanischen Expeditionskorps, und wenn ich zur Defensive übergehen müßte, bäte ich um Enthebung von meinem Kommando.‹ Er schrieb, die 3. Armee sei die einzige, die aktiv handle, und hielt mit Kritik gegen SHAEF keineswegs zurück, wo man die Offensive Montgomerys gebilligt habe. Die Erfolge der täglichen Angriffe Pattons blieben jedoch gering. Die 3. Armee steckte weiter in den Wäldern der Eifel zwischen zwei durch die Schneeschmelze angeschwollenen Flüssen: Prüm und Kyll. Trier, der Schlüssel des Moseltals, war immer noch in Händen der 7. deutschen Armee.
Die zentrale Offensive der 12. Heeresgruppe wurde am 23. Februar durch Hodges in Richtung Köln gestartet. Das VII. Korps unter Lawton Collins überschritt die Rur gleichzeitig mit der 9. Armee und nahm Düren, das unbeschreiblich stark zerstört war. An den darauffolgenden Tagen wurde der Angriff durch das III. und V. Armeekorps fortgesetzt. Am 1. März ging die 3. Panzerdivision über die Erft, das letzte natürliche

Hindernis vor Köln. Am 4. drangen die 4 Panzer- und 104 Infanteriedivision in die Stadt ein und durchstießen am nächsten Tag die auf dem Ring errichtete Verteidigungsstellung. Aber erst am 7. hoben die letzten Verteidiger vor dem durch einen Brand geschwärzten Dom die Arme.
Südlich von Köln erreichten die beiden anderen Korps der 1. Armee den Rhein in der Gegend von Bonn. Der linke Flügel der 3. Armee, der nördlich der Mosel vorstieß, erreichte den Fluß bei Neuwied und Andernach. Trier wurde am 2. März genommen. Koblenz, im Winkel zwischen Mosel und Rhein, leistete Widerstand. Die Deutschen hielten noch westlich des Rheins ein bedeutendes Gebiet, wozu die ganze Pfalz, ein Großteil der Saar, ein Teil von Lothringen einschließlich Bitsch und der Norden des Elsaß bis zur Moder kurz vor Straßburg gehörten.
Eisenhower wollte die Eroberung des linken Ufers zu Ende führen und dann, sobald der Wasserstand des Rheins gefallen war, etwa im Monat Mai, einen gewaltsamen Übergang über den Strom erzwingen.
Zwischen Köln und Koblenz herrschte unbeschreibliche Verwirrung. Deutsche Kolonnen – zu Fuß, mit Pferdewagen und Kraftfahrzeugen – mischten sich unter die Panzervorhut der Amerikaner. Es kam zu vereinzelten Kämpfen. Die Deutschen ergaben sich in hellen Scharen. Manche Orte hingegen wurden verbissen verteidigt, meist von 14- bis 15jährigen Jungen der Hitlerjugend.

Der Rheinübergang bei Remagen

Am Morgen des Siebten drang eine Abteilung der 9. Panzerdivision, Combat Command C, über die Straße von Euskirchen her in Richtung Rhein vor. Sie bestand aus einer Gruppe von Schützenpanzern und einem Zug ›Pershing‹-Panzer, befehligt von Leutnant Karl Timmermann, geboren 1919 zu Frankfurt als Sohn eines amerikanischen Besatzungssoldaten und einer jungen Deutschen. Als kleines Kind nach West Point (Nebraska) verschlagen, hatte er den Rhein nie gesehen. Jetzt entdeckte er ihn von der Spitze des Apollinarisberges. Er entdeckte eine unbeschädigte Brücke, 1945 in der dortigen Landschaft etwas Ungewöhnliches.
Diese Ludendorffbrücke führte bei dem Städtchen Remagen über den Rhein. Sie trug ein doppeltes Eisenbahngleis, das auf dem rechten Ufer in einem Tunnel verschwand. Zahlreiche Zivilisten und Soldaten drängten hinüber. Man konnte sogar die Silhouetten von Kühen erkennen, die auf das rechte Ufer mitgenommen wurden.
Generalmajor William M. Hoge, Kommandeur der 9. US-Panzerdivision, traf nur knapp nach seiner Vorhut ein: Vom Apollinarisberg herab sah er mit eigenen Augen die Brücke und gab Timmermann Befehl, sie unbeschädigt zu nehmen.

Remagen wimmelte von Flüchtlingen. Die ›Pershing‹-Panzer tauchten in der Menge auf. Die von den Schützenpanzern springenden Infanteristen nahmen ein paar Deutsche gefangen, auch den Stationsvorsteher, den sie wegen seiner roten Mütze für einen General hielten. Über die Böschung der Bahnlinie gelangten sie ans Rheinufer. Die Brücke, ein Metallbau auf vier Steinpfeilern, war von zwei Türmen aus geschwärzten Ziegeln flankiert. Ein 20-mm-MG, das in dem einen aufgestellt war, bestrich mit seinem Feuer die Bahnlinie. Ein ›Pershing‹ setzte den Turm außer Gefecht. Das MG schwieg.

Eine Rauchwolke und eine heftige Detonation: Die deutschen Pioniere hatten die Zündvorrichtung betätigt. Die Brücke hob sich, zögerte eine halbe Sekunde, dann saß sie wieder auf den Pfeilern. Intakt!

Der erste, der vorstürmte – der erste Soldat seit der Französischen Revolution, der den Rhein gewaltsam überschritt –, war der Soldat Alex Drabik, Fleischergeselle aus Holland (Ohio). Timmermann folgte ihm, begleitet von seinen Leuten. Die Deutschen, Zivilisten und Soldaten, flüchteten in wilder Unordnung in den Tunnel. Drei amerikanische Pioniere rissen die Drähte aus dem Sprengzünder und entschärften 250 Kilogramm Dynamit.

Die Nachricht erreichte rasch die US-Generalstäbe. Hodges telefonierte von Spa aus an Bradley: »Brad, we've gotten a bridge.« (Wir haben eine Brücke.) »Eine Brücke? Sie meinen, eine Brücke über den Rhein? Unbeschädigt?« – »Jawohl, in Remagen. Die Deutschen hatten keine Zeit mehr, sie zu sprengen.« – Generalmajor Harold M. Bull, Chef des Operationsbüros Eisenhowers, befand sich im Hauptquartier bei Bradley. Er protestierte. Die 9. Panzerdivision hatte den Rhein nicht zu überschreiten. Das entsprach nicht dem Plan.

Bradley schnitt ihm das Wort ab: »The plan, hell! Zum Teufel mit dem Plan! Wollen Sie, daß wir über den Rhein zurückgehen und selbst die Brücke sprengen sollen? A bridge is a bridge. Ich habe eine, ich behalte sie!« Trotzdem war Eisenhowers Zustimmung notwendig. Bradley telefonierte nach Reims, wo sich die vorgeschobene Dienststelle des SHAEF befand.

»Eine Brücke über den Rhein?« fragte Ike. »Welche Truppen haben Sie denn zur Verfügung, um ihn zu überschreiten?« – »Mindestens vier Divisionen. Aber ich möchte sichergehen, daß ich Ihre Pläne nicht störe...« – »Brad, vergessen Sie die Pläne. Werfen Sie alles, was Sie an der Hand haben, hinüber.«

Auf der anderen Seite des Rheins hatte die Nachricht von der Eroberung der Brücke bei Remagen den Weg über die Kommandostellen bis in den Bunker der Reichskanzlei gefunden. Leider sind die Stenogramme der Rapporte vom 7. und 8. März nicht erhalten geblieben. Wir kennen die Verwünschungen des Führers nicht wörtlich.

Aber wir kennen die Folgen seines Zornes. Um die, wie er sie nannte, ›Verräter von Remagen‹ zu richten, ließ er einen besonderen Richter, Generalleutnant Rudolf Hüb-

ner, von der Ostfront kommen. Die Majore Scheller, Strobel, Kraft, Hauptmann Blatge, Oberleutnant Peters wurden der verbrecherischen Nachlässigkeit angeklagt und zum Tode verurteilt. Ein einziger, Blatge, wurde nicht hingerichtet, da er abwesend war: Er hatte das Glück gehabt, auf der amerikanischen Seite mit erhobenen Händen aus dem Tunnel zu kommen. Gleichfalls vor das Kriegsgericht gestellt und zu fünf Jahren Festungshaft verurteilt wurde General Bothmer, der Befehlshaber des Abschnittes Remagen: Er beging Selbstmord.
Ein weiteres Opfer der Brücke von Remagen war Generalfeldmarschall von Rundstedt. Der Zorn des Führers gegen den alten Soldaten schwelte schon lange. Am 6. März wurde der Generalstabschef Westphal nach Berlin gerufen und mit Vorwürfen überhäuft, die seinem Chef galten. Keitel hatte ihm die ›Feigheit‹ der Truppen der Westfront vorgeworfen. Hitler war neuerlich über Rundstedts Memorandum bezüglich der Unzulänglichkeit des Westwalls in Wut geraten. Der Feind zittere vor diesem Wunderwerk deutscher Technik. Aber ein deutscher Generalstabsoffizier bringe es fertig, zu behaupten, daß der Soldat lieber im Freien als unter Betonschutz kämpfe. Am Tage nach diesem Ausbruch ereignete sich der Überraschungsangriff bei Remagen, der Rundstedts Schicksal zum drittenmal besiegelte. »Der Mann ist erledigt«, sagte Hitler. »Ich will ihn nicht mehr sehen.« Kesselring wurde aus Italien zurückberufen und erhielt das Oberkommando im Westen.

Speer will Hitler töten

Am 19. März unterzeichnete Hitler einen Befehl, der ebenso drakonisch war wie die Befehle Stalins 1941. In den Gebieten, die das deutsche Heer aufzugeben gezwungen war, sollte schonungslos alles zerstört werden: Transportmittel, Dämme, Gas- und Elektrizitätsnetze, Bergwerke und Industrieanlagen, sogar Bekleidungs- und Lebensmittellager. Eine zusätzliche Entscheidung ordnete an, daß die Bevölkerung vollkommen zu evakuieren sei, im Westen wie im Osten. Der Eindringling dürfe nur Wüste, verbrannte Erde, vorfinden.
Diese unsinnigen Maßnahmen waren nicht allein durch militärische Überlegungen diktiert. Sie symbolisierten zugleich die Rache Adolf Hitlers. Schon im August 1944 hatte er bei der Gauleitertagung erklärt, daß nur durch die Feigheit des deutschen Volkes, das heißt durch seine Unwürdigkeit vor der Geschichte und vor ihm, Hitler, der Krieg verloren werden könne. Das deutsche Volk verdiene es nicht, zu überleben. Für ein Volk, das seine Bestimmung und seinen Führer verriet, durfte es kein Morgen geben.
Diesem Nihilismus widersetzte sich der Rüstungsminister Albert Speer. Während des

gesamten Jahres 1944 hatte er in seinen Bemühungen nicht nachgelassen; er hatte die Kriegsproduktion auf ihren Rekordstand gebracht, hatte 120 Infanterie- und 40 Panzerdivisionen, das heißt 2 Millionen Mann, neu ausgerüstet. Er erklärte später, beim Nürnberger Prozeß: »In dieser Phase des Krieges täuschte Hitler uns alle. Er ließ … präzise Angaben ausstreuen, daß außenpolitische Gespräche angeknüpft sind.« Er rechtfertigte auf diese Weise die Verlängerung des ungleichen Ringens. Diese trügerische Hoffnung war 1945 dahin. Speer, Würdenträger des Regimes, Freund und Werkzeug des Diktators, kam schließlich zu der gleichen Ansicht, wie sie Junker wie Stauffenberg, klassische Soldaten wie Beck und konservative Bürgerliche wie Goerdeler vertraten. Das einzige Mittel, dem deutschen Volk das äußerste Elend zu ersparen, bestand darin, die Kette zu sprengen, die es mit dem irrsinnigen Führer verband. Und die einzige Möglichkeit, das zu erreichen, war die Ermordung Hitlers.

Das zu bewerkstelligen war jetzt noch schwieriger als vor dem 20. Juli 1944. Niemand wurde zu Hitler vorgelassen, ohne von der Leibgarde untersucht worden zu sein. Aber Speer kannte den Bunker der Reichskanzlei. Wenn es ihm gelang, in das Lüftungssystem Giftgas einzuführen, würden nicht nur Hitler, sondern alle Insassen, Goebbels, Bormann, Ley, Burgdorf, Fegelein und andere, vernichtet werden.

Das Attentat wurde nicht ausgeführt. Beim Nürnberger Prozeß begnügte sich Speer damit, technische Gründe dafür anzugeben: die Unmöglichkeit, eine Gasgranate zur Explosion zu bringen, sowie die Existenz eines auf Hitlers Befehl erbauten Schutzkamins rund um die Luftschächte. Er hatte vor dem Untersuchungsrichter – wo seine Aussagen viel ergiebiger waren als bei der Verhandlung – eine andere Version angegeben. Er war zur Inspektion im Ruhrgebiet gewesen. Während eines Luftangriffes mußte er einen Luftschutzkeller aufsuchen. Die Männer aus dem Volk – Bergleute – sprachen miteinander, ohne zu ahnen, daß sich mitten unter ihnen ein Reichsminister befand. Alle waren der Meinung, Deutschland müsse bis zum Tode kämpfen. Alle waren voll Vertrauen zu Hitler. Alle brandmarkten die Verschwörer, die Verräter, die Junker des 20. Juli. Speer fühlte sich nicht berechtigt, den Mann, der inmitten einer noch nie dagewesenen Prüfung der mythische Mittelpunkt des deutschen Volkes geblieben war, wie einen Fuchs in seinem Bau auszuräuchern.

Speer widersetzte sich der Zerstörung Deutschlands durch die Deutschen selbst. Er überreichte Hitler am 18. März ein Memorandum, worauf es zwischen beiden zu einer langen Diskussion kam. Zehn Tage später kam Speer nochmals darauf zurück, wobei er diesmal zu sagen wagte, der Krieg sei verloren. Hitler machte aus dieser Ansicht ein Staatsverbrechen, das mit dem Tode zu bestrafen war; er gab ihm vierundzwanzig Stunden, um zu widerrufen. Am nächsten Tage brachte ihm Speer ein neuerliches Memorandum, das mit den Worten begann: ›Der Krieg ist verloren.‹

Der Blitz traf den Verwegenen nicht. Hitler lehnte das Dokument ab, das den Beweis für den geistigen Verrat seines Schülers darstellte. Im Einverständnis mit Guderian

»Wir werden ihre Städte ausradieren«, hatte Hitler am 4. September 1940 unter dem Jubel der Parteigenossen im Berliner Sportpalast erklärt. Die Quittung der Alliierten für diese Herausforderung zahlte das deutsche Volk. Luftbilder vom verwüsteten Hannover (unten) und von Köln (folgende Seite) stehen nur stellvertretend für viele andere Städte, in denen über eine halbe Million Menschen der Zivilbevölkerung ihr Leben verloren.

In fast täglichen Tages- und Nachtangriffen, die teilweise von Süden her über die Alpen nach Deutschland geflogen wurden (oben), drohte den Bombergeschwadern der RAF und der USAAF während der letzten Kriegsmonate keinerlei ernsthafte Gefahr. Auf Hitlers Befehl wurde der erste Düsenjäger Me 262 nicht weitergebaut, obwohl er nach englischer Ansicht genügt hätte, um die Luftherrschaft über Deutschland zurückzugewinnen.

sabotierte Speer den Befehl zur Zerstörung, setzte die Anzahl der zu sprengenden Brücken herab, befahl, den in den Bergwerken befindlichen Sprengstoff zu überschwemmen, und verbot, die Dämme und Fabriken anzurühren. Bormann hinterbrachte das Hitler, der aber nichts dagegen unternahm.

Die Rheinbarriere bricht zusammen

Die Zahl jener, die die Überzeugung gewannen, daß der Krieg verloren war, wurde täglich größer. Der neue Oberbefehlshaber West, Kesselring, war ein Anhänger Hitlers, ein Vertreter der Durchhaltetheorie und ein Optimist. Eine Inspektion der Rheinfront bewies ihm jedoch, daß die Lage noch viel gespannter war, als er es von Italien aus angenommen hatte. Die Kämpfe an der russischen Front im Januar und Februar hatten zehn Panzerdivisionen, sechs Infanteriedivisionen, zehn Regimenter schwerer Artillerie, acht Brigaden Raketenwerfer usw. abgezogen und dadurch dem OB West nicht mehr als 55 große Einheiten belassen. Die sieben Panzer- und Panzergrenadierdivisionen wurden auf einem Stand von 10000 bis 11000 Mann gehalten, aber die Infanteriedivisionen zählten im Durchschnitt nicht mehr als 5000 Mann. Die Frontdichte betrug höchstens einen Mann auf zehn Meter. Die Reserven waren außerordentlich schwach, die Kampfmoral zersetzt. Kesselring war entrüstet über den Defätismus in den Generalstäben, besonders bei der Heeresgruppe G. Eine immer größer werdende Anzahl von Deserteuren verschwand in dem Chaos des bombardierten Deutschlands. Die Zivilbevölkerung, besonders im Rheinland und der Pfalz, verlangte offen die Beendigung des Krieges. Sie widerstand den Räumungsbefehlen und klammerte sich an ihre Häuser, auch wenn sie zerstört waren. In den Ostprovinzen flohen die Massen verzweifelt vor den Russen; in den Westprovinzen erwarteten sie die Alliierten wie das Ende eines Alptraumes.

Kesselring kam am Fünfzehnten zu Hitler, um ihm von seiner Kommandoübernahme zu berichten. Er bewunderte ›die geistige Spannkraft‹, die ihm trotz des durch das Attentat vom 20. Juli verursachten körperlichen Verfalls noch verblieben war. Hitler zeigte sich über die Vorgänge am Rhein nicht allzusehr besorgt. Er war überzeugt, die deutsche Armee werde an der Oder einen bedeutenden Verteidigungserfolg erringen, was es ermöglichen würde, Elitedivisionen wieder in den Westen zu werfen, um mit ihrer Hilfe die Angelsachsen zerschlagen zu können. Es handelte sich nur darum, diese Schlange aufzuhalten, bis es gelungen war, die Lage umzukehren. Überzeugung oder Heuchelei? Wie sollte man das wissen!

Am linken Rheinufer hatten die Kämpfe von der Nordsee bis zur Moselmündung aufgehört. Südlich dieses Flusses hielten zwei deutsche Armeen (die 7. und die 1.) sich

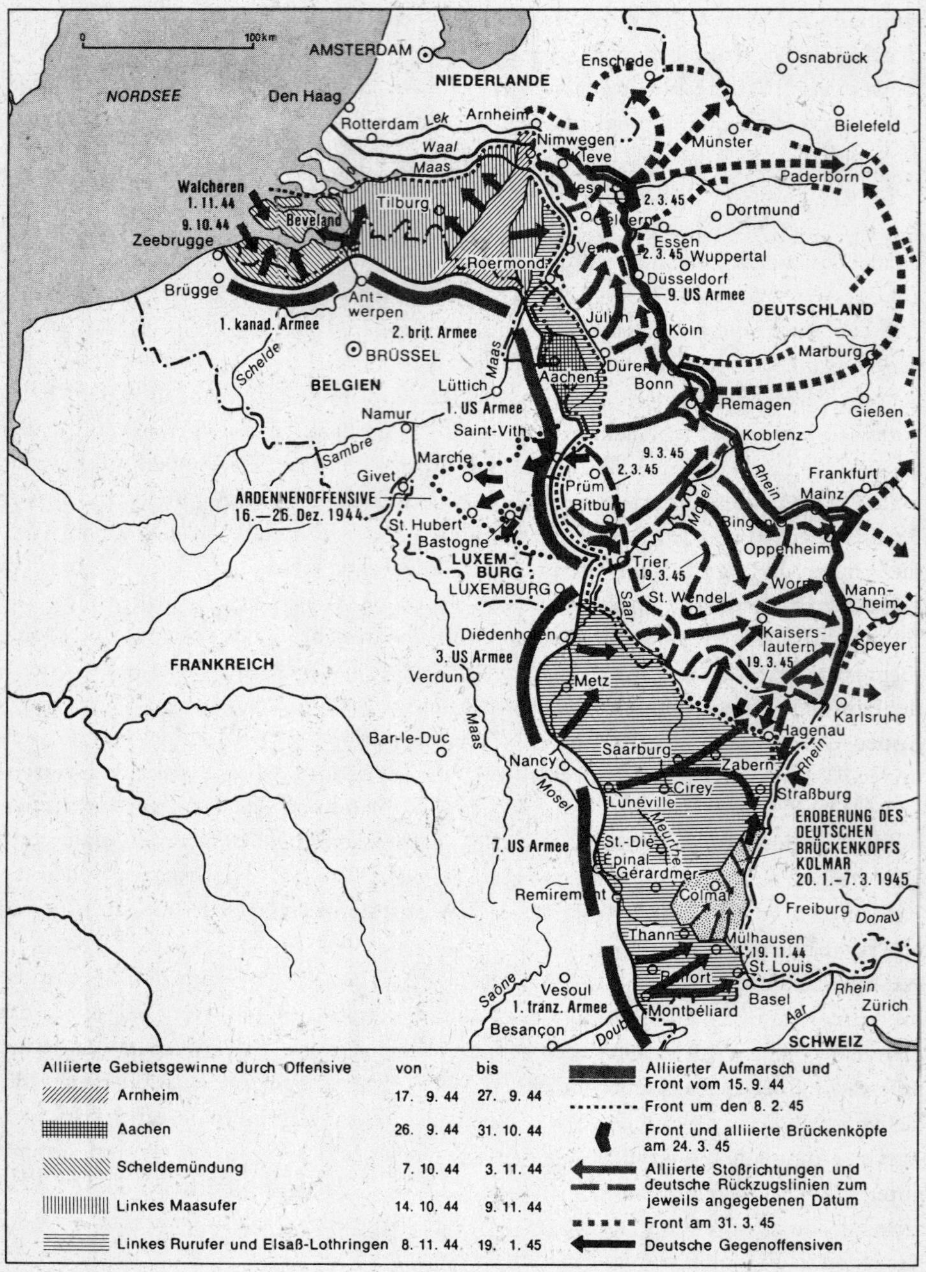

Karte 54 Der Zusammenbruch der deutschen Westfront (September 1944 bis März 1945)

an der Saar und in der Pfalz fest. Die Heeresgruppe G, der sie angehörten, hatte ein Zurückgehen auf das rechte Ufer erwogen. Als Kesselring das Kommando übernahm, machte er mit diesem Vorhaben kurzen Prozeß. Hitler stimmte energisch bei. Das gesamte deutsche Gebiet müsse bis zum Äußersten verteidigt werden. Die Saar und vor allem das Zentrum der chemischen Industrie, Ludwigshafen, seien für die Kriegsproduktion unersetzlich. Ließe man den Amerikanern Speyer und Worms, so öffne ihnen das den Durchbruch zum Main, mit anderen Worten, den kürzesten Weg dazu, Deutschland in zwei Teile zu zerschneiden und damit ihren russischen Alliierten zuvorzukommen. Alle diese Gründe, die übrigens durchaus stichhaltig waren, führten zur Aufrechterhaltung des großen Dreiecks, das sich dem Druck Pattons und Patchs widersetzen sollte.
Im Augenblick war Kesselrings Hauptsorge der Brückenkopf bei Remagen. Wenn die Amerikaner ihn weiter ausbauten, dann war es eine Frage von Tagen, bis sie zur Ruhr, ja sogar bis zum Main durchstießen. Man versuchte, die Brücke und den verhängnisvollen Brückenkopf mit Artillerie beziehungsweise mit Treibminen zu vernichten. 372 Stukaeinsätze wurden geflogen, bei denen die Luftwaffe 80 Maschinen einbüßte. Alle diese Bemühungen blieben fruchtlos.
Die Amerikaner hatten zuerst die 9. Panzer- und die 78. Infanteriedivision in den Brückenkopf geworfen. Zu diesen stieß am 10. März die 99. Infanteriedivision. Am 12. kam das VII. Korps, um den Erfolg des III. zu teilen, und übernahm die Nordfront des Brückenkopfes. Aber die Deutschen verstärkten die 15. Armee General von Zangens mit der 9. Panzerdivision, der Panzerlehrdivision, der 3. Panzergrenadierdivision und mehreren Infanterie- beziehungsweise Volksgrenadierdivisionen. Angriffe und Gegenangriffe wechselten einander ab. Um ihren brillanten Rheinübergang zu untermauern, mußten sich die Amerikaner auf den Höhen festsetzen, welche die schmale Ebene beherrschen und deren höchster Punkt der Drachenfels ist. Sie mußten jeden Fußbreit des Gebietes erkämpfen. Um Honnef, Linz, Waldbreitbach, Hartgarten, Königswinter wurden blutige Kämpfe geliefert. Die Autobahn Frankfurt–Köln wurde erst am 16. März vom 309. US-Infanterieregiment durchbrochen. Am Tage darauf, nachdem Tausende von Panzern, Geschützen, Lastwagen über die Ludendorffbrücke das rechte Ufer erreicht hatten, stürzt sie ohne jede Warnung ein. Aber die amerikanischen Pioniere hatten stromauf- und stromabwärts je eine Notbrücke geschlagen, und der Nachschub der Verstärkung des Brückenkopfes wurde nicht unterbrochen. Taktisch wurde also der Überraschungsangriff von Remagen nicht sofort und blitzschnell genützt. Der Brückenkopf, dessen Radius am zweiten Abend drei Kilometer betrug, maß zehn Tage später nur etwa fünfzehn. Aber die Bresche von Remagen hatte die deutschen Reserven aufgebraucht und alle anderen Abschnitte der Westfront geschwächt.
Die Verkleinerung des Dreiecks Saar–Pfalz nahm ihren Anfang. Die Fronttrasse diktierte die Form der Offensive. Die 7. US-Armee griff die Dreiecksseite zwischen Saar

und Lauter an. Die 3. US-Armee griff an der Mosel an. Die beiden gegenüberliegenden deutschen Armeen waren überaus schwach. Die 7., die Patton abzuwehren hatte, war seit der Ardennenschlacht nicht aufgefüllt worden. Die 1. hatte 50 Prozent ihrer Streitkräfte im Laufe der Kämpfe im Elsaß eingebüßt. Die durchschnittliche Belegungsdichte pro Frontkilometer betrug 26 Infanteristen, ein oder zwei Geschütze, weniger als ein Panzerabwehrgeschütz. Die beiden Armeen zusammen besaßen nicht mehr als 200 Panzerfahrzeuge.

Am 15. März griff Patch mit seinen Armeekorps an: dem VI. im Osten, vom Rhein bis zu den Vogesen, dem XV. in der Mitte, von Bitsch bis Saargemünd, dem XXI. im Westen, von Saargemünd bis Saarbrücken. Eine verstärkte französische Division, die 3., war dem VI. Korps untergeordnet und stand an der äußersten Rechten in der Rheinebene. Es war vereinbart, daß sie der 1. französischen Armee beigeordnet werden sollte, sobald sie einen kleinen Nebenfluß des Rheins, die Erl, auf halbem Weg zwischen Speyer und Lauterburg erreicht hätte. Die Pläne des SHAEF ließen den Franzosen nur die Obhut über den Rhein von der Lauter bis zur Schweiz. De Lattre erreichte einen ersten Erfolg bei seiner Bemühung, aus dieser passiven Rolle herauszutreten und an der Eroberung Deutschlands teilzunehmen. Der Haupteinsatz oblag dem XV. Korps, das auf sechs Divisionen, darunter eine Panzerdivision, verstärkt worden war. Es griff am 15. März um 1 Uhr an, indem es überraschend die Blies überschritt. Am 18. erreichte es den Westwall, dessen minderwertige Bunker den Panzergranaten und Flammenwerfern dutzendweise zum Opfer fielen. An den darauffolgenden Tagen nahm das XV. Korps Zweibrücken und Homburg, rückte gegen Kaiserslautern vor, schwenkte nach Westen ab und näherte sich dem Rhein.

Auf den Flügeln hielten das XXI. und VI. Korps gleichmäßig Schritt. Das eine brachte Saarbrücken durch Umfassung zu Fall und bemächtigte sich St. Ingberts. Das andere nahm Landau und Pirmasens. Überall herrschte das Chaos, die Städte brannten, in Homburg türmten sich die Leichen. Die deutschen Soldaten ergaben sich zu Hunderten, zu Tausenden, marschierten ohne Bewachung in Gegenrichtung siegreicher Kolonnen, deren wundervolle Ausrüstung sie in Staunen setzte. Man erwartete Widerstand von seiten des Volkes, Aufflammen des Freischärlertums, die unheimlichen Taten des ›Werwolfs‹, mit denen die deutsche Presse den Eindringlingen drohte. Aber was man vorfand, war Auflösung, Unterwerfung und Resignation.

Patton hatte zwei Tage vor Patch in einer anders gruppierten Anordnung angegriffen, mit dem Schwerpunkt an den Flügeln, um das Massiv des Hunsrücks einzuschließen. Die deutsche Führung glaubte die Amerikaner mit dem Brückenkopf von Remagen zu sehr beschäftigt, als daß sie imstande wären, an der Mosel anzugreifen. Sie sah nicht voraus, mit welcher Beherztheit sich der ungestüme Patton auf die ermüdete, geschwächte 7. Armee stürzen würde. »Aufgrund meiner Erfahrungen in Italien«, sagte Kesselring, »hätte ich nie gedacht, daß die Amerikaner so verwegen sein könnten.«

Im Februar 1945, als diese beiden Aufnahmen entstanden, verlief die Front im Westen bereits längs des linken Rheinufers. Für die Menschen, die von den vorstoßenden Panzerverbänden der 1., 3., 7. und 9. US-Armee überrollt wurden, war der Krieg zu Ende.

Kinder in Uniform sollten das Vaterland in letzter Minute retten. Im März 1945 wurde der Jahrgang 1929 einberufen, ein Teil des Jahrgangs 1930 zum Schanzen abkommandiert. Diese 15- und 16jährigen erwartete das gewisse Schicksal, innerhalb der kommenden acht Wochen einen elenden Heldentod zu sterben oder günstigenfalls den Sommer als Kriegsgefangene in einem Massenlager unter freiem Himmel hungernd zu verbringen.

Am 21. März ging der Feldzug in der Pfalz zu Ende. Die 90. Infanteriedivision war im Begriff, Mainz zu nehmen. Die Vereinigung zwischen der 3. und der 7. Armee war überall hergestellt – immer zugunsten der 3., notierte Patton, die ihre Grenzen und eine große Zahl von Orten genommen hatte, die zum Operationsgebiet der 7. gehörten. Ganze Divisionen legten die Waffen nieder. Die 1. und die 7. deutsche Armee hatten 75 bis 80 Prozent ihrer Infanterie verloren und waren damit praktisch nicht mehr existent. Im Abschnitt der 21. Heeresgruppe stand eine weitere umfassende Operation bevor, der Übergang über den Niederrhein. Sie trug den Stempel des methodischen großartigen Genies Montgomerys. Der Fluß, der Hochwasser führte, war 500 Meter breit. Die 1. deutsche Fallschirmjägerarmee, die ihn von Emmerich bis Düsseldorf verteidigte, wurde seit dem 10. März neu gesammelt und verfügte noch über die kräftigsten Kämpfer an der Westfront. Aber Montgomerys Vorbereitungen hatten schon seit Anfang Februar in gewaltigem Umfang begonnen. Nichts war dem Zufall überlassen worden. 2000 Geschütze und Berge von Munition waren an den Fluß herangeschafft worden. 29 Divisionen, davon fünf amerikanische aus Italien, im ganzen eine Million Mann, waren verfügbar. Die vier Sturmdivisionen, zwei britische, zwei amerikanische, hatten zahlreiche Übungen auf der Maas zwischen Roermond und Nimwegen durchgeführt. Am Rhein wurde ein 50 Kilometer langer Rauchvorhang unterhalten, um das linke Ufer zu verbergen. Unzählige Landungsboote, Panzer und Amphibienfahrzeuge waren aufgefahren, ohne daß die deutsche Artillerie, der die Munition fehlte, sie bekämpfen konnte.

Der Angriff war für den 23. März um 21 Uhr festgesetzt. »Am Abend«, erzählt Bradley, »rief mich Patton in meinem Hauptquartier in Namur an. Seine Sopranstimme zitterte vor Aufregung: ›Brad, um Himmels willen, sagen Sie der Welt, daß wir auf der anderen Seite sind... Ich will, daß alle Welt weiß, daß die 3. Armee den Rhein vor Monty (Montgomery) überschritten hat...‹« Es war kindisch, aber es entsprach der Wahrheit. Am Abend vorher hatte Patton vor der kleinen Stadt Oppenheim, 25 Kilometer von Worms, zwei Bataillone des II. Regimental Combat Team in Sturmboote steigen lassen und sie ohne jede Artillerie- oder Fliegervorbereitung über den Rhein geworfen. Im Laufe der Nacht waren ihnen vier weitere Bataillone der 5. Infanteriedivision gefolgt. Die überraschten Deutschen hatten nur geringen Widerstand geleistet. Patton hatte um den Preis von 34 Toten und Verwundeten seinen Brückenkopf, womit er die ungeheuren Vorbereitungen, den gewaltigen Aufwand des englischen Marschalls ad absurdum führte.

Der Rheinübergang Montgomerys war ebenso spektakulär wie der Ludwigs XIV. Eisenhower wohnte dem Schauspiel von einem Kirchturm aus bei, Churchill verfolgte die Entwicklung der Aktion in Gesellschaft Montgomerys. Die 2. britische Armee, verstärkt durch einen Teil der kanadischen Armee, setzte nördlich der Lippemündung über, die 9. amerikanische Armee südlich davon. Der erste nächtliche Angriff erfolgte durch die 51. britische Infanteriedivision gegen Rees, der zweite durch die 15. britische Infanteriedivision eine Stunde später gegen Wesel. Vier Stunden später, am 24. März um 9 Uhr, griffen die 30. und 79. US-Infanteriedivision ihrerseits an. Die Angriffswellen folgten einander über den breiten, schnellfließenden Wasserlauf, bei künstlichem Mondschein, den die Flakscheinwerfer bereitgestellt hatten. Das vollkommen flache rechte Ufer schien fast unter den pausenlosen Explosionen zu brennen. Die Verluste der Angreifer waren unbedeutend, 41 Tote bei den Amerikanern, kaum mehr bei den Briten.

Dem Flußübergang folgte eine große Luftlandeaktion – statt ihm voranzugehen. Sie begann am Vierundzwanzigsten um 10 Uhr. Der Morgen war ruhig und leicht neblig. Unter Begleitung von 889 Jägern und gesichert durch weitere 2153 Jäger warfen oder setzten 1572 Flugzeuge und 1326 Segelflugzeuge nordöstlich von Wesel 14000 Mann der 6. britischen und 17. amerikanischen Luftlandedivisionen ab. Trotz der bedeutenden Verluste durch die gegnerische Flak war der Erfolg vollständig. Die Vereinigung mit den Erdtruppen wurde im Laufe des Tages vollzogen. Am Abend hatte der Brückenkopf eine Tiefe von 10 Kilometern erreicht.

An den folgenden Tagen löste sich die Verteidigung auf. Die 2. britische Armee rückte durch das von Wäldern und Heideland bedeckte Gebiet nördlich der Lippe schnell vor. Südlich des Flusses stieß die 9. US-Armee bis zum Rand des Ruhrgebietes vor. Am Achtundzwanzigsten war der Durchbruch vollendet. Die Engländer marschierten über Osnabrück in Richtung Weser und Elbe. Die Amerikaner umzingelten das Industriegebiet. Außer von Norden wurde die Ruhr auch von Süden her bedroht. Der Brückenkopf von Remagen war schließlich geplatzt wie ein praller Luftballon. Die 5. Panzerarmee suchte sich an der Sieg, einem kleinen Fluß vor Solingen und Wuppertal, festzusetzen, aber die 1. US-Armee überflügelte sie und marschierte gegen Kassel, dann erst wandte sie sich nach Norden. Am 1. April vereinigte sie sich bei Lippstadt mit der 9. Armee und schloß damit den Kreis um das Ruhrgebiet.

Zehn Tage vorher hatte Hitler sich eine Ruhrfestung in den Kopf gesetzt und bei Todesstrafe verboten, einen einzigen Ort freiwillig aufzugeben. Die 5. Panzerarmee und die 15. Armee, mehr als 100000 Mann, waren unter Befehl von Feldmarschall Model in einem Kessel von 110 Kilometer Länge – zwischen dem Rhein und der Quelle der Ruhr – und 80 Kilometer Breite – zwischen Lippe und Sieg – eingeschlossen.

Überall stürzte die Barriere des Rheins zusammen. Vom Brückenkopf bei Remagen aus brach die 1. US-Armee gegen das Tal der Lahn und Gießen durch. Aus dem Brückenkopf bei Oppenheim drang Patton ins Maintal ein und nahm Frankfurt. Die 7. Armee überschritt den Rhein am 25. März zu beiden Seiten von Worms und marschierte gegen Würzburg. Nachdem de Lattre sich nördlich der Lauter festgesetzt und von General Devers erreicht hatte, daß Speyer der Zone der 1. französischen Armee einverleibt werde, ging er in der Nacht vom 30. zum 31. März über den Rhein, nahm Karlsruhe und zog zum Schwarzwald. Die alliierten Kolonnen trafen noch auf örtlichen Widerstand, mußten ernste Kämpfe liefern und erlitten empfindliche Verluste, aber wie im Juni 1940 und im August 1944 in Frankreich war die Schlacht eigentlich zu Ende. Tausende und aber Tausende von Gefangenen wurden in improvisierten Gehegen eingeschlossen, wo sie auf ihren Abtransport und ihre regelrechte Internierung warteten – eine mitleiderregende Menge, über der der Gestank der Dysenterie immer stärker schwebte. Die von Eisenhower so sehr befürchtete Guerilla trat nirgends in Tätigkeit. Die Sabotageversuche, feindlichen Handlungen waren äußerst selten. Auf dem rechten wie auf dem linken Rheinufer war Deutschland besiegt, bezwungen und unterworfen.

Die Alliierten in Deutschland: Vorsorge und furchtbare Entdeckungen

Aber das Chaos war unbeschreiblich. Deutschlands Siege hatten mindestens 15 Millionen Fremde, Kriegsgefangene, Deportierte, Freiwillige und Zwangsarbeiter im Lande angesammelt. Die Niederlagen hatten mehrere Millionen Deutsche ins Reichsinnere gejagt, die Bombardements weitere Millionen aus den Städten vertrieben. Diese Umschichtung der Bevölkerung hatte eine entsetzliche Verwirrung zur Folge. An manchen Orten versuchten die nationalsozialistischen Behörden, die Weisungen Hitlers zu befolgen, Zivilisten und Gefangene nach Osten zu jagen und das Land zur Wüste zu machen. In der Mehrzahl der Fälle gaben sie jedoch dieses unmögliche Vorhaben auf, flohen oder versteckten sich. Das von den Alliierten eroberte Land war nur teilweise verbrannt, aber jede Ordnung oder gar Verwaltung war zusammengebrochen. Tausende von Problemen – Polizei, Gesundheit, Versorgung, Entnazifizierung – türmten sich vor ihnen. Hungersnot, Epidemien drohten. Man betrachtete es als ungewöhnliches Glück, daß die Besetzung Westdeutschlands im Frühling stattfand. Im Winter wäre es wahrscheinlich zu unvorstellbaren Schwierigkeiten gekommen.
Noch etwas hielt die Anarchie in Grenzen, und zwar die Vorsorge der Amerikaner. Die Besetzung Deutschlands war mit ebensoviel Sorgfalt vorbereitet worden wie die Invasion Europas. Eine neue Armee, die 15., wurde gebildet, um die eroberten Gebiete zu übernehmen. Jeder Ort von irgendwelcher Bedeutung war Gegenstand einer eingehenden Monographie. Die Militärverwaltungen traten sofort nach Einzug der Truppen in Funktion. Da man den deutschen Staat als aufgelöst, Deutschland für politisch gestorben ansah, kam eine Zusammenarbeit mit den Ortsbehörden nicht in Frage. Verwaltung und Regierung gingen in die Hände der Besatzung über. Tatsächlich wurden viele deutsche Beamte in ihren Ämtern behalten oder rasch wieder eingesetzt. Viele Teile des Räderwerks drehten sich nach kurzem Halt weiter. Die materiellen Zerstörungen waren jedoch derart groß, daß man eigentlich über die Schnelligkeit

staunen mußte, mit der die elementaren Funktionen der Zivilisation wiederhergestellt wurden.
Der Vormarsch der alliierten Truppen in Deutschland führte zu einer entsetzlichen Entdeckung, nämlich der Lager der Deportierten, der Zwangsarbeits- und Konzentrationslager. Im Laufe der letzten Jahre waren den alliierten und neutralen Regierungen, dem internationalen Roten Kreuz und dem Vatikan zahlreiche Berichte über die fürchterlichen Greueltaten der Nazis zugegangen, über Vivisektion an Menschen und über die methodische Ausrottung der Juden. Offensichtlich auf Tatsachen beruhend, waren diese Berichte dennoch mißtrauisch und mit Skepsis aufgenommen worden. Die alliierte Propaganda hatte darauf verzichtet, sie mit zu verwerten, aus Angst, in eine Falle grober Übertreibung zu geraten. Jetzt kam die Wirklichkeit zum Vorschein, und immer häufiger tauchten die Namen Buchenwald, Dachau, Ravensbrück, Mauthausen, Bergen-Belsen, Auschwitz mit ihren aufsehenerregenden Schandtaten aus dem Schatten auf.

Eisenhower verzichtet auf Berlin

Nach Eroberung des rechten Rheinufers ergab sich die Frage, in welcher Richtung die Armeen des Westens ihren Siegesmarsch fortsetzen sollten.
Als die Pläne für die Invasion Europas festgelegt worden waren, hatte es bezüglich des großen Ziels keinerlei Zweifel gegeben: Berlin. Als die Einkesselung der Ruhr den bevorstehenden Zusammenbruch Deutschlands erwarten ließ, war für Winston Churchill, für Feldmarschall Montgomery und die britischen Generalstabschefs das Endziel noch dasselbe. Sie staunten daher, als sie am 28. März ›zwecks Information‹ eine von General Eisenhower an Marschall Stalin gerichtete Note empfingen. Der Generalissimus des Westens befragte den Generalissimus des Ostens über seine Absichten und teilte ihm seine eigenen mit. Sie bedeuteten nichts anderes als die Aufgabe des Plans, nach Berlin zu marschieren! Er habe die Absicht, schrieb Eisenhower, seinen Haupteinsatz über die Linie Erfurt–Leipzig–Dresden zu führen und seine Streitkräfte dort mit der russischen zu vereinigen. Ein weiterer Vorstoß werde durchgeführt, um eine zweite Vereinigung in der Gegend Regensburg–Linz zustande zu bringen.
Form und Inhalt dieses Schreibens wirkten für die Engländer schockierend. So hoch sein Rang auch war, Eisenhower blieb ein ausführendes Organ. Die Leiter der Strategie waren die Combined Chiefs of Staff, bestehend aus den amerikanischen und britischen Generalstabschefs. Sie waren nicht gefragt worden, und selbst der Stellvertreter Eisenhowers, der englische Luftmarschall Arthur Tedder, war nicht informiert worden. Aus dem Diplomaten Ike war plötzlich ein Autokrat geworden, der sich mit dem anderen Autokraten, Josef Stalin, zusammentat und die Organisation der alliierten Führung

verwirrte, wobei es sich um eine so wichtige Frage handelte wie den Einmarsch in die feindliche Hauptstadt. Seiner neuen Strategie folgend, entzog Eisenhower Montgomery die 9. US-Armee und unterstellte sie Bradley. Der 21. Armeegruppe wurde die Rolle der Flankendeckung der 12. Heeresgruppe zugewiesen. Ike, der zuerst Montys ›concentrated thrust‹ bekämpft hatte, nahm ihn jetzt selbst auf, verlegte ihn jedoch, geographisch gesehen, indem er aus der Stoßrichtung Düsseldorf–Berlin einen Vormarsch Mainz–Dresden machte.
Die Gründe Eisenhowers sind bekannt. Durch die Bombardements zerstört, von der Naziregierung geräumt, hatte Berlin in seinen Augen keinen besonderen Wert mehr. Überdies waren die Russen 60 Kilometer von der Hauptstadt entfernt, während die Westmächte noch 300 Kilometer entfernt standen. Bradley, mit dem Eisenhower sich beraten hatte – während er Tedder im ungewissen ließ –, hatte erklärt, man würde in der norddeutschen Ebene 100000 Mann verlieren, wenn man Montgomery folgte. Wem nützte das, da sich doch das Endziel des Feldzuges im Süden befand? Ebenso wie Ike an eine Guerilla glaubte, glaubte er an eine österreichisch-bayrische Festung rund um Berchtesgaden, die mystische Hauptstadt des Hitlertums. Diese schnell auszumerzen war wichtiger, als ruhmreich in Berlin einzuziehen.
Die britischen Generalstabschefs reagierten mit äußerster Heftigkeit. Sie sprachen Eisenhower das Recht ab, direkt mit Stalin zu korrespondieren. Sie mischten sich unumwunden in die Politik und schrieben, es gäbe ›Fragen von weit schwerwiegenderer Bedeutung als die Vernichtung der Hauptstreitkräfte des Feindes in Deutschland‹. Sie verlangten, daß die 9. Armee unter Montgomerys Befehl belassen würde und Berlin das Hauptziel für die Alliierten bleibe.
Der politische Hintergrund warf seinen Widerschein auf den Streit. Zwei Monate nach seiner Unterzeichnung brach der Prachtbau von Jalta zusammen. Die Russen nämlich versagten der polnischen Exilregierung die Rückkehr nach Polen. Sie zwangen dem König von Rumänien eine kommunistische Regierung auf. In Polen, Rumänien und Bulgarien entfernten sie die Führer der Opposition, enteigneten, deportierten oder ermordeten die besitzenden Klassen und weigerten sich, der allgemeinen Freiheit wieder zu ihrem Recht zu verhelfen. Ihr Verhältnis zu den Amerikanern war einer schweren Krise ausgesetzt, die durch die Affäre Wolff beschworen wurde. Dieser SS-General, der Himmler nahestand, versuchte in Bern, über eine Kapitulation der deutschen Armee in Italien zu verhandeln. Stalin war darüber verärgert und sah in dieser Fühlungnahme einen abgekarteten Handel zwischen dem Faschismus und dem westlichen Imperialismus. ›Die Verhandlungen in Bern‹, schrieb er an Roosevelt, ›gestatten den Anglo-Amerikanern, fast ohne jeden Widerstand bis ins Herz Deutschlands vorzustoßen... Die Nazis haben praktisch aufgehört, gegen Amerika und England zu kämpfen, während sie gegen uns weiterkämpfen...‹ Roosevelt antwortete energisch, stellte fest, daß die Verhandlungen in Bern nur das Ziel verfolgten, Blut-

vergießen zu vermeiden, und daß sie an der bedingungslosen Kapitulation nichts änderten. Er schloß: ›Ich muß Ihnen leider mitteilen, daß ich überaus empört bin, wie verächtlich meine und meiner Untergebenen Handlungen entstellt werden.‹ Das wenige, was man von den letzten Tagen des Präsidenten weiß, scheint darauf hinzudeuten, daß er *in extremis* die Täuschung von Jalta erfaßte und über den Diktator empört war, der mit seiner, Roosevelts, Gutgläubigkeit sein Spiel getrieben hatte.
In einer solchen Atmosphäre mußte Eisenhowers Entscheidung, auf die Eroberung Berlins zu verzichten, eine Intervention der amerikanischen Regierung zur Folge haben. Ike selbst, dessen Geschicklichkeit die Oberhand gewann, war dafür: »Ich gebe als erster zu, daß ein Krieg entsprechend den politischen Zielen geführt werden muß. Wenn die Chefs des gemeinsamen Generalstabs entscheiden, daß die Einnahme Berlins notwendig ist, dann werde ich sofort meine Pläne ändern.« Aber Roosevelt besaß nicht mehr die Kraft, sich zu konzentrieren. Churchill, der die Situation erkannte, erklärte, die Preisgabe Berlins bedeute einen schweren militärischen und politischen Fehler. Aber Churchill selbst war von achtundfünfzig Monaten kampferfüllter Regierungszeit erschöpft. General Marshall hatte sich, wie üblich, auf die Seite Eisenhowers geschlagen, dessen Entscheidung endgültig blieb: Die westlichen Alliierten würden nicht durch das Brandenburger Tor marschieren!
Beruhigt fand Stalin seine gute Laune wieder. Freundlich antwortete er auf Eisenhowers Brief: ›Ich glaube wie Sie, daß Berlin jegliche Bedeutung verloren hat, und habe die Absicht, dafür nur untergeordnete Kräfte einzusetzen.‹ Der Generalissimus des Westens nahm diesen kolossalen Ulk für bare Münze.

Die Russen dringen auf Berlin vor

Wenn die Russen ihren Einsatz vor Berlin vorübergehend verringert hatten, dann ausschließlich deshalb, weil sie einen Mißerfolg, wie sie ihn beim übereilten Eindringen in Ostpreußen erlebt hatten, nicht riskieren wollten. Sie stellten ihre Verbindungen zum Hinterland her und brachten frische Kräfte für die Endoffensive in Stellung.
In der Donauebene hingegen wurde weiterhin heftig gekämpft. Der Fall von Budapest hatte Hitler nicht dazu gebracht, seinen Plan zur Wiedereroberung der Donaulinie aufzugeben. Während die Russen vor den Toren Berlins standen, hielt er zwischen den Karpaten und der Drau vier Armeen aufrecht, mehr als dreißig Divisionen, darunter die 6. SS-Panzerarmee.
Sie griff am 6. März zwischen dem Platten- und dem Velencersee an und konnte die 3. Ukrainische Front an einer Ecke zurückdrängen. Ein Durchbruch mißlang. Die ›Leibstandarte Adolf Hitler‹ versagte völlig; Hitler erteilte Befehl, ihr die seinen

Namen tragenden Ärmelbänder abzunehmen. Von diesem Tage an kam zu den sonstigen bitteren Klagen des Führers eine weitere hinzu: »Auch meine SS verrät mich...«
Die deutschen Erfolge waren von kurzer Dauer. Am 16. März attackierte die 3. Ukrainische Front den durch die Offensive vom 6. März entstandenen Brückenkopf. Die 6. SS-Panzerarmee wurde nur durch raschen Rückzug vor der völligen Vernichtung gerettet. Am 25. März griff die 2. Ukrainische Front ihrerseits nördlich der Donau an. Sie schlug die 8. deutsche Armee in die Flucht, nahm Preßburg, überschritt die österreichische Grenze und drang in das Marchfeld ein. Die zweite deutsche Hauptstadt, Wien, vernahm die russischen Geschütze früher als Berlin.

Im Norden schritten die Russen zur Eroberung Pommerns. Am 9. März erreichten sie die Ostsee bei Kolberg. Nun waren die Deutschen in drei Brückenköpfen eingeschlossen: in Kurland, wo die 16. und 18. Armee kämpften, in Ostpreußen, wo sich die 3. Panzer- und einige Überreste der 4. Armee festklammerten, und schließlich in Pommern, wo die 2. Armee auf Gdingen und Danzig zurückgedrängt war. Der Kessel in Kurland war seit Oktober abgeschnitten. Er wurde durch die Häfen Libau und Windau versorgt. Zehn Divisionen waren von der Kriegsmarine zurücktransportiert worden, aber 25 waren noch geblieben, eine Viertelmillion Mann, derentwegen es täglich Streitigkeiten zwischen Guderian und seinem Führer gab. Guderian wollte Kurland räumen, um die Front an der Oder zu verstärken. Hitler gab zur Antwort, daß der Kessel in Kurland stärkere Kräfte gebunden hielt als die, die ihn verteidigten. Um Kurland entbrannten nicht weniger als sechs Schlachten, von denen die letzte bis Anfang April währte. Die durch baltische, insbesondere lettische Einheiten verstärkten, gegen ihre angestammten Unterdrücker verbissen kämpfenden Patrioten und die deutschen Truppen unter General Hilpert hielten unerschütterlich ihre Stellung.

In Ostpreußen waren die Reste der 4. Armee auf der kleinen Halbinsel Samland in die Enge getrieben. Ohne Nachschub, ohne warme Kleidung, zu Skeletten abgemagert, flohen 2530 Landser und 2830 Verwundete zusammen mit 3500 Mann russischer Hilfstruppen, die das Los der Besiegten teilten, über das Frische Haff und flüchteten auf die Nehrung. Von der sowjetischen Artillerie dezimiert, dem Hungertod preisgegeben, drängte sich die Menge der Flüchtlinge in den Nadelwäldern, den Dünen, den wenigen Fischerdörfern zusammen und wartete auf eine problematische Evakuierung über die See.

Anfang April wurde Königsberg zum zweitenmal von seinem Hafen Pillau abgeschnitten. Ein fürchterliches Bombardement verwandelte die Stadt in ein Flammenmeer. Der Stadtkommandant, General Otto Lasch, galt als hartgesottener Nazi. Er sah jedoch ein, daß der Widerstand nur weitere nutzlose Opfer an Menschenleben kosten würde, und entschloß sich am Neunten zur Kapitulation. Die Wut der Verzweiflung war so groß, daß sogar Schüsse auf die Träger der weißen Fahne abgegeben wurden. Generalleutnant Mikosch, ein trauriger Überlebender glanzloser gewordener Siege, der das

Fort Eben-Emael im Sturm genommen hatte, befehligte die Pioniere von Königsberg. Er lehnte es ab, sich zu ergeben, und wurde getötet. Hitler wütete gegen Lasch, ließ ihn in Abwesenheit zum Tode verurteilen und befahl, nach dem Gesetz der Sippenhaftung seine ganze Familie zu verhaften. Der Gauleiter Erich Koch dagegen, der in aller Eile mit einem Eisbrecher aus Pillau geflohen war, um weiter fortzukommen, blieb ungeschoren. General von Saucken, der aus dieser Provinz stammte, wurde nach Ostpreußen geschickt, um den Widerstand der letzten Nester zu verlängern. Er war besonders darauf bedacht, möglichst viele der von den Russen eingeschlossenen Zivilisten und Landser zu retten. Aus Pillau, aus Gdingen, aus dem kleinen Kriegshafen Hela, aus dem die letzten Kanonenschüsse des deutsch-polnischen Krieges gekommen waren, liefen Schiffe aus, die mit Menschen buchstäblich vollgestopft waren. Viele davon kamen tragisch ums Leben. Von russischen Unterseebooten torpediert, sanken die *Wilhelm Gustloff* mit etwa 12000 Menschen an Bord, außer ihr die *General von Steuben* mit 3000, die *Goya* mit 7000 Menschen.
Die Eroberung Pommerns hatte die Russen vor Stettin gebracht. Damit hielten sie die Oder von ihrer Mündung bis zum Zusammenfluß mit der Görlitzer Neiße besetzt. Durch die Schmelze der außergewöhnlichen Schneemengen dieses Winters angeschwollen, führte der kleine Fluß Hochwasser, und seine Breite erreichte stellenweise 3000 Meter. Die Deutschen hatten noch zwei Brückenköpfe am Ostufer der Oder behalten, einen bei Frankfurt, den anderen bei Küstrin.
Ein heftiger Angriff der Russen vernichtete den letzteren am 12. März. Die Russen überschritten im Lauf der gleichen Kampfhandlung die Oder, rückten noch zehn Kilometer vor und waren jetzt nur 60 Kilometer von Berlin entfernt. Sie blieben stehen, aber alle Versuche der 9. Armee, sie zum Rückzug über die Oder zu zwingen, schlugen fehl. Die Überraschung bei Küstrin beendete die Generalskarriere Heinrich Himmlers. Guderian, der wiederholt Himmlers Abberufung verlangt hatte, erfuhr, daß er seine Heeresgruppe verlassen hatte und sich zur Behandlung in einem Sanatorium in Hohenlychen befand. Guderian begab sich nach Hohenlychen und fand einen vor Angst kranken Mann vor, der ohne weiteres zugestand, dem ihm obliegenden Kommando nicht gewachsen zu sein, und sich einverstanden erklärte, um seine Ablösung zu ersuchen. Guderian erwirkte es, daß Generaloberst Gotthard Heinrici zu seinem Nachfolger ernannt wurde. Dieser besonnene alte Soldat hatte vor Moskau ungezählte sowjetische Angriffe zurückgeschlagen und fast hoffnungslose Situationen gerettet. Aber die Verhältnisse hatten sich weitgehend geändert. Der Gegner war jetzt bedeutend stärker, und die deutschen Soldaten von 1942 gab es nicht mehr.
Nach der verlustreichen Niederlage der 9. Armee machte Hitler General Busse Unfähigkeit und seinen Truppen Feigheit zum Vorwurf. Guderian erwiderte, die Truppen hätten ihre Pflicht erfüllt und Busse sei ein ausgezeichneter General. Wenige Tage vorher hatte Hitler gegen seinen Generalstabschef im Verlauf einer ähnlichen Szene

die Faust erhoben, und Keitel hatte den attackierten Guderian am Kragen seines Waffenrockes nach hinten gezogen – um ihm nachher heftige Vorwürfe zu machen: »Wie können Sie dem Führer so widersprechen? Was soll werden, wenn er bei solchem Anlaß vom Schlag getroffen wird?« Diesmal war die Reaktion eisig. Hitler hieß alle Adjutanten außer Keitel den Raum verlassen: »Generaloberst Guderian, Ihre Gesundheit erfordert einen sofortigen Erholungsurlaub von sechs Wochen!« Sein Nachfolger – noch Rekonvaleszent von einer schweren Gehirnerschütterung, die er beim Bombardement von Zossen erlitten hatte – war General Hans Krebs, früher Erster Gehilfe des Militärattachés in Moskau. Er sprach fließend russisch und war von jeher gegen das Bündnis mit den Sowjets gewesen.

Die erste Aprilhälfte ging vorbei. Im Westen gewannen die Alliierten immer neue Gebiete. Kassel, Osnabrück, Minden, Würzburg, Bayreuth, Nürnberg, Hannover und Braunschweig fielen in rascher Aufeinanderfolge. Obgleich die Ruhrfestung doppelt so viele Soldaten enthielt wie seinerzeit Stalingrad, leistete sie so gut wie keinen Widerstand. Die letzten Verteidiger ergaben sich am 17. April. Feldmarschall Model flüchtete in die Wälder bei Duisburg, wählte die Eiche, unter der er begraben werden wollte, und erschoß sich mit seiner Pistole, trotz der Bitten der drei Offiziere, die ihn begleitet hatten.

Die Elbe war am Elften abends von der 2. amerikanischen Panzerdivision bei Magdeburg erreicht worden, nachdem die US-Truppen im Laufe des Tages um 92 Kilometer vorgestoßen waren. Am Zwölften überschritt die Division den Fluß, während weiter nördlich die 5. Panzerdivision Tangermünde erreichte. Berlin war genau 85 Kilometer entfernt. Fünf Tage vorher hatte Hitler Befehl gegeben, unter dem Kommando des Generals der Panzertruppen Walther Wenck eine neue 12. Armee zu bilden, die die aus dem Westen kommende Invasion aufhalten sollte. Diese Armee hatte sich noch nicht einmal gesammelt oder gar formiert. Die Straße nach Berlin war für die Amerikaner weit geöffnet. Sie konnten sich der Hauptstadt bemächtigen, ehe noch die Russen von der Oder losgekommen waren!

Der Befehlshaber der 9. Armee, William H. Simpson, wollte seinen Vormarsch fortsetzen. Ein Befehl Bradleys hielt ihn zurück. Die Elbe durfte nur von Patrouillen überschritten werden. Ja, noch mehr: In ihrem Unterlauf biegt die Elbe so stark nach Osten, daß ein völliges Besetzen ihrer Ufer gar nicht in Frage gekommen wäre. Von Dessau an verlief die Haltelinie anders, längs eines Zuflusses der Elbe, der Mulde, die zwischen Leipzig und Dresden verläuft. Hodges war im Harzgebirge durch ziemlich ernsten Widerstand aufgehalten worden und nahm jetzt gehorsam an dieser Endstation Stellung.

Der deutsche Feldzug der 9. und 1. US-Armee war beendet. Amerika überließ nun freiwillig den Russen den Ruhm und den Vorteil, so wie Wien jetzt auch Berlin einzunehmen.

Dieses Berlin, von dem so viel für die Zukunft abhing, hatte eine fürchterliche Prüfung zu bestehen. Die Tages- und Nachtangriffe der Flugzeuge der Alliierten wurden immer häufiger, immer heftiger. Viele Straßen waren kaum noch zu erkennen oder zu nur noch schmalen Gräben zwischen den Trümmern geworden. Der immer neu entzündete Brand kam nicht mehr zum Erlöschen. Wie eine schwarze Fahne schwebte über der Stadt eine auf 100 Kilometer Entfernung sichtbare Rauchsäule. 70 Prozent des Gebietes einer Stadt, die zu den größten der Welt gehörte, waren zerstört. Kein Stadtteil war verschont geblieben, mit Ausnahme der schwach bevölkerten eleganten Wohnviertel Grunewald, Zehlendorf und Wannsee. Das Zentrum mit seinen stolzen Denkmälern der Hitler- und Vor-Hitlerzeit war schonungslos vernichtet worden. Die neue Reichskanzlei war im Laufe eines einzigen Angriffs achtundfünfzigmal getroffen worden – wobei der Führer in ihrem Inneren, 130 Stufen unterhalb des Straßenniveaus, gesessen hatte. Aber weder die Berliner noch die alliierten Nachrichtendienste ahnten etwas von seiner Anwesenheit in der Hauptstadt. Man glaubte ihn in Berchtesgaden, um an seinem letzten Zufluchtsort den letzten organisierten Widerstand vorzubereiten. Der noch geheime Bunker in Berlin bestand aus dem am tiefsten liegenden Teil eines riesigen unterirdischen Stabsquartiers.

Die beiden ersten Stockwerke enthielten Schreibstuben, eine Rundfunkstation, Fernschreiber, einen Wachraum, eine luxuriös eingerichtete Messe, mit üppigen Vorräten ausgestattet. Tiefer unten lag ein in zwölf Zellen unterteilter Raum, wo die Hausangestellten wohnten und wo die vegetarischen Mahlzeiten des Führers zubereitet wurden. Eine Wendeltreppe führte zum Bunker selbst, der zwölf Meter tief unter dem Garten der Reichskanzlei lag. Der mittlere Gang diente als Beratungssaal. Rechts lag die Dieselanlage, die den elektrischen Strom lieferte, eine Telefonzentrale und das Zimmer des Leibarztes, Doktor Morell. Links befand sich die Wohnung des Führers.

Hitler wohnte dort anfangs allein und schlief im Bunker, machte jedoch seine Verdauungsspaziergänge im Garten der Reichskanzlei, der von Trümmern übersät war, und führte den Vorsitz bei dem täglichen Lagevortrag in einem Gebäude zu ebener Erde. Mitte April war Eva Braun zu ihm gezogen. Sie war anscheinend überraschend gekommen. Hitler hatte sie gebeten, Berlin zu verlassen, aber sie hatte zum erstenmal ihre Fügsamkeit aufgegeben und verlangte danach, sein Schicksal zu teilen. Die ehemalige Sekretärin des Fotografen Hoffmann war seit den Zeiten des Kampfes um die Macht die Gefährtin des Führers gewesen. Keitel sagte später: »Sie war schlank und elegant, ihr Haar war hell kastanienbraun. Sie besaß vollendet schöne Beine, und das war immer das erste, was einem an ihr auffiel. Wenn nicht scheu, so war sie doch zumindest äußerst reserviert. Sie blieb immer im Schatten, und wenn man sie im Berghof traf, so war das meistens nur Zufall.« Ihre bescheidene Zurückhaltung behielt sie auch während der Einschließung im Keller der Reichskanzlei bei. Sie verließ fast nie ihr winziges Appartement, das aus einem Zimmer und dem einzigen Badezimmer im Bunker bestand; es führte ins Arbeitskabinett Hitlers. Am 6. April kam Heinrici, um in Gegenwart von Göring, Dönitz, Himmler, Krebs und Burgdorf über die Lage seiner Heeresgruppe zu berichten. Die Armee, die die Oder von der Ostsee bis zum Hohenzollernkanal verteidigte, hatte wieder die in Ostpreußen verlorene Bezeichnung 3. Panzerarmee angenommen und stand jetzt unter dem Befehl eines der unglücklichen Generale der Ardennenschlacht, Hasso von Manteuffel. Heinrici erklärte, er sei im Augenblick seinetwegen nicht besorgt: Das Hochwasser halte sich im unteren Tal und schütze die deutschen Linien. In der Mitte hingegen war das Hochwasser zurückgegangen, und die Lage der Armee Busse wurde beunruhigend. Die Russen führten starke Artillerie heran und schlugen bei Küstrin mehrere Dutzend Brücken. Busse erwartete täglich einen schweren Angriff. Heinrici teilte seine Befürchtungen, erklärte, er habe fast keine Reserven mehr, und protestierte, weil drei in der Gegend von Müncheberg, zwischen Oder und Berlin, neu aufgestellte Panzerdivisionen Befehl erhalten hatten, zur Verstärkung der Heeresgruppe Mitte nach Schlesien und der Slowakei abzugehen.

Hitler widersprach. Er schnitt Heinrici die Rede ab und hielt in barschem Ton einen Vortrag über die Rote Armee. Sie sei mit ihren Kräften zu Ende, bestehe nur aus Sträflingen, die man in den sowjetischen Konzentrationslagern zusammengerafft und mit Knutenhieben ins Feuer gejagt habe. Der Sieg wäre kein Problem, wenn die deutsche Armee von jemand anderem befehligt würde als von Generalen, die vom Pessimismus zerfressen und vom Verrat verdorben seien. »Ich höre immer Zahlen. Ich höre nichts von der inneren Festigung der Truppe. Es kommt alles darauf an, einen fanatischen Glauben zu erwecken.«

Bezüglich der Richtung der nächsten Offensive teilte Hitler die Meinungen Busses und Heinricis nicht. Die Russen würden nicht in Richtung Berlin angreifen, sagte er, da dieses Ziel keinerlei strategisches Interesse biete. Da die Russen von einem wirklichen Kriegsmann befehligt würden, von Josef Stalin, und nicht von Militärs mit verkalktem Hirn, würden sie in Richtung Dresden angreifen, um das Böhmische Mittelgebirge zu umschließen und sich an der Donau mit ihren Armeen, die Wien belagerten, zu vereinigen. Daher werde er seinen Entschluß nicht ändern, drei zusätzliche Panzerdivisionen zu Schörner zu schicken. Dort würden sie gebraucht. Übrigens hatte er Schörner auch den Marschallstab geschickt.

Die darauf folgende Szene war für einen General, der seine militärische Ausbildung in der strengen Armee des Kaisers erhalten hatte, verblüffend. »Mein Führer«, erklärte Göring, »ich stelle Ihnen aus der Luftwaffe 100 000 Mann für die Oderfront zur Verfügung.« – »Mein Führer«, erklärte Himmler, »die SS stellt 25 000 Kämpfer für die Oderfront.« – »Mein Führer«, erklärte Dönitz, »die Kriegsmarine ist ebenfalls in der Lage,

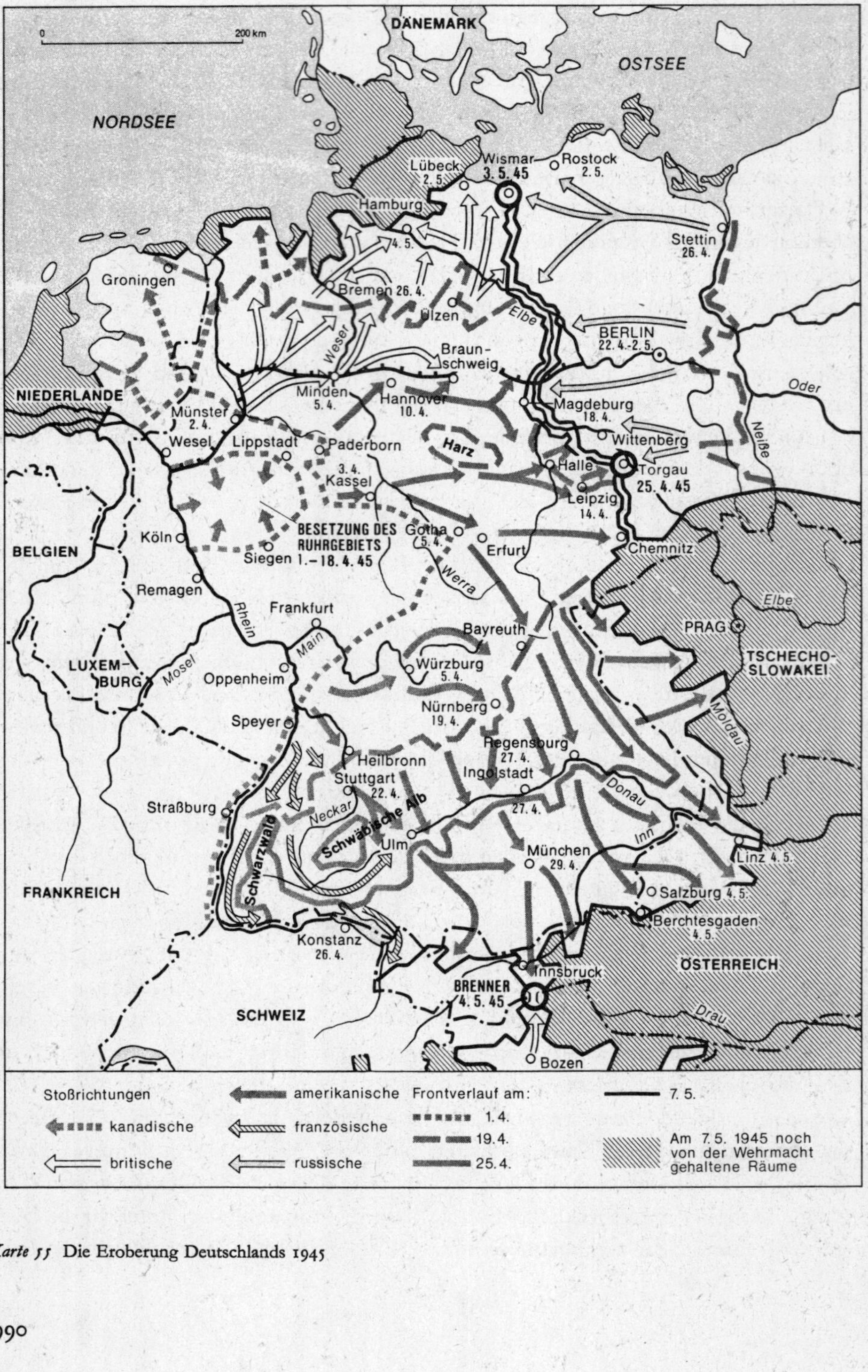

Karte 55 Die Eroberung Deutschlands 1945

der Oderfront noch 12 000 Männer zur Verfügung zu stellen.« Hitler zählte zusammen: 100 000 + 25 000 + 12 000 ... 137 000 Mann, zwölf Divisionen... Er sagte zu Heinrici: »Da haben Sie die Reserven, nach denen Sie verlangen.« Der Generaloberst antwortete, es genüge nicht, die Mannschaften zu haben, um Divisionen zu bilden, er brauche auch Waffen, und weder die Seeleute noch die Flieger hätten die nötige Erfahrung im Erdkampf. Worauf sich Göring erhob und erklärte, man beleidige seine Flieger, sie seien die Tapfersten der Tapferen und für jede Art Kampf geeignet. Heinrici sah ein, daß die Führung des Hitlerstaates den Verstand verloren hatte und sich gegen die Wirklichkeit mit den unkoordinierten Bewegungen eines Mannes wehrte, der gegen einen Alptraum ankämpft.

Am nächsten Tag leiteten die alliierten Armeen in Italien die Offensive ein. Die 8. Armee griff mit dem II. polnischen und dem V. britischen Korps längs der Adria in Richtung Venedig an. Die 5. US-Armee nahm mit ihren vier Armeekorps ihren durch den Winter unterbrochenen Angriff gegen Bologna wieder auf. Der Oberbefehlshaber Südwest, von Vietinghoff, ersuchte um Erlaubnis, sich hinter den Po zurückziehen zu dürfen, da sonst die deutsche Gefechtsaufstellung vernichtet würde. Hitler lehnte ab. An der Donau waren die Truppen Malinowskijs in Wien eingedrungen. Ein Telegramm des Stadtkommandanten, General von Brünau, versetzte ihn in grenzenlose Wut. Es lautete: ›Die Wiener Bevölkerung schießt mehr auf unsere Soldaten als auf den Feind.‹ Hitler antwortete: ›Gehen Sie gegen die Rebellen mit äußerster Rücksichtslosigkeit vor.‹ Ein gewisser Major Biedermann enthüllte unter der Folter eine Anti-Hitlerbewegung, die den Terror nach dem Komplott vom 20. Juli überdauert hatte. An den Straßenlaternen Wiens mehrten sich die Gehängten, aber der Chef der Verschwörung, Hauptmann Szokoll, entging den Nachforschungen, und seine Getreuen schlossen sich den sowjetischen Soldaten an. Nach viertägigen Straßenkämpfen wich die Wehrmacht zurück. In der Wiener Innenstadt brannte es, und die große Glocke von Sankt Stephan, die ›Pummerin‹, die aus der Bronze von 180 türkischen Kanonen gegossen war, lag in den Ruinen der Kathedrale auf dem Boden.

Der Tod des Präsidenten und die Geburt der Bombe

Am 12. April besuchte Joseph Goebbels die Front. In der Messe der 9. Armee sprach er über eines der Lieblingsthemen Hitlers: wie Friedrich II. der übermächtigen Koalition zwischen Österreich, Frankreich und Rußland schon fast erlegen war – als plötzlich die Zarin Elisabeth starb. Ihr Nachfolger war ein Bewunderer des Preußenkönigs. Er räumte Berlin und kehrte das Bündnis um. Die Zungenfertigkeit des Propagandaministers hatte bei den ermüdeten Offizieren, die die ungeheuren Vorbereitungen der

Russen beobachteten, keinen Erfolg. Nach Berlin zurückgekehrt – 60 Kilometer vor der Front! –, las Goebbels die Depeschen, hob das Telefon ab und rief Busse an: »Die Zarin ist tot!« Ja, die Zarin war tot!

Franklin Roosevelt hielt sich im Arbeitszimmer seines Hauses in dem Badeort Warm Springs in Georgia auf. Der Sekretär Bill Helsey hatte ihn soeben mit einigen Dokumenten verlassen, die er zur Unterzeichnung vorgelegt hatte. Die Malerin Elizabeth Schoumatoff, die man wenige Tage zuvor aus New York gerufen hatte, machte ein paar Skizzen für ein Porträt des Präsidenten. Da sah sie, wie er in seinem Sessel zusammensank, und hörte ihn murmeln: »Ich habe fürchterliche Kopfschmerzen.« Der schwarze Kammerdiener Arthur Prettyman kam gelaufen, nahm den Kranken in die Arme und trug ihn auf sein Bett. Eine Stunde später starb der Präsident an einer heftigen Gehirnblutung.

Dieser Hingang kam nur für die große Allgemeinheit überraschend. Der Vizepräsident, Harry Truman, war Anfang März informiert worden, daß Roosevelt nur mehr kurze Zeit zu leben hätte und daß er sich bereit halten solle, von einem Augenblick zum anderen die Nachfolge anzutreten. Er fühlte sich keineswegs auf dieses Amt entsprechend vorbereitet und war mit dem verstorbenen Präsidenten selten zusammengekommen. Über die persönlichen, teilweise sehr geheimen politischen Absprachen des Präsidenten war Truman entweder überhaupt nicht oder nur mangelhaft unterrichtet. Als Sohn eines Farmers aus Missouri hatte er in Kansas City mit einem Strickwarenhandel Pleite gemacht, hatte bei der Wahlorganisation des umstrittenen Politikers Thomas Pendergast – dessen Laufbahn in einem Bundesgefängnis endete – mitgewirkt, wurde von Pendergast in den Senat geschickt und durch die politischen Manöver auf dem demokratischen Parteitag 1944 für die Wahl des Vizepräsidenten nominiert. Seit seinem Aufenthalt im Ersten Weltkrieg als Artilleriehauptmann in Frankreich hatte Truman Amerika nicht verlassen und sich stets nur mit Problemen der Innenpolitik befaßt. Es war ein schicksalsschwerer Augenblick, als er auf den Posten größter politischer Verantwortung berufen wurde. Der Krieg gegen Deutschland ging seinem siegreichen Ende entgegen, aber der Krieg gegen Japan war noch nicht gewonnen, und das mit der UdSSR gegen Hitler geschlossene Bündnis drohte auseinanderzubrechen.

Zwei Stunden nach Roosevelts Tod legte Truman seinen Amtseid ab, und wenige Minuten später versammelte er die Mitglieder des Kabinetts um sich. Die Sitzung war kurz. Es wurde nur ein einziger Beschluß gefaßt: Der 25. April wurde als Eröffnungstermin der Konferenz der Vereinten Nationen in San Francisco bestätigt. Während sich seine Kollegen entfernten, blieb der Kriegsminister Henry Stimson zurück und ersuchte den neuen Präsidenten um eine Unterredung für eine äußerst wichtige Mitteilung. Er berichtete, daß Amerika im Begriffe sei, die Herstellung eines Explosivstoffs »of almost unbelievable destructive power« möglich zu machen. Er sei nicht imstande, im Augenblick mehr darüber zu sagen. Harry Truman, der Vizepräsident der Vereinigten Staaten, hatte nichts von dem sogenannten ›Manhattan-Projekt‹ gewußt, dem gewaltigen Vorhaben zur Herstellung der Atombombe. Als Senator und Vorsitzender einer Kontrollkommission für die Herstellung von Kriegsmaterial waren ihm vor einigen Monaten zwei enorme Industriekomplexe aufgefallen, der eine in Oak Ridge im Tennesseetal, der andere in der Nähe von Hanford im Columbiatal. Stimson war eiligst bei ihm erschienen, hatte an seinen Patriotismus appelliert und ihn gebeten, sich für die beiden Anlagen nicht weiter zu interessieren. Truman hatte zugestimmt; er nahm, wie die Bevölkerung in der Umgebung, an, daß die beiden Riesenbetriebe, aus denen nie irgend etwas nach außen drang, Giftgas herstellten. Erst mehrere Tage darauf beschrieben General Leslie R. Groves, der Leiter des Manhattan-Projekts, Doktor Vannevar Bush, Chef der Abteilung für wissenschaftliche Forschung, und Doktor Arthur Compton dem erstaunten Präsidenten das unglaubliche Unternehmen, das seit dem Jahre 1941 ohne Wissen des Kongresses durchgeführt wurde. Man hatte zwei Milliarden Dollar dafür ausgegeben. Tausende von Unternehmen und Hunderttausende von Menschen arbeiteten, ohne es zu wissen, an der Herstellung der ersten Atombombe. Zwei Typen befanden sich in Herstellung: ›Little Boy‹, für den Uranium 235, und ›Fat Man‹, für den Plutonium verwendet wurde. Die wenigen Gelehrten und Techniker, die das Geheimnis in seinem ganzen Umfang kannten, waren der Meinung, vor Ende des Sommers die Erzeugung des nötigen radioaktiven Materials beendet zu haben. Admiral Leahy war bei dem Gespräch zugegen. Als die Besucher gegangen waren, sagte er zu Truman: »Das ist das blödeste Abenteuer, auf das wir uns je eingelassen haben. Die Bombe wird niemals krepieren. Und in Explosivstoffen bin ich Fachmann.«

Die Schlacht um Berlin

Die durch Roosevelts Tod hervorgerufenen unsinnigen Hoffnungen in Deutschland blieben nicht auf die Naziführer beschränkt. Im verwüsteten Berlin wurde infolge dieser Erwartungen der Widerstand bis zur völligen Unsinnigkeit aufrechterhalten: Man hoffte auf einen Zusammenstoß jener beiden großen Armeen, die aus den Wellen des Atlantiks beziehungsweise aus den Steppen Eurasiens gekommen waren. Die Ereignisse in Griechenland, die blutige Unterdrückung des Kommunismus durch die britischen Truppen, schienen gute Vorzeichen zu sein. Deutschland war bereit, den aus den Trümmern des zweiten entstehenden dritten Weltkrieg auf seinem zermarterten Boden zu begrüßen.

In der Nacht vom 15. zum 16. April kam die RAF wie jeden Abend, um die Ruinen Berlins weiter zu zerstören. Der nahe oder ferne Donner der Bombenteppiche, die

Stadtteil um Stadtteil vernichteten, war für die Berliner ein so vertrautes Geräusch geworden wie das Dröhnen der U-Bahn. Aber um 3 Uhr morgens begannen alle noch heil gebliebenen Fenster in den östlichen Vorstädten zu klirren. Der Horizont erfüllte sich mit leisem, ständigem Beben, das die Herzen erstarren ließ. An der Oder und diesseits der Oder hatten 22000 Geschütze das Feuer gegen die deutschen Stellungen eröffnet. Die Endoffensive begann.

Für diese Endoffensive hatte die sowjetische Führung ungeheure Kräfte gesammelt. 20 Armeen, 150 Divisionen, zweieinhalb Millionen Mann, 41600 Geschütze, 6300 Panzer, 7500 Flugzeuge. Drei Armeegruppen richteten ihre Kräfte gegen die feindliche Hauptstadt: die 2. und 1. Weißrussische Front unter Rokossowskij und Schukow und die 1. Ukrainische Front unter Konjew. Die Soldaten waren vom Hochgefühl des nahenden Sieges erfüllt. Der Tagesbefehl Marschall Schukows enthielt die folgenden Worte: ›Sowjetsoldat, räche Dich. Verhalte Dich so, daß der Einbruch unserer Armeen nicht nur den heutigen Deutschen, sondern auch ihren fernen Enkeln in Erinnerung bleibt. Denke daran, daß alles, was die deutschen Untermenschen besitzen, Dir gehört. Sowjetsoldat, habe kein Mitleid im Herzen!‹ Jeder sowjetischen Heeresgruppe stellte sich eine deutsche Armee entgegen: die 3. deutsche Panzerarmee an der unteren Oder gegenüber dem im Augenblick nicht vorrückenden Rokossowskij; die 9. Armee an der mittleren Oder gegenüber Schukow; die 4. Panzerarmee, der linke Flügel der Heeresgruppe Schörner, an der Neiße gegen Konjew. Die drei deutschen Armeen bestanden aus zusammengewürfelten Elementen, normalen Divisionen, reduzierten Divisionen, Brigaden oder Divisionen von ausländischen Freiwilligen, Festungsgarnisonen, dem Oderkorps usw., was es schwierig macht, ihre Stärke genau zu beziffern. Alles in allem war die russische Überlegenheit etwa vier- bis fünffach. Deutschland hatte noch Soldaten am Nordkap und auf den Ägäischen Inseln stehen. Daher hatte Hitler zur Verteidigung seiner Hauptstadt nicht mehr als 35 Divisionen zur Verfügung. Die höchste Inkonsequenz: Das Dritte Reich war vor Prag oder Libau stärker als vor Berlin!

Den ersten Tag der Schlacht empfand man im Führerhauptquartier als ziemlich zufriedenstellend. Die am rechten Oderufer isolierte Garnison von Frankfurt wies alle Angriffe zurück. Am rechten Flügel der 9. Armee hielt das V. SS-Gebirgskorps seine Stellung am Fluß. Die beiden anderen Korps, das XI. SS-Panzer- und das CI. Armeekorps, gaben bei Wriezen und Seelow Gelände preis. Der sowjetische Angriff entwickelte sich erstaunlich langsam. Der rechte Flügel der 9. Armee klammerte sich weiter an der Oder fest. Der linke Flügel gab nach. General Heinrici gestattete Busse, seine Front zu begradigen, um der Einkesselung zu entgehen. Generalissimus Hitler widerrief diesen Befehl. Alle müßten dort kämpfen, wo sie wären, ohne nach hinten zu blicken. Am Zwanzigsten wurde die Lage kritisch. Nachdem Rokossowskij vier Tage lang auf das Sinken des Wasserstandes der Oder gewartet hatte, griff er von Stettin aus am Hohenzollernkanal an. Im Süden, an der Neiße, führte der Angriff Konjews gegen das V. Armeekorps, den linken Flügel der 4. Panzerarmee, zu einem Durchbruch. Die 9. Armee in der Mitte wurde von ihren beiden Nachbarn getrennt, überflügelt und in drei Teile zerschnitten. Die Einkesselung Berlins zeichnete sich ab. Eine aus Volkssturm und Arbeitsdienst zusammengewürfelte Truppe, die man hochtrabend ›Armeegruppe Spree‹ getauft hatte, erhielt den nicht ausführbaren Befehl, eine Bresche von 40 Kilometern zu beiden Seiten von Baruth zu stopfen. Im Norden befahl Heinrici dem SS-Obergruppenführer Steiner, in der Gegend von Oranienburg alle Kampffähigen zu sammeln, um den weichenden rechten Flügel der 3. Panzerarmee zu unterstützen.

Auf den deutschen Kalendern war der 20. April in roten Lettern eingezeichnet: Hitlers Geburtstag. Die Niederlage hob das Ritual der Feier nicht auf. Die von der beidseitigen Invasion noch nicht überrollten deutschen Städte hißten über ihren Ruinen die Hitlerfahnen. In den zerstörten Räumen der Reichskanzlei empfing Hitler zuerst ein Gruppe von Berliner Hitlerjungen, die sich bei den Bombardements ausgezeichnet hatten. Dann kamen noch einmal die hohen Würdenträger Göring, Ribbentrop, Dönitz, Ley, Bormann usw. nacheinander zu dem Machthaber und murmelten ihre Komplimente. Nach einer Besprechung mit Göring rief Hitler Keitel zu sich: »Der Herr Reichsmarschall hat mir seine Absicht ausgedrückt, nach Berchtesgaden zu gehen. Ich habe nichts dagegen...« Zu diesem Zeitpunkt war es genau 7 Uhr abends. »Wir hatten gerade noch Zeit, eilig in den Luftschutzkeller zu gehen«, erzählte Keitel. Die amerikanischen Flieger feierten ihrerseits den 56. Geburtstag des Führers.

Die Beratung wurde im Bunker fortgesetzt. Einige Tage vorher war Hitler nach einem heftigen hysterischen Anfall (»Das werde ich nie unterschreiben! Nehmen Sie das weg!«) damit einverstanden gewesen, daß Deutschland in nächster Zeit in zwei Teile geteilt und die Organisation der zwei Verteidigungszonen nicht länger aufgeschoben würde. Man ging von der prinzipiellen Entscheidung zur Durchführung über. Admiral Dönitz wurde zum Oberbefehlshaber des Nordraums ernannt und Feldmarschall Busch, Befehlshaber der nach Westen kämpfenden Truppen (OB Nordwest), wurde ihm zur Seite gestellt. Der Südraum, zu dem die italienischen, österreichischen und bayerischen Alpen sowie das Protektorat gehörten, wurde nominell Feldmarschall Kesselring unterstellt. Berlin war kurz vor der Katastrophe unstreitig einer der seltsamsten Schauplätze der Geschichte. Die Stadt war 1944 teilweise geräumt, jedoch durch den Zustrom von eineinhalb Millionen Flüchtlingen wieder bevölkert worden. Sie kampierten in den Parks, wo ihre Pferde die Rinde von den Bäumen fraßen. Neben ihnen lernten alte Volkssturmleute – eine Armbinde auf der Zivilistenjacke als Uniform –, Grünschnäbel von der Hitlerjugend und junge Mädchen vom Bund Deutscher Mädchen den Umgang mit der Panzerfaust. Anderswo hob man Gräben und Panzerfallen aus. Die Aufforderungen an die Zivilbevölkerung, ihre Stadt in Verteidigungszustand zu setzen, war erst am 13. April ergangen. Sie hatte keine besondere Sensation hervorgerufen, denn die Berliner konnten sich schwer vorstellen, daß man in ihren Straßen kämpfen werde. Das tägliche Leben ging so intensiv weiter, daß es in der Ruinenszenerie geradezu surreal wirkte. Die Fabriken arbeiteten, die Büros waren in Betrieb, die Menschen kamen und gingen. Einige Kinos, manchmal hinter Fassaden aus Holzplanken, waren geöffnet: Sie spielten den letzten Film der UFA, ›Kolberg‹, der den heroischen Widerstand einer kleinen preußischen Stadt gegen die verrohten Soldaten eines ungeheuer pathetischen Napoleon schilderte. Spruchbänder verkündeten: ›Wer an Hitler glaubt, glaubt an den Sieg‹ oder: ›Der Bolschewismus steht vor seiner vernichtendsten Niederlage‹. Aber die Atmosphäre war seltsam, beinahe unwirklich. Die Menschen waren grau vor Müdigkeit. Viele trugen einen Sack oder einen Koffer mit ihrem kostbarsten Besitz bei sich, da niemand sicher war, sein Haus noch intakt vorzufinden. Die Hausfrauen standen in langen Schlangen, um ihre Lebensmittelkarten aufzubrauchen, aber viele Läden waren zerstört worden, und die wichtigsten Nahrungsmittel waren kaum mehr aufzutreiben. Die letzten Zigaretten, die zum Verkauf gelangten – sie rochen wie die ganze Stadt nach verkohltem Holz –, waren von der wenig bekannten Marke STAMBUL; das hieß angeblich: *ST*alins *A*rmee *M*arschiert *B*erlin *U*nter den *L*inden. Die Frauen folgten den Männern bis zu den Straßensperren, die sie errichteten, und forderten sie auf, die sinnlos gewordene Verteidigung aufzugeben und nach Hause zu gehen. Die meisten begriffen, daß der Krieg verloren war, aber es war besser, diese Überzeugung für sich zu behalten; übrigens waren das Vertrauen zu Hitler, der Glaube an die Wunderwaffe auch in den letzten Tagen keineswegs völlig geschwunden. Man hoffte vor allem, die Amerikaner würden vor den Russen in Berlin eintreffen. Sie hatten unbarmherzig bombardiert, diese Ruinenhaufen geschaffen, aus denen die Frühlingssonne den Leichengeruch aufsteigen ließ – und doch waren die Berliner bereit, ihnen ohne Vorbehalt zuzujubeln. Der Morgen des 21. April war ein strahlender Frühlingsmorgen, aber Explosionen, die nicht von Fliegerbomben herrührten – die ersten sowjetischen Granaten –, schreckten die Berliner hoch. Die Einkesselung ging weiter. Im Süden überrannten die Russen die schwache Sperre von Baruth und nahmen Zossen, von wo das OKW in eine Kaserne nach Krampnitz nördlich von Potsdam floh. Im Osten erreichte Schukow, an der eingeschlossenen 9. Armee vorbei, die Endstation der U-Bahn. Im Norden gingen die Innenflügel Schukows und Rokossowskijs zu beiden Seiten des Hohenzollernkanals vor, nahmen Eberswalde, näherten sich der Havel und bedrohten Oranienburg.

Alle vernünftigen Generale waren der Ansicht, daß eine Verteidigung unmöglich sei, und glaubten, man werde Berlin im letzten Augenblick zur offenen Stadt erklären. Der Befehlshaber der Heeresgruppe Weichsel, Heinrici, hatte die Absicht, von der Verteidigung der Stadt abzusehen und zwischen Oder und Elbe eine Verteidigungsfront zu errichten. Der Befehlshaber des LVI. Panzerkorps, Weidling, versuchte Berlin südlich zu umgehen, um sich westlich von Potsdam mit der Armee Wenck zu vereinigen. Ein Befehl Hitlers stoppte diesen Versuch. Weidling mußte in die Stadt marschieren, um sie zu verteidigen.

Im Propagandaministerium fand, wie gewöhnlich, um 11 Uhr die Sitzung der Abteilungsleiter statt. Am Tage vorher hatte Goebbels bei der Geburtstagsfeier des Führers über den Rundfunk ein Treuegelöbnis abgelegt und ein Siegesversprechen verkündet. Das hatte noch einmal einen Teil des deutschen Volkes entflammt.

Goebbels hatte sich als einziger unter den Mitarbeitern Hitlers dafür ausgesprochen, daß der Führer in Berlin bleiben solle. Er hatte erklärt, der Nationalsozialismus müsse in Berlin kämpfen und triumphieren oder untergehen. Jetzt erschien er in einem Saal mit zersprungenen Fenstern vor seinen Mitarbeitern und sagte ihnen: »Alles ist verloren!...« Er sagte es nicht, er schrie es. Es war kein Wort des Resignierens, es war ein Wutgebrüll. Seine für den schwächlichen Körper enorme Stimme tönte, als spräche er vor einer Menge im Sportpalast oder, vielmehr, als wende er sich an das gesamte deutsche Volk: »Ein Volk von Feiglingen! Es läßt seine Frauen vergewaltigen. Es läßt seine Erde beschmutzen. Im Osten flieht es. Im Westen ergibt es sich. Es war des Nationalsozialismus nicht wert. Aber seine Feigheit, seine Niederlage, seine Demütigung werden ihm teurer zu stehen kommen als ein Sieg, dessen Preis diesem Volk zu hoch war.«

Von den Anwesenden hatte ein einziger zu rebellieren gewagt: Hans Fritzsche, der Leiter der Rundfunkabteilung. Wenn es auch wahr sei, daß es Schwächen gegeben habe, so dürfe man doch nicht vergessen, mit welchem Heroismus das deutsche Volk gekämpft habe und noch kämpfe. Aber dieser Protest diente nur dazu, den Zorn Goebbels' noch weiter aufzustacheln, die Schmähungen wieder anzufachen, die er auf die Männer und das Volk häufte. Er beleidigte Fritzsche und die anderen, die den Mund nicht geöffnet hatten: »Warum haben Sie schon mit uns gearbeitet, meine Herren? Nun schneidet man Ihnen das Hälschen durch.« Er verließ den Saal mit dem Rufe: »Wir fallen, wir reißen die Welt mit uns in die Tiefe...«

Auch in der Reichskanzlei war der 21. April ein fieberhafter Tag. Selten war Hitler so erregt gewesen. Er telefonierte in alle Richtungen, bellte Befehle und Drohungen. Seine Hoffnungen setzte er auf jene Gruppe Steiner, deren Aufstellung Heinrici in der Gegend von Oranienburg befohlen hatte. Er stellte sich vor, wie sie sich auf Schukows rechten Flügel stürzte und ihn am Festungsgürtel von Berlin in die Enge trieb. Noch um 23 Uhr 50 bestürmte er den Generalstabschef der Luftwaffe, Koller, den Vertreter des geflohenen Göring, er solle Steiner jede mögliche Luftunterstützung geben: »Sie werden sehen, Koller, der Russe erleidet noch vor den Mauern Berlins die größte Niederlage, die vernichtendste Niederlage in seiner Geschichte...«

Am nächsten Tag, Sonntag, dem 22. April, begann um 15 Uhr die große Besprechung im Bunker. Wie jedesmal, wenn er eine bittere Pille zu schlucken hatte, verweilte Jodl

bei den weniger aktuellen Kriegsschauplätzen und begann über die Lage in Italien zu referieren. Hitler unterbrach ihn: »Hören Sie auf, ich will keine Nebensächlichkeiten hören! Berichten Sie, wie es um Berlin steht! Wo ist Steiner mit seiner Armee?«
Was konnte Obergruppenführer Steiner tun? Er hatte einige zwanzigtausend Mann zusammengetrommelt, von Besatzungen der Kriegsmarine aus den Häfen der Ostsee bis zu Gymnasiasten. Aber er hatte keine Artillerie, keine Panzer, kein Benzin, keine Lastwagen, nur Gewehre, Pistolen und Handgranaten. Weit entfernt davon, angreifen zu können, mußte er vor einer sowjetischen Panzerkolonne ausreißen, die sich Oranienburg näherte.
Die durch diesen Bericht hervorgerufene Wirkung wurde verschiedenartig beschrieben. Manchen Autoren zufolge bekam Hitler einen hysterischen Anfall, blieb längere Zeit bewegungslos, den Kopf auf der Brust, hob dann sein tränenüberströmtes Gesicht und gab einen Schrei wie ein verwundetes Tier von sich, der alle Anwesenden im Raum erzittern ließ. Die Erzählungen Keitels und Jodls, die die Niederlage überlebten, waren nüchterner. Hitler hörte den Bericht an, anscheinend geistesabwesend. Als die Mitarbeiter aufstanden, um zu gehen, hielt er Keitel und Bormann zurück. Er sah sie einen Augenblick lang schweigend an, dann erklärte er mit tonloser Stimme: »Ich werde Berlin nie verlassen – nie.«
»Ich war ganz entsetzt«, berichtete Keitel. Alles war für die Abfahrt des Führers vorbereitet. Das OKW sollte am nächsten Tag in Berchtesgaden amtieren. Der Einsatz der Armee Wenck gegen die Amerikaner war immer noch geplant. »Hitler hatte sie selbst zusammengestellt«, sagte Keitel. »Er hatte alle Divisionen ausgewählt, die er von verschiedenen Fronten abgezogen hatte. Er hatte eine Zentralstellung südlich von Hamburg vorgesehen, im Osten durch die Elbe gesichert, und hatte die Absicht, sie gegen die amerikanischen Kolonnen einzusetzen, die südlich vom Harz vorrückten und die er für ziemlich schwach hielt.« Berlin sollte sich weiter verteidigen, aber so wie Danzig und Breslau, das heißt unabhängig von den Operationen auf freiem Feld. Die Lage änderte sich von Grund auf, als Berlin, mit dem Führer in seinen Mauern, zum Angelpunkt der Schlacht wurde. Der Krieg reduzierte sich auf ein blindes, ungleiches Ringen um die Reichskanzlei.
Keitel führte diese Argumente ins Treffen. Er wurde durch die Ankunft eines von Hitler hereingerufenen Beamten des Pressedienstes unterbrochen, den er fragte, ob sein Aufruf in den Straßen Berlins verteilt werde. Der Mann bejahte das. »Welcher Aufruf?« fragte Keitel. Hitler verschränkte die Arme. »Der Führer ist in Berlin. Er wird Berlin niemals preisgeben. Er wird Berlin bis zum Äußersten verteidigen.« Dann wandte er sich an Keitel: »Sie gehen morgen nach Berchtesgaden.« – »Gut. Und wann folgen Sie?« – »Ich bleibe in Berlin.« – »Dann gehe ich nicht nach Berchtesgaden.« – »Sie haben meinen Befehlen zu gehorchen. Wo ist Jodl?« Der General kam herbeigeeilt. Hitler wiederholte ihm, was er Keitel gesagt hatte, und fügte hinzu: »Sie werden den Herrn

Marschall K. K. Rokossowskij, der Verteidiger Moskaus, OB der Donfront, Sieger von Stalingrad und, mit Schukow, Eroberer von Warschau, OB der 1., später der 2. Weißrussischen Front (oben). – Marschall F. I. Tolbuchin, als OB der 3. Ukrainischen Front einer der Sieger von Stalingrad, besetzte Sofia, Bukarest und Belgrad, eroberte mit Malinowskij Ungarn und Österreich (unten).

Die ›Schlacht‹ um die Reichshauptstadt vollzog sich in der Hauptsache durch Bombardements der Flugzeuge und der Artillerie. Das ›in der Geschichte einmalige, grandiose Ringen‹, von dem der deutsche Wehrmachtsbericht vom 28. April 1945 sprach, war innerhalb weniger Tage beendet. Die letzten makabren Szenen in

der Reichskanzlei endeten mit Hitlers Heirat und seinem Selbstmord. Das Deutsche Reich hatte praktisch aufgehört zu existieren, Berlin war ein gigantischer Trümmerhaufen: Der Alexanderplatz (oben), Einheiten der Roten Armee auf dem Kurfürstendamm, in Halensee (links), Flüchtlinge und Verwundete Unter den Linden (rechts).

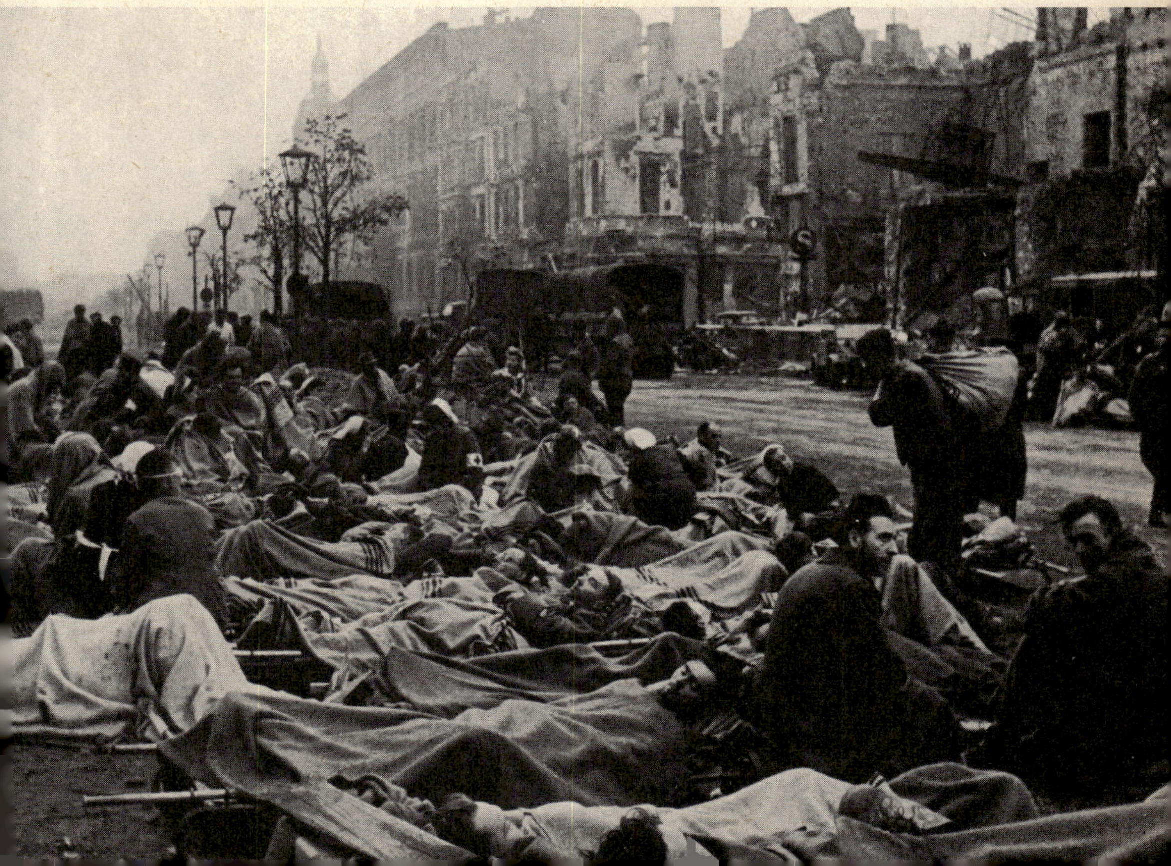

Am 25. April 1945 trafen amerikanische Truppen mit sowjetischen Einheiten in Torgau an der Elbe zusammen. Damit war Deutschland in zwei Hälften zerschnitten. Marschall Konjew und US-General Bradley feierten am 5. Mai die Waffenbrüderschaft (oben). Tausende von deutschen Soldaten wanderten in alliierte Kriegsgefangenschaft. Ausgezogen, um Europa zu erobern, mochten sie froh sein, überlebt zu haben (unten, Moskau 1944).

Feldmarschall nach Berchtesgaden begleiten.« – »Aber Sie können von Berlin aus nicht kommandieren. Nicht ohne Ihren Generalstab!« – »Der Reichsmarschall wird an meiner Stelle kommandieren.« – »Für den Reichsmarschall wird kein Soldat kämpfen.« – »Ach, es gibt jetzt so wenige, die kämpfen.«

Die Diskussion dehnte sich aus. In dem Teil des Ganges, der als Vorzimmer diente, hatten die Adjutanten das Gespräch gehört und verstanden, worum es ging. General Christian telefonierte mit Göring. Admiral Voss telefonierte mit Dönitz. Der Gesandte Hewel telefonierte mit Ribbentrop. Brigadeführer Fegelein telefonierte mit Himmler. Die alarmierten Personen riefen nacheinander Hitler an und baten ihn, Berlin zu verlassen. Hitler führte keine Gründe an, unterbrach nicht, erregte sich nicht. Er wiederholte bloß von Zeit zu Zeit: »Der Entschluß, den ich gefaßt habe, ist endgültig. Ich werde ihn nicht ändern.«

Nach dreistündigen Bemühungen gab Keitel nach: »Das ist eine völlig neue Situation. Ich werde selbst zur Armee Wenck gehen und sie veranlassen, Berlin zu Hilfe zu kommen. Jodl bleibt in Krampnitz. Ich fahre sofort.« – »Einverstanden«, sagte Hitler, »aber zuerst müssen Sie etwas essen.« Er war wieder ruhig, wie jemand, der eine verzweifelte Entscheidung getroffen hat. »Er kümmerte sich selbst darum, mir belegte Brötchen zu besorgen«, erzählte Keitel, »Schokolade und eine halbe Flasche Kognak.«

Die Nacht verlief für Feldmarschall Keitel dramatisch. Die Umgebung Berlins war von Millionen von Müdigkeit und Angst erfüllter Menschen überschwemmt. Der Schein der Brände und Explosionen rötete den Horizont. Nur mit Mühe gelang es Keitel, das Forsthaus ›Alte Hölle‹ zu finden, wo Wenck seinen Befehlsstand eingerichtet hatte. Eine Kerze beleuchtete die Karte, auf der die beiden Generale die Gefechtsbewegung der 12. Armee neu formierten. Der brillante Offizier Wenck wußte, daß der Krieg verloren war und das einzige vernünftige strategische Ziel darin bestand, sich den Amerikanern zu ergeben. Die Instruktionen, die Keitel ihm nun brachte, warfen ihn mitten in die russischen Armeen. Aber er konnte nicht anders als gehorchen.

Anstatt nach Südwesten anzugreifen, sollte die 12. Armee nach Osten vorgehen und nur schwache Nachhutkräfte an der Elbe lassen. Ihr Nordkorps, das XXXXI. Panzerkorps unter Generalleutnant Holste, würde gegen Potsdam rücken, wo es sich mit der Stadtgarnison vereinigen sollte, die von General Reymann befehligt wurde. Ihr anderes Korps, das XX. Armeekorps unter General Köhler, sollte in den Süden von Berlin marschieren und sich zusammen mit der 9. Armee, die nun endlich Erlaubnis erhielt, die Oder zu verlassen, gegen Norden kehren, um die Angreifer der Hauptstadt von hinten zu fassen. Im Norden von Berlin sollte sich die Gruppe Steiner, die eben die 25. Panzergrenadier- und die 7. Panzerdivision von Manteuffels als Verstärkung erhalten hatte, der allgemeinen Operation anschließen, indem sie in Richtung Spandau angriff.

Auf der Karte ist alles möglich. Unter dem Schein der Kerze, dann im ersten Licht

des Morgengrauens entstand eine neue Hoffnung. Keitel ließ Wenck seinen Gefechtsbefehl verfassen, dann wünschte er ihm Erfolg, verließ ihn und fuhr trotz seiner Müdigkeit noch zur Division ›Scharnhorst‹ bei Belzig, um sie anzuspornen. »›Ich nahm einen sehr guten Eindruck mit«, erzählte er. Und fügte hinzu: »Es war das erstemal seit Kriegsbeginn, daß ich selbst ein Kommando ausübte.« Um 13 Uhr war Keitel in Krampnitz zurück, wo Jodl gleichfalls die Nacht über seinen Karten verbracht hatte. Gemeinsam fuhren der Feldmarschall und der Generaloberst in die Reichskanzlei.
Hitler war ruhig. Keitel beugte sich zu Jodl und flüsterte ihm ins Ohr: »Alles in Ordnung. Der gestrige Tag war voller Aufregung; aber jetzt ist wieder alles in Ordnung.« Der alte Höfling (ich folge stets seiner Schilderung und gebe seine Worte wieder) erkannte an den Zügen seines Herrn, wie die Stimmung war.
Die Berichte über die Armee Wenck schienen dem Führer zu gefallen. Zumindest hatte Keitel diesen Eindruck. Vielleicht erkannte er nicht, daß die Hoffnungslosigkeit Hitlers Gesicht eine Maske gegeben hatte, die er an ihm noch nie gesehen hatte: die der Abgeklärtheit.
»Ich werde zwei Stunden schlafen«, sagte Keitel. »Dann fahre ich wieder zu Wenck. Ich werde die Gefechtsstände im Norden Berlins besuchen und dann die Heeresgruppe Heinrici. Ich will mich bemühen, die ganze Front vorzuschieben, und erstatte Ihnen morgen Bericht.« – »Sie werden das alles in einem Tag nicht zustande bringen«, sagte Hitler. »Sie können morgen zur Heeresgruppe Heinrici fahren, oder vielleicht übermorgen.« Solche Worte waren noch nie aus diesem Mund gekommen. Der Mann, der immer gehetzt und seine Mitarbeiter mit seiner Ungeduld gequält hatte, sagte jetzt: Es ist nicht dringend.
Die Russen hatten den Tag nicht ungenutzt verstreichen lassen. Konjews Vorhut hatte Beelitz, 15 Kilometer südlich von Potsdam, erreicht, die Vorhut Schukows Döberitz, 5 Kilometer von Spandau entfernt. Berlin war zu fünf Sechsteln eingeschlossen, und im Osten näherten sich die sowjetischen Schützen dem Alexanderplatz. General Weidling in seiner Funktion als Kampfkommandant verteilte die Divisionen seines LVI. Panzerkorps von Pankow bis zum Rand des Flugplatzes Tempelhof. Die Belagerung begann.
Im Bunker wurde die verhältnismäßige Ruhe des Tages durch einen Funkspruch Görings gestört: ›Sind Sie einverstanden‹, fragte der Reichsmarschall den Führer, ›daß ich nach Ihrem Entschluß, im Gefechtsstand in der Festung Berlin zu verbleiben, gemäß Ihres Erlasses vom 29. 6. 1941 als Ihr Stellvertreter sofort die Gesamtführung des Reiches übernehme mit voller Handlungsfreiheit nach innen und außen? Falls bis 22 Uhr keine Antwort erfolgt, nehme ich an, daß Sie Ihrer Handlungsfreiheit beraubt sind. Ich werde dann die Voraussetzung Ihres Erlasses als gegeben ansehen und zum Wohle von Volk und Vaterland handeln...‹ Dieses unverschämte Ultimatum, diese unzweideutige Ankündigung der Absicht, mit dem Feinde zu verhandeln, rissen Hitler

aus der Niedergeschlagenheit, in die er verfallen war. Er beschimpfte Göring in den beleidigendsten Ausdrücken und verfaßte dann zusammen mit Bormann, der über seinen verhaßten Rivalen triumphierte, seine Befehle an den Kommandeur der SS in Berchtesgaden: Hermann Göring wird, aller seiner Titel und Würden verlustig, als Hochverräter zum Tode verurteilt. In Anbetracht seiner vergangenen Verdienste wird ihm das Leben geschenkt, er ist aber sofort zu verhaften. Ein zweites Telegramm berief Generaloberst Robert Ritter von Greim, Oberbefehlshaber der Luftflotte 6, dem Hitler die Nachfolge Görings an der Spitze der Luftwaffe zudachte, von München nach Berlin.

Am nächsten Tag, dem 24. April, war die Umschließung Berlins vollendet. Als Keitel von der Heeresgruppe Heinrici zurückkehrte, wurde er auf der Straße nach Krampnitz aufgehalten. Das OKW war gezwungen gewesen, in der Nacht vor den russischen Panzern zu flüchten. Keitel stieß im Forsthaus von Neu-Roopen bei Fürstenberg zu ihm. »Ich verlangte am Flugplatz Rechlin eine Maschine«, berichtete er. »Ich hatte die Absicht, mich abends in Berlin absetzen zu lassen. Man teilte mir mit, daß die Stadt von dichtem Nebel bedeckt war, und ich mußte meinen Flug verschieben. Ich versuchte, einige Bataillone und Munition zu sammeln, die ich mit Flugzeugen nach Berlin schicken wollte. Das teilte ich dem Führer telefonisch mit. Ich entsinne mich, daß er mir sagte: ›Schicken Sie zuerst die Verstärkungen, und kommen Sie anschließend.‹ Aber am nächsten Tag, dem 25. April, teilte mir der Adjutant des Führers, von Below, mit, daß die Ost-West-Landepiste beim Brandenburger Tor mehrmals getroffen und unbenützbar war.«

Diese eigentlich unbenützbare Piste wurde unter außerordentlich gefährlichen Bedingungen trotzdem verwendet. Dem Ruf Hitlers folgend, kam von Greim nach Rechlin und stieg am Morgen des Sechsundzwanzigsten, von einer Jägergruppe begleitet, zum Flug nach dem Berliner Flugplatz Gatow auf. Der Pilot seiner zweisitzigen Focke-Wulf war die Fliegerin Hanna Reitsch; in ihrer fanatischen Treue zu Hitler wollte sie diese letzte Gelegenheit wahrnehmen, noch einmal ihren Führer zu sehen.

Die Russen hatten Gatow noch nicht genommen, aber es gab keine Möglichkeit mehr, auf der Straße ins Zentrum von Berlin zu gelangen. Hanna Reitsch und Robert von Greim stiegen auf einen Fieseler ›Storch‹ um und flogen zum Brandenburger Tor, wobei Greim steuerte. Knapp über den Dächern überflogen sie das brennende Berlin. Eine Granate traf das Flugzeug und zerriß Greim das rechte Bein. Er verlor das Bewußtsein, aber es gelang Hanna Reitsch zu landen; sie fand einen Wagen und erreichte die Reichskanzlei, wo Greim sofort verbunden wurde. Hitler kam an sein Lager. Es kam zu erregten, gefühlvollen und tränenreichen Szenen zwischen dem Führer, dem Verwundeten und der Fliegerin. Hitler wütete gegen den Verrat Görings, hatte Momente aufflackernder Hoffnung, dann stöhnte er wieder über sein unvermeidliches Schicksal. Er sagte, sein körperlicher Zustand gestatte ihm nicht, mit der Waffe in der

Hand zu sterben. Er wolle den Russen nicht lebend in die Hände fallen, also werde er seinem Leben ein Ende bereiten.

Hanna Reitsch und Greim baten um die Gunst, sein Schicksal teilen zu dürfen. Das lehnte er ab. Er ernannte Greim zum Generalfeldmarschall – es war der letzte – und trug ihm auf, Berlin zu verlassen und den Kampf an der Spitze der Luftwaffe fortzusetzen. Aber der Fieseler ›Storch‹, mit dem Greim gekommen war, war unbrauchbar, und man mußte warten, bis die Luftwaffe eine andere Maschine nach Berlin schickte.

Einige Tage vorher hatte die französische Armee Stuttgart genommen. Zwei Abende früher, am 25. April, hatten Russen und Amerikaner einander an der Elbe, in Torgau, die Hände geschüttelt: eine symbolische Geste, die Deutschland in zwei Teile spaltete. Am Abend vorher waren die Engländer in Bremen einmarschiert. In Italien war die deutsche Niederlage vollständig. Überall gewann die Resignation die Oberhand, und die Kampfhandlungen wurden beendet. Überall, nur nicht in der Hölle Berlin.

Am 22. April hatten die Straßenkämpfe in den Vororten Niederschönhausen und Lichtenberg begonnen und wurden erbittert fortgesetzt. Am 23. erreichten die Russen die Frankfurter Allee und besetzten sie bis in die Nähe des Alexanderplatzes. Am 24. April nahmen sie den Schlesischen Bahnhof und, auf der anderen Seite der Spree, den Görlitzer Bahnhof. Am 25. kämpften sie im Norden im Vorort Reinickendorf, im Süden in Steglitz, verjagten die SS aus dem Rathaus von Schöneberg, nahmen Tempelhof und belegten den Tiergarten mit Granaten; dort standen zahlreiche deutsche Batterien. Am 26. April stießen sie von Tempelhof zum Belle-Alliance-Platz vor, weniger als 2 Kilometer von Unter den Linden entfernt. Im Norden nahmen sie Tegel und Wittenau, drangen in Siemensstadt und den Industriebezirk Wedding ein und kämpften zwischen den Fabriken, wo noch vor wenigen Stunden die deutschen Waffen hergestellt worden waren. Die Nacht vom Sechsundzwanzigsten zum Siebenundzwanzigsten war erschreckend still. Überall wüteten Brände; Blindgänger explodierten, wenn sie von den Flammen erreicht wurden; aber dieses launenhafte Erwachen der Mächte der Zerstörung machte die durch das Schweigen der Waffen hervorgerufene Stille nur noch deutlicher. Kurz darauf begannen die Stalinorgeln zu donnern.

Um zu einem Ende zu kommen, richteten die Russen einen Generalangriff gegen das Zentrum von Berlin. Sie nahmen den Anhalter Bahnhof, erreichten die Leipziger und Prinz-Albrecht-Straße und drangen in das Hauptquartier der Gestapo ein, wo noch die Leichen ermordeter politischer Gefangener lagen. Die Reichskanzlei, das letzte Ziel ihrer hartnäckigen Kämpfe, war nur mehr 300 Meter entfernt. Aber aus den Ruinen tauchten die Verteidiger auf, drängten die Angreifer zurück, nahmen das Gebäude der Gestapo wieder in Besitz und verloren es wieder. Der Angriff kam zum Stillstand. Artillerie und Stalinorgeln eröffneten von neuem das Feuer. Die russischen Jagdbomber lösten die anglo-amerikanischen Staffeln ab und kamen in Schwärmen auf die Stadt herunter. Eine ungeheure Explosion erschütterte den Stadtteil, als ein Lager von Panzerfäusten am Potsdamer Platz in die Luft flog. Ein fürchterliches Blutbad war die Folge. Unterhalb des Straßenniveaus spielte sich eine noch schrecklichere Tragödie ab. Die Pioniere hatten den Befehl, die Schleusen des Landwehrkanals zu sprengen, ausgeführt, um die von den Russen besetzten U-Bahn-Schächte zu überschwemmen. Tausende von Zivilisten, die dort ebenfalls Schutz gesucht hatten, flohen vor dem steigenden Wasser, indem sie sich im Dunkeln vorwärtstasteten. Hunderte von ihnen, darunter eine große Zahl von Kindern, ertranken oder erstickten zwischen den Bahnhöfen Leipziger Platz und Unter den Linden.

Drei Millionen Berliner und Flüchtlinge hatten sich in den Kellern, den U-Bahn-Gängen, den Luftschutzbunkern verkrochen. Angst, Hunger und Durst wüteten unter ihnen. Von Zeit zu Zeit verließen einige ihre gräßlichen Verstecke: die mutigsten oder ganz einfach jene, deren Nerven die schlechte Luft und das Eingeschlossensein nicht ertrugen. Sie tranken aus den Wasserlöchern, die durch Rohrbrüche in den Bombentrichtern entstanden waren. Sie durchstöberten die zerstörten Lebensmittelläden oder fanden, wenn sie Glück hatten, ein verendetes Pferd. Dann kehrten sie mit einem blutigen Stück Fleisch, einem Eimer Wasser und Eindrücken wie aus Alpträumen in ihre Unterstände zurück.

Ein Aschenregen ging auf Berlin nieder. Der durch Millionen Geschosse hochgewirbelte Gips- und Zementstaub fiel, gemischt mit dem Ruß und den Funken eines Meeres von Bränden, auf die Stadt zurück. Die Sonne blieb hinter einem Schleier. Die Beleuchtung war die eines Gewitters in der Dämmerung, mit starker Abendröte und gelegentlich prächtigen Flammenkometen. Lohende Gewölbe überdeckten die Reste der Straßen, und weitere Flammen kamen aus den Flammenwerfern. Von allen Seiten fielen die Granaten. Die stoßweise krachenden Salven der Stalinorgeln schleuderten riesige Schuttgeiser hoch. Unzählige Wracks lagen in den aufgerissenen Straßen: Autos, Lastwagen, Packwagen, Waffenteile, ausgebrannte Panzer. Überall war der Inhalt von Koffern verstreut. Auf dem Potsdamer Platz waren Ströme von Blut mannshoch gespritzt, und die Leichen waren buchstäblich an den geschwärzten Mauern plattgedrückt worden.

An anderen Stellen schaukelten Gehängte im Toben der Explosionen: versprengte Soldaten, die das Pech gehabt hatten, von einem der Greifkommandos junger SS-Leute, deren Aufgabe es war, das Heldentum obligatorisch zu machen, aufgegriffen zu werden. Auf der Brust trugen die Toten Aufschriften wie ›Ich hänge hier, weil ich ein Deserteur bin‹ oder ›Ich hänge hier, weil ich ein Feigling bin.‹ ›Ich hänge hier, weil ich an meinem Führer gezweifelt habe.‹ Hitler hatte angeordnet, daß jeder, der den Geist des Widerstandes schwäche, ein Verräter sei, der auf der Stelle zu erschießen oder zu hängen sei.

Der Achtundzwanzigste war ein Tag der Ruhe. Die erschöpften Russen führten nur einen Vorstoß gegen den Alexanderplatz, wo ihre T 34 zurückgeschlagen und in Brand gesteckt wurden. Goebbels schwieg, aber die Propaganda war nicht tot. Der Staatssekretär Naumann schrie im Rundfunk, Berlin sei der Friedhof der russischen Panzer geworden. Man verkündete durch maschinengeschriebene Anschläge, daß die Ankunft der Armee Wenck bevorstehe. Eine letzte Hoffnung regte sich in der zerstörten Stadt. Das Verstummen der Infanteriekämpfe schien zu bedeuten, daß die Russen den Angriff gegen Berlin aufgaben, um sich gegen Wenck zu wenden. Es wäre außerdem nicht Wenck allein, der der Reichshauptstadt zu Hilfe eilte. Zwischen den Russen und Amerikanern könnten Feindseligkeiten ausbrechen. Nach Roosevelts Tod hätten die Amerikaner die Gefahr des Bolschewismus erkannt und eilten nicht als Feinde, sondern als Verbündete heran...

Mussolinis Ende

Hitlers Ringen mit dem Tode war langwierig. Mussolinis Ende hatte sich schon vollzogen.

Die von der Wehrmacht in Italien gehaltenen 25 Divisionen waren nur mehr eine Fassade. Mehr noch als den in Deutschland kämpfenden Truppen fehlten ihnen Munition und Treibstoff. Vor allem aber fehlte es ihnen an Mut. Ihr leitender General, Vietinghoff, war so weit gegangen, auf Anregung des SS-Generals Wolff in der Schweiz Verhandlungen über die Kapitulation seiner Armee zu führen. Der Landser erkannte keinen Sinn mehr in der Fortsetzung eines Kampfes in fremdem Land, während sein eigenes Vaterland besetzt war. Die Bemühungen Marschall Grazianis, eine republikanisch-faschistische Armee aufzustellen, hatten zu sechs Divisionen geführt – aber sie waren noch schlechter ausgerüstet als die deutschen Divisionen. Außerdem machten etliche Brigaden von Schwarzhemden den Partisanenbanden, was Erpressung und Morden anbelangt, Konkurrenz.

Die Fassade brach zwischen dem 9. und 14. April unter dem anglo-amerikanischen Druck zusammen. Am 21. wurde Bologna genommen, und am nächsten Tag fiel Ferrara. Die alliierte Führung hatte einen Stillstand am Po vorgesehen: Angesichts der Schwäche des Feindes wurde Befehl gegeben, ohne Pause weiter vorzugehen. Schon am Dreiundzwanzigsten wurde der Po bei Guastalla vom IV. US-Korps überschritten. Die Deutschen hatten nur den einen Wunsch, in die Heimat zurückzukehren. Auf den Straßen zum Brenner forderten die Jagdbomberangriffe der Alliierten ihren Blutzoll.

Mussolini hatte einen düsteren Winter verbracht. An einem einzigen Tag, dem 16. Dezember, hatte er nochmals die Massen bewegen können, als er vor 5000 Begeisterten in der Scala von Mailand den Beginn der Repubblica Sociale Italiana feierte und die revolutionäre Sprache seiner Jugend wiederfand. Aber die Illusion war wie eine abgebrannte Rakete wieder zusammengefallen. In seiner Villa am Gardasee war der Duce in Wirklichkeit ein Gefangener der Deutschen. Er haßte sie, wußte, daß sie den Krieg verloren hatten, blieb aber an die Kette gefesselt, die er selbst geschmiedet hatte.

Am 19. April entschloß sich Mussolini, das Palais Feltrinini zu verlassen und nach Mailand zu gehen. Die Deutschen versuchten ihn davon abzubringen, ihn zu überreden, eher in Richtung Österreich und Bayern zu fahren. Seine Umgebung riet ihm, in die Schweiz zu flüchten, und die Familie Petacci bot ihm an, seinen Tod zu fingieren, um seine Flucht nach Spanien oder Argentinien zu decken. Er widerstand allen diesen Einflüssen. Niemals, sagte er, werde er Italien verlassen. Er hatte sich für Pavolinis Vorschlag entschieden, der darin bestand, in der natürlichen Festung des Veltlin den Kern der zu einem Heldentod entschlossenen unbeugsamen Faschisten zu sammeln. Pavolini rechnete mit 3000 Mann, einer bescheidenen Zahl für eine Partei, die während mehr als eines Vierteljahrhunderts so viele hochtrabende Treueversprechen erhalten hatte. Der Umweg über Mailand war mit dem Vorhaben im Veltlin schlecht zu vereinen. Aber Mussolini konnte keinen wirklichen Entschluß fassen, der Verzicht fiel ihm schwer. Seine Intelligenz ließ ihm wenig Illusionen über die Aussichten, die ihm geblieben waren: »Ich habe gespielt und verloren. Ich werde ohne Haß und ohne Hochmut aus dem Leben scheiden.« Die Beredsamkeit war ihm geblieben, nachdem sich so vieles gegen ihn gewendet hatte. »Mein Schicksal ist es, das mich kreuzigt!« Aber sein natürlicher Optimismus und die Beweglichkeit seines Geistes ließen ihn noch andere Auswege sehen als einen verzweifelten Abgang von der Szene. Er hatte wochenlang Regierungsdokumente geordnet, Notizen gemacht, seine Verteidigung vorbereitet – er war auch nachts allein mit seinem Sekretär im Boot auf den Gardasee hinausgefahren und hatte bestimmte Akten dort versenkt. Er hoffte, in Mailand mit dem Komitee der nationalen Befreiung zu verhandeln. Er würde ihm die Kapitulation des Faschismus antragen, um Milde für die Schwarzhemden bitten, vielleicht für ihre Anführer, vielleicht sogar für sich selbst...

Mussolini quartierte sich in der Präfektur in der Via Monforte ein. Seine Frau, Donna Rachele, war in Saló geblieben. Seine Mätresse Clara Petacci war mit ihm gekommen. Es lag nur an ihr, zu fliehen. Mussolini besuchte sie in ihrer Privatwohnung und flehte sie an, sich in Sicherheit zu bringen. »Du bist nur in Gefahr, wenn du bei mir bist.« – »Ich bleibe bei dir, was immer auch geschieht.«

Der Vermittler zwischen dem Duce und dem Befreiungskomitee war der Erzbischof von Mailand, Kardinal Ildefonso Schuster: ein eisiges Gesicht, schlauer Kopf, ein Schafsprofil, gepaart mit der Verschlagenheit eines Fuchses. Er empfing Mussolini, wie er sagte, mit »bischöflicher Milde«, predigte ihm christliche Demut, labte ihn mit einem Schluck Marsala und zerstörte das Hirngespinst eines letzten Bollwerks im Veltlin: »Ich habe Erkundigungen eingezogen. Ihre 3000 werden keine 300 sein.«

Das Gespräch fand erst am Fünfundzwanzigsten im erzbischöflichen Palais statt. Parma, Verona und Cremona gehörten bereits zu den eroberten Städten. Die Amerika-

ner standen 60 Kilometer vor Mailand. Die große Stadt, die lange Zeit gefügig gewesen war, erhob sich endlich. Zu Beginn des Nachmittags gaben die Sirenen aller Fabriken das Signal zum Generalstreik. Die deutsche Garnison beherrschte aber noch die Situation. Ihr Chef, General Wening, hatte dem Duce eine andere Variante anstelle des Projektes im Veltlin vorgeschlagen: aus Mailand ein italienisches Stalingrad zu machen. Mussolini lehnte ab. Die Besprechung im Salon des Kardinals begann gut. Das Komitee der nationalen Befreiung war durch General Cadorna, den christlich-demokratischen Anwalt Marazza und einen Ingenieur namens Riccardo Lombardi vertreten. Mussolini, unterstützt durch Marschall Graziani, war vollkommen beherrscht, gab sich ungezwungen und führte die Verhandlungen. Alles stürzte zusammen, als Graziani verlangte, daß die Kapitulation der Italiener nicht ohne Wissen der Deutschen vor sich gehen solle. Cadorna spielte den Erstaunten: Wie konnten die Mitglieder der neofaschistischen Regierung derartige Skrupel haben, während doch die Deutschen lange versucht hatten, über ihre eigene Kapitulation zu verhandeln? Mussolini fuhr hoch. Er hatte nichts gewußt! Wieder war er verraten worden! Der Zorn und die Demütigung waren stärker als seine Resignation, seine Klugheit und seine Angst. Die Bemühungen des Kardinals, ihn zu beruhigen, waren erfolglos. Mussolini wollte sofort den deutschen Konsul aufsuchen. Er verlangte, man solle die Beratung unterbrechen, verließ das erzbischöfliche Palais und begab sich in die nahe liegende Präfektur.
Aber der Aufstand brach aus. Die Straßen füllten sich mit einer tobenden Menge. Mussolini erkannte, daß die Stunde der Verhandlungen vorbei war. Er erteilte den Befehl: »Auf ins Veltlin!« Die erste Station hieß Como.
Der Konvoi bestand aus etwa dreißig Fahrzeugen, darunter mehrere Lastwagen voller Soldaten der republikanischen Armee und zwei Lastwagen der SS des Obersturmführers Birzer. Mussolini fuhr in einem Alfa Romeo, in einer Lederjacke, eine Maschinenpistole auf den Knien. Graziani, mehrere Minister und hohe Beamte waren in drei anderen Alfa Romeos zusammengedrängt. Ein fünfter fuhr unter spanischer Flagge und wurde von Clara Petacci, ihrem Bruder und ihrer Schwägerin benützt. Die Menge machte der waffenstarrenden Kolonne Platz. Die Autostraße zum See war frei. Um 22 Uhr erreichte Mussolini Como und ging in der Präfektur zu Bett. Die Schweizer Grenze war noch 10 Kilometer entfernt. Der ganze nächste Tag verging unter erregtem Warten. Der Wagenzug fuhr bei strömendem Regen über die Straße am See, allerdings nur bis Menaggio. Die Schweiz war immer noch nahe, die Grenze jedoch gesperrt, und einige Leute, die sie zu überschreiten versuchten, wurden von den Carabinieri aufgehalten. Mussolini verbrachte den Tag in einem Hotelzimmer, arbeitete an seinen Dokumenten oder hörte Rundfunk, der nur von Niederlagen und Katastrophen berichtete. Mussolini wartete auf Pavolini, der das Bataillon der eingeschworenen Faschisten bringen sollte. Dann würde man sich quer durch die Haufen der Partisanen ins Veltlin durchschlagen.

Im Morgengrauen des nächsten Tages kam Pavolini auf einem MG-Panzerwagen an. Strömender Regen ging auf die Berge nieder, machte den See unsichtbar.
»Wieviel Mann bringst du? Sprich! Ich will die Wahrheit hören.«
»Zwölf.«
Zwölf Mann! Das war alles, was von den Scharen geblieben war, die so oft gerufen hatten: »Glauben! Gehorchen! Kämpfen!«, die dem Wahlspruch des Duce zugejubelt hatten: »Lieber einen Tag wie ein Löwe leben als hundert Jahre wie ein Schaf!«
Eine deutsche Abteilung machte in Menaggio halt, einige Lastwagen und 200 Flaksoldaten unter dem Kommando von Oberleutnant Fallmeyer. Birzer fragte diesen, ob die Italiener – zahlreiche von ihnen, darunter Marschall Graziani, waren abgesprungen – sich der deutschen Kolonne anschließen könnten. Fallmeyer war widerstrebend einverstanden, und seine Laune besserte sich nicht, als er erfuhr, daß einer der Flüchtlinge Mussolini selbst war. Er hatte für die Italiener nichts übrig und beschränkte die Reste seines Pflichtgefühls darauf, seine Leute heil auf deutschen Boden zurückzubringen.
Die Kolonne fuhr wieder ab. Heftiger Regen fiel noch immer vom Himmel. Mussolini lenkte seinen Alfa Romeo, er hatte von neuem Vertrauen gefaßt. Er soll – vielleicht sarkastisch – bemerkt haben: »Mit 200 Deutschen kommt man bis ans Ende der Welt.« Bei einem Aufenthalt folgte er jedoch Pavolinis Rat, der ihm sagte, er sei im Schützenpanzer sicherer. Clara stieg mit ihm zusammen ein, einen Helm auf dem Kopf, der sie aussehen ließ wie einen jungen Soldaten, und sie rumpelten unter dem Stahldach Hand in Hand dahin.
So legten sie einige Kilometer zurück. Man näherte sich einer engen Stelle, hinter der der Ort Musso lag. Schüsse peitschten, quer über der Straße lag ein großer Baum: ein Hinterhalt der Partisanen. Aber sie schwenkten ein weißes Tuch. Ihr Chef, ein gewisser Barbieri, zeigte sich bereit, die Deutschen durchzulassen, unter der Bedingung, daß sie keine Italiener mitnähmen. Die Verhandlungen dauerten von 8 Uhr morgens bis 2 Uhr nachmittags – sechs Stunden, während der eisige Regen auf die bewegungslose Kolonne und auf den Stahlkasten rieselte, in dem Mussolini und seine Geliebte festsaßen.
Vielleicht hätte sich Mussolini in diesem Moment gefügt. Aber SS-Obersturmführer Birzer kam mit einem deutschen Helm und einem Gefreitenmantel zu ihm. Mussolini zögerte, ehe er ihn anzog. Clara rief: »Rette dein Leben!« Die deutschen Lastwagen fuhren durch – Mussolini in einem von ihnen. Die italienischen Wagen blieben zurück, außer einem – dank seiner spanischen Flagge. Marcello Petacci hatte erklärt, er sei der spanische Gesandte, und die Partisanen hatten ihm gestattet, mit seiner Gattin und seiner Schwester weiterzufahren. Zwei Kilometer danach führte die Straße durch die kleine Stadt Dongo. Die deutschen Lastwagen wurden zur Prüfung der Passagiere angehalten, wie vereinbart. Diesmal wußten die Partisanen, wen sie suchten. Einer von

Mussolinis Begleitern hatte während des langen Aufenthaltes die Kolonne verlassen, sich ergeben und gesagt: »Der Duce ist bei uns!«
Zehn Männer nahmen die Ehre für sich in Anspruch, ihn auf einem Benzinkanister sitzend erkannt zu haben, mit einer Maschinenpistole auf den Knien und Trunkenheit vortäuschend. Er ließ sich ohne Widerstand festnehmen und entwaffnen. Die Deutschen unternahmen nichts, um ihn zu verteidigen. Sie fuhren erleichtert nach Meran weiter.
Der Ortschef der Partisanen war Graf Pierluigi Bellini delle Stelle. Sein Vorgesetzter in Como war Oberst Baron Giovanni Sardegna, ein Freund General Cadornas. Weder der eine noch der andere waren blutdürstig, aber ihr Fang war bedeutungsvoll. Sie meldeten die Festnahme nach Mailand. Bis die Verantwortung von ihnen genommen wurde, zitterten sie um die Sicherheit ihres Gefangenen.
Man hatte ihm das Gesicht mit Verbandstoff umwickelt, um ihn als verwundeten Engländer zu tarnen. Mit einbrechender Dunkelheit hatte sich der Regen in Eiswasser verwandelt. Mussolini, der seinen deutschen Mantel abgelegt hatte, fror. Endlich gab man ihm eine Decke, in die er sich hüllte. Die Leuchtraketen im nächtlichen Regen, das Donnern der Kanonen, das anzeigte, daß in der Nähe von Como gekämpft wurde, erhöhten die Nervosität der Bewacher des Duce. Sie hatten ihn zuerst vom Bürgermeisteramt in Dongo in die Zöllnerkaserne nach Germasino gebracht. Sie planten, ihn auf die andere Seite des Sees, in das große Landgut des Industriellen Cademaroti zu schaffen, dann entschieden sie sich anders und fanden, er werde in einem Schlupfwinkel der Partisanen besser aufgehoben sein. Das hatte mehrere Stunden des Umherirrens in der Nacht zur Folge, auf grundlosen Wegen, mit endlosen Diskussionen im Licht der Sturmlampen, in der Nässe, der Kälte und Angst. Nur einmal gab es eine Begegnung an einer Wegkreuzung, einen Lichtblick. Man hatte Mussolini gezwungen auszusteigen, seine durchnäßte Decke auf den Schultern. Aus einem anderen Wagen stieg ein Schatten, den er sofort erkannte. »Exzellenz!« – »Signora! Was tun Sie hier?« – »Ich will bei Ihnen sein.«
In Dongo hatte die Fabel vom spanischen Gesandten die Petaccis nicht lange geschützt. Nach kurzem Leugnen hatte Clara nach ihrem Geliebten gerufen und verlangt, man solle sie zu Mussolini bringen. Das wurde ihr gewährt. Man setzte die beiden wieder gesondert in ihre Wagen, und sie fuhren hintereinander durch die Nacht.
Erst um drei Uhr früh erreichten sie ihr Ziel. Es war ein Bauernhaus im Dorf Azzano, auf den Höhen über dem See. Das Ehepaar De Maria entfachte ein Feuer und jagte seine beiden Söhne aus dem Doppelbett, um es den beiden erschöpften Gefangenen zu geben, die man ihnen gebracht hatte und die sie nicht erkannten. Im Dunkeln sprachen Clara Petacci und Benito Mussolini lange miteinander, dann schlief er ein und schnarchte vernehmlich.
Der Morgen des Achtundzwanzigsten war strahlend schön. Mussolini und Clara Pe-

tacci erwachten spät. Sie aß einen Teller Polenta zum Frühstück. Er versuchte ohne Erfolg, ein Stück Brot hinunterzuwürgen. Mussolini setzte sich aufs Fensterbrett und sah auf die Berge hinaus. Der Mörder kam um 16 Uhr. Es war ein Buchhalter namens Walter Audisio, der in der Widerstandsbewegung den Namen Oberst Valerio angenommen hatte. Es stimmt nicht, daß er einen Auftrag vom Nationalen Befreiungskomitee besaß. Sein einziger Auftrag war ihm von Palmiro Togliatti im Namen der Kommunistischen Partei erteilt worden. Graf Bellini und Baron Sardagna hatten gezögert, ihm den Ort bekanntzugeben, an dem der Gefangene festgehalten wurde. Er hatte ihnen versichert, er habe den Auftrag, Mussolini nach Mailand zurückzubringen, jedoch vergessen hinzuzufügen, daß er ihn nicht als Lebenden bringen sollte.

Er trat ins Zimmer und sagte: »Beeilen Sie sich. Ich bin hier, um Sie zu retten.« Clara suchte etwas im Bett. »Was suchen Sie?« fragte Valerio grob. Sie antwortete einfach: »Mein Höschen.« Prüde Autoren zogen vor zu sagen: »Meine Handtasche«, als ob nicht eben die trivialsten Einzelheiten in solchen Momenten am erschütterndsten wären.

Valerio ließ Benito Mussolini und Clara Petacci in seinen Wagen steigen. Er selbst und die zwei oder drei Statisten, die ihn begleiteten, schwangen sich auf die Kotflügel. Der Chauffeur Geminazza beobachtete das Paar im Rückspiegel. »Er war sehr bleich, sie ganz ruhig und anscheinend ohne jede Furcht.«

Der Wagen fuhr ins Dorf. Valerio ließ vor einer Villa mit Gittertor halten und befahl den beiden Insassen auszusteigen. Die Berichte einiger Zeugen über die genauen Umstände, unter denen er seinen Mord ausführte, weichen ein wenig voneinander ab. Clara Petacci soll Mussolini mit ihrem Körper gedeckt und gerufen haben: »Nein! Ihr könnt ihn nicht so umbringen!«

Die Kommunistische Partei hat dieses Verbrechen immer im dunkeln gelassen. Mit Ausnahme von Audisio-Valerio, dem Mitglied der Kommunistischen Fraktion im italienischen Parlament, der darüber schweigt, sind alle, die damit in Zusammenhang standen, eines gewaltsamen, geheimnisvollen Todes gestorben. Man hat nie erfahren, was aus den Papieren geworden ist, von denen, wie Mussolini sagte, die Zukunft Italiens abhing. Ebensowenig weiß man, wo die Goldbarren und zahlreichen Devisen hingekommen sind, die die italienische Kolonne mitführte. Churchill telegrafierte entrüstet an Marschall Alexander, man solle eine Untersuchung eröffnen und die Täter belangen. Die Umstände waren dafür jedoch nicht geeignet. Die Entrüstung ebbte ab, da man berücksichtigen mußte, daß Mussolini wie Göring und Tojo von einem internationalen Gerichtshof zum Tode verurteilt worden wäre. »Wenigstens hat uns Valerio ein italienisches Nürnberg erspart«, meinte Churchill.

Fünfzehn der verhafteten Faschisten waren in Dongo erschossen worden, darunter Pavolini, Marcello Petacci und der Verräter Bombacci. Valerio ließ sie zusammen mit den Leichen Claras und Benitos auf einen Lastwagen laden und brachte sie danach nach

Mailand, wo man sie mit anderen Toten, darunter mehreren Unbekannten, auf die Piazzale Loreto, nicht weit vom Zentralbahnhof, warf. Der frühere Generalsekretär der faschistischen Partei, Starace, wurde in der Stadt gefangengenommen und vor dem Leichenhaufen erschossen, nachdem man ihn vorher verprügelt hatte. Die bestialische Niedertracht der Menge war entfesselt. Der tote Mussolini wurde geschlagen, verunstaltet, von Kugeln durchbohrt und an den Füßen aufgehängt, von demselben Volk, das sich die Lungen ausgeschrien hatte, um dem Duce zuzujubeln.

Der Selbstmord Hitlers

Es ist nicht bekannt, ob Hitler von dem Ende seines Freundes erfuhr. Aber die Rundfunknachrichten des Achtundzwanzigsten brachten eine neue Enttäuschung: Eine Mitteilung der Agentur Reuter enthüllte, daß Himmler versucht hatte, durch Vermittlung des Grafen Bernadotte über eine Kapitulation des Reiches zu verhandeln und dafür Hitlers Nachfolge anzutreten. Der Getäuschte gewann volle Klarheit. Der Verrat der SS hatte im März durch Sabotierung der Gegenoffensive bei Budapest begonnen. Das Versagen Steiners bei dem Einsatzplan für Berlin geschah im Einvernehmen mit Himmler. Man hatte ihn, Hitler, in seiner belagerten Hauptstadt den Russen ausgeliefert, damit der ungetreue, arglistige Stellvertreter – der vorgab, stolz zu sein, der ›getreue Heinrich‹ genannt zu werden – die Hände frei hatte und den Platz seines Chefs einnehmen konnte, indem er das Reich an den Feind auslieferte!
Hitler schloß sich mit Bormann und Goebbels ein und schmiedete Rachepläne. Eine Geisel mußte sofort daran glauben: Hermann Fegelein, der am Leben bleiben wollte, war einige Tage vorher nach Hause zurückgekehrt, um seine Flucht vorzubereiten, aber Hitler hatte ihn in die Reichskanzlei zurückbringen lassen, wo er unter Arrest gehalten wurde. Er würde als erster daran glauben müssen.
Fegelein war früher Jockey gewesen. Diese Kenntnis von Pferden hatte ihn an die Spitze einer Kavalleriebrigade in Rußland gebracht; später hatte er Bertl Braun, die Schwester Evas, geheiratet und war als Verbindungsoffizier der Waffen-SS in den intimen Kreis des Führers aufgenommen worden. Er galt als Helfershelfer Himmlers, keinerlei sonstige Schuldbeweise waren vonnöten. Fegelein wurde im Garten der Reichskanzlei erschossen. Eva Braun hatte es abgelehnt, für ihren Schwager um Gnade zu bitten. Nur führ ihren Liebhaber hatte sie einen Seufzer bereit gehabt: »Armer, armer Adolf! Von allen verlassen, von allen verraten!«
Das Bombardement war bis in die Tiefen der Wohnung des Führers zu hören. Die sowjetische Artillerie feuerte auf die Reichskanzlei und erfüllte die Keller mit ständigem tiefem Donnergrollen. Man mußte die Ventilatoren abstellen. Die physische und

geistige Absperrung wurde noch ärger. Der Sender arbeitete weiter, aber das Telefonkabel zur Befehlsstelle Fürstenberg war unterbrochen. Keitels Nachrichtensoldaten hatten einen Ballon aufsteigen lassen, der eine Antenne trug, aber die Sendungen waren schwach und unregelmäßig. Der Bunker sprach zwar, erhielt aber kaum Antworten. Er rief fieberhaft um Hilfe; er empfing, von langen Pausen unterbrochen, nur verstümmelte und enttäuschende Nachrichten. Die Verdächtigungen wurden immer wilder, sie erstreckten sich bis zu den beiden treuen Gefolgsleuten, den Generalen Keitel und Jodl. »Was tun sie nur?« fragte Bormann. Greim lag immer noch im Krankenzimmer des Bunkers. Die Luftwaffe unternahm wiederholt erfolglose Versuche, ihren neuen Chef aus der Falle von Berlin zu retten. Endlich setzte am Abend des Achtundzwanzigsten eine kleine Maschine, ein Schulflugzeug ›Arado 96‹, unbeschädigt auf. Man benachrichtigte Greim und Hanna Reitsch, sich zum Abflug bereit zu machen. Sie widersetzten sich, sie wollten bleiben. Hitler hatte sie in einen Trancezustand versetzt. Greim hatte zu Koller am Telefon gesagt, das Zusammensein mit dem Führer sei für ihn ›ein Jungbrunnen‹, er sei sicher, Berlin werde befreit werden, und sie würden siegen. Aber Hitler benötigte diesen treuen Gefolgsmann jetzt nicht nur für die Führung des Luftkrieges, Greim sollte sofort zu Dönitz, um sich der Person Himmlers zu bemächtigen.

Greim war kaum transportfähig. Man legte ihn in einen Panzer, um ihn die wenigen hundert Meter von der Reichskanzlei bis zur Ost-West-Achse zu transportieren. Die Luft war zum Ersticken, der ganze Himmel rot gefärbt. Das brennende Berlin beleuchtete auf phantastische Weise die von Granatlöchern aufgerissene Startbahn. Hanna Reitsch brachte mit bewundernswerter Geschicklichkeit die ›Arado‹ in die Luft und erreichte Rechlin.

Kurz nach dem Abflug der beiden Getreuen fand in den frühen Morgenstunden des 29. April die Hochzeit Eva Brauns und Hitlers statt. Goebbels und Bormann waren Trauzeugen. Der Standesbeamte trug die Armbinde des Volkssturmes und hieß Walter Wagner. Das kleine Gefolge, etwa zehn Männer, drei oder vier Frauen, darunter die Diätköchin Manzialy, beglückwünschten die Neuvermählten. Diese zogen sich zu einem Hochzeitsfrühstück zurück, dann verließ Hitler seine junge Frau und schloß sich mit seiner Sekretärin, Frau Junge, in der Zelle ein, die ihm als Arbeitszimmer diente. Er diktierte sein zweifaches Testament, das politische und das private.

Das politische Testament war eine Verteidigungsrede und eine Verdammung zugleich. Hitler behauptete, er habe den Krieg nicht gewollt. Er machte für sein Verderben die feigen, verräterischen Offiziere verantwortlich. Er verwünschte Göring und Himmler und bestimmte Admiral Dönitz als seinen Nachfolger; für die wichtigsten Posten im Staate bestimmte er: Goebbels, Reichskanzler; Seyss-Inquart, Außenminister; Bormann, Parteiminister; Schörner, Oberbefehlshaber des Heeres, usw. – wobei er Ribbentrop, Speer und Keitel ausschaltete. Er endete mit einem Ausbruch des Hasses: Das deutsche Volk müsse die Rassengesetze in voller Stärke aufrechterhalten und gegen ›den Weltvergifter aller Völker, das internationale Judentum‹ unbarmherzig Widerstand leisten.

In seinem privaten Testament vermachte Hitler sein persönliches Besitztum ›der Partei. Sollte diese nicht mehr existieren, dem Staat. Sollte auch der Staat vernichtet werden, ist eine weitere Entscheidung von mir nicht mehr notwendig.‹ Er wünschte, die von ihm gesammelten Kunstwerke sollten zur Errichtung einer Galerie in seiner ›Heimatstadt‹, das heißt in Linz, dienen. Er begründete seine Heirat. Nach langen Jahren ›treuer Freundschaft‹ habe Eva Braun sich entschlossen, seinen Weg bis zum Letzten mit ihm zu gehen, und er habe den Wunsch gehabt, sie als seine Frau auf die große Reise mitzunehmen. ›Ich selbst und meine Gattin wählen, um der Schande der Absetzung oder Kapitulation zu entgehen, den Tod. Es ist unser Wille, sofort an der Stelle verbrannt zu werden, an der ich den größten Teil meiner täglichen Arbeit im Laufe eines zwölfjährigen Dienstes an meinem Volke geleistet habe.‹

Die nächsten Stunden vergingen damit, daß Goebbels und Bormann die Abschriften des Testaments anfertigen ließen. Drei Offiziere wurden mit drei Kopien losgeschickt, um die Testamente der Nachwelt zu erhalten: Der Adjutant Bormanns, Hauptbereichsleiter Zander, sollte sich zu Dönitz durchschlagen, ebenso der Adjutant des Reichspressechefs, Oberbereichsleiter Lorenz, während Major Johannmeyer versuchen sollte, zu Schörner zu gelangen. Sodann verfaßte Goebbels einen Anhang zum politischen Testament des Führers (wie er es nannte), dessen Logik und Klarheit des Stils zum letztenmal seinen Verfasser kennzeichnet. Zum erstenmal, sagte er, lehne er es kategorisch ab, seinem Chef zu gehorchen und Berlin zu verlassen, um an der neuen Regierung teilzunehmen. ›In dem Delirium von Verrat, das in diesen kritischen Tagen des Krieges den Führer umgibt, muß es wenigstens einige geben, die bedingungslos und bis zum Tode zu ihm halten ... Im anderen Falle würde ich mir selbst ... für mein ganzes ferneres Leben als ein ehrloser Abtrünnling und gemeiner Schuft vorkommen ...‹ Goebbels erklärte also, er bleibe bis zum Ende in Berlin, und wenn Berlin falle, werde er seinem fürderhin nutzlosen Leben ein Ende machen. Seine Frau teilte seinen Entschluß, für sich selbst und ihre sechs Kinder, die zu klein waren, um selbst entscheiden zu können. Ohne Nationalsozialismus war ein Leben für sie nicht vorstellbar: Sie würden sterben wie er.

Der Kampf tobte weiter. Der russische Vormarsch wurde mit außerordentlich starken Streitkräften wiederaufgenommen. Die Angreifer erreichten die Bismarckstraße, Kantstraße, Saarlandstraße, Wilhelmstraße. Ein paar isolierte Verteidigungsinseln in Pankow und Neukölln wurden belagert. Der Rest des nationalsozialistischen Berlin war nur mehr ein zehn Kilometer langer Schlauch von 200 bis 3000 Meter Breite, der am Alexanderplatz begann und bis zur Havelbrücke bei Pichelsdorf reichte. Aber der Widerstand dieses letzten, merkwürdig geformten Bollwerks schien unüberwindbar. Die

Verluste der Russen nahmen zu, da die Verteidiger in der Handhabung der Panzerfäuste immer geschickter wurden. Der Alexanderplatz blieb uneinnehmbar. Die auf dem Kurfürstendamm auftauchenden Panzer flogen in die Luft. Fünf T 34 wurden in Halensee in wenigen Sekunden von Kämpfern in kurzen Hosen vernichtet, die dann zum Gegenangriff vorgingen, ein Haus stockwerk- und zimmerweise eroberten, ohne Gefangene zu machen. Ständig war ein Reporter anwesend. Der Kameramann einer Wochenschau filmte gelassen den ganzen Kampf.

Im Bunker erstarb die letzte Hoffnung. Nach den ersten drei Leuten mit den Testamentsabschriften wurden drei Offiziere an Wenck abgeschickt, um ihm die Lage zu schildern und ihn zu einem letzten Einsatz anzuspornen. Hitler sandte durch Krebs einen Funkspruch an Jodl: ›Es ist mir sofort zu melden, erstens, wo sind die Spitzen von Wenck? Zweitens, wann greifen sie weiter an? Drittens, wo ist die 9. Armee? Viertens, wohin bricht die 9. Armee durch? Fünftens, wo sind die Spitzen von Holste?‹ Diese Entsatzoffensiven, der alleräußerste Einsatz der Wehrmacht, waren übrigens kein Scheinkampf gewesen. Steiner (der im Bunker des Hochverrates bezichtigt wurde) war bis auf 10 Kilometer an den Vorort Zehlendorf herangekommen. Wenck hatte am Siebenundzwanzigsten angegriffen und die Russen durch die Kraft und Präzision seiner Schläge überrascht. Die in den Straßen Berlins angeschlagenen Berichte über den Anmarsch des Befreiers waren keineswegs unbegründet. Er nahm Belzig und brachte das Hinterland des Feindes in beträchtliche Unordnung. Er nahm Beelitz, wo er 3000 Verwundete und Gefangene befreite. Er erreichte die Bahnstation Ferch und den ersten Havelsee, den Schwielowsee, 20 Kilometer vor Berlin. Potsdam war nur 5 Kilometer entfernt, die Garnison warf die Belagerer zurück und vereinigte sich mit der 12. Armee.

Aber sie war mit ihren Kräften am Ende. Wenck meldete dem OKW, daß er gezwungen sei, die Offensive einzustellen. Sein Untergebener, der Befehlshaber des XXXXI. Armeekorps, Holste, wagte Keitel zu erklären, die Landser wollten nicht mehr kämpfen, da sie wüßten, daß sie in einen sinnlosen Tod gingen. Im Norden Berlins war die Lage noch ernster und der Konflikt noch heftiger. Heinrici wollte die 3. Panzerarmee retten und gab Tippelskirch, dem Nachfolger Steiners, Befehl, hinter den Vosskanal zurückzugehen. Das war gleichbedeutend mit der Aufgabe jeder Hoffnung, den Marsch auf Berlin wiederaufzunehmen. Keitel erschien, rasend vor Zorn. Zwischen den beiden Generalen brach in aller Öffentlichkeit ein lärmender Streit aus. Keitel warf Heinrici vor, er verletze seine Pflicht gegenüber dem Führer. Defätisten und Deserteure unter seinen Soldaten müßten eben erschossen oder aufgehängt werden. »Tun Sie sich keinen Zwang an, Herr Feldmarschall«, sagte Heinrici und wies auf die versprengten Soldaten mitten unter einer Horde von Flüchtlingen, »wenn Sie die dort erschießen wollen, dann bitte fangen Sie an.« Er lehnte es ab, seinen Befehl zurückzunehmen; Keitel setzte ihn ab und stellte ihm das Kriegsgericht in Aussicht.

Aber am nächsten Tag mußte der Feldmarschall selbst eiligst flüchten. Die Russen näherten sich dem Befehlsstand Fürstenberg, wo am Vortag der Ballon mit der Antenne von einer ›Yak‹ abgeschossen worden war. »Ich wartete bis zum letzten Augenblick«, berichtete Keitel, »da ich hoffte, die Verbindung mit dem Führer herstellen zu können. Schließlich mußten Jodl und ich flüchten. Wir entgingen den Russen um eine knappe halbe Stunde.«

Ein Bauernhaus in Dobbin nahm die Reste des Generalstabs auf. Hierher wurde in der Nacht vom Neunundzwanzigsten zum Dreißigsten die Anfrage Hitlers gebracht, die er wenige Stunden vorher diktiert hatte. »Jodl faßte im Laufe der Nacht die Antwort ab«, erzählte Keitel, »und gab sie mir. Sie lautete ungefähr: ›Von der 9. Armee haben wir keinerlei Meldung. Wenck geht mit seinem Nordflügel südlich von Potsdam erfolgreich vor. Der Panzerangriff in Richtung Krampnitz ohne Erfolg. Der Südflügel Heinricis weicht nach Südwesten zurück.‹ Ich fügte einen Satz hinzu, den ich selbst abfaßte: ›Die Offiziere Ihres Generalstabs und ich sind Tag und Nacht unterwegs, um der Truppe zu erklären, was sie zu tun hat und was auf dem Spiele steht.‹« – Keitels Erinnerung wird nur teilweise durch den Wortlaut des OKW-Funkspruchs vom 30. April, 1 Uhr nachts, bestätigt. Er lautete: ›Erstens, Spitze Wenck liegt südlich Schwielowsee fest. Zweitens, 12. Armee kann daher Angriff auf Berlin nicht fortsetzen. Drittens, 9. Armee mit Masse eingeschlossen. Viertens, Korps Holste in die Abwehr gedrängt.‹

Ungefähr um dieselbe Zeit fand im Bunker eine Besprechung statt. Der Befehlshaber von Berlin, General Weidling, war angekommen, erschöpft von den Strapazen, die der kurze Weg von seiner Befehlsstelle in der Bendlerstraße bis zur Reichskanzlei durch die Russen bot. Das Bild, das er entwarf, ließ keine Hoffnung mehr. Die Munition wurde knapp; nur eine geringe Anzahl von Panzerfäusten war vorhanden, ohne die der Abwehrkampf unmöglich war. Die Mehrzahl der im Laufe der Nacht abgeworfenen Nachschubbehälter war den Russen in die Hände gefallen. Weidling hielt es für seine Pflicht, dem Führer mitzuteilen, daß der Widerstand nicht länger als bis zum 1. Mai fortgesetzt werden könne. Er schlug vor, sich zu Wenck durchzuschlagen, solange es noch ein paar Patronen gab.

Hitler lehnte Weidlings Vorschlag ab. Ein Ausfall schien ihm unmöglich. Es blieb nichts als der Tod. Er hatte bereits Befehl erteilt, seine Schäferhündin Blondi einzuschläfern.

Am späten Abend nahm Hitler von seinen Sekretärinnen Abschied, wobei er sich entschuldigte, ihnen als letzte Erinnerung nichts anderes als eine Kapsel mit Gift geben zu können. Er bedauerte, daß seine Generale nicht so treu gewesen wären wie sie. Als sich in den unterirdischen Räumen die Nachricht von dieser merkwürdigen Zeremonie verbreitete, sah man sie als Ankündigung des bevorstehenden Selbstmordes des Führers an. Man wartete ungeduldig auf diesen Ausgang, wie auf das Ende einer

Prüfung, in der die Vernunft das Nachsehen hat. Viele betäubten sich. Es scheint unglaublich, daß man im Laufe dieser letzten Nacht im Bunker getrunken, gesungen, getanzt, geliebt haben soll, aber die Zeugenaussagen bestätigen es. Der Tag begann, und die Schlacht um Berlin ging weiter. Es gab noch Widerstandsnester, deren gewaltigstes der Flakbunker am Zoo war. Der riesige Bau, gleichzeitig Schutzkeller und Flakbatterie, war von einer stinkenden, ausgehungerten, geängstigten, betäubten, stumpfsinnigen Menschenmenge erfüllt. »Ich war drei Jahre an der Front«, sagte ein Soldat, der sich für kurze Zeit dorthin geflüchtet hatte, »aber ich war geradezu entsetzt über den Lärm, den die 8,8-Geschütze in dem Resonanzkasten aus Beton hervorriefen. Die Zivilisten zuckten nicht einmal mit der Wimper.«

An anderen Stellen wurde die Verteidigung langsam überrollt. Der unterirdische Durchgang in der Voßstraße und das Hotel ›Kaiserhof‹ in nächster Nähe der Reichskanzlei wurden nach heftigen Kämpfen erobert. Über der Kuppel der Ruine des Reichstages flatterte eine rote Fahne, die von den Unteroffizieren Jegorow und Kantarija dort aufgepflanzt worden war. Das geschah um 14 Uhr 25.

Hitler hatte noch zu Mittag gegessen. Er saß im Mittelgang des Bunkers bei Tisch, während sein Chauffeur Erich Kempka, unterstützt von vier Soldaten, die 180 Liter Benzin in den Garten der Reichskanzlei schaffte, die dazu dienen sollten, seine und Evas Leiche zu verbrennen. Er ging zu seiner jungen Frau in den Raum, in dem sie während der Mahlzeit geblieben war, kam mit ihr heraus, und reichte schweigend Goebbels, Bormann, Krebs, Burgdorf, Naumann, Hewel, Voss und einigen Untergebenen und Sekretärinnen die Hand; es wurde kein Wort gesprochen. Um diese Zeit waren die Russen keine 100 Meter vom Bunker entfernt. Hitler und seine Frau kehrten in ihre Wohnung zurück. Man hörte einen Schuß. Hitler hatte sich erschossen. Seine Frau starb durch Gift. Es war 15 Uhr 30, am 30. April.

XXXII. Kapitel Mai bis 2. September 1945
Das Ende des Zweiten Weltkriegs

Berlin kapituliert

Der russische Offizier, der den Angriff auf Berlin leitete, war derselbe, der Stalingrad verteidigt hatte, Armeegeneral W. I. Tschuikow. Er hatte seine Befehlsstelle im Bezirk Tempelhof, Schulenburgring 3, eingerichtet. Am 30. April gegen Mitternacht wurde ihm gemeldet, daß sich ein deutscher Oberst mit einer weißen Fahne beim Landwehrkanal gemeldet habe. Er frage an, wo General Krebs, der Generalstabschef des Heeres, die Linien überschreiten könne, um sich eines Auftrags an die sowjetische Kommandobehörde zu entledigen. Tschuikow informierte Marschall Schukow, der ihn ermächtigte, den feindlichen Abgesandten zu empfangen.
Krebs erschien um 4 Uhr früh am Schulenburgring, begleitet von Oberst von Duvfing, dem lettischen SS-Oberstleutnant Neilandis als Dolmetscher und einem Soldaten mit weißer Fahne. Die vier Männer waren von dem Marsch durch die Hölle von Berlin erschöpft. Krebs ersuchte Tschuikow um eine Unterredung unter vier Augen; dieser antwortete, er könne den Unterhändler nur im Beisein seines Generalstabs anhören.
»Die Botschaft, die ich Ihnen bringe«, entschloß sich Krebs zu erklären, »ist von ausschlaggebender Bedeutung. Unsere Truppen sind davon noch nicht informiert. Adolf Hitler hat sich gestern nachmittag das Leben genommen.«
Der Russe zuckte mit keiner Wimper (wahrscheinlich bluffte er). »Wir wissen das.« Ohne Übergang fügte er hinzu: »Bringen Sie Ihre allgemeine bedingungslose Kapitulation? Gültig für sämtliche Alliierten?«
Krebs unterbrach verwirrt den Dolmetscher und begann russisch zu sprechen. Er sagte, er sei nur gekommen, um eine örtliche Unterbrechung der Kampfhandlungen zu erreichen. Er habe keine Vollmacht für eine Kapitulation im Namen Deutschlands. Großadmiral Dönitz sei der Nachfolger des Führers, er befinde sich in Schleswig-Holstein: Er allein könne eine allgemeingültige Entscheidung treffen. Er beeilte sich noch hinzuzufügen, daß er persönlich vor den Westmächten, diesen dekadenten Demokratien, keinerlei Achtung habe, über die der Nationalsozialismus in der gleichen Weise urteile wie der Kommunismus. Er kenne die Sowjetunion, da er Zweiter Militärattaché in Moskau gewesen sei. Er habe den deutsch-russischen Krieg immer bedauert, der aus einem verhängnisvollen Mißverständnis entstanden sei. Das sei auch der Standpunkt von Goebbels und Bormann, die auf das Resultat seiner Mission warteten.
Tschuikow unterbrach dieses Glaubensbekenntnis: »Ich brauche nichts anderes als ein Ja oder Nein. Kapitulieren Sie, ja oder nein?«

Krebs war offensichtlich bestürzt. Er fragte, ob er Oberst von Duvfing in die Reichskanzlei zurückschicken dürfe, um Bormann und Goebbels zu fragen. Der Russe war einverstanden. Aber die Kämpfe würden schonungslos weitergehen.
Als Duvfing aufbrach, begann es zu tagen. Die Kämpfe wurden fortgesetzt, der Alptraum dauerte an. Dieses Wort ist keine Übertreibung. Alle Erzählungen über die letzten Stunden in Berlin gleichen einander, alle sind sich einig, daß es unmöglich ist, die Entsetzlichkeiten so wiederzugeben, wie sie geschahen. Überall Tote, Berge von Toten beiderlei Geschlechts und jeden Alters. Verwundete, die darum flehten, man solle ihnen den Gnadenstoß geben. Ein unaufhörlicher Aschenregen, lodernde Flammen, Menschen, die inmitten der Explosionen umherirrten, Salven der Stalinorgeln, die Wolken von Schutt aufwirbelten, das Heulen der Jagdbomber, Kriegsgerichte an Straßenecken, Gehängte in den Ruinen – und mitten in diesem Pandämonium Gruppen von Männern und Kindern, die kämpften wie Besessene.
Wie viele mochten es gewesen sein? Wahrscheinlich sehr wenige. Die Divisionen des LVI. Panzerkorps, hauptsächlich die der ausländischen Freiwilligen, waren auf wenige hundert oder sogar Dutzend Mann geschrumpft. Die SS-Division ›Nordland‹ zählte zu Beginn der Belagerung 1500 Mann, als sie in Neukölln kämpfte; ihr Chef, Brigadeführer Ziegler, fand am Brandenburger Tor noch 80 vor. Die SS-Freiwilligendivision ›Charlemagne‹, die den Hitlerbunker verteidigte, bestand in Berlin nur aus einem Bataillon von 300 Mann unter dem Befehl von SS-Brigadeführer Krukenberg. Der Volkssturm, die improvisierten Einheiten, hatten aufgehört, eine wirksame Macht darzustellen, da sie keine Panzerfäuste, keine Patronen mehr besaßen und den Mut verloren hatten. Die unerschrockenen Gruppen der Hitlerjugend waren dezimiert. Man schätzt, daß zu Beginn der Schlacht etwa 90000 deutsche Soldaten aller Art im Kampf standen. Davon waren nun sicher nicht mehr als höchstens zehntausend übrig, aber ihr Mut und ihre Geschicklichkeit vervielfachten ihre Wirkung.
Charlottenburg hielt sich noch. Auf dem Kurfürstendamm wurde weiter gekämpft. Die Garnisonskirche und das Hotel ›Eden‹ waren gefallen, aber auf der anderen Seite der Budapester Straße wurde der Zoo von der Division ›Müncheberg‹ verbissen verteidigt. Daneben donnerte pausenlos der Zoobunker. Im Regierungsviertel hatten die Russen das Luftfahrtministerium besetzt und die Reichskanzlei isoliert, aber sie kamen nur schrittweise weiter. Im übrigen handelte es sich nicht mehr um geordnete Kämpfe. Die zentrale Gefechtsstelle Bendlerstraße arbeitete nicht mehr, die Befehle kamen nicht mehr zu den verschiedenen Abschnitten. Jede Gruppe kämpfte auf eigene Faust, einfach mit dem Mut der Verzweiflung.
Um hinter die deutschen Linien zu kommen, war Duvfing in die Budapester Straße gegangen. Neilandis und zwei russische Offiziere begleiteten ihn. Die Grenadiere der Division erkannten die deutschen Uniformen unter der weißen Fahne, schrien: »Verräter!« und feuerten. Neilandis wurde verwundet, die beiden Russen getötet. Duvfing

wurde durch Eingreifen eines deutschen Offiziers gerettet, der dem Feuer Einhalt gebot. Er fand ein Telefon und setzte sich mit Goebbels in Verbindung, der ihm befahl, zu Tschuikow zurückzugehen und Krebs zu holen, damit dieser persönlich seinen Bericht erstatte.
Diese Dinge erzählen sich rasch, spielten sich jedoch langsam ab. Es war Mittag, als Duvfing mit zerfetzter Uniform am Schulenburgring eintraf. Der 1. Mai war ein so prachtvoller Tag, daß es der Sonne stellenweise gelang, die Rußwolke zu durchdringen, die über Berlin lag. Krebs hatte versucht, mit den Russen ins Gespräch zu kommen, indem er daran erinnerte, daß der 1. Mai für das Dritte Reich und die Sowjetunion ein gemeinsames Fest sei. Niemand hatte ihm geantwortet.
Die Eingeschlossenen im Bunker warteten mit verzehrender Ungeduld auf die Rückkehr Krebs'. Hitlers Tod ließ einen Hoffnungsstrahl aufleuchten. In den Ruinen der Reichskanzlei, neben der Leiche ihres Führers, waren die Extremisten des Nationalsozialismus bereit, ihre Bekehrung zum Kommunismus zu verkünden. Goebbels und Bormann planten, einen Aufruf an das deutsche Volk zu erlassen, zu dem von Hitler geschlossenen und von ihm widerrufenen Bündnis mit den Russen zurückzukehren.
Der Bericht Krebs' zerschlug dieses Hirngespinst. Der verzweifelte Ausruf »Das ist das Ende!« entfuhr Goebbels, als man ihm mitteilte, daß die Russen jegliche Art von Gespräch ablehnten und sofortige, vollständige Kapitulation verlangten. Goebbels protestierte zuerst, dann aber resignierte er, versank in Schweigen, schloß mit seinem Leben ab. Weidling verließ den Bunker und begab sich zu seiner letzten Befehlsstelle in der Voßstraße neben der Reichskanzlei. Er besaß noch einen Sender, mit dem er zu Tschuikow Verbindung aufzunehmen suchte.
Bormann wollte am Leben bleiben: Er bereitete einen nächtlichen Ausfall der Insassen des Bunkers vor. Goebbels wollte sterben. Die Szenen, die sich beim Selbstmord Hitlers und Eva Brauns ereignet hatten, wiederholten sich, weniger zeremoniell. Das Ehepaar nahm von seinen Gefährten Abschied, dann wurde den sechs Kindern ein von dem Arzt des Bunkers zubereiteter Gifttrank gereicht. Darauf stiegen Magda und Joseph Goebbels die Treppe zum Garten der Reichskanzlei hinauf. Sie wurden von einem SS-Mann, der damit beauftragt worden war, erschossen; die Leichen wurden mit Benzin übergossen, verbrannten jedoch nur unvollständig, so daß sie später zu identifizieren waren.
Es war 19 Uhr 30. Drei Männer hatten beschlossen, im Bunker zu bleiben und sich im Augenblick des Eindringens der Russen zu erschießen: Schedle, Chef des Führerbegleitkommandos, General Krebs und General Burgdorf, der völlig betrunken war. Die anderen, Frauen und Männer, verließen die Reichskanzlei zusammen mit SS-Brigadeführer Mohnke, dem Kommandeur des Verteidigungsbereichs der Reichskanzlei, in mehreren Gruppen. Der von Bormann entworfene Plan bestand darin, die Station Wilhelmstraße durch die unterirdischen Garagen der Reichskanzlei zu errei-

Unfreiwillige Korrekturen am Bild der deutschen Geschichte: Wächter des Berliner Zeughauses bringen die Potentaten preußischer Historie vor dem Bombenhagel in Sicherheit (oben). – Kanadische Einheiten haben dagegen Kriegsbeute eigener Art gemacht. Das Hoheitszeichen des ›Tausendjährigen Reichs‹ ist bereits nach zwölf Jahren Trophäe des Feindes (unten).

Neugierig oder spöttisch reagierten die Besatzungstruppen auf Relikte des Dritten Reiches wie in Rotenburg bei Bremen (oben links) oder in Lauterbach im Schwarzwald (rechts). – Die Stahlhelme noch auf den Köpfen, lauschten die GIs bereits dicht hinter der Frontlinie den Heimatschlagern der US-Truppenbetreuung (unten).

chen, dann die Spree zu überqueren und nach Nordwesten zu fliehen. Viele von denen, die sich an diesem Versuch beteiligten, hatten den Bunker seit Beginn der Belagerung nicht verlassen: Sie rangen buchstäblich nach Atem, als sie mitten in der brennenden Stadt ins Freie kamen.

Einigen gelang es zu entkommen und ihr Leben zu retten; sie lieferten später wertvolle Zeugenaussagen über die letzten Minuten Hitlers. Frau Christian, Frau Junge und Fräulein Krüger gelang es, nach Westdeutschland zu kommen. Andere, wie Admiral Voß und der Kammerdiener Linge, machten einen weiten Umweg durch die sowjetischen Gefängnisse, wo man beträchtlichen Druck auf sie ausübte, um sie zu der Aussage zu bringen, Hitler sei noch am Leben. Andere fielen in den Ruinen von Berlin. Wieder andere verschwanden, ohne daß man ihre Leichen gefunden hätte. Zu ihnen gehört Martin Bormann. Wahrscheinlich wurde er gegen drei Uhr früh in der Friedrichstraße durch die Explosion eines Panzers getötet. Kempka sah ihn in einer grellen Flamme verschwinden, und der Reichsjugendführer Axmann behauptete, und zwar zu einem etwas späteren Zeitpunkt, ihn sterbend oder tot am Boden liegend erkannt zu haben. Diese Aussagen wurden nicht für ausreichend befunden, um die öffentliche Anklage gegen ihn zu tilgen. Bormann wurde in Nürnberg in Abwesenheit zum Tode verurteilt.

Während der Untergang dieser Einzelpersonen sich in dem großen Sterben Berlins verlor, strahlte der Sender Voßstraße wiederholt einen Funkspruch aus: ›Hier LVI. Panzerkorps! Wir bitten das Feuer einzustellen. Um 0 Uhr 50 Berliner Zeit entsenden wir Parlamentäre auf die Potsdamer Brücke. Erkennungszeichen: weiße Flagge vor rotem Licht! Wir warten!‹ Oberst von Duvfing ging zum viertenmal mit der weißen Fahne los und führte um 5 Uhr früh einen sowjetischen Panzerwagen zum letzten Gefechtsstand des Befehlshabers von Berlin. Weidling stieg mit den Generalen Woytasch und Schmid-Dankward ein. Der Panzerwagen wurde in der Nähe des Anhalter Bahnhofs von Gruppen junger Soldaten bedroht, die noch über Munition und Ausrüstung verfügten und über die Kapitulation murrten. Die Nachricht von Hitlers Tod begann sich in den Luftschutzkellern und den Kampfplätzen zu verbreiten. Sie ließ die breite Masse gleichgültig, die durch zuviel Leiden und Angst niedergedrückt war, stieß jedoch auf gefährlichen Unglauben von seiten der Fanatiker, die sich über Defätismus und Verrat beklagten.

Am Schulenburgring unterzeichnete Weidling die Kapitulationsurkunde von Berlin. Danach führte man ihn nach Johannisthal, wo er den Text eines Kapitulationsaufrufs auf eine Platte sprach, die vervielfältigt wurde, und den Text des Aufrufs durch Lautsprecherwagen in den Straßen Berlins bekanntmachte.

Das war aber noch nicht das Ende. Ein verzweifelter Ausfall wurde vorbereitet. Kämpfende, die sich zu kapitulieren weigerten, rotteten sich in Charlottenburg zusammen. Blutbedeckt, den Arm in der Schlinge, bildete der Kommandeur der Division ›Müncheberg‹, Mummert, eine Kolonne, mit der er die Spandauer Brücke überquerte.

Unter dem Feuer der sowjetischen Artillerie ging die Menschenmenge vor: Soldaten aller Waffengattungen der Wehrmacht, Zivilisten mit Kindern auf dem Arm, mit Greisen im Schlepptau. Der Name dessen, der die mögliche Befreiung von Berlin symbolisiert hatte, Wenck, war auf aller Lippen. Ihn wollten sie zu erreichen suchen, irgendwo bei Potsdam.
In Spandau spielten sich rund um die von den Russen besetzte Zitadelle wütende Kämpfe ab. In dem durch den Brand von Berlin rot beleuchteten Vorort schliefen verzweifelte Menschen. Am nächsten Tag, dem 3. Mai, spitzte sich die Lage zu. Mummert fiel; die Kämpfenden wurden durch die Mengen hungernder Flüchtlinge behindert. Sie kamen trotzdem voran und erreichten den Garnisonsort Döberitz. Dort wurden sie von Flugzeugen und Panzern aufgerieben. Nur Vereinzelten gelang es, bis zur Armee Wenck zu kommen.
In Berlin hörte der Gefechtslärm auf. Der Zoobunker, das letzte Bollwerk der Hauptstadt, schwieg. Mit fahlen Gesichtern kamen die Leute aus den Kellern, erstaunt, noch am Leben zu sein. Was sie sahen, war fürchterlich. Tausende Berliner waren unter der noch brennenden Leiche ihrer Stadt begraben. Das Los der Lebenden ließ sie die Toten um ihre Ruhe beneiden. Alles, was die Gesellschaftsordnung der Menschen ausmachte, war aufgehoben. Die Frauen waren den Siegern ausgeliefert. Besitztümer waren vernichtet oder zur Konfiszierung bestimmt. Der sowjetische Industrieminister kam persönlich, um den Abtransport der Berliner Industrieanlagen in die UdSSR zu organisieren. Die Demontagen begannen, während man noch kämpfte, manchmal unter Scheinwerferbeleuchtung, aber viele dieser Maßnahmen stellten sich später als Pfuscherei heraus. Zwischen 75 und 90 Prozent der Berliner Industrieanlagen wurden abmontiert, ihr Wert überschritt 4 Milliarden Mark. Aber was in Rußland ankam, hatte kaum mehr als Schrottwert.

Dönitz wird Staatschef

Es hätte wenig gefehlt, und Großadmiral Dönitz wäre aus seinem behaglichen Hauptquartier in Bernau nördlich von Berlin entführt worden. Er verließ sich auf eine Versicherung Keitels: Eine Offensive, die am dritten Tag noch keinen Erfolg gebracht hat, ist mißlungen. In der Nacht des 19. April hatte er in einer Vorahnung seinen überraschten Offizieren Befehl erteilt, sich abzusetzen. Eine Stunde später war das Oberkommando der Marine auf der Straße. Eine weitere Stunde darauf trafen die russischen Panzer in Bernau ein.
Die neue Befehlsstelle wurde in Plön, zwischen Kiel und Lübeck, eingerichtet. Von hier übernahm Dönitz später das Kommando über Norddeutschland, mit Feldmarschall

Busch als Oberbefehlshaber der Heerestruppen unter seinem Befehl. Er bekam erschreckende Nachrichten.
Die erste Überraschung – die geringste – war die Absetzung Görings. Die zweite war ein Funkspruch von Martin Bormann mit der Nachricht vom Verrat und den geheimen Verhandlungen Himmlers. ›Führer erwartet‹, schloß Bormann, ›daß Sie gegen alle Verräter blitzschnell und stahlhart vorgehen.‹
Dönitz war kein Politiker. Er war dem unheilvollen Einfluß Hitlers erlegen, aber er liebte weder Bormann noch Goebbels noch Himmler. Er zögerte aber doch. Anstatt gegen den letzteren blitzschnell und stahlhart zuzuschlagen, forderte er den Beschuldigten zu einer Besprechung auf und nahm den vorgeschlagenen Treffpunkt in der Polizeikaserne in Lübeck an. Er kam zur großen Erleichterung seiner Mitarbeiter heil wieder von dort heraus. Himmler hatte seine bedingungslose Treue zum Führer beteuert und behauptet, er sei das Opfer böswilliger Machenschaften. Eine neue Nachricht erreichte Plön. Bormann teilte Dönitz mit, der Führer habe ihn zu seinem Nachfolger bestimmt, anstelle von Reichsmarschall Göring. Schriftliche Vollmachten würden ihm zugehen. ›Ab sofort sollen Sie sämtliche Maßnahmen verfügen, die sich aus der gegenwärtigen Lage ergeben.‹ Der Funkspruch gab nicht an, ob Hitler gestorben war oder Amt und Würden aufgegeben hatte, indem er, wie Wilhelm II. 1918, in der Katastrophe abdankte. Als erster wurde Himmler verständigt. Nach Plön berufen, erschien er mit sechs bewaffneten SS-Offizieren. Dönitz empfing ihn mit dem Revolver auf dem Tisch. Als er Bormanns Funkspruch las, erbleichte Himmler vor Zorn, dann sagte er bitter: »Lassen Sie mich in Ihrem Staat der zweite Mann sein.« Deutschland stürzte in Trümmer, die Männer des Nationalsozialismus waren alle zu schmachvollem Ende bestimmt, und doch rangen sie mit der Erbitterung – und den Methoden – von Gangstern um die Macht.
Am nächsten Tag, dem 1. Mai, um 7 Uhr 40, wurde der Tod Hitlers durch einen neuen Funkspruch aus Berlin indirekt bestätigt. Der Text lautete: ›Testament in Kraft. Ich werde so schnell als möglich zu Ihnen kommen. Bis dahin, meines Erachtens, Veröffentlichung zurückstellen. Bormann.‹ Noch einer, der seinem Ehrgeiz folgte, der an seine Zukunft dachte.
Dönitz lehnte den in dem Funkspruch enthaltenen Rat ab. Die Nachricht, die er hinausgab, sprach von einem in seinem Befehlsstand gefallenen Hitler, der bis zum letzten Atemzug gegen den Bolschewismus gekämpft habe. Als er jedoch ein neuerliches – und letztes – Telegramm von der Reichskanzlei erhielt, das ihm die Bestimmungen des Testamentes kurz mitteilte und die Liste seiner hauptsächlichen Mitarbeiter angab, entschloß er sich, nicht darauf Rücksicht zu nehmen. Außenminister wurde zunächst der Finanzminister Schwerin von Krosigk. Albert Speer hatte kein Ministerportefeuille, stand aber als Wirtschaftsfachmann Dönitz zur Seite. Er überredete ihn, Bormann und Goebbels verhaften zu lassen, falls es diesen gelänge, aus Berlin herauszukommen.

Am 1. Mai ging die Heeresgruppe Montgomery, die seit zehn Tagen vor Bremen und Hamburg gestanden hatte, plötzlich zum Angriff vor. Sie überschritt die Elbe und marschierte im Westen Mecklenburgs ein. Dönitz verließ Plön und zog sich nach Mürwick bei Flensburg, an der dänischen Grenze, zurück. Nach einer dramatischen Fahrt über die Straßen voll geschlagener Truppen richtete sich das OKW gleichfalls dort ein. Keitel und Jodl standen noch so stark unter Hitlers Einfluß, daß sie die plötzliche britische Offensive begrüßten, da sie darin den Beginn der Feindseligkeiten zwischen Westmächten und Sowjets zu erkennen meinten. Hitler hatte bis zum letzten Augenblick behauptet, die Verlängerung des – dem Anschein nach hoffnungslosen – Widerstandes der Deutschen bezwecke einen Zeitgewinn, der es gestatten würde, den Umschwung der Bündnisverhältnisse abzuwarten. Seine beiden Militärberater glaubten, seine Vorhersage gehe nun in Erfüllung.
In Flensburg diktierte Dönitz seinem Adjutanten, Korvettenkapitän Lüdde-Neurath, eine Aufstellung des Erbes, das ihm zugefallen war. In Italien hatte soeben die Heeresgruppe Vietinghoff kapituliert und den Alliierten etwa eine Million Gefangene eingebracht. In Norddeutschland war Berlin verloren, und sämtliche dort noch im Kampf stehenden Armeen befanden sich in Auflösung. In Mittel- und Süddeutschland war die Lage ebenso hoffnungslos. Die 3. amerikanische Armee beendete die Eroberung Sachsens, München war vor zwei Tagen von der 7. amerikanischen Armee genommen worden. Nach Eroberung des Schwarzwaldes und Stuttgarts hatte die 1. französische Armee den Bodensee erreicht. Die Luftwaffe war fast völlig vernichtet, und in den noch verbliebenen Teilen Deutschlands stand die Kriegsproduktion durch den Mangel an Rohstoffen und die völlige Desorganisation der Transporte still.
Außerhalb seiner Landesgrenzen war Deutschland noch stark. Die Heeresgruppe Hilpert hielt sich in Kurland. Norwegen und Dänemark waren noch vollständig besetzt. Die Heeresgruppe Blaskowitz hielt noch den größten Teil von Holland, einschließlich Amsterdams und Rotterdams. In Frankreich hatten die Alliierten den Zugang zur Gironde geöffnet (und dabei Royan zerstört), aber Dünkirchen, Calais, Boulogne, Lorient, Saint Nazaire, La Rochelle sowie die Kanalinseln wurden immer noch von starken Garnisonen gehalten. Im Mittelmeer hielt Deutschland so entfernt liegende Inseln wie Rhodos und Kreta besetzt. In Mitteleuropa hielt die Heeresgruppe Löhr den Norden des Balkans, die Heeresgruppe Rendulic verteidigte den Westen Österreichs, die Heeresgruppe Schörner hatte noch das gesamte Gebiet des Protektorats in der Hand. Vom Nordkap bis zum Ägäischen Meer standen immer noch drei Millionen deutsche Soldaten unter Waffen, während das Reich selbst verloren war!
Die Flüchtlinge erschwerten noch diese ungewöhnliche Lage. Es gab unzählige von ihnen, niemand weiß wie viele Millionen – vielleicht fünf, vielleicht zehn oder noch mehr. Viele waren durch den russischen Vormarsch eingeholt worden oder hatten sich hinter die anglo-amerikanischen Linien geflüchtet, aber in dem von den deutschen

Armeen gehaltenen, stets kleiner werdenden Gebiet, drängten sie sich immer dichter zusammen. Die Verluste unter ihnen sowie die Strapazen für sie waren fürchterlich. Mit der Wiederaufnahme der britischen Offensive begann die Bombardierung sämtlicher Straßen Norddeutschlands, die unzähligen Zivilisten den Tod brachte. Überdies war die Zahl der Flüchtenden so groß, daß sie die beschossenen Straßen völlig unpassierbar machten. Selbst die Offiziere des Generalstabs konnten durch die Menge nicht durchkommen, wenn sie nach Osten fahren mußten, noch sich von ihr lösen, wenn ihr Auftrag sie nach Westen rief. Die Fortsetzung des Kampfes war unter derartigen Umständen nichts anderes mehr als grausamer, verbrecherischer Wahnwitz.
Dönitz war zu dieser Schlußfolgerung gelangt und versuchte nun, einen Plan zu machen. Seit der Konferenz von Casablanca hatte der Feind erklärt, daß er die bedingungslose Kapitulation fordere. Seit der Konferenz in Quebec war klargeworden, daß er die Absicht hatte, den deutschen Staat völlig aufzulösen. Dadurch war Deutschland geradezu verleitet, die geforderte Kapitulation zu ignorieren und sich ganz einfach, wie eine Leiche, den Händen des Gegners zu überlassen. Nicht die deutsche Armee allein, sondern Deutschland selbst als Kriegsgefangener, regungslos unter dem Druck der Sieger.
Der Großadmiral verwarf diese verzweifelte Lösung. Er hoffte, die angedrohte Strenge der alliierten Haltung werde Theorie bleiben, und er selbst werde sich als Chef einer so dringend nötigen deutschen Regierung halten können. Er würde also kapitulieren, jedoch versuchen, es mit Verstand zu tun: ein Minimum der Kapitulation gegenüber den Russen, ein Maximum gegenüber den Engländern und Amerikanern.
Doch kamen ihm die Ereignisse zuvor. Das zentrale Kommandosystem brach zusammen. Die Kapitulation Vietinghoffs in Italien war nur die erste einer ganzen Reihe. Überall stellten die deutschen Armeen den Kampf ein und versuchten, sich als Gefangene den Westmächten in die Hände zu geben.
Außerstande, seinen Marsch auf Berlin fortzusetzen, war Wenck an der Havel in Verteidigungsstellung gegangen. Am 2. Mai stieß die 9. Armee zu ihm, die sich von der Oder durch die feindlichen Linien bis zu ihm durchschlug. Der letzte strategische Gedanke Hitlers hatte darin bestanden, diese beiden Armeen zu vereinigen, um die Russen an den Mauern Berlins zu erdrücken. Aber Hitler war tot, und die Armee Busse bestand nur mehr aus etwa dreißigtausend Hungergestalten, die nicht einmal die Kraft besaßen, Furcht vor der sowjetischen Gefangenschaft zu empfinden, und die vor Erschöpfung umfielen. Wenck organisierte einen Pendelverkehr über die Elbe, um sie nach Westen zu bringen, und stand neuerlich vor dem Problem, das durch die Ankunft Keitels in seinem Hauptquartier in der Nacht des 22. April unterbrochen worden war: Wie sollte und wie konnte er möglichst viele Soldaten und Zivilisten hinter die amerikanischen Linien bringen?
Am 4. Mai überschritt General der Panzertruppen Frhr. von Edelsheim, Befehlshaber

des XXXXVIII. Panzerkorps, mit der weißen Fahne die Elbe. Er überbrachte die Vorschläge Wencks: Die 9. und 12. Armee ergeben sich den Amerikanern; die Elbe würde für Verwundete, Soldaten ohne Waffen, Zivilflüchtlinge und schließlich jene Soldaten offengehalten, die solange als möglich die Flüchtenden gegen den sowjetischen Druck verteidigen würden. Der Baron wurde ins Hauptquartier der 9. amerikanischen Armee nach Stendal geführt und höflich empfangen. Alle seine Vorschläge wurden angenommen, mit Ausnahme eines einzigen: Die Zivilisten durften die Elbe nicht überschreiten! Viele kamen aus Ostpreußen, Schlesien, den vom Dritten Reich annektierten polnischen Gebieten. Sie waren durch Schneestürme gezogen, tausend Kilometer weit marschiert, hatten tausend Tode gelitten, Tausende Leichen hinter sich gelassen. Sie brauchten nur mehr die Elbe zu überschreiten, um einen Gegner zu finden, nach dessen Ansicht der Krieg nicht sämtliche Gesetze der Menschlichkeit ausgelöscht hatte. Aber das Überschreiten der Elbe wurde durch Verfügung der Amerikaner verboten!

Wenck schickte Edelsheim erneut nach Stendal. Man hörte ungläubig das Bittgesuch an, das er brachte. Die amerikanischen Offiziere verstanden nicht, warum so viele Tausende Zivilisten sich noch weiter von ihrer schon so fernen Heimat entfernen wollten, während die Feindseligkeiten ihrem Ende zugingen. Sie lehnten es ab, sich die Erzählungen über die russischen Greueltaten anzuhören. Sie argwöhnten deutsche Machenschaften, um die Verbündeten zu entzweien. Außerdem waren die Instruktionen des SHAEF ganz klar. Die Kapitulation feindlicher Einheiten durfte ausschließlich den Charakter einer örtlichen militärischen Übergabe haben. Der Befehlshaber der 9. Armee war der Ansicht, er würde die ihm erteilten Befehle überschreiten und indirekt die Barbarei der Sowjets zugeben, wenn er seine Front den Flüchtlingen öffnete.

Die Deutschen mußten sich beugen. Die Kapitulation wurde unterschrieben. Verwundete, entwaffnete Soldaten, sonstige Militärpersonen begannen die Elbe zu überschreiten, während das XXXXVIII. Panzer- und das XX. Korps bei Tangermünde einen Brückenkopf bildeten. An den Ufern des Flusses waren Hunderttausende Flüchtlinge versammelt. Die russischen Geschütze donnerten bereits ganz in der Nähe, die sowjetischen Flieger beschossen die Lagerplätze mit Maschinengewehren. Viele suchten den Fluß schwimmend, auf Holzbrettern, in Fässern zu überqueren, aber die meisten wurden durch das Feuer der Amerikaner zurückgejagt. Am Siebten begannen die Kämpfenden selbst überzusetzen. Wenck fuhr bei Einbruch der Nacht in einem Boot hinüber, verfolgt von den Kugeln eines russischen Maschinengewehrs. Ungefähr 100000 Soldaten und ein paar tausend Flüchtlinge, die von ihnen mitgenommen wurden, erreichten so den Westen. Die Zurückgebliebenen waren verzweifelt. Ganze Familien begingen Selbstmord oder ertranken bei dem Versuch, trotzdem über den Fluß zu kommen.

Nördlich von Wenck kämpfte die Heeresgruppe, die immer noch den Namen ›Weichsel‹

trug: die 3. Panzer- und die 21. Armee. In Wahrheit hatten die großartigen Bezeichnungen Armee und Heeresgruppe – wie 1940 in Frankreich – ihren Sinn verloren. Dem vorläufigen Befehlshaber der Heeresgruppe, General von Tippelskirch, gelang es nicht einmal, gegen den Strom der Flüchtlinge anzukommen und festzustellen, wo eigentlich seine großen Einheiten standen. Er entschied sich zur Kapitulation, machte selbst den Unterhändler und konnte den Kommandeur der 81. US-Luftlandedivision, Gavin, sprechen. Ebenso wie Simpson wollte dieser die Soldaten übernehmen, lehnte jedoch die Zivilisten ab. Lange Kolonnen von Feldgrauen marschierten in eine verhältnismäßig milde Gefangenschaft.
Dönitz selbst trat mit dem Sieger in Unterhandlungen. In der Nacht des 2. Mai, während seiner Flucht nach Flensburg, blieb er auf der Umladebrücke über den Nord-Ostsee-Kanal in der Levensau stehen und übertrug dem neuen Oberbefehlshaber der Kriegsmarine, Generaladmiral von Friedeburg, die Mission, sich zu Montgomery zu begeben. Er sollte diesem die Kapitulation sämtlicher deutscher Armeen in Norddeutschland anbieten und ihn um Hilfe zur Erleichterung der Not der Flüchtlinge bitten. General Kinzel, der Generalstabschef von Feldmarschall Busch und sein eigener Stabschef, Konteradmiral Wagner, begleiteten Friedeburg sowie Major Friedel und Oberst Poleck. Die Straßen waren von Flüchtlingen verstopft, von Wracks übersät, ständig von heftigen Angriffen alliierter Flieger heimgesucht. In den Ruinen von Hamburg hielt Gauleiter Kaufmann die Parlamentäre an und wollte sie erschießen lassen. Erst gegen Ende des Vormittags erreichten sie Montgomerys Befehlsstand in der Lüneburger Heide. Der Marschall stieg aus seinem Wagen, während die Deutschen salutierten. Fröhlich flatterte der Union Jack im Wind. Montgomery wies mit gleichgültiger Geste auf die Deutschen: »Wer sind diese Leute? Was wollen sie?« Ein ernster Augenblick... Das Ersuchen um Kapitulation wurde von Montgomery abgeschlagen. Die Heere, deren Übergabe man ihm anbot, kämpften gegen die Russen: Dann sollten sie sich auch den Russen ergeben. Friedeburg antwortete, kein einziger Soldat werde dem Befehl gehorchen, vor den Russen die Waffen zu strecken – nicht aus Gründen der Ehre, sondern einzig und allein, weil die Gefangenschaft bei den Sowjets eine Behandlung barbarischer als den Tod bedeutete. Anstatt zu antworten, ließ Montgomery Friedeburg in seinen Wagen steigen und zeigte ihm seine Karten. Ungeheure Streitkräfte waren im Begriff, gegen die Verteidiger Restdeutschlands vorzugehen. Der deutsche Admiral kämpfte mit den Tränen. Montgomery gab ihm Zeit zum Überlegen und ließ den Deutschen in einem gesonderten Zelt Essen servieren. Dann wurde die Besprechung fortgesetzt, und die Lagekarten sprachen noch immer eine deutliche, unerbittliche Sprache. Monty machte einen Gegenvorschlag: Sofortige Kapitulation sämtlicher deutscher Kräfte zu Lande, zu Wasser und in der Luft, die sich an der West- und Nordflanke seiner Heeresgruppe befanden, das heißt in den Niederlanden, auf den Friesischen Inseln, in Helgoland, Schleswig-Holstein und Dänemark. Unter dieser

Bedingung würden alle deutschen Soldaten, die sich bei den britischen Vorposten meldeten, einzeln oder in Gruppen, als Kriegsgefangene behandelt werden. Was die Flüchtlinge betraf, bestätigte Montgomery, daß er ihnen offiziell nicht gestatten könne, seine Linien zu überschreiten. Er versprach jedoch, über Möglichkeiten nachzudenken, wie er ihre Leiden erleichtern könnte. »Ich bin kein Unmensch...«, sagte er. Er bewies es, indem er die Luftbombardements einstellen ließ, ohne die Unterzeichnung der Kapitulation abzuwarten.

Friedeburg erwiderte, er besäße nicht die notwendigen Vollmachten, um die Streitkräfte in Holland und Dänemark kapitulieren zu lassen. Man vereinbarte, daß er Weisung aus Flensburg einholen werde. Admiral Wagner und General Kinzel würden im englischen Hauptquartier verbleiben. Die Unterzeichnung war bis zum folgenden Tag, dem 4. Mai, 18 Uhr, zeitlich befristet.

Inzwischen hatten in Flensburg lange Beratungen stattgefunden. Dönitz hatte die wichtigsten zivilen und militärischen Persönlichkeiten der noch von der Wehrmacht gehaltenen Gebiete zusammengerufen. Seyß-Inquart war aus den Niederlanden gekommen, Terboven und General Böhme aus Norwegen, Best und Generaloberst Lindemann aus Dänemark, General Foertsch, Generalstabschef der Heeresgruppe Nord, aus Kurland, der stellvertretende Reichsprotektor Frank und General von Natzmer, Generalstabschef der Heeresgruppe Mitte, aus der Tschechoslowakei. Alle waren sich einig, daß die Lage hoffnungslos war. Seyß-Inquart berichtete, daß er bereits Verhandlungen eingeleitet habe, und Frank, daß er mit den bürgerlichen Politikern Prags verhandle, damit sie die Macht übernähmen und die amerikanischen Truppen einmarschieren ließen. Natzmer erklärte jedoch, er könne für seinen Chef, Feldmarschall Schörner, nicht einstehen, der imstande wäre, sich in dem böhmischen Viereck bis zum letzten Atemzug zu verteidigen.

Um Mitternacht erschien Friedeburg wieder, grau vor Müdigkeit. Die Bedingungen, die er mitbrachte, wurden in Gegenwart Keitels, Jodls und Schwerin von Krosigks geprüft. Die Verpflichtung, die Schiffe unbeschädigt auszuliefern, ließ Dönitz einen Augenblick zögern; dann gab er nach und erteilte Friedeburg Vollmacht, die Kapitulation sämtlicher Armeen des Nordens zu unterzeichnen. Er ersuchte ihn, seine Mission danach in Reims fortzuführen, um den Amerikanern eine gleichlautende Kapitulation der übrigen Armeen anzubieten.

Am 4. Mai um 18 Uhr war Friedeburg neuerlich bei Montgomery. Dieser stellte ihm nur eine einzige Frage: »Ja oder nein?« Der Deutsche antwortete ›niedergeschlagen‹ nach Montgomerys Erinnerung – mit »Ja«. Zwanzig Minuten später setzte er vor den Pressekorrespondenten, den Fotografen, Kameraleuten und Rundfunkmikrofonen seine Unterschrift unter die Kapitulationsakte. Ein englisches Flugzeug brachte ihn nach Flensburg zurück, von wo ein deutsches Flugzeug am nächsten Tag aufstieg, um ihn nach Reims zu bringen.

Das Wetter hatte sich verschlechtert, und Friedeburg mußte in Brüssel landen, von wo ihn ein Auto nach Reims brachte; dort kam er am späten Nachmittag an, begleitet von General Kinzel und Oberst Poleck. Der Empfang, den ihm Bedell Smith bereitete, ließ ihn das gleiche stillschweigende Verständnis erwarten wie bei Montgomery. Die Illusion schwand, als Bedell Smith von seiner Besprechung mit Eisenhower zurückkam. Die Bedingungen waren von unerbitterlicher Härte. Die Kapitulation mußte für sämtliche deutschen Armeen unterzeichnet werden, und zwar sowohl den Russen wie den Westmächten gegenüber. Sobald sie in Kraft trat, würden die deutschen Soldaten dort, wo sie sich befanden, gefangengenommen. Bei Strafe des Verlustes ihrer Soldatenrechte sei es ihnen verboten, sich anderswohin abzusetzen. Friedeburg berief sich auf die Zugeständnisse, die ihm Montgomery gemacht habe, aber Bedell Smith antwortete, in der Lüneburger Heide habe es sich um eine taktische Kapitulation gehandelt, während es in Reims um Gesamtkapitulation ginge. Er verschwieg, daß Ike über Montgomerys Haltung verstimmt war. »Friedeburg war während der ganzen Mahlzeit nachdenklich«, erzählte sein Marineadjutant Butler, »da er sich fragte, in welche Lage er kommen würde, wenn er eine Kapitulation annahm, die von den Russen nicht anerkannt würde...« Neuerlich aufgefordert, ja oder nein zu sagen, erwirkte er es, nach Flensburg berichten zu dürfen. Kinzel fuhr zurück und erstattete Bericht. Dönitz entschied, Jodl zu einem letzten Versuch zu entsenden. Keine sehr diplomatische Wahl, aber Jodl besaß die Nerven für diese Aufgabe. Francis de Guingand vom taktischen Befehlsstand Montgomerys, der Jodl nach Reims begleitete, fiel seine unerschütterliche Ruhe auf, und er gab zu, daß es ihn beunruhigte, mit demselben Manne in einem Flugzeug zu sitzen, der Hitler mit Leib und Seele ergeben gewesen war. Jodl hatte übrigens ebensowenig Erfolg wie Friedeburg. Er suchte Zeit zu gewinnen und schlug vor, die Kapitulation solle in zwei Phasen erfolgen: eine erste, in der Bewegungen der Truppen erlaubt, und eine zweite, in der sie verboten wären. Eisenhower ließ ihm antworten, falls die Unterschrift der Deutschen noch weiter verzögert würde, werde er Befehl geben, die Westfront völlig zu sperren und auf jeden deutschen Soldaten zu schießen, auch wenn er unbewaffnet käme, sich zu ergeben.

Sämtliche Möglichkeiten waren erschöpft. Jodl telegrafierte um Mitternacht nach Flensburg, er sähe keinen anderen Ausweg als zu unterschreiben, oder das Chaos wäre unvermeidlich. Um 1 Uhr 30 erhielt er Keitels Antwort: ›Vollmacht zur Unterzeichnung nach mitgeteilten Bedingungen hat Großadmiral Dönitz erteilt.‹

Das Sprechzimmer der Berufsschule von Reims war für diesen feierlichen Augenblick vorbereitet worden: die Kapitulation Deutschlands nach achtundsechzig Monaten der Feindseligkeiten. Plötzlich wurde Befehl gegeben, die Scheinwerfer und Aufnahmegeräte zu entfernen. Die aus Paris in einer C 47 eingeflogenen 16 Korrespondenten wurden angewiesen, das Ereignis, dessentwegen sie hergebracht worden waren, ›off the record‹ zu lassen. Die Kapitulation Deutschlands im Quartier der westlichen Alliierten sollte noch nicht publiziert werden. Eisenhower hatte beschlossen, nicht anwesend zu sein. So fand die Zeremonie unter Vorsitz von Bedell Smith statt, zu seiner Rechten der englische Admiral Harold M. Burrough, zur Linken der russische General Iwan Suslaparow, bescheidener Chef einer Verbindungsabteilung. Ein amerikanischer und ein englischer Fliegeroffizier, Carl Spaatz und J. M. Robb, der englische General Frederick Morgan sowie der im letzten Augenblick eingeladene französische General François Sevez saßen noch auf seiten der Alliierten. Ihnen gegenüber Jodl, Friedeburg und General Wilhelm Oxenius, den man als Vertreter der Luftwaffe hatte kommen lassen. Alles war in wenigen Minuten beendet, nachdem Jodl noch erklärt hatte, das deutsche Volk vertraue auf die Großmütigkeit der Sieger. Die Geheimhaltung der Unterzeichnung in Reims war ein weiteres Zugeständnis an Stalin, dessen Zorn das SHAEF in Panik versetzt zu haben schien. Man war rasch zu dem Zugeständnis bereit, die offizielle Zeremonie am nächsten Tag in Berlin stattfinden zu lassen, inmitten seiner siegreichen Armeen. Dank der Zivilcourage Edmund Kennedys, der dem diskriminierenden Verbot zum Trotz die Zensur umging, wurde die westliche Welt dennoch informiert. Man mußte jedoch den Generalissimus des Westens, Dwight D. Eisenhower, davor zurückhalten, nach Berlin zu eilen und neben Marschall Schukow die Rolle des Zweiten zu spielen. »Ikes Generalstab faßte das sowjetische Verlangen als einen Akt der Propaganda auf«, sagte Butler. »Der Premierminister hatte bereits seiner Weigerung Ausdruck gegeben. Ike gab mit Bedauern nach. Er hätte gern Berlin gesehen und die Russen kennengelernt...«

Berlin brannte immer noch. Explosionen erschütterten die Ruinen, Munitionsdepots oder nicht explodierte Bomben, denen der Brand eine zweite Chance bot. Die alliierten Maschinen, in denen die Abordnungen des Westens nach Berlin eingeflogen wurden, waren spitzfindigen Formalitäten unterworfen und wurden von sowjetischen Jägern bis zum Flughafen Tempelhof begleitet, der noch von Trümmern übersät war. Obwohl innerlich darauf vorbereitet, kam der Anblick der zerstörten Hauptstadt für die aus dem Westen Kommenden doch wie ein Schock. Die Russen vermieden es, die alliierten Gäste durch die Innenbezirke zu fahren, und brachten sie nach einigen Umwegen nach Karlshorst, einem verhältnismäßig intakt gebliebenen entlegenen Vorort. Man hatte die Bevölkerung aufgefordert, sich der Route der Autokolonne fernzuhalten; der Verkehr wurde von sowjetischen Frauen in kurzen Röcken geregelt, die mit der Geschicklichkeit von Automaten rote und gelbe Winkfähnchen schwenkten, und die an den Kreuzungen aufgestellten Truppen sahen ordentlich aus. De Lattre, dessen Ankunft weder erwartet wurde noch erwünscht war, scheint einen anderen Weg genommen zu haben. Er war der einzige, der von »jämmerlichen Reihen von Frauen, Kindern und stumpfsinnigen Greisen« sprach, »die in endlosen Schlangen standen, mit allen möglichen Gefäßen ausgerüstet, um an den öffentlichen Brunnen und den Feuerhydranten ein wenig Wasser zu ergattern«. Ihm fiel auch der Kontrast bei der Roten Armee auf,

Unterzeichnung der Gesamtkapitulation der Deutschen Streitkräfte im sowjetischen Hauptquartier am 9. Mai 1945 durch Feldmarschall Keitel (oben links) und Marschall Schukow (oben rechts). – Am Tag vorher war die Zeremonie bereits in Eisenhowers Hauptquartier in Reims durch Generaloberst Jodl (unten links) vollzogen worden, eine Teilkapitulation vor Montgomery am 4. Mai unter anderem durch Admiral Wagner (unten rechts).

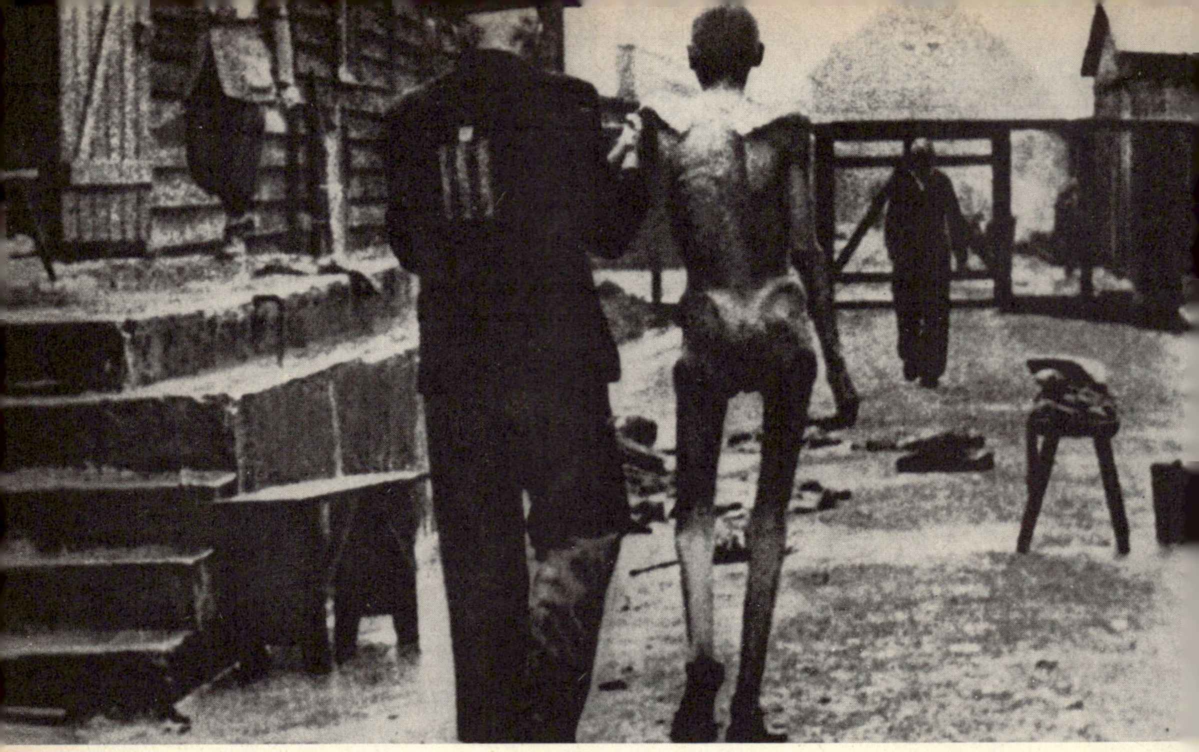

»Nichts hat mich je so erschüttert wie dieser Anblick«, schreibt Eisenhower über die in aller Eile von den Bewachern geräumten Konzentrationslager. »Ich sah mir alles genauestens an, weil ich es für meine Pflicht hielt, mich so eingehend darüber zu informieren, daß ich jederzeit selbst Zeugnis über diese Dinge ablegen konnte, falls man daheim glauben sollte, die Berichte über die Unmenschlichkeit der Nazis seien reine Propaganda.«

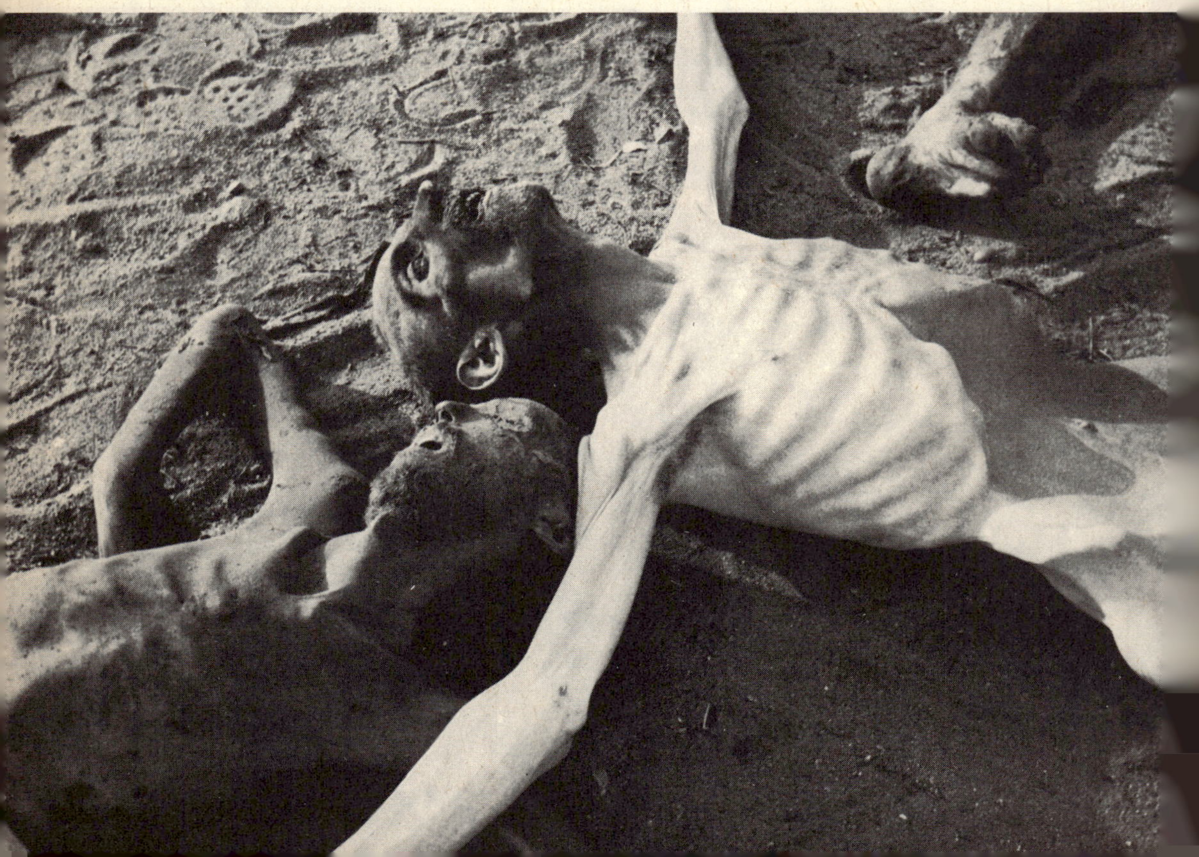

In den Schreckenslagern wie Ohrdruf, Buchenwald, Bergen-Belsen und Dachau fanden die Alliierten nur noch die unzähligen stummen Zeugen der im deutschen Namen begangenen Verbrechen vor. Die letzten Repräsentanten des unmenschlichen Regimes: Reichsminister Speer, Großadmiral Dönitz und Generaloberst Jodl wurden am 23. Mai 1945 in Mürwik verhaftet und vor das Militärtribunal in Nürnberg gestellt (folgende Seite).

die Panzereinheiten in erstklassiger Ausrüstung, dagegen »die Kolonnen langer schmaler Fuhrwerke, auf sehr hohen Rädern, gelenkt von schlecht gekleideten Soldaten mit Pelzmützen auf dem Kopf und alten Decken um die Schultern...«
Die Beteiligung des französischen Offiziers an der Zeremonie war nicht ohne ernste Zwistigkeiten abgegangen. Nach der Eroberung des Schwarzwaldes war seine Armee am Bodensee entlang in Österreich eingedrungen und hatte Bregenz und Feldkirch auf dem Weg zum Brenner genommen. De Lattre befand sich in Lindau, als er von General de Gaulle Auftrag erhielt, ›an der Unterzeichnung der feierlichen Akte der Kapitulation in Berlin teilzunehmen‹. SHAEF war einverstanden, stellte das Flugzeug zur Verfügung, aber die Russen machten Schwierigkeiten. De Lattre und seine Begleiter, Oberst Demetz und Hauptmann Bondoux, erhielten Strohsäcke in einem Gemeinschaftssaal zugewiesen. Sie versuchten, anfangs ohne Erfolg, Marschall Schukow zu erreichen. Unter welchen Bedingungen, aufgrund welcher Überlegungen Moskau plötzlich eine nachgiebigere Haltung annahm, ist nicht bekannt. Es wurde vereinbart, daß die Kapitulation von Marschall Schukow und Luftmarschall Tedder unterzeichnet werden solle, wobei letzterer Eisenhower vertrat. Der amerikanische General Spaatz und de Lattre würden als Zeugen unterzeichnen. Das französische Selbstgefühl war gerettet.
Am 9. Mai, kurz nach Mitternacht, wurde die Sitzung im Festsaal der Unteroffiziersschule Karlshorst eröffnet. Um 0 Uhr 10 gab Schukow Befehl, die deutsche Delegation hereinzuführen. Dönitz hatte Feldmarschall Keitel zu ihrem Chef bestimmt. Keitel trat in einer Haltung ein, die die Zeugen später als arrogant bezeichneten; man darf jedoch darin die steifgewordene Würde des Soldaten sehen, der den schmerzlichsten Akt seiner Selbstverleugnung vollzog. Er hob seinen Marschallstab zum Gruß; keine Antwort. An seiner Seite nahmen der leichenblasse Admiral von Friedeburg und Generaloberst Stumpff, als Vertreter des Feldmarschalls von Greim, Platz, den seine in Berlin erlittene Verwundung in einem bayrischen Lazarett festhielt. Dahinter stellten sich sechs Offiziere auf, »wirklich prächtige Gestalten, alle dekoriert mit dem Ritterkreuz mit Schwertern«, erzählt der heutige Rechtsanwalt Bondoux. »Unbeweglich standen sie dort und bissen sich auf die Lippen, um nicht zu schluchzen... Ein erschütterndes Bild einer besiegten, tapferen Armee.«
Das Abkommen wurde verlesen. Die deutsche Delegation bescheinigte die bedingungslose Kapitulation sämtlicher deutschen bewaffneten Streitmächte, die nach den Vereinbarungen von Reims bereits kurz zuvor, um 0 Uhr 01, in Kraft getreten war. Keitel verlangte einen Zeitraum von vierundzwanzig Stunden zur Bekanntmachung an die Armeen. Schukow antwortete, das Verlangen sei bereits abgelehnt worden. Die Unterschriften wurden ausgetauscht. Keitel grüßte wieder mit seinem Marschallstab. Die Sieger blieben sitzen. Die Besiegten verließen den Saal.
Einige Tage später vergiftete sich Admiral von Friedeburg. General Kinzel schoß sich

eine Kugel in den Kopf. Himmler, der nicht in der Umgebung von Dönitz geblieben und eigenen, etwas verworrenen Plänen nachgegangen war, ergab sich schließlich einem englischen Posten; als man aber mit der Leibesvisitation begann, zerbiß er eine Zyankalikapsel und fiel tot um. von Greim vergiftete sich gleichfalls. Andere, die zu den ärgsten Fanatikern gehört hatten, versuchten zu überleben. Gauleiter Hanke, der die Verteidigung von Breslau ›bis zum letzten Mann und bis zur letzten Frau‹ befohlen hatte, verließ mit einem Fieseler ›Storch‹ die Stadt, die dem Untergang geweiht war. Gauleiter Koch floh aus Pillau auf einem Eisbrecher, den er für sich allein in Anspruch nahm, und erreichte damit die dänische Küste. Einer nach dem anderen verlor sich in dem Chaos des besiegten Deutschland.

In Kurland verließen alle Schiffe, die sich auf dem Wasser halten konnten, noch am 8. Mai die Häfen Libau und Windau, wodurch noch 28 000 Menschen ins Vaterland zurückkehrten; die Zahl der aus den eingekesselten Gebieten im Osten durch die deutsche Marine geretteten Zivil- und Militärpersonen erreichte über 2 200 000, aber noch rund 200 000 Soldaten blieben in der Gefangenschaft zurück. Auf dem Balkan mußten sich die 300 000 Mann der Heeresgruppe Löhr den Partisanen Titos ergeben, die an ihnen grausame Rache übten. In Österreich gelang es der Heeresgruppe Rendulic, ihre 600 000 Mann den Amerikanern in die Hände zu liefern.

In der Tschechoslowakei hatte sich Prag am 6. Mai erhoben. Patton stand in Pilsen, 60 Kilometer von der Hauptstadt entfernt. Er verlangte die Erlaubnis vorzustoßen und schickte, ohne sie abzuwarten, eine Abteilung Panzer voraus. Bradley schritt ein. Prag war ebenso wie Wien und Berlin alleiniges Gebiet der Sowjets. Die Abteilung, die Prag bereits erreicht hatte, wurde zurückgerufen.

Die Hilfe, die den Aufständischen zuteil wurde, kam unerwartet. Hitler hatte sich zuletzt noch entschlossen, die Aufstellung einer Wlassowarmee zu gestatten. Von den beiden ausgerüsteten Divisionen war eine an der Oder verlorengegangen. Die andere kam unter dem Befehl des ukrainischen Generals Bunitschenko nach Prag. Sie schloß sich jedoch vorübergehend dem Aufstand an. Man sah deutsche Uniformen gegen andere deutsche Uniformen kämpfen. Wlassow selbst eilte herbei und führte, nach Vernichtung der deutschen Garnison, nahezu 100 000 seiner Soldaten, die zum Teil über die Elbe gekommen waren, in die amerikanischen Linien. Patton gab Befehl, sie als Kriegsgefangene zu behandeln. Später wurden sie, Wlassow an der Spitze, den Russen ausgeliefert. Schörner erfuhr in seinem Hauptquartier in Josefstadt in den Sudeten von der Kapitulation. Er hatte drei vollständige Armeen unter seinem Befehl, die 17. Armee und die 1. und 4. Panzerarmee, zusammen 1 200 000 Mann. Einige Zeit vor der Einschließung Berlins war er zu Hitler geflogen, um ihn zu überreden, in das böhmische Viereck mitzukommen. Er versprach ihm, er werde sich verzweifelt verteidigen. Auch er hatte für seinen persönlichen Bedarf vorgesorgt. Als er erfuhr, daß der Krieg vorbei war, zog er Zivilkleidung an, steckte seine Orden mit den Brillanten in die Tasche und flog mit

einem Fieseler ›Storch‹ in die Tiroler Berge, wo er sich einen Schlupfwinkel mit Vorräten für ein ganzes Jahr eingerichtet hatte. Er wurde durch die Bauernbevölkerung angezeigt und von den Amerikanern den Russen ausgeliefert – die ihn erst im Januar 1955 freiließen. Von seinen Soldaten entgingen nur wenige den sowjetischen Lagern, und die Mehrzahl kehrte niemals zurück.
Die Schattenregierung in Flensburg entzweite die Alliierten. Churchill sah in ihr ein ›nützliches Instrument‹ und war dafür, sie aufrechtzuerhalten. Eisenhower war besorgt über die antisowjetische Einstellung von Dönitz, der beispielsweise deutschen Gelehrten, die von den Russen gesucht wurden, in den Westen zu fliehen half. Keitel wurde als erster verhaftet, dann wurde am 22. Mai der Großadmiral mit Jodl und seinen Mitarbeitern an Bord der *Patria* berufen, die im Hafen von Flensburg als Sitz der Interalliierten Kontrollmission diente. Der von der SHAEF entsandte amerikanische General Rooks ließ sie inhaftieren. Der Großadmiral und seine Offiziere mußten sich zur Leibesvisitation entkleiden.
Das war eine symbolische Demütigung. Deutschland war nicht nur besiegt, es hatte seine politische und juristische Existenz als Staatswesen verloren. Es war nicht nur besiegt, es war buchstäblich ausgelöscht.

Japans verzweifelte Lage. Von Manila nach Iwo Jima

Der Krieg in Europa war beendet, aber in Asien gingen die Kämpfe weiter. Anfang 1945 wirkte – zumindest auf der Karte – die Lage Japans immer noch imponierend. Es hatte weiter riesige Teile des asiatischen Kontinents in Händen: Korea, die Mandschurei, ganz Nordchina, bedeutende Küstengebiete im Süden, Französisch-Indochina, Malaya, Thailand, die Hälfte von Burma. Von den asiatischen Inseln besaß es Niederländisch-Indien vollständig, und von den Philippinen hatte es nur eine einzige wichtige Insel, Leyte, verloren. Ansonsten beschränkten sich die Verluste auf Neuguinea, die Salomonen, die Marshall- und Gilbertinseln, die Marianen und einen Teil von Burma. Manche Vorposten hatten aufgegeben werden müssen, und Japan war von der Offensive zur Defensive übergegangen. Drei Jahre nach seinem Eintritt in den Krieg war das von ihm errichtete Reich jedoch noch intakt.
Am 9. Januar wurde die amerikanische Offensive von neuem aufgenommen. Wieder hatte MacArthur das Spiel gewonnen. Admiral King wollte die Philippinen umgehen und direkt Formosa angreifen. Gegen Kings strategische Gründe hatte MacArthur seine sentimentalen politischen Argumente angeführt. ›The reoccupation of the entire Philippine Archipel is a national obligation and a political necessity. To by-pass any or all the islands would destroy American honor and prestige through-out the Far East,

if not in the rest of the world.‹ (Die Wiederbesetzung des Archipels der Philippinen ist eine nationale Pflicht und eine politische Notwendigkeit. Die Umgehung einer oder aller Inseln würde der Ehre und dem Prestige Amerikas im ganzen Fernen Osten, wenn nicht in der gesamten übrigen Welt, schweren Schaden zufügen.) Admiral Leahy und Admiral Nimitz schlossen sich dieser Anschauung an. Es wurde der Beschluß gefaßt, die Hauptinsel der Philippinen, Luzon, zu besetzen.

Luzon wurde von Yamashita, dem Eroberer Singapurs, verteidigt. Seine Streitkräfte betrugen etwa zehn Divisionen, 262000 Mann. Die Blockade zu Wasser und in der Luft gestaltete die Versorgung außerordentlich schwierig. Im Dezember war es keinem einzigen Geleitzug mehr gelungen, die Bucht von Manila zu erreichen. Die tägliche Ration der Soldaten war von drei auf weniger als ein Pfund Reis verringert worden. Die Filipinos waren zu noch härteren Entbehrungen gezwungen, und viele europäische Gefangene, Zivilisten und Militärs, verhungerten in den Lagern.

Der Wiedereroberungsplan der Amerikaner war eine Nachahmung des japanischen Eroberungsplanes. Die 6. amerikanische Armee unter General Walter Krueger landete in derselben Bucht von Lingayen, in der am 22. Dezember 1941 die japanische Armee des Generalleutnants Homma aufgetaucht war. Die Bucht ist ein Ausläufer der großen Senke des Inlandes ins Meer, die den Reichtum der Insel ausmacht und in die alle Verkehrsstraßen münden. Wie seinerzeit die Japaner, so hatten die Amerikaner südlich von Manila einen zusätzlichen Angriff vorgesehen, den die 8. Armee unter Generalleutnant Robert L. Eichelberger durchführen sollte.

Die Landung in der Bucht von Lingayen stieß auf keine ernsten Schwierigkeiten. Obgleich die Amerikaner genauso vorgingen wie seinerzeit die Japaner, wurde der Gegner völlig überrumpelt. Die Kamikazes zerstörten zwar einige Schiffe, aber diese Angriffe hörten bald auf, nicht mangels Freiwilliger, sondern mangels Maschinen. Am Abend des Neunten waren rund 80000 Mann des I. und XIV. Korps am Ufer, und der Landekopf wurde weiter verstärkt. Im Laufe der folgenden Tage stieß die Offensive jedoch auf immer härteren Widerstand. MacArthur rechnete damit, vierzehn Tage nach der Hauptlandung in Manila zu sein. Am 1. Februar nahm er erst den Flugplatz Clark Air Center, der auf halbem Weg liegt. Am 31. Januar wurde die Nebenlandung in der Bucht von Nasugbu ausgeführt. Der japanische Widerstand war unbedeutend, und die 11. Luftlandedivision konnte rasch durch das bergige Gebiet gegen Manila vorankommen. Als sie den Südrand erreichte, erschien auf der gegenüberliegenden Seite das XIV. Korps, und ein Angriff des 8. Kavallerieregiments befreite die 3767 Internierten der Universität Santo Tomás, die ebenso zu Skeletten abgemagert waren wie die Insassen von Buchenwald. Nach Einnahme von Clark Air Center hatte der japanische Widerstand plötzlich nachgelassen, und die Amerikaner kamen auf dem Weg zur Hauptstadt rasch voran.

MacArthur warf sein XI. Korps, das noch verfügbar war, auf die Halbinsel Bataan, um die Öffnung der Bucht von Manila zu beschleunigen. Die amerikanische Armee erreichte damit ihre unglückseligen Schlachtfelder von 1942 wieder, die Hügel, die sie nicht hatte verteidigen können, die von Urwäldern bedeckten Hänge des Natibberges, auf denen sie der Überlegenheit der siegestrunkenen japanischen Krieger gegenübergestanden hatten. Die Umstände hatten sich grundlegend geändert. Zur Stärke und Vielfalt der Waffen gesellten sich eine Kampfkraft und Anpassungsfähigkeit an die Verhältnisse, die aus der jungen amerikanischen Armee einen gefährlichen Kampfverband machten. Die neuerliche Landung kostete keinen einzigen Mann. Die Halbinsel Bataan wurde richtiggehend isoliert. Das XI. Korps vereinigte sich mit dem rechten Flügel des XIV. Korps, dessen linke Flanke gegen die Hauptmacht des Feindes, die Kampfgruppe Shobu, die die Berge im Norden der Insel besetzt hielt, vom I. Korps gedeckt wurde. Manila war damit völlig eingeschlossen.

MacArthur fesselten sentimentale Bande an Manila. »Mein Vater hat dort gesiegt, meine Mutter ist dort gestorben, ich habe dort meine Frau umworben, mein Sohn ist dort geboren...« Er hatte die Absicht, die Stadt unbeschädigt zu nehmen, und die Luftwaffe und Artillerie angewiesen, sie nicht zu bombardieren. Yamashita seinerseits hatte beschlossen, die Stadt wegen ihrer übermäßigen Ausdehnung nicht zu verteidigen. Aber die japanische Armee und die Marine waren Rivalen. Admiral Okochi lehnte es ab, sich der Entscheidung des leitenden Generals zu fügen, und erteilte Admiral Iwabushi Befehl, Manila zu verteidigen und um jede Straße zu kämpfen.

Die Schlacht begann. Der nördlich des Pasig gelegene Teil der Stadt war verhältnismäßig leicht zu nehmen, aber um die südlich des Flusses gelegenen Bezirke wurde erbittert gekämpft. Zwei amerikanische Divisionen, die 37. und die 1. Kavalleriedivision, vernichteten ein Widerstandsnest nach dem andern: das Rizel-Stadion, den Harrisonpark, das Rathaus, die Hauptpost, das Hotel Manila. MacArthur war bei der Eroberung des Hotels zugegen und sah das Penthouse – seine Dachwohnung, in der noch seine Bücher und Möbel standen und von der er so oft in Gedanken versunken die beleuchtete Bucht betrachtet hatte – in Flammen aufgehen. Die letzten Seeleute Admiral Iwabushis verschanzten sich in der Altstadt Intramuros, hinter den spanischen Befestigungen aus dem 18. Jahrhundert. MacArthur verweigerte seinen Generalen immer noch die Erlaubnis, dieses Bollwerk durch einen Luftangriff zu zerstören, hatte aber inzwischen seine Einwilligung zum Einsatz von Geschützen erteilt. Eine fünftägige Artillerievorbereitung hatte Intramuros völlig in Trümmer gelegt. Der Angriff wurde mit dem Sturmlauf am 23. Februar eingeleitet, und am 24. Februar waren die letzten Japaner aufgerieben. Die Amerikaner hatten 1010 Tote und 5565 Verwundete zu beklagen. Manila war ein Trümmerhaufen.

Zu dieser Zeit war die Halbinsel Bataan geräumt. Der Felsen Corregidor war durch vereinten Einsatz von Fallschirmjägern und Amphibienstreitkräften erobert worden. Topside und seine langgestreckte Kaserne, wo die Familie MacArthur während der

Belagerung 1941 gewohnt hatte, wurde nach schwerem Kampf genommen. Der Tunnel von Malinta Hill, den Tausende von Amerikanern mit erhobenen Armen seinerzeit verlassen hatten, wurde an seinen beiden Enden abgeriegelt. Aber die Japaner ergaben sich nicht: Eine fürchterliche unterirdische Explosion schleuderte riesige Flammen aus beiden Öffnungen und verkündete den Selbstmord der Verteidiger. Am 26. Februar explodierte das unterirdische Arsenal von Mickey Point und bedeckte Corregidor mit Trümmern. Jeder organisierte Widerstand war zu Ende. Von der dortigen Garnison von 4000 Mann machten die Amerikaner 20 Gefangene.
Am folgenden Tag, dem Siebenundzwanzigsten, führte MacArthur im Malacañanpalast, dem Präsidentenpalais, Osmena in sein Amt ein: Er brach mitten in seiner Rede in Tränen aus. Ein großer Teil Luzons und eine Anzahl von Inseln, darunter Mindanao, waren noch von den Japanern besetzt, aber der gewaltige Feldzug, den MacArthur mehr als Marschall der Philippinen denn als General der Vereinigten Staaten gewünscht hatte, war im wesentlichen beendet. Es ist nicht erwiesen, daß er für die Niederlage Japans tatsächlich von solcher Bedeutung war, daß er seine Ausdehnung und seine Kosten rechtfertigte. Hingegen findet sich vielleicht in der Tatsache, daß in Südostasien nach dem Krieg einzig die Republica de las Filipinas den Vereinigten Staaten und den Prinzipien der Demokratie treugeblieben ist (wenn auch mit militärischer Hilfe der USA), seine indirekte Rechtfertigung. Während MacArthur die Philippinen zurückeroberte, setzte die amerikanische Luftwaffe die Bombardierung Japans fort, und die amerikanische Marine verfolgte weiter die Strategie der Inseleroberungen. Beide Bemühungen waren koordiniert. Jede eroberte Insel auf der ›Straße‹ nach Tokio gestattete es der Luftwaffe, häufigere und sicherere Schläge zu führen.
Die auf den Marianen stationierten B 29 der 20th USAAF waren nur tausend Meilen von Japan entfernt. Die Luftangriffe gegen militärische Anlagen und industrielle Objekte vervielfachten sich und wurden immer intensiver. Die Versuchung, die japanischen Städte aus Holz und Papier in Brand zu schießen, wurde immer größer. Jedenfalls wurde eine vorgeschobene Basis, von der aus man den Fliegenden Superfestungen Jagdschutz geben und die bei der Rückkehr die beschädigten Maschinen aufnehmen konnte, nötiger denn je.
Man hatte keine große Auswahl. Zwischen den Marianen und Honschu gab es nur mehr einen einzigen Archipel, eine lange Kette kleiner Inseln, die von den Japanern Nanpo Schoto genannt wurden. Nur zwei waren für die Errichtung eines Luftstützpunktes geeignet: Chichishima in der Gruppe der Bonininseln und Iwo Jima in der Gruppe der Vulkaninseln. Admiral Nimitz wählte Iwo Jima, die ein wenig kleiner, aber etwas weniger hügelig ist. Der Angriff fand am 19. Februar statt. Zwei Divisionen Marineinfanterie landeten an einem strahlenden Morgen. Wochenlang hatten die Heeres- und Marineflieger daran gearbeitet, die Verteidigung zu schwächen, aber man hatte dem Befehlshaber des Expeditionskorps, Generalleutnant Holland M. Smith, die ein-

wöchige Artillerievorbereitung verweigert, die er verlangt hatte. Die Trägerflugzeuge von Admiral Spruance waren zu einem Riesenangriff auf Honschu gestartet, anstatt sich an der Invasion von Iwo Jima zu beteiligen.
Der Name Iwo Jima bedeutet ›schweflige Insel‹. Sie ist schroff und rauh. Acht Kilometer lang, vier Kilometer breit, besteht sie aus vulkanischen Felsen, bedeckt mit einer dicken Schicht schwarzer Asche. Ihr Längsprofil gleicht dem eines Sattels. An der Südspitze liegt ein kleiner Vulkan von 170 Meter Höhe, der Suribashi, der fast erloschen ist. Die Nordspitze besteht aus einer Hügelgruppe, aus der Rauchwolken hochsteigen und deren Boden so heiß ist, daß es fast unmöglich ist, ihn aufzugraben. In der Mitte ist das Terrain weniger wüst. Dort hatten die Japaner zwei Flugplätze angelegt und einen dritten zu errichten begonnen.
Unter den Verteidigern herrschte keine Einigkeit. Seeleute und Soldaten stritten untereinander. Eine offenbar von der schwefligen Natur der Insel hervorgerufene Kolik machte Hunderte von Soldaten bettlägerig. Es fehlte an Trinkwasser. Kuribayashi hatte 1200 Einwohner evakuiert und die einzige Ansiedlung, Motoyama, zerstört, um dadurch etwas Baumaterial zu gewinnen. Er hatte darauf verzichtet, die Strände zu verteidigen, und weil er möglichst lange durchhalten wollte, mußte er seine Verteidigung an beiden Enden der Insel organisieren. Die natürlichen Höhlen waren ausgebaut und mit den Beobachtungspunkten und Gefechtsstellungen durch Tunnels verbunden worden. Die Garnison zählte ungefähr 21 000 Mann, die größtenteils der 109. Infanteriedivision angehörten. Kuribayashi beklagte die schlechte Verfassung eines Teiles seiner Truppen, besonders aber die unzureichende Ausbildung seiner Artilleristen.
Am ersten Tag durchquerten die US-Truppen die Mitte der Insel, und der Surabashi wurde abgeschnitten. Im Laufe der folgenden Tage erstieg das 28. Regiment der Marineinfanterie Schritt um Schritt die von Schluchten durchzogenen Hänge des Vulkans und säuberte jede Höhle mit Flammenwerfern. Am 23. Februar erreichten 40 Marineinfanteristen, geführt von Oberleutnant Harold G. Schrier, den Gipfel, hißten das Sternenbanner und lieferten damit den Bildberichtern des Zweiten Weltkriegs eines ihrer berühmtesten Dokumentarfotos. Aber diese symbolische Geste bedeutete noch lange nicht die Einnahme Iwo Jimas. Kuribayashi hatte seine Hauptmacht auf den Hügeln im Süden zusammengezogen. Die Kämpfe wurden mit Verbissenheit weitergeführt.
Die Schwierigkeiten waren ungeheuer. Der lockere Boden erschwerte alles, vom Entladen der Ausrüstung bis zum Robben der Infanteristen. Die zur Verstärkung eingetroffene 3. Division des Marinekorps erhöhte das Gedränge auf den Landeplätzen und verursachte zusätzliche Verluste. Kein einziges japanisches Schlupfloch wurde genommen, ehe nicht auch der letzte Verteidiger tot war. Eine Stellung wie die Höhe 362 war ein riesiger Fuchsbau, dessen Gänge über den Köpfen der Japaner, die sich verbissen darin festsetzten, sämtlich zugemauert werden mußten. In der zweiten Märzwoche waren die noch überlebenden Japaner, etwa 1500, in einem winzigen Nest, nahe

der Landspitze von Kitano, zusammengedrängt. Iwo Jima wurde offiziell für ›befriedet‹ erklärt, aber eine letzte Gruppe von 500 Mann wehrte sich noch in einer wilden Schlucht inmitten des aus der Erde dringenden Schwefeldampfes. Die amerikanischen Pioniere wurden mit ihnen nur unter Zuhilfenahme von Minen fertig, deren Explosion die ganze Insel erschütterte. Man hat nie erfahren, wie der Held dieser sagenhaften Verteidigung, Kuribayashi, gestorben ist.

20703 Japaner waren umgekommen, im ganzen wurden 216 Gefangene gemacht. Die Marineinfanteristen verloren 278 Offiziere und 5653 Mann an Toten und Vermißten. Dazu kamen 881 Mann der Marine und der Besatzung des Trägers *Saratoga*, der durch einen Kamikaze beschädigt wurde. Die wenigen Quadratkilometer von Iwo Jima kosteten fast soviel Blut wie Luzon – ein Argument, das die Hearst-Presse benutzte, um zu verlangen, man solle MacArthur den Oberbefehl über den gesamten Pazifik geben, ›denn er rettet das Leben seiner eigenen Leute‹.

Während dieser erbitterten Kämpfe führte die strategische Luftwaffe einen fürchterlichen Schlag gegen Japan. Am 9. März stiegen von den Marianen 334 B 29 auf, mit einer Last von 2000 Tonnen Brandbomben. In den Bezirken von Tokio, auf die sie abgeworfen wurden, wohnten bis zu 100000 Einwohner auf den Quadratkilometer, und die Fläche der Häuserdächer betrug die Hälfte der Gesamtfläche. Ein Flammenmeer, das noch durch den Ausläufer eines Taifuns weiter angefacht wurde, verschlang diese Masse leichter Bauten und die Menschen darin. 267000 Häuser wurden zerstört, nahezu 84000 Menschen kamen um. Zahllose Menschen stürzten sich in die Kanäle oder starben an Verbrennungen. Der Kommandeur dieses Blutbades, Generalmajor Curtis LeMay, flog, an seiner Zigarre kauend, über dem Flammenmeer dahin und sagte: »Wir werden Japan in die Steinzeit zurückversetzen.« Die an den darauffolgenden Tagen aufgenommenen Fotos zeigten riesige schwarze Flächen, wo ganze Wohnbezirke der Stadt ausgebrannt waren. Von 44 durch die Flak getroffenen Bombern kehrten nur 14 nicht zurück. Die Besatzungen von fünf davon konnten sich mit dem Fallschirm retten, so daß die Verluste an Menschenleben für diesen Angriff nur 45 Mann betrugen.

Die Schläge vervielfachten sich. Die Armeen MacArthurs beschleunigten ihre Eroberung der Philippinen. Die Armee Mountbattens näherte sich Rangun. Das Luftgeschwader LeMays dehnte seine Angriffe, die dem auf Tokio glichen, auf alle japanischen Städte aus. Und noch ehe die Schlacht um Iwo Jima beendet war, griffen Flotte und Armee von Admiral Nimitz die Riukiuinseln, den Vorraum Japans, an.

Dieser Archipel, auf japanisch Nansei Schoto genannt, erstreckt sich in einer Kette von 150 Inseln von der Ostseite Formosas bis zur Südspitze von Kiuschu. Die Hauptinsel, Okinawa, die etwa hundert Kilometer lang und zwischen 3 und 12 Kilometer breit ist, liegt in der Mitte, ungefähr 1200 Kilometer von Tokio entfernt. Sie ist gebirgig und fruchtbar, hat tropisches Klima und war durch die starke japanische Zuwanderung übervölkert. Die Bevölkerungsdichte erreichte im Süden der Insel 6000 Einwohner

pro Quadratkilometer. Die Generalstäbe waren der Ansicht, daß die Kampfbedingungen ähnlich denen sein würden, die man im Falle einer Landung auf Japan vorfinden würde.
Die Landung in Okinawa übertraf alle vorhergegangenen Operationen im Pazifik. Der Luftwaffenmarschall LeMay verlangte in seinem Zorn ein Kriegsgericht für Nimitz, weil dieser darauf bestand, daß sogar die B 29 ihre Brandbombenangriffe auf Japan unterbrachen, um an der Vernichtung der feindlichen Stützpunkte teilzunehmen. Es wurde auch eine große Anzahl von Kampfschwimmern eingesetzt. Die Japaner vertrauten auf ihre Selbstmordboote, einem Pendant der Marine zu den Kamikazes: Die Amerikaner erbeuteten jedoch 250 von ihnen bei ihrer überraschenden Landung auf der Inselgruppe Kerama, westlich von Okinawa. Die Erdtruppen waren zu einer 10. Armee vereinigt, die dem Befehl von Generalleutnant Simon Bolivar Buckner unterstand. Dieser Sohn eines Generals der Südstaaten im Bürgerkrieg, ein strenger Befehlshaber, hatte lange Zeit untätig in Alaska, fern den Hauptschlachtfeldern, verbracht. Der Feldzug in Okinawa vermochte ihn zu entschädigen. Man hatte ihm das III. amphibische Korps anvertraut, bestehend aus der 1., 2. und 6. Division der Marineinfanterie, sowie das XXIV. Korps, bestehend aus der 7., 27., 77. und 96. Armeedivision. Eine achte Division, die 81., stand in Noumea zur Reserve. Diese Verbände bildeten die 18. Armee. Die Japaner verteidigten verbissen die Zufahrt der Riukiuinseln. Ein Kamikazeangriff gegen die Träger Admiral Mitschers machte aus der *Franklin* einen Haufen Schrott, der erstaunlicherweise nicht sinken wollte; es gelang dem Schiff, das 724 Tote und 265 Verwundete zu beklagen hatte, sich abschleppen zu lassen, seine Maschinen wieder in Gang zu setzen und Hawaii zu erreichen. Zwei neue Flugzeugträger, die Erben der ruhmreichen Namen *Wasp* und *Yorktown*, wurden gleichfalls beschädigt. Aber die Herrschaft zur See war damit nicht in Frage gestellt. Außerdem erhielt die amerikanische Flotte bedeutende britische Verstärkungen: 2 Schlachtschiffe, 4 Träger, 5 Kreuzer, 15 Zerstörer, die durch den Sieg über Deutschland und seine Flotte frei geworden waren, so daß Großbritannien sie in den Pazifik entsenden konnte.
Die Landung auf Okinawa begann am Ostersonntag, dem 1. April. Das zur Landung gewählte Gebiet war das Zentrum der Insel, zu beiden Seiten eines Flüßchens namens Bisha. 1213 Schiffe und Landungsfahrzeuge unter dem Befehl von Admiral Raymond K. Turner setzten die 6. und 1. Division der Marineinfanterie sowie die 7. und 96. Armeedivision an Land. Keinerlei Widerstand: Man hätte annehmen können, es gäbe auf Okinawa keinen Feind. Die Insel wurde bereits am ersten Tag von beiden Seiten durchquert; auch die Eroberung der Flugplätze von Jontan und Kadena forderte nicht mehr als zwei Tote. Der Oberst eines Regiments, das die Feuertaufe empfing, prahlte: »Schickt mir doch einen Japaner, lebendig oder tot. Meine Leute haben noch keinen gesehen...«
Japanischer Befehlshaber der Insel war Generalleutnant Mitsuru Ushijima, dessen Ge-

neralstabschef der brillante Generalmajor Isamu Cho war. Ihre kleine 32. Armee bestand aus der 24. und 62. Infanteriedivision sowie der 44. selbständigen Brigade. Ihr Stand betrug 100000 Mann, davon 24000 von der örtlichen Miliz. Sie verzichteten auf die Verteidigung der ganzen Insel und hatten ihre Streitkräfte im Süden um die alte Hauptstadt Shuri und die neue Hauptstadt Naha konzentriert. Im Norden hielt eine Abteilung die Halbinsel Motobu sowie die Insel Ie Shima, die in ihrer Verlängerung liegt. Der Rest der Insel, einschließlich der großen Flugplätze von Jontan und Kadena, war aufgegeben worden.

Das III. amphibische und das XXIV. Korps wandten sich nach Norden beziehungsweise Süden und bewegten sich über schmale, grünbewachsene Wege auf diese beiden Verteidigungslinien zu. Das ideale ›Osterwetter‹ war nicht von Dauer gewesen. Kalter, grauer Regen fiel über Okinawa.

In Japan führte die neue Landung der Amerikaner zu gewissen Folgen. Am 5. April gab Premierminister Kurichi Koiso seinen Mißerfolg zu und überbrachte Kaiser Hirohito die Demission seines acht Monate im Amt befindlichen und viermal geänderten Kabinetts. Der ›Rat der älteren Staatsmänner‹, bestehend aus den ehemaligen noch lebenden Ministerpräsidenten Prinz Konoye, Graf Kido, Admiral Okada, Baron Hiranuma, empfahl als neuen Regierungschef den siebenundsiebzigjährigen Admiral Kantoro Suzuki, der schon im Chinesisch-Japanischen Krieg 1894 gekämpft hatte. Er war 1936 des Verbrechens der gemäßigten Richtung beschuldigt worden, wurde von aufständischen jungen Offizieren niedergeschlagen und für tot gehalten, so daß die Mörder sogar Weihrauch über seiner vermeintlichen Leiche verbrannten. Als er 1945 die Regierung übernahm, versäumte er nicht, die vorschriftsmäßigen Worte zu sprechen: »Japan bis zur völligen Vernichtung seiner Feinde zu führen«. Aber Baron Matsudeira, der Privatsekretär des Geheimen Rates Graf Kido, machte einen Besuch bei Shigenori Togo, der wieder Außenminister geworden war. »Anscheinend«, sagte er zu ihm, »zieht der Kaiser die Möglichkeit in Erwägung, dem Krieg ein Ende zu bereiten...« Der neue Chef der japanischen Diplomatie stellte keine weiteren Fragen. Er hatte die Botschaft verstanden.

Um Okinawa zu retten, bot Japan heldenhafte Anstrengungen auf. Am 6. April begann eine Gegenoffensive zu Wasser und in der Luft. 699 Flugzeuge, davon 355 Kamikazes, stürzten sich auf die Landungsflotte. Am Abend ergab die Bilanz der gemeldeten amerikanischen Verluste einen scheinbaren Erfolg der Japaner: 60 Schiffe, darunter 2 Kreuzer, versenkt; 61 Schiffe, darunter mehrere Träger, beschädigt; kein einziges der Kamikazeflugzeuge war zurückgekehrt, und von den 344 Besatzungen, die keinen Vertrag mit dem Tode geschlossen hatten, fehlten gleichfalls 341. Die 121 zerstörten oder kampfunfähigen US-Schiffe beruhten aber auf Einbildung. Der Tag kostete Amerika in Wirklichkeit 3 Zerstörer, 1 Panzerlandungsschiff und zwei Munitionstransporter sowie eine Reihe beschädigter Schiffe geringerer Größenordnung. Das kaiserliche Haupt-

Die beiden Inseln Okinawa und Iwo Jima, dem japanischen Festland vorgelagert, waren als Luftbasen gegen Japan von entscheidender strategischer Bedeutung: Iwo Jima, nur 10 Quadratkilometer groß, kostete die Amerikaner in vier Wochen dauernden Kämpfen 4000 Tote und 15000 Verwundete. Sturmtruppen während der Landung (oben), gepanzerte Amphibienfahrzeuge vom Typ ›Alligator‹ beim Angriff durch die Brandung (unten).

Während der Kämpfe auf Iwo Jima kamen verstärkt Raketenbatterien zum Einsatz. Werfer vom Typ T 66 besaßen eine 24-Röhren-Kombination, die auf Zweiradlafetten oder Fahrzeugen montiert war und elektrisch gezündet wurde (oben). – Während verwundeten US-Soldaten Erste Hilfe geleistet wurde (unten), erstiegen GIs den Suribashi an der Südspitze und hißten die amerikanische Flagge, Symbol des nahen Sieges über Japan.

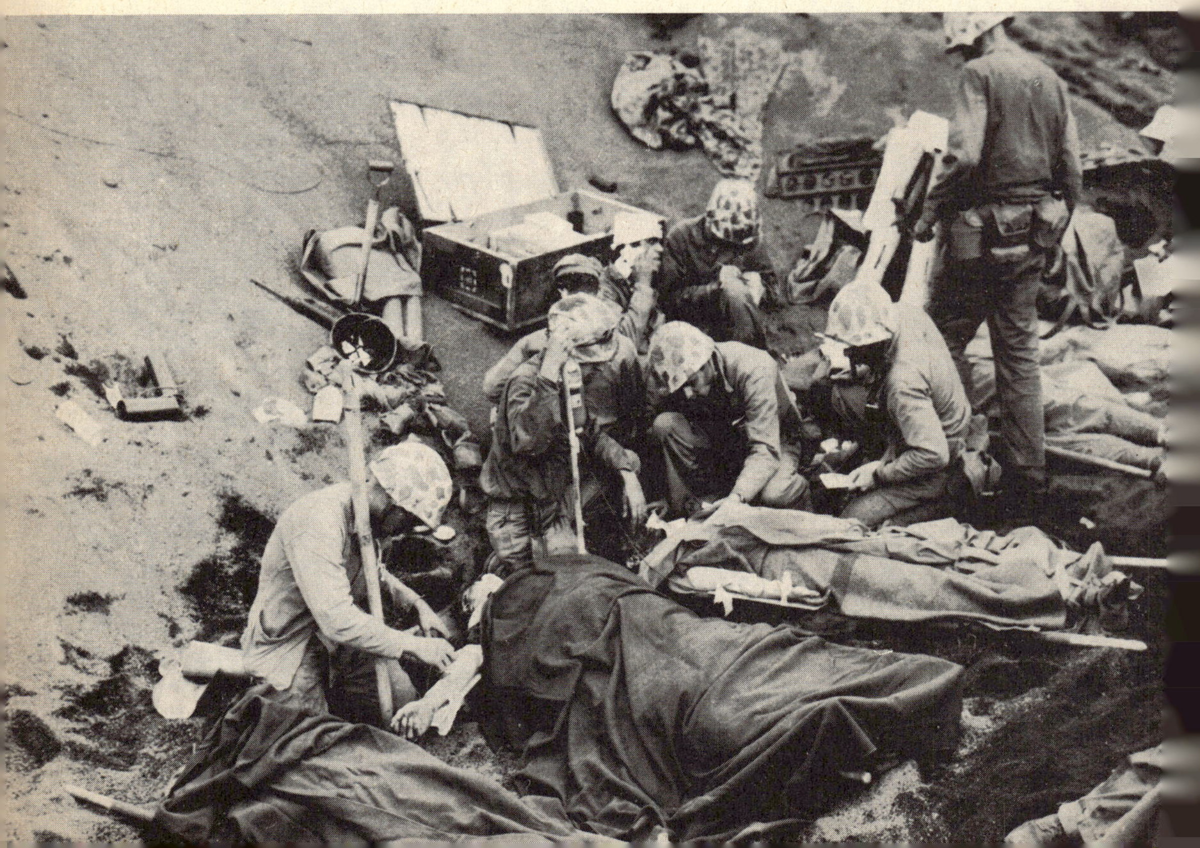

quartier hatte davon geträumt, daß die Sonne über einer dezimierten und von Panik erfaßten amerikanischen Flotte untergehen werde. Es hatte gehofft, die Marinestreitmacht Vizeadmiral Seiichi Itos würde dann auftauchen und das Gemetzel vollenden. Die amerikanische Flotte war jedoch praktisch unbeschädigt geblieben, und Ito konnte nichts ausrichten.

Er war von Tokuyama im Japanischen Meer am 6. April um 15 Uhr ausgelaufen. Sein Geschwader bestand aus dem Riesenschlachtschiff *Yamato*, befehligt von Konteradmiral Ariga, dem leichten Kreuzer *Yahagi* und acht Zerstörern. Die japanische Marine besaß noch einige andere mehr oder weniger unbeschädigte Schiffe, wie die Schlachtschiffe *Ise* und *Hyuga*, die die Schlacht von Leyte überlebt hatten, aber der Mangel an Treibstoff beraubte sie der Ehre, an dem heldenhaften Begräbniszug teilzunehmen. Die 2500 Tonnen Öl, die man für die *Yamato* aufgetrieben hatte, gestatteten ihr nicht einmal, von Okinawa wieder zurückzufahren. So lief sie als ›Riesenkamikaze der See‹ aus.

Um acht Uhr abends verließen die japanischen Schiffe das Japanische Meer durch seine Ostausfahrt, die Bungostraße. Am Siebten um 4 Uhr morgens passierten sie die Spitze von Kiuschu und setzten zu einem großen Bogen nach Westen an, um den Feind zu überraschen. Sie wurden jedoch beim Auslaufen aus der Straße von den US-Unterseebooten *Hackleback* und *Threadfin* bemerkt, und um 8 Uhr 23 fand sie ein Aufklärer des Trägers *Essex* wieder. Vizeadmiral Mitscher gab Konteradmiral Deyo Befehl, seine 6 Schlachtschiffe, 7 Kreuzer und 21 Zerstörer zwischen das japanische Geschwader und die Landungsflotte zu schieben. Den Trägern der Task Force 58, die östlich von Okinawa kreuzten, befahl er, sofort aufsteigen zu lassen. Mehrere hundert Bomber, Torpedoflugzeuge und Jäger flogen in aufeinanderfolgenden Wellen gegen den Feind. Um 12 Uhr 41 wurde die *Yamato* zum erstenmal von zwei Bomben neben dem Hauptmast getroffen. Vier Minuten später erreichte sie ein Torpedo vorn backbord. Sie hielt noch ihre Geschwindigkeit von 22 Knoten bei, aber nach einer Dreiviertelstunde trafen rasch hintereinander fünf Torpedos die Backbordseite des Riesen. Um 14 Uhr 02 fielen noch drei Bomben mittschiffs, und dann traf eine Salve von weiteren vier oder fünf Torpedos auf Steuerbord. Es gab kein solider gebautes Schiff als dieses prachtvolle Kriegsschiff, das bei 260 Meter Länge 72000 Tonnen Wasserverdrängung besaß. Aber es hatte zu viele Treffer erhalten. Die Geschwindigkeit fiel auf 12 Knoten, die Schlagseite auf Backbord betrug 20 Grad. Die gesamte Artillerie war ausgefallen einschließlich der Riesengeschütze, deren Kaliber sogar den Bordoffizieren unbekannt war. Konteradmiral Ariga ließ die Maschinen und Kessel auf Steuerbord fluten, um sein Schiff wieder ins Gleichgewicht zu bringen, wobei mehrere hundert Seeleute im Maschinen- und Kesselraum ertranken. Das fast stilliegende Schiff, bei dem nur noch eine Schraube arbeitete, legte sich jedoch weiter auf die Backbordseite. Als die Schlagseite 35 Grad erreicht hatte, nahm Vizeadmiral Ito von seinem Stab Abschied, so feierlich, wie es die Neigung der Brücke gestattete, und schloß sich in seiner Kabine ein.

Einige Minuten später, um 14 Uhr 23, explodierte die *Yamato* in einer phantastischen Flammengarbe. Von einer Besatzung von 2767 Mann wurden 23 Offiziere und 246 Seeleute gerettet. Die *Yahagi* und vier Zerstörer teilten das Schicksal des Flaggschiffs, womit die japanischen Verluste 3665 Tote betrugen. Die Amerikaner verloren zehn Flugzeuge und zwölf Besatzungsmitglieder.

An den folgenden Tagen wurden die Massenangriffe der Kamikazes fortgesetzt. Eine neue Selbstmordmaschine, die ›Baka‹, forderte ihr erstes Opfer, durch Versenkung des Zerstörers *Mannert L. Abele*. Es handelte sich um eine von einem Piloten gesteuerte Bombe, ein einfaches Segelflugzeug, das am Bauch einer zweimotorigen ›Betty‹ bis in die Nähe seines Opfers gebracht wurde und mit Raketen ausgerüstet war, die seine Geschwindigkeit im Sturzflug auf 800 Kilometer je Stunde erhöhten. Angriffe von normalen Bombern wechselten mit diesen verzweifelten Formen des Luftkrieges ab. Etwa dreißig amerikanische Schiffe wurden versenkt; 350 erlitten Beschädigungen, einschließlich des Trägers *Enterprise*, eines Veteranen des gesamten Pazifikkrieges. Die amerikanische Zensur mußte sich entschließen, das von ihr erlassene Veröffentlichungsverbot über die Kamikazes aufzuheben. Sie machten ungeheuren Eindruck und erweckten die Überzeugung, daß Japan nur besiegt werden konnte, wenn man die Japaner ausrottete. Aber die Kamikazes versagten! Gegen Frühwarn-Radar, ständige Luftpatrouillen und eine erstklassige Flak wurde ein nutzbringender Selbstmord schwierig. Die Schläge gelangen vor allem gegen kleinere Fahrzeuge wie Panzerlandungsschiffe, Transporter und Zerstörer. Große Schiffe wurden nicht versenkt. Der patriotische Fanatismus und der Ehrgeiz sicherten die Rekrutierung von freiwilligen Selbstmördern, aber die Maschinen begannen noch früher als die Männer knapp zu werden. An der zweiten Offensive, am 12. April, waren nur mehr 185 Kamikazes beteiligt, dann nahm ihre Anzahl weiter ab und erreichte nur noch etwa vierzig Maschinen je Angriff. Während des Feldzugs in Okinawa opferten sich ungefähr 1900 Kamikazes, ohne wahrscheinlich die Resultate zu erreichen, die eine ebenso große Anzahl geschulter Piloten errungen hätte. Im ganzen verlor die japanische Luftwaffe in den Kämpfen bei den Riukiuinseln 7800 abgeschossene und am Boden zerstörte Flugzeuge.

An Land erreichte das III. amphibische Korps am 4. April die Nordspitze der Insel. Dann eroberte es Ie Shima, wo der berühmte Kriegsberichterstatter, Ernie Pyle, ums Leben kam. Auf der abgeschnittenen Halbinsel Motobu mußten die Verteidiger Mann für Mann getötet werden.

Im Süden ging der Kampf weiter. Das zerklüftete, abgeschlossene, sehr stark befestigte Gelände gestattete eine hartnäckige Verteidigung, aber Ushijima gab sich nicht mit passiver Verteidigung zufrieden. Er hatte den Ehrgeiz, den Feind aus Okinawa zu vertreiben. Am 4. Mai warf er seine 24. Infanteriedivision, die er in Reserve gehalten hatte, in eine Gegenoffensive, aber er hatte seinen Streitkräften zuviel zugemutet und

Die 100 Kilometer lange und nur 3 bis 30 Kilometer breite Insel Okinawa war die letzte Etappe vor der geplanten Invasion auf das japanische Mutterland. Am 1. April 1945 landeten dort 183000 Mann Invasionstruppen der 10. US-Armee, unterstützt durch eine gewaltige Armada von über 40 Flugzeugträgern und 18 Schlachtschiffen, 200 Zerstörern und über tausend weiteren Schiffen. Nach 82 Tagen war die Insel in amerikanischem Besitz.

Der japanische Kaiser Hirohito und sein Ministerpräsident während der letzten Kriegsmonate, Kantaro Suzuki (oben links). – General H. Tojo, japanischer Ministerpräsident 1941 bis 1944, und Mitglieder seines Militärkabinetts (oben rechts). – Marschall G. K. Schukow, Eroberer von Warschau und Berlin (unten links). – George S. Patton, Panzergeneral der US-Truppen in Tunesien, Sizilien, der Normandie und Deutschland (unten rechts).

mußte den Angriff am nächsten Tag unterbrechen. Die Amerikaner nahmen wieder ihren methodischen Druck gegen das Labyrinth der rund um Schimu errichteten Verteidigungsanlagen auf. Unter dem fortgesetzten Artilleriebeschuß bekam das Gelände das Aussehen einer Mondlandschaft wie die Schlachtfelder des Ersten Weltkrieges. Tropische Regengüsse füllten die Granattrichter, verjagten die Artilleristen aus ihren Batteriestellungen und überschwemmten die Depots. Sugar Hill, Half Moon Hill, Wana Ridge, Conical Hill, die Höhen von Schimu und schließlich Schimu selbst wurden in systematischen Angriffen genommen. Am 27. Mai entschloß sich Ushijima, Naha aufzugeben, versicherte jedoch Tokio, daß seine 32. Armee wohlbehalten sei und der Kampf ungemindert weitergehe. Die japanische Bevölkerung nahm daran teil. Die Mittelschüler stellten ein Korps von 1500 jungen Leuten, außerdem 600 junge Mädchen, die entschlossen waren, für den Tenno zu sterben. Die Entbehrungen und die Wucht der Bombardements auf die übervölkerten Gebiete waren überdies so groß, daß es gar keinen Grund gab, die Nichtkämpfer zu beneiden. Die Massenselbstmorde häuften sich.

Am 4. Juni zählte die 32. Armee noch 30000 Mann, vorwiegend jedoch Soldaten des Versorgungsdienstes und der Miliz. Vier Fünftel der schweren Waffen waren verloren. Die Amerikaner schleiften die Dörfer, hielten die Straßen besetzt und drängten die Verteidiger in die Höhlen, wo sie sie mit Flammenwerfern vernichteten. Am 18. Juni wurde General Simon Bolivar Buckner in einem Artilleriebeobachtungsstand durch eine der letzten japanischen Granaten getötet. Vier Tage später hatten die Amerikaner die gesamte Küste besetzt. Die Japaner leisteten nur mehr in einigen verstreuten Bunkern Widerstand. In einem davon, am Fuße der Höhe 89, deren Kamm das 32. US-Infanterieregiment besetzt hatte, begingen die Generale Ushijima und Cho Harakiri. Cho verfaßte folgende Grabschrift: ›Cho Isamu, Generalleutnant der Kaiserlichen Japanischen Armee. Abgangsalter: 51 Jahre. Ich sterbe ohne Bedauern, ohne Furcht, ohne Scham und ohne Schulden.‹

Es wurden verhältnismäßig viele Gefangene gemacht: 7400, da manche Abteilungen über Lautsprecher die Aufforderungen der Amerikaner japanischer Herkunft (Nisei) gehört hatten, sich zu ergeben. Die japanischen Verluste betrugen 131000 Tote, davon 42000 Zivilisten. Die Verluste der US-Army und des US-Marinekorps betrugen 7613 Tote. Dazu kamen 4907 Tote oder Vermißte der US-Navy, zum Großteil Opfer der Kamikazes. Dieser Blutzoll schien der öffentlichen Meinung Amerikas ungeheuer groß, und die durch den Feldzug von Iwo Jima hervorgerufenen Kritiken lebten wieder auf.

Iwo Jima und Okinawa führten vor allem zu einer schrecklichen Frage, von der Zahl von Menschenleben ausgehend, die sie verschlungen hatten: Was würde erst die Invasion, die endgültige Niederlage Japans kosten?

Allen Regeln der Vernunft nach war Japan bereits besiegt. Seine Marine war vollkom-

men vernichtet, seine Luftwaffe zur Hilflosigkeit verurteilt. Die Blockade drosselte die Produktionsmöglichkeit der Industrie und beschwor die Gefahr einer schrecklichen Hungersnot herauf. Die Kriegsproduktion war um drei Viertel zurückgegangen. Die amerikanischen B 29 setzten die Städte systematisch in Brand, und nach dem Fall von Iwo Jima und Okinawa würden die mittleren Bomber durch ihre Einsatzkraft die Fliegenden Festungen unterstützen. Die deutsche Kapitulation machte vernichtende Kräfte für den Pazifik frei. Moskau hatte am 5. April den Neutralitätspakt gekündigt, ein Vorbote des Eintritts der UdSSR in den Krieg.
Und doch ließ nichts die bevorstehende Unterwerfung Japans erwarten. Wenn auch die Regierungsstellen von der Kapitulation Deutschlands beeindruckt waren, so wurde dieses Ereignis doch mit stiller Verachtung für die Verweichlichung und Feigheit der westlichen Menschen aufgenommen. Trotz der Aufkündigung des Neutralitätsvertrages nahm Togo mit dem Botschafter Jakob Malik Besprechungen auf, die eine sowjetische Vermittlung zum Ziele hatten, aber Moskau setzte die Alliierten davon nicht in Kenntnis; diese waren lediglich informiert, weil Funksprüche abgehört und entschlüsselt worden waren. Nach außen blieben die Japaner entschlossen, im Geiste Tarawas und Iwo Jimas zu kämpfen und sich eher ausrotten zu lassen, als sich zu ergeben.
Im Juni wurden im Weißen Haus mehrfach Besprechungen über den Krieg im Pazifik abgehalten. Admiral Leahy war gegen die Invasion Japans und behauptete, die Blokkade und die Bombardements müßten genügen, um es zu bezwingen. King und Marshall waren gegenteiliger Ansicht, und da Truman sich ihnen angeschlossen hatte, wurden die Vorschläge der Vereinigten Stabschefs angenommen. Die Invasion Japans sollte sich in zwei Phasen abspielen. Kiuschu, die südlichste der vier japanischen Inseln, sollte am 1. November 1945 angegriffen werden: Plan ›Olympic‹. Am 1. März 1946 würde die Landung auf Honschu, der Hauptinsel, in der Bucht von Tokio stattfinden: Plan ›Coronet‹. Ungeheure Vorbereitungen wurden in Gang gesetzt. Diesmal wurde der Maßstab der Normandie noch übertroffen. Die 6. und die 10. Armee sowie die aus Europa zurückgezogene 1. Armee sollten an der Landung teilnehmen. Man würde 36 Divisionen mit 1532000 Mann einsetzen. Einschließlich der Luftwaffe, der Marine, den Versorgungskräften würden die Massen, die sich in Bewegung setzten, um Japan zu vernichten, 5 Millionen Mann erreichen. Man betonte nochmals, daß das Eingreifen Rußlands in der Mandschurei wünschenswert sei, tat es jedoch weniger nachdrücklich, als es in Jalta der Fall gewesen war. Amerika konnte mit dem letzten Gegner auch allein fertig werden.
Es war aber noch die Frage der Kosten zu klären. Nach der Schätzung der Generalstabschefs betrug die japanische Armee auf dem Festland selbst 26 Divisionen mit 1800000 Mann. Ihre Ausrüstung, Bewaffnung, Vorräte ließen zu wünschen übrig, aber auf dem heiligen Boden des Vaterlandes mußte man sich auf einen verzweifelten Kampf

gefaßt machen. Das Land eignete sich nicht für den mechanisierten Krieg, sondern eher für einen Kleinkrieg in großem Maßstab nach Art der Kämpfe auf Iwo Jima und Okinawa. Die amerikanischen Verluste würden bestimmt außerordentlich kostspielig werden. Marshall sprach von 500000 Toten. 500000 Tote! Nie hatte Amerika solche Massenverluste gekannt. Der Erste Weltkrieg hatte die Vereinigten Staaten im ganzen 53000 Tote gekostet, der Triumph, den es soeben über Deutschland errungen hatte, immer noch unter 200000 Menschenleben. Amerika sollte also dreimal soviel für einen de facto errungenen Sieg gegen Japan aufwenden!

Potsdam und Alamogordo

Inzwischen war an der Herstellung der ersten Atombombe gearbeitet worden. Anfang Mai berichtete General Groves Präsident Truman vom Fortgang der Arbeiten. ›Little Boy‹, die Plutoniumbombe, würde zu Anfang des Sommers fertiggestellt sein. ›Fat Man‹, die Uranbombe, hatte die ungeheuren technischen Schwierigkeiten überwunden, die sich durch das Verfahren der Isotopentrennung mittels Gasdiffusion ergeben hatten. Eine besondere Abteilung von Bombern des Typs B 29, die 509. Composite Group, unter dem Befehl von Oberst Paul W. Tibbets, übte seit Ende 1944 den Abwurf von Bombenimitationen der beiden vorgesehenen Typen von Atombomben. Kriegsminister Stimson, der energische Vorkämpfer für die Bombe, hatte bereits ein ›Target Committee‹ gebildet, das den Auftrag hatte, die geeignetsten Ziele vorzuschlagen. Das Komitee hatte folgende Liste zusammengestellt: 1. Hiroshima (großer Hafen, militärisch wichtige Stadt); 2. Kokura (wichtigstes japanisches Arsenal); 3. Niigata (großer Hafen, Ölraffinerie, Aluminiumfabrik usw.); 4. Kioto (mannigfaltige Kriegsindustrien). Trotz der Proteste Groves' hatte Stimson Kioto wegen seiner Kunstschätze gestrichen und durch Nagasaki ersetzt.
Es war also alles für den Einsatz der Atombombe bereit – von der man noch nicht einmal wußte, ob sie nicht nur ein Hirngespinst war. Aber eine vorläufige Frage war zu beantworten: Sollte die für den Krieg gegen Deutschland ersonnene Bombe überhaupt gegen Japan verwendet werden?
Bei dieser Verlegung des Zieles ergaben sich Gewissensskrupel. ›In den Augen einer Reihe von Gelehrten, die vor den Rassenverfolgungen in die Vereinigten Staaten geflüchtet waren‹, schrieb General Groves, ›galt Hitler als der Erzfeind, der mit allen Mitteln vernichtet werden mußte. Für die Vernichtung des japanischen Militarismus fühlten sie bedeutend weniger Begeisterung.‹ Dr. Leo Szilard, der Einstein gedrängt hatte, Roosevelt die militärische Verwendung der Kernenergie vorzuschlagen, war der erste, dem Zweifel kamen und der eine Möglichkeit suchte, Truman in dieser Richtung

zu beeinflussen. Andere, wie Dr. Franck, waren der Ansicht, die Atombombe solle auf unbewohntes Gebiet abgeworfen werden, vielleicht auf den Fudschijama, damit die Japaner eine Demonstration der amerikanischen Stärke bekämen und zur Kapitulation bereit wären.
Am 9. Mai bildete Truman auf Anregung und unter dem Vorsitz Stimsons ein beratendes Komitee, das die Folgen der neuen Waffe studieren und seine Ansicht darüber äußern sollte, ob ihre Anwendung gegen Japan angebracht sei. Drei Gelehrte nahmen daran teil: Karl T. Compton, Präsident des Massachusetts Institute of Technology, Vanevar Bush, Präsident des Carnegie-Instituts, und James B. Conant, Präsident der Harvarduniversität. Sie selbst umgaben sich mit anderen berühmten Gelehrten: Arthur H. Compton, Enrico Fermi, E. O. Lawrence, R. Oppenheimer usw. Am 1. Juni überreichte das Komitee dem Präsidenten ein Gutachten folgenden Inhalts: 1. Die Atombombe soll gegen Japan eingesetzt werden. 2. Das soll ohne vorhergehende Warnung geschehen. 3. Sie soll ihr Zerstörungsvermögen eindeutig erweisen. ›Die Mitglieder des Komitees‹, schreibt Truman in seinen Memoiren, ›kamen zu dem Schluß: Wir sind nicht in der Lage, eine Demonstration vorzuschlagen, die den Krieg beenden würde, und sehen daher keine andere Möglichkeit als den direkten militärischen Einsatz.‹ Die einzigen abweichenden Ansichten kamen nicht von einem Wissenschaftler, sondern von dem stellvertretenden Marineminister Ralph A. Baird und von Grew.
Am 18. Juni – während die Straßen Washingtons vom Beifall für den heimkehrenden Helden Eisenhower widerhallten – wurde die Frage der Atombombe den amerikanischen Planstrategen vorgelegt. Nach ihrer einhelligen Ansicht war die Bombe ein zu ungewisses Projekt, als daß sie für ihre Pläne in Betracht gekommen wäre. Leahy wiederholte kategorisch seine Zweifel. Die anderen sahen in der Kernenergie einen Explosivstoff, der erst den Nachweis seiner Qualität erbringen müßte. Die Invasionspläne für Japan, ›Olympic‹ und ›Coronet‹, wurden bestätigt.
Zu dieser Zeit waren zwei große Ereignisse in Vorbereitung: der Atombombenversuch und die Potsdamer Konferenz. Die Initiative zu dieser Konferenz kam von Churchill. Am 6. Mai – also noch vor der deutschen Kapitulation – hatte er Truman eine neuerliche Zusammenkunft der Großen Drei vorgeschlagen und ihm seine Gründe dafür in einer Reihe von besorgten Briefen auseinandergesetzt. Über dem verwüsteten, politisch zerrütteten Europa erhob sich der drohende Schatten Rußlands. Polen war ›completely engulfed and buried deep in Russian occupied lands‹ (völlig überwältigt und tief begraben in Ländern, die von den Russen besetzt waren). Die russischen Grenzen verliefen praktisch ›vom Nordkap bis zum Isonzo‹ und schlossen die baltischen Länder, Ostdeutschland, die ganze Tschechoslowakei, einen großen Teil von Österreich, Ungarn, Rumänien, Bulgarien, Jugoslawien, vielleicht Griechenland ein, ›all the great capitals of Middle Europe including Berlin, Vienna, Budapest, Belgrade, Bucarest and Sofia...‹

Die Potsdamer Konferenz (unten) offenbarte den Siegern Stalin, Truman, Churchill und Attlee von neuem ihre entgegengesetzten Auffassungen von der Nachkriegspolitik in Europa. – Churchill während der Besichtigung der verwüsteten Reichskanzlei in Berlin (oben). Noch immer tobte der Krieg im Pazifik gegen Japan. Wenige Tage nach Potsdam fielen die ersten Atombomben auf Hiroschima und Nagasaki (folgende Seite).

Die englischen und amerikanischen Armeen hatten in ihren letzten Vormärschen diese als Grenze der Besatzungszonen vereinbarten Linien überschritten; wenn sie wieder zurückgingen, ›so würde das bedeuten, daß die Flut der russischen Oberherrschaft auf einer Front von 600 Kilometer Breite 200 Kilometer weiter vorstoßen würde‹. Die Gefahr sei noch größer: Die amerikanische Armee würde aus Europa abziehen, die britische Armee aufgelöst werden. ›The French are weak and difficult to deal with.‹ (Die Franzosen sind schwach und schwer zu behandeln.) Welche Lage würde sich in Europa ergeben, wenn es kein Gegengewicht mehr zu der siegreichen, gigantischen Roten Armee gab? Deshalb dränge er, Churchill, darauf, die Lage Europas zu erörtern, ›before we weaken our army mortally or retire to the zones of occupation‹ (ehe wir schwach werden oder uns auf die Besatzungszonen zurückziehen). Eine Besprechung mit Stalin sei unbedingt notwendig, um entweder mit Rußland zu einer Einigung zu kommen oder die notwendigen Konsequenzen aus der Haltung zu ziehen, die es zeigen würde.

Seinem Temperament nach vermochte Truman diese Einstellung durchaus zu verstehen. Er hatte die Russen schon ›to hell‹, zum Teufel, gewünscht, den Leih- und Pachtvertrag abrupt gekündigt und mit Molotow einen heftigen Wortwechsel geführt. »Noch niemand hat mit mir in diesem Ton gesprochen«, hatte der Russe protestiert. »Halten Sie Ihre Versprechungen«, hatte der Amerikaner geantwortet, »dann wird man mit Ihnen in anderem Ton reden.« In San Francisco hatte es bei der Konferenz über die Organisation der Vereinten Nationen heftigen Zank gegeben. In Washington gewannen die Ratgeber, die das Weiße Haus vor den Absichten der Sowjets warnten, an Gewicht. Das war auch der Fall für die beiden Vertreter der Vereinigten Staaten in Moskau, den Gesandten Averell Harriman und den Chef der Militärmission, General Deane. Ebenso für den Unterstaatssekretär Joseph C. Grew, nach dessen Ansicht der Krieg mit Rußland unvermeidlich war.

Aber der Geist Roosevelts war in allen zu tief verwurzelt, als daß er sich in wenigen Wochen hätte ausmerzen lassen. Truman fand Churchills Alarmrufe übertrieben und machte sich weiter Hoffnungen, er könne Stalin durch richtiges politisches Vorgehen und entsprechenden wirtschaftlichen Druck dazu bringen, sich zu mäßigen. Er war mit dem Prinzip einer neuen Konferenz einverstanden, wollte sie aber nicht überstürzen und besonders nicht als Konfrontation des Blocks der Westmächte und der Sowjetunion erscheinen lassen. Zwei typische Vertreter der Rooseveltschen Politik wurden zur Vorbereitung entsandt: der eine, Harry Hopkins, mit dem Auftrag, bei Stalin alle Möglichkeiten eines Vergleichs zu sondieren; der andere, Joseph A. Davies, sollte Churchill zur Mäßigung bringen und ihm nötigenfalls den Kopf zurechtsetzen.

Für Hopkins war dies die letzte Reise seines Lebens. Stalin empfing ihn freundschaftlich, gab seine Zustimmung zu der Konferenz, unter der Bedingung, daß sie in Berlin inmitten seiner siegreichen Armeen stattfände. Aber im Laufe von sieben Unterredun-

gen, darunter einem langwährenden Zwiegespräch unter vier Augen, war es nicht möglich, eine einzige der Schwierigkeiten zu beseitigen, die sich seit Jalta ergeben hatten. Hopkins kehrte aus Moskau mit der Feststellung zurück: »Für die Russen haben die Worte nicht die gleiche Bedeutung wie für uns.« Die Begegnung Churchill-Davies verlief stürmisch. Der Industrielle und Millionär Davies war der erste Gesandte der Vereinigten Staaten in Moskau gewesen, und seine sowjetfreundliche Einstellung hatte diese sonst üblicherweise verhängnisvolle Prüfung überstanden. ›Ich war über alle Maßen entsetzt‹, schrieb er an Truman, ›beim Premierminister eine so feindliche, verbitterte Haltung gegenüber den Sowjets zu finden ... einen derartigen Mangel an Vertrauen zu ihrer Aufrichtigkeit... Ich konnte mich nicht enthalten, Churchill zu sagen, ich sei darüber erstaunt, daß er nicht vor aller Welt erklärte, er und das britische Volk hätten mit der Bekämpfung Hitlers einen Irrtum begangen, da er doch genau die gleiche Lehre verkündete, die Hitler und Goebbels ständig vertreten hatten.‹ Davies fügte noch hinzu, Churchill sei ein Engländer ›first, last and all the time‹ (zuerst, zuletzt und immerdar) und es liege ihm viel mehr an der Erhaltung des britischen Imperialismus als an der Errichtung des Friedens. Er versuche, die amerikanischen Truppen in Europa zu halten, um sie für die Zwecke Englands zu verwenden, entgegen den Absichten Eisenhowers und den Wünschen des amerikanischen Volkes.
Davies hatte einen merkwürdigen Vorschlag des neuen Präsidenten der Vereinigten Staaten mitgebracht: eine Begegnung Truman-Stalin irgendwo in Europa, zu der der britische Premierminister einige Tage später eingeladen werden sollte. Churchill antwortete, daß er ausschließlich zu einer Dreierbegegnung seine Zustimmung geben würde, bei der die Teilnehmer von Teheran und Jalta einander völlig gleichberechtigt treffen müßten. Truman bestand nicht weiter auf seinem Vorschlag.
Berlin war so zerstört, daß es unmöglich war, dort die Konferenz abzuhalten. Die Russen quartierten die Delegation in den unbeschädigt gebliebenen Villen in Babelsberg ein und setzten für die Vollversammlungen die Sommerresidenz des früheren deutschen Kronprinzen, Cäcilienhof in Potsdam, instand. Die Feindseligkeiten waren beendet, aber die Sicherheitsmaßnahmen waren noch strenger als in Jalta. Die Engländer und Amerikaner hatten den Eindruck, sie befänden sich in einem Konzentrationslager. Wie in Jalta erschien der Gastgeber, Joseph Stalin, mit Verspätung. Truman machte seine Bekanntschaft und fand an ihm eine gewisse Ähnlichkeit zu seinem einstigen Boß in Kansas City, Tom Pendergast. Er traf auch Churchill zum erstenmal. Der Premierminister befand sich in einer merkwürdigen politischen Situation. Wenige Tage nach der Kapitulation Deutschlands hatten sich die Mitglieder der Labour Party aus der Regierungskoalition zurückgezogen. Am 5. Juli hatten allgemeine Wahlen stattgefunden, aber die Stimmzählung war auf den 25. verschoben worden, damit die Stimmzettel der auf der ganzen Welt verstreuten Soldaten zu ihrem jeweiligen Wahlbezirk gelangen konnten. Das politische Schicksal Winston S. Churchills befand sich

in den versiegelten Urnen, die ihr Geheimnis während der Beratungen in Potsdam preisgeben würden. Um deren Fortdauer zu gewährleisten, hatte sich der Premierminister von seinem eventuellen Nachfolger Clement Attlee begleiten lassen, der neben ihm den Sitzungen beiwohnte. Niemand wußte, welcher von den beiden Engländern seine Unterschrift unter die Beschlüsse der Konferenz setzen würde.

Die Amerikaner, zumindest einige von ihnen, trugen ein Geheimnis mit sich, das bedeutend schwerer wog als das der englischen Wahlurnen: Die Vorbereitungen für die erste Atomexplosion waren im Gange. Das Versuchsgelände war ein im Besitz der USAAF befindliches Wüstengebiet in Neu-Mexiko, nahe dem kleinen Städtchen Alamogordo an der texanischen Grenze. Man hatte einen 30 Meter hohen Stahlturm gebaut, auf den man die in der abgeschirmten Stadt Los Alamos zusammengestellte Bombe legte. Der Sprengstoff, das aus Hanford herbeigeschaffte Plutonium, war am 15. Juli von General Thomas Farrell, dem Adjutanten General Groves', ins Innere der Bombe geschoben worden. »Ich habe seine Wärme in meinen Händen gespürt wie die eines Tieres.« Die mit einer Plane zugedeckte Bombe war während der Nacht von dem Physiker Bainbridge und einem mit der Maschinenpistole in der Faust auf dem Turm sitzenden Hauptmann bewacht worden. Das Wetter war ungünstig. Es regnete, und der Wind blies in Richtung der verhältnismäßig nahe gelegenen texanischen Stadt Amarillo. In 10000 Meter Entfernung von dem Mast hatte man einen Betonbunker gebaut, in dem eine große Anzahl von Steuer-, Kontroll- und Meßinstrumenten untergebracht war. Das Hauptlager war 18000 Meter entfernt, und in 40 Kilometer Entfernung hatte man einen weiteren Beobachtungspunkt eingerichtet. Fermi, Bush, Conant, etwa vierzig andere Wissenschaftler, eine Handvoll Offiziere und Soldaten umringten Groves und Oppenheimer. Manche waren so müde, daß sie auf dem schlammigen Boden schliefen.

Am Tag vorher hatte Leo Szilard in Chicago 67 Unterschriften von Wissenschaftlern gesammelt, die gegen die Verwendung der Bombe waren. In Alamogordo wurden Wetten über den Erfolg der Zündung abgeschlossen. Enrico Fermi, dem die erste Kettenreaktion am 2. Dezember 1942 gelungen war, kündigte an, die Bombe werde Neu-Mexiko in die Luft sprengen. Andere glaubten, sie würde die Atmosphäre in Brand setzen. Wieder andere, und zwar etwa jeder zweite, sagten voraus, sie werde nicht funktionieren.

Der 16. Juli brach an. Die ersten Stunden vergingen in fast unerträglichem Bangen. Um 4 Uhr 45 berieten Groves und Oppenheimer zum zehntenmal. Der Regen hatte aufgehört. Ein paar Sterne waren zu sehen. Die meteorologische Messung zeigte an, daß der Wind sich gedreht hatte und daß sich auf dem möglichen Wege der radioaktiven Wolke keine größere Siedlung befand. Groves gab Befehl, mit der Startzählung zu beginnen. Fünf Minuten vor dem Zeitpunkt Null legten sich alle zu Boden, das Gesicht an die Erde gepreßt. Genau um 5 Uhr 30 erfolgte die Explosion. Sämtliche Berichte sind sich über die unbeschreibliche Stärke der Helligkeit einig: ›Many many times brighter than sunlight in New Mexico at noon by the brightest summer day.‹ (Viel, vielmal heller als das Sonnenlicht in Neu Mexiko mittags am hellsten Sommertag.) Alle Berichte sprachen auch von der teuflischen Schönheit der auf den wunderbaren Blitz folgenden Erscheinungen. ›Ein riesenhafter Feuerball ... Eine hellgelbe Welle erhob sich über dem völlig violetten Horizont... Rosige, purpurne, schillernde Spiralen, die stellenweise dunkel wurden und wieder aufleuchteten, als ob Blasen glühenden Gases die Oberfläche durchbrächen...‹ Dagegen schien die fünfzig Sekunden später kommende Stoßwelle schwach, geradezu enttäuschend. Aber das sie begleitende Donnergrollen schien aus dem Inneren der Erde selbst zu kommen, es dröhnte mit dramatischer Feierlichkeit über die Wüste hin.

Der Stahlmast war verschwunden, völlig in Luft aufgelöst. Die Explosion hatte den Boden um zwei Meter gesenkt und zu Glas gemacht. Das Licht war in Albuquerque, Santa Fé und El Paso, das heißt in einem Umkreis von fast 300 Kilometern, bemerkt worden. Die Lokalzeitungen, der Korrespondent der *Associated Press*, eine Reihe von Rundfunkstationen hatten den riesigen Feuerschein erwähnt, und der Kommandant des Stützpunktes Alamogordo mußte eine Notiz veröffentlichen, derzufolge zufällig ein Munitionsdepot in die Luft geflogen sei. Übrigens drang nichts in die großen amerikanischen Zeitungen durch, und nichts wurde in der Außenwelt bekannt.

In Potsdam wurde als erster Kriegsminister Stimson verständigt: Ein Telegramm teilte ihm mit, daß die Operation über alle Erwartungen gut verlaufen war und die Gelehrten begeistert gewesen seien. Zwei Tage später brachte ein Kurier einen ausführlichen Bericht General Groves', in dem sich philosophische Betrachtungen, Ausdrücke der Begeisterung und poetische Beschreibungen unter die Nüchternheit der technischen Sprache mischten. Beim Lesen des Berichtes war Truman ›tremendously pepped up‹ – wie elektrisiert. Schon nach den ersten Sitzungen zog sich die Konferenz in die Länge. Truman konnte sich noch schlechter damit abfinden als Churchill und begann zu fluchen, er werde sich nie wieder auf etwas dergleichen einlassen. Seine Bombe verlieh ihm plötzlich eine Sicherheit, die sich keiner der Zeugen recht erklären konnte.

Da die Bombe eine anglo-amerikanische Unternehmung war, wurde der Bericht Groves' Churchill übermittelt. Sofort machte er darauf aufmerksam, daß die Beteiligung der Sowjetunion am Krieg im Pazifik jetzt weniger zweckmäßig, ja völlig unerwünscht wäre. Nun hatte sich die Frage erhoben, was man Stalin darüber sagen solle. Stimson hatte in einem Memorandum an den Präsidenten geraten, man solle das Ausmaß der Enthüllungen je nach der allgemeinen Stimmung bei der Konferenz abstimmen. Daher beschränkte sich Truman darauf, Stalin mitzuteilen, daß Amerika eine neue Waffe entwickelt habe, deren Vernichtungskapazität außerordentlich groß sei. Stalin zeigte kein besonderes Interesse, stellte keine einzige Frage über die Art der Waffe. Er gab nur zur Antwort: »Ich hoffe, Sie werden sie gegen die Japaner verwenden.« Man hat nie erfahren, ob diese Gleichgültigkeit ihren Grund darin hatte, daß Stalin durch Spione wie Klaus Fuchs, Greenglass und andere unterrichtet, nichts Neues erfuhr oder ob er keine Vorstellung von der revolutionierenden Natur der Waffe besaß.

Die Konferenz von Potsdam spielt in der Nachkriegsgeschichte eine wesentliche Rolle. Sie besiegelte die Teilung Europas, zerriß Deutschland in einen der freien Welt und einen zweiten, der kommunistischen Welt zugehörigen Teil, ließ das nordatlantische Verteidigungsbündnis entstehen und machte die Anwesenheit der amerikanischen Truppen in Europa zu einer dauernden Einrichtung. Die auffallendste Wendung betraf den Abgang des alten Kämpen Winston Churchill von der politischen Bühne. Er verließ Berlin am 24. Juli im Vertrauen auf seinen Wahlsieg. Es kam jedoch zu einem Erdrutsch zugunsten der Labour Party. Die Konservativen verloren 193 Sitze. In seinem eigenen Wahlkreis hatte Churchill nur einen fröhlichen Spaßvogel zum Gegner, der für die Eintagewoche der Arbeiter eintrat: Er bekam 10000 Stimmen gegen die 27000 des Premierministers. Attlee kehrte allein nach Potsdam zurück. Es war, als ob England seine Farbe verloren hätte. Stalin selbst sah den kleinen, grauen, düsteren Mann mit traurigem Staunen an: Zweifellos vermißte er den Gegner, mit dem er so oft die Klinge gekreuzt hatte.

Der Todeskampf Japans

Der Feldzug von Okinawa war am 2. Juli zu Ende gegangen. Nachdem Mountbatten in Rangun die Wiedereroberung Burmas gefeiert hatte, schritt er nun zur Eroberung Malayas. In Borneo und auf den Philippinen wurden die japanischen Garnisonen aufgerieben. Die 3. Flotte verließ die feindlichen Gewässer nicht mehr und erledigte in den Häfen und auf den Reeden die letzten Kampfschiffe der Japaner, die Schlachtschiffe *Ise*, *Haruna* und *Hyuga*, die Träger *Amagi*, *Katsuragi* und *Ryujo*, die Kreuzer *Tone*, *Aoba*, *Oyodo*, *Iwate*, *Idzumo* und *Settsu*. Die japanischen Gegenschläge beschränkten sich fast ausschließlich auf einige menschliche Torpedos, die sogenannten Kaitens. Ihr bedeutendstes Opfer war der Begleitzerstörer *Underhill*.

Diese Ereignisse wurden durch die Zerstörung Japans mittels Luftbombardements überstrahlt, die sogar das an Deutschland geübte Strafgericht in den Schatten stellten. Nagoya, am hellen Tage angegriffen, verbrannte am 14. Mai. Zwei Tage später wurde Tokio ebenso schwer bombardiert wie am 9. März. In der darauffolgenden Nacht setzten die B 29 bei strahlendem Mondschein das Zentrum der Stadt in Brand, wobei der kaiserliche Palast in Asche gelegt wurde. Zwei Tage später verbrannte das bis dahin verschont gebliebene Yokohama, ohne daß die verzweifelt fliehenden Einwohner auch nur versuchten, dem Brand Einhalt zu gebieten. Am 1. Juni war Osaka an der Reihe, dann Kobe, dann wieder Osaka, dann nochmals Tokio und wieder Kobe und so weiter. Alle Angriffe waren von der gleichen Art: Etwa 500 B 29 brachten 3000 Tonnen Brandbomben. Sie waren begleitet von P 51, die, da sie keine Gegner abzuschießen hatten, mit Maschinenwaffen gegen die Menschen vorgingen. Die amerikanischen Verluste erreichten nicht einmal 2 Prozent der eingesetzten Streitkräfte.

Ende Juli waren die fünf großen japanischen Städte Tokio, Osaka, Nagoya, Kobe, Yokohama zu 40 bis 65 Prozent zerstört. Die hauptsächlichen industriellen Ziele, die einzeln angegriffen worden waren, lagen in Trümmern. Für die Vernichtung der Städte zweiter Ordnung war ein besonderes Programm vorgesehen, bei dem die Angriffe von 30 bis 200 B 29 geflogen wurden. Vom 17. Juni bis zum 14. August wurden 60 dieser Städte, von Tsuruga (31250 Einwohner) bis Fukuoka (323000), angegriffen. Viele verbrannten zu über 70 Prozent, eine von ihnen, Toyama (127860 Einwohner) zu 99,5 Prozent. Die Zahl der Opfer näherte sich einer Million. Hungersnot brach aus. Nichtsdestoweniger sprach die Propaganda weiter von der Unbesiegbarkeit Japans. Ihre Überlegung war folgende: Man muß uns alle töten, um uns zu besiegen; wir sind aber 100 Millionen Menschen, und es ist für die Yankees unmöglich, 100 Millionen Menschen zu töten. Wir sind unbesiegbar, also werden wir siegen!

Diesem verzweifelt kämpfenden Land wollte Amerika eine Chance geben zu überleben. Am 2. Juli, das heißt noch vor der Explosion in Alamogordo, übergab Stimson Truman ein Memorandum, in dem er vorschlug, Japan eine letzte Aufforderung zu übermitteln, die Waffen zu strecken. Im State Department kämpfte Grew, der Botschafter in Tokio gewesen war, mit aller Macht darum, man solle den Japanern bekanntgeben, daß die Sieger nicht auf der Beseitigung des Kaiserthrones bestehen würden. Die Diskussion wurde in Potsdam fortgesetzt. Sie führte zu einem Text, in dem Japan die Versicherung erhielt, es werde seine Regierungsform frei wählen können. Eine deutlichere Formulierung wurde abgelehnt. Ausdrücklich wurde die japanische Souveränität auf die vier Inseln Hokkaido, Honschu, Schikoku und Kiuschu beschränkt – also waren alle Eroberungen Japans seit Kaiser Meiji verloren. Dagegen versprachen die Alliierten, unter gleichzeitiger Forderung sofortiger bedingungsloser Kapitulation, die Heimkehr und Freilassung der japanischen Truppen, die Aufrechterhaltung der für das Volk notwendigen Industrien und eine Beteiligung Japans am Welthandel. ›The alternative for Japan is promt and utter destruction...‹ (Sonst bleibt für Japan nur sofortige, völlige Vernichtung.)

Die Potsdamer Erklärung wurde an Tschiangkaischek telegrafiert und erhielt seine Unterschrift. Churchill gab die seine gleichfalls, womit er seine letzte Handlung als Kriegspremierminister vollzog. Da die Russen mit den Japanern nicht im Kriegszustand waren, hatte man sie nicht gefragt. Sie verbargen ihren Ärger darüber nicht. Weder wünschten sie noch erwarteten sie übrigens ein beschleunigtes Ende des Krieges im Pazifik. Sie rechneten damit, daß er bis zum Herbst 1946 dauern werde, und hatten die Absicht, daran in großem Maßstab teilzunehmen und auch bei der Invasion des Archipels mitzuwirken, so daß sie an der Besetzung Japans beteiligt sein würden. Nach ihrer Vorstellung sollte die Monarchie abgeschafft und Hirohito als Kriegsverbrecher gehängt werden.

Die Erklärung der Alliierten wurde am 26. Juli veröffentlicht. Am selben Tag traf das Gehäuse der Atombombe an Bord des Kreuzers *Indianapolis* auf der Insel Tinian ein. Ihr Explosivstoff war Uran 235, das im Gegensatz zum Plutonium noch nicht erprobt worden war. Ein Teil wurde auf der *Indianapolis* transportiert. Die notwendige Menge zur Vervollständigung der kritischen Masse traf an Bord einer C 54 ein. Die Begleitmannschaft hatte in Honululu große Schwierigkeiten mit den Behörden des Luftstützpunktes, die aufgrund der bestehenden Vorschriften nicht gestatten wollten, daß ein großes Flugzeug mit einer Fracht von wenigen Dutzend Kilo über den Pazifik flog, und darauf bestanden, es bis zu seiner Gesamttragfähigkeit anzufüllen. Eine Beschwerde in Washington ließ sie schließlich davon Abstand nehmen, ohne jedoch ihre Empörung zu bändigen.

Die japanische Regierung, zu einer Entscheidung aufgefordert, war geteilter Meinung. Togo machte darauf aufmerksam, daß die Japan gegenüber angewandte Sprache schon seit geraumer Zeit in auffallendem Gegensatz zur Härte der Bedingungen stand, die Deutschland diktiert worden waren, und daß die bedingungslose Kapitulation, wenngleich in Worten aufrechterhalten, in Wirklichkeit aufgegeben worden war. Er unterstrich, daß es keine andere Möglichkeit mehr gab. Dem Botschafter Sato, der die sowjetische Regierung ersuchen sollte, einem Empfang des Fürsten Konoye zuzustimmen, um die Möglichkeiten eines Friedensschlusses zu sondieren, war es weder gelungen von Stalin noch von Molotow empfangen zu werden. Die einzige Art, die ›völlige Vernichtung‹ zu vermeiden, von der Japan durch das Ultimatum bedroht war, bestand darin, den hoffnungslosen Kampf sofort aufzugeben und sich der Einsicht der Vereinigten Staaten zu überlassen.

Aber das Nationalgefühl empörte sich dagegen. Der Führer der Unbeugsamen war Kriegsminister General Anami. »Bedingungslose Kapitulation ist für Japan nicht nur unannehmbar, sondern einfach undenkbar«, erklärte er. »Überdies ist Amerika nicht bereit, den fürchterlichen Blutzoll zu zahlen, den eine Invasion erfordern würde. Es wird also nachgeben und uns günstigere Bedingungen zugestehen, wenn wir weiter an unserem entschlossenen, verzweifelten Widerstand festhalten.«

Die Antwort Japans wurde am 29. Juli durch ein Kommuniqué der Presseagentur Domei formuliert. Die kaiserliche Regierung beschloß, das Ultimatum ›mit Verachtung zu strafen‹. Das bedeutete nicht dasselbe wie ablehnen. Vom Standpunkt der Japaner wurde durch diese Formulierung die Tür nicht verschlossen. Für Amerika hingegen bezeugte sie Unbeugsamkeit und Herausforderung.

Aus Tinian kam über Washington eine Meldung nach Potsdam: Die 509. Composite

Group der US-Air Force war bereit – die nötigen meteorologischen Bedingungen vorausgesetzt –, den Auftrag auszuführen, mit dem sie betraut war. Der Befehlshaber der strategischen Luftstreitkräfte, Spaatz, hatte sich geweigert, ›auf einfache mündliche Instruktionen hin vielleicht 100 000 Menschen zu töten‹, und einen schriftlichen Befehl verlangt. Er hatte ihn am 25. Juli, von Stimson und Marshall unterzeichnet, erhalten. Der Vollzugsbefehl konnte nur durch den Oberbefehlshaber der amerikanischen Streitkräfte, den Präsidenten selbst, erteilt werden.

Sämtliche Anordnungen waren getroffen worden. Niigata war wegen zu geringer Ausdehnung von der Liste der Ziele gestrichen worden. Hiroshima stand immer noch an erster Stelle, gefolgt von Kokura und Nagasaki. Jede der drei Städte würde von einer B 29 überflogen werden, um die Sicht festzustellen. Das Flugzeug, das die Bombe mitführen würde, war *Enola Gay* genannt worden, nach der Mutter des Piloten, Oberst Tibbets. Zwei weitere B 29 würden es begleiten, das eine mit Wissenschaftlern besetzt, das andere leer, um gegebenenfalls die *Enola Gay* bei der Zwischenlandung in Iwo Jima zu ersetzen. Die Bombe, ›Little Boy‹, sah ganz gewöhnlich aus, eher häßlich, war drei Meter lang, mit einem Durchmesser von 70 Zentimetern; sie wog etwas mehr als vier Tonnen. Die Endmontage sollte während des Fluges von Kapitän zur See William S. Parsons ausgeführt werden. Die Bombe würde für eine Explosion in 600 Meter Höhe über dem Erdboden eingestellt werden. Man wußte über die Wirkung einer Atomexplosion in dieser Höhe absolut nichts, insbesondere nicht, ob der Bomber Zeit haben würde, sich genügend weit zu entfernen, um nicht selbst der Vernichtung anheimzufallen.

Ein schwerer Weg mußte noch erledigt werden: MacArthur zu benachrichtigen, der von dem Manhattanprojekt ebensowenig wußte wie der letzte seiner GIs. Spaatz flog nach Manila, nicht ohne gewisse Befürchtungen vor dem Empfang, der dort seiner harrte. Aber der große Mac nahm die Nachricht, die ihm die Eroberung Japans aus den Händen nahm, ohne Reaktion entgegen.

Am 6. August um 1 Uhr 37 stiegen die drei B 29 zur Aufklärung von Tinian auf. Eine halbe Stunde später folgte ihnen die *Enola Gay*. Zu den regulären neun Mitgliedern der Besatzung hatten sich noch Parsons und zwei weitere Techniker gesellt. Der Nachtflug ging unter idealen Bedingungen vor sich. Um 6 Uhr 40 begann die *Enola Gay* von ihrer Reiseflughöhe von 2700 Meter auf ihre Bombenflughöhe von 10 000 Meter zu steigen. Um 7 Uhr 09 meldete die B 29 *Straight Flush*, daß der Himmel über Hiroshima klar sei. Um 8 Uhr 11 war die Stadt auf den sieben fingerförmigen Ausläufern des Vorgebirges des Ota deutlich zu sehen. Um 8 Uhr 13 Minuten 30 Sekunden gab Tibbets seinem Bombenschützen Tom Ferebee den Befehl zum Abwurf.

Die Bombe verließ um genau 8 Uhr 15 Minuten 17 Sekunden den Bombenschacht, die um 4 Tonnen erleichterte *Enola Gay* gewann ruckartig an Höhe. Die Besatzung wußte, daß bis zur Explosion fünfundvierzig Sekunden vergehen würden und daß sich das

Flugzeug zu diesem Zeitpunkt 18 Kilometer weit vom Punkt Null befinden würde. Sie alle zählten: »42...43...44...«

Wie in Alamogordo erhellte ein phantastischer Blitz die Atmosphäre und blendete die Flieger trotz der Brillen für autogenes Schweißen, die sie trugen. Dann erhob sich ein riesenhafter Pilz, färbte sich rot und entfaltete sich über den Himmel...

Truman befand sich an Bord des Kreuzers *Augusta* auf See. Die Potsdamer Konferenz hatte mit der betrüblichen Feststellung geendet, daß zwischen den Vereinigten Staaten und der Sowjetunion ein historischer Zwist begonnen hatte. Nichtsdestoweniger war der Präsident guter Laune. Am Vortage hatte er vom Einsatzraum der *Augusta* aus den Befehl gegeben, die Atombombe zu werfen. Er hatte den Vormittag wartend verbracht, sich auf dem Achterdeck gesonnt, dem Bordorchester gelauscht. Dann war er als guter Volksführer in die Messe des Kreuzers gegangen, um gemeinsam mit der Besatzung den Lunch einzunehmen. Da hatte ihm ein Adjutant die Depesche mit der Nachricht von der Explosion in Hiroshima gebracht: ›Results clear cut successful in all respects. Visible effects greater than in any tests...‹ (Wirkung in jeder Hinsicht deutlich erfolgreich. Sichtbare Ergebnisse größer als bei allen Versuchen.) In seinen Memoiren beschrieb Truman später seine Reaktion feierlicher, aber in Wirklichkeit war er außer sich vor Freude. »Jungs, wir haben ihnen einen Ziegel mit 20000 Tonnen TNT auf den Schädel geschmissen!« Die Seeleute brachen in ein Freudengeheul aus. Die Gewissensqualen, die angeblich den Triumph begleiteten, sind historische Fälschungen.

Es stimmt, daß einige Leute, darunter Eisenhower, die Verwendung der Bombe spontan mißbilligten, da sie der Ansicht waren, sie sei nicht nötig gewesen, um Japan in die Knie zu zwingen. Aber die gewaltige Majorität sah in der neuen Waffe nur die Möglichkeit für ein rasches Ende des Krieges und des Blutvergießens. Obendrein hätten diejenigen, die ihre Verwendung gegen Hiroshima beklagten, sie im Falle Berlins begrüßt.

Truman hatte vor seiner Abreise eine Botschaft für den Rundfunk unterzeichnen lassen, in der er der Welt ihren Eintritt ins Atomzeitalter verkündete. Dadurch und durch Kommentare des Senders San Francisco erfuhr Außenminister Shigenori Togo, was für ein Geschoß Japan getroffen hatte. Er teilte das seinem Kollegen im Kriegsministerium mit und ersuchte ihn um Einzelheiten über die Explosion. Aber die Militärs antworteten ausweichend. Sie gaben lediglich zu, daß die in Hiroshima angerichteten Schäden sehr bedeutend waren. Das Kommuniqué, das sie erst am nächsten Tag veröffentlichten, sprach ausschließlich von ›einem neuen Bombentyp‹, über den die Nachforschungen im Gange seien. Von Hiroshima waren nur die Gerippe einiger Betongebäude stehengeblieben. Am Angriffstag hatte die Stadt ihren Arbeitstag eben begonnen. Wie gewöhnlich war beim Überfliegen einzelner Flugzeuge zwar Alarm, kurz darauf jedoch Entwarnung gegeben worden. Ein fürchterlicher Blitz hatte sie eingehüllt und einen Riesenbrand verursacht, der in Sekundenschnelle um sich griff. Die

Straßenbahnen waren stehengeblieben, voll mit verkohlten, auf den Bänken zusammengedrängten oder auf den Plattformen stehenden Fahrgästen. Ein Sturmwind von 1200 Kilometer Geschwindigkeit je Stunde hatte sich erhoben, die Mauern in 1500 Meter Umkreis niedergelegt und die Fenster bis auf 12 Kilometer Entfernung vom Punkt Null zerbrochen. Ein Feuerzyklon, ähnlich wie ihn die Hunderte Bomber in Dresden, Hamburg oder Tokio entfacht hatten, hatte sechs Stunden lang gewütet. Dann hatte man an den Überlebenden seltsame Phänomene festgestellt: Erbrechen, Durchfälle von außerordentlicher Stärke, eine Vielzahl von kleinen Blutungen in Mund und Hals. Viele Opfer mit diesen Symptomen lagen im Sterben. Die später aufgestellte Bilanz ergab 78150 Tote, 9284 Schwerverletzte und 13938 Vermißte. Darin waren die 40000 Soldaten nicht mitgezählt, von denen vielleicht die Hälfte der Explosion zum Opfer fielen. Das Armeehauptquartier, der Sitz des Oberkommandos West, die Schule und das Militärspital waren vernichtet.

Der 7. August verging in völliger Verwirrung. Am 8. wurde Togo zum Kaiser berufen. Dessen Bruder, der Wissenschaftler Prinz Takamatsu, führte den Vorsitz einer Kommission von Physikern, die die Möglichkeit einer Atombombe im gegenwärtigen Krieg geleugnet hatten – aber die Widerlegung dieser Ansicht war unbestreitbar, und der Monarch sah ein, daß eine Fortführung des Krieges unmöglich geworden war. Togo antwortete ihm, da die Potsdamer Konferenz beendet sei, warte er begierig darauf, daß Botschafter Sato von Molotow empfangen werde und Prinz Konoye zu seiner Mission wegen der Verhandlungen abfliegen könne.

Am selben Abend kam aus Moskau die ungeduldig erwartete Nachricht. Endlich hatte Molotow Botschafter Sato zu sich berufen. Er übermittelte ihm die Kriegserklärung der UdSSR an Japan!

Am Tag darauf, dem 9. August, folgte eine Regierungsberatung der anderen. Sie wurden von katastrophalen militärischen Nachrichten unterbrochen. 1500 Flugzeuge der US-Marine griffen den Norden von Honschu an. Die Russen hatten in der Mandschurei eine Offensive eingeleitet. Und schließlich, vor allem anderen, war eine zweite Atombombe über Japan abgeworfen worden.

Vom amerikanischen Standpunkt aus hatte sich dieser Angriff nicht unter so idealen Bedingungen abgespielt wie in Hiroshima. Die mit Plutonium geladene Bombe war für Kokura bestimmt gewesen, aber die Insel Kiuschu war von Wolken bedeckt, und der Leiter der Expedition, Major Sweeney, hatte sich für das Ersatzziel Nagasaki entschließen müssen. Die Explosion, noch heftiger als die des 6. August, hatte die B 29 beinahe zerrissen; so rasch wie möglich war sie auf Okinawa gelandet. Die Hügel von Nagasaki hatten jedoch die Abbrennwirkung geschwächt und die Schwere der Beschädigung sowie die Anzahl der Opfer verringert. Damit war übrigens das Atomarsenal leer. Es vergingen mehrere Wochen, ehe Hanford und Oak Ridge die nötigen Mengen spaltbaren Materials für neue Explosionen hergestellt hatten. Das wußte die japanische Regierung

nicht. Die Befragung des Piloten einer abgeschossenen B 29 ließ sogar darauf schließen, daß für den 12. August eine dritte Bombe für Tokio bereit sei.
Togo befragte die Militärs: Hegten sie noch die geringste Hoffnung auf einen Sieg? Marineminister Admiral Yonai antwortete mit einem glatten Nein. General Anami konnte sich zu keiner klaren Antwort entscheiden. Die letzte Schlacht, um Japan selbst, war noch nicht geschlagen, und die Möglichkeit, eine Invasionsarmee ins Meer zurückzuwerfen, nicht abgetan. Anami erklärte, er werde trotzdem sein Einverständnis zur Niederlegung der Waffen geben, falls die Alliierten, abgesehen von der Aufrechterhaltung der Monarchie, davon absähen, Japan zu besetzen, der japanischen Armee gestatteten, selbst abzurüsten und damit einverstanden wären, daß die Kriegsverbrecher von japanischen Gerichten zur Verantwortung gezogen würden. General Umazu, der Generalstabschef der Armee, und Admiral Toyada, Stabschef der Marine, schlossen sich den Erklärungen des Kriegsministers an. Kurz vor Mitternacht versammelte sich eine außerordentliche Kaiserliche Konferenz, zum zweitenmal an diesem Tage, im Bunker des Tennos. Satzungsgemäß bestand der Rat aus sechs Mitgliedern: dem Premierminister, dem Außenminister, dem Kriegs- und dem Marineminister sowie ihren beiden Generalstabschefs. In diesem Falle war auch der Präsident des Geheimen Rates, Baron Hiranuma, berufen worden. Keine Form der Etikette, einschließlich des Jacketts der Zivilmitglieder, war bei der Zeremonie außer acht gelassen worden. Ein wunderschöner Mond schien auf die ehrwürdigen Pinien, die dem Brand des kaiserlichen Palais entgangen waren, und ausnahmsweise hatte es keinen Alarm über Tokio gegeben.
Hirohito führte den Vorsitz. Es war noch nie vorgekommen, daß er in eine Beratung eingegriffen hätte, daß er etwas anderes gewesen wäre als die stumme Inkarnation des göttlichen Reiches. Aber die Standpunkte waren festgefahren und die Kräfte gleich stark. Togo, Yonai und Hiranuma waren mit der Kapitulation einverstanden, Anami, Umazu und Toyoda lehnten sie ab und stellten Bedingungen, die von den Siegern von vornherein abgelehnt werden mußten.
Der Premierminister, der alte Admiral Suzuki, hatte die Diskussion vorbeigehen lassen, ohne sich daran zu beteiligen. Plötzlich erhob er sich. Es war 2 Uhr früh, der 10. August. »Meine Herren«, sagte er, »wir diskutieren seit Stunden, während die Entscheidung, die wir treffen müssen, keine weitere Minute Verzögerung gestattet. Es wird die Entscheidung Eurer Kaiserlichen Majestät erbeten, welcher Vorschlag angenommen werden soll – der vom Außenminister vertretene oder der andere, der die vier Bedingungen enthält.«
Ein beispielloses Vorgehen. Suzuki gestaltete es noch dramatischer, indem er sich vor Hirohito zu Boden warf. Dieser befahl ihm, sich zu erheben und wieder zu setzen. Dann begann er zu sprechen. Er rügte die Militärs: Zu wiederholten Malen hatten sie ihm Siege versprochen und ihm nichts als enttäuschende Resultate geliefert. Wie sollte er Vertrauen zu ihren neuen Versprechungen haben, da die Lage für Japan so ungünstig

geworden war. Er war über die Leiden seines Volkes tief erschüttert. Sein Los und das seiner Dynastie waren ihm gleichgültig. »Die Beendigung des Krieges«, sagte er, »ist die einzige Möglichkeit, den Weltfrieden wiederherzustellen und das Volk von dem fürchterlichen Elend zu erlösen, das auf ihm lastet.« Er nahm die Bedingungen der Alliierten an, so hart, so demütigend, so unerbittlich sie waren.
Die Nacht verging bei fieberhafter Aktivität. Bei der Kabinettssitzung verfaßte man zwischen 2 und 3 Uhr morgens hinter geschlossenen Fenstern die Note, die in den ersten Stunden des Vormittags an die japanischen Botschaften in Bern und Stockholm geschickt werden sollte. Sie enthielt die Annahme der Potsdamer Erklärung und lautete: ›Die japanische Regierung ist bereit, die Bedingungen der gemeinsam von den Regierungschefs der Vereinigten Staaten, Großbritanniens und Chinas am 26. Juli 1945 in Potsdam beschlossenen und später auch von der sowjetischen Regierung unterzeichneten Erklärung anzunehmen unter der Voraussetzung, daß sie nichts enthält, was die Hoheitsrechte Seiner Majestät als souveräner Herrscher beeinträchtigt.‹
Die amerikanische Antwort wurde am Zwölften um 4 Uhr morgens durch den Rundfunk veröffentlicht. Wenige Stunden später wurde sie auf dem Weg über die Schweizer Gesandtschaft bestätigt. Bezüglich der bekanntgegebenen Bedingung erklärte die Regierung der Vereinigten Staaten ihre Stellungnahme wie folgt: ›Vom Zeitpunkt der Kapitulation an wird die Staatsführung des Kaisers und der japanischen Regierung dem Oberbefehlshaber der Alliierten Streitkräfte untergeordnet...‹ Der Autor dieser Formulierung war der neue Außenminister James F. Byrnes. Sie stellte einen Mittelweg zwischen den Extremisten wie Owen Lattimore, der den Kaiser als Kriegsverbrecher anklagen wollte, und den Realisten wie Grew und Leahy dar, die ganz einfach mit dem Weiterbestehen der Monarchie einverstanden waren. In Tokio kam es zu heftigem Streit. Togo behauptete, die amerikanische Antwort sei zufriedenstellend, und man müsse sich unterwerfen. Hiranuma hingegen änderte seine gemäßigte Stellungnahme und behauptete, die Unterordnung des Monarchen unter eine ausländische Autorität sei unannehmbar, da sie die Struktur des japanischen Staates zerstöre. Die Verfechter eines Kampfes bis zum Äußersten gewannen an Boden. Anami verfaßte einen Aufruf an die Armee, in der er ihr den Sieg in Aussicht stellte, wenn sie zu jedem Opfer bereit war, um die Invasion zurückzuschlagen. Von gewissen Truppenverbänden wurde außergewöhnlicher Aufruhr gemeldet. Suzuki, Togo, Yonai wurden als Verräter bezeichnet, man drohte ihnen schonungslose Bestrafung an.
Am Vierzehnten befand sich der außerordentliche Kaiserliche Rat in der gleichen Sackgasse wie am 9. August. Er endete auf gleiche Weise. Hirohito griff ein. Er verstehe die Gefühle der Patrioten, erklärte er, aber seine Pflicht als Kaiser sei es, die Nation zu retten. Die Annahme der Bedingungen der Alliierten sei unvermeidlich. Er werde sich selbst an sein Volk wenden und ihm das mitteilen, es bitten, sich der Gegenwart zu beugen, um die Zukunft zu retten.

Am Vormittag um 11 Uhr brach die Militärrevolte aus. Ein Oberstleutnant Hatamaka führte eine Gruppe Offiziere zu General Mori, dem Befehlshaber der kaiserlichen Garde, und verlangte die Verhaftung der Defätisten. Mori lehnte ab. Eine Gewehrsalve tötete ihn. Die Verschwörer, Offiziere und Mannschaften, besetzten Radio Tokio und suchten nach der Platte, auf welcher der Kaiser seine Botschaft an die Nation hatte aufzeichnen lassen. Andere setzten die Häuser Suzukis und Hiranumas in Brand. Es wurde Alarm gegeben, Flugzeuge dröhnten über Tokio, die verängstigte Bevölkerung flüchtete nach allen Richtungen. Die Rebellen waren in Aufruhr, aber sie hatten keinen Anführer mehr. Von seiner letzten Unterredung mit Suzuki in dessen Amtsräumen zurückgekehrt, hatte General Anami Selbstmord durch Harakiri begangen, um dafür zu büßen, daß er gezwungen gewesen war, dem Kaiser zu widersprechen. General Tanaka, der Oberbefehlshaber der Ostarmee, eilte in die Kaserne der Garden und erzwang durch eine dreistündige Rede wieder ihren Gehorsam. Da er diese Pflicht ausgeübt hatte, die im Gegensatz zu seiner Überzeugung stand, verübte er ebenfalls Harakiri.
Am 15. August um 16 Uhr versammelte sich ganz Japan in den Ruinen der Städte, auf den Plätzen der Dörfer um die Lautsprecher. Niemand hatte je die Stimme des Kaisers vernommen. Niemand wußte, warum er sein ganzes Volk aufgerufen hatte. Die Mehrzahl dachte, er werde den Kampf bis aufs Äußerste verkünden. Die Stimme ertönte, seltsam tonlos, atemlos. Der gewundenen, veralteten Art der Rede war kaum zu folgen. Dennoch verstanden alle den Sinn der Botschaft. Der Kaiser wünschte, daß der Kampf ein Ende finden, daß man das Unfaßbare, die Niederlage, die Demütigung, die Besetzung hinnehmen solle.
Unzählige Japaner wollten davon nichts wissen. In manchen Kasernen rann das Blut der Selbstmörder in Strömen über die Treppen. Kamikazes bestiegen ihre Flugzeuge und stürzten sich in die Bucht von Tokio. Ganze Gruppen kamen und warfen sich vor der Brücke Niju Bashi zu Boden. Solche Szenen spielten sich an allen heiligen Orten ab. In Tokio versammelte sich eine aufrührerische Menge auf dem Atago Jama, wo durch die Vereinigung von Izanani und Izagani Japan geschaffen worden war. Die Flieger des Stützpunktes von Atsugi befanden sich in offener Rebellion. Sie überflogen das Palais im Tiefflug, warfen Flugblätter ab, welche die Verräter verdammten und verkündeten, daß der Kampf ›gyakusai‹ – bis zum Äußersten – weitergeführt werde.
Admiral Suzuki hatte sein Amt niedergelegt. Es fehlte an der Zeit, um mit den alten Staatsmännern zu beraten, denen es gelungen war, die nervöse, heftige japanische Politik durch eine Gerontokratie zu mäßigen. Der Kaiser entschloß sich, seinen Onkel Prinz Higashikuri zum Premierminister zu ernennen. Vier weitere Mitglieder der kaiserlichen Familie wurden zu den Armeen in Übersee geschickt, um an die Disziplin zu appellieren. Die Dynastie sprach sich für den ›Weg des heiligen Kranichs‹ aus – für den Frieden.
Sie wußte das tatsächliche Nationalgefühl auf ihrer Seite. Das japanische Volk ergab

sich darein zu sterben – aber lieber wollte es doch leben. Es erkannte an den Ruinen, die über ihm zusammenstürzten, daß der Krieg verloren war. Es erfaßte, wie tief es belogen worden war, als man ihm erzählte, es sei unbesiegbar. Die blutige Romantik einiger Zehntausender Fanatiker war gegen den passiven Widerstand von 100 Millionen Menschen machtlos. Die Erregung ebbte ab, die Resignation siegte. Das Leben behielt die Oberhand.
Der Morgen des 2. September war wolkig und frisch. Um 5 Uhr verließ ein Zug den vorläufigen Sitz der Regierung, das Palais Akasaka, das mitten in einem gänzlich niedergebrannten Bezirk stehengeblieben war. Die Straße führte bis Jokohama quer durch eine Aschenwüste. Am Eingang des großen Hafens blitzen amerikanische Bajonette. Zwei Tage vorher waren Teile der 11. Luftlandedivision mit Generalleutnant Eichelberger eingetroffen, nur drei Stunden vor dem Oberbefehlshaber MacArthur, der dazu bestimmt war, die Kapitulation Japans entgegenzunehmen und seiner Geschichte eine neue Richtung zu geben. Die japanische Regierung selbst hatte ersucht, er möge nicht in Atsugi landen, wo es in jüngster Zeit zu so fanatischen Ausschreitungen gekommen war. MacArthur hatte sich darüber hinweggesetzt – und 30000 japanische Soldaten hatten von Atsugi bis Jokohama gestanden und vor ihm das Gewehr präsentiert. Jetzt befand er sich an Bord der *Missouri* auf der Reede von Tokio und erwartete die Unterwerfung der Besiegten.
Die Zusammenstellung der Abordnung war nicht leicht gewesen. Man hatte es für unmöglich erachtet, ihre Leitung dem Premierminister zu übertragen, der ein so naher Verwandter des Kaisers war, und mehrere Zivil- und Militärpersönlichkeiten hatten erklärt, sie würden eher Selbstmord begehen, als ihr anzugehören. Der neue Außenminister, Mamoru Shigemitsu, hatte sich dafür geopfert, und General Umazu hatte, obgleich er sich gegen die Kapitulation gewehrt hatte, dem Befehl gehorcht, die Streitkräfte zu vertreten. Man hatte ihm seinen Säbel genommen, ebenso wie man die Flaggen von den Wagen entfernt hatte. Die beiden Bevollmächtigten und die neun Diplomaten und Offiziere, die sie begleiteten, bestiegen dann einen Zerstörer. Der Himmel war klar, die Sonne schien. Die Reede von Tokio war, soweit das Auge reichte, bedeckt von alliierten Schiffen unter voller Beflaggung.
Auf den Aufbauten der *Missouri* saßen Hunderte Seeleute und ließen, ungeachtet der Feierlichkeit des Augenblicks, ihre Beine hinunterbaumeln. Shigemitsu, der fünfzehn Jahre vorher in Schanghai ein Bein verloren hatte, kletterte mühevoll das Fallreep hinauf und betrat das Deck, auf seinen Stock gestützt. Auf dem Achterdeck lagen auf einem mit grünem Tuch bedeckten Tisch die Kapitulationsurkunden. Dahinter waren die Abordnungen der Alliierten aufgestellt. Australien war durch General Blamey vertreten, Neuseeland durch Vizeluftmarschall Isitt, Kanada durch Oberst Moore-Grosgove, China durch General Hsu Yen-tschang, Großbritannien durch Admiral Fraser, Frankreich durch General Leclerc, die Niederlande durch Admiral Helfrich, die UdSSR

Angesichts der unermeßlichen Zerstörungen und der über 130000 Menschenopfer durch allein zwei Atombomben machte die japanische Regierung am 10. August den Alliierten ein Kapitulationsangebot. Am 2. September 1945 erfolgte die Unterzeichnung auf dem US-Schlachtschiff *Missouri* in der Tokio-Bucht durch Außenminister Shigemitsu und General Umezu. Der Zweite Weltkrieg war beendet (folgende Seite).

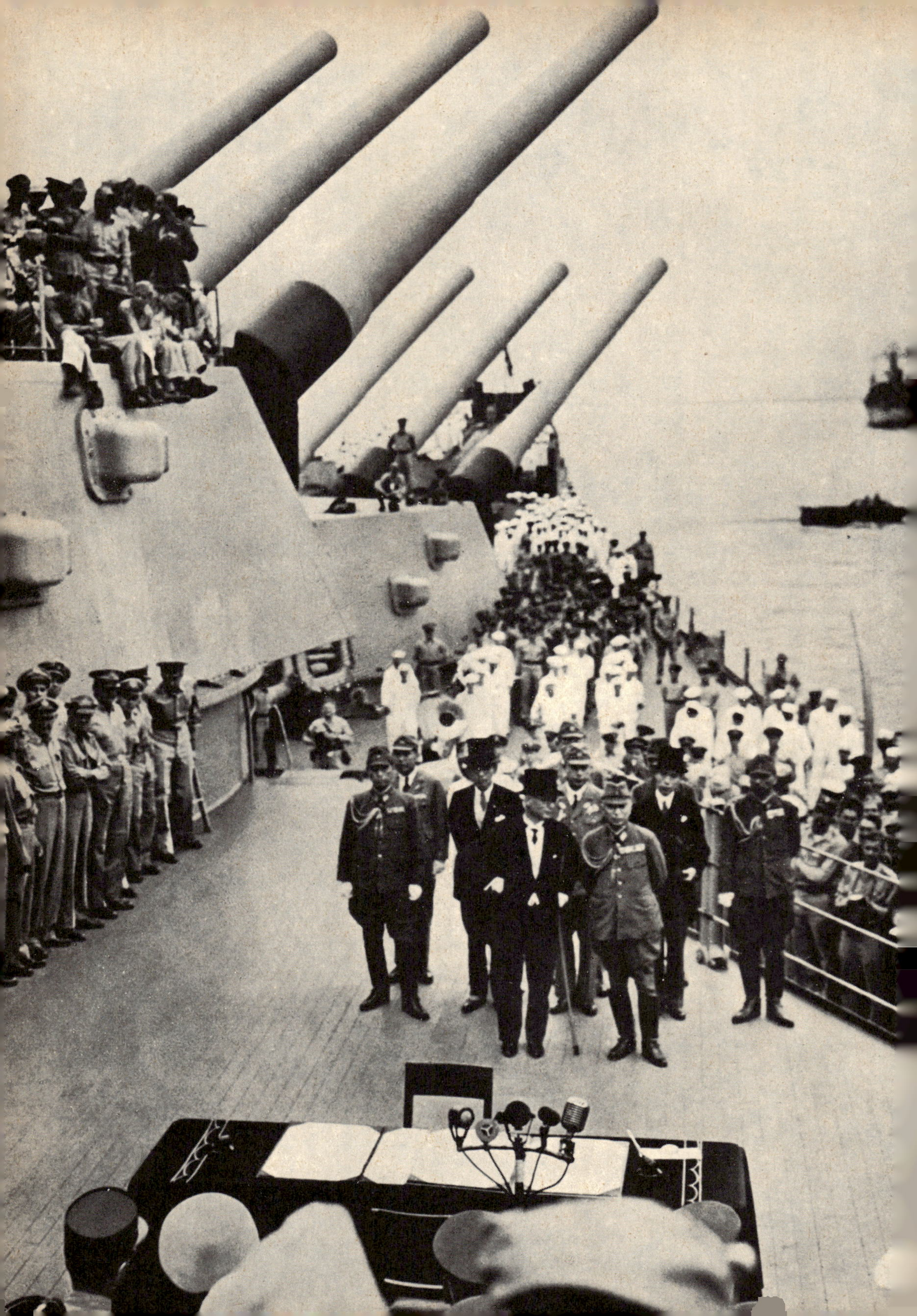

durch General Derewjanko. Trotz ihres Eingreifens in extremis hatte die Sowjetunion bei Amerika keine Beteiligung an der Besetzung Japans durchsetzen können. Es dauerte nicht lange, so erklärte Moskau, der sowjetische Vertreter bei der Interalliierten Kontrollkommission werde behandelt ›wie ein Möbelstück‹, und seine Anwesenheit sei völlig überflüssig.
Fünf lange Minuten vergingen. Die Japaner schluckten ihre Tränen hinunter. MacArthur erschien. Er war gefolgt von Admiral Nimitz und Admiral Halsey – es war ein schwieriger Schiedsspruch des Präsidenten notwendig gewesen, um den Anteil der US-Armee und der US-Marine an der Ehrung zu bestimmen. Auch zwei Besiegte, in ihrer langen Gefangenschaft zu Skeletten abgemagert, nahmen an dem Triumph teil: der Engländer Percival, der Singapur, und der Amerikaner Wainwright, der Corregidor übergeben hatte.
Reden waren nicht vorgesehen. Aber MacArthur hatte eine Überraschung bereit. Er sprach. Er sprach wundervoll. Er feierte den wiederhergestellten Frieden. Er verwarf jeden Geist ›of distruct, malice or hatred‹, er vereinigte Sieger und Besiegte, ›both victors and vanquished‹, und verlangte von ihnen gemeinsame Bemühung zur Erreichung höherer Menschenwürde. Er selbst verpflichtete sich: ›As Supreme Commander for the Allied Powers, I announce my firm purpose, in the tradition of the countries I represent, to the discharge of my responsibilities with justice and tolerance.‹ (Als Oberbefehlshaber der Alliierten Mächte erkläre ich meine feste Absicht, nach der Tradition der Länder, die ich vertrete, mit Gerechtigkeit und Nachsicht meinen Pflichten nachzukommen.) Die Flaggen flatterten in der Sonne. Der Gegensatz zu den düsteren nächtlichen Zeremonien in Reims und Berlin, die den Stempel der Großsprecherei und des Hasses getragen hatten, war auffallend. Nach dem Ausspruch eines der japanischen Zeugen, des Diplomaten Kase, hatte der großmütige Geist MacArthurs aus der *Missouri*, dieser riesenhaften Kriegsmaschine, ›einen Altar des Friedens‹ gemacht.
Die Japaner unterschrieben. Die Alliierten unterschrieben. Es war 9 Uhr 25 Minuten. Die Japaner zogen sich zurück, am Fallreeppodest begrüßt durch das Pfeifen des Stabsbootsmanns und den Stab der *Missouri* mit Ehrenbezeugung. Der Zweite Weltkrieg war an seinem 2194. Tag zu Ende gegangen, fast auf die Stunde genau sechs Jahre nach seinem Beginn. 61 Nationen und über 100 Millionen Soldaten hatten daran teilgenommen. Die Feindseligkeiten hatten sich auf 22 Millionen Quadratkilometern abgespielt. Zwischen 32 und 40 Millionen Menschenleben waren vernichtet worden. Die materiellen Verluste wurden niemals auch nur halbwegs annähernd festgestellt, aber es besteht kein Zweifel, daß sie bei weitem höher waren als die sämtlicher vorhergegangenen Kriege zusammengenommen. Bewundernswert ist die Elastizität, die der Menschheit dazu verhalf, sich durch diese fürchterliche Prüfung nur so wenige Jahre auf ihrem Weg zum Fortschritt aufhalten zu lassen.
Die Achsenmächte waren zu Boden gezwungen. Nach einem Kampf, an dem fast die

ganze Welt teilgenommen hatte, waren die Vereinigten Staaten entschlossen, von nun ab den gesamten pazifischen Raum zu kontrollieren und sich auf einen der Mitverantwortlichen des Krieges, ihren noch stärksten Gegner, Japan, zu konzentrieren. ›Man soll das japanische Volk ermuntern, sich mit der Geschichte, den Einrichtungen und Errungenschaften der Vereinigten Staaten, wie mit denen der anderen Demokratien, vertraut zu machen.‹ (Instruktion Washingtons an General MacArthur.) Ein neuer Kampf begann, diesmal ein moralischer und politischer, das Ringen in Europa wie in Asien gegen den totalitären Geist in allen seinen Formen.

Zeittafel 1939 bis 1945

1939	Europäischer Kriegsschauplatz	Außereuropäischer Kriegsschauplatz und sonstige Ereignisse	Politische Ereignisse
August	*30.* Die Gestapo besetzt den Bahnhof von Danzig. *31.* Fingierter Überfall auf den Sender Gleiwitz.		*11.–21.* Britisch-französisch-sowjetische Militärgespräche in Moskau. *23.* Deutsch-sowjetischer Nichtangriffspakt unterzeichnet. *25.* Britisch-polnischer Beistandspakt unterzeichnet.
September	*1.* Deutscher Einmarsch in Polen. *3.* Zusammenbruch der polnischen Mlawa-Stellung. *5.* Vernichtung der Armee Pomerellen. *6.* Franz. Offensive an der Saar. Einnahme Krakaus. *14.* Warschau eingeschlossen. *17.* Sowjetischer Einmarsch in Ostpolen. *27.* Warschau kapituliert. *29.* Kapitulation der Festung Modlin	*3. U 30* versenkt *Athenia.* *11.* Japanische Landung in Kanton.	*1.* Reichstagsrede Hitlers. Eingliederung Danzigs in das Reich. *3.* Frankreich und Großbritannien erklären Deutschland den Krieg. *28.* Beistandspakt UdSSR–Estland. *28.* Deutsch-sowjetischer Freundschafts- und Grenzvertrag. *30.* Sikorski bildet polnische Exilregierung in Paris.
Oktober	*3.* Britisches Expeditionskorps geht bei Lille in Stellung	*14. U 47* versenkt *Royal Oak.*	*5.* Beistandspakt UdSSR–Lettland. *10.* Beistandspakt UdSSR–Litauen. *12.* Polen wird deutsches Generalgouvernement.
November	*30.* Sowjetischer Einmarsch in Finnland.	*15.* Japanische Landung im Golf von Tongking. *20.* Erster deutscher Luftmineneinsatz vor der britischen Ostküste.	*1.* Annexion der polnischen Ostgebiete durch die UdSSR. *8.* Attentat auf Hitler. *29.* Abbruch der diplomatischen Beziehungen zwischen Finnland und der UdSSR.
Dezember	*3.* Einnahme Petsamos durch sowjetische Truppen. *11.–28.* Sowjetische Niederlage bei Suomussalmi.	*13.* Selbstversenkung der *Graf Spee* vor Montevideo.	2. Beistandspakt zwischen UdSSR und finnischer Gegenregierung. *14.* UdSSR vom Völkerbund ausgeschlossen.

1940	Westfeldzug	Skandinavien – Finnland
Januar	10. Notlandung der Majore Reinberger und Hoenmans bei Mechelen.	5.–8. Zweite sowjetische Niederlage bei Suomussalmi
Februar		11. Sowjetische Offensive gegen die Mannerheimlinie. 16. Die *Altmark* von brit. Zerstörer *Cossack* angegriffen.
März		6. Paasikivi nach Moskau. 12. Finn.-sowj. Friedensvertrag. 28. Die Alliierten beschließen Verminung der norwegischen Küsten.
April		8. Abfahrt des alliierten Expeditionskorps nach Norwegen. 9. Deutscher Einfall in Dänemark und Norwegen. 10. Seegefecht vor Narvik. 14.–19. Alliierte Landungen
Mai	10. Deutscher Einmarsch in Holland, Belgien und Luxemburg. 13. Durchbruch bei Sedan und Dinant. 14. Kapitulation der holländischen Armee. Bombardierung Rotterdams. 23. Pz.-Gr. Kleist nimmt Sommemündung. 26. Rückzug der Briten auf Dünkirchen. 28. Kapitulation der belgischen Armee. 31. Lille fällt.	28. Die Alliierten nehmen Narvik.
Juni	4. Einnahrhe Dünkirchens. 5. Deutsche Offensive an Somme und Aisne. 14. Kampflose Besetzung von Paris. 17. Pétain ersucht um Waffenstillstand. Einschließung der franz. Ostarmeen. 22. Unterzeichnung des Waffenstillstands.	3.–7. Die Alliierten räumen Norwegen. 10. Kapitulation der letzten norwegischen Kräfte
Juli	Die Schlacht um England	Afrika und Balkan
	16. Hitler befiehlt Vorbereitungen zu einer Invasion Englands (›Seelöwe‹).	
August	1.–20. Bombardierung der engl. Südküste 13. ›Adlertag‹	1.–10. Die Italiener erobern Britisch-Somaliland
September	7.–15. Erste Luftangriffe auf London. 17. ›Seelöwe‹ wird vertagt.	12. Die Italiener stoßen über die libysch-ägyptische Grenze vor und nehmen Sidi Barrani
Oktober		7. Die Wehrmacht besetzt Rumänien. 28. Italien greift Griechenland an. 31. Die Engländer besetzen Kreta.
November	14.–19. Die ersten schweren Luftangriffe auf Coventry, Birmingham und andere mittelenglische Städte	11. Britischer Angriff auf die italienische Flotte. 21. Die Griechen nehmen Konitsa.
Dezember	29. Starkes Bombardement Londons.	9. Die Briten treten zum Gegenangriff in der Cyrenaika an. 17. Einnahme von Sollum.

Ostasien	Politische Ereignisse	Sonstige Ereignisse
Chinesische Offensive im Kwang-shi		
	25.–12. Europareise des amerik. Unterstaatssekretärs Sumner Welles.	
18. Die Chinesen erobern Nanning zurück. *30.* Bildung einer japanfreundlichen chinesischen Regierung unter Wang Tschi-Wei	*20.* Daladier tritt zurück. Reynaud bildet neues Kabinett.	
	9.–10. Die Alliierten erklären ihre Absicht, Norwegen zu verteidigen. *24.* Terboven, unterstützt von Quisling, wird Reichskommissar.	*10.* England besetzt die Färöer-Inseln.
	5. Bildung einer norwegischen Exilregierung in London. *10.* Churchill bildet Kriegskabinett. *12.* Die holländische Regierung flieht nach London. *18.* Pétain Kabinettsmitglied. *19.* Seyß-Inquart Reichskommissar der Niederlande.	*10.* Landung britischer Truppen auf Island. *16./17.* Beginn des strategischen Luftkriegs der RAF gegen Deutschland.
19. Japan fordert ultimativ Kontrolle der Grenze Tongkings.	*10.* Italien erklärt Frankreich und England den Krieg. *12.* Churchill konferiert mit Reynaud. *16.* Pétain Regierungschef. *18.* De Gaulle ruft in London zur Fortsetzung des Widerstands auf.	*14.–15.* Die UdSSR besetzt die baltischen Staaten. *26.* Die UdSSR fordert ultimativ Bessarabien u. die Bukowina, die am 2. 7. besetzt werden.
15. England schließt die Burmastraße. *18.* Bildung des Kabinetts Konoye-Matsuoka	2. Die franz. Regierung übersiedelt nach Vichy. *19.* Hitler bietet Engl. Frieden an. *22.* Halifax lehnt ab.	*3.* Vernichtung des frz. Flottengeschwaders in Mers El-Kébir durch die Engländer.
29. Franz.-jap. Vertrag über Indochina.	*6.–7.* Elsaß-Lothringen zum Reich. *30.* Zweiter Wiener Schiedsspruch.	*3.–6.* Annexion der baltischen Staaten durch UdSSR.
22. Franz.-jap. Militärkonvention.	*6.* Antonescu rumänischer Diktator. König Carol dankt ab. *27.* Dreimächtepakt (Deutschland, Italien, Japan) unterzeichnet.	*23.–25.* Scheitern einer brit.-frz. (de Gaulle) Landung bei Dakar.
4. Einmarsch japanischer Truppen in Tongking. *18.* Burmastraße geschlossen.	*4.* Hitler begegnet Mussolini, *22.* Laval, *23.* Franco, *24.* Pétain und *28.* Mussolini.	
	4. Wiederwahl Roosevelts. *12.–13.* Molotow in Berlin. *20.–24.* Ungarn, Rumänien und Slowakei treten dem Dreierpakt bei.	
	13. Pétain entläßt Laval. *22.* Eden wird britischer Außenminister *25.* Treffen Hitler–Darlan.	

1941	Afrika und Vorderer Orient	Balkan und Ostfront
Januar	*5.* Die Briten nehmen Bardia und Tobruk. *21.* Die Briten erobern Ital.-Somaliland.	Fortdauer der ital.-griechischen Kämpfe.
Februar	*6.* Die Briten erobern Benghasi und 8. El Agheila. *14.* Rommel trifft in Tripolis ein.	
März	*31.* Rommel tritt zum Angriff an.	*2.* Deutscher Einmarsch in Bulgarien. *7.* Brit. Truppen landen in Griechenland.
April	*3.* Die Deutschen nehmen Agedabia und *4.* Benghasi und *9.* Bardia. *5.* Die Briten nehmen Addis Abeba. *8.* Tobruk eingeschlossen.	*6.* Beginn des deutschen Feldzugs gegen Jugoslawien und Griechenland. *17.* Kapitulation der jugosl. Truppen. *27.* Die Deutschen besetzen Athen.
Mai	*10.–30.* Erhebung im Irak gegen die Briten. *31.* Brit. Truppen rücken in Bagdad ein.	*20.–31.* Die Deutschen erobern Kreta.
Juni	*8.* Briten und Freifranzosen greifen Vichy-Truppen in Syrien an.	*22.* Beginn des deutschen Angriffs gegen die Sowjetunion. *28.* Die Deutschen nehmen Minsk. Große Teile Litauens u. d. Westukraine .*29.–31.* Kessel bei Minsk und Bialystok geschlossen.
Juli		*14.* Hgr. Nord am Lugafluß. *16.* Hgr. Mitte nimmt Smolensk. Beginn der Einkesselung russ. Kräfte bei Smolensk.
August	*25.* Britische und sowjetische Kräfte marschieren im Iran ein.	*3.–10.* Vernichtung starker russ. Kräfte im Raum Uman. *17.* Einnahme von Nikolajew *25.* Einnahme von Dnjepropetrowsk und Reval.
September	*27.* Catroux proklamiert Unabhängigkeit der Republik Syrien.	*8.* Leningrad eingeschlossen. *10.–17.* Kesselschlacht von Kiew. *19.* Einnahme von Kiew. *30.* Einbruch der Deutschen ins Donezbecken.
Oktober		*2.–12.* Kesselschlachten von Wjasma und Brjansk. *12.–14.* Kaluga und Kalinin fallen. *19.* Stalin verhängt Belagerungszustand über Moskau. *24.* Einnahme von Charkow. *30.* Beginn der Belagerung Sewastopols.
November	*18.* Britische Offensive in Libyen.	*3.* Kursk genommen. *15.* Beginn der 2. Angriffsphase gegen Moskau. *21.* Einnahme Rostows. *23.* Einnahme von Klin und Istra. *28.* Rückeroberung Rostows durch die Russen.
Dezember	*10.* Entsatz von Tobruk. *26.* Die Briten nehmen Benghasi.	*6.* Beginn der russ. Gegenoffensive bei Moskau. *15.* Rückeroberung von Klin und Istra. *19.* Hitler übernimmt Heeresoberbefehl. *25.–30.* Russ. Brückenkopf auf der Krim.

Ostasien und Pazifik	Politische Ereignisse	Sonstige Ereignisse
8. Kriegsausbruch zw. Thailand u. Indochina. *31.* Waffenstillstand.		
	14. Pétain und Franco in Montpellier.	
	11. Leih-Pachtgesetz verkündet. *20.* Matsuoka in Berlin.	
	13. Japanisch-sowjetischer Neutralitätsvertrag. *10.* Kroatien erklärt sich zum unabhängigen Staat.	*26.* Roosevelt kündigt Besetzung der grönländischen Stützpunkte an.
9. Thailändisch-indochin. Vertrag.	*11.–12.* Treffen Hitler–Darlan über Syrienfrage.	*10.* Heß fliegt nach England. *27.* Versenkung der *Bismarck*.
	18. Deutsch-türkischer Nichtangriffspakt.	*22./23.* Rundfunkansprache Churchills.
2. Jap. Kronrat beschließt Wiederaufnahme des Vormarschs in Indochina.	*29.* Vichy und Tokio beschließen gemeinsame Verteidigung Indochinas.	*3.* Rundfunkansprache Stalins. *14.* Britisch-sowjetischer Beistandspakt unterzeichnet.
26. Einfrierung der japanischen Guthaben in den USA. Bildung eines amerik. AOK Fernost.	*14.* Unterzeichnung der Atlantikcharta durch Roosevelt und Churchill. *17.* Roosevelt warnt den jap. Gesandten Nomura.	*27.* Attentat auf Laval und Déat.
Japanische Truppen besetzen Tongking.	*28.–30.* Beaverbrook und Harriman konferieren mit Stalin über westliche Hilfslieferungen.	
	17. Konoye tritt zurück. Bildung eines Militärkabinetts unter Tojo. Sonderbotschafter Kurusu bemüht sich um Wiederaufnahme der abgebrochenen Ausgleichsverhandlungen mit den USA.	
	26. Endgültiger Abbruch der japanisch-amerikanischen Verhandlungen.	
7. Japanischer Angriff auf Pearl Harbor. *15.* Angriff auf Hongkong. *25.* Hongkong kapituliert.	*8.* USA und England erklären Japan den Krieg. *11.* Deutschland und Italien erklären den USA den Krieg.	*9.* China (Tschungking-Reg.) und das de Gaulle-Komitee erklären Deutschland den Krieg.

1942	Nordafrika	Ostfront
Januar	*21.* Beginn der deutschen Gegenoffensive in Nordafrika. *29.* Rommel erobert Benghasi zurück.	Fortgang der sowjetischen Gegenoffensive bei Moskau. *1.–20.* Timoschenko nimmt Kertsch und Feodosia.
Februar	*10.* Die Briten setzen sich in der Höhe von Bir-Hacheim fest. Stabilisierung der Front bis 26. Mai.	Absicherung des russ. Frontvorsprungs vor Moskau. Verschärfter Partisanenkrieg.
März		
April		*28.* Eingeschlossenes deutsches Armeekorps (II.) bei Demjansk bricht Kessel auf.
Mai	*26.* Rommel setzt die Offensive fort. *28.* Das franz. Detachement Koenig leistet bei Bir-Hacheim bis *10. Juni* Widerstand.	*8.–15.* Die Deutschen erobern die Halbinsel Kertsch. *12.* Russische Offensive bei Charkow. Wird vom *17.–28.* zurückgeschlagen.
Juni	*10.* Rommel erobert Bir-Hacheim. *21.* Tobruk kapituliert. *23.* Rommel überschreitet die ägyptische Grenze und stößt bis El Alamein vor.	*7.* Beginn des entscheidenden deutsch-rumänischen Angriffs auf Sewastopol. *28.* Beginn der deutschen Offensive gegen Wolga und Kaukasus (Fall ›Blau‹).
Juli	*5.–10.* Vergebliche Versuche Rommels, die El-Alamein-Stellung zu durchbrechen. Stabilisierung der Front bis *23. Oktober*.	*3.* Sewastopol fällt. *19.* Woroschilowgrad fällt. *24.* Zweite Einnahme Rostows durch die Deutschen.
August		*9.* Hgr. A nimmt die Ölfelder von Maikop. *21.* Die Deutschen auf dem Elbrus. *23.* Deutscher Durchbruch zur Wolga. *27.* Die Deutschen in Mosdok u. am Terek
September		*13.* Beginn des deutschen Großangriffs auf Stalingrad. Einnahme von Elista. *24.* Das Zentrum Stalingrads in deutscher Hand.
Oktober	*23.* Beginn der britischen Gegenoffensive unter Montgomery bei El Alamein.	*14.–15.* Konzentrische deutsche Angriffe im Norden Stalingrads schlagen fehl.
November	*7.–8.* Landung amerikanischer und britischer Truppen in Marokko und Algerien. *11.* Amerikanisch-französ. Waffenstillstand. *13.* Die Briten nehmen Tobruk. *20.* Rommel räumt Benghasi. Aufbau einer dt.-ital. Front in Tunesien.	*19.* Beginn der russ. Gegenoffensive bei Stalingrad. *23.* Mehr als 300000 Deutsche (6. Armee, Teile der 4. Pz.-Armee) in Stalingrad eingeschlossen.
Dezember	*9.* Ein alliierter Angriff auf Tunis scheitert.	*12.–23.* Vergeblicher Versuch Mansteins, Stalingrad durch AGr Hoth zu entsetzen. *16.–20.* Niederlage der ital. 8. Armee am Don. *30.* Die Deutschen lösen sich vom Terek.

Ostasien und Pazifik	Politische Ereignisse	Sonstige Ereignisse
2. Die Japaner nehmen Manila, *11.* Kuala Lumpur, *23.* Celebes und Borneo und Rabaul (Neuguinea).	*1.* Washington-Pakt. *18.* Militärpakt Deutschland, Italien, Japan.	Deutsche U-Boot-Offensive im Atlantik.
15. Singapur fällt. *24.* US-Angriff auf Wake. *28.* Japaner landen auf Java.		*12.* Scharnhorst, Gneisenau und Prinz Eugen durchbrechen Kanal.
7. Die Briten räumen Rangun. *17.* MacArthur OB im SW-Pazifik.	*27.* Treffen Cripps-Gandhi.	*27.–28.* Brit. Commando-Raid gegen St.-Nazaire.
6. Japaner besetzen Sumatra. *9.* US-Kapitulation in Bataan. *18.* US-Luftangriff auf Tokio.	*18.* Darlan französischer Regierungschef. *28.* Treffen Hitler–Mussolini	*21.* Giraud flieht aus Königstein.
4.–8. Schlacht i. d. Korallensee. *17.* Besetzung Burmas abgeschlossen.	*26.* Molotow unterzeichnet in London brit.-sowj. Bündnispakt. *29.–1. 6.* Molotow in Washington.	*5.* Britische Landung auf Madagaskar. *30./31.* Britischer Großangriff auf Köln.
3.–7. See-Luftschlacht bei den Midwayinseln. *8.–14.* Japanische Landung auf den Alëuten.	*9.* 21 südamerik. Staaten brechen mit den Achsenmächten. *11.* Ausdehnung des Leih-Pachtgesetzes auf die UdSSR.	*1.* Britischer Großangriff auf Essen.
4. Die Japaner besetzen Guadalcanal (Salomonen) u. landen *21.* in Buna u. Gona (Neuguinea). Ende des jap. Vordringens.		*16.* Verhaftung und Deportation von 30000 Personen in Paris.
7. Erste US-Landung auf Guadalcanal (Beginn d. alliierten Gegenoffensive). *9.* Jap. Seeangriff bei Savo. *23.–25.* Schlacht bei den Salomonen.	*9.* Die Briten verhaften Gandhi und Nehru. *12.–15.* Churchill-Harriman-Stalin-Konferenz in Moskau.	*18.* Alliierte Landung bei Dieppe. Verschärfung der dt. U-Boot-Operation im Atlantik.
15. US-Träger *Wasp* versenkt.		*23.* Die Briten in Tananarive (Madagaskar).
11.–12. Seeschlacht bei Kap Esperance (Guadalcanal). *25.–27.* See-Luftschlacht östlich d. Salomonen.	*21.–22.* Treffen Clark–Murphy–Mast in Cherchell.	*15.* Die Briten besetzen den südlichen Teil Madagaskars.
12.u. 15. Schwere Nacht-Seeschlachten bei Guadalcanal. *30.* Seegefecht vor Tassafaronga (Guadalcanal).	*9.* Darlan übernimmt Regierungsgewalt in Nordafrika. Giraud Oberbefehlshaber. Bruch Vichy-USA. *9.–10. und 19.* Treffen Laval–Hitler.	*11.* Deutscher Einmarsch im unbesetzten Frankreich. *27.* Selbstversenkung der franz. Flotte in Toulon.
9. Die Alliierten erobern Gona (Neuguinea) zurück.	*1.* Darlan erklärt sich zum Staatschef Nordafrikas. *24.* Ermordung Darlans.	

1943	Nordafrika und Italien	Ostfront
Januar	*18.–30.* Deutsche Angriffe in Tunesien *23.* Montgomery nimmt Tripolis. *29.* Vereinigung der Kräfte Rommels (Libyen) und Arnims (Tunesien)	*5.–11.* Manstein am Kuban-Brückenkopf. *12.* Entsetzung Leningrads. *17.* Russischer Angriff auf Rostow, Befreiung Woroneschs
Februar	*4.* Montgomery in Tunesien. *14.–22.* Angriff Rommels bei Tebessa. *28.* Die Alliierten erobern Kasserine zurück.	*2.* Paulus kapituliert in Stalingrad. *5.–8.* Die Russen am Asowschen Meer, Donez überschritten, Kursk genommen. *14.* Rostow *16.* Charkow erobert. *25.* Gegenangriff Mansteins auf Charkow.
März	*7.* Rommel von Hitler abberufen. *17.* Patton nimmt Gafsa. *20.* Montgomery greift Marethstellung an.	*3.* Die Wehrmacht räumt Rschew. 12. Die Russen befreien Wjasma. *15.* Rückeroberung Charkows und Bjelgorods durch Manstein.
April	*8.* Vereinigung Patton-Montgomery. *11.–12.* Kairouan und Susa genommen.	*28.* Wassiljewskij löst Schaposchnikow als Chef des Generalstabs ab.
Mai	*7.* Tunis und Biserta genommen. *17.* Kapitulation der deutschen Kräfte.	*15.* Stalin kündigt Auflösung der Komintern an.
Juni	*12.* Die Alliierten nehmen Pantelleria.	
Juli	*20.* Alliierte Landung auf Sizilien. *24.–25.* Absetzung Mussolinis. *28.* Badoglio verkündet Fortsetzung des Krieges.	*5.* Beginn des Unternehmens ›Zitadelle‹. *12.–15.* Russische Gegenoffensive bei Kursk. *13.* Nationalkomitee ›Freies Deutschland‹ gegründet.
August	*15.–17.* Catania und Messina genommen. *24.* Rom ›Offene Stadt‹.	*5.* Einnahme von Orel und Bjelgorod. *17.* Einnahme von Brjansk. *30.* Einnahme von Charkow.
September	*3.* Ital.-alliierter Sonderwaffenstillstand, 8. brit. Armee landet in Reggio. *8.* Verkündung des Waffenstillstands. *9.* 5. US-Armee landet bei Salerno. *12.* Mussolini befreit.	*24.* Einnahme von Smolensk. *29.* Einnahme von Krementschug. Die Russen halten den Dnjepr bis Kiew.
Oktober	*1.* Einnahme Neapels durch die Alliierten. *13.* Badoglio erklärt Deutschland den Krieg. 5. US-Armee überschreitet den Volturno.	*7.* Die Russen überschreiten den Dnjepr. *9.* Angriff auf den Kuban-Brückenkopf.
November	*3.* Ciano festgesetzt. *5.* Bombardierung des Vatikan. *25.* Juin (Franz. Exp.-Korps) in Neapel. *28.* Die Briten überschreiten den Sangro.	*6.* Einnahme von Kiew. *11.* Schitomir vorübergehend genommen. Ende der sowjetischen Sommeroffensive.
Dezember	*30.* Leese löst Montgomery als Oberbefehlshaber der 8. Armee ab.	*18.* Eröffnung der russ. Winteroffensive. *29.–31.* Endgültige Einnahme Schitomirs.

Ostasien und Pazifik	Politische Ereignisse	Sonstige Ereignisse
	14.–24. Konferenz von Casablanca. Forderung nach bedingungsloser Kapitulation. *30.–31.* Adana-Konferenz (brit.-türk.).	*29.* Kaltenbrunner Gestapochef. *31.* Raeder löst Dönitz ab.
2.–8. Tschungkingkonferenz. *1.–8.* Die Japaner räumen Guadalcanal.	*1.* Tschiang Kai-schek in Washington. *5.* Giraud milit. u. ziv. OB in Afrika. *6.* Brasilien tritt der Atlantik-Charta bei.	Frankreich: Zwangsarbeitsgesetz.
2.–5. US-Angriff auf jap. Geleitzug. *26.* Seegefecht bei den Komandorski-Inseln.	Hitler empfängt: *31.* Boris von Bulgarien.	Bildung militärischer Maquis-Einheiten in Savoyen.
18. Adm. Yamamoto abgeschossen. Nachfolger: Adm. Koga.	*7.* Mussolini, *14.* Antonescu, *16.* Horthy, *23.* Tiso, *27.* Pavelić, *29.* Laval.	
11. US-Landung auf Attu (Alëuten).	*17.–27.* Churchill in Washington. *30.* De Gaulle in Algier.	
18. Auchinleck OB Indien. *30.* US-Landung auf Randova.	*3.* Gründung des franz. ›Komitees für die nationale Befreiung‹.	Verschärfung des Bombenkriegs gegen Deutschland.
3.–5. Alliierte Landung auf New Georgia. *15.* Seegefechte bei Vella-Lavella u. Kulambangra.	*4.* Tod des poln. Exil-Min.-Präs. Sikorski. Nachf.: Mikolajczyk	*14.* Bombardierung der Umgebung von Paris. *24.–3. August* Bombardierung Hamburgs.
15. US-Landung auf Vella-Lavella und Kiska (Alëuten) *25.* Besetzung New-Georgias.	*11.–24.* Konferenz von Quebec üb. Invasion in Europa. *23.* Lebrun von den Deutschen verhaftet.	*1.* Bombardierung von Ploesti. *24.* Himmler Innenminister.
4. US-Landung auf Neuguinea. *6.–7.* Schlacht bei Lae. *22.* Togo befiehlt totale Mobilmachung Japans.	*13.* Tschiang Kai-schek Präsident. *27.* De Gaulle alleiniger Vorsitzender des ›Komitees für die nationale Befreiung‹.	*11.* Deutsche Truppen besetzen Rhodos.
6. Zerstörergef. bei Vella-Lavella. *16.* Besetzung von Lae. *28.* US-Luftlandung auf Choiseul (Salomonen).	*19.–30.* Moskauer Außenministerkonferenz.	*21.* Konstituierung einer nationalistischen indischen Regierung unter Chandra Bose.
1.–2. US-Landung auf Bougainville *6.* Großasiatische Konferenz in Tokio. *20.–25.* US-Landung auf Gilbert-Inseln.	*22.–26.* Konferenz von Kairo. *28.–2. 12.* Konferenz von Teheran.	Unruhen im Libanon und in Syrien. *18.–3. Dez.* Fünf Großangriffe auf Berlin.
15.–26. Austral.-amerik. Landungen auf Neu-Britannien.	*4.* Tito bildet ›Befreiungskomitee‹. *4.–6.* Konferenz von Kairo.	

1944	Italien und Westfront	Ostfront
Januar	*5.–25.* Kämpfe an der Gustavlinie. *11.* Beginn der all. Luftoffensive zur Vorbereitung der Invasion i. Westen. *22.* US-Landung bei Anzio. *25.–26.* Frz.Exp.-Korps nimmt den Belvedere.	*6.* Russische Gebietsgewinne westl. Kiew. *14.* Russischer Angriff bei Leningrad. *19.* Spanien zieht ›Blaue Division‹ zurück. *27.* Endgültige Entsetzung Leningrads. *28.* Kessel von Tscherkassy geschlossen.
Februar	*1.–18.* Alliierte Offensive bei Cassino. *17.–29.* Dt. Offensive gg. Landekopf Anzio.	*12.–18.* Luga und Staraja Russa befreit. *17.* Dt. Teilausbruch bei Tscherkassy. *22.* Kriwoj Rog befreit.
März	*12.* Pius XII. appelliert an die Alliierten, Rom zu schonen. *15.–24.* Zweite alliierte Offensive bei Cassino.	*4.* Beginn der russ. Frühjahrsoffensive in der Ukraine. *11.–13.* Uman und Cherson befreit. *26.* Die Russen erreichen den Pruth.
April	*18.–21.* Bombardierung der Umgebung von Paris.	*8.* Beginn der russ. Krimoffensive. *10.* Odessa befreit. *15.* Tarnopol fällt.
Mai	*11.* Dritte alliierte Offensive bei Cassino. *17.* Cassino fällt.	*9.* Sewastopol fällt. *13.* Die Krim vom Feind gesäubert.
Juni	*4.* Die Alliierten besetzen Rom. *6.* Die Alliierten landen in der Normandie. *8.* Einnahme von Bayeux. *12.* Einnahme von Carentan. *26.* Cherbourg kapituliert.	*9.* Beginn der Offensive gg. die finn. Front. *20.* Einnahme von Wiborg. *22.* Beginn der russ. Off. gg. die Hgr. Mitte. *23.–28.* Einkesselung starker deutscher Kräfte bei Witebsk und Bobruisk.
Juli	*9.* Einnahme von Caen. *19.* Einnahme von St.-Lô. *26.* Einnahme von Pisa. *30.* Einnahme von Avranches.	*3.* Einnahme von Minsk. *15.* Die Russen erreichen die Memel. *18.* Rokossowskijs Truppen in Polen. *24.* Einnahme von Lublin und *28.* Lemberg. *31.* Die Russen stehen vor Warschau.
August	*4.* Räumung von Florenz. *15.* Alliierte Landung in der Provence (›Anvil‹). *25.* Einzug de Gaulles in Paris. *30.–31.* Rouen und Reims befreit.	*1.* Beginn des Warschauer Aufstands. *20.–23.* Beginn der russ. Off. in Rumänien. Einschl. dt. Kräfte bei Jassy u. Kischinew. *30.–31.* Die Russen besetzen Bukarest.
September	*3.* Befreiung von Brüssel und Mons. *17.* Alliierte Luftlandung bei Arnheim. *19.* Brest fällt. *15.–16.* Stabilisierung der Front Elsaß-Lothringen.	*12.* Waffenstillstand zw. Rußland und Rumänien sowie *19.* Finnland. *19.* Einmarsch der Russen in Jugoslawien. *22.* Eroberung von Tallin (Reval).
Oktober	*2.* Beginn der Kämpfe im Raum Aachen. *8.–15.* Alliierte Offensive in Lothringen. *21.* Aachen kapituliert. *22.–30.* Säuberung der Scheldemündung.	*2.* Der Warschauer Aufstand niedergeschlagen. *4.* Einnahme Rigas. *20.* Belgrad befreit. *28.* Sowjetisch-bulgarischer Waffenstillstand.
November	*2.* Amer. Durchbruchsversuch an der Rur. *14.* de Lattre greift bei Belfort an. *20.* Patton in Metz. *23.* Leclerc in Straßburg.	*13.* Die Deutschen räumen Skoplje. *22.* Die Deutschen übernehmen die zivile und militärische Macht in Budapest. *29.* Die Russen überschr. die Donau b. Baja.
Dezember	*16.* Beginn der deutschen Ardennenoffensive. *31.* Deutscher Angriff im Elsaß.	*7.* Die Russen erreichen den Plattensee. *27.* Budapest von den Russen eingeschlossen.

Ostasien und Pazifik	Politische Ereignisse	Sonstige Ereignisse
2. US-Landung bei Saidor (Neuguinea). *31.* US-Landung auf den Marshall-Inseln.	*12.* Churchill und de Gaulle in Marrakesch. *30.* Eröffnung der Konferenz von Brazzaville.	
16.–18. Alliierter Angriff auf Truk (Karolinen) und Landung auf Eniwetok.		*20.* Sabotierung eines Transports von Schwerem Wasser aus Norwegen.
13. Alliierte Landung in Burma (Arakan). *30.* Alliierte Bombardierung der Palau-Inseln.	*19.* Besetzung Ungarns durch deutsche Verbände.	*15.* Island bricht mit Dänemark.
Jap. Angriff auf Indien. *21.–23.* Alliierte Landung auf Neuguinea.	*12.* Abdankung Victor-Emanuels. *23.–24.* Treffen Hitler–Mussolini.	
15. Insel Wake erobert. *27.* Insel Biak erobert.		
14. US-Landung auf Saipan. *19.–20.* See-Luftschlacht in der Philippinen-See. *30.* Die Japaner erreichen Heng-Yang (China).	*3.* Das frz. ›Komitee für die nationale Befreiung‹ erklärt sich zur prov. Reg. *17.* Unabhängigkeitserklärung Islands.	*10.* Massaker von Oradour. *12./13.* Erster V-1-Angriff auf England.
17. Ende des jap. Vormarschs in Burma. *21.–24.* US-Landung auf Guam und Tinian (Marianen).	*20.* Attentat auf Hitler. Treffen Hitler-Mussolini. *21.* Gründung des ›Lubliner Komitees‹.	
11. Rückeroberung Guams. *17.* Die Alliierten erreichen Lungling (Burma). *31.* Angriffe auf Iwo Jima.	*4.* Mannerheim finn. Staatschef. *21.* Konferenz von Dumbarton Oaks. *25.* Rumänien erklärt Deutschland den Krieg.	*2.* Türkei bricht mit Deutschland. *29./30.* Bombardierung Königsbergs und Stettins.
15. US-Landung auf Palau und Morotai. *21.–24.* US-Angriffe gegen Luzon.	*8.* Rückkehr der belg. Exilregierung nach Brüssel. *11.–16.* Konf. von Québec.	*8.* Erster V-2-Angriff auf England.
19. Briten in Tiddim (Burma). *23.–26.* Seeschlacht von Leyte. Erste Kamikaze-Angriffe.	*9.–18.* Churchill und Eden in Moskau. *16.* Rücktritt Horthys. Szálasi ungarischer ›Staatsführer‹.	*9.–14.* Die Briten nehmen Korinth und Athen.
10. Die Japaner nehmen Lieutschou (China). *21.–24.* Rückeroberung der Gilbert-Inseln durch US-Truppen.	*9.* Wiederwahl Roosevelts. *28.* Enver Hodscha albanischer Staatschef.	
7. US-Landung auf Leyte und *15.* Mindoro. *18.* Die Alliierten erreichen die chin.-burm. Grenze.	*10.* Unterzeichnung eines frz.-sowjet. Vertrags in Moskau. *31.* Erzbischof Damaskinos wird griechischer Regent.	*7.* Neutralitätsverzicht Belgiens und *22.* Luxemburgs.

1945	Westfront	Ostfront
Januar	*5.–9.* Deutsche Offensive bei Straßburg. *16.* Schließung des alliierten Zangenangriffs in den Ardennen. *20.–22.* Franz. Angriff im Elsaß. *21.* Alliierter Angriff auf die Rur.	*12.* Beginn der sowjetischen Großoffensive an der Weichsel. *13.* Sowjetische Offensive in Ostpreußen. *17.* Einnahme Warschaus. *23.* Die Russen erreichen die Oder. *28.* Einnahme von Memel u. Oberschlesien.
Februar	*2.* Einnahme Colmars durch de Lattre. *9.* Die Franzosen stehen von Basel bis Straßburg am Rhein. *21.* Einnahme Kleves und *25.* Dürens.	*8.* Beginn der sowj. Offensive a. d. Oder. *11.* Budapest fällt. *15.* Breslau eingeschlossen. *19.* Verbindung Königsberg–Pillau freigekämpft.
März	*7.* Die Alliierten überschreiten den Rhein bei Remagen. Einnahme von Köln. *22.* Rheinübergang bei Oppenheim. *24.* Rheinübergang bei Wesel. *29.* Einnahme Frankfurts und Mannheims.	*1.–4.* Sowjetischer Einmarsch in Pommern. *6.* Letzte deutsche Offensive in Ungarn. *16.* Erfolgreiche russ. Gegenoffensive. *28.* Tolbuchin marschiert in Österreich ein. *30.* Einnahme von Danzig.
April	*2.* Schließung des Ruhrkessels. *5.* US-Truppen erreichen Thüringen. *17.* Der Ruhrkessel kapituliert. *22.–24.* De Lattre nimmt Stuttgart und Ulm. *25.* Sowj.-amerikanische Begegnung bei Torgau (Elbe). *29.* Einnahme Münchens.	*9.* Königsberg kapituliert. *13.* Einnahme Wiens. *16.* Beginn des sowj. Angriffs auf Berlin. *25.* Russ. Ring um Berlin geschl. *26.* Einnahme von Stettin und Brünn. *28.* Vergeblicher Entsatzangriff auf Berlin.
Mai	*1.* Einnahme von Turin, Susa und Triest. *4.* Kapitulation sämtlicher deutscher Truppen in Holland, Dänemark u. NW-Deutschland. *7.* Gesamtkapitulation der deutschen Wehrmacht in Reims (Jodl).	*2.* Berlin kapituliert. *6.* Breslau kapituliert. *9.* Gesamtkapitulation der Wehrmacht in Berlin (Keitel und Friedeburg) *10.* Kapitulation der Hgr. Kurland. Die Russen erobern Prag. *14.* Die Armee Ostpreußen kapituliert.
Juni		
Juli		
August		
September		

Ostasien und Pazifik	Politische Ereignisse	Sonstige Ereignisse
3. Die Briten nehmen Akyab (Burma). 9. US-Landung auf Luzon (Phil.). 23. Öffnung der Assamstraße Indien – Burma.	1. ›Lubliner Komitee‹ wird provisorische polnische Regierung. 11. Abkommen zwischen brit., kommunistischen und Regierungstruppen in Athen.	
1. Alliierter Angriff am Irawadi (Burma). 16.–17. Bombardierung Tokios. 17. US-Landung auf Corregidor. 19. US-Landung auf Iwo Jima.	4.–12. Konferenz von Jalta. 19. Kontakt Himmler–Bernadotte.	3. Bombardierung Berlins. 13.–14. Bombardierung Dresdens.
8. Öffnung der Burmastraße. Bombardierung Tokios. 9. Entwaffnung der frz. Truppen in Indochina durch die Japaner. 26. Ende des japanischen Widerstands auf Iwo Jima.	8. Beginn deutsch-all. Geheimverhandlungen in der Schweiz (Wolff–Dulles).	11. Bombardierung Essens. 12. Bombardierung Dortmunds. 18. Bombardierung Berlins. 24. Frankreich erklärt zukünftigen Status Indochinas.
1. US-Landung auf Okinawa. 7. Letztes größeres Seegefecht vor der jap. Küste. 19. Bombardierung der jap. Hauptinseln von Iwo Jima aus. 20. Alliierte Offensive gegen Rangun.	12. Tod Roosevelts. Truman Präsident der USA. 29. Dönitz testamentarisch zu Hitlers Nachfolger ernannt. 30. Selbstmord Hitlers.	
3. Einnahme Ranguns. 13. Rückeroberung von Fu-tschu durch chinesische Truppen. 23. Rückeroberung von Bougainville durch US-Truppen. 23.–24. Schwere Bombardierung Tokios.	5. Bildung einer Geschäftsführenden Reichsregierung unter Schwerin v. Krosigk. 9. Inkrafttreten der deutschen Gesamtkapitulation. 25. Verhaftung der Regierung Dönitz-Krosigk.	22. Antifranzösische Kundgebungen in Syrien und im Libanon.
11. Alliierte Landung auf Borneo. 22. Ende des organisierten jap. Widerstands auf Okinawa.	5. Berliner Deklaration über all. Kontrollrat. 26. UN-Charta in San Francisco unterzeichnet.	2. Die Briten besetzen Damaskus.
7. Die Japaner räumen Indochina. 18. Schwere Bombardierung Tokios. 26. Alliiertes Ultimatum an Japan.	15. Beginn der Potsdamer Konferenz. 26. Unterzeichnung des Viermächteabkommens über Deutschland.	15. Erstes erfolgreiches Atombombenexperiment bei Los Alamos (USA).
6. US-Atombombe auf Hiroschima. 8. Sowj. Kriegserklärung an Japan. 9. US-Atombombe auf Nagasaki. 16. Tenno befiehlt Feuereinstellung aller jap. Streitkräfte.	2. Ende der Potsdamer Konferenz. 14. Rücktritt der japan. Regierung Suzuki. Neuer Min.-Präsident Higashikuni.	15. Pétain zum Tode verurteilt (später begnadigt).
2. Bedingungslose Kapitulation Japans.		2. Ho Tschi Minh erklärt Unabhängigkeit Vietnams.

Kartenverzeichnis

Band I

Karten 1 und 2 Der Polenfeldzug vom 1. bis zum 6. September 1939 26
Karten 3 und 4 Der Polenfeldzug vom 9. bis zum 17. September 1939 27
Karte 5 Schlieffen-Plan 1914 und Manstein-Plan 1940 38
Karte 6 Der finnisch-sowjetische Winterkrieg 1939/1940 48
Karte 7 Aufmarsch der deutschen und britisch-französischen Truppen am Vorabend des Westfeldzugs (Mai 1940) 69
Karte 8 Unternehmen ›Weserübung‹ 79
Karte 9 Die erste Phase des Westfeldzugs (›Fall Gelb‹) vom 10. Mai bis 5. Juni 1940 89
Karte 10 Die Kämpfe bei Sedan am 13. und 14. Mai 1940 102
Karte 11 Der Vorstoß der deutschen Panzerdivisionen auf Dünkirchen (20. bis 25. Mai 1940) 140
Karte 12 Die zweite Phase des Westfeldzugs (›Fall Rot‹) vom 5. bis 17. Juni 1940 189
Karte 13 Japanische Eroberungen in China (Ende 1940) 223
Karte 14 Der Vorstoß Wavells in der Cyrenaika (9. Dezember 1940 bis 9. Februar 1941) 264
Karte 15 Der Vorstoß Rommels in der Cyrenaika (24. März bis 12. April 1941) 265
Karte 16 Der Balkanfeldzug (Oktober 1940 bis Mai 1941) 269
Karte 17 Die Jagd auf die *Bismarck* (Mai 1941) 276
Karte 18 Beginn des Rußlandfeldzugs (Juni bis Dezember 1941) 304
Karte 19 Die Kesselschlacht von Kiew (September 1941) 336
Karte 20 Der deutsche Angriff auf Moskau und die russische Gegenoffensive (Winter 1941/42) 341
Karte 21 Die strategische Lage im Pazifik zur Zeit des japanischen Überfalls auf Pearl Harbor (7. Dezember 1941) 366
Karte 22 Der japanische Angriff auf Pearl Harbor (Hawaii), 7. Dezember 1941 370
Karte 23 Der Angriff der japanischen Torpedobomber auf die Reede von Pearl Harbor 370
Karte 24 Eroberung Singapurs durch die Japaner (Februar 1942) 414
Karte 25 Die Eroberung Südostasiens durch die Japaner (Dezember 1941 bis August 1942) 421
Karte 26 Die Schlacht in der Korallensee (Mai 1942) 433
Karte 27 Die Schlacht bei den Midway-Inseln (Juni 1942) 445
Karte 28 Eroberung Sewastopols (Juni bis Juli 1942) 455
Karte 29 Die Schlacht von Bir Hacheim (Mai bis Juni 1942) 462
Karte 30 Der Vorstoß der deutschen Truppen gegen Stalingrad und Kaukasus (›Fall Blau‹) 479
Karte 31 Das Ringen um Guadalcanal (August bis November 1942) 509

Band II

Karte 32 Die Schlacht von El Alamein (Oktober/November 1942) 545
Karte 33 Stalingrad: Erste Phase der sowjetischen Offensive (19. bis 23. November 1942) 582
Karte 34 Stalingrad: Zweite Phase der sowjetischen Offensive (30. November bis 31. Dezember 1942) 583
Karte 35 Die deutsch-russische Front von Januar bis März 1943 595
Karte 36 Die Kämpfe in Tunesien (Februar bis Mai 1943) 612
Karte 37 Das Vordringen der Alliierten im Süd-Ost-Pazifik 1943 633
Karte 38 Die Eroberung Siziliens durch die alliierten Truppen (Juli bis August 1943) 646
Karte 39 Landung und Vormarsch der alliierten Truppen in Süditalien (September bis Dezember 1943) 669
Karte 40 Das Vordringen der sowjetischen Armeen von Juli 1943 bis April 1944 699
Karte 41 Alliierter Durchbruch bei Monte Cassino und Vorstoß auf Rom (Mai/Juni 1944) 713
Karte 42 Der erste Tag der alliierten Invasion in der Normandie (6. Juni 1944) 745
Karte 43 Die Eroberung der Normandie durch die amerikanischen und britischen Truppen (7. Juni bis 31. Juli 1944) 794
Karte 44 Der sowjetische Vormarsch von Juni bis Oktober 1944 813
Karte 45 Die Operationen im Pazifik von Februar bis August 1944 833
Karte 46 Die Befreiung Frankreichs bis zum 15. September 1944 855
Karte 47 Die alliierte Landung in der Provence (Operation ›Anvil‹ – 15. August 1944) 856
Karte 48 Die Kämpfe um Nimwegen und Arnheim (September 1944) 901
Karte 49 Der alliierte Vorstoß im nördlichen Elsaß vom 15. September bis zum 5. Dezember 1944 913
Karte 50 Die Ardennenoffensive und der alliierte Gegenangriff (Dezember 1944) 919
Karte 51 Die Seeschlacht von Leyte (Oktober 1944) 932
Karte 52 Die Kämpfe in Burma 1944/45 940
Karte 53 Die deutsch-russische Front zwischen November 1944 und April 1945 954
Karte 54 Der Zusammenbruch der deutschen Westfront (September 1944 bis März 1945) 976
Karte 55 Die Eroberung Deutschlands 1945 990

Danksagung

Der Autor fühlt sich folgenden öffentlichen Einrichtungen für ihr freundliches Entgegenkommen bei seinen Recherchen zu Dank verpflichtet: dem französischen Armeeministerium, der Bibliothek der École supérieure de guerre, der Bibliothek zur Dokumentation der Zeitgeschichte (Universität Paris), der Kommission zur Erforschung des Zweiten Weltkriegs und der Bibliothèque Nationale (Paris), ferner dem Hauptbüro für Militärgeschichte und Seekriegsgeschichte sowie dem amerikanischen Verteidigungsministerium (Washington), dem Bundesministerium für Verteidigung (Bonn), dem Imperial War Museum (London) sowie dem Institut für Zeitgeschichte (München).
Wertvolle Hilfe bei der Vorbereitung und Fertigstellung dieses Werks leisteten: Eugenio de Aldisio (Rom), Gilberte Arcambal, Jean Barbier, Philippe de Bausset (Washington), Wladimir Benz (Berlin), Bernard Brick, Marie-Hélène Camus, André Causse, Pierre Champalle, Étienne Destrade, Pierre Dufourcq, Robert Fogliani, Jean Goriatcheff, Stéphane Groueff (New York), Constantin de Grünwald, Jean-Michel Grunebaum, Cécile Henry, Georges Kelber (Bonn), Jacqueline Lanier, Jacques Le Bailly, Serge Lemoine (London), Michel Le Tac, Pierre Martory, Paul Mathias (New York), Jean Mézerette, Lucien Nau (Moskau), Jacques Naudès, Jacques Nison, François Pages, Jean Pezin, Roger Picherie, Jean-Marie Rabec, Jean Riverain, Jean Saucet, Eric Sydney-Smith, Eugène Silianoff (München), Alfred Smoular (Tokio), Raphael Tarnowski, Anni Tchapratchikoff (New York), Monique Valls, Pierre Vals, Jean-Claude Verots.

Bildquellenverzeichnis

Den nachfolgend genannten Agenturen und Bildarchiven danken wir für die uns bei der Bildbeschaffung gewährte freundliche Unterstützung und das Verständnis, das sie den Problemen dieser Arbeit entgegenbrachten. Besonders bedanken wir uns bei Herrn Henry Beaubois, Paris, Herrn Ole J. Kragh, Kopenhagen, Herrn Dr. J. Kermisz (Yad Vashem), Jerusalem, sowie bei den Mitarbeitern des Bildarchivs des Bundesarchivs, Koblenz, und beim Imperial War Museum, London.

Bundesarchiv, Koblenz 83
Büchergilde Gutenberg, Frankfurt am Main 4
Centre Culturel Américain, Paris 12
Deutsche Presse-Agentur, Frankfurt am Main 12
Documentation Française Photothèque, Paris 2
Embassy of the United States of America, Bad Godesberg 1
Etablissement Cinématographique des Armées, Fort D'Ivry 2
F.N.C.P.G., Paris 3
Deutsche Fotothek Dresden 1
Photo Goldner, Paris 6
C. Henrich, Traben-Trarbach 4
Herbert Hoffmann, Berlin 8
Imperial War Museum, London 79
Keystone-Bilderdienst, München 8
Ole J. Kragh, Kopenhagen 2
Kulturhistorisches Bildarchiv Brigitte Seuss, Frankfurt am Main 15
Kyodo-Photo-Service, Tokio 8
Landesbildstelle Berlin 8
Magnum (Robert Capa), Paris 9
Nowosti (Agentstwo Petchati Nowosti), Moskau 32
Radio Times, London 13
Roger Schall, Paris 4
Stars and Stripes, Darmstadt 2
Süddeutscher Bilderdienst, München 49
Ullstein Bilderdienst, Berlin 89
Wojskowa Agencia Fotograficzna, Warschau 3
The Wiener Library, London 2

Literaturhinweise

Die folgenden Literaturhinweise erheben keinen Anspruch auf Vollständigkeit. Sie geben lediglich Anhaltspunkte für das Selbststudium und für die Information über einzelne Problemkreise. Die Titel sind nicht systematisch, sondern um thematische Schwerpunkte gruppiert. Umfassende Zusammenstellungen finden sich in folgenden Spezialbibliographien:

Bibliographie zur Zeitgeschichte, Beilage der Vierteljahreshefte für Zeitgeschichte, zusammengestellt von Th. Vogelsang; Stuttgart 1953 ff.

Bibliographie zur Zeitgeschichte und zum Zweiten Weltkrieg für die Jahre 1945–1950, im Auftrag des Instituts für Zeitgeschichte zusammengestellt von F. Herre und H. Auerbach; München 1955

Bibliographie zur Geschichte der nationalsozialistischen Zeit, zusammengestellt von M. Broszat (Politische Studien 9, 1958)

H.A. Jacobsen, Zur Konzeption einer Geschichte des Zweiten Weltkrieges 1939–1945, Disposition mit kritisch ausgewähltem Schrifttum; Frankfurt am Main 1964

Th. Vogelsang, Die Zeitgeschichte und ihre Hilfsmittel (Vierteljahreshefte für Zeitgeschichte 3, 1955)

Foreign affairs bibliography, A selected and annotated list of books on international relations 1919–1932 ff.; New York 1933 ff. (wichtig die Bände 1932–1942, 1945 und 1942–1952, 1955)

I. Nachschlagewerke und Dokumente

Ploetz, Geschichte des Zweiten Weltkrieges; Würzburg 1960

Ploetz, Konferenzen und Verträge 1914–1959; Würzburg 1959

Keesings Archiv der Gegenwart 1939–1945

Jacobsen, H.-A., 1939–1945 Der Zweite Weltkrieg in Chronik und Dokumenten; Darmstadt 1961

Jacobsen, H.-A., Der Zweite Weltkrieg, Grundzüge der Politik und Strategie in Dokumenten; Frankfurt am Main, Hamburg 1965

Der Zweite Weltkrieg in Bildern und Dokumenten, Hrsg. H.-A. Jacobsen und H. Dollinger, Bd. 1–3 (Bd. 1 Der Europäische Krieg 1939–1941, Bd. 2 Der Weltkrieg 1941–1943, Bd. 3 Sieg ohne Frieden 1944–1945); München, Wien, Basel 1962–1963

Der Zweite Weltkrieg im Bild, Hrsg. F. Burda, Redaktion und Texte von H.A. Faerber, Bd. 1–2 (Bd. 1 Von Nürnberg bis Stalingrad, Bd. 2 Von Stalingrad bis Nürnberg); Offenburg 1952

Hitlers Lagebesprechungen, Die Protokollfragmente seiner militärischen Konferenzen 1942–1945, Hrsg. H. Heiber (Quellen und Darstellungen zur Zeitgeschichte 10); Stuttgart 1962

Hitlers Weisungen für die Kriegsführung 1939–1945, Dokumente des Oberkommandos der Wehrmacht, Hrsg. W. Hubatsch; Frankfurt am Main 1962

Kriegstagebuch des Oberkommandos der Wehrmacht, Hrsg. P.E. Schramm, Bd. 1–4; Frankfurt am Main 1961–1964

Keilig, W., Das deutsche Heer 1939–1945, Lfg. 1 ff.; Bad Nauheim 1956 ff.
Lohmann, W. – Hildebrand, H.H., Die deutsche Kriegsmarine 1939–1945, Bd. 1–3; Bad Nauheim 1956–1964
Scheibert, H. – Wagener, C., Die deutsche Panzertruppe 1939–1945, Eine Dokumentation; Bad Nauheim 1966
Völker, K.-H., Die deutsche Luftwaffe 1933–1939, Aufbau, Führung und Rüstung der Luftwaffe sowie die Entwicklung der deutschen Luftkriegstheorie; Stuttgart 1967
Kriegskorrespondenz zwischen Präsident Roosevelt und Papst Pius XII., Hrsg. M.C. Taylor; Zürich 1947
Documents on American Foreign Relations, ed. by L.M. Goodrich; Boston 1941–1947
Foreign Relations of the United States 1939–1945; Washington 1956–1961
Documents on British Foreign Policy 1919–1939, Serie 3: Vol. 1–10; London 1949–1961
Documents on International Affairs, ed. by Members of the Survey Department, Royal Institute of International Affairs; London, New York, Toronto 1951
Documenti Diplomatici Italiani, ed. Ministerio degli Affari Esteri, Ottova Seria 1939–1946, Vol. XII–XIII, Nona Seria 1939–1943, Vol. I–IV; Rom 1952–1960
La politique allemande, Documents secrets du Ministère des affaires étrangères d'Allemagne t. 1–3; Paris 1946
Akten zur deutschen auswärtigen Politik 1918–1945, Serie D: 1937–1945, Bd. I–XI; Baden-Baden 1950–1963
Die Beziehungen zwischen Deutschland und der Sowjetunion 1939–1941, Dokumente des Auswärtigen Amtes, Hrsg. A. Seidl; Tübingen 1949
Degras, J. (Hrsg.), Soviet Documents in Foreign Policy, Vol. III (1933–1941); London, New York, Toronto 1953
Stalin, J., Über den großen vaterländischen Krieg der Sowjetunion; Berlin 1952
Stalin's Correspondence with Churchill, Attlee, Roosevelt and Truman 1941–1945; London 1958
The conferences at Cairo and Tehran 1943; Washington 1961
Die Konferenzen von Malta und Jalta, Dokumente vom 17. Juli 1944 bis 3. Juni 1945; Düsseldorf 1957
The conference of Berlin ›The Potsdam conference‹ 1945, Vol. 1–2; Washington 1960
Deuerlein, E. (Hrsg.), Potsdam 1945, Quellen zur Konferenz der ›Großen Drei‹, dtv-Bd. 152/53; München 1963
Der Prozeß gegen die Hauptkriegsverbrecher vor dem Internationalen Militärgerichtshof Nürnberg, 14. November 1945 bis 1. Oktober 1946; Nürnberg 1947–1949

II. Gesamtdarstellungen

Auphan, P. – Mordal, J., Unter der Trikolore, Die französische Marine im Zweiten Weltkrieg; Oldenburg 1964
Dahms, H.G., Geschichte des Zweiten Weltkrieges; Tübingen 1965
Deborin, G.A., Der Zweite Weltkrieg, Militärpolitischer Abriß; Berlin 1960
Erickson, J., The Soviet High Command 1918–1941; London 1962
Feuchter, G.W., Der Luftkrieg; Frankfurt am Main, Bonn 1962
Fiedler, R., Im Teufelskreis, Krieg ohne Frieden, Der Zweite Weltkrieg und seine Folgen; München 1960
The War 1939–1945, ed. by D. Flower and J. Reeves; London 1960

Förster, G. – Helmert, H. – Schnittner, H., Der Zweite Weltkrieg; Gütersloh 1962
Geschichte des Zweiten Weltkrieges in Dokumenten, Bd. 1–3, Hrsg. M. Freund; Freiburg 1953–1956
Fuller, J.F.Ch., Der Zweite Weltkrieg 1939–1945; Wien 1950
Garthoff, R.L., Die Sowjetarmee; Köln 1955
Görlitz, W., Der Zweite Weltkrieg 1939–1945, Bd. I und II; Stuttgart 1951–1952
Greiner, H., Die oberste Wehrmachtsführung 1939–1945; Frankfurt am Main 1958
Gruchmann, L., Der Zweite Weltkrieg (dtv-Weltgeschichte, Bd. 10); München 1967
Probleme des Zweiten Weltkriegs, Hrsg. A. Hillgruber; Köln, Berlin 1967
Hubatsch, W., Der Admiralstab 1848–1945; Frankfurt am Main 1958
Hümmelchen, G., Handelsstörer, Handelskrieg deutscher Unterwasserstreitkräfte im Zweiten Weltkrieg; München 1967
Jacobsen, H.-A., Deutsche Kriegsführung 1939–1945; Hannover 1962
Klöss, E. (Hrsg.), Der Luftkrieg über Deutschland 1939–1945; München 1964
Wahn und Untergang 1939–1945, Hrsg. O.-H. Kühner; Stuttgart 1957
Historic documents of World War II, ed. by W.C. Langsam; Princeton/N.J. 1958
Launay, J. de, Le Monde en guerre 1939–1945; Paris 1945; deutsche Ausgabe: Die Welt brannte; Darmstadt 1956
Michaelis, H., Der Zweite Weltkrieg; Konstanz 1965
Morison, E.E., History of U.S. Naval Operations in World War II, Vol. 1–2; London 1954–1957
Piterskij, Die Sowjetflotte im Zweiten Weltkrieg; Oldenburg 1968
Geschichte des Zweiten Weltkrieges 1939–1945, Militär-historischer Abriß, Red.: S.P. Platonov; Berlin 1961
Platonov, S.P., Der Zweite Weltkrieg 1939–1945, Kriegsgeschichtliche Skizze; Moskau 1958
Rohwer, J. – Hümmelchen, G., Chronik des Seekrieges 1939–1945; Oldenburg 1968
Roskill, S.W., Royal Navy, Britische Seekriegsgeschichte 1939–1945, Vorwort von Vizeadmiral a.D. F. Ruge; Oldenburg 1961
Ruge, F., Der Seekrieg 1939–1945; Stuttgart 1954
Geschichte des Zweiten Weltkrieges, bearb. von P.E. Schramm und H.O.H. Stange; Bielefeld 1951; (2. Auflage 1960, bearb. von P.E. Schramm, H.O.H. Stange und A. Hillgruber, T. 1–2, Bd. 1 Die militärischen und politischen Ereignisse, Bd. 2 Die Kriegsmittel)
Shilin, P.A., Die wichtigsten Operationen des großen vaterländischen Krieges; (Ost-)Berlin 1958
Tel'puchovskij, B.S., Die sowjetische Geschichte des großen vaterländischen Krieges, deutsche Ausgabe erläutert von A. Hillgruber und H.A. Jacobsen; Frankfurt am Main 1961
Tippelskirch, K. v., Geschichte des Zweiten Weltkriegs; Bonn 1956

III. Einzeldarstellungen

a) Militärische Einzeldarstellungen bis 1943

Ansel, W., Hitler confronts England; Durham/N.C. 1960
Bénoist-Méchin, J., Der Himmel stürzt ein, Frankreichs Tragödie 1940; Düsseldorf 1958
Bishop, E., The Battle of Britain; London 1960; Deutsche Ausgabe: Die Schlacht um England; München 1962
Böhm, R. (u.a.), Die deutschen Geschütze, Hrsg. F.M. v. Senger und Etterlin 1939–1945; München 1966

Böhme, H., Der deutsch-französische Waffenstillstand im Zweiten Weltkrieg, Bd. 1; Stuttgart 1963
Buchner, A., Der deutsche Griechenland-Feldzug; Heidelberg 1957
Buchner, A., Narvik, Die Kämpfe der Gruppe Dietl im Frühjahr 1940; Heidelberg 1958
Collier, R., Adlertag; Hamburg 1966
Dallin, A., Deutsche Herrschaft in Rußland 1941–1945; Düsseldorf 1958
Degrelle, L., Die verlorene Legion; Stuttgart 1952
Doerr, H., Der Feldzug nach Stalingrad; Darmstadt 1955
Eillis, L.F., The war in France and Flanders 1939–1945; London 1953
Entscheidungsschlachten des Zweiten Weltkrieges, Hrsg. H.A. Jacobsen u. J. Rohwer; Frankfurt am Main 1960
Erfurth, W., Der Finnische Krieg 1941–1944; Wiesbaden 1950
Esebeck, H. G. Frhr. v., Afrikanische Schicksalsjahre, Geschichte des deutschen Afrika-Korps unter Rommel; Wiesbaden 1949
Fleming, P.R., Invasion 1940; London 1957
Flicke, W.F., Spionagegruppe Rote Kapelle; Hilden/Rhein 1954
Die deutsche militärische Führung in der Kriegswende, W. Hubatsch, Das Kulminationsjahr 1943, P.E. Schramm, Das Ende des Krieges (Veröff. Arbeitsgem. Forsch. Geisteswiss. 118); Köln-Opladen 1964
Greiner, H., Die oberste Wehrmachtführung 1939–1943; Wiesbaden 1951
Guillaume, A., Warum siegte die Rote Armee?; Baden-Baden 1950
Haupt, W., Kiew, die größte Kesselschlacht der Geschichte; Bad Nauheim 1964
Heckstall-Smith, A., Tobruk, The story of the siege; London 1959
Hillgruber, A., Hitler, König Carol und Marschall Antonescu; Wiesbaden 1954
Höhne, H., Der Orden unter dem Totenkopf, Die Geschichte der SS; Gütersloh 1967
Hölter, H., Armee in der Arktis, Die Operationen der deutschen Lappland-Armee; Bad Nauheim 1953
Howe, G.F., North-west Africa, seizing the initiative in the west; Washington 1957
Howell, E.M., The Soviet Partisan Movement 1941–1944; Washington 1956
Hubatsch, W., ›Weserübung‹; Göttingen 1960
Jacobsen, H.-A., Fall Gelb, Der Kampf um den deutschen Operationsplan zur Westoffensive 1940; Wiesbaden 1957
Jacobsen, H.A., Dünkirchen, Ein Beitrag zur Geschichte des Westfeldzuges (Die Wehrmacht im Kampf 19); Neckargemünd 1958
Dokumente zum Westfeldzug 1940, Hrsg. H.-A. Jacobsen (Stud. u. Dok. zur Geschichte des Zweiten Weltkrieges 26); Göttingen, Berlin, Frankfurt am Main 1960
Jars, R., Les campagnes d'Afrique: Libye, Egypte, Tunisie 1940–1943; Paris 1957
Kranhals, H. v., Der Warschauer Aufstand 1944; Frankfurt am Main 1962
Klee, K., Zur Vorgeschichte des Rußlandfeldzuges (Wehrwiss. Rdsch. 2, 1952)
Klee, K., Das Unternehmen ›Seelöwe‹; Göttingen 1958
Lerner, D., Sykewar, Physiological warfare against Germany, D-day to VE-day; New York 1949
Leverkuehn, P., Der geheime Nachrichtendienst der deutschen Wehrmacht im Kriege; Frankfurt am Main 1957
Liddell Hart, B.H., Jetzt dürfen sie reden, Hitlers Generale berichten; Stuttgart, Hamburg 1950

Liddell Hart, B.H. (Hrsg.), Die Rote Armee; Bonn 1956
Liu, F.F., A military History of modern China 1924–1949; Princeton 1956
Lusar, R., Die deutschen Waffen und Geheimwaffen im Zweiten Weltkrieg und ihre Weiterentwicklung (2. Aufl.); München 1962
Mäkelä, J.L., Im Rücken des Feindes, Der finnische Nachrichtendienst im Krieg; Stuttgart 1967
Mark, B., Der Aufstand im Warschauer Ghetto; Berlin 1959
Martienssen, A.K., Hitler and his admirals; New York 1949
McKee, A., Entscheidung über England, Die Luftschlacht 1940; München, Eßlingen 1960
Mellenthin, F.W. v., Panzer-Schlachten; Neckargemünd 1963
Middeldorf, E., Taktik im Rußlandfeldzug, Erfahrungen und Folgerungen; Darmstadt 1956
Pawlow, D.W., Die Blockade von Leningrad 1941; Frauenfeld, Stuttgart 1967
Philippi, A. – Heim, F., Der Feldzug gegen Sowjetrußland 1941–1945; Stuttgart 1962
Pogue, F.C., The supreme command; Washington 1954
Puttkamer, J. v., Irrtum und Schuld, Geschichte des Nationalkomitees ›Freies Deutschland‹; Neuwied, Berlin 1948
Reile, O., Geheime Ostfront, Die deutsche Abwehr im Osten 1921–1945; München, Wels 1963
Rentsch, H., Partisanenkampf; Frankfurt am Main 1961
Roos, H., Der Feldzug in Polen vom September 1939 (Wehrwissenschaftliche Rundschau 9, 1959)
Samsonow, A.M., Die große Schlacht vor Moskau, bearb. v. E. Engelbrecht; Berlin 1959
Samsonow, A.M., Die Schlacht um Stalingrad; Moskau 1960
Senger und Etterlin, F. v., Die deutschen Panzer 1926–1945, 2. Auflage; München 1965
Seraphim, H.G., ›Felix‹ und ›Isabella‹, Dokumente zu Hitlers Planungen betreffend Spanien und Portugal aus den Jahren 1940–1941 (WaG 15, 1955)
Seth, R., Stalingrad, point of return, The story of the battle; London 1959
Scheurig, B., Verrat hinter Stacheldraht?, Das Nationalkomitee ›Freies Deutschland‹ und der Bund Deutscher Offiziere in der Sowjetunion; München 1965
Schröter, H., Stalingrad, ›...bis zur letzten Patrone‹; Berlin 1954
Schwarz, H., Brennpunkt FHQ, Menschen und Maßstäbe im Führerhauptquartier; Buenos Aires 1950
Schramm, P.E., Hitler als militärischer Führer, Erkenntnisse und Erfahrungen aus dem Kriegstagebuch des Oberkommandos der Wehrmacht; Frankfurt am Main, Bonn 1962
Schramm, W. (Ritter) v., Verrat im Zweiten Weltkrieg, Vom Kampf der Geheimdienste in Europa, Berichte und Dokumentation; München 1967
Taylor, T., The march of conquest, The German victories in Western Europe 1940; New York 1958
Tippelskirch, K. v., Hitlers Kriegsführung nach dem Frankreichfeldzug im Hinblick auf ›Barbarossa‹ (Wehrwissenschaftliche Rundschau 4, 1954)
Toepke, G., Stalingrad, wie es wirklich war; Stade 1949
Vormann, N. v., Der Feldzug in Polen 1939; Weißenburg 1958
Weber, Th., Die Luftschlacht um England; Wiesbaden 1956
Webster, Sir Ch.K. – Frankland, N., The strategic air offensive against Germany 1939–1945, Vol. 1–4; London 1961
Weinert, E., Das Nationalkomitee ›Freies Deutschland‹ 1943–1945; Berlin 1957
Werth, A., Rußland im Krieg 1941–1945, 2 Bände; München, Zürich 1967

Wheatley, R., Operation Seelöwe; Minden 1958
Wieder, J., Die Tragödie von Stalingrad; Deggendorf 1955

b) Militärische Einzeldarstellungen 1943 bis 1945

Bartz, K., Als der Himmel brannte, Der Weg der deutschen Luftwaffe; Hannover 1955
Baum, W., Der Zusammenbruch der obersten deutschen militärischen Führung 1945 (Wehrwissenschaftliche Rundschau 10, 1960)
Baumbach, W., Zu spät?, Aufstieg und Untergang der deutschen Luftwaffe, 2. Auflage; München 1949
Baumont, M.E.M., La grande conjuration contre Hitler; Paris 1963
Bernadotte, F., Das Ende; Zürich, New York 1945
Blond, G., Le débarquement 6 juin 1944; Paris 1951
Boldt, G., Die letzten Tage der Reichskanzlei, bearb. v. E.A. Heppe; Hamburg, Stuttgart 1947
Chamberlin, W.H., Amerikas Zweiter Weltkrieg; Bonn 1952
Choltitz, D. v., ...brennt paris? adolf hitler –, Tatsachenbericht des letzten deutschen Befehlshabers in Paris; Mannheim 1951
Hansen, R., Das Ende des Dritten Reiches; Stuttgart 1966
Haupt, W., Berlin 1945, Hitlers letzte Schlacht; Rastatt 1963
Hayn, F., Die Invasion, Von Cotentin bis Falaise (Die Wehrmacht im Kampf 2); Heidelberg 1954
Institut für Marxismus – Leninismus beim ZK der K.P.S.U., Geschichte des großen vaterländischen Krieges der Sowjetunion, Bd. 5 Die siegreiche Beendigung des Krieges mit dem faschistischen Deutschland, Die Niederlage des imperialistischen Japans; Berlin 1967
Kessler, H., Der letzte Coup, Die Ardennenoffensive 1944; Berlin 1966
Krannhals, H. v., Der Warschauer Aufstand 1944; Frankfurt am Main 1962
Kuby, E. (Hrsg.), Das Ende des Schreckens, Dokumente des Untergangs, Januar bis Mai 1945; München 1955
Leverkuehn, P., Verteidigung Manstein; Hamburg 1950
Merriam, R.E., The battle of the Ardennes; London 1958
Mordal, J., Die letzten Bastionen, Das Schicksal der deutschen Atlantikfestungen 1944–1945; Oldenburg 1966
Morgan, Sir F., Overture to Overlord; London 1950
Norman, A., Operation Overlord, design and reality, The allied invasion of Western Europe; Harrisburg/Pa. 1952
Roskill, S.W., The War at Sea, Vol. 1–2; London 1954–1957
Ruge, F., Entscheidung im Pazifik; Hamburg 1951
Rumpf, H., Das war der Bombenkrieg (1943–1945); Hamburg 1961
Shulman, M., Die Niederlage im Westen; Gütersloh 1949
Schmidt-Richberg, E., Der Endkampf auf dem Balkan; Heidelberg 1955
Schultz, J., Die letzten dreißig Tage; Stuttgart 1951
Thompson, R.W., Die Schlacht um das Rheinland; Frauenfeld 1960
Thorwald, J., Das Ende an der Elbe; München, Zürich 1950
Toland, J.B., Ardennen-Schlacht 1944; Bern, Stuttgart, Wien 1960
Trevor-Roper, H.R., Hitlers letzte Tage; Frankfurt am Main 1965
Tschuikow, W., Das Ende des Dritten Reiches; München 1966

c) Politische Einzeldarstellungen

Adam, R., 1945, Schicksal und Aufgabe, Historische Bemerkungen zu der Katastrophe des Zweiten Weltkrieges; Würzburg 1958

Arendt, H., Elemente und Ursprünge totalitärer Herrschaft; Frankfurt am Main 1955

Armstrong, A., Unconditional Surrender; New Brunswick 1961

Assmann, K., Deutsche Schicksalsjahre, Historische Bilder aus dem Zweiten Weltkrieg und seiner Vorgeschichte; Wiesbaden 1950

Aspelmeier, D., Deutschland und Finnland während der beiden Weltkriege; Hamburg 1967

Bilanz des Zweiten Weltkrieges; Hamburg 1953

Birnbaum, K., The Casablanca conference of January 14–24, 1943, A preliminary examination of its origin, course and results; Stockholm 1953

Boveri, M., Der Verrat im XX. Jahrhundert, Bd. I–III; Hamburg 1956–1959

Bracher, K.D., Zusammenbruch des Versailler Systems und Zweiter Weltkrieg, in: Propyläen-Weltgeschichte, Bd. 9; Berlin 1960

Broszat, M., Der Nationalsozialismus; Stuttgart 1960

Broszat, M., Nationalsozialistische Polenpolitik 1939–1945; Stuttgart 1961

Butow, R.J.C., Japan's Decision to surrender; Stanford 1954

Clauss, M.W., Der Weg nach Jalta, Präsident Roosevelts Verantwortung; Heidelberg 1952

Compton, J. v., Hitler und die USA, Die Amerikapolitik des Dritten Reiches und die Ursprünge des Zweiten Weltkrieges; Oldenburg

Deakin, F.W., Die brutale Freundschaft; Berlin 1962

Detwiler, D.S., Hitler, Franco und Gibraltar; Wiesbaden 1962

Fabry, Ph., Der Hitler-Stalin-Pakt; Darmstadt 1962

Faust, F., Das Potsdamer Abkommen und seine völkerrechtliche Bedeutung; Berlin 1959

Federau, F., Der Zweite Weltkrieg, Seine Finanzierung in Deutschland; Tübingen 1962

Feis, H., Churchill, Roosevelt, Stalin, The War They Waged and the Peace They Sought; Princeton 1957

Feis, H., The Road to Pearl Harbor; Princeton 1950

Fox, A.B., The power of small states, Diplomacy in world war II; Chicago 1959

Gafencu, G., Europas letzte Tage; Zürich 1946

Gantenbein, J.W., Documentary background of world war II 1931–1941; New York 1948

Gruchmann, L., Nationalsozialistische Großraumordnung; Stuttgart 1962

Hansen, U., Die Vorgeschichte des Zweiten Weltkrieges in kommunistischer Sicht; Bonn, Berlin 1966

Hillgruber, A., Deutschlands Rolle in der Vorgeschichte der beiden Weltkriege; Göttingen 1967

Hillgruber, A., Hitlers Strategie, Politik und Kriegsführung 1940–1941; Frankfurt am Main 1965

Hinsley, F.H., Hitlers Strategie; Stuttgart 1952

Staatsmänner und Diplomaten bei Hitler, Vertrauliche Aufzeichnungen über Unterredungen mit Vertretern des Auslandes 1939–1941; Frankfurt am Main 1967

Hofer, W., Die Entfesselung des Zweiten Weltkrieges; Frankfurt am Main 1960

Hory, L. – Broszat, M., Der kroatische Ustascha-Staat 1941–1945; Stuttgart 1964

Isrèljan, V.L., Geschichte der Diplomatie des großen vaterländischen Krieges 1941–1945; Moskau 1959

Jäckel, E., Frankreich in Hitlers Europa; Stuttgart 1966

Jones, F.C., Japan's New Order in East Asia; London 1954

Kennan, F., American Diplomacy 1900–1950; Chicago 1952
Kordt, E., Wahn und Wirklichkeit; Stuttgart 1948
Kriegspropaganda 1939–1941, Geheime Ministerkonferenzen im Reichspropagandaministerium, Hrsg. W.A. Boelcke; Stuttgart 1966
Langer, W.L. – Gleason, E., The World Crisis and American Foreign Policy, Vol. 1–2, 1 The Challenge to Isolation 1937–1940, 2 The Undeclared War 1940–1941; New York 1952–1953
Liddell Hart, B.H., Die Strategie einer Diktatur; Zürich 1948
Marienfeld, W., Konferenzen über Deutschland; Hannover 1963
Mattloff, M. – Snell, E.M., Strategic Planning for Coalition Warfare (1941–1942 and 1943–1944); Washington 1953–1960
McNeill, W.H., America, Britain and Russia; London 1953
Milward, A.S., Die deutsche Kriegswirtschaft 1939–1945; Stuttgart 1966
Moltmann, G., Amerikas Deutschlandpolitik im Zweiten Weltkrieg; Heidelberg 1958
Morgenthau, H., Germany is our problem; New York 1945
Neumann, W.L., Making the peace 1941–1945, The diplomacy of the wartime conferences; Washington 1950
Reitlinger, G., Die Endlösung; Berlin 1961
Senger und Etterlin, F. v., Koalitionskriegsführung der Westmächte 1943–1945 (Außenpolitik 8, 2, 1957)
Seton-Watson, H., Die osteuropäische Revolution; München 1956
Smith, W.B., General Eisenhowers sechs große Entscheidungen; Bern 1956
Snell, J.L. (Edit.), The Meaning of Yalta; Baton Rouge 1956
Schäfer, E.P., 13 Tage Weltgeschichte, Wie es zum Zweiten Weltkrieg kam; München 1966
Schlauch, W., Rüstungshilfe der USA an die Verbündeten im Zweiten Weltkrieg; Darmstadt 1967
Schramm v. Thadden, E., Griechenland und die Großmächte im Zweiten Weltkrieg; Wiesbaden 1955
Sommer, Th., Deutschland und Japan zwischen den Mächten 1939–1945; Tübingen 1962
Stettinius, E.R., Roosevelt and the Russians, The Yalta conference, ed. by W. Johnson, Garden City/N.Y. 1949; London 1950
Tansill, Ch.C., Die Hintertür zum Kriege, Das Drama der internationalen Diplomatie von Versailles bis Pearl Harbour; Düsseldorf 1956
Taylor, A.J.P., Die Ursprünge des Zweiten Weltkrieges; Gütersloh 1962
Tompkins, P., Verrat auf italienisch, Italiens Austritt aus dem Zweiten Weltkrieg; Wien, München 1967
Tournoux, J.R., Pétain und de Gaulle; Düsseldorf 1966
Toynbee, A. and V.M., Hitler's Europe; Oxford 1954
Was wirklich geschah, Die diplomatischen Hintergründe der deutschen Kriegspolitik, Darstellung und Dokumente, Hrsg. H. Holldack; München 1949
Weinberg, G.L., Germany and the Soviet Union 1939–1941; Leiden 1954
Welles, S., Seven Decisions that shaped History; New York 1951
Wilmot, Ch., Der Kampf um Europa; Frankfurt am Main, Berlin 1954
Wörner, A., Strategie über dem Abgrund, Bd. 1; Mayen 1966
Woodward, Sir L., British foreign policy in the second world war; London 1962
Wucher, A., Seit 5 Uhr 45 wird zurückgeschossen, Ein Dokumentarbericht über den Beginn des Zweiten Weltkrieges; München 1959
Young, D., Rommel; London 1950

IV. Der Widerstand gegen den Nationalsozialismus

Altenhöfer, L., Aktion Grün, Ein Buch vom Widerstand der Jugend gegen die Diktatur; Würzburg 1956
Buchheit, C., Soldatentum und Rebellion; Rastatt 1961
Budde, E. – Lütsches, P., Der 20. Juli; Düsseldorf 1952
Deakin, F. W. – Storry, G. R., Richard Sorge; München 1965
European Resistance Movements 1939–1945, Vol. 1–2; Oxford 1960–1964
Henk, E., Die Tragödie des 20. Juli 1944; Heidelberg 1946
Hermelink, H., Kirche im Kampf, Dokumente des Widerstandes und des Aufbaues in der evangelischen Kirche Deutschlands 1933–1945; Tübingen, Stuttgart 1950
Heyland, G., Das Widerstandsrecht des Volkes; Tübingen 1956
Klönne, A., Gegen den Strom, Bericht über den Jugendwiderstand im Dritten Reich; Hannover, Frankfurt am Main 1957
Kosthorst, E., Die deutsche Opposition gegen Hitler zwischen Polen- und Frankreichfeldzug (Schriftenreihe der Bundeszentrale für Heimatdienst); Bonn 1954
Krausnick, H. – Graml, H., Der deutsche Widerstand und die Alliierten; Bonn 1962
Leber, A., Das Gewissen steht auf, 64 Lebensbilder aus dem deutschen Widerstand 1933–1945; Berlin 1954
Manvell, R. – Fraenkel, H., Der 20. Juli; Berlin, Frankfurt am Main, Wien 1964
McCloy, J. J., Die Verschwörung gegen Hitler, Ein Geschenk an die deutsche Zukunft; Stuttgart 1963
Offiziere gegen Hitler, Nach einem Erlebnisbericht von F. von Schlabrendorff, bearb. und hrsg. von G. von Schulze-Gaevernitz; Zürich 1946
Reuter, F., Der 20. Juli und seine Vorgeschichte; Berlin 1946
Ritter, G., Carl Goerdeler und die deutsche Widerstandsbewegung; Stuttgart 1956
Robertson, E. H., Christen gegen Hitler; Gütersloh 1964
Rothfels, H., Die deutsche Opposition gegen Hitler; Frankfurt am Main 1958
Scholl, I., Die weiße Rose; Frankfurt am Main 1952
Schramm, W., Ritter v., Der 20. Juli in Paris; Bad Wörishofen 1953
Strafdivision 999, Erlebnisse und Berichte aus dem antifaschistischen Widerstandskampf; Berlin 1966
Strobel, F., Christliche Bewährung, Dokumente des Widerstandes der katholischen Kirche in Deutschland 1933–1945; Olten 1948
Strölin, K., Verräter oder Patrioten?, Der 20. Juli 1944 und das Recht auf Widerstand; Stuttgart 1952
Vielhaber, K., Widerstand im Namen der deutschen Jugend, Willi Graf von der ›Weiße Rose‹, Eine Dokumentation; Würzburg 1963; Neue Auflage unter dem Titel: Vielhaber, Gewalt und Gewissen; Freiburg, Basel, Wien 1964
Vollmacht des Gewissens, Bd. 1–2; Frankfurt am Main 1960–1965
Zeller, E., Geist der Freiheit, Der zwanzigste Juli; München 1963

V. Personen, Biographien, Memoiren

Abetz, O., Das offene Problem; Köln 1951
Anfuso, F., Rom–Berlin im diplomatischen Spiegel; München 1951
Badoglio, P., Italien im Zweiten Weltkrieg, Erinnerungen und Dokumente; München, Leipzig 1947

Barbey, B., Von Hauptquartier zu Hauptquartier, Mein Tagebuch als Verbindungsoffizier zur französischen Armee 1939–1940; Frauenfeld, Stuttgart 1967
Benes, E., Memoirs; London 1954
Bereshkow, V., In diplomatischer Mission bei Hitler in Berlin 1940–1941; Frankfurt am Main 1967
Blumentritt, G. von Rundstedt, the soldier and the man, Foreword by G. v. Rundstedt; London 1952
Bor, P., Gespräche mit Halder; Wiesbaden 1950
Bór-Komorowski, T., The Secret Army; London 1950
Bradley, O. N., A Soldier's Story; New York 1951
Bryant, A., Kriegswende 1939–1943, Sieg im Westen 1943–1946, Gestützt auf die Tagebücher Feldmarschall Alanbrookes; Düsseldorf 1957–1960
Byrnes, J. F., In aller Offenheit; Frankfurt am Main o. J.
Chiang Kai-shek, China's Destiny; London 1947
Choltitz, D. v., Soldat unter Soldaten; Konstanz 1951
Churchill, W. S., Der Zweite Weltkrieg, Bd. I–VI; Hamburg, Stuttgart 1950–1954
Ciano, Conte G., Tagebücher 1939–1943; Bern 1946
Clark, M. W., Mein Weg von Algier nach Wien; Wien 1954
Clay, L. D., Entscheidung in Deutschland; Frankfurt am Main 1950
Davies, J. E., Als USA-Botschafter in Moskau; Zürich 1943
Deane, J. R., Ein seltsames Bündnis; Wien 1946
Dönitz, K., Zehn Jahre und zwanzig Tage; Bonn 1958
Eden, Sir A., The memoirs: The reckoning; London 1965
Eisenhower, D. D., Kreuzzug in Europa; Amsterdam 1948
Fest, J. C., Das Gesicht des Dritten Reiches; München 1963
Friessner, H., Verratene Schlachten; Hamburg 1956
Gafencu, G., Vorspiel zum Krieg im Osten; Zürich 1944
Galland, A., Die Ersten und die Letzten; München 1961
Gamelin, M. G., Servir, t. 1–3, 1. Les armées françaises de 1940, 2. Le prologue du drame 30–39, 3. La guerre 39–40; Paris 1946–1947
de Gaulle, Ch., Memoiren 1940–1942; Berlin, Frankfurt am Main 1955
de Gaulle, Ch., Memoiren 1942–1946; Düsseldorf 1961
Giraud, H. H., Un seul but, La victoire (Algier 1942–1944); Paris 1949
Goebbels, J., Tagebücher aus den Jahren 1942–1943, Hrsg. L. P. Lochner; Zürich 1948
Guderian, G., Erinnerungen eines Soldaten; Heidelberg 1951
Halder, F., Kriegstagebuch 1939–1942, bearb. v. H.-A. Jacobson, Bd. I–III; Stuttgart 1962–1964
Heusinger, A., Befehl im Widerstreit; Stuttgart 1950
Hilger, G., Wir und der Kreml; Frankfurt am Main, Berlin 1955
Hitler, A., Mein Kampf; München 1933
(Hitler, A.), Hitlers zweites Buch, Ein Dokument aus dem Jahre 1928; Stuttgart 1961
Horthy, N. v., Ein Leben für Ungarn; Bonn 1953
Hull, C., The Memoirs; New York 1948
Ismay, Lord H. L., Memoirs; London
Keitel, W., Generalfeldmarschall Keitel, Verbrecher oder Offizier?, Hrsg. W. Görlitz; Frankfurt am Main, Berlin 1961
Kersten, F., Totenkopf und Treue; Hamburg 1953

Kesselring, A., Soldat bis zum letzten Tag; Bonn 1953
Kesselring, A., Gedanken zum Zweiten Weltkrieg; Bonn 1955
Kleist, P., Zwischen Hitler und Stalin 1939–1945; Bonn 1950
Koch, L., Erwin Rommel, Die Wandlung eines großen Soldaten; Stuttgart 1950
Kordt, E., Nicht aus den Akten; Stuttgart 1950
Krueger, W., From down under to Nippon; Washington 1953
de Lattre de Tassigny, J. J. M. G., Histoire de la première armée française Rhin–Danube; Paris 1949
Leahy, W. D., I was there, The personal story of the chief of staff to presidents Roosevelt and Truman based on his notes and diaries made at the time, With a forew. by Pres. Truman; London 1950
Leppa, K., Generalfeldmarschall Model, Von Genthien bis vor Moskaus Tore; Nürnberg 1962
Leverkühn, P., Der geheime Nachrichtendienst der deutschen Wehrmacht im Kriege; Frankfurt am Main 1957
Litwinow, M. M., Memoiren; München 1956
Loßberg, B. v., Im Wehrmachtsführungsstab, Bericht eines Generalstabsoffiziers; Hamburg 1949
Lüdde-Neurath, W. Regierung Dönitz, Die letzten Tage des Dritten Reiches, Mit einem Nachwort: Die Regierung Dönitz in der heutigen wissenschaftlichen Forschung. Von Walter Baum (3. Aufl.); Göttingen, Berlin, Frankfurt am Main, Zürich 1964
Mojskij, J. M., Wer half Hitler?, Aus den Erinnerungen eines sowjetischen Diplomaten; Moskau 1965
Mallet, A., Pierre Laval, t. 1–2; Paris 1954–1955
Mannerheim, C. G. v., Erinnerungen; Zürich 1952
Manstein, Erich v., Verlorene Siege; Bonn 1955
Mikolajczik, S., Der Krieg gegen die Freiheit; Memoiren; Berlin 1948
Moll, O. E., Die deutschen Generalfeldmarschälle 1935–1945, bearb. von W. W. Marck; Rastatt (Baden) 1961
Montgomery, B. L., Von El Alamein zum Sangro, Von der Normandie zur Ostsee; Hamburg 1949
Montgomery, B. L., Memoiren; München 1958
Murphy, R., Diplomat among warriors (Diplomat unter Kriegern); Garden City 1964 (Berlin 1965)
Musmanno, M. A., In zehn Tagen kommt der Tod, Augenzeugen berichten über das Ende Hitlers; München 1950
Mussolini, B., Storia di un anno; Milano 1944, Deutsche Ausgabe: Geschichte eines Jahres, Enthüllungen über die tragischen Ereignisse zwischen dem 25. Juli und dem 8. September 1943; Mailand 1945
Patton, G. S., Krieg wie ich ihn erlebte; Bern 1950
Paulus, F., Ich stehe hier auf Befehl!, Hrsg. W. Görlitz; Frankfurt am Main 1960
Picker, H., Hitlers Tischgespräche im Führerhauptquartier 1941–1942, neu hrsg. von P. E. Schramm; Stuttgart 1963
Raeder, E., Mein Leben, Bd. 1–2; Tübingen 1956–1957
Rahn, R., Ruheloses Leben, Aufzeichnungen und Erinnerungen eines deutschen Diplomaten; Düsseldorf 1949
Rendulic, L., Gekämpft, gesiegt, geschlagen; Wels, Heidelberg 1952

Ribbentrop, J. v., Zwischen London und Moskau, Hrsg. A. v. Ribbentrop; Leoni 1953
Rintelen, E. v., Mussolini als Bundesgenosse; Stuttgart 1951
Robertson, J.H., Auchinleck, A biography of Field-Marshal Sir Claude Auchinleck; London 1959
Roeder, M., Die Rote Kapelle, Aufzeichnungen; Hamburg 1952
Rommel, E., Krieg ohne Haß, Hrsg. L.M. Rommel und F. Beyerlein; Heidenheim 1950
Roosevelt, F.D., The public papers and addresses, Vol. 1–13; New York 1938–1950
(Rosenberg, A.), Das politische Tagebuch Alfred Rosenbergs 1934–1935 und 1939–1940; München 1964 (dtv 219)
Ruge, F., Rommel und die Invasion, Erinnerungen; Stuttgart 1959
Sherwood, R.E., Roosevelt und Hopkins; Hamburg 1950
Shigemitsu, M., Die Schicksalsjahre Japans; Frankfurt am Main 1959
Skorzeny, O., Geheimkommando Skorzeny; 1950
Sommerfeldt, M.H., Das Oberkommando der Wehrmacht gibt bekannt, Ein Augenzeugenbericht des Auslandssprechers des OKW; Frankfurt am Main 1952
Speidel, H., Invasion 1944; Tübingen 1949
Schellenberg, W., Memoiren; Köln 1956
Schlabrendorff, F. v., Offiziere gegen Hitler; Frankfurt am Main 1960
Schmidt, P., Statist auf diplomatischer Bühne 1923–1945; Bonn 1949
Stettinius, E.R., Welt in Abwehr; Leipzig, München 1946
(Stilwell, J.W.), The Stilwell Papers, ed. by W. White; New York 1948
Stimson, H.L. – McGeorge, B. (M. Bundy), On active Service in Peace and War; New York 1948
Togo, S., Japan im Zweiten Weltkrieg; Bonn 1958
Truman, H.S., Memoiren, Bd. I (1945); Stuttgart 1955
Warlimont, W., Im Hauptquartier der deutschen Wehrmacht 1939–1945; Frankfurt am Main 1962
Wedemeyer, A.C., Der verwaltete Krieg; Gütersloh 1960
Weizsäcker, E. Frhr. v., Erinnerungen; München, Leipzig 1950
Welles, S., Jetzt oder nie!; Stockholm 1944
Westphal, S., Heer in Fesseln, Aus den Papieren der Stabschefs Rommel, Kesselring und v. Rundstedt; Bonn 1952
Weygand, M., Mémoires, Vol. 1–3; Paris 1950–1957
Williams, F., A Prime Minister remembers, The war and post-war memoirs of Attlee; London 1961

Register

Aachen 899, 911
Abbeville 127, 203
ABDA (American-British-Dutch-Australian) 418–420, 425
Abdul Illalh 273
Abe, Hiroaki (jap. Konteradm.) 376
›Aberdeen‹ (Operation) 467 f
Abetz, Otto (dt. Botsch.) 230 ff, 243 f, 324, 555, 695, 876
Abrial, Jean-Marie (frz. Adm.) 134, 145, 156
Abteilung Fremde Heere Ost 291 f, 397, 454, 491, 942
Abteilung Fremde Heere West 723, 768
Acerbo (ital. Politiker) 651
Achilles (neuseel. Kreuzer) 45 f
›Achse‹ (Unternehmen) 665 f
Acquarone, Mario d' (ital. Politiker) 652
›Acrobat‹ (Operation) 407 f, 411
Adachi, Hatazo (jap. Gen.Ltn.) 623, 828, 831
Adak 435, 450
Adams (brit. Gen.) 145
›Adlertag‹ 209
Admiral Graf Spee 44
s. *Graf Spee*
Admiral Hipper (dt. Schwerer Kreuzer) 41, 80, 82, 276, 460, 501
Admiral Scheer (dt. Panzerschiff) 41, 43, 275, 460
Admiralitätsinseln 834
Adolf-Hitler-Linie 718
Ägypten s. Afrikanischer Kriegsschauplatz (Ägypten–Libyen)
Äthiopien 250, 247
Afrikakorps 254, 262–265, 317 f, 354, 373, 393 f, 409 f, 463, 465 f, 468, 471, 474 f, 487, 502 f, 541–546
s. a. Afrikanischer Kriegsschauplatz, Rommel
Afrikanischer Kriegsschauplatz, Ägypten–Libyen 221, 242 f, 247 f, 252–254, 262–265, 317 f, 354, 373 f, 393 f, 406–411, 463–475, 487 f, 502 f, 533, 539–546
–, Algerien–Marokko 408, 411, 470, 486, 534–539, 546–553
–, Tunesien 556–561, 607–617
s. a. Äthiopien, Eritrea, Somaliland
Agedabia 263, 393
Agrigent 649
Aieta, Marchese d' (ital. Politiker) 657 f
Aiken, Max s. Beaverbrook 200
Aisne 140, 152, 160
Aix-en-Provence 870
Ajax (brit. Kreuzer) 45
Akagi (jap. Träger) 357, 364 ff, 372, 437, 439, 441, 446 ff
Akatushi (jap. Zerstörer) 519
Akssaj 584
Alamogordo 1047 f
›Alarich‹ (Plan) 637, 655
Alaurent, Auguste (frz. General) 158
Albacore (US-U-Boot) 840
Albanerberge 715
Albanien, ital.-griech. Krieg 237–239, 242, 248–251, 255, 259, 261 f
Albertkanal 62, 71, 92 f, 203, 892
Albiac, John d' (brit. Vize-Luftmarschall) 249, 270
Albini, Umberto (ital. Politiker) 650 f
Albrecht, Berthie (frz. Widerstandskämpferin) 325 f
Aldinger (dt. Hauptmann) 729
Alençon 857
Alëuten 430, 435, 437, 448, 450, 627
Alexander, König von Jugosl. 260
Alexander, Sir Albert Victor (Erster Lord der Admiralität) 186

Alexander, Sir Harold (brit. Feldmarschall) 151, 156, 464, 488, 542, 546, 604, 611, 616, 662, 664 f, 708, 714, 717, 907, 1009
Alfiero, Dino (ital. Botsch.) 649, 651
Algier, Alliierte Landung s. Afrikanischer Kriegsschauplatz (Algerien–Marokko)
Aliakmonlinie 259
Allenstein 952
Allmendinger, Karl (dt. Gen.) 801 f
›Alpenfestung‹ 983
Altmark (dt. Troßschiff) 44, 73
Altmayer, René (frz. Gen.) 147 f
Altmayer, Robert (frz. Gen.) 163, 166–168, 176
Amagi (jap. Träger) 1049
Amboina 419
Ambrosio, Vittorio (ital. Gen.) 602, 647 f, 656, 658
Amery, Leo (brit. Politiker) 87
AMGOT (Allied Military Government Occupied Territories) 739, 878
Amiens 892
Amilakvari, Fürst (frz. Oberst) 469
Amptracks 832, 836
Amsterdam 1022
Anami, Korechika (jap. Kriegsmin.) 1051, 1055–1057
Ancon (US-Landungsschiff) 751
Andalsnes 84 f
Andernach 971
Anders, Wladislaw (poln. Gen.) 719
Anderson, Sir Kenneth (brit. Gen.) 561
Anfa, Abkommen von 709, 711
Angerburg 307, 329, 332, 338, 359, 392
Antonescu, Ion (rum. Marschall und Staatsführer) 220, 705, 824 f
Anton Schmidt (dt. Zerstörer) 81
Antwerpen 892, 894, 909 f
›Anvil‹ (Operation) 691, 716 f, 735, 859 f, 869–874
Anzio 711–715, 719
Aoda (jap. Kreuzer) 1049
Aoki, Tondo (jap. Kpt.) 438
Aosta, Amadeo d' (ital. Gen.) 250
Aquitania (brit. Passagierdampfer) 247
Arakankette 503, 941
Arbeitsdienst 995
Archangelsk 288, 342
Ardennen, dt. Durchbruch 1940 66, 96–100, 123
Ardennenoffensive 915–926, 944, 946, 948, 955
Argentan 759, 857, 862, 880, 886
Argus (brit. Träger) 220
Ariga, Kosaku (jap. Konteradm.) 1039
Arima (jap. Konteradm.) 938
Arizona (US-Schlachtschiff) 372
Arkansas (US-Schlachtschiff) 754, 860
Ark Royal (brit. Träger) 220, 227, 278–280, 354, 374, 408
Armawir 591, 593
›Armia Krajowa‹ (AK) 327, 820
Arnheim 900–905
Arnim, Hans-Jürgen von (dt. Gen.Oberst) 607–609, 611, 613–616
Arnim, von (dt. Offizier) 890
Arnold, Henry H. (US-General) 660, 930
Aron, Robert (frz. Historiker) 194
Arras 130, 133, 135, 137–139, 148, 150
Arromanches 755, 762, 770
Assam 503 f, 939
Astier de La Vigerie, Henri d' 536, 562
Astor, Lady (Nancy Witcher) 75
Astoria (US-Kreuzer) 511 f
Astrachan 564, 566
Atago (jap. Kreuzer) 933
Athenia (brit. Passagierdampfer) 40 f
Atlanta (US-Kreuzer) 520
Atlantik-Charta 328 f, 344, 393
›Atlantikwall‹ 726–728, 743, 899
Atlantis (dt. Hilfskreuzer) 275
Atombombe, Abwurf 1051–1054
–, Bau 473, 992 f, 1043 f
–, Versuchsexplosion 1047 f
Attlee, Clement (brit. Premiermin.) 94, 154, 1047, 1049
Attolico, Bernardo (ital. Botschafter) 14
Attu 435, 450, 627
s. a. Alëuten
Auchinleck, Sir Claude (brit. Gen.) 317, 373, 406, 409, 464, 467, 470–472, 474, 488, 533
Audet, Sylvestre (frz. Gen.) 85, 162
Audisio, Walter (ital. Widerstandskämpfer) 1009 f

Augusta 645, 647
Augusta (US-Kreuzer) 328, 1053
Aulock, Andreas von (dt. Oberst) 849, 862
Auschwitz 982
Australia (austral. Kreuzer) 433
Australien 413, 506
›Avalanche‹ (Operation) 661, 665, 668
Avignon 870
Avranches 792, 796 f, 845 f, 851–854, 856 f
Axmann, Arthur (Reichsjugendführer) 1019
Aymes, Henri (frz. Gen.) 147 f

Bach-Zelewski, Erich von dem (SS-Obergruppenführer) 822 f
Badoglio, Pietro (ital. Marschall) 176, 190, 236, 239, 242, 251, 646, 653, 657 f, 661, 663–667, 674, 676, 707
Baeßler, Johannes (dt. Gen.) 870
Bagramjam, Iwan Ch. (sowj. Gen.) 643, 677
Bagrianoff, Iwan (bulg. Min.) 249
Bainbridge, Kenneth T. (US-Physiker) 1047
Baird, Ralph A. (stellv. US-Marinemin.) 1044
Bakopulos (griech. Gen.) 267
Baku 453, 479, 564, 566
Balaklawa 802
Balbo, Italo (ital. Marschall) 206, 221
Balck, Hermann (dt. Gen. d. Pz. Tr.) 687, 814, 915
Balella (ital. Polit.) 649, 651
Bali 420
Balkanfeldzug 258, 266–270, 281–284
–, Planung 245, 251 f
Bandung 422 f
Bangkok 942
Baranow (Brückenkopf) 949
Baranowitschi 306 f, 343, 810 f
›Barbarossa‹ (Plan) 245, 251, 261, 287 f
s. a. Rußlandfeldzug (Planung)
Barber, T. (US-Offizier) 618
Barbieri (ital. Partisanenführer) 1007
Bardia 247 f, 373, 407
s. a. Afrikanischer Kriegsschauplatz (Ägypten–Libyen)
Barham (brit. Schlachtschiff) 227, 248, 272, 283, 374, 408
Bari 664
Barnes (US-Träger) 632
Barré, Georges (frz. Gen.) 560
›Barrikaden‹ (Fabrik) 568, 570 f
Barton, Raymond O. (US-Gen.) 888 f
Bastia 710
Bastianini, Giuseppe (ital. Politiker) 649–651
Bastico, Ettore (ital. Marschall) 318, 393, 410, 609
Bastien (frz. Kommunist) 881
Bastogne 920 f, 923, 925 f, 946
Bataan 379, 393, 423 ff, 434, 1032 ff
Batavia 420, 422 f
Battet, Robert Marie Joseph (frz. Vize-Adm.) 551
Battoro, Ercole 653
Batum 344, 479, 564 f
Baudet, Joseph (frz. Gen.) 101
Baudouin, Paul (frz. Min.) 151, 171, 178 f, 183, 186–188, 196, 222, 231, 234
Bauer, Eddy (schweiz. Historiker) 191
Bayard s. Descours
Bayerlein, Fritz (dt. Gen.Ltn.) 544, 613, 730, 759, 764 f, 795, 918, 923 f
Bayeux 745, 757 f, 760, 763 f
Bayfield (US-Landungsschiff) 751
Bayreuth 987
›Baytown‹ (Operation) 661
Beaumont, Maurice 791
Beaverbrook, Lord William M. (brit. Min.) 94, 171, 200, 344
Beaverbrook-Harriman-Stalin-Konferenz 344 f
Beck, Josef (poln. Min.) 17 f
Beck, Ludwig (dt. Gen.Oberst und Chef d. Gen.St.d.H.) 20, 22 f, 105, 598, 778, 780, 782, 786, 788, 790, 804, 974
Bedell Smith, Walter (US-Gen.) 665, 735, 741, 921, 945, 1027 f
Beetz, Felicitas 706
Belfort 874, 913 f
Belgien, alliierte Verteidigungspläne 1940 61–65, 92–94, 132 f, 143 f, 327, 892 f
Belgrad 266 f
Belleau Wood (US-Träger) 632
Bellinger, P. N. L. (US-Adm.) 367
Bellini delle Stelle, Graf Pierluigi (ital. Partisanenführer) 1008 f

Below, Nikolaus von (dt. Oberst) 1001
Below, Pawel A. (sowj. Gen.) 643
Benghasi 253, 264, 394, 409, 464, 610
Bennett, Gordon (austral. Gen.) 382, 417
Bennett (US-Soldat) 846
Benoist-Mechin, Paul (frz. Politiker) 244
Berditschew 697
Beresina 306, 803, 805 f, 808–811
Beresino 810
Bergen, van den (belg. Chef d. Gen.St.) 65
Bergen-Belsen 982
Berger, Heinrich (Hitlers Stenograph) 785
Bergeret (frz. Gen.) 186
Bergonzoli (ital. Gen.) 248
Berio (ital. Generalkonsul) 658
Berlin 211, 654, 895, 982–984, 987 f, 993–1004, 1010–1020
Berling, Zygmunt (poln. Gen.) 823
Bernadotte, Folke Graf (Vizepräs. d. schwed. Roten Kreuzes) 1010
Berwick (brit. Kreuzer) 78
Besançon 892, 899
Bessarabien 220, 303, 803, 950
Besson, Georges (frz. Gen.) 135, 184
Best, Werner (dt. Reichsbevollmächtigter in Dänemark) 1026
Béthouart, Emile-Marie (frz. Gen.) 86, 152, 548 f, 560, 892, 956
Beuthen 952
Beveland 909
Bevin, Ernest (brit. Min.) 94
Biak 829–831, 838
Bialystok 814
Bidault, Georges (frz. Min.) 695
Biedermann (dt. Major) 991
Bigalk, Gerhard (dt. Kptlt.) 501
Bignardi, Annio (ital. Politiker) 651
Bill HR-1776 (Leih- und Pachtgesetz) 256 f
Billotte, Gaston Hervé (frz. Gen.) 94, 98, 111 f, 120 f, 123, 132–134, 888–890
Bir Hacheim 464–471
Birzer (SS-Obersturmführer) 1006 f
Bismarck, Georg von (dt. Gen.) 119, 502
Bismarck, Otto Fürst von (dt. Geschäftsträger in Rom) 237, 300
Bismarck (dt. Schlachtschiff) 41, 275–280, 290, 328, 381
Bismarckarchipel 423, 431
Bitsch 944, 946, 971, 978
Bittrich, Wilhelm (SS-Gruppenführer) 781, 902 f
Bizerta 560, 616
Bjelgorod 596, 641, 679
Blade (brit. Gen.) 560
Blamey, Sir Thomas (austral. Gen.) 622, 827, 1058
Blanchard, Georges (frz. Gen.) 95, 137 f, 145
Blanchard, J. W. (US-U-Boot-Kdt.) 840
Blanchard, Wendell (US-Oberst) 925
Blaskowitz, Johannes (dt. Gen.Oberst) 24, 34, 290, 730, 870, 899, 915, 968, 1022
Blatge (dt. Hauptmann) 973 f
›Blau‹ (Fall) 453, 456 f, 476, 478
Blaue Division s. Wehrmacht 250. Inf.Div.
Blockade Deutschlands durch brit. Flotte 43
Blomberg, Werner von (Reichskriegsmin.) 20
Blücher (dt. Schwerer Kreuzer) 41, 80, 82
Blumentritt, Günther (dt. Gen. d. Inf.) 751, 768 f, 789, 863
Bobruisk 806, 808 f
Bock, Fedor von (dt. Gen.Feldmarschall)
–, Ernennung 203
–, Polenfeldzug 24
–, Rußlandfeldzug 289, 296, 305, 331 f, 342 f, 351 f, 359, 362, 390–392, 397, 477, 479
–, Unternehmen ›Seelöwe‹ 206
–, Westfeldzug 38, 67, 70 f, 88, 90, 141, 146, 161, 850
– und Widerstand 599
Bodenschatz, Karl (dt. Gen.) 296, 497
Bodin, General P. I. (sowj. Gen.) 481
Böhme, Franz (dt. Gen. d. Inf.) 1026
Boeselager, Georg Freiherr von (dt. Oberst) 599
Bogan, Gerald F. (US-Adm.) 938
Bogess (US-Oberleutnant) 926
Bohlen, Charles E. (US-Diplomat) 963
Boineburg-Lengsfeld, Hans Freiherr von (dt. Gen.Lt.) 875
Boise (US-Kreuzer) 645
Boisson, Pierre (frz. Gen.Gouv.) 228, 561
Bojdeff, Vassil (bulg. Chef d. Gen-St.) 249
›Bolero‹ (Operation) 457 f, 470

Bologna 991, 1004
Bombacci, Nicola (ital. Politiker) 1009
Bondoux, René (frz. Hauptmann) 1029
Bône 559, 613
Bonin, Bogislaw von (dt. Oberst) 950
Bonininseln 630, 826
Bonn 971
Bonnard, Abel (frz. Min.) 692
Bonnet, Georges (frz. Min.) 17, 25, 27
Bonnier de La Chapelle (Darlan-Attentäter) 562 f
Bono, Emilio de (ital. Marschall) 649, 651, 706
Bonomi, Ivanoe (ital. Politiker) 646
Bordeaux 187, 173 f, 178
Borgmann (dt. Oberstleutnant) 773
Boris III. (König von Bulgarien) 249
Borissow 316, 343, 810
Bor-Komorowski, Tadeusz Graf (poln. Gen.) 327, 820–824
Bormann, Martin (Chef d. Parteikanzlei) 329, 785, 974 f, 995, 998, 1001, 1010–1012, 1015–1019, 1021
Borneo 393, 419, 932, 1049
Bortnowski, Wladyslaw (poln. Gen.) 18, 29
Bose, Subhas Chandra (ind. Politiker) 429, 867, 939
Bothmer, Richard von (dt. Gen.Maj.) 973
Bottai, Giuseppe (ital. Min.) 602, 646 f, 651
Bouffet (frz. Gen.) 120
Bougainville 509, 511, 628–631
Bougie 559
Bouillon 98 f
Boulogne 849, 892, 1022
Bourne-Paterson, R. A. (US-Major) 693
Bourret, Victor (frz. Gen.) 177
Bouthillier, Yves (frz. Min.) 172 f, 186, 231
Bradley, Omar N. (US-Gen.) 767, 771, 792 f, 795, 846 f, 852, 862–864, 880, 887 f, 901, 912, 921, 924 f, 955, 968, 970 f, 979, 983, 987, 1030
Bräuer, Curt (dt. Gesandter) 80
Brandenberger, Erich (dt. Gen. d. Pz. Tr.) 917
Brandon, Russell (austral. Soldat) 380
Brandt, Heinz (dt. Oberst) 599, 785
Brasillach, Robert 877
Brauchitsch, Walther von (dt. Gen.Feldmarschall und OB d. Heeres)
–, Ernennung zum Gen. Feldm. 203
–, Rußlandfeldzug 205, 288 f, 291, 293 f, 296, 307, 329, 332 f, 340, 351, 361, 392, 394, 397
– und Unternehmen ›Seelöwe‹ 206 f
–, Westfeldzug 37–39, 66 f, 76, 90, 99, 141, 147, 230 f
Braun, Bertl 1010
Braun, Eva 988 f, 1010–1012, 1015
Braunschweig 987
›Breda‹ (Plan) 63
Breith, Hermann (dt. Gen. d. Pz. Tr.) 701
Brennecke, Kurt (dt. Gen. d. Inf.) 151
Brereton, Lewis H. (US-Gen.Lt.) 900
Breslau 951 f, 1030
Brest 184, 847–849, 857, 872
Brest-Litowsk 297, 305, 803, 814
Bretagne 792, 797, 849
–, ›Festung B.‹ 154, 166–169, 174–176
Bretagne (frz. Schlachtschiff) 194, 196
Briare (frz.-brit. Beratung v. 11. Juni 1940) 164–166
Bricker (US-Gen.) 606
Bridoux (frz. Gen.) 556
Briggs, A. E. (brit. Marineoffizier) 278
Briggs, D. A. (brit. Fliegeroffizier) 279
Briggs (brit. Gen.) 467
Bright, Joan 959 f
Brindisi 664
Brinon, Fernand de (frz. Politiker) 244, 692, 877
Britisch-Nigeria 243
Brit.-poln. Beistandspakt 15
Britische Streitkräfte
–, Expeditionskorps 42 f, 58, 74, 94, 129, 133–139, 146 f, 150 f, 162, 174 f (in Belgien u. Frankreich); 258, 262, 268–270 (in Griechenland)
–, Fighter Command 150, 155, 199 f, 210 f, 215
–, Home Fleet 78, 80, 277, 460
–, Home Guard 198, 213
–, Panzerwaffe 463
–, Royal Air Force 55 f, 199 f, 208–218 (Schlacht um England), 353, 498, 743

–, Royal Navy 41, 199 s. a. einzelne Schiffe
–, Stärke 1941 41, 353
Einheiten
15. Hgr. 708; 21. Hgr. 846 f, 857, 859, 891, 909, 911, 955, 979, 983, 1022
1. Armee 559, 608 f, 616, 895; 2. Armee 742, 846, 850, 879, 892, 968, 979 f; 8. Armee 354, 373, 393, 408 f, 464 f, 468, 470, 472–475, 488, 533 f, 538–546, 610, 644, 659, 670, 672, 708, 719, 722, 991; 14. Armee 941
1. kanad. Armee 846, 850, 856, 862, 864, 879, 892, 968–970, 979
I. Korps 151, 763, 777; II. Korps 147, 151; III. Korps 151; IV. Korps 213, 940; V. Korps 991; VI. Korps 213; X. Korps 540, 542, 615, 668, 670, 711 f, 719; XIII. Korps 410, 464, 468, 488, 540–542, 644, 664, 719, XV. Korps 504, 940; XIX. Korps 780; XXX. Korps 373, 464, 540 f, 615, 763 f, 901, 905, 925, 948
Ind. A. K. (Singapur) 415
III. ind. Korps 382
II. kanad. Korps 854, 910
II. neuseel. Korps 716
II. poln. Korps 719, 722, 991
1. Div. 138, 640, 712, 715; 2. Div. 138, 858; 3. Div. 138, 742, 744, 777; 4. Div. 138, 150, 719; 5. Div. 133, 135 f, 138, 150, 644 f; 9. Div. 382, 431; 11. Div. 382; 15. Div. 980; 18. Div. 409, 415; 42. Div. 138, 150; 43. Div. 905; 44. Div. 138, 150; 46. Div. 138, 146, 668; 48. Div. 138; 50. Div. 133, 135 f, 138, 150, 464 f, 471, 644, 742, 745, 755, 758, 765; 51. (Highlander) Div. 162, 644, 759, 980; 52. Div. 174 f; 56. Div. 668, 715; 59. Div. 777
6. austral. Div. 243, 252, 255; 7. austral. Div. 264, 286, 627; 8. austral. Div. 382, 415, 417; 9. austral. Div. 255, 265, 472, 540, 544, 626 f
4. ind. Div. 243, 409 f; 7. ind. Div. 941; 8. ind. Div. 719; 14. ind. Div. 504; 27. ind. Div. 411
1. kanad. Div. 644; 3. kanad. Div. 742, 744, 758, 777, 859
2. neuseel. Div. 540, 542
3. poln. Div. 720; 5. poln. Div. 720
1. südafr. Div. 465, 471 f
1. Luftl. Div. 763 f, 903–905; 6. Luftl. Div. 744, 747–749, 755, 980
1. Pz. Div. 409 f, 464, 542, 544; 2. Pz. Div. 255, 264, 464; 6. Pz. Div. 613; 7. Pz. Div. 243, 248, 252, 255, 409, 466, 542, 758 f, 763–765
4. kanad. Pz. Div. 854, 859
1. poln. Pz. Div. 854, 859, 864 f
7. Brigade 469; 16. Brigade 248; 17. Brigade 248; 22. Brigade 410; 54. Brigade 417; 55. Brigade 417; 150. Brigade 467; 151. (Northumberland) Brigade 542; 152. (Schottische) Brigade 542; 201. Gardebrigade 470
3. ind. Brigade 264, 465
1. malaiische Brigade 417
6. neuseel. Brigade 270
9. Pz. Brigade 542 f; 22. Pz. Brigade 409; 32. Pz. Brigade 468
Brjansk 642 f
–, Kesselschlacht 346, 348, 351
Brocard, Georges (frz. Gen.) 113, 115, 123
Brockdorff-Ahlefeld, Walter Graf von (dt. Gen. d. Inf.) 401, 403 f, 495
Broke (brit. Zerstörer) 552
Brooke, Sir Alan (brit. Feldmarschall) 58, 174 f, 197, 213, 459, 464, 542, 604, 621, 637, 662, 684, 774, 847, 924, 960
Brooke-Popham, Sir Robert 382, 413
Brosset, Diego (frz. Gen.) 718
Brossolette (frz. Politiker) 694
Brown, Cecil (US-Journalist) 385
Browning, F. A. M. (brit. Gen.) 902
Browning, Miles (US-Kpt.) 444
Bruché, Albert (frz. Gen.) 113, 117
Brügge 892
Brünau, General von (Wiener Stadtkdt.) 991
Brüssel 133, 892
Bruneau, Christian (frz. Gen.) 113, 119, 123
Buchenwald 982
Buchterkirch (dt. Oberleutnant) 335
Bucknall (brit. Gen.) 764
Buckner, Simon Bolivar (US-Gen.Lt.) 1037, 1041
Budapest 943, 948, 950, 984
Budjennyj, Semjon M. (sowj. Marschall) 308 f, 332, 334–337, 480
Bübingen 29 f
Büchting, Andreas (dt. Oberst) 541

Bufarini, Guido (ital. Politiker) 653
Bug 302, 305 f, 697
Buhle, Walter (dt. Gen. d. Inf.) 783 f
Buhrer, Jules (frz. Gen.) 222
Bukarest 826
Bukowina 220, 803, 950
Bulgarien 249, 255, 258, 983
Bull, Harold M. (US-Gen. Maj.) 972
Buna 507 f, 624
Bund Deutscher Mädel 995
Bunitschenko, Sergej (sowj. Gen.) 1030
Bunker Hill (US-Träger) 629, 632
Burckhardt, Carl Jacob (Hoher Kommissar d. Völkerb.) 17
›Bureau central de renseignement et d'action‹ 694
Burgdorf, Wilhelm (dt. Gen. u. Chef d. Heerespersonalamts) 875 f, 908, 974, 989, 1015, 1018
Burma 423, 429, 503 f, 621, 660, 684, 827, 939–942, 1049
Burmastraße 221, 224, 503, 505
Burrough, Harold M. (brit. Adm.) 1028
Busch, Ernst (dt. Gen.Feldmarschall) 23, 68, 90, 206, 289, 296, 303, 342, 705, 803–805, 807–809, 995, 1020 f, 1025
Bush, Vanevar (US-Wissenschaftler) 993, 1044, 1047
Busse, Theodor (dt. Gen. d. Inf.) 986 f, 989, 994, 1023
Bussière, Amedée (frz. Präfekt) 882
Butcher, Harry C. (US-Kpt.) 535
Butler (US-Marineoffizier) 1027 f
Buttler (US-Zerstörer) 645
Byrnes, James F. (US-Außenminister) 1056
Bzura 29

Cacaud (frz. Präfekt) 776
Cacoctin (US-Transporter) 958
Cademaroti (ital. Industrieller) 1008
Cadogan, Sir Alexander (brit. Staatssekr.) 959
Cadorna, Raffaele (ital. Gen.) 1006, 1008
Caen 744, 748, 755, 757–760, 763–766, 768, 770 f, 773, 777 f, 782, 787, 795 f
Cäsarlinie 718
Caio Duilio (ital. Kriegsschiff) 238
Calais 130, 134, 137 f, 141, 145, 849, 892, 1022
California (US-Schlachtschiff) 372, 933
Callaghan, Daniel J. (US-Adm.) 520
Calvi di Bergolo, Graf Carlo (ital. Gen.) 667
Cambrai 127, 133, 136
Campbell, Sir Ronald (brit. Botschafter) 180 f, 188, 657
Campbell (brit. Fliegeroffizier) 277
Canaris, Wilhelm (dt. Adm. und Abwehrchef) 22 f
Cangé (frz. Kabinettsitzung am 12. Juni 1940) 169–173
Canham (US-Oberst) 754
Canterbury 497
Carboni, Giacomo (ital. Gen.) 664
Carell, Paul 759
Carentan 746, 749 f, 756, 761–764, 775
Carles, Fernand (frz. Präfekt) 148
Carlisle (brit. Kreuzer) 283
Carls, Rolf (dt. Adm.) 296, 502
Carol II., König von Rumänien 220
Carpender (US-Adm.) 622
Carton de Wiart, Sir Adrian (brit. Gen.) 85, 663
›Cartwheel‹ (Operation) 624
Casablanca, Konferenz von 603–607, 619, 621, 630, 637, 963, 1023
–, US-Landung 549, 552 f
Casablanca (frz. U-Boot) 559, 710
Cassel 143, 145 f, 150
Cassino s. Monte Cassino
Castellano, Giuseppe (ital. Gen.) 658, 664 f
Catania 649, 659
›Catapult‹ (Operation) 193–196
Catroux, Georges (frz. Gen.) 222, 226, 286
Cavalla (US-U-Boot) 840
Cavallero, Ugo Graf (ital. Marschall) 242, 410, 599, 602
Cavour (ital. Kriegsschiff) 238
Celebes 419
Ceylon 428–430
Chaban-Delmas, Jacques (frz. Politiker) 882, 885
Chamberlain, Neville (brit. Premiermin.) 15, 23, 25, 74, 78, 87, 189, 241
Champon (belg. Gen.) 98, 132

Chapuis (frz. Oberst) 872
Charitonow, F. M. (sowj. Gen.) 456, 597
Charkow 351, 404, 456 f, 593 f, 596–598, 654, 676–679
Chatel, Yves (frz. Politiker) 561
Chautemps, Camille (frz. Min.) 172 f, 180, 182, 186, 188
Chauvineau, Narcisse (frz. Gen.) 57
Chavant, Eugene 797
Chenango (US-Träger) 632
Chennault, Claire (US-Gen.Maj.) 939
Cherbourg 184, 762, 766–772
Cherson 310, 685
Chevallerie, Kurt von der (dt. Gen. d. Inf.) 402, 730, 867
Chicago (US-Kreuzer) 510, 521
Chichery, Albert (frz. Min.) 170
Chikuma (jap. Schwerer Kreuzer) 364, 439, 517, 937
China, jap.-chin. Krieg 221, 505 f, 939–942
–, Leih-Pachtlieferungen 505, 939
–, Nanking-Regierung 221
–, US-Versorgungsluftbrücke 939, 942
–, Tschunking-Regierung 505 f
Chitose (jap. Träger) 928, 932, 936
Chiyoda (jap. Träger) 839, 842, 928, 932, 936
Cho, Isamu (jap. Gen.Maj.) 1038, 1041
Choiseul 508
Chokai (jap. Kreuzer) 510, 937
Cholm 401, 406, 697, 699
Choltitz, Dietrich von (dt. Gen. d. Inf.) 396, 763, 796, 865, 875–877, 880–882, 884, 886, 889 f,
Christian, Eckhard (dt. Gen.Maj.) 999
Christian, Gerda 1019
Chrjukin, T. T. (sowj. Gen.) 481
Chruschtschow, Nikita 308, 481, 567
Churchill, Randolph 552
Churchill, Sir Winston S. 40, 42, 51, 59, 77 f, 87 f, 94, 156, 197, 200, 204, 224, 257, 272, 279, 284, 317 f, 374, 429, 431, 451, 658, 684, 688, 710, 712, 714, 791, 827, 859, 1009, 1031
–, Allianz Englands mit Frankreich 175, 181 f, 186
–, Afrikanischer Kriegsschauplatz 373, 406 f, 464, 470 ff, 488, 542, 546
–, Atlantik-Charta 328 f
–, Atombombe 1048
–, Balkanpolitik 249 f, 255 f, 259, 268, 908
–, Berlin als militärisches Ziel 982 f
– in Briare 164 f, 169
– und de Gaulle 185, 226 f, 257, 554, 605 f, 739, 945
– und Hopkins 486
–, Irak 185, 273
–, Konferenz von Casablanca 603–607
–, Konferenz von Jalta 957–964
–, Konferenz von Kairo 684
–, Konferenz von Potsdam 1044–1048
–, Konferenz von Quebec 660–663
–, Konferenz von Teheran 688–691
–, Konferenz von Washington 457
–, Kreta 280–283
–, Mers El-Kébir (Teilzerstörung der frz. Flotte) 194, 196
–, Mißtrauensantrag gegen 474 f
–, Morgenthau-Plan 897
–, Norwegen 82, 86
–, Operation ›Overlord‹ 459, 661 f, 690 f, 738 f, 756
–, Operation ›Torch‹ 485 f, 535, 538 f, 550, 554
– in Paris 154 f
–, Pearl Harbor 374
–, Rede am 22. Juni 1941 299 f
– und Reynaud 164 ff, 170 ff
–, Rheinübergang bei Wesel 979
– und Roosevelt 201, 225, 239, 328 f, 374, 393, 407, 458, 473, 535, 550, 603, 738, 957
s. a. Konferenzen von Casablanca, Jalta, Kairo, Teheran
–, Singapur 381, 412–418
–, Sowjetunion 295 f, 310 f, 318 f, 353, 358, 460
– und Stalin 487, 819, 821 f, 908, 1049
s. a. Konferenzen von Jalta, Potsdam, Teheran
–, Syrien 287
–, Tobruk 354, 471 ff
–, V1 766
–, Vereinigte Staaten von Amerika 224 f, 239
–, Verteidigungsmaßnahmen in England 200 ff, 213 f, 221

–, Wahlniederlage 1945 1049
–, Warschauer Aufstand 821 f
– in Washington 470–473, 637 f
–, Zweite Front 458 f, 486
Cianetti (ital. Politiker) 649, 651, 706
Ciano, Edda 674 f, 706 f
Ciano, Galeazzo Graf (ital. Außenmin.) 14, 26, 77, 220, 225, 229, 236 f, 242, 245, 290, 300, 462 f, 487, 555, 599, 646, 649, 651 f, 674–676, 706
–, Entlassung 601 f
–, Todesurteil 706 f
CINCUS 370
Cinkar-Markovic, Alexander (jugosl. Min.) 260
CINPAC 370
Citrine, Walter 75
Clark, Mark W. (US-Gen.) 549, 553, 562, 668, 670–672, 713–717, 719, 859
Clarke (US-Oberst) 846
Claudel, Paul 692
Clement s. Chavant
Cliveden Set 75
Clutterback (brit. Gen.) 640
›Coastwatchers‹ 511
›Cobra‹ (Operation) 795
Cointet-Gitter (›belgische Gitter‹) 63, 94, 108, 728, 754
Collet (frz. Oberst) 286
Collins, Lawton (US-Gen.Maj.) 751, 767, 770, 776, 796, 899, 970
Colmar 947, 956 f
Collins (brit. Gen.) 542
Colombo 429
Colorado (US-Schlachtschiff) 938
COMAC 881
Comando Supremo 264, 290, 410, 602, 613, 658
›Combat‹ (frz. Widerstandsgruppe) 325 f
Combe (brit. Oberst) 253, 265
Comité de la France 606
Comité de libération nationale 325, 709, 711
Commandant-Teste (frz. Träger) 194
Compiègne 128, 186–189
Compton, Arthur H. (US-Physiker) 993, 1044
Compton, Karl T. 1044
Conant, James B. 1044, 1047
Condé, Charles Marie (frz. Gen.) 177
Coningham, Arthur (neuseel. Vizeluftmarschall) 354
›Conseil national de la Résistance‹ 694
Constantine 560
Coode, T. P. (brit. Offizier) 280
Cook, Julian A. (US-Oberstlt.) 903
Cooper, Duff (brit. Politiker) 87
Corap, André (frz. Gen.) 58, 95f, 98, 101, 108, 111 f, 119–122, 562
Cork and Orrery, Lord William H. D. B. (brit. Adm.) 83, 86
Cornwall (brit. Kreuzer) 275, 429
›Coronet‹ (Plan) 1042
Corregidor 379, 423–425, 434, 1033 f
Corregidor (Fährschiff) 378 f
COSSAC (Chief of Staff to the Supreme Allied Commander) 734 f
Cossack (brit. Zerstörer) 73
Cosson, Jean de (frz. Gen.) 177
Cota, Norman D. (US. Brig. Gen.) 754
Coulondre, Robert (frz. Botsch.) 25, 28
Courageous (brit. Träger) 43
Courbière, von (dt. Oberleutnant) 104
Courcel, Geoffroy de 185
Cousteau 877
Coutances 794, 796 f
Coventry 218
Cowan, Walter (brit. Adm.) 466
Coward, Jesse B. (US-Kpt.) 935
Cowpens (US-Träger) 632
Cox, Jim (US-Politiker) 256
Cremona 1005
Crerar, Henry D. (kanad. Gen.) 846, 892, 910, 968
Criegern, von (dt. Oberst) 733, 763
Cripps, Sir Stafford (brit. Botsch.) 295
Crosia (frz. Hauptmann) 872
Crüwell, Ludwig (dt. Gen. d. Pz. Tr.) 409, 465, 667
›Crusader‹ (Plan) 354, 407
Crutchley, Sir Victor A. Ch. (brit. Adm.) 830
Culin, Curtis G. (US-Sergeant) 793
Cumberland (brit. Kreuzer) 45 f, 228
Cunningham, Sir Alan Gordon (brit. Gen. Lt.) 250, 354

Cunningham, Sir Andrew Browne (brit. Adm.) 220, 238, 243, 270, 272, 282f, 354, 471, 960
Cunningham, Sir John (brit. Adm.) 228, 664
Curtin, John (austral. Premiermin.) 413, 425, 431
Curzonlinie 964
Cyrenaika 253, 263, 354, 393
s. a. Afrikan. Kriegsschauplatz (Ägypten–Libyen)

Dace (US-Kreuzer) 933
Dachau 982
Dänemark, dt. Besetzung 1022
–, Entsendung von Freiwilligen im finnisch-sowj. Winterkrieg 50
Dairen 965
Dakar 227, 709
Daladier, Edouard (frz. Min.-Präs.) 13, 56, 59, 74–76, 82, 84, 88, 98, 189
Dame, Pierre (frz. Gen.) 149
Daniels (Chauffeur Rommels) 781
Danzig 12, 14 f, 17 f, 23, 953, 985
Danzig-Westpreußen 950
Dardanellen 492
Darlan, Alain (frz. Lt. z. See) 550
Darlan, François (frz. Adm. und Min.) 42, 178 f, 186, 188, 194–196, 243, 324, 605
–, Ermordung 561–563
– und Hitler 244
– und US-Landung in Algier 550–553, 555, 557–558, 560
Darnand, Joseph (frz. Politiker) 692
Darter (US-Kreuzer) 933
Daser, Wilhelm (dt. Gen.Lt.) 910
Dautry, Raoul (frz. Min.) 75, 170
Davies, Joseph A. 1045 f
Dawley, Ernest J. (US-Gen.) 670
DD (amphibische Panzer) 736
›D-Day‹
s. Normandie (Invasion)
Deane, John R. (US-Gen. und Mil. Attaché) 682, 961, 1045
Déat, Marcel (frz. Min.) 244, 692
Decoux, Jean (frz. Adm. und Gen.Gouv.) 222, 226, 322
Dekanosow, Wladimir G. (sowj. Botsch.) 297
Delestraint, Charles (frz. Gen.) 694
Delvoie (belg. Gen. und Mil. Attaché) 64
De Maria (ital. Partisan) 1008
De Marsico 651
Demetz (frz. Oberst) 1029
Demidow 401 f
Demjansk 401, 403 f, 406, 484, 496 f, 590, 596, 697
Demoulin (Mörder Henriots) 868
Dempsey, Sir Miles C. (brit. Gen.) 846, 892, 895
Dentz, Henri Fernand (frz. Gen. und Hochkommissar) 285 f
Deportationen 322 f
Derewjanko, K. N. (sowj. Gen.) 1059
Derna 265, 394, 410
De Ruyter (holl. Leichter Kreuzer) 422
Descours (frz. Oberst) 797, 874
Desna 316, 334–336
Desourteaux (Bürgermeister von Oradour) 800
Desrousseau, Jules (belg. Stellv. Gen.St.Ch.) 144
Deutschland, Kapitulation 1025–1029; 1204, 1027 f (Reims), 1028 f (Berlin)
–, Kriegserklärung an Sowjetunion 296 f,299
–, Kriegserklärung an USA 375
–, Rüstungsindustrie 678, 897 f, s. a. Speer
–, Streitkräfte s. Wehrmacht
–, Widerstand s. Widerstand, deutscher
Deutschland (dt. Panzerschiff) 41, 44, 46
s. a. *Lützow*
deutsch-sowjetischer Nichtangriffspakt 12–14, 23, 318
Deuxième Bureau 36, 168
Devereux, James P. (US-Major) 375 f
Devers, Jacob L. (US-Gen.Lt.) 911, 913 f, 925, 944–946, 957, 980
Devonshire (brit. Kreuzer) 78, 275
Dewans, Ritter und Edler von (dt. Offz.) 763
Dewavrin (frz. Politiker) 694
Dewey, Tom 909
Deyo, Morton L. (US-Konteradm.) 1039
Diamare, Gregorio (Erzabt von Monte Cassino) 716 f

Diamond (brit. Zerstörer) 270
Diekmann (SS-Obersturmbannführer) 799
Dieppe 483–485, 892
Dietl, Eduard (dt. Gen. d. Geb.Tr.) 82, 86, 290, 310
Dietrich, Josef gen. Sepp (SS-Oberstgruppenführer) 781, 861 f, 866, 916 f, 922
Dijle s. Hypothese Dijle
Dijon 892
Dill, Sir John (brit. Feldmarschall) 58, 154, 164, 175, 255, 259, 261, 317
Dinant 90, 95, 107–111, 113, 118 f, 924
Dio, Louis Joseph Marie (frz. Gen.) 888 f
Dirlewanger, Oskar (SS-Oberführer) 822
Dives 859, 863–865
Dix (SS-Führer) 212
Djinnah (Führer der indischen Moslempartei) 429
Dnjepr 289, 306 f, 309 f, 314–316, 332, 334–336, 345, 590, 593 f, 596–598, 681, 685 f, 700–702, 803, 805 f, 808, 810
Dnjepropetrowsk 456, 590, 596, 681
Dnjestr 309, 703 f, 803, 814
Dobbie, Sir William 461 f
Dobrudscha 220, 249
Dodekanes 688
Dody, André-Marie (frz. Gen.) 720
Döberitz 1000, 1020
Dönitz, Karl (dt. Großadm.) 41, 218, 274 f, 354, 451, 499–501, 639, 659, 989, 995, 999
– als Nachfolger Hitlers 1011, 1016, 1021–1023, 1025–1027, 1029, 1031
– als OB Nordraum 1020 f
Dollmann, Friedrich (dt. Gen.Oberst) 290, 730, 733, 748, 750, 756, 758, 772
Dombas 85
Don 360, 453, 476 f, 479, 481 f, 484, 564, 574 f, 577, 590, 592, 594
Donau 943, 984 f, 991
Donez 347, 404 f, 453, 456 f, 586, 590 f, 593 f, 596–598, 676, 679
Donovan, W. (US-Gen.) 714
Doolittle, James H. (US-Oberstlt.) 427
Doorman, Karel (holl. Adm.) 421 f
Doriot, Jacques (frz. Politiker) 244, 877
Dorogobusch 316
Dorsetshire (brit. Kreuzer) 280, 429
Dositej, Gabriel (jugosl. Metropolit) 260
Douai 133
Dougherty (amerik. Kardinal) 256
Douglas, W. J. (brit. Seekadett) 278
Douhet, Giulio (ital. Gen.) 19, 217
Doumenc, Joseph Edouard (frz. Gen.) 13, 51, 108
Douve 747, 749 f, 767, 775
Dowding, Sir Hugh (brit. Air Chief Marshal) 155, 166, 199 f, 210
Drabik, Alex (US-Soldat) 972
›Dragoon‹ (Operation) s. ›Anvil‹
Drau 949, 984
Drause, Edward C. (US-Oberstlt.) 750
Drax, Sir R. (brit. Adm.) 13
Dreimächtepakt 225, 249, 258, 260
Dresden 951, 966–968
Drieu La Rochelle, Pierre 877
›Drôle de guerre‹ s. Frankreich
Dronne (frz. Hauptmann) 888
›Dserschinskij‹ (Fabrik) 568, 570 f
Dubno 302
Düna 303, 305–307, 316, 803, 806 f
Dünaburg 303, 305, 812
Dünkirchen 134, 137 f, 141 f, 144–147, 149–151, 155–159, 849, 1022
Düren 911, 970
Düsseldorf 970, 979
Duffet (frz. Gen.) 108–110
Dufieux, Julien (frz. Gen.) 57
DUKW (amphibische Lastwagen) 736, 754
Dumitrescu, Petre (rum. Gen.Oberst) 824 f
Dunkerque (frz. Schlachtschiff) 42, 194, 196
Durgin, E. R. (US-Leutnant) 319
Dutch Harbor 435, 450
Duvfing, Theodor von (dt. Oberstlt.) 1016–1019
›Dynamo‹ (Operation) 139, s. a. Dünkirchen

Eagle (brit. Träger) 238, 488
Eaker, Ira C. (US-Gen.Lt.) 499
Eben-Emael 33, 72, 92 f, 203, 892
Eberbach, Heinrich (dt. Gen. d. Pz.Tr.) 352, 773, 852, 854, 858, 861, 866, 892
Eboué, Félix (frz. Gouv.) 226
Edelsheim, Maximilian Freiherr von (dt. Gen. d. Pz.Tr.) 1023 f

›Edelweiß‹, Plan 479
Eden, Anthony (brit. Außenmin.) 94, 139, 164, 198, 255, 259, 261, 472, 603, 738, 897, 960, 963
Edertalsperre 654
Edinburgh (brit. Kreuzer) 460
Eichelberger, Robert L. (US-Gen.Lt.) 624, 830, 1032, 1058
Eifel 895, 899, 911, 920, 970
Eindhoven 900, 902
Einsiedel, Heinrich Graf von (dt. Leutnant) 589, 701
Einstein, Albert 1043
Eisenhower, Dwight D. (US-Gen.) 378, 458, 486, 607, 846, 856, 863, 893, 912, 956, 981, 1046
–, ›Anvil‹ 735
–, Atombombe 1053
–, Berlin als militärisches Ziel 982 ff
–, Botschaft an Stalin 982 ff
–, Casablanca 603
–, deutsche Ardennenoffensive 921, 924 f
–, Dreierkonferenz von Washington (12. Mai 1943) 638
–, Elsaßoffensive 944 f, 947
– und de Gaulle 738, 878 ff, 945 f
–, Invasion Italiens 661, 663 f
–, Kapitulation Deutschlands 1027 ff
–, Kapitulation Italiens 665 f
– und Montgomery 846 f, 895 f, 900, 909, 924 f, 955, 968
–, Operation ›Overlord‹ 662, 671, 708, 734, 738 ff, 762, 770, 776 f, 781, 792
–, Operation ›Torch‹ 534, 539, 546–550, 561, 609, 611
– und Paris 879 f, 887 f
– und Regierung Dönitz 1031
– und Résistance 798
–, Rheinübergang 971 f, 979
–, Salerno 671
Eisenhower, Milton 561
Eismann, Hans Georg (dt. Major i. G.) 584 f
El Agheila 254, 263, 409
El Alamein 474 f, 487 f, 503, 533, 539–546
ELAS (›Griechische Volksbefreiungsarmee‹) 908, 945
Elba 859
Elbe 987, 999, 1002, 1022–1024
Elbing 953
Elbrus 480, 565
Electra (brit. Zerstörer) 385, 388
Elfeldt, Otto (dt. Gen.Lt.) 865
Elista 566
Elliott (US-Soldat) 370 f
Elsaß 926, 942, 944–948, 956 f, 971
Elsenborn 922
Emden (dt. Leichter Kreuzer) 44, 276
Emmerich 969
Empedocle 645
›Endlösung‹ s. Judenverfolgung
Endo, Yoshikazu (jap. Konteradm.) 828 f
Enfidaville 615 f
Enghien, Duc d' 59
England s. Großbritannien
England (US-Zerstörer) 839
Englisch s. Britisch
Eniwetok 832
Enna 649
Enola Gay 1052
Enterprise (US-Träger) 366, 376, 427, 442–444, 446–448, 510, 514, 520, 632, 1040
Eon (frz. Oberst) 849
›Epsom‹ (Unternehmen) 771
Erbach-Schönberg, Prinz Viktor zu (dt. Gesandter) 266
Erft 970
›Erikaschneise‹ 403
Eritrea 247
Erskine, George W. E. (brit. Gen.) 765
Eschweiler 911
Espinoza de los Monteros, Eugenio (span. Unterstaatssekr.) 234
Essen 498
Essex (US-Träger) 629, 632, 1039
Esteva, Jean Pierre (frz. Adm. u. Generalresident) 560
Estienne, Jean Baptiste (frz. Gen.) 56, 113
Estland 14, 47, 690
Etcheberrigaray, Jean-Marie (frz. Gen.) 116
Euskirchen 971
Exeter 497
Exeter (brit. Kreuzer) 45 f, 422
Expeditionskorps s. Britische Streitkräfte und Französische Streitkräfte

Express (brit. Zerstörer) 385, 387, 389

Fagalde, Alfred (frz. Gen.) 145, 168
Fahrmbacher, Wilhelm (dt. Gen. d. Artl.) 763, 845
Falaise 854, 857, 859, 861–866, 879
Falkenhausen, Alexander von (dt. Gen.Lt.) 729
Falkenhorst, Nikolaus von (dt. Gen.Oberst) 74, 86, 290, 296
Fall ›Blau‹ s. ›Blau‹
Fall ›Gelb‹ s. Westfeldzug
Fall ›Rot‹ s. Westfeldzug
Fall ›Weiß‹ s. Polenfeldzug
Falley, Wilhelm (dt. Gen.Lt.) 750
Fallmeyer (dt. Oberleutnant) 1007
Fantasque (frz. Zerstörer) 710
Farinacci (ital. Politiker) 646 f, 649–651
Farnborough 209 f
Farrell, Thomas (US-Gen.) 1047
Farrow (US-Leutnant) 428
Faschistischer Großrat 602, 647, 649–653, 706
Faschistischer Parteikongreß (in Verona) 706
Fédala 548 f
Federzoni (ital. Politiker) 649, 651
Fegelein, Hermann (SS-Brigadeführer) 974, 999, 1010
›Felix‹ (Plan) 206, 228 f, 239 f, 243
Fellgiebel, Erich (dt. Gen. d. Nachr.Tr.) 783 f
Felmy, Hellmuth (dt. Gen.Oberst d. Luftw.) 65
Feltre 648 f
Fenard, Raymond (frz. Adm.) 550–552
Feodosia 394–396
Ferebee, Tom 1052
Fermi, Enrico (US-Physiker) 1044, 1047
›Festung Europa‹ 644, 724
›Festung Holland‹ 71, 88, 91 f
FFI (Forces Françaises de l'Intérieur) 849, 874, 881, 890, 906 f
Fidschiinseln 507
Fiebig, Martin (dt. Gen. d. Flakart.) 576
›Fighters for Freedom‹ 300
Fiji (brit. Kreuzer) 283
Filoff, Bogdan (bulg. Min.-Präs.) 249
Finckh, Eberhard (dt. Oberst) 792
Finnisch-sowjetischer Winterkrieg 47–51, 72–74
Finnland 690, 824
–, finn. Armee in Rußland 290
–, ›Volksregierung‹ 48 f
Finschhafen 626 f, 828
Fitch, Aubrey W. (US-Adm.) 622
Fiume (ital. Kreuzer) 270
Flandin, Pierre-Etienne 324
Flavigny, Jean Adolphe (frz. Gen.) 115
Flensburg, Regierung s. Dönitz (als Nachfolger Hitlers)
Fletcher, Frank J. (US-Adm.) 376, 433, 443 f, 448 f, 510
Florenz 907
Floridainseln 509, 511
Flüchtlinge, deutsche 950 f, 966, 981, 1002, 1022–1024, 1026
Flying-Fish (US-U-Boot) 837
Foch, Ferdinand (frz. Marschall) 58, 127, 131, 187, 547
Foertsch, Hermann (dt. Gen. d. Inf.) 1026
Foggia 661
Forbach 32, 34
Forbes, Sir Charles (brit. Adm.) 80, 277
Formidable (brit. Träger) 283, 428
Formosa 419, 929 f
Fortune, Allan Stewart (brit. Gen.) 162 f
Fouquet (dt. Oberst) 701 f
France libre s. Freies Frankreich
Franck, James (US-Physiker) 1044
Franco, Francisco (span. Caudillo) 229, 233–235, 240, 251, 538, 560, 601, 609
François-Poncet, André (frz. Botschafter) 231, 487
Franconia (brit. Passagierschiff) 958 f
Frank, Hans (dt. Gen.Gouv.) 323
Frank, Karl-Hermann (Stellvertr. Reichsprotektor) 1026
Frankfurt am Main 980
Frankfurt an der Oder 953
Franklyn (brit. Gen.) 133, 135 f
Frankreich, ›Drôle de guerre‹ 28–30, 32–35
–, Kriegserklärung an Deutschland 25–28
–, Kriegsvorbereitungen 53–60

–, mil. Doktrin 32–34, 36 f, 53–59, 119
–, Mobilmachung 25
–, Streitkräfte s. Französische Streitkräfte
–, Verteidigungsstrategie 123 f
–, Waffenstillstand 1940 186–192
–, Widerstand s. Résistance
s. a. Freies Frankreich, de Gaulle
Franz.-sowj. Freundschaftsvertrag 960
Französische Streitkräfte
–, Armee 53–59 (Stärke 1940), 58 f (Kommandostruktur)
–, Flotte 41 f, 193–196 (Mers El-Kébir), 556–559 (Toulon)
–, Luftwaffe (1940) 55 f
–, Panzerwaffe 56–58, 112 f
Einheiten
1. Heeresgruppe 129 f, 133, 137; 2. Heeresgruppe 161, 165, 177, 184; 3. Heeresgruppe 161, 163; 4. Heeresgruppe 161
1. Armee 94 f, 112, 114, 116, 129 f, 133, 138, 149; 2. Armee 96, 98, 100–107, 114–116, 131, 133, 161, 167; 3. Armee 28, 97, 114, 161, 167, 184; 4. Armee 28, 97, 161, 176; 5. Armee 28, 97, 114, 161, 167, 184; 6. Armee 116, 123, 126, 135, 161, 163; 7. Armee 63, 94, 97, 126, 135, 161, 167; 8. Armee 97, 114, 161, 167, 184; 9. Armee 95 f, 98, 101, 108, 111, 116, 119 f, 122, 126, 129, 133; 10. Armee 161, 163, 167 f, 175 f; 12. Armee 133
III. Korps 129, 147, 150; IV. Korps 129, 147; V. Korps 129, 136, 147; X. Korps 100 f; XI. Korps 119 f; XVI. Korps 138, 168 f; XXI. Korps 112; XXXXV. Korps 184
II. Art. Korps 120, 122; III. Art. Korps 63, 176; IX. Art. Korps 163; X. Art. Korps 105; XI. Art. Korps 122; XXI. Art. Korps 115
Kav. Korps 94, 98, 138, 157
1. Inf. Div. (mot.) 94, 97, 147 f; 3. Inf. Div. (mot.) 112, 115; 5. Inf. Div. (mot.) 108 f, 118, 121; 6. Inf. Div. 112, 118; 7. Inf. Div. (mot.) 163; 9. Inf. Div. (mot.) 65; 12. Inf. Div. (mot.) 147, 156, 158; 14. Inf. Div. 116, 163; 15. Inf. Div. (mot.) 65, 148 f; 17. Inf. Div. (mot.) 163; 18. Inf. Div. 108 f, 120; 22. Inf. Div. 109, 118, 120; 25. Inf. Div. (mot.) 94, 148; 32. Inf. Div. 147, 158; 39. Inf. Div. 109; 41. Inf. Div. 96; 53. Inf. Div. 112, 116; 55. Inf. Div. 96, 100–103, 116; 60. Inf. Div. 138, 147; 61. Inf. Div. 95, 121; 66. Inf. Div. 109; 68. Inf. Div. 138, 144, 156, 158; 71. Inf. Div. 96, 101, 106, 116; 77. Inf.Div. 109; 84. Inf. Div. 152; 85. Inf. Div. 152
102. Festungsdiv. 95
1. Kol. Inf. Div. 96; 3. Kol. Inf. Div. 96
2. Nordafr. Div. 149; 3. Nordafr. Div. 96; 4. Nordafr. Div. 112 f, 121; 5. Nordafr. Div. 149
8. Ardennenjägerdiv. 117
1. leichte Kav. Div. 109; 2. leichte Kav. Div. 109; 5. leichte Kav. Div. 107, 116; 11. Kürassierdiv. 117
1. Pz. Div. 112, 116, 119–121, 125; 2. Pz. Div. 112, 116 f, 125; 3. Pz. Div. 112 f, 115, 163; 4. Pz. Div. 125 f
Freifranzösische bzw. im Zuge der Befreiung Westeuropas aufgestellte Kräfte
1. Armee 907, 911, 913, 915, 947, 978, 980, 1002, 1022
CEF (Frz. Exp. Korps in Italien) 709–713, 719–722, 859, 907
I. Korps 892, 914, 956 f; II. Korps 956; XIX. Korps 609, 613, 616
1. Div. 874, 892, 947; 3. Div. 978; 5. Div. 616; 9. Div. 616; 19. Div. 616;
4. mot. Geb. Div. 956; 27. Alpenjäger-Div. 907; 1. leichte Div. 711, 718, 871; 1. Pz. Div. 859, 872, 880; 2. Pz. Div. 857, 886–889, 891 f; 5. Pz. Div. 859; 1. marokk. Inf. Div. 720 f; 2. marokk. Inf. Div. 709, 711, 720, 914, 956; 3. alger. Inf. Div. 711, 720 f, 871 f, 947; 4. marokk. Geb. Div. 718, 721; 9. Kolonialdiv. (DIC) 859, 871, 914
1. freifranz. Brig. 464 f, 467–469
Fraser (brit. Adm.) 1058
Fredendall (US-Gen.) 539
Freies Frankreich 225–227, 285 f
s.a. de Gaulle
Frenay, Henri 325, 694
French, Sir John 58
Frère (frz. Gen.) 132, 135, 167
Fretter-Pico, Maximilian (dt. Gen. d. Artl.) 494, 585, 591, 943
Freund-Valade (frz. Präfekt) 799

Freyberg, Sir Bernard (neuseel. Gen.) 272, 281–284, 542 f, 610, 615, 716 f
Fricke, Kurt (dt. Adm.) 296
›Fridericus I‹ (Plan) 456
Friedeburg, Hans-Georg von (dt. Gen. Adm.) 1025–1029
Friedel (dt. Major) 1025
Friedrich II., König von Preußen 392, 919
Frießner, Hans (dt. Gen. Oberst) 812, 824 f, 943
Fritsch, Werner von (dt. Gen.Oberst und OB d. Heeres) 19 f
Fritzsche, Hans (Min.Dir. im Prop.Min.) 997
Fromm, Friedrich (dt. Gen.Oberst) 779, 783–787, 789–791
›Front National‹ (frz. Widerstandsgruppe) 326
Frost, C. D. (brit. Oberstlt.) 904 f
Fuchida, Mitsuo (jap. Kpt. z. S.) 366, 371 f, 375
Fuchs, Klaus (dt. Phys.) 1049
Fujita (jap. Major) 418
Fukalinie 543 f
Funck, Hans Freiherr von (dt. Gen.) 254, 852
Furakawa (jap. Kpt. z. S.) 438
Furious (brit. Träger) 310
Furutaka (jap. Schwerer Kreuzer) 515
Fuso (jap. Schlachtschiff) 437, 933 f

Gabès, Golf von 560, 610 f, 614
Gabolde, Maurice (frz. Min.) 692
Gämmerler (dt. Hauptmann) 480
Gaeta, Golf von 708
Gaffey (US-Gen.Maj.) 925
Gafsa 560, 609
Galbiati, Enzo (ital. Gen.) 649, 651–653
Gale, Sir Robert (brit. Gen. Maj.) 744, 748
Galland, Adolf (dt. Fliegergen.) 215, 898
Gambara, Gastone (ital. Gen.) 393
Gambier Bay (US-Geleitträger) 937
Gambier-Parry (brit. Gen.) 265
Gamelin, Maurice-Gustave (frz. Gen.) 30, 34, 58 f, 61 f, 64, 71 f, 76, 84, 88, 94, 96 f, 121, 127, 131, 162, 190, 850
Gandhi, Mahatma 429, 503
Gardiner, William (US-Oberst) 664
Gariboldi, Italo (ital. Gen.) 253, 264, 481, 585
Garigliano 708, 711 f, 718–720
Gatow (Flugplatz) 1001
Gaulle, Charles de (frz. Gen.) 88, 113, 173, 181 f, 185, 325 f, 469, 604, 689, 738, 869, 907, 1029
–, Aufruf 185
–, Befehlshaber der 4. Pz.Div. 125–127
– in Casablanca 605 f
– und Churchill 185, 226 f, 257, 554, 605
–, ›Comité de Libération nationale‹ 709, 711
–, Dakar (brit.-frz. Landungsversuch) 227 f
– und Eisenhower 878–880, 945 f
–, Elsaß 945 f
– und Giraud 710 f
– und Invasion 738–740, 760
– in London 225 f
–, Maßnahmen nach Befreiung Frankreichs 906 f
– und Morgenthau-Plan 897
– in Moskau 960
–, 1944 in Paris 878–881, 887, 890 f
– und Résistance 694
– und Roosevelt 878
– und Stalin 960
–, Straßburg 945, 947
– in Syrien 285–287
–, Theorie der Panzerwaffe 56 f
–, Unternehmen ›Torch‹ 535–537, 554
–, Unterstaatssekretär im Kriegskabinett 164
Gause, Alfred (dt. Gen.Maj.) 318, 534
Gavin, James A. (US-Brigadegen.) 767, 902, 1025
Gavrilovic, Milan (jugosl. Gesandter) 266
Gay, George H. (US-Leutnant) 445 f
Gazala 410, 464–468, 470
Gdingen 985 f
Gehlen, Reinhard (dt. Gen.Maj.) 942, 947 f
Geiselerschießungen, Frankreich 693
Gela 643–645
›Gelb‹ (Fall) s. Westfeldzug
Geleitzug HX 229 638
Geleitzug JW 51 B 502
Geleitzug PQ 17 460 f
Geleitzug SL 122 638
Gembloux 95, 98, 112, 114, 129

Geminazza (ital. Widerstandskämpfer) 1009
Genda, Minoru (jap. Freg.Kpt.) 356, 364, 366, 438, 442
General von Steuben (dt. Schiff) 986
Génin 285
Gensoul, Robert (frz. Adm.) 195 f
Genua 659
George F. Elliott (US-Transporter) 510
Georges, Alphonse (frz. Gen.) 30, 59, 62, 64, 97 f, 111, 113, 121, 123, 125–127, 165, 174 f, 177, 179, 182
Georges Leygues (frz. Kreuzer) 754
Gerow, Leonard T. (US-Gen.Maj.) 751, 764, 793, 887 f, 920, 969
Gerstenberg, Alfred (dt. Gen.) 825 f
Gestapo 31, 65, 212, 294, 322, 327, 349, 396, 676, 693, 706, 789 f, 792, 868 f, 877, 950, 1002
Geyer (frz. Hauptmann) 797
Geyr von Schweppenburg, Leo (dt. Gen. d. Pz.Tr.) 70, 306, 315, 346, 727, 729–732, 763, 765, 773
Ghormley, Robert L. (US-Adm.) 508, 510, 518
Gibraltar 196, 206, 229, 233, 235, 240, 251, 461, 546–548
Gießen 980
Gilbertinseln 630–634, 831
Giraud, Henri-Honoré (frz. Gen.) 63, 94, 97, 121 f, 550, 605, 709 f
– in Algier 558
– in Casablanca 605 f
– und ›Comité de libération nationale‹ 709, 711
–, Darlans Ermordung 562
–, Oberkommissar Nordafrika 563
–, Unternehmen ›Torch‹ 537 f, 546 f, 552, 560 f
Giraudoux, Jean 692
Gilsa, Werner Freiherr von und zu (dt. Gen. d. Inf.) 399
Glain (frz. Hauptmann) 58
Glaser (frz. Hauptmann) 188
Glasgow (brit. Kreuzer) 78, 754
Gleiniger (dt. Gen.Maj.) 799
Gleiwitz 16, 952
Glennie (brit. Konteradmiral) 283
Glennon (US-Zerstörer) 645
Glorious (brit. Panzerkreuzer) 84
Gloucester (brit. Kreuzer) 283
Glowworm (brit. Zerstörer) 80
Gneisenau (dt. Schlachtkreuzer) 41, 80 f, 194, 275, 277, 731
Godfrin, Roger (frz. Adm.) 800
Godfroy, René Emile 194
Goebbels, Joseph 239, 299, 328, 352, 394, 398, 411, 459, 674, 677, 686, 786, 974, 991 f, 997, 1002, 1010–1012, 1015–1018, 1021
Goebbels, Magda 1018
Goerdeler, Carl-Friedrich 598, 728, 782, 789, 791, 908, 974
Göring, Hermann 12, 17, 28, 65, 76, 86, 139, 141, 205, 209, 274 f, 288, 296, 395, 496 f, 534, 779 f, 785, 916, 920, 989, 991, 995, 997, 1009, 1011, 1021
– in Berchtesgaden 995, 999 f
–, Bombardierung dt. Städte 497
– wird Reichsmarschall 203
–, Schlacht um England 213, 215
– und Stalingrad 578
– über USA 499
–, Verhaftung 1001
– und Wlassow 496
›Gold‹ (brit. Landeabschnitt) 742 f, 745, 752, 755
Goldap 908
Gomel 316
Gonell, Ernst (dt. Gen.Maj.) 952
Gonzalgua, Ferrante (ital. Gen.) 668
Goodwen-Austen, Sir Alfred (brit. Gen.) 410
›Goodwood‹ (Operation) 792
Gorbatow 643, 677, 809
Gorki 353
Gort, John, Viscount (brit. Gen.) 58, 94, 98, 132–139, 144 f, 151, 462
›Gotenlinie‹ 718, 907
Gott, Sir William (brit. Gen.) 464, 488
Gottardi, Luciano 649, 651, 706
Gottlieb (dt. Oberleutnant) 566
Goya (dt. Schiff) 986
Graf Spee (dt. Panzerschiff) 41, 44–46, 73
Grandi, Dino 602, 646, 649, 650–652
Grandsard, Pierre (frz. Gen.) 100 f

Gran Sasso d'Italia 673 f
Graziani, Dino Graf (ital. Marschall) 221, 243, 247, 253, 676, 707, 1004, 1006 f
Grebbelinie 91 f
Greenglass 1049
Greer (US-Zerstörer) 355
Greim, Robert Ritter von (dt. Gen.Feldmarschall u. OB d. Luftw.) 1001 f, 1011, 1029 f
Greiner 205
Greiser, Arthur Karl (NS-Gauleiter) 952
Grenoble 870, 873
Grew, Joseph C. (US-Botschafter) 321, 1044 f, 1050, 1056
Greyhound (brit. Zerstörer) 283
Griechenland, dt. Einmarsch 258, 267–270
s. a. Balkanfeldzug
–, ital. Angriff 236 f, 239, 248 f, 255, 259
–, Kommunistische Guerilla 908
–, Widerstand 327
Griswold 625 f, 629
Griveaud, Charles (frz. Gen.) 184
Grohé, Josef (NS-Gauleiter) 497
Gromyko, Andrej 961
Grosny 566
Großbritannien, Beistandspakt mit Sowjetunion 318
–, dt. Invasionspläne 202
s. ›Seelöwe‹
–, dt. Luftkrieg gegen 193, 208–218, 353
–, Garantie für Polen 15, 25–28
–, Hilfe für Frankreich (1940) 154 f, 164–166, 170–172
s. a. Britische Streitkräfte (Expeditionskorps)
–, Hilfe für Sowjetunion 310, 318 f
–, Kriegserklärung an Deutschland 25–28
–, Kriegserklärung an Japan 374
–, Regierungskrise 1940 87 f
–, Streitkräfte s. Britische Streitkräfte
–, Verhältnis zu Japan 224
–, Verteidigungsmaßnahmen 197–201, 212 f
Groth (dt. Hauptmann) 480
Groves, Leslie R. (US-Gen.) 993, 1043, 1047 f
Grow, Bob (US-Gen.) 848
›Grüne Linie‹ 907
Gschatsk 317, 496
Guadalcanal 431, 508–521, 618, 629, 631
Guam 373, 376, 831, 834 f, 844
Guariglia, Raffaele (ital. Außenmin.) 656 f, 666
Gudbrandsdal 85 f
Guderian, Heinz (dt. Gen.Oberst) 20, 58
–, Ardennenoffensive 926
– als Chef d. Gen.St. d. Heeres 791, 825, 850, 942 f, 947, 949 f, 953, 974, 985–987
–, Dünkirchen 144–146
–, Entlassung 392
– als Generalinspekteur der Panzerwaffe 635 f, 687
– und Hitler 332 f, 338, 392, 488, 947 f, 987
–, Kiew 335
–, Polenfeldzug 24
– über Rommel 727
–, Rußlandfeldzug 289, 296 f, 306 f, 315–317, 331–332, 343, 346, 348, 351 f, 358–363, 390 f, 396, 398
–, Westfeldzug 67 f, 71, 90, 99 f, 107, 113–117 (Sedan), 123, 141 f, 176 f
Gueli (ital. Polizeiinspektor) 674
Guillebon (frz. Oberstleutnant) 886 f
Guingand, Sir Francis de (brit. Gen.) 541, 1027
Gulbenkian, Nubar 178
Gumbinnen 908, 950
Gumrak 577, 580, 587
Gurkha (brit. Zerstörer) 81
Gurkha-Brigade 382
Gushida, Mitsuo (jap. Fregattenkapitän) 446
Gustav V., König von Schweden 86
›Gustavlinie‹ 708, 712–714, 716, 722
Guzzoni, Alfredo (ital. Gen.) 251, 644, 647, 659
›Gymnast‹ (Operation) 486
s. a. ›Torch‹ 407, 470, 485 f, 534

Haakon VII., König von Norwegen 740
Haase, Curt (dt. Gen. d. Artl.) 290
Hackleback (US-U-Boot) 1039
Haeften, Werner von (dt. Oberlt.) 782–785, 790 f
Hagen, Hans (dt. Lt.) 786
Hagenau 946 f, 956
Haguro (jap. Schwerer Kreuzer) 422, 628, 841

Haig, Sir Douglas 58
Haile Selassie I., Kaiser von Äthiopien 250
Haislip, Wade H. (US-Gen.Maj.) 850, 862 f
Halder, Franz (dt. Gen.Oberst u. Chef d. Gen.St. d. Heeres) 20, 22 f, 71, 141, 205, 265, 288 f, 291, 296 f, 307, 329, 332, 338, 343, 349, 351–353, 361, 404, 452, 454, 476, 569
Halifax, Lord Edward (brit. Min.) 26, 87, 94, 181, 204
Hall, Charles P. (US-Gen.) 829
Hallmark (brit. Leutnant) 428
Halsey, William F. (US-Adm.) 427, 443, 518, 618, 622 f, 625, 929 f, 933–938, 1059
Hamann, Adolf (dt. Gen.Lt.) 809
Hamburg 654 f, 967
Hamilton, Herzog von (Douglas Douglas-H.) 271
Hamilton, Sir Louis H.K. (brit. Adm.) 460
Hamilton (US-Kreuzer) 461
›Hammer‹ (Operation) 84
Hanbauer (dt. Leutnant) 104
Hanke (dt. Gen.) 149
Hanke, Karl (NS-Gauleiter) 952, 1030
Hankey, Lord Maurice P. A. (brit. Min.) 197
Hanko 74
Hannover 987
Hanoi 222
Hara, Tadaichi (jap. Kont.Adm.) 430
Hardegen, Reinhard (dt. Korv.Kpt.) 451
Hardy (brit. Zerstörer) 81
Hargest (brit. Brigadier) 283
Harmon, Ernest N. (US-Gen.) 622
Harpe, Josef (dt. Gen.Oberst) 814, 950
Harriman, Averell (US-Diplomat) 344, 373 f, 682, 1045
Harrison, G.A. (am. Historiker) 725
Harrow, Sir Henry (brit. Adm.) 45
Hart, Thomas (US-Adm.) 378, 418, 420
Hartlord (brit. Zerstörer) 549
Haruna (jap. Schlachtschiff) 437, 439, 441, 449, 842, 933, 937, 1049
Harusame (jap. Truppentransporter) 830
Hase, Paul von (dt. Gen.Lt.) 782, 786
Hassell, Ulrich von (dt. Botsch.) 782
Hatamaka (jap. Oberstlt.) 1057
Hatsuyuki (jap. Schwerer Kreuzer) 514
Hausser, Paul (SS-Oberstgruppenführer) 596, 773, 796, 845, 861, 865
Hauteclocque s. Leclerc
Havoc (brit. Zerstörer) 81 f
Hayn (dt. Major) 733, 759
Hazebrouk 143, 146
Heck, van (frz. Politiker) 536
Heemskerck (holl. Kreuzer) 428
Heidrich, Richard (dt. Gen.Lt.) 717
Heilmann, Ludwig (dt. Oberst) 717
Heim, Ferdinand (dt. Gen.Lt.) 573 f
Heinemann, Erich (dt. Gen. d. Artl.) 766
Heinrici, Gotthard (dt. Gen.Oberst) 352, 398 f, 806, 986, 989, 991, 994–997, 1000 f, 1013 f
Heintz (dt. Offizier) 762
Heitz, Walter (dt. Gen.Oberst) 576
Hela 30, 986
Helfrich, Emil L. (holl. Adm.) 421 f, 1058
Helldorf, Wolf Heinrich Graf (Pol.Präs. v. Berlin) 22, 782, 786
Hellmich, Heinz (dt. Gen.Lt.) 769
Helsey, Bill 992
Hendaye 233 f
Henderson Field 512–519
Henderson, Lofton B. (US-Maj.) 440, 511
Henderson, Sir Neville (brit. Botsch.) 25–28
Hennecke, Walter (dt. Adm.) 771
Henriot, Philippe (frz. Politiker) 692, 868
Hereward (brit. Zerstörer) 284
Hering, Pierre (frz. Gen.) 113, 164, 167
›Herkules‹ (Plan) 462
Hermes (US-Träger) 428 f
Herre (dt. Oberst) 497
Herriot, Edouard (frz. Politiker) 173, 183, 868 f, 878
Hervieux s. Huet
Heß, Rudolf 271 f, 274, 290, 459
Heusinger, Adolf (dt. Gen.) 784
Hewel, Walter (dt. Botsch.) 656, 999, 1015
Hewitt, Henry Kent (US-Adm.) 548
Heydrich, Reinhard (SS-Obergruppenführer) 324
Heydte, Friedrich August Freiherr von der (dt. Oberst) 756, 763, 922
Hiei (jap. Schlachtschiff) 364, 437, 519
Higashikuni, Fürst Naruhiko 1057

Hilfswillige (›Hiwis‹) 491, 804
Hilger, Gustav (dt. Botschaftsrat) 496
Hillman (am. Gewerkschaftsführer) 407
Hilpert, Karl (dt. Gen.Oberst) 985, 1022
Himmler, Heinrich 16, 725, 779 f, 785, 787, 791, 915, 943, 955, 983, 986, 989, 999, 1010 f, 1021, 1030
Hippel, von (dt. Oberst) 114
Hiranuma, Kiichiro (jap. Min.Präs.) 1038, 1055–1057
Hirohito, Kaiser von Japan (Tenno) 355, 374 f, 393, 515, 620, 827, 843, 927, 1038, 1051, 1054–1057
Hiroshima 1043, 1052–54
Hiruna (jap. Schlachtschiff) 514
Hiryu (jap. Träger) 364, 376, 437, 442, 446, 448 f, 511
Hitler, Adolf 20, 26, 28, 30 f, 37, 46, 51, 73, 75, 93, 117, 127 f, 144, 166, 170, 177, 192, 213, 215, 230, 242–244, 249, 256 f, 272 f, 281, 285, 288 f, 294, 300 f, 317 f, 320 f, 328 f, 338, 346, 357, 375, 483–485, 487 f, 491, 497 f, 501, 602, 639 f, 711, 714 f, 717, 799, 867, 898, 905, 911 f, 914, 918 f, 942, 947, 980, 988, 991, 995, 1010, 1022
–, Afrikanischer Kriegsschauplatz 239, 253 f, 263 f, 474, 554 f, 557 f, 601, 607 f, 614 f
–, Ardennenoffensive 915 f, 918–921, 927, 946
–, Attentate 598, 777–792
–, Balkanfeldzug 245, 251 f, 258, 261
–, Deutsch-sowjetischer Nichtangriffspakt 13 f, 318
–, Dünkirchen 139, 141 f
–, El Alamein 540, 543 f, s. a. Afrikanischer Kriegsschauplatz
–, Elsaßoffensive 926, 946 f
– und England 193, 202–211, 214, 217, 228, 231, 251, 274, 340
–, Berlin (Eroberung) 997 f, 1000 f, 1013 f, 1023
– und Franco 229, 233 f
–, Geburtstag am 20. April 1945 995
– und die Generalität 22 f, 293 f, 337, 359, 361, 395 f, 492, 569, 686, 697, 805, 884
– und Göring (Berchtesgadener Telegramm) 1000 f
– und Guderian 332 f, 392, 488, 947 f, 987
–, Haltebefehl 395 f, 398, 495
–, Invasion der Alliierten in der Normandie 723 f, 726 f, 730 f, 751, 755 f, 758, 760 f, 768 f, 771 f, 776, 780, 795, 845, 849, 870
–, Invasion der Alliierten auf Sizilien 647 f
–, Jugoslawien 260
– und Kluge 861, 863
–, Königsberg 952, 986
–, Kreta 284
–, Lagebesprechung vom 4. August 1941 331 f
–, Lagebesprechung vom 6. Mai 1945 989 f
–, Lagebesprechung vom 22. Mai 1945 997 f
– und Laval 232, 555 f
–, Leningrad 311, 330 f, 341 f, 347, 494
–, Malta 462 f
– und Manstein 697, 704
–, Mittelmeerstrategie (Mai 1943) 637, 641, 708, s. a. ›Felix‹ (Unternehmen), Gibraltar
– und Molotow 240 f
–, Moskau als militärisches Ziel 289, 291, 330 f, 333, 337, 342, 361, 363
– und Mussolini 76 f, 189 f, 229, 236 f, 240, 242, 250 f, 261, 290, 300, 462 f, 474, 585, 599, 601, 616, 637, 647, 653–656, 673–675, 785
–, Norwegenfeldzug 73 f, 76 f, 83 f
–, Operation ›Sedan‹ 66–71
–, Ostfront 1944/45 948–950, 952 f, 975, 984, 986, 989 f, 994 f
–, Paris 875 f, 886
– und Paulus 567
– und Pétain 234 f, 601
–, Polenfeldzug 11 f, 15 f, 24, 29
– und Raeder 501
–, Rede vom 19. Juli 1940 203
–, Reichstagsrede vom 6. Oktober 1939 34
–, Rheinübergang bei Remagen 972 f
– und Rommel 488, 534, 769, 780, 908
–, Rumänien 220, 824–826
–, Rußlandfeldzug 204 f, 241, 245, 281, 287–293 (Planung); 294, 296 f, 299, 303, 310, 316 (dt. Angriff); 339 f, 347, 349, 351–354, 358 (2. Phase); 289, 291, 330 f, 333, 337, 342, 361, 363 (Moskau als milit. Ziel); 391 f, 395–398, 405 f (sowj. Winteroffen-

sive 41/42); 452–454, 477–483, 497 (dt. Sommeroffensive 42); 453, 481, 569 f, 573, 575–578, 580, 583, 585, 587 f (Stalingrad); 497, 564–566, 590 f (Kaukasus); 590–594, 597 f (sowj. Winteroffensive 42/43); 635 f, 641 (Operation ›Zitadelle‹); 677, 679–681, 687 (sowj. Sommeroffensive 43); 699–702 (Tscherkassy); 801 (Sewastopol 44); 807–812, 814 (sowj. Sommeroffensive 44); s. a. Hitler und Ostfront 1944/45
–, Selbstmord 1014 f
– und Speer 678, 974
–, Testamente 1011 f
–, Ungarn 943
–, V-Waffen 768
–, Verbrannte-Erde-Befehl 973–975, 981
–, Verschwörung gegen 22 f, 728 f s. a. Hitler (Attentate)
–, Wehrmacht (Aufbau) 19 f, 58 f
–, ›Wellenbrecher‹-Taktik 806
–, Westfeldzug 37–39, 65, 88, 90 f, 99 f, 135 (Planung und 1. Phase); 139–141, 147, 161 (2. Phase); 180, 186, 189 f (Waffenstillstand)
–, Westfront 1944/45 850–854, 856–858, 866, 969 f, 975, 977
–, Wien (Eroberung) 991
– und Wlassow 496, 725
Hitlerjugend 971, 995, 1017
Hitter, Alfons (dt. Gen.Lt.) 807 f
Hiyo (jap. Träger) 839, 842
Hoare, Samuel (brit. Botsch.) 658
Hobart (austral. Kreuzer) 433
Hobbs (US-Gen.) 796
Hodges, Courtney H. (US-Gen.) 846, 892, 895, 911 f, 922, 924, 970 f, 987
Hoel (US-Zerstörer) 937
Hoenmans, Erich (dt. Major) 60, 64 f
Hoepner, Erich (dt. Gen.Oberst) 22, 24, 289, 296, 303, 306, 311–313, 343, 345, 360–362, 390, 396–398, 589, 783, 789
Hofacker, Cäsar von (dt. Oberstleutnant) 778, 788, 791
Hofer, Franz (NS-Gauleiter) 675
Hoffmann (dt. Oberstleutnant) 748
Hoge, William M. (US-Gen.Maj.) 971
Holke (dt. Unteroffizier) 781
Holland s. Niederlande
Holland, C. S. (brit. Kpt. z. S.) 195 f
Holland, Lloyd E. (brit. Adm.) 277 f
Hollandia 828–830, 832
Hollidt, Karl (dt. Gen.Oberst) 581–583, 585 f, 591, 594, 700
Hollyhock (brit. Korvette) 429
Holste, Rudolf (dt. Gen.Lt.) 999, 1013 f
Homburg 978
Homma, Masaharu (jap. Gen.Lt.) 377 f, 423, 434, 1032
Hongkong 366, 373, 379 f
Honolulu, Konferenz von 929 f
Honschu 1035, 1042
Hood (brit. Schlachtkreuzer) 196, 277–279
Hoof, Jan van (holl. Widerstandskämpfer) 903
Hoover, Herbert (US-Politiker, ehem. Präsident) 257, 373
Hopkins, Harry L. (US-Politiker) 319, 458 f, 470, 473, 486, 603 f, 607, 658, 682, 897, 958, 961, 963, 1045
Hore-Belisha, Leslie (brit. Min.) 475
Horm (dt. U-Bootkdt.) 501
Hornbach 30
Hornet (US-Träger) 427, 442–444, 448, 517
Horst, Max 788
Horster, Professor (dt. Arzt) 488
Horthy, Nikolaus (ung. Reichsverweser) 704
Hosho (jap. Träger) 437
Hosogaya, Boshiro (jap. Vizeadm.) 435, 450
Hoßbach, Friedrich (dt. Gen. d. Inf.) 952 f
Hostil (brit. Zerstörer) 81
Hoth, Hermann (dt. Gen.Oberst) 90, 139, 141, 163, 289, 296, 306 f, 314, 316, 331, 343, 347, 390, 457, 482 f, 566, 569, 575, 584 f, 587, 590 f, 597 f, 636, 641, 686
Hotspur (brit. Zerstörer) 81 f
Houffalize 920 f, 923, 925, 948, 955
Hourcade (frz. Fregattenkapitän) 562
Houston (Schwerer US-Kreuzer) 422
Howie, Thomas D. (US-Major) 782
Hsu Yen-tschang (chin. General) 1058
Hube, Hans (dt. Gen.Oberst) 484, 576, 587, 659, 700, 704 f
Hübner, Rudolf (dt. Gen.Lt.) 972

Huet (frz. Major) 797 f
Hürtgenwald 899, 911
Hull, Cordell (US-Außenmin.) 321, 365, 367, 603, 607, 683, 878, 897
Hunsrück 978
Hunter (brit. Zerstörer) 81
Huntziger, Charles (frz. Gen.) 96–98, 101, 105, 111 f, 186, 188–190, 243
Hyakatuke, Haruysoki (jap. Gen.Lt.) 507, 512, 516, 623
Hypothese Albertkanal 62 f
Hypothese Dijle 62 f, 94, 111
Hypothese Schelde 61–63, 94
Hyuga (jap. Schlachtkreuzer) 928, 932, 1039, 1049

I-56 (jap. U-Boot) 386
I-58 (jap. U-Boot) 387
I-175 (jap. U-Boot) 634
Ichiki, Kiyonao (jap. Oberst) 512–514
Idaho (US-Schlachtschiff) 632
Ihler (frz. Korpskommandant) 163
Iida, Shojiro (jap. Gen.) 503
Iki, Hariki (jap. Kptlt.) 389
Illustrious (US-Träger) 41, 238, 248, 278 f
Ilmensee 312 f, 400, 403, 494, 697, 699
Imamura, Hitoshi 623
Imperial (brit. Zerstörer) 284
Imphal 504, 941
Indefatigable (brit. Schlachtschiff) 278
Independence (US-Träger) 629, 632
Indianapolis (US-Kreuzer) 632, 1051
Indien, jap. Bedrohung 428 f, 503 f, 939
–, nationalistische Bewegung 939
Indochina 221–223, 321 f
Indomitable (US-Träger) 381, 385, 428
Inkerman 456, 802
Inönü, Ismet (türk. Gen. und Präsident) 691
Inouye, Shigayoshi (jap. Adm.) 433 f
Institut für Marxismus-Leninismus 301
Iowa (US-Schlachtschiff) 684
Irak 273, 285
Irawadi 506, 941
›Iron Bottom Sound‹ 513, 519
Iron Duke (brit. Schlachtschiff) 44
Ironside, Sir Edmund (brit. Feldmarschall) 197
Ise Hyuga (jap. Schlachtschiff) 437, 928, 932, 936, 1049
Isigny 746, 761
Isitt (neuseel. Vizeluftmarschall) 1058
Isjum 457, 676
Island 320
Ismay, Sir Henry (brit. Gen.) 154, 164, 412, 604
Isolationisten 320
Istra 360, 362, 390
Italien, Flotte 220, 238
–, Kapitulation 657, 659, 663–667
–, Komitee der nationalen Befreiung 1005 f, 1009
–, Kriegserklärung an England und Frankreich 163
–, Kriegserklärung an Rußland 300
–, Streitkräfte s. Italienische Streitkräfte
–, strategische Lage 205
–, Waffenstillstand mit Frankreich 190
– und Westfeldzug 185, 189 f
Italienische Streitkräfte
1. Armee 176, 615; 4. Armee 176, 667; 6. Armee 644, 659; 7. Armee 176; 8. Armee 481, 571, 573, 585, 591 f; 9. Armee 237; 11. Armee 237
II. Korps 585; X. Korps 487; XX. Pz.Korps 410; XX. Korps 487; XXI. Korps 487, 544; XXIII. Korps 253; XXIX. Korps 585; XXXV. Korps 585; Alpini-Korps 585, 592
1. Inf.Div. ›Superga‹ 608; 4. Inf.Div. ›Livorno‹ 644; 7. Inf.Div. ›Lupi di Toscana‹ 250; 13. Inf.Div. ›Giovani Fascisti‹ 615; 17. Inf.-Div. ›Pavia‹ 253; 25. Inf.Div. ›Bologna‹ 253; 27. Inf.Div. ›Brescia‹ 253, 263; 55. Inf.Div. ›Savona‹ 253; 60. Inf.Div. ›Sabratha‹ 253; 62. Inf.Div. ›Marmarica‹ 247; 63. Inf.Div. ›Cyrene‹ 247; 64. Inf.Div. ›Catancaro‹ 247; 66. Inf.Div. 252
101. Div. (mot.) ›Trieste‹ 410, 463, 465, 544, 615 f
131. Pz.Div. ›Centauro‹ 613; 132. Pz.Div. ›Ariete‹ 253, 262 f, 265, 463, 465 f, 503, 544; 133. Pz.Div. ›Littorio‹ 502, 544; Pz.Div. ›Babini‹ 253
Div. ›Piave‹ 667; mot. Div. ›Trento‹ 262, 463

206. Küstenschutz-Div. 645; 207. Küstenschutz-Div. 645; 222. Küstenschutz-Div. 668
1. Fallschirm-Div. ›Folgore‹ 502
1. Div. ›Schwarzhemden‹ 247; 2. Div. ›Schwarzhemden‹ 247
Itos, Seiichi (jap. Vizeadm.) 1039
Iwabushi (jap. Adm.) 1033
Iwo Jima, US-Landung 1034–1036

Jablunkapaß 25
Jacobs, Sir Jan (brit. Gen.) 604
Jaenecke, Erwin (dt. Gen.Oberst) 576, 579, 801 f
Jaguar (dt. Torpedoboot) 752
Jailagebirge 395
Jakobstadt 303
Jalta 395
–, Konferenz von 957–965
Jamaica (brit. Kreuzer) 501
Janke (dt. Leutnant) 753
Janssen, Louis Guillaume (frz. Gen.) 156
Jány, Gustav (ung. Gen.Oberst) 592
Jap (Inselbasis) 930 f
Japan und China 221, 355 f
–, Dreierpakt 225
–, Expansion 221–223, 320–322, 356
– und Großbritannien 224
– und Indochina 221–223
–, Kapitulation 1051, 1055–1059
–, Moral der Truppen 383, 412
– und Sowjetunion 292, 320, 492, 683 f, 1042, 1051, 1054
– und USA 321 f, 355 f, 365, 367
–, Wirtschaft 1941 321
–, Streitkräfte s. Japanische Streitkräfte
Japanische Streitkräfte
Heer
14. Armee 377, 928; 15. Armee 503, 939; 17. Armee 507, 518, 623; 18. Armee 623, 828 f, 831; 21. Armee 836; 25. Armee 383, 411; 31. Armee 835, 844; 32. Armee 1038, 1041; 35. Armee 938; 48. Armee 423
2. Div. 422; 5. Div. 383; 5. mot. Div. 412; 6. Div. 623; 16. Div. 377, 379; 18. Div. 383; 20. Div. 623; 24. Div. 1038, 1040; 38. Div. 518; 41. Div. 623; 43. Div. 835; 48. Div. 377, 379, 420, 422; 51. Div. 623, 626; 62. Div. 1038; 109. Div. 1035; 230. Div. 518
Marine
1. Flotte 928; 3. Flotte 377; 5. Flotte 435; 8. Flotte 509
1. Marineluftflotte 938
22. Marinefliegergeschwader 386, 388
Jarell (brit. Kommodore) 830
Jarman (US-Marineinfanteriegeneral) 843
Jasnaja Poljana 358 f, 362
Java 419 f, 422 f
Jean Bart (frz. Schlachtschiff) 42, 194, 549, 553
Jeanne-d'Arc (frz. Kreuzer) 710
Jeantet (frz. Kollaborateur) 877
Jeffers (US-Zerstörer) 645
Jegorow (sowj. Unteroffizier) 1015
Jellicoe, John R. (brit. Adm.) 44
Jelnja 316, 680
Jelnjabogen 316, 343
Jenoudet, Charles (frz. Gen.) 148 f
Jeremenko, Andrej T. (sowj. Marschall) 567, 572, 574, 582
Jervis Bay (brit. Hilfskreuzer) 275
Jeschonnek, Hans (dt. Gen.Oberst u. Chef d. Gen.St. d. Luftw.) 296, 498, 579, 635
Jodl, Alfred (dt. Gen.Oberst) 39, 66, 68, 70 f, 77, 83, 88, 193, 206 f, 228, 239 f, 243, 293, 296, 329, 332–334, 338 f, 351, 392, 369, 576, 578, 647, 654–658, 724, 751, 756, 852, 862, 898, 915, 917 f, 997–1000, 1011–1014, 1022, 1026–1028, 1031
Joffre, Joseph (frz. General) 36, 58 f, 124, 130
Johannmeyer (dt. Major) 1012
Johnson, Lyndon B. 257
Johnston (US-Zerstörer) 937
Johore, Straße von 380 f, 385, 411, 415
Jokohama 1049 f
Jonasson, Hermann (isl. Min.Präs.) 320
Jones (US-Gen.Maj.) 920
Jordan, Hans (dt. Gen. d. Inf.) 805
Joseph s. Zeller
Judenverfolgung, Belgien 327
–, dt. Deportationspläne 323
–, Deutschland 322
–, Frankreich 323, 692

–, Niederlande 327
–, Polen 31, 323, 816
Judenvernichtung 982
Jülich 911, 970
Jugoslawien, dt. Einmarsch 266 f
–, Dreimächtepakt 260
–, Partisanen 826
– und Sowjetunion 266
–, Umschwung 260 f
–, Widerstand 327
Juin, Alphonse P. (frz. Gen.) 148, 538, 550–552, 558, 711, 713, 719–721, 859
Junge, Gertrud (Hitlers Sekr.) 1011, 1019
›Juno‹ (brit. Landeabschnitt) 742, 744, 752, 755, 758
Junyo (jap. Träger) 435, 839, 928

Kämpfe, H. (SS-Obersturmbannführer) 799
Kaga (jap. Träger) 364, 437, 439, 446–448
Kaihili 618 f
Kaiserslautern 978
Kaka (jap. Kapitän) 449
Kako (jap. Kreuzer) 511
Kalafatovic, Danilo (jug. Gen.) 267
Kalatsch 453, 482, 574 f, 582
Kalinin 317, 348
Kalkutta 429, 504
Kalmückensteppe 566, 575, 581
Kaluga 348, 351, 398
Kamikaze 822, 928, 938, 1032, 1036–1038, 1040, 1057
Kanalinseln 202
Kanallinie 135, 138, 142
Kantarija (sowj. Unteroffizier) 1015
Kap Bon 610, 616
Kap Engaño 935 f
Kap Serrar 615
Kapitulationen s. einzelne Länder
Karcher (frz. Leutnant) 890
Karelien 289 f, 311, 681
Karelische Landenge 72, 74
Karita Maru (jap. Patrouillenboot) 427
Karl XII., König von Schweden 291
Karolinen-Inseln 433, 627, 630, 826, 831 f
Karlshorst 1028 f
Karlsruhe 980
Karlsruhe (dt. Kreuzer) 82
Karpaten 303, 949 f
Kase (jap. Diplomat) 1059
Kashmir (brit. Zerstörer) 283
Kaspisches Meer 479
Kasprzicki (poln. Kriegsminister) 18
Kassel 987
Kasserine 560, 611, 613 f
Kassuragi (jap. Träger) 1049
Kastornoje 592
Kattarasenke 474, 539
Kattowitz 952
Katyn 818 f, 821, 965
Kaufmann, Karl (NS-Gauleiter) 1025
Kaukasus, Eroberung 497, 564–566
–, dt. Rückzug 590 f, 680
– als mil. Ziel 339, 344, 347, 452, 477, 479–481
Kaunas s. Kowno
Kawaguchi, Kiyutake (jap. Gen.) 514 f
Kayes (US-Gen.) 716
Keitel, Wilhelm (dt. Gen.Feldmarschall u. Chef d. OKW) 38 f, 66, 68, 70, 83, 88, 91, 141, 204 f, 239, 241, 251, 272, 296, 329, 332, 338, 351, 392, 540, 569, 578, 588, 592, 601, 635, 637, 648, 656 f, 665, 674, 773, 783–785, 812, 987, 995, 998–1001, 1011, 1013 f, 1020, 1022 f, 1026 f, 1029 f
– wird Generalfeldmarschall 203
–, Waffenstillstand mit Frankreich 1940 187 f
–, Waffenstillstand 1945 1028 f
– und Wlassow 496
Keller, Alfred (dt. Gen.Oberst) 289, 296
Kelly (brit. Zerstörer) 283
Kempf, Werner (dt. Gen.) 123, 636, 641, 679
Kempka, Erich (Hitlers Fahrer) 1015, 1019
Kenia 206, 247
Kennedy, Edmund 1028
Kennedy, Joseph 224 f
Kenney, George C. (US-Gen.) 622, 827
Kérillis, Henri de 554
Kertsch 395 f, 453, 593
Kesselring, Albert (dt. Gen.Feldmarschall) 203, 208, 213
–, Afrika und Italien 408, 467 f, 608, 613 f, 644, 658, 666–668, 671 f, 688, 709, 715 f, 718, 722, 726, 861, 870, 898, 949
– wird Gen.Feldm. 203, 393, 410, 544

–, OB West 973, 975, 977 f, 995
–, Rußlandfeldzug 289, 296, 342
–, Westfeldzug 92, 113
Keyes, Sir Roger (brit. Adm.) 84, 87, 144, 475
Kido, Graf 1038
Kiefer, Philippe (frz. Freg.Kpt.) 760
Kielmannsegg, Johann Adolf Graf (dt. Major) 103
Kiew 299, 302, 309 f, 681, 686, 697
–, Befreiung 685–687
–, Eroberung 337
–, Kesselschlacht von 332, 334–337, 339
Killinger, Manfred von (dt. Gesandter) 825
Kimmel, Husband E. (US-Adm.) 368, 370 f, 376
King, Edward (US-Gen.Maj.) 434
King, Ernest (US-Adm.) 419, 425 f, 485 f, 492, 518, 619, 632, 684, 833, 929 f, 961, 1031, 1042
King (›Vizekonsul‹) 548
King George V (brit. Schlachtschiff) 41, 276, 278–280
King Kong s. Lindemans
Kinkaid, Thomas C. (US-Adm.) 827, 933, 935, 937
Kinugasa (jap. Kreuzer) 520
Kinzel, Eberhard (dt. Gen. d. Inf.) 1025–1029
Kirishima (jap. Schlachtschiff) 364, 437, 441, 449, 513, 519 f
Kirk, Alan C. (US-Konteradm.) 742
Kirkenes 310
Kirkpatrick, Sir Ivon 271 f
Kirowograd 700
Kirponos, M. P. (sowj. Gen.Oberst) 302
Kischinew 825
Kiska 435, 450, 627
Kitchener, Lord 466
Kittel, Heinrich (dt. Gen.Lt.) 912
Kiuschu 942, 1042
Klausing (dt. Hauptmann) 779 f
Kleist, Ewald von (dt. Gen.Feldmarschall)
–, Balkanfeldzug 258, 266 f
–, Polenfeldzug 24
–, Rußlandfeldzug 289, 296, 302, 332, 335 f, 344, 347, 349, 360, 404, 476, 479–481, 497, 564, 681, 702, 704 f
–, Westf. 90, 99 f, 117, 135, 139, 141
Kleist-Schmenzin, Ewald Heinrich von (dt. Oberleutnant) 778
Kletskaja 481, 571
Kleve 969
Klin 358 f, 390
Klopper, H. B. (südafr. Gen.) 472, 474
Kluck, Alexander von (dt. Gen.Oberst) 136
Kluge, Günther von (dt. Gen.Feldmarschall)
–, Balkanfeldzug 258
–, wird Generalfeldmarschall 203
–, Polenfeldzug 24
–, OB West 773 f, 787, 795 f, 803, 845, 851–854, 857, 861 f, 863
–, Rußlandfeldzug 296, 306, 315, 331, 340, 343, 351, 361 f, 392, 397, 399, 496, 635, 641 f, 680, 705
–, Selbstmord 864
–, Westfeldzug 70, 90, 141, 151
– und dt. Widerstand 598, 773, 787–789
Knab, Dr. (Leiter des SD von Lyon) 799
Knock (US-Politiker) 257
Knox, Frank (US-Marineminister) 367, 379
Knudsen (US-Politiker) 257
Koblenz 971
Koch, Erich (NS-Gauleiter und Reichskommissar) 31, 294, 953, 986, 1030
Köhler, Karl-Erik (dt. Gen.) 999
Köln 497, 970 f
Köln (dt. leichter Kreuzer) 78, 276
Koeltz, Louis (frz. Gen.) 39, 66, 145, 558
Koenig, Pierre (frz. Gen.) 465, 468–470, 738, 867, 881, 887, 906
Königsberg 949, 952, 985 f
Königsberg (dt. Kreuzer) 44, 78, 80–82
Köstring, Ernst August (dt. Gen.Lt.) 496
Koga, Mineichi (jap. Adm.) 629, 837
Koisa, Kuniaka (jap. Gen.) 927
Koiso, Kurichi (jap. Premiermin.) 1038
Kokott, Heinz (dt. Gen.) 923
Kola 310
Kolberg 985
›Kolberg‹ (Film) 996
Koller, Karl (Chef d. Gen.St. d. Luftw.) 997, 1011
Kolomna 348
Kolpino 314

Komatsu, Sahio (jap. Pilot) 839 f
Komatsu, Teruhisa (jap. Konteradm.) 436
Komitee zur Befreiung Rußlands 497
Kommissarbefehl 294, 307
Kommunistische Partei, England 353
–, Frankreich 75, 325 f, 693, 881, 884 f, 890 f, 906
–, Griechenland 908
–, Italien 1009
–, Polen 327
–, USA 300
Komorowski s. Bor-Komorowski
Kondo (jap. Adm.) 386 f, 437, 441, 513, 520
Konferenzen s. u. den einzelnen Konferenzorten
Kongo (jap. Schlachtschiff) 437, 515, 933, 937
Konjew, Iwan S. (sowjet. Marschall) 397, 399, 679, 702, 814, 949, 994 f, 1000
Konoye, Fürst Fumimaso (jap. Min.Präs.) 225, 321 f, 355, 1038, 1051
Konrad, Rudolf (dt. Gen. d. Geb.Tr.) 801
Konvention von Saint-Jean-D'Acre 286
Konzentrationslager, dt. 322, 817, 982
Korallensee, Schlacht in der 433
Korisis, Alexander (gr. Min.Präs.) 255, 268
Kormoran (dt. Hilfskreuzer) 275
Korosten 697
Korridor, dt.-poln. 12, 14–18, 23
Korsika 710 f
Korsun 701 f
Korten, Günter (dt. Gen. d. Luftw.) 785
Kortzfleisch, Joachim von (dt. Gen.) 786
Kossler, H. J. (US-U-Boot-Kommandant) 840
Kotjelnikowo 582 f
Kowel 302
Kowno 299, 305, 812
Kräfteverhältnis, brit.-jap. (Singapur) 411 f
–, dt.-all. (Invasion 1944) 731 f
–, dt.-brit. (El Alamein) 534
–, dt.-frz. (24. Mai 1940) 151
–, dt.-sowjet. (Sommer 1943) 677
–, dt.-sowjet. (Okt. 1943) 685
–, ital.-brit. (in Ostafrika) 206
–, vichyfrz.-freifrz. (Syrien) 286
Kraft (dt. Major) 973
Kraiss, Dietrich (dt. Gen.Lt.) 757, 761
Krakau 29, 815, 950
Kramatorsk 404
Krampnitz 999–1001, 1014
Krancke, Theodor (dt. Konteradm.) 731, 752
Krasnaja Poljana 362
Krasnoarmejsk 566
Krasnodar 480, 591
Krasnograd 337
Krebs, Hans (dt. Gen. d. Inf.) 916 f, 987, 989, 1013, 1015–1018
Kremenskaja 484, 574
Krementschug 332, 334 f, 596, 681
Kreta 272, 281–284, 1027
Kretschmer, Otto (dt. U-Boot-Kdt.) 274
Kriegserklärungen s. einzelne Staaten
Kriegsgefangene, alliierte (Westfeldzug) 159
–, amerik. (Cassino) 713
–, dt. (Deutschland) 981
–, dt. (Italien 1945) 1022
–, dt. (nach Kapitulation) 1030
–, dt. (Kessel von Falaise) 864
–, dt. (Schelde 1944) 910
–, dt.-ital. (Tunis) 617
–, ital. (Bardia 1941) 248
–, ital. (Benghasi 1941) 253
–, ital. (Libyen 1940) 243
–, ital. (Tobruk 1941) 252
–, jugoslawische 267
–, polnische 31
–, russ. (Asowsches Meer 1941) 347
–, russ. (Charkow) 457
–, russ. (Krim) 454
–, russ. (Lowat) 313
–, russ. (Minsk) 307
–, russ. (Sewastopol) 456
–, russ. (Sommeroff. 1942) 476
–, russ. (Tula 26. Nov. 1941) 360
–, russ. (Uman) 309
–, russ. (Wjasma und Brjansk 1941) 346
–, russ. (Sommer 1941) 317
–, russ. (1941) 339
–, russ. (bis Aug. 1942) 491
Krim 339, 347, 351, 359, 395 f, 453–456, 593, 681, 687, 705, 801 f
Kristiansand 76, 78
Kriwoj-Rog 310, 685, 687, 702

Kroatien 267
Krueger, Walter (US-Gen.) 931, 1032
Krug von Nidda (dt. Gesandter) 554, 558, 695
Krukenberg (SS-Brigadeführer) 1017
Kuala Lumpur 413
Kubangebiet 479 f, 593 f, 680
Küchler, Georg von (dt. Gen.Feldmarsch.) 31
–, Polenfeldzug 24
–, Rußlandfeldzug 289, 296, 303, 342, 397, 494, 699 f
–, Westfeldzug 88
Küstrin 986, 989
Kuibyschew 347
Kuma 591
Kumano (jap. Kreuzer) 937
Kummetz, Oskar (dt. Adm.) 501
Kuntzen, Adolf (dt. Gen. d. Pz.Tr.) 306, 483
Kuperosnoje 483, 569
Kuribayashi, Tadamichi (jap. Gen.) 1035 f
Kurilen 357, 365, 965
Kurita, Takeo (jap. Adm.) 842, 929, 932–938
Kurland 950, 985, 1022, 1026, 1030
Kursk 404, 592 f, 596, 641–643, 676
Kurusu, Sabura 225, 355, 367
Kusaka, Jinichi (jap. Adm.) 438, 623
Kusalinie 397
Kusnezow, F.I. (sowj. Gen.) 301
Kuter, Laurence S. (US-Gen.) 961
Kutrzeba (poln. Gen.) 18
Kutusow, Fürst (zaristischer Marschall) 291
Kuusinen, Otto (finn. Politiker) 48 f
Kuzume (jap. Oberst) 830
Kwajalein (US-Landung) 832–837
›KW-Linie‹ 93
Kyll 970

Laborde, Jean de (frz. Adm.) 556 f, 559
Laconia (brit. Schiff) 500
Ladogasee 50, 73, 311, 314, 400, 494
Lae 622, 626 f
Lafont, Henri Jean (frz. Gen.) 179
Lafontaine, Henri Jean (frz. Gen.) 100 f, 106
Laforey (US-Zerstörer) 640
La Galissonniere (frz. Kreuzer) 871
Lagebesprechung, 3. 2. 1941 288
–, 4. 8. 1941 331
–, 4. 5. 1943 635 f
–, 6. 4. 1945 989
–, 22. 4. 1945 997 f
Lahore 504
Lampedusa 640 f
Lancastria (brit. Schiff) 175
Landon 373
Lang (dt. Hauptmann) 781
Lange, Wolfgang (dt. Gen.) 814
Langermann, Willibald von (dt. Gen.Maj.) 316
Langlade (US-Oberst) 888 f
Langsdorff, Hans (dt. Kpt. z. S.) 44–46
Lanphier, Thomas G. (US-Hauptmann) 617
Lanza, Michele 656
Larissa 259
Larminat, René de (frz. Gen.) 226, 906
La Rochelle 849, 1022
Lascar, Mihai (rum. Gen.) 574
Lasch, Otto (dt. Gen.) 814, 985 f
Lashio 941
Lattimore, Owen 1056
Lattre de Tassigny, Jean de (frz. Gen.) 116, 163, 558, 859, 871 f, 892, 899, 906 f, 913 f, 945, 947, 956 f, 978, 980, 1028
Laure, Auguste Marie (frz. Gen.) 177
Laurencie, Benoit Fornell de la (frz. Gen.) 63, 147, 176 f, 183
Laval, Pierre 178, 187, 230, 234, 243, 324, 550 f, 554, 692, 695, 868 f, 878
– und Abetz 231 f
–, Flucht Girauds 537
– und de Gaulle 869
– und Hitler 232, 235, 555 f, 601
– wird Regierungsmitglied 222
– und Selbstversenkung der frz. Flotte 558 f
–, Sturz 244
La Valetta 958
Lavarack (brit. Gen.Maj.) 265
Lawrence, E.O. 1044
Layton, Sir Geoffrey (brit. Adm.) 384
LCA (Landing Craft Artillery) 751
LCF (Landing Craft Flak) 736, 751
LCG (Landing Craft Gun) 736, 751
LCI (Landing Craft Infantry) 736, 757

LCR (Landing Craft Rockets) 751
LCT (Landing Craft Tank) 736, 742, 751, 753, 757
LCVP (Landing Craft Vehicle and Personal) 736, 751, 754
Leach (brit. Kapitän) 389
Leahy, William D. (US-Adm.) 321 f, 324, 536, 550, 961, 993, 1032, 1042, 1056
Leber, Julius (dt. sozialdem. Politiker) 782
Lebrun, Albert (frz. Präsident) 153, 180 f, 183, 187 f
Leclerc de Hauteclogue, Philipp (frz. Gen.) 226, 285 f, 610, 615, 857, 886–890, 914, 1058
›Ledernacken‹ 436, 508, 516
Ledo 941
Lee, William Augustus (US-Adm.) 520, 938
Leeb, Wilhelm Ritter von (dt. Gen.Feldmarschall) 38 f, 88, 161, 203, 289, 296, 303, 305, 311, 341 f, 352, 359, 397
Leese, Sir Oliver (brit. Gen.) 541, 615, 719
Legentilhomme, Paul (frz. Gen.) 285 f
Légion Française 692
Le Havre 849
Lehmann-Willenbock, Heinrich (dt. Kapt.) 639
Leigh-Mallory, Sir Trafford L. (brit. Luftmarschall) 740, 743
Leih- und Pachtprogramm 256 f, 319, 344 f, 492 f, 505, 939, 965, 1045
Leljuschenko, Dmitrij (sowj. Gen.Oberst) 390
Le Luc, Maurice (frz. Adm.) 559
Lemaigre-Dubreuil, Jaques 536, 538, 552
Le Mans 857
Le May, Curtiss (brit. Gen.) 942, 1036 f
Lemberg 36, 303, 814
Lemelsen, Joachim (dt. Gen.) 306, 315, 346
Lemp, Fritz-Julius (dt. Kpt.Lt.) 40
Leningrad 291, 303 f, 311–314, 332, 340–342, 347, 400, 403, 494 f, 590, 681, 697–700
Lentaigne, W.D.A. (brit. Brigadegen.) 941
Leonardi (ital. Adm.) 645, 647
Leopold III., König der Belgier 64 f, 93, 98, 132 f, 138, 143 f
Lequerica, José Félix (span. Gesandter) 183, 186
Leslie, Maxwell S. 447
Lettland, Beistandspakt mit Sowjetunion 47
– und deutsch-sowjetischer Nichtangriffspakt 14
– und Konf. von Teheran 690
Lewis (brit. Minenspezialist) 42
Lewis (US-Politiker) 373
Lexington (US-Träger) 366, 376, 433, 510, 632
Ley, Robert (NS-Reichsleiter) 851, 974, 995
Leygues, Georges (frz. Marinemin.) 42
Leyte, Schlacht von 929–938
L'Herminier (frz. Kommandant) 559
Liao Jo-schiang (chin. General) 941
Libau 1030
›Libération Nord‹ (frz. Widerstandsgruppe) 326
›Libération Sud‹ (frz. Widerstandsgruppe) 326
Libyen s. Afrikanischer Kriegsschauplatz (Ägypten-Libyen)
Licata 644
Lille 147–149
Lindbergh, Charles (US-Oberst) 257, 320, 373
Lindemann, Georg (dt. Gen.Oberst) 403, 495, 803, 812, 814, 1026
Lindemans, Christian (holl. Doppelagent) 903
Linden (US-Gen.) 946
Lindsay, Eugene E. (US-Maj.) 446
Linge (Kammerdiener Hitlers) 1019
Linnich 970
Linstow, Ottfried von (dt. Oberst) 789, 791
Lippe 980
Lippstadt 980
Lipski, Josef (poln. Botsch.) 17
Liri 707 f, 714, 717, 719, 721
Liscom Bay (US-Träger) 634
List, Wilhelm (dt. Gen.Feldmarschall) 24 f, 90, 203, 258, 290, 477, 480, 569
Litauen, Beistandspakt mit Sowjetunion 47
– und dt.-sowj. Nichtangriffspakt 14
– und Konf. von Teheran 690
Littorio (ital. Schlachtschiff) 41, 238
Liverpool 211, 218
Livland 950

Lloyd, W.L. (brit. Gen.) 186, 504
Lloyd George, David (brit. Politiker) 87
Lockard (US-Soldat) 370 f
Lodz 950
Löhr, Alexander (dt. Gen.Oberst) 261, 289, 296, 1022, 1030
Lötzen 952 f
Lohse, Hinrich (NS-Gauleiter) 294
Loire 169, 176, 793
London, Bombardierung 211–213, 215, 217, 219, 245 f, 272, 317, 766, 906
Longmore 255
Longwy 114
Lopatin (sowj. Gen.) 567
Lorentz H. Hansen (norw. Dampfer) 44
Lorenz, H. (Oberbereichsleiter) 1012
Lorient 857, 849, 1022
Lorraine (frz. Kreuzer) 871
Los Alamos 1047 f
Losowaja 404, 596
Loßberg, Bernhard (dt. Oberst) 70, 83
Lothian, Lord Philip 202
Louat (frz. Oberst) 223
Louisiano (ital. Tanker) 541
Lowat 313, 401, 494, 700
LSH (Landing Ship Headquarters) 736
LSI (Landing Ship Infantry) 736
LST (Landing Ship Tank) 736, 751, 834, 836
Lublin 814, 819
Lubliner Komitee 819, 965
Lucas, John P. (US-Gen.Maj.) 714
Luchaire, Jean 877
Luck 302, 697
Lübbe, Vollrath (dt. Gen.) 912
Lübeck 498
Lüdde-Neurath (dt. Korv.Kpt.) 1022
Lütjens, Günther (dt. Adm.) 277–299
Lüttich 38, 892, 922
Lüttwitz, Heinrich Freiherr von (dt. Gen. d. Pz.Tr.) 765, 781, 865
Lützow, Kurt-Jürgen von (dt. Gen.) 809
Lützow (dt. Panzerschiff) 82, 276, 460, 501 s.a. *Deutschland*
Luftwaffe, dt. s. Wehrmacht
Luga 312, 699
Luizet (Präfekt in Paris) 882
Lukasiewicz (poln. Botsch.) 17
Lulea 73
Lumsden, Herbert (brit. Gen.) 541
Lunéville 944
Lupescu (Wolf), Magda 220, 824
Luvet (frz. Oberst) 223
Luxemburg, Großherzogin von 740
Luzon 378, 928, 930, 934, 1032–1034
LVT (A) (Landing Vehicle Tracked) 832, 836
Lyon 190, 871, 873 f

Maas, Westfeldzug 1940 69 f, 89, 90, 95, 98, 118–123
–, alliierter Übergang 1944/45 891 f, 900–902, 910
Maastricht 892
MacArthur, Douglas (US-Gen.) 377–379, 423–425, 430–433, 485, 492, 508, 510 f, 622 f, 626, 630–632, 826–833, 838, 843, 929–931, 1031–1036, 1052, 1058–1060
MacCreery, Richard L. (brit. Gen.Lt.) 668
Macek, Vladko 260
Mack, William H.B. (polit. Berater Eisenhowers) 547
MacKelvie, W. N. (US-Gen.Lt.) 767
MacKesey (brit. Gen.Maj.) 86
Mackensen, Eberhard von (dt. Gen.Oberst) 590, 594, 715
Mackensen, Hans Georg von (dt. Botsch.) 646, 652
Macmillan, Harold 603, 605
Madras 503
Magdeburg 987
Maginotlinie 32–34, 37, 71, 96 f, 111, 140, 152, 167, 190, 944 f
Magnuszew (Brückenkopf) 949
Magruder (US-Gen.) 505
Mahlmann, Paul (dt. Gen.Lt.) 865
Maidanek 817
Maikop 344, 353, 395, 479 f
Mailand 659, 1006
Maintal 980
Mainz 979
Maisel, Ernst (dt. Gen.) 908
Maiskij, Iwan M. (sowj. Botsch.) 318 f, 961
Malaya 366, 373, 382–384, 393, 411, 1049 s.a. Singapur

Malediven 429
Malik, Jakob (sowj. Botsch.) 1042
Malinowskij, Rodion J. (sowj. Marschall) 702, 825, 943, 991
Malta 205, 220, 354, 408, 461–464, 474, 488, 958
Mamaihügel 568
Mandalay 941
Mandel, Georges (frz. Innenmin.) 178, 182, 185, 187, 868
Mandschurei 321
›Manhattan-Projekt‹ 992 f, 1052
Manila 377–379, 393, 1032 f
Maniu, Juliu 824
Mannerheim, Carl Gustav von (finn. Feldmarschall) 48, 73, 311
Mannerheimlinie 49, 72
Mannert L. Abele (US-Zerstörer) 1040
Manolescu, Mihai (rum. Außenmin.) 220
Manstein, Erich Lewinski von (dt. Gen. Feldmarschall)
– und Hitler 697, 704
–, Polenfeldzug 11 f
–, Rußlandfeldzug 297, 303, 305, 312 f, 344 f, 359, 395 f, 454–456, 477, 494 f, 591–598, 635, 641 f, 654, 677, 679–681, 685 f, 696 f, 705, 802, 876
–, Stalingrad 580–588
–, Tscherkassy 702
–, Westfeldzug 35, 66–72, 162
Manteuffel, Hasso von (dt. Gen.) 360, 916 f, 923, 989, 999
Manytsch 480, 591, 594
Manzialy (Hitlers Diätköchin) 1011
Maquis 694 f, 710, 738, 797–799, 867 f, 870, 873, 906 f
s. a. Frankreich, Résistance
Marazza (ital. Anwalt) 1006
Marcks, Erich (dt. Gen. d. Artl.) 287, 733, 748, 750, 757, 763, 769
Marco-Polo-Brücke 221
Mareth-Linie 560, 610 f, 614 f
Margaretenstellung 943
Marianen-Inseln 627, 630, 826, 831, 834–844
Marin, Louis (frz. Min.) 170, 173
Marinelli (ital. Politiker) 651
Marion (frz. Kollaborateur) 692
›Marita‹ (Unternehmen) 245, 251
›Market Garden‹ (Operation) 900, 903
Marmarika 464, 543
Marne 164 f
Marokko s. Afr. Kriegsschauplatz
Marquet, Adrien (frz. Bürgermeister) 178
Marquis, André (frz. Adm.) 556 f
Marras, Efisio Luigi (ital. Gen.) 656
Marsa Matruk 242
Marseille 870–872
Marshall, George L. (US-Generalstabschef) 368, 425, 458 f, 470, 473, 485 f, 535, 604, 619, 621, 661 f, 671, 735, 895, 929 f, 961, 984, 1042, 1052
Marshallinseln 630, 634, 826, 831–834
Marston, John (brit. Gen.) 320
Martin (US-Gen.) 367
Martin, Julien (frz. Gen.) 119–121, 710
Maruyama (jap. Gen.) 516 f
Marx, Karl 349
Maryland (US-Schlachtschiff) 371 f, 933, 938
Massachusetts (US-Kreuzer) 549
Massey, Lance E. (US-Maj.) 446
Massigli 738
Massilia (frz. Passagierdampfer) 186
Mast, Charles E. (frz. Gen.) 536, 538, 549, 560
›Matador‹ (Plan) 382, 384
Mata Hari 59
Matsudeira, Graf 1038
Matsunaga (jap. Adm.) 388
Matsuoka, Yosuke (jap. Außenmin.) 225, 320 f
Matthews (polit. Berater Eisenhowers) 547
Matzky, Gerhard (dt. Gen. d. Inf.) 952
Maubeuge 130 f, 133
Maulde, Henry (Historiker) 370
Mauritania (brit. Passagierdampfer) 247
Mauthausen 982
Maya (jap. Kreuzer) 933
Mayo Maru (jap. Transporter) 512
McAuliffe, Anthony C. (US-Brigadegen.) 923
McCloy (US-Fähnrich) 370
McClusky, Clarence 447
McFarlane, F.N. Mason (brit. Gen.) 961
McIntire (US-Adm.) 909, 958 f,

McManes (US-Kpt.) 935 f
McNair, Lesley J. (US-Gen.) 796
McStewart (brit. Oberstlt.) 411
Mechelen 60 f, 64, 71, 74
Mecklenburg 1022
Medenine 615
Meindl, Eugen (dt. Gen.) 282, 865
Mekong 507
Melitopol 685
Mellenthin, Friedrich Wilhelm von (dt. Gen.Maj.) 534
Memel (Njemen) 306, 810, 948
Mendigal, Jean (frz. Gen.) 558
Merderet 747, 748–750, 756, 760, 767, 775
Merrill (US-Adm.) 628
Mersa-Brega 263, 406 f, 409 f, 609
Mers El-Kébir 709
Merz von Quirnheim, Albrecht (dt. Oberst) 785 f, 790 f
Mesmy, Gustave (frz. Gen.) 149
Messe, Giovanni (ital. Gen.) 610, 615 f
Messervy, Sir Frank Walter (brit. Gen.) 466 f
Messina, Straße von 638, 658 f, 664
Messmer, Pierre (frz. Hauptmann) 469
Metaxas(-Linie) 236, 250, 255, 259, 267 f
Metz 895, 899, 912
Meyer (dt. Oberst) 757
Meyer, Kurt (SS-Standartenführer) 777, 781, 865
Michael, König von Rumänien 220, 824
Michelier, F. (frz. Adm.) 549
Michiels (belg. Generalstabschef) 93
Middle East Command 206, 249, 285, 409
Middleton, Troy H. (US-Gen.) 775, 848, 920
Midway 373, 430, 434–450
Mihailovic Draza (jugosl. Gen.) 327
Mikawa, Gunichi (jap. Adm.) 509–511
Mikolajczyk, Stanislaw (poln. Min.Präs.) 819, 821
Mikosch, Hans (dt. Gen.Lt.) 985
Mikuma (jap. Schwerer Kreuzer) 450
Milburn, Frank W. (US-Gen.Maj.) 957
Milch, Erhard (dt. Gen.Feldmarschall) 203, 296, 898
Milices patriotiques 906
Millerowo 476
Millet (US-Oberst) 767
Milne, Sir John Wardlaw 475
Mindanao 378, 419, 631, 928–930, 1034
Minden 987
Minsk 306 f, 343, 808, 811
Mishima, Tado (jap. Lt.) 388
Mississippi (US-Schlachtschiff) 632 f
Missouri (US-Schlachtschiff) 1058 f
Mitau 812
Mitchell (US-Maj.) 618
Mitscher, Mark A. (US-Adm.) 444, 834, 841 f, 936, 1037, 1039
Mittelhauser, Eugène (frz. Gen.) 226
Mjus 351, 360, 594, 597 f, 654, 676, 679
Mlawa 24, 36
Model, Walter (dt. Gen.Feldmarschall)
–, Ardennenoffensive 917–919, 926
–, Ruhrkessel 980, 987
–, Rußlandfeldzug 335, 398, 400–403, 636, 641, 699, 705, 809 f, 821 f
–, Westfront 1944/45 861, 863–866, 884, 898, 903, 905, 915, 944, 946
Modlin 30
Möbius (SS-Hauptsturmführer) 765
Möhne-Talsperre 654
Möllendorf 784
Mönchen-Gladbach 970
Möwe (dt. Torpedoboot) 752
Mogador (frz. Zerstörer) 196
Mogami (jap. Kreuzer) 450, 933, 936
Mogilew 315, 317, 803, 806, 809 f
Mogli (ital. Gen.) 710
Mohnke, Wilhelm (SS-Brigadeführer) 1018
Molinier, Jean Baptiste (frz. Gen.) 149
Molodetschno 306, 810
Molotow, Wjatscheslaw (sowj. Außenmin.) 30, 49, 193, 236, 295 f, 683, 961, 1045, 1051, 1054
– in Berlin 240 f
–, dt. Kriegserklärung 296 f, 299
– in London 459
– in Washington 459
Molukken 419, 631, 826, 828
Monnet, Jean 173, 181
Monsabert, Goislard de (frz. Gen.) 536, 616, 721, 871 f, 956 f
Monschau 899, 911, 922
Montauban 176

Montcalm (frz. Kreuzer) 710, 754
Monte Cassino 707 f, 712–714, 716–722
Montélimar 873
Monterey (US-Träger) 632
Montgomery, Bernard (brit. Feldmarschall) 488, 609 f, 614 f, 644, 664, 671, 792, 848, 854, 863, 894, 899, 946, 970, 1022, 1025
–, Ardennenoffensive 924 f
– und Berlin als mil. Ziel 982 f
– und Eisenhower 846 f, 895, 900, 909, 924 f, 955, 968
–, El Alamein 533 f, 539–546
– und dt. Kapitulation 1025–1027
– wird OB der 8. Armee 533
–, ›Overlord‹ 708, 735, 739, 741, 763, 765, 776 f
– und Paris 880, 888
Montmédy 96 f, 114, 131
Montoire 234 f
Montpellier (US-Kreuzer) 938
Moore-Grosgove (kanad. Oberst) 1058
Morell, Dr. Theodor (Hitlers Leibarzt) 988
Morgan, Frederick E. (brit. Gen.) 734 f, 879, 1028
Morgenthau, Henry 897
›Morgenthau-Plan‹ 897
Mori (jap. Gen.) 1057
Morison, Samuel Eliot 620, 841
Morotai 831, 929 f
Morsheads (brit. Gen.Maj.) 472
Mortain 861
Moschaisk 348
Mosel 971, 978
Moskalenko 596
Moskau, Außenministerkonferenz 682
–, Bevölkerung 345, 347
–, Bombardierung 345
–, Kämpfe vor 348, 358 f, 360–363, 389 f
–, Verteidigungsmaßnahmen 348, 358
– als mil. Ziel 289–291, 306 f, 314, 330–333, 339–342, 353
Moulin, Jean 694
Mountbatten, Lord Louis (brit. Befehlshab.) 475, 485, 660, 662, 939, 941, 1036, 1049
Moustiers, Marquis de (frz. Rittmeister) 149
Mozer (US-Marineoffizier) 326
Mülhausen 914, 956
Müller, Friedrich-Wilhelm (dt. Gen. d. Inf.) 953
Müller, Vincenz (dt. Gen.Lt.) 811
München 1022
Mürwick 1022
Mulberry-Häfen 737, 745, 762, 770
Mummert, Werner (dt. Gen.Maj.) 1020
Münstereifel 91, 135, 139
Munition Assignment Board 492
Mura, della (ital. Gen.) 252
Murmansk 310 f, 319, 493, 501
Murphy (US-Kpt.) 371
Murphy, Robert (US-Sonderbeauftragter) 535–537, 547 f, 550–552, 561 f, 603–606, 663, 665 f
›Musée de l'Homme‹ (frz. Widerstandsgruppe) 325
Muselier 285
Mushashi (jap. Schlachtschiff) 356, 634, 838, 928, 933 f
Musse, Félix (frz. Gen.) 101
Mussolini, Anna-Maria 674
Mussolini, Benito (ital. Duce) 16, 221, 243, 245, 273, 288
–, Absetzung und Verhaftung 649–653
– und Ägypten 474
– und Afrika 239, 247, 250, 253, 615 f
–, dt. Angriff auf Sowjetunion 300
–, Befreiung 672–674
– entläßt Ciano 601 f
– und deutsch-sowjetischer Nichtangriffspakt 14
– befiehlt Einmarsch in Frankreich 176
– und Griechenland 236 f, 258 f, 261
– und Hitler 189 f, 240, 242, 300, 585, 599, 601, 616, 674 f; 76 f (Treffen am 18. März 1940), 229 (am 4. Okt. 1940), 237 (am 27. Okt. 1940), 250–252 (Januar 1941), 290 (am 2. Juni 1941), 462 f (am 25. April 1942), 783–785 (am 20. Juli 1944)
– und Invasion Italiens 644
–, Kriegserkl. an Rußland 300
– in Mailand 1005 f
– und Pantelleria 641
– und Rommel 487, 610, 614
– und Rußlandfeldzug 599
– in Salò 674–676, 706 f, 1004 f

–, Tod 1007–1010
– und Todesurteil Cianos 706 f
–, Verschwörung gegen 646 f
– und Westfeldzug (1940) 185
Mussolini, Rachele 651, 653, 674, 676, 1005
Mussolini, Romano 674
Musytschenko (sowj. Gen.) 309
Mutaguchi (jap. Gen.Lt.) 939
Mutsu (jap. Schlachtschiff) 437, 514
Myoko (jap. Schwerer Kreuzer) 628
Myschkowa 584, 586

Nachi (jap. Schwerer Kreuzer) 422
›Nacht und Nebel‹-Erlaß 322
Nagara (jap. Kreuzer) 448
Nagasaki 942, 1043, 1052, 1054
Nagato (jap. Schlachtschiff) 371, 437, 933, 937
Nagumo, Chuichui (jap. Adm.) 356, 365 f, 372, 428 f, 430, 437, 440–442, 446, 448, 835, 844
Najad (brit. Kreuzer) 283
Namsos 84 f
Namur (Insel) 832
Nancy 892, 899
Napoleon I. 203, 219, 244, 291, 299, 306, 314, 318, 330, 349, 391, 571
Narvik 73 f, 77 f, 81–84, 86 f, 152
Narwa 311, 699
Nashville (US-Kreuzer) 427
Nassau (US-Träger) 632
Nationales Befreiungskomitee (frz.) s. Comitée de libération nationale
Nationalkomitee Freies Deutschland 589, 701, 953
Natzmer, Oldwig von (dt. Gen. Lt.) 1026
Naumann, Werner (Staatssekretär im Propagandaministerium) 951, 1003 f, 1015, 1019
Neame, Sir Philip (brit. Gen. Lt.) 264 f
Neapel 672
Nehring, Walther (dt. Gen. d. Pz.Tr.) 99, 399, 468, 502, 560, 814, 950, 952
Neilandis (SS-Führer) 1016 f
Neiße 986, 995
Nelson (US-Marinelt.) 841
Nelson, Donald 407
Nelson, Horatio 384, 386
Nelson (Schlachtschiff) 41 f, 381, 764
Nenni, Pietro (ital. Politiker) 907
Neosho (US-Flottentanker) 433
›Neptun‹ (Plan) 741–747
Nettuno 711–715
s. a. Anzio
Neubritannien 507, 624, 626 f, 630, 827
Neubronn, Alexander Freiherr von (dt. Gen. Lt.) 869
Neuguinea 430–433, 507 f, 622–624, 626 f, 630 f, 826, 828–831, 929
Neuhaus (dt. Major) 781
Neuirland 827
Neukaledonien 506
Neuling, Ferdinand (dt. Gen. d. Inf.) 870
Neurath, Konstantin von (dt. Min.) 637, 851
Nevada (US-Schlachtschiff) 372, 860, 871
New Georgia 508, 623–628, 631
New Mexico (US-Schlachtschiff) 632
New Yersey (US-Schlachtschiff) 938
Niblack (US-Zerstörer) 319
Nichtangriffspakt, deutsch-sowjetischer s. deutsch-sowj. Nichtangriffspakt
Nicosia 659
Niederländisch-Indien 418–423
Niederlande, Alliierte Verteidigungspläne 63
–, deutscher Einmarsch 91 f, 97, 327
Niehoff, Heinrich (dt. Gen. Lt.) 799
Nikopol 310, 596, 687, 700, 702
Nimitz, Chester W. (US-Adm.) 376, 419, 431, 433, 436, 439, 443, 449, 492, 508, 510, 618, 622, 629, 631 f, 826, 828, 832, 929 f, 937, 1032, 1036 f, 1059
Nimwegen 900, 902 f, 905, 969
Nisch 267
Nischne-Tschirskaja 575 f
Nishibayashi (jap. Lt. z. S.) 448
Nishihara, Issaku (jap. Gen.) 222 f
Nishimura, Shoji (jap. Adm.) 933–935, 937
Nishin (jap. Träger) 437
Noel, Léon (frz. Botsch.) 186 f, 231, 695
Noguès, Auguste (frz. Gen.) 124, 152, 226, 537, 548 f, 553, 561
Nomura, Kichisaburo (jap. Adm.) 321 f, 355, 367
Nordling, Raoul (schwed. Generalkonsul) 880, 882, 890
Norfolk (brit. Kreuzer) 277 f, 280

Normandie (Invasion der Alliierten)
–, Alliierte Vorbereitungen 638, 660–662, 690 f, 718 f, 732, 734–747
–, Landeplan ›Neptun‹ 741–747
–, Landungsflotte 736 f, 742
–, Luftstreitkräfte 743
–, Verlauf 747–777, 787, 792–796, 782, 787
–, Verteidigungsmaßnahmen der Deutschen 723–733
Norrie, C. W. M. (brit. Gen.Lt.) 464, 466
North Carolina (US-Schlachtschiff) 515
Norwegen 50, 72–74, 77–86, 1022
Nowgorod 312 f, 697, 699
Noworossisk 565, 680
Nowotscherkassk 587, 591
Nürnberg 987
Nürnberger Gesetze 322

Oak Ridge 993, 1054
Obata, Hideyoshi (jap. Gen. Lt.) 835 f, 844
Oberg, Karl Albrecht (SS-Brigadeführer) 789
Oberschlesien 949, 952
O'Connel (amerik. Kardinal) 256
O'Connor, Sir Richard Nugent (brit. Gen.) 206, 243, 255, 264 f, 546
Oda (jap. Hauptmann) 516
Oder 949, 952 f, 986, 989
Oderoffensive, sowjetische (gegen Berlin) 994
Odessa 309, 351, 703, 705
Ohio (US-Flottentanker) 488
Oise 125, 163
Oishi (jap. Kpt. z. S.) 438
Oka 351, 358, 361 f
Oka (jap. Oberst) 515 f
Okada (jap. Adm.) 1038
OKH (Oberkommando des Heeres), Afrikanischer Kriegsschauplatz 265
– und Hitler 338
–, Kommissarbefehl 294
–, Partisanenkrieg 349
–, Rußlandfeldzug 235, 307, 312 f, 330, 334, 351, 359, 400, 581, 680
–, Westfeldzug 38 f, 66, 68, 88, 136, 142
Okinawa 1036–1041
Oklahoma (US-Schlachtschiff) 371 f
Okochi (jap. Vizeadm.) 1033
Olbricht, Friedrich (dt. Gen. d. Inf.) 780, 784 f, 790 f
Oldendorf, John B. (US-Adm.) 935
Olry, René Henri (frz. Gen.) 176, 190
›Olympic‹ (Plan) 1042
OKW (Oberkommando der Wehrmacht), Afrikanischer Kriegsschauplatz 253, 263, 318, 410
–, Fall Berlins 996, 1001, 1013
–, Italien 637, 668
–, Norwegenfeldzug 76
–, Organisation 20, 332
–, Rußlandfeldzug 52, 216, 313, 329, 397, 400, 403, 801
–, Unternehmen ›Seelöwe‹ 203
–, Verlegung des Sitzes 329, 998, 1022
–, Westfeldzug 88, 90 f, 142
–, Westfront 1944/45 845, 852, 863, 866, 876, 884, 915, 948
›Omaha Beach‹ (US-Landungsabschnitt) 742 f, 746, 751–755, 757, 760, 762, 770
O'Moore Creagh, Sir Michael (brit. Gen. Maj.) 253
Omori (jap. Adm.) 628
Onishi, Takijiro (jap. Adm.) 356 f, 938
Operation ›. . .‹ s. unter dem jeweiligen Decknamen
Oppeln 949, 952
Oppeln-Bronikowsky, Hermann von (dt. Oberst) 757 f
Oppenheim 979 f
Oppenheimer, Robert (am. Atomphysiker) 1044, 1047
Oradour 799 f, 868
Oran 547, 549, 552 f
›Orange‹ (Plan) 378 f
Oranienbaum 347, 697, 699
Oranienburg 995 f, 998
Ordschonikidse 481, 566
Orel 347, 399, 496, 642 f, 654, 677
›Organisation Civile et Militaire‹ (frz. Widerstandsgruppe) 326
Organisation Todt 708, 727, 769, 785
Ornano (frz. Maj.) 226, 285
Orne 744, 749, 757, 759, 763 f, 776 f, 782, 862 f

Orscha 306, 315, 346, 352, 803, 806, 809 f
Orzel (poln. U-Boot) 78
Oschmann, Hans (dt. Gen.Lt.) 914
Osmena, Sergio (philippin. Staatspräs.) 931, 1034
Osnabrück 987
OSS (Office of Strategic Services) 535 f
Ossetische Heerstraße 481, 566
Oster 778
Osterode 952
Ostministerium 294 f
Ostpreußen 985 f, 952 f
›Osttruppen‹ 725, 731, 870
Otway (brit. Oberstlt.) 749
Outerbridge (brit. Kpt.) 370
Ouvry (brit. Minenspezialist) 42
›Overlord‹ s. Normandie
Overstraeten, Van (belg. Gen.) 61, 93, 98, 132
Oxenius, Wilhelm (dt. Gen.) 1028
Oyodo (jap. Kreuzer) 938
Ozawa, Jigaburo (jap. Adm.) 429, 838–842, 928, 932–938

Paasikivi, Juho K. (finn. Min.Präs.) 47
Paestum 668, 670
Paget, B.C.T. (brit. Gen.) 85
Palauinseln 419, 929, 931
Palermo 649
Palliser (brit. Adm.) 386
Pantelleria 640
›Pantherlinie‹ 679, 700
Papagos, Alexander (griech. Gen.) 237, 249 f, 267 f
Pareschi, Carlo (ital. Min.) 651, 706
Paris, Graf von 562 f
Paris, Befreiung 875–880
–, Besetzung durch dt. Truppen 124, 164, 174
–, Erhebung 880–883
–, Räumung 866
–, Résistance 884–886, 891
Parisot (frz. Gen.) 186
Park, Keith (neuseel. Air Marshal) 214
Parker jr., George M. (US-Gen.) 423
Parks (US-Maj.) 440
Parma 1005
Parodi, Alexandre (frz. Widerstandspolitik.) 881 f, 884
Parpatsch, Landenge von 396, 454
Partisanen
–, Italien 656, 1007 f
–, Jugoslawien 327, 826, 1030
–, Rußland 308, 311, 349, 350 f, 360, 395, 400, 402, 490, 680 f, 699, 703, 803 f, 807 f, 811
Patch, Alexander M. (US-Gen.) 871, 899, 914, 944 f, 977 f
Patria (US-Schiff) 1031
Patridge (brit. Kpt.) 81
Patton, George (US-Gen.) 539, 560, 644, 649, 659, 714, 846–849, 851, 856, 862, 875, 879, 886, 892, 895, 899, 901, 911 f, 914 f, 917, 925, 955, 968, 977–980, 1030
Paul (jugosl. Prinzregent) 258, 260
Paulus, Friedrich (dt. Gen.Feldm.) 265, 287, 296, 456 f, 476, 482, 497, 567, 568, 571, 574–576, 579, 584 f, 587–589
Pavesi, Gino (ital. Adm.) 640
Paviolini, Alessandro (ital. Politiker) 706, 1005–1007, 1009
Pawlow, Dimitrij G. (russ. Gen.) 302
Pearl Harbor, jap. Überfall auf 364–373
–, Politische Folgen 373–375
–, Vorbereitungen 356 f
Peipussee 305, 311, 699, 803
Peirse, Sir Richard (brit. Air Chief Marshal) 418
Pemsel, Max (dt. Gen.Lt.) 733, 796
Pendar, Kenneth (US-Vizekonsul) 552
Pendergast, Thomas 992, 1046
Pennsylvania (US-Schlachtschiff) 371 f, 632, 933
Percival, Arthur E. (brit. Gen.Lt.) 382, 415–418, 423, 1059
Perejeslaw 681, 686
Perekop, Landenge von 347, 351, 395 f, 681, 685, 705, 801
Persefone (ital. Korvette) 673
Persien (brit.-sowj. Besetzung) 319
Perth (austral. Leichter Kreuzer) 422
Petacci, Clara 676, 1005–1009
Petacci, Marcello 1007, 1009

Pétain, Philippe (frz. Marschall) 57, 126, 153, 164–166, 183, 222, 226, 231, 244, 285, 324, 535, 601, 689, 693, 695, 868
– und Hitler 234 f
– und All. Landung in Nordafrika 536 f, 551–556, 558, 560
– und Laval 230, 232
– und Waffenstillstand 172, 179–182, 185–187
Peter II., König von Jugoslawien 260
Peters (dt. Oberlt.) 973
Petiet (frz. Gen.) 162
Petrow, Iwan J. (sowj. Gen.Oberst) 454, 456
Petsamo 310
Petzel, Walter (dt. Gen. d. Artl.) 31
Pfeffer von Wildenbruch, Karl (SS-Obergruppenführer) 943
Pflaum, Karl (dt. Gen.Lt.) 798 f
Philippinen 365 f, 373, 377–379, 393, 419, 423–425, 434, 631, 826, 828, 927–929, 930, 938, 1031–1034, 1049
Phillips, Sir Tom (brit. Vizeadm.) 384–387, 389
Piazza Marittima Augusta-Siracusa 645
Piennar (südafr. Gen.Maj.) 471
Pierlot, Hubert (belg. Min.Präs.) 132, 143
Pillau 952, 985 f, 1030
Pilsen 1030
Pilsudski, Josef (poln. Marschall und Staatschef) 17
Pinguin (dt. Hilfskreuzer) 275
Pirmasens 978
Pisani, Edgar (frz. Politiker) 882
Pitassi Mannella (ital. Gen.) 252
Pitomnik 580, 587
Pius XII. 650
Pjatigorsk 480
Plan ›...‹ s. unter dem jeweiligen Decknamen
Platonow, S.P. (sowj. Gen.Lt. und Historiker) 301, 457, 572 f
Platt, W. (brit. Gen.Lt.) 250
Pleskau 699, 812
Pleven, René (frz. Politiker) 181
Plön 1020–1022
Ploesti 655, 826
Po 1004
›Pointblank‹ (Operation) 654
Poitiers 867
Pola (ital. Kreuzer) 270
Poleck (dt. Oberst) 1025, 1027
Polen
–, Exilregierung 965, 983
– und Konferenz von Jalta 964 f
– und dt.-sowj. Nichtangriffspakt 14
–, Mobilmachung 18
–, Widerstand 327 f, 819, 821
Polenfeldzug 11 f, 15 f, 24 f, 28–31, 323
Poltawa 337
Pomiès (frz. Regimentsadj.) 721
Ponedelin, P.G. (sowj. Gen.) 309
Ponza 672 f
Poorten, Hein ter (holl. Gen.) 419, 421, 423
Popow, Michail M. (sowj. Gen.) 301, 314
Popow, Pjotr. P. (sowj. Gen.) 598, 802, 814
Porsche, Ferdinand 491
Portal, Charles (brit. Air Marshal) 604, 960
Port Arthur 965
Port Darwin 420, 428
Portland (US-Kreuzer) 519
Port Lyautey 549, 552
Port Moresby 432–434, 507, 622, 629
Posen 29, 950, 952
Potsdam 999, 1013
Potsdamer Konferenz 1044–1049, 1050
Pound, Sir Dudley (brit. Adm.) 42, 186, 604
Pownall, Sir Henry 418
Prag (Aufstand) 1030
Praga 815, 820 f, 823
Preßburg 985
Prételat, Gaston (frz. Gen.) 161, 167, 177
Prettyman, Arthur 992
Prien, Günther (dt. Kpt.Lt.) 43, 218, 274
Prince of Wales (brit. Schlachtschiff) 276–279, 328 f, 381, 384–389, 428, 475
Princeton (US-Träger) 632, 934
Prinz Eugen (dt. Kreuzer) 276, 278
Prinz-Eugen-Stellung 814
Prioux, René Jacques Adolphe (frz. Gen.) 62, 94
Pripjet 681, 807, 810, 814
Pripjetsümpfe 288 f, 697, 702, 705, 805, 814
Prittwitz und Gaffron, Heinrich von (dt. Gen.Maj.) 265

Proserpina (ital. Tanker) 541
Prouvost, Jean (frz. Propagandamin.) 170
Provence, All. Invasion s. ›Anvil‹
Provence (Landung und Vormarsch der Alliierten) 859 f, 869–874
Provence (frz. Schlachtschiff) 194, 196
Prugar-Ketling, Bronislaw (poln. Gen.) 30
Pruth 303, 803, 825
Przemysl 814
Pskow s. Pleskau
Puchow, N. P. (sowj. Gen.) 643
Pulawy 814, 949
Pulford (brit. Generalmajor) 385
Puntoni 652 f
Pye (US-Vizeadmiral) 376
Pyle, Ernie (US-Kriegsberichterstatter) 1040

Quebec, Konferenz von (14.–24. 8. 43) 630, 660
–, Konferenz von (13.–16. 9. 44) 897, 930
Queen Elizabeth (brit. Passagierdampfer) 247, 408, 735
Queen Mary (brit. Passagierdampfer) 247 f, 382, 637, 735
Queen of the Channel (brit. Postdampfer) 149 f
Queuille, Henri (frz. Minister) 170
Quezon, Manuel (philippinischer Staatspräsident) 377, 379, 424
Quincy (US-Kreuzer) 510 f, 957, 962
Quisling, Vidkun (norw. Major und Staatsrat) 73, 80, 327

Rabattet, Lucien (frz. Gen.) 877
Rabaul 423, 432 f, 507–509, 511, 514, 621–624, 626, 628–631, 634, 826 f
Radar 199, 209 f, 838, 840
Radom 950
Radzinski, Eduard Graf (poln. Botsch.) 25
Raeder, Erich (dt. Großadm.) 73, 203–205, 207, 228, 274, 276, 296, 501
Raff (brit. Oberst) 560
Rahn, Rudolf (dt. Botsch.) 663, 665 f, 668
Rainer, Friedrich (NS-Gauleiter) 675
Ramcke, Bernhard (dt. Gen. d. Fallsch. Jäg.) 463, 872
Ramillies (brit. Linienschiff) 276, 278, 381, 428, 744, 752, 860
Ramsay, Bertram (brit. Adm.) 139, 740
Randova 624
Rangun 423, 503, 941, 1036, 1049
Rankin, Jeanette 373
Rapido 707 f, 712, 718 f
Raschid Ali el-Gailani (irak. Min.Präs.) 273
Rastenburg 329, 358, 391 f, 397, 463, 577 f, 594, 599, 642, 674, 680, 686, 782 f, 812, 825, 854, 861, 875, 898, 905, 952
s. a. OKW
Ratibor 949
Rauenfels (dt. Kriegsschiff) 82
Raus, Erhard (dt. Gen.Oberst) 814, 886 f
Ravensbrück 982
Rawalpindi (brit. Hilfskreuzer) 43
›Red Ball Highway‹ 894
›Regenbogen‹ (Plan) 368
Rehwinkel (dt. U-Bootkdt.) 500
Reichel, Joachim (dt. Major) 476
Reichenau, Walter von (dt. Gen.Feldm.) 23, 203, 207
–, Ernennung zum OB der Hgr. Süd 360
–, Polenfeldzug 24
–, Rußlandfeldzug 289, 296, 302, 344, 349, 360, 397, 482, 567, 579, 804
–, Westfeldzug 88, 144
Reichskommissariate 294
Reichswald 902 f, 969
Reichswehr 19
Reichwein, Adolf (dt. Sozialdemokrat) 782
Reid, Jewell (US-Marinelt.) 439
Reims 164, 1026–1028
Reinberger, Helmut (dt. Luftw.-Major) 60, 64 f
Reinhardstellung 672
Reinhardt, Hans (dt. Gen.Oberst) 70, 90, 110, 303, 305, 312 f, 390, 806–808, 948–950, 953
Reitsch, Hanna 1001 f, 1011
Remagen 971, 977 f, 980
Remer, Otto Ernst (dt. Major) 786 f
Rendulic, Lothar (dt. Gen.Oberst) 953, 1022
Rennes 848
Renown (brit. Schlachtkreuzer) 80, 82, 84, 278 f
Repulse (brit. Schlachtkreuzer) 278, 381, 384–389

Résistance 325–327, 483, 693–695, 710, 732 f, 797–799, 867 f, 870, 873 f, 906, 921
– und Alliierte Invasion 738, 762, 867
– in Paris 881 f, 884–886, 891
Resolution (brit. Schlachtschiff) 227 f, 381, 428
Reuben James (US-Zerstörer) 355
Revenge (brit. Linienschiff) 276, 278, 381, 428
Reymann, Hellmuth (dt. Gen.Lt.) 999
Reynaud, Paul 56, 78, 82, 84, 86, 88, 94, 127, 130, 134, 152, 156, 173, 180
– und Churchill 154 f, 164–166, 170–172
– übernimmt Kriegsministerium 126
– wird Ministerpräsident 76
– und dt.-frz. Waffenstillstand 170–173, 179–182
–, Sturz 178, 182–184
Rhein 900, 905, 969–973, 979–981
Rhodos 688, 1022
Rhône 870, 873 f
Ribbentrop, Joachim von (Reichsaußenmin.) 13 f, 18, 25, 27 f, 220, 225, 232, 234–237, 240, 297, 303, 320, 324, 656 f, 707, 785, 995, 999, 1011
Richelieu (frz. Schlachtschiff) 42, 194, 227, 709
Richthofen, Wolfram Freiherr von (dt. Luftw.-Gen.Feldm.) 258, 281, 455, 576, 579
Ridgway, Matthew B. (US-Gen.) 747, 767
Riefenstahl, Leni 29
Riga 951
Rigault, Jean 536
Riley, Ralph G. (US-Soldat) 766
Rimington (brit. Brigadegeneral) 265
Ring, Stanhope C. (US-Major) 444 f
Rintelen, Enno von (dt. Gen. d. Inf.) 261, 541, 658
Rio de Janeiro (dt. Transporter) 78
Ritchie, Sir Neil (brit. Gen.) 408–410, 464 f, 467–470, 472, 474, 488, 546
Roatta, Mario (ital. Gen.) 647, 658, 667
Robb, J. M. 1028
Roberts (brit. Monitor) 744
Robin Moor (US-Frachter) 320
Rochat, Charles (frz. Minister) 186
Rochefort, Joseph J. (US-Freg.Kpt.) 436
Rockwall (US-Oberleutnant) 753
Rodney (brit. Schlachtschiff) 41, 278–280, 777
Rodrigue (frz. Hauptmann) 60
Roer s. Rur
Roi 832
Rokossowskij, Konstantin K. (sowj. Marschall) 572, 574, 641, 808, 814, 823, 949, 952, 994–996
Rol s. Tanguy
›Rollbahn‹ (vor Moskau) 289, 306, 349, 351, 358, 398–400, 402
Rom 648, 659, 667, 721 f
Roman, Rudolf Freiherr von (dt. Gen. d. Artl.) 362
Romier, Lucien 695
Rommel, Erwin (dt. Gen.Feldm.), Afrikanischer Kriegsschauplatz 255, 262–265, 272, 297, 318, 354, 373, 393 f, 406, 409 f, 429, 452, 462 f, 465–473, 487 f, 503 f, 533 f, 538–546, 609–611, 613–615
– und Hitler 488, 769, 780
– wird OB Afrikakorps 254
– OB der Hgr. B 637, 647, 658, 667 f, 675 (Italien); 726–730, 743, 748, 753 f, 755, 758 f, 762, 764, 768 f, 771–774, 780 f, 799, 845 (Frankreich)
–, Selbstmord 908
–, Verwundung 781
–, Westfeldzug 70, 107 f, 110 f, 113, 118–120, 125, 136, 147, 162 f, 169, 184
– und dt. Widerstand 728 f, 778, 780 f, 792
Rommel, Juliusz (poln. Gen.) 30
Romny 335
Rooks, Lowell W. (US-Gen.) 1031
Roosevelt, Elliot (US-Oberst.Lt.) 688 f
Roosevelt, Franklin D.
–, Atlantik-Charta 328 f
–, Atombombe 1043
–, Berlin als milit. Ziel 984
– in Casablanca 603–607
–, China 684
– und Churchill 171, 201, 328 f, 374, 393, 407, 458, 473, 535, 550, 682, 738, 957 s. a. Konferenzen von Casablanca, Jalta, Kairo, Teheran
– und Darlan 561 f
– und Frage des amer. Kriegseintritts 224 f, 256, 320, 355, 424
– und Frankreich (1940) 180 f

– und de Gaulle 604, 710, 878
– und Giraud 710
–, Guadalcanal 519
– in Jalta 957–965
–, Japan 321 f, 365, 667, 426
– in Kairo 684
–, Leih-Pacht-Programm 246, 319
– und MacArthur 425, 430 f
– und Molotow 459
– und Morgenthau-Plan 897
–, ›Overlord‹ (Invasion i. d. Normandie) 662, 738
–, Pazifikstrategie 929 f
–, Pearl Harbor 373
– in Quebec 660–663
–, Rede am 22. Juni 1941 300
– und Stalin 682–685, 688–691, 983 f
– in Teheran 688–691
–, Tod 991–993, 1004
–, ›Torch‹ (Landung in Nordafrika) 486, 535, 538, 546, 550, 554
–, Wahl 1940 238 f
–, Wahl 1944 909
–, Warschauer Aufstand 822
– fordert Zweite Front in Europa 458 f, 486
Roosevelt jr., Theodor (US-Brig.Gen.) 752 f
Rosenberg, Alfred (Reichsmin. f. d. besetzt. Ostgebiete) 294 f, 497
Rosenstiel (dt. U-Bootkdt.) 500
Roseveare (brit. Major) 748
Roslawl 316 f, 332, 334, 343
Ross (US-Gen.) 894
Rossoni (ital. Politiker) 651
Rostow 344, 347, 349, 351, 359 f, 479, 581, 586, 590–594
Rosyth 78, 80
›Rot‹ (Fall) s. Westfeldzug (2. Phase)
Rote Armee, Aufmarschplan (Juni 1941) 301 f
–, Panzerwaffe 292, 331
–, Stärke 1941 291 f
Einheiten
1. Baltische Front 685, 806 f, 810, 812, 949; 2. Baltische Front 685; Donfront 572; Kalininfront 397, 399 f, 681; Nordfront 301; Nordkaukasusfront 480; Nordwestfront 301 f; Stalingradfront 481, 572; Steppenfront 642, 654, 679; Südfront 302, 344; Südwestfront 302, 344, 456, 572; Transkaukasische Front 680; 1. Ukrainische Front 685 f, 696, 701–703, 949 f, 994; 2. Ukrainische Front 685, 701–703, 810, 825, 943, 985; 3. Ukrainische Front 685, 702 f, 810, 825, 943, 984 f; 4. Ukrainische Front 685, 702, 949; 1. Weißrussische Front 685, 806, 810, 949 f, 994; 2. Weißrussische Front 685, 806, 811, 949, 994; 3. Weißrussische Front 685, 806 f, 810, 908, 949; Westfront 302; Woronescher Front 641, 654; Zentralfront 641; 2. Gardearmee 591, 802; 3. Gardearmee 586; 8. Gardearmee 815; 1. Armee 312, 390; 3. Armee 302, 306, 316, 346; 4. Armee 302, 306; 5. Armee 302, 701; 6. Armee 302, 309, 344, 404, 586, 597; 7. Armee 301; 8. Armee 49, 302; 9. Armee 49, 302, 344, 360, 404, 456; 10. Armee 302, 306, 398 f; 11. Armee 302, 316, 401; 12. Armee 302, 309, 344; 13. Armee 316, 346; 14. Armee 49, 301; 16. Armee 398 f; 18. Armee 344; 21. Armee 344, 588; 22. Armee 400; 23. Armee 316; 26. Armee 302; 27. Armee 302, 400; 29. Armee 399, 402; 30. Armee 390, 399; 34. Armee 400; 37. Armee 344, 360; 38. Armee 313, 344, 404; 39. Armee 399, 400, 404; 40. Armee 344, 404; 42. Armee 314; 44. Armee 396, 454; 47. Armee 454; 48. Armee 314; 51. Armee 344, 454, 481, 574, 582, 801 f; 54. Armee 403; 56. Armee 344; 57. Armee 404, 481; 59. Armee 699; 60. Armee 592, 687; 61. Armee 398 f; 62. Armee 481, 567, 588; 63. Armee 481; 64. Armee 481; 69. Armee 596; 1. Stoßarmee 401; 2. Stoßarmee 403, 495, 699; 3. Stoßarmee 400 f, 574; 4. Stoßarmee 400; 42. Stoßarmee 699; 3. Panzergardearmee 686; 1. Pz.Armee 704; 4. Pz.-Armee 704; 5. Pz.Armee 574, 586, 591; II. Kav.Korps 302; IV. Kav.Korps 582; VI. Kav.Korps 597; II. mot. Korps 302; III. Pz.Korps 815, 821; 78. (sibirische) Div. 360; 82. Div. 351; 128. Div. 360; 239. (sibirische) Div. 360
8. Luftarmee 481; 16. Luftarmee 806
›Roter Oktober‹ (Fabrik) 568, 570
Rotfrontkämpferbund 242

Rothenburg (dt. Oberst) 119, 147
Rothermere, Lord 75
Rotterdam 91, 100, 113, 1022
Rouen 163, 866
Rouffanche, Marguerite 800
Rougier, Louis 232
›Round-up‹ (Operation) 458, 470, 661
Rowecki, Stefan (poln. Gen.) 327
Rowno 302, 697
›Royal Marines‹ (Plan) 77
Royal Oak (brit. Schlachtschiff) 43
Royal Sovereign (brit. Schlachtschiff) 381, 428
Royal Spectre (brit. Schachtschiff) 40 f
Royan 849
Rschew 317, 348, 400, 402, 496, 590
Ruberth (dt. Feldwebel) 104
Rudder, James E. (US-Oberstlt.) 746, 754
Ruge, Friedrich (dt. Adm.) 727, 780
Ruge, Otto (norw. Gen.) 85
Ruhfus, Heinrich (dt. Adm.) 871 f
Ruhrgebiet 895, 899–901, 909, 911, 955, 977, 980, 987
Rumänien 220, 803, 824–826, 983
s. a. Bessarabien, Bukowina
Rumänische Streitkräfte
3. Armee 290, 344, 479 f, 565, 571, 573 f, 581, 585, 596, 824; 4. Armee 290, 309, 351, 566, 571, 574, 581, 596, 824; IV. Korps 574; II. Korps 574; I. Geb.Korps 705; 1. Pz.Div. 573
Rundstedt, Gerd von (dt. Gen.Feldm.)
Ardennenoffensive 915, 917, 926, 948
–, Entlassung als OB der Hgr. Süd 359
–, Entlassung als OB West (1944) 772 f
–, Entlassung als OB West (1945) 973
–, Ernennung zum Gen.Feldm. 203
–, OB West (1944/45) 482 f, 556, 726, 730, 732, 748, 751, 755, 768 f, 773, 791, 850, 899, 908
–, Polenfeldzug 11 f, 24 f, 29
–, Rußlandfeldzug (Hgr. Süd) 289, 296, 302 f, 305, 309, 340, 342–344, 352, 359 f
– und Unternehmen ›Seelöwe‹ 206
– Westfeldzug (1940) 38, 66–68, 70 f, 88, 90, 99, 115, 117, 141 f, 146, 161, 163
–, und dt. Widerstand 729
Ruoff, Richard (dt. Gen.Oberst) 398, 479–481, 565
Rur (Roer) 920, 922, 968, 970
Rurtalsperren 969
Rußland s. Sowjetunion
Rußlandfeldzug, Aufmarschplan 289–291
–, dt. Angriff 298, 302–307
–, dt. Kriegserklärung 296 f, 299
–, Kälte 359–362, 390 f, 398
–, Nachschubprobleme 349 f, 358
–, Partisanen 350 f, 360, 395, 400, 402, 490, 680 f, 699, 703, 803 f, 807 f, 811
–, Planung 204 f, 235, 241, 245, 251, 261, 287 f, 292–298
–, Schlammperioden 349 f, 352, 405, 685
s. a. einzelne Städte, Flüsse, Namen von Befehlshabern usw.
Ryder (US-Gen.) 539, 552, 716
Rydz-Smigly, Eduard (poln. Marschall) 18, 30
Rynok 483 f, 568
Ryujo (jap. Träger) 377, 435, 512 f, 839, 928, 1049

S-44 (US-U-Boot) 511
Saarbrücken 978
Saarburg 944
Saargebiet 977 f
Saargemünd 978
Saarlouis 912
Sachalin 965
Sacharow, Matwej W. (sowj. Marschall) 397
Safi 549, 552
Saigon 322
Saint-Lô 748, 750, 761 f, 764, 773, 780, 782, 795 f
Saint-Lo (US-Geleitträger) 937
Saint-Malo 849, 857, 862
Saint-Nazaire 849, 857, 1022
Saint-Quentin 125
Saint-Raphael 860
Saint-Tropez 860
Sainte-Mère-Eglise 747, 750, 759, 760 f, 767
Saipan 834, 835, 839, 843 f.
–, Seeschlacht von 837–843
Saito, Yoshitsugu (jap. Gen.Lt.) 835 f, 843
Saito Maru (jap. Kriegsschiff) 835

Sakki (jap. Oberstleutnant) 411
Sakonju (jap. Adm.) 830
Salerno 668–672
Salmuth, Hans von (dt. Gen.Oberst) 477, 592 f, 730, 748
Salomonen 430 f, 508, 622, 627 f, 630
–, Seegefecht (Kap Esperance) 513 f
–, Seegefecht (Santa-Cruz-Inseln) 517
–, Seegefecht (Savo) 509–511
Saloniki 237, 259, 268
Salsk 587, 591
Sambre 129, 135
Samland 985
Samoa 506
Samuel B. Roberts (US-Zerstörer) 937
San 302, 814
Sandford (brit. Oberst) 250
San Francisco, Konferenz von 992, 1045
San Francisco (US-Kriegsschiff) 519
Sangamon (US-Träger) 632
Sangro 708, 719
Saône 874
Saporoschje 590, 597, 680 f, 685, 700
Sapun 802
Saratoga (US-Träger) 366, 376, 443, 510, 514, 632, 1036
Sardegna, Baron Giovanni (ital. Oberst und Partisanenführer) 1008 f
Sartre, Jean-Paul 692
›Satin‹ (Operation) 609
Sato, Noatake (jap. Botsch.) 1051, 1054
Sauckel, Fritz (NS-Gauleiter und Generalbevollmächtigter) 326 f
Saucken, Dietrich von (dt. Gen. d. Pz.Tr.) 950, 986
Savannah (US-Kreuzer) 645, 672
Savo 509–511, 519
Savoyen, Herzog von 462
Sbeitla 611, 613
Scapa Flow 43, 80
Schaal, Ferdinand (dt. Gen. d. Pz.Tr.) 113
Schachtmann (US-Soldat) 920
Schäfer, Hans (dt. Gen.Lt.) 870
Schaposchnikow, Boris M. (sowj. Marschall) 309
Scharnhorst (dt. Schlachtkreuzer) 41, 43, 80, 82, 194, 275–277, 731
Schdanow, A.A. 314
Schedle (Chef des Führerbegleitkommandos) 1018
Schelde 61 f, 133
Scheldemündung 898, 909 f
Scheller (dt. Major) 973
Schepke, Joachim (dt. Kptlt.) 274
Scherer, Theodor (dt. Gen.Lt.) 401
Scheretkowo 587
Schitomir 299, 302, 309, 686 f
Schlabrendorff, Fabian von (dt. Leutnant) 598, 778
Schleicher, Kurt (dt. Gen. und Reichskanzl.) 287
Schlemm, Alfred (dt. Gen.) 968
Schlesien 951 f, 966
Schleswig-Holstein (dt. Schulschiff) 24
Schlettstadt 947
Schlieben, Karl Wilhelm von (dt. Gen.Lt.) 761, 768–771
Schlieffenplan 35, 38 f, 66, 68
Schlüsselburg 314, 347, 403, 495, 697
Schmid-Dankward, Walter (dt. Gen.Lt.) 1019
Schmidt (Dorf) 969
Schmidt, Arthur (dt. Gen.Lt.) 575 f, 584 f
Schmidt, Paul (Dolmetscher) 27 f, 234, 237, 241, 607
Schmidt, Rudolf (dt. Gen.Oberst) 70, 306, 342, 398
Schmundt, Rudolf (dt. Gen.Lt. und Chef des Heerespersonalamts) 656, 768 f, 785
Schniewind, Otto (dt. Adm.) 203
Schobert, Eugen Ritter von (dt. Gen.Oberst) 289, 296, 303, 344
Schörner, Ferdinand (dt. Gen.Feldm.) 705, 802, 812, 824, 948, 950–952, 989, 994, 1011 f, 1022, 1026, 1030 f
Scholtz, Klaus (dt. Freg.Kpt.) 639
Schoumatoff, Elizabeth 992
Schrier, Harold G. (US-Oberlt.) 1035
Schroth, Walter (dt. Gen. d. Inf.) 306
Schukow, Georgij K. (sowj. Marschall) 348, 358, 390, 397, 702 f, 705, 806, 949 f, 994, 996 f, 1000, 1016
– und Kapitulation Deutschlands 1029

Schulenburg, Friedrich Werner Graf von der (dt. Botsch.) 295 f, 299
Schultze, Herbert (dt. Leutnant z. S.) 40
Schuster, Ildefonso (Kardinal von Mailand) 1005 f
Schuster, Karlgeorg (dt. Adm.) 282
Schwammenauel 969
Schwartz (US-Gen.) 944 f
Schwarz (frz. Oberstlt.) 190
Schweidemann (dt. Botschaftsrat) 877
Schwerdtner, von (dt. Hauptmann) 496
Schwerin von Krosigk, Lutz Graf (dt. Min.) 1021, 1026
Schwerin von Schwanenfeld, Ulrich Wilhelm Graf (dt. Hauptmann) 790, 853
Scire (ital. U-Boot) 408
Scobie, Sir Ronald (brit. Gen.) 908
Scoglitti 644
Scorza, Carlo (ital. Politiker) 646, 649, 651, 653
Scott (US-Adm.) 520
SD (Sicherheitsdienst) 402, 789, 791, 875
›Seabees‹ (CB) 436, 513, 515, 630
Seahorse (US-U-Boot) 837
Sedan 90, 95 f, 97, 892
–, dt. Durchbruch 1940 98–107, 113–115
–, Plan von 39, 66–72
›Seelöwe‹ (Unternehmen) 202–207, 209, 213 f, 216, 228
Seelow 994
Seine 163, 165, 891
Sejm 335
Sele 670–672
Seligersee 400–403
Semois 98, 114, 917
Senger und Etterlin, Fridolin von (dt. Gen. d. Pz.Tr.) 644, 711, 716, 718, 722
Sengerriegel 718
Senise, Carmine (ital. Politiker) 646, 653, 674
Serafimowitsch 482, 574
Seraph (brit. U-Boot) 546, 549
Sereth 704, 825
Serrano Suner, Ramón (span. Außenmin.) 229, 234
Serrigny (frz. Gen.) 556
Service du Travail obligatoire (STO) 327
Sevez, François (frz. Gen.) 718, 1028
Sewastopol 299, 359, 395 f, 453–456, 801 f
Sewernaja-Bucht 456
Seydlitz-Kurzbach, Walter von (dt. Gen. d. Artl.) 484, 495 f, 579 f, 589, 701, 953
Seyß-Inquart, Arthur (dt. Reichskommissar) 1011, 1026
Sfax 560, 609–611, 614
SHAEF (Supreme Headquarters Allied Expeditionary Forces) 735, 738, 740, 743, 770, 774, 792, 878, 895, 913, 921, 944 f, 956, 970, 972, 978, 1024, 1028 f, 1031
Shanley (US-Oberst) 767
Shannon, Harold D. (US-Oberstlt.) 436
Sheffield (brit. Kreuzer) 278–280, 501
Sherman, Frederick C. (US-Adm.) 934
Sherwood, Robert E. (am. Historiker) 963
Shibashi, Keiji (jap. Adm.) 633
Shigemitsu, Mamoru (jap. Min.) 1058
Shigura (jap. Zerstörer) 936
Shima, Kiyohide (jap. Adm.) 929, 933, 935
Shimada, Shigetaro (jap. Adm. und Marinemin.) 620
Shiratsuyu (jap. Truppentransporter) 830
Shitose (jap. Träger) 839
Shiyoda (jap. Träger) 437
Shoho (jap. Träger) 433
Shokaku (jap. Träger) 364, 430, 433, 437, 512 f, 628, 838 f, 840
Sho-Pläne 927 f, 929, 931
Short, Walter C. (US-Gen.Lt.) 368
Shubrick (US-Zerstörer) 645
›Shuttle Bombing‹ 822
Siam 373, 502
Sidi Barrani 221, 242 f, 247 f
Sidi Omar 543
Siebenbürgen 220
Sieyès, Jacques de 227
Sikorski, Ladislaus (poln. Gen. u. Min.Präs.) 819
Simard, Dyril T. (US-Freg.Kpt.) 436
Simazaki (jap. Oberstlt.) 372
Simferopol 959
Simonds (brit. Gen.) 910
Simovic, Dusan (jugosl. Gen. u. Min.Präs.) 261
Simpson, William H. (US-Gen.) 911 f, 969, 987, 1024

Sims (US-Zerstörer) 433
Simson (brit. Brigadegeneral) 417
Sinclair, Sir Archibald (brit. Luftfahrtmin.) 967
Singapur 317, 320, 380–382, 384–389, 411–418
Singora 382–384
Sizilien 354, 604, 637, 643–649, 659
Skoplje 261, 267
Skorzeny, Otto (SS-Obersturmbannführer) 673 f, 695, 922
Slamat (holl. Dampfer) 270
›Sledgehammer‹ (Operation) 459, 470, 485 f, 661
Slim, W. J. (brit. Gen.Lt.) 939, 941
Smart (brit. Vize-Luftmarschall) 273
Smith, Holland (US-Gen.) 835, 843, 1034
Smith, Ralph (US-Gen.) 843
Smolensk 314, 316, 399, 343, 404, 679–681, 803
Soddu, Ubaldo (ital. Gen.) 242
Sodenstern, Georg von (dt. Gen. d. Inf.) 141, 352, 577, 730, 860
Sokolow, G. G. (sowj. Gen.) 597
Somaliland 206, 250
Somers (US-Zerstörer) 860
Somme 130 f, 133, 135, 138, 140, 147, 152, 157, 160, 891
Somerville, Sir James F. (brit. Adm.) 195 f, 278, 428 f
Soong, Madame s. Tschiang Kai-schek
Soong, T. V. (chin. Botsch.) 505
Sorpe (Talsperre) 654
Soryu (jap. Träger) 364, 376, 437, 442, 446–449
Sosabowski (poln. Gen.) 905
South Dakota (US-Schlachtschiff) 520, 840
Sowjetunion, Kriegserklärung an Japan 1054
–, milit. Ereignisse s. Rußlandfeldzug, finn.-sowj. Winterkrieg, einzelne Städte, Flüsse usw.
–, Rüstungsindustrie 491 f, 679
Spaak, Paul Henri (belg. Min.) 132, 143
Spaatz, Carl (US-Gen.) 498, 1028 f, 1052
Spandau 999 f, 1020
Spears, Sir Edward (brit. Gen.) 164, 171, 180, 185
Speer, Albert (dt. Rüstungsminister) 329, 635 f, 678, 732, 895, 973–975, 1011, 1021
Speidel, Hans (dt. Gen.Lt.) 728 f, 748, 750, 768, 780 f, 787 f, 889, 898
Sperrle, Hugo (dt. Luftw.-Gen.Feldm.) 100, 103, 203, 208, 213, 732
Speyer 980
Sponeck, Hans Graf von (dt. Gen.Lt.) 89, 395 f, 476, 791
Sprague, Thomas L. (US-Konteradm.) 936
Spruance, Raymond A. (US-Adm.) 443 f, 448, 632, 634, 839, 841 f, 843, 1035
SS 31, 294, 676, 781, 789, 791, 817, 868, 875, 1002, 1010
Stadler, Sylvester (SS-Standartenführer) 799
Stagg, J. M. (brit. Grp.Kpt.) 740
›Stahlpakt‹ 14 f
Stalin, Josef W. 12, 47, 59, 235 f, 294, 297, 300, 305, 314, 344, 399 f, 403, 457, 485, 603, 642, 685, 689, 963, 964, 983 f, 989, 1051
–, Atombombe 1048
–, Beaverbrook und Harriman 344
–, Berlin als milit. Ziel 982–984
– und Churchill 487, 908, 1049 f
– und dt. Angriff 307 f, 347 f (auf Moskau)
– und dt.-sowj. Nichtangriffspakt 13 f, 308, 318
– und de Gaulle 689, 960
–, Hilfeersuchen an Westmächte 318 f
– und Hopkins 1046
– in Jalta 957–965
–, jugosl.-sowj. Nichtangriffspakt 266
–, Kapitulation Deutschlands 1028
–, Katyn 819
– übernimmt Oberkommando 308 f
–, Partisanenkrieg 308, 311
–, Polen 964 f
– in Potsdam 1045 f, 1048 f
–, Rede vom 3. Juli 1941 308
– wird Regierungschef 295
– und Roosevelt 682–685, 688–691, 983 f
–, Stalingrad 567, 572
– in Teheran 688–691
–, Verbrannte-Erde-Politik 308
– und Vereinte Nationen 962, 965
–, Verteidigungsstrategie 301, 479, 483, 496

–, Warschauer Aufstand 821
– und Zweite Front in Europa 459, 485, 487, 690 f
Stalingrad 353, 453, 479, 481–484, 497, 567 f, 570–578, 580–589
Stalinlinie 306, 309, 312
Stalino 344, 351, 480, 586, 676
›Stalinorgel‹ 313, 331, 491, 807
Starace (Generalsekr. d. ital. Faschistischen Partei) 1010
Staraja-Russa 401, 697, 699
Stark, Harold R. (US-Adm.) 368
Starkenborgh-Stachouwer, Jonkheer van (holl. Gen.Gouv.) 421
Stauffenberg, Berthold Graf Schenk von (dt. Marine-Ob.St.Richter) 790
Stauffenberg, Claus Graf Schenk von (dt. Oberst) 495, 778–780, 782–787, 789, 791, 974
Stegmann, Rudolf (dt. Gen.Lt.) 769
Steiner, Felix (SS-Obergruppenführer) 995, 997–999, 1010, 1013
Steinmetz (dt. Oberstlt.) 16
Stemmermann, Wilhelm (dt. Gen. d. Artl.) 701 f
Stendal 1024
Stettin 994
Stettinius, Edward R. (US-Min.) 961
Stever, Johann Joachim (dt. Gen.Lt.) 93, 113
Stieff, Hellmuth (dt. Gen.Maj.) 599, 782
Stilwell, Joseph W. (US-Gen.Lt.) 826 f, 939–941
Stimson, Henry Lewis (US-Kriegsmin.) 257, 300, 458, 485, 535, 658, 662, 897, 992 f, 1043, 1048, 1050, 1052
Strachwitz, Manfred Graf (dt. Offz.) 305
Strasbourg (frz. Schlachtschiff) 42, 194, 196, 559, 871
Straßburg 34, 913 f, 945–947, 956 f, 971
Straube, Erich (dt. Gen. d. Inf.) 968
Strauß, Adolf (dt. Gen.Oberst) 206, 289, 296, 306, 331, 343, 397 f
Streccius, Alfred (dt. Gen. d. Inf. und Chef d. Militärverwaltung Frankreichs) 230
Strecker, Karl (dt. Gen. d. Inf.) 576
Strik-Strikfeldt, Wilfried (dt. Hptm.) 497
Strobel (dt. Major) 973
Strölin, Karl 728
Stroop, Jürgen (SS-Obergruppenführer) 817 f
Struma 267
Strumica 267
Student, Kurt (dt. Luftw.-Gen.Oberst) 89, 281 f, 284, 462, 900, 915
Stülpnagel, Karl-Heinrich von (dt. Gen. d. Inf.) 22, 289, 296, 302, 344, 347, 397, 729, 787, 788 f, 792
Stumme, Georg (dt. Gen. d. Pz.Tr.) 70, 267, 476, 534, 540
Stumpff, Hans-Jürgen (dt. Luftw.-Generaloberst) 208, 296, 1029
Stuttgart 1002, 1022
Styr-Linie 303
Suchinitschi 399
Sudan 247
Süßmann, Wilhelm (dt. Gen.Lt.) 282
Suez 206, 221, 228, 317, 474
Suffolk (brit. Kreuzer) 277 f, 279
Sumatra 419 f
Sumiyoshi (jap. Gen. d. Artl.) 515
Sun-Li-Yen (chin. Gen.) 941
Suomussalmi 50
›Supergymnast‹ (Operation) 407, 457 f
Surabaja 420, 422
Surcouf (frz. U-Boot) 194
Suslaparow, Iwan (sowj. Gen.) 1028
Sutherland, Richard K. (US-Adm.) 833
Suwanee (US-Träger) 632
Suzuki, Kantoro (jap. Adm.) 1038, 1055–1057
Suzuki, Sasaku (jap. Gen.Lt.) 938
Svenner (norwegischer Zerstörer) 752
Svetkovic (jugoslaw. Min.Präs.) 260
Sweeney, Charles W. (US-Oberstlt.) 441, 1054
Swenigorodka 701
Swir 342
Swir-Linie 311
›Sword‹ (brit. Landungsabschnitt) 742–755, 758
Syrakus 644 f, 647
Syrien 285, 287
Sytschewka 402

Szeklerzipfel 220
Szilard, Leo (US-Atomphysiker) 1043, 1047
Szokoll (österr. Hauptmann) 991
Sztójay, Döme (ung. Min.Präs.) 704, 756

T 38 (dt. Torpedoboot) 752
Taganrog 596, 598, 676
›Taifun‹ (Unternehmen) 342
Taiho (jap. Träger) 838–841
Taittinger, Pierre 96, 883
Takahashi (jap. Vizeadm.) 377
Takamatsu, Fürst (jap. Politiker) 1054
Takao (jap. Kreuzer) 933
Takeshi (jap. Oberst) 423
Tama (jap. Kreuzer) 936
Tambor (US-U-Boot) 450
Tanaka, Raizo (jap. Adm.) 1057
Tangermünde 987, 1024
Tanguy, Breton (frz. Widerstandskämpfer) 881, 885, 890
Tanisaki (jap. Kpt. z. S.) 387
Tannenberg 950
Taormina 659
Tarbé de Saint-Hardouin, Jacques 536
Tarent 220, 264
Tarnopol 302, 703
Tassafaronga, Seeschlacht von 522
Taylor, Maxwell D. (US-Gen.) 664 f, 747, 753, 902, 923
Tebessa 611, 613 f
Tebourba 560
Tedder, Sir Arthur (brit. Air Marshal) 604, 738, 740, 925, 982
Teheran, Konferenz von 688–691, 735, 819, 963
Teleki, Graf Paul (ungar. Min.Präs.) 268
Tellera (ital. Gen.) 253
Telpuchowski, B.S. 301
Tenedos (brit. Zerstörer) 385 f, 388
Tennant, Sir William George (brit. Adm.) 386, 389
Tennessee (US-Schlachtschiff) 372, 933
Tenno s. Hirohito
Terauchi, Hisaichi 928
Terboven, Josef (dt. Reichskommissar) 85, 1026
Terek 481, 483, 566
Terrible (frz. Torpedobootzerstörer) 196, 710
Teschen 17
Tessier, Georges 549
Texas (US-Schlachtschiff) 256, 746, 754, 860
Thailand 382
Theobald, Robert A. (US-Adm.) 443
Thermopylen 268, 270
›The Slot‹ 509, 512
Thivollet s. Geyer
Thoma, Wilhelm Ritter von (dt. Gen. d. Pz.Tr.) 239, 544
Thomas, Sir Shelton (brit. Gouverneur) 382
Thommée, Wictor (poln. Gen.) 30
Thompson, Dorothy 257
Thor (dt. Hilfskreuzer) 275
Thorn 28
Threadfin (US-U-Boot) 1039
Tibbets, Paul W. (US-Oberst) 1043, 1092
Tichwin 342, 347, 352, 359
Tiflis 497, 564, 566
Tigre (frz. Torpedobootzerstörer) 196
Tilburn, R.E. 278
Tilsit 950
Tilulenjew, I.P. (sowj. Gen.) 302
Timmermann, Karl (US-Leutnant) 971 f
Timmes (US-Oberst) 767
Timoschenko, Semjon K. (sowj. Marschall) 295, 308, 315 f, 343, 345, 348, 456 f, 481
Tinian 835, 844
Tippelskirch, Kurt von (dt. Gen. d. Inf.) 162, 805, 809 f, 1013, 1025
Tirpitz (dt. Schlachtschiff) 41, 460 f, 731
Tito, Josip Broz- (jugosl. Partisanenführer) 826
Tobruk 247 f, 250, 252, 265, 284, 317 f, 354, 373, 393, 409, 464 f, 470–475, 502
Todt, Fritz (dt. Rüstungsmin.) 678
Togliatti, Palmiro (ital. Kommunistenführ.) 1009
Togo, Shigenori (jap. Außenmin.) 366 f, 1038, 1042, 1053–1056
Tojo, Hideki (jap. Gen. u. Min.Präs.) 355, 378, 620, 927, 1009
Tokio (Bombardierung) 426–428, 1036, 1049 f
›Tokyo Express‹ 513–516, 520 f

Tolbuchin, Fedor I. (sowj. Marschall) 702, 943
Tomonaga, Joishi (jap. Kpt.Lt.) 440, 442
Tone (jap. Schwerer Kreuzer) 364, 439, 441 f, 937, 1049
›Torch‹ (Operation)
s. Afrikanischer Kriegsschauplatz (Algerien–Marokko)
Torey (brit. Adm.) 460
Torgau (am.-sowj. Begegnung) 1002
Touchon, Robert (frz. Gen.) 112, 116, 126, 135
Toulon 870, 872
–, Selbstversenkung der frz. Flotte in 556–559
Tourcoing 733
Tournai 892
Tours 164, 169, 178
Tovey, Sir John (brit. Adm.) 277–280
Toyoda, Soemu (jap. Adm.) 837, 839, 931, 1055
Travers, Susan 469
Treblinka 817
Tresckow, Henning von (dt. Gen.Maj.) 598, 778 f, 791, 805
Trevanion (brit. Dampfer) 44
Trier 970 f
Trinidad (brit. Kreuzer) 460
Tripolis 262, 272 f, 610
Tripolitanien 253, 262, 272 f, 408 f, 609 f
s. a. Afrikanischer Kriegsschauplatz
Troisième Bureau 36
Trondheim 80, 83–86
Troup, H.R. (brit. Commodore) 158
Truk 433, 831, 834
Truman, Harry S. 909, 992 f, 1042–1046 1048, 1050, 1053
Truscott, Lucian K. (US-Gen.) 714
Tsarskoje-Selo 314
Tschad-Gebiet 243 f, 254, 610
Tschechoslowakei, dt. Besetzung 15
–, letzte Kämpfe 1945 1030
Tscherkassy, Kessel von 700–702
Tschernjakowskij, Iwan D. (sowj. Gen. Oberst) 808, 949, 952
Tschernowitz 703
Tscherwitschenko (sowj. Gen.) 480
Tschiang Kai-schek (chin. Gen. u. Präs.) 221, 365, 413, 423, 426, 503, 505, 660, 684, 827, 939, 941, 965, 1050
–, Madame Soong 505, 684, 939
Tschir 482, 581, 583, 585 f, 590
Tschudowo 312
Tschuikow, Wassilij J. (sowj. Gen.Oberst) 567, 1016, 1018
Tschungkingregierung 221, 826
Tuck, Pinckney 538, 554
Tukkum 812
Tula 348, 351, 358, 360, 362 f
Tulagi 433, 508 f, 630
Tunesien 253, 486, 559–561, 607–617
s. a. Afrikanischer Kriegsschauplatz
Tunis 486, 616, 560
Tuppers (US-Hauptmann) 797
Turin 659
Turner, Raymond K. (US-Adm.) 510, 622, 632, 839, 843, 1037
Tuscaloosa (US-Kreuzer) 461
Tyler (US-Oberlt.) 371

U 29 (dt. U-Boot) 43
U 30 (dt. U-Boot) 40
U 47 (dt. U-Boot) 43, 274
U 48 (dt. U-Boot) 40
U 64 (dt. U-Boot) 82
U 69 (dt. U-Boot) 320
U 99 (dt. U-Boot) 274
U 100 (dt. U-Boot) 274
U 123 (dt. U-Boot) 451
U 556 (dt. U-Boot) 278
U-Boot-Krieg 40–43, 44, 218 f, 274 f, 353 f, 374, 407, 451 f, 461, 499–501, 638–640
Udet, Ernst (dt. Luftw.-Gen.Oberst) 296, 498
Uman 309, 697, 703
Umazu, Yoshijiro (jap. Gen.St.Chef) 1055, 1058
Underwater Demolition Teams 753
Ungarn 50, 704, 943, 949
Ungarische Streitkräfte
2. Armee 476, 481, 571, 585, 592
3. Armee 943
Schnelles Korps 290

Unrug, Jozef (poln. Adm.) 30
Unternehmen ›...‹ s. unter dem jeweiligen Decknamen
Urquhart (Gen.Maj.) 905
USA, Frage des Kriegseintritts gegen Deutschland 224 f, 239, 256 f, 354 f, 373 f, 485
–, Hilfe an Großbritannien 320
s.a. Leih- und Pacht-Programm
–, Hilfe an Sowjetunion 319, 492 f
s.a. Leih- und Pacht-Programm
– und Japan (Politik) 355 f, 365, 367
–, Rüstungsindustrie 458, 492, 498
–, Streitkräfte s. US-Streitkräfte
s.a. Roosevelt, Truman
Ushijima, Mitsuru (jap. Gen.Lt.) 1037, 1040 f
Ushio (jap. Kriegsschiff) 373
US-Streitkräfte
Heer
6. Hgr. 871, 911–913, 944 f; 12. Hgr. 846 f, 862, 911, 921, 970, 983
1. Armee 742, 775 f, 846–848, 850, 852, 857, 879, 886, 892, 895, 911, 925, 946, 948, 955, 969, 971, 978, 980, 987, 1042; 3. Armee 846–848, 852, 856 f, 886, 891 f, 895, 911 f, 946, 948, 970 f, 978 f, 1022; 5. Armee 668, 670, 708, 711, 714 f, 719 f, 907, 991; 6. Armee 931, 938, 1032, 1042; 7. Armee 644, 659, 871, 879, 892, 911, 913, 915, 926, 944–947, 956, 977 f, 979, 980, 1022; 9. Armee 911, 925, 955, 969, 980, 983, 987, 1024; 10. Armee 1037, 1042; 15. Armee 981; 18. Armee 1037
I. Korps 1032 f; II. Korps 609, 616, 711, 716, 719, 722; III. Korps 946, 970, 977; IV. Korps 1004; V. Korps 751, 762, 764, 767, 776, 780, 847, 852, 886, 899, 920 f, 969, 970; VI. Korps 668, 670, 712, 714 f, 719, 722, 859, 873, 907, 926, 944 f, 978; VII. Korps 751, 762, 767, 776, 847, 852, 887, 899, 946, 970, 977; VIII. Korps 775, 794, 846–848, 850, 872, 920 f, 946; X. Korps 931; XI. Korps 1032 f; XII. Korps 857, 912; XIII. Korps 970; XIV. Korps 629, 1032 f; XV. Korps 847, 850, 857 f, 862, 886, 915, 944, 946, 978; XVI. Korps 915, 970; XVIII. Korps 946; XIX. Korps 776, 847, 852, 970; XX. Korps 847, 857, 912; XXI. Korps 957, 978; XXIV. Korps 931, 1037 f
1. Div. 644, 609, 649, 742, 746, 755, 765; 2. Div. 920; 3. Div. 548, 644, 649, 712, 715, 860, 870, 956; 4. Div. 742, 747, 753, 770, 776, 794, 846, 887, 879, 920; 5. Div. 912, 979; 7. Div. 627, 832, 834, 879, 931, 1037; 8. Div. 847–849, 857; 9. Div. 770, 776, 794, 970 f, 979; 14. Div. 947; 17. Div. 843; 18. Div. 969; 22. Div. 761; 24. Div. 829, 931; 25. Div. 625; 26. Div. 613; 27. Div. 1037; 28. Div. 920, 923; 29. Div. 759, 956; 30. Div. 458, 794, 853, 980; 32. Div. 431; 34. Div. 458, 713; 36. Div. 668, 670, 860, 870, 873; 36. (texan.) Div. 712; 37. Div. 431, 625, 629, 1033; 40. Div. 629; 41. Div. 431, 829 f; 42. Div. 946 f; 43. Div. 625; 44. Div. 914; 45. Div. 644, 671, 712, 715, 860, 870, 892; 75. Div. 850, 957; 77. Div. 938, 1037; 78. Div. 922, 977; 79. Div. 770, 775, 847–849, 879, 914, 947, 980; 81. Div. 1037; 83. Div. 776, 849; 84. Div. 924; 85. Div. 719; 88. Div. 719; 90. Div. 759, 767, 770, 775, 852, 863, 912, 979; 96. Div. 931, 1037; 99. Div. 920–922, 977; 104. Div. 971; 106. Div. 920, 923; Div. ›Americal‹ 629
1. Kav.Div. 931, 1033
1. Marine-Inf.Div. 509, 510–518, 1037; 2. Marine-Inf.Div. 518, 834, 836, 1037; 3. Marine-Inf.Div. 628, 844, 1035; 4. Marine-Div. 832, 834, 836, 844; 6. Marine-Inf. Div. 1037
1. Pz.Div. 458, 609, 611, 715, 722; 2. Pz.Div. 794, 914, 987; 3. Pz.Div. 794, 970; 4. Pz.Div. 847–849, 925, 971; 5. Pz.Div. 850, 857, 862, 899, 957, 987; 6. Pz.Div. 847, 848, 849; 7. Pz.Div. 923; 9. Pz.Div. 920, 972, 977; 10. Pz.Div. 912; 26. Pz.Div. 925; 79. Pz.Div. 862; 80. Pz.Div. 925
1. Luftl.Div. 859 f; 11. Luftl.Div. 1032, 1058; 17. Luftl.Div. 980; 81. Luftl.Div. 1025; 82. Luftl.Div. 649, 663, 665, 672, 747, 750, 756 f, 767, 775, 902 f, 921; 101. Luftl. Div. 747–749, 756, 762 f, 902, 921, 923
Luftwaffe
5. Luftflotte 827, 834; 8. Luftflotte 458, 498 f; 9. Luftflotte 777; 11. Luftflotte 834

8. US Army Air Force 743; 14. USAAF 939; 20. USAAF 942
Marine
3. Flotte 622, 930, 934, 1049; 5. Flotte 828, 839; 7. Flotte 622, 827, 933–935, 937
Task Force 38 930; Task Force 38.1 933, 936; Task Force 50.1 632; Task Force 50.2 632; Task Force 52 632; Task Force 50.3 632; Task Force 50.4 632; Task Force 51 834; Task Force 53 632; Task Force 58 834, 839, 1039; Task Force Butler 870 f, 873
›Eastern Task Force‹ 742
›Western Task Force‹ 742
III. amphibisches Korps 1037 f, 1040
›Utah Beach‹ (US-Landeabschnitt) 742 f, 746 f, 749, 751–753, 756, 762, 764

V1 678, 727, 730, 766, 768 f, 773, 880, 910
V2 678, 727, 730, 773, 880, 906, 910
Valerio, Oberst s. Audisio
Valiant (brit. Schlachtschiff) 84, 283, 408
Vampire (brit. Zerstörer) 385, 429
Vandegrift, Alexander Archer (US-Gen.) 507 f, 513, 515
Vandenberg (US-Senator) 257
Vanoc (brit. Kriegsschiff) 274
Vansittard, Robert 181
Varendorff, von (dt. Fähnrich z. S.) 43
Vecchi, De (ital. Politiker) 649, 651
Veiel, Rudolf (dt. Gen. d. Pz.Tr.) 115, 267
Vella Lavella 508
Vercors 694, 797–799, 868
Vereinigte Staaten s. USA
Vereinte Nationen 962, 965, 992, 1045
Verluste, Alliierte (Schiffs-, d. dt. U-Boote) 41, 159 (1. Phase Westfeldzug), 553 (Landung in Nordafrika)
–, amerikanische 521 (Guadalcanal), 617 (Tunesien), 626 (New Georgia), 633 (Gilbert-Inseln), 715 (Anzio), 832 (Kwajalein), 844 (Marianen, Saipan), 980 (Rheinübg. b. Wesel), 1036 (Iwo Jima), 1041 (Okinawa)
–, belgische 190 (Mai/Juni 1940)
–, britische 43 (Schiffs-, durch U-Boote), 133 (Exp.Korps, 21 Mai 1940), 209, 215 (RAF, Schlacht um England), 243 (Libyen 1940), 248 (Bardia 1941), 252 (Tobruk 1941), 274 (Schiffs-, Jan.-Apr. 1941), 284 (Kreta), 617 (Tunesien)
–, deutsche 29 (Polenfeldzug), 159, 190 f (Westfeldzug), 209 f, 215 (Luftwaffe, Schlacht um England), 270, 276 (Balkan), 284 (Kreta), 339 (die ersten beiden Kriegsjahre), 405 (sowj. Winteroff. 41/42), 407 (Afrika), 454 (Krim), 490 (bis Aug. 1942), 546 (El Alamein), 596 (Stalingrad), 677 (Juli–Aug. 1943), 780 (Normandie, Invasion), 811 (Ostfront Sommer 44)
–, französische 160, 190 (Mai/Juni 1940), 553 (All. Landung in Nordafrika), 617 (Tunesien)
–, Gesamtverluste an Menschen 1059
–, holländische 190
–, italienische 407 (Afrika)
–, japanische 426 (Dez. 41 – März 42), 517, 521 (Guadalcanal), 633 (Gilbert-In.), 832, 836 (Kwajalein), 844 (Saipan), 1036 (Iwo Jima), 1036, 1041 (Okinawa)
–, sowjetische 598 (Charkow 1943)
Verneau (frz. Gen.) 555
Véron (frz. Gen.) 123
Verona 1005
Versailler Vertrag 19
Via Balbia 253, 409, 466, 468, 470–472
Vian, Sir Philipp (brit. Adm.) 280, 742
Vichy, frz. Regierungssitz 222
–, Sitz des Großen Hauptquartiers 176
Victor Emanuel, König von Italien 646, 650, 652 f, 658, 665 f
›Victory Program‹ 407
Vidal s. Delestraint
Viebig (dt. Maj.) 733
Vietinghoff, Heinrich von (dt. Gen.Oberst) 306, 671, 708, 991, 1004, 1022 f
Ville-d'Alger (frz. Passagierdampfer) 85
Villon (frz. Kommunist) 884 f
Vincennes (US-Kriegsschiff) 510 f
Vittorio Veneto (ital. Schlachtschiff) 41, 238, 270
Völkerbund 48 f, 831
Vogel (US-Gen.) 622
Vogesen 914 f, 944–947, 956 f, 978
Volksgerichtshof 791

Volksgrenadiere 783, 897, 920, 922, 925, 977
Volkssturm 995, 1017
Volos 259
Volta (frz. Torpedobootzerstörer) 196
Volturno 672, 707
Volturnolinie 670
Vormann, Nikolaus von (dt. Gen. d. Pz.Tr.) 696, 701 f
Voß, Hans (dt. Adm.) 999, 1015, 1019

Waal 900, 902 f
Wachtel, Fritz (dt. Luftw.Oberst) 766
Waeger, Alfred (dt. Gen. d. Inf.) 149
Wagner (dt. Konteradm.) 1025 f
Wagner, Eduart (dt. Gen.Quartiermeister) 786, 789
Wagner, Walter 1011
Wainwright, Jonathan (US-Gen.) 423, 425, 434, 1059
Wakatsuhi (jap. Zerstörer) 840
Wakde 829 f
Wake 373, 375 f, 407
Wake-Walker, Sir William F. (brit. Adm.) 277 f, 310
Walcheren 909 f
Waldai-Höhen 313, 330, 400 f, 495
Waldron, John C. (US-Maj.) 444–446
Walker (brit. Kriegsschiff) 274
›Walküre‹ (Plan) 779, 784, 786
Wallace, Henry (US-Vizepräs.) 909
Walney (brit. Zerstörer) 549
Walter, Helmuth (dt. Ingenieur) 500
Wang Tsching-Wei 221
Wannseekonferenz 323 f
Warburton-Lee (brit. Kpt. z. S.) 81
Ward (US-Zerstörer) 370 f
Warlimont, Walter (dt. Gen. d. Artl.) 38, 68, 243 f, 296, 491, 637, 751, 851, 853
War Production Board 407
Warschau 29, 36
–, Aufstand 815, 819–824
–, Einnahme durch Rote Armee 950
–, Ghetto 816–818
–, Kapitulation (1939) 30 f
–, nationalsoz. Verwaltung 815
Warspite (brit. Schlachtschiff) 82, 84, 220, 248, 283, 428, 672, 744, 752
Warthe 25
Warthegau 950 f
Washington (US-Schlachtschiff) 520
Washington, Konferenz vom 22. Dez. 1941–14. Jan. 1942 407, 457
–, Konferenz vom 12.–25. Mai 1943 637 f
Wasp (US-Träger) 510, 514
Wasp II (US-Träger) 1037
Wassiljewskij, Alexander M. (sowj. Marsch.) 597, 806
Watutin, Nikolaj F. (sowj. Marschall) 572, 574, 598, 641, 686, 696, 702
Wavell, Sir Archibald (brit. Feldmarschall) 206, 243, 249 f, 255, 259, 262–264, 268, 280, 283, 285, 317, 412, 415 f, 418, 420, 503–505
Wechmar, Irnfried Freiherr von (dt. Oberstlt.) 263 f
Wehrmacht, deutsche
–, ausländische Freiwilligeneinheiten 724 f
–, Entwicklung bis 1939 19–22
–, Kriegsmarine 1939 41
–, Luftwaffe 19, 21 f, 55 f, 208–218, 498 (Schlacht um England)
–, Panzerwaffe 19–21, 54 f, 492
–, Stärke 1941 290–292
Heer
Hgr. A 38, 66–68, 70 f, 88–90, 115, 141 f, 161, 206 f, 477, 479 f, 564, 566, 569, 581, 584, 590 f, 700, 702, 704 f, 949–951; Hgr. B 38, 68, 88, 142, 161, 163, 206 f, 216, 477, 481 f, 564, 566, 577, 594, 637, 667 f, 726, 730, 898, 915–917; Hgr. C 38, 88, 161, 708; Hgr. D 290, 483; Hgr. Don 580 f, 594; Hgr. G 730, 870, 899, 915, 975, 977; Hgr. H 915, 968, 1022; Hgr. Mitte 289 f, 305, 314–317, 330–332, 335, 342 f, 345, 348, 351, 359, 363, 395, 397–404, 496, 592, 594, 635 f, 641, 680 f, 697, 705, 803, 805–811, 948, 989, 1026, 1030; Hgr. Nord 24, 289, 303, 305, 311–314, 330, 341 f, 347, 359, 400 f, 403, 494, 680 f, 697, 700, 803, 806, 812, 824, 948, 1026; Hgr. Nordukraine 705, 806; Hgr. Oberrhein 915; Hgr. Süd 24 f, 289, 291, 302, 309, 330, 332, 335, 342–344, 347, 358–360, 404, 453, 564, 594, 635 f, 641, 667 f, 676 f, 679, 681, 686 f, 697, 702, 705, 943, 949, 1030;

Hgr. Südukraine 681, 705, 801, 806;
Hgr. Weichsel 953, 989, 996, 1000 f, 1024 f
1. Armee 161, 290, 705, 730, 866 f, 899, 912, 946 f, 956, 975, 979; 2. Armee 161, 261, 335–337, 343, 346, 348, 390, 477, 476, 481, 592, 594, 805, 811, 949, 953, 985; 3. Armee 24 f, 29; 4. Armee 24 f, 28, 70, 90, 135, 141, 147, 161, 289, 306, 343, 348, 361 f, 390, 398 f, 404, 680, 805, 807–809, 811, 908, 915, 949, 952 f, 985; 6. Armee 88, 138, 142, 144, 147, 161, 207, 289, 302 f, 309, 334 f, 337, 344, 347, 350 f, 404, 456, 476, 482–484, 566 f, 571, 574–581, 584–589, 599, 636, 680 f, 685, 699 f, 702, 824; 6. Armee (neu) 943; 7. Armee 161, 177, 290, 730, 733, 763, 772, 780, 796, 845, 850 f, 862 f, 865 f, 898, 917, 925, 970, 975, 978 f; 8. Armee 24, 29, 679, 700 f, 703, 824, 943, 985; 9. Armee 161, 206, 289, 306, 343, 348, 351, 397–400, 402, 496, 635 f, 642, 680, 805, 807–809, 949 f, 986, 989, 991, 994, 996, 999, 1013 f, 1023 f; 10. Armee 24 f, 29, 708, 714, 718, 721; 11. Armee 289, 303, 309, 344, 347, 351, 395, 454, 477 f, 494; 12. Armee 90, 135, 161, 258, 261, 290, 915, 987, 997–1000, 1004, 1013 f, 1023 f; 14. Armee 24, 29, 708, 712, 714 f; 15. Armee 290, 730, 733, 758, 762, 768, 809, 898, 909, 917 f, 977, 980; 16. Armee 68, 70, 90, 135, 161, 206, 289, 303, 305, 312 f, 342, 347, 697, 700, 948, 985; 17. Armee 289, 302 f, 309, 337, 344, 347, 404, 456 f, 479 f, 565, 571, 590 f, 593, 680, 685, 687, 705, 801, 949, 952; 18. Armee 70, 88, 138 f, 174, 289, 303, 305, 312 f, 342, 403, 494 f, 697, 699, 948, 985; 19. Armee 730, 860, 866 f, 870, 873 f, 899, 914, 946 f, 956; 21. Armee 1025; 25. Armee 968; 40. Armee 596; 60. Armee 596
1. Pz.Armee 349, 351, 360, 404, 476, 479, 482, 566, 590 f, 593, 597, 636, 685, 700–704, 814, 949; 2. Pz.Armee 348, 351, 358, 360, 362, 390, 398, 404, 654, 865; 3. Pz.Armee 348, 351, 358 f, 390, 399, 596, 680, 806–808, 810, 949, 952 f, 985, 989, 994 f, 1013, 1025; 4. Pz.Armee 239, 348, 351, 358–360, 362, 390, 398–400, 476, 482–484, 566 f, 574 f, 581, 586f, 590 f, 593–597, 636, 642, 679, 681, 686, 696, 700–704, 814, 949 f, 994; 5. Pz.Armee 607 f, 613, 851 f, 862, 866, 899, 916 f, 923, 980
6. SS-Pz.Armee 916 f, 922, 948, 950, 984 f
Armeegruppe Bessarabien 824 f; Armeegruppe Moldau 824 f; Armeegruppe Ruoff 565; Gruppe Steiner 997–999, 1013
Pz.Gr. 1 249, 258, 289, 302 f, 309, 335 f, 339, 344, 349; Pz.Gr. 2 289, 306, 314–316, 335 f, 339, 343, 346, 348; Pz.Gr. 3 289, 306, 314–316, 330, 339, 343, 345, 348; Pz.Gr. 4 289, 303, 311–313, 315, 339, 342 f, 345; Pz.Gr. West 763, 765, 851
Armeeabt. Hollidt 581, 586, 591; Armeeabt. Kempf 679
Kampfgruppe Schlieben 768–771
I. Armeekorps 313, 403; II. Armeekorps 258, 401, 668; III. Armeekorps (mot.) 302; IV. Armeekorps 306, 566, 579 f; V. Armeekorps 306, 345, 801; VI. Armeekorps 306; VII. Armeekorps 306, 316, 345, 686, 700; VIII. Armeekorps 484, 580; IX. Armeekorps 316, 390; X. Armeekorps 313, 401; XI. Armeekorps 258, 484, 571, 574, 580, 588, 641, 700 f; XII. Armeekorps 306, 811; XIII. Armeekorps 306, 335, 351, 686; XIV. Armeekorps 90, 135, 258; XIV. Armeekorps (mot.) 302; XV. Armeekorps 857; XV. Armeekorps (mot.) 29; XVI. Armeekorps 139; XVIII. Armeekorps 258; XIX. Armeekorps 67, 90, 99–105, 114, 125; XX. Armeekorps 177, 316, 999; XXI. Armeekorps 74; XXIII. Armeekorps 402; XXV. Armeekorps 845, 849; XXVI. Armeekorps 952; XXVII. Armeekorps 811; XXX. Armeekorps 258, 456, 478, 494; XXXIII. Armeekorps 335; XXXV. Armeekorps 335, 808 f; XXXVI. Armeekorps 311; XXXVII. Armeekorps 162; XXXVIII. Armeekorps 70; XXXIX. Armeekorps 139; XXXX. Armeekorps 258; XXXXI. Armeekorps (mot). 90, 110, 125, 139, 177, 303, 312, 808 f, 1013 f; XXXXII. Armeekorps 395 f, 700 f; XXXXIII. Armeekorps 306, 362; LI. Armeekorps 484, 570, 579 f; LII. Armeekorps 336 f, 481, 483, 642; LIII. Armeekorps 807 f; LIV. Armeekorps 455 f, 478; LV. Armeekorps 337; LVI. Armeekorps (mot.) 303, 312; LVII. Armeekorps 351;

LIX. Armeekorps 686, 401 f; LXII. Armeekorps 870; LXIII. Armeekorps 956;
LXIV. Armeekorps 867, 956;
LXVII. Armeekorps 922; LXXXI. Armeekorps 483; LXXXIV. Armeekorps 733, 748, 757, 759, 761, 768, 770, 774 f, 796, 865, 875;
LXXXVI. Armeekorps 870, 873;
LXXXVIII. Armeekorps 730; CI. Armeekorps 994
XIX. Geb.Korps 310; XXXXIX. Geb. Korps 801; LI. Geb.Korps 719
V. SS-Geb.Korps 994
I. Pz.Korps 948; II. Pz.Korps 948; III. Pz. Korps 641, 677, 701 f; IX. Pz.Korps 948;
XII. Pz.Korps 948; XIV. Pz.Korps 163, 482, 484, 580, 668, 718 f; XV. Pz.Korps 90, 163;
XVI. Pz.Korps 29, 129; XIX. Pz. Korps 139;
XX. Pz.Korps 1024; XXIV. Pz.Korps 306, 315 f, 335, 346, 352, 482, 591, 642, 950, 952;
XXXIX. Pz.Korps 306, 316, 342, 950, 952;
XXXX. Pz.Korps 476, 591, 687;
XXXXI. Pz.Korps 163, 345, 641, 999;
XXXXVI. Pz.Korps 306, 315, 347, 402, 641, 807; XXXXVII. Pz.Korps 306, 315, 335, 346, 641, 700 f, 852, 923; XXXXVIII. Pz. Korps 302, 346, 484, 573 f, 581, 583, 597, 642, 687, 696, 857, 1024; LI. Pz.Korps 345;
LIII. Pz.Korps 360; LVI. Pz.Korps 996 f, 1000, 1017, 1019; LVII. Pz.Korps 306, 316, 583 f, 597, 687; LVIII. Pz.Korps 851, 923;
LXVI. Pz.Korps 923; LXXVI. Pz.Korps 668, 715, 719;
I. SS-Pz.Korps 781, 922; II. SS-Pz.Korps 642, 677, 705, 902 f, 922; III. SS-Pz.Korps 592, 594, 596–598; IV. SS-Pz.Korps 943;
XI. SS-Pz.Korps 994
1. Inf.Div. 347; 2. Inf.Div. (mot.) 90, 163;
3. Inf.Div. (mot.) 303, 313, 484, 580; 7. Inf. Div. 351; 9. Inf.Div. 139; 13. Inf.Div. (mot.) 90; 16. Inf.Div. (mot.) 566, 581; 18. Inf. Div. (mot.) 401; 20. Inf.Div. (mot.) 146, 347;
22. Inf.Div. 396, 456; 29. Inf.Div. (mot.) 90, 316, 360, 566, 580; 35. Inf.Div. 362; 36. Inf. Div. (mot.) 345; 44. Inf.Div. 395, 580;
46. Inf.Div. 395 f, 456; 50. Inf.Div. 456;
58. Inf.Div. 403, 495; 60. Inf.Div. (mot.) 267, 484, 580; 64. Inf.Div. 910; 69. Inf.Div. 77; 70. Inf.Div. 724, 910; 71. Div. 580, 720;
73. Inf.Div. 395; 76. Inf.Div. 580; 77. Inf. Div. 762, 768 f, 845; 79. Inf.Div. 580;
81. Inf.Div. 402; 83. Inf.Div. 402; 85. Inf. Div. 859; 91. Inf.Div. 733, 750; 94. Inf.Div. 580, 720; 99. Inf.Div. 580; 100. Inf.Div. 580;
106. Div. 362; 113. Inf.Div. 580; 123. Inf. Div. 401; 131. Inf.Div. 953; 132. Inf.Div. 456; 157. Reservediv. 798, 163. Inf.Div. 85;
164. Inf.Div. 544, 610; 169. Inf.Div. 77;
170. Inf.Div. 395, 953; 196. Inf.Div. 77, 85;
198. Inf.Div. 77, 873, 947; 205. Inf.Div. 402;
214. Inf.Div. 77; 216. Inf.Div. 399; 216. dt. Div. 403; 218. Inf.Div. 401; 242. Inf.Div. 870; 243. Inf.Div. 733; 244. Inf. Div.870;
250. Inf.Div. (›Blaue Division‹) 358, 725;
255. Inf.Div. 361; 258. Inf.Div. 362;
265. Inf.Div. 762; 275. Inf.Div. 762, 795, 845; 290. Inf.Div. 303; 291. Inf.Div. 347;
295. Inf.Div. 580; 297. Inf.Div. 580;
305. Inf.Div. 580, 656; 319. Inf.Div. 762;
325. Sicherungsdiv. 877; 330. Inf.Div. 402;
334. Inf.Div. 608; 352. Inf.Div. 731, 733, 754 f, 757, 761, 764; 353. Inf.Div. 770, 845, 865; 362. Inf.Div. 946; 371. Inf.Div. 580;
376. Inf.Div. 580; 384. Inf.Div. 580;
389. Inf.Div. 580; 708. Inf.Div. 857;
709. Inf.Div. 731, 733, 748, 768; 711. Div. 731; 716. Inf.Div. 731, 733, 748 f, 754 f
26. Volksgrenadierdiv. 923; 338. Volksgrenadierdiv. 914; 553. Volksgrenadierdiv. 946
5. Leichte Div. 254, 262 f, 265, 409;
90. Leichte Div. 354, 465 f, 468, 487, 610;
97. Leichte Div. 336; 164. Leichte Div. 502
1. Geb.Div. 480; 2. Geb.Div. 77, 956;
3. Geb.Div. 77, 86; 5. Geb.Div. 267, 281 f, 708; 6. Geb.Div. 267; 44. Geb.Div. 656
1. Kav.Div. 702 s.a. 24. Pz.Div.
1. Pz.Div. 70, 90, 99, 104, 114 f, 141, 144, 390, 400, 687, 696, 701; 2. Pz.Div. 90, 99, 114 f, 177, 258, 267, 358, 390, 582, 730, 749, 781, 853, 923–925; 3. Pz.Div. 36, 316, 335, 654; 4. Pz.Div. 93, 315 f; 5. Pz.Div. 36, 70, 90, 118, 163, 258, 267, 810; 6. Pz.Div. 90, 110, 118, 123, 146, 345, 581 f, 584, 586;
7. Pz.Div. 70, 90, 107 f, 110, 125, 163, 306,

345, 594, 687, 999; 8. Pz.Div. 90, 146, 303; 9. Pz.Div. 258, 851, 857 f, 979; 10. Pz.Div. 90, 99, 104, 114, 147, 162, 316, 345, 351, 608, 611, 613, 615; 11. Pz.Div. 258, 267, 594, 701, 860, 870, 873; 13. Pz.Div. 360, 481, 566, 701, 824; 14. Pz.Div. 360, 574, 580, 685, 700 f, 944; 15. Pz.Div. 254, 262, 265, 272 f, 354, 465 f, 468, 544, 610, 615, 721; 16. Pz.Div. 336, 484, 580, 668, 701; 17. Pz.Div. 316, 335, 581, 701; 18. Pz.Div. 305, 399; 19. Pz.Div. 821, 823; 20. Pz.Div. 306, 824; 21. Pz.Div. 354, 409, 465, 543, 610 f, 613–615, 730, 750, 757 f; 22. Pz.Div. 573; 23. Pz.Div. 581, 584; 24. Pz.Div. 580, 685, 701 f; 25. Pz.Div. 687; 26. Pz.Div. 671, 718; 27. Pz.Div. 573; 116. Pz.Div. 730, 781, 853, 858, 866, 923 f; Pz.Div. ›Hermann Göring‹ 608, 644 f, 671, 718, 822;
Panzerlehrdiv. 730, 751, 758 f, 764, 795 f, 845, 852, 921, 923, 970, 977
3. Pz.Gren.Div. 667, 671, 977; 15. Pz.Gren.-Div. 644, 671, 718, 923, 970; 20. Pz.Gren. Div. 696; 25. Pz.Gren.Div. 999; 29. Pz.-Gren.Div. 647, 671, 718; 90. Pz.Gren.Div. 710, 718
Div. ›Großdeutschland‹ 351, 592, 677
Div. ›Müncheberg‹ 1017, 1019 f
Div. ›Scharnhorst‹ 1000
1. SS-Pz.Div. ›Leibstandarte Adolf Hitler‹ 359, 483, 597, 654, 668, 687, 701, 730, 853, 858, 866, 984 f; 2. SS-Pz.Div. ›Das Reich‹ 316, 360, 597, 730, 795, 853, 858, 863, 865, 868; 3. SS-Pz.Div. ›Totenkopf‹ 313, 943; 5. SS-Pz.Div. ›Wiking‹ 701, 725, 943; 9. SS-Pz.Div. 730, 865, 922; 10. SS-Pz.Div. 858, 866; 11. SS-Pz.Gren.Div. ›Nordland‹ 725, 1017; 12. SS-Pz.Div. 730, 750, 758, 777, 865 f; 17. SS-Pz.Gren.Div. 730, 762, 776; 28. SS-Pz.Gren.Div. ›Wallonie‹ 725; 34. SS-Pz.Div. ›Nederland‹ 725; SS-Pz.Div. ›Charlemagne‹ 725, 1017; SS-Pz.Div. ›Flandern‹ 725
Luftwaffe
Luftflotte 1 289, 403; Luftflotte 2 60, 208, 289, 342; Luftflotte 3 100, 103, 208, 732; Luftflotte 4 261, 289, 576; Luftflotte 5 208, 210; Luftflotte 6 807, 1001
1. Fallschirmarmee 898, 968–970, 979
II. Fliegerkorps 342; VIII. Fliegerkorps 258; 281, 337, 342, 455; X. Fliegerkorps 248; XI. Fliegerkorps 281
II. Fallschirm-Korps 775, 762, 865
VIII. Flakartilleriekorps 580
IV. Luftwaffen-Feld-Korps 870, 874
1. Fallschirm-Div. 92, 647, 715, 717, 719, 900; 2. Fallschirm-Div. 667, 671; 3. Fallschirm-Div. 762, 845; 5. Fallschirm-Div. 845
7. Fliegerdiv. 61, 92, 282, 284, 717
5. Jagdgeschwader 732
Weichs, Maximilian Freiherr von (dt. Gen.-Feldmarschall) 261, 315, 331, 335, 343, 390, 476 f, 564, 575 f, 580, 826, 953
Weichsel 28, 814, 824
Weichseloffensive, sowj. 948–951
Weidling, Helmuth (dt. Gen. d. Artl.) 996 f, 1000, 1014, 1018 f
Wei Li-kuang (chin. Marschall) 941
Weiss, Walter (dt. Gen.Oberst) 805
›Weiß‹ (Fall) s. Polenfeldzug
Weisung Nr. 6 37, 201 f
Weisung Nr. 11 100
Weisung Nr. 16 203
Weisung Nr. 17 208
Weisung Nr. 18 239
Weisung Nr. 20 245
Weisung Nr. 21 245, 287
Weisung Nr. 33 329
Weisung Nr. 34 330, 332
Weisung Nr. 35 343
Weisung Nr. 39 375
Weisung Nr. 41 453 f
Weisung Nr. 44 477 f
Weisung Nr. 45 477–479, 567
Weisung Nr. 51 726
Welikije-Luki 399, 401 f, 496
Welisch 401 f, 406, 680
Wenck, Walther (dt. Gen. d. Pz.Tr.) 115, 987, 997–1000, 1004, 1013 f, 1020, 1023 f
Wening, Ernst (dt. Gen.Maj.) 1006
Wenneker, Paul (dt. Adm.) 44
Wenningen, von (dt. Luftw.-Gen. und Militärattaché) 65
›Werwolf‹ 978
Wesel 980

›Weserübung‹ (Unternehmen) 72
s. Norwegen, Dänemark
Westerplatte 24
Westfeldzug,
Alliierte Aufmarschpläne 94–97, 162
–, Alliierte Verteidigungspläne 61–64
–, deutsche Planung und Vorbereitung 37–40, 66
–, ›Fall Gelb‹ (1. Phase) 72, 88–159
–, ›Fall Rot‹ (2. Phase) 139 f, 160–177
–, Waffenstillstand 183, 186–189, 192, 195
Westphal, Siegfried (dt. Gen. d. Kav.) 534, 715, 718, 898, 916 f, 973
West Virginia (US-Schlachtschiff) 372, 933
Westwall 34, 728, 893, 895, 899 f, 926, 948, 968, 973, 978
Weygand, Maxime (frz. Gen.) 17, 126 f, 130, 132–135, 137 f, 144 f, 151–156, 160–162, 164–167, 169 f, 172–175, 179 f, 186–188, 222, 230–232, 324, 536 f, 555, 850
Wheeler, Burton K. (US-Politiker) 257, 320, 373
›Whipcord‹ (Plan) 354
White (US-Gen.) 945
White (US-Sergeant) 879
White, Dexter (US-Politiker) 897
Wiborg (Viipuri) 72–74, 311
Wichita (US-Kreuzer) 461
Widerstand, deutscher (gg. Hitler) 22 f, 327, 598–600, 728 f, 777–792
–, französischer s. Résistance
Wien 985, 991
Wiese, Friedrich (dt. Gen. d. Inf.) 860, 873 f
Wietersheim, Alfred von (dt. Gen.) 90, 484, 873
Wilck (dt. Oberst) 911
Wilde (brit. Major) 418
›Wilfred‹ (Plan) 78
Wilhelm Gustloff (dt. Schiff) 986
Wilhelm Heidkamp (deutscher Zerstörer) 81
Wilhelmine, Königin der Niederlande 740
Wilkinson, Theodore (US-Adm.) 628
William D. Porter (US-Zerstörer) 684
Willkie, Wendel (US-Politiker) 224 f, 238
Wilson, Arnold 87
Wilson, Sir Henry Maitland (brit. Feldm.) 259, 268, 708, 716 f, 719
Winant, John 373 f, 878
Wingate, O. C. (brit. Gen.) 941
Winniza 309, 477, 481, 483, 494, 496 f, 569, 679, 696 f, 704
Witebsk 306, 314, 316, 343, 399–402, 681, 803, 806–808
Witt (dt. Kpt. z. S.) 771
Wittmann (SS-Obersturmführer) 765
Witzig, Rudolf (dt. Oberlt.) 93
Witzleben, Erwin von (dt. Gen.Feldm.) 22 f, 203, 290, 589, 598, 782, 786 f, 789, 908
Wjasma 317, 332, 345–347, 399
Wladikawkas s. Ordschonikidse
Wladiwostok 321
Wlassow, Andrej Andrejewitsch (sowj. Gen.) 403, 495 f, 725, 1030
Wöhler, Otto (dt. Gen. d. Inf.) 700, 824 f, 943, 949
Wohlfahrt, Herbert (dt. Kptlt.) 278
Wolchow 311, 342, 347, 400, 403, 494 f, 697, 699
Wolff, Karl (SS-Obergruppenführer) 983, 1004
Wolga 288, 347, 349, 351, 402, 453, 484, 566, 568, 570 f
Wolokolamsk 358, 390, 398
Wolverine (brit. Kriegsschiff) 274
Wood, Robert E 256
Woods, John S. (US-Gen.Maj.) 848
Worms 980
Woronesch 453, 476, 479, 571, 590, 592 f
Woroschilow, Kliment J. (sowj. Marschall) 308
Woroschilowgrad 586, 598, 676
Woytasch, Kurt (dt. Gen.Lt.) 1019
Wriezen 994
Wright, Jerauld (US-Kapitän) 546
Wryneck (brit. Zerstörer) 270
Würzburg 980, 987
Wyschinskij, Andrej J. (sowj. Kommissar) 963

X-20 (brit. U-Boot) 744, 752
X-23 (brit. U-Boot) 744, 752

Yahagi (jap. Kreuzer) 1039 f
Yamagimoto, Rysaku (jap. Kpt. z. S.) 448

Yamaguchi, Tamon (jap. Adm.) 442, 448 f
Yamamoto, Isoroku (jap. Adm.) 356 f, 371, 375, 434 f, 436, 438, 441, 448 f, 513, 618 f
Yamashiro (jap. Schlachtschiff) 437, 933, 935 f
Yamashita, Tomoyoku (jap. Gen.Lt.) 383, 415, 928, 1032 f
Yamato (jap. Schlachtschiff) 356, 434, 437 f, 449 f, 513, 634, 838, 928, 933 f, 937, 1039 f
Ybarnegaray, Jean (frz. Politiker) 173, 182, 231
Yonai, Mitsumasa (jap. Adm. und Min.) 1055 f
York (brit. Kreuzer) 78
York 497
Yorktown (US-Träger) 433, 442 f, 446–448, 510, 632
Yorktown II (US-Träger) 1037
Young, Sir Marks (brit. Gouv.) 380
Ypern, Alliierte Lagebesprechung 132–134
Yünnan 221

Zabern 913 f, 944 f
Zander (Hauptbereichsleiter) 1012
Zangen, Gustav von (dt. Gen. d. Inf.) 909, 917, 977
Zanussi, Giacomo (ital. Gen.) 663 f
Zara (ital. Kreuzer) 270
Zarizyn s. Stalingrad
Zarskoje Selo 494, 699
Zeitzler, Kurt (dt. Gen.) 249, 569, 573, 576–578, 585, 625 f, 697, 791
Zeller (frz. Oberst) 797
Ziegenberg (FHQ) 918, 942, 947
Ziegler, Joachim (SS-Brigadeführer) 1017
Ziegler, Heinz (dt. Gen.) 611
Zingales, Francesco (ital. Gen.) 410
›Zitadelle‹ (Operation) 635 f, 641–643
Zossen 288, 996
Zuidersee 901
Zuiho (jap. Träger) 517, 839, 932, 936
Zuikaku (jap. Träger) 364, 430, 433, 437, 513, 518, 628, 838–840, 842, 928, 932, 936
Zumpe (dt. Oberleutnant) 305
Zwangsarbeiter 981 f
Zweibrücken 978
Zymljanskaja 479